SANTA BIBLIA

ANTIGUA VERSION DE
CASIODORO DE REINA (1569)
REVISADA POR CIPRIANO DE VALERA (1602)
Y COTEJADA POSTERIORMENTE CON
DIVERSAS TRADUCCIONES Y CON LOS
TEXTOS HEBREO Y GRIEGO

REVISION 1977

Biblica.®

Por vidas transformadas con la Palabra de Dios

Llámenos hoy o visítenos en línea para recibir un catálogo gratis donde aparecen cientos de productos para el ministerio basados en las Escrituras.

Internet: BiblicaDirect.com

Email: BiblicaDirectService@Biblica.com

Teléfono: 800-524-1588

Correo: 1820 Jet Stream Drive, Colorado Springs, CO 80921-3696

CLIE - Moragas y Barret, 115 - Terrassa (Barcelona), España
Revisión 1977 de la Versión Reina-Valera de la Biblia,
realizada, bajo los auspicios de CLIE, por un equipo
de especialistas en traducción bíblica.
© 1977 por CLIE para la presente Revisión 1977
de la Versión Reina-Valera.

Bíblica proporciona la Palabra de Dios a las personas por medio de la traducción, la publicación y la interacción con la Biblia en África, América Latina, Asia Pacífico Oriental, Europa, el Oriente Medio, América del Norte y Asia del Sur. Gracias a su alcance mundial, Bíblica hace que las personas interactúen con la Palabra de Dios para que sus vidas sean transformadas mediante su relación con Jesucristo.

Biblia español-10102/10105/10106/10107/10927
30000/40000/18000/20000/15000
10102: ISBN 978-1-56320-288-9
10105: ISBN 978-1-56320-460-9
10106: ISBN 978-1-56320-517-0
10107: ISBN 978-1-56320-754-9
10927: ISBN 978-1-56320-403-6

7/12
Printed in U.S.A.

TABLA

DE LOS LIBROS DE LA BIBLIA CON LAS ABREVIATURAS DE SUS TÍTULOS Y EL NUMERO DE SUS CAPÍTULOS

LIBROS DEL ANTIGUO TESTAMENTO

LIBROS DEL NUEVO TESTAMENTO

LIBRO PRIMERO DE MOISÉS
GÉNESIS

Relato de la creación

1 En el principio creó Dios los cielos y la tierra.

2 Y la tierra estaba desordenada y vacía, y las tinieblas estaban sobre la superficie del abismo, y el Espíritu de Dios se movía sobre la superficie de las aguas.

3 Y dijo Dios: Sea la luz; y fue la luz.

4 Y vio Dios que la luz era buena; y separó Dios la luz de las tinieblas.

5 Y llamó Dios a la luz Día, y a las tinieblas llamó Noche. Y fue la tarde y la mañana un día.

6 Luego dijo Dios: Haya expansión en medio de las aguas, y separe las aguas de las aguas.

7 E hizo Dios la expansión, y separó las aguas que estaban debajo de la expansión, de las aguas que estaban sobre la expansión. Y fue así.

8 Y llamó Dios a la expansión Cielos. Y fue la tarde y la mañana el día segundo.

9 Dijo también Dios: Júntense las aguas que están debajo de los cielos en un lugar, y descúbrase lo seco. Y fue así.

10 Y llamó Dios a lo seco Tierra, y a la reunión de las aguas llamó Mares. Y vio Dios que era bueno.

11 Después dijo Dios: Produzca la tierra hierba verde, hierba que dé semilla; árbol de fruto que dé fruto según su género, que su semilla esté en él, sobre la tierra. Y fue así.

12 Produjo, pues, la tierra hierba verde, hierba que da semilla según su naturaleza, y árbol que da fruto, cuya semilla está en él, según su género. Y vio Dios que era bueno.

13 Y fue la tarde y la mañana el día tercero.

14 Dijo luego Dios: Haya lumbreras en la expansión de los cielos para separar el día de la noche; y sean por señales y para las estaciones, para días y años,

15 y sean por lumbreras en la expansión de los cielos para alumbrar sobre la tierra. Y fue así.

16 E hizo Dios las dos grandes lumbreras; la lumbrera mayor para que señorease en el día, y la lumbrera menor para que señorease en la noche; hizo también las estrellas.

17 Y las puso Dios en la expansión de los cielos para alumbrar sobre la tierra,

18 y para señorear en el día y en la noche, y para separar la luz de las tinieblas. Y vio Dios que era bueno.

19 Y fue la tarde y la mañana el día cuarto.

20 Dijo Dios: Produzcan las aguas seres vivientes, y aves que vuelen sobre la tierra, en la abierta expansión de los cielos.

21 Y creó Dios los grandes monstruos marinos, y todo ser viviente que se mueve, que las aguas produjeron según su especie, y toda ave alada según su especie. Y vio Dios que era bueno.

22 Y Dios los bendijo, diciendo: Fructificad y multiplicaos, y llenad las aguas en los mares, y multiplíquense las aves en la tierra.

23 Y fue la tarde y la mañana el día quinto.

24 Luego dijo Dios: Produzca la tierra seres vivientes según su especie, bestias y serpientes y animales de la tierra según su especie. Y fue así.

25 E hizo Dios animales de la tierra según su especie, y ganado según su especie, y todo animal que se arrastra sobre la tierra según su especie. Y vio Dios que era bueno.

26 Entonces dijo Dios: Hagamos al hombre a nuestra imagen, conforme a nuestra semejanza; y señoree en los peces del mar, en las aves de los cielos, en las bestias, en toda la tierra, y en todo animal que se arrastra sobre la tierra.

27 Y creó Dios al hombre a su imagen, a imagen de Dios lo creó; varón y hembra los creó.

28 Y los bendijo Dios, y les dijo: Fructificad y multiplicaos; llenad la tierra, y sojuzgadla, y señoread en los peces del mar, en las aves de los cielos, y en todas las bestias que se mueven sobre la tierra.

29 Y dijo Dios: He aquí que os he dado toda planta que da semilla, que está sobre toda la tierra, y todo árbol en que hay fruto y que da semilla; os serán para comer.

30 Y a toda bestia de la tierra, y a todas las aves de los cielos, y a todo lo que se arrastra sobre la tierra, en que hay vida, toda planta verde les será para comer. Y fue así.

31 Y vio Dios todo lo que había hecho, y he aquí que era bueno en gran manera. Y fue la tarde y la mañana el día sexto.

2 Quedaron, pues, acabados los cielos y la tierra, y todo el ejército de ellos.

2 Y acabó Dios en el día séptimo la obra que hizo; y reposó el día séptimo de toda la obra que hizo.

3 Y bendijo Dios al día séptimo, y lo santificó, porque en él reposó de toda la obra que había hecho en la creación.

El hombre en el paraíso terrenal

4 Así tuvieron origen los cielos y la tierra cuando fueron creados, el día que Jehová Dios hizo la tierra y los cielos,

5 y toda planta del campo antes que fuese en la tierra, y toda hierba del campo antes que naciese; porque Jehová Dios aún no había hecho llover sobre la tierra, ni había hombre para que labrase la tierra,

6 sino que subía de la tierra un vapor, el cual regaba toda la faz de la tierra.

7 Entonces Jehová Dios modeló al hombre de arcilla del suelo, y sopló en su nariz aliento de vida, y fue el hombre un ser viviente.

8 Y Jehová Dios plantó un huerto en Edén, al oriente; y puso allí al hombre que había formado.

9 Y Jehová Dios hizo nacer de la tierra todo árbol delicioso a la vista, y bueno para comer; también el árbol de la vida en medio del huerto, y el árbol de la ciencia del bien y del mal.

10 Y salía del Edén un río para regar el huerto, y de allí se repartía en cuatro brazos.

11 El nombre del uno era Pisón; éste es el que rodea toda la tierra de Havilá, donde hay oro;

12 y el oro de aquella tierra es bueno; hay allí también bedelio y ónice.

13 El nombre del segundo río es Guijón; éste es el que rodea toda la tierra de Cus.

14 Y el nombre del tercer río es Jidekel; éste es el que va al oriente de Asiria. Y el cuarto río es el Éufrates.

15 Tomó, pues, Jehová Dios al hombre, y lo puso en el huerto de Edén, para que lo labrara y lo guardase.

16 Y mandó Jehová Dios al hombre, diciendo: De todo árbol del huerto podrás comer;

17 mas del árbol de la ciencia del bien y del mal no comerás; porque el día que de él comieres, ciertamente morirás.

Institución del matrimonio

18 Y dijo Jehová Dios: No es bueno que el hombre esté solo; le haré ayuda idónea para él.

19 Jehová Dios formó, pues, de la tierra toda bestia del campo, y toda ave de los cielos, y las trajo a Adán para que viese cómo las había de llamar; y todo lo que Adán llamó a los animales vivientes, ése es su nombre.

20 Y puso Adán nombres a toda bestia y ave de los cielos y a todo ganado del campo; mas para Adán no se halló ayuda idónea para él.

21 Entonces Jehová Dios hizo caer sueño profundo sobre Adán, y mientras éste dormía, tomó una de sus costillas, y cerró la carne en su lugar.

22 Y de la costilla que Jehová Dios tomó del hombre, formó una mujer, y la trajo al hombre.

23 Dijo entonces Adán: Esto es ahora hueso de mis huesos y carne de mi carne; ésta será llamada Varona, porque del varón fue tomada.

24 Por tanto, dejará el hombre a su padre y a su madre, y se unirá a su mujer, y se harán una sola carne.

25 Y estaban ambos desnudos, Adán y su mujer, y no se avergonzaban.

Tentación, caída y primera promesa de redención

3 Pero la serpiente era astuta, más que todos los animales del campo que Jehová Dios había hecho; la cual dijo a la mujer: ¿Conque Dios os ha dicho: No comáis de todo árbol del huerto?

2 Y la mujer respondió a la serpiente: Del fruto de los árboles del huerto podemos comer;

3 pero del fruto del árbol que está en medio del huerto dijo Dios: No comeréis de él, ni le tocaréis, para que no muráis.

4 Entonces la serpiente dijo a la mujer: No moriréis;

5 sino que sabe Dios que el día que comáis de él, serán abiertos vuestros ojos, y seréis como Dios, sabiendo el bien y el mal.

6 Vio, pues, la mujer que el árbol era bueno para comer, y que era agradable a los ojos, y árbol codiciable para alcanzar la sabiduría; y tomó de su fruto, y comió; y dio también a su marido, el cual comió así como ella.

7 Entonces fueron abiertos los ojos de ambos, y conocieron que estaban desnudos; entonces cosieron hojas de higuera, y se hicieron delantales.

8 Y oyeron la voz de Jehová Dios que se paseaba en el huerto, al aire del día; y el hombre y su mujer se escondieron de la presencia de Jehová Dios entre los árboles del huerto.

9 Mas Jehová Dios llamó al hombre, y le dijo: ¿Dónde estás tú?

10 Y él respondió: Oí tu voz en el huerto, y tuve miedo, porque estaba desnudo; y me escondí.

11 Y Dios le dijo: ¿Quién te enseñó que estabas desnudo? ¿Has comido del árbol de que yo te mandé no comieses?

12 Y el hombre respondió: La mujer que me diste por compañera me dio del árbol, y yo comí.

13 Entonces Jehová Dios dijo a la mujer:

¿Qué es lo que has hecho? Y dijo la mujer: La serpiente me engañó, y comí.

14 Y Jehová Dios dijo a la serpiente: Por cuanto esto hiciste, maldita serás entre todas las bestias y entre todos los animales del campo; sobre tu pecho andarás, y polvo comerás todos los días de tu vida.

15 Y pondré enemistad entre ti y la mujer, y entre tu simiente y la simiente suya; ésta te herirá en la cabeza, y tú le herirás en el talón.

16 A la mujer dijo: Multiplicaré en gran manera tus dolores en tus preñeces; con dolor darás a luz los hijos; y tu deseo será para tu marido, y él se enseñoreará de ti.

17 Al hombre dijo: Por cuanto obedeciste a la voz de tu mujer, y comiste del árbol de que te mandé diciendo: No comerás de él; maldita será la tierra por tu causa; con dolor comerás de ella todos los días de tu vida.

18 Espinos y cardos te producirá, y comerás plantas del campo.

19 Con el sudor de tu rostro comerás el pan hasta que vuelvas a la tierra, porque de ella fuiste tomado; pues polvo eres, y al polvo volverás.

20 Y llamó Adán el nombre de su mujer, Eva, por cuanto era ella madre de toda la humanidad.

21 Y Jehová Dios hizo al hombre y a su mujer túnicas de pieles, y los vistió.

22 Y dijo Jehová Dios: He aquí el hombre es como uno de nosotros, sabiendo el bien y el mal; ahora, pues, que no alargue su mano, y tome también del árbol de la vida, y coma, y viva para siempre.

23 Y lo sacó Jehová del huerto del Edén, para que labrase la tierra de que fue tomado.

24 Echó, pues, fuera al hombre, y puso al oriente del huerto de Edén querubines, y una espada encendida que se revolvía por todos lados, para guardar el camino del árbol de la vida.

Caín mata a Abel

4 Conoció Adán a su mujer Eva, la cual concibió y dio a luz a Caín, y dijo: Por voluntad de Jehová ha adquirido varón.

2 Después dio a luz a su hermano Abel. Y Abel fue pastor de ovejas, y Caín fue labrador de la tierra.

3 Y aconteció andando el tiempo, que Caín trajo del fruto de la tierra una ofrenda a Jehová.

4 Y Abel trajo también de los primogénitos de sus ovejas, de lo más gordo de ellas. Y miró Jehová con agrado a Abel y a su ofrenda;

5 pero no miró con agrado a Caín y a la ofrenda suya. Y se ensañó Caín en gran manera, y decayó su semblante.

6 Entonces Jehová dijo a Caín: ¿Por qué te has ensañado, y por qué ha decaído tu semblante?

7 Si bien hicieres, ¿no serás enaltecido?, y si no hicieres bien, el pecado está a la puerta; con todo esto, a ti será su deseo, y tú te enseñorearás de él.

8 Y dijo Caín a su hermano Abel: Salgamos al campo. Y aconteció que estando ellos en el campo, Caín se levantó contra su hermano Abel, y lo mató.

9 Y Jehová dijo a Caín: ¿Dónde está Abel tu hermano? Y él respondió: No sé. ¿Soy yo acaso guarda de mi hermano?

10 Y él le dijo: ¿Qué has hecho? La voz de la sangre de tu hermano clama a mí desde la tierra.

11 Ahora, pues, maldito seas tú de la tierra, que abrió su boca para recibir por tu mano la sangre de tu hermano.

12 Cuando labres la tierra, no te volverá a dar su fuerza; errante y extranjero serás en la tierra.

13 Y dijo Caín a Jehová: Grande es mi iniquidad para ser soportada.

14 He aquí me echas hoy de la tierra, y de tu presencia me esconderé, y seré errante y extranjero en la tierra; y sucederá que cualquiera que me encuentre, me matará.

15 Y le respondió Jehová: Ciertamente cualquiera que matare a Caín, siete veces será castigado. Entonces Jehová puso señal en Caín, para que no lo matase cualquiera que le hallara.

16 Salió, pues, Caín de delante de Jehová, y habitó en tierra de Nod, al oriente de Edén.

17 Y conoció Caín a su mujer, la cual concibió y dio a luz a Enoc; y edificó una ciudad, y llamó el nombre de la ciudad del nombre de su hijo, Enoc.

18 Y a Enoc le nació Irad, e Irad engendró a Mehujael, y Mehujael engendró a Metusael, y Metusael engendró a Lamec.

19 Y Lamec tomó para sí dos mujeres; el nombre de la una fue Ada, y el nombre de la otra, Zila.

20 Y Ada dio a luz a Jabal, el cual fue padre de los que habitan en tiendas y crían ganados.

21 Y el nombre de su hermano fue Jubal, el cual fue padre de todos los que tocan arpa y flauta.

22 Y Zila también dio a luz a Tubal-caín, artífice de toda obra de bronce y de hierro; y la hermana de Tubal-caín fue Naama.

23 Y dijo Lamec a sus mujeres:
Ada y Zila, oíd mi voz;
Mujeres de Lamec, escuchad mi dicho:
Que un varón maté por mi herida,
Y un joven por mi golpe.

24 Si siete veces será vengado Caín, Lamec en verdad setenta veces siete lo será.

25 Y conoció de nuevo Adán a su mujer, la cual dio a luz un hijo, y llamó su nombre Set: Porque Dios (dijo ella) me ha sustituido otro hijo en lugar de Abel, a quien mató Caín.

26 Y a Set también le nació un hijo, y llamó su nombre Enós. Entonces los hombres comenzaron a invocar el nombre de Jehová.

Genealogía de Adán

5 Este es el libro de los descendientes de Adán. El día en que creó Dios al hombre, a semejanza de Dios lo hizo.

2 Varón y hembra los creó; y los bendijo, y llamó el nombre de ellos Adán, el día en que fueron creados.

3 Y vivió Adán ciento treinta años, y engendró un hijo a su semejanza, conforme a su imagen, y llamó su nombre Set.

4 Y fueron los días de Adán después que engendró a Set, ochocientos años, y engendró hijos e hijas.

5 Y fueron todos los días que vivió Adán novecientos treinta años; y murió.

6 Vivió Set ciento cinco años, y engendró a Enós.

7 Y vivió Set, después que engendró a Enós, ochocientos siete años, y engendró hijos e hijas.

8 Y fueron todos los días de Set novecientos doce años; y murió.

9 Vivió Enós noventa años, y engendró a Cainán.

10 Y vivió Enós, después que engendró a Cainán, ochocientos quince años, y engendró hijos e hijas.

11 Y fueron todos los días de Enós novecientos cinco años; y murió.

12 Vivió Cainán setenta años, y engendró a Mahalaleel.

13 Y vivió Cainán, después que engendró a Mahalaleel, ochocientos cuarenta años, y engendró hijos e hijas.

14 Y fueron todos los días de Cainán novecientos diez años; y murió.

15 Vivió Mahalaleel sesenta y cinco años, y engendró a Jared.

16 Y vivió Mahalaleel, después que engendró a Jared, ochocientos treinta años, y engendró hijos e hijas.

17 Y fueron todos los días de Mahalaleel ochocientos noventa y cinco años; y murió.

18 Vivió Jared ciento sesenta y dos años, y engendró a Enoc.

19 Y vivió Jared, después que engendró a Enoc, ochocientos años, y engendró hijos e hijas.

20 Y fueron todos los días de Jared novecientos sesenta y dos años; y murió.

21 Vivió Enoc sesenta y cinco años, y engendró a Matusalén.

22 Y caminó Enoc con Dios, después que engendró a Matusalén, trescientos años, y engendró hijos e hijas.

23 Y fueron todos los días de Enoc trescientos sesenta y cinco años.

24 Caminó, pues, Enoc con Dios, y desapareció, porque le llevó Dios.

25 Vivió Matusalén ciento ochenta y siete años, y engendró a Lamec.

26 Y vivió Matusalén, después que engendró a Lamec, setecientos ochenta y dos años, y engendró hijos e hijas.

27 Fueron, pues, todos los días de Matusalén, novecientos sesenta y nueve años; y murió.

28 Vivió Lamec ciento ochenta y dos años, y engendró un hijo;

29 y llamó su nombre Noé, diciendo: Este nos aliviará de nuestras obras y del trabajo de nuestras manos, a causa de la tierra que Jehová maldijo.

30 Y vivió Lamec, después que engendró a Noé, quinientos noventa y cinco años, y engendró hijos e hijas.

31 Y fueron todos los días de Lamec setecientos setenta y siete años; y murió.

32 Y siendo Noé de quinientos años, engendró a Sem, a Cam y a Jafet.

Los motivos del diluvio

6 Aconteció que cuando comenzaron los hombres a multiplicarse sobre la faz de la tierra, y les nacieron hijas,

2 que viendo los hijos de Dios que las hijas de los hombres eran hermosas, tomaron para sí mujeres, escogiendo entre todas.

3 Y dijo Jehová: No contenderá mi espíritu con el hombre para siempre, porque ciertamente él es carne; mas serán sus días ciento veinte años.

4 Había gigantes en la tierra en aquellos días, y también después que se llegaron los hijos de Dios a las hijas de los hombres, y les engendraron hijos. Estos fueron los valientes que desde la antigüedad fueron varones de renombre.

5 Y vio Jehová que la maldad de los hombres era mucha en la tierra, y que todo designio de los pensamientos del corazón de ellos era de continuo solamente el mal.

6 Y se arrepintió Jehová de haber hecho al hombre en la tierra, y le dolió en su corazón.

7 Y dijo Jehová: Raeré de sobre la faz de la tierra a los hombres que he creado, desde el hombre hasta la bestia, y hasta el reptil y las aves del cielo; pues me arrepiento de haberlos hecho.

8 Pero Noé halló gracia ante los ojos de Jehová.

Noé construye el arca

9 Estas son las generaciones de Noé: Noé, varón justo, era perfecto en su conducta; con Dios caminó Noé.

10 Y engendró Noé tres hijos: a Sem, a Cam y a Jafet.

11 Y se corrompió la tierra delante de Dios, y estaba la tierra llena de violencia.

12 Y miró Dios la tierra, y he aquí que estaba corrompida; porque toda carne había corrompido su camino sobre la tierra.

13 Dijo, pues, Dios a Noé: He decidido el fin de todo ser, porque la tierra está llena de violencia a causa de ellos; y he aquí que yo los destruiré con la tierra.

14 Hazte un arca de madera de gofer; harás aposentos en el arca, y la calafatearás con brea por dentro y por fuera.

15 Y de esta manera la harás: de trescientos codos la longitud del arca, de cincuenta codos su anchura, y de treinta codos su altura.

16 Una ventana harás al arca, y la acabarás a un codo de elevación por la parte de arriba; y pondrás la puerta del arca a su lado; y le harás piso bajo, segundo y tercero.

17 Y he aquí que yo traigo un diluvio de aguas sobre la tierra, para destruir toda carne en que haya espíritu de vida debajo del cielo; todo lo que hay en la tierra morirá.

18 Mas estableceré mi pacto contigo, y entrarás en el arca tú, tus hijos, tu mujer, y las mujeres de tus hijos contigo.

19 Y de todo lo que vive, de toda carne, dos de cada especie meterás en el arca, para que tengan vida contigo; macho y hembra serán.

20 De las aves según su especie, y de las bestias según su especie, de todo reptil de la tierra según su especie, dos de cada especie entrarán contigo, para que tengan vida.

21 Y toma contigo de todo alimento que se come, y almacénalo, y servirá de sustento para ti y para ellos.

22 Así lo hizo Noé; hizo conforme a todo lo que Dios le mandó.

Noé en el arca

7 Dijo luego Jehová a Noé: Entra tú y toda tu casa en el arca; porque a ti te he visto justo delante de mí en esta generación.

2 De todo animal limpio tomarás siete parejas, macho y su hembra; mas de los animales que no son limpios, una pareja, el macho y su hembra.

3 Asimismo de las aves de los cielos, siete parejas, macho y hembra, para conservar viva la especie sobre el haz de la tierra.

4 Porque pasados aún siete días, yo haré llover sobre la tierra cuarenta días y cuaren-

ta noches; y raeré de sobre el haz de la tierra a todo ser viviente que hice.

5 E hizo Noé conforme a todo lo que le mandó Jehová.

6 Era Noé de seiscientos años cuando el diluvio de las aguas vino sobre la tierra.

7 Y por causa de las aguas del diluvio entró Noé en el arca, y con él sus hijos, su mujer, y las mujeres de sus hijos.

8 De los animales limpios, y de los animales que no eran limpios, y de las aves, y de todo lo que se arrastra sobre la tierra,

9 de dos en dos entraron con Noé en el arca; macho y hembra, como mandó Dios a Noé.

10 Y sucedió que al séptimo día las aguas del diluvio vinieron sobre la tierra.

11 El año seiscientos de la vida de Noé, en el mes segundo, a los diecisiete días del mes, aquel día fueron rotas todas las fuentes del gran abismo, y las cataratas de los cielos fueron abiertas,

12 y hubo lluvia sobre la tierra cuarenta días y cuarenta noches.

13 En aquel mismo día entraron Noé, y Sem, Cam y Jafet hijos de Noé, la mujer de Noé, y las tres mujeres de sus hijos, con él en el arca;

14 ellos, y todos los animales silvestres según sus especies, y todos los animales domesticados según sus especies, y todo reptil que se arrastra sobre la tierra según su especie, y toda ave según su especie, y todo pájaro y ser alado de toda especie.

15 Vinieron, pues, a Noé al arca, de dos en dos de toda carne en que había espíritu de vida.

16 Y los que vinieron, macho y hembra de toda carne vinieron, como le había mandado Dios; y Jehová le cerró la puerta.

17 Y fue el diluvio cuarenta días sobre la tierra; y las aguas crecieron, y alzaron el arca, y se elevó sobre la tierra.

18 Y subieron las aguas y crecieron en gran manera sobre la tierra; y flotaba el arca sobre la superficie de las aguas.

19 Y las aguas subieron mucho sobre la tierra; y todos los montes altos que había debajo de todos los cielos, fueron cubiertos.

20 Quince codos más alto subieron las aguas, después que fueron cubiertos los montes.

21 Y murió toda carne que se mueve sobre la tierra, así de aves como de ganado y de bestias, y de todo reptil que se arrastra sobre la tierra, y todo hombre.

22 Todo lo que tenía aliento de espíritu de vida en sus narices, todo lo que había en la tierra, murió.

23 Así fue destruido todo ser que vivía sobre la faz de la tierra, desde el hombre hasta la bestia, los reptiles, y las aves del cielo; y fueron raídos de la tierra, y quedó

solamente Noé, y los que con él estaban en el arca.

24 Y prevalecieron las aguas sobre la tierra ciento cincuenta días.

8 Y se acordó Dios de Noé, y de todos los animales, y de todas las bestias que estaban con él en el arca; e hizo pasar Dios un viento sobre la tierra, y disminuyeron las aguas.

2 Y se cerraron las fuentes del abismo y las cataratas de los cielos; y la lluvia de los cielos fue detenida.

3 Y las aguas decrecían gradualmente de sobre la tierra; y se retiraron las aguas al cabo de ciento cincuenta días.

4 Y reposó el arca en el mes séptimo, a los diecisiete días del mes, sobre los montes de Ararat.

5 Y las aguas fueron decreciendo hasta el mes décimo; en el décimo, al primero del mes, se descubrieron las cimas de los montes.

6 Sucedió que al cabo de cuarenta días abrió Noé la ventana del arca que había hecho,

7 y envió un cuervo, el cual salió, y estuvo yendo y volviendo hasta que las aguas se secaron sobre la tierra.

8 Envió también de sí una paloma, para ver si las aguas se habían retirado de sobre la faz de la tierra.

9 Y no halló la paloma donde sentar la planta de su pie, y volvió a él al arca, porque las aguas estaban aún sobre la faz de toda la tierra. Entonces él extendió su mano, y tomándola, la hizo entrar consigo en el arca.

10 Esperó aún otros siete días, y volvió a enviar la paloma fuera del arca.

11 Y la paloma volvió a él a la hora de la tarde; y he aquí que traía una hoja de olivo en el pico; y entendió Noé que las aguas se habían retirado de sobre la tierra.

12 Y esperó aún otros siete días, y envió la paloma, la cual no volvió ya más a él.

13 Y sucedió que en el año seiscientos uno de Noé, en el mes primero, el día primero del mes, las aguas se secaron sobre la tierra; y quitó Noé la cubierta del arca, y miró, y he aquí que la faz de la tierra estaba seca.

14 Y en el mes segundo, a los veintisiete días del mes, se secó la tierra.

15 Entonces habló Dios a Noé, diciendo:

16 Sal del arca tú, y tu mujer, y tus hijos, y las mujeres de tus hijos contigo.

17 Todos los animales que están contigo de toda carne, de aves y de bestias y de todo reptil que se arrastra sobre la tierra, sacarás contigo; y vayan por la tierra, y fructifiquen y multiplíquense sobre la tierra.

18 Entonces salió Noé, y sus hijos, su mujer, y las mujeres de sus hijos con él.

19 Todos los animales, y todo reptil y toda ave, todo lo que se mueve sobre la tierra según sus especies, salieron del arca.

20 Y edificó Noé un altar a Jehová, y tomó de todo animal limpio y de toda ave limpia, y ofreció holocausto en el altar.

21 Y percibió Jehová olor grato; y dijo Jehová en su corazón: No volveré más a maldecir la tierra por causa del hombre; porque el intento del corazón del hombre es malo desde su juventud; ni volveré más a destruir todo ser viviente, como he hecho.

22 Mientras la tierra permanezca, no cesarán la sementera y la siega, el frío y el calor, el verano y el invierno, y el día y la noche.

Pacto de Dios con Noé

9 Bendijo Dios a Noé y a sus hijos, y les dijo: Fructificad y multiplicaos, y llenad la tierra.

2 El temor y el miedo de vosotros estarán sobre todo animal de la tierra, y sobre toda ave de los cielos, en todo lo que se mueva sobre la tierra, y en todos los peces del mar; en vuestra mano son entregados.

3 Todo lo que se mueve y vive, os será para mantenimiento: así como las legumbres y plantas verdes, os lo he dado todo.

4 Pero carne con su vida, que es su sangre, no comeréis.

5 Porque ciertamente, demandaré la sangre de vuestras vidas; de mano de todo animal la demandaré, y de mano del hombre; de mano del varón su hermano demandaré la vida del hombre.

6 El que derrame sangre de hombre, por el hombre su sangre será derramada; porque a imagen de Dios es hecho el hombre.

7 Mas vosotros fructificad y multiplicaos; procread abundantemente en la tierra, y multiplicaos en ella.

8 Y habló Dios a Noé y a sus hijos con él, diciendo:

9 He aquí que yo establezco mi pacto con vosotros, y con vuestros descendientes después de vosotros;

10 y con todo ser viviente que está con vosotros; aves, animales y toda bestia de la tierra que está con vosotros, desde todos los que salieron del arca hasta todo animal de la tierra.

11 Estableceré mi pacto con vosotros, y no exterminaré ya más toda carne con aguas de diluvio, ni habrá más diluvio para destruir la tierra.

12 Y dijo Dios: Esta será la señal del pacto que yo establezco entre mí y vosotros y todo ser viviente que está con vosotros, por siglos perpetuos:

13 Mi arco he puesto en las nubes, el cual será por señal del pacto entre mí y la tierra.

14 Y sucederá que cuando haga venir nubes sobre la tierra, se dejará ver entonces mi arco en las nubes.

15 Y me acordaré del pacto mío, que hay entre mí y vosotros y todo ser viviente de toda carne; y no habrá más diluvio de aguas para destruir toda carne.

16 Estará el arco en las nubes, y lo veré, y me acordaré del pacto perpetuo entre Dios y todo ser viviente, con toda carne que hay sobre la tierra.

17 Dijo, pues, Dios a Noé: Esta es la señal del pacto que he establecido entre mí y toda carne que está sobre la tierra.

Embriaguez de Noé

18 Y los hijos de Noé que salieron del arca fueron Sem, Cam y Jafet; y Cam es el padre de Canaán.

19 Estos tres son los hijos de Noé, y de ellos fue llena toda la tierra.

20 Después comenzó Noé a labrar la tierra, y plantó una viña;

21 y bebió del vino, y se embriagó, y estaba descubierto en medio de su tienda.

22 Y Cam, padre de Canaán, vio la desnudez de su padre, y lo dijo a sus dos hermanos que estaban afuera.

23 Entonces Sem y Jafet tomaron la ropa, y la pusieron sobre sus propios hombros, y andando hacia atrás, cubrieron la desnudez de su padre, teniendo vueltos sus rostros, y así no vieron la desnudez de su padre.

24 Y despertó Noé de su embriaguez, y supo lo que había hecho con él su hijo más joven,

25 y dijo:
Maldito sea Canaán;
Siervo de siervos será a sus hermanos.

26 Dijo más:
Bendito por Jehová mi Dios sea Sem,
Y sea Canaán su siervo.

27 Engrandezca Dios a Jafet,
Y habite en las tiendas de Sem,
Y sea Canaán su siervo.

28 Y vivió Noé después del diluvio trescientos cincuenta años.

29 Y fueron todos los días de Noé novecientos cincuenta años; y murió.

Generaciones de los hijos de Noé

10 Esta es la descendencia de los hijos de Noé: Sem, Cam y Jafet, a quienes nacieron hijos después del diluvio.

2 Los hijos de Jafet: Gomer, Magog, Maday, Javán, Tubal, Mesec y Tiras.

3 Los hijos de Gomer: Askenaz, Rifat y Togarma.

4 Los hijos de Javán: Elisa, Tarsis, Quitim y Dodanim.

5 De éstos se poblaron las costas, cada cual según su lengua, conforme a sus familias en sus naciones.

6 Los hijos de Cam: Cus, Mizraim, Fut y Canaán.

7 Y los hijos de Cus: Seba, Havila, Sabta, Raama y Sabteca. Y los hijos de Raama: Seba y Dedán.

8 Y Cus engendró a Nimrod, quien llegó a ser el primer poderoso en la tierra.

9 Este fue vigoroso cazador delante de Jehová; por lo cual se dice: Así como Nimrod, vigoroso cazador delante de Jehová.

10 Y fue el comienzo de su reino Babel, Erec, Acad y Calne, en la tierra de Sinar.

11 De esta tierra salió para Asiria, y edificó Nínive, Rehobot, Cala,

12 y Resén entre Nínive y Cala, la cual es ciudad grande.

13 Mizraim engendró a Ludim, a Anamim, a Lehabim, a Naftuhim,

14 a Patrusim, a Casluhim, de donde salieron los filisteos, y a Caftorim.

15 Y Canaán engendró a Sidón su primogénito, a Het,

16 al jebuseo, al amorreo, al gergeseo,

17 al heveo, al araceo, al sineo,

18 al arvadeo, al zemareo y al hamateo; y después se dispersaron las familias de los cananeos.

19 Y fue el territorio de los cananeos desde Sidón, en dirección a Gerar, hasta Gaza; y en dirección de Sodoma, Gomorra, Adma y Zeboim, hasta Lasa.

20 Estos son los hijos de Cam por sus familias, por sus lenguas, en sus tierras, en sus naciones.

21 También le nacieron hijos a Sem, padre de todos los hijos de Heber, y hermano mayor de Jafet.

22 Los hijos de Sem fueron Elam, Asur, Arfaxad, Lud y Aram.

23 Y los hijos de Aram: Uz, Hul, Geter y Mas.

24 Arfaxad engendró a Sala, y Sala engendró a Heber.

25 Y a Heber nacieron dos hijos: el nombre del uno fue Peleg, porque en sus días fue repartida la tierra; y el nombre de su hermano, Joctán.

26 Y Joctán engendró a Almodad, Selef, Hazar-mavet, Jera,

27 Adoram, Uzal, Dicla,

28 Obal, Abimael, Seba,

29 Ofir, Havila y Jobab; todos estos fueron hijos de Joctán.

30 Y la tierra en que habitaron fue desde Mesa en dirección de Sefar, hasta la región montañosa del oriente.

31 Estos fueron los hijos de Sem por sus familias, por sus lenguas, en sus tierras, en sus naciones.

32 Estas son las familias de los hijos de Noé por sus descendencias, en sus naciones; y de éstos se esparcieron las naciones en la tierra después del diluvio.

La torre de Babel

11 Era entonces toda la tierra de una sola lengua y unas mismas palabras.

2 Y aconteció que cuando salieron de oriente, hallaron una llanura en la tierra de Sinar, y se establecieron allí.

3 Y se dijeron unos a otros: Vamos, hagamos ladrillo y cozámoslo con fuego. Y les sirvió el ladrillo en lugar de piedra, y el asfalto en lugar de mezcla.

4 Y dijeron: Vamos, edifiquémonos una ciudad y una torre, cuya cúspide llegue al cielo; y hagámonos un nombre, por si fuésemos esparcidos sobre la faz de toda la tierra.

5 Y descendió Jehová para ver la ciudad y la torre que edificaban los hijos de los hombres.

6 Y dijo Jehová: He aquí el pueblo es uno, y todos éstos tienen un solo lenguaje; han comenzado la obra, y nada les hará desistir ahora de lo que han pensado hacer.

7 Ahora, pues, descendamos, y confundamos allí su lengua, para que ninguno entienda el habla de su compañero.

8 Así los esparció Jehová desde allí sobre la faz de toda la tierra, y dejaron de edificar la ciudad.

9 Por esto fue llamado el nombre de ella Babel, porque allí confundió Jehová el lenguaje de toda la tierra, y desde allí los esparció sobre la faz de toda la tierra.

Generaciones de Sem

10 Estos son los descendientes de Sem: Sem, de edad de cien años, engendró a Arfaxad, dos años después del diluvio.

11 Y vivió Sem, después que engendró a Arfaxad, quinientos años, y engendró hijos e hijas.

12 Arfaxad vivió treinta y cinco años, y engendró a Sala.

13 Y vivió Arfaxad, después que engendró a Sala, cuatrocientos tres años, y engendró hijos e hijas.

14 Sala vivió treinta años, y engendró a Heber.

15 Y vivió Sala, después que engendró a Heber, cuatrocientos tres años, y engendró hijos e hijas.

16 Heber vivió treinta y cuatro años, y engendró a Peleg.

17 Y vivió Heber, después que engendró a Peleg, cuatrocientos treinta años, y engendró hijos e hijas.

18 Peleg vivió treinta años, y engendró a Reu.

19 Y vivió Peleg, después que engendró a Reu, doscientos nueve años, y engendró hijos e hijas.

20 Reu vivió treinta y dos años, y engendró a Serug.

21 Y vivió Reu, después que engendró a Serug, doscientos siete años, y engendró hijos e hijas.

22 Serug vivió treinta años, y engendró a Nacor.

23 Y vivió Serug, después que engendró a Nacor, doscientos años, y engendró hijos e hijas.

24 Nacor vivió veintinueve años, y engendró a Taré.

25 Y vivió Nacor, después que engendró a Taré, ciento diecinueve años, y engendró hijos e hijas.

26 Taré vivió setenta años, y engendró a Abram, a Nacor y a Harán.

Generaciones de Taré

27 Estos son los descendientes de Taré: Taré engendró a Abram, a Nacor y a Harán; y Harán engendró a Lot.

28 Y murió Harán antes que su padre Taré en la tierra de su nacimiento, en Ur de los caldeos.

29 Y tomaron Abram y Nacor para sí mujeres; el nombre de la mujer de Abram era Saray, y el nombre de la mujer de Nacor, Milca, hija de Harán, padre de Milca y de Isca.

30 Mas Saray era estéril, y no tenía hijo.

31 Y tomó Taré a Abram su hijo, y a Lot hijo de Harán, hijo de su hijo, y a Saray su nuera, mujer de Abram su hijo, y salió con ellos de Ur de los caldeos, para ir a la tierra de Canaán; y vinieron hasta Harán, y se quedaron allí.

32 Y fueron los días de Taré doscientos cinco años; y murió Taré en Harán.

Llamamiento de Abram

12 Pero Jehová había dicho a Abram: Vete de tu tierra y de tu parentela, y de la casa de tu padre, a la tierra que te mostraré.

2 Y haré de ti una nación grande, y te bendeciré, y engrandeceré tu nombre, y serás bendición.

3 Bendeciré a los que te bendigan, y a los que te maldigan maldeciré; y serán benditas en ti todas las familias de la tierra.

4 Y se fue Abram, como Jehová le dijo; y

Lot fue con él. Y era Abram de edad de setenta y cinco años cuando salió de Harán.

5 Tomó, pues, Abram a Saray su mujer, y a Lot hijo de su hermano, y todos sus bienes que habían ganado y las personas que habían adquirido en Harán, y salieron para ir a tierra de Canaán; y a tierra de Canaán llegaron.

6 Y pasó Abram por aquella tierra hasta el lugar de Siquem, hasta el valle de Moré; y el cananeo estaba entonces en la tierra.

7 Y se apareció Jehová a Abram, y le dijo: A tu descendencia daré esta tierra. Y edificó allí un altar a Jehová, quien se le había aparecido.

8 Luego pasó de allí a un monte al oriente de Betel, y plantó su tienda, teniendo a Betel al occidente y Hai al oriente; y edificó allí altar a Jehová, e invocó el nombre de Jehová.

9 Y Abram partió de allí, caminando y yendo hacia el Néguev.

Abram va a Egipto

10 Y hubo hambre en la tierra, y descendió Abram a Egipto para morar allá; porque era grande el hambre en la tierra.

11 Y aconteció que cuando estaba para entrar en Egipto, dijo a Saray su mujer: He aquí, ahora conozco que eres mujer de hermoso aspecto;

12 y cuando te vean los egipcios, dirán: Su mujer es; y me matarán a mí, y a ti te reservarán la vida.

13 Ahora, pues, di que eres mi hermana, para que me vaya bien por causa tuya, y viva mi alma por causa de ti.

14 Y aconteció que cuando entró Abram en Egipto, los egipcios vieron que la mujer era hermosa en gran manera.

15 También la vieron los príncipes de Faraón, y la alabaron delante de él; y fue llevada la mujer a casa de Faraón.

16 E hizo bien a Abram por causa de ella; y él tuvo ovejas, vacas, asnos, siervos, criadas, asnas y camellos.

17 Mas Jehová hirió a Faraón y a su casa con grandes plagas, por causa de Saray mujer de Abram.

18 Entonces Faraón llamó a Abram, y le dijo: ¿Qué es esto que has hecho conmigo? ¿Por qué no me declaraste que era tu mujer?

19 ¿Por qué dijiste: Es mi hermana, poniéndome en ocasión de tomarla para mí por mujer? Ahora, pues, he aquí tu mujer; tómala, y vete.

20 Entonces Faraón dio orden a su gente acerca de Abram; y le acompañaron, y a su mujer, con todo lo que tenía.

Separación de Abram y Lot

13 Subió, pues, Abram de Egipto hacia el Néguev, él y su mujer, con todo lo que tenía, y con él Lot.

2 Y Abram era riquísimo en ganado, en plata y en oro.

3 Y volvió por sus jornadas desde el Néguev hacia Betel, hasta el lugar donde había estado antes su tienda entre Betel y Hai,

4 al lugar del altar que había hecho allí antes; e invocó allí Abram el nombre de Jehová.

5 Asimismo, Lot, que andaba con Abram, tenía ovejas, vacas y tiendas.

6 Y la tierra no era suficiente para que habitasen juntos, pues sus posesiones eran muchas, y no podían morar en un mismo lugar.

7 Y hubo contienda entre los pastores del ganado de Abram y los pastores del ganado de Lot; y el cananeo y el ferezeo habitaban entonces en la tierra.

8 Entonces Abram dijo a Lot: No haya ahora altercado entre nosotros dos, entre mis pastores y los tuyos, porque somos hermanos.

9 ¿No está toda la tierra delante de ti? Yo te ruego que te apartes de mí. Si te vas a la mano izquierda, yo iré a la derecha; y si tú a la derecha, yo iré a la izquierda.

10 Y alzó Lot sus ojos, y vio toda la llanura del Jordán, que toda ella era de riego, como el huerto de Jehová, como la tierra de Egipto en la dirección de Zoar, antes que destruyese Jehová a Sodoma y a Gomorra.

11 Entonces Lot escogió para sí toda la llanura del Jordán; y se fue Lot hacia el oriente, y se apartaron el uno del otro.

12 Abraham acampó en la tierra de Canaán, en tanto que Lot habitó en las ciudades de la llanura, y fue poniendo sus tiendas hasta Sodoma.

13 Mas los hombres de Sodoma eran malos y pecadores contra Jehová en gran manera.

14 Y Jehová dijo a Abram, después que Lot se apartó de él: Alza ahora tus ojos, y mira desde el lugar donde estás hacia el norte y el sur, y al oriente y al occidente.

15 Porque toda la tierra que ves, la daré a ti y a tu descendencia para siempre.

16 Y haré tu descendencia como el polvo de la tierra; que si alguno puede contar el polvo de la tierra, también tu descendencia será contada.

17 Levántate, ve por la tierra a lo largo de ella y a su ancho; porque a ti la daré.

18 Abram, pues, removiendo su tienda, vino y moró en el encinar de Mamré, que está en Hebrón, y edificó allí altar a Jehová.

Abram liberta a Lot

14 Y aconteció en los días de Amrafel rey de Sinar, Arioc rey de Elasar, Quedorlaomer rey de Elam, y Tidal rey de Goim,

2 que éstos hicieron guerra contra Bera rey de Sodoma, contra Birsa rey de Gomorra, contra Sinab rey de Adma, contra Semeber rey de Zeboim, y contra el rey de Bela, la cual es Zoar.

3 Todos éstos se juntaron en el valle de Sidim, que es el Mar Salado.

4 Doce años habían servido a Quedorlaomer, y en el decimotercero se rebelaron.

5 Y en el año decimocuarto vino Quedorlaomer, y los reyes que estaban de su parte, y derrotaron a los refaítas en Astarot Karnaim, a los zuzitas en Ham, a los emitas en Save-quiriataim,

6 y a los horeos en el monte de Seir, hasta la llanura de Parán, que está junto al desierto.

7 Y volvieron y vinieron a En-mispat, que es Cadés, y devastaron todo el país de los amalecitas, y también al amorreo que habitaba en Hazezontamar.

8 Y salieron el rey de Sodoma, el rey de Gomorra, el rey de Adma, el rey de Zeboim y el rey de Bela, que es Zoar, y ordenaron contra ellos batalla en el valle de Sidim;

9 esto es, contra Quedorlaomer rey de Elam, Tidal rey de Goim, Amrafel rey de Sinar, y Arioc rey de Elasar; cuatro reyes contra cinco.

10 Y el valle de Sidim estaba lleno de pozos de asfalto; y cuando huyeron el rey de Sodoma y el de Gomorra, algunos cayeron allí; y los demás huyeron al monte.

11 Y tomaron toda la riqueza de Sodoma y de Gomorra, y todas sus provisiones, y se fueron.

12 Tomaron también a Lot, hijo del hermano de Abram, que moraba en Sodoma, y sus bienes, y se fueron.

13 Y vino uno de los que escaparon, y lo anunció a Abram el hebreo, que habitaba en el encinar de Mamré el amorreo, hermano de Escol y hermano de Aner, los cuales eran aliados de Abram.

14 Oyó Abram que su pariente estaba prisionero, y armó a sus criados, los nacidos en su casa, trescientos dieciocho, y los siguió hasta Dan.

15 Y cayó sobre ellos de noche, él y sus siervos, y les atacó, y les fue siguiendo hasta Hoba al norte de Damasco.

16 Y recobró todos los bienes, y también a Lot su pariente y sus bienes, y a las mujeres y demás gente.

Bendición de Melquisedec a Abram

17 Cuando volvía de la derrota de Quedorlaomer y de los reyes que con él estaban, salió el rey de Sodoma a recibirlo al valle de Save, que es el Valle del Rey.

18 Entonces Melquisedec, rey de Salem y sacerdote del Dios Altísimo, sacó pan y vino;

19 y le bendijo, diciendo: Bendito sea Abram del Dios Altísimo, creador de los cielos y de la tierra;

20 y bendito sea el Dios Altísimo, que entregó tus enemigos en tu mano. Y le dio Abram los diezmos de todo.

21 Entonces el rey de Sodoma dijo a Abram: Dame las personas, y toma para ti los bienes.

22 Y respondió Abram al rey de Sodoma: He alzado mi mano a Jehová Dios Altísimo, creador de los cielos y de la tierra,

23 que desde un hilo hasta una correa de calzado, nada tomaré de todo lo que es tuyo, para que no digas: Yo enriquecí a Abram;

24 excepto solamente lo que comieron los jóvenes, y la parte de los varones que fueron conmigo, Aner, Escol y Mamré, los cuales tomarán su parte.

Las promesas divinas y el pacto

15 Después de estas cosas fue la palabra de Jehová a Abram en visión, diciendo: No temas, Abram; yo soy tu escudo, y tu galardón será sobremanera grande.

2 Y respondió Abram: Señor Jehová, ¿qué me darás, siendo así que ando sin hijo, y el mayordomo de mi casa es ese damasceno Eliezer?

3 Dijo también Abram: Mira que no me has dado prole, y he aquí que será mi heredero un esclavo nacido en mi casa.

4 Luego vino a él palabra de Jehová, diciendo: No te heredará éste, sino un hijo tuyo será el que te heredará.

5 Y le sacó fuera y le dijo: Mira ahora los cielos, y cuenta las estrellas, si las puedes contar. Y le dijo: Así será tu descendencia.

6 Y creyó a Jehová, y le fue contado por justicia.

7 Y le dijo: Yo soy Jehová, que te saqué de Ur de los caldeos, para darte a heredar esta tierra.

8 Y él respondió: Señor Jehová, ¿en qué conoceré que la he de heredar?

9 Y le dijo: Tráeme una becerra de tres años, y una cabra de tres años, y un carnero de tres años, una tórtola también y un palomino.

10 Y tomó él todo esto, y los partió por la mitad, y puso cada mitad una enfrente de la otra; mas no partió las aves.

11 Y descendían aves de rapiña sobre los cuerpos muertos, y Abram las ahuyentaba.

12 Mas a la caída del sol sobrecogió el

sueño a Abram, y he aquí que el temor de una gran oscuridad cayó sobre él.

13 Entonces Jehová dijo a Abram: Ten por cierto que tu descendencia morará en tierra ajena, y será esclava allí, y será oprimida cuatrocientos años.

14 Mas también a la nación a la cual servirán, juzgaré yo; y después de esto saldrán con gran riqueza.

15 Y tú vendrás a tus padres en paz, y serás sepultado en buena vejez.

16 Y en la cuarta generación volverán acá; porque aún no ha llegado a su colmo la maldad del amorreo hasta aquí.

17 Y sucedió que puesto el sol, y ya oscurecido, se veía un horno humeando, y una antorcha de fuego que pasaba por entre los animales divididos.

18 En aquel día hizo Jehová un pacto con Abram, diciendo: A tu descendencia daré esta tierra, desde el río de Egipto hasta el río grande, el río Éufrates;

19 la tierra de los ceneos, los cenezeos, los cadmoneos,

20 los heteos, los ferezeos, los refaítas,

21 los amorreos, los cananeos, los gergeseos y los jebuseos.

Nacimiento de Ismael

16 Saray, mujer de Abram, no le daba hijos, pero tenía una sierva egipcia, que se llamaba Agar.

2 Dijo entonces Saray a Abram: Ya ves que Jehová me ha hecho estéril; te ruego, pues, que te llegues a mi sierva; quizá tendré hijos de ella. Y atendió Abram al ruego de Saray.

3 Y Saray mujer de Abram tomó a Agar su sierva egipcia, al cabo de diez años que había habitado Abram en la tierra de Canaán, y la dio por mujer a Abram su marido.

4 Y él se llegó a Agar, la cual concibió; y cuando se vio encinta, miraba con desprecio a su señora.

5 Entonces Saray dijo a Abram: Mi afrenta sea sobre ti; yo te di mi sierva por mujer, y viéndose encinta, me mira con desprecio; juzgue Jehová entre ti y mí.

6 Y respondió Abram a Saray: He aquí, tu sierva está en tu mano; haz con ella lo que bien te parezca. Y como Saray la afligía, ella huyó de su presencia.

7 Y la halló el Ángel de Jehová junto a una fuente de agua en el desierto junto a la fuente que está en el camino de Shur.

8 Y le dijo: Agar, sierva de Saray, ¿de dónde vienes tú, y adónde vas? Y ella respondió: Huyo de delante de Saray mi señora.

9 Y le dijo el Ángel de Jehová: Vuélvete a tu señora, y ponte sumisa bajo su mano.

10 Le dijo también el Ángel de Jehová: Multiplicaré tanto tu descendencia, que no podrá ser contada a causa de la multitud.

11 Además le dijo el Ángel de Jehová: He aquí que has concebido, y darás a luz un hijo, y llamarás su nombre Ismael, porque Jehová ha oído tu aflicción.

12 Y él será hombre fiero; su mano será contra todos, y la mano de todos contra él, y delante de todos sus hermanos habitará.

13 Entonces llamó el nombre de Jehová que con ella hablaba: Tú eres Dios que ve; porque dijo: ¿No he visto también aquí al que me ve?

14 Por lo cual llamó al pozo: Pozo del Viviente-que-me-ve. He aquí está entre Cadés y Bered.

15 Y Agar dio a luz un hijo a Abram, y llamó Abram el nombre del hijo que le dio Agar, Ismael.

16 Era Abram de edad de ochenta y seis años, cuando Agar dio a luz a Ismael.

La circuncisión, señal del pacto

17 Y siendo Abram de edad de noventa y nueve años, se le apareció Jehová y le dijo: Yo soy el Dios Todopoderoso; anda delante de mí y sé perfecto.

2 Y pondré mi pacto entre mí y ti, y te multiplicaré en gran manera.

3 Entonces Abram se postró sobre su rostro, y Dios habló con él, diciendo:

4 He aquí mi pacto es contigo, y serás padre de muchedumbre de gentes.

5 Y no se llamará más tu nombre Abram, sino que será tu nombre Abraham, porque te he puesto por padre de muchedumbre de gentes.

6 Y te multiplicaré en gran manera, y haré naciones de ti, y reyes saldrán de ti.

7 Y estableceré mi pacto entre mí y ti, y tu descendencia después de ti en sus generaciones, por pacto perpetuo, para ser tu Dios, y el de tu descendencia después de ti.

8 Y te daré a ti, y a tu descendencia después de ti, la tierra en que moras, toda la tierra de Canaán en heredad perpetua; y seré el Dios de ellos.

9 Dijo de nuevo Dios a Abraham: En cuanto a ti, guardarás mi pacto, tú y tu descendencia después de ti por sus generaciones.

10 Este es mi pacto, que guardaréis entre mí y vosotros y tu descendencia después de ti: Será circuncidado todo varón de entre vosotros.

11 Circuncidaréis, pues, la carne de vuestro prepucio, y será por señal del pacto entre mí y vosotros.

12 Y de edad de ocho días será circuncidado todo varón entre vosotros por vuestras generaciones; el nacido en casa, y el com-

prado por dinero a cualquier extranjero, que no sea de tu linaje.

13 Debe ser circuncidado el nacido en tu casa, y el comprado por tu dinero; y estará mi pacto en vuestra carne por pacto perpetuo.

14 Y el varón incircunciso, el que no haya circuncidado la carne de su prepucio, aquella persona será cortada de su pueblo; ha violado mi pacto.

15 Dijo también Dios a Abraham: A Saray tu mujer no la llamarás Saray, mas Sara será su nombre.

16 Y la bendeciré, y también te daré de ella hijo; sí, la bendeciré, y vendrá a ser madre de naciones; reyes de pueblos vendrán de ella.

17 Entonces Abraham se postró sobre su rostro, y se rió, y dijo en su corazón: ¿A hombre de cien años ha de nacer hijo? ¿Y Sara, ya de noventa años, ha de concebir?

18 Y dijo Abraham a Dios: Ojalá Ismael viva delante de ti.

19 Respondió Dios: Ciertamente Sara tu mujer te dará a luz un hijo, y llamarás su nombre Isaac; y confirmaré mi pacto con él como pacto perpetuo para sus descendientes después de él.

20 Y en cuanto a Ismael, también te he oído; he aquí que le bendeciré, y le haré fructificar y multiplicar mucho en gran manera; doce príncipes engendrará, y haré de él una gran nación.

21 Mas yo estableceré mi pacto con Isaac, el que Sara te dará a luz por este tiempo el año que viene.

22 Y acabó de hablar con él, y subió Dios de estar con Abraham.

23 Entonces tomó Abraham a Ismael su hijo, y a todos los siervos nacidos en su casa, y a todos los comprados por su dinero, a todo varón entre los domésticos de la casa de Abraham, y circuncidó la carne del prepucio de ellos en aquel mismo día, como Dios le había dicho.

24 Era Abraham de edad de noventa y nueve años cuando circuncidó la carne de su prepucio.

25 E Ismael su hijo era de trece años, cuando fue circuncidada la carne de su prepucio.

26 En el mismo día fueron circuncidados Abraham e Ismael su hijo.

27 Y todos los varones de su casa, el siervo nacido en casa, y el comprado del extranjero por dinero, fueron circuncidados juntamente con él.

La promesa de Isaac

18 Después le apareció Jehová en el valle de Mamré, estando él sentado a la puerta de su tienda en el calor del día.

2 Y alzó sus ojos y miró, y he aquí tres varones que estaban junto a él; y cuando los vio, salió corriendo de la puerta de su tienda a recibirlos, y se postró en tierra.

3 Y dijo: Señor, si ahora he hallado gracia en tus ojos, te ruego que no pases de tu siervo.

4 Que traigan un poco de agua, y lavad vuestros pies; y recostaos debajo de un árbol,

5 y traeré un bocado de pan, y sustentad vuestro corazón, y después pasaréis; pues por eso habéis pasado cerca de vuestro siervo. Y ellos dijeron: Haz así como has dicho.

6 Entonces Abraham fue de prisa a la tienda a Sara, y le dijo: Toma pronto tres medidas de flor de harina, y amasa y haz panes cocidos debajo del rescoldo.

7 Y corrió Abraham a las vacas, y tomó un becerro tierno y bueno, y lo dio al criado, y éste se dio prisa a prepararlo.

8 Tomó también mantequilla y leche, y el becerro que había preparado, y lo puso delante de ellos; y él se estuvo con ellos debajo del árbol, y comieron.

9 Y le dijeron: ¿Dónde está Sara tu mujer? Y él respondió: Aquí en la tienda.

10 Entonces dijo: De cierto volveré a ti; y según el tiempo de la vida, he aquí que Sara tu mujer tendrá un hijo. Y Sara escuchaba a la puerta de la tienda, que estaba detrás de él.

11 Y Abraham y Sara eran viejos, de edad avanzada; y a Sara le había cesado ya la costumbre de las mujeres.

12 Se rió, pues, Sara entre sí, diciendo: ¿Después que he envejecido tendré deleite, siendo también mi señor ya viejo?

13 Entonces Jehová dijo a Abraham: ¿Por qué se ha reído Sara diciendo: Será cierto que he de dar a luz siendo ya vieja?

14 ¿Hay para Dios alguna cosa difícil? Al tiempo señalado volveré a ti, y según el tiempo de la vida, Sara tendrá un hijo.

15 Entonces Sara negó, diciendo: No me reí; porque tuvo miedo. Y él dijo: No es así, sino que te has reído.

Intercesión de Abraham por Sodoma

16 Los varones se levantaron de allí, y miraron hacia Sodoma; y Abraham iba con ellos acompañándolos.

17 Y Jehová dijo: ¿Encubriré yo a Abraham lo que voy a hacer,

18 habiendo de ser Abraham una nación grande y fuerte, y habiendo de ser benditas en él todas las naciones de la tierra?

19 Porque yo sé que mandará a sus hijos y a su casa después de sí, que guarden el camino de Jehová, haciendo justicia y juicio, para

que haga venir Jehová sobre Abraham lo
que ha hablado acerca de él.
20 Entonces Jehová le dijo: Por cuanto el
clamor contra Sodoma y Gomorra se aumenta más y más, y el pecado de ellos se ha
agravado en extremo,
21 descenderé ahora, y veré si han consumado su obra según el clamor que ha venido
hasta mí; y si no, lo sabré.
22 Y se apartaron de allí los varones, y
fueron hacia Sodoma; pero Abraham estaba aún delante de Jehová.
23 Y se acercó Abraham y dijo: ¿Destruirás
también al justo con el impío?
24 Quizá haya cincuenta justos dentro de la
ciudad: ¿destruirás también y no perdonarás al lugar por amor a los cincuenta justos
que estén dentro de él?
25 Lejos de ti el hacer tal, que hagas morir
al justo con el impío, y que sea el justo
tratado como el impío; nunca tal hagas. El
Juez de toda la tierra, ¿no ha de hacer lo que
es justo?
26 Entonces respondió Jehová: Si hallo en
Sodoma cincuenta justos dentro de la ciudad, perdonaré a todo el lugar por amor de
ellos.
27 Y Abraham replicó y dijo: He aquí
ahora que he comenzado a hablar a mi
Señor, aunque soy polvo y ceniza.
28 Quizá faltarán de cincuenta justos cinco;
¿destruirás por aquellos cinco toda la ciudad? Y dijo: No la destruiré, si hallo allí
cuarenta y cinco.
29 Y volvió a hablarle, y dijo: Quizá se
hallarán allí cuarenta. Y respondió: No lo
haré por amor a los cuarenta.
30 Y dijo: No se enoje ahora mi Señor, si
sigo hablando: quizá se hallarán allí treinta.
Y respondió: No lo haré si hallo allí treinta.
31 Y dijo: He aquí ahora que he emprendido el hablar a mi Señor: quizá se hallarán allí
veinte. No la destruiré, respondió, por amor
a los veinte.
32 Y volvió a decir: No se enoje ahora mi
Señor, y hablaré solamente una vez: quizá
se hallarán allí diez. No la destruiré, respondió, por amor a los diez.
33 Y se fue Jehová luego que acabó de
hablar a Abraham; y Abraham volvió a su
lugar.

Destrucción de Sodoma y Gomorra

19 Llegaron, pues, los dos ángeles a
Sodoma a la caída de la tarde; y Lot
estaba sentado a la puerta de Sodoma. Y
viéndolos Lot, se levantó a recibirlos, y se
inclinó hacia el suelo.
2 y dijo: Ahora, mis señores, os ruego que
vengáis a casa de vuestro siervo y os hospe-
déis, y lavaréis vuestros pies; y por la maña-

na os levantaréis, y seguiréis vuestro camino. Y ellos respondieron: No, que en la calle
nos quedaremos esta noche.
3 Mas él porfió con ellos mucho, y fueron
con él, y entraron en su casa; y les hizo
banquete, y coció panes sin levadura, y
comieron.
4 Pero antes que se acostasen, rodearon la
casa los hombres de la ciudad, los varones
de Sodoma, todo el pueblo junto, desde el
más joven hasta el más viejo.
5 Y llamaron a Lot, y le dijeron: ¿Dónde
están los varones que vinieron a ti esta
noche? Sácalos, para que los conozcamos.
6 Entonces Lot salió a ellos a la puerta, y
cerró la puerta tras sí,
7 y dijo: Os ruego, hermanos míos, que no
hagáis tal maldad.
8 He aquí ahora yo tengo dos hijas que no
han conocido varón; os las sacaré fuera, y
haced de ellas como bien os parezca; solamente que a estos varones no les hagáis
nada, pues vinieron a la sombra de mi
tejado.
9 Y ellos respondieron: Quita allá; y añadieron: Vino este extraño para habitar entre
nosotros, ¿y habrá de erigirse en juez?
Ahora te haremos más mal que a ellos. Y
hacían gran violencia al varón, a Lot, y se
acercaron para romper la puerta.
10 Entonces los varones alargaron la mano,
y metieron a Lot en casa con ellos, y cerraron la puerta.
11 Y a los hombres que estaban a la puerta
de la casa hirieron con ceguera desde el
menor hasta el mayor, de manera que se
fatigaban buscando la puerta.
12 Y dijeron los varones a Lot: ¿Tienes
aquí alguno más? Yernos, y tus hijos y tus
hijas, y todo lo que tienes en la ciudad,
sácalo de este lugar;
13 porque vamos a destruir este lugar, por
cuanto el clamor contra ellos ha subido de
punto delante de Jehová; por tanto, Jehová
nos ha enviado para destruirlo.
14 Entonces salió Lot y habló a sus yernos,
los que habían de tomar sus hijas, y les dijo:
Levantaos, salid de este lugar; porque Jehová va a destruir esta ciudad. Mas pareció a
sus yernos como que se burlaba.
15 Y al rayar el alba, los ángeles daban
prisa a Lot, diciendo: Levántate, toma tu
mujer, y tus dos hijas que se hallan aquí,
para que no perezcas en el castigo de la
ciudad.
16 Y deteniéndose él, los varones asieron
de su mano, y de la mano de su mujer y de
las manos de sus dos hijas, según la misericordia de Jehová para con él; y lo sacaron y
lo pusieron fuera de la ciudad.
17 Y cuando los hubieron llevado fuera,
dijeron: Escapa por tu vida; no mires tras ti,

ni pares en toda esta llanura; escapa al
monte, no sea que perezcas.
18 Pero Lot les dijo: No, yo os ruego,
señores míos.
19 He aquí ahora ha hallado vuestro siervo
gracia en vuestros ojos, y habéis engrandecido vuestra misericordia que habéis hecho
conmigo dándome la vida; mas yo no podré
escapar al monte, no sea que me alcance el
mal, y muera.
20 He aquí ahora esta ciudad está cerca
para huir allá, la cual es pequeña; dejadme
escapar ahora allá (¿no es ella pequeña?), y
salvaré mi vida.
21 Y le respondió: He aquí he recibido
también tu súplica sobre esto, y no destruiré
la ciudad de que has hablado.
22 Date prisa, escápate allá; porque nada
podré hacer hasta que hayas llegado allí.
Por eso fue llamado el nombre de la ciudad,
Zoar.
23 El sol salía sobre la tierra, cuando Lot
llegó a Zoar.
24 Entonces Jehová hizo llover sobre Sodoma y sobre Gomorra azufre y fuego de parte
de Jehová desde los cielos;
25 y destruyó las ciudades, y toda aquella
llanura, con todos los moradores de aquellas ciudades, y el fruto de la tierra.
26 Entonces la mujer de Lot miró atrás, a
espaldas de él, y se volvió estatua de sal.
27 Y subió Abraham por la mañana al lugar
donde había estado delante de Jehová.
28 Y miró hacia Sodoma y Gomorra, y
hacia toda la tierra de aquella llanura miró;
y he aquí que el humo subía de la tierra
como el humo de un horno.

Origen de los moabitas y amonitas

29 Así, cuando destruyó Dios las ciudades
de la llanura, Dios se acordó de Abraham, y
envió fuera a Lot de en medio de la destrucción, al asolar las ciudades donde Lot estaba.
30 Pero Lot subió de Zoar y moró en el
monte, y sus dos hijas con él; porque tuvo
miedo de quedarse en Zoar, y habitó en una
cueva él y sus dos hijas.
31 Entonces la mayor dijo a la menor:
Nuestro padre es viejo, y no queda varón en
la tierra que entre a nosotras conforme a la
costumbre de toda la tierra.
32 Ven, demos a beber vino a nuestro
padre, y durmamos con él, y conservaremos
de nuestro padre descendencia.
33 Y dieron a beber vino a su padre aquella
noche, y entró la mayor, y durmió con su
padre; mas él no sintió cuándo se acostó
ella, ni cuándo se levantó.
34 Al día siguiente, dijo la mayor a la
menor: He aquí, yo dormí la noche pasada

cón mi padre; démosle a beber vino también
esta noche, y entra y duerme con él, para
que conservemos de nuestro padre descendencia.
35 Y dieron a beber vino a su padre también aquella noche, y se levantó la menor, y
durmió con él; pero él no echó de ver
cuándo se acostó ella, ni cuándo se levantó.
36 Y las dos hijas de Lot concibieron de su
padre.
37 Y dio a luz la mayor un hijo, y llamó su
nombre Moab, el cual es padre de los moabitas hasta hoy.
38 La menor también dio a luz un hijo, y
llamó su nombre Ben-ammi, el cual es padre
de los amonitas hasta hoy.

Abraham y Abimelec

20 De allí partió Abraham a la tierra del
Néguev, y acampó entre Cadés y
Shur, y habitó como forastero en Gerar.
2 Y dijo Abraham de Sara su mujer: Es mi
hermana. Y Abimelec rey de Gerar envió y
tomó a Sara.
3 Pero Dios vino a Abimelec en sueños de
noche, y le dijo: He aquí, muerto eres, a
causa de la mujer que has tomado, la cual es
casada con marido.
4 Mas Abimelec no se había llegado a ella,
y dijo: Señor, ¿matarás también al inocente?
5 ¿No me dijo él: Mi hermana es; y ella
también dijo: Es mi hermano? Con sencillez
de mi corazón y con limpieza de mis manos
he hecho esto.
6 Y le dijo Dios en sueños: Yo también sé
que con integridad de tu corazón has hecho
esto; y yo también te detuve de pecar contra
mí, y así no te permití que la tocases.
7 Ahora, pues, devuelve la mujer a su
marido; porque es profeta, y orará por ti, y
vivirás. Y si no la devuelves, sabe que de
cierto morirás tú, y todos los tuyos.
8 Entonces Abimelec se levantó de mañana
y llamó a todos sus siervos, y dijo todas estas
palabras en los oídos de ellos; y temieron los
hombres en gran manera.
9 Después llamó Abimelec a Abraham, y le
dijo: ¿Qué nos has hecho? ¿En qué pequé
yo contra ti, que has atraído sobre mí y
sobre mi reino tan grande pecado? Lo que
no debiste hacer has hecho conmigo.
10 Dijo también Abimelec a Abraham:
¿Qué pensabas, para que hicieses esto?
11 Y Abraham respondió: Porque dije para
mí: Ciertamente no hay temor de Dios en
este lugar, y me matarán por causa de mi
mujer.
12 Y a la verdad también es mi hermana,
hija de mi padre, mas no hija de mi madre, y
la tomé por mujer.

13 Y cuando Dios me hizo salir errante de
la casa de mi padre, yo le dije: Ésta es la
merced que tú harás conmigo, que en todos
los lugares adonde lleguemos, digas de mí:
Mi hermano es.
14 Entonces Abimelec tomó ovejas y vacas, y siervos y siervas, y se los dio a
Abraham, y le devolvió a Sara su mujer.
15 Y dijo Abimelec: He aquí mi tierra está
delante de ti; habita donde bien te parezca.
16 Y a Sara dijo: He aquí he dado mil
monedas de plata a tu hermano; mira que él
te es como un velo para los ojos de todos los
que están contigo, y para con todos; así fue
vindicada.
17 Entonces Abraham oró a Dios; y Dios
sanó a Abimelec y a su mujer, y a sus
siervas, y tuvieron hijos.
18 Porque Jehová había cerrado completamente toda matriz de la casa de Abimelec, a
causa de Sara mujer de Abraham.

Nacimiento de Isaac

21 Y visitó Jehová a Sara, como lo había
dicho, e hizo Jehová con Sara como
había hablado.
2 Y Sara concibió y dio a Abraham un hijo
en su vejez, en el tiempo que Dios le había
dicho.
3 Y llamó Abraham el nombre de su hijo
que le nació, que le dio a luz Sara, Isaac.
4 Y circuncidó Abraham a su hijo Isaac de
ocho días, como Dios le había mandado.
5 Y era Abraham de cien años cuando
nació Isaac su hijo.
6 Entonces dijo Sara: Dios me ha hecho
reír, y cualquiera que lo oiga, se reirá conmigo.
7 Y añadió: ¿Quién hubiera dicho a Abraham que Sara habría de dar de mamar a
hijos? Pues le he dado un hijo en su vejez.

Expulsión de Agar e Ismael

8 Y creció el niño, y fue destetado; e hizo
Abraham gran banquete el día que fue
destetado Isaac.
9 Y vio Sara que el hijo de Agar la egipcia,
el cual ésta le había dado a luz a Abraham,
se burlaba de su hijo Isaac.
10 Por tanto, dijo a Abraham: Echa a esta
sierva y a su hijo, porque el hijo de esta
sierva no ha de heredar con Isaac mi hijo.
11 Este dicho apesadumbró en gran manera a Abraham a causa de su hijo.
12 Entonces dijo Dios a Abraham: No te
apesadumbres a causa del muchacho y de tu
sierva; en todo lo que te dice Sara, oye su
voz, porque en Isaac te será llamada descendencia.

13 Y también del hijo de la sierva haré una
nación, porque es tu descendiente.
14 Entonces Abraham se levantó muy de
mañana, y tomó pan, y un odre de agua, y lo
dio a Agar, poniéndolo sobre su hombro, y
le entregó el muchacho, y la despidió. Y ella
salió y anduvo errante por el desierto de
Beerseba.
15 Y le faltó el agua del odre, y echó al
muchacho debajo de un arbusto,
16 y se fue y se sentó enfrente, a distancia
de un tiro de arco; porque decía: No veré
cuando el muchacho muera. Y cuando ella
se sentó enfrente, el muchacho alzó su voz y
lloró.
17 Y oyó Dios la voz del muchacho; y el
ángel de Dios llamó a Agar desde el cielo, y
le dijo: ¿Qué tienes, Agar? No temas; porque Dios ha oído la voz del muchacho en
donde está.
18 Levántate, alza al muchacho, y sostenlo
con tu mano, porque yo haré de él una gran
nación.
19 Entonces Dios le abrió los ojos, y vio
una fuente de agua; y fue y llenó el odre de
agua, y dio de beber al muchacho.
20 Y Dios estaba con el muchacho; y creció, y habitó en el desierto, y fue tirador de
arco.
21 Y habitó en el desierto de Parán; y su
madre le tomó mujer de la tierra de Egipto.

Pacto de Abraham con Abimelec

22 Y aconteció en aquel mismo tiempo que
habló Abimelec, y Ficol príncipe de su
ejército, a Abraham, diciendo: Dios está
contigo en todo cuanto haces.
23 Ahora, pues, júrame aquí por Dios, que
no faltarás a mí, ni a mi hijo ni a mi nieto,
sino que conforme a la bondad que yo hice
contigo, harás tú conmigo, y con la tierra en
donde has morado.
24 Y respondió Abraham: Lo juro.
25 Y Abraham reconvino a Abimelec a
causa de un pozo de agua, que los siervos de
Abimelec le habían quitado.
26 Y respondió Abimelec: No sé quién
haya hecho esto, ni tampoco tú me lo hiciste
saber, ni yo lo he oído hasta hoy.
27 Y tomó Abraham ovejas y vacas, y dio a
Abimelec, e hicieron ambos pacto.
28 Entonces puso Abraham siete corderas
del rebaño aparte.
29 Y dijo Abimelec a Abraham: ¿Qué significan esas siete corderas que has puesto
aparte?
30 Y él respondió: Que estas siete corderas
tomarás de mi mano, para que me sirvan de
testimonio de que yo cavé este pozo.
31 Por esto llamó a aquel lugar Beerseba;
porque allí juraron ambos.

32 Así hicieron pacto en Beerseba; y se levantó Abimelec, y Ficol príncipe de su ejército, y volvieron a tierra de los filisteos.

33 Y plantó Abraham un árbol tamarisco en Beerseba, e invocó allí el nombre de Jehová Dios eterno.

34 Y habitó Abraham en tierra de los filisteos muchos días.

Sacrificio de Isaac

22 Y aconteció después de estas cosas, que Dios puso a prueba a Abraham, y le dijo: Abraham. Y él respondió: Heme aquí.

2 Y le dijo: Toma ahora tu hijo, tu único, Isaac, a quien amas, y vete a tierra de Moria, y ofrécelo allí en holocausto sobre uno de los montes que yo te diré.

3 Y Abraham se levantó muy de mañana, y enalbardó su asno, y tomó consigo dos siervos suyos, y a Isaac su hijo; y cortó leña para el holocausto, y se levantó, y fue al lugar que Dios le dijo.

4 Al tercer día alzó Abraham sus ojos, y vio el lugar de lejos.

5 Entonces dijo Abraham a sus siervos: Esperad aquí con el asno, y yo y el muchacho iremos hasta allí y adoraremos, y volveremos a vosotros.

6 Y tomó Abraham la leña del holocausto, y la puso sobre Isaac su hijo, y él tomó en su mano el fuego y el cuchillo; e iban ambos juntos.

7 Entonces habló Isaac a Abraham su padre, y le dijo: Padre mío. Y él respondió: Heme aquí, mi hijo. Y él dijo: He aquí el fuego y la leña; mas ¿dónde está el cordero para el holocausto?

8 Y respondió Abraham: Dios se proveerá de cordero para el holocausto, hijo mío. E iban juntos.

9 Y cuando llegaron al lugar que Dios le había dicho, edificó allí Abraham un altar, y compuso la leña, y ató a Isaac su hijo, y lo puso en el altar sobre la leña.

10 Y extendió Abraham su mano y tomó el cuchillo para degollar a su hijo.

11 Entonces el Ángel de Jehová le dio voces desde el cielo, y dijo: Abraham, Abraham. Y él respondió: Heme aquí.

12 Y dijo: No extiendas tu mano sobre el muchacho, ni le hagas nada; porque ya conozco que temes a Dios, por cuanto no me rehusaste tu hijo, tu único.

13 Entonces alzó Abraham sus ojos y miró, y he aquí a sus espaldas un carnero trabado en un zarzal por sus cuernos; y fue Abraham y tomó el carnero, y lo ofreció en holocausto en lugar de su hijo.

14 Y llamó Abraham el nombre de aquel lugar, Jehová proveerá. Por tanto se dice hoy: En el monte de Jehová será provisto.

15 Y llamó el Ángel de Jehová a Abraham segunda vez desde el cielo,

16 y dijo: Por mí mismo he jurado, dice Jehová, que por cuanto has hecho esto, y no me has rehusado tu hijo, tu único hijo;

17 de cierto te bendeciré, y multiplicaré tu descendencia como las estrellas del cielo y como la arena que está a la orilla del mar; y tu descendencia poseerá las puertas de sus enemigos.

18 En tu simiente serán benditas todas las naciones de la tierra, por cuanto obedeciste a mi voz.

19 Y volvió Abraham a sus siervos, y se levantaron y se fueron juntos a Beerseba; y habitó Abraham en Beerseba.

20 Y aconteció después de estas cosas, que fue dada nueva a Abraham, diciendo: He aquí que también Milca ha dado a luz hijos a Nacor tu hermano:

21 Uz su primogénito, Buz su hermano, Kemuel padre de Aram,

22 Quesed, Hazo, Pildas, Jidlaf y Betuel.

23 Y Betuel fue el padre de Rebeca. Estos son los ocho hijos que dio a luz Milca, de Nacor hermano de Abraham.

24 Y su concubina, que se llamaba Reúma, dio a luz también a Teba, a Gaham, a Tahas y a Maaca.

Muerte de Sara

23 Y fue la vida de Sara ciento veintisiete años; tantos fueron los años de la vida de Sara.

2 Y murió Sara en Quiryat-arbá, que es Hebrón, en la tierra de Canaán; y vino Abraham a hacer duelo por Sara, y a llorarla.

3 Y se levantó Abraham de delante de su muerta, y habló a los hijos de Het, diciendo:

4 Extranjero y advenedizo soy entre vosotros; dadme propiedad para sepultura entre vosotros, y sepultaré mi muerta de delante de mí.

5 Y respondieron los hijos de Het a Abraham, y le dijeron:

6 Óyenos, señor nuestro; eres un príncipe de Dios entre nosotros; en lo mejor de nuestros sepulcros sepulta a tu muerta; ninguno de nosotros te negará su sepulcro, ni te impedirá que entierres tu muerta.

7 Y Abraham se levantó, y se inclinó al pueblo de aquella tierra, a los hijos de Het,

8 y habló con ellos, diciendo: Si tenéis voluntad de que yo sepulte mi muerta de delante de mí, oídme, e interceded por mí con Efrón hijo de Zohar,

9 para que me dé la cueva de Macpela, que tiene al extremo de su heredad; que por su

justo precio me la dé, para posesión de
sepultura en medio de vosotros.

10 Este Efrón estaba entre los hijos de Het;
y respondió Efrón heteo a Abraham, en
presencia de los hijos de Het, de todos los
que entraban por la puerta de su ciudad,
diciendo:

11 No, señor mío, óyeme: te doy la heredad, y te doy también la cueva que está en
ella; en presencia de los hijos de mi pueblo
te la doy; sepulta tu muerta.

12 Entonces Abraham se inclinó delante
del pueblo de la tierra,

13 y respondió a Efrón en presencia del
pueblo de la tierra, diciendo: Antes, si te
place, te ruego que me oigas. Yo daré el
precio de la heredad; tómalo de mí, y sepultaré en ella mi muerta.

14 Respondió Efrón a Abraham, diciéndole:

15 Señor mío, escúchame: la tierra vale
cuatrocientos siclos de plata; ¿qué es esto
para ti y para mí? Entierra, pues, tu muerta.

16 Entonces Abraham se convino con
Efrón, y pesó Abraham a Efrón el dinero
que dijo, en presencia de los hijos de Het,
cuatrocientos siclos de plata, de buena ley
entre mercaderes.

17 Y quedó la heredad de Efrón que estaba
en Macpelá al frente de Mamré, la heredad
con la cueva que estaba en ella, y todos los
árboles que había en la heredad, y en todos
sus contornos,

18 como propiedad de Abraham, en presencia de los hijos de Het y de todos los que
entraban por la puerta de la ciudad.

19 Después de esto sepultó Abraham a
Sara su mujer en la cueva de la heredad de
Macpelá al frente de Mamré, que es He-
brón, en la tierra de Canaán.

20 Y quedó la heredad y la cueva que en
ella había, de Abraham, como una posesión
para sepultura, recibida de los hijos de Het.

Casamiento de Isaac

24 Era Abraham ya viejo, y bien entrado en años; y Jehová había bendecido
a Abraham en todo.

2 Y dijo Abraham a un criado suyo, el más
viejo de su casa, que era el que gobernaba
en todo lo que tenía: Pon ahora tu mano
debajo de mi muslo,

3 y te juramentaré por Jehová, Dios de los
cielos y Dios de la tierra, que no tomarás
para mi hijo mujer de las hijas de los
cananeos, entre los cuales yo habito;

4 sino que irás a mi tierra y a mi parentela, y
tomarás mujer para mi hijo Isaac.

5 El criado le respondió: Quizá la mujer no
querrá venir en pos de mí a esta tierra.
¿Volveré, pues, tu hijo a la tierra de donde
saliste?

6 Y Abraham le dijo: Guárdate que no
vuelvas a mi hijo allá.

7 Jehová, Dios de los cielos, que me tomó
de la casa de mi padre y de la tierra de mi
parentela, y me habló y me juró, diciendo:
A tu descendencia daré esta tierra; él enviará su Ángel delante de ti, y tú traerás de allá
mujer para mi hijo.

8 Y si la mujer no quiere venir en pos de ti,
serás libre de este mi juramento; solamente
que no vuelvas allá a mi hijo.

9 Entonces el criado puso su mano debajo
del muslo de Abraham su señor, y le juró
sobre este negocio.

10 Y el criado tomó diez camellos de los
camellos de su señor, y se fue, tomando toda
clase de regalos escogidos de su señor; y
puesto en camino, llegó a Mesopotamia, a la
ciudad de Nacor.

11 E hizo arrodillar los camellos fuera de la
ciudad, junto a un pozo de agua, a la hora de
la tarde, la hora en que salen las doncellas
por agua.

12 Y dijo: Oh Jehová, Dios de mi señor
Abraham, dame, te ruego, el tener hoy
buen encuentro, y haz misericordia con mi
señor Abraham.

13 He aquí yo estoy junto a la fuente de
agua, y las hijas de los varones de esta
ciudad salen por agua.

14 Sea, pues, que la doncella a quien yo
diga: Baja tu cántaro, te ruego, para que yo
beba, y ella responda: Bebe, y también daré
de beber a tus camellos; que sea ésta la que
tú has destinado para tu siervo Isaac; y en
esto conoceré que habrás hecho misericordia con mi señor.

15 Y aconteció que antes que él acabase de
hablar, he aquí Rebeca, que había nacido a
Betuel, hijo de Milca mujer de Nacor hermano de Abraham, la cual salía con su
cántaro sobre su hombro.

16 Y la doncella era de aspecto muy hermoso; virgen, a la que varón no había conocido; la cual descendió a la fuente, y llenó su
cántaro, y se volvía.

17 Entonces el criado corrió hacia ella, y
dijo: Te ruego que me des a beber un poco
de agua de tu cántaro.

18 Ella respondió: Bebe, señor mío; y se
dio prisa a bajar su cántaro sobre su mano, y
le dio a beber.

19 Y cuando acabó de darle de beber, dijo:
También para tus camellos sacaré agua,
hasta que acaben de beber.

20 Y se dio prisa, y vació su cántaro en la
pila, y corrió otra vez al pozo para sacar
agua, y sacó para todos sus camellos.

21 Y el hombre estaba maravillado de ella,
callando, para saber si Jehová había prosperado su viaje, o no.

22 Y cuando los camellos acabaron de

beber, le dio el hombre un pendiente de oro que pesaba medio siclo, y dos brazaletes que pesaban diez,

23 y dijo: ¿De quién eres hija? Te ruego que me digas: ¿hay en casa de tu padre lugar donde posemos?

24 Y ella respondió: Soy hija de Betuel hijo de Milca, el cual ella dio a luz a Nacor.

25 Y añadió: También hay en nuestra casa paja y mucho forraje, y lugar para posar.

26 El hombre entonces se inclinó, y adoró a Jehová,

27 y dijo: Bendito sea Jehová, Dios de mi amo Abraham, que no apartó de mi amo su misericordia y su verdad, guiándome Jehová en el camino a casa de los hermanos de mi amo.

28 Y la doncella corrió, e hizo saber en casa de su madre estas cosas.

29 Y Rebeca tenía un hermano que se llamaba Labán, el cual corrió afuera hacia el hombre, a la fuente.

30 Y cuando vio el pendiente y los brazaletes en las manos de su hermana, que decía: Así me habló aquel hombre, vino a él; y he aquí que estaba con los camellos junto a la fuente.

31 Y le dijo: Ven, bendito de Jehová; ¿por qué estás fuera? He preparado la casa, y el lugar para los camellos.

32 Entonces el hombre vino a casa, y Labán desató los camellos; y les dio paja y forraje, y agua para lavar los pies de él, y los pies de los hombres que con él venían.

33 Y le pusieron delante qué comer; mas él dijo: No comeré hasta que haya dicho mi mensaje. Y él le dijo: Habla.

34 Entonces dijo: Yo soy criado de Abraham.

35 Y Jehová ha bendecido mucho a mi amo, y él se ha engrandecido; y le ha dado ovejas y vacas, plata y oro, siervos y siervas, camellos y asnos.

36 Y Sara, mujer de mi amo, dio a luz en su vejez un hijo a mi señor, quien le ha dado a él todo cuanto tiene.

37 Y mi amo me hizo jurar, diciendo: No tomarás para mi hijo mujer de las hijas de los cananeos, en cuya tierra habito;

38 sino que irás a la casa de mi padre y a mi parentela, y tomarás mujer para mi hijo.

39 Y yo dije: Quizás la mujer no querrá seguirme.

40 Entonces él me respondió: Jehová, en cuya presencia he andado, enviará su ángel contigo, y prosperará tu camino; y tomarás para mi hijo mujer de mi familia y de la casa de mi padre.

41 Entonces serás libre de mi juramento, cuando hayas llegado a mi familia; y si no te la dieren, serás libre de mi juramento.

42 Llegué, pues, hoy a la fuente, y dije:

Jehová, Dios de mi señor Abraham, si tú prosperas ahora mi camino por el cual ando,

43 he aquí yo estoy junto a la fuente de agua; sea, pues, que la doncella que salga por agua, a la cual yo diga: Dame de beber, te ruego, un poco de agua de tu cántaro,

44 y ella me responda: Bebe tú, y también para tus camellos sacaré agua; sea ésta la mujer que destinó Jehová para el hijo de mi señor.

45 Antes que acabase de hablar en mi corazón, he aquí Rebeca, que salía con su cántaro sobre su hombro; y descendió a la fuente, y sacó agua; y le dije: Te ruego que me des de beber.

46 Y bajó prontamente su cántaro de encima de sí, y dijo: Bebe, y también a tus camellos daré de beber. Y bebí, y dio también de beber a mis camellos.

47 Entonces le pregunté, y dije: ¿De quién eres hija? Y ella respondió: Hija de Betuel hijo de Nacor, que le dio a luz Milca. Entonces le puse un pendiente en su nariz, y brazaletes en sus brazos;

48 y me incliné y adoré a Jehová, y bendije a Jehová Dios de mi señor Abraham, que me había guiado por camino de verdad para tomar la hija del hermano de mi señor para su hijo.

49 Ahora, pues, si vosotros hacéis misericordia y verdad con mi señor, declarádmelo; y si no, declarádmelo; y me iré a la diestra o a la siniestra.

50 Entonces Labán y Betuel respondieron y dijeron: De Jehová ha salido esto; no podemos hablarte malo ni bueno.

51 He ahí Rebeca delante de ti; tómala y vete, y sea mujer del hijo de tu señor, como lo ha dicho Jehová.

52 Cuando el criado de Abraham oyó sus palabras, se inclinó en tierra ante Jehová.

53 Y sacó el criado vasos de plata y alhajas de oro, y vestidos, y dio a Rebeca; también dio cosas preciosas a su hermano y a su madre.

54 Y comieron y bebieron él y los varones que venían con él, y durmieron; y levantándose de mañana, dijo: Enviadme a mi señor.

55 Entonces respondieron su hermano y su madre: Espere la doncella con nosotros a lo menos diez días, y después irá.

56 Y él les dijo: No me detengáis, ya que Jehová ha prosperado mi camino; despachadme para que me vaya a mi señor.

57 Ellos respondieron entonces: Llamemos a la doncella y preguntémosle.

58 Y llamaron a Rebeca, y le dijeron: ¿Irás tú con este varón? Y ella respondió: Sí, iré.

59 Entonces dejaron ir a Rebeca su hermana, y su nodriza, y al criado de Abraham y a sus hombres.

60 Y bendijeron a Rebeca, y le dijeron:
Hermana nuestra, sé madre de millares de
millares, y posean tus descendientes la puerta de sus enemigos.
61 Entonces se levantó Rebeca y sus doncellas, y montaron en los camellos, y siguieron
al hombre; y el criado tomó a Rebeca, y se
fue.
62 Y venía Isaac del pozo del Viviente que
me ve; porque él habitaba en el Néguel.
63 Y había salido Isaac a meditar al campo,
a la hora de la tarde; y alzando sus ojos
miró, y he aquí los camellos que venían.
64 Rebeca también alzó sus ojos, y vio a
Isaac, y descendió del camello;
65 porque había preguntado al criado:
¿Quién es ese varón que viene por el campo
hacia nosotros? Y el criado había respondido: Ése es mi señor. Ella entonces tomó el
velo, y se cubrió.
66 Entonces el criado contó a Isaac todo lo
que había hecho.
67 Y la trajo Isaac a la tienda de su madre
Sara, y tomó a Rebeca por mujer, y la amó;
y se consoló Isaac después de la muerte de
su madre.

Descendientes de Abraham y Cetura

25 Y Abraham tomó otra mujer, cuyo
nombre era Cetura,
2 la cual le dio a luz a Zimrán, Jocsán,
Medán, Madián, Isbac y Súa.
3 Y Jocsán engendró a Seba y a Dedán; e
hijos de Dedán fueron Asurim, Letusim y
Leumim.
4 E hijos de Madián: Efa, Efer, Hanoc,
Abida y Elda. Todos estos fueron hijos de
Cetura.
5 Y Abraham dio todo cuanto tenía a Isaac.
6 Pero a los hijos de sus concubinas dio
Abraham dones, y los envió lejos de Isaac su
hijo, mientras él vivía, hacia el oriente, a la
tierra oriental.

Muerte de Abraham

7 Y éstos fueron los días de vida que vivió
Abraham: ciento setenta y cinco años.
8 Y exhaló el espíritu, y murió Abraham en
buena vejez, anciano y lleno de años, y fue
unido a su pueblo.
9 Y lo sepultaron Isaac e Ismael sus hijos en
la cueva de Macpela, en la heredad de Efrón
hijo de Zohar heteo, que está enfrente de
Mamré,
10 heredad que compró Abraham de los
hijos de Het; allí fue sepultado Abraham, y
Sara su mujer.
11 Y sucedió, después de muerto Abraham, que Dios bendijo a Isaac su hijo; y

habitó Isaac junto al pozo del Viviente que
me ve.
12 Y éstos son los descendientes de Ismael
hijo de Abraham, a quien le dio a luz Agar
egipcia, sierva de Sara;
13 éstos, pues, son los nombres de los hijos
de Ismael, nombrados en el orden de su
nacimiento: El primogénito de Ismael, Nebaiot; luego Cedar, Adbeel, Mibsam,
14 Misma, Duma, Massa,
15 Hadar, Tema, Jetur, Nafis y Cedema.
16 Éstos son los hijos de Ismael, y éstos sus
nombres, por sus villas y por sus campamentos; doce príncipes por sus familias.
17 Y éstos fueron los años de la vida de
Ismael, ciento treinta y siete años; y exhaló
el espíritu Ismael, y murió, y fue unido a su
pueblo.
18 Y habitaron desde Havilá hasta Shur,
que está enfrente de Egipto viniendo a
Asiria; y murió en presencia de todos sus
hermanos.
19 Y éstos son los descendientes de Isaac
hijo de Abraham: Abraham engendró a
Isaac.
20 Y era Isaac de cuarenta años cuando
tomó por mujer a Rebeca, hija de Betuel
arameo de Padán-aram, hermana de Labán
arameo.
21 Y oró Isaac a Jehová por su mujer, que
era estéril; y lo aceptó Jehová, y concibió
Rebeca su mujer.
22 Y los hijos luchaban dentro de ella; y
dijo: Si es así, ¿para qué vivo yo? Y fue a
consultar a Jehová;
23 y le respondió Jehová:
    Dos naciones hay en tu seno,
    Y dos pueblos serán divididos desde tus
      entrañas;
    Y uno de esos pueblos será más fuerte
      que el otro,
    Y el mayor servirá al menor.
24 Cuando se cumplieron sus días para dar
a luz, he aquí había gemelos en su vientre.
25 Y salió el primero pelirrojo, y era todo
velludo como una pelliza; y llamaron su
nombre Esaú.
26 Después salió su hermano, trabada su
mano al talón de Esaú; y fue llamado su
nombre Jacob. Y era Isaac de edad de
sesenta años cuando ella los dio a luz.

Esaú vende la primogenitura

27 Y crecieron los niños, y Esaú fue diestro
en la caza, hombre del campo; pero Jacob
era varón quieto, que habitaba en tiendas.
28 Y amó Isaac a Esaú, porque comía de su
caza; mas Rebeca amaba a Jacob.
29 Y guisó Jacob un potaje; y volviendo
Esaú del campo, cansado,
30 dijo a Jacob: Te ruego que me des a

comer de ese guiso rojo, pues estoy muy
cansado. Por tanto fue llamado su nombre
Edom.

31 Y Jacob respondió: Véndeme en este día
tu primogenitura.

32 Entonces dijo Esaú: He aquí yo me voy a
morir; ¿para qué, pues, me servirá la primogenitura?

33 Y dijo Jacob: Júramelo en este día. Y él
le juró, y vendió a Jacob su primogenitura.

34 Entonces Jacob dio a Esaú pan y del
guisado de las lentejas; y él comió y bebió, y
se levantó y se fue. Así menospreció Esaú la
primogenitura.

Isaac en Gerar

26 Hubo después hambre en la tierra,
además de la primera hambre que
hubo en los días de Abraham; y se fue Isaac
a Abimelec rey de los filisteos, en Gerar.

2 Y se le apareció Jehová, y le dijo: No
desciendas a Egipto; habita en la tierra que
yo te diré.

3 Habita como forastero en esta tierra, y
estaré contigo, y te bendeciré; porque a ti y
a tu descendencia daré todas estas tierras, y
confirmaré el juramento que hice a Abraham tu padre.

4 Multiplicaré tu descendencia como las
estrellas del cielo, y daré a tu descendencia
todas estas tierras; y todas las naciones de la
tierra serán benditas en tu simiente,

5 por cuanto oyó Abraham mi voz, y guardó mi precepto, mis mandamientos, mis
estatutos y mis leyes.

6 Habitó, pues, Isaac en Gerar.

7 Y los hombres de aquel lugar le preguntaron acerca de su mujer; y él respondió: Es
mi hermana; porque tuvo miedo de decir:
Es mi mujer; pensando que tal vez los
hombres del lugar lo matarían por causa de
Rebeca, pues ella era de hermoso aspecto.

8 Sucedió que después que él estuvo allí
muchos días, Abimelec, rey de los filisteos,
mirando por una ventana, vio a Isaac que
acariciaba a Rebeca su mujer.

9 Y llamó Abimelec a Isaac, y dijo: He aquí
ella es de cierto tu mujer. ¿Cómo, pues,
dijiste: Es mi hermana? E Isaac le respondió: Porque dije: Quizá moriré por causa de
ella.

10 Y Abimelec dijo: ¿Por qué nos has
hecho esto? Por poco hubiera dormido alguno del pueblo con tu mujer, y hubieras
traído sobre nosotros el pecado.

11 Entonces Abimelec mandó a todo el
pueblo, diciendo: El que tocare a este hombre o a su mujer, de cierto morirá.

12 Y sembró Isaac en aquella tierra, y
cosechó aquel año ciento por uno; y le
bendijo Jehová.

13 El varón se enriqueció, y fue prosperado, y se engrandeció hasta hacerse muy
poderoso.

14 Y tuvo hato de ovejas, y hato de vacas, y
mucha labranza; y los filisteos le tuvieron
envidia.

15 Y todos los pozos que habían abierto los
criados de Abraham su padre en sus días, los
filisteos los habían cegado y llenado de
tierra.

16 Entonces dijo Abimelec a Isaac: Apártate de nosotros, porque mucho más poderoso que nosotros te has hecho.

17 E Isaac se fue de allí, y acampó en el
valle de Gerar, y habitó allí.

18 Y volvió a abrir Isaac los pozos de agua
que habían abierto en los días de Abraham
su padre, y que los filisteos habían cegado
después de la muerte de Abraham; y los
llamó por los nombres que su padre los
había llamado.

19 Pero cuando los siervos de Isaac cavaron
en el valle, y hallaron allí un pozo de aguas
vivas,

20 los pastores de Gerar riñeron con los
pastores de Isaac, diciendo: El agua es
nuestra. Por eso llamó el nombre del pozo
Esek, porque habían altercado con él.

21 Y abrieron otro pozo, y también riñeron
sobre él; y llamó su nombre Sitna.

22 Y se apartó de allí, y abrió otro pozo, y
no riñeron sobre él; y llamó su nombre
Rehobot, y dijo: Porque ahora Jehová nos ha
prosperado, y fructificaremos en la tierra.

23 Y de allí subió a Beerseba.

24 Y se le apareció Jehová aquella noche, y
le dijo: Yo soy el Dios de Abraham tu
padre; no temas, porque yo estoy contigo, y
te bendeciré, y multiplicaré tu descendencia
por amor de Abraham mi siervo.

25 Y edificó allí un altar, e invocó el nombre de Jehová, y plantó allí su tienda; y
abrieron allí los siervos de Isaac un pozo.

26 Y Abimelec vino a él desde Gerar, y
Ahuzat, amigo suyo, y Ficol, capitán de su
ejército.

27 Y les dijo Isaac: ¿Por qué venís a mí,
pues que me habéis aborrecido, y me echasteis de entre vosotros?

28 Y ellos respondieron: Hemos visto que
Jehová está contigo; y dijimos: Haya ahora
juramento entre nosotros, entre ti y nosotros, y haremos pacto contigo,

29 que no nos hagas mal, como nosotros no
te hemos tocado, y como solamente te hemos hecho bien, y te enviamos en paz; tú
eres ahora bendito de Jehová.

30 Entonces él les hizo banquete, y comieron y bebieron.

31 Y se levantaron de madrugada, y juraron el uno al otro; e Isaac los despidió, y
ellos se despidieron de él en paz.

32 En aquel día sucedió que vinieron los criados de Isaac, y le dieron nuevas acerca del pozo que habían abierto, y le dijeron: Hemos hallado agua.

33 Y lo llamó Seba; por esta causa el nombre de aquella ciudad es Beerseba hasta este día.

Esaú se casa con mujeres de los heteos

34 Y cuando Esaú era de cuarenta años, tomó por mujer a Judit hija de Beeri heteo, y a Basemat hija de Elón heteo;

35 y fueron amargura de espíritu a Isaac y a Rebeca.

Jacob suplanta a Esaú
y obtiene la bendición de Isaac

27 Y aconteció que cuando Isaac envejeció, y sus ojos se oscurecieron quedando sin vista, llamó a Esaú su hijo mayor, y le dijo: Hijo mío. Y él respondió: Heme aquí.

2 Y él dijo: He aquí ya soy viejo, no sé el día de mi muerte.

3 Toma, pues, ahora tus armas, tu aljaba y tu arco, y sal al campo y cázame alguna pieza,

4 y hazme un guisado como a mí me gusta, y tráemelo, y comeré, para que yo te bendiga antes que muera.

5 Y Rebeca estaba oyendo, cuando hablaba Isaac a Esaú su hijo; y se fue Esaú al campo para buscar la caza que había de traer.

6 Entonces Rebeca habló a Jacob su hijo, diciendo: He aquí yo he oído a tu padre que hablaba con Esaú tu hermano, diciendo:

7 Cázame algo y hazme un guisado, para que coma, y te bendiga en presencia de Jehová antes que yo muera.

8 Ahora, pues, hijo mío, obedece a mi voz en lo que te mando.

9 Ve ahora al ganado, y tráeme de allí dos buenos cabritos de las cabras, y haré de ellos viandas para tu padre, como a él le gusta;

10 y tú las llevarás a tu padre, y comerá, para que él te bendiga antes de su muerte.

11 Y Jacob dijo a Rebeca su madre: He aquí, Esaú mi hermano es hombre velloso, y yo lampiño.

12 Quizá me palpará mi padre, y me tendrá por burlador, y traeré sobre mí maldición y no bendición.

13 Y su madre respondió: Hijo mío, sea sobre mí tu maldición; solamente obedece a mi voz y ve y tráemelos.

14 Entonces él fue y los tomó, y los trajo a su madre; y su madre hizo guisados, como a su padre le gustaba.

15 Y tomó Rebeca los vestidos de Esaú su hijo mayor, los preciosos, que ella tenía en casa, y vistió a Jacob su hijo menor;

16 y cubrió sus manos y la parte de su cuello donde no tenía vello, con las pieles de los cabritos;

17 y entregó los guisados y el pan que había preparado, en manos de Jacob su hijo.

18 Entonces éste fue a su padre y dijo: Padre mío. E Isaac respondió: Heme aquí; ¿quién eres, hijo mío?

19 Y Jacob dijo a su padre: Yo soy Esaú tu primogénito; he hecho como me dijiste: levántate ahora, y siéntate, y come de mi caza, para que me bendigas.

20 Entonces Isaac dijo a su hijo: ¿Cómo es que la hallaste tan pronto, hijo mío? Y él respondió: Porque Jehová tu Dios hizo que la encontrase delante de mí.

21 E Isaac dijo a Jacob: Acércate ahora, y te palparé, hijo mío, por si eres mi hijo Esaú o no.

22 Y se acercó Jacob a su padre Isaac, quien le palpó, y dijo: La voz es la voz de Jacob, pero las manos, las manos de Esaú.

23 Y no le conoció, porque sus manos eran vellosas como las manos de Esaú; y le bendijo.

24 Y dijo: ¿Eres tú mi hijo Esaú? Y Jacob respondió: Yo soy.

25 Dijo también: Acércamela, y comeré de la caza de mi hijo, para que yo te bendiga; y Jacob se la acercó, e Isaac comió; le trajo también vino, y bebió.

26 Y le dijo Isaac su padre: Acércate ahora, y bésame, hijo mío.

27 Y Jacob se acercó, y le besó; y olió Isaac el olor de sus vestidos, y le bendijo, diciendo:

Mira, el olor de mi hijo,
Como el olor del campo que Jehová ha bendecido;

28 Dios, pues, te dé del rocío del cielo,
Y de las grosuras de la tierra,
Y abundancia de trigo y de mosto.

29 Sírvante pueblos,
y naciones se inclinen a ti;
Sé señor de tus hermanos,
Y se inclinen ante ti los hijos de tu madre.
Malditos los que te maldijeren,
Y benditos los que te bendijeren.

30 Y aconteció, luego que Isaac acabó de bendecir a Jacob, y apenas había salido Jacob de delante de Isaac su padre, que Esaú su hermano volvió de cazar.

31 E hizo él también guisados, y trajo a su padre, y le dijo: Levántese mi padre, y coma de la caza de su hijo, para que me bendiga.

32 Entonces Isaac su padre le dijo: ¿Quién eres tú? Y él le dijo: Yo soy tu hijo, tu primogénito, Esaú.

33 Y se estremeció Isaac grandemente, y

dijo: ¿Quién es el que vino aquí, que trajo
caza, y me dio, y comí de todo antes que tú
vinieses? Yo le bendije, y será bendito.
34 Cuando Esaú oyó las palabras de su
padre, clamó con una muy grande y muy
amarga exclamación, y le dijo: Bendíceme
también a mí, padre mío.
35 Y él dijo: Vino tu hermano con engaño,
y tomó tu bendición.
36 Y Esaú respondió: Bien llamaron su
nombre Jacob, pues ya me ha suplantado
dos veces: se apoderó de mi primogenitura,
y he aquí ahora ha tomado mi bendición. Y
dijo: ¿No has guardado bendición para mí?
37 Isaac respondió y dijo a Esaú: He aquí
yo le he puesto por señor tuyo, y le he dado
por siervos a todos sus hermanos; de trigo y
de vino le he provisto; ¿qué, pues, te haré a
ti ahora, hijo mío?
38 Y Esaú respondió a su padre: ¿No tienes
más que una sola bendición, padre mío?
Bendíceme también a mí, padre mío. Y alzó
Esaú su voz, y lloró.
39 Entonces Isaac su padre habló y le dijo:
   He aquí, será tu habitación en grosuras
     de la tierra,
   Y del rocío de los cielos de arriba;
40 Y por tu espada vivirás, y a tu hermano
     servirás;
   Y sucederá cuando te fortalezcas,
   Que descargarás su yugo de tu cerviz.

Jacob huye de Esaú

41 Y aborreció Esaú a Jacob por la bendición con que su padre le había bendecido, y
dijo en su corazón: Llegarán los días del luto
de mi padre, y yo mataré a Jacob mi hermano.
42 Y fueron dichas a Rebeca las palabras de
Esaú su hijo mayor; y ella envió y llamó a
Jacob su hijo menor, y le dijo: He aquí,
Esaú tu hermano se consuela acerca de ti
con la idea de matarte.
43 Ahora pues, hijo mío, obedece a mi voz;
levántate y huye a casa de Labán mi hermano en Harán,
44 y mora con él algunos días, hasta que el
enojo de tu hermano se mitigue;
45 hasta que se aplaque la ira de tu hermano contra ti, y olvide lo que le has hecho; yo
enviaré entonces, y te traeré de allá. ¿Por
qué seré privada de vosotros ambos en un
día?
46 Y dijo Rebeca a Isaac: Fastidio tengo de
mi vida, a causa de las hijas de Het. Si Jacob
toma mujer de las hijas de Het, como éstas,
de las hijas de esta tierra, ¿para qué quiero
la vida?

28 Entonces Isaac llamó a Jacob, y lo
bendijo, y le mandó diciendo: No
tomes mujer de las hijas de Canaán.

2 Levántate, ve a Padán-aram, a casa de
Betuel, padre de tu madre, y toma allí mujer
de las hijas de Labán, hermano de tu madre.
3 Y el Dios omnipotente te bendiga, y te
haga fructificar y te multiplique, hasta llegar
a ser multitud de pueblos;
4 y te dé la bendición de Abraham, y a tu
descendencia contigo, para que heredes la
tierra en que moras, que Dios dio a
Abraham.
5 Así envió Isaac a Jacob, el cual fue a
Padán-aram, a Labán hijo de Betuel arameo, hermano de Rebeca madre de Jacob y
de Esaú.
6 Y vio Esaú cómo Isaac había bendecido a
Jacob, y le había enviado a Padán-aram,
para tomar para sí mujer de allí; y que
cuando le bendijo, le había mandado diciendo: No tomarás mujer de las hijas de
Canaán;
7 y que Jacob había obedecido a su padre y
a su madre, y se había ido a Padán-aram.
8 Vio asimismo Esaú que las hijas de
Canaán parecían mal a Isaac su padre;
9 y se fue Esaú a Ismael, y tomó para sí por
mujer a Mahalat, hija de Ismael hijo de
Abraham, hermana de Nebaiot, además de
sus otras mujeres.

Sueño de Jacob

10 Salió, pues, Jacob de Beerseba, y fue a
Harán.
11 Y llegó a un cierto lugar, y durmió allí,
porque ya el sol se había puesto; y tomó de
las piedras de aquel paraje y puso a su
cabecera, y se acostó en aquel lugar.
12 Y soñó: y he aquí una escalera que
estaba apoyada en tierra, y su extremo
tocaba al cielo; y he aquí ángeles de Dios
que subían y descendían por ella.
13 Y he aquí, Jehová estaba en lo alto de
ella, el cual dijo: Yo soy Jehová, el Dios de
Abraham tu padre, y el Dios de Isaac; la
tierra en que estás acostado te la daré a ti y a
tu descendencia.
14 Será tu descendencia como el polvo de la
tierra, y te extenderás al occidente, al oriente, al norte y al sur; y todas las familias de la
tierra serán benditas en ti y en tu simiente.
15 He aquí, yo estoy contigo, y te guardaré
por dondequiera que fueres, y volveré a
traerte a esta tierra; porque no te dejaré
hasta que haya hecho lo que te he dicho.
16 Y despertó Jacob de su sueño, y dijo:
Ciertamente Jehová está en este lugar, y yo
no lo sabía.
17 Y tuvo miedo, y dijo: ¡Cuán terrible es
este lugar! No es otra cosa que casa de Dios,
y puerta del cielo.
18 Y se levantó Jacob de mañana, y tomó la

piedra que había puesto de cabecera, y la alzó por señal, y derramó aceite encima de ella.

19 Y llamó el nombre de aquel lugar Betel, aunque Luz era el nombre de la ciudad primero.

20 E hizo Jacob voto, diciendo: Si me asiste Dios y me guarda en este viaje en que voy, y me da pan para comer y vestido para vestir,

21 y si vuelvo en paz a casa de mi padre, Jehová será mi Dios.

22 Y esta piedra que he puesto por señal, será casa de Dios; y de todo lo que me dieres, el diezmo apartaré para ti.

Jacob sirve a Labán por Raquel y Lea

29 Y siguió Jacob su camino, y fue a la tierra de los orientales.

2 Y miró, y vio un pozo en el campo; y he aquí tres rebaños de ovejas que yacían cerca de él, porque de aquel pozo abrevaban los ganados; y había una gran piedra sobre la boca del pozo.

3 Y juntaban allí todos los rebaños; y revolvían la piedra de la boca del pozo, y abrevaban las ovejas, y volvían la piedra sobre la boca del pozo a su lugar.

4 Y les dijo Jacob: Hermanos míos, ¿de dónde sois? Y ellos respondieron: De Harán somos.

5 El les dijo: ¿Conocéis a Labán hijo de Nacor? Y ellos dijeron: Sí, le conocemos.

6 Y él les dijo: ¿Está bien? Y ellos dijeron: Bien, y he aquí Raquel su hija viene con las ovejas.

7 Y él dijo: He aquí es aún muy de día; no es tiempo todavía de recoger el ganado; abrevad las ovejas, e id a apacentarlas.

8 Y ellos respondieron: No podemos, hasta que se junten todos los rebaños, y remuevan la piedra de la boca del pozo, para que abrevemos las ovejas.

9 Mientras él aún hablaba con ellos, Raquel vino con el rebaño de su padre, porque ella era la pastora.

10 Y sucedió que cuando Jacob vio a Raquel, hija de Labán hermano de su madre, y las ovejas de Labán el hermano de su madre, se acercó Jacob y removió la piedra de la boca del pozo, y abrevó el rebaño de Labán hermano de su madre.

11 Y Jacob besó a Raquel, y alzó su voz y lloró.

12 Y Jacob explicó a Raquel que él era hermano de su padre, y que era hijo de Rebeca; y ella corrió, y dio las nuevas a su padre.

13 Así que oyó Labán las nuevas de Jacob, hijo de su hermana, corrió a recibirlo, y lo abrazó, lo besó, y lo trajo a su casa; y él contó a Labán todas estas cosas.

14 Y Labán le dijo: Ciertamente hueso mío y carne mía eres. Y estuvo con él durante un mes.

15 Entonces dijo Labán a Jacob: ¿Por ser tú mi hermano, me servirás de balde? Dime cuál será tu salario.

16 Y Labán tenía dos hijas: el nombre de la mayor era Lea, y el nombre de la menor, Raquel.

17 Y los ojos de Lea eran delicados, pero Raquel era de lindo semblante y de hermoso parecer.

18 Y Jacob amó a Raquel, y dijo: Yo te serviré siete años por Raquel tu hija menor.

19 Y Labán respondió: Mejor es que te la dé a ti, y no que la dé a otro hombre; quédate conmigo.

20 Así sirvió Jacob por Raquel siete años; y le parecieron como pocos días, porque la amaba.

21 Entonces dijo Jacob a Labán: Dame mi mujer, porque mi tiempo se ha cumplido, para unirme a ella.

22 Entonces Labán juntó a todos los varones de aquel lugar, e hizo banquete.

23 Y sucedió que a la noche tomó a Lea su hija, y se la trajo; y él se llegó a ella.

24 Y dio Labán su sierva Zilpa a su hija Lea por criada.

25 Venida la mañana, he aquí que era Lea; y Jacob dijo a Labán: ¿Qué es esto que me has hecho? ¿No te he servido por Raquel? ¿Por qué, pues, me has engañado?

26 Y Labán respondió: No se hace así en nuestro lugar, que se dé la menor antes de la mayor.

27 Cumple la semana de ésta, y se te dará también la otra, por el servicio que hagas conmigo otros siete años.

28 E hizo Jacob así, y cumplió la semana de aquélla; y él le dio a Raquel su hija por mujer.

29 Y dio Labán a Raquel su hija su sierva Bilha por criada.

30 Y se llegó también a Raquel, y la amó también más que a Lea; y sirvió a Labán aún otros siete años.

Hijos de Jacob

31 Y vio Jehová que Lea era menospreciada, y le dio hijos; pero Raquel era estéril.

32 Y concibió Lea, y dio a luz un hijo, y llamó su nombre Rubén, porque dijo: Ha mirado Jehová mi aflicción; ahora, por tanto, me amará mi marido.

33 Concibió otra vez, y dio a luz un hijo, y dijo: Por cuanto oyó Jehová que yo era menospreciada, me ha dado también éste. Y llamó su nombre Simeón.

34 Y concibió otra vez, y dio a luz un hijo, y dijo: Ahora esta vez se unirá mi marido

conmigo, porque le he dado a luz tres hijos;
por tanto, llamó su nombre Leví.
35 Concibió otra vez, y dio a luz un hijo, y
dijo: Esta vez alabaré a Jehová; por esto
llamó su nombre Judá; y dejó de dar a luz.

30 Y viendo Raquel que no daba hijos a
Jacob, tuvo envidia de su hermana, y
decía a Jacob: Dame hijos, o si no, me
muero.
2 Y Jacob se enojó con Raquel, y dijo: ¿Soy
yo acaso Dios, que te impidió el fruto de tu
vientre?
3 Y ella dijo: He aquí mi sierva Bilha;
llégate a ella, y dará a luz sobre mis rodillas,
y yo también tendré hijos de ella.
4 Así le dio a Bilha su sierva por mujer; y
Jacob se llegó a ella.
5 Y concibió Bilha, y dio a luz un hijo de
Jacob.
6 Dijo entonces Raquel: Me juzgó Dios, y
también oyó mi voz, y me dio un hijo. Por
tanto llamó su nombre Dan.
7 Concibió otra vez Bilha la sierva de Raquel, y dio a luz un segundo hijo a Jacob.
8 Y dijo Raquel: Con luchas de Dios he
contendido con mi hermana, y he vencido.
Y llamó su nombre Neftalí.
9 Viendo, pues, Lea que había dejado de
dar a luz, tomó a Zilpa su sierva, y la dio a
Jacob por mujer.
10 Y Zilpa sierva de Lea dio a luz un hijo a
Jacob.
11 Y dijo Lea: Vino la ventura; y llamó su
nombre Gad.
12 Luego Zilpa la sierva de Lea dio a luz
otro hijo a Jacob.
13 Y dijo Lea: Para dicha mía; porque las
mujeres me dirán dichosa; y llamó su nombre Aser.
14 Fue Rubén en tiempo de la siega de los
trigos, y halló mandrágoras en el campo, y
las trajo a Lea su madre; y dijo Raquel a
Lea: Te ruego que me des de las mandrágoras de tu hijo.
15 Y ella respondió: ¿Es poco que hayas
tomado mi marido, sino que también te has
de llevar las mandrágoras de mi hijo? Y dijo
Raquel: Pues dormirá contigo esta noche
por las mandrágoras de tu hijo.
16 Cuando, pues, Jacob volvía del campo a
la tarde, salió Lea a él, y le dijo: Llégate a
mí, porque a la verdad te he alquilado por
las mandrágoras de mi hijo. Y durmió con
ella aquella noche.
17 Y oyó Dios a Lea; y concibió, y dio a luz
el quinto hijo a Jacob.
18 Y dijo Lea: Dios me ha dado mi recompensa, por cuanto di mi sierva a mi marido;
por eso llamó su nombre Isacar.
19 Después concibió Lea otra vez, y dio a
luz el sexto hijo a Jacob.
20 Y dijo Lea: Dios me ha dado una buena

dote; ahora morará conmigo mi marido,
porque le he dado a luz seis hijos; y llamó su
nombre Zabulón.
21 Después dio a luz una hija, y llamó su
nombre Dina.
22 Y se acordó Dios de Raquel, y la oyó
Dios, y le concedió hijos.
23 Y concibió, y dio a luz un hijo, y dijo:
Dios ha quitado mi afrenta;
24 y llamó su nombre José, diciendo: Aña-
dame Jehová otro hijo.

Prosperidad de Jacob

25 Y aconteció cuando Raquel hubo dado a
luz a José, que Jacob dijo a Labán: Envíame, e iré a mi lugar, y a mi tierra.
26 Dame mis mujeres y mis hijos, por las
cuales he servido contigo, y déjame ir; pues
tú sabes los servicios que te he hecho.
27 Y Labán le respondió: Halle yo ahora
gracia en tus ojos, y quédate; he experimentado que Jehová me ha bendecido por tu
causa.
28 Y dijo: Señálame tu salario, y yo lo daré.
29 Y él respondió: Tú sabes cómo te he
servido, y cómo ha estado tu ganado conmigo.
30 Porque poco tenías antes de mi venida, y
ha crecido en gran número, y Jehová te ha
bendecido con mi llegada; y ahora, ¿cuándo
trabajaré también por mi propia casa?
31 Y él dijo: ¿Qué te daré? Y respondió
Jacob: No me des nada; si hicieres por mí
esto, volveré a apacentar tus ovejas.
32 Yo pasaré hoy por todo tu rebaño, poniendo aparte todas las ovejas manchadas y
salpicadas de color, y todas las ovejas de
color oscuro, y las manchadas y salpicadas
de color entre las cabras; y esto será mi
salario.
33 Así responderá por mí mi honradez mañana, cuando vengas a reconocer mi salario;
toda la que no fuere pintada ni manchada en
las cabras, y de color oscuro entre mis
ovejas, se me ha de tener como de hurto.
34 Dijo entonces Labán: Mira, sea como tú
dices.
35 Y Labán apartó aquel día los machos
cabríos manchados y rayados, y todas las
cabras manchadas y salpicadas de color, y
toda aquella que tenía en sí algo de blanco, y
todas las de color oscuro entre las ovejas, y
las puso en manos de sus hijos.
36 Y puso tres días de camino entre sí y
Jacob; y Jacob apacentaba las otras ovejas
de Labán.
37 Tomó luego Jacob varas verdes de ála-
mo, de avellano y de castaño, y descortezó
en ellas mondaduras blancas, descubriendo
así lo blanco de las varas.
38 Y puso las varas que había mondado

delante del ganado, en los canales de los abrevaderos del agua donde venían a beber las ovejas, las cuales procreaban cuando venían a beber.

39 Así concebían las ovejas delante de las varas; y parían borregos listados, pintados y salpicados de diversos colores.

40 Y apartaba Jacob los corderos, y ponía con su propio rebaño los listados y todo lo que era oscuro del hato de Labán. Y ponía su hato aparte, y no lo ponía con las ovejas de Labán.

41 Y sucedía que cuantas veces se hallaban en celo las ovejas más fuertes, Jacob ponía las varas delante de las ovejas en los abrevaderos, para que concibiesen a la vista de las varas.

42 Pero cuando venían las ovejas más débiles, no las ponía; así eran las más débiles para Labán, y las más fuertes para Jacob.

43 Y se enriqueció el varón muchísimo, y tuvo muchas ovejas, y siervas y siervos, y camellos y asnos.

Jacob huye de Labán

31 Y oía Jacob las palabras de los hijos de Labán, que decían: Jacob ha tomado todo lo que era de nuestro padre, y de lo que era de nuestro padre ha adquirido toda esta riqueza.

2 Miraba también Jacob el semblante de Labán, y veía que no era para con él como hasta entonces.

3 También Jehová dijo a Jacob: Vuélvete a la tierra de tus padres, y a tu parentela, y yo estaré contigo.

4 Envió, pues, Jacob, y llamó a Raquel y a Lea al campo donde estaban sus ovejas,

5 y les dijo: Veo que el semblante de vuestro padre no es para conmigo como era antes; mas el Dios de mi padre ha estado conmigo.

6 Vosotras sabéis que con todas mis fuerzas he servido a vuestro padre;

7 y vuestro padre me ha engañado, y me ha cambiado el salario diez veces; pero Dios no le ha permitido que me hiciese mal.

8 Si él decía así: Los pintados serán tu salario, entonces todas las ovejas parían pintados; y si decía así: Los listados serán tu salario; entonces todas las ovejas parían listados.

9 Así quitó Dios el ganado de vuestro padre, y me lo dio a mí.

10 Y sucedió que al tiempo que las ovejas estaban en celo, alcé yo mis ojos y vi en sueños, y he aquí los machos que cubrían a las hembras eran listados, pintados y abigarrados.

11 Y me dijo el ángel de Dios en sueños: Jacob. Y yo dije: Heme aquí.

12 Y él dijo: Alza ahora tus ojos, y verás que todos los machos que cubren a las hembras son listados, pintados y abigarrados; porque yo he visto todo lo que Labán te ha hecho.

13 Yo soy el Dios de Betel, donde tú ungiste la piedra, y donde me hiciste un voto. Levántate ahora y sal de esta tierra, y vuélvete a la tierra de tu nacimiento.

14 Respondieron Raquel y Lea, y le dijeron: ¿Tenemos acaso parte o heredad en la casa de nuestro padre?

15 ¿No nos tiene ya como por extrañas, pues que nos vendió, y aun se ha comido del todo nuestro precio?

16 Porque toda la riqueza que Dios ha quitado a nuestro padre, nuestra es y de nuestros hijos; ahora, pues, haz todo lo que Dios te ha dicho.

17 Entonces se levantó Jacob, y subió sus hijos y sus mujeres sobre los camellos,

18 y puso en camino todo su ganado, y todo cuanto había adquirido, el ganado de su ganancia que había obtenido en Padán-aram, para volverse a Isaac su padre en la tierra de Canaán.

19 Pero Labán había ido a trasquilar sus ovejas; y Raquel hurtó los ídolos de su padre.

20 Y Jacob actuó a hurtadillas de Labán arameo, no haciéndole saber que se iba.

21 Huyó, pues, con todo lo que tenía; y se levantó y pasó el Eufrates, y se dirigió al monte de Galaad.

22 Y al tercer día fue dicho a Labán que Jacob había huido.

23 Entonces Labán tomó a sus parientes consigo, y fue tras Jacob camino de siete días, y le alcanzó en el monte de Galaad.

24 Y vino Dios a Labán arameo en sueños aquella noche, y le dijo: Guárdate que no hables a Jacob descomedidamente.

25 Alcanzó, pues, Labán a Jacob; y éste había fijado su tienda en el monte; y Labán acampó con sus parientes en el monte de Galaad.

26 Y dijo Labán a Jacob: ¿Qué has hecho, que me engañaste, y has traído a mis hijas como prisioneras de guerra?

27 ¿Por qué te escondiste para huir, y me engañaste, y no me lo hiciste saber para que yo te despidiera con alegría y con cantares, con tamborín y arpa?

28 Pues ni aun me dejaste besar a mis hijos y mis hijas. Ahora, locamente has hecho.

29 Poder hay en mi mano para haceros mal; mas el Dios de tu padre me habló anoche diciendo: Guárdate que no hables a Jacob descomedidamente.

30 Y ya que te ibas, porque tenías deseo de la casa de tu padre, ¿por qué me hurtaste mis dioses?

31 Respondió Jacob y dijo a Labán: Porque tuve miedo; pues pensé que quizá me quitarías por fuerza tus hijas.

32 Aquel en cuyo poder halles tus dioses, no viva; delante de nuestros hermanos reconoce lo que yo tenga tuyo, y llévatelo. Jacob no sabía que Raquel los había hurtado.

33 Entró Labán en la tienda de Jacob, en la tienda de Lea, y en la tienda de las dos siervas, y no los halló; y salió de la tienda de Lea, y entró en la tienda de Raquel.

34 Pero tomó Raquel los ídolos y los puso en una albarda de un camello, y se sentó sobre ellos; y buscó Labán en toda la tienda, y no los halló.

35 Y ella dijo a su padre: No se enoje mi señor, porque no me puedo levantar delante de ti; pues estoy con la costumbre de las mujeres. Y él buscó, pero no halló los ídolos.

36 Entonces Jacob se enojó, y riñó con Labán; y respondió Jacob y dijo a Labán: ¿Qué transgresión es la mía? ¿Cuál es mi pecado, para que con tanto ardor hayas venido en mi persecución?

37 Pues que has buscado en todas mis cosas, ¿qué has hallado de todos los enseres de tu casa? Ponlo aquí delante de mis hermanos y de los tuyos, y juzguen entre nosotros.

38 Estos veinte años he estado contigo; tus ovejas y tus cabras nunca abortaron, ni yo comí carnero de tus ovejas.

39 Nunca te traje lo arrebatado por las fieras; yo pagaba el daño; lo hurtado así de día como de noche, a mí me lo cobrabas.

40 De día me consumía el calor, y de noche la helada, y el sueño huía de mis ojos.

41 Así he estado veinte años en tu casa; catorce años te serví por tus dos hijas, y seis años por tu ganado, y has cambiado mi salario diez veces.

42 Si el Dios de mi padre, Dios de Abraham y temor de Isaac, no estuviera conmigo, de cierto me enviarías ahora con las manos vacías; pero Dios vio mi aflicción y el trabajo de mis manos, y te reprendió anoche.

43 Respondió Labán y dijo a Jacob: Las hijas son hijas mías, y los hijos, hijos míos son, y las ovejas son mis ovejas, y todo lo que tú ves es mío; ¿y qué puedo yo hacer hoy a estas mis hijas, o a sus hijos que ellas han dado a luz?

44 Ven, pues, ahora, y hagamos pacto tú y yo, y sea por testimonio entre nosotros dos.

45 Entonces Jacob tomó una piedra, y la levantó por señal.

46 Y dijo Jacob a sus hermanos: Recoged piedras. Y tomaron piedras e hicieron un majano, y comieron allí sobre aquel majano.

47 Y lo llamó Labán, Jegar Sahaduta; y lo llamó Jacob, Galaad.

48 Porque Labán dijo: Este majano es testigo hoy entre nosotros dos; por eso fue llamado su nombre Galaad;

49 y Mizpá, por cuanto dijo: Atalaye Jehová entre tú y yo, cuando nos apartemos el uno del otro.

50 Si afliges a mis hijas, o si tomas otras mujeres además de mis hijas, nadie está con nosotros; mira, Dios es testigo entre nosotros dos.

51 Dijo más Labán a Jacob: He aquí este majano, y he aquí esta señal, que he erigido entre tú y yo.

52 Testigo sea este majano, y testigo sea esta señal, que ni yo pasaré de este majano contra ti, ni tú pasarás de este majano ni de esta señal contra mí, para mal.

53 El Dios de Abraham y el Dios de Nacor juzgue entre nosotros, el Dios de sus padres. Y Jacob juró por aquel a quien temía Isaac su padre.

54 Entonces Jacob inmoló víctimas en el monte, y llamó a sus hermanos a comer pan; y comieron pan, y durmieron aquella noche en el monte.

55 Y se levantó Labán de mañana, y besó sus hijos y sus hijas, y los bendijo; y regresó y se volvió a su lugar.

Jacob prepara el encuentro con Esaú

32 Siguió Jacob su camino, y le salieron al encuentro ángeles de Dios.

2 Y dijo Jacob cuando los vio: Campamento de Dios es este; y llamó el nombre de aquel lugar Mahanaim.

3 Y envió Jacob mensajeros delante de sí a Esaú su hermano, a la tierra de Seir, campo de Edom.

4 Y les mandó diciendo: Así diréis a mi señor Esaú: Así dice tu siervo Jacob: Con Labán he morado, y me he detenido hasta ahora;

5 y tengo vacas, asnos, ovejas, y siervos y siervas; y envío a decirlo a mi señor, para hallar gracia en tus ojos.

6 Y los mensajeros volvieron a Jacob, diciendo: Vinimos a tu hermano Esaú, y él también viene a recibirte, y cuatrocientos hombres con él.

7 Entonces Jacob tuvo gran temor, y se angustió; y distribuyó el pueblo que tenía consigo, y las ovejas y las vacas y los camellos, en dos campamentos.

8 Y dijo: Si viene Esaú contra un campamento y lo ataca, el otro campamento escapará.

9 Y dijo Jacob: Dios de mi padre Abraham, y Dios de mi padre Isaac, Jehová, que me dijiste: Vuélvete a tu tierra y a tu parentela, y yo te haré bien;

10 menor soy que todas las misericordias y

que toda la verdad que has usado para con tu siervo; pues con mi cayado pasé este Jordán, y ahora estoy sobre dos campamentos.

11 Líbrame ahora de la mano de mi hermano, de la mano de Esaú, porque le temo; no venga acaso y me hiera a la madre con los hijos.

12 Y tú has dicho: Yo te haré bien, y tu descendencia será como la arena del mar, que no se puede contar por la multitud.

13 Y durmió allí aquella noche, y tomó de lo que le vino a la mano un presente para su hermano Esaú:

14 doscientas cabras y veinte machos cabríos, doscientas ovejas y veinte carneros,

15 treinta camellas paridas con sus crías, cuarenta vacas y diez novillos, veinte asnas y diez borricos.

16 Y lo entregó a sus siervos, cada manada de por sí; y dijo a sus siervos: Pasad delante de mí, y poned espacio entre manada y manada.

17 Y mandó al primero, diciendo: Si Esaú mi hermano te encuentra, y te pregunta, diciendo: ¿De quién eres?, ¿y adónde vas?, ¿y para quién es esto que llevas delante de ti?,

18 entonces dirás: Es un presente de tu siervo Jacob, que envía a mi señor Esaú; y he aquí también él viene tras nosotros.

19 Mandó también al segundo, y al tercero, y a todos los que iban tras aquellas manadas, diciendo: Conforme a esto hablaréis a Esaú, cuando le encontréis.

20 Y diréis también: He aquí tu siervo Jacob viene tras nosotros. Porque dijo: Apaciguaré su ira con el presente que va delante de mí, y después veré su rostro; quizá le seré acepto.

21 Pasó, pues, el presente delante de él; y él durmió aquella noche en el campamento.

Jacob lucha con el ángel

22 Y se levantó aquella noche, y tomó sus dos mujeres, y sus dos siervas, y sus once hijos, y pasó el vado de Jaboc.

23 Los tomó, pues, e hizo pasar el arroyo a ellos y a todo lo que tenía.

24 Así se quedó Jacob solo; y luchó con él un varón hasta que rayaba el alba.

25 Y cuando el varón vio que no podía con él, le tocó en el sitio del encaje de su muslo, y se descoyuntó el muslo de Jacob mientras con él luchaba.

26 Y dijo: Déjame, porque raya el alba. Y Jacob le respondió: No te dejaré, si no me bendices.

27 Y el varón le dijo: ¿Cuál es tu nombre? Y él respondió: Jacob.

28 Y el varón le dijo: No se dirá más tu nombre Jacob, sino Israel; porque has luchado con Dios y con los hombres, y has vencido.

29 Entonces Jacob le preguntó, y dijo: Declárame ahora tu nombre. Y el varón respondió: ¿Por qué me preguntas por mi nombre? Y lo bendijo allí.

30 Y llamó Jacob el nombre de aquel lugar, Peniel; porque dijo: Vi a Dios cara a cara, y fue librada mi alma.

31 Y cuando había pasado Peniel, le salió el sol; y cojeaba de su cadera.

32 Por esto no comen los hijos de Israel, hasta hoy día, del tendón que se contrajo, el cual está en el encaje del muslo; porque tocó a Jacob este sitio de su muslo en el tendón que se contrajo.

Encuentro y reconciliación entre Jacob y Esaú

33 Alzando Jacob sus ojos, miró, y he aquí venía Esaú, y los cuatrocientos hombres con él; entonces repartió él los niños entre Lea y Raquel y las dos siervas.

2 Puso las siervas y sus niños delante, luego a Lea y sus niños, y a Raquel y a José los últimos.

3 Y él pasó delante de ellos y se inclinó a tierra siete veces, hasta que llegó a su hermano.

4 Pero Esaú corrió a su encuentro y le abrazó, y se echó sobre su cuello, y le besó; y lloraron.

5 Y alzó sus ojos y vio a las mujeres y los niños, y dijo: ¿Quiénes son éstos? Y él respondió: Son los niños que Dios ha dado a tu siervo.

6 Luego vinieron las siervas, ellas y sus niños, y se inclinaron.

7 Y vino Lea con sus niños, y se inclinaron; y después llegó José y Raquel, y también se inclinaron.

8 Y Esaú dijo: ¿Qué te propones con todos estos grupos que he encontrado? Y Jacob respondió: El hallar gracia en los ojos de mi Señor.

9 Y dijo Esaú: Suficiente tengo yo, hermano mío; sea para ti lo que es tuyo.

10 Y dijo Jacob: No, yo te ruego; si he hallado ahora gracia en tus ojos, acepta mi presente, porque he visto tu rostro, como si hubiera visto el rostro de Dios, pues que con tanto favor me has recibido.

11 Acepta, te ruego, mi presente que te he traído, porque Dios me ha hecho merced, y todo lo que hay aquí es mío. E insistió con él, y Esaú lo tomó.

12 Y Esaú dijo: Anda, vamos; y yo iré delante de ti.

13 Y Jacob le dijo: Mi señor sabe que los niños son tiernos, y que tengo ovejas y vacas

paridas. y si las fatigan. en un día morirán
todas las ovejas.

14 Pase ahora mi señor delante de su siervo. y yo me iré poco a poco al paso del
ganado que va delante de mí, y al paso de los
niños, hasta que llegue a mi señor a Seir.

15 Y Esaú dijo: Dejaré ahora contigo de la
gente que viene conmigo. Y Jacob dijo:
¿Para qué esto? Halle yo gracia en los ojos
de mi señor.

16 Así volvió Esaú aquel día por su camino
a Seir.

17 Y Jacob fue a Sucot. y edificó allí casa
para sí, e hizo cabañas para su ganado; por
tanto, llamó el nombre de aquel lugar
Sucot.

18 Después Jacob llegó sano y salvo a la
ciudad de Siquem, que está en la tierra de
Canaán. cuando venía de Padán-aram; y
acampó delante de la ciudad.

19 Y compró una parte del campo, donde
plantó su tienda, de mano de los hijos de
Hamor padre de Siquem, por cien monedas.

20 Y erigió allí un altar, y lo llamó El Dios
de Israel.

Rapto de Dina

34 Salió Dina la hija de Lea, la cual ésta
había dado a luz a Jacob, a ver a las
hijas del país.

2 Y la vio Siquem hijo de Hamor heveo,
príncipe de aquella tierra, y la tomó, y se
acostó con ella, y la deshonró.

3 Mas su alma se apegó a Dina la hija de
Lea. y se enamoró de la joven, y habló al
corazón de ella.

4 Y habló Siquem a Hamor su padre, diciendo: Tómame por mujer a esta joven.

5 Pero oyó Jacob que Siquem había amancillado a Dina su hija; y estando sus hijos
con su ganado en el campo, calló Jacob
hasta que ellos viniesen.

6 Y se dirigió Hamor padre de Siquem a
Jacob, para hablar con él.

7 Y los hijos de Jacob vinieron del campo
cuando lo supieron; y se entristecieron los
varones. y se enojaron mucho, porque hizo
vileza en Israel acostándose con la hija de
Jacob, lo que no se debía haber hecho.

8 Y Hamor habló con ellos, diciendo: El
alma de mi hijo Siquem se ha apegado a
vuestra hija; os ruego que se la deis por
mujer.

9 Y emparentad con nosotros; dadnos
vuestras hijas, y tomad vosotros las nuestras.

10 Y habitad con nosotros, porque la tierra
estará delante de vosotros; morad y negociad en ella, y tomad en ella posesión.

11 Siquem también dijo al padre de Dina y
a los hermanos de ella: Halle yo gracia en
vuestros ojos, y daré lo que me digáis.

12 Aumentad a cargo mío mucha dote y
dones, y yo daré cuanto me digáis; y dadme
la joven por mujer.

13 Pero respondieron los hijos de Jacob a
Siquem y a Hamor su padre con palabras
engañosas, por cuanto había amancillado a
Dina su hermana.

14 Y les dijeron: No podemos hacer esto de
dar nuestra hermana a hombre incircunciso,
porque entre nosotros es abominación.

15 Mas con esta condición os complacere-
mos: si habéis de ser como nosotros, que se
circuncide entre vosotros todo varón.

16 Entonces os daremos nuestras hijas, y
tomaremos nosotros las vuestras; y habita-
remos con vosotros, y seremos un pueblo.

17 Mas si no nos prestáis oído para circunci-
daros, tomaremos nuestra hija y nos iremos.

18 Y parecieron bien sus palabras a Hamor,
y a Siquem hijo de Hamor.

19 Y no tardó el joven en hacer aquello,
porque la hija de Jacob le había agradado; y
él era el más distinguido de toda la casa de su
padre.

20 Entonces Hamor y Siquem su hijo vinieron a la puerta de su ciudad, y hablaron a los
varones de su ciudad, diciendo:

21 Estos varones son pacíficos con nosotros, y habitarán en el país, y traficarán en
él; pues he aquí la tierra es bastante ancha
para ellos; nosotros tomaremos sus hijas por
mujeres, y les daremos las nuestras.

22 Mas con esta condición consentirán estos hombres en habitar con nosotros, para
que seamos un pueblo: que se circuncide
todo varón entre nosotros, así como ellos
son circuncidados.

23 Su ganado, sus bienes y todas sus bestias
serán nuestros; solamente convengamos
con ellos, y habitarán con nosotros.

24 Y obedecieron a Hamor y a Siquem su
hijo todos los que salían por la puerta de la
ciudad, y circuncidaron a todo varón, a
cuantos salían por la puerta de su ciudad.

Venganza por la deshonra de Dina

25 Pero sucedió que al tercer día, cuando
sentían ellos el mayor dolor, dos de los hijos
de Jacob, Simeón y Leví, hermanos de
Dina. tomaron cada uno su espada, y vinieron contra la ciudad, que estaba desprevenl-
da, y mataron a todo varón.

26 Y a Hamor y a Siquem su hijo los
mataron a filo de espada; y tomaron a Dina
de casa de Siquem, y se fueron.

27 Y los hijos de Jacob vinieron a los muertos, y saquearon la ciudad, por cuanto habían amancillado a su hermana.

28 Tomaron sus ovejas y vacas y sus asnos,
y lo que había en la ciudad y en el campo,

29 y todos sus bienes; llevaron cautivos a

todos sus niños y sus mujeres, y robaron todo lo que había en casa.

30 Entonces dijo Jacob a Simeón y a Leví: Me habéis turbado con hacerme abominable a los moradores de esta tierra, el cananeo y el ferezeo; y teniendo yo pocos hombres, se juntarán contra mí y me atacarán, y seré destruido yo y mi casa.

31 Pero ellos respondieron: ¿Había él de tratar a nuestra hermana como a una ramera?

Jacob, en Betel

35 Y dijo Dios a Jacob: Levántate y sube a Betel, y quédate allí; y haz allí un altar al Dios que se te apareció cuando huías de tu hermano Esaú.

2 Entonces Jacob dijo a su familia y a todos los que con él estaban: Quitad los dioses ajenos que hay entre vosotros, y limpiaos, y mudad vuestros vestidos.

3 Y levantémonos, y subamos a Betel; y haré allí altar al Dios que me respondió en el día de mi angustia, y ha estado conmigo en el camino que he andado.

4 Así dieron a Jacob todos los dioses ajenos que había en poder de ellos, y los zarcillos que estaban en sus orejas; y Jacob los escondió debajo de una encina que estaba junto a Siquem.

5 Y salieron, y el terror de Dios estuvo sobre las ciudades que había en sus alrededores, y no persiguieron a los hijos de Jacob.

6 Y llegó Jacob a Luz, que está en tierra de Canaán (ésta es Betel), él y todo el pueblo que con él estaba.

7 Y edificó allí un altar, y llamó al lugar El-bet-el, porque allí se le había aparecido Dios, cuando huía de su hermano.

8 Entonces murió Débora, ama de Rebeca, y fue sepultada al pie de Betel, debajo de una encina, la cual fue llamada Alón-bacut.

9 Apareció otra vez Dios a Jacob, cuando había vuelto de Padán-aram, y le bendijo.

10 Y le dijo Dios: Tu nombre es Jacob; no se llamará más tu nombre Jacob, sino Israel será tu nombre; y llamó su nombre Israel.

11 También le dijo Dios: Yo soy el Dios omnipotente: crece y multiplícate; una nación y conjunto de naciones procederán de ti, y reyes saldrán de tus lomos.

12 La tierra que he dado a Abraham y a Isaac, la daré a ti, y a tu descendencia después de ti daré la tierra.

13 Y se fue de él Dios, del lugar en donde había hablado con él.

14 Y Jacob erigió una señal en el lugar donde había hablado con él, una señal de piedra, y derramó sobre ella libación, y echó sobre ella aceite.

15 Y llamó Jacob el nombre de aquel lugar donde Dios había hablado con él, Betel.

Nacimiento de Benjamín y muerte de Raquel

16 Y partieron de Betel; y había aún como media legua de tierra para llegar a Efrata, cuando dio a luz Raquel, y hubo dificultad en su parto.

17 Y aconteció, como había trabajo en su parto, que le dijo la partera: No temas, que también tendrás este hijo.

18 Y aconteció que al salírsele el alma (pues murió), llamó su nombre Benoni; mas su padre lo llamó Benjamín.

19 Así murió Raquel, y fue sepultada en el camino de Efrata, la cual es Belén.

20 Y levantó Jacob pilar sobre su sepultura; ésta es la señal de la sepultura de Raquel hasta hoy.

21 Y salió Israel, y plantó su tienda más allá de Migdal-eder.

Los hijos de Jacob

22 Aconteció que cuando moraba Israel en aquella tierra, fue Rubén y durmió con Bilha la concubina de su padre; lo cual llegó a saber Israel. Ahora bien, los hijos de Israel fueron doce:

23 los hijos de Lea: Rubén el primogénito de Jacob; Simeón, Leví, Judá, Isacar y Zabulón.

24 Los hijos de Raquel: José y Benjamín.

25 Los hijos de Bilha, sierva de Raquel: Dan y Neftalí.

26 Y los hijos de Zilpa, sierva de Lea: Gad y Aser. Éstos fueron los hijos de Jacob, que le nacieron en Padán-aram.

Muerte de Isaac

27 Después vino Jacob a Isaac su padre a Mamré, a la ciudad de Arbá, que es Hebrón, donde habitaron Abraham e Isaac.

28 Y fueron los días de Isaac ciento ochenta años.

29 Y exhaló Isaac el espíritu, y murió, y fue recogido a su pueblo, viejo y lleno de días; y lo sepultaron Esaú y Jacob sus hijos.

Generaciones de Esaú

36 Éstos son los descendientes de Esaú, el cual es Edom:

2 Esaú tomó sus mujeres de las hijas de Canaán: a Ada, hija de Elón heteo, a Aholibama, hija de Aná, hijo de Zibeón heveo,

3 y a Basemat hija de Ismael, hermana de Nebaiot.

4 Ada dio a luz a Esaú a Elifaz; y Basemat dio a luz a Reuel.

5 Y Aholibama dio a luz a Jeús, a Jalam y a Coré; éstos son los hijos de Esaú, que le nacieron en la tierra de Canaán.

6 Y Esaú tomó sus mujeres, sus hijos y sus hijas, y todas las personas de su casa, y sus ganados, y todas sus bestias, y todo cuanto había adquirido en la tierra de Canaán, y se fue a otra tierra, separándose de Jacob su hermano.

7 Porque los bienes de ellos eran muchos; y no podían habitar juntos, ni la tierra en donde moraban los podía sostener a causa de sus ganados.

8 Y Esaú habitó en el monte de Seir; Esaú es Edom.

9 Éstos son los linajes de Esaú, padre de Edom, en el monte de Seir.

10 Éstos son los nombres de los hijos de Esaú: Elifaz, hijo de Ada mujer de Esaú; Reuel, hijo de Basemat mujer de Esaú.

11 Y los hijos de Elifaz fueron Temán, Omar, Sefó, Gatam y Quenaz.

12 Y Timma fue concubina de Elifaz hijo de Esaú, y ella le dio a luz a Amalec; estos son los hijos de Ada, mujer de Esaú.

13 Los hijos de Reuel fueron Nahat, Zera, Samá y Mizá; estos son los hijos de Basemat mujer de Esaú.

14 Estos fueron los hijos de Aholibama mujer de Esaú, hija de Aná, que fue hijo de Zibeón: ella dio a luz a Jeús, Jalam y Coré, hijos de Esaú.

Jefes de Edom

15 Estos son los jefes de entre los hijos de Esaú: hijos de Elifaz, primogénito de Esaú: los jefes Temán, Omar, Sefó, Quenaz,

16 Coré, Gatam y Amalec; estos son los jefes de Elifaz en la tierra de Edom; estos fueron los hijos de Ada.

17 Y estos son los hijos de Reuel, hijo de Esaú: los jefes Nahat, Zera, Samá y Mizá; estos son los jefes de la línea de Reuel en la tierra de Edom; estos hijos vienen de Basemat mujer de Esaú.

18 Y estos son los hijos de Aholibama mujer de Esaú: los jefes Jeús, Jalam y Coré; éstos fueron los jefes que salieron de Aholibama mujer de Esaú, hija de Aná.

19 Estos, pues, son los hijos de Esaú, y sus jefes; él es Edom.

Descendencia de Seir

20 Estos son lo hijos de Seir horeo, moradores de aquella tierra: Lotán, Sobal, Zibeón, Aná.

21 Disón, Ezer y Disán; estos son los jefes de los horeos, hijos de Seir, en la tierra de Edom.

22 Los hijos de Lotán fueron Hori y Hemam; y Timna fue hermana de Lotán.

23 Los hijos de Sobal fueron Alván, Manáhat, Ebal, Sefó y Onam.

24 Y los hijos de Zibeón fueron Ajá y Aná. Este Aná es el que descubrió manantiales en el desierto, cuando apacentaba los asnos de Zibeón su padre.

25 Los hijos de Aná fueron Disón, y Aholibama hija de Aná.

26 Estos fueron los hijos de Disón: Hemdán, Esbán, Itrán y Querán.

27 Y estos fueron los hijos de Ezer: Bilhán, Zaaván y Acán.

28 Estos fueron los hijos de Disán: Uz y Arán.

29 Y estos fueron los jefes de los horeos: los jefes Lotán, Sobal, Zibeón, Aná,

30 Disón, Ezer y Disán; estos fueron los jefes de los horeos, por sus mandos en la tierra de Seir.

Reyes edomitas

31 Y los reyes que reinaron en la tierra de Edom, antes que reinase rey sobre los hijos de Israel, fueron estos:

32 Bela hijo de Beor reinó en Edom; y el nombre de su ciudad fue Dinabá.

33 Murió Bela, y reinó en su lugar Jobab hijo de Zera, de Bosra.

34 Murió Jobab, y en su lugar reinó Husam, de tierra de Temán.

35 Murió Husam, y reinó en su lugar Hadad hijo de Bedad, el que derrotó a Madián en el campo de Moab; y el nombre de su ciudad fue Avit.

36 Murió Hadad, y en su lugar reinó Samlá de Masrecá.

37 Murió Samlá, y reinó en su lugar Saúl de Rehobot junto al Eufrates.

38 Murió Saúl, y en su lugar suyo reinó Baal-hanán hijo de Acbor.

39 Y murió Baal-hanán hijo de Acbor, y reinó Hadar en lugar suyo; y el nombre de su ciudad fue Pau; y el nombre de su mujer, Mehetabel hija de Matred, hija de Mezaab.

Jefes edomitas

40 Estos, pues, son los nombres de los jefes de Esaú por sus linajes, por sus lugares, y sus nombres: Timná, Alvá, Jetet,

41 Aholibama, Elá, Pinón,

42 Quenaz, Temán, Mibsar,

43 Magdiel e Iram. Estos fueron los jefes de Edom según sus moradas en la tierra de su posesión. Edom es el mismo Esaú, padre de los edomitas.

José y sus hermanos

37 Y habitó Jacob en la tierra donde había morado su padre, en la tierra de Canaán.

2 Esta es la historia de Jacob: José, siendo de edad de diecisiete años, apacentaba las ovejas con sus hermanos; y el joven estaba con los hijos de Bilha y con los hijos de Zilpa, mujeres de su padre; e informaba José a su padre de la mala fama de ellos.
3 Y amaba Israel a José más que a todos sus hijos, porque lo había tenido en su vejez; y le hizo una túnica de mangas largas.
4 Y viendo sus hermanos que su padre lo amaba más que a todos sus hermanos, le aborrecían, y no podían hablarle pacíficamente.
5 Y soñó José un sueño, y lo contó a sus hermanos; y ellos llegaron a aborrecerle más todavía.
6 Y él les dijo: Oíd ahora este sueño que he soñado:
7 He aquí que atábamos manojos en medio del campo, y he aquí que mi manojo se levantaba y estaba derecho, y que vuestros manojos estaban alrededor y se inclinaban al mío.
8 Le respondieron sus hermanos: ¿Reinarás tú sobre nosotros, o señorearás sobre nosotros? Y le aborrecieron aún más a causa de sus sueños y sus palabras.
9 Soñó aún otro sueño, y lo contó a sus hermanos, diciendo: He aquí que he soñado otro sueño, y he aquí que el sol y la luna y once estrellas se inclinaban a mí.
10 Y lo contó a su padre y a sus hermanos; y su padre le reprendió, y le dijo: ¿Qué sueño es este que soñaste? ¿Acaso vendremos yo y tu madre y tus hermanos a inclinarnos en tierra ante ti?
11 Y sus hermanos le tenían envidia, mas su padre meditaba en esto.

José, vendido por sus hermanos

12 Después fueron sus hermanos a apacentar las ovejas de su padre en Siquem.
13 Y dijo Israel a José: Tus hermanos apacientan las ovejas en Siquem; ven, y te enviaré a ellos. Y él respondió: Heme aquí.
14 E Israel le dijo: Ve ahora, mira cómo están tus hermanos y cómo están las ovejas, y tráeme la respuesta. Y lo envió del valle de Hebrón, y llegó a Siquem.
15 Y lo halló un hombre, andando él errante por el campo, y le preguntó aquel hombre, diciendo: ¿Qué buscas?
16 José respondió: Busco a mis hermanos; te ruego que me muestres dónde están apacentando.
17 Aquel hombre respondió: Ya se han ido de aquí; y yo les oí decir: Vamos a Dotán. Entonces José fue tras de sus hermanos, y los halló en Dotán.
18 Cuando ellos lo vieron de lejos, antes que llegara cerca de ellos, conspiraron contra él para matarle.

19 Y dijeron el uno al otro: He aquí viene el soñador.
20 Ahora pues, venid, y matémosle y echémosle en una cisterna, y diremos: Alguna mala bestia lo devoró; y veremos qué será de sus sueños.
21 Cuando Rubén oyó esto, lo libró de sus manos, y dijo: No lo matemos.
22 Y les dijo Rubén: No derraméis sangre; echadlo en esta cisterna que está en el desierto, y no pongáis mano en él; por librarlo así de sus manos, para hacerlo volver a su padre.
23 Sucedió, pues, que cuando llegó José a sus hermanos, ellos quitaron a José su túnica de colores que tenía sobre sí;
24 y le tomaron y le echaron en la cisterna; pero la cisterna estaba vacía, no había en ella agua.
25 Y se sentaron a comer pan; y alzando los ojos miraron, y he aquí una compañía de ismaelitas que venía de Galaad, y sus camellos traían aromas, bálsamo y mirra, e iban a llevarlo a Egipto.
26 Entonces Judá dijo a sus hermanos: ¿Qué provecho hay en que matemos a nuestro hermano y encubramos su muerte?
27 Venid, y vendámosle a los ismaelitas, y no sea nuestra mano sobre él; porque él es nuestro hermano, nuestra propia carne. Y sus hermanos convinieron con él.
28 Y cuando pasaban los madianitas mercaderes, sacaron ellos a José de la cisterna, y le trajeron arriba, y lo vendieron a los ismaelitas por veinte piezas de plata. Y llevaron a José a Egipto.
29 Después Rubén volvió a la cisterna, y no halló a José dentro, y rasgó sus vestidos.
30 Y volvió a sus hermanos, y dijo: El joven no aparece; y yo, ¿adónde iré yo?
31 Entonces tomaron ellos la túnica de José, y degollaron un cabrito de las cabras, y tiñeron la túnica en la sangre;
32 y enviaron la túnica de colores y la trajeron a su padre, y dijeron: Esto hemos hallado; reconoce ahora si es la túnica de tu hijo, o no.
33 Y él la reconoció, y dijo: La túnica de mi hijo es; alguna mala bestia lo devoró; José ha sido despedazado.
34 Entonces Jacob rasgó sus vestidos, y puso cilicio sobre sus lomos, y guardó luto por su hijo muchos días.
35 Y se levantaron todos sus hijos y todas sus hijas para consolarlo; mas él no quiso recibir consuelo, y dijo: Descenderé enlutado a mi hijo hasta el Seol. Y lo lloró su padre.
36 Y los madianitas lo vendieron en Egipto a Potifar, oficial de Faraón, capitán de la guardia.

Judá y Tamar

38 Aconteció en aquel tiempo, que Judá se apartó de sus hermanos, y se fue a un varón adulamita que se llamaba Hira.

2 Y vio allí Judá la hija de un hombre cananeo, el cual se llamaba Súa; y la tomó, y se llegó a ella.

3 Y ella concibió, y dio a luz un hijo, y llamó su nombre Er.

4 Concibió otra vez, y dio a luz un hijo, y llamó su nombre Onán.

5 Y volvió a concebir, y dio a luz un hijo, y llamó su nombre Selá. Y estaba en Akzib cuando lo dio a luz.

6 Judá tomó mujer para su primogénito Er, la cual se llamaba Tamar.

7 Y Er, el primogénito de Judá, fue malo ante los ojos de Jehová, y le quitó Jehová la vida.

8 Entonces Judá dijo a Onán: Llégate a la mujer de tu hermano, y despósate con ella, y levanta descendencia a tu hermano.

9 Y sabiendo Onán que la descendencia no había de ser suya, sucedía que cuando se llegaba a la mujer de su hermano, vertía en tierra, por no dar descendencia a su hermano.

10 Y desagradó en ojos de Jehová lo que hacía, y a él también le quitó la vida.

11 Y Judá dijo a Tamar su nuera: Quédate viuda en casa de tu padre, hasta que crezca Selá mi hijo; porque dijo: No sea que muera él también como sus hermanos. Y se fue Tamar, y estuvo en casa de su padre.

12 Pasaron muchos días, y murió la hija de Súa, mujer de Judá. Después Judá se consoló, y subía a los trasquiladores de sus ovejas a Timnat, él y su amigo Hira el adulamita.

13 Y fue dado aviso a Tamar, diciendo: He aquí tu suegro sube a Timnat a trasquilar sus ovejas.

14 Entonces se quitó ella los vestidos de su viudez, y se cubrió con un velo, y se arrebozó, y se puso a la entrada de Enaim junto al camino de Timnat; porque veía que había crecido Selá, y ella no era dada a él por mujer.

15 Y la vio Judá, y la tuvo por ramera, porque ella había cubierto su rostro.

16 Y se apartó del camino hacia ella, y le dijo: Déjame ahora llegarme a ti; pues no sabía que era su nuera; y ella dijo: ¿Qué me darás por llegarte a mí?

17 El respondió: Yo te enviaré del ganado un cabrito de las cabras. Y ella dijo: Dame una prenda hasta que lo envíes.

18 Entonces Judá dijo: ¿Qué prenda te daré? Ella respondió: Tu sello, tu cordón, y tu báculo que tienes en tu mano. Y él se los dio, y se llegó a ella, y ella concibió de él.

19 Luego se levantó y se fue, y se quitó el velo de sobre sí, y se vistió las ropas de su viudez.

20 Y Judá envió el cabrito de las cabras por medio de su amigo el adulamita, para que éste recibiese la prenda de la mujer; pero no la halló.

21 Y preguntó a los hombres de aquel lugar, diciendo: ¿Dónde está la ramera de Enaim junto al camino? Y ellos le dijeron: No ha estado aquí ramera alguna.

22 Entonces él se volvió a Judá, y dijo: No la he hallado; y también los hombres del lugar dijeron: Aquí no ha estado ramera.

23 Y Judá dijo: Tómeselo para sí, para que no seamos menospreciados; he aquí yo he enviado este cabrito, y tú no la hallaste.

24 Sucedió que al cabo de unos tres meses fue dado aviso a Judá, diciendo: Tamar tu nuera ha fornicado, y ciertamente está encinta a causa de las fornicaciones. Y Judá dijo: Sacadla, y sea quemada.

25 Pero ella, cuando la sacaban, envió a decir a su suegro: Del varón cuyas son estas cosas, estoy encinta. También dijo: Mira ahora de quién son estas cosas, el sello, el cordón y el báculo.

26 Entonces Judá los reconoció, y dijo: Más justa es ella que yo, por cuanto no la he dado a Selá mi hijo. Y nunca más la conoció.

27 Y aconteció que al tiempo de dar a luz, he aquí había gemelos en su seno.

28 Sucedió cuando daba a luz, que sacó la mano el uno, y la partera tomó y ató a su mano un hilo de grana, diciendo: Este salió primero.

29 Pero volviendo él a meter la mano, he aquí salió su hermano; y ella dijo: ¡Qué rotura te has abierto! Y llamó su nombre Pares.

30 Después salió su hermano, el que tenía en su mano el hilo de grana, y llamó su nombre Zara.

José, en Egipto

39 Llevado, pues, José a Egipto, Potifar, eunuco de Faraón, capitán de la guardia, varón egipcio, lo compró de los ismaelitas que lo habían llevado allá.

2 Y Jehová estaba con José, y fue varón próspero; y estaba en la casa de su amo el egipcio.

3 Y vio su amo que Jehová estaba con él, y que todo lo que él hacía, Jehová lo hacía prosperar en su mano.

4 Así halló José gracia en sus ojos, y le servía; y él le hizo mayordomo de su casa y entregó en su poder todo lo que tenía.

5 Y aconteció que desde que le dio el encargo de su casa y de todo lo que tenía, Jehová bendijo la casa del egipcio a causa de José, y la bendición de Jehová estaba sobre todo lo que tenía, así en casa como en el campo.

6 Y dejó todo lo que tenía en mano de José,
y con él no se preocupaba de cosa alguna
sino del pan que comía. Y era José de
hermoso semblante y bella presencia.

7 Aconteció después de esto, que la mujer
de su amo puso sus ojos en José, y dijo:
Duerme conmigo.

8 Y él no quiso, y dijo a la mujer de su amo:
He aquí que mi señor no se preocupa conmigo de lo que hay en casa, y ha puesto en mi
mano todo lo que tiene.

9 No hay otro mayor que yo en esta casa, y
ninguna cosa me ha reservado sino a ti, por
cuanto tú eres su mujer; ¿cómo, pues, haría
yo este grande mal, y pecaría contra Dios?

10 Hablando ella a José cada día, y no
escuchándola él para acostarse al lado de
ella, para estar con ella,

11 aconteció que entró él un día en casa
para hacer su oficio, y no había nadie de los
de casa allí.

12 Y ella lo asió por su ropa, diciendo:
Duerme conmigo. Entonces él dejó su ropa
en las manos de ella, y huyó y salió.

13 Cuando vio ella que le había dejado su
ropa en sus manos, y había huido fuera,

14 llamó a los de casa, y les habló diciendo:
Mirad, nos ha traído un hebreo para que
hiciese burla de nosotros. Vino él a mí para
dormir conmigo, y yo di grandes voces;

15 y viendo que yo alzaba la voz y gritaba,
dejó junto a mí su ropa, y huyó y salió.

16 Y ella puso junto a sí la ropa de José,
hasta que vino su señor a su casa.

17 Entonces le habló ella las mismas palabras, diciendo: El siervo hebreo que nos
trajiste, vino a mí para deshonrarme.

18 Y cuando yo alcé mi voz y grité, él dejó
su ropa junto a mí y huyó fuera.

19 Y sucedió que cuando oyó el amo de
José las palabras que su mujer le hablaba,
diciendo: Así me ha tratado tu siervo, se
encendió en furor.

20 Y tomó su amo a José, y lo puso en la
cárcel, donde estaban los presos del rey, y
estuvo allí en la cárcel.

21 Pero Jehová estaba con José y le extendió su misericordia, y le dio gracia en los
ojos del jefe de la cárcel.

22 Y el jefe de la cárcel entregó en mano de
José el cuidado de todos los presos que
había en aquella prisión; todo lo que se
hacía allí, él lo hacía.

23 No necesitaba atender el jefe de la cárcel
cosa alguna de las que estaban al cuidado de
José, porque Jehová estaba con José, y lo
que él hacía, Jehová lo prosperaba.

José interpreta dos sueños

40 Y aconteció después de estas cosas,
que el copero del rey de Egipto y el

panadero delinquieron contra su señor el
rey de Egipto.

2 Y se enojó Faraón contra sus dos cunucos, contra el jefe de los coperos y contra el
jefe de los panaderos,

3 y los puso en prisión en la casa del capitán
de la guardia, en la cárcel donde José estaba
preso.

4 Y el capitán de la guardia encargó de ellos
a José, y él les servía; y estuvieron muchos
días en la prisión.

5 Y ambos, el copero y el panadero del rey
de Egipto, que estaban arrestados en la
prisión, tuvieron un sueño, cada uno su
propio sueño en una misma noche, cada uno
con su propio significado.

6 Vino a ellos José por la mañana, y los
miró, y he aquí que estaban tristes.

7 Y él preguntó a aquellos cunucos de
Faraón, que estaban con él en la prisión de
la casa de su señor, diciendo: ¿Por qué
aparecen hoy mal vuestros semblantes?

8 Ellos le dijeron: Hemos tenido un sueño,
y no hay quien lo interprete. Entonces les
dijo José: ¿No son de Dios las interpretaciones? Contádmelo ahora.

9 Entonces el jefe de los coperos contó su
sueño a José, y le dijo: Yo soñaba que veía
una vid delante de mí.

10 y en la vid tres sarmientos; y ella como
que brotaba, y arrojaba su flor, viniendo a
madurar sus racimos de uvas.

11 Y que la copa de Farón estaba en mi
mano, y tomaba yo las uvas y las exprimía en
la copa de Faraón, y daba yo la copa en
mano de Faraón.

12 Y le dijo José: Esta es su interpretación:
los sarmientos son tres días.

13 Al cabo de tres días levantará Faraón tu
cabeza, y te restituirá a tu puesto, y darás la
copa a Faraón en su mano, como solías
hacerlo cuando eras su copero.

14 Acuérdate, pues, de mí cuando tengas
ese bien, y te ruego que uses conmigo de
misericordia, y hagas mención de mí a Faraón, y me saques de esta casa.

15 Porque fui hurtado de la tierra de los
hebreos; y tampoco he hecho aquí por qué
me pusiesen en la cárcel.

16 Viendo el jefe de los panaderos que
había interpretado para bien, dijo a José:
También yo soñé que veía tres canastillos
blancos sobre mi cabeza.

17 En el canastillo más alto había de toda
clase de manjares de pastelería para Faraón; y las aves las comían del canastillo de
sobre mi cabeza.

18 Entonces respondió José, y dijo: Esta es
su interpretación: Los tres canastillos tres
días son.

19 Al cabo de tres días quitará Faraón tu
cabeza de sobre ti, y te hará colgar en la

horca, y las aves comerán tu carne de sobre
ti.

20 Al tercer día, que era el día del cumpleaños de Faraón, el rey hizo banquete a todos
sus sirvientes; y alzó la cabeza del jefe de los
coperos, y la cabeza del jefe de los panaderos, entre sus servidores.

21 E hizo volver a su oficio al jefe de los
coperos, y dio éste la copa en mano de
Faraón.

22 Mas hizo ahorcar al jefe de los panaderos, como lo había interpretado José.

23 Y el jefe de los coperos no se acordó de
José, sino que le olvidó.

Los sueños de Faraón

41 Aconteció que pasados dos años tuvo
Faraón un sueño. Parecíale que estaba junto al río;

2 y que del río subían siete vacas, hermosas
a la vista, y muy gordas, y pacían en el
prado.

3 Y que tras ellas subían del río otras siete
vacas de feo aspecto y enjutas de carne, y se
pararon cerca de las vacas hermosas a la
orilla del río;

4 y que las vacas de feo aspecto y enjutas de
carne devoraban a las siete vacas hermosas y
muy gordas. Y despertó Faraón.

5 Se durmió de nuevo, y soñó la segunda
vez: Que siete espigas llenas y hermosas
crecían de una sola caña.

6 y que después de ellas salían otras siete
espigas menudas y abatidas del viento solano;

7 y las siete espigas menudas devoraban a
las siete espigas gruesas y llenas. Y despertó
Faraón, y he aquí que era un sueño.

8 Sucedió que por la mañana estaba agitado
su espíritu, y envió e hizo llamar a todos los
magos de Egipto, y a todos sus sabios; y les
contó Faraón sus sueños, mas no había
quien los pudiese interpretar a Faraón.

9 Entonces el jefe de los coperos habló a
Faraón, diciendo: Me acuerdo hoy de mis
faltas.

10 Cuando Faraón se enojó contra sus siervos, nos echó a la prisión de la casa del
capitán de la guardia a mí y al jefe de los
panaderos.

11 Y él y yo tuvimos un sueño en la misma
noche, y cada sueño tenía su propio significado.

12 Estaba allí con nosotros un joven hebreo, siervo del capitán de la guardia; y se lo
contamos, y él nos interpretó nuestros sueños, y declaró a cada uno conforme a su
sueño.

13 Y aconteció que como él nos los interpretó, así fue: yo fui restablecido en mi
puesto, y el otro fue colgado.

14 Entonces Faraón envió y llamó a José. Y
lo sacaron apresuradamente de la cárcel, y
se afeitó, y mudó sus vestidos, y vino a
Faraón.

15 Y dijo Faraón a José: Yo he tenido un
sueño, y no hay quien lo interprete; mas he
oído decir de ti, que oyes sueños para
interpretarlos.

16 Respondió José a Faraón, diciendo: No
está en mí; Dios será el que dé respuesta
propicia a Faraón.

17 Entonces Faraón dijo a José: En mi sueño parecíame que estaba a la orilla del río;

18 y que del río subían siete vacas de gruesas carnes y hermosa apariencia, que pacían
en el prado.

19 Y que otras siete vacas subían después
de ellas, flacas y de muy feo aspecto; tan
extenuadas, que no he visto otras semejantes en fealdad en toda la tierra de Egipto.

20 Y las vacas flacas y feas devoraban a las
siete primeras vacas gordas;

21 y éstas entraban en sus entrañas, mas no
se conocía que hubiesen entrado, porque la
apariencia de las flacas era aún mala, como
al principio. Y yo desperté.

22 Vi también soñando, que siete espigas
crecían en una misma caña, llenas y hermosas.

23 Y que siete espigas menudas, marchitas,
abatidas del viento solano, crecían después
de ellas;

24 y las espigas menudas devoraban a las
siete espigas hermosas; y lo he dicho a los
magos, mas no hay quien me lo interprete.

José interpreta los sueños de Faraón

25 Entonces respondió José a Faraón: El
sueño de Faraón es uno mismo; Dios ha
mostrado a Faraón lo que va a hacer.

26 Las siete vacas hermosas siete años son;
y las espigas hermosas son siete años: el
sueño es uno mismo.

27 También las siete vacas flacas y feas que
subían tras ella, son siete años; y las siete
espigas menudas y marchitas del viento
solano, siete años serán de hambre.

28 Esto es lo que respondo a Faraón. Lo
que Dios va a hacer, lo ha mostrado a
Faraón.

29 He aquí vienen siete años de gran abundancia en toda la tierra de Egipto.

30 Y tras ellos seguirán siete años de hambre; y toda la abundancia será olvidada en la
tierra de Egipto, y el hambre consumirá la
tierra.

31 Y aquella abundancia no se echará de
ver, a causa del hambre siguiente, la cual
será gravísima.

32 Y el suceder el sueño a Faraón dos
veces, significa que la cosa es firme de parte
de Dios, y que Dios se apresura a hacerla.

33 Por tanto, provéase ahora Faraón de un varón prudente y sabio, y póngalo sobre la tierra de Egipto.
34 Haga esto Faraón, y ponga gobernadores sobre el país, y quinte la tierra de Egipto en los siete años de la abundancia.
35 Y junten toda la provisión de estos buenos años que vienen, y recojan el trigo bajo la mano de Faraón para mantenimiento de las ciudades; y guárdenlo.
36 Y esté aquella provisión en depósito para el país, para los siete años de hambre que habrá en la tierra de Egipto; y el país no perecerá de hambre.

José, gobernador de Egipto

37 Y el consejo pareció bien a Faraón y a sus siervos,
38 y dijo Faraón a sus siervos: ¿Acaso hallaremos a otro hombre como éste, en quien esté el espíritu de Dios?
39 Y dijo Faraón a José: Pues que Dios te ha hecho saber todo esto, no hay entendido ni sabio como tú.
40 Tú estarás sobre mi casa, y por tu palabra se gobernará todo mi pueblo; solamente en el trono seré yo mayor que tú.
41 Dijo además Faraón a José: He aquí yo te he puesto sobre toda la tierra de Egipto.
42 Entonces Faraón quitó su anillo de su mano, y lo puso en la mano de José, y lo hizo vestir de ropas de lino finísimo, y puso un collar de oro en su cuello;
43 y lo hizo subir en su segundo carro, y pregonaron delante de él: ¡Doblad la rodilla!; y lo puso sobre toda la tierra de Egipto.
44 Y dijo Faraón a José: Yo soy Faraón; y sin ti ninguno alzará su mano ni su pie en toda la tierra de Egipto.
45 Y llamó Faraón el nombre de José, Safnat-panéaj; y le dio por mujer a Asenat, hija de Potifera sacerdote de On. Y salió José por toda la tierra de Egipto.
46 Era José de edad de treinta años cuando fue presentado delante de Faraón rey de Egipto; y salió José de delante de Faraón, y recorrió toda la tierra de Egipto.
47 En aquellos siete años de abundancia, la tierra produjo a montones.
48 Y él reunió todo el alimento de los siete años de abundancia que hubo en la tierra de Egipto, y guardó alimento en las ciudades, poniendo en cada ciudad el alimento del campo de sus alrededores.
49 Recogió José trigo como arena del mar, mucho en extremo, hasta no poderse contar, porque no tenía número.

Hijos de José

50 Y nacieron a José dos hijos antes que viniese el primer año del hambre, los cuales le dio a luz Asenat, hija de Potifera sacerdote de On.
51 Y llamó José el nombre del primogénito, Manasés; porque dijo: Dios me hizo olvidar todo mi trabajo, y toda la casa de mi padre.
52 Y llamó el nombre del segundo, Efraín; porque dijo: Dios me hizo fructificar en la tierra de mi aflicción.
53 Así se cumplieron los siete años de abundancia que hubo en la tierra de Egipto.
54 Y comenzaron a venir los siete años del hambre, como José había dicho; y hubo hambre en todos los países, mas en toda la tierra de Egipto había pan.
55 Cuando se sintió el hambre en toda la tierra de Egipto, el pueblo clamó a Faraón por pan. Y dijo Faraón a todos los egipcios: Id a José, y haced lo que él os dijere.
56 Y el hambre estaba por toda la extensión del país. Entonces abrió José todo granero donde había, y vendía a los egipcios; porque había crecido el hambre en la tierra de Egipto.
57 Y de todas las tierras venían a Egipto para comprar de José, porque por toda la tierra había crecido el hambre.

Los hermanos de José vienen a Egipto

42 Y viendo Jacob que en Egipto había alimentos, dijo a sus hijos: ¿Por qué os estáis mirando?
2 Y dijo: He aquí, yo he oído que hay víveres en Egipto; descended allá, y comprad de allí para nosotros, para que podamos vivir, y no muramos.
3 Y descendieron los diez hermanos de José a comprar trigo en Egipto.
4 Mas Jacob no envió a Benjamín, hermano de José, con sus hermanos; porque dijo: No sea que le acontezca algún desastre.
5 Vinieron los hijos de Israel a comprar entre los que venían; porque había hambre en la tierra de Canaán.
6 Y José era el señor de la tierra, quien le vendía a todo el pueblo de la tierra; y llegaron los hermanos de José, y se inclinaron a él rostro a tierra.
7 Y José, cuando vio a sus hermanos, los conoció; mas hizo como que no los conocía, y les habló ásperamente, y les dijo: ¿De dónde habéis venido? Ellos respondieron: De la tierra de Canaán, para comprar alimentos.
8 José, pues, conoció a sus hermanos; pero ellos no le conocieron.
9 Entonces se acordó José de los sueños que había tenido acerca de ellos, y les dijo: Espías sois; por ver lo descubierto del país habéis venido.
10 Ellos le respondieron: No, señor nuestro, sino que tus siervos han venido a comprar alimentos.

11 Todos nosotros somos hijos de un varón; somos hombres honrados; tus siervos nunca fueron espías.

12 Pero José les dijo: No; para ver lo descubierto del país habéis venido.

13 Y ellos respondieron: Tus siervos somos doce hermanos, hijos de un varón en la tierra de Canaán; y he aquí el menor está hoy con nuestro padre, y otro no aparece.

14 Y José les dijo: Eso es lo que os he dicho, afirmando que sois espías.

15 En esto seréis probados: Vive Faraón, que no saldréis de aquí, sino cuando vuestro hermano menor viniere aquí.

16 Enviad a uno de vosotros y traiga a vuestro hermano, y vosotros quedad presos, y vuestras palabras serán probadas, si hay verdad en vosotros; y si no, vive Faraón, que sois espías.

17 Entonces los puso juntos en la cárcel por tres días.

18 Y al tercer día les dijo José: Haced esto, y vivid: Yo temo a Dios.

19 Si sois hombres honrados, quede preso en la casa de vuestra cárcel uno de vuestros hermanos, y vosotros id y llevad el alimento para el hambre de vuestra casa.

20 Pero traeréis a vuestro hermano menor, y serán verificadas vuestras palabras, y no moriréis. Y ellos lo hicieron así.

21 Y decían el uno al otro: Verdaderamente hemos pecado contra nuestro hermano, pues vimos la angustia de su alma cuando nos rogaba, y no le escuchamos; por eso ha venido sobre nosotros esta angustia.

22 Entonces Rubén les respondió, diciendo: ¿No os hablé yo y dije: No pequéis contra el joven, y no escuchasteis? He aquí también se nos demanda su sangre.

23 Pero ellos no sabían que los entendía José, porque había intérprete entre ellos.

24 Y se apartó José de ellos, y lloró; después volvió a ellos, y les habló, y tomó de entre ellos a Simeón, y lo aprisionó a vista de ellos.

25 Después mandó José que llenaran sus sacos de trigo, y devolviesen el dinero de cada uno de ellos, poniéndolo en su saco, y les diesen comida para el camino; y así se hizo con ellos.

26 Y ellos pusieron su trigo sobre sus asnos, y se fueron de allí.

27 Pero abriendo uno de ellos su saco para dar de comer a su asno en el mesón, vio su dinero que estaba en la boca de su costal.

28 Y dijo a sus hermanos: Mi dinero se me ha devuelto, y helo aquí en mi saco. Entonces se les sobresaltó el corazón, y espantados dijeron el uno al otro: ¿Qué es esto que nos ha hecho Dios?

29 Y venidos a Jacob su padre en tierra de Canaán, le contaron todo lo que les había acontecido, diciendo:

30 Aquel varón, el señor de la tierra, nos habló ásperamente, y nos trató como a espías de la tierra.

31 Y nosotros le dijimos: Somos hombres honrados, nunca fuimos espías.

32 Somos doce hermanos, hijos de nuestro padre; uno no aparece, y el menor está hoy con nuestro padre en la tierra de Canaán.

33 Entonces aquel varón, el señor de la tierra, nos dijo: En esto conoceré que sois hombres honrados: dejad conmigo uno de vuestros hermanos, y tomad para el hambre de vuestras casas, y andad,

34 y traedme a vuestro hermano el menor, para que yo sepa que no sois espías, sino hombres honrados; así os daré a vuestro hermano, y negociaréis en la tierra.

35 Y aconteció que vaciando ellos sus sacos, he aquí que en el saco de cada uno estaba el atado de su dinero; y viendo ellos y su padre los atados de su dinero, tuvieron temor.

36 Entonces su padre Jacob les dijo: Me habéis privado de mis hijos; José no aparece, ni Simeón tampoco, y a Benjamín le llevaréis; contra mí son todas estas cosas.

37 Y Rubén habló a su padre, diciendo: Harás morir a mis dos hijos, si no te lo devuelvo; entrégalo en mi mano, que yo lo devolveré a ti.

38 Y él dijo: No descenderá mi hijo con vosotros, pues su hermano ha muerto, y él solo ha quedado; y si le acontece desastre en el camino por donde vais, haréis descender mis canas con dolor al Seol.

Los hermanos de José regresan con Benjamín

43 Y el hambre era grande en la tierra;

2 y aconteció que cuando acabaron de comer el trigo que trajeron de Egipto, les dijo su padre: Volved, y comprad para nosotros un poco de alimento.

3 Respondió Judá diciendo: Aquel varón nos protestó con ánimo resuelto, diciendo: No veréis mi rostro si no traéis a vuestro hermano con vosotros.

4 Si envías a nuestro hermano con nosotros, descenderemos y te compraremos alimentos.

5 Pero si no le envías, no descenderemos; porque aquel varón nos dijo: No veréis mi rostro si no traéis a vuestro hermano con vosotros.

6 Dijo entonces Israel: ¿Por qué me hicisteis tanto mal, declarando al varón que teníais otro hermano?

7 Y ellos respondieron: Aquel varón nos preguntó expresamente por nosotros, y por

nuestra familia, diciendo: ¿Vive aún vuestro padre? ¿Tenéis otro hermano? Y le declaramos conforme a estas palabras. ¿Acaso podíamos saber que él nos diría: Haced venir a vuestro hermano?

8 Entonces Judá dijo a Israel su padre: Envía al joven conmigo, y nos levantaremos e iremos, a fin de que vivamos y no muramos nosotros, y tú, y nuestros niños.

9 Yo te respondo por él; a mí me pedirás cuenta. Si yo no te lo vuelvo a traer, y si no lo pongo delante de ti, seré para ti el culpable para siempre;

10 pues si no nos hubiéramos detenido, ciertamente habríamos ya vuelto dos veces.

11 Entonces Israel su padre les respondió: Pues que así es, hacedlo; tomad de lo mejor de la tierra en vuestros sacos, y llevad a aquel varón un presente, un poco de bálsamo, un poco de miel, aromas y mirra, nueces y almendras.

12 Y tomad en vuestras manos doble cantidad de dinero, y llevad en vuestra mano el dinero devuelto en las bocas de vuestros costales; quizá fue equivocación.

13 Tomad también a vuestro hermano, y levantaos, y volved a aquel varón.

14 Y el Dios Omnipotente os dé misericordia delante de aquel varón, y os suelte a vuestro otro hermano, y a este Benjamín. Y si he de ser privado de mis hijos, séalo.

Encuentro con José

15 Entonces tomaron aquellos varones el presente, y tomaron en su mano doble cantidad de dinero, y a Benjamín; y se levantaron y descendieron a Egipto, y se presentaron delante de José.

16 Y vio José a Benjamín con ellos, y dijo al mayordomo de su casa: Lleva a casa a esos hombres, y degüella una res y prepárala, pues estos hombres comerán conmigo al mediodía.

17 E hizo el hombre como José dijo, y llevó a los hombres a casa de José.

18 Entonces aquellos hombres tuvieron temor, cuando fueron llevados a casa de José, y decían: Por el dinero que fue devuelto en nuestros costales la primera vez nos han traído aquí, para tendernos lazo, y atacarnos, y tomarnos por siervos a nosotros, y a nuestros asnos.

19 Y se acercaron al mayordomo de la casa de José, y le hablaron a la entrada de la casa.

20 Y dijeron: Ay, señor nuestro, nosotros en realidad de verdad descendimos al principio a comprar alimentos.

21 Y aconteció que cuando llegamos al mesón y abrimos nuestros costales, he aquí el dinero de cada uno estaba en la boca de su costal, nuestro dinero en su justo peso; y lo hemos vuelto a traer con nosotros.

22 Hemos también traído en nuestras manos otro dinero para comprar alimentos; nosotros no sabemos quién haya puesto nuestro dinero en nuestros costales.

23 Él les respondió: Paz a vosotros, no temáis; vuestro Dios y el Dios de vuestro padre os dio el tesoro en vuestros costales; yo recibí vuestro dinero. Y sacó a Simeón a ellos.

24 Y llevó aquel varón a los hombres a casa de José; y les dio agua, y lavaron sus pies, y dio de comer a sus asnos.

25 Y ellos prepararon el presente entretanto que venía José a mediodía, porque habían oído que allí habrían de comer pan.

26 Y vino José a casa, y ellos le trajeron el presente que tenían en su mano dentro de la casa, y se inclinaron ante él hasta la tierra.

27 Entonces les preguntó José cómo estaban, y dijo: ¿Vuestro padre, el anciano que dijisteis, lo pasa bien? ¿Vive todavía?

28 Y ellos respondieron: Bien va a tu siervo nuestro padre; aún vive. Y se inclinaron, e hicieron reverencia.

29 Y alzando José sus ojos vio a Benjamín su hermano, hijo de su madre, y dijo: ¿Es éste vuestro hermano menor, de quien me hablasteis? Y dijo: Dios tenga misericordia de ti, hijo mío.

30 Entonces José se apresuró, porque se conmovieron sus entrañas a causa de su hermano, y buscó dónde llorar; y entró en su cámara, y lloró allí.

31 Y lavó su rostro y salió, y se contuvo, y dijo: Poned pan.

32 Y pusieron para él aparte, y separadamente para ellos, y aparte para los egipcios que con él comían; porque los egipcios no pueden comer pan con los hebreos, lo cual es abominación a los egipcios.

33 Y se sentaron delante de él, el mayor conforme a su primogenitura, y el menor conforme a su menor edad; y estaban aquellos hombres atónitos mirándose el uno al otro.

34 Y José tomó viandas de delante de sí para ellos; mas la porción de Benjamín era cinco veces mayor que cualquiera de las de ellos. Y bebieron, y se alegraron con él.

La copa de José en el costal de Benjamín

44 Y mandó José al mayordomo de su casa, diciendo: Llena de alimento los costales de estos varones, cuanto puedan llevar, y pon el dinero de cada uno en la boca de su costal.

2 Y pondrás mi copa, la copa de plata, en la boca del costal del menor, con el dinero de su trigo. Y él hizo como dijo José.

3 Venida la mañana, los hombres fueron despedidos con sus asnos.

4 Habiendo ellos salido de la ciudad, de la que aún no se habían alejado, dijo José a su mayordomo: Levántate y sigue a esos hombres; y cuando los alcances, diles: ¿Por qué habéis vuelto mal por bien? ¿Por qué habéis robado mi copa de plata?

5 ¿No es ésta la que bebe mi señor, y por la que suele adivinar? Habéis hecho mal en lo que hicisteis.

6 Cuando él los alcanzó, les dijo estas palabras.

7 Y ellos le respondieron: ¿Por qué dice nuestro señor tales cosas? Nunca tal hagan tus siervos.

8 He aquí, el dinero que hallamos en la boca de nuestros costales, te lo volvimos a traer desde la tierra de Canaán; ¿cómo, pues, habíamos de hurtar de casa de tu señor plata ni oro?

9 Aquel de tus siervos en quien sea hallada la copa, que muera, y aun nosotros seremos siervos de mi señor.

10 Y él dijo: También ahora sea conforme a vuestras palabras; aquel en quien se hallare será mi siervo, y vosotros seréis sin culpa.

11 Ellos entonces se dieron prisa, y derribando cada uno su costal en tierra, abrió cada cual el costal suyo.

12 Y buscó; desde el mayor comenzó, y acabó en el menor; y la copa fue hallada en el costal de Benjamín.

13 Entonces ellos rasgaron sus vestidos, y cargó cada uno su asno y volvieron a la ciudad.

14 Vino Judá con sus hermanos a casa de José, que aún estaba allí, y se postraron delante de él en tierra.

15 Y les dijo José: ¿Qué acción es ésta que habéis hecho? ¿No sabéis que un hombre como yo sabe adivinar?

16 Entonces dijo Judá: ¿Qué diremos a mi señor? ¿Qué hablaremos, o con qué nos justificaremos? Dios ha hallado la maldad de tus siervos; he aquí, nosotros somos siervos de mi señor, nosotros, y también aquel en cuyo poder fue hallada la copa.

17 José respondió: Nunca yo tal haga. El varón en cuyo poder fue hallada la copa, él será mi siervo; vosotros id en paz a vuestro padre.

18 Entonces Judá se acercó a él, y dijo: Ay, señor mío, te ruego que permitas que hable tu siervo una palabra en oídos de mi señor, y no se encienda tu enojo contra tu siervo, pues tú eres como Faraón.

19 Mi señor preguntó a sus siervos, diciendo: ¿Tenéis padre o hermano?

20 Y nosotros respondimos a mi señor: Tenemos un padre anciano, y un hermano joven, pequeño aún, que le nació en su vejez; y un hermano suyo murió, y él solo quedó de los hijos de su madre; y su padre lo ama.

21 Y tú dijiste a tus siervos: Traédmelo, y pondré mis ojos sobre él.

22 Y nosotros dijimos a mi señor: El joven no puede dejar a su padre, porque si lo dejara, su padre moriría.

23 Y dijiste a tus siervos: Si vuestro hermano menor no desciende con vosotros, no veréis más mi rostro.

24 Aconteció, pues, que cuando llegamos a mi padre tu siervo, le contamos las palabras de mi señor.

25 Y dijo nuestro padre: Volved a compraros un poco de alimento.

26 Y nosotros respondimos: No podemos ir; si nuestro hermano va con nosotros, iremos; porque no podremos ver el rostro del varón, si no está con nosotros nuestro hermano el menor.

27 Entonces tu siervo mi padre nos dijo: Vosotros sabéis que dos hijos me dio a luz mi mujer;

28 y el uno salió de mi presencia, y pienso de cierto que fue despedazado, y hasta ahora no lo he visto.

29 Y si tomas también a éste de delante de mí, y le acontece algún desastre, haréis descender mis canas con dolor al Seol.

30 Ahora, pues, cuando vuelva yo a tu siervo mi padre, si el joven no va conmigo, como su vida está ligada a la vida de él,

31 sucederá que cuando no vea al joven, morirá; y tus siervos harán descender las canas de tu siervo nuestro padre con dolor al Seol.

32 Como tu siervo salió por fiador del joven con mi padre, diciendo: Si no te lo vuelvo a traer, entonces yo seré culpable ante mi padre para siempre,

33 ruégote, por tanto, que quede ahora tu siervo en lugar del joven por siervo de mi señor, y que el joven vaya con sus hermanos.

34 Porque ¿cómo volveré yo a mi padre sin el joven? No podré, por no ver el mal que sobrevendrá a mi padre.

José se da a conocer
a sus hermanos

45 No podía ya José contenerse delante de todos los que estaban al lado suyo, y clamó: Haced salir de mi presencia a todos. Y no quedó nadie con él, al darse a conocer José a sus hermanos.

2 Entonces se dio a llorar a gritos; y hasta oyeron los egipcios, y lo oyó la casa de Faraón.

3 Y dijo José a sus hermanos: Yo soy José; ¿vive aún mi padre? Y sus hermanos no pudieron responderle, porque estaban aterrados delante de él.

4 Entonces dijo José a sus hermanos: Acercaos ahora a mí. Y ellos se acercaron. Y él

dijo: Yo soy José vuestro hermano, el que vendisteis para Egipto.

5 Ahora, pues, no os entristezcáis, ni os pese de haberme vendido acá; porque para preservación de vida me envió Dios delante de vosotros.

6 Pues ya ha habido dos años de hambre en medio de la tierra, y aún quedan cinco años en los cuales ni habrá arada ni siega.

7 Y Dios me envió delante de vosotros, para preservaros posteridad sobre la tierra, y para daros vida por medio de gran liberación.

8 Así pues, no me enviasteis acá vosotros, sino Dios, que me ha puesto por padre de Faraón y por señor de toda su casa, y por gobernador en toda la tierra de Egipto.

9 Daos prisa, id a mi padre y decidle: Así dice tu hijo José: Dios me ha puesto por señor de todo Egipto; ven a mí, no te detengas.

10 Habitarás en la tierra de Gosén, y estarás cerca de mí, tú y tus hijos, y los hijos de tus hijos, tus ganados y tus vacas, y todo lo que tienes.

11 Y allí te alimentaré, pues aún quedan cinco años de hambre, para que no perezcas de pobreza tú y tu casa, y todo lo que tienes.

12 He aquí, vuestros ojos ven, y los ojos de mi hermano Benjamín, que mi boca os habla.

13 Haréis, pues, saber a mi padre toda mi gloria en Egipto, y todo lo que habéis visto; y daos prisa, y traed a mi padre acá.

14 Y se echó sobre el cuello de Benjamín su hermano, y lloró; y también Benjamín lloró sobre su cuello.

15 Y besó a todos sus hermanos, y lloró sobre ellos; y después sus hermanos hablaron con él.

Invitación de Faraón

16 Y se oyó la noticia en la casa de Faraón, diciendo: Los hermanos de José han venido. Y esto agradó en los ojos de Faraón y de sus siervos.

17 Y dijo Faraón a José: Di a tus hermanos: Haced esto: cargad vuestras bestias, e id, volved a la tierra de Canaán;

18 y tomad a vuestro padre y a vuestras familias y venid a mí, porque yo os daré lo bueno de la tierra de Egipto, y comeréis de la abundancia de la tierra.

19 Y tú manda: Haced esto: tomaos de la tierra de Egipto carros para vuestros niños y vuestras mujeres, y traed a vuestro padre, y venid.

20 Y no os preocupéis por vuestros enseres, porque la riqueza de la tierra de Egipto será vuestra.

21 Y lo hicieron así los hijos de Israel; y les dio José carros conforme a la orden de Faraón, y les suministró víveres para el camino.

22 A cada uno de todos ellos dio mudas de vestidos, y a Benjamín dio trescientas piezas de plata, y cinco mudas de vestidos.

23 Y a su padre envió esto: diez asnos cargados de lo mejor de Egipto, y diez asnas cargadas de trigo, y pan y comida, para su padre en el camino.

24 Y despidió a sus hermanos, y ellos se fueron. Y él les dijo: No riñáis por el camino.

25 Y subieron de Egipto, y llegaron a la tierra de Canaán a Jacob su padre.

26 Y le dieron las nuevas, diciendo: José vive aún; y él es señor en toda la tierra de Egipto. Y el corazón de Jacob se afligió, porque no los creía.

27 Y ellos le contaron todas las palabras de José, que él les había hablado; y viendo Jacob los carros que José enviaba para llevarlo, su espíritu revivió.

28 Entonces dijo Israel: Basta; José mi hijo vive todavía; iré, y le veré antes que yo muera.

Jacob sale para Egipto

46 Salió Israel con todo lo que tenía, y vino a Beerseba, y ofreció sacrificios al Dios de su padre Isaac.

2 Y habló Dios a Israel en visiones de noche, y dijo: Jacob, Jacob. Y él respondió: Heme aquí.

3 Y dijo: Yo soy Dios, el Dios de tu padre; no temas descender a Egipto, porque allí yo haré de ti una gran nación.

4 Yo descenderé contigo a Egipto, y yo también te haré volver; y la mano de José cerrará tus ojos.

5 Y levantóse Jacob de Beerseba; y tomaron los hijos de Israel a su padre Jacob, y a sus niños, y a sus mujeres, en los carros que Faraón había enviado para llevarlo.

6 Y tomaron sus ganados, y su hacienda que habían adquirido en la tierra de Canaán, y vinieron a Egipto, Jacob y toda su descendencia consigo;

7 sus hijos, y los hijos de sus hijos consigo; sus hijas, y las hijas de sus hijos, y a toda su descendencia trajo consigo a Egipto.

La familia de Jacob

8 Y éstos son los nombres de los hijos de Israel, que entraron en Egipto, Jacob y sus hijos: Rubén, el primogénito de Jacob.

9 Y los hijos de Rubén: Hanoc, Falú, Hesrón y Carmí.

10 Y los hijos de Simeón: Jemuel, Jamín, Ohad, Jaquín, Sóhar, y Saúl hijo de la cananea.

11 Los hijos de Leví: Gersón, Coat y Merarí.

12 Los hijos de Judá: Er, Onán, Selá, Fares y Zara; mas Er y Onán murieron en la tierra de Canaán. Y los hijos de Fares fueron Hesrón y Hamul.

13 Los hijos de Isacar: Tolá, Fuvá, Job y Simrón.

14 Los hijos de Zabulón: Séred, Elón, y Jahleel.

15 Éstos fueron los hijos de Lea, los que dio a luz a Jacob en Padán-aram, y además su hija Dina; treinta y tres las personas todas de sus hijos e hijas.

16 Los hijos de Gad: Sifjón, Hagui, Ezbón, Suni, Eri, Arodi y Areli.

17 Y los hijos de Aser: Imná, Isvá, Isví, Beriá y Sérach hermana de ellos. Los hijos de Beriá: Héber y Malquiel.

18 Éstos fueron los hijos de Zilpá, la que Labán dio a su hija Lea, y dio a luz éstos a Jacob; por todas dieciséis personas.

19 Los hijos de Raquel, mujer de Jacob: José y Benjamín.

20 Y nacieron a José en la tierra de Egipto Manasés y Efraím, los que le dio a luz Asenat, hija de Potifera sacerdote de On.

21 Los hijos de Benjamín fueron Bela, Bequer, Asbel, Gerá, Naamán, Ehí, Ros, Mupim, Hupim y Ard.

22 Éstos fueron los hijos de Raquel, que nacieron a Jacob; por todas catorce personas.

23 Los hijos de Dan: Husim.

24 Los hijos de Neftalí: Jahseel, Guní, Jéser y Silem.

25 Éstos fueron los hijos de Bilhá, la que dio Labán a Raquel su hija, y dio a luz éstos a Jacob; por todas siete personas.

26 Todas las personas que vinieron con Jacob a Egipto, procedentes de sus lomos, sin las mujeres de los hijos de Jacob, todas las personas fueron sesenta y seis.

27 Y los hijos de José, que le nacieron en Egipto, dos personas. Todas las personas de la casa de Jacob, que entraron en Egipto, fueron setenta.

José recibe a los suyos

28 Y envió Jacob a Judá delante de sí a José, para que le viniese a ver en Gosén; y llegaron a la tierra de Gosén.

29 Y José unció su carro y vino a recibir a Israel su padre en Gosén; y se manifestó a él, y se echó sobre su cuello, y lloró sobre su cuello largamente.

30 Entonces Israel dijo a José: Muera yo ahora, ya que he visto tu rostro, y sé que aún vives.

31 Y José dijo a sus hermanos, y a la casa de su padre: Subiré y lo haré saber a Faraón, y le diré: Mis hermanos y la casa de mi padre, que estaban en la tierra de Canaán, han venido a mí.

32 Y los hombres son pastores de ovejas, porque son hombres ganaderos; y han traído sus ovejas y sus vacas, y todo lo que tenían.

33 Y cuando Faraón os llame y diga: ¿Cuál es vuestro oficio?,

34 entonces diréis: Hombres de ganadería han sido tus siervos desde nuestra juventud hasta ahora, nosotros y nuestros padres; a fin de que moréis en la tierra de Gosén, porque para los egipcios es abominación todo pastor de ovejas.

47 Y José hizo saber a Faraón, y dijo: Mi padre y mis hermanos, y sus ovejas y sus vacas, con todo lo que tienen han venido de la tierra de Canaán, y he aquí están en la tierra de Gosén.

2 Y de los postreros de sus hermanos tomó cinco varones, y los presentó delante de Faraón.

3 Y Faraón dijo a sus hermanos: ¿Cuál es vuestro oficio? Y ellos respondieron a Faraón: Pastores de ovejas son tus siervos, así nosotros como nuestros padres.

4 Dijeron además a Faraón: Para morar en esta tierra hemos venido; porque no hay pasto para las ovejas de tus siervos, pues el hambre es grave en la tierra de Canaán; por tanto, te rogamos ahora que permitas que habiten tus siervos en la tierra de Gosén.

5 Entonces Faraón habló a José, diciendo: Tu padre y tus hermanos han venido a ti.

6 La tierra de Egipto delante de ti está; en lo mejor de la tierra haz habitar a tu padre y a tus hermanos; habiten en la tierra de Gosén; y si entiendes que hay entre ellos hombres capaces, ponlos por mayorales del ganado mío.

7 También José introdujo a Jacob su padre, y lo presentó delante de Faraón; y Jacob bendijo a Faraón.

8 Y dijo Faraón a Jacob: ¿Cuántos son los días de los años de tu vida?

9 Y Jacob respondió a Faraón: Los días de los años de mi peregrinación son ciento treinta años; pocos y malos han sido los días de los años de mi vida, y no han llegado a los días de los años de la vida de mis padres en los días de su peregrinación.

10 Y Jacob bendijo a Faraón, y salió de la presencia de Faraón.

11 Así José hizo habitar a su padre y a sus hermanos, y les dio posesión en la tierra de Egipto, en lo mejor de la tierra, en la tierra de Ramsés, como mandó Faraón.

12 Y alimentaba José a su padre y a sus hermanos, y a toda la casa de su padre, con pan, según el número de los hijos.

13 No había pan en toda la tierra, y el hambre era muy grave, por lo que desfalleció de hambre la tierra de Egipto y la tierra de Canaán.

14 Y recogió José todo el dinero que había en la tierra de Egipto y en la tierra de Canaán, por los alimentos que de él compraban; y metió José el dinero en casa de Faraón.
15 Acabado el dinero de la tierra de Egipto y de la tierra de Canaán, vino todo Egipto a José, diciendo: Danos pan; ¿por qué moriremos delante de ti, por haberse acabado el dinero?
16 Y José dijo: Dad vuestros ganados y yo os daré por vuestros ganados, si se ha acabado el dinero.
17 Y ellos trajeron sus ganados a José, y José les dio alimentos por caballos, y por el ganado de las ovejas, y por el ganado de las vacas, y por asnos; y les sustentó de pan por todos sus ganados aquel año.
18 Acabado aquel año, vinieron a él el segundo año, y le dijeron: No encubrimos a nuestro señor que el dinero ciertamente se ha acabado; también el ganado es ya de nuestro señor; nada ha quedado delante de nuestro señor sino nuestros cuerpos y nuestra tierra.
19 ¿Por qué moriremos delante de tus ojos, así nosotros como nuestra tierra? Cómpranos a nosotros y a nuestra tierra por pan, y seremos nosotros y nuestra tierra siervos de Faraón; y danos semilla para que vivamos y no muramos, y no sea asolada la tierra.
20 Entonces compró José toda la tierra de Egipto para Faraón; pues los egipcios vendieron cada uno sus tierras, porque se agravó el hambre sobre ellos; y la tierra vino a ser de Faraón.
21 Y al pueblo lo hizo pasar a las ciudades, desde un extremo del territorio de Egipto al otro.
22 Solamente la tierra de los sacerdotes no compró, por cuanto los sacerdotes tenían ración de Faraón, y ellos comían la ración que Faraón les daba; por eso no vendieron su tierra.
23 Y José dijo al pueblo: He aquí os he comprado hoy, a vosotros y a vuestra tierra, para Faraón; ved aquí semilla, y sembraréis la tierra.
24 De los frutos daréis el quinto a Faraón, y las cuatro partes serán vuestras para sembrar las tierras, y para vuestro mantenimiento, y de los que están en vuestras casas, y para que coman vuestros niños.
25 Y ellos respondieron: La vida nos has dado; hallemos gracia en ojos de nuestro señor, y seamos siervos de Faraón.
26 Entonces José lo puso por ley hasta hoy sobre la tierra de Egipto, señalando para Faraón el quinto, excepto sólo la tierra de los sacerdotes, que no fue de Faraón.

Testamento de Jacob

27 Así habitó Israel en la tierra de Egipto, en la tierra de Gosén; y tomaron posesión de ella, y se aumentaron, y se multiplicaron en gran manera.
28 Y vivió Jacob en la tierra de Egipto diecisiete años; y fueron los días de Jacob, los años de su vida, ciento cuarenta y siete años.
29 Y llegaron los días de Israel para morir, y llamó a José su hijo, y le dijo: Si he hallado ahora gracia en tus ojos, te ruego que pongas tu mano debajo de mi muslo, y harás conmigo misericordia y verdad. Te ruego que no me entierres en Egipto.
30 Mas cuando duerma con mis padres, me llevarás de Egipto y me sepultarás en el sepulcro de ellos. Y José respondió: Haré como tú dices.
31 E Israel dijo: Júramelo. Y José le juró. Entonces Israel se inclinó sobre la cabecera de la cama.

Jacob bendice a Efraín y a Manasés

48 Y sucedió después de estas cosas que dijeron a José: He aquí tu padre está enfermo. Y él tomó consigo a sus dos hijos, Manasés y Efraín.
2 Y se le hizo saber a Jacob, diciendo: He aquí tu hijo José viene a ti. Entonces se esforzó Israel, y se sentó sobre la cama,
3 y dijo a José: El Dios Omnipotente me apareció en Luz en la tierra de Canaán, y me bendijo,
4 y me dijo: He aquí yo te haré crecer, y te multiplicaré, y te pondré por estirpe de naciones; y daré esta tierra a tu descendencia después de ti por heredad perpetua.
5 Y ahora tus dos hijos Efraín y Manasés, que te nacieron en la tierra de Egipto, antes que viniese a ti a la tierra de Egipto, míos son; como Rubén y Simeón, serán míos.
6 Y los que después de ellos has engendrado, serán tuyos; por el nombre de sus hermanos serán llamados en sus heredades.
7 Porque cuando yo venía de Padán-aram, se me murió Raquel en la tierra de Canaán, en el camino, como media legua de tierra viniendo a Efrata; y la sepulté allí en el camino de Efrata, que es Belén.
8 Y vio Israel los hijos de José, y dijo: ¿Quiénes son éstos?
9 Y respondió José a su padre: Son mis hijos, que Dios me ha dado aquí. Y él dijo: Acércalos ahora a mí, y los bendeciré.
10 Y los ojos de Israel estaban tan agravados por la vejez, que no podía ver. Les hizo, pues, acercarse a él, y él les besó y les abrazó.
11 Y dijo Israel a José: No pensaba yo ver tu rostro, y he aquí Dios me ha hecho ver también a tu descendencia.
12 Entonces José los sacó de entre sus rodillas, y se inclinó a tierra.
13 Y los tomó José a ambos, Efraín a su

derecha, a la izquierda de Israel, y Manasés a su izquierda, a la derecha de Israel; y los acercó a él.

14 Entonces Israel extendió su mano derecha, y la puso sobre la cabeza de Efraín, que era el menor, y su mano izquierda sobre la cabeza de Manasés, colocando así sus manos adrede, aunque Manasés era el primogénito.

15 Y bendijo a José, diciendo: El Dios en cuya presencia anduvieron mis padres Abraham e Isaac, el Dios que me mantiene desde que yo soy hasta este día,

16 el Ángel que me liberta de todo mal, bendiga a estos jóvenes; y sea perpetuado en ellos mi nombre, y el nombre de mis padres Abraham e Isaac, y multiplíquense en gran manera en medio de la tierra.

17 Pero viendo José que su padre ponía la mano derecha sobre la cabeza de Efraín, le causó esto disgusto; y asió la mano de su padre, para cambiarla de la cabeza de Efraín a la cabeza de Manasés.

18 Y dijo José a su padre: No así, padre mío, porque éste es el primogénito; pon tu mano derecha sobre su cabeza.

19 Mas su padre no quiso, y dijo: Lo sé, hijo mío, lo sé; también él vendrá a ser un pueblo, y será también engrandecido; pero su hermano menor será más grande que él, y su descendencia formará multitud de naciones.

20 Y los bendijo aquel día, diciendo: En ti bendecirá Israel, diciendo: Hágate Dios como a Efraín y como a Manasés. Y puso a Efraín antes de Manasés.

21 Y dijo Israel a José: He aquí yo muero; pero Dios estará con vosotros, y os hará volver a la tierra de vuestros padres.

22 Y yo te he dado a ti una parte más que a tus hermanos, la cual tomé yo de mano del amorreo con mi espada y con mi arco.

Profecía y bendiciones de Jacob a sus hijos

49 Y llamó Jacob a sus hijos, y dijo: Juntaos, y os declararé lo que os ha de acontecer en los días venideros.

2 Juntaos y oíd, hijos de Jacob,
Y escuchad a vuestro padre Israel.

3 Rubén, tú eres mi primogénito, mi fortaleza, y el principio de mi vigor;
Principal en dignidad, principal en poder.

4 Presuroso como las aguas, no serás el principal,
Por cuanto subiste al lecho de tu padre;
Entonces te envileciste, subiendo a mi estrado.

5 Simeón y Leví son hermanos;
Armas de iniquidad sus armas.

6 En su consejo no entre mi alma,

Ni mi espíritu se junte en su compañía.
Porque en su furor mataron hombres,
Y en su temeridad desjarretaron toros.

7 Maldito su furor, que fue fiero;
Y su ira, que fue dura.
Yo los apartaré en Jacob,
Y los esparciré en Israel.

8 Judá, te alabarán tus hermanos;
Tu mano en la cerviz de tus enemigos;
Los hijos de tu padre se inclinarán a ti.

9 Cachorro de león, Judá;
De la presa subiste, hijo mío.
Se encorvó, se echó como león,
Así como león viejo: ¿quién lo despertará?

10 No será quitado el cetro de Judá,
Ni el legislador de entre sus pies,
Hasta que venga Siloh;
Y a él se congregarán los pueblos.

11 Atando a la vid su pollino,
Y a la cepa el hijo de su asna,
Lavó en el vino su vestido,
Y en la sangre de uvas su manto.

12 Sus ojos, rojos del vino,
Y sus dientes blancos de la leche.

13 Zabulón en puertos de mar habitará;
Será para puerto de naves,
Y su límite hasta Sidón.

14 Isacar, asno fuerte
Que se recuesta entre los apriscos;

15 Y vio que el descanso era bueno, y que la tierra era deleitosa;
Y bajó su hombro para llevar,
Y sirvió en tributo.

16 Dan juzgará a su pueblo,
Como una de las tribus de Israel.

17 Será Dan serpiente junto al camino,
Víbora junto a la senda,
Que muerde los talones del caballo,
Y hace caer hacia atrás al jinete.

18 Tu salvación esperé, oh Jehová.

19 Gad, ejército lo acometerá;
Mas él acometerá al fin.

20 El pan de Aser será substancioso,
Y él dará deleites al rey.

21 Neftalí, cierva suelta,
Que pronunciará dichos hermosos.

22 Rama fructífera es José,
Rama fructífera junto a una fuente,
Cuyos vástagos se extienden sobre el muro.

23 Le causaron amargura,
Le asaetearon,
Y le aborrecieron los arqueros;

24 Mas su arco se mantuvo poderoso.
Y los brazos de sus manos se fortalecieron
Por las manos del Fuerte de Jacob
(Por el nombre del Pastor, la Roca de Israel),

25 Por el Dios de tu padre, el cual te ayudará.

Por el Dios Omnipotente, el cual te
bendecirá
Con bendiciones de los cielos de arriba,
Con bendiciones del abismo que está
abajo, .
Con bendiciones de los pechos y del
vientre.
26 Las bendiciones de tu padre
Fueron mayores que las bendiciones de
mis progenitores;
Hasta el término de los collados eternos
Serán sobre la cabeza de José,
Y sobre la frente del que fue apartado
de entre sus hermanos.
27 Benjamín es lobo arrebatador;
A la mañana comerá la presa,
Y a la tarde repartirá los despojos.

Muerte de Jacob

28 Todos éstos fueron las doce tribus de
Israel, y esto fue lo que su padre les dijo, al
bendecirlos; a cada uno por su bendición los
bendijo.
29 Les mandó luego, y les dijo: Yo voy a ser
reunido con mi pueblo. Sepultadme con mis
padres en la cueva que está en el campo de
Efrón el heteo,
30 en la cueva que está en el campo de
Macpelá, al oriente de Mamré en la tierra de
Canaán, la cual compró Abraham con el
mismo campo de Efrón el heteo, para heredad de sepultura.
31 Allí sepultaron a Abraham y a Sara su
mujer; allí sepultaron a Isaac y a Rebeca su
mujer; allí también sepulté yo a Lea.
32 La compra del campo y de la cueva que
está en él, fue de los hijos de Het.
33 Y cuando acabó Jacob de dar mandamientos a sus hijos, recogió sus pies en la
cama, y expiró, y fue reunido con sus padres.

Exequias de Jacob

50 Entonces se echó José sobre el rostro
de su padre, y lloró sobre él, y lo
besó.
2 Y mandó José a sus servidores médicos
que embalsamasen a su padre; y los médicos
embalsamaron a Israel.
3 Y le cumplieron cuarenta días, porque así
cumplían los días de los embalsamados, y lo
lloraron los egipcios setenta días.
4 Y pasados los días de su luto, habló José a
los de la casa de Faraón, diciendo: Si he
hallado ahora gracia en vuestros ojos, os
ruego que habléis en oídos de Faraón, diciendo:
5 Mi padre me hizo jurar, diciendo: He
aquí que voy a morir; en el sepulcro que
cavé para mí en la tierra de Canaán, allí me
sepultarás; ruego, pues, que suba yo ahora y
sepulte a mi padre, y volveré.

6 Y Faraón dijo: Sube, y sepulta a tu padre,
como él te hizo jurar.
7 Entonces José subió para sepultar a su
padre; y subieron con él todos los siervos de
Faraón, los ancianos de su casa, y todos los
ancianos de la tierra de Egipto,
8 y toda la casa de José, y sus hermanos, y la
casa de su padre; solamente dejaron en la
tierra de Gosén sus niños, y sus ovejas y sus
vacas.
9 Subieron también con él carros y gente de
a caballo, y se hizo un escuadrón muy
grande. ·
10 Y llegaron hasta la era de Atad, que está
al otro lado del Jordán, y endecharon allí
con grande y muy triste lamentación; y José
hizo a su padre duelo por siete días.
11 Y viendo los moradores de la tierra, los
cananeos, el llanto en la era de Atad, dijeron: Llanto grande es este de los egipcios;
por eso fue llamado su nombre Abel-
misraim, que está al otro lado del Jordán.
12 Hicieron, pues, sus hijos con él según les
había mandado;
13 pues lo llevaron sus hijos a la tierra de
Canaán, y lo sepultaron en la cueva del
campo de Macpelá, la que había comprado
Abraham con el mismo campo, para heredad de sepultura, de Efrón el heteo, enfrente de Mamré.
14 Y volvió José a Egipto, él y sus hermanos, y todos los que subieron con él a
sepultar a su padre, después que lo hubo
sepultado.

Muerte de José

15 Viendo los hermanos de José que su
padre era muerto, dijeron: Quizá nos aborrecerá José, y nos dará el pago de todo el
mal que le hicimos.
16 Y enviaron a decir a José: Tu padre
mandó antes de su muerte, diciendo:
17 Así diréis a José: Te ruego que perdones
ahora la maldad de tus hermanos y su
pecado, porque mal te trataron; por tanto,
ahora te rogamos que perdones la maldad
de los siervos del Dios de tu padre. Y José
lloró mientras hablaban.
18 Vinieron también sus hermanos y se
postraron delante de él, y dijeron: Henos
aquí por siervos tuyos.
19 Y les respondió José: No temáis; ¿acaso
estoy yo en lugar de Dios?
20 Vosotros pensasteis mal contra mí, mas
Dios lo encaminó a bien, para hacer lo que
vemos hoy, para mantener en vida a mucho
pueblo.
21 Ahora, pues, no tengáis miedo; yo os
sustentaré a vosotros y a vuestros hijos. Así
los consoló, y les habló al corazón.

22 Y habitó José en Egipto, él y la casa de su padre; y vivió José ciento diez años.

23 Y vio José los hijos de Efraím hasta la tercera generación; también los hijos de Maquir hijo de Manasés fueron criados sobre las rodillas de José.

24 Y José dijo a sus hermanos: Yo voy a morir, mas Dios ciertamente os visitará, y os hará subir de esta tierra a la tierra que juró a Abraham, a Isaac y a Jacob.

25 E hizo jurar José a los hijos de Israel, diciendo: Dios ciertamente os visitará, y haréis llevar de aquí mis huesos.

26 Y murió José a la edad de ciento diez años; y lo embalsamaron, y fue puesto en un ataúd en Egipto.

LIBRO SEGUNDO DE MOISÉS

ÉXODO

Los israelitas, afligidos en Egipto

1 Éstos son los nombres de los hijos de Israel que entraron en Egipto con Jacob; cada uno entró con su familia:

2 Rubén, Simeón, Leví, Judá,

3 Isacar, Zabulón, Benjamín,

4 Dan, Neftalí, Gad y Aser.

5 Todas las personas que le nacieron a Jacob fueron setenta. Y José estaba en Egipto.

6 Y murió José, y todos sus hermanos, y toda aquella generación.

7 Y los hijos de Israel fueron fecundos y se multiplicaron, y fueron aumentados y fortalecidos en extremo, y se llenó de ellos la tierra.

Tiranía de los egipcios

8 Entretanto, se levantó sobre Egipto un nuevo rey que no conocía a José; y dijo a su pueblo:

9 He aquí, el pueblo de los hijos de Israel es mayor y más fuerte que nosotros.

10 Ahora, pues, seamos sabios para con él, para que no se multiplique, y acontezca que viniendo guerra, él también se una a nuestros enemigos y pelee contra nosotros, y se vaya de la tierra.

11 Entonces pusieron sobre ellos comisarios de tributos que los molestasen con sus cargas; y edificaron para Faraón las ciudades de almacenaje, Pitom y Ramesés.

12 Pero cuanto más los oprimían, tanto más se multiplicaban y crecían, de manera que los egipcios temían a los hijos de Israel.

13 Y los egipcios hicieron servir a los hijos de Israel con dureza,

14 y amargaron su vida con dura servidumbre, en hacer barro y ladrillo, y en toda labor del campo y en todo su servicio, al cual los obligaban con rigor.

15 Y habló el rey de Egipto a las parteras de las hebreas, una de las cuales se llamaba Sifra, y otra Púa, y les dijo:

16 Cuando asistáis a las hebreas en sus partos, y veáis el sexo, si es hijo, matadlo; y si es hija, entonces viva.

17 Pero las parteras temieron a Dios, y no hicieron como les mandó el rey de Egipto, sino que preservaron la vida a los niños.

18 Y el rey de Egipto hizo llamar a las parteras y les dijo: ¿Por qué habéis hecho esto, que habéis preservado la vida a los niños?

19 Y las parteras respondieron a Faraón: Porque las mujeres hebreas no son como las egipcias; pues son robustas, y dan a luz antes que la partera venga a ellas.

20 Y Dios hizo bien a las parteras; y el pueblo se multiplicó y se fortaleció en gran manera.

21 Y por haber las parteras temido a Dios, él prosperó sus familias.

22 Entonces Faraón mandó a todo su pueblo, diciendo: Echad al río a todo hijo que nazca, pero a las niñas las dejaréis con vida.

Salvamento del niño Moisés

2 Un varón de la familia de Leví fue y tomó por mujer a una hija de Leví,

2 la que concibió, y dio a luz un hijo; y viéndole que era hermoso, le tuvo escondido tres meses.

3 Pero no pudiendo ocultarle más tiempo, tomó una arquilla de juncos y la calafateó con asfalto y brea, y colocó en ella al niño y lo puso en un carrizal a la orilla del río.

4 Y una hermana suya se puso a lo lejos, para ver lo que le acontecería.

5 Y la hija del Faraón descendió a bañarse al río, y paseándose sus doncellas por la ribera del río, vio ella la arquilla entre los juncos, y envió una criada suya a que la tomase.

6 Y cuando la abrió, vio al niño; y he aquí que el niño lloraba. Y teniendo compasión de él, dijo: De los niños de los hebreos es éste.

7 Entonces su hermana dijo a la hija de

Faraón: ¿Iré a llamarte una nodriza de las hebreas, para que te críe este niño?

8 Y la hija de Faraón respondió: Ve. Entonces fue la doncella, y llamó a la madre del niño,

9 a la cual dijo la hija de Faraón: Lleva a este niño y críamelo, y yo te lo pagaré. Y la mujer tomó al niño y lo crió.

10 Y cuando el niño creció, ella lo trajo a la hija de Faraón, la cual lo prohijó, y le puso por nombre Moisés, diciendo: Porque de las aguas lo saqué.

Moisés huye de Egipto

11 En aquellos días sucedió que crecido ya Moisés, salió a sus hermanos, y los vio en sus duras tareas, y observó a un egipcio que golpeaba a uno de los hebreos, sus hermanos.

12 Entonces miró a todas partes, y viendo que no aparecía nadie, mató al egipcio y lo escondió en la arena.

13 Al día siguiente salió y vio a dos hebreos que reñían; entonces dijo al que maltrataba al otro: ¿Por qué golpeas a tu prójimo?

14 Y él respondió: ¿Quién te ha puesto a ti por príncipe y juez sobre nosotros? ¿Piensas matarme como mataste al egipcio? Entonces Moisés tuvo miedo, y dijo: Ciertamente esto ha sido descubierto.

15 Oyendo Faraón acerca de este hecho, procuró matar a Moisés; pero Moisés huyó de delante de Faraón, y habitó en la tierra de Madián; y se sentó junto a un pozo.

16 Tenía siete hijas el sacerdote de Madián, que vinieron a sacar agua para llenar las pilas y dar de beber a las ovejas de su padre.

17 Mas los pastores vinieron y las echaron de allí; entonces Moisés se levantó y las defendió, y dio de beber a sus ovejas.

18 Y volviendo ellas a Reuel su padre, él les dijo: ¿Por qué habéis venido hoy tan pronto?

19 Ellas respondieron: Un varón egipcio nos defendió de mano de los pastores, y también nos sacó el agua, y dio de beber a las ovejas.

20 Y dijo a sus hijas: ¿Dónde está? ¿Por qué habéis dejado a ese hombre? Llamadle para que coma.

21 Y Moisés convino en morar con aquel varón; y él dio su hija Sipora por mujer a Moisés.

22 Y ella le dio a luz un hijo; y él le puso por nombre Gersón, porque dijo: Forastero soy en tierra ajena.

23 Aconteció que después de muchos días murió el rey de Egipto, y los hijos de Israel gemían a causa de la servidumbre, y clamaron; y subió a Dios el clamor de ellos con motivo de su servidumbre.

24 Y oyó Dios el gemido de ellos, y se

acordó de su pacto con Abraham, Isaac y Jacob.

25 Y miró Dios a los hijos de Israel, y los reconoció Dios.

Llamamiento de Moisés

3 Apacentando Moisés las ovejas de Jetró su suegro, sacerdote de Madián, llevó las ovejas a través del desierto, y llegó hasta Horeb, monte de Dios.

2 Y se le apareció el Ángel de Jehová en una llama de fuego en medio de una zarza; y él miró, y vio que la zarza ardía en fuego, y la zarza no se consumía.

3 Entonces Moisés dijo: Iré yo ahora y veré esta gran visión, por qué causa la zarza no se quema.

4 Viendo Jehová que él iba a ver, lo llamó Dios de en medio de la zarza, y dijo: ¡Moisés, Moisés! Y él respondió: Heme aquí.

5 Y dijo: No te acerques; quita tus sandalias de tus pies, porque el lugar en que tú estás, tierra santa es.

6 Y dijo: Yo soy el Dios de tu padre, Dios de Abraham, Dios de Isaac y Dios de Jacob. Entonces Moisés cubrió su rostro, porque tuvo miedo de mirar a Dios.

7 Dijo luego Jehová: Bien he visto la aflicción de mi pueblo que está en Egipto, y he oído el clamor que le arrancan sus opresores; pues he conocido sus angustias,

8 y he descendido para librarlos de mano de los egipcios, y sacarlos de aquella tierra a una tierra buena y ancha, a tierra que fluye leche y miel, a los lugares del cananeo, del heteo, del amorreo, del ferezeo, del heveo y del jebuseo.

9 El clamor, pues, de los hijos de Israel ha venido delante de mí, y también he visto la opresión con que los egipcios los oprimen.

10 Ven, por tanto, ahora, y te enviaré a Faraón, para que saques de Egipto a mi pueblo, los hijos de Israel.

11 Entonces Moisés respondió a Dios: ¿Quién soy yo para que vaya a Faraón, y saque de Egipto a los hijos de Israel?

12 Y él respondió: Ve, porque yo estaré contigo; y esto te será por señal de que yo te he enviado: cuando hayas sacado de Egipto al pueblo, serviréis a Dios sobre este monte.

13 Dijo Moisés a Dios: He aquí que llego yo a los hijos de Israel, y les digo: El Dios de vuestros padres me ha enviado a vosotros. Si ellos me preguntan: ¿Cuál es su nombre?, ¿qué les responderé?

14 Y respondió Dios a Moisés: YO SOY EL QUE SOY. Y dijo: Así dirás a los hijos de Israel: El YO SOY me ha enviado a vosotros.

15 Además dijo Dios a Moisés: Así dirás a los hijos de Israel: Jehová, el Dios de vuestros padres, el Dios de Abraham, Dios de

Isaac y Dios de Jacob, me ha enviado a vosotros. Este es mi nombre para siempre; este es mi memorial por todos los siglos.

16 Ve, y reúne a los ancianos de Israel, y diles: Jehová, el Dios de vuestros padres, el Dios de Abraham, de Isaac y de Jacob, se me apareció diciendo: En verdad os he visitado, y he visto lo que se os hace en Egipto;

17 y he dicho: Yo os sacaré de la aflicción de Egipto a la tierra del cananeo, del heteo, del amorreo, del ferezeo, del heveo y del jebuseo, a una tierra que fluye leche y miel.

18 Y oirán tu voz, e irás tú, y los ancianos de Israel, al rey de Egipto, y le diréis: Jehová el Dios de los hebreos nos ha encontrado; por tanto, nosotros iremos ahora camino de tres días por el desierto, para ofrecer sacrificios a Jehová nuestro Dios.

19 Mas yo sé que el rey de Egipto no os dejará ir sino forzado por mano poderosa.

20 Pero yo extenderé mi mano, y heriré a Egipto con todas mis maravillas que haré en él, y entonces os dejará ir.

21 Y yo daré a este pueblo gracia en los ojos de los egipcios, para que cuando salgáis, no vayáis con las manos vacías;

22 sino que pedirá cada mujer a su vecina y a su huésped alhajas de plata, alhajas de oro, y vestidos, los cuales pondréis sobre vuestros hijos y vuestras hijas; y despojaréis a Egipto.

Dios concede a Moisés el poder de hacer milagros

4 Entonces Moisés respondió diciendo: He aquí que ellos no me creerán, ni oirán mi voz; porque dirán: No se te ha aparecido Jehová.

2 Y Jehová dijo: ¿Qué es eso que tienes en tu mano? Y él respondió: Una vara.

3 Él le dijo: Échala en tierra. Y él la echó en tierra, y se hizo una culebra; y Moisés huía de ella.

4 Entonces dijo Jehová a Moisés: Extiende tu mano, y agárrala por la cola. Y él extendió su mano, y la tomó, y se volvió vara en su mano.

5 Por esto creerán que se te ha aparecido Jehová, el Dios de tus padres, el Dios de Abraham, Dios de Isaac y Dios de Jacob.

6 Le dijo además Jehová: Mete ahora tu mano en tu seno. Y él metió la mano en su seno; y cuando la sacó, he aquí que su mano estaba leprosa como la nieve.

7 Y dijo: Vuelve a meter tu mano en tu seno. Y él volvió a meter su mano en su seno; y al sacarla de nuevo del seno, he aquí que se había vuelto como la otra carne.

8 Si aconteciera que no te creyesen ni obedeciesen a la voz de la primera señal, creerán a la voz de la postrera.

9 Y si aún no creyesen a estas dos señales, ni oyesen tu voz, tomarás de las aguas del río y las derramarás en tierra; y se cambiarán aquellas aguas que tomarás del río y se harán sangre en la tierra.

10 Entonces dijo Moisés a Jehová: ¡Ay, Señor!, nunca he sido hombre de fácil palabra, ni antes, ni desde que tú hablas a tu siervo; porque soy tardo en el habla y torpe de lengua.

11 Y Jehová le respondió: ¿Quién dio la boca al hombre?, ¿o quién hizo al mudo y al sordo, al que ve y al ciego? ¿No soy yo Jehová?

12 Ahora pues, ve y yo estaré con tu boca, y te enseñaré lo que hayas de hablar.

13 Y él dijo: ¡Ay, Señor!, envía, te ruego, por medio del que debes enviar.

14 Entonces Jehová se enojó contra Moisés, y dijo: ¿No conozco yo a tu hermano Aarón, levita, y que él habla bien? Y he aquí que él saldrá a recibirte, y al verte se alegrará en su corazón.

15 Tú le hablarás a él, y pondrás en su boca las palabras, y yo estaré con tu boca y con la suya, y os enseñaré lo que hayáis de hacer.

16 Y él hablará por ti al pueblo; él te será a ti en lugar de boca, y tú serás para él en lugar de Dios.

17 Y tomarás en tu mano esta vara, con la cual harás las señales.

Moisés regresa a Egipto

18 Así se fue Moisés, y volviendo a su suegro Jetró, le dijo: Iré ahora, y volveré a mis hermanos que están en Egipto, para ver si aún viven. Y Jetró dijo a Moisés: Ve en paz.

19 Dijo también Jehová a Moisés en Madián: Ve y vuélvete a Egipto, porque han muerto todos los que procuraban tu muerte.

20 Entonces Moisés tomó su mujer y sus hijos, y los puso sobre un asno, y volvió a tierra de Egipto. Tomó también Moisés la vara de Dios en su mano.

21 Y dijo Jehová a Moisés: Cuando hayas vuelto a Egipto, mira que hagas delante de Faraón todas las maravillas que he puesto en tu mano; pero yo endureceré su corazón, de modo que no dejará ir al pueblo.

22 Y dirás a Faraón: Jehová ha dicho así: Israel es mi hijo, mi primogénito.

23 Ya te he dicho que dejes ir a mi hijo, para que me sirva, mas no has querido dejarlo ir; he aquí yo voy a matar a tu hijo, tu primogénito.

24 Y aconteció en el camino, que en una posada Jehová le salió al encuentro, y quiso matarlo.

25 Entonces Sipora tomó un pedernal afilado y cortó el prepucio de su hijo, y lo echó a

sus pies, diciendo: A la verdad tú me eres un
esposo de sangre.
26 Así le dejó luego ir. Y ella dijo: Esposo
de sangre, a causa de la circuncisión.
27 Y Jehová dijo a Aarón: Ve a recibir a
Moisés al desierto. Y él fue, y lo encontró en
el monte de Dios, y le besó.
28 Entonces contó Moisés a Aarón todas
las palabras de Jehová que le enviaba, y
todas las señales que le había dado.
29 Y fueron Moisés y Aarón, y reunieron a
todos los ancianos de los hijos de Israel.
30 Y habló Aarón acerca de todas las cosas
que Jehová había dicho a Moisés, e hizo las
señales delante de los ojos del pueblo.
31 Y el pueblo creyó; y oyendo que Jehová
había visitado a los hijos de Israel, y que
había visto su aflicción, se inclinaron y
adoraron.

Moisés y Aarón se presentan a Faraón

5 Después Moisés y Aarón entraron a la
presencia de Faraón y le dijeron: Jehová el Dios de Israel dice así: Deja ir a mi
pueblo a celebrarme fiesta en el desierto.
2 Y Faraón respondió: ¿Quién es Jehová,
para que yo oiga su voz y deje ir a Israel? Yo
no conozco a Jehová, ni tampoco dejaré ir a
Israel.
3 Y ellos dijeron: El Dios de los hebreos
nos ha encontrado; iremos, pues, ahora,
camino de tres días por el desierto, y ofreceremos sacrificios a Jehová nuestro Dios,
para que no venga sobre nosotros con peste
o con espada.
4 Entonces el rey de Egipto les dijo: Moisés
y Aarón, ¿por qué hacéis cesar al pueblo de
su trabajo? Volved a vuestras tareas.
5 Dijo también Faraón: He aquí el pueblo
de la tierra es ahora mucho, y vosotros les
hacéis cesar de sus tareas.
6 Y mandó Faraón aquel mismo día a los
cuadrilleros del pueblo que lo tenían a su
cargo, y a sus capataces, diciendo:
7 De aquí en adelante no daréis paja al
pueblo para hacer ladrillo, como hasta ahora; vayan ellos y recojan por sí mismos la
paja.
8 Y les impondréis la misma tarea de ladrillo que hacían antes, y no les disminuiréis
nada; porque están ociosos, por eso levantan la voz diciendo: Vamos y ofrezcamos
sacrificios a nuestro Dios.
9 Agrávese la servidumbre sobre ellos, para que se ocupen en ella, y no atiendan a
palabras mentirosas.
10 Y saliendo los cuadrilleros del pueblo y
sus capataces, hablaron al pueblo, diciendo:
Así ha dicho Faraón: Yo no os doy paja.
11 Id vosotros y recoged la paja donde la
halléis; pero nada se disminuirá de vuestra
tarea.

12 Entonces el pueblo se esparció por toda
la tierra de Egipto para recoger rastrojo en
lugar de paja.
13 Y los cuadrilleros los apremiaban, diciendo: Acabad vuestra obra, la tarea de
cada día en su día, como cuando se os daba
paja.
14 Y azotaban a los capataces de los hijos
de Israel que los cuadrilleros de Faraón
habían puesto sobre ellos, diciendo: ¿Por
qué no habéis hecho ni ayer ni hoy la misma
cantidad de ladrillos que hacíais antes?
15 Y los capataces de los hijos de Israel
vinieron a Faraón y se quejaron a él, diciendo: ¿Por qué lo haces así con tus siervos?
16 No se da paja a tus siervos, y con todo
nos dicen: Haced el ladrillo como en otro
tiempo. Y he aquí tus siervos son castigados, pero el pueblo tuyo es el culpable.
17 Y él respondió: ¡Haraganes! Estáis ociosos, y por esto decís: Vamos a ofrecer
sacrificios a Jehová.
18 Id, pues, ahora, y trabajad. No se os
dará paja, y habéis de entregar la misma
cantidad de ladrillos.
19 Entonces los capataces de los hijos de
Israel se vieron angustiados, al decírseles:
No se disminuirá en nada la cantidad de
ladrillos, de la tarea de cada día.
20 Y encontrando a Moisés y a Aarón, que
estaban a la vista de ellos cuando salían de la
presencia de Faraón,
21 les dijeron: Mire Jehová sobre vosotros,
y juzgue; pues nos habéis hecho abominables delante de Faraón y de sus siervos,
poniéndoles la espada en la mano para que
nos maten.

Promesas de Dios al pueblo afligido

22 Entonces Moisés se volvió a Jehová, y
dijo: Señor, ¿por qué afliges a este pueblo?
¿Para qué me enviaste?
23 Porque desde que yo vine a Faraón para
hablarle en tu nombre, ha afligido a este
pueblo; y tú no has librado a tu pueblo.
6 Jehová respondió a Moisés: Ahora verás lo que yo haré a Faraón; porque
bajo mano fuerte tendrá que dejarles ir, y
bajo mano fuerte los echará de su tierra.

Nuevo relato de la vocación de Moisés

2 Habló todavía Dios a Moisés, y le dijo:
Yo soy JEHOVÁ.
3 Y aparecí a Abraham, a Isaac y a Jacob
como Dios Omnipotente, mas en mi nombre JEHOVÁ no me di a conocer a ellos.
4 También establecí mi pacto con ellos, de
darles la tierra de Canaán, la tierra en que
fueron forasteros, y en la cual habitaron.
5 Asimismo yo he oído el gemido de los
hijos de Israel, a quienes hacen servir los
egipcios, y me he acordado de mi pacto.

6 Por tanto, dirás a los hijos de Israel: Yo soy JEHOVÁ; y yo os sacaré de debajo de las tareas pesadas de Egipto, y os libraré de su servidumbre, y os redimiré con brazo extendido, y con juicios grandes;

7 y os tomaré por mi pueblo y seré vuestro Dios; y vosotros sabréis que yo soy Jehová vuestro Dios, que os sacó de debajo de las tareas pesadas de Egipto.

8 Y os meteré en la tierra por la cual alcé mi mano jurando que la daría a Abraham, a Isaac y a Jacob; y yo os la daré por heredad. Yo JEHOVÁ.

9 De esta manera habló Moisés a los hijos de Israel; pero ellos no escuchaban a Moisés a causa de la congoja de espíritu, y de la dura servidumbre.

10 Y habló Jehová a Moisés, diciendo:

11 Entra y habla a Faraón rey de Egipto, que deje ir de su tierra a los hijos de Israel.

12 Y respondió Moisés delante de Jehová: He aquí, los hijos de Israel no me escuchan; ¿cómo, pues, me escuchará Faraón, siendo yo torpe de palabra?

13 Entonces Jehová habló a Moisés y a Aarón y les dio mandamiento para los hijos de Israel, y para Faraón rey de Egipto, para que sacasen a los hijos de Israel de la tierra de Egipto.

Genealogías de Moisés y Aarón

14 Estos son los jefes de las familias de sus padres: Los hijos de Rubén, el primogénito de Israel: Hanoc, Falú, Hesrón y Carmí; estas son las familias de Rubén.

15 Los hijos de Simeón: Jemuel, Jamín, Ohad, Jaquín, Sóhar, y Saúl hijo de una cananea. Estas son las familias de Simeón.

16 Estos son los nombres de los hijos de Leví por sus linajes: Gersón, Coat y Merarí. Y los años de la vida de Leví fueron ciento treinta y siete años.

17 Los hijos de Gersón: Libní y Simeí, por sus familias.

18 Y los hijos de Coat: Amram, Izhar, Hebrón y Uziel. Y los años de la vida de Coat fueron ciento treinta y tres años.

19 Y los hijos de Merarí: Mahlí y Musí. Estas son las familias de Leví por sus linajes.

20 Y Amram tomó por mujer a Joquebed su tía, la cual dio a luz a Aarón y a Moisés. Y los años de la vida de Amram fueron ciento treinta y siete años.

21 Los hijos de Izhar: Coré, Néfeg y Zicrí.

22 Y los hijos de Uziel: Misael, Elzafán y Sitrí.

23 Y tomó Aarón por mujer a Eliseba hija de Aminadab, hermana de Nahsón; la cual dio a luz a Nadab, Abiú, Eleazar e Itamar.

24 Los hijos de Coré: Asir, Elcaná y Abiasaf. Estas son las familias de los coraítas.

25 Y Eleazar hijo de Aarón tomó para sí mujer de las hijas de Putiel, la cual dio a luz a Pinhás. Y estos son los jefes de los padres de los levitas por sus familias.

26 Estos son aquel Aarón y aquel Moisés, a los cuales Jehová dijo: Sacad a los hijos de Israel de la tierra de Egipto por sus ejércitos.

27 Estos son los que hablaron a Faraón rey de Egipto, para sacar de Egipto a los hijos de Israel. Moisés y Aarón fueron éstos.

28 Cuando Jehová habló a Moisés en la tierra de Egipto,

29 entonces Jehová habló a Moisés, diciendo: Yo soy JEHOVÁ; di a Faraón rey de Egipto todas las cosas que yo te digo a ti.

30 Y Moisés respondió delante de Jehová: He aquí, yo soy torpe de palabra; ¿cómo, pues, me ha de oír Faraón?

Aarón, portavoz de Moisés

7 Jehová dijo a Moisés: Mira, yo te he constituido Dios para Faraón, y tu hermano Aarón será tu profeta.

2 Tú dirás todas las cosas que yo te mande, y Aarón tu hermano hablará a Faraón, para que deje ir de su tierra a los hijos de Israel.

3 Y yo endureceré el corazón de Faraón, y multiplicaré en la tierra de Egipto mis señales y mis maravillas.

4 Y Faraón no os oirá; mas yo pondré mi mano sobre Egipto, y sacaré a mis ejércitos, mi pueblo, los hijos de Israel, de la tierra de Egipto, con grandes juicios.

5 Y sabrán los egipcios que yo soy Jehová, cuando extienda mi mano sobre Egipto, y saque a los hijos de Israel de en medio de ellos.

6 E hicieron Moisés y Aarón como Jehová les mandó; así lo hicieron.

7 Era Moisés de edad de ochenta años, y Aarón de edad de ochenta y tres, cuando hablaron a Faraón.

El cayado se trueca en serpiente

8 Habló Jehová a Moisés y a Aarón, diciendo:

9 Si Faraón os responde diciendo: Mostrad milagro; dirás a Aarón: Toma tu vara, y échala delante de Faraón, para que se haga culebra.

10 Vinieron, pues, Moisés y Aarón a Faraón, e hicieron como Jehová lo había mandado. Y echó Aarón su vara delante de Faraón y de sus siervos, y se hizo culebra.

11 Entonces llamó también Faraón sabios y hechiceros, e hicieron también lo mismo los hechiceros de Egipto con sus encantamientos;

12 pues echó cada uno su vara, las cuales se volvieron culebras; mas la vara de Aarón devoró las varas de ellos.

13 Y el corazón de Faraón se endureció, y
no los escuchó, como Jehová lo había predicho.

La plaga de sangre

14 Entonces Jehová dijo a Moisés: El corazón de Faraón está endurecido, y no quiere
dejar ir al pueblo.
15 Ve por la mañana a Faraón, he aquí que
él sale al río; y tú ponte a la ribera delante de
él, y toma en tu mano la vara que se volvió
culebra.
16 y dile: Jehová el Dios de los hebreos me
ha enviado a ti, diciendo: Deja ir a mi
pueblo, para que me sirva en el desierto; y
he aquí que hasta ahora no has querido oír.
17 Así ha dicho Jehová: En esto conocerás
que yo soy Jehová: he aquí, yo golpearé con
la vara que tengo en mi mano el agua que
está en el río, y se convertirá en sangre.
18 Y los peces que hay en el río morirán, y
hederá el río, y los egipcios tendrán asco de
beber el agua del río.
19 Y Jehová dijo a Moisés: Di a Aarón:
Toma tu vara, y extiende tu mano sobre las
aguas de Egipto, sobre sus ríos, sobre sus
arroyos y sobre sus estanques, y sobre todos
sus depósitos de aguas, para que se conviertan en sangre, y haya sangre por toda la
región de Egipto, así en los vasos de madera
como en los de piedra.
20 Y Moisés y Aarón hicieron como Jehová
lo mandó; y alzando la vara golpeó las aguas
que había en el río, en presencia de Faraón y
de sus siervos; y todas las aguas que había en
el río se convirtieron en sangre.
21 Asimismo los peces que había en el río
murieron; y el río se corrompió, tanto que
los egipcios no podían beber de él. Y hubo
sangre por toda la tierra de Egipto.
22 Y los hechiceros de Egipto hicieron lo
mismo con sus encantamientos; y el corazón
de Faraón se endureció, y no los escuchó;
como Jehová lo había dicho.
23 Y Faraón se volvió y fue a su casa, y no
dio atención tampoco a esto.
24 Y en todo Egipto hicieron pozos alrededor del río para beber, porque no podían
beber de las aguas del río.
25 Y se cumplieron siete días después que
Jehová hirió el río.

La plaga de ranas

8 Entonces Jehová dijo a Moisés: Entra a
la presencia de Faraón y dile: Jehová ha
dicho así: Deja ir a mi pueblo, para que me
sirva.
2 Y si no lo quieres dejar ir, he aquí yo
castigaré con ranas todos tus territorios.
3 Y el río criará ranas, las cuales subirán y
entrarán en tu casa, en la cámara donde

duermes, y sobre tu cama, y en las casas de
tus siervos, en tu pueblo, en tus hornos y en
tus artesas.
4 Y las ranas subirán sobre ti, sobre tu
pueblo, y sobre todos tus siervos.
5 Y Jehová dijo a Moisés: Di a Aarón:
Extiende tu mano con tu vara sobre los ríos,
arroyos y estanques, para que haga subir
ranas sobre la tierra de Egipto.
6 Entonces Aarón extendió su mano sobre
las aguas de Egipto, y subieron ranas que
cubrieron la tierra de Egipto.
7 Y los hechiceros hicieron lo mismo con
sus encantamientos, e hicieron venir ranas
sobre la tierra de Egipto.
8 Entonces Faraón llamó a Moisés y Aarón, y les dijo: Orad a Jehová para que quite
las ranas de mí y de mi pueblo, y dejaré ir a
tu pueblo para que ofrezca sacrificios a
Jehová.
9 Y dijo Moisés a Faraón: Dígnate indicar-
me cuándo debo orar por ti, por tus siervos y
por tu pueblo, para que las ranas sean
quitadas de ti y de tus casas, y que solamente
queden en el río.
10 Y él dijo: Mañana. Y Moisés respondió:
Se hará conforme a tu palabra, para que
conozcas que no hay como Jehová nuestro
Dios.
11 Y las ranas se irán de ti, y de tus casas, de
tus siervos y de tu pueblo, y solamente
quedarán en el río.
12 Entonces salieron Moisés y Aarón de la
presencia de Faraón. Y clamó Moisés a
Jehová tocante a las ranas que había mandado a Faraón.
13 E hizo Jehová conforme a la palabra de
Moisés, y murieron las ranas de las casas, de
los cortijos y de los campos.
14 Y las juntaron en montones, y el país
apestaba.
15 Pero viendo Faraón que le habían dado
este respiro, endureció su corazón y no los
escuchó, como Jehová lo había declarado.

La plaga de mosquitos

16 Entonces Jehová dijo a Moisés: Di a
Aarón: Extiende tu vara y golpea el polvo
de la tierra, para que se vuelva mosquitos
todo el país de Egipto.
17 Y ellos lo hicieron así; y Aarón extendió
su mano con su vara, y golpeó el polvo de la
tierra, el cual se volvió mosquitos, así en los
hombres como en las bestias; todo el polvo
de la tierra se volvió mosquitos en todo el
país de Egipto.
18 Y los hechiceros hicieron así también,
para sacar mosquitos con sus encantamientos; pero no pudieron. Y hubo mosquitos
tanto sobre los hombres como sobre las
bestias.
19 Entonces los hechiceros dijeron a Fa-

raón: Este es el dedo de Dios. Mas el corazón de Faraón se endureció, y no los escuchó, como Jehová lo había dicho.

La plaga de las moscas

20 Jehová dijo a Moisés: Levántate de mañana y ponte delante de Faraón, he aquí él sale al río; y dile: Jehová ha dicho así: Deja ir a mi pueblo, para que me sirva.

21 Porque si no dejas ir a mi pueblo, he aquí yo enviaré sobre ti, sobre tus siervos, sobre tu pueblo y sobre tus casas toda clase de moscas; y las casas de los egipcios se llenarán de toda clase de moscas, y asimismo la tierra donde ellos estén.

22 Y aquel día yo apartaré la tierra de Gosén, en la cual habita mi pueblo, para que ninguna clase de moscas haya en ella, a fin de que sepas que yo soy Jehová en medio de la tierra.

23 Y yo haré distinción entre mi pueblo y el tuyo. Mañana será esta señal.

24 Y Jehová lo hizo así, y vino toda clase de moscas molestísimas sobre la casa de Faraón, sobre las casas de sus siervos, y sobre todo el país de Egipto; y la tierra fue corrompida a causa de ellas.

25 Entonces Faraón llamó a Moisés y a Aarón, y les dijo: Andad, ofreced sacrificio a vuestro Dios en la tierra.

26 Y Moisés respondió: No conviene que hagamos así, porque ofreceríamos a Jehová nuestro Dios la abominación de los egipcios. He aquí, si sacrificáramos la abominación de los egipcios delante de ellos, ¿no nos apedrearían?

27 Camino de tres días iremos por el desierto, y ofreceremos sacrificios a Jehová nuestro Dios, como él nos dirá.

28 Dijo Faraón: Yo os dejaré ir para que ofrezcáis sacrificios a Jehová vuestro Dios en el desierto, con tal que no vayáis más lejos; orad por mí.

29 Y respondió Moisés: He aquí, al salir yo de tu presencia, rogaré a Jehová que las diversas clases de moscas se vayan de Faraón, y de sus siervos, y de su pueblo mañana; con tal que Faraón no falte más, no dejando ir al pueblo a dar sacrificio a Jehová.

30 Entonces Moisés salió de la presencia de Faraón, y oró a Jehová.

31 Y Jehová hizo conforme a la palabra de Moisés, y quitó todas aquellas moscas de Faraón, de sus siervos y su pueblo, sin que quedara una.

32 Mas Faraón endureció aún esta vez su corazón, y no dejó ir al pueblo.

La plaga en el ganado

9 Entonces Jehová dijo a Moisés: Entra a la presencia de Faraón, y dile: Jehová, el Dios de los hebreos, dice así: Deja ir a mi pueblo, para que me sirva.

2 Porque si no lo quieres dejar ir, y lo detienes aún,

3 he aquí la mano de Jehová estará contra tus ganados que están en el campo, caballos, asnos, camellos, vacas y ovejas, con plaga gravísima.

4 Y Jehová hará separación entre los ganados de Israel y los de Egipto, de modo que nada muera de todo lo de los hijos de Israel.

5 Y Jehová fijó plazo, diciendo: Mañana hará Jehová esta cosa en la tierra.

6 Al día siguiente Jehová hizo aquello, y murió todo el ganado de Egipto; mas del ganado de los hijos de Israel no murió uno.

7 Entonces Faraón envió, y he aquí que del ganado de los hijos de Israel no había muerto uno. Mas el corazón de Faraón se endureció, y no dejó ir al pueblo.

La plaga de úlceras

8 Y Jehová dijo a Moisés y a Aarón: Tomad puñados de ceniza de un horno, y la esparcirá Moisés hacia el cielo delante de Faraón;

9 y vendrá a ser polvo sobre toda la tierra de Egipto, y producirá sarpullido con úlceras en los hombres y en las bestias, por todo el país de Egipto.

10 Y tomaron ceniza del horno, y se pusieron delante de Faraón, y la esparció Moisés hacia el cielo; y hubo sarpullido que produjo úlceras tanto en los hombres como en las bestias.

11 Y los magos no podían estar delante de Moisés a causa de las erupciones pustulosas, porque hubo úlceras en los magos y en todos los egipcios.

12 Pero Jehová endureció el corazón de Faraón, y no los oyó, como Jehová lo había dicho a Moisés.

La plaga de granizo

13 Entonces Jehová dijo a Moisés: Levántate de mañana, y ponte delante de Faraón, y dile: Jehová, el Dios de los hebreos, dice así: Deja ir a mi pueblo, para que me sirva.

14 Porque yo enviaré esta vez todas mis plagas a tu corazón, sobre tus siervos y sobre tu pueblo, para que entiendas que no hay otro como yo en toda la tierra.

15 Porque ahora yo extenderé mi mano para herirte a ti y a tu pueblo de plaga, y serás quitado de la tierra.

16 Y a la verdad yo te he puesto para mostrar en ti mi poder, y para que mi nombre sea anunciado en toda la tierra.

17 ¿Todavía te ensoberbeces contra mi pueblo, para no dejarlos ir?

18 He aquí que mañana a estas horas yo haré llover granizo muy pesado, cual nunca

hubo en Egipto, desde el día que se fundó hasta ahora.

19 Envía, pues, a recoger tu ganado, y todo lo que tienes en el campo; porque todo hombre o animal que se halle en el campo, y no sea recogido a casa, el granizo caerá sobre él, y morirá.

20 De los siervos de Faraón, el que tuvo temor de la palabra de Jehová hizo huir sus criados y ganado a casa;

21 mas el que no puso en su corazón la palabra de Jehová, dejó sus criados y sus ganados en el campo.

22 Y Jehová dijo a Moisés: Extiende tu mano hacia el cielo, para que venga granizo en toda la tierra de Egipto sobre los hombres, y sobre las bestias, y sobre toda la hierba del campo en el país de Egipto.

23 Y Moisés extendió su vara hacia el cielo, y Jehová hizo tronar y granizar, y el fuego se descargó sobre la tierra; y Jehová hizo llover granizo sobre la tierra de Egipto.

24 Hubo, pues, granizo, y fuego mezclado con el granizo, tan grande, cual nunca hubo en toda la tierra de Egipto desde que fue habitada.

25 Y aquel granizo hirió en toda la tierra de Egipto todo lo que estaba en el campo, así hombres como bestias; asimismo destrozó el granizo toda la hierba del campo, y desgajó todos los árboles del país.

26 Solamente en la tierra de Gosén, donde estaban los hijos de Israel, no hubo granizo.

27 Entonces Faraón envió a llamar a Moisés y a Aarón, y les dijo: He pecado esta vez; Jehová es justo, y yo y mi pueblo impíos.

28 Orad a Jehová para que cesen los truenos de Dios y el granizo, y yo os dejaré ir, y no os detendréis más.

29 Y le respondió Moisés: Tan pronto salga yo de la ciudad, extenderé mis manos a Jehová, y los truenos cesarán, y no habrá más granizo; para que sepas que de Jehová es la tierra.

30 Pero yo sé que ni tú ni tus siervos temeréis todavía la presencia de Jehová Dios.

31 El lino, pues, y la cebada fueron destrozados, porque la cebada estaba ya espigada, y el lino en caña.

32 Mas el trigo y el centeno no fueron destrozados, porque eran tardíos.

33 Y salido Moisés de la presencia de Faraón, fuera de la ciudad, extendió sus manos a Jehová, y cesaron los truenos y el granizo, y la lluvia no cayó más sobre la tierra.

34 Y viendo Faraón que la lluvia había cesado, y el granizo y los truenos, se obstinó en pecar, y endurecieron su corazón él y sus siervos.

35 Y el corazón de Faraón se endureció, y no dejó ir a los hijos de Israel, como Jehová lo había dicho por boca de Moisés.

La plaga de langostas

10 Jehová dijo a Moisés: Entra a la presencia de Faraón; porque yo he endurecido su corazón, y el corazón de sus siervos, para mostrar entre ellos estas mis señales,

2 y para que cuentes a tus hijos y a tus nietos las cosas que yo hice en Egipto, y mis señales que hice entre ellos; para que sepáis que yo soy Jehová.

3 Entonces vinieron Moisés y Aarón a Faraón, y le dijeron: Jehová el Dios de los hebreos ha dicho así: ¿Hasta cuándo no querrás humillarte delante de mí? Deja ir a mi pueblo, para que me sirva.

4 Y si aún rehúsas dejarlo ir, he aquí que mañana yo traeré sobre tu territorio la langosta,

5 la cual cubrirá la faz de la tierra, de modo que no pueda verse la tierra; y ella comerá lo que escapó, lo que os quedó del granizo; comerá asimismo todo árbol que os fructifica en el campo.

6 y llenará tus casas, y las casas de todos tus siervos, y las casas de todos los egipcios, cual nunca vieron tus padres ni tus abuelos, desde que ellos fueron sobre la tierra hasta hoy. Y se volvió y salió de delante de Faraón.

7 Entonces los siervos de Faraón le dijeron: ¿Hasta cuándo será este hombre un lazo para nosotros? Deja ir a estos hombres, para que sirvan a Jehová su Dios. ¿Acaso no sabes todavía que Egipto está ya destruido?

8 Y Moisés y Aarón volvieron a ser llamados ante Faraón, el cual les dijo: Andad, servid a Jehová vuestro Dios. ¿Quiénes son los que han de ir?

9 Moisés respondió: Hemos de ir con nuestros niños y con nuestros viejos, con nuestros hijos y con nuestras hijas; con nuestras ovejas y con nuestras vacas hemos de ir; porque es nuestra fiesta solemne para Jehová.

10 Y él les dijo: ¡Así sea Jehová con vosotros! ¿Cómo os voy a dejar ir a vosotros y a vuestros niños? ¡Ved cómo a la vista están vuestras malas intenciones!

11 No será así; id ahora vosotros los varones, y servid a Jehová, pues esto es lo que vosotros pedisteis. Y los echaron de la presencia de Faraón.

12 Entonces Jehová dijo a Moisés: Extiende tu mano sobre la tierra de Egipto para traer la langosta, a fin de que suba sobre el país de Egipto, y consuma todo lo que el granizo dejó.

13 Y extendió Moisés su vara sobre la tierra de Egipto, y Jehová trajo un viento oriental sobre el país todo aquel día y toda aquella

noche; y al venir la mañana el viento oriental trajo la langosta.

14 Y subió la langosta sobre toda la tierra de Egipto, y se asentó en todo el país de Egipto en tan gran cantidad como no la hubo antes ni la habrá después;

15 y cubrió la faz de todo el país, y oscureció la tierra; y consumió toda la hierba de la tierra, y todo el fruto de los árboles que había dejado el granizo; no quedó cosa verde en árboles ni en hierba del campo, en toda la tierra de Egipto.

16 Entonces Faraón se apresuró a llamar a Moisés y a Aarón, y dijo: He pecado contra Jehová vuestro Dios, y contra vosotros.

17 Mas os ruego ahora que perdonéis mi pecado solamente esta vez, y que oréis a Jehová vuestro Dios que quite de mí al menos esta plaga mortal.

18 Y salió Moisés de delante de Faraón, y oró a Jehová.

19 Entonces Jehová trajo un fortísimo viento occidental, y quitó la langosta y la arrojó en el Mar Rojo; ni una langosta quedó en todo el país de Egipto.

20 Pero Jehová endureció el corazón de Faraón, y éste no dejó ir a los hijos de Israel.

La plaga de tinieblas

21 Jehová dijo a Moisés: Extiende tu mano hacia el cielo, para que haya tinieblas sobre la tierra de Egipto, tanto que cualquiera las palpe.

22 Y extendió Moisés su mano hacia el cielo, y hubo densas tinieblas sobre toda la tierra de Egipto, por tres días.

23 Ninguno vio a su prójimo, ni nadie se levantó de su lugar en tres días; mas todos los hijos de Israel tenían luz en sus habitaciones.

24 Entonces Faraón hizo llamar a Moisés, y dijo: Id, servid a Jehová; solamente queden vuestras ovejas y vuestras vacas; vayan también vuestros niños con vosotros.

25 Y Moisés respondió: Nos tienes que dar también víctimas para los sacrificios y holocaustos que hemos de ofrecer a Jehová nuestro Dios.

26 Nuestros ganados irán también con nosotros; no quedará ni una pezuña; porque de ellos hemos de tomar para servir a Jehová nuestro Dios, y no sabemos con qué hemos de servir a Jehová hasta que lleguemos allá.

27 Pero Jehová endureció el corazón de Faraón, y no quiso dejarlos ir.

28 Y le dijo Faraón: Retírate de mí; guárdate que no veas más mi rostro, porque en cualquier día que veas mi rostro, morirás.

29 Y Moisés respondió: Bien has dicho; no veré más tu rostro.

Anuncio de la décima plaga

11 Jehová dijo a Moisés: Una plaga traeré aún sobre Faraón y sobre Egipto, después de la cual él os dejará ir de aquí; y seguramente os echará de aquí del todo.

2 Habla ahora al pueblo, y que cada uno pida a su vecino, y cada una a su vecina, alhajas de plata y de oro.

3 Y Jehová dio gracia al pueblo en los ojos de los egipcios. También Moisés era tenido por gran varón en la tierra de Egipto, a los ojos de los siervos de Faraón, y a los ojos del pueblo.

4 Dijo, pues, Moisés: Jehová ha dicho así: A la medianoche yo saldré por en medio de Egipto.

5 y morirá todo primogénito en tierra de Egipto, desde el primogénito de Faraón que se sienta en su trono, hasta el primogénito de la sierva que está tras el molino, y todo primogénito de las bestias.

6 Y habrá gran clamor por toda la tierra de Egipto, cual nunca hubo, ni jamás habrá.

7 Pero contra todos los hijos de Israel, desde el hombre hasta la bestia, ni un perro moverá su lengua, para que sepáis que Jehová hace diferencia entre los egipcios y los israelitas.

8 Y descenderán a mí todos estos tus siervos, e inclinados delante de mí dirán: Vete, tú y todo el pueblo que está debajo de ti; y después de esto yo saldré. Y salió muy enojado de la presencia de Faraón.

9 Y Jehová dijo a Moisés: Faraón no os oirá, para que mis maravillas se multipliquen en la tierra de Egipto.

10 Y Moisés y Aarón hicieron todos estos prodigios delante de Faraón; pues Jehová había endurecido el corazón de Faraón, y no envió a los hijos de Israel fuera de su país.

Institución de la Pascua

12 Habló Jehová a Moisés y a Aarón en la tierra de Egipto, diciendo:

2 Este mes os será principio de los meses; para vosotros será éste el primero en los meses del año.

3 Hablad a toda la congregación de Israel, diciendo: En el diez de este mes tómese cada uno un cordero según las familias de los padres, un cordero por familia.

4 Mas si la familia fuera tan pequeña que no baste para comer el cordero, entonces él y su vecino inmediato a su casa tomarán uno según el número de las personas; conforme al comer de cada hombre, haréis la cuenta sobre el cordero.

5 El animal será sin defecto, macho de un año; lo tomaréis de las ovejas o de las cabras.

6 Y lo guardaréis hasta el día catorce de este mes, y lo inmolará toda la congregación del pueblo de Israel entre las dos tardes.

7 Y tomarán de la sangre, y la pondrán en los dos postes y en el dintel de las casas en que lo han de comer.

8 Y aquella noche comerán la carne asada al fuego, y panes sin levadura; con hierbas amargas lo comerán.

9 Ninguna cosa comeréis de él cruda, ni cocida en agua, sino asada al fuego; su cabeza con sus pies y sus entrañas.

10 Ninguna cosa dejaréis de él hasta la mañana; y lo que quedare hasta la mañana, lo quemaréis en el fuego.

11 Y lo comeréis así: ceñidos vuestros lomos, vuestro calzado en vuestros pies, y vuestro bordón en vuestra mano; y lo comeréis apresuradamente; es la Pascua de Jehová.

12 Pues yo pasaré aquella noche por la tierra de Egipto, y heriré a todo primogénito en la tierra de Egipto, así de los hombres como de las bestias; y ejecutaré mis juicios en todos los dioses de Egipto. Yo Jehová.

13 Y la sangre os será por señal en las casas donde vosotros estéis; y veré la sangre y pasaré de largo en cuanto a vosotros, y no habrá en vosotros plaga de mortandad cuando hiera la tierra de Egipto.

14 Y este día os será en memoria, y lo celebraréis como fiesta solemne para Jehová durante vuestras generaciones; por estatuto perpetuo lo celebraréis.

La fiesta de los Ázimos

15 Siete días comeréis panes sin levadura; y así el primer día haréis que no haya levadura en vuestras casas; porque cualquiera que coma leudado desde el primer día hasta el séptimo, será cortado de Israel.

16 El primer día habrá santa convocación, y asimismo en el séptimo día tendréis una santa convocación; ninguna obra se hará en ellos, excepto solamente que preparéis lo que cada cual haya de comer.

17 Y guardaréis la fiesta de los panes sin levadura, porque en este mismo día saqué vuestras huestes de la tierra de Egipto; por tanto, guardaréis este mandamiento en vuestras generaciones por costumbre perpetua.

18 En el mes primero comeréis los panes sin levadura, desde el día catorce del mes por la tarde hasta el veintiuno del mes por la tarde.

19 Por siete días no se hallará levadura en vuestras casas; porque cualquiera que coma leudado, así extranjero como natural del país, será cortado de la congregación de Israel.

20 Ninguna cosa leudada comeréis; en todas vuestras habitaciones comeréis panes sin levadura.

21 Y Moisés convocó a todos los ancianos de Israel, y les dijo: Sacad y tomaos corderos por vuestras familias, y sacrificad la pascua.

22 Y tomad un manojo de hisopo, y mojadlo en la sangre que estará en un lebrillo, y untad el dintel y los dos postes con la sangre que estará en el lebrillo; y ninguno de vosotros salga de las puertas de su casa hasta la mañana.

23 Porque Jehová pasará hiriendo a los egipcios; y cuando vea la sangre en el dintel y en los dos postes, pasará Jehová de aquella puerta, y no dejará entrar al heridor en vuestras casas para herir.

24 Guardaréis esto por estatuto para vosotros y para vuestros hijos para siempre.

25 Y cuando entréis en la tierra que Jehová os dará, como prometió, guardaréis este rito.

26 Y cuando os digan vuestros hijos: ¿Qué es este rito vuestro?,

27 vosotros responderéis: Es la víctima de la pascua de Jehová, el cual pasó de largo por las casas de los hijos de Israel en Egipto, cuando hirió a los egipcios, y libró nuestras casas. Entonces el pueblo se inclinó y adoró.

28 Y los hijos de Israel fueron e hicieron puntualmente así, como Jehová había mandado a Moisés y a Aarón.

Muerte de los primogénitos

29 Y sucedió que a la medianoche Jehová hirió a todo primogénito en la tierra de Egipto, desde el primogénito de Faraón que se sentaba sobre su trono hasta el primogénito del cautivo que estaba en la cárcel, y todo primogénito de los animales.

30 Y se levantó aquella noche Faraón, él y todos sus siervos, y todos los egipcios; y hubo un gran clamor en Egipto, porque no había casa donde no hubiese un muerto.

31 E hizo llamar a Moisés y a Aarón de noche, y les dijo: Salid de en medio de mi pueblo vosotros y los hijos de Israel, e id, servid a Jehová, como habéis dicho.

32 Tomad también vuestras ovejas y vuestras vacas, como habéis dicho, e idos; y bendecidme también a mí.

33 Y los egipcios apremiaban al pueblo, dándose prisa a echarlos de la tierra; porque decían: Vamos a morir todos.

34 Y llevó el pueblo su masa antes que se leudase, sus masas envueltas en sus sábanas sobre sus hombros.

35 E hicieron los hijos del Israel conforme al mandamiento de Moisés, pidiendo de los egipcios alhajas de plata, y de oro, y vestidos.

36 Y Jehová dio gracia al pueblo delante de

los egipcios, y les dieron cuanto pedían; así
despojaron a los egipcios.

Los israelitas salen de Egipto

37 Partieron los hijos de Israel de Ramesés
a Sucot, como seiscientos mil hombres de a
pie, sin contar los niños.
38 También subió con ellos gran multitud
de toda clase de gentes, y ovejas, y muchísimo ganado.
39 Y cocieron tortas sin levadura de la masa
que habían sacado de Egipto, pues no había
leudado, porque al echarlos fuera los egipcios, no habían tenido tiempo ni para prepa-
rarse comida.
40 El tiempo que los hijos de Israel habitaron en Egipto fue cuatrocientos treinta
años.
41 Y pasados los cuatrocientos treinta
años, en el mismo día todos los ejércitos de
Jehová salieron de la tierra de Egipto.
42 Es noche de guardar para Jehová, por
haberlos sacado en ella de la tierra de
Egipto. Esta noche deben guardarla para
Jehová todos los hijos de Israel por todas sus
generaciones.
43 Y Jehová dijo a Moisés y a Aarón: Esta
es la ordenanza de la pascua: Ningún extraño comerá de ella.
44 Mas todo siervo humano comprado por
dinero comerá de ella, después que lo hayas
circuncidado.
45 El extranjero y el jornalero no comerán
de ella.
46 Se comerá en una casa, y no llevarás de
aquella carne fuera de ella, ni le quebraréis
ningún hueso.
47 Toda la congregación de Israel lo hará.
48 Mas si algún extranjero morase contigo,
y quisiese celebrar la pascua para Jehová,
séale circuncidado todo varón, y entonces la
celebrará, y será como uno de vuestra nación; pero ningún incircunciso comerá de
ella.
49 La misma ley será para el nativo como
para el extranjero que habita entre vosotros.
50 Así lo hicieron todos los hijos de Israel;
como mandó Jehová a Moisés y a Aarón, así
lo hicieron.
51 Y en aquel mismo día sacó Jehová a los
hijos de Israel de la tierra de Egipto en
orden de campaña.

Consagración de los primogénitos

13 Jehová habló a Moisés, diciendo:
2 Conságrame todo primogénito.
Cualquiera que abre matriz entre los hijos
de Israel, así de los hombres como de los
animales, mío es.
3 Y Moisés dijo al pueblo: Tened memoria
de este día, en el cual habéis salido de

Egipto, de la casa de servidumbre, pues
Jehová os ha sacado de aquí con mano
fuerte; por tanto, no comeréis leudado.
4 Vosotros salís hoy en el mes de Abib.
5 Y cuando Jehová te haya metido en la
tierra del cananeo, del heteo, del amorreo,
del heveo y del jebuseo, la cual juró a tus
padres que te daría, tierra que destila leche
y miel, harás esta celebración en este mes.
6 Siete días comerás pan sin leudar, y el
séptimo día será fiesta para Jehová.
7 Por los siete días se comerán los panes sin
levadura, y no se verá contigo nada leudado, ni levadura, en todo tu territorio.
8 Y lo contarás en aquel día a tu hijo,
diciendo: Se hace esto con motivo de lo que
Jehová hizo conmigo cuando me sacó de
Egipto.
9 Y te será como una señal sobre tu mano, y
como un memorial delante de tus ojos, para
que la ley de Jehová esté en tu boca; por
cuanto con mano fuerte te sacó Jehová de
Egipto.
10 Por tanto, tú guardarás este rito en su
tiempo de año en año.

De nuevo los primogénitos

11 Y cuando Jehová te haya metido en la
tierra del cananeo, como te ha jurado a ti y a
tus padres, y cuando te la hubiere dado,
12 dedicarás a Jehová todo aquel que abra
matriz, y asimismo todo primer nacido de
tus animales; los machos serán de Jehová.
13 Mas todo primogénito de asno redimirás
con un cordero; y si no lo redimes, quebrarás su cerviz. También redimirás al primogénito de tus hijos.
14 Y cuando mañana te pregunte tu hijo,
diciendo: ¿Qué es esto?, le dirás: Jehová
nos sacó con mano fuerte de Egipto, de casa
de servidumbre;
15 y endureciéndose Faraón para no dejar-
nos ir, Jehová hizo morir en la tierra de
Egipto a todo primogénito, desde el primogénito humano hasta el primogénito de la
bestia; y por esta causa yo sacrifico para
Jehová todo primogénito macho, y redimo
al primogénito de mis hijos.
16 Te será, pues, como una señal sobre tu
mano, y por un memorial delante de tus
ojos, por cuanto Jehová nos sacó de Egipto
con mano fuerte.

La columna de nube y de fuego

17 Y luego que Faraón dejó ir al pueblo,
Dios no los llevó por el camino de la tierra
de los filisteos, aunque era el más corto;
porque dijo Dios: Para que no se arrepienta
el pueblo cuando sea perseguido, y se vuelva a Egipto.
18 Mas hizo Dios que el pueblo rodease por
el camino del desierto del Mar Rojo. Y

subieron los hijos de Israel de Egipto armados.

19 Tomó también consigo Moisés los huesos de José, el cual había juramentado a los hijos de Israel, diciendo: Dios ciertamente os visitará, y haréis subir mis huesos de aquí con vosotros.

20 Y partieron de Sucot y acamparon en Etam, a la entrada del desierto.

21 Y Jehová iba delante de ellos de día en una columna de nube para guiarlos por el camino, y de noche en una columna de fuego para alumbrarles, a fin de que anduviesen de día y de noche.

22 Nunca se apartó de delante del pueblo la columna de nube de día, ni de noche la columna de fuego.

Paso en seco del Mar Rojo

14 Habló Jehová a Moisés, diciendo:

2 Di a los hijos de Israel que den la vuelta y acampen delante de Pi-hahirot, entre Migdol y el mar hacia Baal-sefón; delante de él acamparéis junto al mar.

3 Porque Faraón dirá de los hijos de Israel: Encerrados están en la tierra, el desierto los ha encerrado.

4 Y yo endureceré el corazón de Faraón para que los siga; y seré glorificado en Faraón y en todo su ejército, y sabrán los egipcios que yo soy Jehová. Y ellos lo hicieron así.

Los egipcios persiguen a Israel

5 Y fue dado aviso al rey de Egipto, que el pueblo huía; y el corazón de Faraón y de sus siervos se volvió contra el pueblo, y dijeron: ¿Cómo hemos hecho esto de haber dejado ir a Israel, para que no nos sirva?

6 Y unció su carro, y tomó consigo su pueblo;

7 y tomó seiscientos carros escogidos, y todos los carros de Egipto, y los capitanes sobre ellos.

8 Y endureció Jehová el corazón de Faraón rey de Egipto, y él siguió a los hijos de Israel; pero los hijos de Israel habían salido con mano poderosa.

9 Siguiéndolos, pues, los egipcios, con toda la caballería y carros de Faraón, su gente de a caballo, y todo su ejército, los alcanzaron mientras acampaban junto al mar, al lado de Pi-hahirot, delante de Baal-sefón.

10 Y cuando Faraón se hubo acercado, los hijos de Israel alzaron sus ojos, y he aquí que los egipcios venían tras ellos; por lo que los hijos de Israel temieron en gran manera, y clamaron a Jehová.

11 Y dijeron a Moisés: ¿No había sepulcros en Egipto, que nos has sacado para que muramos en el desierto? ¿Por qué has hecho

así con nosotros, que nos has sacado de Egipto?

12 ¿No es esto lo que te hablamos en Egipto, diciendo: Déjanos servir a los egipcios? Porque mejor nos fuera servir a los egipcios, que morir nosotros en el desierto.

13 Y Moisés dijo al pueblo: No temáis; estad firmes, y ved la salvación que Jehová hará hoy con vosotros; porque los egipcios que hoy habéis visto, nunca más para siempre los veréis.

14 Jehová peleará por vosotros, y vosotros estaréis tranquilos.

15 Entonces Jehová dijo a Moisés: ¿Por qué clamas a mí? Di a los hijos de Israel que marchen.

16 Y tú alza tu vara, y extiende tu mano sobre el mar, y divídelo, y entren los hijos de Israel por en medio del mar, en seco.

17 Y he aquí, yo endureceré el corazón de los egipcios para que los sigan; y yo me glorificaré en Faraón y en todo su ejército, en sus carros y en su caballería;

18 y sabrán los egipcios que yo soy Jehová, cuando me glorifique en Faraón, en sus carros y en su gente de a caballo.

19 Y el Ángel de Dios que iba delante del campamento de Israel, se apartó e iba en pos de ellos; y asimismo la columna de nube que iba delante de ellos se apartó y se puso a sus espaldas,

20 e iba entre el campamento de los egipcios y el campamento de Israel; y era nube y tinieblas para aquéllos, y alumbraba a Israel de noche, y en toda aquella noche nunca se acercaron los unos a los otros.

21 Y extendió Moisés su mano sobre el mar, e hizo Jehová que el mar se retirase por recio viento oriental toda aquella noche; y volvió el mar en seco, y las aguas quedaron divididas.

22 Entonces los hijos de Israel entraron por en medio del mar, en seco, teniendo las aguas como muro a su derecha y a su izquierda.

23 Los egipcios se lanzaron en su persecución, y entraron tras ellos hasta la mitad del mar, toda la caballería de Faraón, sus carros y su gente de a caballo.

24 Aconteció a la vigilia de la mañana, que Jehová miró el campamento de los egipcios desde la columna de fuego y nube, y trastornó el campamento de los egipcios,

25 y quitó las ruedas de sus carros, y los trastornó gravemente. Entonces los egipcios dijeron: Huyamos de delante de Israel, porque Jehová pelea por ellos contra los egipcios.

26 Y Jehová dijo a Moisés: Extiende tu mano sobre el mar, para que las aguas vuelvan sobre los egipcios, sobre sus carros y sobre su caballería.

27 Entonces Moisés extendió su mano sobre el mar, y cuando amaneció, el mar se volvió en toda su fuerza, y los egipcios al huir se encontraban con el mar; y Jehová derribó a los egipcios en medio del mar.

28 Y volvieron las aguas, y cubrieron los carros y la caballería, y todo el ejército de Faraón que había entrado tras ellos en el mar; no quedó de ellos ni uno.

29 Y los hijos de Israel fueron por en medio del mar, en seco, teniendo las aguas por muro a su derecha y a su izquierda.

30 Así salvó Jehová aquel día a Israel de mano de los egipcios; e Israel vio a los egipcios muertos a la orilla del mar.

31 Y vio Israel aquel gran hecho que Jehová ejecutó contra los egipcios; y el pueblo temió a Jehová, y creyeron a Jehová y a Moisés su siervo.

Cánticos de Moisés y de María

15 Entonces cantó Moisés y los hijos de Israel este cántico a Jehová, y dijeron:

1 Cantaré yo a Jehová, porque se ha magnificado grandemente.
Echando en el mar al caballo y al jinete.

2 Jehová es mi fortaleza y mi cántico,
Y ha sido mi salvación.
Este es mi Dios, y lo alabaré;
Dios de mi padre, y lo enalteceré.

3 Jehová es varón de guerra;
Jehová es su nombre.

4 Echó en el mar los carros de Faraón y su ejército;
Y sus capitanes escogidos fueron hundidos en el Mar Rojo.

5 Los abismos los cubrieron:
Descendieron a las profundidades como piedra.

6 Tu diestra, oh Jehová, ha sido magnificada en poder;
Tu diestra, oh Jehová, ha quebrantado al enemigo.

7 Y con la grandeza de tu poder has derribado a los que se levantaron contra ti.
Enviaste tu ira; los consumió como a hojarasca.

8 Al soplo de tu aliento se amontonaron las aguas;
Se juntaron las corrientes como en un montón;
Los abismos se cuajaron en medio del mar.

9 El enemigo dijo:
Perseguiré, apresaré, repartiré despojos;
Mi alma se saciará de ellos;
Sacaré mi espada, los destruirá mi mano.

10 Soplaste con tu viento; los cubrió el mar;
Se hundieron como plomo en las impetuosas aguas.

11 ¿Quién como tú, oh Jehová, entre los dioses?
¿Quién como tú, magnífico en santidad,
Terrible en maravillosas hazañas, hacedor de prodigios?

12 Extendiste tu diestra;
La tierra los tragó.

13 Condujiste en tu misericordia a este pueblo que redimiste;
Lo llevaste con tu poder a tu santa morada.

14 Lo oirán los pueblos, y temblarán;
Se apoderará dolor de la tierra de los filisteos.

15 Entonces los caudillos de Edom se turbarán;
A los valientes de Moab les sobrecogerá temblor;
Se acobardarán todos los moradores de Canaán.

16 Caiga sobre ellos temblor y espanto;
A la grandeza de tu brazo enmudezcan como una piedra;
Hasta que haya pasado tu pueblo, oh Jehová,
Hasta que haya pasado este pueblo que tú rescataste.

17 Tú los introducirás y los plantarás en el monte de tu heredad,
En el lugar de tu morada, que tú has preparado, oh Jehová,
En el santuario que tus manos, oh Jehová, han afirmado.

18 Jehová reinará eternamente y para siempre.

19 Porque Faraón entró cabalgando con sus carros y su gente de a caballo en el mar, y Jehová hizo volver las aguas del mar sobre ellos; mas los hijos de Israel pasaron en seco por en medio del mar.

20 Y María la profetisa, hermana de Aarón, tomó un pandero en su mano, y todas las mujeres salieron en pos de ella con panderos y danzas.

21 Y María les respondía:
Cantad a Jehová, porque en extremo ha triunfado gloriosamente;
Ha echado en el mar al caballo y al jinete.

El agua amarga de Mará

22 E hizo Moisés que partiese Israel del Mar Rojo, y salieron al desierto de Shur; y anduvieron tres días por el desierto sin hallar agua.

23 Y llegaron a Mará, y no pudieron beber

las aguas de Mará, porque eran amargas;
por eso le pusieron el nombre de Mará.

24 Entonces el pueblo murmuró contra
Moisés, y dijo: ¿Qué hemos de beber?

25 Y Moisés clamó a Jehová, y Jehová le
mostró un árbol; y lo echó en las aguas, y las
aguas se endulzaron. Allí les dio estatutos y
ordenanzas, y allí los probó;

26 y dijo: Si oyes atentamente la voz de
Jehová tu Dios, y haces lo recto delante de
sus ojos, y das oído a sus mandamientos, y
guardas todos sus estatutos, ninguna enfermedad de las que envié a los egipcios te enviaré a ti; porque yo soy Jehová tu sanador.

27 Y llegaron a Elim, donde había doce
fuentes de aguas, y setenta palmeras; y
acamparon allí junto a las aguas.

Las codornices y el maná

16 Partió luego de Elim toda la congregación de los hijos de Israel, y vino al
desierto de Sin, que está entre Elim y Sinay,
a los quince días del segundo mes después
que salieron de la tierra de Egipto.

2 Y toda la congregación de los hijos de
Israel murmuró contra Moisés y Aarón en el
desierto;

3 y les decían los hijos de Israel: Ojalá
hubiéramos muerto por mano de Jehová en
la tierra de Egipto, cuando nos sentábamos
a las ollas de carne, cuando comíamos pan
hasta saciarnos; pues nos habéis sacado a
este desierto para matar de hambre a toda
esta multitud.

4 Y Jehová dijo a Moisés: He aquí yo os
haré llover pan del cielo; y el pueblo saldrá,
y recogerá diariamente la porción de un día,
para que yo lo pruebe si anda en mi ley, o
no.

5 Mas en el sexto día prepararán para guardar el doble de lo que suelen recoger cada
día.

6 Entonces dijeron Moisés y Aarón a todos
los hijos de Israel: En la tarde sabréis que
Jehová os ha sacado de la tierra de Egipto,

7 y a la mañana veréis la gloria de Jehová;
porque él ha oído vuestras murmuraciones
contra Jehová; porque nosotros, ¿qué somos, para que vosotros murmuréis contra
nosotros?

8 Dijo también Moisés: Jehová os dará en
la tarde carne para comer, y en la mañana
pan hasta saciaros; porque Jehová ha oído
vuestras murmuraciones con que habéis
murmurado contra él; porque nosotros,
¿qué somos? Vuestras murmuraciones no
son contra nosotros, sino contra Jehová.

9 Y dijo Moisés a Aarón: Di a toda la
congregación de los hijos de Israel: Acercaos a la presencia de Jehová, porque él ha
oído vuestras murmuraciones.

10 Y hablando Aarón a toda la congrega-

ción de los hijos de Israel, miraron hacia el
desierto, y he aquí la gloria de Jehová
apareció en la nube.

11 Y Jehová habló a Moisés, diciendo:

12 Yo he oído las murmuraciones de los
hijos de Israel; háblales, diciendo: Al caer la
tarde comeréis carne, y por la mañana os
saciaréis de pan, y sabréis que yo soy Jehová
vuestro Dios.

13 Y venida la tarde, subieron codornices
que cubrieron el campamento; y por la
mañana descendió rocío en derredor del
campamento.

14 Y cuando el rocío cesó de descender, he
aquí sobre el haz del desierto una cosa
menuda, redonda, menuda como una escarcha sobre la tierra.

15 Y viéndolo los hijos de Israel, se dijeron
unos a otros: ¿Qué es esto?, porque no
sabían qué era. Entonces Moisés les dijo: Es
el pan que Jehová os da para comer.

16 Esto es lo que Jehová ha mandado:
Recoged de él cada uno según lo que pueda
comer; un omer por cabeza, conforme al
número de vuestras personas, tomaréis cada
uno para los que están en su tienda.

17 Y los hijos de Israel lo hicieron así; y
recogieron unos más, otros menos;

18 y lo medían por gomer, y no sobró al que
había recogido mucho, ni faltó al que había
recogido poco; cada uno recogió conforme a
lo que había de comer.

19 Y les dijo Moisés: Ninguno deje nada de
ello para mañana.

20 Mas ellos no obedecieron a Moisés, sino
que algunos dejaron de ello para otro día, y
crió gusanos, y hedió; y se enojó contra ellos
Moisés.

21 Y lo recogían cada mañana, cada uno
según lo que había de comer; y luego que el
sol calentaba, se derretía.

22 En el sexto día recogieron doble porción
de comida, dos omeres para cada uno; y
todos los príncipes de la congregación vinieron y se lo hicieron saber a Moisés.

23 Y él les dijo: Esto es lo que ha dicho
Jehová: Mañana es el santo día de reposo, el
sábado consagrado a Jehová; lo que habéis
de cocer, cocedlo hoy, y lo que habéis de
cocinar, cocinadlo; y todo lo que os sobre,
guardadlo para mañana.

24 Y ellos lo guardaron hasta el día siguiente, según lo que Moisés había mandado, y
no se agusanó, ni hedió.

25 Y dijo Moisés: Comedlo hoy, porque
hoy es día de sábado para Jehová; hoy no
hallaréis en el campo.

26 Seis días lo recogeréis; mas el séptimo
día es sábado; en él no se hallará.

27 Y aconteció que algunos del pueblo salieron en el séptimo día a recoger, y no
hallaron.

28 Y Jehová dijo a Moisés: ¿Hasta cuándo no querréis guardar mis mandamientos y mis leyes?

29 Mirad que Jehová os dio el día de sábado, y por eso en el sexto día os da pan para dos días. Estése, pues, cada uno en su lugar, y nadie salga de él en el séptimo día.

30 Así el pueblo reposó el séptimo día.

31 Y la casa de Israel lo llamó Maná; y era como semilla de culantro, blanco, y su sabor como de hojuelas con miel.

32 Y dijo Moisés: Esto es lo que Jehová ha mandado: Llenad un omer de él, y guardadlo para vuestros descendientes, a fin de que vean el pan que yo os di a comer en el desierto, cuando yo os saqué de la tierra de Egipto.

33 Y dijo Moisés a Aarón: Toma una vasija y pon en ella un gomer de maná, y ponlo delante de Jehová, para que sea guardado para vuestros descendientes.

34 Y Aarón lo puso delante del Testimonio para guardarlo, como Jehová lo mandó a Moisés.

35 Así comieron los hijos de Israel maná cuarenta años, hasta que llegaron a tierra habitada; maná comieron hasta que llegaron a los límites de la tierra de Canaán.

36 Y un gomer es la décima parte de un efa.

Dios da agua de la roca

17 Toda la congregación de los hijos de Israel partió del desierto de Sin por sus jornadas, conforme al mandamiento de Jehová, y acamparon en Refidim; y no había agua para que el pueblo bebiese.

2 Y altercó el pueblo con Moisés, y dijeron: Danos agua para beber. Y Moisés les dijo: ¿Por qué altercáis conmigo? ¿Por qué tentáis a Jehová?

3 Así que el pueblo tuvo allí sed, y murmuró contra Moisés, y dijo: ¿Por qué nos hiciste subir de Egipto para matarnos de sed a nosotros, a nuestros hijos y a nuestros ganados?

4 Entonces clamó Moisés a Jehová, diciendo: ¿Qué haré con este pueblo? De aquí a un poco me apedrearán.

5 Y Jehová dijo a Moisés: Pasa delante del pueblo, y toma contigo de los ancianos de Israel; y toma también en tu mano tu vara con que golpeaste el río, y ve.

6 He aquí que yo estaré delante de ti allí sobre la peña en Horeb; y golpearás la peña, y saldrán de ella aguas, y beberá el pueblo. Y Moisés lo hizo así en presencia de los ancianos de Israel.

7 Y llamó el nombre de aquel lugar Masah y Meriba, por la rencilla de los hijos de Israel, y porque tentaron a Jehová, diciendo: ¿Está, pues, Jehová entre nosotros, o no?

Batalla contra Amalec

8 Entonces vino Amalec y peleó contra Israel en Refidim.

9 Y dijo Moisés a Josué: Escógenos varones, y sal a pelear contra Amalec; mañana yo estaré sobre la cumbre del collado, y la vara de Dios en mi mano.

10 E hizo Josué como le dijo Moisés, peleando contra Amalec; y Moisés y Aarón y Hur subieron a la cumbre del collado.

11 Y sucedía que cuando alzaba Moisés su mano, Israel prevalecía; mas cuando él bajaba su mano, prevalecía Amalec.

12 Y las manos de Moisés se cansaban; por lo que tomaron una piedra, y la pusieron debajo de él, y se sentó sobre ella; y Aarón y Hur sostenían sus manos, el uno de un lado y el otro de otro; así hubo en sus manos firmeza hasta que se puso el sol.

13 Y Josué deshizo a Amalec y a su pueblo a filo de espada.

14 Y Jehová dijo a Moisés: Escribe esto para memoria en un libro, y di a Josué que raeré del todo la memoria de Amalec de debajo del cielo.

15 Y Moisés edificó un altar, y llamó su nombre Jehová-nissi;

16 y dijo: Por cuanto la mano de Amalec se levantó contra el trono de Jehová, Jehová tendrá guerra con Amalec de generación en generación.

Visita de Jetró a Moisés

18 Oyó Jetró sacerdote de Madián, suegro de Moisés, todas las cosas que Dios había hecho con Moisés, y con Israel su pueblo, y cómo Jehová había sacado a Israel de Egipto.

2 Y tomó Jetró suegro de Moisés a Sípora la mujer de Moisés, después que él la despidió,

3 y a sus dos hijos; el uno se llamaba Gersón, porque dijo: Forastero he sido en tierra ajena;

4 y el otro se llamaba Eliezer, porque dijo: El Dios de mi padre me ayudó, y me libró de la espada de Faraón.

5 Y Jetró el suegro de Moisés, con los hijos y la mujer de éste, vino a Moisés en el desierto, donde estaba acampado junto al monte de Dios;

6 y dijo a decir a Moisés: Yo tu suegro Jetró vengo a ti, con tu mujer, y sus dos hijos con ella.

7 Y Moisés salió a recibir a su suegro, y se inclinó, y lo besó; y se preguntaron el uno al otro cómo estaban, y vinieron a la tienda.

8 Y Moisés contó a su suegro todas las cosas que Jehová había hecho a Faraón y a los egipcios por amor de Israel, y todo el tra-

bajo que habían pasado en el camino, y cómo los había librado Jehová.

9 Y se alegró Jetró de todo el bien que Jehová había hecho a Israel, al haberlo librado de mano de los egipcios.

10 Y Jetró dijo: Bendito sea Jehová, que os libró de mano de los egipcios, y de la mano de Faraón, y que libró al pueblo de la mano de los egipcios.

11 Ahora conozco que Jehová es más grande que todos los dioses; porque en lo que se ensoberbecieron prevaleció contra ellos.

12 Y tomó Jetró, suegro de Moisés, holocaustos y sacrificios para Dios; y vino Aarón y todos los ancianos de Israel para comer con el suegro de Moisés delante de Dios.

Nombramiento de jueces

13 Aconteció que al día siguiente se sentó Moisés a juzgar al pueblo; y el pueblo estuvo delante de Moisés desde la mañana hasta la noche.

14 Viendo el suegro de Moisés todo lo que él hacía con el pueblo, dijo: ¿Qué es esto que haces con el pueblo? ¿Por qué te sientas tú solo, y todo el pueblo está delante de ti desde la mañana hasta el anochecer?

15 Y Moisés respondió a su suegro: Porque el pueblo viene a mí para consultar a Dios.

16 Cuando tienen asuntos, vienen a mí; y yo juzgo entre el uno y el otro, y declaro las ordenanzas de Dios y sus leyes.

17 Entonces el suegro de Moisés le dijo: No está bien lo que haces.

18 Acabarás agotándote del todo, tú y también este pueblo que está contigo; porque el trabajo es demasiado pesado para ti; no podrás hacerlo tú solo.

19 Oye ahora mi voz; yo te aconsejaré, y Dios estará contigo. Está tú a favor del pueblo delante de Dios, y somete tú los asuntos a Dios.

20 Y enseña a ellos las ordenanzas y las leyes, y muéstrales el camino por donde deben andar, y lo que han de hacer.

21 Además escoge tú de entre todo el pueblo varones de virtud, temerosos de Dios, varones de verdad, que aborrezcan la avaricia; y ponlos sobre el pueblo por jefes de millares, de centenas, de cincuenta y de diez.

22 Ellos juzgarán al pueblo en todo tiempo; y todo asunto grave lo traerán a ti, y ellos juzgarán todo asunto pequeño. Así aliviarás la carga de sobre ti, y la llevarán ellos contigo.

23 Si esto haces, y Dios te lo ordena, tú podrás sostenerte, y también todo este pueblo irá en paz a su lugar.

24 Y oyó Moisés la voz de su suegro, e hizo todo lo que dijo.

25 Escogió Moisés varones de virtud de entre todo Israel, y los puso por jefes sobre el pueblo, sobre mil, sobre ciento, sobre cincuenta, y sobre diez.

26 Y juzgaban al pueblo en todo tiempo; el asunto difícil lo traían a Moisés, y ellos juzgaban todo asunto pequeño.

27 Y despidió Moisés a su suegro, y éste se fue a su tierra.

Llegada al Sinay

19 En el mes tercero de la salida de los hijos de Israel de la tierra de Egipto, en el mismo día llegaron al desierto de Sinay.

2 Habían salido de Refidim, y llegaron al desierto de Sinay, y acamparon en el desierto; y acampó allí Israel delante del monte.

3 Y Moisés subió a Dios; y Jehová lo llamó desde el monte, diciendo: Así dirás a la casa de Jacob, y anunciarás a los hijos de Israel:

4 Vosotros visteis lo que hice a los egipcios, y cómo os tomé sobre alas de águilas, y os he traído a mí.

5 Ahora, pues, si dais oído a mi voz, y guardáis mi pacto, vosotros seréis mi especial tesoro sobre todos los pueblos; porque mía es toda la tierra.

6 Y vosotros me seréis un reino de sacerdotes, y gente santa. Éstas son las palabras que dirás a los hijos de Israel.

7 Entonces vino Moisés, y llamó a los ancianos del pueblo, y expuso en presencia de ellos todas estas palabras que Jehová le había mandado.

8 Y todo el pueblo respondió a una, y dijeron: Todo lo que Jehová ha dicho, haremos. Y Moisés refirió a Jehová las palabras del pueblo.

Preparación de la Alianza

9 Entonces Jehová dijo a Moisés: He aquí, yo vengo a ti en una nube espesa, para que el pueblo oiga mientras yo hablo contigo, y también para que te crean para siempre. Y Moisés refirió las palabras del pueblo a Jehová.

10 Y Jehová dijo a Moisés: Ve al pueblo, y santifícalos hoy y mañana; y laven sus vestidos,

11 y estén preparados para el día tercero, porque al tercer día Jehová descenderá a ojos de todo el pueblo sobre el monte de Sinay.

12 Y señalarás término al pueblo en derredor, diciendo: Guardaos, no subáis al monte, ni toquéis sus límites; cualquiera que toque el monte, de seguro morirá.

13 No lo tocará mano, porque será apedreado o asaeteado; sea animal o sea hombre, no vivirá. Cuando suene largamente el cuerno, subirán al monte.

14 Y descendió Moisés del monte al pueblo, y santificó al pueblo; y lavaron sus vestidos.

15 Y dijo al pueblo: Estad preparados para el tercer día; no toquéis mujer.

La teofanía

16 Aconteció que al tercer día, cuando vino la mañana, vinieron truenos y relámpagos, y espesa nube sobre el monte, y sonido de trompeta muy fuerte; y se estremeció todo el pueblo que estaba en el campamento.

17 Y Moisés sacó del campamento al pueblo para recibir a Dios; y se detuvieron al pie del monte.

18 Todo el monte Sinay humeaba, porque Jehová había descendido sobre él en fuego; y el humo subía como el humo de un horno, y todo el monte se estremecía en gran manera.

19 El sonido de trompeta iba aumentando en extremo; Moisés hablaba, y Dios le respondía con voz tronante.

20 Y descendió Jehová sobre el monte Sinay, sobre la cumbre del monte; y llamó Jehová a Moisés a la cumbre del monte, y Moisés subió.

21 Y Jehová dijo a Moisés: Desciende, ordena al pueblo que no traspase los límites para ver a Jehová, porque caería multitud de ellos.

22 Y también que se santifiquen los sacerdotes que se acercan a Jehová, para que Jehová no haga en ellos estrago.

23 Moisés dijo a Jehová: El pueblo no podrá subir al monte Sinay, porque tú nos has mandado diciendo: Señala límites al monte, y santifícalo.

24 Y Jehová le dijo: Ve, desciende, y subirás tú, y Aarón contigo; mas los sacerdotes y el pueblo no traspasen el límite para subir a Jehová, no sea que haga en ellos estrago.

25 Entonces Moisés descendió y se lo dijo al pueblo.

Los Diez Mandamientos

20 Y habló Dios todas estas palabras, diciendo:

2 Yo soy Jehová tu Dios, que te saqué de la tierra de Egipto, de casa de servidumbre.

3 No tendrás dioses ajenos delante de mí.

4 No te harás imagen ni ninguna semejanza de lo que hay arriba en el cielo, ni abajo en la tierra, ni en las aguas debajo de la tierra.

5 No te postrarás ante ellas, ni les darás culto; porque yo soy Jehová tu Dios, fuerte, celoso, que visito la maldad de los padres sobre los hijos hasta la tercera y cuarta generación de los que me aborrecen.

6 y hago misericordia a millares, a los que me aman y guardan mis mandamientos.

7 No tomarás el nombre de Jehová tu Dios en vano; porque no dará por inocente Jehová a quien toma su nombre en vano.

8 Acuérdate del día del sábado para santificarlo.

9 Seis días trabajarás, y harás toda tu obra;

10 mas el séptimo es sábado para Jehová tu Dios; no hagas en él obra alguna, tú, ni tu hijo, ni tu hija, ni tu siervo, ni tu criada, ni tu bestia, ni tu extranjero que está dentro de tus puertas.

11 Porque en seis días hizo Jehová los cielos y la tierra, el mar, y todas las cosas que en ellos hay, y reposó en el séptimo día; por tanto, Jehová bendijo el día del sábado y lo santificó.

12 Honra a tu padre y a tu madre, para que tus días se alarguen en la tierra que Jehová tu Dios te da.

13 No matarás.

14 No cometerás adulterio.

15 No hurtarás.

16 No hablarás contra tu prójimo falso testimonio.

17 No codiciarás la casa de tu prójimo, no codiciarás la mujer de tu prójimo, ni su siervo, ni su criada, ni su buey, ni su asno, ni cosa alguna de tu prójimo.

Dios advierte al pueblo aterrado contra la idolatría

18 Todo el pueblo observaba el estruendo y el sonido de la trompeta, y el monte que humeaba; y viéndolo el pueblo, temblaron, y se pusieron de lejos.

19 Y dijeron a Moisés: Habla tú con nosotros, y nosotros oiremos; pero no hable Dios con nosotros, para que no muramos.

20 Y Moisés respondió al pueblo: No temáis; porque para probaros vino Dios, y para que su temor esté delante de vosotros, para que no pequéis.

21 Entonces el pueblo estuvo a lo lejos, y Moisés se acercó a la oscuridad en la cual estaba Dios.

22 Y Jehová dijo a Moisés: Así dirás a los hijos de Israel: Vosotros habéis visto que he hablado desde el cielo con vosotros.

23 No hagáis conmigo dioses de plata, ni dioses de oro os haréis.

24 Altar de tierra harás para mí, y sacrificarás sobre él tus holocaustos y tus ofrendas de paz, tus ovejas y tus vacas; en todo lugar donde yo haga que esté la memoria de mi nombre, vendré a ti y te bendeciré.

25 Y si me haces altar de piedras, no las labres de cantería; porque si alzas herramienta sobre él, lo profanarás.

26 No subirás por gradas a mi altar, para que tu desnudez no se descubra junto a él.

Leyes relativas a los esclavos

21 Éstas son las leyes que les propondrás.

2 Si compras siervo hebreo, seis años servirá; mas al séptimo saldrá libre, de balde.
3 Si entró solo, solo saldrá; si tenía mujer, saldrá él y su mujer con él.
4 Si su amo le hubiese dado mujer, y ella le diese hijos o hijas, la mujer y sus hijos serán de su amo, y él saldrá solo.
5 Y si el siervo dijese: Yo amo a mi señor, a mi mujer y a mis hijos, no saldré libre;
6 entonces su amo lo llevará ante los jueces, y le hará estar junto a la puerta o al poste; y su amo le horadará la oreja con lezna, y será su siervo para siempre.
7 Y cuando alguno venda su hija por sierva, no saldrá ella como suelen salir los siervos.
8 Si no agrada a su señor, por lo cual no la tomó por esposa, se le permitirá que se rescate, y no la podrá vender a pueblo extraño cuando la deseche.
9 Mas si la ha desposado con su hijo, hará con ella según la costumbre de las hijas.
10 Si toma para él otra mujer, no disminuirá su alimento, ni su vestido, ni el deber conyugal.
11 Y si ninguna de estas tres cosas hiciere, ella saldrá de gracia, sin dinero.

Leyes sobre actos de violencia

12 El que hiera a alguno, haciéndole así morir, él morirá.
13 Mas el que no pretendía herirlo, sino que Dios lo puso en sus manos, entonces yo te señalaré lugar al cual ha de huir.
14 Pero si alguno se ensoberbece contra su prójimo y lo mata con alevosía, de mi altar lo quitarás para que muera.
15 El que hiera a su padre o a su madre, morirá.
16 Asimismo el que robe una persona y la venda, o si fuere hallada en sus manos, morirá.
17 Igualmente el que maldiga a su padre o a su madre, morirá.
18 Además, si algunos riñen, y uno hiere a su prójimo con piedra o con puño, y éste no muere, sino que, después de guardar cama,
19 puede levantarse y andar por la calle, apoyado sobre su bastón, será absuelto el que lo hirió; pero pagará por el tiempo que estuvo sin trabajo, y los gastos de su curación.
20 Y si alguno hiere a su siervo o a su sierva con palo, y muere bajo su mano, será castigado;
21 mas si sobrevive por un día o dos, no será castigado, porque es de su propiedad.
22 Si algunos riñen, y hieren a mujer embarazada, y ésta aborta, pero sin haber muerte, serán penados conforme a lo que les imponga el marido de la mujer y juzguen los jueces.

23 Mas si hubiere muerte, entonces pagarás vida por vida,
24 ojo por ojo, diente por diente, mano por mano, pie por pie,
25 quemadura por quemadura, herida por herida, golpe por golpe.
26 Si alguno hiere el ojo de su siervo, o el ojo de su sierva, y lo daña, le dará libertad por razón de su ojo.
27 Y si hace saltar un diente de su siervo, o un diente de su sierva, por su diente le dejará ir libre.
28 Si un buey acornea a hombre o a mujer, y a causa de ello muere, el buey será apedreado, y no será comida su carne; mas el dueño del buey será absuelto.
29 Pero si el buey fuese acorneador desde tiempo atrás, y a su dueño se le hubiese notificado, y no lo hubiese guardado, y mata a hombre o mujer, el buey será apedreado, y también morirá su dueño.
30 Si le es impuesto precio de rescate, entonces dará por el rescate de su persona cuanto le sea impuesto.
31 Haya acorneado a hijo, o haya acorneado a hija, conforme a este juicio se hará con él.
32 Si el buey acornea a un siervo o a una sierva, pagará su dueño treinta siclos de plata, y el buey será apedreado.
33 Y si alguno abre un pozo, o cava cisterna, y no la cubre, y cae allí buey o asno,
34 el dueño de la cisterna pagará el daño, resarciendo a su dueño, y lo que fue muerto será suyo.
35 Y si el buey de alguno hiere al buey de su prójimo causándole la muerte, entonces venderán el buey vivo y partirán el dinero de él, y también partirán el buey muerto.
36 Mas si era notorio que el buey era acorneador desde tiempo atrás, y su dueño no lo ha guardado, pagará buey por buey, y el buey muerto será suyo.

Leyes sobre el robo

22 Cuando alguno hurte buey u oveja, y lo degüelle o venda, por aquel buey pagará cinco bueyes, y por aquella oveja cuatro ovejas.
2 Si el ladrón es hallado forzando una casa, y es herido y muere, el que lo hirió no será culpado de su muerte.
3 Pero si sucede de día, el autor de la muerte será reo de homicidio. El ladrón hará completa restitución; si no tiene con qué, será vendido por su hurto.

Delitos que deben ser compensados

4 Si es hallado con el hurto en la mano, vivo, sea buey o asno u oveja, pagará el doble.
5 Si alguno deja pastar en campo o viña, y

mete su bestia en campo de otro, de lo mejor de su campo y de lo mejor de su viña pagará.

6 Cuando se prenda fuego, y al quemar espinos se quemen mieses amontonadas o en pie, o campo, el que encendió el fuego pagará lo quemado.

7 Cuando alguno dé a su prójimo plata o alhajas a guardar, y sea hurtado de la casa de aquel hombre, si el ladrón es hallado, pagará el doble.

8 Si el ladrón no es hallado, entonces el dueño de la casa será presentado a los jueces, para que se vea si ha metido su mano en los bienes de su prójimo.

9 En toda clase de fraude, sobre buey, sobre asno, sobre oveja, sobre vestido, sobre toda cosa perdida, cuando alguno diga: Esto es mío, la causa de ambos vendrá delante de los jueces; y el que los jueces condenen, pagará el doble a su prójimo.

10 Si alguno ha dado a su prójimo asno, o buey, u oveja, o cualquier otro animal a guardar, y éste muere o sufre daño, o es hurtado sin verlo nadie;

11 juramento de Jehová habrá entre ambos, de que no metió su mano a los bienes de su prójimo; y su dueño lo aceptará, y el otro no pagará.

12 Mas si fue robado de junto a sí, resarcirá a su dueño.

13 Y si el animal hubiese sido despedazado por fiera, que traiga como testimonio los despojos y no pagará lo arrebatado.

14 Si alguno toma prestada bestia de su prójimo, y ésta sufre daño o muerta, estando ausente su dueño, deberá pagarla.

15 Pero si el dueño estaba presente, no la pagará. Si era alquilada, el dueño recibirá el precio del alquiler.

Leyes humanitarias

16 Si alguno engaña a una doncella que no esté desposada, y duerme con ella, deberá dotarla y tomarla por mujer.

17 Si su padre no quiere dársela, él le pesará plata conforme a la dote de las vírgenes.

18 A la hechicera no dejarás que viva.

19 Cualquiera que cohabite con bestia, morirá.

20 El que ofrezca sacrificio a dioses excepto solamente a Jehová, será muerto.

21 Y al extranjero no engañarás ni angustiarás, porque extranjeros fuisteis vosotros en la tierra de Egipto.

22 A ninguna viuda ni huérfano afligiréis.

23 Porque si tú llegas a afligirles, y ellos claman a mí, ciertamente oiré yo su clamor;

24 y mi furor se encenderá, y os mataré a espada, y vuestras mujeres serán viudas, y huérfanos vuestros hijos.

25 Cuando prestes dinero a uno de mi pueblo, al pobre que está contigo, no te portarás con él como logrero, ni le impondrás usura.

26 Si tomas en prenda el vestido de tu prójimo, a la puesta del sol se lo devolverás.

27 Porque sólo eso es su cubierta, es su vestido para cubrir su cuerpo. ¿En qué dormirá? Y cuando él clame a mí, yo le oiré, porque soy misericordioso.

28 No injuriarás a los jueces, ni maldecirás al príncipe de tu pueblo.

29 No demorarás la primicia de tu cosecha ni de tu lagar. Me darás el primogénito de tus hijos.

30 Lo mismo harás con el de tu buey y de tu oveja; siete días estará con su madre, y al octavo día me lo darás.

31 Y me seréis varones santos. No comáis carne destrozada por las fieras en el campo; a los perros la echaréis.

La justicia: Deberes con los enemigos

23 No admitirás falso rumor. No te concertarás con el impío para ser testigo falso.

2 No seguirás a los muchos para hacer mal, ni te inclinarás en un proceso por la mayoría en contra de la justicia;

3 ni al pobre distinguirás en su causa.

4 Si encuentras el buey de tu enemigo o su asno extraviado, vuelve a llevárselo.

5 Si ves el asno del que te aborrece caído debajo de su carga, ¿le dejarás sin ayuda? Antes bien le ayudarás a levantarlo.

6 No pervertirás el derecho de tu mendigo en su pleito.

7 De palabra de mentira te alejarás, y no matarás al inocente y justo; porque yo no justificaré al impío.

8 No recibirás presente; porque el presente ciega a los que ven, y pervierte las palabras de los justos.

9 Y no angustiarás al extranjero; porque vosotros sabéis cómo es el alma del extranjero, ya que extranjeros fuisteis en la tierra de Egipto.

El año sabático y el sábado

10 Seis años sembrarás tu tierra, y recogerás su cosecha;

11 mas el séptimo año la dejarás libre, para que coman los pobres de tu pueblo; y de lo que quede comerán las bestias del campo; así harás con tu viña y tu olivar.

12 Seis días trabajarás, y al séptimo día reposarás, para que descanse tu buey y tu asno, y tome refrigerio el hijo de tu sierva, y el extranjero.

13 Y todo lo que os he dicho, guardadlo. Y

nombre de otros dioses no mentaréis, ni se
oirá de vuestra boca.

Las tres fiestas anuales

14 Tres veces en el año me celebraréis
fiesta.
15 La fiesta de los panes sin levadura guardarás. Siete días comerás los panes sin levadura, como yo te mandé, en el tiempo del
mes de Abib, porque en él saliste de Egipto;
y ninguno se presentará delante de mí con
las manos vacías.
16 También la fiesta de la siega, los primeros frutos de tus labores, que hayas sembrado en el campo, y la fiesta de la cosecha a la
salida del año, cuando hayas recogido los
frutos de tus labores del campo.
17 Tres veces en el año se presentará todo
varón delante de Jehová el Señor.
18 No ofrecerás con pan leudo la sangre de
mi sacrificio, ni la grosura de mi víctima
quedará de la noche hasta la mañana.
19 Las primicias de los primeros frutos de
tu tierra traerás a la casa de Jehová tu Dios.
No guisarás el cabrito en la leche de su
madre.

Advertencia sobre los cananeos

20 He aquí yo envío mi Ángel delante de ti
para que te guarde en el camino, y te
introduzca en el lugar que yo he preparado.
21 Pórtate bien delante de él, y oye su voz;
no le seas rebelde; porque él no perdonará
vuestra rebelión, porque mi nombre está en
él.
22 Pero si en verdad oyes su voz y haces
todo lo que yo te diga, seré enemigo de tus
enemigos, y afligiré a los que te aflijan.
23 Porque mi Ángel irá delante de ti, y te
llevará a la tierra del amorreo, del heteo, del
ferezeo, del cananeo, del heveo y del jebuseo, a los cuales yo haré destruir.
24 No te inclinarás a sus dioses, ni los
servirás, ni harás como ellos hacen; antes los
destruirás del todo, y quebrarás totalmente
sus estatuas.
25 Mas a Jehová vuestro Dios serviréis y él
bendecirá tu pan y tus aguas; y yo quitaré
toda enfermedad de en medio de ti.
26 No habrá mujer que aborte, ni estéril en
tu tierra; y yo completaré el número de tus
días.
27 Yo enviaré mi terror delante de ti, y
consternaré a todo pueblo donde entres, y
haré huir de tu presencia a todos tus enemigos.
28 Enviaré delante de ti la avispa, que eche
fuera al heveo, al cananeo y al heteo, de
delante de ti.
29 No los echaré de delante de ti en un año,
para que no quede la tierra desierta, y se
aumenten contra ti las fieras del campo.

30 Poco a poco los echaré de delante de ti,
hasta que te multipliques y tomes posesión
de la tierra.
31 Y fijaré tus límites desde el Mar Rojo
hasta el mar de los filisteos, y desde el
desierto hasta el río; porque pondré en tus
manos a los moradores de la tierra, y tú los
echarás de delante de ti.
32 No harás alianza con ellos, ni con sus
dioses.
33 En tu tierra no habitarán, no sea que te
hagan pecar contra mí sirviendo a sus dioses, porque te será tropiezo.

Ratificación del pacto con Dios

24 Dijo Jehová a Moisés: Sube ante
Jehová, tú, y Aarón, Nadab y Abiú, y
setenta de los ancianos de Israel; y os incli-
naréis desde lejos.
2 Pero Moisés solo se acercará a Jehová; y
ellos no se acerquen, ni suba el pueblo con
él.
3 Y Moisés vino y contó al pueblo todas las
palabras de Jehová, y todas las leyes; y todo
el pueblo respondió a una voz, y dijo:
Haremos todas las palabras que Jehová ha
dicho.
4 Y Moisés escribió todas las palabras de
Jehová, y levantándose de mañana edificó
un altar al pie del monte, y doce columnas,
según las doce tribus de Israel.
5 Y envió jóvenes de los hijos de Israel, los
cuales ofrecieron holocaustos y becerros
como sacrificios de paz a Jehová.
6 Y Moisés tomó la mitad de la sangre, y la
puso en tazones, y esparció la otra mitad de
la sangre sobre el altar.
7 Y tomó el libro del pacto y lo leyó a oídos
del pueblo, el cual dijo: Haremos todas las
cosas que Jehová ha dicho, y obedeceremos.
8 Entonces Moisés tomó la sangre y roció
sobre el pueblo, y dijo: He aquí la sangre del
pacto que Jehová ha hecho con vosotros
sobre todas estas cosas.

Moisés y los ancianos en el Sinay

9 Y subieron Moisés y Aarón, Nadab y
Abiú, y setenta de los ancianos de Israel;
10 y vieron al Dios de Israel; y había debajo
de sus pies como un embaldosado de zafiro,
semejante al cielo cuando está sereno.
11 Mas no extendió su mano sobre los
príncipes de los hijos de Israel; y vieron a
Dios, y comieron y bebieron.
12 Entonces Jehová dijo a Moisés: Sube a
mí al monte, y espera allá, y te daré tablas de
piedra, y la ley, y mandamientos que he
escrito para enseñarles.
13 Y se levantó Moisés con Josué su servidor, y Moisés subió al monte de Dios.
14 Y dijo a los ancianos: Esperadnos aquí

hasta que volvamos a vosotros; y he aquí
Aarón y Hur están con vosotros; el que
tenga asuntos, acuda a ellos.

15 Entonces Moisés subió al monte, y una
nube cubrió el monte.

16 Y la gloria de Jehová reposó sobre el
monte Sinay, y la nube lo cubrió por seis
días; y al séptimo día llamó a Moisés de en
medio de la nube.

17 Y la apariencia de la gloria de Jehová era
como un fuego abrasador en la cumbre del
monte, a los ojos de los hijos de Israel.

18 Y entró Moisés en medio de la nube, y
subió al monte; y estuvo Moisés en el monte
cuarenta días y cuarenta noches.

Ofrendas para el tabernáculo

25 Jehová habló a Moisés, diciendo:
2 Di a los hijos de Israel que tomen
para mí ofrenda; de todo varón que la dé de
su voluntad, de corazón, tomaréis mi
ofrenda.

3 Ésta es la ofrenda que tomaréis de ellos:
oro, plata, cobre,

4 azul, púrpura, carmesí, lino fino, pelo de
cabras,

5 pieles de carneros teñidas de rojo, pieles
de tejones, madera de acacia,

6 aceite para el alumbrado, especias para el
aceite de la unción y para el incienso aromático,

7 piedras de ónice, y piedras de engaste
para el efod y para el pectoral.

8 Y harán un santuario para mí, y habitaré
en medio de ellos.

9 Conforme a todo lo que yo te muestre, el
diseño del tabernáculo, y el diseño de todos
sus utensilios, así lo haréis.

El arca de la alianza

10 Harán también un arca de madera de
acacia, cuya longitud será de dos codos y
medio, su anchura de codo y medio, y su
altura de codo y medio.

11 Y la cubrirás de oro puro por dentro y
por fuera, y harás sobre ella una cornisa de
oro alrededor.

12 Fundirás para ella cuatro anillos de oro,
que pondrás en sus cuatro esquinas; dos
anillos a un lado de ella, y dos anillos al otro
lado.

13 Harás unas varas de madera de acacia,
las cuales cubrirás de oro.

14 Y meterás las varas por los anillos a los
lados del arca, para llevar el arca con ellas.

15 Las varas quedarán en los anillos del
arca; no se quitarán de ella.

16 Y pondrás en el arca el testimonio que
yo te daré.

17 Y harás un propiciatorio de oro fino,
cuya longitud será de dos codos y medio, y
su anchura de codo y medio.

18 Harás también dos querubines de oro;
labrados a martillo los harás en los dos
extremos del propiciatorio.

19 Harás, pues, un querubín en un extremo, y un querubín en el otro extremo; de
una pieza con el propiciatorio harás los
querubines en sus dos extremos.

20 Y los querubines extenderán por encima
las alas, cubriendo con sus alas el propiciatorio; sus rostros el uno enfrente del otro,
mirando al propiciatorio los rostros de los
querubines.

21 Y pondrás el propiciatorio encima del
arca, y en el arca pondrás el testimonio que
yo te daré.

22 Y de allí me declararé a ti, y hablaré
contigo de sobre el propiciatorio, de entre
los dos querubines que están sobre el arca
del testimonio, todo lo que yo te mande
para los hijos de Israel.

La mesa para el pan
de la proposición

23 Harás asimismo una mesa de madera de
acacia; su longitud será de dos codos, y de
un codo su anchura, y su altura de codo y
medio.

24 Y la cubrirás de oro puro, y le harás una
cornisa de oro alrededor.

25 Le harás también una moldura alrededor, de un palmo menor de anchura, y harás
a la moldura una cornisa de oro alrededor.

26 Y le harás cuatro anillos de oro, los
cuales pondrás en las cuatro esquinas que
corresponden a sus cuatro patas.

27 Los anillos estarán debajo de la moldura, para lugares de las varas para llevar la
mesa.

28 Harás las varas de madera de acacia, y
las cubrirás de oro, y con ellas será llevada la
mesa.

29 Harás también sus platos, sus cucharas,
sus cubiertas y sus tazones, con que se
libará; de oro fino los harás.

30 Y pondrás sobre la mesa el pan de la
proposición delante de mí continuamente.

El candelero de oro

31 Harás además un candelero de oro puro;
labrado a martillo se hará el candelero; su
pie, su caña, sus copas, sus manzanas y sus
flores, serán de lo mismo.

32 Y saldrán seis brazos de sus lados; tres
brazos del candelero a un lado, y tres brazos
al otro lado.

33 Tres copas en forma de flor de almendro
en un brazo, una manzana y una flor; y tres
copas en forma de flor de almendro en otro
brazo, una manzana y una flor; así en los seis
brazos que salen del candelero;

34 y en la caña central del candelero cuatro

copas en forma de flor de almendro, sus
manzanas y sus flores.
35 Habrá una manzana debajo de dos brazos del mismo, otra manzana debajo de
otros dos brazos del mismo, y otra manzana
debajo de los otros dos brazos del mismo así
para los seis brazos que salen del candelero.
36 Sus manzanas y sus brazos serán de una
pieza, todo ello una pieza labrada a martillo, de oro puro.
37 Y le harás siete lamparillas, las cuales
encenderás para que alumbren hacia adelante.
38 También sus despabiladeras y sus platillos, de oro puro.
39 De un talento de oro fino lo harás, con
todos estos utensilios.
40 Mira y hazlos conforme al modelo que te
ha sido mostrado en el monte.

El tabernáculo

26 Harás el tabernáculo de diez cortinas
de lino torcido, azul, púrpura y carmesí; y lo harás con querubines de obra
primorosa.
2 La longitud de una cortina de veintiocho
codos, y la anchura de la misma cortina de
cuatro codos; todas las cortinas tendrán una
misma medida.
3 Cinco cortinas estarán unidas una con la
otra, y las otras cinco cortinas unidas una
con la otra.
4 Y harás lazadas de azul en la orilla de la
última cortina de la primera unión; lo mismo harás en la orilla de la cortina de la
segunda unión.
5 Cincuenta lazadas harás en la primera
cortina, y cincuenta lazadas harás en la
orilla de la cortina que está en la segunda
unión; las lazadas estarán contrapuestas la
una a la otra.
6 Harás también cincuenta corchetes de
oro, con los cuales enlazarás las cortinas la
una con la otra, y se formará un tabernáculo.
7 Harás asimismo cortinas de pelo de cabra
para una cubierta sobre el tabernáculo;
once cortinas harás.
8 La longitud de cada cortina será de treinta
codos, y la anchura de cada cortina de
cuatro codos; una misma medida tendrán
las once cortinas.
9 Y unirás cinco cortinas aparte y las otras
seis cortinas aparte; y doblarás la sexta
cortina en el frente del tabernáculo.
10 Y harás cincuenta lazadas en la orilla de
la cortina, al borde de la unión, y cincuenta
lazadas en la orilla de la cortina de la
segunda unión.
11 Harás asimismo cincuenta corchetes de
bronce, los cuales meterás por las lazadas; y
enlazarás las uniones para que se haga una
sola cubierta.

12 Y la parte que sobra en las cortinas de la
tienda, la mitad de la cortina que sobra,
colgará a espaldas del tabernáculo.
13 Y un codo de un lado, y otro codo del
otro lado, que sobra a lo largo de las cortinas
de la tienda, colgará sobre los lados del
tabernáculo a un lado y al otro, para cu-
brirlo.
14 Harás también a la tienda una cubierta
de pieles de carneros teñidas de rojo, y una
cubierta de pieles de tejones encima.

El armazón

15 Y harás para el tabernáculo tablas de
madera de acacia, que estén derechas.
16 La longitud de cada tabla será de diez
codos, y de codo y medio la anchura.
17 Dos espigas tendrá cada tabla, para unirlas una con otra; así harás todas las tablas
del tabernáculo.
18 Harás, pues, las tablas del tabernáculo;
veinte tablas al lado del mediodía, al sur.
19 Y harás cuarenta basas de plata debajo
de las veinte tablas; dos basas debajo de una
tabla para sus dos espigas, y dos basas
debajo de otra tabla para sus dos espigas.
20 Y al otro lado del tabernáculo, al lado
del norte, veinte tablas;
21 y sus cuarenta basas de plata; dos basas
debajo de una tabla, y dos basas debajo de
otra tabla.
22 Y para el lado posterior del tabernáculo,
al occidente, harás seis tablas.
23 Harás además dos tablas para las esquinas del tabernáculo en los dos ángulos posteriores;
24 las cuales se unirán desde abajo, y asimismo se juntarán por su alto con un gozne;
así será con las otras dos; serán para las dos
esquinas.
25 De suerte que serán ocho tablas, con sus
basas de plata, dieciséis basas; dos basas
debajo de una tabla, y dos basas debajo de
otra tabla.
26 Harás también cinco barras de madera
de acacia, para las tablas de un lado del
tabernáculo,
27 y cinco barras para las tablas del otro
lado del tabernáculo, y cinco barras para las
tablas del lado posterior del tabernáculo, al
occidente.
28 Y la barra de en medio pasará por en
medio de las tablas, de un extremo al otro.
29 Y cubrirás de oro las tablas, y harás sus
anillos de oro para meter por ellos las
barras; también cubrirás de oro las barras.
30 Y alzarás el tabernáculo conforme al
modelo que te fue mostrado en el monte.
31 También harás un velo de azul, púrpura,
carmesí y lino torcido; será hecho de obra
primorosa, con querubines;
32 y lo pondrás sobre cuatro columnas de

madera de acacia cubiertas de oro; sus
capiteles de oro, sobre basas de plata.

33 Y pondrás el velo debajo de los corchetes, y meterás allí, del velo adentro, el arca
del testimonio; y aquel velo os hará separación entre el lugar santo y el santísimo.

34 Pondrás el propiciatorio sobre el arca
del testimonio en el lugar santísimo.

35 Y pondrás la mesa fuera del velo, y el
candelero enfrente de la mesa al lado sur del
tabernáculo; y pondrás la mesa al lado del
norte.

36 Harás para la puerta del tabernáculo una
cortina de azul, púrpura, carmesí y lino
torcido, obra de recamador.

37 Y harás para la cortina cinco columnas
de madera de acacia, las cuales cubrirás de
oro, con sus capiteles de oro; y fundirás
cinco basas de bronce para ellas.

El altar de los holocaustos

27 Harás también un altar de madera de
acacia de cinco codos de longitud, y
de cinco codos de anchura; será cuadrado el
altar, y su altura de tres codos.

2 Y le harás cuernos en sus cuatro esquinas;
los cuernos serán parte del mismo; y lo
cubrirás de bronce.

3 Harás también sus calderos para recoger
la ceniza, y sus paletas, sus tazones, sus
garfios y sus braseros; harás todos sus utensilios de bronce.

4 Y le harás un enrejado de bronce de obra
de rejilla, y sobre la rejilla harás cuatro
anillos de bronce a sus cuatro esquinas.

5 Y la pondrás dentro del cerco del altar
abajo; y llegará la rejilla hasta la mitad del
altar.

6 Harás también varas para el altar, varas
de madera de acacia, las cuales cubrirás de
bronce.

7 Y las varas se meterán por los anillos; y
estarán aquellas varas a ambos lados del
altar cuando sea llevado.

8 Lo harás hueco, de tablas; de la manera
que te fue mostrado en el monte, así lo
harás.

El atrio del tabernáculo

9 Asimismo harás el atrio del tabernáculo.
Al lado meridional, al sur, tendrá el atrio
cortinas de lino torcido, de cien codos de
longitud para un lado.

10 Sus veinte columnas y sus veinte basas
serán de bronce; los capiteles de las columnas y sus molduras, de plata.

11 De la misma manera al lado del norte
habrá a lo largo cortinas de cien codos de
longitud, y sus veinte columnas con sus
veinte basas de bronce; los capiteles de sus
columnas y sus molduras, de plata.

12 El ancho del atrio, del lado occidental,
tendrá cortinas de cincuenta codos; sus columnas diez, con sus diez basas.

13 Y en el ancho del atrio por el lado del
oriente, al este, habrá cincuenta codos.

14 Las cortinas a un lado de la entrada
serán de quince codos; sus columnas tres,
con sus tres basas.

15 Y al otro lado, quince codos de cortinas;
sus columnas tres, con sus tres basas.

16 Y para la puerta del atrio habrá una
cortina de veinte codos, de azul, púrpura y
carmesí, y lino torcido, de obra de recamador; sus columnas cuatro, con sus cuatro
basas.

17 Todas las columnas alrededor del atrio
estarán ceñidas de plata; sus capiteles de
plata, y sus basas de bronce.

18 La longitud del atrio será de cien codos,
y la anchura cincuenta por un lado y cincuenta por el otro, y la altura de cinco
codos; sus cortinas de lino torcido, y sus
basas de bronce.

19 Todos los utensilios del tabernáculo en
todo su servicio, y todas sus estacas, y todas
las estacas del atrio, serán de bronce.

El aceite para el alumbrado

20 Y mandarás a los hijos de Israel que te
traigan aceite puro de olivas machacadas,
para el alumbrado, para hacer arder continuamente la llama.

21 En el tabernáculo de reunión, afuera del
velo que está delante del testimonio, las
pondrá en orden Aarón y sus hijos para que
ardan delante de Jehová desde la tarde
hasta la mañana, como estatuto perpetuo de
los hijos de Israel por sus generaciones.

Las vestiduras sacerdotales

28 Harás llegar delante de ti a Aarón tu
hermano, y a sus hijos consigo, de
entre los hijos de Israel, para que sean mis
sacerdotes; a Aarón y a Nadab, Abiú, Eleazar e Itamar hijos de Aarón.

2 Y harás vestiduras sagradas a Aarón tu
hermano, para honra y hermosura.

3 Y tú hablarás a todos los sabios de corazón, a quienes yo he llenado de espíritu de
sabiduría, para que hagan las vestiduras de
Aarón, para consagrarle para que sea mi
sacerdote.

4 Las vestiduras que harán son estas: el
pectoral, el efod, el manto, la túnica bordada, la mitra y el cinturón. Hagan, pues, las
vestiduras sagradas para Aarón tu hermano, y para sus hijos, para que sean mis
sacerdotes.

5 Tomarán oro, púrpura violeta y carmesí y
lino.

El efod

6 y harán el efod de oro, azul, púrpura, carmesí y lino torcido, de obra primorosa.
7 Tendrá dos hombreras que se junten a sus dos extremos, y así se juntará.
8 Y su cinto de obra primorosa que estará sobre él, será de la misma obra, parte del mismo; de oro, azul, púrpura, carmesí y lino torcido.
9 Y tomarás dos piedras de ónice, y grabarás en ellas los nombres de los hijos de Israel;
10 seis de sus nombres en una piedra, y los otros seis nombres en la otra piedra, conforme al orden de nacimiento de ellos.
11 De obra de grabador en piedra, como grabaduras de sello, harás grabar las dos piedras con los nombres de los hijos de Israel; les harás alrededor engastes de oro.
12 Y pondrás las dos piedras sobre las hombreras del efod, para piedras memoriales a los hijos de Israel; y Aarón llevará los nombres de ellos delante de Jehová sobre sus dos hombros por memorial.
13 Harás, pues, los engastes de oro,
14 y dos cordones de oro fino, los cuales harás en forma de trenza; y fijarás los cordones de forma de trenza en los engastes.
15 Harás asimismo el pectoral del juicio de obra primorosa; lo harás conforme a la obra del efod, de oro, púrpura violeta y carmesí y lino torcido.
16 Será cuadrado y doble, de un palmo de largo y un palmo de ancho;
17 y lo llenarás de pedrería en cuatro hileras de piedras; una hilera de una piedra sárdica, un topacio y un carbunclo;
18 la segunda hilera, una esmeralda, un zafiro y un diamante;
19 la tercera hilera, un jacinto, un ágata y una amatista;
20 la cuarta hilera, un berilo, un ónice y un jaspe. Todas estarán montadas en engastes de oro.
21 Y las piedras serán según los nombres de los hijos de Israel, doce según sus nombres; como grabaduras de sello cada una con su nombre, serán según las doce tribus.
22 Harás también en el pectoral cordones de hechura de trenzas de oro fino.
23 Y harás en el pectoral dos anillos de oro, los cuales pondrás a los dos extremos del pectoral.
24 Y fijarás los dos cordones de oro en los dos anillos a los dos extremos del pectoral;
25 y pondrás los dos extremos de los dos cordones sobre los dos engastes, y los fijarás a las hombreras del efod en su parte delantera.
26 Harás también dos anillos de oro, los cuales pondrás a los dos extremos del pectoral, en su orilla que está al lado del efod hacia adentro.
27 Harás asimismo los dos anillos de oro, los cuales fijarás en la parte delantera de las dos hombreras del efod, hacia abajo, delante de su juntura sobre el cinto del efod.
28 Y juntarán el pectoral por sus anillos a los dos anillos del efod con un cordón de azul, para que esté sobre el cinto del efod, y no se separe el pectoral del efod.
29 Y llevará Aarón los nombres de los hijos de Israel en el pectoral del juicio sobre su corazón, cuando entre en el santuario, por memorial delante de Jehová continuamente.
30 Y pondrás en el pectoral del juicio Urim y Tumim, para que estén sobre el corazón de Aarón cuando entre delante de Jehová; y llevará siempre Aarón el juicio de los hijos de Israel sobre su corazón delante de Jehová.
31 Harás el manto del efod todo de azul;
32 y en medio de él por arriba habrá una abertura, la cual tendrá un borde alrededor de obra tejida, como el cuello de un coselete, para que no se rompa.
33 Y en sus orlas harás granadas de azul, púrpura y carmesí alrededor, y entre ellas campanillas de oro alrededor.
34 Una campanilla de oro y una granada, otra campanilla y otra granada, en toda la orla del manto alrededor.
35 Y estará sobre Aarón cuando ministre; y se oirá su sonido cuando él entre en el santuario delante de Jehová y cuando salga, para que no muera.

La diadema

36 Harás además una lámina de oro fino, y grabarás en ella como grabadura de sello, SANTIDAD A JEHOVÁ.
37 Y la pondrás con un cordón de azul, y estará sobre la mitra; por la parte delantera de la mitra estará.
38 Y estará sobre la frente de Aarón, y llevará Aarón las faltas cometidas en todas las cosas santas, que los hijos de Israel hayan consagrado en todas sus santas ofrendas; y sobre su frente estará continuamente, para que obtengan gracia delante de Jehová.
39 Y bordarás una túnica de lino, y harás una mitra de lino; harás también un cinto de obra de recamador.
40 Y para los hijos de Aarón harás túnicas; también les harás cintos, y les harás tiaras para honra y hermosura.
41 Y con ellos vestirás a Aarón tu hermano, y a sus hijos con él; y los ungirás, y los consagrarás y santificarás, para que sean mis sacerdotes.

42 Y les harás calzoncillos de lino para cubrir sus desnudez; serán desde los lomos hasta los muslos.

43 Y estarán sobre Aarón y sobre sus hijos cuando entren en el tabernáculo de reunión, o cuando se acerquen al altar para servir en el santuario, para que no lleven pecado y mueran. Es estatuto perpetuo para él, y para su descendencia después de él.

Consagración de Aarón y de sus hijos

29 Esto es lo que les harás para consagrarlos, para que sean mis sacerdotes: Toma un becerro de la vacada, y dos carneros sin defecto;

2 y panes sin levadura, y tortas sin levadura amasadas con aceite, y hojaldres sin levadura untados con aceite; los harás de flor de harina de trigo.

3 Y los pondrás en un canastillo, y en el canastillo los ofrecerás, con el becerro y los dos carneros.

4 Y llevarás a Aarón y a sus hijos a la puerta del tabernáculo de reunión, y los lavarás con agua.

5 Y tomarás las vestiduras, y vestirás a Aarón la túnica, el manto del efod, el efod y el pectoral, y le ceñirás con el cinto del efod;

6 y pondrás la mitra sobre su cabeza, y sobre la mitra pondrás la diadema santa.

7 Luego tomarás el aceite de la unción, y lo derramarás sobre su cabeza, y le ungirás.

8 Y harás que se acerquen sus hijos, y les vestirás las túnicas.

9 Les ceñirás el cinto a Aarón y a sus hijos, y les atarás las tiaras, y tendrán el sacerdocio por derecho perpetuo. Así consagrarás a Aarón y a sus hijos.

10 Después llevarás el becerro delante del tabernáculo de reunión, y Aarón y sus hijos pondrán sus manos sobre la cabeza del becerro.

11 Y matarás el becerro delante de Jehová, a la puerta del tabernáculo de reunión.

12 Y de la sangre del becerro tomarás y pondrás sobre los cuernos del altar con tu dedo, y derramarás toda la demás sangre al pie del altar.

13 Tomarás también toda la grosura que cubre los intestinos, la grosura de sobre el hígado, los dos riñones, y la grosura que está sobre ellos, y lo quemarás sobre el altar.

14 Pero la carne del becerro, y su piel y su estiércol, los quemarás a fuego fuera del campamento; es ofrenda por el pecado.

15 Asimismo tomarás uno de los carneros, y Aarón y sus hijos pondrán sus manos sobre la cabeza del carnero.

16 Y matarás el carnero, y con su sangre rociarás sobre el altar alrededor.

17 Cortarás el carnero en pedazos, y lavarás sus intestinos y sus piernas, y las pondrás sobre sus trozos y sobre su cabeza.

18 Y quemarás todo el carnero sobre el altar; es holocausto de olor grato para Jehová, es ofrenda quemada a Jehová.

19 Tomarás luego el otro carnero, y Aarón y sus hijos pondrán sus manos sobre la cabeza del carnero.

20 Y matarás el carnero, y tomarás de su sangre y la pondrás sobre el lóbulo de la oreja derecha de Aarón, sobre el lóbulo de la oreja de sus hijos, sobre el dedo pulgar de las manos derechas de ellos, y sobre el dedo pulgar de los pies derechos de ellos, y rociarás la sangre sobre el altar alrededor.

21 Y con la sangre que estará sobre el altar, y el aceite de la unción, rociarás sobre Aarón, sobre sus vestiduras, sobre sus hijos, y sobre las vestiduras de éstos; y él será santificado, y sus vestiduras, y sus hijos, y las vestiduras de sus hijos con él.

Investidura de los sacerdotes

22 Luego tomarás del carnero la grosura, y la cola, y la grosura que cubre los intestinos, y la grosura del hígado, y los dos riñones, y la grosura que está sobre ellos, y la espaldilla derecha; porque es carnero de consagración.

23 También una torta grande de pan, y una torta de pan de aceite, y un hojaldre del canastillo de los panes sin levadura presentado a Jehová,

24 y lo pondrás todo en las manos de Aarón, y en las manos de sus hijos; y lo mecerás como ofrenda mecida delante de Jehová.

25 Después lo tomarás de sus manos y lo harás arder en el altar, sobre el holocausto, por olor grato delante de Jehová. Es ofrenda encendida a Jehová.

26 Y tomarás el pecho del carnero de las consagraciones, que es de Aarón, y lo mecerás por ofrenda mecida delante de Jehová; y será porción tuya.

27 Y apartarás el pecho de la ofrenda mecida, y la espaldilla de la ofrenda elevada, lo que fue mecido y lo que fue elevado del carnero de las consagraciones de Aarón y de sus hijos,

28 y será para Aarón y para sus hijos como estatuto perpetuo para los hijos de Israel, porque es ofrenda elevada; y será una ofrenda elevada de los hijos de Israel, de sus sacrificios de paz, porción de ellos elevada en ofrenda a Jehová.

29 Y las vestiduras santas, que son de Aarón, serán de sus hijos después de él, para ser ungidos en ellas, y para ser en ellas consagrados.

30 Por siete días las vestirá el que de sus

hijos tome su lugar como sacerdote, cuando venga al tabernáculo de reunión para servir en el santuario.

Banquete sagrado

31 Y tomarás el carnero de las consagraciones, y cocerás su carne en lugar santo.
32 Y Aarón y sus hijos comerán la carne del carnero, y el pan que estará en el canastillo, a la puerta del tabernáculo de reunión.
33 Y comerán aquellas cosas con las cuales se hizo expiación, para llenar sus manos para consagrarlos; mas el extraño no las comerá, porque son santas.
34 Y si sobra hasta la mañana algo de la carne de las consagraciones y del pan, quemarás al fuego lo que haya sobrado; no se comerá, porque es cosa santa.
35 Así, pues, harás a Aarón y a sus hijos, conforme a todo lo que yo te he mandado; por siete días los consagrarás.
36 Cada día ofrecerás el becerro del sacrificio por el pecado, para las expiaciones; y purificarás el altar cuando hagas expiación por él, y lo ungirás para santificarlo.
37 Por siete días harás expiación por el altar, y lo santificarás, y será un altar santísimo: cualquier cosa que toque el altar, será santificada.

Las ofrendas diarias

38 Esto es lo que ofrecerás sobre el altar: dos corderos de un año cada día, continuamente.
39 Ofrecerás uno de los corderos por la mañana, y el otro cordero ofrecerás a la caída de la tarde.
40 Además, con cada cordero una décima parte de un efa de flor de harina amasada con la cuarta parte de un hin de aceite de olivas machacadas; y para la libación, la cuarta parte de un hin de vino.
41 Y ofrecerás el otro cordero a la caída de la tarde, haciendo conforme a la ofrenda de la mañana, y conforme a su libación, en olor grato; ofrenda encendida a Jehová.
42 Esto será el holocausto continuo por vuestras generaciones, a la puerta del tabernáculo de reunión, delante de Jehová, en el cual me reuniré con vosotros, para hablaros allí.
43 Allí me reuniré con los hijos de Israel; y el lugar será santificado con mi gloria.
44 Y santificaré el tabernáculo de reunión y el altar; santificaré asimismo a Aarón y a sus hijos, para que sean mis sacerdotes.
45 Y habitaré entre los hijos de Israel, y seré su Dios.
46 Y conocerán que yo soy Jehová su Dios, que los saqué de la tierra de Egipto, para habitar en medio de ellos. Yo Jehová su Dios.

El altar del incienso

30 Harás asimismo un altar para quemar el incienso; de madera de acacia lo harás.
2 Su longitud será de un codo, y su anchura de un codo; será cuadrado, y su altura de dos codos; y sus cuernos serán parte del mismo.
3 Y lo cubrirás de oro puro, su cubierta, sus paredes en derredor y sus cuernos; y le harás en derredor una cornisa de oro.
4 Le harás también dos anillos de oro debajo de su cornisa, a sus dos esquinas a ambos lados suyos, para meter las varas con que será llevado.
5 Harás las varas de madera de acacia, y las cubrirás de oro.
6 Y lo pondrás delante del velo que está junto al arca del testimonio, delante del propiciatorio que está sobre el testimonio, donde me encontraré contigo.
7 Y Aarón quemará incienso aromático sobre él; cada mañana cuando aliste las lámparas lo quemará.
8 Y cuando Aarón encienda las lámparas al anochecer, quemará el incienso; rito perpetuo delante de Jehová por vuestras generaciones.
9 No ofreceréis sobre él incienso extraño, ni holocausto, ni ofrenda; ni tampoco derramaréis sobre él libación.
10 Y sobre sus cuernos hará Aarón expiación una vez en el año con la sangre del sacrificio por el pecado para expiación; una vez en el año hará expiación sobre él por vuestras generaciones; será muy santo a Jehová.

El dinero contributivo del rescate

11 Habló también Jehová a Moisés, diciendo:
12 Cuando tomes el número de los hijos de Israel conforme a la cuenta de ellos, cada uno dará a Jehová el rescate de su persona, cuando los cuentes, para que no haya en ellos mortandad cuando los hayas contado.
13 Esto dará todo aquel que sea contado; medio siclo, conforme al siclo del santuario. El siclo es de veinte óbolos. La mitad de un siclo será la ofrenda a Jehová.
14 Todo el que sea contado, de veinte años arriba, dará la ofrenda a Jehová.
15 Ni el rico aumentará, ni el pobre disminuirá del medio siclo, cuando den la ofrenda a Jehová para hacer expiación por vuestras personas.
16 Y tomarás de los hijos de Israel el dinero de las expiaciones, y lo darás para el servicio del tabernáculo de reunión; y será por memorial a los hijos de Israel delante de Jehová, para hacer expiación por vuestras personas.

La pila de bronce

17 Habló más Jehová a Moisés, diciendo:
18 Harás también una pila de bronce, con
su base de bronce, para lavar; y la colocarás
entre el tabernáculo de reunión y el altar, y
pondrás en ella agua.
19 Y de ella se lavarán Aarón y sus hijos las
manos y los pies.
20 Cuando entren en el tabernáculo de
reunión, se lavarán con agua, para que no
mueran; y cuando se acerquen al altar para
ministrar, para quemar la ofrenda encendida para Jehová,
21 se lavarán las manos y los pies, para que
no mueran. Y lo tendrán por estatuto perpetuo él y su descendencia por sus generaciones.

El aceite de la unción, y el incienso

22 Habló más Jehová a Moisés, diciendo:
23 Tomarás especias finas: de mirra excelente quinientos siclos, y de canela aromática la mitad, esto es, doscientos cincuenta,
de cálamo aromático doscientos cincuenta,
24 de casia quinientos, según el siclo del
santuario, y de aceite de olivas un hin.
25 Y harás de ello el aceite de la santa
unción; superior ungüento, según el arte del
perfumador, será el aceite de la unción
santa.
26 Con él ungirás el tabernáculo de reunión, el arca del testimonio,
27 la mesa con todos sus utensilios, el candelero con todos sus utensilios, el altar del
incienso,
28 el altar del holocausto con todos sus
utensilios, y la pila y su base.
29 Así los consagrarás, y serán cosas santísimas; todo lo que tocare en ellos, será
santificado.
30 Ungirás también a Aarón y a sus hijos, y
los consagrarás para que sean mis sacerdotes.
31 Y hablarás a los hijos de Israel, diciendo: Este será mi aceite de la unción santa
por vuestras generaciones.
32 Sobre carne de hombre no será derramado, ni haréis otro semejante, conforme a su
composición; santo es, y por santo lo tendréis vosotros.
33 Cualquiera que compusiere ungüento
semejante, y que pusiere de él sobre extraño, será cortado de entre su pueblo.
34 Dijo además Jehová a Moisés: Toma
especias aromáticas, estacte y uña aromática y gálbano aromático e incienso puro; de
todo en igual peso,
35 y harás de ello el incienso, un perfume
según el arte del perfumador, bien mezclado, puro y santo.

36 Y molerás parte de él en polvo fino, y lo
pondrás delante del testimonio en el tabernáculo de reunión, donde yo me mostraré a
ti. Os será cosa santísima.
37 Como este incienso que harás, no os
haréis otro según su composición; te será
cosa sagrada para Jehová.
38 Cualquiera que haga otro como éste
para olerlo, será cortado de entre su pueblo.

Llamamiento de Bezaleel
y de Aholiab

31 Habló Jehová a Moisés, diciendo:
2 Mira, yo he llamado por nombre a
Bezaleel hijo de Uri, hijo de Hur, de la tribu
de Judá;
3 y lo he llenado del Espíritu de Dios, en
sabiduría y en inteligencia, en ciencia y en
todo arte,
4 para inventar diseños, para trabajar en
oro, en plata y en bronce,
5 y en artificio de piedras para engastarlas,
y en artificio de madera; para trabajar en
toda clase de labor.
6 Y he aquí que yo he puesto con él a
Aholiab hijo de Ahisamac, de la tribu de
Dan; y he puesto sabiduría en el ánimo de
todo sabio de corazón, para que hagan todo
lo que te he mandado;
7 el tabernáculo de reunión, el arca del
testimonio, el propiciatorio que está sobre
ella, y todos los utensilios del tabernáculo,
8 la mesa y sus utensilios, el candelero
limpio y todos sus utensilios, el altar del
incienso,
9 el altar del holocausto y todos sus utensilios, la fuente y su base,
10 los vestidos del servicio, las vestiduras
santas para Aarón el sacerdote, las vestiduras de sus hijos para que ejerzan el sacerdocio,
11 el aceite de la unción, y el incienso
aromático para el santuario; harán conforme a todo lo que te he mandado.
12 Habló además Jehová a Moisés, diciendo:
13 Tú hablarás a los hijos de Israel, diciendo: En verdad vosotros guardaréis mis sábados; porque es señal entre mí y vosotros por
vuestras generaciones, para que sepáis que
yo soy Jehová que os santifico.
14 Así que guardaréis el sábado, porque
santo es a vosotros; el que lo profanare, de
cierto morirá; porque cualquiera que haga
obra alguna en él, aquella persona será
cortada de en medio de su pueblo.
15 Seis días se trabajará, mas el día séptimo
es sábado de reposo consagrado a Jehová;
cualquiera que trabaje en el día de sábado,
ciertamente morirá.
16 Guardarán, pues, el día del sábado los

hijos de Israel, celebrándolo por sus generaciones por pacto perpetuo.
17 Señal es para siempre entre mí y los hijos
de Israel; porque en seis días hizo Jehová los
cielos y la tierra, y en el séptimo día cesó y
reposó.
18 Y dio a Moisés, cuando acabó de hablar
con él en el monte de Sinay, dos tablas del
testimonio, tablas de piedra escritas con el
dedo de Dios.

El becerro de oro

32 Viendo el pueblo que Moisés tardaba
en descender del monte, se acercaron
entonces a Aarón, y le dijeron: Levántate,
haznos dioses que vayan delante de nosotros; porque a este Moisés, el varón que nos
sacó de la tierra de Egipto, no sabemos qué
le haya acontecido.
2 Y Aarón les dijo: Apartad los zarcillos de
oro que están en las orejas de vuestras
mujeres, de vuestros hijos y de vuestras
hijas, y traédmelos.
3 Entonces todo el pueblo apartó los zarcillos de oro que tenían en sus orejas, y los
trajeron a Aarón;
4 y él los tomó de las manos de ellos, y le dio
forma con buril, e hizo de ello un becerro de
fundición. Entonces dijeron: Israel, estos
son tus dioses, que te sacaron de la tierra de
Egipto.
5 Y viendo esto Aarón, edificó un altar
delante del becerro; y pregonó Aarón, y
dijo: Mañana será fiesta para Jehová.
6 Y al día siguiente madrugaron, y ofrecieron holocaustos, y presentaron ofrendas de
paz; y se sentó el pueblo a comer y a beber, y
se levantó a regocijarse.
7 Entonces Jehová dijo a Moisés: Anda,
desciende, porque tu pueblo que sacaste de
la tierra de Egipto se ha corrompido.
8 Pronto se han apartado del camino que yo
les mandé; se han hecho un becerro de
fundición, y lo han adorado, y le han ofrecido sacrificios, y han dicho: Israel, estos son
tus dioses, que te sacaron de la tierra de
Egipto.
9 Dijo más Jehová a Moisés: Yo he visto a
este pueblo, que por cierto es pueblo de
dura cerviz.
10 Ahora, pues, déjame que se encienda mi
ira en ellos, y los consuma; y de ti yo haré
una nación grande.

Oración de Moisés

11 Entonces Moisés oró en presencia de
Jehová su Dios, y dijo: Oh Jehová, ¿por qué
se encenderá tu furor contra tu pueblo, que
tú sacaste de la tierra de Egipto con gran
poder y con mano fuerte?

12 ¿Por qué han de hablar los egipcios,
diciendo: Para mal los sacó, para matarlos
en los montes, y para raerlos de sobre la faz
de la tierra? Vuélvete del ardor de tu ira, y
arrepiéntete de este mal contra tu pueblo.
13 Acuérdate de Abraham, de Isaac y de
Israel tus siervos, a los cuales has jurado por
ti mismo, y les has dicho: Yo multiplicaré
vuestra descendencia como las estrellas del
cielo; y daré a vuestra descendencia toda
esta tierra de que he hablado, y la tomarán
por heredad para siempre.
14 Entonces Jehová se arrepintió del mal
que dijo que había de hacer a su pueblo.
15 Y volvió Moisés y descendió del monte,
trayendo en su mano las dos tablas del
testimonio, las tablas escritas por ambos
lados; de uno y otro lado estaban escritas.
16 Y las tablas eran obra de Dios, y la
escritura era escritura de Dios grabada sobre las tablas.
17 Cuando oyó Josué el clamor del pueblo
que gritaba, dijo a Moisés: Alarido de pelea
hay en el campamento.
18 Y él respondió: No es voz de alaridos de
fuertes, ni voz de alaridos de débiles; voz de
cantar oigo yo.
19 Y aconteció que cuando él llegó al campamento, y vio el becerro y las danzas, ardió
la ira de Moisés, y arrojó las tablas de sus
manos, y las quebró al pie del monte.

Destrucción del becerro

20 Y tomó el becerro que habían hecho, y
lo quemó en el fuego, y lo molió hasta
reducirlo a polvo, que esparció sobre las
aguas, y lo dio a beber a los hijos de Israel.
21 Y dijo Moisés a Aarón: ¿Qué te ha
hecho este pueblo, que has traído sobre él
tan gran pecado?
22 Y respondió Aarón: No se enoje mi
señor; tú conoces al pueblo, que es inclinado a mal.
23 Porque me dijeron: Haznos dioses que
vayan delante de nosotros porque a este
Moisés, el varón que nos sacó de la tierra de
Egipto, no sabemos qué le haya acontecido.
24 Y yo les respondí: ¿Quién tiene oro?
Apartadlo. Y me lo dieron, y lo eché en el
fuego, y salió este becerro.
25 Y viendo Moisés que el pueblo estaba
desenfrenado, porque Aarón lo había permitido, para vergüenza entre sus enemigos,
26 se puso Moisés a la puerta del campamento, y dijo: ¿Quién está por Jehová?
Júntense conmigo. Y se juntaron con él
todos los hijos de Leví.
27 Y él les dijo: Así ha dicho Jehová, el
Dios de Israel: Poned cada uno su espada
sobre su muslo; pasad y volved de puerta a
puerta por el campamento, y matad cada

uno a su hermano, y a su amigo, y a su pariente.

28 Y los hijos de Leví lo hicieron conforme al dicho de Moisés; y cayeron del pueblo en aquel día como tres mil hombres.

29 Entonces Moisés dijo: Hoy os habéis consagrado a Jehová, pues cada uno se ha consagrado en su hijo y en su hermano, para que él dé bendición hoy sobre vosotros.

Súplica de Moisés

30 Y aconteció que al día siguiente dijo Moisés al pueblo: Vosotros habéis cometido un gran pecado, pero yo subiré ahora a Jehová; quizá le aplacaré acerca de vuestro pecado.

31 Entonces volvió Moisés a Jehová, y dijo: Te ruego, pues este pueblo ha cometido un gran pecado, porque se hicieron dioses de oro,

32 que perdones ahora su pecado, y si no, ráeme ahora de tu libro que has escrito.

33 Y Jehová respondió a Moisés: Al que peque contra mí, a éste raeré yo de mi libro.

34 Ve, pues, ahora, lleva a este pueblo a donde te he dicho; he aquí mi Ángel irá delante de ti; pero en el día del castigo, yo castigaré en ellos su pecado.

35 Y Jehová hirió al pueblo, porque habían hecho el becerro que formó Aarón.

La presencia de Dios prometida

33 Jehová dijo a Moisés: Anda, sube de aquí, tú y el pueblo que sacaste de la tierra de Egipto, a la tierra de la cual juré a Abraham, Isaac y Jacob, diciendo: A tu descendencia la daré;

2 y yo enviaré delante de ti el Ángel, y echaré fuera al cananeo y al amorreo, al heteo, al ferezeo, al heveo y al jebuseo.

3 (a la tierra que fluye leche y miel); pero yo no subiré en medio de ti, porque eres pueblo de dura cerviz, no sea que te consuma en el camino.

4 Y oyendo el pueblo esta mala noticia, vistieron luto, y ninguno se puso sus atavíos.

5 Porque Jehová había dicho a Moisés: Di a los hijos de Israel: Vosotros sois pueblo de dura cerviz; en un momento subiré en medio de ti, y te consumiré. Quítate, pues, ahora tus atavíos, para que yo sepa lo que te he de hacer.

6 Entonces los hijos de Israel se despojaron de sus atavíos desde el monte Horeb.

El Tabernáculo de Reunión

7 Y Moisés tomó el tabernáculo, y lo levantó lejos, fuera del campamento, y lo llamó el Tabernáculo de Reunión. Y cualquiera que buscaba a Jehová, salía al tabernáculo de reunión que estaba fuera del campamento.

8 Y sucedía que cuando salía Moisés al tabernáculo, todo el pueblo se levantaba, y cada cual estaba en pie a la puerta de su tienda, y miraban en pos de Moisés, hasta que él entraba en el tabernáculo.

9 Cuando Moisés entraba en el tabernáculo, la columna de nube descendía y se ponía a la puerta del tabernáculo, y Jehová hablaba con Moisés.

10 Y viendo todo el pueblo la columna de nube que estaba a la puerta del tabernáculo, se levantaba cada uno a la puerta de su tienda y adoraba.

11 Y hablaba Jehová a Moisés cara a cara, como habla cualquiera a su compañero. Y él volvía al campamento; pero el joven Josué hijo de Nun, su servidor, nunca se apartaba de en medio del tabernáculo.

Oración de Moisés

12 Y dijo Moisés a Jehová: Mira, tú me dices a mí: Saca este pueblo; y tú no me has declarado a quién enviarás conmigo. Sin embargo, tú dices: Yo te he conocido por tu nombre, y has hallado también gracia en mis ojos.

13 Ahora, pues, si he hallado gracia en tus ojos, te ruego que me muestres ahora tu camino, para que te conozca, y halle gracia en tus ojos; y mira que esta gente es pueblo tuyo.

14 Y él dijo: Mi presencia irá contigo, y te haré descansar.

15 Y Moisés respondió: Si tu presencia no ha de ir conmigo, no nos saques de aquí.

16 ¿Y en qué se conocerá aquí que he hallado gracia en tus ojos, yo y tu pueblo, sino en que tú andes con nosotros, y que yo y tu pueblo seamos apartados de todos los pueblos que están sobre la faz de la tierra?

17 Y Jehová dijo a Moisés: También haré esto que has dicho, por cuanto has hallado gracia en mis ojos, y te he conocido por tu nombre.

18 Entonces dijo: Te ruego que me muestres tu gloria.

19 Y le respondió: Yo haré pasar todo mi bien delante de tu rostro, y proclamaré el nombre de Jehová delante de ti; y tendré misericordia del que tendré misericordia, y seré clemente para con el que seré clemente.

20 Dijo más: No podrás ver mi rostro; porque no me verá hombre, y vivirá.

21 Y dijo aún Jehová: He aquí un lugar junto a mí, y tú estarás sobre la peña;

22 y cuando pase mi gloria, yo te pondré en una hendidura de la peña, y te cubriré con mi mano hasta que haya pasado.

23 Después apartaré mi mano, y verás mis espaldas; mas no se verá mi rostro.

El pacto renovado

34 Y Jehová dijo a Moisés: Alístate dos
tablas de piedra como las primeras, y
escribiré sobre esas tablas las palabras que
estaban en las tablas primeras que quebraste.
2 Prepárate, pues, para mañana, y sube de
mañana al monte de Sinay y preséntate ante
mí sobre la cumbre del monte.
3 Y no suba hombre contigo, ni parezca
alguno en todo el monte; ni ovejas ni bueyes
pazcan delante del monte.
4 Y Moisés alisó dos tablas de piedra como
las primeras; y se levantó de mañana y subió
al monte Sinay, como le mandó Jehová, y
llevó en su mano las dos tablas de piedra.
5 Y Jehová descendió en la nube, y estuvo
allí con él, proclamando el nombre de
Jehová.
6 Y pasando Jehová por delante de él,
proclamó: ¡Jehová! ¡Jehová! fuerte, misericordioso y piadoso; tardo para la ira, y
grande en misericordia y verdad;
7 que guarda misericordia a millares, que
perdona la iniquidad, la rebelión y el pecado, y que de ningún modo tendrá por inocente al malvado; que visita la iniquidad de
los padres sobre los hijos y sobre los hijos de
los hijos, hasta la tercera y cuarta generación.
8 Entonces Moisés, apresurándose, bajó la
cabeza hacia el suelo y adoró.
9 Y dijo: Si ahora, Señor, he hallado gracia
en tus ojos, vaya ahora el Señor en medio de
nosotros; porque es un pueblo de dura
cerviz; y perdona nuestra iniquidad y nuestro pecado, y tómanos por tu heredad.
10 Y él contestó: He aquí, yo hago pacto
delante de todo tu pueblo; haré maravillas
que no han sido hechas en toda la tierra, ni
en nación alguna, y verá todo el pueblo en
medio del cual estás tú, la obra de Jehová;
porque será cosa tremenda la que yo haré
contigo.

Advertencia contra la idolatría
de Canaán

11 Guarda lo que yo te mando hoy; he aquí
que yo echo de delante de tu presencia al
amorreo, al cananeo, al heteo, al ferezeo, al
heveo y al jebuseo.
12 Guárdate de hacer alianza con los moradores de la tierra donde has de entrar, para
que no sean tropezadero en medio de ti.
13 Derribaréis sus altares, y quebraréis sus
estatuas, y cortaréis sus imágenes de Aserá.
14 Porque no te has de inclinar a ningún
otro dios, pues Jehová, cuyo nombre es
Celoso, Dios celoso es.
15 Por tanto, no harás alianza con los moradores de aquella tierra; porque fornicarán

en pos de sus dioses, y ofrecerán sacrificios a
sus dioses, y y te invitarán, y comerás de sus
sacrificios;
16 o tomando de sus hijas para tus hijos, y
fornicando sus hijas en pos de sus dioses,
harán fornicar también a tus hijos en pos de
los dioses de ellas.
17 No te harás dioses de fundición.

Fiestas anuales

18 La fiesta de los panes sin levadura guardarás; siete días comerás pan sin levadura,
según te he mandado, en el tiempo señalado
del mes de Abib; porque en el mes de Abib
saliste de Egipto.
19 Todo primer nacido, mío es; y de tu
ganado todo primogénito de vaca o de
oveja, que sea macho.
20 Pero rescatarás con cordero el primogénito del asno; y si no lo rescatas, quebrarás
su cerviz. Rescatarás todo primogénito de
tus hijos; y ninguno se presentará delante de
mí con las manos vacías.
21 Seis días trabajarás, mas en el séptimo
día descansarás; aun en la arada y en la
siega, descansarás.
22 También celebrarás la fiesta de las semanas, la de las primicias de la siega del trigo, y
la fiesta de la cosecha a la salida del año.
23 Tres veces en el año se presentará todo
varón tuyo delante de Jehová el Señor, Dios
de Israel.
24 Porque yo arrojaré a las naciones de tu
presencia, y ensancharé tu territorio; y ninguno codiciará tu tierra, cuando subas para
presentarte delante de Jehová tu Dios tres
veces en el año.
25 No ofrecerás cosa leudada junto con la
sangre de mi sacrificio, ni se dejará hasta la
mañana nada del sacrificio de la fiesta de
pascua.
26 Las primicias de los primeros frutos de
tu tierra llevarás a la casa de Jehová tu Dios.
No cocerás el cabrito en la leche de su
madre.

Nuevas tablas de la ley

27 Y Jehová dijo a Moisés: Escribe tú estas
palabras; porque conforme a estas palabras
he hecho pacto contigo y con Israel.
28 Y él estuvo allí con Jehová cuarenta días
y cuarenta noches; no comió pan, ni bebió
agua; y escribió en tablas las palabras del
pacto, los diez mandamientos.
29 Y aconteció que descendiendo Moisés
del monte Sinay con las dos tablas del
testimonio en su mano, al descender del
monte, no sabía Moisés que la piel de su
rostro resplandecía, después que hubo hablado con Dios.
30 Y Aarón y todos los hijos de Israel
miraron a Moisés, y he aquí la piel de su

rostro era resplandeciente; y tuvieron miedo de acercarse a él.

31 Entonces Moisés los llamó; y Aarón y todos los príncipes de la congregación volvieron a él, y Moisés les habló.

32 Después se acercaron todos los hijos de Israel, a los cuales mandó todo lo que Jehová le había dicho en el monte Sinay.

33 Y cuando acabó Moisés de hablar con ellos, puso un velo sobre su rostro.

34 Cuando venía Moisés delante de Jehová para hablar con él, se quitaba el velo hasta que salía; y saliendo, decía a los hijos de Israel lo que le era mandado.

35 Y al mirar los hijos de Israel el rostro de Moisés, veían que la piel de su rostro era resplandeciente; y volvía Moisés a poner el velo sobre su rostro, hasta que entraba a hablar con Dios.

El sábado en Israel

35 Moisés convocó a toda la congregación de los hijos de Israel y les dijo: Estas son las cosas que Jehová ha mandado que sean hechas:

2 Seis días se trabajará, mas el día séptimo os será santo, día de sábado para Jehová; cualquiera que en él haga trabajo alguno, morirá.

3 No encenderéis fuego en ninguna de vuestras moradas en el día de sábado.

La ofrenda para el tabernáculo

4 Y habló Moisés a toda la congregación de los hijos de Israel, diciendo: Esto es lo que Jehová ha mandado:

5 Tomad de entre vosotros ofrenda para Jehová; todo generoso de corazón la traerá a Jehová; oro, plata, bronce,

6 azul, púrpura, carmesí, lino fino, pelo de cabras,

7 pieles de carneros teñidas de rojo, pieles de tejones, madera de acacia,

8 aceite para el alumbrado, especias para el aceite de la unción y para el incienso aromático,

9 y piedras de ónice y piedras de engaste para el efod y para el pectoral.

La obra del tabernáculo

10 Todo sabio de corazón de entre vosotros vendrá y hará todas las cosas que Jehová ha mandado:

11 el tabernáculo, su tienda, su cubierta, sus corchetes, sus tablas, sus barras, sus columnas y sus basas;

12 el arca y sus varas, el propiciatorio, el velo de la tienda;

13 la mesa y sus varas, y todos sus utensilios, y el pan de la proposición;

14 el candelero del alumbrado y sus utensi-

lios, sus lámparas, y el aceite para el alumbrado;

15 el altar del incienso y sus varas, el aceite de la unción, el incienso aromático, la cortina de la puerta para la entrada del tabernáculo;

16 el altar del holocausto, su enrejado de bronce y sus varas, y todos sus utensilios, y la fuente con su base;

17 las cortinas del atrio, sus columnas y sus basas, la cortina de la puerta del atrio;

18 las estacas del tabernáculo, y las estacas del atrio y sus cuerdas;

19 las vestiduras del servicio para ministrar en el santuario, las sagradas vestiduras de Aarón el sacerdote, y las vestiduras de sus hijos para servir en el sacerdocio.

Ofrendas para el tabernáculo

20 Y salió toda la congregación de los hijos de Israel de delante de Moisés.

21 Y vino todo varón a quien su corazón estimuló, y todo aquel a quien su espíritu le dio voluntad, con ofrenda a Jehová para la obra del tabernáculo de reunión y para toda su obra, y para las sagradas vestiduras.

22 Vinieron tanto hombres como mujeres, todos los voluntarios de corazón, y trajeron cadenas y zarcillos, anillos y brazaletes y toda clase de joyas de oro; y todos presentaban ofrenda de oro a Jehová.

23 Todo hombre que tenía púrpura violeta, púrpura carmesí, lino fino, pelo de cabras, pieles de carneros teñidas de rojo, o pieles de tejones, lo traía.

24 Todo el que ofrecía ofrenda de plata o de bronce traía a Jehová la ofrenda; y todo el que tenía madera de acacia la traía para toda la obra del servicio.

25 Además todas las mujeres sabias de corazón hilaban con sus manos, y traían lo que habían hilado: azul, púrpura, carmesí o lino fino.

26 Y todas las mujeres cuyo corazón las impulsó en sabiduría hilaron pelo de cabra.

27 Los príncipes trajeron piedras de ónice, y las piedras de los engastes para el efod y el pectoral,

28 y las especias aromáticas, y el aceite para el alumbrado, y para el aceite de la unción, y para el incienso aromático.

29 De los hijos de Israel, tanto hombres como mujeres, todos los que tuvieron corazón voluntario para traer para toda la obra, que Jehová había mandado por medio de Moisés que hiciesen, trajeron ofrenda voluntaria a Jehová.

Llamamiento de Bezaleel y de Aholiab

30 Y dijo Moisés a los hijos de Israel: Mirad, Jehová ha nombrado a Bezaleel hijo de Urí, hijo de Hur, de la tribu de Judá;

31 y lo ha llenado del Espíritu de Dios, en sabiduría, en inteligencia, en ciencia y en todo arte,

32 para proyectar diseños, para trabajar en oro, en plata y en bronce,

33 y en la talla de piedras de engaste, y en obra de madera, para trabajar en toda labor ingeniosa.

34 Y ha puesto en su corazón el que pueda enseñar, así él como Aholiab hijo de Ahisamac, de la tribu de Dan;

35 y los ha llenado de sabiduría de corazón, para que hagan toda obra de arte y de invención, y de bordado en azul, en púrpura, en carmesí, en lino fino y en telar, para que hagan toda labor, e inventen todo diseño.

36 Así pues, Bezaleel y Aholiab, y todo hombre sabio de corazón a quien Jehová dio sabiduría e inteligencia para saber hacer toda la obra del servicio del santuario, harán todas las cosas que ha mandado Jehová.

Moisés suspende las ofrendas

2 Y Moisés llamó a Bezaleel y a Aholiab y a todo varón sabio de corazón, en cuyo corazón había puesto Jehová sabiduría, todo hombre a quien su corazón le movió a venir a la obra para trabajar en ella.

3 Y tomaron de delante de Moisés toda la ofrenda que los hijos de Israel habían traído para la obra del servicio del santuario, a fin de hacerla. Y ellos seguían trayéndole ofrenda voluntaria cada mañana.

4 Tanto, que vinieron todos los maestros que hacían toda la obra del santuario, cada uno de la obra que hacía,

5 y hablaron a Moisés, diciendo: El pueblo trae mucho más de lo que se necesita para la obra que Jehová ha mandado que se haga.

6 Entonces Moisés mandó pregonar por el campamento, diciendo: Ningún hombre ni mujer haga más para la ofrenda del santuario. Así se le impidió al pueblo ofrecer más;

7 pues tenían material abundante para hacer toda la obra, y sobraba.

Construcción del tabernáculo

8 Todos los sabios de corazón de entre los que hacían la obra, hicieron el tabernáculo de diez cortinas de lino torcido, azul, púrpura y carmesí; las hicieron con querubines de obra primorosa.

9 La longitud de una cortina era de veintiocho codos, y la anchura de cuatro codos; todas las cortinas eran de igual medida.

10 Cinco de las cortinas las unió entre sí, y asimismo unió las otras cinco cortinas entre sí.

11 E hizo lazadas de azul en la orilla de la cortina que estaba al extremo de la primera serie; e hizo lo mismo en la orilla de la cortina final de la segunda serie.

12 Cincuenta lazadas hizo en la primera cortina, y otras cincuenta en la orilla de la cortina de la segunda serie; las lazadas de la una correspondían a las de la otra.

13 Hizo también cincuenta corchetes de oro, con los cuales enlazó las cortinas una con otra, y así quedó formado un tabernáculo.

14 Hizo asimismo cortinas de pelo de cabra para una tienda sobre el tabernáculo; once cortinas hizo.

15 La longitud de cada cortina era de treinta codos, y la anchura de cuatro codos; las once cortinas tenían una misma medida.

16 Y unió cinco de las cortinas aparte, y las otras seis cortinas aparte.

17 Hizo además cincuenta lazadas en la orilla de la cortina que estaba al extremo de la primera serie, y otras cincuenta lazadas en la orilla de la cortina final de la segunda serie.

18 Hizo también cincuenta corchetes de bronce para enlazar la tienda, de modo que fuese una.

19 E hizo para la tienda una cubierta de pieles de carneros teñidas de rojo, y otra cubierta de pieles de tejones encima.

20 Además hizo para el tabernáculo las tablas de madera de acacia, derechas.

21 La longitud de cada tabla era de diez codos, y de codo y medio la anchura.

22 Cada tabla tenía dos espigas, para unirlas una con otra; así hizo todas las tablas del tabernáculo.

23 Hizo, pues, las tablas para el tabernáculo; veinte tablas al lado del sur, al mediodía.

24 Hizo también cuarenta basas de plata debajo de las veinte tablas: dos basas debajo de una tabla, para sus dos espigas, y dos basas debajo de otra tabla para sus dos espigas.

25 Y para el otro lado del tabernáculo, al lado norte, hizo otras veinte tablas,

26 con sus cuarenta basas de plata; dos basas debajo de una tabla, y dos basas debajo de la otra tabla.

27 Y para el lado occidental del tabernáculo hizo seis tablas.

28 Para las esquinas del tabernáculo en los dos lados hizo dos tablas,

29 las cuales se unían desde abajo, y por arriba se ajustaban con un gozne; así hizo a la una y a la otra en las dos esquinas.

30 Eran, pues, ocho tablas, y sus basas de plata dieciséis; dos basas debajo de cada tabla.

31 Hizo también las barras de madera de acacia; cinco para las tablas de un lado del tabernáculo,

32 cinco barras para las tablas del otro lado

del tabernáculo, y cinco barras para las tablas del lado posterior del tabernáculo hacia el occidente.

33 E hizo que la barra de en medio pasase por en medio de las tablas de un extremo al otro.

34 Y cubrió de oro las tablas, e hizo de oro los anillos de ellas, por donde pasasen las barras; cubrió también de oro las barras.

El velo

35 Hizo asimismo el velo de azul, púrpura, carmesí y lino torcido; lo hizo con querubines de obra primorosa.

36 Y para él hizo cuatro columnas de madera de acacia, y las cubrió de oro, y sus capiteles eran de oro; y fundió para ellas cuatro basas de plata.

37 Hizo también el velo para la puerta del tabernáculo, de azul, púrpura, carmesí y lino torcido, obra de recamador.

38 y sus cinco columnas con sus capiteles; y cubrió de oro los capiteles y las molduras, e hizo de bronce sus cinco basas.

Mobiliario del tabernáculo

37 Hizo también Bezaleel el arca de madera de acacia; su longitud era de dos codos y medio, su anchura de codo y medio, y su altura de codo y medio.

2 Y la cubrió de oro puro por dentro y por fuera, y le hizo una cornisa de oro en derredor.

3 Además fundió para ella cuatro anillos de oro a sus cuatro esquinas; en un lado dos anillos y en el otro lado dos anillos.

4 Hizo también varas de madera de acacia, y las cubrió de oro.

5 Y metió las varas por los anillos a los lados del arca, para llevar el arca.

6 Hizo asimismo el propiciatorio de oro puro; su longitud de dos codos y medio, y su anchura de codo y medio.

7 Hizo también los dos querubines de oro, labrados a martillo, en los dos extremos del propiciatorio.

8 Un querubín a un extremo, y otro querubín al otro extremo; de una pieza con el propiciatorio hizo los querubines a sus dos extremos.

9 Y los querubines extendían sus alas por encima, cubriendo con sus alas el propiciatorio; y sus rostros el uno enfrente del otro miraban hacia el propiciatorio.

10 Hizo también la mesa de madera de acacia; su longitud de dos codos, su anchura de un codo, y de codo y medio su altura;

11 y la cubrió de oro puro, y le hizo una cornisa de oro alrededor.

12 Le hizo también una moldura de un palmo menor de anchura alrededor, e hizo en derredor de la moldura una cornisa de oro.

13 Le hizo asimismo de fundición cuatro anillos de oro, y los puso a las cuatro esquinas que correspondían a las cuatro patas de ella.

14 Debajo de la moldura estaban los anillos, por los cuales se metían las varas para llevar la mesa.

15 E hizo las varas de madera de acacia para llevar la mesa, y las cubrió de oro.

16 También hizo los utensilios que habían de estar sobre la mesa, sus platos, sus cucharas, sus cubiertos y sus tazones con que se había de libar, de oro fino.

El candelero

17 Hizo asimismo el candelero de oro puro, labrado a martillo; su pie, su caña, sus copas, sus manzanas y sus flores eran de lo mismo.

18 De sus lados salían seis brazos; tres brazos de un lado del candelero, y otros tres brazos del otro lado del candelero.

19 En un brazo, tres copas en forma de flor de almendro, una manzana y una flor; y en otro brazo tres copas en figura de flor de almendro, una manzana y una flor; así en los seis brazos que salían del candelero.

20 Y en la caña del candelero había cuatro copas en figura de flor de almendro, sus manzanas y sus flores.

21 y una manzana debajo de dos brazos del mismo, y otra manzana debajo de otros dos brazos del mismo, y otra manzana debajo de los otros dos brazos del mismo, conforme a los seis brazos que salían de él.

22 Sus manzanas y sus brazos eran de lo mismo; todo era una pieza labrada a martillo, de oro puro.

23 Hizo asimismo sus siete lamparillas, sus despabiladeras y sus platillos, de oro puro.

24 De un talento de oro puro lo hizo, con todos sus utensilios.

El altar del incienso

25 Hizo también el altar del incienso, de madera de acacia; de un codo su longitud, y de otro codo su anchura; era cuadrado, y de altura de dos codos; y sus cuernos de la misma pieza.

26 Y lo cubrió de oro puro, su cubierta y sus paredes alrededor, y sus cuernos, y le hizo una cornisa de oro alrededor.

27 Le hizo también dos anillos de oro debajo de la cornisa en las dos esquinas a los dos lados, para meter por ellos las varas con que había de ser conducido.

28 E hizo las varas de madera de acacia, y las cubrió de oro.

29 Hizo asimismo el aceite santo de la unción, y el incienso puro, aromático, según el arte del perfumador.

El altar del holocausto

38 Igualmente hizo de madera de acacia
el altar del holocausto; su longitud de
cinco codos, y su anchura de otros cinco
codos, cuadrado, y de tres codos de altura.
2 E hizo sus cuernos a sus cuatro esquinas,
los cuales eran de la misma pieza, y lo cubrió
de bronce.
3 Hizo asimismo todos los utensilios del
altar: calderos, tenazas, tazones, garfios y
palas; todos sus utensilios los hizo de
bronce.
4 E hizo para el altar un enrejado de bronce
de obra de rejilla, que puso por debajo de su
cerco hasta la mitad del altar.
5 También fundió cuatro anillos a los cuatro extremos del enrejado de bronce, para
meter las varas.
6 E hizo las varas de madera de acacia, y las
cubrió de bronce.
7 Y metió las varas por los anillos a los lados
del altar, para llevarlo con ellas; hueco lo
hizo, de tablas.

La pila de bronce

8 También hizo la fuente de bronce y su
base de bronce, de los espejos de las mujeres que velaban a la puerta del tabernáculo
de reunión.

El atrio del tabernáculo

9 Hizo asimismo el atrio; del lado sur, al
mediodía, las cortinas del atrio eran de cien
codos, de lino torcido.
10 Sus columnas eran veinte, con sus veinte
basas de bronce; los capiteles de las columnas y sus molduras, de plata.
11 Y del lado norte, cortinas de cien codos;
sus columnas, veinte, con sus veinte basas
de bronce; los capiteles de las columnas y
sus molduras, de plata.
12 Del lado del occidente, cortinas de cincuenta codos; sus columnas diez, y sus diez
basas; los capiteles de las columnas y sus
molduras, de plata.
13 Del lado oriental, al este, cortinas de
cincuenta codos;
14 a un lado, cortinas de quince codos, sus
tres columnas y sus tres basas;
15 al otro lado, de uno y otro lado de la
puerta del atrio, cortinas de quince codos,
con sus tres columnas y sus tres basas.
16 Todas las cortinas del atrio alrededor
eran de lino torcido.
17 Las basas de las columnas eran de bronce; los capiteles de las columnas y sus molduras, de plata; asimismo las cubiertas de
las cabezas de ellas, de plata; y todas las
columnas del atrio tenían molduras de
plata.
18 La cortina de la entrada del atrio era de

obra de recamador, de azul, púrpura, carmesí y lino torcido; era de veinte codos de
longitud, y su anchura, o sea su altura, era
de cinco codos, lo mismo que las cortinas del
atrio.
19 Sus columnas eran cuatro, con sus cuatro basas de bronce y sus capiteles de plata;
y las cubiertas de los capiteles de ellas, y sus
molduras, de plata.
20 Todas las estacas del tabernáculo y del
atrio alrededor eran de bronce.

Dirección y cuentas del tabernáculo

21 Estas son las cuentas del tabernáculo,
del tabernáculo del testimonio, las que se
hicieron por orden de Moisés por obra de
los levitas bajo la dirección de Itamar hijo
del sacerdote Aarón.
22 Y Bezaleel hijo de Urí, hijo de Hur, de
la tribu de Judá, hizo todas las cosas que
Jehová mandó a Moisés.
23 Y con él estaba Aholiab hijo de Ahisamac, de la tribu de Dan, artífice, diseñador
y recamador en azul, púrpura, carmesí y
lino fino.
24 Todo el oro empleado en la obra, en
toda la obra del santuario, el cual fue oro de
la ofrenda, fue veintinueve talentos y setecientos treinta siclos, según el siclo del
santuario.
25 Y la plata de los empadronados de la
congregación fue cien talentos y mil setecientos setenta y cinco siclos, según el siclo
del santuario;
26 medio siclo por cabeza, según el siclo del
santuario; a todos los que pasaron por el
censo, de edad de veinte años arriba, que
fueron seiscientos tres mil quinientos cincuenta.
27 Hubo además cien talentos de plata para
fundir las basas del santuario y las basas del
velo; en cien basas, cien talentos, a talento
por basa.
28 Y de los mil setecientos setenta y cinco
siclos hizo los capiteles de las columnas, y
cubrió los capiteles de ellas, y las ciñó.
29 El bronce ofrendado fue setenta talentos
y dos mil cuatrocientos siclos,
30 del cual fueron hechas las basas de la
puerta del tabernáculo de reunión, y el altar
de bronce y su enrejado de bronce, y todos
los utensilios del altar,
31 las basas del atrio alrededor, las basas de
la puerta del atrio, y todas las estacas del
tabernáculo y todas las estacas del atrio
alrededor.

Las vestiduras de los sacerdotes

39 Del azul, púrpura y carmesí hicieron
las vestiduras del ministerio para ministrar en el santuario, y asimismo hicieron

las vestiduras sagradas para Aarón, como
Jehová lo había mandado a Moisés.

El efod

2 Hizo también el efod de oro, de azul,
púrpura, carmesí y lino torcido.
3 Y batieron láminas de oro, y cortaron
hilos para tejerlos entre el azul, la púrpura,
el carmesí y el lino, con labor primorosa.
4 Hicieron las hombreras para que se junta-
sen, y se unían en sus dos extremos.
5 Y el cinto del efod que estaba sobre él era
de lo mismo, de igual labor; de oro, azul,
púrpura, carmesí y lino torcido, como Jehová lo había mandado a Moisés.
6 Y labraron las piedras de ónice montadas
en engastes de oro, con grabaduras de sello
con los nombres de los hijos de Israel,
7 y las puso sobre las hombreras del efod,
por piedras memoriales para los hijos de
Israel, como Jehová lo había mandado a
Moisés.

El pectoral

8 Hizo también el pectoral de obra primorosa como la obra del efod, de oro, azul,
púrpura, carmesí y lino torcido.
9 Era cuadrado; doble hicieron el pectoral;
su longitud era de un palmo, y de un palmo
su anchura, cuando era doblado.
10 Y engastaron en él cuatro hileras de
piedras. La primera hilera era un sardio, un
topacio y un carbunclo; esta era la primera
hilera.
11 La segunda hilera, una esmeralda, un
zafiro y un diamante.
12 La tercera hilera, un jacinto, un ágata y
una amatista.
13 Y la cuarta hilera, un berilo, un ónice y
un jaspe, todas montadas y encajadas en
engastes de oro.
14 Y las piedras eran conforme a los nombres de los hijos de Israel, doce según los
nombres de ellos; como grabaduras de sello,
cada una con su nombre, según las doce
tribus.
15 Hicieron también sobre el pectoral los
cordones de forma de trenza, de oro puro.
16 Hicieron asimismo dos engastes y dos
anillos de oro, y pusieron dos anillos de oro
en los dos extremos del pectoral,
17 y fijaron los dos cordones de oro en
aquellos dos anillos a los extremos del pectoral.
18 Fijaron también los otros dos extremos
de los dos cordones de oro en los dos
engastes que pusieron sobre las hombreras
del efod por delante.
19 E hicieron otros dos anillos de oro que
pusieron en los dos extremos del pectoral,
en su orilla, frente a la parte baja del efod.
20 Hicieron además dos anillos de oro que

pusieron en la parte delantera de las dos
hombreras del efod, hacia abajo, cerca de su
juntura, sobre el cinto del efod.
21 Y ataron el pectoral por sus anillos a los
anillos del efod con un cordón de azul, para
que estuviese sobre el cinto del mismo efod
y no se separase el pectoral del efod, como
Jehová lo había mandado a Moisés.

El manto

22 Hizo también el manto del efod de obra
de tejedor, todo de azul,
23 con su abertura en medio de él, como el
cuello de un coselete, con un borde alrededor de la abertura, para que no se rompiese.
24 E hicieron en las orillas del manto granadas de azul, púrpura, carmesí y lino torcido.
25 Hicieron también campanillas de oro
puro, y pusieron campanillas entre las granadas en las orillas del manto, alrededor,
entre las granadas;
26 una campanilla y una granada, otra campanilla y otra granada alrededor, en las
orillas del manto, para ministrar, como
Jehová lo mandó a Moisés.

Vestiduras sacerdotales

27 Igualmente hicieron las túnicas de lino
fino de obra de tejedor, para Aarón y para
sus hijos.
28 Asimismo la mitra de lino fino, y los
adornos de las tiaras de lino fino, y los
calzoncillos de lino, de lino torcido;
29 También el cinto de lino torcido, de
azul, púrpura y carmesí, de obra de recamador, como Jehová lo mandó a Moisés.
30 Hicieron asimismo la lámina de la diadema santa de oro puro, y escribieron en ella
como grabado de sello: CONSAGRADO A
JEHOVÁ.
31 Y pusieron en ella un cordón de azul
para colocarla sobre la mitra por arriba,
como Jehová lo había mandado a Moisés.

El tabernáculo, terminado

32 Así fue acabada toda la obra del tabernáculo, del tabernáculo de reunión; e hicieron los hijos de Israel como Jehová lo había
mandado a Moisés; así lo hicieron.
33 Y trajeron el tabernáculo a Moisés, el
tabernáculo y todos sus utensilios; sus corchetes, sus tablas, sus barras, sus columnas,
sus basas;
34 la cubierta de pieles de carnero teñidas
de rojo, la cubierta de pieles de tejones, el
velo del frente;
35 el arca del testimonio y sus varas, el
propiciatorio;
36 la mesa, todos sus vasos, el pan de la
proposición;
37 el candelero puro, sus lamparillas, las
lamparillas que debían mantenerse en or-

den, y todos sus utensilios, el aceite para el
alumbrado;
38 el altar de oro, el aceite de la unción, el
incienso aromático, la cortina para la entrada del tabernáculo;
39 el altar de bronce con su enrejado de
bronce, sus varas y todos sus utensilios, la
fuente y su base;
40 las cortinas del atrio, sus columnas y sus
basas, la cortina para la entrada del atrio,
sus cuerdas y sus estacas, y todos los utensilios del servicio del tabernáculo, del tabernáculo de reunión;
41 las vestiduras del servicio para ministrar
en el santuario, las sagradas vestiduras para
Aarón el sacerdote, y las vestiduras de sus
hijos, para ministrar en el sacerdocio.
42 En conformidad a todas las cosas que
Jehová había mandado a Moisés, así hicieron los hijos de Israel toda la obra.
43 Y vio Moisés toda la obra, y he aquí que
la habían hecho como Jehová había mandado; y los bendijo.

Inauguración del tabernáculo

40 Luego Jehová habló a Moisés diciendo:
2 En el primer día del mes primero harás
levantar el tabernáculo, el tabernáculo de
reunión;
3 y pondrás en él el arca del testimonio, y la
cubrirás con el velo.
4 Meterás la mesa y la pondrás en orden;
meterás también el candelero y encenderás
sus lámparas,
5 y pondrás el altar de oro para el incienso
delante del arca del testimonio, y pondrás la
cortina delante a la entrada del tabernáculo.
6 Después pondrás el altar del holocausto
delante de la entrada del tabernáculo, del
tabernáculo de reunión.
7 Luego pondrás la pila entre el tabernáculo de reunión y el altar, y pondrás agua en
ella.
8 Finalmente pondrás el atrio alrededor, y
la cortina a la entrada del atrio.
9 Y tomarás el aceite de la unción y ungirás
el tabernáculo, y todo lo que está en él; y lo
santificarás con todos sus utensilios, y será
santo.
10 Ungirás también el altar del holocausto
y todos sus utensilios; y santificarás el altar,
y será un altar santísimo.
11 Asimismo ungirás la fuente y su base, y
la santificarás.
12 Y llevarás a Aarón y a sus hijos a la
puerta del tabernáculo de reunión, y los
lavarás con agua.
13 Y harás vestir a Aarón las vestiduras
sagradas, y lo ungirás, y lo consagrarás, para
que sea mi sacerdote.

14 Después harás que se acerquen sus
hijos, y les vestirás las túnicas;
15 y los ungirás, como ungiste a su padre, y
serán mis sacerdotes, y su unción les servirá
por sacerdocio perpetuo, de generación en
generación.

Moisés ejecuta las órdenes divinas

16 Y Moisés hizo conforme a todo lo que
Jehová le mandó; así lo hizo.
17 Así, en el día primero del primer mes, en
el segundo año, el tabernáculo fue erigido.
18 Moisés hizo levantar el tabernáculo, y
asentó sus basas, y colocó sus tablas, y puso
sus barras, e hizo alzar sus columnas.
19 Levantó la tienda sobre el tabernáculo, y
puso la sobrecubierta encima del mismo,
como Jehová había mandado a Moisés.
20 Y tomó el testimonio y lo puso dentro
del arca, y colocó las varas en el arca, y
encima el propiciatorio sobre el arca.
21 Luego metió el arca en el tabernáculo, y
puso el velo extendido, y ocultó el arca del
testimonio, como Jehová había mandado a
Moisés.
22 Puso la mesa en el tabernáculo de reunión, al lado norte de la cortina, fuera del velo,
23 y sobre ella puso por orden los panes
delante de Jehová, como Jehová había mandado a Moisés.
24 Puso el candelero en el tabernáculo de
reunión, enfrente de la mesa, al lado sur de
la cortina,
25 y encendió las lámparas delante de Jehová, como Jehová había mandado a Moisés.
26 Puso también el altar de oro en el tabernáculo de reunión, delante del velo,
27 y quemó sobre él incienso aromático,
como Jehová había mandado a Moisés.
28 Puso asimismo la cortina a la entrada del
tabernáculo.
29 Y colocó el altar del holocausto a la
entrada del tabernáculo, del tabernáculo de
reunión, y sacrificó sobre él holocausto y
ofrenda, como Jehová había mandado a
Moisés.
30 Y puso la pila entre el tabernáculo de
reunión y el altar, y puso en ella agua para
lavar.
31 Y Moisés y Aarón y sus hijos lavaban en
ella sus manos y sus pies.
32 Cuando entraban en el tabernáculo de
reunión, y cuando se acercaban al altar, se
lavaban, como Jehová había mandado a
Moisés.
33 Finalmente erigió el atrio alrededor del
tabernáculo y del altar, y puso la cortina a la
entrada del atrio. Así acabó Moisés la obra.

La nube sobre el tabernáculo

34 Entonces una nube cubrió el tabernáculo de reunión, y la gloria de Jehová llenó el
tabernáculo.

35 Y no podía Moisés entrar en el tabernáculo de reunión, porque la nube estaba sobre él, y la gloria de Jehová lo llenaba.

36 Y cuando la nube se alzaba del tabernáculo, los hijos de Israel se movían en todas sus jornadas;

37 pero si la nube no se alzaba, no se movían hasta el día en que ella se alzaba.

38 Porque la nube de Jehová estaba de día sobre el tabernáculo, y el fuego estaba de noche sobre él, a vista de toda la casa de Israel, en todas sus jornadas.

LIBRO TERCERO DE MOISÉS
LEVÍTICO

Los holocaustos

1 Llamó Jehová a Moisés, y habló con él desde el tabernáculo de reunión, diciendo:

2 Habla a los hijos de Israel y diles: Cuando alguno de entre vosotros ofrezca ofrenda a Jehová, de ganado vacuno u ovejuno haréis vuestra ofrenda.

3 Si su ofrenda es holocausto vacuno, macho sin defecto lo ofrecerá; de su voluntad lo ofrecerá a la puerta del tabernáculo de reunión delante de Jehová.

4 Y pondrá su mano sobre la cabeza del holocausto, y será aceptado para expiación suya.

5 Entonces degollará el becerro en la presencia de Jehová; y los sacerdotes hijos de Aarón ofrecerán la sangre, y la rociarán alrededor sobre el altar, el cual está a la puerta del tabernáculo de reunión.

6 Y desollará el holocausto, y lo dividirá en sus piezas.

7 Y los hijos del sacerdote Aarón pondrán fuego sobre el altar, y compondrán la leña sobre el fuego.

8 Luego los sacerdotes hijos de Aarón acomodarán las piezas, la cabeza y la gordura de los intestinos, sobre la leña que está sobre el fuego que habrá encima del altar;

9 y lavará con agua los intestinos y las piernas, y el sacerdote hará arder todo sobre el altar; holocausto es, ofrenda encendida de olor grato para Jehová.

10 Si su ofrenda para holocausto es de ganado menor, de las ovejas o de las cabras, macho sin defecto lo ofrecerá.

11 Y lo degollará al lado norte del altar delante de Jehová; y los sacerdotes hijos de Aarón rociarán su sangre sobre el altar alrededor.

12 Lo dividirá en sus piezas, con su cabeza y la gordura de los intestinos; y el sacerdote las acomodará sobre la leña que está sobre el fuego que habrá encima del altar;

13 y lavará las entrañas y las piernas con agua; y el sacerdote lo ofrecerá todo, y lo hará arder sobre el altar: holocausto es, ofrenda encendida de olor grato para Jehová.

14 Si la ofrenda para Jehová es holocausto de aves, presentará su ofrenda de tórtolas, o de palominos.

15 Y el sacerdote la ofrecerá sobre el altar, y le quitará la cabeza, y hará que arda en el altar; y su sangre será exprimida sobre la pared del altar.

16 Y le quitará el buche y las plumas, lo cual echará junto al altar, hacia el oriente, en el lugar de las cenizas.

17 Y la hendrá por sus alas, pero no la dividirá en dos; y el sacerdote la hará arder sobre el altar, sobre la leña que estará en el fuego; holocausto es, ofrenda encendida de olor grato para Jehová.

Las ofrendas

2 Cuando alguna persona ofreciere oblación a Jehová, su ofrenda será flor de harina, sobre la cual echará aceite, y pondrá sobre ella incienso.

2 y la traerá a los sacerdotes, hijos de Aarón; y de ello tomará el sacerdote un puñado lleno de la flor de harina y del aceite, con todo el incienso, y lo hará arder sobre el altar para memorial; ofrenda encendida, de olor grato a Jehová.

3 Y lo que resta de la ofrenda será de Aarón y de sus hijos; es cosa santísima de las ofrendas que se queman para Jehová.

4 Cuando ofrezcas ofrenda cocida en horno, será de tortas de flor de harina sin levadura amasadas con aceite, y hojaldres sin levadura untados con aceite.

5 Mas si ofreces ofrenda de sartén, será de flor de harina sin levadura, amasada con aceite,

6 la cual partirás en piezas, y echarás sobre ella aceite; es ofrenda.

7 Si ofreces ofrenda cocida en cazuela, se hará de flor de harina con aceite.

8 Y traerás a Jehová la ofrenda que se hará de estas cosas, y la presentarás al sacerdote, el cual la llevará al altar.

9 Y tomará el sacerdote una parte de aquella ofrenda para memorial, y lo hará arder sobre el altar; ofrenda encendida de olor grato a Jehová.

10 Y lo que resta de la ofrenda será de Aarón y de sus hijos; es cosa santísima de las ofrendas que se queman para Jehová.

11 Ninguna ofrenda que ofrezcáis a Jehová será con levadura; porque de ninguna cosa leuda, ni de ninguna miel, se ha de quemar ofrenda para Jehová.

12 Como ofrenda de primicias las ofreceréis a Jehová; mas no subirán sobre el altar en olor grato.

13 Y sazonarás con sal toda ofrenda que presentes, y no harás que falte jamás de tu ofrenda la sal del pacto de tu Dios; en toda ofrenda tuya ofrecerás sal.

14 Si ofreces a Jehová ofrenda de primicias, tostarás al fuego las espigas verdes, y el grano desmenuzado lo ofrecerás como ofrenda de tus primicias.

15 Y pondrás sobre ella aceite, y pondrás sobre ella incienso; es ofrenda.

16 Y el sacerdote quemará como memorial, parte del grano desmenuzado y del aceite, con todo el incienso; es ofrenda encendida para Jehová.

Ofrendas de paz

3 Si su ofrenda es sacrificio de paz, si ha de ofrecerla de ganado vacuno, sea macho o hembra, sin defecto lo ofrecerá delante de Jehová.

2 Pondrá su mano sobre la cabeza de su ofrenda, y la degollará a la puerta del tabernáculo de reunión; y los sacerdotes hijos de Aarón rociarán su sangre sobre el altar alrededor.

3 Luego ofrecerá del sacrificio de paz, como ofrenda encendida a Jehová, la gordura que cubre los intestinos, y toda la gordura que está sobre las entrañas,

4 y los dos riñones y la gordura que está sobre ellos, y sobre los ijares; y con los riñones quitará la gordura de los intestinos que está sobre el hígado.

5 Y los hijos de Aarón harán arder esto en el altar, sobre el holocausto que estará sobre la leña encendida; es ofrenda de olor grato para Jehová.

6 Mas si de ovejas es su ofrenda para sacrificio de paz a Jehová, sea macho o hembra, la ofrecerá sin defecto.

7 Si ofrece un cordero como ofrenda, lo ofrecerá delante de Jehová.

8 Pondrá su mano sobre la cabeza de su ofrenda, y después la degollará delante del tabernáculo de reunión; y los hijos de Aarón rociarán con su sangre los laterales del altar.

9 Y del sacrificio de paz ofrecerá por ofrenda encendida a Jehová la gordura, la cola entera, la cual quitará a raíz del espinazo, la gordura que cubre todos los intestinos, y toda la que está sobre las entrañas.

10 Asimismo los dos riñones y la gordura que está sobre ellos, y la que está sobre los ijares; y con los riñones quitará la gordura de sobre el hígado.

11 Y el sacerdote hará arder esto sobre el altar; vianda es de ofrenda encendida para Jehová.

12 Si es cabra su ofrenda, la ofrecerá delante de Jehová.

13 Pondrá su mano sobre la cabeza de ella, y la degollará delante del tabernáculo de reunión; y los hijos de Aarón rociarán su sangre sobre el altar alrededor.

14 Después ofrecerá de ella su ofrenda encendida a Jehová; la gordura que cubre los intestinos, y toda la gordura que está sobre las entrañas,

15 los dos riñones, la gordura que está sobre ellos, y la que está sobre los ijares; y con los riñones quitará la gordura de sobre el hígado.

16 Y el sacerdote hará arder esto sobre el altar; vianda es de ofrenda que se quema en olor grato a Jehová; toda la gordura es de Jehová.

17 Estatuto perpetuo será por vuestras edades, dondequiera que habitéis, que ninguna gordura ni ninguna sangre comeréis.

Ofrendas por el pecado

4 Habló Jehová a Moisés, diciendo:
2 Habla a los hijos de Israel y diles: Cuando alguna persona peque por inadvertencia en alguno de los mandamientos de Jehová sobre cosas que no se han de hacer, y haga alguna de ellas;

A. Del sumo sacerdote

3 si es el sacerdote ungido el que peca, haciendo recaer culpa sobre el pueblo, ofrecerá a Jehová, por su pecado que habrá cometido, un becerro sin defecto para expiación.

4 Traerá el becerro a la puerta del tabernáculo de reunión delante de Jehová, y pondrá su mano sobre la cabeza del becerro, y lo degollará delante de Jehová.

5 Y el sacerdote ungido tomará de la sangre del becerro, y la traerá del tabernáculo de reunión;

6 y mojará el sacerdote su dedo en la sangre, y rociará de aquella sangre siete veces delante de Jehová, hacia el velo del santuario.

7 Y el sacerdote pondrá de esa sangre sobre los cuernos del altar del incienso aromático, que está en el tabernáculo de reunión delante de Jehová; y echará el resto de la sangre

del becerro al pie del altar del holocausto,
que está a la puerta del tabernáculo de
reunión.

8 Y tomará del becerro para la expiación
toda su gordura, la que cubre los intestinos,
y la que está sobre las entrañas,

9 los dos riñones, la gordura que está sobre
ellos, y la que está sobre los ijares; y con los
riñones quitará la gordura de sobre el hígado,

10 de la manera que se quita del buey del
sacrificio de paz; y el sacerdote lo hará arder
sobre el altar del holocausto.

11 Y la piel del becerro, y toda su carne,
con su cabeza, sus piernas, sus intestinos y
su estiércol,

12 en fin, todo el becerro sacará fuera del
campamento a un lugar limpio, donde se
echan las cenizas, y lo quemará al fuego
sobre la leña; en donde se echan las cenizas
será quemado.

B. De la Asamblea de Israel

13 Si toda la congregación de Israel peca
por inadvertencia, y el pecado está oculto a
los ojos del pueblo, y han hecho algo contra
alguno de los mandamientos de Jehová en
cosas que no se han de hacer, y son culpables;

14 luego que llegue a ser conocido el pecado que hayan cometido, la congregación
ofrecerá un becerro por expiación, y lo
traerán delante del tabernáculo de reunión.

15 Y los ancianos de la congregación pondrán sus manos sobre la cabeza del becerro
delante de Jehová, y en presencia de Jehová
degollarán aquel becerro.

16 Y el sacerdote ungido meterá de la sangre del becerro en el tabernáculo de reunión,

17 y mojará el sacerdote su dedo en la
misma sangre, y rociará siete veces delante
de Jehová hacia el velo.

18 Y de aquella sangre pondrá sobre los
cuernos del altar que está delante de Jehová
en el tabernáculo de reunión, y derramará el
resto de la sangre al pie del altar del holocausto, que está a la puerta del tabernáculo
de reunión.

19 Y le quitará toda la gordura y la hará
arder sobre el altar.

20 Y hará de aquel becerro como hizo con
el becerro de la expiación; lo mismo hará de
él; así hará el sacerdote expiación por ellos,
y obtendrán perdón.

21 Y sacará el becerro fuera del campamento, y lo quemará como quemó el primer
becerro; expiación es por la congregación.

C. De un jefe

22 Cuando peque un jefe, y haga por yerro
algo contra alguno de todos los mandamien-

tos de Jehová su Dios sobre cosas que no se
han de hacer, y peque;

23 luego que conozca su pecado que
cometió, presentará por su ofrenda un macho cabrío sin defecto.

24 Y pondrá su mano sobre la cabeza del
macho cabrío, y lo degollará en el lugar
donde se degüella el holocausto, delante de
Jehová; es expiación.

25 Y con su dedo el sacerdote tomará de la
sangre de la expiación, y la pondrá sobre los
cuernos del altar del holocausto, y derramará el resto de la sangre al pie del altar del
holocausto,

26 y quemará toda su gordura sobre el
altar, como la gordura del sacrificio de paz;
así el sacerdote hará por él la expiación de su
pecado, y tendrá perdón.

D. De un hombre del pueblo

27 Si alguna persona del pueblo peca por
inadvertencia, haciendo algo contra alguno
de los mandamientos de Jehová en cosas
que no se han de hacer, y delinque;

28 luego que conozca su pecado que cometió, traerá por su ofrenda una cabra, una cabra sin defecto, por su pecado que cometió.

29 Y pondrá su mano sobre la cabeza de la
ofrenda de la expiación, y la degollará en el
lugar del holocausto.

30 Luego con su dedo el sacerdote tomará
de la sangre, y la pondrá sobre los cuernos
del altar del holocausto, y derramará el
resto de la sangre al pie del altar.

31 Y le quitará toda su gordura, de la
manera que fue quitada la gordura del sacrificio de paz; y el sacerdote la hará arder
sobre el altar en olor grato a Jehová; así hará
el sacerdote expiación por él, y será perdonado.

32 Y si por su ofrenda por el pecado trae
cordero, hembra sin defecto traerá.

33 Y pondrá su mano sobre la cabeza de la
ofrenda de expiación, y la degollará por
expiación en el lugar donde se degüella el
holocausto.

34 Después con su dedo el sacerdote tomará de la sangre de la expiación, y la pondrá
sobre los cuernos del altar del holocausto, y
derramará el resto de la sangre al pie del
altar.

35 Y le quitará toda su gordura, como fue
quitada la gordura del sacrificio de paz, y el
sacerdote la hará arder en el altar sobre la
ofrenda encendida a Jehová; y le hará el
sacerdote expiación de su pecado que habrá
cometido, y será perdonado.

Casos particulares del sacrificio
por el pecado

5 Si alguno peca por haber sido llamado a
testificar, y fuere testigo de vista o de

oído, y no lo denuncia, quedará cargado con aquel pecado.

2 Asimismo la persona que haya tocado cualquier cosa inmunda, sea cadáver de bestia inmunda, o cadáver de animal inmundo, o cadáver de reptil inmundo, aun cuando fuese sin darse cuenta, será inmunda y habrá delinquido.

3 O si toca inmundicia de hombre, cualquier inmundicia suya con que sea inmundo, y no lo echa de ver, si después llega a saberlo, será culpable.

4 O si alguno jura a la ligera con sus labios hacer mal o hacer bien, en cualquier cosa que el hombre profiere con juramento, y él no lo entiende; si después lo entiende, será culpable por cualquiera de estas cosas.

5 Cuando peque en alguna de estas cosas, confesará aquello en que pecó,

6 y para su expiación traerá a Jehová por su pecado que cometió, una hembra de los rebaños, una cordera o una cabra como ofrenda de expiación; y el sacerdote le hará expiación por su pecado.

Sacrificio por el pecado del hombre del pueblo (continuación)

7 Y si no tiene lo suficiente para un cordero, traerá a Jehová en expiación por su pecado que cometió, dos tórtolas o dos palominos, el uno para expiación, y el otro para holocausto.

8 Y los traerá al sacerdote, el cual ofrecerá primero el que es para expiación; y le arrancará de su cuello la cabeza, mas no la separará por completo.

9 Y rociará de la sangre de la expiación sobre la pared del altar; y lo que sobre de la sangre lo exprimirá al pie del altar; es expiación.

10 Y del otro hará holocausto conforme al rito; así el sacerdote hará expiación por el pecado de aquel que lo cometió, y será perdonado.

11 Mas si no tiene lo suficiente para dos tórtolas, o dos palominos, el que pecó traerá como ofrenda la décima parte de un efa de flor de harina para expiación. No pondrá sobre ella aceite, ni sobre ella pondrá incienso, porque es expiación.

12 La traerá, pues, al sacerdote, y el sacerdote tomará de ella un puñado para memoria, y la hará arder en el altar sobre las ofrendas encendidas a Jehová: es expiación.

13 Y hará el sacerdote expiación por él en cuanto al pecado que cometió en alguna de estas cosas, y será perdonado; y el sobrante será del sacerdote, como en la ofrenda de oblación.

Ofrendas expiatorias

14 Habló más Jehová a Moisés, diciendo:

15 Cuando alguna persona cometa falta, y peque por yerro en las cosas santas de Jehová, traerá por su culpa a Jehová un carnero sin defecto de los rebaños, conforme a tu estimación en siclos de plata del siclo del santuario, en ofrenda por el pecado.

16 Y pagará lo que haya defraudado de las cosas santas, y añadirá a ello la quinta parte, y lo dará al sacerdote; y el sacerdote hará expiación por él con el carnero del sacrificio por el pecado, y será perdonado.

17 Finalmente, si una persona peca, o hace alguna de todas aquellas cosas que por mandamiento de Jehová no se han de hacer, aun sin hacerlo a sabiendas, es culpable, y llevará su pecado.

18 Traerá, pues, al sacerdote para expiación, según tú lo estimes, un carnero sin defecto de los rebaños; y el sacerdote le hará expiación por el yerro que cometió por ignorancia, y será perdonado.

19 Es infracción, y ciertamente delinquió contra Jehová.

El sacerdocio y los sacrificios

6 Habló Jehová a Moisés, diciendo:

2 Cuando una persona peque y haga prevaricación contra Jehová, y niegue a su prójimo lo encomendado o dejado en su mano, o bien robe o calumnie a su prójimo,

3 o habiendo hallado lo perdido, después lo niegue, y jure en falso; en alguna de todas aquellas cosas en que suele pecar el hombre,

4 entonces, habiendo pecado y ofendido, restituirá aquello que robó, o el daño de la calumnia, o el depósito que se le encomendó, o lo perdido que halló,

5 o todo aquello sobre que haya jurado falsamente; lo restituirá por entero a aquel a quien pertenece, y añadirá a ello la quinta parte, en el día de su expiación.

6 Y para expiación de su culpa traerá a Jehová un carnero sin defecto de los rebaños, conforme a tu estimación, y lo dará al sacerdote para la expiación.

7 Y el sacerdote hará expiación por él delante de Jehová, y obtendrá perdón de cualquiera de todas las cosas en que se suele ofender.

Leyes sobre los sacrificios

8 Habló aún Jehová a Moisés, diciendo:

9 Manda a Aarón y a sus hijos, y diles: Esta es la ley del holocausto: el holocausto estará sobre el fuego encendido sobre el altar toda la noche, hasta la mañana; el fuego del altar arderá en él.

10 Y el sacerdote se pondrá su vestidura de

lino, y vestirá calzoncillos de lino sobre su cuerpo; y cuando el fuego haya consumido el holocausto apartará él las cenizas de sobre el altar, y las pondrá junto al altar.

11 Después se quitará sus vestiduras y se pondrá otras ropas, y sacará las cenizas fuera del campamento a un lugar limpio.

12 Y el fuego encendido sobre el altar no se apagará, sino que el sacerdote pondrá en él leña cada mañana, y acomodará el holocausto sobre él, y quemará sobre él las gorduras de los sacrificios de paz.

13 El fuego arderá continuamente en el altar; no se apagará.

14 Esta es la ley de la ofrenda: La ofrecerán los hijos de Aarón delante de Jehová ante el altar.

15 Y tomará de ella un puñado de la flor de harina de la ofrenda, y de su aceite, y todo el incienso que está sobre la ofrenda, y lo hará arder sobre el altar por memorial en olor grato a Jehová.

16 Y el sobrante de ella lo comerán Aarón y sus hijos; sin levadura se comerá en lugar santo; en el atrio del tabernáculo de reunión lo comerán.

17 No se cocerá con levadura; la he dado a ellos por su porción de mis ofrendas encendidas; es cosa santísima, como el sacrificio por el pecado, y como el sacrificio por la culpa.

18 Todos los varones de los hijos de Aarón comerán de ella. Estatuto perpetuo será para vuestras generaciones tocante a las ofrendas encendidas para Jehová; toda cosa que toque en ellas será santificada.

19 Habló también Jehová a Moisés, diciendo:

20 Esta es la ofrenda de Aarón y de sus hijos, que ofrecerán a Jehová el día en que sean ungidos: la décima parte de un efa de flor de harina, ofrenda perpetua, la mitad a la mañana y la mitad a la tarde.

21 En sartén se preparará con aceite; frita la traerás, y los pedazos cocidos de la ofrenda ofrecerás en olor grato a Jehová.

22 Y el sacerdote que en lugar de Aarón sea ungido de entre sus hijos, hará igual ofrenda. Es estatuto perpetuo de Jehová; toda ella será quemada.

23 Toda ofrenda de sacerdote será enteramente quemada; no se comerá.

24 Y habló Jehová a Moisés, diciendo:

25 Habla a Aarón y a sus hijos, y diles: Esta es la ley del sacrificio expiatorio: en el lugar donde se degüella el holocausto, será degollada la ofrenda por el pecado delante de Jehová; es cosa santísima.

26 La comerá en lugar santo el sacerdote que la ofrezca por el pecado. Será comida en el atrio del tabernáculo de reunión.

27 Todo lo que toque su carne, será santifi-

cado; y si salpica su sangre sobre el vestido, lavarás aquello sobre lo que caiga, en lugar santo.

28 Y la vasija de barro en que sea cocida, será quebrada; y si es cocida en vasija de bronce, será fregada y lavada con agua.

29 Todo varón de entre los sacerdotes la comerá; es cosa santísima.

30 Mas no se comerá ninguna ofrenda de cuya sangre se meta en el tabernáculo de reunión para hacer expiación en el santuario; al fuego será quemada.

7 Asimismo esta es la ley del sacrificio por la culpa; es cosa muy santa.

2 En el lugar donde degüellan el holocausto, degollarán la víctima por la culpa; y rociará su sangre alrededor sobre el altar.

3 Y de ella ofrecerá toda su gordura, la cola, y la gordura que cubre los intestinos,

4 los dos riñones, la gordura que está sobre ellos, y la que está sobre los ijares; y con los riñones quitará la gordura de sobre el hígado.

5 Y el sacerdote lo hará arder sobre el altar, ofrenda encendida a Jehová; es expiación de la culpa.

6 Todo varón de entre los sacerdotes la comerá; será comida en lugar santo; es cosa muy santa.

7 Como el sacrificio por el pecado, así es el sacrificio por la culpa; una misma ley tendrán; será del sacerdote que haga la expiación con ella.

8 Y el sacerdote que ofrezca holocausto de alguno, la piel del holocausto que ofrezca será para él.

9 Asimismo toda ofrenda que se cueza en horno, y todo lo que sea preparado en sartén o en cazuela, será del sacerdote que lo ofrezca.

10 Y toda ofrenda amasada con aceite, o seca, será de todos los hijos de Aarón, tanto de uno como de otro.

11 Y esta es la ley del sacrificio de paz que se ofrecerá a Jehová:

12 Si se ofrece en acción de gracias, ofrecerá por sacrificio de acción de gracias tortas sin levadura amasadas con aceite, y hojaldres sin levadura untados con aceite, y flor de harina frita en tortas amasadas con aceite.

13 Con tortas de pan leudo presentará su ofrenda en el sacrificio de acciones de gracias de paz.

14 Y de toda ofrenda se presentará una parte por ofrenda elevada a Jehová, la cual será del sacerdote que rocía la sangre de los sacrificios de paz.

15 Y la carne del sacrificio de paz en acción de gracias se comerá en el día que sea ofrecida; no dejarán de ella nada para otro día.

16 Mas si el sacrificio de su ofrenda es voto, o voluntario, será comido en el día que ofrezca su sacrificio, y lo que de él quede, lo comerán al día siguiente;

17 y lo que quede de la carne del sacrificio hasta el tercer día, será quemado en el fuego.

18 Si se come de la carne del sacrificio de paz al tercer día, el que lo ofrezca no será acepto, ni le será contado; abominación será, y la persona que de él coma llevará su pecado.

19 Y la carne que toque alguna cosa inmunda, no se comerá; al fuego será quemada. Toda persona limpia podrá comer la carne;

20 pero la persona que coma la carne del sacrificio de paz, el cual es de Jehová, estando inmunda, aquella persona será cortada de entre su pueblo.

21 Además, la persona que toque alguna cosa inmunda, inmundicia de hombre, o animal inmundo, o cualquier abominación inmunda, y coma la carne del sacrificio de paz, el cual es de Jehová, aquella persona será cortada de entre su pueblo.

22 Habló más Jehová a Moisés, diciendo:

23 Habla a los hijos de Israel, diciendo: Ninguna gordura de buey ni de cordero ni de cabra comeréis.

24 La gordura de animal muerto, y la gordura del que fue despedazado por fieras, se dispondrá para cualquier otro uso, mas no la comeréis.

25 Porque cualquiera que coma gordura de animal, del cual se ofrece a Jehová ofrenda encendida, la persona que lo coma será cortada de entre su pueblo.

26 Además, ninguna sangre comeréis en ningún lugar en donde habitéis, ni de aves ni de bestias.

27 Cualquier persona que coma de alguna sangre, la tal persona será cortada de entre su pueblo.

28 Habló más Jehová a Moisés, diciendo:

29 Habla a los hijos de Israel y diles: El que ofrezca sacrificio de paz a Jehová, traerá ante Jehová una porción de su sacrificio.

30 Con sus propias manos llevará los manjares que se han de quemar ante Jehová; traerá la gordura con el pecho; el pecho para que sea mecido como sacrificio mecido delante de Jehová.

31 Y la gordura la hará arder el sacerdote en el altar, mas el pecho será de Aarón y de sus hijos.

32 Y daréis al sacerdote, para ser elevada en ofrenda, la espaldilla derecha de vuestros sacrificios de paz.

33 El que de los hijos de Aarón ofrezca la sangre de los sacrificios de paz, y la gordura, recibirá la espaldilla derecha como porción suya.

34 Porque he tomado de los sacrificios de paz de los hijos de Israel el pecho que se mece y la espaldilla elevada en ofrenda, y lo he dado a Aarón el sacerdote y a sus hijos, como estatuto perpetuo para los hijos de Israel.

35 Esta es la porción de Aarón y la porción de sus hijos, de las ofrendas encendidas a Jehová, desde el día que él los consagró para ser sacerdotes de Jehová,

36 la cual mandó Jehová que se les diese, desde el día que él los ungió de entre los hijos de Israel, como estatuto perpetuo en sus generaciones.

37 Esta es la ley del holocausto, de la ofrenda, del sacrificio por el pecado, del sacrificio por la culpa, de las consagraciones y del sacrificio de paz,

38 la cual mandó Jehová a Moisés en el monte de Sinay, el día que mandó a los hijos de Israel que ofreciesen sus ofrendas a Jehová, en el desierto de Sinay.

Consagración de Aarón y de sus hijos

8

Habló Jehová a Moisés, diciendo:

2 Toma a Aarón y a sus hijos con él, y las vestiduras, el aceite de la unción, el becerro de la expiación, los dos carneros, y el canastillo de los panes sin levadura;

3 y reúne toda la congregación a la puerta del tabernáculo de reunión.

4 Hizo, pues, Moisés como Jehová le mandó, y se reunió la congregación a la puerta del tabernáculo de reunión.

5 Y dijo Moisés a la congregación: Esto es lo que Jehová ha mandado hacer.

6 Entonces Moisés hizo acercarse a Aarón y a sus hijos, y los lavó con agua.

7 Y puso sobre él la túnica, y le ciñó con el cinto; le vistió después el manto, y puso sobre él el efod, y lo ciñó con el cinto del efod, y lo ajustó con él.

8 Luego le puso encima el pectoral, y puso dentro del mismo el Urim y Tumim.

9 Después puso la mitra sobre su cabeza, y sobre la mitra, enfrente, puso la lámina de oro, la diadema santa, como Jehová había mandado a Moisés.

10 Y tomó Moisés el aceite de la unción y ungió el tabernáculo y todas las cosas que estaban en él, y las santificó.

11 Y roció de él sobre el altar siete veces, y ungió el altar y todos sus utensilios, y la pila y su base, y así los consagró.

12 Y derramó del aceite de la unción sobre la cabeza de Aarón, y lo ungió para consagrarlo.

13 Después Moisés hizo acercarse a los hijos de Aarón, y les vistió las túnicas, les ciñó con cintos, y les ajustó las tiaras, como Jehová lo había mandado a Moisés.

14 Luego hizo traer el becerro de la expiación, y Aarón y sus hijos pusieron sus manos
sobre la cabeza del becerro de la expiación,
15 y lo degolló; y Moisés tomó la sangre, y
puso con su dedo sobre los cuernos del altar
alrededor, y consagró el altar; y echó la
demás sangre al pie del altar, y lo consagró
para hacer sobre él el sacrificio expiatorio.
16 Después tomó toda la gordura que estaba sobre los intestinos, y la gordura del
hígado, y los dos riñones, y la gordura de
ellos, y lo hizo arder Moisés sobre el altar.
17 Mas el becerro, su piel, su carne y su
estiércol, lo quemó al fuego fuera del campamento, como Jehová lo había mandado a
Moisés.
18 Después hizo que trajeran el carnero del
holocausto, y Aarón y sus hijos pusieron sus
manos sobre la cabeza del carnero;
19 y lo degolló; y roció Moisés la sangre
sobre el altar alrededor,
20 y cortó el carnero en trozos; y Moisés
hizo arder la cabeza, y los trozos, y la
gordura.
21 Lavó luego con agua los intestinos y las
piernas, y quemó Moisés todo el carnero
sobre el altar; holocausto de olor grato,
ofrenda encendida para Jehová, como Jehová lo había mandado a Moisés.
22 Después hizo que trajeran el otro carnero, el carnero de las consagraciones, y Aarón y sus hijos pusieron sus manos sobre la
cabeza del carnero.
23 Y lo degolló; y tomó Moisés de la sangre, y la puso sobre el lóbulo de la oreja
derecha de Aarón, sobre el dedo pulgar de
su mano derecha, y sobre el dedo pulgar de
su pie derecho.
24 Hizo acercarse luego a los hijos de Aarón, y puso Moisés de la sangre sobre el
lóbulo de sus orejas derechas, sobre los
pulgares de sus manos derechas, y sobre los
pulgares de sus pies derechos; y roció Moisés la sangre sobre el altar alrededor.
25 Después tomó la gordura, la cola, toda
la gordura que estaba sobre los intestinos, la
gordura del hígado, los dos riñones y la
gordura de ellos, y la espaldilla derecha.
26 Y del canastillo de los panes sin levadura, que estaba delante de Jehová, tomó una
torta sin levadura, y una torta de pan de
aceite, y un hojaldre, y lo puso con la
gordura y con la espaldilla derecha.
27 Y lo puso todo en las manos de Aarón, y
en las manos de sus hijos, e hizo mecerlo
como ofrenda mecida delante de Jehová.
28 Después tomó aquellas cosas Moisés de
las manos de ellos, y las hizo arder en el altar
sobre el holocausto; eran las consagraciones
en olor grato, ofrenda encendida a Jehová.
29 Y tomó Moisés el pecho, y lo meció,
ofrenda mecida delante de Jehová; del car-

nero de las consagraciones aquella fue la
parte de Moisés, como Jehová lo había
mandado a Moisés.
30 Luego tomó Moisés del aceite de la
unción, y de la sangre que estaba sobre el
altar, y roció sobre Aarón, y sobre sus
vestiduras, sobre sus hijos, y sobre las vestiduras de sus hijos con él; y consagró a Aarón
y sus vestiduras, y a sus hijos y sus vestiduras.
31 Y dijo Moisés a Aarón y a sus hijos:
Comed la carne a la puerta del tabernáculo
de reunión; y comedla allí con el pan que
está en el canastillo de las consagraciones,
según yo he mandado, diciendo: Aarón y
sus hijos la comerán.
32 Y lo que sobre de la carne y del pan, lo
quemaréis al fuego.
33 De la puerta del tabernáculo de reunión
no saldréis en siete días, hasta el día que se
cumplan los días de vuestra consagración;
porque por siete días seréis consagrados.
34 De la manera que hoy se ha hecho,
mandó hacer Jehová para expiaros.
35 A la puerta, pues, del tabernáculo de
reunión estaréis día y noche por siete días, y
guardaréis la ordenanza delante de Jehová,
para que no muráis; porque así me ha sido
mandado.
36 Y Aarón y sus hijos hicieron todas las
cosas que mandó Jehová por medio de
Moisés.

Los sacrificios de Aarón

9 En el día octavo, Moisés llamó a Aarón
y a sus hijos, y a los ancianos de Israel;
2 y dijo a Aarón: Toma de la vacada un
becerro para expiación, y un carnero para
holocausto, sin defecto, y ofrécelos delante
de Jehová.
3 Y a los hijos de Israel hablarás diciendo:
Tomad un macho cabrío para expiación, y
un becerro y un cordero de un año, sin
defecto, para holocausto.
4 Asimismo un buey y un carnero para
sacrificio de paz, que inmoléis delante de
Jehová, y una ofrenda amasada con aceite;
porque Jehová se aparecerá hoy a vosotros.
5 Y llevaron lo que mandó Moisés delante
del tabernáculo de reunión, y vino toda la
congregación y se puso delante de Jehová.
6 Entonces Moisés dijo: Esto es lo que
mandó Jehová; hacedlo, y la gloria de Jehová se os aparecerá.
7 Y dijo Moisés a Aarón: Acércate al altar,
y haz tu expiación y tu holocausto, y haz la
reconciliación por ti y por el pueblo; haz
también la ofrenda del pueblo, y haz la
reconciliación por ellos, como ha mandado
Jehová.
8 Entonces se acercó Aarón al altar y dego-

lló el becerro del sacrificio por el pecado, ofrecido a su favor.

9 Y los hijos de Aarón le trajeron la sangre; y él mojó su dedo en la sangre, y puso de ella sobre los cuernos del altar, y derramó el resto de la sangre al pie del altar.

10 E hizo arder sobre el altar la gordura con los riñones y la gordura del hígado de la víctima expiatoria, como Jehová lo había mandado a Moisés.

11 Mas la carne y la piel las quemó al fuego fuera del campamento.

12 Degolló asimismo el holocausto, y los hijos de Aarón le presentaron la sangre, la cual roció él alrededor sobre el altar.

13 Después le presentaron el holocausto pieza por pieza, y la cabeza; y los quemó sobre el altar.

14 Luego lavó los intestinos y las piernas, y los quemó sobre el holocausto en el altar.

15 Ofreció también la ofrenda del pueblo, y tomó el macho cabrío que era para la expiación del pueblo, y lo degolló, y lo ofreció por el pecado como el primero.

16 Y ofreció el holocausto, e hizo según el rito.

17 Ofreció asimismo la ofrenda, y tomando un puñado, lo quemó sobre el altar, además del holocausto de la mañana.

18 Degolló también el buey y el carnero en sacrificio de paz, que era del pueblo; y los hijos de Aarón le presentaron la sangre, la cual roció él sobre el altar alrededor;

19 y las gorduras del buey y del carnero, la cola, la gordura que cubre los intestinos, los riñones, la gordura del hígado;

20 y las gorduras sobre los pechos, y él las quemó sobre el altar.

21 Pero los pechos, con la espaldilla derecha, los meció Aarón como ofrenda mecida delante de Jehová, como Jehová lo había mandado a Moisés.

22 Después alzó Aarón sus manos hacia el pueblo y lo bendijo; y después de hacer la expiación, el holocausto y el sacrificio de paz, descendió.

23 Y entraron Moisés y Aarón en el tabernáculo de reunión, y salieron y bendijeron al pueblo; y la gloria de Jehová se apareció a todo el pueblo.

24 Y salió fuego de delante de Jehová, y consumió el holocausto con las gorduras sobre el altar; y viéndolo todo el pueblo, alabaron, y se postraron sobre sus rostros.

El pecado de Nadab y Abiú

10 Nadab y Abiú, hijos de Aarón, tomaron cada uno su incensario, y pusieron en ellos fuego, sobre el cual pusieron incienso, y ofrecieron delante de Jehová fuego extraño, que él nunca les mandó.

2 Y salió fuego de delante de Jehová y los quemó, y murieron delante de Jehová.

3 Entonces dijo Moisés a Aarón: Esto es lo que habló Jehová, diciendo: En los que a mí se acercan me santificaré, y en presencia de todo el pueblo seré glorificado. Y Aarón calló.

4 Y llamó Moisés a Misael y a Elzafán, hijos de Uziel tío de Aarón, y les dijo: Acercaos y sacad a vuestros hermanos de delante del santuario, fuera del campamento.

5 Y ellos se acercaron y los sacaron con sus túnicas fuera del campamento, como dijo Moisés.

6 Entonces Moisés dijo a Aarón, y a Eleazar e Itamar sus hijos: No descubráis vuestras cabezas, ni rasguéis vuestros vestidos en señal de duelo, para que no muráis, ni se levante la ira sobre toda la congregación; pero vuestros hermanos, toda la casa de Israel, sí lamentarán por el incendio que Jehová ha hecho.

7 Ni saldréis de la puerta del tabernáculo de reunión, porque moriréis; por cuanto el aceite de la unción de Jehová está sobre vosotros. Y ellos hicieron conforme al dicho de Moisés.

8 Y Jehová habló a Aarón, diciendo:

9 Tú, y tus hijos contigo, no beberéis vino ni sidra cuando entréis en el tabernáculo de reunión, para que no muráis; estatuto perpetuo será para vuestras generaciones,

10 para poder discernir entre lo santo y lo profano, y entre lo inmundo y lo limpio,

11 y para enseñar a los hijos de Israel todos los estatutos que Jehová les ha dicho por medio de Moisés.

La porción de los sacerdotes en las ofrendas

12 Y Moisés dijo a Aarón, y a Eleazar y a Itamar sus hijos que habían quedado: Tomad la ofrenda que queda de las ofrendas encendidas a Jehová, y comedla sin levadura junto al altar, porque es cosa muy santa.

13 La comeréis, pues, en lugar santo; porque esto es para ti y para tus hijos, de las ofrendas encendidas a Jehová, pues que así me ha sido mandado.

14 Comeréis asimismo en lugar limpio, tú y tus hijos y tus hijas contigo, el pecho mecido y la espaldilla elevada, porque por derecho son tuyos y de tus hijos, dados de los sacrificios de paz de los hijos de Israel.

15 Con las ofrendas de las gorduras que se han de quemar, traerán la espaldilla que se ha de elevar y el pecho que será mecido como ofrenda mecida delante de Jehová; y será por derecho perpetuo tuyo y de tus hijos, como Jehová lo ha mandado.

16 Y Moisés preguntó por el macho cabrío de la expiación, y se halló que había sido

quemado; y se enojó contra Eleazar e Itamar, los hijos que habían quedado de Aarón, diciendo:

17 ¿Por qué no comisteis la expiación en lugar santo? Pues es muy santa, y la dio él a vosotros para llevar la iniquidad de la congregación, para que sean reconciliados delante de Jehová.

18 Ved que la sangre no fue llevada dentro del santuario; y vosotros debíais comer la ofrenda en el lugar santo, como yo mandé.

19 Y respondió Aarón a Moisés: He aquí hoy han ofrecido su expiación y su holocausto delante de Jehová; pero a mí me han sucedido estas cosas, y si hubiera yo comido hoy del sacrificio de expiación, ¿sería esto grato a Jehová?

20 Y cuando Moisés oyó esto, se dio por satisfecho.

Animales limpios e inmundos

11 Habló Jehová a Moisés y a Aarón, diciéndoles:

2 Hablad a los hijos de Israel y decidles: Estos son los animales que comeréis de entre todos los animales que hay sobre la tierra.

3 De entre los animales, todo el que tiene pezuña hendida y que rumia, éste comeréis.

4 Pero de los que rumian o que tienen pezuña, no comeréis éstos: el camello, porque rumia pero no tiene pezuña hendida, lo tendréis por inmundo.

5 También el conejo, porque rumia, pero no tiene pezuña, lo tendréis por inmundo.

6 Asimismo la liebre, porque rumia, pero no tiene pezuña, la tendréis por inmunda.

7 También el cerdo, que tiene pezuñas hendidas, pero no rumia, lo tendréis por inmundo.

8 De la carne de ellos no comeréis, ni tocaréis su cuerpo muerto; los tendréis por inmundos.

Animales acuáticos

9 Esto comeréis de todos los animales que viven en las aguas: todos los que tienen aletas y escamas en las aguas del mar, y en los ríos, estos comeréis.

10 Pero todos los que no tienen aletas ni escamas en el mar y en los ríos, así de todo lo que se mueve como de toda cosa viviente, que está en las aguas, los tendréis en abominación.

11 Os serán, pues, abominación; de su carne no comeréis, y abominaréis sus cuerpos muertos.

12 Todo lo que no tiene aletas y escamas en las aguas, tendréis en abominación.

13 Y de las aves, éstas tendréis en abominación; no se comerán, serán abominación: el águila, el quebrantahuesos, el azor,

14 el gallinazo, el milano según su especie;

15 todo cuervo según su especie;

16 el avestruz, la lechuza, la gaviota, el gavilán según su especie;

17 el búho, el somormujo, el ibis,

18 el calamón, el pelícano, el buitre,

19 la cigüeña, la garza según su especie, la abubilla y el murciélago.

Bichos alados

20 Todo volátil que anda sobre cuatro patas, tendréis en abominación.

21 Pero de todo volátil que anda sobre cuatro patas, comeréis los que tengan piernas traseras *más largas* para saltar sobre la tierra;

22 estos comeréis de ellos: la langosta según su especie, el langostín según su especie, el argol según su especie, y el hagab según su especie.

23 Todo insecto alado que tenga cuatro patas, tendréis en abominación.

Contacto de animales impuros

24 Y por estas cosas seréis inmundos: cualquiera que toque sus cuerpos muertos será inmundo hasta la noche;

25 y cualquiera que lleve algo de sus cadáveres lavará sus vestidos, y será inmundo hasta la noche.

26 Todo animal de pezuña, pero que no tiene pezuña hendida, ni rumia, tendréis por inmundo; y cualquiera que los toque será inmundo;

27 Y de todos los animales que andan en cuatro patas, tendréis por inmundo a cualquiera que ande sobre sus garras; y todo el que toque sus cadáveres será inmundo hasta la noche.

28 Y el que lleve sus cadáveres, lavará sus vestidos, y será inmundo hasta la noche; los tendréis por inmundos.

29 Y tendréis por inmundos a estos animales que se mueven sobre la tierra: la comadreja, el ratón, la rana según su especie,

30 el erizo, el cocodrilo, el lagarto, la lagartija y el camaleón.

31 Éstos tendréis por inmundos de entre los animales que se mueven, y cualquiera que toque sus cadáveres será inmundo hasta la noche.

32 Y todo aquello sobre lo que caiga algo de ellos después de muertos, será inmundo; sea cosa de madera, vestido, piel, saco, sea cualquier instrumento con que se trabaja, será metido en agua, y quedará inmundo hasta la noche; entonces quedará limpio.

33 Toda vasija de barro dentro de la cual caiga alguno de ellos será inmunda, así

como todo lo que esté en ella, y quebraréis la vasija.

34 Todo alimento que se come, sobre el cual caiga el agua de tales vasijas, será inmundo; y toda bebida que haya en esas vasijas será inmunda.

35 Todo aquello sobre lo que caiga algo del cadáver de ellos será inmundo; el horno u hornillos se derribarán; son inmundos, y por inmundos los tendréis.

36 Con todo, la pila y la cisterna donde se recogen aguas serán limpias; mas lo que haya tocado en los cadáveres será inmundo.

37 Y si cae algo de los cadáveres sobre alguna semilla que se haya de sembrar, será limpia.

38 Mas si se ha puesto agua en la semilla, y cae algo de los cadáveres sobre ella, la tendréis por inmunda.

39 Y si algún animal que tenéis para comer muere, el que toque su cadáver será inmundo hasta la noche.

40 Y el que coma del cuerpo muerto, lavará sus vestidos y será inmundo hasta la noche; asimismo el que saque el cuerpo muerto, lavará sus vestidos y será inmundo hasta la noche.

41 Y todo reptil que se arrastra sobre la tierra es abominación; no se comerá.

42 Todo lo que anda sobre el pecho, y todo lo que anda sobre cuatro o más patas, de todo animal que se arrastra sobre la tierra, no lo comeréis, porque es abominación.

43 No hagáis abominables vuestras personas con ningún animal que se arrastra, ni os contaminéis con ellos, ni seáis inmundos por ellos.

44 Porque yo soy Jehová vuestro Dios; vosotros, por tanto, os santificaréis, y seréis santos, porque yo soy santo; así que no contaminéis vuestras personas con ningún animal que se arrastre sobre la tierra.

45 Porque yo soy Jehová, que os hago subir de la tierra de Egipto para ser vuestro Dios: seréis, pues, santos, porque yo soy santo.

Conclusión

46 Esta es la ley acerca de las bestias, y las aves, y todo ser viviente que se mueve en las aguas, y todo animal que se arrastra sobre la tierra,

47 para hacer diferencia entre lo inmundo y lo limpio, y entre los animales que se pueden comer y los animales que no se pueden comer.

La purificación de la mujer después del parto

12 Habló Jehová a Moisés, diciendo:

2 Habla a los hijos de Israel y diles: La mujer cuando conciba y dé a luz varón, será inmunda siete días; conforme a los días de su menstruación será inmunda.

3 Y al octavo día se circuncidará al niño.

4 Mas ella permanecerá treinta y tres días purificándose de su sangre; ninguna cosa santa tocará, ni vendrá al santuario, hasta cuando sean cumplidos los días de su purificación.

5 Y si da a luz hija, será inmunda dos semanas, conforme a su separación, y sesenta y seis días estará purificándose de su sangre.

6 Cuando los días de su purificación se hayan cumplido, por hijo o por hija, traerá un cordero de un año para holocausto, y un palomino o una tórtola para expiación, a la puerta del tabernáculo de reunión, al sacerdote;

7 y él los ofrecerá delante de Jehová, y hará expiación por ella, y será limpia del flujo de su sangre. Esta es la ley para la que da a luz hijo o hija.

8 Y si no tiene lo suficiente para un cordero, tomará entonces dos tórtolas o dos palominos, uno para holocausto y otro para expiación; y el sacerdote hará expiación por ella, y será limpia.

Leyes acerca de la lepra

13 Habló Jehová a Moisés y a Aarón, diciendo:

2 Cuando el hombre tenga en la piel de su cuerpo hinchazón, o erupción, o mancha blanca, y haya en la piel de su cuerpo como llaga de lepra, será traído a Aarón el sacerdote o a uno de sus hijos los sacerdotes.

3 Y el sacerdote mirará la llaga en la piel del cuerpo; si el pelo en la llaga se ha vuelto blanco, y parece la llaga más profunda que la piel de la carne, llaga de lepra es; y el sacerdote le reconocerá, y le declarará inmundo.

4 Y si en la piel de su cuerpo hay mancha blanca, pero que no parece más profunda que la piel, ni el pelo se ha vuelto blanco, entonces el sacerdote encerrará al llagado por siete días.

5 Y al séptimo día el sacerdote lo mirará; y si la llaga conserva el mismo aspecto, no habiéndose extendido en la piel, entonces el sacerdote le volverá a encerrar por otros siete días.

6 Y al séptimo día el sacerdote le reconocerá de nuevo; y si parece haberse oscurecido la llaga, y que no ha cundido en la piel, entonces el sacerdote lo declarará limpio: era erupción; y lavará sus vestidos, y será limpio.

7 Pero si se ha extendido la erupción en la piel después que él se mostró al sacerdote

para ser limpio, deberá mostrarse otra vez al sacerdote.

8 Y si reconociéndolo el sacerdote ve que la erupción se ha extendido en la piel, lo declarará inmundo: es lepra.

Lepra arraigada

9 Cuando haya llaga de lepra en el hombre, será traído al sacerdote.

10 Y éste lo mirará, y si aparece tumor blanco en la piel, el cual haya mudado el color del pelo, y se descubre asimismo la carne viva,

11 es lepra crónica en la piel de su cuerpo; y le declarará inmundo el sacerdote, y no le encerrará, porque es inmundo.

12 Mas si brota la lepra cundiendo por la piel, de modo que cubra toda la piel del llagado desde la cabeza hasta sus pies, hasta donde pueda ver el sacerdote,

13 entonces éste le reconocerá; y si la lepra ha cubierto todo su cuerpo, declarará limpio al llagado; toda ella se ha vuelto blanca, y él es limpio.

14 Mas el día que aparezca en él la carne viva, será inmundo.

15 Y el sacerdote mirará la carne viva, y lo declarará inmundo. Es inmunda [*cuando aparece*] la carne viva; es lepra.

16 Mas cuando la carne viva cambie y se vuelva blanca, entonces vendrá al sacerdote,

17 y el sacerdote mirará; y si la llaga se ha vuelto blanca, el sacerdote declarará limpio al que tenía la llaga, y será limpio.

Divieso

18 Y cuando en la piel de la carne haya divieso, y se sane,

19 y en el lugar del divieso haya una hinchazón, o una mancha blanca rojiza, será mostrado al sacerdote.

20 Y el sacerdote mirará; y si parece estar más profunda que la piel, y su pelo se ha vuelto blanco, el sacerdote lo declarará inmundo; es llaga de lepra que se originó en el divieso.

21 Y si el sacerdote la considera, y no aparece en ella pelo blanco, ni es más profunda que la piel, sino oscura, entonces el sacerdote le encerrará por siete días;

22 y si se va extendiendo por la piel, entonces el sacerdote lo declarará inmundo; es llaga leprosa.

23 Pero si la mancha blanca se está en su lugar, y no se ha extendido, es la cicatriz de úlcera *curable*, y el sacerdote lo declarará limpio.

24 Asimismo cuando haya en la piel del cuerpo quemadura de fuego, y haya en lo sanado del fuego mancha blanquecina, rojiza o blanca,

25 el sacerdote la mirará; y si el pelo se ha vuelto blanco en la mancha, y ésta parece ser más profunda que la piel, es lepra que salió en la quemadura; y el sacerdote lo declarará inmundo, por ser llaga de lepra.

26 Mas si el sacerdote la mira, y no aparece en la mancha pelo blanco, ni es más profunda que la piel, sino que está oscura, le encerrará el sacerdote por siete días.

27 Y al séptimo día el sacerdote la reconocerá; y si se ha ido extendiendo por la piel, el sacerdote lo declarará inmundo; es llaga de lepra.

28 Pero si la mancha se está en su lugar, y no se ha extendido en la piel, sino que está oscura, es la cicatriz de la quemadura; el sacerdote lo declarará limpio, porque señal de la quemadura es.

29 Y al hombre o mujer que le salga llaga en la cabeza, o en la barba,

30 el sacerdote mirará la llaga; y si parece ser más profunda que la piel, y el pelo de ella es amarillento y delgado, entonces el sacerdote lo declarará inmundo; es tiña, es lepra de la cabeza o de la barba.

31 Mas cuando el sacerdote haya mirado la llaga de la tiña, y no parezca ser más profunda que la piel, ni haya en ella pelo negro, el sacerdote encerrará por siete días al llagado de la tiña;

32 y al séptimo día el sacerdote mirará la llaga; y si la tiña no parece haberse extendido, ni hay en ella pelo amarillento, ni parece la tiña más profunda que la piel,

33 entonces le hará que se rasure, pero no rasurará el lugar afectado; y el sacerdote encerrará por otros siete días al que tiene la tiña.

34 Y al séptimo día mirará el sacerdote la tiña; y si la tiña no ha cundido en la piel, ni parece ser más profunda que la piel, el sacerdote lo declarará limpio; y lavará sus vestidos y será limpio.

35 Pero si la tiña se ha ido extendiendo en la piel después de su purificación,

36 entonces el sacerdote la mirará; y si la tiña ha cundido en la piel, no busque el sacerdote el pelo amarillento; es inmundo.

37 Mas si le parece que la tiña está detenida, y que ha salido en ella el pelo negro, la tiña está sanada; él está limpio, y limpio lo declarará el sacerdote.

38 Asimismo cuando el hombre o la mujer tenga en la piel de su cuerpo manchas, manchas blancas,

39 el sacerdote mirará, y si en la piel de su cuerpo aparecen manchas blancas algo oscurecidas, es empeine que brotó en la piel; está limpia la persona.

40 Y el hombre, cuando se le caiga el cabello, es calvo, pero limpio.

41 Y si hacia su frente se le cae el cabello, es calvo por delante, pero limpio.

42 Mas cuando en la calva o en la antecalva hay llaga blanca rojiza, lepra es que brota en su calva o en su antecalva.

43 Entonces el sacerdote lo mirará, y si la hinchazón de la llaga blanca rojiza en su calva o en su antecalva tiene el aspecto de la lepra de la piel del cuerpo,

44 leproso es, es inmundo, y el sacerdote lo declarará luego inmundo; en su cabeza tiene la llaga.

45 Y el leproso en quien haya llaga llevará vestidos rasgados y su cabeza descubierta, y embozado gritará: ¡Inmundo!, ¡inmundo!

46 Todo el tiempo que la llaga esté en él, será inmundo; estará impuro, y habitará solo; fuera del campamento será su morada.

47 Cuando en un vestido haya plaga de lepra, ya sea vestido de lana, o de lino,

48 o en urdimbre o en trama de lino o de lana, o en cuero, o en cualquier obra de cuero;

49 y la plaga es verdosa, o rojiza, en vestido o en cuero, en urdimbre o en trama, o en cualquier obra de cuero; plaga es de lepra, y se ha de mostrar al sacerdote.

50 Y el sacerdote mirará la plaga, y encerrará la cosa plagada por siete días.

51 Y al séptimo día mirará la plaga; y si se ha extendido la plaga en el vestido, en la urdimbre o en la trama, en el cuero, o en cualquier obra que se hace de cuero, lepra maligna es la plaga; inmunda será.

52 Será quemado el vestido, la urdimbre o trama de lana o de lino, o cualquiera obra de cuero en que haya tal plaga, porque lepra maligna es; al fuego será quemada.

53 Y si el sacerdote mira, y no parece que la plaga se haya extendido en el vestido, en la urdimbre o en la trama, o en cualquier obra de cuero,

54 entonces el sacerdote mandará que laven donde está la plaga, y lo encerrará otra vez por siete días.

55 Y el sacerdote mirará después que la plaga haya sido lavada; y si parece que la plaga no ha cambiado de aspecto, aunque no se haya extendido la plaga, inmunda es; la quemarás al fuego; es corrosión penetrante, esté lo raído en el derecho o en el revés de aquella cosa.

56 Mas si el sacerdote la ve, y parece que la plaga se ha oscurecido después que fue lavada, la cortará del vestido, del cuero, de la urdimbre o de la trama.

57 Y si aparece de nuevo en el vestido, la urdimbre o trama, o en cualquier cosa de cuero, extendiéndose en ellos, quemarás al fuego aquello en que esté la plaga.

58 Pero el vestido, la urdimbre o la trama, o cualquier cosa de cuero que laves, y que se le quite la plaga, se lavará segunda vez, y entonces será limpia.

59 Esta es la ley para la plaga de la lepra del vestido de lana o de lino, o de urdimbre o de trama, o de cualquier cosa de cuero, para que sea declarada limpia o inmunda.

Purificación del leproso

14 Y habló Jehová a Moisés, diciendo:
2 Esta será la ley para el leproso cuando se limpie: Será traído al sacerdote,

3 y éste saldrá fuera del campamento y lo examinará; y si ve que está sana la plaga de la lepra del leproso,

4 el sacerdote mandará luego que se tomen para el que se purifica dos avecillas vivas, limpias, y madera de cedro, grana e hisopo.

5 Y mandará el sacerdote inmolar una avecilla sobre un vaso de barro, que contenga agua viva.

6 Después tomará la avecilla viva, el cedro, la grana y el hisopo, y los mojará con la avecilla viva en la sangre de la avecilla muerta sobre el agua viva;

7 y rociará siete veces sobre el que se purifica de la lepra, y le declarará limpio; y soltará la avecilla viva en el campo.

8 Y el que se purifica lavará sus vestidos, y raerá todo su pelo, y se lavará con agua, y será limpio; y después entrará en el campamento, y morará fuera de su tienda siete días.

9 Y el séptimo día raerá todo el pelo de su cabeza, su barba y las cejas de sus ojos y todo su pelo, y lavará sus vestidos, y lavará su cuerpo en agua, y será limpio.

10 El día octavo tomará dos corderos sin defecto, y una cordera de un año sin tacha, y tres décimas de efa de flor de harina para ofrenda amasada con aceite, y un cuarto de litro de aceite.

11 Y el sacerdote que le purifica presentará delante de Jehová al que se ha de limpiar, con aquellas cosas, a la puerta del tabernáculo de reunión;

12 y tomará el sacerdote un cordero y lo ofrecerá por la culpa, con la alcuza de aceite, y lo mecerá como ofrenda mecida delante de Jehová.

13 Y degollará el cordero en el lugar donde se degüella el sacrificio por el pecado y el holocausto, en el lugar del santuario; porque como la víctima por el pecado, así también la víctima por la culpa es del sacerdote; es cosa muy sagrada.

14 Y el sacerdote tomará de la sangre de la víctima por la culpa, y la pondrá el sacerdote sobre el lóbulo de la oreja derecha del que se purifica, sobre el pulgar de su mano derecha y sobre el pulgar de su pie derecho.

15 Asimismo el sacerdote tomará de la

alcuza de aceite, y lo echará sobre la palma de su mano izquierda.

16 y mojará su dedo derecho en el aceite que tiene en su mano izquierda, y esparcirá del aceite con su dedo siete veces delante de Jehová.

17 Y de lo que quede del aceite que tiene en su mano, pondrá el sacerdote sobre el lóbulo de la oreja derecha del que se purifica, sobre el pulgar de su mano derecha y sobre el pulgar de su pie derecho, encima de la sangre del sacrificio por la culpa.

18 Y lo que quede del aceite que tiene en su mano, lo pondrá sobre la cabeza del que se purifica; y hará el sacerdote expiación por él delante de Jehová.

19 Ofrecerá luego el sacerdote el sacrificio por el pecado, y hará expiación por el que se ha de purificar de su inmundicia; y después degollará el holocausto.

20 y hará subir el sacerdote el holocausto y la ofrenda sobre el altar. Así hará el sacerdote expiación por él, y será limpio.

21 Mas si es pobre, y no tiene para tanto, entonces tomará un cordero para ser ofrecido como ofrenda mecida por la culpa, para reconciliarse, y una décima de efa de flor de harina amasada con aceite para ofrenda, y una alcuza de aceite,

22 y dos tórtolas o dos palominos, según pueda; uno será para expiación por el pecado, y el otro para holocausto.

23 Al octavo día de su purificación traerá estas cosas al sacerdote, a la puerta del tabernáculo de reunión, delante de Jehová.

24 Y el sacerdote tomará el cordero de la expiación por la culpa, y la alcuza de aceite, y los mecerá el sacerdote como ofrenda mecida delante de Jehová.

25 Luego degollará el cordero de la culpa, y el sacerdote tomará de la sangre de la culpa, y la pondrá sobre el lóbulo de la oreja derecha del que se purifica, sobre el pulgar de su mano derecha y sobre el pulgar de su pie derecho.

26 Y el sacerdote echará del aceite sobre la palma de su mano izquierda;

27 y con su dedo derecho el sacerdote rociará del aceite que tiene en su mano izquierda, siete veces delante de Jehová.

28 También el sacerdote pondrá del aceite que tiene en su mano sobre el lóbulo de la oreja derecha del que se purifica, sobre el pulgar de su mano derecha y sobre el pulgar de su pie derecho, en el lugar de la sangre de la culpa.

29 Y lo que sobre del aceite que el sacerdote tiene en su mano, lo pondrá sobre la cabeza del que se purifica, para reconciliarlo delante de Jehová.

30 Asimismo ofrecerá una de las tórtolas o uno de los palominos, según pueda.

31 Uno en sacrificio de expiación por el pecado, y el otro en holocausto, además de la ofrenda; y hará el sacerdote expiación por el que se ha de purificar, delante de Jehová.

32 Esta es la ley para el que haya tenido plaga de lepra, y no le llegue más para su purificación.

La lepra de las casas

33 Habló también Jehová a Moisés y a Aarón, diciendo:

34 Cuando hayáis entrado en la tierra de Canaán, la cual yo os doy en posesión, si pongo yo plaga de lepra en alguna casa de la tierra de vuestra posesión,

35 vendrá aquel de quien sea la casa y dará aviso al sacerdote, diciendo: Algo como plaga ha aparecido en mi casa.

36 Entonces el sacerdote mandará desocupar la casa antes que entre a mirar la plaga, para que no sea contaminado todo lo que haya en la casa; y después el sacerdote entrará a examinarla.

37 Y examinará la plaga; y si se ven manchas en las paredes de la casa, manchas verdosas o rojizas, las cuales parezcan más profundas que la superficie de la pared,

38 el sacerdote saldrá de la casa a la puerta de ella, y cerrará la casa por siete días.

39 Y al séptimo día volverá el sacerdote, y la examinará; y si la plaga se ha extendido en las paredes de la casa,

40 entonces mandará el sacerdote, y arrancarán las piedras en que esté la plaga, y las echarán fuera de la ciudad en lugar inmundo.

41 Y hará raspar la casa por dentro alrededor, y derramarán fuera de la ciudad, en lugar inmundo, el barro que rasparen.

42 Y tomarán otras piedras y las pondrán en lugar de las piedras quitadas; y tomarán otro barro y recubrirán la casa.

43 Y si la plaga vuelve a brotar en aquella casa, después que hizo arrancar las piedras y raspar la casa, y después que fue recubierta,

44 entonces el sacerdote entrará y la examinará; y si pareciere haberse extendido la plaga en la casa, es lepra maligna en la casa: inmunda es.

45 Derribará, por tanto, la tal casa, sus piedras, sus maderos y toda la mezcla de la casa; y sacarán todo fuera de la ciudad a lugar inmundo.

46 Y cualquiera que entre en aquella casa durante los días en que la mandó cerrar, será inmundo hasta la noche.

47 Y el que duerma en aquella casa, lavará sus vestidos; también el que coma en la casa lavará sus vestidos.

48 Mas si entra el sacerdote y la examina, y ve que la plaga no se ha extendido en la casa

después que fue recubierta, el sacerdote declarará limpia la casa, porque la plaga ha desaparecido.

49 Entonces tomará para limpiar la casa dos avecillas, y madera de cedro, grana e hisopo;

50 y degollará una avecilla en una vasija de barro sobre aguas corrientes.

51 Y tomará el cedro, el hisopo, la grana y la avecilla viva, y los mojará en la sangre de la avecilla muerta y en las aguas vivas, y rociará la casa siete veces.

52 Y purificará la casa con la sangre de la avecilla, con las aguas vivas, con la avecilla viva, la madera de cedro, el hisopo y la grana.

53 Luego soltará la avecilla viva fuera de la ciudad sobre la faz del campo. Así hará expiación por la casa, y será limpia.

54 Esta es la ley acerca de toda plaga de lepra y de tiña,

55 y de lepra del vestido, y de la casa,

56 y acerca de la hinchazón, y de la erupción, y de la mancha blanca,

57 para enseñar cuándo es inmundo, y cuándo limpio. Esta es la ley tocante a la lepra.

Impurezas sexuales

15 Habló Jehová a Moisés y a Aarón, diciendo:

2 Hablad a los hijos de Israel y decidles: Cualquier varón, cuando tenga flujo de semen, será inmundo.

3 En esto consiste su impureza causada por su flujo: sea que su cuerpo destile semen, o que haya dejado *recientemente* de destilarlo, él será inmundo.

4 Toda cama en que se acueste el que tiene flujo, será inmunda; y toda cosa sobre la que se siente, inmunda será.

5 Y cualquiera que toque su cama lavará sus vestidos; se lavará también a sí mismo con agua, y será inmundo hasta la noche.

6 Y el que se siente sobre aquello en que se haya sentado el que tiene flujo, lavará sus vestidos, se lavará también a sí mismo con agua, y será inmundo hasta la noche.

7 Asimismo el que toque el cuerpo del que tiene flujo, lavará sus vestidos, y a sí mismo se lavará con agua, y será inmundo hasta la noche.

8 Y si el que tiene flujo escupe sobre el limpio, éste lavará sus vestidos, y después de haberse lavado con agua, será inmundo hasta la noche.

9 Y toda montura sobre la que cabalgue el que tenga flujo será inmunda.

10 Cualquiera que toque cualquier cosa que haya estado debajo de él, será inmundo hasta la noche; y el que la lleve, lavará sus

vestidos, y después de lavarse con agua, será inmundo hasta la noche.

11 Y todo aquel a quien toque el que tiene flujo, y no lave con agua sus manos, lavará sus vestidos, y a sí mismo se lavará con agua, y será inmundo hasta la noche.

12 La vasija de barro que toque el que tiene flujo será quebrada, y toda vasija de madera será lavada con agua.

13 Cuando haya sanado de su flujo el que tiene flujo, contará siete días para su purificación, y lavará sus vestidos, y lavará su cuerpo en aguas vivas, y será limpio.

14 Y el octavo día tomará dos tórtolas o dos palominos, y vendrá delante de Jehová a la puerta del tabernáculo de reunión, y los dará al sacerdote;

15 y el sacerdote hará del uno ofrenda por el pecado, y del otro holocausto; y el sacerdote le purificará de su flujo delante de Jehová.

16 Cuando el hombre tenga emisión de semen, lavará en agua todo su cuerpo, y será inmundo hasta la noche.

17 Y toda vestidura, o toda piel sobre la cual caiga el derrame del semen, se lavará con agua, y será inmunda hasta la noche.

18 Y cuando un hombre yazca con una mujer y tenga derrame de semen, ambos se lavarán con agua, y serán inmundos hasta la noche.

19 Cuando la mujer tenga flujo de sangre, y su flujo es en su cuerpo, siete días estará apartada; y cualquiera que la toque será inmundo hasta la noche.

20 Todo aquello sobre lo que ella se acueste mientras esté manchada, será inmundo; también todo aquello sobre lo que se siente será inmundo.

21 Y cualquiera que toque su cama, lavará sus vestidos, y después de lavarse con agua, será inmundo hasta la noche.

22 También cualquiera que toque cualquier mueble sobre el que ella se haya sentado, lavará sus vestidos; se lavará luego a sí mismo con agua, y será inmundo hasta la noche.

23 Y lo esté sobre la cama, o sobre la silla en que ella se haya sentado, el que lo toque será inmundo hasta la noche.

24 Si alguno duerme con ella, y su menstruo le mancha, será inmundo por siete días; y toda cama sobre la que duerma, será inmunda.

25 Y la mujer, cuando continúe el flujo de su sangre por muchos días fuera del tiempo de su costumbre, o cuando tenga flujo de sangre más de su costumbre, todo el tiempo de su flujo será inmunda como en los días de su costumbre.

26 Toda cama en que duerma todo el tiempo de su flujo, le será como la cama de su

menstruación; y todo mueble sobre el que se siente, será inmundo, como la impureza de su menstruación.

27 Cualquiera que toque esas cosas será inmundo; y lavará sus vestidos, y a sí mismo se lavará con agua, y será inmundo hasta la noche.

28 Y cuando sane de su flujo, contará siete días, y después será limpia.

29 Y el octavo día tomará consigo dos tórtolas o dos palominos, y los traerá al sacerdote, a la puerta del tabernáculo de reunión;

30 y el sacerdote hará del uno ofrenda por el pecado, y del otro holocausto; y la purificará el sacerdote delante de Jehová del flujo de su impureza.

31 Así apartaréis de sus impurezas a los hijos de Israel, a fin de que no mueran por sus impurezas por haber contaminado mi tabernáculo que está entre ellos.

32 Esta es la ley para el que tiene flujo, y para el que tiene derrame de semen, viniendo a ser inmundo a causa de ello;

33 y para la que padece su menstruo, y para el que tenga flujo, sea varón o mujer, y para el hombre que duerma con mujer inmunda.

El gran día de la expiación

16 Habló Jehová a Moisés después de la muerte de los dos hijos de Aarón, cuando se acercaron *imprudentemente* delante de Jehová, y murieron.

2 Y Jehová dijo a Moisés: Di a Aarón tu hermano, que no en todo tiempo entre en el santuario detrás del velo, delante del propiciatorio que está sobre el arca, para que no muera; porque yo apareceré en la nube sobre el propiciatorio.

3 Con esto entrará Aarón en el santuario: con un becerro para expiación, y un carnero para holocausto.

4 Se vestirá la túnica santa de lino, y sobre su cuerpo tendrá calzoncillos de lino, y se ceñirá el cinto de lino, y con la mitra de lino se cubrirá. Son las santas vestiduras; con ellas se ha de vestir después de lavar su cuerpo con agua.

5 Y de la congregación de los hijos de Israel tomará dos machos cabríos para expiación, y un carnero para holocausto.

6 Y hará traer Aarón el becerro de la expiación que es suyo, y hará la reconciliación por sí y por su casa.

7 Después tomará los dos machos cabríos y los presentará delante de Jehová, a la puerta del tabernáculo de reunión.

8 Y echará suertes Aarón sobre los dos machos cabríos; una suerte por Jehová, y otra suerte por Azazel.

9 Y hará traer Aarón el macho cabrío sobre el cual caiga la suerte por Jehová, y lo ofrecerá en expiación.

10 Mas el macho cabrío sobre el cual caiga la suerte por Azazel, lo presentará vivo delante de Jehová para hacer la reconciliación sobre él, para enviarlo a Azazel al desierto.

11 Y hará traer Aarón el becerro que era para expiación suya, y hará la reconciliación por sí y por su casa, y degollará en expiación el becerro que es suyo.

12 Después tomará un incensario lleno de brasas de fuego del altar de delante de Jehová, y sus puños llenos del perfume aromático molido, y lo llevará detrás del velo.

13 Y pondrá el perfume sobre el fuego delante de Jehová, y la nube del perfume cubrirá el propiciatorio que está sobre el testimonio, para que no muera.

14 Tomará luego de la sangre del becerro, y la rociará con su dedo hacia el propiciatorio al lado oriental; hacia el propiciatorio esparcirá con su dedo siete veces de aquella sangre.

15 Después degollará el macho cabrío en expiación por el pecado del pueblo, y llevará la sangre detrás del velo adentro, y hará de la sangre como hizo con la sangre del becerro, y la esparcirá sobre el propiciatorio y delante del propiciatorio.

16 Así purificará el santuario, a causa de las impurezas de los hijos de Israel, de sus rebeliones y de todos sus pecados; de la misma manera hará también al tabernáculo de reunión, el cual reside entre ellos en medio de sus impurezas.

17 Ningún hombre estará en el tabernáculo de reunión cuando él entre a hacer la expiación en el santuario, hasta que él salga, y haya hecho la expiación por sí, por su casa y por toda la congregación de Israel.

18 Y saldrá al altar que está delante de Jehová, y lo expiará, y tomará de la sangre del becerro y de la sangre del macho cabrío, y la pondrá sobre los cuernos del altar alrededor.

19 Y esparcirá sobre él de la sangre con su dedo siete veces, y lo limpiará, y lo santificará de las inmundicias de los hijos de Israel.

20 Cuando haya acabado de expiar el santuario y el tabernáculo de reunión y el altar, hará traer el macho cabrío vivo;

21 y pondrá Aarón sus dos manos sobre la cabeza del macho cabrío vivo, y confesará sobre él todas las iniquidades de los hijos de Israel, todas sus rebeliones y todos sus pecados, poniéndolos así sobre la cabeza del macho cabrío, y lo enviará al desierto por mano de un hombre destinado para esto.

22 Y aquel macho cabrío llevará sobre sí todas las iniquidades de ellos a tierra inhabi-

tada; y dejará ir el macho cabrío por el desierto.

23 Después vendrá Aarón al tabernáculo de reunión, y se quitará las vestiduras de lino que había vestido para entrar en el santuario, y las pondrá allí.

24 Lavará luego su cuerpo con agua en el lugar del santuario, y después de ponerse sus vestidos saldrá, y hará su holocausto, y el holocausto del pueblo, y hará la expiación por sí y por el pueblo.

25 Y quemará en el altar la gordura del sacrificio por el pecado.

26 El que haya llevado el macho cabrío a Azazel, lavará sus vestidos, lavará también con agua su cuerpo, y después entrará en el campamento.

27 Y sacarán fuera del campamento el becerro y el macho cabrío inmolados por el pecado, cuya sangre fue llevada al santuario para hacer la expiación; y quemarán en el fuego su piel, su carne y su estiércol.

28 El que los queme lavará sus vestidos, lavará también su cuerpo con agua, y después podrá entrar en el campamento.

29 Y esto tendréis por estatuto perpetuo: En el mes séptimo, a los diez días del mes, afligiréis vuestras almas, y ninguna obra haréis, ni el nativo ni el extranjero que mora entre vosotros.

30 Porque en este día se hará expiación por vosotros, y seréis limpios de todos vuestros pecados delante de Jehová.

31 Día de sábado es para vosotros, y afligiréis vuestras almas; es estatuto perpetuo.

32 Hará la expiación el sacerdote que haya sido ungido y consagrado para ser sacerdote en lugar de su padre; y se vestirá las vestiduras de lino, las vestiduras sagradas.

33 Y hará la expiación por el santuario santo, y el tabernáculo de reunión; también hará expiación por el altar, por los sacerdotes y por todo el pueblo de la congregación.

34 Y esto tendréis como estatuto perpetuo, para hacer expiación una vez al año por todos los pecados de Israel. Y Moisés lo hizo como Jehová le mandó.

El santuario único

17 Habló Jehová a Moisés, diciendo:
2 Habla a Aarón y a sus hijos, y a todos los hijos de Israel, y diles: Esto es lo que ha mandado Jehová:

3 Cualquier varón de la casa de Israel que degüelle buey o cordero o cabra, en el campamento o fuera de él,

4 y no lo traiga a la puerta del tabernáculo de reunión para ofrecer ofrenda a Jehová delante del tabernáculo de Jehová, será culpado de sangre el tal varón; sangre derramó; será cortado el tal varón de entre su pueblo.

5 a fin de que traigan los hijos de Israel sus sacrificios, los que sacrifican en medio del campo, para que los traigan a Jehová a la puerta del tabernáculo de reunión al sacerdote, y sacrifiquen ellos sacrificios de paz a Jehová.

6 Y el sacerdote esparcirá la sangre sobre el altar de Jehová a la puerta del tabernáculo de reunión, y quemará la gordura en olor grato a Jehová.

7 Y nunca más sacrificarán sus sacrificios a los demonios, tras de los cuales han fornicado; tendrán esto por estatuto perpetuo de generación en generación.

8 Les dirás también: Cualquier varón de la casa de Israel, o de los extranjeros que moran entre vosotros, que ofrezca holocausto o sacrificio,

9 y no lo traiga a la puerta del tabernáculo de reunión para hacerlo a Jehová, el tal varón será igualmente cortado de su pueblo.

Prohibición de comer la sangre

10 Si cualquier varón de la casa de Israel o de los extranjeros que moran entre ellos, come alguna sangre, yo pondré mi rostro contra la persona que coma sangre, y la cortaré de entre su pueblo.

11 Porque la vida de la carne en la sangre está, y yo os la he dado para hacer expiación sobre el altar por vuestras almas; y la misma sangre hará expiación de la persona.

12 Por tanto, he dicho a los hijos de Israel: Ninguna persona de vosotros comerá sangre, ni el extranjero que mora entre vosotros comerá sangre.

13 Y cualquier varón de los hijos de Israel, o de los extranjeros que moran entre ellos, que cace animal o ave que sea de comer, derramará su sangre y la cubrirá con tierra.

14 Porque la vida de toda carne es su sangre; por tanto, he dicho a los hijos de Israel: No comeréis la sangre de ninguna carne, porque la vida de toda carne es su sangre; cualquiera que la coma será cortado.

15 Y cualquier persona, así de los nativos como de los extranjeros, que coma animal mortecino o despedazado por fiera, lavará sus vestidos y a sí misma se lavará con agua, y será inmunda hasta la noche; entonces será limpia.

16 Y si no los lava, ni lava su cuerpo, llevará su iniquidad.

Actos de inmoralidad prohibidos

18 Habló Jehová a Moisés, diciendo:
2 Habla a los hijos de Israel, y diles: Yo soy Jehová vuestro Dios.

3 No haréis como hacen en la tierra de Egipto, en la cual morasteis; ni haréis como hacen en la tierra de Canaán, a la cual yo os conduzco, ni andaréis en sus estatutos.

4 Mis ordenanzas pondréis por obra, y mis estatutos guardaréis, andando en ellos. Yo Jehová vuestro Dios.

5 Por tanto, guardaréis mis estatutos y mis ordenanzas, los cuales haciendo el hombre, vivirá por ellos. Yo Jehová.

6 Ningún varón se llegue a parienta próxima alguna, para descubrir su desnudez. Yo Jehová.

7 La desnudez de tu padre, o la desnudez de tu madre, no descubrirás; tu madre es, no descubrirás su desnudez.

8 La desnudez de la mujer de tu padre no descubrirás; es la desnudez de tu padre.

9 La desnudez de tu hermana, hija de tu padre o hija de tu madre, nacida en casa o nacida fuera, su desnudez no descubrirás.

10 La desnudez de la hija de tu hijo, o de la hija de tu hija, su desnudez no descubrirás, porque es la desnudez tuya.

11 La desnudez de la hija de la mujer de tu padre, engendrada de tu padre, tu hermana es; su desnudez no descubrirás.

12 La desnudez de la hermana de tu padre no descubrirás; es parienta de tu padre.

13 La desnudez de la hermana de tu madre no descubrirás, porque parienta de tu madre es.

14 La desnudez del hermano de tu padre no descubrirás; no llegarás a su mujer; es mujer del hermano de tu padre.

15 La desnudez de tu nuera no descubrirás; mujer es de tu hijo, no descubrirás su desnudez.

16 La desnudez de la mujer de tu hermano no descubrirás; es la desnudez de tu hermano.

17 La desnudez de la mujer y de su hija no descubrirás; no tomarás la hija de su hijo, ni la hija de su hija, para descubrir su desnudez; son parientas, es maldad.

18 No tomarás mujer juntamente con su hermana, para hacerla su rival, descubriendo su desnudez en vida de ella.

19 Y no llegarás a la mujer para descubrir su desnudez mientras esté en su impureza menstrual.

20 Además, no tendrás acto carnal con la mujer de tu prójimo, contaminándote con ella.

21 Y no des hijo tuyo para ofrecerlo por fuego a Moloc; no contamines así el nombre de tu Dios. Yo Jehová.

22 No te echarás con varón como con mujer; es abominación.

23 Ni con ningún animal tendrás ayuntamiento amancillándote con él, ni mujer alguna se pondrá delante de animal para ayuntarse con él; es perversión.

24 En ninguna de estas cosas os amancillaréis; pues en todas estas cosas se han corrompido las naciones que yo echo de delante de vosotros,

25 y la tierra fue contaminada; y yo visité su maldad sobre ella, y la tierra vomitó sus moradores.

26 Guardad, pues, vosotros mis estatutos y mis ordenanzas, y no hagáis ninguna de estas abominaciones, ni el nativo ni el extranjero que mora entre nosotros

27 (porque todas estas abominaciones hicieron los hombres de aquella tierra que fueron antes de vosotros, y la tierra fue contaminada);

28 no sea que la tierra os vomite por haberla contaminado, como vomitó a la nación que la habitó antes de vosotros.

29 Porque cualquiera que haga alguna de todas estas abominaciones, las personas que las hagan serán cortadas de entre su pueblo.

30 Guardad, pues, mi ordenanza, no haciendo las costumbres abominables que practicaron antes de vosotros, y no os contaminéis en ellas. Yo Jehová vuestro Dios.

Leyes de santidad y de justicia

19 Habló Jehová a Moisés, diciendo:

2 Habla a toda la congregación de los hijos de Israel, y diles: Santos seréis, porque santo soy yo Jehová vuestro Dios.

3 Cada uno temerá a su madre y a su padre, y mis sábados guardaréis. Yo Jehová vuestro Dios.

4 No os volveréis a los ídolos, ni haréis para vosotros dioses de fundición. Yo Jehová vuestro Dios.

5 Y cuando ofrezcáis sacrificio de ofrenda de paz a Jehová, ofrecedlo de tal manera que seáis aceptos.

6 Será comido el día que lo ofrezcáis, y el día siguiente; y lo que quede para el tercer día, será quemado en el fuego.

7 Y si se come el día tercero, será abominación; no será acepto.

8 y el que lo coma llevará su delito, por cuanto profanó lo santo de Jehová; y la tal persona será cortada de su pueblo.

9 Cuando siegues la mies de tu tierra, no segarás hasta el último rincón de ella, ni espigarás tu tierra segada.

10 Y no rebuscarás tu viña, ni recogerás el fruto caído de tu viña; para el pobre y para el extranjero lo dejarás. Yo Jehová vuestro Dios.

11 No hurtaréis, y no engañaréis ni mentiréis el uno al otro.

12 Y no juraréis falsamente por mi nombre, profanando así el nombre de tu Dios. Yo Jehová.

13 No oprimirás a tu prójimo, ni le robarás. No retendrás el salario del jornalero en tu casa hasta la mañana.

14 No maldecirás al sordo, y delante del

ciego no pondrás tropiezo, sino que tendrás temor de tu Dios. Yo Jehová.

15 No harás injusticia en el juicio, ni favoreciendo al pobre ni complaciendo al grande; con justicia juzgarás a tu prójimo.

16 No andarás chismeando entre tu pueblo. No atentarás contra la vida de tu prójimo. Yo Jehová.

17 No aborrecerás a tu hermano en tu corazón; razonarás con tu prójimo, para que no participes de su pecado.

18 No te vengarás, ni guardarás rencor a los hijos de tu pueblo, sino amarás a tu prójimo como a ti mismo. Yo Jehová.

19 Mis estatutos guardarás. No harás ayuntar tu ganado con animales de otra especie; tu campo no sembrarás con mezcla de semillas, y no te pondrás vestidos de dos clases de tejidos.

20 Si un hombre yace con una mujer que es sierva desposada con alguno, y no está rescatada, ni le ha sido dada libertad, ambos serán azotados; no morirán, por cuanto ella no es libre.

21 Y él traerá a Jehová, a la puerta del tabernáculo de reunión, un carnero en expiación por su culpa.

22 Y con el carnero de la expiación lo reconciliará el sacerdote delante de Jehová, por su pecado que cometió; y se le perdonará su pecado que ha cometido.

23 Y cuando entréis en la tierra, y plantéis toda clase de árboles frutales, consideraréis como incircunciso lo primero de su fruto; tres años os será incircunciso; su fruto no se comerá.

24 Y el cuarto año todo su fruto será consagrado en alabanzas a Jehová.

25 Mas al quinto año comeréis el fruto de él, para que se os incremente su fruto. Yo Jehová vuestro Dios.

26 No comeréis cosa alguna con sangre. No seréis agoreros, ni adivinos.

27 No raparéis en redondo vuestra cabeza, ni os recortaréis los bordes de la barba.

28 Y no haréis incisiones en vuestro cuerpo por un muerto, ni imprimiréis en vosotros tatuaje alguno. Yo Jehová.

29 No contaminarás a tu hija haciéndola fornicar, para que no se prostituya la tierra y se llene de maldad.

30 Mis sábados guardaréis, y mi santuario tendréis en reverencia. Yo Jehová.

31 No os volváis a los encantadores ni a los adivinos; no los consultéis, contaminándoos con ellos. Yo Jehová vuestro Dios.

32 Delante de las canas te levantarás, y honrarás el rostro del anciano, y de tu Dios tendrás temor. Yo Jehová.

33 Cuando el extranjero more con vosotros en vuestra tierra, no le oprimiréis.

34 Como a un nativo de vosotros tendréis al extranjero que more entre vosotros, y lo amarás como a ti mismo; porque extranjeros fuisteis en la tierra de Egipto. Yo Jehová vuestro Dios.

35 No hagáis injusticia en juicio, en medida de tierra, en peso ni en otra medida.

36 Balanzas justas, pesas justas y medidas justas tendréis. Yo Jehová vuestro Dios, que os saqué de la tierra de Egipto.

37 Guardad, pues, todos mis estatutos y todas mis ordenanzas, y ponedlos por obra. Yo Jehová.

Penas por actos de inmoralidad

20 Habló Jehová a Moisés, diciendo:

2 Dirás asimismo a los hijos de Israel: Cualquier varón de los hijos de Israel, o de los extranjeros que moran en Israel, que ofrezca alguno de sus hijos a Moloc, de seguro morirá; el pueblo de la tierra lo apedreará.

3 Y yo pondré mi rostro contra el tal varón, y lo cortaré de entre su pueblo, por cuanto dio de sus hijos a Moloc, contaminando mi santuario y profanando mi santo nombre.

4 Si el pueblo de la tierra cierra sus ojos respecto de aquel varón que haya dado de sus hijos a Moloc, para no matarle,

5 entonces yo pondré mi rostro contra aquel varón y contra su familia, y le exterminaré de entre su pueblo, con todos los que fornicaron en pos de él prostituyéndose con Moloc.

6 Y la persona que atienda a encantadores o adivinos, para prostituirse tras de ellos, yo pondré mi rostro contra la tal persona, y la cortaré de entre su pueblo.

7 Santificaos, pues, y sed santos, porque yo Jehová soy vuestro Dios.

Faltas contra la familia

8 Y guardad mis estatutos, y ponedlos por obra. Yo Jehová que os santifico.

9 Todo hombre que maldiga a su padre o a su madre, de cierto morirá; a su padre o a su madre maldijo; su sangre será sobre él.

10 Si un hombre comete adulterio con la mujer de su prójimo, el adúltero y la adúltera indefectiblemente serán muertos.

11 Cualquiera que yazca con la mujer de su padre, la desnudez de su padre descubrió; ambos han de ser muertos; su sangre será sobre ellos.

12 Si alguno duerme con su nuera, ambos han de morir; cometieron grave perversión; su sangre será sobre ellos.

13 Si alguno se acuesta con varón como con mujer, abominación hicieron; ambos han de ser muertos; sobre ellos será su sangre.

14 El que tome mujer y a la madre de ella, comete vileza; quemarán con fuego a él y a

ellas, para que no haya vileza entre vosotros.

15 Cualquiera que tenga cópula con bestia, ha de ser muerto, y mataréis a la bestia.

16 Y si una mujer se llega a algún animal para unirse con él, a la mujer y al animal matarás; morirán indefectiblemente; su sangre será sobre ellos.

17 Si alguno toma a su hermana, hija de su padre o hija de su madre, y ve su desnudez, y ella ve la suya, es cosa execrable; por tanto serán muertos a ojos de los hijos de su pueblo; descubrió la desnudez de su hermana; su pecado llevará.

18 Cualquiera que duerma con mujer menstruosa, y descubra su desnudez, la fuente de su flujo descubrió, y ella descubrió la fuente de su sangre; ambos serán cortados de entre su pueblo.

19 La desnudez de la hermana de tu madre, o de la hermana de tu padre, no descubrirás; porque al descubrir la desnudez de su parienta, su iniquidad llevarán.

20 Cualquiera que duerma con la mujer del hermano de su padre, la desnudez del hermano de su padre descubrió; su pecado llevarán; morirán sin hijos.

21 Y el que tome la mujer de su hermano, comete inmundicia; la desnudez de su hermano descubrió; sin hijos serán.

22 Guardad, pues, todos mis estatutos y todas mis ordenanzas, y ponedlos por obra, no sea que os vomite la tierra en la cual yo os introduzco para que habitéis en ella.

23 Y no andéis en las prácticas de las naciones que yo echaré de delante de vosotros; porque ellos hicieron todas estas cosas, y los tuve en abominación.

24 Pero a vosotros os he dicho: Vosotros poseeréis la tierra de ellos, y yo os la daré para que la poseáis por heredad, tierra que fluye leche y miel. Yo Jehová vuestro Dios, que os he apartado de los pueblos.

25 Por tanto, vosotros haréis diferencia entre animal limpio e inmundo, y entre ave inmunda y limpia; y no contaminéis vuestras personas con los animales, ni con las aves, ni con nada que se arrastra sobre la tierra, los cuales os he apartado por inmundos.

26 Habéis, pues, de serme santos, porque yo Jehová soy santo, y os he apartado de los pueblos para que seáis míos.

27 Y el hombre o la mujer que evoque espíritus de muertos o se entregue a la adivinación, ha de morir; serán apedreados; su sangre será sobre ellos.

Santidad de los sacerdotes

21 Jehová dijo a Moisés: Habla a los sacerdotes hijos de Aarón, y diles que no se contaminen por el cadáver de alguien de su pueblo.

2 A no ser por su pariente cercano, por su madre o por su padre, o por su hijo o por su hermano,

3 o por su hermana virgen, a él cercana, la cual no haya tenido marido, por su *cadáver* podrá contaminarse.

4 No se contaminará por tocarlo, como se contaminaría cualquier hombre de su pueblo, haciéndose inmundo.

5 No se raparán la cabeza, ni se recortarán la barba, ni en su carne harán tatuajes.

6 Santos serán a su Dios, y no profanarán el nombre de su Dios, porque las ofrendas encendidas para Jehová y el pan de su Dios ofrecen; por tanto, serán santos.

7 Con mujer ramera o infame no se casarán, ni con mujer repudiada de su marido; porque el sacerdote es santo a su Dios.

8 Le santificarás, por tanto, pues el pan de tu Dios ofrece; santo será para ti, porque santo soy yo Jehová que os santifico.

9 Y la hija del sacerdote, si comienza a fornicar, a su padre deshonra; quemada será al fuego.

10 Y el sumo sacerdote entre sus hermanos, sobre cuya cabeza fue derramado el aceite de la unción, y que fue consagrado para llevar las vestiduras, no descubrirá su cabeza, ni rasgará sus vestidos,

11 ni entrará donde haya alguna persona muerta; ni por su padre ni por su madre se contaminará.

12 Ni saldrá del santuario, ni profanará el santuario de su Dios; porque la consagración por el aceite de la unción de su Dios está sobre él. Yo Jehová.

13 Tomará por esposa a una mujer virgen.

14 No tomará viuda, ni repudiada, ni infame, ni ramera, sino tomará de su pueblo una virgen por mujer,

15 para que no profane su descendencia en sus pueblos; porque yo Jehová soy el que los santifico.

16 Y Jehová habló a Moisés, diciendo:

17 Habla a Aarón y dile: Ninguno de tus descendientes por sus generaciones, que tenga algún defecto, se acercará para ofrecer el pan de su Dios.

18 Porque ningún varón en el cual haya defecto se acercará; varón ciego, o cojo, ni mutilado, ni monstruoso,

19 o varón que tenga quebradura de pie o rotura de mano,

20 o jorobado, o enano, o que tenga nube en el ojo, o que tenga sarna, o tiñoso, o castrado.

21 Ningún varón de la descendencia del sacerdote Aarón, en el cual haya defecto, se acercará para ofrecer las ofrendas encendidas para Jehová. Hay defecto en él; no se acercará a ofrecer el pan de su Dios.

22 Del pan de su Dios, de lo muy santo y de las cosas santificadas, podrá comer.

23 Pero no se acercará tras el velo, ni se acercará al altar, por cuanto hay defecto en él; para que no profane mi santuario, porque yo Jehová soy el que los santifico.

24 Y Moisés habló esto a Aarón, y a sus hijos, y a todos los hijos de Israel.

Santidad de las ofrendas

22 Habló Jehová a Moisés, diciendo: 2 Di a Aarón y a sus hijos que se abstengan de las cosas santas que los hijos de Israel me han dedicado, y no profanen mi santo nombre. Yo Jehová.

3 Diles: Todo varón de toda vuestra descendencia en vuestras generaciones, que se acerque a las cosas sagradas que los hijos de Israel consagran a Jehová, teniendo inmundicia sobre sí, será cortado de mi presencia. Yo Jehová.

4 Cualquier varón de la descendencia de Aarón que sea leproso, o padezca flujo, no comerá de las cosas sagradas hasta que esté limpio. El que toque cualquier cosa de cadáveres, o el varón que haya tenido derramamiento de semen,

5 o el varón que haya tocado cualquier animal, u hombre que lo haya hecho inmundo con su impureza;

6 la persona que toque a aquel inmundo, será inmunda hasta la noche, y no comerá de las cosas sagradas antes que haya lavado su cuerpo con agua.

7 Cuando el sol se ponga, será limpio; y después podrá comer las cosas sagradas, porque su alimento es.

8 Mortecino ni despedazado por fiera no comerá, contaminándose en ello. Yo Jehová.

9 Guarden, pues, mi ordenanza, para que no lleven pecado por ello, no sea que así mueran cuando la profanen. Yo Jehová que los santifico.

10 Ningún extraño comerá cosa sagrada; el huésped del sacerdote, y el jornalero, no comerán cosa sagrada.

11 Mas cuando el sacerdote compre algún esclavo por dinero, éste podrá comer de ella, así como también el nacido en su casa podrá comer de su alimento.

12 La hija del sacerdote, si se casa con varón extraño, no comerá de la ofrenda de las cosas sagradas.

13 Pero si la hija del sacerdote es viuda o repudiada, y no tiene prole y se vuelve a la casa de su padre, como en su juventud, podrá comer del alimento de su padre; pero ningún extraño coma de él.

14 Y el que por yerro coma cosa sagrada, añadirá a ella una quinta parte, y la dará al sacerdote con la cosa sagrada.

15 No profanarán, pues, las cosas santas de los hijos de Israel, las cuales apartan para Jehová;

16 pues les harían llevar la iniquidad del pecado, comiendo las cosas santas de ellos; porque yo Jehová soy el que los santifico.

17 También habló Jehová a Moisés, diciendo:

18 Habla a Aarón y a sus hijos, y a todos los hijos de Israel, y diles: Cualquier varón de la casa de Israel, o de los extranjeros en Israel, que entregue su ofrenda en pago de sus votos, o como ofrendas voluntarias dadas en holocausto a Jehová,

19 para que sea aceptado, ofreceréis macho sin defecto de entre el ganado vacuno, de entre los corderos, o de entre las cabras.

20 Ninguna cosa en que haya defecto ofreceréis, porque no os será aceptado.

21 Asimismo, cuando alguno ofrezca sacrificio en ofrenda de paz a Jehová para cumplir un voto, o como ofrenda voluntaria, sea de vacas o de ovejas, para que sea aceptado deberá ser sin defecto.

22 Ciego, perniquebrado, mutilado, verrugoso, sarnoso o roñoso, no los ofreceréis a Jehová, ni de ellos pondréis ofrenda encendida sobre el altar de Jehová.

23 Buey o carnero desproporcionado o enano, podrás ofrecer por ofrenda voluntaria; pero en pago de voto no será acepto.

24 No ofreceréis a Jehová animal con testículos heridos o magullados, rasgados o cortados, ni en vuestra tierra lo ofreceréis.

25 Ni de mano de extranjeros tomarás estos animales para ofrecerlos como sustancia para vuestro Dios, porque su corrupción está en ellos; hay en ellos defecto, no se os aceptarán.

26 Y habló Jehová a Moisés, diciendo:

27 El becerro o el cordero o la cabra, cuando nazca, siete días estará mamando de su madre; mas desde el octavo día en adelante será acepto para ofrenda de sacrificio encendido a Jehová.

28 Y sea vaca u oveja, no degollaréis en un mismo día a ella y a su hijo.

29 Y cuando ofrezcáis sacrificio de acción de gracias a Jehová, lo sacrificaréis de manera que sea aceptable.

30 En el mismo día se comerá; no dejaréis de él para otro día. Yo Jehová.

31 Guardad, pues, mis mandamientos, y cumplidlos. Yo Jehová.

32 Y no profanéis mi santo nombre, para que yo sea santificado en medio de los hijos de Israel. Yo Jehová que os santifico,

33 que os saqué de la tierra de Egipto, para ser vuestro Dios. Yo Jehová.

Las fiestas solemnes del año

23 Habló Jehová a Moisés, diciendo:

2 Habla a los hijos de Israel y diles: Las fiestas solemnes de Jehová, las cuales proclamaréis como santas convocaciones, serán estas:

3 Seis días se trabajará, mas el séptimo, sábado, será de reposo, santa convocación; ningún trabajo haréis; día de sábado es de Jehová en dondequiera que habitéis.

4 Estas son las fiestas solemnes de Jehová, las convocaciones santas, a las cuales convocaréis en sus tiempos:

5 en el mes primero, a los catorce del mes, entre las dos tardes, pascua es de Jehová.

6 Y a los quince días de este mes es la fiesta solemne de los panes sin levadura a Jehová; siete días comeréis panes sin levadura.

7 El primer día tendréis santa convocación; ningún trabajo de siervos haréis.

8 Y ofreceréis a Jehová siete días ofrenda encendida; el séptimo día será santa convocación; ningún trabajo de siervo haréis.

9 Y habló Jehová a Moisés, diciendo:

10 Habla a los hijos de Israel y diles: Cuando hayáis entrado en la tierra que yo os doy, y seguéis su mies, traeréis al sacerdote un omer por primicia de los primeros frutos de vuestra siega.

11 Y el sacerdote mecerá el omer delante de Jehová, para que seáis aceptos; el día siguiente del día de sábado la mecerá.

12 Y el día que ofrezcáis la gavilla, ofreceréis un cordero de un año, sin defecto, en holocausto a Jehová.

13 Su ofrenda será dos décimas de efa de flor de harina amasada con aceite, ofrenda encendida a Jehová en olor gratísimo; y su libación será de vino, la cuarta parte de un hin.

14 No comeréis pan, ni grano tostado, ni espiga fresca, hasta este mismo día, hasta que hayáis ofrecido la ofrenda de vuestro Dios; estatuto perpetuo es por vuestras edades en dondequiera que habitéis.

15 Y contaréis desde el día que sigue al día de sábado, desde el día en que ofrecisteis el omer de la ofrenda mecida; siete semanas cumplidas serán.

16 Hasta el día siguiente del séptimo día de sábado contaréis cincuenta días; entonces ofreceréis el nuevo grano a Jehová.

17 De vuestras habitaciones traeréis dos panes para ofrenda mecida, que serán de dos décimas de efa de flor de harina, cocidos con levadura, como primicias para Jehová.

18 Y ofreceréis con el pan siete corderos de un año, sin defecto, un becerro de la vacada, y dos carneros; serán holocausto a Jehová, con su ofrenda y sus libaciones, ofrenda encendida de olor grato para Jehová.

19 Ofreceréis además un macho cabrío por expiación, y dos corderos de un año en sacrificio de ofrenda de paz.

20 Y el sacerdote los presentará como ofrenda mecida delante de Jehová, con el pan de las primicias y los dos corderos; serán cosa sagrada a Jehová para el sacerdote.

21 Y convocaréis en este mismo día santa convocación; ningún trabajo de siervos haréis; estatuto perpetuo en dondequiera que habitéis por vuestras generaciones.

22 Cuando seguéis la mies de vuestra tierra, no segaréis hasta el último rincón de ella, ni espigarás tu siega; para el pobre y para el extranjero la dejarás. Yo Jehová vuestro Dios.

23 Y habló Jehová a Moisés, diciendo:

24 Habla a los hijos de Israel y diles: En el mes séptimo, al primero del mes tendréis día de sábado, una conmemoración al son de trompetas, y una santa convocación.

25 Ningún trabajo de siervos haréis; y ofreceréis ofrenda encendida a Jehová.

26 También habló Jehová a Moisés, diciendo:

27 A los diez días de este mes séptimo será el día de expiación; tendréis santa convocación, y afligiréis vuestras almas, y ofreceréis ofrenda encendida a Jehová.

28 Ningún trabajo haréis en este día; porque es día de expiación, para reconciliaros delante de Jehová vuestro Dios.

29 Porque toda persona que no se aflija en este mismo día, será cortada de su pueblo.

30 Y cualquier persona que haga trabajo alguno en este día, yo destruiré a la tal persona de entre su pueblo.

31 Ningún trabajo haréis; estatuto perpetuo es por vuestras generaciones en dondequiera que habitéis.

32 Sábado será a vosotros, y afligiréis vuestras almas, comenzando a los nueve días del mes en la tarde; de tarde a tarde guardaréis vuestro reposo.

33 Y habló Jehová a Moisés, diciendo:

34 Habla a los hijos de Israel y diles: A los quince días de este mes séptimo será la fiesta solemne de los tabernáculos a Jehová por siete días.

35 El primer día habrá santa convocación; ningún trabajo de siervos haréis.

36 Siete días ofreceréis ofrenda encendida a Jehová; el octavo día tendréis santa convocación, y ofreceréis ofrenda encendida a Jehová; es fiesta, ningún trabajo de siervos haréis.

37 Estas son las fiestas solemnes de Jehová, a las que convocaréis santas reuniones, para ofrecer ofrenda encendida a Jehová, holocausto y ofrenda, sacrificio y libaciones, cada cosa en su tiempo.

38 además de los sábados de Jehová, de vuestros dones, de todos vuestros votos y de todas vuestras ofrendas voluntarias que acostumbráis dar a Jehová.

39 Pero a los quince días del mes séptimo, cuando hayáis recogido el fruto de la tierra, haréis fiesta a Jehová por siete días; el primer día será de sábado, y el octavo día será también día de sábado.

40 Y tomaréis el primer día ramas con fruto de árbol hermoso, ramas de palmeras, ramas de árboles frondosos, y sauces de los arroyos, y os regocijaréis delante de Jehová vuestro Dios por siete días.

41 Y le haréis fiesta a Jehová por siete días cada año; será estatuto perpetuo por vuestras generaciones; en el mes séptimo la haréis.

42 En cabañas habitaréis siete días; todo nativo de Israel habitará en cabañas,

43 para que sepan vuestros descendientes que en cabañas hice yo habitar a los hijos de Israel cuando los saqué de la tierra de Egipto. Yo Jehová vuestro Dios.

44 Así habló Moisés a los hijos de Israel sobre las fiestas solemnes de Jehová.

Aceite para las lámparas

24 Habló Jehová a Moisés, diciendo:

2 Manda a los hijos de Israel que te traigan para el alumbrado aceite puro de olivas machacadas, para hacer arder las lámparas continuamente.

3 Fuera del velo del testimonio, en el tabernáculo de reunión, las dispondrá Aarón desde la tarde hasta la mañana delante de Jehová; es estatuto perpetuo por vuestras generaciones.

4 Sobre el candelero limpio pondrá siempre en orden las lámparas delante de Jehová.

El pan de la proposición

5 Y tomarás flor de harina, y cocerás de ella doce tortas; cada torta será de dos décimas de efa.

6 Y las pondrás en dos hileras, seis en cada hilera, sobre la mesa limpia delante de Jehová.

7 Pondrás también sobre cada hilera incienso puro, y será para el pan como perfume, ofrenda encendida a Jehová.

8 Cada día de sábado lo pondrá continuamente en orden delante de Jehová, en nombre de los hijos de Israel, como pacto perpetuo.

9 Y será de Aarón y de sus hijos, los cuales lo comerán en lugar santo; porque es cosa muy santa para él, de las ofrendas encendidas a Jehová, por derecho perpetuo.

Castigo del blasfemo

10 En aquel tiempo el hijo de una mujer israelita, el cual era hijo de un egipcio, salió entre los hijos de Israel; y el hijo de la israelita y un hombre de Israel riñeron en el campamento.

11 Y el hijo de la mujer israelita blasfemó el Nombre, y maldijo; entonces lo llevaron a Moisés. Y su madre se llamaba Selomit, hija de Dibrí, de la tribu de Dan.

12 Y lo pusieron en la cárcel, hasta que les fuese declarado por palabra de Jehová.

13 Y Jehová habló a Moisés, diciendo:

14 Saca al blasfemo fuera del campamento, y todos los que lo oyeron pongan sus manos sobre la cabeza de él, y apedréelo toda la congregación.

15 Y a los hijos de Israel hablarás, diciendo: Cualquiera que maldiga a su Dios, llevará su iniquidad.

16 Y el que blasfeme el nombre de Jehová, ha de ser muerto; toda la congregación lo apedreará; así el extranjero como el nativo, si blasfema el Nombre, que muera.

17 Asimismo el hombre que hiere de muerte a cualquier persona, que sufra la muerte.

18 El que hiere a algún animal ha de restituirlo, animal por animal.

19 Y el que cause lesión en su prójimo, según hizo, así le sea hecho:

20 rotura por rotura, ojo por ojo, diente por diente; según la lesión que haya hecho a otro, tal se hará a él.

21 El que hiere a algún animal ha de restituirlo; mas el que hiere de muerte a un hombre, que muera.

22 Un mismo estatuto tendréis para el extranjero como para el nativo; porque yo soy Jehová vuestro Dios.

23 Y habló Moisés a los hijos de Israel, y ellos sacaron del campamento al blasfemo y lo apedrearon. Y los hijos de Israel hicieron según Jehová había mandado a Moisés.

El año de reposo de la tierra y el año del jubileo

25 Jehová habló a Moisés en el monte de Sinay, diciendo:

2 Habla a los hijos de Israel y diles: Cuando hayáis entrado en la tierra que yo os doy, la tierra guardará sábado para Jehová.

3 Seis años sembrarás tu tierra, y seis años podarás tu viña y recogerás sus frutos.

4 Pero el séptimo año la tierra tendrá descanso, sábado para Jehová; no sembrarás tu tierra, ni podarás tu viña.

5 Lo que de suyo nazca en tu tierra segada, no lo segarás, y las uvas de tu viñedo no vendimiarás; año de sábado será para la tierra.

6 Mas el sábado de la tierra te dará para comer a ti, a tu siervo, a tu sierva, a tu criado y a tu extranjero que more contigo;

7 y a tu animal, y a la bestia que haya en tu tierra, será todo el fruto de ella para comer.

8 Y contarás siete semanas de años, siete

veces siete años, de modo que los días de las siete semanas de años vendrán a serte cuarenta y nueve años.

9 Entonces harás tocar fuertemente la trompeta en el mes séptimo a los diez días del mes; el día de la expiación haréis tocar la trompeta por toda vuestra tierra.

10 Y santificaréis el año cincuenta, y pregonaréis libertad en la tierra a todos sus moradores; ese año os será de jubileo, y volveréis cada uno a vuestra posesión, y cada cual volverá a su familia.

11 El año cincuenta os será jubileo; no sembraréis, ni segaréis lo que nazca de suyo en la tierra, ni vendimiaréis sus viñedos,

12 porque es jubileo; santo será a vosotros; el producto de la tierra comeréis.

13 En este año de jubileo volveréis cada uno a vuestra posesión.

14 Y cuando vendáis algo a vuestro prójimo, o compréis de mano de vuestro prójimo, no engañe ninguno a su hermano.

15 Conforme al número de los años después del jubileo comprarás de tu prójimo; conforme al número de los años de los frutos te venderá él a ti.

16 Cuanto mayor sea el número de los años, aumentarás el precio, y cuanto menor sea el número, disminuirás el precio; porque según el número de las cosechas te venderá él.

17 Y no engañe ninguno a su prójimo, sino temed a vuestro Dios; porque yo soy Jehová vuestro Dios.

18 Ejecutad, pues, mis estatutos y guardad mis ordenanzas, y ponedlos por obra, y habitaréis en la tierra seguros;

19 y la tierra dará su fruto, y comeréis hasta saciaros, y habitaréis en ella con seguridad.

20 Y si decís: ¿Qué comeremos el séptimo año? He aquí no hemos de sembrar, ni hemos de recoger nuestros frutos;

21 entonces yo os enviaré mi bendición el sexto año, y hará fruto por tres años.

22 Y sembraréis el año octavo, y comeréis del fruto añejo; hasta el año noveno, hasta que venga su fruto, comeréis del añejo.

23 La tierra no se venderá a perpetuidad, porque la tierra mía es; pues vosotros forasteros y extranjeros sois para conmigo.

24 Por tanto, en toda la tierra de vuestra posesión otorgaréis rescate a la tierra.

25 Cuando tu hermano empobrezca, y venda algo de su posesión, entonces su pariente más próximo vendrá y rescatará lo que su hermano haya vendido.

26 Y cuando el hombre no tenga rescatador, pero consiga lo suficiente para el rescate,

27 entonces contará los años desde que vendió, y pagará lo que quede al varón a quien vendió, y volverá a su posesión.

28 Mas si no consigue lo suficiente para que se la devuelvan, lo que vendió estará en poder del que lo compró hasta el año del jubileo; y al jubileo saldrá, y él volverá a su posesión.

29 El varón que venda casa de habitación en ciudad amurallada, tendrá facultad de redimirla hasta el término de un año desde la venta; un año será el término de poderse redimir.

30 Y si no es rescatada dentro de un año entero, la casa que esté en la ciudad amurallada quedará para siempre en poder de aquel que la compró, y para sus descendientes; no saldrá en el jubileo.

31 Mas las casas de las aldeas que no tienen muro alrededor serán estimadas como los terrenos del campo; podrán ser rescatadas, y saldrán en el jubileo.

32 Pero en cuanto a las ciudades de los levitas, éstos podrán rescatar en cualquier tiempo las casas en las ciudades de su posesión.

33 Y el que compre de los levitas saldrá de la casa vendida, o de la ciudad de su posesión, en el jubileo, por cuanto las casas de las ciudades de los levitas son la posesión de ellos entre los hijos de Israel.

34 Mas las tierras aledañas de sus ciudades no se venderán, porque son perpetua posesión de ellos.

35 Y cuando tu hermano empobrezca y se acoja a ti, tú lo ampararás; como forastero y extranjero vivirá contigo.

36 No tomarás de él usura ni ganancia, sino tendrás temor de tu Dios, y tu hermano vivirá contigo.

37 No le darás tu dinero a usura, ni tus víveres a ganancia.

38 Yo Jehová vuestro Dios, que os saqué de la tierra de Egipto, para daros la tierra de Canaán, para ser vuestro Dios.

39 Y cuando tu hermano empobrezca, estando contigo, y se venda a ti, no le harás servir como esclavo.

40 Como criado, como extranjero estará contigo; hasta el año del jubileo te servirá.

41 Entonces saldrá libre de tu casa; él y sus hijos consigo, y volverá a su familia, y a la posesión de sus padres se restituirá.

42 Porque son mis siervos, los cuales saqué yo de la tierra de Egipto; no serán vendidos a manera de esclavos.

43 No te enseñorearás de él con dureza, sino tendrás temor de tu Dios.

44 Así tu esclavo como tu esclava que tengas, serán de las gentes que están en vuestro alrededor; de ellos podréis comprar esclavos y esclavas.

45 También podréis comprar de los hijos de los forasteros que viven entre vosotros, y de las familias de ellos nacidos en vuestra tie-

rra, que están con vosotros, los cuales podréis tener por posesión.

46 Y los podréis dejar en herencia para vuestros hijos después de vosotros, como posesión hereditaria; para siempre os serviréis de ellos; pero en vuestros hermanos los hijos de Israel no os enseñorearéis cada uno sobre su hermano con dureza.

47 Si el forastero o el extranjero que está contigo se enriquece, y tu hermano que está junto a él empobrece, y se vende al forastero o extranjero que está contigo, o a alguno de la familia del extranjero;

48 después que se haya vendido, podrá ser rescatado; uno de sus hermanos lo rescatará.

49 O su tío o el hijo de su tío lo rescatará, o un pariente cercano de su familia lo rescatará; o si sus medios alcanzan, él mismo se rescatará.

50 Hará la cuenta con el que lo compró, desde el año que se vendió a él hasta el año del jubileo; y ha de apreciarse el precio de su venta conforme al número de los años, y se contará el tiempo que estuvo con él conforme al tiempo de un criado asalariado.

51 Si aún faltan muchos años, conforme a ellos devolverá para su rescate, del dinero por el cual se vendió.

52 Y si queda poco tiempo hasta el año del jubileo, entonces hará un cálculo con él, y devolverá su rescate conforme a sus años.

53 Como con el tomado a salario anualmente hará con él; no se enseñoreará en él con rigor delante de tus ojos.

54 Y si no se rescata en esos años, en el año del jubileo saldrá, él y sus hijos con él.

55 Porque mis siervos son los hijos de Israel; son siervos míos, a los cuales saqué de la tierra de Egipto. Yo Jehová vuestro Dios.

Bendiciones de la obediencia

26 No haréis para vosotros ídolos, ni escultura, ni os levantaréis estatua, ni pondréis en vuestra tierra piedra pintada para inclinaros a ella; porque yo soy Jehová vuestro Dios.

2 Guardad mis sábados, y tened en reverencia mi santuario. Yo Jehová.

3 Si andáis en mis decretos y guardáis mis mandamientos, y los ponéis por obra,

4 yo daré vuestra lluvia en su tiempo, y la tierra rendirá sus productos, y el árbol del campo dará su fruto.

5 Vuestra trilla alcanzará a la vendimia, y la vendimia alcanzará a la sementera, y comeréis vuestro pan hasta saciaros, y habitaréis seguros en vuestra tierra.

6 Y yo daré paz en la tierra, y dormiréis, y no habrá quien os espante; y haré quitar de

vuestra tierra las malas bestias, y la espada no pasará por vuestro país.

7 Y perseguiréis a vuestros enemigos, y caerán a espada delante de vosotros.

8 Cinco de vosotros perseguirán a ciento, y ciento de vosotros perseguirán a diez mil, y vuestros enemigos caerán a filo de espada delante de vosotros.

9 Porque yo me volveré a vosotros, y os haré crecer, y os multiplicaré, y afirmaré mi pacto con vosotros.

10 Comeréis lo añejo de mucho tiempo, y pondréis fuera lo añejo para guardar lo nuevo.

11 Y pondré mi morada en medio de vosotros, y mi alma no os abominará;

12 y andaré entre vosotros, y yo seré vuestro Dios, y vosotros seréis mi pueblo.

13 Yo Jehová vuestro Dios, que os saqué de la tierra de Egipto, para que no fueseis sus siervos, y rompí las coyundas de vuestro yugo, y os he hecho andar con el rostro en alto.

Consecuencias de la desobediencia

14 Pero si no me oís, ni hacéis todos estos mis mandamientos,

15 y si desdeñáis mis decretos, y vuestra alma menosprecia mis estatutos, no ejecutando todos mis mandamientos, e invalidando mi pacto,

16 yo también haré con vosotros esto: enviaré sobre vosotros terror, extenuación y calentura, que consuman los ojos y atormenten el alma; y sembraréis en vano vuestra semilla, porque vuestros enemigos la comerán.

17 Pondré mi rostro contra vosotros, y seréis heridos delante de vuestros enemigos; y los que os aborrecen se enseñorearán de vosotros, y huiréis sin que haya quien os persiga.

18 Y si aun con estas cosas no me oís, yo volveré a castigaros siete veces más por vuestros pecados.

19 Y quebrantaré la soberbia de vuestro orgullo, y haré vuestro cielo como hierro, y vuestra tierra como bronce.

20 Vuestra fuerza se consumirá en vano, porque vuestra tierra no dará su producto, y los árboles de la tierra no darán su fruto.

21 Si seguís en vuestra rebeldía contra mí, y no me queréis oír, yo añadiré sobre vosotros siete veces más plagas según vuestros pecados.

22 Enviaré también contra vosotros bestias fieras que os arrebaten vuestros hijos, y destruyan vuestro ganado, y os reduzcan en número, y vuestros caminos queden desiertos.

23 Y si con estas cosas no os corregís, sino que seguís rebelándoos contra mí,

24 yo también procederé en contra de vosotros, y os heriré aún siete veces por vuestros pecados.

25 Traeré sobre vosotros espada vengadora, en vindicación del pacto; y si buscáis refugio en vuestras ciudades, yo enviaré pestilencia entre vosotros, y seréis entregados en manos del enemigo.

26 Cuando yo os quebrante el sustento del pan, cocerán diez mujeres vuestro pan en un horno, y os devolverán vuestro pan por peso; y comeréis, y no os saciaréis.

27 Si aun con esto no me oís, sino que procedéis enfrentándoos conmigo,

28 yo procederé en contra de vosotros con ira, y os castigaré aún siete veces por vuestros pecados.

29 Y comeréis la carne de vuestros hijos, y comeréis la carne de vuestras hijas.

30 Destruiré vuestros lugares altos, y derribaré vuestras imágenes, y pondré vuestros cuerpos muertos sobre los cuerpos muertos de vuestros ídolos, y mi alma os abominará.

31 Haré desiertas vuestras ciudades, y asolaré vuestros santuarios, y no oleré la fragancia de vuestro suave perfume.

32 Asolaré también la tierra, y se pasmarán por ello vuestros enemigos que en ella moren;

33 y a vosotros os esparciré entre las naciones, y desenvainaré espada en pos de vosotros; y vuestra tierra estará asolada, y desiertas vuestras ciudades.

34 Entonces la tierra gozará de sus sábados, todos los días que esté asolada, mientras vosotros estéis en la tierra de vuestros enemigos; la tierra descansará entonces y gozará de sus sábados.

35 Todo el tiempo que esté asolada, descansará por lo que no reposó en los días de sábado cuando habitabais en ella.

36 Y a los que queden de vosotros infundiré en sus corazones tal cobardía, en la tierra de sus enemigos, que el sonido de una hoja que se mueva los perseguirá, y huirán como ante la espada, y caerán sin que nadie los persiga.

37 Tropezarán los unos con los otros como si huyeran ante la espada, aunque nadie los persiga; y no podréis resistir delante de vuestros enemigos.

38 Y pereceréis entre las naciones, y la tierra de vuestros enemigos os consumirá.

39 Y los que queden de vosotros languidecerán en las tierras de vuestros enemigos por su iniquidad; y por la iniquidad de sus padres languidecerán con ellos.

40 Y confesarán su iniquidad, y la iniquidad de sus padres, por su prevaricación con que prevaricaron contra mí; y también porque anduvieron oponiéndose contra mí,

41 yo también habré andado en contra de ellos, y los habré hecho entrar en la tierra de sus enemigos; y entonces se humillará su corazón incircunciso, y reconocerán su pecado.

42 Entonces yo me acordaré de mi pacto con Jacob, y asimismo de mi pacto con Isaac, y también de mi pacto con Abraham me acordaré, y haré memoria de la tierra.

43 Pero la tierra será abandonada por ellos, y gozará sus días de reposo, estando desierta a causa de ellos; y entonces se someterán al castigo de sus iniquidades; por cuanto menospreciaron mis ordenanzas, y su alma tuvo fastidio de mis estatutos.

44 Y aun con todo esto, estando ellos en tierra de sus enemigos, yo no los desecharé, ni los abominaré para consumirlos, invalidando mi pacto con ellos; porque yo Jehová soy su Dios.

45 Antes me acordaré de ellos por el pacto antiguo, cuando los saqué de la tierra de Egipto a los ojos de las naciones, para ser su Dios. Yo Jehová.

46 Estos son los estatutos, ordenanzas y leyes que estableció Jehová entre sí y los hijos de Israel en el monte de Sinay por mano de Moisés.

Cosas consagradas a Dios

27 Habló Jehová a Moisés, diciendo:

2 Habla a los hijos de Israel y diles: Cuando alguno haga especial voto a Jehová, *consagrándole* alguna persona a la que haya de redimir, lo estimarás así:

3 Si es varón de veinte años hasta sesenta, lo estimarás en cincuenta siclos de plata, según el siclo del santuario.

4 Y si es mujer, la estimarás en treinta siclos.

5 Y si es de cinco hasta veinte, al varón lo estimarás en veinte siclos, y a la mujer en diez siclos.

6 Y si es de un mes hasta cinco años, entonces estimarás al varón en cinco siclos de plata, y a la mujer en tres siclos de plata.

7 Mas si es de sesenta años o más, al varón lo estimarás en quince siclos, y a la mujer en diez siclos.

8 Pero si es muy pobre para pagar tu estimación, entonces será llevado ante el sacerdote, quien fijará el precio; conforme a la posibilidad del que hizo el voto, le fijará precio el sacerdote.

9 Y si es animal de los que se ofrece ofrenda a Jehová, todo lo que de los tales se dé a Jehová será santo.

10 No será cambiado ni trocado, bueno por malo, ni malo por bueno; y si se permuta un animal por otro, él y el dado en cambio de él serán sagrados.

11 Si es algún animal inmundo, de los que

no se ofrece ofrenda a Jehová, entonces el animal será puesto delante del sacerdote,

12 y el sacerdote lo valorará según sea bueno o malo; conforme a la estimación del sacerdote, así se apreciará.

13 Y si lo quiere rescatar, añadirá sobre tu valuación la quinta parte.

14 Cuando alguno dedique su casa consagrándola a Jehová, la valorará el sacerdote según sea buena o mala; según la valore el sacerdote, así quedará.

15 Mas si el que dedicó su casa desea rescatarla, añadirá la quinta parte al precio de su valuación, y será suya.

16 Si alguno dedica de la tierra de su posesión a Jehová, tu estimación será conforme a su siembra; un omer de siembra de cebada se valorará en cincuenta siclos de plata.

17 Y si dedica su tierra en el año del jubileo, conforme a tu estimación quedará.

18 Mas si después del jubileo dedica su tierra, entonces el sacerdote hará la cuenta del dinero conforme a los años que queden hasta el año del jubileo, y se rebajará de tu estimación.

19 Y si el que dedicó la tierra quiere redimirla, añadirá a tu estimación la quinta parte del precio de ella, y se le quedará para él.

20 Mas si él no rescata la tierra, y la tierra se vende a otro, no la rescatará más;

21 sino que cuando salga en el jubileo, la tierra será santa para Jehová, como tierra consagrada; la posesión de ella será del sacerdote.

22 Y si dedica alguno a Jehová la tierra que él compró, que no era de la tierra de su herencia,

23 entonces el sacerdote calculará con él la suma de tu estimación hasta el año del jubileo, y aquel día dará tu precio señalado, cosa consagrada a Jehová.

24 En el año del jubileo, volverá la tierra a aquél de quien él la compró, cuya es la heredad de la tierra.

25 Y todo lo que valores será conforme al siclo del santuario; el siclo tiene veinte óbolos.

26 Pero el primogénito de los animales, que por la primogenitura es de Jehová, nadie lo dedicará; sea buey u oveja, de Jehová es.

27 Mas si es de los animales inmundos, lo rescatarán conforme a tu estimación, y añadirán sobre ella la quinta parte de su precio; y si no lo rescatan, se venderá conforme a tu estimación.

28 Pero no se venderá ni se rescatará ninguna cosa consagrada, que alguno haya dedicado a Jehová; de todo lo que tenga, de hombres y animales, y de las tierras de su posesión, todo lo consagrado será cosa santísima para Jehová.

29 Ninguna persona condenada como anatema podrá ser rescatada; indefectiblemente ha de ser muerta.

30 Y el diezmo de la tierra, así de la simiente de la tierra como del fruto de los árboles, de Jehová es; es cosa dedicada a Jehová.

31 Y si alguno quiere rescatar algo del diezmo, añadirá la quinta parte de su precio por ello.

32 Y todo diezmo de vacas o de ovejas, de todo lo que pasa bajo la vara, el diezmo será consagrado a Jehová.

33 No mirará si es bueno o malo, ni lo cambiará; y si lo cambia, tanto el animal cambiado como su sustituto serán cosas sagradas; no podrán ser rescatados.

34 Estos son los mandamientos que ordenó Jehová a Moisés para los hijos de Israel, en el monte de Sinay.

LIBRO CUARTO DE MOISÉS

NÚMEROS

Censo de Israel en Sinay

1 Habló Jehová a Moisés en el desierto de Sinay, en el tabernáculo de reunión, en el día primero del mes segundo, en el segundo año de su salida de la tierra de Egipto, diciendo:

2 Tomad el censo de toda la congregación de los hijos de Israel por sus familias, por las casas de sus padres, anotando los nombres de todos los varones uno por uno.

3 De veinte años arriba, todos los que pueden salir a la guerra en Israel, los contaréis tú y Aarón por sus ejércitos.

4 Y estará con vosotros un varón de cada tribu, cada uno jefe de la casa de sus padres.

5 Estos son los nombres de los varones que estarán con vosotros: De la tribu de Rubén, Elisur hijo de Sedeur.

6 De Simeón, Selumiel hijo de Zurisaday.

7 De Judá, Naasón hijo de Aminadab.

8 De Isacar, Natanael hijo de Zuar.

9 De Zabulón, Eliab hijo de Helón.
10 De los hijos de José: de Efraín, Elisamá hijo de Amiud; de Manasés, Gamaliel hijo de Pedasur.
11 De Benjamín, Abidán hijo de Guideoní.
12 De Dan, Ahiezer hijo de Amisaday.
13 De Aser, Pagiel hijo de Ocrán.
14 De Gad, Eliasaf hijo de Deuel.
15 De Neftalí, Ahirá hijo de Enán.
16 Estos eran los nombrados de entre la congregación, príncipes de las tribus de sus padres, capitanes de los millares de Israel.
17 Tomaron, pues, Moisés y Aarón a estos varones que fueron designados por sus nombres,
18 y reunieron a toda la congregación en el día primero del mes segundo, y fueron agrupados por familias, según las casas de sus padres, conforme a la cuenta de los nombres de cada uno, de veinte años arriba.
19 Como Jehová lo había mandado a Moisés, los contó en el desierto de Sinay.

El recuento

20 De los hijos de Rubén, primogénito de Israel, por su descendencia, por sus familias, según las casas de sus padres, conforme a la cuenta de los nombres de cada uno, todos los varones de veinte años arriba, todos los que podían salir a la guerra;
21 los contados de la tribu de Rubén fueron cuarenta y seis mil quinientos.
22 De los hijos de Simeón, por su descendencia, por sus familias, según las casas de sus padres, fueron contados conforme a la cuenta de los nombres de cada uno, todos los varones de veinte años arriba, todos los que podían salir a la guerra;
23 los contados de la tribu de Simeón fueron cincuenta y nueve mil trescientos.
24 De los hijos de Gad, por su descendencia, por sus familias, según las casas de sus padres, conforme a la cuenta de los nombres, de veinte años arriba, todos los que podían salir a la guerra;
25 los contados de la tribu de Gad fueron cuarenta y cinco mil seiscientos cincuenta.
26 De los hijos de Judá, por su descendencia, por sus familias, según las casas de sus padres, conforme a la cuenta de los nombres, de veinte años arriba, todos los que podían salir a la guerra;
27 los contados de la tribu de Judá fueron setenta y cuatro mil seiscientos.
28 De los hijos de Isacar, por su descendencia, por sus familias, según las casas de sus padres, conforme a la cuenta de los nombres, de veinte años arriba, todos los que podían salir a la guerra;
29 los contados de la tribu de Isacar fueron cincuenta y cuatro mil cuatrocientos.
30 De los hijos de Zabulón, por su descen-

dencia, por sus familias, según las casas de sus padres, conforme a la cuenta de sus nombres, de veinte años arriba, todos los que podían salir a la guerra;
31 los contados de la tribu de Zabulón fueron cincuenta y siete mil cuatrocientos.
32 De los hijos de José: de los hijos de Efraín, por su descendencia, por sus familias, según las casas de sus padres, conforme a la cuenta de los nombres, de veinte años arriba, todos los que podían salir a la guerra;
33 los contados de la tribu de Efraín fueron cuarenta mil quinientos.
34 Y de los hijos de Manasés, por su descendencia, por sus familias, según las casas de sus padres, conforme a la cuenta de los nombres, de veinte años arriba, todos los que podían salir a la guerra;
35 los contados de la tribu de Manasés fueron treinta y dos mil doscientos.
36 De los hijos de Benjamín, por su descendencia, por sus familias, según las casas de sus padres, conforme a la cuenta de los nombres, de veinte años arriba, todos los que podían salir a la guerra;
37 los contados de la tribu de Benjamín fueron treinta y cinco mil cuatrocientos.
38 De los hijos de Dan, por su descendencia, por sus familias, según las casas de sus padres, conforme a la cuenta de los nombres, de veinte años arriba, todos los que podían salir a la guerra;
39 los contados de la tribu de Dan fueron sesenta y dos mil setecientos.
40 De los hijos de Aser, por su descendencia, por sus familias, según las casas de sus padres, conforme a la cuenta de los nombres, de veinte años arriba, todos los que podían salir a la guerra;
41 los contados de la tribu de Aser fueron cuarenta y un mil quinientos.
42 De los hijos de Neftalí, por su descendencia, por sus familias, según las casas de sus padres, conforme a la cuenta de los nombres, de veinte años arriba, todos los que podían salir a la guerra;
43 los contados de la tribu de Neftalí fueron cincuenta y tres mil cuatrocientos.
44 Estos fueron los contados, los cuales contaron Moisés y Aarón, con los príncipes de Israel, doce varones, uno por cada tribu de sus padres.
45 Y todos los contados de los hijos de Israel por las casas de sus padres, de veinte años arriba, todos los que podían salir a la guerra en Israel,
46 fueron todos los contados seiscientos tres mil quinientos cincuenta.

Estatuto de los levitas

47 Pero los levitas, según la tribu de sus padres, no fueron contados entre ellos;

48 porque habló Jehová a Moisés, diciendo:
49 Solamente no contarás la tribu de Leví, ni tomarás la cuenta de ellos entre los hijos de Israel,
50 sino que pondrás a los levitas en el tabernáculo del testimonio, y sobre todos sus utensilios, y sobre todas las cosas que le pertenecen; ellos llevarán el tabernáculo y todos sus enseres, y ellos servirán en él, y acamparán alrededor del tabernáculo.
51 Y cuando el tabernáculo haya de trasladarse, los levitas lo desarmarán, y cuando el tabernáculo haya de detenerse, los levitas lo armarán; y el extraño que se acerque morirá.
52 Los hijos de Israel acamparán cada uno en su campamento, y cada uno junto a su bandera, por sus ejércitos;
53 pero los levitas acamparán alrededor del tabernáculo del testimonio, para que no haya ira sobre la congregación de los hijos de Israel; y los levitas tendrán la guarda del tabernáculo del testimonio.
54 E hicieron los hijos de Israel conforme a todas las cosas que mandó Jehová a Moisés; así lo hicieron.

Disposición de las tribus en el campamento

2 Habló Jehová a Moisés y a Aarón, diciendo:
2 Los hijos de Israel acamparán cada uno junto a su bandera, bajo las enseñas de las casas de sus padres; alrededor del tabernáculo de reunión acamparán.
3 Estos acamparán al oriente, al este: la bandera del campamento de Judá, por sus ejércitos; y el jefe de los hijos de Judá, Naasón hijo de Aminadab.
4 Su cuerpo de ejército, con sus contados, setenta y cuatro mil seiscientos.
5 Junto a él acamparán los de la tribu de Isacar; y el jefe de los hijos de Isacar, Natanael hijo de Zuar.
6 Su cuerpo de ejército, con sus contados, cincuenta y cuatro mil cuatrocientos.
7 Y la tribu de Zabulón; y el jefe de los hijos de Zabulón, Eliab hijo de Helón.
8 Su cuerpo de ejército, con sus contados, cincuenta y siete mil cuatrocientos.
9 Todos los contados en el campamento de Judá, ciento ochenta y seis mil cuatrocientos, por sus ejércitos, marcharán delante.
10 La bandera del campamento de Rubén estará al sur, por sus ejércitos; y el jefe de los hijos de Rubén, Elisur hijo de Sedeur.
11 Su cuerpo de ejército, con sus contados, cuarenta y seis mil quinientos.
12 Acamparán junto a él los de la tribu de Simeón; y el jefe de los hijos de Simeón, Selumiel hijo de Zurisaday.

13 Su cuerpo de ejército, con sus contados, cincuenta y nueve mil trescientos.
14 Y la tribu de Gad; y el jefe de los hijos de Gad, Eliasaf hijo de Reuel.
15 Su cuerpo de ejército, con sus contados, cuarenta y cinco mil seiscientos cincuenta.
16 Todos los contados en el campamento de Rubén, ciento cincuenta y un mil cuatrocientos cincuenta, por sus ejércitos, marcharán los segundos.
17 Luego irá el tabernáculo de reunión, con el campamento de los levitas, en medio de los campamentos; en el orden en que acampan; así marchará cada uno junto a su bandera.
18 La bandera del campamento de Efraín por sus ejércitos, al occidente; y el jefe de los hijos de Efraín, Elisamá hijo de Amiud.
19 Su cuerpo de ejército, con sus contados, cuarenta mil quinientos.
20 Junto a él estará la tribu de Manasés; y el jefe de los hijos de Manasés, Gamaliel hijo de Pedasur.
21 Su cuerpo de ejército, con sus contados, treinta y dos mil doscientos.
22 Y la tribu de Benjamín; y el jefe de los hijos de Benjamín, Abidán hijo de Gideoni.
23 Y su cuerpo de ejército, con sus contados, treinta y cinco mil cuatrocientos.
24 Todos los contados en el campamento de Efraín, ciento ocho mil ciento, por sus ejércitos, irán los terceros.
25 La bandera del campamento de Dan estará al norte, por sus ejércitos; y el jefe de los hijos de Dan, Ahiezer hijo de Amisaday.
26 Su cuerpo de ejército, con sus contados, sesenta y dos mil setecientos.
27 Junto a él acamparán los de la tribu de Aser; y el jefe de los hijos de Aser, Pagiel hijo de Ocrán.
28 Su cuerpo de ejército, con sus contados, cuarenta y un mil quinientos.
29 Y la tribu de Neftalí; y el jefe de los hijos de Neftalí, Ahirá hijo de Enán.
30 Su cuerpo de ejército, con sus contados, cincuenta y tres mil cuatrocientos.
31 Todos los contados en el campamento de Dan, ciento cincuenta y siete mil seiscientos, irán los últimos tras sus banderas.
32 Estos son los contados de los hijos de Israel, según las casas de sus padres; todos los contados por campamentos, por sus ejércitos, seiscientos tres mil quinientos cincuenta.
33 Mas los levitas no fueron contados entre los hijos de Israel, como Jehová lo mandó a Moisés.
34 E hicieron los hijos de Israel conforme a todas las cosas que Jehová mandó a Moisés; así acamparon por sus banderas, y así mar-

charon cada uno por sus familias, según las
casas de sus padres.

Deberes de los levitas

3 Estos son los descendientes de Aarón y
de Moisés, en el día en que Jehová
habló a Moisés en el monte de Sinay.

2 Y estos son los nombres de los hijos de
Aarón: Nadab el primogénito, Abiú, Eleazar e Itamar.

3 Estos son los nombres de los hijos de
Aarón, sacerdotes ungidos, a los cuales
consagró para ejercer el sacerdocio.

4 Pero Nadab y Abiú murieron delante de
Jehová cuando ofrecieron fuego extraño
delante de Jehová en el desierto de Sinay, y
no tuvieron hijos; y Eleazar e Itamar ejercieron el sacerdocio delante de Aarón su
padre.

5 Y Jehová habló a Moisés, diciendo:

6 Haz que se acerque la tribu de Leví, y
hazla estar delante del sacerdote Aarón,
para que le sirvan,

7 y desempeñen el encargo de él, y el
encargo de toda la congregación delante del
tabernáculo de reunión para servir en el
ministerio del tabernáculo.

8 y guarden todos los utensilios del tabernáculo de reunión, y todo lo encargado a ellos
por los hijos de Israel, y ministren en el
servicio del tabernáculo.

9 Y darás los levitas a Aarón y a sus hijos;
son enteramente dados de entre los hijos de
Israel.

10 Y constituirás a Aarón y a sus hijos para
que ejerzan su sacerdocio; y el extraño que
se acerque, morirá.

11 Habló además Jehová a Moisés, diciendo:

12 He aquí, yo he tomado a los levitas de
entre los hijos de Israel en lugar de todos los
primogénitos, los primeros nacidos entre los
hijos de Israel; serán, pues, míos los levitas.

13 Porque mío es todo primogénito; desde
el día en que yo hice morir a todos los
primogénitos en la tierra de Egipto, santifiqué para mí a todos los primogénitos en
Israel, así de hombres como de animales;
míos serán. Yo Jehová.

14 Y Jehová habló a Moisés en el desierto
de Sinay, diciendo:

15 Cuenta los hijos de Leví según las casas
de sus padres, por sus familias; contarás
todos los varones de un mes arriba.

16 Y Moisés los contó conforme a la palabra de Jehová, como le fue mandado.

17 Los hijos de Leví fueron estos por sus
nombres: Gersón, Coat y Merarí.

18 Y los nombres de los hijos de Gersón por
sus familias son estos: Libní y Simeí.

19 Los hijos de Coat por sus familias son:
Amram, Izhar, Hebrón y Uziel.

20 Y los hijos de Merarí por sus familias:
Mahlí y Musí. Éstas son las familias de Leví,
según las casas de sus padres.

21 De Gersón era la familia de Libní y la de
Simeí; éstas son las familias de Gersón.

22 Los contados de ellos conforme a la
cuenta de todos los varones de un mes
arriba, los contados de ellos fueron siete mil
quinientos.

23 Las familias de Gersón acamparán a
espaldas del tabernáculo, al occidente;

24 y el jefe del linaje de los gersonitas,
Eliasaf hijo de Lael.

25 A cargo de los hijos de Gersón, en el
tabernáculo de reunión, estarán el tabernáculo, la tienda y su cubierta, la cortina de la
puerta del tabernáculo de reunión,

26 las cortinas del atrio, y la cortina de la
puerta del atrio, que está junto al tabernáculo y junto al altar alrededor; asimismo sus
cuerdas para todo su servicio.

27 De Coat eran la familia de los amramitas, la familia de los izharitas, la familia de
los hebronitas y la familia de los uzielitas;
éstas son las familias coatitas.

28 En el número de todos los varones de un
mes arriba era ocho mil seiscientos, que
tenían la guarda del santuario.

29 Las familias de los hijos de Coat acamparán al lado del tabernáculo, al sur;

30 y el jefe del linaje de las familias de
Coat, Elizafán hijo de Uziel.

31 A cargo de ellos estarán el arca, la mesa,
el candelero, los altares, los utensilios del
santuario con que ministran, y el velo con
todo su servicio.

32 Y el principal de los jefes de los levitas
será Eleazar hijo del sacerdote Aarón, jefe
de los que tienen la guarda del santuario.

33 De Merarí era la familia de los mahlitas y
la familia de los musitas; éstas son las familias de Merarí.

34 Los contados de ellos conforme al número de todos los varones de un mes arriba
fueron seis mil doscientos.

35 Y el jefe de la casa del linaje de Merarí,
Zuriel hijo de Abihail; acamparán al lado
del tabernáculo, al norte.

36 A cargo de los hijos de Merarí estará la
custodia de las tablas del tabernáculo, sus
barras, sus columnas, sus basas y todos sus
enseres, con todo su servicio;

37 y las columnas alrededor del atrio, sus
basas, sus estacas y sus cuerdas.

38 Los que acamparán delante del tabernáculo al oriente, delante del tabernáculo de
reunión al este, serán Moisés y Aarón y sus
hijos, que están encargados de la guarda del
santuario como representantes de los hijos
de Israel; y el extraño que se acerque,
morirá.

39 Todos los contados de los levitas, que

Moisés y Aarón conforme a la palabra de
Jehová contaron por sus familias, todos los
varones de un mes arriba, fueron veintidós
mil.

Rescate de los primogénitos

40 Y Jehová dijo a Moisés: Cuenta todos
los primogénitos varones de los hijos de
Israel de un mes arriba, y cuéntalos por sus
nombres.
41 Y tomarás a los levitas para mí en lugar
de todos los primogénitos de los hijos de
Israel, y los animales de los levitas en lugar
de todos los primogénitos de los animales de
los hijos de Israel. Yo Jehová.
42 Contó Moisés, como Jehová le mandó,
todos los primogénitos de los hijos de Israel.
43 Y todos los primogénitos varones, conforme al número de sus nombres, de un mes
arriba, fueron veintidós mil doscientos setenta y tres.
44 Luego habló Jehová a Moisés, diciendo:
45 Toma los levitas en lugar de todos los
primogénitos de los hijos de Israel, y los animales de los levitas en lugar de sus animales;
y los levitas serán míos. Yo Jehová.
46 Y para el rescate de los doscientos setenta y tres de los primogénitos de los hijos de
Israel, que exceden a los levitas,
47 tomarás cinco siclos por cabeza; conforme al siclo del santuario los tomarás. El siclo
tiene veinte óbolos.
48 Y darás a Aarón y a sus hijos el dinero
del rescate de los que exceden.
49 Tomó, pues, Moisés el dinero del rescate de los que excedían el número de los
redimidos por los levitas,
50 y recibió de los primogénitos de los hijos
de Israel, en dinero, mil trescientos sesenta
y cinco siclos, conforme al siclo del santuario.
51 Y Moisés dio el dinero de los rescates a
Aarón y a sus hijos, conforme a la palabra
de Jehová, según lo que Jehová había mandado a Moisés.

Tareas de los tres clanes levíticos

4 Habló Jehová a Moisés y a Aarón,
diciendo:
2 Toma la cuenta de los hijos de Coat de
entre los hijos de Leví, por sus familias,
según las casas de sus padres,
3 de edad de treinta años arriba hasta cincuenta años, todos los que entran en compañía para servir en el tabernáculo de reunión.
4 El oficio de los hijos de Coat en el tabernáculo de reunión, en el lugar santísimo,
será éste:
5 Cuando haya de mudarse el campamento, vendrán Aarón y sus hijos y desarmarán
el velo de la tienda, y cubrirán con él el arca
del testimonio;

6 y pondrán sobre ella la cubierta de pieles
de tejones, y extenderán encima un paño
todo de azul, y le pondrán sus varas.
7 Sobre la mesa de la proposición extenderán un paño azul, y pondrán sobre ella las
escudillas, las cucharas, las copas y los tazones para libar; y el pan continuo estará sobre
ella.
8 Y extenderán sobre ella un paño carmesí,
y lo cubrirán con la cubierta de pieles de
tejones; y le pondrán sus varas.
9 Tomarán un paño azul y cubrirán el candelero del alumbrado, sus lamparillas, sus
despabiladeras, sus platillos, y todos sus
utensilios del aceite con que se sirve;
10 y lo pondrán con todos sus utensilios en
una cubierta de pieles de tejones, y lo
colocarán sobre unas parihuelas.
11 Sobre el altar de oro extenderán un paño
azul, y lo cubrirán con la cubierta de pieles
de tejones, y le pondrán sus varas.
12 Y tomarán todos los utensilios del servicio de que hacen uso en el santuario, y los
pondrán en un paño azul, y los cubrirán con
una cubierta de pieles de tejones, y los
colocarán sobre unas parihuelas.
13 Quitarán la ceniza del altar, y extenderán sobre él un paño de púrpura;
14 y pondrán sobre él todos sus instrumentos de que se sirve: las paletas, los garfios,
los braseros y los tazones, todos los utensilios del altar; y extenderán sobre él la cubierta de pieles de tejones, y le pondrán
además las varas.
15 Y cuando acaben Aarón y sus hijos de
envolver el santuario y todos los utensilios
del santuario, cuando haya de mudarse el
campamento, vendrán para transportarlos
los hijos de Coat, pero que no toquen cosas
santificadas, pues morirían. Estas serán las
cargas de los hijos de Coat en el tabernáculo
de reunión.
16 Pero a cargo de Eleazar hijo del sacerdote Aarón estará el aceite del alumbrado, el
incienso aromático, la ofrenda continua y el
aceite de la unción; el cargo de todo el
tabernáculo y de todo lo que está en él, del
santuario y de sus utensilios.
17 Habló también Jehová a Moisés y a
Aarón, diciendo:
18 No haréis que perezca la tribu de las
familias de Coat de entre los levitas.
19 Para que cuando se acerquen al lugar
santísimo vivan, y no mueran, haréis con
ellos esto: Aarón y sus hijos vendrán y los
pondrán a cada uno en su oficio y en su cargo.
20 No entrarán para ver cuando cubran las
cosas santas, porque morirán.

Los gersonitas

21 Además habló Jehová a Moisés, diciendo:

22 Toma también el número de los hijos de Gersón según las casas de sus padres, por sus familias.

23 De edad de treinta años arriba hasta cincuenta años los contarás; todos los que entran en compañía para servir en el tabernáculo de reunión.

24 Éste será el oficio de las familias de Gersón, para ministrar y para llevar:

25 Llevarán las cortinas del tabernáculo, el tabernáculo de reunión, su cubierta, la cubierta de pieles de tejones que está encima de él, la cortina de la puerta del tabernáculo de reunión,

26 las cortinas del atrio, la cortina de la puerta del atrio, que está cerca del tabernáculo y cerca del altar alrededor, sus cuerdas, y todos los instrumentos de su servicio y todo lo que será hecho para ellos; así servirán.

27 Según la orden de Aarón y de sus hijos será todo el ministerio de los hijos de Gersón en todos sus cargos, y en todo su servicio; y les encomendaréis el cuidado de todos sus cargos.

28 Éste es el servicio de las familias de los hijos de Gersón en el tabernáculo de reunión; y el cargo de ellos estará bajo la dirección de Itamar hijo del sacerdote Aarón.

29 Contarás los hijos de Merarí por sus familias, según las casas de sus padres.

30 Desde el de edad de treinta años arriba hasta el de cincuenta años los contarás; todos los que entran en compañía para servir en el tabernáculo de reunión.

31 Éste será el deber de su cargo para todo su servicio en el tabernáculo de reunión: las tablas del tabernáculo, sus barras, sus columnas y sus basas,

32 las columnas del atrio alrededor y sus basas, sus estacas y sus cuerdas, con todos sus instrumentos y todo su servicio; y consignarás por sus nombres todos los utensilios que ellos tienen que transportar.

33 Éste será el servicio de las familias de los hijos de Merarí para todo su ministerio en el tabernáculo de reunión, bajo la dirección de Itamar hijo del sacerdote Aarón.

34 Moisés, pues, y Aarón, y los jefes de la congregación, contaron a los hijos de Coat por sus familias y según las casas de sus padres,

35 desde el de edad de treinta años arriba hasta el de edad de cincuenta años; todos los que entran en compañía para ministrar en el tabernáculo de reunión.

36 Y fueron los contados de ellos por sus familias, dos mil setecientos cincuenta.

37 Estos fueron los contados de las familias de Coat, todos los que ministran en el tabernáculo de reunión, los cuales contaron

Moisés y Aarón, como lo mandó Jehová por medio de Moisés.

38 Y los contados de los hijos de Gersón por sus familias, según las casas de sus padres,

39 desde el de edad de treinta años arriba hasta el de edad de cincuenta años, todos los aptos para entrar al servicio en el tabernáculo de reunión;

40 los contados de ellos por sus familias, según las casas de sus padres, fueron dos mil seiscientos treinta.

41 Estos son los contados de las familias de los hijos de Gersón, todos los que sirven en el tabernáculo de reunión, los cuales contaron Moisés y Aarón por mandato de Jehová.

42 Y los contados de las familias de los hijos de Merarí, por sus familias, según las casas de sus padres,

43 desde el de edad de treinta años arriba hasta el de edad de cincuenta años, todos los que entran en compañía para ministrar en el tabernáculo de reunión;

44 los contados de ellos, por sus familias, fueron tres mil doscientos.

45 Estos fueron los contados de las familias de los hijos de Merarí, los cuales contaron Moisés y Aarón, según lo mandó Jehová por medio de Moisés.

46 Todos los contados de los levitas que Moisés y Aarón y los jefes de Israel contaron por sus familias, y según las casas de sus padres,

47 desde el de edad de treinta años arriba hasta el de edad de cincuenta años, todos los que entraban para ministrar en el servicio y tener cargo de obra en el tabernáculo de reunión,

48 los contados de ellos fueron ocho mil quinientos ochenta.

49 Como lo mandó Jehová por medio de Moisés fueron contados, cada uno según su oficio y según su cargo; los cuales contó él, como le fue mandado.

Expulsión de los impuros del campamento

5 Jehová habló a Moisés, diciendo:

2 Manda a los hijos de Israel que separen del campamento a todo leproso, y a todos los que padecen flujo de semen, y a todo contaminado por *haber tocado* un muerto.

3 Así a hombres como a mujeres echaréis; fuera del campamento los echaréis, para que no contaminen el campamento de aquellos entre los cuales yo habito.

4 Y lo hicieron así los hijos de Israel, y los echaron fuera del campamento; como Jehová dijo a Moisés, así lo hicieron los hijos de Israel.

Ley sobre la restitución

5 Además habló Jehová a Moisés, diciendo:

6 Di a los hijos de Israel: El hombre o la mujer que cometa alguno de todos los pecados con que los hombres prevarican contra *otro*, ofendiendo a Jehová,

7 aquella persona confesará el pecado que cometió, y compensará enteramente el daño, y añadirá sobre ello la quinta parte, y lo dará a aquel contra quien pecó.

8 Y si aquella persona hubiese *fallecido* y no tuviese pariente al cual sea resarcido el daño, se dará la indemnización del agravio a Jehová entregándola al sacerdote, además del carnero de las expiaciones, con el cual hará expiación por él.

9 Toda ofrenda de todas las cosas santas que los hijos de Israel presenten al sacerdote, suya será.

10 Y lo dedicado *a Dios* por cualquiera será suyo; asimismo lo que cualquiera presente *por mano del* sacerdote, será de éste.

Ley sobre los celos

11 También habló Jehová a Moisés, diciendo:

12 Habla a los hijos de Israel, y diles: Si la mujer de alguno se descarría, y le es infiel,

13 y alguno cohabita con ella, y su marido no lo hubiese visto por haberse ella amancillado ocultamente, ni hubiese testigo contra ella, ni ella hubiese sido sorprendida en el acto;

14 si viene sobre el *marido* espíritu de celos, y tiene celos de su mujer, habiéndose ella amancillado; o viene sobre él espíritu de celos, y tiene celos de su mujer, no habiéndose ella amancillado;

15 entonces el marido traerá su mujer al sacerdote, y con ella traerá su ofrenda, la décima parte de un efa de harina de cebada; no echará sobre ella aceite, ni pondrá sobre ella incienso, porque es ofrenda de celos, ofrenda recordativa, que trae a la memoria el pecado.

16 Y el sacerdote hará que ella se acerque y se ponga delante de Jehová.

17 Luego tomará el sacerdote del agua santa en un vaso de barro; tomará también el sacerdote del polvo que haya en el suelo del tabernáculo, y lo echará en el agua.

18 Y hará el sacerdote estar en pie a la mujer delante de Jehová, y descubrirá la cabeza de la mujer, y pondrá sobre sus manos la ofrenda recordativa, que es la ofrenda de celos; y el sacerdote tendrá en la mano las aguas amargas que acarrean maldición.

19 Y el sacerdote la conjurará y le dirá: Si ninguno ha dormido contigo, y si no te has apartado de tu marido a inmundicia, libre seas de esta aguas amargas que traen maldición;

20 mas si te has descarriado de tu marido y te has amancillado, y ha cohabitado contigo alguno fuera de tu marido

21 (el sacerdote conjurará a la mujer con juramento de maldición, y dirá a la mujer): Jehová te haga maldición y execración en medio de tu pueblo, haciendo Jehová que tus muslos no te sostengan y que tu vientre se hinche;

22 y estas aguas que dan maldición entren en tus entrañas, y hagan hinchar tu vientre y secar tus caderas. Y la mujer dirá: Amén, amén.

23 El sacerdote escribirá estas maldiciones en un libro, y las borrará con las aguas amargas;

24 y dará a beber a la mujer las aguas amargas que traen maldición; y las aguas que obran maldición entrarán en ella para amargar.

25 Después el sacerdote tomará de la mano de la mujer la ofrenda de los celos, y la mecerá delante de Jehová, y la ofrecerá delante del altar.

26 Y tomará el sacerdote un puñado de la ofrenda en memoria de ella, y lo quemará sobre el altar, y después dará a beber las aguas a la mujer.

27 Le dará, pues, a beber las aguas; y si es inmunda y ha sido infiel a su marido, las aguas que obran maldición entrarán en ella para amargar, y su vientre se hinchará y adelgazarán sus caderas; y la mujer será maldición en medio de su pueblo.

28 Mas si la mujer no es inmunda, sino que está limpia, ella será libre, y será fecunda.

29 Ésta es la ley de los celos, cuando la mujer cometa infidelidad contra su marido, y se amancille;

30 o del marido sobre el cual venga espíritu de celos, y tenga celos de su mujer; la presentará entonces delante de Jehová, y el sacerdote ejecutará en ella toda esta ley.

31 El hombre será libre de iniquidad, y la mujer llevará su pecado.

El voto de los nazareos

6 Habló Jehová a Moisés, diciendo:

2 Habla a los hijos de Israel y diles: El hombre o la mujer que se aparte haciendo voto de nazareo, para dedicarse a Jehová,

3 se abstendrá de vino y de sidra; no beberá vinagre de vino, ni vinagre de sidra, ni beberá ningún licor de uvas, ni tampoco comerá uvas frescas ni secas.

4 Todo el tiempo de su nazareato, de todo lo que se hace de la vid, desde los granillos hasta el hollejo, no comerá.

5 Todo el tiempo del voto de su nazareato
no pasará navaja sobre su cabeza; hasta que
sean cumplidos los días de su apartamiento
a Jehová, será santo; dejará crecer su cabello.
6 Todo el tiempo que se aparte para Jehová, no se acercará a persona muerta.
7 Ni aun por su padre ni por su madre, ni
por su hermano ni por su hermana, podrá
contaminarse cuando mueran; porque la
consagración de su Dios tiene sobre su
cabeza.
8 Todo el tiempo de su nazareato, será
santo para Jehová.
9 Si alguno muere súbitamente junto a él,
su cabeza consagrada será contaminada;
por tanto, el día de su purificación raerá su
cabeza; al séptimo día la raerá.
10 Y el día octavo traerá dos tórtolas o dos
palominos al sacerdote, a la puerta del
tabernáculo de reunión.
11 Y el sacerdote ofrecerá el uno en expiación, y el otro en holocausto; y hará expiación de lo que pecó a causa del muerto, y
santificará su cabeza en aquel día.
12 Y consagrará para Jehová los días de su
nazareato, y traerá un cordero de un año en
expiación por la culpa; y los días primeros
serán anulados, por cuanto fue contaminado su nazareato.
13 Ésta es, pues, la ley del nazareo el día
que se cumpla el tiempo de su nazareato:
Vendrá a la puerta del tabernáculo de reunión,
14 y ofrecerá su ofrenda a Jehová, un cordero de un año sin tacha en holocausto, y
una cordera de un año sin defecto en expiación, y un cordero sin defecto por ofrenda
de paz.
15 Además un canastillo de tortas sin levadura, de flor de harina amasadas con aceite,
y hojaldres sin levadura untados con aceite,
y su ofrenda y sus libaciones.
16 Y el sacerdote lo ofrecerá delante de
Jehová, y hará su expiación y su holocausto;
17 y ofrecerá el carnero en ofrenda de paz a
Jehová, con el canastillo de los panes sin
levadura; ofrecerá asimismo el sacerdote su
ofrenda y sus libaciones.
18 Entonces el nazareo raerá a la puerta del
tabernáculo de reunión su cabeza consagrada, y tomará los cabellos de su cabeza
consagrada y los pondrá sobre el fuego que
está debajo de la ofrenda de paz.
19 Después tomará el sacerdote la espaldilla cocida del carnero, una torta sin levadura
del canastillo, y un hojaldre sin levadura, y
las pondrá sobre las manos del nazareo,
después que haya sido raída su cabeza consagrada;
20 y el sacerdote mecerá aquello como
ofrenda mecida delante de Jehová, lo cual

será cosa santa del sacerdote, además del
pecho mecido y de la espaldilla separada;
después el nazareo podrá beber vino.
21 Ésta es la ley del nazareo que haga voto
de ofrenda a Jehová por *razón* de su nazareato, aparte de lo que sus recursos le
permitan; a tenor del voto que prometió, lo
cumplirá, conforme a la ley de su nazareato.

La fórmula de bendición

22 Jehová habló a Moisés, diciendo:
23 Habla a Aarón y a sus hijos y diles: Así
bendeciréis a los hijos de Israel, diciéndoles:
24 Jehová te bendiga, y te guarde;
25 Jehová haga resplandecer su rostro sobre ti, y tenga de ti misericordia;
26 Jehová alce sobre ti su rostro, y ponga en
ti paz.
27 Y pondrán mi nombre sobre los hijos de
Israel, y yo los bendeciré.

Ofrendas de carretas

7 Aconteció que cuando Moisés hubo
acabado de levantar el tabernáculo, y lo
hubo ungido y santificado, con todos sus
utensilios, y asimismo ungido y santificado
el altar y todos sus utensilios,
2 entonces los príncipes de Israel, los jefes
de las casas de sus padres, los cuales eran los
príncipes de las tribus, que estaban sobre los
contados, ofrecieron;
3 y trajeron sus ofrendas delante de Jehová,
seis carros cubiertos y doce bueyes; por cada
dos príncipes un carro, y cada uno un buey,
y los ofrecieron delante del tabernáculo.
4 Y Jehová habló a Moisés, diciendo:
5 Tómalos de ellos, y serán para el servicio
del tabernáculo de reunión; y los darás a los
levitas, a cada uno conforme a su ministerio.
6 Entonces Moisés recibió los carros y los
bueyes, y los dio a los levitas.
7 Dos carros y cuatro bueyes dio a los hijos
de Gersón, conforme a su ministerio,
8 y a los hijos de Merarí dio cuatro carros y
ocho bueyes, conforme a su ministerio bajo
la mano de Itamar hijo del sacerdote Aarón.
9 Pero a los hijos de Coat no les dio, porque
llevaban sobre sí en los hombros el servicio
del santuario.
10 Y los príncipes trajeron ofrendas para la
dedicación del altar el día en que fue ungido, ofreciendo los príncipes su ofrenda delante del altar.
11 Y Jehová dijo a Moisés: Ofrecerán su
ofrenda, un príncipe un día, y otro príncipe
otro día, para la dedicación del altar.
12 Y el que ofreció su ofrenda el primer día
fue Naasón hijo de Aminadab, de la tribu de
Judá.
13 Su ofrenda fue un plato de plata de
ciento treinta siclos de peso, y un jarro de

plata de setenta siclos, al siclo del santuario, ambos llenos de flor de harina amasada con aciete para ofrenda;

14 una cuchara de oro de diez siclos, llena de incienso;

15 un becerro, un carnero, un cordero de un año para holocausto;

16 un macho cabrío para expiación;

17 y para ofrenda de paz, dos bueyes, cinco carneros, cinco machos cabríos y cinco corderos de un año. Ésta fue la ofrenda de Naasón hijo de Aminadab.

18 El segundo día ofreció Natanael hijo de Zuar, príncipe de Isacar.

19 Ofreció como su ofrenda un plato de plata de ciento treinta siclos de peso, y un jarro de plata de setenta siclos, al siclo del santuario, ambos llenos de flor de harina amasada con aceite para ofrenda;

20 una cuchara de oro de diez siclos, llena de incienso;

21 un becerro, un carnero, un cordero de un año para holocausto;

22 un macho cabrío para expiación;

23 y para ofrenda de paz, dos bueyes, cinco carneros, cinco machos cabríos y cinco corderos de un año. Ésta fue la ofrenda de Natanael hijo de Zuar.

24 El tercer día, Eliab hijo de Helón, príncipe de los hijos de Zabulón.

25 Y su ofrenda fue un plato de plata de ciento treinta siclos de peso, y un jarro de plata de setenta siclos, al siclo del santuario, ambos llenos de flor de harina amasada con aceite para ofrenda;

26 una cuchara de oro de diez siclos, llena de incienso;

27 un becerro, un carnero, un cordero de un año para holocausto;

28 un macho cabrío para expiación;

29 y para ofrenda de paz, dos bueyes, cinco carneros, cinco machos cabríos y cinco corderos de un año. Ésta fue la ofrenda de Eliab hijo de Helón.

30 El cuarto día, Elisur hijo de Sedeur, príncipe de los hijos de Rubén.

31 Y su ofrenda fue un plato de plata de ciento treinta siclos de peso, y un jarro de plata de setenta siclos, al siclo del santuario, ambos llenos de flor de harina amasada con aceite para ofrenda;

32 una cuchara de oro de diez siclos, llena de incienso;

33 un becerro, un carnero, un cordero de un año para holocausto;

34 un macho cabrío para expiación;

35 y para ofrenda de paz, dos bueyes, cinco carneros, cinco machos cabríos y cinco corderos de un año. Ésta fue la ofrenda de Elisur hijo de Sedeur.

36 El quinto día, Selumiel hijo de Zurisaday, príncipe de los hijos de Simeón.

37 Y su ofrenda fue un plato de plata de ciento treinta siclos de peso, y un jarro de plata de setenta siclos, al siclo del santuario, ambos llenos de flor de harina amasada con aceite para ofrenda;

38 una cuchara de oro de diez siclos, llena de incienso;

39 un becerro, un carnero, un cordero de un año para holocausto;

40 un macho cabrío para expiación;

41 y para ofrenda de paz, dos bueyes, cinco carneros, cinco machos cabríos y cinco corderos de un año. Ésta fue la ofrenda de Selumiel hijo de Zurisaday.

42 El sexto día, Eliasaf hijo de Deuel, príncipe de los hijos de Gad.

43 Y su ofrenda fue un plato de plata de ciento treinta siclos de peso, y un jarro de plata de setenta siclos, al siclo del santuario, ambos llenos de flor de harina amasada con aceite para ofrenda;

44 una cuchara de oro de diez siclos, llena de incienso;

45 un becerro, un carnero, un cordero de un año para holocausto;

46 un macho cabrío para expiación;

47 y para ofrenda de paz, dos bueyes, cinco carneros, cinco machos cabríos y cinco corderos de un año. Ésta fue la ofrenda de Eliasaf hijo de Deuel.

48 El séptimo día, el príncipe de los hijos de Efraín, Elisamá hijo de Amiud.

49 Y su ofrenda fue un plato de plata de ciento treinta siclos de peso, y un jarro de plata de setenta siclos, al siclo del santuario, ambos llenos de flor de harina amasada con aceite para ofrenda;

50 una cuchara de oro de diez siclos, llena de incienso;

51 un becerro, un carnero, un cordero de un año para holocausto;

52 un macho cabrío para expiación;

53 y para ofrenda de paz, dos bueyes, cinco carneros, cinco machos cabríos y cinco corderos de un año. Ésta fue la ofrenda de Elisamá hijo de Amiud.

54 El octavo día, el príncipe de los hijos de Manasés, Gamaliel hijo de Pedasur.

55 Y su ofrenda fue un plato de plata de ciento treinta siclos de peso, y un jarro de plata de setenta siclos, al siclo del santuario, ambos llenos de flor de harina amasada con aceite para ofrenda;

56 una cuchara de oro de diez siclos, llena de incienso;

57 un becerro, un carnero, un cordero de un año para holocausto;

58 un macho cabrío para expiación;

59 y para ofrenda de paz, dos bueyes, cinco carneros, cinco machos cabríos y cinco corderos de un año. Ésta fue la ofrenda de Gamaliel hijo de Pedasur.

60 El noveno día, el príncipe de los hijos de Benjamín, Abidán, hijo de Guidoní.
61 Y su ofrenda fue un plato de plata de ciento treinta siclos de peso, y un jarro de plata de setenta siclos, al siclo del santuario, ambos llenos de flor de harina amasada con aceite para ofrenda;
62 una cuchara de oro de diez siclos, llena de incienso;
63 un becerro, un carnero, un cordero de un año para holocausto;
64 un macho cabrío para expiación;
65 y para ofrenda de paz, dos bueyes, cinco carneros, cinco machos cabríos y cinco corderos de un año. Ésta fue la ofrenda de Abidán hijo de Guidoní.
66 El décimo día, el príncipe de los hijos de Dan, Ahiezer hijo de Amisaday.
67 Y su ofrenda fue un plato de plata de ciento treinta siclos de peso, y un jarro de plata de setenta siclos, al siclo del santuario, ambos llenos de flor de harina amasada con aceite para ofrenda;
68 una cuchara de oro de diez siclos, llena de incienso;
69 un becerro, un carnero, un cordero de un año para holocausto;
70 un macho cabrío para expiación;
71 y para ofrenda de paz, dos bueyes, cinco carneros, cinco machos cabríos y cinco corderos de un año. Ésta fue la ofrenda de Ahiezer hijo de Amisaday.
72 El undécimo día, el príncipe de los hijos de Aser, Pagiel hijo de Ocrán.
73 Y su ofrenda fue un plato de plata de ciento treinta siclos de peso, y un jarro de plata de setenta siclos, al siclo del santuario, ambos llenos de flor de harina amasada con aceite para ofrenda;
74 una cuchara de oro de diez siclos, llena de incienso;
75 un becerro, un carnero, un cordero de un año para holocausto;
76 un macho cabrío para expiación;
77 y para ofrenda de paz, dos bueyes, cinco carneros, cinco machos cabríos y cinco corderos de un año. Ésta fue la ofrenda de Pagiel hijo de Ocrán.
78 El duodécimo día, el príncipe de los hijos de Neftalí, Ahirá hijo de Enán.
79 Su ofrenda fue un plato de plata de ciento treinta siclos de peso, y un jarro de plata de setenta siclos, al siclo del santuario, ambos llenos de flor de harina amasada con aceite para ofrenda;
80 una cuchara de oro de diez siclos, llena de incienso;
81 un becerro, un carnero, un cordero de un año para holocausto;
82 un macho cabrío para expiación;
83 y para ofrenda de paz, dos bueyes, cinco carneros, cinco machos cabríos y cinco cor-

deros de un año. Ésta fue la ofrenda de Ahirá hijo de Enán.
84 Ésta fue la ofrenda que los príncipes de Israel ofrecieron para la dedicación del altar, el día en que fue ungido: doce platos de plata, doce jarros de plata, doce cucharas de oro.
85 Cada plato de ciento treinta siclos, y cada jarro de setenta; toda la plata de la vajilla, dos mil cuatrocientos siclos, al siclo del santuario.
86 Las doce cucharas de oro llenas de incienso, de diez siclos cada cuchara, al siclo del santuario; todo el oro de las cucharas, ciento veinte siclos.
87 Todos los bueyes para holocausto, doce becerros; doce los carneros, doce los corderos de un año, con su ofrenda, y doce los machos cabríos para expiación.
88 Y todos los bueyes de la ofrenda de paz, veinticuatro novillos, sesenta los carneros, sesenta los machos cabríos, y sesenta los corderos de un año. Ésta fue la ofrenda para la dedicación del altar, después que fue ungido.
89 Y cuando entraba Moisés en el tabernáculo de reunión, para hablar con Él, oía la voz que le hablaba de encima del propiciatorio que estaba sobre el arca del testimonio, de entre los dos querubines. Entonces hablaba con Él.

Las siete lámparas del candelabro

8 Y habló Jehová a Moisés, diciendo:
2 Habla a Aarón y dile: Cuando enciendas las lámparas, las siete lámparas alumbrarán hacia adelante del candelero.
3 Y Aarón lo hizo así; encendió hacia la parte anterior del candelero sus lámparas, como Jehová lo mandó a Moisés.
4 Y ésta era la hechura del candelero, de oro labrado a martillo; desde su pie hasta sus flores era labrado a martillo; conforme al modelo que Jehová mostró a Moisés, así hizo el candelero.

Dedicación de los levitas

5 También Jehová habló a Moisés, diciendo:
6 Toma a los levitas de entre los hijos de Israel, y haz expiación por ellos.
7 Así harás para expiación por ellos: Rocía sobre ellos el agua de la expiación, y haz pasar la navaja sobre todo su cuerpo, y lavarán sus vestidos, y serán purificados.
8 Luego tomarán un novillo, con su ofrenda de flor de harina amasada con aceite; y tomarás otro novillo para expiación.
9 Y harás que los levitas se acerquen delan-

te del tabernáculo de reunión, y reunirás a toda la congregación de los hijos de Israel.

10 Y cuando hayas acercado a los levitas delante de Jehová, pondrán los hijos de Israel sus manos sobre los levitas;

11 y ofrecerá Aarón los levitas delante de Jehová en ofrenda de los hijos de Israel, y servirán en el ministerio de Jehová.

12 Y los levitas pondrán sus manos sobre las cabezas de los novillos; y ofrecerás el uno por expiación, y el otro en holocausto a Jehová, para hacer expiación por los levitas.

13 Y presentarás a los levitas delante de Aarón, y delante de sus hijos, y los ofrecerás en ofrenda a Jehová.

14 Así apartarás a los levitas de entre los hijos de Israel, y serán míos los levitas.

15 Después de esto vendrán los levitas a ministrar en el tabernáculo de reunión; serán purificados, y los ofrecerás en ofrenda.

16 Porque enteramente me son dedicados a mí los levitas de entre los hijos de Israel en lugar de todo primer nacido; los he tomado para mí en lugar de los primogénitos de todos los hijos de Israel.

17 Porque mío es todo primogénito de entre los hijos de Israel, así de hombres como de animales; desde el día que yo herí a todo primogénito en la tierra de Egipto, los santifiqué para mí.

18 Y he tomado a los levitas en lugar de todos los primogénitos de los hijos de Israel.

19 Y yo he dado en don los levitas a Aarón y a sus hijos de entre los hijos de Israel, para que ejerzan el ministerio de los hijos de Israel en el tabernáculo de reunión, y reconcilien a los hijos de Israel; para que no haya plaga en los hijos de Israel, al acercarse los hijos de Israel al santuario.

20 Y Moisés y Aarón y toda la congregación de los hijos de Israel hicieron con los levitas conforme a todas las cosas que mandó Jehová a Moisés acerca de los levitas; así hicieron con ellos los hijos de Israel.

21 Y los levitas se purificaron, y lavaron sus vestidos; y Aarón los ofreció en ofrenda delante de Jehová, e hizo Aarón expiación por ellos para purificarlos.

22 Así vinieron después los levitas para ejercer su ministerio en el tabernáculo de reunión delante de Aarón y delante de sus hijos; de la manera que mandó Jehová a Moisés acerca de los levitas, así hicieron con ellos.

23 Luego habló Jehová a Moisés, diciendo:

24 Los levitas de veinticinco años arriba entrarán a ejercer su ministerio en el servicio del tabernáculo de reunión.

25 Pero desde los cincuenta años cesarán de ejercer su ministerio, y nunca más lo ejercerán.

26 Servirán con sus hermanos en el taber-

náculo de reunión, para hacer la guardia, pero no servirán en el ministerio. Así harás con los levitas en cuanto a sus funciones.

Celebración de la pascua

9 Habló Jehová a Moisés en el desierto de Sinaí, en el segundo año de su salida de la tierra de Egipto, en el mes primero, diciendo:

2 Los hijos de Israel celebrarán la pascua a su tiempo.

3 El decimocuarto día de este mes, entre las dos tardes, la celebraréis a su tiempo; conforme a todos sus ritos y conforme a todas sus leyes la celebraréis.

4 Y habló Moisés a los hijos de Israel para que celebrasen la pascua.

5 Celebraron la pascua en el mes primero, a los catorce días del mes, entre las dos tardes, en el desierto de Sinaí; conforme a todas las cosas que mandó Jehová a Moisés, así hicieron los hijos de Israel.

6 Pero hubo algunos que estaban inmundos a causa de muerto, y no pudieron celebrar la pascua aquel día; y vinieron delante de Moisés y delante de Aarón aquel día,

7 y le dijeron aquellos hombres: Nosotros estamos inmundos por haber *tenido que tocar* cadáver; ¿por qué seremos impedidos de ofrecer ofrenda a Jehová a su tiempo entre los hijos de Israel?

8 Y Moisés les respondió: Esperad, y oiré lo que ordena Jehová acerca de vosotros.

9 Y Jehová habló a Moisés, diciendo:

10 Habla a los hijos de Israel, diciendo: Cualquiera de vosotros o de vuestros descendientes, que esté inmundo por causa de muerto o esté de viaje lejos, celebrará la pascua a Jehová.

11 En el mes segundo, a los catorce días del mes, entre las dos tardes, la celebrarán; con panes sin levadura y hierbas amargas la comerán.

12 No dejarán del animal sacrificado para la mañana, ni quebrarán hueso de él; conforme a todos los ritos de la pascua la celebrarán.

13 Mas el que esté limpio, y no esté de viaje, si deja de celebrar la pascua, la tal persona será cortada de entre su pueblo; por cuanto no ofreció a su tiempo la ofrenda a Jehová, el tal hombre llevará su pecado.

14 Y si mora con vosotros extranjero, y celebra la pascua a Jehová, conforme al rito de la pascua y conforme a sus leyes la celebrará; un mismo rito tendréis, tanto el extranjero como el nativo de la tierra.

La nube sobre el tabernáculo

15 El día que el tabernáculo fue erigido, la nube cubrió el tabernáculo sobre la tienda del testimonio; y a la tarde había sobre el

tabernáculo como una apariencia de fuego, hasta la mañana.

16 Así era continuamente: la nube lo cubría de día, y de noche la apariencia de fuego.

17 Cuando se alzaba la nube del tabernáculo, los hijos de Israel partían; y en el lugar donde la nube paraba, allí acampaban los hijos de Israel.

18 Al mandato de Jehová los hijos de Israel partían, y al mandato de Jehová acampaban; todos los días que la nube estaba sobre el tabernáculo, permanecían acampados.

19 Cuando la nube se detenía sobre el tabernáculo muchos días, entonces los hijos de Israel guardaban la ordenanza de Jehová, y no partían.

20 Y cuando la nube estaba sobre el tabernáculo pocos días, al mandato de Jehová acampaban, y al mandato de Jehová partían.

21 Y cuando la nube se detenía desde la tarde hasta la mañana, o cuando a la mañana la nube se levantaba, ellos partían; o si había estado un día, y a la noche la nube se levantaba, entonces partían.

22 O si dos días, o un mes, o un año, mientras la nube se detenía sobre el tabernáculo permaneciendo sobre él, los hijos de Israel seguían acampados, y no se movían; mas cuando ella se alzaba, ellos partían.

23 Al mandato de Jehová acampaban, y al mandato de Jehová partían, guardando la ordenanza de Jehová como Jehová lo había dicho por medio de Moisés.

Las trompetas de plata

10 Jehová habló a Moisés, diciendo:

2 Hazte dos trompetas de plata; de obra de martillo las harás, las cuales te servirán para convocar la congregación, y para hacer mover los campamentos.

3 Y cuando las toquen, toda la congregación se reunirá ante ti a la puerta del tabernáculo de reunión.

4 Mas cuando toquen sólo una, entonces se congregarán ante ti los príncipes, los jefes de los millares de Israel.

5 Y cuando toquéis alarma, entonces moverán los campamentos de los que están acampados al oriente.

6 Y cuando toquéis alarma la segunda vez, entonces moverán los campamentos de los que están acampados al sur; alarma tocarán para sus partidas.

7 Pero para reunir la congregación tocaréis, mas no con sonido de alarma.

8 Y los hijos de Aarón, los sacerdotes, tocarán las trompetas; y las tendréis por estatuto perpetuo por vuestras generaciones.

9 Y cuando salgáis a la guerra en vuestra tierra contra el enemigo que os moleste, tocaréis alarma con las trompetas; y seréis recordados por Jehová vuestro Dios, y seréis salvos de vuestros enemigos.

10 Y en el día de vuestra alegría, y en vuestras solemnidades, y en los principios de vuestros meses, tocaréis las trompetas sobre vuestros holocaustos, y sobre los sacrificios de paz, y os serán por memoria delante de vuestro Dios. Yo Jehová vuestro Dios.

Los israelitas salen de Sinay

11 En el año segundo, en el mes segundo, a los veinte días del mes, la nube se alzó del tabernáculo del testimonio.

12 Y partieron los hijos de Israel del desierto de Sinay según el orden de marcha; y se detuvo la nube en el desierto de Parán.

13 Partieron la primera vez al mandato de Jehová por medio de Moisés.

14 La bandera del campamento de los hijos de Judá comenzó a marchar primero, por sus ejércitos; y Naasón hijo de Aminadab estaba sobre su cuerpo de ejército.

15 Sobre el cuerpo de ejército de la tribu de los hijos de Isacar, Natanael hijo de Zuar.

16 Y sobre el cuerpo de ejército de la tribu de los hijos de Zabulón, Eliab hijo de Helón.

17 Después que estaba ya desarmado el tabernáculo, se movieron los hijos de Gersón y los hijos de Merari, que lo llevaban.

18 Luego comenzó a marchar la bandera del campamento de Rubén por sus ejércitos; y Elisur hijo de Sedeur estaba sobre su cuerpo de ejército.

19 Sobre el cuerpo de ejército de la tribu de los hijos de Simeón, Selumiel hijo de Zurisaday.

20 Y sobre el cuerpo de ejército de la tribu de los hijos de Gad, Eliasaf hijo de Deuel.

21 Luego comenzaron a marchar los coatitas llevando el santuario; y entretanto que ellos llegaban, los otros acondicionaron el tabernáculo.

22 Después comenzó a marchar la bandera del campamento de los hijos de Efraín por sus ejércitos; y Elisamá hijo de Amiud estaba sobre su cuerpo de ejército.

23 Sobre el cuerpo de ejército de la tribu de los hijos de Manasés, Gamaliel hijo de Pedasur.

24 Y sobre el cuerpo de ejército de la tribu de los hijos de Benjamín, Abidán hijo de Guideoni.

25 Luego comenzó a marchar la bandera del campamento de los hijos de Dan por sus ejércitos, a retaguardia de todos los campamentos; y Ahiezer hijo de Amisaday estaba sobre su cuerpo de ejército.

26 Sobre el cuerpo de ejército de la tribu de los hijos de Aser, Pagiel hijo de Ocrán.

27 Y sobre el cuerpo de ejército de la tribu
de los hijos de Neftalí, Ahirá hijo de Enán.
28 Éste era el orden de marcha de los hijos
de Israel por sus ejércitos cuando partían.
29 Entonces dijo Moisés a Hobab, hijo de
Ragüel madianita, su suegro: Nosotros partimos para el lugar del cual Jehová ha dicho:
Yo os lo daré. Ven con nosotros, y te
haremos bien; porque Jehová ha prometido
hacer bien a Israel.
30 Y él le respondió: Yo no iré, sino que me
marcharé a mi tierra y a mi parentela.
31 Y él le dijo: Te ruego que no nos dejes;
porque tú conoces los lugares donde hemos
de acampar en el desierto, y nos serás en
lugar de ojos.
32 Y si vienes con nosotros, cuando tengamos el bien que Jehová nos ha de hacer,
nosotros te haremos bien.
33 Así partieron del monte de Jehová camino de tres días; y el arca del pacto de Jehová
fue delante de ellos camino de tres días,
buscándoles lugar de descanso.
34 Y la nube de Jehová iba sobre ellos de
día, desde que salieron del campamento.
35 Cuando el arca se movía, Moisés decía:
Levántate, oh Jehová, y sean dispersados
tus enemigos, y huyan de tu presencia los
que te aborrecen.
36 Y cuando ella se detenía, decía: Vuelve,
oh Jehová, a los millares de millares de
Israel.

Jehová envía codornices

11 Aconteció que el pueblo se quejó a
oídos de Jehová; y lo oyó Jehová, y
ardió su ira, y se encendió en ellos fuego de
Jehová, y consumió uno de los extremos del
campamento.
2 Entonces el pueblo clamó a Moisés, y
Moisés oró a Jehová, y el fuego se extinguió.
3 Y llamó a aquel lugar Taberá, porque el
fuego de Jehová se encendió en ellos.
4 Y la gente extranjera que se mezcló con
ellos se dejó llevar de su apetito, y los hijos
de Israel también volvieron a sus llantos y
dijeron: ¡Quién nos diera a comer carne!
5 Nos acordamos del pescado que comíamos en Egipto de balde, de los pepinos, los
melones, los puerros, las cebollas y los ajos;
6 Y ahora nuestra alma se seca; pues nada
sino este maná ven nuestros ojos.
7 Y era el maná como semilla de culantro, y
su color como color de bedelio.
8 El pueblo se esparcía y lo recogía, y lo
molía en molinos o lo majaba en morteros, y
lo cocía en caldera o hacía de él tortas; su
sabor era como sabor de aceite nuevo.
9 Y cuando descendía el rocío sobre el
campamento de noche, el maná descendía
sobre él.

Intercesión de Moisés

10 Y oyó Moisés al pueblo, que lloraba por
sus familias, cada uno a la puerta de su
tienda; y la ira de Jehová se encendió en
gran manera; también le pareció mal a Moisés.
11 Y dijo Moisés a Jehová: ¿Por qué tratas
mal a tu siervo?, y ¿por qué no he hallado
gracia en tus ojos, que has puesto la carga de
todo este pueblo sobre mí?
12 ¿Concebí yo a todo este pueblo? ¿Lo
engendré yo, para que me digas: Llévalo en
tu seno, como lleva la que cría al que mama,
a la tierra de la cual juraste a sus padres?
13 ¿De dónde conseguiré yo carne para dar
a todo este pueblo? Porque lloran a mí,
diciendo: Danos carne que comamos.
14 No puedo yo solo soportar a todo este
pueblo, que me es pesado en demasía.
15 Si vas a tratarme así, yo te ruego que me
des muerte, si he hallado gracia en tus ojos;
y que yo no vea mi desventura.
16 Entonces Jehová dijo a Moisés: Reúneme setenta varones de los ancianos de
Israel, que tú sabes que son ancianos del
pueblo y sus principales; y tráelos a la puerta
del tabernáculo de reunión, y esperen allí
contigo.
17 Y yo descenderé y hablaré allí contigo, y
tomaré del espíritu que está en ti, y pondré
en ellos; y llevarán contigo la carga del
pueblo, y no la llevarás tú solo.
18 Pero al pueblo dirás: Santificaos para
mañana, y comeréis carne; porque habéis
llorado en oídos de Jehová, diciendo:
¡Quién nos diera a comer carne! ¡Ciertamente mejor nos iba en Egipto! Jehová,
pues, os dará carne, y comeréis.
19 No comeréis un día, ni dos días, ni cinco
días, ni diez días, ni veinte días,
20 sino hasta un mes entero, hasta que os
salga por las narices, y la aborrezcáis, por
cuanto menospreciasteis a Jehová que está
en medio de vosotros, y llorasteis delante de
él, diciendo: ¿Para qué salimos acá de
Egipto?
21 Entonces dijo Moisés: Seiscientos mil de
a pie es el pueblo en medio del cual yo estoy;
¡y tú dices: Les daré carne, y comerán un
mes entero!
22 ¿Se degollarán para ellos ovejas y
bueyes que les basten?, ¿o se juntarán para
ellos todos los peces del mar para que
tengan abasto?
23 Entonces Jehová respondió a Moisés:
¿Acaso se ha acortado la mano de Jehová?
Ahora verás si se cumple mi palabra, o no.
24 Y salió Moisés y dijo al pueblo las palabras de Jehová; y reunió a los setenta varones de los ancianos del pueblo, y los hizo
estar alrededor del tabernáculo.

25 Entonces Jehová descendió en la nube, y le habló; y tomó del espíritu que estaba en él, y lo puso en los setenta varones ancianos; y cuando posó sobre ellos el espíritu, profetizaron, y no cesaron.

26 Y habían quedado en el campamento dos varones, llamados el uno Eldad y el otro Medad, sobre los cuales también reposó el espíritu; estaban éstos entre los inscritos, pero no habían venido al tabernáculo; y profetizaron en el campamento.

27 Y corrió un joven y dio aviso a Moisés, y dijo: Eldad y Medad profetizan en el campamento.

28 Entonces respondió Josué hijo de Num, ayudante de Moisés, uno de sus jóvenes, y dijo: Señor mío Moisés, impídelos.

29 Y Moisés le respondió: ¿Tienes tú celos por mí? Ojalá todo el pueblo de Jehová fuese profeta, y que Jehová pusiera su espíritu sobre ellos.

30 Y Moisés volvió al campamento, él y los ancianos de Israel.

31 Y vino un viento de Jehová, y trajo codornices del mar, y las extendió sobre el campamento, un día de camino a un lado, y un día de camino al otro, alrededor del campamento, a *la altura de* casi dos codos sobre la faz de la tierra.

32 Entonces el pueblo estuvo levantado todo aquel día y toda la noche, y todo el día siguiente, y atraparon codornices; el que menos, recogió diez montones; y las tendieron para sí a lo largo alrededor del campamento.

33 Aún estaba la carne entre los dientes de ellos, antes que fuese masticada, cuando la ira de Jehová se encendió en el pueblo, e hirió Jehová al pueblo con una plaga muy grande.

34 Y llamó el nombre de aquel lugar Kibrot-hattaavá, por cuanto allí sepultaron al pueblo codicioso.

35 De Kibrot-hattaavá partió el pueblo a Hazerot, y se quedó en Hazerot.

María y Aarón murmuran contra Moisés

12 María y Aarón hablaron contra Moisés a causa de la mujer cusita que había tomado; porque él había tomado mujer cusita.

2 Y dijeron: ¿Solamente por Moisés ha hablado Jehová? ¿No ha hablado también por nosotros? Y lo oyó Jehová.

3 Y aquel varón Moisés era muy manso, más que todos los hombres que había sobre la tierra.

4 Luego dijo Jehová a Moisés, a Aarón y a María: Salid vosotros tres al tabernáculo de reunión. Y salieron ellos tres.

5 Entonces Jehová descendió en la columna de la nube, y se puso a la puerta del tabernáculo, y llamó a Aarón y a María; y salieron ambos.

6 Y él les dijo: Oíd ahora mis palabras. Cuando haya entre vosotros profeta de Jehová, le apareceré en visión, en sueños hablaré con él.

7 No así a mi siervo Moisés, que es fiel en toda mi casa.

8 Boca a boca hablaré con él, y claramente, y no por figuras, y verá la apariencia de Jehová. ¿Por qué, pues, no tuvisteis temor de hablar contra mi siervo Moisés?

9 Entonces la ira de Jehová se encendió contra ellos; y se fue.

10 Y la nube se apartó del tabernáculo, y he aquí que María estaba leprosa como la nieve; y miró Aarón a María, y he aquí que estaba leprosa.

11 Y dijo Aarón a Moisés: ¡Ah! señor mío, no pongas ahora sobre nosotros este pecado; porque locamente hemos actuado, y hemos pecado.

12 No quede ella ahora como el que nace muerto, que al salir del vientre de su madre, tiene ya medio consumida su carne.

13 Entonces Moisés clamó a Jehová, diciendo: Te ruego, o Dios, que la sanes ahora.

14 Respondió Jehová a Moisés: Pues si su padre hubiera escupido en su rostro, ¿no se avergonzaría por siete días? Sea echada fuera del campamento por siete días, y después volverá a la congregación.

15 Así María fue echada del campamento siete días; y el pueblo no pasó adelante hasta que se reunió María con ellos.

16 Después el pueblo partió de Hazerot, y acampó en el desierto de Parán.

Misión de los doce espías

13 Y Jehová habló a Moisés, diciendo:

2 Envía tú hombres que reconozcan la tierra de Canaán, la cual yo doy a los hijos de Israel; de cada tribu de sus padres enviaréis un varón, cada uno príncipe entre ellos.

3 Y Moisés los envió desde el desierto de Parán, conforme a la palabra de Jehová; y todos aquellos varones eran príncipes de los hijos de Israel.

4 Estos son sus nombres: De la tribu de Rubén, Samúa hijo de Zacur.

5 De la tribu de Simeón, Safat hijo de Horí.

6 De la tribu de Judá, Caleb hijo de Jefuné.

7 De la tribu de Isacar, Igal hijo de José.

8 De la tribu de Efraín, Oseas hijo de Nun.

9 De la tribu de Benjamín, Paltí hijo de Rafú.

10 De la tribu de Zabulón, Gadiel hijo de Sodí.

11 De la tribu de José: de la tribu de Manasés, Gadí hijo de Susí.

12 De la tribu de Dan, Amiel hijo de Ge-
malí.
13 De la tribu de Aser, Setur hijo de Miguel.
14 De la tribu de Neftalí, Nahbí hijo de
Vapsí.
15 De la tribu de Gad, Geuel hijo de
Maquí.
16 Estos son los nombres de los varones
que Moisés envió a reconocer la tierra; y a
Oseas hijo de Nun le puso Moisés el nombre
de Josué.
17 Los envió, pues, Moisés a reconocer la
tierra de Canaán, diciéndoles: Subid de aquí
al Négueb, y subid al monte,
18 y observad la tierra cómo es, y el pueblo
que la habita, si es fuerte o débil, si poco o
numeroso;
19 cómo es la tierra habitada, si es buena o
mala; y cómo son las ciudades habitadas, si
son campamentos o plazas fortificadas;
20 y cómo es el terreno, si es fértil o estéril,
si en él hay árboles o no; y esforzaos, y
tomad del fruto del país. Y era el tiempo de
las primeras uvas.
21 Y ellos subieron, y reconocieron la tierra
desde el desierto de Zin hasta Rehob, entrando en Hamat.
22 Y subieron al Négueb y vinieron hasta
Hebrón; y allí estaban Ahimán, Sesay y
Talmay, hijos de Anac. Hebrón fue edificada siete años antes de Zoán en Egipto.
23 Y llegaron hasta el arroyo de Escol, y de
allí cortaron un sarmiento con un racimo de
uvas, el cual trajeron dos en un palo, y de las
granadas y de los higos.
24 Y se llamó aquel lugar el Valle de Escol,
por el racimo que cortaron de allí los hijos
de Israel.

Relato de los enviados

25 Y volvieron de reconocer la tierra al
cabo de cuarenta días.
26 Y anduvieron y vinieron a Moisés y a
Aarón, y a toda la congregación de los hijos
de Israel, en el desierto de Parán, en Cadés,
y dieron la información a ellos y a toda la
congregación, y les mostraron el fruto de la
tierra.
27 y les contaron, diciendo: Nosotros llegamos a la tierra a la cual nos enviaste, la que
ciertamente fluye leche y miel; y éste es el
fruto de ella.
28 Mas el pueblo que habita aquella tierra
es fuerte, y las ciudades muy grandes y
fortificadas; y también vimos allí a los hijos
de Anac.
29 Amalec habita el Négueb, y el heteo, el
jebuseo y el amorreo habitan en el monte, y
el cananeo habita junto al mar, y a la ribera
del Jordán.
30 Entonces Caleb hizo callar al pueblo

delante de Moisés, y dijo: Subamos luego, y
tomemos posesión de ella; porque más podremos nosotros que ellos.
31 Mas los varones que subieron con él,
dijeron: No podremos subir contra aquel
pueblo, porque es más fuerte que nosotros.
32 Y hablaron mal entre los hijos de Israel,
de la tierra que habían reconocido, diciendo: La tierra por donde pasamos para reconocerla, es tierra que traga a sus moradores;
y todo el pueblo que vimos en medio de ella
son hombres de gran estatura.
33 También vimos allí gigantes, hijos de
Anac, raza de los gigantes, y éramos nosotros, a nuestro parecer, como langostas; y
así les parecíamos a ellos.

Los israelitas se rebelan contra Jehová

14 Entonces toda la congregación gritó,
y dio voces; y el pueblo lloró aquella
noche.
2 Y se quejaron contra Moisés y contra
Aarón todos los hijos de Israel; y les dijo
toda la multitud: ¡Ojalá muriéramos en la
tierra de Egipto; o en este desierto ojalá
muriéramos!
3 ¿Y por qué nos trae Jehová a esta tierra
para caer a espada, y que nuestras mujeres y
nuestros niños sean por presa? ¿No nos
sería mejor volvernos a Egipto?
4 Y decían el uno al otro: Designemos un
capitán, y volvámonos a Egipto.
5 Entonces Moisés y Aarón se postraron
sobre sus rostros delante de toda la multitud
de la congregación de los hijos de Israel.
6 Y Josué hijo de Nun y Caleb hijo de
Jefuné, que eran de los que habían reconocido la tierra, rompieron sus vestidos,
7 y hablaron a toda la congregación de los
hijos de Israel, diciendo: La tierra por donde pasamos para reconocerla, es tierra en
gran manera buena.
8 Si Jehová se agrada de nosotros, él nos
conducirá a esta tierra, y nos la entregará;
tierra que fluye leche y miel;
9 Por tanto, no seáis rebeldes contra Jehová, ni temáis al pueblo de esta tierra; porque
nosotros los comeremos como pan; su amparo se ha apartado de ellos, y con nosotros
está Jehová; no los temáis.
10 Entonces toda la multitud habló de apedrearlos. Pero la gloria de Jehová se mostró
en el tabernáculo de reunión a todos los
hijos de Israel,
11 Y Jehová dijo a Moisés: ¿Hasta cuándo
me ha de irritar este pueblo? ¿Hasta cuándo
no me creerán, con todas las señales que he
hecho en medio de ellos?
12 Yo los heriré de mortandad y los destruiré, y a ti te pondré sobre gente más grande y
más fuerte que ellos.
13 Pero Moisés respondió a Jehová: Lo

oirán luego los egipcios, porque de en medio de ellos sacaste a este pueblo con tu poder;

14 y lo dirán a los habitantes de esta tierra, los cuales han oído que tú, oh Jehová, estabas en medio de este pueblo, que cara a cara aparecías tú, oh Jehová, y que tu nube estaba sobre ellos, y que de día ibas delante de ellos en columna de nube, y de noche en columna de fuego;

15 y que has hecho morir a este pueblo como a un solo hombre; y las gentes que hayan oído tu fama hablarán, diciendo:

16 Por cuanto no pudo Jehová meter este pueblo en la tierra de la cual les había jurado, los mató en el desierto.

17 Ahora, pues, yo te ruego que sea magnificado el poder del Señor, como lo hablaste, diciendo:

18 Jehová, tardo para la ira y grande en misericordia, que perdona la iniquidad y la rebelión, aunque de ningún modo tendrá por inocente al culpable; que visita la maldad de los padres sobre los hijos hasta los terceros y hasta los cuartos.

19 Perdona ahora la iniquidad de este pueblo según la grandeza de tu misericordia, y como has perdonado a este pueblo desde Egipto hasta aquí.

Jehová castiga a Israel

20 Entonces Jehová dijo: Yo lo he perdonado conforme a tu dicho.

21 Mas tan ciertamente como vivo yo, y mi gloria llena toda la tierra,

22 todos los que vieron mi gloria y mis señales que he hecho en Egipto y en el desierto, y me han tentado ya diez veces, y no han oído mi voz,

23 no verán la tierra de la cual juré a sus padres; no, ninguno de los que me han irritado la verá.

24 Pero a mi siervo Caleb, por cuanto hubo en él otro espíritu, y decidió ir en pos de mí, yo le meteré en la tierra donde entró, y su descendencia la tendrá en posesión.

25 Ahora bien, el amalecita y el cananeo habitan en el valle; volveos mañana y salid al desierto, camino del Mar Rojo.

26 Y Jehová habló a Moisés y a Aarón, diciendo:

27 ¿Hasta cuándo oiré esta depravada multitud que murmura contra mí, las querellas de los hijos de Israel, que de mí se quejan?

28 Diles: Vivo yo, dice Jehová, que según habéis hablado a mis oídos, así haré yo con vosotros.

29 En este desierto caerán vuestros cuerpos; todo el número de los que fueron contados de entre vosotros, de veinte años arriba, los cuales han murmurado contra mí.

30 Vosotros a la verdad no entraréis en la tierra, por la cual alcé mi mano y juré que os haría habitar en ella; exceptuando a Caleb hijo de Jefuné, y a Josué hijo de Nun.

31 Pero a vuestros niños, de los cuales dijisteis que serían por presa, yo los introduciré, y ellos conocerán la tierra que vosotros despreciasteis.

32 En cuanto a vosotros, vuestros cuerpos caerán en este desierto.

33 Y vuestros hijos andarán pastoreando en el desierto cuarenta años, y ellos llevarán vuestras rebeldías, hasta que vuestros cuerpos sean consumidos en el desierto.

34 Conforme al número de los días, de los cuarenta días en que reconocisteis la tierra, llevaréis vuestras iniquidades cuarenta años, un año por cada día; y conoceréis mi castigo.

35 Yo Jehová he hablado; así haré a toda esta multitud perversa que se ha juntado contra mí; en este desierto serán consumidos, y ahí morirán.

Castigo de los diez desconfiados

36 Y los varones que Moisés envió a reconocer la tierra, y que al volver habían hecho murmurar contra él a toda la congregación, desacreditando aquel país,

37 aquellos varones que habían hablado mal de la tierra, murieron de plaga delante de Jehová.

38 Pero Josué hijo de Nun y Caleb hijo de Jefuné quedaron con vida, de entre aquellos hombres que habían ido a reconocer la tierra.

Vana tentativa en Hormá

39 Y Moisés dijo estas cosas a todos los hijos de Israel, y el pueblo se enlutó mucho.

40 Y se levantaron por la mañana y subieron a la cumbre del monte, diciendo: Henos aquí para subir al lugar del cual ha hablado Jehová; porque hemos pecado.

41 Y dijo Moisés: ¿Por qué quebrantáis el mandamiento de Jehová? Esto tampoco os saldrá bien.

42 No subáis, porque Jehová no está en medio de vosotros, no seáis heridos delante de vuestros enemigos.

43 Porque el amalecita y el cananeo están allí delante de vosotros, y caeréis a espada; pues por cuanto os habéis negado a seguir a Jehová, por eso no estará Jehová con vosotros.

44 Sin embargo, se obstinaron en subir a la cima del monte; pero el arca del pacto de Jehová, y Moisés, no se apartaron de en medio del campamento.

45 Y descendieron el amalecita y el cananeo que habitaban en aquel monte, y los hirieron y los derrotaron, persiguiéndolos hasta Hormá.

Leyes sobre las ofrendas

15
Jehová habló a Moisés, diciendo:
2 Habla a los hijos de Israel, y diles: Cuando hayáis entrado en la tierra de vuestra habitación que yo os doy,
3 y hagáis ofrenda encendida a Jehová, holocausto, o sacrificio, por especial voto, o de vuestra voluntad, o para ofrecer en vuestras fiestas solemnes olor grato a Jehová, de vacas o de ovejas;
4 entonces el que presente su ofrenda a Jehová traerá como ofrenda la décima parte de un efa de flor de harina, amasada con la cuarta parte de un hin de aceite.
5 De vino para la libación ofrecerás la cuarta parte de un hin, además del holocausto o del sacrificio, por cada cordero.
6 Por cada carnero harás ofrenda de dos décimas de flor de harina, amasada con la tercera parte de un hin de aceite;
7 y de vino para la libación ofrecerás la tercera parte de un hin, en olor grato a Jehová.
8 Cuando ofrezcas novillo en holocausto o sacrificio, por especial voto, o de paz a Jehová,
9 ofrecerás con el novillo una ofrenda de tres décimas de flor de harina, amasada con la mitad de un hin de aceite;
10 y de vino para la libación ofrecerás la mitad de un hin, en ofrenda encendida de olor grato a Jehová.
11 Así se hará con cada buey, o carnero, o cordero de las ovejas, o cabrito.
12 Conforme al número así haréis con cada uno, según el número de ellos.
13 Todo nativo hará estas cosas así, para ofrecer ofrenda encendida de olor grato a Jehová.
14 Y cuando habite con vosotros extranjero, o cualquiera que esté entre vosotros por vuestras generaciones, si hace ofrenda encendida de olor grato a Jehová, como vosotros hagáis, así hará él.
15 Un mismo estatuto tendréis vosotros de la congregación y el extranjero que con vosotros mora; será estatuto perpetuo por vuestras generaciones; como vosotros, así será el extranjero delante de Jehová.
16 Una sola ley y una misma sola norma tendréis, vosotros y el extranjero que con vosotros mora.
17 También habló Jehová a Moisés, diciendo:
18 Habla a los hijos de Israel, y diles: Cuando hayáis entrado en la tierra a la cual yo os llevo,
19 cuando comencéis a comer del pan de la tierra, ofreceréis ofrenda a Jehová.
20 De lo primero que amaséis, ofreceréis una torta en ofrenda; como la ofrenda de la era, así la ofreceréis.
21 De las primicias de vuestra masa daréis a Jehová ofrenda por vuestras generaciones.
22 Y cuando erréis, y no hagáis todos estos mandamientos que Jehová ha dicho a Moisés,
23 todas las cosas que Jehová os ha mandado por medio de Moisés, desde el día que Jehová lo mandó, y en adelante por vuestras edades,
24 si el pecado fue hecho por yerro con ignorancia de la congregación, toda la congregación ofrecerá un novillo por holocausto en olor grato a Jehová, con su ofrenda y su libación conforme a la ley, y un macho cabrío en expiación.
25 Y el sacerdote hará expiación por toda la congregación de los hijos de Israel; y les será perdonado, porque yerro es; y ellos traerán sus ofrendas, ofrenda encendida a Jehová, y sus expiaciones delante de Jehová por sus yerros.
26 Y será perdonado a toda la congregación de los hijos de Israel, y al extranjero que mora entre ellos, por cuanto es yerro de todo el pueblo.
27 Si una persona peca por yerro, ofrecerá una cabra de un año para expiación.
28 Y el sacerdote hará expiación por la persona que haya pecado por yerro; cuando peque inadvertidamente delante de Jehová, la reconciliará, y le será perdonado.
29 El nacido entre los hijos de Israel, y el extranjero que habite entre ellos, una misma ley tendréis para el que haga algo por inadvertencia.
30 Mas la persona que hace algo con soberbia, así el nativo como el extranjero, ultraja a Jehová; esa persona será cortada de en medio de su pueblo.
31 Por cuanto tuvo en poco la palabra de Jehová, y menospreció su mandamiento, enteramente será cortada esa persona; su iniquidad caerá sobre ella.

Lapidación de un violador del sábado

32 Estando los hijos de Israel en el desierto, hallaron a un hombre que recogía leña en día de sábado.
33 Y los que le hallaron recogiendo leña, lo trajeron a Moisés y a Aarón, y a toda la congregación;
34 y lo pusieron en la cárcel, porque no estaba declarado qué se le había de hacer.
35 Y Jehová dijo a Moisés: Irremisiblemente muera aquel hombre; apedréelo toda la congregación fuera del campamento.
36 Entonces lo sacó la congregación fuera del campamento, y lo apedrearon, y murió, como Jehová mandó a Moisés.

Flecos en los vestidos

37 Y Jehová habló a Moisés, diciendo:
38 Habla a los hijos de Israel, y diles que se
hagan franjas en los bordes de sus vestidos,
por sus generaciones; y pongan en cada
franja de los bordes un cordón de azul.
39 Y os servirá de fleco, para que cuando lo
veáis os acordéis de todos los mandamientos
de Jehová, para ponerlos por obra; y no
miréis en pos de vuestro corazón y de vuestros ojos, en pos de los cuales os prosti-
tuyáis.
40 Para que os acordéis, y hagáis todos mis
mandamientos, y seáis santos a vuestro Dios.
41 Yo Jehová vuestro Dios, que os saqué de
la tierra de Egipto, para ser vuestro Dios.
Yo Jehová vuestro Dios.

La rebelión de Coré

16 Coré hijo de Izhar, hijo de Coat, hijo
de Leví, y Datán y Abiram hijos de
Eliab, y On hijo de Pelet, de los hijos de
Rubén, tomaron gente,
2 y se levantaron contra Moisés con doscientos cincuenta varones de los hijos de
Israel, príncipes de la congregación, de los
del consejo, varones de renombre.
3 Y se juntaron contra Moisés y Aarón y les
dijeron: ¡Basta ya de vosotros! Porque toda
la congregación, todos ellos son santos, y en
medio de ellos está Jehová; ¿por qué, pues,
os levantáis vosotros sobre la congregación
de Jehová?
4 Cuando oyó esto Moisés, se postró sobre
su rostro;
5 y habló a Coré y a todo su séquito,
diciendo: Mañana mostrará Jehová quién es
suyo, y quién es santo, y hará que se acerque
a él; al que él escoja, él lo acercará a sí.
6 Haced esto: tomaos incensarios, Coré y
todo su séquito,
7 y poned fuego en ellos, y poned en ellos
incienso delante de Jehová mañana; y el
varón a quien Jehová escoja, aquel será el
santo; esto os baste, hijos de Leví.
8 Dijo más Moisés a Coré: Oíd ahora, hijos
de Leví:
9 ¿Os es poco que el Dios de Israel os haya
apartado de la congregación de Israel, acercándoos a él para que ministréis en el servicio del tabernáculo de Jehová, y estéis delante de la congregación para ministrarles,
10 y que te hizo acercar a ti, y a todos tus
hermanos los hijos de Leví contigo? ¿Procuráis también el sacerdocio?
11 Por tanto, tú y todo tu séquito sois los
que os juntáis contra Jehová; pues Aarón,
¿qué es, para que contra él murmuréis?
12 Y envió Moisés a llamar a Datán y
Abiram, hijos de Eliab; mas ellos respondieron: No iremos allá.

13 ¿Es poco que nos hayas hecho venir de
una tierra que destila leche y miel, para
hacernos morir en el desierto, sino que
también te enseñorees de nosotros imperio-
samente?
14 Ni tampoco nos has metido tú en tierra
que fluya leche y miel, ni nos has dado
heredades de tierras y viñas. ¿Sacarás los
ojos de estos hombres? No subiremos.
15 Entonces Moisés se enojó en gran manera, y dijo a Jehová: No mires a su ofrenda; ni
aun un asno he tomado de ellos, ni a ninguno de ellos he hecho mal.

El castigo

16 Después dijo Moisés a Coré: Tú y todo
tu séquito, poneos mañana delante de Jehová; tú, y ellos, y Aarón;
17 y tomad cada uno su incensario y poned
incienso en ellos, y acercaos delante de
Jehová cada uno con su incensario, doscientos cincuenta incensarios; tú también, y
Aarón, cada uno con su incensario.
18 Y tomó cada uno su incensario, y pusieron en ellos fuego, y echaron en ellos incienso, y se pusieron a la puerta del tabernáculo
de reunión con Moisés y Aarón.
19 Ya Coré había hecho juntar contra ellos
toda la congregación a la puerta del tabernácu-
culo de reunión; entonces la gloria de Jehová apareció a toda la congregación.
20 Y Jehová habló a Moisés y a Aarón,
diciendo:
21 Apartaos de entre esta congregación, y
los consumiré en un momento.
22 Y ellos se postraron sobre sus rostros, y
dijeron: Dios, Dios de los espíritus de toda
carne, ¿no es un solo hombre el que pecó?
¿Por qué airarte contra toda la congregación?
23 Entonces Jehová habló a Moisés, diciendo:
24 Habla a la congregación y diles: Apartaos de en derredor de la tienda de Coré,
Datán y Abiram.
25 Entonces Moisés se levantó y fue a Datán y a Abiram, y los ancianos de Israel
fueron en pos de él.
26 Y él habló a la congregación, diciendo:
Apartaos ahora de las tiendas de estos hombres impíos, y no toquéis ninguna cosa suya,
para que no perezcáis en todos sus pecados.
27 Y se apartaron de las tiendas de Coré, de
Datán y de Abiram en derredor; y Datán y
Abiram salieron y se pusieron a las puertas
de sus tiendas, con sus mujeres, sus hijos y
sus pequeñuelos.
28 Y dijo Moisés: En esto conoceréis que
Jehová me ha enviado para que hiciese
todas estas cosas, y que no las hice de mi
propia voluntad.
29 Si como mueren todos los hombres mu-

ricren éstos, o si ellos al ser visitados siguen la suerte de todos los hombres, Jehová no me envió.

30 Mas si Jehová hace algo nuevo, la tierra abre su boca y los traga con todas sus cosas, y descienden vivos al Seol, entonces conoceréis que estos hombres irritaron a Jehová.

31 Y aconteció que cuando cesó él de hablar todas estas palabras, se abrió la tierra que estaba debajo de ellos.

32 Abrió la tierra su boca, y los tragó a ellos, a sus casas, a todos los hombres de Coré, y a todos sus bienes.

33 Y ellos, con todo lo que tenían, descendieron vivos al Seol, y los cubrió la tierra, y perecieron de en medio de la congregación.

34 Y todo Israel, los que estaban en derredor de ellos, huyeron al grito de ellos; porque decían: No nos trague también la tierra.

35 También salió fuego de delante de Jehová, y consumió a los doscientos cincuenta hombres que ofrecían el incienso.

36 Entonces Jehová habló a Moisés, diciendo:

37 Di a Eleazar hijo del sacerdote Aarón, que tome los incensarios de en medio del incendio, y derrame más allá el fuego; porque son santificados

38 los incensarios de estos que pecaron contra sus almas; y harán de ellos planchas batidas para cubrir el altar; por cuanto ofrecieron con ellos delante de Jehová, son santificados, y serán como señal a los hijos de Israel.

39 Y el sacerdote Eleazar tomó los incensarios de bronce con que los quemados habían ofrecido; y los batieron para cubrir el altar,

40 en recuerdo para los hijos de Israel, de que ningún extraño que no sea de la descendencia de Aarón se acerque para ofrecer incienso delante de Jehová, para que no sea como Coré y como su séquito; según se lo dijo Jehová por medio de Moisés.

41 El día siguiente, toda la congregación de los hijos de Israel murmuró contra Moisés y Aarón, diciendo: Vosotros habéis dado muerte al pueblo de Jehová.

42 Y aconteció que cuando se juntó la congregación contra Moisés y Aarón, miraron hacia el tabernáculo de reunión, y he aquí la nube lo había cubierto, y apareció la gloria de Jehová.

43 Y vinieron Moisés y Aarón delante del tabernáculo de reunión.

44 Y Jehová habló a Moisés, diciendo:

45 Apartaos de en medio de esta congregación, y los consumiré en un momento. Y ellos se postraron sobre sus rostros.

46 Y dijo Moisés a Aarón: Toma el incensario, y pon en él fuego del altar, y sobre él pon incienso, y ve pronto a la congregación,

y haz expiación por ellos, porque el furor ha salido de la presencia de Jehová; la mortandad ha comenzado.

47 Entonces tomó Aarón el incensario, como Moisés dijo, y corrió en medio de la congregación; y he aquí que la mortandad había comenzado en el pueblo; y él puso incienso, e hizo expiación por el pueblo,

48 y se puso entre los muertos y los vivos; y cesó la mortandad.

49 Y los que murieron en aquella mortandad fueron catorce mil setecientos, sin los muertos por la rebelión de Coré.

50 Después volvió Aarón a Moisés a la puerta del tabernáculo de reunión, cuando la mortandad había cesado.

La vara de Aarón florece

17 Luego habló Jehová a Moisés, diciendo:

2 Habla a los hijos de Israel, y toma de ellos una vara por cada casa de los padres, de todos los príncipes de ellos, doce varas conforme a las casas de sus padres; y escribirás el nombre de cada uno sobre su vara.

3 Y escribirás el nombre de Aarón sobre la vara de Leví; porque cada jefe de familia de sus padres tendrá una vara.

4 Y las pondrás en el tabernáculo de reunión delante del testimonio, donde yo me manifestaré a vosotros.

5 Y florecerá la vara del varón que yo escoja, y haré cesar de delante de mí las quejas de los hijos de Israel con que murmuran contra vosotros.

6 Y Moisés habló a los hijos de Israel, y todos los príncipes de ellos le dieron varas; cada príncipe por las casas de sus padres una vara, en total doce varas; y la vara de Aarón estaba entre las varas de ellos.

7 Y Moisés puso las varas delante de Jehová en el tabernáculo del testimonio.

8 Y aconteció que el día siguiente vino Moisés al tabernáculo del testimonio; y he aquí que la vara de Leví había reverdecido, y echado flores, y arrojado renuevos, y producido almendras.

9 Entonces sacó Moisés todas las varas de delante de Jehová a todos los hijos de Israel; y ellos lo vieron, y tomaron cada uno su vara.

10 Y Jehová dijo a Moisés: Vuelve la vara a Aarón delante del testimonio, para que se guarde por señal a los hijos rebeldes; y harás cesar sus quejas de delante de mí, para que no mueran.

11 E hizo Moisés como le mandó Jehová, así lo hizo.

12 Entonces los hijos de Israel hablaron a Moisés, diciendo: He aquí nosotros somos muertos, perdidos estamos, todos nosotros estamos perdidos.

13 Cualquiera que se acerca al tabernáculo de Jehová, muere. ¿Es que acabaremos por perecer todos?

El mantenimiento de sacerdotes y levitas

18 Jehová dijo a Aarón: Tú y tus hijos, y la casa de tu padre contigo, cargaréis con las faltas *cometidas contra* el santuario; y tú y tus hijos contigo llevaréis el pecado de vuestro sacerdocio.

2 Y a tus hermanos también, la tribu de Leví, la tribu de tu padre, haz que se acerquen a ti y se junten contigo, y te servirán; y tú y tus hijos contigo serviréis delante del tabernáculo del testimonio.

3 Y guardarán lo que tú ordenes, y el cargo de todo el tabernáculo; mas no se acercarán a los utensilios santos ni al altar, para que no mueran ellos y vosotros.

4 Se juntarán, pues, contigo, y tendrán el cargo del tabernáculo de reunión en todo el servicio del tabernáculo; ningún extraño se ha de acercar a vosotros.

5 Y tendréis el cuidado del santuario, y el cuidado del altar, para que no venga más la ira sobre los hijos de Israel.

6 Porque he aquí, yo he tomado a vuestros hermanos los levitas de entre los hijos de Israel, dados a vosotros en don de Jehová, para que sirvan en el ministerio del tabernáculo de reunión.

7 Mas tú y tus hijos contigo guardaréis vuestro sacerdocio en todo lo relacionado con el altar, y del velo adentro, y ministraréis. Yo os he dado en don el servicio de vuestro sacerdocio; y el extraño que se acerque, morirá.

Derechos de los sacerdotes

8 Dijo más Jehová a Aarón: He aquí yo te he dado también el cuidado de mis ofrendas; todas las cosas consagradas de los hijos de Israel te las he dado por razón de la unción, y a tus hijos, por estatuto perpetuo.

9 Esto será tuyo de la ofrenda de las cosas santas, reservadas del fuego; toda ofrenda de ellos, todo presente suyo, y toda expiación por el pecado de ellos, y toda expiación por la culpa de ellos, que me han de presentar, será cosa muy santa para ti y para tus hijos.

10 En el santuario la comerás; todo varón comerá de ella; cosa santa será para ti.

11 Esto también será tuyo: la ofrenda elevada de sus dones, y todas las ofrendas mecidas de los hijos de Israel, he dado a ti y a tus hijos y a tus hijas contigo, por estatuto perpetuo; todo limpio en tu casa comerá de ellas.

12 De aceite, de mosto y de trigo, todo lo más escogido, las primicias de ello, que presentarán a Jehová, para ti las he dado.

13 Las primicias de todas las cosas de la tierra de ellos, las cuales traerán a Jehová, serán tuyas; todo limpio en tu casa comerá de ellas.

14 Todo lo consagrado por voto en Israel será tuyo.

15 Todo lo que abre matriz, de toda carne que ofrecerán a Jehová, así de hombres como de animales, será tuyo; pero harás que se redima el primogénito del hombre; también harás redimir el primogénito de animal inmundo.

16 De un mes harás efectuar el rescate de ellos, conforme a tu estimación, por el precio de cinco siclos, conforme al siclo del santuario, que es de veinte óbolos.

17 Mas el primogénito de vaca, el primogénito de oveja y el primogénito de cabra, no redimirás; santificados son; la sangre de ellos rociarás sobre el altar, y quemarás la grasa de ellos, ofrenda encendida en olor grato a Jehová.

18 Y la carne de ellos será tuya; como el pecho de la ofrenda mecida y la espaldilla derecha, serán tuyos.

19 Todas las ofrendas elevadas de las cosas santas, que los hijos de Israel ofrezcan a Jehová, las he dado para ti, y para tus hijos y para tus hijas contigo, por estatuto perpetuo; pacto de sal perpetuo es delante de Jehová para ti y para tu descendencia contigo.

Los derechos de los levitas

20 Y Jehová dijo a Aarón: De la tierra de ellos no tendrás heredad, ni entre ellos tendrás parte. Yo soy tu parte y tu heredad en medio de los hijos de Israel.

21 Y he aquí yo he dado a los hijos de Leví todos los diezmos en Israel por heredad, por su ministerio, por cuanto ellos sirven en el ministerio del tabernáculo de reunión.

22 Y no se acercarán más los hijos de Israel al tabernáculo de reunión; cargarían con un pecado por el cual morirían.

23 Mas los levitas harán el servicio del tabernáculo de reunión, y ellos cargarán con sus faltas; estatuto perpetuo para vuestros descendientes; y no poseerán heredad entre los hijos de Israel.

24 Porque a los levitas he dado por heredad los diezmos de los hijos de Israel, que ofrecerán a Jehová en ofrenda; por lo cual les he dicho: Entre los hijos de Israel no poseerán heredad.

Los diezmos

25 Y habló Jehová a Moisés, diciendo:

26 Así hablarás a los levitas, y les dirás: Cuando toméis de los hijos de Israel los diezmos que os he dado de ellos por vuestra

heredad, vosotros presentaréis de ellos en ofrenda mecida a Jehová el diezmo de los diezmos.

27 Y se os contará vuestra ofrenda como grano de la era, y como producto del lagar.

28 Así ofreceréis también vosotros ofrenda a Jehová de todos vuestros diezmos que recibáis de los hijos de Israel; y daréis de ellos la ofrenda de Jehová al sacerdote Aarón.

29 De todos vuestros dones ofreceréis toda ofrenda a Jehová; de todo lo mejor de ellos ofreceréis la porción que ha de ser consagrada.

30 Y les dirás: Cuando ofrezcáis lo mejor de ellos, será contado a los levitas como producto de la era, y como producto del lagar.

31 Y lo comeréis en cualquier lugar, vosotros y vuestras familias; pues es vuestra remuneración de vuestro ministerio en el tabernáculo de reunión.

32 Y no llevaréis pecado por ello, cuando hayáis ofrecido la mejor parte de él; y no contaminaréis las cosas santas de los hijos de Israel, y no moriréis.

La purificación de los inmundos

19 Jehová habló a Moisés y a Aarón, diciendo:

2 Esta es la ordenanza de la ley que Jehová ha prescrito, diciendo: Di a los hijos de Israel que te traigan una vaca roja, perfecta, en la cual no haya falta, sobre la cual no se haya puesto yugo;

3 y la daréis a Eleazar el sacerdote, y él la sacará fuera del campamento, y la hará degollar en su presencia.

4 Y Eleazar el sacerdote tomará de la sangre con su dedo, y rociará hacia la parte delantera del tabernáculo de reunión con la sangre de ella siete veces;

5 y hará quemar la vaca ante sus ojos; su cuero y su carne y su sangre, con su estiércol, hará quemar.

6 Luego tomará el sacerdote madera de cedro, e hisopo, y púrpura, y lo echará en medio del fuego en que arde la vaca.

7 El sacerdote lavará luego sus vestidos, lavará también su cuerpo con agua, y después entrará en el campamento; y será inmundo el sacerdote hasta la noche.

8 Asimismo el que la quemó lavará sus vestidos en agua, también lavará en agua su cuerpo, y será inmundo hasta la noche.

9 Y un hombre limpio recogerá las cenizas de la vaca y las pondrá fuera del campamento en lugar limpio, y las guardará la congregación de los hijos de Israel para el agua de purificación; es una expiación.

10 Y el que recogió las cenizas de la vaca lavará sus vestidos, y será inmundo hasta la noche; y será estatuto perpetuo para los hijos de Israel, y para el extranjero que mora entre ellos.

Casos de impureza

11 El que toque cadáver de cualquier persona será inmundo siete días.

12 Al tercer día se purificará con aquella agua, y al séptimo día será limpio; y si al tercer día no se purifica, no será limpio al séptimo día.

13 Todo aquel que toque cadáver de cualquier persona, y no se purifique, el tabernáculo de Jehová contaminó, y aquella persona será cortada de Israel; por cuanto el agua de la purificación no fue rociada sobre él, inmundo será, y su inmundicia será sobre él.

14 Esta es la ley para cuando alguno muera en su tienda: cualquiera que entre en la tienda, y todo el que esté en ella, será inmundo siete días.

15 Y toda vasija abierta, cuya tapa no esté bien ajustada, será inmunda;

16 y cualquiera que toque algún muerto a espada sobre la faz del campo, o algún cadáver, o hueso humano, o sepulcro, siete días será inmundo.

El ritual de las aguas purificadoras

17 Y para el inmundo tomarán de la ceniza de la vaca quemada de la expiación, y echarán sobre ella agua viva en un recipiente;

18 y un hombre limpio tomará hisopo, y lo mojará en el agua, y rociará sobre la tienda, sobre todos los muebles, sobre las personas que allí estén, y sobre aquel que haya tocado el hueso, o el asesinado, o el muerto, o el sepulcro.

19 Y el limpio rociará sobre el inmundo al tercero y al séptimo día; y cuando lo haya purificado al día séptimo, él lavará luego sus vestidos, y a sí mismo se lavará con agua, y será limpio a la noche.

20 Y el que quedó inmundo, y no se haya purificado, la tal persona será cortada de entre la congregación, por cuanto contaminó el tabernáculo de Jehová; no fue rociada sobre él el agua de la purificación; es inmundo.

21 Les será estatuto perpetuo; también el que rocíe el agua de la purificación lavará sus vestidos; y el que toque el agua de la purificación será inmundo hasta la noche.

22 Y todo lo que el inmundo toque, será inmundo; y la persona que lo toque será inmunda hasta la noche.

Agua de la roca

20 Llegaron los hijos de Israel, toda la congregación, al desierto de Zin, en el mes primero, y acampó el pueblo en

Cadés; y allí murió María, y allí fue sepultada.

2 Y porque no había agua para la congregación, se juntaron contra Jehová y Aarón.

3 Y habló el pueblo contra Moisés, diciendo: ¡Ojalá hubiéramos muerto cuando perecieron nuestros hermanos delante de Jehová!

4 ¿Por qué hiciste venir la congregación de Jehová a este desierto, para que muramos aquí nosotros y nuestras bestias?

5 ¿Y por qué nos has hecho subir de Egipto, para traernos a este mal lugar? No es lugar de sementera, de higueras, de viñas ni de granadas; ni aun de agua para beber.

6 Y se fueron Moisés y Aarón de delante de la congregación a la puerta del tabernáculo de reunión, y se postraron sobre sus rostros; y la gloria de Jehová apareció sobre ellos.

7 Y habló Jehová a Moisés, diciendo:

8 Toma la vara, y reúne la congregación, tú y Aarón tu hermano, y hablad a la peña a vista de ellos; y ella dará su agua, y les sacarás aguas de la peña, y darás de beber a la congregación y a sus bestias.

9 Entonces Moisés tomó la vara de delante de Jehová, como él le mandó.

10 Y reunieron Moisés y Aarón a la congregación delante de la peña, y les dijo: ¡Oíd ahora, rebeldes! ¿Os hemos de hacer salir aguas de esta peña?

11 Entonces alzó Moisés su mano y golpeó la peña con su vara dos veces; y salieron muchas aguas, y bebió la congregación, y sus bestias.

Castigo de Moisés y Aarón

12 Y Jehová dijo a Moisés y a Aarón: Por cuanto no creísteis en mí, para santificarme delante de los hijos de Israel, por tanto, no meteréis esta congregación en la tierra que les he dado.

13 Estas son las aguas de la rencilla, por las cuales contendieron los hijos de Israel con Jehová, y con las que él manifestó su santidad.

Edom no permite el paso a Israel

14 Envió Moisés embajadores al rey de Edom desde Cadés, diciendo: Así dice Israel tu hermano: Tú has sabido todo el trabajo que nos ha venido;

15 como nuestros padres descendieron a Egipto, y estuvimos en Egipto largo tiempo, y los egipcios nos maltrataron, y a nuestros padres;

16 y clamamos a Jehová, el cual oyó nuestra voz, y envió un ángel, y nos sacó de Egipto; y he aquí estamos en Cadés, ciudad cercana a tus fronteras.

17 Te rogamos que pasemos por tu tierra. No pasaremos por labranza, ni por viña, ni beberemos agua de pozos; por el camino real iremos, sin apartarnos a diestra ni a siniestra, hasta que hayamos pasado tu territorio.

18 Edom le respondió: No pasarás por mi país; de otra manera, saldré contra ti armado.

19 Y los hijos de Israel dijeron: Por el camino principal iremos; y si bebemos tus aguas yo y mis ganados, daré el precio de ellas; déjame solamente pasar a pie, nada más.

20 Pero él respondió: No pasarás. Y salió Edom contra él con mucho pueblo, y mano fuerte.

21 No quiso, pues, Edom dejar pasar a Israel por su territorio, y se desvió Israel de él.

Aarón muere en el monte Hor

22 Y partiendo de Cadés los hijos de Israel, toda aquella congregación, vinieron al monte de Hor.

23 Y Jehová habló a Moisés y a Aarón en el monte de Hor, en la frontera de la tierra de Edom, diciendo:

24 Aarón será reunido a su pueblo, pues no entrará en la tierra que yo di a los hijos de Israel, por cuanto fuisteis rebeldes a mi mandamiento en las aguas de la rencilla.

25 Toma a Aarón y a Eleazar su hijo, y hazlos subir al monte de Hor,

26 y desnuda a Aarón de sus vestiduras, y viste con ellas a Eleazar su hijo; porque Aarón será reunido a su pueblo, y allí morirá.

27 Y Moisés hizo como Jehová le mandó; y subieron al monte de Hor a la vista de toda la congregación.

28 Y Moisés desnudó a Aarón de sus vestiduras, y se las vistió a Eleazar su hijo; y Aarón murió allí en la cumbre del monte, y Moisés y Eleazar descendieron del monte.

29 Y viendo toda la congregación que Aarón había muerto, le hicieron duelo por treinta días todas las familias de Israel.

El rey de Arad ataca a Israel

21 Cuando el cananeo, el rey de Arad, que habitaba en el Néguev, oyó que venía Israel por el camino de Atarim, peleó contra Israel, y tomó de él prisioneros.

2 Entonces Israel hizo voto a Jehová, y dijo: Si en efecto entregas este pueblo en mi mano, yo destruiré sus ciudades.

3 Y Jehová escuchó la voz de Israel, y entregó al cananeo, y los destruyó a ellos y a sus ciudades; y llamó el nombre de aquel lugar Hormá.

La serpiente de bronce

4 Después partieron del monte de Hor, camino del Mar Rojo, para rodear la tierra

de Edom; y se desanimó el pueblo por el
camino.
5 Y habló el pueblo contra Dios y contra
Moisés: ¿Por qué nos hiciste subir de Egipto
para que muramos en este desierto? Pues no
hay pan ni agua, y nuestra alma tiene fastidio de este pan tan liviano.
6 Y Jehová envió entre el pueblo serpientes
ardientes, que mordían al pueblo; y murió
mucho pueblo de Israel.
7 Entonces el pueblo vino a Moisés y dijo:
Hemos pecado por haber hablado contra
Jehová, y contra ti; ruega a Jehová que quite
de nosotros estas serpientes. Y Moisés oró
por el pueblo.
8 Y Jehová dijo a Moisés: Hazte una serpiente *de bronce* refulgente, y ponla sobre
un asta; y cualquiera que haya sido mordido
y mire a ella, vivirá.
9 Y Moisés hizo una serpiente de bronce, y
la puso sobre un asta; y cuando alguna
serpiente mordía a alguno, miraba a la
serpiente de bronce, y vivía.

Los israelitas rodean la tierra
de Moab

10 Después partieron los hijos de Israel y
acamparon en Obot.
11 Y partiendo de Obot, acamparon en Ije-
abarim, en el desierto que está enfrente de
Moab, al nacimiento del sol.
12 Partieron de allí, y acamparon en el valle
de Zered.
13 De allí partieron, y acamparon al otro
lado de Arnón, que está en el desierto, y que
sale del territorio del amorreo; porque Arnón
es límite de Moab, entre Moab y el amorreo.
14 Por tanto se dice en el libro de las
batallas de Jehová:
    Lo que hizo en el Mar Rojo,
    Y en los arroyos de Arnón;
15 Y a la corriente de los arroyos
    Que va a parar en Ar,
    Y descansa en el límite de Moab.
16 Y de allí vinieron a Beer: éste es el pozo
del cual Jehová dijo a Moisés: Reúne al
pueblo, y les daré agua.
17 Entonces cantó Israel este cántico:
    Sube, oh pozo; a él cantad;
18 Pozo, el cual cavaron los señores,
    Lo cavaron los príncipes del pueblo,
    Y el legislador, con sus báculos.
Del desierto vinieron a Mataná,
19 y de Mataná a Nahaliel, y de Nahaliel a
Bamot;
20 y de Bamot al valle que está en los
campos de Moab, y a la cumbre de Pisgá,
que mira hacia el desierto.

Conquista de Trasjordania

21 Entonces envió Israel embajadores a
Schón rey de los amorreos, diciendo:

22 Pasaré por tu tierra; no nos iremos por
los sembrados, ni por las viñas; no beberemos las aguas de los pozos; por el camino
real iremos, hasta que pasemos tu territorio.
23 Mas Schón no dejó pasar a Israel por su
territorio, sino que juntó Schón todo su
pueblo y salió contra Israel en el desierto, y
vino a Jahaz y peleó contra Israel.
24 Y lo hirió Israel a filo de espada, y tomó
su tierra desde Arnón hasta Jaboc, hasta los
hijos de Amón; porque la frontera de los
hijos de Amón era fuerte.
25 Y tomó Israel todas estas ciudades y
habitó Israel en todas las ciudades del amorreo, en Hesbón y en todas sus aldeas.
26 Porque Hesbón era la ciudad de Schón
rey de los amorreos, el cual había tenido
guerra antes con el rey de Moab, y tomado
de su poder toda su tierra hasta Arnón.
27 Por tanto dicen los proverbistas: Venid
    a Hesbón,
    Edifíquese y repárese la ciudad de
    Schón.
28 Porque fuego salió de Hesbón,
    Y llama de la ciudad de Schón,
    Y consumió a Ar de Moab,
    A los señores de las alturas de Arnón.
29 ¡Ay de ti, Moab!
    Pereciste, pueblo de Quemós.
    Fueron puestos sus hijos en huida,
    Y sus hijas en cautividad,
    Por Schón rey de los amorreos.
30 Mas devastamos el reino de ellos;
    Pereció Hesbón hasta Dibón,
    Y destruimos hasta Nofa y Médeba.

Israel derrota a Og de Basán

31 Así habitó Israel en la tierra del amorreo.
32 También envió Moisés a reconocer a
Jazer; y tomaron sus aldeas, y echaron al
amorreo que estaba allí.
33 Y volvieron, y subieron camino de Basán; y salió contra ellos Og rey de Basán, él y
todo su pueblo, para pelear en Edrei.
34 Entonces Jehová dijo a Moisés: No le
tengas miedo, porque en tu mano lo he
entregado, a él y a todo su pueblo, y a su
tierra; y harás de él como hiciste de Schón
rey de los amorreos, que habitaba en
Hesbón.
35 E hirieron a él y a sus hijos, y a toda su
gente, sin que le quedara uno, y se apoderaron de su tierra.

Balac manda llamar a Balaam

22 Partieron los hijos de Israel, y acamparon en los campos de Moab junto
al Jordán, frente a Jericó.
2 Y vio Balac hijo de Zipor todo lo que
Israel había hecho al amorreo.
3 Y Moab tuvo gran temor a causa del

pueblo, porque era mucho; y se angustió
Moab a causa de los hijos de Israel.
4 Y dijo Moab a los ancianos de Madián:
Ahora lamerá esta gente todos nuestros
contornos, como lame el buey la grama del
campo. Y Balac hijo de Zipor era entonces
rey de Moab.
5 Por tanto, envió mensajeros a Balaam
hijo de Beor, en Petor, que está junto al río
en la tierra de los hijos de su pueblo, para
que lo llamasen, diciendo: Un pueblo ha
salido de Egipto, y he aquí cubre la haz de la
tierra, y habita delante de mí.
6 Ven, pues, ahora, te ruego; maldíceme
este pueblo, porque es más fuerte que yo;
quizá yo pueda herirlo y echarlo de la tierra;
pues yo sé que el que tú bendigas será
bendito, y el que tú maldigas será maldito.
7 Fueron los ancianos de Moab y los ancianos de Madián con las dádivas de adivinación en su mano, y llegaron a Balaam y le
dijeron las palabras de Balac.
8 Él les dijo: Reposad aquí esta noche, y yo
os daré respuesta según Jehová me hable.
Así los príncipes de Moab se quedaron con
Balaam.
9 Y vino Dios a Balaam, y le dijo: ¿Qué
varones son estos que están contigo?
10 Y Balaam respondió a Dios: Balac hijo
de Zipor, rey de Moab, ha enviado a decirme:
11 He aquí, este pueblo que ha salido de
Egipto cubre la faz de la tierra; ven, pues,
ahora, y maldícemelo; quizá podré pelear
contra él y echarlo.
12 Entonces dijo Dios a Balaam: No vayas
con ellos, ni maldigas al pueblo, porque
bendito es.
13 Así Balaam se levantó por la mañana y
dijo a los príncipes de Balac: Volveos a
vuestra tierra, porque Jehová no me quiere
dejar ir con vosotros.
14 Y los príncipes de Moab se levantaron, y
vinieron a Balac y dijeron: Balaam no quiso
venir con nosotros.
15 Volvió Balac a enviar otra vez más príncipes, y más honorables que los otros;
16 los cuales vinieron a Balaam, y le dijeron: Así dice Balac, hijo de Zipor: Te ruego
que no dejes de venir a mí;
17 porque sin duda te honraré mucho, y
haré todo lo que me digas; ven, pues, ahora,
maldíceme a este pueblo.
18 Y Balaam respondió y dijo a los siervos
de Balac: Aunque Balac me diese su casa
llena de plata y oro, no puedo traspasar la
palabra de Jehová mi Dios para hacer cosa
chica ni grande.
19 Os ruego, por tanto, ahora, que reposéis
aquí esta noche, para que yo sepa qué me
vuelve a decir Jehová.
20 Y vino Dios a Balaam de noche, y le

dijo: Si vinieron para llamarte estos hombres, levántate y vete con ellos; pero harás
lo que yo te diga.

El ángel y la burra de Balaam

21 Así Balaam se levantó por la mañana, y
enalbardó su asna y fue con los príncipes de
Moab.
22 Y la ira de Dios se encendió porque él
iba; y el ángel de Jehová se puso en el
camino por adversario suyo. Iba, pues, él
montado sobre su asna, y con él dos criados
suyos.
23 Y el asna vio al Ángel de Jehová, que
estaba en el camino con su espada desnuda
en su mano; y se apartó el asna del camino, e
iba por el campo. Entonces azotó Balaam al
asna para hacerla volver al camino.
24 Pero el Ángel de Jehová se puso en una
senda de viñas que tenía pared a un lado y
pared al otro.
25 Y viendo el asna al Ángel de Jehová, se
pegó a la pared, y apretó contra la pared el
pie de Balaam; y él volvió a azotarla.
26 Y el Ángel de Jehová pasó más allá, y se
puso en una angostura donde no había
camino para apartarse ni a derecha ni a
izquierda.
27 Y viendo el asna al Ángel de Jehová, se
echó debajo de Balaam; y Balaam se enojó
y azotó al asna con un palo.
28 Entonces Jehová abrió la boca al asna, la
cual dijo a Balaam: ¿Qué te he hecho, que
me has azotado estas tres veces?
29 Y Balaam respondió al asna: Porque te
has burlado de mí. ¡Ojalá tuviera espada en
mi mano, que ahora te mataría!
30 Y el asna dijo a Balaam: ¿No soy yo tu
asna? Sobre mí has cabalgado desde que tú
me tienes hasta este día; ¿he acostumbrado
hacerlo así contigo? Y él respondió: No.
31 Entonces Jehová abrió los ojos de
Balaam, y vio al Ángel de Jehová que estaba
en el camino, y tenía su espada desnuda en
su mano. Y Balaam hizo reverencia, y se
inclinó sobre su rostro.
32 Y el Ángel de Jehová le dijo: ¿Por qué
has azotado tu asna estas tres veces? He
aquí yo he salido para resistirte, porque tu
camino es perverso delante de mí.
33 El asna me ha visto, y se ha apartado
luego de delante de mí estas tres veces; y si
de mí no se hubiera apartado, yo también
ahora te mataría a ti, y a ella dejaría viva.
34 Entonces Balaam dijo al Ángel de Jehová: He pecado, porque no sabía que tú te
ponías delante de mí en el camino; mas
ahora, si te parece mal, yo me volveré.
35 Y el Ángel de Jehová dijo a Balaam: Ve
con esos hombres; pero la palabra que yo te
diga, esa hablarás. Así Balaam fue con los
príncipes de Balac.

36 Oyendo Balac que Balaam venía, salió a
recibirlo a la ciudad de Moab, que está junto
al límite de Arnón, que está al extremo de su
territorio.
37 Y Balac dijo a Balaam: ¿No envié yo a
llamarte? ¿Por qué no has venido a mí? ¿No
puedo yo honrarte?
38 Balaam respondió a Balac: He aquí yo
he venido a ti; mas ¿podré ahora hablar
alguna cosa? La palabra que Dios ponga en
mi boca, esa hablaré.
39 Y fue Balaam con Balac, y vinieron a
Quiryat-huzot.
40 Y Balac hizo matar bueyes y ovejas, y
envió a Balaam, y a los príncipes que estaban con él.

Balaam bendice a Israel

41 El día siguiente, Balac tomó a Balaam y
lo hizo subir a Bamot-baal, y desde allí vio el
extremo más inmediato del campamento *de
Israel.*

23 Y Balaam dijo a Balac: Edifícame
aquí siete altares, y prepárame aquí
siete becerros y siete carneros.
2 Balac hizo como le dijo Balaam; y ofrecieron Balac y Balaam un becerro y un
carnero en cada altar.
3 Y Balaam dijo a Balac: Ponte junto a tu
holocausto, y yo iré; quizá Jehová me vendrá al encuentro, y cualquier cosa que me
muestre, te avisaré. Y se fue a un monte
descubierto.

Oráculos de Balaam

4 Y vino Dios al encuentro de Balaam, y
éste le dijo: Siete altares he ordenado, y en
cada altar he ofrecido un becerro y un
carnero.
5 Y Jehová puso palabra en la boca de
Balaam, y le dijo: Vuelve a Balac, y dile así.
6 Y volvió a él, y he aquí estaba él junto a su
holocausto, él y todos los príncipes de
Moab.
7   Y él tomó su parábola, y dijo:
      De Aram me trajo Balac,
      Rey de Moab, de los montes del oriente;
      Ven, maldíceme a Jacob,
      Y ven, execra a Israel.
8   ¿Por qué maldeciré yo al que Dios no
        maldijo?
      ¿Y por qué he de execrar al que Jehová
        no ha execrado?
9   Porque de la cumbre de las peñas lo
        veré,
      Y desde los collados lo miraré;
      He aquí un pueblo que habitará con-
        fiado,
      Y no será contado entre las naciones.
10 ¿Quién contará el polvo de Jacob,
      O el número de la cuarta parte de
        Israel?

      Muera yo la muerte de los rectos,
      Y mi postrimería sea como la suya.
11 Entonces Balac dijo a Balaam: ¿Qué me
has hecho? Te he traído para que maldigas a
mis enemigos, y he aquí has proferido bendiciones.
12 Él respondió y dijo: ¿No cuidaré de
decir lo que Jehová ponga en mi boca?
13 Y dijo Balac: Te ruego que vengas conmigo a otro lugar desde el cual los veas;
solamente los más cercanos verás, y no los
verás todos; y desde allí me los maldecirás.
14 Y lo llevó al campo de Zofim, a la cumbre de Pisgá, y edificó siete altares, y ofreció
un becerro y un carnero en cada altar.
15 Entonces él dijo a Balac: Ponte aquí
junto a tu holocausto, y yo iré a encontrar a
Dios allí.
16 Y Jehová salió al encuentro de Balaam,
y puso palabra en su boca, y le dijo: Vuelve
a Balac, y dile así.
17 Y vino a él, y he aquí que él estaba junto
a su holocausto, y con él los príncipes de
Moab; y le dijo Balac: ¿Qué ha dicho
Jehová?
18 Entonces él tomó su parábola, y dijo:
      Balac, levántate y oye;
      Escucha mis palabras, hijo de Zipor:
19 Dios no es hombre, para que mienta,
      Ni hijo de hombre, para que se arre-
        pienta.
      Él dijo, ¿y no hará?
      Habló, ¿y no lo ejecutará?
20 He aquí, he recibido orden de bendecir;
      Él dio bendición, y no podré revocarla.
21 No ha notado iniquidad en Jacob,
      Ni ha visto perversidad en Israel.
      Jehová su Dios está con él,
      Y es aclamado como rey.
22 Dios los ha sacado de Egipto;
      Y tiene fuerzas como de búfalo.
23 Porque contra Jacob no hay agüero,
      Ni adivinación contra Israel.
      Como ahora, será dicho de Jacob y de
        Israel:
      ¡Lo que ha hecho Dios!
24 He aquí un pueblo que se levanta como
        leona,
      Y como león se erguirá;
      No se echará hasta que devore la presa,
      Y beba la sangre de sus víctimas.
25 Entonces Balac dijo a Balaam: Ya que
no lo maldices, tampoco lo bendigas.
26 Balaam respondió y dijo a Balac: ¿No te
he dicho que todo lo que Jehová me diga,
eso tengo que hacer?
27 Y dijo Balac a Balaam: Te ruego que
vengas, te llevaré a otro lugar; por ventura
parecerá bien a Dios que desde allí me lo
maldigas.
28 Y Balac llevó a Balaam a la cumbre de
Peor, que mira hacia el desierto.

29 Entonces Balaam dijo a Balac: Edifícame aquí siete altares, y prepárame aquí siete becerros y siete carneros.

30 Y Balac hizo como Balaam le dijo; y ofreció un becerro y un carnero en cada altar.

24 Cuando vio Balaam que parecía bien a Jehová que él bendijese a Israel, no fue, como la primera y segunda vez, en busca de augurios, sino que puso su rostro hacia el desierto;

2 y alzando sus ojos, vio a Israel alojado por sus tribus; y el Espíritu de Dios vino sobre él.

3 Entonces tomó su parábola, y dijo:
Dijo Balaam hijo de Beor,
Y dijo el varón de ojos abiertos;

4 Dijo el que oyó los dichos de Dios,
El que vio la visión del Omnipotente;
Caído, pero abiertos los ojos:

5 ¡Cuán hermosas son tus tiendas, oh Jacob,
Tus habitaciones, oh Israel!

6 Como arroyos están extendidas,
Como huertos junto al río,
Como áloes plantados por Jehová,
Como cedros junto a las aguas.

7 De sus cubos desbordan aguas,
Y su descendencia se extenderá como las muchas aguas,
Enaltecerá su rey más que Agag,
Y su reino será engrandecido.

8 Dios lo sacó de Egipto;
Tiene fuerzas como de búfalo.
Devorará a las naciones enemigas,
Desmenuzará sus huesos,
Y las traspasará con sus saetas.

9 Se encorvará para echarse como león,
Y como leona; ¿quién lo despertará?
Benditos los que te bendigan,
Y malditos los que te maldigan.

Profecía de Balaam

10 Entonces se encendió la ira de Balac contra Balaam, y batiendo sus manos le dijo: Para maldecir a mis enemigos te he llamado, y he aquí los has bendecido ya tres veces.

11 Ahora huye a tu lugar; yo dije que te honraría, mas he aquí que Jehová te ha privado de la honra.

12 Y Balaam le respondió: ¿No lo declaré yo también a tus mensajeros que me enviaste, diciendo:

13 Si Balac me diese su casa llena de plata y oro, yo no podré traspasar el dicho de Jehová para hacer cosa buena ni mala de mi arbitrio, mas lo que hable Jehová, eso diré yo?

14 He aquí, yo me voy ahora a mi pueblo; por tanto, ven, te indicaré lo que este pueblo ha de hacer a tu pueblo en los postreros días.

15 Y tomó su parábola, y dijo:
Dijo Balaam hijo de Beor,
Dijo el varón de ojos abiertos;

16 Dijo el que oyó los dichos de Jehová,
Y el que sabe la ciencia del Altísimo,
El que vio la visión del Omnipotente;
Caído, pero abiertos los ojos:

17 Lo veré, mas no ahora;
Lo miraré, mas no de cerca;
Saldrá ESTRELLA de Jacob,
Y se levantará cetro de Israel,
Y herirá las sienes de Moab,
Y destruirá a todos los hijos de Set.

18 Será tomada Edom,
Será también tomada Seír por sus enemigos,
E Israel se portará varonilmente.

19 De Jacob saldrá el dominador,
Y destruirá lo que quede de la ciudad.

20 Y viendo a Amalec, tomó su parábola y dijo:
Amalec, cabeza de naciones;
Mas al fin perecerá para siempre.

21 Y viendo al ceneo, tomó su parábola y dijo:
Fuerte es tu habitación;
Pon en la peña tu nido;

22 Porque el ceneo será echado,
Cuando Asiria te llevará cautivo.

23 Tomó su parábola otra vez, y dijo:
¡Ay!, ¿quién vivirá cuando haga Dios estas cosas?

24 Vendrá *gente en* galeras de la costa de Quitim,
Y afligirán a Asiria, afligirán también a los hebreos;
Mas ella también perecerá para siempre.

25 Entonces se levantó Balaam y se fue, y volvió a su lugar; y también Balac se fue por su camino.

Israel invoca a Baal-peor

25 Moraba Israel en Sitim; y el pueblo empezó a fornicar con las hijas de Moab,

2 las cuales invitaban al pueblo a los sacrificios de sus dioses; y el pueblo comió, y se inclinó a sus dioses.

3 Así acudió el pueblo a Baal-peor; y el furor de Jehová se encendió contra Israel.

4 Y Jehová dijo a Moisés: Toma a todos los príncipes del pueblo, y ahórcalos ante Jehová delante del sol, y el ardor de la ira de Jehová se apartará de Israel.

5 Entonces Moisés dijo a los jueces de Israel: Matad cada uno a aquellos de los vuestros que se han juntado con Baal-peor.

6 Y he aquí un varón de los hijos de Israel vino y trajo una madianita a sus hermanos, a

ojos de Moisés y de toda la congregación de los hijos de Israel, mientras lloraban ellos a la puerta del tabernáculo de reunión.

7 Y lo vio Finees hijo de Eleazar, hijo del sacerdote Aarón, y se levantó de en medio de la congregación, y tomó una lanza en su mano;

8 y fue tras el varón de Israel a la tienda, y los alanceó a ambos, al varón de Israel, y a la mujer por su vientre. Y cesó la mortandad de los hijos de Israel.

9 Y murieron de aquella mortandad veinticuatro mil.

10 Entonces Jehová habló a Moisés, diciendo:

11 Finees hijo de Eleazar, hijo del sacerdote Aarón, ha hecho apartar mi furor de los hijos de Israel, llevado de celo entre ellos; por lo cual yo no he consumido en mi celo a los hijos de Israel,

12 Por tanto diles: He aquí yo establezco mi pacto de paz con él;

13 y tendrá él, y su descendencia después de él, el pacto del sacerdocio perpetuo, por cuanto tuvo celo por su Dios e hizo expiación por los hijos de Israel.

14 Y el nombre del varón que fue muerto con la madianita era Zimri hijo de Salú, jefe de una familia de la tribu de Simeón.

15 Y el nombre de la mujer madianita muerta era Cozbi hija de Zur, príncipe de pueblos, padre de familia en Madián.

16 Y Jehová habló a Moisés, diciendo:

17 Hostigad a los madianitas, y heridlos,

18 por cuanto ellos os afligieron a vosotros con sus ardides con que os han engañado en lo tocante a Baal-peor, y en lo tocante a Cozbi hija del príncipe de Madián, su hermana, la cual fue muerta el día de la mortandad por causa de Baal-peor.

Nuevo censo del pueblo en Moab

26 Aconteció después de la mortandad, que Jehová habló a Moisés y a Eleazar hijo del sacerdote Aarón, diciendo:

2 Tomad el censo de toda la congregación de los hijos de Israel, de veinte años arriba, por las casas de sus padres, todos los que pueden salir a la guerra en Israel.

3 Y Moisés y el sacerdote Eleazar hablaron con ellos en los campos de Moab, junto al Jordán frente a Jericó, diciendo:

4 Contaréis el pueblo de veinte años arriba, como mandó Jehová a Moisés y a los hijos de Israel que habían salido de tierra de Egipto.

5 Rubén, primogénito de Israel; los hijos de Rubén: de Enoc, la familia de los enoquitas; de Falú, la familia de los faluitas;

6 de Hezrón, la familia de los hezronitas; de Carmí, la familia de los carmitas.

7 Estas son las familias de los rubenitas; y fueron contados de ellas cuarenta y tres mil setecientos treinta.

8 Los hijos de Falú: Eliab.

9 Y los hijos de Eliab: Nemuel, Datán y Abiram. Estos Datán y Abiram fueron los del consejo de la congregación, que se rebelaron contra Moisés y Aarón con el grupo de Coré, cuando se rebelaron contra Jehová;

10 y la tierra abrió su boca y los tragó a ellos y a Coré, cuando consumió el fuego a doscientos cincuenta varones, para servir de escarmiento.

11 Mas los hijos de Coré no murieron.

12 Los hijos de Simeón por sus familias: de Nemuel, la familia de los nemuelitas; de Jamín, la familia de los jaminitas, de Jaquín, la familia de los jaquinitas;

13 de Zera, la familia de los zeraítas; de Saúl, la familia de los saulitas.

14 Estas son las familias de los simeonitas, veintidós mil doscientos.

15 Los hijos de Gad por sus familias: de Zefón, la familia de los zefonitas; de Haguí, la familia de los haguitas; de Suní, la familia de los sunitas;

16 de Ozní la familia de los oznitas; de Erí, la familia de los eritas;

17 de Arod, la familia de los aroditas; de Arelí, la familia de los arelitas.

18 Estas son las familias de Gad; y fueron contados de ellas cuarenta mil quinientos.

19 Los hijos de Judá: Er y Onán; y Er y Onán murieron en la tierra de Canaán.

20 Y fueron los hijos de Judá por sus familias: de Sela, la familia de los selaítas; de Feres, la familia de los feresitas; de Zera, la familia de los zeraítas.

21 Y fueron los hijos de Feres: de Hezrón, la familia de los hezronitas; de Hamul, la familia de los hamulitas.

22 Estas son las familias de Judá, y fueron contados de ellas setenta y seis mil quinientos.

23 Los hijos de Isacar por sus familias; de Tolá, la familia de los tolaítas; de Fuvá, la familia de los funitas;

24 de Jasub, la familia de los jasubitas; de Simrón, la familia de los simronitas.

25 Estas son las familias de Isacar, y fueron contados de ellas sesenta y cuatro mil trescientos.

26 Los hijos de Zabulón por sus familias: de Séred, la familia de los sereditas; de Elón, la familia de los elonitas; de Jahleel, la familia de los jahleelitas.

27 Estas son las familias de los zabulonitas, y fueron contados de ellas sesenta mil quinientos.

28 Los hijos de José por sus familias: Manasés y Efraín.

29 Los hijos de Manasés: de Maquir, la

familia de los maquiritas; y Maquir engendró a Galaad; de Galaad, la familia de los
galaaditas.

30 Estos son los hijos de Galaad: de Jézer,
la familia de los jezeritas; de Hélec, la
familia de los helequitas;

31 de Asriel, la familia de los asrielitas: de
Siquem, la familia de los siquemitas;

32 de Semidá, la familia de los semidaítas;
de Héfer, la familia de los heferitas.

33 Y Zelofehad hijo de Héfer no tuvo hijos
sino hijas; y los nombres de las hijas de
Zelofehad fueron Maalá, Noá, Hoglá, Milcá y Tirsá.

34 Estas son las familias de Manasés; y
fueron contados de ellas cincuenta y dos mil
setecientos.

35 Estos son los hijos de Efraín por sus
familias: de Sutela, la familia de los sutelaí-
tas; de Béquer, la familia de los bequeritas;
de Tahán, la familia de los tahanitas.

36 Y estos son los hijos de Sutela: de Erán,
la familia de los eranitas.

37 Estas son las familias de los hijos de
Efraín; y fueron contados de ellas treinta y
dos mil quinientos. Estos son los hijos de
José por sus familias.

38 Los hijos de Benjamín por sus familias:
de Bela, la familia de los belaítas; de Asbel,
la familia de los asbelitas; de Ahiram, la
familia de los ahiramitas;

39 de Sefufam, la familia de los sufamitas;
de Hufam, la familia de los hufamitas.

40 Y los hijos de Bela fueron Ard y Naamán: de Ard, la familia de los arditas; de
Naamán, la familia de los naamitas.

41 Estos son los hijos de Benjamín por sus
familias; y fueron contados de ellos cuarenta y cinco mil seiscientos.

42 Estos son los hijos de Dan por sus familias: de Suham, la familia de los suhamitas.
Estas son las familias de Dan por sus familias.

43 De las familias de los suhamitas fueron
contados sesenta y cuatro mil cuatrocientos.

44 Los hijos de Aser por sus familias: de
Imná, la familia de los imnitas; de Isví, la
familia de los isvitas; de Bería, la familia de
los beriaítas.

45 Los hijos de Bería: de Héber, la familia
de los heberitas; de Malquiel, la familia de
los malquielitas.

46 Y el nombre de la hija de Aser fue Sara.

47 Estas son las familias de los hijos de
Aser; y fueron contados de ellas cincuenta y
tres mil cuatrocientos.

48 Los hijos de Neftalí, por sus familias: de
Jahzeel, la familia de los jahzeelitas; de
Guní, la familia de los gunitas;

49 de Jézer, la familia de los jezeritas; de
Silem, la familia de los silemitas.

50 Estas son las familias de Neftalí por sus

familias; y fueron contados de ellas cuarenta
y cinco mil cuatrocientos.

51 Estos son los contados de los hijos de
Israel, seiscientos un mil setecientos treinta.

Instrucciones para reparto de la tierra

52 Y habló Jehová a Moisés, diciendo:

53 A éstos se repartirá la tierra en heredad,
por la cuenta de los nombres.

54 A los más darás mayor heredad, y a los
menos menor; y a cada uno se le dará su
heredad conforme a sus contados.

55 Pero la tierra será repartida por suerte; y
por los nombres de las tribus de sus padres
heredarán.

56 Conforme a la suerte será repartida su
heredad entre el grande y el pequeño.

Censo de los levitas

57 Los contados de los levitas por sus familias son estos: de Gersón, la familia de los
gersonitas; de Coat, la familia de los coatitas; de Merarí, la familia de los meraritas.

58 Estas son las familias de los levitas: la
familia de los libnitas, la familia de los
hebronitas, la familia de los mahlitas, la
familia de los musitas, la familia de los
coreítas. Y Coat engendró a Amram.

59 La mujer de Amram se llamó Joquebed,
hija de Leví, que le nació a Leví en Egipto;
ésta dio a luz de Amram a Aarón y a Moisés,
y a María su hermana.

60 Y a Aarón le nacieron Nadab, Abiú,
Eleazar e Itamar.

61 Pero Nadab y Abiú murieron cuando
ofrecieron fuego extraño delante de Jehová.

62 De los levitas fueron contados veintitrés
mil, todos varones de un mes arriba; porque
no fueron contados entre los hijos de Israel,
por cuanto no les había de ser dada heredad
entre los hijos de Israel.

63 Estos son los contados por Moisés y el
sacerdote Eleazar, los cuales contaron los
hijos de Israel en los campos de Moab, junto
al Jordán frente a Jericó.

64 Y entre éstos ninguno hubo de los contados por Moisés y el sacerdote Aarón, quienes contaron a los hijos de Israel en el
desierto de Sinay.

65 Porque Jehová había dicho de ellos:
Morirán en el desierto; y no quedó varón de
ellos, sino Caleb hijo de Jefuné y Josué hijo
de Nun.

Herencias femeninas

27 Vinieron las hijas de Zelofehad hijo
de Héfer, hijo de Galaad, hijo de
Maquir, hijo de Manasés, de las familias de
Manasés hijo de José, los nombres de las
cuales eran Maalá, Noá, Hoglá, Milcá y
Tirsá.

2 y se presentaron delante de Moisés y

delante del sacerdote Eleazar, y delante de
los príncipes y de toda la congregación, a la
puerta del tabernáculo de reunión, y
dijeron:
3 Nuestro padre murió en el desierto; y él
no estuvo en la compañía de los que se
juntaron contra Jehová en el grupo de Coré,
sino que murió por sus propios pecados, y
no tuvo hijos.
4 ¿Por qué será quitado el nombre de nuestro padre de entre su familia, por no haber
tenido hijo? Danos heredad entre los hermanos de nuestro padre.
5 Y Moisés llevó su causa delante de
Jehová.
6 Y Jehová respondió a Moisés, diciendo:
7 Bien dicen las hijas de Zelofehad; les
darás la posesión de una heredad entre los
hermanos de su padre, y traspasarás la
heredad de su padre a ellas.
8 Y a los hijos de Israel hablarás, diciendo:
Cuando alguno muera sin hijos, traspasaréis
su herencia a su hija.
9 Si no tiene hija, daréis su herencia a sus
hermanos;
10 y si no tiene hermanos, daréis su herencia a los hermanos de su padre.
11 Y si su padre no tiene hermano, daréis su
herencia a su pariente más cercano de su
linaje, y de éste será; y para los hijos de
Israel esto será por estatuto de derecho,
como Jehová mandó a Moisés.

Josué es escogido sucesor de Moisés

12 Jehová dijo a Moisés: Sube a este monte
Abarim, y verás la tierra que he dado a los
hijos de Israel.
13 Y después que la hayas visto, tú también
serás reunido a tu pueblo, como fue reunido
tu hermano Aarón.
14 Pues fuisteis rebeldes a mi mandato en el
desierto de Zin, en la rencilla de la congregación, no santificándome en las aguas a
ojos de ellos. Estas son las aguas de la
rencilla de Cadés en el desierto de Zin.
15 Entonces respondió Moisés a Jehová,
diciendo:
16 Ponga Jehová, Dios de los espíritus de
toda carne, un varón sobre la congregación,
17 que salga delante de ellos y que entre
delante de ellos, que los saque y los introduzca, para que la congregación de Jehová
no sea como ovejas sin pastor.
18 Y Jehová dijo a Moisés: Toma a Josué
hijo de Nun, varón en el cual hay espíritu, y
pondrás tu mano sobre él;
19 y lo pondrás delante del sacerdote Eleazar, y delante de toda la congregación; y le
darás el cargo en presencia de ellos.
20 Y pondrás de tu dignidad sobre él, para
que toda la congregación de los hijos de
Israel le obedezca.

21 Él se pondrá delante del sacerdote Eleazar, y le consultará por el juicio del Urim
delante de Jehová; por el dicho de él saldrán, y por el dicho de él entrarán, él y todos
los hijos de Israel con él, toda la congregación.
22 Y Moisés hizo como Jehová le había
mandado, pues tomó a Josué y lo puso
delante del sacerdote Eleazar, y de toda la
congregación;
23 y puso sobre él sus manos, y le dio el
cargo, como Jehová había mandado por
mano de Moisés.

Las ofrendas diarias

28 Habló Jehová a Moisés, diciendo:
2 Manda a los hijos de Israel, y diles:
Mi ofrenda, mi pan con mis ofrendas encendidas en olor grato a mí, guardaréis, ofre-
ciéndomelo a su tiempo.
3 Y les dirás: Esta es la ofrenda encendida
que ofreceréis a Jehová: dos corderos sin
tacha de un año, cada día, será el holocausto
continuo.
4 Un cordero ofrecerás por la mañana, y el
otro cordero ofrecerás a la caída de la tarde;
5 y la décima parte de un efa de flor de
harina, amasada con un cuarto de un hin de
aceite de olivas machacadas, en ofrenda.
6 Es holocausto continuo, que fue ordenado en el monte Sinay para olor grato, ofrenda encendida a Jehová.
7 Y su libación, la cuarta parte de un hin
con cada cordero; derramarás libación de
vino superior ante Jehová en el santuario.
8 Y ofrecerás el segundo cordero a la caída
de la tarde; conforme a la ofrenda de la
mañana y conforme a su libación ofrecerás,
ofrenda encendida en olor grato a Jehová.

Ofrendas mensuales y sábado

9 Mas el día del sábado, dos corderos de un
año sin defecto, y dos décimas de flor de
harina amasada con aceite, como ofrenda,
con su libación.
10 Es el holocausto de cada sábado, además del holocausto continuo y su libación.
11 Al comienzo de vuestros meses ofreceréis en holocausto a Jehová dos becerros de
la vacada, un carnero, y siete corderos de un
año sin defecto;
12 y tres décimas de flor de harina amasada
con aceite, como ofrenda con cada becerro;
y dos décimas de flor de harina amasada con
aceite, como ofrenda con cada carnero;
13 y una décima de flor de harina amasada
con aceite, como ofrenda con cada cordero.
Es un holocausto de olor grato, ofrenda
encendida a Jehová.
14 Y sus libaciones de vino, medio hin con
cada becerro, y la tercera parte de un hin

con cada carnero, y la cuarta parte de un hin con cada cordero. Este es el holocausto de cada mes por todos los meses del año.

15 Y un macho cabrío en expiación se ofrecerá a Jehová, además del holocausto continuo con su libación.

Ofrendas de las fiestas solemnes

16 Pero en el mes primero, a los catorce días del mes, será la Pascua de Jehová.

17 Y a los quince días de este mes, la fiesta solemne; por siete días se comerán panes sin levadura.

18 El primer día será santa convocación; ninguna obra de siervos haréis.

19 Y ofreceréis como ofrenda encendida en holocausto a Jehová, dos becerros de la vacada, y un carnero, y siete corderos de un año; serán sin defecto.

20 Y su ofrenda de harina amasada con aceite: tres décimas con cada becerro, y dos décimas con cada carnero;

21 y con cada uno de los siete corderos ofreceréis una décima.

22 Y un macho cabrío por expiación, para reconciliaros.

23 Esto ofreceréis además del holocausto de la mañana, que es el holocausto continuo.

24 Conforme a esto ofreceréis cada uno de los siete días, vianda y ofrenda encendida en olor grato a Jehová; se ofrecerá además del holocausto continuo, con su libación.

25 Y el séptimo día tendréis santa convocación; ninguna obra de siervos haréis.

26 Además, el día de las primicias, cuando presentéis ofrenda nueva a Jehová en vuestras semanas, tendréis santa convocación; ninguna obra de siervos haréis.

27 Y ofreceréis en holocausto, en olor grato a Jehová, dos becerros de la vacada, un carnero, siete corderos de un año;

28 y la ofrenda de ellos, flor de harina amasada con aceite, tres décimas con cada becerro, dos décimas con cada carnero,

29 y con cada uno de los siete corderos una décima;

30 y un macho cabrío para hacer expiación por vosotros.

31 Los ofreceréis, además del holocausto continuo con sus ofrendas, y sus libaciones; serán sin defecto.

29 En el séptimo mes, el primero del mes, tendréis santa convocación; ninguna obra de siervos haréis; os será día de sonar las trompetas.

2 Y ofreceréis holocausto en olor grato a Jehová, un becerro de la vacada, un carnero, siete corderos de un año sin defecto;

3 y la ofrenda de ellos, de flor de harina amasada con aceite, tres décimas de efa con

cada becerro, dos décimas con cada carnero,

4 y con cada uno de los siete corderos, una décima;

5 y un macho cabrío por expiación, para reconciliaros;

6 además del holocausto del mes y su ofrenda, y el holocausto continuo y su ofrenda, y sus libaciones conforme a su ley, como ofrenda encendida a Jehová en olor grato.

El día de la Expiación

7 En el diez de este mes séptimo tendréis santa convocación, y afligiréis vuestras almas; ninguna obra haréis;

8 y ofreceréis en holocausto a Jehová en olor grato, un becerro de la vacada, un carnero, y siete corderos de un año que habrán de ser sin defecto.

9 Y sus ofrendas, flor de harina amasada con aceite, tres décimas de efa con cada becerro, dos décimas con cada carnero,

10 y con cada uno de los siete corderos, una décima;

11 y un macho cabrío por expiación; además de la ofrenda de las expiaciones por el pecado, y del holocausto continuo y de sus ofrendas y de sus libaciones.

La fiesta de las Tiendas

12 También a los quince días del mes séptimo tendréis santa convocación; ninguna obra de siervos haréis, y celebraréis fiesta solemne a Jehová por siete días.

13 Y ofreceréis en holocausto, en ofrenda encendida a Jehová en olor grato, trece becerros de la vacada, dos carneros, y catorce corderos de un año; han de ser sin defecto.

14 Y las ofrendas de ellos, de flor de harina amasada con aceite, tres décimas de efa con cada uno de los trece becerros, dos décimas con cada uno de los dos carneros,

15 y con cada uno de los catorce corderos, una décima;

16 y un macho cabrío por expiación, además del holocausto continuo, su ofrenda y su libación.

17 El segundo día, doce becerros de la vacada, dos carneros, catorce corderos de un año sin defecto.

18 y sus ofrendas y sus libaciones con los becerros, con los carneros y con los corderos, según el número de ellos, conforme a la ley;

19 y un macho cabrío por expiación; además del holocausto continuo, y su ofrenda y su libación.

20 El día tercero, once becerros, dos carneros, catorce corderos de un año sin defecto;

21 y sus ofrendas y sus libaciones con los becerros, con los carneros y con los corde-

ros, según el número de ellos, conforme a la
ley;
22 y un macho cabrío por expiación, además del holocausto continuo, y su ofrenda y
su libación.
23 El cuarto día, diez becerros, dos carneros, catorce corderos de un año sin defecto:
24 sus ofrendas y sus libaciones con los
becerros, con los carneros y con los corderos, según el número de ellos, conforme a la
ley;
25 y un macho cabrío por expiación; además del holocausto continuo, su ofrenda y
su libación.
26 El quinto día, nueve becerros, dos carneros, catorce corderos de un año sin defecto;
27 y sus ofrendas y sus libaciones con los
becerros, con los carneros y con los corderos, según el número de ellos, conforme a la
ley;
28 y un macho cabrío por expiación, además del holocausto continuo, su ofrenda y
su libación.
29 El sexto día, ocho becerros, dos carneros, catorce corderos de un año sin defecto;
30 y sus ofrendas y sus libaciones con los
becerros, con los carneros y con los corderos, según el número de ellos, conforme a la
ley;
31 y un macho cabrío por expiación, además del holocausto continuo, su ofrenda y
su libación.
32 El séptimo día, siete becerros, dos carneros, catorce corderos de un año sin defecto;
33 y sus ofrendas y sus libaciones con los
becerros, con los carneros y con los corderos, según el número de ellos, conforme a la
ley;
34 y un macho cabrío por expiación, además del holocausto continuo, con su ofrenda y su libación.
35 El octavo día tendréis solemnidad; ninguna obra de siervos haréis.
36 Y ofreceréis en holocausto, en ofrenda
encendida de olor grato a Jehová, un becerro, un carnero, siete corderos de un año sin
defecto;
37 sus ofrendas y sus libaciones con el becerro, con el carnero y con los corderos, según
el número de ellos, conforme a la ley;
38 y un macho cabrío por expiación, además del holocausto continuo, con su ofrenda y su libación.
39 Estas cosas ofreceréis a Jehová en vuestras fiestas solemnes, además de vuestros
votos, y de vuestras ofrendas voluntarias,
para vuestros holocaustos, y para vuestras
ofrendas, y para vuestras libaciones, y para
vuestras ofrendas de paz.

Ley de los votos

30 Y Moisés dijo a los hijos de Israel
conforme a todo lo que Jehová le
había mandado.
2 Habló Moisés a los príncipes de las tribus
de los hijos de Israel, diciendo: Esto es lo
que Jehová ha mandado.
3 Cuando alguno haga voto a Jehová, o
haga juramento ligando su alma con obligación, no quebrantará su palabra; hará conforme a todo lo que salió de su boca.
4 Mas la mujer, cuando haga voto a Jehová,
y se ligue con obligación en casa de su padre,
en su juventud;
5 si su padre oye su voto, y la obligación con
que ligó su alma, y su padre calla a ello,
todos los votos de ella serán firmes, y toda
obligación con que haya ligado su alma,
firme será.
6 Mas si su padre le veda el día que oiga
todos sus votos y sus obligaciones con que
ella haya ligado su alma, no serán firmes; y
Jehová se lo dispensará, por cuanto su padre
se lo vedó.
7 Pero si es casada y hace votos, o pronun-
cia de sus labios cosa con que obligue su
alma;
8 si su marido lo oye, y cuando lo oiga calla
a ello, los votos de ella serán firmes, y la
obligación con que ligó su alma, firme será.
9 Pero si cuando su marido lo oyó, le vedó,
entonces el voto que ella hizo, y lo que
pronunció de sus labios con que ligó su
alma, será nulo; y Jehová no se lo tendrá en
cuenta.
10 Pero todo voto de viuda o repudiada,
con que ligue su alma, será firme.
11 Y si ha hecho voto en casa de su marido,
y ha ligado su alma con obligación de juramento,
12 si su marido oyó, y calló a ello y no le
vedó, entonces todos sus votos serán firmes,
y toda obligación con que haya ligado su
alma, firme será.
13 Mas si su marido los anuló el día que los
oyó, todo lo que salió de sus labios cuanto a
sus votos, y cuanto a la obligación de su
alma, será nulo; su marido los anuló, y
Jehová la perdonará.
14 Todo voto, y todo juramento obligándo-
se a afligir el alma, su marido lo confirmará,
o su marido lo anulará.
15 Pero si su marido calla a ello de día en
día, entonces confirmó todos sus votos, y
todas las obligaciones que están sobre ella;
los confirmó, por cuanto calló a ello el día
que lo oyó.
16 Mas si los anula más tarde, entonces él
cargará con la falta de ella.
17 Estas son las ordenanzas que Jehová
mandó a Moisés entre el varón y su mujer, y

entre el padre y su hija durante su juventud en casa de su padre.

Guerra de castigo de Israel contra Madián

31
Jehová habló a Moisés, diciendo:

2 Haz la venganza de los hijos de Israel contra los madianitas; después serás recogido a tu pueblo.

3 Entonces Moisés, habló al pueblo, diciendo: Armaos algunos de vosotros para la guerra, y vayan contra Madián y hagan la venganza de Jehová en Madián.

4 Mil de cada tribu de todas las tribus de los hijos de Israel, enviaréis a la guerra.

5 Así fueron dados de los millares de Israel, mil por cada tribu, doce mil en pie de guerra.

6 Y Moisés los envió a la guerra; mil de cada tribu envió; y Finees hijo del sacerdote Eleazar fue a la guerra con los vasos del santuario, y con las trompetas en su mano para tocar.

7 Y pelearon contra Madián, como Jehová lo mandó a Moisés, y mataron a todo varón.

8 Mataron también, entre los muertos de ellos, a los reyes de Madián, Eví, Requem, Zur, Hur y Reba, cinco reyes de Madián; también a Balaam hijo de Beor mataron a espada.

9 Y los hijos de Israel llevaron cautivas a las mujeres de los madianitas, a sus niños, y todas sus bestias y todos sus ganados; y arrebataron todos sus bienes,

10 e incendiaron todas sus ciudades, aldeas y habitaciones.

11 Y tomaron todo el despojo, y todo el botín, así de hombres como de bestias.

12 Y trajeron a Moisés y al sacerdote Eleazar, y a la congregación de los hijos de Israel, los cautivos y el botín y los despojos al campamento, en los llanos de Moab, que están junto al Jordán frente a Jericó.

Matanza de las mujeres y purificación del botín

13 Y salieron Moisés y el sacerdote Eleazar, y todos los príncipes de la congregación, a recibirlos fuera del campamento.

14 Y se enojó Moisés contra los capitanes del ejército, contra los jefes de millares y de centenas que volvían de la guerra,

15 y les dijo Moisés: ¿Por qué habéis dejado con vida a todas las mujeres?

16 He aquí, por consejo de Balaam ellas fueron causa de que los hijos de Israel prevaricasen contra Jehová en lo tocante a Baal-peor, por lo que hubo mortandad en la congregación de Jehová.

17 Matad, pues, ahora a todos los varones de entre los niños; matad también a toda mujer que haya conocido varón carnalmente.

18 Pero a todas las niñas entre las mujeres, que no hayan conocido varón, las dejaréis con vida.

19 Y vosotros, cualquiera que haya dado muerte a persona, y cualquiera que haya tocado muerto, permaneced fuera del campamento siete días, y os purificaréis al tercer día y al séptimo, vosotros y vuestros cautivos.

20 Asimismo purificaréis todo vestido, y toda prenda de pieles, y toda obra de pelo de cabra, y todo utensilio de madera.

21 Y el sacerdote Eleazar dijo a los hombres de guerra que venían de la guerra: Esta es la ordenanza de la ley que Jehová ha mandado a Moisés:

22 Ciertamente el oro y la plata, el bronce, hierro, estaño y plomo,

23 todo lo que resiste el fuego, por fuego lo haréis pasar, y será limpio, bien que en las aguas de purificación habrá de purificarse; y haréis pasar por agua todo lo que no resiste el fuego.

24 Además lavaréis vuestros vestidos el séptimo día, y así seréis limpios; y después entraréis en el campamento.

Reparto del botín

25 Y Jehová habló a Moisés, diciendo:

26 Toma la cuenta del botín que se ha hecho, así de las personas como de las bestias, tú y el sacerdote Eleazar, y los jefes de los padres de la congregación;

27 y partirás por mitades el botín entre los que pelearon, los que salieron a la guerra, y toda la congregación.

28 Y apartarás para Jehová el tributo de los hombres de guerra que salieron a la guerra; de quinientos, uno, así de las personas como de los bueyes, de los asnos y de las ovejas.

29 De la mitad de ellos lo tomarás; y darás al sacerdote Eleazar la ofrenda de Jehová.

30 Y de la mitad perteneciente a los hijos de Israel tomarás uno de cada cincuenta de las personas, de los bueyes, de los asnos, de las ovejas y de todo animal, y los darás a los levitas, que tienen la guarda del tabernáculo de Jehová.

31 E hicieron Moisés y el sacerdote Eleazar como Jehová mandó a Moisés.

32 Y fue el botín, el resto del botín que tomaron los hombres de guerra, seiscientas setenta y cinco mil ovejas,

33 setenta y dos mil bueyes,

34 y sesenta y un mil asnos.

35 En cuanto a personas, de mujeres que no habían conocido varón, eran por todas treinta y dos mil.

36 Y la mitad, la parte de los que habían

salido a la guerra, fue el número de trescientas treinta y siete mil quinientas ovejas;

37 y el tributo de las ovejas para Jehová fue seiscientas setenta y cinco.

38 De los bueyes, treinta y seis mil; y de ellos el tributo para Jehová, setenta y dos.

39 De los asnos, treinta mil quinientos; y de ellos el tributo para Jehová, sesenta y uno.

40 Y de las personas, dieciséis mil; y de ellas el tributo para Jehová, treinta y dos personas.

41 Y dio Moisés el tributo, para ofrenda elevada a Jehová, al sacerdote Eleazar, como Jehová lo mandó a Moisés.

42 Y de la mitad para los hijos de Israel, que apartó Moisés de los hombres que habían ido a la guerra

43 (la mitad para la congregación fue: de las ovejas, trescientas treinta y siete mil quinientas;

44 de los bueyes, treinta y seis mil;

45 de los asnos, treinta mil quinientos;

46 y de las personas, dieciséis mil);

47 de la mitad, pues, para los hijos de Israel, tomó Moisés uno de cada cincuenta, así de las personas como de los animales, y los dio a los levitas, que tenían la guarda del tabernáculo de Jehová, como Jehová lo había mandado a Moisés.

48 Vinieron a Moisés los jefes de los millares de aquel ejército, los jefes de millares y de centenas,

49 y dijeron a Moisés: Tus siervos han tomado razón de los hombres de guerra que están en nuestro poder, y ninguno ha faltado de nosotros.

50 Por lo cual hemos ofrecido a Jehová ofrenda, cada uno de lo que ha hallado, alhajas de oro, brazaletes, manillas, anillos, zarcillos y cadenas, para hacer expiación por nuestras almas delante de Jehová.

51 Y Moisés y el sacerdote Eleazar recibieron el oro de ellos, alhajas, todas elaboradas.

52 Y todo el oro de la ofrenda que ofrecieron a Jehová los jefes de millares y de centenas fue dieciséis mil setecientos cincuenta siclos.

53 Los hombres del ejército habían tomado botín cada uno para sí.

54 Recibieron, pues, Moisés y el sacerdote Eleazar el oro de los jefes de millares y de centenas y lo trajeron al tabernáculo de reunión, por memoria de los hijos de Israel delante de Jehová.

Rubén y Gad se establecen al oriente del Jordán

32 Los hijos de Rubén y los hijos de Gad tenían una muy inmensa muchedumbre de ganado; y vieron la tierra de Jazer y de Galaad, y les pareció el país lugar de ganado.

2 Vinieron, pues, los hijos de Gad y los hijos de Rubén, y hablaron a Moisés y al sacerdote Eleazar, y a los príncipes de la congregación, diciendo:

3 Atarot, Dibón, Jazer, Nimrá, Hesbón, Elcalé, Sebam, Nebó y Beón,

4 la tierra que Jehová hirió delante de la congregación de Israel, es tierra de ganado, y tus siervos tienen ganado.

5 Por tanto, dijeron, si hallamos gracia en tus ojos, dése esta tierra a tus siervos en heredad, y no nos hagas pasar el Jordán.

6 Y respondió Moisés a los hijos de Gad y a los hijos de Rubén: ¿Irán vuestros hermanos a la guerra, y vosotros os quedaréis aquí?

7 ¿Y por qué desanimáis a los hijos de Israel, para que no pasen a la tierra que les ha dado Jehová?

8 Así hicieron vuestros padres, cuando los envié desde Cadés-barnea para que viesen la tierra.

9 Subieron hasta el torrente de Escol, y después que vieron la tierra, desalentaron a los hijos de Israel para que no viniesen a la tierra que Jehová les había dado.

10 Y la ira de Jehová se encendió entonces, y juró diciendo:

11 No verán los varones que subieron de Egipto de veinte años arriba, la tierra que prometí con juramento a Abraham, Isaac y Jacob, por cuanto no fueron perfectos en pos de mí;

12 excepto Caleb hijo de Jefuné cenezeo, y Josué hijo de Nun, que fueron perfectos en pos de Jehová.

13 Y la ira de Jehová se encendió contra Israel, y los hizo andar errantes cuarenta años por el desierto, hasta que fue acabada toda aquella generación que había hecho mal delante de Jehová.

14 Y he aquí, vosotros habéis sucedido en lugar de vuestros padres, prole de hombres pecadores, para añadir aún a la ira de Jehová contra Israel.

15 Si os volvéis de en pos de él, él volverá otra vez a dejaros en el desierto, y destruiréis a todo este pueblo.

16 Entonces ellos vinieron a Moisés y dijeron: Edificaremos aquí majadas para nuestro ganado, y ciudades para nuestros niños;

17 y nosotros nos armaremos, e iremos con diligencia delante de los hijos de Israel, hasta que los metamos en su lugar; y nuestros niños quedarán en ciudades fortificadas a causa de los moradores del país.

18 No volveremos a nuestras casas hasta que los hijos de Israel posean cada uno su heredad.

19 Porque no tomaremos heredad con ellos

al otro lado del Jordán ni adelante, por cuanto tendremos ya nuestra heredad a este otro lado del Jordán al oriente.

20 Entonces les respondió Moisés: Si lo hacéis así, si os disponéis para ir delante de Jehová a la guerra,

21 y todos vosotros pasáis armados el Jordán delante de Jehová, hasta que haya echado a sus enemigos de delante de sí,

22 y sea el país sojuzgado delante de Jehová; luego volveréis, y seréis libres de culpa para con Jehová, y para con Israel; y esta tierra será vuestra en heredad delante de Jehová.

23 Mas si así no lo hacéis, he aquí habréis pecado ante Jehová; y sabed que vuestro pecado os alcanzará.

24 Edificaos ciudades para vuestros niños, y majadas para vuestras ovejas, y haced lo que ha declarado vuestra boca.

25 Y hablaron los hijos de Gad y los hijos de Rubén a Moisés, diciendo: Tus siervos harán como mi señor ha mandado.

26 Nuestros niños, nuestras mujeres, nuestros ganados y todas nuestras bestias, estarán ahí en las ciudades de Galaad;

27 y tus siervos, armados todos para la guerra, pasarán delante de Jehová a la guerra, de la manera que mi señor dice.

28 Entonces les encomendó Moisés al sacerdote Eleazar, y a Josué hijo de Nun, y a los príncipes de los padres de las tribus de los hijos de Israel.

29 Y les dijo Moisés: Si los hijos de Gad y los hijos de Rubén pasan con vosotros el Jordán, armados todos para la guerra delante de Jehová, luego que el país sea sojuzgado delante de vosotros, les daréis la tierra de Galaad en posesión;

30 mas si no pasan armados con vosotros, entonces tendrán posesión entre vosotros, en la tierra de Canaán.

31 Y los hijos de Gad y los hijos de Rubén respondieron diciendo: Haremos lo que Jehová ha dicho a tus siervos.

32 Nosotros pasaremos armados delante de Jehová a la tierra de Canaán, y la posesión de nuestra heredad será a este lado del Jordán.

33 Así Moisés dio a los hijos de Gad, a los hijos de Rubén, y a la media tribu de Manasés hijo de José, el reino de Schón rey amorreo y el reino de Og rey de Basán, la tierra con sus ciudades y sus territorios, las ciudades del país alrededor.

34 Y los hijos de Gad edificaron Dibón, Atarot, Aroer,

35 Atrot-sofán, Jazer, Jogbehá,

36 Bet-nimrá y Bet-arán, ciudades fortificadas; hicieron también majadas para ovejas.

37 Y los hijos de Rubén edificaron Hesbón, Elcalé, Quiriatáyim,

38 Nebó, Baal-meón (mudados los nombres) y Sibmá; y pusieron nombres a las ciudades que edificaron.

39 Y los hijos de Maquir hijo de Manasés fueron a Galaad, y la tomaron, y echaron al amorreo que estaba en ella.

40 Y Moisés dio Galaad a Maquir hijo de Manasés, el cual habitó en ella.

41 También Jaír hijo de Manasés fue y tomó sus aldeas, y les puso por nombre Havot-jaír.

42 Asimismo Noba fue y tomó Kenat y sus aldeas, y lo llamó Noba, conforme a su nombre.

Acampamentos de Israel desde Egipto hasta el Jordán

33 Estas son las etapas de los hijos de Israel, que salieron de la tierra de Egipto con sus ejércitos, bajo el mando de Moisés y Aarón.

2 Moisés escribió sus salidas conforme a sus jornadas por mandato de Jehová. Estos, pues, son sus acampamentos con arreglo a sus salidas.

3 De Ramesés salieron en el mes primero, a los quince días del mes primero; el segundo día de la pascua salieron los hijos de Israel con mano poderosa, a vista de todos los egipcios,

4 mientras enterraban los egipcios a los que Jehová había herido de muerte de entre ellos, a todo primogénito; también había hecho Jehová juicios contra sus dioses.

5 Salieron, pues, los hijos de Israel de Ramesés, y acamparon en Sucot.

6 Salieron de Sucot y acamparon en Etam, que está al confín del desierto.

7 Salieron de Etam y volvieron sobre Pi-hahirot, que está delante de Baal-zefón, y acamparon delante de Migdol.

8 Salieron de Pi-hahirot y pasaron por en medio del mar al desierto, y anduvieron tres días de camino por el desierto de Etam, y acamparon en Mará.

9 Salieron de Mará y vinieron a Elim, donde había doce fuentes de aguas, y setenta palmeras; y acamparon allí.

10 Salieron de Elim y acamparon junto al Mar Rojo.

11 Salieron del Mar Rojo y acamparon en el desierto de Sin.

12 Salieron del desierto de Sin y acamparon en Dofcá.

13 Salieron de Dofcá y acamparon en Alús.

14 Salieron de Alús y acamparon en Refidim, donde el pueblo no tuvo aguas para beber.

15 Salieron de Refidim y acamparon en el desierto de Sinay.

16 Salieron del desierto de Sinay y acamparon en Kibrot-hattaavá.

17 Salieron de Kibrot-hattaavá y acamparon en Hazerot.

18 Salieron de Hazerot y acamparon en Ritmá.

19 Salieron de Ritmá y acamparon en Rimón-peres.

20 Salieron de Rimón-peres y acamparon en Libná.

21 Salieron de Libná y acamparon en Rissá.

22 Salieron de Rissá y acamparon en Ceelatá.

23 Salieron de Ceelatá y acamparon en el monte de Séfer.

24 Salieron del monte de Séfer y acamparon en Haradá.

25 Salieron de Haradá y acamparon en Macelot.

26 Salieron de Macelot y acamparon en Tahat.

27 Salieron de Tahat y acamparon en Tara.

28 Salieron de Tara y acamparon en Mitcá.

29 Salieron de Mitcá y acamparon en Hasmoná.

30 Salieron de Hasmoná y acamparon en Moserot.

31 Salieron de Moserot y acamparon en Bene-jaacán.

32 Salieron de Bene-jaacán y acamparon en el monte de Gidgad.

33 Salieron del monte de Gidgad y acamparon en Jotbata.

34 Salieron de Jotbata y acamparon en Abroná.

35 Salieron de Abroná y acamparon en Ezyón-gáber.

36 Salieron de Ezyón-gáber y acamparon en el desierto de Zin, que es Cadés.

37 Y salieron de Cadés y acamparon en el monte de Hor, en la extremidad del país de Edom.

38 Y subió el sacerdote Aarón al monte de Hor, conforme al dicho de Jehová, y allí murió a los cuarenta años de la salida de los hijos de Israel de la tierra de Egipto, en el mes quinto, en el primero del mes.

39 Era Aarón de edad de ciento veintitrés años, cuando murió en el monte de Hor.

40 Y el cananeo, rey de Arad, que habitaba en el Négueb en la tierra de Canaán, oyó que habían venido los hijos de Israel.

41 Y salieron del monte de Hor y acamparon en Zalmoná.

42 Salieron de Zalmoná y acamparon en Punón.

43 Salieron de Punón y acamparon en Obot.

44 Salieron de Obot y acamparon en Ijé-abarim, en la frontera de Moab.

45 Salieron de Ijé-abarim y acamparon en Dibón-gad.

46 Salieron de Dibón-gad y acamparon en Almón-diblatáyim.

47 Salieron de Almón-diblatáyim y acamparon en los montes de Abarim, delante de Nebó.

48 Salieron de los montes de Abarim y acamparon en los campos de Moab, junto al Jordán, frente a Jericó.

49 Finalmente acamparon junto al Jordán, desde Bet-jesimot hasta Abelsitim, en los campos de Moab.

Reparto del país de promisión

50 Y habló Jehová a Moisés en los campos de Moab junto al Jordán frente a Jericó, diciendo:

51 Habla a los hijos de Israel, y diles: Cuando hayáis pasado el Jordán entrando en la tierra de Canaán,

52 echaréis de delante de vosotros a todos los moradores del país, y destruiréis todos sus ídolos de piedra, y todas sus imágenes de fundición, y destruiréis todos sus lugares altos;

53 y echaréis a los moradores de la tierra, y habitaréis en ella; porque yo os la he dado para que sea vuestra propiedad.

54 Y heredaréis la tierra por sorteo por vuestras familias; a las familias numerosas daréis mucho por herencia, y a los pocos daréis menos por herencia; donde le caiga la suerte, allí la tendrá cada uno; por las tribus de vuestros padres heredaréis.

55 Y si no echáis a los moradores del país de delante de vosotros, sucederá que los que dejéis de ellos serán por aguijones en vuestros ojos y por espinas en vuestros costados, y os afligirán sobre la tierra en que vosotros habitéis.

56 Además, haré a vosotros como yo pensé hacerles a ellos.

Fronteras de Israel

34 Y Jehová habló a Moisés, diciendo:
2 Manda a los hijos de Israel y diles: Cuando hayáis entrado en la tierra de Canaán, esto es, la tierra que os ha de caer en herencia, la tierra de Canaán según sus límites,

3 tendréis el lado del sur desde el desierto de Zin hasta la frontera de Edom; y será el límite del sur al extremo del Mar Salado hacia el oriente.

4 Este límite os irá rodeando desde el sur hasta la subida de Acrabim, y pasará hasta Zin; y se extenderá del sur a Cadés-barnea; y continuará a Hasar-adar, y pasará hasta Asmón.

5 Rodeará este límite desde Asmón hasta el torrente de Egipto, y sus remates serán al occidente.

6 Y el límite occidental será el Mar Grande; este límite será el límite occidental.

7 El límite del norte será este: desde el Mar Grande trazaréis al monte de Hor.

8 Del monte de Hor trazaréis a la entrada de Hamat, y seguirá aquel límite hasta Zedad;

9 y seguirá este límite hasta Zifrón, y terminará en Hazar-enán; éste será el límite del norte.

10 Por límite al oriente trazaréis desde Hazar-enán hasta Sefam;

11 y bajará este límite desde Sefam a Riblá, al oriente de Ayin; y descenderá el límite, y llegará a la costa del mar de Quinéret, al oriente.

12 Después descenderá este límite al Jordán, y terminará en el Mar Salado: esta será vuestra tierra por sus límites alrededor.

13 Y mandó Moisés a los hijos de Israel, diciendo: Esta es la tierra que se os repartirá en heredades por sorteo, que mandó Jehová que diese a las nueve tribus, y a la media tribu.

14 porque la tribu de los hijos de Rubén según las casas de sus padres, y la tribu de los hijos de Gad según las casas de sus padres, y la media tribu de Manasés, han tomado su heredad.

15 Dos tribus y media tomaron su heredad a este lado del Jordán frente a Jericó al oriente, al nacimiento del sol.

Los principales encargados del reparto

16 Y habló Jehová a Moisés, diciendo:

17 Estos son los nombres de los varones que os repartirán la tierra: El sacerdote Eleazar, y Josué hijo de Nun.

18 Tomaréis también de cada tribu un príncipe, para dar la posesión de la tierra.

19 Y estos son los nombres de los varones: De la tribu de Judá, Caleb hijo de Jefuné.

20 De la tribu de los hijos de Simeón, Semuel hijo de Amiud.

21 De la tribu de Benjamín, Elidad hijo de Quislón.

22 De la tribu de los hijos de Dan, el príncipe Buquí hijo de Joglí.

23 De los hijos de José: de la tribu de los hijos de Manasés, el príncipe Haniel hijo de Efod.

24 y de la tribu de los hijos de Efraín, el príncipe Kemuel hijo de Siftán.

25 De la tribu de los hijos de Zabulón, el príncipe Elizafán hijo de Parnac.

26 De la tribu de los hijos de Isacar, el príncipe Paltiel hijo de Azán.

27 De la tribu de los hijos de Aser, el príncipe Ahiud hijo de Selomí.

28 Y de la tribu de los hijos de Neftalí, el príncipe Pedael hijo de Amiud.

29 A éstos mandó Jehová que hiciesen el reparto de las heredades a los hijos de Israel en la tierra de Canaán.

Ciudades de los levitas

35 Habló Jehová a Moisés en los campos de Moab, junto al Jordán frente a Jericó, diciendo:

2 Manda a los hijos de Israel que den a los levitas, de la posesión de su heredad, ciudades en que habiten; también daréis a los levitas los lugares de pasto en los contornos de esas ciudades.

3 Y tendrán ellos las ciudades para habitar, y los contornos de ellas serán para sus animales, para sus ganados y para todas sus bestias.

4 Y los contornos de las ciudades que daréis a los levitas serán mil codos alrededor, desde el muro de la ciudad para afuera.

5 Luego mediréis fuera de la ciudad al lado del oriente dos mil codos, al lado del sur dos mil codos, al lado del occidente dos mil codos, y al lado del norte dos mil codos, y la ciudad estará en medio; esto tendrán por los ejidos de las ciudades.

6 Y de las ciudades que daréis a los levitas, seis ciudades serán de refugio, las cuales daréis para que el homicida se refugie allá; y además de éstas daréis cuarenta y dos ciudades.

7 Todas las ciudades que daréis a los levitas serán cuarenta y ocho ciudades con sus ejidos.

8 Y en cuanto a las ciudades que deis de la heredad de los hijos de Israel, de *la tribu* que tiene mucho tomaréis mucho, y de la que tiene poco tomaréis poco; cada uno dará de sus ciudades a los levitas según la posesión que heredará.

Ciudades de refugio

9 Habló Jehová a Moisés, diciendo:

10 Habla a los hijos de Israel, y diles: Cuando hayáis pasado al otro lado del Jordán a la tierra de Canaán,

11 os señalaréis ciudades que sean *para vosotros* ciudades de refugio, donde huya el homicida que hiere a alguno de muerte sin intención.

12 Y os serán aquellas ciudades para refugiarse del vengador, y no morirá el homicida hasta que entre en juicio delante de la congregación.

13 De las ciudades, pues, que daréis, tendréis seis ciudades de refugio.

14 Tres ciudades daréis a este lado del Jordán, y tres ciudades daréis en la tierra de Canaán, las cuales serán ciudades de refugio.

15 Estas seis ciudades serán de refugio para los hijos de Israel, y para el extranjero y el que more entre ellos, para que huya allá cualquiera que hiera de muerte a otro sin intención.

16 Si con instrumento de hierro lo hiere y
muere, homicida es; el homicida morirá.
17 Y si con piedra en la mano, que pueda
dar muerte, lo hiere y muere, homicida es;
el homicida morirá.
18 Y si con instrumento de palo en la mano,
que pueda dar muerte, lo hiere y muere,
homicida es; el homicida morirá.
19 El vengador de la sangre dará por su
propia *mano* muerte al homicida; cuando lo
encuentre, él lo matará.
20 Y si por odio empujó a su prójimo, o echó
sobre él alguna cosa por asechanzas, y muere,
21 o por enemistad lo hirió con su mano, y
murió, el heridor morirá; es homicida; el
vengador de la sangre matará al homicida
cuando lo encuentre.
22 Más si casualmente lo empujó sin enemistades, o echó sobre él cualquier instrumento sin asechanzas,
23 o bien, sin verlo, hizo caer sobre él
alguna piedra que pudo matarlo, y muere, y
él no era su enemigo, ni procuraba su mal;
24 entonces la congregación juzgará entre
el que causó la muerte y el vengador de la
sangre conforme a estas leyes;
25 y la congregación librará al homicida de
mano del vengador de la sangre, y la congregación lo hará volver a su ciudad de refugio,
en la cual se había refugiado; y morará en
ella hasta que muera el sumo sacerdote, el
cual fue ungido con el aceite santo.
26 Mas si el homicida sale fuera de los
límites de su ciudad de refugio, en la cual se
refugió,
27 y el vengador de la sangre le halla fuera
del límite de la ciudad de su refugio, y el
vengador de la sangre mata al homicida, no
se le culpará por ello;
28 pues en su ciudad de refugio deberá
aquél habitar hasta que muera el sumo
sacerdote; y después que haya muerto el
sumo sacerdote, el homicida volverá a la
tierra de su posesión.

Ley sobre los testigos y sobre el rescate

29 Estas cosas os serán por ordenanza de
derecho por vuestras edades, dondequiera
que habitéis.
30 Cualquiera que dé muerte a alguno, por
dicho de testigos morirá el homicida; mas un
solo testigo no hará fe contra una persona
para que muera.
31 Y no tomaréis precio por la vida del
homicida, porque está condenado a muerte;
indefectiblemente morirá.
32 Ni tampoco tomaréis precio del que
huyó a su ciudad de refugio, para que vuelva
a vivir en su tierra, hasta que muera el sumo
sacerdote.
33 Y no contaminaréis la tierra donde estéis; porque esta sangre amancillará la tie-

rra, y la tierra no será expiada de la sangre
que fue derramada en ella, sino por la
sangre del que la derramó.
34 No contaminéis, pues, la tierra donde
habitáis, en medio de la cual yo habito;
porque yo Jehová habito en medio de los
hijos de Israel.

Ley del casamiento de las herederas

36 Llegaron los príncipes de los padres
de la familia de Galaad hijo de Maquir, hijo de Manasés, de las familias de los
hijos de José; y hablaron delante de Moisés
y de los príncipes, jefes de las casas paternas
de los hijos de Israel,
2 y dijeron: Jehová mandó a mi señor que
por sorteo diese la tierra a los hijos de Israel
en posesión; también ha mandado Jehová a
mi señor, que dé la posesión de Zelofehad
nuestro hermano a sus hijas.
3 Y si ellas se casaren con algunos de los
hijos de las otras tribus de los hijos de Israel,
la herencia de ellas será así quitada de la
herencia de nuestros padres, y será añadida
a la herencia de la tribu a que se unan; y será
quitada de la porción de nuestra heredad.
4 Y cuando llegue el jubileo de los hijos de
Israel, la heredad de ellas será añadida a la
heredad de la tribu de sus maridos; así la
heredad de ellas será quitada de la heredad
de la tribu de nuestros padres.
5 Entonces Moisés mandó a los hijos de
Israel por mandato de Jehová, diciendo: La
tribu de los hijos de José habla rectamente.
6 Esto es lo que ha mandado Jehová acerca
de las hijas de Zelofehad, diciendo: Cásense
como a ellas les plazca, pero *siempre que sea
en* una de las familias de la tribu de su padre,
7 para que la heredad de los hijos de Israel
no sea traspasada de tribu en tribu; porque
cada uno de los hijos de Israel estará ligado
a la heredad de la tribu de sus padres.
8 Y cualquier hija que tenga heredad en las
tribus de los hijos de Israel, con alguien de
las familias de la tribu de su padre se casará,
para que los hijos de Israel posean cada uno
la heredad de sus padres.
9 y no ande la heredad rodando de una tribu
a otra, sino que cada una de las tribus de los
hijos de Israel estará ligada a su heredad.
10 Como Jehová mandó a Moisés, así hicieron las hijas de Zelofehad.
11 Y así Maalá, Tirsá, Hoglá, Milcá y Noá,
hijas de Zelofehad, se casaron con *sus pri-
mos,* hijos de sus tíos paternos.
12 Se casaron dentro de la familia de los hijos
de Manasés, hijo de José; y la heredad de ellas
quedó en la tribu de la familia de su padre.
13 Estos son los mandamientos y los estatutos que mandó Jehová por medio de Moisés
a los hijos de Israel en los campos de Moab,
junto al Jordán, frente a Jericó.

LIBRO QUINTO DE MOISÉS

DEUTERONOMIO

Moisés recuerda a Israel las promesas de Jehová en Horeb

1 Estas son las palabras que habló Moisés a todo Israel a este lado del Jordán en el desierto, en el Arabá frente al Mar Rojo, entre Parán, Tofel, Labán, Hazerot y Di-zahab.

2 Once jornadas hay desde Horeb, camino del monte de Seír, hasta Cadés-barnea.

3 Y aconteció que a los cuarenta años, en el mes undécimo, el primero del mes, Moisés habló a los hijos de Israel conforme a todas las cosas que Jehová le había mandado acerca de ellos,

4 después que derrotó a Sehón rey de los amorreos, el cual habitaba en Hesbón, y a Og rey de Basán que habitaba en Astarot en Edréi.

5 De este lado del Jordán, en tierra de Moab, resolvió Moisés declarar esta ley, diciendo:

6 Jehová nuestro Dios nos habló en Horeb, diciendo: Habéis estado bastante tiempo en este monte.

7 Volveos e id al monte del amorreo y a todas sus comarcas, en el Arabá, en el monte, en los valles, en el Néguev, y junto a la costa del mar, a la tierra del cananeo, y al Líbano, hasta el gran río, el río Éufrates.

8 Mirad, yo os he entregado la tierra; entrad y poseed la tierra que Jehová juró a vuestros padres Abraham, Isaac y Jacob, que les daría a ellos y a su descendencia después de ellos.

Nombramiento de jueces

9 En aquel tiempo yo os hablé diciendo: Yo solo no puedo llevaros.

10 Jehová vuestro Dios os ha multiplicado, y he aquí hoy vosotros sois como las estrellas del cielo en multitud.

11 ¡Jehová Dios de vuestros padres os haga mil veces más de lo que ahora sois, y os bendiga, como os ha prometido!

12 ¿Cómo llevaré yo solo vuestras molestias, vuestras cargas y vuestros pleitos?

13 Dadme de entre vosotros, de vuestras tribus, varones sabios y entendidos y expertos, para que yo los ponga por vuestros jefes.

14 Y me respondisteis y dijisteis: Bueno es hacer lo que has dicho.

15 Y tomé a los principales de vuestras tribus, varones sabios y expertos, y los puse por jefes sobre vosotros, jefes de millares, de centenas, de cincuenta y de diez, y gobernadores de vuestras tribus.

16 Y entonces mandé a vuestros jueces, diciendo: Oíd entre vuestros hermanos, y juzgad justamente entre el hombre y su hermano, y el extranjero.

17 No hagáis distinción de persona en el juicio; así al pequeño como al grande oiréis; no tendréis temor de ninguno, porque el juicio es de Dios; y la causa que os resulte difícil, la traeréis a mí, y yo la oiré.

18 Os mandé, pues, en aquel tiempo, todo lo que habíais de hacer.

Misión de los doce espías

19 Y salidos de Horeb, anduvimos todo aquel grande y terrible desierto que habéis visto, por el camino del monte del amorreo, como Jehová nuestro Dios nos lo mandó; y llegamos hasta Cadés-barnea.

20 Entonces os dije: Habéis llegado al monte del amorreo, el cual Jehová nuestro Dios nos da.

21 Mira, Jehová tu Dios te ha entregado la tierra; sube y toma posesión de ella, como Jehová el Dios de tus padres te ha dicho; no temas ni desmayes.

22 Y vinisteis a mí todos vosotros y dijisteis: Enviemos varones delante de nosotros que nos reconozcan la tierra, y a su regreso nos traigan razón del camino por donde hemos de subir, y de las ciudades adonde hemos de llegar.

23 Y el dicho me pareció bien; y tomé doce hombres de entre vosotros, un varón por cada tribu.

24 Y se encaminaron, y subieron al monte, y llegaron hasta el valle de Escol, y reconocieron la tierra.

25 Y tomaron en sus manos del fruto del país, y nos lo trajeron, y nos dieron cuenta, diciendo: Es buena la tierra que Jehová nuestro Dios nos da.

26 Sin embargo, no quisisteis subir, antes fuisteis rebeldes al mandato de Jehová vuestro Dios;

27 y murmurasteis en vuestras tiendas, diciendo: Porque Jehová nos aborrece, nos ha sacado de tierra de Egipto, para entregarnos en manos del amorreo para destruirnos.

28 ¿Adónde subiremos? Nuestros hermanos han atemorizado nuestro corazón, diciendo: Este pueblo es mayor y más alto que nosotros, las ciudades grandes y amuralladas hasta el cielo; y también vimos allí a los hijos de Anac.

29 Entonces os dije: No os asustéis, ni tengáis miedo de ellos.
30 Jehová vuestro Dios, el cual va delante de vosotros, él peleará por vosotros, conforme a todas las cosas que hizo por vosotros en Egipto delante de vuestros ojos.
31 Y en el desierto has visto que Jehová tu Dios te ha traído, como trae el hombre a su hijo, por todo el camino que habéis andado, hasta llegar a este lugar.
32 Y aun con esto no creísteis a Jehová vuestro Dios,
33 quien iba delante de vosotros por el camino y os indicaba el lugar donde habíais de acampar, con fuego de noche para mostraros el camino que debíais seguir, y con nube de día.

Dios castiga a Israel

34 Y oyó Jehová el rumor de vuestras palabras, y se enojó, y juró diciendo:
35 No verá hombre alguno de estos, de esta mala generación, la buena tierra que juré que había de dar a vuestros padres,
36 excepto Caleb hijo de Jefuné; él la verá, y a él le daré la tierra que pisó, y a sus hijos; porque ha seguido fielmente a Jehová.
37 También contra mí se airó Jehová por vosotros, y me dijo: Tampoco tú entrarás allá.
38 Josué hijo de Nun, el cual te sirve, él entrará allá; anímale, porque él la hará heredar a Israel.
39 Y vuestros niños, de los cuales dijisteis que servirían de botín, y vuestros hijos que no saben hoy lo bueno ni lo malo, ellos entrarán allá, y a ellos la daré, y ellos la heredarán.
40 Pero vosotros volveos e id al desierto, camino del Mar Rojo.

La derrota en Hormá

41 Entonces respondisteis y me dijisteis: Hemos pecado contra Jehová; nosotros subiremos y pelearemos, conforme a todo lo que Jehová nuestro Dios nos ha mandado. Y os armasteis cada uno con sus armas de guerra, y os preparasteis para subir al monte.
42 Y Jehová me dijo: Diles: No subáis, ni peleéis, pues no estoy entre vosotros; para que no seáis derrotados por vuestros enemigos.
43 Y os hablé, y no disteis oído; antes fuisteis rebeldes al mandato de Jehová, y persistiendo con altivez subisteis al monte.
44 Pero salió a vuestro encuentro el amorreo, que habitaba en aquel monte, y os persiguieron como hacen las avispas, y os derrotaron en Seír, hasta Hormá.
45 Y volvisteis y llorasteis delante de Jeho-

vá, pero Jehová no escuchó vuestra voz, ni os prestó oído.
46 Y estuvisteis en Cadés por muchos días, todo el tiempo que habéis estado allí.

Los años en el desierto

2 Luego volvimos y salimos al desierto, camino del Mar Rojo, como Jehová me había dicho; y rodeamos el monte de Seír por mucho tiempo.
2 Y Jehová me habló, diciendo:
3 Bastante habéis rodeado este monte; volveos al norte.
4 Y manda al pueblo, diciendo: Pasando vosotros por el territorio de vuestros hermanos los hijos de Esaú, que habitan en Seír, ellos tendrán miedo de vosotros; mas vosotros guardaos mucho.
5 No os metáis con ellos, porque no os daré de su tierra ni aun lo que cubre la planta de un pie; porque yo he dado por heredad a Esaú el monte de Seír.
6 Compraréis de ellos por dinero los alimentos que comáis; y hasta compraréis de ellos el agua que bebáis,
7 pues Jehová tu Dios te ha bendecido en toda obra de tus manos; él sabe que andas por este gran desierto; y hace ya cuarenta años que Jehová tu Dios ha estado contigo, y nada te ha faltado.
8 Pasamos, pues, de largo el territorio de nuestros hermanos los hijos de Esaú, que habitaban en Seír, por el camino del Arabá desde Elat y Esyón-géber; y volvimos, y tomamos el camino del desierto de Moab.
9 Y Jehová me dijo: No molestes a Moab, ni te empeñes con ellos en guerra, porque no te daré posesión de su tierra; porque yo he dado a Ar por heredad a los hijos de Lot.
10 (Los emitas habitaron en ella antes, pueblo grande y numeroso, y alto como los hijos de Anac.
11 Por gigantes eran ellos tenidos también, como los hijos de Anac; y los moabitas los llaman emitas.
12 Y en Seír habitaron antes los horeos, a los cuales echaron los hijos de Esaú; y los arrojaron de su presencia, y habitaron en lugar de ellos, como hizo Israel en la tierra que les dio Jehová por posesión.)
13 Levantaos ahora, y pasad el arroyo de Zéred. Y pasamos el arroyo de Zéred.
14 Y los días que anduvimos de Cadés-barnea hasta cuando pasamos el arroyo de Zéred fueron treinta y ocho años; hasta que se acabó toda la generación de los hombres de guerra de en medio del campamento, como Jehová les había jurado.
15 Y también la mano de Jehová vino sobre ellos para destruirlos de en medio del campamento, hasta acabarlos.
16 Y aconteció que después que murieron

todos los hombres de guerra de entre el pueblo,

17 Jehová me habló, diciendo:

18 Tú pasarás hoy la frontera de Moab, a Ar,

19 y cuando te acerques a los hijos de Amón, no los molestes, ni contiendas con ellos; porque no te daré posesión de la tierra de los hijos de Amón, pues a los hijos de Lot la he dado por heredad.

20 (Por tierra de gigantes fue también ella tenida; habitaron en ella gigantes en otro tiempo, a los cuales los amonitas llamaban zomzomeos;

21 pueblo grande y numeroso, y alto, como los hijos de Anac; a los cuales Jehová destruyó delante de los amonitas. Estos sucedieron a aquéllos, y habitaron en su lugar,

22 como hizo Jehová con los hijos de Esaú que habitaban en Seír, delante de los cuales destruyó a los horeos; y ellos sucedieron a estos, y habitaron en su lugar hasta hoy.

23 Y a los aveos que habitaban en aldeas hasta Gaza, los caftoreos que salieron de Caftor los destruyeron, y habitaron en su lugar.)

24 Levantaos, salid, y pasad el arroyo de Arnón; he aquí he entregado en tu mano a Schón rey de Hesbón, amorreo, y a su tierra; comienza a tomar posesión de ella, y entra en guerra con él.

25 Hoy comenzaré a poner tu temor y tu espanto sobre los pueblos debajo de todo el cielo, los cuales oirán tu fama, y temblarán y se angustiarán delante de ti.

Conquista del reino de Sehón

26 Y envié mensajeros desde el desierto de Cademot a Schón rey de Hesbón con palabras de paz, diciendo:

27 Voy a pasar por tu tierra; seguiré el camino sin desviarme ni a izquierda ni a derecha.

28 Véndeme por dinero la comida que consuma; y el agua también la pagaré; solamente déjanos pasar a pie,

29 como lo hicieron conmigo los hijos de Esaú que habitaban en Seír, y los moabitas que habitaban en Ar; hasta que cruce el Jordán a la tierra que nos da Jehová nuestro Dios.

30 Mas Schón rey de Hesbón no quiso que pasásemos por el territorio suyo; porque Jehová tu Dios había endurecido su espíritu, y obstinado su corazón para entregarlo en tu mano, como lo está todavía hoy.

31 Y me dijo Jehová: He aquí yo he comenzado a entregar delante de ti a Schón y a su tierra; comienza a tomar posesión de ella para que la heredes.

32 Y nos salió Schón al encuentro, él y todo su pueblo, y nos presentó batalla en Jahás.

33 Mas Jehová nuestro Dios lo entregó delante de nosotros; y lo derrotamos a él y a sus hijos, y a todo su pueblo.

34 Tomamos entonces todas sus ciudades, y las destruimos con sus hombres, mujeres y niños; no dejamos ninguno.

35 Solamente tomamos para nosotros los ganados, y los despojos de las ciudades que habíamos tomado.

36 Desde Aroer, que está junto a la ribera del arroyo de Arnón, y la ciudad que está en el valle, hasta Galaad, no hubo ciudad que escapase de nosotros; todas las entregó Jehová nuestro Dios en nuestro poder.

37 Solamente a la tierra de los hijos de Amón no llegamos; ni a todo lo que está a la orilla del torrente de Jaboc ni a las ciudades del monte, ni a lugar alguno que Jehová nuestro Dios había prohibido.

Con la derrota de Og, rey de Basán, completa Israel la conquista de Transjordania

3 Volvimos, pues, y subimos camino de Basán; y nos salió al encuentro Og rey de Basán para pelear, él y todo su pueblo, en Edrei.

2 Y me dijo Jehová: No tengas temor de él, porque en tu mano he entregado a él y a todo su pueblo, con su tierra; y harás con él como hiciste con Schón rey amorreo, que habitaba en Hesbón.

3 Y Jehová nuestro Dios entregó también en nuestra mano a Og rey de Basán, y a todo su pueblo, al cual derrotamos hasta acabar con todos.

4 Y tomamos entonces todas sus ciudades; no quedó ciudad que no les tomásemos; sesenta ciudades, toda la tierra de Argob, del reino de Og en Basán.

5 Todas éstas eran ciudades fortificadas con muros altos, con puertas y barras, sin contar otras muchas ciudades sin muro.

6 Y las destruimos, como hicimos a Schón rey de Hesbón, matando en toda ciudad a hombres, mujeres y niños.

7 Y tomamos para nosotros todo el ganado, y los despojos de las ciudades.

8 También tomamos en aquel tiempo la tierra desde el arroyo de Arnón hasta el monte de Hermón, de manos de los dos reyes amorreos que estaban a este lado del Jordán.

9 (Los sidonios llaman a Hermón, Siryón; y los amorreos, Senir.)

10 Todas las ciudades de la altiplanicie, y todo Galaad, y todo Basán hasta Salcá y Edrei, ciudades del reino de Og en Basán.

11 Porque únicamente Og rey de Basán había quedado del resto de los gigantes. Su cama, una cama de hierro, que está en Rabá de los ammonitas, tiene nueve codos de

largo por cuatro de ancho, según el codo de un hombre.

Rubén, Gad y media tribu de Manasés se establecen al oriente del Jordán

12 Y esta tierra que heredamos en aquel tiempo, desde Aroer, que está junto al arroyo de Arnón, y la mitad del monte de Galaad con sus ciudades, la di a los rubenitas y a los gaditas;
13 y el resto de Galaad, y todo Basán, del reino de Og, toda la tierra de Argob, que se llamaba la tierra de los gigantes, lo di a la media tribu de Manasés.
14 Jair hijo de Manasés tomó toda la tierra de Argob hasta el límite con Gesur y Maacá, y la llamó Basán-havot-jair, nombre que tiene hoy.
15 Y Galaad se lo di a Maquir.
16 Y a los rubenitas y gaditas les di desde Galaad hasta el arroyo de Arnón, teniendo por límite el medio del valle, hasta el torrente de Jacob, el cual marcaba la frontera de los ammonitas;
17 también el Arabá, con el Jordán como límite desde Quinéret hasta el mar del Arabá, el Mar Salado, al pie de las laderas del Pisgá al oriente.
18 Y os mandé entonces, diciendo: Jehová vuestro Dios os ha dado esta tierra por heredad; pero iréis armados todos los valientes delante de vuestros hermanos los hijos de Israel.
19 Solamente vuestras mujeres, vuestros hijos y vuestros ganados (yo sé que tenéis mucho ganado), quedarán en las ciudades que os he dado,
20 hasta que Jehová dé reposo a vuestros hermanos, así como a vosotros, y hereden ellos también la tierra que Jehová vuestro Dios les da al otro lado del Jordán; entonces os volveréis cada uno a la heredad que yo os he dado.
21 Ordené también a Josué en aquel tiempo, diciendo: Tus ojos vieron todo lo que Jehová vuestro Dios ha hecho a aquellos dos reyes; así hará Jehová a todos los reinos a los cuales pasarás tú.
22 No los temáis; porque Jehová vuestro Dios, él es el que pelea por vosotros.

No se le permite a Moisés entrar en Canaán

23 Y oré a Jehová en aquel tiempo, diciendo:
24 Señor Jehová, tú has comenzado a mostrar a tu siervo tu grandeza, y tu mano poderosa; porque ¿qué Dios hay en el cielo ni en la tierra que haga obras y proezas como las tuyas?
25 Pase yo, te ruego, y vea aquella tierra buena que está más allá del Jordán, aquel buen monte, y el Líbano.
26 Pero Jehová se había enojado contra mí a causa de vosotros, por lo cual no me escuchó; y me dijo Jehová: Basta, no me hables más de este asunto.
27 Sube a la cumbre del Pisgá y alza tus ojos al oeste, y al norte, y al sur, y al este, y mírala con tus propios ojos; porque no pasarás el Jordán.
28 Y manda a Josué, y anímalo, y fortalécelo; porque él pasará al frente de este pueblo, y él les hará heredar la tierra que verás.
29 Y paramos en el valle delante de Bet-peor.

Moisés exhorta a la obediencia

4 Ahora, pues, oh Israel, oye los estatutos y decretos que yo os enseño, para que los ejecutéis, y viváis, y entréis y poseáis la tierra que Jehová el Dios de vuestros padres os da.
2 No añadiréis a la palabra que yo os mando, ni disminuiréis de ella, para que guardéis los mandamientos de Jehová vuestro Dios que yo os ordeno.
3 Vuestros ojos vieron lo que hizo Jehová con motivo de Baal-peor; que a todo hombre que fue en pos de Baal-peor destruyó Jehová tu Dios de en medio de ti.
4 Mas vosotros que seguisteis a Jehová vuestro Dios, todos estáis vivos hoy.
5 Mirad, yo os he enseñado estatutos y decretos, como Jehová mi Dios me mandó, para que los pongáis en práctica en medio de la tierra en la cual vais a entrar para tomar posesión de ella.
6 Guardadlos, pues, y ponedlos por obra; porque ésta es vuestra sabiduría y vuestra inteligencia ante los ojos de los pueblos, los cuales oirán todos estos estatutos, y dirán: Ciertamente pueblo sabio y entendido, nación grande es ésta.
7 Porque ¿qué nación grande hay que tenga dioses tan cercanos a ellos como lo está Jehová nuestro Dios en todo cuanto le pedimos?
8 Y ¿qué nación grande hay que tenga estatutos y juicios justos como es toda esta ley que yo pongo hoy delante de vosotros?

La experiencia de Israel en Horeb

9 Por tanto, guárdate, y guarda tu alma con diligencia, para que no te olvides de las cosas que tus ojos han visto, ni se aparten de tu corazón en todos los días de tu vida; antes bien, las enseñarás a tus hijos, y a los hijos de tus hijos.
10 El día que estuviste delante de Jehová tu Dios en Horeb, cuando Jehová me dijo: Reúneme el pueblo, para que yo le haga oír mis palabras, las cuales aprenderán, para

temerme mientras vivan sobre la tierra, y las enseñarán a sus hijos;

11 y os acercasteis y os pusisteis al pie del monte; y el monte ardía en llamas que subían hasta en medio de los cielos entre tinieblas y densa nube;

12 y habló Jehová con vosotros de en medio del fuego; oísteis la voz de sus palabras, mas a excepción de oír la voz, ninguna figura visteis.

13 Y él os anunció su pacto, el cual os mandó poner por obra; los diez mandamientos, y los escribió en dos tablas de piedra.

14 A mí también me mandó Jehová en aquel tiempo que os enseñase los preceptos y normas que deberíais poner por obra en la tierra en que vais a entrar para tomar posesión de ella.

Advertencia contra la idolatría

15 Guardad, pues, mucho vuestras almas; pues ninguna figura visteis el día que Jehová habló con vosotros de en medio del fuego;

16 para que no os corrompáis y hagáis para vosotros escultura, imagen de figura alguna, efigie de varón o de hembra,

17 figura de alguna de las bestias de la tierra, figura de alguna de las aves que vuelan por el aire,

18 figura de alguno de los reptiles que se arrastran sobre la tierra, o figura de alguno de los peces que hay en las aguas debajo de la tierra.

19 No sea que alces tus ojos al cielo, y viendo el sol y la luna y las estrellas, y todo el ejército del cielo, seas impulsado, y te inclines a ellos y les sirvas; porque Jehová tu Dios los ha concedido a todos los pueblos debajo de todos los cielos.

20 Pero a vosotros Jehová os tomó, y os ha sacado del horno de hierro, de Egipto, para que seáis el pueblo de su heredad como lo sois ahora.

21 Y Jehová se enojó contra mí por causa de vosotros, y juró que yo no pasaría el Jordán, ni entraría en la buena tierra que Jehová tu Dios te da por heredad.

22 Así que yo voy a morir en esta tierra, y no pasaré el Jordán; mas vosotros pasaréis, y poseeréis aquella buena tierra.

23 Guardaos, no os olvidéis del pacto de Jehová vuestro Dios, que él estableció con vosotros, y no os hagáis escultura o imagen de ninguna cosa que Jehová tu Dios te ha prohibido.

24 Porque Jehová tu Dios es fuego consumidor, Dios celoso.

25 Cuando hayáis engendrado hijos y nietos, y hayáis envejecido en la tierra, si os corrompéis y hacéis escultura o imagen de cualquier cosa, y hacéis lo malo ante los ojos de Jehová vuestro Dios, para enojarlo;

26 yo pongo hoy por testigos al cielo y a la tierra, que pronto pereceréis totalmente de la tierra hacia la cual pasáis el Jordán para tomar posesión de ella; no estaréis en ella largos días sin que seáis destruidos.

27 Y Jehová os esparcirá entre los pueblos, y quedaréis pocos en número entre las naciones a las cuales os llevará Jehová.

28 Y serviréis allí a dioses hechos de manos de hombres, de madera y piedra, que no ven, ni oyen, ni comen, ni huelen.

29 Mas si desde allí buscas a Jehová tu Dios, lo hallarás, si lo buscas con todo tu corazón y con toda tu alma.

30 Cuando estés en angustia, y te alcancen todas estas cosas, si en los postreros días te vuelves a Jehová tu Dios, y oyes su voz;

31 porque Dios misericordioso es Jehová tu Dios; no te dejará, ni te destruirá, ni se olvidará del pacto que les juró a tus padres.

Privilegio de la elección divina

32 Porque pregunta ahora si en los tiempos pasados que han sido antes de ti, desde el día que creó Dios al hombre sobre la tierra, si desde un extremo del cielo al otro se ha hecho cosa semejante a esta gran cosa, o se ha contado algo semejante.

33 ¿Ha oído pueblo alguno la voz de Dios, hablando de en medio del fuego, como tú la has oído, sin perecer?

34 ¿O ha intentado Dios venir a tomar para sí una nación de en medio de otra nación, con pruebas, con señales, con milagros y con guerra, y mano poderosa y brazo extendido, y hechos aterradores como todo lo que hizo con vosotros Jehová vuestro Dios en Egipto ante vuestros mismos ojos?

35 A ti te fue mostrado, para que supieses que Jehová es Dios, y no hay otro fuera de él.

36 Desde los cielos te hizo oír su voz, para enseñarte; y sobre la tierra te mostró su gran fuego, y has oído sus palabras de en medio del fuego.

37 Y por cuanto él amó a tus padres, escogió a su descendencia después de ellos, y te sacó de Egipto con su presencia y con su gran poder,

38 para echar de delante de tu presencia naciones grandes y más fuertes que tú, y para introducirte y darte su tierra por heredad, como hoy.

39 Aprende, pues, hoy, y reflexiona en tu corazón que Jehová es Dios arriba en el cielo y abajo en la tierra, y no hay otro.

40 Y guarda sus estatutos y sus mandamientos, los cuales yo te mando hoy, para que te vaya bien a ti y a tus hijos después de ti, y

prolongues tus días sobre la tierra que Jehová tu Dios te da para siempre.

Las ciudades de refugio al oriente del Jordán

41 Entonces apartó Moisés tres ciudades a este lado del Jordán al nacimiento del sol,
42 para que huyese allí el homicida que matase a su prójimo sin intención, sin haber tenido enemistad con él nunca antes; y que huyendo a una de estas ciudades salvase su vida:
43 Béser en el desierto, en la altiplanicie, para los rubenitas; Ramot en Galaad para los gaditas, y Golán en Basán para los de Manasés.

Recapitulación

44 Esta, pues, es la ley que Moisés puso delante de los hijos de Israel.
45 Estos son los testimonios, los estatutos y los decretos que habló Moisés a los hijos de Israel cuando salieron de Egipto;
46 a este lado del Jordán, en el valle delante de Bet-peor, en la tierra de Sehón rey de los amorreos que habitaba en Hesbón, al cual derrotó Moisés con los hijos de Israel, cuando salieron de Egipto;
47 y poseyeron su tierra, y la tierra de Og rey de Basán; dos reyes de los amorreos que estaban a este lado del Jordán, al oriente.
48 Desde Aroer, que está junto a la ribera del arroyo de Arnón, hasta el monte Sirión, que es el Hermón;
49 y todo el Arabá de este lado del Jordán, al oriente, hasta el mar del Arabá, al pie de las laderas del Pisga.

Los Diez Mandamientos

5 Llamó Moisés a todo Israel y les dijo: Oye, Israel, los estatutos y decretos que yo pronuncio hoy en vuestros oídos; aprendedlos, y guardadlos, para ponerlos por obra.
2 Jehová nuestro Dios hizo pacto con nosotros en Horeb.
3 No con nuestros padres hizo Jehová este pacto, sino con nosotros todos los que estamos aquí hoy vivos.
4 Cara a cara habló Jehová con vosotros en el monte de en medio del fuego.
5 Yo estaba entonces entre Jehová y vosotros, para declararos la palabra de Jehová; porque vosotros tuvisteis temor del fuego, y no subisteis al monte. Dijo:
6 Yo soy Jehová tu Dios, que te saqué de tierra de Egipto, de casa de servidumbre.
7 No tendrás dioses ajenos delante de mí.
8 No harás para ti escultura, ni imagen alguna de lo que hay arriba en los cielos, ni abajo en la tierra, ni en las aguas debajo de la tierra.

9 No te postrarás ante ellas ni les darás culto; porque yo soy Jehová tu Dios, fuerte, celoso, que visito la maldad de los padres sobre los hijos hasta la tercera y cuarta generación de los que me aborrecen,
10 y que hago misericordia a millares, a los que me aman y guardan mis mandamientos.
11 No tomarás el nombre de Jehová tu Dios en vano; porque Jehová no dará por inocente al que tome su nombre en vano.
12 Guardarás el día del sábado para santificarlo, como Jehová tu Dios te ha mandado.
13 Seis días trabajarás, y harás toda tu obra;
14 mas el séptimo día es sábado a Jehová tu Dios; ninguna obra harás tú, ni tu hijo, ni tu hija, ni tu siervo, ni tu sierva, ni tu buey, ni tu asno, ni ningún animal tuyo, ni el extranjero que está dentro de tus puertas, para que descanse tu siervo y tu sierva como tú.
15 Acuérdate que fuiste siervo en tierra de Egipto, y que Jehová tu Dios te sacó de allí con mano fuerte y brazo extendido; por lo cual Jehová tu Dios te ha mandado que guardes el día del sábado.
16 Honra a tu padre y a tu madre, como Jehová tu Dios te ha mandado, para que sean prolongados tus días, y para que te vaya bien sobre la tierra que Jehová tu Dios te da.
17 No matarás.
18 No cometerás adulterio.
19 No hurtarás.
20 No dirás falso testimonio contra tu prójimo.
21 No codiciarás la mujer de tu prójimo, ni desearás la casa de tu prójimo, ni su tierra, ni su siervo, ni su sierva, ni su buey, ni su asno, ni cosa alguna de tu prójimo.
22 Estas palabras habló Jehová a toda vuestra congregación en el monte, de en medio del fuego, de la nube y de la oscuridad, a gran voz; y no añadió más. Y las escribió en dos tablas de piedra, las cuales me dio a mí.

Terror del pueblo e intercesión de Moisés

23 Y aconteció que cuando vosotros oísteis la voz de en medio de las tinieblas, y visteis el monte que ardía en fuego, vinisteis a mí, todos los príncipes de vuestras tribus, y vuestros ancianos,
24 y dijisteis: He aquí Jehová nuestro Dios nos ha mostrado su gloria y su grandeza, y hemos oído su voz de en medio del fuego; hoy hemos visto que Dios puede hablar al hombre, y éste aún seguir con vida.
25 Ahora, pues, ¿por qué vamos a morir? Porque este gran fuego nos consumirá; si seguimos oyendo la voz de Jehová nuestro Dios, moriremos.

26 Porque ¿qué es el hombre, para que oiga la voz del Dios viviente que habla de en medio del fuego, como nosotros la oímos, y aún viva?

27 Acércate tú, y oye todas las cosas que diga Jehová nuestro Dios; y tú nos dirás todo lo que Jehová nuestro Dios te diga, y nosotros oiremos y haremos.

28 Y oyó Jehová vuestras palabras cuando me hablabais, y me dijo: He oído la voz de las palabras de este pueblo, que ellos te han hablado; bien está todo lo que han dicho.

29 ¡Quién diera que tuviesen tal corazón, que me temiesen y guardasen todos los días todos mis mandamientos, para que a ellos y a sus hijos les fuese bien para siempre!

30 Ve y diles: Volveos a vuestras tiendas.

31 Y tú quédate aquí conmigo, y te diré todos los mandamientos y estatutos y decretos que les enseñarás, a fin de que los pongan ahora por obra en la tierra que yo les doy por posesión.

32 Mirad, pues, que hagáis como Jehová vuestro Dios os ha mandado; no os apartéis a diestra ni a siniestra.

33 Andad en todo el camino que Jehová vuestro Dios os ha trazado, para que viváis y os vaya bien, y tengáis largos días en la tierra que habéis de poseer.

El gran mandamiento

6 Estos, pues, son los mandamientos, estatutos y decretos que Jehová vuestro Dios mandó que os enseñase, para que los pongáis por obra en la tierra a la cual pasáis vosotros para tomarla;

2 para que temas a Jehová tu Dios, guardando todos sus estatutos y sus mandamientos que yo te mando, tú, tu hijo, y el hijo de tu hijo, todos los días de tu vida, para que tus días sean prolongados.

3 Oye, pues, oh Israel, y cuida de ponerlos por obra, para que te vaya bien en la tierra que fluye leche y miel, y os multipliquéis, como te ha dicho Jehová el Dios de tus padres.

4 Oye, Israel: Jehová es nuestro Dios, Jehová uno es.

5 Y amarás a Jehová tu Dios con todo tu corazón, y con toda tu alma, y con todas tus fuerzas.

6 Y estas palabras que yo te mando hoy, estarán sobre tu corazón;

7 y las repetirás a tus hijos, y hablarás de ellas estando en tu casa, y andando por el camino, y al acostarte, y cuando te levantes.

8 Y las atarás como una señal en tu mano, y estarán como un recordatorio ante tus ojos;

9 y las escribirás en los postes de tu casa, y en tus puertas.

Exhortaciones a la obediencia

10 Cuando Jehová tu Dios te haya introducido en la tierra que juró a tus padres Abraham, Isaac y Jacob que te daría, en ciudades grandes y buenas que tú no edificaste,

11 y casas llenas de todo bien, que tú no llenaste, y cisternas cavadas que tú no cavaste, viñas y olivares que tú no plantaste, y luego que comas y te sacies,

12 cuídate de no olvidarte de Jehová, que te sacó de la tierra de Egipto, de casa de servidumbre.

13 A Jehová tu Dios temerás, y a él solo servirás, y por su nombre jurarás.

14 No andaréis en pos de dioses ajenos, de los dioses de los pueblos que están en vuestros contornos;

15 porque el Dios celoso, Jehová tu Dios, en medio de ti está; para que no se inflame el furor de Jehová tu Dios contra ti, y te destruya de sobre la tierra.

16 No tentaréis a Jehová vuestro Dios, como lo tentasteis en Massá.

17 Guardad cuidadosamente los mandamientos de Jehová vuestro Dios, y sus testimonios y sus estatutos que te ha mandado.

18 Y haz lo recto y bueno ante los ojos de Jehová, para que te vaya bien, y entres y poseas la buena tierra que Jehová juró a tus padres;

19 para que él arroje a tus enemigos de delante de ti, como Jehová ha dicho.

20 Mañana cuando te pregunte tu hijo, diciendo: ¿Qué significan los testimonios y estatutos y decretos que Jehová nuestro Dios os mandó?

21 entonces dirás a tu hijo: Nosotros éramos siervos de Faraón en Egipto, y Jehová nos sacó de Egipto con mano poderosa.

22 Jehová hizo señales y milagros grandes y terribles en Egipto, sobre Faraón y sobre toda su casa, delante de nuestros ojos;

23 y nos sacó de allá, para traernos y darnos la tierra que juró a nuestros padres.

24 Y nos mandó Jehová que cumplamos todos estos estatutos, temiendo a Jehová nuestro Dios, para que nos vaya bien todos los días, y para que nos conserve la vida, como hasta hoy.

25 Y tendremos justicia cuando cuidemos de poner por obra todos estos mandamientos delante de Jehová nuestro Dios, como él nos ha mandado.

Advertencias contra la idolatría

7 Cuando Jehová tu Dios te haya introducido en la tierra en la cual entrarás para tomarla, y haya echado de delante de ti a grandes naciones, a los hititas, al gergeseo, al amorreo, al cananeo, al ferezeo, al heveo y al jebuseo, siete naciones mayores y más poderosas que tú,

2 y Jehová tu Dios las haya entregado delante de ti, y las hayas derrotado, las destruirás del todo; no harás con ellas alianza, ni tendrás de ellas misericordia.

3 Y no emparentarás con ellas; no darás tu hija a su hijo, ni tomarás a su hija para tu hijo.

4 Porque desviará a tu hijo de en pos de mí, para servir a dioses ajenos; y el furor de Jehová se encenderá sobre vosotros, y os destruirá pronto.

5 Mas así habéis de hacer con ellos: sus altares destruiréis, y quebraréis sus estatuas, y destruiréis sus imágenes de Aserá, y prenderéis fuego a sus ídolos.

Un pueblo elegido debe ser santo

6 Porque tú eres pueblo santo para Jehová tu Dios; Jehová tu Dios te ha escogido para serle un pueblo especial, entre todos los pueblos que están sobre la tierra.

7 No por ser vosotros más que todos los pueblos os ha querido Jehová y os ha escogido, pues vosotros erais el más insignificante de todos los pueblos;

8 sino por el amor que Jehová os tiene, y porque quiso guardar el juramento que hizo a vuestros padres, os ha sacado Jehová con mano poderosa, y os ha rescatado de servidumbre, de la mano de Faraón, rey de Egipto.

9 Conoce, pues, que Jehová tu Dios es el Dios verdadero, Dios fiel, que guarda el pacto y la misericordia a los que le aman y guardan sus mandamientos, hasta mil generaciones;

10 y que da el pago en la cara al que le aborrece, destruyéndolo; y no es remiso con el que le odia; en su propia cara le dará el pago.

11 Guarda, por tanto, los mandamientos, estatutos y decretos que yo te mando hoy que cumplas.

Promesas a la obediencia

12 Pues por haber oído estos decretos, y haberlos guardado y puesto por obra, Jehová tu Dios guardará contigo el pacto y la misericordia que juró a tus padres.

13 Y te amará, te bendecirá y te multiplicará, y bendecirá el fruto de tu vientre y el fruto de tu suelo, tu grano, tu mosto, tu aceite, la cría de tus vacas, y los rebaños de tus ovejas, en la tierra que juró a tus padres que te daría.

14 Bendito serás más que todos los pueblos; no habrá en ti macho ni hembra estéril, ni en ti ni en tus ganados.

15 Y quitará Jehová de ti toda enfermedad; y todas las malas plagas de Egipto, que tú conoces, no las pondrá sobre ti, antes las pondrá sobre todos los que te aborrezcan.

16 Destruirás, pues, a todos los pueblos que te entrega Jehová tu Dios; no los perdonarás, ni servirás a sus dioses, porque ello sería un lazo para ti.

17 Si dices en tu corazón: Estas naciones son mucho más numerosas que yo; ¿cómo voy a poder desalojarlas?,

18 no tengas temor de ellas; acuérdate bien de lo que hizo Jehová tu Dios con Faraón y con todo Egipto;

19 de las grandes pruebas que vieron tus ojos, y de las señales y milagros, y de la mano poderosa y el brazo extendido con que Jehová tu Dios te sacó; así hará Jehová tu Dios con todos los pueblos de cuya presencia tú temes;

20 enviará incluso Jehová tu Dios avispas sobre ellos, hasta que perezcan los que queden y los que se hayan escondido de delante de ti.

21 No desmayes delante de ellos, porque Jehová tu Dios está en medio de ti, Dios grande y temible.

22 Y Jehová tu Dios echará a estas naciones de delante de ti poco a poco; no podrás acabar con ellas en seguida, para que las fieras del campo no se aumenten contra ti.

23 Mas Jehová tu Dios las entregará delante de ti, y él las quebrantará con gran destrozo, hasta que sean destruidas.

24 Él entregará sus reyes en tu mano, y tú destruirás el nombre de ellos de debajo del cielo; nadie te hará frente hasta que los destruyas.

25 Las esculturas de sus dioses quemarás en el fuego; no codiciarás plata ni oro de ellas para tomarlo para ti, para que no caigas en una trampa a causa de ello, pues son abominación a Jehová tu Dios;

26 y no traerás cosa abominable a tu casa, para que no seas anatema; del todo la aborrecerás y la abominarás, porque es anatema.

La prueba en el desierto

8 Cuidaréis de poner por obra todo mandamiento que yo os ordeno hoy, para que viváis, y seáis multiplicados, y entréis y poseáis la tierra que Jehová prometió con juramento a vuestros padres.

2 Y te acordarás de todo el camino por donde te ha traído Jehová tu Dios estos cuarenta años en el desierto, para afligirte, para probarte, para saber lo que había en tu corazón, si habías de guardar o no sus mandamientos.

3 Y te afligió, y te hizo tener hambre, y te sustentó con maná, comida que no conocías

tú, ni tus padres la habían conocido, para hacerte saber que no sólo de pan vivirá el hombre, sino que de todo lo que sale de la boca de Jehová vivirá el hombre.

4 Tu vestido nunca se envejeció sobre ti, ni el pie se te ha hinchado en estos cuarenta años.

5 Reconoce asimismo en tu corazón, que como castiga el hombre a su hijo, así Jehová tu Dios te castiga.

6 Guardarás, pues, los mandamientos de Jehová tu Dios, andando en sus caminos, y temiéndole.

7 Porque Jehová tu Dios te introduce en la buena tierra, tierra de arroyos, de aguas, de fuentes y de manantiales, que brotan en vegas y montes;

8 tierra de trigo y cebada, de vides, higueras y granados; tierra de olivos, de aceite y de miel;

9 tierra en la cual no comerás el pan con escasez, ni te faltará nada en ella; tierra cuyas piedras son hierro, y de cuyos montes sacarás cobre.

10 Y comerás y te saciarás, y bendecirás a Jehová tu Dios por la buena tierra que te habrá dado.

Las tentaciones de la prosperidad

11 Cuídate de no olvidarte de Jehová tu Dios, para cumplir sus mandamientos, sus decretos y sus estatutos que yo te ordeno hoy;

12 no suceda que comas y te sacies, y edifiques buenas casas en que habites,

13 y tus vacas y tus ovejas se aumenten, y la plata y el oro se te multipliquen, y todo lo que tengas se aumente;

14 y se enorgullezca tu corazón, y te olvides de Jehová tu Dios, que te sacó de tierra de Egipto, de casa de servidumbre;

15 que te hizo caminar por un desierto grande y espantoso, lleno de serpientes ardientes, y de escorpiones, y de sed, donde no había agua, y él te sacó agua de la roca del pedernal;

16 que te sustentó con maná en el desierto, comida que tus padres no habían conocido, afligiéndote y probándote, para a la postre hacerte bien.

17 No digas, pues, en tu corazón: Mi poder y la fuerza de mi mano me han traído esta riqueza,

18 sino acuérdate de Jehová tu Dios, porque él te da el poder para hacer las riquezas, a fin de confirmar su pacto que juró a tus padres, como en este día.

19 Mas si llegas a olvidarte de Jehová tu Dios y andas en pos de dioses ajenos, y les das culto y ante ellos te inclinas, yo lo afirmo hoy contra vosotros, que de cierto pereceréis.

20 Como las naciones que Jehová destruirá delante de vosotros, así pereceréis, por cuanto no habréis atendido a la voz de Jehová vuestro Dios.

Dios destruirá a las naciones de Canaán

9 Oye, Israel: tú vas hoy a pasar el Jordán, para entrar a desposeer a naciones más numerosas y más poderosas que tú, ciudades grandes y amuralladas hasta el cielo;

2 un pueblo grande y alto, hijos de los anaceos, de los cuales tienes tú conocimiento, y has oído decir: ¿Quién puede hacer frente a los hijos de Anac?

3 Entiende, pues, hoy, que es Jehová tu Dios el que va a pasar delante de ti como fuego consumidor, que los destruirá y humillará delante de ti; y tú los echarás, y los destruirás rápidamente, como Jehová te ha dicho.

4 No pienses en tu corazón cuando Jehová tu Dios los haya echado de delante de ti, diciendo: Por mi justicia me ha traído Jehová a poseer esta tierra,; pues por la impiedad de estas naciones, Jehová las arroja de delante de ti.

5 No por tu justicia, ni por la rectitud de tu corazón entras a poseer la tierra de ellos, sino por la impiedad de estas naciones Jehová tu Dios las arroja de delante de ti, y para confirmar la palabra que Jehová juró a tus padres Abraham, Isaac y Jacob.

6 Por tanto, has de saber que no es por tus méritos por lo que Jehová tu Dios te da esta buena tierra para tomarla; porque pueblo duro de cerviz eres tú.

La rebelión de Israel en Horeb

7 Acuérdate; no olvides que has provocado la ira de Jehová tu Dios en el desierto; desde el día que saliste de la tierra de Egipto, hasta que entrasteis en este lugar, habéis sido rebeldes a Jehová.

8 En Horeb provocasteis a ira a Jehová, y se enojó tanto Jehová contra vosotros, que estuvo a punto de destruiros.

9 Cuando yo subí al monte para recibir las tablas de piedra, las tablas del pacto que Jehová hizo con vosotros, estuve entonces en el monte cuarenta días y cuarenta noches, sin comer pan ni beber agua;

10 y me dio Jehová las dos tablas de piedra escritas con el dedo de Dios; y en ellas estaba escrito según todas las palabras que os habló Jehová en el monte, de en medio del fuego, el día de la asamblea.

11 Sucedió al fin de los cuarenta días y cuarenta noches, que Jehová me dio las dos tablas de piedra, las tablas del pacto.

12 Y me dijo Jehová: Levántate, desciende pronto de aquí, porque tu pueblo que sacaste de Egipto se ha corrompido; pronto se han apartado del camino que yo les mandé; se han hecho una imagen de fundición.

13 Y me habló Jehová, diciendo: He observado a ese pueblo, y he aquí que es pueblo duro de cerviz.

14 Déjame que los destruya, y borre su nombre de debajo del cielo, y yo te pondré sobre una nación fuerte y mucho más numerosa que ésta.

15 Y volví y descendí del monte, el cual ardía en fuego, con las dos tablas del pacto en mis dos manos.

16 Y miré, y he aquí que habíais pecado contra Jehová vuestro Dios; os habíais hecho un becerro de fundición, apartándoos pronto del camino que Jehová os había mandado.

17 Entonces tomé las dos tablas y las arrojé de mis dos manos, y las quebré delante de vuestros ojos.

18 Y me postré delante de Jehová como antes, cuarenta días y cuarenta noches; no comí pan ni bebí agua, a causa de todo vuestro pecado que habíais cometido haciendo el mal ante los ojos de Jehová hasta enojarlo.

19 Porque temí a causa del furor y de la ira con que Jehová estaba enojado contra vosotros para destruiros. Pero Jehová me escuchó aún esta vez.

20 Contra Aarón también se enojó Jehová en gran manera para destruirlo; y también oré por Aarón en aquel entonces.

21 Y tomé el objeto de vuestro pecado, el becerro que habíais hecho, y lo quemé en el fuego, y lo desmenucé moliéndolo muy bien, hasta que fue reducido a polvo; y eché el polvo de él en el arroyo que descendía del monte.

22 También en Taberá, en Massá y en Kibrot-hattaavá provocasteis a ira a Jehová.

23 Y cuando Jehová os envió desde Cadés-barnea, diciendo: Subid y poseed la tierra que yo os he dado, también fuisteis rebeldes al mandato de Jehová vuestro Dios, y no le creísteis, ni obedecisteis a su voz.

24 Rebeldes habéis sido a Jehová desde el día que yo os conozco.

25 Me postré, pues, delante de Jehová; cuarenta días y cuarenta noches estuve postrado, porque Jehová dijo que os había de destruir.

26 Y oré a Jehová, diciendo: Oh Señor Jehová, no destruyas a tu pueblo y a tu heredad que has redimido con tu grandeza, que sacaste de Egipto con mano poderosa.

27 Acuérdate de tus siervos Abraham, Isaac y Jacob; no mires a la dureza de este pueblo, ni a su impiedad ni a su pecado,

28 no sea que digan los de la tierra de donde nos sacaste: Por cuanto no pudo Jehová introducirlos en la tierra que les había prometido, o porque los aborrecía, los sacó para matarlos en el desierto.

29 Y ellos son tu pueblo y tu heredad, que sacaste con tu gran poder y con tu brazo extendido.

El pacto renovado

10 En aquel tiempo, Jehová me dijo: Lábrate dos tablas de piedra como las primeras, y sube a mí al monte, y hazte un arca de madera;

2 y escribiré en aquellas tablas las palabras que estaban en las primeras tablas que quebraste; y las pondrás en el arca.

3 E hice un arca de madera de acacia, y labré dos tablas de piedra como las primeras, y subí al monte con las dos tablas en mi mano.

4 Y escribió en las tablas lo mismo que había escrito antes, los diez mandamientos que Jehová os había hablado en el monte de en medio del fuego, el día de la asamblea; y me las dio Jehová.

5 Y volví y descendí del monte, y puse las tablas en el arca que había hecho; y allí están, como Jehová me mandó.

6 (Después salieron los hijos de Israel de Beerot-bené-jaacán a Moserá; allí murió Aarón, y allí fue sepultado, y en lugar suyo tuvo el sacerdocio su hijo Eleazar.

7 De allí partieron a Gudgoda, y de Gudgoda a Jotbatá, tierra de arroyos de aguas.

8 En aquel tiempo, apartó Jehová la tribu de Leví para que llevase el arca del pacto de Jehová, para que estuviese delante de Jehová sirviéndole, y dando la bendición en su nombre, hasta el día de hoy;

9 por lo cual Leví no tuvo parte ni heredad con sus hermanos; Jehová es su heredad, como Jehová tu Dios le dijo.)

10 Y yo estuve en el monte como la primera vez, cuarenta días y cuarenta noches; y Jehová también me escuchó esta vez, y desistió de destruirte.

11 Y me dijo Jehová: Levántate, anda, para que marches delante del pueblo, para que entren y posean la tierra que juré a sus padres que les había de dar.

Lo que Dios exige

12 Ahora, pues, Israel, ¿qué pide Jehová tu Dios de ti, sino que temas a Jehová tu Dios, que andes en todos sus caminos, y que lo ames, y sirvas a Jehová tu Dios con todo tu corazón y con toda tu alma;

13 que guardes los mandamientos de Jehová y sus estatutos, que yo te prescribo hoy, para que tengas prosperidad?

14 He aquí, de Jehová tu Dios son los cielos, y los cielos de los cielos, la tierra, y todas las cosas que hay en ella.

15 Con todo, sólo de tus padres se agradó Jehová con amor, y escogió su descendencia después de ellos, a vosotros, de entre todos los pueblos, como hoy se hace evidente.

16 Circuncidad, pues, el prepucio de vuestro corazón, y no endurezcáis más vuestra cerviz.

17 Porque Jehová vuestro Dios es Dios de dioses, y Señor de señores, Dios grande, poderoso y temible, que no hace acepción de personas, ni admite soborno;

18 que hace justicia al huérfano y a la viuda; que ama también al extranjero dándole pan y vestido.

19 Amaréis, pues, al extranjero; porque extranjeros fuisteis en la tierra de Egipto.

20 A Jehová tu Dios temerás, a él solo servirás, a él seguirás, y por su nombre jurarás.

21 Él será el objeto de tu alabanza, porque él es tu Dios, que ha hecho contigo estas cosas grandes y terribles que tus ojos han visto.

22 Con setenta personas descendieron tus padres a Egipto, y ahora Jehová te ha hecho como las estrellas del cielo en multitud.

La grandeza de Jehová

11 Amarás pues, a Jehová tu Dios, y guardarás sus ordenanzas, sus estatutos, sus decretos y sus mandamientos, todos los días.

2 Y vosotros comprendéis hoy (pues no me refiero a vuestros hijos, que no han sabido ni visto el castigo de Jehová vuestro Dios) su grandeza, su mano poderosa y su brazo extendido,

3 y sus señales, y sus obras que hizo en medio de Egipto contra Faraón rey de Egipto, y en toda su tierra;

4 lo que hizo al ejército de Egipto, a sus caballos y a sus carros; cómo precipitó las aguas del Mar Rojo sobre ellos, cuando venían tras vosotros y Jehová los destruyó hasta hoy;

5 y lo que ha hecho con vosotros en el desierto, hasta que habéis llegado a este lugar;

6 y lo que hizo con Datán y Abiram, hijos de Eliab, hijo de Rubén; cómo abrió su boca la tierra, y los tragó con sus familias, sus tiendas, y todo su ganado, en medio de todo Israel.

7 Pues vuestros mismos ojos han visto todas las grandes obras que Jehová ha hecho.

Promesas y advertencias

8 Guardad, pues, todos los mandamientos que yo os prescribo hoy, para que seáis fortalecidos, y entréis y poseáis la tierra a la cual pasáis para tomarla;

9 para que os sean prolongados los días sobre la tierra, de la cual juró Jehová a vuestros padres, que había de darla a ellos y a su descendencia, tierra que fluye leche y miel.

10 La tierra a la cual entras para tomarla no es como la tierra de Egipto de donde habéis salido, donde sembrabas tu semilla, y regabas con tu pie, como huerto de hortaliza.

11 La tierra a la cual pasáis para tomarla es tierra de montes y de vegas, que bebe las aguas de la lluvia del cielo;

12 tierra de la cual Jehová tu Dios cuida; siempre están sobre ella los ojos de Jehová tu Dios, desde el principio del año hasta el fin.

13 Si obedecéis cuidadosamente a mis mandamientos que yo os prescribo hoy, amando a Jehová vuestro Dios, y sirviéndole con todo vuestro corazón, y con toda vuestra alma,

14 yo daré *(dice Dios)* la lluvia de vuestra tierra a su tiempo, la temprana y la tardía; y recogerás tu grano, tu vino y tu aceite.

15 Daré también hierba en tu campo para tus ganados; y comerás, y te saciarás.

16 Guardaos, pues, que vuestro corazón no se infatúe, y os apartéis y sirváis a dioses ajenos, y os inclinéis a ellos;

17 y se encienda el furor de Jehová sobre vosotros, y cierre los cielos, y no haya lluvia, ni la tierra dé su fruto, y perezcáis pronto de la buena tierra que os da Jehová.

18 Por tanto, pondréis estas mis palabras en vuestro corazón y en vuestra alma, y las ataréis como señal en vuestra mano, y serán por frontales entre vuestros ojos.

19 Y las enseñaréis a vuestros hijos, hablando de ellas cuando te sientes en tu casa, cuando andes por el camino, cuando te acuestes, y cuando te levantes,

20 y las escribirás en los postes de tu casa, y en tus puertas;

21 para que sean vuestros días, y los días de vuestros hijos, tan numerosos sobre la tierra que Jehová juró a vuestros padres que les había de dar, como los días de los cielos sobre la tierra.

22 Porque si guardáis cuidadosamente todos estos mandamientos que yo os prescribo para que los cumpláis, y si amáis a Jehová vuestro Dios, andando en todos sus caminos, y siguiéndole a él,

23 Jehová también echará de delante de vosotros a todas estas naciones, y desposeeréis a naciones grandes y más poderosas que vosotros.

24 Todo lugar que pise la planta de vuestro pie será vuestro; desde el desierto hasta el Líbano, desde el río Éufrates hasta el mar occidental será vuestro territorio.

25 Nadie se sostendrá delante de vosotros; miedo y temor de vosotros pondrá Jehová vuestro Dios sobre toda la tierra que piséis, como él os ha dicho.

26 He aquí yo pongo hoy delante de vosotros la bendición y la maldición:

27 la bendición, si oís los mandamientos de Jehová vuestro Dios, que yo os prescribo hoy,

28 y la maldición, si no oís los mandamientos de Jehová vuestro Dios, y os apartáis del camino que yo os ordeno hoy, para ir en pos de dioses ajenos que no habéis conocido.

29 Y cuando Jehová tu Dios te haya introducido en la tierra a la cual vas para tomarla, pondrás la bendición sobre el monte Gerizim, y la maldición sobre el monte Ebal,

30 los cuales están al otro lado del Jordán, tras el camino del occidente en la tierra del cananeo, que habita en el Arabá frente a Gilgal, junto al encinar de Moré.

31 Porque vosotros pasáis el Jordán para ir a poseer la tierra que os da Jehová vuestro Dios; y la tomaréis, y habitaréis en ella.

32 Cuidaréis, pues, de cumplir todos los estatutos y decretos que yo presento hoy delante de vosotros.

El santuario único

12 Estos son los estatutos y decretos que cuidaréis de poner por obra en la tierra que Jehová el Dios de tus padres te ha dado en posesión, todos los días que viváis sobre su suelo.

2 Destruiréis enteramente todos los lugares donde las naciones que vosotros heredaréis sirvieron a sus dioses, en los montes altos, y en los collados, y debajo de todo árbol frondoso.

3 Derribaréis sus altares, y quebraréis sus estatuas, y sus imágenes de Aserá consumiréis con fuego; y destruiréis las esculturas de sus dioses, y raeréis su nombre de aquel lugar.

4 No haréis así a Jehová vuestro Dios,

5 sino que el lugar que Jehová vuestro Dios escoja de entre todas vuestras tribus, para poner allí su nombre para su habitación, ése buscaréis, y allá iréis.

6 Y allí llevaréis vuestros holocaustos, vuestros sacrificios, vuestros diezmos, y la ofrenda elevada de vuestras manos, vuestros votos, vuestras ofrendas voluntarias, y las primicias de vuestras vacas y de vuestras ovejas;

7 y comeréis allí delante de Jehová vuestro Dios, y os alegraréis, vosotros y vuestras familias, en toda obra de vuestras manos en la cual Jehová tu Dios te haya bendecido.

8 No haréis como lo que hacemos nosotros aquí ahora, cada uno lo que bien le parece.

9 porque hasta ahora no habéis entrado al reposo y a la heredad que os da Jehová vuestro Dios.

10 Mas pasaréis el Jordán, y habitaréis en la tierra que Jehová vuestro Dios os hace heredar; y él os dará reposo de todos vuestros enemigos alrededor, y habitaréis seguros.

11 Y al lugar que Jehová vuestro Dios escoja para poner en él su nombre, allí llevaréis todas las cosas que yo os mando: vuestros holocaustos, vuestros sacrificios, vuestros diezmos, las ofrendas elevadas de vuestras manos, y todo lo escogido de los votos que hayáis prometido a Jehová.

12 Y os alegraréis delante de Jehová vuestro Dios, vosotros, vuestros hijos, vuestras hijas, vuestros siervos y vuestras siervas, y el levita que habite en vuestras poblaciones; por cuanto no tiene parte ni heredad con vosotros.

Precisiones sobre los sacrificios

13 Cuídate de no ofrecer tus holocaustos en cualquier lugar que veas;

14 sino que en el lugar que Jehová escoja, en una de tus tribus, allí ofrecerás tus holocautos, y allí harás todo lo que yo te mando.

15 Con todo, podrás matar y comer carne en todas tus poblaciones conforme a tu deseo, según la bendición que Jehová tu Dios te haya dado; tanto el inmundo como el limpio la podrán comer, como *si se tratara* de gacela o de ciervo.

16 Solamente que sangre no comeréis; sobre la tierra la derramaréis como agua.

17 Ni comerás en tus poblaciones el diezmo de tu grano, de tu vino o de tu aceite, ni las primicias de tus vacas, ni de tus ovejas, ni los votos que prometas, ni tus ofrendas voluntarias, ni las ofrendas elevadas de tus manos;

18 sino que delante de Jehová tu Dios las comerás, en el lugar que Jehová tu Dios haya escogido, tú, tu hijo, tu hija, tu siervo, tu sierva, y el levita que habita en tus poblaciones; te alegrarás delante de Jehová tu Dios de toda la obra de tus manos.

19 Ten cuidado de no desamparar al levita en todos tus días sobre la tierra.

20 Cuando Jehová tu Dios ensanche tu territorio, como él te ha dicho, y tú digas: Comeré carne, porque deseaste comerla, conforme a lo que deseaste podrás comer.

21 Si está lejos de ti el lugar que Jehová tu Dios escoja para poner allí su nombre, podrás matar de tus vacas y de tus ovejas que Jehová te haya dado, como te he mandado yo, y podrás comerlas en tus ciudades a la medida de tus deseos.

22 Lo mismo que se come la gacela y el ciervo, así las podrás comer; el inmundo y el limpio podrán comer también de ellas.

23 Solamente que te mantengas firme en no comer sangre; porque la sangre es la vida, y no comerás la vida juntamente con su carne.
24 No la comerás; en tierra la derramarás como agua.
25 No comerás de ella, para que te vaya bien a ti y a tus hijos después de ti, cuando hagas lo recto ante los ojos de Jehová.
26 Pero las cosas que hayas consagrado, y tus votos, las tomarás, y vendrás con ellas al lugar que Jehová haya escogido;
27 y ofrecerás tus holocaustos, la carne y la sangre, sobre el altar de Jehová tu Dios; y la sangre de tus sacrificios será derramada sobre el altar de Jehová tu Dios, y podrás comer la carne.
28 Guarda y escucha todas estas palabras que yo te mando, para que haciendo lo bueno y lo recto ante los ojos de Jehová tu Dios, te vaya bien a ti y a tus hijos después de ti para siempre.

Advertencias contra la idolatría

29 Cuando Jehová tu Dios haya destruido delante de ti las naciones adonde tú vas para poseerlas, y las heredes, y habites en su tierra.
30 guárdate que no tropieces yendo en pos de ellas, después que sean destruidas delante de ti; no preguntes acerca de sus dioses, diciendo: ¿Cómo servían aquellas naciones a sus dioses? Yo también les serviré así.
31 No harás así a Jehová tu Dios; porque todo lo que es abominable a Jehová, lo que él detesta, hicieron ellos para sus dioses; pues aun a sus hijos y a sus hijas quemaban en el fuego a sus dioses.
32 Cuidarás de hacer todo lo que yo te mando; no añadirás a ello, ni de ello quitarás.

13 Cuando se levante en medio de ti algún profeta, o vidente en sueños, y te anuncie una señal o prodigio,
2 y si se cumple la señal o prodigio que él te anunció, y entonces te dice: Vamos en pos de otros dioses que tú no conoces, y sirvámoslos;
3 no darás oído a las palabras de tal profeta, ni al tal vidente en sueños; porque Jehová vuestro Dios os está probando, para saber si amáis a Jehová vuestro Dios con todo vuestro corazón, y con toda vuestra alma.
4 En pos de Jehová vuestro Dios andaréis; a él temeréis, guardaréis sus mandamientos y escucharéis su voz, a él serviréis, y a él seguiréis.
5 Tal profeta o adivino de sueños ha de ser muerto, por cuanto aconsejó rebelión contra Jehová vuestro Dios que te sacó de tierra de Egipto y te rescató de casa de servidumbre, y trató de apartarte del camino por el cual Jehová tu Dios te mandó que anduvieses; y así quitarás el mal de en medio de ti.
6 Si te incita tu hermano, hijo de tu madre, o tu hijo, tu hija, tu mujer o tu amigo íntimo, diciendo en secreto: Vamos y sirvamos a dioses ajenos, que ni tú ni tus padres conocisteis,
7 de los dioses de los pueblos que están en vuestros alrededores, cerca de ti o lejos de ti, desde un extremo a otro de la tierra;
8 no consentirás con él, ni le prestarás oído: ni tu ojo le compadecerá, ni le tendrás misericordia, ni lo encubrirás,
9 sino que lo matarás; tu mano se alzará primero sobre él para matarle, y después la mano de todo el pueblo.
10 Le apedrearás hasta que muera, por cuanto procuró apartarte de Jehová tu Dios, que te sacó de tierra de Egipto, de casa de servidumbre;
11 para que todo Israel oiga, y tema, y no vuelva a hacer en medio de ti cosa semejante a ésta.
12 Si oyes que se dice de alguna de tus ciudades que Jehová tu Dios te da para vivir en ellas,
13 que han salido de en medio de ti hombres impíos que han instigado a los moradores de su ciudad, diciendo: Vamos y sirvamos a dioses ajenos, que vosotros no conocisteis;
14 tú inquirirás, y buscarás y preguntarás con diligencia; y si pareciere verdad, si se comprueba que tal abominación se hizo en medio de ti,
15 irremisiblemente herirás a filo de espada a los moradores de aquella ciudad, destruyéndola con todo lo que en ella haya, y también matarás sus ganados a filo de espada.
16 Y juntarás todo su botín en medio de la plaza, y consumirás con fuego la ciudad y todo su botín, todo ello, como holocausto a Jehová tu Dios, y llegará a ser un montón de ruinas para siempre; nunca más será edificada.
17 Y no se pegará a tu mano nada del anatema, para que Jehová se aparte del ardor de su ira, y tenga de ti misericordia, y tenga compasión de ti, y te multiplique, como lo juró a tus padres.
18 cuando obedezcas a la voz de Jehová tu Dios, guardando todos sus mandamientos que yo te mando hoy, para hacer lo recto ante los ojos de Jehová tu Dios.

14 Hijos sois de Jehová vuestro Dios; no os sajaréis, ni os raparéis a causa de muerto.
2 Porque eres pueblo santo a Jehová tu Dios, y Jehová te ha escogido para que le seas un pueblo único de entre todos los pueblos que están sobre la tierra.

Animales limpios e inmundos

3 Nada abominable comerás.
4 Estos son los animales que podréis
comer: el buey, la oveja, la cabra,
5 el ciervo, la gacela, el corzo, la cabra
montés, el íbex, el antílope y el carnero
montés.
6 Y todo animal de pezuñas , que tiene
hendidura de dos uñas, y que rumia entre
los animales, lo podréis comer.
7 Pero no comeréis, entre los que rumian o
entre los que tienen pezuña hendida: camello, liebre y conejo; porque rumian, mas no
tienen pezuña hendida, serán inmundos;
8 ni cerdo, porque tiene pezuña hendida,
mas no rumia; os será inmundo. De la carne
de éstos no comeréis, ni tocaréis sus cuerpos
muertos.
9 De todo lo que vive en el agua, podréis
comer: todo lo que tiene aleta y escama.
10 Mas todo lo que no tiene aleta y escama,
no comeréis; inmundo será.
11 Toda ave limpia podréis comer.
12 Y éstas son de las que no podréis comer:
el águila, el quebrantahuesos, el azor,
13 el gallinazo, el milano según su especie,
14 todo cuervo según su especie,
15 el avestruz, la lechuza, la gaviota y el
gavilán según sus especies,
16 el búho, el ibis, el calamón,
17 el pelícano, el buitre, el somormujo,
18 la cigüeña, la garza según su especie, la
abubilla y el murciélago.
19 Todo insecto alado será inmundo; no se
comerá.
20 Toda ave limpia podréis comer.
21 Ninguna cosa mortecina comeréis; al
extranjero que está en tus poblaciones la
darás, y él podrá comerla; o véndela a un
extranjero, porque tú eres pueblo santo a
Jehová tu Dios. No cocerás el cabrito en la
leche de su madre.

La ley del diezmo

22 Indefectiblemente diezmarás todo el
producto del grano que rinda tu campo cada
año.
23 Y comerás delante de Jehová tu Dios en
el lugar que él escoja para poner allí su
nombre, el diezmo de tu grano, de tu vino y
de tu aceite, y las primicias de tus manadas y
de tus ganados, para que aprendas a temer a
Jehová tu Dios todos los días.
24 Y si el camino es tan largo para ti, de
modo que no puedes llevarlo, por estar lejos
de ti el lugar que Jehová tu Dios haya
escogido para poner en él su nombre, cuando Jehová tu Dios te bendiga,
25 entonces lo venderás y guardarás el dinero en tu mano, y vendrás al lugar que
Jehová tu Dios escoja;

26 y emplearás el dinero en todo lo que
desees: vacas, ovejas, vino, sidra, o en
cualquier cosa que tú desees; y comerás allí
delante de Jehová tu Dios, y te alegrarás tú y
tu familia.
27 Y no desampararás al levita que habite
en tus poblaciones; porque no tiene parte ni
heredad contigo.
28 Al fin de cada tres años sacarás todo el
diezmo de tus productos de aquel año, y lo
guardarás en tus ciudades.
29 Y vendrá el levita, que no tiene parte ni
heredad contigo, y el extranjero, el huérfano y la viuda que estén en tus poblaciones, y
comerán y serán saciados; para que Jehová
tu Dios te bendiga en toda obra que tus
manos hagan.

El año sabático

15 Cada siete años harás remisión.
2 Y ésta es la manera de la remisión: perdonará a su deudor todo aquel que hizo em-
préstito de su mano, con el cual obligó a su
prójimo; no lo demandará ya a su prójimo,
o a su hermano, porque es pregonada la
remisión de Jehová.
3 Del extranjero demandarás el reintegro;
pero lo que tu hermano tuviere tuyo, se lo
perdonarás,
4 para que así no haya ningún pobre en
medio de ti; porque Jehová te bendecirá con
abundancia en la tierra que Jehová tu Dios
te da por heredad para que la tomes en
posesión.
5 si escuchas fielmente la voz de Jehová tu
Dios, para guardar y cumplir todos estos
mandamientos que yo te ordeno hoy.
6 Ya que Jehová tu Dios te habrá bendecido, como te ha dicho, prestarás entonces a
muchas naciones, mas tú no tomarás prestado; tendrás dominio sobre muchas naciones, pero sobre ti no tendrán dominio.

Préstamos a los pobres

7 Cuando haya en medio de ti algún menesteroso entre tus hermanos en alguna de tus
ciudades, en la tierra que Jehová tu Dios te
da, no endurecerás tu corazón, ni cerrarás
tu mano contra tu hermano pobre,
8 sino que abrirás a él tu mano liberalmente, y en efecto le prestarás lo que necesite.
9 Guárdate de tener en tu corazón pensamiento perverso, diciendo: Cerca está el
año séptimo, el de la remisión, y mires con
malos ojos a tu hermano menesteroso para
no darle; porque él podrá clamar contra ti a
Jehová, y se te contará por pecado.
10 Sin falta se lo darás, y no serás de mezquino
corazón cuando le des; porque por ello te
bendecirá Jehová tu Dios en todos tus hechos, y en todo lo que emprendas.

11 Porque no faltarán menesterosos en medio de la tierra; por eso yo te mando, diciendo: Abrirás tu mano a tu hermano, al pobre y al menesteroso en tu tierra.

Leyes sobre los esclavos

12 Si se vende a ti tu hermano hebreo o hebrea, y te ha servido seis años, al séptimo le despedirás libre.
13 Y cuando lo despidas libre, no le enviarás con las manos vacías.
14 Le abastecerás liberalmente de tus ovejas, de tu era y de tu lagar; le darás de aquello en que Jehová te haya bendecido.
15 Y te acordarás de que fuiste siervo en la tierra de Egipto, y que Jehová tu Dios te rescató; por tanto yo te mando esto hoy.
16 Si él te dijere: No te dejaré; porque te ama a ti y a tu casa, y porque le va bien contigo;
17 entonces tomarás una lesna, y le horadarás la oreja contra la puerta, y será tu siervo para siempre; así también harás a tu criada.
18 No te parezca duro el dejarle en libertad, pues por la mitad del costo de un jornalero te sirvió seis años; y Jehová tu Dios te bendecirá en todo cuanto hagas.

Consagración de los primogénitos

19 Consagrarás a Jehová tu Dios todo primogénito macho de tus vacas y de tus ovejas; no te servirás del primogénito de tus vacas, ni trasquilarás el primogénito de tus ovejas.
20 Delante de Jehová tu Dios los comerás cada año, tú y tu familia, en el lugar que Jehová escoja.
21 Y si tiene algún defecto, si es ciego, o cojo, o hay en él cualquier tara, no lo sacrificarás a Jehová tu Dios.
22 En tus poblaciones lo comerás; el inmundo lo mismo que el limpio comerán de él, como de una gacela o de un ciervo.
23 Solamente que no comas su sangre; sobre la tierra la derramarás como agua.

Fiestas anuales

16 Guardarás el mes de Abib, y harás pascua a Jehová tu Dios; porque en el mes de Abib te sacó Jehová tu Dios de Egipto, de noche.
2 Y sacrificarás la pascua a Jehová tu Dios, de las ovejas y de las vacas, en el lugar que Jehová escoja para que habite allí su nombre.
3 No comerás con la víctima pan con levadura; siete días comerás pan sin levadura, pan de aflicción, porque aprisa saliste de tierra de Egipto; para que todos los días de tu vida te acuerdes del día en que saliste de la tierra de Egipto.
4 Y no se verá levadura contigo en todo tu territorio por siete días; y de la carne que mates en la tarde del primer día, no quedará hasta la mañana.
5 No podrás sacrificar la pascua en cualquiera de las ciudades que Jehová tu Dios te da;
6 sino en el lugar que Jehová tu Dios escoja para que habite allí su nombre, sacrificarás la pascua por la tarde a la puesta del sol, a la hora que saliste de Egipto.
7 Y la asarás y comerás en el lugar que Jehová tu Dios haya escogido; y por la mañana regresarás y volverás a tu habitación.
8 Seis días comerás pan sin levadura, y el séptimo día será fiesta solemne a Jehová tu Dios; no trabajarás en él.
9 Siete semanas contarás; desde que comience a meterse la hoz en las mieses, comenzarás a contar las siete semanas.
10 Y harás la fiesta solemne de las semanas a Jehová tu Dios; de la abundancia voluntaria de tu mano será lo que des, según Jehová tu Dios te haya bendecido.
11 Y te alegrarás delante de Jehová tu Dios, tú, tu hijo, tu hija, tu siervo, tu sierva, el levita que habite en tus ciudades, y el extranjero, el huérfano y la viuda que esté en medio de ti, en el lugar que Jehová tu Dios haya escogido para poner allí su nombre.
12 Y acuérdate de que fuiste siervo en Egipto; por tanto, guardarás y cumplirás estos estatutos.
13 La fiesta solemne de los tabernáculos harás por siete días, cuando hayas hecho la cosecha de tu era y de tu lagar.
14 Y te alegrarás en tus fiestas solemnes, tú, tu hijo, tu hija, tu siervo, tu sierva, y el levita, el extranjero, el huérfano y la viuda que viven en tus poblaciones.
15 Siete días celebrarás fiesta solemne a Jehová tu Dios en el lugar que Jehová escoja; porque te habrá bendecido Jehová tu Dios en todos tus frutos, y en toda la obra de tus manos, y estarás verdaderamente alegre.
16 Tres veces cada año aparecerá todo varón tuyo delante de Jehová tu Dios en el lugar que él escoja: en la fiesta solemne de los panes sin levadura, en la fiesta solemne de las semanas, y en la fiesta solemne de los tabernáculos. Y ninguno se presentará delante de Jehová con las manos vacías;
17 sino que cada uno ofrecerá con su propia mano, conforme a la bendición que Jehová tu Dios te haya otorgado.

Administración de la justicia

18 Jueces y oficiales pondrás en todas tus ciudades que Jehová tu Dios te dará en tus tribus, los cuales juzgarán al pueblo con justo juicio.

19 No tuerzas el derecho; no hagas acepción de personas, ni tomes soborno; porque el soborno ciega los ojos de los sabios, y pervierte las palabras de los justos.

20 La justicia, la justicia seguirás, para que vivas y heredes la tierra que Jehová tu Dios te da.

21 No plantarás ningún árbol para Aserá cerca del altar de Jehová tu Dios, que tú te habrás hecho,

22 ni te levantarás estatua, lo cual aborrece Jehová tu Dios.

17 No ofrecerás en sacrificio a Jehová tu Dios buey o cordero en el cual haya tara o algún defecto, pues es abominación a Jehová tu Dios.

2 Cuando se halle en medio de ti, en alguna de tus ciudades que Jehová tu Dios te da, hombre o mujer que haya hecho el mal ante los ojos de Jehová tu Dios, traspasando su pacto,

3 que haya ido y servido a dioses ajenos, y se haya inclinado a ellos, ya sea al sol, o a la luna, o a todo el ejército del cielo, lo cual yo he prohibido,

4 y te sea dado aviso, y después que hayas oído e indagado bien, la cosa parezca de verdad cierta, que tal abominación ha sido hecha en Israel;

5 entonces sacarás a tus puertas al hombre o a la mujer que haya hecho esta mala cosa, sea hombre o mujer, y los apedrearás, y así morirán.

6 Por dicho de dos o de tres testigos morirá el que haya de morir; no morirá por el dicho de un solo testigo.

7 La mano de los testigos caerá primero sobre él para matarlo, y después la mano de todo el pueblo; así quitarás el mal de en medio de ti.

8 Cuando alguna cosa te sea difícil en el juicio entre una clase de homicidio y otra, entre una clase de derecho legal y otra, y entre una clase de herida y otra, en un litigio cualquiera en tus ciudades; entonces te levantarás y recurrirás al lugar que Jehová tu Dios escoja;

9 y vendrás a los sacerdotes levitas, y al juez que entonces esté en funciones, y preguntarás; y ellos te indicarán el fallo justo.

10 Y harás según la sentencia que te indiquen los del lugar que Jehová escoja, y cuidarás de hacer según todo lo que te manifiesten.

11 Según la ley que te enseñen, y según el juicio que te digan, harás; no te apartarás ni a diestra ni a siniestra de la sentencia que te declaren.

12 Y el hombre que proceda con soberbia, no obedeciendo al sacerdote que está para ministrar allí delante de Jehová tu Dios, o al juez, el tal morirá; y quitarás el mal de en medio de Israel.

13 Y todo el pueblo oirá, y temerá, y no actuará más con insolencia.

Instrucciones acerca de un rey

14 Cuando hayas entrado en la tierra que Jehová tu Dios te da, y tomes posesión de ella y la habites, y digas: Pondré un rey sobre mí, como todas las naciones que están en mis alrededores;

15 ciertamente pondrás por rey sobre ti al que Jehová tu Dios escoja; de entre tus hermanos pondrás rey sobre ti; no podrás poner sobre ti a hombre extranjero, que no sea tu hermano.

16 Pero él no aumentará para sí caballos, ni hará volver al pueblo a Egipto con el fin de aumentar su caballería; porque Jehová os ha dicho: No volváis nunca por ese camino.

17 Ni tomará para sí muchas mujeres, para que su corazón no se desvíe; ni plata ni oro amontonará para sí en abundancia.

18 Y cuando se siente sobre el trono de su reino, entonces escribirá esta ley en un libro, para su uso, copiándola del original que está al cuidado de los sacerdotes levitas;

19 y lo tendrá consigo, y leerá en él todos los días de su vida, para que aprenda a temer a Jehová su Dios, para guardar todas las palabras de esta ley y estos estatutos, para ponerlos por obra;

20 para que no se eleve su corazón sobre sus hermanos, ni se aparte del mandamiento a diestra ni a siniestra; a fin de que prolongue sus días en su reino, él y sus hijos, en medio de Israel.

Las porciones de los levitas

18 Los sacerdotes levitas, es decir, toda la tribu de Leví, no tendrán parte ni heredad en Israel; de los manjares ofrecidos a Jehová y de la heredad de él comerán.

2 No tendrán, pues, heredad entre sus hermanos; Jehová es su herencia, como él les ha dicho.

3 Y éste será el derecho de los sacerdotes de parte del pueblo: los que ofrezcan en sacrificio buey o cordero darán al sacerdote la espaldilla, las quijadas y el cuajar.

4 Las primicias de tu grano, de tu vino y de tu aceite, y las primicias de la lana de tus ovejas le darás;

5 porque le ha escogido Jehová tu Dios de entre todas tus tribus, para que esté para administrar en el nombre de Jehová, él y sus hijos para siempre.

6 Y cuando salga un levita de alguna de tus ciudades de entre todo Israel, donde haya vivido, porque tuviera un gran deseo en su alma de ministrar en el lugar escogido por Jehová,

7 ministrará en el nombre de Jehová su Dios, como todos sus hermanos los levitas

que estén establecidos allí delante de
Jehová.

8 Igual ración a la de los otros comerá,
además de lo que obtenga de sus propios
bienes.

Contra costumbres paganas

9 Cuando entres en la tierra que Jehová tu
Dios te da, no aprenderás a hacer según las
abominaciones de aquellas naciones.

10 No sea hallado en ti quien haga pasar a
su hijo o a su hija por el fuego, ni quien
practique adivinación, ni agorero, ni sortíle-
go, ni hechicero,

11 ni encantador, ni adivino, ni mago, ni
quien consulte a los muertos.

12 Porque es abominación para con Jehová
cualquiera que hace estas cosas, y por estas
abominaciones Jehová tu Dios echa estas
naciones de delante de ti.

13 Perfecto serás delante de Jehová tu
Dios.

14 Porque estas naciones que vas a heredar,
a agoreros y a adivinos oyen; mas a ti no te
ha permitido esto Jehová tu Dios.

15 Profeta de en medio de ti, de tus hermanos, como yo, te levantará Jehová tu Dios; a
él oiréis.

16 Esto es exactamente lo que pediste a
Jehová tu Dios en Horeb el día de la asamblea, diciendo: No vuelva yo a oír la voz de
Jehová mi Dios, ni vea yo más este gran
fuego, para que no muera.

17 Y Jehová me dijo: Han hablado bien en
lo que han dicho.

18 Profeta les levantaré de en medio de sus
hermanos, como tú; y pondré mis palabras
en su boca, y él les hablará todo lo que yo le
mande.

19 Mas a cualquiera que no oiga mis palabras que él hable en mi nombre, yo lo
pediré cuenta.

20 El profeta que tenga la presunción de
hablar palabra en mi nombre, a quien yo no
le haya mandado hablar, o que hable en
nombre de dioses ajenos, el tal profeta
morirá.

21 Y si dices en tu corazón: ¿Cómo conoceremos la palabra que Jehová no ha hablado?;

22 si el profeta habla en nombre de Jehová,
y no se cumple lo que dijo, ni acontece, es
palabra que Jehová no ha hablado; con
presunción la habló el tal profeta; no tengas
temor de él.

Las ciudades de refugio

19 Cuando Jehová tu Dios destruya a las
naciones cuya tierra Jehová tu Dios
te da a ti, y tú las heredes, y habites en sus
ciudades, y en sus casas;

2 te apartarás tres ciudades en medio de la

tierra que Jehová tu Dios te da para que la
poseas.

3 Arreglarás los caminos, y dividirás en tres
partes la tierra que Jehová tu Dios te dará en
heredad, y será para que todo homicida
huya allí.

4 Y éste es el caso del homicida que podrá
salvar su vida huyendo allí: aquél que hiera
a su prójimo sin intención y sin haber tenido
enemistad con él anteriormente;

5 como el que vaya con su prójimo al monte
a cortar leña, y al dar su mano el golpe con el
hacha para cortar algún leño, salte el hierro
del mango, y dé contra su prójimo y éste
muriere; aquél huirá a una de estas ciudades, y vivirá;

6 no sea que el vengador de la sangre,
enfurecido, persiga al homicida, y le alcance
por ser largo el camino, y le hiera de muerte,
no debiendo ser condenado a muerte por
cuanto no tenía enemistad con su prójimo
anteriormente.

7 Por tanto yo te mando, diciendo: Separa-
rás tres ciudades.

8 Y si Jehová tu Dios ensancha tu territorio, como lo juró a tus padres, y te da toda la
tierra que prometió dar a tus padres,

9 siempre y cuando guardes todos estos
mandamientos que yo te prescribo hoy,
para ponerlos por obra; que ames a Jehová
tu Dios, y andes en sus caminos todos los
días; entonces añadirás tres ciudades más a
estas tres,

10 para que no sea derramada sangre inocente en medio de la tierra que Jehová tu
Dios te da por heredad, y no seas culpado de
derramamiento de sangre.

11 Pero si algún hombre aborrece a su
prójimo y lo acecha, y se levanta contra él y
lo hiere de muerte, y muere; si huye a
alguna de estas ciudades,

12 entonces los ancianos de su ciudad enviarán y lo sacarán de allí, y lo entregarán en
mano del vengador de la sangre para que
muera.

13 No le compadecerás; y quitarás de Israel
la sangre inocente, y te irá bien.

14 En la heredad que poseas en la tierra que
Jehová tu Dios te da, no reducirás los límites
de la propiedad de tu prójimo, que fijaron
los antiguos.

Leyes sobre el testimonio

15 No se tomará en cuenta a un solo testigo
contra ninguno en cualquier delito ni en
cualquier pecado, en relación con cualquier
ofensa cometida. Sólo por el testimonio de
dos o tres testigos se mantendrá la acusación.

16 Cuando se levante testigo falso contra
alguno, para testificar contra él,

17 entonces los dos litigantes se presenta-

rán delante de Jehová, y delante de los
sacerdotes y de los jueces que estén en
funciones entonces.
18 Y los jueces inquirirán bien; y si aquel
testigo resulta falso, y ha acusado falsamente a su hermano,
19 entonces haréis a él como él pensó hacer
a su hermano; y quitarás el mal de en medio
de ti.
20 Y los que queden oirán y temerán, y no
volverán a hacer más una maldad semejante
en medio de ti.
21 Y no le compadecerás; vida por vida, ojo
por ojo, diente por diente, mano por mano,
pie por pie.

Leyes sobre la guerra

20 Cuando salgas a la guerra contra tus
enemigos, si ves caballos y carros, y
un pueblo más grande que tú, no tengas
temor de ellos, porque está contigo Jehová
tu Dios, el cual te sacó de tierra de Egipto.
2 Y cuando os acerquéis para combatir, se
pondrá en pie el sacerdote y hablará al
pueblo,
3 y les dirá: Oye, Israel, vosotros os juntáis
hoy en batalla contra vuestros enemigos; no
desmaye vuestro corazón, no temáis, ni os
azoréis, ni tampoco os desalentéis delante
de ellos;
4 porque Jehová vuestro Dios va con vosotros, para pelear por vosotros contra vuestros enemigos, para salvaros.
5 Y los oficiales hablarán al pueblo, diciendo: ¿Quién ha edificado casa nueva, y no la
ha estrenado? Vaya, y vuélvase a su casa, no
sea que muera en la batalla, y otro hombre
la estrene.
6 ¿Y quién ha plantado viña, y no ha disfrutado de ella? Vaya, y vuélvase a su casa, no
sea que muera en la batalla, y otro hombre
la disfrute.
7 ¿Y quién se ha desposado con mujer, y no
la ha tomado? Vaya, y vuélvase a su casa, no
sea que muera en la batalla, y otro hombre
la tome.
8 Y volverán los oficiales a hablar al pueblo, y dirán: ¿Quién es hombre medroso y
pusilánime? Vaya, y vuélvase a su casa, y no
apoque el corazón de sus hermanos, como el
corazón suyo.
9 Y cuando los oficiales acaben de hablar al
pueblo, entonces los capitanes del ejército
tomarán el mando a la cabeza del pueblo.

La conquista de las ciudades

10 Cuando te acerques a una ciudad para
combatirla le propondrás la paz.
11 Y si responde: Paz, y te abre, todo el
pueblo que en ella sea hallado te será tributario, y te servirá.

12 Mas si no hace paz contigo, y emprende
guerra contigo, entonces la sitiarás.
13 Luego que Jehová tu Dios la entregue en
tu mano, herirás a todo varón suyo a filo de
espada.
14 Solamente las mujeres y los niños, y los
animales, y todo lo que haya en la ciudad,
todo su botín tomarás para ti; y comerás del
botín de tus enemigos, los cuales Jehová tu
Dios te entregó.
15 Así harás a todas las ciudades que estén
muy lejos de ti, que no sean de las ciudades
de estas naciones.
16 Pero de las ciudades de estos pueblos
que Jehová tu Dios te da por heredad,
ninguna persona dejarás con vida.
17 sino que los destruirás completamente:
al heteo, al amorreo, al cananeo, al ferezeo,
al heveo y al jebuseo, como Jehová tu Dios
te ha mandado;
18 para que no os enseñen a hacer según
todas sus abominaciones que ellos han hecho para sus dioses, y pequéis contra Jehová
vuestro Dios.
19 Cuando sities alguna ciudad, peleando
contra ella muchos días para tomarla, no
destruirás sus árboles metiendo hacha en
ellos, sino que te alimentarás de ellos sin
talarlos, porque el árbol del campo no es
hombre para venir contra ti en el sitio.
20 Mas el árbol que sepas que no es frutal,
podrás destruirlo y talarlo, para construir
baluarte contra la ciudad que te hace la
guerra, hasta sojuzgarla.

Expiación de un asesinato cuyo autor se desconoce

21 Si en la tierra que Jehová tu Dios te
da para que la poseas, es hallado
alguien muerto, tendido en el campo, y no
se sabe quién lo mató,
2 entonces tus ancianos y tus jueces saldrán
y medirán la distancia hasta las ciudades que
están alrededor del muerto.
3 Y los ancianos de la ciudad más cercana al
lugar donde fue hallado el muerto, tomarán
de las vacas una becerra que no haya trabajado, que no haya llevado yugo;
4 y los ancianos de aquella ciudad traerán la
becerra a un valle sin cultivar y torrencial,
que nunca haya sido arado ni sembrado, y
quebrarán la cerviz de la becerra allí en el
valle.
5 Entonces vendrán los sacerdotes hijos de
Leví, porque a ellos escogió Jehová tu Dios
para que le sirvan, y para bendecir en el
nombre de Jehová; y por la palabra de ellos
se decidirá toda disputa y toda ofensa.
6 Y todos los ancianos de la ciudad más
cercana al lugar donde fue hallado el muerto
se lavarán las manos sobre la becerra cuya
cerviz fue quebrada en el valle;

7 y pronunciarán estas palabras: Nuestras manos no han derramado esta sangre, ni nuestros ojos lo han visto.

8 Perdona a tu pueblo Israel, al cual redimiste, oh Jehová; y no culpes de sangre inocente a tu pueblo Israel. Y la sangre les será perdonada.

9 Y tú quitarás la culpa de la sangre inocente de en medio de ti, cuando hagas lo que es recto ante los ojos de Jehová.

Diversas leyes

10 Cuando salgas a la guerra contra tus enemigos, y Jehová tu Dios los entregue en tu mano, y tomes de ellos cautivos,

11 y veas entre los cautivos a alguna mujer hermosa, y te enamores de ella y quieras tomarla por mujer,

12 la meterás en tu casa; y ella rapará su cabeza, y cortará sus uñas,

13 y se quitará el vestido de su cautiverio, y se quedará en tu casa; y llorará a su padre y a su madre un mes entero; y después podrás llegarte a ella, y tú serás su marido, y ella será tu mujer.

14 Y si después no te agrada, la dejarás en libertad; no la venderás por dinero, ni la tratarás como esclava, por cuanto la humillaste.

Derecho de primogenitura

15 Si un hombre tiene dos mujeres, la una amada y la otra aborrecida, y la amada y la aborrecida le han dado hijos, y el hijo primogénito es de la aborrecida;

16 en el día que deje por herencia a sus hijos lo que tenga, no podrá dar el derecho de primogenitura al hijo de la amada con preferencia al hijo de la aborrecida, que es el primogénito;

17 sino que al hijo de la aborrecida reconocerá como primogénito, para darle el doble de lo que corresponda a cada uno de los demás; porque él es el principio de su vigor, y suyo es el derecho de la primogenitura.

18 Si alguno tiene un hijo contumaz y rebelde, que no obedece a la voz de su padre ni a la voz de su madre, y habiéndole castigado, todavía no les escucha;

19 entonces lo tomarán su padre y su madre, y lo sacarán ante los ancianos de su ciudad, y a la puerta del lugar donde viva;

20 y dirán a los ancianos de la ciudad: Este nuestro hijo es contumaz y rebelde, y no obedece a nuestra voz; es glotón y borracho.

21 Entonces todos los hombres de su ciudad lo apedrearán, y morirá; así quitarás el mal de en medio de ti, y todo Israel oirá, y temerá.

22 Si alguno ha cometido algún crimen digno de muerte, y lo hacéis morir, y lo colgáis en un madero,

23 no dejaréis que su cuerpo pase la noche sobre el madero; sin falta lo enterrarás el mismo día, porque maldito por Dios es el colgado; y no contaminarás tu tierra que Jehová tu Dios te da por heredad.

22 Si ves extraviado el buey de tu hermano, o su cordero, no te desentenderás de ellos; lo volverás a tu hermano.

2 Y si tu hermano no es vecino tuyo, o no lo conoces, lo recogerás en tu casa, y estará contigo hasta que tu hermano lo busque, y se lo devolverás.

3 Así harás con su asno, con su manto, y con toda cosa de tu hermano que se le pierda y tú la halles; no podrás desentenderte de ello.

4 Si ves el asno de tu hermano, o su buey, caído en el camino, no te apartarás de él; le ayudarás a levantarlo.

5 No vestirá la mujer traje de hombre, ni el hombre vestirá traje de mujer; porque abominación es a Jehová tu Dios cualquiera que esto hace.

6 Cuando encuentres por el camino algún nido de ave en cualquier árbol, o sobre la tierra, con pollos o huevos, y la madre echada sobre los pollos o sobre los huevos, no tomarás la madre con los hijos.

7 Dejarás ir a la madre, y tomarás los pollos para ti, para que te vaya bien, y prolongues tus días.

8 Cuando edifiques casa nueva, harás pretil a tu terrado, para que no eches culpa de sangre sobre tu casa, si de él se cae alguno.

9 No sembrarás tu viña con semillas mezcladas, no sea que se pierda todo, tanto la semilla que sembraste como el fruto de la viña.

10 No ararás con buey y con asno juntamente.

11 No vestirás ropa de lana y lino juntamente.

12 Te harás flecos en las cuatro puntas de tu manto con que te cubras.

Leyes sobre la castidad

13 Cuando alguno tome mujer, y después de haberse llegado a ella le cobre aversión,

14 y le atribuya faltas que den que hablar, y diga: A esta mujer tomé, y me llegué a ella, y no la hallé virgen;

15 entonces el padre de la joven y su madre tomarán y sacarán las señales de la virginidad de la doncella a los ancianos de la ciudad, en la puerta;

16 y dirá el padre de la joven a los ancianos: Yo di mi hija a este hombre por mujer, y él la aborrece;

17 y he aquí, él le atribuye faltas que dan que hablar, diciendo: No he hallado virgen a tu hija; pero ved aquí las señales de la

virginidad de mi hija. Y extenderán la vestidura delante de los ancianos de la ciudad.
18 Entonces los ancianos de la ciudad tomarán al hombre y lo castigarán;
19 y le multarán en cien piezas de plata, las
cuales darán al padre de la joven, por
cuanto esparció mala fama sobre una virgen
de Israel; y la tendrá por mujer, y no podrá
despedirla en todos sus días.
20 Mas si resultare ser verdad que no se
halló virginidad en la joven,
21 entonces la sacarán a la puerta de la casa
de su padre, y la apedrearán los hombres de
su ciudad, y morirá por cuanto hizo vileza en
Israel fornicando en casa de su padre; así
quitarás el mal de en medio de ti.

Adulterio o fornicación

22 Si se sorprende a un hombre acostado
con una mujer casada, ambos morirán, el
hombre que se acostó con la mujer, y la
mujer también; así quitarás el mal de Israel.
23 Si una muchacha virgen está prometida a
un hombre, y otro la halla en la ciudad, y se
acuesta con ella;
24 entonces los sacaréis a ambos a la puerta
de la ciudad, y los apedrearéis, y morirán; la
joven porque no dio voces en la ciudad, y el
hombre porque humilló a la mujer de su
prójimo; así quitarás el mal de en medio de
ti.
25 Mas si un hombre halló en el campo a la
joven desposada, y la forzó, acostándose
con ella, morirá solamente el hombre que se
acostó con ella;
26 mas a la joven no le harás nada; no hay
en ella culpa de muerte; pues como cuando
alguno se levanta contra su prójimo y le
quita la vida, así es en este caso.
27 Porque él la halló en el campo; dio voces
la joven desposada, y no hubo quien la
librase.
28 Cuando algún hombre halle a una joven
virgen que no esté prometida, y la tome y se
acueste con ella, y fueren descubiertos;
29 entonces el hombre que se acostó con
ella dará al padre de la joven cincuenta
piezas se plata, y ella será su mujer, por
cuanto la humilló; no la podrá despedir en
todos sus días.
30 Ninguno tomará la mujer de su padre, ni
profanará el lecho de su padre.

Los excluidos de la congregación

23 No entrará en la congregación de
Jehová el que tenga magullados los
testículos, o amputado su miembro viril.
2 No entrará mestizo en la congregación de
Jehová; ni aun en la décima generación
entrarán en la congregación de Jehová.
3 No serán admitidos amonitas ni moabitas
en la congregación de Jehová, ni aun en la

décima generación; no entrará en la congregación de Jehová ninguno de ellos jamás,
4 por cuanto no os salieron a recibir con pan
y agua al camino, cuando salisteis de Egipto, y porque alquilaron contra ti a Balaam
hijo de Beor, de Petor en Mesopotamia,
para maldecirte.
5 Mas no quiso Jehová tu Dios oír a
Balaam; y Jehová tu Dios te convirtió la
maldición en bendición, porque Jehová tu
Dios te amaba.
6 No procurarás la paz de ellos ni su bien en
todos los días para siempre.
7 No aborrecerás al edomita, porque es tu
hermano; no aborrecerás al egipcio, porque
forastero fuiste en su tierra.
8 Los hijos que nazcan de ellos, en la
tercera generación entrarán en la congregación de Jehová.

Leyes sanitarias

9 Cuando salgas a campaña contra tus enemigos, te guardarás de toda cosa mala.
10 Si hay entre los tuyos alguien que no esté
limpio, por razón de alguna polución nocturna, saldrá fuera del campamento, y no
entrará en él.
11 Pero al caer la tarde se lavará con agua, y
cuando se haya puesto el sol, podrá entrar
en el campamento.
12 Tendrás un lugar fuera del campamento
adonde salgas;
13 tendrás también entre tus armas una
estaca; y cuando te sientes a evacuar allí
fuera, cavarás con ella, y luego al volverte
cubrirás tu excremento;
14 porque Jehová tu Dios anda en medio de
tu campamento, para librarte y para entregar a tus enemigos delante de ti; por tanto,
tu campamento ha de ser santo, para que él
no vea en ti cosa inmunda, y se aparte de ti.
15 No entregarás a su señor el siervo que
huya a ti de su amo.
16 Morará contigo, en medio de ti, en el
lugar que escoja en alguna de tus ciudades,
donde tenga a bien; no le oprimirás.
17 No haya ramera de entre las hijas de
Israel, ni haya sodomita de entre los hijos de
Israel.
18 No traerás la paga de una ramera ni un
precio de perro a la casa de Jehová tu Dios
por ningún voto; porque abominación es a
Jehová tu Dios tanto lo uno como lo otro.
19 No exigirás de tu hermano interés de
dinero, ni interés de comestibles, ni de cosa
alguna de que se suele exigir interés.
20 Del extraño podrás exigir interés, mas
de tu hermano no lo exigirás, para que te
bendiga Jehová tu Dios en toda obra de tus
manos en la tierra adonde vas para tomar
posesión de ella.
21 Cuando hagas voto a Jehová tu Dios, no

tardes en pagarlo; porque ciertamente lo demandará Jehová tu Dios de ti, y sería pecado en ti.

22 Mas cuando te abstengas de prometer, no habrá en ti pecado.

23 Pero lo que haya salido de tus labios, lo guardarás y lo cumplirás, conforme lo prometiste a Jehová tu Dios, pagando la ofrenda voluntaria que prometiste con tu boca.

24 Cuando entres en la viña de tu prójimo, podrás comer uvas hasta saciarte; mas no pondrás en tu cesto.

25 Cuando entres en la mies de tu prójimo, podrás arrancar espigas con tu mano; mas no aplicarás hoz a la mies de tu prójimo.

24 Cuando alguno tome mujer y se case con ella, si después no le agrada por haber hallado en ella alguna cosa vergonzosa, le escribirá carta de divorcio, y se la entregará en su mano, y la despedirá de su casa.

2 Y salida de su casa, podrá ir y casarse con otro hombre.

3 Pero si la aborrece este último, y le escribe carta de divorcio, y se la entrega en su mano, y la despide de su casa; o si ha muerto el postrer hombre que la tomó por mujer,

4 no podrá su primer marido, que la despidió, volverla a tomar para que sea su mujer, después que fue envilecida; porque es abominación delante de Jehová, y no has de pervertir la tierra que Jehová tu Dios te da por heredad.

5 Cuando alguno esté recién casado, no saldrá a la guerra, ni en ninguna cosa se le ocupará; libre estará en su casa por un año, para alegrar a la mujer que tomó.

6 No tomarás en prenda la muela del molino, ni la de abajo ni la de arriba; porque sería tomar en prenda la vida del hombre.

7 Cuando sea hallado alguno que haya raptado a uno de sus hermanos los hijos de Israel, y le haya esclavizado, o le haya vendido, morirá el tal ladrón, y quitarás el mal de en medio de ti.

8 En cuanto a la plaga de la lepra, ten cuidado de observar diligentemente y hacer según todo lo que os enseñen los sacerdotes levitas; según yo les he mandado, así cuidaréis de hacer.

9 Acuérdate de lo que hizo Jehová tu Dios a María en el camino, después que salisteis de Egipto.

10 Cuando entregues a tu prójimo alguna cosa prestada, no entrarás en su casa para tomarle prenda.

11 Te quedarás fuera, y el hombre a quien prestaste te sacará la prenda.

12 Y si el hombre es pobre, no te acostarás reteniendo aún su prenda.

13 Sin falta le devolverás la prenda cuando el sol se ponga, para que pueda dormir en su ropa, y te bendiga; y te será justicia delante de Jehová tu Dios.

14 No explotarás al jornalero humilde y menesteroso, ya sea de tus hermanos o de los extranjeros que habitan en tu tierra dentro de tus ciudades.

15 Cada día le darás su jornal, y no se pondrá el sol sin dárselo; pues es pobre, y con él sustenta su vida; para que no clame contra ti a Jehová, y sea en ti pecado.

16 Los padres no morirán por los hijos, ni los hijos por los padres; cada uno morirá por su pecado.

17 No torcerás el derecho del extranjero ni del huérfano, ni tomarás en prenda la ropa de la viuda.

18 sino que te acordarás que fuiste siervo en Egipto, y que de allí te rescató Jehová tu Dios; por tanto, yo te mando que hagas esto.

19 Cuando siegues tu mies en tu campo, y olvides alguna gavilla en el campo, no volverás para recogerla; será para el extranjero, para el huérfano y para la viuda; para que te bendiga Jehová tu Dios en toda obra de tus manos.

20 Cuando sacudas tus olivos, no recorrerás las ramas que hayas dejado tras de ti; serán para el extranjero, para el huérfano y para la viuda.

21 Cuando vendimies tu viña, no rebuscarás tras de ti; será para el extranjero, para el huérfano y para la viuda.

22 Y acuérdate que fuiste esclavo en tierra de Egipto; por tanto, yo te mando que hagas esto.

25 Cuando haya pleito entre algunos, y acudan al tribunal para que los jueces los juzguen, éstos absolverán al justo, y condenarán al culpable.

2 Y si el delincuente merece ser azotado, entonces el juez le hará echar en tierra, y le hará azotar en su presencia; según su delito será el número de azotes.

3 Se podrá dar cuarenta azotes, no más; no sea que, si lo hieren con muchos azotes más que éstos, se sienta tu hermano envilecido delante de tus ojos.

4 No pondrás bozal al buey cuando trille.

La ley del levirato

5 Si varios hermanos habitan juntos, y muere alguno de ellos, y no tiene hijos, la mujer del muerto no se casará fuera con hombre extraño; su cuñado se llegará a ella, y la tomará por su mujer, y hará con ella parentesco.

6 Y el primogénito que ella dé a luz sucederá en el nombre de su hermano muerto, para que el nombre de éste no sea borrado de Israel.

7 Y si el hombre no quiere tomar a su

cuñada, irá entonces su cuñada a la puerta, a los ancianos, y dirá: Mi cuñado no quiere suscitar nombre en Israel a su hermano; no quiere emparentar conmigo.

8 Entonces los ancianos de aquella ciudad lo harán venir, y hablarán con él; y si él se levanta y dice: No quiero tomarla,

9 se acercará entonces su cuñada a él delante de los ancianos, y le quitará el calzado del pie, y escupirá delante de él, y hablará y dirá: Así será hecho al varón que no quiere edificar la casa de su hermano.

10 Y se le dará este nombre en Israel: La casa del descalzado.

11 Si algunos riñen entre sí, y se acerca la mujer de uno para librar a su marido de mano del que le hiere, y alargando su mano le agarra de sus genitales,

12 le cortarás entonces la mano; no la perdonarás.

13 No tendrás en tu bolsa pesa grande y pesa chica,

14 ni tendrás en tu casa efa grande y efa pequeño.

15 Pesa exacta y justa tendrás; efa cabal y justo tendrás, para que tus días sean prolongados sobre la tierra que Jehová tu Dios te da.

16 Porque abominación es a Jehová tu Dios cualquiera que hace esto, y cualquiera que hace injusticia.

Orden de exterminar a Amalec

17 Acuérdate de lo que hizo Amalec contigo en el camino, cuando salías de Egipto;

18 de cómo te salió al encuentro en el camino, y te desbarató la retaguardia de todos los débiles que iban detrás de ti, cuando tú estabas cansado y trabajado; y no tuvo ningún temor de Dios.

19 Por tanto, cuando Jehová tu Dios te dé descanso de todos tus enemigos alrededor, en la tierra que Jehová tu Dios te da por heredad para que la poseas, borrarás la memoria de Amalec de debajo del cielo; no lo olvides.

Primicias y diezmos

26 Cuando hayas entrado en la tierra que Jehová tu Dios te da por herencia, y tomes posesión de ella y la habites,

2 tomarás de las primicias de todos los frutos que saques de la tierra que Jehová tu Dios te da, y las pondrás en una canasta, e irás al lugar que Jehová tu Dios escoja para hacer habitar allí su nombre.

3 Y te presentarás al sacerdote que esté entonces en funciones, y le dirás: Declaro hoy a Jehová tu Dios, que he entrado en la tierra que juró Jehová a nuestros padres que nos daría.

4 Y el sacerdote tomará la canasta de tu mano, y la pondrá delante del altar de Jehová tu Dios.

5 Entonces hablarás y dirás delante de Jehová tu Dios: Un arameo a punto de perecer fue mi padre, el cual descendió a Egipto y habitó allí con pocos hombres, y allí creció y llegó a ser una nación grande, fuerte y numerosa;

6 y los egipcios nos maltrataron y nos afligieron, y pusieron sobre nosotros dura servidumbre.

7 Y clamamos a Jehová el Dios de nuestros padres; y Jehová oyó nuestra voz, y vio nuestra aflicción, nuestro trabajo y nuestra opresión;

8 y Jehová nos sacó de Egipto con mano fuerte, con brazo extendido, con grande espanto, y con señales y con milagros;

9 y nos trajo a este lugar, y nos dio esta tierra, tierra que fluye leche y miel.

10 Y ahora, he aquí he traído las primicias del fruto de la tierra que me diste, oh Jehová. Y lo dejarás delante de Jehová tu Dios, y adorarás delante de Jehová tu Dios.

11 Y te alegrarás en todo el bien que Jehová tu Dios te haya dado a ti y a tu casa, y también se regocijará el levita y el extranjero que está en medio de ti.

12 Cuando acabes de diezmar todo el diezmo de tus frutos en el año tercero, el año del diezmo, darás también al levita, al extranjero, al huérfano y a la viuda; y comerán en tus aldeas, y se saciarán.

13 Y dirás delante de Jehová tu Dios: He sacado de mi casa lo que era sagrado, y lo he dado al levita, al extrajero, al huérfano y a la viuda, conforme a todo lo que me has mandado; no he transgredido tus mandamientos, ni me he olvidado de ellos.

14 No he comido de ello durante mi luto, ni he consumido de ello estando yo inmundo, ni de ello he ofrecido a los muertos; he obedecido a la voz de Jehová mi Dios, he hecho conforme a todo lo que me has mandado.

15 Mira desde tu morada santa, desde el cielo, y bendice a tu pueblo Israel, y a la tierra que nos has dado, como juraste a nuestros padres, tierra que fluye leche y miel.

16 Jehová tu Dios te manda hoy que cumplas estos estatutos y decretos; cuida, pues, de ponerlos por obra con todo tu corazón y con toda tu alma.

17 Has declarado solemnemente hoy que Jehová es tu Dios, y que andarás en sus caminos, y guardarás sus estatutos, sus mandamientos y sus decretos, y que escucharás su voz.

18 Y Jehová ha declarado hoy que tú eres pueblo suyo, de su exclusiva posesión, como te lo ha prometido, para que guardes todos sus mandamientos;

19 a fin de exaltarte sobre todas las naciones que hizo, para loor y fama y gloria, y para que seas un pueblo santo a Jehová tu Dios, como él ha dicho.

Orden de escribir la ley en piedras sobre el monte Ebal

27 Ordenó Moisés, con los ancianos de Israel, al pueblo, diciendo: Guardaréis todos los mandamientos que yo os prescribo hoy.

2 Y el día que pases el Jordán a la tierra que Jehová tu Dios te da, levantarás piedras grandes, y las revocarás con cal;

3 y escribirás en ellas todas las palabras de esta ley, cuando hayas pasado para entrar en la tierra que Jehová tu Dios te da, tierra que fluye leche y miel, como Jehová el Dios de tus padres te ha dicho.

4 Cuando, pues, hayas pasado el Jordán, levantarás estas piedras que yo os mando hoy, en el monte Ebal, y las revocarás con cal;

5 y edificarás allí un altar a Jehová tu Dios, altar de piedras; no alzarás sobre ellas instrumento de hierro.

6 De piedras enteras edificarás el altar de Jehová tu Dios, y ofrecerás sobre él holocausto a Jehová tu Dios.

7 y sacrificarás ofrendas de comunión, y comerás allí, y te alegrarás delante de Jehová tu Dios.

8 Y escribirás muy claramente en las piedras todas las palabras de esta ley.

9 Y Moisés, con los sacerdotes levitas, habló a todo Israel, diciendo: Guarda silencio y escucha, oh Israel; hoy has venido a ser pueblo de Jehová tu Dios.

10 Oirás, pues, la voz de Jehová tu Dios, y cumplirás sus mandamientos y sus estatutos, que yo te ordeno hoy.

Las maldiciones en el monte Ebal

11 Y mandó Moisés al pueblo en aquel día, diciendo:

12 Cuando hayas pasado el Jordán, éstos estarán sobre el monte Gerizim para bendecir al pueblo: *(las tribus de)* Simeón, Leví, Judá, Isacar, José y Benjamín.

13 Y estarán sobre el monte Ebal para pronunciar la maldición: *(las tribus de)* Rubén, Gad, Aser, Zabulón, Dan y Neftalí.

14 Y hablarán los levitas, y dirán a todo varón de Israel en alta voz:

15 Maldito el hombre que haga escultura o imagen de fundición, abominación a Jehová, obra de mano de artífice, y la ponga en oculto. Y todo el pueblo responderá y dirá: Amén.

16 Maldito el que deshonre a su padre o a su madre. Y dirá todo el pueblo: Amén.

17 Maldito el que reduzca el límite de su prójimo. Y dirá todo el pueblo: Amén.

18 Maldito el que haga errar al ciego en el camino. Y dirá todo el pueblo: Amén.

19 Maldito el que pervierta el derecho del extranjero, del huérfano y de la viuda. Y dirá todo el pueblo: Amén.

20 Maldito el que se acueste con la mujer de su padre, por cuanto descubrió el regazo de su padre. Y dirá todo el pueblo: Amén.

21 Maldito el que se ayuntare con cualquier bestia. Y dirá todo el pueblo: Amén.

22 Maldito el que se acueste con su hermana, hija de su padre, o hija de su madre. Y dirá todo el pueblo: Amén.

23 Maldito el que se acueste con su suegra. Y dirá todo el pueblo: Amén.

24 Maldito el que hiera a su prójimo ocultamente. Y dirá todo el pueblo: Amén.

25 Maldito el que reciba soborno para quitar la vida al inocente. Y dirá todo el pueblo: Amén.

26 Maldito el que no confirme las palabras de esta ley para hacerlas. Y dirá todo el pueblo: Amén.

Bendiciones de la obediencia

28 Acontecerá que si oyes atentamente la voz de Jehová tu Dios, para guardar y poner por obra todos sus mandamientos que yo te prescribo hoy, también Jehová Dios te exaltará sobre todas las naciones de la tierra.

2 Y vendrán sobre ti todas estas bendiciones, y te alcanzarán, si oyes la voz de Jehová tu Dios.

3 Bendito serás tú en la ciudad, y bendito tú en el campo.

4 Bendito el fruto de tu vientre, el fruto de tu tierra, el fruto de tus bestias, la cría de tus vacas y los rebaños de tus ovejas.

5 Benditas serán tu canasta y tu artesa de amasar.

6 Bendito serás en tu entrar, y bendito en tu salir.

7 Jehová derrotará a tus enemigos que se levanten contra ti; por un camino saldrán contra ti, y por siete caminos huirán de delante de ti.

8 Jehová te enviará su bendición sobre tus graneros, y sobre todo aquello en que pongas tu mano; y te bendecirá en la tierra que Jehová tu Dios te da.

9 Te confirmará Jehová por pueblo santo suyo, como te lo ha jurado, si guardas los mandamientos de Jehová tu Dios, y andas en sus caminos.

10 Y verán todos los pueblos de la tierra que el nombre de Jehová es invocado sobre ti, y te temerán.

11 Y te hará Jehová sobreabundar en bienes, en el fruto de tu vientre, en el fruto de

tu bestia, y en el fruto de tu tierra, en el país que Jehová juró a tus padres que te había de dar.

12 Te abrirá Jehová su buen tesoro, el cielo, para enviar la lluvia a tu tierra en su tiempo, y para bendecir toda obra de tus manos. Y prestarás a muchas naciones, y tú no pedirás prestado.

13 Te pondrá Jehová por cabeza, y no por cola; y estarás encima solamente, y no estarás debajo, si obedeces los mandamientos de Jehová tu Dios, que yo te ordeno hoy, para que los guardes y cumplas,

14 y si no te apartas de todas las palabras que yo te mando hoy, ni a diestra ni a siniestra, para ir tras dioses ajenos y servirles.

Consecuencias de la desobediencia

15 Pero acontecerá, si no oyes la voz de Jehová tu Dios, para procurar cumplir todos sus mandamientos y sus estatutos que yo te intimo hoy, que vendrán sobre ti todas estas maldiciones, y te alcanzarán.

16 Maldito serás tú en la ciudad, y maldito en el campo.

17 Maldita tu canasta, y tu artesa de amasar.

18 Maldito el fruto de tu vientre, el fruto de tu tierra, la cría de tus vacas, y los rebaños de tus ovejas.

19 Maldito serás en tu entrar, y maldito en tu salir.

20 Y Jehová enviará contra ti la maldición, el desastre y la amenaza en todo cuanto pongas tu mano para hacerlo, hasta que seas destruido, y perezcas pronto a causa de la maldad de tus obras por las cuales me habrás dejado.

21 Jehová traerá sobre ti mortandad, hasta que te consuma de la tierra a la cual entras para tomar posesión de ella.

22 Jehová te herirá de tisis, de fiebre, de inflamación y de ardor, con sequía, con calamidad repentina y con añublo; y te perseguirán hasta que perezcas.

23 Y los cielos que están sobre tu cabeza serán de bronce, y la tierra que está debajo de ti, de hierro.

24 Dará Jehová por lluvia a tu tierra polvo y ceniza; de los cielos descenderán sobre ti hasta que perezcas.

25 Jehová te entregará derrotado delante de tus enemigos; por un camino saldrás contra ellos, y por siete caminos huirás delante de ellos; y serás objeto de horror para todos los reinos de la tierra.

26 Y tus cadáveres servirán de comida a toda ave del cielo y fiera de la tierra, y no habrá quien las espante.

27 Jehová te herirá con la úlcera de Egipto, con tumores, con sarna, y con comezón de los que no podrás ser curado.

28 Jehová te herirá con locura, ceguera y turbación de espíritu;

29 y palparás a mediodía como palpa el ciego en la oscuridad, y no serás prosperado en tus caminos; y no serás sino oprimido y robado todos los días, y no habrá quien te salve.

30 Te desposarás con mujer, y otro varón dormirá con ella; edificarás casa, y no habitarás en ella; plantarás viña, y no la disfrutarás.

31 Tu buey será matado delante de tus ojos, y tú no comerás de él; tu asno será arrebatado de delante de ti, y no te será devuelto; tus ovejas serán dadas a tus enemigos, y no tendrás quien te las rescate.

32 Tus hijos y tus hijas serán entregados a otro pueblo, y tus ojos lo verán, y desfallecerán por ellos todo el día; y no habrá fuerza en tu mano.

33 El fruto de tu tierra y de todo tu trabajo se lo comerá un pueblo que no conociste; y no serás sino oprimido y quebrantado todos los días.

34 Y enloquecerás a causa de lo que verás con tus ojos.

35 Te herirá Jehová con maligna pústula en las rodillas y en las piernas, desde la planta de tu pie hasta tu coronilla, sin que puedas ser curado.

36 Jehová te llevará a ti, y al rey que haya puesto sobre ti, a una nación que no conociste ni tú ni tus padres; y allí servirás a dioses ajenos, de madera y de piedra.

37 Y serás motivo de horror, y servirás de refrán y de burla a todos los pueblos a los cuales te llevará Jehová.

38 Sacarás mucha semilla al campo, y recogerás poco, porque la langosta lo consumirá.

39 Plantarás viñas y labrarás, pero no beberás vino, ni recogerás uvas, porque el gusano se las comerá.

40 Tendrás olivos en todo tu territorio, mas no te ungirás con el aceite, porque tu aceituna se caerá.

41 Hijos e hijas engendrarás, y no serán para ti, porque irán en cautiverio.

42 Toda tu arboleda y el fruto de tu tierra serán consumidos por la langosta.

43 El extranjero que estará en medio de ti se elevará a costa tuya cada vez más alto, y tú caerás cada vez más bajo.

44 Él te prestará a ti, y tú no le prestarás a él; él será por cabeza, y tú serás por cola.

45 Y vendrán sobre ti todas estas maldiciones, y te perseguirán, y te alcanzarán hasta que perezcas; por cuanto no habrás atendido a la voz de Jehová tu Dios, para guardar sus mandamientos y sus estatutos, que él te mandó;

46 y serán por señal y por prodigio, sobre ti y sobre tu descendencia para siempre.

47 Por cuanto no serviste a Jehová tu Dios con alegría y con gozo de corazón, cuando abundabas en todas las cosas,

48 servirás a tus enemigos que enviará Jehová contra ti, con hambre y con sed y con desnudez, y con falta de todas las cosas; y él pondrá yugo de hierro sobre tu cuello, hasta destruirte.

49 Jehová traerá contra ti una nación de lejos, del extremo de la tierra, que vuele como águila, nación cuya lengua no entenderás;

50 gente fiera de rostro, que no tendrá respeto al anciano, ni perdonará al niño;

51 y comerá el fruto de tu bestia y el fruto de tu tierra, hasta que perezcas; y no te dejará grano, ni mosto, ni aceite, ni la cría de tus vacas, ni los rebaños de tus ovejas, hasta destruirte.

52 Pondrá sitio a todas tus ciudades, hasta que caigan tus muros altos y fortificados en que tú confías, en toda tu tierra; sitiará, pues, todas tus ciudades y toda la tierra que Jehová tu Dios te haya dado.

53 Y comerás el fruto de tu vientre, la carne de tus hijos y de tus hijas que Jehová tu Dios te dio, en el asedio y en el apuro con que te angustiará tu enemigo.

54 El hombre tierno en medio de ti, y el muy delicado, mirará con malos ojos a su hermano, y a la esposa de su corazón, y al resto de sus hijos que le queden;

55 para no dar a ninguno de ellos de la carne de sus hijos, que él estará comiendo, por no haberle quedado nada, en el asedio y el apuro con que tu enemigo te oprimirá en todas tus ciudades.

56 La tierna y la delicada entre vosotros, que no osaría sentar sobre la tierra la planta de su pie, de pura delicadeza y ternura, mirará con malos ojos al esposo de su corazón, e incluso a su hijo y a su hija, ·

57 y aun al bebé que corretea entre sus pies, y a sus hijos que haya dado a luz; pues los comerá ocultamente, por la carencia de todo, en el asedio y en el apuro con que tu enemigo te oprimirá en tus ciudades.

58 Si no cuidas de poner por obra todas las palabras de esta ley que están escritas en este libro, temiendo este nombre glorioso y terrible: JEHOVÁ TU DIOS,

59 entonces Jehová aumentará prodigiosamente tus plagas y las plagas de tu descendencia, plagas grandes y permanentes, y enfermedades malignas y duraderas;

60 y traerá sobre ti todos los males de Egipto, delante de los cuales temiste, y no te dejarán.

61 Asimismo toda enfermedad y toda plaga que no está escrita en el libro de esta ley, Jehová la enviará sobre ti, hasta que seas destruido.

62 Y quedaréis pocos en número, en lugar de haber sido como las estrellas del cielo en multitud, por cuanto no obedecisteis a la voz de Jehová tu Dios.

63 Así como Jehová se gozaba en haceros bien y en multiplicaros, así se gozará Jehová en arruinaros y en destruiros; y seréis arrancados de sobre la tierra a la cual entráis para tomar posesión de ella.

64 Y Jehová te esparcirá por todos los pueblos, desde un extremo de la tierra hasta el otro extremo; y allí servirás a dioses ajenos que no conociste tú ni tus padres, al leño y a la piedra.

65 Y ni aun entre estas naciones descansarás, ni la planta de tu pie tendrá reposo; pues allí te dará Jehová corazón miedoso, y desfallecimiento de ojos, y tristeza de alma;

66 y tendrás tu vida como pendiente de un hilo delante de ti, y estarás con miedo de noche y de día, y no tendrás seguridad de tu vida.

67 Por la mañana dirás: ¡Quién diera que fuese la tarde!; y a la tarde dirás: ¡Quién diera que fuese la mañana!, por el miedo de tu corazón con que estarás amedrentado, y por lo que verán tus ojos.

68 Y Jehová te hará volver a Egipto en naves, por el camino del cual te ha dicho: Nunca más volverás; y allí seréis vendidos a vuestros enemigos por esclavos y por esclavas, y no habrá quien os compre.

Pacto de Jehová con Israel en Moab

29 Estas son las palabras del pacto que Jehová mandó a Moisés que celebrase con los hijos de Israel en la tierra de Moab, además del pacto que concertó con ellos en Horeb.

2 Moisés, pues, llamó a todo Israel, y les dijo: Vosotros habéis visto todo lo que Jehová ha hecho delante de vuestros ojos en la tierra de Egipto a Faraón y a todos sus siervos, y a toda su tierra,

3 las grandes pruebas que vieron vuestros ojos, las señales y las grandes maravillas.

4 Pero hasta hoy Jehová no os ha dado corazón para entender, ni ojos para ver, ni oídos para oír.

5 Y yo os he conducido cuarenta años en el desierto; vuestros vestidos no se han envejecido sobre vosotros, ni vuestro calzado se ha gastado sobre vuestro pie.

6 No habéis comido pan, ni bebisteis vino ni sidra; para que supierais que yo soy Jehová vuestro Dios.

7 Y llegasteis a este lugar, y salieron Sehón rey de Hesbón y Og rey de Basán delante de nosotros para pelear, y los derrotamos;

8 y tomamos su tierra, y la dimos por

heredad a Rubén y a Gad y a la media tribu de Manasés.

9 Guardaréis, pues, las palabras de este pacto, y las pondréis por obra, para que prosperéis en todo lo que hagáis.

10 Vosotros todos estáis hoy en presencia de Jehová vuestro Dios; los cabezas de vuestras tribus, vuestros ancianos y vuestros oficiales, todos los varones de Israel;

11 vuestros niños, vuestras mujeres, y tus extranjeros que habitan en medio de tu campamento, desde el que corta tu leña hasta el que saca tu agua;

12 a punto de entrar en el pacto de Jehová tu Dios, y en su juramento, que Jehová tu Dios concierta hoy contigo,

13 para confirmarte hoy como su pueblo, y para que él te sea a ti por Dios, de la manera que él te ha dicho, y como lo juró a tus padres Abraham, Isaac y Jacob.

14 Y no solamente con vosotros hago yo este pacto y este juramento,

15 sino con los que están aquí presentes hoy con nosotros delante de Jehová nuestro Dios, y con los que no están aquí hoy con nosotros.

16 Porque vosotros sabéis cómo habitamos en la tierra de Egipto, y cómo hemos pasado por en medio de las naciones por las cuales habéis pasado;

17 y habéis visto sus monstruosas abominaciones y sus ídolos de madera y piedra, de plata y oro, que tienen consigo.

18 No haya, pues, entre vosotros varón o mujer, o familia o tribu, cuyo corazón se aparte hoy de Jehová nuestro Dios, para ir a servir a los dioses de esas naciones; no haya en medio de vosotros raíz que produzca hiel y ajenjo,

19 y suceda que al oír las palabras de esta maldición, él se bendiga a sí mismo en su corazón, diciendo: Tendré paz, aunque ande en la dureza de mi corazón, de suerte que con la embriaguez quite la sed.

20 No querrá Jehová perdonarlo, sino que entonces se encenderá la ira de Jehová y su celo sobre el tal hombre, y se asentará sobre él toda maldición escrita en este libro, y Jehová borrará su nombre de debajo del cielo;

21 y lo apartará Jehová de todas las tribus de Israel para su desgracia, conforme a todas las maldiciones del pacto escrito en este libro de la ley.

22 Y dirán las generaciones venideras, vuestros hijos que se levanten después de vosotros, y el extranjero que vendrá de lejanas tierras, cuando vean las plagas de aquella tierra, y sus enfermedades de las que Jehová la habrá hecho enfermar

23 (azufre y sal, tierra quemada, eso es su tierra entera; no será sembrada, ni produci-

rá, ni crecerá en ella hierba alguna, como sucedió en la destrucción de Sodoma y de Gomorra, de Admá y de Zeboim, las cuales Jehová destruyó en su furor y en su ira);

24 y aún, todas las naciones preguntarán: ¿Por qué hizo esto Jehová a esta tierra? ¿Qué significa el ardor de esta gran ira?

25 Y responderán: Por cuanto dejaron el pacto de Jehová el Dios de sus padres, que él concertó con ellos cuando los sacó de la tierra de Egipto,

26 y fueron y sirvieron a dioses ajenos, y se inclinaron a ellos, dioses a los que no conocían, y que ninguna cosa les habían dado.

27 Por eso, se encendió la ira de Jehová contra esta tierra, para traer sobre ella todas las maldiciones escritas en este libro;

28 y Jehová los desarraigó de su tierra con ira, con furor y con grande indignación, y los ha arrojado a otro país, donde hoy están.

29 Las cosas secretas pertenecen a Jehová nuestro Dios; mas las reveladas son para nosotros y para nuestros hijos para siempre, para que cumplamos todas las palabras de esta ley.

Condiciones para la restauración

30 Sucederá que cuando hayan venido sobre ti todas estas cosas, la bendición y la maldición que he puesto delante de ti, y te arrepientas en medio de todas las naciones adonde te haya arrojado Jehová tu Dios,

2 y te conviertas a Jehová tu Dios, y obedezcas a su voz conforme a todo lo que yo te mando hoy, tú y tus hijos, con todo tu corazón y con toda tu alma,

3 entonces Jehová hará volver a tus cautivos, y tendrá misericordia de ti, y volverá a recogerte de entre todos los pueblos adonde te haya esparcido Jehová tu Dios.

4 Aun cuando tus desterrados estén en las partes más lejanas que hay debajo del cielo, de allí te recogerá Jehová tu Dios, y de allá te tomará;

5 y te hará volver Jehová tu Dios a la tierra que heredaron tus padres, y será tuya; y te hará bien, y te multiplicará más que a tus padres.

6 Y circuncidará Jehová tu Dios tu corazón, y el corazón de tu descendencia, para que ames a Jehová tu Dios con todo tu corazón y con toda tu alma, a fin de que vivas.

7 Y pondrá Jehová tu Dios todas estas maldiciones sobre tus enemigos, y sobre tus aborrecedores que te persiguieron.

8 Y tú volverás, y oirás la voz de Jehová, y pondrás por obra todos sus mandamientos que yo te ordeno hoy.

9 Y te hará Jehová tu Dios abundar en toda obra de tus manos, en el fruto de tus entra-

ñas, en el fruto de tu bestia, y en el fruto de tu tierra, para bien; porque Jehová volverá a gozarse sobre ti para bien, de la manera que se gozó sobre tus padres,

10 si obedeces a la voz de Jehová tu Dios, para guardar sus mandamientos y sus estatutos escritos en este libro de la ley; si te conviertes a Jehová tu Dios con todo tu corazón y con toda tu alma.

11 Porque este mandamiento que yo te ordeno hoy no es demasiado difícil para ti, ni está lejos.

12 No está en el cielo, para que digas: ¿Quién subirá por nosotros al cielo, y nos lo traerá y nos lo hará oír para que lo cumplamos?

13 Ni está al otro lado del mar, para que digas: ¿Quién pasará por nosotros el mar, para que nos lo traiga y nos lo haga oír, a fin de que lo cumplamos?

14 Porque muy cerca de ti está la palabra, en tu boca y en tu corazón, para que la cumplas.

15 Mira, yo he puesto delante de ti hoy la vida y el bien, la muerte y el mal;

16 porque yo te mando hoy que ames a Jehová tu Dios, que andes en sus caminos, y guardes sus mandamientos, sus estatutos y sus decretos, para que vivas y seas multiplicado, y Jehová tu Dios te bendiga en la tierra a la cual entras para tomar posesión de ella.

17 Mas si tu corazón se aparta y no oyes, y te dejas extraviar, y te inclinas a dioses ajenos y les sirves,

18 yo os protesto hoy que de cierto pereceréis; no prolongaréis vuestros días sobre la tierra adonde vais, pasando el Jordán, para entrar en posesión de ella.

19 A los cielos y a la tierra llamo por testigos hoy contra vosotros, que os he puesto delante la vida y la muerte, la bendición y la maldición; escoge, pues, la vida, para que vivas tú y tu descendencia;

20 amando a Jehová tu Dios, atendiendo a su voz, y siguiéndole a él; porque él es vida para ti, y prolongación de tus días; a fin de que habites sobre la tierra que juró Jehová a tus padres, Abraham, Isaac y Jacob, que les había de dar.

Josué, nombrado sucesor de Moisés

31 Fue Moisés y habló estas palabras a todo Israel,

2 y les dijo: Este día soy de edad de ciento veinte años; no puedo más salir ni entrar; además de esto Jehová me ha dicho: No pasarás este Jordán.

3 Jehová tu Dios, él pasa delante de ti; él destruirá a estas naciones delante de ti, y las heredarás; Josué será el que estará al frente de ti, como Jehová ha dicho.

4 Y hará Jehová con ellos como hizo con Sehón y con Og, reyes de los amorreos, y con su tierra, a quienes destruyó.

5 Y los entregará Jehová delante de vosotros, y haréis con ellos conforme a todo lo que os he mandado.

6 Esforzaos y cobrad ánimo; no temáis, ni tengáis miedo de ellos, porque Jehová tu Dios es el que va contigo; no te dejará, ni te desamparará.

7 Y llamó Moisés a Josué, y le dijo en presencia de todo Israel: Esfuérzate y anímate; porque tú entrarás con este pueblo a la tierra que juró Jehová a sus padres que les daría, y tú se la harás heredar.

8 Y Jehová va delante de ti; él estará contigo, no te dejará, ni te desamparará; no temas ni te intimides.

9 Y escribió Moisés esta ley, y la dio a los sacerdotes hijos de Leví, que llevaban el arca del pacto de Jehová, y a todos los ancianos de Israel.

10 Y les mandó Moisés, diciendo: Al fin de cada siete años, en el año de la remisión, en la fiesta de los tabernáculos,

11 cuando venga todo Israel a presentarse delante de Jehová tu Dios en el lugar que él escoja, leerás esta ley delante de todo Israel a oídos de ellos.

12 Harás congregar al pueblo, varones y mujeres y niños, y a tus extranjeros que estén en tus ciudades, para que oigan y aprendan, y teman a Jehová vuestro Dios, y cuiden de cumplir todas las palabras de esta ley;

13 y sus hijos que todavía no la conocen, oigan, y aprendan a temer a Jehová vuestro Dios todos los días que viváis sobre la tierra adonde vais, pasando el Jordán, para tomar posesión de ella.

14 Y Jehová dijo a Moisés: He aquí se ha acercado el día de tu muerte; llama a Josué, y esperad en el tabernáculo de reunión para que yo le dé el cargo. Fueron, pues, Moisés y Josué, y esperaron en el tabernáculo de reunión.

15 Y se apareció Jehová en el tabernáculo, en la columna de nube; y la columna de nube se puso sobre la puerta del tabernáculo.

16 Y Jehová dijo a Moisés: He aquí, tú vas a dormir con tus padres, y este pueblo se levantará y fornicará tras los dioses ajenos de la tierra adonde va para estar en medio de ella; y me dejará, e invalidará mi pacto que he concertado con él;

17 y se encenderá mi furor contra él en aquel día; y los abandonaré, y esconderé de ellos mi rostro, y serán consumidos; y vendrán sobre ellos muchos males y angustias, y

dirán en aquel día: ¿No me han venido estos males porque no está mi Dios en medio de mí?

18 Pero ciertamente yo esconderé mi rostro en aquel día, por todo el mal que ellos habrán hecho, por haberse vuelto a dioses ajenos.

19 Escribid ahora para vuestro uso el cántico siguiente, y enséñalo a los hijos de Israel; ponlo en boca de ellos, para que este cántico me sea por testigo contra los hijos de Israel.

20 Porque yo los introduciré en la tierra que juré a sus padres, la cual fluye leche y miel; y comerán y se saciarán, y engordarán; y se volverán a dioses ajenos y les servirán, y me enojarán, e invalidarán mi pacto.

21 Y cuando les vengan muchos males y angustias, entonces este cántico responderá en su cara como testigo, pues será recordado por la boca de sus descendientes; porque yo conozco lo que se proponen de antemano, antes que los introduzca en la tierra que juré darles.

22 Y Moisés escribió este cántico aquel día, y lo enseñó a los hijos de Israel.

23 Y dio orden a Josué hijo de Nun, y dijo: Esfuérzate y anímate, pues tú introducirás a los hijos de Israel en la tierra que les juré, y yo estaré contigo.

Orden de guardar la ley junto al arca

24 Y cuando acabó Moisés de escribir las palabras de esta ley en un libro hasta el fin,

25 dio órdenes Moisés a los levitas que llevaban el arca del pacto de Jehová, diciendo:

26 Tomad este libro de la ley, y ponedlo al lado del arca del pacto de Jehová vuestro Dios, y esté allí por testigo contra ti.

27 Porque yo conozco tu rebelión, y tu dura cerviz; he aquí que aun viviendo yo con vosotros hoy, sois rebeldes a Jehová; ¿cuánto más después que yo haya muerto?

28 Congregad a mí todos los ancianos de vuestras tribus, y a vuestros oficiales, y hablaré en sus oídos estas palabras, y llamaré por testigos contra ellos a los cielos y a la tierra.

29 Porque yo sé que después de mi muerte, ciertamente os corromperéis y os apartaréis del camino que os he mandado; y que os ha de venir mal en los postreros días, por haber hecho mal ante los ojos de Jehová, enojándole con las obras de vuestras manos.

Cántico de Moisés

30 Entonces habló Moisés a oídos de toda la congregación de Israel las palabras de este cántico hasta el fin.

32 Escuchad, cielos, y hablaré;
Y oiga la tierra los dichos de mi boca.

2 Goteará como la lluvia mi enseñanza;
Destilará como el rocío mi razonamiento;
Como la llovizna sobre la grama,
Y como las gotas sobre la hierba;

3 Porque el nombre de Jehová proclamaré.
Engrandeced a nuestro Dios.

4 Él es la Roca, cuya obra es perfecta,
Porque todos sus caminos son rectitud;
Dios de verdad, y sin ninguna iniquidad en él;
Es justo y recto.

5 La corrupción no es suya; de sus hijos es la mancha,
Generación torcida y perversa.

6 ¿Así pagáis a Jehová,
Pueblo loco e ignorante?
¿No es él tu padre que te creó?
Él te hizo y te estableció.

7 Acuérdate de los tiempos antiguos,
Considera los años de muchas generaciones;
Pregunta a tu padre, y él te declarará;
A tus ancianos, y ellos te dirán.

8 Cuando el Altísimo hizo heredar a las naciones,
Cuando hizo dividir a los hijos de los hombres,
Estableció los límites de los pueblos
Según el número de los hijos de Israel.

9 Porque la porción de Jehová es su pueblo;
Jacob la heredad que le tocó.

10 Le halló en tierra de desierto,
Y en yermo de horrible soledad;
Lo trajo alrededor, lo instruyó,
Lo guardó como a la niña de su ojo.

11 Como el águila que excita a su nidada,
Revolotea sobre sus pollos,
Extiende sus alas, los toma,
Los lleva sobre sus plumas,

12 Jehová solo le guió,
Y con él no hubo dios extraño.

13 Lo hizo subir sobre las alturas de la tierra.
Y comer los frutos del campo.
Le dio a gustar miel de la peña,
Y aceite del duro pedernal;

14 Mantequilla de vacas y leche de ovejas,
Con grosura de corderos,
Y carneros de Basán; también machos cabríos,
Con lo mejor del trigo;
Y por bebida la sangre roja de la uva.

15 Pero engordó Jesurún, y tiró coces
(Engordaste, te cubriste de grasa);
Entonces rechazó a Dios su Hacedor,
Y menospreció la Roca de su salvación.

16 Le despertaron a celos con los dioses ajenos;
Lo provocaron a ira con abominaciones.

17 Sacrificaron a los demonios, y no a
Dios;
A dioses a los que no habían conocido,
A nuevos dioses venidos de cerca,
Que no habían temido vuestros padres.

18 De la Roca que te creó te olvidaste;
Te has olvidado de Dios tu creador.

19 Y lo vio Jehová, y se encendió en ira
Por el menosprecio de sus hijos y de sus
hijas.

20 Y dijo: Esconderé de ellos mi rostro,
Veré cuál será su fin;
Porque son una generación perversa,
Hijos infieles,

21 Ellos me movieron a celos con lo que no
es Dios;
Me provocaron a ira con sus ídolos;
Yo también los moveré a celos con un
pueblo que no es pueblo,
Los provocaré a ira con una nación
insensata.

22 Porque fuego se ha encendido en mi ira,
y arderá hasta las profundidades del
Seol;
Devorará la tierra y sus frutos,
Y abrasará los fundamentos de los
montes.

23 Yo amontonaré males sobre ellos;
Emplearé en ellos mis saetas.

24 Consumidos serán de hambre, y devora-
dos de fiebre ardiente
Y de peste amarga;
Diente de fieras enviaré también sobre
ellos,
Con veneno de serpientes de la tierra.

25 Por fuera desolará la espada,
Y dentro de las casas el espanto;
Así al joven como a la doncella,
Al niño de pecho como al hombre cano.

26 Yo había dicho que los esparciría lejos,
Que haría cesar de entre los hombres la
memoria de ellos,

27 De no haber temido la provocación del
enemigo,
No sea que se envanezcan sus adversarios,
No sea que digan: Nuestra mano poderosa
Ha hecho todo esto, y no Jehová.

28 Porque son nación privada de consejos,
Y no hay en ellos entendimiento.

29 ¡Ojalá fueran sabios, que comprendie-
ran esto,
Y se dieran cuenta del fin que les espera!

30 ¿Cómo podría perseguir uno a mil,
Y dos hacer huir a diez mil,
Si su Roca no los hubiese vendido,
Y Jehová no los hubiera entregado?

31 Porque la roca de ellos no es como
nuestra Roca,
Y aún nuestros enemigos son de ello
jueces.

32 Porque de la vid de Sodoma es la vid de
ellos,
Y de los campos de Gomorra;
Las uvas de ellos son uvas ponzoñosas,
Racimos muy amargos tienen.

33 Veneno de serpientes es su vino,
Y ponzoña cruel de áspides.

34 Pero él, ¿no está guardado conmigo,
Sellado como una joya de mi tesorería?

35 Mía es la venganza y la retribución;
Para el momento en que su pie resbale,
Porque el día de su aflicción está cer-
cano,
Y lo que les está preparado se apresura.

36 Porque Jehová juzgará a su pueblo,
Y se apiadará de sus siervos,
Cuando vea que su fuerza se agotó,
Y que no queda ni siervo ni libre.

37 Y dirá: ¿Dónde están sus dioses,
La roca en que se refugiaban,

38 Que comían la grosura de sus sacrificios,
Y bebían el vino de sus libaciones?
¡Levántense, y que os salven!
¡Sean ellos vuestro amparo!

39 Ved ahora que sólo yo soy,
Y no hay dioses conmigo;
Yo hago morir, y yo hago vivir;
Yo hiero, y yo sano;
Y no hay quien pueda librar de mi
mano.

40 Si alzo al cielo mi mano,
Y digo: Vivo yo para siempre,

41 Cuando afile mi espada reluciente,
Y mi mano empuñe el juicio,
Yo tomaré venganza de mis adversa-
rios,
Y daré el pago a los que me aborrecen.

42 Embriagaré de sangre mis saetas,
Y mi espada devorará carne;
La sangre de los muertos y de los cau-
tivos,
En las cabezas de los caudillos ene-
migos.

43 Alabad, naciones, a su pueblo,
Porque él vengará la sangre de sus
siervos,
Y dará el pago a sus enemigos,
Y hará expiación por la tierra de su
pueblo.

44 Vino Moisés y recitó todas las palabras
de este cántico a oídos del pueblo, él y Josué
hijo de Nun.

45 Y acabó Moisés de recitar todas estas
palabras a todo Israel;

46 Y les dijo: Aplicad vuestro corazón a
todas las palabras que yo os testifico hoy,
para que las mandéis a vuestros hijos, a fin
de que cuiden de cumplir todas las palabras
de esta ley.

47 Porque no os es cosa vana; es vuestra
vida, y por medio de esta ley haréis prolon-
gar vuestros días sobre la tierra adonde vais,

pasando el Jordán, para tomar posesión de
ella.

48 Y habló Jehová a Moisés aquel mismo
día, diciendo:

49 Sube a este monte de Abarim, al monte
Nebo, situado en la tierra de Moab que está
frente a Jericó, y mira la tierra de Canaán,
que yo doy por heredad a los hijos de Israel;

50 y muere en el monte al cual subes, y te
irás a reunir con los tuyos, así como murió
Aarón tu hermano en el monte Hor, y fue
unido a su pueblo;

51 por cuanto pecasteis contra mí en medio
de los hijos de Israel en las aguas de Meribá
de Cadés, en el desierto de Zin; porque no
me santificasteis en medio de los hijos de
Israel.

52 Verás, por tanto, delante de ti la tierra;
mas no entrarás allá, a la tierra que doy a los
hijos de Israel.

Moisés bendice a las doce tribus de Israel

33 Esta es la bendición con la cual bendijo Moisés, varón de Dios, a los
hijos de Israel, antes de morir.

2 Dijo:
Jehová vino de Sinay,
Y de Seír les esclareció;
Resplandeció desde el monte de Parán,
Y vino de entre diez millares de santos,
Con la ley de fuego a su mano derecha.

3 De cierto ama a su pueblo;
Todos los consagrados estaban en tu
mano;
Por tanto, ellos, siguieron en tus pasos,
Recibiendo dirección de ti,

4 Cuando Moisés nos ordenó una ley,
Como heredad a la congregación de
Jacob.

5 Y fue rey en Jesurún,
Cuando se congregaron los jefes del
pueblo
Con las tribus de Israel.

6 Viva Rubén, y no muera;
Y no sean pocos sus varones.

7 Y esta bendición profirió para Judá.
Dijo así:
Oye, oh Jehová, la voz de Judá,
Y llévalo a su pueblo;
Sus manos le basten,
Y tú seas su ayuda contra sus enemigos.

8 A Leví dijo:
Tu Tumim y tu Urim sean para el hom-
bre de tu agrado,
A quien probaste en Massá,
Con quien contendiste en las aguas de
Meribá.

9 Quien dijo de su padre y de su madre:
Nunca los he visto;
Y no reconoció a sus hermanos,
Ni a sus hijos conoció;

Pues ellos guardaron tus palabras,
Y cumplieron tu pacto.

10 Ellos enseñarán tus juicios a Jacob,
Y tu ley a Israel;
Pondrán el incienso delante de ti,
Y el holocausto sobre tu altar.

11 Bendice, oh Jehová, lo que hagan,
Y recibe con agrado la obra de sus
manos;
Hiere los lomos de sus enemigos,
Y de los que lo aborrezcan, para que
nunca se levanten.

12 A Benjamín dijo:
El amado de Jehová habitará confiado
cerca de él;
Lo cubrirá siempre,
Y entre sus hombros morará.

13 A José dijo:
Bendita de Jehová sea tu tierra,
Con lo mejor de los cielos, con el rocío,
Y con el abismo que está abajo.

14 Con los más escogidos frutos del sol,
Con lo que brota a cada luna;

15 Con el fruto más fino de los montes
antiguos,
Con la abundancia de los collados
eternos,

16 Y con las mejores dádivas de la tierra y
su plenitud;
Y la gracia del que habitó en la zarza
Venga sobre la cabeza de José,
Y sobre la frente de aquel que es prínci-
pe entre sus hermanos.

17 Como el promogénito de su toro es su
gloria,
Y sus astas como astas de búfalo;
Con ellas acorneará a los pueblos juntos
hasta los fines de la tierra;
Tales son los diez millares de Efraín,
Tales son los millares de Manasés.

18 A Zabulón dijo:
Alégrate, Zabulón, cuando salgas;
Y tú, Isacar, en tus tiendas.

19 Llamarán a los pueblos a su monte;
Allí sacrificarán sacrificios de justicia,
Pues gustarán la abundancia de los
mares,
Y los tesoros escondidos en la arena.

20 A Gad dijo:
Bendito el que hizo ensanchar a Gad;
Como león reposa,
Y arrebata brazo y testa.

21 Escoge lo mejor de la tierra para sí,
Porque allí le fue reservada la porción
del legislador.
Y vino en la delantera del pueblo;
Con Israel ejecutó los mandatos y los
justos decretos de Jehová.

22 A Dan dijo:
Dan es cachorro de león
Que salta desde Basán.

23 A Neftalí dijo:

Neftalí, saciado de favores,
Y lleno de la bendición de Jehová,
Posee el occidente y el sur.

24 A Aser dijo:
Bendito sobre los hijos sea Aser;
Sea el amado de sus hermanos,
Y moje en aceite su pie.

25 Hierro y bronce serán tus cerrojos,
Y como tus días serán tus fuerzas.

26 No hay como el Dios de Jesurún,
Quien cabalga sobre los cielos para tu
ayuda,
Y sobre las nubes con su grandeza.

27 El eterno Dios es tu refugio,
Y acá abajo los brazos eternos;
Él echó de delante de ti al enemigo,
Y dijo: Destruye.

28 E Israel habitará confiado; la fuente de
Jacob aparte brota
En tierra de grano y de vino;
También sus cielos destilarán rocío.

29 Bienaventurado tú, oh Israel.
¿Quién como tú,
Pueblo salvo por Jehová,
Escudo de tu socorro,
Y espada de tu triunfo?
Así que tus enemigos serán humillados,
Y tú hollarás sobre sus alturas.

Muerte y sepultura de Moisés

34 Subió Moisés de los campos de Moab
al monte Nebo, a la cumbre del Pisga,
que está enfrente de Jericó; y le mostró
Jehová toda la tierra de Galaad hasta Dan,
2 todo Neftalí, y la tierra de Efraín y de
Manasés, toda la tierra de Judá hasta el mar
occidental;
3 el Néguev, y la llanura, la vega de Jericó,
ciudad de las palmeras, hasta Zoar.
4 Y le dijo Jehová: Esta es la tierra de que
juré a Abraham, a Isaac y a Jacob, diciendo:
A tu descendencia la daré. Te he permitido
verla con tus ojos, mas no pasarás allá.
5 Y murió allí Moisés, siervo de Jehová, en
la tierra de Moab, conforme al dicho de
Jehová.
6 Y lo enterró en el valle, en la tierra de
Moab, enfrente de Bet-peor; y ninguno
conoce el lugar de su sepultura hasta hoy.
7 Era Moisés de edad de ciento veinte años
cuando murió; sus ojos nunca se oscurecieron, ni perdió su vigor.
8 Y lloraron los hijos de Israel a Moisés en
los campos de Moab treinta días; y así se
cumplieron los días del llanto y del luto por
Moisés.
9 Y Josué hijo de Nun fue lleno del espíritu
de sabiduría, porque Moisés había puesto
sus manos sobre él; y los hijos de Israel le
obedecieron, e hicieron como Jehová mandó a Moisés.
10 Y nunca más se levantó profeta en Israel
como Moisés, con quien trataba Jehová cara
a cara;
11 nadie como él en todas las señales y
prodigios que Jehová le envió a hacer en
tierra de Egipto, a Faraón y a todos sus
siervos y a toda su tierra,
12 y en el gran poder y en los hechos
grandiosos y terribles que Moisés hizo a la
vista de todo Israel.

JOSUÉ

Preparativos para la conquista

1 Aconteció después de la muerte de
Moisés, siervo de Jehová, que Jehová
habló a Josué, hijo de Nun, servidor de
Moisés, diciendo:
2 Mi siervo Moisés ha muerto; ahora, pues,
levántate y pasa este Jordán, tú y todo este
pueblo, a la tierra que yo les doy a los hijos
de Israel.
3 Yo os he entregado, como lo había dicho
a Moisés, todo lugar que pise la planta de
vuestro pie.
4 Desde el desierto y el Líbano hasta el gran
río Éufrates, toda la tierra de los heteos
hasta el gran mar donde se pone el sol, será
vuestro territorio.
5 Nadie te podrá hacer frente en todos los
días de tu vida; como estuve con Moisés,
estaré contigo; no te dejaré, ni te desampararé.
6 Esfuérzate y sé valiente; porque tú repar-
tirás a este pueblo por heredad la tierra que
juré a sus padres que les daría.
7 Solamente esfuérzate y sé muy valiente,
para cuidar de hacer conforme a toda la ley
que mi siervo Moisés te mandó; no te apartes de ella ni a diestra ni a siniestra, para que
seas prosperado en todas las cosas que
emprendas.
8 Que no se aparte de tu boca este libro de
la ley, sino que de día y de noche has de
meditar en él, para que guardes y hagas
conforme a todo lo que en él está escrito;
porque entonces harás prosperar tu camino,
y todo te saldrá bien.
9 Mira que te mando que te esfuerces y seas
valiente; no temas ni desmayes, porque

Jehová tu Dios estará contigo en dondequiera que vayas.

10 Y Josué mandó a los oficiales del pueblo, diciendo:

11 Pasad por en medio del campamento y mandad al pueblo, diciendo: Preparaos comida, porque dentro de tres días pasaréis el Jordán para entrar a poseer la tierra que Jehová vuestro Dios os da en posesión.

12 También habló Josué a los rubenitas y gaditas y a la media tribu de Manasés, diciendo:

13 Acordaos de la palabra que Moisés, siervo de Jehová, os mandó diciendo: Jehová vuestro Dios os ha dado reposo, y os ha dado esta tierra.

14 Vuestras mujeres, vuestros niños y vuestros ganados quedarán en la tierra que Moisés os ha dado a este lado del Jordán; mas vosotros, todos los valientes y fuertes, pasaréis armados delante de vuestros hermanos, y los ayudaréis,

15 hasta tanto que Jehová haya dado reposo a vuestros hermanos como a vosotros, y que ellos también posean la tierra que Jehová vuestro Dios les da; y después volveréis vosotros a la tierra de vuestra herencia, la cual Moisés siervo de Jehová os ha dado, a este lado del Jordán hacia donde nace el sol; y entraréis en posesión de ella.

16 Entonces respondieron a Josué, diciendo: Nosotros haremos todas las cosas que nos has mandado, e iremos adondequiera que nos mandes.

17 De la manera que obedecimos a Moisés en todas las cosas, así te obedeceremos a ti; solamente que Jehová tu Dios esté contigo, como estuvo con Moisés.

18 Cualquiera que sea rebelde a tu mandamiento, y no obedezca a tus palabras en todas las cosas que le mandes, que muera; solamente que te esfuerces y seas valiente.

Josué envía espías a Jericó

2 Josué hijo de Nun envió desde Sitim dos espías secretamente, diciéndoles: Andad, reconoced la tierra, y a Jericó. Y ellos fueron, y entraron en casa de una ramera que se llamaba Rahab, y pernoctaron allí.

2 Y fue dado aviso al rey de Jericó, diciendo: He aquí que unos hombres de los hijos de Israel han venido aquí esta noche para espiar la tierra.

3 Entonces el rey de Jericó envió a decir a Rahab: Saca a los hombres que han venido a ti, y han entrado en tu casa; porque han venido para espiar toda la tierra.

4 Pero la mujer había tomado a los dos hombres y los había escondido; y dijo: Es verdad que unos hombres vinieron a mí, pero no supe de dónde eran.

5 Y cuando se iba a cerrar la puerta, siendo ya oscuro, esos hombres se salieron, y no sé adónde han ido; seguidlos aprisa, y los alcanzaréis.

6 mas ella los había hecho subir al terrado, y los había escondido entre los manojos de lino que tenía puestos en el terrado.

7 Y los hombres fueron tras ellos por el camino del Jordán, hasta los vados; y la puerta fue cerrada después que salieron los perseguidores.

El pacto entre Rahab y los espías

8 Antes que ellos se durmiesen, ella subió al terrado, y les dijo:

9 Sé que Jehová os ha dado esta tierra; porque el temor de vosotros ha caído sobre nosotros, y todos los moradores del país ya han desmayado por causa de vosotros.

10 Porque hemos oído que Jehová hizo secar las aguas del Mar Rojo delante de vosotros cuando salisteis de Egipto, y lo que habéis hecho a los dos reyes de los amorreos que estaban al otro lado del Jordán, a Sehón y a Og, a los cuales habéis destruido.

11 Oyendo esto, ha desmayado nuestro corazón; ni ha quedado más aliento en hombre alguno por causa de vosotros, porque Jehová vuestro Dios es Dios arriba en los cielos y abajo en la tierra.

12 Os ruego, pues, ahora, que me juréis por Jehová, que como he hecho misericordia con vosotros, así la haréis vosotros con la casa de mi padre, de lo cual me daréis una señal segura;

13 y que salvaréis la vida a mi padre y a mi madre, a mis hermanos y hermanas, y a todo lo que es suyo; y que libraréis nuestras vidas de la muerte.

14 Ellos le respondieron: Nuestra vida responderá por la vuestra, si no denunciáis este asunto nuestro; y cuando Jehová nos haya dado la tierra, nosotros haremos contigo misericordia y verdad.

15 Entonces ella los hizo descender con una cuerda por la ventana; porque su casa estaba en el muro de la ciudad, y ella vivía en el muro.

16 Y les dijo: Marchaos al monte, para que los que fueron tras vosotros no os encuentren; y estad escondidos allí tres días, hasta que los que os siguen hayan vuelto; y después os iréis por vuestro camino.

17 Y ellos le dijeron: Nosotros cumpliremos este juramento con que nos has juramentado.

18 He aquí, cuando nosotros entremos en la tierra, tú atarás este cordón de grana a la ventana por la cual nos descolgaste; y reunirás en tu casa a tu padre y a tu madre, a tus hermanos y a toda la familia de tu padre.

19 Cualquiera que salga fuera de las puer-

tas de tu casa, su sangre será sobre su
cabeza, y nosotros sin culpa. Mas cualquiera
que se quede en casa contigo, su sangre será
sobre nuestra cabeza, si alguna mano le
toca.

20 Y si tú denuncias este nuestro asunto,
nosotros quedaremos libres de este tu juramento con que nos has juramentado.

21 Ella respondió: Sea así como habéis
dicho. Luego los despidió, y se fueron; y ella
ató el cordón de grana a la ventana.

Vuelta de los espías

22 Y andando, se metieron en el monte y
estuvieron allí tres días, hasta que regresaron sus perseguidores, los cuales los buscaron por todo el camino, pero no los hallaron.

23 Entonces los dos hombres volvieron a.
bajar del monte, pasaron *el río,* y viniendo a
Josué hijo de Nun, le contaron todas las
cosas que les habían acontecido.

24 y dijeron a Josué: Ciertamente Jehová
ha entregado toda la tierra en nuestras
manos, pues todos los moradores del país
desmayan delante de nosotros.

El paso del Jordán

3 Josué se levantó de mañana, y él y todos
los hijos de Israel partieron de Sitim y
vinieron hasta el Jordán, y reposaron allí
antes de pasarlo.

2 Y después de tres días, los oficiales recorrieron el campamento,

3 y mandaron al pueblo, diciendo: Cuando
veáis el arca del pacto de Jehová vuestro
Dios, y a los levitas sacerdotes que la llevan,
vosotros saldréis de vuestro lugar y marcha-
réis en pos de ella,

4 a fin de que sepáis el camino por donde
habéis de ir; por cuanto vosotros no habéis
pasado antes de ahora por este camino.
Pero que haya entre vosotros y el arca una
distancia como de dos mil codos; no os
acercaréis a ella.

5 Y Josué dijo al pueblo: Santificaos, porque Jehová hará mañana maravillas entre
vosotros.

6 Y habló Josué a los sacerdotes, diciendo:
Tomad el arca del pacto, y pasad delante del
pueblo. Y ellos tomaron el arca del pacto y
fueron delante del pueblo.

Últimas instrucciones

7 Entonces Jehová dijo a Josué: Desde este
día comenzaré a engrandecerte delante de
los ojos de todo Israel, para que entiendan
que como estuve con Moisés, así estaré
contigo.

8 Tú, pues, mandarás a los sacerdotes que
llevan el arca del pacto, diciendo: Cuando

hayáis entrado hasta el borde del agua del
Jordán, pararéis en el Jordán.

9 Y Josué dijo a los hijos de Israel: Acercaos, y escuchad las palabras de Jehová
vuestro Dios.

10 Y añadió Josué: En esto conoceréis que
el Dios viviente está en medio de vosotros, y
que él echará de delante de vosotros al
cananeo, al heteo, al heveo, al ferezeo, al
gergeseo, al amorreo y al jebuseo.

11 He aquí, el arca del pacto del Señor de
toda la tierra pasará delante de vosotros en
medio del Jordán.

12 Tomad, pues, ahora doce hombres de
las tribus de Israel, uno de cada tribu.

13 Y cuando las plantas de los pies de los
sacerdotes que llevan el arca de Jehová,
Señor de toda la tierra, pisen en las aguas
del Jordán, las aguas del Jordán se dividirán; porque las aguas que vienen de arriba
se detendrán en un montón.

14 Y aconteció cuando partió el pueblo de
sus tiendas para pasar el Jordán, con los
sacerdotes delante del pueblo llevando el
arca del pacto,

15 cuando los que llevaban el arca entraron
en el Jordán, y los pies de los sacerdotes que
llevaban el arca fueron mojados a la orilla
del agua (porque el Jordán suele desbordar-
se por todas sus orillas todo el tiempo de la
siega),

16 las aguas que venían de arriba se detuvieron como en un montón bien lejos de la
ciudad de Adam, que está al lado de Saretán, y las que descendían al mar del Arabá,
al Mar Salado, desaparecieron, y fueron
divididas; y el pueblo pasó en dirección de
Jericó.

17 Mas los sacerdotes que llevaban el arca
del pacto de Jehová, estuvieron en seco,
firmes en medio del Jordán, hasta que todo
el pueblo hubo acabado de pasar el Jordán;
y todo Israel pasó en seco.

Las doce piedras tomadas
del Jordán

4 Cuando toda la gente acabó de pasar el
Jordán, Jehová habló a Josué, diciendo:

2 Escoged del pueblo doce hombres, uno
de cada tribu,

3 y mandadles, diciendo: Tomad de aquí de
en medio del Jordán, del lugar donde están
firmes los pies de los sacerdotes, doce piedras, las cuales pasaréis con vosotros, y
levantadlas en el lugar donde habéis de
pasar la noche.

4 Entonces Josué llamó a los doce hombres
a los cuales él había designado de entre los
hijos de Israel, uno de cada tribu.

5 Y les dijo Josué: Pasad delante del arca de
Jehová vuestro Dios a la mitad del Jordán, y
cada uno de vosotros tome una piedra sobre

su hombro, conforme al número de las tribus de los hijos de Israel,

6 para que esto sea señal entre vosotros; y cuando vuestros hijos pregunten a sus padres mañana, diciendo: ¿Qué significan estas piedras?,

7 les responderéis: Que las aguas del Jordán fueron divididas delante del arca del pacto de Jehová; cuando ella pasó el Jordán, las aguas del Jordán se dividieron; y estas piedras servirán de monumento conmemorativo a los hijos de Israel para siempre.

8 Y los hijos de Israel lo hicieron así como Josué les mandó: sacaron doce piedras de en medio del Jordán, como Jehová lo había dicho a Josué, conforme al número de las tribus de los hijos de Israel, y las pasaron al lugar donde acamparon, y las levantaron allí.

9 Josué también levantó doce piedras en medio del Jordán, en el lugar donde estuvieron los pies de los sacerdotes que llevaban el arca del pacto; y han estado allí hasta hoy.

Fin del paso

10 Y los sacerdotes que llevaban el arca se pararon en medio del Jordán hasta que se hizo todo lo que Jehová había mandado a Josué que dijese al pueblo, conforme a todas las cosas que Moisés había mandado a Josué; y el pueblo se dio prisa y pasó.

11 Y cuando todo el pueblo acabó de pasar, también pasó el arca de Jehová, y los sacerdotes, en presencia del pueblo.

12 También los hijos de Rubén y los hijos de Gad y la media tribu de Manasés pasaron armados delante de los hijos de Israel, según Moisés les había dicho;

13 como cuarenta mil hombres armados, listos para la guerra, pasaron hacia la llanura de Jericó delante de Jehová.

14 En aquel día Jehová engrandeció a Josué a los ojos de todo Israel; y le temieron, como habían temido a Moisés, todos los días de su vida.

15 Luego Jehová habló a Josué, diciendo:

16 Manda a los sacerdotes que llevan el arca del testimonio, que salgan del Jordán.

17 Y Josué mandó a los sacerdotes, diciendo: Subid del Jordán.

18 Y aconteció que cuando los sacerdotes que llevaban el arca del pacto de Jehová subieron de en medio del Jordán, y las plantas de los pies de los sacerdotes estuvieron en lugar seco, las aguas del Jordán siguieron por su cauce, corriendo como antes sobre todos sus bordes.

19 Y el pueblo salió del Jordán el día diez del mes primero, y acamparon en Gilgal, al lado oriental de Jericó.

20 Y Josué erigió en Gilgal las doce piedras que habían traído del Jordán.

21 Y habló a los hijos de Israel, diciendo: Cuando mañana pregunten vuestros hijos a sus padres, y digan: ¿Qué significan estas piedras?,

22 se lo explicaréis a vuestros hijos, diciendo: Israel pasó en seco por este Jordán.

23 Porque Jehová vuestro Dios secó las aguas del Jordán delante de vosotros, hasta que habíais pasado, lo mismo que había hecho Jehová vuestro Dios en el Mar Rojo, el cual secó delante de nosotros hasta que pasamos;

24 para que todos los pueblos de la tierra conozcan que la mano de Jehová es poderosa; para que temáis a Jehová vuestro Dios todos los días.

La circuncisión y la pascua en Gilgal

5 Cuando todos los reyes de los amorreos que estaban al otro lado del Jordán al occidente, y todos los reyes de los cananeos que estaban cerca del mar, oyeron cómo Jehová había secado las aguas del Jordán delante de los hijos de Israel hasta que hubieron pasado, desfalleció su corazón, y no hubo más aliento en ellos delante de los hijos de Israel.

2 En aquel tiempo Jehová dijo a Josué: Hazte cuchillos afilados, y vuelve a circuncidar la segunda vez a los hijos de Israel.

3 Y Josué se hizo cuchillos afilados, y circuncidó a los hijos de Israel en el collado de Aralot.

4 Esta es la causa por la cual Josué los circuncidó: Todo el pueblo que había salido de Egipto, los varones, todos los hombres de guerra, habían muerto en el desierto, por el camino, después que salieron de Egipto.

5 Pues todos del pueblo que habían salido, estaban circuncidados; mas todo el pueblo que había nacido en el desierto, por el camino, después que hubieron salido de Egipto, no estaba circuncidado.

6 Porque los hijos de Israel anduvieron por el desierto cuarenta años, hasta que todos los hombres de guerra que habían salido de Egipto fueron consumidos, por cuanto no obedecieron a la voz de Jehová; por lo cual Jehová les juró que no les dejaría ver la tierra de la cual Jehová había jurado a sus padres que nos la daría, tierra que fluye leche y miel.

7 A los hijos de ellos, que él había hecho suceder en su lugar, Josué los circuncidó; pues eran incircuncisos, porque no habían sido circuncidados por el camino.

8 Y cuando acabaron de circuncidar a toda la gente, se quedaron en el mismo lugar en el campamento, hasta que sanaron.

9 Y Jehová dijo a Josué: Hoy he quitado de vosotros el oprobio de Egipto; por lo cual el

nombre de aquel lugar fue llamado Gilgal, hasta hoy.

La celebración de la pascua

10 Y los hijos de Israel acamparon en Gilgal, y celebraron la pascua a los catorce días del mes, por la tarde, en los llanos de Jericó.
11 Al otro día de la pascua comieron del fruto de la tierra, los panes sin levadura, y en el mismo día espigas nuevas tostadas.
12 Y el maná cesó el día siguiente, desde que comenzaron a comer del fruto de la tierra; y los hijos de Israel nunca más tuvieron maná, sino que comieron de los frutos de la tierra de Canaán aquel año.

El Príncipe de Jehová

13 Estando Josué cerca de Jericó, alzó sus ojos y vio un varón que estaba delante de él, el cual tenía una espada desenvainada en su mano. Y Josué, yendo hacia él, le dijo: ¿Eres de los nuestros, o de nuestros enemigos?
14 Él respondió: No; mas como Príncipe del ejército de Jehová he venido ahora. Entonces Josué, postrándose sobre su rostro en tierra, le adoró; y le dijo: ¿Qué dice mi Señor a su siervo?
15 Y el Príncipe del ejército de Jehová respondió a Josué: Quita el calzado de tus pies, porque el lugar donde estás es santo. Y Josué así lo hizo.

La toma de Jericó

6 Ahora, Jericó estaba cerrada, bien cerrada, a causa de los hijos de Israel; nadie entraba ni salía.
2 Mas Jehová dijo a Josué: Mira, yo he entregado en tu mano a Jericó y a su rey, con sus varones de guerra.
3 Rodearéis, pues, la ciudad todos los hombres de guerra, yendo alrededor de la ciudad una vez; y esto haréis durante seis días.
4 Y siete sacerdotes llevarán siete bocinas de cuernos de carnero delante del arca; y al séptimo día daréis siete vueltas a la ciudad, y los sacerdotes tocarán las bocinas.
5 Y cuando toquen prolongadamente el cuerno de carnero, así que oigáis el sonido de la bocina, todo el pueblo gritará a gran voz, y el muro de la ciudad caerá; entonces subirá el pueblo, cada uno derecho hacia adelante.
6 Llamando, pues, Josué hijo de Nun a los sacerdotes, les dijo: Llevad el arca del pacto, y siete sacerdotes lleven bocinas de cuerno de carnero delante del arca de Jehová.
7 Y dijo al pueblo: Pasad, y rodead la ciudad; y los que están armados pasarán delante del arca de Jehová.
8 Y así que Josué hubo hablado al pueblo, los siete sacerdotes, llevando las siete bocinas de cuerno de carnero, pasaron delante del arca de Jehová, y tocaron las bocinas; y el arca del pacto de Jehová los seguía.
9 Y los hombres armados iban delante de los sacerdotes que tocaban las bocinas, y la retaguardia iba tras el arca, mientras las bocinas sonaban continuamente.
10 Y Josué mandó al pueblo, diciendo: Vosotros no gritaréis, ni se oirá vuestra voz, ni saldrá palabra de vuestra boca, hasta el día que yo os diga: Gritad; entonces gritaréis.
11 Así que él hizo que el arca de Jehová diera una vuelta alrededor de la ciudad, y volvieron luego al campamento, y allí pasaron la noche.
12 Y Josué se levantó de mañana, y los sacerdotes tomaron el arca de Jehová.
13 Y los siete sacerdotes, llevando las siete bocinas de cuerno de carnero, fueron delante del arca de Jehová, andando siempre y tocando las bocinas; y los hombres armados iban delante de ellos, y la retaguardia iba tras el arca de Jehová, mientras las bocinas tocaban continuamente.
14 Así dieron otra vuelta a la ciudad el segundo día, y volvieron al campamento; y de esta manera hicieron durante seis días.
15 Al séptimo día se levantaron al despuntar el alba, y dieron vuelta a la ciudad de la misma manera siete veces; solamente este día dieron vuelta alrededor de ella siete veces.
16 Y cuando los sacerdotes tocaron las bocinas la séptima vez, Josué dijo al pueblo: Gritad, porque Jehová os ha entregado la ciudad.
17 Y será la ciudad anatema a Jehová, con todas las cosas que están en ella; solamente Rahab la ramera vivirá, con todos los que estén en casa con ella, por cuanto escondió a los mensajeros que enviamos.
18 Pero vosotros guardaos del anatema; ni toquéis, ni toméis ninguna cosa del anatema, no sea que hagáis anatema el campamento de Israel, y lo turbéis.
19 Mas toda la plata y el oro, y los utensilios de bronce y de hierro, sean consagrados a Jehová, y entren en el tesoro de Jehová.
20 Entonces el pueblo gritó, y los sacerdotes tocaron las bocinas; y aconteció que cuando el pueblo hubo oído el sonido de la bocina, gritó con gran vocerío, y el muro cayó a plomo. Entonces el pueblo subió a la ciudad, cada uno derecho hacia adelante, y la tomaron.
21 Y destruyeron a filo de espada todo lo que en la ciudad había; hombres y mujeres, jóvenes y viejos, hasta los bueyes, las ovejas y los asnos.
22 Mas Josué dijo a los dos hombres que

habían reconocido la tierra: Entrad en casa de la mujer ramera, y haced salir de allí a la mujer y a todo lo que sea suyo, como lo jurasteis.

23 Y los espías entraron y sacaron a Rahab, a su padre, a su madre, a sus hermanos y todo lo que era suyo; y también sacaron a toda su parentela, y los pusieron fuera del campamento de Israel.

24 Y consumieron con fuego la ciudad, y todo lo que en ella había; solamente pusieron en el tesoro de la casa de Jehová la plata y el oro, y los utensilios de bronce y de hierro.

25 Mas Josué salvó la vida a Rahab la ramera, y a la casa de su padre, y a todo lo que ella tenía; y habitó ella entre los israelitas hasta hoy, por cuanto escondió a los mensajeros que Josué había enviado a reconocer a Jericó.

26 En aquel tiempo hizo Josué un juramento, diciendo: Maldito delante de Jehová será el hombre que se levante y reedifique esta ciudad de Jericó. Sobre su primogénito echará los cimientos de ella, y sobre su hijo menor asentará sus puertas.

27 Estaba, pues, Jehová con Josué, y su nombre se divulgó por toda la tierra.

Pecado de Acán

7 Pero los hijos de Israel cometieron una prevaricación en cuanto al anatema; porque Acán hijo de Carmí, hijo de Zabdí, hijo de Zera, de la tribu de Judá, tomó del anatema; y la ira de Jehová se encendió contra los hijos de Israel.

2 Después Josué envió hombres desde Jericó a Hay, que estaba junto a Betavén hacia el oriente de Betel; y les habló diciendo: Subid y reconoced la tierra. Y ellos subieron y reconocieron a Hay.

3 Y volviendo a Josué, le dijeron: No suba todo el pueblo, sino suban como dos mil o tres mil hombres, y tomarán a Hay; no fatigues a todo el pueblo yendo allí, porque son pocos.

4 Y subieron allá del pueblo como tres mil hombres, los cuales huyeron delante de los de Hay.

5 Y los de Hay mataron de ellos a unos treinta y seis hombres, y los siguieron desde la puerta hasta Sebarim, y los derrotaron en la bajada; por lo cual el corazón del pueblo desfalleció y vino a ser como agua.

Oración de Josué

6 Entonces Josué rompió sus vestidos, y se postró en tierra sobre su rostro delante del arca de Jehová hasta caer la tarde, él y los ancianos de Israel; y echaron polvo sobre sus cabezas.

7 Y Josué dijo: ¡Ah, Señor Jehová! ¿Por qué hiciste pasar a este pueblo el Jordán, para entregarnos en las manos de los amorreos, para que nos destruyan? ¡Ojalá nos hubiéramos quedado al otro lado del Jordán!

8 ¡Ay, Señor!, ¿qué diré, ya que Israel ha vuelto la espalda delante de sus enemigos?

9 Porque los cananeos y todos los moradores de la tierra oirán, y nos rodearán, y borrarán nuestro nombre de sobre la tierra; y entonces, ¿qué harás tú a tu gran nombre?

10 Y Jehová dijo a Josué: Levántate; ¿por qué te postras así sobre tu rostro?

11 Israel ha pecado, y aun han quebrantado mi pacto que yo les mandé; y también han tomado del anatema, y hasta han hurtado, han mentido, y aun lo han guardado entre sus enseres.

12 Por esto los hijos de Israel no podrán hacer frente a sus enemigos, sino que delante de sus enemigos volverán la espalda, por cuanto han venido a ser anatema; ni estaré más con vosotros, si no destruís el anatema de en medio de vosotros.

13 Levántate, santifica al pueblo, y di: Santificaos para mañana; porque Jehová el Dios de Israel dice así: Anatema hay en medio de ti, Israel; no podrás hacer frente a tus enemigos, hasta que hayáis quitado el anatema de en medio de vosotros.

14 Os acercaréis, pues, mañana por vuestras tribus; y la tribu que Jehová señale, se acercará por sus familias; y la familia que Jehová señale, se acercará por sus casas; y la casa que Jehová tome, se acercará por los varones;

15 y el que sea sorprendido en el anatema, será quemado, él y todo lo que tiene, por cuanto ha quebrantado el pacto de Jehová, y ha cometido maldad en Israel.

Descubrimiento y castigo

16 Josué, pues, levantándose de mañana, hizo acercar a Israel por sus tribus; y fue tomada la tribu de Judá.

17 Y haciendo acercar a la tribu de Judá, fue tomada la familia de los de Zera; y haciendo luego acercar a la familia de los de Zera por los varones, fue tomado Zabdí.

18 Hizo acercar su casa por los varones, y fue tomado Acán hijo de Carmí, hijo de Zabdí, hijo de Zera, de la tribu de Judá.

19 Entonces Josué dijo a Acán: Hijo mío, da gloria a Jehová el Dios de Israel, y dale alabanza, y declárame ahora lo que has hecho; no me lo encubras.

20 Y Acán respondió a Josué diciendo: Verdaderamente yo he pecado contra Jehová el Dios de Israel, y así y así he hecho.

21 Pues vi entre los despojos un manto babilónico muy bueno, y doscientos siclos de plata, y un lingote de oro de peso de

cincuenta siclos, lo cual codicié y tomé; y he aquí que está escondido bajo tierra en medio de mi tienda, y el dinero debajo de ello.

22 Josué entonces envió mensajeros, los cuales fueron corriendo a la tienda; y he aquí estaba escondido en su tienda, y el dinero debajo de ello.

23 Y tomándolo de en medio de la tienda, lo trajeron a Josué y a todos los hijos de Israel, y lo pusieron delante de Jehová.

24 Entonces Josué, y todo Israel con él, tomaron a Acán hijo de Zera, el dinero, el manto, el lingote de oro, sus hijos, sus hijas, sus bueyes, sus asnos, sus ovejas, su tienda y todo cuanto tenía, y lo llevaron todo al valle de Acor.

25 Y le dijo Josué: ¿Por qué nos has traído desgracia? Caiga la desgracia de Jehová sobre ti en este día. Y todos los israelitas los apedrearon, y los quemaron después de apedrearlos.

26 Y levantaron sobre él un gran montón de piedras, que permanece hasta hoy. Y Jehová se volvió del ardor de su ira. Y por esto aquel lugar se llama el Valle de Acor, hasta hoy.

Toma y destrucción de Hay

8 Jehová dijo a Josué: No temas ni desmayes; toma contigo toda la gente de guerra, y levántate y sube a Hay. Mira, yo he entregado en tu mano al rey de Hay, a su pueblo, a su ciudad y a su tierra.

2 Y harás a Hay y a su rey como hiciste a Jericó y a su rey; sólo que sus despojos y sus bestias tomaréis para vosotros. Pondrás, pues, emboscadas a la ciudad detrás de ella.

3 Entonces se levantaron Josué y toda la gente de guerra, para subir contra Hay; y escogió Josué treinta mil hombres fuertes, los cuales envió de noche.

4 Y les mandó, diciendo: Atended, pondréis emboscada a la ciudad detrás de ella; no os alejaréis mucho de la ciudad, y estaréis todos dispuestos.

5 Y yo y todo el pueblo que está conmigo nos acercaremos a la ciudad; y cuando salgan ellos contra nosotros, como hicieron antes, huiremos delante de ellos.

6 Y ellos saldrán tras nosotros, hasta que los alejemos de la ciudad; porque dirán: Huyen de nosotros como la primera vez. Huiremos, pues, delante de ellos.

7 Entonces vosotros os levantaréis de la emboscada y tomaréis la ciudad; pues Jehová vuestro Dios la entregará en vuestras manos.

8 Y cuando la hayáis tomado, le prenderéis fuego. Haréis conforme a la palabra de Jehová; mirad que os lo he mandado.

9 Entonces Josué los envió; y ellos se fueron a la emboscada, y se pusieron entre Betel y Hay, al occidente de Hay; y Josué se quedó aquella noche en medio del pueblo.

10 Levantándose Josué muy de mañana, pasó revista al pueblo, y subió él, con los ancianos de Israel, delante del pueblo contra Hay.

11 Y toda la gente de guerra con que con él estaba, subió y se acercó, y llegaron delante de la ciudad, y acamparon al norte de Hay; y el valle estaba entre él y Hay.

12 Y tomó como cinco mil hombres, y los puso en emboscada entre Betel y Hay, al occidente de la ciudad.

13 Así dispusieron al pueblo: todo el campamento al norte de la ciudad, y su emboscada al occidente de la ciudad, y Josué avanzó aquella noche hasta la mitad del valle.

Batalla de Hay

14 Y aconteció que viéndolo el rey de Hay, él y su pueblo se apresuraron y madrugaron; y al tiempo señalado, los hombres de la ciudad salieron al encuentro de Israel para combatir en la bajada, frente al Arabá, no sabiendo que estaba puesta emboscada a espaldas de la ciudad.

15 Entonces Josué y todo Israel se fingieron vencidos y huyeron delante de ellos por el camino del desierto.

16 Y todo el pueblo que estaba en Hay se juntó para seguirles; y siguieron a Josué, siendo así alejados de la ciudad.

17 Y no quedó hombre en Hay ni en Betel que no saliera tras de Israel; y por seguir a Israel dejaron la ciudad abierta.

18 Entonces Jehová dijo a Josué: Extiende la lanza que tienes en tu mano hacia Hay, porque yo la entregaré en tu mano. Y Josué extendió hacia la ciudad la lanza que en su mano tenía.

19 Y levantándose prontamente de su lugar los que estaban en la emboscada, corrieron luego que él alzó su mano, y vinieron a la ciudad, y la tomaron, y se apresuraron a prenderle fuego.

20 Y los hombres de Hay volvieron el rostro, y al mirar, he aquí que el humo de la ciudad subía al cielo, y no pudieron huir ni a una parte ni a otra, porque el pueblo que iba huyendo hacia el desierto se volvió contra los que les seguían.

21 Josué y todo Israel, viendo que los de la emboscada habían tomado la ciudad, y que el humo de la ciudad subía, se volvieron y atacaron a los de Hay.

22 Y los otros salieron de la ciudad a su encuentro, y así fueron encerrados en medio de Israel, los unos por un lado, y los otros por el otro. Y los hirieron hasta que no quedó ninguno de ellos que escapase.

23 Pero tomaron vivo al rey de Hay, y lo trajeron a Josué.

24 Y cuando los israelitas acabaron de matar a todos los moradores de Hay en el campo y en el desierto adonde los habían perseguido, y todos habían caído a filo de espada hasta ser consumidos, todos los israelitas volvieron a Hay, y también la hirieron a filo de espada.

25 Y el número de los que cayeron aquel día, hombres y mujeres, fue de doce mil, todos los de Hay.

26 Porque Josué no retiró su mano que había extendido con la lanza, hasta que hubo destruido por completo a todos los moradores de Hay.

27 Pero los israelitas tomaron para sí las bestias y los despojos de la ciudad, conforme a la palabra de Jehová que le había mandado a Josué.

28 Y Josué quemó a Hay y la redujo a un montón de escombros, asolada para siempre hasta hoy.

29 Y al rey de Hay lo colgó de un árbol hasta caer la noche; y cuando el sol se puso, mandó Josué que quitasen del árbol su cuerpo, y lo echasen a la puerta de la ciudad; y levantaron sobre él un gran montón de piedras, que permanece hasta hoy.

Lectura de la ley en el monte Ebal

30 Entonces Josué edificó un altar a Jehová Dios de Israel en el monte Ebal,

31 como Moisés siervo de Jehová lo había mandado a los hijos de Israel, como está escrito en el libro de la ley de Moisés, un altar de piedras enteras sobre las cuales nadie alzó hierro; y ofrecieron sobre él holocaustos a Jehová, y sacrificaron ofrendas de paz.

32 También escribió allí sobre las piedras una copia de la ley de Moisés, la cual escribió delante de los hijos de Israel.

33 Y todo Israel, con sus ancianos, oficiales y jueces, estaba de pie a uno y otro lado del arca, en presencia de los sacerdotes levitas que llevaban el arca del pacto de Jehová, así los extranjeros como los naturales. La mitad de ellos estaba hacia el monte Ebal, de la manera que Moisés, siervo de Jehová, lo había mandado antes, para que bendijesen primeramente al pueblo de Israel.

34 Después de esto, leyó todas las palabras de la ley, las bendiciones y las maldiciones, conforme a todo lo que está escrito en el libro de la ley.

35 No hubo palabra alguna de todo cuanto mandó Moisés, que Josué no hiciese leer delante de toda la congregación de Israel, y de las mujeres, de los niños, y de los extranjeros que moraban entre ellos.

Astucia de los gabaonitas

9 Cuando oyeron estas cosas todos los reyes que estaban a este lado del Jordán, así en las montañas como en los llanos, y en toda la costa del Mar Grande delante del Líbano, los heteos, amorreos, cananeos, ferezeos, heveos y jebuseos,

2 se concertaron para pelear contra Josué e Israel.

Engaño de los gabaonitas

3 Mas los moradores de Gabaón, cuando oyeron lo que Josué había hecho a Jericó y a Hay,

4 usaron de astucia; pues fueron y se fingieron embajadores, y tomaron sacos viejos sobre sus asnos, y cueros viejos de vino, rotos y remendados,

5 y sandalias viejas y recosidas en sus pies, con vestidos viejos sobre sí; y todo el pan que traían para el camino era seco y mohoso.

6 Y vinieron a Josué al campamento en Gilgal, y le dijeron a él y a los de Israel: Nosotros venimos de tierra muy lejana; haced, pues, ahora alianza con nosotros.

7 Y los de Israel respondieron a los heveos: Quizás habitáis en medio de nosotros. ¿Cómo, pues, podremos hacer alianza con vosotros?

8 Ellos respondieron a Josué: Nosotros somos tus siervos. Y Josué les dijo: ¿Quiénes sois vosotros, y de dónde venís?

9 Y ellos respondieron: Tus siervos han venido de tierra muy lejana, por causa del nombre de Jehová tu Dios; porque hemos oído su fama, y todo lo que hizo en Egipto,

10 y todo lo que hizo a los dos reyes de los amorreos que estaban al otro lado del Jordán: a Sehón rey de Hesbón, y a Og rey de Basán, que estaba en Astarot.

11 Por lo cual nuestros ancianos y todos los moradores de nuestra tierra nos dijeron: Tomad en vuestras manos provisión para el camino, e id al encuentro de ellos, y decidles: Nosotros somos vuestros siervos; haced ahora alianza con nosotros.

12 Este nuestro pan lo tomamos caliente de nuestras casas para el camino el día que salimos para venir a vosotros; y helo aquí ahora ya seco y mohoso.

13 Estos cueros de vino también los llenamos nuevos; helos aquí ya rotos; también estos nuestros vestidos y nuestras sandalias están ya viejos a causa de lo muy largo del camino.

14 Y los hombres de Israel aceptaron sus provisiones, sin consultar el oráculo de Jehová.

15 Y Josué hizo paz con ellos, y celebró con ellos alianza concediéndoles la vida; y tam-

bién lo juraron los príncipes de la congregación.

16 Pasados tres días después que hicieron alianza con ellos, oyeron que eran sus vecinos, y que habitaban en medio de ellos.

17 Y salieron los hijos de Israel, y al tercer día llegaron a las ciudades de ellos; y sus ciudades eran Gabaón, Cafirá, Beerot y Quiryat-jearim.

18 Y no los mataron los hijos de Israel, por cuanto los príncipes de la congregación les habían jurado por Jehová el Dios de Israel. Y toda la congregación murmuraba contra los príncipes.

19 Mas todos los príncipes respondieron a toda la congregación: Nosotros les hemos jurado por Jehová Dios de Israel; por tanto, ahora no les podemos tocar.

20 Esto haremos con ellos: les dejaremos vivir, para que no venga ira sobre nosotros por causa del juramento que les hemos hecho.

21 Dijeron, pues, de ellos los príncipes: Dejadlos vivir; pero que sean leñadores y aguadores para toda la congregación. Así les concedieron la vida, según les habían prometido los príncipes.

22 Y llamándolos Josué, les habló diciendo: ¿Por qué nos habéis engañado, diciendo: Habitamos muy lejos de vosotros, siendo así que moráis en medio de nosotros?

23 Ahora, pues, malditos sois, y no dejará de haber de entre vosotros siervos, y quien corte la leña y saque el agua para la casa de mi Dios.

24 Y ellos respondieron a Josué y dijeron: Como fue dado a entender a tus siervos que Jehová tu Dios había mandado a Moisés su siervo que os había de dar toda la tierra, y que había de destruir a todos los moradores de la tierra delante de vosotros, por esto temimos en gran manera por nuestras vidas a causa de vosotros, e hicimos esto.

25 Ahora, pues, henos aquí en tu mano; lo que te pareciere bueno y recto hacer de nosotros, hazlo.

26 Y él lo hizo así con ellos; pues los libró de la mano de los hijos de Israel, y no los mataron.

27 Y Josué los destinó aquel día a ser leñadores y aguadores para la congregación, y para el altar de Jehová en el lugar que Jehová eligiese, lo que son hasta hoy.

Derrota de los amorreos

10 Cuando Adonisedec rey de Jerusalén oyó que Josué había tomado a Hay, y que la había asolado (como había hecho a Jericó y a su rey, así hizo a Hay y a su rey), y que los moradores de Gabaón habían hecho paz con los israelitas, y que estaban entre ellos,

2 tuvo gran temor; porque Gabaón era una gran ciudad, como una de las ciudades reales, y mayor que Hay, y todos sus hombres eran fuertes.

3 Por lo cual Adonisedec rey de Jerusalén envió a Hoham rey de Hebrón, a Piream rey de Jarmut, a Jafía rey de Laquís y a Debir rey de Eglón, diciendo:

4 Subid a mí y ayudadme, y combatamos a Gabaón; porque ha hecho paz con Josué y con los hijos de Israel.

5 Y cinco reyes de los amorreos, el rey de Jerusalén, el rey de Hebrón, el rey de Jarmut, el rey de Laquís y el rey de Eglón, se juntaron y subieron, ellos con todos sus ejércitos, y acamparon cerca de Gabaón, y pelearon contra ella.

6 Entonces los moradores de Gabaón enviaron a decir a Josué al campamento en Gilgal: No niegues ayuda a tus siervos; sube prontamente a nosotros para defendernos y ayudarnos; porque todos los reyes de los amorreos que habitan en las montañas se han unido contra nosotros.

7 Y subió Josué de Gilgal, él y todo el pueblo de guerra con él, y todos los hombres valientes.

8 Y Jehová dijo a Josué: No tengas temor de ellos; porque yo los he entregado en tu mano, y ninguno de ellos prevalecerá delante de ti.

9 Y Josué vino a ellos de repente, habiendo subido toda la noche desde Gilgal.

El socorro de lo alto

10 Y Jehová los llenó de consternación delante de Israel, y los batió con gran mortandad en Gabaón; y los siguió por el camino que sube a Bethorón, y los hirió hasta Azecá y Maquedá.

11 Y mientras iban huyendo de los israelitas, a la bajada de Bet-horón, Jehová arrojó desde el cielo grandes piedras sobre ellos hasta Azecá, y murieron; y fueron más los que murieron por las piedras del granizo que los que los hijos de Israel mataron a espada.

12 Entonces Josué habló a Jehová el día en que Jehová entregó al amorreo delante de los hijos de Israel, y dijo en presencia de los israelitas:

Sol, detente en Gabaón;
Y tú, luna, en el valle de Ajalón.

13 Y el sol se detuvo y la luna se paró,
Hasta que el pueblo se hubo vengado de sus enemigos.

¿No está escrito esto en el libro de Jaser? Y el sol se paró en medio del cielo, y no se apresuró a ponerse casi un día entero.

14 Y no hubo día como aquel, ni antes ni después de él, habiendo atendido Jehová a

la voz de un hombre; porque Jehová peleaba por Israel.

15 Y Josué, y todo Israel con él, volvió al
campamento en Gilgal.

Los cinco reyes de la cueva
de Maquedá

16 Y los cinco reyes huyeron, y se escondieron en una cueva en Maquedá.

17 Y fue dado aviso a Josué que los cinco
reyes habían sido hallados escondidos en
una cueva en Maquedá.

18 Entonces Josué dijo: Rodad grandes
piedras a la entrada de la cueva, y poned
hombres junto a ella para que los guarden;

19 y vosotros no os detengáis, sino seguid a
vuestros enemigos, y heridles la retaguardia, sin dejarles entrar en sus ciudades;
porque Jehová vuestro Dios los ha entregado en vuestra mano.

20 Y aconteció que cuando Josué y los hijos
de Israel acabaron de herirlos con gran
mortandad hasta destruirlos, los que quedaron de ellos se metieron en las ciudades
fortificadas.

21 Todo el pueblo volvió sano y salvo a
Josué, al campamento en Maquedá; y nadie
osó hablar contra los hijos de Israel.

22 Entonces dijo Josué: Abrid la entrada
de la cueva, y sacad de ella a esos cinco
reyes.

23 Y lo hicieron así, y sacaron de la cueva a
aquellos cinco reyes: al rey de Jerusalén, al
rey de Hebrón, al rey de Jarmut, al rey de
Laquís y al rey de Eglón.

24 Y cuando los hubieron llevado a Josué,
llamó Josué a todos los varones de Israel, y
dijo a los principales de la gente de guerra
que habían venido con él: Acercaos, y poned vuestros pies sobre los cuellos de estos
reyes. Y ellos se acercaron y pusieron sus
pies sobre los cuellos de ellos.

25 Y Josué les dijo: No temáis, ni os atemo-
ricéis; sed fuertes y valientes, porque así
hará Jehová a todos vuestros enemigos contra los cuales peleáis.

26 Acto seguido, Josué los hirió y los mató,
y los hizo colgar en cinco árboles, de los que
quedaron colgados hasta caer la noche.

27 Y cuando el sol se iba a poner, mandó
Josué que los quitasen de los árboles y los
echasen en la cueva donde se habían escondido; y pusieron grandes piedras a la entrada de la cueva, y allí están todavía hoy.

28 En aquel mismo día tomó Josué a Maquedá, y la hirió a filo de espada, y mató a su
rey; por completo los destruyó, con todo lo
que en ella tenía vida, sin dejar nada; e hizo
al rey de Maquedá como había hecho al rey
de Jericó.

29 Y de Maquedá pasó Josué, y todo Israel
con él, a Libná; y peleó contra Libná;

30 y Jehová la entregó también a ella y a su
rey en manos de Israel; y la hirió a filo de
espada, con todo lo que en ella tenía vida,
sin dejar nada; e hizo a su rey de la manera
como había hecho al rey de Jericó.

31 Y Josué, y todo Israel con él, pasó de
Libná a Laquís, y acampó cerca de ella, y la
combatió;

32 y Jehová entregó a Laquís en mano de
Israel, y la tomó al día siguiente, y la hirió a
filo de espada, con todo lo que en ella tenía
vida, así como había hecho en Libná.

33 Entonces Horam rey de Gézer subió en
ayuda de Laquís; mas a él y a su pueblo
destruyó Josué, hasta no dejar a ningún
superviviente.

34 De Laquís pasó Josué, y todo Israel con
él, a Eglón; y acamparon cerca de ella, y la
combatieron;

35 y la tomaron el mismo día, y la hirieron a
filo de espada; y aquel día mató a todo lo
que en ella tenía vida, como había hecho en
Laquís.

36 Subió luego Josué, y todo Israel con él,
de Eglón a Hebrón, y la combatieron;

37 Y tomándola, la hirieron a filo de espada, a su rey y a todas sus ciudades, con todo
lo que en ella tenía vida, sin dejar nada;
como había hecho a Eglón, así la destruyeron con todo lo que en ella tenía vida.

38 Después volvió Josué, y todo Israel con
él, sobre Debir, y combatió contra ella;

39 y la tomó, y a su rey, y a todas sus
ciudades; y las hirieron a filo de espada, y
destruyeron todo lo que allí dentro tenía
vida, sin dejar uno solo; como había hecho a
Hebrón, y como había hecho a Libná y a su
rey, así hizo a Debir y a su rey.

40 Hirió, pues, Josué toda la región de las
montañas, del Négueb, de los llanos y de las
laderas, y a todos sus reyes, sin dejar nada;
todo lo que tenía vida lo mató, como Jehová
Dios de Israel se lo había mandado.

41 Y los hirió Josué desde Cadés-barnea
hasta Gaza, y toda la tierra de Gosén hasta
Gabaón.

42 Todos estos reyes y sus tierras los tomó
Josué de una vez; porque Jehová el Dios de
Israel peleaba por Israel.

43 Y volvió Josué, y todo Israel con él, al
campamento en Gilgal.

Derrota de Jabín y sus aliados

11 Cuando oyó esto Jabín rey de Hazor,
envió mensaje a Jobab rey de Madón, al rey de Simrón, al rey de Acsaf,

2 y a los reyes que estaban en la región del
norte en las montañas, y en el Arabá al sur
de Cineret, en los llanos, y en las regiones
de Dor al occidente;

3 y al cananeo que estaba al oriente y al
occidente, al amorreo, al heteo, al ferezeo,

al jebuseo en las montañas, y al heveo al pie de Hermón en tierra de Mizpá.

4 Éstos salieron, y con ellos todos sus ejércitos, mucha gente, como la arena que está a la orilla del mar en multitud, con muchísimos caballos y carros de guerra.

5 Todos estos reyes se unieron, y vinieron y acamparon unidos junto a las aguas de Merom, para pelear contra Israel.

6 Mas Jehová dijo a Josué: No tengas temor de ellos, porque mañana a esta hora yo entregaré a todos ellos muertos delante de Israel; desjarretarás sus caballos, y sus carros quemarás a fuego.

7 Y Josué, y toda la gente de guerra con él, vino de improviso contra ellos junto a las aguas de Merom.

8 Y los entregó Jehová en manos de Israel, y los hirieron y los siguieron hasta Sidón la grande y hasta Misrefot-maim, y hasta el llano de Mizpá al oriente, hiriéndolos hasta que no les dejaron ninguno.

9 Y Josué hizo con ellos como Jehová le había mandado: desjarretó sus caballos, y sus carros quemó a fuego.

10 Y volviendo Josué, tomó en el mismo tiempo a Hazor, y mató a espada a su rey; pues Hazor había sido antes cabeza de todos estos reinos.

11 Y mataron a espada todo cuanto en ella tenía vida, destruyéndolo por completo, sin quedar nada que respirase; y a Hazor pusieron fuego.

12 Asimismo tomó Josué todas las ciudades de aquellos reyes, y a todos los reyes de ellas, y los hirió a filo de espada, y los destruyó, como Moisés siervo de Jehová lo había mandado.

13 Pero a todas las ciudades que estaban sobre colinas, no las quemó Israel; únicamente a Hazor quemó Josué.

14 Y los hijos de Israel tomaron para sí todo el botín y las bestias de aquellas ciudades; mas a todos los hombres hirieron a filo de espada hasta destruirlos, sin dejar a ninguno con vida.

El mandato de Moisés a Josué

15 Tal como Jehová lo había mandado a Moisés su siervo, así Moisés lo mandó a Josué; y así lo ejecutó, sin quitar palabra de todo lo que Jehová había mandado a Moisés.

16 Tomó, pues, Josué toda aquella tierra montañosa, todo el Néguev, toda la tierra de Gosen, los llanos, el Arabá, las montañas de Israel y sus valles.

17 Desde el monte Halac, que sube hacia Seir, hasta Baal-gad en la llanura del Líbano, a la falda del monte Hermón; tomó asimismo a todos sus reyes, y los hirió y mató.

Josué conquista Canaán, excepto la región costera

18 Por mucho tiempo tuvo guerra Josué con estos reyes.

19 No hubo ciudad que hiciese paz con los hijos de Israel, salvo los heveos que moraban en Gabaón; todo lo tomaron en guerra.

20 Porque esto vino de Jehová, que endurecía el corazón de ellos para que resistiesen con guerra a Israel, para destruirlos, y que no les fuese hecha misericordia, sino que fuesen desarraigados, como Jehová lo había mandado a Moisés.

21 También en aquel tiempo vino Josué y destruyó a los anaceos de los montes de Hebrón, de Debir, de Anab, de todos los montes de Judá y de todos los montes de Israel; Josué los destruyó a ellos y a sus ciudades.

22 Ninguno de los anaceos quedó en la tierra de los hijos de Israel; solamente quedaron en Gaza, en Gat y en Asdod.

23 Tomó, pues, Josué toda la tierra, conforme a todo lo que Jehová había dicho a Moisés; y la entregó Josué a los israelitas por herencia conforme a su distribución según sus tribus; y la tierra descansó de la guerra.

Reyes derrotados por Moisés

12 Estos son los reyes de la tierra que los hijos de Israel derrotaron y cuya tierra poseyeron al otro lado del Jordán hacia donde nace el sol, desde el arroyo de Arnón hasta el monte Hermón, y todo el Arabá al oriente:

2 Sehón rey de los amorreos, que habitaba en Hesbón, y señoreaba desde Aroer, que está a la ribera del arroyo de Arnón, y desde en medio del valle, y la mitad de Galaad, hasta el arroyo de Jaboc, término de los hijos de Amón;

3 y el Arabá hasta el mar de Cineret, al oriente; y hasta el mar del Arabá, el Mar Salado, al oriente, por el camino de Bet-jesimot, y desde el sur al pie de las laderas del Pisgá.

4 Y el territorio de Og rey de Basán, que había quedado de los refaítas, el cual habitaba en Astarot y en Edreí,

5 y dominaba en el monte Hermón, en Salcá, en todo Basán hasta los límites de Gesur y de Maacá, y la mitad de Galaad, territorio de Sehón rey de Hesbón.

6 A éstos derrotaron Moisés siervo de Jehová y los hijos de Israel; y Moisés siervo de Jehová dio aquella tierra en posesión a los rubenitas, a los gaditas y a la media tribu de Manasés.

Reyes derrotados por Josué

7 Y estos son los reyes de la tierra a los que
derrotaron Josué y los hijos de Israel, al
lado occidental del Jordán, desde Baal-gad
en el llano del Líbano hasta el monte de
Halac que se alza hacia Seír; y Josué dio la
tierra en posesión a las tribus de Israel,
conforme a su distribución;
8 en las montañas, en los valles, en el
Arabá, en las laderas, en el desierto y en el
Négueb; el heteo, el amorreo, el cananeo, el
ferezeo, el heveo y el jebuseo.
9 El rey de Jericó, uno; el rey de Hay, que
está al lado de Betel, otro;
10 el rey de Jerusalén, otro; el rey de
Hebrón, otro;
11 el rey de Jarmut, otro; el rey de Laquís,
otro;
12 el rey de Eglón, otro; el rey de Gézer,
otro;
13 el rey de Debir, otro; el rey de Géder,
otro;
14 el rey de Hormá, otro; el rey de Arad,
otro;
15 el rey de Libná, otro; el rey de Adulam,
otro;
16 el rey de Maquedá, otro; el rey de Betel,
otro;
17 el rey de Tapúa, otro; el rey de Héfer,
otro;
18 el rey de Afec, otro; el rey de Sarón,
otro;
19 el rey de Madón, otro; el rey de Hazor,
otro;
20 el rey de Simrón-merón, otro; el rey de
Acsaf, otro;
21 el rey de Taanac, otro; el rey de Meguidó, otro;
22 el rey de Cedes, otro; el rey de Jocneam
del Carmelo, otro;
23 el rey de Dor, de la provincia de Dor,
otro; el rey de Goim en Gilgal, otro;
24 el rey de Tirsá, otro; treinta y un reyes en
total.

Tierra aún sin conquistar

13 Siendo Josué ya viejo, entrado en
años, Jehová le dijo: Tú eres ya viejo,
de edad avanzada, y queda aún mucha tierra
por poseer.
2 Esta es la tierra que queda: todos los
territorios de los filisteos, y todos los de los
gesureos;
3 desde Sihor, que está al oriente de Egipto, hasta el límite de Ecrón al norte, que se
considera de los cananeos; de los cinco
príncipes de los filisteos, el gazeo, el asdo-
deo, el ascaloneo, el geteo y el ecroneo;
también los aveos;
4 al sur toda la tierra de los cananeos, y

Mehará, que es de los sidonios, hasta Afec,
hasta los límites del amorreo;
5 la tierra de los giblitas, y todo el Líbano
hacia donde sale el sol, desde Baal-gad al
pie del monte Hermón, hasta la entrada de
Hamat;
6 todos los que habitan en las montañas
desde el Líbano hasta Misrefotmaim, todos
los sidonios; yo los arrojaré de delante de
los hijos de Israel. Reparte, pues, tú por
suerte el país a los israelitas por heredad,
como te he mandado.
7 Reparte ahora esta tierra en heredad a las
nueve tribus, y a la media tribu de Manasés.
8 Porque los rubenitas y gaditas y la otra
mitad de Manasés recibieron ya su heredad,
la cual les dio Moisés al otro lado del Jordán
al oriente, según se la dio Moisés siervo de
Jehová;
9 desde Aroer, que está a la orilla del
arroyo de Arnón, y la ciudad que está en
medio del valle, y toda la llanura de Medebá, hasta Dibón;
10 todas las ciudades de Sehón rey de los
amorreos, el cual reinó en Hesbón, hasta los
límites de los hijos de Amón;
11 y Galaad, y los territorios de los gesureos y de los maacateos, y todo el monte
Hermón, y toda la tierra de Basán hasta
Salcá;
12 todo el reino de Og en Basán, el cual
reinó en Astarot y en Edreí, el cual había
quedado del resto de los refaítas; pues Moisés los derrotó, y los echó.
13 Mas a los gesureos y a los maacateos no
los echaron los hijos de Israel, sino que
Gesur y Maacá siguen todavía hoy habitando entre los israelitas.
14 La tribu de Leví fue la única a la que no
dio heredad; los sacrificios de Jehová Dios
de Israel son su heredad, como él les había
dicho.

Territorio que distribuyó Moisés

15 Dio, pues, Moisés a la tribu de los hijos
de Rubén conforme a sus familias.
16 Y fue el territorio de ellos desde Aroer,
que está a la orilla del arroyo de Arnón, y la
ciudad que está en medio del valle, y toda la
llanura hasta Medebá;
17 Hesbón, con todas sus ciudades que
están en la llanura; Dibón, Bamot-baal,
Bet-baal-meón,
18 Jahaz, Cademot, Mefaat,
19 Quiryatáyim, Sibmá, Zaret-sahar en el
monte del valle,
20 Bet-peor, las laderas de Pisgá, Bet-jesimot,
21 todas las ciudades de la llanura, y todo el
reino de Sehón rey de los amorreos, que
reinó en Hesbón, al cual derrotó Moisés, y a
los príncipes de Madián, Eví, Réquem, Zur,

Hur y Rebá, príncipes de Sehón que habitaban en aquella tierra.

22 También mataron a espada los hijos de Israel a Balaam el adivino, hijo de Beor, entre los demás que mataron.

23 Y el Jordán fue el límite del territorio de los hijos de Rubén. Esta fue la heredad de los hijos de Rubén conforme a sus familias, estas ciudades con sus aldeas.

24 Dio asimismo Moisés una parte a la tribu de Gad, a los hijos de Gad, conforme a sus familias.

25 El territorio de ellos fue Jazer, y todas las ciudades de Galaad, y la mitad de la tierra de los hijos de Amón hasta Aroer, que está enfrente de Rabá.

26 Y desde Hesbón hasta Ramatmizpá y Betonim; y desde Mahanáyim hasta el límite de Debir;

27 y en el valle, Bet-aram, Bet-nimrá, Sucot y Zafón, resto del reino de Sehón rey de Hesbón; el Jordán y su límite hasta el extremo del mar de Cineret al otro lado del Jordán, al oriente.

28 Esta es la heredad de los hijos de Gad por sus familias, estas ciudades con sus aldeas.

29 También dio Moisés heredad a la media tribu de Manasés; y fue para la media tribu de los hijos de Manasés, conforme a sus familias.

30 El territorio de ellos fue desde Mahanáyim, todo Basán, todo el reino de Og rey de Basán, y todas las aldeas de Jaír que están en Basán, sesenta poblaciones,

31 y la mitad de Galaad, y Astarot y Edreí, ciudades del reino de Og en Basán, para los hijos de Maquir hijo de Manasés, para la mitad de los hijos de Maquir conforme a sus familias.

32 Esto es lo que Moisés repartió en heredad en los llanos de Moab, al otro lado del Jordán de Jericó, al oriente.

33 Mas a la tribu de Leví no dio Moisés heredad; Jehová Dios de Israel es la heredad de ellos, como él les había dicho.

Canaán, repartida por suerte

14 Esto, pues, es lo que los hijos de Israel tomaron por heredad en la tierra de Canaán, lo cual les repartieron el sacerdote Eleazar, Josué hijo de Nun, y los cabezas de los padres de las tribus de los hijos de Israel.

2 El reparto de la heredad a las nueve tribus y a la media tribu se hizo a suertes, como Jehová había mandado a Moisés que se les diera.

3 Porque a las dos tribus y a la media tribu les había dado Moisés heredad al otro lado del Jordán; sin dar a los levitas heredad entre ellos.

4 Porque los hijos de José fueron dos tribus, Manasés y Efraín; y no dieron parte a los levitas en su tierra, sino ciudades en que morasen, con los ejidos de ellas para sus ganados y rebaños.

5 De la manera que Jehová lo había mandado a Moisés, así lo hicieron los hijos de Israel en el repartimiento de la tierra.

Caleb recibe Hebrón

6 Y los hijos de Judá vinieron a Josué en Gilgal; y Caleb, hijo de Jefuné cenezeo, le dijo: Tú sabes lo que Jehová dijo a Moisés, varón de Dios, en Cadés-barnea, tocante a mí y a ti.

7 Yo era de edad de cuarenta años cuando Moisés siervo de Jehová me envió de Cadés-barnea a reconocer la tierra; y yo le traje noticias como lo sentía en mi corazón.

8 Y mis hermanos, los que habían subido conmigo, hicieron desfallecer el corazón del pueblo; pero yo cumplí siguiendo a Jehová mi Dios.

9 Entonces Moisés juró diciendo: Ciertamente la tierra que holló tu pie será para ti, y para tus hijos en herencia perpetua, por cuanto cumpliste siguiendo a Jehová mi Dios.

10 Ahora bien, Jehová me ha hecho vivir, como él dijo, estos cuarenta y cinco años, desde el tiempo que Jehová habló estas palabras a Moisés, cuando Israel andaba por el desierto; y ahora, he aquí, hoy soy de edad de ochenta y cinco años.

11 Todavía estoy tan fuerte como el día que Moisés me envió; conservo todo mi vigor de entonces, para combatir, y para ir y venir.

12 Dame, pues, ahora este monte, del cual habló Jehová aquel día; porque tú oíste en aquel día que los anaceos están allí, y que hay ciudades grandes y fortificadas. Si Jehová está conmigo, los echaré, como me prometió Jehová.

13 Josué entonces le bendijo, y dio a Caleb hijo de Jefuné a Hebrón por heredad.

14 Por tanto, Hebrón vino a ser heredad de Caleb hijo de Jefuné cenezeo, hasta hoy, por cuanto había seguido cumplidamente a Jehová Dios de Israel.

15 El nombre primitivo de Hebrón fue Quiryat-arbá; porque Arbá fue el mayor gigante entre los anaceos. Y la tierra descansó de la guerra.

El territorio de Judá

15 La parte que tocó en suerte a la tribu de los hijos de Judá, conforme a sus familias, llegaba hasta la frontera de Edom, teniendo el desierto de Zin al sur como extremo meridional.

2 Y su límite por el lado del sur fue desde la costa del Mar Salado, desde la bahía que mira hacia el sur;

3 y salía hacia el sur de la subida de Acrabim, pasando hasta Zin; y subiendo por el
sur hasta Cadés-barnea, pasaba a Hezrón, y
subiendo por Adar daba vuelta a Carcá.
4 De allí pasaba a Asmón, y salía al arroyo
de Egipto, y terminaba en el mar. Éste,
pues, os será el límite del sur.
5 El límite oriental es el Mar Salado hasta la
desembocadura del Jordán. Y el límite del
lado del norte, desde la bahía del mar en la
desembocadura del Jordán;
6 y sube este límite por Bet-hoglá, y pasa al
norte de Bet-arabá, y de aquí sube hasta la
piedra de Bohán hijo de Rubén.
7 Luego sube a Debir desde el valle de
Acor; y al norte mira sobre Gilgal, que está
enfrente de la subida de Adumín, que está al
sur del arroyo; y pasa hasta las aguas de En-
semes, y sale a la fuente de Rogel.
8 Y sube este límite por el valle del hijo de
Hinom al lado sur del jebusco, que es
Jerusalén. Luego sube por la cumbre del
monte que está enfrente del valle de Hinom
hacia el occidente, el cual está al extremo
del valle de Refaím, por el lado del norte.
9 Y rodea este límite desde la cumbre del
monte hasta la fuente de las aguas de Nef-
toá, y sale a las ciudades del monte de
Efrón, rodeando luego a Baalá, que es
Quiryat-jearim.
10 Después gira este límite desde Baalá
hacia el occidente al monte de Seír; y pasa al
lado del monte de Jearim hacia el norte, el
cual es Quesalón, y desciende a Bet-semes,
y pasa a Timná.
11 Sale luego al lado de Ecrón hacia el
norte; y rodea a Sicrón, y pasa por el monte
de Baalá, y sale a Jabneel y termina en el
mar.
12 El límite del occidente es el Mar Grande. Éste fue el límite de los hijos de Judá,
por todo el contorno, conforme a sus familias.

Caleb conquista Hebrón y Debir

13 Mas a Caleb hijo de Jefuné dio su parte
entre los hijos de Judá, conforme al mandamiento de Jehová a Josué; la ciudad de
Quiryat-arbá padre de Anac, que es Hebrón.
14 Y Caleb echó de allí a los tres hijos de
Anac, a Sesay, Ahimán y Talmay, descendientes de Anac.
15 De aquí subió contra los que moraban en
Debir; y el nombre de Debir era antes
Quiryat-séfer.
16 Y dijo Caleb: Al que ataque a Quiryat-
séfer, y la tome, yo le daré mi hija Acsá por
mujer.
17 Y la tomó Otoniel, hijo de Cenez hermano de Caleb; y él le dio a su hija Acsá por
mujer.

18 Y aconteció que cuando la llevaba, él la
persuadió que pidiese a su padre tierras para
labrar. Ella entonces se bajó del asno. Y
Caleb le dijo: ¿Qué tienes?
19 Y ella respondió: Concédeme un don;
puesto que me has dado tierra del Négueb,
dame también fuentes de aguas. Él entonces
le dio las fuentes de arriba, y las de abajo.

Las ciudades de Judá

20 Esta, pues, es la heredad de la tribu de
los hijos de Judá por sus familias.
21 Y fueron las ciudades de la tribu de los
hijos de Judá en el extremo sur, hacia la
frontera de Edom: Cabseel, Éder, Jagur,
22 Ciná, Dimón, Adadá,
23 Cedes, Hazor, Itnán,
24 Zif, Télem, Bealot,
25 Hazor-hadatá, Queriot, Hezrón (que es
Hazor),
26 Amam, Semá, Moladá,
27 Hazar-gadá, Hesmón, Bet-pélet,
28 Hazar-sual, Beerseba, Bizotía,
29 Baalá, Iyim, Esem,
30 Eltolad, Quesil, Hormá,
31 Siclag, Madmaná, Sansaná,
32 Lebaot, Silhim, Aín y Rimón; por todas,
veintinueve ciudades con sus aldeas.
33 En las llanuras, Estaol, Zorá; Asená,
34 Zanoá. En-ganim, Tapuá, Enam,
35 Jarmut, Adulam, Socó, Azecá,
36 Saaraim, Aditaim, Gederá y Gedero-
taim; catorce ciudades con sus aldeas.
37 Zenán, Hadasá, Migdal-gad,
38 Dileán, Mizpá, Jocteel,
39 Laquís, Boscat, Eglón,
40 Cabón, Lahmam, Quitlís,
41 Gederot, Bet-dagón, Naamá y Maquedá; dieciséis ciudades con sus aldeas.
42 Libná, Éter, Asán,
43 Jiftá, Asená, Nezib,
44 Keilá, Aczib y Maresá; nueve ciudades
con sus aldeas.
45 Ecrón con sus villas y sus aldeas.
46 Desde Ecrón hasta el mar, todas las que
están cerca de Asdod con sus aldeas.
47 Asdod con sus villas y sus aldeas; Gaza
con sus villas y sus aldeas hasta el río de
Egipto, y el Mar Grande con sus costas.
48 Y en las montañas, Samir, Jatir, Socó,
49 Daná, Quiryat-saná (que es Debir);
50 Anab, Estemoa, Anim,
51 Gosén, Holón y Giló; once ciudades con
sus aldeas.
52 Arab, Dumá, Esán,
53 Janum, Bet-tapuá, Afecá,
54 Humtá, Quiryat-arbá (la cual es Hebrón) y Sior; nueve ciudades con sus aldeas.
55 Maón, Carmel, Zif, Jutá,
56 Jizreel, Jocdeam, Zanoá,
57 Haqcayin, Gibeá y Timná; diez ciudades
con sus aldeas.

58 Halhul, Bet-sur, Gedor,

59 Maarat, Bet-anot y Eltecón; seis ciudades con sus aldeas.

60 Quiryat-baal (que es Quiryat-jearim) y Rabá; dos ciudades con sus aldeas.

61 En el desierto, Bet-arabá, Midín, Secacá,

62 Nibsán, la Ciudad de la Sal y Engadí; seis ciudades con sus aldeas.

63 Mas a los jebuseos que habitaban en Jerusalén, los hijos de Judá no pudieron arrojarlos; y ha quedado el jebuseo en Jerusalén junto a los hijos de Judá hasta hoy.

Territorio de Efraín y de Manasés

16 Tocó en suerte a los hijos de José desde el Jordán de Jericó hasta las aguas de Jericó hacia el oriente, hacia el desierto que sube de Jericó por las montañas de Betel.

2 Y de Betel sale a Luz, y pasa a lo largo del territorio de los arquitas hasta Atarot,

3 y baja hacia el occidente al territorio de los jafletitas, hasta el límite de Bet-horón la de abajo, y hasta Gézer; y sale al mar.

4 Recibieron, pues, su heredad los hijos de José, Manasés y Efraín.

5 Y en cuanto al territorio de los hijos de Efraín por sus familias, el límite de su heredad al lado del oriente fue desde Atarot-adar hasta Bet-horón la de arriba.

6 Continúa el límite hasta el mar, y hasta Micmetat al norte, y da vuelta hacia el oriente hasta Taanat-silo, y de aquí pasa a Janoá.

7 De Janoá desciende a Atarot y a Naarat, y toca Jericó y sube al Jordán.

8 Y de Tapuá se vuelve hacia el mar, al arroyo de Caná, y sale al mar. Ésta es la heredad de la tribu de los hijos de Efraín por sus familias.

9 Hubo también ciudades que se apartaron para los hijos de Efraín en medio de la heredad de los hijos de Manasés, todas ciudades con sus aldeas.

10 Pero no fue expulsado el cananeo que habitaba en Gézer; antes quedó el cananeo en medio de Efraín, hasta hoy, y fue tributario.

17 Se echaron también suertes para la tribu de Manasés, porque fue primogénito de José. Maquir, primogénito de Manasés y padre de Galaad, el cual fue hombre de guerra, tuvo Galaad y Basán.

2 Se echaron también suertes para los otros hijos de Manasés conforme a sus familias; los hijos de Abiezer, los hijos de Helec, los hijos de Asriel, los hijos de Siquem, los hijos de Héfer y los hijos de Semidá; éstos fueron los hijos varones de Manasés hijo de José, por sus familias.

3 Pero Zelofehad hijo de Héfer, hijo de Galaad, hijo de Maquir, hijo de Manasés, no tuvo hijos sino hijas, los nombres de las cuales son éstos: Maalá, Noá, Hoglá, Milcá y Tirsá.

4 Éstas vinieron delante del sacerdote Eleazar y de Josué hijo de Nun, y de los príncipes, y dijeron: Jehová mandó a Moisés que nos diese heredad entre nuestros hermanos. Y él les dio heredad entre los hermanos del padre de ellas, conforme al dicho de Jehová.

5 Y le tocaron a Manasés diez partes además de la tierra de Galaad y de Basán que está al otro lado del Jordán,

6 porque las hijas de Manasés tuvieron heredad entre sus hijos; y la tierra de Galaad fue de los otros hijos de Manasés.

7 Y fue el territorio de Manasés desde Aser hasta Micmetat, que está enfrente de Siquem; y va al sur, hasta los que habitan en Tapuá.

8 La tierra de Tapuá fue de Manasés; pero Tapuá misma, que está junto al límite de Manasés, es de los hijos de Efraín.

9 Desciende este límite al arroyo de Caná, hacia el sur del arroyo. Estas ciudades de Efraín están entre las ciudades de Manasés; y el límite de Manasés es desde el norte del mismo arroyo, y sus salidas son el mar.

10 Efraín al sur, y Manasés al norte, y el mar es su límite; y se encuentra con Aser al norte, y con Isacar al oriente.

11 Tuvo también Manasés en Isacar y en Aser a Bet-seán y sus aldeas, a Ibleam y sus aldeas, a los moradores de Dor y sus aldeas, a los moradores de Endor y sus aldeas, a los moradores de Taanac y sus aldeas, y a los moradores de Meguidó y sus aldeas; tres provincias.

12 Mas los hijos de Manasés no pudieron arrojar a los de aquellas ciudades; y el cananeo persistió en habitar en aquella tierra.

13 Pero cuando los hijos de Israel fueron lo suficientemente fuertes, hicieron tributario al cananeo, mas no lo arrojaron.

14 Y los hijos de José hablaron a Josué, diciendo: ¿Por qué nos has dado por heredad una sola suerte y una sola parte, siendo nosotros un pueblo tan grande, y que Jehová nos ha bendecido hasta ahora?

15 Y Josué les respondió: Si sois pueblo tan grande, subid al bosque, y haceos desmontes allí en la tierra de los ferezeos y de los refaítas, ya que el monte de Efraín es estrecho para vosotros.

16 Y los hijos de José dijeron: No nos bastará a nosotros este monte; y todos los cananeos que habitan la tierra de la llanura, tienen carros herrados; lo mismo los que están en Betseán y en sus aldeas, como los que están en el valle de Jizreel.

17 Entonces Josué respondió a la casa de José, a Efraín y a Manasés, diciendo: Tú eres gran pueblo, y tienes gran poder; no tendrás una sola parte,

18 sino que aquel monte será tuyo; pues aunque es bosque, tú lo desmontarás y lo ocuparás hasta sus límites más lejanos; porque tú arrojarás al cananeo, aunque tenga carros herrados y sea muy fuerte.

Territorios de las demás tribus

18 Toda la congregación de los hijos de Israel se reunió en Silo, y erigieron allí el tabernáculo de reunión, después que la tierra les fue sometida.

2 Pero habían quedado de los hijos de Israel siete tribus a las cuales aún no habían repartido su posesión.

3 Y Josué dijo a los hijos de Israel: ¿Hasta cuándo seréis negligentes para venir a poseer la tierra que os ha dado Jehová el Dios de vuestros padres?

4 Señalad tres varones de cada tribu, para que yo los envíe, y que ellos se levanten y recorran la tierra, y la describan conforme a sus heredades, y vuelvan a mí.

5 Y la dividirán en siete partes; y Judá quedará en su territorio al sur, y los de la casa de José en el suyo al norte.

6 Vosotros, pues, delinearéis la tierra en siete partes, y me traeréis la descripción aquí, y yo os echaré suertes aquí delante de Jehová nuestro Dios.

7 Pero los levitas ninguna parte tienen entre vosotros, porque el sacerdocio de Jehová es la heredad de ellos; Gad también y Rubén, y la media tribu de Manasés, ya han recibido su heredad al otro lado del Jordán al oriente, la cual les dio Moisés siervo de Jehová.

8 Levantándose, pues, aquellos varones, fueron; y mandó Josué a los que iban para delinear la tierra, diciéndoles: Id, recorred la tierra y delineadla, y volved a mí, para que yo os eche suertes aquí delante de Jehová en Silo.

9 Fueron, pues, aquellos varones y recorrieron la comarca, delineándola ciudad por ciudad en siete partes en un escrito que llevaron a Josué al campamento en Silo.

10 Y Josué le echó suertes delante de Jehová en Silo; y allí repartió Josué la tierra a los hijos de Israel por sus porciones.

La tribu de Benjamín

11 Y se sacó la suerte de la tribu de los hijos de Benjamín conforme a sus familias; y el territorio adjudicado a ella quedó entre los hijos de Judá y los hijos de José.

12 Su límite por el lado norte partía del Jordán, y subía en dirección al norte sobre la vertiente de Jericó, se elevaba por la montaña a occidente y terminaba en el desierto de Betavén.

13 De allí pasa en dirección de Luz, al lado sur de Luz (que es Betel), y desciende de Atarot-adar al monte que está al sur de Bet-horón la de abajo.

14 Y tuerce hacia el oeste por el lado sur del monte que está delante de Bet-horón al sur; y viene a salir a Quiryat-baal (que es Quiryat-jearim), ciudad de los hijos de Judá. Éste es el lado del occidente.

15 El lado del sur es desde el extremo de Quiryat-jearim, y sale al occidente, a la fuente de las aguas de Neftoa;

16 y desciende este límite al extremo del monte que está delante del valle del hijo de Hinom, que está al norte en el valle de Refaím; desciende luego al valle de Hinom, al lado sur del jebuseo, y de allí desciende a la fuente de Rogel.

17 Luego se inclina hacia el norte y sale a En-semes, y de allí a Gelilot, que está delante de la subida de Adumín, y desciende a la piedra de Bohán hijo de Rubén,

18 y pasa al lado que está enfrente del Arabá, y desciende al Arabá.

19 Y pasa el límite al lado norte de Bet-hoglá, y termina en la bahía norte del Mar Salado, a la extremidad sur del Jordán; éste es el límite sur.

20 Y el Jordán era el límite al lado del oriente. Ésta es la heredad de los hijos de Benjamín por sus límites alrededor, conforme a sus familias.

Ciudades de Benjamín

21 Las ciudades de la tribu de los hijos de Benjamín, por sus familias, fueron Jericó, Bet-hoglá, el valle de Casís,

22 Bet-arabá, Zemaraim, Betel,

23 Avim, Pará, Ofrá,

24 Quefar-haamoní, Ofní y Gabá; doce ciudades con sus aldeas;

25 Gabaón, Ramá, Beerot,

26 Mizpá, Quefirá, Mozá,

27 Réquem, Yirpeel, Taralá,

28 Zela, Elef, Jebús (que es Jerusalén), Guibeá y Quiryat; catorce ciudades con sus aldeas. Ésta es la heredad de los hijos de Benjamín conforme a sus familias.

19 La segunda suerte tocó a Simeón, para la tribu de los hijos de Simeón conforme a sus familias; y su heredad fue en medio de la heredad de los hijos de Judá.

2 Y tuvieron en su heredad a Beerseba, Sebá, Moladá,

3 Hazar-sual, Balá, Ezem,

4 Eltolad, Betul, Hormá,

5 Siclag, Bet-marcabot, Hazar-susá,

6 Bet-lebaot y Saruhén; trece ciudades con sus aldeas;

7 Aín, Rimón, Éter y Asán; cuatro ciudades con sus aldeas;

8 y todas las aldeas que estaban alrededor de estas ciudades hasta Baalatbeer, que es Ramat del Négueb. Ésta es la heredad de la tribu de los hijos de Simeón conforme a sus familias.

9 De la suerte de los hijos de Judá fue sacada la heredad de los hijos de Simeón, por cuanto la parte de los hijos de Judá era excesiva para ellos; así que los hijos de Simeón tuvieron su heredad en medio de la de Judá.

La tribu de Zabulón

10 La tercera suerte tocó a los hijos de Zabulón conforme a sus familias; y el territorio de su heredad fue hasta Sarid.

11 Y su límite sube hacia el occidente a Maralá, y llega hasta Dabeset, y de allí hasta el arroyo que está delante de Jocneam;

12 y gira de Sarid hacia el oriente, hacia donde nace el sol, hasta el límite de Quislottabor, sale a Daberat, y sube a Jafía.

13 Pasando de allí hacia el lado oriental a Gat-héfer y a Ita-cazín, sale a Rimón rodeando a Neá.

14 Luego, al norte, el límite gira hacia Hanatón, viniendo a salir al valle de Yiftah-Él;

15 y abarca Catat, Naalal, Simrón, Idalá y Belén; doce ciudades con sus aldeas.

16 Ésta es la heredad de los hijos de Zabulón conforme a sus familias; estas ciudades con sus aldeas.

La tribu de Isacar

17 La cuarta suerte correspondió a Isacar, a los hijos de Isacar conforme a sus familias.

18 Y fue su territorio Jizreel, Quesulot, Sunem,

19 Hafaraim, Sihón, Anaharat,

20 Rabit, Quisión, Abez,

21 Rémet, En-ganim, En-hadá y Betpasés.

22 Y llega este límite hasta Tabor, Sahazima y Bet-semes, y termina en el Jordán; dieciséis ciudades con sus aldeas.

23 Ésta es la heredad de la tribu de los hijos de Isacar conforme a sus familias; estas ciudades con sus aldeas.

24 La quinta suerte correspondió a la tribu de los hijos de Aser conforme a sus familias.

25 Y su territorio abarcó Helcat, Halí, Betén, Acsaf,

26 Alamelec, Amad y Miscal; y llega hasta el Carmelo al occidente, y a Sihor-libnat.

27 Después da vuelta hacia el oriente a Betdagón y llega a Zabulón, al valle de Yiftah-Él al norte, a Bet-émec y a Niel, y sale a Cabul al norte.

28 Y abarca a Hebrón, Rehob, Hamón y Caná, hasta la gran Sidón.

29 De allí este límite tuerce hacia Ramá, y hasta la ciudad fortificada de Tiro, y gira hacia Hosá, y sale al mar desde el territorio de Aczib.

30 Abarca también Umá, Afec y Rehob; veintidós ciudades con sus aldeas.

31 Ésta es la heredad de la tribu de los hijos de Aser conforme a sus familias; estas ciudades con sus aldeas.

La tribu de Neftalí

32 La sexta suerte correspondió a los hijos de Neftalí conforme a sus familias.

33 Y abarcó su territorio desde Hélef, Alón-saananim, Adamí-néceb y Jabneel, hasta Lacum, y sale al Jordán.

34 Y giraba el límite hacia el occidente a Aznot-tabor, y de allí pasaba a Hucoc, y llegaba hasta Zabulón al sur, y al occidente confinaba con Aser, y con Judá por el Jordán hacia donde nace el sol.

35 Y las ciudades fortificadas son Sidim, Zer, Hamat, Racat, Cineret,

36 Adamá, Ramá, Hazor,

37 Cedes, Edreí, En-hazor.

38 Irón, Migdal-el, Horem, Bet-anat y Bet-semes; diecinueve ciudades con sus aldeas.

39 Ésta es la heredad de la tribu de los hijos de Neftalí conforme a sus familias; estas ciudades con sus aldeas.

La tribu de Dan

40 La séptima suerte correspondió a la tribu de los hijos de Dan conforme a sus familias.

41 Y fue el territorio de su heredad, Zorá, Estaol, Ir-semes,

42 Saalabín, Ajalón, Jetlá,

43 Elón, Timná, Ecrón,

44 Elteque, Gibetón, Baalat,

45 Jehúd, Bené-berac, Gat-rimón,

46 Mejarcón y Racón, con el territorio que está delante de Jope.

47 Y les faltó territorio a los hijos de Dan; y subieron los hijos de Dan y combatieron a Lésem, y tomándola la hirieron a filo de espada, y tomaron posesión de ella y habitaron en ella; y tomaron a Lésem, Dan, del nombre de Dan su padre.

48 Ésta es la heredad de la tribu de los hijos de Dan conforme a sus familias; estas ciudades con sus aldeas.

49 Y después que acabaron de repartir la tierra en heredad por sus territorios, dieron los hijos de Israel heredad a Josué hijo de Nun en medio de ellos;

50 según la palabra de Jehová, le dieron la ciudad que él pidió, Timnat-sera, en el monte de Efraín; y él reedificó la ciudad y habitó en ella.

51 Éstas son las heredades que el sacerdote Eleazar, y Josué hijo de Nun, y los cabezas

de los padres, entregaron por suerte en posesión a las tribus de los hijos de Israel en Silo, delante de Jehová, a la entrada del tabernáculo de reunión; y acabaron de repartir la tierra.

Josué señala ciudades de refugio

20 Habló Jehová a Josué, diciendo:

2 Habla a los hijos de Israel y diles: Señalaos las ciudades de refugio, de las cuales yo os hablé por medio de Moisés,

3 para que se acoja allí el homicida que haya matado a alguno por accidente y no a sabiendas; y os servirán de refugio contra el vengador de la sangre.

4 Y el que se acoja a alguna de aquellas ciudades, se presentará a la puerta de la ciudad, y expondrá su caso a los ancianos de aquella ciudad; y ellos le recibirán consigo dentro de la ciudad, y le darán lugar para que habite con ellos.

5 Si el vengador de la sangre le sigue, no entregarán en su mano al homicida, por cuanto hirió a su prójimo por accidente, y no tuvo con él ninguna enemistad antes.

6 Y quedará en aquella ciudad hasta que comparezca en juicio delante de la congregación, y hasta la muerte del que esté como sumo sacerdote en aquel tiempo; entonces el homicida podrá volver a su ciudad y a su casa y a la ciudad de donde huyó.

7 Entonces señalaron a Cedes en Galilea, en el monte de Neftalí, y Quiryat-arbá (que es Hebrón) en el monte de Judá.

8 Y al otro lado del Jordán al oriente de Jericó, señalaron a Béser en el desierto, en la llanura de la tribu de Rubén, Ramot en Galaad de la tribu de Gad, y Golán en Basán de la tribu de Manasés.

9 Éstas fueron las ciudades señaladas para todos los hijos de Israel, y para el extranjero que morase entre ellos, para que se acogiese a ellas cualquiera que hiriese a alguno por accidente, a fin de que no muriese por mano del vengador de la sangre, hasta que compareciese delante de la congregación.

Ciudades de los levitas

21 Los jefes de los padres de los levitas vinieron al sacerdote Eleazar, a Josué hijo de Nun y a los cabezas de los padres de las tribus de los hijos de Israel,

2 y les hablaron en Silo en la tierra de Canaán, diciendo: Jehová mandó por medio de Moisés que nos fuesen dadas ciudades donde habitar, con sus ejidos para nuestros ganados.

3 Entonces los hijos de Israel dieron de su propia herencia a los levitas, conforme al mandato de Jehová, estas ciudades con sus ejidos.

4 Y la suerte cayó sobre las familias de los coatitas; y los hijos de Aarón sacerdote, que eran de los levitas, obtuvieron por suerte de la tribu de Judá, de la tribu de Simeón y de la tribu de Benjamín, trece ciudades.

5 Y los otros hijos de Coat obtuvieron por suerte diez ciudades de las familias de la tribu de Efraín, de la tribu de Dan y de la media tribu de Manasés.

6 Los hijos de Gersón obtuvieron por suerte, de las familias de la tribu de Isacar, de la tribu de Aser, de la tribu de Neftalí y de la media tribu de Manasés en Basán, trece ciudades.

7 Los hijos de Merarí según sus familias obtuvieron de la tribu de Rubén, de la tribu de Gad y de la tribu de Zabulón, doce ciudades.

8 Dieron, pues, los hijos de Israel a los levitas estas ciudades con sus ejidos, por suertes, como había mandado Jehová por conducto de Moisés.

Parte de los coatitas

9 De la tribu de los hijos de Judá, y de la tribu de los hijos de Simeón, dieron estas ciudades que fueron nombradas,

10 las cuales obtuvieron los hijos de Aarón de las familias de Coat, de los hijos de Leví; porque para ellos fue la suerte en primer lugar.

11 Les dieron Quiryat-arbá del padre de Anac, la cual es Hebrón, en el monte de Judá, con sus pastos en sus contornos.

12 Mas el campo de la ciudad y sus aldeas dieron a Caleb hijo de Jefoné, por posesión suya.

13 Y a los hijos del sacerdote Aarón dieron Hebrón con sus ejidos como ciudad de refugio para los homicidas; además, Libná con sus ejidos,

14 Jatir con sus ejidos, Estemoa con sus ejidos,

15 Holón con sus ejidos, Debir con sus ejidos,

16 Aín con sus ejidos, Jutá con sus ejidos y Bet-semes con sus ejidos; nueve ciudades de estas dos tribus;

17 y de la tribu de Benjamín, Gabaón con sus ejidos, Geba con sus ejidos,

18 Anatot con sus ejidos, Almón con sus ejidos; cuatro ciudades.

19 Todas las ciudades de los sacerdotes hijos de Aarón son trece con sus ejidos.

20 Mas las familias de los hijos de Coat, levitas, los que quedaban de los hijos de Coat, recibieron por suerte ciudades de la tribu de Efraín.

21 Les dieron Siquem con sus ejidos, en el monte de Efraín, como ciudad de refugio

para los homicidas; además, Gézer con sus ejidos,

22 Kibsaim con sus ejidos y Bethorón con sus ejidos; cuatro ciudades.

23 De la tribu de Dan, Eltequé con sus ejidos, Gibetón con sus ejidos,

24 Ajalón con sus ejidos y Gat-rimón con sus ejidos; cuatro ciudades.

25 Y de la media tribu de Manasés, Taanac con sus ejidos y Gat-rimón con sus ejidos; dos ciudades.

26 Todas las ciudades para el resto de las familias de los hijos de Coat fueron diez con sus ejidos.

Parte de los hijos de Gersón

27 A los hijos de Gersón de las familias de los levitas, dieron de la media tribu de Manasés a Golán en Basán con sus ejidos como ciudad de refugio para los homicidas, y además, Beesterá con sus ejidos; dos ciudades.

28 De la tribu de Isacar, Cisón con sus ejidos, Daberat con sus ejidos,

29 Jarmut con sus ejidos y En-ganim con sus ejidos; cuatro ciudades.

30 De la tribu de Aser, Miseal con sus ejidos, Abdón con sus ejidos,

31 Helcat con sus ejidos y Rehob con sus ejidos; cuatro ciudades.

32 Y de la tribu de Neftalí, Cedes en Galilea con sus ejidos como ciudad de refugio para los homicidas, y además, Hamot-dor con sus egidos y Cartán con sus ejidos; tres ciudades.

33 Todas las ciudades de los gersonitas por sus familias fueron trece ciudades con sus ejidos.

Parte de los hijos de Merarí

34 Y a las familias de los hijos de Merarí, levitas que quedaban, se les dio de la tribu de Zabulón, Jocneam con sus ejidos, Cartá con sus ejidos,

35 Dimná con sus ejidos y Naalal con sus ejidos; cuatro ciudades.

36 Y de la tribu de Rubén, Béser con sus ejidos, Jahaz con sus ejidos,

37 Cademot con sus ejidos y Mefaat con sus ejidos; cuatro ciudades.

38 De la tribu de Gad, Ramot de Galaad con sus ejidos como ciudad de refugio para los homicidas; además, Mahanáyim con sus ejidos,

39 Hesbón con sus ejidos y Jazer con sus ejidos; cuatro ciudades.

40 Todas las ciudades de los hijos de Merarí por sus familias, que restaban de las familias de los levitas, fueron por sus suertes doce ciudades.

41 Y todas las ciudades de los levitas en medio de la posesión de los hijos de Israel, fueron cuarenta y ocho ciudades con sus ejidos.

42 Estas ciudades estaban apartadas la una de la otra, y comprendían la ciudad y el terreno de pastoreo a su alrededor. Así eran todas las ciudades mencionadas.

Israel ocupa la tierra

43 De esta manera dio Jehová a Israel toda la tierra que había jurado dar a sus padres, y la poseyeron y habitaron en ella.

44 Y Jehová les dio reposo alrededor, conforme a todo lo que había jurado a sus padres; y ninguno de todos sus enemigos pudo hacerles frente, porque Jehová entregó en sus manos a todos sus enemigos.

45 No faltó palabra de todas las buenas promesas que Jehová había hecho a la casa de Israel; todo se cumplió.

Las tribus dejan Transjordania

22 Entonces Josué llamó a los rubenitas, a los gaditas, y a la media tribu de Manasés,

2 y les dijo: Vosotros habéis guardado todo lo que Moisés siervo de Jehová os mandó, y habéis obedecido a mi voz en todo lo que os he mandado.

3 No habéis dejado a vuestros hermanos en este largo tiempo hasta el día de hoy, sino que os habéis cuidado de guardar los mandamientos de Jehová vuestro Dios.

4 Ahora, pues, que Jehová vuestro Dios ha dado reposo a vuestros hermanos, como lo había prometido, volved, regresad a vuestras tiendas, a la tierra de vuestras posesiones, que Moisés siervo de Jehová os dio al otro lado del Jordán.

5 Solamente que con diligencia cuidéis de cumplir el mandamiento y la ley que Moisés siervo de Jehová os ordenó: que améis a Jehová vuestro Dios, y andéis en todos sus caminos; que guardéis sus mandamientos, y le sigáis a él, y le sirváis de todo vuestro corazón y de toda vuestra alma.

6 Y bendiciéndolos, Josué los despidió, y se fueron a sus tiendas.

7 También a la media tribu de Manasés había dado Moisés posesión en Basán; mas a la otra mitad dio Josué heredad entre sus hermanos a este lado del Jordán, al occidente; y también a éstos envió Josué a sus tiendas, después de haberlos bendecido.

8 Y les habló diciendo: Volvéis a vuestras tiendas con grandes riquezas, con mucho ganado, con plata, con oro, y bronce, y muchos vestidos; compartid, pues, con vuestros hermanos el botín de vuestros enemigos.

Erección de un altar a orillas del Jordán

9 Así los hijos de Rubén y los hijos de Gad y la media tribu de Manasés, se volvieron,

separándose de los hijos de Israel, desde
Silo, que está en la tierra de Canaán, para
volver a la tierra de Galaad, a la tierra de su
propiedad, donde se habían establecido según el mandato de Jehová por conducto de
Moisés.

10 Y llegando a los límites del Jordán que
está en la tierra de Canaán, los hijos de
Rubén y los hijos de Gad y la media tribu de
Manasés edificaron allí un altar junto al
Jordán, un altar de grandioso aspecto.

11 Y los hijos de Israel oyeron decir que los
hijos de Rubén y los hijos de Gad y la media
tribu de Manasés habían edificado un altar
frente a la tierra de Canaán, en los límites
del Jordán, del lado de los hijos de Israel.

12 Cuando oyeron esto los hijos de Israel, se
juntó toda la congregación de los hijos de Israel en Silo, para subir a pelear contra ellos.

13 Y enviaron los hijos de Israel a los hijos
de Rubén y a los hijos de Gad y a la media
tribu de Manasés en tierra de Galaad, a
Fineés hijo del sacerdote Eleazar,

14 y a diez príncipes con él: un príncipe por
cada casa paterna de todas las tribus de
Israel, cada uno de los cuales era jefe de la
casa de sus padres entre los millares de
Israel.

15 Los cuales fueron a los hijos de Rubén y
a los hijos de Gad y a la media tribu de
Manasés, en la tierra de Galaad, y les
hablaron de esta manera:

16 Esto ha dicho toda la congregación de
Jehová: ¿Qué significa esta rebelión que
habéis cometido contra el Dios de Israel
para apartaros hoy de seguir a Jehová,
edificándoos altar para ser rebeldes contra
Jehová?

17 ¿No ha sido bastante la maldad de Peor,
de la que no estamos aún limpios hasta este
día, por la cual vino la mortandad en la
congregación de Jehová,

18 para que vosotros os apartéis hoy de
seguir a Jehová? Vosotros os rebeláis hoy
contra Jehová, y mañana se airará él contra
toda la congregación de Israel.

19 Si os parece que la tierra de vuestra
posesión es inmunda, pasaos a la tierra de la
posesión de Jehová, en la cual está el tabernáculo de Jehová, y tomad posesión entre
nosotros; pero no os rebeléis contra Jehová,
ni os rebeléis contra nosotros, edificándoos
altar además del altar de Jehová nuestro
Dios.

20 ¿No cometió Acán hijo de Zera prevaricación en el anatema, y vino la ira sobre
toda la congregación de Israel? Y aquel
hombre no pereció solo en su iniquidad.

21 Entonces los hijos de Rubén y los hijos
de Gad y la media tribu de Manasés respondieron y dijeron a los cabezas de los millares
de Israel:

22 Jehová Dios de los dioses, Jehová el
Todopoderoso lo sabe bien, y que lo sepa
también Israel: si ha habido por nuestra
parte rebelión o infidelidad contra Jehová,
en tal caso, que no nos salve hoy.

23 Si nos hemos edificado un altar para
volvernos de en pos de Jehová, o para
sacrificar holocausto u ofrenda, o para ofrecer sobre él ofrendas de paz, el mismo
Jehová nos lo demande.

24 Lo hicimos más bien por temor de que
mañana vuestros hijos digan a nuestros
hijos: ¿Qué tenéis vosotros con Jehová Dios
de Israel?

25 Jehová ha puesto por lindero el Jordán
entre nosotros y vosotros, oh hijos de Rubén e hijos de Gad; no tenéis vosotros parte
en Jehová; y así vuestros hijos harían que
nuestros hijos dejasen de temer a Jehová.

26 Por esto dijimos: Edifiquemos ahora un
altar, no para holocausto ni para sacrificio,

27 sino para que sea un testimonio entre
nosotros y vosotros, y entre los que vendrán
después de nosotros, de que podemos hacer
el servicio de Jehová delante de él con
nuestros holocaustos, con nuestros sacrificios y con nuestras ofrendas de paz; y no
digan mañana vuestros hijos a los nuestros:
Vosotros no tenéis parte en Jehová.

28 Nosotros, pues, dijimos: Si llega a suceder que hablen así a nosotros, o a nuestras
generaciones en lo por venir, entonces res-
ponderemos: Mirad el símil del altar de
Jehová, el cual hicieron nuestros padres, no
para holocaustos o sacrificios, sino para que
fuese testimonio entre nosotros y vosotros.

29 Nunca tal acontezca que nos rebelemos
contra Jehová, o que nos apartemos hoy de
seguir a Jehová, edificando altar para holocaustos, para ofrenda o para sacrificio, además del altar de Jehová nuestro Dios que
está delante de su tabernáculo.

Restablecimiento de la concordia

30 Oyendo Fineés el sacerdote y los príncipes de la congregación, y los jefes de los
millares de Israel que con él estaban, las
palabras que hablaron los hijos de Rubén y
los hijos de Gad y los hijos de Manasés, les
pareció bien todo ello.

31 Y dijo Fineés hijo del sacerdote Eleazar
a los hijos de Rubén, a los hijos de Gad y a
los hijos de Manasés: Hoy hemos entendido
que Jehová está entre nosotros, pues que no
habéis intentado esta traición contra Jehová. Así habéis librado a los hijos de Israel de
la mano de Jehová.

32 Y Fineés hijo del sacerdote Eleazar, y
los príncipes, dejaron a los hijos de Rubén y
a los hijos de Gad, y regresaron de la tierra
de Galaad a la tierra de Canaán, a los hijos
de Israel, a los cuales dieron la respuesta.

33 Y el asunto pareció bien a los israelitas, y bendijeron a Dios los hijos de Israel; y no hablaron más de subir contra ellos en guerra, para devastar la tierra en que habitaban los hijos de Rubén y los hijos de Gad.

34 Y los hijos de Rubén y los hijos de Gad pusieron por nombre al altar Ed; porque, dijeron, será testimonio entre nosotros de que Jehová es Dios.

Exhortación de Josué al pueblo

23 Aconteció, muchos días después que Jehová diera reposo a Israel de todos sus enemigos alrededor, que Josué, siendo ya viejo y avanzado en años,

2 llamó a todo Israel, a sus ancianos, sus príncipes, sus jueces y sus oficiales, y les dijo: Yo ya soy viejo y avanzado en años.

3 Y vosotros habéis visto todo lo que Jehová vuestro Dios ha hecho con todas estas naciones por vuestra causa; porque Jehová vuestro Dios es quien ha peleado por vosotros.

4 He aquí os he repartido por suerte, en herencia para vuestras tribus, estas naciones, así las destruidas como las que quedan, desde el Jordán hasta el Mar Grande, hacia donde se pone el sol.

5 Y Jehová vuestro Dios las echará de delante de vosotros, y las arrojará de vuestra presencia; y vosotros poseeréis sus tierras, como Jehová vuestro Dios os ha dicho.

6 Esforzaos, pues, mucho en guardar y hacer todo lo que está escrito en el libro de la ley de Moisés, sin apartaros de ello ni a diestra ni a siniestra;

7 para que no os mezcléis con estas naciones que han quedado con vosotros, ni hagáis mención ni juréis por el nombre de sus dioses, ni los sirváis, ni os inclinéis a ellos.

8 Mas a Jehová vuestro Dios seguiréis, como habéis hecho hasta hoy.

9 Pues ha arrojado Jehová delante de vosotros grandes y fuertes naciones, y hasta hoy nadie ha podido resistir delante de vuestro rostro.

10 Un varón de vosotros perseguirá a mil; porque Jehová vuestro Dios es quien pelea por vosotros, como él os dijo.

11 Guardad, pues, con diligencia vuestras almas, para que améis a Jehová vuestro Dios.

12 Porque si os apartáis, y os unís a lo que resta de estas naciones que han quedado con vosotros, y si concertáis con ellas matrimonios, mezclándoos con ellas, y ellas con vosotros,

13 sabed que Jehová vuestro Dios no arrojará más a estas naciones delante de vosotros, sino que os serán por lazo, por tropiezo, por azote para vuestros costados y por espinas para vuestros ojos, hasta que desaparezcáis de esta buena tierra que Jehová vuestro Dios os ha dado.

14 Y he aquí que yo estoy para entrar hoy por el camino de todo el mundo; reconoced, pues, con todo vuestro corazón y con toda vuestra alma, que no ha faltado una palabra de todas las buenas palabras que Jehová vuestro Dios había dicho de vosotros: todas os han acontecido, no ha faltado ninguna de ellas.

15 Pero así como se os han cumplido las excelentes promesas que Jehová vuestro Dios os había hecho, también traerá Jehová sobre vosotros todas sus amenazas, hasta destruiros de sobre la buena tierra que Jehová vuestro Dios os ha dado,

16 si traspasáis el pacto de Jehová vuestro Dios que él os ha mandado, yendo y honrando a dioses ajenos, e inclinándoos a ellos. Entonces la ira de Jehová se encenderá contra vosotros, y pereceréis prontamente de esta buena tierra que él os ha dado.

Discurso de despedida de Josué

24 Reunió Josué a todas las tribus de Israel en Siquem, y llamó a los ancianos de Israel, sus príncipes, sus jueces y sus oficiales; y se presentaron delante de Dios.

2 Y dijo Josué a todo el pueblo: Así dice Jehová, Dios de Israel: Vuestros padres habitaron antiguamente al otro lado del río, esto es, Taré, padre de Abraham y de Nacor; y servían a dioses extraños.

3 Y yo tomé a vuestro padre Abraham del otro lado del río, y lo traje por toda la tierra de Canaán, y aumenté su descendencia, y le di a Isaac.

4 A Isaac di a Jacob y Esaú. Y a Esaú di el monte de Seír, para que lo poseyese; pero Jacob y sus hijos descendieron a Egipto.

5 Y yo envié a Moisés y a Aarón, e herí a Egipto, conforme a lo que hice en medio de él, y después os saqué.

6 Saqué a vuestros padres de Egipto; y cuando llegaron al mar, los egipcios siguieron a vuestros padres hasta el Mar Rojo con carros y caballería.

7 Y cuando ellos clamaron a Jehová, él puso oscuridad entre vosotros y los egipcios, e hizo venir sobre ellos el mar, el cual los cubrió; y vuestros ojos vieron lo que hice en Egipto. Después estuvisteis muchos días en el desierto.

8 Yo os introduje en la tierra de los amorreos, que habitaban al otro lado del Jordán, los cuales pelearon contra vosotros; mas yo los entregué en vuestras manos, y poseísteis su tierra, y los destruí de delante de vosotros.

9 Después se levantó Balac hijo de Zipor rey de los moabitas, y peleó contra Israel; y envió a llamar a Balaam, hijo de Beor, para que os maldijese.

10 Mas yo no quise escuchar a Balaam, por lo cual os bendijo repetidamente, y os libré de sus manos.

11 Pasasteis el Jordán, y vinisteis a Jericó, y los moradores de Jericó pelearon contra vosotros: los amorreos, ferezeos, cananeos, heteos, gergeseos, heveos y jebuseos, y yo los entregué en vuestras manos.

12 Y envié delante de vosotros una plaga de avispas que expulsaron a los dos reyes de los amorreos; no con tu espada, ni con tu arco.

13 Y os di la tierra por la cual nada trabajasteis, y las ciudades que no edificasteis, en las cuales moráis; y de las viñas y olivares que no plantasteis, coméis.

14 Ahora, pues, temed a Jehová, y servidle con integridad y en verdad; y quitad de entre vosotros los dioses a los cuales sirvieron vuestros padres al lado del río, y en Egipto; y servid a Jehová.

15 Y si mal os parece servir a Jehová, escogeos hoy a quién sirváis; si a los dioses a quienes sirvieron vuestros padres, cuando estuvieron al otro lado del río, o a los dioses de los amorreos en cuya tierra habitáis; pero yo y mi casa serviremos a Jehová.

16 Entonces el pueblo respondió y dijo: Nunca tal acontezca, que dejemos a Jehová para servir a otros dioses;

17 porque Jehová nuestro Dios es el que nos sacó a nosotros y a nuestros padres de la tierra de Egipto, de la casa de servidumbre; el que ha hecho estas grandes señales, y nos ha guardado por todo el camino por donde hemos andado, y en todos los pueblos por entre los cuales pasamos.

18 Y Jehová arrojó de delante de nosotros a todos los pueblos, y al amorreo que habitaba en la tierra; nosotros, pues, también serviremos a Jehová, porque él es nuestro Dios.

19 Entonces Josué dijo al pueblo: No podréis servir a Jehová, porque él es Dios santo, y Dios celoso; no sufrirá vuestras rebeliones y vuestros pecados.

20 Si dejáis a Jehová y servís a dioses ajenos, él se volverá y os hará mal, y os consumirá, después que os ha hecho bien.

21 El pueblo entonces dijo a Josué: No, sino que a Jehová serviremos.

22 Y Josué respondió al pueblo: Vosotros sois testigos contra vosotros mismos, de que

habéis elegido a Jehová para servirle. Y ellos respondieron: Testigos somos.

23 Quitad, pues, ahora los dioses ajenos que están entre vosotros, e inclinad vuestro corazón a Jehová Dios de Israel.

24 Y el pueblo respondió a Josué: A Jehová nuestro Dios serviremos, y a su voz obedeceremos.

El pacto de Siquem

25 Entonces Josué hizo pacto con el pueblo el mismo día, y les dio estatutos y leyes en Siquem.

26 Y escribió Josué estas palabras en el libro de la ley de Dios; y tomando una gran piedra, la levantó allí debajo de la encina que estaba junto al santuario de Jehová.

27 Y dijo Josué a todo el pueblo: He aquí esta piedra nos servirá de testigo, porque ella ha oído todas las palabras que Jehová nos ha hablado; será, pues, testigo contra vosotros, para que no mintáis contra vuestro Dios.

28 Y envió Josué al pueblo, cada uno a su posesión.

Muerte de Josué

29 Después de estas cosas, murió Josué hijo de Nun, siervo de Jehová, siendo de ciento diez años.

30 Y le sepultaron en su heredad en Timnat-sera, que está en el monte de Efraín, al norte del monte de Gaás.

31 Y sirvió Israel a Jehová todo el tiempo de Josué, y todo el tiempo de los ancianos que sobrevivieron a Josué y que sabían todas las obras que Jehová había hecho por Israel.

Sepultura de los huesos de José en Siquem

32 Y enterraron en Siquem los huesos de José, que los hijos de Israel habían traído de Egipto, en la parte del campo que Jacob compró de los hijos de Hamor padre de Siquem, por cien piezas de dinero; y fue posesión de los hijos de José.

Muerte de Eleazar

33 También murió Eleazar hijo de Aarón, y lo enterraron en el collado de Finees su hijo, que le fue dado en el monte de Efraín.

JUECES

Judá y Simeón capturan a Adoni-bezec

1 Aconteció después de la muerte de Josué, que los hijos de Israel consultaron a

Jehová, diciendo: ¿Quién de nosotros subirá primero a pelear contra los cananeos?

2 Y Jehová respondió: Judá subirá; he aquí que yo he entregado la tierra en sus manos.

3 Y Judá dijo a Simeón su hermano: Sube conmigo al territorio que se me ha adjudicado, y peleemos contra el cananeo, y yo también iré contigo al tuyo. Y Simeón fue con él.

4 Y subió Judá, y Jehová entregó en sus manos al cananeo y al ferezeo; e hirieron de ellos en Bezec a diez mil hombres.

5 Y hallaron a Adoni-bezec en Bezec, y pelearon contra él; y derrotaron al cananeo y al ferezeo.

6 Mas Adoni-bezec huyó; y le siguieron y le prendieron, y le cortaron los pulgares de las manos y de los pies.

7 Entonces dijo Adoni-bezec: Setenta reyes, con los pulgares de sus manos y de sus pies cortados, recogían las migajas debajo de mi mesa; como yo hice, así me ha pagado Dios. Y le llevaron a Jerusalén, donde murió.

8 Y habían combatido los hijos de Judá a Jerusalén y la habían tomado, y pasado a sus habitantes cananeos a filo de espada y puesto fuego a la ciudad.

9 Después los hijos de Judá descendieron para pelear contra el cananeo que habitaba en las montañas, en el Néguev, y en los llanos.

10 Y marchó Judá contra el cananeo que habitaba en Hebrón, la cual se llamaba antes Quiryat-arbá; y derrotó a Sesay, a Ahimán y a Talmay.

11 De allí fue a los que habitaban en Debir, que antes se llamaba Quiryat-séfer.

12 Y dijo Caleb: El que ataque a Quiryat-séfer y la tome, yo le daré Acsá mi hija por mujer.

13 Y la tomó Otoniel hijo de Cenaz, hermano menor de Caleb; y él le dio su hija Acsá por mujer.

14 Y cuando ella se iba con él, la persuadió a que pidiese a su padre un campo. Y ella se bajó del asno, y Caleb le dijo: ¿Qué tienes?

15 Ella entonces le respondió: Concédeme un don; puesto que me has dado tierra del Néguev, dame también fuentes de agua. Entonces Caleb le dio las fuentes de arriba y las fuentes de abajo.

16 Y los hijos de Hobab el cineo, cuñado de Moisés, subieron de la ciudad de las palmeras con los hijos de Judá al desierto de Judá, que está en el Néguev cerca de Arad; y fueron y habitaron con el pueblo.

17 Y fue Judá con su hermano Simeón, y derrotaron al cananeo que habitaba en Sefat, y la asolaron; y pusieron por nombre a la ciudad, Hormá.

18 Mas no pudo tomar a Gaza con su territorio, Ascalón con su territorio y Ecrón con su territorio.

19 Jehová estaba con Judá, quien arrojó a los de las montañas; mas no pudo arrojar a los que habitaban en los llanos, los cuales tenían carros herrados.

20 Y dieron Hebrón a Caleb, como Moisés había dicho; y él arrojó de allí a los tres hijos de Anac.

21 Mas al jebuseo que habitaba en Jerusalén no lo arrojaron los hijos de Benjamín, y el jebuseo habitó con los hijos de Benjamín en Jerusalén hasta hoy.

22 También la casa de José subió contra Betel; y Jehová estaba con ellos.

23 Y la casa de José puso espías en Betel, ciudad que antes se llamaba Luz.

24 Y los que espiaban vieron a un hombre que salía de la ciudad, y le dijeron: Muéstranos ahora la entrada de la ciudad, y haremos contigo misericordia.

25 Y él les mostró la entrada a la ciudad, y la hirieron a filo de espada; pero dejaron ir a aquel hombre con toda su familia.

26 Y se fue el hombre a la tierra de los heteos, y edificó otra ciudad a la cual llamó Luz; y éste es su nombre hasta hoy.

27 Tampoco Manasés arrojó a los de Betseán, ni a los de sus aldeas, ni a los de Taanac y sus aldeas, ni a los de Dor y sus aldeas, ni a los habitantes de Ibleam y sus aldeas, ni a los que habitan en Meguidó y en sus aldeas; y el cananeo persistía en habitar en aquella tierra.

28 Pero cuando Israel se sintió fuerte hizo al cananeo tributario, mas no lo arrojó.

29 Tampoco Efraín arrojó al cananeo que habitaba en Gézer, sino que habitó el cananeo en medio de ellos en Gézer.

30 Tampoco Zabulón arrojó a los que habitaban en Quitrón, ni a los que habitaban en Naalal, sino que el cananeo habitó en medio de él, y le fue tributario.

31 Tampoco Aser arrojó a los que habitaban en Aco, ni a los que habitaban en Sidón, en Ahlab, en Aczib, en Helbá, en Afec y en Rehob.

32 Y moró Aser entre los cananeos que habitaban en la tierra; pues no los arrojó.

33 Tampoco Neftalí arrojó a los que habitaban en Bet-semes, ni a los que habitaban en Bet-anat, sino que moró entre los cananeos que habitaban en la tierra; mas le fueron tributarios los moradores de Bet-semes, y los moradores de Bet-anat.

34 Los amorreos acosaron a los hijos de Dan hasta el monte, y no los dejaron descender a los llanos.

35 Y el amorreo persistió en habitar en el monte de Heres, en Ajalón y en Saalbim; pero cuando la casa de José cobró fuerzas, lo hizo tributario.

36 Y la frontera del amorreo fue desde la subida de Acrabim, desde Sela hacia arriba.

El ángel de Jehová en Boquim

2 El ángel de Jehová subió de Gilgal a Boquim, y dijo: Yo os saqué de Egipto,

y os introduje en la tierra de la cual había
jurado a vuestros padres, diciendo: No inva-
lidaré jamás mi pacto con vosotros,
2 con tal que vosotros no hagáis pacto con
los moradores de esta tierra, cuyos altares
habéis de derribar; mas vosotros no habéis
atendido a mi voz. ¿Por qué habéis hecho
esto?
3 Por tanto, yo también digo: No los echaré
de delante de vosotros, sino que serán azotes para vuestros costados, y sus dioses os
serán tropezadero.
4 Cuando el ángel de Jehová habló estas
palabras a todos los hijos de Israel, el pueblo alzó su voz y lloró.
5 Y llamaron el nombre de aquel lugar
Boquim, y ofrecieron allí sacrificios a
Jehová.

Muerte de Josué

6 Porque ya Josué había despedido al pueblo, y los hijos de Israel se habían ido cada
uno a su heredad para poseerla.
7 Y el pueblo había servido a Jehová todo el
tiempo de Josué, y todo el tiempo de los
ancianos que sobrevivieron a Josué, los
cuales habían visto todas las grandes obras
de Jehová, que él había hecho por Israel.
8 Pero murió Josué hijo de Nun, siervo de
Jehová, siendo de ciento diez años.
9 Y lo sepultaron en su heredad en Timnat-
heres, en el monte de Efraín, al norte del
monte de Gaás.
10 Y toda aquella generación también fue
reunida a sus padres. Y se levantó después
de ellos otra generación que no conocía a
Jehová, ni la obra que él había hecho por
Israel.

Apostasía de Israel, y la obra de los jueces

11 Entonces los hijos de Israel hicieron lo
malo ante los ojos de Jehová, y sirvieron a
los baales.
12 Dejaron a Jehová el Dios de sus padres,
que los había sacado de la tierra de Egipto, y
se fueron tras otros dioses, los dioses de los
pueblos que estaban en sus alrededores, a
los cuales adoraron; y provocaron a ira a
Jehová.
13 Y dejaron a Jehová, y adoraron a Baal y
a Astarot.
14 Y se encendió contra Israel el furor de
Jehová, el cual los entregó en manos de
salteadores, que los despojaron, y los vendió en mano de sus enemigos de alrededor;
y no pudieron ya hacer frente a sus enemigos.
15 Por dondequiera que salían, la mano de
Jehová estaba contra ellos para mal, como
Jehová se lo había dicho y jurado; y tuvieron
gran aprieto.

16 Y Jehová levantó jueces que los librasen
de mano de los que les despojaban;
17 pero tampoco oyeron a sus jueces, sino
que se fueron tras dioses ajenos, a los cuales
adoraron; se desviaron muy pronto del camino que habían seguido sus padres, que
obedecían a los mandamientos de Jehová;
no los imitaron.
18 Y cuando Jehová les levantaba jueces,
Jehová estaba con el juez, y los libraba de
mano de los enemigos todo el tiempo de
aquel juez; porque Jehová era movido a
misericordia por sus gemidos a causa de los
que los oprimían y afligían.
19 Mas acontecía que al morir el juez, ellos
reincidían, y se corrompían más que sus
padres, siguiendo a dioses ajenos para servirles, e inclinándose delante de ellos; y no
se apartaban de sus obras, ni de su obstinado camino.
20 Y la ira de Jehová se encendió contra
Israel, y dijo: Por cuanto este pueblo traspasa mi pacto que ordené a sus padres, y no
obedece a mi voz,
21 tampoco yo volveré más a arrojar de
delante de ellos a ninguna de las naciones
que dejó Josué cuando murió;
22 para probar con ellas a Israel, si procura-
rían o no seguir el camino de Jehová, andando en él, como lo siguieron sus padres.
23 Por esto dejó Jehová a aquellas naciones, sin arrojarlas de una vez, y no las
entregó en mano de Josué.

Naciones que subsistieron para probar a Israel

3 Estas, pues, son las naciones que dejó
Jehová para probar con ellas a Israel, a
todos aquellos que no habían conocido ninguna de las guerras de Canaán;
2 solamente para que el linaje de los hijos
de Israel conociese la guerra, para que la
enseñasen a los que antes no la habían
conocido:
3 los cinco príncipes de los filisteos, todos
los cananeos, los sidonios, y los heveos que
habitaban en el monte Líbano, desde el
monte de Baalhermón hasta llegar a Hamat.
4 Y fueron para probar con ellos a Israel,
para saber si obedecerían a los mandamientos de Jehová, que él había dado a sus
padres por mano de Moisés.
5 Así los hijos de Israel habitaban entre los
cananeos, heteos, amorreos, ferezeos, heveos y jebuseos.
6 Y tomaron de sus hijas por mujeres, y
dieron sus hijas a los hijos de ellos, y
sirvieron a sus dioses.

Otoniel liberta a Israel de Cusán-risatáyim

7 Hicieron, pues, los hijos de Israel lo malo
ante los ojos de Jehová, y olvidaron a

Jehová su Dios, y sirvieron a los baales y a las imágenes de Asera.

8 Y la ira de Jehová se encendió contra Israel, y los vendió en manos de Cusán-risatáyim rey de Mesopotamia; y sirvieron los hijos de Israel a Cusán-risatáyim ocho años.

9 Entonces clamaron los hijos de Israel a Jehová; y Jehová levantó un libertador a los hijos de Israel y los libró; esto es, a Otoniel hijo de Cenez, hermano menor de Caleb.

10 Y el Espíritu de Jehová vino sobre él, y juzgó a Israel, y salió a la guerra, y Jehová entregó en su mano a Cusán-risatáyim rey de Siria, y prevaleció su mano contra Cusán-risatáyim.

11 Y reposó la tierra cuarenta años; y murió Otoniel hijo de Cenez.

Eúd liberta a Israel de Moab

12 Volvieron los hijos de Israel a hacer lo malo ante los ojos de Jehová; y Jehová fortaleció a Eglón rey de Moab contra Israel, por cuanto habían hecho lo malo ante los ojos de Jehová.

13 Éste juntó consigo a los hijos de Amón y de Amalec, y vino e hirió a Israel, y tomó la ciudad de las palmeras.

14 Y sirvieron los hijos de Israel a Eglón rey de los moabitas dieciocho años.

15 Y clamaron los hijos de Israel a Jehová; y Jehová les levantó un libertador, a Eúd hijo de Gerá, benjaminita, el cual era zurdo. Y los hijos de Israel enviaron con él un presente a Eglón rey de Moab.

16 Y Eúd se había hecho un puñal de dos filos, de un codo de largo; y se lo ciñó debajo de sus vestidos a su lado derecho.

17 Y entregó el presente a Eglón rey de Moab; y era Eglón hombre muy grueso.

18 Y luego que hubo entregado el presente, acompañó a la gente que lo había traído.

19 Mas él se volvió desde los ídolos que están en Gilgal, y dijo: Rey, una palabra secreta tengo que decirte. Él, entonces, dijo: Calla. Y salieron de delante de él todos los que con él estaban.

20 Y se le acercó Eúd, estando él sentado solo en su sala de verano. Y Eúd dijo: Tengo palabra de Dios para ti. Él, entonces, se levantó de la silla.

21 Entonces alargó Eúd su mano izquierda, y tomó el puñal de su lado derecho, y se lo metió por el vientre,

22 de tal manera que la empuñadura entró también tras la hoja, y la gordura cubrió la hoja, porque no sacó el puñal de su vientre; y salió el estiércol.

23 Y salió Eúd al corredor, y cerró tras sí las puertas de la sala y las aseguró con el cerrojo.

24 Cuando él hubo salido, vinieron los sier-

vos del rey, los cuales, viendo las puertas de la sala cerradas, dijeron: Sin duda él cubre sus pies en la sala de verano.

25 Y habiendo esperado hasta estar confusos, porque él no abría las puertas de la sala, tomaron la llave y abrieron; y he aquí su señor caído en tierra, muerto.

26 Mas entretanto que ellos se detuvieron, Eúd escapó, y pasando los ídolos, se puso a salvo en Seirat.

27 Y cuando llegó a territorio de Israel, tocó el cuerno en el monte de Efraín, y los hijos de Israel descendieron con él del monte. Él se puso al frente,

28 y les dijo: Seguidme, porque Jehová ha entregado a vuestros enemigos los moabitas en vuestras manos. Y descendieron en pos de él, y tomaron los vados del Jordán a Moab, y no dejaron pasar a ninguno.

29 Y en aquel tiempo mataron de los moabitas como diez mil hombres, todos valientes y hombres de guerra; no escapó ninguno.

30 Así fue subyugado Moab aquel día bajo la mano de Israel; y el país quedó tranquilo por ochenta años.

Samgar liberta a Israel de los filisteos

31 Después de él fue Samgar hijo de Anat, el cual mató a seiscientos hombres de los filisteos con una aguijada de bueyes; y él también salvó a Israel.

Débora y Barac derrotan a Sísara

4 Después de la muerte de Eúd, los hijos de Israel volvieron a hacer lo malo ante los ojos de Jehová.

2 Y Jehová los dejó a merced de Jabín rey de Canaán, el cual reinó en Hazor. El jefe de su ejército era Sísara, el cual habitaba en Haroset-goim.

3 Entonces los hijos de Israel clamaron a Jehová, porque aquél tenía novecientos carros herrados, y había oprimido con crueldad a los hijos de Israel por veinte años.

4 Gobernaba en aquel tiempo a Israel una mujer, Débora, profetisa, mujer de Lapidot;

5 la cual habitaba debajo de una palmera, entre Ramá y Betel, en el monte de Efraín; y los hijos de Israel subían a ella a juicio.

6 Y ella envió a llamar a Barac hijo de Abinoam, de Cedes de Neftalí, y le dijo: ¿No te ha mandado Jehová Dios de Israel, diciendo: Ve, junta a tu gente en el monte de Tabor, y toma contigo diez mil hombres de la tribu de Neftalí y de la tribu de Zabulón;

7 y yo atraeré hacia ti al arroyo de Cisón a Sísara, jefe del ejército de Jabín, con sus carros y su ejército, y lo entregaré en tus manos?

8 Barac le respondió: Si tú vienes conmigo, yo iré; pero si no vienes conmigo, no iré.

9 Ella dijo: Iré contigo; mas no será tuya la gloria de la jornada que emprendres, porque en mano de mujer entregará Jehová a Sísara. Y levantándose Débora, fue con Barac a Cedes.

10 Y juntó Barac a Zabulón y a Neftalí en Cedes, y subió con diez mil hombres a su mando; y Débora subió con él.

11 Y Héber cineo, de los hijos de Hobab suegro de Moisés, se había apartado de los ceneos, y había plantado sus tiendas en el valle de Zaanaim, que está junto a Cedes.

12 Vinieron, pues, a Sísara las nuevas de que Barac hijo de Abinoam había subido al monte de Tabor.

13 Y reunió Sísara todos sus carros, novecientos carros herrados, con todo el pueblo que con él estaba, desde Haroset-goim hasta el arroyo de Cisón.

14 Entonces Débora dijo a Barac: Levántate, porque éste es el día en que Jehová ha entregado a Sísara en tus manos. ¿No ha salido Jehová delante de ti? Y Barac descendió del monte de Tabor, y diez mil hombres en pos de él.

15 Y Jehová quebrantó a Sísara, a todos sus carros y a todo su ejército, a filo de espada delante de Barac; y Sísara descendió del carro, y huyó a pie.

16 Mas Barac siguió los carros y el ejército hasta Haroset-goim, y todo el ejército de Sísara cayó a filo de espada, hasta no quedar ni uno.

Muerte de Sísara

17 Y Sísara huyó a pie a la tienda de Jael mujer de Héber cineo; porque había paz entre Jabín rey de Hazor y la casa de Héber cineo.

18 Y saliendo Jael a recibir a Sísara, le dijo: Ven, señor mío, ven a mí, no tengas temor. Y él vino a ella a la tienda, y ella le cubrió con una manta.

19 Y él le dijo: Te ruego que me des de beber un poco de agua, pues tengo sed. Y ella abrió un odre de leche y le dio de beber, y le volvió a cubrir.

20 Y él le dijo: Estate a la puerta de la tienda; y si alguien viene, y te pregunta, diciendo: ¿Hay aquí alguno?, tú responderás que no.

21 Pero Jael mujer de Héber tomó una estaca de la tienda, y poniendo un mazo en su mano, se le acercó calladamente y le metió la estaca por las sienes, y la enclavó en la tierra, pues él estaba cargado de sueño, y cansado; y así murió.

22 Y siguiendo Barac a Sísara, Jael salió a recibirlo, y le dijo: Ven, y te mostraré al varón que tú buscas. Y él entró donde ella estaba, y he aquí Sísara yacía muerto con la estaca por la sien.

23 Así abatió Dios aquel día a Jabín, rey de Canaán, delante de los hijos de Israel.

24 Y la mano de los hijos de Israel fue endureciéndose más y más contra Jabín rey de Canaán, hasta que lo destruyeron.

Cántico de Débora y de Barac

5 Aquel día cantó Débora con Barac hijo de Abinoam, diciendo:

2 Por haberse puesto al frente los caudillos en Israel,
Por haberse ofrecido voluntariamente el pueblo,
Load a Jehová.

3 Oíd, reyes; escuchad, oh príncipes;
Yo cantaré a Jehová,
Cantaré salmos a Jehová, el Dios de Israel.

4 Cuando saliste de Seír, oh Jehová,
Cuando te marchaste de los campos de Edom,
La tierra tembló, y los cielos destilaron,
Y las nubes gotearon aguas.

5 Los montes temblaron delante de Jehová,
Aquel Sinay, delante de Jehová Dios de Israel.

6 En los días de Samgar hijo de Anat,
En los días de Jael, quedaron abandonados los caminos,
Y los que andaban por las sendas se apartaban por senderos torcidos.

7 Las aldeas quedaron abandonadas en Israel, habían decaído,
Hasta que yo Débora me levanté,
Me levanté como madre en Israel.

8 Cuando escogían nuevos dioses,
La guerra estaba a las puertas;
¿Se veía escudo o lanza
Entre cuarenta mil en Israel?

9 Mi corazón es para vosotros, jefes de Israel,
Para los que voluntariamente os ofrecisteis entre el pueblo.
Load a Jehová.

10 Vosotros los que cabalgáis en asnas blancas,
Los que presidís en juicio,
Y vosotros los que viajáis, hablad.

11 Lejos del ruido de los arqueros, en los abrevaderos,
Allí repetirán los triunfos de Jehová,
Los triunfos de sus aldeas en Israel;
Entonces marchará hacia las puertas el pueblo de Jehová.

12 Despierta, despierta, Débora;
Despierta, despierta, entona cántico.
Levántate, Barac, y lleva tus cautivos, hijo de Abinoam.

13 Entonces marchó el resto de los nobles;

El pueblo de Jehová marchó por él en contra de los poderosos.

14 De Efraín vinieron los radicados en Amalec,
En pos de ti, Benjamín, entre tus pueblos;
De Maquir descendieron príncipes,
Y de Zabulón los que tenían vara de mando.

15 Caudillos también de Isacar fueron con Débora;
Y como Barac, también Isacar
Se precipitó a pie en el valle.
Entre las familias de Rubén
Hubo grandes resoluciones del corazón.

16 ¿Por qué te quedaste entre los rediles,
Para oír los balidos de los rebaños?
Entre las familias de Rubén
Hubo grandes propósitos del corazón.

17 Galaad se quedó al otro lado del Jordán;
Y Dan, ¿por qué se estuvo junto a las naves?
Se mantuvo Aser a la ribera del mar,
Y se quedó en sus puertos.

18 El pueblo de Zabulón expuso su vida a la muerte,
Y Neftalí en las alturas del país.

19 Vinieron reyes al combate;
Entonces pelearon los reyes de Canaán,
En Taanac, junto a las aguas de Meguido,
Mas no llevaron ganancia alguna de dinero.

20 Desde los cielos pelearon las estrellas;
Desde sus órbitas pelearon contra Sísara.

21 Los barrió el torrente de Cisón,
El antiguo torrente, el torrente de Cisón.
Marcha, oh alma mía, con poder.

22 Cascos de caballos sacuden el suelo
Por el galopar, por el galopar de sus valientes.

23 Maldecid a Meroz, dijo el ángel de Jehová;
Maldecid severamente a sus moradores,
Porque no vinieron en ayuda de Jehová,
En ayuda de Jehová contra los fuertes.

24 Bendita sea entre las mujeres Jael,
Mujer de Héber ceneo;
Entre las mujeres que habitan en tiendas, bendita sea.

25 Él pidió agua, y ella le dio leche;
En tazón de nobles le sirvió nata.

26 Tendió su mano a la estaca,
Y su diestra al mazo de carpinteros,
Y golpeó a Sísara; hirió su cabeza,
Y le horadó, y atravesó sus sienes.

27 Se retorció entre sus pies, quedó tendido;
Entre sus pies quedó encorvado;
Cayó donde se retorció, y quedó muerto.

28 La madre de Sísara se asoma a la ventana,
Y por entre las celosías a voces dice:
¿Por qué tarda su carro en venir?
¿Por qué las ruedas de sus carros se detienen?

29 Las más avisadas de sus damas le respondían,
Y aun ella se respondía a sí misma:

30 ¿Será que han hallado botín, y lo están repartiendo?
A cada uno una doncella, o dos;
Las vestiduras de colores para Sísara.
Las vestiduras bordadas de colores;
La ropa de color bordada de ambos lados, para los jefes de los que tomaron el botín.

31 Así perezcan todos tus enemigos, oh Jehová;
Mas los que te aman, sean como el sol cuando nace con todo su fulgor.
Y la tierra reposó cuarenta años.

Llamamiento de Gedeón

6 Los hijos de Israel hicieron lo malo ante los ojos de Jehová; y Jehová los entregó en mano de Madián por siete años.

2 Y la mano de Madián prevaleció contra Israel. Y los hijos de Israel, por causa de los madianitas, se hicieron cuevas en los montes, y cavernas, y lugares fortificados.

3 Pues sucedía que cuando Israel había sembrado, subían los madianitas y amalecitas y los hijos del oriente contra ellos; subían y los atacaban.

4 Y acampando contra ellos destruían los frutos de la tierra, hasta llegar a Gaza; y no dejaban qué comer en Israel, ni ovejas, ni bueyes, ni asnos.

5 Porque subían ellos y sus ganados, y venían con sus tiendas en gran multitud como langostas; ellos y sus camellos eran innumerables; así venían a la tierra para devastarla.

6 De este modo se empobrecía Israel en gran manera por causa de Madián; y los hijos de Israel clamaron a Jehová.

7 Y cuando los hijos de Israel clamaron a Jehová, a causa de los madianitas,

8 Jehová envió a los hijos de Israel un varón profeta, el cual les dijo: Así ha dicho Jehová Dios de Israel: Yo os hice salir de Egipto, y os saqué de la casa de servidumbre.

9 Os libré de mano de los egipcios, y de mano de todos los que os afligieron, a los cuales eché de delante de vosotros, y os di su tierra;

10 y os dije: Yo soy Jehová vuestro Dios; no temáis a los dioses de los amorreos, en cuya tierra habitáis; pero no habéis obedecido a mi voz.

11 Y vino el Ángel de Jehová, y se sentó

debajo de la encina que está en Ofrá, la cual
era de Joás abiezerita; y su hijo Gedeón
estaba sacudiendo el trigo en el lagar, para
esconderlo de los madianitas.
12 Y el ángel de Jehová se le apareció, y le
dijo: Jehová está contigo, varón esforzado y
valiente.
13 Y Gedeón le respondió: Ah, señor mío,
si Jehová está con nosotros, ¿por qué nos ha
sobrevenido todo esto? ¿Y dónde están
todas sus maravillas, que nuestros padres
nos han contado, diciendo: No nos sacó
Jehová de Egipto? Y ahora Jehová nos ha
desamparado, y nos ha entregado en mano
de los madianitas.
14 Y mirándole Jehová, le dijo: Ve con esta
tu fuerza, y salvarás a Israel de la mano de
los madianitas. ¿No te envío yo?
15 Entonces le respondió: Ah, señor mío,
¿con qué salvaré yo a Israel? He aquí que mi
familia es pobre en Manasés, y yo el menor
en la casa de mi padre.
16 Jehová le dijo: Ciertamente yo estaré
contigo, y derrotarás a los madianitas como
si fuera un solo hombre.
17 Y él respondió: Yo te ruego que si he
hallado gracia delante de ti, me des señal de
que tú has hablado conmigo.
18 Te ruego que no te vayas de aquí hasta
que vuelva a ti, y saque mi ofrenda y la
ponga delante de ti. Y él respondió: Yo
esperaré hasta que vuelvas.
19 Y entrando Gedeón, preparó un cabrito, y panes sin levadura de un efa de harina;
y puso la carne en un canastillo, y el caldo en
una olla, y sacándolo se lo presentó debajo
de aquella encina.
20 Entonces el Ángel de Dios le dijo: Toma
la carne y los panes sin levadura, y ponlos
sobre esta peña, y vierte el caldo. Y él lo
hizo así.
21 Y extendiendo el Ángel de Jehová el
báculo que tenía en su mano, tocó con la
punta la carne y los panes sin levadura; y
subió fuego de la peña, el cual consumió la
carne y los panes sin levadura. Y el Ángel de
Jehová desapareció de su vista.
22 Viendo entonces Gedeón que era el
Ángel de Jehová, dijo: Ah, Señor Jehová,
que he visto al Ángel de Jehová cara a cara.
23 Pero Jehová le dijo: Paz a ti; no tengas
temor, no morirás.
24 Y edificó allí Gedeón altar a Jehová, y lo
llamó Jehová-salom; el cual permanece hasta hoy en Ofrá de los abiezeritas.
25 Aconteció que la misma noche le dijo
Jehová: Toma el toro de tu padre, y un
segundo toro de siete años, y derriba el altar
de Baal que tu padre tiene, y corta también
la imagen de Aserá que está junto a él;
26 y edifica altar a Jehová tu Dios en la
cumbre de este peñasco en lugar convenien-

te; y tomando el segundo toro, sacrifícalo en
holocausto con la madera de la imagen de
Aserá que habrás cortado.
27 Entonces Gedeón tomó diez hombres de
sus siervos, e hizo como Jehová le dijo. Mas
temiendo hacerlo de día, por la familia de su
padre y por los hombres de la ciudad, lo hizo
de noche.
28 Por la mañana, cuando los de la ciudad
se levantaron, he aquí que el altar de Baal
estaba derribado, y cortada la imagen de
Aserá que estaba junto a él, y el segundo
toro había sido ofrecido en holocausto sobre
el altar edificado.
29 Y se dijeron unos a otros: ¿Quién ha hecho esto? Y buscando e inquiriendo, les dijeron: Gedeón hijo de Joás lo ha hecho. Entonces los hombres de la ciudad dijeron a Joás:
30 Saca a tu hijo para que muera, porque ha
derribado el altar de Baal y ha cortado la
imagen de Aserá que estaba junto a él.
31 Y Joás respondió a todos los que estaban
junto a él: ¿Saldréis vosotros en defensa de
Baal? ¿Vosotros le vais a salvar? Cualquiera
que contienda por él, que muera esta mañana. Si es un dios, contienda por sí mismo con
el que derribó su altar.
32 Aquel día Gedeón fue llamado Jerobaal, esto es: Contienda Baal contra él, por
cuanto derribó su altar.
33 Pero todos los madianitas y amalecitas y
los del oriente se juntaron a una, y pasando
acamparon en el valle de Jizreel.
34 Entonces el Espíritu de Jehová vino
sobre Gedeón, y cuando éste tocó el cuerno,
los abiezeritas se reunieron con él.
35 Y envió mensajeros por todo Manasés, y
ellos también se juntaron con él; asimismo
envió mensajeros a Aser, a Zabulón y a
Neftalí, los cuales salieron a su encuentro.
36 Y Gedeón dijo a Dios: Si has de salvar a
Israel por mi mano, como has dicho,
37 he aquí que yo pondré un vellón de lana
en la era; y si el rocío estuviere en el vellón
solamente, quedando seca toda la otra tierra, entonces entenderé que salvarás a
Israel por mi mano, como lo has dicho.
38 Y aconteció así, pues cuando se levantó
de mañana, exprimió el vellón y sacó de él el
rocío, un tazón lleno de agua.
39 Mas Gedeón dijo a Dios: No se encienda
tu ira contra mí, si hablo una vez más;
solamente probaré ahora otra vez con el
vellón. Te ruego que solamente el vellón
quede seco, y el rocío sobre la tierra.
40 Y aquella noche lo hizo Dios así; sólo el
vellón quedó seco, y en toda la tierra hubo
rocío.

Gedeón derrota a los madianitas

7 Levantándose, pues, de mañana Jerobaal, el cual es Gedeón, y todo el pue-

blo que estaba con él, acamparon junto a la fuente de Harod; y tenía el campamento de los madianitas al norte, más allá del collado del Moré, en el valle.

2 Y Jehová dijo a Gedeón: El pueblo que está contigo es demasiado numeroso para que yo entregue a los madianitas en su mano, no sea que se alabe Israel contra mí, diciendo: Mi mano me ha salvado.

3 Ahora, pues, haz pregonar en oídos del pueblo, diciendo: El que tenga miedo y tiemble, madrugue y vuélvase desde el monte de Galaad. Y se retiraron de los del pueblo veintidós mil, y quedaron diez mil.

4 Y Jehová dijo a Gedeón: Aún es mucho el pueblo; llévalos a las aguas, y allí te los probaré; y del que yo te diga: Vaya éste contigo, irá contigo; mas de cualquiera que yo te diga: Éste no vaya contigo, no ha de ir.

5 Entonces llevó al pueblo a las aguas; y Jehová dijo a Gedeón: Cualquiera que lamiere las aguas con su lengua como lame el perro, a aquel pondrás aparte; asimismo a cualquiera que se doble sobre sus rodillas para beber.

6 Y fue el número de los que lamieron llevando el agua con la mano a su boca, trescientos hombres; y todo el resto del pueblo se dobló sobre sus rodillas para beber las aguas.

7 Entonces Jehová dijo a Gedeón: Con estos trescientos hombres que lamieron el agua os salvaré, y entregaré a los madianitas en tus manos; y váyase toda la demás gente cada uno a su lugar.

8 Y habiendo tomado provisiones para el pueblo, y sus trompetas, envió a todos los israelitas cada uno a su tienda, y retuvo a aquellos trescientos hombres; y tenía el campamento de Madián abajo en el valle.

9 Aconteció que aquella noche Jehová le dijo: Levántate, y desciende al campamento; porque yo lo he entregado en tus manos.

10 Y si tienes temor de descender, baja tú con Furá tu criado al campamento,

11 y oirás lo que hablan; y entonces tus manos se esforzarán, y descenderás al campamento. Y él descendió con Furá su criado hasta los puestos avanzados de la gente armada que estaba en el campamento.

12 Y los madianitas, los amalecitas y los hijos del oriente estaban tendidos en el valle como langostas en multitud, y sus camellos eran innumerables como la arena que está a la ribera del mar en multitud.

13 Cuando llegó Gedeón, he aquí que un hombre estaba contando a su compañero un sueño, diciendo: He aquí yo soñé un sueño: Veía un pan de cebada que rodaba hasta el campamento de Madián, y llegó a la tienda, y la golpeó de tal manera que cayó, y la trastornó de arriba abajo, y la tienda cayó.

14 Y su compañero respondió y dijo: Esto no es otra cosa sino la espada de Gedeón hijo de Joás, varón de Israel. Dios ha entregado en sus manos a los madianitas con todo el campamento.

15 Cuando Gedeón oyó el relato del sueño y su interpretación, adoró; y vuelto al campamento de Israel, dijo: Levantaos, porque Jehová ha entregado el campamento de Madián en vuestras manos.

16 Y repartiendo los trescientos hombres en tres escuadrones, dio a todos ellos trompetas en sus manos, y cántaros vacíos con teas ardiendo dentro de los cántaros.

17 Y les dijo: Miradme a mí, y haced como hago yo; he aquí que cuando yo llegue al extremo del campamento, haréis vosotros como hago yo.

18 Yo tocaré la trompeta, y todos los que estarán conmigo; y vosotros tocaréis entonces las trompetas alrededor de todo el campamento, y diréis: ¡Por Jehová y por Gedeón!

19 Llegaron, pues, Gedeón y los cien hombres que le acompañaban, al extremo del campamento, al principio de la guardia de la medianoche, cuando acababan de renovar los centinelas; y tocaron las trompetas, y quebraron los cántaros que llevaban en sus manos.

20 Y los tres escuadrones tocaron las trompetas, y quebrando los cántaros tomaron en la mano izquierda las teas, y en la derecha las trompetas con que tocaban, y gritaron: ¡Por la espada de Jehová y de Gedeón!

21 Y se estuvieron firmes cada uno en su puesto en derredor del campamento; entonces todo el ejército echó a correr dando gritos y huyendo.

22 Y los trescientos tocaban las trompetas; y Jehová puso la espada de cada uno contra su compañero en todo el campamento. Y el ejército huyó hasta Bet-sitá, en dirección de Zerera, y hasta la frontera de Abel-meholá en Tabat.

23 Y juntándose los de Israel, de Neftalí, de Aser y de todo Manasés, siguieron a los madianitas.

24 Gedeón también envió mensajeros por todo el monte de Efraín, diciendo: Descended al encuentro de los madianitas, y tomad los vados de Bet-bará y del Jordán antes que ellos lleguen. Y juntos todos los hombres de Efraín, tomaron los vados de Bet-bará y del Jordán.

25 Y tomaron a dos príncipes de los madianitas, Oreb y Zeeb; y mataron a Oreb en la peña de Oreb, y a Zeeb lo mataron en el lagar de Zeeb; y después que siguieron a los madianitas, trajeron las cabezas de Oreb y Zeeb a Gedeón al otro lado del Jordán.

Gedeón captura a los reyes de Madián

8 Pero los hombres de Efraín le dijeron: ¿Qué es esto que has hecho con nosotros, no llamándonos cuando ibas a la guerra contra Madián? Y le reconvinieron fuertemente.

2 A los cuales él respondió: ¿Qué he hecho yo ahora comparado con vosotros? ¿No es el rebusco de Efraín mejor que la vendimia de Abiezer?

3 Dios ha entregado en vuestras manos a Oreb y a Zeeb, príncipes de Madián; ¿y qué he podido yo hacer comparado con vosotros? Entonces el enojo de ellos contra él se aplacó, luego que él habló esta palabra.

4 Y vino Gedeón al Jordán, y pasó él y los trescientos hombres que traía consigo, cansados, mas todavía persiguiendo.

5 Y dijo a los de Sucot: Yo os ruego que deis a la gente que me sigue algunos bocados de pan; porque están cansados, y yo persigo a Zeba y Zalmuná, reyes de Madián.

6 Y los principales de Sucot respondieron: ¿Están ya Zeba y Zalmuná en tu mano, para que demos pan a tu ejército?

7 Y Gedeón dijo: Cuando Jehová haya entregado en mi mano a Zeba y a Zalmuná, yo trillaré vuestra carne con espinos y abrojos del desierto.

8 De allí subió a Peniel, y les dijo las mismas palabras. Y los de Peniel le respondieron como habían respondido los de Sucot.

9 Y él habló también a los de Peniel, diciendo: Cuando yo vuelva en paz, derribaré esta torre.

10 Y Zeba y Zalmuná estaban en Carcor, y con ellos su ejército como de quince mil hombres, todos los que habían quedado de todo el ejército de los hijos del oriente; pues habían caído ciento veinte mil hombres que sacaban espada.

11 Subiendo, pues, Gedeón por el camino de los que habitaban en tiendas al oriente de Noba y de Jogbehá, atacó el campamento, porque el ejército no estaba en guardia.

12 Y huyendo Zeba y Zalmuná, él los siguió; y prendió a los dos reyes de Madián, Zeba y Zalmuná, y llenó de espanto a todo el ejército.

13 Entonces Gedeón hijo de Joás volvió de la batalla antes que el sol subiese,

14 y tomó a un joven de los hombres de Sucot, y le preguntó; y él le dio por escrito los nombres de los principales y de los ancianos de Sucot, setenta y siete varones.

15 Y entrando a los hombres de Sucot, dijo: He aquí a Zeba y a Zalmuná, acerca de los cuales me zaheristeis, diciendo: ¿Están ya en tu mano Zeba y Zalmuná, para que demos nosotros pan a tus hombres cansados?

16 Y tomó a los ancianos de la ciudad, y espinos y abrojos del desierto, y castigó con ellos a los de Sucot.

17 Asimismo derribó la torre de Peniel, y mató a los de la ciudad.

18 Luego dijo a Zeba y a Zalmuná: ¿Qué aspecto tenían aquellos hombres que matasteis en Tabor? Y ellos respondieron: Como tú, así eran ellos; cada uno parecía hijo de rey.

19 Y él dijo: Mis hermanos eran, hijos de mi madre. ¡Vive Jehová, que si los hubierais conservado la vida, yo no os mataría!

20 Y dijo a Jéter su primogénito: Levántate, y mátalos. Pero el joven no desenvainó su espada, porque tenía temor, pues era aún muchacho.

21 Entonces dijeron Zeba y Zalmuná: Levántate tú, y mátanos; porque como es el varón, tal es su valentía. Y Gedeón se levantó, y mató a Zeba y a Zalmuná; y tomó los adornos de lunetas que sus camellos traían al cuello.

Gedeón. Fin de su vida

22 Y los israelitas dijeron a Gedeón: Sé nuestro señor, tú, y tu hijo, y tu nieto; pues que nos has librado de mano de Madián.

23 Mas Gedeón respondió: No seré señor sobre vosotros, ni mi hijo os señoreará: Jehová señoreará sobre vosotros.

24 Y les dijo Gedeón: Quiero haceros una petición; que cada uno me dé los zarcillos de su botín (pues traían zarcillos de oro, porque eran ismaelitas).

25 Ellos respondieron: De buena gana te los daremos. Y tendiendo un manto, echó allí cada uno los zarcillos de su botín.

26 Y fue el peso de los zarcillos de oro que él pidió, mil setecientos siclos de oro, sin las planchas y joyeles y vestidos de púrpura que traían los reyes de Madián, y sin los collares que traían sus camellos al cuello.

27 Y Gedeón hizo de ellos un efod, el cual hizo guardar en su ciudad de Ofrá; y todo Israel se prostituyó tras de ese efod en aquel lugar; y fue tropezadero a Gedeón y a su casa.

28 Así fue subyugado Madián delante de los hijos de Israel, y nunca más volvió a levantar cabeza. Y reposó la tierra cuarenta años en los días de Gedeón.

29 Luego Jerobaal hijo de Joás fue y habitó en su casa.

30 Y tuvo Gedeón setenta hijos que constituyeron su descendencia, porque tuvo muchas mujeres.

31 También su concubina que estaba en Siquem le dio un hijo, y le puso por nombre Abimelec.

32 Y murió Gedeón hijo de Joás en buena vejez, y fue sepultado en el sepulcro de su padre Joás, en Ofrá de los abiezeritas.

33 Pero aconteció que cuando murió Gedeón, los hijos de Israel volvieron a prostituirse yendo tras los baales, y escogieron por dios a Baal-berit.

34 Y no se acordaron los hijos de Israel de Jehová su Dios, que los había librado de todos sus enemigos en derredor;

35 ni se mostraron agradecidos con la casa de Jerobaal, el cual es Gedeón, conforme a todo el bien que él había hecho a Israel.

Reinado de Abimelec

9 Abimelec hijo de Jerobaal fue a Siquem, a los hermanos de su madre, y habló con ellos, y con toda la familia de la casa del padre de su madre, diciendo:

2 Yo os ruego que digáis en oídos de todos los de Siquem: ¿Qué os parece mejor, que os gobiernen setenta hombres, todos los hijos de Jerobaal, o que os gobierne un solo hombre? Acordaos que yo soy hueso vuestro, y carne vuestra.

3 Y hablaron por él los hermanos de su madre en oídos de todos los de Siquem todas estas palabras; y el corazón de ellos se inclinó a favor de Abimelec, porque decían: Nuestro hermano es.

4 Y le dieron setenta siclos de plata del templo de Baal-berit, con los cuales Abimelec alquiló hombres ociosos y vagabundos, que le siguieron.

5 Y viniendo a la casa de su padre en Ofrá, mató a sus hermanos los hijos de Jerobaal, setenta varones, sobre una misma piedra; pero quedó Jotam el hijo menor de Jerobaal, que se escondió.

6 Entonces se juntaron todos los de Siquem con toda la casa de Miló, y fueron y eligieron a Abimelec por rey, cerca de la llanura del pilar que estaba en Siquem.

Parábola de Jotam

7 Cuando se lo dijeron a Jotam, fue y se puso en la cumbre del monte de Gerizim, y alzando su voz clamó y les dijo: Oídme, varones de Siquem, y así os oiga Dios.

8 Fueron una vez los árboles a elegir rey sobre sí, y dijeron al olivo: Reina sobre nosotros.

9 Mas el olivo respondió: ¿He de dejar mi aceite, con el cual en mí se honra a Dios y a los hombres, para ir a ser grande sobre los árboles?

10 Y dijeron los árboles a la higuera: Anda tú, reina sobre nosotros.

11 Y respondió la higuera: ¿He de dejar mi dulzura y mi buen fruto, para ir a ser grande sobre los árboles?

12 Dijeron luego los árboles a la vid: Pues ven tú, reina sobre nosotros.

13 Y la vid les respondió: ¿He de dejar mi mosto, que alegra a Dios y a los hombres, para ir a ser grande sobre los árboles?

14 Dijeron entonces todos los árboles a la zarza: Anda tú, reina sobre nosotros.

15 Y la zarza respondió a los árboles: Si en verdad me elegís por rey sobre vosotros, venid y cobijaos a mi sombra; y si no, salga fuego de la zarza y devore a los cedros del Líbano.

16 Ahora, pues, si con verdad y con integridad habéis procedido en hacer rey a Abimelec, y si habéis actuado bien con Jerobaal y con su casa, y si le habéis pagado conforme a la obra de sus manos

17 (porque mi padre peleó por vosotros, y expuso su vida al peligro para libraros de mano de Madián,

18 y vosotros os habéis levantado hoy contra la casa de mi padre, y habéis matado a sus hijos, setenta varones sobre una misma piedra; y habéis puesto por rey sobre los de Siquem a Abimelec hijo de su criada, por cuanto es vuestro hermano);

19 si con verdad y con integridad habéis procedido hoy con Jerobaal y con su casa, que lo disfrutéis con Abimelec, y él lo disfrute con vosotros.

20 Y si no, fuego salga de Abimelec, que consuma a los de Siquem y a la casa de Miló, y fuego salga de los de Siquem y de la casa de Miló, que consuma a Abimelec.

21 Y escapó Jotam y huyó, y se fue a Beer, y allí se estuvo por miedo de Abimelec su hermano.

22 Después que Abimelec hubo dominado sobre Israel tres años,

23 envió Dios un espíritu de discordia entre Abimelec y los hombres de Siquem, y los de Siquem se levantaron contra Abimelec;

24 para que el crimen hecho con los setenta hijos de Jerobaal, y la sangre de ellos, recayera sobre Abimelec su hermano que los mató, y sobre los hombres de Siquem que le habían ayudado a matar a sus hermanos.

25 Y los de Siquem pusieron en las cumbres de los montes asechadores que robaban a todos los que pasaban junto a ellos por el camino; de lo cual fue dado aviso a Abimelec.

26 Y Gaal hijo de Ebed vino con sus hermanos y se pasaron a Siquem, y los de Siquem pusieron en él su confianza.

27 Y saliendo al campo, vendimiaron sus viñedos, y pisaron la uva e hicieron fiesta; y entrando en el templo de sus dioses, comieron y bebieron, y maldijeron a Abimelec.

28 Y Gaal hijo de Ebed dijo: ¿Quién es Abimelec, y qué es Siquem, para que nosotros le sirvamos? ¿No es hijo de Jerobaal, y no es Zebul ayudante suyo? Servid a los varones de Hamor padre de Siquem; pero ¿por qué le hemos de servir a él?

29 Ojalá estuviera este pueblo bajo mi mano, pues yo arrojaría luego a Abimelec, y
diría a Abimelec: Aumenta tus ejércitos, y
sal.
30 Cuando Zebul gobernador de la ciudad
oyó las palabras de Gaal hijo de Ebed, se
encendió en ira,
31 y envió secretamente mensajeros a Abimelec, diciendo: He aquí que Gaal hijo de
Ebed y sus hermanos han venido a Siquem,
y he aquí que están sublevando la ciudad
contra ti.
32 Levántate, pues, ahora de noche, tú y el
pueblo que está contigo, y pon emboscadas
en el campo.
33 Y por la mañana al salir el sol madruga y
cae sobre la ciudad; y cuando él y el pueblo
que está con él salgan contra ti, tú harás con
él según se presente la ocasión.
34 Levantándose, pues, de noche Abimelec y todo el pueblo que con él estaba,
pusieron emboscada contra Siquem con
cuatro compañías.
35 Y Gaal hijo de Ebed salió, y se puso a la
entrada de la puerta de la ciudad; y Abimelec y todo el pueblo que con él estaba, se
levantaron de la emboscada.
36 Y viendo Gaal al pueblo, dijo a Zebul:
He allí gente que desciende de las cumbres
de los montes. Y Zebul le respondió: Tú ves
la sombra de los montes como si fueran
hombres.
37 Volvió Gaal a hablar, y dijo: He allí
gente que desciende de en medio de la
tierra, y una tropa viene por el camino de la
encina de los adivinos.
38 Y Zebul le respondió: ¿Dónde está ahora tu boca con que decías: Quién es Abimelec para que le sirvamos? ¿No es éste el
pueblo que tenías en poco? Sal, pues, ahora, y pelea con él.
39 Y Gaal salió delante de los de Siquem, y
peleó contra Abimelec.
40 Mas lo persiguió Abimelec, y Gaal huyó
delante de él; y cayeron heridos muchos
hasta la entrada de la puerta.
41 Y Abimelec se quedó en Arumá; y Zebul echó fuera a Gaal y a sus hermanos, para
que no morasen en Siquem.

*Destrucción de Siquem y toma de Migdal-
Siquem*

42 Aconteció al siguiente día, que el pueblo
salió al campo; y fue dado aviso a Abimelec,
43 el cual, tomando gente, la repartió en
tres compañías, y puso emboscada en el
campo; y cuando miró, he aquí el pueblo
que salía de la ciudad; y se levantó contra
ellos y los atacó.
44 Porque Abimelec y la compañía que
estaba con él acometieron con ímpetu, y se
detuvieron a la entrada de la puerta de la

ciudad, y las otras dos compañías acometieron a todos los que estaban en el campo, y
los mataron.
45 Y Abimelec peleó contra la ciudad todo
aquel día, y tomó la ciudad, y mató al
pueblo que en ella estaba; y asoló la ciudad,
y la sembró de sal.
46 Cuando oyeron esto todos los que estaban en la torre de Siquem, se metieron en la
cripta del templo del dios Berit.
47 Y fue dado aviso a Abimelec, de que
estaban reunidos todos los hombres de la
torre de Siquem.
48 Entonces subió Abimelec al monte de
Salmón, él y toda la gente que con él estaba;
y tomó Abimelec un hacha en su mano, y
cortó una rama de los árboles, y levantán-
dola se la puso sobre sus hombros, diciendo
al pueblo que estaba con él: Lo que me
habéis visto hacer, apresuraos a hacerlo
como yo.
49 Y todo el pueblo cortó también cada uno
su rama, y siguieron a Abimelec, y las
pusieron junto a la fortaleza, y prendieron
fuego con ellas a la fortaleza, de modo que
todos los de la torre de Siquem murieron,
como unos mil hombres y mujeres.
50 Después Abimelec se fue a Tebes, y
puso sitio a Tebes, y la tomó.
51 En medio de aquella ciudad había una
torre fortificada, a la cual se retiraron todos
los hombres y las mujeres, y todos los
señores de la ciudad; y cerrando tras sí las
puertas, se subieron al techo de la torre.
52 Y vino Abimelec a la torre, y combatién-
dola, llegó hasta la puerta de la torre para
prenderle fuego.
53 Mas una mujer dejó caer un pedazo de
una rueda de molino sobre la cabeza de
Abimelec, y le rompió el cráneo.
54 Entonces llamó apresuradamente a su
escudero, y le dijo: Saca tu espada y mátame, para que no se diga de mí: Una mujer lo
mató. Y su escudero le atravesó, y murió.
55 Y cuando los israelitas vieron muerto a
Abimelec, se fueron cada uno a su casa.
56 Así pagó Dios a Abimelec el mal que
hizo contra su padre, matando a sus setenta
hermanos.
57 Y todo el mal de los hombres de Siquem
lo hizo Dios volver sobre sus cabezas, y vino
sobre ellos la maldición de Jotam hijo de
Jerobaal.

Tolá y Jaír juzgan a Israel

10 Después de Abimelec, se levantó para librar a Israel Tolá hijo de Puá,
hijo de Dodó, varón de Isacar, el cual
habitaba en Samir en el monte de Efraín.
2 Y juzgó a Israel veintitrés años; y murió, y
fue sepultado en Samir.

3 Tras él se levantó Jaír galaadita, el cual juzgó a Israel veintidós años.

4 Este tuvo treinta hijos, que cabalgaban sobre treinta asnos; y tenían treinta ciudades, que se llaman las ciudades de Jaír hasta hoy, las cuales están en la tierra de Galaad.

5 Y murió Jaír, y fue sepultado en Camón.

Jefté liberta a Israel de los amonitas

6 Pero los hijos de Israel volvieron a hacer lo malo ante los ojos de Jehová, y sirvieron a los baales y a Astarot, a los dioses de Siria, a los dioses de Sidón, a los dioses de Moab, a los dioses de los hijos de Amón y a los dioses de los filisteos; y dejaron a Jehová, y no le servían.

7 Y se encendió la ira de Jehová contra Israel, y los entregó en mano de los filisteos, y en mano de los hijos de Amón;

8 los cuales oprimieron y quebrantaron a los hijos de Israel en aquel tiempo dieciocho años, a todos los hijos de Israel que estaban al otro lado del Jordán en la tierra del amorreo, que está en Galaad.

9 Y los hijos de Amón pasaron el Jordán para hacer también guerra contra Judá y contra Benjamín y la casa de Efraín; y fue afligido Israel en gran manera.

10 Entonces los hijos de Israel clamaron a Jehová, diciendo: Nosotros hemos pecado contra ti; porque hemos dejado a nuestro Dios, y servido a los baales.

11 Y Jehová respondió a los hijos de Israel: ¿No habéis sido oprimidos de Egipto, de los amorreos, de los amonitas, de los filisteos,

12 de los Sidón, de Amalec y de Maón, y clamando a mí, acaso no os libré de sus manos?

13 Mas vosotros me habéis dejado, y habéis servido a dioses ajenos; por tanto, yo no os libraré más.

14 Andad y clamad a los dioses que os habéis elegido; que os libren ellos en el tiempo de vuestra aflicción.

15 Y los hijos de Israel respondieron a Jehová: Hemos pecado; haz tú con nosotros como bien te parezca; sólo te rogamos que nos libres en este día.

16 Y quitaron de entre sí los dioses ajenos, y sirvieron a Jehová; y él fue movido a compasión a causa del sufrimiento de Israel.

17 Entonces se juntaron los hijos de Amón, y acamparon en Galaad; se juntaron asimismo los hijos de Israel, y acamparon en Mizpá.

18 Y los príncipes y el pueblo de Galaad dijeron el uno al otro: ¿Quién comenzará la batalla contra los hijos de Amón? Será caudillo sobre todos los habitantes de Galaad.

11 Jefté galaadita era esforzado y valeroso; era hijo de una mujer ramera, y el padre de Jefté era Galaad.

2 Pero la mujer de Galaad le dio hijos, los cuales, cuando crecieron, echaron fuera a Jefté, diciéndole: No heredarás en la casa de nuestro padre, porque eres hijo de otra mujer.

3 Huyó, pues, Jefté de sus hermanos, y habitó en tierra de Tob; y se juntaron con él hombres ociosos, los cuales salían con él.

4 Aconteció andando el tiempo, que los hijos de Amón hicieron guerra contra Israel.

5 Y cuando los hijos de Amón hicieron guerra contra Israel, los ancianos de Galaad fueron a traer a Jefté de la tierra de Tob;

6 y dijeron a Jefté: Ven, y serás nuestro jefe, en la guerra contra los hijos de Amón.

7 Jefté respondió a los ancianos de Galaad: ¿No me aborrecisteis vosotros, y me echasteis de la casa de mi padre? ¿Por qué, pues, venís ahora a mí cuando estáis en aprieto?

8 Y los ancianos de Galaad respondieron a Jefté: Por esta misma causa volvemos ahora a ti, para que vengas con nosotros y pelees contra los hijos de Amón, y seas caudillo de todos los que moramos en Galaad.

9 Jefté entonces dijo a los ancianos de Galaad: Si me hacéis volver para que pelee contra los hijos de Amón, y Jehová los entrega delante de mí, ¿seré yo vuestro caudillo?

10 Y los ancianos de Galaad respondieron a Jefté: Jehová sea testigo entre nosotros, si no hacemos como tú dices.

11 Entonces Jefté vino con los ancianos de Galaad, y el pueblo lo eligió por su caudillo y jefe; y Jefté repitió todas sus condiciones delante de Jehová en Mizpá.

Conversaciones de Jefté con los amonitas

12 Y envió Jefté mensajeros al rey de los amonitas, diciendo: ¿Qué tienes tú conmigo, que has venido a mí para hacer guerra contra mi tierra?

13 El rey de los amonitas respondió a los mensajeros de Jefté: Por cuanto Israel tomó mi tierra, cuando subió de Egipto, desde Amón hasta Jaboc y el Jordán; ahora, pues, devuélvela en paz.

14 Y Jefté volvió a enviar otros mensajeros al rey de los amonitas,

15 para decirle: Jefté ha dicho así: Israel no tomó tierra de Moab, ni tierra de los hijos de Amón.

16 Porque cuando Israel subió de Egipto, anduvo por el desierto hasta el Mar Rojo, y llegó a Cadés.

17 Entonces Israel envió mensajeros al rey de Edom, diciendo: Yo te ruego que me dejes pasar por tu tierra; pero el rey de Edom no los escuchó. Envió también al rey de Moab, el cual tampoco quiso; se quedó, por tanto, Israel en Cadés.

18 Después, yendo por el desierto, rodeó la
tierra de Edom y la tierra de Moab, y
viniendo por el lado oriental de la tierra de
Moab, acampó al otro lado de Arnón, y no
entró en territorio de Moab; porque Arnón
es territorio de Moab.
19 Y envió Israel mensajeros a Sehón rey
de los amorreos, rey de Hesbón, diciéndole:
Te ruego que me dejes pasar por tu tierra
hasta mi lugar.
20 Mas Sehón no se fió de Israel para darle
paso por su territorio, sino que reuniendo
Sehón toda su gente, acampó en Jahaz, y
peleó contra Israel.
21 Pero Jehová Dios de Israel entregó a
Sehón y a todo su pueblo en mano de Israel,
y los derrotó; y se apoderó Israel de toda la
tierra de los amorreos que habitaban en
aquel país.
22 Se apoderaron también de todo el territorio del amorreo desde Arnón hasta Jaboc,
y desde el desierto hasta el Jordán.
23 Así que, lo que Jehová Dios de Israel
desposeyó al amorreo en favor de su pueblo
Israel, ¿pretendes tú quitárselo de él?
24 Lo que te hiciere poseer Quemós tu
dios, ¿no lo poseerías tú? Así, todo lo que
desposeyó Jehová nuestro Dios delante de
nosotros, nosotros lo poseeremos.
25 ¿Eres tú ahora mejor en algo que Balac
hijo de Zipor, rey de Moab? ¿Tuvo él pleito
con Israel, o hizo guerra contra ellos?
26 Cuando Israel ha estado habitando por
trescientos años a Hesbón y sus aldeas, a
Aroer y sus aldeas, y todas las ciudades que
están en el territorio de Arnón, ¿por qué no
las habéis recobrado en ese tiempo?
27 Así que, yo nada he pecado contra ti,
mas tú haces mal conmigo peleando contra
mí. Jehová, que es el juez, juzgue hoy entre
los hijos de Israel y los hijos de Amón.
28 Mas el rey de los hijos de Amón no
atendió a las razones que Jefté le envió.

El voto de Jefté y su victoria

29 Y el Espíritu de Jehová vino sobre Jefté;
y pasó por Galaad y Manasés, y de allí pasó
a Mizpá de Galaad, y de Mizpá de Galaad
pasó a los hijos de Amón.
30 Y Jefté hizo voto a Jehová, diciendo: Si
entregas a los amonitas en mis manos,
31 cualquiera que salga de las puertas de mi
casa a recibirme, cuando regrese victorioso
de los amonitas, será de Jehová, y lo ofreceré en holocausto.
32 Y fue Jefté hacia los hijos de Amón para
pelear contra ellos; y Jehová los entregó en
su mano.
33 Y desde Aroer hasta llegar a Minit,
veinte ciudades, y hasta la vega de las viñas,
los derrotó con muy gran estrago. Así fue-

ron sometidos los amonitas por los hijos de
Israel.
34 Entonces volvió Jefté a Mizpá, a su casa;
y he aquí su hija que salía a recibirle con
panderos y danzas, y ella era sola, su hija
única; no tenía fuera de ella hijo ni hija.
35 Y cuando él la vio, rompió sus vestidos,
diciendo: ¡Ay, hija mía!, en verdad me has
abatido, y tú misma has venido a ser causa
de mi dolor; porque le he dado palabra a
Jehová, y no podré retractarme.
36 Ella entonces le respondió: Padre mío, si
le has dado palabra a Jehová, haz de mí
conforme a lo que prometiste, ya que Jehová ha hecho venganza en tus enemigos los
hijos de Amón.
37 Y volvió a decir a su padre: Concédeme
esto: déjame que por dos meses me vaya a
vagar por los montes, y llore mi virginidad
con mis compañeras.
38 Él, entonces, dijo: Ve. Y la dejó por dos
meses. Y ella fue con sus compañeras, y
lloró su virginidad por los montes.
39 Pasados los dos meses volvió a su padre,
quien hizo de ella conforme al voto que
había hecho. Y ella nunca conoció varón.
40 Y se hizo costumbre en Israel, que de
año en año fueran las doncellas de Israel a
endechar a la hija de Jefté galaadita, cuatro
días al año.

12 Entonces se reunieron los varones de
Efraín, y pasaron hasta el norte, y
dijeron a Jefté: ¿Por qué fuiste a hacer
guerra contra los hijos de Amón, y no nos
llamaste para que fuéramos contigo? Nosotros quemaremos tu casa contigo dentro.
2 Y Jefté les respondió: Yo y mi pueblo
teníamos una gran contienda con los hijos
de Amón, y os llamé, y no me defendisteis
de su mano.
3 Viendo, pues, que no me defendíais,
arriesgué mi vida, y pasé contra los hijos de
Amón, y Jehová me los entregó; ¿por qué,
pues, habéis subido hoy contra mí para
pelear conmigo?
4 Entonces reunió Jefté a todos los varones
de Galaad, y peleó contra Efraín; y los de
Galaad derrotaron a Efraín, porque éstos
habían dicho: Vosotros sois fugitivos de
Efraín, vosotros los galaaditas, en medio de
Efraín y de Manasés.
5 Y los galaaditas tomaron los vados del
Jordán a los de Efraín; y aconteció que
cuando decían los fugitivos de Efraín: Quiero pasar, los de Galaad les preguntaban:
¿Eres tú efrateo? Si él respondía: No,
6 entonces le decían: Ahora, pues, di Shi-
bolet. Y él decía Sibolet; porque no podía
pronunciarlo correctamente. Entonces le
echaban mano, y le degollaban junto a los
vados del Jordán. Y murieron entonces de
los de Efraín cuarenta y dos mil.

7 Y Jefté juzgó a Israel seis años; y murió Jefté galaadita, y fue sepultado en una de las ciudades de Galaad.

Ibzán, Elón y Abdón, jueces de Israel

8 Después de él juzgó a Israel Ibzán de Belén,

9 el cual tuvo treinta hijos y treinta hijas, las cuales casó fuera, y tomó de fuera treinta hijas para sus hijos; y juzgó a Israel siete años.

10 Y murió Ibzán, y fue sepultado en Belén.

11 Después de él juzgó a Israel Elón zabulonita, el cual juzgó a Israel diez años.

12 Y murió Elón zabulonita, y fue sepultado en Ajalón en la tierra de Zabulón.

13 Después de él juzgó a Israel Abdón hijo de Hilel, piratonita.

14 Éste tuvo cuarenta hijos y treinta nietos, que cabalgaban sobre setenta asnos; y juzgó a Israel ocho años.

15 Y murió Abdón hijo de Hiel piratonita, y fue sepultado en Piratón, en la tierra de Efraín, en el monte de Amalec.

Nacimiento de Sansón

13 Los hijos de Israel volvieron a hacer lo malo ante los ojos de Jehová; y Jehová los entregó en manos de los filisteos por cuarenta años.

2 Y había un hombre de Zorá, de la tribu de Dan, el cual se llamaba Manoa; y su mujer era estéril, y nunca había tenido hijos.

3 A esta mujer se apareció el Ángel de Jehová, y le dijo: He aquí que tú eres estéril, y nunca has tenido hijos; pero concebirás y darás a luz un hijo.

4 Ahora, pues, no bebas vino ni licor, ni comas cosa inmunda.

5 Pues he aquí que concebirás y darás a luz un hijo; y navaja no pasará sobre su cabeza, porque el niño será nazareo a Dios desde su nacimiento, y él comenzará a salvar a Israel de manos de los filisteos.

6 Y la mujer vino y se lo contó a su marido, diciendo: Un varón de Dios vino a mí, cuyo aspecto era como el aspecto de un ángel de Dios, temible en gran manera; y no le pregunté de dónde ni quién era, ni tampoco él me dijo su nombre.

7 Y me dijo: He aquí que tú concebirás, y darás a luz un hijo; por tanto, ahora no bebas vino, ni licor, ni comas cosa inmunda, porque este niño será nazareo a Dios desde su nacimiento hasta el día de su muerte.

Segunda aparición del Ángel

8 Entonces oró Manoa a Jehová, y dijo: Ah, Señor mío, yo te ruego que aquel varón de Dios que enviaste, vuelva ahora a venir a nosotros, y nos enseñe lo que hayamos de hacer con el niño que ha de nacer.

9 Y Dios oyó la voz de Manoa; y el Ángel de Dios volvió otra vez a la mujer, estando ella en el campo; mas su marido Manoa no estaba con ella.

10 Y la mujer corrió prontamente a avisarle a su marido, diciéndole: Mira que se me ha aparecido aquel varón que vino a mí el otro día.

11 Y se levantó Manoa, y siguió a su mujer; y vino al varón y le dijo: ¿Eres tú aquel varón que habló con esta mujer? Y él dijo: Yo soy.

12 Entonces Manoa dijo: Cuando tus palabras se cumplan, ¿cómo debe ser la manera de vivir del niño, y qué debemos hacer con él?

13 Y el Ángel de Jehová respondió a Manoa: La mujer se guardará de todas las cosas que yo le dije.

14 No tomará nada que proceda de la vid; no beberá vino ni licor, y no comerá cosa inmunda; guardará todo lo que le mandé.

15 Entonces Manoa dijo al Ángel de Jehová: Te ruego nos permitas detenerte, y te prepararemos un cabrito.

16 Y el Ángel de Jehová respondió a Manoa: Aunque me detengas, no comeré de tu pan; mas si quieres hacer holocausto, ofrécelo a Jehová. Y no sabía Manoa que aquél fuese Ángel de Jehová.

17 Entonces dijo Manoa al Ángel de Jehová: ¿Cuál es tu nombre, para que cuando se cumpla tu palabra te honremos?

18 Y el Ángel de Jehová respondió: ¿Por qué preguntas por mi nombre, que es admirable?

19 Y Manoa tomó un cabrito y una ofrenda, y los ofreció sobre una peña a Jehová; y el ángel hizo un milagro ante los ojos de Manoa y de su mujer.

20 Porque aconteció que cuando la llama subía del altar hacia el cielo, el Ángel de Jehová subió en la llama del altar ante los ojos de Manoa y de su mujer, los cuales se postraron en tierra.

21 Y el Ángel de Jehová no volvió a aparecer a Manoa ni a su mujer. Entonces conoció Manoa que era el Ángel de Jehová.

22 Y dijo Manoa a su mujer: Ciertamente moriremos, porque a Dios hemos visto.

23 Y su mujer le respondió: Si Jehová nos quisiera matar, no aceptaría de nuestras manos el holocausto y la ofrenda, ni nos hubiera hecho ver todo esto, ni nos habría anunciado todo lo que dijo.

24 Y la mujer dio a luz un hijo, y le puso por nombre Sansón. Y el niño creció, y Jehová lo bendijo.

25 Y el Espíritu de Jehová comenzó a manifestarse en él en los campamentos de Dan, entre Zorá y Estaol.

Sansón y la mujer filistea de Timnat

14 Descendió Sansón a Timnat, y vio en Timnat a una mujer de las hijas de los filisteos.

2 Y subió, y lo declaró a su padre y a su madre, diciendo: Yo he visto en Timnat una mujer de las hijas de los filisteos; os ruego que me la toméis por mujer.

3 Y su padre y su madre le dijeron: ¿No hay mujer entre las hijas de tus hermanos, ni en todo nuestro pueblo, para que vayas tú a tomar mujer de los filisteos incircuncisos? Y Sansón respondió a su padre: Tómame ésta por mujer, porque me gusta.

4 Mas su padre y su madre no sabían que esto venía de Jehová, porque él buscaba ocasión contra los filisteos; pues en aquel tiempo los filisteos dominaban sobre Israel.

5 Y Sansón descendió con su padre y con su madre a Timnat; y cuando llegaron a las viñas de Timnat, vio a un león joven que venía rugiendo hacia él.

6 Y el Espíritu de Jehová vino sobre Sansón, quien despedazó al león como quien despedaza un cabrito, sin tener nada en su mano; y no declaró ni a su padre ni a su madre lo que había hecho.

7 Descendió, pues, y habló a la mujer que le había gustado.

8 Y volviendo después de algunos días para tomarla, se apartó del camino para ver el cuerpo muerto del león; y he aquí que en el cuerpo del león había un enjambre de abejas, y un panal de miel.

9 Y tomándolo en sus manos, se fue comiéndolo por el camino; y cuando alcanzó a su padre y a su madre, les dio también a ellos que comiesen; mas no les descubrió que había tomado aquella miel del cuerpo del león.

10 Vino, pues, su padre adonde estaba la mujer, y Sansón dio allí un banquete, según la costumbre de los mozos.

11 Y aconteció que cuando ellos le vieron, tomaron treinta compañeros para que estuviesen con él.

12 Y Sansón les dijo: Yo os propondré ahora un enigma, y si en los siete días del banquete me lo declaráis y descifráis, yo os daré treinta camisas de lino y treinta túnicas.

13 Mas si no me lo podéis declarar, entonces vosotros tendréis que darme treinta camisas de lino y las treinta túnicas. Y ellos respondieron: Propón tu enigma, y lo oiremos.

14 Entonces les dijo:
Del devorador salió comida,
Y del fuerte salió dulzura.
Y ellos a los tres días aún no habían acertado la adivinanza.

15 Por lo cual dijeron a la mujer de Sansón al séptimo día: Convence a tu marido a que nos declare este enigma, si no quieres que te quememos a ti y a la casa de tu padre. ¿Nos habéis invitado aquí para despojarnos?

16 Y lloró la mujer de Sansón en presencia de él, y dijo: Solamente me aborreces, y no me amas, pues no me declaras el enigma que propusiste a los hijos de mi pueblo. Y él respondió: He aquí que ni a mi padre ni a mi madre lo he declarado, ¿y te lo había de declarar a ti?

17 Y ella lloró en presencia de él los siete días que ellos tuvieron banquete; mas al séptimo día él se lo declaró, porque le presionaba; y ella lo declaró a los hijos de su pueblo.

18 Al séptimo día, antes que el sol se pusiese, los de la ciudad le dijeron:
¿Qué cosa más dulce que la miel?
¿Y qué cosa más fuerte que el león?
Y él les respondió:
Si no araseis con mi novilla,
Nunca hubierais descubierto mi enigma.

19 Y el Espíritu de Jehová vino sobre él, y descendió a Ascalón y mató a treinta hombres de ellos; y tomando sus despojos, dio las mudas de vestidos a los que habían explicado el enigma; y encendido en cólera se volvió a la casa de su padre.

20 Y la mujer de Sansón fue dada a su amigo más íntimo, de entre los compañeros.

15 Aconteció después de algún tiempo, que en los días de la siega del trigo, Sansón fue a visitar a su mujer, llevando un cabrito, y dijo: Quiero entrar al aposento de mi mujer. Mas el padre de ella no le dejó entrar.

2 Y le dijo su padre: Me persuadí de que no la amabas, y la di a tu compañero. Mas su hermana menor, ¿no es más hermosa que ella? Tómala, pues, en su lugar.

3 Entonces le dijo Sansón: Que los filisteos no me acusen esta vez, si les hago perjuicio.

4 Y fue Sansón, y cazó trescientas zorras, y tomó teas, y juntó cola con cola, y puso una tea entre cada dos colas.

5 Después, encendiendo las teas, soltó las zorras en los sembrados de los filisteos, y quemó las mieses amontonadas y en pie, viñas y olivares.

6 Y dijeron los filisteos: ¿Quién hizo esto? Y les contestaron: Sansón, el yerno del timnateo, porque le quitó su mujer y la dio a su compañero. Y vinieron los filisteos y la quemaron a ella y a su padre.

7 Entonces Sansón les dijo: Ya que así habéis hecho, juro que no pararé hasta haberme vengado de vosotros, y después os dejaré.

8 Y los hirió en cadera y muslo con gran mortandad; y descendió y habitó en la cueva de la peña de Etam.

Sansón derrota a los filisteos en Lehi

9 Entonces los filisteos subieron y acamparon en Judá, y se extendieron por Lehi.
10 Y los varones de Judá les dijeron: ¿Por qué habéis subido contra nosotros? Y ellos respondieron: A prender a Sansón hemos subido, para hacerle como él nos ha hecho.
11 Y vinieron tres mil hombres de Judá a la cueva de la peña de Etam, y dijeron a Sansón: ¿No sabes tú que los filisteos dominan sobre nosotros? ¿Por qué nos has hecho esto? Y él les respondió: Yo les he hecho como ellos me hicieron.
12 Ellos entonces le dijeron: Nosotros hemos venido para prenderte y entregarte en manos de los filisteos. Y Sansón les respondió: Juradme que vosotros no me mataréis.
13 Y ellos le respondieron, diciendo: No; solamente te prenderemos, y te entregaremos en sus manos; mas no te mataremos. Entonces le ataron con dos cuerdas nuevas, y le hicieron venir de la peña.
14 Y así que vino hasta Lehi, los filisteos salieron a su encuentro, lanzando gritos de júbilo; pero el Espíritu de Jehová vino sobre él, y las cuerdas que estaban en sus brazos se volvieron como lino quemado con fuego, y las ataduras se cayeron de sus manos.
15 Y hallando una quijada de asno fresca aún, extendió la mano y la tomó, y mató con ella a mil hombres.
16 Entonces Sansón dijo:

Con la quijada de un asno he derrotado
montón sobre montón;
Con la quijada de un asno maté a mil
hombres.

17 Y dicho esto tiró la quijada, y llamó a aquel lugar Ramat-lehi.
18 Y teniendo gran sed, clamó luego a Jehová, y dijo: Tú has dado esta grande salvación por mano de tu siervo; ¿y moriré yo ahora de sed, y caeré en manos de los incircuncisos?
19 Entonces abrió Dios el hoyo que hay en Lehi; y salió de allí agua, y él bebió, y recobró su espíritu, y se reanimó. Por esto llamó el nombre de aquel lugar, En-hacoré, el cual está en Lehi, hasta hoy.
20 Y juzgó a Israel en los días de los filisteos veinte años.

Sansón en Gaza

16 Fue Sansón a Gaza, y vio allí a una mujer ramera, y se llegó a ella.
2 Y fue dicho a los de Gaza: Sansón ha venido acá. Y lo rodearon, y acecharon toda aquella noche cerca de la puerta de la ciudad; y estuvieron callados toda aquella noche, diciendo: Cuando amanezca, le echaremos mano y le mataremos.
3 Mas Sansón durmió hasta la medianoche; y a la medianoche se levantó, y tomando las puertas de la ciudad con sus dos pilares y su cerrojo, se las echó al hombro, y se fue y las subió a la cumbre del monte que está delante de Hebrón.

Sansón y Dalila

4 Después de esto aconteció que se enamoró de una mujer en el valle de Sorec, la cual se llamaba Dalila.
5 Y vinieron a ella los príncipes de los filisteos, y le dijeron: Engáñale e infórmate en qué consiste su gran fuerza, y cómo lo podríamos vencer, para que lo atemos y lo dominemos; y cada uno de nosotros te dará mil cien siclos de plata.
6 Y Dalila dijo a Sansón: Yo te ruego que me declares en qué consiste tu gran fuerza, y con qué habrías de ser atado para sujetarte.
7 Y le respondió Sansón: Si me atan con siete cuerdas de mimbres verdes que aún no estén enjutos, entonces me debilitaré y seré como cualquiera de los hombres.
8 Y los príncipes de los filisteos trajeron siete cuerdas de mimbres verdes que aún no estaban enjutos, y ella le ató con ellos.
9 Y ella tenía hombre en acecho en el aposento. Entonces ella le dijo: ¡Sansón, los filisteos contra ti! Y él rompió las cuerdas de mimbres, como se rompe una cuerda de estopa cuando toca el fuego; y no se supo el secreto de su fuerza.
10 Entonces Dalila dijo a Sansón: He aquí que tú me has engañado, y me has dicho mentiras; descúbreme, pues, ahora, te ruego, cómo podrás ser atado.
11 Y él le dijo: Si me atan fuertemente con cuerdas nuevas que no se hayan usado, yo me debilitaré, y seré como cualquiera de los hombres.
12 Y Dalila tomó cuerdas nuevas, y le ató con ellas, y le dijo: ¡Sansón, los filisteos sobre ti! Y los espías estaban en el aposento. Mas él las rompió de sus brazos como un hilo.
13 Y Dalila dijo a Sansón: Hasta ahora me engañas, y tratas conmigo con mentiras. Descúbreme, pues, ahora, cómo podrás ser atado. Él, entonces, le dijo: Si tejes siete guedejas de mi cabeza con la tela y las aseguras con la estaca.
14 Y ella las aseguró con la estaca, y le dijo: ¡Sansón, los filisteos sobre ti! Mas despertando él de su sueño, arrancó la estaca del telar con la tela.
15 Y ella le dijo: ¿Cómo dices: Yo te amo, cuando tu corazón no está conmigo? Ya me has engañado tres veces, y no me has descubierto aún en qué consiste tu gran fuerza.

16 Y aconteció que, presionándole ella cada día con sus palabras e importunándole, su alma fue reducida a mortal angustia.

17 Le descubrió, pues, todo su corazón, y le dijo: Nunca llegó una navaja a mi cabeza; porque soy nazareo de Dios desde el vientre de mi madre. Si fuere rapado, mi fuerza se apartará de mí, y me debilitaré y seré como todos los hombres.

18 Viendo Dalila que él le había descubierto todo su corazón, envió a llamar a los principales de los filisteos, diciendo: Venid esta vez, porque él me ha descubierto todo su corazón. Y los principales de los filisteos vinieron a ella, trayendo en su mano el dinero.

19 Y ella hizo que él se durmiese sobre sus rodillas, y llamó a un hombre, quien le rapó las siete guedejas de su cabeza; y ella comenzó a afligirlo, pues su fuerza se apartó de él.

20 Y le dijo: ¡Sansón, los filisteos sobre ti! Y luego que despertó él de su sueño, se dijo: Esta vez saldré como las otras y me escaparé. Pero no sabía que Jehová ya se había apartado de él.

21 Mas los filisteos le echaron mano, y le sacaron los ojos, y le llevaron a Gaza; y le ataron con cadenas para que moliese en la cárcel.

22 Y el cabello de su cabeza comenzó a crecer, después que fue rapado.

Muerte de Sansón

23 Entonces los principales de los filisteos se juntaron para ofrecer un gran sacrificio a Dagón su dios y para alegrarse; pues dijeron: Nuestro dios entregó en nuestras manos a Sansón nuestro enemigo.

24 Y viéndolo el pueblo, alabaron a su dios, diciendo: Nuestro dios entregó en nuestras manos a nuestro enemigo, y al destructor de nuestra tierra, el cual había dado muerte a muchos de nosotros.

25 Y aconteció que, alegrándose en su corazón, dijeron: Llamad a Sansón, para que nos divierta. Y trajeron a Sansón de la cárcel, y sirvió de juguete delante de ellos; y lo pusieron entre las columnas.

26 Entonces Sansón dijo al joven que le guiaba de la mano: Acércame, y hazme palpar las columnas sobre las que descansa la casa, para que me apoye sobre ellas.

27 Y la casa estaba llena de hombres y mujeres, y todos los principales de los filisteos estaban allí; y en el piso alto había como tres mil hombres y mujeres, que estaban mirando el escarnio de Sansón.

28 Entonces clamó Sansón a Jehová, y dijo: Señor Jehová, acuérdate ahora de mí, y fortaléceme, te ruego, solamente esta vez, oh Dios, para que de una vez tome venganza de los filisteos por mis dos ojos.

29 Asió luego Sansón las dos columnas de en medio, sobre las que descansaba la casa, y echó todo su peso sobre ellas, su mano derecha sobre una y su mano izquierda sobre la otra.

30 Y dijo Sansón: Muera yo con los filisteos. Entonces se inclinó con toda su fuerza, y cayó la casa sobre los principales, y sobre todo el pueblo que estaba en ella. Y los que mató al morir fueron muchos más que los que había matado durante su vida.

31 Y descendieron sus hermanos y toda la casa de su padre, y vinieron, y se lo llevaron, y le sepultaron entre Zorá y Estaol, en el sepulcro de su padre Manoa. Y él juzgó a Israel veinte años.

Las imágenes y el sacerdote de Micá

17 Hubo un hombre del monte de Efraín, que se llamaba Micáyehu,

2 el cual dijo a su madre: Los mil cien siclos de plata que te fueron hurtados, acerca de los cuales maldijiste, y de los cuales me hablaste, he aquí están en mi poder; yo los tomé. Entonces la madre dijo: Bendito seas de Jehová, hijo mío.

3 Y él devolvió los mil cien siclos de plata a su madre: y su madre dijo: En verdad he dedicado el dinero a Jehová por mi hijo, para hacer una imagen tallada y chapeada. Ahora, pues, yo te lo devuelvo.

4 Mas él insistió en entregar el dinero a su madre, y tomó su madre doscientos siclos de plata y los dio a un fundidor, quien hizo de ellos una imagen tallada y chapeada, la cual fue puesta en la casa de Micáyehu.

5 Así este hombre Micá tuvo una casa de adoración, e hizo efod y terafines, y consagró a uno de sus hijos para que fuera su sacerdote.

6 En aquellos días no había rey en Israel; cada uno hacía lo que bien le parecía.

7 Y había un joven de Belén de Judá, de la tribu de Judá, el cual era levita, y forastero allí.

8 Este hombre partió de la ciudad de Belén de Judá para ir a vivir donde pudiera encontrar lugar; y llegando en su camino al monte de Efraín, vino a casa de Micá.

9 Y Micá le dijo: ¿De dónde vienes? Y el levita le respondió: Soy de Belén de Judá, y voy a vivir donde pueda encontrar lugar.

10 Entonces Micá le dijo: Quédate en mi casa, y serás para mí padre y sacerdote; y yo te daré diez siclos de plata por año, vestidos y comida. Y el levita se quedó.

11 Agradó, pues, al levita morar con aquel hombre, y fue para él como uno de sus hijos.

12 Y Micá consagró al levita, y aquel joven le servía de sacerdote, y permaneció en casa de Micá.

13 Y Micá dijo: Ahora sé que Jehová me prosperará, porque tengo un levita por sacerdote.

Micá y los hombres de Dan

18 En aquellos días no había rey en Israel. Y en aquellos días la tribu de Dan buscaba posesión para sí donde habitar, porque hasta entonces no había tenido posesión entre las tribus de Israel.

2 Y los hijos de Dan enviaron de su tribu cinco hombres de entre ellos, hombres valientes, de Zorá y Estaol, para que reconociesen y explorasen bien la tierra; y les dijeron: Id y reconoced la tierra. Éstos vinieron al monte de Efraín, hasta la casa de Micá, y allí posaron.

3 Cuando estaban cerca de la casa de Micá, reconocieron la voz del joven levita; y llegando allá, le dijeron: ¿Quién te ha traído acá?, ¿y qué haces aquí?, ¿y qué tienes tú por aquí?

4 Él les respondió: De esta y de esta manera ha hecho conmigo Micá, y me ha tomado para que sea su sacerdote.

5 Y ellos le dijeron: Pregunta, pues, ahora a Dios, para que sepamos si ha de prosperar este viaje que hacemos.

6 Y el sacerdote les respondió: Id en paz; delante de Jehová está vuestro camino en que andáis.

7 Entonces aquellos cinco hombres salieron, y vinieron a Lais; y vieron que el pueblo que habitaba en ella estaba seguro, ocioso y confiado, conforme a la costumbre de los de Sidón, sin que nadie en aquella región les perturbase en cosa alguna, ni había quien poseyese el reino. Y estaban lejos de los sidonios, y no tenían negocios con nadie.

8 Volviendo, pues, ellos a sus hermanos en Zorá y Estaol, sus hermanos les dijeron: ¿Qué hay? Y ellos respondieron:

9 Levantaos, subamos contra ellos; porque nosotros hemos explorado la región, y hemos visto que es muy buena; ¿y vosotros no haréis nada? No seáis perezosos en poneros en marcha para ir a tomar posesión de la tierra.

10 Cuando vayáis, llegaréis a un pueblo confiado y a una tierra muy espaciosa, pues Dios la ha entregado en vuestras manos; lugar donde no falta nada de lo que pueda haber en la tierra.

11 Entonces salieron de allí, de Zorá y de Estaol, seiscientos hombres de la familia de Dan, armados de armas de guerra.

12 Fueron y acamparon en Quiryat-jearim en Judá, por lo cual llamaron a aquel lugar el campamento de Dan, hasta hoy; está al occidente de Quiryat-jearim.

13 Y de allí pasaron al monte de Efraín, y vinieron hasta la casa de Micá.

14 Entonces aquellos cinco hombres que habían ido a reconocer la tierra de Lais dijeron a sus hermanos: ¿No sabéis que en estas casas hay efod y terafines, y una imagen tallada y chapeada? Mirad, por tanto, lo que habéis de hacer.

15 Cuando llegaron allá, vinieron a la casa del joven levita, en casa de Micá, y le preguntaron cómo estaba.

16 Y los seiscientos hombres, que eran de los hijos de Dan, estaba armados de sus armas de guerra a la entrada de la puerta.

17 Y subiendo los cinco hombres que habían ido a reconocer la tierra, entraron allá y tomaron la imagen tallada y chapeada, el efod y los terafines, mientras estaba el sacerdote a la entrada de la puerta con los seiscientos hombres armados de armas de guerra.

18 Entrando, pues, aquéllos en la casa de Micá, tomaron la imagen tallada y chapeada, y los terafines. Y el sacerdote les dijo: ¿Qué hacéis vosotros?

19 Y ellos le respondieron: Calla, pon la mano sobre tu boca, y vente con nosotros, para que seas nuestro padre y sacerdote. ¿Es mejor que seas tú sacerdote en casa de un solo hombre, que de una tribu y familia de Israel?

20 Y se alegró el corazón del sacerdote, el cual tomó el efod y los terafines y la imagen, y se fue en medio del pueblo.

21 Y ellos se volvieron y partieron, y pusieron los niños, el ganado y el bagaje por delante.

22 Cuando ya se habían alejado de la casa de Micá, los hombres que habitaban en las casas cercanas a la casa de Micá se juntaron y siguieron a los hijos de Dan.

23 Y dando voces a los de Dan, éstos volvieron sus rostros, y dijeron a Micá: ¿Qué tienes, que has juntado gente?

24 Él respondió: Tomasteis mis dioses que yo hice y al sacerdote, y os vais; ¿qué más me queda? ¿Por qué, pues, me decís: ¿Qué tienes?

25 Y los hijos de Dan le dijeron: No des voces tras nosotros, no sea que los de ánimo colérico os acometan, y pierdas también tu vida y la vida de los tuyos.

26 Y prosiguieron los hijos de Dan su camino, y Micá, viendo que eran más fuertes que él, volvió y regresó a su casa.

27 Y ellos, llevando las cosas que había hecho Micá, juntamente con el sacerdote que tenía, llegaron a Lais, al pueblo tranquilo y confiado; y los hirieron a filo de espada, y quemaron la ciudad.

28 Y no hubo quien los defendiese, porque estaban lejos de Sidón, y no tenían negocios con nadie. Y la ciudad estaba en el valle que hay junto a Bet-rehob. Luego reedificaron la ciudad, y habitaron en ella.

29 Y llamaron el nombre de aquella ciudad
Dan, conforme al nombre de Dan su padre,
hijo de Israel, aunque antes se llamaba la
ciudad Lais.

30 Y los hijos de Dan levantaron para sí la
imagen de talla; y Jonatán hijo de Gersón,
hijo de Moisés, él y sus hijos fueron sacerdotes en la tribu de Dan, hasta el día del
cautiverio de la tierra.

31 Así tuvieron levantada entre ellos la
imagen de talla que Micá había hecho, todo
el tiempo que la casa de Dios estuvo en Silo.

El levita y su concubina

19 En aquellos días, cuando no había
rey en Israel, hubo un levita que
moraba como forastero en la parte más
remota del monte de Efraín, el cual había
tomado para sí mujer concubina de Belén
de Judá.

2 Y su concubina le fue infiel, y se fue de él
a casa de su padre, a Belén de Judá, y estuvo
allí durante cuatro meses.

3 Y se levantó su marido y la siguió, para
hablarle amorosamente y hacerla volver; y
llevaba consigo un criado, y un par de asnos;
y ella le hizo entrar en la casa de su padre.

4 Y viéndole el padre de la joven, salió a
recibirle gozoso; y le detuvo su suegro, el
padre de la joven, y quedó en su casa tres
días, comiendo y bebiendo y alojándose allí.

5 Al cuarto día, cuando se levantaron de
mañana, se levantó también el levita para
irse; y el padre de la joven dijo a su yerno:
Conforta tu corazón con un bocado de pan,
y después os iréis.

6 Y se sentaron ellos dos juntos, y comieron
y bebieron. Y el padre de la joven dijo al
varón: Yo te ruego que quieras pasar aquí la
noche, y se alegrará tu corazón.

7 Y se levantó el varón para irse, pero
insistió su suegro, y volvió a pasar allí la
noche.

8 Al quinto día, levantándose de mañana
para irse, le dijo el padre de la joven:
Conforta ahora tu corazón, y aguarda hasta
que decline el día. Y comieron ambos
juntos.

9 Luego se levantó el varón para irse, él y su
concubina y su criado. Entonces su suegro,
el padre de la joven, le dijo: He aquí, ya el
día declina para anochecer, te ruego que
paséis aquí la noche; he aquí que el día se
acaba, duerme aquí, para que se alegre tu
corazón; y mañana os levantaréis temprano
a vuestro camino y te irás a tu casa.

10 Mas el hombre no quiso pasar allí la
noche, sino que se levantó y se fue, y llegó
hasta enfrente de Jebús, que es Jerusalén,
con su par de asnos ensillados, y su concubina.

11 Y estando ya junto a Jebús, el día había

declinado mucho; y dijo el criado a su señor:
Ven ahora, y vámonos a esta ciudad de los
jebuseos, para que pasemos en ella la
noche.

12 Y su señor le respondió: No iremos a
ninguna ciudad de extranjeros que no sea de
los hijos de Israel, sino que pasaremos hasta
Guibeá. Y dijo a su criado:

13 Ven, sigamos hasta uno de esos lugares,
para pasar la noche en Guibeá o en Ramá.

14 Pasando, pues, caminaron, y se les puso
el sol junto a Guibeá, que era de Benjamín.

15 Y se apartaron del camino para entrar a
pasar allí la noche en Guibeá; y entrando, se
sentaron en la plaza de la ciudad, porque no
hubo quien los acogiese en casa para pasar
la noche.

16 Y he aquí que un hombre viejo venía de
su trabajo del campo al anochecer, el cual
era del monte de Efraín, y moraba como
forastero en Guibeá; pero los moradores de
aquel lugar eran hijos de Benjamín.

17 Y alzando el viejo los ojos, vio a aquel
caminante en la plaza de la ciudad, y le dijo:
¿Adónde vas, y de dónde vienes?

18 Y él respondió: Pasamos de Belén de
Judá a la parte más remota del monte de
Efraín, de donde soy; y había ido a Belén de
Judá; mas ahora voy a la casa de Jehová, y
no hay quien me reciba en casa.

19 Y Nosotros tenemos paja y forraje para
nuestros asnos, y también tenemos pan y
vino para mí y para tu sierva, y para el criado
que está con tu siervo; no nos hace falta
nada.

20 Y el hombre anciano dijo: Paz sea contigo; tu necesidad toda quede solamente a mi
cargo, con tal que no pases la noche en la
plaza.

21 Y los trajo a su casa, y dio de comer a sus
asnos; y se lavaron los pies, y comieron y
bebieron.

22 Pero cuando estaban gozosos, he aquí
que los hombres de aquella ciudad, hombres perversos, rodearon la casa, golpeando
a la puerta; y hablaron al anciano, dueño de
la casa, diciendo: Saca al hombre que ha
entrado en tu casa, para que lo conozcamos.

23 Y salió a ellos el dueño de la casa y les
dijo: No, hermanos míos, os ruego que no
cometáis este mal; ya que este hombre ha
entrado en mi casa, no hagáis esta maldad.

24 He aquí mi hija virgen, y la concubina de
él; y yo os las sacaré ahora; humilladlas y
haced con ellas como os parezca, y no hagáis
a este hombre cosa tan infame.

25 Mas aquellos hombres no le quisieron
oír; por lo que tomando aquel hombre a su
concubina, la sacó; y entraron a ella, y
abusaron de ella toda la noche hasta la
mañana, y la dejaron cuando apuntaba el
alba.

26 Y cuando ya amanecía, vino la mujer, y cayó delante de la puerta de la casa de aquel hombre donde su señor estaba, hasta que fue de día.

27 Y se levantó por la mañana su señor, y abrió las puertas de la casa, y salió para seguir su camino; y he aquí que la mujer su concubina estaba tendida delante de la puerta de la casa, con las manos sobre el umbral.

28 Él le dijo: Levántate, y vámonos; pero ella no respondió. Entonces la levantó el varón, y echándola sobre su asno, partió para su lugar.

29 Y llegando a su casa, tomó un cuchillo, y echó mano de su concubina, y la partió por sus huesos en doce partes, y la envió por todo el territorio de Israel.

30 Y todo el que veía aquello, decía: Jamás se ha hecho ni visto tal cosa, desde el tiempo en que los hijos de Israel subieron de la tierra de Egipto hasta hoy. Considerad esto, pedid consejo, y decid lo que decidáis.

La guerra contra Benjamín

20 Entonces salieron todos los hijos de Israel, y se reunió la congregación como un solo hombre, desde Dan hasta Beerseba y la tierra de Galaad, a Jehová en Mizpá.

2 Y los jefes de todo el pueblo, de todas las tribus de Israel, se hallaron presentes en la reunión del pueblo de Dios, cuatrocientos mil hombres de a pie que sacaban espada.

3 Y los hijos de Benjamín oyeron que los hijos de Israel habían subido a Mizpá. Y dijeron los hijos de Israel: Decid cómo fue esta maldad.

4 Entonces el varón levita, marido de la mujer muerta, respondió y dijo: Yo llegué a Guibeá de Benjamín con mi concubina, para pasar allí la noche.

5 Y levantándose contra mí los de Guibeá, rodearon contra mí la casa por la noche, con idea de matarme, y a mi concubina la humillaron de tal manera que murió.

6 Entonces, tomando yo a mi concubina, la corté en pedazos, y la envié por todo el territorio de la posesión de Israel, por cuanto han hecho maldad y crimen en Israel.

7 He aquí, todos vosotros sois hijos de Israel; dad aquí vuestro parecer y consejo.

8 Entonces todo el pueblo, como un solo hombre, se levantó, y dijeron: Ninguno de nosotros irá a su tienda, ni volverá ninguno de nosotros a su casa.

9 Mas esto es ahora lo que haremos a Guibeá: contra ella subiremos por sorteo.

10 Tomaremos diez hombres de cada ciento por todas las tribus de Israel, y ciento de cada mil, y mil de cada diez mil, que lleven víveres para el pueblo, para que yendo a Guibeá de Benjamín le hagan conforme a toda la abominación que ha cometido en Israel.

11 Y se juntaron todos los hombres de Israel contra la ciudad, coaligados como un solo hombre.

Obstinación de los benjaminitas

12 Y las tribus de Israel enviaron varones por toda la tribu de Benjamín, diciendo: ¿Qué maldad es ésta que ha sido hecha entre vosotros?

13 Entregad, pues, ahora a aquellos hombres perversos que están en Guibeá, para que los matemos, y quitemos el mal de Israel. Mas los de Benjamín no quisieron oír la voz de sus hermanos los hijos de Israel,

14 sino que los de Benjamín se juntaron de sus ciudades en Guibeá, para pelear contra los hijos de Israel.

Primeros combates

15 Y fueron contados en aquel tiempo los hijos de Benjamín de las ciudades, veintiséis mil hombres que sacaban espada, sin contar los habitantes de Guibeá, que fueron por cuenta setecientos hombres escogidos.

16 De toda aquella gente había setecientos hombres escogidos, que eran ambidextros, todos los cuales tiraban una piedra con la honda a un cabello, y no erraban.

17 Y fueron contados los varones de Israel, fuera de Benjamín, cuatrocientos mil hombres que sacaban espada, todos éstos hombres de guerra.

18 Luego se levantaron los hijos de Israel, y subieron a la casa de Dios y consultaron a Dios, diciendo: ¿Quién subirá de nosotros el primero en la guerra contra los hijos de Benjamín? Y Jehová respondió: Judá será el primero.

19 Se levantaron, pues, los hijos de Israel por la mañana, contra Guibeá.

20 Y salieron los hijos de Israel a combatir contra Benjamín, y los varones de Israel ordenaron la batalla contra ellos junto a Guibeá.

21 Saliendo entonces de Guibeá los hijos de Benjamín, derribaron por tierra aquel día veintidós mil hombres de los hijos de Israel.

22 Mas reanimándose el pueblo, los varones de Israel volvieron a ordenar la batalla en el mismo lugar donde la habían ordenado el primer día.

23 Porque los hijos de Israel subieron y lloraron delante de Jehová hasta la noche, y consultaron a Jehová, diciendo: ¿Volveremos a pelear con los hijos de Benjamín nuestros hermanos? Y Jehová les respondió: Subid contra ellos.

24 Por lo cual se acercaron los hijos de

Israel contra los hijos de Benjamín el segundo día.

25 Y aquel segundo día, saliendo Benjamín de Guibeá contra ellos, derribaron por tierra otros dieciocho mil hombres de los hijos de Israel, todos los cuales sacaban espada.

26 Entonces subieron todos los hijos de Israel, y todo el pueblo, y vinieron a la casa de Dios; y lloraron, y se sentaron allí en presencia de Jehová, y ayunaron aquel día hasta la noche; y ofrecieron holocaustos y ofrendas de paz delante de Jehová.

27 Y los hijos de Israel preguntaron a Jehová (pues el arca del pacto de Dios estaba allí en aquellos días,

28 y Finees hijo de Eleazar, hijo de Aarón, ministraba delante de ella en aquellos días), y dijeron: ¿Volveremos aún a salir contra los hijos de Benjamín nuestros hermanos, para pelear, o desistiremos? Y Jehová dijo: Subid, porque mañana yo os los entregaré.

29 Y puso Israel emboscadas alrededor de Guibeá.

30 Subiendo entonces los hijos de Israel contra los hijos de Benjamín el tercer día, ordenaron la batalla delante de Guibeá, como las otras veces.

31 Y salieron los hijos de Benjamín al encuentro del pueblo, alejándose de la ciudad; y comenzaron a herir a algunos del pueblo, matándolos como las otras veces por los caminos, uno de los cuales sube a Betel, y el otro a Guibeá en el campo; y mataron a unos treinta hombres de Israel.

32 Y los hijos de Benjamín decían: Vencidos son delante de nosotros, como antes. Mas los hijos de Israel decían: Huiremos, y los alejaremos de la ciudad hasta los caminos.

33 Entonces se levantaron todos los de Israel de su lugar, y se pusieron en orden de batalla en Baal-tamar; y también los emboscados de Israel salieron de su lugar, de la pradera de Guibeá.

34 Y vinieron contra Guibeá diez mil hombres escogidos de todo Israel, y la batalla arreciaba; mas ellos no sabían que ya el desastre se acercaba a ellos.

35 Y derrotó Jehová a Benjamín delante de Israel; y mataron los hijos de Israel aquel día a veinticinco mil hombres de Benjamín, todos los cuales sacaban espada.

36 Y vieron los hijos de Benjamín que eran derrotados; y los hijos de Israel cedieron campo a Benjamín, porque estaban confiados en las emboscadas que habían puesto detrás de Guibeá.

37 Y los hombres de las emboscadas acometieron prontamente a Guibeá, y avanzaron e hirieron a filo de espada a toda la ciudad.

38 Y era la señal concertada entre los hombres de Israel y las emboscadas, que hiciesen subir una gran humareda de la ciudad.

39 Luego, pues, que los de Israel retrocedieron en la batalla, los de Benjamín comenzaron a herir y matar a la gente de Israel como treinta hombres, y ya decían: Ciertamente ellos han caído delante de nosotros, como en la primera batalla.

40 Mas cuando la columna de humo comenzó a subir de la ciudad, los de Benjamín miraron hacia atrás; y he aquí que el humo de la ciudad subía al cielo.

41 Entonces se volvieron los hombres de Israel, y los de Benjamín se llenaron de temor, porque vieron que el desastre había venido sobre ellos.

42 Volvieron, por tanto, la espalda delante de Israel hacia el camino del desierto; pero la batalla los alcanzó, y los que salían de las ciudades los destruían en medio de ellos.

43 Así cercaron a los de Benjamín, y los acosaron y hollaron desde Menuhá hasta enfrente de Guibeá hacia donde nace el sol.

44 Y cayeron de Benjamín dieciocho mil hombres, todos ellos hombres de guerra.

45 Volviéndose luego, huyeron hacia el desierto, a la peña de Rimón, y de ellos fueron abatidos cinco mil hombres en los caminos; y fueron persiguiéndolos aún hasta Gidom, y mataron de ellos a dos mil hombres.

46 Fueron todos los que de Benjamín murieron aquel día, veinticinco mil hombres que sacaban espada, todos ellos hombres de guerra.

47 Pero se volvieron y huyeron al desierto a la peña de Rimón seiscientos hombres, los cuales estuvieron en la peña de Rimón cuatro meses.

48 Y los hombres de Israel volvieron sobre los hijos de Benjamín, y los hirieron a filo de espada, así a los hombres de cada ciudad como a las bestias y todo lo que fue hallado; asimismo pusieron fuego a todas las ciudades que hallaban.

Mujeres para los benjaminitas

21 Los varones de Israel habían jurado en Mizpá, diciendo: Ninguno de nosotros dará su hija a los de Benjamín por mujer.

2 Y vino el pueblo a la casa de Dios, y se estuvieron allí hasta la noche en presencia de Dios; y alzando su voz hicieron gran llanto, y dijeron:

3 Oh Jehová Dios de Israel, ¿por qué ha sucedido esto en Israel, que falte hoy de Israel una tribu?

4 Y al día siguiente, el pueblo se levantó de mañana, y edificaron allí un altar, y ofrecieron holocaustos y ofrendas de paz.

5 Y dijeron los hijos de Israel: ¿Quién de todas las tribus de Israel no subió a la

reunión delante de Jehová? Porque se había hecho gran juramento contra el que no subiese a Jehová en Mizpá, diciendo: Sufrirá la muerte.

6 Y los hijos de Israel se arrepintieron a causa de Benjamín su hermano, y dijeron: Cortada es hoy de Israel una tribu.

7 ¿Qué haremos en cuanto a mujeres para los que han quedado? Nosotros hemos jurado por Jehová que no les daremos nuestras hijas por mujeres.

8 Y dijeron: ¿Hay alguno de las tribus de Israel que no haya subido a Jehová en Mizpá? Y hallaron que ninguno de Jabés-galaad había venido al campamento, a la reunión.

9 Porque fue contado el pueblo, y no hubo allí varón de los moradores de Jabés-galaad.

10 Entonces la congregación envió allá a doce mil hombres de los más valientes, y les mandaron, diciendo: Id y herid a filo de espada a los moradores de Jabés-galaad, con las mujeres y niños.

11 Pero haréis de esta manera: mataréis a todo varón, y a toda mujer que haya conocido varón.

12 Y hallaron de los moradores de Jabés-galaad cuatrocientas doncellas que no habían conocido varón, y las trajeron al campamento en Silo, que está en la tierra de Canaán.

13 Toda la congregación envió luego a hablar a los hijos de Benjamín que estaban en la peña de Rimón, y los llamaron en paz.

14 Y volvieron entonces los de Benjamín, y les dieron por mujeres las que habían guardado vivas de las mujeres de Jabés-galaad; mas no hubo suficientes para todos.

15 Y el pueblo tuvo compasión de Benjamín, porque Jehová había abierto una brecha entre las tribus de Israel.

16 Entonces los ancianos de la congregación dijeron: ¿Qué haremos respecto de mujeres para los que han quedado? Porque fueron muertas las mujeres de Benjamín.

17 Y dijeron: Tenga Benjamín heredad en los que han escapado, y no sea exterminada una tribu de Israel.

18 Pero nosotros no les podemos dar mujeres de nuestras hijas, porque los hijos de Israel han jurado diciendo: Maldito el que dé mujer a los benjaminitas.

19 Ahora, bien, dijeron, he aquí cada año hay fiesta solemne de Jehová en Silo, que está al norte de Betel, y al lado oriental del camino que sube de Betel a Siquem, y al sur de Leboná.

20 Y mandaron a los hijos de Benjamín, diciendo: Id, y poned emboscadas en las viñas,

21 y estad atentos; y cuando veáis salir a las hijas de Silo a bailar en corros, salid de las viñas, y arrebatad cada uno mujer para sí de las hijas de Silo, e idos a tierra de Benjamín.

22 Y si vienen los padres de ellas o sus hermanos a demandárnoslas, nosotros les diremos: Hacednos la merced de concedérnoslas, pues que nosotros en la guerra no tomamos mujeres para todos; además, no sois vosotros los que se las disteis, para que ahora seáis culpados.

23 Y los hijos de Benjamín lo hicieron así; y tomaron mujeres conforme a su número, robándolas de entre las que danzaban; y se fueron, y volvieron a su heredad, y reedificaron las ciudades, y habitaron en ellas.

24 Entonces los hijos de Israel se fueron también de allí cada uno a su tribu y a su familia, saliendo de allí cada uno a su heredad.

25 En estos días no había rey en Israel; cada uno hacía lo que bien le parecía.

RUT

Rut y Noemí

1 Aconteció en los días en que gobernaban los jueces, que hubo hambre en la tierra. Y un varón de Belén de Judá fue a morar en los campos de Moab, él y su mujer, y dos hijos suyos.

2 Llamábase aquel varón Elimélec, y su mujer, Noemí; y sus hijos, Mahlón y Quilyón, efrateos de Belén de Judá. Llegaron, pues, a los campos de Moab, y se establecieron allí.

3 Y murió Elimélec, marido de Noemí, y quedó ella con sus dos hijos,

4 los cuales tomaron para sí mujeres moabitas; el nombre de una era Orfá, y el de la otra, Rut; y permanecieron allí unos diez años.

5 Y murieron también los dos, Mahlón y Quilyón, quedando así la mujer desamparada de sus dos hijos y de su marido.

6 Entonces se levantó con sus nueras, y regresó de los campos de Moab; porque había oído decir que Jehová había visitado a su pueblo, dándoles pan.

7 Salió, pues, del lugar donde había estado, y con ella sus dos nueras, y comenzaron a caminar para volverse a la tierra de Judá.

8 Y Noemí dijo a sus dos nueras: Andad, volveos cada una a la casa de su madre; Jehová haga con vosotras misericordia, como la habéis hecho con los muertos y conmigo.
9 Os conceda Jehová que halléis descanso, cada una en casa de su marido. Luego las besó, y ellas alzaron su voz y lloraron,
10 y le dijeron: Ciertamente nosotras iremos contigo a tu pueblo.
11 Y Noemí respondió: Volveos, hijas mías: ¿para qué habéis de ir conmigo? ¿Tengo yo más hijos en el vientre, que puedan ser vuestros maridos?
12 Volveos, hijas mías, e idos; porque yo ya soy vieja para tener marido. Y aunque dijese: Esperanza tengo, y esta noche estuviese con marido, y aun diese a luz hijos,
13 ¿habíais vosotras de esperarlos hasta que fuesen grandes? ¿Habíais de quedaros sin casar por amor a ellos? No, hijas mías; que mayor amargura tengo yo que vosotras, pues la mano de Jehová pesa contra mí.
14 Y ellas alzaron otra vez su voz y lloraron; y Orfá besó a su suegra, mas Rut se quedó abrazada a ella.
15 Y Noemí dijo: He aquí tu cuñada se ha vuelto a su pueblo y a sus dioses; vuélvete tú tras ella.
16 Respondió Rut: No me ruegues que te deje, y me aparte de ti; porque adondequiera que tú vayas, iré yo, y dondequiera que vivas, viviré. Tu pueblo será mi pueblo, y tu Dios mi Dios.
17 Donde tú mueras, moriré yo, y allí seré sepultada; así me haga Jehová, y aun me añada, que sólo la muerte hará separación entre nosotras dos.
18 Y viendo Noemí que estaba tan resuelta a ir con ella, no dijo más.
19 Anduvieron, pues, ellas dos hasta que llegaron a Belén; y aconteció que habiendo entrado en Belén, toda la ciudad se conmovió por causa de ellas, y decían: ¿No es ésta Noemí?
20 Y ella les respondía: No me llaméis Noemí, sino llamadme Mara, porque en grande amargura me ha puesto el Todopoderoso.
21 Yo me fui llena, pero Jehová me ha vuelto con las manos vacías. ¿Por qué me llamaréis Noemí, ya que Jehová ha dado testimonio contra mí, y el Todopoderoso me ha afligido?
22 Así volvió Noemí, y Rut la moabita su nuera con ella; vinieron de los campos de Moab, y llegaron a Belén al comienzo de la siega de la cebada.

Rut recoge espigas en el campo de Booz

2 Tenía Noemí un pariente de su marido, hombre rico de la familia de Elimélec, el cual se llamaba Booz.

2 Y Rut la moabita dijo a Noemí: Te ruego que me dejes ir al campo, y recogeré espigas en donde me acojan benévolamente. Y ella le respondió: Ve, hija mía.
3 Fue, pues, y llegando, espigó en el campo en pos de los segadores; y aconteció que aquella parte del campo era de Booz, el cual era de la familia de Elimélec.
4 Y he aquí que Booz vino de Belén, y dijo a los segadores: Jehová sea con vosotros. Y ellos respondieron: Jehová te bendiga.
5 Y Booz dijo a su criado el mayordomo de los segadores: ¿De quién es esta joven?
6 Y el criado, mayordomo de los segadores, respondió y dijo: Es la joven moabita que volvió con Noemí de los campos de Moab;
7 y ha dicho: Te ruego que me dejes recoger y juntar tras los segadores entre las gavillas. Entró, pues, y está desde por la mañana hasta ahora, sin descansar ni aun por un momento.
8 Entonces Booz dijo a Rut: Oye, hija mía, no vayas a espigar a otro campo, ni pases de aquí; júntate con mis criadas.
9 Mira bien el campo que sieguen, y síguelas; porque yo he mandado a los criados que no te molesten. Y cuando tengas sed, ve a las vasijas, y bebe del agua que sacan los criados.
10 Ella, entonces, bajando su rostro, se inclinó a tierra, y le dijo: ¿Por qué he hallado gracia en tus ojos para que te fijes en mí, siendo yo extranjera?
11 Y respondiendo Booz, le dijo: He sabido todo lo que has hecho con tu suegra después de la muerte de tu marido, y que dejando a tu padre y a tu madre y la tierra donde naciste, has venido a un pueblo que no conociste antes.
12 Jehová recompense tu obra, y tu remuneración sea cumplida de parte de Jehová Dios de Israel, bajo cuyas alas has venido a refugiarte.
13 Y ella dijo: Señor mío, halle yo gracia delante de tus ojos; porque me has consolado, y porque has hablado al corazón de tu sierva, aunque no soy ni como una de tus criadas.
14 Y Booz le dijo a la hora de comer: Ven aquí, y come del pan, y moja tu bocado en el vinagre. Y ella se sentó junto a los segadores, y él le dio del potaje, y comió hasta que se sació, y le sobró.
15 Luego se levantó para espigar. Y Booz mandó a sus criados, diciendo: Que recoja también espigas entre las gavillas, y no la avergoncéis;
16 y dejaréis también caer para ella algo de los manojos, y lo dejaréis para que lo recoja, y no la reprendáis.
17 Espigó, pues, en el campo hasta la noche, y desgranó lo que había recogido, y fue como un efa de cebada.

18 Y lo tomó, y se fue a la ciudad; y su suegra vio lo que había recogido. Sacó también luego lo que le había sobrado después de haber quedado saciada, y se lo dio.

19 Y le dijo su suegra: ¿Dónde has espigado hoy?, ¿y dónde has trabajado? Bendito sea el que te ha favorecido. Y contó ella a su suegra con quién había trabajado, y dijo: El nombre del varón con quién hoy he trabajado es Booz.

20 Y dijo Noemí a su nuera: Sea él bendito de Jehová, pues que no ha rehusado a los vivos la benevolencia que tuvo para con los que han muerto. Después le dijo Noemí: Nuestro pariente es aquel varón, y uno de los que pueden redimirnos.

21 Y Rut la moabita dijo: Además de esto me ha dicho: Júntate con mis criadas, hasta que hayan acabado toda mi siega.

22 Y Noemí respondió a Rut su nuera: Mejor es, hija mía, que salgas con sus criadas, y que no te encuentren en otro campo.

23 Estuvo, pues, junto con las criadas de Booz espigando, hasta que se acabó la siega de la cebada y la del trigo; y vivía con su suegra.

Rut y Booz en la era

3 Después le dijo su suegra Noemí: Hija mía, ¿no he de buscar hogar para ti donde te vaya bien?

2 ¿No es Booz nuestro pariente, con cuyas criadas tú has estado? He aquí que él avienta esta noche la parva de las cebadas.

3 Lávate, pues, y úngete, y vistiéndote tus vestidos, vete a la era; mas no te des a conocer al varón hasta que él haya acabado de comer y de beber.

4 Y cuando él se acueste, notarás el lugar donde se acuesta, e irás y descubrirás sus pies, y te acostarás allí; y él te dirá lo que hayas de hacer.

5 Y ella respondió: Haré todo lo que tú me mandes.

6 Descendió, pues, a la era, e hizo todo lo que su suegra le había mandado.

7 Y cuando Booz hubo comido y bebido, y su corazón estuvo contento, se retiró a dormir a un lado del montón. Entonces ella vino calladamente, y le descubrió los pies y se acostó.

8 Y aconteció que a la medianoche se estremeció aquel hombre, y se volvió; y he aquí, una mujer estaba acostada a sus pies.

9 Entonces él dijo: ¿Quién eres tú? Y ella respondió: Yo soy Rut tu sierva; extiende el borde de tu capa sobre tu sierva, por cuanto eres pariente cercano.

10 Y él dijo: Bendita seas tú de Jehová, hija mía; has hecho mejor tu postrera gracia que la primera, no yendo en busca de los jóvenes, sean pobres o ricos.

11 Ahora, pues, no temas, hija mía; yo haré contigo lo que tú digas, pues toda la gente de mi pueblo sabe que eres mujer virtuosa.

12 Y ahora, aunque es cierto que yo soy pariente cercano, con todo eso hay un pariente más cercano que yo.

13 Pasa aquí la noche, y cuando sea de día, si él te redime, bien, redímate; mas si él no te quiere redimir, yo te redimiré, vive Jehová. Descansa, pues, hasta la mañana.

14 Y después que durmió a sus pies hasta la mañana, se levantó antes de que los hombres pudieran reconocerse unos a otros; porque él dijo: No se sepa que vino la mujer a la era.

15 Después le dijo: Quítate el manto que traes sobre ti, y sostenlo. Ella lo sostuvo y él midió seis medidas de cebada, y se las puso encima; y ella se fue a la ciudad.

16 Y cuando llegó adonde estaba su suegra, ésta le dijo: ¿Qué hay, hija mía? Y le contó ella todo lo que con aquel varón le había acontecido.

17 Y dijo: Estas seis medidas de cebada me dio, diciéndome: A fin de que no vayas a tu suegra con las manos vacías.

18 Entonces Noemí dijo: Estate tranquila, hija mía, hasta ver cómo acaba la cosa; porque ese hombre no descansará hasta terminar hoy mismo este asunto.

Booz se casa con Rut

4 Booz subió a la puerta y se sentó allí; y he aquí que pasaba aquel pariente de quien Booz había hablado, y le dijo: Eh, fulano, ven acá y siéntate. Y él vino y se sentó.

2 Entonces él tomó a diez varones de los ancianos de la ciudad, y dijo: Sentaos aquí. Y ellos se sentaron.

3 Luego dijo al pariente: Noemí, que ha vuelto del campo de Moab, vende una parte de las tierras que tuvo nuestro hermano Elimélec.

4 Y yo decidí hacértelo saber, y decirte que la compres en presencia de los que están aquí sentados, y de los ancianos de mi pueblo. Si tú quieres redimir, redime; y si no quieres redimir, decláramelo para que yo lo sepa; porque no hay otro que redima sino tú, y yo después de ti. Y él respondió: Yo redimiré.

5 Entonces replicó Booz: El mismo día que compres las tierras de mano de Noemí, debes tomar también a Rut la moabita, mujer del difunto, para que restaures el nombre del muerto sobre su posesión.

6 Y respondió el pariente: No puedo redimirlo para mí, por temor a perjudicar a mis propios herederos. Redime tú, usando de mi derecho, porque yo no podré redimir.

7 Había ya desde hacía tiempo esta costum-

bre en Israel tocante al contrato de redención, que para la confirmación del negocio, el uno se quitaba el zapato y lo daba a su compañero; y esto servía de testimonio en Israel.

8 Entonces el pariente dijo a Booz: Tómalo tú. Y se quitó el zapato.

9 Y Booz dijo a los ancianos y a todo el pueblo: Vosotros sois testigos hoy, de que he adquirido de mano de Noemí todo lo que fue de Elimélec, y todo lo que fue de Quilyón y de Mahlón.

10 Y que también tomo por mi mujer a Rut la moabita, mujer de Mahlón, para restaurar el nombre del difunto sobre su heredad, para que el nombre del muerto no se borre de entre sus hermanos ni en la puerta de su lugar. Vosotros sois testigos hoy.

11 Y dijeron todos los del pueblo que estaban a la puerta con los ancianos: Testigos somos. Jehová haga a la mujer que entra en tu casa como a Raquel y a Lea, las cuales edificaron la casa de Israel; que te hagas ilustre en Efrata, y tengas renombre en Belén.

12 Y sea tu casa como la casa de Fares, el que Tamar dio a luz a Judá, por la descendencia que de esa joven te dé Jehová.

13 Booz, pues, tomó a Rut, y ella fue su mujer, y se llegó a ella, y Jehová le dio que concibiese y diese a luz un hijo.

14 Y las mujeres decían a Noemí: Loado sea Jehová, que hizo que no te faltase hoy un pariente redentor, cuyo nombre será celebrado en Israel;

15 el cual será restaurador de tu alma, y sustentará tu vejez; pues tu nuera, que te ama, lo ha dado a luz; y ella es de más valor para ti que siete hijos.

16 Y tomando Noemí el hijo, lo puso en su regazo, y fue su aya.

17 Y le dieron nombre las vecinas, diciendo: Le ha nacido un hijo a Noemí; y lo llamaron Obed. Éste es padre de Isaí, padre de David.

18 Estas son las generaciones de Fares: Fares engendró a Hezrón,

19 Hezrón engendró a Ram, y Ram engendró a Aminadab,

20 Aminadab engendró a Naasón, y Naasón engendró a Salmón,

21 Salmón engendró a Booz, y Booz engendró a Obed,

22 Obed engendró a Isaí, e Isaí engendró a David.

PRIMER LIBRO DE
SAMUEL

Nacimiento de Samuel

1 Hubo un varón de Ramatáyim de Zofim, del monte de Efraín, que se llamaba Elcaná hijo de Jeroham, hijo de Eliú, hijo de Tohu, hijo de Zuf, efrateo.

2 Y tenía él dos mujeres; el nombre de una era Ana, y el de la otra, Peniná. Y Peniná tenía hijos, pero Ana no los tenía.

3 Y todos los años aquel varón subía de su ciudad para adorar y ofrecer sacrificios a Jehová de los ejércitos en Silo, donde estaban dos hijos de Elí, Ofní y Fineés, sacerdotes de Jehová.

4 Y cuando llegaba el día en que Elcaná ofrecía sacrificio, daba a Peniná su mujer, a todos sus hijos y a todas sus hijas, a cada uno su parte.

5 Pero a Ana daba una parte escogida; porque amaba a Ana, aunque Jehová no le había concedido tener hijos.

6 Y su rival la irritaba, enojándola y entristeciéndola, porque Jehová no le había concedido tener hijos.

7 Así hacía cada año; cuando subía a la casa de Jehová, la irritaba así; por lo cual Ana lloraba, y no comía.

8 Y Elcaná su marido le dijo: Ana, ¿por qué lloras?, ¿por qué no comes? y ¿por qué está afligido tu corazón? ¿No te soy yo mejor que diez hijos?

9 Y se levantó Ana después que hubo comido y bebido en Silo; y mientras el sacerdote Elí estaba sentado en una silla junto a un pilar del templo de Jehová,

10 ella con amargura de alma oró a Jehová, y lloró abundantemente.

11 E hizo voto, diciendo: Jehová de los ejércitos, si te dignas mirar a la aflicción de tu sierva, y te acuerdas de mí, y no te olvidas de tu sierva, sino que das a tu sierva un hijo varón, yo lo dedicaré a Jehová todos los días de su vida, y no pasará navaja sobre su cabeza.

12 Mientras ella oraba así reiteradamente delante de Jehová, Elí estaba observando la boca de ella.

13 Pero Ana hablaba en su corazón, y

solamente se movían sus labios, y su voz no se oía; y Elí la tuvo por ebria.

14 Entonces le dijo Elí: ¿Hasta cuándo estarás ebria? Digiere tu vino.

15 Y Ana le respondió diciendo: No, señor mío; yo soy una mujer atribulada de espíritu; no he bebido vino ni licor, sino que he derramado mi alma delante de Jehová.

16 No tengas a tu sierva por una mujer impía; porque por la magnitud de mis congojas y de mi aflicción he hablado hasta ahora.

17 Elí respondió y dijo: Ve en paz, y el Dios de Israel te otorgue la petición que le has hecho.

18 Y ella dijo: Halle tu sierva gracia delante de tus ojos. Y se fue la mujer por su camino, y comió, y no estuvo más triste.

Nacimiento y consagración de Samuel

19 Y levantándose de mañana, adoraron delante de Jehová, y volvieron y fueron a su casa en Ramá. Y Elcaná se llegó a Ana su mujer, y Jehová se acordó de ella.

20 Aconteció que al cumplirse el tiempo, después de haber concebido Ana, dio a luz un hijo, y le puso por nombre Samuel, diciendo: Por cuanto lo pedí a Jehová.

21 Después subió el varón Elcaná con toda su familia, para ofrecer a Jehová el sacrificio acostumbrado y su voto.

22 Pero Ana no subió, sino que dijo a su marido: Yo no subiré hasta que el niño sea destetado, para que lo lleve y sea presentado delante de Jehová, y se quede allí para siempre.

23 Y Elcaná su marido le respondió: Haz lo que bien te parezca; quédate hasta que lo destetes; solamente que cumpla Jehová su palabra. Y se quedó la mujer, y crió a su hijo hasta que lo destetó.

24 Después que lo hubo destetado, lo llevó consigo, con tres becerros, un efa de harina y una vasija de vino, y lo trajo a la casa de Jehová en Silo; y el niño era pequeño.

25 Y matando el becerro, trajeron el niño a Elí.

26 Y ella dijo: ¡Oh, señor mío! Vive tu alma, señor mío, yo soy aquella mujer que estuvo aquí junto a ti orando a Jehová.

27 Por este niño oraba, y Jehová me dio lo que le pedí.

28 Yo, pues, lo dedico también a Jehová; todos los días que viva, será de Jehová. Y adoró allí a Jehová.

Cántico de Ana

2 Y Ana oró y dijo:
Mi corazón se regocija en Jehová;
Jehová ha levantado mi frente;
Mi boca se ensancha sobre mis enemigos,

Por cuanto me alegré en tu salvación.
2 No hay santo como Jehová;
Porque no hay ninguno fuera de ti,
Y no hay refugio como el Dios nuestro.
3 No multipliquéis palabras de grandeza y altanería;
Cesen las palabras arrogantes de vuestra boca;
Porque el Dios de todo saber es Jehová,
Y a él toca el pesar las acciones.
4 Los arcos de los fuertes fueron quebrados,
Y los débiles se ciñeron de poder.
5 Los hartos se alquilaron por pan,
Y los hambrientos dejaron de tener hambre;
Parió la estéril siete hijos,
Y la que tenía muchos hijos languidece.
6 Jehová mata, y él da vida;
Él hace descender al Seol, y hace subir.
7 Jehová empobrece, y él enriquece;
Abate, y enaltece.
8 Él levanta del polvo al pobre,
Y del muladar exalta al menesteroso,
Para hacerle sentarse con príncipes y heredar un sitio de honor.
Porque de Jehová son las columnas de la tierra,
Y él afirmó sobre ellas el mundo.
9 Él guarda los pies de sus santos,
Mas los impíos perecen en tinieblas;
Porque nadie será fuerte por su propia fuerza.
10 Delante de Jehová serán quebrantados sus adversarios,
Y sobre ellos tronará desde los cielos;
Jehová juzgará los confines de la tierra,
Dará poder a su Rey,
Y exaltará el poderío de su Ungido.

11 Y Elcaná se volvió a su casa en Ramá; y el niño ministraba a Jehová delante del sacerdote Elí.

El pecado de los hijos de Elí

12 Los hijos de Elí eran hombres impíos, y no tenían conocimiento de Jehová.

13 Y era costumbre de los sacerdotes con el pueblo, que cuando alguno ofrecía sacrificio, venía el criado del sacerdote mientras se cocía la carne, trayendo en su mano un garfio de tres dientes,

14 y lo metía en el perol, en la olla, en el caldero o en la marmita; y todo lo que sacaba el garfio, el sacerdote lo tomaba para sí. De esta manera hacían con todo israelita que venía a Silo.

15 Asimismo, antes de quemar la grosura, venía el criado del sacerdote y decía al que sacrificaba: Da carne para asársela al sacerdote; porque no tomará de ti carne cocida, sino cruda.

16 Y si el hombre le respondía: Quemen la

grosura primero, y después toma tanto como quieras; él respondía: No, sino dámela ahora mismo; de otra manera, yo la tomaré por la fuerza.

17 Era, pues, muy grande delante de Jehová el pecado de los jóvenes; porque los hombres menospreciaban las ofrendas de Jehová.

18 Y el joven Samuel ministraba en la presencia de Jehová, vestido de un efod de lino.

19 Y le hacía su madre una túnica pequeña y se la traía cada año, cuando subía con su marido para ofrecer el sacrificio acostumbrado.

20 Y Elí bendijo a Elcaná y a su mujer, diciendo: Jehová te dé hijos de esta mujer en lugar del que pidió a Jehová. Y se volvieron a su casa.

21 Y visitó Jehová a Ana, y ella concibió, y dio a luz tres hijos y dos hijas. Y el joven Samuel crecía delante de Jehová.

22 Pero Elí era muy viejo; y oía de todo lo que sus hijos hacían con todo Israel, y cómo dormían con las mujeres que velaban a la puerta del tabernáculo de reunión.

23 Y les dijo: ¿Por qué hacéis cosas semejantes? Porque yo oigo de todo este pueblo vuestros malos procederes.

24 No, hijos míos, porque no es buena fama la que de vosotros oigo; pues hacéis pecar al pueblo de Jehová.

25 Si peca el hombre contra el hombre, los jueces le juzgarán; mas si alguno peca contra Jehová, ¿quién rogará por él? Pero ellos no oyeron la voz de su padre, porque Jehová había resuelto hacerlos morir.

26 Y el joven Samuel iba creciendo, y era acepto delante de Dios y delante de los hombres.

27 Y vino un varón de Dios a Elí, y le dijo: Así ha dicho Jehová: ¿No me manifesté yo claramente a la casa de tu padre, cuando estaban en Egipto en casa de Faraón?

28 Y yo le escogí por mi sacerdote entre todas las tribus de Israel, para que ofreciese sobre mi altar, y quemase incienso, y llevase efod delante de mí; y di a la casa de tu padre todas las ofrendas de los hijos de Israel.

29 ¿Por qué habéis hollado mis sacrificios y mis ofrendas, que yo mandé ofrecer en el tabernáculo; y has honrado a tus hijos más que a mí, engordándoos de lo principal de todas las ofrendas de mi pueblo Israel?

30 Por tanto, Jehová el Dios de Israel dice: Yo había dicho que tu casa y la casa de tu padre andarían delante de mí perpetuamente; mas ahora ha dicho Jehová: Nunca yo tal haga, porque yo honraré a los que me honran, y los que me desprecian serán tenidos en poco.

31 He aquí vienen días en que cortaré tu brazo y el brazo de la casa de tu padre, de modo que no haya anciano en tu casa.

32 Verás tu casa humillada, mientras Dios colma de bienes a Israel; y en ningún tiempo habrá anciano en tu casa.

33 El varón de los tuyos que yo no corte de mi altar, será para consumir tus ojos y llenar tu alma de dolor; y todos los nacidos en tu casa morirán en la edad viril.

34 Y te será por señal esto que acontecerá a tus dos hijos, Ofni y Finees: ambos morirán en un día.

35 Y yo me suscitaré un sacerdote fiel, que haga conforme a mi corazón y a mi alma; y yo le edificaré casa firme, y andará delante de mi ungido todos los días.

36 Y el que haya quedado en tu casa vendrá a postrarse delante de él por una moneda de plata y un bocado de pan, diciéndole: Te ruego que me agregues a alguno de los ministerios, para que pueda comer un bocado de pan.

Jehová llama a Samuel

3 El joven Samuel ministraba a Jehová en presencia de Elí; y la palabra de Jehová escaseaba en aquellos días; no había visión con frecuencia.

2 Y aconteció un día, que estando Elí acostado en su aposento, cuando sus ojos comenzaban a oscurecerse de modo que no podía ver,

3 Samuel estaba durmiendo en el templo de Jehová, donde estaba el arca de Dios; y antes que la lámpara de Dios fuese apagada,

4 Jehová llamó a Samuel; y él respondió: Heme aquí.

5 Y corriendo luego a Elí, dijo: Heme aquí; ¿para qué me llamaste? Y Elí le dijo: Yo no he llamado; vuelve y acuéstate. Y él se volvió y se acostó.

6 Y Jehová volvió a llamar otra vez a Samuel. Y levantándose Samuel, vino a Elí y dijo: Heme aquí; ¿para qué me has llamado? Y él dijo: Hijo mío, yo no he llamado; vuelve y acuéstate.

7 Y Samuel no había conocido aún a Jehová, ni la palabra de Jehová le había sido revelada.

8 Jehová, pues, llamó la tercera vez a Samuel. Y él se levantó y vino a Elí, y dijo: Heme aquí; ¿para qué me has llamado? Entonces entendió Elí que Jehová llamaba al joven.

9 Y dijo Elí a Samuel: Ve y acuéstate; y si te llama, dirás: Habla, Jehová, porque tu siervo oye. Así, se fue Samuel, y se acostó en su lugar.

Mensaje de Dios contra los hijos de Elí

10 Y vino Jehová y se paró, y llamó como las otras veces: ¡Samuel, Samuel! Entonces Samuel dijo: Habla, porque tu siervo oye.

11 Y Jehová dijo a Samuel: He aquí haré yo una cosa en Israel, que a quien la oyere, le retiñirán ambos oídos.

12 Aquel día yo cumpliré contra Elí todas las cosas que he dicho sobre su casa, desde el principio hasta el fin.

13 Y le mostraré que yo juzgaré su casa para siempre, por la iniquidad que él sabe; porque sus hijos han blasfemado a Dios, y él no se lo ha impedido.

14 Por tanto, yo he jurado a la casa de Elí que la iniquidad de la casa de Elí no será expiada jamás, ni con sacrificios ni con ofrendas.

15 Y Samuel estuvo acostado hasta la mañana, y abrió las puertas de la casa de Jehová. Y Samuel temía descubrir la visión a Elí.

16 Llamando, pues, Elí a Samuel, le dijo: Hijo mío, Samuel. Y él respondió: Heme aquí.

17 Y Elí dijo: ¿Qué es la palabra que te habló? Te ruego que no me la encubras; así te haga Dios y aun te añada, si me encubres una palabra de todo lo que habló contigo.

18 Y Samuel se lo manifestó todo, sin encubrirle nada. Entonces él dijo: Jehová es; haga lo que bien le parezca.

19 Y Samuel creció, y Jehová estaba con él, y no dejó caer a tierra ninguna de sus palabras.

20 Y todo Israel, desde Dan hasta Beerseba, conoció que Samuel era fiel profeta de Jehová.

21 Y Jehová volvió a aparecérsele en Silo; porque Jehová manifestaba en Silo su palabra a Samuel.

Los filisteos capturan el arca

4 Y la palabra de Samuel se extendió por todo Israel; por aquel tiempo salió Israel a encontrar en batalla a los filisteos, y acampó junto a Eben-ha-Ézer, y los filisteos acamparon en Afec.

2 Y los filisteos presentaron la batalla a Israel; y trabándose el combate, Israel fue vencido delante de los filisteos, los cuales hirieron en la batalla en el campo como a cuatro mil hombres.

3 Cuando volvió el pueblo al campamento, los ancianos de Israel dijeron: ¿Por qué nos ha herido hoy Jehová delante de los filisteos? Traigamos a nosotros de Silo el arca del pacto de Jehová, para que viniendo entre nosotros nos salve de la mano de nuestros enemigos.

4 Y envió el pueblo a Silo, y trajeron de allí el arca del pacto de Jehová de los ejércitos, que moraba entre los querubines; y los dos hijos de Elí, Ofni y Finees, estaban allí con el arca del pacto de Dios.

5 Aconteció que cuando el arca del pacto de Jehová llegó al campamento, todo Israel gritó con tan gran júbilo que la tierra tembló.

6 Cuando los filisteos oyeron la voz de júbilo, dijeron: ¿Qué voz de gran júbilo es esta en el campamento de los hebreos? Y supieron que el arca de Jehová había sido traída al campamento.

7 Y los filisteos tuvieron miedo, porque decían: Ha venido Dios al campamento. Y dijeron: ¡Ay de nosotros!, pues antes de ahora no fue así.

8 ¡Ay de nosotros! ¿Quién nos librará de la mano de estos dioses poderosos? Estos son los dioses que hirieron a Egipto con toda plaga en el desierto.

9 Esforzaos, oh filisteos, y sed hombres, para que no sirváis a los hebreos, como ellos os han servido a vosotros; sed hombres, y pelead.

10 Pelearon, pues, los filisteos, e Israel fue vencido, y huyeron cada cual a sus tiendas; y fue hecha muy grande mortandad, pues cayeron de Israel treinta mil hombres de a pie.

11 Y el arca de Dios fue tomada, y muertos los dos hijos de Elí, Ofni y Finees.

12 Y corriendo de la batalla un hombre de Benjamín, llegó el mismo día a Silo, con los vestidos rotos y la cabeza cubierta de tierra;

13 y cuando llegó, he aquí que Elí estaba sentado en una silla vigilando junto al camino, porque su corazón estaba temblando por causa del arca de Dios. Llegado, pues, aquel hombre a la ciudad, y dadas las nuevas, toda la ciudad gritó.

14 Cuando Elí oyó el estruendo de la gritería, dijo: ¿Qué estruendo de alboroto es este? Y aquel hombre vino aprisa y dio las nuevas a Elí.

15 Era ya Elí de edad de noventa y ocho años, y sus ojos se habían oscurecido, de modo que no podía ver.

16 Dijo, pues, aquel hombre a Elí: Yo vengo de la batalla, he escapado hoy del combate. Y Elí dijo: ¿Qué ha acontecido, hijo mío?

17 Y el mensajero respondió diciendo: Israel huyó delante de los filisteos, y también fue hecha gran mortandad en el pueblo; y también tus dos hijos, Ofni y Finees, fueron muertos, y el arca de Dios ha sido tomada.

18 Y aconteció que cuando él hizo mención del arca de Dios, Elí cayó hacia atrás de la silla al lado de la puerta, y se desnucó y murió; porque era hombre viejo y pesado. Y había juzgado a Israel cuarenta años.

19 Y su nuera la mujer de Finees, que estaba encinta, cercana al alumbramiento, oyendo el rumor de que el arca de Dios había sido tomada, y muertos su suegro y su

marido, se inclinó y dio a luz; porque le
sobrevinieron sus dolores de repente.

20 Y al tiempo que moría, le decían las que
estaban junto a ella: No tengas temor, porque has dado a luz un hijo. Mas ella no
respondió, ni se dio por entendida.

21 Y llamó al niño Icabod, diciendo: ¡Traspasada es la gloria de Israel! por haber sido
tomada el arca de Dios, y por la muerte de
su suegro y de su marido.

22 Dijo, pues: Traspasada es la gloria de
Israel; porque había sido tomada el arca de
Dios.

El arca en tierra de los filisteos

5 Cuando los filisteos capturaron el arca
de Dios, la llevaron desde Eben-ha-
Ézer a Asdod.

2 Y tomaron los filisteos el arca de Dios, y
la metieron en la casa de Dagón, y la
pusieron junto a Dagón.

3 Y cuando al siguiente día los de Asdod se
levantaron de mañana, he aquí que Dagón
estaba postrado en tierra delante del arca de
Jehová; y tomaron a Dagón y lo volvieron a
su lugar.

4 Y volviéndose a levantar de mañana al
siguiente día, he aquí que Dagón había
caído postrado en tierra delante del arca de
Jehová; y la cabeza de Dagón y las dos
palmas de sus manos estaban cortadas sobre
el umbral, habiéndole quedado a Dagón el
tronco solamente.

5 Por esta causa los sacerdotes de Dagón y
todos los que entran en el templo de Dagón
no pisan el umbral de Dagón en Asdod,
hasta hoy.

6 Y se hizo pesada la mano de Jehová sobre
los de Asdod, y los destruyó y los hirió con
tumores en Asdod y en todo su territorio.

7 Y viendo esto los de Asdod, dijeron: No
quede con nosotros el arca del Dios de
Israel, porque su mano es dura sobre nosotros y sobre nuestro dios Dagón.

8 Convocaron, pues, a todos los príncipes
de los filisteos, y les dijeron: ¿Qué haremos
del arca del Dios de Israel? Y ellos respondieron: Pásese el arca del Dios de Israel a
Gat. Y pasaron allá el arca del Dios de
Israel.

9 Y aconteció que cuando la habían pasado, la mano de Jehová estuvo contra la
ciudad con gran quebrantamiento, y afligió
a los hombres de aquella ciudad desde el
chico hasta el grande, y se llenaron de
tumores.

10 Entonces enviaron el arca de Dios a
Ecrón. Y cuando el arca de Dios vino a
Ecrón, los ecronitas dieron voces, diciendo:
Han pasado a nosotros el arca del Dios de
Israel para matarnos a nosotros y a nuestro
pueblo.

11 Y enviaron y reunieron a todos los príncipes de los filisteos, diciendo: Enviad el
arca del Dios de Israel, y vuélvase a su lugar,
y no nos mate a nosotros ni a nuestro
pueblo; porque había consternación de
muerte en toda la ciudad, y la mano de Dios
se había hecho pesada allí.

12 Y los que no morían, eran heridos de
tumores; y el clamor de la ciudad subía al
cielo.

Los filisteos devuelven el arca

6 Estuvo el arca de Jehová en la tierra de
los filisteos siete meses.

2 Entonces los filisteos, llamando a los sacerdotes y adivinos, preguntaron: ¿Qué haremos del arca de Jehová? Hacednos saber
de qué manera la hemos de volver a enviar a
su lugar.

3 Ellos dijeron: Si enviáis el arca del Dios
de Israel, no la enviéis vacía, sino pagadle la
expiación; entonces seréis sanos, y conoceréis por qué no se apartó de vosotros su mano.

4 Y ellos dijeron: ¿Y qué será la expiación
que le pagaremos? Ellos respondieron:
Conforme al número de los príncipes de los
filisteos, cinco tumores de oro, y cinco
ratones de oro, porque una misma plaga ha
afligido a todos vosotros y a vuestros príncipes.

5 Haréis, pues, figuras de vuestros tumores, y de vuestros ratones que destruyen la
tierra, y daréis gloria al Dios de Israel;
quizás aliviará su mano de sobre vosotros y
de sobre vuestros dioses, y de sobre vuestra
tierra.

6 ¿Por qué endurecer vuestro corazón,
como endurecieron el suyo los egipcios y
Faraón? Después que Dios hubo obrado
maravillas entre ellos, ¿no tuvieron que
dejarles ir, y se fueron?

7 Haced, pues, ahora un carro nuevo, y
tomad luego dos vacas que críen, a las cuales
no haya sido puesto yugo, y uncid las vacas
al carro, y haced volver sus becerros de
detrás de ellas a casa.

8 Tomaréis luego el arca de Jehová, y la
pondréis sobre el carro, y las joyas de oro
que le habéis de pagar en ofrenda por la
culpa, las pondréis en una caja al lado de
ella; y la dejaréis que se vaya.

9 Y observaréis; si sube por el camino de su
tierra a Bet-semes, él nos ha hecho este mal
tan grande; y si no, sabremos que no es su
mano la que nos ha herido, sino que esto
ocurrió por casualidad.

10 Y aquellos hombres lo hicieron así; tomando dos vacas que criaban, las uncieron
al carro, y encerraron en casa sus becerros.

11 Luego pusieron el arca de Jehová sobre
el carro, y la caja con los ratones de oro y las
figuras de sus tumores.

12 Y las vacas se encaminaron por el camino de Bet-semes, y seguían por él derechamente, andando y bramando, sin apartarse ni a derecha ni a izquierda; y los príncipes de los filisteos fueron tras ellas hasta el límite de Bet-semes.

El arca en Bet-semes

13 Y los de Bet-semes segaban el trigo en el valle; y alzando los ojos vieron el arca, y se regocijaron cuando la vieron.
14 Y el carro vino al campo de Josué de Bet-semes, y paró allí donde había una gran piedra; y ellos cortaron la madera del carro, y ofrecieron las vacas en holocausto a Jehová.
15 Y los levitas bajaron el arca de Jehová, y la caja que estaba junto a ella, en la cual estaban las joyas de oro, y las pusieron sobre aquella gran piedra; y los hombres de Bet-semes sacrificaron holocaustos y dedicaron sacrificios a Jehová en aquel día.
16 Cuando vieron esto los cinco príncipes de los filisteos, volvieron a Ecrón el mismo día.
17 Estos fueron los tumores de oro que pagaron los filisteos en expiación a Jehová: por Asdod uno, por Gaza uno, por Ascalón uno, por Gat uno, por Ecrón uno.
18 Y los ratones de oro fueron conforme al número de todas las ciudades de los filisteos pertenecientes a los cinco príncipes, así las ciudades fortificadas como las aldeas sin muro. La gran piedra sobre la cual pusieron el arca de Jehová está en el campo de Josué de Bet-semes hasta hoy.
19 Entonces Dios hizo morir a hombres de Bet-semes, porque habían mirado dentro del arca de Jehová; hizo morir cincuenta mil y setenta hombres. Y lloró el pueblo, porque Jehová lo había castigado con tantos muertos.

El arca en Quiryat-jearim

20 Y dijeron los de Bet-semes: ¿Quién podrá estar delante de Jehová el Dios santo? ¿A quién considerará digno después de nosotros?
21 Y enviaron mensajeros a los habitantes de Quiryat-jearim, diciendo: Los filisteos han devuelto el arca de Jehová; descended, pues, y llevadla a vosotros.

7 Vinieron los de Quiryat-jearim y llevaron el arca de Jehová, y la pusieron en casa de Abinadab, situada en el collado; y santificaron a Eleazar su hijo para que guardase el arca de Jehová.
2 Desde el día que llegó el arca a Quiryat-jearim pasaron muchos días, veinte años; y toda la casa de Israel lamentaba en pos de Jehová.

Samuel, juez de Israel

3 Habló Samuel a toda la casa de Israel, diciendo: Si de todo vuestro corazón os volvéis a Jehová, quitad los dioses ajenos y a Astarot de entre nosotros, y preparad vuestro corazón a Jehová, y sólo a él servid, y os librará de la mano de los filisteos.
4 Entonces los hijos de Israel quitaron a los baales y a Astarot, y sirvieron sólo a Jehová.
5 Y Samuel dijo: Reunid a todo Israel en Mizpá, y yo oraré por vosotros a Jehová.
6 Y se reunieron en Mizpá, y sacaron agua, y la derramaron delante de Jehová, y ayunaron aquel día, y dijeron allí: Contra Jehová hemos pecado. Y juzgó Samuel a los hijos de Israel en Mizpá.
7 Cuando oyeron los filisteos que los hijos de Israel estaban reunidos en Mizpá, subieron los príncipes de los filisteos contra Israel; y al oír esto los hijos de Israel, tuvieron temor de los filisteos.
8 Entonces dijeron los hijos de Israel a Samuel: No ceses de clamar por nosotros a Jehová nuestro Dios, para que nos guarde de la mano de los filisteos.
9 Y Samuel tomó un cordero de leche y lo sacrificó entero en holocausto a Jehová; y clamó Samuel a Jehová por Israel, y Jehová le oyó.
10 Y aconteció que mientras Samuel sacrificaba el holocausto, los filisteos llegaron para pelear con los hijos de Israel. Mas Jehová tronó aquel día con gran estruendo sobre los filisteos, y los atemorizó, y fueron vencidos delante de Israel.
11 Y saliendo los hijos de Israel de Mizpá, siguieron a los filisteos, hiriéndolos hasta abajo de Bet-car.
12 Tomó luego Samuel una piedra y la puso entre Mizpá y Sen, y le puso por nombre Eben-ha-Ezer, diciendo: Hasta aquí nos ayudó Jehová.
13 Así fueron sometidos los filisteos, y no volvieron más a entrar en el territorio de Israel; y la mano de Jehová estuvo contra los filisteos todos los días de Samuel.
14 Y fueron restituidas a los hijos de Israel las ciudades que los filisteos habían tomado a los israelitas, desde Ecrón hasta Gat; e Israel libró su territorio de mano de los filisteos. Y hubo paz entre Israel y el amorreo.
15 Y juzgó Samuel a Israel todo el tiempo que vivió.
16 Y todos los años hacía un recorrido a Betel, a Gilgal y Mizpá, y juzgaba a Israel en todos estos lugares.
17 Después volvía a Ramá, porque allí estaba su casa, y allí juzgaba a Israel; y edificó allí un altar a Jehová.

Israel pide rey

8 Aconteció que habiendo Samuel envejecido, puso a sus hijos por jueces sobre Israel.

2 El nombre de su hijo primogénito fue Joel, y el nombre del segundo, Abías; y eran jueces en Beerseba.

3 Pero no anduvieron los hijos por los caminos de su padre, sino que se volvieron tras la avaricia, dejándose sobornar y pervirtiendo el derecho.

4 Entonces todos los ancianos de Israel se juntaron, y vinieron a Ramá para ver a Samuel,

5 y le dijeron: He aquí tú has envejecido, y tus hijos no andan en tus caminos; por tanto, constitúyenos ahora un rey que nos juzgue, como tienen todas las naciones.

6 Pero no agradó a Samuel esta palabra que dijeron: Danos un rey que nos juzgue. Y Samuel oró a Jehová.

7 Y dijo Jehová a Samuel: Oye la voz del pueblo en todo lo que te digan; porque no te han desechado a ti, sino a mí me han desechado, para que no reine sobre ellos.

8 Conforme a todo lo que me han hecho desde el día que los saqué de Egipto hasta hoy, dejándome a mí y sirviendo a dioses ajenos, así hacen también contigo.

9 Ahora, pues, oye su voz; pero adviérteles solemnemente, y muéstrales cómo les tratará el rey que reinará sobre ellos.

10 Y refirió Samuel todas las palabras de Jehová al pueblo que le había pedido rey.

11 Dijo, pues: Así hará el rey que reinará sobre vosotros: tomará vuestros hijos, y los pondrá en sus carros y en su gente de a caballo, para que corran delante de su carro;

12 y nombrará para sí jefes de miles y jefes de cincuentenas; los pondrá asimismo a que aren sus campos y sieguen sus mieses, y a que hagan sus armas de guerra y los pertrechos de sus carros.

13 Tomará también a vuestras hijas para que sean perfumadoras, cocineras y amasadoras.

14 Asimismo tomará lo mejor de vuestras tierras, de vuestras viñas y de vuestros olivares, y los dará a sus servidores.

15 Diezmará vuestro grano y vuestras viñas, para dar a sus oficiales y a sus servidores.

16 Tomará vuestros siervos y vuestras siervas, vuestros mejores jóvenes, y vuestros asnos, y con ellos hará sus obras.

17 Diezmará también vuestros rebaños, y seréis sus siervos.

18 Y clamaréis aquel día a causa de vuestro rey que os habréis elegido, mas Jehová no os responderá en aquel día.

19 Pero el pueblo no quiso oír la voz de Samuel, y dijo: No, sino que tendremos un rey sobre nosotros;

20 y seremos como todas las naciones, y nuestro rey nos gobernará, y saldrá delante de nosotros, y hará nuestras guerras.

21 Y oyó Samuel todas las palabras del pueblo, y las refirió en oídos de Jehová.

22 Y Jehová dijo a Samuel: Oye su voz, y pon rey sobre ellos. Entonces dijo Samuel a los varones de Israel: Idos cada uno a vuestra ciudad.

Saúl es elegido rey

9 Había un varón de Benjamín, hombre valeroso, el cual se llamaba Cis, hijo de Abiel, hijo de Zeror, hijo de Becorat, hijo de Afía, hijo de un benjaminita.

2 Y tenía él un hijo que se llamaba Saúl, joven y apuesto. Entre los hijos de Israel no había otro más gallardo que él; de hombros arriba sobrepasaba a cualquiera del pueblo.

3 Y se habían perdido las asnas de Cis, padre de Saúl; por lo que dijo Cis a Saúl su hijo: Toma ahora contigo alguno de los criados, y levántate, y ve a buscar las asnas.

4 Y él pasó por el monte de Efraín, y de allí a la tierra de Salisá, y no las hallaron. Pasaron luego por la tierra de Saalim, y tampoco. Después pasaron por la tierra de Benjamín, y no las encontraron.

5 Cuando vinieron a la tierra de Zuf, Saúl dijo a su criado que tenía consigo: Ven, volvámonos; porque quizá mi padre, abandonada la preocupación por las asnas, estará acongojado por nosotros.

6 Él le respondió: He aquí que hay ahora en esta ciudad un varón de Dios, que es hombre insigne; todo lo que él dice acontece sin falta. Vamos, pues, allá; quizá nos dará algún indicio acerca del objeto por el cual emprendimos nuestro camino.

7 Respondió Saúl a su criado: Vamos a ir; pero ¿qué llevaremos al varón? Porque el pan de nuestras alforjas se ha acabado, y no tenemos qué ofrecerle al varón de Dios. ¿Qué le podemos dar?

8 Entonces volvió el criado a responder a Saúl, diciendo: He aquí se halla en mi mano la cuarta parte de un siclo de plata; esto daré al varón de Dios, para que nos oriente sobre nuestro viaje.

9 (Antiguamente en Israel cualquiera que iba a consultar a Dios, decía así: Venid y vamos al vidente; porque al que hoy se llama profeta, entonces se le llamaba vidente.)

10 Dijo entonces Saúl a su criado: Dices bien; anda, vamos. Y fueron a la ciudad donde estaba el varón de Dios.

Saúl encuentra a Samuel

11 Y cuando subían por la cuesta de la ciudad, hallaron unas doncellas que salían por agua, a las cuales dijeron: ¿Está en este lugar el vidente?

12 Ellas, respondiéndoles, dijeron: Sí; helo allí delante de ti; date prisa, pues, porque hoy ha venido a la ciudad en atención a que el pueblo tiene hoy un sacrificio en el lugar alto.

13 Cuando entréis en la ciudad, le encontraréis luego, antes que suba al lugar alto a comer; pues el pueblo no comerá hasta que él haya llegado, por cuanto él es el que bendice el sacrificio; después de esto comen los convidados. Subid, pues, ahora, y al momento lo encontraréis.

14 Ellos, entonces, subieron a la ciudad; y cuando entraban, he aquí Samuel venía hacia ellos saliendo para subir al lugar alto.

15 Y un día antes que Saúl viniese, Jehová había revelado al oído de Samuel, diciendo:

16 Mañana a esta misma hora yo enviaré a ti un varón de la tierra de Benjamín, al cual ungirás por príncipe sobre mi pueblo Israel, y salvará a mi pueblo de mano de los filisteos; porque yo he mirado a mi pueblo, por cuanto su clamor ha llegado hasta mí.

17 Y luego que Samuel vio a Saúl, Jehová le dijo: He aquí, éste es el varón del cual te hablé; éste gobernará a mi pueblo.

18 Acercándose, pues, Saúl a Samuel en medio de la puerta, le dijo: Te ruego que me enseñes dónde está la casa del vidente.

19 Y Samuel respondió a Saul, diciendo: Yo soy el vidente; sube delante de mí al lugar alto, y come hoy conmigo, y por la mañana te despacharé, y te descubriré todo lo que está en tu corazón.

20 Y de las asnas que se te perdieron hace ya tres días, pierde cuidado de ellas, porque se han hallado. Mas ¿para quién es todo lo que hay de codiciable en Israel, sino para ti y para toda la casa de tu padre?

21 Saúl respondió y dijo: ¿No soy yo hijo de Benjamín, de la más pequeña de las tribus de Israel? Y mi familia ¿no es la más pequeña de todas las familias de la tribu de Benjamín? ¿Por qué, pues, me has dicho una cosa así?

22 Entonces Samuel tomó a Saúl y a su criado, los introdujo en la sala, y les dio lugar a la cabecera de los convidados, que eran unos treinta hombres.

23 Y dijo Samuel al cocinero: Trae acá la porción que te di, la cual te dije que guardases aparte.

24 Entonces alzó el cocinero una espaldilla, con lo que estaba sobre ella, y la puso delante de Saúl. Y Samuel dijo: He aquí lo que estaba reservado; ponlo delante de ti y come, porque para esta ocasión se te guardó, cuando dije: Yo he convidado al pueblo. Y Saúl comió aquel día con Samuel.

25 Y cuando hubieron descendido del lugar alto a la ciudad, él habló con Saúl en el terrado.

26 Al otro día madrugaron; y al despuntar el alba, Samuel llamó a Saúl, que estaba en el terrado, y dijo: Levántate, para que te despida. Luego se levantó Saúl, y salieron ambos, él y Samuel.

27 Y descendiendo ellos al extremo de la ciudad, dijo Samuel a Saúl: Di al criado que se adelante (y se adelantó el criado), mas espera tú un poco para que te declare la palabra de Dios.

10 Tomando entonces Samuel una redoma de aceite, la derramó sobre su cabeza, y lo besó, y le dijo: ¿No te ha ungido Jehová por príncipe sobre su pueblo Israel?

2 Hoy, después que te hayas apartado de mí, hallarás dos hombres junto al sepulcro de Raquel, en el territorio de Benjamín, en Selsa, los cuales te dirán: Las asnas que habías ido a buscar se han hallado; tu padre ha dejado ya de inquietarse por las asnas, y está afligido por vosotros, diciendo: ¿Qué debo hacer por mi hijo?

3 Y luego que de allí sigas más adelante, y llegues a la encina de Tabor, te saldrán al encuentro tres hombres que suben a Dios en Betel, llevando uno tres cabritos, otro tres tortas de pan, y el tercero una vasija de vino;

4 los cuales, luego que te hayan saludado, te darán dos panes, los que tomarás de mano de ellos.

5 Después de esto llegarás al collado de Dios donde está la guarnición de los filisteos; y cuando entres allá en la ciudad encontrarás una compañía de profetas que descienden del lugar alto, y delante de ellos salterio, pandero, flauta y arpa, y ellos profetizando.

6 Entonces el Espíritu de Jehová vendrá sobre ti con poder, y profetizarás con ellos, y serás mudado en otro hombre.

7 Y cuando te hayan sucedido estas señales, haz lo que te venga a mano, porque Dios está contigo.

8 Luego bajarás delante de mí a Gilgal; entonces descenderé yo a ti para ofrecer holocaustos y sacrificar ofrendas de paz. Espera siete días, hasta que yo venga a ti y te enseñe lo que has de hacer.

Vuelta de Saúl

9 Aconteció luego, que al volver él la espalda para apartarse de Samuel, le mudó Dios su corazón; y todas estas señales acontecieron en aquel día.

10 Y cuando llegaron allá al collado, he aquí la compañía de los profetas que venía a

encontrarse con él; y el Espíritu de Dios vino sobre él con poder, y profetizó entre ellos.

11 Y aconteció que cuando todos los que le conocían antes vieron que profetizaba con los profetas, el pueblo decía el uno al otro: ¿Qué le ha sucedido al hijo de Cis? ¿Saúl también entre los profetas?

12 Y alguno de allí respondió diciendo: ¿Y quién es el padre de ellos? Por esta causa se hizo proverbio: ¿También Saúl entre los profetas?

13 Y cesó de profetizar, y llegó al lugar alto.

14 Un tío de Saúl dijo a él y a su criado: ¿Adónde fuisteis? Y él respondió: A buscar las asnas; y como vimos que no aparecían, fuimos a Samuel.

15 Dijo el tío de Saúl: Yo te ruego me declares qué os dijo Samuel.

16 Y Saúl respondió a su tío: Nos declaró expresamente que las asnas habían sido halladas. Mas del asunto del reino, de que Samuel le había hablado, no le descubrió nada.

Saúl es designado rey por suertes

17 Después Samuel convocó al pueblo delante de Jehová en Mizpá,

18 y dijo a los hijos de Israel: Así ha dicho Jehová el Dios de Israel: Yo saqué a Israel de Egipto, y os libré de mano de los egipcios, y de mano de todos los reinos que os afligieron.

19 Pero vosotros habéis desechado hoy a vuestro Dios, que os guarda de todas vuestras aflicciones y angustias, y habéis dicho: No, sino pon rey sobre nosotros. Ahora, pues, presentaos delante de Jehová por vuestras tribus y por vuestros millares.

20 Y haciendo Samuel que se acercasen todas las tribus de Israel, fue tomada la tribu de Benjamín.

21 E hizo llegar la tribu de Benjamín por sus familias, y fue tomada la familia de Matrí; y de ella fue tomado Saúl hijo de Cis. Y le buscaron, pero no fue hallado.

22 Preguntaron, pues, otra vez, a Jehová si aún no había venido allí aquel varón. Y respondió Jehová: He aquí que él está escondido entre el bagaje.

23 Entonces corrieron y lo trajeron de allí; y puesto en medio del pueblo, desde los hombros arriba era más alto que todo el pueblo.

24 Y Samuel dijo a todo el pueblo: ¿Habéis visto al que ha elegido Jehová, que no hay semejante a él en todo el pueblo? Entonces el pueblo clamó con alegría, diciendo: ¡Viva el rey!

25 Samuel dictó luego al pueblo las leyes del reino, y las escribió en un libro, el cual guardó delante de Jehová.

26 Y envió Samuel a todo el pueblo cada uno a su casa. Saúl también se fue a su casa en Guibeá, y fueron con él los hombres de guerra cuyos corazones Dios había tocado.

27 Pero algunos perversos dijeron: ¿Cómo nos ha de salvar éste? Y le tuvieron en poco, y no le trajeron presente; mas él disimuló.

Saúl derrota a los amonitas

11 Después subió Nahás amonita, y acampó contra Jabés de Galaad. Y todos los de Jabés dijeron a Nahás: Haz alianza con nosotros, y te serviremos.

2 Y Nahás amonita les respondió: Con esta condición haré alianza con vosotros, que a cada uno de todos vosotros saque el ojo derecho, y ponga esta afrenta sobre todo Israel.

3 Entonces los ancianos de Jabés le dijeron: Danos siete días, para que enviemos mensajeros por todo el territorio de Israel; y si no hay nadie que nos defienda, saldremos a ti.

4 Llegando los mensajeros a Guibeá de Saúl, dijeron estas palabras en oídos del pueblo; y todo el pueblo alzó su voz y lloró.

5 Y he aquí que Saúl venía del campo, tras los bueyes; y dijo Saúl: ¿Qué tiene el pueblo, que llora? Y le contaron las palabras de los hombres de Jabés.

6 Al oír Saúl estas palabras, el Espíritu de Dios vino sobre él con poder; y él se encendió en ira en gran manera.

7 Y tomando un par de bueyes, los cortó en trozos y los envió por todo el territorio de Israel por medio de mensajeros, diciendo: Así se hará con los bueyes del que no salga en pos de Saúl y en pos de Samuel. Y cayó temor de Jehová sobre el pueblo, y salieron como un solo hombre.

8 Y los contó en Bézec; y fueron los hijos de Israel trescientos mil, y treinta mil los hombres de Judá.

9 Y respondieron a los mensajeros que habían venido: Así diréis a los de Jabés de Galaad: Mañana al calentar el sol, seréis librados. Y vinieron los mensajeros y lo anunciaron a los de Jabés, los cuales se alegraron.

10 Y los de Jabés dijeron a los enemigos: Mañana saldremos a vosotros, para que hagáis con nosotros todo lo que os parezca bien.

11 Aconteció que al día siguiente dispuso Saúl al pueblo en tres compañías, y entraron en medio del campamento a la vigilia de la mañana, e hirieron a los amonitas hasta que el día calentó; y los que quedaron fueron dispersos, de tal manera que no quedaron dos de ellos juntos.

12 El pueblo entonces dijo a Samuel: ¿Quiénes son los que decían: Ha de reinar

Saúl sobre nosotros? Dadnos esos hombres, y los mataremos.

13 Y Saúl dijo: No morirá hoy ninguno, porque hoy Jehová ha dado salvación en Israel.

14 Entonces dijo Samuel al pueblo: Venid, vamos a Gilgal para que renovemos allí el reino.

15 Y fue todo el pueblo a Gilgal, e invistieron allí a Saúl por rey delante de Jehová en Gilgal. Y sacrificaron allí ofrenda de paz delante de Jehová, y se alegraron mucho allí Saúl y todos los de Israel.

Discurso de Samuel al pueblo

12 Dijo Samuel a todo Israel: He aquí, yo he atendido a vuestra voz en todo cuanto me habéis dicho, y he puesto un rey sobre vosotros.

2 Ahora, pues, he aquí vuestro rey va delante de vosotros. Yo soy ya viejo y lleno de canas; pero mis hijos están con vosotros, y yo he andado delante de vosotros desde mi juventud hasta este día.

3 Aquí estoy; atestiguad contra mí delante de Jehová y delante de su ungido, si he tomado el buey de alguno, si he tomado el asno de alguno, si he calumniado a alguien, si he agraviado a alguno, o si de alguien he tomado cohecho para cegar mis ojos con él; y os lo restituiré.

4 Entonces dijeron: Nunca nos has calumniado ni agraviado, ni has tomado algo de mano de nadie.

5 Y él les dijo: Jehová es testigo contra vosotros, y su ungido también es testigo en este día, de que no habéis hallado nada en mis manos. Y ellos respondieron: Es testigo.

6 Entonces Samuel dijo al pueblo: Jehová que designó a Moisés y a Aarón, y sacó a vuestros padres de la tierra de Egipto, es testigo.

7 Ahora, pues, presentaos para que yo os arguya delante de Jehová, acerca de todos los actos de justicia que Jehová ha hecho con vosotros y con vuestros padres.

8 Cuando Jacob hubo entrado en Egipto, y vuestros padres clamaron a Jehová, Jehová envió a Moisés y a Aarón, los cuales sacaron a vuestros padres de Egipto, y los hicieron habitar en este lugar.

9 Y olvidaron a Jehová su Dios, y él los entregó en manos de Sísara jefe del ejército de Hazor, y en manos de los filisteos, y en manos del rey de Moab, los cuales les hicieron guerra.

10 Y ellos clamaron a Jehová, y dijeron: Hemos pecado, porque hemos dejado a Jehová y hemos servido a los baales y a Astarot; pero ahora líbranos de manos de nuestros enemigos, y te serviremos.

11 Entonces Jehová envió a Jerubaal, a Barac, a Jefté y a Samuel, y os libró de manos de vuestros enemigos en derredor, y habitasteis seguros.

12 Y habiendo visto que Nahás rey de los hijos de Amón venía contra vosotros, me dijisteis: No, sino que ha de reinar sobre nosotros un rey; siendo así que Jehová vuestro Dios era vuestro rey.

13 Ahora, pues, he aquí el rey que habéis elegido, el cual pedisteis; ya veis que Jehová ha puesto rey sobre vosotros.

14 Si temeis a Jehová y le servís, y oís su voz, y no sois rebeldes a la palabra de Jehová, y si tanto vosotros como el rey que reina sobre vosotros seguís a Jehová vuestro Dios, os irá bien.

15 Mas si no oís la voz de Jehová, y si sois rebeldes a las palabras de Jehová, la mano de Jehová estará contra vosotros como estuvo contra vuestros padres.

16 Una vez más quedaos para ver el gran prodigio que Jehová hará delante de vuestros ojos.

17 ¿No es ahora la siega del trigo? Pues bien, voy a invocar a Jehová para que haga tronar y llover, a fin de que conozcáis y veáis que es grande vuestra maldad que habéis hecho ante los ojos de Jehová, pidiendo para vosotros rey.

18 Y Samuel clamó a Jehová, y Jehová dio truenos y lluvias en aquel día; y todo el pueblo tuvo gran temor de Jehová y de Samuel.

19 Entonces dijo todo el pueblo a Samuel: Ruega por tus siervos a Jehová tu Dios, para que no muramos; porque a todos nuestros pecados hemos añadido este mal de pedir rey para nosotros.

20 Y Samuel respondió al pueblo: No temáis; vosotros habéis hecho todo este mal; pero con todo eso no os apartéis de en pos de Jehová, sino servidle con todo vuestro corazón.

21 No os apartéis en pos de los que no son nada, que no aprovechan ni libran, porque no son sino cosa vacía.

22 Pues Jehová no desamparará a su pueblo, por su gran nombre; porque Jehová ha querido haceros pueblo suyo.

23 Así que, lejos sea de mí que peque yo contra Jehová cesando de rogar por vosotros; antes bien, os instruiré en el camino bueno y recto.

24 Temed solamente a Jehová y servidle de verdad con todo vuestro corazón, pues considerad cuán grandes cosas ha hecho por vosotros.

25 Mas si perseveráis en hacer mal, vosotros y vuestro rey pereceréis.

Guerra contra los filisteos

13 Había ya reinado Saúl un año; y cuando hubo reinado dos años sobre Israel,

2 escogió luego a tres mil hombres de Israel, de los cuales estaban con Saúl dos mil en Micmás y en el monte de Betel, y mil estaban con Jonatán en Guibeá de Benjamín; y envió al resto del pueblo cada uno a sus tiendas.

3 Y Jonatán atacó a la guarnición de los filisteos que había en el collado, y lo oyeron los filisteos. E hizo Saúl tocar trompeta por todo el país, diciendo: Oigan los hebreos.

4 Y todo Israel oyó que se decía: Saúl ha atacado a la guarnición de los filisteos; y también que Israel se había hecho abominable a los filisteos. Y se juntó el pueblo en pos de Saúl en Gilgal.

5 Entonces los filisteos se juntaron para pelear contra Israel, treinta mil carros, seis mil hombres de a caballo, y pueblo numeroso como la arena que está a la orilla del mar; y subieron y acamparon en Micmás, al oriente de Bet-avén.

6 Cuando los hombres de Israel vieron que estaban en peligro (porque el pueblo estaba en aprieto), se escondieron en cuevas, en fosos, en peñascos, en rocas y en cisternas.

7 Y algunos de los hebreos pasaron el Jordán a la tierra de Gad y de Galaad; pero Saúl permanecía aún en Gilgal, y todo el pueblo iba tras él temblando.

8 Y él esperó siete días, conforme al plazo que Samuel había dicho; pero Samuel no venía a Gilgal, y el pueblo se le desertaba.

9 Entonces dijo Saúl: Traedme holocausto y ofrendas de paz. Y ofreció el holocausto.

10 Y cuando él acababa de ofrecer el holocausto, he aquí que venía Samuel y Saúl salió a recibirle, para saludarle.

11 Entonces Samuel dijo: ¿Qué has hecho? Y Saúl respondió: Porque vi que el pueblo se me desertaba, y que tú no venías dentro del plazo señalado, y que los filisteos estaban reunidos en Micmás,

12 me dije: Ahora descenderán los filisteos contra mí a Gilgal, y yo no he implorado el favor de Jehová. Me esforcé, pues, y ofrecí holocausto.

13 Entonces Samuel dijo a Saúl: Locamente has hecho; no guardaste el mandamiento de Jehová tu Dios que él te había ordenado; pues ahora Jehová hubiera confirmado tu reino sobre Israel para siempre.

14 Mas ahora tu reino no será duradero. Jehová se ha buscado un varón conforme a su corazón, al cual Jehová ha designado para que sea príncipe sobre su pueblo, por cuanto tú no has guardado lo que Jehová te mandó.

15 Y levantándose Samuel, subió de Gilgal a Guibeá de Benjamín. Y Saúl contó la gente que se hallaba con él, como seiscientos hombres.

16 Saúl, pues, y Jonatán su hijo, y el pueblo que con ellos se hallaba, se quedaron en Guibeá de Benjamín; pero los filisteos habían acampado en Micmás.

17 Y salieron merodeadores del campamento de los filisteos en tres escuadrones; un escuadrón marchaba por el camino de Ofrá hacia la tierra de Sual,

18 otro escuadrón marchaba hacia Bet-horón, y el tercer escuadrón marchaba hacia la región que mira al valle de Zeboím, hacia el desierto.

19 Y en toda la tierra de Israel no se hallaba herrero; porque los filisteos habían dicho: Para que los hebreos no hagan espada o lanza.

20 Por lo cual todos los de Israel tenían que descender a los filisteos para afilar cada uno la reja de su arado, su azadón, su hacha o su hoz.

21 Y el precio era dos tercios de siclo por las rejas de arado y por los azadones, y la tercera parte de un siclo por afilar las hachas y por componer las aguijadas.

22 Así aconteció que en el día de la batalla no se halló espada ni lanza en mano de ninguno del pueblo que estaba con Saúl y con Jonatán, excepto Saúl y Jonatán su hijo, que las tenían.

23 Y la guarnición de los filisteos avanzó hasta el paso de Micmás.

14 Aconteció un día, que Jonatán hijo de Saúl dijo a su criado que le traía las armas: Ven y crucemos hasta la avanzadilla de los filisteos, que está de aquel lado. Y no lo hizo saber a su padre.

2 Y Saúl se hallaba al extremo de Guibeá, debajo de un granado que hay en Migrón, y la gente que estaba con él era como seiscientos hombres.

3 Y Ahías hijo de Ahitub, hermano de Icabod, hijo de Fineés, hijo de Elí, sacerdote de Jehová en Silo, llevaba el efod; y no sabía el pueblo que Jonatán se hubiese ido.

4 Y entre los desfiladeros por donde Jonatán procuraba pasar a la guarnición de los filisteos, había un peñasco agudo de un lado, y otro del otro lado; el uno se llamaba Bosés, y el otro Sené.

5 Uno de los peñascos estaba situado al norte, hacia Micmás, y el otro al sur, hacia Guibeá.

6 Dijo, pues, Jonatán a su paje de armas: Ven, pasemos a la guarnición de estos incircuncisos; quizás haga algo Jehová por nosotros, pues no es difícil para Jehová salvar con muchos o con pocos.

7 Y su paje de armas le respondió: Haz todo lo que tu corazón te dicte; por mi parte estoy contigo a tu voluntad.

8 Dijo entonces Jonatán: Vamos a pasar a esos hombres, y nos mostraremos a ellos.

9 Si nos dicen: ¡Alto ahí!, esperad hasta que

lleguemos a vosotros; entonces nos estaremos en nuestro lugar, y no subiremos a ellos.

10 Mas si nos dicen así: Subid a nosotros, entonces subiremos, porque Jehová los ha entregado en nuestras manos; y esto nos será por señal.

11 Se mostraron, pues, ambos a la guarnición de los filisteos, y los filisteos dijeron: Mirad los hebreos, que salen de las cavernas donde se habían escondido.

12 Y los hombres de la guarnición respondieron a Jonatán y a su paje de armas, y dijeron: Subid a nosotros, y os haremos saber una cosa. Entonces Jonatán dijo a su paje de armas: Sube detrás de mí, porque Jehová los ha entregado en manos de Israel.

13 Y subió Jonatán trepando con sus manos y sus pies, y tras él su paje de armas; y a los que caían delante de Jonatán, su paje de armas que iba tras él los mataba.

14 Y fue esta primera matanza que hicieron Jonatán y su paje de armas, como veinte hombres, en el espacio de una media yugada de tierra.

15 Y hubo pánico en el campamento y por el campo, y entre toda la gente de la guarnición; y los que habían ido a merodear, también ellos tuvieron pánico, y la tierra tembló; hubo, pues, gran consternación.

16 Y los centinelas de Saúl vieron desde Guibeá de Benjamín cómo la multitud estaba turbada, e iba de un lado a otro y era deshecha.

17 Entonces Saúl dijo al pueblo que estaba con él: Pasad ahora revista, y ved quién se ha ido de los nuestros. Pasaron revista, y he aquí que faltaba Jonatán y su paje de armas.

18 Y Saúl dijo a Ahías: Trae el arca de Dios. Porque el arca de Dios estaba entonces con los hijos de Israel.

19 Pero aconteció que mientras aún hablaba Saúl con el sacerdote, el alboroto que había en el campamento de los filisteos aumentaba, e iba creciendo en gran manera. Entonces dijo Saúl al sacerdote: Detén tu mano.

20 Y juntando Saúl a todo el pueblo que con él estaba, llegaron hasta el lugar de la batalla; y he aquí que la espada de cada uno estaba vuelta contra su compañero, y había gran confusión.

21 Y los hebreos que estaban al servicio de los filisteos de tiempo atrás, y habían venido con ellos de los alrededores al campamento, se pusieron también del lado de los israelitas que estaban con Saúl y con Jonatán.

22 Asimismo todos los israelitas que se habían escondido en el monte de Efraín, oyendo que los filisteos huían, también ellos los persiguieron en aquella batalla.

23 Así salvó Jehová a Israel aquel día. Y llegó la batalla hasta Bet-avén.

Prohibición de Saúl violada por Jonatán

24 Pero los hombres de Israel fueron puestos en apuro aquel día; porque Saúl había juramentado al pueblo, diciendo: Cualquiera que coma pan antes de caer la noche, antes que haya tomado venganza de mis enemigos, sea maldito. Y nadie del pueblo había probado pan.

25 Y todo el pueblo llegó a un bosque, donde había miel en la superficie del campo.

26 Entró, pues, el pueblo en el bosque, y he aquí que la miel corría; pero no hubo quien hiciera llegar su mano a su boca, porque el pueblo temía el juramento.

27 Pero Jonatán no había oído cuando su padre había juramentado al pueblo, y alargó la punta de una vara que traía en su mano, y la mojó en un panal de miel, y llevó su mano a la boca; y fueron aclarados sus ojos.

28 Entonces habló uno del pueblo, diciendo: Tu padre ha hecho jurar solemnemente al pueblo, diciendo: Maldito sea el hombre que tome hoy alimento. Y el pueblo desfallecía.

29 Respondió Jonatán: Mi padre ha turbado el país. Ved ahora cómo han sido aclarados mis ojos, por haber gustado un poco de esta miel.

30 ¿Cuánto más si la tropa hubiera comido libremente hoy del botín tomado de sus enemigos? ¿No se habría hecho ahora mayor estrago entre los filisteos?

31 E hirieron aquel día a los filisteos desde Micmás hasta Ajalón; pero el pueblo estaba muy cansado.

32 Y se lanzó el pueblo sobre el botín, y tomaron ovejas y vacas y becerros, y los degollaron en el suelo; y el pueblo los comió con sangre.

33 Y le dieron aviso a Saúl, diciendo: El pueblo peca contra Jehová, comiendo la carne con la sangre. Y él dijo: Vosotros habéis prevaricado; rodadme ahora acá una piedra grande.

34 Además dijo Saúl: Esparcíos por el pueblo, y decidles que me traigan cada uno su vaca, y cada cual su oveja, y degolladlas aquí, y comed; y no pequéis contra Jehová comiendo la carne con la sangre. Y trajo todo el pueblo, cada cual por su mano su vaca aquella noche, y las degollaron allí.

35 Y edificó Saúl altar a Jehová; este altar fue el primero que edificó a Jehová.

36 Y dijo Saúl: Descendamos de noche contra los filisteos, y los saquearemos hasta la mañana, y no dejaremos de ellos ninguno. Y ellos dijeron: Haz lo que bien te parezca. Dijo luego el sacerdote: Acerquémonos aquí a Dios.

37 Y Saúl consultó a Dios: ¿Descenderé tras los filisteos? ¿Los entregarás en mano de Israel? Mas Jehová no le dio respuesta aquel día.

38 Entonces dijo Saúl: Venid acá todos los principales del pueblo; investigad y ved en qué ha consistido este pecado hoy;

39 porque vive Jehová que salva a Israel, que aunque se trate de mi hijo Jonatán, de seguro morirá. Y no hubo en todo el pueblo quien le respondiese.

40 Dijo luego a todo Israel: Vosotros estaréis a un lado, y yo y mi hijo Jonatán estaremos al otro lado. Y el pueblo respondió a Saúl: Haz lo que bien te parezca.

41 Entonces dijo Saúl a Jehová Dios de Israel: Da suerte perfecta. Y la suerte cayó sobre Jonatán y Saúl, y el pueblo salió libre.

42 Y Saúl dijo: Echad suertes entre mí y Jonatán mi hijo. Y la suerte cayó sobre Jonatán.

43 Entonces Saúl dijo a Jonatán: Declárame lo que has hecho. Y Jonatán se lo declaró y dijo: Ciertamente gusté un poco de miel con la punta de la vara que traía en mi mano; ¿y he de morir por esto?

44 Y Saúl respondió: Así me haga Dios y aun me añada, que sin duda morirás, Jonatán.

45 Entonces el pueblo dijo a Saúl: ¿Ha de morir Jonatán, el que ha hecho esta gran salvación en Israel? No será así. Vive Jehová, que no ha de caer un cabello de su cabeza en tierra, pues que con la ayuda de Dios lo hizo. Así el pueblo libró de morir a Jonatán.

46 Y Saúl dejó de seguir a los filisteos; y los filisteos se fueron a su lugar.

Resumen del reinado de Saúl

47 Después de haber tomado posesión del reinado de Israel, Saúl hizo guerra a todos sus enemigos en derredor: contra Moab, contra los hijos de Amón, contra Edom, contra los reyes de Sobá, y contra los filisteos; y adondequiera que se volvía, era vencedor.

48 Y reunió un ejército y derrotó a Amalec, y libró a Israel de mano de los que lo saqueaban.

49 Y los hijos de Saúl fueron Jonatán, Isví y Malquisúa. Y los nombres de sus dos hijas eran, el de la mayor, Merab, y el de la menor, Mical.

50 Y el nombre de la mujer de Saúl era Ahinoam, hija de Ahimaas. Y el nombre del general de su ejército era Abner, hijo de Ner tío de Saúl.

51 Porque Cis padre de Saúl, y Ner padre de Abner, fueron hijos de Abiel.

52 Y hubo guerra encarnizada contra los filisteos todo el tiempo de Saúl; y a todo el que Saúl veía que era hombre esforzado y apto para combatir, lo juntaba consigo.

Desobediencia de Saúl

15 Después Samuel dijo a Saúl: Jehová me envió a que te ungiese por rey sobre su pueblo Israel; ahora, pues, está atento a las palabras de Jehová.

2 Así ha dicho Jehová de los ejércitos: He decidido castigar lo que hizo Amalec a Israel, cortándole el camino cuando subía de Egipto.

3 Ve, pues, y hiere a Amalec, y destruye todo lo que tiene, y no te apiades de él; mata a hombres, mujeres, niños, y aun los de pecho, vacas, ovejas, camellos y asnos.

4 Saúl, pues, convocó al pueblo y les pasó revista en Telaím, doscientos mil de a pie, y diez mil hombres de Judá.

5 Y viniendo Saúl a la ciudad de Amalec, puso emboscada en el valle.

6 Y dijo Saúl a los ceneos: Idos, apartaos y salid de entre los de Amalec, para que no os destruya juntamente con ellos; porque vosotros mostrasteis misericordia a todos los hijos de Israel, cuando subían de Egipto. Y se apartaron los ceneos de entre los hijos de Amalec.

7 Y Saúl derrotó a los amalecitas desde Havilá hasta llegar a Shur, que está al oriente de Egipto.

8 Y tomó vivo a Agag rey de Amalec, pero mató a todo el pueblo a filo de espada.

9 Y Saúl y el pueblo perdonaron a Agag, y a lo mejor de las ovejas y del ganado mayor, de los animales engordados, de los carneros y de todo lo bueno, y no lo quisieron destruir; mas destruyeron todo lo que era vil y despreciable.

Intervención de Samuel

10 Y vino palabra de Jehová a Samuel, diciendo:

11 Me pesa haber puesto por rey a Saúl, porque se ha vuelto de en pos de mí, y no ha cumplido mis palabras. Y se apesadumbró Samuel, y clamó a Jehová toda aquella noche.

12 Madrugó luego Samuel para ir a encontrar a Saúl por la mañana; y fue dado aviso a Samuel, diciendo: Saúl ha venido a Carmel, y he aquí se está erigiendo un monumento, y dio la vuelta, y pasó adelante y descendió a Gilgal.

13 Vino, pues, Samuel a Saúl, y Saúl le dijo: Bendito seas tú de Jehová; yo he cumplido la palabra de Jehová.

14 Samuel entonces dijo: ¿Pues qué balido de ovejas y mugido de vacas es este que yo oigo con mis oídos?

15 Y Saúl respondió: De Amalec los han traído; porque el pueblo perdonó lo mejor

de las ovejas y de las vacas, para sacrificarlas a Jehová tu Dios, pero lo demás lo destruimos.

16 Entonces dijo Samuel a Saúl: Basta ya, y deja que te anuncie lo que Jehová me ha dicho esta noche. Y él le respondió: Di.

17 Y dijo Samuel: Aunque eras pequeño en tus propios ojos, ¿no has sido hecho jefe de las tribus de Israel? Y Jehová te ha ungido por rey sobre Israel.

18 Y Jehová te envió por el camino y dijo: Ve, destruye a los pecadores de Amalec, y hazles guerra hasta que los extermines.

19 ¿Por qué, pues, no has oído la voz de Jehová, sino que lanzándote al botín has hecho lo malo ante los ojos de Jehová?

20 Y Saúl respondió a Samuel: Antes bien he obedecido la voz de Jehová, y fui por el camino que Jehová me envió, y he traído a Agag rey de Amalec, y he destruido a los amalecitas.

21 Mas el pueblo tomó del botín ovejas y vacas, las primicias del anatema, para ofrecer sacrificios a Jehová tu Dios en Gilgal.

22 Pero Samuel dijo: ¿Se complace Jehová tanto en los holocaustos y víctimas, como en que se obedezca a las palabras de Jehová? Ciertamente el obedecer es mejor que los sacrificios, y el prestar atención que la grosura de los carneros.

23 Porque como pecado de brujería es la rebelión, y como ídolos e idolatría la obstinación. Por cuanto tú desechaste la palabra de Jehová, él también te ha desechado para que no seas rey.

24 Entonces Saúl dijo a Samuel: Yo he pecado; pues he quebrantado el mandamiento de Jehová y tus palabras, porque temí al pueblo y consentí a la voz de ellos. Perdona, pues, ahora mi pecado,

25 y vuelve conmigo para que adore a Jehová.

26 Y Samuel respondió a Saúl: No volveré contigo; porque desechaste la palabra de Jehová, y Jehová te ha desechado para que no seas rey sobre Israel.

27 Y volviéndose Samuel para irse, él se asió de la punta de su manto, y éste se rasgó.

28 Entonces Samuel le dijo: Jehová ha rasgado hoy de ti el reino de Israel, y lo ha dado a un prójimo tuyo mejor que tú.

29 Además, el que es la Gloria de Israel no mentirá, ni se arrepentirá, porque no es hombre para que se arrepienta.

30 Y él dijo: Yo he pecado; pero te ruego que me honres delante de los ancianos de mi pueblo y delante de Israel, y vuelvas conmigo para que adore a Jehová tu Dios.

31 Y volvió Samuel tras Saúl, y adoró Saúl a Jehová.

32 Después dijo Samuel: Traedme a Agag rey de Amalec. Y Agag vino a él alegremen-

te. Y dijo Agag: Ciertamente ya pasó la amargura de la muerte.

33 Y Samuel dijo: Como tu espada dejó a las mujeres sin hijos, así tu madre será sin hijo entre las mujeres. Entonces Samuel cortó en pedazos a Agag delante de Jehová en Gilgal.

34 Se fue luego Samuel a Ramá, y Saúl subió a su casa en Guibeá de Saúl.

35 Y nunca después vio Samuel a Saúl en toda su vida; y Samuel lloraba a Saúl; pero Jehová se había arrepentido de haber puesto a Saúl por rey sobre Israel.

Samuel unge a David

16 Dijo Jehová a Samuel: ¿Hasta cuándo llorarás a Saúl, habiéndolo yo desechado para que no reine sobre Israel? Llena tu cuerno de aceite, y ven, te enviaré a Isaí de Belén, porque de entre sus hijos me he provisto de rey.

2 Y dijo Samuel: ¿Cómo voy a ir? Si se entera Saúl, me matará. Jehová respondió: Toma contigo una becerra de la vacada, y di: A ofrecer sacrificio a Jehová he venido.

3 Y llama a Isaí al sacrificio, y yo te enseñaré lo que has de hacer; y me ungirás al que yo te diga.

4 Hizo, pues, Samuel como le dijo Jehová; y luego que él llegó a Belén, los ancianos de la ciudad salieron a recibirle con miedo, y dijeron: ¿Es pacífica tu venida?

5 El respondió: Sí, vengo a ofrecer sacrificio a Jehová; santificaos, y venid conmigo al sacrificio. Y santificando él a Isaí y a sus hijos, los invitó al sacrificio.

6 Y aconteció que cuando ellos vinieron, él vio a Eliab, y dijo: De cierto delante de Jehová está su ungido.

7 Y Jehová respondió a Samuel: No mires a su aspecto, ni a lo grande de su estatura, porque yo lo desecho; porque Jehová no mira lo que mira el hombre; pues el hombre mira lo que está delante de sus ojos, pero Jehová mira el corazón.

8 Entonces llamó Isaí a Abinadab, y lo hizo pasar delante de Samuel, el cual dijo: Tampoco a éste ha escogido Jehová.

9 Hizo luego pasar Isaí a Samá. Y él dijo: Tampoco a éste ha elegido Jehová.

10 E hizo pasar Isaí siete hijos suyos delante de Samuel; pero Samuel dijo a Isaí: Jehová no ha elegido a éstos.

11 Entonces dijo Samuel a Isaí: ¿Son éstos todos tus hijos? Y él respondió: Queda aún el menor, que apacienta las ovejas. Y dijo Samuel a Isaí: Envía por él, porque no nos sentaremos a la mesa hasta que él venga aquí.

12 Envió, pues, por él, y le hizo entrar; y era rubio, hermoso de ojos, y de buena presencia. Entonces Jehová dijo: Levántate y úngelo, porque éste es.

13 Y Samuel tomó el cuerno del aceite, y lo ungió en medio de sus hermanos; y desde aquel día en adelante el Espíritu de Jehová vino sobre David. Se levantó luego Samuel, y se volvió a Ramá.

David toca para Saúl

14 El Espíritu de Jehová se había apartado de Saúl, y le atormentaba un espíritu malo de parte de Jehová.

15 Y los criados de Saúl le dijeron: He aquí ahora, un espíritu malo de parte de Dios te atormenta.

16 Diga, pues, nuestro señor a tus siervos que están delante de ti, que busquen a alguno que sepa tocar el arpa, para que cuando esté sobre ti el espíritu malo de parte de Dios, él taña con su mano, y tengas alivio.

17 Y Saúl respondió a sus criados: Buscadme, pues, ahora alguno que toque bien, y traédmelo.

18 Entonces uno de los criados respondió diciendo: He aquí yo he visto a un hijo de Isaí de Belén, que sabe tocar, y es valiente y vigoroso y hombre de guerra, prudente en sus palabras, y hermoso, y Jehová está con él.

19 Y Saúl envió mensajeros a Isaí, diciendo: Envíame a David tu hijo, el que está con las ovejas.

20 Y tomó Isaí un asno cargado de pan, una vasija de vino y un cabrito, y lo envió a Saúl por medio de David su hijo.

21 Y viniendo David a Saúl, se quedó a su servicio; Saúl le cobró mucho afecto, y le hizo paje de armas.

22 Y Saúl envió a decir a Isaí: Yo te ruego que esté David conmigo, pues ha hallado gracia en mis ojos.

23 Y cuando el espíritu malo de parte de Dios venía sobre Saúl, David tomaba el arpa y tocaba con su mano; y Saúl tenía alivio y estaba mejor, y el espíritu malo se apartaba de él.

David mata a Goliat

17 Los filisteos juntaron sus ejércitos para la guerra, y se congregaron en Soco, que es de Judá, y acamparon entre Soco y Azeca, en Efes-damim.

2 También Saúl y los hombres de Israel se juntaron, y acamparon en el valle del Terebinto, y se pusieron en orden de batalla contra los filisteos.

3 Y los filisteos estaban sobre un monte a un lado, e Israel estaba sobre otro monte al otro lado, y el valle entre ellos.

4 Salió entonces del campamento de los filisteos un paladín, el cual se llamaba Goliat, de Gat, y tenía de altura seis codos y un palmo.

5 Y traía un casco de bronce en su cabeza, y llevaba una cota de malla; y era el peso de la cota cinco mil siclos de bronce.

6 Sobre sus piernas traía grebas de bronce; y jabalina de bronce entre sus hombros.

7 El asta de su lanza era como un rodillo de telar, y tenía el hierro de su lanza seiscientos siclos de hierro; e iba su escudero delante de él.

8 Y se paró y dio voces a los escuadrones de Israel, diciéndoles: ¿Para qué os habéis puesto en orden de batalla? ¿No soy yo filisteo, y vosotros siervos de Saúl? Escoged de entre vosotros un hombre que venga contra mí.

9 Si él puede pelear conmigo, y me vence, nosotros seremos vuestros siervos; y si yo puedo más que él, y lo venzo, vosotros seréis nuestros siervos y nos serviréis.

10 Y añadió el filisteo: Hoy yo he desafiado al campamento de Israel; enviad un hombre que pelee conmigo.

11 Oyendo Saúl y todo Israel estas palabras del filisteo, se turbaron y tuvieron gran miedo.

12 Y David era hijo de aquel hombre efrateo de Belén de Judá, que se llamaba Isaí, el cual tenía ocho hijos; y en el tiempo de Saúl este hombre era anciano, muy entrado en años.

13 Y los tres hijos mayores de Isaí se fueron a la guerra con Saúl. Los nombres de estos tres hijos que habían ido a la guerra eran: Eliab el primogénito, el segundo Abinadab, y el tercero Samá;

14 y David era el menor. Siguieron, pues, los tres mayores a Saúl.

15 Pero David iba y venía a casa, dejando a Saúl, para apacentar las ovejas de su padre en Belén.

16 Venía, pues, aquel filisteo por la mañana y por la tarde, y así lo hizo durante cuarenta días.

17 Y dijo Isaí a David su hijo: Toma ahora para tus hermanos un efa de este grano tostado, y estos diez panes, y llévalo pronto al campamento a tus hermanos.

18 Y estos diez quesos de leche los llevarás al jefe de los mil; y mira si tus hermanos están bien de salud, y toma prendas de ellos.

19 Y Saúl y ellos y todos los de Israel estaban en el valle del Terebinto, peleando contra los filisteos.

20 Y se levantó, pues, David de mañana, y dejando las ovejas al cuidado de un guarda, se fue con su carga como Isaí le había mandado; y llegó al campamento cuando el ejército salía en orden de batalla, lanzando el grito de combate.

21 Y se pusieron en orden de batalla Israel y los filisteos, ejército frente a ejército.

22 Entonces David dejó su carga en manos

del que guardaba el bagaje, y corrió al ejército; y cuando llegó, preguntó por sus hermanos, si estaban bien.

23 Mientras él hablaba con ellos, he aquí que aquel paladín que se ponía en medio de los dos campamentos, que se llamaba Goliat, el filisteo de Gat, salió de entre las filas de los filisteos y habló las mismas palabras, y las oyó David.

24 Y todos los varones de Israel que veían aquel hombre huían de su presencia, y tenían gran temor.

25 Y cada uno de los de Israel decía: ¿No habéis visto aquel hombre que ha salido? Él se adelanta para provocar a Israel. Al que le venza, el rey le enriquecerá con grandes riquezas, y le dará su hija, y eximirá de tributos a la casa de su padre en Israel.

26 Entonces habló David a los que estaban junto a él, diciendo: ¿Qué harán al hombre que venza a este filisteo, y quite el oprobio de Israel? Porque ¿quién es este filisteo incircunciso, para injuriar a las huestes del Dios viviente?

27 Y el pueblo le respondió las mismas palabras, diciendo: Así se hará al hombre que le venza.

28 Y oyéndole hablar Eliab su hermano mayor con aquellos hombres, se encendió en ira contra David y dijo: ¿Para qué has descendido acá?, ¿y a quién has dejado aquellas pocas ovejas en el desierto? Yo conozco tu soberbia y la malicia de tu corazón, que para ver la batalla has venido.

29 Y David respondió: ¿Qué he hecho yo ahora? ¿No es esto mero hablar?

30 Y apartándose de él hacia otros, preguntó de igual manera; y le dio el pueblo la misma respuesta de antes.

31 Fueron oídas las palabras que David había dicho, y las refirieron delante de Saúl; y él lo hizo venir.

David acepta el desafío

32 Y dijo David a Saúl: No desmaye el corazón de ninguno a causa de él; tu siervo irá y peleará contra este filisteo.

33 Dijo Saúl a David: No podrás tú ir contra aquel filisteo, para pelear con él; porque tú eres un muchacho, y él un hombre de guerra desde su juventud.

34 David respondió a Saúl: Tu siervo era pastor de las ovejas de su padre; y cuando venía un león, o un oso, y tomaba algún cordero de la manada,

35 salía yo tras él, y lo hería, y lo libraba de su boca; y si se revolvía contra mí, yo le sujetaba por la quijada, y lo golpeaba hasta matarlo.

36 Fuese león, fuese oso, tu siervo lo mataba; y este filisteo incircunciso será como uno de ellos, porque ha desafiado al ejército del Dios viviente.

37 Añadió David: Jehová, que me ha librado de las garras del león y de las garras del oso, él también me librará de la mano de este filisteo. Y dijo Saúl a David: Ve, y Jehová esté contigo.

38 Y Saúl vistió a David con sus ropas, y puso sobre su cabeza un casco de bronce, y le armó de coraza.

39 Y ciñó David su espada sobre sus vestidos, y probó a andar, porque nunca había hecho la prueba. Y dijo David a Saúl: Yo no puedo andar con esto, porque nunca lo practiqué. Y David echó de sí aquellas cosas.

40 Y tomó su cayado en su mano, y escogió cinco piedras lisas del arroyo, y las puso en el saco pastoril, en el zurrón que traía, y tomó su honda en su mano, y se fue hacia el filisteo.

41 Y el filisteo venía andando y acercándose a David, y su escudero delante de él.

42 Y cuando el filisteo miró y vio a David, le tuvo en poco; porque era un muchacho, y rubio, y de hermoso aspecto.

43 Y dijo el filisteo a David: ¿Acaso soy yo un perro, para que vengas a mí con palos? Y maldijo a David por sus dioses.

44 Dijo luego el filisteo a David: Ven a mí, y daré tu carne a las aves del cielo y a las bestias del campo.

45 Entonces dijo David al filisteo: Tú vienes a mí con espada y lanza y jabalina; pero yo vengo a ti en el nombre de Jehová de los ejércitos, el Dios de los escuadrones de Israel, a quien tú has provocado.

46 Jehová te entregará hoy en mi mano, y yo te venceré, y te cortaré la cabeza, y daré hoy los cuerpos de los filisteos a las aves del cielo y a las bestias de la tierra; y toda la tierra sabrá que hay Dios en Israel.

47 Y sabrá toda esta congregación que Jehová no salva con espada y con lanza; porque de Jehová es la batalla, y él os entregará en nuestras manos.

48 Y aconteció que cuando el filisteo se levantó y echó a andar para ir al encuentro de David, David se dio prisa, y corrió a la línea de batalla contra el filisteo.

49 Y metiendo David su mano en la bolsa, tomó de allí una piedra, y la tiró con la honda, e hirió al filisteo en la frente; y la piedra quedó clavada en la frente, y cayó sobre su rostro en tierra.

50 Así venció David al filisteo con honda y piedra; e hirió al filisteo y lo mató, sin tener David espada en su mano.

51 Entonces corrió David y se detuvo sobre el filisteo; y sacando la propia espada de él de su vaina, lo acabó de matar, y le cortó con ella la cabeza. Y cuando los filisteos vieron a su paladín muerto, huyeron.

52 Levantándose luego los de Israel y los de

Judá, gritaron, y siguieron a los filisteos hasta llegar al valle, y hasta las puertas de Ecrón. Y cayeron los heridos de los filisteos por el camino de Saaráyim hasta Gat y Ecrón.

53 Y volvieron los hijos de Israel de seguir tras los filisteos, y saquearon su campamento.

54 Y David tomó la cabeza del filisteo y la trajo a Jerusalén, pero las armas de él las puso en su tienda.

55 Y cuando Saúl vio a David que salía a encontrarse con el filisteo, dijo a Abner general del ejército: Abner, ¿de quién es hijo ese joven? Y Abner respondió:

56 Vive tu alma, oh rey, que no lo sé. Y el rey dijo: Pregunta de quién es hijo ese joven.

57 Y cuando David volvía de matar al filisteo, Abner lo tomó y lo llevó delante de Saúl, teniendo David la cabeza del filisteo en su mano.

58 Y le dijo Saúl: Muchacho, ¿de quién eres hijo? Y David respondió: Yo soy hijo de tu siervo Isaí de Belén.

Pacto de Jonatán y David

18 Aconteció que cuando él acabó de hablar con Saúl, el alma de Jonatán quedó ligada con la de David, y lo amó Jonatán como a sí mismo.

2 Y Saúl le retuvo aquel día, y no le permitió volver a casa de su padre.

3 E hicieron pacto Jonatán y David, porque él le amaba como a sí mismo.

4 Y Jonatán se quitó el manto que llevaba, y se lo dio a David, y otras ropas suyas, hasta su espada, su arco y su talabarte.

5 Y salía David adondequiera que Saúl le enviaba, y se portaba prudentemente. Y lo puso Saúl sobre gente de guerra, y era acepto a los ojos de todo el pueblo, y a los ojos de los siervos de Saúl.

Saúl tiene celos de David

6 Aconteció que cuando volvían ellos, juntamente con David, que venía de matar al filisteo, salieron las mujeres de todas las ciudades de Israel cantando y danzando, para recibir al rey Saúl, con panderos, con cánticos de alegría y con instrumentos de música.

7 Y cantaban las mujeres que danzaban, y decían:

Saúl hirió a sus miles,

Y David a sus diez miles.

8 Y se enojó Saúl en gran manera, y le desagradó este dicho, y dijo: A David dieron diez miles, y a mí miles; no le falta más que el reino.

9 Y desde aquel día Saúl no miró con buenos ojos a David.

10 Aconteció al otro día, que un espíritu malo de parte de Dios asaltó a Saúl, y él deliraba en medio de la casa. David tañía con su mano como los otros días; y tenía Saúl la lanza en la mano.

11 Y arrojó Saúl la lanza, diciendo: Voy a enclavar a David en la pared. Pero David lo esquivó dos veces.

12 Pero Saúl estaba temeroso de David, por cuanto Jehová estaba con él, y se había apartado de Saúl;

13 por lo cual Saúl lo alejó de sí, nombrándole jefe de mil; y salía y entraba al frente de la tropa.

14 Y David se conducía prudentemente en todos sus asuntos, y Jehová estaba con él.

15 Y viendo Saúl que se portaba tan prudentemente, tenía temor de él.

16 Mas todo Israel y Judá amaba a David, porque él salía y entraba delante de ellos.

17 Entonces dijo Saúl a David: He aquí, yo te daré a Merab mi hija mayor por mujer, con tal que me seas hombre valiente, y pelees las batallas de Jehová. Pues Saúl decía: No será mi mano contra él, sino que será contra él la mano de los filisteos.

18 Pero David respondió a Saúl: ¿Quién soy yo, o qué es mi vida, o la familia de mi padre en Israel, para que yo sea yerno del rey?

19 Y llegado el tiempo en que Merab hija de Saúl se había de dar a David, fue dada por mujer a Adriel meholatita.

20 Pero Mical la otra hija de Saúl amaba a David; y fue dicho a Saúl, y le pareció bien a sus ojos.

21 Y Saúl dijo: Yo se la daré, para que le sea por lazo, y para que la mano de los filisteos sea contra él. Dijo, pues, Saúl a David por segunda vez: Tú serás mi yerno hoy.

22 Y mandó Saúl a sus siervos: Hablad en secreto a David, diciéndole: He aquí el rey te ama, y todos sus siervos te quieren bien; sé, pues, yerno del rey.

23 Los criados de Saúl hablaron estas palabras a los oídos de David. Y David dijo: ¿Os parece a vosotros que es poco ser yerno del rey, siendo yo un hombre pobre y de ninguna estima?

24 Y los criados de Saúl le dieron la respuesta, diciendo: Tales palabras ha dicho David.

25 Y Saúl dijo: Decid así a David: El rey no quiere dote alguna, sino cien prepucios de filisteos, para que sea tomada venganza de los enemigos del rey. Pero Saúl pensaba hacer caer a David en manos de los filisteos.

26 Cuando sus siervos declararon a David estas palabras, pareció bien la cosa a los ojos de David, para llegar a ser yerno del rey. Y antes que el plazo se cumpliese,

27 se levantó David y se fue con su gente, y mató a doscientos hombres de los filisteos; y trajo David los prepucios de ellos y los entregó todos al rey, a fin de hacerse yerno del rey. Y Saúl le dio su hija Mical por mujer.

28 Pero Saúl, viendo y considerando que Jehová estaba con David, y que su hija Mical lo amaba,

29 tuvo más temor de David; y fue Saúl enemigo de David todos los días.

30 Y salieron a campaña los príncipes de los filisteos, y cada vez que salían, David tenía más éxito que todos los siervos de Saúl, por lo cual su nombre se hizo muy famoso.

Saúl procura matar a David

19 Habló Saúl a Jonatán su hijo, y a todos sus siervos, para que matasen a David; pero Jonatán hijo de Saúl amaba a David en gran manera,

2 y dio aviso a David, diciendo: Saúl mi padre procura matarte; por tanto, cuídate mañana, retírate a un lugar oculto y escóndete.

3 Y yo saldré y estaré junto a mi padre en el campo donde estés; y hablaré de ti a mi padre, y te haré saber lo que haya.

4 Y Jonatán habló bien de David a Saúl su padre, y le dijo: No peque el rey contra su siervo David, porque ninguna cosa ha cometido contra ti, sino que sus obran han sido muy buenas para contigo;

5 pues puso su vida en peligro cuando mató al filisteo, y Jehová dio gran salvación a todo Israel. Tú lo viste, y te alegraste; ¿por qué, pues, pecarás contra la sangre inocente, matando a David sin causa?

6 Y escuchó Saúl la voz de Jonatán, y juró Saúl: Vive Jehová, que no morirá.

7 Y llamó Jonatán a David, y le declaró todas estas palabras; y él mismo trajo a David a Saúl, y estuvo delante de él como antes.

8 Reanudada la guerra, partió David para combatir a los filisteos, les infligió una gran derrota y huyeron delante de él.

9 Y el espíritu malo de parte de Jehová vino sobre Saúl; y estando sentado en su casa tenía una lanza a mano, mientras David estaba tocando.

10 Y Saúl procuró enclavar a David con la lanza en la pared, pero él se apartó de delante de Saúl, el cual clavó la lanza en la pared; y David huyó, y escapó aquella noche.

David salvado por Mical

11 Saúl envió luego mensajeros a casa de David para que lo vigilasen, y lo matasen a la mañana. Pero Mical su mujer avisó a David, diciendo: Si no salvas tu vida esta noche, mañana serás muerto.

12 Y descolgó Mical a David por una ventana; y él se fue y huyó, y escapó.

13 Tomó luego Mical una estatua, y la puso sobre la cama, y le acomodó una estera de pelo de cabra sobre la almohada, y la cubrió con la ropa.

14 Y cuando Saúl envió mensajeros para prender a David, ella respondió: Está enfermo.

15 Pero Saúl volvió a enviar los emisarios para que viesen a David, diciendo: Traédmelo en la cama para que lo mate.

16 Y cuando los mensajeros entraron, he aquí la estatua estaba en la cama, y la estera de pelo de cabra a su cabecera.

17 Entonces Saúl dijo a Mical: ¿Por qué me has engañado así, y has dejado escapar a mi enemigo? Y Mical respondió a Saúl: Porque él me dijo: Déjame escapar o te mato.

Saúl y David con Samuel

18 Huyó, pues, David, y se puso a salvo viniendo a Samuel en Ramá, y le dijo todo lo que Saúl había hecho con él. Y él y Samuel se fueron y moraron en Nayot.

19 Y fue dado aviso a Saúl, diciendo: He aquí que David está en Nayot en Ramá.

20 Entonces Saúl envió mensajeros para que trajeran a David, los cuales vieron una compañía de profetas que profetizaban, y a Samuel que estaba allí y los presidía. Y vino el Espíritu de Dios sobre los mensajeros de Saúl, y ellos también profetizaron.

21 Cuando lo supo Saúl, envió otros mensajeros, los cuales también profetizaron. Y Saúl volvió a enviar mensajeros por tercera vez, y ellos también profetizaron.

22 Entonces él mismo fue a Ramá; y llegando al gran pozo que está en Secú, preguntó diciendo: ¿Dónde están Samuel y David? Y uno respondió: He aquí que están en Nayot en Ramá.

23 Y fue a Nayot en Ramá; y también vino sobre él el Espíritu de Dios, iba caminando profetizando hasta que llegó a Nayot en Ramá.

24 Y él también se despojó de sus vestidos, y profetizó también delante de Samuel, y quedó desnudo en tierra todo aquel día y toda aquella noche. De aquí se dijo: ¿Conque también Saúl entre los profetas?

Amistad de David y Jonatán

20 Después David huyó de Nayot en Ramá, y vino delante de Jonatán, y dijo: ¿Qué he hecho yo? ¿Cuál es mi maldad, o cuál mi pecado contra tu padre, para que busque mi vida?

2 Él le dijo: En ninguna manera; no morirás. He aquí que mi padre no hará ninguna cosa, grande ni pequeña, que no me la

descubra; ¿por qué, pues, me ha de encubrir mi padre este asunto? No será así.

3 Y David volvió a jurar diciendo: Tu padre sabe claramente que yo he hallado gracia delante de tus ojos, y dirá: No sepa esto Jonatán, para que no se entristezca; y ciertamente, vive Jehová y vive tu alma, que apenas hay un paso entre mí y la muerte.

4 Y Jonatán dijo a David: Lo que desee tu alma, haré por ti.

5 Y David respondió a Jonatán: He aquí que mañana será luna nueva, y yo acostumbro sentarme con el rey a comer; mas tú dejarás que me esconda en el campo hasta la tarde del tercer día.

6 Si tu padre hace mención de mí, dirás: Me rogó mucho que lo dejase ir corriendo a Belén su ciudad, porque todos los de su familia celebran allí el sacrificio anual.

7 Si él dice: Bien está, entonces tendrá paz tu siervo; mas si se enoja, sabrás que la maldad está determinada de parte de él.

8 Harás, pues, misericordia con tu siervo, ya que has hecho entrar a tu siervo en pacto de Jehová contigo; y si hay maldad en mí, mátame tú, pues no hay necesidad de llevarme hasta tu padre.

9 Y Jonatán le dijo: Nunca tal te suceda; antes bien, si yo supiera que mi padre ha determinado maldad contra ti, ¿no te lo avisaría yo?

10 Dijo entonces David a Jonatán: ¿Quién me dará aviso si tu padre te responde ásperamente?

11 Y Jonatán dijo a David: Ven, salgamos al campo. Y salieron ambos al campo.

12 Entonces dijo Jonatán a David: ¡Jehová Dios de Israel, sea testigo! Cuando le haya preguntado a mi padre mañana a esta hora, o el día tercero, si la cosa va bien para David, entonces enviaré a ti para hacértelo saber.

13 Pero si mi padre intentara hacerte mal, Jehová haga así a Jonatán, y aun le añada, si no te lo hiciese saber y te enviase para que te vayas en paz. Y esté Jehová contigo, como estuvo con mi padre.

14 Y si yo viviese, harás conmigo misericordia de Jehová, para que no muera,

15 y no apartarás tu misericordia de mi casa para siempre. Cuando Jehová haya cortado uno por uno los enemigos de David de la tierra, no dejes que el nombre de Jonatán sea quitado de la casa de David.

16 Así hizo Jonatán pacto con la casa de David, diciendo: Requiéralo Jehová de la mano de los enemigos de David.

17 Y Jonatán hizo jurar a David otra vez, porque le amaba, pues le amaba como a sí mismo.

18 Luego le dijo Jonatán: Mañana es luna nueva, y tú serás echado de menos, porque tu asiento estará vacío.

19 Te esconderás, pues, bien al tercer día, y luego descenderás y vendrás al lugar donde estabas escondido el día que ocurrió esto mismo, y permanecerás junto a la piedra de Ezel.

20 Y yo tiraré tres saetas hacia aquel lado, como ejercitándome al blanco.

21 Luego enviaré al criado, diciéndole: Ve, busca las saetas. Y si digo al criado: Mira, las saetas están más acá de ti, tómalas y ven, porque tienes paz, y nada hay que temer, vive Jehová.

22 Mas si yo digo al muchacho así: Mira, las saetas están más allá de ti; vete, porque Jehová quiere que te vayas.

23 En cuanto al asunto de que tú y yo hemos hablado, esté Jehová entre nosotros dos para siempre.

24 David, pues, se escondió en el campo, y cuando llegó la luna nueva, el rey se puso a la mesa para comer.

25 Se sentó el rey en su asiento, como de costumbre en el asiento junto a la pared, y Jonatán se levantó, y Abner se sentó al lado de Saúl, y el asiento de David quedó vacío.

26 Mas aquel día Saúl no dijo nada, porque se decía: Le habrá acontecido algo, y no está limpio; de seguro que no está purificado.

27 Al siguiente día, el segundo día de la luna nueva, aconteció también que el asiento de David quedó vacío. Y Saúl dijo a Jonatán su hijo: ¿Por qué no ha venido a comer el hijo de Isaí hoy ni ayer?

28 Y Jonatán respondió a Saúl: David me pidió encarecidamente que le dejase ir a Belén,

29 diciendo: Te ruego que me dejes ir, porque nuestra familia celebra un sacrificio en la ciudad, y mi hermano me ha reclamado; por lo tanto, si he hallado gracia en tus ojos, permíteme ir ahora para visitar a mis hermanos. Por esto, pues, no ha venido a la mesa del rey.

30 Entonces se encendió la ira de Saúl contra Jonatán, y le dijo: ¡Hijo de perversa rebelión! ¿Acaso no sé yo que tú has elegido al hijo de Isaí para confusión tuya, y para confusión y vergüenza de tu madre?

31 Porque todo el tiempo que el hijo de Isaí viva sobre la tierra, ni tú estarás firme, ni tu reino. Envía, pues, ahora, y tráemelo, porque ha de morir.

32 Y Jonatán respondió a su padre Saúl y le dijo: ¿Por qué ha de morir? ¿Qué ha hecho?

33 Entonces Saúl le arrojó una lanza para herirlo; de donde entendió Jonatán que su padre estaba resuelto a matar a David.

34 Y se levantó Jonatán de la mesa con exaltada ira, y no comió el segundo día de la luna nueva; porque tenía dolor a causa de David, porque su padre le había afrentado.

35 Al otro día, de mañana, salió Jonatán al

campo, al tiempo señalado con David, y un muchacho pequeño con él.

36 Y dijo al muchacho: Corre y busca las sactas que yo tire. Y cuando el muchacho iba corriendo, él tiró una sacta de modo que pasara más allá de él.

37 Y llegando el muchacho adonde estaba la sacta que Jonatán había tirado, Jonatán dio voces tras el muchacho, diciendo: ¿No está la sacta más allá de ti?

38 Y volvió a gritar Jonatán tras el muchacho: Corre, date prisa, no te pares. Y el muchacho de Jonatán recogió las sactas, y vino a su señor.

39 Pero el muchacho no comprendió nada; solamente Jonatán y David entendían de lo que se trataba.

40 Luego dio Jonatán sus armas a su muchacho, y le dijo: Vete y llévalas a la ciudad.

41 Y luego que el muchacho se marchó, se levantó David de un lugar hacia el sur, y se inclinó tres veces postrándose hasta la tierra; y besándose el uno al otro, lloraron el uno con el otro; y David lloró copiosamente.

42 Y Jonatán dijo a David: Vete en paz, porque ambos hemos jurado por el nombre de Jehová, diciendo: Jehová esté entre ti y mí, entre tu descendencia y mi descendencia, para siempre. Y él se levantó y se fue; y Jonatán entró en la ciudad.

David huye de Saúl

21 Vino David a Nob, al sacerdote Ahimélec; y se sorprendió Ahimélec de su encuentro, y le dijo: ¿Cómo vienes tú solo, y nadie contigo?

2 Y respondió David al sacerdote Ahimélec: El rey me encomendó un asunto, y me dijo: Nadie sepa cosa alguna del asunto que te envío, y lo que te he encomendado; y yo les señalé a los criados un cierto lugar para encontrarnos.

3 Ahora, pues, ¿qué tienes a mano? Dame cinco panes, o lo que tengas.

4 El sacerdote respondió a David y dijo: No tengo pan común a la mano, solamente tengo pan sagrado; pero lo daré si los criados se han guardado a lo menos de mujeres.

5 Y David respondió al sacerdote, y le dijo: En verdad las mujeres han estado lejos de nosotros ayer y anteayer; cuando yo salí, ya los cuerpos de los jóvenes eran puros, aunque el viaje es profano: ¿cuánto más no serán puros hoy?

6 Así el sacerdote le dio el pan sagrado, porque allí no había otro pan sino los panes de la proposición, los cuales habían sido quitados de la presencia de Jehová, para poner panes calientes el día que aquellos fueron quitados.

7 Y estaba allí aquel día detenido delante de Jehová uno de los siervos de Saúl, cuyo nombre era Doeg, edomita, el principal de los pastores de Saúl.

8 Y David dijo a Ahimélec: ¿No tienes aquí a mano lanza o espada? Porque no tomé en mi mano mi espada ni mis armas, por cuanto la orden del rey era apremiante.

9 Y el sacerdote respondió: La espada de Goliat el filisteo, al que tú venciste en el valle del Terebinto, está aquí envuelta en un velo detrás del efod; si quieres tomarla, tómala; porque aquí no hay otra sino esa. Y dijo David: Ninguna como ella; dámela.

10 Y levantándose David aquel día, huyó de la presencia de Saúl, y se fue a Aquís rey de Gat.

David entre los filisteos

11 Y los siervos de Aquís le dijeron: ¿No es éste David, el rey de la tierra? ¿no es éste de quien cantaban en las danzas, diciendo:
Hirió Saúl a sus miles,
Y David a sus diez miles?

12 Y David puso en su corazón estas palabras, y tuvo gran temor de Aquís rey de Gat.

13 Y cambió su manera de comportarse delante de ellos, y se fingió loco entre ellos, y escribía en las portadas de las puertas, y dejaba correr la saliva por su barba.

14 Y dijo Aquís a sus siervos: He aquí, veis que este hombre es demente; ¿por qué lo habéis traído a mí?

15 ¿Acaso me faltan locos, para que hayáis traído a éste que hiciese de loco delante de mí? ¿Había de entrar éste en mi casa?

22 Yéndose luego David de allí, huyó a la cueva de Adulam; y cuando sus hermanos y toda la casa de su padre lo supieron, vinieron allí a él.

2 Y se juntaron con él todos los oprimidos, y todo el que estaba endeudado, y todos los que se hallaban en amargura de espíritu, y fue hecho jefe de ellos; y tuvo consigo como cuatrocientos hombres.

3 Y se fue David de allí a Mizpá de Moab, y dijo al rey de Moab: Yo te ruego que mi padre y mi madre estén con vosotros, hasta que sepa lo que Dios hará de mí.

4 Los trajo, pues, a la presencia del rey de Moab, y habitaron con él todo el tiempo que David estuvo en el lugar fuerte.

5 Pero el profeta Gad dijo a David: No te estés en este lugar fuerte; anda y vete a tierra de Judá. Y David se fue, y vino al bosque de Haret.

Saúl mata a los sacerdotes de Nob

6 Oyó Saúl que se sabía de David y de los que estaban con él. Y Saúl estaba sentado en Guibeá, debajo de un tamarisco sobre un alto; y tenía su lanza en su mano, y todos sus siervos estaban alrededor de él.

7 Y dijo Saúl a sus siervos que estaban alrededor de él: Oíd ahora, hijos de Benjamín: ¿Os dará también a todos vosotros el hijo de Isaí tierras y viñas, y os hará a todos vosotros jefes de millares y jefes de centenas,

8 para que todos vosotros hayáis conspirado contra mí, y no haya quien me descubra al oído cómo mi hijo ha hecho alianza con el hijo de Isaí, ni haya entre vosotros quien se duela de mí y me descubra cómo mi hijo ha levantado a mi siervo contra mí para que me aceche, tal como lo hace hoy?

9 Entonces Doeg edomita, que había sido nombrado jefe de los criados de Saúl, respondió y dijo: Yo vi al hijo de Isaí que vino a Nob, a Ahimélec hijo de Ahitub,

10 el cual consultó por él a Jehová y le dio provisiones, y también le dio la espada de Goliat el filisteo.

11 Y el rey envió por el sacerdote Ahimélec hijo de Ahitub, y por toda la casa de su padre, los sacerdotes que estaban en Noab; y todos vinieron al rey.

12 Y Saúl le dijo: Oye ahora, hijo de Ahitub. Y él dijo: Heme aquí, señor mío.

13 Y le dijo Saúl: ¿Por qué habéis conspirado contra mí, tú y el hijo de Isaí, cuando le diste pan y espada, y consultaste por él a Dios, para que se levantase contra mí y me acechase, como lo hace hoy día?

14 Entonces Ahimélec respondió al rey, y dijo: ¿Y quién entre todos tus siervos es tan fiel como David, yerno también del rey, que sirve a tus órdenes y es ilustre en tu casa?

15 ¿He comenzado yo desde hoy a consultar por él a Dios? Lejos sea de mí; no culpe el rey de cosa alguna a su siervo, ni a toda la casa de mi padre; porque tu siervo no sabe de este asunto, ni poco ni mucho.

16 Y el rey dijo: Sin duda morirás, Ahimélec, tú y toda la casa de tu padre.

17 Entonces dijo el rey a la gente de su guardia que estaba alrededor de él: Volveos y matad a los sacerdotes de Jehová; porque también la mano de ellos está con David, pues sabiendo ellos que huía, no me lo descubrieron. Pero los siervos del rey no quisieron extender sus manos para matar a los sacerdotes de Jehová.

18 Entonces dijo el rey a Doeg: Vuelve tú, y arremete contra los sacerdotes. Y se volvió Doeg el edomita y acometió a los sacerdotes, y mató en aquel día a ochenta y cinco varones que vestían efod de lino.

19 Y a Nob, ciudad de los sacerdotes, hirió a filo de espada; así a hombres como a mujeres, niños hasta los de pecho, bueyes, asnos y ovejas, todo lo hirió a filo de espada.

20 Pero uno de los hijos de Ahimélec hijo de Ahitub, que se llamaba Abiatar, escapó, y huyó tras David.

21 Y Abiatar dio aviso a David de cómo Saúl había dado muerte a los sacerdotes de Jehová.

22 Y dijo David a Abiatar: Yo sabía que estando allí aquel día Doeg el edomita, él lo había de hacer saber a Saúl. Yo he ocasionado la muerte a todas las personas de la casa de tu padre.

23 Quédate conmigo, no temas; quien busque mi vida, buscará también la tuya; pues conmigo estarás a salvo.

David en el desierto

23 Dieron aviso a David, diciendo: He aquí que los filisteos combaten a Keilá, y roban las eras.

2 Y David consultó a Jehová, diciendo: ¿Iré a atacar a esos filisteos? Y Jehová respondió a David: Ve, ataca a los filisteos, y libra a Keilá.

3 Pero los que estaban con David le dijeron: He aquí que nosotros aquí en Judá estamos con miedo; ¿cuánto más si fuésemos a Keilá contra el ejército de los filisteos?

4 Entonces David volvió a consultar a Jehová. Y Jehová le respondió y dijo: Levántate, desciende a Keilá, pues yo entregaré en tus manos a los filisteos.

5 Fue, pues, David con sus hombres a Keilá, y peleó contra los filisteos, se llevó sus ganados, y les causó una gran derrota; y libró David a los de Keilá.

6 Y aconteció que cuando Abiatar hijo de Ahimélec huyó siguiendo a David a Keilá, descendió con el efod en su mano.

7 Y fue dado aviso a Saúl que David había venido a Keilá. Entonces dijo Saúl: Dios lo ha entregado en mi mano, pues se ha encerrado entrando en ciudad con puertas y cerraduras.

8 Y convocó Saúl a todo el pueblo a la batalla para descender a Keilá y poner sitio a David y a sus hombres.

9 Pero enterado David de que Saúl ideaba el mal contra él, dijo a Abiatar sacerdote: Trae el efod.

10 Y dijo David: Jehová Dios de Israel, tu siervo tiene entendido que Saúl trata de venir contra Keilá, a destruir la ciudad por causa mía.

11 ¿Me entregarán los vecinos de Keilá en sus manos? ¿Descenderá Saúl, como ha oído tu siervo? Jehová Dios de Israel, te ruego que lo declares a tu siervo. Y Jehová dijo: Sí, descenderá.

12 Dijo luego David: ¿Me entregarán los vecinos de Keilá a mí y a mis hombres en manos de Saúl? Y Jehová respondió: Os entregarán.

13 David entonces se levantó con sus hombres, que eran como seiscientos, y salieron de Keilá, y anduvieron de un lugar a otro. Y

vino a Saúl la noticia de que David se había escapado de Keilá, y desistió de salir.

14 Y David se quedó en el desierto en lugares fuertes, y habitaba en un monte en el desierto de Zif; y lo buscaba Saúl todos los días, pero Dios no lo entregó en sus manos.

David en Hores. Visita de Jonatán

15 Viendo, pues, David que Saúl había salido en busca de su vida, se estuvo en Hores, en el desierto de Zif.

16 Entonces se levantó Jonatán hijo de Saúl y vino a David a Hores, y fortaleció su mano en Dios.

17 Y le dijo: No temas, pues no te hallará la mano de Saúl mi padre, y tú reinarás sobre Israel, y yo seré segundo después de ti; y aun Saúl mi padre así lo sabe.

18 Y ambos hicieron pacto delante de Jehová; y David se quedó en Hores, y Jonatán se volvió a su casa.

David escapa con apuros de Saúl

19 Después subieron los de Zif para decirle a Saúl en Guibeá: ¿No está David escondido en nuestra tierra en las peñas de Hores, en el collado de Haquilá, que está al sur del desierto?

20 Por tanto, rey, desciende pronto ahora, conforme a tu deseo, y nosotros lo entregaremos en la mano del rey.

21 Y Saúl dijo: Benditos seáis de Jehová vosotros que habéis tenido compasión de mí.

22 Id, pues, ahora, aseguraos más, informaos y ved el lugar de su escondite, y quién lo ha visto allí; porque se me ha dicho que él es astuto en gran manera.

23 Observad, pues, e informaos de todos los escondrijos donde se oculta, y volved a mí con información segura, y yo iré con vosotros; y si él estuviese en la tierra, yo le buscaré entre todos los millares de Judá.

24 Y ellos se levantaron, y se fueron a Zif delante de Saúl. Pero David y su gente estaban en el desierto de Maón, en el Arabá al sur del desierto.

25 Y se fue Saúl con su gente a buscarlo; pero fue dado aviso a David, y descendió a la peña, y se quedó en el desierto de Maón. Cuando Saúl oyó esto, siguió a David al desierto de Maón.

26 Y Saúl iba por un lado del monte, y David con sus hombres por el otro lado del monte, y se daba prisa David para escapar de Saúl; mas Saúl y sus hombres habían encerrado a David y a su gente para capturarlos.

27 Entonces vino un mensajero a Saúl, diciendo: Ven luego, porque los filisteos han hecho una irrupción en el país.

28 Volvió, por tanto, Saúl de perseguir a David, y partió contra los filisteos. Por esta causa pusieron a aquel lugar por nombre Sela-hamalcot.

29 Entonces David subió de allí y habitó en los lugares fuertes de Engadi.

David perdona la vida a Saúl en En-gadi

24 Cuando Saúl volvió de perseguir a los filisteos, le dieron aviso, diciendo: He aquí que David está en el desierto de Engadi.

2 Y tomando Saúl tres mil hombres escogidos de todo Israel, fue en busca de David y de sus hombres, por las cumbres de los peñascos de las cabras monteses.

3 Y cuando llegó a un redil de ovejas en el camino, donde había una cueva, entró Saúl en ella para hacer sus necesidades; y David y sus hombres estaban sentados en los rincones de la cueva.

4 Entonces los hombres de David le dijeron: He aquí el día de que te dijo Jehová: He aquí que entrego a tu enemigo en tu mano, y harás con él como te parezca. Y se levantó David, y calladamente cortó la orla del manto de Saúl.

5 Después de esto el corazón de David le golpeaba, porque había cortado la orla del manto de Saúl.

6 Y dijo a sus hombres: Jehová me guarde de hacer tal cosa contra mi señor, el ungido de Jehová, que yo extienda mi mano contra él; porque es el ungido de Jehová.

7 Así reprimió David a sus hombres con palabras, y no les permitió que se levantasen contra Saúl. Y Saúl, saliendo de la cueva, siguió su camino.

8 También David se levantó después, y saliendo de la cueva dio voces detrás de Saúl, diciendo: ¡Mi señor el rey! Y cuando Saúl miró hacia atrás, David inclinó su rostro a tierra, e hizo reverencia.

9 Y dijo David a Saúl: ¿Por qué oyes las palabras de los que dicen: Mira que David procura tu mal?

10 He aquí han visto hoy tus ojos cómo Jehová te ha puesto hoy en mis manos en la cueva; y me dijeron que te matase, pero te perdoné, porque dije: No extenderé mi mano contra mi señor, porque es el ungido de Jehová.

11 Y mira, padre mío, mira la orla de tu manto en mi mano; porque yo corté la orla de tu manto, y no te maté. Reconoce, pues, y ve que no hay mal ni traición en mi mano, ni he pecado contra ti; sin embargo, tú andas a caza de mi vida para quitármela.

12 Juzgue Jehová entre mí y ti, y véngueme de ti Jehová; pero mi mano no será contra ti.

13 Como dice el proverbio de los antiguos:

De los impíos saldrá la impiedad; así que mi mano no será contra ti.

14 ¿Tras quién ha salido el rey de Israel? ¿A quién persigues? ¿A un perro muerto? ¿A una pulga?

15 Jehová, pues, será juez, y él juzgará entre mí y ti. Él vea y sustente mi causa, y me defienda de tu mano.

16 Y aconteció que cuando David acabó de decir estas palabras a Saúl, Saúl dijo: ¿No es esta la voz tuya, hijo mío David? Y alzó Saúl su voz y lloró,

17 y dijo a David: Más justo eres tú que yo, que me has pagado con bien, habiéndote yo pagado con mal.

18 Tú has mostrado hoy que has hecho conmigo bien; pues no me has dado muerte, habiéndome entregado Jehová en tu mano.

19 Porque ¿quién hallará a su enemigo, y lo dejará ir sano y salvo? Jehová te pague con bien por lo que en este día has hecho conmigo.

20 Y ahora, como yo me doy cuenta de que tú has de reinar, y que el reino de Israel ha de ser firme y estable en tu mano,

21 júrame, pues, ahora por Jehová, que no destruirás mi descendencia después de mí, ni borrarás mi nombre de la casa de mi padre.

22 Entonces David juró a Saúl. Y se fue Saúl a su casa, y David y sus hombres subieron al lugar fuerte.

David y Abigail

25 Murió Samuel, y se juntó todo Israel, y lo lloraron, y lo sepultaron en su casa en Ramá. Y se levantó David y se fue al desierto de Parán.

2 Y en Maón había un hombre que tenía su hacienda en Carmel, el cual era muy rico, y tenía tres mil ovejas y mil cabras. Y aconteció que estaba esquilando sus ovejas en Carmel.

3 Aquel varón se llamaba Nabal, y su mujer, Abigail. Era aquella mujer de buen entendimiento y de hermosa apariencia, pero el hombre era duro y de malas obras; y era del linaje de Caleb.

4 Y oyó David en el desierto que Naban esquilaba sus ovejas.

5 Entonces envió David diez jóvenes y les dijo: Subid a Carmel e id a Nabal, y saludadle en mi nombre,

6 y decidle así: Sea paz a ti, y paz a tu familia, y paz a todo cuanto tienes.

7 He sabido que tienes esquiladores. Ahora bien, tus pastores han estado con nosotros; no les tratamos mal, ni les faltó nada en todo el tiempo que han estado en Carmel.

8 Pregunta a tus criados, y ellos te lo dirán. Hallen, por tanto, estos jóvenes gracia en tus ojos, porque hemos venido en un día de fiesta; te ruego que des lo que tuvieres a mano a tus siervos, y a tu hijo David.

9 Cuando llegaron los jóvenes enviados por David, dijeron a Nabal todas estas palabras en nombre de David, y callaron.

10 Y Nabal respondió a los jóvenes enviados por David, y dijo: ¿Quién es David, y quién es el hijo de Isaí? Muchos siervos hay hoy que huyen de sus señores.

11 ¿He de tomar yo ahora mi pan, mi agua, y la carne que he preparado para mis esquiladores, y darla a hombres que no sé de dónde son?

12 Y los jóvenes que había enviado David se volvieron por su camino, y vinieron y dijeron a David todas estas palabras.

13 Entonces David dijo a sus hombres: Cíñase cada uno su espada. Y se ciñó cada uno su espada, y también David se ciñó su espada; y subieron tras David como cuatrocientos hombres, y dejaron doscientos con el bagaje.

14 Pero uno de los criados dio aviso a Abigail mujer de Nabal, diciendo: He aquí que David envió mensajeros del desierto que saludasen a nuestro amo, y él los ha zaherido.

15 Y aquellos hombres han sido muy buenos con nosotros, y nunca nos trataron mal, ni nos faltó nada en todo el tiempo que anduvimos con ellos, cuando estábamos en el campo.

16 Noche y día han sido para nosotros como un muro, todos los días que hemos estado con ellos apacentando las ovejas.

17 Ahora, pues, reflexiona y ve lo que has de hacer, porque está ya resuelta la ruina de nuestro amo y de toda su casa; pues él es un hijo de Belial, que no hay quien pueda hablarle.

18 Entonces Abigail tomó luego doscientos panes, dos cueros de vino, cinco ovejas guisadas, cinco medidas de grano tostado, cien racimos de uvas pasas, y doscientos panes de higos secos, y lo cargó todo sobre unos asnos.

19 Y dijo a sus criados: Id delante de mí, y yo os seguiré luego; y nada declaró a su marido Nabal.

20 Y montando en un asno, descendió por una parte oculta del monte; y he aquí que David y sus hombres venían frente a ella, y ella les salió al encuentro.

21 Y David había dicho: Ciertamente en vano he guardado todo lo que éste tiene en el desierto, sin que nada le haya faltado de todo cuanto es suyo; y él me ha vuelto mal por bien.

22 Así haga Dios a los enemigos de David y aun les añada, que de aquí a mañana, de todo lo que sea suyo no he de dejar con vida ni un varón.

23 Y cuando Abigail vio a David, se bajó prontamente del asno, y postrándose sobre su rostro delante de David, se inclinó a tierra;
24 y se echó a sus pies, y dijo: Señor mío, sobre mí sea el pecado; mas te ruego que permitas que tu sierva hable a tus oídos, y escucha las palabras de tu sierva.
25 No haga caso ahora mi señor de ese hombre de Belial; porque conforme a su nombre, así es. Él se llama Nabal, y la insensatez está con él; mas yo tu sierva no vi a los jóvenes que tú enviaste.
26 Ahora, pues, señor mío, vive Jehová, y vive tu alma, que Jehová te ha impedido el venir a derramar sangre y vengarte por tu propia mano. Sean, pues, como Nabal tus enemigos, y todos los que procuran mal contra mi señor.
27 Y ahora este presente que tu sierva ha traído a mi señor, sea dado a los hombres que siguen a mi señor.
28 Y yo te ruego que perdones a tu sierva esta ofensa; pues Jehová de cierto hará casa estable a mi señor, por cuanto mi señor pelea las batallas de Jehová, y ningún mal te sobrevendrá en todos tus días.
29 Aunque alguien se haya levantado para perseguirte y atentar contra tu vida, con todo, la vida de mi señor será ligada en la faz de los que viven delante de Jehová tu Dios, y él arrojará la vida de tus enemigos como de en medio del hueco de una honda.
30 Y acontecerá que cuando Jehová haga con mi señor conforme a todo el bien que ha hablado de ti, y te establezca por príncipe sobre Israel,
31 entonces, señor mío, no tendrás motivo de pena ni remordimientos por haber derramado sangre sin causa, o por haberte vengado por ti mismo. Guárdese, pues, mi señor, y cuando Jehová haga bien a mi señor, acuérdate de tu sierva.
32 Y dijo David a Abigail: Bendito sea Jehová Dios de Israel, que te envió para que hoy me encontrases.
33 Y bendito sea tu razonamiento, y bendita tú, que me has estorbado hoy de ir a derramar sangre, y a vengarme por mi propia mano.
34 Porque vive Jehová Dios de Israel que me ha impedido hacerte mal, que si no te hubieras dado prisa en venir a mi encuentro, de aquí a mañana no le hubiera quedado con vida a Nabal ni un solo varón.
35 Y recibió David de su mano lo que le había traído, y le dijo: Sube en paz a tu casa, y mira que he oído tu voz, y te he tenido respeto.
36 Y Abigail volvió a Nabal, y he aquí que él tenía banquete en su casa como banquete de rey; y el corazón de Nabal estaba alegre,

pues se hallaba completamente ebrio, por lo cual ella no le declaró cosa alguna hasta el día siguiente.
37 Pero por la mañana, cuando ya a Nabal se le habían pasado los efectos del vino, le refirió su mujer estas cosas; y desmayó su corazón en él, y se quedó como una piedra.
38 Y diez días después, Jehová hirió a Nabal, y murió.
39 Luego que David oyó que Nabal había muerto, dijo: Bendito sea Jehová, que juzgó la causa de mi afrenta recibida de mano de Nabal, y ha preservado del mal a su siervo; y Jehová ha vuelto la maldad de Nabal sobre su propia cabeza. Después envió David a hablar con Abigail, para tomarla por su mujer.
40 Y los siervos de David vinieron a Abigail en Carmel, y hablaron con ella, diciendo: David nos ha enviado a ti, para tomarte por su mujer.
41 Y ella se levantó e inclinó su rostro a tierra, diciendo: He aquí tu sierva, que será una sierva para lavar los pies de los siervos de mi señor.
42 Y levantándose luego Abigail con cinco doncellas que le servían, montó en un asno y siguió a los mensajeros de David, y fue su mujer.
43 También tomó David a Ahinoam de Jizreel, y ambas fueron sus mujeres.
44 Porque Saúl había dado a su hija Mical, mujer de David, a Paltí hijo de Layis, que era de Galim.

David perdona la vida a Saúl en Zif

26 Vinieron los zifeos a Saúl en Guibeá, diciendo: ¿No está David escondido en el collado de Haquilá, al oriente del desierto?
2 Saúl entonces se levantó y descendió al desierto de Zif, llevando consigo tres mil hombres escogidos de Israel, para buscar a David en el desierto de Zif.
3 Y acampó Saúl en el collado de Haquilá, que está al oriente del desierto, junto al camino. Y estaba David en el desierto, y se dio cuenta de que Saúl le seguía en el desierto.
4 David, por tanto, envió espías, y supo con certeza que Saúl había venido.
5 Y se levantó David, y vino al sitio donde Saúl había acampado; y miró David el lugar donde dormían Saúl y Abner hijo de Ner, general de su ejército. Y estaba Saúl durmiendo en el campamento, y el pueblo estaba acampado en derredor de él.
6 Entonces David dijo a Ahimélec heteo y a Abisay hijo de Sarvia, hermano de Joab: ¿Quién descenderá conmigo a Saúl en el campamento? Y dijo Abisay: Yo descenderé contigo.

7 David, pues, y Abisay fueron de noche al ejército; y he aquí que Saúl estaba tendido durmiendo en el campamento, y su lanza clavada en tierra a su cabecera; y Abner y el ejército estaban tendidos alrededor de él.

8 Entonces dijo Abisay a David: Hoy ha entregado Dios a tu enemigo en tu mano; ahora, pues, déjame que le hiera con la lanza, y lo enclavaré en la tierra de un golpe, y no le daré segundo golpe.

9 Y David respondió a Abisay: No le mates; porque ¿quién extenderá su mano contra el ungido de Jehová, y será inocente?

10 Dijo además David: Vive Jehová, que si Jehová no lo hiere, ya sea que llegue su día para que muera, o perezca descendiendo en batalla,

11 guárdeme Jehová de extender mi mano contra el ungido de Jehová; pero toma ahora la lanza que está a su cabecera, y la vasija de agua, y vámonos.

12 Se llevó, pues, David la lanza y la vasija de agua de la cabecera de Saúl, y se fueron; y no hubo nadie que viese, ni se diese cuenta, ni velase, pues todos dormían; porque un profundo sueño enviado de Jehová había caído sobre ellos.

13 Entonces pasó David al lado opuesto, y se puso en la cumbre del monte a lo lejos, habiendo gran distancia entre ellos.

14 Y dio voces David al pueblo, y a Abner hijo de Ner, diciendo: ¿No respondes, Abner? Entonces Abner respondió y dijo: ¿Quién eres tú que gritas al rey?

15 Y dijo David a Abner: ¿No eres tú un hombre? ¿Y quién hay como tú en Israel? ¿Por qué, pues, no has guardado al rey tu señor? Porque uno del pueblo ha entrado a matar a tu señor el rey.

16 Esto que has hecho no está bien. Vive Jehová, que sois dignos de muerte, porque no habéis guardado a vuestro señor, al ungido de Jehová. Mira, pues, ahora, dónde está la lanza del rey, y la vasija de agua que estaba a su cabecera.

17 Y conociendo Saúl la voz de David, dijo: ¿No es ésta tu voz, hijo mío David? Y David respondió: Mi voz es, rey señor mío.

18 Y dijo: ¿Por qué persigue así mi señor a su siervo? ¿Qué he hecho? ¿Qué maldad hay en mi mano?

19 Ruego, pues, que el rey mi señor oiga ahora las palabras de su siervo. Si Jehová te incita contra mí, acepte él la ofrenda; mas si fuesen hijos de hombres, malditos sean ellos en presencia de Jehová, porque me han arrojado hoy para que no tenga parte en la heredad de Jehová, diciendo: Ve y sirve a dioses ajenos.

20 No caiga, pues, ahora mi sangre en tierra delante de Jehová, porque ha salido el rey de Israel a buscar una pulga, así como quien persigue una perdiz por los montes.

21 Entonces dijo Saúl: He pecado; vuélvete, hijo mío David, que ningún mal te haré más, porque mi vida ha sido estimada preciosa hoy a tus ojos. He aquí yo he hecho neciamente, y he errado en gran manera.

22 Y David respondió y dijo: He aquí la lanza del rey; pase acá uno de los criados y tómela.

23 Y Jehová pague a cada uno su justicia y su lealtad; pues Jehová te había entregado hoy en mi mano, pero yo no quise extender mi mano contra el ungido de Jehová.

24 Y he aquí que, como tu vida ha sido estimada preciosa hoy a mis ojos, así sea mi vida a los ojos de Jehová, y me libre de toda aflicción.

25 Y Saúl dijo a David: Bendito eres tú, hijo mío David; sin duda emprenderás tú cosas grandes, y prevalecerás. Entonces David se fue por su camino, y Saúl se volvió a su lugar.

David entre los filisteos

27 Dijo luego David en su corazón: Al fin seré muerto algún día por la mano de Saúl; nada, por tanto, me será mejor que fugarme a la tierra de los filisteos, para que Saúl no se ocupe de mí, y no me ande buscando más por todo el territorio de Israel; y así escaparé de su mano.

2 Se levantó, pues, David, y con los seiscientos hombres que tenía consigo se pasó a Aquís hijo de Maoc, rey de Gat.

3 Y moró David con Aquís en Gat, él y sus hombres, cada uno con su familia; David con sus dos mujeres, Ahinoam jizreelita y Abigail la que fue mujer de Nabal el de Carmel.

4 Y vino a Saúl la noticia de que David había huido a Gat, y no lo buscó más.

5 Y David dijo a Aquís: Si he hallado gracia ante tus ojos, séame dado lugar en alguna de las aldeas para que habite allí; pues ¿por qué ha de morar tu siervo contigo en la ciudad real?

6 Y Aquís le dio aquel día a Siclag, por lo cual Siclag vino a ser de los reyes de Judá hasta hoy.

7 Fue el número de los días que David habitó en la tierra de los filisteos, un año y cuatro meses.

8 Y subía David con sus hombres, y hacían incursiones contra los gesuritas, los gezritas y los amalecitas, porque éstos habitaban desde hacía tiempo la tierra, desde como quien va a Shur hasta la tierra de Egipto.

9 Y asolaba David el país, y no dejaba con vida hombre ni mujer; y se llevaba las ovejas, las vacas, los asnos, los camellos y las ropas, y regresaba.

10 Y decía Aquís: ¿Dónde habéis merodeado hoy? Y David decía: En el Néguev de Judá, y el Néguev de Jerameel, o en el Néguev de los ceneos.

11 Ni hombre ni mujer dejaba David con vida para que viniesen a Gat; diciendo: No sea que den aviso de nosotros y digan: Esto hizo David. Y ésta fue su costumbre todo el tiempo que moró en la tierra de los filisteos.

12 Y Aquís creía a David, y decía: Él se ha hecho abominable a su pueblo de Israel, y será siempre mi siervo.

28 Aconteció en aquellos días, que los filisteos reunieron sus fuerzas para pelear contra Israel. Y dijo Aquís a David: Ten entendido que has de salir conmigo a campaña, tú y tus hombres.

2 Y David respondió a Aquís: Muy bien, tú sabrás lo que hará tu siervo. Y Aquís dijo a David: Por tanto, yo te constituiré guarda de mi persona durante toda mi vida.

Saúl y la adivina de Endor

3 Ya Samuel había muerto, y todo Israel lo había lamentado, y le habían sepultado en Ramá, su ciudad. Y Saúl había arrojado de la tierra a los encantadores y adivinos.

4 Se juntaron, pues, los filisteos, y vinieron y acamparon en Sunem; y Saúl juntó a todo Israel, y acamparon en Gilboa.

5 Y cuando vio Saúl el campamento de los filisteos, tuvo miedo, y se turbó su corazón en gran manera.

6 Y consultó Saúl a Jehová; pero Jehová no le respondió ni por sueños, ni por Urim, ni por profetas.

7 Entonces Saúl dijo a sus criados: Buscadme una mujer que tenga espíritu de adivinación, para que yo vaya a ella y por medio de ella pregunte. Y sus criados le respondieron: He aquí que hay una mujer en Endor que tiene espíritu de adivinación.

8 Y se disfrazó Saúl, y se puso otros vestidos, y se fue con dos hombres, y vinieron a aquella mujer de noche; y él dijo: Yo te ruego que me adivines por el espíritu de adivinación, y me hagas subir a quien yo te diga.

9 Y la mujer le dijo: He aquí que tú sabes lo que Saúl ha hecho, cómo ha cortado de la tierra a los evocadores y a los adivinos. ¿Por qué, pues, pones tropiezo a mi vida, para hacerme morir?

10 Entonces Saúl le juró por Jehová, diciendo: Vive Jehová, que ningún mal te vendrá por esto.

11 La mujer entonces dijo: ¿A quién te haré venir? Y él respondió: Hazme venir a Samuel.

12 Y viendo la mujer a Samuel, clamó en alta voz, y habló aquella mujer a Saúl, diciendo:

13 ¿Por qué me has engañado?; pues tú eres Saúl. Y el rey le dijo: No temas. ¿Qué has visto? Y la mujer respondió a Saúl: He visto dioses que suben de la tierra.

14 Él le dijo: ¿Cuál es su forma? Y ella respondió: Un hombre anciano viene, cubierto de un manto. Saúl entonces entendió que era Samuel, y humillando el rostro a tierra, hizo gran reverencia.

15 Y Samuel dijo a Saúl: ¿Por qué me has inquietado haciéndome venir? Y Saúl respondió: Estoy muy angustiado, pues los filisteos pelean contra mí, y Dios se ha apartado de mí, y no me responde más, ni por medio de profetas ni por sueños; por esto te he llamado, para que me declares lo que tengo que hacer.

16 Entonces Samuel dijo: ¿Y para qué me preguntas a mí, si Jehová se ha apartado de ti y es tu enemigo?

17 Jehová te ha hecho como dijo por medio de mí; pues Jehová ha quitado el reino de tu mano, y lo ha dado a tu compañero, David.

18 Como tú no obedeciste a la voz de Jehová, ni cumpliste el ardor de su ira contra Amalec, por eso Jehová te ha hecho esto hoy.

19 Y Jehová entregará a Israel y a ti mismo en manos de los filisteos; y mañana estaréis conmigo, tú y tus hijos; y Jehová entregará también al ejército de Israel en manos de los filisteos.

20 Entonces Saúl cayó en tierra cuan largo era, y tuvo gran temor por las palabras de Samuel; y estaba sin fuerzas, porque no había comido nada en todo aquel día y aquella noche.

21 Entonces la mujer vino a Saúl, y viéndole turbado en gran manera, le dijo: He aquí que la sierva ha obedecido a tu voz, y he arriesgado mi vida, y he obedecido las órdenes que tú me has dado.

22 Te ruego, pues, que tú también obedezcas a la voz de tu sierva; yo pondré delante de ti un bocado de pan para que comas, a fin de que cobres fuerzas, y sigas tu camino.

23 Y él rehusó diciendo: No comeré. Pero porfiaron con él sus siervos juntamente con la mujer, y él les obedeció. Se levantó, pues, del suelo, y se sentó sobre una cama.

24 Y aquella mujer tenía en su casa un ternero engordado, y lo mató en seguida; y tomó harina y la amasó, y coció de ella panes sin levadura.

25 Y lo trajo delante de Saúl y de sus siervos; y después de haber comido, se levantaron, y se fueron aquella noche.

Los filisteos desconfían de David

29 Los filisteos juntaron todas sus fuerzas en Afec, e Israel acampó junto a la fuente que está en Jizreel.

2 Y cuando los príncipes de los filisteos
pasaban revista a sus compañías de a ciento
y de a mil hombres, David y sus hombres
iban en la retaguardia con Aquís.
3 Y dijeron los príncipes de los filisteos:
¿Qué hacen aquí estos hebreos? Y Aquís
respondió a los príncipes de los filisteos:
¿No es éste David, el siervo de Saúl rey de
Israel, que ha estado conmigo por días y
años, y no he hallado falta en él desde el día
que se pasó a mí hasta hoy?
4 Entonces los príncipes de los filisteos se
enojaron contra él, y le dijeron: Despide a
este hombre, para que se vuelva al lugar que
le señalaste, y no venga con nosotros a la
batalla, no sea que en la batalla se nos
vuelva enemigo; porque ¿con qué cosa volvería mejor a la gracia de su señor que con
las cabezas de estos hombres?
5 ¿No es éste David, de quien cantaban en
las danzas, diciendo:
Saúl hirió a sus miles,
Y David a sus diez miles?
Y Aquís llamó a David y le dijo: Vive
Jehová, que tú has sido recto, y que me ha
parecido bien tu salida y tu entrada en el
campamento conmigo, y que ninguna cosa
mala he hallado en ti desde el día que viniste
a mí hasta hoy; mas a los ojos de los jefes no
agradas.
7 Vuélvete, pues, y vete en paz, para no
desagradar a los jefes de los filisteos.
8 Y David respondió a Aquís: ¿Qué he
hecho? ¿Qué has hallado en tu siervo desde
el día que estoy contigo hasta hoy, para que
yo no vaya y pelee contra los enemigos de mi
señor el rey?
9 Y Aquís respondió a David, y dijo: Yo sé
que tú eres bueno ante mis ojos, como un
ángel de Dios; pero los jefes de los filisteos
me han dicho: No venga con nosotros a la
batalla.
10 Levántate, pues, de mañana, tú y los
siervos de tu señor que han venido contigo;
y levantándoos al amanecer, marchad.
11 Y se levantó David de mañana, él y sus
hombres, para irse y volver a la tierra de los
filisteos; y los filisteos fueron a Jizreel.

David derrota a los amalecitas

30 Cuando David y sus hombres vinieron a Siclag al tercer día, los de
Amalec habían invadido el Négueb y a
Siclag, y habían asolado a Siclag y le habían
prendido fuego.
2 Y se habían llevado cautivas a las mujeres
y a todos los que estaban allí, desde el
menor hasta el mayor; pero a nadie habían
dado muerte, sino se los habían llevado al
seguir su camino.
3 Vino, pues, David con los suyos a la
ciudad, y he aquí que estaba quemada, y sus

mujeres y sus hijos e hijas habían sido
llevados cautivos.
4 Entonces David y la gente que con él
estaba alzaron su voz y lloraron, hasta que
les faltaron las fuerzas para llorar.
5 Las dos mujeres de David, Ahinoam jizreelita y Abigail la que fue mujer de Nabal
el de Carmel, también eran cautivas.
6 Y David se angustió mucho, porque el
pueblo hablaba de apedrearlo, pues todo el
pueblo estaba en amargura de alma, cada
uno por sus hijos y por sus hijas; mas David
se fortaleció en Jehová su Dios.
7 Y dijo David al sacerdote Abiatar hijo de
Ahimélec: Yo te ruego que me acerques el
efod. Y Abiatar acercó el efod a David.
8 Y David consultó a Jehová, diciendo:
¿Perseguiré a estos merodeadores? ¿Los
podré alcanzar? Y él le dijo: Síguelos, porque ciertamente los alcanzarás, y de cierto
librarás a los cautivos.
9 Partió, pues, David, él y los seiscientos
hombres que con él estaban, y llegaron
hasta el torrente de Besor, donde se quedaron algunos.
10 Y David siguió adelante con cuatrocientos hombres; porque se quedaron atrás doscientos, que cansados no pudieron pasar el
torrente de Besor.
11 Y hallaron en el campo a un hombre
egipcio, el cual trajeron a David, y le dieron
pan, y comió, y le dieron a beber agua.
12 Le dieron también un pedazo de masa de
higos secos y dos racimos de pasas. Y luego
que comió, volvió en él su espíritu; porque
no había comido pan ni bebido agua en tres
días y tres noches.
13 Y le dijo David: ¿De quién eres tú, y de
dónde eres? Y respondió el joven egipcio:
Yo soy siervo de un amalecita, y me dejó mi
amo hoy hace tres días, porque estaba yo
enfermo;
14 pues hicimos una incursión a la parte del
Négueb que es de los cereteos, y de Judá, y
al Négueb de Caleb; y pusimos fuego a
Siclag.
15 Y le dijo David: ¿Me llevarás tú a esa
tropa? Y él dijo: Júrame por Dios que no me
matarás, ni me entregarás en manos de mi
amo, y yo te guiaré a esa banda.
16 Les guió, pues; y los hallaron desparra-
mados sobre todo el campo, comiendo y
bebiendo y haciendo fiesta, por todo aquel
gran botín que habían tomado de la tierra de
los filisteos y de la tierra de Judá.
17 Y los hirió David desde aquella mañana
hasta la tarde del día siguiente; y no escapó
de ellos ninguno, sino cuatrocientos jóvenes
que montaron sobre los camellos y huyeron.
18 Y libró David todo lo que los amalecitas
habían tomado, y asimismo libertó David a
sus dos mujeres.

19 Y no les faltó cosa alguna, pequeña ni grande, así de hijos como de hijas, de todas las cosas que les habían robado; todo lo recuperó David.

20 Tomó también David todas las ovejas y el ganado mayor; y trayéndolo todo delante, decían: Éste es el botín de David.

21 Y vino David a los doscientos hombres que habían quedado cansados y no habían podido seguir a David, a los cuales habían hecho quedar en el torrente de Besor; y ellos salieron a recibir a David y al pueblo que con él estaba. Y cuando David llegó a la gente, les saludó con paz.

22 Entonces todos los malos y perversos de entre los que habían ido con David, respondieron y dijeron: Porque no fueron con nosotros, no les daremos del botín que hemos quitado, sino a cada uno su mujer y sus hijos; que los tomen y se vayan.

23 Y David dijo: No hagáis eso, hermanos míos, después de lo que nos ha dado Jehová, quien nos ha guardado, y ha entregado en nuestra mano a los merodeadores que vinieron contra nosotros.

24 ¿Y quién os dará la razón en este caso? Porque igual parte ha de ser del que desciende a la batalla, que del que queda con el bagaje; les ha de tocar igual parte.

25 Desde aquel día en adelante fue esto por ley y ordenanza en Israel, hasta hoy.

26 Y cuando David llegó a Siclag, envió del botín a los ancianos de Judá, sus amigos, diciendo: He aquí un presente para vosotros del botín de los enemigos de Jehová.

27 Lo envió a los que estaban en Betel, en Ramot del Négueb, en Jatir,

28 en Aroer, en Sifmot, en Estemoa,

29 en Racal, en las ciudades de Jerameel, en las ciudades del ceneo,

30 en Hormá, en Corasán, en Atac,

31 en Hebrón, y en todos los lugares donde David había estado con sus hombres.

Muerte de Saúl y de sus hijos

31 Los filisteos, pues, pelearon contra Israel, y los de Israel huyeron delante de los filisteos, y cayeron muertos en el monte de Gilboa.

2 Y siguiendo los filisteos a Saúl y a sus hijos, mataron a Jonatán, a Abinadab y a Malquisúa, hijos de Saúl.

3 Y arreció la batalla contra Saúl, y le alcanzaron los flecheros, y fue muy herido por ellos.

4 Entonces dijo Saúl a su escudero: Saca tu espada, y traspásame con ella, para que no vengan esos incircuncisos y hagan mofa de mí. Mas su escudero no quería, porque tenía gran temor. Entonces tomó Saúl su propia espada y se echó sobre ella.

5 Y viendo su escudero a Saúl muerto, él también se echó sobre su espada, y murió con él.

6 Así murió Saúl en aquel día, juntamente con sus tres hijos, y su escudero, y todos sus varones.

7 Y los de Israel que eran del otro lado del valle, y del otro lado del Jordán, viendo que Israel había huido y que Saúl y sus hijos habían sido muertos, dejaron las ciudades y huyeron; y los filisteos vinieron y habitaron en ellas.

8 Aconteció al siguiente día, que viniendo los filisteos a despojar a los muertos, hallaron a Saúl y a sus tres hijos tendidos en el monte de Gilboa.

9 Y le cortaron la cabeza, y le despojaron de las armas; y enviaron mensajeros por toda la tierra de los filisteos, para que llevaran las buenas noticias al templo de sus ídolos y al pueblo.

10 Y pusieron sus armas en el templo de Astarot, y colgaron su cuerpo en el muro de Bet-sán.

11 Mas oyendo los de Jabés de Galaad esto que los filisteos hicieron a Saúl,

12 todos los hombres valientes se levantaron, y anduvieron toda aquella noche, y quitaron el cuerpo de Saúl y los cuerpos de sus hijos del muro de Bet-sán; y viniendo a Jabés, los quemaron allí.

13 Y tomando sus huesos, los sepultaron debajo de un árbol en Jabés, y ayunaron siete días.

SEGUNDO LIBRO DE

SAMUEL

David se entera de la muerte de Saúl

1 Aconteció después de la muerte de Saúl, que vuelto David de la derrota de los amalecitas, estuvo dos días en Siclag.

2 Al tercer día, sucedió que vino uno del campamento de Saúl, rotos sus vestidos, y con tierra sobre su cabeza; y llegando a David, se postró en tierra e hizo reverencia.

3 Y le preguntó David: ¿De dónde vienes?

Y él respondió: Me he escapado del campamento de Israel.

4 David le dijo: ¿Qué ha acontecido? Te ruego que me lo digas. Y él respondió: El pueblo huyó de la batalla, y también muchos del pueblo cayeron y están muertos; también Saúl y Jonatán su hijo murieron.

5 Dijo David a aquel joven que le daba las nuevas: ¿Cómo sabes que han muerto Saúl y Jonatán su hijo?

6 El joven que le daba las nuevas respondió: Casualmente vine al monte de Gilboa, y hallé a Saúl que se apoyaba sobre su lanza, y venían tras él carros y gente de a caballo.

7 Y mirando él hacia atrás, me vio y me llamó; y yo dije: Heme aquí.

8 Y me preguntó: ¿Quién eres tú? Y yo le respondí: Soy amalecita.

9 Él me volvió a decir: Te ruego que te eches sobre mí y me mates, porque se ha apoderado de mí la angustia; pues mi vida está aún toda en mí.

10 Yo entonces me eché sobre él y le maté, porque sabía que no podía vivir después de su caída; y tomé la corona que tenía en su cabeza, y el brazalete que traía en su brazo, y los he traído acá a mi señor.

11 Entonces David, asiendo de sus vestidos, los rasgó; y lo mismo hicieron los hombres que estaban con él.

12 Y lloraron y lamentaron y ayunaron hasta la noche, por Saúl y por Jonatán su hijo, por el pueblo de Jehová y por la casa de Israel, porque habían caído a filo de espada.

13 Y David dijo a aquel joven que le había traído las nuevas: ¿De dónde eres tú? Y él respondió: Yo soy hijo de un extranjero, amalecita.

14 Y le dijo David: ¿Cómo no tuviste temor de extender tu mano para matar al ungido de Jehová?

15 Entonces llamó David a uno de sus hombres, y le dijo: Ve y mátalo. Y él lo hirió, y murió.

16 David le dijo: Tu sangre sea sobre tu cabeza, pues tu misma boca atestiguó contra ti, diciendo: Yo maté al ungido de Jehová.

David endecha a Saúl y a Jonatán

17 Y endechó David a Saúl y a Jonatán su hijo con esta endecha,

18 y dijo que debía enseñarse a los hijos de Judá. He aquí que está escrito en el libro de Jaser.

19 ¡Ha perecido la gloria de Israel sobre tus
    alturas!
    ¡Cómo han caído los valientes!

20 No lo anunciéis en Gat,
    Ni deis las nuevas en las plazas de
        Ascalón;
    Para que no se alegren las hijas de los
        filisteos,

Para que no salten de gozo las hijas de
    los incircuncisos.

21 Montes de Gilboa,
    Ni rocío ni lluvia caiga sobre vosotros, ni
        seáis tierras de ofrendas;
    Porque allí fue deshonrado el escudo de
        los valientes,
    El escudo de Saúl, como si no hubiera
        sido ungido con aceite,

22 Sino con sangre de los muertos, con
    grosura de los valientes.
    El arco de Jonatán no volvía atrás,
    Ni la espada de Saúl volvió vacía.

23 Saúl y Jonatán, amados y queridos;
    Inseparables en su vida, tampoco en su
        muerte fueron separados;
    Más ligeros eran que águilas,
    Más fuertes que leones.

24 Hijas de Israel, llorad por Saúl,
    Quien os vestía de lino y escarlata en las
        fiestas,
    Quien adornaba vuestras ropas con or-
        namentos de oro.

25 ¡Cómo han caído los valientes en medio
    de la batalla!
    ¡Jonatán, muerto en tus alturas!

26 Angustia tengo por ti, hermano mío
    Jonatán,
    Que me fuiste muy agradable.
    Más maravilloso me fue tu amor
    Que el amor de las mujeres.

27 ¡Cómo han caído los valientes,
    Han perecido las armas de guerra!

David es proclamado rey de Judá

2 Después de esto aconteció que David consultó a Jehová, diciendo: ¿Subiré a alguna de las ciudades de Judá? Y Jehová le respondió: Sube. David volvió a decir: ¿Adónde subiré? Y él le dijo: A Hebrón.

2 David subió allá, y con él sus dos mujeres, Ahinoam jizreelita y Abigail, la que fue mujer de Nabal el de Carmel.

3 Llevó también David consigo a los hombres que con él habían estado, cada uno con su familia; los cuales moraron en las ciudades de Hebrón.

4 Y vinieron los varones de Judá y ungieron allí a David por rey sobre la casa de Judá. Y dieron aviso a David, diciendo: Los de Jabes de Galaad son los que sepultaron a Saúl.

5 Entonces envió David mensajeros a los de Jabes de Galaad, diciéndoles: Benditos seáis vosotros de Jehová, que habéis hecho esta misericordia con vuestro señor, con Saúl, dándole sepultura.

6 Ahora, pues, Jehová haga con vosotros misericordia y verdad; y yo también os haré bien por esto que habéis hecho.

7 Esfuércense, pues, ahora vuestras manos, y sed valientes; pues muerto Saúl vues-

tro señor, los de la casa de Judá me han ungido por rey sobre ellos.

Guerra entre David y la casa de Saúl

8 Pero Abner hijo de Ner, general del ejército de Saúl, tomó a Is-boset hijo de Saúl, y lo llevó a Mahanáyim,

9 y lo hizo rey sobre Galaad, sobre Asurí, sobre Jizreel, sobre Efraín, sobre Benjamín y sobre todo Israel.

10 De cuarenta años era Is-boset hijo de Saúl cuando comenzó a reinar sobre Israel, y reinó dos años. Solamente los de la casa de Judá siguieron a David.

11 Y fue el número de los días que David reinó en Hebrón sobre la casa de Judá, siete años y seis meses.

Guerra entre Judá e Israel. Batalla de Gabaón

12 Abner hijo de Ner salió de Mahanáyim a Gabaón con los siervos de Is-boset hijo de Saúl,

13 y Joab hijo de Sarvia y los siervos de David salieron y los encontraron junto al estanque de Gabaón; y se pararon los unos a un lado del estanque, y los otros al otro lado.

14 Y dijo Abner a Joab: Levántense ahora los jóvenes, y maniobren delante de nosotros. Y Joab respondió: Levántense.

15 Entonces se levantaron, y pasaron en número igual, doce de Benjamín por parte de Is-boset hijo de Saúl, y doce de los siervos de David.

16 Y cada uno echó mano de la cabeza de su adversario, y metió su espada en el costado de su adversario, y cayeron a una; por lo que fue llamado aquel lugar, Helcat-hazurim, el cual está en Gabaón.

17 La batalla fue muy reñida aquel día, y Abner y los hombres de Israel fueron vencidos por los siervos de David.

18 Estaban allí los tres hijos de Sarvia: Joab, Abisay y Asael. Este Asael era ligero de pies como una gacela del campo.

19 Y siguió Asael tras de Abner, sin apartarse ni a derecha ni a izquierda.

20 Y miró atrás Abner, y dijo: ¿No eres tú Asael? Y él respondió: Sí.

21 Entonces Abner le dijo: Apártate a la derecha o a la izquierda, y echa mano de alguno de los hombres, y toma para ti sus despojos. Pero Asael no quiso apartarse de en pos de él.

22 Y Abner volvió a decir a Asael: Apártate de en pos de mí; ¿por qué he de herirte hasta derribarte? ¿Cómo levantaría yo entonces mi rostro delante de Joab tu hermano?

23 Y no queriendo él irse, lo hirió Abner con el regatón de la lanza por la quinta

costilla, y le salió la lanza por la espalda, y cayó allí, y murió en aquel mismo sitio. Y todos los que venían por aquel lugar donde Asael había caído y estaba muerto, se detenían.

24 Mas Joab y Abisay siguieron a Abner; y se puso el sol cuando llegaron al collado de Ammá, que está delante de Gía, junto al camino del desierto de Gabaón.

25 Y se juntaron los hijos de Benjamín en pos de Abner, formando un solo ejército; e hicieron alto en la cumbre del collado.

26 Y Abner dio voces a Joab, diciendo: ¿Consumirá la espada perpetuamente? ¿No sabes tú que el final será amargura? ¿Hasta cuándo no dirás al pueblo que se vuelva de perseguir a sus hermanos?

27 Y Joab respondió: Vive Dios, que si no hubieses hablado, el pueblo hubiera dejado de seguir a sus hermanos desde esta mañana.

28 Entonces Joab tocó el cuerno, y todo el pueblo se detuvo, y no persiguió más a los de Israel, ni peleó más.

29 Y Abner y los suyos caminaron por el Arabá toda aquella noche, y pasando el Jordán cruzaron por todo Bitrón y llegaron a Mahanáyim.

30 Joab también volvió de perseguir a Abner, y juntando a todo el pueblo, faltaron de los siervos de David diecinueve hombres y Asael.

31 Mas los siervos de David hirieron de los de Benjamín y de los de Abner, a trescientos sesenta hombres, los cuales murieron.

32 Tomaron luego a Asael, y lo sepultaron en el sepulcro de su padre en Belén. Y caminaron toda aquella noche Joab y sus hombres, y les amaneció en Hebrón.

3 Hubo larga guerra entre la casa de Saúl y la casa de David; pero David se iba fortaleciendo, y la casa de Saúl se iba debilitando.

Hijos de David nacidos en Hebrón

2 Y le nacieron hijos a David en Hebrón, su primogénito fue Amnón, de Ahinoam jizreelita;

3 su segundo, Quileab, de Abigail la mujer de Nabal el de Carmel; el tercero, Absalón hijo de Maacá, hija de Talmay rey de Gesur;

4 el cuarto, Adonís hijo de Haguit; el quinto, Sefatías hijo de Abital;

5 el sexto, Itream, de Eglá, mujer de David. Éstos le nacieron a David en Hebrón.

Abner pacta con David en Hebrón

6 Como había guerra entre la casa de Saúl y la de David, aconteció que Abner se esforzaba por la casa de Saúl.

7 Y había tenido Saúl una concubina que se llamaba Rizpá, hija de Ayá; y dijo Is-boset a

Abner: ¿Por qué te has llegado a la concubina de mi padre?

8 Y se enojó Abner en gran manera por las palabras de Is-boset, y dijo: ¿Soy yo cabeza de perro que pertenezca a Judá? Yo he hecho hoy misericordia con la casa de Saúl tu padre, con sus hermanos y con sus amigos, y no te he entregado en mano de David; ¿y tú me haces hoy cargo del pecado con esa mujer?

9 Así haga Dios a Abner y aun le añada, si como ha jurado Jehová a David, no haga yo así con él,

10 trasladando el reino de la casa de Saúl, y confirmando el trono de David sobre Israel y sobre Judá, desde Dan hasta Beerseba.

11 Y él no pudo responder palabra a Abner, porque le temía.

12 Entonces envió Abner mensajeros a David de su parte, diciendo: ¿De quién es la tierra? Y que le dijesen: Haz pacto conmigo, y he aquí que mi mano estará contigo para traer a ti todo Israel.

13 Y David dijo: Bien; haré pacto contigo, mas una cosa te pido: No me vengas a ver sin que primero traigas a Mical la hija de Saúl, cuando vengas a verme.

14 Después de esto envió David mensajeros a Is-boset hijo de Saúl, diciendo: Restitúyeme mi mujer Mical, la cual desposé conmigo por cien prepucios de filisteos.

15 Entonces Is-boset envió y se la quitó a su marido Paltiel hijo de Lais.

16 Y su marido fue con ella, siguiéndola y llorando hasta Bahurim. Y le dijo Abner: Anda, vuélvete. Entonces él se volvió.

17 Y habló Abner con los ancianos de Israel, diciendo: Hace ya tiempo procurabais que David fuese rey sobre vosotros.

18 Ahora, pues, hacedlo; porque Jehová ha hablado a David, diciendo: Por la mano de mi siervo David libraré a mi pueblo Israel de mano de los filisteos, y de mano de todos sus enemigos.

19 Habló también Abner a los de Benjamín; y fue también Abner a Hebrón a decir a David todo lo que parecía bien a los de Israel y a toda la casa de Benjamín.

20 Vino, pues, Abner a David en Hebrón, y con él veinte hombres; y David hizo banquete a Abner y a los que con él habían venido.

21 Y dijo Abner a David: Yo me levantaré e iré, y juntaré a mi señor el rey a todo Israel, para que hagan contigo pacto, y tú reines como lo desea tu corazón. David despidió luego a Abner, y él se fue en paz.

Joab mata a Abner

22 Y he aquí que los siervos de David y Joab venían del campo, y traían consigo gran botín. Mas Abner no estaba con David en Hebrón, pues ya lo había despedido, y él se había ido en paz.

23 Y luego que llegó Joab y todo el ejército que con él estaba, fue dado aviso a Joab, diciendo: Abner hijo de Ner ha venido al rey, y él le ha despedido, y se fue en paz.

24 Entonces Joab vino al rey, y le dijo: ¿Qué has hecho? He aquí Abner vino a ti; ¿por qué, pues, le dejaste que se fuese?

25 Tú conoces a Abner hijo de Ner. No ha venido sino para engañarte, y para enterarse de tus idas y venidas, y para saber todo lo que tú haces.

26 Y saliendo Joab de la presencia de David, envió mensajeros tras Abner, los cuales le hicieron volver desde el pozo de Sira, sin que David lo supiera.

27 Y cuando Abner volvió a Hebrón, Joab lo tomó aparte en medio de la puerta para hablar con él en secreto; y allí, en venganza de la muerte de Asael su hermano, le hirió por la quinta costilla, y murió.

28 Cuando David supo después esto, dijo: Inocente soy yo y mi reino, delante de Jehová, para siempre, de la sangre de Abner hijo de Ner.

29 Caiga sobre la cabeza de Joab, y sobre toda la casa de su padre; que nunca falte de la casa de Joab quien padezca flujo, ni leproso, ni quien ande con bastón, ni quien muera a espada, ni quien tenga falta de pan.

30 Joab, pues, y Abisai su hermano, mataron a Abner, porque él había dado muerte a Asael hermano de ellos en la batalla de Gabaón.

31 Entonces dijo David a Joab, y a todo el pueblo que con él estaba: Rasgad vuestros vestidos, y ceñíos de cilicio, y haced duelo delante de Abner. Y el rey David iba detrás del féretro.

32 Y sepultaron a Abner en Hebrón; y alzando el rey su voz, lloró junto al sepulcro de Abner; y lloró también todo el pueblo.

33 Y entonó el rey esta elegía por Abner:
¿Había de morir Abner como muere un villano?

34 Tus manos no estaban atadas, ni tus pies ligados con grillos;
Caíste como los que caen delante de malhechores.
Y todo el pueblo volvió a llorar sobre él.

35 Entonces todo el pueblo vino para persuadir a David que comiera, antes que acabara el día. Mas David juró diciendo: Así me haga Dios y aun me añada, si antes que se ponga el sol pruebo el pan, o cualquier otra cosa.

36 Todo el pueblo supo esto, y le agradó; pues todo lo que el rey hacía agradaba a todo el pueblo.

37 Y todo el pueblo y todo Israel entendió

aquel día, que no había procedido del rey el matar a Abner hijo de Ner.

38 También dijo el rey a sus siervos: ¿No sabéis que un príncipe y grande ha caído hoy en Israel?

39 Y yo soy débil hoy, aunque ungido rey; y estos hombres, los hijos de Sarvia, son muy duros para mí; Jehová dé el pago al que mal hace, conforme a su maldad.

Is-boset es asesinado

4 Luego que oyó el hijo de Saúl que Abner había sido muerto en Hebrón, desfallecieron sus manos, y fue atemorizado todo Israel.

2 Y el hijo de Saúl tenía dos hombres, capitanes de bandas de merodeadores; el nombre de uno era Baaná, y el del otro, Recab, hijos de Rimón beerotita, de los hijos de Benjamín (porque Beerot se considera como de Benjamín,

3 pues los beerotitas habían huido a Gitáyim, y moran allí como forasteros hasta hoy).

4 Y Jonatán hijo de Saúl tenía un hijo lisiado de los pies. Tenía cinco años de edad cuando llegó a Jizreel la noticia de la muerte de Saúl y de Jonatán, y su nodriza le tomó y huyó; y mientras iba huyendo apresuradamente, se le cayó el niño y quedó cojo. Su nombre era Mefi-bóset.

5 Los hijos, pues, de Rimón beerotita, Recab y Baaná, fueron y entraron en el mayor calor del día en casa de Is-boset, el cual estaba durmiendo la siesta en su alcoba.

6 Y he aquí, la portera de la casa había estado limpiando trigo, pero se durmió; y fue así como Recab y Baaná su hermano se deslizaron cautelosamente y entraron en la casa.

7 Cuando llegaron al interior, Is-boset dormía sobre su lecho en su alcoba; y lo hirieron y lo mataron, y le cortaron la cabeza, y llevándosela, caminaron toda la noche por el camino del Arabá.

8 Y trajeron la cabeza de Is-boset a David en Hebrón, y dijeron al rey: He aquí la cabeza de Is-boset hijo de Saúl tu enemigo, que procuraba matarte; y Jehová ha vengado hoy a mi señor el rey, de Saúl y de su linaje.

9 Y David respondió a Recab y a su hermano Baaná, hijos de Rimón beerotita, y les dijo: Vive Jehová que ha redimido mi alma de toda angustia,

10 que cuando uno me dio nuevas, diciendo: He aquí Saúl ha muerto, imaginándose que traía buenas nuevas, yo lo prendí, y le maté en Siclag en pago de la nueva.

11 ¿Cuánto más a los malos hombres que mataron a un hombre justo en su casa, y sobre su cama? Ahora, pues, ¿no he de demandar yo su sangre de vuestras manos, y quitaros de la tierra?

12 Entonces David ordenó a sus servidores, y ellos los mataron, y les cortaron las manos y los pies, y los colgaron sobre el estanque en Hebrón. Luego tomaron la cabeza de Is-boset, y la enterraron en el sepulcro de Abner en Hebrón.

David es proclamado rey de Israel

5 Vinieron todas las tribus de Israel a David en Hebrón y hablaron, diciendo: Henos aquí, hueso tuyo y carne tuya somos.

2 Y aun antes de ahora, cuando Saúl reinaba sobre nosotros, eras tú quien sacabas a Israel a la guerra, y lo volvías a traer. Además Jehová te ha dicho: Tú apacentarás a mi pueblo Israel, y tú serás príncipe sobre Israel.

3 Vinieron, pues, todos los ancianos de Israel al rey en Hebrón, y el rey David hizo pacto con ellos en Hebrón delante de Jehová; y ungieron a David por rey sobre Israel.

4 Era David de treinta años cuando comenzó a reinar, y reinó cuarenta años.

5 En Hebrón reinó sobre Judá siete años y seis meses, y en Jerusalén reinó treinta y tres años sobre todo Israel y Judá.

David toma la fortaleza de Sión

6 Entonces marchó el rey con sus hombres a Jerusalén contra los jebuseos que moraban en aquella tierra; los cuales hablaron a David, diciendo: Tú no entrarás acá, pues aun los ciegos y los cojos bastan para rechazarte (queriendo decir: David no podrá entrar acá).

7 Pero David tomó la fortaleza de Sión, la cual es la ciudad de David.

8 Y dijo David aquel día: Batiendo al jebuseo por el acueducto, alcanzaréis aun a los ciegos y a los cojos que David aborrece. Por eso se dice: Ni cojo ni ciego entrarán en el Templo.

9 Y David moró en la fortaleza, y le puso por nombre la Ciudad de David; y edificó alrededor desde Miló hacia dentro.

10 Y David iba adelantando y engrandeciéndose, y Jehová Dios de los ejércitos estaba con él.

Hiram envía embajadores a David

11 También Hiram rey de Tiro envió embajadores a David, y madera de cedro, y carpinteros, y canteros para los muros, los cuales edificaron la casa de David.

12 Y entendió David que Jehová le había confirmado por rey sobre Israel, y que había engrandecido su reino por amor de su pueblo Israel.

Hijos de David nacidos en Jerusalén

13 Y tomó David más concubinas y mujeres de Jerusalén, después que vino de Hebrón, y le nacieron más hijos e hijas.
14 Éstos son los nombres de los que le nacieron en Jerusalén: Samúa, Sobab, Natán, Salomón,
15 Ibhar, Elisúa, Nefeg, Jafía,
16 Elisamá, Eliadá y Elifélet.

David derrota a los filisteos

17 Oyendo los filisteos que David había sido ungido por rey sobre Israel, subieron todos los filisteos para buscar a David; y cuando David lo oyó, descendió a la fortaleza.
18 Y vinieron los filisteos, y se extendieron por el valle de Refaím.
19 Entonces consultó David a Jehová, diciendo: ¿Iré contra los filisteos? ¿Los entregarás en mi mano? Y Jehová respondió a David: Ve, porque ciertamente entregaré a los filisteos en tu mano.
20 Y vino David a Baal-perazim, y allí los venció David, y dijo: Quebrantó Jehová a mis enemigos delante de mí, como corriente impetuosa. Por esto llamó el nombre de aquel lugar Baal-perazim.
21 Y dejaron allí sus ídolos, y David y sus hombres los quemaron.
22 Y los filisteos volvieron a venir, y se extendieron en el valle de Refaím.
23 Y consultando David a Jehová, él le respondió: No subas, sino rodéalos, y vendrás a ellos enfrente de las balsameras.
24 Y cuando oigas ruido como de pasos en la cima de las balsameras, entonces te moverás; porque Jehová saldrá delante de ti a herir el campamento de los filisteos.
25 Y David lo hizo así, como Jehová se lo había mandado; e hirió a los filisteos desde Geba hasta llegar a Gézer.

David intenta llevar el arca a Jerusalén

6 David volvió a reunir a todos los escogidos de Israel, treinta mil.
2 Y acompañado de todo el pueblo que iba tras él, se puso en marcha desde Baalá de Judá, para subir desde allí el arca de Dios, sobre la cual era invocado el nombre de Jehová de los ejércitos, que mora entre los querubines.
3 Pusieron el arca de Dios sobre un carro nuevo, y la llevaron de la casa de Abinadab, que está en la colina; y Uzá y Ayó, hijos de Abinadab, guiaban el carro nuevo.
4 Y cuando lo llevaban de la casa de Abinadab, que estaba en la colina, con el arca de Dios, Ayó iba delante del arca.
5 Y David y toda la casa de Israel danzaban delante de Jehová con toda clase de instrumentos de madera de haya; con arpas, salterios, panderos, flautas y címbalos.
6 Cuando llegaron a la era de Nacón, Uzá extendió su mano al arca de Dios, y la sostuvo; porque los bueyes tropezaban.
7 Y el furor de Jehová se encendió contra Uzá, y lo hirió allí Dios por aquella temeridad, y cayó allí muerto junto al arca de Dios.
8 Y se entristeció David por haber herido Jehová a Uzá, y fue llamado aquel lugar Pérez-uzá, hasta hoy.
9 Y temiendo David a Jehová aquel día, dijo: ¿Cómo ha de venir a mí el arca de Jehová?
10 De modo que David no quiso traer para sí el arca de Jehová a la ciudad de David; y la hizo llevar David a casa de Obed-edom geteo.
11 Y estuvo el arca de Jehová en casa de Obed-edom geteo tres meses; y bendijo Jehová a Obed-edom y a toda su casa.

David trae el arca a Jerusalén

12 Fue dado aviso al rey David, diciendo: Jehová ha bendecido la casa de Obed-edom y todo lo que tiene, a causa del arca de Dios. Entonces David fue, y llevó con alegría el arca de Dios de casa de Obed-edom a la ciudad de David.
13 Y cuando los que llevaban el arca de Dios habían andado seis pasos, él sacrificaba un buey y un carnero cebado.
14 Y David danzaba con toda su fuerza delante de Jehová, vestido sólo con un efod de lino.
15 Así David y toda la casa de Israel subieron el arca de Jehová con júbilo y sonido de trompeta.
16 Cuando el arca de Jehová llegó a la ciudad de David, aconteció que Mical hija de Saúl miró desde una ventana, y vio al rey David que saltaba y danzaba delante de Jehová; y le menospreció en su corazón.
17 Metieron, pues, el arca de Jehová, y la pusieron en su lugar en medio de una tienda que David le había levantado; y sacrificó David holocaustos y ofrendas de paz delante de Jehová.
18 Y cuando David acabó de ofrecer los holocaustos y ofrendas de paz, bendijo al pueblo en el nombre de Jehová de los ejércitos.
19 Y repartió a todo el pueblo, y a toda la multitud de Israel, así a hombres como a mujeres, a cada uno un pan, y un pedazo de carne y una torta de pasas. Y se fue todo el pueblo, cada uno a su casa.
20 Cuando volvió David para bendecir su casa, salió Mical a recibir a David y le dijo: ¡Cuán honrado ha quedado hoy el rey de Israel, descubriéndose hoy delante de las

criadas de sus siervos, como se descubre sin decoro un cualquiera!

21 Entonces David respondió a Mical: Fue delante de Jehová, quien me eligió prefiriéndome a tu padre y a toda tu casa, para constituirme por príncipe sobre el pueblo de Jehová, sobre Israel. Por tanto, danzaré delante de Jehová.

22 Y aun me haré más vil que esta vez, y seré bajo a tus ojos; pero seré honrado delante de las criadas de quienes has hablado.

23 Y Mical hija de Saúl no tuvo ya hijos hasta el día de su muerte.

Pacto de Dios con David

7 Aconteció que cuando ya el rey habitaba en su casa, después que Jehová le había dado reposo de todos sus enemigos en derredor,

2 dijo el rey al profeta Natán: Mira ahora, yo habito en casa de cedro, y el arca de Dios está entre cortinas.

3 Y Natán dijo al rey: Anda, y haz todo lo que está en tu corazón, porque Jehová está contigo.

4 Aconteció aquella noche, que vino palabra de Jehová a Natán, diciendo:

5 Ve y di a mi siervo David: Así ha dicho Jehová: ¿Tú me has de edificar casa en que yo more?

6 Ciertamente no he habitado en casas desde el día en que saqué a los hijos de Israel de Egipto hasta hoy, sino que he caminado en tienda y en tabernáculo.

7 Y en todo cuanto he andado con todos los hijos de Israel, ¿he hablado yo palabra a alguna de las tribus de Israel, a quien haya mandado apacentar a mi pueblo de Israel, diciendo: Por qué no me habéis edificado casa de cedro?

8 Ahora, pues, dirás así a mi siervo David: Así ha dicho Jehová de los ejércitos: Yo te tomé del redil, de detrás de las ovejas, para que fueses príncipe sobre mi pueblo, sobre Israel;

9 y he estado contigo en todo cuanto has emprendido, y delante de ti he destruido a todos tus enemigos, y te he dado un nombre grande, como el nombre de los grandes que hay en la tierra.

10 Además, yo fijaré lugar a mi pueblo Israel y lo plantaré allí, para que habite en su lugar y nunca más sea removido, ni los inicuos le aflijan más, como al principio,

11 desde el día en que puse jueces sobre mi pueblo Israel; y a ti te daré descanso de todos tus enemigos. Asimismo, Jehová te hace saber que él te edificará una casa.

12 Y cuando tus días sean cumplidos, y duermas con tus padres, yo levantaré después de ti a uno de tu linaje, el cual procederá de tus entrañas, y afirmaré su reino.

13 Él edificará casa a mi nombre, y yo afirmaré para siempre el trono de su reino.

14 Yo le seré a él por padre, y él me será a mí por hijo. Y si él hiciere mal, yo le castigaré con vara de hombres, y con azotes de hijos de hombres;

15 pero mi misericordia no se apartará de él como la aparté de Saúl, al cual quité de delante de ti.

16 Y será afirmada tu casa y tu reino para siempre delante de tu rostro, y tu trono será estable eternamente.

17 Conforme a todas estas palabras, y conforme a toda esta visión, así habló Natán a David.

18 Y entró el rey David y se puso delante de Jehová, y dijo: Señor Jehová, ¿quién soy yo, y qué es mi casa, para que tú me hayas traído hasta aquí?

19 Y aun esto te ha parecido poco, Señor Jehová, pues también has hablado de la casa de tu siervo en lo por venir. ¿Es así como procede el hombre, Señor Jehová?

20 ¿Y qué más puede añadir David hablando contigo? Pues tú conoces a tu siervo, Señor Jehová.

21 Todas estas grandezas has hecho por tu palabra y conforme a tu corazón, haciéndolas saber a tu siervo.

22 Por tanto, tú te has engrandecido, Jehová Dios; por cuanto no hay como tú, ni hay Dios fuera de ti, conforme a todo lo que hemos oído con nuestros oídos.

23 ¿Y quién como tu pueblo, como Israel, única nación en la tierra a la que Dios fue a rescatar por pueblo suyo, y para ponerle nombre, y para hacer grandezas a su favor, y maravillas a tu tierra, por amor de tu pueblo que rescataste para ti de Egipto, de las naciones y de sus dioses?

24 Porque tú estableciste a tu pueblo Israel por pueblo tuyo para siempre; y tú, oh Jehová, fuiste a ellos por Dios.

25 Ahora, pues, Jehová Dios, confirma para siempre la palabra que has hablado sobre tu siervo y sobre su casa, y haz conforme a lo que has dicho.

26 Que sea engrandecido tu nombre para siempre, y se diga: Jehová de los ejércitos es Dios sobre Israel; y que la casa de tu siervo David sea firme delante de ti.

27 Porque tú, Jehová de los ejércitos, Dios de Israel, has hecho esta revelación a tu siervo, diciendo: Yo te edificaré casa. Por esto tu siervo ha hallado en su corazón valor para hacer delante de ti esta súplica.

28 Ahora, pues, Jehová Dios, tú eres Dios, y tus palabras son verdad, y tú has prometido este bien a tu siervo.

29 Ten ahora a bien bendecir la casa de tu

siervo, para que permanezca perpetuamente delante de ti, porque tú, Jehová Dios, lo has dicho, y con tu bendición será bendita la casa de tu siervo para siempre.

David extiende sus dominios

8 Después de esto, aconteció que David derrotó a los filisteos y los sometió, y tomó David a Méteg-amá de mano de los filisteos.

2 Derrotó también a los de Moab, y los midió con cordel, haciéndolos tender por tierra; y midió dos cordeles para hacerlos morir, y un cordel entero para preservarles la vida; y fueron los moabitas siervos de David, y pagaron tributo.

3 Asimismo derrotó David a Hadad-ézer hijo de Rehob, rey de Sobá, al ir éste a recuperar su territorio al río Éufrates.

4 Y tomó David de ellos mil setecientos hombres de a caballo, y veinte mil hombres de a pie; y desjarretó David los caballos de todos los carros, pero dejó suficientes para cien carros.

5 Y vinieron los sirios de Damasco para dar ayuda a Hadad-ézer rey de Sobá; y David hirió de los sirios a veintidós mil hombres.

6 Puso luego David guarnición en Aram de Damasco, y los sirios fueron hechos siervos de David, sujetos a tributo. Y Jehová dio la victoria a David por dondequiera que iba.

7 Y tomó David los escudos de oro que traían los siervos de Hadad-ézer, y los llevó a Jerusalén.

8 Asimismo de Beta y de Berotay, ciudades de Hadad-ézer, tomó el rey David gran cantidad de bronce.

9 Entonces, oyendo Toy rey de Hamat, que David había derrotado a todo el ejército de Hadad-ézer,

10 envió Toi a Joram su hijo al rey David, para saludarle pacíficamente y para bendecirle, porque había peleado con Hadad-ézer y lo había vencido; porque Toy era enemigo de Hadad-ézer. Y Joram trajo como obsequio utensilios de plata, de oro y de bronce;

11 los cuales el rey David dedicó a Jehová, con la plata y el oro que había dedicado de todas las naciones que había sometido;

12 de los sirios, de los moabitas, de los amonitas, de los filisteos, de los amalecitas, y del botín de Hadad-ézer hijo de Rehob, rey de Sobá.

13 Así ganó David fama. Cuando regresaba de derrotar a los sirios, destrozó a dieciocho mil edomitas en el Valle de la Sal.

14 Y puso guarnición en Edom; en todo Edom estableció gobernadores, y todos los edomitas fueron sometidos a David. Y Jehová dio la victoria a David por dondequiera que fue.

Oficiales de David

15 Y reinó David sobre todo Israel; y David administraba justicia y equidad a todo su pueblo.

16 Joab hijo de Sarvia era general de su ejército, y Josafat hijo de Ahilud era cronista;

17 Sadoc hijo de Ahitub y Ahimélec hijo de Abiatar eran sacerdotes; Serayá era escriba;

18 Benayahu hijo de Joyadá estaba sobre los cereteos y peleteos; y los hijos de David eran los príncipes.

Bondad de David hacia Mefi-bóset

9 Dijo David: ¿Ha quedado alguno de la casa de Saúl, a quien haga yo misericordia por amor de Jonatán?

2 Y había un siervo de la casa de Saúl, que se llamaba Sibá, al cual llamaron para que viniese a David. Y el rey le dijo: ¿Eres tú Sibá? Y él respondió: Tu siervo soy.

3 El rey le dijo: ¿No ha quedado nadie de la casa de Saúl, a quien haga yo misericordia de Dios? Y Sibá respondió al rey: Aún ha quedado un hijo de Jonatán, lisiado de los pies.

4 Entonces el rey le preguntó: ¿Dónde está? Y Sibá respondió al rey: He aquí, está en casa de Maquir hijo de Amiel, en Lodebar.

5 Entonces envió el rey David, y lo mandó traer de la casa de Maquir hijo de Amiel, de Lodebar.

6 Y vino Mefi-bóset, hijo de Jonatán hijo de Saúl, a David, y se postró sobre su rostro e hizo reverencia. Y dijo David: Mefi-bóset. Y él respondió: He aquí tu siervo.

7 Y le dijo David: No tengas temor, porque yo a la verdad haré contigo misericordia por amor de Jonatán tu padre, y te devolveré todas las tierras de Saúl tu padre; y tú comerás siempre a mi mesa.

8 Y él, inclinándose, dijo: ¿Quién es tu siervo, para que mires a un perro muerto como yo?

9 Entonces el rey llamó a Sibá siervo de Saúl, y le dijo: Todo lo que fue de Saúl y de toda su casa, se lo doy al hijo de tu señor.

10 Tú, pues, le labrarás las tierras, tú con tus hijos y tus siervos, y almacenarás los frutos, para que los hijos de tu señor tengan pan para comer; pero Mefi-bóset el hijo de tu señor comerá siempre a mi mesa. Y tenía Sibá quince hijos y veinte siervos.

11 Y respondió Sibá al rey: Conforme a todo lo que ha mandado mi señor el rey a su siervo, así lo hará tu siervo. Y Mefi-bóset comía a la mesa *(de David)*, como uno de los hijos del rey.

12 Y tenía Mefi-bóset un hijo pequeño, que

se llamaba Micá. Y toda la familia de la casa de Sibá eran siervos de Mefi-bóset.

13 Pero Mefi-bóset vivía en Jerusalén, porque comía siempre a la mesa del rey; y estaba lisiado de ambos pies.

Derrotas de amonitas y sirios

10 Después de esto, aconteció que murió el rey de los hijos de Amón, y reinó en lugar suyo Hanún su hijo.

2 Y dijo David: Yo haré misericordia con Hanún hijo de Nahás, como su padre la hizo conmigo. Y envió David sus siervos para darle el pésame por la muerte de su padre. Mas llegados los siervos de David a la tierra de los hijos de Amón,

3 los príncipes de los hijos de Amón dijeron a Hanún su señor: ¿Te parece que por honrar David a tu padre te ha enviado consoladores? ¿No ha enviado David sus siervos a ti para reconocer e inspeccionar la ciudad, para destruirla?

4 Entonces Hanún tomó los siervos de David, les rapó la mitad de la barba, les cortó los vestidos por la mitad hasta las nalgas, y los despidió.

5 Cuando se le hizo saber esto a David, envió a encontrarles, porque ellos estaban en extremo avergonzados; y el rey mandó que les dijeran: Quedaos en Jericó hasta que os vuelva a nacer la barba, y entonces volved.

6 Y viendo los hijos de Amón que se habían hecho odiosos a David, enviaron los hijos de Amón y tomaron a sueldo a los arameos de Bet-rehob y a los de Sobá, veinte mil hombres de a pie, del rey de Maacá mil hombres, y del rey de Tob doce mil hombres.

7 Cuando David oyó esto, envió a Joab con todo el ejército de los valientes.

8 Y saliendo los hijos de Amón, se pusieron en orden de batalla a la entrada de la puerta; pero los sirios de Sobá, de Rehob, de Tob y de Maacá estaban aparte en el campo.

9 Viendo, pues, Joab que se le presentaba la batalla de frente y a la retaguardia, entresacó de todos los escogidos de Israel, y se puso en orden de batalla contra los sirios.

10 Entregó luego el resto del ejército en mano de Abisay su hermano, y lo alineó para luchar con los amonitas.

11 Y dijo: Si los sirios pueden más que yo, tú me ayudarás; y si los hijos de Amón pueden más que tú, yo te daré ayuda.

12. Esfuérzate, y esforcémonos por nuestro pueblo, y por las ciudades de nuestro Dios; y haga Jehová lo que bien le parezca.

13 Y se acercó Joab, y el pueblo que con él estaba, para pelear contra los sirios; mas ellos huyeron delante de él.

14 Entonces los hijos de Amón, viendo que los sirios habían huido, huyeron también

ellos delante de Abisay, y se refugiaron en la ciudad. Se volvió, pues, Joab de luchar contra los hijos de Amón, y vino a Jerusalén.

15 Pero los sirios, viendo que habían sido derrotados por Israel, se volvieron a reunir.

16 Y envió Hadad-ézer e hizo salir a los sirios que estaban al otro lado del Éufrates, los cuales vinieron a Helam, llevando por jefe a Sobac, general del ejército de Hadad-ézer.

17 Le fue dado aviso a David, y reunió a todo Israel, y pasando el Jordán vino a Helam; y los sirios se pusieron en orden de batalla contra David y pelearon contra él.

18 Pero los sirios huyeron delante de Israel; y David mató de los sirios a la gente de setecientos carros, y cuarenta mil hombres de a caballo; hirió también a Sobac general del ejército, quien murió allí.

19 Viendo, pues, todos los reyes que ayudaban a Hadad-ézer, cómo habían sido derrotados delante de Israel, hicieron paz con Israel y le sirvieron; y de allí en adelante los sirios no osaron ayudar más a los hijos de Amón.

David y Betsabé

11 Al año siguiente, en la época en que salen los reyes a campaña, David envió a Joab, y con él a sus siervos y a todo Israel, y destruyeron a los amonitas, y sitiaron a Rabá; pero David se quedó en Jerusalén.

2 Y sucedió un día, al caer la tarde, que se levantó David de su lecho y se paseaba sobre el terrado de la casa real; y vio desde el terrado a una mujer que se estaba bañando, la cual era muy hermosa.

3 Envió David a preguntar por aquella mujer, y le dijeron: Es Betsabé hija de Eliam, mujer de Urías heteo.

4 Y envió David mensajeros que la trajeran y, cuando llegó, David se acostó con ella cuando acababa de purificarse de su menstruo, y ella se volvió a su casa.

5 La mujer quedó embarazada, y envió a hacerlo saber a David, diciendo: Estoy encinta.

6 Entonces David envió a decir a Joab: Haz venir a Urías heteo. Y Joab envió a Urías a David.

7 Cuando Urías vino a él, David le preguntó por la salud de Joab, y por la salud del pueblo, y por el estado de la guerra.

8 Después dijo David a Urías: Desciende a tu casa, y lava tus pies. Y saliendo Urías de la casa del rey, le fue enviado un presente de la mesa real.

9 Mas Urías durmió a la puerta de la casa del rey con los de la guardia de su señor, y no descendió a su casa.

10 E hicieron saber esto a David, diciendo:
Urías no ha descendido a su casa. Y dijo
David a Urías: ¿No has venido de camino?
¿Por qué, pues, no descendiste a tu casa?
11 Y Urías respondió a David: El arca e
Israel y Judá están bajo tiendas, y mi señor
Joab, y los siervos de mi señor, en el campo;
¿y había yo de entrar en mi casa para comer
y beber, y acostarme con mi mujer? Por vida
tuya, y por vida de tu alma, que yo no haré
tal cosa.
12 Y David dijo a Urías: Quédate aquí aún
hoy, y mañana te despacharé. Y se quedó
Urías en Jerusalén aquel día y el siguiente.
13 Y David lo convidó a comer y a beber
con él, hasta embriagarlo. Y él salió a la
tarde a dormir en su cama con los de la
guardia de su señor; mas no descendió a su
casa.
14 Venida la mañana, escribió David a
Joab una carta, la cual envió por mano de
Urías.
15 Había escrito en la carta lo siguiente:
Poned a Urías al frente, en lo más recio de la
batalla, y retiraos de él, para que sea herido
y muera.
16 Así fue que cuando Joab sitió la ciudad,
puso a Urías en el lugar donde sabía que
estaban los hombres más valientes.
17 Y saliendo luego los de la ciudad, pelearon contra Joab, y cayeron algunos del
ejército de los siervos de David; y murió
también Urías heteo.
18 Entonces envió Joab e hizo saber a
David todos los asuntos de la guerra.
19 Y mandó al mensajero, diciendo: Cuando acabes de contar al rey todas las noticias
de la guerra,
20 si el rey comienza a enojarse, y te dice:
¿Por qué os acercasteis demasiado a la
ciudad para combatir? ¿No sabíais lo que
suelen arrojar desde el muro?
21 ¿Quién hirió a Abimélec hijo de Jerobaal? ¿No echó una mujer del muro un
pedazo de una rueda de molino, y murió en
Tebes? ¿Por qué os acercasteis tanto al
muro? Entonces tú le dirás: También tu
siervo Urías heteo ha muerto.
22 Fue el mensajero, y llegando, contó a
David todo aquello a que Joab le había
enviado.
23 Y dijo el mensajero a David: Prevalecieron contra nosotros los hombres que salieron contra nosotros al campo, aunque les
hicimos retroceder hasta la entrada de la
puerta;
24 pero los flecheros tiraron contra tus siervos desde el muro, y murieron algunos de
los siervos del rey; y murió también tu siervo
Urías heteo.
25 Y David dijo al mensajero: Así dirás a
Joab: No tengas pesar por esto, porque la

espada devora, ora a uno, ora a otro; refuerza tu ataque contra la ciudad, hasta que la
rindas. Y tú aliéntale.
26 Oyendo la mujer de Urías que su marido
Urías había muerto, hizo duelo por su marido.
27 Y pasado el luto, envió David y la trajo a
su casa; y fue ella su mujer, y le dio a luz un
hijo. Mas esto que David había hecho, fue
desagradable ante los ojos de Jehová.

Natán amonesta a David

12 Jehová envió a Natán a David; y
viniendo a él, le dijo: «Había dos
hombres en una ciudad, el uno rico, y el otro
pobre.
2 El rico tenía numerosas ovejas y vacas;
3 pero el pobre no tenía más que una sola
corderita, que él había comprado y criado, y
que había crecido con él y con sus hijos
juntamente, comiendo de su pan y bebiendo
de su vaso, y durmiendo en su seno; y la
tenía como a una hija.
4 Y vino uno de camino al hombre rico; y
éste no quiso tomar de sus ovejas y de sus
vacas, para guisar para el caminante que
había venido a él, sino que tomó la oveja de
aquel hombre pobre, y la preparó para
aquel que había venido a él.»
5 Entonces se encendió el furor de David
en gran manera contra aquel hombre, y dijo
a Natán: Vive Jehová, que el que tal hizo es
digno de muerte.
6 Y debe pagar la cordera cuatro veces,
porque hizo tal cosa, y no tuvo misericordia.
7 Entonces dijo Natán a David: Tú eres ese
hombre. Así ha dicho Jehová, Dios de
Israel: Yo te ungí por rey sobre Israel, y te
libré de la mano de Saúl,
8 y te di la casa de tu señor, y he puesto en
tu seno las mujeres de tu señor; además te di
la casa de Israel y de Judá; y si esto fuera
poco, te añadiré mucho más.
9 ¿Por qué, pues, tuviste en poco la palabra
de Jehová, haciendo lo malo delante de sus
ojos? A Urías heteo heriste a espada, y
tomaste por mujer a su mujer, y a él lo
mataste con la espada de los hijos de Amón.
10 Por lo cual ahora no se apartará jamás de
tu casa la espada, por cuanto me menospreciaste, y tomaste la mujer de Urías heteo
para que fuese tu mujer.
11 Así ha dicho Jehová: He aquí yo haré
levantar el mal sobre ti de tu misma casa, y
tomaré tus mujeres delante de tus ojos, y las
daré a otro, que se acostará con tus mujeres
a la luz del sol.
12 Porque tú lo hiciste en secreto; mas yo
haré esto delante de todo Israel y a pleno
sol.
13 Entonces dijo David a Natán: Pequé
contra Jehová. Y Natán dijo a David: Tam-

bién Jehová perdona tu pecado; no morirás.
14 Mas por cuanto con este asunto diste ocasión de blasfemar a los enemigos de Jehová, el hijo que te ha nacido ciertamente morirá.
15 Y Natán se volvió a su casa. Y Jehová hirió al niño que la mujer de Urías había engendrado de David, y enfermó gravemente.
16 Entonces David rogó a Dios por el niño; y ayunó David, y entró, y pasó la noche acostado en tierra.
17 Y se levantaron los ancianos de su casa, y fueron a él para hacerlo levantar de la tierra; mas él no quiso, ni comió con ellos pan.
18 Y al séptimo día murió el niño; y temían los servidores de David hacerle saber que el niño había muerto, diciendo entre sí: Cuando el niño aún vivía, le hablábamos, y no quería oír nuestra voz; ¿cuánto más se afligirá si le decimos que el niño ha muerto?
19 Mas David, viendo a sus servidores hablar entre sí, entendió que el niño había muerto; por lo que dijo David a sus criados: ¿Ha muerto el niño? Y ellos respondieron: Ha muerto.
20 Entonces David se levantó del suelo, se lavó, se ungió, se cambió de ropa, entró a la casa de Jehová y adoró. Después vino a su casa, y pidió que le trajesen de comer, y comió.
21 Y le dijeron sus siervos: ¿Qué es esto que has hecho? Por el niño, vivo aún, ayunabas y llorabas; y ahora que ha muerto él, te levantas y comes.
22 Y él respondió: Viviendo aún el niño, yo ayunaba y lloraba, diciendo: ¿Quién sabe si Dios tendrá compasión de mí, y vivirá el niño?
23 Mas ahora que ha muerto, ¿para qué he de ayunar? ¿Podré yo hacerle volver? Yo voy a él, mas él no volverá a mí.
24 Y consoló David a Betsabé su mujer, y llegándose a ella, se acostó con ella; y ella le dio a luz un hijo, y llamó su nombre Salomón, al cual amó Jehová,
25 y envió un mensaje por medio de Natán profeta, quien le puso por nombre Jedidyá, por orden de Jehová.

David captura Rabá

26 Joab peleaba contra Rabá de los hijos de Amón, y tomó la ciudad real.
27 Entonces envió Joab mensajeros a David, diciendo: Yo he puesto sitio a Rabá, y he tomado la ciudad de las aguas.
28 Reúne, pues, ahora al pueblo que queda, y acampa contra la ciudad y tómala, no sea que tome yo la ciudad y sea llamada con mi nombre.
29 Y juntando David a todo el pueblo, fue contra Rabá, y combatió contra ella, y la tomó.
30 Y quitó la corona de la cabeza de su rey, la cual pesaba un talento de oro, y tenía piedras preciosas; y fue puesta sobre la cabeza de David. Y sacó muy gran botín de la ciudad.
31 Sacó además a la gente que estaba en ella, y los puso a trabajar con sierras, con trillos de hierro y hachas de hierro, y además los hizo trabajar en los hornos de ladrillos; y lo mismo hizo a todas las ciudades de los hijos de Amón. Y volvió David con todo el ejército a Jerusalén.

Amnón y Tamar

13 Aconteció después de esto, que teniendo Absalón hijo de David una hermana hermosa que se llamaba Tamar, se enamoró de ella Amnón hijo de David.
2 Y estaba Amnón angustiado hasta enfermarse por Tamar su hermana, pues por ser ella virgen, le parecía a Amnón que sería difícil hacerle cosa alguna.
3 Y Amnón tenía un amigo que se llamaba Jonadab, hijo de Simá, hermano de David; y Jonadab era hombre muy astuto.
4 Y éste le dijo: Hijo del rey, ¿por qué de día en día vas enflaqueciendo así? ¿No me lo descubrirás a mí? Y Amnón le respondió: Yo amo a Tamar la hermana de Absalón mi hermano.
5 Y Jonadab le dijo: Acuéstate en tu cama, y finge que estás enfermo; y cuando tu padre venga a visitarte, dile: Te ruego que venga mi hermana Tamar, para que me dé de comer, y prepare delante de mí alguna vianda, para que al verla yo la coma de su mano.
6 Se acostó, pues, Amnón, y fingió que estaba enfermo; y vino el rey a visitarle. Y dijo Amnón al rey: Yo te ruego que venga mi hermana Tamar, y haga delante de mí dos pastas fritas, para que coma yo de su mano.
7 Y David envió a Tamar a su casa, diciendo: Ve ahora a casa de Amnón tu hermano, y hazle de comer.
8 Y fue Tamar a casa de su hermano Amnón, el cual estaba acostado; y tomó harina, y amasó, e hizo unas pastas delante de él y las coció.
9 Tomó luego la sartén, y las sacó delante de él; mas él no quiso comer. Y dijo Amnón: Echad fuera de aquí a todos. Y todos salieron de allí.
10 Entonces Amnón dijo a Tamar: Trae la comida a la alcoba, para que yo coma de tu mano. Y tomando Tamar las pastas que había preparado, las llevó a su hermano Amnón a la alcoba.
11 Y cuando ella se las puso delante para

que comiese, asió de ella, y le dijo: Ven, hermana mía, acuéstate conmigo.

12 Ella entonces le respondió: No, hermano mío, no me hagas violencia; porque no se debe hacer así en Israel. No hagas tal vileza.

13 Porque ¿adónde iría yo con mi deshonra? Y aun tú serías estimado como uno de los perversos en Israel. Te ruego, pues, ahora, que hables al rey, que él no me negará a ti.

14 Mas él no la quiso oír, sino que pudiendo más que ella, la sujetó, y se acostó con ella, violándola.

15 Luego la aborreció Amnón con tan gran aborrecimiento, que el odio con que la aborreció fue mayor que el amor con que la había amado. Y le dijo Amnón: Levántate, y vete.

16 Y ella le respondió: No hay razón; mayor mal es este de arrojarme, que el que me has hecho. Mas él no la quiso oír,

17 sino que llamando a su criado que le servía, le dijo: Échame a ésta fuera de aquí, y cierra tras ella la puerta.

18 Y llevaba ella un vestido de diversos colores, traje que vestían las hijas vírgenes de los reyes. Su criado, pues, la echó fuera, y cerró la puerta tras ella.

19 Entonces Tamar tomó ceniza y la esparció sobre su cabeza, rasgó la ropa de colores de que estaba vestida, puso sus manos sobre su cabeza y se fue gritando.

Venganza y huida de Absalón

20 Y le dijo su hermano Absalón: ¿Ha estado contigo tu hermano Amnón? Pues calla ahora, hermana mía; tu hermano es; no se angustie tu corazón por esto. Y se quedó Tamar desconsolada en casa de Absalón su hermano.

21 Y luego que el rey David oyó todo esto, se enojó mucho.

22 Mas Absalón no habló con Amnón ni malo ni bueno; aunque Absalón aborrecía a Amnón, porque había violado a Tamar su hermana.

23 Aconteció pasados dos años, que Absalón tenía esquiladores en Baalhazor, que está junto a Efraín; y convidó Absalón a todos los hijos del rey.

24 Y vino Absalón al rey, y dijo: He aquí, tu siervo tiene ahora esquiladores; yo ruego que venga el rey y sus siervos con tu siervo.

25 Y respondió el rey a Absalón: No, hijo mío, no vamos todos, para no serte gravosos. Y aunque porfió con él, no quiso ir, y le bendijo.

26 Entonces dijo Absalón: Pues si no, te ruego que venga con nosotros Amnón mi hermano. Y el rey le respondió: ¿Para qué ha de ir contigo?

27 Pero como Absalón le importunaba, dejó ir con él a Amnón y a todos los hijos del rey.

28 Y Absalón había dado orden a sus criados, diciendo: Os ruego que estéis atentos cuando el corazón de Amnón esté alegre por el vino; y al decir yo: Herid a Amnón, entonces matadle, y no temáis, pues yo os lo mando. Esforzaos, pues, y sed valientes.

29 Y los criados de Absalón hicieron con Amnón como Absalón les había mandado. Entonces se levantaron todos los hijos del rey, y montaron cada uno en su mula, y huyeron.

30 Estando ellos aún en el camino, llegó a David el rumor que decía: Absalón ha dado muerte a todos los hijos del rey, y ninguno de ellos ha quedado.

31 Entonces, levantándose David, rasgó sus vestidos, y se echó en tierra, y todos sus criados que estaban junto a él también rasgaron sus vestidos.

32 Pero Jonadab, hijo de Simá hermano de David, habló y dijo: No diga mi señor que han dado muerte a todos los jóvenes hijos del rey, pues sólo Amnón ha sido muerto; porque por mandato de Absalón esto había sido determinado desde el día en que Amnón violó a Tamar su hermana.

33 Por tanto, ahora no ponga mi señor el rey en su corazón ese rumor que dice: Todos los hijos del rey han sido muertos; porque sólo Amnón ha sido muerto.

34 Y Absalón huyó. Entretanto, alzando sus ojos el joven que estaba de atalaya, miró, y he aquí mucha gente que venía por el camino a sus espaldas, del lado del monte.

35 Y dijo Jonadab al rey: He aquí los hijos del rey que vienen; es así como tu siervo ha dicho.

36 Cuando él acabó de hablar, he aquí los hijos del rey que vinieron, y alzando su voz lloraron. Y también el mismo rey y todos sus siervos lloraron con muy grandes lamentos.

37 Mas Absalón huyó y se fue a Talmay hijo de Amiud, rey de Gesur. Y David lloraba por su hijo todos los días.

38 Así huyó Absalón y se fue a Gesur, y estuvo allá tres años.

39 Y el rey David deseaba ver a Absalón; pues ya estaba consolado acerca de Amnón, que había muerto.

Joab procura el regreso de Absalón

14 Conociendo Joab hijo de Sarvia que el corazón del rey se inclinaba por Absalón,

2 envió Joab a Tecoa, e hizo traer de allá una mujer astuta, y le dijo: Yo te ruego que finjas estar de duelo, y te vistas ropas de luto, y no te unjas con óleo, sino preséntate como una mujer que desde mucho tiempo está de duelo por algún muerto;

3 y entrarás al rey, y le hablarás de esta manera. Y puso Joab las palabras en su boca.

4 Entró, pues, aquella mujer de Tecoa al rey, y postrándose en tierra sobre su rostro, hizo reverencia, y dijo: ¡Socorro, oh rey!

5 El rey le dijo: ¿Qué tienes? Y ella respondió: Yo a la verdad soy una mujer viuda y mi marido ha muerto.

6 Tu sierva tenía dos hijos, y los dos riñeron en el campo; y no habiendo quien los separase, hirió el uno al otro, y lo mató.

7 Y he aquí toda la familia se ha levantado contra tu sierva, diciendo: Entrega al que mató a su hermano, para que le hagamos morir por la vida de su hermano a quien él mató, y matemos también al heredero. Así apagarán el ascua que me ha quedado, no dejando a mi marido nombre ni descendencia sobre la tierra.

8 Entonces el rey dijo a la mujer: Vete a tu casa, y yo daré órdenes con respecto a ti.

9 Y la mujer de Tecoa dijo al rey: Rey señor mío, caiga toda la culpa sobre mí y sobre la casa de mi padre; mas el rey y su trono sean libres de culpa.

10 Y el rey dijo: Al que hable contra ti, tráelo a mí, y no te tocará más.

11 Dijo ella entonces: Te ruego, oh rey, que te acuerdes de Jehová tu Dios, para que el vengador de la sangre no aumente el daño, y no destruya a mi hijo. Y él respondió: Vive Jehová, que no caerá ni un cabello de la cabeza de tu hijo en tierra.

12 Y la mujer dijo: Te ruego que permitas que tu sierva hable una palabra más a mi señor el rey. Y él dijo: Habla.

13 Entonces la mujer dijo: ¿Por qué, pues, has pensado tú cosa semejante contra el pueblo de Dios? Porque hablando el rey esta palabra, se hace culpable él mismo, por cuanto el rey no hace volver a su desterrado.

14 Porque todos hemos de morir, y somos como aguas derramadas por tierra, que no pueden volver a recogerse. Dios no vuelve a conceder la vida, pero provee medios para que vuelva a sí el desterrado.

15 Y el haber yo venido ahora para decir esto al rey mi señor, es porque el pueblo me ha metido miedo; y tu sierva dijo: Hablaré ahora al rey; quizás él cumpla la palabra de su sierva.

16 Pues el rey escuchará, para librar a su sierva de mano del hombre que me quiere exterminar a mí y a mi hijo juntamente, de la heredad de Dios.

17 Tu sierva, pues, dice: Sea ahora de consuelo la respuesta de mi señor el rey, pues que mi señor el rey es como un ángel de Dios para discernir entre lo bueno y lo malo. Así Jehová tu Dios sea contigo.

18 Entonces David respondió y dijo a la mujer: Yo te ruego que no me encubras nada de lo que yo te pregunte. Y la mujer dijo: Hable mi señor el rey.

19 Y el rey dijo: ¿No anda la mano de Joab contigo en todas estas cosas? La mujer respondió y dijo: Vive tu alma, rey señor mío, que no se desvía ni un ápice a derecha ni a izquierda todo lo que mi señor el rey ha hablado; porque tu siervo Joab, él me mandó, y puso en boca de tu sierva todas estas palabras.

20 Para disimular el aspecto del asunto es por lo que tu siervo Joab ha hecho esto; pero mi señor es sabio conforme a la sabiduría de un ángel de Dios, para conocer lo que hay en la tierra.

21 Entonces el rey dijo a Joab: He aquí que voy a hacer esto; ve, y haz volver al joven Absalón.

22 Y Joab se postró en tierra sobre su rostro e hizo reverencia, y después que bendijo al rey, dijo: Hoy ha entendido tu siervo que he hallado gracia en tus ojos, rey señor mío, pues ha hecho el rey lo que su siervo ha dicho.

23 Se levantó luego Joab y fue a Gesur, y trajo a Absalón a Jerusalén.

24 Mas el rey dijo: Váyase a su casa, y no vea mi rostro. Y volvió Absalón a su casa, y no vio el rostro del rey.

25 Y no había en todo Israel ninguno tan alabado por su hermosura como Absalón; desde la planta de su pie hasta su coronilla no había en él defecto.

26 Cuando se cortaba el cabello (lo cual hacía al fin de cada año, pues le causaba molestia, y por eso se lo cortaba), pesaba el cabello de su cabeza doscientos siclos de peso real.

27 Y le nacieron a Absalón tres hijos, y una hija que se llamó Tamar, la cual era mujer de hermoso semblante.

28 Y estuvo Absalón por espacio de dos años en Jerusalén, y no vio el rostro del rey.

29 Y mandó Absalón por Joab, para enviarlo al rey, pero él no quiso ir; y envió aún por segunda vez, y no quiso ir.

30 Entonces dijo a sus siervos: Mirad, el campo de Joab está junto al mío, y tiene allí cebada; id y prendedle fuego. Y los siervos de Absalón prendieron fuego al campo.

31 Entonces se levantó Joab y vino a casa de Absalón, y le dijo: ¿Por qué han prendido fuego tus siervos a mi campo?

32 Y Absalón respondió a Joab: He aquí yo he enviado por ti, diciendo que vinieses acá, con el fin de enviarte al rey para decirle: ¿Para qué vine de Gesur? Mejor me fuera estar aún allá. Quiero ver el rostro del rey; y si hay culpa en mí, que me haga morir.

33 Vino, pues, Joab al rey, y se lo hizo saber. Entonces llamó a Absalón, el cual

vino al rey, e inclinó su rostro a tierra delante del rey; y el rey besó a Absalón.

Absalón se sublema contra David

15 Aconteció después de esto, que Absalón se hizo con carros y caballos, y cincuenta hombres que corriesen delante de él.

2 Y se levantaba Absalón de mañana, y se ponía a un lado del camino junto a la puerta; y a cualquiera que tenía pleito y venía al rey a juicio, Absalón le llamaba y le decía: ¿De qué ciudad eres? Y él respondía: Tu siervo es de tal tribu de Israel.

3 Entonces Absalón le decía: Mira, tus palabras son buenas y justas; mas no tienes quien te oiga de parte del rey.

4 Y decía Absalón: ¡Quién me pusiera por juez en la tierra, para que viniesen a mí todos los que tienen pleito o negocio, que yo les haría justicia!

5 Y acontecía que cuando alguno se acercaba para inclinarse a él, él extendía la mano y lo tomaba, y lo besaba.

6 De esta manera hacía con todos los israelitas que venían al rey a juicio; y así robaba Absalón el corazón de los de Israel.

7 Al cabo de cuatro años, aconteció que Absalón dijo al rey: Yo te ruego que me permitas ir a Hebrón, a pagar un voto que he prometido a Jehová.

8 Porque tu siervo hizo voto cuando estaba en Gesur en Siria, diciendo: Si Jehová me permite volver a Jerusalén, yo le ofreceré un sacrificio a Jehová.

9 Y el rey le dijo: Ve en paz. Y él se levantó, y fue a Hebrón.

10 Entonces envió Absalón mensajeros por todas las tribus de Israel, diciendo: Cuando oigáis el sonido de la trompeta diréis: Absalón reina en Hebrón.

11 Y fueron con Absalón doscientos hombres de Jerusalén invitados por él, los cuales iban en su sencillez, sin saber nada.

12 Y Absalón mandó llamar a Ahitófel gilonita, consejero de David, de su ciudad de Gilo y lo tuvo consigo mientras ofrecía los sacrificios. Y la conspiración se hizo poderosa, y aumentaba el pueblo que seguía a Absalón.

13 Y un mensajero vino a David, diciendo: El corazón de todo Israel se va tras Absalón.

14 Entonces David dijo a todos sus siervos que estaban con él en Jerusalén: Levantaos y huyamos, porque no podremos escapar delante de Absalón; daos prisa a partir, no sea que apresurándose él nos alcance, eche el mal sobre nosotros y hiera la ciudad a filo de espada.

15 Y los siervos del rey dijeron al rey: He aquí, tus siervos están listos para todo lo que nuestro señor el rey decida.

16 El rey entonces salió, con toda su familia en pos de él. Y dejó el rey diez mujeres concubinas, para que guardasen la casa.

17 Salió, pues, el rey con todo el pueblo que le seguía, y se detuvieron en un lugar distante.

18 Y todos sus siervos pasaban a su lado, con todos los cereteos y peleteos; y todos los geteos, seiscientos hombres que habían venido a pie desde Gat, iban delante del rey.

19 Y dijo el rey a Itay geteo: ¿Para qué vienes tú también con nosotros? Vuélvete y quédate con el rey; porque tú eres extranjero, y desterrado también de tu lugar.

20 Ayer viniste, ¿y he de hacer hoy que salgas errante con nosotros? En cuanto a mí, yo iré adonde pueda ir; tú vuélvete, y haz volver a tus hermanos; y Jehová te muestre amor permanente y fidelidad.

21 Y respondió Itay al rey, diciendo: Vive Dios, y vive mi señor el rey, que o para muerte o para vida, donde mi señor el rey esté, allí estará también tu siervo.

22 Entonces David dijo a Itay: Ven, pues, y pasa. Y pasó Itay geteo, y todos sus hombres, y toda su familia.

23 Y todo el país lloró en alta voz; pasó luego toda la gente el torrente de Cedrón; asimismo pasó el rey, y todo el pueblo pasó al camino que va al desierto.

24 Y he aquí, también iba Sadoc, y con él todos los levitas que llevaban el arca del pacto de Dios; y asentaron el arca del pacto de Dios. Y subió Abiatar después que todo el pueblo acabó de salir de la ciudad.

25 Pero dijo el rey a Sacod: Vuelve el arca de Dios a la ciudad. Si yo hallo gracia ante los ojos de Jehová, él hará que yo vuelva, y permitirá que pueda verla de nuevo en su tabernáculo.

26 Y si dice: No me has agradado; aquí estoy, haga de mí lo que bien le parezca.

27 Dijo además el rey al sacerdote Sadoc: ¿No eres tú el vidente? Vuelve en paz a la ciudad, y con vosotros vuestros dos hijos; Ahimaas tu hijo, y Jonatán hijo de Abiatar.

28 Mirad, yo me detendré en los vados del desierto, hasta que venga respuesta de vosotros que me dé aviso.

29 Entonces Sadoc y Abiatar volvieron el arca de Dios a Jerusalén, y se quedaron allí.

30 Y David subió la cuesta de los Olivos; y la subía llorando, llevando la cabeza cubierta y los pies descalzos. También todo el pueblo que tenía consigo cubrió cada uno su cabeza, e iban llorando mientras subían.

31 Y dieron aviso a David, diciendo: Ahitófel está entre los que conspiraron con Absalón. Entonces dijo David: Entorpece ahora, oh Jehová, el consejo de Ahitófel.

32 Cuando David llegó a la cumbre del monte para adorar allí a Dios, he aquí que

Husay arquita le salió al encuentro, rasgados sus vestidos, y cubierta de tierra su cabeza.

33 Y le dijo David: Si pasas conmigo, me serás carga.

34 Mas si te vuelves a la ciudad, y dices a Absalón: Rey, yo seré tu siervo; como hasta aquí he sido siervo de tu padre, así seré ahora siervo tuyo; entonces tú harás fracasar el plan de Ahitófel.

35 ¿No estarán allí contigo los sacerdotes Sadoc y Abiatar? Por tanto, todo lo que oigas en la casa del rey, se lo comunicarás a los sacerdotes Sadoc y Abiatar.

36 Y he aquí que están con ellos sus dos hijos, Ahimaas el de Sadoc, y Jonatán el de Abiatar; por medio de ellos me enviaréis aviso de todo lo que oigáis.

37 Así vino Husay amigo de David a la ciudad; y Absalón entró en Jerusalén.

16 Cuando David pasó un poco más allá de la cumbre del monte, he aquí Sibá el criado de Mefi-bóset, que salía a recibirle con un par de asnos enalbardados, y sobre ellos doscientos panes, cien racimos de pasas, cien panes de higos secos, y un odre de vino.

2 Y dijo el rey a Sibá: ¿Qué es esto? Y Sibá respondió: Los asnos son para que monte la familia del rey, los panes y las pasas para que coman los criados, y el vino para que beban los que se cansen en el desierto.

3 Y dijo el rey: ¿Dónde está el hijo de tu señor? Y Sibá respondió al rey: He aquí él se ha quedado en Jerusalén, porque ha dicho: Hoy me devolverá la casa de Israel el reino de mi padre.

4 Entonces el rey dijo a Sibá: He aquí, sea tuyo todo lo que tiene Mefi-bóset. Y respondió Sibá inclinándose: Rey señor mío, halle yo gracia delante de ti.

5 Y cuando el rey David llegó a Bahurim, salió de allí un hombre de la familia de la casa de Saúl, el cual se llamaba Simeí hijo de Gerá; y salía maldiciendo,

6 y arrojando piedras contra David, y contra todos los siervos del rey David; y todo el pueblo y todos los hombres valientes estaban a su derecha y a su izquierda.

7 Y decía Simeí, maldiciéndole: ¡Fuera, fuera, hombre sanguinario y perverso!

8 Jehová te ha dado el pago de toda la sangre de la casa de Saúl, en lugar del cual tú has reinado, y Jehová ha entregado el reino en mano de tu hijo Absalón; y hete aquí sorprendido en tu maldad, porque eres hombre sanguinario.

9 Entonces Abisay hijo de Sarvia dijo al rey: ¿Por qué maldice este perro muerto a mi señor el rey? Te ruego que me dejes pasar, y le quitaré la cabeza.

10 Y el rey respondió: ¿Qué tengo yo con vosotros, hijos de Sarvia? Déjale que maldiga, pues si Jehová le ha dicho que maldiga a David, ¿quién le puede decir: Por qué haces esto?

11 Y añadió David a Abisay y a todos sus siervos: He aquí, mi hijo que ha salido de mis entrañas, acecha mi vida; ¿cuánto más ahora un hijo de Benjamín? Dejadle que maldiga, pues Jehová se lo ha dicho.

12 Quizá mirará Jehová mi aflicción, y me dará Jehová bien por sus maldiciones de hoy.

13 Y mientras David y los suyos iban por el camino, Simeí iba por el lado del monte delante de él, andando y maldiciendo, y arrojando piedras delante de él, y esparciendo polvo.

14 Y el rey y todo el pueblo que con él estaba, llegaron fatigados, y descansaron allí.

15 Y Absalón y toda la gente suya, los hombres de Israel, entraron en Jerusalén, y con él Ahitófel.

16 Aconteció luego, que cuando Husay arquita, amigo de David, vino al encuentro de Absalón, dijo Husay: ¡Viva el rey, viva el rey!

17 Y Absalón dijo a Husay: ¿Es éste tu agradecimiento para con tu amigo? ¿Por qué no fuiste con tu amigo?

18 Y Husay respondió a Absalón: No, sino que de aquel que elija Jehová y este pueblo y todos los varones de Israel, de aquél seré yo, y con él me quedaré.

19 ¿Y a quién había yo de servir? ¿No es a su hijo? Como he servido delante de tu padre, así seré delante de ti.

20 Entonces dijo Absalón a Ahitófel: Dad vuestro consejo sobre lo que debemos hacer.

21 Y Ahitófel dijo a Absalón: Llégate a las concubinas de tu padre, que él dejó para guardar la casa; y todo el pueblo de Israel oirá que te has hecho aborrecible a tu padre, y así se fortalecerán las manos de todos los que están contigo.

22 Entonces pusieron para Absalón una tienda sobre el terrado, y se llegó Absalón a las concubinas de su padre, ante los ojos de todo Israel.

23 Y el consejo que daba Ahitófel en aquellos días, era como si se consultase la palabra de Dios. Así era todo consejo de Ahitófel, tanto con David como con Absalón.

Consejos de Ahitófel y de Husay

17 Entonces Ahitófel dijo a Absalón: Yo escogeré ahora doce mil hombres, y me levantaré y seguiré a David esta noche,

2 y caeré sobre él mientras está cansado y débil de manos; lo atemorizaré, y todo el

pueblo que está con él huirá, y mataré al rey solo.

3 Así haré volver a ti todo el pueblo (pues tú buscas solamente la vida de un hombre); y cuando ellos hayan vuelto, todo el pueblo estará en paz.

4 Este consejo pareció bien a Absalón y a todos los ancianos de Israel.

5 Y dijo Absalón: Llamad también ahora a Husay arquita, para que asimismo oigamos lo que él dirá.

6 Cuando Husay vino a Absalón, le habló Absalón, diciendo: Así ha dicho Ahitófel: ¿seguiremos su consejo, o no? Di tú.

7 Entonces Husay dijo a Absalón: El consejo que ha dado esta vez Ahitófel no es bueno.

8 Y añadió Usay: Tú sabes que tu padre y los suyos son hombres valientes, y que están con amargura de ánimo, como la osa en el campo cuando le han quitado sus cachorros. Además, tu padre es hombre de guerra, y no pasará la noche con el pueblo.

9 He aquí él estará ahora escondido en alguna cueva, o en otro lugar; y si al principio caen algunos de los tuyos, quienquiera que lo oiga dirá: El pueblo que sigue a Absalón ha sido derrotado.

10 Y aun el hombre valiente, cuyo corazón sea como corazón de león, desmayará por completo; porque todo Israel sabe que tu padre es hombre valiente, y que los que están con él son esforzados.

11 Aconsejo, pues, que todo Israel se junte a ti, desde Dan hasta Beerseba, en multitud como la arena que está a la orilla del mar, y que tú en persona marches en medio de ellos a la batalla.

12 Entonces le acometeremos en cualquier lugar en donde se halle, y caeremos sobre él como cuando el rocío cae sobre la tierra, y ni uno dejaremos de él y de todos los que están con él.

13 Y si se refugia en alguna ciudad, todos los de Israel llevarán sogas a aquella ciudad, y la arrastraremos hasta el arroyo, hasta que no se encuentre allí ni una piedra.

14 Entonces Absalón y todos los de Israel dijeron: El consejo de Husay arquita es mejor que el consejo de Ahitófel. Porque Jehová había ordenado que el acertado consejo de Ahitófel se frustara, para que Jehová hiciese venir el mal sobre Absalón.

15 Dijo luego Husay a los sacerdotes Sadoc y Abiatar: Así y así aconsejó Ahitófel a Absalón y a los ancianos de Israel; y de esta manera aconsejé yo.

16 Por tanto, enviad inmediatamente y dad aviso a David, diciendo: No te quedes esta noche en los vados del desierto, sino pasa luego el Jordán, para que no sea destruido el rey y todo el pueblo que con él está.

17 Y Jonatán y Ahimaas estaban junto a la fuente de Rogel, y fue una criada y les avisó, porque ellos no podían mostrarse viniendo a la ciudad; y ellos fueron y se lo hicieron saber al rey David.

18 Pero fueron vistos por un joven, el cual lo hizo saber a Absalón; sin embargo, los dos se dieron prisa a caminar, y llegaron a casa de un hombre en Bahurim, que tenía en su patio un pozo, dentro del cual se metieron.

19 Y tomando la mujer de la casa una manta, la extendió sobre la boca del pozo, y tendió sobre ella el grano trillado; y nada se supo del asunto.

20 Llegando luego los criados de Absalón a la casa de la mujer, le dijeron: ¿Dónde están Ahimaas y Jonatán? Y la mujer les respondió: Ya han pasado el vado de las aguas. Y como ellos los buscaron y no los hallaron, volvieron a Jerusalén.

21 Y después que se marcharon, aquéllos salieron del pozo y se fueron a dar aviso al rey David, diciéndole: Levantaos y daos prisa a pasar las aguas, porque Ahitófel ha dado tal consejo contra vosotros.

22 Entonces David se levantó, y todo el pueblo que con él estaba, y pasaron el Jordán antes que amaneciese; no faltó ni uno que no pasase el Jordán.

23 Pero Ahitófel, viendo que no se había seguido su consejo, enalbardó su asno, y se levantó y se fue a su casa a su ciudad; y después de poner su casa en orden, se ahorcó, y así murió, y fue sepultado en el sepulcro de su padre.

24 Y David llegó a Mahanáyim; y Absalón pasó el Jordán con toda la gente de Israel.

25 Y Absalón nombró a Amasá jefe del ejército en lugar de Joab. Amasá era hijo de un varón de Israel llamado Itrá, el cual se había unido con Abigail hija de Nahás, hermana de Sarvia madre de Joab.

26 Y acampó Israel con Absalón en tierra de Galaad.

27 Luego que David llegó a Mahanáyim, Sobí hijo de Nahás, de Rabá de los hijos de Amón, Maquir hijo de Amiel, de Lodebar, y Barzilay galaadita de Rogelim,

28 trajeron a David y al pueblo que estaba con él, camas, tazas, vasijas de barro, trigo, cebada, harina, grano tostado, habas, lentejas, garbanzos tostados,

29 miel, manteca, ovejas y quesos de vaca, para que comiesen; porque decían: El pueblo está hambriento y cansado y sediento en el desierto.

Muerte de Absalón

18 David, pues, pasó revista al pueblo que tenía consigo, y puso sobre ellos jefes de millares y jefes de centenas.

2 Y envió David al pueblo, una tercera parte bajo el mando de Joab, una tercera parte bajo el mando de Abisay hijo de Sarvia, hermano de Joab, y una tercera parte al mando de Itay geteo. Y dijo el rey al pueblo: Yo también saldré con vosotros.

3 Mas el pueblo dijo: No saldrás; porque si nosotros tenemos que huir, no harán caso de nosotros; y aunque la mitad de nosotros muera, no harán caso de nosotros; mas tú ahora vales tanto como diez mil de nosotros. Será, pues, mejor que tú nos des ayuda desde la ciudad.

4 Entonces el rey les dijo: Yo haré lo que bien os parezca. Y se puso el rey a la entrada de la puerta, mientras salía todo el pueblo de ciento en ciento y de mil en mil.

5 Y el rey mandó a Joab, a Abisay y a Itay, diciendo: Tratad benignamente por amor de mí al joven Absalón. Y todo el pueblo oyó cuando dio el rey orden acerca de Absalón a todos los capitanes.

6 Salió, pues, el pueblo al campo contra Israel, y se libró la batalla en el bosque de Efraín.

7 Y allí cayó el pueblo de Israel delante de los siervos de David, y se hizo allí en aquel día una gran matanza de veinte mil hombres.

8 Y la batalla se extendió por todo el país; y fueron más los que destruyó el bosque aquel día, que los que destruyó la espada.

Muerte de Absalón

9 Y se encontró Absalón con los veteranos de David; e iba Absalón sobre un mulo, y el mulo entró por debajo de las ramas espesas de una gran encina, y se le enredó la cabeza en la encina, y Absalón quedó suspendido entre el cielo y la tierra; y el mulo en que iba pasó adelante.

10 Viéndolo uno, avisó a Joab, diciendo: He aquí que he visto a Absalón colgado de una encina.

11 Y Joab respondió al hombre que le daba la nueva: Y viéndolo tú, ¿por qué no le mataste luego allí echándole a tierra, y yo te hubiera dado diez siclos de plata y un cinturón?

12 El hombre dijo a Joab: Aunque me pesaras mil siclos de plata, no extendería yo mi mano contra el hijo del rey; porque nosotros oímos cuando el rey te mandó a ti y a Abisay y a Itay, diciendo: Mirad que ninguno toque al joven Absalón.

13 Por otra parte, si yo hubiese cometido esta traición, habría expuesto mi vida, pues que al rey nada se le esconde, y tú mismo estarías en contra de mí después.

14 Y respondió Joab: No malgastaré mi tiempo contigo. Y tomando tres dardos en su mano, los clavó en el corazón de Absa-lón, quien estaba aún vivo en medio de la encina.

15 Y diez jóvenes escuderos de Joab rodearon e hirieron a Absalón, y acabaron de matarle.

16 Entonces Joab tocó la trompeta, y el pueblo se volvió de seguir a Israel, porque Joab detuvo al pueblo.

17 Tomando después a Absalón, le echaron en un gran hoyo en el bosque, y levantaron sobre él un montón muy grande de piedras; y todo Israel huyó, cada uno a su tienda.

18 Y en vida, Absalón había tomado y erigido una columna, la cual está en el valle del rey; porque había dicho: Yo no tengo hijo que conserve la memoria de mi nombre. Y llamó aquella columna por su nombre, y así se ha llamado Columna de Absalón, hasta hoy.

Llegan noticias de David

19 Entonces Ahimaas hijo de Sadoc dijo: ¿Correré ahora, y daré al rey las nuevas de que Jehová ha defendido su causa de la mano de sus enemigos?

20 Respondió Joab: Hoy no llevarás las nuevas; las llevarás otro día; no darás hoy la nueva, porque el hijo del rey ha muerto.

21 Y Joab dijo a un etíope: Ve tú, y di al rey lo que has visto. Y el etíope hizo reverencia ante Joab, y corrió.

22 Entonces Ahimaas hijo de Sadoc volvió a decir a Joab: Sea como sea, yo correré ahora tras el etíope. Y Joab dijo: Hijo mío, ¿para qué has de correr tú, si no recibirás premio por las nuevas?

23 Mas él respondió: Sea como sea, yo correré. Entonces le dijo: Corre. Corrió, pues, Ahimaas por el camino de la llanura, y pasó delante del etíope.

24 Y David estaba sentado entre las dos puertas; y el atalaya había ido al terrado sobre la puerta en el muro, y alzando sus ojos, miró, y vio a uno que corría solo.

25 El atalaya dio luego voces, y lo hizo saber al rey. Y el rey dijo: Si viene solo, buenas nuevas trae. En tanto que él venía acercándose,

26 vio el atalaya a otro que corría; y dio voces el atalaya al portero, diciendo: He aquí otro hombre que corre solo. Y el rey dijo: Éste también es mensajero.

27 Y el atalaya volvió a decir: Me parece el correr del primero como el correr de Ahimaas hijo de Sadoc. Y respondió el rey: Ése es hombre de bien, y viene con buenas nuevas.

28 Entonces Ahimaas dijo en alta voz al rey: Paz. Y se inclinó a tierra delante del rey, y dijo: Bendito sea Jehová Dios tuyo, que ha entregado a los hombres que habían levantado sus manos contra mi señor el rey.

29 Y el rey dijo: ¿El joven Absalón está bien? Y Ahimaas respondió: Vi yo un gran alboroto cuando envió Joab al siervo del rey y a mí tu siervo; mas no sé qué era.

30 Y el rey dijo: Pasa, y ponte allí. Y él pasó, y se quedó de pie.

31 Luego vino el etíope, y dijo: Reciba nuevas mi señor el rey, que hoy Jehová ha defendido tu causa de la mano de todos los que se habían levantado contra ti.

32 El rey entonces dijo al etíope: ¿El joven Absalón está bien? Y el etíope respondió: Como aquel joven sean los enemigos de mi señor el rey, y todos los que se levanten contra ti para mal.

33 Entonces el rey se turbó, y subió a la sala de la puerta, y lloró; y entre sollozos, decía así: ¡Hijo mío Absalón, hijo mío, hijo mío Absalón! ¡Quién me diera que muriera yo en lugar de ti, Absalón, hijo mío, hijo mío!

David vuelve a Jerusalén

19 Dieron aviso a Joab: He aquí el rey llora, y hace duelo por Absalón.

2 Y se volvió aquel día la victoria en luto para todo el pueblo; porque oyó decir el pueblo aquel día que el rey tenía dolor por su hijo.

3 Y entró el pueblo aquel día en la ciudad escondidamente, como suele entrar a escondidas el pueblo avergonzado que ha huido de la batalla.

4 Mas el rey, cubierto el rostro, clamaba en alta voz: ¡Hijo mío Absalón, Absalón, hijo mío, hijo mío!

5 Entonces Joab vino a la casa del rey, y dijo: Estás cubriendo de vergüenza el rostro de todos tus siervos, que hoy han salvado tu vida, y la vida de tus hijos y de tus hijas, la de tus mujeres y la de tus concubinas,

6 amando a los que te aborrecen, y aborreciendo a los que te aman; porque hoy has demostrado que nada te importan tus príncipes y siervos; pues ahora estoy comprendiendo que si Absalón viviera, aunque todos nosotros estuviéramos muertos, entonces estarías contento.

7 Levántate, pues, ahora, y ve afuera y habla bondadosamente a tus siervos; porque juro por Jehová que si no sales, no quedará ni un hombre contigo esta noche; y esto te será peor que todos los males que te han sobrevenido desde tu juventud hasta ahora.

8 Entonces se levantó el rey y se sentó a la puerta, y fue dado aviso a todo el pueblo, diciendo: He aquí el rey está sentado a la puerta. Y vino todo el ejército delante del rey; pero Israel había huido, cada uno a su tienda.

9 Y todo el pueblo disputaba en todas las tribus de Israel, diciendo: El rey nos ha librado de mano de nuestros enemigos, y nos ha salvado de mano de los filisteos; y ahora ha huido del país por miedo de Absalón.

10 Y Absalón, a quien habíamos ungido sobre nosotros, ha muerto en la batalla. ¿Por qué, pues, estáis callados respecto de hacer volver al rey?

11 Y el rey David envió a los sacerdotes Sadoc y Abiatar, diciendo: Hablad a los ancianos de Judá, y decidles: ¿Por qué seréis vosotros los postreros en hacer volver al rey a su casa, cuando la palabra de todo Israel ha venido al rey para hacerle volver a su casa?

12 Vosotros sois mis hermanos; mis huesos y mi carne sois. ¿Por qué, pues, seréis vosotros los postreros en hacer volver al rey?

13 Asimismo diréis a Amasá: ¿No eres tú también hueso mío y carne mía? Así me haga Dios, y aun me añada, si no te nombro general del ejército delante de mí para siempre, en lugar de Joab.

14 Así inclinó el corazón de todos los varones de Judá, como el de un solo hombre, para que enviasen a decir al rey: Vuelve tú, y todos tus siervos.

15 Volvió, pues, el rey, y vino hasta el Jordán. Y Judá vino a Gilgal para recibir al rey y para hacerle pasar el Jordán.

16 Y Simei hijo de Gera, hijo de Benjamín, que era de Bahurim, se dio prisa y descendió con los hombres de Judá a recibir al rey David.

17 Con él venían mil hombres de Benjamín; asimismo Sibá, criado de la casa de Saúl, con sus quince hijos y sus veinte siervos, los cuales pasaron el Jordán delante del rey.

18 Y cruzaron el vado para pasar a la familia del rey, y para hacer lo que a él le pareciera. Entonces Simei hijo de Gera se postró delante del rey cuando él hubo pasado el Jordán.

19 y dijo al rey: No me culpe mi señor de iniquidad, ni tengas memoria de los males que tu siervo hizo el día en que mi señor el rey salió de Jerusalén; no los guarde el rey en su corazón.

20 Porque yo tu siervo reconozco haber pecado, y he venido hoy el primero de toda la casa de José, para descender a recibir a mi señor el rey.

21 Respondió Abisay hijo de Sarvia y dijo: ¿No ha de morir por esto Simei, que maldijo al ungido de Jehová?

22 David entonces dijo: ¿Qué tengo yo con vosotros, hijos de Sarvia, para que hoy me seáis adversarios? ¿Ha de morir alguno en Israel? ¿Pues no sé yo que hoy soy rey sobre Israel?

23 Y dijo el rey a Simeí: No morirás. Y el rey se lo juró.

Mefi-bóset

24 También Mefi-bóset hijo de Saúl descendió a recibir al rey; no había lavado sus pies, ni había cortado su barba, ni tampoco había lavado sus vestidos, desde el día en que el rey salió hasta el día en que volvió en paz.

25 Y luego que vino él a Jerusalén a recibir al rey, el rey le dijo: Mefi-bóset, ¿por qué no fuiste conmigo?

26 Y él respondió: Rey señor mío, mi siervo me engañó; pues tu siervo había dicho: Enalbárdame un asno, y montaré en él, e iré al rey; porque tu siervo es cojo.

27 Pero él ha calumniado a tu siervo delante de mi señor el rey; mas mi señor el rey es como un ángel de Dios; haz, pues, lo que bien te parezca.

28 Porque toda la casa de mi padre era digna de muerte delante de mi señor el rey, y tú pusiste a tu siervo entre los convidados a tu mesa. ¿Qué derecho, pues, tengo aún para clamar más al rey?

29 Y el rey le dijo: ¿Para qué más palabras? Yo he determinado que tú y Sibá os dividáis las tierras.

30 Y Mefi-bóset dijo al rey: Deja que él las tome todas, pues que mi señor el rey ha vuelto en paz a su casa.

Barzilay

31 También Barzilay galaadita descendió de Rogelim, y pasó el Jordán con el rey, para acompañarle al otro lado del Jordán.

32 Era Barzilay muy anciano, de ochenta años, y él había dado provisiones al rey cuando estaba en Mahanáyim, porque era hombre muy rico.

33 Y el rey dijo a Barzilay: Pasa conmigo, y yo te sustentaré conmigo en Jerusalén.

34 Mas Barzilay dijo al rey: ¿Cuántos años más habré de vivir, para que yo suba con el rey a Jerusalén?

35 De edad de ochenta años soy este día. ¿Podré distinguir entre lo que es agradable y lo que no lo es? ¿Tomará gusto ahora tu siervo en lo que coma o beba? Ni alcanzo ya a oír la voz de los cantores, ni de las cantoras. ¿Para qué, pues, ha de ser tu siervo una carga para mi señor el rey?

36 Pasará tu siervo un poco más allá del Jordán con el rey; ¿por qué me ha de dar el rey tan gran recompensa?

37 Yo te ruego que dejes volver a tu siervo, y que muera en mi ciudad, junto al sepulcro de mi padre y de mi madre. Mas he aquí a tu siervo Quimam; que pase él con mi señor el rey, y haz a él lo que bien te parezca.

38 Y el rey dijo: Pues pase conmigo Quimom, y yo haré con él como bien te parezca; y todo lo que tú pidas de mí, yo lo haré.

39 Y todo el pueblo pasó el Jordán; y luego que el rey también pasó, el rey besó a Barzilay, y lo bendijo; y él se volvió a su casa.

40 El rey entonces pasó a Gilgal, y con él pasó Quimam; y todo el pueblo de Judá acompañaba al rey, y también la mitad del pueblo de Israel.

41 Y he aquí todos los hombres de Israel vinieron al rey, y le dijeron: ¿Por qué los hombres de Judá, nuestros hermanos, te han llevado, y han hecho pasar el Jordán al rey y a su familia, y a todos los siervos de David con él?

42 Y todos los hombres de Judá respondieron a todos los de Israel: Porque el rey es nuestro pariente. Mas ¿por qué os enojáis vosotros de eso? ¿Hemos nosotros comido algo del rey? ¿Hemos recibido de él algún regalo?

43 Entonces respondieron los hombres de Israel, y dijeron a los de Judá: Nosotros tenemos en el rey diez partes, y, por tanto, más derecho que vosotros. ¿Por qué, pues, nos habéis tenido en poco? ¿No hablamos nosotros los primeros, respecto de hacer volver a nuestro rey? Pero las palabras de los hombres de Judá fueron más violentas que las de los hombres de Israel.

Sublevación de Seba

20 Aconteció, pues, que se hallaba allí un hombre perverso que se llamaba Seba hijo de Bicrí, hombre de Benjamín, el cual tocó la trompeta, y dijo: No tenemos nosotros parte en David, ni heredad con el hijo de Isay. ¡Cada uno a su tienda, Israel!

2 Así, todos los hombres de Israel abandonaron a David, siguiendo a Seba hijo de Bicrí; mas los de Judá siguieron a su rey desde el Jordán hasta Jerusalén.

3 Y luego que llegó David a su casa en Jerusalén, tomó el rey las diez mujeres concubinas que había dejado para guardar la casa, y las puso en reclusión, y les dio alimentos; pero nunca más se llegó a ellas, sino que quedaron encerradas hasta que murieron, en viudez perpetua.

4 Después dijo el rey a Amasá: Convócame a los hombres de Judá para dentro de tres días, y hállate tú aquí presente.

5 Fue, pues, Amasá para convocar a los de Judá; pero se detuvo más del tiempo que le había sido señalado.

6 Y dijo David a Abisay: Seba hijo de Bicrí nos hará ahora más daño que Absalón; toma, pues, tú los siervos de tu señor, y ve tras él, no sea que halle para sí ciudades fortificadas, y nos cause dificultad.

7 Entonces salieron en pos de él los hombres de Joab, y los cereteos y peleteos y todos los valientes; salieron de Jerusalén para ir tras Seba hijo de Bicrí.

8 Y estando ellos cerca de la piedra grande que está en Gabaón, les salió Amasá al encuentro. Y Joab estaba ceñido de su ropa, y sobre ella tenía pegado a sus lomos el cinto con una daga en su vaina, la cual se le cayó cuando él avanzó.

9 Entonces Joab dijo a Amasá: ¿Te va bien, hermano mío? Y tomó Joab con la diestra la barba de Amasá, para besarlo.

10 Y Amasá no se cuidó de la daga que estaba en la mano de Joab; y éste le hirió con ella en la quinta costilla, y derramó sus entrañas por tierra, y cayó muerto sin darle un segundo golpe. Después Joab y su hermano Abisay fueron en persecución de Seba hijo de Bicrí.

11 Y uno de los hombres de Joab se paró junto a él, diciendo: Cualquiera que ame a Joab y a David, vaya en pos de Joab.

12 Y Amasá yacía revolcándose en su sangre en mitad del camino; y todo el que pasaba, al verle, se detenía; y viendo aquel hombre que todo el pueblo se paraba, apartó a Amasá del camino del campo, y echó sobre él una vestidura.

13 Luego que fue apartado del camino, pasaron todos los que seguían a Joab, para ir tras Seba hijo de Bicrí.

14 Y él pasó por todas las tribus de Israel hasta Abel-bet-maacá y todos los bicritas; y se juntaron, y lo siguieron también.

15 Y los perseguidores de Seba vinieron y lo sitiaron en Abel-bet-maacá, y pusieron baluarte contra la ciudad, y quedó sitiada; y todo el pueblo que estaba con Joab trabajaba por derribar la muralla.

16 Entonces una mujer sabia dio voces desde la ciudad, diciendo: Oíd, oíd; os ruego que digáis a Joab que venga acá, para que yo hable con él.

17 Cuando él se acercó a ella, dijo la mujer: ¿Eres tú Joab? Y él respondió: Yo soy. Ella le dijo: Oye las palabras de tu sierva. Y él respondió: Oigo.

18 Entonces volvió ella a hablar, diciendo: Antiguamente solían decir: Quien preguntare, pregunte en Abel; y así concluían *cualquier asunto.*

19 Yo soy de las pacíficas y fieles de Israel; pero tú procuras destruir una ciudad que es madre en Israel. ¿Por qué destruyes la heredad de Jehová?

20 Joab respondió diciendo: Lejos, lejos de mí es el querer destruir ni deshacer.

21 No se trata de esto, sino que un hombre del monte de Efraín, que se llama Seba hijo de Bicrí, ha levantado su mano contra el rey David; entregad a ése solamente, y me iré de la ciudad. Y la mujer dijo a Joab: He aquí, su cabeza te será arrojada desde el muro.

22 La mujer fue luego y habló a todo el pueblo con su sabiduría; y ellos cortaron la cabeza a Seba hijo de Bicrí, y se la arrojaron a Joab. Y él tocó la trompeta, y se retiraron de la ciudad, cada uno a su tienda. Y Joab se volvió al rey a Jerusalén.

Oficiales de David

23 Así quedó Joab sobre todo el ejército de Israel, y Benayá hijo de Joyadá sobre los cereteos y peleteos,

24 y Adoram sobre los tributos, y Josafat hijo de Ahilud era el cronista.

25 Sevá era escriba, y Sador y Abiatar, sacerdotes,

26 e Irá jaireo fue también sacerdote de David.

Venganza de los gabaonitas

21 Hubo hambre en los días de David por tres años consecutivos. Y David consultó a Jehová, y Jehová le respondió: Es por causa de Saúl, y por aquella casa de sangre, por cuanto mató a los gabaonitas.

2 Entonces el rey llamó a los gabaonitas, y les habló. (Los gabaonitas no eran de los hijos de Israel, sino del resto de los amorreos, a los cuales los hijos de Israel habían hecho juramento; pero Saúl habían procurado matarlos en su celo por los hijos de Israel y de Judá.)

3 Dijo, pues, David a los gabaonitas: ¿Qué haré por vosotros, o qué satisfacción os daré, para que bendigáis la heredad de Jehová?

4 Y los gabaonitas le respondieron: No tenemos nosotros querella sobre plata ni sobre oro con Saúl o su casa; ni queremos que muera hombre de Israel. Y él les dijo: Lo que vosotros digáis, haré.

5 Ellos respondieron al rey: De aquel hombre que nos destruyó, y que maquinó contra nosotros para exterminarnos sin dejar nada de nosotros en todo el territorio de Israel,

6 dénsenos siete varones de sus hijos, para que los ahorquemos delante de Jehová en Guibeá de Saúl, el escogido de Jehová. Y el rey dijo: Yo los daré.

7 Y perdonó el rey a Mefi-bóset hijo de Jonatán, hijo de Saúl, por el juramento de Jehová que hubo entre ellos, entre David y Jonatán hijo de Saúl.

8 Pero tomó el rey a dos hijos de Rizpá hija de Ajá, los cuales ella había tenido de Saúl, Armoní y Mefi-bóset, y a cinco hijos de Merab hija de Saúl, los cuales ella había tenido de Adriel hijo de Barzilay meholatita,

9 y los entregó en manos de los gabaonitas,

y ellos los ahorcaron en el monte delante de Jehová; y así murieron juntos aquellos siete, los cuales fueron muertos en los primeros días de la siega, al comenzar la siega de la cebada.

10 Entonces Rizpá hija de Ajá tomó una tela de cilicio y la tendió para sí sobre el peñasco, desde el principio de la siega hasta que llovió sobre ellos agua del cielo; y no dejó que ninguna ave del cielo se posase sobre ellos de día, ni fieras del campo de noche.

11 Y fue dicho a David lo que hacía Rizpá hija de Ajá, concubina de Saúl.

12 Entonces David fue y tomó los huesos de Saúl y los huesos de Jonatán su hijo, de los hombres de Jabés de Galaad, que los habían hurtado de la plaza de Bet-sán, donde los habían colgado los filisteos, cuando los filisteos mataron a Saúl en Gilboa;

13 e hizo llevar de allí los huesos de Saúl y los huesos de Jonatán su hijo; y los juntaron con los huesos de los ahorcados.

14 Y sepultaron los huesos de Saúl y los de su hijo Jonatán en tierra de Benjamín, en Zelá, en el sepulcro de Cis su padre; e hicieron todo lo que el rey había mandado. Y Dios fue propicio a la tierra después de esto.

Abisay libra a David del gigante

15 Volvieron los filisteos a hacer la guerra a Israel, y descendió David y sus siervos con él, y pelearon con los filisteos; y David se hallaba extenuado.

16 E Isbí-benob, uno de los descendientes de los gigantes, cuya lanza pesaba trescientos siclos de bronce, y quien estaba ceñido con una espada nueva, trató de matar a David;

17 mas Abisay hijo de Sarvia llegó en su ayuda, e hirió al filisteo y lo mató. Entonces los hombres de David le juraron, diciendo: Nunca más de aquí en adelante saldrás con nosotros a la batalla, no sea que se nos apague la antorcha de Israel.

Los hombres de David matan a los gigantes

18 Otra segunda guerra hubo después en Gob contra los filisteos; entonces Sibecay husatita mató a Saf, quien era uno de los descendientes de los gigantes.

19 Hubo otra vez guerra en Gob contra los filisteos, en la cual Elhamán, hijo de Jaaré-oregim de Belén, mató a Goliat geteo, el asta de cuya lanza era como el rodillo de un telar.

20 Después hubo otra guerra en Gat, donde había un hombre de gran estatura, el cual tenía doce dedos en las manos, y otros doce

en los pies, veinticuatro por todos; y también era descendiente de los gigantes.

21 Éste desafió a Israel, y lo mató Jonatán, hijo de Simá hermano de David.

22 Estos cuatro eran descendientes de los gigantes en Gat, los cuales sucumbieron a manos de David y de sus veteranos.

Cántico de liberación de David

22 Habló David a Jehová las palabras de este cántico, el día que Jehová le había librado de la mano de todos sus enemigos, y de la mano de Saúl.

2 Dijo:
Jehová es mi roca y mi fortaleza, y mi libertador;

3 Dios mío, fortaleza mía, en él confiaré;
Mi escudo, y el fuerte de mi salvación, mi alto refugio;
Salvador mío; de violencia me libraste.

4 Invocaré a Jehová, quien es digno de ser alabado,
Y seré salvo de mis enemigos.

5 Me rodearon ondas de muerte,
Y torrentes de perversidad me atemorizaron.

6 Lazos del Seol me rodearon;
Tendieron sobre mí trampas de muerte.

7 En mi angustia invoqué a Jehová,
Y clamé a mi Dios;
Él oyó mi voz desde su templo,
Y mi clamor llegó a sus oídos.

8 La tierra fue conmovida, y tembló,
Y se conmovieron los cimientos de los cielos;
Se estremecieron, porque se indignó él.

9 Humo subió de su nariz,
Y de su boca fuego consumidor;
Carbones fueron por él encendidos.

10 E inclinó los cielos, y descendió;
Y había tinieblas debajo de sus pies.

11 Y cabalgó sobre un querubín, y voló;
Voló sobre las alas del viento.

12 Puso tinieblas por su escondedero alrededor de sí;
Oscuridad de aguas y densas nubes.

13 Por el resplandor de su presencia se encendieron carbones ardientes.

14 Y tronó desde los cielos Jehová,
Y el Altísimo dio su voz;

15 Envió sus saetas, y los dispersó;
Y lanzó relámpagos, y los destruyó.

16 Entonces aparecieron los torrentes de las aguas,
Y quedaron al descubierto los cimientos del mundo;
A la represión de Jehová,
Por el soplo del aliento de su nariz.

17 Envió desde lo alto y me tomó;
Me sacó de las muchas aguas.

18 Me libró de poderoso enemigo,

Y de los que me aborrecían, aunque eran más fuertes que yo.

19 Me asaltaron en el día de mi quebranto;
Mas Jehová fue mi apoyo,

20 Y me sacó a lugar espacioso;
Me libró, porque puso en mí su complacencia.

21 Jehová me ha premiado conforme a mi justicia;
Conforme a la limpieza de mis manos me ha recompensado.

22 Porque yo he guardado los caminos de Jehová.
Y no me aparté impíamente de mi Dios.

23 Pues todos sus decretos estuvieron delante de mí,
Y no me he apartado de sus estatutos.

24 Fui recto para con él,
Y me he guardado de mi maldad;

25 Por lo cual me ha recompensado Jehová conforme a mi justicia;
Conforme a la limpieza de mis manos delante de su vista.

26 Con el misericordioso te mostrarás misericordioso,
Y recto para con el hombre íntegro.

27 Limpio te mostrarás para con el limpio,
Y rígido serás para con el perverso.

28 Porque tú salvas al pueblo afligido,
Mas tus ojos están sobre los altivos para abatirlos.

29 Tú eres mi lámpara, oh Jehová;
Mi Dios alumbrará mis tinieblas.

30 Contigo desbarataré ejércitos,
Y con mi Dios asaltaré muros.

31 En cuanto a Dios, perfecto es su camino,
Y acrisolada la palabra de Jehová.
Escudo es a todos los que en él esperan.

32 Porque ¿quién es Dios, sino sólo Jehová?
¿Y qué roca hay fuera de nuestro Dios?

33 Dios es el que me ciñe de fuerza,
Y quien despeja mi camino;

34 Quien hace mis pies como de ciervas,
Y me sostiene en las alturas;

35 Quien adiestra mis manos para la batalla,
De manera que se doble el arco de bronce con mis brazos.

36 Me diste asimismo el escudo de tu salvación,
Y tu benignidad me ha engrandecido.

37 Tú ensanchaste mis pasos debajo de mí,
Y mis pies no han resbalado.

38 Perseguiré a mis enemigos, y los destruiré,
Y no volveré hasta acabarlos.

39 Los consumiré y los heriré, de modo que no se levanten;
Caerán debajo de mis pies.

40 Pues me ceñiste de fuerzas para la pelea;
Has humillado a mis enemigos debajo de mí,

41 Y has hecho que mis enemigos me vuelvan las espaldas,
Para que yo destruyese a los que me aborrecen.

42 Clamaron, y no hubo quien los salvase;
Aun a Jehová, mas no les oyó.

43 Como polvo de la tierra los molí;
Como lodo de las calles los pisé y los trituré.

44 Me has librado de las contiendas del pueblo;
Me guardaste para que fuese cabeza de naciones;
Pueblo que yo no conocía me servirá.

45 Los hijos de extraños se someterán a mí;
Al oír de mí, me obedecerán.

46 Los extraños se debilitarán,
Y saldrán temblando de sus encierros.

47 Viva Jehová, y bendita sea mi roca,
Y engrandecido sea el Dios de mi salvación.

48 El Dios que venga mis agravios,
Y sujeta pueblos debajo de mí;

49 El que me libra de enemigos,
Y aun me exalta sobre los que se levantan contra mí;
Me libraste del varón violento.

50 Por tanto, yo te confesaré entre las naciones, oh Jehová,
Y cantaré a tu nombre.

51 Él salva gloriosamente a su rey,
Y usa de misericordia para con su ungido,
A David y a su descendencia para siempre.

Últimas palabras de David

23 Estas son las palabras postreras de David.
Dijo David hijo de Isay,
Dijo aquel varón que fue levantado en alto,
El ungido del Dios de Jacob,
El dulce cantor de Israel:

2 El Espíritu de Jehová ha hablado por mí,
Y su palabra ha estado en mi lengua.

3 El Dios de Israel ha dicho,
Me habló la Roca de Israel:
Habrá un justo que gobierne entre los hombres,
Que gobierne en el temor de Dios.

4 Será como la luz de la mañana,
Como el resplandor del sol en una mañana sin nubes,
Como la lluvia que hace brotar la hierba de la tierra.

5 Aunque no es así mi casa para con Dios,
Sin embargo él ha hecho conmigo pacto perpetuo,

Ordenado en todas las cosas, y será
guardado,
Aunque todavía no haga él florecer
Toda mi salvación y mi deseo.
6 Pero los impíos serán todos ellos como
espinos arrancados,
Los cuales nadie toma con la mano;
7 Sino que el que quiere tocarlos
Se arma de hierro y de asta de lanza,
Y son del todo quemados en su lugar.

Los valientes de David

8 Estos son los nombres de los valientes que
tuvo David: Joseb-basébet el tacmonita,
principal de los capitanes; éste era Adino el
eznita, que mató a ochocientos hombres en
una ocasión.
9 Después de éste, Eleazar hijo de Dodó,
ahohíta, uno de los tres valientes que estaban con David cuando desafiaron a los
filisteos que se habían reunido allí para la
batalla, y se habían alejado los hombres de
Israel.
10 Éste se levantó e hirió a los filisteos hasta
que su mano se cansó, y quedó pegada su
mano a la espada. Aquel día Jehová dio una
gran victoria, y se volvió el pueblo en pos de
él tan sólo para recoger el botín.
11 Después de éste fue Samá hijo de Agé,
ararita. Los filisteos se habían reunido en
Lehí, donde había un pequeño terreno lleno
de lentejas, y el pueblo había huido delante
de los filisteos.
12 Él entonces se paró en medio de aquel
terreno y lo defendió, y mató a los filisteos;
y Jehová dio una gran victoria.
13 Y tres de los treinta jefes descendieron y
vinieron en tiempo de la siega a David en la
cueva de Adulam; y el campamento de los
filisteos estaba en el valle de Refaím.
14 David entonces estaba en el lugar fuerte,
y había en Belén una guarnición de los
filisteos.
15 Y David dijo con vehemencia: ¡Quién
me diera a beber del agua del pozo de Belén
que está junto a la puerta!
16 Entonces los tres valientes irrumpieron
por el campamento de los filisteos, y sacaron agua del pozo de Belén que estaba junto
a la puerta; y tomaron, y la trajeron a
David; mas él no lo quiso beber, sino que la
derramó para Jehová, diciendo:
17 Lejos sea de mí, oh Jehová, que yo hago
esto. ¿He de beber yo la sangre de los
varones que fueron con peligro de su vida?
Y no quiso beberla. Los tres valientes hicieron esto.
18 Y Abisay hermano de Joab, hijo de
Sarvia, fue el principal de los treinta. Éste
alzó su lanza contra trescientos, a quienes
mató, y ganó renombre con los tres.
19 Él era el más renombrado de los treinta,

y llegó a ser su jefe; mas no igualó a los tres
primeros.
20 Después, Benayá hijo de Joyadá, hijo de
un varón esforzado, grande en proezas, de
Cabseel. Éste mató a dos leones de Moab; y
él mismo descendió y mató a un león en
medio de un foso cuando estaba nevando.
21 También mató él a un egipcio, hombre
de gran estatura; y tenía el egipcio una lanza
en su mano, pero descendió contra él con un
palo, y arrebató al egipcio la lanza de la
mano y lo mató con su propia lanza.
22 Esto hizo Benayá hijo de Joyadá, y ganó
renombre con los tres valientes.
23 Fue renombrado entre los treinta, pero
no igualó a los tres primeros. Y lo puso
David como jefe de su guardia personal.
24 Asael hermano de Joab fue de los treinta; Elhanán hijo de Dodó de Belén,
25 Samá harodita, Elicá harodita,
26 Heles paltita, Irá hijo de Iqués, tecoíta,
27 Abiezer anatotita, Mebunay husatita,
28 Salmón ahohíta, Maharay netofatita,
29 Héleb hijo de Baaná, netofatita, Itay
hijo de Ribay, de Guibeá de los hijos de
Benjamín,
30 Benayá piratonita, Hiday del arroyo de
Gaas,
31 Abí-albón arbatita, Azmávet barhumita,
32 Elyabá saalbonita, Jonatán de los hijos
de Jasén,
33 Samá ararita, Ahiam hijo de Sarar, ararita,
34 Elifélet hijo de Ahasbay, hijo de Maacá,
Eliam hijo de Ahitófel, gilonita,
35 Hezray carmelita, Paaray arbita,
36 Igal hijo de Natán, de Sobá, Baní gadita,
37 Sélec amonita, Naharay beerotita, escudero de Joab hijo de Sarvia,
38 Irá itrita, Gareb itrita,
39 Urías heteo; treinta y siete por todos.

David censa al pueblo

24 Volvió a enojarse Jehová contra
Israel, e incitó a David contra ellos a
que dijese: Ve, haz un censo de Israel y de
Judá.
2 Y dijo el rey a Joab, general del ejército
que estaba con él: Recorre ahora todas las
tribus de Israel, desde Dan hasta Beerseba,
y haz un censo del pueblo, para que yo sepa
el número de la gente.
3 Joab respondió al rey: Añada Jehová tu
Dios al pueblo cien veces tanto como son, y
que lo vea mi señor el rey; mas ¿por qué se
complace en esto mi señor el rey?
4 Pero la palabra del rey prevaleció sobre
Joab y sobre los capitanes del ejército.
Salió, pues, Joab, con los capitanes del
ejército, de delante del rey, para hacer el
censo del pueblo de Israel.

5 Y pasando el Jordán acamparon en Aroer, al sur de la ciudad que está en medio del valle de Gad y junto a Jazer.

6 Después fueron a Galaad y a la tierra baja de Hodsí; y de allí a Danajaán y a los alrededores de Sidón.

7 Fueron luego a la fortaleza de Tiro, y a todas las ciudades de los heveos y de los cananeos, y salieron al Négueb de Judá en Beerseba.

8 Después que hubieron recorrido toda la tierra, volvieron a Jerusalén al cabo de nueve meses y veinte días.

9 Y Joab dio el censo del pueblo al rey; y fueron los de Israel ochocientos mil hombres fuertes que sacaban espada, y los de Judá quinientos mil hombres.

10 Después que David hubo censado al pueblo, le pesó en su corazón; y dijo David a Jehová: Yo he pecado ahora gravemente por haber hecho esto; mas ahora, oh Jehová, te ruego que quites el pecado de tu siervo, porque yo he hecho muy neciamente.

11 Y por la mañana, cuando David se levantó, vino palabra de Jehová al profeta Gad, vidente de David, diciendo:

12 Ve y di a David: Así ha dicho Jehová: Tres cosas te ofrezco: tú escogerás una de ellas, para que yo la haga.

13 Vino, pues, Gad a David, y se lo hizo saber, y le dijo: ¿Quieres que te vengan siete años de hambre en tu tierra? ¿o que huyas tres meses delante de tus enemigos y que ellos te persigan?, ¿o que tres días haya peste en tu tierra? Piensa ahora, y mira qué responderé al que me ha enviado.

14 Entonces David dijo a Gad: En grande angustia estoy; caiga ahora en mano de Jehová, porque sus misericordias son muchas, mas no caiga yo en manos de hombres.

15 Y Jehová envió la peste sobre Israel desde la mañana hasta el tiempo señalado; y murieron del pueblo, desde Dan hasta Beerseba, setenta mil hombres.

16 Y cuando el ángel extendió su mano sobre Jerusalén para destruirla, Jehová se arrepintió del estrago, y dijo al ángel que destruía al pueblo: Basta ya; detén tu mano. Y el ángel de Jehová estaba junto a la era de Arauna jebuseo.

17 Y David dijo a Jehová, cuando vio al ángel que destruía al pueblo: Yo pequé, yo fui quien cometí el pecado, pero estas ovejas ¿qué culpa tienen de ello? Te ruego que tu mano se vuelva contra mí, y contra la casa de mi padre.

18 Y Gad vino a David aquel día, y le dijo: Sube, y levanta un altar a Jehová en la era de Arauna jebuseo.

19 Subió David, conforme al dicho de Gad, según había mandado Jehová;

20 y Arauna miró, y vio al rey y a sus siervos que venían hacia él. Saliendo entonces Arauna, se inclinó delante del rey, rostro a tierra.

21 Y Arauna dijo: ¿Por qué viene mi señor el rey a su siervo? Y David respondió: Para comprar de ti la era, a fin de edificar un altar a Jehová, para que cese la mortandad del pueblo.

22 Y Arauna dijo a David: Tome y ofrezca mi señor el rey lo que bien le parezca; he aquí bueyes para el holocausto, y los trillos y los yugos de los bueyes para leña.

23 Todo esto, oh rey, Arauna lo da al rey. Luego dijo Arauna al rey: Jehová tu Dios te sea propicio.

24 Y el rey dijo a Arauna: No, sino por precio te lo compraré; porque no ofreceré a Jehová mi Dios holocaustos que no me cuesten nada. Entonces David compró la era y los bueyes por cincuenta siclos de plata.

25 Y edificó allí David un altar a Jehová, y sacrificó holocaustos y ofrendas de paz; y Jehová oyó las súplicas en favor de la tierra, y cesó la plaga en Israel.

PRIMER LIBRO DE LOS

REYES

Abisag sirve a David

1 Cuando el rey David era viejo y avanzado en días, le cubrían de ropas, pero no se calentaba.

2 Le dijeron, por tanto, sus siervos: Busquen para mi señor el rey una joven virgen, para que esté delante del rey y lo abrigue, y duerma a su lado, y entrará en calor mi señor el rey.

3 Y buscaron una joven hermosa por toda la tierra de Israel, y hallaron a Abisag sunamita, y la trajeron al rey.

4 Y la joven era hermosa; y ella abrigaba al rey, y le servía; pero el rey nunca la conoció.

Adonías usurpa el trono

5 Mientras tanto, Adonías hijo de Haguit se rebeló, diciendo: Yo reinaré. Y se hizo con carros y con gente de a caballo, y con cincuenta hombres que corriesen delante de él.
6 Y su padre nunca le había entristecido en todos sus días diciéndole: ¿Por qué haces así? Era de muy hermoso parecer; y había nacido después de Absalón.
7 Y se había puesto de acuerdo con Joab hijo de Sarvia y con el sacerdote Abiatar, los cuales ayudaban a Adonías.
8 Pero el sacerdote Sadoc, y Benayá hijo de Joyadá, el profeta Natán, Simei, Rei y todos los grandes de David, no seguían a Adonías.
9 Sacrificó Adonías ovejas y vacas y animales gordos junto a la peña de Zohélet, la cual está cerca de la fuente de Rogel, y convidó a todos sus hermanos los hijos del rey, y a todos los varones de Judá, siervos del rey;
10 pero no convidó al profeta Natán, ni a Benayá, ni a los grandes, ni a Salomón su hermano.
11 Entonces habló Natán a Betsabé madre de Salomón, diciendo: ¿No has oído que reina Adonías hijo de Haguit, sin saberlo David nuestro señor?
12 Ven, pues, ahora, y toma mi consejo, para que conserves tu vida, y la de tu hijo Salomón.
13 Ve y entra al rey David, y dile: Rey señor mío, ¿no juraste a tu sierva, diciendo: Salomón tu hijo reinará después de mí, y él se sentará en mi trono? ¿Por qué, pues, reina Adonías?
14 Y estando tú aún hablando con el rey, yo entraré tras ti y reafirmaré tus razones.
15 Entonces Betsabé entró a la cámara del rey; y el rey era muy viejo, y Abisag sunamita le servía.
16 Y Betsabé se inclinó, e hizo reverencia al rey. Y el rey dijo: ¿Qué te pasa?
17 Y ella le respondió: Señor mío, tú juraste a tu sierva por Jehová tu Dios, diciendo: Salomón tu hijo reinará después de mí, y él se sentará en mi trono.
18 Y he aquí ahora Adonías se hace pasar por rey, y tú, mi señor rey, aún no lo sabes.
19 Ha matado bueyes, y animales gordos, y muchas ovejas, y ha convidado a todos los hijos del rey, al sacerdote Abiatar, y a Joab general del ejército; mas a Salomón tu siervo no ha convidado.
20 Entretando, rey señor mío, los ojos de todo Israel están puestos en ti, para que les declares quién se ha de sentar en el trono de mi señor el rey después de él.
21 De otra manera, sucederá que cuando mi señor el rey duerma con sus padres, yo y mi hijo Salomón seremos tenidos por culpables.

22 Mientras aún hablaba ella con el rey, he aquí vino el profeta Natán.
23 Y dieron aviso al rey, diciendo: He aquí el profeta Natán; el cual, cuando entró al rey, se postró delante del rey inclinando su rostro a tierra.
24 Y dijo Natán: Rey señor mío, ¿has dicho tú: Adonías reinará después de mí, y él se sentará en mi trono?
25 Porque hoy ha descendido, y ha matado bueyes y animales gordos y muchas ovejas, y ha convidado a todos los hijos del rey, y a los capitanes del ejército, y también al sacerdote Abiatar; y he aquí, están comiendo y bebiendo delante de él, y han dicho: ¡Viva el rey Adonías!
26 Pero ni a mí tu siervo, ni al sacerdote Sadoc, ni a Benayá hijo de Joyadá, ni a Salomón tu siervo, ha convidado.
27 ¿Se hace esto por orden de mi señor el rey, sin haber declarado a tus siervos quién se había de sentar en el trono de mi señor el rey después de él?

David proclama rey a Salomón

28 Entonces el rey David respondió y dijo: Llamadme a Betsabé. Y ella entró a la presencia del rey, y se puso delante del rey.
29 Y el rey juró diciendo: Vive Jehová, que ha redimido mi alma de toda angustia,
30 que como yo te he jurado por Jehová Dios de Israel, diciendo: Tu hijo Salomón reinará después de mí, y él se sentará en mi trono en lugar mío, que así lo haré hoy.
31 Entonces Betsabé se inclinó ante el rey, con su rostro a tierra, y haciendo reverencia al rey, dijo: Viva mi señor el rey David para siempre.
32 Y el rey David dijo: Llamadme al sacerdote Sadoc, al profeta Natán, y a Benayá hijo de Joyadá. Y ellos entraron a la presencia del rey.
33 Y el rey les dijo: Tomad con vosotros los siervos de vuestro señor, y montad a Salomón mi hijo en mi propia mula, y llevadlo a Guijón;
34 y allí lo ungirán el sacerdote Sadoc y el profeta Natán como rey sobre Israel, y tocaréis trompeta, diciendo: ¡Viva el rey Salomón!
35 Después iréis vosotros detrás de él, y vendrá y se sentará en mi trono, y él reinará en mi lugar; porque a él he escogido para que sea príncipe sobre Israel y sobre Judá.
36 Entonces Benayá hijo de Joyadá respondió al rey y dijo: Amén. Así lo diga Jehová, Dios de mi señor el rey.
37 De la manera que Jehová ha estado con mi señor el rey, así esté con Salomón, y haga mayor su trono que el trono de mi señor el rey David.
38 Y descendieron el sacerdote Sadoc, el

profeta Natán, Benayá hijo de Joyadá, y los
cereteos y los peleteos, y montaron a Salomón en la mula del rey David, y lo llevaron a
Guijón.
39 Y tomando el sacerdote Sadoc el cuerno
del aceite del tabernáculo, ungió a Salomón; y tocaron trompeta, y dijo todo el
pueblo: ¡Viva el rey Salomón!
40 Después subió todo el pueblo en pos de
él, y cantaba la gente con flautas, y hacían
grandes alegrías, que parecía que la tierra se
hundía con el clamor de ellos.
41 Y lo oyó Adonías, y todos los convidados que con él estaban, cuando ya habían
acabado de comer. Y oyendo Joab el sonido
de la trompeta, dijo: ¿Por qué se alborota la
ciudad con estruendo?
42 Mientras él aún hablaba, he aquí vino
Jonatán hijo del sacerdote Abiatar, al cual
dijo Adonías: Entra, porque tú eres hombre
valiente, y traerás buenas nuevas.
43 Jonatán respondió y dijo a Adonías:
Ciertamente nuestro señor el rey David ha
hecho rey a Salomón;
44 y el rey ha enviado con él al sacerdote
Sadoc y al profeta Natán, y a Benayá hijo de
Joyadá, y también a los cereteos y a los
peleteos, los cuales le montaron en la mula
del rey;
45 y el sacerdote Sadoc y el profeta Natán
lo han ungido por rey en Guijón, y de allí
han subido con gran regocijo, y la ciudad
está llena de estruendo. Éste es el alboroto
que habéis oído.
46 Más aún, Salomón se ha sentado en el
trono del reino,
47 y aun los siervos del rey han venido a
bendecir a nuestro señor el rey David, diciendo: Dios haga bueno el nombre de
Salomón más que tu nombre y haga mayor su
trono que el tuyo. Y el rey adoró en la cama.
48 Además el rey ha dicho así: Bendito sea
Jehová Dios de Israel, que me concede hoy
ver a un hijo mío sentado en mi trono.
49 Ellos entonces se estremecieron, y se
levantaron todos los convidados que estaban con Adonías, y se fue cada uno por su
camino.
50 Mas Adonías, temiendo de la presencia
de Salomón, se levantó y se fue, y se asió de
los cuernos del altar.
51 Y se lo hicieron saber a Salomón, diciendo: He aquí que Adonías tiene miedo del
rey Salomón, pues se ha asido de los cuernos
del altar, diciendo: Júreme hoy el rey Salomón que no matará a espada a su siervo.
52 Y Salomón dijo: Si él es hombre de bien,
ni uno de sus cabellos caerá en tierra; mas si
se halla mal en él, morirá.
53 Y envió el rey Salomón, y lo trajeron del
altar; y él vino, y se inclinó ante el rey
Salomón. Y Salomón le dijo: Vete a tu casa.

Mandato de David a Salomón

2 Llegaron los días en que David había de
morir, y ordenó a Salomón su hijo,
diciendo:
2 Yo me voy por el camino de todos los que
están en la tierra; esfuérzate, y sé hombre.
3 Guarda los preceptos de Jehová tu Dios,
andando en sus caminos, y observando sus
estatutos y mandamientos, sus decretos y
sus testimonios, de la manera que está escrito en la ley de Moisés, para que prosperes en
todo lo que hagas y en todo aquello que
emprendas;
4 para que confirme Jehová la palabra que
me habló, diciendo: Si tus hijos guardan mi
camino, andando delante de mí con verdad,
de todo corazón y con toda su alma, jamás,
dice, faltará a ti varón en el trono de Israel.
5 Ya sabes tú lo que me ha hecho Joab hijo
de Sarvia, lo que hizo a dos generales del
ejército de Israel, a Abner hijo de Ner y a
Amasá hijo de Jéter, a los cuales él mató,
derramando en tiempo de paz la sangre de
guerra, y poniendo sangre inocente en el
cinturón de sus lomos y en las sandalias de
sus pies.
6 Tú, pues, harás conforme a tu sabiduría;
no dejarás descender sus canas al Seol en
paz.
7 Mas a los hijos de Barzilay galaadita harás
misericordia, que sean de los convidados a
tu mesa; porque ellos vinieron de esta manera a mí, cuando iba huyendo de Absalón
tu hermano.
8 También tienes contigo a Simeí hijo de
Gerá, hijo de Benjamín, de Bahurim, el
cual me maldijo con una maldición fuerte el
día que yo iba a Mahanáyim. Mas él mismo
descendió a recibirme al Jordán, y yo le juré
por Jehová, diciendo: Yo no te mataré a
espada.
9 Pero ahora no lo absolverás; pues hombre
sabio eres, y sabes cómo debes hacer con él;
y harás descender sus canas con sangre al
Seol.

Muerte de David

10 Y durmió David con sus padres, y fue
sepultado en su ciudad.
11 Los días que reinó David sobre Israel
fueron cuarenta años; siete años reinó en
Hebrón, y treinta y tres años reinó en
Jerusalén.
12 Y se sentó Salomón en el trono de David
su padre, y su reino fue firme en gran
manera.

Salomón afirma su reino

13 Entonces Adonías hijo de Haguit vino a
Betsabé madre de Salomón; y ella le dijo:

¿Es tu venida de paz? Él respondió: Sí, de paz.

14 En seguida dijo: Una palabra tengo que decirte. Y ella dijo: Di.

15 Él dijo: Tú sabes que el reino era mío, y que todo Israel había puesto en mí su rostro para que yo reinara; mas el reino fue traspasado, y vino a ser de mi hermano, porque por voluntad de Jehová era suyo.

16 Ahora yo te hago una petición; no me la niegues. Y ella le dijo: Habla.

17 Él entonces dijo: Yo te ruego que hables al rey Salomón (porque él no te lo negará), para que me dé a Abisag sunamita por mujer.

18 Y Betsabé dijo: Bien; yo hablaré por ti al rey.

19 Vino Betsabé al rey Salomón para hablarle por Adonías. Y el rey se levantó a recibirla, y se inclinó ante ella, y volvió a sentarse en su trono, e hizo traer una silla para su madre, la cual se sentó a su diestra.

20 Y ella dijo: Una pequeña petición pretendo de ti; no me la niegues. Y el rey le dijo: Pide, madre mía, que yo no te la negaré.

21 Y ella dijo: Que den a Abisag sunamita por mujer a tu hermano Adonías.

22 El rey Salomón respondió y dijo a su madre: ¿Por qué pides a Abisag sunamita para Adonías? Demanda también para él el reino; porque él es mi hermano mayor, y ya tiene también al sacerdote Abiatar, y a Joab hijo de Sarvia.

23 Y el rey Salomón juró por Jehová, diciendo: Así me haga Dios y aun me añada, que contra su vida ha hablado Adonías estas palabras.

24 Ahora, pues, vive Jehová, quien me ha confirmado y me ha puesto sobre el trono de David mi padre, y quien me ha hecho casa, como me había dicho, que Adonías morirá hoy.

25 Entonces el rey Salomón envió por mano de Benayá hijo de Joyadá, el cual arremetió contra él, y murió.

26 Y el rey dijo al sacerdote Abiatar: Vete a Anatot, a tus heredades, pues eres digno de muerte; pero no te mataré hoy, por cuanto has llevado el arca de Jehová el Señor delante de David mi padre, y además has sido afligido en todas las cosas en que fue afligido mi padre.

27 Así echó Salomón a Abiatar del sacerdocio de Jehová, para que se cumpliese la palabra de Jehová que había dicho sobre la casa de Elí en Silo.

28 Y vino la noticia a Joab; porque también Joab se había adherido a Adonías, si bien no se había adherido a Absalón. Y huyó Joab al tabernáculo de Jehová, y se asió de los cuernos del altar.

29 Y se le hizo saber a Salomón que Joab había huido al tabernáculo de Jehová, y que estaba junto al altar. Entonces envió Salomón a Benayá hijo de Joyadá, diciendo: Ve, y arremete contra él.

30 Y entró Benayá al tabernáculo de Jehová, y le dijo: El rey ha dicho que salgas. Y él dijo: No, sino que aquí moriré. Y Benayá volvió con esta respuesta al rey, diciendo: Así dijo Joab, y así me respondió.

31 Y el rey le dijo: Haz como él ha dicho; mátale y entiérrale, y quita de mí y de la casa de mi padre la sangre que Joab ha derramado injustamente.

32 Y Jehová hará volver su sangre sobre su cabeza; porque él ha dado muerte a dos varones más justos y mejores que él, a los cuales mató a espada sin que mi padre David supiese nada; a Abner hijo de Ner, general del ejército de Israel, y a Amasá hijo de Jéter, general del ejército de Judá.

33 La sangre, pues, de ellos recaerá sobre la cabeza de Joab, y sobre la cabeza de su descendencia para siempre; mas sobre David y sobre su descendencia, y sobre su casa y sobre su trono, habrá perpetuamente paz de parte de Jehová.

34 Entonces Benayá hijo de Joyadá subió y arremetió contra Joab, y lo mató; y fue sepultado en su casa en el desierto.

35 Y el rey puso en su lugar a Benayá hijo de Joyadá sobre el ejército, y a Sadoc puso el rey por sacerdote en lugar de Abiatar.

36 Después envió el rey e hizo venir a Simei, y le dijo: Edifícate una casa en Jerusalén y mora ahí, y no salgas de allí a una parte ni a otra;

37 porque sábete de cierto que el día que salgas y pases el torrente de Cedrón, sin duda morirás, y tu sangre será sobre tu cabeza.

38 Y Simei dijo al rey: La palabra es buena; como el rey mi señor ha dicho, así lo hará tu siervo. Y habitó Simei en Jerusalén muchos días.

39 Pero, pasados tres años, aconteció que dos siervos de Simei huyeron a Aquís hijo de Maacá, rey de Gat. Y dieron aviso a Simei, diciendo: He aquí que tus siervos están en Gat.

40 Entonces Simei se levantó y ensilló su asno y fue a Aquís en Gat, para buscar a sus siervos. Fue, pues, Simei, y trajo sus siervos de Gat.

41 Luego fue dicho a Salomón que Simei había ido de Jerusalén hasta Gat, y que había vuelto.

42 Entonces el rey envió e hizo venir a Simei, y le dijo: ¿No te hice jurar yo por Jehová, y te protesté diciendo: El día que salgas y vayas acá o allá, sabe de cierto que

morirás? Y tú me dijiste: La palabra es
buena, yo la obedezco.

43 ¿Por qué, pues, no guardaste el juramento de Jehová, y el mandamiento que yo
te impuse?

44 Dijo además el rey a Simeí: Tú sabes
todo el mal, el cual tu corazón bien sabe,
que cometiste contra mi padre David; Jehová, pues, ha hecho volver el mal sobre tu
cabeza.

45 Y el rey Salomón será bendito, y el trono
de David será firme perpetuamente delante
de Jehová.

46 Entonces el rey mandó a Benayá hijo de
Joyadá, el cual salió e hirió a Simeí, y éste
murió. Y el reino fue confirmado en la mano
de Salomón.

Salomón se casa con la hija de Faraón

3 Salomón hizo parentesco con Faraón
rey de Egipto, pues tomó la hija de
Faraón, y la trajo a la ciudad de David,
entretanto que acababa de edificar su casa,
y la casa de Jehová, y los muros de Jerusalén
alrededor.

2 Hasta entonces el pueblo sacrificaba en
los lugares altos; porque no había casa
edificada al nombre de Jehová hasta aquellos tiempos.

Salomón pide sabiduría

3 Aunque Salomón amaba a Jehová,
andando en los estatutos de su padre David,
sin embargo sacrificaba y quemaba incienso
en los lugares altos.

4 E iba el rey a Gabaón, porque aquél era el
lugar alto principal, y sacrificaba allí; mil
holocaustos sacrificaba Salomón sobre
aquel altar.

5 Y se le apareció Jehová a Salomón en
Gabaón una noche en sueños, y le dijo Dios:
Pide lo que quieras que yo te dé.

6 Y Salomón dijo: tú hiciste gran misericordia a tu siervo David mi padre, porque él
anduvo delante de ti en verdad, en justicia,
y con rectitud de corazón para contigo; y tú
le has reservado esta tu gran misericordia,
en que le diste hijo que se sentase en su
trono, como sucede en este día.

7 Ahora, pues, Jehová Dios mío, tú me has
puesto a mí tu siervo por rey en lugar de
David mi padre; y yo soy joven, y no sé
cómo comportarme.

8 Y tu siervo está en medio de tu pueblo al
cual tú escogiste; un pueblo grande, que no
se puede contar ni numerar por su multitud.

9 Da, pues, a tu siervo corazón entendido
para juzgar a tu pueblo, y para discernir
entre lo bueno y lo malo; porque ¿quién
será competente para juzgar a este tu pueblo tan grande?

10 Y agradó delante del Señor que Salomón pidiese esto.

11 Y le dijo Dios: Porque has demandado
esto, y no pediste para ti larga vida, ni
pediste para ti riquezas, ni pediste la vida de
tus enemigos, sino que demandaste para ti
inteligencia para saber juzgar,

12 he aquí que cumplo tu ruego, y te doy
corazón sabio y entendido, tanto que no ha
habido antes de ti otro como tú, ni lo habrá
después de ti.

13 También te concedo las cosas que no
pediste, riquezas y gloria, de tal manera que
entre los reyes ninguno haya como tú en
todos tus días.

14 Y si andas en mis caminos, guardando
mis estatutos y mis mandamientos, como
anduvo David tu padre, yo prolongaré tu
vida.

15 Cuando Salomón despertó, vio que era
un sueño; y vino a Jerusalén, y se presentó
delante del arca del pacto de Jehová, y
sacrificó holocaustos y ofreció sacrificios de
paz, e hizo también banquete a todos sus
siervos.

Sabiduría y prosperidad de Salomón

16 En aquel tiempo vinieron al rey dos
mujeres rameras, y se presentaron delante
de él.

17 Y dijo una de ellas: ¡Ah, señor mío! Yo y
esta mujer morábamos en una misma casa, y
yo di a luz estando con ella en la casa.

18 Aconteció al tercer día después de dar
yo a luz, que ésta dio a luz también, y
morábamos nosotras juntas; ninguno de
fuera estaba en casa, sino nosotras dos
solas.

19 Y una noche el hijo de esta mujer murió,
porque ella se acostó sobre él.

20 Y se levantó a medianoche y tomó a mi
hijo de junto a mí, estando yo tu sierva
durmiendo, y lo puso a su lado, y puso al
lado mío su hijo muerto.

21 Y cuando yo me levanté de madrugada
para dar el pecho a mi hijo, he aquí que
estaba muerto; pero lo observé por la mañana, y vi que no era mi hijo, el que yo había
dado a luz.

22 Entonces la otra mujer dijo: No; mi hijo
es el que vive, y tu hijo es el muerto. Y la
otra volvió a decir: No; tu hijo es el muerto,
y mi hijo es el que vive. Así hablaban
delante del rey.

23 El rey entonces dijo: Ésta dice: Mi hijo
es el que vive, y tu hijo es el muerto; y la otra
dice: No, mas el tuyo es el muerto, y mi hijo
es el que vive.

24 Y dijo el rey: Traedme una espada. Y
trajeron al rey una espada.

25 En seguida el rey dijo: Partid por medio

al niño vivo, y dad la mitad a la una, y la otra mitad a la otra.

26 Entonces la mujer de quien era el hijo vivo, habló al rey (porque sus entrañas se le conmovieron por su hijo), y dijo: ¡Ah, señor mío!, dad a ésta el niño vivo, y no lo matéis. Mas la otra dijo: Ni a mí ni a ti; partidlo.

27 Entonces el rey respondió y dijo: Dad a aquélla el hijo vivo, y no lo matéis; ella es su madre.

28 Y todo Israel oyó aquel juicio que había dado el rey; y temieron al rey, porque vieron que había en él sabiduría de Dios para juzgar.

4 Reinó, pues, el rey Salomón sobre todo Israel.

2 Y éstos fueron los jefes que tuvo: Azarías hijo del sacerdote Sadoc;

3 Elihóref y Ahías, hijos de Sisá, secretarios; Josafat hijo de Ahilud, canciller;

4 Benayá hijo de Joyadá, sobre el ejército; Sadoc y Abiatar, los sacerdotes;

5 Azarías hijo de Natán, sobre los gobernadores; Zabud hijo de Natán, ministro principal y amigo del rey;

6 Ahisar, mayordomo; y Adoniram hijo de Abdá, sobre el tributo.

Los gobernadores de Salomón

7 Tenía Salomón doce gobernadores sobre todo Israel, los cuales mantenían al rey y a su casa. Cada uno de ellos estaba obligado a abastecerlo por un mes en el año.

8 Y estos son los nombres de ellos: el hijo de Hur, en el monte de Efraín;

9 el hijo de Decar, en Macaz, en Saalbim, en Bet-semes, en Elón y en Bet-hanán;

10 el hijo de Hésed, en Arubot; éste tenía también a Soco y toda la tierra de Hefer;

11 el hijo de Abinadab, en todos los territorios de Dor; éste tenía por mujer a Tafat hija de Salomón;

12 Baaná hijo de Ahilud, en Taanac y Meguidó, en toda Bet-scán, que está cerca de Sarctán, más abajo de Jizreel, desde Bet-scán hasta Abel-meholá, y hasta el otro lado de Jocmeam;

13 el hijo de Géber, en Ramot de Galad; éste tenía también las ciudades de Jaír hijo de Manasés, las cuales estaban en Galaad; tenía también la provincia de Argob que estaba en Basán, sesenta grandes ciudades con muro y cerraduras de bronce;

14 Ahinadab hijo de Iddó, en Mahanáyim;

15 Ahimaas, en Neftalí; éste tomó también por mujer a Basemat hija de Salomón;

16 Baaná hijo de Husay, en Aser y en Alot;

17 Josafat hijo de Parúa, en Isacar;

18 Simeí hijo de Elá, en Benjamín;

19 Géber hijo de Urí, en la tierra de Galaad, la tierra de Sehón rey de los amorreos

y de Og rey de Basán; éste era el único gobernador en aquella tierra.

20 Judá e Israel eran numerosos como la arena que está junto al mar en multitud, comiendo, bebiendo y alegrándose.

21 Y Salomón señoreaba sobre todos los reinos desde el Éufrates hasta la tierra de los filisteos y el límite con Egipto; y traían presentes, y sirvieron a Salomón todos los días que vivió.

22 Y la provisión de Salomón para cada día era de treinta coros de flor de harina, sesenta coros de harina,

23 diez bueyes gordos, veinte bueyes de pasto y cien ovejas; sin los ciervos, gacelas, corzos y aves gordas.

24 Porque él señoreaba en toda la región al oeste del Éufrates, desde Tifsá hasta Gaza, sobre todos los reyes al oeste del Éufrates; y tuvo paz por todos lados alrededor.

25 Y Judá e Israel vivían seguros, cada uno debajo de su parra y debajo de su higuera, desde Dan hasta Beerseba, todos los días de Salomón.

26 Además de esto, Salomón tenía cuarenta mil caballos en sus caballerizas para sus carros, y doce mil jinetes.

27 Y estos gobernadores mantenían al rey Salomón, y a todos los que a la mesa del rey Salomón venían, cada uno un mes, y hacían que nada faltase.

28 Hacían también traer cebada y paja para los caballos y para las bestias de carga, al lugar donde él estaba, cada uno conforme al turno que tenía.

29 Y Dios dio a Salomón sabiduría y prudencia muy grandes, y anchura de corazón como la arena que está a la orilla del mar.

30 Era mayor la sabiduría de Salomón que la de todos los orientales, y que toda la sabiduría de los egipcios.

31 Aun fue más sabio que todos los hombres, más que Etán ezraíta, y que Hemán, Calcol y Dardá, hijos de Mahol; y fue conocido entre todas las naciones de alrededor.

32 Y compuso tres mil proverbios, y sus cantares fueron mil cinco.

33 También disertó sobre los árboles, desde el cedro del Líbano hasta el hisopo que nace en la pared. Asimismo disertó sobre los animales, sobre las aves, sobre los reptiles y sobre los peces.

34 Y para oír la sabiduría de Salomón venían de todos los pueblos y de todos los reyes de la tierra, adonde había llegado la fama de su sabiduría.

Pacto de Salomón con Hiram

5 Hiram rey de Tiro envió también sus siervos a Salomón, luego que oyó que lo

habían ungido por rey en lugar de su padre;
porque Hiram siempre había amado a
David.

2 Entonces Salomón envió a decir a Hiram:
3 Tú sabes que mi padre David no pudo
edificar casa al nombre de Jehová su Dios,
por las guerras que le rodearon, hasta que
Jehová puso sus enemigos bajo las plantas
de sus pies.
4 Ahora Jehová mi Dios me ha dado paz
por todas partes; pues ni hay adversarios, ni
mal que temer.
5 Yo, por tanto, he determinado ahora
edificar casa al nombre de Jehová mi Dios,
según lo que Jehová habló a David mi
padre, diciendo: Tu hijo, a quien yo pondré
en lugar tuyo en tu trono, él edificará casa a
mi nombre.
6 Manda, pues, ahora, que me corten cedros del Líbano; y mis siervos estarán con
los tuyos, y yo te daré por tus siervos el
salario que tú digas; porque tú sabes bien
que ninguno hay entre nosotros que sepa
labrar madera como los sidonios.
7 Cuando Hiram oyó las palabras de Salomón, se alegró en gran manera, y dijo:
Bendito sea hoy Jehová, que dio hijo sabio a
David sobre este pueblo tan grande.
8 Y envió Hiram a decir a Salomón: He
oído lo que me mandaste a decir; yo haré
todo lo que te plazca acerca de la madera de
cedro y la madera de ciprés.
9 Mis siervos la llevarán desde el Líbano al
mar, y la enviaré en balsas por mar hasta el
lugar que tú me señales, y allí se desatará, y
tú la tomarás; y tú cumplirás mi deseo dando
víveres a mi casa.
10 Dio, pues, Hiram a Salomón madera de
cedro y madera de ciprés, toda la que quiso.
11 Y Salomón daba a Hiram veinte mil
coros de trigo para el sustento de su casa, y
veinte coros de aceite puro; esto daba Salomón a Hiram cada año.
12 Jehová, pues, dio a Salomón sabiduría
como le había dicho; y hubo paz entre
Hiram y Salomón, e hicieron pacto entre
ambos.
13 Y el rey Salomón decretó leva en todo
Israel, y la leva fue de treinta mil hombres,
14 los cuales enviaba al Líbano de diez mil
en diez mil, cada mes por turno, viniendo así
a estar un mes en el Líbano, y dos meses en
sus casas; y Adoniram estaba encargado de
aquella leva.
15 Tenía también Salomón setenta mil que
llevaban las cargas, y ochenta mil cortadores en el monte;
16 sin los principales oficiales de Salomón
que estaban sobre la obra, tres mil trescientos, los cuales tenían a cargo el pueblo que
hacía la obra.
17 Y mandó el rey que trajesen piedras

grandes, piedras costosas, para los cimientos de la casa, y piedras labradas.
18 Y los albañiles de Salomón y los de
Hiram, y los hombres de Gebal, cortaron y
prepararon la madera y las piedras de cantería para edificar la casa.

Salomón edifica el templo

6 En el año cuatrocientos ochenta de la
salida de los hijos de Israel de Egipto, el
cuarto año del reinado de Salomón sobre
Israel, en el mes de Zif, que es el mes
segundo, comenzó él a edificar la casa de
Jehová.
2 La casa que el rey Salomón edificó a
Jehová tenía sesenta codos de largo y veinte
de ancho, y treinta codos de alto.
3 Y el pórtico delante del templo de la casa
tenía veinte codos de largo a lo ancho de la
casa, y el ancho delante de la casa era de
diez codos.
4 E hizo a la casa ventanas anchas por
dentro y estrechas por fuera.
5 Edificó también junto al muro de la casa
una galería alrededor, contra las paredes de
la casa alrededor del templo y del lugar
santísimo; e hizo cámaras laterales alrededor.
6 La galería de abajo era de cinco codos de
ancho, la intermedia de seis codos, y la
tercera de siete codos de ancho; porque por
fuera había hecho disminuciones a la casa
alrededor, para no empotrar las vigas en las
paredes de la casa.
7 Y cuando se edificó la casa, la fabricaron
de piedras que traían ya acabadas, de tal
manera que cuando la edificaban, ni martillos ni hachas se oyeron en la casa, ni ningún
otro instrumento de hierro.
8 La puerta del piso de en medio estaba al
lado derecho de la casa; y se subía por una
escalera de caracol al de en medio, y del piso
de en medio al tercero.
9 Edificó, pues, la casa, y la terminó; y la
cubrió con artesonados de cedro.
10 Edificó asimismo la galería alrededor de
toda la casa, de altura de cinco codos, la cual
se apoyaba en la casa con vigas de cedro.
11 Y vino palabra de Jehová a Salomón,
diciendo:
12 Con relación a esta casa que tú edificas,
si andas en mis estatutos y cumples mis
decretos, y guardas todos mis mandamientos andando en ellos, yo cumpliré contigo
mi palabra que hablé a David tu padre;
13 y habitaré en ella en medio de los hijos
de Israel, y no dejaré a mi pueblo Israel.
14 Así, pues, Salomón edificó la casa y la
terminó.
15 Y revistió las paredes de la casa por el
interior con tablas de cedro, desde el suelo

de la casa hasta las vigas de la techumbre; cubrió también el pavimento con madera de ciprés.

16 Asimismo hizo al final de la casa un edificio de veinte codos, de tablas de cedro desde el suelo hasta lo más alto; así hizo en la casa un aposento que es el lugar santísimo.

17 La casa , esto es, el templo delante *del lugar santísimo,* tenía cuarenta codos.

18 Y el cedro del interior de la casa estaba esculpido con figuras de calabazas silvestres y de botones de flores. Todo era cedro; no se veía la piedra.

19 Y adornó el lugar santísimo por dentro en medio de la casa, para poner allí el arca del pacto de Jehová.

20 El lugar santísimo estaba en la parte de adentro, el cual tenía veinte codos de largo, veinte de ancho y veinte de altura; y lo cubrió de oro purísimo; asimismo cubrió de oro el altar de cedro.

21 De manera que Salomón cubrió de oro puro la casa por dentro, y cerró la entrada del santuario con cadenas de oro, y lo cubrió de oro.

22 Cubrió, pues, de oro toda la casa de arriba abajo, y asimismo cubrió de oro todo el altar que estaba frente al lugar santísimo.

Los querubines

23 Hizo también en el lugar santísimo dos querubines de madera de olivo, cada uno de diez codos de altura.

24 Un ala del querubín tenía cinco codos, y la otra ala del querubín otros cinco codos; así que había diez codos desde la punta de un ala hasta la punta de la otra.

25 Asimismo el otro querubín tenía diez codos; porque ambos querubines eran de un mismo tamaño y de una misma hechura.

26 La altura del uno era de diez codos, y asimismo la del otro.

27 Puso estos querubines dentro de la casa en el lugar santísimo, los cuales extendían sus alas, de modo que el ala de uno tocaba una pared y el ala del otro tocaba la otra pared, y las otras dos alas se tocaban la una a la otra en medio de la casa.

28 Y cubrió de oro los querubines.

29 Y esculpió todas las paredes de la casa alrededor, de diversas figuras, de querubines, de palmeras y de capullos de flores, vistos por dentro y por fuera.

30 Y cubrió de oro el piso de la casa, tanto el interior como el exterior.

31 A la entrada del santuario hizo puertas de madera de olivo; y el umbral y los postes eran de cinco esquinas.

32 Las dos puertas eran de madera de olivo; y talló en ellas figuras de querubines, de palmeras y de capullos de flores, y las cubrió

de oro; cubrió también de oro los entallados de querubines y de las palmeras del interior.

33 Igualmente hizo a la puerta del templo postes cuadrados de madera de olivo.

34 Pero las dos puertas eran de madera de ciprés; las dos hojas de una puerta giraban, y las otras dos hojas de la otra puerta giraban también.

35 Y talló en ellas querubines y palmeras y capullos de flores, y las cubrió de oro ajustado a las talladuras.

36 Y edificó el atrio interior con tres hileras de piedras labradas, y una hilera de vigas de cedro.

37 En el cuarto año, en el mes de Zif, se echaron los cimientos de la casa de Jehová.

38 Y en el undécimo año, en el mes de Bul, que es el mes octavo, fue acabada la casa con todas sus dependencias, según todo su proyecto. La edificó, pues, en siete años.

Otros edificios de Salomón

7 Después edificó Salomón su propia casa en trece años, y la terminó del todo.

2 Asimismo edificó la casa del bosque del Líbano, la cual tenía cien codos de longitud, cincuenta codos de anchura y treinta codos de altura, sobre cuatro hileras de columnas de cedro, con vigas de cedro sobre las columnas.

3 Y estaba cubierta de tablas de cedro arriba sobre las vigas, que se apoyaban en cuarenta y cinco columnas; cada hilera tenía quince columnas.

4 Y había tres hileras de ventanas, una ventana frente a la otra en tres hileras.

5 Todas las puertas y los postes eran cuadrados; y unas ventanas estaban frente a las otras en tres hileras.

6 También hizo un pórtico de columnas, que tenía cincuenta codos de largo y treinta codos de ancho; y este pórtico estaba delante de las primeras, con sus columnas y maderos correspondientes.

7 Hizo asimismo el vestíbulo del trono en que había de juzgar, el pórtico del juicio, y lo cubrió de cedro desde el suelo hasta el techo.

8 Y la casa en que él moraba, en el otro vestíbulo frente al pórtico anterior, tenía la misma configuración. Edificó también Salomón para la hija de Faraón, que había tomado por mujer, una casa de hechura semejante a la del pórtico.

9 Todas aquellas obras fueron de piedras valiosas, cortadas y ajustadas con sierras según las medidas, así por dentro como por fuera, desde el cimiento hasta los remates, y asimismo por fuera hasta el gran atrio.

10 El cimiento era de piedras valiosas, piedras grandes, de diez codos y de ocho codos.

11 De allí hacia arriba había también pie-

dras valiosas, labradas a medida, y madera de cedro.

12 Y en el gran atrio alrededor había tres hileras de piedras labradas, y una hilera de vigas de cedro; igual que el atrio interior de la casa de Jehová, y el atrio de su casa.

Hiram, el broncista de Tiro

13 Y envió el rey Salomón, e hizo venir de Tiro a Hiram,

14 hijo de una viuda de la tribu de Neftalí. Su padre, que trabajaba en bronce, era de Tiro; e Hiram era lleno de sabiduría, inteligencia y pericia en toda obra de bronce. Este, pues, vino al rey Salomón, e hizo toda su obra.

15 Fundió dos columnas de bronce; la altura de cada una era de dieciocho codos, y el perímetro de cada una era de doce codos, medidos a cordel.

16 Hizo también dos capiteles de fundición de bronce, para que fuesen puestos sobre las cabezas de las columnas; la altura de un capitel era de cinco codos, y la del otro capitel también de cinco codos.

17 Había trenzas a manera de red, y unos cordones a manera de cadenas, para los capiteles que se habían de poner sobre las cabezas de las columnas; siete para cada capitel.

18 Hizo también dos hileras de granadas alrededor de la red, para cubrir los capiteles que estaban en las cabezas de las columnas con las granadas; y de la misma forma hizo en el otro capitel.

19 Los capiteles que estaban sobre las columnas en el pórtico, tenían forma de lirios y eran de cuatro codos.

20 Tenían también los capiteles de las dos columnas, doscientas granadas en dos hileras alrededor en cada capitel, encima de su globo, el cual estaba rodeado por la red.

21 Erigió estas columnas en el pórtico del templo; y cuando hubo alzado la columna del lado derecho, le puso por nombre Jaquín, y alzando la columna del lado izquierdo, llamó su nombre Boaz.

22 Y puso en los capiteles de las columnas un entallado en forma de lirios, y así se acabó la obra de las columnas.

La pila de bronce

23 Hizo fundir asimismo una pila de diez codos de un lado al otro, perfectamente redonda; su altura era de cinco codos, y su perímetro era de treinta codos, medidos a cordel.

24 Rodeaban aquel estanque, por debajo de su borde alrededor, unas bolas como calabazas, diez en cada codo, que lo ceñían alrededor en dos filas, las cuales habían sido fundidas cuando la pila fue fundida.

25 Y descansaba sobre doce bueyes; tres miraban al norte, tres miraban al occidente, tres miraban al sur, y tres miraban al oriente; sobre éstos se apoyaba la gran pila, y las ancas de ellos estaban hacia la parte de adentro.

26 Su espesor era de un palmo, y el borde era labrado como el borde del cáliz de la flor de lis; y cabían en la pila dos mil batos.

27 Hizo también diez basas de bronce, siendo la longitud de cada basa de cuatro codos, y la anchura de cuatro codos, y de tres codos la altura.

28 La obra de las basas era ésta: tenían unos tableros, los cuales estaban entre molduras;

29 y sobre aquellos tableros que estaban entre las molduras, habían figuras de leones, de bueyes y de querubines; y sobre las molduras de la basa, así encima como debajo de los leones y de los bueyes, había unas añadiduras de bajorrelieve.

30 Cada basa tenía cuatro ruedas de bronce, con ejes de bronce, y en sus cuatro esquinas había repisas de fundición que sobresalían de los festones, para venir a quedar debajo de la pila.

31 Y la boca de la pila entraba un codo en el remate que salía para arriba de la basa; y la boca era redonda, de la misma hechura del remate, y éste de codo y medio. Había también sobre la boca entalladuras con sus tableros, los cuales eran cuadrados, no redondos.

32 Las cuatro ruedas estaban debajo de los tableros, y los ejes de las ruedas nacían en la misma basa. La altura de cada rueda era de un codo y medio.

33 Y la forma de las ruedas era como la de las ruedas de un carro; sus ejes, sus rayos, sus cubos y sus llantas, todo era de fundición.

34 Había cuatro asas en las cuatro esquinas de cada basa; y las asas eran parte de la misma basa.

35 Y en lo alto de la basa había un soporte redondo de medio codo de altura, y en la cima de la basa, sus molduras y tableros, los cuales formaban con ella una sola pieza.

36 E hizo en las tablas de las molduras, y en los tableros, entalladuras de querubines, de leones y de palmeras, con proporción en el espacio de cada una, y alrededor otros adornos.

37 De esta forma hizo diez basas, fundidas de una misma manera, de una misma medida y de una misma entalladura.

38 Hizo también diez pilas de bronce; cada una de capacidad de cuarenta batos, y cada una era de cuatro codos; y colocó una pila sobre cada una de las diez basas.

39 Y puso cinco basas a la mano derecha de la casa, y las otras cinco a la mano izquierda;

y colocó el estanque móvil al lado derecho de la casa, hacia el sudeste.

Mobiliario menor. Resumen

40 Asimismo hizo Hiram barreños, ceniceros y aspersorios. Así terminó toda la obra que hizo a Salomón para la casa de Jehová:
41 Las dos columnas, y los capiteles redondos que estaban en lo alto de ellas; y dos redes que cubrían los dos capiteles redondos que estaban sobre la cabeza de las columnas;
42 cuatrocientas granadas para las dos redes, dos hileras de granadas en cada red, para cubrir los dos capiteles redondos que estaban sobre las cabezas de las columnas;
43 las diez basas, y las diez pilas sobre las basas;
44 un estanque, con doce bueyes debajo del estanque;
45 y calderos, paletas, aspersorios, y todos los utensilios que Hiram hizo al rey Salomón, para la casa de Jehová, de bronce bruñido.
46 Todo lo hizo fundir el rey en la llanura del Jordán, en tierra arcillosa, entre Sucot y Saretán.
47 Y no inquirió Salomón el peso del bronce de todos los utensilios, por la gran cantidad de ellos.
48 Entonces hizo Salomón todos los enseres que pertenecían a la casa de Jehová: un altar de oro, y una mesa también de oro, sobre la cual estaban los panes de la proposición;
49 cinco candelabros de oro purísimo a la mano derecha, y otros cinco a la izquierda, frente al lugar santísimo; con las flores, las lámparas y tenazas de oro.
50 Asimismo los cántaros, despabiladeras, tazas, cucharillas e incensarios, de oro purísimo; también de oro los quiciales de las puertas de la casa de adentro, del lugar santísimo, y los de las puertas del templo.
51 Así se terminó toda la obra que dispuso hacer el rey Salomón para la casa de Jehová. Y metió Salomón lo que David su padre había dedicado, plata, oro y utensilios; y lo depositó todo en las tesorerías de la casa de Jehová.

Salomón traslada el arca al templo

8 Entonces Salomón reunió ante sí en Jerusalén a los ancianos de Israel, a todos los jefes de las tribus, y a los principales de las familias de los hijos de Israel, para traer el arca del pacto de Jehová desde la ciudad de David, la cual es Sión.
2 Y se reunieron con el rey Salomón todos los varones de Israel en el mes de Etanim,

que es el mes séptimo, en el día de la fiesta solemne.
3 Y vinieron todos los ancianos de Israel, y los sacerdotes tomaron el arca.
4 Y llevaron el arca de Jehová, y el tabernáculo de reunión, y todos los utensilios sagrados que estaban en el tabernáculo, los cuales llevaban los sacerdotes y levitas.
5 Y el rey Salomón, y toda la congregación de Israel que se había reunido con él, estaban con él delante del arca, sacrificando ovejas y bueyes, que por la multitud no se podían contar ni calcular.
6 Y los sacerdotes metieron el arca del pacto de Jehová en su lugar, en el santuario de la casa, en el lugar santísimo, debajo de las alas de los querubines.
7 Porque los querubines tenían extendidas las alas sobre el lugar del arca, y así cubrían los querubines el arca y sus varas por encima.
8 Y sacaron las varas, de manera que sus extremos se dejaban ver desde el lugar santo, que está delante del lugar santísimo, pero no se dejaban ver desde más afuera; y así quedaron hasta hoy.
9 En el arca ninguna cosa había sino las dos tablas de piedra que allí había puesto Moisés en Horeb, donde Jehová hizo pacto con los hijos de Israel, cuando salieron de la tierra de Egipto.
10 Y cuando los sacerdotes salieron del santuario, la nube llenó la casa de Jehová.
11 Y los sacerdotes no pudieron permanecer para ministrar por causa de la nube; porque la gloria de Jehová había llenado la casa de Jehová.

Dedicación del templo

12 Entonces dijo Salomón: Jehová ha dicho que él habitaría en la oscuridad densa de la nube.
13 Yo he edificado casa por morada para ti, sitio en que tú habites para siempre.
14 Y volviendo el rey su rostro, bendijo a toda la congregación de Israel; y toda la congregación de Israel estaba de pie.
15 Y dijo: Bendito sea Jehová, Dios de Israel, que habló a David mi padre lo que con su mano ha cumplido, diciendo:
16 Desde el día en que saqué de Egipto a mi pueblo Israel, no he escogido ciudad de todas las tribus de Israel para edificar casa en la cual estuviese mi nombre, aunque escogí a David para que presidiese en mi pueblo Israel.
17 Y David mi padre tuvo en su corazón edificar casa al nombre de Jehová Dios de Israel.
18 Pero Jehová dijo a David mi padre: Cuanto a haber tenido en tu corazón edifi-

car casa a mi nombre, bien has hecho en
tener tal deseo.
19 Pero tú no edificarás la casa, sino tu hijo
que saldrá de tus lomos, él edificará casa a
mi nombre.
20 Y Jehová ha cumplido su palabra que
había dicho; porque yo me he levantado en
lugar de David mi padre, y me he sentado en
el trono de Israel, como Jehová había dicho,
y he edificado la casa al nombre de Jehová
Dios de Israel.
21 Y he puesto en ella lugar para el arca, en
la cual está el pacto de Jehová que él hizo
con nuestros padres cuando los sacó de la
tierra de Egipto.

Oración personal de Salomón

22 Luego se puso Salomón delante del altar
de Jehová, en presencia de toda la congregación de Israel, y extendiendo sus manos al
cielo,
23 dijo: Jehová Dios de Israel, no hay Dios
como tú, ni arriba en los cielos ni abajo en la
tierra, que guardas el pacto y la misericordia
a tus siervos, los que andan delante de ti con
todo su corazón;
24 que has cumplido a tu siervo David mi
padre lo que le prometiste; lo dijiste con tu
boca, y con tu mano lo has cumplido, como
sucede en este día.
25 Ahora, pues, Jehová Dios de Israel,
cumple a tu siervo David mi padre lo que le
prometiste, diciendo: No te faltará varón
delante de mi, que se siente en el trono de
Israel, con tal que tus hijos guarden mi
camino y anden delante de mí como tú has
andado delante de mí.
26 Ahora, pues, oh Jehová Dios de Israel,
cúmplase la palabra que dijiste a tu siervo
David mi padre.
27 Pero ¿es verdad que Dios morará sobre
la tierra? He aquí que los cielos, los cielos de
los cielos, no te pueden contener; ¿cuánto
menos esta casa que yo he edificado?
28 Con todo, tú atenderás a la oración de tu
siervo, y a su plegaria, oh Jehová Dios mío,
oyendo el clamor y la oración que tu siervo
hace hoy delante de ti;
29 que estén tus ojos abiertos de noche y de
día sobre esta casa, sobre este lugar del cual
has dicho: Mi nombre estará allí; y que oigas
la oración que tu siervo haga en este lugar.

Súplicas por el pueblo

30 Oye, pues, la oración de tu siervo, y de
tu pueblo Israel; cuando oren en este lugar,
también tú lo oirás en el lugar de tu morada,
en los cielos; escucha y perdona.
31 Si alguno peca contra su prójimo, y viene
toman juramento haciéndole jurar, y viene
el juramento delante de tu altar en esta casa;
32 tú oirás desde el cielo y actuarás, y

juzgarás a tus siervos, condenando al impío
y haciendo recaer su proceder sobre su
cabeza, y justificando al justo para darle
conforme a su justicia.
33 Si tu pueblo Israel es derrotado delante
de sus enemigos por haber pecado contra ti,
y se vuelven a ti y confiesan tu nombre, y
oran y te ruegan y suplican en esta casa,
34 tú oirás en los cielos, y perdonarás el
pecado de tu pueblo Israel, y los volverás a
la tierra que diste a sus padres.
35 Si el cielo se cierra y no llueve, por haber
ellos pecado contra ti, y te ruegan en este
lugar y confiesan tu nombre, y se vuelven
del pecado, cuando los aflijas,
36 tú oirás en los cielos, y perdonarás el
pecado de tus siervos y de tu pueblo Israel,
enseñándoles el buen camino en que anden;
y darás lluvias sobre tu tierra, la cual diste a
tu pueblo por heredad.
37 Si en la tierra hay hambre, pestilencia,
tizoncillo, añublo, langosta o pulgón; si sus
enemigos los sitian en la tierra en donde
habiten; cualquier plaga o enfermedad que
sea;
38 toda oración y toda súplica que haga
cualquier hombre, o todo tu pueblo Israel,
cuando cualquiera sienta la plaga en su
corazón, y extienda sus manos a esta casa,
39 tú oirás en los cielos, en el lugar de tu
morada, y perdonarás, y actuarás, y darás a
cada uno conforme a sus caminos, cuyo
corazón tú conoces (porque sólo tú conoces
el corazón de todos los hijos de los hombres);
40 para que te teman todos los días que
vivan sobre la faz de la tierra que tú diste a
nuestros padres.

Suplementos

41 Asimismo el extranjero, que no es de tu
pueblo Israel, que venga de lejanas tierras a
causa de tu nombre
42 (pues oirán de tu gran nombre, de tu
mano fuerte y de tu brazo extendido), y
venga a orar a esta casa,
43 tú oirás en los cielos, en el lugar de tu
morada, y harás conforme a todo aquello
por lo cual el extranjero haya clamado a ti,
para que todos los pueblos de la tierra
conozcan tu nombre y te teman, como tu
pueblo Israel, y entiendan que tu nombre es
invocado sobre esta casa que yo edifiqué.
44 Si tu pueblo sale a la batalla contra sus
enemigos por el camino que tú les mandes, y
oran a Jehová con el rostro hacia la ciudad
que tú elegiste, y hacia la casa que yo
edifiqué a tu nombre,
45 tú oirás en los cielos su oración y su
súplica, y les harás justicia.
46 Si pecan contra ti (porque no hay hombre que no peque), y estás tú irritado contra
ellos, y los entregas delante del enemigo,

para que los cautive y lleve a tierra enemiga, sea lejos o cerca,

47 y ellos vuelven en sí en la tierra donde estén cautivos; si se convierten, y oran a ti en la tierra de los que los cautivaron, y dicen: Pecamos, hemos hecho lo malo, hemos cometido impiedad;

48 y si se convierten a ti de todo su corazón y de toda su alma, en la tierra de sus enemigos que los hayan llevado cautivos, y oran a ti con el rostro hacia su tierra que tú diste a sus padres, y hacia la ciudad que tú elegiste y la casa que yo he edificado a tu nombre,

49 tú oirás en los cielos, en el lugar de tu morada, su oración y su súplica, y les harás justicia.

50 Y perdonarás a tu pueblo que había pecado contra ti, y todas sus infracciones con que se hayan rebelado contra ti, y harás que tengan de ellos misericordia los que los hayan llevado cautivos;

51 porque ellos son tu pueblo y tu heredad, que tú sacaste de Egipto, de en medio del horno de hierro.

52 Estén, pues, atentos tus ojos a la oración de tu siervo y a la plegaria de tu pueblo Israel, para oírlos en todo aquello por lo cual te invoquen;

53 porque tú los apartaste para ti como heredad tuya de entre todos los pueblos de la tierra, como lo dijiste por medio de Moisés tu siervo, cuando sacaste a nuestros padres de Egipto, oh Señor Jehová.

Bendición final

54 Cuando acabó Salomón de hacer a Jehová toda esta oración y súplica, se levantó de estar de rodillas delante del altar de Jehová con sus manos extendidas al cielo;

55 y puesto en pie, bendijo a toda la congregación de Israel, diciendo en voz alta:

56 Bendito sea Jehová, que ha dado paz a su pueblo Israel, conforme a todo lo que él había dicho; ninguna palabra de todas sus promesas que expresó por Moisés su siervo, ha faltado.

57 Esté con nosotros Jehová nuestro Dios, como estuvo con nuestros padres, y no nos desampare ni nos deje.

58 Incline nuestro corazón hacia él, para que andemos en todos sus caminos, y guardemos sus mandamientos y sus estatutos y sus decretos, los cuales mandó a nuestros padres.

59 Y estas mis palabras con que he orado delante de Jehová, permanezcan cerca de Jehová nuestro Dios de día y de noche, para que él proteja la causa de su siervo y de su pueblo Israel, según la necesidad de cada día;

60 a fin de que todos los pueblos de la tierra

sepan que Jehová es Dios, y que no hay otro.

61 Sea, pues, perfecto vuestro corazón para con Jehová nuestro Dios, andando en sus estatutos y guardando sus mandamientos, como en el día de hoy.

62 Entonces el rey, y todo Israel con él, sacrificaron víctimas delante de Jehová.

63 Y ofreció Salomón sacrificios de paz, los cuales ofreció a Jehová, veintidós mil bueyes y ciento veinte mil ovejas. Así dedicaron el rey y todos los hijos de Israel la casa de Jehová.

64 Aquel mismo día santificó el rey el interior del atrio, que estaba delante de la casa de Jehová; porque ofreció allí los holocaustos, las ofrendas y las grasas de los sacrificios de paz, por cuanto el altar de bronce que estaba delante de Jehová era pequeño, y no cabían en él los holocaustos, las ofrendas y las grasas de los sacrificios de paz.

65 En aquel tiempo celebró Salomón la fiesta, y con él todo Israel, en una magna asamblea de israelitas procedentes desde Hamat hasta la entrada del río de Egipto, delante de Jehová nuestro Dios, por siete días y la prolongó por otros siete días, esto es, por catorce días en total.

66 Al octavo día despidió al pueblo; y ellos, bendiciendo al rey, se fueron a sus moradas, alegres y gozosos de corazón, por todos los beneficios que Jehová había hecho a David su siervo y a su pueblo Israel.

Pacto de Dios con Salomón

9 Cuando Salomón acabó la obra de la casa de Jehová, y la casa real, y todo lo que Salomón quiso hacer,

2 Jehová se apareció a Salomón la segunda vez, como se le había aparecido en Gabaón.

3 Y le dijo Jehová: Yo he oído tu oración y tu ruego que has hecho en mi presencia. Yo he santificado esta casa que tú has edificado, para poner mi nombre en ella para siempre; y en ella estarán mis ojos y mi corazón todos los días.

4 Y si tú andas delante de mí como anduvo David tu padre, en integridad de corazón y en equidad, haciendo todas las cosas que yo te he mandado, y guardando mis estatutos y mis decretos,

5 yo afirmaré el trono de tu reino sobre Israel para siempre, como hablé a David tu padre, diciendo: No faltará varón de tu descendencia en el trono de Israel.

6 Mas si obstinadamente os apartáis de mí vosotros y vuestros hijos, y no guardáis mis mandamientos y mis estatutos que yo he puesto delante de vosotros, sino que os vais a servir a dioses ajenos, y los adoráis;

7 yo cortaré a Israel de sobre la faz de la tierra que les he entregado; y esta casa que

he santificado a mi nombre, yo la echaré de
delante de mí, e Israel será por proverbio y
refrán a todos los pueblos;
8 y esta casa, que estaba en estima, cualquiera que pase por ella se asombrará, y se
burlará, y dirá: ¿Por qué ha hecho así
Jehová a esta tierra y a esta casa?
9 Y dirán: Por cuanto dejaron a Jehová su
Dios, que había sacado a sus padres de
tierra de Egipto, y siguieron a dioses ajenos,
y los adoraron y los sirvieron; por eso ha
traído Jehová sobre ellos todo este mal.

Otras actividades de Salomón

10 Al cabo de veinte años, cuando Salomón
ya había edificado las dos casas, la casa de
Jehová y la casa real,
11 como Hiram rey de Tiro había suminis-
trado a Salomón madera de cedro y de
ciprés, y cuanto oro quiso, el rey Salomón
dio a Hiram veinte ciudades en tierra de
Galilea.
12 Y salió Hiram de Tiro para ver las
ciudades que Salomón le había dado, y no le
gustaron.
13 Y dijo: ¿Qué ciudades son estas que me
has dado, hermano? Y les puso por nombre
la tierra de Cabul, nombre que tiene hasta
hoy.
14 E Hiram había enviado al rey ciento
veinte talentos de oro.
15 Esta es la razón de la leva de personal
que el rey Salomón impuso para edificar la
casa de Jehová, y su propia casa, y Miló, y el
muro de Jerusalén, y Hazor, Meguidó y
Gézer:
16 Faraón el rey de Egipto había subido y
tomado a Gézer, y la quemó, y dio muerte a
los cananeos que habitaban en la ciudad, y
se la dio en dote a su hija la mujer de
Salomón.
17 Restauró, pues, Salomón a Gézer y a
Bet-horón de abajo,
18 a Baalat, y a Tamar en tierra del desierto;
19 asimismo todas las ciudades donde Salomón tenía provisiones, y las ciudades de los
carros, y las ciudades de la gente de a
caballo, y todo lo que Salomón quiso edificar en Jerusalén, en el Líbano y en toda la
tierra de su señorío.

Leva para las construcciones

20 A todos los pueblos que quedaron de los
amorreos, heteos, ferezeos, heveos y jebuseos, que no eran de los hijos de Israel;
21 a sus hijos que quedaron en la tierra
después de ellos, que los hijos de Israel no
pudieron exterminar, impuso Salomón una
leva de prestación personal hasta hoy.
22 Mas a ninguno de los hijos de Israel
impuso Salomón servicio, sino que eran

hombres de guerra, o sus criados, sus príncipes, sus capitanes, comandantes de sus carros, o su gente de a caballo.
23 Y los que Salomón había hecho jefes y
vigilantes sobre las obras eran quinientos
cincuenta, los cuales estaban al frente del
pueblo que trabajaba en aquellas obras.
24 Cuando la hija de Faraón subió de la
ciudad de David a la casa que Salomón le
había edificado, entonces edificó él Miló.
25 Y ofrecía Salomón tres veces cada año
holocaustos y sacrificios de paz sobre el altar
que él edificó a Jehová, y quemaba incienso
sobre el que estaba delante de Jehová,
después que la casa fue terminada.
26 Hizo también el rey Salomón naves en
Ezyón-géber, que está junto a Elot en la
ribera del Mar Rojo, en la tierra de Edom.
27 Y envió Hiram en ellas a sus siervos,
marineros y diestros en el mar, con los
siervos de Salomón,
28 los cuales fueron a Ofir y tomaron de allí
oro, cuatrocientos veinte talentos, y lo
trajeron al rey Salomón.

La reina de Sebá visita a Salomón

10 Oyendo la reina de Sebá la fama que
Salomón había alcanzado por el nombre de Jehová, vino a probarle con preguntas difíciles.
2 Y llegó a Jerusalén con un séquito muy
grande, con camellos cargados de especias,
y oro en gran abundancia, y piedras preciosas; y cuando vino a Salomón, le expuso
todo lo que tenía en su corazón.
3 Y Salomón le contestó todas sus preguntas; nada hubo que el rey no le contestase.
4 Y cuando la reina de Sebá vio toda la
sabiduría de Salomón, y la casa que había
edificado,
5 asimismo la comida de su mesa, las habitaciones de sus oficiales, el porte y los
vestidos de los que le servían, sus maestresalas, y sus holocaustos que ofrecía en la casa
de Jehová, se quedó asombrada.
6 Y dijo al rey: Verdad es lo que oí en mi
tierra de tus cosas y de tu sabiduría;
7 pero yo no lo creía, hasta que he venido, y
mis ojos han visto que no se me dijo ni aun la
mitad; es mayor tu sabiduría y bienestar que
la fama que yo había oído.
8 Bienaventurados tus hombres, dichosos
estos tus siervos, que están continuamente
delante de ti, y oyen tu sabiduría.
9 Sea bendito Jehová tu Dios, que se agradó de ti para ponerte en el trono de Israel;
porque Jehová ha amado siempre a Israel,
te ha puesto por rey, para que hagas derecho y justicia.
10 Y dio ella al rey ciento veinte talentos de
oro, y mucha especiería, y piedras preciosas; nunca llegó tan gran cantidad de espe-

cias, como las que la reina de Sebá dio al rey Salomón.

11 La flota de Hiram que había traído el oro de Ofir, traía también de Ofir mucha madera de sándalo, y piedras preciosas.

12 Y de la madera de sándalo hizo el rey balaustradas para la casa de Jehová y para las casas reales, arpas también y salterios para los cantores; nunca vino semejante madera de sándalo, ni se ha visto hasta hoy.

13 Y el rey Salomón dio a la reina de Sebá todo lo que ella quiso pedirle, además de lo que Salomón le dio de su real voluntad. Y ella se volvió, y se fue a su tierra con sus criados.

Riquezas y fama de Salomón

14 El peso del oro que Salomón tenía de renta cada año, era seiscientos sesenta y seis talentos de oro;

15 sin contar las contribuciones de los mercaderes, las ganancias de los comerciantes y los tributos de todos los reyes de Arabia, y de los principales de la tierra.

16 Hizo también el rey Salomón doscientos escudos grandes de oro batido; seiscientos siclos de oro gastó en cada escudo.

17 Asimismo hizo trescientos escudos de oro batido, en cada uno de los cuales gastó tres libras de oro; y el rey los puso en la casa del bosque del Líbano.

18 Hizo también el rey un gran trono de marfil, el cual cubrió de oro purísimo.

19 Seis gradas tenía el trono, y la parte alta era redonda por el respaldo; y a uno y otro lado tenía brazos cerca del asiento, junto a los cuales estaban colocados dos leones.

20 Estaban también doce leones puestos sobre las seis gradas, de un lado y de otro; en ningún otro reino se había hecho trono semejante.

21 Y todos los vasos de beber del rey Salomón era de oro, y asimismo toda la vajilla de la casa del bosque del Líbano era de oro fino; nada de plata, porque en tiempo de Salomón no era apreciada.

22 Porque el rey tenía en el mar una flota de naves de Tarsis, con la flota de Hiram. Una vez cada tres años venía la flota de Tarsis, y traía oro, plata, marfil, monos y pavos reales.

23 Así superaba el rey Salomón a todos los reyes de la tierra en riquezas y en sabiduría.

24 Toda la tierra procuraba ver el rostro de Salomón, para oír la sabiduría que Dios había puesto en su corazón.

25 Y todos le llevaban cada año sus presentes: alhajas de oro y de plata, vestidos, armas, especias aromáticas, caballos y mulos.

Salomón comercia en caballos y en carros

26 Reunió Salomón carros y gente de a caballo; y tenía mil cuatrocientos carros, y doce mil jinetes, a los que puso en las ciudades de los carros, y con el rey en Jerusalén.

27 E hizo el rey que en Jerusalén la plata llegara a ser como piedras, y los cedros como sicómoros de la Sefelá en abundancia.

28 Y traían de Egipto caballos y lienzos a Salomón; porque la compañía de los mercaderes del rey compraba caballos y lienzos.

29 Un carro que subía de Egipto valía seiscientas piezas de plata, y un caballo, ciento cincuenta; y así los adquirían por mano de ellos todos los reyes de los heteos, y de Siria.

Apostasía y dificultades de Salomón

11 Pero el rey Salomón amó, además de la hija de Faraón, a muchas mujeres extranjeras; a las de Moab, a las de Amón, a las de Edom, a las de Sidón y a las heteas;

2 gentes de las cuales Jehová había dicho a los hijos de Israel: No os llegaréis a ellas, ni ellas se llegarán a vosotros; porque ciertamente harán inclinar vuestros corazones tras sus dioses. A éstas, pues, se juntó Salomón con amor.

3 Y tuvo setecientas mujeres con rango de princesas y trescientas concubinas; y sus mujeres desviaron su corazón.

4 Y cuando Salomón era ya viejo, sus mujeres inclinaron su corazón tras dioses ajenos, y su corazón no era perfecto con Jehová su Dios, como el corazón de su padre David.

5 Porque Salomón siguió a Astarté, diosa de los sidonios, y a Milcom, ídolo abominable de los amonitas.

6 E hizo Salomón lo malo ante los ojos de Jehová, y no siguió cumplidamente a Jehová como David su padre.

7 Entonces edificó Salomón un lugar alto a Quemós, ídolo abominable de Moab, en el monte que está enfrente de Jerusalén, y a Moloc, ídolo abominable de los hijos de Amón.

8 Así hizo para todas sus mujeres extranjeras, las cuales quemaban incienso y ofrecían sacrificios a sus dioses.

9 Y se enojó Jehová contra Salomón, por cuanto su corazón se había apartado de Jehová Dios de Israel, que se le había aparecido dos veces,

10 y le había mandado acerca de esto, que no siguiese a dioses ajenos; mas él no guardó lo que le mandó Jehová.

11 Y dijo Jehová a Salomón: Por cuanto ha habido esto en ti, y no has guardado mi pacto y mis estatutos que yo te mandé, romperé de ti el reino, y lo entregaré a tu siervo.

12 Sin embargo, no lo haré en tus días, por amor a David tu padre; lo romperé de la mano de tu hijo.

13 Pero no romperé todo el reino, sino que daré una tribu a tu hijo, por amor a David mi siervo, y por amor a Jerusalén, la cual yo he elegido.

14 Y Jehová suscitó un adversario a Salomón: Hadad edomita, de sangre real, el cual estaba en Edom.

15 Porque cuando David estaba en Edom, y subió Joab el general del ejército a enterrar los muertos, y mató a todos los varones de Edom

16 (porque seis meses habitó allí Joab, y todo Israel, hasta que hubo acabado con todo el sexo masculino en Edom),

17 Hadad huyó, y con él algunos varones edomitas de los siervos de su padre, y se fue a Egipto; era entonces Hadad un muchacho pequeño.

18 Y se levantaron de Madián, y vinieron a Parán; y tomando consigo hombres de Parán, vinieron a Egipto, a Faraón rey de Egipto, el cual les dio casa y les señaló alimentos, y aun les dio tierra.

19 Y halló Hadad gran favor delante de Faraón, el cual le dio por mujer la hermana de su esposa, la hermana de la reina Tahpenés.

20 Y la hermana de Tahpenés le dio a luz su hijo Genubat, al cual destetó Tahpenés en casa de Faraón; y estaba Genubat en casa de Faraón entre los hijos de Faraón.

21 Y oyendo Hadad en Egipto que David había dormido con sus padres, y que era muerto Joab general del ejército, Hadad dijo a Faraón: Déjame ir a mi tierra.

22 Faraón le respondió: ¿Por qué? ¿Qué te falta conmigo, que procuras irte a tu tierra? Él respondió: Nada; con todo, te ruego que me dejes ir.

23 Dios también levantó por adversario contra Salomón a Rezón hijo de Elyadá, el cual había huido de su amo Hadad-ézer, rey de Sobá.

24 Y había juntado gente contra él, y se había hecho capitán de una banda, cuando David deshizo a los de Sobá. Después fueron a Damasco y habitaron allí, y le hicieron rey en Damasco.

25 Y fue adversario de Israel todos los días de Salomón; y fue otro mal con el de Hadad, porque aborreció a Israel, y reinó sobre Siria.

Revuelta de Jeroboam

26 También Jeroboam hijo de Nebat, efrateo de Seredá, siervo de Salomón, cuya madre se llamaba Zeruá, la cual era viuda, alzó su mano contra el rey.

27 La causa por la cual éste alzó su mano contra el rey fue ésta: Salomón estaba edificando a Miló, para cerrar la brecha de la ciudad de David su padre.

28 Y este varón Jeroboam era valiente y esforzado; y viendo Salomón que el joven era hombre activo, le puso al frente de toda la leva de la casa de José.

29 Aconteció, pues, en aquel tiempo, que saliendo Jeroboam de Jerusalén, le encontró en el camino el profeta Ahías silonita, y éste llevaba una capa nueva; y estaban ellos dos solos en el campo.

30 Y tomando Ahías la capa nueva que tenía sobre sí, la rompió en doce pedazos,

31 y dijo a Jeroboam: Toma para ti diez pedazos; porque así dijo Jehová Dios de Israel: He aquí que yo rompo el reino de la mano de Salomón, y a ti te daré diez tribus;

32 y él tendrá una tribu por amor a David mi siervo, y por amor a Jerusalén, ciudad que yo he elegido de todas las tribus de Israel;

33 por cuanto me han dejado, y han adorado a Astarté diosa de los sidonios, a Quemós dios de Moab, y a Moloc dios de los hijos Amón; y no han andado en mis caminos para hacer lo recto delante de mis ojos, y mis estatutos y mis decretos, como hizo David su padre.

34 Pero no quitaré nada del reino de sus manos, sino que lo retendré por rey todos los días de su vida, por amor a David mi siervo, al cual yo elegí, y quien guardó mis mandamientos y mis estatutos.

35 Pero quitaré el reino de la mano de su hijo, y lo daré a ti, diez tribus.

36 Y a su hijo daré una tribu, para que mi siervo David tenga lámpara todos los días delante de mí en Jerusalén, ciudad que yo me elegí para poner en ella mi nombre.

37 Yo, pues, te tomaré a ti, y tú reinarás en todas las cosas que desee tu alma, y serás rey sobre Israel.

38 Y si prestas oído a todas las cosas que yo te mande, y andas en mis caminos, y haces lo recto delante de mis ojos, guardando mis estatutos y mis mandamientos, como hizo David mi siervo, yo estaré contigo y te edificaré casa firme, como la edifiqué a David, y yo te entregaré a Israel.

39 Y yo afligiré a la descendencia de David a causa de esto, mas no para siempre.

40 Por esto Salomón procuró matar a Jeroboam, pero Jeroboam se levantó y huyó a Egipto, a Sisac rey de Egipto, y estuvo en Egipto hasta la muerte de Salomón.

Muerte de Salomón

41 Los demás hechos de Salomón, y todo lo que hizo, y su sabiduría, ¿no está escrito en el libro de los hechos de Salomón?

42 Los días que Salomón reinó en Jerusalén sobre todo Israel fueron cuarenta años.

43 Y durmió Salomón con sus padres, y fue sepultado en la ciudad de su padre David; y reinó en su lugar Roboam su hijo.

Rebelión de Israel

12 Roboam fue a Siquem, porque todo Israel había venido a Siquem para hacerle rey.

2 Y aconteció que cuando lo oyó Jeroboam hijo de Nebat, que aún estaba en Egipto, adonde había huido de delante del rey Salomón, y habitaba en Egipto,

3 enviaron a llamarle. Vino, pues, Jeroboam, y toda la congregación de Israel, y hablaron a Roboam, diciendo:

4 Tu padre hizo pesado nuestro yugo, mas ahora disminuye tú algo de la dura servidumbre de tu padre, y del yugo pesado que puso sobre nosotros, y te serviremos.

5 Y él les dijo: Id, y de aquí a tres días volved a mí. Y el pueblo se fue.

6 Entonces el rey Roboam pidió consejo de los ancianos que habían estado delante de Salomón su padre cuando vivía, y dijo: ¿Qué me aconsejáis vosotros que responda a este pueblo?

7 Y ellos le hablaron diciendo: Si tú te haces hoy servidor de este pueblo y les hablas buenas palabras, ellos te servirán para siempre.

8 Pero él dejó el consejo que los ancianos le habían dado, y pidió consejo a los jóvenes que se habían criado con él, y estaban a su servicio.

9 Y les dijo: ¿Qué me aconsejáis vosotros que responda a este pueblo, que me ha hablado diciendo: Disminuye algo del yugo que tu padre puso sobre nosotros?

10 Entonces los jóvenes que se habían criado con él le respondieron diciendo: Así hablarás a este pueblo que te ha dicho: Tu padre hizo pesado nuestro yugo, mas tú disminúyenos algo; esto debes responderles: El menor dedo de los míos es más grueso que los lomos de mi padre.

11 Ahora, pues, mi padre os cargó de pesado yugo, mas yo añadiré a vuestro yugo; mi padre os castigó con azotes, mas yo os castigaré con escorpiones.

12 Al tercer día vino Jeroboam con todo el pueblo a Roboam, según el rey lo había mandado, diciendo: Volved a mí al tercer día.

13 Y el rey respondió al pueblo duramente, dejando el consejo que los ancianos le habían dado;

14 y les habló conforme al consejo de los jóvenes, diciendo: Mi padre hizo pesado vuestro yugo, pero yo añadiré a vuestro yugo; mi padre os castigó con azotes, mas yo os castigaré con escorpiones.

15 Y no oyó el rey al pueblo; porque era designio de Jehová para confirmar la palabra que Jehová había hablado por medio de Ahías silonita a Jeroboam hijo de Nebat.

16 Cuando todo el pueblo vio que el rey no les había oído, le respondieron diciendo: ¿Qué parte tenemos nosotros con David? No tenemos heredad en el hijo de Isay. ¡Israel, a tus tiendas! ¡Provee ahora en tu casa, David! Entonces Israel se fue a sus tiendas.

17 Pero reinó Roboam sobre los hijos de Israel que moraban en las ciudades de Judá.

18 Y el rey Roboam envió a Adoram, que estaba sobre los tributos; pero lo apedreó todo Israel, y murió. Entonces el rey Roboam se apresuró a subirse en un carro y huir a Jerusalén.

19 Así se apartó Israel de la casa de David hasta hoy.

20 Y aconteció que oyendo todo Israel que Jeroboam había vuelto, enviaron a llamarle a la congregación, y le hicieron rey sobre todo Israel, sin quedar tribu alguna que siguiese a la casa de David, sino sólo la tribu de Judá.

21 Y cuando Roboam vino a Jerusalén, reunió a toda la casa de Judá y a la tribu de Benjamín, ciento ochenta mil hombres, guerreros escogidos, con el fin de combatir contra la casa de Israel, y devolver el reino a Roboam hijo de Salomón.

22 Pero vino palabra de Jehová a Semaías varón de Dios, diciendo:

23 Habla a Roboam hijo de Salomón, rey de Judá, y a toda la casa de Judá y de Benjamín, y a los demás del pueblo, diciendo:

24 Así ha dicho Jehová: No vayáis, ni peleéis contra vuestros hermanos los hijos de Israel; volveos cada uno a su casa, porque esto lo he hecho yo. Y ellos oyeron la palabra de Dios, y volvieron y se fueron, conforme a la palabra de Jehová.

El pecado de Jeroboam

25 Entonces Jeroboam reedificó Siquem en el monte de Efraín, y habitó en ella; y saliendo de allí, fortificó Penuel.

26 Y dijo Jeroboam en su corazón: Ahora se volverá el reino a la casa de David,

27 si este pueblo continúa subiendo a ofrecer sacrificios en la casa de Jehová en Jerusalén; porque el corazón de este pueblo se volverá a su señor Roboam rey de Judá, y me matarán a mí, y se volverán a Roboam rey de Judá.

28 Y habiendo tenido consejo, hizo el rey dos becerros de oro, y dijo al pueblo: Bastante habéis subido a Jerusalén; he aquí tus dioses, oh Israel, los cuales te hicieron subir de la tierra de Egipto.

29 Y puso uno en Betel, y el otro en Dan.
30 Y esto fue causa de pecado; porque el pueblo iba a adorar delante de uno u otro hasta Dan.
31 Hizo también casas sobre los lugares altos, e hizo sacerdotes de entre el pueblo, que no eran de los hijos de Leví.
32 Entonces instituyó Jeroboam fiesta solemne en el mes octavo, a los quince días del mes, conforme a la fiesta solemne que se celebraba en Judá; y sacrificó sobre un altar. Así hizo en Betel, ofreciendo sacrificios a los becerros que había hecho. Ordenó también en Betel sacerdotes para los lugares altos que él había construido.
33 Sacrificó, pues, sobre el altar que él había hecho en Betel, a los quince días del mes octavo, el mes que él había inventado de su propio corazón; e hizo fiesta a los hijos de Israel, y subió al altar para quemar incienso.

Un profeta de Judá amonesta a Jeroboam

13 He aquí que un varón de Dios por palabra de Jehová vino de Judá a Betel; y estando Jeroboam junto al altar para quemar incienso,
2 aquél clamó contra el altar por palabra de Jehová y dijo: Altar, altar, así ha dicho Jehová: He aquí que a la casa de David nacerá un hijo llamado Josías, el cual sacrificará sobre ti a los sacerdotes de los lugares altos que queman sobre ti incienso, y sobre ti quemarán huesos de hombres.
3 Y aquel mismo día dio una señal, diciendo: Esta es la señal de que Jehová ha hablado: he aquí que el altar se quebrará, y la ceniza que sobre él está se derramará.
4 Cuando el rey Jeroboam oyó la palabra del varón de Dios, que había clamado contra el altar de Betel, extendiendo su mano desde el altar, dijo: ¡Prendedle! Mas la mano que había extendido contra él, se le secó, y no la pudo enderezar.
5 Y el altar se rompió, y se derramó la ceniza del altar, conforme a la señal que el varón de Dios había dado por palabra de Jehová.
6 Entonces, respondiendo el rey, dijo al varón de Dios: Te pido que ruegues ante la presencia de Jehová tu Dios, y ores por mí, para que mi mano me sea restaurada. Y el varón de Dios oró a Jehová, y la mano del rey se le restauró, y quedó como era antes.
7 Y el rey dijo al varón de Dios: Ven conmigo a casa, y comerás, y yo te daré un presente.
8 Pero el varón de Dios dijo al rey: Aunque me dieras la mitad de tu casa, no iría contigo, ni comería pan ni bebería agua en este lugar.

9 Porque así me está ordenado por palabra de Jehová, diciendo: No comas pan, ni bebas agua, ni regreses por el camino que vayas.
10 Regresó, pues, por otro camino, y no volvió por el camino por donde había venido a Betel.
11 Moraba entonces en Betel un viejo profeta, al cual vino su hijo y le contó todo lo que el varón de Dios había hecho aquel día en Betel; le contaron también a su padre las palabras que había hablado al rey.
12 Y su padre les dijo: ¿Por qué camino se fue? Y sus hijos le mostraron el camino por donde había regresado el varón de Dios que había venido de Judá.
13 Y él dijo a sus hijos: Ensilladme el asno. Y ellos le ensillaron el asno, y él lo montó.
14 Y yendo tras el varón de Dios, le halló sentado debajo de una encina, y le dijo: ¿Eres tú el varón de Dios que vino de Judá? Él dijo: Yo soy.
15 Entonces le dijo: Ven conmigo a casa, y come pan.
16 Mas él respondió: No puedo volver contigo, ni iré contigo, ni tampoco comeré pan ni beberé agua contigo en este lugar.
17 Porque por palabra de Dios me ha sido dicho: No comas pan ni bebas agua allí, ni regreses por el camino por donde vayas.
18 Y el otro le dijo, mintiéndole: Yo también soy profeta como tú, y un ángel me ha hablado por palabra de Jehová, diciendo: Tráele contigo a tu casa, para que coma pan y beba agua.
19 Entonces volvió con él, y comió pan en su casa, y bebió agua.
20 Y aconteció que estando ellos en la mesa, vino palabra de Jehová al profeta que le había hecho volver.
21 Y clamó al varón de Dios que había venido de Judá, diciendo: Así dijo Jehová: Por cuanto has sido rebelde al mandato de Jehová, y no guardaste el mandamiento que Jehová tu Dios te había prescrito,
22 sino que volviste, y comiste pan y bebiste agua en el lugar donde Jehová te había dicho que no comieses pan ni bebieses agua, no entrará tu cuerpo en el sepulcro de tus padres.
23 Cuando había comido pan y bebido, el que le había hecho volver le ensilló el asno.
24 Y yéndose, le topó un león en el camino, y le mató; y su cuerpo estaba echado en el camino, y el asno junto a él, y el león también junto al cuerpo.
25 Y he aquí unos que pasaban, y vieron el cuerpo que estaba echado junto al cuerpo; y vinieron y lo dijeron en la ciudad donde el viejo profeta habitaba.
26 Oyéndolo el profeta que le había hecho volver del camino, dijo: El varón de Dios es,

que fue rebelde al mandato de Jehová; por tanto, Jehová le ha entregado al león, que le ha quebrantado y matado, conforme a la palabra de Jehová que él le dijo.

27 Y habló a sus hijos, y les dijo: Ensilladme un asno. Y ellos se lo ensillaron.

28 Y él fue, y halló el cuerpo tendido en el camino, y el asno y el león que estaban junto al cuerpo; el león no había comido el cuerpo, ni dañado al asno.

29 Entonces tomó el profeta el cuerpo del varón de Dios, y lo puso sobre el asno y se lo llevó. Y el profeta viejo vino a la ciudad, para endecharle y enterrarle.

30 Y puso el cuerpo en su sepulcro; y le endecharon, diciendo: ¡Ay, hermano mío!

31 Y después que le enterraron, habló a sus hijos, diciendo: Cuando yo muera, enterradme en el sepulcro en que está sepultado el varón de Dios; poned mis huesos junto a los suyos.

32 Porque sin duda vendrá lo que él dijo a voces por palabra de Jehová contra el altar que está en Betel, y contra todas las casas de los lugares altos que están en las ciudades de Samaria.

33 Con todo esto, no se apartó Jeroboam de su mal camino, sino que volvió a hacer sacerdotes de los lugares altos entre el pueblo, y a quien quería lo consagraba para que fuese de los sacerdotes de los lugares altos.

34 Y esto fue causa de pecado a la casa de Jeroboam, por lo cual fue cortada y raída de sobre la faz de la tierra.

Profecía de Ahías contra Jeroboam

14 En aquel tiempo Abías hijo de Jeroboam cayó enfermo.

2 Y dijo Jeroboam a su mujer: Levántate ahora y disfrázate, para que no te conozcan que eres la mujer de Jeroboam, y ve a Silo; porque allá está el profeta Ahías, el que me dijo que yo había de ser rey sobre este pueblo.

3 Y toma en tu mano diez panes, y tortas, y una vasija de miel, y ve a él, para que te declare lo que ha de ser de este niño.

4 Y la mujer de Jeroboam lo hizo así; y se levantó y fue a Silo, y vino a casa de Ahías, porque sus ojos se habían oscurecido a causa de su vejez.

5 Mas Jehová había dicho a Ahías: He aquí que la mujer de Jeroboam vendrá a consultarte por su hijo, que está enfermo; así y así le responderás, pues cuando ella venga, vendrá disfrazada.

6 Cuando Ahías oyó el sonido de sus pies, al entrar ella por la puerta, dijo: Entra, mujer de Jeroboam. ¿Por qué te finges otra? He recibido para ti un duro mensaje.

7 Ve y di a Jeroboam: Así dijo Jehová Dios de Israel: Por cuanto yo te levanté de en medio del pueblo, y te hice príncipe sobre mi pueblo Israel,

8 y rompí el reino de la casa de David y te lo entregué a ti; y tú no has sido como David mi siervo, que guardó mis mandamientos y anduvo en pos de mí con todo su corazón, haciendo solamente lo recto delante de mis ojos,

9 sino que hiciste lo malo sobre todos los que han sido antes de ti, pues fuiste y te hiciste dioses ajenos e imágenes de fundición para enojarme, y a mí me echaste tras tus espaldas;

10 por tanto, he aquí que yo traigo mal sobre la casa de Jeroboam, y destruiré de Jeroboam todo varón, así el siervo como el libre en Israel; y barreré la posterioridad de la casa de Jeroboam como se barre el estiércol, hasta que sea acabada.

11 El que muera de los de Jeroboam en la ciudad, lo comerán los perros, y el que muera en el campo, lo comerán las aves del cielo; porque Jehová lo ha dicho.

12 Y tú levántate y vete a tu casa; y al poner tu pie en la ciudad, morirá el niño.

13 Y todo Israel lo endechará, y le enterrarán; porque de los de Jeroboam, sólo él será sepultado, por cuanto se ha hallado en él alguna cosa buena delante de Jehová Dios de Israel, en la casa de Jeroboam.

14 Y Jehová levantará para sí un rey sobre Israel, el cual destruirá la casa de Jeroboam en su día, *tan cierto como lo es* ahora mismo.

15 Jehová sacudirá a Israel al modo que la caña se agita en las aguas; y él arrancará a Israel de esta buena tierra que había dado a sus padres, y los esparcirá más allá del Éufrates, por cuanto han hecho sus imágenes de Asera, enojando a Jehová.

16 Y él entregará a Israel por los pecados de Jeroboam, el cual pecó, y ha hecho pecar a Israel.

17 Entonces la mujer de Jeroboam se levantó y se marchó, y vino a Tirsá; y entrando ella por el umbral de la casa, el niño murió.

18 Y lo enterraron, y lo endechó todo Israel, conforme a la palabra de Jehová, la cual él había hablado por su siervo el profeta Ahías.

19 Los demás hechos de Jeroboam, las guerras que hizo, y cómo reinó, todo está escrito en el libro de las historias de los reyes de Israel.

20 El tiempo que reinó Jeroboam fue de veintidós años; y habiendo dormido con sus padres, reinó en su lugar Nadab su hijo.

Reinado de Roboam

21 Roboam hijo de Salomón reinó en Judá. De cuarenta y un años era Roboam cuando

comenzó a reinar, y diecisiete años reinó en
Jerusalén, ciudad que Jehová eligió de todas
las tribus de Israel, para poner allí su nombre. El nombre de su madre fue Naamá,
amonita.
22 Y Judá hizo lo malo ante los ojos de
Jehová, y le enojaron más que todo lo que
sus padres habían hecho con los pecados
que cometían.
23 Porque ellos también se edificaron lugares altos, estatuas, e imágenes de Aserá, en
todo collado alto y debajo de todo árbol
frondoso.
24 Hubo también sodomitas en la tierra, e
hicieron conforme a todas las abominaciones de las naciones que Jehová había echado
delante de los hijos de Israel.
25 Al quinto año del rey Roboam subió
Sisac rey de Egipto contra Jerusalén,
26 y tomó los tesoros de la casa de Jehová, y
los tesoros de la casa real, y lo saqueó todo;
también se llevó todos los escudos de oro
que Salomón había hecho.
27 Y en lugar de ellos hizo el rey Roboam
escudos de bronce, y los dio a los capitanes
de los de la guardia, quienes custodiaban la
puerta de la casa real.
28 Cuando el rey entraba en la casa de
Jehová, los de la guardia los llevaban; y los
ponían en la cámara de los de la guardia.
29 Los demás hechos de Roboam, y todo lo
que hizo, ¿no está escrito en las crónicas de
los reyes de Judá?
30 Y hubo guerra entre Roboam y Jeroboam todos los días.
31 Y durmió Roboam con sus padres, y fue
sepultado con sus padres en la ciudad de
David. El nombre de su madre fue Naamá,
amonita. Y reinó en su lugar Abiyam su hijo.

Reinado de Abiyam

15 En el año dieciocho del rey Jeroboam
hijo de Nebat, Abiyam comenzó a
reinar sobre Judá,
2 y reinó tres años en Jerusalén. El nombre
de su madre fue Maacá, hija de Abisalom.
3 Y anduvo en todos los pecados que su
padre había cometido antes de él; y no fue
su corazón perfecto con Jehová su Dios,
como el corazón de David su padre.
4 Mas por amor a David, Jehová su Dios le
dio lámpara en Jerusalén, levantando a su
hijo después de él, y sosteniendo a Jerusalén;
5 por cuanto David había hecho lo recto
ante los ojos de Jehová, y de ninguna cosa
que le mandase se había apartado en todos
los días de su vida, salvo en lo tocante a
Urías heteo.
6 Y hubo guerra entre Roboam y Jeroboam
todos los días de su vida.
7 Los demás hechos de Abiyam, y todo lo

que hizo, ¿no está escrito en el libro de las
crónicas de los reyes de Judá? Y hubo
guerra entre Abiyam y Jeroboam.
8 Y durmió Abiyam con sus padres, y lo
sepultaron en la ciudad de David; y reinó
Asá su hijo en su lugar.

Reinado de Asá

9 En el año veinte de Jeroboam rey de
Israel, Asá comenzó a reinar sobre Judá.
10 Y reinó cuarenta y un años en Jerusalén;
el nombre de su abuela fue Maacá, hija de
Abisalom.
11 Asá hizo lo recto ante los ojos de Jehová, como David su padre.
12 Porque echó del país a los sodomitas, y
quitó todos los ídolos que sus padres habían
hecho.
13 Incluso desposeyó a su abuela Maacá del
título de Gran Dama, porque había hecho
un ídolo de Aserá. Además deshizo Asá el
ídolo de su abuela, y lo hizo quemar junto al
torrente de Cedrón.
14 Sin embargo, los lugares altos no se
quitaron. Con todo, el corazón de Asá
estuvo de parte de Jehová toda su vida.
15 También metió en la casa de Jehová lo
que su padre había dedicado, y lo que él
dedicó: oro, plata y utensilios.

Alianza de Asá con Ben-adad

16 Hubo guerra entre Asá y Basá rey de
Israel, todo el tiempo de ambos.
17 Y subió Basá rey de Israel contra Judá, y
edificó a Ramá, para cortar las comunicaciones a Asá rey de Judá.
18 Entonces, tomando Asá toda la plata y
el oro que había quedado en los tesoros de la
casa de Jehová, y los tesoros de la casa real,
los entregó a sus siervos, y los envió el rey
Asá a Ben-adad hijo de Tabrimón, hijo de
Hezyón, rey de Siria, el cual residía en
Damasco, diciendo:
19 Haya alianza entre nosotros, como entre
mi padre y el tuyo. He aquí yo te envío un
presente de plata y de oro; ve, y rompe tu
pacto con Basá rey de Israel, para que se
aparte de mí.
20 Y Ben-adad consintió con el rey Asá, y
envió los príncipes de los ejércitos que tenía
contra las ciudades de Israel, y conquistó
Ijón, Dan, Abel-bet-maacá, y toda Cinerot,
con toda la tierra de Neftalí.
21 Oyendo esto Basá, dejó de edificar a
Ramá, y se quedó en Tirsá.
22 Entonces el rey Asá convocó a todo
Judá, sin exceptuar a ninguno; y quitaron de
Ramá la piedra y la madera con que Basá
edificaba, y edificó el rey Asá con ello a
Geba de Benjamín, y a Mizpá.

Muerte de Asá

23 Los demás hechos de Asá, y todo su poderío, y todo lo que hizo, y las ciudades que edificó, ¿no está todo escrito en el libro de las crónicas de los reyes de Judá? Mas en los días de su vejez enfermó de los pies.
24 Y durmió Asá con sus padres, y fue sepultado con ellos en la ciudad de David su padre; y reinó en su lugar Josafat su hijo.

Reinado de Nadab

25 Nadab, hijo de Jeroboam, comenzó a reinar sobre Israel en el segundo año de Asá rey de Judá; y reinó sobre Israel dos años.
26 E hizo lo malo ante los ojos de Jehová, andando en el camino de su padre, y en los pecados con que hizo pecar a Israel.
27 Y Basá hijo de Ahías, el cual era de là casa de Isacar, conspiró contra él, y lo hirió Basá en Gibetón, que era de los filisteos; porque Nadab y todo Israel tenían sitiado a Gibetón.
28 Lo mató, pues, Basá en el tercer año de Asá rey de Judá, y reinó en lugar suyo.
29 Y cuando él vino al reino, mató a toda la casa de Jeroboam, sin dejar alma viviente de los de Jeroboam, hasta raerla, conforme a la palabra que Jehová habló por su siervo Ahías silonita;
30 por los pecados que Jeroboam había cometido, y con los cuales hizo pecar a Israel; y por su provocación con que provocó a enojo a Jehová Dios de Israel.
31 Los demás hechos de Nadab, y todo lo que hizo, ¿no está todo escrito en el libro de las crónicas de los reyes de Israel?
32 Y hubo guerra entre Asá y Basá rey de Israel, todo el tiempo de ambos.

Reinado de Basá

33 En el tercer año de Asá rey de Judá, comenzó a reinar Basá hijo de Ahías sobre todo Israel en Tirsá; y reinó veinticuatro años.
34 E hizo lo malo ante los ojos de Jehová, y anduvo en el camino de Jeroboam, y en su pecado con que hizo pecar a Israel.

16 Y vino palabra de Jehová a Jehú hijo de Hanani contra Basá, diciendo:
2 Por cuanto yo te levanté del polvo y te puse por príncipe sobre mi pueblo Israel, y has andado en el camino de Jeroboam, y has hecho pecar a mi pueblo Israel, provocándome a ira con tus pecados;
3 he aquí yo barreré la posterioridad de Basá; y pondré su casa como la casa de Jeroboam hijo de Nebat.
4 El que de Basá muera en la ciudad, lo comerán los perros; y el que de él muera en el campo, lo comerán las aves del cielo.
5 Los demás hechos de Basá, y las cosas que

hizo, y su poderío, ¿no está todo escrito en el libro de las crónicas de los reyes de Israel?
6 Y durmió Basá con sus padres, y fue sepultado en Tirsá, y reinó en su lugar Elá su hijo.
7 Pues la palabra de Jehová por el profeta Jehú hijo de Hanani había sido contra Basá y también contra su casa, con motivo de todo lo malo que hizo ante los ojos de Jehová, provocándole a ira con las obras de sus manos, para que fuese hecha como la casa de Jeroboam; y también por haber exterminado a ésta.

Reinados de Elá y de Zimrí

8 En el año veintiséis de Asá rey de Judá comenzó a reinar Elá hijo de Basá sobre Israel en Tirsá; y reinó dos años.
9 Y conspiró contra él su siervo Zimrí, comandante de la mitad de los carros. Estando él en Tirsá, bebiendo y embriagado en casa de Arsá su mayordomo,
10 vino Zimrí y lo hirió y lo mató, en el año veintisiete de Asá rey de Judá; y reinó en lugar suyo.
11 Y luego que llegó a reinar y estuvo sentado en su trono, mató a toda la casa de Basá, sin dejar en ella varón, ni parientes ni amigos.
12 Así exterminó Zimrí a toda la casa de Basá, conforme a la palabra que Jehová había proferido contra Basá por medio del profeta Jehú,
13 por todos los pecados de Basá y los pecados de Elá su hijo, con los cuales ellos pecaron e hicieron pecar a Israel, provocando a enojo con sus vanidades a Jehová Dios de Israel.
14 Los demás hechos de Elá, y todo lo que hizo, ¿no está todo escrito en el libro de las crónicas de los reyes de Israel?
15 En el año veintisiete de Asá rey de Judá, comenzó a reinar Zimrí, y reinó siete días en Tirsá; y el pueblo había acampado contra Gibetón, ciudad de los filisteos.
16 Y el pueblo que estaba en el campamento oyó decir: Zimrí ha conspirado, y ha dado muerte al rey. Entonces todo Israel puso aquel mismo día por rey sobre Israel a Omrí, general del ejército, en el campo de batalla.
17 Y subió Omrí de Gibetón, y con él todo Israel, y sitiaron a Tirsá.
18 Mas viendo Zimrí tomada la ciudad, se metió en el palacio de la casa real, y prendió fuego a la casa consigo; y así murió,
19 por los pecados que había cometido, haciendo lo malo ante los ojos de Jehová, y andando en los caminos de Jeroboam, y en su pecado que cometió, haciendo pecar a Israel.
20 El resto de los hechos de Zimrí, y la

conspiración que hizo, ¿no está todo escrito en el libro de las crónicas de los reyes de Israel?

Reinado de Omrí

21 Entonces el pueblo de Israel fue dividido en dos partes: la mitad del pueblo seguía a Tibní hijo de Ginat para hacerlo rey, y la otra mitad seguía a Omrí.

22 Mas el pueblo que seguía a Omrí pudo más que el que seguía a Tibní hijo de Ginat; y Tibní murió, y Omrí fue rey.

23 En el año treinta y uno de Asá rey de Judá, comenzó a reinar Omrí sobre Israel, y reinó doce años; en Tirsá reinó seis años.

24 Y Omrí compró a Sémer el monte de Samaria por dos talentos de plata, y edificó en el monte; y llamó el nombre de la ciudad que edificó, Samaria, del nombre de Sémer, que fue dueño de aquel monte.

25 Y Omrí hizo lo malo ante los ojos de Jehová, e hizo peor que todos los que habían reinado antes de él;

26 pues anduvo en todos los caminos de Jeroboam hijo de Nebat, y en el pecado con el cual hizo pecar a Israel, provocando a ira a Jehová Dios de Israel con sus ídolos.

27 Los demás hechos de Omrí, y todo lo que hizo, y las valentías que ejecutó, ¿no está todo escrito en el libro de las crónicas de los reyes de Israel?

28 Y Omrí durmió con sus padres, y fue sepultado en Samaria, y reinó en lugar suyo Acab su hijo.

Reinado de Acab

29 Comenzó a reinar Acab hijo de Omrı sobre Israel el año treinta y ocho de Asá rey de Judá.

30 Y reinó Acab hijo de Omrí sobre Israel en Samaria veintidós años. Y Acab hijo de Omrí hizo lo malo ante los ojos de Jehová, más que todos los que reinaron antes de él.

31 Porque le fue ligera cosa andar en los pecados de Jeroboam hijo de Nebat, y tomó por mujer a Jezabel, hija de Et-baal rey de los sidonios, y fue y sirvió a Baal, y lo adoró.

32 E hizo altar a Baal, en el templo de Baal que él edificó en Samaria.

33 Hizo también Acab una imagen de Aserá, haciendo así Acab más que todos los reyes de Israel que reinaron antes que él, para provocar la ira de Jehová Dios de Israel.

34 En su tiempo Hiel de Betel reedificó a Jericó. A precio de la vida de Abiram su primogénito echó el cimiento, y a precio de la vida de Segub su hijo menor puso sus puertas, conforme a la palabra que Jehová había hablado por Josué hijo de Nun.

Elías predice la sequía

17 Entonces Elías tisbita, que era de los moradores de Galaad, dijo a Acab:

Vive Jehová Dios de Israel, en cuya presencia estoy, que no habrá lluvia ni rocío en estos años, sino por mi palabra.

2 Y vino a él palabra de Jehová, diciendo:

3 Apártate de aquí, y vuélvete al oriente, y escóndete en el arroyo de Querit, que está frente al Jordán.

4 Beberás del arroyo; y yo he mandado a los cuervos que te den allí de comer.

5 Y él fue e hizo conforme a la palabra de Jehová; pues se fue y vivió junto al arroyo de Querit, que está frente al Jordán.

6 Y los cuervos le traían pan y carne por la mañana, y pan y carne por la tarde; y bebía del arroyo.

7 Pasados algunos días, se secó el arroyo, porque no había llovido sobre la tierra.

Elías y la viuda de Sarepta

8 Vino luego a él palabra de Jehová, diciendo:

9 Levántate, vete a Sarepta de Sidón, y mora allí; he aquí yo he dado orden allí a una mujer viuda que te sustente.

10 Entonces él se levantó y se fue a Sarepta. Y cuando llegó a la puerta de la ciudad, he aquí una mujer viuda que estaba allí recogiendo leña; y él la llamó, y le dijo: Te ruego que me traigas un poco de agua en un vaso, para que beba.

11 Y yendo ella para traérsela, él la volvió a llamar, y le dijo: Te ruego que me traigas también un bocado de pan en tu mano.

12 Y ella respondió: Vive Jehová tu Dios, que no tengo pan cocido; solamente un puñado de harina tengo en la tinaja, y un poco de aceite en una vasija; y ahora recogía dos leños, para entrar y prepararlo para mí y para mi hijo, para que lo comamos, y nos dejemos morir.

13 Elías le dijo: No tengas temor; ve, haz como has dicho; pero hazme a mí primero de ello una pequeña torta cocida debajo de la ceniza, y tráemela; y después harás para ti y para tu hijo.

14 Porque Jehová Dios de Israel ha dicho así: La harina de la tinaja no escaseará, ni el aceite de la vasija disminuirá, hasta el día en que Jehová haga llover sobre la faz de la tierra.

15 Entonces ella fue e hizo como le dijo Elías; y comió él, y ella, y su casa, muchos días.

16 Y la harina de la tinaja no escaseó, ni el aceite de la vasija menguó, conforme a la palabra que Jehová había dicho por medio de Elías.

17 Después de estas cosas aconteció que cayó enfermo el hijo del ama de la casa; y la enfermedad fue tan grave que no quedó en él aliento.

18 Y ella dijo a Elías: ¿Qué tengo yo conti-

go, varón de Dios? ¿Has venido a mí para traer a memoria mis pecados, y para hacer morir a mi hijo?

19 Él le dijo: Dame acá tu hijo. Entonces él lo tomó de su regazo, y lo llevó al aposento donde él estaba, y lo puso sobre su cama.

20 Y clamando a Jehová, dijo: Jehová Dios mío, ¿aun a la viuda en cuya casa estoy hospedado has afligido, haciéndole morir su hijo?

21 Y se tendió sobre el niño tres veces, y clamó a Jehová y dijo: Jehová Dios mío, te ruego que hagas volver el alma de este niño a él.

22 Y Jehová oyó la voz de Elías, y el alma del niño volvió a él, y revivió.

23 Tomando luego Elías al niño, lo trajo del aposento a la casa, y lo dio a su madre, y le dijo Elías: Mira, tu hijo vive.

24 Entonces la mujer dijo a Elías: Ahora conozco que tú eres varón de Dios, y que la palabra de Jehová es verdad en tu boca.

Elías regresa a ver a Acab

18 Pasados muchos días, vino palabra de Jehová a Elías en el tercer año, diciendo: Ve, muéstrate a Acab, y yo haré llover sobre la faz de la tierra.

2 Fue, pues, Elías a mostrarse a Acab. Y el hambre apretaba de recio en Samaria.

3 Y Acab llamó a Abdías su mayordomo. Abdías era en gran manera temeroso de Jehová.

4 Porque cuando Jezabel destruía a los profetas de Jehová, Abdías tomó a cien profetas y los escondió de cincuenta en cincuenta en cuevas, y los sustentó con pan y agua.

5 Dijo, pues, Acab a Abdías: Ve por el país a todas las fuentes de aguas, y a todos los arroyos, a ver si acaso hallaremos hierba con que conservemos la vida a los caballos y a las mulas, para que no nos quedemos sin bestias.

6 Y dividieron entre sí el país para recorrerlo; Acab fue por un camino, y Abdías fue separadamente por otro.

7 Y yendo Abdías por el camino, se encontró con Elías; y cuando lo reconoció, se postró sobre su rostro y dijo: ¿No eres tú mi señor Elías?

8 Y respondió: Yo soy; ve, di a tu amo: Aquí está Elías.

9 Pero él dijo: ¿En qué he pecado, para que entregues a tu siervo en mano de Acab para que me mate?

10 Vive Jehová tu Dios, que no ha habido nación ni reino adonde mi señor no haya enviado a buscarte; y todos han respondido: No está aquí; y a reinos y a naciones él ha hecho jurar que no te han hallado.

11 ¿Y ahora tú dices: Vete a decir a tu amo: Aquí está Elías?

12 Acontecerá que luego que yo me haya ido, el Espíritu de Jehová te llevará adonde yo no sepa, y al venir yo y dar las nuevas a Acab, al no hallarte él, me matará; y tu siervo teme a Jehová desde su juventud.

13 ¿No ha sido dicho a mi señor lo que hice, cuando Jezabel mataba a los profetas de Jehová; que escondí a cien varones de los profetas de Jehová de cincuenta en cincuenta en cuevas, y los mantuve con pan y agua?

14 ¿Y ahora dices tú: Vete a decir a tu amo: Aquí está Elías; para que él me mate?

15 Y le dijo Elías: Vive Jehová de los ejércitos, en cuya presencia estoy, que hoy me mostraré a él.

16 Entonces Abdías fue a encontrarse con Acab, y le dio el aviso; y Acab vino a encontrarse con Elías.

17 Cuando Acab vio a Elías, le dijo: ¿Eres tú, el que perturbas a Israel?

18 Y él respondió: Yo no he perturbado a Israel, sino tú y la casa de tu padre, dejando los mandamientos de Jehová, y siguiendo a los baales.

19 Envía, pues, ahora y congrégame a todo Israel en el monte Carmel, junto con los cuatrocientos cincuenta profetas de Baal, y los cuatrocientos profetas de Aserá, que comen de la mesa de Jezabel.

Elías y los profetas de Baal

20 Entonces Acab convocó a todos los hijos de Israel, y reunió a los profetas en el monte Carmel.

21 Y acercándose Elías a todo el pueblo, dijo: ¿Hasta cuándo claudicaréis vosotros entre dos pensamientos? Si Jehová es Dios, seguidle; y si Baal, id en pos de él. Y el pueblo no respondió palabra.

22 Y Elías volvió a decir al pueblo: Sólo yo he quedado como profeta de Jehová; mas de los profetas de Baal hay cuatrocientos cincuenta hombres.

23 Dénsenos, pues, dos bueyes, y escojan ellos uno, y córtenlo en pedazos, y pónganlo sobre leña, pero no pongan fuego debajo; y yo prepararé el otro buey, y lo pondré sobre leña, y ningún fuego pondré debajo.

24 Invocad luego vosotros el nombre de vuestros dioses, y yo invocaré el nombre de Jehová; y el Dios que responda por medio de fuego, ése sea Dios. Y todo el pueblo respondió, diciendo: Bien dicho.

25 Entonces Elías dijo a los profetas de Baal: Escogeos un buey, y preparadlo vosotros primero, pues que sois los más; e invocad el nombre de vuestros dioses, mas no pongáis fuego debajo.

26 Y ellos tomaron el buey que les fue dado y lo prepararon, e invocaron el nombre de Baal desde la mañana hasta el mediodía, diciendo: ¡Baal, respóndenos! Pero no había voz, ni quien respondiese; entretanto,

ellos andaban saltando cerca del altar que
habían hecho.
27 Y aconteció al mediodía, que Elías se
burlaba de ellos, diciendo: Gritad en alta
voz, porque es un dios; quizás está meditan-
do, o tiene algún trabajo, o va de camino; tal
vez duerme, y hay que despertarle.
28 Y ellos clamaban a grandes voces, y se
sajaban con cuchillos y con lancetas conforme a su costumbre, hasta chorrear la sangre
sobre ellos.
29 Pasó el mediodía, y ellos siguieron gritando frenéticamente hasta la hora de ofrecerse el sacrificio, pero no hubo ninguna
voz, ni quien escuchase ni respondiese.
30 Entonces dijo Elías a todo el pueblo:
Acercaos a mí. Y todo el pueblo se le
acercó; y él arregló el altar de Jehová que
estaba arruinado.
31 Y tomando Elías doce piedras, conforme al número de las tribus de los hijos de
Jacob, al cual había sido dada palabra de
Jehová diciendo, Israel será tu nombre,
32 edificó con las piedras un altar en el
nombre de Jehová; después hizo una zanja
alrededor del altar, en que cupieran dos
medidas de grano.
33 Preparó luego la leña, y cortó el buey en
pedazos, y lo puso sobre la leña.
34 Y dijo: Llenad cuatro cántaros de agua,
y derramadla sobre el holocausto y sobre la
leña. Y dijo: Hacedlo otra vez; y otra vez lo
hicieron. Dijo aún: Hacedlo la tercera vez; y
lo hicieron la tercera vez,
35 de manera que el agua corría alrededor
del altar, y también se había llenado de agua
la zanja.
36 Cuando llegó la hora de ofrecerse el
holocausto, se acercó el profeta Elías y dijo:
Jehová Dios de Abraham, de Isaac y de
Israel, sea hoy manifiesto que tú eres Dios
en Israel, y que yo soy tu siervo, y que por
mandato tuyo he hecho todas estas cosas.
37 Respóndeme, Jehová, respóndeme, para que conozca este pueblo que tú, oh
Jehová, eres el Dios, y que tú vuelves a ti el
corazón de ellos.
38 Entonces cayó fuego de Jehová, y consumió el holocausto, la leña, las piedras y el polvo, y aun lamió el agua que estaba en la zanja.
39 Viéndolo todo el pueblo, se postraron y
dijeron: ¡Jehová es el Dios, Jehová es el
Dios!
40 Entonces Elías les dijo: Prended a los
profetas de Baal, para que no escape ninguno. Y ellos los prendieron; y los llevó Elías
al arroyo de Cisón, y allí los hizo degollar.

Elías ora por lluvia

41 Entonces Elías dijo a Acab: Sube, come
y bebe; porque ya se oye el rumor de una
gran lluvia.

42 Acab subió a comer y a beber. Y Elías
subió a la cumbre del Carmel, y postrándose
en tierra, puso su rostro entre las rodillas.
43 Y dijo a su criado: Sube ahora, y mira
hacia el mar. Y él subió, y miró, y dijo: No
hay nada. Y él se lo volvió a decir siete
veces.
44 A la séptima vez dijo: Yo veo una pequeña nube como la palma de la mano de un
hombre, que sube del mar. Y él dijo: Ve a
decirle a Acab: Unce tu carro y desciende,
para que la lluvia no te ataje.
45 Y aconteció, estando en esto, que los
cielos se oscurecieron con nubes y viento, y
hubo una gran lluvia. Y subiendo Acab,
vino a Jizreel.
46 Y la mano de Jehová estuvo sobre Elías,
el cual ciñó sus lomos, y corrió delante de
Acab hasta llegar a Jizreel.

Elías huye a Horeb

19 Acab dio a Jezabel la nueva de todo
lo que Elías había hecho, y de cómo
había matado a espada a todos los profetas.
2 Entonces envió Jezabel a Elías un mensajero, diciendo: Así me hagan los dioses, y
aun me añadan, si mañana a estas horas yo
no he puesto tu persona como la de uno de
ellos.
3 Viendo, pues, el peligro, se levantó y se
fue para salvar su vida, y vino a Beerseba,
que está en Judá, y dejó allí a su criado.
4 Y él se fue por el desierto un día de
camino, y vino y se sentó debajo de un
enebro; y deseando morirse, dijo: Basta ya,
oh Jehová, quítame la vida, pues no soy yo
mejor que mis padres.
5 Y echándose debajo del enebro, se quedó
dormido; y he aquí luego un ángel le tocó, y
le dijo: Levántate, come.
6 Entonces él miró, y he aquí a su cabecera
una torta cocida sobre las ascuas, y una
vasija de agua; y comió y bebió, y volvió a
dormirse.
7 Y volviendo el ángel de Jehová la segunda
vez, lo tocó, diciendo: Levántate y come,
porque largo camino te resta.
8 Se levantó, pues, y comió y bebió; y
fortalecido con aquella comida, caminó cuarenta días y cuarenta noches hasta Horeb, el
monte de Dios.

El encuentro con Dios

9 Y allí se metió en una cueva, donde pasó
la noche. Y vino a él palabra de Jehová, el
cual le dijo: ¿Qué haces aquí, Elías?
10 Él respondió: He sentido un vivo celo
por Jehová Dios de los ejércitos; porque los
hijos de Israel han dejado tu pacto, han
derribado tus altares, y han matado a espada a tus profetas; y sólo yo he quedado, y me
buscan para quitarme la vida.

11 Él le dijo: Sal fuera, y ponte en el monte delante de Jehová. Y he aquí Jehová que pasaba, y un grande y poderoso viento que rompía los montes, y quebraba las peñas delante de Jehová; pero Jehová no estaba en el viento. Y tras el viento un terremoto; pero Jehová no estaba en el terremoto.
12 Y tras el terremoto un fuego; pero Jehová no estaba en el fuego. Y tras el fuego un silbo apacible y delicado.
13 Y cuando lo oyó Elías, cubrió su rostro con su manto, y salió, y se puso a la puerta de la cueva. Y he aquí vino a él una voz, diciendo: ¿Qué haces aquí, Elías?
14 Él respondió: He sentido un vivo celo por Jehová Dios de los ejércitos; porque los hijos de Israel han dejado tu pacto, han derribado tus altares, y han matado a espada a tus profetas; y sólo yo he quedado, y me buscan para quitarme la vida.
15 Y le dijo Jehová: Ve, vuélvete por tu camino, por el desierto de Damasco; y llegarás, y ungirás a Hazael por rey de Siria.
16 A Jehú hijo de Nimsí ungirás por rey sobre Israel; y a Eliseo hijo de Safat, de Abel-meholá, ungirás para que sea profeta en tu lugar.
17 Y el que escape de la espada de Hazael, Jehú lo matará; y el que escape de la espada de Jehú, Eliseo lo matará.
18 Y yo haré que queden en Israel siete mil, cuyas rodillas no se doblaron ante Baal, y cuyas bocas no lo besaron.

Llamamiento de Eliseo

19 Partiendo él de allí, halló a Eliseo hijo de Safat, que araba con doce yuntas delante de sí, y él tenía la última. Y pasando Elías por delante de él, echó sobre él su manto.
20 Entonces, dejando él los bueyes, vino corriendo en pos de Elías, y dijo: Te ruego que me dejes besar a mi padre y a mi madre, y luego te seguiré. Y él le dijo: Ve, vuelve; ¿qué te he hecho yo?
21 Y se volvió, y tomó un par de bueyes y los mató, y con el arado de los bueyes coció la carne, y la dio a sus gentes para que comiesen. Después se levantó y fue tras Elías, y le servía.

Acab derrota a los sirios

20 Entonces Ben-adad rey de Siria juntó a todo su ejército, y con él a treinta y dos reyes, con caballos y carros; y subió y sitió a Samaria, y la combatió.
2 Y envió mensajeros a la ciudad a Acab rey de Israel, diciendo:
3 Así ha dicho Ben-adad: Tu plata y tu oro son míos, y tus mujeres y tus hijos hermosos son míos.
4 Y el rey de Israel respondió y dijo: Como tú dices, rey señor mío, yo soy tu vasallo con todo lo que tengo.
5 Volviendo los mensajeros otra vez, dijeron: Así dijo Ben-adad: Yo te envié a decir: Tú plata y tu oro, y tus mujeres y tus hijos me darás.
6 Además, mañana a estas horas enviaré yo a ti mis siervos, los cuales registrarán tu casa, y las casas de tus siervos; y tomarán y llevarán todo lo precioso que tengas.
7 Entonces el rey de Israel llamó a todos los ancianos del país, y les dijo: Entended, y ved ahora cómo éste no busca sino mal; pues ha enviado a mí por mis mujeres y mis hijos, y por mi plata y por mi oro, y yo no se lo he negado.
8 Y todos los ancianos y todo el pueblo le respondieron: No le obedezcas, ni hagas lo que te pide.
9 Entonces él respondió a los embajadores de Ben-adad: Decid al rey mi señor: Haré todo lo que mandaste a tu siervo al principio; mas esto no lo puedo hacer. Y los embajadores fueron, y le dieron la respuesta.
10 Y Ben-adad nuevamente le envió a decir: Así me hagan los dioses, y aun me añadan, que el polvo de Samaria no bastará a los puños de todo el pueblo que me sigue.
11 Y el rey de Israel respondió y dijo: Decidle que no se alabe tanto el que se ciñe las armas, como el que las desciñe.
12 Y cuando él oyó esta palabra, estando bebiendo con los reyes en las tiendas, dijo a sus siervos: Tomad posiciones. Y ellos tomaron posiciones contra la ciudad.

Victoria israelita

13 Y he aquí un profeta vino a Acab rey de Israel, y le dijo: Así ha dicho Jehová: ¿Has visto esta gran multitud? He aquí yo te la entregaré hoy en tu mano, para que conozcas que yo soy Jehová.
14 Y respondió Acab: ¿Por mano de quién? Él dijo: Así ha dicho Jehová: por mano de los siervos de los príncipes de las provincias. Y dijo Acab: ¿Quién comenzará la batalla? Y él respondió: Tú.
15 Entonces él pasó revista a los siervos de los príncipes de las provincias, los cuales fueron doscientos treinta y dos. Luego pasó revista a todo el pueblo, a todos los hijos de Israel, que fueron siete mil.
16 Y salieron a mediodía. Y estaba Ben-adad bebiendo y embriagándose en las tiendas, él y los reyes, los treinta y dos reyes que habían venido en su ayuda.
17 Y los siervos de los príncipes de las provincias salieron los primeros. Y los vigías dieron aviso a Ben-adad, diciendo: Han salido hombres de Samaria.
18 Él, entonces, dijo: Si han salido por paz,

tomadlos vivos; y si han salido para pelear, tomadlos vivos.

19 Salieron, pues, de la ciudad los siervos de los príncipes de las provincias, y en pos de ellos el ejército.

20 Y mató cada uno al que venía contra él; y huyeron los sirios, siguiéndoles los de Israel. Y el rey de Siria, Ben-adad, se escapó en un caballo con alguna gente de caballería.

21 Y salió el rey de Israel, e hirió la gente de a caballo, y los carros, y deshizo a los sirios causándoles gran estrago.

22 Vino luego el profeta al rey de Israel y le dijo: Ve, fortalécete, y considera y mira lo que hagas; porque pasado un año, el rey de Siria vendrá contra tí.

23 Y los siervos del rey de Siria le dijeron: Sus dioses son dioses de los montes, por eso nos han vencido; mas si peleamos con ellos en la llanura, se verá si no los vencemos.

24 Haz, pues, así: Saca a los reyes cada uno de su puesto, y pon capitanes en lugar de ellos.

25 Y tú fórmate otro ejército como el ejército que perdiste, caballo por caballo, y carro por carro; luego pelearemos con ellos en campo raso, y veremos si no los vencemos. Y él les dio oído, y lo hizo así.

Victoria de Afec

26 Pasado un año, Ben-adad pasó revista al ejército de los sirios, y vino a Afec para pelear contra Israel.

27 Los hijos de Israel fueron también inspeccionados, y tomando provisiones, fueron al encuentro de ellos; y acamparon los hijos de Israel delante de ellos como dos rebañuelos de cabras, y los sirios llenaban la tierra.

28 Vino entonces el varón de Dios al rey de Israel, y le habló diciendo: Así dijo Jehová: Por cuanto los sirios han dicho: Jehová es Dios de los montes, y no Dios de los valles, yo entregaré toda esta gran multitud en tu mano, para que conozcáis que yo soy Jehová.

29 Siete días estuvieron acampados los unos frente a los otros, y al séptimo día se dio la batalla; y los hijos de Israel mataron de los sirios en un solo día cien mil hombres de a pie.

30 Los demás huyeron a Afec, a la ciudad; y el muro cayó sobre veintisiete mil hombres que habían quedado. También Ben-adad vino huyendo a la ciudad, y se escondía de aposento en aposento.

31 Entonces sus siervos le dijeron: He aquí, hemos oído de los reyes de la casa de Israel, que son reyes clementes; pongamos, pues, ahora cilicio en nuestros lomos, y sogas en nuestras cabezas, y salgamos al rey de Israel, a ver si por ventura te salva la vida.

32 Ciñeron, pues, sus lomos con cilicio, y pusieron cuerdas sobre sus cabezas, y vinieron al rey de Israel y le dijeron: Tu siervo Ben-adad dice: Te ruego que viva mi alma. Y él respondió: Si él vive aún, mi hermano es.

33 Esto tomaron aquellos hombres por buen augurio, y se apresuraron a tomar la palabra de su boca, y dijeron: Tu hermano Ben-adad vive. Y él dijo: Id y traedle. Ben-adad entonces se presentó a Acab, y él le hizo subir en un carro.

34 Y le dijo Ben-adad: Las ciudades que mi padre tomó al tuyo, yo las restituiré; y haz un barrio de bazares en Damasco para ti, como mi padre lo hizo en Samaria. Y yo, dijo Acab, te dejaré partir con este pacto. Hizo, pues, pacto con él, y le dejó ir.

35 Entonces un varón de los hijos de los profetas dijo a su compañero por palabra de Dios: Hiéreme ahora. Mas el otro no quiso herirle.

36 Él le dijo: Por cuanto no has obedecido a la palabra de Jehová, he aquí que cuando te apartes de mí, te herirá un león. Y cuando se apartó de él, le encontró un león, y le mató.

37 Luego encontró con otro hombre, y le dijo: Hiéreme ahora. Y el hombre le dio un golpe, y le hizo una herida.

38 Y el profeta se fue, y se puso delante del rey en el camino, y se disfrazó, poniéndose una venda sobre los ojos.

39 Y cuando el rey pasaba, él dio voces al rey, y dijo: Tu siervo salió en medio de la batalla; y he aquí que se me acercó un soldado y me trajo un hombre, diciéndome: Guarda a este hombre, y si llega a huir, tu vida será por la suya, o pagarás un talento de plata.

40 Y mientras tu siervo estaba ocupado en una y en otra cosa, el hombre desapareció. Entonces el rey de Israel le dijo: Ésa será tu sentencia; tú la has pronunciado.

41 Pero él se quitó de pronto la venda de sobre sus ojos, y el rey de Israel conoció que era de los profetas.

42 Y él le dijo: Así ha dicho Jehová: Por cuanto soltaste de la mano el hombre de mi anatema, tu vida será por la suya, y tu pueblo por el suyo.

43 Y el rey de Israel se fue a su casa triste y enojado, y llegó a Samaria.

Acab y la viña de Nabot

21 Pasadas estas cosas, aconteció que Nabot de Jizreel tenía allí una viña junto al palacio de Acab rey de Samaria.

2 Y Acab habló a Nabot, diciendo: Dame tu viña para un huerto de legumbres, porque está cercana a mi casa, y yo te daré por ella otra viña mejor que ésta; o si te parece mejor, te pagaré su valor en dinero.

3 Y Nabot respondió a Acab: Guárdeme Jehová de que yo te dé a ti la heredad de mis padres.

Acab y Jezabel

4 Y vino Acab a su casa triste y enojado, por la palabra que Nabot de Jizreel le había respondido, diciendo: No te daré la heredad de mis padres. Y se acostó en su cama, y volvió su rostro, y no comió.

5 Vino a él su mujer Jezabel, y le dijo: ¿Por qué está tan decaído tu espíritu, y no comes?

6 Él respondió: Porque hablé con Nabot de Jizreel, y le dije que me diera su viña por dinero, o que si más quería, le daría otra viña por ella; y él respondió: Yo no te daré mi viña.

7 Y su mujer Jezabel le dijo: ¿Eres tú ahora rey sobre Israel? Levántate, y come y alégrate; yo te daré la viña de Nabot de Jizreel.

8 Entonces ella escribió cartas en nombre de Acab, y las selló con su anillo, y las envió a los ancianos y a los principales que moraban en la ciudad con Nabot.

9 Y las cartas que escribió decían así: Proclamad ayuno, y poned a Nabot delante del pueblo;

10 y poned a dos hombres perversos delante de él, que atestigüen contra él y digan: Tú has maldecido a Dios y al rey. Y entonces sacadlo, y apedreadlo para que muera.

11 Y los de su ciudad, los ancianos y los principales que moraban en su ciudad, hicieron como Jezabel les mandó, conforme a lo escrito en las cartas que ella les había enviado.

12 Y promulgaron ayuno, y pusieron a Nabot delante del pueblo.

13 Vinieron entonces dos hombres perversos, y se sentaron delante de él; y aquellos hombres perversos atestiguaron contra Nabot delante del pueblo, diciendo: Nabot ha blasfemado contra Dios y contra el rey. Y lo llevaron fuera de la ciudad y lo apedrearon, y murió.

14 Después enviaron a decir a Jezabel: Nabot ha sido apedreado y ha muerto.

15 Cuando Jezabel oyó que Nabot había sido apedreado y muerto, dijo a Acab: Levántate y toma la viña de Nabot de Jizreel, que no te la quiso dar por dinero; porque Nabot no vive, sino que ha muerto.

16 Y oyendo Acab que Nabot había muerto, se levantó para descender a la viña de Nabot de Jizreel, para tomar posesión de ella.

Elías anuncia la condenación divina

17 Entonces vino palabra de Jehová a Elías tisbita, diciendo:

18 Levántate, desciende a encontrarte con Acab rey de Israel, que está en Samaria; he aquí él está en la viña de Nabot, a la cual ha descendido para tomar posesión de ella.

19 Y le hablarás diciendo: Así ha dicho Jehová: ¿No mataste, y también has despojado? Y volverás a hablarle, diciendo: Así ha dicho Jehová: En el mismo lugar donde lamieron los perros la sangre de Nabot, los perros lamerán también tu sangre, tu propia sangre.

20 Y Acab dijo a Elías: ¿Me has hallado, enemigo mío? Él respondió: Te he encontrado, porque te has vendido a hacer lo malo delante de Jehová.

21 He aquí yo traigo mal sobre ti, y barreré tu posteridad y destruiré hasta el último varón de la casa de Acab, tanto el siervo como el libre en Israel.

22 Y pondré tu casa como la casa de Jeroboam hijo de Nebat, y como la casa de Baasá hijo de Ahías, por la rebelión con que me provocaste a ira, y con que has hecho pecar a Israel.

23 De Jezabel también ha hablado Jehová, diciendo: Los perros comerán a Jezabel en el muro de Jizreel.

24 El que de Acab muera en la ciudad, los perros lo comerán, y el que muera en el campo, lo comerán las aves del cielo.

25 (A la verdad ninguno fue como Acab, que se vendió para hacer lo malo ante los ojos de Jehová; porque Jezabel su mujer lo incitaba.

26 Él fue en gran manera abominable, caminando en pos de los ídolos, conforme a todo lo que hicieron los amorreos, a los cuales lanzó Jehová de delante de los hijos de Israel.)

Arrepentimiento de Acab

27 Y sucedió que cuando Acab oyó estas palabras, rasgó sus vestidos y puso cilicio sobre su carne, ayunó, y durmió en cilicio, y anduvo humillado.

28 Entonces vino palabra de Jehová a Elías tisbita, diciendo:

29 ¿No has visto cómo Acab se ha humillado delante de mí? Pues por cuanto se ha humillado delante de mí, no traeré el mal en sus días; en los días de su hijo traeré el mal sobre su casa.

Miqueas profetiza la derrota de Acab

22 Tres años pasaron sin guerra entre los sirios e Israel.

2 Y aconteció al tercer año, que Josafat rey de Judá descendió al rey de Israel.

3 Y el rey de Israel dijo a sus siervos: ¿No sabéis que Ramot de Galaad es nuestra, y nosotros no hemos hecho nada para tomarla de mano del rey de Siria?

4 Y dijo a Josafat: ¿Quieres venir conmigo a pelear contra Ramot de Galaad? Y Josafat

respondió al rey de Israel: Yo soy como tú, y mi pueblo como tu pueblo, y mis caballos como tus caballos.

Los falsos profetas predicen el éxito

5 Dijo luego Josafat al rey de Israel: Yo te ruego que consultes hoy la palabra de Jehová.

6 Entonces el rey de Israel reunió a los profetas, como cuatrocientos hombres, a los cuales dijo: ¿Iré a la guerra contra Ramot de Galaad, o la dejaré? Y ellos dijeron: Sube, porque Jehová la entregará en mano del rey.

7 Y dijo Josafat: ¿Hay aún aquí algún profeta de Jehová, por el cual consultemos?

8 El rey de Israel respondió a Josafat: Aún hay un varón por el cual podríamos consultar a Jehová, Miqueas hijo de Yimlá; mas yo le aborrezco, porque nunca me profetiza bien, sino solamente mal. Y Josafat dijo: No hable el rey así.

9 Entonces el rey de Israel llamó a un oficial, y le dijo: Trae pronto a Miqueas hijo de Yimlá.

10 Y el rey de Israel y Josafat rey de Judá estaban sentados cada uno en su silla, vestidos de sus ropas reales, en la plaza junto a la entrada de la puerta de Samaria; y todos los profetas profetizaban delante de ellos.

11 Y Sedequías hijo de Quenaaná se había hecho unos cuernos de hierro, y dijo: Así ha dicho Jehová: Con éstos acornearás a los sirios hasta acabarlos.

12 Y todos los profetas profetizaban de la misma manera, diciendo: Sube a Ramot de Galaad, y serás prosperado; porque Jehová la entregará en mano del rey.

El profeta Miqueas predice el fracaso

13 Y el mensajero que había ido a llamar a Miqueas, le habló diciendo: He aquí que las palabras de los profetas a una voz anuncian al rey cosas buenas; sea ahora tu palabra conforme a la palabra de alguno de ellos, y anuncia también buen éxito.

14 Y Miqueas respondió: Vive Jehová, que lo que Jehová me hable, eso diré.

15 Vino, pues, al rey, y el rey le dijo: Miqueas, ¿iremos a pelear contra Ramot de Galaad, o la dejaremos? Él le respondió: Sube, y serás prosperado, y Jehová la entregará en mano del rey.

16 Y el rey le dijo: ¿Hasta cuántas veces he de exigirte que no me digas sino la verdad en el nombre de Jehová?

17 Entonces él dijo: Yo vi a todo Israel esparcido por los montes, como ovejas que no tienen pastor; y Jehová dijo: Éstos no tienen señor; vuélvase cada uno a su casa en paz.

18 Y el rey de Israel dijo a Josafat: ¿No te lo había yo dicho? Ninguna cosa buena profetizará él acerca de mí, sino solamente el mal.

19 Entonces él dijo: Oye, pues, palabra de Jehová: Yo vi a Jehová sentado en su trono, y todo el ejército de los cielos estaba junto a él, a su derecha y a su izquierda.

20 Y Jehová dijo: ¿Quién inducirá a Acab, para que suba y caiga en Ramot de Galaad? Y uno decía de una manera, y otro decía de otra.

21 Y salió un espíritu y se puso delante de Jehová, y dijo: Yo le induciré. Y Jehová le dijo: ¿De qué manera?

22 Él dijo: Yo saldré, y seré espíritu de mentira en boca de todos sus profetas. Y él dijo: Le inducirás, y aun lo conseguirás; ve, pues, y hazlo así.

23 Y ahora, he aquí Jehová ha puesto espíritu de mentira en la boca de todos tus profetas, y Jehová ha decretado el mal acerca de ti.

24 Entonces se acercó Sedequías hijo de Quenaaná y golpeó a Miqueas en la mejilla, diciendo: ¿Por dónde se fue de mí el Espíritu de Jehová para hablarte de ti?

25 Y Miqueas respondió: He aquí tú lo verás en aquel día, cuando te irás metiendo de aposento en aposento para esconderte.

26 Entonces el rey de Israel dijo: Toma a Miqueas, y llévalo a Amón gobernador de la ciudad, y a Joás hijo del rey;

27 y dirás: Así ha dicho el rey: Echad a éste en la cárcel, y mantenedle con pan de angustia y con agua de aflicción, hasta que yo vuelva en paz.

28 Y dijo Miqueas: Si llegas a volver en paz, Jehová no ha hablado por mí. En seguida dijo: Oíd, pueblos todos.

29 Subió, pues, el rey de Israel con Josafat rey de Judá a Ramot de Galaad.

30 Y el rey de Israel dijo a Josafat: Yo me disfrazaré, y entraré en la batalla; y tú ponte tus vestidos. Y el rey de Israel se disfrazó, y entró en la batalla.

31 Mas el rey de Siria había mandado a sus treinta y dos capitanes de los carros, diciendo: No peleéis ni con grande ni con chico, sino sólo contra el rey de Israel.

32 Cuando los capitanes de los carros vieron a Josafat, dijeron: Ciertamente éste es el rey de Israel; y vinieron contra él para pelear con él; mas el rey Josafat gritó.

33 Viendo entonces los capitanes de los carros que no era el rey de Israel, se apartaron de él.

34 Y un hombre disparó su arco a la ventura e hirió al rey de Israel por entre las junturas de la armadura, por lo que dijo él a su cochero: Da la vuelta, y sácame del campo, pues estoy herido.

35 Pero la batalla había arreciado aquel día, y el rey estuvo en su carro delante de los

sirios, y a la tarde murió; y la sangre de la herida corría por el fondo del carro.

36 Y a la puesta del sol salió un pregón por el campamento, diciendo: ¡Cada uno a su ciudad, y cada cual a su tierra!

37 Murió, pues, el rey, y fue traído a Samaria; y sepultaron al rey en Samaria.

38 Y lavaron el carro en el estanque de Samaria; y los perros lamieron su sangre; y también lavaron su armadura, conforme a la palabra que Jehová había hablado.

39 El resto de los hechos de Acab, y todo lo que hizo, y la casa de marfil que construyó, y todas las ciudades que edificó, ¿no está escrito en el libro de las crónicas de los reyes de Israel?

40 Y durmió Acab con sus padres, y reinó en su lugar Ocozías su hijo.

Reinado de Josafat

41 Josafat hijo de Asá comenzó a reinar sobre Judá en el cuarto año de Acab rey de Israel.

42 Era Josafat de treinta y cinco años cuando comenzó a reinar, y reinó veinticinco años en Jerusalén. El nombre de su madre fue Azubá hija de Silhí.

43 Y anduvo en todo el camino de Asá su padre, sin desviarse de él, haciendo lo recto ante los ojos de Jehová.

44 Con todo eso, los lugares altos no fueron quitados; porque el pueblo sacrificaba aún, y quemaba incienso en ellos.

45 Y Josafat hizo paz con el rey de Israel.

46 Los demás hechos de Josafat, y sus hazañas, y las guerras que hizo, ¿no están escritos en el libro de las crónicas de los reyes de Judá?

47 Barrió también de la tierra el resto de los sodomitas que había quedado en el tiempo de su padre Asá.

48 No había entonces rey en Edom; había gobernador en lugar de rey.

49 Josafat había hecho naves de Tarsis, las cuales habían de ir a Ofir por oro; mas no fueron, porque se rompieron en Ezyón-géber.

50 Entonces Ocozías hijo de Acab dijo a Josafat: Vayan mis siervos con los tuyos en las naves. Mas Josafat no quiso.

51 Y durmió Josafat con sus padres, y fue sepultado con ellos en la ciudad de David su padre; y en su lugar reinó Joram su hijo.

Reinado de Ocozías de Israel

52 Ocozías hijo de Acab comenzó a reinar sobre Israel en Samaria, el año diecisiete de Josafat rey de Judá; y reinó dos años sobre Israel.

53 E hizo lo malo ante los ojos de Jehová, y anduvo en el camino de su padre, y en el camino de su madre, y en el camino de Jeroboam hijo de Nebat, que hizo pecar a Israel;

54 porque sirvió a Baal, y lo adoró, y provocó a ira a Jehová Dios de Israel, conforme a todas las cosas que había hecho su padre.

SEGUNDO LIBRO DE LOS

REYES

Muerte de Ocozías

1 Después de la muerte de Acab, se rebeló Moab contra Israel.

2 Y Ocozías cayó por la celosía de una sala de la casa que tenía en Samaria; y estando enfermo, envió mensajeros, y les dijo: Id y consultad a Baal-zebud dios de Ecrón, si he de sanar de esta mi enfermedad.

3 Entonces el Ángel de Jehová habló a Elías tisbita, diciendo: Levántate, y sube a encontrarte con los mensajeros del rey de Samaria, y diles: ¿No hay Dios en Israel, que vais a consultar a Baal-zebub dios de Ecrón?

4 Por tanto, así ha dicho Jehová: Del lecho en que has subido no te levantarás, sino que ciertamente morirás. Y Elías se fue.

5 Cuando los mensajeros se volvieron al rey, él les dijo: ¿Por qué os habéis vuelto?

6 Ellos le respondieron: Encontramos a un varón que nos dijo: Id, y volveos al rey que os envió, y decidle: Así ha dicho Jehová: ¿No hay Dios en Israel, que tú envías a consultar a Baal-zebub dios de Ecrón? Por tanto, del lecho en que has subido no te levantarás; de cierto morirás.

7 Entonces él les dijo: ¿Cómo vestía aquel varón que encontrasteis, y os dijo tales palabras?

8 Y ellos le respondieron: Un varón que tenía vestido de pelo, y ceñía sus lomos con un cinturón de cuero. Entonces él dijo: Es Elías tisbita.

9 Luego envió a él un capitán de cincuenta con sus cincuenta, el cual subió adonde él

estaba; y he aquí que él estaba sentado en la cumbre del monte. Y el capitán le dijo: Varón de Dios, el rey ha dicho que desciendas.

10 Y Elías respondió y dijo al capitán de cincuenta: Si yo soy varón de Dios, descienda fuego del cielo, y consúmate con tus cincuenta. Y descendió fuego del cielo, que lo consumió a él y a sus cincuenta.

11 Volvió el rey a enviar a él otro capitán de cincuenta con sus cincuenta; y le habló y dijo: Varón de Dios, el rey ha dicho así: Desciende pronto.

12 Y le respondió Elías y dijo: Si yo soy varón de Dios, descienda fuego del cielo, y consúmate con tus cincuenta. Y descendió fuego del cielo, y lo consumió a él y a sus cincuenta.

13 Volvió a enviar al tercer capitán de cincuenta con sus cincuenta; y subiendo aquel tercer capitán de cincuenta, se puso de rodillas delante de Elías y le rogó, diciendo: Varón de Dios, te ruego que sea de valor delante de tus ojos mi vida, y la vida de estos tus cincuenta siervos.

14 He aquí ha descendido fuego del cielo, y ha consumido a los dos primeros capitanes de cincuenta con sus cincuenta; sea estimada ahora mi vida delante de tus ojos.

15 Entonces el Ángel de Jehová dijo a Elías: Desciende con él; no tengas miedo de él. Y él se levantó, y descendió con él al rey.

16 Y le dijo: Así ha dicho Jehová: ¿Por qué enviaste mensajeros a consultar a Baal-zebub dios de Ecrón? ¿No hay Dios en Israel para consultar en su palabra? Por tanto, no te levantarás del lecho en que yaces, sino que de cierto morirás.

17 Y murió conforme a la palabra de Jehová, que había hablado Elías. Reinó en su lugar Joram, en el segundo año de Joram hijo de Josafat, rey de Judá; porque Ocozías no tenía hijos.

18 Los demás hechos de Ocozías, ¿no están escritos en el libro de las crónicas de los reyes de Israel?

Eliseo sucede a Elías

2 Aconteció que cuando quiso Jehová alzar a Elías en un torbellino al cielo, Elías venía con Eliseo de Gilgal.

2 Y dijo Elías a Eliseo: Quédate ahora aquí, porque Jehová me ha enviado a Betel. Y Eliseo dijo: Vive Jehová, y vive tu alma, que no te dejaré. Descendieron, pues, a Betel.

3 Y saliendo a Eliseo los hijos de los profetas que estaban en Betel, le dijeron: ¿Sabes que Jehová te quitará hoy a tu señor de sobre ti? Y él dijo: También yo lo sé; callad.

4 Y Elías le volvió a decir: Eliseo, quédate aquí ahora, porque Jehová me ha enviado a Jericó. Y él dijo: Vive Jehová, y vive tu alma, que no te dejaré. Vinieron, pues, a Jericó.

5 Y se acercaron a Eliseo los hijos de los profetas que estaban en Jericó, y le dijeron: ¿Sabes que Jehová te quitará hoy a tu señor de sobre ti? Él respondió: También yo lo sé; callad.

6 Y Elías le dijo: Te ruego que te quedes aquí, porque Jehová me ha enviado al Jordán. Y él dijo: Vive Jehová, y vive tu alma, que no te dejaré. Fueron, pues, ambos.

7 Y vinieron cincuenta varones de los hijos de los profetas, y se pararon delante a lo lejos; y ellos dos se pararon junto al Jordán.

8 Tomando entonces Elías su manto, lo dobló, y golpeó las aguas, las cuales se apartaron a uno y a otro lado, y pasaron ambos por lo seco.

9 Cuando habían pasado, Elías dijo a Eliseo: Pide lo que quieras que haga por ti, antes que yo sea quitado de ti. Y dijo Eliseo: Te ruego que vengan sobre mí dos partes de tu espíritu.

10 Él le dijo: Cosa difícil has pedido. Si me ves cuando sea quitado de ti, te será hecho así; mas si no, no.

11 Y aconteció que yendo ellos y hablando, he aquí un carro de fuego con caballos de fuego apartó a los dos; y Elías subió al cielo en un torbellino.

12 Viéndolo Eliseo, clamaba: ¡Padre mío, padre mío, carro de Israel y su gente de a caballo! Y nunca más le vio; y tomando sus vestidos, los rompió en dos partes.

13 Alzó luego el manto de Elías que se le había caído, y volvió, y se paró a la orilla del Jordán.

14 Y tomando el manto de Elías que se le había caído, golpeó las aguas, y dijo: ¿Dónde está Jehová, el Dios de Elías? Y así que hubo golpeado del mismo modo las aguas, se apartaron a uno y a otro lado, y pasó Eliseo.

15 Viéndole los hijos de los profetas que estaban en Jericó al otro lado, dijeron: El espíritu de Elías reposó sobre Eliseo. Y vinieron a recibirle, y se postraron delante de él.

16 Y dijeron: He aquí hay con tus siervos cincuenta varones fuertes; vayan ahora y busquen a tu señor; no sea que lo haya levantado el Espíritu de Jehová, y lo haya echado en algún monte o en algún valle. Y él les dijo: No mandéis a nadie.

17 Mas ellos le importunaron, hasta que, cansado de su insistencia, dijo: Enviad. Entonces ellos enviaron cincuenta hombres, los cuales lo buscaron tres días, mas no lo hallaron.

18 Y cuando volvieron a Eliseo, que se había quedado en Jericó, él les dijo: ¿No os dije yo que no fueseis?

19 Y los hombres de la ciudad dijeron a Eliseo: He aquí, el lugar en donde está colocada esta ciudad es bueno, como mi señor ve; mas las aguas son malas, y la tierra es estéril.

20 Entonces él dijo: Traedme una vasija nueva, y poned en ella sal. Y se la trajeron.

21 Y saliendo él a los manantiales de las aguas, echó dentro la sal, y dijo: Así ha dicho Jehová: Yo saneo estas aguas, y no habrá más en ellas muerte ni enfermedad.

22 Y fueron sanas las aguas hasta hoy, conforme a la palabra que habló Eliseo.

23 Después subió de allí a Betel; y subiendo por el camino, salieron unos muchachos de la ciudad, y se burlaban de él, diciendo: ¡Sube, calvo!; ¡sube, calvo!

24 Y mirando él atrás, los vio y los maldijo en el nombre de Jehová. Y salieron dos osos del monte, y despedazaron de ellos a cuarenta y dos muchachos.

25 De allí fue al monte Carmel, desde donde volvió a Samaria.

Reinado de Joram de Israel

3 Joram hijo de Acab comenzó a reinar en Samaria sobre Israel el año dieciocho de Josafat rey de Judá; y reinó doce años.

2 E hizo lo malo ante los ojos de Jehová, aunque no como su padre y su madre; porque quitó las estatuas de Baal que su padre había hecho.

3 Pero se entregó a los pecados de Jeroboam hijo de Nebat, que hizo pecar a Israel, y no se apartó de ellos.

Eliseo predice la victoria sobre Moab

4 Entonces Mesá rey de Moab era propietario de ganados, y pagaba al rey de Israel cien mil corderos y cien mil carneros con sus vellones.

5 Pero muerto Acab, el rey de Moab se rebeló contra el rey de Israel.

6 Salió entonces de Samaria el rey Joram, y pasó revista a todo Israel.

7 Y fue y envió a decir a Josafat rey de Judá: El rey de Moab se ha rebelado contra mí; ¿irás tú conmigo a la guerra contra Moab? Y él respondió: Iré, porque yo soy como tú; mi pueblo como tu pueblo, y mis caballos como los tuyos.

8 Y dijo: ¿Por qué camino iremos? Y él respondió: Por el camino del desierto de Edom.

9 Salieron, pues, el rey de Israel, el rey de Judá, y el rey de Edom; y como anduvieron rodeando por el desierto siete días de camino, les faltó agua para el ejército, y para el ganado que les seguía.

10 Entonces el rey de Israel dijo: ¡Ay! que ha llamado Jehová a estos tres reyes para entregarlos en manos de los moabitas.

11 Mas Josafat dijo: ¿No hay aquí algún profeta de Jehová, para que consultemos a Jehová por medio de él? Y uno de los siervos del rey de Israel respondió y dijo: Aquí está Eliseo hijo de Safat, que servía a Elías.

12 Y Josafat dijo: Éste tendrá palabra de Jehová. Y descendieron a él el rey de Israel, y Josafat, y el rey de Edom.

13 Entonces Eliseo dijo al rey de Israel: ¿Qué tengo yo contigo? Ve a los profetas de tu padre, y a los profetas de tu madre. Y el rey de Israel le respondió: Es que Jehová ha reunido a estos tres reyes para entregarlos en manos de los moabitas.

14 Y Eliseo dijo: Vive Jehová de los ejércitos, en cuya presencia estoy, que si no tuviese respeto al rostro de Josafat rey de Judá, no te atendería a ti, ni te miraría.

15 Mas ahora traedme un tañedor. Y mientras el tañedor tocaba, la mano de Jehová vino sobre Eliseo,

16 quien dijo: Así ha dicho Jehová: Haced en este valle muchas zanjas.

17 Porque Jehová ha dicho así: No veréis viento, ni veréis lluvia; pero este valle será lleno de agua, y beberéis vosotros, y vuestras bestias y vuestros ganados.

18 Y aun esto es poca cosa a los ojos de Jehová; pues entregará también a los moabitas en vuestras manos.

19 Y destruiréis toda ciudad fortificada y toda villa hermosa, y talaréis todo buen árbol, cegaréis todas las fuentes de aguas, y destruiréis con piedras toda tierra fértil.

20 Aconteció, pues, que por la mañana, cuando se ofrece el sacrificio, he aquí vinieron aguas de la parte de Edom, y la tierra se llenó de aguas.

21 Cuando todos los de Moab oyeron que los reyes subían a pelear contra ellos, se juntaron desde los que apenas podían ceñir armadura en adelante, y se pusieron en la frontera.

22 Cuando se levantaron por la mañana, y brilló el sol sobre las aguas, vieron los de Moab desde lejos las aguas rojas como sangre;

23 y dijeron: ¡Esto es sangre de espada! Los reyes se han vuelto uno contra otro, y cada uno ha dado muerte a su compañero. Ahora, pues, ¡Moab, al botín!

24 Pero cuando llegaron al campamento de Israel, se levantaron los israelitas y atacaron a los de Moab; los cuales huyeron de delante de ellos; pero los persiguieron, hiriendo a los de Moab.

25 Y asolaron las ciudades, y en todas las tierras fértiles echó cada uno su piedra, y las llenaron; cegaron también todas las fuentes de las aguas, y derribaron todos los buenos árboles; hasta que en Kir-haráset solamente

dejaron piedras, porque los honderos la rodearon y la destruyeron.

26 Y cuando el rey de Moab vio que era vencido en la batalla, tomó consigo setecientos hombres que manejaban espada, para atacar al rey de Edom; mas no pudieron avanzar.

27 Entonces tomó a su primogénito que había de reinar en su lugar, y lo sacrificó en holocausto sobre el muro. Y hubo gran enojo contra los israelitas, que se alejaron de allí, y se volvieron a su tierra.

El aceite de la viuda

4 Una mujer, de las mujeres de los hijos de los profetas, clamó a Eliseo, diciendo: Tu siervo mi marido ha muerto; y tú sabes que tu siervo era temeroso de Jehová; y ha venido el acreedor para llevarse dos hijos míos por siervos.

2 Y Eliseo le dijo: ¿Qué te haré yo? Declárame qué tienes en casa. Y ella dijo: Tu sierva ninguna cosa tiene en casa, sino una vasija de aceite.

3 Él le dijo: Ve y pide para ti vasijas prestadas de todos tus vecinos, vasijas vacías, no pocas.

4 Entra luego, y enciérrate tú y tus hijos: y echa en todas las vasijas, y cuando una esté llena, ponla aparte.

5 Y se fue la mujer, y cerró la puerta encerrándose ella y sus hijos; y ellos le traían las vasijas, y ella echaba del aceite.

6 Cuando las vasijas estuvieron llenas, dijo a un hijo suyo: Tráeme aún otras vasijas. Y él dijo: No hay más vasijas. Entonces cesó el aceite.

7 Vino ella luego, y lo contó al varón de Dios, el cual dijo: Ve y vende el aceite, y paga a tus acreedores; y tú y tus hijos vivid de lo que quede.

Eliseo y la sunamita

8 Aconteció también que un día pasaba Eliseo por Sunem; y había allí una mujer importante, que le invitaba insistentemente a que comiese; y cuando él pasaba por allí, venía a la casa de ella a comer.

9 Y ella dijo a su marido: He aquí ahora, yo entiendo que éste que siempre pasa por nuestra casa, es varón santo de Dios.

10 Yo te ruego que hagamos un pequeño aposento de paredes, y pongamos allí cama, mesa, silla y candelero, para que cuando él venga a nosotros, se quede en él.

11 Y aconteció que un día vino él por allí, y se quedó en aquel aposento, y allí durmió.

12 Entonces dijo a Guejazí su criado: Llama a esta sunamita. Y cuando la llamó, vino ella delante de él.

13 Dijo él entonces a Guejazí: Dile: He aquí tú has estado solícita por nosotros con todo este esmero; ¿qué quieres que haga por ti? ¿Necesitas que hable por ti al rey, o al general del ejército? Y ella respondió: Yo habito en medio de mi pueblo.

14 Y él dijo: ¿Qué, pues, haremos por ella? Y Guejazí respondió: He aquí que ella no tiene hijo, y su marido es viejo.

15 Dijo entonces: Llámala. Y él la llamó, y ella se paró a la puerta.

16 Y él le dijo: El año que viene, por este tiempo, abrazarás un hijo. Y ella dijo: No, señor mío, varón de Dios, no hagas burla de tu sierva.

17 Mas la mujer concibió, y dio a luz un hijo el año siguiente, en el tiempo que Eliseo le había dicho.

18 Y el niño creció. Pero aconteció un día, que fue adonde estaba su padre, junto a los segadores;

19 y dijo a su padre: ¡Ay, mi cabeza, mi cabeza! Y el padre dijo a un criado: Llévalo a su madre.

20 Y habiéndole él tomado y traído a su madre, estuvo sentado en sus rodillas hasta el mediodía, y murió.

21 Ella entonces subió, y lo puso sobre la cama del varón de Dios, y cerrando la puerta, se salió.

22 Llamando luego a su marido, le dijo: Te ruego que envíes conmigo a alguno de los criados y una de las asnas, para que yo vaya corriendo al varón de Dios, y regrese.

23 Él dijo: ¿Para qué vas a verle hoy? No es luna nueva, ni sábado. Y ella respondió: Paz.

24 Después hizo enalbardar el asna, y dijo al criado: Guía y anda; y no me hagas detener en el camino, sino cuando yo te lo diga.

25 Partió, pues, y vino al varón de Dios, al monte Carmel. Y cuando el varón de Dios la vio de lejos, dijo a su criado Guejazí: He aquí la sunamita.

26 Te ruego que vayas ahora corriendo a recibirla, y le digas: ¿Te va bien a ti? ¿Le va bien a tu marido, y a tu hijo? Y ella dijo: Bien.

27 Luego que llegó a donde estaba el varón de Dios en el monte, se asió de sus pies. Y se acercó Guejazí para quitarla; pero el varón de Dios le dijo: Déjala, porque su alma está en amargura, y Jehová me ha encubierto el motivo, y no me lo ha revelado.

28 Y ella dijo: ¿Pedí yo hijo a mi señor? ¿No dije yo que no te burlases de mí?

29 Entonces dijo él a Guejazí: Ciñe tus lomos, y toma mi báculo en tu mano, y ve; si alguno te encuentra, no lo saludes, y si alguno te saluda, no le respondas; y pondrás mi báculo sobre el rostro del niño.

30 Y dijo la madre del niño: Vive Jehová, y vive tu alma, que no te dejaré.

31 Él entonces se levantó y la siguió. Y Guejazí había ido delante de ellos, y había puesto el báculo sobre el rostro del niño; pero no tenía voz ni sentido, y así se había vuelto para encontrar a Eliseo, y se lo declaró, diciendo: El niño no despierta.

32 Llegó Eliseo a la casa, y he aquí que el niño estaba muerto tendido sobre su cama.

33 Entrando él entonces, cerró la puerta tras ambos, y oró a Jehová.

34 Después subió y se tendió sobre el niño, poniendo su boca sobre la boca de él, y sus ojos sobre sus ojos, y sus manos sobre las manos suyas; así se tendió sobre él, y el cuerpo del niño entró en calor.

35 Volviéndose luego, se puso a pasear por la habitación, de un lado para otro, y después subió, y se tendió sobre él nuevamente, y el niño estornudó siete veces, y abrió sus ojos.

36 Entonces llamó él a Guejazí, y le dijo: Llama a esta sunamita. Y él la llamó. Y entrando ella, él le dijo: Toma tu hijo.

37 Y así que ella entró, se echó a sus pies, y se inclinó a tierra; y después tomó a su hijo, y salió.

Milagros en beneficio de los profetas

38 Eliseo volvió a Gilgal cuando había una gran hambre en la tierra. Y los hijos de los profetas estaban con él, por lo que dijo a su criado: Pon una olla grande, y haz potaje para los hijos de los profetas.

39 Y salió uno al campo a recoger hierbas, y halló una como parra montés, y de ella llenó su falda de calabazas silvestres; y volvió, y las cortó en la olla del potaje, pues no sabía lo que era.

40 Después sirvió para que comieran los hombres; pero sucedió que comiendo ellos de aquel guisado, gritaron diciendo: ¡Varón de Dios, hay muerte en esa olla! Y no lo pudieron comer.

41 Él entonces dijo: Traed harina. Y la esparció en la olla, y dijo: Da de comer a la gente. Y no hubo más mal en la olla.

42 Vino entonces un hombre de Baalsalisa, el cual trajo al varón de Dios panes de primicias, veinte panes de cebada, y trigo nuevo en su saco. Y él dijo: Da a la gente para que coma.

43 Y respondió su sirviente: ¿Cómo pondré esto delante de cien hombres? Pero él volvió a decir: Da a la gente para que coma, porque así ha dicho Jehová: Comerán, y sobrará.

44 Entonces lo puso delante de ellos, y comieron, y les sobró, conforme a la palabra de Jehová.

Eliseo y Naamán

5 Naamán, general del ejército del rey de Siria, era varón grande delante de su señor, quien lo tenía en alta estima, porque por medio de él había dado Jehová salvación a Siria. Era este hombre valeroso en extremo, pero leproso.

2 Y de Siria habían salido bandas armadas, y habían llevado cautiva de la tierra de Israel a una muchacha, la cual servía a la mujer de Naamán.

3 Ésta dijo a su señora: Si rogase mi señor al profeta que está en Samaria, él lo sanaría de su lepra.

4 Entrando Naamán a su señor, le relató diciendo: Así y así ha dicho una muchacha que es de la tierra de Israel.

5 Y le dijo el rey de Siria: Anda, ve, y yo enviaré cartas al rey de Israel. Salió, pues, él, llevando consigo diez talentos de plata, y seis mil piezas de oro, y diez mudas de vestidos.

6 Tomó también cartas para el rey de Israel, que decían así: Cuando lleguen a ti estas cartas, sabe por ellas que yo envío a ti mi siervo Naamán, para que lo sanes de su lepra.

7 Luego que el rey de Israel leyó las cartas, rasgó sus vestidos, y dijo: ¿Soy yo Dios, que mate y dé vida, para que éste envíe a mí a que sane a un hombre de su lepra? Considerad ahora, y ved cómo busca ocasión contra mí.

8 Cuando Eliseo el varón de Dios oyó que el rey de Israel había rasgado sus vestidos, envió a decir al rey: ¿Por qué has rasgado tus vestidos? Venga ahora a mí, y sabrá que hay profeta en Israel.

9 Y vino Naamán con sus caballos y con su carro, y se paró a las puertas de la casa de Eliseo.

10 Entonces Eliseo le envió un mensajero, diciendo: Ve y lávate siete veces en el Jordán, y tu carne se te restaurará, y serás limpio.

11 Y Naamán se fue enojado, diciendo: He aquí yo decía para mí: Saldrá él luego, y estando en pie invocará el nombre de Jehová su Dios, y alzará su mano y tocará el lugar, y sanará la lepra.

12 El Abaná y el Farpar, ríos de Damasco, ¿no son mejores que todas las aguas de Israel? ¿No puedo yo lavarme en ellos y ser limpio? Y se iba muy enojado.

13 Mas sus criados se le acercaron y le hablaron diciendo: Padre mío, si el profeta te mandara alguna cosa muy difícil, ¿no la harías? ¿Cuánto más, diciéndote: Lávate, y serás limpio?

14 Él entonces descendió, y se zambulló siete veces en el Jordán, conforme a la palabra del varón de Dios; y su carne se volvió como la carne de un niño, y quedó limpio.

15 Y volvió al varón de Dios, él y toda su

compañía, y se puso delante de él, y dijo: He aquí ahora conozco que no hay otro Dios en toda la tierra, sino en Israel. Te ruego que recibas un presente de tu siervo.

16 Mas él dijo: Vive Jehová, en cuya presencia estoy, que no lo aceptaré. Y le instaba a que aceptara alguna cosa, pero él no quiso.

17 Entonces Naamán dijo: Te ruego, pues, ¿de esta tierra no se dará a tu siervo la carga de un par de mulas? Porque de aquí en adelante tu siervo no sacrificará holocausto ni ofrecerá sacrificio a otros dioses, sino a Jehová.

18 En esto perdone Jehová a tu siervo: que cuando mi señor el rey entre en el templo de Rimón para adorar en él, y se apoye sobre mi brazo, si yo también me inclino en el templo de Rimón; cuando haga tal, Jehová perdone en esto a tu siervo.

19 Y él le dijo: Ve en paz. Se fue, pues, y cuando había recorrido una corta distancia,

20 Guejazí, criado de Eliseo el varón de Dios, dijo entre sí: He aquí mi señor estorbó a este sirio Naamán, no tomando de su mano las cosas que había traído. Vive Jehová, que correré yo tras él y tomaré de él alguna cosa.

21 Y siguió Guejazí a Naamán; y cuando vio Naamán que venía corriendo tras él, se bajó del carro para recibirle, y dijo: ¿Va todo bien?

22 Y él dijo: Bien. Mi señor me envía a decirte: He aquí vinieron a mí en esta hora del monte de Efraín dos jóvenes de los hijos de los profetas; te ruego que les des un talento de plata, y dos vestidos nuevos.

23 Dijo Naamán: Te ruego que tomes dos talentos. Y le insistió, y ató dos talentos de plata en dos bolsas, y dos vestidos nuevos, y lo puso todo a cuestas a dos de sus criados para que lo llevasen delante de él.

24 Y así que llegó a un lugar secreto, él lo tomó de mano de ellos, y lo guardó en la casa; luego mandó a los hombres que se fuesen.

25 Y él entró, y se puso delante de su señor. Y Eliseo le dijo: ¿De dónde vienes, Guejazí? Y él dijo: Tu siervo no ha ido a ninguna parte.

26 Él entonces le dijo: ¿No estaba también allí mi corazón, cuando el hombre volvió de su carro a recibirte? ¿Es tiempo de tomar plata, y de tomar vestidos, olivares, viñas, ovejas, bueyes, siervos y siervas?

27 Por tanto, la lepra de Naamán se te pegará a ti y a tu descendencia para siempre. Y salió de delante de él leproso, blanco como la nieve.

Eliseo hace flotar el hacha

6 Los hijos de los profetas dijeron a Eliseo: He aquí, el lugar en que moramos contigo nos es estrecho.

2 Vamos ahora al Jordán, y tomemos de allí cada uno una viga, y hagamos allí lugar en que habitemos. Y él dijo: Andad.

3 Y dijo uno: Te rogamos que vengas con tus siervos. Y él respondió: Yo iré.

4 Se fue, pues, con ellos; y cuando llegaron al Jordán, cortaron la madera.

5 Y aconteció que mientras uno derribaba un árbol, se le cayó el hierro del hacha en el agua; y gritó diciendo: ¡Ah, señor mío, era prestado!

6 El varón de Dios preguntó: ¿Dónde cayó? Y él le mostró el lugar. Entonces cortó él un palo, y lo echó allí; e hizo flotar el hierro.

7 Y dijo: Tómalo. Y él extendió la mano, y lo tomó.

Eliseo y los sirios

8 Tenía el rey de Siria guerra contra Israel, y consultando con sus siervos, dijo: En tal y tal lugar estará mi campamento.

9 Y el varón de Dios envió a decir al rey de Israel: Mira que no pases por tal lugar, porque los sirios van allí.

10 Entonces el rey de Israel envió a aquel lugar que el varón de Dios había dicho; y así lo hizo una y otra vez con el fin de cuidarse.

11 Y el corazón del rey de Siria se turbó por esto; y llamando a sus siervos, les dijo: ¿No me declararéis vosotros quién de los nuestros es del rey de Israel?

12 Entonces uno de los siervos dijo: No, rey señor mío, sino que el profeta Eliseo está en Israel, el cual declara al rey de Israel las palabras que tú hablas en tu cámara más secreta.

13 Y él dijo: Id, y mirad dónde está, para que yo envíe a prenderlo. Y le fue dicho: He aquí que él está en Dotán.

14 Entonces envió el rey allá gente de a caballo, y carros, y un gran ejército, los cuales vinieron de noche, y sitiaron la ciudad.

15 Y se levantó de mañana y salió el que servía al varón de Dios, y he aquí el ejército que tenía sitiada la ciudad, con gente de a caballo y carros. Entonces su criado le dijo: ¡Ah, señor mío!, ¿qué haremos?

16 Él le dijo: No tengas miedo, porque más son los que están con nosotros que los que están con ellos.

17 Y oró Eliseo, y dijo: Te ruego, oh Jehová, que abras sus ojos para que vea. Entonces Jehová abrió los ojos del criado, y miró; y he aquí que el monte estaba lleno de gente de a caballo, y de carros de fuego alrededor de Eliseo.

18 Y luego que los sirios descendieron a él, oró Eliseo a Jehová, y dijo: Te ruego que hieras con ceguera a esta gente. Y los hirió con ceguera, conforme a la petición de Eliseo.

19 Después les dijo Eliseo: No es éste el camino, ni es ésta la ciudad; seguidme, y yo os guiaré al hombre que buscáis. Y los guió a Samaria.

20 Y cuando llegaron a Samaria, dijo Eliseo: Jehová, abre los ojos de éstos, para que vean. Y Jehová abrió sus ojos, y miraron, y se hallaban en medio de Samaria.

21 Cuando el rey de Israel los hubo visto, dijo a Eliseo: ¿Los mataré, padre mío?

22 Él le respondió: No los mates. ¿Matarías tú a los que tomases cautivos con tu espada y con tu arco? Pon delante de ellos pan y agua, para que coman y beban, y vuelvan a sus señores.

23 Entonces se les preparó una gran comida; y cuando habían comido y bebido, los envió, y ellos se volvieron a su señor. Y nunca más entraron bandas armadas de Siria en la tierra de Israel.

Eliseo y el sitio de Samaria

24 Después de esto aconteció que Benadad rey de Siria reunió todo su ejército, y subió y sitió a Samaria.

25 Y hubo gran hambre en Samaria, a consecuencia de aquel sitio; tanto que la cabeza de un asno se vendía por ochenta piezas de plata, y la cuarta parte de un intestino de palomas por cinco piezas de plata.

26 Y pasando el rey de Israel por el muro, una mujer le gritó, y dijo: Salva, rey señor mío.

27 Y él dijo: Si no te salva Jehová, ¿de dónde te puedo salvar yo? ¿Del granero, o del lagar?

28 Y le dijo el rey: ¿Qué tienes? Ella respondió: Esta mujer me dijo: Da acá tu hijo, y comámoslo hoy, y mañana comeremos el mío.

29 Cocimos, pues, a mi hijo, y lo comimos. El día siguiente yo le dije: Da acá tu hijo, y comámoslo. Más ella ha escondido a su hijo.

30 Cuando el rey oyó las palabras de aquella mujer, rasgó sus vestidos, y pasó así por el muro; y el pueblo vio el cilicio que traía interiormente sobre su cuerpo.

31 Y él dijo: Así me haga Dios, y aun me añada, si la cabeza de Eliseo hijo de Safat queda sobre él hoy.

32 Y Eliseo estaba sentado en su casa, y con él estaban sentados los ancianos; y el rey envió a él un hombre. Mas antes que el mensajero viniese a él, dijo él a los ancianos: ¿No habéis visto cómo este hijo de homicida envía a cortarme la cabeza? Mirad, pues, y cuando venga el mensajero, cerrad la puerta, e impedidle la entrada. ¿No se oye tras él el ruido de los pasos de su amo?

33 Aún estaba él hablando con ellos, cuando el rey mismo irrumpió en la estancia y dijo: Todo este mal viene de Jehová. ¿Para qué he de esperar más en Jehová?

7 Dijo entonces Eliseo: Oíd palabra de Jehová: Así dijo Jehová: Mañana a estas horas valdrá el seah de flor de harina un siclo, y dos seahs de cebada un siclo, a la puerta de Samaria.

2 Y un príncipe sobre cuyo brazo el rey se apoyaba, respondió al varón de Dios y dijo: Mira, Jehová va a hacer ventanas en el cielo, ¿será esto así? Y él dijo: He aquí tú lo verás con tus ojos, mas no comerás de ello.

3 Había a la entrada de la puerta cuatro hombres leprosos, los cuales dijeron el uno al otro: ¿Para qué nos estamos aquí hasta que muramos?

4 Si tratamos de entrar en la ciudad, por el hambre que hay en la ciudad moriremos en ella; y si nos quedamos aquí, también moriremos. Vamos, pues, ahora, y pasemos al campamento de los sirios; si ellos nos dan la vida, viviremos; y si nos dan la muerte, moriremos.

5 Se levantaron, pues, al anochecer, para ir al campamento de los sirios; y llegando a la entrada del campamento de los sirios, no había allí nadie.

6 Porque Jehová había hecho que en el campamento de los sirios se oyese estruendo de carros, ruido de caballos, y estrépito de gran ejército; y se dijeron unos a otros: He aquí, el rey de Israel ha tomado a sueldo contra nosotros a los reyes de los heteos y a los reyes de los egipcios, para que vengan contra nosotros.

7 Y así se levantaron y huyeron al anochecer, abandonando sus tiendas, sus caballos, sus asnos, y el campamento como estaba; y habían huido para salvar sus vidas.

8 Cuando los leprosos llegaron a la entrada del campamento, entraron en una tienda y comieron y bebieron, y tomaron de allí plata y oro y vestidos, y fueron y lo escondieron; y vueltos, entraron en otra tienda, y de allí también tomaron, y fueron y lo escondieron.

Fin del asedio y del hambre

9 Luego se dijeron el uno al otro: No estamos haciendo bien. Hoy es día de buena nueva, y nosotros callamos; y si esperamos hasta el amanecer, incurriremos en culpa. Vamos, pues, ahora, entremos y demos la nueva en casa del rey.

10 Vinieron, pues, y gritaron a los guardas de la puerta de la ciudad, y les declararon, diciendo: Nosotros fuimos al campamento de los sirios, y he aquí que no había allí nadie, ni voz de hombre, sino caballos atados, asnos también atados, y el campamento intacto.

2 REYES 7, 8

11 Los porteros gritaron, y lo anunciaron dentro, en el palacio del rey.

12 Y se levantó el rey de noche, y dijo a sus siervos: Yo os declararé lo que nos han hecho los sirios. Ellos saben que tenemos hambre, y han salido de las tiendas y se han escondido en el campo, diciendo: Cuando hayan salido de la ciudad, los tomaremos vivos, y entraremos en la ciudad.

13 Entonces respondió uno de sus siervos y dijo: Tomen ahora cinco de los caballos que han quedado en la ciudad (porque los que quedan aquí también perecerán como toda la multitud de Israel que ya ha perecido), y enviemos a ver qué ocurre.

14 Tomaron, pues, dos caballos de un carro, y envió el rey al campamento de los sirios, diciendo: Id y ved.

15 Y ellos fueron, y los siguieron hasta el Jordán; y he aquí que todo el camino estaba lleno de vestidos y enseres que los sirios habían arrojado de la premura. Y volvieron los mensajeros y lo hicieron saber al rey.

16 Entonces el pueblo salió, y saqueó el campamento de los sirios. Y fue vendido un seah de flor de harina por un siclo, y dos seahs de cebada por un siclo, conforme a la palabra de Jehová.

17 Y el rey había puesto de vigilancia en la puerta a aquel príncipe sobre cuyo brazo él se apoyaba; y lo atropelló el pueblo en la puerta, y murió, conforme a lo que había dicho el varón de Dios, cuando el rey descendió a él.

18 Aconteció, pues, de la manera que el varón de Dios había hablado al rey, diciendo: Dos seahs de cebada por un siclo, y el seah de flor de harina será vendido por un siclo mañana a estas horas, a la puerta de Samaria.

19 A lo cual aquel príncipe había respondido al varón de Dios, diciendo: Mira, Jehová va a hacer ventanas en el cielo, ¿podrá suceder esto? Y él dijo: He aquí tú lo verás con tus ojos, mas no comerás de ello.

20 Y le sucedió así; porque el pueblo le atropelló en la puerta, y murió.

Los bienes de la sunamita, devueltos

8 Habló Eliseo a aquella mujer a cuyo hijo él había resucitado, diciendo: Levántate, vete tú y toda tu casa a vivir donde puedas; porque Jehová ha llamado el hambre, la cual vendrá sobre la tierra por siete años.

2 Entonces la mujer se levantó, e hizo como el varón de Dios le dijo; y se fue ella con su familia, y vivió en tierra de los filisteos siete años.

3 Y cuando habían pasado los siete años, la mujer volvió de la tierra de los filisteos, y fue a apelar al rey por su casa y por sus tierras.

4 Estaba el rey hablando con Guejazí, criado del varón de Dios, a quien había dicho: Cuéntame todas las maravillas que hizo Eliseo.

5 Y mientras él estaba contando al rey cómo había hecho vivir a un muerto, he aquí que la mujer, a cuyo hijo él había resucitado, vino para implorar al rey por su casa y por sus tierras. Entonces dijo Guejazí: Rey señor mío, ésta es la mujer, y éste es su hijo, al cual Eliseo resucitó.

6 Y preguntando el rey a la mujer, ella se lo contó. Entonces el rey ordenó a un oficial, al cual dijo: Hazle devolver todas las cosas que eran suyas, y todos los frutos de sus tierras desde el día que dejó el país hasta ahora.

Hazael reina en Siria

7 Eliseo se fue luego a Damasco; y Benadad rey de Siria estaba enfermo, al cual dieron aviso, diciendo: El varón de Dios ha venido aquí.

8 Y el rey dijo a Hazael: Toma en tu mano un presente, y ve a recibir al varón de Dios, y consulta por él a Jehová, diciendo: ¿Sanaré de esta enfermedad?

9 Tomó, pues, Hazael en su mano un presente de entre los bienes de Damasco, cuarenta camellos cargados, y fue a su encuentro y llegando se puso delante de él, y dijo: Tu hijo Ben-adad rey de Siria me ha enviado a ti, diciendo: ¿Sanaré de esta enfermedad?

10 Y Eliseo le dijo: Ve, y dile: No sobrevivirás. Pues Jehová me ha mostrado que de cierto morirá.

11 Y el varón de Dios le miró fijamente, y estuvo así hasta hacerlo ruborizarse; luego lloró el varón de Dios.

12 Entonces le dijo Hazael: ¿Por qué llora mi señor? Y él respondió: Porque sé el mal que harás a los hijos de Israel; a sus fortalezas pegarás fuego, a sus jóvenes matarás a espada, y estrellarás a sus niños, y abrirás el vientre a sus mujeres que están encintas.

13 Y Hazael dijo: Pues ¿qué es por ventura tu siervo algún perro, para que haga cosas tan enormes? Y respondió Eliseo: Jehová me ha mostrado que tú serás rey de Siria.

14 Y Hazael se fue, y vino a su señor, el cual le dijo: ¿Qué te ha dicho Eliseo? Y él respondió: Me dijo que seguramente sanarás.

15 Al día siguiente tomó un paño y lo metió en agua, y lo puso sobre el rostro de Benadad, y murió; y reinó Hazael en su lugar.

Reinado de Joram de Judá

16 En el quinto año de Joram hijo de Acab, rey de Israel, y siendo Josafat rey de Judá, comenzó a reinar Joram hijo de Josafat, rey de Judá.

17 De treinta y dos años era cuando comenzó a reinar, y ocho años reinó en Jerusalén.
18 Y anduvo en el camino de los reyes de Israel, como hizo la casa de Acab, porque una hija de Acab fue su mujer; e hizo lo malo ante los ojos de Jehová.
19 Con todo eso, Jehová no quiso destruir a Judá, por amor a David su siervo, porque había prometido darle lámpara a él y a sus hijos perpetuamente.
20 En el tiempo de él se rebeló Edom contra el dominio de Judá, y pusieron rey sobre ellos.
21 Joram, por tanto, pasó a Zaír, y todos sus carros con él; y levantándose de noche atacó a los de Edom, los cuales le habían sitiado, y a los capitanes de los carros; y el pueblo huyó a sus tiendas.
22 No obstante, Edom se libertó del dominio de Judá, hasta hoy. También se rebeló Libná en el mismo tiempo.
23 Los demás hechos de Joram, y todo lo que hizo, ¿no están escritos en el libro de las crónicas de los reyes de Judá?
24 Y durmió Joram con sus padres, y fue sepultado con ellos en la ciudad de David; y reinó en lugar suyo Ocozías, su hijo.

Reinado de Ocozías de Judá

25 En el año doce de Joram hijo de Acab, rey de Israel, comenzó a reinar Ocozías hijo de Joram, rey de Judá.
26 De veintidós años era Ocozías cuando comenzó a reinar, y reinó un año en Jerusalén. El nombre de su madre fue Atalía, hija de Omrí rey de Israel.
27 Anduvo en el camino de la casa de Acab, e hizo lo malo ante los ojos de Jehová, como la casa de Acab; porque era yerno de la casa de Acab.
28 Y fue a la guerra con Joram hijo de Acab a Ramot de Galad, contra Hazael rey de Siria; y los sirios hirieron a Joram.
29 Y el rey Joram se volvió a Jizreel para curarse de las heridas que los sirios le hicieron frente a Ramot, cuando peleó contra Hazael rey de Siria. Y descendió Ocozías hijo de Joram rey de Judá, a visitar a Joram hijo de Acab en Jizreel, porque estaba enfermo.

Jehú es ungido rey de Israel

9 Entonces el profeta Eliseo llamó a uno de los hijos de los profetas, y le dijo: Ciñe tus lomos, y toma esta redoma de aceite en tu mano, y ve a Ramot de Galaad.
2 Cuando llegues allá, verás allí a Jehú hijo de Josafat hijo de Nimsí; y entrando, haz que se levante de entre sus hermanos, y llévalo a la cámara.
3 Toma luego la redoma de aceite, y derrámala sobre su cabeza, y di: Así dijo Jehová: Yo te he ungido por rey sobre Israel. Y abriendo la puerta, echa a huir, y no esperes.
4 Fue, pues, el joven, el profeta, a Ramot de Galaad.
5 Cuando él entró, he aquí los príncipes del ejército que estaban sentados. Y él dijo: Príncipe, una palabra tengo que decirte. Jehú dijo: ¿A cuál de todos nosotros? Y él dijo: A ti, príncipe.
6 Y él se levantó, y entró en casa; y el otro derramó el aceite sobre su cabeza, y le dijo: Así dijo Jehová Dios de Israel: Yo te he ungido por rey sobre Israel, pueblo de Jehová.
7 Herirás la casa de Acab tu señor, para que yo vengue la sangre de mis siervos los profetas, y la sangre de todos los siervos de Jehová, de la mano de Jezabel.
8 Y perecerá toda la casa de Acab, y destruiré de Acab todo varón, así al siervo como al libre en Israel.
9 Y yo pondré la casa de Acab como la casa de Jeroboam hijo de Nebat, y como la casa de Baasá hijo de Ahías.
10 Y a Jezabel la comerán los perros en el campo de Jizreel, y no habrá quien la sepulte. En seguida abrió la puerta, y echó a huir.
11 Después salió Jehú a los siervos de su señor, y le dijeron: ¿Hay paz? ¿Para qué vino a ti aquel loco? Y él les dijo: Vosotros conocéis al hombre y sus palabras.
12 Ellos dijeron: Mentira; declaranoslo ahora. Y él dijo: Así y así me habló, diciendo: Así ha dicho Jehová: Yo te he ungido por rey sobre Israel.
13 Entonces cada uno tomó apresuradamente su manto, y lo puso debajo de Jehú en un trono alto, y tocaron corneta, y dijeron: Jehú es rey.

Jehú mata a Joram

14 Así conspiró Jehú hijo de Josafat, hijo de Nimsí, contra Joram. (Estaba entonces Joram guardando a Ramot en Galaad con todo Israel, por causa de Hazael rey de Siria;
15 pero se había vuelto el rey Joram a Jizreel, para curarse las heridas que los sirios le habían hecho, peleando contra Hazael rey de Siria.) Y Jehú dijo: Si es vuestra voluntad, ninguno escape de la ciudad, para ir a dar las nuevas en Jizreel.
16 Entonces Jehú cabalgó y fue a Jizreel, porque Joram estaba allí enfermo. También estaba Ocozías rey de Judá, que había descendido a visitar a Joram.
17 Y el atalaya que estaba en la torre de Jizreel vio la tropa de Jehú que venía, y dijo: Veo una tropa. Y Joram dijo: Ordena a un jinete que vaya a reconocerlos, y les diga: ¿Hay paz?

18 Fue, pues, el jinete a reconocerlos, y dijo: El rey dice así: ¿Hay paz? Y Jehú le dijo: ¿Qué tienes tú que ver con la paz? Vuélvete conmigo. El atalaya dio luego aviso, diciendo: El mensajero llegó hasta ellos, y no vuelve.

19 Entonces envió otro jinete, el cual, llegando a ellos, dijo: El rey dice así: ¿Hay paz? Y Jehú respondió: ¿Qué tienes tú que ver con la paz? Vuélvete conmigo.

20 El atalaya volvió a decir: También éste llegó a ellos y no vuelve; y el marchar del que viene es como el marchar de Jehú hijo de Nimsí, porque viene impetuosamente.

21 Entonces Joram dijo: Unce el carro. Y cuando estaba uncido su carro, salieron Joram rey de Israel y Ocozías rey de Judá, cada uno en su carro, y salieron a encontrar a Jehú, al cual hallaron en la heredad de Nabot de Jizreel.

22 Cuando vio Joram a Jehú, dijo: ¿Hay paz, Jehú? Y él respondió: ¿Qué paz, con las fornicaciones de Jezabel tu madre, y sus muchas hechicerías?

23 Entonces Joram volvió las riendas y huyó, y dijo a Ocozías: ¡Traición, Ocozías!

24 Pero Jehú entesó su arco, e hirió a Joram entre las espaldas; y la saeta le atravesó el corazón, y él cayó en su carro.

25 Dijo luego Jehú a Bidcar su capitán: Tómalo, y échalo a un extremo de la heredad de Nabot de Jizreel. Acuérdate que cuando tú y yo íbamos juntos con la gente de Acab su padre, Jehová pronunció esta sentencia sobre él, diciendo:

26 Que yo he visto ayer la sangre de Nabot, y la sangre de sus hijos, dijo Jehová; y te daré la paga en esta heredad, dijo Jehová. Tómalo, pues, ahora, y échalo en la heredad de Nabot, conforme a la palabra de Jehová.

Jehú mata a Ocozías

27 Viendo esto Ocozías rey de Judá, huyó por el camino de la casa del huerto. Y lo siguió Jehú, diciendo: Herid también a éste en el carro. Y le hirieron a la subida de Gur, junto a Ibleam. Y Ocozías huyó a Meguidó, pero murió allí.

28 Y sus siervos le llevaron en un carro a Jerusalén, y allí le sepultaron con sus padres, en su sepulcro en la ciudad de David.

29 En el undécimo año de Joram hijo de Acab, había comenzado a reinar Ocozías sobre Judá.

Muerte de Jezabel

30 Vino después Jehú a Jizreel; y cuando Jezabel lo oyó, se pintó los ojos con antimonio, y atavió su cabeza, y se asomó a una ventana.

31 Y cuando entraba Jehú por la puerta, ella dijo: ¿Sucedió bien a Zimrí, que mató a su señor?

32 Alzando él entonces su rostro hacia la ventana, dijo: ¿Quién está conmigo?, ¿quién? Y se inclinaron hacia él dos o tres eunucos.

33 Y él les dijo: Echadla abajo. Y ellos la echaron; y parte de su sangre salpicó en la pared, y en los caballos que la pisotearon.

34 Entró luego, y después que comió y bebió, dijo: Id ahora a ver a aquella maldita, y sepultadla, pues es hija de rey.

35 Pero cuando fueron para sepultarla, no hallaron de ella más que la calavera, y los pies, y las palmas de las manos.

36 Y volvieron, y se lo dijeron. Y él dijo: Esta es la palabra de Dios, la cual él habló por medio de su siervo Elías tisbita, diciendo: En la heredad de Jizreel comerán los perros las carnes de Jezabel,

37 y el cuerpo de Jezabel será como estiércol sobre la faz de la tierra en la heredad de Jizreel, de manera que nadie pueda decir: Ésta es Jezabel.

Jehú extermina la casa de Acab

10 Tenía Acab en Samaria setenta hijos; y Jehú escribió cartas y las envió a Samaria a los principales de Jizreel, a los ancianos y a los ayos de Acab, diciendo:

2 Inmediatamente que lleguen estas cartas a vosotros los que tenéis a los hijos de vuestro señor, y los que tienen carros y gente de a caballo, la ciudad fortificada, y las armas,

3 escoged al mejor y al más recto de los hijos de vuestro señor, y ponedlo en el trono de su padre, y pelead por la casa de vuestro señor.

4 Pero ellos tuvieron gran temor, y dijeron: He aquí, dos reyes no pudieron resistirle; ¿cómo le resistiremos nosotros?

5 Y el mayordomo, el gobernador de la ciudad, los ancianos y los ayos enviaron a decir a Jehú: Siervos tuyos somos, y haremos todo lo que nos mandes; no elegiremos por rey a ninguno, haz lo que bien te parezca.

6 Él entonces les escribió la segunda vez, diciendo: Si sois míos, y queréis obedecerme, tomad las cabezas de los hijos varones de vuestro señor, y venid a mí mañana a esta hora, a Jizreel. Y los hijos del rey, setenta varones, estaban con los principales de la ciudad, que los criaban.

7 Cuando las cartas llegaron a ellos, tomaron a los hijos del rey, y degollaron a los setenta varones, y pusieron sus cabezas en canastas, y se las enviaron a Jizreel.

8 Y vino un mensajero que le dio las nuevas, diciendo: Han traído las cabezas de los hijos del rey. Y él le dijo: Ponedlas en dos

montones a la entrada de la puerta hasta la
mañana.

9 Venida la mañana, salió él, y estando en
pie dijo a todo el pueblo: Vosotros sois
justos; he aquí yo he conspirado contra mi
señor, y le he dado muerte; pero ¿quién ha
dado muerte a todos éstos?

10 Sabed ahora que de la palabra que Jehová habló sobre la casa de Acab, nada caerá
en tierra; y que Jehová ha hecho lo que dijo
por su siervo Elías.

11 Mató entonces Jehú a todos los que
habían quedado de la casa de Acab en
Jizreel, a todos sus príncipes, a todos sus
familiares, y a sus sacerdotes, hasta que no
quedó ninguno.

12 Luego se levantó de allí para ir a Samaria; y en el camino llegó a una casa de
esquileo de pastores.

13 Y halló allí a los hermanos de Ocozías
rey de Judá, y les dijo: ¿Quiénes sois vosotros? Y ellos dijeron: Somos hermanos de
Ocozías, y hemos venido a saludar a los
hijos del rey, y a los hijos de la reina.

14 Entonces él dijo: Prendedlos vivos. Y
después que los tomaron vivos, los degollaron junto al pozo de la casa de esquileo,
cuarenta y dos varones, sin dejar ninguno de
ellos.

15 Yéndose luego de allí, se encontró con
Jonadab hijo de Recab; y después que lo
saludó, le dijo: ¿Es recto tu corazón, como
el mío es recto con el tuyo? Y Jonadab dijo:
Lo es. Pues que lo es, dame la mano. Y él le
dio la mano. Luego lo hizo subir consigo en
el carro,

16 y le dijo: Ven conmigo, y verás mi celo
por Jehová. Lo pusieron, pues, en su carro.

17 Y luego que Jehú llegó a Samaria, mató
a todos los que habían quedado de Acab en
Samaria, hasta exterminarlos, conforme a la
palabra de Jehová, que había hablado por
Elías.

Jehú extermina el culto de Baal

18 Después reunió Jehú a todo el pueblo, y
les dijo: Acab sirvió poco a Baal, mas Jehú
lo servirá mucho.

19 Llamadme, pues, luego a todos los profetas de Baal, a todos sus siervos y a todos
sus sacerdotes; que no falte uno, porque
tengo un gran sacrificio para Baal; cualquiera que falte no vivirá. Esto hacía Jehú con
astucia, para exterminar a los que honraban
a Baal.

20 Y dijo Jehú: Santificad un día solemne a
Baal. Y ellos convocaron.

21 Y envió Jehú por todo Israel, y vinieron
todos los siervos de Baal, de tal manera que
no hubo ninguno que no viniese. Y entraron
en el templo de Baal, y el templo de Baal se
llenó de extremo a extremo.

22 Entonces dijo al que tenía el cargo de las
vestiduras: Saca vestiduras para todos los
siervos de Baal. Y él les sacó vestiduras.

23 Y entró Jehú con Jonadab hijo de Recab
en el templo de Baal, y dijo a los siervos de
Baal: Mirad y ved que no haya aquí entre
vosotros alguno de los siervos de Jehová,
sino sólo los siervos de Baal.

24 Y cuando ellos entraron para hacer sacrificios y holocaustos, Jehú puso fuera a
ochenta hombres, y les dijo: Cualquiera que
deje vivo a alguno de aquellos hombres que
yo he puesto en vuestras manos, su vida será
por la del otro.

25 Y después que acabaron ellos de hacer el
holocausto, Jehú dijo a los de su guardia y a
los capitanes: Entrad, y matadlos; que no
escape ninguno. Y los mataron a espada, y
los dejaron tendidos los de la guardia y los
capitanes. Y fueron hasta el lugar santo del
templo de Baal,

26 y sacaron las estatuas del templo de
Baal, y las quemaron.

27 Y quebraron la estatua de Baal, y derribaron el templo de Baal, y lo convirtieron
en letrinas hasta hoy.

Reinado de Jehú en Israel

28 Así exterminó Jehú a Baal de Israel.

29 Con todo eso, Jehú no se apartó de los
pecados de Jeroboam hijo de Nebat, que
hizo pecar a Israel; y dejó en pie los becerros
de oro que estaban en Betel y en Dan.

30 Y Jehová dijo a Jehú: Por cuanto has
hecho bien ejecutando lo recto delante de
mis ojos, e hiciste a la casa de Acab conforme a todo lo que estaba en mi corazón, tus
hijos se sentarán sobre el trono de Israel
hasta la cuarta generación.

31 Mas Jehú no cuidó de andar en la ley de
Jehová Dios de Israel con todo su corazón,
ni se apartó de los pecados de Jeroboam, el
que había hecho pecar a Israel.

32 En aquellos días comenzó Jehová a cer-
cenar el territorio de Israel; y los derrotó
Hazael por todas las fronteras,

33 desde el Jordán al nacimiento del sol,
toda la tierra de Galaad, de Gad, de Rubén
y de Manasés, desde Aroer que está junto al
arroyo de Arnón, hasta Galaad y Basán.

34 Los demás hechos de Jehú, y todo lo que
hizo, y toda su valentía, ¿no está escrito en
el libro de las crónicas de los reyes de Israel?

35 Y durmió Jehú con sus padres, y lo
sepultaron en Samaria; y reinó en su lugar
Joacaz su hijo.

36 El tiempo que reinó Jehú sobre Israel en
Samaria fue de veintiocho años.

11 Cuando Atalía madre de Ocozías vio
que su hijo era muerto, se levantó y
destruyó toda la descendencia real.

2 Pero Joseba hija del rey Joram, hermana

de Ocozías, tomó a Joás hijo de Ocozías y lo sacó furtivamente de entre los hijos del rey a quienes estaban matando, y lo ocultó de Atalía, a él y a su ama, en la cámara de dormir, y en esta forma no lo mataron.

3 Y estuvo con ella escondido en la casa de Jehová seis años; y Atalía fue reina sobre el país.

4 Mas al séptimo año envió Joyadá y tomó jefes de centenas, capitanes, y gente de la guardia, y los metió consigo en la casa de Jehová, e hizo con ellos alianza, juramentándolos en la casa de Jehová; y les mostró al hijo del rey.

5 Y les mandó diciendo: Esto es lo que habéis de hacer: la tercera parte de vosotros tendrá la guardia de la casa del rey el sábado.

6 Otra tercera parte estará a la puerta de Shur, y la otra tercera parte a la puerta del postigo de la guardia; así guardaréis la casa, para que no sea allanada.

7 Mas las dos partes de vosotros que salen el sábado, os quedaréis de guardia en la casa de Jehová junto al rey.

8 Y estaréis alrededor del rey por todos lados, teniendo cada uno sus armas en las manos; y cualquiera que entre en las filas, sea muerto. Y estaréis con el rey cuando salga, y cuando entre.

9 Los jefes de centenas, pues, hicieron todo como el sacerdote Joyadá les mandó; y tomando cada uno a los suyos, esto es, los que entraban de guardia el sábado y los que salían el sábado, vinieron al sacerdote Joyadá.

10 Y el sacerdote dio a los jefes de centenas las lanzas y los escudos que habían sido del rey David, que estaban en la casa de Jehová.

11 Y los de la guardia se pusieron en fila, teniendo cada uno sus armas en sus manos, desde el lado derecho de la casa hasta el lado izquierdo, junto al altar y el templo, en derredor del rey.

12 Sacando luego Joyadá al hijo del rey, le puso la corona y el testimonio, y le hicieron rey ungiéndole; y batiendo las manos dijeron: ¡Viva el rey!

13 Oyendo Atalía el estruendo del pueblo que corría, entró al pueblo en el templo de Jehová.

14 Y cuando miró, he aquí que el rey estaba junto a la columna, conforme a la costumbre, y los príncipes y los trompeteros junto al rey; y todo el pueblo del país se regocijaba, y tocaban las trompetas. Entonces Atalía, rasgando sus vestidos, clamó a voz en cuello: ¡Traición, traición!

15 Mas el sacerdote Joyadá mandó a los jefes de centenas que gobernaban el ejército, y les dijo: Sacadla fuera del recinto del templo, y al que la siga, matadlo a espada.

(Porque el sacerdote dijo que no la matasen en el templo de Jehová.)

16 Le abrieron, pues, paso; y en el camino por donde entran los de a caballo a la casa del rey, allí la mataron.

17 Entonces Joyadá hizo pacto entre Jehová y el rey y el pueblo, que serían pueblo de Jehová; y asimismo entre el rey y el pueblo.

18 Y todo el pueblo de la tierra entró en el templo de Baal, y lo derribaron; asimismo despedazaron enteramente sus altares y sus imágenes, y mataron a Matán sacerdote de Baal delante de los altares. Y el sacerdote puso guarnición sobre la casa de Jehová.

19 Después tomó a los jefes de centenas, los capitanes, la guardia y todo el pueblo de la tierra, y llevaron al rey desde la casa de Jehová, y vinieron por el camino de la puerta de la guardia a la casa del rey; y se sentó el rey en el trono de los reyes.

20 Y todo el pueblo de la tierra se regocijó, y la ciudad estuvo en reposo, habiendo sido Atalía muerta a espada junto a la casa del rey.

21 Era Joás de siete años cuando comenzó a reinar.

Reinado de Joás de Judá

12 En el séptimo año de Jehú comenzó a reinar Joás, y reinó cuarenta años en Jerusalén. El nombre de su madre fue Sibyá, de Beerseba.

2 Y Joás hizo lo recto ante los ojos de Jehová todo el tiempo que le dirigió el sacerdote Joyadá.

3 Con todo eso, los lugares altos no se quitaron, porque el pueblo aún sacrificaba y quemaba incienso en los lugares altos.

4 Y Joás dijo a los sacerdotes: Todo el dinero consagrado que se suele traer a la casa de Jehová, el dinero del rescate de cada persona según está estipulado, y todo el dinero que cada uno de su propia voluntad trae a la casa de Jehová,

5 recíbanlo los sacerdotes, cada uno de mano de sus familiares, y reparen los portillos del templo dondequiera que se hallen grietas.

6 Pero en el año veintitrés del rey Joás aún no habían reparado los sacerdotes las grietas del templo.

7 Llamó entonces el rey Joás al sumo sacerdote Joyadá y a los sacerdotes, y les dijo: ¿Por qué no reparáis las grietas del templo? Ahora, pues, no tomaréis más el dinero de vuestras amistades, sino dadlo para reparar las grietas del templo.

8 Y los sacerdotes consintieron en no tomar más dinero del pueblo, ni tener el cargo de reparar las grietas del templo.

9 Mas el sumo sacerdote Joyadá tomó un arca e hizo en la tapa un agujero, y la puso

junto al altar, a la mano derecha según se entra en el templo de Jehová; y los sacerdotes que guardaban la puerta ponían allí todo el dinero que se traía a la casa de Jehová.

10 Y cuando veían que había mucho dinero en el arca, venía el secretario del rey y el sumo sacerdote, y contaban el dinero que hallaban en el templo de Jehová, y lo guardaban.

11 Y daban el dinero suficiente a los que hacían la obra, y a los que tenían a su cargo la casa de Jehová; y ellos lo gastaban en pagar a los carpinteros y maestros que reparaban la casa de Jehová,

12 y a los albañiles y canteros; y en comprar la madera y piedra de cantería para reparar las grietas de la casa de Jehová, y en todo lo que se gastaba en la casa para repararla.

13 Mas de aquel dinero que se traía a la casa de Jehová, no se hacían tazas de plata, ni despabiladeras, ni jofainas, ni trompetas; ni ningún otro utensilio de oro ni de plata se hacía para el templo de Jehová;

14 porque lo daban a los que hacían la obra, y con él reparaban la casa de Jehová.

15 Y no se tomaba cuenta a los hombres en cuyas manos el dinero era entregado, para que ellos lo diesen a los que hacían la obra; porque lo hacían ellos fielmente.

16 El dinero por el pecado, y el dinero por la culpa, no se llevaba a la casa de Jehová; porque era de los sacerdotes.

17 Entonces subió Hazael rey de Siria, y peleó contra Gat, y la tomó. Y se propuso Hazael subir contra Jerusalén;

18 por lo cual tomó Joás rey de Judá todas las ofrendas que habían dedicado Josafat y Joram y Ocozías sus padres, reyes de Judá, y las que él había dedicado, y todo el oro que se halló en los tesoros de la casa de Jehová y en la casa del rey, y lo envió a Hazael rey de Siria; y él se retiró de Jerusalén.

19 Los demás hechos de Joás, y todo lo que hizo, ¿no está escrito en el libro de las crónicas de los reyes de Judá?

20 Y se levantaron sus siervos, y conspiraron en conjuración, y mataron a Joás en la casa de Miló, la que está bajando a Silá;

21 pues Josacar hijo de Simeat y Jozabad hijo de Somer, sus siervos, le hirieron, y murió. Y lo sepultaron con sus padres en la ciudad de David, y reinó en su lugar Amasías su hijo.

Reinado de Joacaz

13 En el año veintitrés de Joás hijo de Ocozías, rey de Judá, comenzó a reinar Joacaz hijo de Jehú sobre Israel en Samaria; y reinó diecisiete años.

2 E hizo lo malo ante los ojos de Jehová, y siguió en los pecados de Jeroboam hijo de Nebat, el que hizo pecar a Israel; y no se apartó de ellos.

3 Y se encendió el furor de Jehová contra Israel, y los entregó en mano de Hazael rey de Siria, y en mano de Ben-adad hijo de Hazael, por largo tiempo.

4 Mas Joacaz oró en presencia de Jehová, y Jehová lo oyó; porque miró la aflicción de Israel, pues el rey de Siria los afligía.

5 (Y dio Jehová salvador a Israel, y salieron del poder de los sirios; y habitaron los hijos de Israel en sus tiendas, como antes.

6 Con todo eso, no se apartaron de los pecados de la casa de Jeroboam, el que hizo pecar a Israel; en ellos anduvieron; y también la imagen de Asera permaneció en Samaria.)

7 Porque no le había quedado gente a Joacaz, sino cincuenta hombres de a caballo, diez carros, y diez mil hombres de a pie; pues el rey de Siria los había destruido, y los había puesto como el polvo para hollar.

8 El resto de los hechos de Joacaz, y todo lo que hizo, y sus valentías, ¿no está escrito en el libro de las crónicas de los reyes de Israel?

9 Y durmió Joacaz con sus padres, y lo sepultaron en Samaria, y reinó en su lugar Joás su hijo.

Reinado de Joás de Israel

10 El año treinta y siete de Joás rey de Judá, comenzó a reinar Joás hijo de Joacaz sobre Israel en Samaria; y reinó dieciséis años.

11 E hizo lo malo ante los ojos de Jehová; no se apartó de todos los pecados de Jeroboam hijo de Nebat, el que hizo pecar a Israel; en ellos anduvo.

12 Los demás hechos de Joás, y todo lo que hizo, y el esfuerzo con que guerreó contra Amasías rey de Judá, ¿no está escrito en el libro de las crónicas de los reyes de Israel?

13 Y durmió Joás con sus padres, y se sentó Jeroboam sobre su trono; y Joás fue sepultado en Samaria con los reyes de Israel.

Profecía final y muerte de Eliseo

14 Estaba Eliseo enfermo de la enfermedad de que murió. Y descendió a él Joás rey de Israel, y llorando delante de él, dijo: ¡Padre mío, padre mío, carro de Israel y su gente de a caballo!

15 Y le dijo Eliseo: Toma un arco y unas saetas. Tomó él entonces un arco y unas saetas.

16 Luego dijo Eliseo al rey de Israel: Pon tu mano sobre el arco. Y puso él su mano sobre el arco. Entonces puso Eliseo sus manos sobre las manos del rey.

17 y dijo: Abre la ventana que da al oriente. Y cuando él la abrió, dijo Eliseo: Tira. Y tirando él, dijo Eliseo: Saeta de salvación de

Jehová, y saeta de salvación contra Siria; porque herirás a los sirios en Afec hasta consumirlos.

18 Y le volvió a decir: Toma las sactas. Y luego que el rey de Israel las hubo tomado, le dijo: Hiere la tierra. Y él la hirió tres veces, y se detuvo.

19 Entonces el varón de Dios, enojado contra él, le dijo: Al herir cinco o seis veces, hubieras derrotado a Siria hasta no quedar ninguno; pero ahora sólo tres veces derrotarás a Siria.

20 Y murió Eliseo, y lo sepultaron. Entrado el año, vinieron bandas armadas de moabitas a la tierra.

21 Y aconteció que al sepultar unos a un hombre, súbitamente vieron una banda armada, y arrojaron el cadáver en el sepulcro de Eliseo; y cuando llegó a tocar el muerto los huesos de Eliseo, revivió, y se levantó sobre sus pies.

Victorias sobre los arameos

22 Hazael, pues, rey de Siria, afligió a Israel todo el tiempo de Joacaz.

23 Mas Jehová tuvo misericordia de ellos, y se compadeció de ellos volviéndose a ellos, a causa de su pacto con Abraham, Isaac y Jacob; y no quiso destruirlos ni echarlos de delante de su presencia hasta hoy.

24 Y murió Hazael rey de Siria, y reinó en su lugar Ben-adad su hijo.

25 Y volvió Joás hijo de Joacaz y tomó de mano de Ben-adad hijo de Hazael las ciudades que éste había tomado en guerra de mano de Joacaz su padre. Tres veces lo derrotó Joás, y restituyó las ciudades a Israel.

Reinado de Amasías

14 En el año segundo de Joás hijo de Joacaz rey de Israel, comenzó a reinar Amasías hijo de Joás rey de Judá.

2 Cuando comenzó a reinar era de veinticinco años, y veintinueve años reinó en Jerusalén; el nombre de su madre fue Joadán, de Jerusalén.

3 Y él hizo lo recto ante los ojos de Jehová, aunque no como David su padre; hizo conforme a todas las cosas que había hecho Joás su padre.

4 Con todo eso, los lugares altos no fueron quitados, porque el pueblo aún sacrificaba y quemaba incienso en esos lugares altos.

5 Y cuando hubo afirmado en sus manos el reino, mató a los siervos que habían dado muerte al rey su padre.

6 Pero no mató a los hijos de los que le dieron muerte, conforme a lo que está escrito en el libro de la ley de Moisés, donde Jehová mandó diciendo: No matarán a los padres por los hijos, ni a los hijos por los padres, sino que cada uno morirá por su propio pecado.

7 Este mató asimismo a diez mil edomitas en el Valle de la Sal, y tomó la Peña en batalla, y la llamó Jocteel, hasta hoy.

8 Entonces Amasías envió mensajeros a Joás hijo de Joacaz, hijo de Jehú, rey de Israel, diciendo: Ven, para que nos veamos las caras.

9 Y Joás rey de Israel envió a Amasías rey de Judá esta respuesta: El cardo que está en el Líbano envió a decir al cedro que está en el Líbano: Da tu hija por mujer a mi hijo. Y pasaron las fieras que están en el Líbano, y hollaron el cardo.

10 Ciertamente has derrotado a Edom, y tu corazón se ha envanecido; gloríate pues, mas quédate en tu casa. ¿Para qué te metes en un mal, para que caigas tú y Judá contigo?

11 Pero Amasías no escuchó; por lo cual subió Joás rey de Israel, y se vieron las caras él y Amasías rey de Judá, en Bet-semes, que es de Judá.

12 Y Judá cayó delante de Israel, y huyeron, cada uno a su tienda.

13 Además Joás rey de Israel tomó a Amasías rey de Judá, hijo de Joás hijo de Ocozías, en Bet-semes; y vino a Jerusalén, y rompió el muro de Jerusalén desde la puerta de Efraín hasta la puerta de la esquina, cuatrocientos codos.

14 Y tomó todo el oro, y la plata, y todos los utensilios que fueron hallados en la casa de Jehová, y en los tesoros de la casa del rey, y a los hijos tomó en rehenes, y volvió a Samaria.

15 Los demás hechos que ejecutó Joás, y sus hazañas, y cómo peleó contra Amasías rey de Judá, ¿no está escrito en el libro de las crónicas de los reyes de Israel?

16 Y durmió Joás con sus padres, y fue sepultado en Samaria con los reyes de Israel; y reinó en su lugar Jeroboam su hijo.

17 Y Amasías hijo de Joás, rey de Judá, vivió después de la muerte de Joás hijo de Joacaz rey de Israel, quince años.

18 Los demás hechos de Amasías, ¿no están escritos en el libro de las crónicas de los reyes de Judá?

19 Conspiraron contra él en Jerusalén, y él huyó a Laquís; pero le persiguieron hasta Laquís, y allá lo mataron.

20 Lo trajeron luego sobre caballos, y lo sepultaron en Jerusalén con sus padres, en la ciudad de David.

21 Entonces todo el pueblo de Judá tomó a Azarías, que era de dieciséis años, y lo hicieron rey en lugar de Amasías su padre.

22 Reedificó él a Elat, y la restituyó a Judá, después que el rey durmió con sus padres.

Reinado de Jeroboam II

23 El año quince de Amasías hijo de Joás rey de Judá, comenzó a reinar Jeroboam hijo de Joás sobre Israel en Samaria; y reinó cuarenta y un años.

24 E hizo lo malo ante los ojos de Jehová, y no se apartó de todos los pecados de Jeroboam hijo de Nebat, el que hizo pecar a Israel.

25 Él restauró los límites de Israel desde la entrada de Hamat hasta el mar del Arabá, conforme a la palabra de Jehová Dios de Israel, la cual él había hablado por su siervo Jonás hijo de Amitay, profeta que fue de Gat-héfer.

26 Porque Jehová miró la muy amarga aflicción de Israel; que no había siervo ni libre, ni quien diese ayuda a Israel;

27 Y Jehová no había determinado raer el nombre de Israel de debajo del cielo; por tanto, los salvó por mano de Jeroboam hijo de Joás.

28 Los demás hechos de Jeroboam, y todo lo que hizo, y su valentía, y todas las guerras que hizo, y cómo restituyó al dominio de Israel a Damasco y Jamat, que habían pertenecido a Judá ¿no está escrito en el libro de las crónicas de los reyes de Israel?

29 Y durmió Jeroboam con sus padres, los reyes de Israel, y reinó en su lugar Zacarías su hijo.

Reinado de Azarías

15 En el año veintisiete de Jeroboam rey de Israel, comenzó a reinar Azarías hijo de Amasías, rey de Judá.

2 Cuando comenzó a reinar era de dieciséis años, y cincuenta y dos años reinó en Jerusalén; el nombre de su madre fue Jecolía, de Jerusalén.

3 E hizo lo recto ante los ojos de Jehová, conforme a todas las cosas que su padre Amasías había hecho.

4 Con todo eso, los lugares altos no se quitaron, porque el pueblo sacrificaba aún y quemaba incienso en los lugares altos.

5 Mas Jehová hirió al rey con lepra, y estuvo leproso hasta el día de su muerte, y habitó en casa separada, y Jotam hijo del rey tenía el cargo del palacio, gobernando al pueblo.

6 Los demás hechos de Azarías, y todo lo que hizo, ¿no está escrito en el libro de las crónicas de los reyes de Judá?

7 Y durmió Azarías con sus padres, y lo sepultaron con ellos en la ciudad de David, y reinó en su lugar Jotam su hijo.

Reinado de Zacarías

8 En el año treinta y ocho de Azarías rey de Judá, reinó Zacarías hijo de Jeroboam sobre Israel seis meses.

9 E hizo lo malo ante los ojos de Jehová, como habían hecho sus padres; no se apartó de los pecados de Jeroboam hijo de Nebat, el que hizo pecar a Israel.

10 Contra él conspiró Salum hijo de Jabés, y lo hirió en presencia de su pueblo, y lo mató, y reinó en su lugar.

11 Los demás hechos de Zacarías, he aquí que están escritos en el libro de las crónicas de los reyes de Israel.

12 Y ésta fue la palabra de Jehová que había hablado a Jehú, diciendo: Tus hijos hasta la cuarta generación se sentarán en el trono de Israel. Y así fue.

Reinado de Salum

13 Salum hijo de Jabés comenzó a reinar en el año treinta y nueve de Uzías rey de Judá, y reinó un mes en Samaria;

14 porque Menahem hijo de Gadí subió de Tirsá y vino a Samaria, e hirió a Salum hijo de Jabés en Samaria y lo mató, y reinó en su lugar.

15 Los demás hechos de Salum, y la conspiración que tramó, he aquí que están escritos en el libro de las crónicas de los reyes de Israel.

16 Entonces Menahem saqueó a Tifsá, y a todos los que estaban en ella, y también sus alrededores desde Tirsá; la saqueó porque no le habían abierto las puertas, y abrió el vientre a todas las mujeres que estaban encintas.

Reinado de Menahem

17 En el año treinta y nueve de Azarías rey de Judá, reinó Menahem hijo de Gadí sobre Israel diez años, en Samaria.

18 E hizo lo malo ante los ojos de Jehová; en todo su tiempo no se apartó de los pecados de Jeroboam hijo de Nebat, el que hizo pecar a Israel.

19 Y vino Pul rey de Asiria a atacar la tierra; y Menahem dio a Pul mil talentos de plata para que le ayudara a confirmarse en el reino.

20 E impuso Menahem este dinero sobre Israel, sobre todos los poderosos y opulentos; de cada uno cincuenta siclos de plata, para dar al rey de Asiria; y el rey de Asiria se volvió, y no se detuvo allí en el país.

21 Los demás hechos de Menahem, y todo lo que hizo, ¿no está escrito en el libro de las crónicas de los reyes de Israel?

22 Y durmió Menahem con sus padres, y reinó en su lugar Pekahyá su hijo.

Reinado de Pekahyá

23 En el año cincuenta de Azarías rey de Judá, reinó Pekahyá hijo de Menahem sobre Israel en Samaria, dos años.

24 E hizo lo malo ante los ojos de Jehová;

no se apartó de los pecados de Jeroboam
hijo de Nebat, el que hizo pecar a Israel.
25 Y conspiró contra él Peka hijo de Remalías, capitán suyo, y lo hirió en Samaria, en
el palacio de la casa real, en compañía de
Argob y de Aryé, y de cincuenta hombres
de los hijos de los galaaditas; y lo mató, y
reinó en su lugar.
26 Los demás hechos de Pekahyá, y todo lo
que hizo, he aquí que está escrito en el libro
de las crónicas de los reyes de Israel.

Reinado de Peka

27 En el año cincuenta y dos de Azarías rey
de Judá, reinó Peka hijo de Remalías sobre
Israel en Samaria; y reinó veinte años.
28 E hizo lo malo ante los ojos de Jehová;
no se apartó de los pecados de Jeroboam
hijo de Nebat, el que hizo pecar a Israel.
29 En los días de Peka rey de Israel, vino
Tiglat-pileser rey de los asirios, y tomó a
Ijón, Abel-bet-maacá, Janoa, Cedes, Hazor, Galaad, Galilea, y toda la tierra de
Neftalí; y los llevó cautivos a Asiria.
30 Y Oseas hijo de Elá conspiró contra
Peka hijo de Remalías, y lo hirió y lo mató, y
reinó en su lugar, a los veinte años de Jotam
hijo de Uzías.
31 Los demás hechos de Peka, y todo lo que
hizo, he aquí está escrito en el libro de las
crónicas de los reyes de Israel.

Reinado de Jotam

32 En el segundo año de Peka hijo de
Remalías rey de Israel, comenzó a reinar
Jotam hijo de Uzías rey de Judá.
33 Cuando comenzó a reinar era de veinticinco años, y reinó dieciséis años en Jerusalén. El nombre de su madre fue Jerusá hija
de Sadoc.
34 Y él hizo lo recto ante los ojos de
Jehová; hizo conforme a todas las cosas que
había hecho su padre Uzías.
35 Con todo eso, los lugares altos no fueron
quitados, porque el pueblo sacrificaba aún,
y quemaba incienso en los lugares altos.
Edificó él la puerta más alta de la casa de
Jehová.
36 Los demás hechos de Jotam, y todo lo
que hizo, ¿no está escrito en el libro de las
crónicas de los reyes de Judá?
37 En aquel tiempo comenzó Jehová a enviar contra Judá a Rezín rey de Siria, y a
Peka hijo de Remalías.
38 Y durmió Jotam con sus padres, y fue
sepultado con ellos en la ciudad de David su
padre, y reinó en su lugar Acaz su hijo.

Reinado de Acaz

16 En el año diecisiete de Peka hijo de
Remalías, comenzó a reinar Acaz
hijo de Jotam rey de Judá.

2 Cuando comenzó a reinar Acaz era de
veinte años, y reinó en Jerusalén dieciséis
años; y no hizo lo recto ante los ojos de
Jehová su Dios, como David su padre.
3 Antes anduvo en el camino de los reyes de
Israel, y aun hizo pasar por fuego a su hijo,
según las prácticas abominables de las naciones que Jehová echó de delante de los
hijos de Israel.
4 Asimismo sacrificó y quemó incienso en
los lugares altos, y sobre los collados, y
debajo de todo árbol frondoso.
5 Entonces Rezín rey de Siria, y Peka hijo
de Remalías, rey de Israel, subieron a Jerusalén para hacer guerra y sitiar a Acaz; mas
no pudieron tomarla.
6 En aquel tiempo el rey de Edom recobró
Elat para Edom, y echó de Elat a los
hombres de Judá; y los de Edom vinieron a
Elat y habitaron allí hasta hoy.
7 Entonces Acaz envió embajadores a Tiglat-pileser rey de Asiria, diciendo: Yo soy
tu siervo y tu hijo; sube, y defiéndeme de
mano del rey de Siria, y de mano del rey de
Israel, que se han levantado contra mí.
8 Y tomando Acaz la plata y el oro que se
halló en la casa de Jehová, y en los tesoros
de la casa real, envió al rey de Asiria un
presente.
9 Y le atendió el rey de Asiria; pues subió el
rey de Asiria contra Damasco y la tomó, y
llevó cautivos a los moradores a Kir, y mató
a Rezín.
10 Después fue el rey Acaz a encontrar a
Tiglat-pileser rey de Asiria en Damasco; y
cuando vio el rey Acaz el altar que estaba en
Damasco, envió al sacerdote Urías el diseño
y la descripción del altar, conforme a toda su
hechura.
11 Y el sacerdote Urías, construyó el altar;
conforme al diseño que el rey Acaz había
enviado de Damasco, así lo hizo el sacerdote Urías, antes que el rey Acaz regresara de
Damasco.
12 Y luego que el rey vino de Damasco, y
vio el altar, se acercó a él, y ofreció sacrificios;
13 y encendió su holocausto y su ofrenda, y
derramó sus libaciones, y esparció la sangre
de sus sacrificios de paz junto al altar.
14 E hizo acercar el altar de bronce que
estaba delante de Jehová, en la parte delantera de la casa, entre el altar y el templo de
Jehová, y lo puso al lado del altar hacia el
norte.
15 Y mandó el rey Acaz al sacerdote Urías,
diciendo: En el gran altar encenderás el
holocausto de la mañana y la ofrenda de la
tarde, y el holocausto del rey y su ofrenda, y
asimismo el holocausto de todo el pueblo de
la tierra y su ofrenda y sus libaciones; y
esparcirás sobre él toda la sangre del holo-

causto, y toda la sangre del sacrificio. El altar de bronce será mío para consultar en él.

16 E hizo el sacerdote Urías conforme a todas las cosas que el rey Acaz le mandó.

17 Y desmontó el rey Acaz los paneles de las basas, y les quitó las fuentes, e hizo bajar también el estanque de sobre los bueyes de bronce que estaban debajo, y lo puso sobre el suelo de piedra.

18 Asimismo el pórtico para los sábados, que habían edificado en la casa, y el pasadizo de afuera, el del rey, los quitó del templo de Jehová, por causa del rey de Asiria.

19 Los demás hechos que puso por obra Acaz, ¿no están todos escritos en el libro de las crónicas de los reyes de Judá?

20 Y durmió el rey Acaz con sus padres, y fue sepultado con ellos en la ciudad de David, y reinó en su lugar su hijo Ezequías.

Caída de Samaria y cautiverio de Israel

17 En el año duodécimo de Acaz rey de Judá, comenzó a reinar Oseas hijo de Elá en Samaria sobre Israel y reinó nueve años.

2 E hizo lo malo ante los ojos de Jehová, aunque no como los reyes de Israel que habían sido antes de él.

3 Contra éste subió Salmanasar rey de los asirios; y Oseas se le sometió, y le pagaba tributo.

4 Mas el rey de Asiria descubrió que Oseas conspiraba; porque había enviado embajadores a So, rey de Egipto, y no pagó tributo al rey de Asiria, como lo hacía cada año; por lo que el rey de Asiria le detuvo, y le encadenó en la casa de la cárcel.

5 Y el rey de Asiria invadió todo el país, y sitió a Samaria, y mantuvo el sitio durante tres años.

6 En el año nueve de Oseas, el rey de Asiria tomó Samaria, y llevó a Israel cautivo a Asiria, y los puso en Halah, en Habor junto al río Gozán, y en las ciudades de los medos.

7 Porque los hijos de Israel pecaron contra Jehová su Dios, que los sacó de tierra de Egipto, de bajo la mano de Faraón rey de Egipto, y reverenciaron a dioses ajenos,

8 siguiendo las costumbres de las naciones que Jehová había lanzado de delante de los hijos de Israel, y las costumbres que habían establecido los reyes de Israel.

9 Y los hijos de Israel maquinaron cosas no rectas contra Jehová su Dios, edificándose lugares altos en todas sus ciudades, desde las torres de las atalayas hasta las ciudades fortificadas,

10 y levantaron estatuas e imágenes de Aserá en todo collado alto, y debajo de todo árbol frondoso,

11 y quemaron allí incienso en todos los lugares altos, a la manera de las naciones que Jehová había expulsado de delante de ellos, e hicieron cosas muy malas que provocaban la ira de Jehová.

12 Y servían a los ídolos, de los cuales Jehová les había dicho: Vosotros no habéis de hacer esto.

13 Jehová amonestó entonces a Israel y a Judá por medio de todos los profetas y de todos los videntes, diciendo: Volveos de vuestros malos caminos, y guardad mis mandamientos y mis ordenanzas, conforme a todas las leyes que yo prescribí a vuestros padres, y que os he enviado por medio de mis siervos los profetas.

14 Mas ellos no obedecieron, antes endurecieron su cerviz, como la cerviz de sus padres, los cuales no creyeron en Jehová su Dios.

15 Y desecharon sus estatutos, y el pacto que él había hecho con sus padres, y los testimonios que él había prescrito a ellos; y siguieron la vanidad, y se hicieron vanos, y fueron en pos de las naciones que estaban alrededor de ellos, de las cuales Jehová les había mandado que no hiciesen a la manera de ellas.

16 Dejaron todos los mandamientos de Jehová su Dios, y se hicieron imágenes fundidas de dos becerros, y también imágenes de Aserá, y adoraron a todo el ejército de los cielos, y sirvieron a Baal;

17 e hicieron pasar a sus hijos y a sus hijas por fuego; y se dieron a adivinaciones y agüeros y se entregaron a hacer lo malo ante los ojos de Jehová, provocándole a ira.

18 Jehová, por tanto, se airó en gran manera contra Israel, y los quitó de delante de su rostro; y no quedó sino sólo la tribu de Judá.

19 Mas ni aun Judá guardó los mandamientos de Jehová su Dios, sino que anduvieron en las costumbres que practicó Israel, las cuales hicieron ellos establecido.

20 Y desechó Jehová a toda la descendencia de Israel, y los afligió, y los entregó en manos de saqueadores, hasta echarlos de su presencia.

21 Porque separó a Israel de la casa de David, y ellos hicieron rey a Jeroboam hijo de Nebat; y Jeroboam apartó a Israel de en pos de Jehová, y les hizo cometer gran pecado.

22 Y los hijos de Israel anduvieron en todos los pecados de Jeroboam que él hizo, sin apartarse de ellos,

23 hasta que Jehová quitó a Israel de delante de su rostro, como él lo había dicho por medio de todos los profetas sus siervos; e Israel fue llevado cautivo de su tierra a Asiria, hasta hoy.

Asiria puebla de nuevo a Samaria

24 Y trajo el rey de Asiria gente de Babilonia, de Cutá, de Avá, de Hamat y de Sefarváyim, y los puso en las ciudades de Samaria, en lugar de los hijos de Israel; y poseyeron a Samaria, y habitaron en sus ciudades.

25 Y aconteció al principio, cuando comenzaron a habitar allí, que no temiendo ellos a Jehová, envió Jehová contra ellos leones que los mataban.

26 Dijeron, pues, al rey de Asiria: Las gentes que tú trasladaste y pusiste en las ciudades de Samaria, no conocen la ley del Dios de aquella tierra, y él ha echado leones en medio de ellos, y he aquí que los leones los matan, porque no conocen la ley del Dios de la tierra.

27 Y el rey de Asiria mandó, diciendo: Llevad allá a alguno de los sacerdotes que trajisteis de allí, y vaya y habite allí, y les enseñe la ley del Dios del país.

28 Y vino uno de los sacerdotes que habían llevado cautivo de Samaria, y habitó en Betel, y les enseñó cómo habían de temer a Jehová.

29 Pero cada nación se hizo sus dioses, y los pusieron en los templos de los lugares altos que habían hecho los de Samaria; cada nación en su ciudad donde habitaba.

30 Los de Babilonia hicieron un Sucotbenot, los de Cutá hicieron un Nergal, y los de Hamat hicieron un Asimá.

31 Los aveos hicieron un Nibhaz y un Tartac, y los de Sefarváyim quemaban sus hijos en el fuego para adorar a Adramélec y a Anamélec, dioses de Sefarváyim.

32 Veneraban también a Jehová, e hicieron de entre ellos sacerdotes para los lugares altos, los cuales sacrificaban para ellos en los templos de los lugares altos.

33 Temían a Jehová, y honraban a sus dioses, según la costumbre de las naciones de donde habían sido trasladados.

34 Hasta hoy hacen como antiguamente: ni temen a Jehová, ni guardan sus estatutos ni sus ordenanzas, ni hacen según la ley y los mandamientos que prescribió Jehová a los hijos de Jacob, al cual puso el nombre de Israel;

35 con los cuales Jehová había hecho pacto, y les mandó diciendo: No temeréis a otros dioses, ni los adoraréis, ni les serviréis, ni les haréis sacrificios.

36 Mas a Jehová, que os sacó de tierra de Egipto con gran poder y brazo extendido, a éste temeréis, y a éste adoraréis, y a éste haréis sacrificio.

37 Los estatutos y derechos y ley y mandamientos que os dio por escrito, cuidaréis siempre de ponerlos por obra, y no veneraréis a dioses ajenos.

38 No olvidaréis el pacto que hice con vosotros, ni veneraréis a dioses ajenos;

39 sino que reverenciaréis sólo a Jehová vuestro Dios, y él os librará de mano de todos vuestros enemigos.

40 Pero ellos no escucharon; antes hicieron según su costumbre antigua.

41 Así temieron a Jehová aquellas gentes, y al mismo tiempo sirvieron a sus ídolos; y también sus hijos y sus nietos, según como hicieron sus padres, así hacen hasta hoy.

Reinado de Ezequías

18 En el tercer año de Oseas hijo de Elá, rey de Israel, comenzó a reinar Ezequías hijo de Acaz rey de Judá.

2 Cuando comenzó a reinar era de veinticinco años, y reinó en Jerusalén veintinueve años. El nombre de su madre fue Abí hija de Zacarías.

3 Hizo lo recto ante los ojos de Jehová, conforme a todas las cosas que había hecho David su padre.

4 Él quitó los lugares altos, y quebró las imágenes, y cortó los símbolos de Asrá, e hizo pedazos la serpiente de bronce que había hecho Moisés, porque hasta entonces le quemaban incienso los hijos de Israel; y la llamó Nehustán.

5 En Jehová Dios de Israel puso su esperanza; ni después ni antes de él hubo otro como él entre todos los reyes de Judá.

6 Porque siguió a Jehová, y no se apartó de él, sino que guardó los mandamientos que Jehová prescribió a Moisés.

7 Y Jehová estaba con él; y adondequiera que salía, prosperaba. El se rebeló contra el rey de Asiria, y no le sirvió.

8 Batió también a los filisteos hasta Gaza y sus fronteras, desde las torres de las atalayas hasta la ciudad fortificada.

Caída de Samaria

9 En el cuarto año del rey Ezequías, que era el año séptimo de Oseas hijo de Elá, rey de Israel, subió Salmanasar rey de los asirios contra Samaria, y la sitió.

10 y la tomaron al cabo de tres años. En el año sexto de Ezequías, el cual era el año noveno de Oseas rey de Israel, fue tomada Samaria.

11 Y el rey de Asiria llevó cautivo a Israel a Asiria, y los puso en Halah, en Habor junto al río Gozán, y en las ciudades de los medos;

12 por cuanto no habían atendido a la voz de Jehová su Dios, sino que habían quebrantado su pacto; y todas las cosas que Moisés siervo de Jehová había mandado, no las habían escuchado, ni puesto por obra.

Senaquerib invade a Judá

13 A los catorce años del rey Ezequías, subió Senaquerib rey de Asiria contra todas las ciudades fortificadas de Judá, y las tomó.

14 Entonces Ezequías rey de Judá envió a decir al rey de Asiria que estaba en Laquís: Yo he faltado; deja de atacarme y pagaré todo lo que me impongas. Y el rey de Asiria impuso a Ezequías rey de Judá trescientos talentos de plata y treinta talentos de oro.

15 Dio, por tanto, Ezequías toda la plata que fue hallada en la casa de Jehová, y en los tesoros de la casa real.

16 Entonces Ezequías quitó el oro de las puertas del templo de Jehová y de los quiciales que él mismo Ezequías había cubierto de oro, y lo dio al rey de Asiria.

17 Después el rey de Asiria envió desde Laquís contra el rey Ezequías a su general en jefe, al gran eunuco y al copero mayor contra Jerusalén. Y cuando estuvieron cerca, acamparon junto al acueducto del estanque de arriba, en el camino del campo del Batanero.

18 Llamaron luego al rey, y salió a ellos Eliaquim hijo de Hilcías, mayordomo, y Sebná escriba, y Joá hijo de Asaf, canciller.

19 Y les dijo el Rabsaces: Decid ahora a Ezequías: Así dice el gran rey de Asiria: ¿Qué confianza es ésta en que te apoyas?

20 Dices (pero son palabras vacías): Consejo tengo y fuerzas para la guerra. Mas ¿en qué confías, que te has rebelado contra mí?

21 He aquí que confías en este báculo de caña cascada, en Egipto, en el cual, si alguno se apoya, se le entrará por la mano y la traspasará. Tal es Faraón rey de Egipto para todos los que en él confían.

22 Y si me decís: Nosotros confiamos en Jehová nuestro Dios, ¿no es éste aquel cuyos lugares altos y altares ha quitado Ezequías, y ha dicho a Judá y a Jerusalén: Delante de este altar adoraréis en Jerusalén?

23 Ahora, pues, yo te ruego que des rehenes a mi señor, el rey de Asiria, y yo te daré dos mil caballos, si tú puedes dar jinetes para ellos.

24 ¿Cómo, pues, podrás resistir a un capitán, al menor de los siervos de mi señor, aunque estés confiado en Egipto con sus carros y su gente de a caballo?

25 ¿Acaso he venido yo ahora sin Jehová a este lugar, para destruirlo? Jehová me ha dicho: Sube a esta tierra, y destrúyela.

26 Entonces dijo Eliaquim hijo de Hilcías, y Sebná y Joá, al Rabsaces: Te rogamos que hables a tus siervos en arameo, porque nosotros lo entendemos; y no hables con nosotros en lengua de Judá a oídos del pueblo que está sobre el muro.

27 Y el Rabsaces les dijo: ¿Me ha enviado mi señor para decir estas palabras a ti y a tu señor, y no a los hombres que están sobre el muro, expuestos a comer su propio estiércol y beber su propia orina con vosotros?

28 Entonces el Rabsaces se puso en pie y clamó a gran voz en lengua de Judá, y habló diciendo: Oíd la palabra del gran rey, el rey de Asiria.

29 Así ha dicho el rey: No os engañe Ezequías, porque no os podrá librar de mi mano.

30 Y no os haga Ezequías confiar en Jehová, diciendo: Ciertamente nos librará Jehová, y esta ciudad no será entregada en manos del rey de Asiria.

31 No escuchéis a Ezequías, porque así dice el rey de Asiria: Haced conmigo paz, y salid a mí, y coma cada uno de su vid y de su higuera, y beba cada uno las aguas de su pozo,

32 hasta que yo venga y os lleve a una tierra como la vuestra, tierra de grano y de vino, tierra de pan y de viñas, tierra de olivas, de aceite, y de miel; y viviréis, y no moriréis. No oigáis a Ezequías, porque os engaña cuando dice: Jehová nos librará.

33 ¿Acaso alguno de los dioses de las naciones ha librado a su tierra de la mano del rey de Asiria?

34 ¿Dónde están el dios de Hamat y de Arfad? ¿Dónde están el dios de Sefarvávim, de Hená, y de Ivá? ¿Pudieron éstos librar a Samaria de mi mano?

35 ¿Qué dios de todos los dioses de estas tierras ha librado a su tierra de mi mano, para que Jehová libre de mi mano a Jerusalén?

36 Pero el pueblo calló, y no le respondió palabra; porque había mandamiento del rey, el cual había dicho: No le respondáis.

37 Entonces Eliaquim hijo de Hilcías, mayordomo, y Sebná escriba, y Joá hijo de Asaf, canciller, vinieron a Ezequías, rasgados sus vestidos, y le contaron las palabras del Rabsaces.

Judá es librado de Senaquerib

19 Cuando el rey Ezequías lo oyó, rasgó sus vestidos y se cubrió de cilicio, y entró en la casa de Jehová.

2 Y envió a Eliaquim mayordomo, a Sebná escriba y a los ancianos de los sacerdotes, cubiertos de cilicio, al profeta Isaías hijo de Amoz,

3 para que le dijesen: Así ha dicho Ezequías: Este día es día de angustia, de castigo y de oprobio; como si los hijos estuvieran a punto de nacer, y la que da a luz no tuviese fuerzas.

4 Quizás oirá Jehová tu Dios todas las palabras del Rabsaces, a quien el rey de los

asirios su señor ha enviado para blasfemar del Dios viviente, y para vituperar con palabras, las cuales Jehová tu Dios ha oído; por tanto, eleva oración por el remanente que aún queda.

5 Vinieron, pues, los siervos del rey Ezequías a Isaías.

6 E Isaías les respondió: Así diréis a vuestro señor: Así ha dicho Jehová: No temas por las palabras que has oído, con las cuales me han blasfemado los siervos del rey de Asiria.

7 He aquí pondré yo sobre él un espíritu tal, que, al oír una noticia que recibirá, se volverá a su tierra; y haré que en su tierra caiga a espada.

Partida del copero mayor

8 Y regresando el Rabsaces, halló al rey de Asiria combatiendo contra Libná; porque se le dijo que se había ido de Laquís.

9 Y oyó decir que Tirhacá rey de Etiopía había salido para hacerle guerra. Entonces volvió él y envió embajadores a Ezequías, diciendo:

10 Así diréis a Ezequías rey de Judá: No te engañe tu Dios en quien tú confías, para decir: Jerusalén no será entregada en mano del rey de Asiria.

11 He aquí tú has oído lo que han hecho los reyes de Asiria a todas las tierras, destruyéndolas; ¿y escaparás tú?

12 ¿Acaso libraron sus dioses a las naciones que mis padres destruyeron, esto es, Gozán, Harán, Résef, y los hijos de Edén que estaban en Telasar?

13 ¿Dónde está el rey de Hamat, el rey de Arpad, y el rey de la ciudad de Sefarváyim, de Hená y de Ivá?

14 Y tomó Ezequías las cartas de mano de los embajadores; y después que las hubo leído, subió a la casa de Jehová, y las extendió Ezequías delante de Jehová.

15 Y oró Ezequías delante de Jehová, diciendo: Jehová Dios de Israel, que moras entre los querubines, sólo tú eres Dios de todos los reinos de la tierra; tú hiciste el cielo y la tierra.

16 Inclina, oh Jehová, tu oído, y oye; abre, oh Jehová, tus ojos, y mira; y oye las palabras de Senaquerib, que ha enviado a blasfemar del Dios viviente.

17 Es verdad, oh Jehová, que los reyes de Asiria han destruido las naciones y sus tierras;

18 y que echaron al fuego a sus dioses, por cuanto ellos no eran dioses, sino obra de manos de hombres, madera o piedra, y por eso lo destruyeron.

19 Ahora, pues, oh Jehová Dios nuestro, sálvanos, te ruego, de su mano, para que sepan todos los reinos de la tierra que sólo tú, Jehová, eres Dios.

20 Entonces Isaías hijo de Amoz envió a decir a Ezequías: Así ha dicho Jehová, Dios de Israel: He oído lo que me pediste acerca de Senaquerib rey de Asiria.

21 Esta es la palabra que Jehová ha pronunciado acerca de él: «Te desprecia y se burla de ti, virgen hija de Sión. Mueve la cabeza detrás de ti, hija de Jerusalén.

22 ¿A quién has vituperado y blasfemado?, ¿y contra quién has alzado la voz, y levantado en alto tus ojos? Contra el Santo de Israel.

23 Por mano de tus mensajeros has vituperado a Jehová y has dicho: Con la multitud de mis carros he subido a las alturas de los montes, a lo más inaccesible del Líbano; cortaré sus altos cedros, sus cipreses más escogidos; me alojaré en sus más remotos lugares, en el bosque de sus feraces campos.

24 Yo he cavado y bebido las aguas extrañas, he secado con las plantas de mis pies todos los ríos de Egipto.

25 ¿Nunca has oído que desde tiempos antiguos yo lo hice, y que desde los días de la antigüedad lo tengo ideado? Y ahora lo he hecho venir, y tú serás para hacer desolaciones, para reducir las ciudades fortificadas a montones de escombros.

26 Sus moradores fueron de corto poder; fueron acobardados y confundidos; vinieron a ser como la hierba del campo, y como hortaliza verde, como heno de los terrados, marchitado antes de su madurez.

27 He conocido tu situación, tu salida y tu entrada, y tu furor contra mí.

28 Por cuanto te has airado contra mí, por cuanto tu arrogancia ha subido a mis oídos, yo pondré mi garfio en tu nariz, y mi freno en tus labios, y te haré volver por el camino por donde viniste.

29 Y esto te daré por señal, oh Ezequías: Este año comeréis lo que nacerá de suyo, y el segundo año lo que nacerá de suyo; y el tercer año sembraréis, y segaréis, y plantaréis viñas, y comeréis el fruto de ellas.

30 Y lo que haya escapado, lo que haya quedado de la casa de Judá, volverá a echar raíces abajo, y llevará fruto arriba.

31 Porque saldrá de Jerusalén remanente, y del monte de Sión los que se salven. El celo de Jehová de los ejércitos hará esto.

32 Por tanto, así dice Jehová acerca del rey de Asiria: No entrará en esta ciudad, ni echará saeta en ella; ni vendrá delante de ella con escudo, ni levantará contra ella baluarte.

33 Por el mismo camino que vino, volverá, y no entrará en esta ciudad, dice Jehová.

34 Porque yo ampararé esta ciudad para salvarla, por amor a mí mismo, y por amor a David mi siervo.»

35 Y aconteció que aquella misma noche

salió el Ángel de Jehová, y mató en el campamento de los asirios a ciento ochenta y cinco mil; y cuando se levantaron por la mañana, he aquí que todo era cuerpos de muertos.

36 Entonces Senaquerib rey de Asiria se fue, y volvió a Nínive, donde se quedó.

37 Y aconteció que mientras adoraba en el templo de Nisroc su dios, Adramélec y Sarézer sus hijos lo mataron a espada, y huyeron a tierra de Ararat. Y reinó en su lugar Esarhadón su hijo.

Enfermedad de Ezequías

20 En aquellos días Ezequías cayó enfermo de muerte. Y vino a él el profeta Isaías hijo de Amoz, y le dijo: Jehová dice así: Ordena tu casa, porque morirás, y no vivirás.

2 Entonces él volvió su rostro a la pared, y oró a Jehová y dijo:

3 Te ruego, oh Jehová, te ruego que hagas memoria de que he andado delante de ti en verdad y con íntegro corazón, y que he hecho las cosas que te agradan. Y lloró Ezequías con gran llanto.

4 Y antes que Isaías saliese hasta la mitad del patio, vino palabra de Jehová a Isaías, diciendo:

5 Vuelve, y di a Ezequías, príncipe de mi pueblo: Así dice Jehová, el Dios de David tu padre: Yo he oído tu oración, y he visto tus lágrimas; he aquí que yo te sano; al tercer día subirás a la casa de Jehová.

6 Y añadiré a tus días quince años, y te libraré a ti y a esta ciudad de manos del rey de Asiria; y ampararé esta ciudad por amor a mí mismo, y por amor a David mi siervo.

7 Y dijo Isaías: Tomad masa de higos. Y tomándola, la pusieron sobre la llaga, y sanó.

8 Y Ezequías había dicho a Isaías: ¿Qué señal tendré de que Jehová me sanará, y que subiré a la casa de Jehová al tercer día?

9 Respondió Isaías: Esta señal tendrás de Jehová, de que hará Jehová esto que ha dicho: ¿Quieres que la sombra avance diez grados, o que retroceda diez grados?

10 Y Ezequías respondió: Fácil cosa es que la sombra se extienda diez grados; pero no que la sombra se vuelva atrás diez grados.

11 Entonces el profeta Isaías clamó a Jehová; e hizo volver la sombra por los grados que había descendido en el reloj de Acaz, diez grados atrás.

Ezequías recibe a los enviados de Babilonia

12 En aquel tiempo Merodac-baladán hijo de Baladán, rey de Babilonia, envió mensajeros con cartas y presentes a Ezequías, porque había oído que Ezequías había caído enfermo.

13 Y Ezequías los oyó, y les mostró toda la cámara de sus tesoros, plata, oro, y especias, y ungüentos preciosos, y la cámara de sus armas, y todo lo que había en sus tesoros; ninguna cosa quedó que Ezequías no les mostrase, así en su casa como en todos sus dominios.

14 Entonces el profeta Isaías vino al rey Ezequías, y le dijo: ¿Qué dijeron aquellos varones, y de dónde vinieron a ti? Y Ezequías le respondió: De lejanas tierras han venido, de Babilonia.

15 Y él le volvió a decir: ¿Qué vieron en tu casa? Y Ezequías respondió: Vieron todo lo que había en mi casa; nada quedó en mis tesoros que no les mostrase.

16 Entonces Isaías dijo a Ezequías: Oye palabra de Jehová:

17 He aquí vienen días en que todo lo que está en tu casa, y todo lo que tus padres han atesorado hasta hoy, será llevado a Babilonia, sin quedar nada, dijo Jehová.

18 Y de tus hijos que saldrán de ti, que habrás engendrado, tomarán, y serán eunucos en el palacio del rey de Babilonia.

19 Entonces Ezequías dijo a Isaías: La palabra de Jehová que has hablado es buena. Después dijo: Habrá al menos paz y seguridad en mis días.

Muerte de Ezequías

20 Los demás hechos de Ezequías, y todo su poderío, y cómo hizo el estanque y el acueducto, y metió las aguas en la ciudad, ¿no está escrito en el libro de las crónicas de los reyes de Judá?

21 Y durmió Ezequías con sus padres, y reinó en su lugar Manasés su hijo.

Reinado de Manasés

21 De doce años era Manasés cuando comenzó a reinar, y reinó en Jerusalén cincuenta y cinco años; el nombre de su madre fue Hepsiba.

2 E hizo lo malo ante los ojos de Jehová, según las abominaciones de las naciones que Jehová había echado de delante de los hijos de Israel.

3 Porque volvió a edificar los lugares altos que Ezequías su padre había derribado, y levantó altares a Baal, e hizo una imagen de Aserá, como había hecho Acab rey de Israel; y adoró a todo el ejército de los cielos, y rindió culto a aquellas cosas.

4 Asimismo edificó altares en la casa de Jehová, de la cual Jehová había dicho: Yo pondré mi nombre en Jerusalén.

5 Y edificó altares para todo el ejército de los cielos en los dos atrios de la casa de Jehová.

6 Y pasó a su hijo por fuego, y se dio a practicar los presagios, y fue agorero, e

instituyó encantadores y adivinos, multiplicando así el hacer lo malo ante los ojos de Jehová, para provocarlo a ira.

7 Y puso una imagen de Aserá que él había hecho, en la casa de la cual Jehová había dicho a David y a Salomón su hijo: Yo pondré mi nombre para siempre en esta casa, y en Jerusalén, a la cual escogí de todas las tribus de Israel;

8 y no volveré a hacer que el pie de Israel sea movido de la tierra que di a sus padres, con tal que guarden y hagan conforme a todas las cosas que yo les he mandado, y conforme a toda la ley que mi siervo Moisés les mandó.

9 Mas ellos no escucharon; y Manasés los indujo a que hiciesen más mal que las naciones que Jehová destruyó delante de los hijos de Israel.

10 Habló, pues, Jehová por medio de sus siervos los profetas, diciendo:

11 Por cuanto Manasés rey de Judá ha hecho estas abominaciones, y ha hecho más mal que todo lo que hicieron los amorreos antes de él, y también ha hecho pecar a Judá con sus ídolos;

12 por tanto, así ha dicho Jehová el Dios de Israel: He aquí yo traigo tal mal sobre Jerusalén y sobre Judá, que al que lo oyere le retiñirán ambos oídos.

13 Y extenderé sobre Jerusalén el cordel de Samaria y la plomada de la casa de Acab; y limpiaré a Jerusalén como se limpia un plato, que se friega y se vuelve boca abajo.

14 Y desampararé el resto de mi heredad, y lo entregaré en manos de sus enemigos; y serán para presa y despojo de todos sus adversarios;

15 por cuanto han hecho lo malo ante mis ojos, y me han provocado a ira, desde el día que sus padres salieron de Egipto hasta hoy.

16 Fuera de esto, derramó Manasés mucha sangre inocente en gran manera, hasta llenar a Jerusalén de extremo a extremo; además de su pecado con que hizo pecar a Judá, para que hiciese lo malo ante los ojos de Jehová.

17 Los demás hechos de Manasés, y todo lo que hizo, y el pecado que cometió, ¿no está todo escrito en el libro de las crónicas de los reyes de Judá?

18 Y durmió Manasés con sus padres, y fue sepultado en el huerto de su casa, en el huerto de Uzá, y reinó en su lugar Amón su hijo.

Reinado de Amón

19 De veintidós años era Amón cuando comenzó a reinar, y reinó dos años en Jerusalén. El nombre de su madre fue Mesulémet hija de Haruz, de Jotbá.

20 E hizo lo malo ante los ojos de Jehová, como había hecho Manasés su padre.

21 Y anduvo en todos los caminos en que su padre anduvo, y sirvió a los ídolos a los cuales había servido su padre, y los adoró;

22 y dejó a Jehová el Dios de sus padres, y no anduvo en el camino de Jehová.

23 Y los siervos de Amón conspiraron contra él, y mataron al rey en su casa.

24 Entonces el pueblo de la tierra mató a todos los que habían conspirado contra el rey Amón; y puso el pueblo de la tierra por rey en su lugar a Josías su hijo.

25 Los demás hechos de Amón, ¿no están todos escritos en el libro de las crónicas de los reyes de Judá?

26 Y fue sepultado en su sepulcro en el huerto de Uzá, y reinó en su lugar Josías su hijo.

Reinado de Josías

22 Cuando Josías comenzó a reinar era de ocho años, y reinó en Jerusalén treinta y un años. El nombre de su madre fue Jedidá hija de Adaía, de Boscat.

2 E hizo lo recto ante los ojos de Jehová, y anduvo en todo el camino de David su padre, sin apartarse a derecha ni a izquierda.

Hallazgo del libro de la ley

3 A los dieciocho años del rey Josías, envió el rey a Safán hijo de Azalías, hijo de Mesulam, escriba, a la casa de Jehová, diciendo:

4 Ve al sumo sacerdote Hilcías, y dile que recoja el dinero que han traído a la casa de Jehová, que han recogido del pueblo los guardianes de la puerta,

5 y que lo pongan en manos de los que hacen la obra, que tienen a su cargo el arreglo de la casa de Jehová, y que lo entreguen a los que hacen la obra de la casa de Jehová, para reparar las grietas de la casa;

6 a los carpinteros, maestros y albañiles, para comprar madera y piedra de cantería para reparar la casa;

7 y que no se les tome cuenta del dinero cuyo manejo se les confíe, porque ellos proceden con honradez.

8 Entonces dijo el sumo sacerdote Hilcías al escriba Safán: He hallado el libro de la ley en la casa de Jehová. E Hilcías dio el libro a Safán, y lo leyó.

9 Viniendo luego el escriba Safán al rey, dio cuenta al rey y dijo: Tus siervos han recogido el dinero que se halló en el templo, y lo han entregado en poder de los que hacen la obra, que tienen a su cargo el arreglo de la casa de Jehová.

10 Asimismo el escriba Safán declaró al

rey, diciendo: El sacerdote Hilcías me ha dado un libro. Y lo leyó Safán delante del rey.

11 Y cuando el rey hubo oído las palabras del libro de la ley, rasgó sus vestidos.

12 Luego el rey dio orden al sacerdote Hilcías, a Ahicam hijo de Safán, a Acbor hijo de Miqueas, al escriba Safán y a Asayá ministro del rey, diciendo:

13 Id y preguntad a Jehová por mí, y por el pueblo, y por todo Judá, acerca de las palabras de este libro que se ha hallado; porque grande es la ira de Jehová que se ha encendido contra nosotros, por cuanto nuestros padres no escucharon las palabras de este libro, para hacer conforme a todo lo que nos fue escrito en él.

14 Entonces fueron el sacerdote Hilcías, y Ahicam, Acbor, Safán y Asayá, a la profetisa Huldá, mujer de Salum hija de Ticvá, hijo de Harhás, guarda de las vestiduras, la cual moraba en Jerusalén en la parte nueva de la ciudad, y hablaron con ella.

15 Y ella les dijo: Así ha dicho Jehová el Dios de Israel: Decid al varón que os envió a mí:

16 Así dijo Jehová: He aquí yo traigo sobre este lugar, y sobre los que en él moran, todo el mal que habla este libro que ha leído el rey de Judá;

17 por cuanto me dejaron a mí, y quemaron incienso a dioses ajenos, provocándome a ira con toda la obra de sus manos; mi ira se ha encendido contra este lugar, y no se apagará.

18 Mas al rey de Judá que os ha enviado para que preguntascis a Jehová, diréis así: Así ha dicho Jehová el Dios de Israel: Por cuanto oíste las palabras del libro,

19 y tu corazón se enterneció, y te humillaste delante de Jehová, cuando oíste lo que yo he pronunciado contra este lugar y contra sus moradores, que vendrán a ser asolados y malditos, y rasgaste tus vestidos, y lloraste en mi presencia, también yo te he oído, dice Jehová.

20 Por tanto, he aquí yo te recogeré con tus padres, y serás llevado a tu sepulcro en paz, y no verán tus ojos todo el mal que yo traigo sobre este lugar. Y ellos dieron al rey la respuesta.

23 Entonces el rey mandó reunir con él a todos los ancianos de Judá y de Jerusalén.

2 Y subió el rey a la casa de Jehová con todos los varones de Judá, y con todos los moradores de Jerusalén, con los sacerdotes y profetas y con todo el pueblo, desde el más chico hasta el más grande; y leyó, oyéndolo ellos, todas las palabras del libro del pacto que había sido hallado en la casa de Jehová.

3 Y poniéndose el rey en pie junto a la columna, hizo pacto delante de Jehová, de que irían en pos de Jehová, y guardarían sus mandamientos, sus testimonios y sus estatutos, con todo el corazón y con toda el alma, y que cumplirían las palabras del pacto que estaban escritas en aquel libro. Y todo el pueblo confirmó el pacto.

Reformas de Josías

4 Entonces mandó el rey al sumo sacerdote Hilcías, a los sacerdotes de segundo orden, y a los guardianes de la puerta, que sacasen del templo de Jehová todos los utensilios que habían sido hechos para Baal, para Aserá y para todo el ejército de los cielos; y los quemó fuera de Jerusalén en el campo del Cedrón, e hizo llevar las cenizas de ellos a Betel.

5 Y quitó a los sacerdotes idólatras que habían puesto los reyes de Judá para que quemasen incienso en los lugares altos en las ciudades de Judá, y en los alrededores de Jerusalén; y asimismo a los que quemaban incienso a Baal, al sol y a la luna, y a los signos del zodíaco, y a todo el ejército de los cielos.

6 Hizo también sacar la imagen de Aserá fuera de la casa de Jehová, fuera de Jerusalén, al valle del Cedrón, y la quemó en el valle del Cedrón, y la convirtió en polvo, y echó el polvo sobre los sepulcros de los hijos del pueblo.

7 Además derribó los lugares de prostitución idolátrica que estaban en la casa de Jehová, en los cuales tejían las mujeres tiendas para Aserá.

8 E hizo venir a todos los sacerdotes de las ciudades de Judá, y profanó los lugares altos donde los sacerdotes quemaban incienso, desde Geba hasta Beerseba; y derribó los altares de las puertas que estaban a la entrada de la puerta de Josué, gobernador de la ciudad, que estaban a la mano izquierda, a la puerta de la ciudad.

9 Pero los sacerdotes de los lugares altos no subían al altar de Jehová en Jerusalén, sino que comían panes sin levadura entre sus hermanos.

10 Asimismo profanó al Tófet que está en el valle del hijo de Hinom, para que ninguno pasase su hijo o su hija por fuego a Moloc.

11 Suprimió también los caballos que los reyes de Judá habían dedicado al sol a la entrada del templo de Jehová, junto a la cámara de Natán-mélec eunuco, el cual tenía a su cargo los ejidos; y quemó al fuego los carros del sol.

12 Derribó además el rey los altares que estaban sobre la azotea de la sala de Acaz, que los reyes de Judá habían hecho, y los altares que había hecho Manasés en los dos atrios de la casa de Jehová; los desmenuzó y arrojó el polvo al arroyo del Cedrón.

13 Asimismo profanó el rey los lugares altos que estaban delante de Jerusalén, a la mano derecha del monte de la destrucción, los cuales Salomón rey de Israel había edificado a Astoret ídolo abominable de los sidonios, a Quemós ídolo abominable de Moab, y a Milcom ídolo abominable de los hijos de Amón.

14 Y quebró las estatuas, y derribó las imágenes de Aserá, y llenó el lugar de ellos de huesos humanos.

15 Igualmente el altar que estaba en Betel, y el lugar alto que había hecho Jeroboam hijo de Nebat, el que hizo pecar a Israel; aquel altar y el lugar alto lo destruyó, lo quemó y lo hizo polvo, y puso fuego a la imagen de Aserá.

16 Y volvió la cabeza Josías, y viendo los sepulcros que estaban allí en el monte, mandó sacar los huesos de los sepulcros, y los quemó sobre el altar para contaminarlo, conforme a la palabra de Jehová que había profetizado el varón de Dios, el cual había anunciado esto.

17 Después dijo: ¿Qué monumento es este que veo? Y los de la ciudad le respondieron: Este es el sepulcro del varón de Dios que vino de Judá, y profetizó estas cosas que tú has hecho sobre el altar de Betel.

18 Y él dijo: Dejadlo; ninguno mueva sus huesos; y así fueron preservados sus huesos, y los huesos del profeta que había venido de Samaria.

19 Y todas las casas de los lugares altos que estaban en las ciudades de Samaria, las cuales habían hecho los reyes de Israel irritando a Jehová, las quitó también Josías, e hizo de ellas como había hecho en Betel.

20 Mató además sobre los altares a todos los sacerdotes de los lugares altos que allí estaban, y quemó sobre ellos huesos humanos, y volvió a Jerusalén.

Josías celebra la pascua

21 Entonces mandó el rey a todo el pueblo, diciendo: Celebrad la pascua a Jehová vuestro Dios, conforme a lo que está escrito en este libro del pacto.

22 No se había celebrado tal pascua desde los tiempos en que los jueces gobernaban a Israel, ni en todos los tiempos de los reyes de Israel y de los reyes de Judá,

23 sino los dieciocho años del rey Josías, cuando fue celebrada esta pascua a Jehová en Jerusalén.

24 Asimismo barrió Josías a los encantadores, adivinos y terafines, y todas las abominaciones que se veían en la tierra de Judá y en Jerusalén, para cumplir las palabras de la ley que estaban escritas en el libro que el sacerdote Hilcías había hallado en la casa de Jehová.

25 No hubo otro rey antes de él, que se convirtiese a Jehová de todo su corazón, de toda su alma y de todas sus fuerzas, conforme a toda la ley de Moisés; ni después de él nació otro igual.

26 Con todo eso, Jehová no desistió del ardor con que su gran ira se había encendido contra Judá, por todas las provocaciones con que Manasés le había irritado.

27 Y dijo Jehová: También quitaré de mi presencia a Judá, como quité a Israel, y desecharé a esta ciudad que había escogido, a Jerusalén, y a la casa de la cual había yo dicho: Mi nombre estará allí.

Muerte de Josías

28 Los demás hechos de Josías, y todo lo que hizo, ¿no está todo escrito en el libro de las crónicas de los reyes de Judá?

29 En aquellos días el Faraón Necó rey de Egipto subió contra el rey de Asiria al río Éufrates, y salió contra él el rey Josías; pero Necó, así que le vio, lo mató en Meguido.

30 Y sus siervos lo pusieron en un carro, y lo trajeron muerto de Meguido a Jerusalén, y lo sepultaron en su sepulcro. Entonces el pueblo de la tierra tomó a Joacaz hijo de Josías, y lo ungieron y lo pusieron por rey en lugar de su padre.

Reinado y destronamiento de Joacaz

31 De veintitrés años era Joacaz cuando comenzó a reinar, y reinó tres meses en Jerusalén. El nombre de su madre fue Hamital hija de Jeremías, de Libná.

32 Y él hizo lo malo ante los ojos de Jehová, conforme a todas las cosas que sus padres habían hecho.

33 Y lo puso preso el Faraón Necó en Riblá en la provincia de Hamat, para que no reinase en Jerusalén; y puso al país un impuesto de cien talentos de plata, y uno de oro.

34 Entonces el Faraón Necó puso por rey a Eliaquim hijo de Josías, en lugar de Josías su padre, y le cambió el nombre por el de Joacim; y tomó a Joacaz y lo llevó a Egipto, donde murió.

35 Y Joacim pagó a Faraón la plata y el oro; mas impuso una derrama al país, para dar el dinero conforme al mandamiento de Faraón, sacando la plata y el oro del pueblo de la tierra, de cada uno según la estimación de su hacienda, para darlo al Faraón Necó.

Reinado de Joacim

36 De veinticinco años era Joacim cuando comenzó a reinar, y once años reinó en Jerusalén. El nombre de su madre fue Zebidá hija de Pedayá de Rumá.

37 E hizo lo malo ante los ojos de Jehová, conforme a todas las cosas que sus padres habían hecho.

24 En su tiempo subió en campaña Nabucodonosor rey de Babilonia. Joacim le quedó sometido durante tres años, pero luego volvió a rebelarse contra él.

2 Pero Jehová envió contra Joacim tropas de caldeos, tropas de sirios, tropas de moabitas y tropas de amonitas, a los cuales envió contra Judá para que la destruyesen, conforme a la palabra de Jehová que había hablado por sus siervos los profetas.

3 Ciertamente vino esto contra Judá por mandato de Jehová, para quitarla de su presencia, por los pecados de Manasés, y por todo lo que él hizo;

4 asimismo por la sangre inocente que derramó, pues llenó a Jerusalén de sangre inocente; Jehová, por tanto, no quiso perdonar.

5 Los demás hechos de Joacim, y todo lo que hizo, ¿no está escrito en el libro de las crónicas de los reyes de Judá?

6 Y durmió Joacim con sus padres, y reinó en su lugar Joaquín su hijo.

7 Y nunca más el rey de Egipto salió de su tierra; porque el rey de Babilonia se había apoderado de todo lo que era suyo desde el río de Egipto hasta el río Éufrates.

Joaquín y los nobles son llevados cautivos a Babilonia

8 De dieciocho años era Joaquín cuando comenzó a reinar, y reinó en Jerusalén tres meses. El nombre de su madre fue Nehustá hija de Elnatán, de Jerusalén.

9 E hizo lo malo ante los ojos de Jehová, conforme a todas las cosas que había hecho su padre.

10 En aquel tiempo subieron contra Jerusalén los siervos de Nabucodonosor rey de Babilonia, y la ciudad fue sitiada.

11 Vino también Nabucodonosor rey de Babilonia contra la ciudad, cuando sus siervos la tenían sitiada.

12 Entonces salió Joaquín rey de Judá al rey de Babilonia, él y su madre, sus siervos, sus príncipes y sus eunucos; y lo prendió el rey de Babilonia en el octavo año de su reinado.

13 Y sacó de allí todos los tesoros de la casa de Jehová, y los tesoros de la casa real, y rompió en pedazos todos los utensilios de oro que había hecho Salomón rey de Israel en la casa de Jehová, como Jehová había dicho.

14 Y llevó en cautiverio a toda Jerusalén, a todos los príncipes, y a todos los hombres valientes, hasta diez mil cautivos, y a todos los artesanos y herreros; no quedó nadie, excepto los pobres del pueblo de la tierra.

15 Asimismo llevó cautivos a Babilonia a Joaquín, a la madre del rey, a las mujeres del rey, a sus oficiales y a los poderosos de la tierra; cautivos los llevó de Jerusalén a Babilonia.

16 A todos los hombres de guerra, que fueron siete mil, y a los artesanos y herreros, que fueron mil, y a todos los valientes para hacer la guerra, llevó cautivos el rey de Babilonia.

17 Y el rey de Babilonia puso por rey en lugar de Joaquín a Matanías su tío, y le cambió el nombre por el de Sedequías.

Reinado de Sedequías

18 De veintiún años era Sedequías cuando comenzó a reinar, y reinó en Jerusalén once años. El nombre de su madre fue Hamital hija de Jeremías, de Libná.

19 E hizo lo malo ante los ojos de Jehová, conforme a todo lo que había hecho Joacim.

20 Vino, pues, la ira de Jehová contra Jerusalén y Judá, hasta que los echó de su presencia. Y Sedequías se rebeló contra el rey de Babilonia.

Caída de Jerusalén

25 Aconteció a los nueve años de su reinado, en el mes décimo, a los diez días del mes, que Nabucodonosor rey de Babilonia vino con todo su ejército contra Jerusalén, y la sitió, y levantó torres contra ella alrededor.

2 Y estuvo la ciudad sitiada hasta el año undécimo del rey Sedequías.

3 A los nueve días del cuarto mes prevaleció el hambre en la ciudad, hasta que no hubo pan para el pueblo de la tierra.

4 Abierta ya una brecha en el muro de la ciudad, huyeron de noche todos los hombres de guerra por el camino de la puerta que estaba entre los dos muros, junto a los huertos del rey, estando los caldeos alrededor de la ciudad; y el rey se fue por el camino del Arabá.

5 Y el ejército de los caldeos siguió al rey, y lo apresó en las llanuras de Jericó, habiendo sido dispersado todo su ejército.

6 Preso, pues, el rey, le trajeron al rey de Babilonia en Riblá, y pronunciaron sentencia contra él.

7 Degollaron a los hijos de Sedequías en presencia suya, y a Sedequías le sacaron los ojos, y atado con cadenas lo llevaron a Babilonia.

Cautividad de Judá

8 En el mes quinto, a los siete días del mes, siendo el año diecinueve de Nabucodonosor rey de Babilonia, vino a Jerusalén Nebuzaradán, capitán de la guardia, siervo del rey de Babilonia.

9 Y quemó la casa de Jehová, y la casa del rey, y todas las casas de Jerusalén; y todas las casas de los príncipes quemó a fuego.

10 Y todo el ejército de los caldeos que estaba con el capitán de la guardia, derribó los muros alrededor de Jerusalén.

11 Y a los del pueblo que habían quedado en la ciudad, a los que se habían pasado al rey de Babilonia, y a los que habían quedado de la gente común, los llevó cautivos Nebuzaradán, capitán de la guardia.

12 Mas de los pobres de la tierra dejó Nebuzaradán, capitán de la guardia, para que labrasen las viñas y la tierra.

13 Y quebraron los caldeos las columnas de bronce que estaban en la casa de Jehová, y las basas, y el estanque de bronce que estaba en la casa de Jehová, y llevaron el bronce a Babilonia.

14 Llevaron también los calderos, las paletas, las despabiladeras, los cucharones, y todos los utensilios de bronce con que ministraban;

15 incensarios, cuencos, los de oro y los de plata; todo se lo llevó el capitán de la guardia.

16 Las dos columnas, el estanque de bronce, y las basas que Salomón había hecho para la casa de Jehová, no fue posible pesarlos.

17 La altura de una columna era de dieciocho codos, y tenía encima un capitel de bronce; la altura del capitel era de tres codos, y sobre el capitel había un trenzado y granadas alrededor, todo de bronce; e igual labor había en la otra columna con su trenzado.

18 Tomó entonces el capitán de la guardia al primer sacerdote Serayá, al segundo sacerdote Sefanías, y tres guardas de la vajilla;

19 y de la ciudad tomó un eunuco que tenía a su cargo los hombres de guerra, y cinco varones de los consejeros del rey, que estaban en la ciudad, el principal escriba del ejército, que llevaba el registro de la gente del país, y sesenta varones del pueblo de la tierra, que estaban en la ciudad.

20 Éstos tomó Nebuzaradán, capitán de la guardia, y los llevó a Riblá al rey de Babilonia.

21 Y el rey de Babilonia los hirió haciéndoles morir en Riblá, en tierra de Hamat. Así fue llevado cautivo Judá lejos de su tierra.

El remanente huye a Egipto

22 Y al pueblo que Nabucodonosor rey de Babilonia dejó en tierra de Judá, puso por gobernador a Gedalías hijo de Ahicam, hijo de Safán.

23 Y oyendo todos los príncipes del ejército, ellos y su gente, que el rey de Babilonia había puesto por gobernador a Gedalías, vinieron a él en Mizpá; Ismael hijo de Netanías, Johanán hijo de Carea, Seraías hijo de Tanhumet netofatita, y Jaazanías hijo de un maacateo, ellos con los suyos.

24 Entonces Gedalías les hizo juramento a ellos y a los suyos, y les dijo: No temáis ser siervos de los caldeos; habitad en la tierra, y servid al rey de Babilonia, y os irá bien.

25 Mas en el mes séptimo vino Ismael hijo de Netanías, hijo de Elisamá, de la estirpe real, y con él diez varones, e hirieron a Gedalías, y murió; y también a los de Judá y a los caldeos que estaban con él en Mizpá.

26 Y levantándose todo el pueblo, desde el menor hasta el mayor, con los capitanes del ejército, se fueron a Egipto, por temor de los caldeos.

Joaquín es libertado y recibe honores en Babilonia

27 Aconteció a los treinta y siete años del cautiverio de Joaquín rey de Judá, en el mes duodécimo, a los veintisiete días del mes, que Evil-merodac rey de Babilonia, en el primer año de su reinado, libertó a Joaquín rey de Judá, sacándolo de la cárcel;

28 y le habló con benevolencia, y puso su trono más alto que los tronos de los reyes que estaban con él en Babilonia.

29 Y le cambió los vestidos de prisionero, y comió siempre delante de él todos los días de su vida.

30 Y diariamente le fue dada su comida de parte del rey, de continuo, todos los días de su vida.

PRIMER LIBRO DE
CRÓNICAS

Descendientes de Adán

1 Adán, Set, Enós,
2 Cainán, Mahalaliel, Jared,
3 Enoc, Matusalén, Lamec,
4 Noé, Sem, Cam y Jafet.

Descendientes de los hijos de Noé

5 Los hijos de Jafet: Gomer, Magog, Maday, Javán, Tubal, Mésec y Tirás.
6 Los hijos de Gomer: Askenaz, Rifat y Togarmá.

7 Los hijos de Javán: Elisá, Tarsis, Quitim y Dodanim.

8 Los hijos de Cam: Cus, Mizraim, Fut y Canaán.

9 Los hijos de Cus: Sebá, Havilá, Sabtá, Raamá y Sabtecá. Y los hijos de Raamá: Sebá y Dedán.

10 Cus engendró a Nimrod; éste llegó a ser poderoso en la tierra.

11 Mizraim engendró a Ludim, Anamim, Lehabim, Naftuhim,

12 Patrusim y Casluhim; de éstos salieron los filisteos y los caftoreos.

13 Canaán engendró a Sidón su primogénito, y a Het,

14 al jebuseo, al amorreo, al gergeseo,

15 al heveo, al araceo, al sinco,

16 al arvadeo, al zemareo y al hamateo.

17 Los hijos de Sem: Elam, Asur, Arfaxad, Lud, Aram, Uz, Hul, Géter y Mésec.

18 Arfaxad engendró a Sela, y Sela engendró a Héber.

19 Y a Héber nacieron dos hijos; el nombre del uno fue Péleg, por cuando en sus días fue dividida la tierra; y el nombre de su hermano fue Joctán.

20 Joctán engendró a Almodad, Sélef, Hazar-mávet y Jera.

21 A Adoram también, a Uzal, Diclá,

22 Ebal, Abimael, Sebá,

23 Ofir, Havilá y Jobab; todos hijos de Joctán.

Descendientes de Sem

24 Sem, Arfaxad, Sela,

25 Héber, Péleg, Reú,

26 Serug, Nacor, Tara,

27 y Abram, el cual es Abraham.

Descendientes de Ismael y de Queturá

28 Los hijos de Abraham: Isaac e Ismael.

29 Y estas son sus descendencias: el primogénito de Ismael, Nebayot; después Cedar, Adbeel, Mibsam,

30 Mismá, Dumá, Massá, Hadad, Temá,

31 Jetur, Nafís y Cedemá; éstos son los hijos de Ismael.

32 Y Queturá, concubina de Abraham, dio a luz a Zimram, Jocsán, Medán, Madián, Isbac y Súa. Los hijos de Jocsán: Sebá y Dedán.

33 Los hijos de Madián: Efá, Éfer, Hanoc, Abidá y Eldá; todos éstos fueron hijos de Queturá.

Descendientes de Esaú

34 Abraham engedó a Isaac, y los hijos de Isaac fueron Esaú e Israel.

35 Los hijos de Esaú: Elifaz, Reuel, Jeús, Jaalam y Coré.

36 Los hijos de Elifaz: Temán, Omar, Zefí, Gatam, Cenaz, Timná y Amalec.

37 Los hijos de Reuel: Náhat, Zera, Samá y Mizá.

38 Los hijos de Seír: Lotán, Sobal, Zibeón, Aná, Disón, Ézer y Disán.

39 Los hijos de Lotán: Horí y Homam; y Timná fue hermana de Lotán.

40 Los hijos de Sobal: Alván, Manáhat, Ebal, Sefí y Onam. Los hijos de Zibeón: Ajá y Aná.

41 Disón fue hijo de Aná; y los hijos de Disón: Amram, Esbán, Itrán y Querán.

42 Los hijos de Ézer: Bilhán, Zaaván y Jaacán. Los hijos de Disán: Uz y Arán.

43 Y éstos son los reyes que reinaron en la tierra de Edom, antes que reinase rey sobre los hijos de Israel: Bela hijo de Beor; y el nombre de su ciudad fue Dinabá.

44 Muerto Bela, reinó en su lugar Jobab hijo de Zera, de Bosrá.

45 Y muerto Jobab, reinó en su lugar Husam, de la tierra de los temanitas.

46 Muerto Husam, reinó en su lugar Hadad hijo de Bedad, el que derrotó a Madián en el campo de Moab; y el nombre de su ciudad fue Avit.

47 Muerto Hadad, reinó en su lugar Samlá de Masrecá.

48 Muerto también Samlá, reinó en su lugar Saúl de Rehobot, que está junto al Eufrates.

49 Y muerto Saúl, reinó en su lugar Baal-hanán hijo de Acbor.

50 Muerto Baal-hanán, reinó en su lugar Hadad, el nombre de cuya ciudad fue Pahi; y el nombre de su mujer, Mehetabel hija de Matred, hija de Mezaab.

51 Muerto Hadad, sucedieron en Edom los jefes Timná, Alyá, Jetet,

52 Aholibamá, Elá, Pinón,

53 Cenaz, Temán, Mibzar,

54 Magdiel e Iram. Éstos fueron los jefes de Edom.

Los hijos de Israel

2 Estos son los hijos de Israel: Rubén, Simeón, Leví, Judá, Isacar, Zabulón.

2 Dan, José, Benjamín, Neftalí, Gad y Aser.

Descendientes de Judá

3 Los hijos de Judá: Er, Onán y Selá. Estos tres le nacieron de la hija de Súa, cananea. Y Er, primogénito de Judá, fue malo delante de Jehová, quien lo mató.

4 Y Tamar su nuera dio a luz a Peres y a Zera. Todos los hijos de Judá fueron cinco.

5 Los hijos de Peres: Hezrón y Hamul.

6 Y los hijos de Zera: Zimrí, Etán, Hemán, Calcol y Dara; por todos cinco.

7 Hijos de Carmí: Acar, el que perturbó a Israel, porque prevaricó en el anatema.

8 Azarías fue hijo de Etán.

9 Los hijos que nacieron a Hezrón: Jerameel, Ram y Quelubay.
10 Ram engendró a Aminadab, y Aminadab engendró a Naasón, príncipe de los
hijos de Judá.
11 Naasón engendró a Salmá, y Salmá engendró a Booz.
12 Booz engendró a Obed, y Obed engendró a Isay,
13 e Isay engendró a Eliab su primogénito,
el segundo Abinadab, Simeá el tercero,
14 el cuarto Netaneel, el quinto Raday,
15 el sexto Ozem, el séptimo David,
16 de los cuales, Sarvia y Abigail fueron
hermanas. Los hijos de Sarvia fueron tres:
Abisay, Joab y Asael.
17 Abigail dio a luz a Amasá, cuyo padre
fue Jéter ismaelita,
18 Caleb hijo de Hezrón engendró a Jerihot
de su mujer Azubá. Y los hijos de ella
fueron Jéser, Sobab y Ardón.
19 Muerta Azubá, tomó Caleb por mujer a
Efratá, la cual dio a luz a Hur.
20 Y Hur engendró a Urí, y Urí engendró a
Bezaleel.
21 Después entró Hezrón a la hija de Maquir padre de Galaad, a la cual tomó siendo
él de sesenta años, y ella dio a luz a Segub.
22 Y Segub engendró a Jaír, el cual tuvo
veintitrés ciudades en la tierra de Galaad.
23 Pero Gesur y Aram tomaron de ellos las
ciudades de Jaír, con Kenat y sus aldeas,
sesenta lugares. Todos éstos fueron de los
hijos de Maquir padre de Galaad.
24 Muerto Hezrón en Caleb de Efratá,
Abías mujer de Hezrón dio a luz a Asur
padre de Técoa.
25 Los hijos de Jerameel primogénito de
Hezrón fueron Ram su primogénito, Buná,
Orén, Ozem y Ahías.
26 Y tuvo Jerameel otra mujer llamada
Atará, que fue madre de Onam.
27 Los hijos de Ram primogénito de Jerameel fueron Maaz, Jamín y Equer.
28 Y los hijos de Onam fueron Samay y
Jadá. Los hijos de Samay: Nadab y Abisur.
29 Y el nombre de la mujer de Abisur fue
Abiháyil, la cual dio a luz a Ahbán y a Molid.
30 Los hijos de Nadab: Séled y Apáyim. Y
Séled murió sin hijos.
31 Isí fue hijo de Apáyim, y Sesán hijo de
Isí, e hijo de Sesán, Ahlay.
32 Los hijos de Jadá hermano de Samay:
Jéter y Jonatán. Y murió Jéter sin hijos.
33 Los hijos de Jonatán: Pélet y Zazá.
Éstos fueron los hijos de Jerameel.
34 Y Sesán no tuvo hijos, sino hijas; pero
tenía Sesán un siervo egipcio llamado Jarhá.
35 A éste Sesán dio a su hija por mujer, y
ella dio a luz a Atay.
36 Atay engendró a Natán, y Natán engendró a Zabad;

37 Zabad engendró a Eflal, Eflal engendró
a Obed;
38 Obed engendró a Jehú, Jehú engendró a
Azarías;
39 Azarías engendró a Heles, Heles engendró a Elasá;
40 Elasá engendró a Sismay, Sismay engendró a Salum;
41 Salum engendró a Jecamías, y Jecamías
engendró a Elisamá.

Caleb

42 Los hijos de Caleb hermano de Jerameel
fueron: Mesá su primogénito, que fue el
padre de Zif; y los hijos de Maresá padre de
Hebrón.
43 Y los hijos de Hebrón: Coré, Tapúa,
Réquem y Sema.
44 Sema engendró a Ráham padre de Jor-
queam, y Réquem engendró a Samay.
45 Maón fue hijo de Samay, y Maón padre
de Bet-sur.
46 Y Efá concubina de Caleb dio a luz a
Harán, a Mosá y a Gazez. Y Harán engendró a Gazez.
47 Los hijos de Jahday: Regem, Jotam,
Gesam, Félet, Efá y Sáaf.
48 Maacá concubina de Caleb dio a luz a
Séber y a Tirhaná.
49 También dio a luz a Sáaf padre de Madmaná y a Sevá padre de Macbena y padre de
Gibeá. Y Aesá fue hija de Caleb.

Hur

50 Estos fueron los hijos de Caleb. Los
hijos de Hur primogénito de Efratá: Sobal
padre de Quiryat-jearim,
51 Salmá padre de Belén, y Haref padre de
Bet-gader.
52 Y los hijos de Sobal padre de Quiryat-
jearim fueron Haroé, la mitad de los ma-
nahetitas.
53 Y las familias de Quiryat-jearim fueron
los itritas, los putíes, los sumatitas y los
misraítas, de los cuales salieron los zoratitas
y los estaolitas.
54 Los hijos de Salmá: Belén, y los netofatitas, Atrot-bet-joab, y la mitad de los ma-
nahetitas, los zoraítas.
55 Y las familias de los escribas que moraban en Jabés fueron los tirateos, los simea-
teos y los sucateos, los cuales son los ceneos
que vinieron de Hamat padre de la casa de
Recab.

Los hijos de David

3 Estos son los hijos de David que le
nacieron en Hebrón: Amnón el primogénito, de Ahinoam jizreelita; el segundo,
Daniel, de Abigail la de Carmel;

2 el tercero, Absalón hijo de Maacá, hija de Talmay rey de Gesur; el cuarto, Adonías hijo de Haguit;

3 el quinto, Sefatías, de Abital; el sexto, Itream, de Eglá su mujer.

4 Estos seis le nacieron en Hebrón, donde reinó siete años y seis meses; y en Jerusalén reinó treinta y tres años.

5 Estos cuatro le nacieron en Jerusalén: Simeá, Sobab, Natán y Salomón, hijos de Bat-súa hija de Amiel.

6 Y otros nueve: Ibhar, Elisamá, Elifélet,

7 Noga, Néfeg, Jafía,

8 Elisamá, Elyadá y Elifélet.

9 Todos éstos fueron los hijos de David, sin los hijos de las concubinas. Y Tamar fue hermana de ellos.

Descendientes de Salomón

10 Hijo de Salomón fue Roboam, cuyo hijo fue Abías, del cual fue hijo Asá, cuyo hijo fue Josafat,

11 de quien fue hijo Joram, cuyo hijo fue Ocozías, hijo del cual fue Joás,

12 del cual fue hijo Amasías, cuyo hijo fue Azarías, e hijo de éste, Jotam.

13 Hijo de éste fue Acaz, del que fue hijo Ezequías, cuyo hijo fue Manasés,

14 del cual fue hijo Amón, cuyo hijo fue Josías.

15 y los hijos de Josías: Johanán su primogénito, el segundo Joacim, el tercero Sedequías, el cuarto Salum.

16 Los hijos de Joacim: Jeconías su hijo, y Sedequías su hijo.

17 Y los hijos de Jeconías: Asir, Sealtiel,

18 Malquiram, Pedaías, Senazar, Jecamías, Hosamá y Nedabías.

19 Los hijos de Pedaías: Zorobabel y Simei. Y los hijos de Zorobabel: Mesulam, Hananías y Selomit su hermana;

20 y Hasubá, Ohel, Berequías, Hasadías y Jusab-hésed; cinco más.

21 Los hijos de Hananías: Pelatías y Jesaías; su hijo, Refaías; su hijo Arnán; su hijo, Abdías; su hijo, Secanías.

22 Hijos de Secanías: Semaías, Hatús, Igal, Barías, Nearías y Safat, seis.

23 Los hijos de Nearías fueron estos tres: Elyoenay, Ezequías y Azricam.

24 Los hijos de Elyoenay fueron estos siete: Hodavías, Elyasib, Pelaías, Acub, Johanán, Dalaías y Ananí.

Descendientes de Judá

4 Los hijos de Judá: Peres, Hezrón, Carmí, Hur y Sobal.

2 Reaías hijo de Sobal engendró a Jáhat, y Jáhat engendró a Ahumay y a Lahad. Éstas son las familias de los zoratitas.

3 Y estas son las del padre de Etam: Jizreel, Ismá e Ibdás. Y el nombre de su hermana fue Hazlelponí.

4 Penuel fue padre de Gedor, y Ézer padre de Husá. Estos fueron los hijos de Hur primogénito de Efratá, padre de Belén.

5 Asur padre de Técoa tuvo dos mujeres, Helá y Naará.

6 Y Naará dio a luz a Ahuzam, Héfer, Temení y Ahastarí. Éstos fueron los hijos de Naará.

7 Los hijos de Helá: Zéret, Jezóar y Etnán.

8 Cos engendró a Anub, a Azobebá, y la familia de Aharhel hijo de Harum.

9 Y Jabés fue más ilustre que sus hermanos, al cual su madre llamó Jabés, diciendo: Por cuanto lo di a luz en dolor.

10 E invocó Jabés al Dios de Israel, diciendo: ¡Oh, si me dieras bendición, y ensancharas mi territorio; y si tu mano estuviera conmigo, y me libraras de mal, para que no me dañe! Y le otorgó Dios lo que pidió.

11 Quelub hermano de Suá, engendró a Mehir, el cual fue padre de Estón.

12 Y Estón engendró a Bet-rafá, a Paséah, y a Tehiná padre de la ciudad de Nahás; éstos son los varones de Recá.

13 Los hijos de Cenaz: Otoniel y Seraías. Los hijos de Otoniel: Hatat,

14 y Meonotay, el cual engendró a Ofrá. Y Seraías engendró a Joab, padre de los habitantes del valle de Harasim, porque fueron artífices.

15 Los hijos de Caleb hijo de Jefuné: Iru, Elá y Náam; e hijo de Elá fue Cenaz.

16 Los hijos de Jehalelel: Zif, Zifá, Tiryá y Asareel.

17 Y los hijos de Ezrá: Jéter, Méred, Éfer y Jalón; también engendró a Miryam, a Samay y a Isbá padre de Estemoa.

18 Y su mujer Jehudaía dio a luz a Jéred padre de Gedor, a Héber padre de Socó y a Jecutiel padre de Zanoa. Éstos fueron los hijos de Bityá hija de Faraón, con la cual casó Méred.

19 Y los hijos de la mujer de Odías, hermana de Náham, fueron el padre de Keliá garmita, y Estemoa maacateo.

20 Los hijos de Simón: Amnón, Riná, Benhanán y Tilón. Y los hijos de Isí: Zohet y Benzohet.

21 Los hijos de Selá hijo de Judá: Er padre de Lecá, y Laadá padre de Maresá, y las familias de los que trabajan lino en Betasbea;

22 y Joacim; y los varones de Cozebá, Joás y Saraf, los cuales dominaron en Moab y volvieron a Láhem, según registros antiguos.

23 Éstos eran alfareros, y moraban en medio de plantíos y cercados; moraban allí con el rey, ocupados en su servicio.

Descendientes de Simeón

24 Los hijos de Simeón: Nemuel, Jamín, Jarib, Zera, Saúl,
25 y Salum su hijo, Mibsam su hijo y Mismá su hijo.
26 Los hijos de Mismá: Hamuel su hijo, Zacur su hijo, y Simeí su hijo.
27 Los hijos de Simeí fueron dieciséis, y seis hijas; pero sus hermanos no tuvieron muchos hijos, ni multiplicaron toda su familia como los hijos de Judá.
28 Y habitaron en Beerseba, Moladá, Hazar-sual,
29 Bilhá, Ézem, Tolad,
30 Betuel, Hormá, Siclag,
31 Bet-marcabot, Hazar-susim, Betbirí y Saaráyim. Éstas fueron sus ciudades hasta el reinado de David.
32 Y sus aldeas fueron Etam, Ayin, Rimón, Toquén y Asán; cinco pueblos,
33 y todas sus aldeas que estaban en torno a estas ciudades hasta Baal. Ésta fue su habitación, y ésta su descendencia.
34 Y Mesobab, Jamlec, Josías hijo de Amasías,
35 Joel, Jehú hijo de Josibías, hijo de Seraías, hijo de Asiel,
36 Elyoenay, Jaacobá, Jesohaía, Asaías, Adiel, Jesimiel, Benaía,
37 y Zizá hijo de Sifi, hijo de Alón, hijo de Jedaías, hijo de Simrí, hijo de Semaías.
38 Éstos, por sus nombres, son los principales entre sus familias; y las casas de sus padres fueron multiplicadas en gran manera.
39 Y llegaron hasta la entrada de Gedor hasta el oriente del valle, buscando pastos para sus ganados.
40 Y hallaron gruesos y buenos pastos, y tierra ancha y espaciosa, quieta y reposada, porque los de Cam la habitaban antes.
41 Y estos que han sido escritos por sus nombres, vinieron en días de Ezequías rey de Judá, y desbarataron sus tiendas y cabañas que allí hallaron, y los destruyeron hasta hoy, y habitaron allí en lugar de ellos; por cuanto había allí pastos para sus ganados.
42 Asimismo quinientos hombres de ellos, de los hijos de Simeón, fueron al monte de Seír, llevando por capitanes a Pelatías, Nearías, Refaías y Uziel, hijos de Isí,
43 y destruyeron a los que habían quedado de Amalec, y habitaron allí hasta hoy.

Descendientes de Rubén

5 Los hijos de Rubén primogénito de Israel (porque él era el primogénito, mas como violó el lecho de su padre, sus derechos de primogenitura fueron dados a los hijos de José, hijo de Israel, y no fue contado por primogénito;

2 bien que Judá llegó a ser el mayor sobre sus hermanos, y el príncipe de ellos; mas el derecho de primogenitura fue de José);
3 fueron, pues, los hijos de Rubén primogénito de Israel: Hanoc, Falú, Hezrón y Carmí.
4 Los hijos de Joel: Semaías su hijo, Gog su hijo, Simeí su hijo.
5 Micá su hijo, Reaía su hijo, Báal su hijo,
6 Beerá su hijo, el cual fue transportado por Tilgat-pilneser rey de los asirios. Éste era jefe de los rubenitas.
7 Y sus hermanos por sus familias, cuando eran contados en sus descendencias, tenían por príncipes a Jeiel y a Zacarías.
8 Y Belá hijo de Azaz, hijo de Sema, hijo de Joel, habitó en Aroer hasta Nebó y Baal-meón.
9 Habitó también desde el oriente hasta la entrada del desierto, desde el río Éufrates; porque tenía mucho ganado en la tierra de Galaad.
10 Y en los días de Saúl hicieron guerra contra los agarenos, los cuales cayeron en sus manos; y ellos habitaron en sus tiendas en toda la región oriental de Galaad.

Descendientes de Gad

11 Y los hijos de Gad habitaron enfrente de ellos en la tierra de Basán hasta Salcá.
12 Joel fue el principal en Basán; el segundo Safán, luego Jaanay, después Safat.
13 Y sus hermanos, según las familias de sus padres, fueron Miguel, Mesulam, Seba, Joray, Jacán, Zía y Héber; por todos, siete.
14 Éstos fueron los hijos de Abihávil hijo de Hurí, hijo de Jaroa, hijo de Galaad, hijo de Miguel, hijo de Jesisay, hijo de Jahdó, hijo de Buz.
15 También Ahí hijo de Abdiel, hijo de Guní, fue principal en la casa de sus padres.
16 Y habitaron en Galaad, en Basán y en sus aldeas, y en todos los ejidos de Sarón hasta sobrepasar sus confines.
17 Todos éstos fueron contados por sus generaciones en días de Jotam rey de Judá y en días de Jeroboam rey de Israel.

Historia de las dos tribus y media

18 Los hijos de Rubén y de Gad, y la media tribu de Manasés, hombres valientes, que traían escudo y espada, que entesaban arco, y diestros en la guerra, eran cuarenta y cuatro mil setecientos sesenta, entrenados para la guerra.
19 Éstos lucharon contra los agarenos, contra Jetur, Nafis y Nodab.
20 Y Dios les ayudó contra ellos, y los agarenos y todos los que con ellos estaban se rindieron en sus manos; porque clamaron a Dios en la guerra, y les fue favorable, porque esperaron en él.

21 Y tomaron sus ganados, cincuenta mil camellos, doscientas cincuenta mil ovejas y dos mil asnos; y cien mil personas.

22 Y cayeron muchos muertos, porque la guerra era de Dios; y habitaron en sus lugares hasta el cautiverio.

23 Los hijos de la media tribu de Manasés, multiplicados en gran manera, habitaron en la tierra desde Basán hasta Baal-hermón y Senir y el monte de Hermón.

24 Y estos fueron los jefes de las casas de sus padres: Éfer, Isí, Eliel, Azriel, Jeremías, Hodavías y Jahdiel, hombres valientes y esforzados, varones de nombre y jefes de las casas de sus padres.

25 Pero se rebelaron contra el Dios de sus padres, y se prostituyeron siguiendo a los dioses de los pueblos de la tierra, a los cuales Jehová había quitado de delante de ellos;

26 por lo cual el Dios de Israel excitó el espíritu de Pul rey de los asirios, y el espíritu de Tilgat-pilneser rey de los asirios, el cual transportó a los rubenitas y gaditas y a la media tribu de Manasés, y los llevó a Halah, a Habor, a Hará y al río Gozán, hasta hoy.

Descendientes de Leví

6 Los hijos de Leví: Gersón, Coat y Merarí.

2 Los hijos de Coat: Amram, Izhar, Hebrón y Uziel.

3 Los hijos de Amram: Aarón, Moisés y María. Los hijos de Aarón: Nadab, Abiú, Eleazar e Itamar.

4 Eleazar engendró a Finees, Finees engendró a Abisúa,

5 Abisúa engendró a Buquí, Buquí engendró a Uzí,

6 Uzí engendró a Zerahías, Zerahías engendró a Merayot,

7 Merayot engendró a Amarías, Amarías engendró a Ahitub,

8 Ahitub engendró a Sadoc, Sadoc engendró a Ahimaas,

9 Ahimaas engendró a Azarías, Azarías engendró a Johanán,

10 y Johanán engendró a Azarías, el que tuvo el sacerdocio en la casa que Salomón edificó en Jerusalén.

11 Azarías engendró a Amarías, Amarías engendró a Ahitub,

12 Ahitub engendró a Sadoc, Sadoc engendró a Azarías,

13 Salum engendró a Hilcías, Hilcías engendró a Azarías,

14 Azarías engendró a Seraías, y Seraías engendró a Josadac,

15 y Josadac fue llevado cautivo cuando Jehová transportó a Judá y a Jerusalén por mano de Nabucodonosor.

16 Los hijos de Leví: Gersón, Coat y Merarí.

17 Y estos son los nombres de los hijos de Gersón: Libni y Simeí.

18 Los hijos de Coat: Amram, Izhar, Hebrón y Uziel.

19 Los hijos de Merarí: Mahlí y Musí. Estas son las familias de Leví, según sus descendencias.

20 Gersón: Libni su hijo, Jáhat su hijo, Zimá su hijo,

21 Joa su hijo, Iddó su hijo, Zera su hijo, Jeatray su hijo.

22 Los hijos de Coat: Aminadab su hijo, Coré su hijo, Asir su hijo,

23 Elcaná su hijo, Ebyasaf su hijo, Asir su hijo,

24 Táhat su hijo, Uriel su hijo, Uzías su hijo, y Saúl su hijo.

25 Los hijos de Elcaná: Amasay y Ahimot;

26 Elcaná su hijo, Zofay su hijo, Náhat su hijo.

27 Eliab su hijo, Jeroham su hijo, Elcaná su hijo.

28 Los hijos de Samuel: el primogénito Vasní, y Abías.

29 Los hijos de Merarí: Mahlí, Libni su hijo, Simeí su hijo, Uzá su hijo,

30 Simeá su hijo, Haguía su hijo, Asaías su hijo.

31 Éstos son los que David puso sobre el servicio de canto en la casa de Jehová, después que el arca tuvo reposo,

32 los cuales servían delante de la tienda del tabernáculo de reunión en el canto, hasta que Salomón edificó la casa de Jehová en Jerusalén; después estuvieron en su ministerio según su costumbre.

33 Éstos, pues, con sus hijos, ayudaban: de los hijos de Coat, el cantor Hemán hijo de Joel, hijo de Samuel,

34 hijo de Elcaná, hijo de Jeroham, hijo de Eliel, hijo de Toa,

35 hijo de Zuf, hijo de Elcaná, hijo de Máhat, hijo de Amasay,

36 hijo de Elcaná, hijo de Joel, hijo de Azarías, hijo de Sofonías,

37 hijo de Táhat, hijo de Asir, hijo de Ebyasaf, hijo de Coré,

38 hijo de Izhar, hijo de Coat, hijo de Leví, hijo de Israel;

39 y su hermano Asaf, el cual asistía a su mano derecha; Asaf, hijo de Berequías, hijo de Simeá,

40 hijo de Miguel, hijo de Baasías, hijo de Malquías,

41 hijo de Etní, hijo de Zera, hijo de Adaía,

42 hijo de Etán, hijo de Zimá, hijo de Simeí,

43 hijo de Jáhat, hijo de Gersón, hijo de Leví.

44 Pero a la mano izquierda asistían sus hermanos los hijos de Merarí, esto es, Etán

hijo de Quisí, hijo de Abdí, hijo de Maluc,
45 hijo de Hasabías, hijo de Amasías, hijo
de Hilcías,
46 hijo de Amsí, hijo de Baní, hijo de
Sémer,
47 hijo de Mahlí, hijo de Musí, hijo de
Merarí, hijo de Leví.
48 Y sus hermanos los levitas fueron puestos sobre todo el ministerio del tabernáculo
de la casa de Dios.
49 Mas Aarón y sus hijos ofrecían sacrificios sobre el altar del holocausto, y sobre el
altar del perfume quemaban incienso, y
ministraban en toda la obra del lugar santísimo, y hacían las expiaciones por Israel
conforme a todo lo que Moisés siervo de
Dios había mandado.
50 Los hijos de Aarón son estos: Eleazar su
hijo, Fineés su hijo, Abisúa su hijo,
51 Buquí su hijo, Uzí su hijo, Zeraías su
hijo,
52 Merayot su hijo, Amarías su hijo, Ahitub su hijo,
53 Sadoc su hijo, Ahimaas su hijo.

Las ciudades de los levitas

54 Estas son sus residencias, conforme a sus
domicilios y términos, las de los hijos de
Aarón por las familias de los queatitas,
porque a ellos les tocó en suerte.
55 Les dieron, pues, Hebrón en tierra de
Judá, y sus ejidos alrededor de ella.
56 Pero el territorio de la ciudad y sus
aldeas se dieron a Caleb, hijo de Jefuné.
57 De Judá dieron a los hijos de Aarón la
ciudad de refugio, esto es, Hebrón; además,
Libná con sus ejidos, Jatir, Estemoa con sus
ejidos,
58 Hilén con sus ejidos, Debir con sus
ejidos.
59 Asán con sus ejidos y Bet-semes con sus
ejidos.
60 Y de la tribu de Benjamín, Geba con sus
ejidos, Alémet con sus ejidos y Anatot con
sus ejidos. Todas sus ciudades fueron trece
ciudades, repartidas por sus linajes.
61 A los hijos de Coat que quedaron de su
parentela, dieron por suerte diez ciudades
de la media tribu de Manasés.
62 A los hijos de Gersón, por sus linajes,
dieron de la tribu de Isacar, de la tribu de
Aser, de la tribu de Neftalí y de la tribu de
Manasés en Basán, trece ciudades.
63 Y a los hijos de Merarí, por sus linajes,
de la tribu de Rubén, de la tribu de Gad y de
la tribu de Zabulón, dieron por suerte doce
ciudades.
64 Y los hijos de Israel dieron a los levitas
ciudades con sus ejidos.
65 Dieron por suerte de la tribu de los hijos
de Judá, de la tribu de los hijos de Simeón y

de la tribu de los hijos de Benjamín, las
ciudades que nombraron por sus nombres.
66 A las familias de los hijos de Coat dieron
ciudades con sus ejidos de la tribu de Efraín.
67 Les dieron la ciudad de refugio, Siquem
con sus ejidos en el monte de Efraín; además, Gézer con sus ejidos,
68 Jocmeam con sus ejidos, Bet-horón con
sus ejidos,
69 Ajalón con sus ejidos y Gat-rimón con
sus ejidos.
70 De la media tribu de Manasés, Aner con
sus ejidos y Bileam con sus ejidos, para los
de las familias de los hijos de Coat que
habían quedado.
71 A los hijos de Gersón dieron de la media
tribu de Manasés, Golán en Basán con sus
ejidos y Astarot con sus ejidos.
72 De la tribu de Isacar, Quedes con sus
ejidos, Dobrat con sus ejidos,
73 Ramot con sus ejidos y Anem con sus
ejidos.
74 De la tribu de Aser, Masal con sus
ejidos, Abdón con sus ejidos,
75 Hucoc con sus ejidos y Rehob con sus
ejidos.
76 De la tribu de Neftalí, Quedes en Galilea con sus ejidos, Hamón con sus ejidos y
Quiryatáyim con sus ejidos.
77 A los hijos de Merarí que habían quedado, dieron de la tribu de Zabulón, Rimón
con sus ejidos y Tabor con sus ejidos.
78 Del otro lado del Jordán frente a Jericó,
al oriente del Jordán, dieron de la tribu de
Rubén, Béser en el desierto con sus ejidos,
Jaza con sus ejidos,
79 Cademot con sus ejidos y Mefaat con sus
ejidos.
80 Y de la tribu de Gad, Ramot de Galaad
con sus ejidos, Mahanáyim con sus ejidos,
81 Hesbón con sus ejidos y Jazer con sus
ejidos.

Descendientes de Isacar

7 Los hijos de Isacar fueron cuatro: Tolá,
Fuvá, Jasub y Simrón.
2 Los hijos de Tolá: Uzí, Refaías, Jeriel,
Jahmay, Jibsam y Semuel, jefes de las familias de sus padres. De Tolá fueron contados
por sus linajes en el tiempo de David, veintidós mil seiscientos hombres muy valerosos.
3 Hijo de Uzí fue Israhías; y los hijos de
Israhías: Miguel, Obadías, Joel e Isías; en
total, cinco príncipes.
4 Y había con ellos en sus linajes, por las
familias de sus padres, treinta y seis mil
hombres de guerra; porque tuvieron muchas mujeres e hijos.
5 Y sus hermanos por todas las familias de
Isacar, contados todos por sus genealogías,
eran ochenta y siete mil hombres valientes
en extremo.

Descendientes de Benjamín

6 Los hijos de Benjamín fueron tres: Bela, Béquer y Jediael.

7 Los hijos de Bela: Ezbón, Uzí, Uziel, Jerimot e Irí; cinco jefes de casas paternas, hombres de gran valor, y de cuya descendencia fueron contados veintidós mil treinta y cuatro.

8 Los hijos de Béquer: Zemirá, Joás, Eliezer, Elyoenay, Omrí, Jeremot, Abías, Anatot y Álamet; todos éstos fueron hijos de Béquer.

9 Y contados por sus descendencias, por sus linajes, los que eran jefes de familias resultaron veinte mil doscientos hombres de gran esfuerzo.

10 Hijo de Jediael fue Bilhán; y los hijos deBilhán: Jeús, Benjamín, Eúd, Quenaaná, Zetán, Tarsis y Ahisáhar.

11 Todos éstos fueron hijos de Jediael, jefes de familias, hombres muy valerosos, diecisiete mil doscientos que salían a combatir en la guerra.

12 Supim y Hupim fueron hijos de Hir; y Husim, hijo de Aher.

Descendientes de Neftalí

13 Los hijos de Neftalí: Jahzeel, Guní, Jézer y Salum, hijos de Bilhá.

Descendientes de Manasés

14 Los hijos de Manasés: Asriel, al cual dio a luz su concubina la siria, la cual también dio a luz a Maquir padre de Galaad.

15 Y Maquir tomó mujer de Hupim y Supim, cuya hermana tuvo por nombre Maacá; y el nombre del segundo fue Zelofehad. Y Zelofehad tuvo hijas.

16 Y Maacá mujer de Maquir dio a luz un hijo, y lo llamó Peres; y el nombre de su hermano fue Seres, cuyos hijos fueron Ulam y Réquem.

17 Hijo de Ulam fue Bedán. Éstos fueron los hijos de Galaad, hijo de Maquir, hijo de Manasés.

18 Y su hermana Hamoléquet dio a luz a Isod, Abiezer y Mahalá.

19 Y los hijos de Semidá fueron Ahián, Siquem, Likhí y Aniam.

Descendientes de Efraín

20 Los hijos de Efraín: Sutela, Bered su hijo, Eladá su hijo, Táhat su hijo,

21 Zabad su hijo, Sutela su hijo, Ezer y Elad. Mas los hijos de Gat, naturales de aquella tierra, los mataron, porque vinieron a tomarles sus ganados.

22 Y Efraín su padre hizo duelo por muchos días, y vinieron sus hermanos a consolarlo.

23 Después él se llegó a su mujer, y ella concibió y dio a luz un hijo, al cual puso por nombre Bería, por cuanto había estado en aflicción en su casa.

24 Y su hija fue Seerá, la cual edificó a Bethorón la baja y la alta, y a Uzén-seerá.

25 Hijo de este Bería fue Refa, y Résef, y Télah su hijo, y Tahán su hijo,

26 Laadán su hijo, Amiúd su hijo, Elisamá su hijo,

27 Nun su hijo, Josué su hijo.

28 Y la heredad y residencia de ellos fue Betel con sus aldeas; y hacia el oriente Naarán, y a la parte del occidente Gézer y sus aldeas; asimismo Siquem con sus aldeas, hasta Ajá y sus aldeas;

29 y junto al territorio de los hijos de Manasés, Bet-seán con sus aldeas, Taanac con sus aldeas, Meguidó con sus aldeas, y Dor con sus aldeas. En estos lugares habitaron los hijos de José hijo de Israel.

Descendientes de Aser

30 Los hijos de Aser: Imná, Isvá, Isví, Beriá, y su hermana Sera.

31 Los hijos de Beriá: Héber, y Malquiel, el cual fue padre de Birzayit.

32 Y Héber engendró a Jaflet, Somer, Hotam, y Suá hermana de ellos.

33 Los hijos de Jaflet: Pasac, Bimhal y Asvat. Éstos fueron los hijos de Jaflet.

34 Y los hijos de Sémer: Ahí, Rohgá, Jehubá y Aram.

35 Los hijos de Hélem su hermano: Zofá, Imná, Seles y Amal.

36 Los hijos de Zofá: Súa, Harnéfer, Sual, Berí, Imrá,

37 Béser, Hod, Samá, Silsá, Itrán y Beerá.

38 Los hijos de Jéter: Jefuné, Pispá y Ará.

39 Y los hijos de Ulá: Ará, Haniel y Rezía.

40 Todos éstos fueron hijos de Aser, cabezas de familias paternas, gente escogida, esforzados guerreros, jefes de príncipes; y contados que fueron por sus linajes los que de entre ellos podían tomar las armas, su número fue de veintiséis mil hombres.

Descendientes de Benjamín

8 Benjamín engendró a Bela su primogénito, Asbel el segundo, Aherá el tercero,

2 Nohá el cuarto, y Rafá el quinto.

3 Y los hijos de Bela fueron Adar, Gerá, padre de Eúd,

4 Abisúa, Naamán, Ahoá,

5 Gerá, Sefufán e Hiram.

6 Y éstos son los hijos de Eúd, los jefes de casas paternas que habitaron en Geba y fueron transportados a Manáhat:

7 Naamán, Ahías y Gerá; éste los deportó, y engendró a Uzá y a Ahiúd.

8 Y Saharáyim engendró hijos en la provincia de Moab, después que dejó a Husim y a Baará que eran sus mujeres.

9 Engendró, pues, de Hodes su mujer a Jobad, Sibyá, Mesá, Malcam,

10 Jeúz, Saquías y Mirmá. Éstos son sus hijos, jefes de familias.

11 Mas de Husim engendró a Abitub y a Elpáal.

12 Y los hijos de Elpáal: Héber, Misam y Sémed (el cual edificó Onó, y Lod con sus aldeas),

13 Beriá también, y Sema, que fueron jefes de la familias de los moradores de Ajalón, los cuales echaron a los moradores de Gat.

14 Y Ahío, Sasac, Jeremot,

15 Zebadías, Arad, Áder,

16 Miguel, Ispá y Johá, hijos de Beriá.

17 Y Zebadías, Mesulam, Hizquí, Háber,

18 Ismeray, Jiziías y Jobab, hijos de Elpáal.

19 Y Jaquim, Zicrí, Zabdí,

20 Elyenay, Ziletay, Eliel,

21 Adaías, Beraías y Simrat, hijos de Simeí.

22 E Ispán, Héber, Eliel,

23 Abdón, Zicrí, Hanán,

24 Hananías, Elam, Anatotías,

25 Ifdías y Peniel, hijos de Sasac.

26 Y Samseray, Seharías, Atalías,

27 Jaresías, Elías y Zicrí, hijos de Jeroham.

28 Éstos fueron jefes principales de familias por sus linajes, y habitaron en Jerusalén.

29 Y en Gabaón habitaron Abigabaón, la mujer del cual se llamó Maacá,

30 y su hijo primogénito Abdón, y Zur, Cis, Báal, Nadab,

31 Gedor, Ahío y Zaquer.

32 Y Miclot engendró a Simeá. Éstos también habitaron con sus hermanos en Jerusalén, enfrente de ellos.

Saúl y su familia

33 Ner engendró a Cis, Cis engendró a Saúl, y Saúl engendró a Jonatán, Malquisúa, Abinadab y Es-báal.

34 Hijo de Jonatán fue Merib-báal, y Merib-báal engendró a Micá.

35 Los hijos de Micá: Pitón, Mélec, Tarea y Acaz.

36 Acaz engendró a Joadá, Joadá engendró a Alémet, Azmávet y Zimrí, y Zimrí engendró a Mosá.

37 Mosá engendró a Biná, hijo del cual fue Rafá, hijo del cual fue Elasá, cuyo hijo fue Azel.

38 Los hijos de Azel fueron seis, cuyos nombres son Azricam, Bocrú, Ismael, Searías, Obadías y Hanán; todos éstos fueron hijos de Azel.

39 Y los hijos de Ésec su hermano: Ulam su primogénito, Jehús el segundo, Elifélet el tercero.

40 Y fueron los hijos de Ulam hombres valientes y vigorosos, flecheros diestros, los cuales tuvieron muchos hijos y nietos, ciento cincuenta. Todos éstos eran descendientes de Benjamín.

Los que regresaron de Babilonia

9 Todos los israelitas estaban registrados por sus genealogías en el libro de los reyes de Israel y Judá cuando fueron deportados a Babilonia por sus infidelidades.

2 Los primeros moradores que volvieron a habitar en sus posesiones y ciudades fueron israelitas, sacerdotes, levitas y sirvientes del templo.

3 Habitaron en Jerusalén, de los hijos de Judá, de los hijos de Benjamín, de los hijos de Efraín y de Manasés:

4 Utay hijo de Amiúd, hijo de Omrí, hijo de Imrí, hijo de Baní, de los hijos de Peres hijo de Judá.

5 Y de los silonitas, Asaías el primogénito, y sus hijos.

6 De los hijos de Zera, Jeuel y sus hermanos, seiscientos noventa.

7 Y de los hijos de Benjamín: Salú hijo de Mesulam, hijo de Hodavías, hijo de Ascnuá,

8 Ibneías hijo de Jeroham, Elá hijo de de Uzí, hijo de Micrí, y Mesulam hijo de Sefatías, hijo de Reuel, hijo de Ibnías.

9 Y sus hermanos por sus linajes fueron novecientos cincuenta y seis. Todos estos hombres eran jefes de familia en sus casas paternas.

10 De los sacerdotes: Jedaías, Joyarib, Jaquín,

11 Azarías hijo de Hilcías, hijo de Mesulam, hijo de Sadoc, hijo de Merayot, hijo de Ahitub, príncipe de la casa de Dios;

12 Adaía hijo de Jeroham, hijo de Pasur, hijo de Malquías; Masay hijo de Adiel, hijo de Jazerá, hijo de Mesulam, hijo de Mesilemit, hijo de Imer,

13 y sus hermanos, jefes de sus casas paternas, en número de mil setecientos sesenta, hombres muy eficaces en la obra del ministerio en la casa de Dios.

14 De los levitas: Semaías hijo de Hasub, hijo de Azricam, hijo de Hasabías, de los hijos de Merarí,

15 Bacbacar, Heres, Galal, Matanías hijo de Micá, hijo de Zicrí, hijo de Asaf;

16 Obadías hijo de Semaías, hijo de Galal, hijo de Jedutún; y Berequías hijo de Asá, hijo de Elcaná, el cual habitó en las aldeas de los netofatitas.

17 Y los porteros: Salum, Acub, Talmón, Ahimán y sus hermanos. Salum era el jefe.

18 Hasta ahora entre las cuadrillas de los hijos de Leví han sido éstos los porteros en la puerta del rey que está al oriente.

19 Salum hijo de Coré, hijo de Ebyasaf, hijo de Coré, y sus hermanos los coreítas por la casa de su padre, tuvieron a su cargo la obra del ministerio, guardando las puertas del tabernáculo, como sus padres guardaron la entrada del campamento de Jehová.

20 Finees hijo de Eleazar había sido antiguamente jefe sobre ellos; y Jehová estaba con él.

21 Zacarías hijo de Meselemías era portero de la puerta del tabernáculo de reunión.

22 El total de los escogidos para porteros era doscientos doce cuando fueron contados por el orden de sus linajes en sus villas, a los cuales había constituido en su oficio David y Samuel el vidente.

23 Así ellos y sus hijos eran porteros por sus turnos a las puertas de la casa de Jehová, y de la casa del tabernáculo.

24 Y estaban los porteros a los cuatro lados: al oriente, al occidente, al norte y al sur.

25 Y sus hermanos que estaban en sus aldeas, venían cada siete días según su turno para estar con ellos.

26 Porque los cuatro levitas jefes de los porteros estaban siempre en funciones y tenían a su cargo la vigilancia de las cámaras y de los tesoros de la casa de Dios.

27 Éstos moraban alrededor de la casa de Dios, porque tenían el cargo de guardarla, y de abrirla todas las mañanas.

28 Algunos de éstos tenían a su cargo los utensilios para el ministerio, los cuales se metían por cuenta, y por cuenta se sacaban.

29 Y otros de ellos tenían el cargo de la vajilla, y de todos los utensilios del santuario, de la harina, del vino, del aceite, del incienso y de las especias.

30 Y algunos de los hijos de los sacerdotes hacían los perfumes aromáticos.

31 Matatías, uno de los levitas, primogénito de Salum coreíta, tenía a su cargo las cosas que se freían en sartén.

32 Y algunos de los hijos de Quéat, y de sus hermanos, tenían a su cargo los panes de la proposición, los cuales ponían por orden cada sábado.

33 También había cantores, jefes de familias de los levitas, los cuales moraban en las cámaras del templo, exentos de otros servicios, porque de día y de noche estaban en su ministerio musical.

34 Éstos eran, por sus linajes, cabezas de familia de los levitas, jefes de los que habitaban en Jerusalén.

Genealogía de Saúl

35 En Gabaón habitaba Jehiel padre de Gabaón, el nombre de cuya mujer era Maacá;

36 y su hijo primogénito Abdón, luego Zur, Cis, Báal, Ner, Nadab,

37 Gedor, Ahío, Zacarías y Miclot;

38 y Miclot engendró a Simeam. Éstos habitaban también en Jerusalén con sus hermanos enfrente de ellos.

39 Ner engendró a Cis, Cis engendró a Saúl, y Saúl engendró a Jonatán, Malquisúa, Abinadab y Es-báal.

40 Hijo de Jonatán fue Merib-báal, y Merib-báal engendró a Micá.

41 Y los hijos de Micá: Pitón, Mélec, Tarea y Acaz.

42 Acaz engendró a Jará, Jará engendró a Alémet, Azmávet y Zimrí, y Zimrí engendró a Mosá,

43 y Mosá engendró a Biná, cuyo hijo fue Refaías, del que fue hijo Elasá, cuyo hijo fue Azel.

44 Y Azel tuvo seis hijos, los nombres de los cuales son: Azricam, Bocrú, Ismael, Searías, Obadías y Hanán. Éstos fueron los hijos de Azel.

Muerte de Saúl y de sus hijos

10 Los filisteos pelearon contra Israel; y huyeron delante de ellos los israelitas, y cayeron heridos en el monte de Gilboa.

2 Y los filisteos siguieron a Saúl y a sus hijos, y mataron los filisteos a Jonatán, a Abinadab y a Malquisúa, hijos de Saúl.

3 Y arreciando la batalla contra Saúl, le alcanzaron los flecheros, y fue herido por los flecheros.

4 Entonces dijo Saúl a su escudero: Saca tu espada y traspásame con ella, no sea que vengan esos incircuncisos y hagan escarnio de mí; pero su escudero no quiso, porque tenía mucho miedo. Entonces Saúl tomó la espada y se echó sobre ella.

5 Cuando su escudero vio a Saúl muerto, él también se echó sobre su espada y se mató.

6 Así murieron Saúl y sus tres hijos; y toda su casa murió juntamente con él.

7 Y viendo todos los de Israel que habitaban en el valle, que habían huido y que Saúl y sus hijos habían muerto, dejaron sus ciudades y huyeron, y vinieron los filisteos y habitaron en ellas.

8 Sucedió al día siguiente, que al venir los filisteos a despojar a los muertos, hallaron a Saúl y a sus hijos tendidos en el monte de Gilboa.

9 Y luego que le despojaron, tomaron su cabeza y sus armas, y enviaron mensajeros por toda la tierra de los filisteos para dar las nuevas a sus ídolos y al pueblo.

10 Y pusieron sus armas en el templo de sus dioses, y colgaron la cabeza en el templo de Dagón.

11 Y oyendo todos los de Jabés de Galaad lo que los filisteos habían hecho de Saúl,

12 se levantaron todos los hombres valientes, y tomaron el cuerpo de Saúl y los cuerpos de sus hijos, y los trajeron a Jabés; y enterraron sus huesos debajo de una encina en Jabés, y ayunaron siete días.

13 Así murió Saúl por su rebelión con que prevaricó contra Jehová, contra la palabra de Jehová, la cual no guardó, y porque consultó a una adivina,

14 y no consultó a Jehová; por esta causa lo mató, y transfirió el reino a David hijo de Isay.

David es proclamado rey de Israel

11 Entonces todo Israel se juntó a David en Hebrón, diciendo: He aquí nosotros somos tu hueso y tu carne.

2 Ya de antes, mientras Saúl reinaba, tú eras quien sacaba a la guerra a Israel, y lo volvía a traer. También Jehová tu Dios te ha dicho: tú apacentarás a mi pueblo Israel, y tú serás príncipe sobre Israel mi pueblo.

3 Y vinieron todos los ancianos de Israel al rey en Hebrón, y David hizo con ellos pacto delante de Jehová; y ungieron a David por rey sobre Israel, conforme a la palabra de Jehová por medio de Samuel.

David toma la fortaleza de Sión

4 Entonces se fue David con todo Israel a Jerusalén, la cual es Jebús; y los jebuseos habitaban en aquella tierra.

5 Y los moradores de Jebús dijeron a David: No entrarás acá. Mas David tomó la fortaleza de Sión, que es la ciudad de David.

6 Y David había dicho: El que primero derrote a los jebuseos será cabeza y jefe. Entonces Joab hijo de Sarvia subió el primero, y fue hecho jefe.

7 Y David habitó en la fortaleza, y por esto la llamaron la Ciudad de David.

8 Y edificó la ciudad alrededor, desde Miló hasta el muro; y Joab reparó el resto de la ciudad.

9 Y David iba progresando y medrando, y Jehová de los ejércitos estaba con él.

Los valientes de David

10 He aquí los jefes de los valientes que David tuvo, y los que le ayudaron en su reino, con todo el pueblo, para hacerle rey sobre Israel, conforme a la palabra de Jehová.

11 Esta es la lista de los héroes que David tuvo: Jasobam hijo de Hacmoni, caudillo de los treinta, el cual blandió su lanza una vez contra trescientos, a los cuales mató.

12 Tras de éste estaba Eleazar hijo de Dodó, ahohíta, el cual era de los tres héroes.

13 Éste estuvo con David en Pasdamim, donde los filisteos se habían concentrado para la batalla; y había allí una parcela de tierra llena de cebada, y huyendo el pueblo delante de los filisteos,

14 se pusieron ellos en medio de la parcela y la defendieron, y vencieron a los filisteos, porque Jehová los favoreció con una gran victoria.

15 Y tres de los treinta principales descendieron a la peña a David, a la cueva de Adulam, estando el campamento de los filisteos en el valle de Refaím.

16 David estaba entonces en la fortaleza, y había entonces guarnición de los filisteos en Belén.

17 David deseó entonces, y dijo: ¡Quién me diera de beber de las aguas del pozo de Belén, que está a la puerta!

18 Y aquellos tres rompieron por el campamento de los filisteos, y sacaron agua del pozo de Belén, que está a la puerta, y la tomaron y la trajeron a David; mas él no la quiso beber, sino que la derramó para Jehová, y dijo:

19 Guárdeme mi Dios de hacer esto. ¿Había yo de beber la sangre y la vida de estos varones, que con peligro de sus vidas la han traído? Y no la quiso beber. Esto hicieron aquellos tres valientes.

20 Y Abisay, hermano de Joab, era jefe de los treinta, el cual blandió su lanza contra trescientos y los mató, y ganó renombre entre los tres.

21 Fue el más ilustre de los treinta, y fue el jefe de ellos, pero no igualó a los tres primeros.

22 Benaía hijo de Joyadá, hijo de un varón valiente de Cabseel, de grandes hazañas; él venció a los dos leones de Moab; también descendió y mató a un león en medio de un foso, en tiempo de nieve.

23 Él mismo venció a un egipcio, hombre de cinco codos de estatura; y el egipcio traía una lanza como un rodillo de tejedor, mas él descendió con un bastón, y arrebató al egipcio la lanza de la mano, y lo mató con su misma lanza.

24 Esto hizo Benaía hijo de Joyadá, y fue nombrado entre los tres valientes.

25 Y fue el más distinguido de los treinta, pero no igualó a los tres primeros. A éste puso David en su guardia personal.

26 Y los valientes de los ejércitos: Asael hermano de Joab, Elhanán hijo de Dodó de Belén,

27 Samot harodita, Heles pelonita;

28 Irá hijo de Iqués tecoíta, Abiézer anatotita,

29 Sibecay husatita, Ilay ahohíta,

30 Maharay netofatita, Héled hijo de Baaná netofatita,
31 Itay hijo de Ribay, de Gabaá de los hijos de Benjamín, Benaía piratonita,
32 Huray del río Gaás, Abiel arbatita,
33 Azmávet barhumita, Elyabá saalbonita,
34 los hijos de Hasem gizonita, Jonatán hijo de Sagé ararita,
35 Ahiam hijo de Sacar ararita, Elifal hijo de Ur,
36 Héfer mequeratita, Ahías pelonita,
37 Hezro carmelita, Naaray hijo de Ezbay.
38 Joel hermano de Natán, Mibhar hijo de Hagrí,
39 Sélec amonita, Naheray becrotita, escudero de Joab hijo de Sarvia,
40 Irá itrita, Gareb itrita,
41 Urías heteo, Zabad hijo de Ahlay,
42 Adiná hijo de Sizá rubenita, príncipe de los rubenitas, y con él treinta,
43 Hanán hijo de Maacá, Josafat mitnita,
44 Uzías astarotita, Sama y Jehiel hijos de Hotam aroerita,
45 Jediael hijo de Simrí, y Johá su hermano, tizita,
46 Eliel mahavita, Jeribay y Josavía hijos de Elnaam, Itmá moabita,
47 Eliel, Obed, y Jaasiel, de Sobá.

El ejército de David

12 Éstos son los que vinieron a David en Siclag, estando él aún encerrado por causa de Saúl hijo de Cis, y eran de los valientes que le ayudaron en la guerra.
2 Manejaban el arco lo mismo con la mano derecha que con la izquierda, y con ambas manos tiraban piedras con honda. De los hermanos de Saúl benjaminita,
3 el jefe era Ahiezer, después Joás, hijos de Semaá gabaatita; Jeziel y Pélet hijos de Azmávet; Beracá y Jehú anatotita,
4 Ismaías gabaonita, valiente entre los treinta, y más que los treinta; Jeremías, Jahaziel, Johanán, Jozabad gederatita,
5 Eluzay, Jerimot, Bealías, Semarías, Sefatías harufita,
6 Elcaná, Isías, Azareel, Joezer y Jasobam, coreítas,
7 y Joelá y Zebadías hijos de Jeroham de Gedor.
8 También de los de Gad huyeron y fueron a David, al lugar fuerte en el desierto, hombres de guerra muy valientes para pelear, diestros en escudo y pavés; sus rostros eran como rostros de leones, y eran ligeros como las gacelas sobre las montañas.
9 Ezer el primero, Obadías el segundo, Eliab el tercero,
10 Mismaná el cuarto, Irmeyá el quinto,
11 Atay el sexto, Eliel el séptimo,
12 Johanán el octavo, Elzabad el noveno,

13 Jeremías el décimo y Macbanay el undécimo.
14 Éstos fueron capitanes del ejército de los hijos de Gad. El menor tenía cargo de cien hombres, y el mayor de mil.
15 Éstos pasaron el Jordán en el mes primero, cuando se había desbordado por todas sus riberas; e hicieron huir a todos los de los valles al oriente y al poniente.
16 Asimismo algunos de los hijos de Benjamín y de Judá vinieron a David al lugar fuerte.
17 Y David salió a ellos, y les habló diciendo: Si habéis venido a mí para paz y para ayudarme, mi corazón irá a una con vosotros; mas si es para entregarme a mis enemigos, sin haber iniquidad en mis manos, véalo el Dios de nuestros padres, y lo demande.
18 Entonces el Espíritu vino sobre Amasay, jefe de los treinta, y dijo: Por ti, oh David, y contigo, oh hijo de Isay. Paz, paz contigo, y paz con tus ayudadores, pues también tu Dios te ayuda. Y David los recibió, y los puso entre los capitanes de la tropa.
19 También se pasaron a David algunos de Manasés, cuando vino con los filisteos a la batalla contra Saúl (pero David no les ayudó, porque los jefes de los filisteos, habido consejo, lo despidieron, diciendo: Con peligro de nuestras cabezas se pasará a su señor Saúl).
20 Así que viniendo él a Siclag, se pasaron a él de los de Manasés, Adná, Jozabad, Jediael, Miguel, Jozabad, Eliú y Ziletay, príncipes de millares de los de Manasés.
21 Éstos ayudaron a David contra la banda de merodeadores, pues todos ellos eran hombres valientes, y fueron capitanes en el ejército.
22 Porque entonces todos los días venía ayuda a David, hasta hacerse un gran ejército, como ejército de Dios.
23 Y este es el número de los principales que estaban listos para la guerra, y vinieron a David en Hebrón para transferirle el reino de Saúl, conforme a la palabra de Jehová:
24 De los hijos de Judá que traían escudo y lanza, seis mil ochocientos, listos para la guerra.
25 De los hijos de Simeón, siete mil cien hombres, valientes y esforzados para la guerra.
26 De los hijos de Leví, cuatro mil seiscientos;
27 asimismo Joyadá, príncipe de los del linaje de Aarón, y con él tres mil setecientos,
28 y Sadoc, joven valiente y esforzado, con veintidós de los principales de la casa de su padre.

29 De los hijos de Benjamín hermanos de Saúl, tres mil; porque hasta entonces muchos de ellos se mantenían fieles a la casa de Saúl.

30 De los hijos de Efraín, veinte mil ochocientos, muy valientes, varones ilustres en las casas de sus padres.

31 De la media tribu de Manasés, dieciocho mil, los cuales fueron escogidos por lista para venir a poner a David por rey.

32 De los hijos de Isacar, doscientos principales, duchos en discernir las oportunidades y saber lo que Israel debía hacer, cuyo dicho seguían todos sus hermanos.

33 De Zabulón, cincuenta mil, que salían a campaña prontos para la guerra, con toda clase de armas de guerra, dispuestos a pelear sin doblez de corazón.

34 De Neftalí, mil capitanes, y con ellos treinta y siete mil con escudo y lanza.

35 De los de Dan, dispuestos a pelear, veintiocho mil seiscientos.

36 De Aser, dispuestos para la guerra y preparados para pelear, cuarenta mil.

37 Y del otro lado del Jordán, de los rubenitas y gaditas y de la media tribu de Manasés, ciento veinte mil con toda clase de armas de guerra.

38 Todos estos hombres de guerra, dispuestos para guerrear, vinieron con corazón sincero a Hebrón, para poner a David por rey sobre todo Israel; asimismo todos los demás de Israel estaban de un mismo ánimo para poner a David por rey.

39 Y estuvieron allí con David tres días comiendo y bebiendo, porque sus hermanos habían preparado para ellos.

40 También los que les eran vecinos, y hasta Isacar y Zabulón y Neftalí, trajeron víveres en asnos, camellos, mulos y bueyes; provisión de harina, tortas de higos, pasas, vino y aceite, y bueyes y ovejas en abundancia, porque en Israel había alegría.

David propone trasladar el arca a Jerusalén

13 Entonces David tomó consejo con los capitanes de millares y de centenas, y con todos los jefes.

2 Y dijo David a toda la asamblea de Israel: Si os parece bien y si es la voluntad de Jehová nuestro Dios, enviaremos a todas partes por nuestros hermanos que han quedado en todas las tierras de Israel, y por los sacerdotes y levitas que están con ellos en sus ciudades y ejidos, para que se reúnan con nosotros;

3 y traigamos el arca de nuestro Dios a nosotros, porque desde el tiempo de Saúl no hemos hecho caso de ella.

4 Y dijo toda la asamblea que se hiciese así, porque la cosa parecía bien a todo el pueblo.

David intenta traer el arca

Entonces David reunió a todo Israel, desde Sihor de Egipto hasta la entrada de Hamat, para que trajesen el arca de Dios de Quiryat-jearim.

6 Y subió David con todo Israel a Baalá de Quiryat-jearim, que está en Judá, para pasar de allí el arca de Jehová Dios, que mora entre los querubines, sobre la cual su nombre es invocado.

7 Y llevaron el arca de Dios de la casa de Abinadab en un carro nuevo; y Uzá y Ahío guiaban el carro.

8 Y David y todo Israel se regocijaban delante de Dios con todas sus fuerzas, con cánticos, arpas, salterios, tamboriles, címbalos y trompetas.

9 Pero cuando llegaron a la era de Quidón, Uzá extendió su mano al arca para sostenerla, porque los bueyes tropezaban.

10 Y el furor de Jehová se encendió contra Uzá, y lo hirió, porque había extendido su mano al arca; y murió allí delante de Dios.

11 Y David tuvo pesar, porque Jehová había quebrantado a Uzá; por lo que llamó aquel lugar Pérez-Uzá, hasta hoy.

12 Y David temió a Dios aquel día, y dijo: ¿Cómo he de traer a mi casa el arca de Dios?

13 Y no trajo David el arca a su casa en la ciudad de David, sino que la llevó a casa de Obed-edom geteo.

14 Y el arca de Dios estuvo con la familia de Obed-edom, en su casa, tres meses; y bendijo Jehová la casa de Obed-edom, y todo lo que tenía.

Hiram envía embajadores a David

14 Hiram rey de Tiro envió a David embajadores, y madera de cedro, y albañiles y carpinteros, para que le edificasen una casa.

2 Y entendió David que Jehová lo había confirmado como rey sobre Israel, y que había exaltado su reino sobre su pueblo Israel.

Hijos de David nacidos en Jerusalén

3 Entonces David tomó también mujeres en Jerusalén, y engendró David más hijos e hijas.

4 Y estos son los nombres de los que le nacieron en Jerusalén: Samúa, Sobab, Natán, Salomón,

5 Ibhar, Elisúa, Elpálet,

6 Noga, Néfeg, Jafía,

7 Elisamá, Beelyadá y Elifélet.

8 Oyendo los filisteos que David había sido ungido rey sobre todo Israel, subieron todos los filisteos en busca de David. Y cuando David lo oyó, salió contra ellos.

9 Y vinieron los filisteos, y se extendieron por el valle de Refaím.

10 Entonces David consultó a Dios, diciendo: ¿Subiré contra los filisteos? ¿Los entregarás en mi mano? Y Jehová le dijo: Sube, porque yo los entregaré en tus manos.

11 Subieron, pues, a Baal-perazim, y allí los derrotó David. Dijo luego David: Dios rompió mis enemigos por mi mano, como se rompen las aguas. Por esto llamaron el nombre de aquel lugar Baal-perazim.

12 Y dejaron allí sus dioses, y David dijo que los quemasen.

13 Y volviendo los filisteos a extenderse por el valle,

14 David volvió a consultar a Dios, y Dios le dijo: No subas tras ellos, sino rodéalos, para venir a ellos por delante de las balsameras.

15 Y así que oigas venir un estruendo por las copas de las balsameras, sal luego a la batalla, porque Dios saldrá delante de ti y herirá el ejército de los filisteos.

16 Hizo, pues, David como Dios le mandó, y derrotaron al ejército de los filisteos desde Gabaón hasta Gézer.

17 Y la fama de David fue divulgada por todas aquellas tierras; y Jehová puso el temor de David sobre todas las naciones.

David trae el arca a Jerusalén

15 Hizo David también casas para sí en la ciudad de David, y arregló un lugar para el arca de Dios, y le levantó una tienda.

2 Entonces dijo David: El arca de Dios no debe ser llevada sino por los levitas; porque a ellos ha elegido Jehová para que lleven el arca de Jehová, y le sirvan perpetuamente.

3 Y congregó David a todo Israel en Jerusalén, para que pasasen el arca de Jehová a su lugar, el cual le había él preparado.

4 Reunió también David a los hijos de Aarón y a los levitas;

5 de los hijos de Coat, Uriel el principal, y sus hermanos, ciento veinte.

6 De los hijos de Merarí, Asaías el principal, y sus hermanos, doscientos veinte.

7 De los hijos de Gersón, Joel el principal, y sus hermanos, ciento treinta.

8 De los hijos de Elizafán, Semaías el principal, y sus hermanos, doscientos.

9 De los hijos de Hebrón, Eliel el principal, y sus hermanos, ochenta.

10 De los hijos de Uziel, Aminadab el principal, y sus hermanos, ciento doce.

11 Y llamó David a los sacerdotes Sadoc y Abiatar, y a los levitas Uriel, Asaías, Joel, Semaías, Eliel y Aminadab,

12 y les dijo: Vosotros que sois los principales padres de las familias de los levitas, santificaos, vosotros y vuestros hermanos, y pasad el arca de Jehová Dios de Israel al lugar que le he preparado;

13 pues por no haberlo hecho así vosotros la primera vez, Jehová nuestro Dios nos quebrantó por cuanto no le buscamos según su ordenanza.

14 Así los sacerdotes y los levitas se santificaron para traer el arca de Jehová Dios de Israel.

15 Y los hijos de los levitas trajeron el arca de Dios puesta sobre sus hombros en las barras, como lo había mandado Moisés, conforme a la palabra de Jehová.

16 Asimismo dijo David a los principales de los levitas, que designasen de sus hermanos a cantores con instrumentos de música, con salterios y arpas y címbalos, que resonasen y alzasen la voz con alegría.

17 Y los levitas designaron a Hemán hijo de Joel; y de sus hermanos, a Asaf hijo de Berequías; y de los hijos de Merarí y de sus hermanos, a Etán hijo de Cusaías.

18 Y con ellos a sus hermanos del segundo orden, a Zacarías, Jaaziel, Semiramot, Jehiel, Uní, Eliab, Benaía, Maasías, Matitías, Elifelehu, Micnías, Obed-edom y Jeiel, los porteros.

19 Así Hemán, Asaf y Etán, que eran cantores, hacían resonar címbalos de bronce.

20 Y Zacarías, Aziel, Semiramot, Jehiel, Uní, Eliab, Maasías y Benaía, con salterios sobre Alamot.

21 Matitías, Elifelehu, Micnías, Obed-edom, Jeiel y Azazías tenían cítaras afinadas de una octava para dar el tono en el canto.

22 Y Quenanías, principal de los levitas en la música, fue puesto para dirigir el canto, porque era entendido en ello.

23 Berequías y Elcaná eran porteros del arca.

24 Y Sebanías, Josafat, Natanael, Amasay, Zacarías, Benaía y Eliezer, sacerdotes, tocaban las trompetas delante del arca de Dios; Obed-edom y Jehías eran también porteros del arca.

Traslado del arca

25 David, pues, y los ancianos de Israel y los capitanes de millares, fueron a traer el arca del pacto de Jehová, de casa de Obed-edom, con alegría.

26 Y ayudando Dios a los levitas que llevaban el arca del pacto de Jehová, sacrificaron siete novillos y siete carneros.

27 Y David iba vestido de lino fino, y también todos los levitas que llevaban el arca, y asimismo los cantores; y Quenanías, que era maestro de canto entre los cantores. Llevaba también David sobre sí un efod de lino.

28 De esta manera llevaba todo Israel el
arca del pacto de Jehová, con júbilo y
sonido de bocinas y trompetas y címbalos, y
al son de salterios y cítaras.

29 Pero cuando el arca del pacto de Jehová
llegó a la ciudad de David, Mical, hija de
Saúl, mirando por una ventana, vio al rey
David que saltaba y danzaba; y lo menospreció en su corazón.

16 Así trajeron el arca de Dios, y la
pusieron en medio de la tienda que
David había levantado para ella; y ofrecieron holocaustos y sacrificios de paz delante
de Dios.

2 Y cuando David acabó de ofrecer el holocausto y los sacrificios de paz, bendijo al
pueblo en el nombre de Jehová.

3 Y repartió a todo Israel, así a hombres
como a mujeres, a cada uno una torta de
pan, una pieza de carne y una torta de pasas.

4 Y puso delante del arca de Jehová ministros de los levitas, para que recordasen,
confesasen y alabasen a Jehová Dios de
Israel:

5 Asaf el primero; el segundo después de
él, Zacarías; Jeiel, Semiramot, Jehiel, Matitías, Eliab, Benaía, Obed-edom y Jeiel, con
sus instrumentos de salterios y arpas; pero
Asaf hacía resonar los címbalos.

6 También los sacerdotes Benaía y Jahaziel
hacían resonar continuamente las trompetas delante del arca del pacto de Dios.

Salmo de acción de gracias de David

7 Aquel día, David, alabando el primero a
Jehová, entregó a Asaf y a sus hermanos
este canto:

8 Alabad a Jehová, invocad su nombre,
Dad a conocer en los pueblos sus obras.

9 Cantad a él, cantadle salmos;
Hablad de todas sus maravillas.

10 Gloriaos en su santo nombre;
Alégrese el corazón de los que buscan a
Jehová.

11 Buscad a Jehová y su poder;
Buscad su rostro continuamente.

12 Haced memoria de las maravillas que ha
hecho,
De sus prodigios, y de los juicios de su
boca,

13 Oh vosotros, hijos de Israel su siervo,
Hijos de Jacob, sus escogidos.

14 Jehová, él es nuestro Dios;
Sus juicios están en toda la tierra.

15 Él hace memoria de su pacto perpetuamente,
Y de la palabra que él mandó para mil
generaciones;

16 Del pacto que concertó con Abraham,
Y de su juramento a Isaac;

17 El cual confirmó a Jacob por estatuto,
Y a Israel por pacto sempiterno,

18 Diciendo: A ti daré la tierra de Canaán,
Porción de tu heredad.

19 Cuando ellos eran pocos en número,
Pocos y forasteros en ella,

20 Y andaban de nación en nación,
Y de un reino a otro pueblo,

21 No permitió que nadie los oprimiese;
Antes por amor de ellos castigó a los
reyes.

22 No toquéis, dijo, a mis ungidos,
Ni hagáis mal a mis profetas.

23 Cantad a Jehová toda la tierra,
Proclamad de día en día su salvación.

24 Cantad entre las gentes su gloria,
Y en todos los pueblos sus maravillas.

25 Porque grande es Jehová, y digno de
suprema alabanza,
Y de ser temido sobre todos los dioses.

26 Porque todos los dioses de los pueblos
son ídolos;
Mas Jehová hizo los cielos.

27 Alabanza y magnificencia delante de él;
Poder y alegría en su morada.

28 Tributad a Jehová, oh familias de los
pueblos,
Dad a Jehová gloria y poder.

29 Dad a Jehová la honra debida a su
nombre;
Traed ofrenda, y venid delante de él.
Postraos delante de Jehová en la hermosura de la santidad.

30 Temed en su presencia, toda la tierra;
El mundo será aún establecido, para
que no se conmueva.

31 Alégrense los cielos, y gócese la tierra,
Y digan en las naciones: Jehová reina.

32 Resuene el mar, y su plenitud;
Alégrese el campo, y todo lo que contiene.

33 Entonces cantarán los árboles de los
bosques delante de Jehová,
Porque viene a juzgar la tierra.

34 Aclamad a Jehová, porque él es bueno;
Porque su misericordia es eterna.

35 Y decid: Sálvanos, oh Dios, salvación
nuestra;
Recógenos, y líbranos de las naciones,
Para que confesemos tu santo nombre,
Y nos gloriemos en tus alabanzas.

36 Bendito sea Jehová Dios de Israel,
Por toda la eternidad.
Y dijo todo el pueblo, Amén, y alabó a
Jehová.

Los levitas encargados del arca

37 Y dejó allí, delante del arca del pacto de
Jehová, a Asaf y a sus hermanos, para que
ministrasen de continuo delante del arca,
cada cosa en su día;

38 y a Obed-edom y a sus sesenta y ocho
hermanos; y a Obed-edom hijo de Jedutún y
a Hosá como porteros.

39 Asimismo al sacerdote Sadoc, y a los sacerdotes sus hermanos, delante del tabernáculo de Jehová en el lugar alto que estaba en Gabaón,
40 para que sacrificasen continuamente, mañana y tarde, holocaustos a Jehová en el altar del holocausto, conforme a todo lo que está escrito en la ley de Jehová, que él prescribió a Israel;
41 y con ellos a Hemán, a Jedutún y a los otros escogidos declarados por sus nombres, para glorificar a Jehová, porque es eterna su misericordia.
42 Con ellos a Hemán y a Jedutún con trompetas y címbalos que hacían resonar, y con otros instrumentos para los cánticos de Dios. Los hijos de Jedutún eran porteros.
43 Luego, todo el pueblo se fue cada uno a su casa; y David se volvió para bendecir su casa.

Pacto de Dios con David

17 Aconteció que morando David en su casa, dijo David al profeta Natán: He aquí yo habito en casa de cedro, y el arca del pacto de Jehová debajo de cortinas.
2 Y Natán dijo a David: Haz todo lo que está en tu corazón, porque Dios está contigo.
3 En aquella misma noche vino palabra de Dios a Natán, diciendo:
4 Ve y di a David mi siervo: Así ha dicho Jehová: Tú no me edificarás casa en que habite.
5 Porque no he habitado en casa alguna desde el día que saqué a los hijos de Israel hasta hoy; antes estuve de tienda en tienda, y de tabernáculo en tabernáculo.
6 Por dondequiera que anduve con todo Israel, ¿he dicho a alguno de los jueces de Israel, a los cuales mandé que apacentasen a mi pueblo: Por qué no me edificáis una casa de cedro?
7 Por tanto, ahora dirás a mi siervo David: Así ha dicho Jehová de los ejércitos: Yo te tomé del redil, de detrás de las ovejas, para que fueses príncipe sobre mi pueblo Israel;
8 y he estado contigo en todo cuanto has andado, y he cortado a todos tus enemigos de delante de ti, y voy a hacerte un gran nombre, como el nombre de los grandes de la tierra.
9 Asimismo fijaré lugar para mi pueblo Israel, y lo plantaré allí para que habite en él y no sea más removido; ni los hijos de iniquidad lo consumirán más, como antes,
10 y desde el tiempo en que puse los jueces sobre mi pueblo Israel; mas humillaré a todos tus enemigos. Te hago saber, además, que Jehová te edificará casa.
11 Y cuando tus días sean cumplidos para irte con tus padres, levantaré descendencia

después de ti, a uno de entre tus hijos, y afirmaré su reino.
12 Él me edificará casa, y yo confirmaré su trono eternamente.
13 Yo le seré por padre, y él me será por hijo; y no quitaré de él mi misericordia, como la quité de aquél que fue antes de ti;
14 sino que lo confirmaré en mi casa y en mi reino eternamente, y su trono será firme para siempre.
15 Conforme a todas estas palabras, y conforme a toda esta visión, habló Natán a David.
16 Entró entonces el rey David y estuvo delante de Jehová, y dijo: Jehová Dios, ¿quién soy yo, y qué es mi casa, para que me hayas traído hasta aquí?
17 Y aun esto, oh Dios, te ha parecido poco, pues que has hablado de la casa de tu siervo para tiempo más lejano, y me has mirado como a un hombre excelente, oh Jehová Dios.
18 ¿Qué más puede añadir David pidiendo de ti para glorificar a tu siervo? Mas tú conoces a tu siervo.
19 Oh Jehová, por amor de tu siervo y según tu corazón, has hecho todas estas cosas tan grandes, para hacer notorias todas tus grandezas.
20 Jehová, no hay semejante a ti, ni hay Dios sino tú, según todas las cosas que hemos oído con nuestros oídos.
21 ¿Y qué pueblo hay en la tierra como tu pueblo Israel, a quien Dios haya ido a rescatar para darle renombre con grandezas y maravillas, echando a las naciones de delante de tu pueblo, que tú rescataste de Egipto?
22 Tú has constituido a tu pueblo Israel por pueblo tuyo para siempre; y tú, Jehová, has venido a ser su Dios.
23 Ahora, pues, Jehová, la palabra que has hablado acerca de tu siervo y de su casa, sea firme para siempre, y haz como has dicho.
24 Permanezca, pues, y sea engrandecido tu nombre para siempre, a fin de que se diga: Jehová de los ejércitos, Dios de Israel, es Dios para Israel. Y sea la casa de tu siervo David firme delante de ti.
25 Porque tú, Dios mío, revelaste al oído a tu siervo que le has de edificar casa; por eso ha hallado tu siervo motivo para orar delante de ti.
26 Ahora, pues, Jehová, tú eres el Dios que has hablado de tu siervo este bien;
27 y ahora te has dignado bendecir la casa de tu siervo, para que permanezca perpetuamente delante de ti; porque lo que tú, oh Jehová, bendices, será bendito para siempre.

David extiende sus dominios

18 Después de estas cosas aconteció que David derrotó a los filisteos, y los humilló, y tomó a Gat y sus villas de manos de los filisteos.

2 También derrotó a Moab, y los moabitas fueron sometidos a David, trayéndole tributo.

3 Asimismo derrotó David a Hadad-ézer rey de Sobá, en Hamat, cuando éste iba a asegurar su dominio sobre el río Éufrates.

4 Y le apresó David mil carros, siete mil de a caballo, y veinte mil hombres de a pie; y desjarretó David los caballos de todos los carros, excepto los de cien carros que dejó.

5 Y viniendo los sirios de Damasco en ayuda de Hadad-ézer rey de Sobá, David hirió de ellos veintidós mil hombres.

6 Y puso David guarnición en Siria de Damasco, y los sirios fueron sometidos a David, pagándole tributos; porque Jehová daba la victoria a David dondequiera que iba.

7 Tomó también David los escudos de oro que llevaban los siervos de Hadad-ézer, y los trajo a Jerusalén.

8 Asimismo de Tibhat y de Cun, ciudades de Hadad-ézer, tomó David muchísimo bronce, con el que Salomón hizo el estanque de bronce, las columnas y los utensilios de bronce.

9 Y oyendo Tou rey de Hamat que David había deshecho todo el ejército de Hadad-ézer rey de Sobá,

10 envió a Adoram su hijo al rey David, para saludarle y felicitarle por haber peleado con Hadad-ézer y haberle vencido; porque Tou tenía guerra contra Hadad-ézer. Le envió también toda clase de utensilios de oro, de plata y de bronce;

11 los cuales el rey David dedicó a Jehová, con la plata y el oro que había tomado de todas las naciones de Edom, de Moab, de los hijos de Amón, de los filisteos y de Amalec.

12 Además de esto, Abisay hijo de Sarvia destrozó en el valle de la Sal a dieciocho mil edomitas.

13 Y puso guarnición en Edóm, y todos los edomitas fueron sometidos a David; porque Jehová daba el triunfo a David dondequiera que iba.

Oficiales de David

14 Reinó David sobre todo Israel, y juzgaba con justicia a todo su pueblo.

15 Y Joab hijo de Sarvia era general del ejército, y Josafat hijo de Ahilud, canciller.

16 Sadoc hijo de Ahitub y Abimélec hijo de Abiatar eran sacerdotes, y Savsá, secretario.

17 Y Benaía hijo de Joyadá estaba sobre los cereteos y peleteos; y los hijos de David eran los príncipes cerca del rey.

Derrotas de amonitas y sirios

19 Después de estas cosas aconteció que murió Nahás rey de los hijos de Amón, y reinó en su lugar su hijo.

2 Y dijo David: Manifestaré misericordia con Hanún hijo de Nahás, porque también su padre me mostró misericordia. Así David envió embajadores que lo consolasen de la muerte de su padre. Pero cuando llegaron los siervos de David a la tierra de los hijos de Amón a Hanún, para consolarle,

3 los príncipes de los hijos de Amón dijeron a Hanún: ¿A tu parecer honra David a tu padre, que te ha enviado consoladores? ¿No vienen más bien sus siervos a ti para espiar, e inquirir, y reconocer la tierra?

4 Entonces Hanún tomó los siervos de David y los rapó, y les cortó los vestidos por la mitad, hasta las nalgas, y los despachó.

5 Se fueron luego, y cuando llegó a David la noticia sobre aquellos varones, él envió a recibirlos, porque estaban muy afrentados. El rey mandó que les dijeran: Estaos en Jericó hasta que os crezca la barba, y entonces volveréis.

6 Y viendo los hijos de Amón que se habían hecho odiosos a David, Hanún y los hijos de Amón enviaron mil talentos de plata para tomar a sueldo carros y gente de a caballo de Mesopotamia, de Siria, de Maacá y de Sobá.

7 Y tomaron a sueldo treinta y dos mil carros, y al rey de Maacá y a su ejército, los cuales vinieron y acamparon delante de Medebá. Y se juntaron también los hijos de Amón de sus ciudades, y vinieron a la guerra.

8 Oyéndolo David, envió a Joab con todo el ejército de los hombres valientes.

9 Y los hijos de Amón salieron, y ordenaron la batalla a la entrada de la ciudad; y los reyes que habían venido estaban aparte en el campo.

10 Y viendo Joab que el ataque contra él había sido dispuesto por el frente y por la retaguardia, escogió de los más aventajados que había en Israel, y con ellos ordenó su ejército contra los sirios.

11 Puso luego el resto de la gente en mano de Abisay su hermano, y los ordenó en batalla contra los amonitas.

12 Y dijo: Si los sirios resultan ser más fuertes que yo, tú me ayudarás; y si los amonitas son más fuertes que tú, yo te ayudaré.

13 Esfuérzate, y esforcémonos por nuestro pueblo, y por las ciudades de nuestro Dios; y haga Jehová lo que bien le parezca.

14 Entonces se acercó Joab y el pueblo que tenía consigo, para pelear contra los sirios; mas ellos huyeron delante de él.

15 Y los hijos de Amón, viendo que los sirios habían huido, huyeron también ellos delante de Abisay su hermano, y entraron en la ciudad. Entonces Joab volvió a Jerusalén.

16 Viendo los sirios que habían caído delante de Israel, enviaron embajadores, y trajeron a los sirios que estaban al otro lado del río, cuyo capitán era Sofac, general del ejército de Hadad-ézer.

17 Luego que fue dado aviso a David, reunió a todo Israel, y cruzando el Jordán vino a ellos, y ordenó batalla contra ellos. Y cuando David hubo ordenado su tropa contra ellos, pelearon contra él los sirios.

18 Mas el pueblo sirio huyó delante de Israel; y mató David de los sirios a siete mil hombres de los carros, y cuarenta mil hombres de a pie; asimismo mató a Sofac general del ejército.

19 Y viendo los siervos de Hadad-ézer que habían caído delante de Israel, concertaron paz con David, y le quedaron sometidos; y el pueblo sirio nunca más quiso ayudar a los hijos de Amón.

David captura a Rabá

20 Aconteció a la vuelta del año, en el tiempo en que suelen los reyes salir a la guerra, que Joab sacó las fuerzas del ejército, y destruyó la tierra de los hijos de Amón, y vino y sitió a Rabá. Mas David estaba en Jerusalén; y Joab batió a Rabá, y la destruyó.

2 Y tomó David la corona de encima de la cabeza del rey de Rabá, y la halló de peso de un talento de oro, y había en ella piedras preciosas; y fue puesta sobre la cabeza de David. Además de esto sacó de la ciudad un enorme botín.

3 Sacó también al pueblo que estaba en ella, y lo puso a trabajar con sierras, con trillos de hierro y con hachas. Lo mismo hizo David a todas las ciudades de los hijos de Amón. Y volvió David con todo el pueblo a Jerusalén.

4 Después de esto aconteció que se levantó guerra en Gézer contra los filisteos; y Sibecay husatita mató a Sipay, de los descendientes de los gigantes; y fueron humillados.

5 Volvió a levantarse guerra contra los filisteos; y Elhanán hijo de Jaír mató a Lahmí, hermano de Goliat geteo, el asta de cuya lanza era como un rodillo de telar.

6 Y volvió a haber guerra en Gat, donde había un hombre de gran estatura, el cual tenía seis dedos en pies y manos, veinticuatro en total; y era descendiente de los gigantes.

7 Este hombre injurió a Israel, pero lo mató Jonatán, hijo de Simeá hermano de David.

8 Éstos eran descendientes de los gigantes en Gat, los cuales cayeron por mano de David y de sus siervos.

David censa al pueblo

21 Pero Satanás se levantó contra Israel, e incitó a David a que hiciese censo de Israel.

2 Y dijo David a Joab y a los príncipes del pueblo: Id, haced censo de Israel desde Beerseba hasta Dan, e informadme sobre el número de ellos para que yo lo sepa.

3 Y dijo Joab: Añada Jehová a su pueblo cien veces más, rey señor mío; ¿no son todos éstos siervos de mi señor? ¿Para qué procura mi señor esto, que será para pecado a Israel?

4 Mas la orden del rey pudo más que Joab. Salió, por tanto, Joab, y recorrió todo Israel, y volvió a Jerusalén y dio la cuenta del número del pueblo a David.

5 Y había en todo Israel un millón cien mil capaces de manejar las armas, y de Judá cuatrocientos setenta mil hombres que manejaban espada.

6 Entre éstos no fueron contados los levitas, ni los hijos de Benjamín, porque la orden del rey era abominable a Joab.

7 Asimismo esto desagradó a Dios, y castigó a Israel.

8 Entonces dijo David a Dios: He pecado gravemente al hacer esto; te ruego que perdones la falta de tu siervo, porque he obrado muy neciamente.

9 Y habló Jehová a Gad, vidente de David, diciendo:

10 Ve y habla a David, y dile: Así ha dicho Jehová: Tres cosas te propongo; escoge de ellas una que yo haga contigo.

11 Y viniendo Gad a David, le dijo: Así ha dicho Jehová:

12 Escoge para ti: o tres años de hambre, o por tres meses ser derrotado delante de tus enemigos con la espada de tus adversarios, o por tres días la espada de Jehová, esto es, la peste en la tierra, y que el ángel de Jehová haga destrucción en todos los términos de Israel. Mira, pues, qué he de responder al que me ha enviado.

13 Entonces David dijo a Gad: Estoy en gran angustia. Ruego que yo caiga en la mano de Jehová, porque sus misericordias son muchas en extremo; pero que no caiga en manos de hombres.

14 Así Jehová envió una peste en Israel, y murieron de Israel setenta mil hombres.

15 Y envió Jehová el ángel a Jerusalén para destruirla; pero cuando él estaba destruyendo, miró Jehová y se arrepintió de aquel mal, y dijo al ángel que destruía: Basta ya; detén tu mano. El ángel de Jehová estaba junto a la era de Ornán jebuseo.

16 Y alzando David sus ojos, vio al ángel de

Jehová, que estaba entre el cielo y la tierra, con una espada desenvainada en su mano, extendida contra Jerusalén. Entonces David y los ancianos se postraron sobre sus rostros, cubiertos de cilicio.

17 Y dijo David a Dios: ¿No fui yo el que hizo contar el pueblo? Yo fui quien pequé, y ciertamente he hecho mal; pero estas ovejas, ¿qué han hecho? Jehová Dios mío, sea ahora tu mano contra mí, y contra la casa de mi padre, y no venga la peste sobre tu pueblo.

18 Y el ángel de Jehová ordenó a Gad que dijese a David que subiese y construyese un altar a Jehová en la era de Ornán jebuseo.

19 Entonces David subió, conforme a la palabra que Gad le había dicho en nombre de Jehová.

20 Y volviéndose Ornán, vio al ángel, por lo que se escondieron cuatro hijos suyos que con él estaban. Y Ornán trillaba el trigo.

21 Y viniendo David a Ornán, miró Ornán, y vio a David; y saliendo de la era, se postró en tierra ante David.

22 Entonces dijo David a Ornán: Dame este lugar de la era, para que edifique un altar a Jehová; dámelo por su justo precio, para que cese la mortandad en el pueblo.

23 Y Ornán respondió a David: Tómala para ti, y haga mi señor el rey lo que bien le parezca; y aun los bueyes daré para el holocausto, y los trillos para leña, y trigo para la ofrenda; yo lo doy todo.

24 Replicó el rey David a Ornán: No, quiero comprarla por su justo precio; porque no tomaré para Jehová lo que es tuyo, ni sacrificaré holocausto que nada me cueste.

25 Y dio David a Ornán por aquel lugar el peso de seiscientos siclos de oro.

26 Y edificó allí David un altar a Jehová, en el que ofreció holocaustos y ofrendas de paz, e invocó a Jehová, quien le respondió por fuego desde los cielos en el altar del holocausto.

27 Entonces Jehová ordenó al ángel que volviera su espada a la vaina.

El lugar para el templo

28 Viendo David que Jehová le había oído en la era de Ornán jebuseo, ofreció sacrificios allí.

29 Y el tabernáculo de Jehová que Moisés había hecho en el desierto, y el altar del holocausto, estaban entonces en el lugar alto de Gabaón;

30 pero David no se atrevía a ir allá a consultar a Dios, porque estaba atemorizado a causa de la espada del ángel de Jehová.

22 Y dijo David: Aquí estará la casa de Jehová Dios, y aquí el altar del holocausto para Israel.

Preparativos para el templo

2 Después mandó David que se reuniese a los extranjeros que había en la tierra de Israel, y señaló de entre ellos canteros que labrasen piedras para edificar la casa de Dios.

3 Asimismo preparó David mucho hierro para la clavazón de las puertas, y para las junturas; y mucho bronce sin pesarlo, y madera de cedro sin cuenta,

4 pues los sidonios y tirios habían traído a David abundancia de madera de cedro.

5 Porque se decía David: Salomón mi hijo es muchacho y de tierna edad, y la casa que se ha de edificar a Jehová ha de ser magnífica por excelencia, para renombre y honra en todas las tierras; ahora, pues, yo le preparé lo necesario. Y David, antes de su muerte, hizo preparativos en gran abundancia.

6 Llamó entonces David a Salomón su hijo, y le mandó que edificase casa a Jehová Dios de Israel.

7 Y dijo David a Salomón: Hijo mío, en mi corazón tuve el edificar templo al nombre de Jehová mi Dios.

8 Mas vino a mí palabra de Jehová, diciendo: Tú has derramado mucha sangre, y has hecho grandes guerras; no edificarás casa a mi nombre, porque has derramado mucha sangre en la tierra delante de mí.

9 He aquí te nacerá un hijo, el cual será varón de paz, porque yo le daré paz de todos sus enemigos en derredor; por tanto, su nombre será Salomón, y yo daré paz y reposo sobre Israel en sus días.

10 Él edificará casa a mi nombre, y él me será a mí por hijo, y yo le seré por padre; y afirmaré el trono de su reino sobre Israel para siempre.

11 Ahora, pues, hijo mío, Jehová esté contigo, y seas prosperado, y edifiques casa a Jehová tu Dios, como él ha dicho de ti.

12 Y Jehová te dé entendimiento y prudencia, para que cuando gobiernes a Israel, guardes la ley de Jehová tu Dios.

13 Entonces serás prosperado, si cuidas de poner por obra los estatutos y decretos que Jehová mandó a Moisés para Israel. Esfuérzate, pues, y cobra ánimo; no temas, ni desmayes.

14 He aquí, yo con grandes esfuerzos he preparado para la casa de Jehová cien mil talentos de oro, y un millón de talentos de plata, y bronce y hierro sin medida, porque es mucho. Asimismo he preparado madera y piedra, a lo cual tú añadirás.

15 Tú tienes contigo muchos obreros, canteros, albañiles, carpinteros, y todo hombre experto en toda obra.

16 Del oro, de la plata, del bronce y del hierro, no hay cuenta. Levántate, y manos a la obra; y Jehová esté contigo.

17 Asimismo mandó David a todos los principales de Israel que ayudasen a Salomón su hijo, diciendo:

18 ¿No está con vosotros Jehová vuestro Dios, el cual os ha dado paz por todas partes? Porque él ha entregado en mi mano a los moradores de la tierra, y la tierra ha sido sometida delante de Jehová, y delante de su pueblo.

19 Poned, pues, ahora vuestros corazones y vuestros ánimos en buscar a Jehová vuestro Dios; y levantaos, y edificad el santuario de Jehová Dios, para traer el arca del pacto de Jehová, y los utensilios consagrados a Dios, a la casa edificada al nombre de Jehová.

Distribución y deberes de los levitas

23 Siendo, pues, David ya viejo y lleno de días, hizo a Salomón su hijo rey sobre Israel.

2 Y juntando a todos los principales de Israel, y a los sacerdotes y levitas,

3 fueron contados los levitas de treinta años arriba; y fue el número de ellos por sus cabezas, contados uno por uno, treinta y ocho mil.

4 De éstos, veinticuatro mil para dirigir la obra de la casa de Jehová, y seis mil para gobernadores y jueces.

5 Además, cuatro mil porteros, y cuatro mil para alabar a Jehová, dijo David, con los instrumentos que he hecho para tributar alabanzas.

6 Y los repartió David en grupos conforme a los hijos de Leví: Gersón, Coat y Merarí.

7 Los hijos de Gersón: Laadán y Simeí.

8 Los hijos de Laadán, tres: Jehiel el primero, después Zetam y Joel.

9 Los hijos de Simeí, tres: Selomit, Haziel y Harán. Éstos fueron los jefes de las familias de Laadán.

10 Y los hijos de Simeí: Jáhat, Ziná, Jeús y Beriá. Estos cuatro fueron los hijos de Simeí.

11 Jáhat era el primero, y Ziná el segundo; pero Jeús y Beriá no tuvieron muchos hijos, por lo cual fueron contados como una familia.

12 Los hijos de Coat: Amram, Izhar, Hebrón y Uziel, ellos cuatro.

13 Los hijos de Amram: Aarón y Moisés. Y Aarón fue apartado para ser dedicado a las cosas más santas, él y sus hijos para siempre, para que quemasen incienso delante de Jehová, y le ministrasen y bendijesen en su nombre, para siempre.

14 Y los hijos de Moisés varón de Dios fueron contados en la tribu de Leví.

15 Los hijos de Moisés fueron Gersón y Eliezer.

16 Hijo de Gersón fue Sebuel el jefe.

17 E hijo de Eliezer fue Rehabías el jefe. Y Eliezer no tuvo otros hijos; mas los hijos de Rehabías fueron muchos.

18 Hijo de Izhar fue Selomit el jefe.

19 Los hijos de Hebrón: Jeriyías el jefe, Amarías el segundo, Jahaziel el tercero, y Jecamán el cuarto.

20 Los hijos de Uziel: Micá el jefe, e Isías el segundo.

21 Los hijos de Merarí: Mahlí y Musí. Los hijos de Mahlí: Eleazar y Cis.

22 Y murió Eleazar sin hijos; pero tuvo hijas, y los hijos de Cis, sus parientes, las tomaron por mujeres.

23 Los hijos de Musí: Mahlí, Éder y Jeremot, ellos tres.

24 Éstos son los hijos de Leví en las familias de sus padres, jefes de familia según el censo de ellos, contados por sus nombres, por sus cabezas, de veinte años arriba, los cuales trabajaban en el ministerio de la casa de Jehová.

25 Porque David dijo: Jehová Dios de Israel ha dado paz a su pueblo Israel, y él habitará en Jerusalén para siempre.

26 Y también los levitas no tendrán que llevar más el tabernáculo y todos los utensilios para su ministerio.

27 Así que, conforme a las postreras palabras de David, se hizo la cuenta de los hijos de Leví de veinte años arriba.

28 Y estaban bajo las órdenes de los hijos de Aarón para ministrar en la casa de Jehová, en los atrios, en las cámaras, y en la purificación de toda cosa santificada, y en la demás obra del ministerio de la casa de Dios.

29 Asimismo para los panes de la proposición, para la flor de harina para el sacrificio, para las hojuelas sin levadura, para lo preparado en sartén, para lo tostado, y para toda medida y cuenta;

30 y para asistir cada mañana todos los días a dar gracias y tributar alabanzas a Jehová, y asimismo por la tarde;

31 y para ofrecer todos los holocaustos a Jehová los sábados, lunas nuevas y fiestas solemnes, según su número y de acuerdo con su rito, continuamente delante de Jehová;

32 y para que tuviesen la guarda del tabernáculo de reunión, y la guarda del santuario, bajo las órdenes de los hijos de Aarón sus hermanos, en el ministerio de la casa de Jehová.

24 También los hijos de Aarón fueron distribuidos en grupos. Los hijos de Aarón: Nadab, Abiú, Eleazar e Itamar.

2 Mas como Nadab y Abiú murieron antes que su padre, y no tuvieron hijos, Eleazar e Itamar ejercieron el sacerdocio.

3 Y David, con Sadoc de los hijos de Eleazar, y Ahimélec de los hijos de Itamar, los repartió por sus turnos en el ministerio.

4 Y de los hijos de Eleazar había más
varones principales que de los hijos de
Itamar; y los repartieron así: De los hijos de
Eleazar, dieciséis cabezas de casas paternas;
y de los hijos de Itamar, por sus casas
paternas, ocho.
5 Los repartieron, pues, por suerte los unos
con los otros; porque de los hijos de Eleazar
y de los hijos de Itamar hubo príncipes del
santuario, y príncipes de la casa de Dios.
6 Y el escriba Semaías, hijo de Natanael, de
los levitas, escribió sus nombres en presencia del rey y de los príncipes, y delante de
Sadoc el sacerdote, de Ahimélec hijo de
Abiatar y de los jefes de las casas paternas
de los sacerdotes y levitas, designando por
suerte una casa paterna para Eleazar, y otra
para Itamar.
7 La primera suerte tocó a Joyarib, la segunda a Jedaías,
8 la tercera a Harim, la cuarta a Seorim,
9 la quinta a Malquiyías, la sexta a
Mijamín,
10 la séptima a Cos, la octava a Abías,
11 la novena a Jesúa, la décima a Secanías,
12 la undécima a Elyasib, la duodécima a
Jaquim,
13 la decimatercera a Hupá, la decimacuarta a Jesebeab,
14 la decimaquinta a Bilgá, la decimasexta
a Imer,
15 la decimaséptima a Hezir, la decimaoctava a Apisés,
16 la decimanovena a Petaías, la vigésima a
Jehezquel,
17 la vigesimaprimera a Jaquín, la vigesimasegunda a Gamul,
18 la vigesimatercera a Delaía, la vigesimacuarta a Maazías.
19 Éstos fueron distribuidos para su ministerio, para que entrasen en la casa de Jehová, según les fue ordenado por Aarón su
padre, de la manera que le había mandado
Jehová el Dios de Israel.
20 Y de los hijos de Leví que quedaron:
Subael, de los hijos de Amram; y de los
hijos de Subael, Jehedías.
21 Y de los hijos de Rehabías, Isías el jefe.
22 De los izharitas, Selomot; e hijo de
Selomot, Jáhat.
23 De los hijos de Hebrón: Jeriyías el jefe,
el segundo Amarías, el tercero Jahaziel, el
cuarto Jecamán.
24 Hijo de Uziel, Micá, e hijo de Micá,
Samir.
25 Hermano de Micá, Isías; e hijo de Isías,
Zacarías.
26 Los hijos de Merarí: Mahlí y Musí; hijo
de Jaazías, su hijo.
27 Los hijos de Merarí por Jaazías, su hijo:
Soham, Zacur e Ibrí.
28 Y de Mahlí, Eleazar, quien no tuvo hijos.
29 Hijo de Cis, Jerameel.
30 Los hijos de Musí: Mahlí, Éder y Jerimot. Éstos fueron los hijos de los levitas
conforme a sus casas paternas.
31 Éstos también entraron en suerte, como
sus hermanos los hijos de Aarón, delante
del rey David, y de Sadoc y de Ahimélec, y
de los jefes de las casas paternas de los
sacerdotes y levitas, siendo tratadas las primeras familias igual que las últimas.

Distribución de músicos y cantores

25 Asimismo David y los jefes del ejército apartaron para el ministerio a los
hijos de Asaf, de Hemán y de Jedutún, para
que profetizasen con arpas, salterios y címbalos; y el número de ellos, hombres idóneos para la obra de su ministerio, fue:
2 De los hijos de Asaf: Zacur, José, Netanías y Asarelá, hijos de Asaf, bajo la dirección de Asaf, el cual profetizaba bajo las
órdenes del rey.
3 De los hijos de Jedutún: Gedalías, Zerí,
Jesaías, Hasabías, Matitías y Simeí; seis,
bajo la dirección de su padre Jedutún, el
cual profetizaba con arpa, para aclamar y
alabar a Jehová.
4 De los hijos de Hemán: Buquías, Matanías, Uziel, Sebuel, Jerimot, Hananías, Hananí, Eliyata, Gidalti, Romamti-ézer, Josbecasa, Malotí, Hotir y Mahaziot.
5 Todos éstos fueron hijos de Hemán, vidente del rey en las cosas de Dios, para
exaltar su poder; y Dios dio a Hemán catorce hijos y tres hijas.
6 Y todos éstos estaban bajo la dirección de
su padre en la música, en la casa de Jehová,
con címbalos, salterios y arpas, para el
ministerio del templo de Dios, cumpliendo
las disposiciones del rey, de Asaf, Jedutún y
Hemán.
7 Y el número de ellos, con sus hermanos,
instruidos en el canto para Jehová, todos
ellos maestros, era de doscientos ochenta y
ocho.
8 Y echaron suertes para servir por turnos,
entrando el pequeño con el grande, lo mismo el maestro que el discípulo.
9 La primera suerte salió por Asaf, para
José; la segunda para Gedalías, quien con
sus hermanos e hijos fueron doce;
10 la tercera para Zacur, con sus hijos y sus
hermanos, doce;
11 la cuarta para Izrí, con sus hijos y sus
hermanos, doce;
12 la quinta para Netanías, con sus hijos y
sus hermanos, doce;
13 la sexta para Buquiyías, con sus hijos y
sus hermanos, doce;
14 la séptima para Jesarela, con sus hijos y
sus hermanos, doce;

15 la octava para Jesaías, con sus hijos y sus hermanos, doce;
16 la novena para Matanías, con sus hijos y sus hermanos, doce;
17 la décima para Simeí, con sus hijos y sus hermanos, doce;
18 la undécima para Azarel, con sus hijos y sus hermanos, doce;
19 la duodécima para Hasabías, con sus hijos y sus hermanos, doce;
20 la decimatercera para Subael, con sus hijos y sus hermanos, doce;
21 la decimacuarta para Matitías, con sus hijos y sus hermanos, doce;
22 la decimaquinta para Jerimot, con sus hijos y sus hermanos, doce;
23 la decimasexta para Hananías, con sus hijos y sus hermanos, doce;
24 la decimaséptima para Josbecasa, con sus hijos y sus hermanos, doce;
25 la decimaoctava para Hananí, con sus hijos y sus hermanos, doce;
26 la decimanovena para Malotí, con sus hijos y sus hermanos, doce;
27 la vigésima para Eliyata, con sus hijos y sus hermanos, doce;
28 la vigesimaprimera para Hotir, con sus hijos y sus hermanos, doce;
29 la vigesimasegunda para Gidaltí, con sus hijos y sus hermanos, doce;
30 la vigesimatercera para Mahaziot, con sus hijos y sus hermanos, doce;
31 la vigesimacuarta para Romamti-ézer, con sus hijos y sus hermanos, doce.

Porteros y oficiales

26 También fueron distribuidos los porteros: de los coreítas, Meselemías hijo de Coré, de los hijos de Asaf.
2 Los hijos de Meselemías: Zacarías el primogénito, Jediael el segundo, Zebadías el tercero, Jatniel el cuarto,
3 Elam el quinto, Johanán el sexto, Elyoenay el séptimo.
4 Los hijos de Obed-edom: Semaías el primogénito, Jozabad el segundo, Joah el tercero, el cuarto Sacar, el quinto Natanael,
5 el sexto Amiel, el séptimo Isacar, el octavo Peultay; porque Dios había bendecido a Obed-edom.
6 También de Semaías su hijo nacieron hijos que fueron señores sobre la casa de sus padres; porque eran varones valerosos y esforzados.
7 Los hijos de Semaías: Otní, Rafael, Obed, Elzabad, y sus hermanos, hombres esforzados; asimismo Eliú y Semaquías.
8 Todos éstos de los hijos de Obed-edom; ellos con sus hijos y sus hermanos, hombres robustos y fuertes para el servicio; sesenta y dos, de Obed-edom.

9 Y los hijos de Meselemías y sus hermanos, dieciocho hombres valientes.
10 De Hosá, de los hijos de Merarí: Simrí el jefe (aunque no era el primogénito, mas su padre lo puso por jefe),
11 el segundo Hilcías, el tercero Tebalías, el cuarto Zacarías; todos los hijos de Hosá y sus hermanos fueron trece.
12 Entre éstos se hizo la distribución de los porteros, alternando los principales de los varones en la guardia con sus hermanos, para servir en la casa de Jehová.
13 Echaron suertes, el pequeño con el grande, según sus casas paternas, para cada puerta.
14 Y la suerte para la del oriente cayó a Selemías. Y metieron en las suertes a Zacarías su hijo, consejero entendido; y salió la suerte suya para la del norte.
15 Y para Obed-edom la puerta del sur, y a sus hijos la casa de provisiones del templo.
16 Para Supim y Hosá, la del occidente, la puerta de Salequet, en el camino de la subida, correspondiéndose guardia con guardia.
17 Al oriente, seis levitas; al norte, cuatro de día; al sur, cuatro de día; y a la casa de provisiones, de dos en dos.
18 En la cámara de los utensilios al occidente, cuatro al camino, y dos en la cámara.
19 Éstas son las distribuciones de los porteros, hijos de los coreítas y de los hijos de Merarí.
20 Y de los levitas, Ahías tenía cargo de los tesoros de la casa de Dios, y de los tesoros de las cosas santificadas.
21 Cuanto a los hijos de Laadán hijo de Gersón: de Laadán, los jefes de las casas paternas de Laadán gersonita fueron los jehiclitas.
22 Los hijos de Jehielí, Zetam y Joel su hermano, tuvieron cargo de los tesoros de la casa de Jehová.
23 De entre los amramitas, de los izharitas, de los hebronitas y de los uzielitas,
24 Sebuel hijo de Gersón, hijo de Moisés, era jefe sobre los tesoros.
25 En cuanto a su hermano Eliezer, hijo de éste era Rehabías, hijo de éste Jesaías, hijo de éste Joram, hijo de éste Zicrí, del que fue hijo Selomit.
26 Este Selomit y sus hermanos tenían a su cargo todos los tesoros de todas las cosas santificadas que había consagrado el rey David, y los jefes de las casas paternas, los capitanes de millares y de centenas, y los jefes del ejército.
27 de lo que habían consagrado de las guerras y de los botines, para reparar la casa de Jehová.
28 Asimismo todas las cosas que habían consagrado el vidente Samuel, y Saúl hijo

de Cis, Abner hijo de Ner y Joab hijo de
Sarvia, y todo lo que cualquiera consagraba,
estaba a cargo de Selomit y de sus hermanos.
29 De los izharitas, Quenanías y sus hijos
eran gobernadores y jueces sobre Israel en
asuntos exteriores.
30 De los hebronitas, Hasabías y sus hermanos, hombres de vigor, mil setecientos,
gobernaban a Israel al otro lado del Jordán,
al occidente, en toda la obra de Jehová, y en
el servicio de rey.
31 De los hebronitas, Jeriyías era el jefe de
los hebronitas repartidos en sus linajes por
sus familias. En el año cuarenta del reinado
de David se registraron, y fueron hallados
entre ellos hombres fuertes y vigorosos en
Jazer de Galaad.
32 Y sus hermanos, hombres valientes,
eran dos mil setecientos, jefes de familias,
los cuales el rey David constituyó sobre los
rubenitas, los gaditas y la media tribu de
Manasés, para todas las cosas de Dios y los
negocios del rey.

Otros oficiales de David

27 Estos son los principales de los hijos
de Israel, jefes de familias, jefes de
millares y de centenas, y oficiales que servían al rey en todos los negocios de las
divisiones que entraban y salían cada mes
durante todo el año, siendo cada división de
veinticuatro mil.
2 Sobre la primera división del primer mes
estaba Jasobam hijo de Zabdiel; y había en
su división veinticuatro mil.
3 De los hijos de Peres, él fue jefe de todos
los capitanes de las compañías del primer
mes.
4 Sobre la división del segundo mes estaba
Doday ahohíta; y Miclot era jefe en su
división, en la que también había veinticuatro mil.
5 El jefe de la tercera división para el tercer
mes era Benaía, hijo del sumo sacerdote
Joyadá; y en su división había veinticuatro
mil.
6 Este Benaía era valiente entre los treinta
y sobre los treinta; y en su división estaba
Amizabad su hijo.
7 El cuarto jefe para el cuarto mes era
Asael hermano de Joab, y después de él
Zebadías su hijo; y en su división había
veinticuatro mil.
8 El quinto jefe para el quinto mes era
Samhut izraíta; y en su división había vein-
cuatro mil.
9 El sexto para el sexto mes era Irá hijo de
Iqués, de Técoa; y en su división, veinticuatro mil.
10 El séptimo para el séptimo mes era

Heles pelonita, de los hijos de Efraín; y en
su división, veinticuatro mil.
11 El octavo para el octavo mes era Sibecay
husatita, de los zeraítas; y en su división,
veinticuatro mil.
12 El noveno para el noveno mes era Abiézer anatotita, de los benjaminitas; y en su
división, veinticuatro mil.
13 El décimo para el décimo mes era Maharay netofatita, de los zeraítas; y en su división, veinticuatro mil.
14 El undécimo para el undécimo mes era
Benaía piratonita, de los hijos de Efraín; y
en su división, veinticuatro mil.
15 El duodécimo para el duodécimo mes
era Helday netofatita, de Otoniel; y en su
división, veinticuatro mil.
16 Asimismo sobre las tribus de Israel: el
jefe de los rubenitas era Eliezer hijo de
Zicrí; de los simeonitas, Sefatías, hijo de
Maacá.
17 De los levitas, Hasabías, hijo de Kemuel; de los de Aarón, Sadoc.
18 De Judá, Eliú, uno de los hermanos de
David; de los de Isacar, Omrí, hijo de
Miguel.
19 De los de Zabulón, Ismaías, hijo de
Abdías; de los de Neftalí, Jerimot, hijo de
Azriel.
20 De los hijos de Efraín, Oseas, hijo de
Azazías; de la media tribu de Manasés, Joel,
hijo de Pedaías.
21 De la otra media tribu de Manasés, en
Galaad, Iddó, hijo de Zacarías; de los de
Benjamín, Jaasiel, hijo de Abner.
22 Y de Dan, Azareel, hijo de Jeroham.
Éstos fueron los jefes de las tribus de Israel.
23 Y no tomó David el número de los que
eran de veinte años abajo, por cuanto Jehová había dicho que él multiplicaría a Israel
como las estrellas del cielo.
24 Joab, hijo de Sarvia, había comenzado a
contar; pero no acabó, pues por esto vino el
castigo sobre Israel, y así el número no fue
puesto en el registro de las crónicas del rey
David.
25 Azmávet, hijo de Adiel, tenía a su cargo
los tesoros del rey; y Jonatán, hijo de Uzías,
los tesoros de los campos, de las ciudades,
de las aldeas y de las torres.
26 Y de los que trabajan en la labranza de
las tierras, Ezrí hijo de Quelub.
27 De las viñas, Simeí ramatita; y del fruto
de las viñas para las bodegas, Zabdí sifmita.
28 De los olivares e higuerales de la Sefelá,
Báal-hanán gederita; y de los almacenes del
aceite, Joás.
29 Del ganado que pastaba en Sarón, Sitray
saronita; y del ganado que estaba en los
valles, Safat hijo de Adlay.
30 De los camellos, Obil ismaelita; de las
asnas, Jehedías meronotita;

31 y de las ovejas, Jaziz agareno. Todos éstos eran administradores de la hacienda del rey David.

32 Y Jonatán, tío de David, era consejero, varón prudente y escriba; y Jehiel hijo de Hacmoní estaba con los hijos del rey.

33 También Ahitófel era consejero del rey, y Husay arquita amigo del rey.

34 Después de Ahitófel estaba Joyadá hijo de Benaía, y Abiatar. Y Joab era el general del ejército del rey.

Salomón sucede a David

28 Reunió David en Jerusalén a todos los principales de Israel, los jefes de las tribus, los jefes de las divisiones que servían al rey, los jefes de millares y de centenas, los administradores de toda la hacienda y posesión del rey y de sus hijos, y los oficiales y los más poderosos y valientes de sus hombres.

2 Y levantándose el rey David, puesto en pie, dijo: Oídme, hermanos míos, y pueblo mío. Yo tenía el propósito de edificar una casa en la cual reposara el arca del pacto de Jehová, y para el estrado de los pies de nuestro Dios; y había ya preparado todo para edificar.

3 Mas Dios me dijo: Tú no edificarás casa a mi nombre, porque eres hombre de guerra, y has derramado mucha sangre.

4 Pero Jehová, el Dios de Israel, me eligió de toda la casa de mi padre, para que perpetuamente fuese rey sobre Israel; porque a Judá escogió por caudillo, y de la casa de Judá a la familia de mi padre; y de entre los hijos de mi padre se agradó de mí para ponerme por rey sobre todo Israel.

5 Y de entre todos mis hijos (porque Jehová me ha dado muchos hijos), eligió a mi hijo Salomón para que se siente en el trono del reino de Jehová sobre Israel.

6 Y me ha dicho: Salomón tu hijo, él edificará mi casa y mis atrios; porque a éste he escogido por hijo, y yo le seré a él por padre.

7 Asimismo yo confirmaré su reino para siempre, si él se esfuerza en poner por obra mis mandamientos y mis decretos, como lo hace hoy.

8 Ahora, pues, ante los ojos de todo Israel, congregación de Jehová, y en oídos de nuestro Dios, guardad e inquirid todos los preceptos de Jehová vuestro Dios, para que poseáis la buena tierra, y la dejéis en herencia a vuestros hijos después de vosotros perpetuamente.

9 Y tú, Salomón, hijo mío, reconoce al Dios de tu padre, y sírvele con corazón entero y con ánimo generoso; porque Jehová escudriña los corazones de todos, y entiende todo intento de los pensamientos. Si

tú le buscas, lo hallarás; mas si lo dejas, él te desechará para siempre.

10 Mira, pues, ahora, que Jehová te ha elegido para que edifiques casa para el santuario; esfuérzate, y hazla.

11 Y David dio a Salomón su hijo el plano del pórtico del templo y sus casas, sus tesorerías, sus aposentos, sus cámaras y el lugar del propiciatorio.

12 Asimismo el plano de todas las cosas que tenía en mente para los atrios de la casa de Jehová, para todas las cámaras alrededor, para las tesorerías de la casa de Dios, y para las tesorerías de las cosas santificadas.

13 También para los grupos de los sacerdotes y de los levitas, para toda la obra del ministerio de la casa de Jehová, y para todos los utensilios del ministerio de la casa de Jehová.

14 Y dio oro en peso para las cosas de oro, para todos los utensilios de cada servicio, y plata en peso para todas las cosas de plata, para todos los utensilios de cada servicio.

15 Oro en peso para los candeleros de oro, y para sus lámparas; en peso el oro para cada candelero y sus lámparas; y para los candeleros de plata, plata en peso para cada candelero y sus lámparas, conforme al servicio de cada candelero.

16 Asimismo dio oro en peso para las mesas de la proposición, para cada mesa; del mismo modo plata para las mesas de plata.

17 También oro puro para los garfios, para los lebrillos, para las copas y para las tazas de oro; para cada taza, por peso; y para las tazas de plata, por peso para cada taza.

18 Además, oro puro en peso para el altar del incienso, y para el carro de los querubines de oro, que con las alas extendidas cubrían el arca del pacto de Jehová.

19 Todas estas cosas, dijo David, me fueron trazadas por la mano de Jehová, que me hizo entender todas las obras del diseño.

20 Dijo además David a Salomón su hijo: Anímate y esfuérzate, y manos a la obra; no temas, ni desmayes, porque Jehová Dios, mi Dios, estará contigo; él no te dejará ni te desamparará, hasta que acabes toda la obra para el servicio de la casa de Jehová.

21 He aquí los grupos de los sacerdotes y de los levitas, para todo el ministerio de la casa de Dios, estarán contigo en toda la obra; asimismo todos los voluntarios e inteligentes para toda forma de servicio, y los príncipes, y todo el pueblo para ejecutar todas tus órdenes.

29 Después dijo el rey David a toda la asamblea: Solamente a Salomón mi hijo ha elegido Dios; él es joven y tierno de edad, y la obra grande; porque la casa no es para hombre, sino para Jehová Dios.

2 Yo con todas mis fuerzas he preparado

para la casa de mi Dios, oro para las cosas de oro, plata para las cosas de plata, bronce para las de bronce, hierro para las de hierro, y madera para las de madera; y piedras de ónice, piedras preciosas, piedras negras, piedras de diversos colores, y toda clase de piedras preciosas, y piedras de mármol en abundancia.

3 Además de esto, por cuanto tengo mi afecto en la casa de mi Dios, yo guardo en mi tesoro particular oro y plata que, además de todas las cosas que he preparado para la casa del santuario, he dado para la casa de mi Dios:

4 tres mil talentos de oro, de oro de Ofir, y siete mil talentos de plata refinada para cubrir las paredes de las casas;

5 oro, pues, para las cosas de oro, y plata para las cosas de plata, y para toda la obra de las manos de los artífices. ¿Y quién quiere hacer hoy ofrenda voluntaria a Jehová?

6 Entonces los jefes de familia, y los príncipes de las tribus de Israel, jefes de millares y de centenas, con los administradores de la hacienda del rey, ofrecieron voluntariamente.

7 Y dieron para el servicio de la casa de Dios cinco mil talentos y diez mil dracmas de oro, diez mil talentos de plata, dieciocho mil talentos de bronce, y cinco mil talentos de hierro.

8 Y todo el que tenía piedras preciosas las dio para el tesoro de la casa de Jehová, en mano de Jehiel gersonita.

9 Y se alegró el pueblo por haber contribuido voluntariamente; porque de todo corazón lo habían ofrecido a Jehová.

10 Asimismo se alegró mucho el rey David, y bendijo a Jehová delante de toda la congregación; y dijo David: Bendito seas tú, oh Jehová, Dios de Israel nuestro padre, desde el siglo y hasta el siglo.

11 Tuya es, oh Jehová, la magnificencia y el poder, la gloria, la victoria y el honor; porque todas las cosas que están en los cielos y en la tierra son tuyas. Tuyo, oh Jehová, es el reino, y tú eres excelso sobre todos.

12 Las riquezas y la gloria proceden de ti, y tú dominas sobre todo; en tu mano está la fuerza y el poder, y en tu mano el hacer grande y el dar poder a todos.

13 Ahora, pues, Dios nuestro, nosotros alabamos y loamos tu glorioso nombre.

14 Porque ¿quién soy yo, y quién es mi pueblo, para que pudiésemos ofrecer voluntariamente cosas semejantes? Pues todo es tuyo, y de lo recibido de tu mano te damos.

15 Porque nosotros, extranjeros y advenedizos somos delante de ti, como todos nuestros padres; y nuestros días sobre la tierra, cual sombra que no dura.

16 Oh Jehová Dios nuestro, toda esta abundancia que hemos preparado para edificar casa a tu santo nombre, de tu mano es, y todo es tuyo.

17 Yo sé, Dios mío, que tú escudriñas los corazones, y que la rectitud te agrada; por eso yo con rectitud de mi corazón voluntariamente te he ofrecido todo esto, y ahora he visto con alegría que tu pueblo, reunido aquí ahora, ha dado para ti espontáneamente.

18 Jehová, Dios de Abraham, de Isaac y de Israel nuestros padres, conserva perpetuamente esta voluntad del corazón de tu pueblo, y encamina su corazón a ti.

19 Asimismo da a mi hijo Salomón corazón perfecto, para que guarde tus mandamientos, tus instrucciones y tus preceptos, y para que haga todas las cosas, y te edifique la casa para la cual yo he hecho preparativos.

20 Después dijo David a toda la congregación: Bendecid ahora a Jehová vuestro Dios. Entonces toda la congregación bendijo a Jehová Dios de sus padres, e inclinándose adoraron delante de Jehová y del rey.

21 Al día siguiente sacrificaron víctimas a Jehová, y ofrecieron a Jehová holocaustos: mil becerros, mil carneros, mil corderos con sus libaciones, y muchos sacrificios de parte de todo Israel.

22 Y comieron y bebieron delante de Jehová aquel día con gran gozo; y dieron por segunda vez la investidura del reino a Salomón hijo de David, y ante Jehová le ungieron por príncipe, y a Sadoc por sacerdote.

23 Y se sentó Salomón por rey en el trono de Jehová en lugar de David su padre, y fue prosperado; y le obedeció todo Israel.

24 Y todos los príncipes y poderosos, y todos los hijos del rey David, prestaron homenaje al rey Salomón.

25 Y Jehová engrandeció en extremo a Salomón a ojos de todo Israel, y le dio tal gloria en su reino, cual ningún rey la tuvo antes de él en Israel.

Muerte de David

26 Así reinó David hijo de Isay sobre todo Israel.

27 El tiempo que reinó sobre Israel fue cuarenta años. Siete años reinó en Hebrón, y treinta y tres reinó en Jerusalén.

28 Y murió en buena vejez, lleno de días, de riquezas y de gloria; y reinó en su lugar Salomón su hijo.

29 Y los hechos del rey David, primeros y postreros, están escritos en el libro de las crónicas de Samuel vidente, en las crónicas del profeta Natán, y en las crónicas de Gad vidente,

30 con todo lo relativo a su reinado, y su poder, y las cosas que le sobrevinieron a él, y a Israel y a todos los reinos de aquellas tierras.

SEGUNDO LIBRO DE

CRÓNICAS

Salomón pide sabiduría

1 Salomón hijo de David se afianzó en su reino, y Jehová su Dios estaba con él, y lo engrandeció sobremanera.

2 Y convocó Salomón a todo Israel, a jefes de millares y de centenas, a jueces, y a todos los príncipes de todo Israel, jefes de familias.

3 Y fue Salomón, y con él toda esta asamblea, al lugar alto que había en Gabaón; porque allí estaba el tabernáculo de reunión de Dios, que Moisés, siervo de Jehová, había hecho en el desierto.

4 Pero David había traído el arca de Dios de Quiryat-jearim al lugar que él le había preparado; porque él le había levantado una tienda en Jerusalén.

5 Asimismo el altar de bronce que había hecho Bezaleel hijo de Uri, hijo de Hur, estaba allí delante del tabernáculo de Jehová, al cual fue a consultar Salomón con aquella asamblea.

6 Subió, pues, Salomón allá delante de Jehová, al altar de bronce que estaba en el tabernáculo de reunión, y ofreció sobre él mil holocaustos.

7 Y aquella noche se apareció Dios a Salomón y le dijo: Pídeme lo que quieras que yo te dé.

8 Y Salomón respondió a Dios: Tú has tenido con David mi padre gran misericordia, y a mí me has puesto por rey en lugar suyo.

9 Confírmese, pues, ahora, oh Jehová Dios, tu palabra dada a David mi padre; porque tú me has puesto por rey sobre un pueblo numeroso como el polvo de la tierra.

10 Dame ahora sabiduría e inteligencia, para que sepa conducirme delante de este pueblo; porque ¿quién podrá gobernar a este tu pueblo tan grande?

11 Y dijo Dios a Salomón: Por cuanto hubo esto en tu corazón, y no pediste riqueza, bienes o gloria, ni la vida de los que te quieren mal, ni pediste muchos días, sino que has pedido para ti sabiduría e inteligencia para gobernar a mi pueblo, sobre el cual te he puesto por rey,

12 sabiduría e inteligencia te son dadas; y también te daré riquezas, bienes y gloria, como nunca tuvieron los reyes que han sido antes de ti, ni tendrán los que vengan después de ti.

13 Y desde el lugar alto que estaba en Gabaón, delante del tabernáculo de reunión, volvió Salomón a Jerusalén, y reinó sobre Israel.

Salomón comercia en caballos y carros

14 Y juntó Salomón carros y gente de a caballo; y tuvo mil cuatrocientos carros y doce mil jinetes, los cuales puso en las ciudades de los carros y junto al rey en Jerusalén.

15 Y acumuló el rey plata y oro en Jerusalén como piedras, y cedro como sicómoros de la Sefelá en abundancia.

16 Y los mercaderes del rey compraban por contrato caballos y lienzos finos de Egipto para Salomón.

17 Y subían y compraban en Egipto un carro por seiscientas piezas de plata, y un caballo por ciento cincuenta; y así compraban por medio de ellos para todos los reyes de los heteos, y para los reyes de Siria.

Pacto de Salomón con Hiram

2 Determinó, pues, Salomón edificar casa al nombre de Jehová, y casa real para sí.

2 Y designó Salomón setenta mil hombres que llevasen cargas, y ochenta mil hombres que cortasen en los montes, y tres mil seiscientos que los vigilasen.

3 Y envió a decir Salomón a Hiram rey de Tiro: Haz conmigo como hiciste con David mi padre, enviándole cedros para que edificara para sí casa en que morase.

4 He aquí, yo tengo que edificar casa al nombre de Jehová mi Dios, para consagrársela, para quemar incienso aromático delante de él, y para la colocación continua de los panes de la proposición, y para holocaustos a la mañana y a la tarde, en los sábados, lunas nuevas, y festividades de Jehová nuestro Dios; lo cual ha de ser perpetuo en Israel.

5 Y la casa que tengo que edificar, ha de ser grande; porque el Dios nuestro es grande sobre todos los dioses.

6 Mas ¿quién será capaz de edificarle casa, siendo que los cielos y los cielos de los cielos no pueden contenerle? ¿Quién, pues, soy yo, para que le edifique casa, aunque esté destinada tan sólo para quemar incienso delante de él?

7 Envíame, pues, ahora un hombre hábil

que sepa trabajar en oro, en plata, en bronce, en hierro, en púrpura, en grana y en azul, y que sepa esculpir con los maestros que están conmigo en Judá y en Jerusalén, los cuales dispuso mi padre.

8 Envíame también madera del Líbano: cedro, ciprés y sándalo; porque yo sé que tus siervos saben cortar madera en el Líbano; y he aquí, mis siervos irán con los tuyos,

9 para que me preparen mucha madera, porque la casa que tengo que edificar ha de ser grande y portentosa.

10 Y he aquí, para los trabajadores tus siervos, cortadores de madera, he dado veinte mil coros de trigo en grano, veinte mil coros de cebada, veinte mil batos de vino, y veinte mil batos de aceite.

11 Entonces Hiram, rey de Tiro, respondió por escrito que envió a Salomón: Por el amor que Jehová tiene a su pueblo, te ha puesto por rey sobre ellos.

12 Además decía Hiram: Bendito sea Jehová el Dios de Israel, que hizo los cielos y la tierra, y que dio al rey David un hijo sabio, entendido, cuerdo y prudente, que edifique casa a Jehová, y casa real para sí.

13 Yo, pues, te he enviado un hombre hábil y entendido, Hiram-abí,

14 hijo de una mujer de las hijas de Dan, mas su padre fue de Tiro; el cual sabe trabajar en oro, plata, bronce y hierro, en piedra y en madera, en púrpura y en azul, en lino y en carmesí; asimismo sabe esculpir toda clase de figuras, y sacar toda forma de diseño que se le pida, con tus hombres peritos, y con los de mi señor David tu padre.

Las obras

15 Ahora, pues, envíe mi señor a sus siervos el trigo y cebada, y aceite y vino, que ha dicho;

16 y nosotros cortaremos en el Líbano la madera que necesites, y te la traeremos en balsas por el mar hasta Jope, y tú la harás llevar hasta Jerusalén.

17 Y contó Salomón todos los hombres extranjeros que había en la tierra de Israel, después de haberlos ya contado David su padre, y fueron hallados ciento cincuenta y tres mil seiscientos.

18 Y señaló de ellos setenta mil para llevar cargas, y ochenta mil canteros en la montaña, y tres mil seiscientos por capataces para hacer trabajar al pueblo.

Salomón edifica el templo

3 Comenzó Salomón a edificar la casa de Jehová en Jerusalén, en el monte Mo-

ria, que había sido mostrado a David su padre, en el lugar que David había preparado en la era de Ornán jebuseo.

2 Y comenzó a edificar en el mes segundo, a los dos días del mes, en el cuarto año de su reinado.

3 Estas son las medidas que dio Salomón a los cimientos de la casa de Dios: La primera, la longitud, de sesenta codos, y la anchura de veinte codos.

4 El pórtico que estaba al frente del edificio era de veinte codos de largo, igual al ancho de la casa, y su altura de ciento veinte codos; y lo cubrió por dentro de oro puro.

5 Y techó el cuerpo mayor del edificio con madera de ciprés, la cual cubrió de oro fino, e hizo realzar en ella palmeras y cadenas.

6 Cubrió también la casa de piedras preciosas para ornamento; y el oro era oro de Parváyim.

7 Así que cubrió la casa, sus vigas, sus umbrales, sus paredes y sus puertas, con oro; y esculpió querubines en las paredes.

8 Construyó asimismo el lugar santísimo, cuya longitud era de veinte codos según el ancho del frente de la casa, y su anchura de veinte codos; y lo cubrió de oro fino que ascendía a seiscientos talentos.

9 Y el peso de los clavos era de cada uno hasta cincuenta siclos de oro. Cubrió también de oro los aposentos.

10 Y dentro del lugar santísimo hizo dos querubines de madera, los cuales fueron cubiertos de oro.

11 La longitud de las alas de los querubines era de veinte codos; porque un ala era de cinco codos, la cual llegaba hasta la pared de la casa, y la otra de cinco codos, la cual tocaba el ala del otro querubín.

12 De la misma manera un ala del otro querubín era de cinco codos, la cual llegaba hasta la pared de la casa, y la otra era de cinco codos, que tocaba el ala del otro querubín.

13 Estos querubines tenían las alas extendidas por veinte codos, y estaban en pie con los rostros hacia la casa.

14 Hizo también el velo de azul, púrpura, carmesí y lino, e hizo realzar querubines en él.

Las dos columnas

15 Delante de la casa hizo dos columnas de treinta y cinco codos de altura cada una, con sus capiteles encima, de cinco codos.

16 Hizo asimismo cadenas en el santuario, y las puso sobre los capiteles de las columnas; e hizo cien granadas, las cuales puso en las cadenas.

17 Y colocó las columnas delante del templo, una a la mano derecha, y otra a la

izquierda; y a la de la mano derecha llamó Jaquín, y a la de la izquierda, Boaz.

Mobiliario del templo

4 Hizo además un altar de bronce de veinte codos de longitud, veinte codos de anchura, y diez codos de altura.

2 También hizo un estanque de fundición, el cual tenía diez codos de un borde al otro, enteramente redondo; su altura era de cinco codos, y un cordón de treinta codos de largo lo ceñía alrededor.

3 Y debajo del estanque había figuras de calabazas que lo circundaban, diez en cada codo alrededor; eran dos hileras de calabazas fundidas juntamente con el estanque.

4 Estaba asentado sobre doce bueyes, tres de los cuales miraban al norte, tres al occidente, tres al sur, y tres al oriente; y el estanque descansaba sobre ellos, y las ancas de ellos estaban hacia adentro.

5 Y tenía de grueso un palmo menor, y el borde tenía la forma del borde de un cáliz, o de una flor de lis. Y cabían en él tres mil batos.

6 Hizo también diez fuentes, y puso cinco a la derecha y cinco a la izquierda, para lavar y limpiar en ellas lo que se ofrecía en holocausto; pero el estanque era para que los sacerdotes se lavaran en él.

7 Hizo asimismo diez candeleros de oro según su forma, los cuales puso en el templo, cinco a la derecha y cinco a la izquierda.

8 Además hizo diez mesas y las puso en el templo, cinco a la derecha y cinco a la izquierda; igualmente hizo cien tazones de oro.

9 También hizo el atrio de los sacerdotes, y el gran atrio, y las portadas del atrio, y cubrió de bronce las puertas de ellas.

10 Y colocó el estanque al lado derecho, hacia el sudeste de la casa.

11 Hiram también hizo calderos, y palas, y tazones; y acabó Hiram la obra que hacía al rey Salomón para la casa de Dios.

12 Dos columnas, y los cordones, los capiteles sobre las cabezas de las dos columnas, y dos redes para cubrir las dos esferas de los capiteles que estaban encima de las columnas;

13 cuatrocientas granadas en las dos redes, dos hileras de granadas en cada red, para que cubriesen las dos esferas de los capiteles que estaban encima de las columnas.

14 Hizo también las basas, sobre las cuales colocó las fuentes;

15 un estanque, y los doce bueyes debajo de él;

16 y calderos, palas y garfios; de bronce muy fino hizo todos sus enseres Hiram-abí al rey Salomón para la casa de Jehová.

17 Los fundió el rey en los llanos del Jordán, en tierra arcillosa, entre Sucot y Seredata.

18 Y Salomón hizo todos estos enseres en número tan grande, que no pudo saberse el peso del bronce.

19 Así hizo Salomón todos los utensilios para la casa de Dios, y el altar de oro, y las mesas sobre las cuales se ponían los panes de la proposición;

20 asimismo los candeleros y sus lámparas, de oro puro, para que las encendiesen delante del lugar santísimo conforme a la ordenanza.

21 Las flores, lamparillas y tenazas se hicieron de oro, de oro finísimo;

22 también las despabiladeras, los lebrillos, las cucharas y los incensarios eran de oro puro. Y de oro también la entrada de la casa, sus puertas interiores para el lugar santísimo, y las puertas de la casa del templo.

5 Acabada toda la obra que hizo Salomón para la casa de Jehová, metió Salomón las cosas que David su padre había dedicado; y puso la plata, y el oro, y todos los utensilios, en los tesoros de la casa de Dios.

Salomón traslada el arca al templo

2 Entonces Salomón reunió en Jerusalén a los ancianos de Israel y a todos los príncipes de las tribus, los jefes de las familias de los hijos de Israel, para que trajesen el arca del pacto de Jehová de la ciudad de David, que es Sión.

3 Y se congregaron con el rey todos los varones de Israel, para la fiesta solemne del mes séptimo.

4 Vinieron, pues, todos los ancianos de Israel, y los levitas tomaron el arca;

5 y llevaron el arca, y el tabernáculo de reunión, y todos los utensilios del santuario que estaban en el tabernáculo; los sacerdotes y los levitas los llevaron.

6 Y el rey Salomón, y toda la congregación de Israel que se había reunido con él delante del arca, sacrificaron ovejas y bueyes, que por ser tantos no se pudieron calcular ni contar.

7 Y los sacerdotes metieron el arca del pacto de Jehová en su lugar, en el santuario de la casa, en el lugar santísimo, bajo las alas de los querubines;

8 pues los querubines extendían las alas sobre el lugar del arca, y los querubines cubrían por encima así el arca como sus barras.

9 E hicieron salir las barras, de modo que se viesen las cabezas de las barras del arca delante del lugar santísimo, mas no se veían desde fuera; y allí están hasta hoy.

10 En el arca no había más que las dos tablas que Moisés había puesto en Horeb, con las cuales Jehová había hecho pacto con los hijos de Israel, cuando salieron de Egipto.

Dios toma posesión de su templo

11 Y cuando los sacerdotes salieron del santuario (porque todos los sacerdotes que se hallaron habían sido santificados, sin guardar orden de clases;
12 y los levitas cantores, todos los de Asaf, los de Hemán y los de Jedutún, juntamente con sus hijos y sus hermanos, vestidos de lino fino, estaban con címbalos y salterios y arpas al oriente del altar; y con ellos ciento veinte sacerdotes que tocaban trompetas),
13 cuando hacían resonar, pues, las trompetas, y cantaban todos a una, para alabar y dar gracias a Jehová, y a medida que alzaban la voz con trompetas y címbalos y otros instrumentos de música, y alababan a Jehová, diciendo: Porque él es bueno, porque su misericordia es para siempre; entonces la casa se llenó de una nube, la casa de Jehová.
14 Y no podían los sacerdotes estar allí para ministrar, por causa de la nube; porque la gloria de Jehová había llenado la casa de Dios.

Dedicación del templo

6 Entonces dijo Salomón: Jehová quiere habitar en densa nube.
2 Yo, pues, he edificado una casa como morada para ti, y una habitación en que mores para siempre.
3 Y volviendo el rey su rostro, bendijo a toda la congregación de Israel; y toda la congregación de Israel estaba en pie.
4 Y él dijo: Bendito sea Jehová Dios de Israel, quien con su mano ha cumplido lo que prometió con su boca a David mi padre, diciendo:
5 Desde el día en que saqué a mi pueblo de la tierra de Egipto, ninguna ciudad he elegido de todas las tribus de Israel para edificar casa donde estuviese mi nombre, ni he escogido varón que fuese príncipe sobre mi pueblo Israel.
6 Mas a Jerusalén he elegido para que en ella esté mi nombre, y a David he elegido para que esté sobre mi pueblo Israel.
7 Y David mi padre tuvo en su corazón edificar casa al nombre de Jehová Dios de Israel.
8 Mas Jehová dijo a David mi padre: Respecto a haber tenido en tu corazón deseo de edificar casa a mi nombre, bien has hecho en haber tenido esto en tu corazón.
9 Pero tú no edificarás la casa, sino tu hijo que saldrá de tus lomos, él edificará casa a mi nombre.
10 Y Jehová ha cumplido su palabra que había dicho, pues me levanté yo en lugar de David mi padre, y me he sentado en el trono de Israel, como Jehová había dicho, y he edificado casa al nombre de Jehová Dios de Israel.
11 Y en ella he puesto el arca, en la cual está el pacto de Jehová que celebró con los hijos de Israel.
12 Se puso luego Salomón delante del altar de Jehová, en presencia de toda la congregación de Israel, y extendió sus manos.
13 Porque Salomón había hecho un estrado de bronce de cinco codos de largo, de cinco codos de ancho y de altura de tres codos, y lo había puesto en medio del atrio; y se puso sobre él, se arrodilló delante de toda la congregación de Israel, y extendió sus manos al cielo, y dijo:
14 Jehová Dios de Israel, no hay Dios semejante a ti en el cielo ni en la tierra, que guardas el pacto y la misericordia con tus siervos que caminan delante de ti de todo su corazón;
15 que has guardado a tu siervo David mi padre lo que le prometiste; tú lo dijiste con tu boca, y con tu mano lo has cumplido, como se ve en este día.
16 Ahora, pues, Jehová Dios de Israel, cumple a tu siervo David mi padre lo que le has prometido, diciendo: No faltará de ti varón delante de mí, que se siente en el trono de Israel, con tal que tus hijos guarden su camino, andando en mi ley, como tú has andado delante de mí.
17 Ahora, pues, oh Jehová Dios de Israel, cúmplase tu palabra que dijiste a tu siervo David.
18 Mas ¿es verdad que Dios habitará con el hombre en la tierra? He aquí, los cielos y los cielos de los cielos no te pueden contener; ¿cuánto menos esta casa que he edificado?
19 Mas tú mirarás a la oración de tu siervo, y a su ruego, oh Jehová Dios mío, para oír el clamor y la oración con que tu siervo ora delante de ti.
20 Que tus ojos estén abiertos sobre esta casa de día y de noche, sobre el lugar del cual dijiste: Mi nombre estará allí; que oigas la oración con que tu siervo ora en este lugar.

Plegaria en favor del pueblo

21 Asimismo que oigas el ruego de tu siervo, y de tu pueblo Israel, cuando en este lugar hagan oración, que tú oirás desde los cielos, desde el lugar de tu morada; que oigas y perdones.
22 Si alguno peca contra su prójimo, y se le exige juramento, y viene a jurar ante tu altar en esta casa,

23 escucha tú desde los cielos, y actúa, y juzga a tus siervos, dando la paga al impío, haciendo recaer su proceder sobre su cabeza, y justificando al justo al darle conforme a su justicia.

24 Si tu pueblo Israel es derrotado delante del enemigo por haber prevaricado contra ti, y se convierte, y confiesa tu nombre, y ruega delante de ti en esta casa,

25 escucha tú desde los cielos, y perdona el pecado de tu pueblo Israel, y hazles volver a la tierra que diste a ellos y a sus padres.

26 Si los cielos se cierran y no hay lluvias, por haber pecado contra ti, si oran a ti hacia este lugar, y confiesan tu nombre, y se convierten de sus pecados, cuando los aflijas,

27 escucha tú desde los cielos, y perdona el pecado de tus siervos y de tu pueblo Israel, y enséñales el buen camino para que anden en él, y darás lluvia sobre tu tierra, que diste por heredad a tu pueblo.

28 Si hay hambre en la tierra, o si hay pestilencia, si hay tizoncillo o añublo, langosta o pulgón; o si los sitian sus enemigos en la tierra en donde moren; cualquier plaga o enfermedad que sea;

29 toda oración y todo ruego que haga cualquier hombre, o todo tu pueblo Israel, cualquiera que conozca su llaga y su dolor en su corazón, si extiende sus manos hacia esta casa,

30 escucha tú desde los cielos, desde el lugar de tu morada, y perdona, y da a cada uno conforme a sus caminos, habiendo conocido su corazón; porque sólo tú conoces el corazón de los hijos de los hombres;

31 Para que te teman y anden en tus caminos, todos los días que vivan sobre la faz de la tierra que tú diste a nuestros padres.

32 Y también al extranjero que no sea de tu pueblo Israel, que haya venido de lejanas tierras a causa de tu gran nombre y de tu mano poderosa, y de tu brazo extendido, si viene y ora hacia esta casa,

33 escucha tú desde los cielos, desde el lugar de tu morada, y haz conforme a todas las cosas por las cuales haya clamado a ti el extranjero; para que todos los pueblos de la tierra conozcan tu nombre, y te teman así como tu pueblo Israel, y sepan que tu nombre es invocado sobre esta casa que yo he edificado.

34 Si tu pueblo sale a la guerra contra sus enemigos por el camino que tú les envíes, y oran a ti hacia esta ciudad que tú elegiste, hacia la casa que he edificado a tu nombre,

35 escucha tú desde los cielos su oración y su ruego, y ampara su causa.

36 Si pecan contra ti (pues no hay hombre que no peque), y te enojas contra ellos, y los entregas delante de sus enemigos, para que los que los tomen los lleven cautivos a tierra de enemigos, lejos o cerca,

37 y ellos vuelven en sí en la tierra donde sean llevados cautivos; si se convierten, y oran a ti en la tierra de su cautividad, y dicen: Pecamos, hemos hecho inicuamente, impíamente hemos hecho;

38 si se convierten a ti de todo su corazón y de toda su alma en la tierra de su cautividad, donde los hayan llevado cautivos, y oran hacia la tierra que tú diste a sus padres, hacia la ciudad que tú elegiste, y hacia la casa que he edificado a tu nombre;

39 escucha tú desde los cielos, desde el lugar de tu morada, su oración y su ruego, y ampara su causa, y perdona a tu pueblo que pecó contra ti.

Conclusión de la plegaria

40 Ahora, pues, oh Dios mío, te ruego que estén abiertos tus ojos y atentos tus oídos a la oración en este lugar.

41 Oh Jehová Dios, levántate ahora para habitar en tu reposo, tú y el arca de tu poder; oh Jehová Dios, sean vestidos de salvación tus sacerdotes, y tus santos se regocijen en tu bondad.

42 Jehová Dios, no rechaces a tu ungido; acuérdate de tus misericordias para con David tu siervo.

7 Cuando Salomón acabó de orar, descendió fuego de los cielos, y consumió el holocausto y las víctimas; y la gloria de Jehová llenó la casa.

2 Y no podían entrar los sacerdotes en la casa de Jehová, porque la gloria de Jehová había llenado la casa de Jehová.

3 Cuando vieron todos los hijos de Israel descender el fuego y la gloria de Jehová sobre la casa, se postraron sobre sus rostros en el pavimento y adoraron, y alabaron a Jehová, diciendo: Porque él es bueno, y su misericordia es para siempre.

4 Entonces el rey y todo el pueblo sacrificaron víctimas delante de Jehová.

5 Y ofreció el rey Salomón en sacrificio veintidós mil bueyes, y ciento veinte mil ovejas; y así dedicaron la casa de Dios el rey y todo el pueblo.

6 Y los sacerdotes desempeñaban su ministerio; también los levitas glorificaban a Jehová con los instrumentos de música que había hecho el rey David para alabar a Jehová porque su misericordia es para siempre, ejecutando los cánticos compuestos por David. Asimismo los sacerdotes tocaban trompetas delante de ellos, y todo Israel estaba en pie.

7 También Salomón consagró la parte interior del atrio que estaba delante de la casa de Jehová, por cuanto había ofrecido allí los

holocaustos y las grasas de las ofrendas de paz; porque en el altar de bronce que Salomón había hecho no podían caber los holocaustos, las ofrendas y las grasas.

8 Entonces hizo Salomón fiesta siete días, y con él todo Israel, una gran congregación, venida desde la entrada de Hamat hasta el arroyo de Egipto.

9 Al octavo día hicieron solemne asamblea, porque habían hecho la dedicación del altar en siete días, y habían celebrado la fiesta solemne por siete días.

10 Y a los veintitrés días del mes séptimo envió al pueblo a sus hogares, alegres y gozosos de corazón por los beneficios que Jehová había hecho a David y a Salomón, y a su pueblo Israel.

Respuesta de Dios a Salomón

11 Terminó, pues, Salomón la casa de Jehová, y la casa del rey; y en todo lo que Salomón se propuso hacer en la casa de Jehová, y en su propia casa, fue prosperado.

12 Y se apareció Jehová a Salomón de noche, y le dijo: Yo he oído tu oración, y he elegido para mí este lugar por casa de sacrificio.

13 Si yo cierro los cielos para que no haya lluvia, y si mando a la langosta que consuma la tierra, o si envío pestilencia a mi pueblo;

14 si se humilla mi pueblo, sobre el cual mi nombre es invocado, y oran, y buscan mi rostro, y se convierten de sus malos caminos; entonces yo oiré desde los cielos, y perdonaré sus pecados, y sanaré su tierra.

15 Ahora estarán abiertos mis ojos y atentos mis oídos a la oración en este lugar;

16 porque ahora he elegido y santificado esta casa, para que esté en ella mi nombre para siempre; y mis ojos y mi corazón estarán ahí para siempre.

17 Y si tú andas delante de mí como anduvo David tu padre, y haces todas las cosas que yo te he mandado, y guardas mis estatutos y mis decretos,

18 yo confirmaré el trono de tu reino, como pacté con David tu padre, diciendo: No te faltará varón que gobierne en Israel.

19 Mas si vosotros os volvéis, y dejáis mis estatutos y mandamientos que he puesto delante de vosotros, y vais a servir a dioses ajenos, y los adoráis,

20 yo os arrancaré de mi tierra que os he dado; y esta casa que he santificado a mi nombre, yo la arrojaré de mi presencia, y la pondré por burla y escarnio entre todos los pueblos.

21 Y esta casa que es tan excelsa, será espanto a todo el que pase, y dirá: ¿Por qué ha hecho así Jehová a esta tierra y a esta casa?

22 Y se responderá: Por cuanto dejaron a Jehová Dios de sus padres, que los sacó de la tierra de Egipto, y han abrazado a dioses ajenos, y los adoraron y sirvieron; por eso él ha traído todo este mal sobre ellos.

Otras actividades de Salomón

8 Después de veinte años, durante los cuales Salomón había edificado la casa de Jehová y su propia casa,

2 reedificó Salomón las ciudades que Hiram le había dado, y estableció en ellas a los hijos de Israel.

3 Después vino Salomón a Hamat de Sobá, y se apoderó de ella.

4 Y edificó a Tadmor en el desierto, y todas las ciudades de aprovisionamiento que edificó en Hamat.

5 Asimismo reedificó a Bet-horón la de arriba y a Bet-horón la de abajo, ciudades fortificadas, con muros, puertas y barras;

6 y a Baalat, y a todas las ciudades de provisiones que Salomón tenía; también todas las ciudades de los carros y las de la gente de a caballo, y todo lo que Salomón quiso edificar en Jerusalén, en el Líbano, y en toda la tierra de su dominio.

7 Y a todo el pueblo que había quedado de los heteos, amorreos, ferezeos, heveos y jebuseos, que no eran de Israel,

8 los hijos de los que habían quedado en la tierra después de ellos, a los cuales los hijos de Israel no destruyeron del todo, los hizo Salomón tributarios hasta hoy.

9 Pero de los hijos de Israel no puso Salomón siervos en su obra; porque eran hombres de guerra, y sus oficiales y sus capitanes, y comandantes de sus carros, y su gente de a caballo.

10 Y tenía Salomón doscientos cincuenta gobernadores principales, los cuales mandaban sobre aquella gente.

11 Y Salomón hizo subir a la hija de Faraón, de la ciudad de David a la casa que él había edificado para ella; porque dijo: Mi mujer no morará en la casa de David rey de Israel, porque aquellas habitaciones donde ha entrado el arca de Jehová, son sagradas.

12 Entonces ofreció Salomón holocaustos a Jehová sobre el altar de Jehová que él había edificado delante del pórtico,

13 para que ofreciesen cada cosa en su día, conforme al mandamiento de Moisés, en los sábados, en las lunas nuevas, y en las fiestas solemnes tres veces en el año, esto es, en la fiesta de los panes sin levadura, en la fiesta de las semanas y en la fiesta de los tabernáculos.

14 Y constituyó los turnos de los sacerdotes en sus oficios, conforme a lo ordenado por David su padre, y los levitas en sus cargos, para que alabasen y ministrasen delante de los sacerdotes, cada cosa en su día; asimis-

mo los porteros por su orden a cada puerta;
porque así lo había mandado David, varón
de Dios.
15 Y no se apartaron del mandamiento del
rey, en cuanto a los sacerdotes y los levitas,
y los tesoros, y todo otro asunto;
16 porque toda la obra de Salomón estaba
preparada desde el día en que se pusieron
los cimientos de la casa de Jehová hasta que
fue terminada. Así la casa de Jehová fue
acabada totalmente.
17 Entonces Salomón fue a Ezyón-géber y
a Elot, a la costa del mar en la tierra de
Edom.
18 Porque Hiram le había enviado naves
por mano de sus siervos, y marineros diestros en el mar, los cuales fueron con los
siervos de Salomón a Ofir, y tomaron de allí
cuatrocientos cincuenta talentos de oro, y
los trajeron al rey Salomón.

La reina de Sebá visita a Salomón

9 Oyendo la reina de Sebá la fama de
Salomón, vino a Jerusalén con un séquito muy grande, con camellos cargados de
especias aromáticas, oro en abundancia, y
piedras preciosas, para probar a Salomón
con preguntas difíciles. Y luego que vino a
Salomón, habló con él todo lo que en su
corazón tenía.
2 Pero Salomón le respondió a todas su
preguntas, y nada hubo que Salomón no le
contestase.
3 Y viendo la reina de Sebá la sabiduría de
Salomón, y la casa que había edificado,
4 y las viandas de su mesa, las habitaciones
de sus oficiales, el porte de sus criados y los
vestidos de ellos, sus maestresalas y sus
vestidos, y la escalinata por donde subía a la
casa de Jehová, se quedó asombrada.
5 Y dijo al rey: Verdad es lo que había oído
en mi tierra acerca de tus cosas y de tu
sabiduría;
6 pero yo no creía las palabras de ellos,
hasta que he venido, y mis ojos han visto; y
he aquí que ni aun la mitad de la grandeza de
tu sabiduría me había sido dicha; porque tú
superas la fama que yo había oído.
7 Bienaventurados tus hombres, y dichosos
estos siervos tuyos que están siempre delante de ti, y oyen tu sabiduría.
8 Bendito sea Jehová tu Dios, el cual se ha
complacido en ti para ponerte sobre su
trono como rey para Jehová tu Dios; por
cuanto Dios amó a Israel para establecerlo
perpetuamente, por eso te ha puesto por rey
sobre ellos, para que hagas juicio y justicia.
9 Y dio al rey ciento veinte talentos de oro,
y gran cantidad de especias aromáticas, y
piedras preciosas; nunca hubo tales especias
aromáticas como las que dio la reina de Sebá
al rey Salomón.

10 También los siervos de Hiram y los
siervos de Salomón, que habían traído el
oro de Ofir, trajeron madera de sándalo, y
piedras preciosas.
11 Y de la madera de sándalo el rey hizo
gradas en la casa de Jehová y en las casas
reales, y arpas y salterios para los cantores;
nunca en la tierra de Judá se había visto
madera semejante.
12 Y el rey Salomón dio a la reina de Sebá
todo lo que ella quiso y le pidió, más de lo
que ella había traído al rey. Después ella se
volvió y se fue a su tierra con sus siervos.

Riquezas y fama de Salomón

13 El peso del oro que venía a Salomón
cada año, era seiscientos sesenta y seis
talentos de oro,
14 sin lo que traían los mercaderes y negociantes; también todos los reyes de Arabia y
los gobernadores de la tierra traían oro y
plata a Salomón.
15 Hizo también el rey Salomón doscientos
paveses de oro batido, cada uno de los cuales
tenía seiscientos siclos de oro labrado;
16 asimismo trescientos escudos de oro batido, teniendo cada escudo trescientos siclos
de oro; y los puso el rey en la casa del bosque
del Líbano.
17 Hizo además el rey un gran trono de
marfil, y lo cubrió de oro puro.
18 El trono tenía seis gradas, y un estrado
de oro fijado al trono, y brazos a uno y otro
lado del asiento, y dos leones que estaban
junto a los brazos.
19 Había también allí doce leones sobre las
seis gradas, a uno y otro lado. Jamás fue
hecho trono semejante en reino alguno.
20 Toda la vajilla del rey Salomón era de
oro, y toda la vajilla de la casa del bosque
del Líbano, de oro puro. En los días de
Salomón la plata no era apreciada.
21 Porque la flota del rey iba a Tarsis con
los siervos de Hiram, y cada tres años solían
venir las naves de Tarsis, y traían oro, plata,
marfil, monos y pavos reales.
22 Y excedió el rey Salomón a todos los
reyes de la tierra en riqueza y en sabiduría.
23 Y todos los reyes de la tierra procuraban
ver el rostro de Salomón, para oír la sabiduría que Dios le había dado.
24 Cada uno de éstos traía su presente,
alhajas de plata, alhajas de oro, vestidos,
armas, perfumes, caballos y mulos, todos
los años.
25 Tuvo también Salomón cuatro mil caballerizas para sus caballos y carros, y doce mil
jinetes, los cuales puso en las ciudades de los
carros, y con el rey en Jerusalén.
26 Y tuvo dominio sobre todos los reyes
desde el Éufrates hasta la tierra de los
filisteos, y hasta la frontera de Egipto.

27 Y acumuló el rey plata en Jerusalén como piedras, y cedros como los sicómoros de la Sefelá en abundancia.

28 Traían también caballos para Salomón, de Egipto y de todos los países.

Muerte de Salomón

29 Los demás hechos de Salomón, primeros y postreros, ¿no están todos escritos en los libros del profeta Natán, en la profecía de Ahías silonita, y en la profecía del vidente Iddó contra Jeroboam hijo de Nebat?

30 Reinó Salomón en Jerusalén sobre todo Israel cuarenta años.

31 Y durmió Salomón con sus padres, y lo sepultaron en la ciudad de David su padre; y reinó en su lugar Roboam su hijo.

Rebelión de Israel

10 Roboam fue a Siquem, porque en Siquem se había reunido todo Israel para hacerlo rey.

2 Y cuando lo oyó Jeroboam hijo de Nebat, el cual estaba en Egipto, adonde había huido a causa del rey Salomón, volvió de Egipto.

3 Y enviaron a llamarle. Vino, pues, Jeroboam, y todo Israel, y hablaron a Roboam, diciendo:

4 Tu padre agravó nuestro yugo; ahora alivia algo de la dura servidumbre y del pesado yugo con que tu padre nos apremió, y te serviremos.

5 Y él les dijo: Volved a mí de aquí a tres días. Y el pueblo se fue.

6 Entonces el rey Roboam tomó consejo con los ancianos que habían estado delante de Salomón su padre cuando vivía, y les dijo: ¿Qué me aconsejáis vosotros que responda a este pueblo?

7 Y ellos le contestaron diciendo: Si te conduces humanamente con este pueblo, y les agradas, y les hablas buenas palabras, ellos te servirán siempre.

8 Mas él, dejando el consejo que le dieron los ancianos, tomó consejo con los jóvenes que se habían criado con él, y que estaban a su servicio.

9 Y les dijo: ¿Qué aconsejáis vosotros que respondamos a este pueblo, que me ha hablado, diciendo: Alivia algo del yugo que tu padre puso sobre nosotros?

10 Entonces los jóvenes que se habían criado con él, le contestaron: Esto debes responder al pueblo que te ha hablado diciendo: Tu padre agravó nuestro yugo, mas tú disminuye nuestra carga. Así les dirás: Mi dedo meñique es más grueso que los lomos de mi padre.

11 Así que, si mi padre os cargó de yugo pesado, yo añadiré a vuestro yugo; mi padre os castigó con azotes, y yo os azotaré con escorpiones.

12 Vino, pues, Jeroboam con todo el pueblo a Roboam al tercer día, según el rey les había mandado diciendo: Volved a mí de aquí a tres días.

13 Y el rey les respondió ásperamente; pues dejó el rey Roboam el consejo de los ancianos,

14 y les habló conforme al consejo de los jóvenes, diciendo: Mi padre hizo pesado vuestro yugo, pero yo añadiré a vuestro yugo; mi padre os castigó con azotes, mas yo os azotaré con escorpiones.

15 Y no escuchó el rey al pueblo; pues se trataba de una intervención de Dios para dar cumplimiento a la palabra que había hablado por Ahías silonita a Jeroboam hijo de Nebat.

16 Y viendo todo Israel que el rey no les había oído, respondió el pueblo al rey, diciendo: ¿Qué parte tenemos nosotros con David? No tenemos herencia en el hijo de Isay. ¡Israel, cada uno a sus tiendas! ¡David, mira ahora por tu casa! Así se fue todo Israel a sus tiendas.

17 Mas reinó Roboam sobre los hijos de Israel que habitaban en las ciudades de Judá.

18 Envió luego el rey Roboam a Adoram, que tenía cargo de los tributos; pero le apedrearon los hijos de Israel, y murió. Entonces se apresuró el rey Roboam, y subiendo en su carro huyó a Jerusalén.

19 Así se apartó Israel de la casa de David hasta hoy.

11 Cuando vino Roboam a Jerusalén, reunió de la casa de Judá y de Benjamín a ciento ochenta mil hombres escogidos de guerra, para pelear contra Israel y hacer volver el reino a Roboam.

2 Mas vino palabra de Jehová a Semaías, varón de Dios, diciendo:

3 Habla a Roboam, hijo de Salomón, rey de Judá, y a todos los israelitas en Judá y Benjamín, diciéndoles:

4 Así ha dicho Jehová: No subáis, ni peleéis contra vuestros hermanos; vuélvase cada uno a su casa, porque yo he hecho esto. Y ellos oyeron la palabra de Jehová y se volvieron, y no fueron contra Jeroboam.

Prosperidad de Roboam

5 Y habitó Roboam en Jerusalén, y edificó ciudades para fortificar a Judá.

6 Edificó Belén, Etam, Técoa,

7 Bet-sur, Socó, Adulam,

8 Gat, Maresá, Zif,

9 Adoráyim, Laquís, Azecá,

10 Zorá, Ajalón y Hebrón, que eran ciudades fortificadas de Judá y Benjamín.

11 Reforzó también las fortalezas, y puso en ellas capitanes, y provisiones, vino y aceite;

12 y proveyó a todas las ciudades de escudos y lanzas. Las fortificó, pues, en gran manera; y Judá y Benjamín estaban de su parte.

13 Y los sacerdotes y levitas que estaban en todo Israel, se juntaron a él desde todos los lugares donde vivían.

14 Porque los levitas dejaban sus ejidos y sus posesiones, y venían a Judá y a Jerusalén; pues Jeroboam y sus hijos les habían prohibido ejercer el ministerio de Jehová.

15 Y Jeroboam instituyó sus propios sacerdotes para los lugares altos, y para los demonios, y para los becerros que había hecho.

16 Tras ellos acudieron también de todas las tribus de Israel los que habían puesto su corazón en buscar a Jehová Dios de Israel; y vinieron a Jerusalén para ofrecer sacrificios a Jehová, el Dios de sus padres.

17 Así fortalecieron el reino de Judá, y confirmaron a Roboam hijo de Salomón, por tres años; porque tres años anduvieron en el camino de David y de Salomón.

18 Y tomó Roboam por mujer a Mahalat hija de Jerimot, hijo de David y de Abiháyil hija de Eliab, hijo de Isay,

19 la cual le dio a luz estos hijos: Jeús, Semarías y Zaham.

20 Después de ella tomó a Maacá hija de Absalón, la cual le dio a luz a Abías, Atay, Zizá; y Selomit.

21 Pero Roboam amó a Maacá hija de Absalón sobre todas sus mujeres y concubinas; porque tomó dieciocho mujeres y sesenta concubinas, y engendró veintiocho hijos y sesenta hijas.

22 Y puso Roboam a Abías hijo de Maacá por jefe y príncipe de sus hermanos, porque quería hacerle rey.

23 Obró sagazmente, y esparció a todos sus hijos por todas las tierras de Judá y de Benjamín, y por todas las ciudades fortificadas, les dio provisiones en abundancia, y les procuró muchas mujeres.

Sisac invade Judá

12 Cuando Roboam había consolidado el reino, abandonó la ley de Jehová, y todo Israel con él.

2 Y por cuanto se habían rebelado contra Jehová, en el quinto año del rey Roboam subió Sisac rey de Egipto contra Jerusalén,

3 con mil doscientos carros, y con sesenta mil hombres de a caballo; mas el pueblo que venía con él de Egipto, esto es, de libios, suquienos y etíopes, no tenía número.

4 Y tomó las ciudades fortificadas de Judá, y llegó hasta Jerusalén.

5 Entonces vino el profeta Semaías a Roboam y a los príncipes de Judá, que estaban reunidos en Jerusalén por causa de Sisac, y les dijo: Así ha dicho Jehová: Vosotros me habéis dejado, y yo también os he dejado en manos de Sisac.

6 Y los príncipes de Israel y el rey se humillaron, y dijeron: Justo es Jehová.

7 Y cuando Jehová vio que se habían humillado, vino palabra de Jehová a Semaías, diciendo: Se han humillado; no los destruiré; antes los salvaré en breve, y no se derramará mi ira contra Jerusalén por mano de Sisac.

8 Pero serán sus siervos, para que sepan lo que es servirme a mí, y qué es servir a los reinos de las naciones.

9 Subió, pues Sisac rey de Egipto a Jerusalén, y tomó los tesoros de la casa del rey; todo lo llevó, y tomó los escudos de oro que Salomón había hecho.

10 Y en lugar de ellos hizo el rey Roboam escudos de bronce, y los entregó a los jefes de la guardia, los cuales custodiaban la entrada de la casa del rey.

11 Cuando el rey iba a la casa de Jehová, venían los de la guardia y los llevaban, y después los volvían a la cámara de la guardia.

12 Y cuando él se humilló, la ira de Jehová se apartó de él, para no destruirlo del todo; y también en Judá las cosas fueron bien.

13 Fortalecido, pues, Roboam, reinó en Jerusalén; y era Roboam de cuarenta y un años cuando comenzó a reinar, y diecisiete años reinó en Jerusalén, ciudad que escogió Jehová de todas las tribus de Israel para poner en ella su nombre. Y el nombre de la madre de Roboam fue Naamá amonita.

14 E hizo lo malo, porque no dispuso su corazón para buscar a Jehová.

15 Las cosas de Roboam, primeras y postreras, ¿no están escritas en los libros del profeta Semaías y del vidente Iddó, en el registro de las familias? Y entre Roboam y Jeroboam hubo guerra constante.

16 Y durmió Roboam con sus padres, y fue sepultado en la ciudad de David; y reinó en su lugar Abías su hijo.

Reinado de Abías

13 A los dieciocho años del rey Jeroboam, reinó Abías sobre Judá,

2 y reinó tres años en Jerusalén. El nombre de su madre fue Micaía hija de Uriel de Guibeá. Y hubo guerra entre Abías y Jeroboam.

3 Entonces Abías ordenó batalla con un ejército de cuatrocientos mil hombres de guerra, valerosos y escogidos; y Jeroboam ordenó batalla contra él con ochocientos mil hombres escogidos, fuertes y valerosos.

El discurso de Abías

4 Y se levantó Abías sobre el monte de Zemaráyim, que está en los montes de

Efraín, y dijo: Oídme, Jeroboam y todo Israel.

5 ¿No sabéis vosotros que Jehová Dios de Israel dio el reino a David sobre Israel para siempre, a él y a sus hijos, bajo pacto de sal?

6 Pero Jeroboam hijo de Nebat, siervo de Salomón hijo de David, se levantó y rebeló contra su señor.

7 Y se juntaron con él hombres vanos y perversos, y pudieron más que Roboam hijo de Salomón, porque Roboam era joven y pusilánime, y no se defendió de ellos.

8 Y ahora vosotros tratáis de resistir al reino de Jehová en mano de los hijos de David, porque sois muchos, y tenéis con vosotros los becerros de oro que Jeroboam os hizo por dioses.

9 ¿No habéis arrojado vosotros a los sacerdotes de Jehová, a los hijos de Aarón y a los levitas, y os habéis designado sacerdotes a la manera de los pueblos de otras tierras, para que cualquiera venga a consagrarse con un becerro y siete carneros, y así sea sacerdote de los que no son dioses?

10 Mas en cuanto a nosotros, Jehová es nuestro Dios, y no le hemos dejado; y los sacerdotes que ministran delante de Jehová son los hijos de Aarón, y los que están en la obra son levitas,

11 los cuales queman para Jehová los holocaustos cada mañana y cada tarde, y el incienso aromático; y ponen los panes sobre la mesa limpia, y el candelero de oro con sus lámparas para que ardan cada tarde; porque nosotros guardamos la ordenanza de Jehová nuestro Dios, mas vosotros le habéis dejado.

12 Y he aquí Dios está con nosotros por jefe, y sus sacerdotes con las trompetas del júbilo para que suenen contra vosotros. Oh hijos de Israel, no peléis contra Jehová el Dios de vuestros padres, porque no prosperaréis.

La batalla

13 Pero Jeroboam hizo tender una emboscada para venir a ellos por la espalda; y estando así delante de ellos, la emboscada estaba a espaldas de Judá.

14 Y cuando miró Judá, he aquí que tenía batalla por delante y a las espaldas; por lo que clamaron a Jehová, y los sacerdotes tocaron las trompetas.

15 Entonces los de Judá gritaron con fuerza; y así que ellos alzaron el grito, Dios desbarató a Jeroboam y a todo Israel delante de Abías y de Judá;

16 y huyeron los hijos de Israel delante de Judá, y Dios los entregó en sus manos.

17 Y Abías y su gente hicieron en ellos una gran matanza, y cayeron heridos de Israel quinientos mil hombres escogidos.

18 Así fueron humillados los hijos de Israel en aquel tiempo, y los hijos de Judá prevalecieron, porque se apoyaban en Jehová el Dios de sus padres.

19 Y siguió Abías a Jeroboam, y le tomó algunas ciudades, a Betel con sus aldeas, a Jesaná con sus aldeas, y a Efraín con sus aldeas.

20 Y nunca más tuvo Jeroboam poder en los días de Abías; y Jehová lo hirió, y murió.

21 Pero Abías se hizo más poderoso. Tomó catorce mujeres, y engendró veintidós hijos y dieciséis hijas.

22 Los demás hechos de Abías, sus caminos y sus dichos, están escritos en la historia de Iddó profeta.

Reinado de Asá

14 Durmió Abías con sus padres, y fue sepultado en la ciudad de David; y reinó en su lugar su hijo Asá, en cuyos días tuvo sosiego el país por diez años.

2 E hizo Asá lo bueno y lo recto ante los ojos de Jehová su Dios.

3 Porque quitó los altares del culto extraño, y los lugares altos; quebró las imágenes, y destruyó los símbolos de Aserá;

4 y mandó a Judá que buscase a Jehová el Dios de sus padres, y pusiese por obra la ley y sus mandamientos.

5 Quitó asimismo de todas las ciudades de Judá los lugares altos y las imágenes; y estuvo el reino en paz bajo su reinado.

6 Y edificó ciudades fortificadas en Judá, por cuanto había paz en la tierra, y no había guerra contra él en aquellos tiempos; porque Jehová le había dado paz.

7 Dijo, por tanto, a Judá: Edifiquemos estas ciudades, y cerquémoslas de muros con torres, puertas y barras, ya que la tierra es nuestra; porque hemos buscado a Jehová nuestro Dios; le hemos buscado, y él nos ha dado paz por todas partes. Edificaron, pues, y fueron prosperados.

8 Tuvo también Asá ejército que traía escudos y lanzas: de Judá trescientos mil, y de Banjamín doscientos ochenta mil que traían escudos y entesaban arcos, todos hombres diestros.

9 Y salió contra ellos Zera etíope con un ejército de un millón de hombres y trescientos carros; y vino hasta Maresá.

10 Entonces salió Asá contra él, y ordenaron la batalla en el valle de Sefatá junto a Maresá.

11 Y clamó Asá a Jehová su Dios, y dijo: ¡Oh Jehová, para ti no hay diferencia alguna en dar ayuda al poderoso o al que no tiene fuerzas! Ayúdanos, oh Jehová Dios nuestro, porque en ti nos apoyamos, y en tu nombre venimos contra esa gran muche-

dumbre. Oh Jehová, tú eres nuestro Dios;
no prevalezca contra ti el hombre.
12 Y Jehová deshizo a los etíopes delante
de Asá y delante de Judá; y huyeron los
etíopes.
13 Y Asá, y el pueblo que con él estaba, los
persiguieron hasta Gerar; y cayeron los
etíopes hasta no quedar de ellos ni uno vivo,
porque fueron deshechos delante de Jehová
y de su ejército. Y les tomaron muy grande
botín.
14 Atacaron también todas las ciudades
alrededor de Gerar, porque el terror de Jehová cayó sobre ellas; y saquearon todas las ciudades, porque había en ellas gran botín.
15 Asimismo atacaron las cabañas de los
que tenían ganado, y se llevaron muchas
ovejas y camellos, y volvieron a Jerusalén.

Reformas religiosas de Asá

15 Vino el Espíritu de Dios sobre Azarías hijo de Obed,
2 y salió al encuentro de Asá, y le dijo:
Oídme, Asá y todo Judá y Benjamín: Jehová estará con vosotros, si vosotros estáis con
él; y si le buscáis, será hallado de vosotros;
mas si le dejáis, él también os dejará.
3 Muchos días estará Israel sin verdadero
Dios y sin sacerdote que enseñe, y sin ley;
4 pero cuando en su tribulación se conviertan a Jehová Dios de Israel, y le busquen, él
será hallado de ellos.
5 En aquellos tiempos no habrá paz, ni para
el que entre ni para el que salga, sino
muchas aflicciones sobre todos los habitantes de las tierras.
6 Y una gente destruirá a otra, y una ciudad
a otra ciudad; porque Dios los turbará con
toda clase de calamidades.
7 Pero esforzaos° vosotros, y no desfallezcan vuestras manos, pues hay recompensa
para vuestra obra.
8 Cuando oyó Asá las palabras y la profecía
del profeta Azarías hijo de Obed, cobró
ánimo, y quitó los ídolos abominables de
toda la tierra de Judá y de Benjamín, y de las
ciudades que él había tomado en la parte
montañosa de Efraín; y reparó el altar de
Jehová que estaba delante del pórtico de
Jehová.
9 Después reunió a todo Judá y Benjamín,
y con ellos a los forasteros de Efraín, de
Manasés y de Simeón; porque muchos de
Israel se habían pasado a él, viendo que
Jehová su Dios estaba con él.
10 Se reunieron, pues, en Jerusalén, en el
mes tercero del año decimoquinto del reinado de Asá.
11 Y en aquel día sacrificaron para Jehová,
del botín que habían traído, setecientos
bueyes y siete mil ovejas.
12 Entonces prometieron solemnemente

que buscarían a Jehová el Dios de sus
padres, de todo su corazón y de toda su
alma;
13 y que cualquiera que no buscase a Jehová el Dios de Israel, muriese, grande o
pequeño, hombre o mujer.
14 Y juraron a Jehová con gran voz y
júbilo, al son de trompetas y de bocinas.
15 Todos los de Judá se alegraron de este
juramento; porque de todo su corazón lo
juraban, y de toda su voluntad lo buscaban,
y fue hallado de ellos; y Jehová les dio paz
por todas partes.
16 Y aun a Maacá abuela del rey Asá, él
mismo la depuso del honor de Gran Dama,
porque había hecho una imagen de Aserá; y
Asá destruyó la imagen, la desmenuzó, y la
quemó junto al torrente de Cedrón.
17 Con todo esto, los lugares altos no eran
quitados de Israel, aunque el corazón de
Asá fue perfecto en todos sus días.
18 Y trajo a la casa de Dios lo que su padre
había dedicado, y lo que él había consagrado, plata, oro y utensilios.
19 Y no hubo más guerra hasta los treinta y
cinco años del reinado de Asá.

Alianza de Asá con Ben-adad

16 En el año treinta y seis del reinado de
Asá, subió Baasá rey de Israel contra
Judá, y fortificó a Ramá, para cortar las
comunicaciones a Asá, rey de Judá.
2 Entonces sacó Asá plata y oro de los
tesoros de la casa de Jehová y de la casa real,
y envió a Ben-adad rey de Siria, que estaba
en Damasco, diciendo:
3 Haya alianza entre nosotros, como la
hubo entre tu padre y mi padre; he aquí yo
te he enviado plata y oro, para que vengas y
deshagas la alianza que tienes con Baasá rey
de Israel, a fin de que se retire de mí.
4 Y consintió Ben-adad con el rey Asá, y
envió los capitanes de sus ejércitos contra
las ciudades de Israel; y conquistaron Ijón,
Dan, Abel-máyim y las ciudades de aprovisionamiento de Neftalí.
5 Oyendo esto Baasá, suspendió las fortificaciones en Ramá, y abandonó su obra.
6 Entonces el rey Asá tomó a todo Judá, y
se llevaron de Ramá la piedra y la madera
con que Baasá edificaba, y con ellas edificó
a Geba y a Mizpá.
7 En aquel tiempo vino el vidente Hananí a
Asá rey de Judá, y le dijo: Por cuanto te has
apoyado en el rey de Siria, y no te apoyaste
en Jehová tu Dios, por eso el ejército del rey
de Siria ha escapado de tus manos.
8 Los etíopes y los libios, ¿no eran un
ejército numerosísimo, con carros y mucha
gente a caballo? Con todo, porque te
apoyaste en Jehová, él los entregó en tus
manos.

9 Porque los ojos de Jehová contemplan toda la tierra, para mostrar su poder a favor de los que tienen corazón perfecto para con él. Neciamente has procedido en esto; porque de aquí en adelante habrá más guerra contra ti.

10 Entonces se enojó Asá contra el vidente y lo echó en la cárcel, porque se encolerizó grandemente a causa de esto. En esta época, maltrató Asá también a algunos del pueblo.

Muerte de Asá

11 Mas he aquí los hechos de Asá, primeros y postreros, están escritos en el libro de los reyes de Judá y de Israel.

12 En el año treinta y nueve de su reinado, Asá enfermó gravemente de los pies, y en su enfermedad no buscó a Jehová, sino a los médicos.

13 Y durmió Asá con sus padres, y murió en el año cuarenta y uno de su reinado.

14 Y lo sepultaron en los sepulcros que él había hecho para sí en la ciudad de David; y lo pusieron en un ataúd, el cual llenaron de perfumes y diversas especias aromáticas, preparadas por expertos perfumistas; e hicieron un gran fuego.

Reinado de Josafat

17 Reinó en su lugar Josafat su hijo, el cual se hizo fuerte contra Israel.

2 Puso ejércitos en todas las ciudades fortificadas de Judá, y colocó gente de guarnición en tierra de Judá, y asimismo en las ciudades de Efraín que su padre Asá había tomado.

3 Y Jehová estuvo con Josafat, porque anduvo en los primeros caminos de David su padre, y no buscó a los baales,

4 sino que buscó al Dios de su padre, y anduvo en sus mandamientos, y no según las obras de Israel.

5 Jehová, por tanto, confirmó el reino en su mano, y todo Judá dio a Josafat presentes; y tuvo riquezas y gloria en abundancia.

6 Y se animó su corazón en los caminos de Jehová, y quitó los lugares altos y las imágenes de Aserá de en medio de Judá.

7 Al tercer año de su reinado envió sus príncipes Ben-háyil, Abdías, Zacarías, Natanael y Miqueas, para que enseñasen en las ciudades de Judá;

8 y con ellos a los levitas Semaías, Netanías, Zebadías, Asael, Semiramot, Jonatán, Adonías, Tobías y Tobadonías; y con ellos a los sacerdotes Elisamá y Joram.

9 Y enseñaron en Judá, teniendo consigo el libro de la ley de Jehová, y recorrieron todas las ciudades de Judá enseñando al pueblo.

10 Y cayó el pavor de Jehová sobre todos los reinos de las tierras que estaban alrededor de Judá, y no osaron hacer guerra contra Josafat.

11 Y traían de los filisteos presentes a Josafat, y tributos de plata. Los árabes también le trajeron ganados, siete mil setecientos carneros y siete mil setecientos machos cabríos.

12 Iba, pues, Josafat engrandeciéndose mucho; y edificó en Judá fortalezas y ciudades de aprovisionamiento.

13 Tuvo muchas provisiones en las ciudades de Judá, y hombres de guerra muy valientes en Jerusalén.

14 Y éste es el número de ellos según sus casas paternas: de los jefes de los millares de Judá, el general Adnás, y con él trescientos mil hombres muy esforzados.

15 Después de él, el jefe Johanán, y con él doscientos ochenta mil.

16 Tras éste, Amasías hijo de Zicrí, el cual se había consagrado voluntariamente a Jehová, y con él doscientos mil hombres valientes.

17 De Benjamín, Elyadá, hombre muy valeroso, y con él doscientos mil armados de arco y escudo.

18 Tras éste, Jozabad, y con él ciento ochenta mil dispuestos para la guerra.

19 Éstos servían al rey, sin contar los que el rey había puesto en las ciudades fortificadas en todo Judá.

Miqueas profetiza la derrota de Acab

18 Tenía, pues, Josafat riquezas y gloria en abundancia; y emparentó con Acab.

2 Y después de algunos años descendió a Samaria para visitar a Acab; por lo que Acab mató muchas ovejas y bueyes para él y para la gente que con él venía, y le persuadió que fuese con él contra Ramot de Galaad.

3 Y dijo Acab rey de Israel a Josafat rey de Judá: ¿Quieres venir conmigo contra Ramot de Galaad? Y él respondió: Yo soy como tú, y mi pueblo como tu pueblo; iremos contigo a la batalla.

4 Además dijo Josafat al rey de Israel: Te ruego que consultes hoy la palabra de Jehová.

5 Entonces el rey de Israel reunió a cuatrocientos profetas, y les preguntó: ¿Debo atacar a Ramot de Galaad, o desistiré de hacerlo? Y ellos dijeron: Sube, porque Dios los entregará en mano del rey.

6 Pero Josafat dijo: ¿Hay aún aquí algún profeta de Jehová, para que por medio de él preguntemos?

7 El rey de Israel respondió a Josafat: Aún hay aquí un hombre por el cual podemos preguntar a Jehová; mas yo le aborrezco, porque nunca me profetiza el bien, sino siempre el mal. Éste es Miqueas hijo de

Imlá. Y respondió Josafat: No hable así el rey.

8 Entonces el rey de Israel llamó a un oficial, y le dijo: Haz venir luego a Miqueas hijo de Imlá.

9 Y el rey de Israel y Josafat rey de Judá estaban sentados cada uno en su trono, vestidos con sus ropas reales, en la plaza junto a la entrada de la puerta de Samaria, y todos los profetas profetizaban delante de ellos.

10 Y Sedequías hijo de Quenaaná se había hecho unos cuernos de hierro, y decía: Así ha dicho Jehová: Con éstos acornearás a los sirios hasta destruirlos por completo.

11 De esta manera profetizaban también todos los profetas, diciendo: Sube contra Ramot de Galaad, y serás prosperado; porque Jehová la entregará en mano del rey.

12 Y el mensajero que había ido a llamar a Miqueas, le habló diciendo: Mira que los profetas a una voz anuncian al rey cosas buenas; yo, pues, te ruego que tu palabra sea como la de uno de ellos, que anuncies el bien.

13 Dijo Miqueas: Vive Jehová, que lo que mi Dios me diga, eso anunciaré. Y vino al rey.

14 Y el rey le dijo: Miqueas, ¿iremos a pelear contra Ramot de Galaad, o me estaré quieto? Él respondió: Subid, y seréis prosperados, pues serán entregados en vuestras manos.

15 El rey le dijo: ¿Hasta cuántas veces te conjuraré por el nombre de Jehová que no me hables sino la verdad?

16 Entonces Miqueas dijo: He visto a todo Israel derramado por los montes como ovejas sin pastor; y dijo Jehová: Éstos no tienen señor; vuélvase cada uno en paz a su casa.

17 Y el rey de Israel dijo a Josafat: ¿No te había dicho yo que no me profetizaría el bien, sino el mal?

18 Entonces él dijo: Oíd, pues, palabra de Jehová: Yo he visto a Jehová sentado en su trono, y todo el ejército de los cielos estaba a su mano derecha y a su izquierda.

19 Y Jehová preguntó: ¿Quién inducirá a Acab rey de Israel, para que suba y caiga en Ramot de Galaad? Y uno decía así, y otro decía de otra manera.

20 Entonces salió un espíritu que se puso delante de Jehová y dijo: Yo le induciré. Y Jehová le dijo: ¿De qué modo?

21 Y él dijo: Saldré y seré espíritu de mentira en la boca de todos sus profetas. Y Jehová dijo: Tú le inducirás, y lo lograrás; anda y hazlo así.

22 Y ahora, he aquí Jehová ha puesto espíritu de mentira en la boca de estos tus profetas; pues Jehová ha predicho el mal contra ti.

23 Entonces Sedequías hijo de Quenaaná se le acercó y dio una bofetada a Miqueas, y le dijo: ¿Por qué camino se fue de mí el Espíritu de Jehová para hablarte a ti?

24 Y Miqueas respondió: He aquí tú lo verás aquel día, cuando vayas de cámara en cámara para esconderte.

25 Entonces el rey de Israel dijo: Prended a Miqueas, y llevadlo a Amón gobernador de la ciudad, y a Joás hijo del rey,

26 y decidles: Así ha dicho el rey: Poned a éste en la cárcel, y tenedle a escasa ración de pan y agua, hasta que yo vuelva victorioso.

27 Y Miqueas dijo: Si tú vuelves victorioso, Jehová no ha hablado por mí. Dijo además: Oíd, pueblos todos.

28 Subieron, pues, el rey de Israel, y Josafat rey de Judá, a Ramot de Galaad.

29 Y dijo el rey de Israel a Josafat: Yo me disfrazaré para entrar en la batalla, pero tú vístete tus ropas reales. Y se disfrazó el rey de Israel, y entró en la batalla.

30 Había el rey de Siria mandado a los capitanes de los carros que tenía consigo, diciendo: No ataquéis ni a chico ni a grande, sino sólo al rey de Israel.

31 Cuando los capitanes de los carros vieron a Josafat, dijeron: Éste es el rey de Israel. Y lo rodearon para pelear, mas Josafat clamó, y Jehová lo ayudó, y los apartó Dios de él;

32 pues viendo los capitanes de los carros que no era el rey de Israel, desistieron de acosarle.

33 Mas disparando uno el arco al azar, hirió al rey de Israel entre las junturas y el coselete. Él entonces dijo al cochero: Vuelve las riendas, y sácame del campo, porque estoy malherido.

34 Y arreció la batalla aquel día, por lo que estuvo el rey de Israel en pie en el carro enfrente de los sirios hasta la tarde; y murió al ponerse el sol.

El profeta Jehú amonesta a Josafat

19 Josafat rey de Judá volvió en paz a su casa en Jerusalén.

2 Y le salió al encuentro el vidente Jehú hijo de Hananí, y dijo al rey Josafat: ¿Al impío das ayuda, y amas a los que aborrecen a Jehová? Por esto ha caído contra ti la cólera de Jehová.

3 Pero se han hallado en ti buenas cosas, por cuanto has quitado de la tierra las imágenes de Asera y has dispuesto tu corazón para buscar a Dios.

Josafat nombra jueces

4 Habitó, pues, Josafat en Jerusalén; pero daba vuelta y salía al pueblo, desde Beerseba hasta el monte de Efraín, y los conducía a Jehová el Dios de sus padres.

5 Y puso jueces en todas las ciudades fortificadas de Judá, por todos los lugares.
6 Y dijo a los jueces: Mirad lo que hacéis;
porque no juzgáis en lugar de hombre, sino
en lugar de Jehová, el cual está con vosotros
cuando juzgáis.
7 Sea, pues, con vosotros el temor de Jehová; mirad lo que hacéis, porque con Jehová
nuestro Dios no hay injusticia, ni acepción
de personas, ni admisión de cohecho.
8 Puso también Josafat en Jerusalén a algunos de los levitas y sacerdotes, y de los
padres de familias de Israel, para la administración de la justicia de Jehová. Y volvieron
a Jerusalén.
9 Y les mandó diciendo: Procederéis asimismo con temor de Jehová, con verdad, y
con corazón íntegro.
10 En cualquier pleito que venga a vosotros
de vuestros hermanos que habitan en las
ciudades, ya sean causas de sangre, o cuestiones de ley y precepto, estatutos y decretos, habéis de instruirlos, a fin de que no
pequen contra Jehová, para que no venga
ira sobre vosotros y sobre vuestros hermanos. Obrando así, no os haréis culpables.
11 Y he aquí, el sacerdote Amarías será el
que os presida en todo asunto de Jehová, y
Zebadías hijo de Ismael, príncipe de la casa
de Judá, en todos los negocios del rey;
también los levitas estarán a vuestra disposición como escribas. Esforzaos, pues, para
hacerlo, y Jehová estará con el bueno.

Victoria sobre Moab y Amón

20 Pasadas estas cosas, aconteció que
los hijos de Moab y de Amón, y con
ellos otros de los amonitas, vinieron contra
Josafat a la guerra.
2 Y acudieron algunos y dieron aviso a
Josafat, diciendo: Contra ti viene una gran
multitud del otro lado del mar, y de Siria; y
he aquí están en Hazezón-tamar, que es
Engedi.
3 Entonces él tuvo temor; y Josafat humilló
su rostro para consultar a Jehová, e hizo
pregonar ayuno a todo Judá.
4 Y se reunieron los de Judá para pedir
socorro a Jehová; y también de todas las
ciudades de Judá vinieron a pedir ayuda a
Jehová.
5 Entonces Josafat se puso en pie en la
asamblea de Judá y de Jerusalén, en la casa
de Jehová, delante del atrio nuevo;
6 y dijo: Jehová Dios de nuestros padres,
¿no eres tú Dios en los cielos, y tienes
dominio sobre todos los reinos de las naciones? ¿No está en tu mano tal fuerza y poder,
que no hay quien te resista?
7 Dios nuestro, ¿no echaste tú los moradores de esta tierra delante de tu pueblo Israel,

y la diste a la descendencia de Abraham tu
amigo para siempre?
8 Y ellos han habitado en ella, y te han
edificado en ella santuario a tu nombre,
diciendo:
9 Si viene sobre nosotros algún mal: espada
de castigo, o pestilencia, o hambre, nos
presentaremos delante de esta casa, y delante de ti (porque tu nombre está en esta
casa), y a causa de nuestras tribulaciones
clamaremos a ti, y tú nos oirás y salvarás.
10 Ahora, pues, he aquí los hijos de Amón
y de Moab, y los del monte de Seír, a cuya
tierra no quisiste que pasase Israel cuando
venía de la tierra de Egipto, sino que se
apartase de ellos, y no los destruyese;
11 he aquí ellos nos dan el pago viniendo a
arrojarnos de la heredad que tú nos diste en
posesión.
12 ¡Oh Dios nuestro!, ¿no los juzgarás tú?
Porque en nosotros no hay fuerza contra tan
grande multitud que viene contra nosotros;
no sabemos qué hacer, y a ti volvemos
nuestros ojos.
13 Y todo Judá estaba en pie delante de
Jehová, con sus niños y sus mujeres y sus
hijos.
14 Estaba allí Jahaziel hijo de Zacarías,
hijo de Benaías, hijo de Jeiel, hijo de Matanías, levita, de los hijos de Asaf; sobre él
vino el Espíritu de Jehová en medio de la
asamblea,
15 y dijo: Oíd, Judá todo, y vosotros moradores de Jerusalén, y tú, rey Josafat. Jehová
os dice así: No temáis ni os amedrentéis
delante de esta multitud tan grande, porque
no es vuestra la guerra, sino de Dios.
16 Bajad mañana contra ellos; he aquí que
ellos subirán por la cuesta de Sis, y los
hallaréis junto al arroyo, antes del desierto
de Jeruel.
17 No tendréis que pelear vosotros en este
caso; paraos, estad quietos, y ved la salvación de Jehová con vosotros. Oh Judá y
Jerusalén, no temáis ni desmayéis; salid
mañana contra ellos, porque Jehová estará
con vosotros.
18 Entonces Josafat se inclinó rostro a tierra, y asimismo todo Judá y los moradores
de Jerusalén se postraron delante de Jehová, y adoraron a Jehová.
19 Y se levantaron los levitas de los hijos de
Coat y de los hijos de Coré, para alabar a
Jehová el Dios de Israel a grandes voces.
20 Y al día siguiente se levantaron temprano y salieron al desierto de Técoa. Y mientras ellos salían, Josafat, puesto en pie, dijo:
Oídme, Judá y moradores de Jerusalén.
Creed en Jehová vuestro Dios, y estaréis
seguros; creed a sus profetas, y seréis prosperados.
21 Y habido consejo con el pueblo, puso a

algunos que cantasen y alabasen a Jehová, vestidos de ornamentos sagrados, mientras salía la gente armada, y que dijesen: Glorificad a Jehová, porque su misericordia es para siempre.

22 Y cuando comenzaron a entonar cantos de alabanza, Jehová puso contra los hijos de Amón, de Moab y del monte de Seír, las emboscadas de ellos mismos que venían contra Judá, y se mataron los unos a los otros.

23 Porque los hijos de Amón y Moab se levantaron contra los del monte de Seír para matarlos y destruirlos; y cuando hubieron acabado con los del monte de Seír, cada cual ayudó a la destrucción de su compañero.

24 Y luego que vino Judá a la torre del desierto, miraron hacia la multitud, y he aquí yacían ellos en tierra muertos, pues ninguno había escapado.

25 Viniendo entonces Josafat y su pueblo a despojarlos, hallaron entre los cadáveres muchas riquezas, así vestidos como alhajas preciosas, que tomaron para sí, tantos, que no los podían llevar; tres días estuvieron recogiendo el botín, porque era mucho.

26 Y al cuarto día se juntaron en el valle de Beracá; porque allí bendijeron a Jehová, y por esto llamaron el nombre de aquel paraje el valle de Beracá, hasta hoy.

27 Y todo Judá y los de Jerusalén, y Josafat a la cabeza de ellos, volvieron para regresar a Jerusalén gozosos, porque Jehová les había dado gozo librándolos de sus enemigos.

28 Y entraron en Jerusalén con salterios, arpas y trompetas, a la casa de Jehová.

29 Y el terror de Dios cayó sobre todos los reinos de aquella tierra, cuando oyeron que Jehová había peleado contra los enemigos de Israel.

30 Y el reinado de Josafat fue tranquilo, porque su Dios le dio paz por todas partes.

Resumen del reinado de Josafat

31 Así reinó Josafat sobre Judá; de treinta y cinco años era cuando comenzó a reinar, y reinó veinticinco años en Jerusalén. El nombre de su madre fue Azubá, hija de Silhí.

32 Y anduvo en el camino de Asá su padre, sin apartarse de él, haciendo lo recto ante los ojos de Jehová.

33 Con todo eso, los lugares altos no fueron quitados; pues el pueblo aún no había fijado su corazón en el Dios de sus padres.

34 Los demás hechos de Josafat, primeros y postreros, he aquí están escritos en la historia de Jehú hijo de Hananí, del cual se hace mención en el libro de los reyes de Israel.

35 Pasadas estas cosas, Josafat rey de Judá trabó amistad con Ocozías rey de Israel, el cual era dado a la impiedad;

36 e hizo con él compañía para construir naves que fuesen a Tarsis; y construyeron las naves de Ezyón-géber.

37 Entonces Eliezer hijo de Dodavá, de Maresá, profetizó contra Josafat, diciendo: Por cuanto has hecho compañía con Ocozías, Jehová destruirá tus obras. Y las naves se rompieron, y no pudieron ir a Tarsis.

Reinado de Joram de Judá

21 Durmió Josafat con sus padres, y lo sepultaron con sus padres en la ciudad de David. Y reinó en su lugar Joram su hijo,

2 quien tuvo por hermanos, hijos de Josafat, a Azarías, Jehiel, Zacarías, Azaryahu, Miguel, y Sefatías. Todos éstos fueron hijos de Josafat rey de Judá.

3 Y su padre les había dado muchos regalos de oro y de plata, y cosas preciosas, y ciudades fortificadas en Judá; pero había dado el reino a Joram, porque él era el primogénito.

4 Fue elevado, pues, Joram al reino de su padre; y luego que se hizo fuerte, mató a espada a todos sus hermanos, y también a algunos de los príncipes de Israel.

5 Cuando comenzó a reinar era de treinta y dos años, y reinó ocho años en Jerusalén.

6 Y anduvo en el camino de los reyes de Israel, como hizo la casa de Acab; porque tenía por mujer a la hija de Acab, e hizo lo malo ante los ojos de Jehová.

7 Mas Jehová no quiso destruir la casa de David, a causa del pacto que había hecho con David, y porque le había dicho que le daría lámpara a él y a sus hijos perpetuamente.

8 En los días de éste se rebeló Edom contra el dominio de Judá, y pusieron rey sobre sí.

9 Entonces pasó Joram con sus príncipes, y todos sus carros; y se levantó de noche, y derrotó a los edomitas que le habían sitiado, y a todos los comandantes de sus carros.

10 No obstante, Edom se libertó del dominio de Judá, hasta hoy. También en el mismo tiempo Libná se libertó de su dominio, por cuanto él había dejado a Jehová el Dios de sus padres.

11 Además de esto, hizo lugares altos en los montes de Judá, e hizo que los moradores de Jerusalén fornicasen tras ellos, y a ello impelió a Judá.

12 Y le llegó una carta del profeta Elías, que decía: Jehová el Dios de David tu padre ha dicho así: Por cuanto no has andado en los caminos de Josafat tu padre, ni en los caminos de Asá, rey de Judá,

13 sino que has andado en el camino de los reyes de Israel, y has hecho que fornicase Judá y los moradores de Jerusalén, como fornicó la casa de Acab; y además has dado muerte a tus hermanos, a la familia de tu padre, los cuales eran mejores que tú;

14 he aquí Jehová herirá a tu pueblo con
una gran plaga, y a tus hijos y a tus mujeres,
y a todo cuanto tienes;
15 y tú mismo padecerás muchas enfermedades, y una dolencia de entrañas tal, que se
te saldrán fuera a causa de tu persistente
enfermedad.
16 Entonces Jehová despertó contra Joram
la ira de los filisteos y de los árabes que
estaban junto a los etíopes;
17 y subieron contra Judá, e invadieron la
tierra, y tomaron todos los bienes que hallaron en la casa del rey, y a sus hijos y a sus
mujeres; y no le quedó más hijo sino solamente Joacaz, el menor de sus hijos.
18 Después de todo esto, Jehová lo hirió con
una enfermedad incurable en los intestinos.
19 Y aconteció que al pasar muchos días, al
fin, al cabo de dos años, los intestinos se le
salieron por la enfermedad, muriendo en
medio de terribles dolores. Y no encendieron fuego en su honor, como lo habían
hecho con sus padres.
20 Cuando comenzó a reinar era de treinta
y dos años, y reinó en Jerusalén ocho años; y
murió sin que nadie lo llorara. Y lo sepultaron en la ciudad de David, pero no en los
sepulcros de los reyes.

Reinado de Ocozías de Judá

22 Los habitantes de Jerusalén hicieron
rey en lugar de Joram a Ocozías su
hijo menor; porque una banda armada que
había venido con los árabes al campamento,
había matado a todos los mayores, por lo
cual reinó Ocozías, hijo de Joram rey de
Judá.
2 Cuando Ocozías comenzó a reinar era de
cuarenta y dos años, y reinó un año en
Jerusalén. El nombre de su madre fue Atalyá, hija de Omrí.
3 También él anduvo en los caminos de la
casa de Acab, pues su madre le aconsejaba a
que actuase impíamente.
4 Hizo, pues, lo malo ante los ojos de
Jehová, como los de la casa de Acab; porque después de la muerte de su padre, ellos
le aconsejaron para su perdición.
5 Y, por consejo de ellos, fue a la guerra
con Joram hijo de Acab, rey de Israel,
contra Hazael rey de Siria, a Ramot de
Galaad, donde los sirios hirieron a Joram.
6 Y volvió para curarse en Jizreel de las
heridas que le habían hecho en Ramot,
peleando contra Hazael, rey de Siria. Y
descendió Azarías hijo de Joram, rey de
Judá, para visitar a Joram hijo de Acab en
Jizreel, porque allí estaba enfermo.

Jehú mata a Ocozías

7 Pero esto venía de Dios, para que Ocozías
encontrase su ruina viniendo a Joram; porque habiendo venido, salió con Joram contra Jehú hijo de Nimsí, al cual Jehová había
ungido para que exterminara a la familia de
Acab.
8 Y haciendo juicio Jehú contra la casa de
Acab, halló a los príncipes de Judá, y a los
hijos de los hermanos de Ocozías, que servían a Ocozías, y los mató.
9 Y buscando a Ocozías, el cual se había
escondido en Samaria, lo hallaron y lo trajeron a Jehú, y le mataron; y le dieron sepultura, porque dijeron: Es hijo de Josafat, quien
de todo su corazón buscó a Jehová. Y la casa
de Ocozías no tenía fuerzas para poder
retener el reino.

Atalyá usurpa el trono

10 Entonces Atalyá madre de Ocozías,
viendo que su hijo era muerto, se levantó y
exterminó a toda la descendencia real de la
casa de Judá.
11 Pero Josabat, hija del rey, tomó a Joás
hijo de Ocozías, y escondiéndolo de entre
los demás hijos del rey, a los cuales mataban, le guardó a él y a su ama en uno de los
dormitorios. Así lo escondió Josabat, hija
del rey Joram, mujer del sacerdote Joyadá
(porque ella era hermana de Ocozías), de
delante de Atalyá, y no pudieron matarle.
12 Y estuvo con ellos escondido en la casa
de Dios seis años, mientras Atalyá reinaba
en el país.

23 En el séptimo años se animó Joyadá,
y tomó consigo en alianza a los jefes
de centenas Azarías hijo de Jeroham, Ismael hijo de Johanán, Azarías hijo de
Obed, Maasías hijo de Adaía, y Elisafat hijo
de Zicri,
2 los cuales recorrieron el país de Judá, y
reunieron a los levitas de todas las ciudades
de Judá y a los príncipes de las familias de
Israel, y vinieron a Jerusalén.
3 Y toda la multitud hizo pacto con el rey en
la casa de Dios. Y Joyadá les dijo: He aquí el
hijo del rey, el cual reinará, como Jehová ha
dicho respecto a los hijos de David.
4 Ahora haced esto: una tercera parte de
vosotros, los que entran el sábado, estarán
de porteros con los sacerdotes y los levitas.
5 Otra tercera parte, a la casa del rey; y la
otra tercera parte, a la puerta del Cimiento;
y todo el pueblo estará en los patios de la
casa de Jehová.
6 Y ninguno entre en la casa de Jehová,
sino los sacerdotes y levitas que ministran;
éstos entrarán, porque están consagrados; y
todo el pueblo hará guardia delante de Jehová.
7 Y los levitas rodearán al rey por todas
partes, y cada uno tendrá sus armas en la
mano; cualquiera que entre en la casa, que
muera; y estaréis con el rey cuando entre y
cuando salga.

8 Y los levitas y todo Judá lo hicieron todo como lo había mandado el sacerdote Joyadá; y tomó cada jefe a los suyos, los que entraban el sábado, y los que salían el sábado; porque el sacerdote Joyadá no dio licencia a las compañías.

9 Dio también el sacerdote Joyadá a los jefes de centenas las lanzas, los paveses y los escudos que habían sido del rey David, y que estaban en la casa de Dios;

10 y puso en orden a todo el pueblo, teniendo cada uno su espada en la mano, desde el rincón derecho del templo hasta el izquierdo, hacia el altar y la casa, alrededor del rey por todas partes.

11 Entonces sacaron al hijo del rey, y le pusieron la corona y el testimonio, y lo proclamaron rey; y Joyadá y sus hijos lo ungieron, diciendo luego: ¡Viva el rey!

12 Cuando Atalyá oyó el estruendo de la gente que corría, y de los que aclamaban al rey, vino al pueblo a la casa de Jehová;

13 y mirando, vio al rey que estaba junto a su columna a la entrada, y los príncipes y los trompeteros junto al rey, y que todo el pueblo de la tierra mostraba alegría, y hacía resonar trompetas, y los cantores con instrumentos de música dirigían la alabanza. Entonces Atalyá rasgó sus vestidos, y dijo: ¡Traición! ¡Traición!

14 Pero el sacerdote Joyadá mandó que salieran los jefes de centenas del ejército, y les dijo: Sacadla fuera del recinto, y al que la siga, matadlo a filo de espada; porque el sacerdote había mandado que no la matasen en la casa de Jehová.

15 Ellos, pues, le echaron mano, y luego que ella pasó la entrada de la puerta de los caballos de la casa del rey, allí la mataron.

16 Y Joyadá hizo pacto entre sí y todo el pueblo y el rey, que serían pueblo de Jehová.

17 Después de esto entró todo el pueblo en el templo de Baal, y lo derribaron, y también sus altares; e hicieron pedazos sus imágenes, y mataron delante de los altares a Matán, sacerdote de Baal.

18 Luego ordenó Joyadá los oficios en la casa de Jehová, bajo la mano de los sacerdotes y levitas, según David los había distribuido en la casa de Jehová, para ofrecer a Jehová los holocaustos, como está escrito en la ley de Moisés, con gozo y con cánticos, conforme a las disposiciones de David.

19 Puso porteros junto a las puertas de la casa de Jehová, para que no entrase ningún inmundo, por cualquier causa que lo fuera.

20 Llamó después a los jefes de centenas, y a los principales, y a los que gobernaban el pueblo y a todo el pueblo de la tierra, para conducir al rey desde la casa de Jehová; y cuando llegaron a la mitad de la puerta mayor de la casa del rey, sentaron al rey sobre el trono del reino.

21 Y se regocijó todo el pueblo del país; y la ciudad estuvo tranquila, después que mataron a Atalyá a filo de espada.

Reinado de Joás de Judá

24 De siete años era Joás cuando comenzó a reinar, y cuarenta años reinó en Jerusalén. El nombre de su madre fue Sibyá, de Beerseba.

2 E hizo Joás lo recto ante los ojos de Jehová todos los días de Joyadá el sacerdote.

3 Y Joyadá tomó para él dos mujeres; y engendró hijos e hijas.

4 Después de esto, aconteció que Joás decidió restaurar la casa de Jehová.

5 Y reunió a los sacerdotes y los levitas, y les dijo: Salid por las ciudades de Judá, y recoged dinero de todo Israel, para que cada año sea reparada la casa de vuestro Dios; y vosotros poned diligencia en el asunto. Pero los levitas no pusieron diligencia.

6 Por lo cual el rey llamó al sumo sacerdote Joyadá y le dijo: ¿Por qué no has procurado que los levitas traigan de Judá y de Jerusalén la ofrenda que Moisés siervo de Jehová impuso a la congregación de Israel para el tabernáculo del testimonio?

7 Porque la impía Atalyá y sus hijos habían arruinado la casa de Dios, y además habían empleado en los ídolos todas las cosas consagradas de la casa de Jehová.

8 Mandó, pues, el rey que hiciesen un cofre, que pusieron fuera, a la puerta de la casa de Jehová;

9 e hicieron pregonar en Judá y en Jerusalén, que trajesen a Jehová la ofrenda que Moisés siervo de Dios había impuesto a Israel en el desierto.

10 Y todos los jefes y todo el pueblo se alegraron, y trajeron ofrendas, y las echaron en el cofre hasta llenarlo.

11 Y cuando venía el tiempo para llevar el cofre al secretario del rey por mano de los levitas, cuando veían que había mucho dinero, venía el escriba del rey, y el que estaba puesto por el sumo sacerdote, y llevaban el cofre, y lo vaciaban, y lo volvían a su lugar. Así lo hacían de día en día, y recogían mucho dinero,

12 y el rey y Joyadá lo daban a los que hacían el servicio de la casa de Jehová; y tomaban a sueldo canteros y carpinteros que reparasen la casa de Jehová, y artífices en hierro y bronce para componer la casa.

13 Hacían, pues, los artesanos la obra, y por sus manos la obra fue restaurada, y restituyeron la casa de Dios a su antigua condición, y la consolidaron.

14 Y cuando terminaron, trajeron al rey y a Joyadá lo que quedaba del dinero, e hicieron de él utensilios para el servicio, morteros, cucharas, vasos de oro y de plata. Y sacrificaban holocaustos continuamente en la casa de Jehová todos los días de Joyadá.

15 Mas Joyadá envejeció, y murió lleno de días; de ciento treinta años era cuando murió.

16 Y lo sepultaron en la ciudad de David con los reyes, por cuanto había hecho mucho bien en Israel, para Dios, y para su casa.

17 Muerto Joyadá, vinieron los príncipes de Judá y ofrecieron obediencia al rey; y el rey los oyó.

18 Y desampararon la casa de Jehová el Dios de sus padres, y sirvieron a los símbolos de Aserá y a las imágenes esculpidas. Entonces la ira de Dios vino sobre Judá y Jerusalén por este pecado suyo.

19 Y les envió profetas para que los volviesen a Jehová, los cuales les amonestaron; mas ellos no los escucharon.

20 Entonces el Espíritu de Dios vino sobre Zacarías hijo del sacerdote Joyadá; y presentándose delante del pueblo, les dijo: Así ha dicho Dios: ¿Por qué quebrantáis los mandamientos de Jehová? No os vendrá bien por ello; porque por haber dejado a Jehová, él también os abandonará.

21 Pero ellos conspiraron contra él, y por mandato del rey lo apedrearon hasta matarlo, en el patio de la casa de Jehová.

22 Así el rey Joás no se acordó de la misericordia que Joyadá padre de Zacarías había hecho con él, sino que mató a su hijo, quien dijo al morir: Jehová lo vea y lo demande.

23 A la vuelta del año subió contra él el ejército de Siria; y vinieron a Judá y a Jerusalén, y mataron a todos los principales del pueblo, y enviaron todo el botín al rey a Damasco.

24 Porque aunque el ejército de Siria había venido con poca gente, Jehová entregó en sus manos un ejército muy numeroso, por cuanto habían dejado a Jehová el Dios de sus padres. Así hicieron justicia contra Joás.

25 Y cuando se fueron los sirios, lo dejaron agobiado por sus dolencias; y conspiraron contra él sus siervos a causa de la sangre de los hijos de Joyadá el sacerdote, y lo hirieron en su cama, y murió. Y lo sepultaron en la ciudad de David, pero no en los sepulcros de los reyes.

26 Los que conspiraron contra él fueron Zabad hijo de Simeat, la amonita, y Jozabad hijo de Simrit, la moabita.

27 En cuanto a los hijos de Joás, y la multiplicación que hizo de las rentas, y la restauración de la casa de Dios, he aquí está escrito en la historia del libro de los reyes. Y reinó en su lugar Amasías, su hijo.

Reinado de Amasías

25 De veinticinco años era Amasías cuando comenzó a reinar, y veintinueve años reinó en Jerusalén; el nombre de su madre fue Joadán, de Jerusalén.

2 Hizo lo recto ante los ojos de Jehová, aunque no de perfecto corazón.

3 Y luego que fue confirmado en el reino, mató a los siervos que habían matado al rey su padre.

4 Pero no mató a los hijos de ellos, según lo que está escrito en la ley, en el libro de Moisés, donde Jehová mandó diciendo: No morirán los padres por los hijos, ni los hijos por los padres; mas cada uno morirá por su pecado.

5 Reunió luego Amasías a Judá, y con arreglo a la familias les puso jefes de millares y de centenas sobre todo Judá y Benjamín. Después puso en lista a todos los de veinte años arriba, y fueron hallados trescientos mil escogidos para salir a la guerra, que manejaban lanza y escudo.

6 Y de Israel tomó a sueldo por cien talentos de plata, a cien mil hombres valientes.

7 Mas un varón de Dios vino a él y le dijo: Rey, no vaya contigo el ejército de Israel; porque Jehová no está con Israel, ni con todos los hijos de Efraín.

8 Pues si vienen contigo, aunque tú te esforzarás para pelear, Dios te hará caer delante de los enemigos; porque en Dios está el poder, o para ayudar, o para derribar.

9 Y Amasías dijo al varón de Dios: ¿Qué, pues, se hará de los cien talentos que he dado al ejército de Israel? Y el varón de Dios respondió: Jehová puede darte mucho más que esto.

10 Entonces Amasías apartó el ejército de la gente que había venido a él de Efraín, para que se fuesen a sus casas; y ellos se enojaron grandemente contra Judá, y volvieron a sus casas encolerizados.

11 Esforzándose entonces Amasías, sacó a su pueblo, y vino al Valle de la Sal, y mató de los hijos de Seír diez mil.

12 Y los hijos de Judá tomaron vivos a otros diez mil, los cuales llevaron a la cumbre de un peñasco, y de allí los despeñaron, y todos se hicieron pedazos.

13 Mas los del ejército que Amasías había despedido para que no fuesen con él a la guerra, invadieron las ciudades de Judá, desde Samaria hasta Bet-horón, y mataron a tres mil de ellos, y tomaron gran despojo.

14 Volviendo luego Amasías de la matanza de los edomitas, trajo también consigo los dioses de los hijos de Seír, y los puso ante sí por dioses, y los adoró, y les quemó incienso.

15 Por esto se encendió la ira de Jehová contra Amasías, y envió a él un profeta, que

le dijo: ¿Por qué has buscado los dioses de otra nación, que no libraron a su pueblo de tus manos?

16 Mientras él hablaba, Amasías le interrumpió diciendo: ¿Te han puesto a ti por consejero del rey? Déjate de eso. ¿Por qué quieres que te maten? Y cuando terminó de hablar, el profeta concluyó: Yo sé que Dios ha decretado destruirte, porque has hecho esto, y no obedeciste mi consejo.

17 Y Amasías rey de Judá, después de tomar consejo, envió a decir a Joás hijo de Joacaz, hijo de Jehú, rey de Israel: Ven, y nos veremos las caras.

18 Entonces Joás, rey de Israel, envió a decir a Amasías rey de Judá: El cardo que estaba en el Líbano envió al cedro que estaba en el Líbano, diciendo: Da tu hija a mi hijo por mujer. Y he aquí que las fieras que estaban en el Líbano pasaron, y pisotearon el cardo.

19 Tú dices: He aquí he derrotado a Edom; y tu corazón se enaltece para gloriarte. Quédate ahora en tu casa. ¿Para qué provocas un mal en que puedas caer tú y Judá contigo?

20 Mas Amasías no quiso oír; porque era la voluntad de Dios entregarlos en manos de sus enemigos, por cuanto habían buscado los dioses de Edom.

21 Subió, pues, Joás rey de Israel, y se vieron cara a cara él y Amasías rey de Judá en la batalla de Bet-semes, la cual es de Judá.

22 Pero cayó Judá delante de Israel, y huyó cada uno a su casa.

23 Y Joás rey de Israel apresó en Bet-semes a Amasías rey de Judá, hijo de Joás, hijo de Joacaz, y lo llevó a Jerusalén; y derribó el muro de Jerusalén desde la puerta de Efraín hasta la puerta del ángulo, un tramo de cuatrocientos codos.

24 Asimismo tomó todo el oro y la plata, y todos los utensilios que se hallaron en la casa de Dios en casa de Obed-edom, y los tesoros de la casa del rey, y los hijos de los nobles; después volvió a Samaria.

25 Y vivió Amasías hijo de Joás, rey de Judá, quince años después de la muerte de Joás hijo de Joacaz, rey de Israel.

26 Los demás hechos de Amasías, primeros y postreros, ¿no están escritos en el libro de los reyes de Judá y de Israel?

27 Desde el tiempo en que Amasías se apartó de Jehová, empezaron a conspirar contra él en Jerusalén; y habiendo él huido a Laquís, enviaron tras él a Laquís, y allá lo mataron;

28 y lo trajeron en caballos, y lo sepultaron con sus padres en la ciudad de Judá.

Reinado de Uzías

26 Entonces todo el pueblo de Judá tomó a Uzías, el cual tenía dieciséis años de edad, y lo pusieron por rey en lugar de Amasías su padre.

2 Uzías reedificó a Elot, y la restituyó a Judá después que el rey Amasías durmió con sus padres.

3 De dieciséis años era Uzías cuando comenzó a reinar, y cincuenta y dos años reinó en Jerusalén. El nombre de su madre fue Jecolías, de Jerusalén.

4 E hizo lo recto ante los ojos de Jehová, conforme a todas las cosas que había hecho Amasías su padre.

5 Y persistió en buscar a Dios en los días de Zacarías, entendido en visiones de Dios; y en estos días en que buscó a Jehová, él le prosperó.

6 Y salió y peleó contra los filisteos, y rompió el muro de Gat, y el muro de Jabne, y el muro de Asdod; y edificó ciudades en Asdod, y en la tierra de los filisteos.

7 Y Dios le dio ayuda contra los filisteos y contra los árabes que habitaban en Gur-báal, y contra los amonitas.

8 Y dieron los amonitas presentes a Uzías, y se divulgó su fama hasta la frontera de Egipto; porque se había hecho altamente poderoso.

9 Edificó también Uzías torres en Jerusalén, junto a la puerta del ángulo, y junto a la puerta del valle, y junto a las esquinas; y las fortificó.

10 Asimismo edificó torres en el desierto, y abrió muchas cisternas; porque tuvo muchos ganados, así en la Sefelá como en las vegas, y viñas y huertas, así en los montes como en los llanos fértiles; porque era amigo de la agricultura.

11 Tuvo también Uzías un ejército de guerreros, los cuales salían a la guerra en divisiones, de acuerdo con la lista hecha por mano de Jeiel escriba, y de Maasías gobernador, y de Hananías, uno de los jefes del rey.

12 El número total de los jefes de familia, valientes y esforzados, era dos mil seiscientos.

13 Y bajo la mano de éstos estaba el ejército de guerra, de trescientos siete mil quinientos guerreros poderosos y fuertes, para ayudar al rey contra los enemigos.

14 Y Uzías preparó para todo el ejército escudos, lanzas, yelmos, coseletes, arcos y hondas para tirar piedras.

15 E hizo en Jerusalén máquinas inventadas por ingenieros, para que estuviesen en las torres y en los baluartes, para arrojar saetas y grandes piedras. Y su fama se extendió lejos, porque fue maravilloso el modo como supo buscarse colaboradores, hasta hacerse poderoso.

16 Mas cuando ya era fuerte, su corazón se enalteció para su ruina; porque se rebeló

contra Jehová su Dios, entrando en el templo de Jehová para quemar incienso en el altar del incienso.

17 Y entró tras él el sacerdote Azarías, y con él ochenta sacerdotes de Jehová, varones valientes.

18 Y se pusieron contra el rey Uzías, y le dijeron: No te corresponde a ti, oh Uzías, el quemar incienso a Jehová, sino a los sacerdotes hijos de Aarón, que son consagrados para quemarlo. Sal del santuario, porque has prevaricado, y no te será para gloria delante de Jehová Dios.

19 Entonces Uzías, teniendo en la mano un incensario para ofrecer incienso, se llenó de ira; y en su ira contra los sacerdotes, la lepra le brotó en la frente, delante de los sacerdotes en la casa de Jehová, junto al altar del incienso.

20 Y le miró el sumo sacerdote Azarías, y todos los sacerdotes, y he aquí que la lepra estaba en su frente; y le hicieron salir apresuradamente de aquel lugar; y él también se dio prisa a salir, porque Jehová le había herido.

21 Así el rey Uzías fue leproso hasta el día de su muerte, y habitó leproso en una casa apartada, por lo cual fue excluido de la casa de Jehová; y Jotam su hijo tuvo cargo de la casa real, gobernando al pueblo de la tierra.

22 Los demás hechos de Uzías, primeros y postreros, fueron escritos por el profeta Isaías, hijo de Amoz.

23 Y durmió Uzías con sus padres, y lo sepultaron con sus padres en el campo de los sepulcros reales; porque dijeron: Leproso es. Y reinó Jotam su hijo en lugar suyo.

Reinado de Jotam

27 De veinticinco años era Jotam cuando comenzó a reinar, y dieciséis años reinó en Jerusalén. El nombre de su madre fue Jerusá, hija de Sadoc.

2 E hizo lo recto ante los ojos de Jehová, conforme a todas las cosas que había hecho Uzías su padre, salvo que no entró en el santuario de Jehová. Pero el pueblo continuaba corrompiéndose.

3 Edificó él la puerta mayor de la casa de Jehová, y sobre el muro de la fortaleza edificó mucho.

4 Además edificó ciudades en las montañas de Judá, y construyó fortalezas y torres en los bosques.

5 También tuvo él guerra con el rey de los hijos de Amón, a los cuales venció; y le dieron los hijos de Amón en aquel año cien talentos de plata, diez mil coros de trigo, y diez mil de cebada. Esto le dieron los hijos de Amón, y lo mismo en el segundo año y en el tercero.

6 Así que Jotam se hizo fuerte, porque preparó sus caminos delante de Jehová su Dios.

7 Los demás hechos de Jotam, y todas sus guerras, y sus caminos, he aquí están escritos en el libro de los reyes de Israel y de Judá.

8 Cuando comenzó a reinar era de veinticinco años, y dieciséis reinó en Jerusalén.

9 Y durmió Jotam con sus padres, y lo sepultaron en la ciudad de David; y reinó en su lugar Acaz su hijo.

Reinado de Acaz

28 De veinte años era Acaz cuando comenzó a reinar, y dieciséis años reinó en Jerusalén; mas no hizo lo recto ante los ojos de Jehová, como David su padre.

2 Antes anduvo en los caminos de los reyes de Israel, llegando a fundir imágenes de los baales.

3 Quemó también incienso en el valle de los hijos de Hinom, e hizo pasar a sus hijos por fuego, conforme a las abominaciones de las naciones que Jehová había arrojado de la presencia de los hijos de Israel.

4 Asimismo sacrificó y quemó incienso en los lugares altos, en los collados, y debajo de todo árbol frondoso.

5 Por lo cual Jehová su Dios lo entregó en manos del rey de los sirios, los cuales lo derrotaron, y le tomaron gran número de prisioneros que llevaron a Damasco. Fue también entregado en manos del rey de Israel, el cual lo batió con gran mortandad.

6 Porque Peka hijo de Remalías mató en Judá en un día ciento veinte mil hombres valientes, por cuanto habían dejado a Jehová el Dios de sus padres.

7 Asimismo Zicri, hombre poderoso de Efraín, mató a Maasías hijo del rey, a Azricam su mayordomo, y a Elcana, segundo después del rey.

8 También los hijos de Israel tomaron cautivos de sus hermanos a doscientos mil, mujeres, muchachos y muchachas, además de haber tomado de ellos mucho botín que llevaron a Samaria.

9 Había entonces allí un profeta de Jehová que se llamaba Obed, el cual salió delante del ejército cuando entraba en Samaria, y les dijo: He aquí, Jehová el Dios de vuestros padres, por el enojo contra Judá, los ha entregado en vuestras manos; y vosotros los habéis matado con un furor que ha llegado hasta el cielo.

10 Y ahora habéis determinado someter a los hijos de Judá y de Jerusalén como esclavos y esclavas; mas ¿no habéis pecado vosotros contra Jehová vuestro Dios?

11 Oídme, pues, ahora, y devolved los cautivos que habéis tomado de vuestros hermanos; porque el furor de la cólera de Jehová está contra vosotros.

12 Entonces se levantaron algunos varones de los principales de los hijos de Efraín, Azarías hijo de Johanán, Berequías hijo de Mesilemot, Ezequías hijo de Salum, y Amasá hijo de Hadlay, contra los que venían de la guerra.

13 Y les dijeron: No traigáis aquí a los cautivos, porque el pecado contra Jehová estará sobre nosotros. Vosotros tratáis de añadir sobre nuestros pecados y sobre nuestras culpas, que ya son demasiado grandes, y el ardor de la ira está contra Israel.

14 Entonces el ejército dejó los cautivos y el botín delante de los príncipes y de toda la multitud.

15 Y se levantaron los varones nombrados, y tomaron a los cautivos, y del despojo vistieron a los que de ellos estaban desnudos; los vistieron, los calzaron, y les dieron de comer y de beber, los ungieron y condujeron en asnos a todos los débiles, y los llevaron hasta Jericó, ciudad de las palmeras, cerca de sus hermanos; y ellos se volvieron a Samaria.

16 En aquel tiempo envió a pedir el rey Acaz a los reyes de Asiria que le ayudasen.

17 Porque también los edomitas habían venido y atacado a los de Judá, y habían llevado cautivos.

18 Asimismo los filisteos se habían extendido por las ciudades de la llanura y del Négueb de Judá, y habían tomado Betsemes, Ajalón, Gederot, Socó con sus aldeas, Timná también con sus aldeas, y Gimzó con sus aldeas; y habitaban en ellas.

19 Porque Jehová había humillado a Judá por causa de Acaz rey de Israel, por cuanto él había actuado desenfrenadamente en Judá, y había prevaricado gravemente contra Jehová.

20 También vino contra él Tilgat-pilneser rey de los asirios, quien lo redujo a estrechez, y no le ayudó.

21 No obstante que despojó Acaz la casa de Jehová, y la casa real, y las de los príncipes, para dar al rey de los asirios, éste no le ayudó.

22 Además el rey Acaz en el tiempo que aquél le apuraba, añadió mayor pecado contra Jehová;

23 porque ofreció sacrificios a los dioses de Damasco que le habían derrotado, y dijo: Pues que los dioses de los reyes de Siria les ayudan, yo también ofreceré sacrificios a ellos para que me ayuden; bien que fueron éstos su ruina, y la de todo Israel.

24 Además de eso, recogió Acaz los utensilios de la casa de Dios, y los quebró, y cerró las puertas de la casa de Jehová, y se hizo altares en todos los rincones de Jerusalén.

25 Hizo también lugares altos en todas las ciudades de Judá, para quemar incienso a los dioses ajenos, provocando así a ira a Jehová el Dios de sus padres.

26 Los demás de sus hechos, y todos sus caminos, primeros y postreros, he aquí están escritos en el libro de los reyes de Judá y de Israel.

27 Y durmió Acaz con sus padres, y lo sepultaron en la ciudad de Jerusalén, pero no lo metieron en los sepulcros de los reyes de Israel; y reinó en su lugar Ezequías su hijo.

Reinado de Ezequías

29 Tenía veinticinco años Ezequías cuando comenzó a reinar, y reinó veintinueve años en Jerusalén. El nombre de su madre fue Abía, hija de Zacarías.

2 E hizo lo recto ante los ojos de Jehová, conforme a todas las cosas que había hecho David su padre.

Ezequías restablece el culto del templo

3 En el primer año de su reinado, en el mes primero, abrió las puertas de la casa de Jehová, y las reparó.

4 E hizo venir a los sacerdotes y levitas, y los reunió en la plaza oriental.

5 Y les dijo: ¡Oídme, levitas! Santificaos ahora, y santificad la casa de Jehová el Dios de vuestros padres, y sacad del santuario la inmundicia.

6 Porque nuestros padres se han rebelado, y han hecho lo malo ante los ojos de Jehová nuestro Dios; porque le dejaron, y apartaron sus rostros del tabernáculo de Jehová, y le volvieron las espaldas.

7 Y aun cerraron las puertas del pórtico, y apagaron las lámparas; no quemaron incienso, ni sacrificaron holocausto en el santuario al Dios de Israel.

8 Por tanto, la ira de Jehová ha venido sobre Judá y Jerusalén y los ha hecho objeto de espanto, de estupor y de escarnio, como veis vosotros con vuestros ojos.

9 Y he aquí nuestros padres han caído a espada, y nuestros hijos, nuestras hijas y nuestras mujeres fueron llevados cautivos por esto.

10 Ahora, pues, yo he determinado hacer pacto con Jehová el Dios de Israel, para que aparte de nosotros el ardor de su ira.

11 Hijos míos, no os engañéis ahora, porque Jehová os ha escogido a vosotros para que estéis delante de él y le sirváis, y seáis sus ministros, y le queméis incienso.

12 Entonces se levantaron los levitas Máhat hijo de Amasay y Joel hijo de Azarías, de los hijos de Coat; de los hijos de Merarí, Cis hijo de Abdí y Azarías hijo de Jehalelel; de los hijos de Gersón, Joá hijo de Zimá y Edén hijo de Joá;

13 de los hijos de Elizafán, Simrí y Jeiel; de los hijos de Asaf, Zacarías y Matanías.
14 de los hijos de Hemán, Jehiel y Simeí; y de los hijos de Jedutún, Semaías y Uziel.
15 Éstos reunieron a sus hermanos, y se santificaron, y entraron, conforme al mandamiento del rey y las palabras de Jehová, para limpiar la casa de Jehová.
16 Y entrando los sacerdotes dentro de la casa de Jehová para limpiarla, sacaron toda la inmundicia que hallaron en el templo de Jehová, al atrio de la casa de Jehová; y de allí los levitas la llevaron fuera al torrente de Cedrón.
17 Comenzaron a santificarse el día primero del mes primero, y a los ocho del mismo mes vinieron al pórtico de Jehová; y santificaron la casa de Jehová en ocho días, y en el día dieciséis del mes primero terminaron.
18 Entonces vinieron al rey Ezequías y le dijeron: Ya hemos limpiado toda la casa de Jehová, el altar del holocausto, y todos sus instrumentos, y la mesa de la proposición con todos sus utensilios.
19 Asimismo hemos preparado y santificado todos los utensilios que en su infidelidad había desechado el rey Acaz, cuando reinaba; y he aquí, están delante del altar de Jehová.
20 Y levantándose de mañana, el rey Ezequías reunió a los principales de la ciudad, y subió a la casa de Jehová.
21 Y presentaron siete novillos, siete carneros, siete corderos y siete machos cabríos para expiación por el reino, por el santuario y por Judá. Y dijo a los sacerdotes hijos de Aarón que los ofreciesen sobre el altar de Jehová.
22 Mataron, pues, los novillos, y los sacerdotes recibieron la sangre, y la esparcieron sobre el altar; mataron luego los carneros, y esparcieron la sangre sobre el altar; asimismo mataron los corderos, y esparcieron la sangre sobre el altar.
23 Después hicieron acercar delante del rey y de la multitud los machos cabríos para la expiación, y pusieron sobre ellos sus manos;
24 y los sacerdotes los mataron, e hicieron ofrenda de expiación con la sangre de ellos sobre el altar, para reconciliar a todo Israel; porque por todo Israel mandó el rey hacer el holocausto y la expiación.
25 Puso también levitas en la casa de Jehová con címbalos, salterios y arpas, según las disposiciones de David, de Gad vidente del rey, y del profeta Natán, porque aquel mandato procedía de Jehová por medio de sus profetas.
26 Cuando ocuparon sus sitios los levitas con los instrumentos de David, y los sacerdotes con las trompetas,
27 mandó Ezequías sacrificar el holocausto

en el altar; y cuando comenzó el holocausto, comenzó también el cántico de Jehová, al son de las trompetas y de los instrumentos musicales de David, rey de Israel.
28 Y toda la multitud adoraba, y los cantores cantaban, y los trompeteros hacían resonar las trompetas; todo esto duró hasta consumirse el holocausto.
29 Y cuando acabaron de ofrecer, se inclinó el rey, y todos los que con él estaban, y adoraron.
30 Entonces el rey Ezequías y los príncipes dijeron a los levitas que alabasen a Jehová con las palabras de David y de Asaf vidente; y ellos alabaron con gran alegría, y se inclinaron y adoraron.
31 Y respondiendo Ezequías, dijo: Vosotros os habéis consagrado ahora a Jehová; acercaos, pues, y presentad sacrificios y alabanzas en la casa de Jehová. Y la multitud presentó sacrificios y alabanzas; y todos los generosos de corazón trajeron holocaustos.
32 Y fue el número de los holocaustos que trajo la congregación, setenta bueyes, cien carneros y doscientos corderos, todo para el holocausto de Jehová.
33 Y las ofrendas fueron seiscientos bueyes y tres mil ovejas.
34 Mas los sacerdotes eran pocos, y no bastaban para desollar los holocaustos; y así sus hermanos los levitas les ayudaron hasta que acabaron la obra, y hasta que los demás sacerdotes se santificaron; porque los levitas estaban más dispuestos de corazón para santificarse que los sacerdotes.
35 Así pues, hubo abundancia de holocaustos, con grasas de las ofrendas de comunión, y libaciones para cada holocausto. Así quedó restablecido el servicio de la casa de Jehová.
36 Ezequías y el pueblo entero se alegraron de que Dios hubiese dispuesto bien al pueblo; porque la cosa fue hecha rápidamente.

Ezequías celebra la pascua

30 Envió después Ezequías por todo Israel y Judá, y escribió cartas a Efraín y a Manasés, para que viniesen a Jerusalén a la casa de Jehová para celebrar la pascua a Jehová Dios de Israel.
2 Y el rey había tomado consejo con sus príncipes, y con toda la congregación en Jerusalén, para celebrar la pascua en el mes segundo;
3 ya que no habían podido celebrarla a su tiempo, por cuanto no había suficientes sacerdotes santificados, ni el pueblo se había reunido en Jerusalén.
4 Esto pareció bien al rey y a toda la asamblea.
5 Y determinaron hacer pasar pregón por

todo Israel, desde Beerseba hasta Dan, para que viniesen a celebrar la pascua a Jehová Dios de Israel, en Jerusalén; porque en mucho tiempo no la habían celebrado al modo que está escrito.

6 Fueron, pues, correos con cartas de mano del rey y de sus príncipes por todo Israel y Judá, como el rey lo había mandado, y decían: Hijos de Israel, volveos a Jehová el Dios de Abraham, de Isaac y de Israel, y él se volverá al remanente que ha escapado de la mano de los reyes de Asiria.

7 No seáis como vuestros padres y como vuestros hermanos, que se rebelaron contra Jehová el Dios de sus padres, y él los entregó a desolación, como vosotros veis.

8 No endurezcáis, pues, ahora vuestra cerviz como vuestros padres; someteos a Jehová, y venid a su santuario, el cual él ha santificado para siempre; y servid a Jehová vuestro Dios, y el ardor de su ira se apartará de vosotros.

9 Porque si os volvéis a Jehová, vuestros hermanos y vuestros hijos hallarán misericordia delante de los que los tienen cautivos, y volverán a esta tierra; porque Jehová vuestro Dios es clemente y misericordioso, y no apartará de vosotros su rostro, si vosotros os volvéis a él.

10 Pasaron, pues, los correos de ciudad en ciudad por la tierra de Efraín y Manasés, hasta Zabulón; mas se reían y burlaban de ellos.

11 Con todo eso, algunos hombres de Aser, de Manasés y de Zabulón se humillaron, y vinieron a Jerusalén.

12 En Judá también estuvo la mano de Dios para darles un solo corazón para cumplir el mensaje del rey y de los príncipes, conforme a la palabra de Jehová.

13 Y se reunió en Jerusalén mucha gente para celebrar la fiesta solemne de los panes sin levadura en el mes segundo, una asamblea muy grande.

14 Y levantándose, quitaron los altares que había en Jerusalén; quitaron también todos los altares de incienso, y los echaron al torrente de Cedrón.

15 Entonces sacrificaron la pascua, a los catorce días del mes segundo; y los sacerdotes y los levitas llenos de vergüenza se santificaron, y trajeron los holocaustos a la casa de Jehová.

16 Y tomaron su lugar en los turnos de costumbre, conforme a la ley de Moisés varón de Dios; y los sacerdotes esparcían la sangre que recibían de manos de los levitas.

17 Porque había muchos en la congregación que no estaban santificados, y por eso los levitas sacrificaron la pascua por todos los que no se habían purificado, para santificarlos a Jehová.

18 Porque una gran multitud del pueblo de Efraín y Manasés, y de Isacar y Zabulón, no se habían purificado, y comieron la pascua sin atenerse a lo prescrito. Mas Ezequías oró por ellos, diciendo: Jehová, que es bueno, sea propicio a todo aquel que ha preparado su corazón para buscar a Dios,

19 a Jehová el Dios de sus padres, aunque no esté purificado según los ritos de purificación del santuario.

20 Y oyó Jehová a Ezequías, y sanó al pueblo.

21 Así los hijos de Israel que estaban en Jerusalén celebraron la fiesta solemne de los panes sin levadura por siete días con gran gozo; y glorificaban a Jehová todos los días los levitas y los sacerdotes, cantando con instrumentos resonantes a Jehová.

22 Y habló Ezequías al corazón de todos los levitas que tenían un perfecto conocimiento de lo relativo a Jehová. Y comieron de lo sacrificado en la fiesta solemne por siete días, ofreciendo sacrificios de paz, y dando gracias a Jehová el Dios de sus padres.

23 Y toda aquella asamblea decidió celebrar la fiesta por otros siete días; y la celebraron otros siete días con alegría.

24 Porque Ezequías rey de Judá había dado a la asamblea mil novillos y siete mil ovejas; y también los príncipes dieron al pueblo mil novillos y diez mil ovejas; y muchos sacerdotes ya se habían santificado.

25 Se alegró, pues, toda la congregación de Judá, como también los sacerdotes y levitas, y toda la multitud que había venido de Israel; asimismo los forasteros que habían venido de la tierra de Israel, y los que habitaban en Judá.

26 Hubo entonces gran regocijo en Jerusalén; porque desde los días de Salomón hijo de David rey de Israel, no había habido cosa semejante en Jerusalén.

27 Después los sacerdotes y levitas, puestos en pie, bendijeron al pueblo; y la voz de ellos fue oída, y su oración llegó a la habitación de su santuario, al cielo.

31 Hechas todas estas cosas, todos los de Israel que habían estado allí salieron por las ciudades de Judá, y quebraron las estatuas y destruyeron las imágenes de Aserá, y derribaron los lugares altos y los altares por todo Judá y Benjamín, y también en Efraín y Manasés, hasta acabarlo todo. Después se volvieron todos los hijos de Israel a sus ciudades, cada uno a su posesión.

Ezequías reorganiza el servicio
de los sacerdotes y levitas

2 Y arregló Ezequías la distribución de los sacerdotes y de los levitas conforme a sus turnos, cada uno según su oficio; los sacerdotes y los levitas para ofrecer el holocausto

y las ofrendas de paz, para que ministrasen, para que diesen gracias y alabasen dentro de las puertas de los atrios de Jehová.

3 El rey contribuyó de su propia hacienda para los holocaustos de la mañana y de la tarde, y para los holocaustos de los sábados, nuevas lunas y fiestas solemnes, como está escrito en la ley de Jehová.

4 Mandó también al pueblo que habitaba en Jerusalén, que diese la porción correspondiente a los sacerdotes y levitas, para que ellos se dedicasen a la ley de Jehová.

5 Y cuando este edicto fue divulgado, los hijos de Israel dieron muchas primicias de grano, vino, aceite, miel, y de todos los frutos de la tierra; trajeron asimismo en abundancia los diezmos de todas las cosas.

6 También los hijos de Israel y de Judá, que habitaban en las ciudades de Judá, dieron del mismo modo los diezmos de las vacas y de las ovejas; y trajeron los diezmos de lo santificado, de las cosas que habían prometido a Jehová su Dios, y los depositaron en montones.

7 En el mes tercero comenzaron a formar aquellos montones, y terminaron en el mes séptimo.

8 Cuando Ezequías y los príncipes vinieron y vieron los montones, bendijeron a Jehová, y a su pueblo Israel.

9 Y preguntó Ezequías a los sacerdotes y a los levitas acerca de esos montones.

10 Y el sumo sacerdote Azarías, de la casa de Sadoc, le contestó: Desde que comenzaron a traer las ofrendas a la casa de Jehová, hemos comido y nos hemos saciado, y nos ha sobrado mucho, porque Jehová ha bendecido a su pueblo; y ha quedado esta abundancia de provisiones.

11 Entonces mandó Ezequías que preparasen cámaras en la casa de Jehová; y las prepararon.

12 Y en ellas depositaron las primicias y los diezmos y las cosas consagradas, fielmente; y dieron cargo de ello al levita Conanías, el principal, y Simei su hermano fue el segundo.

13 Y Jehiel, Azazías, Nahat, Asael, Jerimot, Jozabad, Eliel, Ismaquías, Máhat y Benaía, fueron los mayordomos al servicio de Conanías y de Simei su hermano, por mandamiento del rey Ezequías y de Azarías, príncipe de la casa de Dios.

14 Y el levita Coré hijo de Imná, guarda de la puerta oriental, tenía cargo de las ofrendas voluntarias para Dios, y de la distribución de las ofrendas dedicadas a Jehová, y de las cosas santísimas.

15 Y a su servicio estaban Edén, Minyamín, Jesúa, Semaías, Amarías y Secanías, en las ciudades de los sacerdotes, para dar con fidelidad a sus hermanos sus porciones conforme a sus grupos, así al mayor como al menor;

16 a los varones anotados por sus linajes, de tres años arriba, a todos los que entraban en la casa de Jehová para desempeñar su ministerio según sus oficios y grupos.

17 También a los que eran contados entre los sacerdotes según sus casas paternas; y a los levitas de edad de veinte años arriba, conforme a sus oficios y grupos.

18 Eran inscritos con todos sus niños, sus mujeres, sus hijos e hijas, toda la multitud; porque con fidelidad se consagraban a las cosas santas.

19 Del mismo modo para los hijos de Aarón, sacerdotes, que estaban en los ejidos de sus ciudades, había en cada ciudad varones nombrados que tenían cargo de dar sus porciones a todos los varones de entre los sacerdotes, y a todo el linaje de los levitas.

20 De esta manera hizo Ezequías en todo Judá; y ejecutó lo bueno, recto y verdadero delante de Jehová su Dios.

21 En todo cuanto emprendió en el servicio de la casa de Dios, de acuerdo con la ley y los mandamientos, buscó a su Dios, lo hizo de todo corazón, y fue prosperado.

Senaquerib invade a Judá

32 Después de estas cosas y de esta fidelidad, vino Senaquerib rey de los asirios e invadió a Judá, y acampó contra las ciudades fortificadas, con la intención de conquistarlas.

2 Viendo, pues, Ezequías la venida de Senaquerib, y su intención de atacar a Jerusalén,

3 tuvo consejo con sus príncipes y con sus hombres valientes, para cegar las fuentes de agua que estaban fuera de la ciudad; y ellos le apoyaron.

4 Entonces se reunió mucho pueblo, y cegaron todas las fuentes, y el arroyo que corría a través del territorio, diciendo: ¿Por qué han de hallar los reyes de Asiria muchas aguas cuando vengan?

5 Después con ánimo resuelto edificó Ezequías todos los muros caídos, e hizo alzar las torres, y otro muro por fuera; fortificó además a Miló en la ciudad de David, y también hizo muchas espadas y escudos.

6 Y puso capitanes de guerra sobre el pueblo, y los hizo reunir en la plaza de la puerta de la ciudad, y habló al corazón de ellos, diciendo:

7 Esforzaos y animaos; no temáis, ni tengáis miedo del rey de Asiria, ni de toda la multitud que con él viene; porque más hay con nosotros que con él.

8 Con él está un brazo de carne, mas con nosotros está Jehová nuestro Dios para ayudarnos y pelear nuestras batallas. Y el

pueblo tuvo confianza en las palabras de Ezequías rey de Judá.

9 Después de esto. Senaquerib rey de los asirios, mientras sitiaba a Laquís con todas sus fuerzas, envió sus siervos a Jerusalén para decir a Ezequías rey de Judá, y a todos los de Judá que estaban en Jerusalén:

10 Así ha dicho Senaquerib rey de los asirios: ¿En quién confiáis vosotros, al resistir el sitio en Jerusalén?

11 ¿No os engaña Ezequías para entregaros a muerte, a hambre y a sed, al decir: Jehová nuestro Dios nos librará de la mano del rey de Asiria?

12 ¿No es Ezequías el mismo que ha quitado sus lugares altos y sus altares, y ha dicho a Judá y a Jerusalén: Delante de este solo altar adoraréis, y sobre él quemaréis incienso?

13 ¿No habéis sabido lo que yo y mis padres hemos hecho a todos los pueblos de la tierra? ¿Pudieron los dioses de las naciones de estas tierras librar su tierra de mi mano?

14 ¿Qué dios hubo de entre todos los dioses de aquellas naciones que destruyeron mis padres, que pudiese salvar a su pueblo de mis manos? ¿Cómo podrá vuestro Dios libraros de mi mano?

15 Ahora, pues, no os engañe Ezequías, ni os persuada de ese modo, ni le creáis; que si ningún dios de todas aquellas naciones y reinos pudo librar a su pueblo de mis manos, y de las manos de mis padres, ¿cuánto menos vuestro Dios os podrá librar de mi mano?

16 Y otras cosas más hablaron sus siervos contra Jehová Dios, y contra su siervo Ezequías.

17 Además de esto escribió cartas en que blasfemaba contra Jehová el Dios de Israel, y hablaba contra él, diciendo: Como los dioses de las naciones de los países no pudieron librar a su pueblo de mis manos, tampoco el Dios de Ezequías librará al suyo de mis manos.

18 Y clamaron a gran voz en judaico al pueblo de Jerusalén que estaba sobre los muros, para espantarles y atemorizarles, a fin de poder tomar la ciudad.

19 Y hablaron contra el Dios de Jerusalén, como contra los dioses de los pueblos de la tierra, que son obra de manos de hombres.

Jehová libra a Ezequías

20 Mas el rey Ezequías y el profeta Isaías, hijo de Amoz, oraron por esto, y clamaron al cielo.

21 Y Jehová envió un ángel, el cual destruyó a todo valiente y esforzado, y a los jefes y capitanes en el campamento del rey de Asiria. Éste se volvió, por tanto, avergonzado a su tierra; y entrando en el templo

de su dios, allí lo mataron a espada sus propios hijos.

22 Así salvó Jehová a Ezequías y a los moradores de Jerusalén de las manos de Senaquerib rey de Asiria, y de las manos de todos; y les dio reposo por todos lados.

23 Y muchos trajeron a Jerusalén ofrenda a Jehová, y ricos presentes a Ezequías, rey de Judá; y fue muy engrandecido delante de todas las naciones después de esto.

Enfermedad de Ezequías

24 En aquel tiempo Ezequías enfermó de muerte; y oró a Jehová, quien le respondió, y le dio una señal.

25 Mas Ezequías no correspondió al bien que le había sido hecho, sino que se enalteció su corazón, y vino la ira contra él, y contra Judá y Jerusalén.

26 Pero Ezequías, después de haberse enaltecido su corazón, se humilló, él y los moradores de Jerusalén; y no vino sobre ellos la ira de Jehová en los días de Ezequías.

Ezequías recibe a los enviados de Babilonia

27 Tuvo Ezequías riquezas y gloria en gran abundancia; y adquirió tesoros de plata y oro, piedras preciosas, perfumes, escudos, y toda clase de joyas descables.

28 Asimismo hizo depósitos para las rentas del grano, del vino y del aceite, establos para toda clase de bestias, y apriscos para los ganados.

29 Adquirió también ciudades, y hatos de ovejas y de vacas en gran abundancia; porque Dios le había dado muchas riquezas.

30 Este Ezequías cubrió los manantiales de Gihón la de arriba, y condujo el agua hacia el occidente de la ciudad de David. Y fue prosperado Ezequías en todo lo que hizo.

31 Mas en lo referente a los mensajeros de los príncipes de Babilonia, que enviaron a él para saber del prodigio que había acontecido en el país, Dios lo dejó, para probarle, para hacer conocer todo lo que estaba en su corazón.

Muerte de Ezequías

32 Los demás hechos de Ezequías, y sus misericordias, he aquí todos están escritos en la profecía del profeta Isaías hijo de Amoz, en el libro de los reyes de Judá y de Israel.

33 Y durmió Ezequías con sus padres, y lo sepultaron en el lugar más prominente de los sepulcros de los hijos de David, honrándole en su muerte todo Judá y toda Jerusalén; y reinó en su lugar Manasés su hijo.

Reinado de Manasés

33 De doce años era Manasés cuando comenzó a reinar, y cincuenta y cinco años reinó en Jerusalén.

2 Pero hizo lo malo ante los ojos de Jehová, conforme a las abominaciones de las naciones que Jehová había echado de delante de los hijos de Israel.

3 Porque él reedificó los lugares altos que Ezequías su padre había derribado, y levantó altares a los baales, e hizo imágenes de Aserá, y adoró a todo el ejército de los cielos, y les rindió culto.

4 Edificó también altares en la casa de Jehová, de la cual había dicho Jehová: En Jerusalén estará mi nombre perpetuamente.

5 Edificó asimismo altares a todo el ejército de los cielos en los dos atrios de la casa de Jehová.

6 Y pasó sus hijos por fuego en el valle del hijo de Hinom; y practicaba los presagios y los agüeros, era dado a adivinaciones, y consultaba a adivinos y encantadores; se excedió en hacer lo malo ante los ojos de Jehová, hasta encender su ira.

7 Además de esto puso una imagen fundida que hizo, en la casa de Dios, de la cual había dicho Dios a David y a Salomón su hijo: En esta casa y en Jerusalén, la cual yo elegí sobre todas las tribus de Israel, pondré mi nombre para siempre;

8 y nunca más quitaré el pie de Israel de la tierra que yo entregué a vuestros padres, a condición de que guarden y hagan todas las cosas que yo les he mandado, toda la ley, los estatutos y los preceptos, por medio de Moisés.

9 Manasés, pues, hizo extraviarse a Judá y a los moradores de Jerusalén, para hacer más mal que las naciones que Jehová destruyó delante de los hijos de Israel.

10 Y habló Jehová a Manasés y a su pueblo, mas ellos no escucharon;

11 por lo cual Jehová trajo contra ellos los generales del ejército del rey de los asirios, los cuales aprisionaron con grillos a Manasés, y atado con cadenas lo llevaron a Babilonia.

12 Mas luego que fue puesto en angustias, oró a Jehová su Dios, humillado grandemente en la presencia del Dios de sus padres.

13 Y habiendo orado a él, fue atendido; pues Dios oyó su oración y lo restauró a Jerusalén, a su reino. Entonces reconoció Manasés que Jehová era Dios.

14 Después de esto edificó el muro exterior de la ciudad de David, al occidente de Guijón, en el valle, a la entrada de la puerta del Pescado, y amuralló el Ofel, y elevó ei muro muy alto; y puso capitanes de ejército en todas las ciudades fortificadas de Judá.

15 Asimismo quitó los dioses ajenos, y el ídolo de la casa de Jehová, y todos los altares que había edificado en el monte de la casa de Jehová y en Jerusalén, y los echó fuera de la ciudad.

16 Reparó luego el altar de Jehová, y sacrificó sobre él sacrificios de ofrendas de paz y de alabanza; y mandó a Judá que sirviesen a Jehová, Dios de Israel.

17 Pero el pueblo aún sacrificaba en los lugares altos, aunque lo hacía para Jehová su Dios.

18 Los demás hechos de Manasés, y su oración a su Dios, y las palabras de los videntes que le hablaron en nombre de Jehová, Dios de Israel, he aquí todo está escrito en las actas de los reyes de Israel.

19 Su oración también, y cómo fue oído, todos sus pecados, y su prevaricación, los sitios donde edificó lugares altos y erigió imágenes de Aserá e ídolos, antes que se humillase, he aquí estas cosas están escritas en las palabras de los videntes.

20 Y durmió Manasés con sus padres, y lo sepultaron en su casa; y reinó en su lugar Amón su hijo.

Reinado de Amón

21 De veintidós años era Amón cuando comenzó a reinar, y dos años reinó en Jerusalén.

22 E hizo lo malo ante los ojos de Jehová, como había hecho Manasés su padre; porque ofreció sacrificios y sirvió a todos los ídolos que su padre Manasés había hecho.

23 Pero nunca se humilló delante de Jehová, como se humilló Manasés su padre; antes bien aumentó el pecado.

24 Y conspiraron contra él sus siervos, y lo mataron en su casa.

25 Mas el pueblo de la tierra mató a todos los que habían conspirado contra el rey Amón; y el pueblo de la tierra puso por rey en su lugar a Josías su hijo.

Reinado de Josías

34 De ocho años era Josías cuando comenzó a reinar, y treinta y un años reinó en Jerusalén.

2 Éste hizo lo recto ante los ojos de Jehová, y anduvo en los caminos de David su padre, sin apartarse a la derecha ni a la izquierda.

Reforma de Josías

3 A los ocho años de su reinado, siendo aún muchacho, comenzó a buscar al Dios de David su padre; y a los doce años comenzó a limpiar a Judá y a Jerusalén de los lugares altos, imágenes de Aser, esculturas, e imágenes fundidas.

4 Y derribaron delante de él los altares de los baales, e hizo pedazos las imágenes del sol, que estaban puestas encima; despedazó también las imágenes de Ascrá, las esculturas y estatuas fundidas, y las desmenuzó, y esparció el polvo sobre los sepulcros de los que les habían ofrecido sacrificios.

5 Quemó además los huesos de los sacerdotes sobre sus altares, y limpió a Judá y a Jerusalén.

6 Lo mismo hizo en las ciudades de Manasés, Efraín, Simeón y hasta Neftalí, y en los lugares asolados alrededor.

7 Y cuando hubo derribado los altares y las imágenes de Ascrá, y quebrado y desmenuzado las esculturas, y destruido todos los ídolos por toda la tierra de Israel, volvió a Jerusalén.

Hallazgo del libro de la ley

8 A los dieciocho años de su reinado, después de haber limpiado la tierra y la casa, envió a Safán hijo de Azalía, a Maasías gobernador de la ciudad, y a Joá hijo de Joacaz, canciller, para que reparasen la casa de Jehová su Dios.

9 Vinieron éstos al sumo sacerdote Hilcías, y dieron el dinero que había sido traído a la casa de Jehová, que los levitas que guardaban la puerta habían recogido de mano de Manasés y de Efraín y de todo el remanente de Israel, de todo Judá y Benjamín, y de los habitantes de Jerusalén.

10 Y lo entregaron en mano de los que hacían la obra, que eran mayordomos en la casa de Jehová, los cuales lo daban a los que hacían la obra y trabajaban en la casa de Jehová, para reparar y restaurar el templo.

11 Daban asimismo a los carpinteros y canteros para que comprasen piedra de cantería, y madera para los armazones y para la entabladura de los edificios que habían destruido los reyes de Judá.

12 Y estos hombres procedían con fidelidad en la obra; y eran sus mayordomos Jáhat y Abdías, levitas de los hijos de Merarí, y Zacarías y Mesulam de los hijos de Coat, para que activasen la obra; y de los levitas, todos los entendidos en instrumentos de música.

13 También velaban sobre los cargadores, y eran mayordomos de los que se ocupaban en cualquier clase de obra; y de los levitas había escribas, gobernadores y porteros.

14 Y al sacar el dinero que había sido traído a la casa de Jehová, el sacerdote Hilcías halló el libro de la ley de Jehová dada por medio de Moisés.

15 Y dando cuenta Hilcías, dijo al escriba Safán: Yo he hallado el libro de la ley en la casa de Jehová. Y dio Hilcías el libro a Safán.

16 Y Safán lo llevó al rey, y le contó el asunto, diciendo: Tus siervos han cumplido todo lo que les fue encomendado.

17 Han reunido el dinero que se halló en la casa de Jehová, y lo han entregado en manos de los encargados, y en manos de los que hacen la obra.

18 Además de esto, declaró el escriba Safán al rey, diciendo: El sacerdote Hilcías me dio un libro. Y leyó Safán en él delante del rey.

19 Luego que el rey oyó las palabras de la ley, rasgó sus vestidos;

20 y mandó a Hilcías y a Ahicam hijo de Safán, y a Abdón hijo de Micá, y a Safán escriba, y a Asaías siervo del rey, diciendo:

21 Andad, consultad a Jehová por mí y por el remanente de Israel y de Judá acerca de las palabras del libro que se ha hallado; porque grande es la ira de Jehová que ha caído sobre nosotros, por cuanto nuestros padres no guardaron la palabra de Jehová, para hacer conforme a todo lo que está escrito en este libro.

22 Entonces Hilcías y los del rey fueron a Huldá profetisa, mujer de Salum hijo de Tocat, hijo de Hasrá, guarda de las vestiduras, la cual moraba en Jerusalén en el segundo barrio, y le dijeron las palabras antes dichas.

23 Y ella respondió: Jehová, Dios de Israel, ha dicho así: Decid al varón que os ha enviado a mí, que así ha dicho Jehová:

24 He aquí yo traigo mal sobre este lugar, y sobre los moradores de él, todas las maldiciones que están escritas en el libro que leyeron delante del rey de Judá;

25 por cuanto me han dejado, y han ofrecido sacrificios a dioses ajenos, provocándome a ira con todas las obras de sus manos; por tanto, se derramará mi ira sobre este lugar, y no se apagará.

26 Mas al rey de Judá, que os ha enviado a consultar a Jehová, así le diréis: Jehová el Dios de Israel ha dicho así: Por cuanto oíste las palabras del libro,

27 y tu corazón se conmovió, y te humillaste delante de Dios al oír sus palabras sobre este lugar y sobre sus moradores, y te humillaste delante de mí, y rasgaste tus vestidos y lloraste en mi presencia, yo también te he oído, dice Jehová.

28 He aquí que yo te reuniré con tus padres, y serás recogido en tu sepulcro en paz, y tus ojos no verán todo el mal que yo traigo sobre este lugar y sobre los moradores de él. Y ellos refirieron al rey la respuesta.

29 Entonces el rey envió y reunió a todos los ancianos de Judá y de Jerusalén.

30 Y subió el rey a la casa de Jehová, y con él todos los varones de Judá, y los moradores de Jerusalén, los sacerdotes, los levitas y

todo el pueblo, desde el mayor hasta el más pequeño; y leyó a oídos de ellos todas las palabras del libro del pacto que había sido hallado en la casa de Jehová.

31 Y estando el rey en pie en su sitio, hizo delante de Jehová pacto de caminar en pos de Jehová y de guardar sus mandamientos, sus testimonios y sus estatutos, con todo su corazón y con toda su alma, poniendo por obra las palabras del pacto que estaban escritas en aquel libro.

32 E hizo que se obligaran a ello todos los que estaban en Jerusalén y en Benjamín; y los moradores de Jerusalén hicieron conforme al pacto de Dios, del Dios de sus padres.

33 Y quitó Josías todas las abominaciones de toda la tierra de los hijos de Israel, e hizo que todos los que se hallaban en Israel sirviesen a Jehová su Dios. No se apartaron de en pos de Jehová el Dios de sus padres, todo el tiempo que él vivió.

Josías celebra la pascua

35 Josías celebró la pascua a Jehová en Jerusalén, y sacrificaron la pascua a los catorce días del mes primero.

2 Puso también a los sacerdotes en sus oficios, y los confirmó en el ministerio de la casa de Jehová.

3 Y dijo a los levitas que enseñaban a todo Israel, y estaban consagrados a Jehová: Poned el arca santa en la casa que edificó Salomón, hijo de David, rey de Israel; ya no habréis de llevarla más a hombros. Ahora servid a Jehová vuestro Dios, y a su pueblo Israel.

4 Preparaos según las familias de vuestros padres, por vuestros turnos, como lo ordenaron David, rey de Israel, y Salomón su hijo.

5 Ocupad vuestros puestos en el santuario, según los grupos de casas paternas de los levitas, a disposición de las familias de vuestros hermanos, los hijos del pueblo.

6 Sacrificad luego la pascua; y después de santificaros, preparad a vuestros hermanos para que hagan conforme a la palabra de Jehová dada por medio de Moisés.

7 Y dio el rey Josías a los del pueblo ovejas, corderos y cabritos de los rebaños, en número de treinta mil, y tres mil bueyes, todo para la pascua, para todos los que se hallaron presentes; esto, de la hacienda del rey.

8 También sus príncipes dieron con liberalidad al pueblo y a los sacerdotes y levitas. Hilcías, Zacarías y Jehiel, oficiales de la casa de Dios, dieron a los sacerdotes, para celebrar la pascua, dos mil seiscientas ovejas y trescientos bueyes.

9 Asimismo Conanías y Semaías y Natanael sus hermanos, y Hasabías, Jeiel y Josabad, jefes de los levitas, dieron a los levitas, para

los sacrificios de la pascua, cinco mil ovejas y quinientos bueyes.

10 Preparado así el servicio, los sacerdotes se colocaron en sus puestos, y asimismo los levitas en sus turnos, conforme al mandamiento del rey.

11 Y sacrificaron la pascua; y esparcían los sacerdotes la sangre recibida de mano de los levitas, y los levitas desollaban las víctimas.

12 Tomaron luego del holocausto, para dar conforme a los repartimientos de las familias del pueblo, a fin de que ofreciesen a Jehová según está escrito en el libro de Moisés; y asimismo tomaron de los bueyes.

13 Y asaron la pascua al fuego conforme a la ordenanza; mas lo que había sido santificado lo cocieron en ollas, en calderos y sartenes, y lo repartieron rápidamente a todo el pueblo.

14 Después prepararon para ellos mismos y para los sacerdotes; porque los sacerdotes, hijos de Aarón, estuvieron ocupados hasta la noche en el sacrificio de los holocaustos y de las grasas; por tanto, los levitas prepararon para ellos mismos y para los sacerdotes hijos de Aarón.

15 Asimismo los cantores hijos de Asaf estaban en su puesto, conforme a lo dispuesto por David, Asaf, Hemán, y Jedutún, vidente del rey; también los porteros estaban a cada puerta; y no era necesario que se apartasen de su ministerio, porque sus hermanos los levitas preparaban para ellos.

16 Así fue preparado todo el servicio de Jehová en aquel día, para celebrar la pascua y para sacrificar los holocaustos sobre el altar de Jehová, conforme al mandamiento del rey Josías.

17 Y los hijos de Israel que estaban allí celebraron la pascua en aquel tiempo, y la fiesta solemne de los panes sin levadura por siete días.

18 Nunca fue celebrada una pascua como ésta en Israel desde los días de Samuel el profeta; ni ningún rey de Israel celebró pascua tal como la que celebró el rey Josías, con los sacerdotes y levitas, y todo Judá e Israel, los que se hallaron allí, juntamente con los moradores de Jerusalén.

19 Esta pascua fue celebrada en el año dieciocho del rey Josías.

Muerte de Josías

20 Después de todas estas cosas, luego de haber reparado Josías la casa de Jehová, Necó rey de Egipto subió para hacer guerra en Carquemis junto al Éufrates; y salió Josías contra él.

21 Y Necó le envió mensajeros, diciendo: ¿Qué tengo yo contigo, rey de Judá? Yo no vengo contra ti hoy, sino contra la casa que me hace guerra; y Dios me ha dicho que me

apresure. Deja de oponerte a Dios, quien
está conmigo, no sea que él te destruya.
22 Mas Josías no se retiró, sino que se
disfrazó para atacarle, y no atendió a las
palabras de Necó, que eran de boca de Dios;
y vino a darle batalla en el campo de Meguido.
23 Y los flecheros tiraron contra el rey
Josías. Entonces dijo el rey a sus siervos:
Quitadme de aquí, porque estoy gravemente herido.
24 Entonces sus siervos lo sacaron de aquel
carro, y lo pusieron en un segundo carro que
tenía, y lo llevaron a Jerusalén, donde murió; y lo sepultaron en los sepulcros de sus
padres. Y todo Judá y Jerusalén hicieron
duelo por Josías.
25 Y Jeremías endechó en memoria de
Josías. Todos los cantores y cantoras recitan
esas lamentaciones sobre Josías hasta hoy; y
las tomaron por norma para endechar en
Israel, las cuales están escritas en el libro de
Lamentos.
26 Los demás hechos de Josías, y sus obras
piadosas conforme a lo que está escrito en la
ley de Jehová,
27 y sus hechos, primeros y postreros, he
aquí están escritos en el libro de los reyes de
Israel y de Judá.

Reinado y destronamiento de Joacaz

36 Entonces el pueblo de la tierra tomó
a Joacaz hijo de Josías, y lo hizo rey
en lugar de su padre en Jerusalén.
2 De veintitrés años era Joacaz cuando
comenzó a reinar, y tres meses reinó en
Jerusalén.
3 Y el rey de Egipto lo quitó de Jerusalén, y
condenó la tierra a pagar cien talentos de
plata y uno de oro.
4 Y estableció el rey de Egipto a Eliaquim
hermano de Joacaz por rey sobre Judá y
Jerusalén, y le mudó el nombre en Joyaquim; y a Joacaz su hermano tomó Necó, y
lo llevó a Egipto.

Reinado de Joyaquim

5 Cuando comenzó a reinar Joyaquim era
de veinticinco años, y reinó once años en
Jerusalén; e hizo lo malo ante los ojos de
Jehová su Dios.
6 Y subió contra él Nabucodonosor rey de
Babilonia, y lo llevó a Babilonia atado con
cadenas.
7 También llevó Nabucodonosor a Babilonia de los utensilios de la casa de Jehová, y
los puso en su templo en Babilonia.
8 Los demás hechos de Joyaquim, y las
abominaciones que hizo, y lo que en él se
halló, está escrito en el libro de los reyes de
Israel y de Judá; y reinó en su lugar Joaquín
su hijo.

Joaquín es llevado cautivo a Babilonia

9 De ocho años era Joaquín cuando comenzó a reinar, y reinó tres meses y diez días en
Jerusalén; e hizo lo malo ante los ojos de
Jehová.
10 A la vuelta de un año, el rey Nabucodonosor envió y lo hizo llevar a Babilonia,
juntamente con los objetos preciosos de la
casa de Jehová, y constituyó a Sedequías su
hermano por rey sobre Judá y Jerusalén.

Reinado de Sedequías

11 De veintiún años era Sedequías cuando
comenzó a reinar, y once años reinó en
Jerusalén.
12 E hizo lo malo ante los ojos de Jehová su
Dios, y no se humilló delante del profeta
Jeremías, que le hablaba de parte de
Jehová.
13 Se rebeló asimismo contra Nabucodonosor, al cual había jurado por Dios; y endureció su cerviz, y obstinó su corazón para no
volverse a Jehová, Dios de Israel.
14 También todos los principales sacerdotes, y el pueblo, multiplicaron sus infidelidades, siguiendo todas las abominaciones de
las naciones, y contaminando la casa de
Jehová, la cual él había santificado en Jerusalén.
15 Y Jehová, el Dios de sus padres, envió
constantemente palabra a ellos por medio
de sus mensajeros, porque él tenía misericordia de su pueblo y del lugar de su morada.
16 Mas ellos hacían escarnio de los mensajeros de Dios, y menospreciaban sus palabras, burlándose de sus profetas, hasta que
subió la ira de Jehová contra su pueblo, y no
hubo ya remedio.

Cautividad de Judá

17 Por lo cual trajo contra ellos al rey de los
caldeos, que mató a espada a sus jóvenes en
la casa de su santuario, sin perdonar joven
ni doncella, anciano ni decrépito; todos los
entregó en sus manos.
18 Asimismo todos los utensilios de la casa
de Dios, grandes y chicos, los tesoros de la
casa de Jehová, y los tesoros de la casa del
rey y de sus príncipes, todo lo llevó a
Babilonia.
19 Y quemaron la casa de Dios, y rompieron el muro de Jerusalén, y consumieron a
fuego todos sus palacios, y destruyeron todos sus objetos deseables.
20 Los que escaparon de la espada fueron
llevados cautivos a Babilonia, donde fueron
esclavos de él y de sus hijos, hasta que vino
el reino de los persas;
21 para que se cumpliese la palabra de
Jehová por boca de Jeremías, hasta que la
tierra pagó sus sábados; porque todo el

tiempo de su asolamiento reposó, hasta que los setenta años fueron cumplidos.

El decreto de Ciro

22 Mas al primer año de Ciro, rey de los persas, para que se cumpliese la palabra de Jehová por boca de Jeremías, Jehová despertó el espíritu de Ciro, rey de los persas, el cual hizo pregonar de palabra y también por escrito, por todo su reino, diciendo:
23 Así dice Ciro, rey de los persas: Jehová, el Dios de los cielos, me ha dado todos los reinos de la tierra; y él me ha mandado que le edifique casa en Jerusalén, que está en Judá. Quien de entre vosotros pertenezca a su pueblo, que suba, y sea Jehová, su Dios, con él.

ESDRAS

El decreto de Ciro

1 En el primer año de Ciro, rey de Persia, para que se cumpliese la palabra de Jehová por boca de Jeremías, movió Jehová el espíritu de Ciro, rey de Persia, el cual hizo pregonar de palabra y también por escrito por todo su reino, diciendo:
2 Así ha dicho Ciro, rey de Persia: Jehová el Dios de los cielos me ha dado todos los reinos de la tierra, y me ha mandado que le edifique casa en Jerusalén, que está en Judá.
3 Quien de entre vosotros pertenezca a su pueblo, sea Dios con él, y suba a Jerusalén que está en Judá, y edifique la casa a Jehová, Dios de Israel, el Dios que habita en Jerusalén.
4 Y a todo el que haya quedado, en cualquier lugar donde more, ayúdenle los hombres de su lugar con plata, oro, bienes y ganados, además de ofrendas voluntarias para la casa de Dios, la cual está en Jerusalén.

El regreso a Jerusalén

5 Entonces se levantaron los jefes de las casas paternas de Judá y de Benjamín, y los sacerdotes y levitas, todos aquellos cuyo espíritu despertó Dios para subir a edificar la casa de Jehová, que está en Jerusalén.
6 Y todos sus vecinos les ayudaron con plata y oro, con bienes y ganado, y con cosas preciosas, además de todo lo que se ofreció voluntariamente.
7 Y el rey Ciro mandó sacar los utensilios de la casa de Jehová, que Nabucodonosor había sacado de Jerusalén, y los había puesto en la casa de sus dioses.
8 Los sacó, pues, Ciro, rey de Persia, por mano de Mitrídates tesorero, el cual los dio por cuenta a Sesbasar príncipe de Judá.
9 Y ésta es la cuenta de ellos: treinta tazones de oro, mil tazones de plata, veintinueve cuchillos,
10 treinta tazas de oro, otras cuatrocientas diez tazas de plata, y otros mil utensilios.
11 Todos los utensilios de oro y de plata eran cinco mil cuatrocientos. Todos los hizo llevar Sesbasar con los que subieron del cautiverio de Babilonia a Jerusalén.

Los que volvieron con Zorobabel

2 Éstos son los hijos de la provincia que subieron del cautiverio, de aquellos que Nabucodonosor rey de Babilonia había llevado cautivos a Babilonia, y que volvieron a Jerusalén y a Judá, cada uno a su ciudad.
2 Vinieron con Zorobabel: Jesúa, Nehemías, Seraías, Reelaías, Mardoqueo, Bilsán, Mispar, Bigvay, Rehum y Baaná. El número de los varones del pueblo de Israel:
3 Los hijos de Parós, dos mil ciento setenta y dos.
4 Los hijos de Sefatías, trescientos setenta y dos.
5 Los hijos de Ará, setecientos setenta y cinco.
6 Los hijos de Pahat-moab, de los hijos de Jesúa y de Joab, dos mil ochocientos doce.
7 Los hijos de Elam, mil doscientos cincuenta y cuatro.
8 Los hijos de Zatú, novecientos cuarenta y cinco.
9 Los hijos de Zacay, setecientos sesenta.
10 Los hijos de Baní, seiscientos cuarenta y dos.
11 Los hijos de Bebay, seiscientos veintitrés.
12 Los hijos de Azgad, mil doscientos veintidós.
13 Los hijos de Adonicam, seiscientos sesenta y seis.
14 Los hijos de Bigvay, dos mil cincuenta y seis.
15 Los hijos de Adín, cuatrocientos cincuenta y cuatro.
16 Los hijos de Ater, de Ezequías, noventa y ocho.
17 Los hijos de Bezay, trescientos veintitrés.
18 Los hijos de Jorá, ciento doce.
19 Los hijos de Hasum, doscientos veintitrés.

20 Los hijos de Gibar, noventa y cinco.

21 Los hijos de Belén, ciento veintitrés.

22 Los varones de Netofá, cincuenta y seis.

23 Los varones de Anatot, ciento veintiocho.

24 Los hijos de Azmávet, cuarenta y dos.

25 Los hijos de Quiryat-jearim, Cafirá y Beerot, setecientos cuarenta y tres.

26 Los hijos de Ramá y Geba, seiscientos veintiuno.

27 Los varones de Micmás, ciento veintidós.

28 Los varones de Betel y Hay, doscientos veintitrés.

29 Los hijos de Nebó, cincuenta y dos.

30 Los hijos de Magbís, ciento cincuenta y seis.

31 Los hijos del otro Elam, mil doscientos cincuenta y cuatro.

32 Los hijos de Harim, trescientos veinte.

33 Los hijos de Lod, Hadid y Onó, setecientos veinticinco.

34 Los hijos de Jericó, trescientos cuarenta y cinco.

35 Los hijos de Senaá, tres mil seiscientos treinta.

36 Los sacerdotes: los hijos de Jedayá, de la casa de Jesúa, novecientos setenta y tres.

37 Los hijos de Imer, mil cincuenta y dos.

38 Los hijos de Pasur, mil doscientos cuarenta y siete.

39 Los hijos de Harim, mil diecisiete.

40 Los levitas: los hijos de Jesúa y de Cadmiel, de los hijos de Hodavías, setenta y cuatro.

41 Los cantores: los hijos de Asaf, ciento veintiocho.

42 Los hijos de los porteros: los hijos de Salum, los hijos de Ater, los hijos de Talmón, los hijos de Acub, los hijos de Hatitá, los hijos de Sobay; por todos, ciento treinta y nueve.

43 Los sirvientes del templo: los hijos de Zihá, los hijos de Hasufá, los hijos de Tabaot,

44 los hijos de Querós, los hijos de Siahá, los hijos de Padón,

45 los hijos de Lebaná, los hijos de Hagabá, los hijos de Acub,

46 los hijos de Hagab, los hijos de Salmay, los hijos de Hanán,

47 los hijos de Gidel, los hijos de Gahar, los hijos de Reaías,

48 los hijos de Rezín, los hijos de Necodá, los hijos de Gazam,

49 los hijos de Uzá, los hijos de Paséah, los hijos de Besay,

50 los hijos de Ascná, los hijos de Meunim, los hijos de Nefusim,

51 los hijos de Bacbuc, los hijos de Hacufá, los hijos de Harhur,

52 los hijos de Bazlut, los hijos de Mehidá, los hijos de Harsá,

53 los hijos de Barcós, los hijos de Sisrá, los hijos de Tama,

54 los hijos de Nezía, los hijos de Hatifá.

55 Los hijos de los siervos de Salomón: los hijos de Sotay, los hijos de Soféret, los hijos de Perudá,

56 los hijos de Jaalá, los hijos de Darcón, los hijos de Gidel,

57 los hijos de Sefatías, los hijos de Hatil, los hijos de Poquéret-hazebayim, los hijos de Amí.

58 Todos los sirvientes del templo, e hijos de los siervos de Salomón, trescientos noventa y dos.

59 Éstos fueron los que subieron de Telmela, Tel-harsá, Querub, Addán e Imer que no pudieron demostrar la casa de sus padres, ni su linaje, si eran de Israel:

60 los hijos de Delaías, los hijos de Tobías, los hijos de Necodá, seiscientos cincuenta y dos.

61 Y de los hijos de los sacerdotes: los hijos de Habayá, los hijos de Cos, los hijos de Barzilay, el cual tomó mujer de las hijas de Barzilay galaadita, y fue llamado por el nombre de ellas.

62 Éstos buscaron su registro de genealogías, y no fue hallado; y fueron excluidos del sacerdocio,

63 y el gobernador les dijo que no comiesen de las cosas más santas, hasta que hubiese sacerdote para consultar con Urim y Tumim.

64 Toda la congregación, unida como un solo hombre, era de cuarenta y dos mil trescientos sesenta,

65 sin contar sus siervos y siervas, los cuales eran siete mil trescientos treinta y siete; y tenían doscientos cantores y cantoras.

66 Sus caballos eran setecientos treinta y seis; sus mulas, doscientas cuarenta y cinco;

67 sus camellos, cuatrocientos treinta y cinco; asnos, seis mil setecientos veinte.

68 Y algunos de los jefes de casas paternas, cuando vinieron a la casa de Jehová que estaba en Jerusalén, hicieron ofrendas voluntarias para la casa de Dios, para reedificarla en su sitio.

69 Según sus fuerzas dieron al tesorero de la obra sesenta y una mil dracmas de oro, cinco mil libras de plata, y cien túnicas sacerdotales.

70 Y habitaron los sacerdotes, los levitas, los del pueblo, los cantores, los porteros y los sirvientes del templo en sus ciudades; y todo Israel en sus ciudades.

Restauración del altar y del culto

3 Cuando llegó el mes séptimo, y estando los hijos de Israel ya establecidos en las ciudades, se juntó el pueblo como un solo hombre en Jerusalén.

2 Entonces se levantaron Jesúa, hijo de Josadac, y sus hermanos los sacerdotes, y Zorobabel, hijo de Sealtiel, y sus hermanos, y edificaron el altar del Dios de Israel, para ofrecer sobre él holocaustos, como está escrito en la ley de Moisés, varón de Dios.

3 Reconstruyeron el altar en su emplazamiento, a pesar del miedo que tenían a los pueblos de las tierras, y ofrecieron sobre él holocaustos a Jehová, los holocaustos de la mañana y de la tarde.

4 Celebraron asimismo la fiesta solemne de los tabernáculos, como está escrito, y holocaustos cada día por orden conforme al rito, cada cosa en su día;

5 además de esto, el holocausto continuo, las nuevas lunas, y todas las fiestas solemnes de Jehová, y todo sacrificio espontáneo, toda ofrenda voluntaria a Jehová.

6 Desde el primer día del mes séptimo comenzaron a ofrecer holocaustos a Jehová; pero los cimientos del templo de Jehová no se habían echado todavía.

7 Y dieron dinero a los albañiles y carpinteros; asimismo comida, bebida y aceite a los sidonios y tirios para que trajesen madera de cedro desde el Líbano por mar a Jope, conforme a la voluntad de Ciro, rey de Persia, acerca de esto.

Colocación de los cimientos del templo

8 En el año segundo de su venida a la casa de Dios en Jerusalén, en el mes segundo, comenzaron Zorobabel, hijo de Sealtiel, Jesúa, hijo de Josadac, y los otros sus hermanos, los sacerdotes y los levitas, y todos los que habían venido de la cautividad a Jerusalén; y pusieron a los levitas de veinte años para arriba para que activasen la obra de la casa de Jehová.

9 Jesúa también, sus hijos y sus hermanos, Cadmiel y sus hijos, hijos de Judá, como un solo hombre asistían para activar a los que hacían la obra en la casa de Dios, junto con los hijos de Henadad, sus hijos y sus hermanos, levitas.

10 Y cuando los albañiles del templo de Jehová echaban los cimientos, pusieron a los sacerdotes vestidos de sus ropas y con trompetas, y a los levitas hijos de Asaf con címbalos, para que alabasen a Jehová, según la ordenanza de David rey de Israel.

11 Y cantaban, alabando y dando gracias a Jehová, y diciendo: Porque él es bueno, porque para siempre es su misericordia sobre Israel. Y todo el pueblo aclamaba con gran júbilo, alabando a Jehová porque se echaban los cimientos de la casa de Jehová.

12 Y muchos de los sacerdotes, de los levitas y de los jefes de casas paternas, ancianos que habían visto la casa primera, viendo echar los cimientos de esta casa, lloraban en alta voz, mientras muchos otros daban grandes gritos de alegría.

13 Y no podía distinguir el pueblo el clamor de los gritos de alegría, de la voz del llanto; porque clamaba el pueblo con gran júbilo, y se oía el ruido hasta de muy lejos.

Los adversarios detienen la obra

4 Oyendo los enemigos de Judá y de Benjamín que los venidos de la cautividad edificaban el templo de Jehová Dios de Israel,

2 vinieron a Zorobabel y a los jefes de casas paternas, y les dijeron: Edificaremos con vosotros, porque como vosotros buscamos a vuestro Dios, y a él ofrecemos sacrificios desde los días de Esar-hadón, rey de Asiria, que nos hizo venir aquí.

3 Zorobabel, Jesúa, y los demás jefes de casas paternas de Israel dijeron: No nos conviene edificar con vosotros casa a nuestro Dios, sino que nosotros solos la edificaremos a Jehová, Dios de Israel, como nos mandó el rey Ciro, rey de Persia.

4 Pero el pueblo de la tierra intimidó al pueblo de Judá, y lo atemorizó para que no edificara.

5 Sobornaron además contra ellos a los consejeros para frustrar sus propósitos, todo el tiempo de Ciro, rey de Persia, y hasta el reinado de Darío, rey de Persia.

6 Y en el reinado de Asuero, en el principio de su reinado, escribieron acusaciones contra los habitantes de Judá y de Jerusalén.

7 También en días de Artajerjes escribieron Bislam, Mitrídates, Tabeel y los demás compañeros suyos, a Artajerjes rey de Persia; y la escritura y el lenguaje de la carta eran en arameo.

8 Rehum canciller y Simsay secretario escribieron una carta contra Jerusalén al rey Artajerjes.

9 En tal fecha escribieron Rehum canciller y Simsay secretario, y los demás compañeros suyos los jueces, gobernadores y oficiales, y los de Persia, de Erec, de Babilonia, de Susa, esto es, los elamitas,

10 y los demás pueblos que el grande y glorioso Asnapar transportó e hizo habitar en las ciudades de Samaria y las demás provincias del otro lado del río.

11 Y ésta es la copia de la carta que enviaron: Al rey Artajerjes: Tus siervos del otro lado del río te saludan.

12 Sea notorio al rey, que los judíos que subieron de ti a nosotros vinieron a Jerusalén; y edifican la ciudad rebelde y mala, y levantan los muros y reparan los fundamentos.

13 Ahora sea notorio al rey, que si aquella ciudad es reedificada, y los muros son levan-

tados, no pagarán tributo, impuesto y rentas, y el erario de los reyes será menoscabado.

14 Siendo que nos mantienen del palacio, no nos es justo ver el menosprecio del rey, por lo cual hemos enviado a hacerlo saber al rey,

15 para que se busque en el libro de las memorias de tus padres. Hallarás en el libro de las memorias, y sabrás que esta ciudad es ciudad rebelde, y perjudicial a los reyes y a las provincias, y que de tiempo antiguo forman en medio de ella rebeliones; por lo que esta ciudad fue destruida.

16 Hacemos saber al rey que si esta ciudad es reedificada, y son levantados sus muros, la región de más allá del río no será tuya.

17 El rey envió esta respuesta: A Rehum canciller, a Simsay secretario, a los demás compañeros suyos que habitan en Samaria, y a los demás del otro lado del río: Salud y paz.

18 La carta que nos enviasteis fue leída claramente delante de mí.

19 Y por mí fue dada orden y buscaron; y hallaron que aquella ciudad de tiempo antiguo se levanta contra los reyes y se rebela, y se forma en ella sedición;

20 y que hubo en Jerusalén reyes fuertes que dominaron en todo lo que hay más allá del río, y que se les pagaba tributo, impuesto y rentas.

21 Ahora, pues, dad orden de que cesen aquellos hombres, y no sea esa ciudad reedificada hasta que por mí sea dada nueva orden.

22 Y mirad que no seáis negligentes en esto; no sea que el mal aumente en perjuicio de los reyes.

23 Entonces, cuando la copia de la carta del rey Artajerjes fue leída delante de Rehum, y de Simsay secretario y sus compañeros, fueron apresuradamente a Jerusalén a los judíos, y les hicieron cesar con poder y violencia.

24 Entonces cesó la obra de la casa de Dios que estaba en Jerusalén, y quedó suspendida hasta el año segundo del reinado de Darío, rey de Persia.

Reedificación del templo

5 Profetizaron Hageo y Zacarías, hijo de Iddó, ambos profetas, a los judíos que estaban en Judá y en Jerusalén en el nombre del Dios de Israel quien estaba sobre ellos.

2 Entonces se levantaron Zorobabel, hijo de Sealtiel, y Jesúa, hijo de Josadac, y comenzaron a reedificar la casa de Dios en Jerusalén; y con ellos los profetas de Dios que les ayudaban.

3 En aquel tiempo vino a ellos Tatnay gobernador del otro lado del río, y Setar-

boznay y sus compañeros, y les dijeron así: ¿Quién os ha dado orden para edificar esta casa y levantar estos muros?

4 Ellos también preguntaron: ¿Cuáles son los nombres de los hombres que hacen este edificio?

5 Mas los ojos de Dios velaban sobre los ancianos de los judíos, y no les hicieron cesar hasta que el asunto fuese llevado a Darío y se remitiera carta de respuesta sobre este asunto.

6 Copia de la carta que Tatnay gobernador del otro lado del río, y Setar-boznay, y sus compañeros los gobernadores que estaban al otro lado del río, enviaron al rey Darío.

7 Le enviaron una relación en la que se decía: Al rey Darío, completa paz.

8 Sea notorio al rey, que fuimos a la provincia de Judea, a la casa del gran Dios, la cual se edifica con piedras grandes; y ya los maderos están puestos en las paredes, y la obra se hace de prisa, y prospera en sus manos.

9 Entonces preguntamos a los ancianos, diciéndoles así: ¿Quién os dio orden para edificar esta casa y para levantar estos muros?

10 Y también les preguntamos sus nombres para hacértelo saber, para escribirte los nombres de los hombres que estaban a la cabeza de ellos.

11 Y nos respondieron diciendo así: Nosotros somos siervos del Dios del cielo y de la tierra, y reedificamos la casa que ya muchos años antes había sido edificada, la cual edificó y terminó el gran rey de Israel.

12 Mas después que nuestros padres provocaron a ira al Dios de los cielos, él los entregó en manos de Nabucodonosor, rey de Babilonia, caldeo, el cual destruyó esta casa y llevó cautivo al pueblo a Babilonia.

13 Pero en el año primero de Ciro, rey de Babilonia, el mismo rey Ciro dio orden para que esta casa de Dios fuese reedificada.

14 También los utensilios de oro y de plata de la casa de Dios, que Nabucodonosor había sacado del templo que estaba en Jerusalén y los había llevado al templo de Babilonia, el rey Ciro los sacó del templo de Babilonia, y fueron entregados a Sesbasar, a quien había puesto por gobernador;

15 y le dijo: Toma estos utensilios, ve, y llévalos al templo que está en Jerusalén; y sea reedificada la casa de Dios en su lugar.

16 Entonces este Sesbasar vino y puso los cimientos de la casa de Dios en Jerusalén, y desde entonces hasta ahora se edifica, y aún no está concluida.

17 Y ahora, si al rey le parece bien, búsquese en la casa del tesoro del rey, en Babilonia, si es así que por el rey Ciro había sido dada la orden para reedificar esta casa de Dios en

Jerusalén, y se nos envíe a decir la voluntad del rey sobre esto.

6 Entonces el rey Darío dio la orden de buscar en la casa de los archivos, donde guardaban los tesoros allí en Babilonia.

2 Y fue hallado en Acmetá, en el palacio que está en la provincia de Media, un libro en el cual estaba escrito así: Memorándum:

3 En el año primero del rey Ciro, el mismo rey Ciro dio orden acerca de la casa de Dios en Jerusalén, para que fuese la casa reedificada como lugar para ofrecer sacrificios, y que sus paredes fuesen firmes; su altura de sesenta codos, y de sesenta codos su anchura;

4 y tres hileras de piedras grandes, y una de madera nueva, y que el gasto sea pagado por el tesoro del rey.

5 Y también los utensilios de oro y de plata de la casa de Dios, los cuales Nabucodonosor sacó del templo que estaba en Jerusalén y los pasó a Babilonia, sean devueltos y vayan a su lugar, al templo que está en Jerusalén, y sean puestos en la casa de Dios.

6 Ahora, pues, Tatnay gobernador del otro lado del río, Setar-boznay, y vuestros compañeros los gobernadores que estáis al otro lado del río, retiraos de allí.

7 Dejad que se haga la obra de esa casa de Dios; que el gobernador de los judíos y sus ancianos reedifiquen esa casa de Dios en su lugar.

8 Y por mí es dada orden de lo que habéis de hacer con esos ancianos de los judíos, para reedificar esa casa de Dios; que de la hacienda del rey, que tiene el tributo del otro lado del río, sean dados puntualmente a esos varones los gastos, para que no cese la obra.

9 Y lo que sea necesario, becerros, carneros y corderos para holocaustos al Dios del cielo, trigo, sal, vino y aceite, conforme a lo que digan los sacerdotes que están en Jerusalén, les sea dado día por día sin obstáculo alguno,

10 para que ofrezcan sacrificios agradables al Dios del cielo, y oren por la vida del rey y por sus hijos.

11 También por mí es dada orden, que cualquiera que altere este decreto, se le arranque un madero de su casa, y alzado, sea colgado de él, y su casa sea hecha muladar por esto.

12 Y el Dios que hizo habitar allí su nombre, destruya a todo rey y pueblo que ponga su mano para cambiar o destruir esa casa de Dios, la cual está en Jerusalén. Yo Darío he dado el decreto; sea cumplido prontamente.

13 Entonces Tatnay, gobernador del otro lado del río, y Setar-boznay y sus compañeros, hicieron puntualmente según el rey Darío había ordenado.

14 Y los ancianos de los judíos edificaban y prosperaban, conforme a la profecía del profeta Hageo y de Zacarías, hijo de Iddó. Edificaron, pues, y terminaron, por orden del Dios de Israel, y por mandato de Ciro, de Darío, y de Artajerjes, rey de Persia.

15 Esta casa fue terminada el tercer día del mes de Adar. Era el sexto año del reinado del rey Darío.

16 Entonces los hijos de Israel, los sacerdotes, los levitas y los demás que habían venido de la cautividad, hicieron la dedicación de esta casa de Dios con gozo.

17 Y ofrecieron en la dedicación de esta casa de Dios cien becerros, doscientos carneros y cuatrocientos corderos; y doce machos cabríos en expiación por todo Israel, conforme al número de las tribus de Israel.

18 Y pusieron a los sacerdotes en sus turnos, y a los levitas en sus clases, para el servicio de Dios en Jerusalén, conforme a lo escrito en el libro de Moisés.

La pascua del 515

19 También los hijos de la cautividad celebraron la pascua a los catorce días del mes primero.

20 Porque los sacerdotes y los levitas se habían purificado como un solo hombre; todos estaban limpios, y sacrificaron la pascua por todos los hijos de la cautividad, y por sus hermanos los sacerdotes, y por sí mismos.

21 Comieron la pascua los hijos de Israel que habían vuelto del cautiverio, con todos aquellos que se habían apartado de las inmundicias de las gentes de la tierra para buscar a Jehová Dios de Israel.

22 Y celebraron con regocijo la fiesta solemne de los panes sin levadura siete días, por cuanto Jehová los había alegrado, y había vuelto el corazón del rey de Asiria hacia ellos, para fortalecer sus manos en la obra de la casa de Dios, el Dios de Israel.

Esdras y sus compañeros
llegan a Jerusalén

7 Pasadas estas cosas, en el reinado de Artajerjes rey de Persia, Esdras hijo de Seraías, hijo de Azarías, hijo de Hilcías,

2 hijo de Salum, hijo de Sadoc, hijo de Ahitub,

3 hijo de Amarías, hijo de Azarías, hijo de Merayot,

4 hijo de Zeraías, hijo de Uzí, hijo de Buquí,

5 hijo de Abisúa, hijo de Fineés, hijo de Eleazar, hijo de Aarón, primer sacerdote,

6 subió de Babilonia. Era este Esdras escriba diligente en la ley de Moisés, que Jehová Dios de Israel había dado; y le concedió el

rey todo lo que pidió, porque la mano de
Jehová su Dios estaba sobre él.

7 Y con él subieron a Jerusalén algunos de
los hijos de Israel, y de los sacerdotes,
levitas, cantores, porteros y sirvientes del
templo, en el séptimo año del rey Artajerjes.

8 Y llegó a Jerusalén en el mes quinto del
año séptimo del rey.

9 Pues había fijado para el día primero del
primer mes su salida de Babilonia, y al
primero del mes quinto llegó a Jerusalén,
estando con él la buena mano de Dios.

10 Porque Esdras había preparado su corazón para escudriñar la ley de Jehová y para
cumplirla, y para enseñar en Israel sus estatutos y decretos.

El decreto de Artajerjes

11 Ésta es la copia de la carta que dio el rey
Artajerjes al sacerdote Esdras, escriba ver-
sado en los mandamientos de Jehová y en
sus estatutos a Israel:

12 Artajerjes rey de reyes, a Esdras, sacerdote y escriba erudito en la ley del Dios del
cielo: Paz.

13 Por mí es dada orden que todo aquel en
mi reino, del pueblo de Israel y de sus
sacerdotes y levitas, que quiera ir contigo a
Jerusalén, vaya.

14 Porque de parte del rey y de sus siete
consejeros eres enviado a inspeccionar Judea y Jerusalén, conforme a la ley de tu Dios
que está en tu mano;

15 y a llevar la plata y el oro que el rey y sus
consejeros voluntariamente ofrecen al Dios
de Israel, cuya morada está en Jerusalén,

16 y toda la plata y el oro que halles en toda
la provincia de Babilonia, con las ofrendas
voluntarias del pueblo y de los sacerdotes,
que voluntariamente ofrezcan para la casa
de su Dios, la cual está en Jerusalén.

17 Comprarás, pues, diligentemente con
este dinero becerros, carneros y corderos,
con sus ofrendas y sus libaciones, y los
ofrecerás sobre el altar de la casa de vuestro
Dios, la cual está en Jerusalén.

18 Y lo que a ti y a tus hermanos os parezca
hacer de la otra plata y oro, hacedlo conforme a la voluntad de vuestro Dios.

19 Los utensilios que te son entregados
para el servicio de la casa de tu Dios, los
restituirás delante de Dios en Jerusalén.

20 Y todo lo que se requiere para la casa de
tu Dios, que te sea necesario dar, lo darás de
la casa de los tesoros del rey.

21 Y por mí, Artajerjes rey, es dada orden
a todos los tesoreros que están al otro lado
del río, que todo lo que os pida el sacerdote
Esdras, escriba de la ley del Dios del cielo,
se le conceda prontamente,

22 hasta cien talentos de plata, cien coros

de trigo, cien batos de vino, y cien batos de
aceite; y sal sin medida.

23 Todo lo que es mandado por el Dios del
cielo, sea hecho prontamente para la casa
del Dios del cielo; para que no caiga su ira
sobre el reino del rey y de sus hijos.

24 Os hacemos saber también que a todos
los sacerdotes y levitas, cantores, porteros,
sirvientes del templo y ministros de la casa
de Dios, nadie podrá imponerles tributo,
contribución ni renta.

25 Y tú, Esdras, conforme a la sabiduría
que tienes de tu Dios, pon jueces y gobernadores que gobiernen a todo el pueblo que
está al otro lado del río, a todos los que
conocen las leyes de tu Dios; y al que no las
conoce, le enseñarás.

26 Y cualquiera que no cumpla la ley de tu
Dios, y la ley del rey, sea juzgado prontamente, sea a muerte, a destierro, a pena de
multa, o prisión.

Viaje de Esdras de Babilonia
a Palestina

27 Bendito sea Jehová, Dios de nuestros
padres, que puso tal cosa en el corazón del
rey, para honrar la casa de Jehová que está
en Jerusalén,

28 e inclinó hacia mí su misericordia delante del rey y de sus consejeros, y de todos los
príncipes poderosos del rey. Y yo, fortalecido por la mano de mi Dios sobre mí, reuní a
los principales de Israel para que subiesen
conmigo.

8 Éstos son los jefes de casas paternas, y
la genealogía de aquellos que subieron
conmigo de Babilonia, reinando el rey Artajerjes:

2 De los hijos de Fineés, Gersón; de los
hijos de Itamar, Daniel; de los hijos de
David, Hatús,

3 de los hijos de Secanías. De los hijos de
Farós, Zacarías, y con él, en la línea de
varones, ciento cincuenta.

4 De los hijos de Pahat-moab, Elyoenay,
hijo de Zeraías, y con él doscientos varones.

5 De los hijos de Zatú, Secanías, hijo de
Jahaziel, y con él trescientos varones.

6 De los hijos de Adín, Ébed, hijo de
Jonatán, y con él cincuenta varones.

7 De los hijos de Elam, Jesaías, hijo de
Atalías, y con él setenta varones.

8 De los hijos de Sefatías, Zebadías, hijo de
Miguel, y con él ochenta varones.

9 De los hijos de Joab, Obadías, hijo de
Jehiel, y con él doscientos dieciocho varones.

10 De los hijos de Baní, Selomit, hijo de
Josifías, y con él ciento sesenta varones.

11 De los hijos de Bebay, Zacarías, hijo de
Bebay, y con él veintiocho varones.

12 De los hijos de Azgad, Johanán, hijo de
Hacatán, y con él ciento diez varones.
13 De los hijos de Adonicam, los postreros,
cuyos nombres son éstos: Elifélet, Jeiel y
Semaías, y con ellos sesenta varones.
14 Y de los hijos de Bigvay, Utay y Zabud,
y con ellos sesenta varones.
15 Los reuní junto al río que viene a Ahavá,
y acampamos allí tres días; y habiendo
buscado entre el pueblo y entre los sacerdotes, no hallé allí de los hijos de Leví.
16 Entonces despaché a Eliezer, Ariel, Semaías, Elnatán, Jarib, Elnatán, Natán, Zacarías y Mesulam, hombres principales, asimismo a Joyarib y a Elnatán, hombres
prudentes;
17 y los envié a Iddó, jefe en el lugar
llamado Casifía, y puse en boca de ellos las
palabras que habían de hablar a Iddó, y a sus
hermanos los sirvientes del templo en el
lugar llamado Casifía, para que nos trajesen
ministros para la casa de nuestro Dios.
18 Y nos trajeron según la buena mano de
nuestro Dios sobre nosotros, un varón entendido, de los hijos de Mahlí hijo de Leví,
hijo de Israel; a Serebías con sus hijos y sus
hermanos, dieciocho;
19 a Hasabías, y con él a Jesaías de los hijos
de Merarí, a sus hermanos y a sus hijos,
veinte;
20 y de los sirvientes del templo, a quienes
David con los príncipes puso para el ministerio de los levitas, doscientos veinte sirvientes del templo, todos los cuales fueron
designados por sus nombres.
21 Y publiqué ayuno allí junto al río Ahavá, para afligirnos delante de nuestro Dios,
para solicitar de él un feliz viaje para nosotros, y para nuestros niños, y para todos
nuestros bienes.
22 Porque tuve vergüenza de pedir al rey
tropa y gente de a caballo que nos defendie-
sen del enemigo en el camino; porque habíamos hablado al rey, diciendo: La mano
de nuestro Dios es para bien sobre todos los
que le buscan; mas su poder y su furor
contra todos los que le abandonan.
23 Ayunamos, pues, y pedimos a nuestro
Dios sobre esto, y él nos fue propicio.
24 Aparté luego a doce de los principales de
los sacerdotes, a Serebías y a Hasabías, y
con ellos diez de sus hermanos;
25 y les pesé la plata, el oro y los utensilios,
ofrenda que para la casa de nuestro Dios
habían ofrecido el rey y sus consejeros y sus
príncipes, y todo Israel allí presente.
26 Pesé, pues, en manos de ellos seiscientos
cincuenta talentos de plata, y utensilios de
plata por cien talentos, y cien talentos de oro;
27 además, veinte tazones de oro de mil
dracmas, y dos vasos de bronce bruñido
muy bueno, preciados como el oro.

28 Y les dije: Vosotros estáis consagrados a
Jehová, y son santos los utensilios, y la plata
y el oro, ofrenda voluntaria a Jehová Dios
de nuestros padres.
29 Vigilad y guardadlos, hasta que los pe-
séis delante de los príncipes de los sacerdotes y levitas, y de los jefes de las casas
paternas de Israel en Jerusalén, en los aposentos de la casa de Jehová.
30 Los sacerdotes y los levitas recibieron el
peso de la plata y del oro y de los utensilios,
para traerlo a Jerusalén a la casa de nuestro
Dios.
31 Y partimos del río Ahavá el doce del mes
primero, para ir a Jerusalén; y la mano de
nuestro Dios estaba sobre nosotros, y nos
libró de manos del enemigo y del asechador
en el camino.
32 Y llegamos a Jerusalén, y reposamos allí
tres días.
33 Al cuarto día fue luego pesada la plata,
el oro y los utensilios, en la casa de nuestro
Dios, por mano del sacerdote Meremot,
hijo de Urías, y con él Eleazar, hijo de
Fineés; y con ellos Jozabad, hijo de Jesúa, y
Noadías, hijo de Binuy, levitas.
34 Por cuenta y por peso se entregó todo, y
se apuntó todo aquel peso en aquel tiempo.
35 Los hijos de la cautividad, los que habían venido del cautiverio, ofrecieron holocaustos al Dios de Israel, doce becerros por
todo Israel, noventa y seis carneros, setenta
y siete corderos, y doce machos cabríos por
expiación, todo en holocausto a Jehová.
36 Y entregaron los despachos del rey a sus
sátrapas y capitanes del otro lado del río, los
cuales ayudaron al pueblo y a la casa de
Dios.

Oración de confesión de Esdras

9 Acabadas estas cosas, los príncipes vinieron a mí, diciendo: El pueblo de
Israel y los sacerdotes y levitas no se han
separado de los pueblos de las tierras, de los
cananeos, heteos, ferezeos, jebuseos, amonitas, moabitas, egipcios y amorreos, y hacen conforme a sus abominaciones.
2 Porque han tomado de las hijas de ellos
para sí y para sus hijos, y el linaje santo ha
sido mezclado con los pueblos de las tierras;
y la mano de los príncipes y de los gobernadores ha sido la primera en cometer este
pecado.
3 Cuando oí esto, rasgué mi vestido y mi
manto, y arranqué pelo de mi cabeza y de mi
barba, y me senté angustiado en extremo.
4 Y se me juntaron todos los que temían las
palabras del Dios de Israel, a causa de la
prevaricación de los del cautiverio; mas yo
estuve muy angustiado hasta la hora del
sacrificio de la tarde.
5 Y a la hora del sacrificio de la tarde me

levanté de mi aflicción, y habiendo rasgado
mi vestido y mi manto, me postré de rodillas, y extendí mis manos a Jehová mi Dios,
6 y dije: Dios mío, confuso y avergonzado
estoy para levantar, oh Dios mío, mi rostro
a ti, porque nuestras iniquidades se han
multiplicado sobre nuestra cabeza, y nuestros delitos han crecido hasta el cielo.
7 Desde los días de nuestros padres hasta
este día hemos vivido en gran pecado; y por
nuestras iniquidades nosotros, nuestros
reyes y nuestros sacerdotes hemos sido entregados en manos de los reyes de las tierras, a espada, a cautiverio, a robo, y a
vergüenza que cubre nuestro rostro, como
hoy día.
8 Y ahora por un breve momento ha habido
misericordia de parte de Jehová nuestro
Dios, para hacer que nos quedase un remanente libre, y para darnos un lugar seguro en
su santuario, a fin de alumbrar nuestro Dios
nuestros ojos y darnos un poco de vida en
nuestra servidumbre.
9 Porque siervos somos; mas en nuestra
servidumbre no nos ha desamparado nuestro Dios, sino que inclinó sobre nosotros su
misericordia delante de los reyes de Persia,
para que se nos diese vida para levantar la
casa de nuestro Dios y restaurar sus ruinas,
y darnos protección en Judá y en Jerusalén.
10 Pero ahora, ¿qué diremos, oh Dios
nuestro, después de esto? Porque nosotros
hemos dejado tus mandamientos,
11 que prescribiste por medio de tus siervos
los profetas, diciendo: La tierra a la cual
entráis para poseerla, tierra inmunda es a
causa de la inmundicia de los pueblos de
aquellas regiones, por las abominaciones de
que la han llenado de uno a otro extremo
con su inmundicia.
12 Ahora, pues, no daréis vuestras hijas a
los hijos de ellos, ni sus hijas tomaréis para
vuestros hijos, ni procuraréis jamás su paz
ni su prosperidad; para que seáis fuertes y
comáis el bien de la tierra, y la dejéis por
heredad a vuestros hijos para siempre.
13 Mas después de todo lo que nos ha
sobrevenido a causa de nuestras malas
obras, y a causa de nuestro gran pecado, ya
que tú, Dios nuestro, no nos has castigado
de acuerdo con nuestras iniquidades, y nos
diste un remanente como éste,
14 ¿hemos de volver a infringir tus mandamientos, y a emparentar con pueblos que
cometen estas abominaciones? ¿No te in-
dignarías contra nosotros hasta consumir-
nos, sin que quedara remanente ni quien
escape?
15 Oh Jehová, Dios de Israel, tú eres justo,
puesto que hemos quedado un remanente
que ha escapado, como en este día. Henos
aquí, delante de ti, con nuestros delitos;

porque no es posible estar en tu presencia a
causa de esto.

Expulsión de las mujeres extranjeras

10 Mientras oraba Esdras y hacía confesión, llorando y postrándose delante
de la casa de Dios, se juntó a él una muy
grande multitud de Israel, hombres, mujeres
y niños; y lloraba el pueblo amargamente.
2 Entonces respondió Secanías hijo de
Jehiel, de los hijos de Elam, y dijo a Esdras:
Nosotros hemos pecado contra nuestro
Dios, pues tomamos mujeres extranjeras de
los pueblos de la tierra; mas a pesar de esto,
aún hay esperanza para Israel.
3 Ahora, pues, hagamos pacto con nuestro
Dios, de que despediremos a todas las mujeres y los nacidos de ellas, según el consejo de
mi señor y de los que temen el mandamiento
de nuestro Dios; y hágase conforme a la ley.
4 Levántate, porque ésta es tu obligación, y
nosotros estaremos contigo; esfuérzate, y
pon mano a la obra.
5 Entonces se levantó Esdras y juramentó a
los príncipes de los sacerdotes y de los
levitas, y a todo Israel, que harían conforme
a esto; y ellos juraron.
6 Se levantó luego Esdras de delante de la
casa de Dios, y se fue a la cámara de
Johanán hijo de Elyasib; se fue allá, y no
comió ni bebió agua, porque se entristeció a
causa del pecado de los del cautiverio.
7 E hicieron pregonar en Judá y en Jerusalén que todos los hijos del cautiverio se
reuniesen en Jerusalén;
8 y que el que no viniera dentro de tres días,
conforme al acuerdo de los príncipes y de los
ancianos, perdiese toda su hacienda, y el tal
fuese excluido de la congregación de los del
cautiverio.
9 Así todos los hombres de Judá y de
Benjamín se reunieron en Jerusalén dentro
de los tres días, a los veinte días del mes, que
era el mes noveno; y se sentó todo el pueblo
en la plaza de la casa de Dios, temblando
con motivo de aquel asunto, y a causa de la
lluvia.
10 Y se levantó el sacerdote Esdras y les
dijo: Vosotros habéis pecado, por cuanto
tomasteis mujeres extranjeras, añadiendo
así sobre el pecado de Israel.
11 Ahora, pues, dad gloria a Jehová Dios
de vuestros padres, y haced su voluntad, y
apartaos de los pueblos de las tierras, y de
las mujeres extranjeras.
12 Y respondió toda la asamblea, y dijeron
en alta voz: Así se haga conforme a tu
palabra.
13 Pero el pueblo es mucho, y el tiempo
lluvioso, y no podemos estar en la calle; ni la
obra es de un día ni de dos, porque somos
muchos los que hemos pecado en esto.

14 Sean nuestros príncipes los que se queden en lugar de toda la congregación, y todos aquellos que en nuestras ciudades hayan tomado mujeres extranjeras, vengan en tiempos determinados, y con ellos los ancianos de cada ciudad, y los jueces de ellas, hasta que apartemos de nosotros el ardor de la ira de nuestro Dios sobre esto.
15 Solamente Jonatán hijo de Asael y Jahzeías hijo de Ticvá se opusieron a esto, y los levitas Mesulam y Sabetay les ayudaron.
16 Así hicieron los hijos del cautiverio. Y fueron apartados el sacerdote Esdras, y ciertos varones jefes de casas paternas según sus casas paternas; todos ellos por sus nombres se sentaron el primer día del mes décimo para inquirir sobre el asunto.
17 Y terminaron el juicio de todos aquellos que habían tomado mujeres extranjeras, el primer día del mes primero.
18 De los hijos de los sacerdotes que habían tomado mujeres extranjeras, fueron hallados éstos: De los hijos de Jesúa, hijo de Josadac, y de sus hermanos: Maasías, Eliezer, Jarib y Gedalías.
19 Y dieron su mano en promesa de que despedirían sus mujeres, y ofrecieron como ofrenda por su pecado un carnero de los rebaños por su delito.
20 De los hijos de Imer: Hananí y Zebadías.
21 De los hijos de Harim: Maasías, Elías, Semaías, Jehiel y Uzías.
22 De los hijos de Pasur: Elyoenay, Maasías, Ismael, Natanael, Jozabad y Elasá.
23 De los hijos de los levitas: Jozabad, Simeí, Kelaía (éste es Kelitá), Petaías, Judá y Eliezer.

24 De los cantores: Elyasib; y de los porteros: Salum, Telem y Urí.
25 Asimismo de Israel: De los hijos de Parós: Ramías, Jizías, Malquías, Mijamín, Eleazar, Malquías y Benaías.
26 De los hijos de Elam: Matanías, Zacarías, Jehicl, Abdí, Jeremot y Elías.
27 De los hijos de Zatú: Elyoenay, Elyasib, Matanías, Jeremot, Zabad y Azizá.
28 De los hijos de Bebay: Johanán, Hananías, Zabay y Atlay.
29 De los hijos de Baní: Mesulam, Maluc, Adaya, Jasub, Seal y Ramot.
30 De los hijos de Pahat-moab: Adná, Quelal, Benaías, Maasías, Matanías, Bezaleel, Binuy y Manasés.
31 De los hijos de Harim: Eliezer, Isías, Malquías, Semaías, Simeón,
32 Benjamín, Maluc y Semarías.
33 De los hijos de Hasum: Matenay, Matatá, Zabad, Elifélet, Jeremay, Manasés y Simeí.
34 De los hijos de Baní: Maday, Amram, Uel,
35 Benaías, Bedías, Quelúhi,
36 Vanías, Meremot, Elyasib,
37 Matanías, Matenay, Jaasay,
38 Baní, Binuy, Simeí,
39 Selemías, Natán, Adaías,
40 Macnadebay, Sasay, Saray,
41 Azareel, Selemías, Semarías,
42 Salum, Amarías y José.
43 Y de los hijos de Nebó: Jeiel, Matatías, Zabad, Zebiná, Jaday, Joel y Benaías.
44 Todos éstos habían tomado mujeres extranjeras; y había mujeres de ellos que habían dado a luz hijos.

NEHEMÍAS

Oración de Nehemías sobre Jerusalén

1 Palabras de Nehemías hijo de Hacalías. Aconteció en el mes de Quisléu, en el año veinte, estando yo en Susa, capital del reino,
2 que vino Hananí, uno de mis hermanos, con algunos varones de Judá, y les pregunté por los judíos que habían escapado, que habían quedado de la cautividad, y por Jerusalén.
3 Y me dijeron: El remanente, los que quedaron de la cautividad, allí en la provincia, están en gran mal y afrenta, y el muro de Jerusalén derribado, y sus puertas quemadas a fuego.
4 Cuando oí estas palabras me senté y lloré,

e hice duelo por algunos días, y ayuné y oré delante del Dios de los cielos.
5 Y dije: Te ruego, oh Jehová, Dios de los cielos, fuerte, grande y temible, el que guarda el pacto y la misericordia a los que aman y guardan sus mandamientos;
6 esté ahora atento tu oído y abiertos tus ojos para oír la oración de tu siervo, que hago ahora delante de ti día y noche, por los hijos de Israel tus siervos; y confieso los pecados de los hijos de Israel que hemos cometido contra ti; sí, yo y la casa de mi padre hemos pecado.
7 En extremo nos hemos corrompido contra ti, y no hemos guardado los mandamientos, estatutos y preceptos que diste a Moisés tu siervo.

8 Acuérdate ahora de la palabra que diste a Moisés tu siervo, diciendo: Si sois infieles, yo os dispersaré por los pueblos;

9 pero si os volvéis a mí, y guardáis mis mandamientos, y los ponéis por obra, aunque vuestra dispersión llegue hasta el extremo de los cielos, de allí os recogeré, y os traeré al lugar que escogí para hacer habitar allí mi nombre.

10 Ellos, pues, son tus siervos y tu pueblo, los cuales redimiste con tu gran poder, y con tu mano poderosa.

11 Te ruego, oh Jehová, esté ahora atento tu oído a la oración de tu siervo, y a la oración de tus siervos, quienes desean reverenciar tu nombre; concede ahora buen éxito a tu siervo, y dale gracia delante de aquel varón. Porque yo servía de copero al rey.

Artajerjes envía a Nehemías a Jerusalén

2 Sucedió en el mes de Nisán, en el año veinte del rey Artajerjes, que estando ya el vino delante de él, tomé el vino y lo serví al rey. Y como yo no había estado antes triste en su presencia,

2 me dijo el rey: ¿Por qué está triste tu rostro?, pues no estás enfermo. No es eso sino quebranto de corazón. Entonces temí en gran manera.

3 Y dije al rey: Para siempre viva el rey. ¿Cómo no estará triste mi rostro, cuando la ciudad, casa de los sepulcros de mis padres, está desierta, y sus puertas consumidas por el fuego?

4 Me dijo el rey: ¿Qué es lo que deseas? Entonces oré al Dios de los cielos,

5 y dije al rey: Si le place al rey, y tu siervo ha hallado gracia delante de ti, envíame a Judá, a la ciudad de los sepulcros de mis padres, y la reedificaré.

6 Entonces el rey me dijo (y la reina estaba sentada junto a él): ¿Cuánto durará tu viaje, y cuándo volverás? Y agradó al rey enviarme, después que yo le señalé el tiempo.

7 Además dije al rey: Si le place al rey, que se me den cartas para los gobernadores al otro lado del río, para que me franqueen el paso hasta que llegue a Judá;

8 y carta para Asaf, guarda del bosque del rey, para que me dé madera para enmaderar las puertas del palacio de la casa, y para el muro de la ciudad, y la casa en que yo estaré. Y me lo concedió el rey, según la benéfica mano de Jehová sobre mí.

9 Vine luego a los gobernadores del otro lado del río, y les di las cartas del rey. Y el rey envió conmigo capitanes del ejército y gente de a caballo.

10 Pero oyéndolo Sanbalat horonita y Tobías, el siervo amonita, les disgustó en extremo que viniese alguien para procurar el bien de los hijos de Israel.

Nehemías anima al pueblo a reedificar los muros

11 Llegué, pues, a Jerusalén, y después de estar allí tres días,

12 me levanté de noche, yo y unos pocos varones conmigo, y no declaré a hombre alguno lo que Dios había puesto en mi corazón que hiciese en Jerusalén; ni había cabalgadura conmigo, excepto la única en que yo cabalgaba.

13 Y salí de noche por la puerta del Valle hacia la fuente del Dragón y a la puerta del Muladar, y observé los muros de Jerusalén que estaban derribados, y sus puertas que estaban consumidas por el fuego.

14 Pasé luego a la puerta de la Fuente, y al estanque del Rey; pero no había lugar por donde pasase la cabalgadura en que iba.

15 Y subí de noche por el torrente y observé el muro, y di la vuelta y entré por la puerta del Valle, y me volví.

16 Y no sabían los oficiales adónde yo había ido, ni qué había hecho; ni hasta entonces lo había declarado yo a los judíos y sacerdotes, ni a los nobles y oficiales, ni a los demás que hacían la obra.

17 Les dije, pues: Vosotros veis el mal en que estamos, que Jerusalén está desierta, y sus puertas consumidas por el fuego; venid, y edifiquemos el muro de Jerusalén, y no estemos más en oprobio.

18 Entonces les declaré cómo la mano de mi Dios había sido buena sobre mí, y asimismo las palabras que el rey me había dicho. Y dijeron: Levantémonos y edifiquemos. Así esforzaron sus manos para bien.

19 Pero cuando lo oyeron Sanbalat horonita, Tobías el siervo amonita, y Gésem el árabe, hicieron escarnio de nosotros, y nos despreciaron, diciendo: ¿Qué es lo que estáis haciendo? ¿Os rebeláis contra el rey?

20 Y en respuesta les dije: El Dios de los cielos, él nos prosperará, y nosotros sus siervos nos levantaremos y edificaremos, porque vosotros no tenéis parte, ni derecho, ni recuerdo en Jerusalén.

Reparto del trabajo de reedificación

3 Entonces se levantó el sumo sacerdote Elyasib con sus hermanos los sacerdotes, y edificaron la puerta de las Ovejas. Ellos arreglaron y levantaron sus puertas hasta la torre de Hameá, y edificaron hasta la torre de Hananeel.

2 Junto a ella edificaron los varones de Jericó, y luego edificó Zacur, hijo de Imrí.

3 Los hijos de Hasnaá edificaron la puerta del Pescado; ellos la enmaderaron, y levan-

taron sus puertas, con sus cerraduras y sus cerrojos.

4 A su lado restauró Meremot, hijo de Urías, hijo de Hacós, y al lado de ellos restauró Mesulam, hijo de Berequías, hijo de Mesezabeel. Junto a ellos restauró Sadoc, hijo de Baaná.

5 E inmediato a ellos restauraron los tecoítas; pero sus grandes no se prestaron a doblar el cuello al servicio de sus señores.

6 La puerta Vieja fue restaurada por Joyadá hijo de Paséah y Mesulam hijo de Besodías, quienes la enmaderaron, y levantaron sus puertas, con sus cerraduras y cerrojos.

7 Junto a ellos restauró Melatías gabaonita y Jadón meronotita, y los varones de Gabaón y de Mizpá, que estaban bajo el dominio del gobernador del otro lado del río.

8 Junto a ellos restauró Uziel hijo de Harhayá, de los plateros; junto al cual restauró también Hanamías, hijo de un perfumero. Así dejaron reparada a Jerusalén hasta el muro ancho.

9 Junto a ellos restauró también Refaías hijo de Hur, gobernador de la mitad de la región de Jerusalén.

10 Asimismo restauró junto a ellos, y frente a su casa, Jedaías hijo de Harumaf; y junto a él restauró Hatús, hijo de Hasabnías.

11 Malquiyá, hijo de Harim, y Hasub, hijo de Pahat-moab, restauraron otro tramo, y la torre de los Hornos.

12 Junto a ellos restauró Salum hijo de Halohés, gobernador de la mitad de la región de Jerusalén, él con sus hijas.

13 La puerta del Valle la restauró Hanún con los moradores de Zanoa; ellos la reedificaron, y levantaron sus puertas, con sus cerraduras y sus cerrojos, y mil codos del muro, hasta la puerta del Muladar.

14 Reedificó la puerta del Muladar Malquiyá, hijo de Recab, gobernador de la provincia de Bet-haquérem; él la reedificó, y levantó sus puertas, sus cerraduras y sus cerrojos.

15 Salum, hijo de Colhozé, gobernador de la región de Mizpá, restauró la puerta de la Fuente; él la reedificó, la enmaderó y levantó sus puertas, sus cerraduras y sus cerrojos, y el muro del estanque de Siloé hacia el huerto del rey, y hasta las gradas que descienden de la ciudad de David.

16 Después de él restauró Nehemías hijo de Azbuc, gobernador de la mitad de la región de Bet-sur, hasta delante de los sepulcros de David, y hasta el estanque labrado, y hasta la casa de los Valientes.

17 Tras él restauraron los levitas; Rehum, hijo de Baní y junto a él restauró Hasabías, gobernador de la mitad de la región de Keilá, por su región.

18 Después de él restauraron sus hermanos, Bavay hijo de Henadad, gobernador de la mitad de la región de Keilá.

19 Junto a él restauró Ézer hijo de Jesúa, gobernador de Mizpá, otro tramo frente a la subida de la armería de la esquina.

20 Después de él Baruc, hijo de Zabay, con todo fervor restauró otro tramo, desde la esquina hasta la puerta de la casa de Elyasib sumo sacerdote.

21 Tras él restauró Meremot, hijo de Urías hijo de Hacós, otro tramo, desde la entrada de la casa de Elyasib hasta el extremo de la casa de Elyasib.

22 Después de él restauraron los sacerdotes, habitantes de la vega.

23 Después de ellos restauraron Benjamín y Hasub, frente a su casa; y después de éstos restauró Azarías hijo de Maasías, hijo de Ananías, cerca de su casa.

24 Después de él restauró Binuy, hijo de Henadad, otro tramo, desde la casa de Azarías hasta el ángulo entrante del muro, y hasta la esquina.

25 Palal, hijo de Uzay, enfrente de la esquina y la torre alta que sale de la casa del rey, que está en el patio de la cárcel. Después de él, Pedaías hijo de Parós.

26 Y los sirvientes del templo que habitaban en Ofel restauraron hasta enfrente de là puerta de las Aguas al oriente, y la torre que sobresalía.

27 Después de ellos restauraron los tecoítas otro tramo, enfrente de la gran torre que sobresale, hasta el muro de Ofel.

28 Desde la puerta de los Caballos restauraron los sacerdotes, cada uno enfrente de su casa.

29 Después de ellos restauró Sadoc hijo de Imer, enfrente de su casa; y después de él restauró Semaías hijo de Secanías, guarda de la puerta Oriental.

30 Tras él, Hananías, hijo de Selemías, y Hanún, hijo sexto de Salaf, restauraron otro tramo. Después de ellos restauró Mesulam hijo de Berequías, enfrente de su cámara.

31 Después de él restauró Malquiyá, hijo del platero; hasta la casa de los sirvientes del templo y de los comerciantes, enfrente de la puerta del juicio, y hasta la sala de la esquina.

32 Y entre la sala de la esquina y la puerta de las Ovejas, restauraron los plateros y los comerciantes.

Precauciones contra los enemigos

4 Cuando oyó Sanbalat que nosotros edificábamos el muro, se enojó y se enfureció en gran manera, e hizo escarnio de los judíos.

2 Y habló delante de sus hermanos y del ejército de Samaria, y dijo: ¿Qué hacen

estos débiles judíos? ¿Se les permitirá volver a ofrecer sus sacrificios? ¿Acabarán en un día? ¿Resucitarán de los montones del polvo las piedras que fueron quemadas?

3 Y estaba junto a él Tobías amonita, el cual dijo: Lo que ellos edifican del muro de piedra, si sube una zorra lo derribará.

4 Oye, oh Dios nuestro, que somos objeto de su menosprecio, y vuelve el baldón de ellos sobre su cabeza, y entrégalos por despojo en la tierra de su cautiverio.

5 No cubras su iniquidad, ni su pecado sea borrado delante de ti, porque se airaron contra los que edificaban.

6 Edificamos, pues, el muro, y toda la muralla fue terminada hasta la mitad de su altura, porque el pueblo tuvo ánimo para trabajar.

7 Pero aconteció que oyendo Sanbalat y Tobías, y los árabes, los amonitas y los de Asdod, que los muros de Jerusalén eran reparados, porque ya los portillos comenzaban a ser cerrados, se encolerizaron mucho;

8 y conspiraron todos a una para venir a atacar a Jerusalén y hacerle daño.

9 Entonces oramos a nuestro Dios, y por causa de ellos pusimos guarda contra ellos de día y de noche.

10 Y dijo Judá: Las fuerzas de los acarreadores se han debilitado, y el escombro es mucho, y no podemos edificar el muro.

11 Y nuestros enemigos dijeron: Que no se enteren ni se den cuenta hasta que entremos en medio de ellos y los matemos, y hagamos cesar la obra.

12 Pero sucedió que cuando venían los judíos que habitaban entre ellos, nos decían hasta diez veces: De todos los lugares de donde volváis, ellos caerán sobre vosotros.

13 Entonces, por las partes bajas del lugar, detrás del muro, y en los sitios abiertos, puse al pueblo por familias, con sus espadas, con sus lanzas y con sus arcos.

14 Después miré, y me levanté y dije a los nobles y a los oficiales, y al resto del pueblo: No temáis delante de ellos; acordaos del Señor, grande y temible, y pelead por vuestros hermanos, por vuestros hijos y por vuestras hijas, por vuestras mujeres y por vuestras casas.

15 Y cuando oyeron nuestros enemigos que lo habíamos entendido, y que Dios había desbaratado el consejo de ellos, nos volvimos todos al muro, cada uno a su tarea.

16 Desde aquel día la mitad de mis siervos trabajaba en la obra, y la otra mitad tenía lanzas, escudos, arcos y corazas; y detrás de ellos estaban los jefes de toda la casa de Judá.

17 Los que edificaban en el muro, los que acarreaban, y los que cargaban, con una mano trabajaban en la obra, y en la otra tenían la espada.

18 Porque los que edificaban, cada uno tenía su espada ceñida a sus lomos, y así edificaban; y el que tocaba la trompeta estaba junto a mí.

19 Y dije a los nobles, y a los oficiales y al resto del pueblo: La obra es grande y extensa, y nosotros estamos apartados en el muro, lejos unos de otros.

20 En el lugar donde oigáis el sonido de la trompeta, reuníos allí con nosotros; nuestro Dios peleará por nosotros.

21 Nosotros, pues, trabajábamos en la obra; y la mitad de ellos tenían lanzas desde la subida del alba hasta que salían las estrellas.

22 También dije entonces al pueblo: Cada uno con su criado permanezca dentro de Jerusalén, para servirnos de centinela durante la noche y trabajar durante el día.

23 Y ni yo ni mis hermanos, ni mis jóvenes, ni la gente de guardia que me seguía, nos quitamos nuestro vestido; cada uno se desnudaba solamente para bañarse.

Abolición de la usura

5 Entonces hubo gran clamor del pueblo y de sus mujeres contra sus hermanos judíos.

2 Había quien decía: Nosotros, nuestros hijos y nuestras hijas, somos muchos; por tanto, hemos pedido prestado grano para comer y vivir.

3 Y había quienes decían: Hemos empeñado nuestras tierras, nuestras viñas y nuestras casas, para comprar grano, a causa del hambre.

4 Y había quienes decían: Hemos tomado prestado dinero para el tributo del rey, sobre nuestras tierras y viñas.

5 Ahora bien, nuestra carne es como la carne de nuestros hermanos, nuestros hijos como sus hijos; y he aquí que nosotros dimos nuestros hijos y nuestras hijas a servidumbre, y algunas de nuestras hijas están ya deshonradas, y no tenemos posibilidad de rescatarlas, porque nuestras tierras y nuestras viñas son de otros.

6 Y me enojé en gran manera cuando oí su clamor y estas palabras.

7 Entonces lo medité, y reprendí a los nobles y a los oficiales, y les dije: ¿Exigís interés cada uno a vuestros hermanos? Y convoqué contra ellos una gran asamblea,

8 y les dije: Nosotros, según nuestras posibilidades, rescatamos a nuestros hermanos judíos que habían sido vendidos a las naciones; ¿y vosotros vendéis aun a vuestros hermanos, y nos los vendéis a nosotros? Y callaron, pues no tuvieron qué responder.

9 Y dije: No es bueno lo que hacéis, ¿No queréis caminar en el temor de nuestro Dios, para no ser oprobio de las naciones enemigas nuestras?

10 También yo y mis hermanos y mis criados les hemos prestado dinero y grano; quitémosles ahora este gravamen.

11 Os ruego que les devolváis hoy sus tierras, sus viñas, sus olivares y sus casas, y perdonadles la deuda del dinero, del grano, del vino y del aceite, que les habéis prestado.

12 Y dijeron: Lo devolveremos, y nada les demandaremos; haremos así como tú dices. Entonces convoqué a los sacerdotes, y les hice jurar que harían conforme a esto.

13 Además sacudí mi vestido, y dije: Así sacuda Dios de su casa y de su trabajo a todo hombre que no cumpla esto, y así sea sacudido y vacío. Y respondió toda la congregación: ¡Amén!, y alabaron a Jehová. Y el pueblo hizo conforme a esto.

14 También desde el día que me mandó el rey que fuese gobernador de ellos en la tierra de Judá, desde el año veinte del rey Artajerjes hasta el año treinta y dos, doce años, ni yo ni mis hermanos comimos del pan del gobernador.

15 Pero los primeros gobernadores que fueron antes de mí abrumaron al pueblo, y tomaron de ellos por el pan y por el vino más de cuarenta siclos de plata, y aun sus criados se enseñoreaban del pueblo; pero yo no hice así, a causa del temor de Dios.

16 También en la obra de este muro restauré mi parte, aunque no compramos propiedad, y todos mis criados estaban allí colaborando en la obra.

17 Además, ciento cincuenta judíos y oficiales, y los que venían de las naciones que había alrededor de nosotros, estaban a mi mesa.

18 Y lo que se preparaba para cada día era un buey y seis ovejas escogidas; también eran preparadas para mí aves, y cada diez días vino en toda abundancia; y con todo esto nunca requerí el pan del gobernador, porque el trabajo que pesaba sobre el pueblo era duro.

19 Acuérdate de mí para bien, Dios mío, y de todo lo que hice por este pueblo.

Maquinaciones de los adversarios

6 Cuando oyeron Sanbalat y Tobías y Gésem el árabe, y los demás de nuestros enemigos, que yo había edificado el muro, y que no quedaba en él portillo (aunque hasta aquel tiempo no había puesto las hojas en las puertas),

2 Sanbalat y Gésem enviaron a decirme: Ven y reunámonos en alguna de las aldeas en el campo de Onó. Mas ellos habían tramado hacerme mal.

3 Y les envié mensajeros, diciendo: Yo hago una gran obra, y no puedo ir; porque cesaría la obra, dejándola yo para ir a vosotros.

4 Y enviaron a mí con el mismo asunto hasta cuatro veces, y yo les respondí de la misma manera.

5 Entonces Sanbalat envió a mí su criado para decir lo mismo por quinta vez, con una carta abierta en su mano,

6 en la cual estaba escrito: Se ha oído entre las naciones, y Gasmu lo dice, que tú y los judíos pensáis rebelaros; y que por eso edificas tú el muro, con la mira, según este rumor, de ser tú su rey;

7 y que has puesto profetas que proclamen acerca de ti en Jerusalén, diciendo: ¡Hay rey en Judá! Y ahora serán oídas del rey las tales palabras; ven, por tanto, y consultemos juntos.

8 Entonces envié yo a decirle: No hay tal cosa como dices, sino que de tu corazón te lo inventas.

9 Porque todos ellos nos amedrentaban, diciendo: Se debilitarán las manos de ellos en la obra, y no será terminada. Pero yo dije: Oh Dios, fortalece tú mis manos.

10 Vine luego a casa de Semaías, hijo de Delaías, hijo de Mehetabel, que se encontraba detenido; el cual me dijo: Reunámonos en la casa de Dios, dentro del templo, y cerremos las puertas del templo, porque vienen para matarte; sí, esta noche vendrán a matarte.

11 Entonces dije: ¿Un hombre como yo ha de huir? ¿Y quién, que fuera como yo, entraría al templo para salvarse la vida? No entraré.

12 Y entendí que Dios no lo había enviado, sino que hablaba aquella profecía contra mí porque Tobías y Sanbalat lo habían sobornado.

13 Porque fue sobornado para hacerme temer así, y que pecase, y les sirviera de mal nombre con que fuera yo infamado.

14 Acuérdate, Dios mío, de Tobías y de Sanbalat, conforme a estas cosas que hicieron; también acuérdate de Noadías profetisa, y de los otros profetas que procuraban infundirme miedo.

15 Fue terminado, pues, el muro, el veinticinco del mes de Elul, en cincuenta y dos días.

16 Y cuando lo oyeron todos nuestros enemigos, temieron todas las naciones que estaban alrededor de nosotros, y se sintieron humillados, y conocieron que por nuestro Dios había sido hecha esta obra.

17 Asimismo en aquellos días iban muchas cartas de los principales de Judá a Tobías, y las de Tobías venían a ellos.

18 Porque muchos en Judá se habían conjurado con él, porque era yerno de Secanías hijo de Ará; y Johanán su hijo había tomado por mujer a la hija de Mesulam, hijo de Berequías.

19 También contaban delante de mí las buenas obras de él, y a él le referían mis palabras. Y enviaba Tobías cartas para atemorizarme.

Nehemías designa dirigentes

7 Luego que el muro fue edificado, y colocadas las puertas, y fueron señalados porteros y cantores y levitas,

2 mandé a mi hermano Hananí, y a Hananías, jefe de la fortaleza de Jerusalén (porque éste era varón de verdad y temeroso de Dios, más que muchos);

3 y les dije: No se abran las puertas de Jerusalén hasta que caliente el sol; y aunque haya gente allí, cerrad las puertas y atrancadlas. Y señalé guardas de los moradores de Jerusalén, cada cual en su turno, y cada uno delante de su casa.

4 Porque la ciudad era espaciosa y grande, pero poco pueblo dentro de ella, y no había casas reedificadas.

Los que volvieron con Zorobabel

5 Entonces puso Dios en mi corazón que reuniese a los nobles y oficiales y al pueblo, para que fuesen empadronados según sus genealogías. Y hallé el libro de la genealogía de los que habían subido antes, y encontré en él escrito así:

Lista de los primeros sionistas

6 Estos son los hijos de la provincia que subieron del cautiverio, de los que llevó cautivos Nabucodonosor, rey de Babilonia, y que volvieron a Jerusalén y a Judá, cada uno a su ciudad,

7 los cuales vinieron con Zorobabel, Jesúa, Nehemías, Azarías, Raamías, Nahamaní, Mardoqueo, Bilsán, Mispéret, Bigvay, Nehum y Baaná. El número de los varones del pueblo de Israel:

8 Los hijos de Parós, dos mil ciento setenta y dos.

9 Los hijos de Sefatías, trescientos setenta y dos.

10 Los hijos de Ará, seiscientos cincuenta y dos.

11 Los hijos de Pahat-moab, de los hijos de Jesúa y de Joab, dos mil ochocientos dieciocho.

12 Los hijos de Elam, mil doscientos cincuenta y cuatro.

13 Los hijos de Zatú, ochocientos cuarenta y cinco.

14 Los hijos de Zacay, setecientos sesenta.

15 Los hijos de Binuy, seiscientos cuarenta y ocho.

16 Los hijos de Bebay, seiscientos veintiocho.

17 Los hijos de Azgad, dos mil seiscientos ventidós.

18 Los hijos de Adonicam, seiscientos sesenta y siete.

19 Los hijos de Bigvay, dos mil sesenta y siete.

20 Los hijos de Adín, seiscientos cincuenta y cinco.

21 Los hijos de Ater, por parte de Ezequías, noventa y ocho.

22 Los hijos de Hasum, trescientos veintiocho.

23 Los hijos de Bezay, trescientos veinticuatro.

24 Los hijos de Harif, ciento doce.

25 Los hijos de Gabaón, noventa y cinco.

26 Los varones de Belén y de Netofá, ciento ochenta y ocho.

27 Los varones de Anatot, ciento veintiocho.

28 Los varones de Bet-azmávet, cuarenta y dos.

29 Los varones de Quiryat-jearim, Cefirá y Beerot, setecientos cuarenta y tres.

30 Los varones de Ramá y de Geba, seiscientos veintiuno.

31 Los varones de Micmás, ciento veintidós.

32 Los varones de Betel y de Hay, ciento veintitrés.

33 Los varones del otro Nebo, cincuenta y dos.

34 Los hijos del otro Elam, mil doscientos cincuenta y cuatro.

35 Los hijos de Harim, trescientos veinte.

36 Los hijos de Jericó, trescientos cuarenta y cinco.

37 Los hijos de Lod, Hadid y Onó, setecientos veintiuno.

38 Los hijos de Senaá, tres mil novecientos treinta.

39 Sacerdotes: los hijos de Jedaýá, de la casa de Jesúa, novecientos setenta y tres.

40 Los hijos de Imer, mil cincuenta y dos.

41 Los hijos de Pasur, mil doscientos cuarenta y siete.

42 Los hijos de Harim, mil dieciséis.

43 Levitas: los hijos de Jesúa, de Cadmiel, de los hijos de Hodavías, setenta y cuatro.

44 Cantores: los hijos de Asaf, ciento cuarenta y ocho.

45 Porteros: los hijos de Salum, los hijos de Ater, los hijos de Talmón, los hijos de Acub, los hijos de Hatitá y los hijos de Sobay, ciento treinta y ocho.

46 Sirvientes del templo: los hijos de Zihá, los hijos de Hasufá, los hijos de Tabaot,

47 los hijos de Querós, los hijos de Siá, los hijos de Padón.

48 los hijos de Lebaná, los hijos de Hagabá, los hijos de Salmay.

49 los hijos de Hanán, los hijos de Gidel, los hijos de Gahar,

50 los hijos de Reaías, los hijos de Rezín, los hijos de Necodá,

51 los hijos de Gazam, los hijos de Uzá, los hijos de Paséah,
52 los hijos de Besay, los hijos de Mehunim, los hijos de Nefusesim,
53 los hijos de Bacbuc, los hijos de Hacufá, los hijos de Harhur,
54 los hijos de Bazlut, los hijos de Mehidá, los hijos de Harsá,
55 los hijos de Barcós, los hijos de Sisrá, los hijos de Tema,
56 los hijos de Nezía, y los hijos de Hatifá.
57 Los hijos de los siervos de Salomón: los hijos de Sotay, los hijos de Soféret, los hijos de Peridá,
58 los hijos de Jaalá, los hijos de Darcón, los hijos de Gidel,
59 los hijos de Sefatías, los hijos de Hatil, los hijos de Poquéret-hazebayim, los hijos de Amón.
60 Todos los sirvientes del templo e hijos de los siervos de Salomón, trescientos noventa y dos.
61 Y estos son los que subieron de Tel-mela, Tel-harsá, Querub, Adón e Imer, los cuales no pudieron mostrar la casa de sus padres, ni su genealogía, si eran de Israel:
62 los hijos de Delayá, los hijos de Tobías y los hijos de Necodá, seiscientos cuarenta y dos.
63 Y de los sacerdotes: los hijos de Hobayá, los hijos de Hacós y los hijos de Barzilay, el cual tomó mujer de las hijas de Barzilay galaadita, y se llamó del nombre de ellas.
64 Éstos buscaron su registro de genealogías, y no se halló; y fueron excluidos del sacerdocio,
65 y les dijo el gobernador que no comiesen de las cosas más santas, hasta que hubiese sacerdote con Urim y Tumim.
66 Toda la congregación junta era de cuarenta y dos mil trescientos sesenta,
67 sin sus siervos y siervas, que eran siete mil trescientos treinta y siete; y entre ellos había doscientos cuarenta y cinco cantores y cantoras.
68 Sus caballos, setecientos treinta y seis; sus mulos, doscientos cuarenta y cinco;
69 camellos, cuatrocientos treinta y cinco; asnos, seis mil setecientos veinte.
70 Y algunos de los cabezas de familias dieron ofrendas para la obra. El gobernador dio para el tesoro mil dracmas de oro, cincuenta tazones, y quinientas treinta vestiduras sacerdotales.
71 Los cabezas de familias dieron para el tesoro de la obra veinte mil dracmas de oro y dos mil doscientas libras de plata.
72 Y el resto del pueblo dio veinte mil dracmas de oro, dos mil libras de plata, y sesenta y siete vestiduras sacerdotales.
73 Y habitaron los sacerdotes, los levitas, los porteros, los cantores, los del pueblo, los sirvientes del templo y todo Israel, en sus ciudades.

Esdras lee la ley al pueblo

Llegado el mes séptimo, los hijos de Israel estaban ya establecidos en sus ciudades.

8 Entonces se juntó todo el pueblo como un solo hombre en la plaza que está delante de la puerta de las Aguas, y dijeron a Esdras el escriba que trajese el libro de la ley de Moisés, la cual Jehová había dado a Israel.
2 Y el sacerdote Esdras trajo la ley delante de la congregación, así de hombres como de mujeres y de todos los que podían entender, el primer día del mes séptimo.
3 Y leyó del libro en la plaza que está delante de la puerta de las Aguas, desde el alba hasta el mediodía, en presencia de hombres y mujeres y de todos los que podían entender; y los oídos de todo el pueblo estaban atentos al libro de la ley.
4 Y el escriba Esdras estaba sobre un púlpito de madera que habían hecho para ello, y junto a él estaban Matitías, Sema, Anaías, Urías, Hilcías y Maasías a su mano derecha; y a su mano izquierda, Pedaías, Misael, Malquías, Hasum, Hasbadaná, Zacarías y Mesulam.
5 Abrió, pues, Esdras el libro a ojos de todo el pueblo, porque estaba más alto que todo el pueblo; y cuando lo abrió, todo el pueblo se puso en pie.
6 Bendijo entonces Esdras a Jehová, Dios grande. Y todo el pueblo respondió: ¡Amén! ¡Amén!, alzando sus manos; y se humillaron y adoraron a Jehová inclinados a tierra.
7 Y los levitas Jesúa, Baní, Serebías, Jamín, Acub, Sabetay, Hodiyías, Maasías, Kelitá, Azarías, Jozabad, Hanán y Pelaías, hacían entender al pueblo la ley; y el pueblo estaba atento en su lugar.
8 Y leían en el libro de la ley de Dios claramente, y ponían el sentido, de modo que entendiesen la lectura.
9 Y Nehemías el gobernador, y el sacerdote Esdras, escriba, y los levitas que hacían entender al pueblo, dijeron a todo el pueblo: Día santo es a Jehová nuestro Dios; no os entristezcáis, ni lloréis; porque todo el pueblo lloraba oyendo las palabras de la ley.
10 Luego les dijo: Id, comed manjares grasos, y bebed vino dulce, y enviad porciones a los que no tienen nada preparado; porque día santo es a nuestro Señor; no os entristezcáis, porque el gozo de Jehová es vuestra fuerza.
11 Los levitas, pues, hacían callar a todo el pueblo, diciendo: Callad, porque es día santo, y no os entristezcáis.

12 Y todo el pueblo se fue a comer y a beber, y a obsequiar con porciones, y a gozar de gran alegría, porque habían entendido las palabras que les habían enseñado.

13 Al día siguiente se reunieron las cabezas de las familias de todo el pueblo, sacerdotes y levitas, en torno a Esdras el escriba, para entender las palabras de la ley.

14 Y hallaron escrito en la ley que Jehová había mandado por mano de Moisés, que habitasen los hijos de Israel en tabernáculos en la fiesta solemne del mes séptimo;

15 y que publicasen y pregonasen por todas sus ciudades y por Jerusalén, diciendo: Salid al monte, y traed ramas de olivo, de olivo silvestre, de arrayán, de palmeras y de todo árbol frondoso, para hacer tabernáculos, como está escrito.

16 Salió, pues, el pueblo, y trajeron ramas e hicieron tabernáculos, cada uno sobre su terrado, en sus patios, en los patios de la casa de Dios, en la plaza de la puerta de las Aguas, y en la plaza de la puerta de Efraín.

17 Y toda la congregación que volvió de la cautividad hizo tabernáculos, y en tabernáculos habitó; porque desde los días de Josué, hijo de Nun, hasta aquel día, no habían hecho cosa parecida los hijos de Israel. Y hubo alegría muy grande.

18 Y leyó Esdras en el libro de la ley de Dios cada día, desde el primer día hasta el último; e hicieron la fiesta solemne por siete días, y el octavo día fue de solemne asamblea, según el rito.

Esdras confiesa los pecados de Israel

9 El día veinticuatro del mismo mes se reunieron los hijos de Israel en ayuno, vestidos de saco y con la cabeza cubierta de polvo.

2 Y ya se había apartado la descendencia de Israel de todos los extranjeros; y puestos en pie, confesaron sus pecados, y las iniquidades de sus padres.

3 Y puestos de pie en su lugar, leyeron el libro de la ley de Jehová su Dios la cuarta parte del día, y durante otra cuarta parte confesaron sus pecados y adoraron a Jehová su Dios.

4 Luego se levantaron sobre la grada de los levitas, Jesúa, Baní, Cadmiel, Sebanías, Buní, Serebías, Baní y Quenaní, y clamaron en voz alta a Jehová su Dios.

5 Y dijeron los levitas Jesúa, Cadmiel, Baní, Hasabnías, Serebías, Hodiyías, Sebanías y Petaías: Levantaos, bendecid a Jehová vuestro Dios desde la eternidad hasta la eternidad; y bendígase el nombre tuyo; glorioso y alto sobre toda bendición y alabanza.

6 Tú solo eres Jehová; tú hiciste los cielos, y los cielos de los cielos, con todo su ejército, la tierra y todo lo que está en ella, los mares y todo lo que hay en ellos; y tú vivificas todas estas cosas, y los ejércitos de los cielos te adoran.

7 Tú eres, oh Jehová, el Dios que escogiste a Abram, y lo sacaste de Ur de los caldeos, y le pusiste por nombre Abraham;

8 y hallaste fiel su corazón delante de ti, e hiciste pacto con él para darle la tierra del cananeo, del heteo, del amorreo, del ferezeo, del jebuseo y del gergeseo, para darla a su descendencia; y cumpliste tu palabra, porque eres justo.

9 Y miraste la aflicción de nuestros padres en Egipto, y oíste el clamor de ellos en el Mar Rojo;

10 e hiciste señales y prodigios contra Faraón, contra todos sus siervos, y contra todo el pueblo de su tierra, porque sabías que habían procedido con soberbia contra ellos; y te hiciste nombre grande hasta el día de hoy.

11 Dividiste el mar delante de ellos, y pasaron por medio de él en seco; y echaste a sus perseguidores en las profundidades, como una piedra en profundas aguas.

12 Con columna de nube los guiaste de día, y con columna de fuego de noche, para alumbrarles el camino por donde habían de ir.

13 Y sobre el monte de Sinay descendiste, y hablaste con ellos desde el cielo, y les diste juicios rectos, leyes verdaderas, y estatutos y mandamientos excelentes,

14 y les ordenaste el día del sábado como santo para ti, y por mano de Moisés tu siervo les prescribiste mandamientos, estatutos y la ley.

15 Les diste pan del cielo en su hambre, y en su sed les sacaste aguas de la peña; y les dijiste que entrasen a poseer la tierra, por la cual alzaste tu mano y juraste que se la darías.

16 Mas ellos y nuestros padres fueron soberbios, y endurecieron su cerviz, y no escucharon tus mandamientos.

17 No quisieron oír, ni se acordaron de tus maravillas que habías hecho con ellos; antes endurecieron su cerviz, y en su rebelión pensaron nombrar un jefe para volverse a su servidumbre. Pero tú eres Dios que perdonas, clemente y piadoso, tardo para la ira, y grande en misericordia, porque no los abandonaste.

18 Además, cuando hicieron para sí becerro de fundición y dijeron: Éste es tu Dios que te hizo subir de Egipto; y cometieron grandes abominaciones,

19 tú, con todo, por tus muchas misericordias no los abandonaste en el desierto. La columna de nube no se apartó de ellos de día, para guiarlos por el camino, ni de noche

la columna de fuego, para alumbrarles el camino por el cual habían de ir.

20 Y diste tu buen Espíritu para enseñarles, y no retiraste tu maná de su boca, y agua les diste para su sed.

21 Los sustentaste cuarenta años en el desierto; de ninguna cosa tuvieron necesidad; sus vestidos no se envejecieron, ni se hincharon sus pies.

22 Y les diste reinos y pueblos, y los repartiste por distritos; y poseyeron la tierra de Sehón, la tierra del rey de Hesbón, y la tierra de Og rey de Basán.

23 Multiplicaste sus hijos como las estrellas del cielo, y los llevaste a la tierra de la cual habías dicho a sus padres que habían de entrar a poseerla.

24 Y los hijos vinieron y poseyeron la tierra, y humillaste delante de ellos a los moradores del país, a los cananeos, los cuales entregaste en su mano, y a sus reyes, y a los pueblos de la tierra, para que hiciesen de ellos como quisieran.

25 Y tomaron ciudades fortificadas y tierra fértil, y heredaron casas llenas de todo bien, cisternas hechas, viñas y olivares, y muchos árboles frutales; comieron, se saciaron, y se deleitaron en tu gran bondad.

26 Pero te provocaron a ira, y se rebelaron contra ti, y echaron tu ley tras sus espaldas, y mataron a tus profetas que protestaban contra ellos para convertirlos a ti, e hicieron grandes abominaciones.

27 Entonces los entregaste en mano de sus enemigos, los cuales los afligieron. Pero en el tiempo de su tribulación clamaron a ti, y tú desde los cielos los oíste; y según tu gran misericordia les enviaste libertadores para que los salvasen de mano de sus enemigos.

28 Pero una vez que tenían paz volvían a hacer lo malo delante de ti, por lo cual los abandonaste en mano de sus enemigos que los dominaron; pero volvían y clamaban otra vez a ti, y tú desde los cielos los oías y según tus misericordias muchas veces los libraste.

29 Les amonestaste a que se volviesen a tu ley; mas ellos se llenaron de soberbia, y no oyeron tus mandamientos, sino que pecaron contra tus normas, las cuales si el hombre las cumple, en ellas vivirá; se rebelaron, endurecieron su cerviz, y no escucharon.

30 Los soportaste por muchos años, y les testificaste con tu Espíritu por medio de tus profetas, pero no escucharon; por lo cual los entregaste en manos de los pueblos de la tierra.

31 Mas por tu gran misericordia no los consumiste, ni los desamparaste; porque eres Dios clemente y misericordioso.

32 Ahora, pues, Dios nuestro, Dios grande, fuerte, temible, que guardas el pacto y la misericordia, no sea tenido en poco delante de ti todo el sufrimiento que ha alcanzado a nuestros reyes, a nuestros príncipes, a nuestros sacerdotes, a nuestros profetas, a nuestros padres y a todo tu pueblo, desde los días de los reyes de Asiria hasta este día.

33 Pero tú eres justo en todo lo que ha venido sobre nosotros; porque rectamente has hecho, mas nosotros hemos hecho lo malo.

34 Nuestros reyes, nuestros príncipes, nuestros sacerdotes y nuestros padres no pusieron por obra tu ley, ni atendieron a tus mandamientos y a tus testimonios con que les amonestabas.

35 Y ellos en su reino y en medio de la gran prosperidad que les diste, y en la tierra espaciosa y fértil que entregaste delante de ellos, no te sirvieron, ni se convirtieron de sus malas obras.

36 He aquí que hoy somos esclavos; henos aquí, siervos en la tierra que diste a nuestros padres para que comiesen su fruto y su bien.

37 Y sus abundantes productos son para los reyes que has puesto sobre nosotros por nuestros pecados, quienes se enseñorean sobre nuestros cuerpos, y sobre nuestros ganados, conforme a su capricho, y estamos en gran angustia.

Pacto del pueblo, de guardar la ley

38 A causa, pues, de todo esto, nosotros hacemos fiel promesa, y la escribimos, firmada por nuestros príncipes, por nuestros levitas y por nuestros sacerdotes.

10 Los que firmaron fueron: Nehemías el gobernador, hijo de Hacalías, y Sedequías,

2 Seraías, Azarías, Jeremías,

3 Pasur, Amarías, Malquías,

4 Hatús, Sebanías, Maluc,

5 Harim, Meremot, Obadías,

6 Daniel, Ginetón, Baruc,

7 Mesulam, Abías, Mijamín,

8 Maazías, Bilgay y Semaías; éstos eran sacerdotes.

9 Y los levitas: Jesúa hijo de Azanías, Binuy de los hijos de Henadad, Cadmiel,

10 y sus hermanos Sebanías, Hodiyías, Kelitá, Pelaías, Hanán,

11 Micá, Rehob, Hasabías,

12 Zacur, Serebías, Sebanías,

13 Hodiyías, Baní y Beninu.

14 Los cabezas del pueblo: Parós, Pahat-moab, Elam, Zatú, Baní,

15 Buní, Azgad, Bebay,

16 Adonías, Bigvay, Adín,

17 Ater, Ezequías, Azur,

18 Hodiyías, Hasum, Bezay,

19 Harif, Anatot, Nobay,

20 Mazpiyá, Mesulam, Hezir,

21 Mesezabeel, Sadoc, Jadúa,

22 Pelatías, Hanán, Anaías,
23 Oseas, Hananías, Hasub,
24 Halohés, Pilhá, Sobec,
25 Rehum, Hasabná, Maasías,
26 Ahías, Hanán, Anán,
27 Maluc, Harim y Baaná.
28 Y el resto del pueblo, los sacerdotes, levitas, porteros y cantores, los sirvientes del templo, y todos los que se habían apartado de los pueblos de las tierras a la ley de Dios, con sus mujeres, sus hijos e hijas, todo el que tenía comprensión y discernimiento,
29 se reunieron con sus hermanos y sus principales, para protestar y jurar que andarían en la ley de Dios, que fue dada por Moisés siervo de Dios, y que guardarían y cumplirían todos los mandamientos, decretos y estatutos de Jehová nuestro Señor.
30 Y que no daríamos nuestras hijas a los pueblos de la tierra, ni tomaríamos sus hijas para nuestros hijos.
31 Asimismo, que si los pueblos de la tierra trajesen a vender mercancías y comestibles en día de sábado, nada tomaríamos de ellos en ese día ni en otro día santificado; y que el año séptimo dejaríamos descansar la tierra, y remitiríamos toda deuda.
32 Nos impusimos además por ley, el cargo de contribuir cada año con la tercera parte de un siclo para la obra de la casa de nuestro Dios;
33 para el pan de la proposición y para la ofrenda continua, para el holocausto continuo, los sábados, las nuevas lunas, las festividades, y para las cosas santificadas y los sacrificios de expiación por el pecado de Israel, y para todo el servicio de la casa de nuestro Dios.
34 Echamos también suertes los sacerdotes, los levitas y el pueblo, acerca de la ofrenda de la leña, para traerla a la casa de nuestro Dios, según las casas de nuestros padres, en los tiempos determinados cada año, para quemar sobre el altar de Jehová nuestro Dios, como está escrito en la ley.
35 Y que cada año traeríamos a la casa de Jehová las primicias de nuestra tierra, y las primicias del fruto de todo árbol.
36 Asimismo los primogénitos de nuestros hijos y de nuestros ganados, como está escrito en la ley; y que traeríamos los primogénitos de nuestras vacas y de nuestras ovejas a la casa de nuestro Dios, a los sacerdotes que ministran en la casa de nuestro Dios;
37 que traeríamos también las primicias de nuestras harinas, y nuestras ofrendas, y del fruto de todo árbol, y del vino y del aceite, para los sacerdotes, a las cámaras de la casa de nuestro Dios, y el diezmo de nuestra tierra para los levitas; y que los levitas recibirían los diezmos de nuestras labores en todas las ciudades;
38 y que estaría el sacerdote hijo de Aarón con los levitas, cuando los levitas recibiesen el diezmo; y que los levitas llevarían el diezmo del diezmo a la casa de nuestro Dios, a las cámaras de la casa del tesoro.
39 Porque a las cámaras del tesoro han de llevar los hijos de Israel y los hijos de Leví la ofrenda del grano, del vino y del aceite; y allí estarán los utensilios del santuario, y los sacerdotes que ministran, los porteros y los cantores; y no abandonaremos la casa de nuestro Dios.

Los habitantes de Jerusalén

11 Los jefes del pueblo se establecieron en Jerusalén; mas el resto del pueblo echó suertes para traer uno de cada diez para que morase en Jerusalén, ciudad santa, quedando las otras nueve partes en las otras ciudades.
2 Y bendijo el pueblo a todos los varones que voluntariamente se ofrecieron para morar en Jerusalén.
3 Éstos son los jefes de la provincia que moraron en Jerusalén y en las ciudades de Judá. Habitaron cada uno en su propiedad, en sus ciudades; los israelitas, los sacerdotes y levitas, los sirvientes del templo y los hijos de los siervos de Salomón.
4 En Jerusalén, pues, habitaron algunos de los hijos de Judá y de los hijos de Benjamín. De los hijos de Judá: Ataías hijo de Uzías, hijo de Zacarías, hijo de Amarías, hijo de Sefatías, hijo de Mahalaleel, de los hijos de Peres;
5 y Maasías hijo de Baruc, hijo de Colhozé, hijo de Hazaías, hijo de Adaías, hijo de Joyarib, hijo de Zacarías, hijo de Siloní.
6 Todos los hijos de Peres que moraron en Jerusalén fueron cuatrocientos setenta y ocho hombres fuertes.
7 Estos son los hijos de Benjamín: Salú hijo de Mesulam, hijo de Joed, hijo de Pedaías, hijo de Colaías, hijo de Maasías, hijo de Itiel, hijo de Jesaías.
8 Y tras él Gabay Salay, novecientos veintiocho.
9 Y Joel hijo de Zicrí era el prefecto de ellos, y Judá hijo de Hasenuá el segundo en la ciudad.
10 De los sacerdotes: Jedaías hijo de Joyarib, Jaquín,
11 Seraías hijo de Hilcías, hijo de Mesulam, hijo de Sadoc, hijo de Merayot, hijo de Ahitub, príncipe de la casa de Dios,
12 y sus hermanos, los empleados en el servicio de la casa, ochocientos veintidós; y Adaías hijo de Jeroham, hijo de Pelaías, hijo de Amsí, hijo de Zacarías, hijo de Pasur, hijo de Malquías,

13 y sus hermanos, jefes de familias, doscientos cuarenta y dos; y Amasay hijo de Azareel, hijo de Azay, hijo de Mesilemot, hijo de Imer,

14 y sus hermanos, hombres de gran vigor, ciento veintiocho, el jefe de los cuales era Zabdiel hijo de Hagdolim.

15 De los levitas: Semaías hijo de Hasub, hijo de Azricam, hijo de Hasabías, hijo de Buní;

16 Sabetay y Jozabad, de los principales de los levitas, capataces de la obra exterior de la casa de Dios;

17 y Matanías hijo de Micá, hijo de Zabdí, hijo de Asaf, el principal, el que empezaba las alabanzas y acción de gracias al tiempo de la oración; Bacbuquías el segundo de entre sus hermanos; y Abdá hijo de Samúa, hijo de Galal, hijo de Jedutún.

18 Todos los levitas en la santa ciudad eran doscientos ochenta y cuatro.

19 Los porteros, Acub, Talmón y sus hermanos, guardas en las puertas, ciento setenta y dos.

20 Y el resto de Israel, de los sacerdotes y de los levitas, en todas las ciudades de Judá, cada uno en su heredad.

21 Los sirvientes del templo habitaban en Ofel; y Zihá y Gispá tenían autoridad sobre los sirvientes del templo.

22 Y el jefe de los levitas en Jerusalén era Uzí hijo de Baní, hijo de Hasabías, hijo de Matanías, hijo de Micá, de los hijos de Asaf, cantores, sobre la obra de la casa de Dios.

23 Porque había mandamiento del rey acerca de ellos, y distribución para los cantores para cada día.

24 Y Petaías hijo de Mesezabeel, de los hijos de Zera hijo de Judá, estaba al servicio del rey en todo negocio del pueblo.

Lugares habitados fuera de Jerusalén

25 Tocante a las aldeas y sus tierras, algunos de los hijos de Judá habitaron en Quiryat-arbá y sus aldeas, en Dibón y sus aldeas, en Jecabseel y sus aldeas,

26 en Jesúa, Moladá y Bet-pélet,

27 en Hazar-sual, en Beerseba y sus aldeas,

28 en Siclag, en Meconá y sus aldeas,

29 en En-rimón, en Zorá, en Jarmut,

30 en Zanoa, en Adulam y sus aldeas, en Laquís y sus tierras, y en Azecá y sus aldeas. Y habitaron desde Beerseba hasta el valle de Hinom.

31 Y los hijos de Benjamín habitaron desde Geba, en Micmás, en Ajá, en Betel y sus aldeas,

32 en Anatot, Nob, Ananías,

33 Hazor, Ramá, Gitayim,

34 Hadid, Seboím, Nebalat,

35 Lod, y Onó, valle de los artífices.

36 De los levitas, había grupos en Judá y en Benjamín.

Sacerdotes y levitas

12 Estos son los sacerdotes y levitas que subieron con Zorobabel, hijo de Sealtiel, y con Jesúa: Seraías, Jeremías, Esdras,

2 Amarías, Maluc, Hatús,

3 Secanías, Rehum, Meremot,

4 Iddó, Ginetó, Abías,

5 Mijamín, Maadías, Bilgá,

6 Semaías, Joyarib, Jedaías,

7 Salú, Amoc, Hilcías y Jedaías. Éstos eran los príncipes de los sacerdotes y sus hermanos en los días de Jesúa.

8 Y los levitas: Jesúa, Binuy, Cadmiel, Serebías, Judá y Natanías, que con sus hermanos oficiaba en los cantos de alabanza,

9 y Bacbuquías y Uní y sus hermanos, cada cual en su ministerio.

Lista genealógica de los sumos sacerdotes

10 Jesúa engendró a Joyaquim, y Joyaquim engendró a Elyasib, y Elyasib engendró a Joyadá;

11 Joyadá engendró a Jonatán, y Jonatán engendró a Jadúa.

12 Y en los días de Joyaquim los sacerdotes jefes de familias fueron: de Seraías, Meraías; de Jeremías, Hananías;

13 de Esdras, Mesulam; de Amarías, Johanán;

14 de Melicú, Jonatán; de Sebanías, José;

15 de Harim, Adná; de Merayot, Helcay;

16 de Iddó, Zacarías; de Ginetón, Mesulam;

17 de Abías, Zicrí; de Minyamín, de Moadías, Piltay;

18 de Bilgá, Samúa; de Semaías, Jonatán;

19 de Joyarib, Matenay; de Jedaías, Uzí;

20 de Salay, Calay; de Amoc, Héber;

21 de Hilcías, Hasabías; de Jedaías, Natanael.

22 Los levitas en días de Elyasib, de Joyadá, de Johanán y de Jadúa fueron inscritos por jefes de familias; también los sacerdotes, hasta el reinado de Darío el persa.

23 Los hijos de Leví, jefes de familias, fueron inscritos en el libro de las crónicas hasta los días de Johanán hijo de Elyasib.

24 Los principales de los levitas: Hasabías, Serebías, Jesúa hijo de Cadmiel, y sus hermanos delante de ellos, para alabar y dar gracias, conforme al estatuto de David, varón de Dios, guardando su turno.

25 Matanías, Bacbuquías, Obadías, Mesulam, Talmón y Acub, porteros, montaban la guardia a las entradas de las puertas.

26 Éstos fueron en los días de Joyaquim hijo de Jesúa, hijo de Josadac, y en los días del gobernador Nehemías y del sacerdote Esdras, escriba.

Dedicación del muro

27 Para la dedicación del muro de Jerusalén, buscaron a los levitas de todos sus lugares para traerlos a Jerusalén, para hacer la dedicación y la fiesta con alabanzas y con cánticos, con címbalos, salterios y cítaras.
28 Y fueron reunidos los hijos de los cantores, así de la región alrededor de Jerusalén como de las aldeas de los netofatitas;
29 y de la casa de Gilgal, y de los campos de Geba y de Azmávet; porque los cantores se habían edificado aldeas alrededor de Jerusalén.
30 Y se purificaron los sacerdotes y los levitas; y purificaron al pueblo, y las puertas, y el muro.
31 Hice luego subir a los príncipes de Judá sobre el muro, y puse dos coros grandes que fueron en procesión; el uno a la derecha, sobre el muro, hacia la puerta del Muladar.
32 E iba tras de ellos Osaías con la mitad de los príncipes de Judá,
33 y Azarías, Esdras, Mesulam,
34 Judá y Benjamín, Semaías y Jeremías.
35 Y de los hijos de los sacerdotes iban con trompetas Zacarías hijo de Jonatán, hijo de Semaías, hijo de Matanías, hijo de Micá, hijo de Zacur, hijo de Asaf;
36 y sus hermanos Semaías, Azareel, Milalay, Gilalay, Maay, Natanael, Judá y Hananí, con los instrumentos musicales de David varón de Dios; y el escriba Esdras delante de ellos.
37 Y a la puerta de la Fuente, enfrente de ellos, subieron por las gradas de la ciudad de David, por la subida del muro, desde la casa de David hasta la puerta de las Aguas, al oriente.
38 El segundo coro iba del lado opuesto, y yo en pos de él, con la mitad del pueblo sobre el muro, desde la torre de los Hornos hasta el muro ancho;
39 y desde la puerta de Efraín hasta la puerta Vieja y a la puerta del Pescado, y la torre de Hananeel, y la torre de Hameá, hasta la puerta de las Ovejas; y se detuvieron en la puerta de la Cárcel.
40 Llegaron luego los dos coros a la casa de Dios; y yo, y la mitad de los oficiales conmigo.
41 y los sacerdotes Elyaquim, Maaseías, Minyamín, Micá, Elyoenay, Zacarías y Hananías, con trompetas;
42 y Maasías, Semaías, Eleazar, Uzí, Johanán, Malquías, Elam y Ézer. Y los cantores cantaban en alta voz, e Izrahías era el director.
43 Y sacrificaron aquel día numerosas víctimas, y se regocijaron, porque Dios los había inundado de gozo; se alegraron también las mujeres y los niños; y el alborozo de Jerusalén se oía desde lejos.

Porciones para sacerdotes y levitas

44 En aquel tiempo fueron puestos al frente de los aposentos destinados a almacenar las ofrendas de las primicias y de los diezmos, hombres que recogiesen en los territorios campestres y en los ejidos de las ciudades las porciones legales para los sacerdotes y levitas; porque era grande el gozo de Judá con respecto a los sacerdotes y levitas que servían.
45 Y habían cumplido el servicio de su Dios, y el servicio de la expiación, como también los cantores y los porteros, conforme al estatuto de David y de Salomón su hijo.
46 Porque desde el tiempo de David y de Asaf, ya de antiguo, había un director de cantores para los cánticos y alabanzas y acción de gracias a Dios.
47 Y todo Israel en días de Zorobabel y en días de Nehemías daba alimentos a los cantores y a los porteros, cada cosa en su día; consagraban asimismo sus porciones a los levitas, y los levitas consagraban parte a los hijos de Aarón.

Reformas de Nehemías

13 Aquel día se leyó en el libro de Moisés, oyéndolo el pueblo, y fue hallado escrito en él que los amonitas y moabitas no debían entrar jamás en la congregación de Dios,
2 por cuanto no salieron a recibir a los hijos de Israel con pan y agua, sino que dieron dinero a Balaam para que los maldijera; mas nuestro Dios volvió la maldición en bendición.
3 Cuando oyeron, pues, la ley, separaron de Israel a todos los mezclados con extranjeros.
4 Antes de esto, el sacerdote Elyasib, siendo jefe de la cámara de la casa de nuestro Dios, había emparentado con Tobías,
5 y le había proporcionado un aposento espacioso, en el cual guardaban antes las ofrendas, el incienso, los utensilios, el diezmo del grano, del vino y del aceite, que estaba mandado dar a los levitas, a los cantores y a los porteros, y la ofrenda de los sacerdotes.
6 Cuando sucedía esto, yo no estaba en Jerusalén, porque en el año treinta y dos de Artajerjes, rey de Babilonia, fui al rey; y al cabo de algunos días pedí permiso al rey
7 para volver a Jerusalén; y entonces supe del mal que había hecho Elyasib por consideración a Tobías, facilitándole un aposento en los atrios de la casa de Dios.
8 Y me dolió en gran manera; y arrojé todos los muebles de la casa de Tobías fuera de la cámara,

9 y dije que limpiasen las cámaras, e hice volver allá los utensilios de la casa de Dios, las ofrendas y el incienso.
10 Encontré asimismo que las porciones para los levitas no les habían sido dadas, y que los levitas y cantores que hacían el servicio se habían marchado cada uno a su heredad.
11 Entonces reprendí a los oficiales, y dije: ¿Por qué está la casa de Dios abandonada? Los reuní y los restablecí en sus funciones.
12 Y todo Judá trajo el diezmo del grano, del vino y del aceite, a los almacenes.
13 Y puse por mayordomos de ellos al sacerdote Selemías y al escriba Sadoc, y de los levitas a Pedaías; y al servicio de ellos a Hanán hijo de Zacur, hijo de Matanías; porque eran considerados como personas fieles, y ellos tenían que repartir a sus hermanos.
14 Acuérdate de mí, oh Dios, en orden a esto, y no borres mis misericordias que hice en la casa de mi Dios, y en su servicio.
15 En aquellos días vi en Judá a algunos que pisaban en lagares en el día de sábado, y que acarreaban haces, y cargaban asnos con vino, y también de uvas, de higos y toda suerte de carga, y la traían a Jerusalén en día de sábado; y los amonesté acerca del día en que vendían las provisiones.
16 También había en la ciudad tirios que traían pescado y toda mercadería, y la vendían en día de sábado a los hijos de Judá en Jerusalén.
17 Y reprendí a los señores de Judá y les dije: ¿Qué cosa tan mala es ésta que vosotros hacéis, profanando así el día del sábado?
18 ¿No hicieron así vuestros padres, y trajo nuestro Dios todo este mal sobre nosotros y sobre esta ciudad? ¿Y vosotros añadís ira sobre Israel profanando el día de sábado? ·
19 Sucedió, pues, que cuando iba oscureciendo a las puertas de Jerusalén antes del sábado, dije que se cerrasen las puertas, y ordené que no las abriesen hasta después del día del sábado; y puse a las puertas algunos de mis criados, para que en día de sábado no introdujeran carga.
20 Y se quedaron fuera de Jerusalén una y dos veces los negociantes y los que vendían toda especie de mercancía.
21 Y les amonesté y les dije: ¿Por qué os quedáis vosotros delante del muro? Si lo hacéis otra vez, os echaré mano. Desde entonces no vinieron en día de sábado.
22 Y dije a los levitas que se purificasen y viniesen a guardar las puertas, para santificar el día del sábado. También por esto acuérdate de mí, Dios mío, y perdóname según la grandeza de tu misericordia.
23 Vi asimismo en aquellos días a judíos que habían tomado mujeres de Asdod, amonitas, y moabitas;
24 y la mitad de sus hijos hablaban la lengua de Asdod, porque no sabían hablar judaico, sino que hablaban conforme a la lengua de cada pueblo.
25 Y los reprendí, y los maldije, hice azotar a algunos de ellos, y les arranqué los cabellos, y les hice jurar, diciendo: No daréis vuestras hijas a sus hijos, y no tomaréis de sus hijas para vuestros hijos, ni para vosotros mismos.
26 ¿No pecó en esto Salomón, rey de Israel? Aunque en muchas naciones no hubo rey como él, que era amado de su Dios, y Dios lo había puesto por rey sobre todo Israel, aun a él le hicieron pecar las mujeres extranjeras.
27 ¿Y obedeceremos a vosotros para cometer todo este mal tan grande de prevaricar contra nuestro Dios, tomando mujeres extranjeras?
28 Uno de los hijos de Joyadá hijo del sumo sacerdote Elyasib era yerno de Sanbalat horonita; por tanto, lo alejé de mi lado.
29 Acuérdate de ellos, Dios mío, por haber contaminado el sacerdocio, y el pacto del sacerdocio y de los levitas.
30 Los purifiqué, pues, de todo lo extranjero, y puse a los sacerdotes y levitas por sus grupos, a cada uno en su servicio;
31 y para la ofrenda de la leña en los tiempos señalados, y para las primicias. Acuérdate de mí, Dios mío, para bien.

ESTER

La reina Vasti desafía a Asuero

1 Aconteció en tiempo del rey, el Asuero, que reinó desde la India hasta Etiopía sobre ciento veintisiete provincias,
2 que en aquellos días, cuando fue afirmado el rey Asuero sobre el trono de su reino, el cual estaba en Susa capital del reino,
3 en el tercer año de su reinado hizo banquete a todos sus príncipes y cortesanos, teniendo delante de él a los más poderosos de Persia y de Media, gobernadores y príncipes de provincias,
4 para mostrarles las riquezas de la gloria de su reino, el brillo y la magnificencia de su poder, por muchos días, ciento ochenta días.

5 Y cumplido este tiempo, hizo el rey otro banquete por siete días en el patio del huerto del palacio real a todo el pueblo que había en Susa, capital del reino, desde el mayor hasta el menor.

6 El cortinaje era de blanco, verde y azul, tendido sobre cuerdas de lino y púrpura en anillos de plata y columnas de mármol; los reclinatorios, de oro y de plata, sobre enlosado de pórfido y de mármol, y de alabastro y de jacinto.

7 Y daban a beber en vasos de oro, diferentes unos a otros, y mucho vino real, de acuerdo con la generosidad del rey.

8 Y la bebida era según esta ley: Que nadie fuese obligado a beber; porque así lo había mandado el rey a todos los mayordomos de su casa, que se tratase a cada uno según su deseo.

9 Asimismo la reina Vasti hizo banquete para las mujeres, en la casa real del rey Asuero.

10 El séptimo día, estando el corazón del rey alegre del vino, mandó a Mehumán, Biztá, Harboná, Bigtá, Abagtá, Zetar y Carcás, los siete eunucos que servían delante del rey Asuero,

11 que trajesen a la reina Vasti a la presencia del rey con la corona regia, para mostrar a los pueblos y a los príncipes su belleza; porque era muy hermosa.

12 Mas la reina Vasti no quiso comparecer a la orden del rey enviada por medio de los eunucos; y el rey se enojó mucho, y ardiendo en ira,

13 preguntó a los sabios que conocían los tiempos (porque acostumbraba el rey con todos los que sabían la ley y el derecho, a sentarles a su lado como primeros del reino).

14 Y estaban junto a él Carsená, Setar, Admatá, Tarsis, Meres, Marsená y Memucán, siete príncipes de Persia y de Media que formaban parte del consejo real, a los que el rey

15 preguntó qué se había de hacer con la reina Vasti según la ley, por cuanto no había cumplido la orden del rey Asuero enviada por medio de los eunucos.

16 Y dijo Memucán delante del rey y de los príncipes: No solamente contra el rey ha pecado la reina Vesti, sino contra todos los príncipes, y contra todos los pueblos que hay en todas las provincias del rey Asuero.

17 Porque este hecho de la reina llegará a oídos de todas las mujeres, y ellas tendrán en poca estima a sus maridos, diciendo: El rey Asuero mandó traer delante de sí a la reina Vasti, y ella no vino.

18 Y desde ahora dirán esto las señoras de Persia y de Media que oigan el hecho de la reina, a todos los príncipes del rey; y habrá mucho menosprecio y altercados.

19 Si parece bien al rey, salga un decreto real de vuestra majestad y se escriba entre las leyes de Persia y de Media, para que no sea quebrantado: Que Vasti no venga más delante del rey Asuero; y el rey haga reina a otra que sea mejor que ella.

20 Y el decreto que dicte el rey será oído en todo su reino, aunque es grande, y todas las mujeres darán honra a sus maridos, desde el mayor hasta el menor.

21 Pareció bien este consejo a los ojos del rey y de los príncipes, e hizo el rey conforme al dicho de Memucán;

22 pues envió cartas a todas las provincias del rey, a cada provincia conforme a su escritura, y a cada pueblo conforme a su lenguaje, diciendo que todo marido fuese señor de su casa; y que se publicase esto en la lengua de su pueblo.

Ester es proclamada reina

2 Pasadas estas cosas, sosegada ya la ira del rey Asuero, se acordó de Vasti y de lo que ella había hecho, y de la sentencia contra ella.

2 Y dijeron los criados del rey, sus cortesanos: Busquen para el rey jóvenes vírgenes de buen parecer;

3 y ponga el rey personas en todas las provincias de su reino, que lleven a todas las jóvenes vírgenes de buen parecer a Susa, residencia real, a la casa de las mujeres, al cuidado de Hegué, eunuco del rey, guarda de las mujeres, y que les den sus atavíos;

4 y la doncella que agrade a los ojos del rey, reine en lugar de Vasti. Esto agradó a los ojos del rey, y lo hizo así.

5 Había en Susa, residencia real, un varón judío cuyo nombre era Mardoqueo, hijo de Jaír, hijo de Simeí, hijo de Cis, del linaje de Benjamín;

6 el cual había sido transportado de Jerusalén con los cautivos que fueron llevados con Jeconías, rey de Judá, a quien hizo transportar Nabucodonosor rey de Babilonia.

7 Y había criado a Hadasá, es decir, Ester, hija de su tío, porque era huérfana; y la joven era de hermosa figura y de buen parecer. Cuando su padre y su madre murieron, Mardoqueo la adoptó como hija suya.

8 Sucedió, pues, que cuando se divulgó el mandamiento y decreto del rey, y habían reunido a muchas doncellas en Susa, residencia real, a cargo de Hegué, Ester también fue llevada a la casa del rey, al cuidado de Hegué, guarda de las mujeres.

9 Y la doncella agradó a sus ojos, y halló gracia delante de él, por lo que hizo darle prontamente atavíos y alimentos, y le dio también siete doncellas especiales de la casa del rey; y la llevó con sus doncellas al mejor departamento de la casa de las mujeres.

10 Ester no declaró cuál era su pueblo ni su parentela, porque Mardoqueo le había mandado que no lo declarase.

11 Y cada día Mardoqueo se paseaba delante del patio de la casa de las mujeres, para saber cómo le iba a Ester, y cómo la trataban.

12 Y cuando llegaba el tiempo de cada una de las doncellas para venir al rey Asuero, después de haber estado doce meses conforme a la ley acerca de las mujeres, pues así se cumplía el tiempo de sus atavíos, esto es, seis meses con óleo de mirra y seis meses con perfumes aromáticos y afeites de mujeres,

13 entonces la doncella venía así al rey. Todo lo que ella pedía se le daba, para venir ataviada con ello hasta la casa del rey.

14 Ella venía por la tarde, y a la mañana siguiente volvía a la casa segunda de las mujeres, al cargo de Saasgaz eunuco del rey, guarda de las concubinas; no venía más al rey, salvo si el rey la quería y era llamada por nombre.

15 Cuando le llegó a Ester, hija de Abihail tío de Mardoqueo, quien la había tomado por hija, el tiempo de venir al rey, ninguna cosa procuró sino lo que dijo Hegué eunuco del rey, guarda de las mujeres; y ganaba Ester el favor de todos los que la veían.

16 Fue, pues, Ester llevada al rey Asuero a su casa real en el mes décimo, que es el mes de Tebet, en el año séptimo de su reinado.

17 Y el rey amó a Ester más que a todas las otras mujeres, y halló ella gracia y benevolencia delante de él más que todas las demás vírgenes; y puso la corona real en su cabeza, y la hizo reina en lugar de Vasti.

18 Hizo luego el rey un gran banquete a todos sus príncipes y siervos, el banquete de Ester; y disminuyó tributos a las provincias, e hizo y dio mercedes conforme a la generosidad real.

Mardoqueo denuncia una conspiración contra el rey

19 Cuando las vírgenes eran reunidas la segunda vez, Mardoqueo estaba sentado a la puerta del rey.

20 Y Ester, según le había mandado Mardoqueo, no había declarado su nación ni su pueblo; porque Ester hacía lo que decía Mardoqueo, como cuando él la educaba.

21 En aquellos días, estando Mardoqueo sentado a la puerta del rey, se enojaron Bigtán y Teres, dos eunucos del rey, de la guardia de la puerta, y procuraban poner las manos sobre el rey Asuero.

22 Cuando Mardoqueo se enteró de esto, lo denunció a la reina Ester, y Ester lo dijo al rey en nombre de Mardoqueo.

23 Se hizo investigación del asunto, y fue hallado cierto; por tanto, los dos eunucos fueron colgados en una horca. Y fue escrito el caso en el libro de las crónicas del rey.

Amán trama la destrucción de los judíos

3 Después de estas cosas, el rey Asuero engrandeció a Amán hijo de Hamedatá agagueo, y lo honró, y puso su silla sobre todos los príncipes que estaban con él.

2 Y todos los siervos del rey que estaban a la puerta real se arrodillaban y se inclinaban ante Amán, porque así lo había mandado el rey; pero Mardoqueo ni se arrodillaba ni se humillaba.

3 Y los siervos del rey que estaban a la puerta preguntaron a Mardoqueo: ¿Por qué traspasas el mandamiento del rey?

4 Aconteció que hablándole cada día de esta manera, y no escuchándolos él, lo denunciaron a Amán, para ver si Mardoqueo se mantendría firme en su dicho; porque ya él les había declarado que era judío.

5 Y vio Amán que Mardoqueo ni se arrodillaba ni se humillaba delante de él; y se llenó de ira.

6 Pero tuvo en poco poner mano en Mardoqueo solamente, pues ya le habían declarado cuál era el pueblo de Mardoqueo; y procuró Amán destruir a todos los judíos que había en el reino de Asuero, al pueblo de Mardoqueo.

7 En el mes primero, que es el mes de Nisán, en el año duodécimo del rey Asuero, fue echado el Pur, esto es, la suerte, delante de Amán; suerte para cada día y cada mes del año; y salió el mes duodécimo, que es el mes de Adar.

8 Y dijo Amán al rey Asuero: Hay un pueblo esparcido y distribuido entre los pueblos en todas las provincias de tu reino, y sus leyes son diferentes de las de todo pueblo, y no guardan las leyes del rey, y al rey nada le beneficia el dejarlos vivir.

9 Si place al rey, decrete que sean destruidos; y yo pesaré diez mil talentos de plata a los funcionarios de la hacienda, para que sean traídos a los tesoros del rey.

10 Entonces el rey quitó el anillo de su mano, y lo dio a Amán hijo de Hamedatá agagueo, enemigo de los judíos,

11 y le dijo: La plata que ofreces sea para ti, y asimismo el pueblo, para que hagas de él lo que bien te parezca.

12 Entonces fueron llamados los escribanos del rey en el mes primero, al día trece del mismo, y fue escrito conforme a todo lo que mandó Amán, a los sátrapas del rey, a los capitanes que estaban sobre cada provincia y a los príncipes de cada pueblo, a cada provincia según su escritura, y a cada pueblo según su lengua; en nombre del rey Asuero fue escrito, y sellado con el anillo del rey.

13 Y fueron enviadas cartas por medio de correos a todas las provincias del rey, con la orden de destruir, matar y exterminar a todos los judíos, jóvenes y ancianos, niños y mujeres, en un mismo día, en el día trece del mes duodécimo, que es el mes de Adar, y de apoderarse de sus bienes.

14 La copia del escrito que se dio por mandamiento en cada provincia fue publicada a todos los pueblos, a fin de que estuviesen listos para aquel día.

15 Y salieron los correos prontamente por mandato del rey, y el edicto fue dado en Susa, capital del reino. Y el rey y Amán se sentaron a beber; pero la ciudad de Susa estaba consternada.

Ester promete interceder por su pueblo

4 Luego que supo Mardoqueo todo lo que se había hecho, rasgó sus vestidos, se vistió de saco y, cubierto de ceniza, se fue por la ciudad clamando con grande y amargo clamor.

2 Y vino hasta delante de la puerta del rey; pues no era lícito pasar adentro de la puerta del rey con vestido de saco.

3 Y en cada provincia y lugar donde el mandamiento del rey y su decreto llegaba, tenían los judíos gran luto, ayuno, lloro y lamentación; saco y ceniza era la cama de muchos.

4 Y vinieron las doncellas de Ester, y sus eunucos, y se lo dijeron. Entonces la reina tuvo gran dolor, y envió vestidos para hacer vestir a Mardoqueo, y hacerle quitar el saco; mas él no los aceptó.

5 Entonces Ester llamó a Hatac, uno de los eunucos del rey, que él había puesto al servicio de ella, y lo envió a Mardoqueo, con orden de saber qué sucedía, y por qué estaba así.

6 Salió, pues, Hatac a ver a Mardoqueo, a la plaza de la ciudad, que estaba delante de la puerta del rey.

7 Y Mardoqueo le declaró todo lo que había acontecido, y le dio noticia de la plata que Amán había dicho que pesaría para los tesoros del rey a cambio de la destrucción de los judíos.

8 Le dio también copia del decreto de exterminio que había sido dado en Susa, a fin de que se la mostrase a Ester para su conocimiento, y le encargara que fuese ante el rey a suplicarle y a interceder delante de él por su pueblo.

9 Vino Hatac y contó a Ester las palabras de Mardoqueo.

10 Entonces Ester dijo a Hatac que le dijese a Mardoqueo:

11 Todos los siervos del rey, y el pueblo de las provincias del rey, saben que cualquier hombre o mujer que entra en el patio interior para ver al rey, sin ser llamado, una sola ley hay respecto a él: ha de morir, salvo aquel a quien el rey extienda el cetro de oro, el cual vivirá; y yo no he sido llamada para ver al rey estos treinta días.

12 Y dijeron a Mardoqueo las palabras de Ester.

13 Entonces dijo Mardoqueo que respondiesen a Ester: No te imagines que por estar en la casa del rey te vas a librar tú sola más que cualquier otro judío.

14 Porque si callas absolutamente en este tiempo, vendrá de alguna otra parte respiro y liberación para los judíos; mas tú y la casa de tu padre pereceréis. ¿Y quién sabe si para una ocasión como ésta has llegado a ser reina?

15 Y Ester dijo que respondiesen a Mardoqueo:

16 Ve y reúne a todos los judíos que se hallan en Susa, y ayunad por mí, y no comáis ni bebáis en tres días, noche y día; yo también con mis doncellas ayunaré igualmente, y entonces entraré a ver al rey, aunque no sea conforme a la ley; y si perezco, que perezca.

17 Entonces Mardoqueo fue, e hizo conforme a todo lo que le mandó Ester.

Ester invita al rey y a Amán a un banquete

5 Aconteció que al tercer día se vistió Ester su vestido real, y entró en el patio interior de la casa del rey, enfrente del aposento del rey; y estaba el rey sentado en su trono en el aposento real, enfrente de la puerta del aposento.

2 Y cuando vio a la reina Ester que estaba en el patio, ella obtuvo gracia ante sus ojos; y el rey extendió a Ester el cetro de oro que tenía en la mano. Entonces vino Ester y tocó la punta del cetro.

3 Dijo el rey: ¿Qué tienes, reina Ester, y cuál es tu petición? Hasta la mitad del reino se te dará.

4 Y Ester dijo: Si place al rey, vengan hoy el rey y Amán al banquete que he preparado para el rey.

5 Respondió el rey: Daos prisa, llamad a Amán, para hacer lo que Ester ha dicho. Vino, pues, el rey con Amán al banquete que Ester dispuso.

6 Y dijo el rey a Ester en el banquete, mientras bebían vino: ¿Cuál es tu petición, y te será otorgada? ¿Cuál es tu demanda? Aunque sea la mitad del reino, te será concedida.

7 Entonces respondió Ester y dijo: Mi petición y mi deseo es éste:

8 Si he hallado gracia ante los ojos del rey, y si place al rey acceder a mi petición y cumplir mi deseo, que venga el rey con Amán a otro banquete que les prepararé; y

mañana haré conforme a lo que el rey me pide.

9 Y salió Amán aquel día contento y alegre de corazón; pero cuando vio a Mardoqueo a la puerta del palacio del rey, que no se levantaba ni se movía de su lugar, se llenó de ira contra Mardoqueo.

10 Pero se refrenó Amán y vino a su casa, y mandó llamar a sus amigos y a Zeres su mujer,

11 y les habló de su gloria, de su riquezas, de sus muchos hijos y de todas las cosas con que el rey le había engrandecido, y con que le había honrado sobre los príncipes y siervos del rey.

12 Y añadió Amán: Asimismo la reina Ester a ninguno ha hecho venir con el rey al banquete que ella dispuso, sino a mí; y también para mañana estoy convidado por ella con el rey.

13 Pero todo esto de nada me sirve cada vez que veo al judío Mardoqueo sentado a la puerta del rey.

14 Y le dijo Zeres su mujer y todos sus amigos: Hagan una horca de cincuenta codos de altura, y mañana di al rey que cuelguen a Mardoqueo en ella; y entra alegre con el rey al banquete. Y agradó esto a los ojos de Amán, e hizo preparar la horca.

Amán se ve obligado a honrar a Mardoqueo

6 Aquella misma noche se le fue el sueño al rey, y dijo que le trajesen el libro de las memorias y crónicas, y que las leyeran en su presencia.

2 Entonces hallaron escrito que Mardoqueo había denunciado el complot de Bigtán y de Teres, dos eunucos del rey, de la guardia de la puerta, que habían procurado poner sus manos sobre el rey Asuero.

3 Y dijo el rey: ¿Qué honra o qué distinción se hizo a Mardoqueo por esto? Y respondieron los servidores del rey, sus oficiales: Nada se ha hecho en su favor.

4 Entonces dijo el rey: ¿Quién está en el patio? Y Amán había venido al patio exterior de la casa real, para hablarle al rey para que hiciese colgar a Mardoqueo en la horca que él le tenía preparada.

5 Y los servidores del rey le respondieron: He aquí, Amán está en el patio. Y el rey dijo: Que entre.

6 Entró, pues, Amán, y el rey le dijo: ¿Qué se hará al hombre cuya honra desea el rey? Y dijo Amán en su corazón: ¿A quién deseará el rey honrar sino a mí?

7 Y respondió Amán al rey: Para el varón cuya honra desea el rey,

8 traigan un traje real que el rey se haya vestido, y el caballo en que el rey cabalga, y la corona real que estuvo puesta en su cabeza;

9 y den el vestido y el caballo en mano de alguno de los príncipes más nobles del rey, y vistan a aquel varón cuya honra desea el rey, y llévenlo en el caballo por la plaza de la ciudad, y pregonen delante de él: Así se trata al hombre a quien el rey desea honrar.

10 Entonces el rey dijo a Amán: Date prisa, toma el vestido y el caballo, como tú has dicho, y hazlo así con el judío Mardoqueo, que se sienta a la puerta real; no omitas nada de todo lo que has dicho.

11 Y Amán tomó el vestido y el caballo, y vistió a Mardoqueo, y lo condujo a caballo por la plaza de la ciudad, e hizo pregonar delante de él: Así se trata al hombre a quien el rey desea honrar.

12 Después de esto Mardoqueo volvió a la puerta real, y Amán se dio prisa para irse a su casa, apesadumbrado y cubierta su cabeza.

13 Contó luego Amán a Zeres su mujer y a todos sus amigos, todo lo que le había acontecido. Entonces le dijeron sus sabios, y Zeres su mujer: Si de la descendencia de los judíos es ese Mardoqueo delante de quien has comenzado a caer, no lo vencerás, sino que caerás por cierto delante de él.

Amán en el banquete de Ester

14 Aún estaban ellos hablando con él, cuando los eunucos del rey llegaron apresurados, para llevar a Amán al banquete que Ester había dispuesto.

Amán es ahorcado

7 Fue, pues, el rey con Amán al banquete de la reina Ester.

2 También en el segundo día, mientras bebían vino, dijo el rey a Ester: ¿Cuál es tu petición, reina Ester, y te será concedida? ¿Cuál es tu deseo? Aunque sea la mitad del reino, te será otorgada.

3 Entonces la reina Ester respondió y dijo: Oh rey, si he hallado gracia en tus ojos, y si al rey le place, séame dada vida, ésta es mi petición, y la de mi pueblo, éste es mi deseo.

4 Porque hemos sido vendidos, yo y mi pueblo, para ser destruidos, para ser muertos y exterminados. Si para siervos y siervas fuéramos vendidos, me callaría; pero nuestra muerte sería para el rey un daño irreparable.

5 Respondió el rey Asuero, y dijo a la reina Ester: ¿Quién es, y dónde está, el que ha ensoberbecido su corazón para hacer esto?

6 Ester dijo: El enemigo y adversario es este malvado Amán. Entonces se turbó Amán delante del rey y de la reina.

7 Luego el rey se levantó del banquete, encendido en ira, y se fue al huerto del palacio; y se quedó Amán para suplicarle a

la reina Ester por su vida; porque vio que estaba resuelto para él el mal de parte del rey.

8 Después el rey volvió del huerto del palacio al aposento del banquete, y Amán se había dejado caer sobre el diván en que se hallaba Ester. Entonces dijo el rey: ¿Querrás también violar a la reina en mi propia casa? A una orden del rey, le cubrieron el rostro a Amán.

9 Y dijo Harboná, uno de los eunucos que servían al rey: He aquí, en casa de Amán hay una horca de cincuenta codos de altura que hizo Amán para Mardoqueo, el cual habló para bien del rey. Entonces el rey dijo: Colgadlo en ella.

10 Así colgaron a Amán en la horca que él había hecho preparar para Mardoqueo; y se apaciguó la ira del rey.

Decreto de Asuero a favor de los judíos

8 El mismo día, el rey Asuero dio a la reina Ester la casa de Amán enemigo de los judíos; y Mardoqueo vino delante del rey, porque Ester le declaró lo que él era respecto de ella.

2 Y se quitó el rey el anillo que recogió de Amán, y lo dio a Mardoqueo. Y Ester puso a Mardoqueo sobre la casa de Amán.

3 Volvió luego Ester a hablar delante del rey, y se echó a sus pies, llorando y rogándole que hiciese nula la maldad de Amán agagueo y su designio que había tramado contra los judíos.

4 Entonces el rey extendió a Ester el cetro de oro, y Ester se levantó, y se puso en pie delante del rey.

5 Y dijo: Si place al rey, y si he hallado gracia delante de él, y si le parece acertado al rey, y yo soy agradable a sus ojos, que se dé orden escrita para revocar las cartas que autorizan la trama de Amán hijo de Hamedatá agagueo, que escribió para destruir a los judíos que están en todas las provincias del rey.

6 Porque ¿cómo podré yo ver la desgracia que amenaza a mi pueblo y la ruina de mi pueblo?

7 Respondió el rey Asuero a la reina Ester y a Mardoqueo el judío: He aquí, yo he dado a Ester la casa de Amán, y a él han colgado en la horca, por cuanto extendió su mano contra los judíos.

8 Escribid, pues, vosotros a los judíos como bien os parezca, en nombre del rey, y selladlo con el anillo del rey; porque un edicto que se escribe en nombre del rey, y se sella con el anillo del rey, no puede ser revocado.

9 Entonces fueron llamados los escribanos del rey en el mes tercero, que es Siván, a los veintitrés días de ese mes; y se escribió conforme a todo lo que mandó Mardoqueo, a los judíos, y a los sátrapas, los capitanes y los príncipes de las provincias que había desde la India hasta Etiopía, ciento veintisiete provincias; a cada provincia según su escritura, y a cada pueblo conforme a su lengua, a los judíos también conforme a su escritura y lengua.

10 Y escribió en nombre del rey Asuero, y lo selló con el anillo del rey, y envió cartas por medio de correos montados en caballos veloces procedentes de las caballerizas reales;

11 que el rey daba facultad a los judíos que estaban en todas las ciudades, para que se reuniesen y estuviesen a la defensa de su vida, prontos a destruir, y matar, y acabar con toda fuerza armada del pueblo o provincia que viniesen contra ellos, y aun sus niños y mujeres, y apoderarse de sus bienes,

12 en un mismo día en todas las provincias del rey Asuero, en el día trece del mes duodécimo, que es el mes de Adar.

13 La copia del edicto que había de darse por decreto en cada provincia, para que fuese conocido por todos los pueblos, decía que los judíos estuviesen preparados para aquel día, para vengarse de sus enemigos.

14 Los correos, pues, montados en caballos veloces, salieron a toda prisa por la orden del rey; y el edicto fue dado en Susa capital del reino.

15 Y salió Mardoqueo de delante del rey con vestido real de azul y blanco, y una gran corona de oro, y un manto de lino y púrpura. La ciudad de Susa entonces se alegró y regocijó;

16 y los judíos tuvieron luz y alegría, y gozo y honra.

17 Y en cada provincia y en cada ciudad donde llegó el mandamiento del rey, los judíos tuvieron alegría y gozo, banquete y día de placer. Y muchos de entre los pueblos de la tierra se hacían judíos, porque el temor de los judíos había caído sobre ellos.

Los judíos destruyen a sus enemigos

9 En el mes duodécimo, que es el mes de Adar, a los trece días del mismo mes, cuando debía ser ejecutado el mandamiento del rey y su decreto, el mismo día en que los enemigos de los judíos esperaban enseñorearse de ellos, sucedió lo contrario; porque los judíos se enseñorearon de los que los aborrecían.

2 Los judíos se reunieron en sus ciudades, en todas las provincias del rey Asuero, para descargar su mano sobre los que les habían procurado su mal; y nadie les pudo resistir, porque el temor de ellos había caído sobre todos los pueblos.

3 Y todos los príncipes de las provincias, los

sátrapas, capitanes y oficiales del rey, apoyaban a los judíos; porque el temor de Mardoqueo había caído sobre ellos.

4 Pues Mardoqueo era grande en la casa del rey, y su fama iba por todas las provincias; Mardoqueo iba engrandeciéndose más y más.

5 Y asolaron los judíos a todos sus enemigos a filo de espada, y con mortandad y destrucción, e hicieron con sus enemigos como quisieron.

6 En Susa capital del reino mataron y destruyeron los judíos a quinientos hombres.

7 Mataron entonces a Parsandata, Dalfón, Aspata,

8 Porata, Adalías, Aridata,

9 Parmasa, Arisay, Ariday y Vaizata,

10 diez hijos de Amán hijo de Hamedatá, enemigo de los judíos; pero no tocaron sus bienes.

11 El mismo día se le dio cuenta al rey acerca del número de los muertos en Susa, residencia real.

12 Y dijo el rey a la reina Ester: En Susa capital del reino los judíos han matado a quinientos hombres, y a diez hijos de Amán. ¿Qué habrán hecho en las otras provincias del rey? ¿Cuál, pues, es tu petición?, y te será concedida; ¿o qué más deseas?, y será hecho.

13 Y respondió Ester: Si place al rey, concédase también mañana a los judíos en Susa, que hagan conforme a la ley de hoy; y que cuelguen en la horca a los diez hijos de Amán.

14 Y mandó el rey que se hiciese así. Se dio la orden en Susa, y colgaron a los diez hijos de Amán.

15 Y los judíos que estaban en Susa se juntaron también el catorce del mes de Adar, y mataron en Susa a trescientos hombres; pero no tocaron sus bienes.

La fiesta de los Purim

16 En cuanto a los otros judíos que estaban en las provincias del rey, también se juntaron y se pusieron en defensa de su vida, y descansaron de sus enemigos, y mataron de sus contrarios a setenta y cinco mil; pero no tocaron sus bienes.

17 Esto fue en el día trece del mes de Adar, y reposaron en el día catorce del mismo, y lo hicieron día de banquete y de alegría.

18 Pero los judíos que estaban en Susa se juntaron el día trece y el catorce del mismo mes; y el quince del mismo reposaron, y lo hicieron día de banquete y de regocijo.

19 Por esto, los judíos aldeanos que habitan en las villas sin muro, hacen a los catorce del mes de Adar el día de alegría y de banquete, un día de regocijo, y para enviar porciones cada uno a su vecino.

20 Y escribió Mardoqueo estas cosas, y envió cartas a todos los judíos que estaban en todas las provincias del rey Asuero, cercanos y distantes,

21 ordenándoles que celebrasen el día decimocuarto del mes de Adar, y el decimoquinto del mismo, cada año,

22 como días en que los judíos tuvieron paz de sus enemigos, y como el mes en que la tristeza se les cambió en alegría, y el luto en día bueno; que los hiciesen días de banquete y de gozo, y para enviar porciones cada uno a su vecino, y dádivas a los pobres.

23 Y los judíos aceptaron hacer, según habían comenzado, lo que les escribió Mardoqueo.

24 Porque Amán, hijo de Hamedatá agagueo, enemigo de todos los judíos, había ideado contra los judíos un plan para destruirlos, y había echado el Pur, que quiere decir suerte, para consumirlos y acabar con ellos.

25 Mas cuando Ester vino a la presencia del rey, él ordenó por carta que el perverso designio que aquél había tramado contra los judíos recayera sobre su cabeza; y que colgaran a él y a sus hijos en la horca.

26 Por esto llamaron a estos días Purim, por el nombre Pur. Y debido a las palabras de esta carta, y por lo que ellos vieron sobre esto, y por las noticias que les habían llegado,

27 los judíos establecieron y se comprometieron a sí mismos, a su descendencia y a todos los allegados a ellos, a que no dejarían de celebrar estos dos días según está escrito tocante a ellos, conforme a su tiempo cada año;

28 y que estos días serían recordados y celebrados, de generación en generación, por todas las familias, provincias y ciudades; que estos días de Purim no dejarían de ser guardados por los judíos, y que su descendencia jamás dejaría de recordarlos.

29 Y la reina Ester hija de Abihayil, y Mardoqueo el judío, suscribieron con plena autoridad esta segunda carta referente a los Purim.

30 Y fueron enviadas cartas a todos los judíos, a las ciento veintisiete provincias del rey Asuero, con palabras de paz y de verdad,

31 para confirmar estos días de Purim en sus tiempos señalados, según les había ordenado Mardoqueo el judío y la reina Ester, y según ellos se habían comprometido a sí mismos y a su descendencia, para conmemorar el fin de los ayunos y de su clamor.

32 Y el mandamiento de Ester confirmó estas celebraciones acerca de los Purim, y esto fue registrado en un libro.

10 El rey Asuero impuso tributo sobre la tierra y hasta las costas del mar.

2 Y todos los hechos de su poder y autoridad, y el relato sobre la grandeza de Mardoqueo, con que el rey le engrandeció, ¿no está escrito en el libro de las crónicas de los reyes de Media y de Persia?

3 Porque Mardoqueo el judío fue el segundo después del rey Asuero, y grande entre los judíos, y estimado por la multitud de sus hermanos, porque procuró el bienestar de su pueblo y procuró la paz para todo su linaje.

JOB

Las calamidades de Job

1 Había en tierra de Uz un varón llamado Job; y era este hombre cabal y recto, temeroso de Dios y apartado del mal.

2 Y le nacieron siete hijos y tres hijas.

3 Su hacienda era siete mil ovejas, tres mil camellos, quinientas yuntas de bueyes, quinientas asnas, y muchísimos criados; y era aquel varón el más grande de entre todos los orientales.

4 Y solían sus hijos hacer banquetes en sus casas, cada uno en su día; y enviaban a llamar a sus tres hermanas para que comiesen y bebiesen con ellos.

5 Y cuando habían pasado en turno los días del convite, Job les mandaba llamar para purificarlos, y se levantaba de mañana y ofrecía holocaustos conforme al número de todos ellos. Porque decía Job: Quizá habrán pecado mis hijos y habrán maldecido a Dios en sus corazones. De esta manera hacía cada vez.

6 Un día vinieron a presentarse delante de Jehová los hijos de Dios, entre los cuales vino también Satanás.

7 Y dijo Jehová a Satanás: ¿De dónde vienes? Respondió Satanás a Jehová, y dijo: De recorrer la tierra y de andar por ella.

8 Y dijo Jehová a Satanás: ¿No has considerado a mi siervo Job, que no hay otro como él en la tierra, varón cabal y recto, temeroso de Dios y apartado del mal?

9 Respondió Satanás a Jehová: ¿Acaso teme Job a Dios de balde?

10 ¿No le has rodeado con una valla de protección a él y a su casa y a todo lo que tiene? A, trabajo de sus manos has dado bendición; por tanto, sus rebaños se han desparramado por el país.

11 Pero extiende ahora tu mano y toca todo lo que tiene, y verás si no blasfema contra ti en tu misma presencia.

12 Dijo Jehová a Satanás: He aquí, todo lo que tiene está en tu mano; solamente no pongas tu mano sobre él. Y salió Satanás de delante de Jehová.

13 Y un día aconteció que sus hijos e hijas estaban comiendo y bebiendo vino en casa de su hermano el primogénito,

14 y vino un mensajero a Job, y le dijo: Estaban arando tus bueyes, y las asnas paciendo cerca de ellos,

15 cuando irrumpieron los sabeos y los arrebataron, y mataron a los criados a filo de espada; solamente yo he escapado para darte la noticia.

16 Aún estaba éste hablando, cuando vino otro que dijo: Cayó del cielo fuego de Dios, y abrasó las ovejas y a los pastores, y los consumió; solamente yo he escapado para darte la noticia.

17 Todavía estaba éste hablando, y vino otro que dijo: Los caldeos hicieron tres escuadrones, y arremetieron contra los camellos y se los llevaron, y mataron a los criados a filo de espada; y solamente yo he escapado para darte la noticia.

18 Entretanto que éste hablaba, vino otro que dijo: Tus hijos y tus hijas estaban comiendo y bebiendo vino en casa de su hermano el primogénito;

19 y un fuerte viento vino del lado del desierto y azotó las cuatro esquinas de la casa, la cual cayó sobre los jóvenes, y han muerto; y solamente yo he escapado para darte la noticia.

20 Entonces Job se levantó, rasgó su manto, rasuró su cabeza, se postró en tierra en humilde adoración,

21 y dijo: Desnudo salí del vientre de mi madre, y desnudo volveré allá. Jehová me lo dio, y Jehová me lo quitó; sea bendito el nombre de Jehová.

22 En todo esto no pecó Job, ni atribuyó a Dios despropósito alguno.

2 Aconteció que otro día vinieron los hijos de Dios para presentarse delante de Jehová, y Satanás vino también entre ellos presentándose delante de Jehová.

2 Y dijo Jehová a Satanás: ¿De dónde vienes? Respondió Satanás a Jehová, y dijo: De dar una vuelta por la tierra, y pasearme por ella.

3 Y Jehová dijo a Satanás: ¿No te has fijado en mi siervo Job, que no hay otro como él en

la tierra, varón cabal y recto, temeroso de Dios y apartado del mal, y que todavía retiene su integridad, aun cuando tú me incitaste contra él para que lo arruinara sin causa?

4 Respondiendo Satanás, dijo a Jehová: Piel por piel, todo lo que el hombre tiene dará por su vida.

5 Pero extiende ahora tu mano, y toca su hueso y su carne, y verás si no blasfema contra ti en tu misma presencia.

6 Y Jehová dijo a Satanás: He aquí él está en tu mano; mas guarda su vida.

7 Entonces salió Satanás de la presencia de Jehová, e hirió a Job con unas llagas malignas desde la planta del pie hasta la coronilla de la cabeza.

8 Y tomaba Job un trozo de tiesto para rascarse con él, y estaba sentado sobre las cenizas de la basura.

9 Entonces le dijo su mujer: ¿Aún persistes en tu integridad? Maldice a Dios, y muérete.

10 Y él le dijo: Hablas como suele hablar cualquiera de las mujeres fatuas. ¿Qué? ¿Aceptaremos de Dios el bien, y el mal no lo aceptaremos? En todo esto no pecó Job con sus labios.

11 Tres amigos de Job, Elifaz temanita, Bildad suhita, y Zofar naamatita, luego que oyeron todo este mal que le había sobrevenido, vinieron cada uno de su lugar; porque habían convenido en venir juntos para condolerse con él y para consolarle.

12 Los cuales, al verlo desde lejos, no lo reconocieron, y prorrumpieron en llanto con gran clamor; y cada uno de ellos rasgó su manto, y los tres esparcieron polvo sobre sus cabezas y hacia el cielo.

13 Luego se sentaron con él en tierra por siete días y siete noches, y ninguno le hablaba palabra, porque veían que su dolor era muy grande.

Job maldice el día en que nació

3 Después de esto abrió Job su boca, y maldijo su día.

2 Y exclamó Job, y dijo:

3 Perezca el día en que yo nací,
  Y la noche en que se dijo: Un varón acaba de ser concebido.

4 Sea aquel día sombrío,
  Y no cuide de él Dios desde arriba,
  Ni resplandezca sobre él la luz.

5 Reclámenlo por suyo las tinieblas y sombras de muerte;
  Repose sobre él un denso nublado
  Que lo haga horrible como día caliginoso.

6 Que aquella noche la posea la oscuridad;

No sea contada entre los días del año,
  Ni figure en el número de los meses.

7 ¡Oh, que fuera estéril aquella noche,
  Que no se oyera canción alguna en ella!

8 Maldíganla los que maldicen el día,
  Los que se aprestan para despertar a Leviatán.

9 Oscurézcanse las estrella de su alba;
  Espere la luz, y no llegue,
  Ni vea los párpados de la mañana;

10 Por cuanto no cerró las puertas del vientre donde yo estaba,
  Ni escondió de mis ojos el sufrimiento.

11 ¿Por qué no morí yo en la matriz,
  O expiré al salir del vientre?

12 ¿Por qué me acogieron dos rodillas?
  ¿Y a qué dos pechos para que mamase?

13 Pues ahora estaría yo yacente, y reposaría;
  Dormiría, y entonces tendría descanso,

14 Con los reyes y con los consejeros de la tierra,
  Que edifican para sí áridos mausoleos;

15 O con los príncipes que poseían el oro,
  Que llenaban de plata sus casas.

16 ¿Por qué no fui enterrado secretamente como abortivo,
  Como los pequeñitos que nunca vieron la luz?

17 Allí los impíos dejan de perturbar,
  Y allí descansan los de agotadas fuerzas.

18 Allí también reposan los cautivos;
  No oyen la voz del capataz.

19 Allí están el chico y el grande,
  Y el esclavo está libre de su dueño.

20 ¿Por qué dar luz a un desdichado,
  Y vida a los de ánimo amargado,

21 Que esperan la muerte, y no llega,
  Aunque la buscan más que tesoros?

22 Que se alegran sobremanera,
  Y se gozan cuando hallan el sepulcro?

23 ¿Por qué se da vida al hombre que no sabe por dónde ha de ir,
  Y a quien Dios ha cercado por todas partes?

24 Pues mis suspiros son mi pan de cada día,
  Y mis gemidos corren como aguas.

25 Porque el temor que me espantaba me ha sobrevenido,
  Y me ha acontecido lo que yo temía.

26 No he tenido tranquilidad ni calma, ni tuve reposo,
  Sino que me sobrevino turbación.

Elifaz reprende a Job

4 Entonces respondió Elifaz temanita, y dijo:

2 Si intentamos hablarte, te será molesto;

Pero ¿quién podrá contener las palabras?

3 He aquí, tú instruías a muchos,
Y fortalecías las manos débiles;

4 Al que tropezaba lo enderezaban tus palabras,
Y reforzabas las rodillas que decaían.

5 Mas ahora que el mal ha venido sobre ti, te desalientas;
Y cuando ha llegado hasta ti, te turbas.

6 ¿No es tu temor de Dios tu confianza?
¿No es tu esperanza la integridad de tus caminos?

7 Recapacita ahora; ¿qué inocente jamás ha perecido?
¿Y dónde han sido destruidos los rectos?

8 Según todo lo que yo he visto, los que aran iniquidad
Y siembran injuria, la siegan.

9 Perecen bajo el soplo de Dios,
Y por el furor de su ira son consumidos.

10 Los rugidos del león, y los bramidos del rugiente,
Y los dientes de los leoncillos son quebrantados.

11 El león viejo perece por falta de presa,
Y los hijos de la leona se dispersan.

12 Ahora bien, me fue dicha una palabra en secreto,
Y mi oído ha percibido algo de ello.

13 En cavilaciones de visiones nocturnas,
Cuando el sueño cae sobre los hombres,

14 Me sobrevino un espanto y un temblor,
Que estremeció todos mis huesos;

15 Y al pasar un espíritu por delante de mí,
Hizo que se erizara el pelo de mi cuerpo.

16 Paróse delante de mis ojos una figura,
Cuyo rostro yo no conocí,
Y tras un silencio, oí que susurraba:

17 ¿Será justo un hombre delante de Dios?
¿Será puro un varón frente a su Hacedor?

18 He aquí, en sus siervos no confía,
Y notó necedad en sus ángeles;

19 ¡Cuánto más en los que habitan en casas de barro,
Cuyos cimientos están en el polvo,
Y que serán quebrantados antes que la polilla!

20 De la mañana a la tarde son destruidos,
Y se pierden para siempre, sin haber quien repare en ello.

21 La estaca de su tienda ¿no es arrancada con ellos mismos?
Y mueren sin haber adquirido sabiduría.

5 Ahora, pues, da voces; ¿habrá quien te responda?
¿Y a cuál de los santos ángeles te volverás?

2 Es cierto que al necio lo mata el enojo,
Y al imprudente lo consume la indignación.

3 Yo he visto al necio que echaba raíces,
Y en la misma hora vi maldita su morada.

4 Sus hijos estarán lejos de la seguridad;
En la puerta serán quebrantados,
Y no habrá quien los libre.

5 Sus mies se la comerán los hambrientos,
Y la sacarán de entre los espinos,
Y los sedientos se sorberán su hacienda.

6 Porque la aflicción no sale del polvo,
Ni brota de la tierra la molestia;

7 Sino que, como las chispas se levantan para volar por el aire,
Así el hombre engendra su propia aflicción.

8 Ciertamente yo en tu lugar buscaría a Dios,
Y encomendaría a él mi causa;

9 El cual hace prodigios grandes e inescrutables,
Y maravillas sinnúmero;

10 Que derrama la lluvia sobre la faz de la tierra,
Y envía las aguas sobre los campos;

11 Que pone a los humildes en altura,
Y a los enlutados levanta a prosperidad;

12 Que frustra los pensamientos de los astutos,
Para que sus manejos no prosperen;

13 Que prende a los sabios en la astucia de ellos,
Y frustra los designios de los perversos.

14 En pleno día tropiezan con tinieblas,
Y a mediodía andan a tientas como de noche.

15 Así libra de la lengua afilada al pobre,
de la boca de los impíos,
Y de la mano violenta;

16 Pues da esperanza al desvalido,
Y la iniquidad cerrará su boca.

17 He aquí, bienaventurado es el hombre a quien Dios corrige;
Por tanto, no menosprecies la corrección del Todopoderoso.

18 Porque él es quien hace la herida, y él la vendará;
Él hiere, y sus manos curan.

19 En seis tribulaciones te librará,
Y aun en la séptima no te tocará el mal.

20 En el hambre te salvará de la muerte,
Y en la guerra, del poder de la espada.

21 Del azote de la lengua estarás al abrigo;
No temerás la destrucción cuando venga.

22 De la destrucción y del hambre te reirás,
   Y no temerás a las fieras del campo;
23 Pues aun con las piedras del campo
   tendrás tu pacto,
   Y las fieras del campo estarán en paz
   contigo.
24 Sabrás que hay paz en tu tienda;
   Visitarás tu morada, y nada echarás de
   menos.
25 Asimismo verás que tu descendencia es
   numerosa,
   Y tu prole como la hierba de la tierra.
26 Bajarás al sepulcro en buena vejez,
   Como la gavilla de trigo que se recoge
   en sazón.
27 He aquí lo que hemos indagado y es
   cierto;
   Escúchalo y aplícatelo para tu provecho.

Job reprocha la actitud de sus amigos

6 Respondió entonces Job, y dijo:

2 ¡Oh, que pesasen justamente mi queja y
   mi tormento,
   Y se pusiesen igualmente en una
   balanza!
3 Porque pesarían ahora más que toda la
   arena del mar;
   Por eso mis palabras han sido quejum-
   brosas.
4 Porque las saetas del Todopoderoso están clavadas en mí,
   Cuyo veneno bebe mi espíritu;
   Y los terrores de Dios me combaten.
5 ¿Acaso gime el asno montés junto a la
   hierba?
   ¿Muge el buey junto a su pasto?
6 ¿Se comerá lo desabrido sin sal?
   ¿Habrá gusto en el suero de la leche
   cuajada?
7 Las cosas que mi alma no quería tocar,
   Son ahora mi alimento nauseabundo.

8 ¡Quién me diera que se cumpliese mi
   petición,
   Y que me otorgase Dios lo que anhelo,
9 Y que agradara a Dios aplastarme;
   Que soltara su mano, y acabara conmigo!
10 Sería esto mi consuelo;
   Aunque me torturase sin tregua, exulta-
   ría de gozo,
   Que yo no he contravenido los mandamientos del Santo.
11 ¿Cuál es mi fuerza para resistir por más
   tiempo?
   ¿Y cuál mi porvenir final para que tenga
   aún paciencia?
12 ¿Es mi fuerza la de las piedras,
   O es de bronce mi carne?

13 ¿No es cierto que ni aun a mí mismo me
   puedo valer,
   Y que todo auxilio me ha abandonado?
14 El atribulado es consolado por su compañero;
   Incluso el que abandona el temor del
   Omnipotente.
15 Pero mis hermanos me traicionaron
   como un torrente;
   Como corrientes impetuosas cuando cesa su caudal:
16 Que están escondidas por la helada,
   Y encubiertas por la nieve;
17 Que al tiempo del calor son deshechas,
   Y al calentarse, desaparecen de su
   lugar;
18 Por causa de ellas, las caravanas
   Se apartan de la senda de su rumbo,
   Se adentran en el desierto, y se pierden.
19 Miraron los caminantes de Temán,
   Los caminantes de Sebá esperaron en
   ellas;
20 Pero fueron avergonzados por su esperanza;
   Porque vinieron hasta ellas, y se hallaron confusos.
21 Así sois vosotros para mí,
   Pues habéis visto algo horrible, y os
   acobardáis.
22 ¿Os he dicho yo: Traedme,
   Y pagad por mí de vuestra hacienda;
23 Libradme de la mano del opresor,
   Y redimidme del poder de los tiranos?

24 Enseñadme, y yo callaré;
   Hacedme entender en qué he errado.
25 ¡Qué dulces son las razones ecuánimes!
   Pero ¿qué prueban vuestras críticas?
26 ¿Pensáis censurar mis palabras,
   Y los discursos de un desesperado, que
   son como el viento?
27 También echaríais suertes sobre un
   huérfano,
   Y especularíais con un amigo vuestro.
28 Ahora, pues, si queréis, miradme,
   Y ved si digo mentira delante de vosotros.
29 Volveos, pues no hay falsedad en mí.
   ¡Tornad, que está en juego mi justicia!
30 ¿Hay acaso falsedad en mi lengua?
   ¿Acaso no puede mi paladar discernir el
   mal?

Job argumenta contra Dios

7 ¿No es acaso una milicia la vida del
   hombre sobre la tierra,
   Y sus días como los días del jornalero?
2 Como el esclavo que suspira por la
   sombra,
   Y como el jornalero que espera el salario de su trabajo,

3 Así he recibido por herencia meses de calamidad,
Y noches de fatiga me fueron asignadas.
4 Cuando estoy acostado, digo:
¿Cuándo me levantaré?
5 Mi carne está cubierta de gusanos, y de costras terrosas;
Mi piel, hendida y abominable.
6 Mis días han pasado más veloces que la lanzadera del tejedor,
Y fenecieron sin esperanza.

7 Acuérdate que mi vida es un soplo,
Y que mis ojos no volverán a ver la dicha.
8 Los ojos de los que me ven, no me verán más;
Fijarás en mí tus ojos, y habré dejado de existir.
9 Como la nube se desvanece y se va,
Así el que desciende al Seol no subirá;
10 No volverá más a su casa,
Ni su lugar volverá a verle a él.

11 Por tanto, no refrenaré mi lengua;
Hablaré en la angustia de mi espíritu,
Y me quejaré con la amargura de mi alma.
12 ¿Soy yo el mar, o un monstruo marino,
Para que me pongas guarda?
13 Cuando digo: Me aliviará mi lecho,
Mi cama atenuará mis quejas;
14 Entonces me asustas con sueños,
Y me aterras con visiones.
15 Y así mi alma preferiría la estrangulación,
Y la muerte más que estos huesos a los que *el dolor me ha reducido.*
16 Abomino de mi vida; no he de vivir para siempre;
Déjame, pues, porque mis días son *como* un soplo.
17 ¿Qué es el hombre, para que tanto de él te ocupes,
Y para que fijes en él tu atención,
18 Y lo inspecciones todas las mañanas,
Y todos los momentos lo examines?
19 ¿Hasta cuándo no apartarás de mí tu mirada,
Y no me soltarás siquiera hasta que trague mi saliva?
20 Si he pecado, ¿qué mal puedo hacerte a ti, oh Guarda de los hombres?
¿Por qué me pones por blanco tuyo,
Hasta convertirme en una carga para ti?
21 ¿Y por qué no borras mi rebelión, y perdonas mi iniquidad?
Porque luego dormiré en el polvo,
Y si me buscas de mañana, ya no existiré.

Bildad proclama la justicia de Dios

8 Respondió Bildad suhita, y dijo:

2 ¿Hasta cuándo hablarás tales cosas,
Y las palabras de tu boca serán como viento impetuoso?
3 ¿Acaso torcerá Dios el derecho,
O pervertirá el Todopoderoso la justicia?
4 Si tus hijos pecaron contra él,
Él los entregó a merced de su pecado.
5 Si tú de mañana buscas a Dios,
E imploras al Todopoderoso;
6 Si eres limpio y recto,
Ciertamente luego él velará por ti,
Y hará próspera la morada de tu justicia.
7 Y aunque tu principio haya sido pequeño,
Tu postrer estado será muy grande.

8 Porque pregunta ahora a las generaciones pasadas,
Y atiende a lo que sus padres averiguaron;
9 Pues nosotros somos de ayer, y nada sabemos,
Siendo nuestros días sobre la tierra como una sombra.
10 ¿No te enseñarán ellos, te hablarán,
Y de su corazón sacarán palabras?
11 ¿Crece el papiro fuera del pantano?
¿Crece el junco fuera del agua?
12 Aun en su verdor, y sin haber sido cortado,
Con todo, se seca primero que toda hierba.
13 Tal es el final de todos los que olvidan a Dios;
Y la esperanza del impío perecerá;
14 Porque su esperanza *será cortada* como un hilo,
Y su confianza es como tela de araña.
15 Se apoyará él en su casa, mas no permanecerá ella en pie;
Asirá de ella, mas no resistirá.
16 *A manera de un árbol,* está verde delante del sol,
Y sus renuevos salen por encima de su huerto;
17 Se van entretejiendo sus raíces junto a un montón de piedras,
Y enlazándose hasta un muro de piedra.
18 Si le arrancan de su lugar,
Éste le negará entonces, diciendo:
Nunca te vi.
19 Ciertamente éste será el final de su camino gozoso.
Y de la misma tierra brotarán otros.

20 He aquí, Dios no rechaza al hombre íntegro,

Ni apoya la mano de los malignos.
21 Aún llenará tu boca de risa,
Y tus labios de júbilo.
22 Los que te aborrecen serán vestidos de
confusión;
Y la morada de los impíos desaparecerá.

Incapacidad de Job para
responder a Dios

9 Respondió Job, y dijo:

2 Ciertamente yo sé que es así;
¿Y cómo se justificará el hombre ante
Dios?
3 Si quisiera discutir con él,
No le podrá responder a una cosa entre
mil.
4 Él es sabio de corazón, y poderoso en
fuerzas;
¿Quién se endureció contra él, y le fue
bien?
5 Él arranca los montes con su furor,
Y no saben quién los trastornó;
6 Él sacude la tierra de su lugar,
Y hace temblar sus columnas;
7 Él manda al sol, y no sale;
Y guarda bajo sello las estrellas;
8 Él solo extendió los cielos,
Y anda sobre las olas del mar;
9 Él hizo la Osa, el Orión y las Pléyades,
Y las ocultas constelaciones del sur;
10 Él hace prodigios incomprensibles,
Y maravillas sinnúmero.
11 He aquí que él pasará delante de mí, y
yo no lo veré;
Se deslizará, y no lo percibiré.
12 He aquí, arrebatará *su presa;*
¿quién le hará restituir?
¿Quién le dirá: Qué haces?

13 Dios no ceja en su cólera,
Y debajo de él se abaten los que ayudan
a Rahab.
14 ¿Cuánto menos le responderé yo,
Y hablaré con él palabras escogidas?
15 Aunque tuviera yo razón, no respondería;
Antes habría de implorar clemencia a
mi juez.
16 Si yo le invocara, y él me respondiese,
Aún no creería que hubiese escuchado
mi voz.
17 Porque me ha quebrantado con tempestad,
Y ha aumentado mis heridas sin causa.
18 No me ha concedido que tome respiro,
Sino que me ha llenado de amarguras.
19 Si hablásemos de su potencia, por cierto
es fuerte;
Si de juicio, ¿quién le emplazará?
20 Si yo me justificase, me condenaría mi
boca;

Si me tuviese por perfecto, esto me
haría inicuo.
21 ¿Soy acaso intachable?
Ni yo mismo me conozco; desprecio mi
vida.
22 Una cosa resta que yo diga:
Al perfecto y al impío él los consume.
23 Si un azote acarrea la muerte de improviso,
Se ríe del sufrimiento de los inocentes.
24 La tierra es entregada en manos de los
impíos,
Y él cubre el rostro de sus jueces,
Si no es él, ¿quién es? ¿Dónde está?
25 Mis días han sido más ligeros que un
correo;
Huyeron sin haber gustado la dicha.
26 Se deslizaron como lanchas de papiro;
Como el águila que se arroja sobre la
presa.
27 Si yo dijese: Olvidaré mi queja,
Dejaré mi triste semblante, y me alegraré,
28 Me turban todos mis dolores;
Sé que no me tendrás por inocente.
29 Y si soy culpable,
¿Para qué trabajaré en vano?
30 Aunque me lave con aguas de nieve,
Y limpie mis manos con la limpieza más
esmerada,
31 Aún me hundirías en el fango,
Y mis propios vestidos me abominarían.
32 Porque él no es hombre como yo, para
que yo le responda,
Y vengamos juntamente a juicio.
33 No hay entre nosotros árbitro
Que ponga su mano sobre nosotros dos.
34 Quite de sobre mí su vara,
Y su terror no me espante.
35 Entonces hablaré, y no le temeré;
Porque en este estado no soy dueño de
mí.

Job lamenta su condición

10 Está mi alma hastiada de mi vida;
Daré libre curso a mi queja,
Hablaré en la amargura de mi alma.
2 Diré a Dios: No me condenes;
Hazme entender por qué contiendes
conmigo.
3 ¿Te parece bien que me oprimas,
Que deseches la obra de tus manos,
Y que favorezcas los designios de los
impíos?
4 ¿Tienes tú acaso ojos de carne?
¿Ves tú como ve el hombre?
5 ¿Son tus días como los días del hombre,
O tus años como los días de un mortal,
6 Para que inquieras mi iniquidad,
Y busques mi pecado,
7 Aunque tú sabes que no soy impío,

Y que no hay quien de tu mano me
libre?
8 Tus manos me hicieron y me formaron;
¿Y luego te vuelves y me deshaces?
9 Acuérdate que como a barro me diste
forma;
¿Y en polvo me has de volver?
10 ¿No me vertiste como leche,
Y como queso me cuajaste?
11 Me vestiste de piel y carne,
Y me tejiste con huesos y nervios.
12 Vida y misericordia me concediste,
Y tu cuidado guardó mi espíritu.
13 Pero he aquí lo que guardabas en tu
corazón;
Ahora sé que pensabas esto.
14 Que si pecaba, me observarías vigilante,
Y no me absolverías de mi iniquidad.
15 Si soy culpable, ¡ay de mí!
Y si soy justo, no levantaré mi cabeza,
Estando hastiado de deshonra, y de
verme afligido.
16 Si mi cabeza se alzase, cual león tú me
cazarías,
Y de nuevo mostrarías tu gigantesco
poder contra mí.
17 Renuevas contra mí tus pruebas *testifi-
cales,*
Y aumentas conmigo tu furor como
tropas de relevo.
18 ¿Por qué me sacaste de la matriz?
Hubiera yo expirado, y ningún ojo me
habría visto.
19 Sería como si nunca hubiera existido,
Conducido desde el vientre a la sepultura.
20 ¿No son pocos mis días?
Cesa, pues, y déjame, para que me
consuele un poco,
21 Antes que me vaya para no volver,
A la región de las tinieblas y de sombra
de muerte;
22 Tierra de oscuridad, lóbrega,
Como sombra de muerte y sin orden,
Y donde la luz misma es como densas
tinieblas.

Zofar acusa de maldad a Job

11 ¿Respondió Zofar naamatita, y
dijo:

2 ¿Tanta palabrería no ha de tener respuesta?
¿Y tendrá razón el charlatán?
3 ¿Harán tus falacias callar a los hombres?
¿Harás escarnio y no habrá quien te
avergüence?
4 Tú dices: Mi doctrina es pura,
Y yo soy limpio delante de tus ojos.
5 Mas ¡oh, quién diera que Dios hablara,
Y abriera sus labios para responderte,

6 Y te declarara los secretos de la sabiduría,
Que son de doble valor que tus argucias!
Conocerías entonces que Dios te ha
castigado menos de lo que tu iniquidad merece.
7 ¿Descubrirás tú las profundidades de
Dios?
¿Alcanzarás el límite de la perfección
del Todopoderoso?
8 Es más alta que los cielos; ¿qué harás?
Es más profunda que el Seol; ¿cómo la
conocerás?
9 Su dimensión es más extensa que la
tierra,
Y más ancha que el mar.
10 Si él pasa, y aprisiona, y llama a juicio,
¿Quién podrá contrarrestarle?
11 Porque él conoce a los hombres vanos;
Ve asimismo la iniquidad, ¿y no hará
caso?
12 El hombre vano se hará entendido,
Cuando un asno montés se convierta en
hombre.
13 Si tú diriges tu corazón *a Dios,*
Y extiendes a él tus manos;
14 Si alguna iniquidad hay en tu mano, y la
echas de ti,
Y no consientes que more en tu casa la
injusticia,
15 Entonces levantarás tu rostro limpio de
mancha,
Y serás fuerte, y nada temerás;
16 Y olvidarás tu miseria,
O te acordarás de ella como de aguas
que pasaron.
17 La vida te será más luminosa que el
mediodía;
Aunque oscurezca, será como el amanecer.
18 Tendrás confianza, porque hay esperanza;
Mirarás alrededor de tu tienda, y dormi-
rás seguro.
19 Te acostarás, y no habrá quien te espante;
Y muchos buscarán tu favor.
20 Pero los ojos de los malos se consumirán,
Y no tendrán refugio;
Y su esperanza será dar su último suspiro.

Job proclama el poder y la
sabiduría de Dios

12 Respondió entonces Job, diciendo:
2 Ciertamente vosotros sois la gente *importante,*
Y con vosotros morirá la sabiduría.

3 Pero también yo tengo entendimiento
como vosotros;
No soy yo menos que vosotros;
¿Y a quién se le ocultan estas cosas?

4 Yo soy uno de quien su amigo se mofa,
Que invoca a Dios, y él le responde;
Con todo, el justo y perfecto es escarne-
cido.

5 Aquel cuyos pies van a resbalar
Es como una lámpara despreciada por
aquel que está a sus anchas.

6 Prosperan las tiendas de los ladrones,
Y los que provocan a Dios viven se-
guros,
Pensando que lo tienen en su puño.

7 Pero pregunta ahora a las bestias, y ellas
te enseñarán;
A las aves de los cielos, y ellas te informarán.

8 O habla a la tierra, y ella te enseñará;
Los peces del mar te lo declararán también.

9 ¿Qué cosa de todas éstas no entiende
Que la mano de Jehová la hizo?

10 En su mano está el alma de todo viviente,
Y el hálito de todo el género humano.

11 Ciertamente el oído distingue las palabras,
Y el paladar gusta las viandas.

12 En los ancianos está la sabiduría,
Y en la larga edad la inteligencia.

13 Con Dios está la sabiduría y el poder;
Suyo es el consejo y la inteligencia.

14 Si él derriba, no hay quien edifique;
Encerrará al hombre, y no habrá quien
le abra.

15 Si él detiene las aguas, todo se seca;
Si las suelta, destruyen la tierra.

16 Con él está la fuerza y la pericia;
Suyo es el que yerra, y el que hace errar.

17 Él hace andar despojados de consejo a
los consejeros,
Y entontece a los jueces.

18 Él rompe las cadenas de los tiranos,
Y les ata una soga a sus lomos.

19 Él lleva despojados a los príncipes,
Y abate a los poderosos.

20 Priva del habla a los consejeros.
Y quita a los ancianos la discreción.

21 Él derrama menosprecio sobre los príncipes,
Y desata el cinto de los fuertes.

22 Él descubre las profundidades de las
tinieblas,
Y saca a luz la más densa oscuridad.

23 Él engrandece a las naciones, y él las
destruye;
Desparrama a las naciones, y las vuelve
a recoger.

24 Él quita el entendimiento a los jefes del
pueblo de la tierra,
Y los hace vagar como por un yermo sin
camino.

25 Van a tientas, como en tinieblas y sin
luz,
Y los hace tambalearse como borrachos.

Job defiende su integridad

13 He aquí que todas estas cosas las han
visto mis ojos,
Y las han oído y percibido mis oídos.

2 Como vosotros lo sabéis, lo sé yo;
No soy menos que vosotros.

3 Mas yo querría dirigirme al Todopoderoso,
Y querría discutir con Dios.

4 Porque ciertamente vosotros sois fra-
guadores de mentira;
Sois todos vosotros médicos nulos.

5 Ojalá os callarais por completo,
Porque esto os sería contado por sabiduría.

6 Oíd ahora mi razonamiento,
Y estad atentos a los argumentos de mis
labios.

7 ¿Hablaréis iniquidad a favor de Dios?
¿Hablaréis por él engaño?

8 ¿Haréis acepción de personas a su
favor?
¿Actuaréis como abogados de Dios?

9 ¿Os iría bien si él os escudriñase?
¿Os burlaríais de él como quien se burla
de un hombre?

10 Él os reprochará de seguro,
Si solapadamente hacéis acepción de
personas.

11 De cierto su majestad os habría de
espantar,
Y su terror habría de caer sobre vosotros.

12 Vuestras máximas *sentenciosas* son refranes de ceniza,
Y vuestras réplicas son argumentos de
arcilla.

13 Guardad silencio, que voy a hablar yo,
Y que me venga después lo que viniere.

14 Pondré mi carne entre mis dientes,
Y arriesgaré la vida en mis manos.

15 He aquí, aunque él me mate, en él
esperaré;
No obstante, defenderé delante de él
mis caminos,

16 Y esto mismo será mi salvación,
Porque no comparecerá en su presencia
el impío.

17 Oíd con atención mi razonamiento,
Y mi declaración entre en vuestros oídos.

18 He aquí ahora, si yo expongo mi causa,

Sé que saldré absuelto.

19 ¿Quién es el que contenderá conmigo?
Porque si ahora yo callara, moriría.

20 A lo menos ahórrame dos cosas;
Entonces no me esconderé de tu rostro:

21 Aparta de mí tu mano,
Y no me asombre tu terror.

22 Emplázame luego, y yo responderé;
O yo hablaré, y respóndeme tú.

23 ¿Cuántas iniquidades y pecados tengo yo?
Demuéstrame mis trangresiones y mis pecados.

24 ¿Por qué escondes tu rostro.
Y me tratas como a un enemigo?

25 ¿A la hoja arrebatada has de quebrantar,
Y a una paja seca has de perseguir?

26 ¿Por qué dictas contra mí amargas *sentencias*,
Y me haces cargo de los pecados de mi juventud?

27 Pones además mis pies en el cepo, y observas todos mis caminos.
Midiendo las huellas de mis pies.

28 Y mi cuerpo se va gastando como cosa carcomida,
Como vestido roído por la polilla.

Job discurre sobre la brevedad de la vida

14 El hombre nacido de mujer,
Vive por pocos días, y hastiado de sinsabores,

2 Sale como una flor y es cortado,
Y huye como la sombra y no permanece.

3 ¿Sobre éste abres tus ojos,
Y me traes a juicio contigo?

4 ¿Quién hará limpio a lo inmundo?
Nadie.

5 Ciertamente sus días están contados,
Y el número de sus meses te es bien conocido;
Le pusiste límites, de los cuales no pasará.

6 ¡Déjalo! Que descanse
Y disfrute de su salario como el jornalero.

7 Porque si el árbol es cortado, aún queda para él esperanza;
Retoñará aún, y sus renuevos no faltarán.

8 Si se envejece en la tierra su raíz,
Y su tronco se muere en el polvo,

9 Al percibir el agua reverdecerá,
Y echará ramaje como planta nueva.

10 Mas el hombre morirá, y será cortado;
Cuando el hombre expire, ¿adónde irá él?

11 Como las aguas de un lago se evaporan,
Y el río se agota y se seca,

12 Así el hombre yace y no vuelve a levantarse;
Hasta que pasen los cielos, no despertará,
Ni se levantará de su sueño.

13 ¡Oh, quién me diera que me escondieses en el Seol,
Que me ocultases hasta apaciguarse tu ira,
Que me fijases un plazo para acordarte de mí!

14 Si el hombre muere, ¿volverá a vivir?
Todos los días de mi milicia esperaré,
Hasta que venga mi relevo.

15 Entonces llamarás, y yo te responderé;
Tendrás nostalgia de la hechura de tus manos.

16 Pero ahora me cuentas los pasos,
Y no cesas de observar mis pecados;

17 Tienes sellada en saco mi prevaricación,
Y tienes cosida mi iniquidad.

18 Así como un monte que cae se deshace,
Y las peñas son removidas de su lugar;

19 Como las piedras se desgastan con el agua impetuosa, que se lleva el polvo de la tierra;
De igual manera haces tú perecer la esperanza del hombre.

20 Para siempre serás más fuerte que él, hasta hacerlo desaparecer;
Desfigurarás su rostro, y le despedirás.

21 Sus hijos tendrán honores, pero él no lo sabrá;
O serán humillados, y no se enterará.

22 Sólo se dolerá él por su propia carne,
Y por sí mismo se entristecerá su alma.

Elifaz reprende a Job

15 Respondió Elifaz temanita, y dijo:

2 ¿Proferirá el sabio vana sabiduría,
Y llenará su vientre de viento solano?

3 ¿Disputará con palabras sin sentido,
Y con razones inútiles?

4 Tú incluso disipas el temor,
Y menoscabas la oración delante de Dios.

5 Porque tu boca declaró tu iniquidad,
Pues has escogido el lenguaje de los astutos.

6 Tu boca te condena, y no yo;
Y tus labios testifican contra ti.

7 ¿Naciste tú primero que Adán?
¿O fuiste formado antes que los collados?

8 ¿Oíste tú el secreto de Dios,
Y acaparas tú la sabiduría?

9 ¿Qué sabes tú que no sepamos?

¿Qué entiendes tú que a nosotros se nos escape?

10 Cabezas canas y hombres muy ancianos hay entre nosotros,
Mucho más avanzados en días que tu padre.

11 ¿En tan poco tienes las consolaciones de Dios,
Y las palabras que con dulzura se te dicen?

12 ¿Por qué te arrebata tu corazón,
Y por qué centellean tus ojos,

13 Para que contra Dios vuelvas tu enojo,
Y saques tales palabras de tu boca?

14 ¿Qué cosa es el hombre para que se crea limpio,
Y para que se vea inocente el nacido de mujer?

15 He aquí, en sus santos no confía,
Y ni aun los cielos son limpios delante de sus ojos;

16 ¿Cuánto menos el hombre abominable y vil,
Que se bebe la iniquidad como agua?

17 Escúchame; yo te declararé,
Y te contaré lo que he visto;

18 Lo que los sabios nos contaron
De sus padres, y no lo encubrieron;

19 A ellos solos fue dada la tierra,
Y no pasó ningún extranjero por en medio de ellos.

20 Todos sus días, el impío es atormentado de dolor,
Y el número de sus años está ya almacenado para el violento.

21 Estruendos espantosos resuenan en sus oídos;
En medio de su prosperidad, el asolador vendrá sobre él.

22 Él no cree que volverá de las tinieblas,
Y está indefenso para la espada.

23 Vaga alrededor tras el pan, diciendo: ¿En dónde está?
Sabe que le está preparado día de tinieblas.

24 Tribulación y angustia le turbarán,
E irrumpirán contra él como un rey dispuesto para la batalla.

25 Por cuanto él extendió su mano contra Dios,
Y se portó con soberbia contra el Todopoderoso.

26 Embistió contra él con cuello erguido,
Tras la barrera de su escudo macizo.

27 Porque la gordura cubrió su rostro,
E hizo pliegues de grasa sobre sus ijares;

28 Y ahora habita en ciudades asoladas,
En casas inhabitadas,
Que amenazan ruina.

29 No prosperará, ni durarán sus riquezas,
Ni se llevará a la tumba sus posesiones.

30 No escapará de las tinieblas;
El ardor del bochorno secará sus ramas,
Y el viento barrerá sus flores.

31 No confíe el iluso en la vanidad,
Porque ella será su recompensa.

32 Él será cortado antes de tiempo,
Y sus renuevos no reverdecerán.

33 Perderá su agraz como la vid,
Y derramará su flor como el olivo.

34 Porque la congregación de los impíos será asolada,
Y fuego consumirá las tiendas de soborno.

35 Concibieron maldad, dieron a luz iniquidad,
Y en sus entrañas madura el engaño.

Job se queja contra Dios

16
Respondió Job, y dijo:

2 Muchas veces he oído cosas como éstas;
Consoladores importunos sois todos vosotros.

3 ¿No tendrán fin las palabras vacías?
¿O qué te anima a responder?

4 También yo podría hablar como vosotros,
Si vuestra alma estuviera en lugar de la mía;
Yo podría ensartar contra vosotros palabras,
Y por vosotros menear mi cabeza.

5 Pero yo os alentaría con mis palabras,
Y la consolación de mis labios apaciguaría vuestro dolor.

6 Pero aunque hable, mi dolor no cesa;
Y si dejo de hablar, no se aparta de mí.

7 Pero ahora tú, oh Dios, me has extenuado;
Has asolado toda mi familia.

8 Tú me has llenado de arrugas; testigo es mi flacura,
Que se levanta contra mí para testificar en mi rostro.

9 Su furor me despedazó, y me ha aborrecido.
Crujió sus dientes contra mí;
Contra mí aguzó sus ojos mi enemigo.

10 Abrieron contra mí su boca;
Hirieron mis mejillas con afrenta;
Contra mí se juntaron todos.

11 Me ha entregado Dios a los malvados,
Y en las manos de los impíos me hizo caer.

12 Vivía yo tranquilo, y me desmenuzó; me agarró por la nuca y me despedazó,
Y me puso por blanco suyo.

13 Me rodearon sus flecheros,
Traspasó mis riñones sin piedad;

Mi hiel derramó por tierra.

14 Me quebrantó con quebranto sobre quebranto;
Me asaltó como un guerrero.

15 Cosí un saco sobre mi piel,
Y hundí mi cabeza en el polvo.

16 Mi rostro está inflamado con el llanto,
Y mis párpados ensombrecidos,

17 A pesar de no haber iniquidad en mis manos,
Y de haber sido pura mi oración.

18 ¡Oh tierra! no cubras mi sangre,
Y no haya lugar adonde no llegue mi clamor.

19 Mas he aquí que en los cielos está aún mi testigo,
Y mi defensor en las alturas.

20 Mis amigos se burlan de mí;
Mas ante Dios derramaré mis lágrimas.

21 ¡Ojalá pudiese abogar un hombre ante Dios,
Como lo hace con su prójimo!

22 Mas los años que me restan son contados,
Y yo me iré por el camino de donde ya no volveré.

17 Mi aliento se agota, se acaban mis días,
Y me está preparado el sepulcro.

2 No hay conmigo sino escarnecedores,
Y mis ojos pasan las noches en amarguras.

3 Dame fianza, oh Dios; sea mi protección cerca de ti,
Ya que nadie quiere estrechar mi mano.

4 Porque a éstos les has escondido de su corazón la inteligencia;
Por tanto, no prevalecerán.

5 El que traiciona a sus amigos con lisonjas,
Los ojos de sus hijos languidecerán.

6 Él me ha puesto como proverbio de las gentes,
Y delante de ellos he sido como una escupidera.

7 Mis ojos se oscurecieron por el dolor,
Y mis miembros todos son como sombra.

8 Los rectos se maravillarán de esto,
Y el inocente se indignará contra el impío.

9 No obstante, el justo proseguirá su camino,
Y el limpio de manos aumentará su fuerza.

10 Pero volved todos vosotros, y venid ahora,
Y no hallaré entre vosotros ni un sabio.

11 Pasaron mis días, fracasaron mis planes,

Los designios de mi corazón.

12 Cambian la noche en día,
Y la luz se acerca delante de las tinieblas.

13 Pero ¿qué espero?, el Seol es mi casa;
Haré en las tinieblas mi cama.

14 A la podredumbre he dicho: Mi padre eres tú;
A los gusanos: Mi madre y mi hermana.

15 ¿Dónde, pues, estará ahora mi esperanza?
Y mi esperanza, ¿quién la verá?

16 A la profundidad del Seol descenderá *conmigo*,
Y juntamente descansará en el polvo.

Bildad describe la suerte de los malos

18 Respondió Bildad suhita, y dijo:

2 ¿Cuándo pondrás fin a tus palabras?
Reflexiona, y después hablaremos.

3 ¿Por qué nos tienes por bestias,
Y a tus ojos somos viles?

4 Oh tú, que te despedazas en tu furor,
¿Quedará desierta la tierra por tu causa,
Y serán removidas de su lugar las peñas?

5 Ciertamente la luz de los impíos será apagada,
Y no resplandecerá la llama de su hogar.

6 La luz se oscurecerá en su tienda,
Y se apagará sobre él su lámpara.

7 Sus pasos vigorosos serán acortados,
Y sus mismos planes lo derribarán.

8 Porque red será echada a sus pies,
Y sobre mallas andará.

9 Un lazo le prenderá por el calcañar;
Se cerrará la trampa sobre él.

10 Su cuerda está escondida en la tierra,
Y una trampa le aguarda en la senda.

11 De todas partes le aterrarán temores,
Y le harán huir pisándole los talones.

12 Serán gastadas de hambre sus fuerzas,
Y a su lado estará preparada la desgracia.

13 La enfermedad roerá su piel,
Y a sus miembros devorará el primogénito de la muerte.

14 Su confianza será arrancada de su tienda,
Y al rey de los espantos será conducido.

15 En su tienda morará el extraño como si fuese suya;
Piedra de azufre será esparcida sobre su morada.

16 Abajo se secarán sus raíces,
Y arriba serán cortadas sus ramas.

17 Su recuerdo perecerá de la tierra,
Y no tendrá nombre en la comarca.

18 De la luz será lanzado a las tinieblas,

Y echado fuera del mundo.
19 No tendrá hijo ni nieto en medio de su
   pueblo,
   Ni quien le suceda en sus moradas.
20 Al ver su *trágico* final, se espantarán los
   de occidente,
   Y el pavor caerá sobre los de oriente.
21 Ciertamente tales son las moradas del
   impío,
   Y éste será el lugar del que no reconoce
   a Dios.

Job confía en que Dios lo justificará

19 Respondió entonces Job, y dijo:

2 ¿Hasta cuándo angustiaréis mi alma,
   Y me moleréis con palabras?
3 Ya me habéis vituperado diez veces;
   No os avergonzáis de injuriarme.
4 Aun si fuese verdad que yo haya errado,
   Sobre mí recaería mi error.
5 Pero si vosotros os hacéis el grande
   contra mí,
   Y contra mí alegáis mi oprobio;
6 Sabed ahora que Dios *es quien* me ha
   derribado,
   Y me ha envuelto en su red.
7 He aquí, yo clamaré: ¡violencia!, y no
   seré oído;
   Daré voces, y no habrá justicia.
8 Cercó de vallado mi camino, y no pasaré;
   Y sobre mis veredas puso tinieblas.
9 Me ha despojado de mi gloria,
   Y quitado la corona de mi cabeza.
10 Demolió mis muros por todos lados, y
   perezco;
   Y ha descuajado mi esperanza como
   árbol arrancado.
11 Hizo arder contra mí su furor,
   Y me contó para sí entre sus enemigos.
12 Vinieron sus ejércitos a una, y se atrin-
   cheraron en torno a mí,
   Y acamparon en derredor de mi tienda.

13 Hizo alejar de mí a mis hermanos,
   Y mis parientes como extraños se apartaron de mí.
14 Mis vecinos se alejaron,
   Y mis conocidos se olvidaron de mí.
15 Los servidores de mi casa y mis criadas
   me tuvieron por extraño;
   Forastero fui yo a sus ojos.
16 Llamo a mi siervo, y no me responde;
   Con mi propia boca le suplicaba.
17 Mi aliento le repugna a mi mujer,
   Y fétido soy a los hijos de mi propia
   madre.
18 Aun los jovenzuelos me menosprecian;
   Al levantarme, se burlan de mí.

19 Todos mis íntimos amigos me aborrecen,
   Y los que yo amaba se han vuelto contra
   mí.
20 Mi piel y mi carne se pegan a mis huesos,
   Y he escapado con sólo la piel de mis
   dientes.
21 ¡Oh, vosotros mis amigos, tened compasión de mí, tened compasión de mí!
   Porque la mano de Dios me ha herido.
22 ¿Por qué me perseguís como *lo hace*
   Dios,
   Y ni aun os saciáis de mi carne?

23 ¡Quién me diese ahora que mis palabras
   fuesen escritas!
   ¡Quién me diese que se inscribiesen en
   un documento;
24 Que con cincel de hierro y con plomo
   Fuesen esculpidas en piedra para
   siempre!
25 Yo sé que mi Redentor vive,
   Y al fin se levantará sobre el polvo;
26 Y después de deshecha esta mi piel,
   En mi carne he de ver *de nuevo* a Dios;
27 Al cual veré por mí mismo,
   Y mis ojos lo verán, y no *los de* otro,
   Aunque mi corazón desfallece dentro
   de mí.
28 Mas si decís: ¿Cómo atraparle,
   Y qué pretexto hallaremos contra él?
29 Temed vosotros delante de la espada;
   Porque el furor de la espada se encenderá contra las injusticias,
   Para que sepáis que hay un juicio.

Zofar describe las calamidades
de los malos

20 Respondió Zofar naamatita, y dijo:

2 Por cierto mis pensamientos me urgen a
   responder,
   Y por tanto me apresuro.
3 He oído una reprensión que me ultraja,
   Y me hace responder un soplo de mi
   mente.
4 ¿No sabes esto, que así fue siempre,
   Desde el tiempo que fue puesto el hombre sobre la tierra,
5 Que la alegría de los malos es efímera,
   Y el gozo del impío sólo dura un momento?
6 Aunque suba su altivez hasta el cielo,
   Y su cabeza toque las nubes,
7 Como su estiércol, perecerá para
   siempre;
   Los que le hayan visto dirán: ¿Qué
   queda de él?
8 Como un sueño pasará, y no será hallado,

Y se disipará como visión nocturna,

9 El ojo que le veía, nunca más le verá,
Ni su morada le conocerá más.

10 Sus hijos tendrán que indemnizar a los
pobres,
Y sus manos devolverán lo que él robó.

11 Sus huesos rebosaban de vigor juvenil,
Mas con él en el polvo yacerán.

12 Si el mal era dulce a su boca,
Si lo ocultaba debajo de su lengua,

13 Si le parecía bien, y no lo soltaba,
Sino que lo retenía en su paladar;

14 Su comida se corromperá en sus entrañas;
Hiel de áspides será dentro de él.

15 Devoró riquezas, pero las vomitará;
De su vientre se las sacará Dios.

16 Veneno de áspides chupará;
Lo matará lengua de víbora.

17 No verá los arroyos, los ríos,
Los torrentes de miel y de leche.

18 Restituirá su ganancia conforme a los
bienes que tomó,
Y no los tragará ni gozará.

19 Por cuanto quebrantó y desamparó a los
pobres,
Y robó casas que no había edificado.

20 Por cuanto no se saciaba su vientre,
Ni se salvó nada de su codicia,

21 Y no quedó nada que no devorase,
Por tanto, su bienestar no será duradero.

22 En el colmo de su abundancia padecerá
estrechez;
La mano de todos los malvados vendrá
sobre él.

23 Cuando se ponga a llenar su vientre,
Dios enviará sobre él el ardor de su ira,
Y la hará llover sobre él y sobre su
comida.

24 Si escapa de las armas de hierro,
El arco de bronce le atravesará.

25 La saeta le traspasará y le saldrá por la
espalda,
Y la punta relumbrante saldrá por su
hiel;
Sobre él se abatirá el pavor.

26 Todas las tinieblas están reservadas pa-
ra sus tesoros;
Fuego no atizado los consumirá;
Devorará lo que quede en su tienda.

27 Los cielos descubrirán su iniquidad,
Y la tierra se levantará contra él.

28 Los productos de sus cosechas serán
arrastrados *por una inundación;*
Serán esparcidos en el día de su furor.

29 Ésta es la suerte que Dios reserva al
hombre impío,
Y la heredad que Dios le señala por su
palabra.

Job afirma que los malos prosperan

21

Entonces respondió Job, y dijo:

2 Oíd atentamente mis palabras,
Y sea esto el consuelo que me deis.

3 Tened paciencia, y hablaré;
Y después que haya hablado, escarne-
cedme.

4 ¿Acaso me quejo yo de algún hombre?
¿Y por qué no se ha de angustiar mi
espíritu?

5 Miradme, y espantaos,
Y poned la mano sobre la boca.

6 Aun yo mismo, cuando lo recuerdo, me
horrorizo,
Y el temblor estremece mi carne.

7 ¿Por qué siguen con vida los impíos,
Y hasta cuándo envejecen, aún crecen
en riquezas?

8 Su descendencia se robustece en su presencia,
Y sus renuevos están delante de sus
ojos.

9 Sus casas están a salvo de temor,
Y no viene azote de Dios sobre ellos.

10 Sus toros engendran, y no fallan;
Paren sus vacas, y no malogran su
cría.

11 Salen sus pequeñuelos como manada,
Y sus hijos andan saltando.

12 Al son del tamboril y de la cítara saltan,
Y se regocijan al son de la flauta.

13 Pasan sus días en prosperidad,
Y descienden en paz al Seol.

14 Y, sin embargo, le dicen a Dios: Apártate de nosotros,
Porque no queremos conocer tus caminos.

15 ¿Quién es el Todopoderoso, para que le
sirvamos?
¿Y de qué nos aprovechará que oremos
a él?

16 He aquí que su dicha no está en manos
de ellos;
Lejos esté de mí el consejo de los impíos.

17 ¿Cuántas veces es apagada la lámpara
de los impíos,
Y viene sobre ellos su quebranto,
Y Dios en su ira les reparte dolores?

18 ¿Serán *acaso* como la paja delante del
viento,
Y como el tamo que arrebata el torbellino?

19 ¿Guardará Dios para los hijos de ellos
su violencia?
¡Qué le dé su pago a él, para que
aprenda!

20 ¡Vean sus ojos su quebranto,
Y beba de la ira del Todopoderoso!
21 Porque ¿qué le importará a él la suerte
de su casa después de muerto,
Cuando se haya acabado el número de
sus meses?
22 ¿Enseñará alguien a Dios sabiduría,
Si él juzga a los más encumbrados?
23 Hay quien muere en su pleno vigor,
En el colmo de la dicha y de la paz;
24 Sus ijares están llenos de grasa,
Y sus huesos bien regados de tuétano,
25 En cambio, otro morirá en amargura de
ánimo,
Y sin haber comido jamás con gusto.
26 Pero igualmente yacerán ambos en el
polvo,
Y gusanos los cubrirán.

27 He aquí, yo conozco vuestros pensamientos,
Y las maquinaciones que contra mí
forjáis.
28 Porque decís: ¿Qué queda de la casa del
poderoso,
Y qué de las tiendas en que moraban los
impíos?
29 ¿No habéis preguntado a los que pasan
por los caminos,
Y no habéis conocido su respuesta,
30 Que el malo es preservado en el día de la
destrucción?
Guardado será en el día de la ira.
31 ¿Quién le denunciará en su cara su
camino?
Y de lo que él hizo, ¿quién le dará el
pago?
32 Porque llevado será al cementerio,
Y sobre su mausoleo estarán velando.
33 Los terrones del valle le cubrirán suavemente;
Tras él marchará un enorme gentío,
Y delante de él una multitud innumerable.
34 ¿Cómo, pues, me consoláis en vano,
Viniendo a parar vuestras respuestas en
falacia?

Elifaz acusa a Job de
muchas maldades

22 Respondió Elifaz temanita, y dijo:

2 ¿Traerá el hombre provecho a Dios?
Al contrario, para sí mismo es provechoso el hombre sabio.
3 ¿Tiene algún interés el Omnipotente en
que tú seas justificado,
O gana algo conque tú seas intachable?
4 ¿Acaso te castiga,
O viene a juicio contigo, a causa de tu
piedad?

5 ¿No será más bien porque tu malicia es
grande,
Y tus maldades no tienen fin?
6 Porque exigías prenda a tus hermanos
sin razón,
Y despojaste de sus ropas a los desnudos.
7 No dabas de beber al sediento,
Y le negabas el pan al hambriento.
8 Pero al hombre pudiente dabas la tierra,
Y habitó en ella el distinguido.
9 A las viudas las despedías con las manos
vacías,
Y los brazos de los huérfanos quebran-
tabas.
10 Por eso, hay lazos alrededor de ti,
Y te turban terrores repentinos;
11 O tinieblas, para que no veas,
Y abundancia de agua que te anega.

12 ¿No está Dios en lo alto de los cielos?
Mira lo encumbrado de las estrellas,
cuán elevadas están.
13 ¿Y dirás tú: Qué sabe Dios?
¿Cómo distinguirá a través de los densos
nubarrones?
14 Las nubes le rodean, y no ve;
Y por el contorno del cielo se pasea.
15 ¿Quieres tú seguir la senda antigua
Que pisaron los hombres perversos,
16 Los cuales fueron cortados antes de
tiempo,
Cuando una riada arrasó sus cimientos?
17 Decían a Dios: Apártate de nosotros.
¿Y qué puede hacernos el Omnipotente?
18 ¡Les había colmado de bienes sus casas;
Pero los pensamientos de ellos estaban
lejos de él!
19 Verán los justos y se gozarán;
Y el inocente los escarnecerá, diciendo:
20 Fueron destruidos nuestros adversarios,
Y el fuego consumió lo que de ellos
quedó.

21 Reconcíliate ahora con él, y tendrás
paz;
Y por ello te vendrá bien.
22 Recibe la instrucción de su boca,
Y pon sus palabras en tu corazón.
23 Si te vuelves al Omnipotente, serás restablecido;
Y si alejas de tu tienda la iniquidad
24 Y tienes el oro por tierra,
Y como piedras de arroyos el oro de
Ofir,
25 El Todopoderoso será tu tesoro,
Y tendrás la plata en abundancia.
26 Porque entonces te deleitarás en el Omnipotente,
Y alzarás a Dios tu rostro.
27 Orarás a él, y él te oirá;

Y tú cumplirás tus votos.
28 Todo lo que emprendas te saldrá bien,
Y sobre tus caminos resplandecerá la luz.
29 Cuando sean abatidos *los arrogantes,*
dirás tú: Enaltecimiento habrá,
Porque Dios salvará al humilde de ojos.
30 Él libertará incluso al que no es inocente;
Sí, por la pureza de tus manos será
librado. ·

Job desea abogar su causa delante de Dios mismo

23 Respondió Job, y dijo:

2 Hoy también hablaré con amargura;
Porque es más grave mi llaga que mi
gemido.
3 ¡Quién me diera el saber dónde hallar a
Dios!
Yo iría hasta su tribunal.
4 Expondría mi causa delante de él,
Y llenaría mi boca de argumentos.
5 Yo comprendería las razones de su ré-
plica,
Y entendería lo que me dijera.
6 ¿Contendería conmigo con grandeza de
fuerza?
No; antes él me atendería.
7 Reconocería en su adversario un hombre recto,
Y yo escaparía para siempre de mi juez.
8 Pero me dirijo al oriente, y no lo hallo;
Y al occidente, y no lo percibo;
9 Si muestra su poder al norte, yo no lo
veo;
Al sur me vuelvo, y no lo encuentro.
10 Mas él conoce mi camino;
Me examinará, y saldré como el oro.
11 Mis pies han seguido sus pisadas;
Guardé su camino, y no me torcí.
12 Del mandamiento de sus labios nunca
me separé;
Guardé las palabras de su boca más que
mi comida.
13 Pero si él determina una cosa,
¿quién lo hará cambiar?
Su alma deseó, e hizo.
14 Él, pues, acabará lo que ha determinado
hacer de mí;
Y muchas cosas como éstas tiene en su
mente.
15 Por lo cual yo me espanto en su presencia;
Cuando lo considero, tiemblo de sólo
pensarlo.
16 Dios ha enervado mi corazón,
Y me ha turbado el Omnipotente.
17 ¿Por qué no fui yo envuelto en las
tinieblas,
Ni fue cubierto con oscuridad mi rostro?

Job se queja de que Dios es indiferente ante la maldad

24 ¿Por qué no señala plazos el Todopoderoso?
¿Por qué los que le conocen no ven sus
visitaciones?
2 Los malvados traspasan los linderos,
Roban los ganados, y los apacientan.
3 Se llevan el asno de los huérfanos,
Y toman en prenda el buey de la viuda.
4 Hacen apartar del camino a los menesterosos,
Y todos los pobres de la tierra se esconden.
5 He aquí, éstos como asnos monteses en
el desierto,
Salen a su obra madrugando para hacer
presa;
El desierto es mantenimiento de sus
hijos.
6 En el campo siegan su pasto,
Y vendimian la viña del rico.
7 Pasan la noche desnudos,
Sin tener cobertura contra el frío.
8 Con las lluvias de los montes se mojan,
Y se abrazan a las peñas por falta de
abrigo.
9 Arrancan del pecho a los huérfanos,
Y del hijo del pobre toman en prenda.
10 Desnudos andan y sin vestido,
Y hambrientos arrebatan las gavillas.
11 Dentro de sus paredes exprimen el
aceite,
Pisan los lagares, y mueren de sed.
12 En la ciudad gimen los moribundos,
Y claman las almas de los heridos de
muerte,
Pero Dios no atiende su oración.

13 Otros hay que, rebeldes a la luz,
Nunca conocieron sus caminos,
Ni estuvieron en sus veredas.
14 Al alba se levanta el asesino; mata al
pobre y al necesitado,
Y de noche ronda como ladrón.
15 El ojo del adúltero está aguardando la
noche,
Diciendo: No me verá nadie;
Y esconde su rostro *con un velo.*
16 En las tinieblas minan las casas
Que de día para sí señalaron;
No conocen la luz.
17 Porque la mañana es para todos ellos
como sombra de muerte;
Ya que están acostumbrados a la oscuridad.

18 Huyen ligeros sobre la corriente de aguas;
Su finca es maldita en la tierra;
No andará nadie por el camino de sus
viñas.

19 Como la sequía y el calor arrebatan las
   aguas de la nieve;
   Así también el Seol a los pecadores.
20 Los olvidará el seno materno; de ellos
   sentirán los gusanos dulzura;
   Nunca más habrá de ellos memoria,
   Y como se tala un árbol, los impíos
   serán quebrantados.

21 A la mujer estéril, que no concebía,
   afligieron,
   Y a la viuda nunca socorrieron.
22 No obstante, Dios les prolonga la vida
   con su poder,
   Y se levantan, incluso cuando creen que
   no van a sobrevivir.
23 Él les da seguridad y confianza;
   Pero sus ojos están sobre los caminos de
   ellos.
24 Fueron exaltados por un poco, mas desaparecen,
   Y son abatidos como todos los demás;
   Se marchitarán y serán cortados como
   cabezas de espigas.
25 Y si no, ¿quién me desmentirá ahora,
   O reducirá a nada mis palabras?

*Bildad niega que el hombre pueda
ser justificado delante de Dios*

25 Respondió Bildad suhita, y dijo:
2 *Dios* tiene un poder temible;
   Él pone paz en sus alturas.
3 ¿Tienen sus ejércitos número?
   ¿Sobre quién no está su luz?
4 ¿Cómo, pues, se justificará el hombre
   ante Dios?
   ¿Y cómo será limpio el que nace de
   mujer?
5 He aquí que ni aun la misma luna será
   resplandeciente,
   Ni las estrellas son limpias delante de
   sus ojos;
6 ¿Cuánto menos el hombre, que es un
   gusano,
   Y el hijo de hombre, también gusano?

Job proclama la soberanía de Dios

26 Respondió Job, y dijo:

2 ¿En qué ayudaste al que no tiene poder?
   ¿Cómo has amparado al brazo sin fuerza?
3 ¿En qué aconsejaste al que no tiene
   conocimientos,
   Y qué hábil talento has dado a conocer?
4 ¿A quién has dirigido tus palabras,
   Y de quién es el espíritu que de ti
   procede?
5 Las sombras tiemblan en lo profundo de
   los mares,

Y sus habitantes se estremecen.
6 El Seol está descubierto delante de él, y
   el Abadón no tiene cobertura.
7 Él extiende el norte sobre vacío,
   Cuelga la tierra sobre la nada.
8 Ata las aguas en sus nubes,
   Y las nubes no se rompen debajo de
   ellas.
9 Él encubre la faz de su trono,
   Y sobre él extiende su nube.
10 Puso límite a la superficie de las aguas,
   Hasta el confín entre la luz y las tinieblas.
11 Las columnas del cielo tiemblan,
   Y se espantan ante su reprensión.
12 Él aquieta el mar con su poder,
   Y con su entendimiento hiere la arrogancia suya.
13 Su espíritu serenó los cielos;
   Su mano traspasó la serpiente tortuosa.
14 He aquí, estas cosas son sólo los bordes
   de sus caminos;
   ¡Y cuán leve es el susurro que hemos
   oído de él!
   Pero el trueno de su poder, ¿quién lo
   puede comprender?

Job describe el castigo de los malos

27 Reasumió Job su discurso, y dijo:
2 Vive Dios, que ha negado mi derecho,
   Y el Omnipotente, que amargó el alma
   mía,
3 Que todo el tiempo que mi alma esté en
   mí,
   Y haya hálito de Dios en mis narices,
4 Mis labios no hablarán iniquidad,
   Ni mi lengua pronunciará mentira.
5 Nunca tal acontezca que yo os dé la
   razón;
   Hasta que muera, no quitaré de mí mi
   integridad.
6 Mi justicia tengo asida, y no la cederé;
   No me reprochará mi conciencia en
   todos mis días.

7 Sea como el impío mi enemigo,
   Y como el inicuo mi adversario.
8 Porque ¿cuál es la esperanza del impío,
   por mucho que haya acumulado,
   Cuando Dios le quite la vida?
9 ¿Oirá Dios su clamor
   Cuando la tribulación venga sobre él?
10 ¿Se deleitaba él en el Omnipotente?
   ¿Invocaba a Dios en todo tiempo?
11 Yo os enseñaré en cuanto al poder de
   Dios;
   No esconderé los misteriosos designios
   del Omnipotente.
12 He aquí que todos vosotros lo habéis
   visto;

¿Por qué, pues, os habéis hecho tan
enteramente vanos?

13 Ésta es para con Dios la porción del
hombre impío,
Y la herencia que los violentos han de
recibir del Omnipotente:

14 Si sus hijos se multiplican, serán para la
espada;
Y sus pequeños no se saciarán de pan.

15 Los que de él queden, los enterrará la
peste,
Y no los llorarán sus viudas.

16 Aunque amontone plata como polvo,
Y prepare ropa como lodo;

17 La habrá preparado él, mas el justo se la
vestirá,
Y el inocente repartirá la plata.

18 Edificó su casa como la araña,
Y como cabaña de ramas que hizo el
guarda.

19 Rico se acuesta, pero por última vez;
Abrirá sus ojos, y nada tendrá.

20 Se apoderarán de él terrores como
riada;
Torbellino lo arrebatará de noche.

21 Se lo lleva el solano, y se va;
Y la tempestad lo arrebatará de su
lugar.

22 Dios, pues, descargará sobre él sin
piedad;
Hará él por huir de su mano.

23 Batirán palmas en su huida,
Y lo corcarán con silbidos.

El hombre busca en vano la sabiduría

28 Ciertamente la plata tiene sus ve-
neros,
Y el oro lugar donde se refina.

2 El hierro se extrae de la tierra,
Y de la piedra se funde el cobre.

3 A las tinieblas ponen término,
Y examinan todo a la perfección,
Las piedras que hay en oscuridad y en
sombra de muerte.

4 Abren minas lejos de lo habitado,
En lugares inaccesibles, donde el pie no
pasa.
Quedan colgando y oscilando, lejos de
los demás hombres.

5 De la tierra nace el pan,
Pero en su interior es transformada
como por fuego.

6 Lugar hay cuyas piedras son zafiro,
Y sus terrones contienen pepitas de oro.

7 Senda que nunca la conoció ave de presa,
Ni ojo de buitre la vio;

8 Nunca la pisaron animales fieros,
Ni león pasó por ella.

9 En el pedernal puso su mano,
Y trastornó de raíz los montes.

10 De los peñascos hendió canales,
Y sus ojos avizoraron todo cuanto tiene
precio.

11 Detuvo los ríos en su nacimiento,
E hizo salir a luz lo escondido *en sus
álveos.*

12 Mas ¿dónde se hallará la sabiduría?
¿Dónde está el yacimiento de la prudencia?

13 No conoce su valor el hombre,
Ni se halla en la tierra de los vivientes.

14 El abismo dice: No está en mí;
Y el mar responde: Ni conmigo,

15 No se dará por oro,
Ni su precio será a peso de plata.

16 No puede ser pagada con oro de Ofir,
Ni con ónice precioso, ni con zafiro.

17 El oro no se le igualará, ni el diamante,
Ni se cambiará por alhajas de oro fino.

18 No se hará mención de coral ni de
perlas;
La sabiduría es mejor que las piedras
preciosas.

19 No se igualará con ella el topacio de
Etiopía;
Ni se podrá comparar con el oro más fino.

20 ¿De dónde, pues, vendrá la sabiduría?
¿Y dónde está el lugar de la inteligencia?

21 Porque encubierta está a los ojos de
todo viviente,
Y a toda ave del cielo es oculta.

22 El Abadón y la muerte dijeron:
Su fama hemos oído con nuestros oídos.

23 Sólo Dios entiende el camino de ella,
Y conoce su lugar.

24 Porque él otea los confines de la tierra,
Y ve cuanto hay bajo los cielos.

25 Al dar su peso al viento,
Y poner a las aguas su medida;

26 Cuando él dio su ley a la lluvia,
Y su ruta al relámpago de los truenos,

27 Entonces la veía él, y la valoraba;
La preparó y la descubrió también.

28 Y dijo al hombre:
He aquí que el temor del Señor es la
sabiduría,
Y el apartarse del mal, la inteligencia.

Job recuerda su felicidad anterior

29 Volvió Job a reanudar su discurso, y
dijo:

2 ¡Quién me volviese como en los meses
pasados,
Como en los días en que Dios velaba
sobre mí,

3 Cuando hacía resplandecer sobre mi
cabeza su lámpara,

A cuya luz yo caminaba en la oscuridad;
4 Como fui en los días de mi madurez,
Cuando el favor de Dios velaba sobre mi
tienda;
5 Cuando aún estaba conmigo el Omnipotente,
Y mis hijos alrededor de mí;
6 Cuando lavaba yo mis pies en leche,
Y la piedra me derramaba ríos de aceite!
7 Cuando yo salía a la puerta de la ciudad,
Y en la plaza hacía preparar mi asiento,
8 Los jóvenes se retiraban al verme;
Y los ancianos se levantaban, y se quedaban de pie.
9 Los jefes detenían sus palabras;
Ponían la mano sobre su boca.
10 La voz de los principales enmudecía,
Y su lengua se pegaba a su paladar.
11 Los oídos que me oían me llamaban
bienaventurado,
Y los ojos que me veían me daban
testimonio,
12 Porque yo libraba al pobre que clamaba,
Y al huérfano que carecía de ayudador.
13 La bendición del que iba a perecer venía
sobre mí,
Y al corazón de la viuda yo daba alegría.
14 Me vestía de justicia, y ella me cubría;
Como manto y diadema era mi rectitud.
15 Yo era ojos para el ciego,
Y pies para el cojo.
16 A los menesterosos era como un padre,
Y de la causa del desconocido me informaba con diligencia;
17 Quebrantaba los colmillos del inicuo,
Y de sus dientes hacía soltar la presa.
18 Decía yo: En mi nido moriré,
Y como arena multiplicaré mis días.
19 Mi raíz está al alcance de las aguas,
Y en mis ramas se posa el rocío.
20 Mi gloria se renueva en mí,
Y mi arco se fortalece en mi mano.

21 Me escuchaban con expectación,
Y callaban para oír mi consejo;
22 Tras mi palabra no replicaban,
Y mis razonamientos destilaban sobre
ellos.
23 Me esperaban como a la lluvia,
Y abrían su boca como a la lluvia tardía;
24 Si yo les sonreía, apenas lo creían;
Y no se perdían la luz de mi rostro.
25 Yo les indicaba el camino de ellos, y me
sentaba entre ellos como el jefe;
Y moraba como un rey en medio de su
ejército,
Como el que consuela a los que lloran.

Job lamenta su desdicha actual

30 Pero ahora se ríen de mí los más
jóvenes que yo,
A cuyos padres yo desdeñara poner con
los perros de mi ganado.
2 ¿Y de qué me servía ni aun la fuerza de
sus manos?
No tenían fuerza alguna.
3 Por causa de la pobreza y del hambre
andaban solos;
Huían a la soledad, a lugar tenebroso,
asolado y desierto.
4 Recogían malvas entre los arbustos,
Y raíces de enebro para calentarse.
5 Eran arrojados de entre las gentes,
Y todos les daban grita como tras el
ladrón.
6 Habitaban en las barrancas de los
arroyos,
En las cavernas de la tierra, y en las
rocas.
7 Aullaban entre las matas,
Y se apretujaban debajo de los espinos.
8 Hijos de abyección; más aún, sin
nombre,
La basura de la sociedad.

9 Y ahora yo soy objeto de su burla,
Y les sirvo de refrán.
10 Me abominan, se alejan de mí,
Y aun de mi rostro no detuvieron su
saliva.
11 Porque Dios desató la cuerda de su
arco, y me afligió,
Por eso se desenfrenaron delante de mi
rostro.
12 A la mano derecha se levantó el popu-
lacho;
Empujaron mis pies *hacia mi perjuicio,*
Y prepararon contra mí caminos de
perdición.
13 Mi senda *de escape* desbarataron.
Se aprovecharon de mi quebrantamiento,
Y contra ellos no hubo ayudador.
14 Irrumpieron como por portillo ancho,
Se lanzaron sobre mi calamidad.
15 Se han vuelto los terrores contra mí;
Combatieron como viento mi honor,
Y mi prosperidad pasó como nube.
16 Y ahora mi alma está derramada dentro
de mí;
Días de aflicción se apoderan de mí.
17 De noche taladra mis huesos *el tormento,*
Y los dolores que me roen no reposan.
18 Con gran fuerza me agarra de la ropa;
me ciñe como el cuello de mi túnica.
19 Él me derribó en el lodo,
Y soy semejante al polvo y a la ceniza.

20 Clamo a ti, y no me haces caso;
   Me presento *ante ti,* y no me atiendes.
21 Te has vuelto cruel para mí;
   Con tu mano poderosa me persigues.
22 Me alzaste en vilo, me hiciste cabalgar
      en el huracán,
   Y me disolviste en la tormenta.
23 Pues bien sé que me conduces a la
      muerte,
   Y a la casa determinada a todo viviente.

24 Mas ¿no extenderé la mano hasta algún
      asidero?
   ¿No clamarán los desgraciados cuando
      él los quebrante?
25 ¿No lloré yo con el afligido?
   Y mi alma, ¿no se entristeció sobre el
      menesteroso?
26 Cuando esperaba yo el bien, entonces
      vino el mal;
   Y cuando esperaba luz, vino la oscu-
      ridad.
27 Mis entrañas se agitan, y no reposan;
   Días de aflicción me han sobrevenido.
28 Ando ennegrecido, y no por el sol;
   Me he levantado en la congregación, y
      clamado.
29 He venido a ser hermano de chacales,
   Y compañero de avestruces.
30 Mi piel se ha ennegrecido y se me cae,
   Y mis huesos arden de calentura.
31 Se ha cambiado mi arpa en luto.
   Y mi flauta en voz de lamentadores.

Job afirma su integridad

31 Hice mi pacto con mis ojos, de no fijar
      mi vista en ninguna doncella.
2 Porque ¿qué galardón me daría desde
      arriba Dios,
   Y qué heredad el Omnipotente desde
      las alturas?
3 ¿No hay quebrantamiento para el impío,
   Y extrañamiento para los que hacen
      iniquidad?
4 ¿No ve él mis caminos,
   Y cuenta todos mis pasos?

5 Si anduve con mentira,
   Y si mi pie se apresuró al engaño,
6 Péseme Dios en balanzas de justicia,
   Y conocerá mi integridad.
7 Si mis pasos se apartaron del camino,
   Si mi corazón se fue tras mis ojos,
   Y si algo manchado se pegó a mis
      manos,
8 Que otro coma lo que siembre yo,
   Y sea arrancada mi sementera.

9 Si fue mi corazón seducido acerca de
      mujer,
   Y si estuve acechando a la puerta de mi
      prójimo,

10 Muela para otro mi mujer,
   Y otros se acuesten con ella.
11 Porque sería maldad e iniquidad
   Que han de castigar los jueces.
12 Porque es fuego que devoraría hasta la
      Perdición,
   Y consumiría toda mi hacienda.
13 Si hubiera tenido en poco el derecho de
      mi siervo y de mi sierva,
   Cuando ellos contendían conmigo,
14 ¿Qué haría yo cuando Dios se levan-
      tase?
   Y cuando él preguntara, ¿qué le respon-
      dería yo?
15 El que en el vientre me hizo a mí, ¿no los
      hizo a ellos también?
   ¿Y no nos dispuso uno mismo en la
      matriz?
16 Si me negué al deseo de los pobres,
   E hice desfallecer los ojos de la viuda;
17 Si comí mi bocado yo solo,
   Y no comió de él el huérfano
18 (Porque desde mi juventud cuidé de él
      como un padre,
   Y desde el vientre de mi madre fui su
      protector);
19 Si he visto a algún desgraciado sin ves-
      tido,
   Y al menesteroso sin abrigo;
20 Si no me bendijeron sus lomos,
   Y del vellón de mis ovejas se calentaron;
21 Si alcé contra el huérfano mi mano,
   Aunque viese que me respaldaban en la
      puerta;
22 Mi espalda se caiga de mi hombro,
   Y mi brazo sea desgajado.
23 Porque temí el castigo de Dios,
   Contra cuya majestad yo no tendría
      poder.

24 Si puse en el oro mi esperanza,
   Y dije al oro: Mi confianza eres tú;
25 Si puse mi complacencia en que mis
      riquezas se multiplicasen,
   Y en que mi mano acaparase mucho;
26 Si he mirado al sol cuando resplandecía,
   O a la luna cuando iba hermosa,
27 Y mi corazón se engañó en secreto,
   Y mi boca *les envió* un beso *de adora-
      ción* con mi mano;
28 Esto también sería maldad juzgada;
   Porque habría negado al Dios soberano.

29 Si me alegré en el quebrantamiento del
      que me aborrecía,
   Y me regocijé cuando le halló el mal
30 (Ni aun entregué al pecado mi lengua,
   Pidiendo maldición para su alma);
31 Cuando mis siervos decían:
   ¡Quién nos diera saciarnos de su carne!
32 (El forastero no pasaba fuera la noche;
   Mis puertas abría al caminante);

33 Si encubrí como hombre mis transgresiones,
Escondiendo en mi seno mi iniquidad,
34 Por temor de la opinión pública,
Y el menosprecio de las gentes me asustaba,
Hasta quedarme callado, sin atreverme a salir de mi puerta;
35 ¡Quién me diera que Dios me oyese!
He aquí mi confianza es que el Omnipotente testificará por mí;
Aunque mi adversario escriba un libelo contra mí.
36 Ciertamente yo lo llevaría sobre mi hombro,
Y me lo ceñiría como una corona,
37 Yo le daría cuenta de todos mis pasos,
Y como un príncipe me presentaría ante él.

38 Si mi tierra clama contra mí,
Y lloran todos sus surcos;
39 Si comí su cosecha sin pagarla,
O afligí el alma de sus dueños,
40 En lugar de trigo me nazcan abrojos,
Y espinos en lugar de cebada.

Aquí terminan las palabras de Job.

*Eliú justifica su derecho de
contestar a Job*

32 Cesaron estos tres varones de responder a Job, por cuanto él era justo a sus propios ojos.
2 Entonces Eliú hijo de Baraquel buzita, de la familia de Ram, se encendió en ira contra Job; se encendió en ira, por cuanto se justificaba a sí mismo más que a Dios.
3 Asimismo se encendió en ira contra sus tres amigos, porque no hallaban qué responder, aunque habían condenado a Job.
4 Y Eliú había esperado mientras ellos discutían con Job, porque los otros eran más viejos que él.
5 Pero viendo Eliú que no había respuesta en la boca de aquellos tres varones, se encendió en ira.
6 Y respondió Eliú hijo de Baraquel buzita, y dijo:

Yo soy joven, y vosotros ancianos;
Por tanto, he tenido miedo, y he temido declararos mi opinión.
7 Yo decía: Los de más edad hablarán,
Y la muchedumbre de años declarará sabiduría.
8 Ciertamente hay espíritu en el hombre
Y el soplo del Omnipotente le hace que entienda.
9 No son los sabios los de mucha edad,
Ni los ancianos disciernen lo que es justo.

10 Por tanto, yo dije: Escuchadme;
Declararé yo también mi sabiduría.
11 He aquí yo he atendido a vuestras razones,
He escuchado vuestros argumentos,
En tanto que buscabais palabras.
12 Os he prestado atención,
Y he aquí que no hay de vosotros quien redarguya a Job,
Y responda a sus razones.
13 No digáis, pues: Nosotros hemos hallado sabiduría;
Lo refutará Dios, no el hombre.
14 Ahora bien, Job no dirigió contra mí sus palabras,
Ni yo le responderé con vuestras razones.

15 Se desconcertaron, no respondieron más;
Se les fueron los razonamientos.
16 Yo, pues, he esperado, pero no hablaban;
Más bien callaron y no respondieron más.
17 Por eso yo también responderé por mi parte;
También yo declararé mi juicio.
18 Porque estoy lleno de palabras,
Y me apremia el espíritu dentro de mí.
19 De cierto mi corazón está como el vino que no tiene respiradero,
Y rompe los odres nuevos.
20 Hablaré, pues, y me desahogaré;
Abriré mis labios, y responderé.
21 No haré ahora acepción de personas,
Ni usaré con nadie de títulos lisonjeros.
22 Porque no sé hablar lisonjas;
De otra manera, en breve mi Hacedor me consumiría.

Eliú censura a Job

33 Por tanto, Job, oye ahora mis razones,
Y escucha todas mis palabras.
2 He aquí yo abriré ahora mi boca,
Y mi lengua habla ya en mi paladar.
3 Mis razones declararán la sinceridad de mi corazón,
Y lo que saben mis labios, lo hablarán con claridad.
4 El espíritu de Dios me hizo,
Y el soplo del Omnipotente me dio vida.
5 Respóndeme si puedes;
Ordena tus palabras, ponte en pie.
6 Yo estoy delante de Dios en el mismo lugar que tú;
De arcilla fui yo también formado.
7 He aquí, mi terror no te espantará,
Ni mi mano se agravará contra ti.

8 De cierto tú dijiste a oídos míos,
   Y yo oí la voz de tus palabras que
   decían:
9 Yo soy limpio y sin defecto;
   Soy inocente, y no hay maldad en mí.
10 Pero Dios buscó reproches contra mí,
   Y me tiene por su enemigo;
11 Puso mis pies en el cepo,
   Y vigiló todas mis sendas.
12 Pues mira, en esto no has hablado justamente;
   Yo te responderé que mayor es Dios
   que el hombre.
13 ¿Por qué contiendes contra él, de que él
   no da cuenta de ninguna de sus razones?
14 Sin embargo, de una o de otra manera
   habla Dios;
   Pero el hombre no entiende.
15 Por sueño, en visión nocturna,
   Cuando el sueño cae sobre los hombres,
   Cuando se adormece sobre el lecho,
16 Entonces revela al oído de los hombres
   Y les señala su consejo,
17 Para quitar al hombre de su obra,
   Y apartar del varón la soberbia.
18 Para librar su alma del sepulcro,
   Y su vida de que perezca a espada.

19 También sobre su cama es corregido por
   el dolor,
   Con el temblor continuo de todos sus
   huesos,
20 Que le hace que su vida aborrezca el
   pan,
   Y su alma la comida suave.
21 Su carne desfallece, de manera que no
   se ve,
   Y sus huesos, que antes no se veían,
   aparecen.
22 Su alma se acerca al sepulcro,
   Y su vida a la morada de los muertos.
23 Si tuviese cerca de él
   Algún elocuente mensajero muy escogido,
   Que anuncie al hombre su deber;
24 Que le diga que Dios tuvo de él misericordia,
   Que lo libró de descender al sepulcro,
   Que halló redención;
25 Su carne se tornará más tierna que la de
   un niño,
   Volverá a los días de su juventud.
26 Orará a Dios, y éste le otorgará su
   favor.
   Verá su faz con júbilo.
   Y él restaurará al hombre su justicia.
27 Luego, éste cantará entre los hombres y
   dirá:
   Pequé y me desvié de lo recto, pero Dios
   no me ha hecho según lo que yo
   merecía;

28 Antes bien, ha librado a mi alma de
   pasar al sepulcro,
   Y mi vida ve ya la luz.
29 He aquí, todas estas cosas hace Dios
   Dos y tres veces con el hombre,
30 Para retraer su alma del sepulcro,
   Y para iluminarlo con la luz de la vida.
31 Escucha, Job, y óyeme;
   Calla, y yo hablaré.
32 Si tienes razones, respóndeme;
   Habla, porque yo querría darte la
   razón.
33 Y si no, óyeme tú a mí;
   Calla, y te enseñaré la sabiduría.

Eliú justifica a Dios

34
Además Eliú dijo:

2 Oíd, sabios, mis palabras;
   Y vosotros, doctos, estadme atentos.
3 Porque el oído discierne las palabras,
   Como el paladar gusta lo que uno come.
4 Escojamos para nosotros lo que es
   justo,
   Y reconozcamos entre nosotros lo que
   es bueno.
5 Porque Job ha dicho: Yo soy justo,
   Y Dios me ha negado mi derecho.
6 ¿Se me ha de tener por mentiroso teniendo yo razón?
   Dolorosa es mi herida sin haber hecho
   yo transgresión.
7 ¿Qué hombre hay como Job,
   Que se bebe la insolencia como agua,
8 Y va en compañía de los que hacen
   iniquidad,
   Y anda con los hombres malos?
9 Porque ha dicho: De nada servirá al
   hombre
   El tratar de agradar a Dios.
10 Por tanto, varones de inteligencia,
   oídme:
   Lejos está de Dios la impiedad,
   Y del Omnipotente la iniquidad.
11 Porque él pagará al hombre según su
   obra,
   Y le retribuirá conforme a su camino.
12 Sí, por cierto, Dios no hará injusticia,
   Y el Omnipotente no pervertirá el derecho.
13 ¿Quién le ha encomendado a él la
   tierra?
   ¿Y quién puso en orden todo el mundo?
14 Si él retirase del hombre su atención,
   Y recogiese así su espíritu y su aliento,
15 Toda carne perecería juntamente,
   Y el género humano volvería al polvo.

16 Si, pues, hay en ti entendimiento, oye
   esto;
   Escucha el son de mis palabras.

17 ¿Gobernará el que aborrece el derecho?
    ¿Y condenarás tú al que es tan justo?
18 ¿Se dirá al rey: Perverso;
    Y a los príncipes: Impíos?
19 ¿Cuánto menos a aquel que no hace
    acepción de personas de potentados,
    Ni favorece más al rico que al pobre,
    Porque todos son obra de sus manos?
20 De improviso morirán,
    Y a medianoche se alborotarán los pue-
    blos, y pasarán,
    Y sin mano de hombre será quitado el
    poderoso.
21 Porque los ojos de Dios vigilan sobre los
    caminos del hombre,
    Y ve todos sus pasos.
22 No hay tinieblas ni sombra de muerte
    Donde se escondan los que hacen
    maldad.
23 No apremia, pues, él al hombre más de
    lo justo,
    Para que vaya con Dios a juicio.
24 Él quebrantará a los fuertes sin indaga-
    ción,
    Y nombrará a otros en su lugar.
25 Por tanto, él hará notorias las obras de
    ellos,
    Cuando los trastorne en la noche, y sean
    quebrantados.
26 Como a malos los herirá
    En lugar donde sean vistos;
27 Por cuanto así se apartaron de él,
    Y no consideraron ninguno de sus ca-
    minos,
28 Haciendo venir delante de él el clamor
    del pobre,
    Y el clamor de los necesitados, que él
    siempre oye.
29 Si él da reposo, ¿quién inquietará?
    Si esconde su rostro, ¿quién lo podrá
    ver?
    Vela sobre una nación, lo mismo que
    sobre cada individuo;
30 Haciendo que no reine el hombre
    impío,
    Ni enrede en sus mallas al pueblo.
31 De seguro que si alguien dice a Dios:
    He llevado ya castigo, no ofenderé ya
    más;
32 Enséñame tú lo que yo no veo;
    Si hice mal, no lo haré más.
33 ¿Acaso ha de retribuir conforme a lo
    que tú le dictes?
    Él te retribuirá, ora rehúses, ora acep-
    tes, y no yo;
    Di, si no, lo que tú sabes.
34 Los hombres inteligentes dirán conmigo,
    Y todo hombre sabio que me oiga:
35 Que Job no habla con sabiduría,
    Y que sus palabras no son con entendi-
    miento.

36 Deseo yo que Job sea examinado a
    fondo,
    A causa de sus respuestas semejantes a
    las de los hombres inicuos.
37 Porque a su pecado añadió rebeldía;
    En medio de nosotros habla con mucha
    insolencia,
    Y contra Dios multiplica sus palabras.

35 Prosiguió Eliú en su razonamiento, y
    dijo:

2 ¿Piensas que es cosa recta lo que has
    dicho:
    Más justo soy yo que Dios?
3 Porque dijiste: ¿Qué ventaja tienes tú?
    ¿O qué provecho tendré de no haber
    pecado?
4 Yo te responderé a ti,
    Y a tus compañeros contigo.
5 Mira a los cielos, y ve,
    Y considera que las nubes están más
    altas que tú.
6 Si pecas, ¿qué habrás logrado contra él?
    Y si tus rebeliones se multiplican, ¿qué
    daño le harás tú?
7 Si eres justo, ¿qué le darás a él?
    ¿O qué recibirá de tu mano?
8 Al hombre como tú dañará tu impiedad,
    Y al hijo de hombre aprovechará tu
    justicia.
9 Verdad es que a causa de la multitud de
    las violencias, claman los hombres,
    Y se lamentan bajo la opresión de los
    poderosos.
10 Y ninguno dice: ¿Dónde está Dios mi
    Hacedor,
    Que da cánticos en la noche,
11 Que nos enseña más que a las bestias de
    la tierra,
    Y nos hace sabios más que a las aves del
    cielo?
12 Allí clamarán, y él no oirá,
    Por la soberbia de los malos.
13 Ciertamente Dios no oirá la vanidad,
    Ni la mirará el Omnipotente.
14 ¿Cuánto menos cuando dices que no le
    ves,
    Que la causa está delante de él y tú
    sigues esperando?
15 Mas ahora, porque en su ira no castiga,
    Ni inquiere con rigor,
16 Por eso Job abre su boca vanamente,
    Y multiplica palabras sin sabiduría.

Eliú exalta la grandeza de Dios

36 Añadió Eliú y dijo:

2 Espérame un poco, y te enseñaré;

Porque todavía tengo razones en defensa de Dios.

3 Traeré mi saber desde lejos,
Y atribuiré justicia a mi Hacedor.

4 Porque de cierto no son mentira mis palabras;
Contigo está uno que tiene perfecto conocimiento.

5 He aquí que Dios es grande, pero no desestima a nadie;
Es poderoso en fuerza y en sabiduría.

6 No otorgará vida al impío,
Pero a los afligidos dará su derecho.

7 No apartará de los justos sus ojos;
Antes bien como reyes los pondrá en trono para siempre,
Y serán exaltados.

8 Y cuando los ata con cadenas,
Y los aprisiona en las cuerdas de aflicción,

9 Es para darles a conocer la obra de ellos,
Y sus rebeliones, porque obraron con soberbia.

10 Despierta además el oído de ellos para su corrección,
Y les exhorta a que se conviertan de la iniquidad.

11 Si obedecen, y le sirven,
Acabarán sus días en bienestar,
Y sus años en dicha.

12 Pero si no obedecen, serán pasados a espada,
Y perecerán en su ignorancia.

13 Mas los obstinados de corazón atesoran para sí la ira,
Y no claman a él ni aun cuando él los castiga.

14 Fallecerá el alma de ellos en su juventud,
Y su vida entre los sodomitas.

15 Al pobre librará de su pobreza,
Y a través de la aflicción despertará su oído.

16 También a ti te apartará de la boca de la angustia
A lugar espacioso, libre de todo apuro,
Y te preparará mesa llena de grosura.

17 Mas tú estás lleno del juicio del impío,
En vez de sustentar el derecho y la justicia.

18 Por cuanto hay ira, ten cuidado de que no te seduzca la abundancia,
Ni te corrompa el rico soborno.

19 ¿Hará él estima de tus riquezas, del oro,
O de todas las fuerzas de tu poder?

20 No anheles en la noche,
El que los pueblos desaparezcan de su lugar.

21 Guárdate, no te vuelvas a la iniquidad;
Pues ésta escogiste a causa de tu aflicción.

22 He aquí que Dios es excelso en su poder;
¿Qué enseñador será semejante a él?

23 ¿Quién le ha prescrito su camino?
¿Y quién le dirá: Has obrado mal?

24 Acuérdate de engrandecer su obra,
La cual han ensalzado tantos otros hombres.

25 Los hombres todos la ven;
La miran los mortales de lejos.

26 He aquí, Dios es grande, y nosotros no le podemos comprender,
Ni se puede escrutar el número de sus años.

27 Él va soltando las gotas de las aguas,
Al transformarse el vapor en lluvia,

28 La cual destilan las nubes,
O caen en chaparrones sobre los hombres.

29 ¿Quién podrá comprender la extensión de las nubes,
Y el fragor estrepitoso de su morada?

30 He aquí que en torno a sí mismo extiende su luz,
Y asienta su trono en las profundidades del mar.

31 Bien que por esos medios castiga a los pueblos,
A la multitud él da sustento.

32 Cubre sus manos con relámpagos,
Y manda al rayo que vaya derecho a *dar en* el blanco.

33 El trueno declara su indignación,
Y la tempestad proclama su ira contra la iniquidad.

37 Por eso también se estremece mi corazón,
Y salta de su lugar.

2 Oíd atentamente el estrépito de su voz,
Y el rugido que sale de su boca.

3 Por debajo de todos los cielos lo suelta,
Y su luz hasta los fines de la tierra.

4 Después de ella brama el sonido,
Truena él con voz majestuosa;
Y mientras es oída su voz, no los retiene.

5 Truena Dios maravillosamente con su voz;
Él hace grandes cosas, que nosotros no entendemos.

6 Cuando dice a la nieve: Desciende a la tierra;
También a los aguaceros: Lloved fuerte.

7 Así limita el poder de todo hombre,
Para que los hombres todos reconozcan que eso es obra suya.

8 Las bestias entran en su escondrijo,
Y se están en sus guaridas.

9 Del sur viene el torbellino,
Y el frío de los vientos del norte.

10 Por el soplo de Dios se forma el hielo,
Y las anchas aguas se congelan.
11 Regando también llega a disipar la densa nube,
Y con su luz esparce la niebla.
12 Asimismo bajo su mando, giran los relámpagos en todas direcciones;
Así ejecutan sus órdenes sobre la faz del orbe terráqueo.
13 Unas veces para azote a los pueblos de la tierra,
Otras, por misericordia las hará venir.

14 Escucha esto, Job;
Detente, y considera los prodigios de Dios.
15 ¿Sabes tú cómo Dios los pone en concierto,
Y hace resplandecer el rayo desde su nube?
16 ¿Sabes tú cómo están suspendidas las nubes,
Maravillas del Perfecto en sabiduría?
17 Tú, cuyos vestidos están calientes
Cuando él sosiega la tierra con el viento del sur,
18 ¿Extendiste con él los cielos,
Firmes como un espejo fundido?
19 Muéstranos qué le hemos de decir;
Porque nosotros no podemos ordenar las ideas a causa de nuestra ignorancia.
20 Si hablo yo, ¿se lo cuenta alguien?
Por más que el hombre razone, ¿le informará con riesgo de ser destruido?

21 Mas ahora ya no se puede mirar la luz esplendente en los cielos,
Luego que pasa el viento y los limpia,
22 Viniendo de la parte del norte la dorada claridad.
Dios se rodea de una majestad terrible.
23 Él es Todopoderoso, al cual no alcanzamos, grande en poder,
Y en juicio y en multitud de justicia no afligirá.
24 Lo temerán por tanto los hombres;
Él no respeta a ninguno que cree en su propio corazón ser sabio.

*Jehová convence a Job
de su ignorancia*

38 Entonces respondió Jehová a Job desde un torbellino, y dijo:

2 ¿Quién es ése que oscurece el consejo
Con palabras sin sabiduría?
3 Ahora ciñe, como un luchador, tus lomos;
Yo te preguntaré, y tú me contestarás.

4 ¿Dónde estabas tú cuando yo fundaba la tierra?
Házmelo saber, si tienes inteligencia.
5 ¿Quién ordenó sus medidas, si lo sabes?
¿O quién extendió sobre ella cordel?
6 ¿Sobre qué están fundadas sus basas?
¿O quién puso su piedra angular,
7 Cuando alababan todas las estrellas del alba,
Y se regocijaban todos los hijos de Dios?

8 ¿Quién encerró con puertas el mar,
Cuando se derramaba saliéndose de su seno,
9 Cuando puse yo nubes por vestidura suya,
Y por pañales la oscuridad,
10 Y tracé para él frontera,
Le puse puertas y cerrojo,
11 Y dije: Hasta aquí llegarás, y no pasarás adelante,
Y ahí se romperá el orgullo de tus olas?

12 ¿Has mandado tú alguna vez en tu vida a la mañana? ¿Has señalado a la aurora su lugar,
13 Para que coja a la tierra por sus bordes,
Y sean sacudidos de ella los impíos?
14 Ella muda luego de aspecto como arcilla bajo el sello,
Y viene a estar todo como una vestidura;
15 Mas la luz de los impíos es quitada de ellos,
Y el brazo enaltecido es quebrantado.

16 ¿Has entrado tú hasta las fuentes del mar,
Y has andado escudriñando el abismo?
17 ¿Te han sido descubiertas las puertas de la muerte,
Y has visto las puertas de la sombra de muerte?
18 ¿Has calculado las anchuras de la tierra?
Declara si sabes todo esto.

19 ¿Por dónde se va a la morada de la luz,
Y dónde está el lugar de las tinieblas,
20 Para que las lleves a sus límites,
Y les muestres las sendas de su casa?
21 Lo sabrás, sin duda, porque ya habías nacido,
Y es muy grande el número de tus días.

22 ¿Has entrado tú en los depósitos de la nieve,
O has visto las reservas del granizo,
23 Que tengo guardado para el tiempo de angustia,
Para el día de la guerra y de la batalla?
24 ¿Por qué camino se reparte la luz,

Y se esparce el viento solano sobre la
tierra?

25 ¿Quién abre un canal al aguacero,
Y camino a los relámpagos y truenos,
26 Haciendo llover sobre la tierra deshabitada,
Sobre el desierto, donde no habita el
hombre,
27 Para saciar la tierra desierta e inculta,
Y para hacer brotar la tierna hierba?
28 ¿Tiene padre la lluvia?
¿O quién engendra las gotas del rocío?
29 ¿De qué seno sale el hielo?
Y la escarcha del cielo, ¿quién la da a
luz,
30 Cuando las aguas se endurecen a manera de piedra,
Y se congela la superficie del mar?
31 ¿Podrás tú atar los lazos de las Pléyades,
O desatar las ligaduras de Orión?
32 ¿Sacarás tú a su tiempo las constelaciones del Zodíaco,
O guiarás a la Osa Mayor con sus hijos?
33 ¿Conoces las leyes de los cielos?
¿Dispondrás tú sus poderes sobre la
tierra?
34 ¿Alzarás tú a las nubes tu voz,
Para que te cubra muchedumbre de
aguas?
35 ¿Enviarás tú los relámpagos, para que
ellos vayan?
¿Y te dirán ellos: Henos aquí?
36 ¿Quién puso sabiduría en la nube?
¿O quién dio al meteoro inteligencia?
37 ¿Quién puso por cuenta las nubes con
sabiduría?
Y los odres de los cielos, ¿quién los hace
vaciar,
38 Cuando el polvo se ha convertido en
dureza,
Y los terrones se han pegado unos con
otros?
39 ¿Cazarás tú la presa para el león?
¿Saciarás el hambre de los leoncillos,
40 Cuando están echados en sus guaridas,
O se agazapan en la maleza para ace-
char?
41 ¿Quién prepara al cuervo su alimento,
Cuando sus polluelos claman a Dios,
Y andan alocados por falta de comida?

39 ¿Sabes tú el tiempo en que paren las
cabras monteses?
¿O miraste tú las ciervas cuando están
pariendo?
2 ¿Contaste tú los meses de su preñez,
Y sabes el tiempo cuando han de parir?
3 Se encorvan, hacen salir sus hijos,
Pasan sus dolores.

4 Sus hijos se fortalecen, crecen con el
pasto;
Salen, y no vuelven a ellas.

5 ¿Quién echó libre al asno montés,
Y quién soltó sus ataduras?
6 Al cual yo puse casa en la soledad,
Y sus moradas en lugares salitrosos.
7 Se burla del bullicio de la ciudad;
No escucha las voces del arriero.
8 Lo oculto de los montes es su pasto,
Y anda buscando toda hierba verde.
9 ¿Querrá el búfalo servirte a ti,
O pasar la noche en tu pesebre?
10 ¿Atarás tú al búfalo con coyunda para el
surco?
¿Labrará los valles en pos de ti?
11 ¿Confiarás tú en él, por ser grande su
fuerza,
Y le fiarás tu labor?
12 ¿Fiarás de él para que recoja tu cosecha,
Y la junte en tu era?

13 El avestruz aletea alegremente, pero
¿son sus alas y su plumón como los de
la cigüeña?
14 Porque él desampara en la tierra sus
huevos,
Para que la arena los caliente,
15 Y olvida que el pie los puede pisar,
Y que puede quebrarlos la bestia del
campo.
16 Es cruel para con sus hijos, como si no
fuesen suyos,
No temiendo que su trabajo haya sido
en vano;
17 Porque le privó Dios de sabiduría,
Y no le dio inteligencia.
18 Pero cuando se yergue y se lanza al
trote,
Se burla del caballo y de su jinete.

19 ¿Diste tú al caballo la fuerza?
¿Vestiste tú su cuello de crines ondu-
lantes?
20 ¿Le haces saltar como langosta?
El resoplido de su nariz es formidable.
21 Escarba en el valle, se alegra en su
fuerza,
Sale al encuentro de las armas;
22 Hace burla del espanto, y no teme,
Ni vuelve el rostro delante de la espada.
23 Contra él suenan las espuelas,
El hierro de la lanza y de la jabalina;
24 Y él con ímpetu y furor escarba la tierra,
Sin importarle el sonido de la trompeta;
25 Dice al sonido de los clarines:
¡Ea!
Y desde lejos olfatea el combate,
El grito de los capitanes, y el vocerío.

26 ¿Vuela el gavilán por haberle enseñado
tú,
Y extiende hacia el sur sus alas?
27 ¿Se remonta el águila por tu mandato,
Y pone en alto su nido?
28 Ella habita y se refugia en una roca,
Hace en un picacho su guarida inaccesible.
29 Desde allí acecha la presa;
Sus ojos observan de muy lejos.
30 Sus polluelos chupan la sangre;
Y donde haya cadáveres, allí está ella.

40 Además respondió Jehová a Job, y
dijo:

2 ¿Contenderá el discutidor con el Omnipotente?
El que disputa con Dios, responda a
esto.

3 Entonces respondió Job a Jehová, y
dijo:

4 He aquí que yo soy vil; ¿qué te responderé?
Mi mano pongo sobre mi boca.
5 Una vez hablé, mas no responderé;
Aun dos veces, más no volveré a hablar.

Manifestaciones del poder de Dios

6 Respondió Jehová a Job desde el torbellino, y dijo:

7 Cíñete ahora, como un luchador, tus
lomos;
Yo te preguntaré, y tú me responderás.
8 ¿Invalidarás tú también mi juicio?
¿Me condenarás a mí, para justificarte
tú?
9 ¿Tienes tú un brazo como el de Dios?
¿Y truenas con voz como la suya?

10 Adórnate ahora de majestad y de alteza,
Y vístete de honra y de hermosura.
11 Derrama el ardor de tu ira;
Mira a todo altivo, y abátelo.
12 Mira a todo soberbio, y humíllalo,
Y quebranta a los impíos en su sitio.
13 Húndelos a todos en el polvo,
Encierra sus rostros en la oscuridad;

14 Y yo mismo te confesaré
Que podrá salvarte tu diestra.

15 He aquí ahora el hipopótamo, el cual
hice como a ti;
Hierba come como el buey.
16 Mira que su fuerza está en sus lomos,
Y su vigor en los músculos de su vientre.
17 Atiesa su cola como un cedro,
Los nervios de sus genitales están entretejidos;
18 Sus huesos son fuertes como bronce,

Y sus costillas como barras de hierro.
19 Él es una obra maestra de Dios;
Sólo el que lo hizo, puede acercarle la
espada.
20 Ciertamente los montes producen hierba para él;
Y toda bestia del campo retoza allá.
21 Se recuesta bajo los lotos,
En lo oculto de las cañas y de los lugares
húmedos.
22 Los árboles sombríos lo cubren con su
sombra;
Los sauces del arroyo lo rodean.
23 He aquí, sale de madre el río, pero él no
se inmuta;
Tranquilo está, aunque todo un Jordán
se estrelle contra su boca.
24 ¿Lo tomará alguno cuando está vigilante,
Y horadará su nariz?

41 ¿Pescarás tú al cocodrilo con anzuelo,
O sujetarás su lengua con una cuerda?
2 ¿Atravesarás con un junco sus narices,
Y horadarás con garfio su quijada?
3 ¿Multiplicará él ruegos para contigo?
¿Te hablará él con timidez?
4 ¿Hará pacto contigo
Para que lo tomes por siervo perpetuo?
5 ¿Jugarás con él como con pájaro,
O lo atarás para *juguete de* tus niñas?
6 ¿Harán de él banquete los compañeros?
¿Lo repartirán entre los mercaderes?
7 ¿Cortarás tú con cuchillo su piel,
O con arpón de pescadores su cabeza?
8 Pon tu mano sobre él;
Te acordarás de la batalla, y nunca más
volverás.
9 He aquí que la esperanza acerca de él
será burlada,
Porque aun a su sola vista se desmayarán.
10 Nadie hay tan osado que lo despierte;
¿Quién, pues, podrá estar delante de
mí?
11 ¿Quién me ha dado a mí primero, para
que yo restituya?
Todo lo que hay debajo del cielo es mío.

12 No guardaré silencio sobre sus miembros,
Ni sobre sus fuerzas y la gracia de su
disposición.
13 ¿Quién descubrirá la delantera de su
vestidura?
¿Quién se acercará a él con su freno
doble?
14 ¿Quién abrirá las puertas de su rostro?
Las hileras de sus dientes espantan.
15 La gloria de su vestido son escudos
fuertes,
Cerrados entre sí estrechamente.

16 El uno se junta con el otro,
Que viento no entra entre ellos.

17 Pegado está el uno con el otro;
Están trabados entre sí, que no se pueden apartar.

18 Con sus estornudos lanza destellos,
Y sus ojos son como los párpados del alba.

19 De su boca salen hachones de fuego;
Centellas de fuego saltan.

20 De sus narices sale humo,
Como de una olla o caldero que hierve.

21 Su aliento enciende los carbones,
Y de su boca sale llama.

22 En su cerviz está la fuerza,
Y delante de él se esparce el desaliento.

23 Las partes más flojas de su carne están endurecidas;
Están en él firmes, y no se mueven.

24 Su corazón es duro como una roca,
Y fuerte como piedra de molino.

25 Cuando se yergue, tienen temor los fuertes,
Y a causa de su consternación quedan fuera de sí.

26 Cuando alguno lo alcanza,
Ni espada, ni lanza, ni dardo, ni coselete se le resiste.

27 Estima como paja el hierro,
Y el bronce como leño podrido.

28 No le hacen huir las saetas;
Las piedras de honda le son como paja.

29 Tiene toda arma por hojarasca,
Y del blandir de la jabalina se burla.

30 Por debajo tiene agudas conchas;
Pasa como un trillo por el barro.

31 Hace hervir como una olla el mar profundo,
Y lo vuelve como un gran pebetero.

32 En pos de sí deja una estela luminosa sobre el abismo,
Como una melena blanca.

33 No hay sobre la tierra quien se le parezca;
Pues fue hecho exento de temor.

34 Desafía a todo ser altivo;
Es rey sobre todas las fieras.

Confesión y justificación de Job

42 Respondió Job a Jehová, y dijo:

2 Yo conozco que todo lo puedes,
Y que no puede estorbarse ningún propósito tuyo.

3 ¿Quién es el que oscurece el consejo sin entendimiento?

Por tanto, yo hablaba sin discernimiento;
Cosas demasiado maravillosas para mí, que yo no comprendía.

4 Oye, te ruego, y hablaré;
Te preguntaré, y tú me contestarás.

5 De oídas te conocía;
Mas ahora mis ojos te ven.

6 Por tanto, retracto mis palabras,
Y me arrepiento en polvo y ceniza.

7 Y aconteció que después que habló Jehová estas palabras a Job, Jehová dijo a Elifaz temanita: Mi ira se encendió contra ti y tus dos compañeros; porque no habéis hablado de mí lo recto, como mi siervo Job.

8 Ahora, pues, tomad siete becerros y siete carneros, e id a mi siervo Job, y ofreced holocausto por vosotros, y mi siervo Job orará por vosotros; porque de cierto a él atenderé para no trataros afrentosamente, por cuanto no habéis hablado de mí con rectitud, como mi siervo Job.

9 Fueron, pues, Elifaz temanita, Bildad suhita y Zofar naamatita, e hicieron como Jehová les dijo; y Jehová aceptó la oración de Job.

Restauración de la prosperidad de Job

10 Y quitó Jehová la aflicción de Job, cuando él hubo orado por sus amigos; y aumentó al doble todos los anteriores bienes de Job.

11 Y vinieron a él todos sus hermanos y todas sus hermanas, y todos los que antes le habían conocido, y comieron con él pan en su casa, y se condolieron de él, y le consolaron de todo aquel infortunio que Jehová había traído sobre él; y cada uno de ellos le dio una pieza de dinero y un anillo de oro.

12 Y bendijo Jehová el postrer estado de Job más que el primero; porque tuvo catorce mil ovejas, seis mil camellos, mil yuntas de bueyes y mil asnas,

13 y tuvo siete hijos y tres hijas.

14 Llamó el nombre de la primera, Jemimá, el de la segunda, Cesiá, y el de la tercera, Keren-hapuc.

15 Y no había mujeres tan hermosas como las hijas de Job en toda la tierra; y les dio su padre herencia entre sus hermanos.

16 Después de esto vivió Job ciento cuarenta años, y vio a sus hijos, y a los hijos de sus hijos, hasta la cuarta generación.

17 Y murió Job en la ancianidad y lleno de días.

SALMOS

LIBRO I

El justo y los pecadores

1 Bienaventurado el varón que no anduvo en consejo de malos,
Ni estuvo en camino de pecadores,
Ni en silla de escarnecedores se ha sentado;

2 Sino que en la ley de Jehová está su delicia,
Y en su ley medita de día y de noche.

3 Será como árbol plantado junto a corrientes de aguas,
Que da su fruto en su tiempo,
Y su hoja no cae;
Y todo lo que hace, prosperará.

4 No así los malos,
Que son como el tamo que arrebata el viento.

5 Por tanto, no se erguirán los malos en el juicio,
Ni los pecadores en la congregación de los justos.

6 Porque Jehová conoce el camino de los justos;
Mas la senda de los malos conduce a la perdición.

El drama mesiánico

2 ¿Por qué se amotinan las gentes,
Y los pueblos piensan cosas vanas?

2 Se levantan los reyes de la tierra,
Y los príncipes conspiran juntamente
Contra Jehová y contra su ungido, diciendo:

3 Rompamos sus ligaduras,
Y echemos de nosotros su yugo.

4 El que mora en los cielos se reirá;
El Señor se burlará de ellos.

5 Luego les hablará en su furor,
Y los turbará con su ira:

6 Yo mismo he ungido a mi rey
Sobre Sión, mi santo monte.

7 Yo publicaré el decreto;
Jehová me ha dicho: Mi hijo eres tú;
Yo te he engendrado hoy.

8 Pídeme, y te daré por herencia las naciones,
Y como posesión tuya los confines de la tierra.

9 Los quebrantarás con cetro de hierro;
Como vasija de alfarero los desmenuzarás.

10 Ahora, pues, oh reyes, sed sensatos;
Admitid amonestación, jueces de la tierra.

11 Servid a Jehová con temor,
Y alegraos con temblor.

12 Rendid pleitesía al Hijo, para que no se enoje, y perezcáis en el camino;
Pues se inflama de pronto su ira.

Bienaventurados todos los que en él confían.

Oración matutina de confianza en Dios

Salmo de David, cuando huía de delante de Absalón su hijo.

3 ¡Oh Jehová, cuánto se han multiplicado mis adversarios!
Muchos son los que se levantan contra mí.

2 Muchos son los que dicen de mí:
No hay para él salvación en Dios.
Selah

3 Mas tú, Jehová, eres escudo alrededor de mí;
Mi gloria, y el que levanta mi cabeza.

4 Con mi voz clamé a Jehová,
Y él me respondió desde su monte santo.
Selah

5 Yo me acosté y dormí,
Y desperté, porque Jehová me sostenía.

6 No temeré a diez millares de gente,
Que pongan sitio contra mí.

7 Levántate, Jehová; sálvame, Dios mío;
Porque tú heriste a todos mis enemigos en la mejilla;
Los dientes de los perversos quebrantaste.

8 La salvación es de Jehová;
Sobre tu pueblo sea tu bendición.
Selah

Oración vespertina de confianza en Dios

Al músico principal; sobre Neginot. Salmo de David.

4 Respóndeme cuando clamo, oh Dios de mi justicia.
Cuando estaba en angustia, tú me hiciste ensanchar;
Ten misericordia de mí, y oye mi oración.

2 Hijos de los hombres, ¿hasta cuándo volveréis mi honra en infamia,
Amaréis la vanidad, y buscaréis la mentira?
Selah

3 Sabed, pues, que Jehová ha escogido al
      piadoso para sí;
   Jehová oirá cuando yo a él clame.

4 Temblad, y no pequéis;
   Meditad en vuestro corazón estando en
      vuestra cama, y callad.   *Selah*
5 Ofreced sacrificios de justicia,
   Y confiad en Jehová.

6 Muchos son los que dicen: ¿Quién nos
      mostrará el bien?
   Alza sobre nosotros, oh Jehová, la luz
      de tu rostro.
7 Tú diste alegría a mi corazón
   Mayor que la de ellos cuando abundan
      en grano y en mosto.

8 En paz me acostaré, y asimismo dor-
      miré;
   Porque sólo tú, Jehová, me haces vivir
      confiado.

Plegaria pidiendo protección

Al músico principal; sobre Nehilot. Salmo
                de David.

5 Escucha, oh Jehová, mis palabras;
       Considera mi lamento.
2 Está atento a la voz de mi clamor, Rey
      mío y Dios mío,
   Porque a ti oraré.
3 Oh Jehová, de mañana oirás mi voz;
   De mañana me presentaré delante de ti,
      y esperaré.

4 Porque tú no eres un Dios que se com-
      place en la maldad;
   El malo no habitará junto a ti.
5 Los insensatos no estarán delante de tus
      ojos;
   Aborreces a todos los que hacen ini-
      quidad.
6 Destruirás a los que hablan mentira;
   Al hombre sanguinario y engañador le
      abominará Jehová.

7 Mas yo por la abundancia de tu miseri-
      cordia entraré en tu casa;
   En tu santo templo me postraré, lleno
      de tu temor.
8 Guíame, Jehová, en tu justicia, a causa
      de mis enemigos;
   Allana tu camino delante de mí.
9 Porque en la boca de ellos no hay since-
      ridad;
   Sus entrañas son maldad,
   Sepulcro abierto es su garganta,
   Con su lengua hablan lisonjas.
10 Castígalos, oh Dios;
   Caigan por sus mismos planes;
   Por la multitud de sus transgresiones
      échalos fuera,
   Porque se rebelaron contra ti.

11 Pero alégrense todos los que en ti con-
      fían;
   Den voces de júbilo para siempre, por-
      que tú los defiendes;
   En ti se regocijen los que aman tu
      nombre.
12 Porque tú, oh Jehová, bendecirás al
      justo;
   Como con un escudo lo rodearás de tu
      favor.

Oración pidiendo misericordia en
tiempo de tribulación

Al músico principal; en Neginot, sobre
      Seminit. Salmo de David.

6 Jehová, no me reprendas en tu enojo,
       Ni me castigues con tu ira.
2 Ten misericordia de mí, oh Jehová,
      porque desfallezco;
   Sáname, oh Jehová, porque mis huesos
      se estremecen.
3 Mi alma también está muy turbada;
   Y tú, Jehová, ¿hasta cuándo?

4 Vuélvete, oh Jehová, libra mi alma;
   Sálvame por tu misericordia.
5 Porque en la muerte no queda recuerdo
      de ti;
   En el Seol, ¿quién te alabará?

6 Me he consumido a fuerza de gemir;
   Todas las noches inundo de llanto mi
      lecho,
   Riego mi cama con mis lágrimas.
7 Mis ojos están gastados de sufrir;
   Se han envejecido a causa de todos mis
      angustiadores.

8 Apartaos de mí, todos los hacedores de
      iniquidad;
   Porque Jehová ha oído la voz de mi
      llanto.
9 Jehová ha escuchado mi ruego;
   Ha acogido Jehová mi oración.
10 Se avergonzarán y se turbarán mucho
      todos mis enemigos;
   Retrocederán y serán avergonzados de
      repente.

Oración del justo perseguido

Lamentación de David, que cantó a Jehová
      acerca de las palabras de Cus
            hijo de Benjamín.

7 Jehová Dios mío, en ti he confiado;
       Sálvame de todos los que me persiguen,
         y líbrame,
2 No sea que desgarren mi alma cual león,
   Y me destrocen sin que haya quien me
      libre.

3 Jehová Dios mío, si yo he hecho esto,
  Si hay en mis manos iniquidad;
4 Si he dado mal pago al que estaba en paz
  · conmigo
  (Antes he libertado al que sin causa era
  mi enemigo).
5 Persiga el enemigo mi alma, y alcáncela;
  Huelle en tierra mi vida,
  Y mi honra ponga en el polvo.   *Selah*

6 Levántate, oh Jehová, en tu ira;
  Álzate en contra de la furia de mis
  angustiadores,
  Y apréstate a defenderme en el juicio
  que has convocado.·
7 Te rodeará la congregación de las naciones,
  Y sobre ella vuélvete a sentar en lo alto.
8 Jehová juzgará a los pueblos;
  Júzgame, oh Jehová, conforme a mi
  justicia,
  Y conforme a mi integridad.

9 Que cese ya la maldad de los inicuos;
  afianza, en cambio, tú al justo;
  Porque el Dios justo prueba la mente y
  el corazón.
10 Mi escudo está en Dios,
   Que salva a los rectos de corazón.
11 Dios es juez justo,
   Y Dios está airado contra el impío todos
   los días.

12 Si no se arrepiente, él afilará su espada;
   Armado tiene ya su arco, y lo ha preparado.
13 Asimismo ha preparado armas de
   muerte,
   Y ha templado al fuego sus saetas.
14 He aquí, el impío concibió maldad,
   Gestó iniquidad,
   Y dio a luz fraude.
15 Pozo ha cavado, y ha ahondado;
   Y en el hoyo que hizo caerá.
16 Su iniquidad se volverá sobre su cabeza,
   Y su agravio caerá sobre su propia
   coronilla.
17 Alabaré a Jehová conforme a su justicia,
   Y cantaré al nombre de Jehová el Altísimo.

La gloria de Dios creador

Al músico principal; sobre Gitit. Salmo
de David.

8 ¡Oh Jehová, Señor nuestro,
  Cuán glorioso es tu nombre en toda la
  tierra!

  Has puesto tu gloria sobre los cielos;

2 Por boca de los niños y de los que
  maman, afirmas tu fortaleza frente a
  tus adversarios,
  Para hacer callar al enemigo y al re-
  · belde.

3 Cuando veo tus cielos, obra de tus
  dedos,
  La luna y las estrellas que tú formaste,
4 Digo: ¿Qué es el hombre, para que de él
  te acuerdes,
  Y el hijo del hombre, para que cuides de
  él?
5 Le has hecho un poco inferior a los
  ángeles,
  Y lo coronaste de gloria y de honra.
6 Le hiciste señorear sobre las obras de
  .tus manos;
  Todo lo pusiste bajo sus pies:
7 Ovejas y bueyes, todo ello,
  Y aun las bestias salvajes,
8 Las aves de los cielos y los peces del
  mar;
  Todo cuanto surca las sendas de las
  aguas.

9 ¡Oh Jehová, Señor nuestro,
  Cuán grande es tu nombre en toda la
  tierra!

Acción de gracias por la justicia
de Dios

Al músico principal; sobre Mut-labén.
Salmo de David.

9 Te alabaré, oh Jehová,˚ con todo mi
  corazón;
  Contaré todas tus maravillas.
2 Me alegraré y me regocijaré en ti;
  Cantaré a tu nombre, oh Altísimo.

3 Mis enemigos retrocedieron;
  Cayeron y perecieron delante de ti.
4 Porque has mantenido mi derecho y mi
  causa;
  Te has sentado en el trono juzgando con
  justicia.

5 Reprendiste a las naciones, destruiste al
  malo,
  Borraste el nombre de ellos eternamente y para siempre.
6 Los enemigos han perecido; han quedado desolados para siempre;
  Derribaste sus ciudades,
  Y su recuerdo pereció con ellas.
7 Pero Jehová permanecerá para siempre;
  Ha dispuesto su trono para juicio.
8 Él juzgará al mundo con justicia,
  Y a los pueblos con rectitud.

9 Jehová será ciudadela para el oprimido,
  Lugar fuerte para el tiempo de angustia.
10 En ti confiarán los que conocen tu
   nombre,
   Por cuanto tú, oh Jehová, no desampa-
   ras a los que te buscan.

11 Cantad a Jehová, que habita en Sión;
   Publicad entre los pueblos sus hazañas.
12 Porque el que pide cuentas de la sangre
   se acordó de los afligidos;
   No se olvidó del clamor de ellos.
13 Ten misericordia de mí, Jehová;
   Mira mi aflicción que padezco a causa
   de los que me aborrecen,
   Levántame de las puertas de la muerte.
14 Para que proclame yo todas tus alabanzas
   En las puertas de la hija de Sión,
   Gozoso por tu salvación.

15 Se hundieron las naciones en el hoyo
   que hicieron;
   En la red que escondieron quedó prendido su pie.
16 Jehová se ha dado a conocer en el juicio
   que ejecutó;
   En la obra de sus manos fue enredado el
   malo.   *Higaión. Selah*
17 Los malos serán trasladados al Seol,
   Todas las gentes que se olvidan de Dios.

18 Porque no estará perpetuamente olvidado el menesteroso,
   Ni la esperanza de los pobres perecerá
   para siempre.
19 Levántate, oh Jehová; no triunfe el
   hombre;
   Sean juzgadas las naciones delante de ti.
20 Oh Jehová, infúndeles temor;
   Y aprendan las naciones que no son sino
   hombres.   *Selah*

Audacia e impiedad de los malvados

10 ¿Por qué estás lejos, oh Jehová,
     Y te escondes en el tiempo de la
tribulación?
2 Con arrogancia el malo persigue al
  pobre;
  Queda atrapado en la trama que le ha
  urdido.

3 Porque el malo se jacta de los antojos de
  su alma,
  El codicioso maldice, y desprecia a
  Jehová.
4 El malo, por la altivez de su rostro, no
  busca a Dios;
  No hay Dios en ninguno de sus pensamientos.
5 Sus caminos son torcidos en todo
  tiempo;

Tus juicios los tiene muy lejos de su
  vista;
A todos sus adversarios desprecia.
6 Dice en su corazón: No seré inquietado
  jamás;
  Nunca me alcanzará el infortunio.

7 Llena está su boca de maldición, y de
  engaños y fraude;
  Debajo de su lengua hay vejación y
  maldad.
8 Se sienta en acecho cerca de las aldeas;
  Para matar a escondidas al inocente.

  Sus ojos están acechando al desvalido;
9 Acecha en oculto, como el león desde su
  cueva;
  Acecha para arrebatar al pobre;
  Atrapa al desdichado atrayéndolo a su
  red.

10 Se encoge, se agacha,
   Y caen en sus fuertes garras muchos
   infelices.
11 Dice en su corazón: Dios se ha olvidado;
   Tiene tapado su rostro; nunca lo verá.

12 Levántate, oh Jehová Dios, alza tu
   mano;
   No te olvides de los pobres.
13 ¿Por qué desprecia el malo a Dios?
   En su corazón ha dicho: Tú no lo inquirirás.

14 Tú lo has visto; porque miras los trabajos y la vejación, para dar la recompensa con tu mano;
   A ti se acoge el desvalido;
   Tú eres el amparo del huérfano.

15 Quebranta tú el brazo del inicuo,
   Y persigue la maldad del malo hasta que
   desaparezca.
16 Jehová es Rey eternamente y para
   siempre;
   De su tierra han sido barridos los gentiles.

17 El deseo de los humildes escuchas, oh
   Jehová;
   Tú confortas su corazón, y tienes atento
   tu oído,
18 Para hacer justicia al huérfano y al
   oprimido,
   A fin de que no vuelva más a infundir
   terror el hombre hecho de arcilla.

La confianza del justo

Al músico principal. Salmo de David.

11 En Jehová he confiado;
     ¿Cómo decís a mi alma,
     Que escape al monte cual ave?

2 Porque he aquí, los malos tensan el
   arco,
   Disponen sus saetas sobre la cuerda,
   Para asaetear desde la sombra a los
   rectos de corazón.
3 Si se socavan los fundamentos,
   ¿Qué podrá hacer el justo?

4 Jehová está en su santo templo;
   Jehová tiene en el cielo su trono;
   Sus ojos ven, sus párpados escudriñan a
   los hijos de los hombres.
5 Jehová prueba al justo y al impío;
   Su alma aborrece al que ama la violencia.
6 Sobre los malos hará llover calamidades;
   Fuego, azufre y viento abrasador será la
   porción del cáliz de ellos.
7 Porque Jehová es justo, y ama la justicia;
   Los rectos contemplarán su rostro.

Oración pidiendo ayuda contra
los malos

Al músico principal; sobre Seminit. Salmo
de David.

12 Salva, oh Jehová, porque se acaba-
       ron los compasivos;
   Porque han desaparecido los leales de
   entre los hijos de los hombres.
2 Habla mentira cada uno con su prójimo;
   Hablan con labios lisonjeros, y con doblez de corazón.

3 Arranque Jehová todos los labios lisonjeros,
   Y la lengua que habla jactanciosa-
   mente;
4 A los que han dicho: Por nuestra lengua
   prevaleceremos;
   Nuestros labios por nosotros; ¿quién va
   a ser amo nuestro?

5 Por la opresión de los humildes; por el
   gemido de los menesterosos,
   Ahora me levantaré, dice Jehová;
   Traigo auxilio a quien por él suspira.
6 Las palabras de Jehová son palabras
   sinceras,
   Como plata refinada en horno de tierra,
   Purificada siete veces.

7 Tú, Jehová, nos guardarás;
   De esta generación nos preservarás para
   siempre.
8 De los malvados que nos cercan,
   Porque la vileza es exaltada entre los
   hijos de los hombres.

Plegaria pidiendo ayuda en la aflicción

Al músico principal. Salmo de David.

13 ¿Hasta cuándo, Jehová? ¿Me olvida-
       rás para siempre?
   ¿Hasta cuándo esconderás tu rostro de
   mí?
2 ¿Hasta cuándo tendré congojas en mi
   alma,
   Aflicción en mi corazón cada día?
   ¿Hasta cuándo será enaltecido mi enemigo sobre mí?

3 Mira, respóndeme, oh Jehová Dios
   mío;
   Alumbra mis ojos, para que no duerma
   de muerte;
4 Para que no diga mi enemigo: Lo vencí.
   Mis enemigos se alegrarían, si yo resba-
   lara.

5 Mas yo en tu misericordia he confiado;
   Mi corazón se alegrará en tu salvación.
6 Cantaré a Jehová
   Por el bien que me ha hecho.

Necedad y corrupción del impío

Al músico principal. Salmo de David.

14 Dice el necio en su corazón:
       No hay Dios.
   Se han corrompido, hacen obras abomi-
   nables;
   No hay quien haga el bien.

2 Jehová miró desde los cielos sobre los
   hijos de los hombres,
   Para ver si había alguno sensato,
   Que buscara a Dios.

3 Todos se desviaron, a una se han corrompido;
   No hay quien haga lo bueno, no hay ni
   siquiera uno.

4 ¿No comprenderán todos los que hacen
   iniquidad,
   Que devoran a mi pueblo como si comiesen pan,
   Y a Jehová no invocan?

5 Allí temblarán de espanto;
   Porque Dios está con la generación de
   los justos.
6 De los planes del desvalido hacéis burla
   vosotros,
   Pero Jehová es su esperanza.

7 ¡Oh, quién nos diese que de Sión saliera
   la salvación de Israel!
   Cuando Jehová haga volver a los cautivos de su pueblo,
   Se gozará Jacob, y se alegrará Israel.

*Los que habitarán en el monte santo
de Dios*

Salmo de David.

15 Jehová, ¿quién habitará en tu tabernáculo?
¿Quién morará en tu monte santo?
2 El que anda en integridad y hace justicia,
Y habla verdad en su corazón.
3 El que no calumnia con su lengua,
Ni hace mal a su prójimo,
Ni hace agravio alguno a su vecino.
4 Aquel a cuyos ojos el vil es menospreciado,
Pero honra a los que temen a Jehová.
El que aun jurando en daño suyo, no
por eso cambia;
5 Quien su dinero no dio a usura,
Ni contra el inocente admitió cohecho.

El que hace estas cosas, no resbalará
jamás.

Una herencia escogida

Mictam de David.

16 Guárdame, oh Dios, porque en ti he
confiado.
2 Oh alma mía, dijiste a Jehová:
Tú eres mi Señor;
No hay para mí bien fuera de ti.

3 Para los santos que están en la tierra,
Y para los íntegros, es toda mi complacencia.

4 Se multiplicarán los dolores de aquellos
que sirven diligentes a otros dioses.
No ofreceré yo sus libaciones de sangre,
Ni en mis labios tomaré sus nombres.

5 Jehová es la porción de mi herencia y de
mi copa;
Tú garantizas mi suerte.
6 Las cuerdas me cayeron en lugares deleitosos,
Y es hermosa la heredad que me ha
tocado.

7 Bendeciré a Jehová que me aconseja;
Aun en las noches me enseña mi conciencia.
8 A Jehová he puesto siempre delante de
mí;
Porque está a mi diestra, no seré zarandeado.
9 Se alegró por tanto mi corazón, y se
gozó mi alma;
Mi carne también reposará confiadamente;

10 Porque no dejarás mi alma en el Seol,
Ni permitirás que tu santo vea corrupción.

11 Me mostrarás la senda de la vida;
En tu presencia hay plenitud de gozo;
Delicias a tu diestra para siempre.

*Plegaria pidiendo protección contra
los opresores*

Oración de David.

17 Oye, oh Jehová, una causa justa; está
atento a mi clamor.
Escucha mi oración hecha de labios sin
engaño.
2 De tu presencia proceda mi vindicación;
Vean tus ojos la rectitud.

3 Tú has probado mi corazón, me has
inspeccionado de noche;
Me has puesto a prueba, y nada inicuo
hallaste;
He resuelto que mi boca no ha de propasarse.
4 En cuanto a las obras humanas, por la
palabra de tus labios
Yo me he guardado de las sendas de los
violentos.
5 Sustenta mis pasos en tus caminos,
Para que mis pies no resbalen.

6 Yo te he invocado, por cuanto tú me
oyes, oh Dios;
Inclina a mí tu oído, escucha mi palabra.
7 Muestra tus maravillosas misericordias,
tú que salvas a los que se refugian a tu
diestra,
De los que se levantan contra ellos.
8 Guárdame como a la niña de tus ojos;
Escóndeme bajo la sombra de tus alas,
9 De la vista de los malos que me
oprimen,
De mis enemigos que buscan mi vida.

10 Envueltos están con su grosura;
Con su boca hablan arrogantemente.
11 Han cercado ahora nuestros pasos;
Tienen puestos sus ojos para echarnos
por tierra.
12 Son como león que desea hacer presa,
Y como leoncillo que está en su escondite.

13 Levántate, oh Jehová;
Sal a su encuentro, póstrales;
Libra mi alma de los malos con tu
espada,
14 De los hombres con tu mano, oh
Jehová,
De los hombres mundanos, cuya porción la tienen en esta vida,

Y cuyo vientre está lleno de bienes que
tú les reservas.
Sacian a sus hijos,
Y aun sobra para sus pequeñuelos.

15 En cuanto a mí, veré tu rostro en justicia;
Al despertar, me saciaré de tu semblante.

Acción de gracias por la victoria

Al músico principal. Salmo de David, siervo
de Jehová, el cual dirigió a Jehová las
palabras de este cántico el día que le libró
Jehová de mano de todos sus enemigos, y de
mano de Saúl. Entonces dijo:

18 Te amo, oh Jehová, fortaleza mía.

2 Jehová, roca mía y castillo mío, y mi
libertador;
Dios mío, fortaleza mía, en él confiaré;
Mi escudo, y la fuerza de mi salvación,
mi alto refugio.
3 Invocaré a Jehová, quien es digno de ser
alabado,
Y seré salvo de mis enemigos.

4 Las olas de la muerte me envolvían,
Y torrentes de perversidad me atemorizaron.
5 Ligaduras del Seol me rodearon,
Me tendieron lazos de muerte.

6 En mi angustia invoqué a Jehová,
Y clamé a mi Dios.
Él oyó mi voz desde su templo,
Y mi clamor llegó delante de él, a sus
oídos.
7 La tierra fue sacudida y tembló;
Se conmovieron los cimientos de los
montes,
Y se estremecieron, porque se indignó
él.
8 Humo subió de su nariz,
Y de su boca fuego consumidor;
Carbones fueron por él encendidos.
9 Inclinó los cielos, y descendió;
Y había densas nubes debajo de sus
pies.
10 Cabalgó sobre un querubín, y voló;
Voló sobre las alas del viento.
11 Puso tinieblas por su escondedero, por
cortina suya alrededor de sí;
Oscuridad de aguas, espesos nubarrones.
12 Por el resplandor de su presencia, sus
nubes se deshicieron
En granizo y centellas.
13 Tronó en los cielos Jehová,
Y el Altísimo dio su voz;
Granizo y centellas de fuego.

14 Envió sus saetas, y los dispersó;
Lanzó relámpagos, y los destruyó.
15 El fondo del mar apareció a la vista,
Y quedaron al descubierto los cimientos
del mundo,
Ante tu imprecación, oh Jehová,
Por el resoplido del aliento de tu nariz.

16 Desde el cielo alargó su mano y me
agarró,
Me sacó de las profundas aguas.
17 Me libró de mi poderoso enemigo,
Y de los que me aborrecían; pues eran
más fuertes que yo.
18 Me asaltaron en el día de mi quebranto,
Mas Jehová fue mi apoyo.
19 Me sacó a lugar espacioso;
Me libró, porque me amaba.

20 Jehová me retribuye conforme a mi
justicia;
Conforme a la limpieza de mis manos
me ha recompensado.
21 Porque yo he guardado los caminos de
Jehová,
Y no me aparté impíamente de mi Dios.
22 Pues todos sus juicios estuvieron delante de mí,
Y no me he apartado de sus estatutos.
23 Fui fiel para con él, y me he guardado de
mi maldad,
24 Por lo cual me ha recompensado Jehová
conforme a mi justicia;
Conforme a la pureza de mis manos
delante de su vista.
25 Con el misericordioso te mostrarás misericordioso,
Y recto para con el hombre íntegro.
26 Puro te mostrarás para con el puro,
Y con el ladino, sagaz.
27 Porque tú salvas a la gente humilde,
Y humillas los ojos altivos.
28 Tú encenderás mi lámpara;
Jehová mi Dios alumbrará mis tinieblas.
29 Contigo desbarataré ejércitos,
Y con mi Dios asaltaré muros.
30 En cuanto a Dios, perfecto es su camino,
Y acrisolada la palabra de Jehová;
Escudo es a todos los que en él esperan.

31 Porque ¿quién es Dios sino sólo
Jehová?
¿Y qué roca hay fuera de nuestro Dios?
32 Dios es el que me ciñe de poder,
Y quien hace perfecto mi camino;
33 Quien hace mis pies como de ciervas,
Y en las alturas me sostiene en pie;
34 Quien adiestra mis manos para la
batalla,
Para entesar con mis brazos el arco de
bronce.

35 Me diste asimismo el escudo de tu salvación;
Tu diestra me sustentó,
Y tu benignidad me ha engrandecido.
36 Ensanchaste el camino debajo de mis
pasos,
Y mis pies no han resbalado.
37 Perseguí a mis enemigos, y los alcancé,
Y no volví hasta acabarlos.
38 Los herí de modo que no se levantasen;
Cayeron debajo de mis pies.
39 Pues me ceñiste de fuerzas para la pelea;
Has humillado a mis enemigos debajo
de mí.
40 Has hecho que mis enemigos me vuelvan las espaldas,
Para que yo destruya a los que me
aborrecen.
41 Clamaron, y no hubo quien salvase;
Aun a Jehová, pero no los oyó.
42 Y los molí como polvo delante del
viento;
Los desmenucé como lodo de las calles.

43 Me has librado de las contiendas del
pueblo;
Me has hecho cabeza de naciones;
Pueblo que yo no conocía me sirve.
44 En cuanto me oyen, me obedecen;
Los hijos de extranjeros se sometieron a
mí.
45 Los extranjeros palidecieron
Y salieron temblando de sus encierros.
46 Viva Jehová, y bendita sea mi roca,
Y enaltecido sea el Dios de mi salvación;
47 El Dios que venga mis agravios,
Y somete pueblos debajo de mí;
48 El que me libra de mis enemigos,
Y aun me eleva sobre los que se levantan contra mí;
Me libra del varón violento.

49 Por tanto yo te confesaré entre las naciones, oh Jehová,
Y cantaré a tu nombre.
50 Grandes triunfos da a su rey,
Y hace misericordia a su ungido,
A David y a su descendencia, para
siempre.

Dios es perfecto en sus obras
y en su palabra

Al músico principal. Salmo de David.

19 Los cielos cuentan la gloria de
Dios,
Y el firmamento anuncia la obra de sus
manos.
2 Un día comunica el mensaje a otro día,
Y una noche a otra noche declara la
noticia.

3 No es un lenguaje de palabras,
Ni es oída su voz.
4 Pero por toda la tierra salió su pregón,
Y hasta el extremo del mundo su lenguaje.
En ellos puso tabernáculo para el sol;
5 Y éste, como esposo que sale de su
tálamo,
Se alegra cual atleta corriendo su carrera.
6 De un extremo de los cielos es su salida,
Y su órbita llega hasta el término de
ellos;
Y nada hay que se esconda de su calor.

7 La ley de Jehová es perfecta, que reconforta el alma;
El testimonio de Jehová es fiel, que hace
sabio al sencillo.
8 Los mandamientos de Jehová son rectos, que alegran el corazón;
El precepto de Jehová es puro, que
alumbra los ojos.
9 El temor de Jehová es limpio, que permanece para siempre;
Los preceptos de Jehová son verdad,
todos justos.
10 Deseables son más que el oro, y más que
mucho oro afinado;
Y dulces más que la miel, y que el
destilar de los panales.

11 Tu siervo es además instruido con ellos;
En guardarlos hay gran galardón.
12 ¿Quién podrá descubrir sus propios
errores?
Absuélveme de los que me son ocultos.
13 Preserva también a tu siervo de la insolencia;
Que no se enseñoree de mí;
Entonces seré irreprochable y quedaré
libre de grave delito.

14 Sean gratos los dichos de mi boca y la
meditación de mi corazón delante de
ti,
Oh Jehová, roca mía, y redentor mío.

Oración pidiendo la victoria

Al músico principal. Salmo de David.

20 Jehová te oiga en el día de la angustia;
El nombre del Dios de Jacob te defienda.
2 Te envíe ayuda desde el santuario,
Y desde Sión te sostenga.
3 Haga memoria de todas tus ofrendas,
Y acepte tu holocausto.   *Selah*
4 Te dé conforme al deseo de tu corazón,
Y cumpla todos tus planes.

5 Nosotros nos alegraremos de tu victoria,
   Y alzaremos pendón en el nombre de
   nuestro Dios;
   Conceda Jehová todas tus peticiones.

6 Ahora reconozco que Jehová da la victoria a su ungido;
   Le responde desde sus santos cielos
   Con la potencia de su diestra victoriosa.
7 Unos confían en carros, y otros en caballos;
   Mas nosotros del nombre de Jehová
   nuestro Dios nos acordamos.
8 Ellos flaquean y caen,
   Mas nosotros nos levantamos, y nos
   mantenemos en pie.

9 ¡Da la victoria al rey, oh Jehová!
   Óyenos el día en que te invoquemos.

Alabanza por haber sido librado del enemigo

Al músico principal. Salmo de David.

21 El rey se alegra en tu poder, oh
     Jehová;
   Y en tu salvación, ¡cómo se goza!
2 Le has concedido el deseo de su corazón,
   Y no le negaste la petición de sus labios.
3 Porque le has salido al encuentro con
   bendiciones venturosas;
   Corona de oro fino has puesto sobre su
   cabeza.
4 Vida te demandó, y se la diste;
   Largo curso de días eternamente y para
   siempre.
5 Gran gloria le da tu salvación;
   Honor y majestad has puesto sobre él.
6 Porque le has bendecido para siempre;
   Lo llenaste de alegría con tu presencia.
7 Por cuanto el rey confía en Jehová,
   Y con la gracia del Altísimo, no ha de
   vacilar.
8 Alcanzará tu mano a todos tus enemigos;
   Tu diestra alcanzará a los que te aborrecen.
9 Los pondrás como horno de fuego en el
   día de tu ira;
   Jehová los deshará en su ira,
   Y fuego los consumirá.
10 Su fruto harás desaparecer de la tierra,
   Y su descendencia de entre los hijos de
   los hombres.
11 Si intentan el mal contra ti
   Y fraguan maquinaciones, no prevalecerán;
12 Pues tú los pondrás en fuga;
   En tus cuerdas dispondrás saetas contra
   sus rostros.

13 Engrandécete, oh Jehová, en tu poder;
   Cantaremos y alabaremos tu poderío.

Descripción profética de los sufrimientos del Mesías

Al músico principal; sobre Ajelet-sahar.
Salmo de David.

22 Dios mío, Dios mío, ¿por qué me has
     desamparado?
   ¿Por qué estás tan lejos de mi salvación,
   y de las palabras de mi clamor?
2 Dios mío, clamo de día, y no respondes;
   Y de noche, y no hay para mí reposo.

3 Pero tú eres santo,
   Tú que habitas entre las alabanzas de
   Israel.
4 En ti esperaron nuestros padres;
   Esperaron, y tú los libraste.
5 Clamaron a ti, y fueron librados;
   Confiaron en ti, y no fueron avergon-
   zados.

6 Mas yo soy gusano, y no hombre;
   Oprobio de los hombres, y despreciado
   del pueblo.
7 Todos los que me ven me escarnecen;
   Tuercen los labios, menean la cabeza,
   diciendo:
8 Se encomendó a Jehová; líbrele él;
   Sálvele, puesto que en él se complacía.

9 Pero tú eres el que me sacó del vientre;
   El que me hizo estar confiado desde que
   estaba a los pechos de mi madre.
10 Sobre ti fui echado desde el seno;
   Desde el vientre de mi madre, tú eres mi
   Dios.
11 No te alejes de mí, porque la angustia
   está cerca;
   Porque no hay quien ayude.
12 Me han rodeado muchos toros;
   Fuertes toros de Basán me han cercado.
13 Abrieron sobre mí su boca
   Como un león rapaz y rugiente.

14 Estoy derramado como agua,
   Y todos mis huesos se descoyuntaron;
   Mi corazón se torna como cera,
   Derritiéndose en medio de mis en-
   trañas.
15 Como un tiesto se secó mi vigor,
   Y mi lengua se pegó a mi paladar,
   Y me has puesto en el polvo de la
   muerte.
16 Porque perros me han rodeado;
   Me ha cercado una banda de malhe-
   chores;
   Horadaron mis manos y mis pies.

17 Contar puedo todos mis huesos;
   Entretanto, ellos me miran y me ob-
       servan.
18 Repartieron entre sí mis vestidos,
   Y sobre mi túnica echaron suertes.

19 Mas tú, Jehová, no te alejes;
   Fortaleza mía, apresúrate a socorrerme.
20 Libra de la espada mi alma,
   De las garras del perro mi vida.
21 Sálvame de las fauces del león,
   Y líbrame de los cuernos de los búfalos.
22 Anunciaré tu nombre a mis hermanos;
   En medio de la congregación te alabaré.
23 Los que teméis a Jehová, alabadle;
   Glorificadle, descendencia toda de
       Jacob,
   Y temedle vosotros, descendencia toda
       de Israel.
24 Porque no menospreció ni desdeñó la
       aflicción del afligido,
   Ni de él escondió su rostro;
   Sino que cuando clamó a él, le escuchó.

25 De ti procede mi alabanza en la gran
       congregación;
   Mis votos pagaré delante de los que le
       temen.
26 Comerán los humildes, y serán saciados;
   Alabarán a Jehová los que le buscan;
   Vivirá su corazón para siempre.

27 Se acordarán, y se volverán a Jehová
       todos los confines de la tierra,
   Y todas las familias de las naciones
       adorarán delante de ti.
28 Porque de Jehová es el reino,
   Y él regirá las naciones.

29 Comerán y adorarán todos los podero-
       sos de la tierra;
   Se postrarán delante de él todos los que
       descienden al polvo,
   Puesto que nadie puede conservar la
       vida a su propia alma.
30 La posteridad le servirá;
   Esto será contado de Jehová hasta la
       postrera generación.
31 Vendrán, y anunciarán su justicia;
   A generaciones que no han nacido aún,
       anunciarán que él hizo esto.

Jehová es mi pastor

Salmo de David.

23 Jehová es mi pastor; nada me falta-
       rá.
2 En lugares de delicados pastos me hará
       descansar;
   Junto a aguas de reposo me pastoreará.
3 Confortará mi alma;

Me guiará por sendas de justicia por
   amor de su nombre.
4 Aunque pase por valle de sombra de
       muerte,
   No temeré mal alguno, porque tú esta-
       rás conmigo;
   Tu vara y tu cayado me infundirán
       aliento.
5 Aderezarás mesa delante de mí en pre-
       sencia de mis adversarios;
   Ungiste mi cabeza con aceite;
   Mi copa está rebosando.
6 Ciertamente la bondad y la misericordia
       me seguirán todos los días de mi vida,
   Y en la casa de Jehová moraré por
       largos días.

El rey de gloria

Salmo de David.

24 De Jehová es la tierra y cuanto hay en
       ella.
   El mundo, y los que en él habitan.
2 Porque él la fundó sobre los mares,
   Y la afianzó sobre los ríos.

3 ¿Quién subirá al monte de Jehová?
   ¿Y quién estará en su lugar santo?
4 El limpio de manos y puro de corazón;
   El que no ha llevado su alma a cosas
       vanas,
   Ni jurado con engaño.
5 Él recibirá bendición de Jehová,
   Y justicia del Dios de salvación.
6 Tal es la generación de los que le
       buscan,
   De los que van tras tu rostro, oh Dios de
       Jacob.   Selah

7 Alzad, oh puertas, vuestras cabezas,
   Y alzaos vosotras, puertas eternas,
   Y entrará el Rey de la gloria.
8 ¿Quién es ese Rey de la gloria?
   Jehová el fuerte y valiente,
   Jehová el poderoso en batalla.
9 Alzad, oh puertas, vuestras cabezas,
   Y alzaos vosotras, puertas eternas,
   Y entrará el Rey de la gloria.
10 ¿Quién es ese Rey de la gloria?
   Jehová de los ejércitos,
   Él es el Rey de la gloria.   Selah

David implora el socorro de Dios
en el peligro

Salmo de David.

25 A ti, oh Jehová, levantaré mi al-
       ma.
2 Dios mío, en ti confío;
   No sea yo avergonzado,

No se alegren de mí mis enemigos.

3 Ciertamente ninguno de cuantos esperan en ti será confundido;
Serán avergonzados los que se rebelan
sin causa.

4 Muéstrame, oh Jehová, tus caminos;
Enséñame tus sendas.
5 Encamíname en tu verdad, y enséñame,
Porque tú eres el Dios de mi salvación;
En ti he esperado todo el día.

6 Acuérdate, oh Jehová, de tus piedades y
de tus misericordias,
Que son perpetuas.
7 De los pecados de mi juventud, y de mis
transgresiones, no te acuerdes;
Conforme a tu misericordia acuérdate
de mí,
Por tu bondad, oh Jehová.

8 Bueno y recto es Jehová;
Por tanto, él enseñará a los pecadores el
camino.
9 Encaminará a los humildes por el juicio,
Y enseñará a los mansos su camino.
10 Todas las sendas de Jehová son misericordia y verdad,
Para los que guardan su pacto y sus
testimonios.

11 Por amor de tu nombre, oh Jehová,
Perdonarás también mi pecado, que es
grande.
12 ¿Quién es el hombre que teme a
Jehová?
Él le enseñará el camino que ha de
escoger.
13 Gozará él de bienestar,
Y su descendencia heredará la tierra.
14 El secreto de Jehová es para los que le
temen,
Y a ellos hará conocer su pacto.
15 Mis ojos están siempre vueltos hacia
Jehová,
Porque él sacará mis pies de la red.

16 Mírame, y ten misericordia de mí,
Porque estoy solo y afligido.
17 Las angustias de mi corazón se han
aumentado;
Sácame de mis congojas.
18 Mira mi aflicción y mis trabajos,
Y perdona todos mis pecados.
19 Mira mis enemigos, cómo se han multiplicado,
Y con odio violento me aborrecen.
20 Guarda mi alma, y líbrame;
No sea yo avergonzado, porque en ti
confié.
21 Integridad y rectitud me guarden,
Porque en ti he esperado.

22 Redime, oh Dios, a Israel
De todas sus angustias.

Declaración de integridad

Salmo de David.

26 Júzgame, oh Jehová, porque yo en mi
integridad he andado;
He confiado asimismo en Jehová sin
titubear.
2 Escudríñame, oh Jehová, y pruébame;
Examina mis íntimos pensamientos y mi
corazón.
3 Porque tu misericordia está delante de
mis ojos,
Y ando en tu verdad.
4 No me he sentado con hombres hipócritas,
Ni entré con los que andan simulada-
mente.
5 Aborrecí la reunión de los malignos,
Y con los impíos nunca me senté.

6 Lavaré en inocencia mis manos,
Y así andaré alrededor de tu altar, oh
Jehová.
7 Haciendo resonar mi voz de acción de
gracias,
Y proclamando todas tus maravillas.
8 Jehová, la habitación de tu casa he
amado,
Y el lugar de la morada de tu gloria.
9 No juntes con los pecadores mi alma,
Ni mi vida con hombres sanguinarios,
10 En cuyas manos está el mal,
Y su diestra está llena de sobornos.

11 Mas yo andaré en mi integridad;
Redímeme, y ten misericordia de mí.
12 Mi pie se ha mantenido en rectitud;
En las congregaciones bendeciré a
Jehová.

Jehová es mi luz y mi salvación

Salmo de David.

27 Jehová es mi luz y mi salvación: ¿de
quién temeré?
Jehová es el baluarte de mi vida: ¿de
quién he de atemorizarme?

2 Cuando se juntaron contra mí los malignos, mis angustiadores y mis enemigos,
Para comer mis carnes, ellos tropezaron
y cayeron.

3 Aunque un ejército acampe contra mí,
No temerá mi corazón;
Aunque contra mí se levante guerra,

Yo estaré confiado.
4 Una sola cosa he pedido a Jehová, y la
vengo buscando:
Que repose yo en la casa de Jehová
todos los días de mi vida,
Para contemplar la hermosura de Jehová, y para inquirir en su templo.

5 Porque él me esconderá en su tabernáculo en el día del mal;
Me ocultará en lo reservado de su morada;
Sobre una roca me pondrá en alto.

6 Luego levantará mi cabeza sobre mis
enemigos que me rodean.
Y yo sacrificaré en su tabernáculo sacrificios de júbilo;
Cantaré y entonaré alabanzas a Jehová.
7 Oye, oh Jehová, mi voz con que a ti
clamo;
Ten misericordia de mí, y respóndeme.
8 Cuando tú dices: Buscad mi rostro, mi
corazón responde:
Tu rostro buscaré, oh Jehová;
9 No escondas tu rostro de mí.

No rechaces con ira a tu siervo;
Mi ayuda has sido.
No me dejes ni me desampares. Dios de
mi salvación.
10 Aunque mi padre y mi madre me aban-
donasen,
Con todo, Jehová me recogerá.
11 Enséñame, oh Jehová, tu camino.
Y guíame por senda de rectitud
A causa de mis enemigos.
12 No me entregues a la voluntad de mis
enemigos;
Porque se han levantado contra mí testigos falsos, y los que respiran
crueldad.

13 Hubiera yo desmayado, si no creyese
que he de ver la bondad de Jehová
En la tierra de los vivientes.
14 Espera en Jehová;
Ten valor y afianza tu corazón;
Sí, espera en Jehová.

*Plegaria pidiendo ayuda, y alabanza
por la respuesta*

28 A ti clamaré, oh Jehová.
Roca mía, no te desentiendas de mí,
Para que no sea yo, dejándome tú,
Semejante a los que descienden al sepulcro.
2 Oye la voz de mis ruegos cuando clamo
a ti,
Cuando alzo mis manos hacia tu santo
templo.

3 No me arrebates juntamente con los
malos,
Y con los que hacen iniquidad,
Los cuales hablan paz con sus prójimos,
Pero la maldad está en su corazón.
4 Dales conforme a sus obras, y conforme
a la perversidad de sus hechos;
Dales su merecido conforme a la obra
de sus manos.
5 Por cuanto no consideran las acciones
de Jehová.
Ni la obra de sus manos,
Él los derribará, y no los edificará.

6 Bendito sea Jehová,
Que oyó la voz de mis ruegos.
7 Jehová es mi fortaleza y mi escudo;
En él confió mi corazón, y fui socorrido,
Por lo que exulta de gozo mi corazón,
Y con mi cántico le alabaré.

8 Jehová es la fortaleza de su pueblo,
Y el refugio salvador de su ungido.
9 Salva a tu pueblo, y bendice a tu heredad;
Y pastoréalos y condúcelos para
siempre.

Poder y majestad de Dios

Salmo de David.

29 Tributad alabanzas a Jehová, oh
hijos de Dios.
Dad a Jehová la gloria y el poder.
2 Rendid a Jehová la gloria debida a su
nombre;
Adorad a Jehová en la hermosura de su
santuario.

3 Voz de Jehová sobre las aguas;
Truena el Dios de gloria,
Jehová sobre las muchas aguas.
4 Voz de Jehová con potencia;
Voz de Jehová con gloria.

5 Voz de Jehová que quebranta los cedros;
Jehová desgaja los cedros del Líbano.
6 Los hace saltar como becerros;
Al Líbano y al Sirión como crías de
búfalos.

7 Voz de Jehová que lanza llamas de
fuego;
8 Voz de Jehová que hace temblar el
desierto;
Hace temblar Jehová el desierto de
Cadés.

9 Voz de Jehová que desgaja las encinas,
Y desnuda los bosques;
En su templo todo proclama su gloria.

10 Jehová está entronizado sobre el diluvio,
Y se sienta Jehová como rey para siempre.
11 Jehová dará fuerza a su pueblo;
Jehová bendecirá a su pueblo con paz.

Acción de gracias por haber sido librado de la muerte

Salmo cantado en la dedicación de la Casa.
Salmo de David.

30 Te ensalzaré, oh Jehová, porque me has puesto a salvo,
Y no permitiste que mis enemigos se alegraran a costa mía.
2 Jehová Dios mío,
A ti clamé, y me sanaste.
3 Oh Jehová, hiciste subir mi alma del Seol;
Me hiciste revivir de entre los que descienden a la sepultura.

4 Cantad a Jehová, vosotros sus santos,
Y celebrad la memoria de su santidad.
5 Porque de un momento es su ira,
Pero su favor dura toda la vida.
Por la noche nos visita el llanto,
Pero a la mañana viene la alegría.

6 En mi prosperidad dije yo:
No seré jamás zarandeado;
7 Porque tú, Jehová, con tu favor me afianzaste como monte fuerte.
Pero escondiste tu rostro y quedé desconcertado.

8 A ti, oh Jehová, clamé,
Y al Señor supliqué.
9 ¿Qué provecho sacas de mi muerte cuando descienda a la sepultura?
¿Te alabará el polvo? ¿Anunciará tu verdad?
10 Escucha, oh Jehová, y ten misericordia de mí;
Jehová, sé tú mi auxilio.

11 Has cambiado mi lamento en una danza;
Desataste mi sayal, y me ceñiste de alegría.
12 A fin de que mi alma te cante y no esté callada.
Jehová Dios mío, te alabaré por siempre.

Confianza en la aflicción

Al músico principal. Salmo de David.

31 En ti, oh Jehová, he confiado; no sea yo confundido jamás;

Líbrame por tu justicia.
2 Inclina a mí tu oído, líbrame pronto;
Sé tú mi roca fuerte, y ciudadela para salvarme.

3 Porque tú eres mi roca y mi castillo;
Por tu nombre me guiarás y me encaminarás.
4 Sácame de la red que me han tendido,
Pues tú eres mi refugio.
5 En tus manos encomiendo mi espíritu;
Tú me has redimido, oh Jehová, Dios de verdad.
6 Aborrezco a los que esperan en vanidades ilusorias;
Mas yo en Jehová he esperado.
7 Me gozaré y alegraré en tu misericordia,
Porque has visto mi aflicción;
Has conocido mi alma en angustias.
8 No me entregaste en manos del enemigo;
Pusiste mis pies en lugar espacioso.

9 Ten misericordia de mí, oh Jehová,
porque estoy en angustia;
Se han consumido de tristeza mis ojos,
mi alma también y mis entrañas.
10 Porque mi vida se va gastando de dolor,
y mis años de suspirar;
Se agotan mis fuerzas a causa de mi aflicción, y mis huesos se han consumido.

11 De todos mis enemigos soy objeto de oprobio,
Y de mis vecinos mucho más, y el horror de mis conocidos;
Los que me ven en la calle huyen de mí.
12 He sido olvidado de su corazón como un muerto;
He venido a ser como un vaso echado a perder.
13 Porque oigo el murmurar de muchos;
El miedo me asalta por todas partes,
Mientras se conjuran contra mí
Y maquinan quitarme la vida.

14 Mas yo en ti confío, oh Jehová;
Digo: Tú eres mi Dios.
15 En tu mano están mis tiempos;
Líbrame de la mano de mis enemigos y de mis perseguidores.
16 Haz resplandecer tu rostro sobre tu siervo;
Sálvame por tu misericordia.
17 No sea yo avergonzado, oh Jehová, ya que te he invocado;
Sean avergonzados los impíos, desciendan en silencio al Seol.
18 Enmudezcan los labios mentirosos,
Que profieren insolencias contra el justo,

Con soberbia y menosprecio.

19 ¡Cuán grande es tu bondad, que has
guardado para los que te temen,
Que has mostrado a los que esperan
en ti, delante de los hijos de los
hombres!

20 En lo secreto de tu presencia los esconderás de la conspiración del
hombre;
Los pondrás en un tabernáculo a cubierto de lenguas pendencieras.

21 Bendito sea Jehová,
Porque ha hecho admirable su misericordia para conmigo en ciudad fortificada.

22 Decía yo en mi inquietud: Cortado soy
de delante de tus ojos;
Pero tú oías la voz de mis ruegos cuando
a ti clamaba.

23 Amad a Jehová, todos vosotros sus
santos;
A los fieles guarda Jehová,
Y paga abundantemente al que procede
con soberbia.

24 Esforzaos todos vosotros los que esperéis en Jehová,
Y tome aliento vuestro corazón.

La dicha del perdón

Salmo de David. Masquil.

32 Bienaventurado aquel a quien es perdonada su transgresión, y cubierto su
pecado.

2 Bienaventurado el hombre a quien
Jehová no imputa iniquidad,
Y en cuyo espíritu no hay doblez.

3 Mientras callé, se consumieron mis
huesos
En mi gemir de todo el día.

4 Porque de día y de noche pesaba sobre
mí tu mano;
Se volvió mi verdor en sequedades de
estío.   Selah

5 Mi pecado te declaré, y no encubrí mi
iniquidad.
Dije: Confesaré mis transgresiones a
Jehová;
Y tú perdonaste la maldad de mi peca-
do.   Selah

6 Por esto orará a ti todo santo en el
tiempo en que puedas ser hallado;
Ciertamente en la inundación de muchas aguas no llegarán éstas a él.

7 Tú eres mi refugio; me guardarás de la
angustia;

Con cánticos de liberación me rodearás.
Selah

8 Te haré entender, y te enseñaré el camino en que debes andar;
Sobre ti fijaré mis ojos.

9 No seáis como el caballo, o como el
mulo, sin entendimiento,
Que han de ser sujetados con cabestro y
con freno,
Porque si no, no se pueden dominar.

10 Muchos dolores habrá para el impío;
Mas al que espera en Jehová, le rodea la
misericordia.

11 Alegraos en Jehová y gozaos, justos;
Y cantad con júbilo todos vosotros los
rectos de corazón.

Alabanzas al Creador y Preservador

33 Alegraos, oh justos, en Jehová;
A los rectos les va bien la alabanza.

2 Aclamad a Jehová con arpa;
Cantadle con salterio y decacordio.

3 Cantadle cántico nuevo;
Hacedlo bien, tañendo con júbilo.

4 Porque recta es la palabra de Jehová,
Y toda su obra es hecha con fidelidad.

5 Él ama la justicia y el derecho;
De la misericordia de Jehová está llena
la tierra.

6 Por la palabra de Jehová fueron hechos
los cielos,
Y todo el ejército de ellos por el aliento
de su boca.

7 Él junta como montón las aguas del
mar;
Él pone en depósitos los abismos.

8 Tema a Jehová toda la tierra;
Teman delante de él todos los habitantes del mundo.

9 Porque él dijo, y fue hecho;
Él mandó, y así fue.

10 Jehová frustra el plan de las naciones,
Y anula las maquinaciones de los pueblos.

11 Pero el consejo de Jehová permanecerá
para siempre;
Los designios de su corazón por todas
las generaciones.

12 Bienaventurada la nación cuyo Dios es
Jehová,
El pueblo que él escogió como heredad
para sí.

13 Desde lo alto de los cielos mira Jehová;
Ve a todos los hijos de los hombres;

14 Desde el lugar de su morada observa
A todos los moradores de la tierra.

15 Él modeló el corazón de cada uno,

Y conoce a fondo todas sus acciones.

16 El rey no se salva por la multitud del
ejército,
Ni escapa el valiente por la mucha
fuerza.

17 Inútil para salvarse es el caballo;
La grandeza de su vigor a nadie podrá
librar.

18 He aquí el ojo de Jehová está sobre los
que le temen,
Sobre los que esperan en su misericordia.

19 Para librar sus almas de la muerte,
Y para sostenerles la vida en tiempo de
hambre.

20 Nuestra alma espera en Jehová;
Nuestra ayuda y nuestro escudo es él.

21 Pues en él se alegrará nuestro corazón,
Porque en su santo nombre hemos confiado.

22 Sea tu misericordia, oh Jehová, sobre
nosotros,
Según esperamos en ti.

La protección divina

Salmo de David, cuando mudó su semblante delante de Abimelec, y él lo echó, y se
fue.

34 Bendeciré a Jehová en todo tiempo;
Su alabanza estará de continuo en mi
boca.

2 En Jehová se gloriará mi alma;
Lo oirán los mansos, y se alegrarán.

3 Engrandeced a Jehová conmigo,
Y exaltemos a una su nombre.

4 Busqué a Jehová, y él me escuchó,
Y me libró de todos mis temores.

5 Los que miraron hacia él fueron alum-
brados,
Y sus rostros no fueron avergonzados.

6 Este pobre clamó, y le escuchó Jehová,
Y lo libró de todas sus angustias.

7 El ángel de Jehová acampa alrededor de
los que le temen,
Y los defiende.

8 Gustad, y ved cuán bueno es Jehová;
Dichoso el hombre que confía en él.

9 Temed a Jehová, vosotros sus santos,
Pues nada falta a los que le temen.

10 Los potentados se empobrecen, y tienen
hambre;
Pero los que buscan a Jehová no tendrán
falta de ningún bien.

11 Venid, hijos, oídme;
En el temor de Jehová os instruiré.

12 ¿Quién es el hombre que desea vida,
Que busca muchos días para ver el bien?

13 Guarda tu lengua del mal,
Y tus labios de hablar engaño.

14 Apártate del mal, y haz el bien;
Busca la paz, y corre tras ella.

15 Los ojos de Jehová están sobre los
justos,
Y atentos sus oídos al clamor de ellos.

16 La ira de Jehová contra los que hacen
mal,
Para cortar de la tierra la memoria de
ellos.

17 Claman los justos, y Jehová oye,
Y los libra de todas sus angustias.

18 Cercano está Jehová a los quebrantados
de corazón;
Y salva a los contritos de espíritu.

19 Muchas son las aflicciones del justo,
Pero de todas ellas le librará Jehová.

20 Él guarda todos sus huesos;
Ni uno de ellos será quebrantado.

21 Matará al malo la maldad,
Y los que aborrecen al justo serán condenados.

22 Jehová redime el alma de sus siervos,
Y no serán condenados cuantos en él
confían.

Plegaria pidiendo ser librado
de los enemigos

Salmo de David.

35 Pleitea, oh Jehová, con los que contra mí contienden;
Pelea contra los que me combaten.

2 Embraza el escudo y la coraza,
Y levántate en mi ayuda.

3 Blande la lanza, cierra contra mis perseguidores;
Di a mi alma: Yo soy tu salvación.

4 Sean avergonzados y confundidos los
que buscan mi vida;
Retrocedan y sean afrentados los que mi
mal intentan.

5 Sean como el tamo delante del viento,
Cuando el ángel de Jehová los acose.

6 Sea su camino tenebroso y resbaladizo,
Y el ángel de Jehová los persiga.

7 Porque sin causa me tendieron una
trampa;
Sin causa cavaron hoyo para mi alma.

8 Sobre cada uno de ellos caiga de impro-
viso la ruina,
Lo prenda la misma red que escondió,
Y en su fosa se hunda.

9 Entonces mi alma se alegrará en
Jehová;

Se regocijará en su salvación.

10 Todos mis huesos dirán: Jehová, ¿quién
como tú,
Que libras al afligido del más fuerte que
él,
Y al pobre y menesteroso del que le
despoja?

11 Se levantan testigos malvados;
De lo que no sé me preguntan;
12 Me devuelven mal por bien,
Para afligir a mi alma.
13 Pero yo, cuando ellos enfermaron, me
vestí de sayal;
Afligí con ayuno mi alma,
Andaba repitiendo en mi pecho mi oración,
14 Como por un amigo o un hermano;
Como el que trae luto por su madre,
entristecido me encorvaba.

15 Pero ellos se alegraron en mi adversidad, y se juntaron;
Se juntaron contra mí gentes despreciables, y yo no lo sabía;
Me despedazaban sin descanso;
16 Como lisonjeros, escarnecedores y
truhanes,
Crujieron contra mí sus dientes.

17 Señor, ¿hasta cuándo verás esto?
Rescata mi alma de sus destrucciones,
mi preciada vida de los leones.
18 Te confesaré en gran congregación;
Te alabaré entre numeroso pueblo.

19 No se alegren de mí mis pérfidos enemigos,
Ni los que me aborrecen sin causa gui-
ñen el ojo.
20 Porque no hablan paz;
Y contra los mansos de la tierra traman
engaños.
21 Ensancharon contra mí su boca;
Dijeron: ¡Ja, ja, nuestros ojos lo han
visto!

22 Tú lo has visto, oh Jehová; no calles;
Señor, no te alejes de mí.
23 Despierta y levántate para hacerme justicia,
Dios mío y Señor mío, para defender mi
causa.

24 Júzgame conforme a tu justicia, Jehová
Dios mío,
Y no se rían de mí.
25 No digan en su corazón: ¡Qué bien! ¡Lo
que queríamos!
No digan: ¡Le hemos devorado!
26 Sean avergonzados y confundidos a una
los que se alegran de mi mal;

Vístanse de vergüenza y de confusión
los que se envalentonan contra mí.

27 Canten y alégrense los que están a favor
de mi justa causa,
Y digan siempre: Sea exaltado Jehová,
Que se complace en la paz de su siervo.
28 Y mi lengua hablará de tu justicia
Y de tu alabanza todo el día.

La misericordia de Dios

Al músico principal. Salmo de David,
siervo de Jehová.

36 La iniquidad del impío le dice al
corazón:
No hay por qué temer a Dios ni en su
presencia.
2 Porque se lisonjea, en sus propios ojos,
De que su iniquidad no será hallada y
aborrecida.
3 Las palabras de su boca son iniquidad y
fraude;
Ha renunciado a ser cuerdo y hacer el
bien.
4 Maquina maldad sobre su cama;
Se obstina en un camino que no es
bueno,
Y no aborrece el mal.
5 Jehová, hasta los cielos llega tu misericordia,
Y tu fidelidad alcanza hasta las nubes.
6 Tu justicia es como los montes de Dios,
Tus juicios, como el gran abismo.
Oh Jehová, a hombres y animales soco-
rres.

7 ¡Cuán preciosa, oh Dios, es tu misericordia!
Por eso los hijos de los hombres se
amparan bajo la sombra de tus alas.
8 Serán completamente saciados de la
abundancia de tu casa,
Y tú los abrevarás del torrente de tus
delicias.
9 Porque de ti brota el manantial de la
vida;
En tu luz vemos la luz.
10 Prolonga tu misericordia en los que te
conocen,
Y tu justicia en los rectos de corazón.
11 Que el pie del orgullo no me alcance,
Ni la mano de los impíos me empuje.
12 Ved cómo caen los hacedores de iniquidad;
Son derribados, y no podrán levantarse.

El camino de los malos
Salmo de David.

37 No te impacientes a causa de los
malvados,

Ni tengas envidia de los que hacen iniquidad.

2 Porque como hierba serán pronto cortados,
Y como el césped verde se secarán.

3 Confía en Jehová, y haz el bien;
Habita tu tierra y cultiva la fidelidad.

4 Pon asimismo tu delicia en Jehová,
Y él te concederá las peticiones de tu
corazón.

5 Encomienda a Jehová tu camino,
Y confía en él; y él actuará.

6 Exhibirá tu justicia como la luz,
Y tu derecho como el mediodía.

7 Guarda silencio ante Jehová, y espera
en él.
No te alteres con motivo del que prospera en su camino,
Por el hombre que hace maldades.

8 Deja la ira, y depón el enojo;
No te excites en manera alguna a hacer
lo malo.

9 Porque los malhechores serán destruidos,
Pero los que esperan en Jehová, heredarán la tierra.

10 Pues de aquí a poco no existirá el malvado;
Observarás su lugar, y ya no estará allí.

11 Pero los mansos heredarán la tierra,
Y se recrearán con abundancia de paz.

12 Maquina el impío contra el justo,
Y rechina contra él sus dientes;

13 El Señor se reirá de él;
Porque ve que le llega su día.

14 Los impíos desenvainan espada y ente-
san su arco,
Para derribar al pobre y al menesteroso,
Para matar a los de recto proceder.

15 Su espada entrará en su mismo corazón,
Y su arco será quebrado.

16 Más vale lo poco del justo,
Que las muchas riquezas del impío.

17 Porque los brazos de los impíos serán
quebrados;
Mas el que sostiene a los justos es
Jehová.

18 Conoce Jehová los días de los íntegros,
Y la heredad de ellos será para siempre.

19 No serán avergonzados en tiempo de
escasez,
Y en los días de hambre serán saciados.

20 Mas los impíos perecerán,
Y los enemigos de Jehová como la lozanía de los prados

Serán consumidos; se disiparán como el
humo.

21 El impío toma prestado, y no devuelve;
Mas el justo tiene misericordia, y da.

22 Los que Dios bendice heredarán la
tierra;
Y los que él maldice serán destruidos.

23 Por Jehová son afianzados los pasos del
hombre,
Y él aprueba su camino.

24 Cuando cayere, no quedará postrado,
Porque Jehová sostiene su mano.

25 Joven fui, y ya he envejecido,
Y no he visto al justo desamparado,
Ni a su descendencia mendigando el
pan.

26 En todo tiempo tiene misericordia y
presta;
Y su descendencia es una bendición.

27 Apártate del mal, y haz el bien,
Y tendrás para siempre una morada.

28 Porque Jehová ama la rectitud,
Y no desampara a sus santos.
Para siempre serán guardados;
Mas la descendencia de los impíos será
destruida.

29 Los justos heredarán la tierra,
Y vivirán para siempre sobre ella.

30 La boca del justo derrama sabiduría,
Y su lengua habla rectitud.

31 La ley de su Dios está en su corazón;
Por tanto, sus pies no resbalarán.

32 Acecha el impío al justo,
Y procura matarlo.

33 Jehová no lo dejará en sus manos,
Ni permitirá que lo condenen cuando lo
lleven a los tribunales.

34 Espera en Jehová, y guarda su camino,
Y él te exaltará para heredar la tierra,
Y verás la destrucción de los malvados.

35 Vi yo al impío sumamente enaltecido,
Y que prosperaba como un cedro frondoso.

36 Pero pasé de nuevo, y he aquí ya no
estaba;
Lo busqué, y no fue hallado.

37 Considera al íntegro, y mira al justo;
Porque hay un porvenir dichoso para él
y para su posteridad.

38 Mas los transgresores serán todos a una
destruidos;
La posteridad de los impíos será extin-
guida.

39 La salvación de los justos viene de
    Jehová,
    Y él es su refugio en el tiempo de la
    angustia.
40 Jehová les ayudará y los librará;
    Los libertará de los impíos, y los salvará,
    Por cuanto en él esperaron.

Súplica implorando el perdón

Salmo de David, para recordar.

38 Jehová, no me reprendas en tu fu-
    ror,
    Ni me castigues en tu ira.
2 Porque tus saetas se han clavado en mí,
    Y sobre mí está pesando tu mano.

3 Nada hay sano en mi carne, a causa de tu
    indignación;
    Ni hay reposo en mis huesos, a causa de
    mi pecado.
4 Porque mis iniquidades han sobrepasa-
    do mi cabeza;
    Como carga pesada gravitan sobre mí.

5 Hieden y supuran mis llagas,
    A causa de mi locura.
6 Estoy encorvado, estoy abatido en gran
    manera,
    Ando como enlutado todo el día.
7 Porque mis lomos están ardiendo de
    fiebre,
    Y nada hay sano en mi carne.
8 Estoy debilitado y molido en gran ma-
    nera;
    Gimo a causa de la conmoción de mi
    corazón.

9 Señor, delante de ti están todos mis
    deseos,
    Y mi suspiro no te es oculto.
10 Mi corazón está acongojado, me ha
    dejado mi vigor,
    Y aun la luz de mis ojos me falta ya.
11 Mis amigos y mis compañeros se man-
    tienen lejos de mi llaga,
    Y mis allegados se han alejado.

12 Los que buscan mi vida tienden lazos,
    Y los que procuran mi mal hablan ini-
    quidades,
    Y maquinan engaños todo el día.

13 Mas yo, como si fuera sordo, no oigo;
    Y soy como mudo que no abre la boca.
14 Soy, pues, como un hombre que no oye,
    Y en cuya boca no hay respuestas.

15 Porque en ti, oh Jehová, he esperado;
    Tú responderás, Jehová Dios mío.

16 Dije: No se alegren de mí;
    Cuando mi pie resbale, no se engran-
    dezcan sobre mí.
17 Porque yo estoy a punto de caer,
    Y mi dolor está delante de mí continua-
    mente.
18 Por tanto, confieso mi maldad,
    Y me contrista mi pecado.
19 Porque mis enemigos son activos y po-
    derosos,
    Y se han aumentado los que me aborre-
    cen sin causa.

20 Los que pagan mal por bien
    Me son contrarios, por seguir yo lo
    bueno.
21 No me desampares, oh Jehová;
    Dios mío, no te alejes de mí.
22 Apresúrate a ayudarme,
    Oh Señor, salvación mía.

Brevedad de la vida y pequeñez del hombre ante Dios

Al músico principal; a Jedutún. Salmo de
    David.

39 Yo me dije: Velaré sobre mis pasos,
    Para no pecar con mi lengua;
    Pondré a mi boca un freno,
    En tanto que el impío esté delante de
    mí.
2 Enmudecí, guardé silencio y me callé;
    Con su dicha, se agravó mi dolor.
3 Ardía mi corazón dentro de mí;
    En mi meditación se encendió fuego,
    Y así proferí con mi lengua:

4 Hazme saber, Jehová, mi fin,
    Y cuál es la medida de mis días;
    Sepa yo cuán frágil soy.

5 He aquí, diste a mis días la largura de un
    palmo,
    Y el tiempo de mi vida es como nada
    delante de ti;
    Ciertamente es como un soplo todo
    hombre que vive.   *Selah*
6 Sí, como una sombra que pasa es el
    hombre;
    Ciertamente, en vano se afana;
    Amontona riquezas, y no sabe quién las
    recogerá.

7 Y ahora, Señor, ¿qué puedo yo esperar?
    Mi esperanza está en ti.
8 Líbrame de todas mis transgresiones;
    No me pongas por escarnio del insen-
    sato.
9 Enmudecí, no abrí mi boca,
    Porque tú lo hiciste.

10 Retira de mí tus golpes;
   Estoy consumido bajo la dureza de tu
      mano.
11 Castigando sus pecados, corriges al
      hombre,
   Y deshaces como polilla toda su belleza;
   Ciertamente como un soplo es todo
      hombre.   *Selah*

12 Oye mi oración, oh Jehová, y escucha
      mi clamor.
   No te hagas sordo a mis lágrimas;
   Porque forastero soy junto a ti,
   Un huésped, como todos mis padres.
13 Déjame, y tomaré fuerzas,
   Antes que me vaya y perezca.

Alabanza por la liberación divina

Al músico principal. Salmo de David.

40 Pacientemente esperé en Jehová,
      Se inclinó hacia mí, y escuchó mi
clamor.
2 Me extrajo del pozo de la desespera-
      ción, del lodo cenagoso;
   Afianzó mis pies sobre una roca, y con-
      solidó mis pasos.
3 Puso luego en mi boca cántico nuevo, un
      himno de alabanza a nuestro Dios.
   Verán esto muchos, y temerán,
   Y confiarán en Jehová.

4 Bienaventurado el hombre que puso en
      Jehová su confianza,
   Y no mira a los rebeldes, ni a los que se
      desvían tras la mentira.
5 Has multiplicado, oh Jehová Dios mío,
      tus maravillas;
   Y en tus designios para con nosotros,
   No hay nadie comparable a ti.
   Yo querría anunciarlos y hablar de
      ellos,
   Pero no pueden ser enumerados.

6 Sacrificios y ofrendas no te agradaron;
   Has horadado mis orejas;
   No deseabas holocausto ni expiación.
7 Entonces dije: Aquí estoy;
   En el rollo del libro está escrito de mí;
8 El hacer tu voluntad, Dios mío, me ha
      agradado,
   Y tu ley está en medio de mi corazón.
9 He proclamado tu justicia en la gran
      congregación;
   He aquí, no refrené mis labios,
   Jehová, tú lo sabes.
10 No encubrí tu justicia dentro de mi
      corazón;
   He publicado tu fidelidad y tu salvación;
   No oculté tu misericordia y tu verdad a
      la gran asamblea.

11 Jehová, no retengas tus misericordias
      hacia mí;
   Tu misericordia y tu verdad me guarden
      siempre.
12 Porque me han rodeado males sinnú-
      mero;
   Me han alcanzado mis maldades, y no
      puedo levantar la vista.
   Se han aumentado más que los cabellos
      de mi cabeza, y mi valor me falla.

13 Dígnate, oh Jehová, librarme;
   Jehová, apresúrate a socorrerme.
14 Sean avergonzados y confundidos a una
   Los que buscan mi vida para destruirla.
   Vuelvan las espaldas y avergüéncense
   Los que desean mi mal;
15 Queden consternados en pago de su
      afrenta
   Los que me dicen: ¡Ja, ja!

16 Gócense y alégrense en ti todos los que
      te buscan,
   Y repitan sin cesar los que aman tu
      salvación:
   Jehová sea enaltecido.
17 Aunque yo estoy afligido y necesitado,
   Jehová pensará en mí.
   Mi ayuda y mi libertador eres tú;
   Dios mío, no te tardes.

Oración pidiendo salud

Al músico principal. Salmo de David.

41 Bienaventurado el que se preocupa
      del pobre;
   En el día malo lo librará Jehová.
2 Jehová lo guardará, y le dará vida;
   Será bienaventurado en la tierra,
   Y no lo entregarás a la voluntad de sus
      enemigos.
3 Jehová lo sustentará sobre el lecho del
      dolor;
   Tornarás su postración en mejoría.

4 Yo dije: Jehová, ten misericordia de mí;
   Sana mi alma, porque contra ti he pe-
      cado.
5 Mis enemigos hablan mal contra mí,
      preguntando:
   ¿Cuándo se morirá, y perecerá su
      nombre?
6 Y si vienen a verme, hablan mentira;
   Su corazón, repleto de iniquidad,
   Sale a criticar fuera.
7 Reunidos murmuran contra mí todos los
      que me aborrecen;
   Contra mí piensan mal, diciendo de mí:

8 Se ha apoderado de él una enfermedad
   incurable;
   Y el que cayó en cama no volverá a
   levantarse.
9 Hasta mi amigo íntimo, en quien yo
   confiaba, el que comía mi pan,
   Alzó contra mí su pie.
10 Mas tú, Jehová, ten misericordia de mí,
   y hazme levantar,
   Y les daré su merecido.

11 En esto conoceré que te he agradado,
   En que mi enemigo no cante victoria de
   mí.
12 En cuanto a mí, me sustentas en mi
   integridad,
   Y ante tu faz me admitirás para siempre.
13 Bendito sea Jehová, el Dios de Israel,
   Por los siglos de los siglos.
   Amén y Amén.

LIBRO II

Mi alma tiene sed de Dios

Al músico principal. Masquil de los hijos
de Coré.

42 Como el siervo busca jadeante las
corrientes de las aguas,
Así te anhela a ti, oh Dios, el alma mía.
2 Mi alma tiene sed de Dios, del Dios
vivo;
¿Cuándo vendré, y me presentaré delante de Dios?
3 Fueron mis lágrimas mi pan de día y de
noche,
Mientras me dicen todos los días: ¿Dónde está tu Dios?

4 Me acuerdo de estas cosas, y derramo
mi alma dentro de mí;
De cómo yo iba con la multitud, y la
conducía hasta la casa de Dios,
Entre voces de alegría y de alabanza del
pueblo en fiesta.
5 ¿Por qué te abates, oh alma mía,
Y te turbas dentro de mí?
Espera en Dios; porque aún he de ala-
barle,
Salvación mía y Dios mío.

6 Dios mío, mi alma está abatida en mí;
Me acordaré, por tanto, de ti desde la
tierra del Jordán,
Y de los hermonitas, desde el monte de
Mizar.
7 Un abismo llama a otro a la voz de tus
cascadas;
Todas tus ondas y tus olas han pasado
sobre mí.
8 Pero de día mandará Jehová su misericordia,
Y de noche su cántico estará conmigo,
Y mi oración al Dios de mi vida.

9 Diré a Dios: Roca mía, ¿por qué te has
olvidado de mí?
¿Por qué andaré yo enlutado por la
opresión del enemigo?
10 Hasta romperme los huesos, mis enemigos me afrentan,

Diciéndome cada día: ¿Dónde está tu
Dios?

11 ¿Por qué te abates, oh alma mía,
Y por qué te turbas dentro de mí?
Espera en Dios; porque aún he de ala-
barle,
Salvación mía y Dios mío.

Plegaria pidiendo vindicación
y liberación

43 Júzgame, oh Dios, y defiende mi
causa;
Líbrame de gente maligna, y del hombre engañoso e inicuo.
2 Puesto que tú eres el Dios de mi fortaleza, ¿por qué me has desechado?
¿Por qué andaré como enlutado por la
opresión del enemigo?

3 Envía tu luz y tu verdad; éstas me
guiarán;
Me conducirán a tu santo monte,
Y a tus moradas.
4 Entraré al altar de Dios,
Al Dios de mi alegría y de mi gozo;
Y te alabaré con arpa, oh Dios, Dios
mío.

5 ¿Por qué te abates, oh alma mía,
Y por qué te turbas dentro de mí?
Espera en Dios; porque aún he de ala-
barle,
Salvación mía y Dios mío.

Aflicciones de Israel

Al músico principal. Masquil de los hijos de
Coré.

44 Oh Dios, con nuestros oídos hemos
oído, nuestros padres nos han contado,
La obra que hiciste en sus días, en los
tiempos antiguos.
2 Tú con tu mano echaste las naciones, y
los plantaste a ellos;

Afligiste a los pueblos, y los arrojaste.
3 Porque no se apoderaron de la tierra por
   su espada,
  Ni su brazo los libró;
  Sino tu diestra, y tu brazo, y la luz de tu
   rostro,
  Porque les amabas.

4 Eres tú, rey mío y Dios mío,
  Quien decretabas las victorias de Jacob.
5 Contigo embestíamos a nuestros enemigos;
  En tu nombre hollábamos a nuestros
   adversarios.
6 No estaba mi confianza en mi arco,
  Ni mi espada me hizo vencedor;
7 Pues tú mismo nos salvabas de nuestros
   enemigos,
  Y cubrías de vergüenza a los que nos
   aborrecían.
8 En Dios nos gloriábamos todo el día,
  Celebrando para siempre tu nombre.
                     Selah
9 Pero nos has desechado, y nos has hecho
   avergonzarnos,
  Y no sales con nuestros ejércitos.
10 Nos hiciste retroceder delante del enemigo,
  Y nos saquean a su gusto los que nos
   aborrecen.
11 Nos entregas como ovejas al matadero,
  Y nos has esparcido entre las naciones.
12 Has vendido a tu pueblo de balde;
  No exigiste ningún precio.

13 Nos pones por afrenta de nuestros vecinos,
  Por escarnio y por burla de los que nos
   rodean.
14 Nos pusiste por proverbio entre las naciones;
  Todos al vernos menean la cabeza.
15 Cada día mi vergüenza está delante de
   mí,
  Y la confusión cubre mi rostro,
16 Por la voz del que me vitupera y deshonra,
  A la vista del enemigo y del vengativo.

17 Todo esto nos ha sobrevenido, y no nos
   habíamos olvidado de ti,
  Ni habíamos faltado a tu pacto.
18 No se ha vuelto atrás nuestro corazón,
  Ni se han apartado de tus caminos nuestros pasos,
19 Para que nos quebrantases en el lugar de
   chacales,
  Y nos cubrieses con sombra de muerte.

20 Si nos hubiésemos olvidado del nombre
   de nuestro Dios,
  O alzado nuestras manos hacia un dios
   ajeno,

21 ¿No demandaría Dios esto?
  Porque él conoce los secretos del corazón.
22 Pero por tu causa nos matan cada día;
  Somos contados como ovejas para el
   matadero.

23 Despierta; ¿por qué duermes, Señor?
  Despierta, no nos deseches para
   siempre.
24 ¿Por qué escondes tu rostro,
  Y te olvidas de nuestra aflicción, y de la
   opresión nuestra?
25 Porque nuestra alma está hundida hasta
   el polvo,
  Y nuestro cuerpo está postrado hasta la
   tierra.
26 Levántate, ven en nuestra ayuda,
  Y rescátanos por tu amor.

Cántico de las bodas del rey

Al músico principal; sobre Lirios. Masquil
de los hijos de Coré. Canción de amores.

45 Brota de mi corazón un bello canto;
    Voy a recitar al rey mi poema;
  Mi lengua es como pluma de escribiente
   muy ligero.

2 Eres el más hermoso de los hijos de los
   hombres;
  La gracia se derramó en tus labios;
  Por tanto, Dios te ha bendecido para
   siempre.
3 Ciñe tu espada sobre tu costado, caba-
   llero victorioso.
  En tu gloria marcha, cabalga,

4 Por la causa de la verdad, de la humildad y de la justicia.
  Y tu diestra te enseñará a realizar
   proezas.
5 Agudas son tus saetas,
  Con que caerán pueblos debajo de ti,
  Haciendo desmayar el corazón de los
   enemigos del rey.

6 Tu trono es el trono de Dios; es eterno y
   para siempre;
  Cetro de justicia es el cetro de tu reino.
7 Has amado la justicia y aborrecido la
   maldad;
  Por tanto, te ungió Dios, el Dios tuyo,
  Con óleo de alegría más que a tus compañeros.
8 Mirra, áloe y casia exhalan todos tus
   vestidos;
  Desde palacios de marfil, las arpas te
   recrean.
9 Hijas de reyes están entre tus ilustres;
  Está la reina a tu diestra con oro de Ofir.

10 Oye, hija, y mira, y pon atento oído;
Olvida tu pueblo, y la casa de tu padre;

11 Y se prendará el rey de tu hermosura;
E inclínate ante él, porque él es tu
señor.

12 Las hijas de Tiro vendrán con presentes;
Implorarán tu favor los ricos del pueblo.

13 Toda gloriosa entra la hija del rey en su
morada;
De brocado de oro es su vestido.

14 Con vestidos bordados es llevada al rey;
Vírgenes van en pos de ella,
Compañeras suyas serán traídas a ti.

15 Entre alborozo y regocijo avanzan,
Al entrar en el palacio del rey.

16 En lugar de tus padres serán tus hijos,
A quienes harás príncipes sobre toda la
tierra.

17 Haré perpetua la memoria de tu nombre
en todas las generaciones,
Por lo cual te alabarán los pueblos eternamente y para siempre.

Dios es nuestro amparo y fortaleza

Al músico principal; de los hijos de Coré.
Salmo sobre Alamot.

46 Dios es nuestro amparo y fortaleza,
Nuestro pronto auxilio en las tribulaciones.

2 Por tanto, no temeremos, aunque la
tierra sea removida,
Y se traspasen los montes al corazón del
mar;

3 Aunque bramen y borboteen sus aguas,
Y tiemblen los montes a causa de su
ímpetu.   *Selah*

4 Hay un río cuyas corrientes alegran la
ciudad de Dios,
El santuario de las moradas del Altísimo.

5 Dios está en medio de ella; no será
conmovida.
Dios la ayudará al clarear la mañana.

6 Braman las naciones, se tambalean los
reinos;
Lanza él su voz, y se derrite la tierra.

7 Jehová de los ejércitos está con noso-
tros;
Nuestro refugio es el Dios de Jacob.
Selah

8 Venid, ved las obras de Jehová,
Que ha puesto asolamiento en la tierra.

9 Que hace cesar las guerras hasta los
confines de la tierra.
Que quiebra el arco, rompe las lanzas
Y quema los carros en el fuego.

10 Estad quietos, y conoced que yo soy
Dios;

Seré exaltado entre las naciones; enaltecido seré en la tierra.

11 Jehová de los ejércitos está con noso-
tros;
Nuestro refugio es el Dios de Jacob.
Selah

Dios, el Rey de toda la tierra

Al músico principal. Salmo de los hijos
de Coré.

47 Pueblos todos, batid palmas;
Aclamad a Dios con gritos de júbilo.

2 Porque Jehová el Altísimo es temible;
Rey grande sobre toda la tierra.

3 Él someterá a los pueblos debajo de
nosotros,
Y a las naciones debajo de nuestros
pies.

4 Él nos elegirá nuestras heredades;
La gloria de Jacob, al cual amó.   *Selah*

5 Sube Dios entre aclamaciones,
Acompañado con el sonido de las trompetas.

6 Cantad a Dios, cantad;
Cantad a nuestro Rey, cantad;

7 Porque Dios es el Rey de toda la tierra;
Cantad con destreza.

8 Reinó Dios sobre las naciones;
Se sentó Dios sobre su santo trono.

9 Los príncipes de los pueblos se reunieron
Como pueblo del Dios de Abraham;

10 Porque de Dios son los escudos de la
tierra;
¡Oh, muy excelso es él!

Hermosura y gloria de Sión

Cántico. Salmo de los hijos de Coré.

48 Grande es Jehová, y digno de ser en
gran manera alabado
En la ciudad de nuestro Dios, en su
monte santo.

2 Hermoso por su situación, el gozo de
toda la tierra,
Es el monte de Sión, a los lados del
norte,
La ciudad del gran Rey.

3 Desde sus palacios Dios se ha revelado
como baluarte.

4 Porque he aquí los reyes de la tierra
conspiraron;
Pasaron todos delante de ella.

5 Y apenas la vieron, se maravillaron,
Se turbaron, se apresuraron a huir.

6 Les tomó allí el temblor;
Dolor como de mujer que da a luz.

7 Con el viento solano
Quiebras tú las naves de Tarsis.

8 Como lo habíamos oído, así lo hemos
   visto
   En la ciudad de Jehová de los ejércitos,
   en la ciudad de nuestro Dios;
   Dios la afianza para siempre.   *Selah*

9 Nos acordamos de tu misericordia, oh
   Dios,
   En medio de tu templo.
10 Conforme a tu nombre, oh Dios,
   Así es tu loor hasta los confines de la
   tierra;
   De justicia está llena tu diestra.
11 Alégrese el monte de Sión;
   Exulten las hijas de Judá
   Por tus juicios.

12 Andad alrededor de Sión, y rodeadla;
   Contad sus torres.
13 Considerad atentamente su antemuro,
   Mirad sus palacios;
   Para que contéis a la generación venidera,
14 Que así es Dios, nuestro Dios eternamente y para siempre;
   Él es nuestro guía perpetuo.

La insensatez de confiar
en las riquezas

Al músico principal. Salmo de los hijos
de Coré.

49 Oíd esto, pueblos todos;
     Escuchad, habitantes todos del
mundo,
2 Así los plebeyos como los nobles,
   El rico y el pobre juntamente.
3 Mi boca hablará sabiduría,
   Y la meditación de mi corazón, inteligencia.
4 Inclinaré al proverbio mi oído;
   Declararé con el arpa mi enigma.

5 ¿Por qué he de temer en los días de
   adversidad,
   Cuando la iniquidad de mis opresores
   me rodee?
6 Los que confían en sus bienes,
   Y de la muchedumbre de sus riquezas se
   jactan,
7 Ninguno de ellos podrá en manera alguna redimir al hermano,
   Ni dar a Dios su rescate;
8 Porque el rescate de su vida es demasiado caro, y nunca le bastará,
9 Para que viva en adelante para siempre,
   Y nunca vea corrupción.

10 Pues verá que aun los sabios mueren;
   Que perecen del mismo modo que el
   insensato y el necio,
   Y dejan a extraños sus riquezas.

11 Su íntimo pensamiento es que sus casas
   serán eternas,
   Y sus habitaciones para generación y
   generación;
   Dan sus nombres a sus tierras.
12 Mas el hombre no permanecerá en su
   opulencia,
   Sino que es semejante a las bestias que
   perecen.

13 Este su camino es locura;
   Con todo, sus descendientes aprueban
   sus dichos.   *Selah*
14 Como a rebaños que son conducidos al
   Seol,
   La muerte los pastorea,
   Y los rectos dominarán sobre ellos.
   Por la mañana se consumirá su buen
   parecer, y el Seol será su morada.
15 Pero Dios redimirá mi vida del poder
   del Seol,
   Porque él me tomará consigo.   *Selah*

16 No temas cuando se enriquece alguno,
   Cuando aumenta la gloria de su casa;
17 Porque cuando muera no se llevará
   nada,
   Ni descenderá tras él su gloria.
18 Aunque mientras viva, llame dichosa a
   su alma,
   Y sea loado cuando prospere,
19 Irá a reunirse con sus antepasados,
   Que nunca más verán la luz.
20 El hombre que está en honra y no
   entiende,
   Semejante es a las bestias que perecen.

Dios juzgará al mundo

Salmo de Asaf.

50 El Dios de dioses, Jehová, ha habla-
     do, y convocado la tierra,
   Desde el nacimiento del sol hasta donde
   se pone.
2 Desde Sión, dechado de hermosura,
   Dios ha resplandecido.

3 Vendrá nuestro Dios, y no callará;
   Fuego consumidor hay delante de él,
   Y tempestad poderosa le rodea.
4 Convoca a los cielos desde arriba,
   Y a la tierra, para juzgar a su pueblo.
5 Juntadme mis santos,
   Los que hicieron conmigo pacto con
   sacrificio.
6 Y los cielos declararán su justicia,
   Porque Dios mismo es el juez.   *Selah*

7 Oye, pueblo mío, y hablaré;
   Escucha, Israel, y testificaré contra ti:
   Yo soy Dios, el Dios tuyo.

8   No te reprendo por falta de sacrificios;
    Tus holocaustos están continuamente
    delante de mí.
9   Pero no tomaré de tu casa becerros,
    Ni machos cabríos de tus apriscos.
10 Porque mía es toda bestia del bosque,
    Y los millares de animales en los co-
    llados.
11 Conozco a todas las aves de los montes,
    Y todo lo que se mueve en los campos
    me pertenece.

12 Si yo tuviese hambre, no te lo diría a ti;
    Porque mía es la tierra y su plenitud.
13 ¿He de comer yo carne de toros,
    O he de beber sangre de machos ca-
    bríos?
14 Ofrece a Dios sacrificio de alabanza,
    Y paga tus votos al Altísimo;
15 E invócame en el día de la angustia;
    Te libraré, y tú me honrarás.

16 Pero al malo le dice Dios:
    ¿Qué tienes tú que hablar de mis leyes,
    Y tomar mi pacto en tu boca?
17 Pues tú aborreces la corrección,
    Y echas a tu espalda mis palabras.
18 Si ves a un ladrón, tú te vas en seguida
    con él,
    Y con los adúlteros alternas.
19 Das suelta a tu boca para el mal,
    Y tu lengua trama engaños.
20 Tomas asiento, y hablas contra tu her-
    mano;
    Contra el hijo de tu madre dices infa-
    mias.
21 Estas cosas hacías, y yo he callado;
    ¿Pensabas que de cierto sería yo como
    tú?
    Pero te redargüiré, y las pondré delante
    de tus ojos.
22 Entended ahora esto, los que os olvidáis
    de Dios,
    No sea que os despedace, y no haya
    quien os libre.
23 El que ofrece sacrificios de alabanza me
    glorifica;
    Y al que ordene su camino,
    Le mostraré la salvación de Dios.

*Arrepentimiento, y plegaria pidiendo
purificación*

Al músico principal. Salmo de David,
cuando después que se unió a Betsabé,
vino a él Natán el profeta.

51 Ten piedad de mí, oh Dios, conforme
a tu misericordia;
Conforme a la multitud de tus piedades
borra mis delitos.
2   Lávame a fondo de mi maldad,
    Y límpiame de mi pecado.

3   Porque yo reconozco mis delitos,
    Y mi pecado está siempre delante de mí.
4   Contra ti, contra ti solo he pecado,
    Y he hecho lo que es malo delante de tus
    ojos;
    Así que eres justo cuando sentencias,
    E irreprochable cuando juzgas.
5   Mira que en maldad he sido formado,
    Y en pecado me concibió mi madre.

6   Pero tú amas la verdad en lo íntimo,
    Y en lo secreto me has hecho compren-
    der sabiduría.
7   Purifícame con hisopo, y seré limpio;
    Lávame, y quedaré más blanco que la
    nieve.
8   Hazme oír gozo y alegría,
    Y se recrearán los huesos que has aba-
    tido.
9   Oculta tu rostro de mis pecados,
    Y borra todas mis maldades.

10 Crea en mí, oh Dios, un corazón limpio,
    Y renueva un espíritu recto dentro de
    mí.
11 No me eches de delante de ti,
    Y no retires de mí tu santo Espíritu.
12 Devuélveme el gozo de tu salvación,
    Y en espíritu de nobleza afiánzame.

13 Entonces enseñaré a los transgresores
    tus caminos,
    Y los pecadores se convertirán a ti.
14 Líbrame de la sangre derramada, oh
    Dios, Dios de mi salvación;
    Y cantará mi lengua tu justicia.

15 Señor, abre mis labios,
    Y publicará mi boca tu alabanza.
16 Porque no quieres sacrificio, que yo lo
    daría;
    Si te ofrezco holocausto, no lo aceptas.
17 Sacrificio es para Dios un espíritu que-
    brantado;
    Al corazón contrito y humillado no lo
    desprecias tú, oh Dios.

18 Haz bien con tu benevolencia a Sión;
    Reedifica los muros de Jerusalén.
19 Entonces te agradarán los sacrificios de
    justicia, el holocausto y ofrendas en-
    teras;
    Entonces ofrecerán becerros sobre tu
    altar.

Futilidad de la jactancia del malo

Al músico principal. Masquil de David,
cuando vino Doeg edomita y dio cuenta
a Saúl diciéndole: David ha venido a casa
de Ahimélec.

52 ¿Por qué te jactas de maldad, oh
tirano?

La misericordia de Dios *dura* todo el día.
2 Agravios maquina tu lengua;
   Como navaja afilada trama engaños.
3 Amas el mal más que el bien,
   La mentira más que la rectitud.   *Selah*
4 Has amado toda suerte de palabras perniciosas,
   Engañosa lengua.

5 Por tanto, Dios te destruirá para
   siempre;
   Te asolará y te arrancará de tu morada,
   Y te desarraigará de la tierra de los
   vivientes.   *Selah*
6 Verán los justos, y temerán;
   Se reirán de él, diciendo:
7 He aquí el hombre que no puso a Dios
   por su fortaleza,
   Sino que confió en la multitud de sus
   riquezas,
   Y se mantuvo en su maldad.

8 Pero yo estoy como olivo verde en la
   casa de Dios;
   En la misericordia de Dios confío eternamente y para siempre.
9 Te alabaré eternamente, por lo que has
   hecho;
   Y esperaré en tu nombre, porque es
   bueno, delante de tus santos.

*Insensatez, maldad y corrupción
de los malvados*

Al músico principal; sobre Mahalat.
Masquil de David.

53 Dice el necio en su corazón: No hay
Dios.
Se han corrompido, e hicieron abomina-
ble maldad;
No hay quien haga el bien.
2 Dios desde los cielos miró sobre los
   hijos de los hombres,
   Para ver si había alguno sensato
   Que buscara a Dios.

3 Cada uno se había vuelto atrás; se habían corrompido en masa;
   No hay quien haga lo bueno, no hay ni
   siquiera uno.

4 ¿No tienen conocimiento todos los que
   hacen iniquidad,
   Que devoran a mi pueblo como si comiesen pan,
   Y a Dios no invocan?

5 Temblarán de pavor donde no hay nada
   que espante,
   Porque Dios ha esparcido los huesos del
   agresor;

Los cubrirás de ignominia, porque Dios
los desechó.

6 ¡Oh, si saliera de Sión la salvación de
   Israel!
   Cuando Dios haga cambiar la suerte de
   su pueblo,
   Se gozará Jacob, y se alegrará Israel.

*Plegaria pidiendo protección contra
los enemigos*

Al músico principal; en Neginot. Masquil de
David, cuando vinieron los zifeos y dijeron
a Saúl: ¿No está David escondido en nuestra
tierra?

54 Oh Dios, sálvame por tu nombre,
Y con tu poder defiéndeme.
2 Oh Dios, escucha mi oración;
   Atiende a las razones de mi boca.

3 Porque extranjeros se han levantado
   contra mí,
   Y hombres violentos buscan mi vida;
   No han puesto a Dios delante de sí.
                                       Selah

4 He aquí, Dios es el que me ayuda;
   El Señor está con los que sostienen mi
   vida.
5 Él devolverá el mal a los que me acechan;
   Destrúyelos por tu verdad.

6 De todo corazón te ofreceré sacrificios;
   Alabaré tu nombre, oh Jehová, porque
   es bueno,
7 Porque me has librado de toda angustia,
   Y mis ojos han visto la ruina de mis
   enemigos.

*Plegaria pidiendo la destrucción de
enemigos traicioneros*

Al músico principal; Neginot. Masquil de
David.

55 Escucha, oh Dios, mi oración,
Y no te retraigas a mi súplica.
2 Atiéndeme, y respóndeme;
   Clamo en mi oración, y me desasosiego,
3 A causa de los gritos del enemigo,
   Por la opresión del impío;
   Porque sobre mí vierten la iniquidad,
   Y con furor me persiguen.
4 Mi corazón se estremece dentro de mí,
   Y terrores de muerte sobre mí han
   caído.
5 El temor y el temblor vinieron sobre mí,
   Y el espanto me ha cubierto.
6 Y dije: ¡Quién me diese alas como de
   paloma!

Volaría yo, y descansaría.

7 Ciertamente huiría lejos;
Moraría en el desierto.   *Selah*

8 Me apresuraría a escapar
Del viento borrascoso, de la tempestad.

9 Destrúyelos, oh Señor; confunde sus
lenguas;
Porque he visto violencias y discordias
en la ciudad.

10 Día y noche la rodean sobre sus muros,
E iniquidad y malicia hay en medio de
ella.

11 Sólo insidias hay en medio de ella,
Y la violencia y el fraude no se apartan
de sus plazas.

12 Porque no me afrentó un enemigo,
Lo cual habría soportado;
Ni se alzó contra mí el que me aborrecía,
Porque me hubiera ocultado de él;

13 Sino tú, hombre, al parecer íntimo mío,
Mi amigo, y mi familiar,

14 Que juntos nos comunicábamos dulce-
mente los secretos,
Y andábamos en amistad en la casa de
Dios.

15 Que la muerte les sorprenda;
Desciendan vivos al Seol,
Porque la maldad anida en sus moradas,
en el interior de ellos.

16 En cuanto a mí, a Dios clamaré;
Y Jehová me salvará.

17 Tarde y mañana y a mediodía oraré y
clamaré,
Y él oirá mi voz.

18 Él redimirá en paz mi alma de la guerra
contra mí,
Aunque contra mí haya muchos.

19 Dios oirá, y los humillará luego,
Él, que reina desde siempre;
Por cuanto ellos no se enmiendan,
Ni temen a Dios.   *Selah*

20 Extendió el inicuo sus manos contra los
que estaban en paz con él;
Violó su pacto.

21 Los dichos de su boca son más blandos
que la mantequilla,
Pero hay guerra en su corazón;
Suaviza sus palabras más que el aceite,
Pero son espadas desenvainadas.

22 Echa sobre Jehová tu carga, y él te
sustentará;
No dejará para siempre caído al justo.

23 Mas tú, oh Dios, harás descender aquéllos al pozo de perdición.
Los hombres sanguinarios y engañadores no llegarán a la mitad de sus días,
Pero yo en ti confiaré.

Oración de confianza

Al músico principal; sobre La paloma silen-
ciosa en paraje muy distante. Mictam de
David, cuando los filisteos le prendieron en
Gat.

56 Ten misericordia de mí, oh Dios,
porque me devoraría el hombre;
Me oprime hostigándome cada día.

2 Todo el día mis enemigos me pisotean;
Porque muchos son los que pelean contra mí con altivez.

3 En el día en que tengo miedo,
Yo en ti confío.

4 En Dios alabaré su palabra;
En Dios he confiado; no temeré;
¿Qué puede hacerme el hombre *mortal*?

5 Todos los días ellos retuercen mis palabras;
Contra mí son todos sus pensamientos
para mal.

6 Se reúnen, se esconden,
Miran atentamente mis pasos,
Como para atrapar mi alma.

7 Según su iniquidad, ¿habrá escape para
ellos?
Derriba en tu furor a los pueblos, oh
Dios.

8 Mis huidas tú has anotado;
Pon mis lágrimas en tu redoma;
¿No están ellas contadas en tu libro?

9 Retrocederán entonces mis enemigos,
el día en que yo clame;
Yo bien sé que Dios está por mí.

10 En Dios alabaré su palabra;
En Jehová su palabra alabaré.

11 En Dios he confiado; no temeré;
¿Qué puede hacerme el hombre *mortal*?

12 Te debo, oh Dios, los votos que te hice;
Te ofreceré sacrificios de acción de gracias,

13 Porque has librado mi alma de la
muerte,
Y mis pies de caída,
Para que ande delante de Dios
En la luz de los que viven.

Plegaria pidiendo ser librado
de los perseguidores

Al músico principal; sobre No destruyas.
Mictam de David, cuando huyó de delante
de Saúl a la cueva.

57 Ten misericordia de mí, oh Dios, ten
misericordia de mí;
Porque en ti ha confiado mi alma,

Y en la sombra de tus alas me ampararé
Hasta que pasen los quebrantos.
2 Clamaré al Dios Altísimo,
Al Dios que me favorece.
3 Él enviará desde los cielos, y me salvará
De la infamia del que me acosa: *Selah*
Dios enviará su misericordia y su
verdad.
4 Mi vida está entre leones,
Que ávidamente devoran a los hijos de
los hombres;
Sus dientes son lanzas y saetas,
Y su lengua espada aguda.

5 ¡Álzate, oh Dios, sobre los cielos!
Sobre toda la tierra sea tu gloria.
6 Red han tendido a mis pasos;
Se ha abatido mi alma;
Cavaron una fosa delante de mí;
En ella han caído ellos mismos.   *Selah*

7 Pronto está mi corazón, oh Dios, mi
corazón está dispuesto;
Cantaré, y trovaré salmos.
8 Despierta, alma mía; despierta, salterio
y arpa;
Yo despertaré a la aurora.
9 Te alabaré entre los pueblos, oh Señor;
Cantaré de ti entre las gentes.
10 Porque grande es hasta los cielos tu
misericordia,
Y hasta las nubes tu verdad.

11 ¡Álzate, oh Dios, sobre los cielos!
Sobre toda la tierra sea tu gloria.

Plegaria pidiendo el castigo de los malos

Al músico principal; sobre No destruyas.
Mictam de David.

58 Oh poderosos, ¿pronunciáis en verdad justicia?
Juzgáis rectamente, hijos de los hombres?
2 No, que de corazón maquináis iniquidades;
Hacéis pesar la violencia de vuestras
manos en la tierra.

3 Torcidos están los impíos desde la matriz;
Extraviados y mentirosos desde que nacieron.
4 Veneno tienen como veneno de serpiente;
Son como el áspid sordo que cierra su
oído,
5 Que no quiere oír la voz de los que
encantan,
Por más hábil que sea el encantador.

6 Oh Dios, rompe sus dientes en sus
bocas;
Quiebra, oh Jehová, las muelas de los
leoncillos.
7 Sean disipados como aguas que se escu-
rren;
Cuando disparen sus saetas, sean hechas pedazos.
8 Pasen ellos como la babosa que se
deslíe;
Como el que nace muerto, no vean el
sol.
9 Antes que vuestras ollas sientan la llama
de los espinos,
Verdes o quemados, que los arrebate la
tempestad.

10 Se alegrará el justo cuando vea que se
hace justicia;
Sus pies lavará en la sangre del impío.
11 Entonces dirán los hombres: Ciertamente hay galardón para el justo;
Ciertamente hay un Dios que juzga en la
tierra.

Oración pidiendo ser librado de los enemigos

Al músico principal; sobre No destruyas.
Mictam de David, cuando envió Saúl a
vigilar la casa para matarlo.

59 Líbrame de mis enemigos, oh Dios
mío;
Ponme a salvo de los que se levantan
contra mí.
2 Líbrame de los que cometen iniquidad.
Y sálvame de hombres sanguinarios.

3 Porque he aquí, están acechando mi
vida;
Se han juntado contra mí poderosos.
No por falta mía, ni pecado mío, oh
Jehová;
4 Sin delito mío corren y se apostan.

Despierta para venir a mi encuentro, y
mira.
5 Tú, Jehová, Dios de los ejércitos, Dios
de Israel,
Levántate para castigar a todos los gentiles;
No tengas misericordia de ninguno de
los pérfidos traidores.   *Selah*

6 Volverán a la tarde, ladrarán como pe-
rros,
Y rondarán la ciudad.
7 Míralos desbarrar a boca llena;
Espadas hay en sus labios,
Porque dicen: ¿Quién lo oye?
8 Mas tú, Jehová, te reirás de ellos;
Te burlarás de todos los gentiles.

9 Fortaleza mía, hacia ti me vuelvo,
Porque Dios es mi refugio.
10 Mi Dios me saldrá al encuentro con su
misericordia;
Dios hará que vea la derrota de mis
enemigos.

11 No los mates de repente, para que mi
pueblo no lo olvide;
Dispérsalos con tu poder, y abátelos,
Oh Jehová, escudo nuestro.
12 Por el pecado de su boca, por la palabra
de sus labios,
Y por la maldición y mentira que profieren,
Queden prendidos en su insolencia.
13 Acábalos con tu furor, acábalos, para
que no existan más;
Y sépase que Dios gobierna en Jacob,
Hasta los confines de la tierra.   *Selah*
14 Volverán a la tarde, ladrarán como perros,
Y rondarán la ciudad.
15 Andan errantes para hallar qué comer;
Y si no se sacian, pasan la noche gru-
ñendo.

16 Pero yo cantaré tu poder,
Y alabaré de mañana tu misericordia;
Porque has sido mi amparo
Y refugio en el día de mi angustia.
17 Fortaleza mía, a ti cantaré;
Porque eres, oh Dios, mi refugio, el
Dios *que tiene* misericordia de mí.

Plegaria pidiendo ayuda contra el enemigo

Al músico principal; sobre Lirios. Testimonio. Mictam de David, para enseñar, cuando tuvo guerra contra Aram-Naharáyim y
contra Aram de Sobá, y volvió Joab, y
destrozó a doce mil de Edom en el valle de la
Sal.

60 Oh Dios, tú nos has desechado, nos
quebrantaste;
Te has airado; ¡vuélvete a nosotros!
2 Hiciste temblar la tierra, la has hendido;
Repara sus grietas, porque se desmo-
rona.
3 Has hecho ver a tu pueblo cosas duras;
Nos hiciste beber vino de aturdimiento.
4 Da a los que te temen una bandera
Para que la alcen por la verdad.   *Selah*

5 Para que se libren tus amados,
Salva con tu diestra, y óyeme.
6 Dios ha hablado en su santuario; ¡Qué
alegría!
Repartiré a Siquem, y mediré el valle de
Sucot.

7 Mío es Galaad, y mío es Manasés;
Y Efraín es el yelmo de mi cabeza;
Judá es mi cetro.
8 Moab, una jofaina para lavarme;
Sobre Edom echaré mi calzado;
Sobre Filistea cantaré victoria.
9 Pero ¿quién me conducirá a la ciudad
fortificada?
¿Quién me guiará hasta Edom?
10 ¿Quién sino tú, oh Dios, que nos has
desechado,
Y no sales ya, oh Dios, con nuestros
ejércitos?
11 Danos socorro contra el enemigo,
Porque vana es la ayuda de los hombres.
12 Con Dios haremos proezas,
Y él hollará a nuestros enemigos.

Confianza en la protección de Dios

Al músico principal; sobre Neginot. Salmo
de David.

61 Oye, oh Dios, mi clamor;
A mi oración atiende.
2 Desde el confín de la tierra clamaré a ti,
cuando mi corazón desmaye.
Llévame a la roca inaccesible para mí;
3 Porque tú eres mi refugio,
Y torre fuerte delante del enemigo.
4 Yo habitaré en tu tabernáculo para
siempre;
Estaré seguro bajo el amparo de tus
alas.   *Selah*
5 Porque tú, oh Dios, has oídos mis votos;
Me has dado la herencia que otorgas a
los que temen tu nombre.
6 Añade días a los días del rey,
Que sus años alcancen varias generaciones.
7 Que reine para siempre delante de
Dios.
Que la misericordia y la verdad lo
guarden.
8 Así cantaré tu nombre para siempre,
Cumpliendo mis votos cada día.

Dios, el único refugio

Al músico principal; a Jedutún. Salmo de
David.

62 Solamente en Dios descansa mi alma;
De él viene mi salvación.
2 Solamente él es mi roca y mi salvación;
Es mi refugio, no resbalaré mucho.
3 ¿Hasta cuándo maquinaréis contra un
hombre,
Tratando todos vosotros de aplastarle
Como pared que se desploma y como
cerca que se derrumba?

4 Solamente consultan para arrojarle de
su altura.
Aman la mentira;
Con su boca bendicen, pero maldicen en
su corazón.   Selah

5 Alma mía, reposa solamente en Dios,
Porque de él procede mi esperanza.
6 Solamente él es mi roca y mi salvación.
Es mi refugio, no resbalaré.
7 En Dios está mi salvación y mi gloria;
En Dios está mi roca fuerte, y mi refugio.
8 Esperad en él en todo tiempo, oh pueblos;
Derramad delante de él vuestro corazón;
Dios es nuestro refugio.   Selah

9 Por cierto, como un soplo son los hijos
de los hombres, mentira los hijos de
los notables;
Pesándolos a todos juntos en la balanza,
Serán más leves que un soplo.
10 No confiéis en la violencia,
Ni en la rapiña; no os envanezcáis;
Si se aumentan las riquezas, no pongáis
el corazón en ellas.

11 Una cosa ha dicho Dios;
Dos veces la he oído yo:
Que de Dios es el poder,
12 Y tuya, oh Señor, es la misericordia;
Porque tú pagas a cada uno conforme a
su obra.

Dios, satisfacción del alma

Salmo de David, cuando estaba en el
desierto de Judá.

63 Oh Dios, mi Dios eres tú;
De madrugada te buscaré;
Mi alma tiene sed de ti, mi carne te
anhela,
Cual tierra seca y árida donde no hay
aguas,
2 Como te contemplaba en el santuario,
Para ver tu poder y tu gloria.
3 Porque mejor es tu misericordia que la
vida;
Mis labios te alabarán.
4 Así te bendeciré durante toda mi vida;
En tu nombre alzaré mis manos.

5 Como de meollo y de enjundia será
saciada mi alma,
Y con labios de júbilo te alabará mi
boca.
6 Cuando me acuerdo de ti en mi lecho,
Cuando medito en ti en las vigilias de la
noche.

7 Porque has sido mi socorro,
Y así en la sombra de tus alas me
regocijaré.
8 Está mi alma apegada a ti;
Tu diestra me sostiene.

9 Pero los que buscan mi vida para destruirla,
Caerán en las honduras de la tierra.
10 Los destruirán a filo de espada;
Serán pasto de los chacales.
11 Pero el rey se alegrará en Dios;
Será alabado cualquiera que jura por él;
Porque la boca de los que hablan mentira será cerrada.

Plegaria pidiendo protección contra enemigos ocultos

Al músico principal. Salmo de David.

64 Escucha, oh Dios, la voz de mi lamento;
Guarda mi vida del terror del enemigo.
2 Escóndeme de la conjuración de los
malvados,
De la conspiración de los que hacen
iniquidad,
3 Que afilan como espada su lengua;
Lanzan cual saetas sus palabras
amargas,
4 Para asaetear a escondidas al inocente;
Le tiran de improviso y nada temen.
5 Obstinados en su inicuo designio,
Calculan para tender lazos ocultos,
Y dicen: ¿Quién podrá verlo?
6 Inventan maldades y ocultan sus intenciones,
Pues la mente y el corazón del hombre
son un abismo.
7 Mas Dios los herirá con saeta;
De repente serán heridos.
8 Sus propias lenguas los harán caer;
Se asombrarán todos los que los vean.
9 Entonces temerán todos los hombres,
Y anunciarán la obra de Dios,
Y comprenderán sus acciones.

10 Se alegrará el justo en Jehová, y confiará en él;
Y se gloriarán todos los rectos de corazón.

La generosidad de Dios en la naturaleza

Al músico principal. Salmo. Cántico
de David.

65 A ti es debida la alabanza en Sión, oh
Dios,
Y a ti se cumplirán los votos.

2 Tú oyes la oración;
   A ti vendrá toda carne, a causa de sus
   culpas.
3 Las iniquidades prevalecen contra mí;
   Mas nuestras rebeliones tú las perdonas.
4 Bienaventurado el que tú escoges y
   atraes a ti,
   Para que habite en tus atrios;
   Seremos saciados del bien de tu casa,
   De la santidad de tu templo.

5 Con portentos de justicia nos respondes,
   Oh Dios de nuestra salvación,
   Esperanza de todos los términos de la
   tierra,
   Y de los más remotos confines del mar.
6 Tú, el que afianza los montes con su
   poder,
   Ceñido de valentía;
7 El que sosiega el estruendo de los mares, el bramido de sus olas,
   Y el tumulto de las naciones.
8 Por tanto, los habitantes de los confines
   de la tierra se sobrecogen ante tus
   señales *portentosas*.
   Tú haces alegrar las puertas de la aurora
   y del ocaso.

9 Cuidas de la tierra, y la riegas;
   En gran manera la enriqueces;
   Con el río de Dios, lleno de aguas,
   Preparas el grano de ellos, cuando así la
   dispones.
10 Haces que se empapen sus surcos;
   Igualas sus terrones;
   La ablandas con lluvias,
   Bendices sus renuevos.
11 Tú coronas el año con tus bienes,
   Y tus nubes destilan abundancia.
12 Destilan sobre los pastos del páramo,
   Y los collados se ciñen de alegría.
13 Se cubren de manadas los llanos,
   Y los valles se cubren de mieses;
   Dan voces de júbilo, y aun cantan.

Alabanza por los beneficios de Dios

Al músico principal. Cántico. Salmo.

66 Aclamad a Dios con alegría, toda la
tierra.
2 Cantad la gloria de su nombre;
   Dadle gloria en la alabanza.
3 Decid a Dios: ¡Cuán asombrosas son tus
   obras!
   Por la grandeza de tu poder se someterán a ti tus enemigos.
4 Toda la tierra te adorará,
   Y cantará a ti;
   Salmodiarán a tu nombre.   *Selah*

5 Venid, y ved las obras de Dios, formidable en su hogar entre los hijos de los
   hombres.
6 Convirtió el mar en tierra seca;
   Por el río pasaron a pie seco;
   Alegrémonos, pues, en él.
7 Él señorea con su poder para siempre;
   Sus ojos atalayan sobre las naciones;
   Los rebeldes no levantarán cabeza.
                                   Selah
8 Bendecid, pueblos, a nuestro Dios,
   Y haced oír la voz de su alabanza.
9 Él es quien preservó la vida a nuestra
   alma,
   Y no permitió que nuestros pies resba-
   lasen.
10 Porque tú nos probaste, oh Dios;
   Nos refinaste como se afina la plata.
11 Nos metiste en la red;
   Pusiste sobre nuestros lomos pesada
   carga.
12 Hiciste cabalgar a hombres vulgares sobre nuestra cabeza;
   Pasamos por el fuego y por el agua,
   Pero nos sacaste a abundancia.

13 Entraré en tu casa con holocaustos;
   Te cumpliré mis votos,
14 Los que pronunciaron mis labios
   Y profirió mi boca, cuando estaba angustiado.
15 Holocaustos de animales engordados te
   ofreceré,
   Con sahumerio de carneros;
   Te ofreceré en sacrificio bueyes y machos cabríos.   *Selah*

16 Venid, oíd todos los que teméis a Dios,
   Y contaré lo que ha hecho a mi alma.
17 A él clamé con mi boca,
   Y fue ensalzado con mi lengua.
18 Si en mi corazón hubiese acariciado yo
   la iniquidad,
   El Señor no me habría escuchado.
19 Mas ciertamente me escuchó Dios;
   Atendió a la voz de mi súplica.

20 Bendito sea Dios,
   Que no rechazó mi oración, ni me retiró
   su misericordia.

*Exhortación a las naciones, para que
alaben a Dios*

Al músico principal; en Neginot. Salmo.
Cántico.

67 Dios tenga misericordia de nosotros,
y nos bendiga;
   Haga resplandecer su rostro sobre nosotros;   *Selah*
2 Para que sea conocido en la tierra tu
   camino,

En todas las naciones tu salvación.
3 Te alaben los pueblos, oh Dios;
Todos los pueblos te alaben.

4 Alégrense y gócense las naciones,
Porque juzgas los pueblos con equidad,
Y pastoreas las naciones de la tierra.
Selah

5 Te alaben los pueblos, oh Dios;
Todos los pueblos te alaben.

6 La tierra dará su fruto;
Nos bendecirá Dios, el Dios nuestro.

7 Bendíganos Dios,
Y témanlo todos los confines de la
tierra.

La gloriosa epopeya de Israel

Al músico principal. Salmo de David.
Cántico.

68 Levántese Dios, sean esparcidos sus
enemigos,
Y huyan de su presencia los que le
aborrecen.
2 Como se desvanece el humo, los ba-
rrerás;
Como se derrite la cera delante del
fuego,
Así perecerán los impíos delante de
Dios.
3 Mas los justos se alegrarán; se gozarán
delante de Dios,
Y saltarán de alegría.

4 Cantad a Dios, cantad salmos a su
nombre;
Exaltad al que cabalga sobre los cielos.
JAH es su nombre; alegraos delante de
él.

5 Padre de huérfanos y defensor de
viudas.
Es Dios en su santa morada.

6 Dios hace habitar en familia a los desamparados;
Saca a los cautivos a prosperidad,
Mientras los rebeldes habitan en tierra
calcinada.

7 Oh Dios, cuando tú saliste al frente de
tu pueblo,
Cuando anduviste por el desierto, *Selah*

8 La tierra tembló;
También destilaron los cielos ante la
presencia de Dios,
Aquel Sinay tembló delante de Dios,
del Dios de Israel.

9 Abundante lluvia esparciste, oh Dios;
A tu heredad exhausta tú la reanimaste.

10 Los que son de tu grey han morado en
ella;
Por tu bondad, oh Dios, has provisto
para el pobre.

11 El Señor daba palabra;
Había gran multitud de mujeres que
transmitían las buenas nuevas.

12 Huyeron, huyeron reyes de ejércitos,
Y las que se quedaban en casa repartían
los despojos.

13 Mientras reposabais entre los apriscos,
Eran como alas de paloma cubiertas de
plata,
Y sus plumas con amarillez de oro.

14 Cuando esparció el Omnipotente los
reyes allí,
Fue como si hubiese nevado en el monte
Salmón.

15 Monte de Dios es el monte de Basán;
Monte alto el de Basán.

16 ¿Por qué estáis celosos, oh montes
altos,
Del monte que deseó Dios para su morada?
Ciertamente Jehová habitará en él para
siempre.

17 Los carros de Dios se cuentan por vein-
tenas de millares; millares y millares.
El Señor viene del Sinay a su santuario.

18 Subiste a lo alto, condujiste cautivos,
Tomaste dones para los hombres,
Y también para los que se resistían a que
habitara entre ellos JAH Dios.

19 Bendito el Señor, cada día nos colma de
beneficios
El Dios de nuestra salvación.   *Selah*

20 Dios, nuestro Dios ha de salvarnos,
Y de Jehová el Señor es el librar de la
muerte.

21 Ciertamente Dios herirá la cabeza de
sus enemigos,
La testa cabelluda del que camina en sus
pecados.

22 El Señor dijo: De Basán te haré volver;
Te haré volver de las profundidades del
mar;

23 Porque tu pie se enrojecerá de sangre de
tus enemigos,
Y de ella la lengua de tus perros.

24 Aparece tu cortejo, oh Dios;
El cortejo de mi Dios, de mi Rey, hacia
el santuario.

25 Los cantores iban delante, los músicos
detrás;
En medio las doncellas con panderos.

26 Bendecid a Dios en las asambleas;

Al Señor, vosotros de la estirpe de
Israel.

27 Allí estaba el joven Benjamín, abriendo
marcha,
Los príncipes de Judá con sus escuadras,
Los príncipes de Zabulón, los príncipes
de Neftalí.

28 Manda, oh Dios, conforme a tu poder;
Confirma, oh Dios, lo que has hecho en
favor nuestro.

29 Por razón de tu templo en Jerusalén
Los reyes te ofrecerán dones.

30 Reprime la reunión de gentes armadas,
A la manada de toros, y a los becerros
de los pueblos,
Hasta que todos se sometan trayendo
sus tributos en piezas de plata;
Dispersa a los pueblos que se complacen
en la guerra.

31 Vendrán príncipes de Egipto;
Etiopía se apresurará a extender sus
manos hacia Dios.

32 Reinos de la tierra, cantad a Dios.
Cantad al Señor;   *Selah*

33 Al que cabalga sobre los cielos de los
cielos, que son desde la antigüedad;
He aquí dará su voz, poderosa voz.

34 Reconoced el poder de Dios;
Sobre Israel es su magnificencia,
Y su poder está en los cielos.

35 Temible eres, oh Dios, desde tu santuario;
El Dios de Israel, él da fuerza y vigor a
su pueblo.
Bendito sea Dios.

Un grito de angustia

Al músico principal; sobre Lirios. Salmo
de David.

69 Sálvame, oh Dios,
Porque las aguas me llegan hasta el
cuello.

2 Estoy hundido en cieno profundo, donde no puedo hacer pie;
He venido al fondo de las aguas, y me
arrastra la corriente.

3 Cansado estoy de llamar; mi garganta se
ha enronquecido;
Han desfallecido mis ojos esperando a
mi Dios.

4 Se han aumentado más que los cabellos
de mi cabeza los que me aborrecen sin
causa;
Se han hecho poderosos mis enemigos,
los que me destruyen sin tener por
qué.
¿Y he de pagar lo que no robé?

5 Dios, tú conoces mi insensatez,
Y mis pecados no te son ocultos.

6 No sean avergonzados por causa mía los
que en ti confían, oh Señor Jehová de
los ejércitos;
No sean confundidos por mí los que te
buscan, oh Dios de Israel.

7 Porque por amor de ti he sufrido
afrenta;
La vergüenza ha cubierto mi rostro.

8 He venido a ser un forastero para mis
hermanos,
Y un desconocido para los hijos de mi
madre.

9 Porque me devora el celo de tu casa;
Y los denuestos de los que te insultaban
cayeron sobre mí.

10 Lloré afligiendo con ayuno mi alma,
Y esto se me vuelve en pretexto de
insulto.

11 Me vestí de saco,
Y les fue un motivo más de burla.

12 Hablaban contra mí los que se sentaban
a la puerta,
Y me zaherían en sus canciones los
bebedores.

13 Pero yo a ti oraba, oh Jehová, al tiempo
de tu buena voluntad;
Oh Dios, por la abundancia de tu misericordia,
Por la verdad de tu salvación, escúchame.

14 Sácame del lodo, y no sea yo sumergido;
Sea yo libertado de los que me aborrecen, y de lo profundo de las aguas.

15 No me anegue la corriente de las aguas,
Ni me trague el abismo,
Ni el pozo cierre sobre mí su boca.

16 Respóndeme, Jehová, porque benigna
es tu misericordia;
Mírame conforme a tu gran compasión.

17 No escondas de tu siervo tu rostro,
Porque estoy angustiado; apresúrate,
óyeme.

18 Acércate a mi alma, rescátala;
Líbrame a causa de mis enemigos.

19 Tú sabes mi afrenta, mi confusión y mi
oprobio;
Delante de ti están todos mis adversarios.

20 El escarnio ha quebrantado mi corazón,
y estoy acongojado.
Esperé quien se compadeciese de mí, y
no lo hubo;
Y consoladores, y ninguno hallé.

21 Me pusieron veneno por comida,
Y en mi sed me dieron a beber vinagre.

22 Que se convierta su mesa en una
trampa,

Y sus banquetes festivos, en tropiezo.
23 Sean oscurecidos sus ojos para que no
vean,
Y haz temblar continuamente sus
lomos.
24 Derrama sobre ellos tu ira,
Y el furor de tu enojo los alcance.
25 Su morada quede desierta;
En sus tiendas no habite nadie.
26 Porque persiguieron al que tú heriste,
Y comentan el dolor del que tú llagaste.
27 Pon maldad sobre su maldad,
Y no entren en tu justicia.
28 Sean borrados del libro de la vida,
Y no sean inscritos con los justos.

29 Mas en cuanto a mí, afligido y miserable,
Tu salvación, oh Dios, me ponga en
alto.
30 Alabaré yo el nombre de Dios con cántico,
Lo ensalzaré con himnos de alabanza.
31 Y agradará a Jehová más que sacrificio
de buey,
O becerro con cuernos y pezuñas;
32 Lo verán los oprimidos, y se gozarán.
Buscad a Dios, y vivirá vuestro corazón,
33 Porque Jehová oye a los menesterosos,
Y no menosprecia a sus cautivos.

34 Alábenle los cielos y la tierra,
Los mares, y todo lo que se mueve en
ellos.
35 Porque Dios salvará a Sión, y reedifica-
rá las ciudades de Judá;
Y habitarán allí, y las poseerán.
36 La descendencia de sus siervos la heredará,
Y los que aman su nombre habitarán en
ella.

Súplica por la liberación

Al músico principal. Salmo de David, para
conmemorar.

70 Oh Dios, acude a librarme;
Apresúrate, oh Dios, a socorrerme.
2 Sean avergonzados y confundidos
Los que buscan mi vida;
Sean vueltos atrás y avergonzados
Los que mi mal desean.
3 Sean vueltos atrás, en pago de su afrenta
hecha,
Los que dicen: ¡Ja, ja!
4 Gócense y alégrense en ti todos los que
te buscan,
Y digan siempre los que aman tu salvación:
Engrandecido sea Dios.
5 Yo estoy afligido y menesteroso;

Apresúrate a mí, oh Dios.
Ayuda mía y mi libertador eres tú;
Oh Jehová, no te detengas.

Oración de un anciano

71 En ti, oh Jehová, me he refugiado;
No sea yo avergonzado jamás.
2 Socórreme y líbrame en tu justicia;
Inclina tu oído y sálvame.
3 Sé para mí una roca de refugio, adonde
recurra yo continuamente.
Tú has dado mandamiento para salvarme,
Porque tú eres mi roca y mi fortaleza.

4 Dios mío, líbrame de la mano del impío,
De las garras del perverso y del opresor.
5 Porque tú, oh Señor Jehová, eres mi
esperanza.
Seguridad mía desde mi juventud.
6 En ti me he apoyado desde el seno
materno;
De las entrañas de mi madre tú fuiste el
que me sacó;
En ti se inspira siempre mi alabanza.

7 Como prodigio he sido a muchos;
Y tú eres mi refugio fuerte.
8 Sea llena mi boca de tu alabanza,
De tu gloria todo el día.
9 No me deseches en el tiempo de la
vejez;
Cuando mi fuerza se acabe, no me desampares.
10 Porque mis enemigos hablan de mí,
Y los que acechan mi alma conspiran
juntos,
11 Diciendo: Dios lo ha desamparado;
Perseguidle y prendedle, porque no hay
quien le libre.

12 Oh Dios, no te alejes de mí;
Dios mío, acude pronto en mi socorro.
13 Sean avergonzados, perezcan los adversarios de mi alma;
Sean cubiertos de vergüenza y de confusión los que buscan mi mal.
14 Yo, en cambio, esperaré siempre,
Y te alabaré más y más.
15 Mi boca publicará tu justicia
Y tus hechos de salvación todo el día,
Aunque no sé su número.
16 Vendré a los hechos poderosos de Jehová el Señor;
Haré memoria de tu justicia, que es sólo
tuya.

17 Oh Dios, me enseñaste desde mi juventud,
Y hasta ahora he manifestado tus maravillas.

18 Aun en la vejez y las canas, oh Dios, no
me desampares,
Hasta que anuncie tu poder a la posteridad,
Y tu potencia a todos los que han de
venir,
19 Y tu justicia, oh Dios, hasta lo excelso.

Tú has hecho grandes cosas;
Oh Dios, ¿quién como tú?
20 Tú, que me has hecho ver muchas angustias y males,
Volverás a darme vida.
Y de nuevo me levantarás de los abismos de la tierra.
21 Aumentarás mi grandeza,
Y volverás a consolarme.

22 Y así yo te alabaré con las cuerdas del
salterio,
Oh Dios mío; tu verdad cantaré a ti con
el arpa,
Oh Santo de Israel.
23 Mis labios se alegrarán cuando cante a
ti,
Y mi alma, la cual redimiste.
24 Mi lengua hablará también de tu justicia
todo el día;
Por cuanto han sido avergonzados, porque han sido confundidos los que
procuraban mi mal.

El Rey prometido

Para Salomón.

72 Oh Dios, da tu juicio al rey,
Y tu justicia al hijo del Rey.
2 Él juzgará a tu pueblo con justicia,
Y a tus afligidos con juicio.
3 Los montes llevarán paz al pueblo,
Y los collados justicia.
4 Juzgará a los afligidos del pueblo,
Salvará a los hijos del menesteroso,
Y aplastará al opresor.
5 Te temerán mientras duren el sol
Y la luna, de generación en generación.
6 Descenderá como la lluvia sobre la hierba cortada;
Como el rocío que destila sobre la
tierra.

7 Florecerá en sus días la justicia,
Y muchedumbre de paz, hasta que no
haya luna.
8 Dominará de mar a mar,
Y desde el río hasta los confines de la
tierra.
9 Ante él se postrarán los moradores del
desierto,
Y sus enemigos lamerán el polvo.
10 Los reyes de Tarsis y de las costas
traerán presentes;
Los reyes de Sabá y de Seba ofrecerán
dones.
11 Todos los reyes se postrarán delante de
él;
Todas las naciones le servirán.

12 Porque él librará al menesteroso que
clame,
Y al afligido que no tenga quien le
socorra.
13 Tendrá misericordia del pobre y del
menesteroso,
Y salvará la vida de los pobres.
14 De engaño y de violencia redimirá sus
almas,
Y la sangre de ellos será preciosa ante
sus ojos.

15 Vivirá, y se le dará del oro de Sabá,
Y se orará por él continuamente;
Todo el día se le bendecirá.
16 Será echado un puñado de grano en la
tierra, en las cumbres de los montes;
Su fruto hará ruido como el Líbano,
Y los de la ciudad florecerán como la
hierba de la tierra.
17 Será su nombre para siempre,
Se perpetuará su nombre mientras dure
el sol.
Benditas serán en él todas las naciones;
Lo llamarán bienaventurado.
18 Bendito Jehová Dios, el Dios de Israel,
El único que hace maravillas.
19 Bendito su nombre glorioso para
siempre,
Y toda la tierra sea llena de su gloria.
Amén y Amén.
20 Aquí terminan las oraciones de David,
hijo de Isay.

LIBRO III

La justicia futura

Salmo de Asaf.

73 Ciertamente es bueno Dios para con
Israel,
Para con los limpios de corazón.
2 En cuanto a mí, casi se deslizaron mis
pies;
Por poco resbalaron mis pasos.
3 Porque tuve envidia de los arrogantes,
Viendo la prosperidad de los impíos.

4 Porque no hay congojas para ellos,
   Pues su vigor está entero.
5 No pasan trabajos como los otros mortales,
   Ni son azotados como los demás hombres.
6 Por tanto, la soberbia los rodea *como un
   collar;*
   Se cubren de vestido de violencia.
7 Los ojos se les saltan de gordura;
   Logran con creces los antojos del corazón.
8 Se mofan y hablan con maldad de hacer
   violencia;
   Hablan con altanería.
9 Ponen su boca contra el cielo,
   Y su lengua recorre la tierra.

10 Por eso, mi pueblo se vuelve hacia ellos,
   Y bebe a grandes sorbos de sus aguas.
11 Y dicen: ¿Cómo sabe Dios?
   ¿Y hay conocimiento en el Altísimo?
12 He aquí estos impíos,
   Sin ser turbados del mundo, alcanzaron
   riquezas.
13 Verdaderamente en vano he limpiado
   mi corazón,
   Y lavado mis manos en inocencia;
14 Pues he sido azotado todo el día,
   Y castigado todas las mañanas.
15 Si dijera yo: Hablaré como ellos,
   He aquí, a la generación de tus hijos
   engañaría.
16 Cuando medité para entender esto,
   Fue un duro trabajo para mí,
17 Hasta que, entrando en el santuario de
   Dios,
   Comprendí el fin de ellos.
18 Ciertamente los has puesto en desliza-
   deros;
   Los precipitas en una completa ruina.
19 ¡Cómo han sido asolados de repente!
   Perecieron, se consumieron de terrores.
20 Como sueño del que despierta,
   Así, Señor, cuando te levantes, los me-
   nospreciarás como a fantasmas.

21 Se llenó de amargura mi alma,
   Y en mi corazón sentía punzadas.
22 Tan torpe era yo, que no entendía;
   Era como una bestia delante de ti.
23 Con todo, yo siempre *estoy* contigo;
   Me tomaste de la mano derecha.
24 Me has guiado según tu consejo,
   Y después me recibirás en gloria.
25 ¿A quién tengo yo en los cielos sino a ti?
   Estando contigo, nada me deleita ya en
   la tierra.
26 Mi carne y mi corazón desfallecen;
   Mas la roca de mi corazón y mi porción
   es Dios para siempre.

27 Porque he aquí, los que se alejan de ti
   perecerán;
   Tú destruirás a todo aquel que de ti se
   aparta.
28 Pero en cuanto a mí, el acercarme a
   Dios es el bien;
   He puesto en Jehová el Señor mi esperanza,
   Para contar todas tus obras.

*Apelación a Dios en contra
del enemigo*

Masquil de Asaf.

74 ¿Por qué, oh Dios, nos has desechado para siempre?
   ¿Por qué se ha encendido tu furor contra las ovejas de tu prado?
2 Acuérdate de tu congregación, la que
   adquiriste desde tiempos antiguos,
   La que redimiste para hacerla la tribu de
   tu herencia;
   Este monte de Sión, donde has habitado.
3 Dirige tus pasos hacia los asolamientos
   sin fin,
   A todo el mal que el enemigo ha hecho
   en el santuario.

4 Tus enemigos vociferan en medio de tus
   asambleas;
   Han puesto sus banderas bien visibles.
5 Se parecen a los que levantan
   El hacha en medio de un tupido bosque.
6 Pues con hachas y martillos
   Han quebrado todas sus entalladuras.
7 Han prendido fuego a tu santuario,
   Han profanado el tabernáculo de tu
   nombre echándolo a tierra.
8 Dijeron en su corazón: Destruyámoslos
   de una vez;
   Han quemado todas las sinagogas de
   Dios en la tierra.

9 No vemos ya nuestras enseñas;
   No existen ya profetas,
   Ni entre nosotros hay quien sepa hasta
   cuándo.
10 ¿Hasta cuándo, oh Dios, nos afrentará
   el angustiador?
   ¿Ha de blasfemar el enemigo perpetuamente tu nombre?
11 ¿Por qué retraes tu mano?
   ¿Por qué escondes tu diestra en tu seno?

12 Pero Dios es mi rey desde tiempo antiguo;
   El que obra salvación en medio de la
   tierra.
13 Dividiste el mar con tu poder;
   Quebrantaste cabezas de monstruos
   marinos.

14 Magullaste las cabezas del leviatán,
   Y lo diste por comida al pueblo y a las
   bestias.
15 Abriste la fuente y el torrente;
   Secaste ríos impetuosos.
16 Tuyo es el día, tuya también es la noche;
   Tú estableciste la luna y el sol.
17 Tú trazaste todos los confines de la
   tierra;
   El verano y el invierno tú los formaste.

18 Acuérdate de esto: que el enemigo ha
   afrentado a Jehová,
   Y un pueblo insensato ha blasfemado tu
   nombre.
19 No entregues a las fieras el alma de tu
   tórtola,
   Y no olvides para siempre la congregación de tus afligidos.

20 Mira al pacto,
   Pues los rincones de la tierra están llenos de moradas de violencia.
21 No vuelva avergonzado el abatido;
   Que el afligido y el menesteroso puedan
   alabar tu nombre.
22 Levántate, oh Dios, defiende tu causa;
   Acuérdate de cómo el insensato te injuria cada día.
23 No olvides las voces de tus enemigos;
   El alboroto de los que se levantan contra ti sube continuamente.

Dios abate al malo y exalta al justo

Al músico principal; sobre No destruyas.
Salmo de Asaf. Cántico.

75 Gracias te damos, oh Dios, gracias te
     damos,
   Invocando tu nombre;
   Pregonando tus maravillas.

2 Al tiempo que yo señale,
   Juzgaré rectamente.
3 Aunque se estremezca la tierra con todos sus moradores,
   Yo sostengo sus columnas.   *Selah*
4 Dije a los insensatos: No os infatuéis;
   Y a los impíos: No os enorgullezcáis;
5 No hagáis alarde de vuestro poder;
   No habléis con cerviz erguida.

6 Porque ni del oriente ni del occidente,
   Ni del desierto viene el enaltecimiento.
7 Sino de Dios que es el juez;
   A éste humilla, y a aquél enaltece.
8 Porque el cáliz está en la mano de
   Jehová, y el vino está fermentado,
   Lleno de drogas; y él lo escancia;
   Hasta el fondo lo apurarán, y lo beberán
   todos los impíos de la tierra.

9 Pero yo siempre anunciaré
   Y cantaré alabanzas al Dios de Jacob.
10 Quebrantaré todo el poderío de los pecadores,
   Pero el poder del justo será exaltado.

El Dios de la victoria y del juicio

Al músico principal; sobre Neginot. Salmo
de Asaf. Cántico.

76 Dios es conocido en Judá;
     En Israel es grande su nombre.
2 En Salem está su tabernáculo,
   Y su habitación en Sión.
3 Allí quebró las saetas del arco,
   El escudo, la espada y las armas de
   guerra.   *Selah*

4 Glorioso eres tú, majestuoso desde los
   montes de caza.
5 Los fuertes de corazón fueron despojados, duermen su sueño;
   No hizo uso de sus manos ninguno de los
   varones fuertes.
6 Ante tu reprensión, oh Dios de Jacob,
   El carro y el caballo fueron entorpe-
   cidos.

7 Tú, temible eres tú;
   ¿Y quién podrá estar en pie delante de ti
   cuando se encienda tu ira?
8 Desde los cielos hiciste oír juicio;
   La tierra se espantó y quedó suspensa
9 Cuando te levantaste, oh Dios, para
   juzgar,
   Para salvar a todos los humildes de la
   tierra.   *Selah*

10 Ciertamente el furor del hombre te re-
   porta alabanza;
   Te ceñirás de él como un ornamento.
11 Haced votos y cumplidlos a Jehová
   vuestro Dios;
   Todos los que están alrededor de él,
   traigan ofrendas al Temible.
12 Cortará él el aliento de los príncipes;
   Temible es a los reyes de la tierra.

*Meditación sobre los hechos poderosos
de Dios*

Al músico principal; para Jedutún. Salmo
de Asaf.

77 Con mi voz clamé a Dios,
     A Dios clamé, y él me escuchará.
2 Al Señor busqué en el día de mi angustia;

Alzaba a él mis manos de noche, sin descanso;
Mi alma rehusaba consuelo.

3 Me acordaba de Dios, y me conmovía;
Me quejaba, y desmayaba mi espíritu.
Selah

4 No me dejabas pegar los ojos;
Estaba yo quebrantado, y no hablaba.

5 Consideraba los días desde el principio,
Los años de los tiempos pasados.

6 Me acordaba de mis cánticos de noche;
Meditaba en mi corazón,
Y mi espíritu inquiría:

7 ¿Desechará el Señor para siempre,
Y no volverá más a sernos propicio?

8 ¿Ha cesado para siempre su misericordia?
¿Se ha acabado perpetuamente su promesa?

9 ¿Ha olvidado Dios el tener misericordia?
¿Ha encerrado en su ira sus entrañas?
Selah

10 Y me dije: Este es mi tormento:
Que la diestra del Altísimo ha cambiado.

11 Me acordaré de las obras de JAH;
Sí, haré memoria de tus antiguos portentos.

12 Meditaré en todas tus obras,
Y hablaré de tus hazañas.

13 Oh Dios, santo es tu camino;
¿Qué dios es grande como nuestro Dios?

14 Tú eres el Dios que hace maravillas;
Hiciste notorio entre los pueblos tu poder.

15 Con tu brazo redimiste a tu pueblo,
A los hijos de Jacob y de José.   *Selah*

16 Te vieron las aguas, oh Dios;
Las aguas te vieron, y temieron;
Los abismos también se estremecieron.

17 Las nubes echaron inundaciones de aguas;
Tronaron los cielos,
Y discurrieron tus rayos.

18 La voz de tu trueno estaba en el torbellino;
Tus relámpagos alumbraron el mundo;
Se estremeció y tembló la tierra.

19 En el mar te abriste camino,
Y tus sendas en las muchas aguas;
Y tus pisadas no dejaron rastro.

20 Condujiste a tu pueblo como rebaño
Por mano de Moisés y de Aarón.

Fidelidad de Dios hacia su pueblo infiel

Masquil de Asaf.

78 Escucha, pueblo mío, mi enseñanza;

Inclinad vuestro oído a las palabras de mi boca.

2 Abriré mi boca en parábolas;
Evocaré los arcanos del pasado,

3 Las cosas que hemos oído y entendido;
Que nuestros padres nos las contaron.

4 No las ocultaremos a sus hijos,
Contando a la generación venidera las alabanzas de Jehová,
Y su potencia, y las maravillas que hizo.

5 Él estableció un testimonio en Jacob,
Y puso una ley en Israel,
La cual mandó a nuestros padres
Que la comunicasen a sus hijos;

6 Para que lo sepa la generación venidera, y los hijos que nacerán;
Y los que se levantarán lo cuenten a sus hijos,

7 A fin de que pongan en Dios su confianza,
Y no se olviden de las obras de Dios;
Que guarden sus mandamientos,

8 Y no sean como sus padres,
Generación contumaz y rebelde;
Generación que no dispuso su corazón,
Ni fue fiel para con Dios su espíritu.

9 Los hijos de Efraín, arqueros armados,
Volvieron las espaldas en el día de la batalla.

10 No guardaron el pacto de Dios,
Ni quisieron andar en su ley;

11 Sino que se olvidaron de sus obras,
Y de sus maravillas que les había mostrado.

12 A la vista de sus padres hizo portentos
En la tierra de Egipto, en el campo de Zoán.

13 Dividió el mar y los hizo pasar;
Detuvo las aguas como en un montón.

14 Les guió de día con nube,
Y toda la noche con resplandor de fuego.

15 Hendió las peñas en el desierto,
Y les dio a beber raudales de agua,

16 Pues sacó de la peña arroyos,
E hizo correr las aguas como ríos.

17 Pero aún volvieron a pecar contra él,
Rebelándose contra el Altísimo en el desierto.

18 Pues tentaron a Dios en su corazón,
Pidiendo una comida a su gusto.

19 Y hablaron contra Dios,
Diciendo: ¿Podrá poner mesa en el desierto?

20 He aquí ha herido la peña, y brotaron aguas,
Y torrentes inundaron la tierra;
¿Podrá dar también pan?
¿Proveerá de carne a su pueblo?

21 Por esto, lo oyó Jehová, y se indignó;
   Se encendió el fuego contra Jacob,
   Y el furor estalló contra Israel,
22 Por cuanto no habían creído a Dios,
   Ni habían confiado en su salvación.
23 Sin embargo, mandó a las nubes de
   arriba,
   Y abrió las puertas de los cielos,
24 E hizo llover sobre ellos maná para que
   comiesen,
   Y les dio trigo de los cielos.
25 Pan de los fuertes comió el hombre;
   Les envió comida hasta saciarles.
26 Movió el solano en el cielo,
   Y trajo con su poder el viento sur,
27 E hizo llover sobre ellos carne como
   polvo,
   Como arena del mar, aves volátiles.
28 Las hizo caer en medio del campamento,
   Alrededor de sus tiendas.
29 Comieron, y se saciaron;
   Les cumplió, pues, su deseo.
30 Aún no habían quitado de sí su anhelo,
   Aún estaba la comida en su boca,
31 Cuando vino sobre ellos el furor de
   Dios,
   Hizo morir a los más robustos de ellos,
   Y derribó a los escogidos de Israel.

32 Con todo esto, pecaron aún,
   Y no dieron crédito a sus maravillas.
33 Entonces consumió sus días como un
   soplo,
   Y sus años en tribulación.
34 Si los hacía morir, entonces buscaban a
   Dios;
   Entonces se volvían solícitos en busca
   suya,
35 Y se acordaban de que Dios era su
   refugio,
   Y el Dios Altísimo su redentor.
36 Pero le lisonjeaban con su boca,
   Y con su lengua le mentían;
37 Pues sus corazones no eran rectos con
   él,
   Ni se mantuvieron firmes en su pacto.
38 Pero él, misericordioso, perdonaba la
   maldad, y no los exterminaba;
   Sino que apartó muchas veces su ira,
   Y no despertó todo su enojo.
39 Se acordó de que eran carne,
   Un soplo que se va y no vuelve.
40 ¡Cuántas veces se rebelaron contra él en
   el desierto,
   Lo enojaron en el yermo!
41 Y volvían a tentar a Dios,
   Y provocaban al Santo de Israel.
42 No se acordaron de su mano,
   Del día que los redimió de la angustia;
43 Cuando puso en Egipto sus prodigios,
   Y sus maravillas en el campo de Zoán;

44 Y convirtió sus ríos en sangre,
   Para que no pudiesen beber en sus
   canales.
45 Envió entre ellos enjambres de moscas
   que los devoraban,
   Y ranas que los destruían.
46 Dio también a la oruga sus frutos,
   Y sus labores a la langosta.
47 Sus viñas destruyó con granizo,
   Y sus higuerales con escarcha;
48 Entregó al pedrisco sus bestias,
   Y sus ganados a los rayos.
49 Envió sobre ellos el ardor de su ira;
   Enojo, indignación y angustia,
   Un ejército de ángeles destructores.
50 Dio libre curso a su furor;
   No eximió la vida de ellos de la muerte,
   Sino que entregó su vida a la mortandad.
51 Hizo morir a todo primogénito en
   Egipto,
   Las primicias de su fuerza en las tiendas
   de Cam.
52 Hizo salir a su pueblo como ovejas,
   Y los llevó por el desierto como un
   rebaño.
53 Los guió con seguridad, de modo que no
   tuvieran temor;
   Mientras a sus enemigos los cubría el
   mar.
54 Los trajo después a las fronteras de su
   tierra santa,
   A este monte que ganó su mano derecha.
55 Echó las naciones de delante de ellos;
   Con cuerdas repartió sus tierras en heredad,
   E hizo habitar en sus moradas a las
   tribus de Israel.

56 Pero ellos tentaron y enojaron al Dios
   Altísimo,
   Y no guardaron sus testimonios;
57 Sino que se volvieron las espaldas y se
   rebelaron como sus padres;
   Se desviaron como arco indócil.
58 Le enojaron con sus lugares altos,
   Y le provocaron a celo con sus imágenes
   de talla.
59 Lo oyó Dios y se enojó,
   Y en gran manera aborreció a Israel.
60 Dejó, por tanto, el tabernáculo de Siló,
   La tienda en que habitó entre los hombres,
61 Y entregó a cautiverio a sus valientes,
   Y su gloria en manos del enemigo.
62 Entregó también su pueblo a la espada,
   Y se irritó contra su heredad.
63 El fuego devoró a sus jóvenes,
   Y no hubo cantos nupciales para sus
   doncellas.
64 Sus sacerdotes cayeron a espada,

Y sus viudas no hicieron lamentación.

65 Entonces despertó el Señor como si se
hubiese dormido,
Como un guerrero aturdido por el vino,
66 E hirió a sus enemigos en las partes
posteriores;
Les dio perpetua afrenta.

67 Desechó la tienda de José,
Y no escogió la tribu de Efraín,
68 Sino que escogió la tribu de Judá.
El monte de Sión, al cual amó.
69 Edificó su santuario como un lugar excelso,
Como la tierra que cimentó para
siempre.
70 Eligió a David su siervo,
Lo sacó de los apriscos del rebaño;
71 De detrás de las ovejas lo trajo,
Para que apacentase a Jacob su pueblo,
Y a Israel su heredad.
72 Y los apacentó conforme a la integridad
de su corazón,
Los pastoreó con la pericia de sus
manos.

Lamento por la destrucción
de Jerusalén

Salmo de Asaf.

79 Oh Dios, los gentiles han invadido tu
heredad;
Han profanado tu santo templo;
Redujeron a Jerusalén a escombros.
2 Dieron los cuerpos de tus siervos por
comida a las aves de los cielos,
La carne de tus santos a las bestias de la
tierra.
3 Derramaron su sangre como agua en los
alrededores de Jerusalén,
Y no hubo quien los enterrase.
4 Somos escarnecidos por nuestros vecinos,
Escarnecidos y burlados de los que están en nuestros alrededores.

5 ¿Hasta cuándo, oh Jehová? ¿Estarás
airado para siempre?
¿Arderá como fuego tu celo?
6 Derrama tu ira sobre las naciones que
no te conocen,
Y sobre los reinos que no invocan tu
nombre.
7 Porque han consumido a Jacob,
Y su morada han asolado.

8 No recuerdes contra nosotros las iniquidades de nuestros antepasados;
Vengan pronto tus misericordias a encontrarnos,
Porque estamos muy abatidos.

9 Ayúdanos, oh Dios de nuestra salvación, por la gloria de tu nombre;
Y líbranos, y perdona nuestros pecados
por amor de tu nombre.
10 ¿Por qué han de decir los gentiles: Dónde está su Dios?
Sea notoria en las gentes, delante de
nuestros ojos,
La venganza de la sangre de tus siervos
que fue derramada.

11 Llegue delante de ti el gemido de los
cautivos;
Conforme a la grandeza de tu brazo
preserva a los sentenciados a muerte,
12 Y haz recaer sobre nuestros vecinos en
su seno siete veces más.
De su infamia, con que te han deshonrado, oh Jehová.
13 Y nosotros, pueblo tuyo, y ovejas de tu
prado,
Te alabaremos para siempre;
De generación en generación cantaremos tus alabanzas.

Súplica por la restauración de Israel

Al músico principal; sobre Lirios. Testimonio. Salmo de Asaf.

80 Oh Pastor de Israel, escucha;
Tú que pastoreas a José como a un
rebaño,
Tú que estás sentado entre querubines,
resplandece.
2 Despierta tu poder delante de Efraín,
de Benjamín y de Manasés,
3 Oh Dios, restáuranos;
Haz resplandecer tu rostro, y seremos
salvos.

4 Jehová, Dios de los ejércitos,
¿Hasta cuándo mostrarás tu indignación
contra la oración de tu pueblo?
5 Les diste a comer pan de lágrimas,
Y a beber lágrimas en gran abundancia.
6 Nos pusiste por escarnio a nuestros vecinos,
Y nuestros enemigos se burlan de nosotros.
7 Oh Dios de los ejércitos, restáuranos;
Haz resplandecer tu rostro, y seremos
salvos.

8 Hiciste venir una vid de Egipto;
Echaste las naciones, y la plantaste.
9 Limpiaste el suelo delante de ella,
E hiciste arraigar sus raíces, y llenó la
tierra.
10 Los montes fueron cubiertos de su
sombra,
Y con sus sarmientos los cedros de Dios.

11 Extendió sus vástagos hasta el mar,
   Y hasta el río sus renuevos.
12 ¿Por qué abriste brecha en sus vallados,
   Y la vendimian todos los que pasan por
   el camino?
13 La destroza el puerco montés,
   Y la bestia del campo la devora.

14 Oh Dios de los ejércitos, vuelve ahora;
   Mira desde el cielo, y considera, y visita
   esta viña,
15 Y protégela, es la planta que plantó tu
   diestra,
   Y el renuevo que para ti afirmaste.
16 Le han prendido fuego y la han talado;
   Perezcan por la represión de tu rostro.
17 Esté tu mano sobre el varón de tu
   diestra,
   Sobre el hijo de hombre que para ti
   reafirmaste.
18 Así no nos apartaremos más de ti;
   Vida nos darás, e invocaremos tu
   nombre.
19 ¡Oh Jehová, Dios de los ejércitos, restáuranos!
   Haz resplandecer tu rostro, y seremos
   salvos.

Bondad de Dios y perversidad de Israel

Al músico principal; sobre Gitit. Salmo
de Asaf.

81 Cantad con gozo a Dios, fortaleza
   nuestra;
   Al Dios de Jacob aclamad con júbilo.
2 Entonad canción, y tañed el pandero,
   La melodiosa cítara y el arpa.
3 Tocad la trompeta en la nueva luna,
   En el plenilunio, en el día de nuestra
   fiesta solemne.
4 Porque estatuto es de Israel,
   Ordenanza del Dios de Jacob.
5 Lo constituyó como testimonio en José
   Cuando salió contra la tierra de Egipto.

   Oían una lengua desconocida;
6 Aparté sus hombros de debajo de la
   carga;
   Sus manos fueron descargadas de los
   cestos.
7 En la calamidad clamaste, y yo te libré;
   Te respondí oculto tras el trueno;
   Te probé junto a las aguas de Meribá.
                                        Selah
8 Oye, pueblo mío, y te amonestaré.
   ¡Oh Israel, si quisieras escucharme!
9 No habrá en medio de ti dios ajeno,
   Ni te inclinarás a dios extraño.
10 Yo soy Jehová tu Dios,
   Que te hice subir de la tierra de Egipto;
   Abre tu boca, y yo la llenaré.

11 Pero mi pueblo no oyó mi voz,
   E Israel no me quiso obedecer.
12 Los entregué, por tanto, a la dureza de
   su corazón;
   Caminaron según sus propios consejos.
13 ¡Oh, si me hubiera escuchado mi
   pueblo,
   Si en mis caminos hubiera andado
   Israel!
14 En un momento habría yo derribado a
   sus enemigos,
   Y vuelto mi mano contra sus adversarios.
15 Los que aborrecen a Jehová se le habrían sometido.
   Y su suerte quedaría fijada para
   siempre.
16 Les sustentaría Dios con lo mejor del
   trigo,
   Y con miel de la peña les saciaría.

Amonestación contra los juicios injustos

Salmo de Asaf.

82 Dios se levanta en la reunión de los
   jueces;
   En medio de los jueces juzga.
2 ¿Hasta cuándo juzgaréis injustamente,
   Y aceptaréis las personas de los impíos?
                                        Selah
3 Defended al débil y al huérfano;
   Haced justicia al afligido y al menesteroso.
4 Librad al pobre y al necesitado;
   Libradlo de mano de los impíos.
5 No saben, no entienden,
   Andan en tinieblas;
   Tiemblan todos los cimientos de la
   tierra.

6 Yo dije: Vosotros sois dioses,
   Y todos vosotros hijos del Altísimo;
7 Pero como *los demás* hombres moriréis,
   Y como cualquiera de los príncipes caeréis.

8 Levántate, oh Dios, juzga la tierra;
   Porque tú eres el dueño de todas las
   naciones.

Plegaria pidiendo la destrucción de los enemigos de Israel

Cántico. Salmo de Asaf.

83 Oh Dios, no guardes silencio;
   No calles, oh Dios, ni permanezcas
   inmóvil.
2 Porque he aquí que rugen tus enemigos,
   Y los que te aborrecen alzan cabeza.
3 Contra tu pueblo han conspirado astuta
   y secretamente.

Y se han conjurado contra tus prote-
gidos.
4 Han dicho: Venid, y destruyámoslos
para que no sean nación,
Y no haya más memoria del nombre de
Israel.
5 Porque se confabulan de corazón a una,
Contra ti han concertado alianza
6 Las tiendas de los edomitas y de los
ismaelitas,
Moab y los agarenos;
7 Gebal, Amón y Amalec,
Los filisteos y los habitantes de Tiro.
8 También el asirio se ha juntado con
ellos;
Sirven de brazo a los hijos de Lot. *Selah*
9 Hazles como a Madián,
Como a Sísara, como a Jabín en el
arroyo de Cisón;
10 Que perecieron en Endor,
Fueron hechos como estiércol para la
tierra.
11 Pon a sus capitanes como a Oreb y a
Zeeb;
Como a Zeba y a Zalmuná a todos sus
príncipes,
12 Que decían: Apoderémonos de los dominios de Dios.
13 Dios mío, ponlos como remolinos de
polvo,
Como hojarasca delante del viento,
14 Como fuego que quema el monte,
Como llama que abrasa el bosque.
15 Persíguelos así con tu tempestad,
Y atérralos con tu torbellino.
16 Llena sus rostros de vergüenza,
Para que busquen tu nombre, oh
Jehová.
17 Sean afrentados y turbados para
siempre;
Sean confundidos, y perezcan.
18 Y conozcan que tu nombre es Jehová;
El Altísimo sobre toda la tierra.

Anhelo por la casa de Dios

Al músico principal; sobre Gitit. Salmo
para los hijos de Coré.

84 ¡Cuán amables son tus moradas, oh
Jehová de los ejércitos!
2 Anhela mi alma y aun ardientemente
desea los atrios de Jehová;
Mi corazón y mi carne cantan al Dios
vivo.

3 Aun el gorrión halla casa,
Y la golondrina nido para sí, donde
ponga sus polluelos,
Cerca de tus altares, oh Jehová de los
ejércitos,
Rey mío y Dios mío.

4 Bienaventurados los que habitan en tu
casa;
Perpetuamente de alabarán.   *Selah*
5 Bienaventurado el hombre que tiene en
ti sus fuerzas,
En cuyo corazón están tus caminos.
6 Atravesando el valle de lágrimas lo cambiarán en lugar de fuentes,
Cuando la lluvia llene los estanques.
7 Irán de fortaleza en fortaleza;
Verán a Dios en Sión.

8 Jehová Dios de los ejércitos, oye mi
oración;
Escucha, oh Dios de Jacob.   *Selah*
9 Mira, oh Dios, escudo nuestro,
Y pon los ojos en el rostro de tu ungido.
10 Porque mejor es un día en tus atrios que
mil fuera de ellos.
Escogería antes estar a la puerta de la
casa de mi Dios,
Que habitar en las moradas de iniquidad.
11 Porque sol y escudo es Jehová Dios;
Gracia y gloria dará Jehová.
No quitará el bien a los que andan en
integridad.
12 Jehová de los ejércitos,
Dichoso el hombre que en ti confía.

Súplica por la misericordia de Dios
sobre Israel

Al músico principal. Salmo para los hijos
de Coré.

85 Fuiste propicio a tu tierra, oh Jeho-
vá;
Has hecho volver a los cautivos de
Jacob.
2 Perdonaste la iniquidad de tu pueblo;
Todos los pecados de ellos cubriste.
                                        Selah
3 Reprimiste todo tu enojo;
Te apartaste del ardor de tu ira.

4 Restáuranos, oh Dios de nuestra salvación,
Y haz cesar tu ira de sobre nosotros.
5 ¿Estarás enojado contra nosotros para
siempre?
¿Extenderás tu ira de generación en
generación?
6 ¿No volverás a darnos vida,
Para que tu pueblo se regocije en ti?
7 Muéstranos, oh Jehová, tu misericordia,
Y danos tu salvación.
8 Escucharé lo que hablará Jehová Dios;
Porque hablará paz a su pueblo y a sus
santos,

Para que no vuelvan a la locura.

9 Ciertamente cercana está su salvación a
los que le temen,
Para que habite la gloria en nuestra
tierra.

10 La misericordia y la verdad se encontraron;
La justicia y la paz se besaron.

11 La verdad brotará de la tierra,
Y la justicia mirará desde los cielos.

12 Jehová dará también la dicha,
Y nuestra tierra dará su cosecha.

13 Ls justicia irá delante de él,
Y la paz seguirá sus pisadas.

Oración pidiendo la continua
misericordia de Dios

Oración de David.

86 Inclina, oh Jehová, tu oído, y escúchame,
Porque estoy afligido y menesteroso.

2 Guarda mi alma, porque soy piadoso;
Salva tú, oh Dios mío, a tu siervo que en
ti confía.

3 Ten misericordia de mí, oh Jehová;
Porque a ti clamo todo el día.

4 Alegra el alma de tu siervo,
Porque a ti, oh Señor, levanto mi alma.

5 Porque tú, Señor, eres bueno y perdonador,
Y grande en amor para con todos los
que te invocan.

6 Escucha, oh Jehová, mi oración,
Y está atento a la voz de mis ruegos.

7 En el día de mi angustia te invoco,
Porque tú me respondes.

8 Oh Señor, ninguno hay como tú entre
los dioses,
Ni obras que igualen tus obras.

9 Todas las naciones que hiciste vendrán y
adorarán delante de ti, Señor,
Y glorificarán tu nombre.

10 Porque tú eres grande, y hacedor de
maravillas;
Sólo tú eres Dios.

11 Enséñame, oh Jehová, tu camino; cami-
naré yo en tu verdad;
Afianza mi corazón para que tema tu
nombre.

12 Te alabaré, oh Jehová Dios mío, con
todo mi corazón,
Y glorificaré tu nombre para siempre.

13 Porque tu misericordia es grande para
conmigo,
Y has librado mi alma de las profundidades del Seol.

14 Oh Dios, unos orgullosos se han levantado contra mí,

Y una conspiración de violentos ha buscado mi vida,
Y no te tuvieron presente.

15 Mas tú, Señor, *eres un* Dios misericordioso y clemente,
Lento para la ira, y grande en misericordia y verdad.

16 Mírame, y ten compasión de mí;
Da tu fuerza a tu siervo,
Y salva al hijo de tu sierva.

17 Dame una señal de benevolencia,
Y véanla los que me aborrecen, y sean
avergonzados;
Porque tú, Jehová, me ayudaste y me
consolaste.

Sión, madre de los pueblos

A los hijos de Coré. Salmo. Cántico.

87 Su cimiento está en el monte santo.

2 Ama Jehová las puertas de Sión
Más que todas las moradas de Jacob.

3 Cosas gloriosas se han dicho de ti,
Ciudad de Dios.   *Selah*

4 Yo mencionaré a Ráhab y a Babilonia
entre los que me conocen;
He aquí Filistea y Tiro, con Etiopía;
Éste nació allí.

5 Y de Sión se dirá: Éste y aquél, todos
han nacido en ella,
Y el Altísimo mismo la sostiene.

6 Jehová contará al inscribir a los pueblos:
Éste nació allí.   *Selah*

7 Y cantores y tañedores en ella dirán:
Todas mis fuentes están en ti.

Súplica por la liberación de la muerte

Cántico. Salmo para los hijos de Coré. Al
músico principal, para cantar sobre Mahalat. Masquil de Hemán ezraíta.

88 Oh Jehová, Dios de mi salvación,
Día y noche clamo delante de ti.

2 Llegue mi oración a tu presencia;
Inclina tu oído a mi clamor.

3 Porque mi alma está saturada de males,
Y mi vida está al borde del Seol.

4 Soy contado entre los que descienden al
sepulcro;
Soy como hombre sin fuerza,

5 Abandonado entre los muertos,
Como los pasados a espada que yacen
en el sepulcro,
De quienes no te acuerdas ya,
Y que fueron arrebatados de tu mano.

6 Me has puesto en el hoyo profundo,
  En tinieblas, en los abismos.
7 Sobre mí pesa tu ira,
  Y me has afligido con todo tu oleaje.
                                                    Selah
8 Has alejado de mí mis conocidos;
  Me has puesto por abominación a ellos;
  Encerrado estoy, y no puedo salir.
9 Mis ojos enfermaron a causa de mi
  aflicción;
  Te he invocado, oh Jehová, cada día,
  Tendiendo hacia ti mis manos.
10 ¿Manifestarás tus maravillas a los
   muertos?
   ¿Se levantarán los muertos para alabar-
   te?   *Selah*
11 ¿Será contada en el sepulcro tu miseri-
   cordia,
   O tu verdad en el Tártaro?
12 ¿Serán reconocidas en las tinieblas tus
   maravillas,
   Y tu justicia en la tierra del olvido?

13 Mas yo a ti he clamado, oh Jehová,
   Y de mañana mi oración se presenta
   delante de ti.
14 ¿Por qué, oh Jehová, desechas mi alma?
   ¿Por qué esconde de mí tu rostro?
15 Yo estoy afligido y enfermizo desde la
   juventud;
   Me han abrumado tus terrores, y estoy
   amedrentado.
16 Sobre mí han pasado tus iras,
   Y tus espantos me aniquilan.
17 Me han rodeado como aguas continuamente;
   A una me han cercado.
18 Has alejado de mí amigos y compañeros,
   Y mis allegados son las tinieblas.

Pacto de Dios con David

Masquil de Etán ezraíta.

89 Las misericordias de Jehová cantaré
     perpetuamente;
   De generación en generación haré notoria con mi boca tu fidelidad.
2 Diciendo: Para siempre será edificada
  misericordia;
  En los cielos mismos establecerás tu
  verdad.
3 Hice un pacto con mi escogido;
  Juré a David mi siervo, diciendo:
4 Para siempre confirmaré tu descendencia,
  Y edificaré tu trono por todas las generaciones.   *Selah*

5 Celebrarán los cielos tus maravillas, oh
  Jehová,

  Y la asamblea de tus santos *ángeles*, tu
  verdad.
6 Porque ¿quién en los cielos se igualará a
  Jehová?
  ¿Quién será semejante a Jehová entre
  los hijos de los potentados?
7 Dios es temible en la gran congregación
  de los santos,
  Y formidable sobre todos cuantos están
  alrededor de él.
8 Oh Jehová, Dios de los ejércitos,
  ¿Quién como tú? Poderoso eres, Jehová,
  Y tu fidelidad te rodea.
9 Tú tienes dominio sobre la braveza del
  mar;
  Cuando se levantan sus olas, tú las
  sosiegas.
10 Tú quebrantaste a Ráhab como a herido
   de muerte;
   Con tu brazo poderoso dispersaste a tus
   enemigos.
11 Tuyos son los cielos, tuya también la
   tierra;
   El mundo y cuanto lo llena, tú lo fundaste.
12 El norte y el sur, tú los creaste;
   El Tabor y el Hermón saltan de júbilo a
   tu nombre.
13 Tienes un brazo potente;
   Fuerte es tu mano, sublime tu diestra.
14 Justicia y juicio son el cimiento de tu
   trono;
   Misericordia y verdad van delante de tu
   rostro.
15 Bienaventurado el pueblo que sabe
   aclamarte;
   Andará, oh Jehová, a la luz de tu rostro.
16 En tu nombre se alegrará todo el día,
   Y en tu justicia será enaltecido;
17 Porque tú eres el esplendor de su potencia,
   Y por tu buena voluntad acrecentarás
   nuestro poder.
18 Porque Jehová es nuestro escudo,
   Y nuestro rey es el Santo de Israel.

19 Entonces hablaste en visión a tus santos,
   Y dijiste: He puesto el poder de socorrer sobre uno que es poderoso;
   He exaltado a un escogido de mi pueblo.
20 Hallé a David mi siervo;
   Lo ungí con mi óleo santo.
21 Mi mano lo sostendrá siempre,
   Y mi brazo lo fortalecerá.
22 No lo sorprenderá el enemigo,
   Ni el malvado lo humillará;
23 Sino que quebrantaré delante de él a sus
   enemigos,
   Y heriré a los que le aborrecen.
24 Mi verdad y mi misericordia estarán con
   él,
   Y en mi nombre será exaltado su poder.

25 Asimismo pondré su izquierda sobre el
   mar,
   Y sobre el gran río su diestra.
26 Él me invocará: Mi padre eres tú,
   Mi Dios, y la roca de mi salvación.
27 Yo también le nombraré mi primogénito,
   El más excelso de los reyes de la tierra.
28 Para siempre le conservaré mi misericordia,
   Y mi pacto con él será estable.
29 Estableceré su descendencia para siempre,
   Y su trono como los días de los cielos.
30 Si dejan sus hijos mi ley,
   Y no andan en mis juicios,
31 Si profanan mis estatutos,
   Y no guardan mis mandamientos,
32 Entonces castigaré con vara sus transgresiones,
   Y con azotes sus iniquidades.
33 Mas no retiraré de él mi misericordia,
   Ni desmentiré mi verdad.
34 No olvidaré mi pacto,
   Ni mudaré lo que ha salido de mis
   labios.
35 Una vez por todas he jurado por mi
   santidad,
   Y no mentiré a David.
36 Su descendencia durará por siempre,
   Y su trono como el sol delante de mí.
37 Como la luna permanecerá para
   siempre,
   Y como un testigo fiel en el cielo. Selah
38 Mas tú desechaste y menospreciaste a tu
   ungido,
   Y te has airado con él.
39 Rompiste el pacto de tu siervo;
   Has profanado su corona hasta la tierra.

40 Abriste brecha en todos sus vallados;
   Has destruido sus fortalezas.
41 Lo saquean todos los que pasan por el
   camino;
   Es la burla de sus vecinos.
42 Has exaltado la diestra de sus enemigos;
   Has alegrado a todos sus adversarios.
43 Embotaste, en cambio, el filo de su
   espada,
   Y no lo sostuviste en la batalla.
44 Hiciste cesar su gloria,
   Y echaste su trono por tierra.
45 Has acortado los días de su juventud;
   Le has cubierto de afrenta.   Selah

46 ¿Hasta cuándo, oh Jehová? ¿Te esconderás para siempre?
   ¿Arderá tu ira como el fuego?
47 Recuerda cuán breve es mi tiempo;
   ¿Habrás creado en vano a todo hijo de
   hombre?
48 ¿Qué hombre vivirá sin ver la muerte?
   ¿Librará su vida del poder del Seol?
                                      Selah
49 Señor, ¿dónde están tus antiguas misericordias,
   Que juraste a David por tu verdad?
50 Señor, acuérdate del oprobio de tus
   siervos;
   Oprobio de muchos pueblos, que llevo
   en mi seno.
51 Porque tus enemigos, oh Jehová, han
   deshonrado,
   Porque tus enemigos han deshonrado
   los pasos de tu ungido.

52 Bendito sea Jehová para siempre.
   Amén y Amén.

LIBRO IV

*La eternidad de Dios y la
transitoriedad del hombre*

Oración de Moisés, varón de Dios.

90 Señor, tú nos has sido por refugio
       De generación en generación.
2 Antes que naciesen los montes
   Y formases la tierra y el mundo,
   Desde el siglo y hasta el siglo, tú eres
   Dios.
3 Reduces al hombre hasta convertirlo en
   polvo,
   Y dices: Volved, hijos de los hombres.
4 Porque mil años delante de tus ojos
   Son como el día de ayer, que pasó,
   Y como una de las vigilias de la noche.

5 Los arrebatas como con torrente de
   aguas; son como un sueño,
   Como la hierba que brota en la mañana.
6 En la mañana florece y crece;
   A la tarde es cortada, y se seca.
7 Porque con tu furor somos consumidos,
   Y con tu ira somos trastornados.
8 Pusiste nuestras culpas delante de ti,
   Nuestras faltas ocultas, a la luz de tu
   mirada.
9 Porque todos nuestros días marchan a
   su ocaso a causa de tu ira;
   Se acaban nuestros años como un suspiro.
10 Los años de nuestra vida son setenta
   años;

Y, en los más robustos, hasta ochenta
años;
Con todo, su fortaleza es molestia y
trabajos,
Porque pronto pasan, y volamos.

11 ¿Quién conoce el poder de tu ira,
Y quién conoce tu enojo como los que te
temen?

12 Enséñanos de tal modo a contar nuestros días,
Que entre la sabiduría en nuestro corazón.

13 Vuélvete, oh Jehová, ¿hasta cuándo?
Ten compasión de tus siervos.

14 De mañana sácianos de tu misericordia,
Y cantaremos y nos alegraremos todos
nuestros días.

15 Alégranos a la medida de los días en que
nos afligiste,
Y de los años en que vimos el mal.

16 Manifiéstese a tus siervos tu obra,
Y tu gloria, a sus hijos.

17 Descienda el favor del Señor, nuestro
Dios, sobre nosotros,
Y ordena en nosotros la obra de nues-
tras manos;
Confirma tú la obra de nuestras manos.

Morando bajo la sombra del Omnipotente

91 El que habita al abrigo del Altísimo
Y mora bajo la sombra del Omnipotente,

2 Dice a Jehová: Esperanza mía, y castillo
mío;
Mi Dios, en quien confío.

3 Él te librará del lazo del cazador,
De la peste destructora.

4 Con sus plumas te cubrirá,
Y debajo de sus alas estarás seguro;
Escudo y adarga es su verdad.

5 No temerás el terror nocturno,
Ni saeta que vuele de día,

6 Ni pestilencia que ande en oscuridad,
Ni mortandad que en medio del día
destruya.

7 Caerán a tu lado mil,
Y diez mil a tu diestra;
Mas a ti no llegará.

8 Ciertamente con tus ojos mirarás
Y verás la retribución de los impíos.

9 Porque has puesto a Jehová, que es mi
esperanza,
Al Altísimo, por tu habitación,

10 No te sobrevendrá ningún mal,
Y ninguna plaga tocará tu morada.

11 Pues a sus ángeles dará orden acerca de
ti,

De que te guarden en todos tus caminos.

12 En las manos te llevarán,
Para que tu pie no tropiece en piedra.

13 Sobre el león y el áspid pisarás;
Hollarás al cachorro del león y al
dragón.

14 Por cuanto en mí ha puesto su amor, yo
también lo libraré;
Le pondré en alto, por cuanto ha
conocido mi nombre.

15 Me invocará, y yo le responderé;
Con él estaré yo en la angustia;
Lo libraré y le glorificaré.

16 Lo saciaré de larga vida,
Y le mostraré mi salvación.

Alabanza por la bondad de Dios

Salmo. Cántico para el sábado.

92 Bueno es alabarte, oh Jehová,
Y cantar salmos a tu nombre, oh
Altísimo;

2 Anunciar por la mañana tu misericordia,
Y tu fidelidad cada noche,

3 Al son del decacordio y del salterio,
En tono suave con el arpa.

4 Por cuanto me has alegrado, oh Jehová,
con tus obras;
En las obras de tus manos me gozo.

5 ¡Cuán grandes son tus obras, oh Jehová!
Muy profundos son tus designios.

6 El hombre necio no los entiende,
Y el insensato no los comprende.

7 Que si brotan los impíos como la hierba,
Y florecen todos los que hacen ini-
quidad,
Es para ser destruidos eternamente.

8 Mas tú, Jehová, para siempre eres Altísimo.

9 Porque he aquí tus enemigos, oh
Jehová,
Porque he aquí perecerán tus ene-
migos;
Serán dispersados todos los que hacen
maldad.

10 Pero tú aumentarás mis fuerzas como
las del búfalo;
Seré ungido con aceite fresco.

11 Y miraré *con desprecio* sobre mis enemigos;
Oirán mis oídos acerca de los que se
levantaron contra mí, de los malignos.

12 El justo florecerá como la palmera;
Crecerá como el cedro en el Líbano.

13 Plantados en la casa de Jehová,
En los atrios de nuestro Dios florecerán.

14 Aun en la vejez fructificarán;
   Estarán vigorosos y lozanos,
15 Para anunciar que Jehová es recto,
   Es mi roca, y en él no hay injusticia.

La majestad de Jehová

93 Jehová reina; se vistió de majestad;
   Jehová se vistió, se ciñó de poder.
   Asentó también el mundo, y no se moverá.
2 Firme está tu trono desde entonces;
   Tú eres eterno.

3 Alzaron los ríos, oh Jehová,
   Los ríos alzaron su voz;
   Alzaron los ríos su fragor.
4 Jehová en las alturas es más poderoso
   Que el estruendo de las muchas aguas,
   Más que las recias olas del mar.

5 Tus testimonios son muy fidedignos;
   La santidad es propia de tu casa,
   Oh Jehová, por los siglos y para
   siempre.

Oración clamando por venganza

94 Jehová, Dios de las venganzas,
   Dios de las venganzas, muéstrate.
2 Levántate, oh Juez de la tierra;
   Da a los soberbios su merecido.
3 ¿Hasta cuándo los impíos,
   Hasta cuándo, oh Jehová, se gozarán los
   impíos?

4 ¿Hasta cuándo se jactarán, hablando
   cosas arrogantes,
   Y se vanagloriarán todos los que hacen
   iniquidad?
5 A tu pueblo, oh Jehová, quebrantan,
   Y a tu heredad oprimen.
6 A la viuda y al extranjero matan,
   Y a los huérfanos quitan la vida.
7 Y dicen: No lo ve JAH,
   No se entera el Dios de Jacob.

8 Comprended, necios del pueblo;
   Y vosotros, fatuos, ¿cuándo seréis sabios?
9 El que plantó la oreja, ¿no oirá?
   El que formó el ojo, ¿no verá?
10 El que amonesta a las naciones, ¿no
   castigará?
   ¿No sabrá el que enseña al hombre la
   ciencia?
11 Jehová conoce los pensamientos de los
   hombres,
   Que son insustanciales.

12 Bienaventurado el hombre a quien tú,
   JAH, corriges,
   Y en tu ley lo instruyes,
13 Para hacerle descansar en los días de
   aflicción,
   En tanto que para el impío se cava la
   fosa.
14 Porque no abandonará Jehová a su
   pueblo,
   Ni desamparará su heredad,
15 Sino que el juicio será vuelto a la justicia,
   Y en pos de ella irán todos los rectos de
   corazón.

16 ¿Quién se levantará por mí contra los
   malignos?
   ¿Quién estará por mí contra los que
   hacen iniquidad?
17 Si no me ayudara Jehová,
   Pronto moraría mi alma en el silencio.
18 Cuando yo digo: Mi pie resbala,
   Tu misericordia, oh Jehová, me sustenta.
19 En la multitud de mis preocupaciones
   dentro de mí,
   Tus consolaciones alegran mi alma.
20 ¿Se aliará contigo el tribunal inicuo
   Que hace agravio bajo forma de ley?
21 Ellos atropellan el alma del justo,
   Y condenan la sangre inocente.
22 Mas Jehová me ha sido por baluarte,
   Y mi Dios por roca de mi refugio.
23 Y él hará recaer sobre ellos su iniquidad,
   Y los destruirá por su propia maldad;
   Los exterminará Jehová nuestro Dios.

Cántico de alabanza y de adoración

95 Venid, aclamemos alegremente a
   Jehová;
   Cantemos con júbilo a la roca de nuestra
   salvación.
2 Lleguemos ante su presencia con alabanza;
   Aclamémosle con cánticos.
3 Porque Jehová es Dios grande,
   Y Rey grande sobre todos los dioses.
4 Porque en su mano están las profundidades de la tierra,
   Y las alturas de los montes son suyas.
5 Suyo también el mar, pues él lo hizo;
   Y sus manos formaron la tierra seca.

6 Venid, adoremos y postrémonos;
   Arrodillémonos delante de Jehová
   nuestro Hacedor.
7 Porque él es nuestro Dios;
   Nosotros el pueblo de su prado, y el
   rebaño de su mano.
   ¡Ojalá oyerais hoy su voz!
8 No endurezcáis vuestro corazón, como
   en Meribá,
   Como en el día de Masá en el desierto,

9 Donde me tentaron vuestros padres,
   Me pusieron a prueba, aunque habían
   visto mis obras.
10 Cuarenta años estuve disgustado con la
   nación,
   Y dije: Es un pueblo de corazón extraviado,
   Y no han conocido mis caminos.
11 Por tanto, juré en mi furor
   Que no entrarían en mi reposo.

Cántico de alabanza

96 Cantad a Jehová cántico nuevo;
   Cantad a Jehová, toda la tierra.
2 Cantad a Jehová, bendecid su nombre;
   Anunciad de día en día su salvación.
3 Proclamad entre las naciones su gloria,
   En todos los pueblos sus maravillas.
4 Porque grande es Jehová, y digno de
   suprema alabanza;
   Temible sobre todos los dioses.
5 Porque todos los dioses de los pueblos
   son meras figuras;
   Pero Jehová hizo los cielos.
6 Honor y majestad delante de él;
   Poder y gloria en su santuario.

7 Tributad a Jehová, oh familias de los
   pueblos,
   Tributad a Jehová la gloria y el poder.
8 Dad a Jehová la honra debida a su
   nombre;
   Traed ofrendas, y venid a sus atrios.
9 Adorad a Jehová en la hermosura de la
   santidad;
   Tema delante de él toda la tierra.

10 Decid entre las naciones: Jehová reina.
   También afianzó el mundo, y no vaci-
   lará;
   Juzgará a los pueblos con justicia.
11 Alégrense los cielos, y gócese la tierra;
   Retumbe el mar y cuanto lo llena.
12 Regocíjese el campo, y todo lo que en él
   está;
   Todos los árboles del bosque rebosen de
   contento,
13 Delante de Jehová que ya llega;
   Ya viene a juzgar la tierra.
   Juzgará al mundo con justicia,
   Y a los pueblos con su verdad.

El dominio y el poder de Jehová

97 Jehová reina; regocíjese la tierra,
   Alégrense las muchas islas.
2 Nubes y oscuridad alrededor de él;
   Justicia y juicio son el cimiento de su
   trono.
3 Fuego irá delante de él,
   Y abrasará a sus enemigos alrededor.
4 Sus relámpagos alumbran el mundo;

La tierra lo ve y se estremece.
5 Los montes se derriten como cera delante de Jehová,
   Delante del Señor de toda la tierra.

6 Los cielos anuncian su justicia,
   Y todos los pueblos ven su gloria.
7 Avergüéncense todos los que sirven a
   las imágenes de talla,
   Los que se glorían en los ídolos.
   Póstrense a él todos los dioses.
8 Lo oye Sión, y se alegra;
   Y las hijas de Judá,
   Oh Jehová, se regocijan a causa de tus
   juicios.
9 Porque tú, Jehová, eres excelso sobre
   toda la tierra;
   Estás encumbrado sobre todos los
   dioses.

10 Jehová ama a los que aborrecen el mal;
   Él guarda las almas de sus santos;
   De manos de los impíos los libra.
11 La luz está implantada dentro del justo,
   Y la alegría en los rectos de corazón.
12 Alegraos, justos, en Jehová,
   Y alabad su santo nombre.

Alabanza por la justicia de Dios
Salmo.

98 Cantad a Jehová cántico nuevo,
   Porque ha hecho maravillas;
   Su diestra lo ha salvado, y su santo
   brazo.
2 Jehová ha hecho notoria su salvación;
   A vista de las naciones ha descubierto su
   justicia.
3 Se ha acordado de su misericordia y de
   su verdad para con la casa de Israel;
   Todos los confines de la tierra han visto
   la salvación de nuestro Dios.

4 Cantad alegres a Jehová, toda la tierra;
   Levantad la voz, y vitoread, y cantad
   salmos.
5 Cantad salmos a Jehová con arpa;
   Con arpa y al son del salterio.
6 Aclamad con clarines y al son de trompetas,
   Delante del rey Jehová.

7 Retumbe el mar y cuanto contiene,
   El mundo y los que en él habitan;
8 Los ríos batan las manos,
   Los montes todos hagan regocijo
9 Delante de Jehová, porque viene a juz-
   gar la tierra.
   Juzgará al mundo con justicia,
   Y a los pueblos con rectitud.

Fidelidad de Jehová para con Israel

99 Jehová reina; tiemblen los pueblos.
Él está sentado sobre los querubines,
estremézcase la tierra.

2 Jehová es grande en Sión,
Y encumbrado sobre todos los pueblos.

3 Alaben tu nombre grande y temible;
Él es santo.

4 Es el Rey poderoso que ama la justicia.
Tú estableces la rectitud;
Tú has hecho en Jacob justicia y derecho.

5 Exaltad a Jehová nuestro Dios,
Y postraos ante el estrado de sus pies;
Él es santo.

6 Moisés y Aarón entre sus sacerdotes,
Y Samuel entre los que invocaron su nombre;
Invocaban a Jehová, y él les respondía.

7 En columna de nube hablaba con ellos;
Guardaban sus testimonios, y el estatuto que les había dado.

8 Jehová Dios nuestro, tú les respondías;
Fuiste para ellos un Dios perdonador,
Y vengador de sus maldades.

9 Exaltad a Jehová nuestro Dios,
Y postraos ante su santo monte,
Porque Jehová nuestro Dios es santo.

Exhortación a la gratitud
Salmo de alabanza.

100 Cantad alegres a Dios, habitantes de toda la tierra.

2 Servid a Jehová con alegría;
Venid ante su presencia con regocijo.

3 Reconoced que Jehová es Dios;
Él nos hizo, y no nosotros a nosotros mismos;
Pueblo suyo somos, y ovejas de su prado.

4 Entrad por sus puertas con acción de gracias,
Por sus atrios con alabanza;
Alabadle, bendecid su nombre.

5 Porque Jehová es bueno; para siempre es su misericordia,
Y su verdad por todas las generaciones.

Promesa de vivir rectamente
Salmo de David.

101 Misericordia y justicia cantaré;
A ti cantaré yo, oh Jehová.

2 Aprenderé el camino de la perfección.
¿Cuándo vendrás a mí?
En la integridad de mi corazón andaré
en el interior de mi casa.

3 No pondré delante de mis ojos ninguna
cosa injusta.

Aborrezco la obra de los que se desvían;
Nada de ellos se me pegará.

4 Corazón perverso se apartará de mí;
No conoceré al malvado.

5 Al que solapadamente difama a su
prójimo, lo exterminaré;
No soportaré al de ojos altaneros y de
corazón vanidoso.

6 Mis ojos pondré en los fieles de la tierra,
para que moren conmigo;
El que ande en el camino de la perfección, ése será mi servidor.

7 No habitará dentro de mi casa el que
comete fraude;
El que habla mentiras no permanecerá
en mi presencia.

8 Cada mañana exterminaré a todos los
impíos de la nación,
Para extirpar de la ciudad de Jehová a
todos los autores de iniquidad.

Oración de un afligido
Oración del que sufre cuando está angustiado,
y delante de Jehová derrama su lamento.

102 Jehová, escucha mi oración,
Y llegue a ti mi clamor.

2 No escondas de mí tu rostro en el día de
mi angustia;
Inclina a mí tu oído;
Apresúrate a responderme el día en que
te invoque.

3 Porque mis días se desvanecen como
humo,
Y mis huesos están quemados cual
tizón.

4 Mi corazón está marchito como la hierba cortada,
Y me olvido de comer mi pan.

5 Por la voz de mis gemidos
Mis huesos se han pegado a mi piel.

6 Soy semejante al pelícano del desierto;
Soy como búho entre ruinas;

7 Me desvelo y gimo
Como el pájaro solitario sobre el tejado.

8 Cada día me insultan mis enemigos;
Los que contra mí se enfurecen, se han
conjurado para maldecirme.

9 Por lo cual yo como ceniza a manera de
pan,
Y mi bebida mezclo con lágrimas,

10 A causa de tu enojo y de tu ira;
    Pues me alzaste *en vilo* y me has
    arrojado.
11 Mis días son como sombra que se alarga,
    Y me he secado como la hierba.

12 Mas tú, Jehová, permanecerás para
    siempre,
    Y tu memoria de generación en genera-
    ción.
13 Te levantarás y tendrás misericordia de
    Sión,
    Porque es tiempo de tener misericordia
    de ella, porque el plazo ha llegado.
14 Porque tus siervos aman sus piedras,
    Y del polvo de ella tienen compasión.
15 Entonces las naciones temerán el nom-
    bre de Jehová,
    Y todos los reyes de la tierra tu gloria;
16 Por cuanto Jehová habrá edificado a
    Sión,
    Y en su gloria será manifestado;
17 Habrá considerado la oración de los
    desvalidos,
    Y no habrá desechado el ruego de ellos.
18 Se escribirá esto para la generación ve-
    nidera,
    Y el pueblo que está por nacer alabará a
    JAH,
19 Porque miró desde lo alto de su san-
    tuario;
    Jehová miró desde los cielos a la tierra,
20 Para escuchar el gemido de los cautivos,
    Para librar a los sentenciados a muerte;
21 Para pregonar en Sión el nombre de
    Jehová,
    Y su alabanza en Jerusalén,
22 Cuando los pueblos se congreguen a
    una,
    Y los reyes para dar culto a Jehová.

23 Él debilitó mi fuerza en el camino;
    Acortó mis días.
24 Dije: Dios mío, no me cortes en la mitad
    de mis días;
    Por generación de generaciones son tus
    años.

25 Desde el principio tú fundaste la tierra,
    Y los cielos son obra de tus manos.
26 Ellos perecerán, mas tú permanecerás;
    Y todos ellos como una vestidura se
    envejecerán;
    Como un vestido los mudarás, y serán
    mudados;
27 Pero tú eres el mismo,
    Y tus años no se acabarán.
28 Los hijos de tus siervos habitarán se-
    guros,
    Y su descendencia será establecida de-
    lante de ti.

Alabanza por las bendiciones de Dios
Salmo de David.

103 Bendice, alma mía, a Jeho-
        vá,
    Y bendiga todo mi ser su santo nombre.
2   Bendice, alma mía, a Jehová,
    Y no olvides ninguno de sus beneficios.
3   Él es quien perdona todas tus iniqui-
    dades,
    El que sana todas tus dolencias;
4   El que rescata de la fosa tu vida,
    El que te corona de favores y misericor-
    dias;
5   El que sacia de bien tu boca
    De modo que te rejuvenezcas como el
    águila.

6   Jehová es el que hace justicia
    Y derecho a todos los oprimidos.
7   Sus caminos notificó a Moisés,
    Y a los hijos de Israel sus obras.
8   Misericordioso y clemente es Jehová;
    Lento para la ira, y grande en miseri-
    cordia.
9   No recrimina para siempre,
    Ni para siempre guarda el enojo.
10 No ha hecho con nosotros conforme a
    nuestras iniquidades,
    Ni nos ha pagado conforme a nuestros
    pecados.
11 Porque como la altura de los cielos
    sobre la tierra,
    Engrandeció su misericordia sobre los
    que le temen.
12 Cuanto está lejos el oriente del occi-
    dente,
    Hizo alejar de nosotros nuestras rebe-
    liones.
13 Como el padre se compadece de los
    hijos,
    Se compadece Jehová de los que le
    temen.
14 Porque él conoce nuestra condición;
    Se acuerda de que somos polvo.

15 El hombre, como la hierba son sus días;
    Florece como la flor del campo,
16 Que pasó el viento por ella, y pereció,
    Y su lugar no la conocerá más.
17 Mas la misericordia de Jehová es desde
    la eternidad y hasta la eternidad sobre
    los que le temen,
    Y su justicia sobre los hijos de los hijos;
18 Sobre los que guardan su pacto,
    Y los que se acuerdan de sus manda-
    mientos para ponerlos por obra.

19 Jehová estableció en los cielos su trono,
    Y su soberanía domina sobre todo.
20 Bendecid a Jehová, vosotros sus án-
    geles,

Poderosos en fortaleza, que ejecutáis su palabra,
Obedeciendo a la voz de su precepto.

21 Bendecid a Jehová, vosotros todos sus ejércitos,
Ministros suyos, que hacéis su voluntad.

22 Bendecid a Jehová, vosotras todas sus obras,
En todos los lugares de su señorío.
Bendice, alma mía, a Jehová.

Dios cuida de su creación

104 Bendice, alma mía, a Jehová.
Jehová Dios mío, mucho te has engrandecido;
Te has vestido de gloria y de majestad.

2 El que se cubre de luz como de vestidura,
Que extiende los cielos como una cortina,

3 Que construye sus aposentos sobre las aguas,
El que pone las nubes por su carroza,
El que anda sobre las alas del viento;

4 El que hace a los vientos sus mensajeros,
Y a las llamas de fuego sus ministros.

5 Él fundó la tierra sobre sus cimientos;
No será jamás removida.

6 Con el abismo, como con vestido, la cubriste;
Sobre los montes estaban las aguas.

7 A tu represión huyeron;
Al sonido de tu trueno se apresuraron;

8 Subieron los montes, descendieron los valles,
Al lugar que tú les señalaste.

9 Les pusiste un límite que no traspasarán,
Ni volverán a cubrir la tierra.

10 Tú eres el que saca de las fuentes los arroyos;
Se deslizan entre los montes;

11 Dan de beber a todas las bestias del campo;
Mitigan la sed de los asnos monteses.

12 A sus orillas habitan las aves de los cielos;
Cantan entre las ramas.

13 Él riega los montes desde las alturas;
Del fruto de sus obras se sacia la tierra.

14 Él hace producir el heno para las bestias,
Y las plantas para el uso del hombre,
Para que saque el pan de la tierra,

15 Y el vino que alegra el corazón del hombre,

El aceite que hace brillar el rostro,
Y el pan que sustenta la vida del hombre.

16 Se llenan de savia los árboles de Jehová,
Los cedros del Líbano que él plantó.

17 Allí anidan las aves;
En su copa hace su casa la cigüeña.

18 Los riscos son para las cabras monteses;
Las peñas, madrigueras para los conejos.

19 Hizo la luna para marcar los tiempos;
El sol conoce su ocaso.

20 Traes las tinieblas, y se hace de noche;
En ella corretean todas las bestias de la selva.

21 Los leoncillos rugen tras la presa,
Reclamando a Dios su comida.

22 Sale el sol, se recogen,
Y se echan en sus guaridas.

23 Sale el hombre a su labor,
Y a su labranza hasta la tarde.

24 ¡Cuán innumerables son tus obras, oh Jehová!
Hiciste todas ellas con sabiduría;
La tierra está llena de tus criaturas.

25 He allí el grande y anchuroso mar,
En donde se mueven seres innumerables,
Seres pequeños y grandes.

26 Lo surcan las naves,
Y ese leviatán que hiciste para que retozase en él.

27 Todos ellos esperan en ti,
Para que les des su comida a su tiempo.

28 Se la das, y la atrapan;
Abres tu mano, y se sacian de bien.

29 Escondes tu rostro, y se espantan;
Les retiras el aliento, dejan de existir,
Y vuelven al polvo.

30 Envías tu soplo, y son creados,
Y renuevas la faz de la tierra.

31 Sea la gloria de Jehová para siempre;
Alégrese Jehová en sus obras.

32 Él mira a la tierra, y ella tiembla;
Toca los montes, y humean.

33 A Jehová cantaré durante toda mi vida;
A mi Dios cantaré salmos mientras exista.

34 Que le sea agradable mi meditación;
Yo tengo mi gozo en Jehová.

35 Sean barridos de la tierra los pecadores,
Y los impíos dejen de existir.
Bendice, alma mía, a Jehová.
Aleluya.

Maravillas de Jehová a favor de Israel

105 Alabad a Jehová, invocad su nombre;

Dad a conocer sus obras en los pueblos.

2 Cantadle, cantadle salmos;
Pregonad todas sus maravillas.

3 Gloriaos en su santo nombre;
Alégrese el corazón de los que buscan a Jehová.

4 Buscad a Jehová y su poder;
Buscad siempre su rostro.

5 Acordaos de las maravillas que él ha hecho,
De sus prodigios y de los juicios de su boca,

6 Oh vosotros, descendencia de Abraham su siervo,
Hijos de Jacob, sus escogidos.

7 Él es Jehová nuestro Dios;
En toda la tierra están sus juicios.

8 Se acordó para siempre de su pacto;
De la palabra dada por mil generaciones,

9 La cual concertó con Abraham,
Y de su juramento a Isaac.

10 La estableció a Jacob por decreto,
A Israel por pacto sempiterno,

11 Diciendo: A ti te daré la tierra de Canaán
Como porción de vuestra heredad.

12 Cuando ellos eran pocos en número,
Y forasteros en ella,

13 Y andaban de nación en nación,
De un reino a otro pueblo,

14 No consintió que nadie los oprimiera,
Y por causa de ellos castigó a los reyes.

15 No toquéis, dijo, a mis ungidos,
Ni hagáis mal a mis profetas.

16 Trajo hambre sobre la tierra,
Y quebrantó todo sustento de pan.

17 Envió a un varón delante de ellos;
A José, que fue vendido como esclavo.

18 Afligieron sus pies con grillos;
En cárcel fue puesta su persona.

19 Hasta la hora en que se cumplió su predicción,
Y le acreditó la palabra de Jehová.

20 Envió el rey, y le soltó;
El señor de los pueblos le dejó ir libre.

21 Lo puso por señor de su casa,
Y por gobernador de todas sus posesiones,

22 Para que reprimiera a sus grandes como él quisiese,
Y a sus ancianos enseñara sabiduría.

23 Después entró Israel en Egipto,
Y Jacob moró en la tierra de Cam.

24 Y multiplicó su pueblo en gran manera,
Y lo hizo más fuerte que sus enemigos.

25 Cambió el corazón de ellos para que aborreciesen a su pueblo,
Para que contra sus siervos tramasen el mal.

26 Envió a su siervo Moisés,
Y a Aarón, al cual escogió.

27 Por medio de ellos realizó sus señales,
Y sus prodigios en la tierra de Cam.

28 Envió tinieblas que lo oscurecieron todo;
Pero fueron rebeldes a sus palabras.

29 Volvió sus aguas en sangre,
Y mató sus peces.

30 Su tierra produjo ranas
Hasta en las alcobas de sus reyes.

31 Habló, y vinieron enjambres de moscas,
Y mosquitos en todos sus términos.

32 Les dio granizo por lluvia,
Y llamas de fuego en su tierra.

33 Destrozó sus viñas y sus higueras,
Y quebró los árboles de su territorio.

34 Habló, y vinieron langostas,
Y pulgón sinnúmero;

35 Y comieron la hierba de su país,
Y devoraron el fruto de su tierra.

36 Hirió de muerte a todos los primogénitos en su tierra,
Todas las primicias de su fuerza.

37 A los suyos los sacó con plata y oro;
Y no hubo en sus tribus ninguno que flaqueara.

38 Egipto se alegró de que salieran,
Porque su terror había caído sobre ellos.

39 Extendió una nube por cubierta,
Y fuego para alumbrar la noche.

40 Pidieron, e hizo venir codornices;
Y los sació de pan del cielo.

41 Abrió la peña, y fluyeron aguas,
Corrieron por los sequedales como un río.

42 Porque se acordó de su santa palabra
Dada a Abraham su siervo.

43 Sacó a su pueblo con gozo;
Con júbilo a sus escogidos.

44 Les dio las tierras de los gentiles,
Y heredaron las labores de los pueblos;

45 Para que guardase sus estatutos,
Y cumpliesen sus leyes.
Aleluya.

Rebeldía de Israel

106 Aleluya.
Alabad a Jehová, porque él es bueno;
Porque para siempre es su misericordia.

2 ¿Quién expresará las poderosas obras de Jehová?
¿Quién contará sus alabanzas?

3 Dichosos los que guardan el derecho,
Los que practican la justicia en todo tiempo.

4 Acuérdate de mí, oh Jehová, según tu benevolencia para con tu pueblo;

Visítame con tu salvación,
5 Para que yo vea la dicha de tus escogidos,
   Para que me goce en la alegría de tu
   nación,
   Y me felicite con tu heredad.

6 Hemos pecado nosotros, como nuestros
   padres;
   Hicimos iniquidad, hicimos impiedad.
7 Nuestros padres en Egipto no entendieron tus maravillas;
   No se acordaron de la muchedumbre de
   tus misericordias,
   Sino que se rebelaron junto al mar, el
   Mar Rojo.
8 Pero él los salvó por amor de su nombre,
   Para hacer notorio su poder.
9 Increpó al Mar Rojo y lo secó,
   Y les hizo caminar por el mar como por
   un desierto.
10 Los salvó de mano del enemigo,
   Y los rescató de mano del adversario.
11 Cubrieron las aguas a sus enemigos;
   No quedó ni uno de ellos.
12 Entonces creyeron a sus palabras
   Y cantaron su alabanza.

13 Pero pronto olvidaron sus obras;
   No atendieron a su consejo.
14 Se entregaron a un deseo desordenado
   en el desierto;
   Y tentaron a Dios en la soledad.
15 Y él les dio lo que pidieron;
   Mas envió mortandad sobre ellos.

16 Tuvieron envidia de Moisés en el cam-
   pamento,
   Y contra Aarón, el santo de Jehová.
17 Entonces se abrió la tierra y tragó a
   Datán,
   Y cubrió la compañía de Abiram.
18 Y se encendió fuego contra su cuadrilla;
   La llama quemó a los impíos.

19 Hicieron un becerro en Horeb,
   Se postraron ante una imagen de fundición.
20 Así cambiaron su gloria
   Por la imagen de un buey que come
   hierba.
21 Olvidaron al Dios de su salvación,
   Que había hecho grandezas en Egipto,
22 Maravillas en la tierra de Cam,
   Cosas portentosas sobre el Mar Rojo.
23 Y trató de exterminarlos,
   De no haberse interpuesto Moisés su
   escogido delante de él,
   A fin de apartar su indignación para que
   no los destruyese.

24 Pero aborrecieron la tierra deseable;
   No creyeron a su palabra,

25 Antes murmuraron en sus tiendas,
   Y no escucharon la voz de Jehová.
26 Por tanto, alzó su mano contra ellos
   Para abatirlos en el desierto,
27 Aventar su estirpe entre las naciones
   Y esparcirlos por las tierras.

28 Se unieron asimismo a Baal-peor,
   Y comieron los sacrificios de los
   muertos.
29 Provocaron la ira de Dios con sus obras,
   Y se desató la mortandad entre ellos.
30 Entonces se levantó Finées e hizo justicia,
   Y se detuvo la plaga;
31 Y le fue contado por justicia
   De generación en generación para
   siempre.

32 También le irritaron en las aguas de
   Meribá;
   Y le fue mal a Moisés por causa de ellos,
33 Porque le amargaron el espíritu,
   Y habló inconsideradamente con sus
   labios.
34 No exterminaron a los pueblos
   Que Jehová les dijo;
35 Antes se mezclaron con los gentiles,
   Imitaron sus costumbres,
36 Y sirvieron a sus ídolos,
   Los cuales fueron causa de su ruina.
37 Sacrificaron sus hijos y sus hijas a los
   demonios,
38 Y derramaron la sangre inocente, la
   sangre de sus hijos y de sus hijas,
   Que ofrecieron en sacrificio a los ídolos
   de Canaán,
   Y la tierra fue contaminada con sangre.
39 Se contaminaron así con sus obras,
   Y se prostituyeron con sus hechos.

40 Se encendió, por tanto, el furor de
   Jehová sobre su pueblo,
   Y abominó su heredad;
41 Los entregó en poder de las naciones,
   Y se enseñorearon de ellos los que les
   aborrecían.
42 Sus enemigos los oprimieron,
   Y fueron quebrantados debajo de su
   mano.
43 Muchas veces los libró;
   Mas ellos se rebelaron contra su consejo,
   Y se hundieron en su maldad.
44 Con todo, él miraba cuando estaban en
   angustia,
   Y oía su clamor;
45 Y se acordaba de su pacto con ellos,
   Y era movido a compasión conforme a
   la muchedumbre de sus misericordias.
46 Hizo asimismo que tuviesen de ellos

misericordia todos los que los tenían
cautivos.

47 Sálvanos, Jehová Dios nuestro,
Y recógenos de entre las naciones,
Para que alabemos tu santo nombre,

Para que nos gloriemos en tus alabanzas.

48 Bendito Jehová Dios de Israel,
Desde la eternidad y hasta la eternidad;
Y diga todo el pueblo, Amén.
Aleluya.

LIBRO V

Dios libra de la aflicción

107 Alabad a Jehová, porque él es
bueno;
Porque para siempre es su misericordia.
2 Díganlo los redimidos de Jehová,
Los que ha redimido del poder del enemigo,
3 Y los ha congregado de las tierras,
Del oriente y del occidente,
Del norte y del sur.

4 Anduvieron errantes por el desierto,
por la soledad sin camino,
Sin hallar ciudad en donde vivir.
5 Hambrientos y sedientos,
Su alma desfallecía en ellos.
6 Entonces clamaron a Jehová en su angustia,
Y los libró de sus aflicciones.
7 Los dirigió por camino derecho,
Para que viniesen a ciudad habitable.
8 Alaben la misericordia de Jehová,
Y sus maravillas para con los hijos de los
hombres.
9 Porque sacia al alma menesterosa,
Y llena de bien al alma hambrienta.

10 Yacían en tinieblas y sombra de muerte,
Aprisionados en aflicción y en hierros,
11 Por cuanto fueron rebeldes a las palabras de Jehová,
Y despreciaron el plan del Altísimo.
12 Por eso quebrantó con trabajos sus corazones;
Cayeron, y no hubo quien les soco-
rriese.
13 Luego que clamaron a Jehová en su
angustia,
Los libró de sus aflicciones.
14 Los sacó de las tinieblas y de la sombra
de muerte,
Y rompió sus ataduras.
15 Alaben la misericordia de Jehová,
Y sus maravillas para con los hijos de los
hombres.
16 Porque quebrantó las puertas de
bronce,
Y desmenuzó los cerrojos de hierro.

17 Fueron afligidos los insensatos, a causa
del camino de su rebelión
Y a causa de sus maldades;
18 Su alma abominó todo alimento,
Y llegaron hasta las puertas de la
muerte.
19 Pero clamaron a Jehová en su angustia,
Y los libró de sus aflicciones.
20 Envió su palabra, y los sanó,
Y los libró de su ruina.
21 Alaben la misericordia de Jehová,
Y sus maravillas para con los hijos de los
hombres;
22 Ofrezcan sacrificios de alabanza,
Y publiquen sus obras con júbilo.

23 Los que descienden al mar en naves,
Y hacen negocio en las muchas aguas,
24 Ellos han visto las obras de Jehová,
Y sus maravillas en las profundidades.
25 Porque habló, e hizo levantar un viento
tempestuoso,
Que encrespa sus olas.
26 Suben a los cielos, descienden a los
abismos;
Sus almas se desleían *bajo el peso* del
mal.
27 Tiemblan y titubean como ebrios,
Y toda su pericia es inútil.
28 Entonces claman a Jehová en su angustia,
Y los libra de sus aflicciones.
29 Cambia la tempestad en sosiego,
Y se apaciguan sus olas.
30 Luego se alegran, porque se apaci-
guaron;
Y así los guía al puerto que deseaban.
31 Alaben la misericordia de Jehová,
Y sus maravillas para con los hijos de los
hombres.
32 Exáltenlo en la congregación del
pueblo,
Y en la reunión de los ancianos lo
alaben.

33 Él cambia los ríos en desierto,
Y los manantiales de las aguas en sequedales;
34 La tierra fructífera en estéril,

Por la maldad de los que la habitan.

35 Transforma el desierto en estanques de
aguas,
Y la tierra seca en manantiales.

36 Allí establece a los hambrientos,
Y fundan ciudad en donde vivir.

37 Siembran campos, y plantan viñas,
Que producen abundante cosecha.

38 Los bendice, y se multiplican en gran
manera;
Y no disminuye su ganado.

39 Si son menoscabados y abatidos
Bajo el peso de infortunios y congojas,

40 Él esparce menosprecio sobre los príncipes,
Y les hace andar errantes, en un desierto sin camino.

41 Mas él levanta de la miseria al pobre,
Y hace multiplicar las familias como
rebaños de ovejas.

42 Véanlo los rectos, y alégrense,
Y todos los malos cierren su boca.

43 ¿Quién es sabio y guardará estas cosas,
Y entenderá las misericordias de
Jehová?

Petición de ayuda contra el enemigo

Cántico. Salmo de David.

108 Mi corazón está dispuesto, oh
Dios;
Cantaré y entonaré salmos; ésta es mi
gloria.

2 Despiértate, salterio y arpa;
Despertaré al alba.

3 Te alabaré, oh Jehová, entre los pueblos;
A ti cantaré salmos entre las naciones.

4 Porque más grande que los cielos es tu
misericordia,
Y hasta los cielos tu verdad.

5 Exaltado seas sobre los cielos, oh Dios,
Y sobre toda la tierra sea enaltecida tu
gloria.

6 Para que sean librados tus amados,
Salva con tu diestra y respóndeme.

7 Dios ha dicho en su santuario: Yo me
regocijaré;
Repartiré a Siquem, y mediré el valle de
Sucot.

8 Mío es Galaad, mío es Manasés,
Y Efraín es el yelmo de mi cabeza;
Judá es mi cetro.

9 Moab, la jofaina para lavarme;
Sobre Edom echaré mi calzado;
Me regocijaré sobre Filistea.

10 ¿Quién me guiará a la ciudad fortificada?

¿Quién me guiará hasta Edom,

11 Si tú, oh Dios, nos has desechado,
Y no sales ya con nuestras tropas?

12 Danos socorro contra el adversario,
Porque vana es la ayuda del hombre.

13 Con Dios haremos proezas,
Y él aplastará a nuestros enemigos.

Clamor de venganza

Al músico principal. Salmo de David.

109 Oh Dios de mi alabanza, no calles;

2 Porque la boca del impío y la boca del
engañador se han abierto contra mí;
Han hablado contra mí con lengua mentirosa;

3 Con palabras de odio me han rodeado,
Y pelearon contra mí sin motivo.

4 En pago de mi amor me han sido adversarios;
Mas yo oraba.

5 Me devuelven mal por bien,
Y odio por amor.

6 Pon sobre él a un impío,
Y Satanás esté a su diestra.

7 Cuando fuere juzgado, salga culpable;
Y su oración le sea tenida por pecado.

8 Sean sus días pocos;
Y que ocupe otro su empleo.

9 Queden sus hijos huérfanos,
Y su mujer viuda.

10 Anden sus hijos vagabundos, y mendi-
guen;
Y procuren su pan lejos de sus desolados hogares.

11 Que el acreedor se apodere de todo lo
que tiene,
Y los extranjeros saqueen el fruto de su
trabajo.

12 No tenga quien le haga misericordia,
Ni haya quien tenga compasión de sus
huérfanos.

13 Su posteridad sea exterminada;
En la segunda generación sea borrado
su nombre.

14 Venga en memoria ante Jehová la maldad de sus padres,
Y el pecado de su madre no sea borrado.

15 Estén siempre delante de Jehová,
Y él extirpe de la tierra su memoria,

16 Por cuanto no se acordó de hacer misericordia,
Y persiguió al hombre desdichado y
menesteroso,
Al quebrantado de corazón, para darle
muerte.

17 Amó la maldición; recaiga sobre él;
Y no quiso la bendición; retírese, pues,
de él.

18 Se vistió de maldición como de su vestido,

Y entró como agua en sus entrañas,
Y como aceite en sus huesos.
19 Séale como vestido con que se cubra,
Y en lugar de cinto con que se ciña
siempre.

20 Sea éste el pago de parte de Jehová a los
que me calumnian,
Y a los que hablan mal contra mi alma.
21 Y tú, Jehová, Señor mío, favoréceme
por amor de tu nombre;
Líbrame, porque tu misericordia es
buena.
22 Porque yo estoy atribulado y necesitado,
Y mi corazón está herido dentro de mí.
23 Me voy como la sombra cuando declina;
Soy sacudido como langosta.
24 Mis rodillas están debilitadas a causa del
ayuno,
Y mi carne desfallece por falta de grasa.
25 Yo he sido para ellos objeto de escarnio;
Me miraban, y, burlándose, meneaban
la cabeza.

26 Ayúdame, Jehová Dios mío;
Sálvame conforme a tu misericordia.
27 Y entiendan que ésta es tu mano;
Que tú, Jehová, has hecho esto.
28 Maldigan ellos, pero bendice tú;
Levántense, mas sean avergonzados, y
regocíjese tu siervo.
29 Sean vestidos de ignomia los que me
calumnian;
Sean cubiertos de confusión como con
un manto.

30 Yo alabaré a Jehová en gran manera con
mi boca,
Y en medio de la muchedumbre le alabaré,
31 Porque él se pondrá a la diestra del
pobre,
Para librar su alma de los que le juzgan
injustamente.

El sacerdocio del Mesías

Salmo de David.

110 Jehová dijo a mi Señor:
Siéntate a mi diestra,
Hasta que ponga a tus enemigos por
estrado de tus pies.

2 Jehová extenderá desde Sión el cetro de
tu poder;
Domina en medio de tus enemigos.
3 Tu pueblo se te ofrecerá voluntariamente el día en que guíes tus tropas vesti-
das de santos arreos desde el despuntar del alba.
Has resplandecido con el rocío de tu
juventud.

4 Juró Jehová, y no se arrepentirá:
Tú eres sacerdote para siempre
Según el orden de Melquisedec.

5 El Señor está a tu diestra;
Quebrantará a los reyes en el día de su
ira.
6 Juzgará entre las naciones,
Las llenará de cadáveres;
Quebrantará las cabezas sobre un inmenso campo.
7 Del arroyo beberá en su camino,
Por lo cual levantará la cabeza.

Dios cuida de su pueblo

Aleluya.

111 Alabaré a Jehová con todo el corazón
En la compañía de los rectos, en la
asamblea.
2 Grandes son las obras de Jehová,
Dignas de meditarse por cuantos en
ellas se complacen.
3 Esplendor y majestad es su obra,
Y su justicia permanece para siempre.
4 Ha hecho memorables sus maravillas;
Clemente y misericordioso es Jehová.
5 Ha dado alimento a los que le temen;
Para siempre se acordará de su pacto.
6 El poder de sus obras manifestó a su
pueblo,
Dándole la heredad a las naciones.
7 Las obras de sus manos son verdad y
justicia;
Fieles son todos sus mandamientos,
8 Afirmados eternamente y para siempre,
Ejecutados con verdad y rectitud.
9 Redención ha enviado a su pueblo;
Para siempre ha ratificado su pacto;
Santo y temible es su nombre.
10 El principio de la sabiduría es el temor
de Jehová;
Buen discernimiento tienen todos los
que practican sus mandamientos;
Su alabanza permanece para siempre.

Prosperidad del que teme a Jehová

Aleluya.

112 Bienaventurado el hombre que teme a Jehová,
Y en sus mandamientos se deleita en
gran manera.
2 Su descendencia será poderosa en la
tierra;
La generación de los rectos será bendita.
3 Bienes y riquezas hay en su casa,
Y su justicia permanece para siempre.

4   Resplandeció en las tinieblas una luz
    para los rectos;
    Es clemente, misericordioso y justo.
5   El hombre de bien tiene misericordia, y
    presta;
    Gobierna sus asuntos con juicio.
6   Por lo cual no será zarandeado jamás;
    En memoria eterna será el justo.
7   No tendrá temor de malas noticias;
    Su corazón está firme, confiado en
    Jehová.
8   Seguro está su corazón; no temerá,
    Al fin confundirá a sus adversarios.
9   Reparte, da a los pobres;
    Su justicia permanece para siempre;
    Su poder será exaltado en gloria.
10 Lo verá el impío y se irritará;
    Crujirá los dientes, y se consumirá.
    El deseo de los impíos perecerá.

Dios levanta al pobre

Aleluya.

113 Alabad, siervos de Jehová,
       Alabad el nombre de Jehová.
2   Sea el nombre de Jehová bendito
    Desde ahora y para siempre.
3   Desde el nacimiento del sol hasta donde
    se pone,
    Sea alabado el nombre de Jehová.
4   Excelso sobre todas las naciones es
    Jehová,
    Sobre los cielos su gloria.

5   ¿Quién como Jehová nuestro Dios,
    Que se sienta en las alturas,
6   Que se humilla a mirar
    En el cielo y en la tierra?
7   Él levanta del polvo al pobre,
    Y al menesteroso alza del muladar,
8   Para hacerlos sentar con los príncipes,
    Con los príncipes de su pueblo.
9   Él hace habitar en una casa a la estéril,
    Gozosa ya en ser madre de hijos.
    Aleluya.

Las maravillas del Éxodo

114 Cuando salió Israel de Egip-
       to,
    La casa de Jacob de un pueblo bárbaro,
2   Judá vino a ser su santuario,
    E Israel su dominio.
3   El mar lo vio, y huyó;
    El Jordán se volvió atrás.
4   Los montes saltaron como carneros,
    Los collados como corderitos.

5   ¿Qué te pasó, oh mar, que huiste?
    ¿Y a ti, oh Jordán, que te volviste atrás?
6   Oh montes, ¿por qué saltasteis como
    corderos,
    Y vosotros, collados, como corderitos?

7   A la presencia de Jehová tiembla la
    tierra,
    A la presencia del Dios de Jacob,
8   El cual cambió la peña en estanque de
    aguas,
    Y en manantial de aguas la roca.

Dios y los ídolos

115 No a nosotros, oh Jehová, no a
       nosotros,
    Sino a tu nombre da gloria,
    Por tu misericordia, por tu verdad.
2   ¿Por qué han de decir las gentes:
    Dónde está ahora su Dios?

3   Nuestro Dios está en los cielos;
    Todo lo que quiso ha hecho.
4   Los ídolos de ellos son plata y oro,
    Obra de manos de hombres.
5   Tienen boca, mas no hablan;
    Tienen ojos, mas no ven;
6   Orejas tienen, mas no oyen;
    Tienen narices, mas no huelen;
7   Manos tienen, mas no palpan;
    Tienen pies, mas no andan;
    No tiene voz su garganta.
8   Semejantes a ellos será los que los
    hacen,
    Y cualquiera que confía en ellos.

9   Oh Israel, confía en Jehová;
    Él es tu ayuda y tu escudo.
10 Casa de Aarón, confiad en Jehová;
    Él es nuestra ayuda y nuestro escudo.
11 Los que teméis a Jehová, confiad en
    Jehová;
    Él es vuestra ayuda y vuestro escudo.
12 Jehová se acordó de nosotros; nos ben-
    decirá;
    Bendecirá a la casa de Israel;
    Bendecirá a la casa de Aarón.
13 Bendecirá a los que temen a Jehová,
    A pequeños y a grandes.

14 Aumentará Jehová bendición sobre vo-
    sotros;
    Sobre vosotros y sobre vuestros hijos.
15 Benditos vosotros de Jehová,
    Que hizo los cielos y la tierra.

16 Los cielos son los cielos de Jehová;
    Y ha dado la tierra a los hijos de los
    hombres.
17 No alabarán los muertos a JAH,
    Ni cuantos descienden al silencio;
18 Pero nosotros bendeciremos a JAH
    Desde ahora y para siempre.
    Aleluya.

Acción de gracias por haber sido librado de la muerte

116 Amo a Jehová, pues ha escu-
       chado

La voz de mis súplicas;
2 Porque ha inclinado a mí su oído
Cuantas veces le he invocado en mi
vida.
3 Me rodearon ligaduras de muerte,
Me alcanzaron las angustias del Seol;
En angustia y dolor me encontraba yo.
4 Entonces invoqué el nombre de Jehová,
diciendo:
Oh Jehová, te ruego que salves mi vida.

5 Clemente es Jehová, y justo;
Sí, misericordioso es nuestro Dios.
6 Jehová guarda a los sencillos;
Estaba yo postrado, y me salvó.
7 Recobra, oh alma mía, tu calma,
Porque Jehová te ha procurado bienes.

8 Pues tú has librado mi alma de la
muerte,
Mis ojos de las lágrimas,
Y mis pies de resbalar.
9 Andaré delante de Jehová
En la tierra de los vivientes.
10 Mantuve mi fe, aun cuando decía:
Estoy afligido en gran manera.
11 Y dije en mi apresuramiento:
Todo hombre es mentiroso.

12 ¿Qué pagaré a Jehová
Por todos sus beneficios para conmigo?
13 Levantaré la copa de la salvación,
E invocaré el nombre de Jehová.
14 Ahora cumpliré mis votos a Jehová
Delante de todo su pueblo.
15 Estimada es a los ojos de Jehová
La muerte de sus santos.
16 Oh Jehová, ciertamente yo soy tu
siervo,
Siervo tuyo soy, hijo de tu sierva;
Tú sueltas mis ligaduras.
17 Te ofreceré sacrificio de alabanza,
E invocaré el nombre de Jehová.
18 A Jehová cumpliré ahora mis votos
Delante de todo su pueblo.
19 En los atrios de la casa de Jehová,
En medio de ti, oh Jerusalén.
Aleluya.

Alabanza por la misericordia de Jehová

117 Alabad a Jehová, naciones todas;
Pueblos todos, alabadle.
2 Porque ha prevalecido su misericordia
sobre nosotros,
Y la fidelidad de Jehová es para
siempre.
Aleluya.

Acción de gracias por la salvación recibida de Jehová

118 Alabad a Jehová, porque él es
bueno;
Porque para siempre es su misericordia.

2 Diga ahora Israel,
Que para siempre es su misericordia.
3 Diga ahora la casa de Aarón,
Que para siempre es su misericordia.
4 Digan ahora los que temen a Jehová.
Que para siempre es su misericordia.

5 En mi angustia invoqué a JAH,
Y me respondió JAH, poniéndome en
lugar espacioso.
6 Jehová está conmigo; no temeré
Lo que me pueda hacer el hombre.
7 Jehová está conmigo entre los que me
ayudan;
Por tanto, yo desdeño a los que me
aborrecen.
8 Mejor es confiar en Jehová
Que confiar en el hombre.
9 Mejor es confiar en Jehová
Que confiar en príncipes.

10 Todas las naciones me rodearon;
Mas en el nombre de Jehová yo las
rechacé.
11 Me rodearon y me asediaron;
Mas en el nombre de Jehová yo las
rechacé.
12 Me rodearon como abejas; se enarde-
cieron como fuego de espinos;
Mas en el nombre de Jehová yo las
rechacé.
13 Me empujaste con violencia para que
cayese,
Pero me ayudó Jehová.
14 Mi fortaleza y mi cántico es JAH,
Y él me ha sido por salvación.

15 Voz de júbilo y de salvación hay en las
tiendas de los justos;
La diestra de Jehová hace proezas.
16 La diestra de Jehová es sublime;
La diestra de Jehová hace valentías.
17 No moriré, sino que viviré,
Y contaré las obras de JAH.
18 Me castigó gravemente JAH,
Mas no me entregó a la muerte.
19 Abridme las puertas de justicia;
Entraré por ellas, alabaré a JAH.
20 Ésta es la puerta de Jehová;
Por ella entrarán los justos.

21 Te alabaré porque me has escuchado,
Y me fuiste por salvación.
22 La piedra que desecharon los edificadores

Ha venido a ser la piedra principal del ángulo.

23 Esto ha sido obra de Jehová,
Y es algo maravilloso a nuestros ojos.

24 Este día se lo debemos a Jehová;
Nos gozaremos y alegraremos en él.

25 Oh Jehová, sálvanos ahora, te ruego;
Te ruego, oh Jehová, que nos hagas prosperar ahora.

26 Bendito el que viene en el nombre de Jehová;
Desde la casa de Jehová os bendecimos.

27 Jehová es Dios, y nos ha dado luz;
Atad víctimas con cuerdas a los cuernos del altar.

28 Mi Dios eres tú, y te alabaré;
Dios mío, te ensalzaré.

29 Alabad a Jehová, porque él es bueno;
Porque para siempre es su misericordia.

Excelencias de la ley de Dios

Alef

119 Bienaventurados los perfectos de camino,
Los que andan en la ley de Jehová.

2 Bienaventurados los que guardan sus testimonios,
Y con todo el corazón le buscan;

3 Pues no hacen iniquidad
Los que andan en sus caminos.

4 Tú encargaste
Que sean muy guardados tus mandamientos.

5 ¡Ojalá fuesen firmes mis caminos
Para guardar tus estatutos!

6 Entonces no sería yo avergonzado,
Cuando considerase todos tus mandamientos.

7 Te alabaré con rectitud de corazón
Cuando aprenda tus justos juicios.

8 Tus estatutos guardaré;
No me abandones del todo.

Bet

9 ¿Con qué limpiará el joven su camino?
Con guardar tu palabra.

10 Con todo mi corazón te he buscado;
No me dejes desviarme de tus mandamientos;

11 En mi corazón ha guardado tus dichos,
Para no pecar contra ti.

12 Bendito tú, oh Jehová;
Enséñame tus estatutos.

13 Con mis labios he contado
Todos los juicios de tu boca.

14 Me complazco en el camino de tus testimonios

Más que en todas las riquezas.

15 En tus mandamientos meditaré;
Consideraré tus caminos.

16 Me regocijaré en tus estatutos;
No me olvidaré de tus palabras.

Guímel

17 Haz esta merced a tu siervo: que viva,
Y guarde tu palabra.

18 Abre mis ojos, y miraré
Las maravillas de tu ley.

19 Forastero soy yo en la tierra;
No me encubras tus mandamientos.

20 Consumida está mi alma de desear
Tus juicios en todo tiempo.

21 Reprendiste a los soberbios, los malditos,
Que se desvían de tus mandamientos.

22 Aparta de mí el oprobio y el menosprecio,
Porque tus testimonios he guardado.

23 Aunque los magnates se sentaron y hablaron contra mí,
Tu siervo meditaba en tus estatutos,

24 Pues tus testimonios son mis delicias
Y mis consejeros.

Dálet

25 Abatida hasta el polvo está mi alma;
Reanímame según tu palabra.

26 Te he manifestado mis caminos, y me has respondido;
Enséñame tus estatutos.

27 Hazme entender el camino de tus mandamientos.
Para que medite en tus maravillas.

28 Se deshace mi alma de ansiedad;
Susténtame según la palabra.

29 Aparta de mí el camino de la mentira,
Y en tu misericordia concédeme tu ley.

30 Escogí el camino de la verdad;
He puesto tus juicios delante de mí.

31 Me he apegado a tus testimonios;
Oh Jehová, no me avergüences.

32 Por el camino de tus mandamientos correré,
Cuando ensanches mi corazón.

He

33 Enséñame, oh Jehová, el camino de tus estatutos,
Y lo guardaré hasta el fin.

34 Dame entendimiento, y guardaré tu ley,
Y la cumpliré de todo corazón.

35 Guíame por la senda de tus mandamientos,
Porque en ella tengo mi complacencia.

36 Inclina mi corazón a tus testimonios,
Y no a la avaricia.

37 Aparta mis ojos de ver vanidades;
   Avívame en tu camino.
38 Confirma tu palabra a tu siervo,
   Dirigida a los que te temen.
39 Quita de mí el oprobio que he temido,
   Pues tus juicios son buenos.
40 He aquí yo he anhelado tus mandamientos;
   Vivifícame por tu justicia.

Vau

41 Venga a mí tu misericordia, oh Jehová;
   Tu salvación, conforme a tu dicho.
42 Y daré por respuesta a mi avergon-
   zador,
   Que en tu palabra he confiado.
43 No quites de mi boca en ningún tiempo
   la palabra de verdad,
   Porque en tus juicios espero.
44 Guardaré tu ley siempre,
   Para siempre y eternamente.
45 Y andaré en libertad,
   Porque busqué tus mandamientos.
46 Hablaré de tus testimonios delante de
   los reyes,
   Y no me avergonzaré;
47 Y me regocijaré en tus mandamientos,
   Que tanto amo.
48 Alzaré asimismo mis manos a tus mandamientos que amé,
   Y meditaré en tus estatutos.

Zain

49 Acuérdate de la palabra dada a tu
   siervo,
   En la cual me has enseñado a poner la
   esperanza.
50 Ella es mi consuelo en mi aflicción,
   Porque tu dicho me ha vivificado.
51 Los soberbios se burlaron mucho de mí,
   Mas no me he apartado de tu ley.
52 Me acuerdo, oh Jehová, de tus juicios
   de otro tiempo,
   Y me consuelo.
53 El furor se apoderó de mí a causa de los
   inicuos,
   Que dejan tu ley.
54 Tus estatutos son cantares para mí
   En mi habitación de forastero.
55 Me acuerdo por la noche de tu nombre,
   oh Jehová,
   Y guardo tu ley.
56 Esta es la gran bendición que he tenido:
   Que he guardado tus mandamientos.

Het

57 Mi porción es Jehová;
   He prometido guardar tus palabras.

58 Tu presencia he buscado de todo corazón;
   Ten misericordia de mí según tu palabra.
59 He investigado mis caminos,
   Y dirijo mis pies a tus testimonios.
60 Me apresuré y no me retardé
   En guardar tus mandamientos.
61 Las redes de los impíos me han envuelto,
   Mas no me he olvidado de tu ley.
62 A medianoche me levanto para alabarte
   Por tus justos juicios.
63 Me asocio con todos los que te temen
   Y guardan tus mandamientos.
64 De tu misericordia, oh Jehová, está
   llena la tierra;
   Enséñame tus estatutos.

Tet

65 Has tratado bien a tu siervo,
   Oh Jehová, conforme a tu palabra.
66 Enséñame buen sentido y sabiduría,
   Porque he creído tus mandamientos.
67 Antes que fuera yo humillado, andaba
   descarriado;
   Mas ahora guardo tu palabra.
68 Bueno eres tú, y bienhechor;
   Enséñame tus estatutos.
69 Contra mí forjaron mentira los soberbios,
   Mas yo guardaré de todo corazón tus
   mandamientos.
70 Se engrosó el corazón de ellos como
   sebo,
   Mas yo me he regocijado en tu ley.
71 Ha sido un bien para mí el haber sido
   humillado,
   Para que aprendiera tus estatutos.
72 Mejor me es la ley de tu boca
   Que millares de *monedas de* oro y plata.

Yod

73 Tus manos me hicieron y me formaron;
   Hazme entender, y aprenderé tus mandamientos.
74 Los que te temen me verán, y se alegrarán,
   Porque en tu palabra he esperado.
75 Conozco, oh Jehová, que tus juicios son
   justos,
   Y que conforme a tu fidelidad me afligiste.
76 Sea ahora tu misericordia para consolarme,
   Conforme a lo que has dicho a tu siervo.
77 Vengan a mí tus misericordias, para que
   viva,
   Porque tu ley es mi delicia.

78 Sean avergonzados los soberbios, porque sin causa me han calumniado;
  Pero yo meditaré en tus mandamientos.
79 Vuélvanse a mí los que te temen
  Y conocen tus testimonios.
80 Sea mi corazón íntegro en tus estatutos,
  Para que no sea yo avergonzado.

Caf

81 Desfallece mi alma por tu salvación,
  Y espero en tu palabra.
82 Desfallecen mis ojos por tu palabra,
  Mientras digo: ¿Cuándo me consolarás?
83 Aun cuando estoy como un odre ahu-
  mado,
  No he olvidado tus estatutos.
84 ¿Cuántos son los días de tu siervo?
  ¿Cuándo harás juicio contra los que me
  persiguen?
85 Los soberbios me han cavado fosas
  Y no proceden según tu ley.
86 Todos tus mandamientos son verdad;
  Sin causa me persiguen; ayúdame.
87 Por poco me extirpan de la tierra,
  Pero no he dejádo tus mandamientos.
88 Vivifícame conforme a tu misericordia,
  Y guardaré los testimonios de tu boca.

Lámed

89 Para siempre, oh Jehová,
  Permanece tu palabra en los cielos.
90 De generación en generación es tu fidelidad;
  Como tú has fijado la tierra, y está
  firme.
91 Por tu ordenación subsisten todas las
  cosas hasta hoy,
  Pues todas ellas son siervas tuyas.
92 Si tu ley no hubiese sido mi delicia,
  Ya habría perecido en mi desdicha.
93 Nunca jamás me olvidaré de tus mandamientos,
  Porque con ellos me das la vida.
94 Tuyo soy yo, sálvame,
  Porque voy buscando tus mandamientos.
95 Los impíos me han aguardado para des-
  . truirme;
  Mas yo consideraré tus testimonios.
96 De todo lo perfecto he visto un límite;
  Pero ¡cuán inmenso es tu mandamiento!

Mem

97 ¡Oh, cuánto amo yo tu ley!
  Todo el día es ella mi meditación.
98 Más sabio que mis enemigos me has
  hecho con tus mandamientos,
  Porque siempre están conmigo.
99 He llegado a tener mayor discernimiento que todos mis maestros,
  Porque tus testimonios son mi meditación.

100 Poseo más cordura que los viejos,
  Porque he guardado tus mandamientos;
101 De todo mal camino retraigo mis pies,
  Para guardar tu palabra.
102 No me aparto de tus juicios,
  Porque tú me instruyes.
103 ¡Cuán dulces son a mi paladar tus palabras!
  Más que la miel a mi boca.
104 Por tus mandamientos he adquirido inteligencia;
  Por eso, odio todo camino de mentira.

Nun

105 Lámpara es para mis pies tu palabra,
  Y luz para mi camino.
106 Juré y lo confirmo
  Que guardaré tus justos juicios.
107 Afligido estoy en gran manera;
  Hazme vivir, oh Jehová, conforme a tu
  palabra.
108 Te ruego, oh Jehová, que te sean agradables los sacrificios voluntarios de
  mi boca,
  Y me enseñes tus juicios.
109 Mi vida está de continuo en peligro,
  Mas no me he olvidado de tu ley.
110 Me han tendido un lazo los impíos,
  Pero yo no me desvié de tus mandamientos.
111 Por heredad he tomado tus testimonios
  para siempre,
  Porque son el gozo de mi corazón.
112 Mi corazón incliné a cumplir tus estatutos
  De continuo, hasta el fin.

Sámec

113 Aborrezco a los hombres hipócritas;
  Y amo tu ley.
114 Mi refugio y mi escudo eres tú;
  En tu palabra espero.
115 Apartaos de mí, malvados,
  Pues yo quiero guardar los mandamientos de mi Dios.
116 Sostenme conforme a tu palabra, y viviré;
  Y no quede yo avergonzado de mi esperanza.
117 Apóyame, y seré salvo,
  Y me deleitaré siempre en tus estatutos.
118 Deshaces a todos los que se desvían de
  tus estatutos,
  Porque su astucia es falsedad.
119 Como escorias hiciste consumir a todos
  los impíos de la tierra;
  Por eso amo tus testimonios.
120 Mi carne se estremece por temor de ti,
  Y de tus juicios tengo miedo.

Ayin

121 Juicio y justicia he practicado;
   No me abandones a mis opresores.
122 Sal fiador de tu siervo para bien;
   No permitas que los soberbios me
   opriman.
123 Mis ojos languidecen en pos de tu salvación,
   Y de la palabra de tu justicia.
124 Haz con tu siervo según tu misericordia,
   Y enséñame tus estatutos.
125 Tu siervo soy yo, dame entendimiento
   Para conocer tus testimonios.
126 Es hora de actuar, oh Jehová,
   Porque han violado tu ley.
127 Por eso amo yo tus mandamientos
   Más que el oro; más que el oro muy fino.
128 Por eso me dejo guiar por todos tus
   mandamientos sobre todas las cosas,
   Y aborrezco todo camino de mentira.

Pe

129 Maravillosos son tus testimonios;
   Por eso los guarda mi alma.
130 Al abrirse, iluminan tus palabras;
   Hacen entender a los sencillos.
131 Mi boca abrí y aspiré *con afán,*
   Porque anhelaba tus mandamientos.
132 Mírame, y ten misericordia de mí,
   Como acostumbras con los que aman tu
   nombre.
133 Afianza mis pasos con tu palabra,
   Y ninguna iniquidad se enseñoree de
   mí.
134 Líbrame de la violencia de los hombres,
   Y guardaré tus mandamientos.
135 Haz que tu rostro resplandezca sobre tu
   siervo,
   Y enséñame tus estatutos.
136 Ríos de agua descendieron de mis ojos,
   Por los que no guardan tu ley.

Tsade

137 Justo eres tú, oh Jehová,
   Y rectos tus juicios.
138 Tus testimonios, que has recomendado,
   Son rectos y muy fieles.
139 Mi celo me ha consumido,
   Porque mis enemigos se olvidaron de
   tus palabras.
140 Sumamente acrisolada es tu palabra,
   Y la ama tu siervo.
141 Pequeño soy yo, y despreciable,
   Mas no me olvido de tus mandamientos.
142 Tu justicia es justicia eterna,
   Y tu ley es verdad.
143 Aflicción y angustia se han apoderado
   de mí,
   Mas tus mandamientos son mis delicias.
144 Justicia eterna son tus testimonios;
   Hazme entender y tendré vida.

Cof

145 Clamo con todo mi corazón; respóndeme, Jehová,
   Y guardaré tus estatutos.
146 A ti clamo; sálvame,
   Y guardaré tus testimonios.
147 Me anticipo a la aurora, y clamo;
   Espero en tu palabra.
148 Se anticipan mis ojos a las vigilias de la
   noche,
   Para meditar en tus mandatos.
149 Escucha mi voz conforme a tu misericordia;
   Oh Jehová, vivifícame conforme a tu
   juicio.
150 Se acercan los malvados que me persiguen;
   Están alejados de tu ley.
151 Cercano estás tú, oh Jehová,
   Y todos tus mandamientos son verdad.
152 Hace ya mucho que comprendí
   Que has establecido tus testimonios para siempre.

Resh

153 Mira mi aflicción, y líbrame,
   Porque de tu ley no me he olvidado.
154 Defiende mi causa, y redímeme;
   Vivifícame con tu palabra.
155 Lejos está de los impíos la salvación,
   Porque no buscan tus estatutos.
156 Muchas son tus misericordias, oh
   Jehová;
   Vivifícame conforme a tus juicios.
157 Muchos son mis perseguidores y mis
   enemigos,
   Mas de tus testimonios no me he apartado.
158 Veo a los prevaricadores, y me dis-
   gustan,
   Porque no guardan tus palabras.
159 Mira, oh Jehová, cómo amo tus mandamientos;
   Vivifícame conforme a tu misericordia.
160 El conjunto de tu palabra es verdad,
   Y eterno es todo juicio de tu justicia.

Sin

161 Los magnates me han perseguido sin
   causa,
   Pero mi corazón tuvo temor de tus
   palabras.
162 Me regocijo en tu palabra
   Como el que halla un gran botín.
163 La mentira aborrezco y abomino;
   Amo tu ley.
164 Siete veces al día te alabo
   Por tus justos juicios.
165 Mucha paz tienen los que aman tu ley,

Y no hay para ellos tropiezo.

166 Tu salvación espero, oh Jehová,
Y tus mandamientos pongo por obra.

167 Mi alma observa tus testimonios,
Y los amo sobremanera.

168 Guardo tus mandamientos y tus testimonios,
Porque todos mis caminos están delante
de ti.

Tau

169 Llegue mi clamor delante de ti, oh
Jehová;
Dame entendimiento conforme a tu pa-
labra.

170 Llegue mi oración delante de ti;
Líbrame conforme a tu dicho.

171 Mis labios prorrumpen en alabanza
Porque me enseñas tus estatutos.

172 Canta mi lengua tus dichos,
Pues todos tus mandamientos son justicia.

173 Esté tu mano pronta para socorrerme,
Porque he escogido practicar tus mandamientos.

174 Anhelo tu salvación, oh Jehová,
Y tu ley es mi delicia.

175 Viva mi alma para alabarte,
Y tus juicios me ayuden.

176 Yo anduve errante como oveja extraviada; busca a tu siervo,
Porque no me he olvidado de tus mandamientos.

Plegaria ante el peligro de la lengua engañosa

Cántico gradual.

120 A Jehová clamé estando en angustia,
Y él me respondió.

2 Libra mi alma, oh Jehová, de los labios
mentirosos,
Y de la lengua engañosa.

3 ¿Qué te dará, o qué te añadirá,
Oh lengua engañosa?

4 Agudas saetas de valiente,
Afiladas con brasas de retama.

5 ¡Qué desgracia es para mí vivir en
Mesec,
Y habitar entre las tiendas de Cedar!

6 Demasiado tiempo ha morado mi alma
Con los que aborrecen la paz.

7 Yo soy hombre de paz;
Pero cuando hablo,
Ellos buscan la guerra.

Jehová es tu guardador

Cántico gradual.

121 Alzo mis ojos a los montes;

¿De dónde vendrá mi socorro?

2 Mi socorro viene de Jehová,
Que hizo los cielos y la tierra.

3 No dejará que tu pie titubee,
Ni se dormirá el que te guarda.

4 He aquí, no dormirá ni se adormecerá
El que guarda a Israel.

5 Jehová es tu guardián;
Jehová es tu sombra a tu mano derecha.

6 El sol no te hará daño de día,
Ni la luna, de noche.

7 Jehová te guardará de todo mal;
Él guardará tu alma.

8 Jehová guardará tu salida y tu entrada
Desde ahora y para siempre.

Oración por la paz de Jerusalén

Cántico gradual; de David.

122 Yo me alegré cuando me dijeron:
A la casa de Jehová iremos.

2 Y ahora ya se posan nuestros pies
Dentro de tus puertas, oh Jerusalén.

3 Jerusalén, que está edificada
Como una ciudad de un conjunto perfecto,

4 Y allá suben las tribus, las tribus de Jah,
Conforme al testimonio dado a Israel,
Para alabar el nombre de Jehová.

5 Porque allí están las sillas del juicio,
Los tronos de la casa de David.

6 Pedid por la paz de Jerusalén;
Sean prosperados los que te aman.

7 Sea la paz dentro de tus muros,
Y el descanso dentro de tus palacios.

8 Por amor de mis hermanos y mis compañeros,
Yo te saludo: La paz sea contigo.

9 Por amor a la casa de Jehová nuestro
Dios,
Te deseo *todo* bien.

Plegaria pidiendo misericordia

Cántico gradual.

123 Levanto mis ojos hacia ti,
A ti que habitas en los cielos.

2 He aquí, como los ojos de los siervos
miran a la mano de sus señores,
Y como los ojos de la sierva, a la mano
de su señora,
Así nuestros ojos *miran* a Jehová nuestro Dios,
Hasta que tenga misericordia de nosotros.

3 Ten misericordia de nosotros, oh Jehová, ten misericordia de nosotros,
   Porque estamos muy hartos de menosprecio.
4 Saturada está nuestra alma
   Del escarnio de los que no carecen de
   nada,
   Y del menosprecio de los soberbios. ·

El Salvador de Israel

Cántico gradual; de David.

124 Si Jehová no hubiera estado de
       nuestra parte,
   Que lo diga Israel;
2 Si Jehová no hubiera estado de nuestra
   parte,
   Cuando se levantaron contra nosotros
   los hombres,
3 Nos habrían tragado vivos entonces,
   Cuando se encendió su furor contra
   nosotros.
4 Entonces nos habrían inundado las
   aguas;
   Sobre nuestra alma hubiera pasado el
   torrente;
5 Hubieran entonces pasado sobre nuestra alma las aguas impetuosas.

6 Bendito sea Jehová,
   Que no nos dio por presa a los dientes de
   ellos.
7 Nuestra alma escapó cual ave del lazo de
   los cazadores;
   Se rompió el lazo, y escapamos nosotros.

8 Nuestro socorro está en el nombre de
   Jehová,
   Que hizo el cielo y la tierra.

Dios protege a su pueblo

Cántico gradual.

125 Los que confían en Jehová son
       como el monte de Sión,
   Que es inconmovible, que permanece
   para siempre.
2 Como Jerusalén tiene montes alrededor
   de ella,
   Así Jehová está alrededor de su pueblo
   Desde ahora y para siempre.
3 Porque no dejará caer cetro de impíos
   sobre la heredad de los justos;
   Para que no extiendan los justos sus
   manos a la iniquidad.
4 Da bienes, oh Jehová, a los buenos,
   Y a los que son rectos en su corazón.
5 Mas a los que se desvían por sendas
   tortuosas,

Jehová los hará ir con los que hacen
   iniquidad;
   ¡Paz sobre Israel!

Oración por la restauración

Cántico gradual.

126 Cuando Jehová hizo volver la cau-
       tividad de Sión,
   Estábamos como los que sueñan.
2 Entonces nuestra boca se llenó de risa,
   Y nuestra lengua de alabanza;
   Entonces se decía entre las naciones:
   Grandes cosas ha hecho Jehová con
   éstos.
3 Grandes cosas ha hecho Jehová con
   nosotros;
   Estamos alegres.

4 Haz volver *el resto de* nuestra cautividad, oh Jehová,
   Como los torrentes del Négueb.
5 Los que sembraron con lágrimas, con
   regocijo segarán.
6 Irá andando y llorando el que lleva la
   preciosa semilla;
   Mas volverá a venir con regocijo,
   trayendo sus gavillas.

La prosperidad viene de Jehová

Cántico gradual; para Salomón.

127 Si Jehová no edifica la casa,
       En vano trabajan los que la edi-
   fican;
   Si Jehová no guarda la ciudad,
   En vano vela la guardia.
2 Por demás es que os levantéis de madrugada, y que retraséis el descanso,
   Y que comáis pan de fatigas;
   Pues que a sus amados lo da *Dios* mientras duermen.

3 He aquí, herencia de *parte de* Jehová
   son los hijos:
   Recompensa *de Dios*, el fruto del
   vientre.
4 Como saetas en mano del guerrero,
   Así son los hijos *habidos* en la juventud.
5 Bienaventurado el hombre que llenó su
   aljaba de ellos;
   No será avergonzado
   Cuando tenga litigio con los enemigos
   en la puerta.

La bienaventuranza del que teme
a Jehová

Cántico gradual.

128 Bienaventurado todo aquel que te-
       me a Jehová,

Y anda en sus caminos.

2 Comerás del trabajo de tus manos,
Dichoso serás, y te irá bien.

3 Tu mujer será como vid que lleva fruto
en la intimidad de tu casa;
Tus hijos como renuevos de olivo alrededor de tu mesa.

4 He aquí que así será bendecido el
hombre
Que teme a Jehová.

5 Bendígate Jehová desde Sión,
Que veas la prosperidad de Jerusalén
todos los días de tu vida,

6 Y veas a los hijos de tus hijos.
¡Paz sobre Israel!

Plegaria pidiendo la destrucción
de los enemigos de Sión

Cántico gradual.

129 Mucho me han angustiado desde
mi juventud,
Diga ahora Israel;

2 Mucho me han angustiado desde mi
juventud;
Mas no prevalecieron contra mí.

3 Sobre mis espaldas araron los aradores;
Hicieron largos surcos.

4 Jehová es justo;
Cortó las coyundas de los impíos.

5 Serán avergonzados y retrocederán
Todos los que aborrecen a Sión.

6 Serán como la hierba de los tejados,
Que se seca antes que crezca;

7 De la cual no llena el segador su mano,
Ni su brazada el que hace gavillas.

8 Ni dicen los que pasan:
La bendición de Jehová sea sobre voso-
tros;
Os bendecimos en el nombre de Jehová.

Esperanza en que Jehová
dará redención

Cántico gradual.

130 Desde lo profundo, oh Jehová, a ti
clamo.

2 Señor, escucha mi voz;
Estén atentos tus oídos
A la voz de mi súplica.

3 JAH, si miras a los pecados,
¿Quién, oh Señor, podrá mantenerse en
pie?

4 Pero en ti hay perdón,
Para que seas reverenciado.

5 Espero yo en Jehová, espera mi alma;
Pendiente estoy de su palabra.

6 Mi alma aguarda al Señor
Más que los centinelas a la mañana,
Más que los vigilantes a la aurora.

7 Espere Israel a Jehová,
Porque con Jehová está la misericordia,
Y abundante redención con él;
Y él redimirá a Israel
De todos sus pecados.

Confiando en Dios como un niño

Cántico gradual; de David.

131 Jehová, no está envanecido mi corazón, ni mis ojos son altivos;
No ando tras grandezas,
Ni tras cosas demasiado sublimes para
mí.

2 Sino que me he calmado y he acallado
mi alma
Como un niño destetado de su madre;
Como un niño destetado está mi alma.

3 Espera, oh Israel, en Jehová,
Desde ahora y para siempre.

Plegaria por bendición sobre
el santuario

Cántico gradual.

132 Tenle en cuenta, oh Jehová, a
David,
Todos sus desvelos;

2 De cómo juró a Jehová,
Y prometió al Fuerte de Jacob:

3 No entraré en la morada de mi casa,
Ni subiré sobre el lecho de mi descanso;

4 No daré sueño a mis ojos,
Ni a mis párpados adormecimiento,

5 Hasta que halle lugar para Jehová,
Una morada para el Fuerte de Jacob.

6 He aquí oímos que está en Efrata;
La hallamos en los Campos del Bosque.

7 Entremos en su tabernáculo;
Postrémonos ante el estrado de sus pies.

8 Levántate, oh Jehová, hacia el lugar de
tu reposo,
Tú y el arca de tu poder.

9 Tus sacerdotes se vistan de justicia,
Y se regocijen tus santos.

10 Por amor de David tu siervo
No rechaces el rostro de tu ungido.

11 Juró Jehová a David
Una verdad de la que no se retractará;
De tu descendencia pondré sobre tu
trono.

12 Si tus hijos guardan mi pacto,
Y mi testimonio que yo les enseñaré,

Sus hijos también se sentarán sobre tu
trono para siempre.
13 Porque Jehová ha elegido a Sión;
La quiso por habitación para sí.
14 Éste es para siempre el lugar de mi
reposo;
Aquí habitaré, porque la he preferido.
15 Bendeciré abundantemente su provisión;
A sus pobres saciaré de pan.
16 Asimismo vestiré de salvación a sus
sacerdotes,
Y sus santos darán voces de júbilo.
17 Allí haré retoñar el poder de David;
He dispuesto lámpara a mi ungido.
18 A sus enemigos vestiré de confusión,
Mas sobre él florecerá su corona.

La bienaventuranza del amor fraternal

Cántico gradual; de David.

133 ¡Mirad cuán bueno y cuán delicio-
so es
Habitar los hermanos juntos en ar-
monía!
2 Es como el buen óleo sobre la cabeza,
El cual desciende sobre la barba,
La barba de Aarón,
Y baja hasta el borde de sus vestiduras;
3 Como el rocío de Hermón,
Que desciende sobre las alturas de Sión;
Porque allí envía Jehová bendición,
Y vida para siempre.

Exhortación a los guardas del templo

Cántico gradual.

134 Mirad, bendecid a Jehová,
Vosotros todos los siervos de
Jehová,
Los que en la casa de Jehová estáis por
las noches.
2 Alzad vuestras manos al santuario,
Y bendecid a Jehová.

3 Desde Sión te bendiga Jehová,
El cual ha hecho los cielos y la tierra.

La grandeza del Señor y la vanidad de los ídolos

Aleluya.

135 Alabad el nombre de Jehová;
Alabadle, siervos de Jehová;
2 Los que estáis en la casa de Jehová,
En los atrios de la casa de nuestro Dios.

3 Alabad a JAH, porque él es bueno;
Cantad salmos a su nombre, porque él
es benigno.
4 Porque JAH ha escogido a Jacob para sí,
A Israel por posesión suya.

5 Porque yo sé que Jehová es grande,
Y el Señor nuestro, mayor que todos los
dioses.
6 Todo lo que Jehová quiere, lo hace,
En los cielos y en la tierra, en los mares y
en todos los abismos.
7 Hace subir las nubes de los extremos de
la tierra;
Hace los relámpagos para la lluvia;
Saca de sus depósitos los vientos.

8 Él es quien hizo morir a los primogénitos de Egipto,
Desde el hombre hasta la bestia.
9 Envió señales y prodigios en medio de
ti, oh Egipto,
Contra Faraón, y contra todos sus
siervos.
10 Destruyó a muchas naciones,
Y mató a reyes poderosos;
11 A Sehón rey de los amorreos,
A Og rey de Basán,
Y a todos los reyes de Canaán.
12 Y dio la tierra de ellos en heredad,
En heredad a Israel su pueblo.

13 Oh Jehová, eterno es tu nombre;
Tu recuerdo, oh Jehová, de generación
en generación.
14 Porque Jehová juzga a su pueblo,
Y se compadece de sus siervos.
15 Los ídolos de los gentiles son plata y
oro,
Obra de manos de hombres.
16 Tienen boca, y no hablan;
Tienen ojos, y no ven;
17 Tienen orejas, y no oyen;
Tampoco hay aliento en sus bocas.
18 Semejantes a ellos serán los que los
hacen,
Y todos los que en ellos confían.

19 Casa de Israel, bendecid a Jehová;
Casa de Aarón, bendecid a Jehorá;
20 Casa de Leví, bendecid a Jehová;
Los que teméis a Jehová, bendecid a
Jehová.
21 Desde Sión sea bendecido Jehová,
El que habita en Jerusalén.
Aleluya.

Alabanza por la misericordia eterna de Jehová

136 Alabad a Jehová, porque él es
bueno,

Porque para siempre es su misericordia.
2 Alabad al Dios de los dioses,
Porque para siempre es su misericordia.
3 Alabad al Señor de los señores,
Porque para siempre es su misericordia.

4 Al único que hace grandes maravillas,
Porque para siempre es su misericordia.
5 Al que hizo los cielos con maestría,
Porque para siempre es su misericordia.
6 Al que extendió la tierra sobre las
aguas,
Porque para siempre es su misericordia.
7 Al que hizo las grandes lumbreras,
Porque para siempre es su misericordia.
8 El sol para que señorease en el día,
Porque para siempre es su misericordia.
9 La luna y las estrellas para que señorea-
sen en la noche,
Porque para siempre es su misericordia.

10 Al que hirió a Egipto en sus primogénitos,
Porque para siempre es su misericordia.
11 Al que sacó a Israel de en medio de
ellos,
Porque para siempre es su misericordia.
12 Con mano fuerte, y brazo extendido,
Porque para siempre es su misericordia.
13 Al que dividió el Mar Rojo en dos
partes,
Porque para siempre es su misericordia.
14 E hizo pasar a Israel por en medio de él,
Porque para siempre es su misericordia;
15 Y arrojó a Faraón y a su ejército en el
Mar Rojo,
Porque para siempre es su misericordia.
16 Al que pastoreó a su pueblo por el
desierto,
Porque para siempre es su misericordia.
17 Al que hirió a grandes reyes,
Porque para siempre es su misericordia;
18 Y mató a reyes poderosos,
Porque para siempre es su misericordia;
19 A Sehón rey de los amorreos,
Porque para siempre es su misericordia;
20 Y a Og rey de Basán,
Porque para siempre es su misericordia;
21 Y dio la tierra de ellos en heredad,
Porque para siempre es su misericordia;
22 En heredad a Israel su siervo,
Porque para siempre es su misericordia.

23 Él es el que en nuestro abatimiento se
acordó de nosotros,
Porque para siempre es su misericordia;
24 Y nos rescató de nuestros enemigos,
Porque para siempre es su misericordia.
25 El que da alimento a todo ser viviente,
Porque para siempre es su misericordia.
26 Alabad al Dios de los cielos,
Porque para siempre es su misericordia.

Lamento de los cautivos en Babilonia

137 Junto a los ríos de Babilonia,
Allí nos sentábamos, y aun llorá-
bamos,
Acordándonos de Sión.
2 En los sauces *que hay* en medio de ella
Colgamos nuestras arpas.
3 Y los que nos habían llevado cautivos
nos pedían que cantásemos,
Y los que nos habían desolado *nos pe-
dían* alegría, *diciendo:*
Cantadnos algunos de los cánticos de
Sión.

4 ¿Cómo habíamos de cantar el cántico de
Jehová
En tierra extranjera?
5 Si me olvido de ti, oh Jerusalén,
Que mi diestra sea dada al olvido.
6 Mi lengua se pegue a mi paladar,
Si de ti no me acordare;
Si no enaltezco a Jerusalén
Como preferente asunto de mi alegría.

7 Oh Jehová, recuerda contra los hijos de
Edom el día de Jerusalén,
Cuando decían: Arrasadla, arrasadla
Hasta los cimientos.
8 ¡Hija de Babilonia, la devastadora!
¡Bienaventurado el que te dé el pago
De lo que tú nos hiciste!
9 ¡Dichoso el que agarre y estrelle a tus
niños
Contra las rocas!

Acción de gracias por el favor de Jehová

Salmo de David.

138 Te alabaré con todo mi corazón;
Delante de los dioses te cantaré salmos.
2 Me postraré hacia tu santo templo,
Y alabaré tu nombre por tu misericordia
y tu verdad;
Porque has engrandecido tu nombre, y
tu palabra sobre todas las cosas.
3 El día en que te invoqué, me respon-
diste;
Fortaleciste el vigor en mi alma.

4 Te alabarán, oh Jehová, todos los reyes
de la tierra,
Cuando hayan oído los oráculos de tu
boca.
5 Y cantarán acerca de los caminos de
Jehová,
Porque la gloria de Jehová es grande.
6 Porque Jehová es excelso, y atiende al
humilde,
Mas al altivo lo trata a distancia.

7 Cuando camino yo en medio de la angustia, tú me vivificas;
   Contra el furor de mis enemigos extiendes tu mano,
   Y me salva tu diestra.
8 Jehová completará sus designios sobre
   mí;
   Tu misericordia, oh Jehová, es para
   siempre;
   No desampares la obra de tus manos.

Omnisciencia, omnipresencia y omnipotencia de Dios

Al músico principal. Salmo de David.

139 Oh Jehová, tú me has escrutado y
   me conoces.
2 Tú conoces mi sentarme y mi levantarme;
   Percibes desde lejos mis pensamientos.
3 Escudriñas mi andar y mi reposo,
   Y todos mis caminos te son conocidos.
4 Pues aún no está la palabra en mi
   lengua,
   Y he aquí, oh Jehová, te la sabes toda.
5 Por detrás y por delante me rodeas,
   Y sobre mí tienes puesta tu mano.
6 Tal conocimiento es demasiado maravilloso para mí;
   Demasiado alto es, no lo puedo alcanzar.

7 ¿Adónde me iré lejos de tu espíritu?
   ¿Y adónde huiré de tu presencia?
8 Si subo a los cielos, allí estás tú;
   Y si en el Seol trato de acostarme, he
   aquí, allí tú estás.
9 Si tomara las alas del alba
   Y emigrara hasta el confín del mar,
10 Aun allí me alcanzaría tu mano,
   Y me agarraría tu diestra.
11 Si dijese: Al menos las tinieblas me
   cubrirán,
   Y el día se tornará noche alrededor de
   mí,
12 Ni aun las tinieblas encubren de ti;
   Y la noche es tan luminosa como el día;
   Lo mismo te son las tinieblas que la luz.

13 Porque tú formaste mis entrañas;
   Tú me tejiste en el vientre de mi madre.
14 Te alabo, porque formidables, prodi-
   giosas son tus obras;
   Prodigio soy yo *mismo,*
   Y mi alma lo sabe muy bien.
15 No fueron encubiertos de ti mis huesos,
   Aun cuando en oculto fui formado,
   Y entretejido en lo más profundo de la
   tierra.
16 Mi embrión lo veían tus ojos,
   Mis días estaban previstos, escritos todos en tu libro,

Sin faltar uno.
17 ¡Cuán preciosos me son, oh Dios, tus
   pensamientos!
   ¡Cuán grande es la suma de ellos!
18 Si los enumero, se multiplican más que
   la arena;
   Si llego al fin, estoy aún contigo.

19 ¡Ah, si matases al malvado!
   ¡Si los hombres sanguinarios se aparta-
   ran de mí!
20 Porque ellos hablan de ti engañosamente;
   Tus enemigos se rebelan en vano contra
   ti.
21 ¿No odio, oh Jehová, a los que te aborrecen,
   Y me enardezco contra tus enemigos?
22 Los aborrezco por completo;
   Los tengo por enemigos míos.
23 Escudríñame, oh Dios, y conoce mi
   corazón;
   Pruébame y conoce mis pensamientos;
24 Y ve si hay en mí camino de perversidad,
   Y guíame en el camino eterno.

Súplica de protección contra los perseguidores

Al músico principal. Salmo de David.

140 Líbrame, oh Jehová, del hombre
   malo;
   Guárdame de hombres violentos,
2 Los cuales maquinan males en su corazón,
   Cada día provocan contiendas.
3 Aguzaron su lengua como la serpiente;
   Veneno de áspid hay debajo de sus
   labios.   *Selah*

4 Guárdame, oh Jehová, de manos del
   impío;
   Líbrame de hombres violentos,
   Que proyectan trastornar mis pasos.
5 Me han escondido lazo y cuerdas los
   soberbios;
   Han tendido red junto a la senda;
   Me han puesto lazos.   *Selah.*

6 He dicho a Jehová: Tú eres mi Dios;
   Escucha, oh Jehová, la voz de mis
   ruegos.
7 Jehová Señor, potente salvador mío,
   Tú pusiste a cubierto mi cabeza en el día
   de batalla.
8 No satisfagas, oh Jehová, los deseos del
   impío;
   No dejes que su plan se realice, para que
   no se ensoberbezca.   *Selah*

9   En cuanto a los que por todas partes me
    asedian,
    Ahóguelos la malicia de sus propios
    labios.
10 Caerán sobre ellos ascuas encendidas,
    En abismos profundos de donde no
    salgan.
11 El hombre deslenguado no se afianzará
    en la tierra;
    El mal cazará al hombre violento para
    derribarle.

12 Yo sé que Jehová tomará a su cargo la
    causa del afligido,
    Y el derecho de los necesitados.
13 Ciertamente los justos alabarán tu
    nombre;
    Los rectos morarán en tu presencia.

Oración a fin de ser guardado del mal

Salmo de David.

141 Jehová, a ti he clamado; apresúra-
      te a venir a mí;
    Escucha mi voz cuando te invoco.
2   Suba mi oración delante de ti como el
    incienso,
    El alzar de mis manos como la ofrenda
    de la tarde.

3   Pon guarda en mi boca, oh Jehová;
    Guarda la puerta de mis labios.
4   No dejes que se incline mi corazón a
    cosa mala,
    A hacer obras impías
    Con los que hacen iniquidad;
    Y no coma yo de sus manjares deli-
    ciosos.

5   Que el justo me castigue, será un favor;
    y que me corrija el recto,
    Será óleo excelente que no rehusará mi
    cabeza;
    Pero mi oración testificará continua-
    mente contra las maldades de los im-
    píos.
6   Serán despeñados sus jueces,
    Y comprenderán que mis palabras eran
    verdaderas.
7   Como astillas o pedruscos por el suelo,
    Son esparcidos sus huesos a la boca del
    Seol.

8   Hacia ti, oh Jehová, Señor, miran mis
    ojos;
    En ti he confiado; no desampares mi
    alma.
9   Guárdame de los lazos que me han
    tendido,
    Y de las trampas de los que hacen
    iniquidad.

10 Caigan los impíos a una en sus *propias*
    redes,
    Mientras yo sigo adelante.

Petición de ayuda en medio
de la prueba

Masquil de David. Oración que hizo
    cuando estaba en la cueva.

142 Con mi voz clamo a Jehová;
      Con mi voz suplico a Jehová mise-
    ricordia.
2   Delante de él expongo mi queja;
    Delante de él manifiesto mi angustia.
3   Cuando mi espíritu desfallece dentro de
    mí, tú conoces mi senda.
    En el camino por donde voy, me han
    tendido un lazo.

4   Mira a mi diestra y observa: No hay
    quien me quiera conocer;
    No tengo refugio, ni hay quien cuide de
    mi vida.
5   Clamo a ti, oh Jehová;
    Digo: Tú eres mi refugio,
    Y mi porción en la tierra de los vi-
    vientes.
6   Escucha mi clamor, porque estoy muy
    afligido.

    Líbrame de los que me persiguen, por-
    que son más fuertes que yo.
7   Saca mi alma de la cárcel, para que
    alabe tu nombre;
    Me rodearán los justos,
    Porque tú me habrás favorecido.

Súplica de liberación y dirección

Salmo de David.

143 Oh Jehová, oye mi oración, escu-
      cha mis ruegos;
    Respóndeme por tu verdad y por tu
    justicia.
2   Y no entres en juicio con tu siervo;
    Porque no se justificará delante de ti
    ningún ser humano.

3   Porque persigue el enemigo mi alma;
    Ha postrado en tierra mi vida;
    Me ha hecho habitar en tinieblas como
    los muertos para siempre.
4   Y mi espíritu se angustia dentro de mí;
    Está desolado mi corazón.

5   Recuerdo los días de antaño;
    Medito en todas tus obras;
    Reflexiono sobre las obras de tus
    manos.
6   Extiendo mis manos hacia ti,
    Mi alma hacia ti como la tierra sedienta.
                                      Selah

7 Respóndeme pronto, oh Jehová, porque ya me falta el aliento;
No escondas de mí tu rostro,
Pues sería yo semejante a los que descienden a la sepultura.

8 Hazme sentir por la mañana tu misericordia,
Porque en ti he confiado;
Hazme saber el camino por donde debo andar,
Porque hacia ti elevo mi alma.

9 Líbrame de mis enemigos, oh Jehová;
En ti me refugio.

10 Enséñame a hacer tu voluntad, porque tú eres mi Dios;
Tu buen espíritu me guíe por terreno llano.

11 Por tu nombre, oh Jehová, me vivificarás;
Por tu justicia sacarás mi alma de la angustia.

12 Y por tu misericordia exterminarás a mis enemigos,
Y destruirás a todos los adversarios de mi alma,
Porque yo soy tu siervo.

*Oración pidiendo socorro
y prosperidad*

Salmo de David.

144

Bendito sea Jehová, mi roca,
Quien adiestra mis manos para la batalla,
Y mis dedos para la guerra;

2 Misericordia mía y mi castillo,
Alcázar mío y mi libertador,
Escudo mío, en quien he confiado;
El que somete a los pueblos debajo de mí.

3 Oh Jehová, ¿qué es el hombre, para que lo tengas en cuenta,
O el hijo de hombre, para que te preocupes de él?

4 El hombre es semejante a un soplo,
Sus días son como la sombra que pasa.

5 Oh Jehová, inclina tus cielos y desciende;
Toca los montes, y humearán.

6 Fulmina tus rayos y dispérsalos,
Dispara tus saetas y desbarátalos.

7 Extiende tu mano desde lo alto;
Redímeme, y sácame de las muchas aguas,
De las manos de hombres extranjeros,

8 Cuya boca habla falsedades,
Y cuya diestra es diestra de perjurio.

9 Oh Dios, te cantaré un cántico nuevo;
Con el arpa de diez cuerdas te salmodiaré.

10 Tú, que das la victoria a los reyes,
Que rescatas de maligna espada a David tu siervo.

11 Rescátame, y líbrame de las manos de hombres extranjeros,
Cuya boca habla falsedades,
Y cuya diestra es diestra de perjurio.

12 Sean nuestros hijos como plantas crecidas en lozana juventud,
Nuestras hijas cual columnas de ángulo, esculpidas como las de un palacio;

13 Nuestros graneros llenos, provistos de toda suerte de grano;
Nuestros ganados, que se multipliquen a millares y decenas de millares en nuestros ejidos;

14 Nuestros bueyes vengan bien cargados del trabajo;
No tengamos asalto, ni que hacer salida,
Ni grito de alarma en nuestras plazas.

15 Bienaventurado el pueblo que tiene estas *bendiciones;*
Bienaventurado el pueblo cuyo Dios es Jehová.

*Alabanza por la bondad y el poder
de Dios*

Salmo de alabanza; de David.

145

Te ensalzaré, mi Dios, mi Rey,
Y bendeciré tu nombre eternamente y para siempre.

2 Cada día te bendeciré,
Y alabaré tu nombre eternamente y para siempre.

3 Grande es Jehová, y digno de suprema alabanza;
Y su grandeza es inescrutable.

4 Una generación encomiará tus obras a la *siguiente* generación,
Y anunciará tus portentosos hechos.

5 Hablarán del esplendor de la gloria de tu majestad,
Y yo relataré tus maravillas.

6 El poder de tus hechos estupendos referirán los hombres,
Y yo publicaré tu grandeza.

7 Proclamarán el recuerdo de tu inmensa bondad,
Y cantarán tu justicia.

8 Clemente y misericordioso es Jehová,
Lento para la ira, y grande en misericordia.

9 Bueno es Jehová para con todos,
Y la ternura de su amor sobre todas sus obras.

10 Te alaben, oh Jehová, todas tus obras,
Y tus santos te bendigan.

11 La gloria de tu reino divulguen,
   Y hablen de tu poder.
12 Para hacer saber a los hijos de los hombres tus poderosos hechos,
   Y la gloria de la magnificencia de tu
   reino.
13 Tu reino es un reino de todos los siglos,
   Y tu señorío, por todas las generaciones.

14 Sostiene Jehová a todos los que caen,
   Y endereza a todos los que ya se encorvan.
15 Los ojos de todos esperan en ti,
   Y tú les das su comida a su tiempo.
16 Abres tu mano,
   Y colmas de bendición a todo ser viviente.
17 Justo es Jehová en todos sus caminos,
   Y misericordioso en todas sus obras.
18 Cercano está Jehová a todos los que le
   invocan,
   A todos los que le invocan de veras.
19 Cumplirá el deseo de los que le temen;
   Oirá asimismo el clamor de ellos, y los
   salvará.
20 Jehová guarda a todos los que le aman,
   Mas exterminará a todos los impíos.

21 Proclame mi boca la alabanza de
   Jehová;
   Y todo hombre bendiga su santo nom-
   bre eternamente y para siempre.

Alabanza por la justicia de Dios

Aleluya.

146
Alaba, oh alma mía, a Jehová.
2 Alabaré a Jehová en mi vida;
   Cantaré salmos a mi Dios mientras viva.
3 No confiéis en los príncipes,
   Ni en hijo de hombre, porque no hay en
   él *poder* para salvar.
4 Pues expira, y vuelve a la tierra;
   En ese mismo día perecen sus proyectos.

5 Bienaventurado aquel cuyo ayudador es
   el Dios de Jacob,
   Cuya esperanza está en Jehová su Dios,
6 El cual hizo los cielos y la tierra,
   El mar, y todo lo que en ellos hay;
   Que guarda verdad para siempre,
7 Que hace justicia a los agraviados,
   Que da pan a los hambrientos.
   Jehová liberta a los cautivos;

8 Jehová abre los ojos a los ciegos;
   Jehová endereza a los encorvados;
   Jehová ama a los justos.

9 Jehová protege a los extranjeros;
   Al huérfano y a la viuda sostiene,
   Y trastorna el camino de los impíos.
10 Reinará Jehová para siempre;
   Tu Dios, oh Sión, de generación en
   generación.
   Aleluya.

Alabanza por el favor de Dios
hacia Jerusalén

147
Alabad a JAH,
Porque es bueno cantar salmos a
nuestro Dios;
Porque él es benigno, y conviene *tribu-*
tarle una alabanza armoniosa.
2 Jehová reedifica a Jerusalén;
   A los desterrados de Israel recoge.
3 Él sana a los quebrantados de corazón,
   Y venda sus heridas.
4 Él cuenta el número de las estrellas;
   Las llama a todas por sus nombres.
5 Grande es el Señor nuestro, y de mucho
   poder;
   Y su entendimiento es infinito.
6 Jehová levanta a los humildes,
   Y humilla a los impíos hasta la tierra.
7 Cantad a Jehová con alabanza,
   Salmodiad con el arpa a nuestro Dios;
8 Él es quien cubre las nubes los cielos,
   El que prepara la lluvia para la tierra,
   El que hace a los montes producir
   hierba.
9 Él da a la bestia su mantenimiento,
   Y a los hijos de los cuervos cuando
   graznan.
10 No se deleita en la fuerza del caballo,
   Ni se complace en la agilidad del
   hombre.
11 Se complace Jehová en los que le temen,
   Y en los que esperan en su misericordia.

12 Alaba a Jehová, Jerusalén;
   Alaba a tu Dios, oh Sión.
13 Porque reforzó los cerrojos de tus
   puertas;
   Bendijo a tus hijos dentro de tu recinto.
14 Él da en tu territorio la paz;
   Te hace saciar con lo mejor del trigo.
15 Él envía su palabra a la tierra;
   Velozmente corre su palabra.
16 Da la nieve como lana,
   Y derrama la escarcha como ceniza.
17 Echa su hielo como migas de pan;
   Ante su frío, ¿quién resistirá?
18 Envía su palabra, y los derrite;
   Sopla su viento, y fluyen las aguas.
19 Ha manifestado sus palabras a Jacob,
   Sus estatutos y sus juicios a Israel.
20 No ha hecho cosa igual con ninguna otra
   de las naciones;
   Ni les ha dado a conocer sus juicios.
   Aleluya.

Exhortación a la creación, para que alabe a Jehová

Aleluya.

148 Alabad a Jehová desde los cielos;
Alabadle en las alturas.

2 Alabadle, vosotros todos sus ángeles;
Alabadle, vosotras todas sus huestes.

3 Alabadle, sol y luna;
Alabadle, vosotras todas, lucientes estrellas.

4 Alabadle, cielos de los cielos,
Y las aguas que están sobre los cielos.

5 Alaben el nombre de Jehová;
Porque él lo mandó, y fueron creados.

6 Los estableció eternamente y para siempre;
Les puso ley que no será quebrantada.

7 Alabad a Jehová desde la tierra,
Los monstruos marinos y todos los abismos;

8 El fuego y el granizo, la nieve y la niebla,
El viento de tempestad que ejecuta su palabra;

9 Los montes y todos los collados,
El árbol de fruto y todos los cedros;

10 Los animales salvajes y los domésticos,
Reptiles y volátiles;

11 Los reyes de la tierra y todos los pueblos,
Los príncipes y todos los jueces de la tierra;

12 Los jóvenes y también las doncellas,
Los ancianos y los niños.

13 Alaben el nombre de Jehová,
Porque sólo su nombre es sublime.
Su gloria es sobre tierra y cielos.

14 Él ha exaltado el poderío de su pueblo;
Alábenle todos sus santos, los hijos de Israel,
El pueblo a él cercano.
Aleluya.

Exhortación a Israel, para que alabe a Jehová

Aleluya.

149 Cantad a Jehová un cántico nuevo;
Su alabanza resuene en la congregación de los santos.

2 Alégrese Israel en su Hacedor;
Los hijos de Sión se gocen en su Rey.

3 Alaben su nombre con danzas;
Con pandero y arpa le canten.

4 Porque Jehová se complace en su pueblo;
Hermosea a los humildes con la salvación.

5 Regocíjense los santos por su gloria,
Y canten aun sobre sus camas.

6 Haya alabanzas a Dios en sus gargantas,
Y espadas de dos filos en sus manos,

7 Para ejecutar venganza entre las naciones,
Y castigo entre los *pueblos* paganos;

8 Para aprisionar a sus reyes con argollas,
Y a sus nobles con cadenas de hierro;

9 Para ejecutar en ellos el juicio decretado;
Un honor será esto para todos sus santos.
Aleluya.

Exhortación a alabar a Dios con instrumentos de música

Aleluya.

150 Alabad a Dios en su santuario;
Alabadle en el firmamento de su poder.

2 Alabadle por sus proezas;
Alabadle conforme a la inmensidad de su grandeza.

3 Alabadle al son de trompeta;
Alabadle con salterio y arpa.

4 Alabadle con pandero y danza;
Alabadle con instrumentos de cuerda y con flautas.

5 Alabadle con címbalos retumbantes;
Alabadle con címbalos de júbilo.

6 Todo lo que respira alabe a JAH.
Aleluya.

PROVERBIOS

Propósito de los proverbios

1 Proverbios de Salomón, hijo de David, rey de Israel.

2 Para aprender sabiduría e instrucción,
Para entender los dichos inteligentes,

3 Para recibir el consejo de prudencia,
Justicia, juicio y equidad;

4   Para dar sagacidad a los simples,
    Y a los jóvenes inteligencia y cordura.
5   Oirá el sabio, y aumentará su saber,
    Y el entendido adquirirá destreza,
6   Para entender proverbios y refranes,
    Máximas de sabios, y sus dichos enigmá-
    ticos.
7   El principio de la sabiduría es el temor
    de Jehová;
    Los insensatos desprecian la sabiduría y
    la enseñanza.

Amonestaciones de la sabiduría

8   Escucha, hijo mío, la reprensión de tu
    padre,
    Y no desprecies la instrucción de tu
    madre;
9   Porque guirnalda de gracia serán a tu
    cabeza,
    Y collares a tu cuello.
10 Hijo mío, si los perversos intentan sedu-
    cirte,
    No consientas.
11 Si te dicen: Ven con nosotros;
    Pongamos asechanzas para derramar
    sangre,
    Acechemos sin motivo al inocente;
12 Devorémoslos vivos como al Seol,
    Y enteros, como los que caen en la fosa;
13 Hallaremos riquezas de toda clase,
    Llenaremos nuestras casas de botín;
14 Echa tu suerte entre nosotros;
    Tengamos todos una bolsa;
15 Hijo mío, no vayas de camino con ellos.
    Aparta tu pie de sus veredas,
16 Porque sus pies corren hacia la maldad,
    Y van presurosos a derramar sangre.
17 Porque en vano se tenderá la red
    Ante los ojos mismos de un ave;
18 Pero ellos su propia sangre ponen en
    peligro,
    Y a sus almas tienden lazo.
19 Tales son las sendas de todo el que es
    dado a la codicia,
    La cual quita la vida a su propio dueño.

20 La sabiduría clama en las calles,
    Alza su voz en las plazas;
21 Clama en los lugares más concurridos;
    En las entradas de las puertas de la
    ciudad pronuncia sus discursos.
22 ¿Hasta cuándo, oh simples, amaréis la
    simpleza,
    Y los insensatos aborrecerán el conoci-
    miento?
23 Volveos a mi reprensión;
    He aquí yo derramaré mi espíritu sobre
    vosotros,
    Y os daré a conocer mis palabras.
24 Por cuanto llamé, y no quisisteis oír.

Extendí mi mano, y no hubo quien
atendiese,
25 Sino que desechasteis todo consejo mío
    Y no aceptasteis mi reprensión,
26 También yo me reiré de vuestra des-
    gracia,
    Y me burlaré cuando os sobrevenga lo
    que teméis;
27 Cuando venga de repente lo que os
    asusta,
    Y vuestra desgracia llegue como un
    torbellino;
    Cuando sobre vosotros vengan la tribu-
    lación y la angustia.
28 Entonces me llamarán, y no respon-
    deré;
    Me buscarán con afán, y no me hallarán.
29 Por cuanto aborrecieron la sabiduría,
    Y no escogieron el temor de Jehová,
30 Ni quisieron mi consejo,
    Y menospreciaron toda reprensión mía.
31 Comerán del fruto de su camino,
    Y se hartarán de sus propios planes.
32 Porque el extravío de los ignorantes los
    matará,
    Y la cómoda indolencia de los necios los
    echará a perder;
33 Mas el que me escuche, habitará confia-
    damente
    Y vivirá tranquilo, sin temor a la des-
    gracia.

La sabiduría, antídoto contra las malas compañías

2   Hijo mío, si recibes mis palabras,
    Y guardas más mandamientos dentro
    de ti,
2   Haciendo estar atento tu oído a la sabi-
    duría;
    Si inclinas tu corazón a la prudencia,
3   Si clamas a la inteligencia,
    Y a la prudencia das voces;
4   Si como a la plata la buscas,
    Y la rebuscas como a tesoros,
5   Entonces entenderás el temor de
    Jehová,
    Y hallarás el conocimiento de Dios.
6   Porque Jehová da la sabiduría,
    Y de su boca nacen el conocimiento y la
    inteligencia.
7   Él provee de sana sabiduría a los rectos;
    Es escudo para los que caminan recta-
    mente.
8   Es el que custodia las veredas de la
    equidad,
    Y preserva el camino de sus santos.
9   Entonces entenderás justicia, juicio
    Y equidad, y todo buen camino.
10 Cuando la sabiduría entre en tu co-
    razón,
    Y la ciencia sea grata a tu alma,

11 La discreción te guardará;
   Te protegerá la inteligencia,
12· Para librarte del mal camino,
   De los hombres que hablan perversi-
      dades,
13 Que dejan los caminos derechos,
   Para andar por sendas tenebrosas;
14 Que se alegran haciendo el mal,
   Que se complacen en las perversidades
      del vicio;
15 Cuyas veredas son tortuosas,
   Y sus caminos llenos de rodeos.

16 Serás librado de la mujer extraña,
   De la ajena que halaga con sus palabras,
17 La cual abandona al compañero de su
      juventud,
   Y se olvida del pacto de su Dios.
18 Por lo cual su casa está inclinada hacia la
      muerte,
   Y sus veredas hacia las sombras de
      muerte.
19 Todos los que a ella se lleguen, no
      volverán,
   Ni alcanzarán otra vez los senderos de la
      vida.

20 Así andarás por el camino de los
      buenos,
   Y seguirás las veredas de los justos;
21 Porque los rectos habitarán la tierra,
   Y los íntegros permanecerán en ella,
22 Mas los impíos serán cortados de la
      tierra,
   Y los prevaricadores serán desarraiga-
      dos de ella.

Exhortación a la obediencia

3 Hijo mío, no te olvides de mi enseñanza.
   Y tu corazón guarde mis manda-
      mientos;
2 Porque te añadirán largura de días y
   años de vida y paz.
3 Nunca se aparten de ti la misericordia y
   la verdad;
   Átalas a tu cuello,
   Escríbelas en la tabla de tu corazón;
4 Y hallarás gracia y buena opinión
   Ante los ojos de Dios y de los hombres.

5 Fíate de Jehová con todo tu corazón,
   Y no te apoyes en tu propia prudencia.
6 Reconócele en todos tus caminos,
   Y él enderezará tus veredas.
7 No seas sabio en tu propia opinión;
   Teme a Jehová, y apártate del mal;
8 Porque será medicina para tu cuerpo,
   Y refrigerio para tus huesos.
9 Honra a Jehová con tus bienes,
   Y con las primicias de todos tus frutos;

10 Y serán llenos tus graneros con abun-
      dancia,
   Y tus lagares rebosarán de mosto.

11 No menosprecies, hijo mío, la repren-
      sión de Jehová,
   Ni te fatigues de su corrección;
12 Porque Jehová al que ama reprende,
   Como el padre al hijo a quien quiere.

13 Dichoso el hombre que halla la sabi-
      duría,
   Y que obtiene la inteligencia;
14 Porque su ganancia es mejor que la
      ganancia de la plata,
   Y sus rentas mayores que las del oro
      fino.
15· Más valiosa es que las piedras preciosas;
   Y todo lo que puedes desear, no se
      puede comparar a ella.
16 Largura de días hay en su mano de-
      recha;
   En su izquierda, riquezas y honra.
17 Sus caminos son caminos deleitosos,
   Y todas sus veredas paz.
18 Ella es árbol de vida para los que de ella
      echan mano,
   Y son dichosos los que la retienen.

19 Jehová fundó la tierra con la sabiduría;
   Consolidó los cielos con inteligencia.
20 Con su ciencia fueron abiertos los
      abismos,
   Y destilan rocío los cielos.

21 Hijo mío, no se aparten estas cosas de
      tus ojos;
   Guarda la prudencia y la reflexión,
22 Y serán vida para tu alma,
   Y gracia para tu cuello.
23 Entonces andarás por tu camino confia-
      damente,
   Y tu pie no tropezará.
24 Cuando te acuestes, no tendrás temor,
   Sino que te acostarás, y tu sueño será
      grato.
25 No tendrás temor de pavor repentino,
   Ni de la ruina que sobreviene a los
      impíos.
26 Porque Jehová será tu confianza,
   Y él preservará tu pie de caer en la
      trampa.

27 No te niegues a hacer el bien a quien es
      debido,
   Cuando esté a tu alcance el hacerlo.
28 No digas a tu prójimo: Anda, y vuelve,
   Y mañana te daré,
   Cuando tienes contigo qué darle.
29 No intentes mal contra tu prójimo
   Mientras habita confiado junto a ti.
30 No tengas pleito con nadie sin motivo,
   Si no te han hecho agravio.

31 No envidies al hombre injusto,
Ni escojas ninguno de sus caminos.
32 Porque Jehová abomina al perverso;
Pero tiene sus intimidades con los
rectos.
33 La maldición de Jehová está sobre la
casa del impío,
Pero él bendice la morada de los justos.
34 Ciertamente él escarnece a los escarnecedores,
Y a los humildes concede su favor.
35 Los sabios heredarán honra,
Mas los insensatos recibirán ignominia.

Beneficios de la sabiduría

4 Oíd, hijos, la enseñanza de un padre,
Y estad atentos, para que aprendáis
cordura.
2 Porque os doy buena enseñanza;
No desamparéis mis instrucciones.
3 Porque yo también fui hijo de mi padre,
Preferido tiernamente de mi madre.
4 Y él me enseñaba, y me decía:
Retenga tu corazón mis razones,
Guarda mis mandamientos, y vivirás.
5 Adquiere sensatez, adquiere inteligencia;
No te olvides ni te apartes de los dichos
de mi boca;
6 No la dejes, y ella te guardará;
Ámala, y te protegerá.
7 El principio de la sabiduría es: adquirir
sabiduría;
Y aun a costa de todas tus posesiones
adquiere inteligencia.
8 Engrandécela, y ella te engrandecerá;
Ella te honrará, cuanto tú la hayas abrazado.
9 Adorno de gracia pondrá sobre tu cabeza;
Corona de hermosura te regalará.
10 Oye, hijo mío, y recibe mis razones,
Y se te multiplicarán los años de vida.
11 Por el camino de la sabiduría te he
encaminado,
Y por veredas derechas te he enseñado a
andar.
12 Cuando camines, no se enredarán tus
pasos,
Y si corres, no tropezarás.
13 Retén el consejo, no lo dejes;
Guárdalo, porque eso es tu vida.
14 No entres por la vereda de los impíos,
Ni vayas por el camino de los malos.
15 Evítalo, no pases por él;
Apártate de él, pasa de largo.
16 Porque no duermen ellos si no obran el
mal,
Y pierden el sueño si no han hecho caer
a alguno.
17 Pues su pan es pan de maldad, y beben
vino de violencia;

18 Mas la senda de los justos es como la luz
de la aurora,
Que va en aumento hasta llegar a pleno
día.
19 El camino de los impíos es como la
oscuridad;
No saben en qué tropiezan.
20 Hijo mío, está atento a mis palabras;
Inclina tu oído a mis razones.
21 No se aparten de tus ojos;
Guárdalas en medio de tu corazón;
22 Porque son vida para los que las hallan,
Y medicina para todo su cuerpo.
23 Por encima de todo, guarda tu corazón;
Porque de él mana la vida.
24 Aparta de ti la falsedad de la boca,
Y aleja de ti la iniquidad de los labios.
25 Tus ojos miren de frente,
Y diríjanse tus párpados hacia lo que
tienes delante.
26 Examina la senda de tus pies,
Y todos tus caminos sean rectos.
27 No te desvíes a la derecha ni a la izquierda;
Aparta tu pie del mal.

Amonestación contra la impureza

5 Hijo mío, está atento a mi sabiduría,
Y a mi inteligencia inclina tu oído,
2 Para que guardes la reflexión,
Y tus labios conserven la ciencia.
3 Porque los labios de la mujer extraña
destilan miel,
Y su paladar es más blando que el
aceite;
4 Mas su fin es amargo como el ajenjo,
Aguzado como espada de dos filos.
5 Sus pies descienden a la muerte;
Sus pasos conducen al Seol.
6 Sus caminos son desviados, sin que se
percate de ello,
Por no considerar el camino de vida.
7 Ahora pues, hijos, oídme,
Y no os apartéis de las razones de mi
boca.
8 Aleja de ella tu camino,
Y no te acerques a la puerta de su casa;
9 Para que no des a los extraños tu honor,
Y tus años al cruel;
10 No sea que extraños se sacien de tus
bienes,
Y el fruto de tus trabajos vaya a parar a
casa del extraño;
11 Y gimas al final,
Cuando tu carne y tu cuerpo se hayan
consumido,
12 Y digas: ¡Cómo desoí el consejo,
Y mi corazón menospreció la reprensión;
13 No escuché la voz de los que me ins-
truían,

Y a los que me enseñaban no presté
   atención!
14 Por poco llego al colmo de la desgracia,
   En medio de la sociedad y de la congregación.

15 Bebe el agua de tu misma cisterna,
   Y los raudales de tu propio pozo.
16 ¿Se derramarán tus fuentes por las
   calles,
   Y tus corrientes de aguas por las plazas?
17 Sean para ti solo,
   Y no para los extraños contigo.
18 Sea bendito tu manantial,
   Y gózate en la mujer de tu juventud,
19 Como cierva amada y graciosa gacela.
   Sus caricias te satisfagan en todo
   tiempo,
   Y en su amor recréate siempre.
20 ¿Y por qué, hijo mío, andarás ciego con
   la mujer ajena,
   Y abrazarás el seno de la extraña?
21 Porque los caminos del hombre están
   ante los ojos de Jehová,
   Y él considera todas sus veredas.
22 Prenderán al impío sus propias iniquidades,
   Y será retenido con las cuerdas de su
   pecado.
23 Él morirá por falta de corrección,
   Y errará por lo inmenso de su locura.

Amonestación contra la pereza
y la falsedad

6 Hijo mío, si sales fiador por tu amigo,
   Si has empeñado tu palabra a un extraño,
2 Si te has ligado con las palabras de tu
   boca,
   Y has quedado preso en los dichos de tus
   labios,
3 Haz esto ahora, hijo mío, y líbrate,
   Ya que has caído en las manos de tu
   prójimo;
   Ve, humíllate, importuna a tu amigo.
4 No des sueño a tus ojos,
   Ni a tus párpados adormecimiento;
5 Escápate como gacela de la mano del
   cazador,
   Y como ave de la mano del que arma
   lazos.

6 Observa a la hormiga, oh perezoso,
   Mira sus caminos, y serás sabio;
7 La cual, no teniendo capitán,
   Ni gobernador, ni señor,
8 Prepara en el verano su comida,
   Y recoge en el tiempo de la siega su
   mantenimiento.
9 Perezoso, ¿hasta cuándo has de dormir?
   ¿Cuándo te levantarás de tu sueño?

10 Un poco de sueño, un poco de dormitar,
   Y cruzar otro poco las manos sobre el
   pecho;
11 Así vendrá tu necesidad como un mero-
   deador,
   Y tu pobreza como hombre armado.

12 El hombre malo, el hombre depravado,
   Es el que anda en falsedad de boca;
13 Que guiña los ojos, que arrastra los pies,
   Que hace señas con los dedos.
14 Perversidades hay en su corazón; anda
   pensando el mal.
   En todo tiempo siembra discordias.
15 Pero le llegará la desgracia de repente;
   Súbitamente será quebrantada, y no
   habrá remedio.

16 Seis cosas aborrece Jehová,
   Y aun siete abomina su alma:
17 Los ojos altivos, la lengua mentirosa,
   Las manos derramadoras de sangre inocente,
18 El corazón que maquina pensamientos
   inicuos,
   Los pies presurosos para correr al mal,
19 El testigo falso que habla mentiras,
   Y el que siembra discordia entre hermanos.

Amonestación contra el adulterio

20 Guarda, hijo mío, el mandamiento de tu
   padre,
   Y no rechaces la enseñanza de tu madre;
21 Átalos siempre en tu corazón,
   Enlázalos a tu cuello.
22 Te guiarán cuando andes; cuando duermas, velarán por ti;
   Hablarán contigo cuando despiertes.
23 Porque el mandamiento es lámpara, y la
   enseñanza es luz,
   Y camino de vida las represiones que
   te instruyen,
24 Para que te guarden de la mala mujer,
   De la blandura de la lengua de la mujer
   extraña.
25 No codicies su hermosura en tu corazón,
   Ni ella te prenda con sus ojos;
26 Porque la ramera se contenta con una
   hogaza de pan,
   Pero la adúltera va a la caza de la vida
   preciosa de un varón.
27 ¿Tomará el hombre fuego en su seno
   Sin que sus vestidos ardan?
28 ¿Andará el hombre sobre brasas
   Sin que sus pies se quemen?
29 Así es el que se llega a la mujer de su
   prójimo;
   No quedará impune ninguno que la
   toque.
30 ¿No tienen en poco al ladrón si hurta

Para saciar su apetito cuando tiene
hambre?
31 Pero si es sorprendido, pagará siete
veces;
Entregará todo el haber de su casa.
32 Mas el que comete adulterio es falto de
entendimiento;
Arruina su alma el que tal hace.
33 Heridas y vergüenza hallará,
Y su afrenta nunca será borrada.
34 Porque los celos enfurecen al marido,
Y no perdonará en el día de la venganza.
35 No aceptará ninguna indemnización,
Ni querrá perdonar, aunque multipliques los regalos.

Las artimañas de la ramera

7 Hijo mío, guarda mis razones,
Y atesora contigo mis mandamientos.
2 Guarda mis mandamientos y vivirás,
Y mi ley como las niñas de tus ojos.
3 Lígalos a tus dedos;
Escríbelos en la tabla de tu corazón.
4 Di a la sabiduría: Tú eres mi hermana,
Y a la inteligencia llama tu parienta;
5 Para que te guarden de la mujer ajena,
Y de la extraña de palabras zalameras.
6 Porque estaba yo a la ventana de mi
casa,
Mirando por la reja;
7 Vi entre los simples,
Distinguí entre los muchachos,
A un joven falto de entendimiento,
8 El cual pasaba por la calle, junto a la
esquina donde ella vivía,
E iba camino de su casa,
9 A la tarde del día, cuando ya oscurecía,
En la oscuridad y tinieblas de la noche.
10 Cuando he aquí, una mujer le sale al
encuentro,
Con atavío de ramera y disimulo en el
corazón.
11 Bullanguera y revoltosa,
Sus pies no pueden parar en casa;
12 Unas veces está en la calle, otras veces
en las plazas,
Acechando por todas las esquinas.
13 Le agarró, y le besó.
Con semblante descarado le dijo:
14 Sacrificios de paz había prometido,
Hoy he pagado mis votos;
15 Por tanto, he salido a encontrarte,
Buscando diligentemente tu rostro, y te
he hallado.
16 He adornado mi cama con colchas
Recamadas con cordoncillo de Egipto;
17 He perfumado mi alcoba
Con mirra, áloes y canela.
18 Ven, embriaguémonos de amores hasta
la mañana;

Gocemos de las delicias del placer.
19 Porque mi marido no está en casa;
Se ha ido a un largo viaje.
20 Se llevó la bolsa de dinero;
Y hasta la luna llena no volverá a casa.
21 Lo rindió con la suavidad de sus muchas
palabras,
Le obligó con la zalamería de sus labios.
22 Al punto se marchó tras ella,
Como va el buey al degolladero,
Y como el necio a las prisiones para ser
castigado;
23 Como el ave que se precipita hacia el
lazo,
Y no sabe que es contra su vida,
Hasta que la saeta traspasa su corazón.
24 Ahora pues, hijos, oídme,
Y estad atentos a las razones de mi boca.
25 No se aparte tu corazón hacia sus caminos;
No te extravíes por sus veredas.
26 Porque a muchos ha hecho caer heridos,
Y aun los más robustos han sido muertos por ella.
27 Camino al Seol es su casa,
Que conduce a las cámaras de la
muerte.

Excelencia y eternidad
de la Sabiduría

8 ¿No clama la sabiduría,
Y da su voz la inteligencia?
2 En las alturas junto al camino,
A las encrucijadas de las veredas se
para;
3 Junto a las puertas, a la entrada de la
ciudad,
En el umbral de las puertas da voces:
4 Oh hombres, a vosotros clamo;
Dirijo mi voz a los hijos de los hombres.
5 Aprended, oh simples, discreción;
Y vosotros, necios, entrad en cordura.
6 Escuchad, porque hablaré cosas excelentes,
Y abriré mis labios para cosas rectas.
7 Porque mi boca hablará verdad,
Y mis labios abominan la impiedad.
8 Sinceras son todas las razones de mi
boca;
No hay en ellas cosa falsa ni tortuosa.
9 Todas ellas son rectas para el que entiende,
Y razonables para los que han hallado
sabiduría.
10 Recibid mi enseñanza, y no la plata;
Y ciencia antes que el oro escogido.
11 Porque mejor es la sabiduría que las
piedras preciosas;
Y todo cuanto se puede desear, no
puede compararse con ella.

12 Yo, la sabiduría, habito con la cordura,
    Y he hallado el conocimiento de los
    consejos.
13 El temor de Jehová es aborrecer el mal;
    La soberbia y la arrogancia, el mal
    camino,
    Y la boca perversa, es lo que yo detesto.
14 Conmigo está el consejo y el buen
    acierto;
    Yo soy la inteligencia; mío es el poder.
15 Por mí reinan los reyes,
    Y los príncipes decretan lo que es justo.
16 Por mí gobiernan los príncipes,
    Y los magnates juzgan toda la tierra.
17 Yo amo a los que me aman,
    Y me hallan los que madrugan para
    buscarme.
18 Las riquezas y la honra están conmigo;
    Riquezas duraderas, y justicia.
19 Mejor es mi fruto que el oro, que el oro
    refinado;
    Y mi rédito mejor que la plata acriso-
    lada.
20 Por veredas de justicia camino,
    Por en medio de sendas de rectitud,
21 Para hacer que los que me aman obten-
    gan su heredad,
    Y que yo llene sus arcas.

22 Jehová me poseía en el principio,
    Ya de antiguo, antes de sus obras.
23 Eternamente tuve el principado, desde
    el principio,
    Antes del comienzo de la tierra.
24 Antes de los abismos fui engendrada;
    Antes que existiesen las fuentes de las
    muchas aguas.
25 Antes que los montes fuesen formados,

    Antes de los collados, ya había sido yo
    engendrada;
26 No había aún hecho la tierra, ni los
    campos,
    Ni los primeros elementos del mundo.
27 Cuando formaba los cielos, allí estaba
    yo;
    Cuando trazaba un círculo sobre la faz
    del abismo,
28 Cuando condensaba las nubes arriba,
    Cuando afianzaba las fuentes del
    abismo;
29 Cuando ponía al mar su estatuto,
    Para que las aguas no traspasasen su
    mandato;
    Cuando establecía los fundamentos de
    la tierra,
30 Con él estaba yo ordenándolo todo,
    Y era su delicia de día en día,
    Teniendo solaz delante de él en todo
    tiempo.
31 Jugueteando en la parte habitable de su
    tierra;

    Y teniendo mis delicias con los hijos de
    los hombres.
32 Ahora, pues, hijos, oídme;
    Dichosos los que guardan mis caminos.
33 Atended mi consejo, para que seáis
    sabios;
    No lo menospreciéis.
34 Dichoso el hombre que me escucha,
    Velando a mis puertas cada día,
    Aguardando a los postes de mis puertas.
35 Porque el que me halle, hallará la vida,
    Y alcanzará el favor de Jehová.
36 Mas el que me pierde, se arruina a sí
    mismo;
    Todos los que me aborrecen aman la
    muerte.

La Sabiduría y la insensatez

9 La sabiduría edificó su casa,
    Labró sus siete columnas.
2 Mató sus víctimas, mezcló su vino,
    Y puso su mesa.
3 Envió sus criadas a invitar
    Desde lo más alto de la ciudad.
4 Dice a cualquier inexperto: Ven acá.
    A los faltos de cordura dice:
5 Venid, comed de mi pan,
    Y bebed del vino que yo he mezclado.
6 Dejad las simplezas, y viviréis,
    Y andad por el camino de la inteli-
    gencia.
7 El que corrige al arrogante, se acarrea
    afrenta;
    El que reprende al impío, se atrae
    oprobio.
8 No reprendas al cínico, para que no te
    aborrezca;
    Corrige al sabio, y te amará.
9 Da al sabio, y será más sabio;
    Enseña al justo, y aumentará su saber.
10 El principio de la sabiduría es el temor
    de Jehová,
    Y la inteligencia es el conocimiento del
    Santísimo.
11 Porque por mí se aumentarán tus días,
    Y años de vida se te añadirán.
12 Si eres sabio, para tu provecho lo serás;
    Y si fueres escarnecedor, lo pagarás tú
    solo.

13 La insensatez es alborotadora;
    Es simple e ignorante.
14 Se sienta en una silla a la puerta de su
    casa,
    En los lugares altos de la ciudad,
15 Para llamar a los que pasan por el
    camino,
    Que van por sus caminos derechos.
16 Dice a cualquier simple: Ven acá.
    A los faltos de cordura dice:
17 Las aguas hurtadas son dulces,

Y el pan comido en oculto es sabroso.

18 Y no sabe el hombre que allí están los muertos;

Que sus convidados están en lo profundo del Seol.

Contraste entre el justo y el malvado

10 Los proverbios de Salomón.

El hijo sabio alegra al padre,

Pero el hijo necio es la tristeza de su madre.

2 Los tesoros de maldad no serán de provecho;

Mas la justicia libra de muerte.

3 Jehová no dejará padecer hambre al justo;

Mas rechazará la ambición de los impíos.

4 La mano negligente empobrece;

Mas la mano de los diligentes enriquece.

5 El que recoge en el verano es hombre sensato;

El que duerme en el tiempo de la siega es hijo que avergüenza.

6 Hay bendiciones sobre la cabeza del justo;

Pero la violencia cerrará la boca de los impíos.

7 La memoria del justo será bendita;

Mas el nombre de los impíos se pudrirá.

8 El sabio de corazón acepta los mandatos;

Mas el charlatán corre a su ruina.

9 El que camina en integridad anda seguro;

Mas el que pervierte sus caminos será descubierto.

10 El que guiña el ojo acarrea disgustos;

Y el necio de labios caerá.

11 Manantial de vida es la boca del justo;

Pero la boca de los impíos encubre violencias.

12 El odio despierta rencillas;

Pero el amor encubre todas las faltas.

13 En los labios del prudente se halla sabiduría;

Mas la vara es para las espaldas del falto de cordura.

14 Los sabios atesoran la sabiduría;

Mas la boca del necio es calamidad cercana.

15 Las riquezas del rico son su ciudad fortificada;

Y el terror de los pobres es su pobreza.

16 La obra del justo es para vida;

Mas el fruto del impío es para pecado.

17 Camino a la vida es guardar la instrucción;

Pero quien desecha la reprensión, yerra.

18 El que encubre el odio es de labios mentirosos;

Y el que propaga calumnia es necio.

19 En las muchas palabras no falta pecado;

Mas el que refrena sus labios es prudente.

20 Plata escogida es la lengua del justo;

Mas el corazón de los impíos es como nada.

21 Los labios del justo apacientan a muchos,

Mas los necios mueren por falta de entendimiento.

22 La bendición de Jehová es la que enriquece,

Y no añade tristeza con ella.

23 El hacer maldad es como una diversión al insensato;

Mas la sabiduría recrea al hombre de entendimiento.

24 Lo que el impío teme, eso le vendrá;

Pero a los justos les será dado lo que desean.

25 Como pasa el torbellino, así el malo no permanece;

Mas el justo permanece para siempre.

26 Como el vinagre a los dientes, y como el humo a los ojos,

Así es el perezoso para los que lo envían.

27 El temor de Jehová prolonga los días;

Mas los años de los impíos serán acortados.

28 La esperanza de los justos es alegría;

Mas la esperanza de los impíos perecerá.

29 El camino de Jehová es fortaleza para el hombre íntegro;

Pero es destrucción para los que hacen maldad.

30 El justo no será removido jamás;

Pero los impíos no habitarán la tierra.

31 La boca del justo producirá sabiduría;

Mas la lengua perversa será cortada.

32 Los labios del justo destilan benevolencia;

Mas la boca de los impíos habla perversidades.

11 El peso falso es abominación a Jehová;

Mas la pesa cabal le agrada.

2 Cuando viene la soberbia, viene también la deshonra;

Mas con los humildes está la sabiduría.

3 La integridad de los rectos les allanará el camino;

Pero destruirá a los pecadores la perversidad de ellos.

4 No aprovecharán las riquezas en el día de la ira;

Mas la justicia libra de la muerte.

5 La justicia del perfecto enderezará su
   camino;
   Mas el impío por su impiedad caerá.
6 La justicia de los rectos los librará;
   Mas los pecadores serán atrapados en su
   pecado.
7 Cuando muere el hombre impío,
   perece su esperanza;
   Y la expectación de los malos quedará
   burlada.
8 El justo es librado de la tribulación;
   Mas el impío entra a ocupar el lugar de
   él.
9 El hipócrita daña con la boca a su
   prójimo;
   Mas los justos son librados con su sabiduría.
10 Con el éxito de los justos la ciudad se
   alegra;
   Mas cuando los impíos perecen hay
   fiesta.
11 Por la bendición de los rectos la ciudad
   será engrandecida;
   Mas por la boca de los impíos será
   trastornada.
12 El que menosprecia a su prójimo carece
   de entendimiento;
   Mas el hombre prudente calla.
13 El que anda en chismes divulga los
   secretos;
   Mas el de espíritu fiel oculta las cosas.
14 Donde no hay dirección sabia, caerá el
   pueblo;
   Mas en la multitud de consejeros hay
   seguridad.
15 Con ansiedad será afligido el que sale
   por fiador de un extraño;
   Mas el que aborreciere las fianzas vivirá
   seguro.
16 La mujer agraciada retendrá el honor;
   Y el hombre fuerte retendrá las riquezas.
17 A sí mismo se beneficia el hombre misericordioso;
   Mas el cruel se atormenta a sí mismo.
18 El impío consigue un jornal falso;
   Mas el que siembra justicia tendrá galardón firme.
19 Como la justicia conduce a la vida,
   Así el que sigue el mal lo hace para su
   muerte.
20 Abominación son a Jehová los perversos de corazón;
   Mas los de camino intachable le son
   agradables.
21 Tarde o temprano, el malo será castigado;
   Mas la descendencia de los justos será
   librada.
22 Como zarcillo de oro en el hocico de un
   cerdo

Es la mujer hermosa, pero falta de
razón.
23 El deseo de los justos es solamente el
   bien;
   Mas lo que les espera a los impíos es el
   enojo.
24 Hay quienes reparten, y les es añadido
   más;
   Y hay quienes retienen más de lo que es
   justo, pero vienen a pobreza.
25 El alma generosa será prosperada;
   Y el que saciare, él también será saciado.
26 Al que acapara el grano, el pueblo lo
   maldecirá;
   Pero habrá bendición sobre la cabeza
   del que lo vende.
27 El que busca el bien se procura favor;
   Mas al que busca el mal, éste le saldrá al
   encuentro.
28 El que confía en sus riquezas caerá;
   Mas los justos reverdecerán como el
   follaje.
29 El que desordena su casa heredará
   viento;
   Y el necio será siervo del sabio de
   corazón.
30 El fruto del justo es árbol de vida;
   Y el que gana almas es sabio.
31 Ciertamente el justo será recompensado en la tierra;
   ¡Cuánto más el impío y el pecador!

12 El que ama la instrucción ama la
   sabiduría;
   Mas el que aborrece la reprensión es un
   ignorante.
2 El bueno alcanzará favor de Jehová;
   Mas él condenará al hombre que maquina intrigas.
3 El hombre no se afianzará por medio de
   la impiedad;
   Mas la raíz de los justos no será removida.
4 La mujer virtuosa es corona de su marido;
   Mas la desvergonzada, como carcoma
   en sus huesos.
5 Los pensamientos de los justos son rectitud;
   Mas los consejos de los impíos, engaño.
6 Las palabras de los impíos son asechanzas para derramar sangre;
   Mas la boca de los rectos los pone a
   salvo.
7 Dios trastornará a los impíos, y dejarán
   de ser;
   Pero la casa de los justos permanecerá
   firme.
8 Según su sabiduría es alabado el
   hombre;
   Mas el perverso de corazón será menospreciado.

9 Más vale el despreciado que tiene un criado,
Que el que se jacta, y carece de pan.

10 El justo cuida del sustento de sus bestias;
Mas el corazón de los impíos es cruel.

11 El que labra su tierra se saciará de pan;
Mas el que anda a la caza de naderías es falto de entendimiento.

12 El impío codicia la red de los malvados;
Pero la raíz de los justos dará *buen* fruto.

13 El impíos es enredado en la prevaricación de sus labios;
Mas el justo saldrá de la tribulación.

14 El hombre será saciado de bien del fruto de su boca;
Y le será pagado según la obra de sus manos.

15 El camino del necio es derecho en su opinión;
Mas el que escucha los consejos es sabio.

16 El necio al punto da a conocer su ira;
Mas el que no hace caso de la injuria es prudente.

17 El que habla verdad declara lo que es justo;
Mas el testigo mentiroso, lo que es falso.

18 Hay hombres cuyas palabras *inconsideradas* son como golpes de espada;
Mas la lengua de los sabios es medicina.

19 El labio veraz permanecerá para siempre;
Mas la lengua mentirosa sólo por un momento.

20 Hay amargura en el corazón de los que piensan el mal;
Pero alegría en el de los que piensan el bien.

21 Ninguna adversidad acontecerá al justo;
Mas los impíos serán colmados de males.

22 Los labios mentirosos son abominación a Jehová;
Pero los que son sinceros alcanzan su favor.

23 El hombre cuerdo encubre su saber;
Mas el insensato publica su necedad.

24 La mano de los diligentes obtendrá el mando;
Mas la negligencia será tributaria.

25 La congoja en el corazón del hombre lo abate;
Mas la buena palabra lo alegra.

26 El justo sirve de guía a su prójimo;
Mas el camino de los impíos les hace errar.

27 El indolente ni aun asará lo que ha cazado;
Pero la diligencia es un tesoro para el hombre.

28 En el camino de la justicia está la vida;
Mas la senda del error conduce a la muerte.

13 El hijo sabio recibe el consejo del padre;
Mas el burlador no escucha las represiones.

2 Del fruto de su boca, el hombre *justo* comerá el bien;
Mas el alma de los prevaricadores hallará el mal.

3 El que guarda su boca, guarda su alma;
Mas el que mucho abre sus labios tendrá calamidad.

4 El alma del perezoso desea mucho, y nada alcanza;
Mas el alma de los diligentes será prosperada.

5 El justo aborrece la palabra de mentira;
Mas el impío se hace odioso e infame.

6 La justicia guarda al de perfecto camino;
Mas la impiedad trastornará al pecador.

7 Hay quienes pretenden ser ricos, y no tienen nada;
Y hay quienes pretenden ser pobres, y tienen muchas riquezas.

8 El rescate de la vida del hombre está en sus riquezas;
Pero el pobre no oye amenazas.

9 La luz de los justos es alegre;
Mas la lámpara de los impíos se apagará.

10 Ciertamente la soberbia concebirá contienda;
Mas con los que admiten consejos está la sabiduría.

11 Las riquezas mal adquiridas vendrán a menos;
Pero el que recoge con mano laboriosa, las aumenta.

12 La esperanza que se prolonga es tormento del corazón;
Pero árbol de vida es el deseo cumplido.

13 El que menosprecia el precepto perecerá por ello;
Mas el que teme el mandamiento será recompensado.

14 La instrucción del sabio es manantial de vida
Para apartarse de los lazos de la muerte.

15 El buen sentido se gana el favor;
Mas el camino de los transgresores es difícil de recorrer.

16 Todo hombre prudente procede con sabiduría;
Mas el necio manifiesta su necedad.

17 El mal mensajero acarrea desgracia;
Mas el mensajero fiel acarrea salud.

18 Pobreza y vergüenza tendrá el que menosprecia el consejo;

Mas el que guarda la corrección recibirá honra.

19 .El deseo cumplido regocija el alma;
Pero apartarse del mal es abominación a los necios.

20 El que anda con sabios, sabio será;
Mas el que se junta con necios se echa a perder.

21 El mal perseguirá a los pecadores,
Mas los justos serán premiados con el bien.

22 El bueno dejará herederos a los hijos de sus hijos;
Pero la riqueza del pecador está reservada para el justo.

23 En el barbecho de los pobres hay mucho pan;
Mas hay quien lo pierde por falta de juicio.

24 El que escatima el castigo, a su hijo aborrece;
Mas el que lo ama, desde temprano lo corrige.

25 El justo come hasta saciar su alma;
Mas el vientre de los impíos tendrá necesidad.

14 La sabiduría edifica su casa;
Mas la necedad con sus manos la derriba.

2 El que camina en rectitud, teme a Jehová;
Mas el de caminos tortuosos, lo menosprecia.

3 En la boca del necio está la raíz de su soberbia;
Mas los labios de los sabios los protegerán.

4 Sin bueyes, el granero está vacío;
Mas por la fuerza del buey hay abundancia de pan.

5 El testigo verdadero no mentirá.
Mas el testigo falso hablará mentiras.

6 Busca el escarnecedor la sabiduría y no la halla;
Mas al hombre entendido la sabiduría le es fácil.

7 Deja la compañía del hombre necio,
Porque en él no hallarás labios de ciencia.

8 La ciencia del prudente está en discernir su camino;
Mas la indiscreción de los necios es engaño.

9 Los necios se mofan del pecado;
Mas los rectos disfrutan del favor *de Dios.*

10 El corazón conoce la amargura de su propia alma;
Y ningún extraño se entremeterá en su alegría.

11 La casa de los impíos será asolada;
Pero florecerá la tienda de los rectos.

12 Hay camino que al hombre le parece derecho;
Pero al final es un camino de muerte.

13 Aun en la risa tendrá dolor el corazón;
Y el término de la alegría es congoja.

14 De sus caminos recibirá hartura el necio de corazón;
Pero el hombre de bien estará contento del suyo.

15 El simple todo se lo cree;
Mas el avisado mira bien sus pasos.

16 El sabio teme y se aparta del mal;
Mas el insensato se muestra insolente y confiado.

17 El que fácilmente se enoja hará locuras;
Y el hombre perverso será aborrecido.

18 Los simples heredarán necedad;
Mas los prudentes se coronarán de sabiduría.

19 Los malos se inclinarán delante de los buenos,
Y los impíos a las puertas del justo.

20 El pobre es odioso aun a sus parientes;
Pero el rico tiene muchos amigos.

21 Peca el que menosprecia a su prójimo;
Mas el que tiene misericordia de los pobres es dichoso.

22 ¿No yerran los que planean el mal?
Misericordia y verdad alcanzarán los que piensan el bien.

23 En toda labor hay fruto;
Mas las vanas palabras de los labios empobrecen.

24 Las riquezas de los sabios son su corona;
Pero la insensatez de los necios es infatuación.

25 El testigo verdadero libra las almas;
Mas el engañoso hablará mentiras.

26 En el temor de Jehová está la fuerte confianza;
Y esperanza tendrán sus hijos.

27 El temor de Jehová es manantial de vida
Para apartarse de los lazos de la muerte.

28 En la multitud del pueblo está la gloria del rey;
Y en la falta del pueblo la debilidad del príncipe.

29 El que tarda en airarse es grande de entendimiento;
Mas el de genio pronto, está lleno de necedad.

30 El corazón apacible es vida para el cuerpo;
Mas la envidia es carcoma de los huesos.

31 El que oprime al pobre, afrenta a su Hacedor;
Mas el que tiene misericordia del pobre, lo honra.

32 Por su maldad será derribado el impío;
Mas el justo aun en su muerte tiene esperanza.

33 En el corazón del prudente reposa la
   sabiduría;
   Pero no es conocida en el interior de los
   necios.
34 La justicia engrandece a las naciones;
   Mas el pecado es la vergüenza de los
   pueblos.
35 La benevolencia del rey es para con el
   servidor prudente;
   Mas su enojo, contra el que le avergüenza.

15 La blanda respuesta calma la ira;
   Mas la palabra áspera hace subir el
   furor.
2 La lengua de los sabios adornará la
   sabiduría;
   Mas la boca de los necios hablará san-
   deces.
3 Los ojos de Jehová están en todo lugar,
   Mirando a los malos y a los buenos.
4 La lengua apacible es árbol de vida;
   Mas la perversidad de ella es quebrantamiento del espíritu.
5 El necio menosprecia el consejo de su
   padre;
   Mas el que guarda la corrección vendrá
   a ser prudente.
6 En la casa del justo hay gran provisión;
   Pero turbación en las ganancias del
   impío.
7 La boca de los sabios esparce sabiduría;
   No así el corazón de los necios.
8 El sacrificio de los impíos es abominación a Jehová;
   Mas la oración de los rectos es su delicia.
9 Abominación es a Jehová el camino del
   impío;
   Mas él ama al que sigue la justicia.
10 La reconvención es molesta al que deja
   el camino;
   Y el que aborrece la corrección, morirá.
11 El Seol y el Abadón están delante de
   Jehová;
   ¡Cuánto más los corazones de los hombres!
12 El escarnecedor no ama al que le reprende,
   Ni se junta con los sabios.
13 El corazón alegre hermosea el rostro;
   Mas por el dolor del corazón el espíritu
   se abate.
14 El corazón inteligente busca la sabiduría;
   Mas la boca de los necios se alimenta de
   necedades.
15 Todos los días del afligido son difíciles;
   Mas el de corazón contento tiene un
   banquete continuo.
16 Mejor es lo poco con el temor de
   Jehová,
   Que el gran tesoro donde hay turbación.
17 Mejor es la comida de legumbres donde
   hay amor,

Que de buey engordado donde hay
   odio.
18 El hombre iracundo promueve contiendas;
   Mas el que tarda en airarse apacigua la
   rencilla.
19 El camino del perezoso es como seto de
   espinos;
   Mas la vereda de los rectos, como una
   calzada.
20 El hijo sabio alegra al padre;
   Mas el hombre necio menosprecia a su
   madre.
21 La necedad es alegría al falto de entendimiento;
   Mas el hombre entendido endereza sus
   pasos.
22 Los planes son frustrados donde no hay
   consejo;
   Mas con multitud de consejeros se realizan.
23 El hombre halla alegría en la respuesta
   de su boca;
   Y la palabra a su tiempo, ¡cuán buena
   es!
24 El camino de la vida es hacia arriba al
   entendido,
   Para apartarse del Seol abajo.
25 Jehová asolará la casa de los soberbios;
   Pero afirmará la heredad de la viuda.
26 Abominación son a Jehová los pensamientos del malo;
   Mas las expresiones de los limpios son
   limpias.
27 Alborota su casa el codicioso;
   Mas el que aborrece el soborno vivirá.
28 El corazón del justo piensa para responder;
   Mas la boca de los impíos derrama
   malas cosas.
29 Jehová está lejos de los impíos;
   Pero él oye la oración de los justos.
30 La luz de los ojos alegra el corazón,
   Y la buena nueva conforta los huesos.
31 El oído que escucha las amonestaciones
   de la vida,
   Entre los sabios morará.
32 El que tiene en poco la disciplina menosprecia su alma;
   Mas el que escucha la corrección tiene
   entendimiento.
33 El temor de Jehová es escuela de sabiduría;
   Y a la honra precede la humildad.

Proverbios sobre la vida y la conducta

16 Del hombre son las disposiciones del
   corazón;
   Mas de Jehová es la respuesta de la
   lengua.
2 Todos los caminos del hombre son limpios en su propia opinión;

Pero Jehová pesa los espíritus.
3 Encomienda a Jehová tus obras,
Y se realizarán tus proyectos.
4 Todas las cosas las ha hecho Jehová para
su destino peculiar,
Y aun al impío para el día malo.
5 Abominación es a Jehová todo altivo de
corazón;
Ciertamente no quedará impune.
6 Con misericordia y verdad se corrige el
pecado,
Y con el temor de Jehová los hombres se
apartan del mal.
7 Cuando los caminos del hombre son
agradables a Jehová,
Aun a sus enemigos hace estar en paz
con él.
8 Mejor es lo poco con justicia
Que la muchedumbre de frutos sin derecho.
9 El corazón del hombre planea su camino;
Mas Jehová endereza sus pasos.
10 Oráculo hay en los labios del rey;
En el juicio no errará su boca.
11 Peso y balanzas justas son de Jehová;
Obra suya son todas las pesas de la
bolsa.
12 Abominación es a los reyes hacer impiedad,
Porque con justicia se afianza el trono.
13 Los labios sinceros son el contentamiento de los reyes,
Y éstos aman al que habla lo recto.
14 La ira del rey es mensajero de muerte;
Mas el hombre sabio la aplacará.
15 En la alegría del rostro del rey está la
vida,
Y su benevolencia es como nube de
lluvia tardía.
16 Mejor es adquirir sabiduría que oro
preciado;
Y adquirir inteligencia vale más que la
plata.
17 El camino de los rectos se aparta del
mal;
El que guarda su camino, guarda su
propia vida.
18 Delante del quebrantamiento va la soberbia,
Y delante de la caída, la altivez del
espíritu.
19 Mejor es humillar el espíritu con los
humildes
Que repartir despojos con los soberbios.
20 El que mide sus palabras hallará el bien,
Y el que confía en Jehová es dichoso.
21 El sabio de corazón es tenido por prudente,
Y la dulzura de labios aumenta la persuasión.

22 Manantial de vida es el entendimiento al
que lo posee;
Mas la erudición de los necios es necedad.
23 El corazón del sabio hace prudente a su
boca,
Y añade persuasión a sus labios.
24 Panal de miel son los dichos suaves;
Suavidad al alma y medicina para los
huesos.
25 Hay camino que parece derecho al
hombre,
Pero su final es camino de muerte.
26 El apetito del que trabaja, trabaja para
él,
Porque su boca le estimula.
27 El hombre perverso trama el mal,
Y en sus labios hay como llama de
fuego.
28 El hombre perverso levanta contienda,
Y el chismoso aparta a los mejores
amigos.
29 El hombre malo lisonjea a su prójimo,
Y le hace andar por camino que no es
bueno.
30 El que guiña sus ojos piensa perversidades;
El que frunce sus labios, ya efectúa el
mal.
31 Corona de honra son las canas,
Cuando el anciano anda por el camino
de justicia.
32 Mejor es el que tarda en airarse que el
fuerte;
Y el que se enseñorea de su espíritu, que
el que toma una ciudad.
33 Las suertes se echan en el regazo;
Mas de Jehová es la decisión de ellas.

17 Mejor es un bocado seco, y en paz,
Que la casa de contiendas llena de
provisiones.
2 El siervo prudente prevalece sobre el
hijo que deshonra,
Y con los hermanos compartirá la herencia.
3 El crisol para la plata, y la hornaza para
el oro;
Pero Jehová prueba los corazones.
4 El malo está atento al labio inicuo;
Y el mentiroso escucha la lengua detractora.
5 El que escarnece al pobre, afrenta a su
Hacedor;
Y el que se alegra de la calamidad no
quedará sin castigo.
6 Corona de los viejos son los nietos,
Y la honra de los hijos, sus padres.
7 No conviene al necio la altilocuencia;
¡Cuánto menos al príncipe el labio mentiroso!
8 Es el soborno talismán para el que lo
practica;

Adondequiera que se vuelve, halla
éxito.

9 El que cubre la falta se gana amistades;
Mas el que la divulga, aparta al amigo.

10 La reprensión aprovecha al entendido,
Más que cien azotes al necio.

11 El hombre malo no busca sino la rebelión,
Pero se enviará contra él un mensajero
cruel.

12 Mejor es encontrarse con una osa a la
cual han robado sus cachorros,
Que con un fatuo en su necedad.

13 El que devuelve mal por bien,
No verá alejarse de su casa la desventura.

14 El que comienza la discordia es como
quien suelta las aguas;
Deja, pues, la contienda, antes que se
enrede.

15 El que justifica al impío, y el que conde-
na al justo,
Ambos son igualmente abominación a
Jehová.

16 ¿De qué sirve el precio en la mano del
necio para comprar sabiduría,
No teniendo entendimiento?

17 En todo tiempo ama el amigo,
Y el hermano ha nacido para el tiempo
de angustia.

18 El hombre falto de entendimiento presta fianzas,
Y sale por fiador en favor de su vecino.

19 El que ama la disputa, ama la transgresión;
Y el que alza demasiado la puerta busca
su ruina.

20 El hombre de corazón falaz nunca hallará el bien,
Y el de lengua doble caerá en el mal.

21 El que engendra un insensato, para su
tristeza lo engendra;
Y el padre de un necio no tendrá alegría.

22 El corazón alegre constituye un buen
remedio;
Mas el espíritu triste seca los huesos.

23 El impío toma soborno de debajo del
manto,
Para pervertir las sendas de la justicia.

24 En el rostro del entendido aparece la
sabiduría;
Mas los ojos del necio vagan hasta el
extremo de la tierra.

25 El hijo necio es pesadumbre para su
padre,
Y amargura para la que lo dio a luz.

26 Ciertamente no es bueno condenar al
justo,
Ni herir a los nobles que hacen lo recto.

27 El que ahorra palabras tiene sabiduría;
De espíritu prudente es el hombre entendido.

28 Aun el necio, cuando calla, es contado
por sabio;
El que cierra sus labios, por inteligente.

18 El hombre esquivo busca sus capri-
chos.
Y se irrita contra todo consejo.

2 No toma placer el necio en la inteligencia,
Sino en que su corazón se manifieste.

3 Cuando viene el impío, viene también el
menosprecio,
Y con el deshonrador, la afrenta.

4 Aguas profundas son las palabras de la
boca del hombre;
Y arroyo que rebosa, la fuente de la
sabiduría.

5 Tener respeto a la persona del impío,
Para pervertir el derecho del justo, no es
bueno.

6 Los labios del necio provocan contiendas;
Y su boca llama a los azotes.

7 La boca del necio es quebrantamiento
para sí,
Y sus labios son una trampa para su alma.

8 Las palabras del chismoso son como
golosinas,
Que penetran hasta el fondo de sus
entrañas.

9 También el que es negligente en su
trabajo
Es hermano del hombre disipador.

10 Torreón fuerte es el nombre de Jehová;
A él se acogerá el justo, y estará a salvo.

11 Las riquezas del rico son su ciudad
fortificada,
Y como un muro alto en su imaginación.

12 Antes del quebrantamiento se ensoberbece el corazón del hombre,
Y antes de la honra es la humildad.

13 Responder antes de haber escuchado,
Es fatuidad y oprobio.

14 El ánimo del hombre le sostiene en su
enfermedad;
Mas ¿quién sostendrá al ánimo angustiado?

15 El corazón del entendido adquiere sabiduría;
Y el oído de los sabios busca la ciencia.

16 La dádiva del hombre le ensancha el
camino
Y le conduce a la presencia de los
grandes.

17 Parece tener razón el primero que aboga por su causa;
Pero viene su adversario, y le descubre.

18 La suerte pone fin a los pleitos,
Y decide entre los poderosos.

19 El hermano ofendido es más tenaz que
una ciudad fuerte,
Y las contiendas de los hermanos son
como cerrojos de alcázar.

20 Del fruto de la boca del hombre se
   llenará su vientre;
   Se saciará del producto de sus labios.
21 La muerte y la vida están en poder de la
   lengua,
   Y el que la cuida comerá de sus frutos.
22 El que halla esposa halla el bien,
   Y alcanza la benevolencia de Jehová.
23 El pobre habla con ruegos,
   Mas el rico responde durezas.
24 El hombre que tiene amigos ha de mostrarse amigo;
   Y hay amigo más unido que un hermano.

19 Mejor es el pobre que camina en
   integridad,
   Que el de perversos labios y fatuo.
2 El afán sin reflexión no es bueno,
   Y aquel que se apresura con los pies, se
   extravía.
3 La insensatez del hombre tuerce su camino,
   Y luego se irrita su corazón contra
   Jehová.
4 Las riquezas atraen a muchos amigos;
   Mas el pobre se ve apartado de su
   amigo.
5 El testigo falso no quedará sin castigo,
   Y el que habla mentiras no escapará.
6 Muchos buscan el favor del generoso,
   Y cada uno es amigo del hombre que da.
7 Todos los hermanos del pobre le aborrecen;
   ¡Cuánto más sus amigos se alejarán de él!
   Buscará palabras y no las hallará.
8 El que posee entendimiento ama su
   alma;
   El que guarda la inteligencia hallará el
   bien.
9 El testigo falso no quedará sin castigo,
   Y el que habla mentiras perecerá.
10 No sienta bien al necio vivir en delicias;
   ¡Cuánto menos al siervo ser señor de los
   príncipes!
11 La cordura del hombre detiene su furor,
   Y es un honor para él pasar por alto la
   ofensa.
12 Como rugido de león es la ira del rey,
   Y su favor como el rocío sobre la hierba.
13 Dolor es para su padre el hijo necio,
   Y gotera continua las contiendas de la
   mujer.
14 La casa y las riquezas son herencia de los
   padres;
   Mas la mujer prudente es don de
   Jehová.
15 La pereza hace caer en profundo sueño,
   Y el alma negligente padecerá hambre.
16 El que guarda el mandamiento guarda
   su alma;
   Mas el que menosprecia sus caminos
   morirá.

17 A Jehová presta el que da al pobre,
   Y el bien que ha hecho, se lo recompensará.
18 Castiga a tu hijo en tanto que hay esperanza;
   Mas no se apresure tu alma para destruirlo.
19 El iracundo pagará la pena;
   Y si se lo perdonan, añadirá nuevos
   males.
20 Escucha el consejo, y recibe la corrección,
   Para que seas sabio al final.
21 Muchos proyectos hay en el corazón del
   hombre;
   Mas el designio de Jehová es el que se
   cumplirá.
22 Contentamiento es a los hombres hacer
   misericordia;
   Y mejor es el pobre que el mentiroso.
23 El temor de Jehová es para vida,
   Y con él vivirá lleno de reposo el
   hombre;
   No será visitado por el mal.
24 El perezoso mete su mano en el plato,
   Y ni aun a su boca la lleva.
25 Hiere al escarnecedor, y el simple se
   hará avisado;
   Y corrigiendo al entendido, aprenderá
   la ciencia.
26 El que despoja a su padre y ahuyenta a
   su madre,
   Es hijo que causa vergüenza y acarrea
   oprobio.
27 Cesa, hijo mío, de escuchar las enseñanzas
   Que te apartan de las razones de sabiduría.
28 El testigo perverso se burla de la justicia,
   Y la boca de los impíos encubre la
   iniquidad.
29 Preparados están los castigos para los
   escarnecedores,
   Y los azotes para las espaldas de los
   necios.

20 El vino es petulante; el licor, alborotador;
   Y cualquiera que por ellos yerra no es
   sabio.
2 Como rugido de león es la cólera del
   rey;
   El que lo enfurece se hace daño a sí
   mismo.
3 Es un honor para el hombre evitar la
   contienda;
   Mas todo insensato se enreda en ella.
4 El perezoso no ara a causa del invierno;
   Pedirá, pues, en la siega, y no hallará.
5 Como aguas profundas es el consejo en
   el corazón del hombre;
   Mas el hombre entendido lo alcanzará.

6 Muchos hombres proclaman cada uno
su propia bondad,
Pero un hombre veraz, ¿quién lo hallará?
7 Camina en su integridad el justo;
Sus hijos son dichosos después de él.
8 El rey que se sienta en el trono de juicio,
Con su mirar disipa todo mal.
9 ¿Quién podrá decir: Yo he limpiado mi
corazón,
Limpio estoy de mi pecado?
10 Pesa falsa y medida falsa,
Ambas cosas son abominación a
Jehová.
11 Ya con sus actos da a conocer el niño
Si su conducta va a ser limpia y recta.
12 El oído que oye, y el ojo que ve,
Ambas cosas igualmente las ha hecho
Jehová.
13 No ames el sueño, para que no te empo-
brezcas;
Abre tus ojos, y te saciarás de pan.
14 El que compra dice: Malo es, malo es;
Mas cuando se marcha, se congratula.
15 Hay oro y multitud de piedras preciosas;
Mas los labios prudentes son joya preciosa.
16 Quítale su ropa al que salió por fiador
del extraño,
Y toma prenda del que sale fiador por
los extraños.
17 Sabroso es al hombre el pan de mentira;
Pero después su boca será llena de cas-
cajo.
18 Los proyectos se sopesan con el consejo;
Y con dirección sabia se hace la guerra.
19 El que anda en chismes descubre el
secreto;
No te entremetas, pues, con el suelto de
lengua.
20 Al que maldice a su padre o a su madre,
Se le apagará su lámpara en oscuridad
tenebrosa.
21 Los bienes que se adquieren de prisa al
principio,
No serán al final bendecidos.
22 No digas: Yo me vengaré;
Espera en Jehová, y él te salvará.
23 Abominación son a Jehová las pesas
falsas,
Y la balanza falsa no es buena.
24 De Jehová son los pasos del hombre;
¿Cómo, pues, entenderá el hombre su
camino?
25 Lazo es al hombre hacer un voto a la
ligera,
Y después de haberlo hecho, reflexionar.
26 El rey sabio avienta a los impíos,
Y hace tornar sobre ellos la maldad.

27 Lámpara de Jehová es el espíritu del
hombre,
La cual escudriña lo más profundo del
corazón.
28 Misericordia y verdad guardan al rey,
Y con clemencia se sustenta su trono.
29 La gloria de los jóvenes es su fuerza,
Y la hermosura de los ancianos es su
vejez.
30 Las marcas de los azotes son medicina
para el malo,
Porque los golpes purifican el corazón.

21 Como los repartimientos de las
aguas,
Así está el corazón del rey en la mano de
Jehová;
Adonde quiere lo inclina.
2 Todo camino del hombre es recto en su
propia opinión;
Pero Jehová pesa los corazones.
3 Practicar el derecho y la justicia
Es a Jehová más agradable que los
sacrificios.
4 Altivez de ojos, y orgullo de corazón,
Y pensamiento de impíos, son pecado.
5 Los pensamientos del diligente ciertamente producen ganancia;
Mas todo el que se apresura alocada-
mente, de cierto va a la pobreza.
6 Amontonar tesoros con lengua mentirosa
Es vanidad pasajera de hombres que
buscan la muerte.
7 La rapiña de los impíos los destruirá,
Por cuanto rehúsan practicar la
equidad.
8 El camino del hombre perverso es tortuoso y extraño;
Mas los hechos del limpio son rectos.
9 Mejor es vivir en un rincón del terrado
Que con mujer rencillosa en casa espaciosa.
10 El alma del impío desea el mal;
Su prójimo no halla favor en sus ojos.
11 Cuando el escarnecedor es castigado, el
simple se hace sabio;
Y cuando se le amonesta al sabio,
aprende ciencia.
12 El justo observa la casa del impío,
Y cómo los impíos se precipitan en la
ruina.
13 El que cierra su oído al clamor del
pobre,
También él clamará, y no será oído.
14 La dádiva en secreto calma el furor,
Y el don de debajo del manto, la fuerte
ira.
15 Es un placer para el justo el practicar la
justicia;
Mas el espanto es para los que hacen
iniquidad.

16 El hombre que se aparta del camino de
   la sabiduría
   Vendrá a parar en la compañía de los
   muertos.
17 Hombre menesteroso vendrá a ser el
   que ama el deleite,
   Y el que ama el vino y los perfumes no se
   enriquecerá.
18 Rescate del justo es el impío,
   Y por los rectos, el prevaricador.
19 Mejor es morar en tierra desierta
   Que con la mujer rencillosa e iracunda.
20 Tesoro precioso y aceite hay en la casa
   del sabio;
   Mas el hombre insensato todo lo disipa.
21 El que sigue la justicia y la misericordia
   Hallará la vida, la prosperidad y la
   gloria.
22 Toma por asalto el sabio la ciudad de los
   fuertes,
   Y derriba la fortaleza en que ella confiaba.
23 El que guarda su boca y su lengua,
   Su alma guarda de angustias.
24 Escarnecedor es el nombre del soberbio
   y presuntuoso
   Que obra en la insolencia de su presunción.
25 El deseo del perezoso le mata,
   Porque sus manos no quieren trabajar.
26 Hay quien todo el día codicia;
   Pero el justo da sin escatimar.
27 El sacrificio de los impíos es abominación;
   ¡Cuánto más ofreciéndolo con mala intención!
28 El testigo mentiroso perecerá;
   Mas el hombre que escucha, tendrá la
   última palabra.
29 El hombre impío endurece su rostro;
   Mas el recto ordena sus caminos.
30 No hay sabiduría, ni inteligencia,
   Ni consejo, contra Jehová.
31 El caballo se apareja para el día de la
   batalla;
   Mas Jehová es el que da la victoria.

22 De más estima es el buen nombre que
   las muchas riquezas,
   Y la buena gracia más que la plata y el
   oro.
2 El rico y el pobre se encuentran;
   A ambos los hizo Jehová.
3 El avisado ve el mal y se esconde;
   Mas los simples pasan adelante y reciben el daño.
4 Riquezas, honor y vida
   Son la remuneración de la humildad y
   del temor de Jehová.
5 Espinos y lazos hay en el camino del
   perverso;
   El que guarda su alma, se alejará de
   ellos.

6 Instruye al niño en el buen camino,
   Y aun cuando envejezca no se apartará
   de él.
7 El rico se enseñorea de los pobres,
   Y el que toma prestado es siervo del que
   presta.
8 El que siembra iniquidad, iniquidad segará,
   Y la vara de su insolencia se consumirá.
9 El ojo misericordioso será bendecido,
   Porque da de su pan al indigente.
10 Echa fuera al escarnecedor, y se irá la
   contienda,
   Y cesarán las riñas y los insultos.
11 El que ama la limpieza de corazón,
   Por la gracia de sus labios tendrá la
   amistad del rey.
12 Los ojos de Jehová velan por la ciencia;
   Mas él confunde las palabras de los
   prevaricadores.
13 Dice el perezoso: Hay un león afuera;
   Seré muerto en plena calle.
14 Fosa profunda es la boca de la mujer
   extraña;
   Aquel contra el cual Jehová esté airado
   caerá en ella.
15 La necedad está ligada en el corazón del
   muchacho;
   Mas la vara de la corrección la alejará de
   él.
16 El que oprime al pobre para aumentar
   sus ganancias,
   O que da al rico, ciertamente se empobrecerá.

Preceptos y amonestaciones

17 Inclina tu oído y oye las palabras de los
   sabios,
   Y aplica tu corazón a mi sabiduría;
18 Porque es cosa deliciosa, si las guardas
   dentro de ti;
   Y las tienes todas a punto sobre tus
   labios.
19 Para que pongas tu confianza en
   Jehová,
   Te las he hecho saber hoy a ti también.

20 ¿No te he escrito tres veces
   En consejos y en ciencia,
21 Para hacerte saber la certidumbre de las
   palabras de verdad,
   A fin de que vuelvas a informar fielmente a los que te enviaron?

22 No robes al pobre, porque es pobre,
   Ni quebrantes en la puerta al afligido;
23 Porque Jehová defenderá la causa de
   ellos,
   Y despojará el alma de aquellos que los
   despojaren.

24 No te juntes con el iracundo,
Ni te acompañes con el hombre violento,

25 No sea que aprendas sus maneras,
Y pongas trampa para tu alma.

26 No seas de aquellos que hacen tratos a la
ligera,
Ni de los que salen por fiadores de
deudas.

27 Si no tienes para pagar,
¿Por qué han de quitar tu cama de
debajo de ti?

28 No desplaces los linderos antiguos
Que pusieron tus padres.

29 ¿Has visto un hombre solícito en su
trabajo? Delante de los reyes estará;
No estará delante de los de baja condición.

23 Cuando te sientes a comer con algún
señor,
Considera bien lo que está delante de ti,

2 Y pon cuchillo a tu garganta,
Si eres dado a la gula.

3 No codicies sus manjares delicados,
Porque es pan engañoso.

4 No te afanes por hacerte rico;
Sé prudente y deja de pensar en ello.

5 ¿Has de poner tus ojos en las riquezas,
siendo tan fugaces?
Porque se harán alas
Como alas de águila, que se remonta al
cielo.

6 No comas pan con el avaro,
Ni codicies sus manjares;

7 Porque cual es su pensamiento en su
corazón, tal es él.
Come y bebe, te dirá;
Mas su corazón no está contigo.

8 Vomitarás la parte que comiste,
Y perderás tus suaves palabras.

9 No hables a oídos del necio,
Porque menospreciará la prudencia de
tus razones.

10 No desplaces el lindero antiguo,
Ni entres en la heredad de los huérfanos;

11 Porque el defensor de ellos es el Fuerte,
El cual defenderá la causa de ellos contra ti.

12 Aplica tu corazón a la instrucción,
Y tus oídos a las palabras de sabiduría.

13 No rehúses corregir al muchacho;
Porque si lo castigas con vara, no morirá.

14 Lo castigarás con vara,
Y preservarás su alma del Seol.

15 Hijo mío, si tu corazón es sabio,
También a mí se me alegrará el corazón;

16 Mis entrañas también se alegrarán
Cuando tus labios hablen cosas rectas.

17 No tenga tu corazón envidia de los
pecadores,

Sino que permanezca en el temor de
Jehová todo el tiempo;

18 Porque ciertamente existe un mañana,
Y tu esperanza no será cortada.

19 Escucha, hijo mío, y sé sabio,
Y endereza tu corazón al camino recto.

20 No estés con los bebedores de vino,
Ni con los engullidores de carne;

21 Porque el bebedor y el comilón empo-
brecerán,
Y la somnolencia hará vestir vestidos
rotos.

22 Oye a tu padre, a aquel que te engendró;
Y cuando tu madre envejezca, no la
menosprecies.

23 Compra la verdad, y no la vendas;
La sabiduría, la instrucción y la inteligencia.

24 Mucho se alegrará el padre del justo,
Y el que engendra al sabio se gozará con
él.

25 Alégrense tu padre y tu madre,
Y gócese la que te dio a luz.

26 Dame, hijo mío, tu corazón,
Y miren tus ojos por mis caminos.

27 Porque abismo profundo es la ramera,
Y pozo angosto la extraña.

28 También ella, como robador, acecha,
Y multiplica entre los hombres los prevaricadores.

29 ¿Para quién será el ay? ¿Para quién el
dolor? ¿Para quién las rencillas?
¿Para quién las quejas? ¿Para quién las
heridas sin razón?
¿Para quién los ojos turbios?

30 Para los que se detienen mucho en el
vino,
Para los que van buscando las mezclas
alcohólicas.

31 No mires al vino cuando rojea,
Cuando resplandece su color en la copa.
Se entra suavemente;

32 Mas al fin como serpiente morderá,
Y como áspid dará dolor.

33 Tus ojos verán cosas extrañas,
Y tu corazón hablará perversidades.

34 Serás como el que yace en medio del
mar,
O como el que está en la punta de un
mástil.

35 Y dirás: Me hirieron, mas no me dolió;
Me azotaron, mas no lo sentí;
Cuando despierte, aún volveré a pedir
más.

24 No tengas envidia de los hombres
malos,
Ni desees estar con ellos;

2   Porque su corazón piensa en robar,
    Y sus labios hablan iniquidad.

3   Con sabiduría se edifica una casa,
    Y con prudencia se consolida;
4   Y con ciencia se llenan las estancias.
    De todo bien preciado y agradable.
5   El hombre sabio es fuerte,
    Y de pujante vigor el hombre docto.
6   Porque con estrategia se gana la guerra,
    Y en la multitud de consejeros está la
    victoria.
7   Inaccesible es para el insensato la sabi-
    duría;
    En la puerta no abrirá él su boca.

8   Al que maquina hacer el mal,
    Le llamarán forjador de intrigas.
9   El pensamiento del necio es pecado,
    Y abominación a los hombres el escar-
    necedor.
10 Si eres flojo en el día de trabajo,
    Tu fuerza será reducida.
11 Libra a los que son llevados a la muerte;
    Salva a los que están en peligro de
    muerte.
12 Porque si dices *falsamente:* No nos di-
    mos cuenta,
    ¿Acaso no lo sabrá el que pesa los
    corazones?
    El que vigila tu vida, él lo conocerá,
    Y dará al hombre según sus obras.

13 Come, hijo mío, de la miel, porque es
    buena,
    Y el panal es dulce a tu paladar.
14 Así será a tu alma el conocimiento de la
    sabiduría;
    Si la hallas tendrás recompensa,
    Y al fin tu esperanza no se verá defrau-
    dada.

15 Oh impío, no aceches la tienda del
    justo,
    No saquees su morada;
16 Porque siete veces cae el justo, y vuelve
    a levantarse;
    Mas los impíos se hundirán en la des-
    gracia.
17 Cuando caiga tu enemigo, no te rego-
    cijes,
    Y cuando tropiece, no se alegre tu co-
    razón;
18 No sea que Jehová lo mire, y le desa-
    grade,
    Y aparte de sobre él su enojo.

19 No te exasperes por los malvados,
    Ni tengas envidia de los impíos;
20 Porque para el malo no habrá buen fin,
    Y la lámpara de los impíos será apa-
    gada.

21 Teme a Jehová, hijo mío, y al rey;
    No provoques a ira a ninguno de los dos;
22 Porque su castigo vendrá de repente;
    Y el furor de ambos, ¿quién lo podrá
    prever?

23 También éstos son dichos de los sabios:
    Hacer acepción de personas en el juicio
    no es bueno.
24 El que dice al malo: Justo eres,
    Los pueblos lo maldecirán, y le detesta-
    rán las naciones;
25 Mas los que lo reprenden tendrán feli-
    cidad,
    Y sobre ellos vendrá gran bendición.
26 Besados serán los labios
    Del que responde palabras rectas.

27 Termina tus labores fuera,
    Y disponlas en tus campos,
    Y después edificarás tu casa.

28 No seas sin motivo testigo contra tu
    prójimo,
    Y no lisonjees con tus labios.
29 No digas: Como me hizo, así le haré;
    Daré el pago al hombre según su obra.
30 Pasé junto al campo del hombre pere-
    zoso,
    Y junto a la viña del hombre falto de
    entendimiento;
31 Y he aquí que por toda ella habían
    crecido los espinos.
    Las ortigas habían ya cubierto su faz,
    Y su cerca de piedras estaba ya des-
    truida.
32 Miré, y reflexioné;
    Lo vi, y aproveché la lección.
33 Un poco de sueño, cabeceando otro
    poco,
    Poniendo mano sobre mano otro poco
    para dormir;
34 Así vendrá como vagabundo tu indi-
    gencia,
    Y tu pobreza como hombre armado.

Comparaciones y lecciones morales

25 También éstos son proverbios de Salomón, los cuales copiaron los varones de Ezequías, rey de Judá:

2   Gloria de Dios es encubrir un asunto;
    Pero honra del rey es escudriñarlo.
3   Para la altura de los cielos, y para la
    profundidad de la tierra,
    Y para el corazón de los reyes, no hay
    investigación posible.
4   Quita las escorias de la plata,
    Y saldrá una alhaja para el fundidor.
5   Aparta al impío de la presencia del rey,
    Y su trono se afianzará en la justicia.
6   No te alabes delante del rey,

Ni te metas en el lugar de los grandes;
7 Porque mejor es que se te diga:
   Sube acá,
   Y no que seas humillado delante del
   príncipe
   A quien han visto tus ojos.

8 No entres apresuradamente en pleito,
   No sea que no sepas qué hacer al fin,
   Después que tu prójimo te haya aver-
   gonzado.
9 Arregla tu pleito con tu vecino,
   Y no descubras el secreto a otro,
10 No sea que te deshonre el que lo oiga,
   Y tu infamia no pueda repararse.

11 Manzana de oro en bandeja de plata
   Es la palabra dicha como conviene.
12 Como zarcillo de oro y joyel de oro fino
   Es el que reprende al sabio que tiene
   oído dócil.
13 Como refrigerio de nieve en tiempo de
   la siega,
   Así es el mensajero fiel para los que lo
   envían,
   Pues reconforta el alma de su señor.
14 Como nubes y vientos sin lluvia,
   Así es el hombre que se jacta de falsa
   liberalidad.

15 Con larga paciencia se aplaca el príncipe,
   Y la lengua blanda quebranta los
   huesos.
16 ¿Hallaste miel? Come lo que te basta,
   No sea que hastiado de ella la vomites.
17 Detén tu pie de la casa de tu vecino,
   No sea que hastiado de ti te aborrezca.
18 Martillo y cuchillo y saeta aguda
   Es el hombre que habla contra su prójimo falso testimonio.
19 Como diente roto y pie descoyuntado
   Es la confianza en el prevaricador en
   tiempo de angustia.
20 El que canta canciones al corazón afligido
   Es como el que quita la ropa en tiempo
   de frío, o el que sobre el jabón echa
   vinagre.
21 Si el que te aborrece tiene hambre, dale
   de comer pan,
   Y si tiene sed, dale de beber agua;
22 Porque amontonarás ascuas sobre su
   cabeza,
   Y Jehová te lo pagará.
23 El viento del norte engendra la lluvia,
   Y la lengua detractora el rostro airado.
24 Mejor es estar en un rincón del terrado,
   Que con mujer rencillosa en casa espaciosa.
25 Como el agua fresca para el alma se-
   dienta,

Así son las buenas nuevas de lejanas
   tierras.
26 Como fuente turbia y manantial corrompido,
   Es el justo que titubea delante del
   impío.
27 Comer demasiada miel no es bueno,
   Ni el buscar la propia gloria es gloria.
28 Como ciudad derribada y sin muro
   Es el hombre cuyo espíritu no tiene
   rienda.

26 Como no conviene la nieve en el
   verano, ni la lluvia en la siega,
   Así no conviene al necio la honra.
2 Como el gorrión en su vagar, y como la
   golondrina en su vuelo,
   Así la maldición sin motivo no llega a
   término.
3 El látigo para el caballo, el cabestro
   para el asno,
   Y la vara para la espalda del necio.
4 Nunca respondas al necio de acuerdo
   con su necedad,
   Para que no seas tú también como él.
5 Responde al necio como merece su necedad,
   No sea que vaya a creerse que es un
   sabio.
6 Como el que se corta los pies y bebe su
   amargura,
   Así es el que envía recado por mano de
   un necio.
7 Las piernas del cojo penden inútiles;
   Así es el proverbio en la boca del necio.
8 Como quien ata la piedra en la honda,
   Así hace el que da honra al necio.
9 Espinas hincadas en mano del embriagado,
   Tal es el proverbio en la boca de los necios.
10 Como arquero que hiere a todos *los
   transeúntes*,
   Es el que toma a sueldo insensatos y
   vagabundos.
11 Como perro que vuelve a su vómito,
   Así es el necio que repite su necedad.
12 ¿Has visto hombre sabio en su propia
   opinión?
   Más esperanza hay del necio que de él.
13 Dice el perezoso: Hay un león en el
   camino;
   Hay un león en la calle.
14 Como la puerta gira sobre sus quicios,
   Así el perezoso da vueltas en su cama.
15 Mete el perezoso su mano en el plato;
   Y se cansa de llevársela a la boca.
16 En su propia opinión el perezoso es más
   sabio
   Que siete que sepan aconsejar.
17 El que al pasar se entremete en disputa
   que no le incumbe,
   Es como el que toma al perro por las
   orejas.

18 Como el que enloquece, y echa llamas
    Y saetas y muerte,
19 Tal es el hombre que engaña a su amigo,
    Y dice: Ciertamente lo hice por broma.
20 Sin leña se apaga el fuego,
    Y donde no hay chismoso, cesa la con-
    tienda.
21 El carbón para brasas, y la leña para el
    fuego;
    Y el hombre rencilloso para encender
    contienda.
22 Las palabras del chismoso son como
    golosinas,
    Y penetran hasta las entrañas.
23 Como escoria de plata que barniza la
    loza,
    Son los labios lisonjeros con un corazón
    malo.
24 El que odia disimula con sus labios;
    Mas en su interior maquina engaño.
25 Aunque hable en tono amable, no le
    creas;
    Porque siete abominaciones hay en su
    corazón.
26 Aunque su odio se cubra con disimulo,
    Su maldad será descubierta en la con-
    gregación.
27 El que cava foso caerá en él;
    Y al que hace rodar una piedra grande,
    se la vendrá encima.
28 La lengua falsa atormenta al que ya es su
    víctima,
    Y la boca lisonjera empuja hacia el
    precipicio.

27 No te jactes del día de mañana;
    Porque no sabes qué dará de sí el día.
2 Alábete el extraño, y no tu propia bo-
    ca;
    El ajeno, y no los labios tuyos.
3 Pesada es la piedra, y la arena pesa;
    Mas la ira del necio es más pesada que
    ambas.
4 Cruel es la ira, e impetuoso el furor;
    Mas ¿quién podrá sostenerse delante de
    la envidia?
5 Mejor es reprensión manifiesta
    Que amor encubierto.
6 Fieles son las heridas del que ama;
    Pero importunos los besos del que abo-
    rrece.
7 El hombre saciado desprecia el panal de
    miel;
    Pero al hambriento todo lo amargo es
    dulce.
8 Cual ave que se va de su nido,
    Tal es el hombre que se va de su lugar.
9 El ungüento y el perfume alegran el
    corazón,
    Y el cordial consejo del amigo consuela
    al hombre.
10 No dejes a tu amigo, ni al amigo de tu
    padre;

    Y no tendrás que ir a la casa de tu
    hermano en el día de tu aflicción.
    Mejor es el vecino cerca que el hermano
    lejos.
11 Sé sabio, hijo mío, y alegra mi corazón,
    Y tendré qué responder al que me
    agravie.
12 El avisado ve el peligro y se esconde;
    Mas los simples siguen adelante y reci-
    ben el daño.
13 Quítale su ropa al que salió fiador por el
    extraño,
    Y al que fía a una extranjera, tómale
    prenda.
14 El que bendice a su amigo en alta voz,
    en la mañana temprano,
    Por maldición se le contará.
15 Gotera continua en tiempo de lluvia
    Y la mujer rencillosa, son semejantes;
16 Pretender contenerla es como refrenar
    el viento,
    O sujetar aceite con la mano derecha.
17 Hierro con hierro se aguza;
    Y así el hombre aguza el rostro de su
    amigo.
18 Quien cuida la higuera comerá su fruto,
    Y el que mira por los intereses de su
    señor, tendrá honra.
19 Como mirándose en el agua, el rostro
    responde al rostro,
    Así el corazón del hombre responde al
    hombre.
20 El Seol y el Averno nunca se sacian;
    Así los ojos del hombre nunca están
    satisfechos.
21 Como el crisol prueba la plata, y la
    hornaza el oro,
    Así es para el hombre la boca del que lo
    alaba.
22 Aunque machaques al necio en un mor-
    tero entre granos de trigo majados
    con el pisón,
    No se apartará de él su necedad.
23 Sé diligente en conocer el estado de tus
    ovejas,
    Y mira con cuidado por tus rebaños;
24 Porque las riquezas no duran para
    siempre;
    Ni las diademas para perpetuas genera-
    ciones.
25 Saldrá la grama, aparecerá la hierba,
    Y se segarán las hierbas de los montes.
26 Los corderos son para tus vestidos,
    Y los cabritos para el precio del campo;
27 Y abundancia de leche de las cabras
    para tu mantenimiento, para mante-
    nimiento de tu casa,
    Y para sustento de tus criadas.

El justo y el impío

28 Huye el impío sin que nadie lo per-
    siga;

Mas el justo está confiado como un león.

2 Por la rebelión de la tierra se multiplican sus príncipes;
Mas por el hombre entendido y sabio permanece estable.

3 El hombre pobre y explotador de los pobres
Es como lluvia torrencial que deja sin pan.

4 Los que dejan la ley alaban a los impíos;
Mas los que la guardan contenderán con ellos.

5 Los hombres malos no entienden el derecho;
Mas los que buscan a Jehová entienden todas las cosas.

6 Mejor es el pobre que camina en su integridad,
Que el de perversos caminos y rico.

7 El que guarda la ley es hijo prudente;
Mas el que es compañero de libertinos avergüenza a su padre.

8 El que aumenta sus riquezas con usura y crecido interés,
Para otro que se compadecerá de los pobres las aumenta.

9 El que aparta su oído para no oír la ley,
Su oración también es abominable.

10 El que hace errar a los rectos por el mal camino,
Él caerá en su misma fosa;
Mas los intachables heredarán la dicha.

11 El hombre rico es sabio en su propia opinión;
Mas el pobre entendido lo escudriña.

12 Cuando los justos se alegran, grande es la gloria;
Mas cuando se levantan los impíos, tienen que esconderse los hombres.

13 El que encubre sus pecados no prosperará;
Mas el que los confiesa y se enmienda alcanzará misericordia.

14 Dichoso el hombre que siempre teme a Dios;
Mas el que endurece su corazón caerá en el mal.

15 León rugiente y oso hambriento
Es el príncipe impío sobre el pueblo pobre.

16 El príncipe falto de entendimiento multiplicará la extorsión;
Mas el que aborrece la avaricia prolongará sus días.

17 El hombre cargado con la sangre de alguno
Huirá hasta el sepulcro, y nadie le detendrá.

18 El que camina en integridad será salvo;
Mas el de perversos caminos caerá en alguno *de ellos*.

19 El que labra su tierra se saciará de pan;
Mas el que sigue a los ociosos se llenará de pobreza.

20 El hombre sincero tendrá muchas bendiciones;
Mas el que se apresura a enriquecerse no quedará impune.

21 Hacer acepción de personas no es bueno;
Hasta por un bocado de pan peca el hombre.

22 Se apresura a ser rico el avaro,
Y no sabe que le ha de sobrevenir la indigencia.

23 El que reprende al hombre, hallará después mayor estima
Que el que lisonjea con la lengua.

24 El que roba a su padre o a su madre, y dice que no es maldad,
Compañero es de los bandidos.

25 El altivo de ánimo suscita contiendas;
Mas el que confía en Jehová será prosperado.

26 El que confía en su propio corazón es necio;
Mas el que camina en sabiduría será librado.

27 El que da al pobre no tendrá pobreza;
Mas el que aparta sus ojos tendrá muchas maldiciones.

28 Cuando los impíos se alzan, se esconden los hombres;
Mas cuando perecen, los justos se multiplican.

29 El hombre que reprendido endurece la cerviz,
De repente será quebrantado, y no habrá para él medicina.

2 Cuando los justos dominan, el pueblo se alegra;
Mas cuando domina el impío, el pueblo gime.

3 El hombre que ama la sabiduría alegra a su padre;
Mas el que frecuenta las rameras perderá los bienes.

4 El rey afianza su país por medio de la justicia;
Mas el que lo carga de impuestos lo destruye.

5 El hombre que lisonjea a su prójimo,
Tiende un lazo delante de sus pasos.

6 En la transgresión del hombre malo, hay lazo;
Mas el justo cantará y se alegrará.

7 Conoce el justo la causa de los pobres;
Mas el impío no entiende sabiduría.

8 Los hombres escarnecedores ponen la ciudad en llamas;
Mas los sabios calman la ira.

9 Si el hombre sabio disputa con el necio,

Que se enoje o que se ría, no tendrá
reposo.

10 Los hombres sanguinarios aborrecen al
íntegro,
Mas los rectos van en busca de su persona.

11 El necio da rienda suelta a toda su ira,
Mas el sabio al fin la sosiega.

12 Si un gobernante hace caso de palabras
mentirosas,
Todos sus servidores serán impíos.

13 El pobre y el opresor se encuentran;
Jehová alumbra los ojos de ambos.

14 El rey que juzga con verdad a los desvalidos,
Afianza su trono para siempre.

15 La vara y la corrección dan sabiduría;
Mas el muchacho consentido avergonzará a su madre.

16 Cuando los impíos son muchos, mucha
es la transgresión;
Mas los justos verán la ruina de ellos.

17 Corrige a tu hijo, y te dará descanso,
Y dará alegría a tu alma.

18 Sin profecía el pueblo se desenfrena;
Mas el que guarda la ley es dichoso.

19 El siervo no se corrige con palabras;
Porque entiende, mas no hace caso.

20 ¿Has visto a un hombre ligero en sus
palabras?
Más esperanza hay del necio que de él.

21 El siervo mimado desde la niñez por su
amo,
A la postre será su heredero.

22 El hombre iracundo levanta contiendas,
Y el furioso peca muchas veces.

23 La soberbia del hombre le abate;
Pero el humilde de espíritu recibe honores.

24 El cómplice del ladrón aborrece su propia alma;
Pues oye la imprecación y no lo denuncia.

25 El que teme a los hombres caerá en el
lazo;
Mas el que confía en Jehová será puesto
en *lugar* seguro.

26 Muchos buscan el favor del príncipe;
Mas de Jehová viene el juicio de cada
uno.

27 Abominación es a los justos el hombre
inicuo;
Y abominación es al impío el de caminos
rectos.

Las palabras de Agur

30 Palabras de Agur, hijo de Jaqué, el
de Massá; la profecía que dijo el
varón a Itiel, a Itiel y a Ucal.

2 Ciertamente más rudo soy yo que ninguno,

Ni tengo entendimiento de hombre.

3 Yo ni aprendí sabiduría,
Ni conozco la ciencia del Santo.

4 ¿Quién subió al cielo, y descendió?
¿Quién encerró los vientos en sus
puños?
¿Quién ató las aguas en un paño?
¿Quién afirmó todos los términos de la
tierra?
¿Cuál es su nombre, y el nombre de su
hijo, si lo sabes?

5 Toda palabra de Dios es limpia;
Él es escudo a los que en él esperan.

6 No añadas nada a sus palabras, para que
no te reprenda,
Y seas hallado mentiroso.

7 Dos cosas te pido;
No me las niegues antes que muera:

8 Aparta de mí falsedad y mentira;
No me des pobreza ni riquezas;
Concédeme mi *diaria* ración de pan;

9 No sea que me sacie, y te niegue, y diga:
¿Quién es Jehová?
O que siendo pobre, hurte,
Y profane el nombre de mi Dios.

10 No calumnies al siervo ante su señor,
No sea que te maldiga, y sufras el castigo.

11 Hay gente que maldice a su padre
Y a su madre no bendice.

12 Hay gente pura en su propia opinión,
Si bien no se ha limpiado de su inmundicia.

13 Hay gente cuyos ojos son altivos
Y cuyos párpados están levantados en
alto.

14 Hay gente cuyos dientes son espadas, y
sus muelas cuchillos,
Para devorar a los pobres de la tierra, y a
los menesterosos de entre los hombres.

15 La sanguijuela tiene dos hijas que dicen:
¡Dame!, ¡dame!
Tres cosas hay que nunca se sacian;
Y una cuarta que nunca dice: ¡Basta!

16 El Seol, la matriz estéril,
La tierra que no se sacia de aguas,
Y el fuego que jamás dice: ¡Basta!

17 El ojo que escarnece a su padre
Y menosprecia la enseñanza de la
madre,
Los cuervos de la cañada lo saquen,
Y lo devoren los hijos del águila.

18 Tres cosas me son ocultas;
Y una cuarta que no comprendo:

19 El rastro del águila en el aire;
El rastro de la culebra sobre la peña;
El rastro de la nave en medio del mar;
Y el rastro del hombre en la doncella.

20 El proceder de la mujer adúltera es así:
Come, y limpia su boca
Y dice: No he hecho nada malo.

21 Por tres cosas tiembla la tierra,
Y la cuarta no la puede soportar:

22 Por el siervo cuando reina;
Por el necio cuando se sacia de pan;

23 Por la mujer desdeñada cuando se casa;
Y por la sierva cuando suplanta a su
señora.

24 Cuatro cosas son de las más pequeñas de
la tierra,
Pero son más sabias que los sabios:

25 Las hormigas, multitud sin fuerza,
Y en el verano preparan su comida;

26 Los damanes, multitud sin poder,
Y ponen su casa en la piedra;

27 Las langostas, que no tienen rey,
Y salen todas por escuadrones;

28 La araña que se coge con sus patas,
Y está en palacios de rey.

29 Tres cosas hay de hermoso andar,
Y la cuarta pasea muy bien:

30 El león, fuerte entre todos los animales,
Que no retrocede ante nada;

31 El brioso caballo; asimismo el macho
cabrío;
Y el rey, al frente de su ejército.

32 Si neciamente has procurado enalte-
certe,
O si has pensado hacer mal,
Pon el dedo sobre tu boca.

33 Ciertamente el que bate la leche sacará
mantequilla;
El que se suena fuerte las narices sacará
sangre;
Y el que provoca la ira causará contienda.

Exhortación a un rey

31 Palabras de Lemuel rey de Massá; el
oráculo con que le enseñó su madre.

2 ¿Qué, hijo mío?, ¿y qué, hijo de mi
vientre?
¿Y qué, hijo de mis deseos?

3 No des a las mujeres tu fuerza,
Ni tus caminos a lo que destruye a los
reyes.

4 No es para los reyes, oh Lemuel, no es
para los reyes beber vino,
Ni para los príncipes los licores;

5 No sea que bebiendo olviden la ley,
Y perviertan el derecho de todos los
afligidos.

6 Dad el licor fuerte al desfallecido,
Y el vino a los de amargado ánimo.

7 Beban, y olvídense de su necesidad,
Y de su miseria no se acuerden más.

8 Abre tu boca a favor del mudo

En el juicio de todos los desvalidos.

9 Abre tu boca, juzga con justicia,
Y defiende la causa del pobre y del
menesteroso.

Elogio de la mujer hacendosa

10 Mujer virtuosa, ¿quién la hallará?
Porque su valía sobrepasa largamente a
la de las piedras preciosas.

11 El corazón de su marido confía en ella,
Y no carecerá de ganancias.

12 Le aporta ella dicha y no desventura
Todos los días de su vida.

13 Busca lana y lino,
Y con ánimo alegre trabaja con sus
manos.

14 Es como nave de mercader;
Trae de lejos sus provisiones.

15 Se levanta cuando todavía es de noche
Y da comida a su familia
Y labor a sus criadas.

16 Observa una finca, y la compra,
Y planta una viña del fruto de sus manos.

17 Ciñe con fuerza sus lomos,
Y esfuerza sus brazos.

18 Ve que van bien sus negocios;
Su lámpara no se apaga de noche.

19 Aplica su mano al huso,
Y sus palmas sostienen la rueca.

20 Alarga su palma al pobre,
Y extiende sus manos al menesteroso.

21 No tiene temor de la nieve por su familia,
Porque toda su familia está vestida de
trajes forrados.

22 Ella se hace tapices;
De lino fino y púrpura es su vestido.

23 Su marido es conocido en las puertas,
Cuando se sienta con los ancianos de la
tierra.

24 Hace telas, y las vende,
Y da ceñidores al mercader.

25 Fuerza y honor son su vestidura;
Y sonríe ante el porvenir.

26 Abre su boca con sabiduría,
Y la instrucción bondadosa está en su
lengua.

27 Vigila los caminos de su familia,
Y no come el pan de balde.

28 Se levantan sus hijos y la llaman dichosa;
Y su marido también la alaba:

29 Muchas mujeres se mostraron vir-
tuosas;
Mas tú las sobrepasas a todas.

30 Engañosa es la gracia, y vana la hermosura;
La mujer que teme a Jehová, ésa será
alabada.

31 Dadle del fruto de sus manos,
Y alábenla en las puertas sus hechos.

ECLESIASTÉS
O EL PREDICADOR

Vanidad de la sabiduría humana

1 Palabras del Predicador, hijo de David, rey en Jerusalén.

2 Vanidad de vanidades, dijo el Predicador; vanidad de vanidades, todo es vanidad.

3 ¿Qué provecho saca el hombre de toda su fatiga con que se afana debajo del sol?

4 Una generación se va, y otra generación viene; mas la tierra siempre permanece.

5 Sale el sol, se pone el sol, y se apresura a volver al lugar de donde se levanta.

6 El viento tira hacia el sur, y gira hacia el norte; va girando de continuo, y a sus giros vuelve el viento de nuevo.

7 Todos los ríos van al mar, y el mar no se llena; al lugar de donde los ríos vinieron, allí vuelven para correr de nuevo.

8 Todas las cosas dan fastidio más de lo que el hombre puede expresar; nunca se sacia el ojo de ver, ni el oído de oír.

9 ¿Qué es lo que fue? Lo mismo que será. ¿Qué es lo que ha sido hecho? Lo mismo que se hará; y nada hay nuevo debajo del sol.

10 ¿Hay algo de que se puede decir: He aquí esto es nuevo? Ya fue en los siglos que nos han precedido.

11 No hay recuerdo de los antiguos, como tampoco lo habrá de los venideros en los que les sucederán.

La experiencia del Predicador

12 Yo el Predicador fui rey sobre Israel en Jerusalén.

13 Y me dediqué a inquirir y a buscar con sabiduría sobre todo lo que se hace debajo del cielo; este penoso trabajo dio Dios a los hijos de los hombres, para que se ocupen en él.

14 Examiné todas las obras que se hacen debajo del sol; y he aquí, todo ello es vanidad y esfuerzo inútil.

15 Lo torcido no se puede enderezar, y lo incompleto no puede contarse.

16 Hablé yo en mi corazón, diciendo: He aquí que yo he acumulado sabiduría más que todos los que fueron antes de mí en Jerusalén; y mi corazón ha alcanzado mucha sabiduría y ciencia.

17 Y dediqué mi corazón a conocer la sabiduría, y también a entender las locuras y los desvaríos; conocí que aun esto era esfuerzo inútil.

18 Porque en la mucha sabiduría hay mucha pesadumbre; y quien añade ciencia, añade dolor.

2 Dije yo en mi corazón: Ven ahora, probarás la alegría, y gozarás de bienes. Mas he aquí, esto también era vanidad.

2 A la risa dije: Estás loca; y al placer: ¿De qué sirve esto?

3 Propuse en mi corazón agasajar mi carne con vino, y que anduviese mi corazón en sabiduría, mientras iba tras el desvarío, hasta ver cuál es la dicha de los hijos de los hombres, por la que se afanan debajo del cielo todos los días de su vida.

4 Engrandecí mis obras, edifiqué para mí casas, y planté para mí viñas;

5 me hice huertos y jardines, y planté en ellos toda clase de árboles frutales.

6 Me hice estanques de aguas, para regar de ellos el parque donde crecían los árboles.

7 Compré siervos y siervas, y tuve siervos nacidos en casa; también tuve posesión grande de vacas y de ovejas, más que todos los que fueron antes de mí en Jerusalén.

8 Acumulé también plata y oro, y tesoros preciados de reyes y de provincias; contraté cantores y cantoras, y *gocé* de los deleites de los hijos de los hombres: un harén de concubinas.

9 Y fui engrandecido y exaltado más que todos los que fueron antes de mí en Jerusalén; además de esto, conservé conmigo mi sabiduría.

10 No negué a mis ojos ninguna cosa que desearan, ni aparté mi corazón de placer alguno, porque mi corazón gozó del *fruto* de todo mi trabajo; y ésta fue la recompensa de toda mi faena.

11 Miré yo luego todas las obras que habían hecho mis manos, y el trabajo que tomé para hacerlas; y he aquí, todo era vanidad y perseguir el viento, y sin *sacar* provecho debajo del sol.

12 Después volví yo a mirar para ver la sabiduría, los desvaríos y la necedad; porque ¿qué podrá hacer el hombre que suceda al rey? Nada, sino lo que ya ha sido hecho.

13 Y he visto que la sabiduría sobrepasa a la necedad, como la luz a las tinieblas.

14 El sabio tiene sus ojos en la frente, mas el necio anda en tinieblas; pero también entendí yo que una misma suerte correrá el uno como el otro.

15 Entonces dije yo en mi corazón: Como sucederá al necio, me sucederá también a

mí. ¿Para qué, pues, he trabajado hasta ahora por hacerme más sabio? Y dije en mi corazón, que también esto era vanidad.

16 Porque ni del sabio ni del necio habrá memoria para siempre; pues en los días venideros ya todo será olvidado, y también morirá el sabio como el necio.

17 Aborrecí, por tanto, la vida porque la obra que se hace debajo del sol me resultaba fastidiosa; por cuanto todo es vanidad y caza de viento.

18 Asimismo aborrecí todo mi trabajo que había hecho debajo del sol, el cual tendré que dejar al hombre que me suceda.

19 Y ¿quién sabe si será sabio o necio el que se enseñoreará de todo mi trabajo en que yo me afané y en que ocupé debajo del sol mi sabiduría? Esto también es vanidad.

20 Volvió, por tanto, a desesperanzarse mi corazón acerca de todo el trabajo en que me afané, y en que había ocupado debajo del sol mi sabiduría.

21 ¡Que el hombre trabaje con sabiduría, y con ciencia y con rectitud, y que haya de dar su hacienda a hombre que nunca trabajó en ella! También es esto vanidad y mal grande.

22 Porque ¿qué le queda al hombre de todo su trabajo, y de la fatiga de su corazón, con que se afana debajo del sol?

23 Porque todos sus días no son sino dolores, y sus trabajos molestias; aun de noche su corazón no reposa. Esto también es vanidad.

24 No hay cosa mejor para el hombre sino que coma y beba, y que su alma se alegre en su trabajo. También he visto que esto es de la mano de Dios.

25 Porque ¿quién comerá, y quién se cuidará, mejor que yo?

26 Porque al hombre que le es grato, Dios le da sabiduría, ciencia y gozo; mas al pecador da el trabajo de recoger y amontonar, para darlo al que agrada a Dios. También esto es vanidad y afán de viento.

Todo tiene su tiempo

3 Todo tiene su tiempo, y todo lo que se hace debajo del cielo tiene su hora.

2 Tiempo de nacer, y tiempo de morir; tiempo de plantar, y tiempo de arrancar lo plantado;

3 tiempo de matar, y tiempo de curar; tiempo de destruir, y tiempo de edificar;

4 tiempo de llorar, y tiempo de reír; tiempo de endechar, y tiempo de bailar;

5 tiempo de esparcir piedras, y tiempo de juntar piedras; tiempo de abrazar, y tiempo de abstenerse de abrazar;

6 tiempo de buscar, y tiempo de perder; tiempo de guardar, y tiempo de desechar;

7 tiempo de rasgar, y tiempo de coser; tiempo de callar, y tiempo de hablar;

8 tiempo de amar, y tiempo de aborrecer; tiempo de guerra, y tiempo de paz.

9 ¿Qué provecho saca el que trabaja, de aquello en que se afana?

10 Yo he observado la tarea que Dios ha dado a los hijos de los hombres para que se ocupen en ella.

11 Todo lo hizo hermoso en su sazón; y ha puesto el mundo en el corazón de ellos, sin que alcance el hombre a descubrir la obra que ha hecho Dios desde el principio hasta el fin.

12 Yo he conocido que no hay para ellos cosa mejor que alegrarse, y pasarlo bien en su vida;

13 y también que es don de Dios que todo hombre coma y beba, y goce del producto de toda su labor.

14 He entendido que todo lo que Dios hace será perpetuo; sobre ello no se añadirá, ni de ello se disminuirá; y lo hace Dios, para que delante de él teman los hombres.

15 Aquello que fue, ya es; y lo que ha de ser, fue ya; y Dios restaura lo que pasó.

Injusticias de la vida

16 Vi más debajo del sol: en la sede del juicio hay impiedad; y en el lugar de la justicia, allí iniquidad.

17 Y dije yo en mi corazón: Al justo y al impío juzgará Dios; porque allí hay un tiempo para todo lo que se quiere y para todo lo que se hace.

18 Dije en mi corazón: Es así, por causa de los hijos de los hombres, para que Dios los pruebe, y para que vean que de sí mismos son semejantes a las bestias.

19 Porque lo que sucede a los hijos de los hombres, y lo que sucede a las bestias, un mismo suceso es: como mueren los unos, así mueren los otros, y una misma respiración tienen todos; ni tiene más el hombre que la bestia; porque todo es vanidad.

20 Todo va a un mismo lugar; todo es hecho del polvo, y todo volverá al mismo polvo.

21 ¿Quién sabe si el espíritu de los hijos de los hombres sube arriba, y si el espíritu del animal desciende abajo a la tierra?

22 Así, pues, he visto que no hay cosa mejor para el hombre que alegrarse en su trabajo, porque ésta es su parte; porque ¿quién lo hará ver lo que ha de ser después de él?

La vida social

4 Me volví y vi todas las violencias que se hacen debajo del sol; y he aquí las lágrimas de los oprimidos, sin tener quien los consuele; y la violencia estaba en la mano de sus opresores, y para ellos no había consolador.

2 Y alabé yo a los difuntos, los que ya murieron, más que a los vivientes, los que viven todavía.

3 Y tuve por más feliz que unos y otros al que no ha existido aún, que no ha visto las malas obras que se hacen debajo del sol.

4 He visto asimismo que todo esfuerzo y el éxito de toda obra despierta la envidia del hombre contra su prójimo. También esto es vanidad y esfuerzo inútil.

5 El necio cruza sus manos y come su misma carne.

6 Más vale un puño lleno con descanso, que ambos puños llenos con fatiga y esfuerzo inútil.

7 Yo me volví otra vez, y vi otra vanidad debajo del sol.

8 Hay un hombre *que está* solo y sin sucesor, que no tiene hijo ni hermano; pero nunca cesa de trabajar, ni sus ojos se sacian de sus riquezas, ni se pregunta: ¿Para quién trabajo yo, y privo a mi alma del bienestar? También esto es vanidad, y triste tarea.

9 Mejor es dos juntos que uno solo; porque tienen mejor paga de su trabajo.

10 Si cae uno, el otro levantará a su compañero; pero ¡ay del solo! que si se cae, no habrá otro que lo levante.

11 También si dos duermen juntos, se calentarán mutuamente; mas ¿cómo se calentará uno solo?

12 Si alguno prevalece contra uno, dos le resistirán; y el cordel de tres hilos no se rompe fácilmente.

13 Más vale un muchacho pobre y sabio, que el rey viejo y necio que no admite consejos;

14 porque de la cárcel saldrá aquél para reinar, aunque en su reino nació pobre.

15 Vi a todos los que viven debajo del sol caminando con el muchacho sucesor, que estará en lugar de aquél.

16 No tenía fin la muchedumbre del pueblo que le seguía; sin embargo, los que vengan después tampoco estarán contentos de él. Y esto es también vanidad y esfuerzo inútil.

La vanidad de hacer votos

5 Cuando vayas a la casa de Dios, vigila tus pasos; y acércate más para oír que para ofrecer el sacrificio de los necios; porque no saben que hacen mal.

2 No te des prisa con tu boca, ni tu corazón se apresure a proferir palabra delante de Dios; porque Dios está en el cielo, y tú sobre la tierra; por tanto, sean pocas tus palabras.

3 Porque de la mucha preocupación vienen los sueños; y de la multitud de las palabras, la voz del necio.

4 Cuando haces a Dios una promesa, no tardes en cumplirla; porque él no se complace en los insensatos. Cumple lo que prometes.

5 Mejor es que no prometas, y no que prometas y no cumplas.

6 No dejes que tu boca te haga pecar, ni digas delante del ángel, que fue inadvertencia. ¿Por qué harás que Dios se enoje a causa de tu voz, y que destruya la obra de tus manos?

7 Donde abundan los sueños, también abundan las vanidades y las muchas palabras; mas tú, teme a Dios.

La vanidad de la vida

8 Si ves en alguna provincia opresión de pobres y perversión de derecho y de justicia, no te maravilles de ello; porque sobre el alto vigila otro más alto, y uno más alto está sobre ellos.

9 Además, el provecho de la tierra es para todos si el rey mismo está al servicio del campo.

10 El que ama el dinero, no se saciará de dinero; y el que ama el mucho tener, no sacará fruto. También esto es vanidad.

11 Cuando aumentan los bienes, también aumentan los que los consumen. ¿Qué provecho, pues, sacará su dueño, sino verlos como un espectáculo para sus ojos?

12 Dulce es el sueño del trabajador, coma mucho, coma poco; pero al rico no le deja dormir la hartura.

13 Hay un mal doloroso que he visto debajo del sol: las riquezas guardadas por sus dueños para su mal;

14 las cuales se pierden en un mal negocio, y al hijo que engendraron, nada le queda en la mano.

15 Como salió del vientre de su madre, desnudo, así vuelve, yéndose tal como vino; y nada saca de su trabajo para llevárselo consigo.

16 Éste también es un gran mal, que como vino, así se ha de ir. ¿Y de qué le aprovechó trabajar en vano?

17 Además de esto, todos los días de su vida comerá en tinieblas, con mucho afán y dolor y miseria.

18 He aquí, pues, el bien que yo he visto: que lo bueno es comer y beber, y gozar uno del bien de todo su trabajo con que se fatiga debajo del sol, todos los días de vida que Dios le ha dado; porque ésta es su parte.

19 A todo hombre a quien Dios da riquezas y bienes, y le da también facultad para que coma de ellas, y tome su parte, y goce de su trabajo, esto es don de Dios.

20 Porque no se acordará mucho de los días de su vida; pues Dios le llena de alegría el corazón.

6 Hay un mal que he visto debajo del cielo, y muy extendido entre los hombres:

2 El del hombre a quien Dios da riquezas, bienes y gloria, y nada le falta de todo lo que su alma desea; pero Dios no le da facultad de disfrutar de ello, sino que lo disfrutan los extraños. Esto es vanidad, y triste desventura.

3 Aunque un hombre engendre cien hijos, y viva muchos años, y los días de su vida sean numerosos; si su alma no se sació del bienestar, y también careció de sepultura, yo digo que un abortivo es mejor que él.

4 Porque en vano viene, y a las tinieblas va, y en la oscuridad queda sepultado su nombre.

5 Además, no ha visto el sol, ni lo ha conocido; más reposo tiene éste que aquél.

6 Pues, aunque viva dos veces mil años, si no disfruta de la dicha, ¿no van todos al mismo lugar?

7 Todo el trabajo del hombre es para su boca, y con todo eso su deseo no se sacia.

8 Porque ¿en qué aventaja el sabio al necio? ¿Qué más tiene el pobre que el que supo caminar entre los vivos?

9 Más vale ver con los ojos que divagar con el deseo. Y también esto es vanidad y esfuerzo inútil.

10 Respecto de lo que existe, ya hace mucho que tiene nombre, y se sabe que es un hombre y que no puede contender con Aquel que es más poderoso que él.

11 Ciertamente las muchas palabras multiplican la vanidad. ¿Qué provecho saca el hombre?

12 Porque ¿quién sabe lo que es bueno para el hombre en la vida, todos los días de su vano vivir, los cuales pasan como una sombra? Porque ¿quién enseñará al hombre lo que sucederá después de él debajo del sol?

Contraste entre la sabiduría y la insensatez

7 Mejor es la buena fama que el buen perfume; y mejor el día de la muerte que el día del nacimiento.

2 Mejor es ir a una casa en duelo que a una casa en fiesta; porque aquello es el fin de todos los hombres, y al que vive le hará reflexionar.

3 Mejor es el pesar que la risa; porque con la tristeza del rostro se enmienda el corazón.

4 El corazón de los sabios está en la casa del luto; mas el corazón de los insensatos, en la casa del jolgorio.

5 Mejor es oír la reprensión del sabio que la canción de los necios.

6 Porque la risa del necio es como el crepitar de las zarzas debajo de la olla. Y también esto es vanidad.

7 Ciertamente las presiones hacen entontecer al sabio, y las dádivas corrompen el corazón.

8 Mejor es el fin de una cosa que su principio; mejor es el sufrido de espíritu que el altivo de espíritu.

9 No te apresures en tu espíritu a enojarte; porque el enojo anida en el seno de los necios.

10 Nunca digas: ¿Cuál es la causa de que los tiempos pasados fuesen mejores que éstos? Porque no es de sabios preguntar esto.

11 Buena es la ciencia con hacienda, y provechosa para los que ven el sol.

12 Porque protección da la ciencia, y protección da el dinero; mas la sabiduría aventaja en que da vida a sus poseedores.

13 Mira la obra de Dios; porque ¿quién podrá enderezar lo que él torció?

14 En el día del bien goza del bien; y en el día de la adversidad reflexiona. Dios hizo tanto lo uno como lo otro, a fin de que el hombre no pueda contar con nada respecto a su porvenir.

15 De todo he visto en los días de mi vanidad. Hay justo que perece por su justicia, y hay impío que por su maldad alarga sus días.

16 No exageres tu bondad ni te pases de listo; ¿por qué habrás de destruirte?

17 No hagas mucho mal, ni seas insensato; ¿por qué habrás de morir antes de tiempo?

18 Bueno es que tomes esto, y también de aquello no apartes tu mano; porque aquel que a Dios teme, saldrá bien en todo.

19 La sabiduría fortalece al sabio más que diez poderosos que haya en una ciudad.

20 Ciertamente no hay hombre tan justo en la tierra, que haga el bien y nunca peque.

21 Tampoco hagas caso de todas las cosas que se hablan, para que no oigas que tu siervo dice mal de ti;

22 porque tu corazón sabe que tú también dijiste mal de otros muchas veces.

23 Todas estas cosas intenté con sabiduría, diciendo: Seré sabio; pero la sabiduría estaba lejos de mí.

24 Lejos está todo lo que existe; y lo muy profundo, ¿quién lo hallará?

25 Apliqué mi corazón a conocer, examinar e inquirir la sabiduría y la razón, y a conocer la maldad de la insensatez y el desvarío del error.

26 Y he hallado más amarga que la muerte a la mujer cuyo corazón es lazos y redes, y sus manos ligaduras. El que agrada a Dios escapará de ella; mas el pecador quedará en ella preso.

27 He aquí lo que he averiguado, dice el Predicador, pesando las cosas una por una para hallar la razón;

28 lo que aún busca mi alma, y no lo encuentra: un hombre entre mil he hallado, pero mujer *entera* entre todas ellas ni una hallé.

29 Mira lo único que he hallado: que Dios

hizo al hombre sencillo, pero ellos se buscaron muchas artimañas.

8 ¿Quién como el sabio?; ¿y quién como
el que sabe interpretar las cosas? La
sabiduría del hombre ilumina su rostro, y la
tosquedad de su semblante se mudará.

2 Te aconsejo que guardes el mandamiento
del rey y la palabra del juramento de Dios.

3 No te apresures a irte de su presencia, ni
en cosa mala persistas; porque él hará todo
lo que le plazca.

4 Pues la palabra del rey es soberana, ¿y
quién le dirá: Qué haces?

5 El que guarda el mandamiento no sufrirá
ningún mal; y el corazón del sabio discierne
el cuándo y el cómo.

6 Porque para todo lo que quisieres hay su
momento y su modo; porque el mal del
hombre es grande sobre él;

7 pues no sabe lo que ha de suceder; y el
cuándo haya de ser, ¿quién se lo enseñará?

8 No hay hombre que tenga potestad sobre
su aliento para retener el aliento, ni potestad sobre el día de la muerte; y no valen
armas en tal guerra, ni la impiedad librará al
que la comete.

9 Todo esto he visto, y me he fijado en todo
lo que se hace debajo del sol, en el tiempo
en que el hombre se enseñorea del hombre
para mal suyo.

Desigualdades de la vida

10 Asimismo he visto a los inicuos sepultados con honra; mas los que frecuentaban el
lugar santo fueron luego puestos en olvido
en la ciudad donde habían actuado con
rectitud. Esto también es vanidad.

11 Por cuanto no se ejecuta luego sentencia
contra las malas acciones, el corazón de los
hijos de los hombres está en ellos dispuesto
para hacer el mal.

12 Aunque el pecador haga mal cien veces,
y prolongue sus días, con todo yo también sé
que les irá bien a los que temen a Dios, los
que temen ante su presencia;

13 y que no le irá bien al impío, ni le serán
prolongados los días como sombra; por cuanto no teme delante de la presencia de Dios.

14 Hay *otra* vanidad que se hace sobre la
tierra: que hay justos a quienes sucede como
si hicieran obras de impíos y hay impíos a
quienes acontece como si hicieran obras de
justos. Digo que esto también es vanidad.

15 Por eso, yo alabo la alegría; ya que el
hombre no tiene ningún otro bien debajo
del sol, sino que coma y beba y se alegre;
pues eso le queda de su trabajo en los días de
su vida que Dios le concede debajo del sol.

El amor

16 Yo, pues, dediqué mi corazón a conocer
la sabiduría, y a ver las tareas que se hacen

sobre la tierra (porque hay quien ni de
noche ni de día ve sueño en sus ojos).

17 Observé también todas las obras de
Dios, ya que el hombre no puede alcanzar la
obra que se hace debajo del sol; por mucho
que se afane el hombre buscándola, no la
hallará; aunque diga el sabio que la conoce,
no por eso podrá alcanzarla.

9 Pues bien, he aplicado mi corazón a
todas estas cosas, y he visto esto: que los
justos y los sabios, y sus obras, están en la
mano de Dios; que lo que es amor o lo que
es odio, no lo saben los hombres; obran por
lo que aparece delante de ellos.

2 Y, al final, una misma suerte aguarda a
todos; tanto al justo como al impío; al bueno
y limpio, y al no limpio; al que sacrifica, y al
que no sacrifica; como al bueno, así al que
peca; al que jura, como al que teme el
juramento.

3 Este mal hay entre todo lo que se hace
debajo del sol, que una misma suerte les
espera a todos, y también que el corazón de
los hijos de los hombres está lleno de mal y
de insensatez en su corazón durante su vida;
y después de esto se van a los muertos.

4 Aún hay esperanza para todo aquel que
está entre los vivos; porque mejor es perro
vivo que león muerto.

5 Porque los que viven saben que han de
morir; pero los muertos nada saben, ni
tienen más paga; porque su memoria es
puesta en olvido.

6 También su amor y su odio y su envidia
fenecieron ya; y nunca más tendrán parte en
todo lo que se hace debajo del sol.

7 Anda, pues, y come tu pan con gozo, y
bebe tu vino con corazón alegre; porque tus
obras ya son agradables a Dios.

8 En todo tiempo sean blancos tus vestidos,
y nunca falte perfume sobre tu cabeza.

9 Goza de la vida con la mujer que amas,
todos los días de la vida fugaz que te son
dados debajo del sol, todos esos años fugaces; porque ésta es tu parte en la vida, y en el
trabajo con que te afanas debajo del sol.

10 Todo lo que esté al alcance de tu mano,
esmérate en hacerlo, según tus fuerzas;
porque en el Seol, adonde vas, no hay obra,
ni trabajo, ni ciencia, ni sabiduría.

La suerte

11 Vi, además, debajo del sol, que no *siempre* es de los ligeros la carrera, ni la guerra
de los fuertes, ni aun de los sabios el pan, ni
de los prudentes las riquezas, ni de los
elocuentes el favor; sino que todos tienen
oportunidades e infortunios.

12 Porque el hombre tampoco conoce su
tiempo; como los peces que son presos en la
red, y como las aves que se enredan en lazo,
así son enlazados los hijos de los hombres en

el infortunio, cuando les sobreviene de improviso.

13 También aprendí esta lección debajo del sol, la cual me parece importante:

14 una pequeña ciudad, y pocos hombres en ella; y viene contra ella un gran rey, y la asedia y levanta contra ella grandes baluartes;

15 y se halla en ella un hombre pobre, *pero* sabio, el cual libra a la ciudad con su sabiduría; y nadie se acordó de aquel hombre pobre.

16 Entonces dije yo: Mejor es la sabiduría que la fuerza, aunque la ciencia del pobre sea menospreciada, y no sean escuchadas sus palabras.

17 Mejor se escuchan las palabras tranquilas de un sabio que los gritos de un capitán de necios.

18 Mejor es la sabiduría que las armas de guerra; pero un solo error destruye mucho bien.

Excelencia de la sabiduría

10 Las moscas muertas hacen heder al perfume del perfumista; así una pequeña necedad, al que es estimado como sabio y honorable.

2 El corazón del sabio está a su mano derecha, mas el corazón del necio a su mano izquierda.

3 Y aun mientras va el necio por el camino, le falta cordura, y va diciendo a todos que los necios son ellos.

4 Si el espíritu del príncipe se enfurece contra ti, no dejes tu lugar; porque la mansedumbre impide graves errores.

5 Hay un mal que he visto debajo del sol, como error emanado de los gobernantes:

6 la necedad colocada en grandes alturas, y los nobles sentados en lugar bajo.

7 Vi siervos a caballo, y príncipes que andaban a pie como siervos.

8 El que cava un hoyo caerá en él; y al que agrieta un muro, le morderá la serpiente.

9 Quien corta piedras, se hiere con ellas; el que parte leña, puede hacerse daño.

10 Si se embota el hierro, y su filo no es aguzado, hay que añadir entonces más fuerza; pero la sabiduría es provechosa para dirigir.

11 Si muerde la serpiente antes de ser encantada, de nada sirve el encantador.

12 Las palabras de la boca del sabio son llenas de gracia, mas los labios del necio causan su propia ruina.

13 El principio de las palabras de su boca es necedad; y el fin de su charla, nocivo desvarío.

14 El necio multiplica palabras, aunque no sabe nadie lo que va a pasar; ¿y quién le hará saber lo que después sucederá?

15 El trabajo de los necios los fatiga; porque no saben por dónde ir a la ciudad.

16 ¡Ay de ti, tierra, cuando tu rey es un jovenzuelo, y tus príncipes banquetean de mañana!

17 ¡Bienaventurada tú, tierra, cuando tu rey es hijo de nobles, y tus príncipes comen a su hora, para reponer sus fuerzas y no para banquetear!

18 Por la pereza se cae la techumbre, y por la flojedad de las manos se cae la casa.

19 Por el placer se hace el banquete, y el vino les alegra la vida; y el dinero sirve para todo.

20 Ni aun en tu pensamiento digas mal del rey, ni en lo secreto de tu cámara digas mal del rico; porque las aves del cielo llevarán la voz, y las que tienen alas harán saber la palabra.

11 Echa tu pan sobre las aguas; porque después de muchos días lo hallarás.

2 Reparte a siete, y aun a ocho; porque no sabes el mal que vendrá sobre la tierra.

3 Si las nubes se llenan de agua, sobre la tierra la derramarán; y si el árbol cae al sur, o al norte, en el lugar donde caiga, allí se quedará.

4 El que al viento observa, no sembrará; y el que mira a las nubes, no segará.

5 Así como no sabes cuál es el camino del viento, o cómo crecen los huesos en el vientre de la mujer encinta, así también ignoras la obra de Dios, el cual hace todas las cosas.

6 Por la mañana siembra tu semilla, y a la tarde no dejes reposar tu mano; porque no sabes cuál es lo mejor, si esto o aquello, o si lo uno y lo otro es igualmente bueno.

7 Suave ciertamente es la luz, y agradable a los ojos ver el sol;

8 pero aunque un hombre viva muchos años, y en todos ellos tenga gozo, acuérdese, sin embargo, que los días de oscuridad serán muchos, y que todo el porvenir es vanidad.

Consejos para la juventud

9 Alégrate, mozo, en tu mocedad y pásalo bien en los días de tu juventud; y anda en los caminos de tu corazón y en la vista de tus ojos; pero ten en cuenta que sobre todas estas cosas te juzgará Dios.

10 Quita, pues, de tu corazón el enojo, y aparta de tu carne el sufrimiento; porque la adolescencia y la juventud son efímeras.

12 Acuérdate de tu Creador en los días de tu juventud, antes que vengan los días malos, y lleguen los años de los cuales digas: No tengo en ellos contentamiento;

2 antes que se oscurezca el sol, y la luz, la luna y las estrellas, y vuelvan las nubes tras la lluvia;

3 cuando temblarán los guardas de la casa,
y se encorvarán los hombres fuertes, y cesarán las que muelen porque habrán disminui-
do, y se quedarán a oscuras las que miran
por las ventanas;
4 y las puertas de afuera se cerrarán; se
apagará el ruido del molino; cuando se
levantará a la voz del ave, y todas las hijas
del canto serán abatidas;
5 cuando las alturas causarán vértigo, y
habrá sustos en el camino; mientras florecerá el almendro, y la langosta estará grávida,
el deseo se perderá; porque el hombre va a
su morada eterna, y los endechadores circu-
larán por las calles;
6 antes que el cordón de plata se quiebre, y
se rompa el cuenco de oro, y el cántaro se
quiebre junto a la fuente, y la rueda sea rota
sobre el pozo;
7 y el polvo vuelva a la tierra de donde
procede, y el espíritu vuelva a Dios que lo
dio.
8 Vanidad de vanidades, dijo el Predicador, todo es vanidad.

El deber supremo del hombre

9 Y cuanto más sabio fue el Predicador,
tanto más enseñó sabiduría al pueblo; e hizo
escuchar, e hizo escudriñar, y compuso muchos proverbios.
10 Procuró el Predicador hallar palabras
agradables, y escribir rectamente palabras
de verdad.
11 Las palabras de los sabios son como
aguijones; y como clavos hincados son las de
los maestros de las congregaciones, dadas
por un solo Pastor.
12 Ahora, hijo mío, además de esto, está
sobre aviso: Nunca se acaba de hacer muchos libros; y el mucho estudio es fatiga de la
carne.
13 La conclusión de todo el discurso oído
es ésta: Teme a Dios, y guarda sus mandamientos; porque esto es el todo del hombre.
14 Porque Dios traerá toda obra a juicio,
juntamente con toda cosa secreta, sea buena o sea mala.

CANTAR
DE LOS CANTARES
DE SALOMÓN

En las cámaras del rey

1 Cantar de los cantares, el cual es de
Salomón.

2   ¡Oh, si él me besara con besos de su
        boca!
    Porque mejores son tus amores que el
        vino.
3   Exquisitos de aspirar *son* tus suaves
        perfumes.
    Tu nombre es como un ungüento que se
        vierte;
    Por eso las doncellas te aman.
4   Llévame en pos de ti; corramos.
    El rey me ha introducido en sus man-
        siones;
    Nos gozaremos y alegraremos en ti;
    Nos acordaremos de tus amores más
        que del vino;
    Con razón te aman.
5   Morena soy, oh hijas de Jerusalén, pero
        hermosa,
    Como las tiendas de Cedar,

Como las cortinas de Salomón.
6   No reparéis en que soy morena,
    Porque el sol me ha tostado.
    Los hijos de mi madre se airaron contra
        mí;
    Me pusieron a guardar las viñas;
    Y no guardé mi propia viña.
7   Hazme saber, oh tú a quien ama mi
        alma,
    Dónde apacientas, dónde sesteas al me-
        diodía;
    Pues ¿por qué había de estar yo como
        vagabunda
    Tras los rebaños de tus compañeros?

8   Si tú no lo sabes, oh la más bella de las
        mujeres,
    Ve, sigue las huellas del rebaño,
    Y apacienta tus cabritas junto a las
        cabaña de los pastores.

La esposa y el esposo

9   A yegua de los carros de Faraón
    Te comparo, amiga mía.

10 Hermosas son tus mejillas entre los pen-
    dientes,
    Tu cuello entre los collares.
11 Te haremos pendientes de oro,
    Incrustados de plata.

12 Mientras el rey estaba en su diván,
    Mi nardo exhalaba su fragancia.
13 Mi amado es para mí un manojito de
    mirra,
    Que reposa entre mis pechos.
14 Racimo de alheña en las viñas de En-
    gadí,
    Es para mí mi amado.
15 ¡Cuán hermosa eres, amiga mía!
    ¡Qué bella eres! Tus ojos son como
    palomas.

16 ¡Qué hermoso eres, amado mío! ¡Y qué
    delicioso!
    Nuestro lecho es de flores.

17 Las vigas de nuestra casa son de cedro,
    Y de ciprés los artesonados.

2 Yo soy la rosa del Sarón,
    Y el lirio de los valles.

2   Como el lirio entre los espinos,
    Así es mi amiga entre las doncellas.

3   Como el manzano entre los árboles sil-
    vestres,
    Así es mi amado entre los jóvenes;
    A su sombra deseada me he sentado,
    Y su fruto es dulce a mi paladar.
4   Me llevó a la bodega,
    Y su bandera sobre mí fue amor.
5   Sustentadme con pasas, confortadme
    con manzanas;
    Porque estoy enferma de amor.
6   Su izquierda está debajo de mi cabeza,
    Y su derecha me abraza.
7   Yo os conjuro, oh doncellas de Jeru-
    salén,
    Por los corzos y por las ciervas del
    campo,
    Que no despertéis ni hagáis velar al
    amor,
    Hasta que quiera.

8   ¡La voz de mi amado! He aquí él viene
    Saltando sobre los montes,
    Brincando sobre los collados.
9   Mi amado es semejante al corzo,
    O al cervatillo.
    Helo aquí, que se para tras nuestra
    cerca,
    Mirando por las ventanas,
    Atisbando por las rejas.
10 Mi amado habló, y me dijo:
    Levántate, oh amiga mía, hermosa mía,
    y ven.

11 Porque he aquí que ha pasado el in-
    vierno,
    La lluvia cesó y se fue.
12 Han brotado las flores en la tierra,
    El tiempo de la canción ha llegado,
    Y en nuestro país se ha oído la voz de la
    tórtola.
13 La higuera ha echado sus higos,
    Y las vides en flor difunden perfume;
    Levántate, oh amiga mía, hermosa mía,
    y ven.

14 Paloma mía, que estás en los agujeros
    de la peña, en lo escondido de escar-
    pados parajes,
    Muéstrame tu rostro, hazme oír tu voz;
    Porque dulce es tu voz, y hermoso tu
    semblante.
15 Cazadnos las raposas, las pequeñas ra-
    posas, que echan a perder las viñas;
    Porque nuestras viñas están en flor.

16 Mi amado es mío, y yo suya;
    Él apacienta entre lirios.
17 Hasta que apunte el día, y huyan las
    sombras,
    Vuélvete, amado mío; sé semejante al
    corzo, o como el cervatillo
    Sobre los montes de la alianza.

El ensueño de la esposa

3 Por las noches busqué en mi lecho al
    que ama mi alma;
    Lo busqué, y no lo hallé.
2   Y dije: Me levantaré ahora, y daré
    vueltas por la ciudad;
    Por las calles y por las plazas
    Buscaré al que ama mi alma;
    Lo busqué, y no lo hallé.
3   Me encontraron los guardas que rondan
    por la ciudad,
    Y les dije: ¿Habéis visto al que ama mi
    alma?
4   Apenas hube pasado de ellos un poco,
    Hallé luego al que ama mi alma;
    Lo agarré, y no lo solté,
    Hasta que lo introduje en casa de mi
    madre,
    En la alcoba de la que me dio a luz.
5   Yo os conjuro, oh doncellas de Jeru-
    salén,
    Por los corzos y por las ciervas del
    campo,
    Que no despertéis ni hagáis velar al
    amor,
    Hasta que quiera.

El cortejo de bodas

6   ¿Qué es eso que sube del desierto como
    una columna de humo,
    Como nube de mirra y de incienso
    Y de todo polvo aromático?

7 Mirad; es la litera de Salomón;
   Sesenta valientes la rodean,
   De los fuertes de Israel.
8 Todos ellos llevan espada al cinto, dies-
   tros en la guerra;
   Cada uno su espada sobre su muslo,
   Por las alarmas de la noche.
9 El rey Salomón se hizo una carroza
   De madera del Líbano.
10 Hizo sus columnas de plata,
   Su respaldo de oro,
   Su asiento de grana,
   Su interior tapizado de amor
   Por las doncellas de Jerusalén.
11 Salid, oh doncellas de Sión, y ved al rey
   Salomón
   Con la corona con que le coronó su
   madre en el día de sus desposorios,
   El día del gozo de su corazón.

El esposo ofrece su amor

4 ¡Cuán hermosa eres, amiga mía!
   ¡Qué hermosa eres!
   Tus ojos como de paloma, por entre el
   velo;
   Tus cabellos como manada de cabras
   Que se recuestan en las laderas de Ga-
   laad.
2 Tus dientes como manadas de ovejas
   trasquiladas,
   Que suben del baño,
   Todas con crías gemelas,
   Y ninguna entre ellas estéril.
3 Tus labios como hilo de grana,
   Y tu hablar, encantador;
   Tus mejillas, como mitades de granada
   detrás de tu velo.
4 Tu cuello, como la torre de David,
   edificada para trofeos;
   Mil escudos están colgados en ella,
   Todos escudos de valientes.
5 Tus dos pechos, como crías gemelas de
   gacela,
   Que se apacientan entre lirios.
6 Hasta que apunte el día y huyan las
   sombras,
   Me iré al monte de la mirra,
   Y al collado del incienso.
7 Toda tú eres hermosa, amiga mía,
   Y en ti no hay defecto.
8 Ven conmigo desde el Líbano, oh espo-
   sa mía;
   Ven conmigo desde el Líbano.
   Mira desde la cumbre del Amaná,
   Desde la cumbre del Senir y del
   Hermón,
   Desde las guaridas de los leones,
   Desde los montes de los leopardos.

9 Me has robado el corazón, hermana,
   esposa mía;

Has apresado mi corazón con una sola
   de tus miradas,
   Con una gargantilla de tu cuello.
10 ¡Cuán dulces son tus caricias, hermana,
   esposa mía!
   ¡Cuánto mejores que el vino tus amores,
   Y la fragancia de tus perfumes más que
   todas las especias aromáticas!
11 Como panal de miel destilan tus labios,
   oh esposa;
   Miel y leche hay debajo de tu lengua;
   Y el olor de tus vestidos como el olor del
   Líbano.
12 Huerto cerrado eres, hermana mía, esposa mía;
   Fuente cerrada, fuente sellada.
13 Tus renuevos son paraíso de granados,
   con frutos suaves,
   Con flores de alheña y nardos;
14 Nardo y azafrán, caña aromática y canela,
   Con todos los árboles de incienso;
   Mirra y áloe, con todas las principales
   especias aromáticas.
15 La fuente de los huertos,
   Es pozo de aguas vivas,
   Que descienden del Líbano.

16 Levántate, Aquilón, y ven, Austro;
   Soplad en mi huerto, despréndanse sus
   aromas.
   Venga mi amado a su huerto,
   Y coma de su dulce fruta.

5 Yo vine a mi huerto, oh hermana, espo-
   sa mía;
   He recogido mi mirra y mis aromas;
   He comido mi panal y mi miel,
   He bebido mi vino y mi leche.

   Comed, amigos; bebed en abundancia,
   oh amados.

El tormento de la separación

2 Yo dormía, pero mi corazón velaba.
   Es la voz de mi amado que llama:
   Ábreme, hermana mía, amiga mía, pa-
   loma mía, perfecta mía.
   Porque mi cabeza está llena de rocío,
   Mis cabellos *empapados* de las gotas de
   la noche.
3 Me he desnudado de mi ropa; ¿cómo me
   he de vestir?
   He lavado mis pies; ¿cómo los he de
   ensuciar?
4 Mi amado metió su mano por el agujero
   de la puerta,
   Y mi corazón se conmovió dentro de mí.
5 Yo me levanté para abrir a mi amado,
   Y mis manos gotearon mirra, que corría
   Mis dedos mirra, que corría
   Sobre la manecilla del cerrojo.

6 Abrí a mi amado;
Pero mi amado había vuelto la espalda,
se había ido;
Y tras su hablar salió mi alma.
Lo busqué, y no lo hallé;
Lo llamé, y no me respondió.
7 Me encontraron los guardas que rondan
por la ciudad;
Me golpearon, me hirieron;
Me quitaron mi manto de encima los
guardas de los muros.
8 Yo os conjuro, oh doncellas de Jerusalén, si halláis a mi amado,
Que le hagáis saber que estoy enferma
de amor.

Respuesta de la amada

9 ¿Qué es tu amado más que otro amado,
Oh la más hermosa de todas las
mujeres?
¿Qué es tu amado más que otro amado,
Que así nos conjuras?
10 Mi amado es blanco y sonrosado,
Descuella entre diez mil.
11 Su cabeza es de oro, del más puro;
Sus rizos son racimos de palmera, negros como el cuervo.
12 Sus ojos, como palomas junto a los
arroyos de las aguas,
Que se lavan con leche, y a la perfección
colocados.
13 Sus mejillas, como parterres de balsameras, como fragantes flores;
Sus labios, como lirios que destilan mirra fragante.
14 Sus manos, como anillos de oro engasta-
dos de *piedras preciosas de* Tarsis;
Su cuerpo, como pulido marfil cubierto
de zafiros.
15 Sus piernas, como columnas de mármol
asentadas en basas de oro fino;
Su aspecto como el Líbano, esbelto
como los cedros.
16 Su paladar, dulcísimo, y todo él es un
encanto.
Tal es mi amado, tal es mi amigo,
Oh doncellas de Jerusalén.

Mutuo encanto del esposo y de la esposa

6 ¿Adónde se ha ido tu amado, oh la más
hermosa de todas las mujeres?
¿Adónde se dirigió tu amado,
Y lo buscaremos contigo?

2 Mi amado descendió a su huerto, a los
parterres de las balsameras,
Para apacentar en los huertos, y para
recoger los lirios.
3 Yo soy de mi amado, y mi amado es
mío;
Él apacienta entre los lirios.

4 Hermosa eres tú, oh amiga mía, como
Tirsá;
Encantadora, como Jerusalén;
Imponente como ejércitos en orden.
5 Aparta tus ojos de delante de mí,
Porque ellos me fascinan.
Tu cabellera es como manada de cabras
Que se recuestan en las laderas de Ga-
laad.
6 Tus dientes, como manadas de ovejas
que suben del baño,
Todas con crías gemelas,
Y estéril no hay entre ellas.
7 Como mitades de granada son tus meji-
llas
Detrás de tu velo.
8 Sesenta son las reinas, y ochenta las
concubinas,
Y las doncellas, sinnúmero;
9 Pero única es mi paloma, única mi per-
fecta;
Es la única de su madre,
La preferida de la que la dio a luz.
La vieron las doncellas, y la llamaron
dichosa;
Las reinas y las concubinas, y la alabaron.
10 ¿Quién es ésta que se asoma como el
alba,
Hermosa como la luna,
Esclarecida como el sol,
Imponente como ejércitos en orden?

11 Al huerto de los nogales descendí
A ver los frutos del valle,
Y para ver si brotaban las vides,
Si florecían los granados.
12 Antes de darme cuenta, mi deseo me
puso
En la carroza con mi príncipe.

13 Vuélvete, vuélvete, oh sulamita;
Vuélvete, vuélvete, y te miraremos.

¿Qué veréis en la sulamita?
Algo así como la reunión de dos campamentos.

7 ¡Cuán hermosos son tus pies en las
sandalias,
Oh hija del príncipe!
Los contornos de tus muslos son como
joyas,
Obra de manos de excelente artista.
2 Tu ombligo, como una copa redonda
Que no le falta bebida.
Tu vientre, como montón de trigo,
Cercado de lirios.
3 Tus dos pechos, como crías gemelas de
gacela.
4 Tu cuello, como torre de marfil;
Tus ojos, como los estanques de Hesbón
junto a la puerta de Bat-rabim;

Tu nariz, como la torre del Líbano,
Que mira hacia Damasco.

5 Tu cabeza encima de ti, como el Carmelo;
Y el cabello de tu cabeza, como la púrpura.
¡Un rey en esas trenzas está preso!

6 ¡Qué hermosa eres, y cuán suave,
Oh amor deleitoso!

7 Tu talle es semejante a la palmera,
Y tus pechos, a los racimos.

8 Yo *me* dije: Subiré a la palmera,
Recogeré sus frutos.
Que tus pechos sean como racimos de uvas,
Y el perfume de tu aliento como de manzanas,

9 Y tu paladar como el buen vino,
Que se entra a mi amado suavemente,
Y hace hablar los labios de los adormecidos.

10 Yo soy de mi amado,
Y conmigo tiene su contentamiento.

11 Ven, oh amado mío, salgamos al campo,
Pasemos la noche en las aldeas.

12 Levantémonos de mañana a las viñas;
Veamos si brotan las vides, si están en cierne,
Si han florecido los granados;
Allí te daré mis amores.

13 Las mandrágoras exhalan su fragancia,
Y a nuestras puertas hay toda suerte de dulces frutas,
Nuevas y añejas, que para ti, oh amado mío, he guardado.

8 ¡Oh, si tú fueras como un hermano mío,
Amamantado a los pechos de mi madre!
Entonces, hallándote fuera, te besaría,
Y no me menospreciarían.

2 Yo te llevaría, te introduciría en la casa de mi madre;
Tú me enseñarías,
Y yo te daría a beber vino
Adobado del mosto de mis granadas.

3 Su izquierda esté debajo de mi cabeza,
Y su derecha me abrace.

4 Os conjuro, oh doncellas de Jerusalén,
Que no despertéis ni hagáis velar al amor,
Hasta que quiera.

El poder del amor

5 ¿Quién es ésta que sube del desierto,
Recostada sobre su amado?

Debajo de un manzano te desperté;
Allí donde tu madre te concibió;
Donde te concibió la que te dio a la luz.

6 Ponme como un sello sobre tu corazón,
como una marca sobre tu brazo;
Porque fuerte es como la muerte el amor;
Obstinados como el Seol los celos;
Sus saetas, saetas de fuego; sus llamas, llamas de JAH.

7 Las muchas aguas no podrán apagar el amor,
Ni lo ahogarán los ríos.
Si diese el hombre todos los bienes de su casa por este amor,
De cierto lo menospreciarían.

8 Tenemos una pequeña hermana,
Que no tiene pechos *todavía;*
¿Qué haremos a nuestra hermana
Cuando de ella se hable?

9 Si ella es un muro,
Edificaremos sobre él almenas de plata;
Si es una puerta,
La guarneceremos con planchas de cedro.

10 Yo soy un muro, y mis pechos como torres,
Desde que fui a sus ojos como quien ha encontrado la paz.

11 Salomón tenía una viña en Baalhamón,
Y la encomendó a los guardas,
Cada uno de los cuales debía traer mil monedas de plata por su fruto.

12 Mi viña, la que es mía, está delante de mí;
Las mil *monedas* serán tuyas, oh Salomón,
Y doscientas para los que guardan su fruto.

13 Oh, tú que habitas en los huertos,
Los compañeros prestan oído a tu voz;
Házmela oír.

14 Apresúrate, amado mío,
Y sé semejante al corzo, o al cervatillo,
Por las lomas de las balsameras.

ISAÍAS

1 Visión de Isaías hijo de Amoz, la cual vio acerca de Judá y Jerusalén en días de Uzías, Jotam, Acaz y Ezequías, reyes de Judá.

Corrupción de Israel

2 Oíd, cielos, y escucha tú, tierra; porque habla Jehová: Crié hijos, y los engrandecí, y ellos se rebelaron contra mí.

3 El buey conoce a su dueño, y el asno el pesebre de su señor; pero Israel no conoce, mi pueblo no tiene discernimiento.

4 ¡Oh gente pecadora, pueblo cargado de maldad, raza de perversos, hijos depravados! Dejaron a Jehová, despreciaron al Santo de Israel, le volvieron la espalda,

5 ¿Por qué querréis ser castigados aún? ¿Todavía os rebelaréis? Toda cabeza está enferma, y todo corazón doliente.

6 Desde la planta del pie hasta la cabeza no hay en él cosa sana, sino herida, hinchazón y podrida llaga; no están curadas, ni vendadas, ni suavizadas con aceite.

7 Vuestra tierra está desolada, vuestras ciudades puestas a fuego, vuestra tierra comida por extranjeros delante de vosotros, y asolada como asolamiento de extraños.

8 Y queda la hija de Sión como enramada en viña, y como cabaña en melonar, como ciudad sitiada.

9 Si Jehová de los ejércitos no nos hubiese dejado un resto pequeño, habríamos llegado a ser como Sodoma, y semejantes a Gomorra.

Contra el formalismo religioso

10 Gobernantes de Sodoma, oíd la palabra de Jehová; escuchad la instrucción de nuestro Dios, pueblo de Gomorra.

11 ¿Para qué me sirve, dice Jehová, la multitud de vuestros sacrificios? Hastiado estoy de holocaustos de carneros y de sebo de animales gordos; no quiero sangre de bueyes, ni de ovejas, ni de machos cabríos.

12 ¿Quién demanda esto de vuestras manos, cuando venís a presentaros delante de mí para hollar mis atrios?

13 No me traigáis más vana ofrenda; el incienso me es abominación; novilunios y sábados, el convocar asamblea, no lo puedo *sufrir*; son iniquidad vuestras fiestas solemnes.

14 Vuestras lunas nuevas y vuestras fiestas solemnes las tiene aborrecidas mi alma; me son gravosas; cansado estoy de soportarlas.

15 Cuando extendáis vuestras manos, yo esconderé de vosotros mis ojos; asimismo cuando multipliquéis la oración, yo no oiré; llenas están de sangre vuestras manos.

16 Lavaos, limpiaos; quitad la iniquidad de vuestras obras de delante de mis ojos; dejad de hacer lo malo;

17 aprended a hacer el bien; buscad la justicia, reprimid al opresor, defended la causa del huérfano, amparad a la viuda.

18 Venid luego, dice Jehová, y estemos a cuenta: aunque vuestros pecados sean como la grana, como la nieve serán emblanquecidos; aunque sean rojos como el carmesí, vendrán a ser como *blanca* lana.

19 Si queréis y obedecéis, comeréis el bien de la tierra;

20 si rehusáis y sois rebeldes, seréis consumidos a espada; porque la boca de Jehová lo ha dicho.

Lamento sobre Jerusalén

21 ¡Cómo se ha convertido en ramera la ciudad fiel! Llena estaba de justicia, en ella habitaba la equidad; pero ahora, los homicidas.

22 Tu plata se ha convertido en escorias, tu vino está mezclado con agua.

23 Tus príncipes, rebeldes y compañeros de ladrones; todos aman el soborno, y van tras las recompensas; no hacen justicia al huérfano, ni llega a ellos la causa de la viuda.

24 Por tanto, dice el Señor, Jehová de los ejércitos, el Fuerte de Israel: Ea, tomaré satisfacción de mis adversarios, me vengaré de mis enemigos;

25 y volveré mi mano contra ti, y limpiaré hasta lo más puro tus escorias, y quitaré todas tus impurezas.

26 Restauraré tus jueces como al principio, y tus consejeros como eran antes; entonces te llamarán Ciudad de justicia, Ciudad fiel.

27 Sión será rescatada con justicia, y los convertidos de ella con rectitud.

28 Pero los rebeldes y pecadores a una serán quebrantados, y los que dejan a Jehová serán consumidos.

29 Porque se avergonzarán de las encinas que amasteis, y os afrentarán los huertos que escogisteis.

30 Porque seréis como encina a la que se le cae la hoja, y como huerto al que le faltan las aguas.

31 Y el *hombre* fuerte será como estopa, y su trabajo, como centella; y ambos serán encendidos juntamente, y no habrá quien apague.

Reinado universal del Mesías

2 Lo que vio Isaías hijo de Amoz acerca de Judá y de Jerusalén.

2 Acontecerá en lo postrero de los tiempos, que será asentado el monte de la casa de Jehová como cabeza de los montes, y será exaltado sobre los collados, y confluirán a él todas las naciones.

3 Y vendrán muchos pueblos, y dirán: Venid, y subamos al monte de Jehová, a la casa del Dios de Jacob; y nos enseñará sus caminos, y caminaremos por sus sendas. Porque

de Sión saldrá la ley, y de Jerusalén la palabra de Jehová.

4 Y juzgará entre las naciones, y será árbitro de muchos pueblos; y volverán sus espadas en rejas de arado, y sus lanzas en hoces; no alzará espada nación contra nación, ni se adiestrarán más para la guerra.

Contra los soberbios

5 Venid, oh casa de Jacob, y caminemos a la luz de Jehová.

6 Pues tú has desechado a tu pueblo, la casa de Jacob, porque están llenos *de supersticiones* traídas del oriente, y de agoreros, como los filisteos; y pactan con hijos de extranjeros.

7 Su tierra está llena de plata y oro, sus tesoros no tienen fin. También está su tierra llena de caballos, y sus carros son innumerables.

8 Además su tierra está llena de ídolos, y todos adoran la obra de sus manos y lo que fabricaron sus dedos.

9 Y se inclina el hombre, y el varón se humilla; por tanto, no los perdones.

10 Métete en la peña, escóndete en el polvo, de la presencia temible de Jehová, y del resplandor de su majestad.

11 La altivez de los ojos del hombre será abatida, y la soberbia de los hombres será humillada; y será exaltado Jehová solo en aquel día.

12 Porque Jehová de los ejércitos tiene *reservado* un día que vendrá sobre todo soberbio y altivo, sobre todo enaltecido, y será abatido;

13 sobre todos los cedros del Líbano altos y erguidos, y sobre todas las encinas de Basán;

14 sobre todos los montes altos, y sobre todos los collados elevados;

15 sobre toda torre alta, y sobre todo muro fortificado;

16 sobre todas las naves de Tarsis, y sobre todos los objetos preciados.

17 La altivez del hombre será abatida, y la soberbia de los hombres será humillada; y solo Jehová será exaltado en aquel día.

18 Y desaparecerán totalmente los ídolos.

19 Y *los hombres* se meterán en las cavernas de las peñas y en las aberturas de la tierra, por la presencia temible de Jehová, y por el resplandor de su majestad, cuando él se levante para sacudir con fuerza la tierra.

20 Aquel día arrojará el hombre a los topos y murciélagos sus ídolos de plata y sus ídolos de oro, que él se hizo para adorarlos;

21 y se meterá en las hendiduras de las rocas y en las cavernas de las peñas, por la presencia temible de Jehová, y por el resplandor de su majestad, cuando se levante para sacudir con fuerza la tierra.

22 Desentendeos del hombre, cuyo aliento está en su nariz; porque ¿qué vale realmente?

Juicio contra Judá y Jerusalén

3 Porque he aquí que el Señor Jehová de los ejércitos quita de Jerusalén y de Judá sustento y apoyo, todo sustento de pan y todo socorro de agua;

2 el *hombre* fuerte y el hombre de guerra, el juez y el profeta, el adivino y el anciano;

3 el capitán de cincuenta y el hombre de rango, el consejero, el sabio hechicero y el hábil encantador.

4 Y les pondré jóvenes por príncipes, y muchachos serán sus gobernantes.

5 Y el pueblo se hará violencia unos a otros, cada cual contra su vecino; el joven se insolentará contra el anciano, y el villano contra el noble.

6 Pues alguno agarrará a su hermano, de la familia de su padre, y le dirá: Tú tienes manto, tú serás nuestro príncipe, y toma en tus manos esta ruina;

7 *pero* él jurará aquel día, diciendo: No seré vuestro médico; porque en mi casa ni hay pan, ni manto; no me hagáis príncipe del pueblo.

8 Pues arruinada está Jerusalén, y Judá ha caído; porque la lengua de ellos y sus obras han sido contra Jehová para desafiar su presencia gloriosa.

9 La expresión de sus rostros testifica contra ellos; porque como Sodoma publican su pecado, no lo disimulan. ¡Ay del alma de ellos!, porque amontonaron mal para sí.

10 Decid al justo que le irá bien, porque comerá de los frutos de sus acciones.

11 ¡Ay del impío! Mal le irá, porque según las obras de sus manos le será pagado.

12 A mi pueblo le oprime un mozalbete, y mujeres se enseñorean de él. Pueblo mío, los que te guían te engañan, y tuercen el curso de tus caminos.

13 Jehová está en pie para litigar, y está para juzgar a los pueblos.

14 Jehová vendrá a juicio contra los ancianos de su pueblo y contra sus príncipes; porque vosotros habéis devorado la viña, y el despojo del pobre está en vuestras casas.

15 ¿Qué pensáis vosotros que machacáis a mi pueblo y moléis las caras de los pobres?, dice el Señor, Jehová de los ejércitos.

Contra el lujo femenino

16 Asimismo dice Jehová: Por cuanto las hijas de Sión son altivas, y andan con el cuello erguido y con ojos desvergonzados; cuando andan van danzando, y haciendo son con los pies;

17 por tanto, el Señor rapará la cabeza de

las hijas de Sión, y Jehová descubrirá sus vergüenzas. ·

18 Aquel día quitará el Señor el atavío del calzado, las redecillas, las lunetas,

19 los collares, los pendientes y los brazaletes,

20 las cofias, las cadenillas de los tobillos, los ceñidores, los pomitos de olor y los zarcillos,

21 los anillos, y los joyeles de las narices,

22 las ropas de gala, los mantoncillos, los chales, los bolsos,

23 los espejos, el lino fino, los turbantes y las mantillas.

24 Y en lugar de los perfumes aromáticos habrá hediondez; y cuerda en lugar de cinturón, y calvicie en vez de peinado artificioso; en lugar de ropa de gala, ceñimiento de cilicio, y marca de fuego en vez de hermosura.

25 Tus varones caerán a espada, y tus fuertes, en la guerra.

26 Sus puertas se entristecerán y enlutarán, y ella, desamparada, se sentará en tierra.

4 Echarán mano de un hombre siete mujeres en aquel día, diciendo: Nosotras comeremos de nuestro pan, y nos vestiremos de nuestras ropas; solamente permítenos llevar tu nombre, quita nuestro oprobio.

Restauración mesiánica de Jerusalén

2 En aquel día, el renuevo de Jehová será para hermosura y gloria, y el fruto de la tierra para grandeza y honra, a los sobrevivientes de Israel.

3 Y acontecerá que el que quedare en Sión, y el que fuere dejado en Jerusalén, será llamado santo; todos los que en Jerusalén estén registrados entre los vivientes,

4 cuando el Señor lave las inmundicias de las hijas de Sión, y limpie la sangre de Jerusalén de en medio de ella, con espíritu de juicio y con espíritu de devastación.

5 Y creará Jehová sobre toda la morada del monte de Sión, y sobre los lugares de sus convocaciones, nube y oscuridad de día, y de noche resplandor de fuego que eche llamas; porque sobre toda gloria habrá un dosel,

6 y habrá un toldo para sombra contra el calor del día, para refugio y escondedero contra el turbión y contra el aguacero.

Parábola de la viña

5 Ahora cantaré por mi amado el cantar de mi amado acerca de su viña. Tenía mi amado una viña en una ladera fértil.

2 La había cavado y despedregado y plantado de vides escogidas; había edificado en medio de ella una torre, y excavado también en ella un lagar; y esperaba que diese uvas, y dio agrazones.

3 Ahora, pues, habitantes de Jerusalén y varones de Judá, juzgad ahora entre mí y mi viña.

4 ¿Qué más se podía haber hecho a mi viña, que yo no le haya hecho en ella? ¿Cómo, esperando yo que diese uvas, ha dado agrazones?

5 Os mostraré, pues, ahora lo que voy a hacer yo a mi viña: Le quitaré su vallado, y será consumida; desportillaré su cerca, y será hollada.

6 Haré que quede desierta; no será podada ni cavada, y crecerán las zarzas y los espinos; y aun a las nubes mandaré que no derramen lluvia sobre ella.

7 Ciertamente la viña de Jehová de los ejércitos es la casa de Israel; y los hombres de Judá, planta deliciosa suya. Esperaba justicia, y he aquí violencia; rectitud, y he aquí alaridos.

Ayes sobre los avaros e hipócritas

8 ¡Ay de los que juntan casa a casa, y añaden heredad a heredad hasta ocuparlo todo, hasta quedaros vosotros solos en medio de la tierra!

9 Ha llegado a mis oídos de parte de Jehová de los ejércitos, que muchas casas han de quedar asoladas, sin morador aun las grandes y hermosas.

10 Y diez yugadas de viña producirán un bato, y un homer de semilla producirá un efa.

11 ¡Ay de los que se levantan muy de mañana para seguir la embriaguez; de los que trasnochan, hasta que el vino los enciende!

12 Y en sus banquetes hay arpas, vihuelas, tamboriles, flautas y vino, y no miran la obra de Jehová, ni consideran la obra de sus manos.

13 Por tanto, mi pueblo fue llevado cautivo, por falta de conocimiento; y sus notables perecieron de hambre, y su multitud se secó de sed.

14 Por eso ensanchó sus fauces el Seol, y sin medida extendió su boca; y allá descenderá la gloria de ellos, y su multitud, y su fausto, y sus turbas gozosas.

15 El hombre será humillado, y el varón será abatido, y serán bajados los ojos de los altivos.

16 Pero Jehová de los ejércitos será exaltado mediante su justicia, y el Dios Santo es santificado por sus juicios justos.

17 Entonces los corderos serán apacentados como en sus propios pastizales; y los cabritos devorarán los campos desolados de los ricos.

18 ¡Ay de los que traen la iniquidad con

cuerdas de vanidad, y el pecado como con bridas de carreta,

19 los cuales dicen: Venga ya, apresúrese su obra, y veamos; acérquese, y cúmplase el plan del Santo de Israel, para que lo sepamos!

20 ¡Ay de los que al mal llaman bien, y al bien, mal; que hacen de la luz tinieblas, y de las tinieblas luz; que ponen lo amargo por dulce, y lo dulce por amargo!

21 ¡Ay de los sabios en sus propios ojos, y de los que son prudentes delante de sí mismos!

22 ¡Ay de los que son fuertes para beber vino, y hombres de vigor para mezclar bebida;

23 los que justifican al impío mediante soborno, y al justo quitan su derecho!

24 Por tanto, como la lengua del fuego consume el rastrojo, y la llama devora la paja, así será su raíz como podredumbre, y su flor se desvanecerá como polvo; porque desecharon la ley de Jehová de los ejércitos, y abominaron la palabra del Santo de Israel.

25 Por esta causa se encendió el furor de Jehová contra su pueblo, y extendió contra él su mano, y le hirió; y se estremecieron los montes, y sus cadáveres yacían como basura en medio de las calles. Con todo esto no ha cesado su furor, sino que todavía su mano está extendida.

26 Alzará pendón a naciones lejanas, y silbará al que está en el extremo de la tierra; y he aquí que vendrá rápida y velozmente.

27 No habrá entre ellos cansado, ni quien tropiece; ninguno se dormirá, ni le tomará sueño; a ninguno se le desatará el cinto de los lomos, ni se le romperá la correa de sus sandalias.

28 Sus saetas estarán afiladas, y todos sus arcos tensados; los cascos de sus caballos parecerán como de pedernal, y las ruedas de sus carros como torbellino.

29 Su rugido será como de león; rugirá a manera de leoncillo, bramará y arrebatará la presa; se la llevará con seguridad, y nadie se la quitará.

30 Y bramará sobre él en aquel día como el bramido del mar; entonces mirará hacia la tierra, y he aquí tinieblas y tribulación, y en sus cielos se oscurecerá la luz.

Visión y llamamiento de Isaías

6 En el año en que murió el rey Uzías, vi yo al Señor sentado sobre un trono alto y sublime, y la orla de su manto llenaba el templo.

2 Por encima de él había serafines; cada uno tenía seis alas; con dos cubrían sus rostros, con dos cubrían sus pies, y con dos volaban.

3 Y el uno al otro daba voces, diciendo:

Santo, santo, santo es Jehová de los ejércitos; toda la tierra está llena de su gloria.

4 Y los quiciales de las puertas se estremecieron con la voz de los que clamaban, y la casa se llenó de humo.

5 Entonces dije: ¡Ay de mí!, que estoy muerto; porque siendo hombre inmundo de labios, y habitando en medio de un pueblo de labios inmundos, han visto mis ojos al Rey, Jehová de los ejércitos.

6 Entonces voló hacia mí uno de los serafines, teniendo en su mano un carbón encendido, tomado del altar con unas tenazas;

7 y tocando con él mi boca, dijo: He aquí que esto tocó tus labios, y es quitada tu culpa, y expiado tu pecado.

8 Después oí la voz del Señor, que decía: ¿A quién enviaré, y quién irá de nuestra parte? Entonces respondí yo: Heme aquí, envíame a mí.

9 Y dijo: Anda, y di a este pueblo: Oíd bien, pero no entendáis; ved por cierto, mas no comprendáis.

10 Engruesa el corazón de este pueblo, y agrava sus oídos, y ciega sus ojos, no sea que, viendo con sus ojos, y oyendo con sus oídos, y entendiendo con su corazón, se convierta, y sea sanado.

11 Entonces dije yo: ¿Hasta cuándo, Señor? Y respondió él: Hasta que las ciudades estén asoladas y sin moradores, y no haya hombre en las casas, y la tierra esté hecha un desierto;

12 hasta que Jehová haya echado lejos a los hombres, y multiplicado los lugares abandonados en medio de la tierra.

13 Y si quedare aún en ella la décima parte, ésta volverá a ser destruida; pero como el roble y la encina, que al ser cortados aún queda un tocón, así la simiente santa será su tocón.

Mensaje de Isaías a Acaz

7 Aconteció en los días de Acaz hijo de Jotam, hijo de Uzías, rey de Judá, que Rezín rey de Siria y Peka hijo de Remalías, rey de Israel, subieron contra Jerusalén para combatirla; pero no la pudieron tomar.

2 Y vino la noticia a la casa de David, diciendo: Siria se ha confederado con Efraín. Y se le estremeció el corazón, y el corazón de su pueblo, como se estremecen los árboles del monte a causa del viento.

3 Entonces dijo Jehová a Isaías: Sal ahora al encuentro de Acaz, tú, y Sear-jasub tu hijo, al extremo del acueducto del estanque de arriba, en el camino del campo del Batanero.

4 Y dile: ¡Alerta, pero ten calma!; no temas, ni desmaye tu corazón a causa de estos dos cabos de tizón que humean, por el ardor de

la ira de Rezín y de Siria, y del hijo de Remalías.

5 Ha maquinado tu ruina el sirio, con Efraín y con el hijo de Remalías, diciendo:

6 Subamos contra Judá y hagámosla pedazos, y repartámosla entre nosotros, y pongamos en medio de ella por rey al hijo de Tabeel.

7 Con todo, Jehová el Señor dice así: No se mantendrá, ni será así.

8 Porque la cabeza de Siria es Damasco, y la cabeza de Damasco, Rezín; y la cabeza de Efraín es Samaria, y la cabeza de Samaria el hijo de Remalías.

9 Y dentro de sesenta y cinco años Efraín será quebrantado hasta dejar de ser pueblo. Si vosotros no creéis, de cierto no permaneceréis firmes.

10 Habló de nuevo Jehová a Acaz, diciendo:

11 Pide para ti señal de Jehová tu Dios, demandándola ya sea de abajo en lo profundo, o de arriba en lo alto.

12 Y respondió Acaz: No la pediré, y no tentaré a Jehová.

13 Dijo entonces Isaías: Oíd ahora, casa de David. ¿Os es poco el ser molestos a los hombres, para que también lo seáis a mi Dios?

14 Por tanto, el Señor mismo os dará una señal: He aquí que la virgen concebirá, y dará a luz un hijo, y llamará su nombre Emanuel.

15 Comerá mantequilla y miel, cuando sepa desechar lo malo y escoger lo bueno.

16 Porque antes que el niño sepa desechar lo malo y escoger lo bueno, la tierra de los dos reyes que tú temes será abandonada.

17 Jehová hará venir sobre ti, sobre tu pueblo y sobre la casa de tu padre, días cuales nunca vinieron desde el día que Efraín se apartó de Judá, esto es, *hará venir* al rey de Asiria.

18 Y acontecerá aquel día, que silbará Jehová a la mosca que está en los confines de los ríos de Egipto, y a la abeja que está en la tierra de Asiria;

19 y vendrán y acamparán todas en los valles desiertos, y en las cavernas de las piedras, y en todos los zarzales, y en todos los abrevaderos.

20 En aquel día, el Señor rapará con navaja alquilada de los que habitan al otro lado del río, esto es, con el rey de Asiria, la cabeza y el pelo de los pies, y aun la barba también afeitará.

21 Acontecerá en aquel tiempo, que criará un hombre una vaca y dos ovejas;

22 y a causa de la abundancia de leche que darán, comerá mantequilla; porque mantequilla y miel comerá todo el que quede en medio de la tierra.

23 Acontecerá también en aquel tiempo, que el lugar donde había mil vides que valían mil siclos de plata, será para espinos y zarzas.

24 Con saetas y arco irán allá, porque toda la tierra será espinos y zarzas.

25 Y en ninguno de los montes que se desbrozaban con la azada se podrá entrar, por el temor de los espinos y de los cardos, sino que serán para pasto de bueyes y para ser hollados por los ganados.

Sea Jehová vuestro temor

8 Me dijo Jehová: Toma una tabla grande y escribe en ella con caracteres legibles tocante a Maher-salal-has-baz;

2 y yo tomaré para mí por testigos fieles al sacerdote Urías y a Zacarías hijo de Jeberequías.

3 Entonces me llegué a la profetisa, la cual concibió, y dio a luz un hijo. Y me dijo Jehová: Ponle por nombre Maher-salal-has-baz.

4 Porque antes que el niño sepa decir: Padre mío, y Madre mía, la riqueza de Damasco y los despojos de Samaria serán llevados delante del rey de Asiria.

Siloé y el Eufrates

5 Otra vez volvió Jehová a hablarme, diciendo:

6 Por cuanto desechó este pueblo las aguas de Siloé, que corren mansamente, y se regocijó con Rezín y con el hijo de Remalías;

7 he aquí, por tanto, que el Señor hace subir sobre ellos aguas de ríos, impetuosas y copiosas, esto es, al rey de Asiria con todo su poder; el cual desbordará todos sus ríos, e invadirá todas sus riberas;

8 y pasando hasta Judá, inundará y pasará adelante, anegando a su paso hasta la garganta; y extendiendo sus alas, abarcará la anchura de tu tierra, oh Emanuel.

9 Reuníos, pueblos, y seréis quebrantados; oíd, todos los que sois de lejanas tierras; ceñíos, y seréis quebrantados; disponeos, y seréis quebrantados.

10 Trazad un plan, y fracasará; proferid palabra, y no se cumplirá; porque Dios está con nosotros.

11 Porque Jehová me dijo de esta manera con su mano fuerte sobre mí, y me enseñó que no caminase por el camino de este pueblo, diciéndome:

12 No llaméis conspiración a todas las cosas que este pueblo llama conspiración; ni temáis lo que ellos temen, ni tengáis miedo.

13 A Jehová de los ejércitos, a él santificad; sea él vuestro temor, y él sea vuestro miedo.

14 Entonces él será por santuario; pero a

las dos casas de Israel, por piedra para tropezar, y por peña de escándalo, y por lazo y por red al morador de Jerusalén.

15 Y muchos entre ellos tropezarán, y caerán, y serán quebrantados; y serán atrapados y apresados.

16 Ata el testimonio, sella la instrucción entre mis discípulos.

17 Esperaré, pues, a Jehová, el cual escondió su rostro de la casa de Jacob, y en él confiaré.

18 He aquí, yo y los hijos que me dio Jehová somos por señales y presagios en Israel, de parte de Jehová de los ejércitos, que mora en el monte de Sión.

Contra los adivinos

19 Y cuando os digan: Preguntad a los encantadores y a los adivinos, que susurran y bisbisan, responded: ¿No consultará el pueblo a su Dios? ¿Consultará a los muertos por los vivos?

20 ¡A la ley y al testimonio! Si no dijeren conforme a esto, es porque no les ha amanecido.

21 Y pasarán por la tierra fatigados y hambrientos, y acontecerá que teniendo hambre, se enojarán y maldecirán a su rey y a su Dios, levantando el rostro en alto.

22 Y mirarán a la tierra, y he aquí tribulación y tinieblas, oscuridad y angustia; y serán sumidos en densas tinieblas.

Nacimiento y reinado del Mesías

9 Mas no habrá ya más oscuridad para la que está ahora en angustia, tal como la aflicción que le vino en el pasado a la tierra de Zabulón y a la tierra de Neftalí; pues al fin llenará de gloria el camino del mar, de aquel lado del Jordán, en Galilea de los gentiles.

2 El pueblo que andaba en tinieblas ha visto una gran luz; a los que moraban en tierra de sombra de muerte les ha comenzado a brillar la luz.

3 Multiplicaste la nación, y aumentaste la alegría. Se alegran delante de ti como se alegran en la siega, como se gozan cuando reparten los despojos.

4 Porque tú quebraste su pesado yugo, la vara de su hombro y el cetro de su opresor, como en el día de Madián.

5 Porque toda bota que calza el guerrero en la batalla, y todo manto revolcado en sangre, serán quemados, pasto del fuego.

6 Porque un niño nos ha nacido, un hijo nos es dado, y el principado sobre su hombro; y se llamará su nombre: Admirable, Consejero, Dios fuerte, Padre eterno, Príncipe de paz.

7 Lo dilatado de su imperio y la paz no tendrán límite, sobre el trono de David y

sobre su reino, para restaurarlo y consolidarlo en juicio y en justicia desde ahora y para siempre. El celo de Jehová de los ejércitos realizará esto.

El juicio de Jehová contra Israel

8 El Señor profirió una palabra en Jacob, y cayó en Israel.

9 Y la sabrá todo el pueblo, Efraín y los moradores de Samaria, que con soberbia y con altivez de corazón dicen:

10 Los ladrillos cayeron, pero edificaremos con sillares; cortaron los sicómoros, pero en su lugar pondremos cedros.

11 Pues bien, Jehová levantará a los adversarios de Rezín contra él, y juntará a sus enemigos;

12 del oriente los sirios, y los filisteos del poniente; y a boca llena devorarán a Israel. Ni con todo eso ha cesado su furor, sino que todavía su mano está extendida.

13 Pero el pueblo no se convirtió al que lo castigaba, ni buscó a Jehová de los ejércitos.

14 Por eso Jehová cortará de Israel cabeza y cola, palmera y junco en un mismo día.

15 El anciano y noble de rango es la cabeza; el profeta que enseña mentira, es la cola.

16 Porque los directores de este pueblo son engañadores, y los dirigidos por ellos se pierden.

17 Por tanto, el Señor no tomará contentamiento en sus jóvenes, ni de sus huérfanos y viudas tendrá compasión; porque todos son impíos y malvados, y toda boca habla insensateces. Ni con todo esto ha cesado su furor, sino que todavía su mano está extendida.

18 Porque la maldad se encendió como fuego, zarzas y espinos devorará; y se encenderá en lo espeso del bosque, y subirá en densas espirales de humo.

19 Por la ira de Jehová de los ejércitos se abrasa la tierra, y será el pueblo como pasto del fuego; el hombre no tendrá piedad de su hermano.

20 Cada uno hurtará a la mano derecha, y tendrá hambre, y comerá a la izquierda, y no se saciará; cada cual comerá la carne de su *propio* brazo;

21 Manasés a Efraín, y Efraín a Manasés, y ambos a una contra Judá. Ni con todo esto ha cesado su furor, sino que todavía su mano está extendida.

10 ¡Ay de los que dictan leyes injustas, y decretan vejaciones,

2 para privar de justicia a los pobres, y para quitar el derecho a los afligidos de mi pueblo; para despojar a las viudas, y robar a los huérfanos!

3 ¿Y qué haréis en el día del castigo? ¿A quién os acogeréis para que os ayude, cuan-

do venga de lejos el asolamiento? ¿En dónde dejaréis vuestra gloria?

4 Sólo les queda inclinarse entre los presos, y caer entre los muertos. Ni con todo esto ha cesado su furor, sino que todavía su mano está extendida.

Asiria, instrumento de Dios

5 Oh Asiria, báculo de mi furor, en cuya mano he puesto la vara de mi ira.

6 Le mandaré contra una nación impía, y sobre el pueblo *objeto* de mi ira le enviaré, para que saque despojos, y arrebate presa, y lo ponga para ser hollado como lodo de las calles.

7 Aunque él no lo pensará así, ni su corazón lo imaginará de esta manera, sino que su intención es destruir y exterminar muchas naciones.

8 Porque él dice: Mis príncipes, ¿no son todos reyes?

9 ¿No es Calnó como Carquemis, Hamat como Arfad, y Samaria como Damasco?

10 Como se apoderó mi mano de los reinos de los ídolos, siendo sus imágenes más que las de Jerusalén y de Samaria;

11 como hice a Samaria y a sus ídolos, ¿no haré también así a Jerusalén y a sus imágenes?

12 Pero acontecerá que después que el Señor haya acabado toda su obra en el monte de Sión y en Jerusalén, dirá: Yo castigaré el fruto de la soberbia del corazón del rey de Asiria, y la altivez de sus ojos.

13 Porque dijo: Con el poder de mi mano lo he hecho, y con mi sabiduría, porque soy inteligente; borré las fronteras de los pueblos, y saqué sus tesoros, y derribé potente a los que estaban sentados en sus tronos.

14 Y mi mano tomó las riquezas de los pueblos como quien toma un nido; y como se recogen los huevos abandonados, así me apoderé yo de toda la tierra; y no hubo quien moviese un ala, ni abriese su boca y graznase.

15 ¿Se jactará el hacha frente al que con ella corta? ¿Se ensoberbecerá la sierra contra el que la mueve? ¡Como si la vara moviese al que la levanta; como si levantase el bastón al que no es un leño!

16 Por esto el Señor, Jehová de los ejércitos, enviará enflaquecimiento entre sus robustos, y debajo de su opulencia encenderá una hoguera como fuego de incendio.

17 Y la luz de Israel será por fuego, y su Santo por llama, que abrase y consuma en un día sus zarzas y sus espinos.

18 La gloria de su bosque y de su campo fértil la consumirá totalmente en alma y cuerpo, y vendrá a ser como enfermo que languidece.

19 Y los árboles que queden en su bosque serán tan pocos, que un niño los podrá contar.

20 Acontecerá en aquel tiempo, que los que hayan quedado de Israel y los que hayan quedado de la casa de Jacob, nunca más se apoyarán en el que los hirió, sino que se apoyarán con firmeza en Jehová, el Santo de Israel.

21 Un remanente volverá, el remanente de Jacob volverá al Dios fuerte.

Anuncio de la ruina

22 Porque aunque tu pueblo, oh Israel, sea como la arena del mar, sólo un remanente de él volverá; la destrucción decretada rebosará justicia.

23 Pues el Señor, Jehová de los ejércitos, realizará en medio de la tierra un exterminio ya decidido.

24 Por tanto, el Señor, Jehová de los ejércitos, dice así: Pueblo mío, morador de Sión, no temas de Asiria, aunque con vara te herirá, y contra ti alzará su palo, a la manera de Egipto;

25 pues de aquí a muy poco tiempo, se consumará mi furor, y mi enojo los destruirá.

26 Y levantará Jehová de los ejércitos un azote contra él como en la matanza de Madián en la peña de Oreb, y alzará su vara sobre el mar como lo hizo en Egipto.

27 Acontecerá en aquel tiempo que su carga será quitada de tu hombro, y su yugo de tu cerviz, y el yugo se pudrirá a causa de *tu* gordura.

28 Vino hasta Ajat, pasó hasta Migrón; en Micmás contó su ejército.

29 Pasaron el vado; pernoctaron en Geba; Ramá tembló; Guibeat de Saúl huyó.

30 ¡Grita en alta voz, hija de Galim! ¡Escucha, Lais! ¡Pobrecilla de ti, Anatot!

31 Madmená se desbandó; los moradores de Gebim huyen a refugiarse.

32 Este mismo día hará un alto en Nob; alzará su mano contra el monte de la hija de Sión, el collado de Jerusalén.

33 He aquí que el Señor, Jehová de los ejércitos, desgajará el ramaje con gran poder, y los árboles de gran altura serán cortados, y los altos serán derribados en tierra.

34 Y cortará con hierro la espesura del bosque, y el Líbano caerá frente al Fuerte.

Reinado justo del Mesías

11 Saldrá una vara del tronco de Isay, y un retoño brotará de sus raíces.

2 Y reposará sobre él el Espíritu de Jehová; espíritu de sabiduría y de inteligencia, espíritu de consejo y de poder espíritu de conocimiento y de temor de Jehová.

3 Y su deleite estará en el temor de Jehová. No juzgará según las apariencias, ni decidirá por lo que sepa de oídas;

4 sino que juzgará con justicia a los pobres, y decidirá con equidad en favor de los mansos de la tierra; y herirá la tierra con la vara de su boca, y con el aliento de sus labios matará al impío.

5 Y será la justicia cinturón de sus lomos, y la fidelidad ceñidor de sus riñones..

6 Morará el lobo con el cordero, y el leopardo con el cabrito se acostará; el becerro y el león y la bestia doméstica andarán juntos, y un niño los pastoreará.

7 la vaca y la osa pacerán en compañía; sus crías se echarán juntas; y el león comerá paja como el buey.

8 Y el niño de pecho jugará sobre el agujero del áspid, y el recién destetado extenderá su mano hacia el escondrijo de la víbora.

9 No harán mal ni dañarán en todo mi santo monte; porque la tierra será llena del conocimiento de Jehová, como las aguas cubren el mar.

10 Acontecerá en aquel tiempo que la raíz de Isay, la cual estará puesta por pendón a los pueblos, será buscada por las gentes; y su morada será gloriosa.

11 Asimismo acontecerá en aquel tiempo, que Jehová alzará otra vez su mano para recobrar el remanente de su pueblo que aún quede en Asiria, Egipto, Patrós, Etiopía, Elam, Sinar y Hamat, y en las islas del mar.

12 Y levantará pendón a las naciones, y juntará los desterrados de Israel, y reunirá los esparcidos de Judá de los cuatro confines de la tierra.

13 Y se disipará la envidia de Efraín, y los enemigos de Judá serán destruidos. Efraín no tendrá envidia de Judá, ni Judá afligirá a Efraín;

14 sino que volarán sobre los hombros de los filisteos al occidente, saquearán también a los de oriente; Edom y Moab les servirán, y los hijos de Amón los obedecerán.

15 Y secará Jehová la lengua del mar de Egipto; y con un viento abrasador agitará su mano sobre el río, y lo dividirá en siete corrientes, y hará que pasen por él en sandalias.

16 Y habrá un camino para el remanente de su pueblo, el que quedó de Asiria, de la manera que lo hubo para Israel el día que subió de la tierra de Egipto.

Cántico de acción de gracias

12 En aquel día dirás: Yo te alabo, oh Jehová; pues aunque te enojaste contra mí, tu indignación se apartó, y me has consolado.

2 He aquí Dios es mi salvación; confiaré y no temeré; porque mi fortaleza y mi canción

es JAH Jehová, quien ha venido a ser mi salvación.

3 Sacaréis con gozo aguas de las fuentes de la salvación.

4 Y diréis en aquel día: Alabad a Jehová, invocad su nombre, declarad en los pueblos sus obras, proclamad que su nombre es sublime.

5 Cantad a Jehová, porque ha hecho cosas sublimes; sea sabido esto por toda la tierra.

6 Da gritos de júbilo y canta, oh moradora de Sión; porque grande es en medio de ti el Santo de Israel.

Profecía sobre Babilonia

13 Oráculo sobre Babilonia, que vio Isaías hijo de Amoz.

2 Levantad bandera sobre un alto monte; gritadles, agitad la mano, para que entren por las puertas de los nobles.

3 Yo mandé a mis consagrados; sí, yo llamé a mis valientes para ejecutar mi ira, a los que se alegran de mi victoria.

4 Estruendo de multitud en los montes, como de mucha gente; estruendo de ruido de reinos, de naciones reunidas; Jehová de los ejércitos pasa revista a las tropas para la batalla.

5 Vienen de tierra lejana, de lo más lejano de los cielos, Jehová y las armas de su ira, para destruir toda la tierra.

6 Aullad, porque cerca está el día de Jehová; vendrá como terrible azote del Todopoderoso.

7 A causa de ello, toda mano se debilitará, y desfallecerá todo corazón de hombre,

8 y se llenarán de terror; angustias y apuros se apoderarán de ellos; tendrán dolores como mujer de parto; se asustará cada cual al mirar a su compañero; sus rostros, rostros de llamas.

9 He aquí que el día de Jehová viene, terrible, y *lleno* de indignación y ardor de ira, para convertir la tierra en soledad, y raer de ella a sus pecadores.

10 Pues las estrellas de los cielos y sus constelaciones no darán su luz; el sol se oscurecerá al nacer, y la luna no dará su resplandor.

11 Y castigaré al mundo por su maldad, y a los impíos por su iniquidad; pondré fin a la arrogancia de los soberbios, y abatiré la altivez de los tiranos.

12 Haré más escaso que el oro fino al varón, y más que el oro de Ofir al hombre.

13 Por tanto, haré estremecer los cielos, y la tierra será sacudida de su lugar, por la indignación de Jehová de los ejércitos en el día del ardor de su ira.

14 Y como gacela perseguida, y como oveja sin pastor, cada cual enfilará hacia su pueblo, y cada uno huirá a su tierra.

15 Cualquiera que sea hallado será alanceado; y cualquiera que por ellos sea apresado, caerá a espada.

16 Sus niños serán estrellados ante sus ojos; sus casas serán saqueadas, y violadas sus mujeres.

17 He aquí que yo despierto contra ellos a los medos, que no estiman la plata, ni codician el oro.

18 Con arco derribarán a los jóvenes, y no tendrán misericordia del fruto del vientre, ni su ojo perdonará a los niños.

19 Y Babilonia, la joya de los reinos, prez y orgullo de los caldeos, será como cuando destruyó Dios a Sodoma y Gomorra.

20 Nunca más será habitada, ni se morará en ella de generación en generación; ni levantará allí tienda el árabe, ni los pastores tendrán allí majada;

21 sino que dormirán allí las fieras del desierto, y sus casas se llenarán de hurones; allí habitarán avestruces, y allí saltarán las cabras salvajes.

22 En sus castillos aullarán hienas, y chacales en sus casas de recreo. Su hora está al llegar, y sus días no se prolongarán.

Sátira simbólica sobre la muerte del rey de Babilonia

14 Porque Jehová tendrá compasión de Jacob, y todavía escogerá a Israel, y le hará establecerse en su tierra; y a ellos se unirán extranjeros, y se juntarán a la familia de Jacob.

2 Y los tomarán los pueblos, y los traerán a su lugar; y la casa de Israel los poseerá por siervos y criadas en la tierra de Jehová; cautivarán a los que los cautivaron, y dominarán sobre los que los oprimieron.

3 En el día en que Jehová te dé reposo de tus trabajos, de tu desazón, y de la dura servidumbre en que te hicieron servir.

4 pronunciarás esta sátira contra el rey de Babilonia, y dirás: ¡Cómo terminó el opresor! ¡Cómo acabó la ciudad insolente!

5 Quebrantó Jehová el bastón de los impíos, el cetro de los déspotas;

6 el que hería a los pueblos con furor, con llagas permanentes, el que se enseñoreaba de las naciones con ira, con acoso sin tregua.

7 Toda la tierra está en reposo y en paz; prorrumpe en aclamaciones.

8 Aun los cipreses se regocijaron a causa de ti, y los cedros del Líbano, diciendo: Desde que tú pereciste, no ha subido cortador contra nosotros.

9 El Scol abajo se estremeció por ti; despertó muertos que en tu venida saliesen a recibirte, hizo levantar de sus tronos a todos los príncipes de la tierra, a todos los reyes de las naciones.

10 Todos ellos dan voces, y te dicen: ¿Tú también te debilitaste como nosotros, y llegaste a ser como nosotros?

11 Descendió al Scol tu pompa, y el sonido de tus arpas; gusanos serán tu cama, y gusanos te cubrirán.

12 ¡Cómo caíste del cielo, oh Lucero, hijo del Alba! Cortado fuiste por tierra, tú que abatías a las naciones.

13 Tú que decías en tu corazón: Subiré al cielo; por encima de las estrellas de Dios, levantaré mi trono, y en el monte de la Reunión me sentaré, en el extremo norte;

14 sobre las alturas de las nubes subiré, y seré semejante al Altísimo.

15 Mas tú has sido derribado hasta el Scol, a lo profundo del abismo.

16 Se inclinan hacia ti los que te ven, te contemplan, diciendo: ¿Es éste aquel varón que hacía temblar la tierra, que sacudía los reinos;

17 que puso al mundo como un desierto, que asoló sus ciudades, que a sus presos nunca abrió la cárcel?

18 Todos los reyes de las naciones yacen con honor cada uno en su morada;

19 pero tú eres echado de tu sepulcro como un brote abominable, recubierto de muertos pasados a espada, que descendieron al fondo de la fosa; como cadáver pisoteado.

20 No serás contado con ellos en el sepelio; porque tú destruiste tu tierra, mataste a tu pueblo. No será nombrada para siempre la descendencia de los malignos.

21 Preparad para sus hijos el matadero, por la maldad de sus padres; que no se levanten, ni posean la tierra, ni llenen de ciudades la faz del mundo.

22 Yo me levantaré contra ellos, dice Jehová de los ejércitos, y raeré de Babilonia el nombre y el remanente, hijos y nietos, dice Jehová.

23 Y la convertiré en patrimonio de erizos, y en pantanos; y la barreré con la escoba de destrucción, dice Jehová de los ejércitos.

Asiria será destruida

24 Jehová de los ejércitos juró diciendo: Ciertamente se hará de la manera que lo he pensado, y será confirmado como lo he determinado;

25 que quebrantaré al asirio en mi tierra, y en mis montes lo hollaré; y su yugo será apartado de ellos, y su carga será quitada de sus hombros.

26 Éste es el designio que está acordado sobre toda la tierra, y ésta, la mano extendida sobre todas las naciones.

27 Porque Jehová de los ejércitos lo ha determinado, y ¿quién lo impedirá? Y su mano extendida, ¿quién la hará retroceder?

28 En el año en que murió el rey Acaz fue
esta profecía:
29 No te alegres, oh Filistea, toda tú, por
haberse quebrado la vara del que te hería;
porque de la raíz de la culebra saldrá víbora,
y su fruto, dragón volador.
30 Y los más pobres de los pobres serán
apacentados, y los menesterosos se acosta-
rán confiados; mas yo haré morir de hambre
tu raíz, y destruiré lo que de ti quede.
31 Aúlla, oh puerta; grita, oh ciudad; derrí-
tete toda tú, Filistea; porque vendrá una
humareda del norte, y no desertará de sus
tropas ni uno solo.
32 ¿Y qué se responderá a los mensajeros
de las naciones? Que Jehová fundó a Sión, y
que a ella se acogerán los afligidos de su
pueblo.

Profecía sobre Moab

15 Profecía sobre Moab. Cierto, de noche fue destruida Ar de Moab, puesta
en ruinas. Cierto, de noche fue destruida
Kir de Moab, reducida a ruinas.
2 Subió a Báyit y a Dibón, a los lugares
altos, a llorar; sobre Nebo y sobre Medeba
aullará Moab; toda cabeza de ella será
rapada, y toda barba rasurada.
3 Se ceñirán de cilicio en sus calles; en sus
terrados y en sus plazas aullarán todos,
deshaciéndose en llanto.
4 Hesbón y Elcalé gritarán, hasta Jáhaz se
oirá su voz; por lo que aullarán los guerreros
de Moab, se lamentará el alma de cada uno
dentro de él.
5 Mi corazón dará gritos por Moab; sus
fugitivos huirán hasta Zoar, novilla de tres
años. Por la cuesta de Luhit subirán llorando, y lamentarán su destrucción por el camino de Horonáyim.
6 Las aguas de Nimrim serán consumidas, y
se secará la hierba, se marchitará el césped,
todo verdor perecerá.
7 Por tanto, las riquezas que habrán adquirido, y las que habrán reservado, las llevarán más allá del arroyo de los sauces.
8 Porque el llanto rodeó los límites de
Moab; hasta Eglaim llegó su alarido, y hasta
Beer-elim su clamor.
9 Pues las aguas de Dimón se llenarán de
sangre; porque yo traeré sobre Dimón males mayores, un león sobre los que escapen
de Moab, y sobre los que queden en su
suelo.

Israel debe compadecer a Moab

16 Enviad corderos al señor de la tierra,
desde Sela del desierto al monte de la
hija de Sión.
2 Y cual ave espantada, nidada dispersa, así

serán las hijas de Moab en los vados de
Arnón.
3 Da un consejo, facilita una decisión; pon
tu sombra como noche en medio del día;
esconde a los desterrados, no entregues a
los que que andan errantes.
4 Moren contigo los fugitivos moabitas; sé
para ellos escondedero de la presencia del
devastador; porque el atormentador fene-
cerá, el devastador tendrá fin, el pisoteador
será consumido de sobre la tierra.
5 Será establecido sobre la misericordia un
trono; y sobre él se sentará firmemente, de
la dinastía de David, uno que juzgue y
busque justicia, y esté presto a obrar con
rectitud.
6 Hemos oído la soberbia de Moab; muy
grandes son su soberbia, su arrogancia, su
altivez y sus falsas jactancias.
7 Por tanto, aullará Moab por Moab; todos
aullarán; gemiréis, en gran manera abatidos, por las tortas de uvas de Kir-heres.
8 Porque los campos de Hesbón se han
marchitado, y las vides de Sibmá también;
los jefes de las naciones pisotearon sus
generosos sarmientos; habían llegado hasta
Jazer, y se habían extendido por el desierto;
se extendieron sus plantas, pasaron el mar.
9 Por lo cual lamentaré con llanto de Jazer
por la viña de Sibmá; te regaré con mis
lágrimas, oh Hesbón y Elcalé; porque sobre
tus cosechas y sobre tu siega caerá el grito de
guerra.
10 Quitado es el gozo y la alegría del campo
fértil; en las viñas no cantarán, ni se regocijarán; no pisará vino en los lagares el
pisador; he hecho cesar el grito del lagarero.
11 Por eso, mis entrañas vibran como un
arpa por Moab, y mi interior por Kir-heres.
12 Y cuando aparezca Moab cansado sobre
los lugares altos, cuando venga a su santuario a orar, no le valdrá.
13 Ésta es la palabra que pronunció Jehová
sobre Moab en aquel tiempo;
14 pero ahora Jehová ha hablado, diciendo: Dentro de tres años, como los años de
un jornalero, será abatida la gloria de
Moab, con toda su gran multitud; y los
sobrevivientes serán muy pocos y débiles.

Profecía sobre Damasco

17 Profecía sobre Damasco. He aquí
que Damasco dejará de ser ciudad, y
será un montón de ruinas.
2 Las ciudades de Aroer están desamparadas, serán para los ganados; dormirán allí, y
no habrá quien las espante.
3 Y dejará de existir el baluarte de Efraín, y
el reino de Damasco; y lo que quede de Siria
será como la gloria de los hijos de Israel,
dice Jehová de los ejércitos.

Israel, curada de idolatría

4 En aquel tiempo la gloria de Jacob se debilitará, y se enflaquecerá la gordura de su carne.

5 Y será como cuando el segador recoge la mies, y con su brazo siega las espigas; será también como el que rebusca espigas en el valle de Refaím.

6 Y quedarán en él rebuscos, como cuando sacuden el olivo, dejando dos o tres olivas en las ramas de la punta, y cuatro o cinco en sus ramas más fructíferas, dice Jehová Dios de Israel.

7 En aquel día mirará el hombre a su Hacedor, y sus ojos contemplarán al Santo de Israel.

8 Y no mirará a los altares que son obra de sus manos, ni mirará a lo que hicieron sus dedos, ni a los símbolos de Asera, ni a las imágenes del sol.

9 En aquel día sus ciudades fuertes, serán abandonadas, como lo fueron las de los jiveos y los amorreos ante *el avance de* los hijos de Israel. Y todo será desolación.

10 Porque te olvidaste del Dios de tu salvación, y no te acordaste de la roca de tu refugio; por tanto, aunque siembres plantas hermosas, y plantes vides importadas.

11 el día que las plantes, las verás crecer, y florecer a la mañana; pero la cosecha será arrebatada en el día de la angustia, y del dolor desesperado.

12 ¡Ay!, multitud de pueblos que harán ruido como estruendo del mar, y retumbar de naciones que harán alboroto como bramido de muchas aguas.

13 Los pueblos harán estrépito como el ruido de muchas aguas; pero Dios los reprenderá, y huirán lejos; serán ahuyentados como el tamo de los montes delante del viento, y como el polvo delante del torbellino.

14 Al tiempo de la tarde, súbito terror, pero antes de la mañana el enemigo ya no existe. Esta es la parte de los que nos aplastan, y la suerte de los que nos saquean.

Profecía sobre Etiopía

18 ¡Ay de la tierra de zumbido de alas, que está más allá de los ríos de Etiopía;

2 que envía mensajeros por el mar, y en naves de papiro sobre las aguas! Andad, mensajeros veloces, a una nación de elevada estatura y tez brillante, a un pueblo temible desde su principio y después, gente fuerte y conquistadora, cuya tierra es surcada por ríos.

3 Vosotros todos, los moradores del mundo y habitantes de la tierra, cuando se levante

bandera en los montes, mirad; y cuando se toque trompeta, escuchad.

4 Porque Jehová me dijo así: Me estaré quieto, y los miraré desde mi morada, como sol claro después de la lluvia, como nube de rocío en el calor de la siega.

5 Porque antes de la siega, cuando, pasada la floración, comience a madurar el fruto en cierne, entonces podará con podaderas las ramitas, y cortará y quitará las ramas inútiles.

6 Y serán dejados todos para las aves de presa de los montes y para las bestias de la tierra; pasarán allí el verano las aves, e invernarán todas las bestias de la tierra.

7 En aquel tiempo será traída ofrenda a Jehová de los ejércitos, del pueblo de elevada estatura y tez brillante, del pueblo temible desde su principio y después, gente fuerte y conquistadora, cuya tierra es surcada por ríos, al lugar del nombre de Jehová de los ejércitos, al monte de Sión.

Profecía sobre Egipto

19 Profecía sobre Egipto. He aquí que Jehová monta sobre una ligera nube, y está llegando a Egipto; y los ídolos de Egipto temblarán delante de él, y se derretirá el corazón de los egipcios dentro de ellos.

2 Levantaré egipcios contra egipcios, y cada uno peleará contra su hermano, cada uno contra su prójimo; ciudad contra ciudad, y reino contra reino.

3 Y el espíritu de Egipto se desvanecerá en medio de él, y destruiré sus planes; y consultarán a sus imágenes, a sus hechiceros, a sus evocadores y a sus adivinos.

4 Y entregaré a Egipto en manos de un amo duro, y un rey violento se enseñoreará de ellos, dice el Señor, Jehová de los ejércitos.

5 Y las aguas del mar faltarán, y el río se agotará y secará.

6 Los canales apestarán, se agotarán y secarán las corrientes de Egipto; la caña y el carrizo se marchitarán.

7 La pradera de junto al río, de junto a la ribera del río, y toda sementera del río, se secarán, serán aventadas y desaparecerán.

8 Los pescadores también se entristecerán; harán duelo todos los que echan anzuelo en el río, y desfallecerán los que extienden red sobre las aguas.

9 Los que trabajan el lino fino y los que tejen redes serán confundidos,

10 porque todos sus tejedores estarán abatidos, y todos sus jornaleros entristecidos.

11 Ciertamente están locos los príncipes de Zoán; los más prudentes consejeros de Faraón dan consejos estúpidos. ¿Cómo diréis a Faraón: Yo soy hijo de los sabios, el hijo de los reyes antiguos?

12 ¿Dónde están ahora aquellos tus sabios? Que te digan ahora, y te hagan saber qué es lo que Jehová de los ejércitos ha determinado sobre Egipto.

13 Se han entontecido los príncipes de Zoán, se han engañado los príncipes de Menfis; engañaron a Egipto los que son la piedra angular de sus tribus.

14 Jehová ha infundido espíritu de vértigo en medio de él; e hicieron errar a Egipto en todas sus empresas, como se tambalea el ebrio en su vómito.

15 Y no le saldrá bien a Egipto cosa alguna que haga la cabeza o la cola, la palmera o el junco.

Conversión de Egipto y Asiria

16 En aquel día los egipcios serán como mujeres; porque se asombrarán y temerán en la presencia de la mano levantada de Jehová de los ejércitos, que él agitará contra ellos.

17 Y la tierra de Judá servirá de espanto a Egipto; todo hombre que de ella se acordare, temerá por causa del plan que Jehová de los ejércitos trazó contra él.

18 En aquel tiempo habrá cinco ciudades en la tierra de Egipto que hablen la lengua de Canaán, y que juren por Jehová de los ejércitos; una será llamada la ciudad de destrucción.

19 En aquel tiempo habrá un altar para Jehová en medio de la tierra de Egipto, y un monumento a Jehová junto a su frontera.

20 Y será por señal y por testimonio a Jehová de los ejércitos en la tierra de Egipto; porque clamarán a Jehová a causa de sus opresores, y él les enviará un salvador y un defensor que los libre.

21 Y Jehová será conocido de Egipto, y los de Egipto conocerán a Jehová en aquel día, y harán sacrificio y oblación; y harán votos a Jehová, y los cumplirán.

22 Y herirá Jehová a Egipto; herirá y sanará, y se convertirán a Jehová, y les será propicio y los sanará.

23 En aquel tiempo habrá una calzada de Egipto a Asiria, y asirios entrarán en Egipto, y egipcios en Asiria; y los egipcios adorarán con los asirios a Jehová.

24 En aquel tiempo Israel será tercero con Egipto y con Asiria para bendición en medio de la tierra;

25 porque Jehová de los ejércitos los bendecirá diciendo: Bendito el pueblo mío Egipto, y el asirio obra de mis manos, e Israel mi heredad.

Profecía de la conquista de Egipto y Etiopía por Asiria

20 En el año que vino el Tartán a Asdod, cuando lo envió Sargón rey de Asiria, y peleó contra Asdod y la tomó;

2 en aquel tiempo habló Jehová por medio de Isaías, hijo de Amoz, diciendo: Ve y quítate el cilicio de los lomos, y descálzate las sandalias de los pies. Y lo hizo así, andando desnudo y descalzo.

3 Y dijo Jehová: De la manera que anduvo mi siervo Isaías desnudo y descalzo tres años, como señal y presagio sobre Egipto y sobre Etiopía,

4 así llevará el rey de Asiria a los cautivos de Egipto y a los deportados de Etiopía, a jóvenes y a ancianos, desnudos y descalzos, y con las nalgas descubiertas para vergüenza de Egipto.

5 Y se asustarán y avergonzarán de Etiopía, su esperanza, y de Egipto, su gloria.

6 Y dirá en aquel día el morador de esta costa: Mirad en qué ha parado nuestra esperanza, adonde nos acogimos en busca de auxilio para ser libres de la presencia del rey de Asiria; y ¿cómo escaparemos nosotros?

Invasión de Babilonia por los medo-persas

21 Profecía sobre el desierto del mar. Como torbellino del Négueb, así viene del desierto, de una tierra de terror.

2 Una visión dura me ha sido mostrada. El traidor traiciona, y el saqueador saquea. Sube, oh Elam; sitia, oh Media. Todo su suspiro hice cesar.

3 Por eso, mis lomos se han llenado de dolor; angustias se apoderaron de mí, como angustias de mujer en parto. Estoy tan asustado que no puedo oír, y tan espantado que no puedo ver.

4 Desvaría mi corazón, el horror me ha intimidado; el crepúsculo de mis deseos se me volvió en espanto.

5 Ponen la mesa, extienden los manteles; comen, beben. ¡Levantaos, oh príncipes, engrasad el escudo!

6 Porque el Señor me dijo así: Ve, pon un centinela que haga saber lo que vea.

7 Y cuando vea hombres montados, jinetes de dos en dos, montados sobre asnos y montados sobre camellos, preste mucha atención.

8 Y él gritó como un león: Señor, sobre la atalaya estoy siempre día tras día, y paso las noches enteras de guardia;

9 y he aquí que vienen hombres montados, jinetes de dos en dos. Después habló y dijo: Cayó, cayó Babilonia; y todos los ídolos de sus dioses yacen rotos en tierra.

10 Oh pueblo mío, trillado y aventado, os he dicho lo que oí de Jehová de los ejércitos, Dios de Israel.

Profecía sobre Dumá

11 Profecía sobre Dumá. Me dan voces desde Seír: Guarda, ¿qué hay de la noche? Guarda, ¿qué hay de la noche?

12 El guarda respondió: La mañana viene, y después la noche; si queréis preguntar, preguntad; volveos, venid.

Profecía sobre Arabia

13 Profecía sobre Arabia. En el bosque pasaréis la noche en Arabia, oh caminantes de Dedán.

14 Salid al encuentro del sediento; llevadle agua, moradores de tierra de Tema, socorred con pan al fugitivo.

15 Porque ante la espada huye, ante la espada desnuda, ante el arco entesado, ante el peso de la guerra.

16 Porque así me ha dicho Jehová: De aquí a un año, conforme a los años de un jornalero, toda la gloria de Cedar será deshecha;

17 y los sobrevivientes del número de los flecheros, los fuertes hijos de Cedar, serán disminuidos; porque Jehová Dios de Israel lo ha dicho.

Destrucción de Jerusalén

22 Profecía sobre el valle de la visión. ¿Qué te pasa ahora, que con todos los tuyos has subido sobre los terrados?

2 Tú, llena de alborotos, ciudad turbulenta, ciudad alegre; tus muertos no son muertos a espada, ni muertos en guerra.

3 Todos tus príncipes huyeron juntos, fueron apresados sin usar el arco; todos los que en ti se hallaron, fueron atados juntamente, aunque habían huido lejos.

4 Por eso dije: Dejadme, lloraré amargamente; no os afanéis por consolarme de la destrucción de la hija de mi pueblo.

5 Porque es día de alboroto, de angustia y de confusión, de parte del Señor, Jehová de los ejércitos, en el valle de la visión, para derribar el muro, y clamar al monte.

6 Y Elam tomó la aljaba, con carros y con jinetes, y Kir sacó el escudo.

7 Tus hermosos valles fueron llenos de carros, y los de a caballo acamparon a la puerta.

8 Entonces cayó la defensa de Judá; y miraste en aquel día hacia el arsenal de armas de la casa del bosque.

9 Visteis las brechas de la ciudad de David, que se multiplicaron; y recogisteis las aguas del estanque de abajo.

10 Y contasteis las casas de Jerusalén, y derribasteis casas para fortificar el muro.

Necio estoicismo ante la inminente ruina

11 Hicisteis una alberca entre los dos muros para las aguas del estanque viejo; pero no mirasteis al que hizo esto, ni tuvisteis respeto al que lo ideó antiguamente.

12 Por eso, el Señor, Jehová de los ejérci-tos, llamó en aquel día a llanto y a lamento, a raparse el cabello y a vestir cilicio;

13 pero lo que hubo fue jolgorio y alegría, matando vacas y degollando ovejas, comiendo carne y bebiendo vino, diciendo: Comamos y bebamos, porque mañana moriremos.

14 Esto fue revelado a mis oídos de parte de Jehová de los ejércitos: Que este pecado no será expiado hasta que muráis, dice el Señor, Jehová de los ejércitos.

Sebná será sustituido por Eliaquim

15 Jehová de los ejércitos dice así: Ve, entra a este tesorero, a Sebná el mayordomo, y dile:

16 ¿Qué tienes tú aquí, o a quién tienes aquí, que labraste aquí sepulcro para ti, como el que en lugar alto labra su sepultura, o el que esculpe para sí morada en una peña?

17 He aquí que Jehová te hace rebotar con violencia, hombre, y te vuelve a agarrar.

18 Te enrolla en un ovillo y *te arroja como una* bola a un país extenso; allí morirás, y allí estarán los carros de tu gloria, oh vergüenza de la casa de tu señor.

19 Y te arrojaré de tu lugar, y de tu puesto serás apeado.

20 En aquel día llamaré a mi siervo Eliaquim, hijo de Hilcías,

21 y lo vestiré con tus vestiduras, y lo ceñiré con tu talabarte, y entregaré en sus manos tu autoridad; y será por padre al morador de Jerusalén, y a la casa de Judá.

22 Y pondré la llave de la casa de David sobre su hombro; y abrirá, y nadie cerrará; cerrará, y nadie abrirá.

23 Y lo hincaré como una clavija en lugar firme; y será por asiento de honra a la casa de su padre.

24 Colgarán de él toda la honra de la casa de su padre, los hijos y los nietos, todos los vasos menores, desde las tazas hasta toda clase de jarros.

25 En aquel día, dice Jehová de los ejércitos, la clavija hincada en lugar firme será quitada; será quebrada y caerá, y la carga que sobre ella se puso se echará a perder; porque Jehová habló.

Profecía sobre Tiro

23 Profecía sobre Tiro. Aullad, naves de Tarsis, porque destruida es *Tiro* hasta no quedar casa, ni adonde entrar; desde la tierra de Quitim les es revelado.

2 Callad, moradores de la costa; tú, a quien los mercaderes de Sidón, pasando el mar, abastecían.

3 Su provisión procedía de las sementeras

que crecen con las muchas aguas del Nilo, de la mies del río. Y ella era el emporio de las naciones.

4 Avergüénzate, Sidón, porque el mar, la fortaleza del mar habló, diciendo: Nunca estuve de parto, ni di a luz, ni crié jóvenes, ni eduqué doncellas.

5 Cuando llegue la noticia a Egipto, se dolerán grandemente de las nuevas de Tiro.

6 Pasaos a Tarsis; aullad, moradores de la costa.

7 ¿Es ésa vuestra ciudad alegre, con muchos días de antigüedad, cuyos pies la han llevado a morar lejos?

8 ¿Quién decretó esto contra Tiro, la que repartía coronas, cuyos negociantes eran príncipes, cuyos mercaderes eran los notables de la tierra?

9 Jehová de los ejércitos lo decretó, para envilecer la soberbia de toda su gloria, y para abatir a todos los ilustres de la tierra.

10 Inunda tu tierra como el Nilo, oh hija de Tarsis, porque no tendrás ya más ceñidor.

11 Extendió su mano sobre el mar, hizo temblar los reinos; Jehová mandó respecto a Canaán, que sus fortalezas sean destruidas.

12 Y dijo: No te alegrarás más, oh oprimida virgen, hija de Sidón. Levántate para pasar a Quitim, y aun allí no tendrás reposo.

13 Mira la tierra de los caldeos. Este pueblo no existía; Asiria la fundó para las bestias del desierto. Levantaron sus torres de asalto, demolieron sus alcázares; está hecha una ruina.

14 Aullad, naves de Tarsis, porque destruida es vuestra fortaleza.

Jehová visitará a Tiro

15 Y acontecerá en aquel día, que Tiro será puesta en olvido por setenta años, como días de un rey. Después de los setenta años le sucederá a Tiro como en la canción de la ramera:

16 Toma un arpa, y rodea la ciudad, oh ramera olvidada; haz buena melodía, reitera la canción, para que seas recordada.

17 Y acontecerá que al fin de los setenta años visitará Jehová a Tiro; y volverá a comerciar, y otra vez fornicará con todos los reinos del mundo sobre la faz de la tierra.

18 Pero sus negocios y ganancias serán consagrados a Jehová; no se guardarán ni se atesorarán, porque sus ganancias serán para los que estuvieren delante de Jehová, para que coman hasta saciarse, y vistan espléndidamente.

Juicio de Jehová sobre la tierra

24 He aquí que Jehová vacía la tierra y la despuebla, y trastorna su haz, y hace esparcir a sus moradores.

2 Y sucederá así como al pueblo, también al sacerdote; como al siervo, así a su amo; como a la criada, a su ama; como al que compra, al que vende; como al que presta, al que toma prestado; como al deudor, así al acreedor.

3 La tierra será enteramente vaciada, y completamente saqueada; porque Jehová ha pronunciado esta palabra.

4 La tierra estuvo de luto y se marchitó; enfermó, se amustió el mundo; se marchitaron los nobles del pueblo de la tierra.

5 Y la tierra se contaminó bajo sus moradores: porque transgredieron las leyes, violaron el estatuto, quebrantaron el pacto sempiterno.

6 Por esta causa, la maldición consumió la tierra, ya que sus moradores fueron hallados culpables; por esta causa fueron consumidos los habitantes de la tierra, y disminuyeron los hombres.

7 Se perdió el vino, se marchitó la vid, gimieron todos los que eran de corazón alegre.

8 Cesó el regocijo de los panderos, se acabó el estruendo de los que se regocijan, cesó la alegría del arpa.

9 Ya no beberán vino cantando; el licor les sabrá amargo a los que lo beban.

10 Quebrantada está la ciudad desolada; toda casa se ha cerrado, para que no entre nadie.

11 Hay clamores por falta de vino en las calles; todo gozo se oscureció, se desterró la alegría de la tierra.

12 La ciudad quedó desolada, y con ruina fue derribada la puerta.

13 Pues así será en medio de la tierra, en medio de los pueblos, como olivo sacudido, como rebuscos después de la vendimia.

14 Éstos alzarán su voz, cantarán gozosos; desde el mar aclamarán la majestad de Jehová.

15 Glorificad por esto a Jehová en los lugares de la luz; en las orillas del mar sea exaltado el nombre de Jehová Dios de Israel.

16 De los últimos confines de la tierra oímos cánticos: Gloria al justo. Pero yo dije: ¡Mi desdicha, mi desdicha, ay de mí! Prevaricadores han prevaricado; y han prevaricado con prevaricación de traidores.

El terremoto final

17 Terror, foso y trampa contra ti, oh morador de la tierra.

18 Y acontecerá que el que huya del pánico, caerá en el foso; y el que salga de en medio del foso, será preso en la trampa; porque se abrirán las ventanas de lo alto, y temblarán los cimientos de la tierra.

19 Será quebrantada del todo la tierra, enteramente desmenuzada será la tierra, en gran manera será la tierra sacudida.

20 Vacilará la tierra como un ebrio, y será removida como una choza; pues pesa sobre ella su pecado, y caerá, y nunca más se levantará.

21 Acontecerá en aquel día, que Jehová castigará al ejército de los cielos en lo alto, y a los reyes de la tierra sobre la tierra.

22 Y serán amontonados como se amontona a los encarcelados en mazmorras, y en prisión quedarán encerrados, y serán castigados después de muchos días.

23 La luna se avergonzará, y el sol se confundirá, cuando Jehová de los ejércitos reine en el monte de Sión y en Jerusalén, y delante de sus ancianos esté *patente su* Gloria.

Alabanza de los supervivientes

25 Jehová, tú eres mi Dios; te exaltaré, alabaré tu nombre, porque has hecho maravillas; tus designios antiguos son perfecta fidelidad.

2 Porque convertiste la ciudad en un montón; la ciudad fortificada, en ruina; el alcázar de los extraños, para que no sea ciudad, ni nunca jamás sea reedificado.

3 Por esto te dará gloria un pueblo fuerte, te temerá una ciudad de gentes terribles.

4 Porque fuiste fortaleza para el pobre, fortaleza para el menesteroso en su aflicción, refugio contra el turbión, sombra contra el calor; porque el ímpetu de los violentos es como un turbión contra el muro.

5 Como el calor en lugar seco, así silenciarás el estrépito de los extranjeros; y como el calor debajo de una nube acallarás la canción de los tiranos.

6 Y Jehová de los ejércitos hará en este monte a todos los pueblos banquete de manjares suculentos, banquete de vinos refinados, de gruesos tuétanos y de vinos purificados.

7 Y destruirá en este monte la cubierta con que están cubiertos todos los pueblos, y el velo que cubre a todas las naciones.

8 Destruirá a la muerte para siempre; y enjugará Jehová el Señor las lágrimas de todos los rostros; y quitará la afrenta de su pueblo de sobre toda la tierra; porque Jehová ha hablado.

9 Y se dirá en aquel día: He aquí, éste es nuestro Dios, le hemos esperado para que nos salvase; éste es Jehová a quien hemos esperado; nos gozaremos y nos alegraremos en su salvación.

10 Porque la mano de Jehová reposará en este monte; pero Moab será hollado en su mismo sitio, como es hollada la paja en el muladar.

11 Y cuando extienda sus manos por en medio de él, como las extiende el nadador para nadar, abatirá su soberbia y la destreza de sus manos;

12 y abatirá la fortificación de tus altos muros; la humillará y la echará a tierra, hasta el polvo.

Arrepentimiento de Israel en el tiempo del fin

26 En aquel día se cantará este cántico en tierra de Judá: Ciudad fuerte tenemos; salvación puso Dios por muros y antemuro.

2 Abrid las puertas para que entre una gente justa, que guarda fidelidad.

3 Tú guardas en completa paz a aquel cuyo pensamiento *en ti* persevera; porque en ti confía.

4 Confiad en Jehová perpetuamente, porque en Jehová JAH está la Roca de los siglos.

5 Porque derribó a los que moraban en lugar excelso; humilló a la ciudad altiva, la humilló hasta la tierra, la derribó hasta el polvo.

6 La hollará el pie, los pies del afligido, los pasos de los menesterosos.

7 El camino del justo es rectitud; tú, que eres el *sumamente* recto, allanas el camino del justo.

8 Sí, en el camino de tus juicios, oh Jehová, te hemos esperado; tu nombre y tu memoria son el deseo de nuestra alma.

9 Con mi alma te he deseado en la noche, y con todo el aliento de mi pecho madrugo a buscarte; porque luego que hay juicios tuyos en la tierra, los moradores del mundo aprenden justicia.

10 Aunque se tenga piedad del malvado, no aprenderá justicia; en tierra de rectitud hará iniquidad, y no mirará a la majestad de Jehová.

11 Jehová, tu mano está alzada, pero ellos no ven; verán al fin para vergüenza suya el celo que tienes por tu pueblo; y a tus enemigos fuego los consumirá.

12 Jehová, tú nos darás paz estable, porque también llevas a cabo por nosotros todas nuestras obras.

13 Jehová Dios nuestro, otros señores fuera de ti se han enseñoreado de nosotros; pero solamente con tu ayuda nos acordamos de tu nombre.

14 Los muertos no vivirán; las sombras no se levantarán; porque los castigaste, los destruiste y has borrado todo su recuerdo.

Profecía de la resurrección

15 Aumentaste la nación, oh Jehová, aumentaste la nación y te hiciste glorioso; ensanchaste todos los confines del país.

16 Jehová, en la tribulación te buscaron;

derramaron una oración cuando los castigaste.

17 Como la mujer encinta cuando se acerca el alumbramiento gime y da gritos en sus dolores, así hemos sido delante de ti, oh Jehová.

18 Concebimos, tuvimos dolores como si diéramos a luz, pero dimos a luz viento; ninguna liberación trajimos a la tierra, ni le han nacido habitantes al mundo.

19 Tus muertos vivirán; sus cadáveres resucitarán. ¡Despertad y cantad, moradores del polvo!, porque tu rocío es cual rocío de luz *viva*, y la tierra sacará a la vida sus sombras.

20 Anda, pueblo mío, entra en tus aposentos, cierra tras ti tus puertas; escóndete por un breve momento, en tanto que pasa la indignación.

21 Porque he aquí que Jehová sale de su lugar para castigar al morador de la tierra por su maldad; y la tierra descubrirá la sangre derramada sobre ella, y no encubrirá ya más a sus muertos.

Liberación y regreso de Israel

27 En aquel día Jehová castigará con su espada dura, grande y fuerte al leviatán serpiente veloz, y al leviatán serpiente tortuosa; y matará al dragón que está en el mar.

2 En aquel día cantad acerca de la viña del vino rojo.

3 Yo Jehová la guardo, cada momento la regaré; la guardaré de noche y de día, para que nadie la dañe.

4 No hay enojo en mí. ¿Quién pondrá contra mí en batalla espinos y zarzas? Yo los hollaré, los quemaré a una,

5 a menos que se acojan a mi amparo. Haga conmigo paz; sí, haga paz conmigo.

6 Días vendrán cuando Jacob echará raíces, y florecerá y echará renuevos Israel, y la faz del mundo se llenará de frutos.

7 ¿Acaso le ha herido como él hirió a quien le hería, o ha sido muerto como fueron muertos los que lo mataron?

8 Con medida la castigas cuando la envías lejos. Él la arroja con su recio viento en el día del aire solano.

9 De esta manera, pues, será expiada la iniquidad de Jacob, y éste será el medio eficaz para apartar su pecado; cuando haga todas las piedras del altar como piedras de cal desmenuzadas, de modo que ya no se levanten más los símbolos de Aserá ni las imágenes del sol.

10 Porque la ciudad fortificada está desolada; es una mansión abandonada y dejada como un desierto; allí pastará el becerro, allí tendrá su majada, y consumirá sus ramas.

11 Cuando sus ramas se sequen, serán quebradas; vendrán mujeres a encenderlas;

porque aquél no es pueblo de entendimiento; por tanto, su Hacedor no tendrá de él compasión, ni le mostrará su favor el que lo formó.

12 Acontecerá en aquel día, que trillará Jehová desde el río Éufrates hasta el torrente de Egipto, y vosotros hijos de Israel, seréis reunidos uno a uno.

13 Acontecerá también en aquel día, que se tocará con gran trompeta, y vendrán los que habían sido esparcidos en la tierra de Asiria, y los que habían sido desterrados a Egipto, y adorarán a Jehová en el monte santo, en Jerusalén.

Condenación de Efraín

28 ¡Ay de la corona de soberbia de los ebrios de Efraín, y de la flor caduca de la hermosura de su gloria, que está sobre la cabeza del valle fértil de los aturdidos por el vino!

2 He aquí, Jehová tiene uno que es fuerte y poderoso; como turbión de granizo y como torbellino trastornador, como ímpetu de recias aguas que inundan; él derriba a tierra con una mano.

3 Con los pies será pisoteada la corona de soberbia de los ebrios de Efraín.

4 Y la flor caduca de la hermosura de su gloria que está sobre la cabeza del valle fértil, será como la fruta temprana de la higuera, la que precede al verano, la cual, apenas la ve el que la mira, se la traga tan luego como la tiene a mano.

5 En aquel día Jehová de los ejércitos será por corona de gloria y diadema de hermosura al remanente de su pueblo;

6 y por espíritu de juicio al que se sienta en juicio, y por fuerzas a los que rechazan en la puerta a los atacantes.

7 Pero también éstos desvarían con el vino, y con el licor se entontecen; el sacerdote y el profeta desvarían por el licor, están trastornados por el vino; se aturdieron con el licor, desvarían en sus visiones, titubean en sus decisiones.

8 Porque toda mesa está llena de vómito y suciedad, hasta no haber lugar limpio.

9 ¿A quién se enseñará conocimiento, o a quién se hará entender el mensaje? ¿A los destetados?, ¿a los recién retirados de los pechos?

10 Porque mandamiento tras mandamiento, mandato sobre mandato, renglón tras renglón, línea sobre línea, un poquito allí, otro poquito allá;

11 porque en lengua de tartamudos, y en extraña lengua se hablará a este pueblo,

12 al cual se dijo: Éste es el *lugar de* reposo; dad reposo al cansado; y éste es el *lugar* de refrigerio; mas no quisieron escuchar.

13 La palabra, pues, de Jehová les será:

mandamiento tras mandamiento, mandato
sobre mandato, renglón tras renglón, línea
sobre línea, un poquito allí, otro poquito
allá; de modo que vayan a caerse de espaldas, y sean quebrantados, caigan en la trampa y queden apresados.
14 Por tanto, vosotros los burladores, los
falsos trovadores de este pueblo que está en
Jerusalén, oíd la palabra de Jehová.
15 Por cuanto habéis dicho: Tenemos hecho un pacto con la muerte, e hicimos un
convenio con el Seol; cuando pase el turbión
del azote, no llegará a nosotros, porque
hemos puesto nuestro refugio en la mentira,
y en la falsedad nos esconderemos;
16 por tanto, Jehová el Señor dice así: He
aquí que yo pongo en Sión por fundamento
una piedra, piedra probada, angular, preciosa, de cimiento estable; el que crea *en
ella,* no vacilará.
17 Pondré la justicia como cordel, y la
rectitud como plomada; el granizo barrerá
el refugio de la mentira, y las aguas inundarán el escondrijo.
18 Y será anulado vuestro pacto con la
muerte, y vuestro convenio con el Seol no
será firme; cuando pase el turbión del azote,
seréis pisoteados por él.
19 Tantas veces como pase, os arrebatará
porque mañana tras mañana pasará, de día
y de noche; y será un terrible espanto el
entender el mensaje.
20 La cama será corta para poder estirarse,
y la manta estrecha para poder envolverse.
21 Porque Jehová se levantará como en el
monte Perazim, como en el valle de Gibeón
se enojará; para hacer su obra, su extraña
obra, y para realizar su tarea, su extraña
tarea.
22 Ahora, pues, no os burléis, para que no
se aprieten más vuestras ataduras; porque
una destrucción ya determinada sobre toda
la tierra he oído del Señor, Jehová de los
ejércitos.

Tribulación, mas no destrucción

23 Estad atentos, y escuchad mi voz; atended, y oíd mi dicho.
24 El que ara para sembrar, ¿arará todo el
día? ¿Romperá y quebrará los terrones de la
tierra?
25 Cuando ha igualado su superficie, ¿no
derrama el eneldo, siembra el comino, pone
el trigo en hileras, y la cebada en el lugar
señalado, y la avena en su borde apropiado?
26 Porque su Dios le instruye, y le enseña lo
recto;
27 que el eneldo no se trilla con trillo, ni
sobre el comino se pasa rueda de carreta;
sino que con un palo se sacude el eneldo, y el
comino con una vara.
28 ¿Se tritura el grano? No, no lo triturará

para siempre, y aunque haga pasar sobre él
con ruido las ruedas de su carreta y *los
cascos de* sus caballos, no lo aplastará.
29 También esto salió de Jehová de los
ejércitos, maravilloso en sus designios y
grandioso en sabiduría.

Castigos contra Jerusalén

29 ¡Ay de Ariel, de Ariel, ciudad donde
acampó David! Añadid un año a
otro, las fiestas sigan su curso.
2 Mas yo pondré a Ariel en apretura, y
estará desconsolada y triste; y será a mí
como un altar de holocaustos.
3 Porque acamparé contra ti alrededor, y te
sitiaré con vallas, y levantaré contra ti baluartes.
4 Entonces serás humillada, hablarás desde
la tierra, y tu habla saldrá del polvo; y será
tu voz desde la tierra como la de un fantasma, y tu habla susurrará desde el polvo.
5 Pero la muchedumbre de tus enemigos
será como polvo menudo, y la multitud de
las *hordas* terribles como tamo que pasa;
sucederá repentinamente, en un momento.
6 Por Jehová de los ejércitos serás visitada
con truenos, con terremotos y con gran
ruido, con torbellino y tempestad, y llama
de fuego consumidor.
7 Y será como sueño de visión nocturna la
multitud de todas las naciones que pelean
contra Ariel, y todos los que la atacan a ella
y a su baluarte, y los que la ponen en
apretura.
8 Y les sucederá como el que tiene hambre
y sueña, y le parece que come, pero cuando
despierta, su estómago está vacío; o como el
que tiene sed y sueña, y le parece que bebe,
pero cuando despierta, se halla cansado y
sediento; así será la multitud de todas las
naciones que pelean contra el monte de
Sión.

Ceguera e hipocresía de Israel

9 Sorprendeos y quedaos atónitos; ofus-
caos y cegaos; embriagaos, pero no de vino;
tambalead, mas no de licor.
10 Porque Jehová derramó sobre vosotros
espíritu de sopor y cerró vuestros ojos, oh
profetas, y ha cubierto vuestras cabezas, oh
videntes.
11 Y os será toda visión como palabras de
libro sellado, el cual si dieran al que sabe
leer, y le dijeran: Lee ahora esto; él dirá: No
puedo, porque está sellado.
12 Y si se diere el libro al que no sabe leer,
diciéndole: Lee ahora esto; él dirá: No sé
leer.
13 Dice, pues, el Señor: Porque este pueblo
se acerca a mí con su boca, y con sus labios
me honra, pero su corazón está lejos de mí,
y su temor de mí no es más que un manda-

miento de hombres que les ha sido enseñado;
14 por tanto, he aquí que nuevamente exci-
taré yo la admiración de este pueblo con un
prodigio grande y espantoso; porque perecerá la sabiduría de sus sabios, y se desvanecerá la inteligencia de sus entendidos.
15 ¡Ay de los que se esconden de Jehová
para ocultar sus planes, y sus obras están en
tinieblas, y dicen: ¿Quién nos ve, y quién
nos conoce?
16 ¡Oh, qué perversidad la vuestra! ¿Acaso
ha de reputarse la arcilla como el que la
moldea? ¿Acaso dirá la obra de su hacedor:
No me hizo? ¿Dirá la vasija de aquel que la
ha formado: No entiende el oficio?

Redención de Israel

17 ¿Acaso no se convertirá de aquí a muy
poco tiempo el Líbano en campo fructífero,
y el campo fértil será estimado por bosque?
18 En aquel tiempo, los sordos oirán las
palabras del libro, y los ojos de los ciegos
verán en medio de la oscuridad y de las
tinieblas.
19 Entonces los humildes aumentarán su
gozo en Jehová, y aun los más pobres de los
hombres exultarán en el Santo de Israel.
20 Porque los tiranos se habrán acabado, y
el escarnecedor habrá desaparecido; serán
destruidos todos los que se desvelan por
hacer iniquidad,
21 los que hacen declarar culpable a un
hombre con palabras; los que arman lazo al
que juzga en la puerta, y pervierten la causa
del justo por una nadería.
22 Por tanto, Jehová, que redimió a Abraham, dice así a la casa de Jacob: No será
ahora avergonzado Jacob, ni su rostro se
pondrá pálido;
23 porque verá a sus hijos, obra de mis
manos, en medio de él, que santificarán mi
nombre; sí, santificarán al Santo de Jacob, y
temerán al Dios de Israel.
24 Y los extraviados de espíritu aprenderán
inteligencia, y los murmuradores recibirán
instrucción.

La futilidad de confiar en Egipto

30 ¡Ay de los hijos rebeldes, dice Jehová, para tomar consejo, pero no de
mí; que traman proyectos, pero no de mi
espíritu, añadiendo pecado a pecado!
2 Que se apartan para descender a Egipto,
y no han consultado mi boca; para fortale-
cerse con la fuerza de Faraón, y refugiarse
en la sombra de Egipto.
3 Pero la fuerza de Faraón se os cambiará
en vergüenza; y el amparo en la sombra de
Egipto, en confusión.

4 Aunque estén sus príncipes en Zoán, y
sus embajadores lleguen a Hanés,
5 todos se avergonzarán del pueblo que no
les aprovecha; no los socorre, ni les trae
provecho; sino que les sirve de vergüenza y
aun de oprobio.
6 Profecía sobre las bestias del Néguev: Por
tierra de tribulación y de angustia, de donde
salen la leona y el león, la víbora y la
serpiente que vuela, llevan sobre lomos de
asnos sus riquezas, y sus tesoros sobre joro-
bas de camellos, a un pueblo que no les será
de provecho.
7 Sí, a Egipto, cuya ayuda es totalmente
inútil; por eso llamo a ese pueblo: Rahab-
hemsabet.
8 Ve, pues, ahora, y escribe esta visión en
una tabla delante de ellos, y regístrala en un
libro, para que en el tiempo venidero quede
como testimonio eterno.
9 ¡Que éste es un pueblo rebelde, hijos
mentirosos, criaturas que no quieren escuchar la instrucción de Jehová;
10 que dicen a los videntes: No veáis; y a los
profetas: No nos profeticéis lo recto, y
decidnos cosas halagüeñas, profetizad ilu-
siones;
11 dejad ese camino, apartaos de esa senda, cesad de confrontarnos con el Santo de
Israel.
12 Por tanto, el Santo de Israel dice así:
Porque desechasteis esta palabra, y confias-
teis en opresión y en perversidad, y en ello
os habéis apoyado;
13 por tanto, os será este pecado como
grieta que amenaza ruina, extendiéndose en
una pared elevada, cuya caída viene súbita y
repentinamente.
14 Y se quebrará como se quiebra un vaso
de alfarero, que sin misericordia lo hacen
pedazos; tanto, que entre los pedazos no se
halla ni un cascote para traer fuego del
hogar, o para sacar agua del pozo.
15 Porque así dijo Jehová el Señor, el Santo
de Israel: En descanso y en reposo seréis
salvos; en quietud y en confianza será vuestra fortaleza. Y no aceptasteis,
16 sino que dijisteis: No, sino que huiremos
en caballos; por tanto, vosotros huiréis. Y:
Sobre corceles veloces cabalgaremos; por
tanto, serán veloces vuestros perseguidores.
17 Un millar huirá a la amenaza de uno; a la
amenaza de cinco huiréis vosotros todos,
hasta que quedéis como mástil de naufragio
en la cumbre de un monte, y como enseña
sobre una colina.

Promesa de la gracia de Dios a Israel

18 Con todo eso, Jehová aguardará para
otorgaros su gracia, y, por tanto, será exaltado para compadecerse de vosotros; por-

que Jehová es un Dios de justicia; dichosos cuantos esperan en él.

19 Porque, oh pueblo que moras en Sión, en Jerusalén; nunca más llorarás. De cierto se apiadará de ti al oír la voz de tu clamor; te responderá, tan pronto como *te* oiga.

20 Y aunque os dará el Señor pan de congoja y agua de angustia, con todo, tu Maestro nunca más se te ocultará, sino que tus ojos verán a tu Maestro.

21 Entonces tus oídos oirán a tus espaldas palabra que diga: Éste es el camino, andad por él; ya sea que echéis a la mano derecha, ya sea que torzáis a la mano izquierda.

22 Entonces profanarás la cubierta de tus ídolos de plata, y el ornato de tus imágenes fundidas de oro; la rechazarás como trapo asqueroso. ¡Fuera de aquí!, les dirás.

23 Entonces dará *el Señor* lluvia a tu sementera, con la que hayas sembrado la tierra, y *dará* pan del fruto de la tierra, y será abundante y pingüe; tus ganados en aquel tiempo serán apacentados en espaciosas dehesas.

24 Tus bueyes y tus asnos que labran la tierra comerán pienso sabroso, aventado con pala y criba.

25 Y sobre todo monte alto, y sobre todo collado elevado, habrá ríos y corrientes de aguas el día de la gran matanza, cuando caerán las torres.

26 Y la luz de la luna será como la luz del sol, y la luz del sol siete veces mayor, como la luz de siete días, el día que vende Jehová la herida de su pueblo, y cure la contusión de su herida.

El juicio de Jehová sobre Asiria

27 He aquí que el nombre de Jehová viene de lejos; encendido su enojo y en medio de densa humareda; sus labios llenos de ira, y su lengua como fuego que consume.

28 Su aliento, cual torrente que inunda; llegará hasta el cuello, para zarandear a las naciones con criba de destrucción; y el freno estará en las quijadas de los pueblos, haciéndoles fracasar.

29 Vosotros tendréis un cántico como en la noche en que se celebra pascua; y alegría de corazón, como el que, al son de la flauta, se llega al monte de Jehová, a la Roca de Israel.

30 Y Jehová hara oír su majestuosa voz, y hará ver cómo desciende su brazo, con ira encendida y llama de fuego consumidor, con torbellino, tempestad y piedra de granizo.

31 Porque con la voz de Jehová será quebrantada Asiria; con una vara la herirá.

32 Y cada golpe de la vara justiciera que asiente Jehová sobre ella, será con panderos y con arpas; y en batalla tumultuosa peleará contra ellos.

33 Porque hace tiempo que hay un lugar de sacrificio dispuesto y preparado para el rey, profundo y ancho, cuya pira es de fuego, y mucha leña; el soplo de Jehová, como torrente de azufre, lo enciende.

Jehová salva, y no Egipto

31 ¡Ay de los que descienden a Egipto por ayuda, y confían en caballos; y su esperanza ponen en carros, porque son muchos, y en jinetes, porque son muy fuertes; y no miran al Santo de Israel, ni buscan a Jehová!

2 Pero él también es sabio, y traerá el desastre, y no retirará sus palabras. Se levantará contra la casa de los malhechores, y contra el auxilio de los que hacen iniquidad.

3 Y los egipcios son hombres, y no Dios; y sus caballos, carne, y no espíritu; de manera que al extender Jehová su mano, caerá el ayudador y caerá el ayudado, y todos a una perecerán.

4 Porque Jehová me dijo a mí de esta manera: Como al león, o el cachorro de león ruge sobre la presa, y aunque se reúna una multitud de pastores contra él, no lo espantarán sus voces, ni se acobardará por el tropel de ellos; así Jehová de los ejércitos descenderá a pelear sobre el monte de Sión, y sobre su collado.

5 Como las aves que aletean sobre *sus polluelos*, así amparará Jehová de los ejércitos a Jerusalén; la librará amparándola, y la preservará rescatándola.

6 Volveos a aquel contra quien os rebelasteis profundamente, hijos de Israel.

7 Porque en aquel día arrojará cada uno *de vosotros* sus ídolos de plata y sus ídolos de oro, que para vosotros han hecho vuestras manos pecadoras.

8 Entonces caerá Asiria por espada no de varón, y la consumirá espada no de hombre; y huirá de la presencia de la espada, y sus jóvenes serán esclavos forzados.

9 Y por el terror pasará su fortaleza, y sus príncipes, presa del pánico, dejarán sus banderas, dice Jehová, cuyo fuego está en Sión, y su horno en Jerusalén.

El Mesías justo

32 He aquí que reinará un rey con rectitud, y los magistrados gobernarán con justicia.

2 Y será aquel varón como un escondedero contra el viento, y como un refugio contra el turbión; como arroyos de aguas en tierra de sequedad, como sombra de gran peñasco en tierra calurosa.

3 No se cerrarán entonces los ojos de los

que ven, y los oídos de los que escuchan estarán atentos.

4 Y el corazón de los atolondrados comprenderá para saber, y la lengua de los tartamudos estará lista para hablar claramente.

5 El ruin nunca más será llamado generoso, ni el tramposo será llamado espléndido.

6 Porque el ruin hablará ruindades, y su corazón fabricará iniquidad, para cometer impiedad y para proferir impiedades contra Jehová, dejando vacía el alma del hambriento, y quitando la bebida al sediento.

7 Las armas del tramposo son malvadas; trama intrigas inicuas para enredar a los sencillos con palabras mentirosas, y al necesitado cuando defiende una causa justa.

8 Pero el generoso pensará generosidades, y en *sus* generosidades continúa firme.

Advertencia a las mujeres de Jerusalén

9 Mujeres indolentes, levantaos, oíd mi voz; hijas confiadas, escuchad mi palabra.

10 De aquí a algo más de un año tendréis espanto, oh confiadas; porque la vendimia faltará, y la cosecha no vendrá.

11 Temblad, oh indolentes; turbaos, oh confiadas; despojaos, desnudaos, ceñid los lomos con cilicio.

12 Golpeaos el pecho *en señal de duelo* por los campos deleitosos, por la vid fértil,

13 por la tierra de mi pueblo en la que crecerán espinos y zarzas, y aun por todas las casas en que hay alegría en la ciudad del jolgorio.

Despertamiento final y salvación

14 Porque los palacios quedarán desiertos, quedará desierta la ciudad; las torres y fortalezas se volverán cuevas para siempre, donde descansen los asnos monteses, y los ganados tengan donde pacer;

15 hasta que sobre nosotros sea derramado el Espíritu de lo alto, y el desierto se convierta en campo fértil, y el campo fértil sea estimado por bosque.

16 Y habitará la justicia en el desierto, y en el campo fértil morará la rectitud.

17 Y el resultado de la justicia será la paz; y el producto de la rectitud, tranquilidad y seguridad para siempre.

18 Y mi pueblo habitará en morada de paz, en habitaciones seguras, y en lugares de reposo.

19 Y aunque caiga granizo sobre las cañadas del bosque y la ciudad quede del todo destruida,

20 ¡cuán dichosos seréis vosotros, sembrando junto a todas las aguas, y dejando libres al buey y al asno!

33 ¡Ay de ti, que saqueas, y nunca fuiste saqueado; que haces deslealtad, bien

que nadie contra ti la hizo! Cuando acabes de saquear, serás tú saqueado; y cuando acabes de hacer deslealtad, se hará contra ti.

2 Oh Jehová, ten misericordia de nosotros, a ti hemos esperado; sé tú el brazo de ellos en la mañana, y también nuestra salvación en tiempo de la apretura.

3 Los pueblos huyeron a la voz del estruendo; las naciones fueron esparcidas al levantarte tú.

4 Sus despojos serán recogidos como cuando recogen orugas; correrán sobre ellos como corren las langostas de una a otra parte.

5 Será exaltado Jehová, el cual mora en las alturas; llenó a Sión de justicia y de equidad.

6 Él será un fundamento estable para tus tiempos; rica provisión de salvación, de sabiduría y de conocimiento; el temor de Jehová es la llave de este tesoro.

7 He aquí que sus valientes darán voces afuera; los mensajeros de paz llorarán amargamente.

8 Las calzadas están desiertas, cesaron los caminantes; ha anulado el pacto, aborreció las ciudades, tuvo en nada a los hombres.

9 Se enlutó, enfermó la tierra; el Líbano se avergonzó, y se marchitó; Sarón se ha vuelto como desierto, y Basán y el Carmel fueron sacudidos.

10 Ahora me levantaré, dice Jehová; ahora seré exaltado, ahora seré engrandecido.

11 Concebisteis hojarascas, rastrojo daréis a luz; vuestro aliento es un fuego que os consumirá.

12 Y los pueblos serán como cal quemada; como espinos cortados que son quemados con fuego.

Verán al Rey en su hermosura

13 Oíd, los que estáis lejos, lo que he hecho; y vosotros los que estáis cerca, reconoced mi poder.

14 Los pecadores en Sión se asombraron, espanto sobrecogió a los hipócritas. ¿Quién de nosotros morará con el fuego consumidor? ¿Quién de nosotros habitará con llamaradas eternas?

15 El que camina en justicia y habla lo recto; el que rehúsa la ganancia de violencias, el que sacude sus manos para no recibir cohecho, el que tapa sus oídos para no oír propuestas sanguinarias; el que cierra sus ojos para no ver cosa mala;

16 éste habitará en las alturas; baluartes de rocas serán su lugar de refugio; se le dará su pan, y sus aguas serán seguras.

17 Tus ojos verán al Rey en su hermosura; verán una tierra dilatada.

18 Tu corazón imaginará el espanto *anterior*, y dirá: ¿Qué es del escriba?, ¿qué

del pesador del tributo?, ¿qué del que pone en lista las casas más insignes?

19 No verás ya a aquel pueblo orgulloso, pueblo de lengua difícil de entender, de lengua tartamuda que no puedes comprender.

20 Mira a Sión, ciudad de nuestras fiestas solemnes; tus ojos verán a Jerusalén, morada de quietud, tienda que no será desmantelada, ni serán arrancadas sus estacas, ni ninguna de sus cuerdas será rota.

21 Porque ciertamente allí será Jehová nuestro Arsenal, lugar de ríos, de arroyos muy anchos, por el cual no andará galera de remos, ni por él pasará gran nave.

22 Porque Jehová es nuestro juez, Jehová es nuestro legislador, Jehová es nuestro Rey; él mismo nos salvará.

23 Tus cuerdas se aflojaron; no aseguran el mástil, ni entesan la vela; se repartirá entonces botín de muchos despojos; los cojos arrebatarán el botín.

24 No dirá el morador: Estoy enfermo; al pueblo que more en ella le será perdonada su iniquidad.

La ira de Jehová contra las naciones

34 Acercaos, naciones, juntaos para oír; y vosotros, pueblos, escuchad. Oiga la tierra y cuanto hay en ella, el mundo y todo lo que produce.

2 Porque Jehová está airado contra todas las naciones, e indignado contra todo el ejército de ellas; las destruirá y las entregará al matadero.

3 Y los muertos de ellas serán arrojados, y de sus cadáveres se levantará hedor; y los montes se disolverán por la sangre de ellos.

4 Y todo el ejército de los cielos se disolverá, y se enrollarán los cielos como un libro; y caerá todo su ejército, como se cae la hoja de la parra, y como se cae la de la higuera.

5 Porque en los cielos se embriagará mi espada; he aquí que descenderá sobre Edom y sobre el pueblo de mi anatema en juicio.

6 Llena está de sangre la espada de Jehová, cubierta está de grasa, de sangre de corderos y de machos cabríos, de sebo de riñones de carneros; porque Jehová tiene un sacrificio en Bosra, y gran matanza en la tierra de Edom.

7 Y con ellos caerán búfalos, y toros con becerros; y su tierra se embriagará de sangre, y su polvo se engrasará de sebo.

8 Porque Jehová tiene día de venganza, un año de retribuciones en el pleito de Sión.

9 Y sus arroyos se convertirán en brea, y su polvo en azufre, y su tierra en brea ardiente.

10 No se apagará de noche ni de día, perpetuamente subirá su humo; de generación en generación será asolada, y nunca jamás pasará nadie por ella.

11 Se adueñarán de ella el pelícano y el erizo, la lechuza y el cuervo morarán en ella; y se extenderá sobre ella cordel de destrucción, y plomada de asolamiento.

12 En cuanto a sus nobles, no habrá quien sea llamado al reino; y todos sus grandes serán nada.

13 En sus alcázares crecerán espinos, y ortigas y zarzas en sus fortalezas; y serán morada de chacales, y corral para los pollos de los avestruces.

14 Las fieras del desierto se encontrarán con las hienas, y la cabra salvaje gritará a su compañero; la lechuza también tendrá allí morada, y hallará para sí lugar de reposo.

15 Allí anidará el búho, pondrá sus huevos, y sacará sus pollos, y los juntará debajo de sus alas; también se juntarán allí buitres, cada uno con su compañera.

16 Inquirid en el libro de Jehová, y leed: No faltará ninguno de ellos; ninguno faltará con su compañera; porque mi boca lo mandó, y los ha reunido el aliento de ella.

17 Y él les echó suertes, y su mano les repartió con cordel; para siempre la tendrán por heredad; de generación en generación morarán allí.

Futuro glorioso de Sión

35 Se alegrarán el desierto y el sequedal; el yermo se gozará y florecerá como la rosa.

2 Florecerá profusamente, y se alegrará hasta lanzar gritos de júbilo; la gloria del Líbano le será dada, la hermosura del Carmel y de Sarón. Ellos verán la gloria de Jehová, la majestad de nuestro Dios.

3 Fortaleced las manos débiles, afianzad las rodillas vacilantes.

4 Decid a los de corazón apocado: Esforzaos, no temáis; he aquí que vuestro Dios viene con venganza; con recompensa de Dios vendrá, y os salvará él mismo.

5 Entonces los ojos de los ciegos serán abiertos, y los oídos de los sordos se destaparán.

6 Entonces el cojo saltará como un ciervo, y cantará la lengua del mudo; porque serán alumbradas aguas en el desierto, y torrentes en la soledad.

7 El lugar seco se convertirá en estanque, y el sequedal en manantiales de agua; en la morada de los chacales se guarecerán *los rebaños;* será un vallado de cañas y juncos.

8 Y habrá allí calzada y camino, y será llamado Camino de Santidad; no pasará el inmundo por él, sino que él mismo andará con ellos; el que anduviere en este camino, por torpe que sea, no se extraviará.

9 No habrá allí león, ni subirá ninguna fiera

por él; no se hallarán allí, para que lo recorran los rescatados.

10 Y los redimidos de Jehová volverán, y vendrán a Sión con alegría; habrá gozo perpetuo sobre sus cabezas; tendrán gozo y alegría, y huirán la tristeza y el gemido.

La invasión de Senaquerib

36 Aconteció en el año catorce del rey Ezequías, que Senaquerib rey de Asiria subió contra todas las ciudades fortificadas de Judá, y las tomó.

2 Y el rey de Asiria envió al Rabsaces con un gran ejército desde Laquis a Jerusalén contra el rey Ezequías; y acampó junto al acueducto del estanque de arriba, en el camino de la heredad del Batanero.

3 Y salió a él Eliaquim hijo de Hilcías, el mayordomo, y Sebná, el escriba, y Joá hijo de Asaf, el canciller,

4 a los cuales dijo el Rabsaces: Decid ahora a Ezequías: El gran rey, el rey de Asiria, dice así: ¿Qué confianza es ésta en que te apoyas?

5 Yo digo que el consejo y el poderío son para la guerra; lo que tú hablas no son más que palabras vacías. Ahora bien, ¿en quién confías para que te rebeles contra mí?

6 He aquí que confías en este bastón de caña frágil, en Egipto, en el cual, si alguien se apoya, se le entrará por la mano, y la atravesará. Tal es Faraón rey de Egipto para con todos los que en él confían.

7 Y si me decís: En Jehová nuestro Dios confiamos; ¿no es éste aquel cuyos lugares altos y cuyos altares hizo quitar Ezequías, y dijo a Judá y a Jerusalén: Delante de este altar adoraréis?

8 Ahora, pues, yo te ruego que canjees garantías con el rey de Asiria mi señor; yo te daré dos mil caballos, si tú puedes dar jinetes que cabalguen sobre ellos.

9 ¿Cómo, pues, podrás resistir a un capitán, aun al menor de los siervos de mi señor? No obstante, tú estás confiado en Egipto con sus carros y su gente de a caballo.

10 ¿Acaso vine yo ahora a esta tierra para destruirla sin *permiso de* Jehová? Jehová me dijo: Sube a esta tierra y destrúyela.

11 Entonces dijeron Eliaquim, Sebná y Joá al Rabsaces: Te rogamos que hables a tus siervos en arameo, porque nosotros lo entendemos; y no hables con nosotros en lengua de Judá, a los oídos del pueblo que está sobre el muro.

12 Y dijo el Rabsaces: ¿Acaso me envió mi señor a que dijese estas palabras *sólo* a ti y a tu señor, y no a los hombres que están sobre el muro, *condenados* a comer su estiércol y beber su orina con vosotros?

13 Entonces el Rabsaces se puso en pie y gritó a gran voz en lengua de Judá, diciendo: Oíd las palabras del gran rey, el rey de Asiria.

14 El rey dice así: No os engañe Ezequías, porque no os podrá librar.

15 Ni os haga Ezequías confiar en Jehová, diciendo: Ciertamente Jehová nos librará; no será entregada esta ciudad en manos del rey de Asiria.

16 No escuchéis a Ezequías, porque así dice el rey de Asiria: Haced las paces conmigo, y salid a mí; y coma cada uno de su viña, y cada uno de su higuera, y beba cada cual las aguas de su propia cisterna,

17 hasta que yo venga y os lleve a una tierra como la vuestra, tierra de grano y de vino, tierra de pan y de viñas.

18 Mirad que no os engañe Ezequías diciendo: Jehová nos librará. ¿Acaso libraron los dioses de las naciones, cada uno a su tierra, de la mano del rey de Asiria?

19 ¿Dónde están los dioses de Hamat y de Arfad? ¿Dónde están los dioses de Sefarváyim? ¿Libraron a Samaria de mi mano?

20 ¿Qué dios hay entre los dioses de estas tierras que haya librado a su tierra de mi mano, para que Jehová libre de mi mano a Jerusalén?

21 Pero ellos callaron, y no le respondieron palabra; porque el rey así lo había mandado, diciendo: No le respondáis.

22 Entonces Eliaquim hijo de Hilcías, el mayordomo, y Sebná el escriba, y Joá hijo de Asaf, el canciller, vinieron a Ezequías, rasgados sus vestidos, y le contaron las palabras del Rabsaces.

Oración y liberación

37 Aconteció, pues, que cuando el rey Ezequías oyó esto, rasgó sus vestidos, y cubierto de saco vino a la casa de Jehová.

2 Y envió a Eliaquim el mayordomo, a Sebná el escriba y a los ancianos de los sacerdotes, cubiertos de saco, al profeta Isaías hijo de Amoz.

3 Los cuales le dijeron: Así ha dicho Ezequías: Día de angustia, de castigo y de escarnio es este día; porque los hijos han llegado hasta el punto de nacer, y la que da a luz no tiene fuerzas.

4 Quizás oirá Jehová tu Dios las palabras del Rabsaces, al cual el rey de Asiria su señor envió para insultar al Dios vivo, y castigará las palabras que oyó Jehová tu Dios; eleva, pues, oración tú por el remanente que aún ha quedado.

5 Vinieron, pues, los siervos de Ezequías a Isaías.

6 Y les dijo Isaías: Diréis así a vuestro señor: Así ha dicho Jehová: No temas por

las palabras que has oído, con las cuales me han blasfemado los siervos del rey de Asiria.
7 He aquí que yo pondré en él un espíritu, y oirá un rumor, y volverá a su tierra; y haré que en su propia tierra perezca a espada.

Partida del copero mayor

8 Vuelto, pues, el Rabsacés, halló al rey de Asiria que combatía contra Libná; porque ya había oído que se había apartado de Laquís.
9 Mas oyendo decir de Tirhaca rey de Etiopía: He aquí que ha salido para hacerte la guerra; al oírlo, envió mensajeros a Ezequías, diciendo:
10 Así diréis a Ezequías rey de Judá: No te engañe tu Dios en quien tú confías, diciendo: Jerusalén no será entregada en manos del rey de Asiria.
11 He aquí que tú oíste lo que han hecho los reyes de Asiria a todas las tierras, que las destruyeron; ¿y escaparás tú?
12 ¿Acaso libraron sus dioses a las naciones que destruyeron mis antepasados, a Gozán, Harán, Résef y a los hijos de Edén que moraban en Telasar?
13 ¿Dónde está el rey de Hamat, el rey de Arfad, y el rey de la ciudad de Sefarváyim, de Hená y de Ivá?
14 Y tomó Ezequías las cartas de mano de los embajadores, y las leyó; y subió a la casa de Jehová, y las extendió delante de Jehová.
15 Entonces Ezequías oró a Jehová, diciendo:
16 Jehová de los ejércitos, Dios de Israel, que moras entre los querubines, sólo tú eres Dios de todos los reinos de la tierra; tú hiciste los cielos y la tierra.
17 Inclina, oh Jehová, tu oído, y oye; abre, oh Jehová, tus ojos, y mira; y oye todas las palabras de Senaquerib, que ha enviado a insultar al Dios viviente.
18 Ciertamente, oh Jehová, los reyes de Asiria destruyeron todas las tierras y sus comarcas,
19 y entregaron los dioses de ellos al fuego; porque no eran dioses, sino obra de manos de hombres, madera y piedra; por eso los destruyeron.
20 Ahora, pues, Jehová Dios nuestro, líbranos de su mano para que todos los reinos de la tierra conozcan que sólo tú eres Jehová.
21 Entonces Isaías hijo de Amoz envió a decir a Ezequías: Así ha dicho Jehová Dios de Israel: Acerca de lo que me rogaste sobre Senaquerib rey de Asiria,
22 éstas son las palabras que Jehová habló respecto de él: La virgen hija de Sión te menosprecia, te escarnece; detrás de ti mueve su cabeza la hija de Jerusalén.

23 ¿A quién vituperaste, y a quién blasfemaste? ¿Contra quién has alzado tu voz, y levantado tus ojos en alto? Contra el Santo de Israel.
24 Por mano de tus siervos has vituperado al Señor, y dijiste: Con la multitud de mis carros subiré a las alturas de los montes, a las laderas del Líbano; cortaré sus altos cedros, sus cipreses escogidos; llegaré hasta sus más elevadas cumbres, al bosque de sus feraces campos.
25 Yo cavé, y bebí las aguas, y con las pisadas de mis pies sequé todos los ríos de Egipto.
26 ¿No has oído decir que desde tiempos antiguos yo lo hice, que desde los días de la antigüedad lo tengo ideado?
Y ahora lo he hecho venir, a fin de que tú redujeras las ciudades fortificadas a montones de escombros.
27 Por eso, sus moradores fueron de corto poder; fueron acobardados y confusos, fueron como hierba del campo y hortaliza verde, como heno de los terrados, que antes de sazón se seca.
28 Conozco tu condición, tu salida y tu entrada, y tu furor contra mí.
29 Puesto que contra mí te airaste, y tu arrogancia ha subido a mis oídos; por eso pondré mi garfio en tu nariz, y mi freno en tus labios, y te haré volver por el camino por donde viniste.

La señal para Ezequías

30 Y esto te será por señal: Comeréis este año lo que nace de suyo, y el año segundo lo que nace de suyo; y el año tercero sembraréis y segaréis, y plantaréis viñas, y comeréis su fruto.
31 Y lo que haya quedado de la casa de Judá y haya escapado, volverá a echar raíz abajo, y dará fruto arriba.
32 Porque de Jerusalén saldrá un remanente, y del monte de Sión los supervivientes. El celo de Jehová de los ejércitos hará esto.
33 Por tanto, así dice Jehová acerca del rey de Asiria: No entrará en esta ciudad, ni arrojará ninguna saeta en ella; no vendrá delante de ella con escudo, ni levantará contra ella baluarte.
34 Por el camino que vino, volverá, y no entrará en esta ciudad, dice Jehová.
35 Porque yo ampararé a esta ciudad para salvarla, por amor de mí mismo, y por amor de David mi siervo.
36 Y salió el Ángel de Jehová y mató a ciento ochenta y cinco mil en el campamento de los asirios; y cuando se levantaron por la mañana, he aquí que todo era cuerpos de muertos.
37 Entonces Senaquerib, rey de Asiria, se fue, e hizo su morada en Nínive.

38 Y aconteció que mientras adoraba en el templo de Nisroc su dios, sus hijos Adramélec y Sarézer le mataron a espada, y huyeron a la tierra de Ararat; y reinó en su lugar Esar-hadón su hijo.

Enfermedad de Ezequías

38 En aquellos días Ezequías enfermó de muerte. Y vino a él el profeta Isaías hijo de Amoz, y le dijo: Jehová dice así: Ordena tu casa, porque morirás, y no vivirás.

2 Entonces volvió Ezequías su rostro a la pared, e hizo oración a Jehová,

3 y dijo: Oh Jehová, te ruego que te acuerdes ahora que he andado delante de ti en verdad y con íntegro corazón, y que he hecho lo que es recto delante de tus ojos. Y lloró Ezequías con gran llanto.

4 Entonces vino palabra de Jehová a Isaías, diciendo:

5 Ve y di a Ezequías: Jehová Dios de David tu padre dice así: He oído tu oración, y visto tus lágrimas; he aquí que yo voy a añadir a tus días quince años.

6 Y te libraré a ti y a esta ciudad, de manos del rey de Asiria; y ampararé a esta ciudad.

7 Y esto te será por señal de parte de Jehová, que Jehová hará esto que ha dicho:

8 He aquí yo haré volver atrás la sombra los diez grados que ha descendido en el reloj de sol de Acaz. Y volvió el sol diez grados atrás, por los cuales había ya descendido.

Cántico de Ezequías

9 Escritura de Ezequías rey de Judá, de cuando enfermó y sanó de su enfermedad:

10 Yo dije: A la mitad de mis días iré a las puertas del Seol; privado soy del resto de mis años.

11 Dije: No veré a JAH, a JAH en la tierra de los vivientes; ya no veré a ningún hombre con los moradores del mundo.

12 Mi morada ha sido arrancada y llevada lejos de mí, como tienda de pastor. Como tejedor he enrollado mi vida; me cortará con la enfermedad; me consumirás entre el día y la noche.

13 Esperaba yo pacientemente hasta el alba, pero como un león molió todos mis huesos; de la mañana a la noche me acabarás.

14 Como la grulla y como la golondrina me quejaba; gemía como la paloma; alzaba en alto mis ojos. Jehová, estoy en aprieto; ven en mi ayuda.

15 ¿Qué diré? El que me lo dijo, él mismo lo ha hecho. Andaré humildemente todos mis años, a causa de aquella amargura de mi alma.

16 Oh Señor, por todas estas cosas los hombres vivirán, y en todas ellas está la vida de mi espíritu; por lo cual, restabléceme tu, y haz que viva.

17 He aquí, amargura grande me sobrevino para mi bien, mas tú tuviste a bien librar mi vida del hoyo de corrupción; porque echaste tras tus espaldas todos mis pecados.

18 Porque el Seol no te exaltará, ni te alabará la muerte; ni pueden los que descienden al sepulcro esperar en tu verdad.

19 El que vive, el que vive, éste te dará alabanza, como yo hoy; el padre hará notoria tu verdad a los hijos.

20 Jehová está dispuesto a salvarme; por tanto, cantaremos con instrumentos de cuerda en la casa de Jehová todos los días de nuestra vida.

21 Y había dicho Isaías: Que traigan un emplasto de higos, y que se lo pongan en la llaga, y sanará.

22 Había asimismo dicho Ezequías: ¿Qué señal tendré de que subiré a la casa de Jehová?

Ezequías recibe a los enviados de Babilonia

39 En aquel tiempo, Merodacbaladán, hijo de Baladán, rey de Babilonia, envió una carta y un presente a Ezequías; porque supo que había estado enfermo, y que había convalecido.

2 Los recibió con alegría Ezequías, y les mostró la cámara de su tesoro, plata y oro, especias, ungüentos preciosos, todo su arsenal de armas, y todo lo que se hallaba en sus tesoros; no hubo cosa en su casa y en todos sus dominios, que Ezequías no les mostrase.

3 Entonces el profeta Isaías vino al rey Ezequías, y le dijo: ¿Qué han dicho esos hombres, y de dónde han venido a ti? Y Ezequías respondió: De tierra muy lejana han venido a mí, de Babilonia.

4 Dijo entonces: ¿Qué han visto en tu casa? Y dijo Ezequías: Todo lo que hay en mi casa han visto, y ninguna cosa hay en mis tesoros que no les haya mostrado.

5 Entonces dijo Isaías a Ezequías: Oye palabra de Jehová de los ejércitos:

6 He aquí vienen días en que será llevado a Babilonia todo lo que hay en tu casa, y lo que tus padres han atesorado hasta hoy; ninguna cosa quedará, dice Jehová.

7 De tus hijos que saldrán de ti, y que habrás engendrado, tomarán, y serán eunucos en el palacio del rey de Babilonia.

8 Y dijo Ezequías a Isaías: La palabra de Jehová que has hablado es buena. Y añadió: Al menos, haya paz y seguridad en mis días.

Jehová consuela a Sión

40 Consolad, consolad a mi pueblo, dice vuestro Dios.

2 Hablad al corazón de Jerusalén; decidle a

voces que su tiempo de servicio *duro* es ya cumplido, que su pecado es perdonado; que ha recibido de la mano de Jehová el doble por todos sus pecados.

3 Voz que clama: En el desierto, preparad el camino a Jehová; enderezad calzada en la soledad a nuestro Dios.

4 Todo valle sea alzado, y rebájese todo monte y collado; y lo escabroso se vuelva llano, y las breñas planicie.

5 Y se manifestará la gloria de Jehová, y toda carne juntamente la verá; porque la boca de Jehová ha hablado.

6 Una voz decía: ¡Grita! Y yo respondí: ¿Qué tengo que decir a voces? Que toda carne es hierba, y toda su gloria como flor del campo.

7 La hierba se seca, y la flor se marchita, porque el viento de Jehová sopló en ella; ciertamente como hierba es el pueblo.

8 Sécase la hierba, marchítase la flor; mas la palabra de nuestro Dios permanece para siempre.

9 Súbete a un monte alto, tú que anuncias buenas nuevas a Sión; levanta fuertemente tu voz, anunciadora de buenas nuevas a Jerusalén; levántala, no temas; di a las ciudades de Judá: ¡Ved aquí a vuestro Dios!

10 He aquí que Jehová el Señor vendrá con poder, y su brazo sojuzgará para él; he aquí que su recompensa viene con él, y su paga va delante de él.

11 Como un pastor apacentará su rebaño; en su brazo recogerá los corderos, y en su seno los llevará; y pastoreará suavemente a las que amamantan.

El incomparable Dios de Israel

12 ¿Quién midió las aguas con el hueco de su mano y abarcó los cielos con su palmo, en un tercio de medida juntó el polvo de la tierra, y pesó los montes con balanza y con pesas los collados?

13 ¿Quién escudriñó el Espíritu de Jehová, o le aconsejó enseñándole?

14 ¿Con quién se aconsejó, y quién le instruyó, y le enseñó el camino de la justicia, y le enseñó conocimiento y le mostró la senda de la prudencia?

15 He aquí que las naciones le son como la gota de agua de un cubo, y como menudo polvo en las balanzas le son estimadas; he aquí que las islas pesan *para él* como una mota.

16 Ni el Líbano bastará para el fuego, ni todos sus animales para el sacrificio.

17 Como nada son todas las naciones delante de él; y en su comparación serán estimadas como naderías y vaciedad.

18 ¿A qué, pues, haréis semejante a Dios, o qué imagen compararéis con él?

19 El artífice prepara la imagen de talla, el orfebre le extiende el oro y el platero le funde cadenas de plata.

20 El pobre escoge, para ofrecerle, madera que no se apolille; se busca un hábil artista, que le haga una imagen de talla que no se tambalee.

21 ¿No lo sabéis? ¿No lo habéis oído? ¿Nunca os lo han dicho desde el principio? ¿No habéis aprendido cómo se fundó la tierra?

22 Él está sentado sobre el círculo de la tierra, cuyos moradores son como langostas; él extiende los cielos como una cortina, los despliega como una tienda *hecha* para morar.

23 Él convierte en nada a los poderosos, y reduce a la nada a los que gobiernan la tierra.

24 Apenas han sido plantados, apenas han sido sembrados, apenas su tallo ha echado raíz en la tierra, cuando sopla en ellos y se secan, y el torbellino se los lleva como hojarasca.

25 ¿A quién, pues, me haréis semejante o me comparéis?, dice el Santo.

26 Levantad en alto vuestros ojos, y mirad: ¿quién creó estas cosas? Él que saca y cuenta su ejército; a todas llama por sus nombres; por la grandeza de su fuerza, y el poder de su energía, ni una faltará.

Providencia omnipotente

27 ¿Por qué dices, oh Jacob, y hablas tú, Israel: Mi camino está escondido de Jehová, y a mi Dios se le pasa mi derecho?

28 ¿No has sabido, no has oído que el Dios eterno, Jehová, el cual creó los confines de la tierra, no desfallece, ni se fatiga con cansancio? Su inteligencia es inescrutable.

29 Él da vigor al cansado, y acrecienta la energía al que no tiene fuerzas.

30 Los jóvenes se fatigan y se cansan, los valientes flaquean y caen;

31 pero los que esperan a Jehová tendrán nuevo vigor; levantarán el vuelo como las águilas; correrán, y no se cansarán; caminarán, y no se fatigarán.

Seguridad de Dios para Israel

41 Escuchadme, islas *costeras*, y esfuércense los pueblos; acérquense, y entonces hablen; reunámonos a juicio.

2 ¿Quién suscitó del oriente a uno, a cuyos pasos asiste la victoria? Entregó delante de él naciones, y le hizo enseñorearse de reyes; los entregó a su espada como polvo, como hojarasca que su arco arrebata.

3 Los siguió, pasó a salvo por un camino por donde sus pies pasan como en volandas.

4 ¿Quién hizo y realizó esto? El que llama las generaciones desde el principio. Yo

Jehová, el primero, y yo el mismo con los postreros.

5 Las islas vieron, y tuvieron temor; los confines de la tierra se espantaron; se congregaron, y vinieron.

6 Cada cual ayudó a su vecino, y a su hermano dijo: ¡Ten ánimo!

7 El carpintero animó al orfebre, y el que alisaba con martillo al que batía en el yunque, diciendo: Buena está la soldadura; y lo sujetó con clavos, para que no se moviese.

8 Pero tú, Israel, siervo mío; tú, Jacob, a quien yo escogí, descendencia de Abraham mi amigo;

9 tú, a quien tomé de los confines de la tierra, y de tierras lejanas te llamé, y te dije: Mi siervo eres tú; te escogí, y no te he desechado;

10 no temas, porque yo estoy contigo; no desmayes, porque yo soy tu Dios; yo te doy vigor; sí, yo te ayudaré, y siempre te sostendré con la diestra de mi justicia.

11 He aquí que todos los que se enojan contra ti serán avergonzados y confundidos; serán como nada y perecerán los que contienden contigo.

12 Buscarás a los que tienen contienda contigo, y no los hallarás; serán como nada, y como cosa que no existe, aquellos que te hacen la guerra.

13 Porque yo Jehová tu Dios, soy quien te sostiene de tu mano derecha, y te dice: No temas, yo te ayudo.

14 No temas, gusano de Jacob, oh vosotros los pocos de Israel; yo soy tu socorro, dice Jehová; el Santo de Israel es tu Redentor.

15 He aquí que yo te he puesto por trillo, trillo nuevo, de dientes afilados; trillarás los montes y los molerás, y reducirás a tamo los collados.

16 Los aventarás, y se los llevará el viento, y los esparcirá el torbellino; pero tú te regocijarás en Jehová, te gloriarás en el Santo de Israel.

17 los pobres y menesterosos buscan las aguas, y no las hay; seca está de sed su lengua; yo Jehová los oiré, yo el Dios de Israel no los desampararé.

18 En las alturas abriré ríos, y fuentes en medio de los valles; abriré en el desierto estanques de aguas, y manantiales de aguas en la tierra seca.

19 Daré en el desierto cedros, acacias, arrayanes y olivos silvestres; pondré en la soledad cipreses, pinos y bojes juntamente,

20 para que vean y conozcan, y adviertan y entiendan todos, que la mano de Jehová ha hecho esto, y que el Santo de Israel lo creó.

Dios reta a los falsos dioses

21 Alegad por vuestra causa, dice Jehová; presentad vuestras pruebas, dice el Rey de Jacob.

22 Tráiganlas, anúnciennos lo que ha de venir; dígannos lo que ha pasado desde el principio, y lo consideraremos; sepamos también sus postrimerías, y hacednos entender lo que ha de suceder.

23 Declaradnos lo que ha de ocurrir después, para que sepamos que vosotros sois dioses; o a lo menos haced algún bien, o algún mal, para que nos miremos atónitos y lo contemplemos juntamente.

24 He aquí que vosotros sois nada, y vuestras obras sin ningún valor; abominación es el que os escogió.

25 Del norte levanté a uno, y vendrá; del nacimiento del sol invocará mi nombre; y pisoteará príncipes como lodo, y como pisa el barro el alfarero.

26 ¿Quién lo anunció desde el principio, para que lo sepamos; o de tiempo atrás, y diremos: Es justo? Cierto, no hay quien lo declare; sí, no hay quien lo anuncie; ciertamente no hay quien oiga vuestras palabras.

27 Yo enviaré al primero que diga a Sión: ¡Miradlos, miradlos! Y a Jerusalén daré un mensajero de alegres nuevas.

28 Y miré, pero no había ninguno; y, entre éstos, ningún consejero hubo a quien yo preguntara y él me respondiera.

29 ¡He aquí todos! Las obras de ellos son vaciedad y nada; viento y confusión son sus imágenes fundidas.

El Siervo de Jehová

42 He aquí mi siervo, yo le sostendré; mi escogido, en quien mi alma tiene contentamiento; he puesto sobre él mi Espíritu; él dictará justicia a las naciones.

2 No gritará, ni alzará su voz, ni la hará oír en las calles.

3 No quebrará la caña cascada, ni apagará el pábilo que humea; de acuerdo con la verdad hará justicia.

4 No se cansará ni desmayará, hasta que establezca en la tierra justicia; y las islas esperarán sus enseñanzas.

5 Así dice Jehová Dios, Creador de los cielos, y el que los despliega; el que extiende la tierra y sus productos; el que da aliento al pueblo que mora sobre ella, y espíritu a los que por ella andan:

6 Yo Jehová te he llamado en justicia, y te sostendré por la mano; te guardaré y te pondré por pacto al pueblo, por luz de las naciones,

7 para que abras los ojos de los ciegos, para que saques de la cárcel a los presos, y de casas de prisión a los que moran en tinieblas.

8 Yo soy Jehová; éste es mi nombre; y a otro no daré mi gloria, ni mi alabanza a esculturas.

9 He aquí, se cumplieron las cosas primeras, y yo anuncio cosas nuevas; antes de que
se produzcan, os las hago saber.

Un nuevo cántico

10 Cantad a Jehová un cántico nuevo, su
alabanza desde los confines de la tierra; los
que descendéis al mar, y cuanto hay en él,
las islas y los moradores de ellas.
11 Alcen la voz el desierto y sus ciudades,
las aldeas donde habita Cedar; canten los
moradores de Sela, y desde la cumbre de los
montes den voces de júbilo.
12 Den gloria a Jehová, y declaren su alabanza en las islas.
13 Jehová saldrá como un valiente, y como
hombre de guerra despertará celos; gritará,
voceará, se mostrará fuerte contra sus enemigos.
14 Desde hace mucho he callado, he guardado silencio, y me he contenido; daré
voces como la que está de parto, resoplando
y jadeando juntamente.
15 Convertiré en soledad montes y collados, haré secar toda su hierba; tornaré los
ríos en islas, y secaré los estanques.
16 Y guiaré a los ciegos por camino que no
conocían, les guiaré por sendas que no
habían conocido; delante de ellos cambiaré
las tinieblas en luz, y lo escabroso en llanura. Estas cosas *son las que he decidido* hacer,
y no las dejaré *sin realizar*.
17 Serán vueltos atrás y en extremo confundidos los que confían en estatuas, y dicen a
las imágenes de fundición: Vosotros sois
nuestros dioses.

Israel no aprende de la disciplina

18 Sordos, oíd, y vosotros, ciegos, mirad
para ver.
19 ¿Quién es ciego, sino mi siervo? ¿Quién
es sordo, como mi mensajero que envié?
¿Quién es ciego como mi escogido, y ciego
como el siervo de Jehová?
20 Viendo muchas cosas, no te das cuenta;
abriendo los oídos, no oyes.
21 Jehová se complació por amor de su
justicia en magnificar la ley y engrande-
cerla.
22 Mas éste es un pueblo saqueado y pisoteado; todos ellos, atrapados en cavernas y
escondidos en cárceles; son puestos para
despojo, y no hay quien libre; despojados, y
no hay quien diga: Restaurad.
23 ¿Quién de vosotros dará oídos a esto?
¿Quién atenderá y escuchará respecto al
porvenir?
24 ¿Quién dio a Jacob en botín, y entregó a
Israel a los saqueadores? ¿No fue Jehová,
contra quien pecamos? No quisieron andar
en sus caminos, ni fueron obedientes a su
ley.

25 Por tanto, derramó sobre él el ardor de
su ira, y la violencia de la guerra; le puso
fuego por todas partes, pero no se apercibió; le consumió, mas no reflexionó.

Jehová es el único Redentor

43 Pero ahora, así dice Jehová, el Creador tuyo, oh Jacob, y el Formador
tuyo, oh Israel: No temas, porque yo te he
rescatado; te he llamado por tu nombre;
mío eres tú.
2 Cuando pases por las aguas, yo estaré
contigo; y si por los ríos, no te anegarán.
Cuando pases por el fuego, no te quemarás,
ni la llama prenderá en ti.
3 Porque yo soy Jehová, tu Dios, el Santo
de Israel, tu Salvador; a Egipto he dado por
tu rescate, a Etiopía y a Sebá por ti.
4 Porque a mis ojos eres de gran estima,
eres honorable, y yo te amo; daré, pues,
hombres por ti, y naciones por tu vida.
5 No temas, porque yo estoy contigo; del
oriente traeré tu descendencia, y del occidente te recogeré.
6 Diré al norte: Da acá; y al sur: No retengas; trae de lejos mis hijos, y mis hijas desde
los confines de la tierra,
7 todos los llamados de mi nombre; a los
que para gloria mía he creado, los formé y
los hice.
8 Sacad al pueblo ciego que tiene ojos, y a
los sordos que tienen oídos.
9 Congréguense a una todas las naciones, y
júntense todos los pueblos. ¿Quién de ellos
hay que nos dé nuevas de esto, y que nos
haga oír las cosas primeras? Presenten sus
testigos, y justifíquense; oigan, y digan:
Verdad es.
10 Vosotros sois mis testigos, dice Jehová,
y mi siervo que yo escogí, para que me
conozcáis y creáis, y entendáis que yo *soy* él;
antes de mí no fue formado otro dios, ni lo
será después de mí.
11 Yo, sí, yo soy Jehová, y fuera de mí no
hay quien salve.
12 Yo anuncié, y salvé, y lo he hecho saber,
y no hubo entre vosotros ningún *dios* ajeno.
Vosotros, pues, sois mis testigos, dice Jehová, de que yo soy Dios.
13 Aun antes que hubiera día, yo *soy* él; y
no hay quien libre de mi mano. Lo que hago
yo, ¿quién lo revocará?
14 Así dice Jehová, vuestro Redentor, el
Santo de Israel: Por vosotros envié a Babilonia, y haré descender como fugitivos a todos
ellos, aun a los caldeos en las naves de que se
gloriaban.
15 Yo *soy* Jehová, vuestro Santo, el Creador de Israel, vuestro Rey.
16 Así dice Jehová, el que abre camino en
el mar, y senda en las aguas impetuosas;
17 el que saca carro y caballo, ejército

poderoso; y los hace caer a una para no levantarse; fenecen, como pábilo quedan apagados.

18 No os acordéis de las cosas pasadas, ni traigáis a memoria las cosas antiguas.

19 He aquí que yo voy a hacer una cosa nueva; pronto saldrá a luz; ¿no la conoceréis? Aun abriré un camino en el desierto, y ríos en la soledad.

20 Las fieras del campo me honrarán, los chacales y los avestruces; porque daré aguas en el desierto y ríos en la soledad, para que beba mi pueblo, mi escogido.

21 Este pueblo *que* he creado para mí; a fin de que publique mis alabanzas.

22 Con todo, no me invocaste a mí, oh Jacob, ni te has fatigado por mí, oh Israel.

23 No me trajiste a mí los animales de tus holocaustos, ni me honraste con tus sacrificios; no te hice servir con ofrenda, ni te he fatigado a causa del incienso.

24 No compraste para mí caña aromática por dinero, ni me saciaste con la grasa de tus sacrificios, sino que pusiste sobre mí la carga de tus pecados, me fatigaste con tus maldades.

25 Yo, yo soy el que borro tus rebeliones por amor de mí mismo, y no me acordaré de tus pecados.

26 Hazme recordar, entremos en juicio juntamente; habla tú para justificarte.

27 Tu primer padre pecó, y tus maestros prevaricaron contra mí.

28 Por tanto, yo profané a los príncipes del santuario, y puse por anatema a Jacob y por oprobio a Israel.

Jehová es el único Dios

44 Ahora, pues, escucha, Jacob, siervo mío, y tú, Israel, a quien yo escogí.

2 Así dice Jehová, Hacedor tuyo, y el que te formó desde el vientre, el cual te ayudará: No temas, siervo mío Jacob, y tú, Jesurún, a quien yo escogí.

3 Porque yo derramaré aguas sobre el sequedal, y ríos sobre la tierra árida; derramaré mi Espíritu sobre tu descendencia, y mi bendición sobre cuanto nazca de ti;

4 y brotarán entre hierba, como sauces junto a las riberas de las aguas.

5 Éste dirá: Yo soy de Jehová; el otro se llamará del nombre de Jacob, y otro suscribirá con su mano: A Jehová, y se apellidará con el nombre de Israel.

6 Así dice Jehová Rey de Israel, y su Redentor, Jehová de los ejércitos; Yo soy el primero, y yo soy el postrero, y fuera de mí no hay Dios.

7 ¿Y quién, como yo, proclamará lo venidero? Que lo declare y lo ponga en orden delante de mí, como hago yo desde que establecí el pueblo antiguo. Anúncienles lo que viene, y lo que está por venir.

8 No temáis, ni os amedrentéis; ¿no te lo anuncié desde la antigüedad, y te lo declaré? Vosotros sois mis testigos. ¿Hay otro Dios fuera de mí? No hay otra Roca; no conozco ninguna.

La insensatez de la idolatría

9 Los formadores de imágenes de talla, todos ellos son vanidad, y sus obras más estimadas para nada sirven; y ellos mismo son testigos para su confusión, de que los ídolos no ven ni entienden.

10 ¿Quién formó un dios, o quién fundió una imagen que para nada es de provecho?

11 He aquí que todos los suyos serán avergonzados, porque los artífices mismos son hombres. Todos ellos se juntarán, se presentarán, temblarán, y serán avergonzados a una.

12 El herrero forja una herramienta, trabaja en las ascuas, le da forma con los martillos, y trabaja en ello con la fuerza de su brazo; luego tiene hambre, y le faltan las fuerzas; no bebe agua, y se desmaya.

13 El carpintero tiende la regla, lo señala con lápiz, lo labra con los cepillos, le da figura con el compás, lo hace en forma de varón, a semejanza de hombre hermoso, para tenerlo en casa.

14 Corta cedros, y toma ciprés y encina, que crecen entre los árboles del bosque; planta pino, que se críe con la lluvia.

15 De él se sirve luego el hombre para hacer fuego, y toma de ellos para calentarse; enciende también el horno, y cuece panes; hace además un dios, y lo adora; fabrica un ídolo, y se prosterna delante de él.

16 Quema en el fuego parte del leño; con parte de él, come carne; prepara un asado, y se sacia; después se calienta, y dice: ¡Ea!, me he calentado, he visto el fuego;

17 y hace del sobrante un dios, un ídolo suyo; se postra delante de él, lo adora, y le ruega diciendo: Líbrame, porque tú eres mi dios.

18 No saben ni entienden; porque están cerrados sus ojos para no ver, y su corazón para no entender.

19 Ninguno reflexiona en su interior; no tiene sentido ni entendimiento para decir: Parte de esto quemé en el fuego, y sobre sus brasas cocí pan, asé carne, y la comí. ¿Haré del resto de él una abominación? ¿Me postraré delante de un tronco de árbol?

20 De ceniza se alimenta; su corazón engañado le desvía, para que no libre su alma, ni diga: ¿No es pura mentira lo que tengo en mi mano derecha?

Jehová es el Redentor de Israel

21 Acuérdate de estas cosas, oh Jacob, e Israel, porque mi siervo eres. Yo te formé, siervo mío eres tú; Israel, yo no me olvidaré de ti.

22 Yo deshice como una densa nube tus rebeliones, y como niebla tus pecados; vuélvete a mí, porque yo te redimí.

23 Cantad loores, oh cielos, porque Jehová lo hizo; gritad con júbilo, profundidades de la tierra; prorrumpid, montes, en alabanza, y el bosque, con todo árbol que en él está; porque Jehová redimió a Jacob, y en Israel será glorificado.

24 Así dice Jehová, tu Redentor, que te formó desde el vientre: Yo soy Jehová, que lo hago todo; que extiendo solo los cielos, que extiendo la tierra por mí mismo;

25 que frustro las señales de los adivinos, y enloquezco a los agoreros; que trastorno a los sabios, y desvanezco su sabiduría.

26 Yo, el que confirma la palabra de su siervo, y cumple las predicciones de sus mensajeros; el que dice de Jerusalén: Será habitada; y de las ciudades de Judá: Serán reconstruidas, y reedificaré sus ruinas;

27 que dice a las profundidades: Secaos, y haré secar tus ríos;

28 que dice de Ciro: Es mi pastor, y cumplirá todo lo que yo quiero, al decir a Jerusalén: Serás edificada; y al templo: Serán echados tus cimientos.

Encargo de Dios para Ciro

45 Así dice Jehová a su ungido, a Ciro, al cual tomé yo por su mano derecha, para sujetar naciones delante de él y desatar lomos de reyes; para abrir delante de él las puertas, y las puertas no se cerrarán:

2 Yo iré delante de ti, y enderezaré los lugares torcidos; quebrantaré las puertas de bronce, y haré pedazos los cerrojos de hierro;

3 y te daré los tesoros escondidos, y los secretos muy guardados, para que sepas que yo soy Jehová, el Dios de Israel, que te llamo por tu nombre.

4 Por amor de mi siervo Jacob, y de Israel mi escogido, te llamé por tu nombre; te puse sobrenombre, aunque no me conociste.

5 Yo soy Jehová, y ninguno más hay; no hay Dios fuera de mí. Yo te ceñí, aunque tú no me conociste,

6 para que se sepa desde el nacimiento del sol, y hasta donde se pone, que no hay más que yo; yo soy Jehová, y ninguno más que yo,

7 que formo la luz y creo las tinieblas, que hago la paz y creo la adversidad. Yo soy Jehová, el que hago todo esto.

Jehová el Creador

8 Rociad, cielos, de arriba, y las nubes destilen la justicia; ábrase la tierra, y prodúzcase la salvación y hágase brotar juntamente con la justicia. Yo, Jehová, lo he creado.

9 ¡Ay del que pleitea con su Hacedor, como el tiesto con los tiestos de la tierra! ¿Dirá el barro al que lo labra: Qué haces?; ¿o: Tu obra no está hecha con destreza?

10 ¡Ay del que dice a su padre: ¿Por qué engendraste?; y a una mujer: ¿Por qué diste a luz?!

11 Así dice Jehová, el Santo de Israel, y su Formador: Preguntadme de las cosas por venir; mandadme acerca de mis hijos, y acerca de la obra de mis manos.

12 Yo, sí, yo hice la tierra, y creé sobre ella al hombre. Yo, mis manos, extendieron los cielos, y mandé a todo su ejército.

13 Yo lo suscité en justicia, y enderezaré todos sus caminos; él edificará mi ciudad, y soltará mis deportados, no por precio ni por dones, dice Jehová de los ejércitos.

14 Así dice Jehová: El trabajo de Egipto, las mercaderías de Etiopía, y de los sabeos, hombres de elevada estatura, se pasarán a ti y serán tuyos; irán en pos de ti, pasarán encadenados; te harán reverencia y te suplicarán diciendo: Ciertamente en ti está Dios, y no hay ningún otro; no hay otro Dios.

15 Verdaderamente tú eres un Dios que te encubres, oh Dios de Israel, que salvas.

16 Confusos y avergonzados serán todos ellos; serán cubiertos de oprobio todos juntos los fabricadores de imágenes.

17 Israel será salvo por Jehová con salvación eterna; no os avergonzaréis ni quedaréis afrentados, por todos los siglos.

18 Porque así dijo Jehová, que creó los cielos; él es Dios, el que formó la tierra, el que la hizo y la compuso; no la creó en vano; la creó para que fuese habitada: Yo soy Jehová, y no hay otro.

19 No hablé en secreto, en un lugar oscuro de la tierra; no dije a la descendencia de Jacob: En vano me buscáis. Yo soy Jehová que hablo justicia, que anuncio rectitud.

Jehová y los ídolos de Babilonia

20 Reuníos, y venid; juntaos todos los sobrevivientes de entre las naciones. No tienen conocimiento aquellos que erigen sus ídolos de madera, los que ruegan a un dios que no salva.

21 Proclamad, y hacedlos acercarse, y entren todos en consulta; ¿quién hizo oír esto desde el principio, y lo tiene dicho desde entonces, sino yo Jehová? Y no hay más Dios que yo; un Dios justo y Salvador; ningún otro hay fuera de mí.

22 Miradme a mí, y sed salvos, todos los
confines de la tierra, porque yo soy Dios, y
no hay más.
23 Por mí mismo hice juramento, de mi
boca salió palabra en justicia, y no será
revocada: Que a mí se doblará toda rodilla,
y jurará toda lengua.
24 Y se dirá de mí: Ciertamente en Jehová
está la victoria y la fuerza; a él vendrán
avergonzados todos los que contra él se
enardecen.
25 En Jehová será justificada y se gloriará
toda la descendencia de Israel.

46 Se postró Bel, se abatió Nebó; sus
imágenes fueron puestas sobre bestias, sobre animales de carga; esas cosas que
vosotros solíais llevar, son cargadas como
fardos sobre las bestias cansadas.
2 Fueron humillados, fueron abatidos juntamente; no pudieron escaparse de la carga,
sino que tuvieron ellos mismos que ir en
cautiverio.
3 Escuchadme, oh casa de Jacob, y todo el
resto de la casa de Israel, los que sois traídos
por mí desde el vientre, los que sois llevados
desde la matriz.
4 Y hasta vuestra vejez yo soy el mismo, y
hasta las canas os soportaré yo; yo hice, yo
llevaré, yo soportaré y libraré.
5 ¿A quién me asemejaréis, y me iguala-
réis, y me compararéis, para que seamos
semejantes?
6 Sacan oro de la bolsa, y pesan plata con
balanzas, alquilan un orfebre para hacer un
dios de ello; se postran y lo adoran.
7 Se lo echan sobre los hombros, lo llevan,
y lo colocan en su lugar; allí se está, y no se
mueve de su sitio. Le gritan, y tampoco
responde, ni libra de la tribulación.
8 Acordaos de esto, y manteneos firmes;
volved en vosotros, prevaricadores.
9 Acordaos de las cosas pasadas desde los
tiempos antiguos; porque yo soy Dios, y no
hay otro Dios, y nada hay semejante a mí,
10 que anuncio lo por venir desde el principio, y desde la antigüedad lo que aún no era
hecho; que digo: Mis planes permanecerán,
y haré todo lo que quiero;
11 que llamo desde el oriente al ave de
presa, y de tierra lejana al varón de mi
consejo. Yo hablé, y lo haré venir; lo he
decidido, y también lo haré.
12 Escuchadme, duros de corazón, que estáis lejos de la justicia:
13 Haré que se acerque mi justicia; no se
alejará, y mi salvación no se detendrá. Y
pondré salvación en Sión; mi gloria será
para Israel.

Juicio sobre Babilonia

47 Desciende y siéntate en el polvo,
virgen hija de Babilonia. Siéntate en

la tierra, sin trono, hija de los caldeos;
porque nunca más te llamarán tierna y
delicada.
2 Toma el molino y muele harina; descubre
tus guedejas, y la cola de tu vestido, descubre tus piernas, pasa los ríos.
3 Será descubierta tu desnudez, y tu deshonra será vista; tomaré venganza, y no
habrá quien se me resista.
4 Nuestro Redentor, Jehová de los ejércitos es su nombre, el Santo de Israel.
5 Siéntate en silencio, y entra en tinieblas,
hija de los caldeos; porque nunca más te
llamarán señora de reinos.
6 Me enojé contra mi pueblo, profané mi
heredad, y los entregué en tu mano; no les
tuviste compasión, sobre el anciano agra-
vaste mucho tu yugo.
7 Dijiste: Para siempre seré señora; y no
has pensado en esto, ni te acordaste de tus
postrimerías.
8 Oye, pues, ahora esto, mujer voluptuosa,
tú que estás sentada confiadamente, tú que
dices en tu corazón: Yo soy, y fuera de mí no
hay más; no quedaré viuda, ni sabré lo que
es perder los hijos.
9 Estas dos cosas te vendrán de repente en
un mismo día, pérdida de hijos y viudez; en
toda su fuerza vendrán sobre ti, a pesar de la
multitud de tus hechizos y de tus muchos
encantamientos.
10 Porque te confiaste en tu maldad, diciendo: Nadie me ve. Tu sabiduría y tu
misma ciencia te engañaron, y dijiste en tu
corazón: Yo soy, y nadie más.
11 Vendrá, pues, sobre ti el mal, y no
sabrás cómo conjurarlo; caerá sobre ti quebrantamiento, el cual no podrás remediar; y
vendrá de repente sobre ti la ruina, antes de
que te apercibas de ella.

Contra la magia y la astrología

12 Permanece ahora en tus encantamientos y en la multitud de tus hechizos, en
los cuales te fatigaste desde tu juventud;
quizá podrás aprovecharte, quizá prevalecerás.
13 Te has fatigado con tus muchos consejeros. Comparezcan ahora y te defiendan los
contempladores de los cielos, los que observan las estrellas, los que cada mes te pronos-
tican lo que vendrá sobre ti.
14 He aquí que serán como tamo; el fuego
los quemará; no salvarán sus vidas del poder
de la llama; no quedará brasa para calentarse, ni lumbre a la cual se sienten.
15 Así te serán aquellos con quienes te
fatigaste, los que traficaron contigo desde tu
juventud; cada uno irá errante por su camino, y no habrá quien te salve.

Dios reprende la infidelidad de Israel

48 Oíd esto, casa de Jacob, los que os llamáis del nombre de Israel, los que salieron de las aguas de Judá, los que juran en el nombre de Jehová, y hacen mención del Dios de Israel, mas no en verdad ni en justicia;

2 porque de la santa ciudad se nombran, y en el Dios de Israel se apoyan; su nombre es Jehová de los ejércitos.

3 Lo que pasó, ya antes lo declaré, y de mi boca salió; lo publiqué, lo hice de pronto, y fue realidad.

4 Por cuanto conozco que eres obstinado, y barra de hierro tu cerviz, y tu frente de bronce,

5 por eso, te lo dije ya hace tiempo; antes que sucediera te lo advertí, para que no dijeras: Mi ídolo lo hizo, mis imágenes de escultura y de fundición mandaron estas cosas.

6 Lo oíste, y lo ves realizado, todo ello; ¿y no lo anunciaréis vosotros? Ahora, pues, te he hecho oír cosas nuevas y ocultas que tú no sabías.

7 Ahora han sido creadas, no en días pasados, ni antes de este día las habías oído, para que no digas: He aquí que yo lo sabía.

8 Sí, nunca lo habías oído, ni nunca lo habías conocido; ciertamente no se abrió antes tu oído; porque sabía que habías de portarte con mucha perfidia, y se te llama rebelde desde el vientre.

9 Por amor de mi nombre diferiré mi ira, y para alabanza mía la reprimiré para no destruirte.

10 He aquí te he refinado, y no como a plata; te he probado en el crisol de la aflicción.

11 Por mí, por amor de mí mismo lo haré, pues ¿cómo sería profanado mi nombre? Mi honra no la daré a otro.

12 Escúchame, Jacob, y tú, Israel, a quien llamé: Yo soy, yo soy el primero, yo también el postrero.

13 Mi mano fundó también la tierra, y mi mano derecha extendió los cielos; al llamarlos yo, comparecen todos a una.

14 Juntaos todos vosotros, y oíd. ¿Quién hay entre ellos que anuncie estas cosas? Aquel a quien Jehová amó ejecutará su voluntad en Babilonia, y su brazo estará sobre los caldeos.

15 Yo, yo hablé, y le llamé y le traje; por tanto, será prosperado su camino.

16 Acercaos a mí, oíd esto: desde el principio no hablé en secreto; desde que eso se hizo, allí estoy yo; y ahora me envió Jehová el Señor, y su Espíritu.

Plan de Dios sobre Israel

17 Así ha dicho Jehová, tu Redentor, el Santo de Israel: Yo soy Jehová tu Dios, que te enseña para provecho tuyo, que te encamina por el camino que debes seguir.

18 ¡Oh, si hubieras atendido a mis mandamientos! Sería entonces tu paz como un río, y tu justicia como las ondas del mar.

19 Sería también como la arena tu descendencia, y los renuevos de tus entrañas como los granos de arena; nunca su nombre sería cortado, ni raído de mi presencia.

20 Salid de Babilonia, huid de entre los caldeos; dad nuevas de esto con voz de júbilo, publicadlo, llevadlo hasta lo postrero de la tierra; decid: Redimió Jehová a Jacob su siervo.

21 No tuvieron sed cuando los llevó por los desiertos; les hizo brotar agua de la piedra; abrió la peña, y corrieron las aguas.

22 No hay paz para los malvados, dice Jehová.

Israel, siervo de Jehová

49 Atended, islas, y escuchad, pueblos lejanos. Jehová me llamó desde el vientre, desde las entrañas de mi madre tuvo mi nombre en memoria.

2 Y puso mi boca como espada aguda, me escondió en la sombra de su mano; y me puso por saeta bruñida, me guardó en su aljaba;

3 y me dijo: Mi siervo eres, oh Israel, porque en ti me gloriaré.

4 Pero yo dije: Por demás he trabajado, en vano y sin provecho he consumido mis fuerzas; pero mi causa está delante de Jehová, y mi recompensa con mi Dios.

5 Ahora, pues, dice Jehová, el que me formó desde el vientre para ser su siervo, para hacer volver a él a Jacob y para congregarle a Israel (porque estimado seré en los ojos de Jehová, y el Dios mío será mi fuerza);

6 dice: Muy poca cosa es para mí que tú seas mi siervo para levantar las tribus de Jacob, y para que restaures el remanente de Israel; también te daré por luz de las naciones para que mi salvación alcance hasta los confines de la tierra.

7 Así ha dicho Jehová, Redentor de Israel, el Santo suyo, al menospreciado de los hombres, al abominado de las naciones, al siervo de los tiranos: Lo verán reyes, y se pondrán en pie; príncipes, y se postrarán por respeto a Jehová, que es fiel; el Santo de Israel, el cual te escogió.

Dios promete restaurar a Sión

8 Así dice Jehová: En tiempo favorable te respondí, y en día de salvación te ayudé; y te guardaré, y te daré por pacto al pueblo, para que restaures la tierra, para que vuelvas a asignar sus asoladas heredades;

9 para que digas a los presos: Salid; y a los

que están en tinieblas: Mostraos. En los caminos serán apacentados, y en todas las alturas tendrán sus pastos.

10 No tendrán hambre ni sed, ni el calor ni el sol los afligirán; porque el que tiene de ellos misericordia los guiará, y los conducirá a manantiales de aguas.

11 Y convertiré en camino todos mis montes, y mis calzadas serán levantadas.

12 He aquí, éstos vendrán de lejos; y he aquí, éstos del norte y del occidente, y éstos de la tierra de Sinim.

13 Cantad alabanzas, oh cielos, y alégrate, tierra; y prorrumpid en alabanzas, oh montes; porque Jehová ha consolado a su pueblo, y de sus pobres se ha compadecido.

14 Pero Sión dijo: Me ha abandonado Jehová, y el Señor se ha olvidado de mí.

15 ¿Se olvidará la mujer de su niño de pecho, para dejar de compadecerse del hijo de su vientre? Pues aunque éstas lleguen a olvidar, yo nunca me olvidaré de ti.

16 He aquí que en las palmas de las manos te tengo tatuada; delante de mí están siempre tus muros.

17 Tus hijos vendrán aprisa; tus destruidores y tus asoladores saldrán de ti.

18 Alza tus ojos alrededor, y mira: todos éstos se han reunido, han venido a ti. Vivo yo, dice Jehová, que de todos, como de vestidura de gala serás vestida; y de ellos serás ceñida como novia.

19 Porque tu tierra devastada, arruinada y desierta, ahora será demasiado estrecha por la multitud de los moradores, y tus devoradores serán apartados lejos.

20 Aun los hijos de los que fuiste privada, dirán a tus oídos: Este lugar es demasiado estrecho para mí; apártate, para que yo more.

21 Y dirás en tu corazón: ¿Quién me engendró éstos? Porque yo había sido privada de hijos y estaba sola, desterrada y errante; ¿quién, pues, crió éstos? He aquí, yo había sido dejada sola; ¿dónde estaban éstos?

22 Así dice el Señor, Jehová: He aquí, yo alzaré mi mano a las naciones, y a los pueblos levantaré mi bandera; y traerán en brazos a tus hijos, y tus hijas serán traídas a hombros.

23 Reyes serán tus ayos, y sus reinas tus nodrizas; con el rostro inclinado a tierra se postrarán ante ti, y lamerán el polvo de tus pies; y conocerás que yo soy Jehová, pues no se avergonzarán los que esperan en mí.

24 ¿Será quitado el botín al valiente? ¿Será rescatado el cautivo del victorioso?

25 Pero así dice Jehová: Ciertamente el cautivo será rescatado del valiente, y el botín será arrebatado al tirano; yo litigaré con tus litigadores, y yo salvaré a tus hijos.

26 Y a tus opresores les haré comer sus propias carnes, y con su sangre serán embriagados como con vino nuevo; y conocerá todo hombre que yo Jehová soy tu Salvador y tu Redentor, el Fuerte de Jacob.

Jehová ayuda a quienes confían en él

50 Así dice Jehová: ¿Qué es de la carta de repudio de vuestra madre con la cual yo la repudié? ¿O quiénes son mis acreedores, a quienes yo os he vendido? He aquí que por vuestras maldades fuisteis vendidos, y por vuestras rebeldías fue repudiada vuestra madre.

2 ¿Por qué, cuando vine, no hallé a nadie, y cuando llamé, nadie respondió? ¿Acaso se ha acortado mi mano para no redimir? ¿No hay en mí poder para librar? He aquí que con mi reprensión hago secar el mar; convierto los ríos en desierto; sus peces se vuelven fétidos por falta de agua, y mueren de sed.

3 Visto de oscuridad los cielos, y hago como cilicio su cubierta.

4 Jehová el Señor me dio lengua de sabios, para saber cómo animar con palabras al cansado; despertará mañana tras mañana, despertará mi oído para que oiga como los sabios.

5 Jehová el Señor me abrió el oído, y yo no me resistí, ni me volví atrás.

6 Di mis espaldas a los que me golpeaban, y mis mejillas a los que me mesaban la barba; no escondí mi rostro de injurias y de esputos.

7 Porque Jehová el Señor me ayudará, por tanto no me avergoncé; por eso puse mi rostro como un pedernal, y sé que no seré avergonzado.

8 Cerca está de mí el que me justifica; ¿quién contenderá conmigo? Presentémonos juntos. ¿Quién es el adversario de mi causa? Acérquese a mí.

9 He aquí que Jehová el Señor me ayudará; ¿quién hay que me condene? He aquí que todos ellos se desgastarán como ropa de vestir, serán comidos por la polilla.

10 ¿Quién hay entre vosotros que teme a Jehová, que obedece a la voz de su siervo? Aunque ande en tinieblas y carezca de luz, confíe en el nombre de Jehová, y apóyese en su Dios.

11 He aquí, todos vosotros que encendéis fuego, y os rodeáis de teas; andad a la luz de vuestro fuego, y de las teas que encendisteis. De mi mano os vendrá esto; en dolor yaceréis.

Palabras de consuelo para Sión

51 Oídme, los que seguís la justicia, los que buscáis a Jehová. Mirad a la piedra de donde fuisteis cortados, y al hueco de la cantera de donde fuisteis arrancados.

2 Mirad a Abraham vuestro padre, y a Sara que os dio a luz; porque cuando no era más que uno solo, lo llamé, y lo bendije y lo multipliqué.

3 Ciertamente consolará Jehová a Sión; consolará todas sus soledades, y cambiará su desierto en paraíso, y su soledad en huerto de Jehová; se hallarán en ella alegría y gozo, alabanza y voces de canto.

4 Estad atentos a mí, pueblo mío, y prestadme oído, nación mía; porque de mí saldrá la ley, y mi justicia para luz de los pueblos.

5 Inminente, cercana está mi justicia, ha salido mi salvación, y mis brazos juzgarán a los pueblos; a mí me esperarán los de las islas, y en mi brazo pondrán su esperanza.

6 Alzad a los cielos vuestros ojos, y mirad abajo a la tierra; porque los cielos se desvanecerán como humo, y la tierra se desgastará como ropa de vestir, y de la misma manera perecerán sus moradores; pero mi salvación será para siempre, mi justicia no será abolida.

7 Escuchadme, los que conocéis justicia, el pueblo en cuyo corazón está mi ley. No temáis afrenta de hombre, ni desmayéis por sus ultrajes.

8 Porque como a vestidura se los comerá la polilla, como a lana se los comerá el gusano; pero mi justicia permanecerá perpetuamente, y mi salvación por todas las generaciones.

9 Despiértate, despiértate, vístete de poder, oh brazo de Jehová; despiértate como en el tiempo antiguo, en las generaciones pasadas. ¿No eres tú el que quebrantó a Rahab, y el que atravesó al dragón?

10 ¿No eres tú el que secó el mar, las aguas del gran abismo; el que transformó en camino las profundidades del mar para que pasaran los rescatados?

11 Ciertamente volverán los redimidos de Jehová; volverán a Sión cantando, y habrá gozo perpetuo sobre sus cabezas; rebosarán gozo y alegría, y el dolor y el gemido huirán.

12 Yo, yo soy vuestro consolador. ¿Quién eres tú para que tengas temor del hombre, que ha de morir, y del hijo de hombre, destinado a fenecer como heno?

13 Y ya te has olvidado de Jehová tu Hacedor, que extendió los cielos y echó los cimientos de la tierra; y todo el día temes continuamente del furor del opresor, cuando se dispone para destruir. Pero ¿en dónde está el furor del opresor?

14 El preso agobiado será libertado pronto; no morirá en la mazmorra, ni le faltará su pan.

15 Porque soy yo Jehová tu Dios, que agito el mar y hago bramar sus olas; su nombre es Jehová de los ejércitos.

16 Y en tu boca he puesto mis palabras, y con la sombra de mi mano te he cubierto, al extender los cielos y echar los cimientos de la tierra, y decir a Sión: Pueblo mío eres tú.

El despertar de Jerusalén

17 Despierta, despierta, levántate, oh Jerusalén, que bebiste de la mano de Jehová el cáliz de su ira; porque el cáliz del aturdimiento bebiste hasta las heces.

18 De todos los hijos que dio a luz, no hay quien la guíe; ni quien la tome de la mano, de todos los hijos que crió.

19 Estas dos cosas te han acontecido. ¿Quién se dolerá de ti?: asolamiento y quebrantamiento, hambre y espada. ¿Quién te consolará?

20 Tus hijos se desmayaron, están tendidos en las encrucijadas de todos los caminos, como antílope en la red, llenos de la indignación de Jehová, de la represión de tu Dios.

21 Oye, pues, ahora esto, afligida, ebria, mas no de vino:

22 Así dice Jehová tu Señor, y tu Dios, el cual aboga por su pueblo: He aquí, he quitado de tu mano el cáliz del aturdimiento, las heces del cáliz de mi ira; nunca más lo beberás.

23 Yo lo pondré en mano de tus angustiadores, que dijeron a tu alma: Inclínate, y pasaremos por encima de ti. Y tú pusiste tu espalda como suelo, y como camino, para que pasaran.

Dios librará del cautiverio a Sión

52 Despierta, despierta, vístete de poder, oh Sión; vístete tus ropas de gala, oh Jerusalén, ciudad santa; porque nunca más vendrá a ti el incircunciso ni el inmundo.

2 Sacúdete el polvo; levántate y siéntate, Jerusalén; suelta las ataduras de tu cuello, cautiva hija de Sión.

3 Porque así dice Jehová: De balde fuisteis vendidos; por tanto, sin dinero seréis rescatados.

4 Porque así dijo el Señor, Jehová: Mi pueblo descendió a Egipto en otro tiempo, para morar allí, y después el asirio lo oprimió sin razón.

5 Y ahora ¿qué hago aquí, dice Jehová, viendo que mi pueblo ha sido llevado sin motivo? Y los que en él se enseñorean, se jactan con escarnio, dice Jehová, y continuamente es blasfemado mi nombre todo el día.

6 Por tanto, mi pueblo conocerá mi nom-

bre, y comprenderá asimismo en aquel día, que yo mismo que hablé, he aquí que estoy presente.

7 ¡Cuán hermosos son sobre los montes los pies del que trae alegres nuevas, del que anuncia la paz, del que trae buenas nuevas, del que publica salvación, del que dice a Sión: Tu Dios reina!

8 ¡Escucha! Tus atalayas alzan la voz, juntamente dan voces de júbilo; porque ojo a ojo verán que Jehová retorna a Sión.

9 Prorrumpid a una en gritos de júbilo, y cantad, soledades de Jerusalén; porque Jehová ha consolado a su pueblo, ha rescatado a Jerusalén.

10 Jehová desnudó su santo brazo ante los ojos de todas las naciones, y todos los confines de la tierra verán la salvación de nuestro Dios.

11 Apartaos, apartaos, salid de ahí, no toquéis cosa inmunda; salid de en medio de ella; purificaos los que lleváis los utensilios de Jehová.

12 Porque no saldréis a la desbandada, ni iréis huyendo; porque Jehová irá delante de vosotros, y el Dios de Israel será vuestra retaguardia.

Sufrimientos del Siervo de Jehová

13 He aquí que mi siervo será prosperado, será engrandecido y exaltado, y será puesto muy en alto.

14 Así como se asombraron de ti muchos (de tal manera fue desfigurado su aspecto que no parecía hombre, y su figura no era como la de los hijos de los hombres),

15 así asombrará él a muchas naciones; los reyes cerrarán ante él la boca, porque verán lo que nunca les fue contado, y comprenderán lo que jamás habían oído.

53 ¿Quién ha dado crédito a nuestro mensaje?, ¿y a quién se ha revelado el brazo de Jehová?

2 Creció como un retoño delante de él, y como raíz de tierra seca; no hay apariencia en él, ni hermosura como para que le miremos, ni atractivo como para que nos deleitemos en él.

3 Fue despreciado y desechado de los hombres; varón de dolores y experimentado en quebranto; como uno ante quien se esconde el rostro, fue menospreciado, y no lo estimamos.

4 Ciertamente él llevó nuestras enfermedades, y soportó nuestros dolores; y nosotros le tuvimos por azotado, por herido de Dios y abatido.

El gran sustituto

5 Mas él fue herido por nuestras transgresiones, molido por nuestros pecados; el castigo de nuestra paz fue sobre él, y por sus llagas fuimos nosotros curados.

6 Todos nosotros nos descarriamos como ovejas, cada cual se apartó por su camino; y Jehová cargó sobre él la iniquidad de todos nosotros.

7 Fue oprimido, aunque se humilló a sí mismo, y no abrió su boca; como un cordero que es llevado al matadero, y como una oveja que delante de sus trasquiladores está muda, tampoco él abrió su boca.

8 Por arresto y por juicio fue quitado; y su generación, ¿quién la contará? Porque fue cortado de la tierra de los vivientes, y por la rebelión de mi pueblo fue herido.

9 Y se dispuso con los impíos su sepultura, mas con los ricos fue en su muerte; aunque nunca hizo maldad, ni hubo engaño en su boca.

10 Con todo eso, Jehová quiso quebrantarlo, sujetándole a padecimiento. Cuando haya puesto su vida en expiación por el pecado, verá descendencia, vivirá por largos días, y lo que plazca a Jehová se cumplirá por su mano.

11 Verá el fruto de la aflicción de su alma, y quedará satisfecho; por su conocimiento justificará mi siervo justo a muchos, y llevará las iniquidades de ellos.

12 Por tanto, yo le daré parte entre los grandes, y con los poderosos repartirá despojos; por cuanto derramó su vida hasta la muerte, y fue contado con los pecadores, habiendo él llevado el pecado de muchos, e intercedido por los transgresores.

El amor eterno de Jehová hacia Israel

54 Regocíjate, oh, estéril, la que no daba a luz; prorrumpe en canciones y gritos de júbilo, la que nunca estuvo de parto; porque más son los hijos de la desamparada que los de la casada, ha dicho Jehová.

2 Ensancha el sitio de tu tienda, y las cortinas de tus habitaciones sean extendidas; no escatimes; alarga tus cuerdas, y refuerza tus estacas.

3 Porque te extenderás a la mano derecha y a la mano izquierda; y tu descendencia heredará naciones, y habitará las ciudades asoladas.

4 No temas, pues no serás confundida; y no te avergüences, porque no serás afrentada, sino que te olvidarás de la vergüenza de tu juventud, y de la afrenta de tu viudez no volverás a acordarte.

5 Porque tu marido es tu Hacedor; Jehová de los ejércitos es su nombre; y tu Redentor, el Santo de Israel; Dios de toda la tierra será llamado.

6 Porque como a mujer abandonada y triste

de espíritu te llamó Jehová; y la esposa de la juventud, ¿puede ser repudiada?, dice tu Dios.

7 Por un breve momento te abandoné, pero te recogeré con gran compasión.

8 En un arranque de ira escondí mi rostro de ti por un momento; pero con misericordia eterna tendré compasión de ti, dice Jehová tu Redentor.

9 Porque esto me será como en los días de Noé; pues así como juré que nunca más las aguas de Noé pasarían sobre la tierra, así he jurado que no me enojaré contra ti, ni te amenazaré.

10 Porque los montes se apartarán, y los collados serán sacudidos, pero no se apartará de ti mi misericordia, ni el pacto de mi paz se quebrantará, dijo Jehová, el que tiene compasión de ti.

11 Pobrecita, fatigada con tempestad, sin consuelo; he aquí que yo te cimentaré con piedras de turquesa, y sobre zafiros te fundaré.

12 Tus baluartes haré de rubíes, tus puertas de piedras de turquesa, y toda tu muralla de piedras preciosas.

13 Y todos tus hijos serán enseñados por Jehová; y se multiplicará la paz de tus hijos.

14 En justicia serás consolidada; estarás lejos de la opresión, porque no temerás, y del terror, porque no se acercará a ti.

15 Si alguno conspira contra ti, lo hará sin mí; el que contra ti conspire, delante de ti caerá.

16 He aquí que yo hice al herrero que sopla las ascuas en el fuego, y que saca la herramienta para su obra; y yo he creado al destructor para destruir.

17 Ningún arma forjada contra ti prosperará, y condenarás toda lengua que se levante contra ti en juicio. Ésta es la herencia de los siervos de Jehová, y la recompensa que obtendrán de mí, dice Jehová.

Misericordia gratuita para todos

55 A todos los sedientos: Venid a las aguas; y a los que no tienen dinero: Venid, comprad y comed. Sí, venid, comprad sin dinero y sin precio, vino y leche.

2 ¿Por qué gastáis el dinero en lo que no es pan, y vuestro jornal en lo que no sacia? Oídme atentamente, y comed de lo bueno, y se deleitará vuestra alma con lo más sustancioso.

3 Inclinad vuestro oído, y venid a mí; oíd, y vivirá vuestra alma; y haré con vosotros un pacto eterno, las misericordiosas y firmes promesas hechas a David.

4 He aquí que yo lo di por testigo a los pueblos, por jefe y por caudillo a las gentes.

5 He aquí, llamarás a naciones que no conociste, y naciones que no te conocían

correrán a ti, por causa de Jehová tu Dios, y del Santo de Israel porque te ha honrado.

6 Buscad a Jehová mientras puede ser hallado, llamadle en tanto que está cercano.

7 Deje el impío su camino, y el hombre inicuo sus pensamientos, y vuélvase a Jehová, el cual tendrá compasión de él, y a nuestro Dios, el cual será amplio en perdonar.

8 Porque mis pensamientos no son vuestros pensamientos, ni vuestros caminos mis caminos, dice Jehová.

9 Pues así como los cielos son más altos que la tierra, así son mis caminos más altos que vuestros caminos, y mis pensamientos más que vuestros pensamientos.

10 Porque como desciende de los cielos la lluvia y la nieve, y no vuelve allá, sino que riega la tierra, y la hace germinar y producir, y da semilla al que siembra, y pan al que come,

11 así será mi palabra que sale de mi boca; no volverá a mí vacía, sino que realizará lo que me place, y cumplirá aquello para que la envíe.

12 Porque con alegría saldréis, y con paz seréis conducidos; los montes y los collados prorrumpirán en cánticos de júbilo delante de vosotros, y todos los árboles del campo darán palmadas de aplauso.

13 En lugar de la zarza crecerá el ciprés, y en lugar de la ortiga crecerá el mirto; y será a Jehová por memorial, por señal eterna que nunca será borrada.

Recompensa de los que guardan el pacto de Dios

56 Así dice Jehová: Guardad la equidad, y practicad la justicia; porque mi salvación está a punto de llegar; y mi justicia, de manifestarse.

2 Dichoso el hombre que hace esto, y el hijo de hombre que se aferra a ello; que guarda el sábado sin profanarlo, y que guarda su mano de hacer nada malo.

3 Y el extranjero que sigue a Jehová no hable diciendo: Me apartará ciertamente Jehová de su pueblo. Ni diga el eunuco: He aquí, yo soy un árbol seco.

4 Porque así dice Jehová: A los eunucos que guarden mis sábados, y escojan lo que yo quiero, y se mantengan firmes en mi pacto,

5 yo les daré lugar en mi casa, y dentro de mis muros un monumento y un nombre mejor que el de hijos e hijas; nombre perpetuo les daré, que nunca perecerá.

6 Y a los extranjeros que sigan a Jehová para servirle, y que amen el nombre de Jehová para ser sus siervos; a todos los que guarden el sábado sin profanarlo, y se mantengan firmes en mi pacto,

7 yo los llevaré a mi santo monte, y los alegraré en mi casa de oración; sus holocaustos y sus sacrificios serán aceptos sobre mi altar; porque mi casa será llamada casa de oración para todos los pueblos.

8 Dice Jehová el Señor, el que reúne a los dispersos de Israel: Aún juntaré otros con él, además de sus congregados.

9 Todas las bestias del campo, todas las fieras del bosque, venid a devorar.

10 Sus atalayas son todos ciegos, son ignorantes; todos ellos son perros mudos, no pueden ladrar; deliran, se acuestan, amigos de dormir.

11 Y esos perros comilones son insaciables; y esos mismos son pastores que no saben entender; todos ellos siguen sus propios caminos, cada uno busca su propio provecho, cada uno por su lado.

12 Venid, dicen, tomemos vino, embriaguémonos de licor; y será el día de mañana como éste, o mucho más excelente.

Condenación de la idolatría de Israel

57 Perece el justo, y no hay quien piense en ello; y los piadosos son arrebatados, y no hay quien entienda que de delante de la aflicción es recogido el justo.

2 Entra en la paz; descansan en sus lechos todos los que andan rectamente.

3 Mas vosotros llegaos acá, hijos de la hechicera, linaje del adúltero y de la fornicaria.

4 ¿De quién os estáis burlando? ¿Contra quién ensancháis la boca, y sacáis la lengua? ¿No sois vosotros hijos de pecado, generación mentirosa,

5 que os enfervorizáis con los ídolos, debajo de todo árbol frondoso, que sacrificáis los hijos en los valles, debajo de los peñascos?

6 En las piedras lisas del valle está tu parte; ellas, ellas son tu suerte; y a ellas derramaste libación, y ofreciste presente. ¿Acaso me voy a calmar con estas cosas?

7 Sobre monte alto y empinado pusiste tu cama; allí también subiste a ofrecer sacrificio.

8 Y tras la puerta y el umbral pusiste tu emblema; porque a otro, y no a mí, te descubriste, y subiste, y ensanchaste tu cama, e hiciste con ellos pacto; amaste su cama dondequiera que veías el gesto de su mano.

9 Y fuiste al rey con ungüento, y multiplicaste tus perfumes, y enviaste tus embajadores lejos, y los hiciste bajar hasta la profundidad del Seol.

10 Te cansaste de tanto caminar, pero no dijiste: Me rindo; hallaste nuevo vigor en tu mano; por tanto, no te desalentaste.

11 ¿De quién te asustaste y temiste, que has faltado a la fe, y no te has acordado de mí, ni te vino al pensamiento? ¿No es porque he guardado silencio desde tiempos antiguos, por lo que nunca me has temido?

12 Yo voy a denunciar tu justicia y tus obras, que no te aprovecharán.

13 Cuando clames, que te libren todos tus ídolos; pero a todos ellos se los llevará el viento, un soplo los arrebatará; mas el que en mí confía poseerá la tierra y heredará mi santo monte.

14 Entonces se dirá: Allanad, allanad; barred el camino, quitad los tropiezos del camino de mi pueblo.

15 Porque así dice el Alto y Sublime, el que habita la eternidad, y cuyo nombre es el Santo: Yo habito en la altura y la santidad, y con el de espíritu contrito y humilde, para reavivar el espíritu de los humildes, y para vivificar el corazón de los quebrantados.

16 Porque no contenderé para siempre, ni para siempre me enojaré; pues desmayaría ante mí el espíritu, y las almas que yo he creado.

17 Por la iniquidad de su codicia me enojé, y le herí, escondí mi rostro y me indigné; y él siguió rebelde por el camino de su corazón.

18 He visto sus caminos; pero le sanaré, y le guiaré, y le daré consuelo a él y a sus enlutados;

19 produciré fruto de labios: Paz, paz al que está lejos y al cercano, dijo Jehová; y lo sanaré.

20 Pero los impíos son como el mar en tempestad, que no puede estarse quieto, y sus aguas arrojan cieno y lodo.

21 No hay paz, dice mi Dios, para los malvados.

El verdadero ayuno

58 Clama a voz en cuello, no te detengas; alza tu voz como trompeta, y anuncia a mi pueblo su transgresión, y a la casa de Jacob sus pecados.

2 Que me buscan cada día, y aparentan deleitarse en saber mis caminos, como gente que hubiese hecho justicia, y que no hubiese dejado la ley de su Dios; me piden justos juicios, y les agrada acercarse a Dios.

3 ¿Por qué, dicen, ayunamos, y no hiciste caso; humillamos nuestras almas, y no te diste por enterado? He aquí que en el día de vuestro ayuno buscáis vuestro propio gusto, y explotáis a todos vuestros trabajadores.

4 He aquí que para contiendas y debates ayunáis, y para dar de puñetazos al desvalido; no ayunáis como hoy, para que vuestra voz sea oída en lo alto.

5 ¿Es tal el ayuno que yo escogí, que por un día aflija el hombre su alma, que incline su

cabeza como un junco, y haga cama de
cilicio y de ceniza? ¿Llamaréis a esto ayuno,
y día agradable a Jehová?

6 ¿No es más bien el ayuno que yo escogí,
desatar las cadenas de maldad, soltar las
coyundas del yugo, y dejar ir libres a los
quebrantados, y que rompáis todo yugo?

7 ¿No es que partas tu pan al hambriento, y
a los pobres errantes albergues en tu casa;
que cuando veas al desnudo, lo cubras, y no
te escondas de tu hermano?

8 Entonces brotará tu luz como el alba, y tu
curación se echará de ver rápidamente; e irá
tu justicia delante de ti, y la gloria de Jehová
será tu retaguardia.

9 Entonces invocarás, y te oirá Jehová;
clamarás, y dirá él: Heme aquí. Si quitas de
en medio de ti el yugo, el dedo amenazador,
y el hablar maldad;

10 y si repartes tu pan al hambriento, y
sacias al alma afligida, en las tinieblas brotará tu luz, y tu oscuridad será como el
mediodía.

11 Jehová te guiará continuamente, y en las
sequías saciará tu alma, y dará vigor a tus
huesos; y serás como huerto de riego, y
como manantial de aguas, cuyas aguas nunca faltan.

12 Y los tuyos edificarán las ruinas antiguas; los cimientos de muchas generaciones
levantarás, y serás llamado reparador de
portillos, restaurador de calzadas para po-
blados.

La observancia del día de reposo

13 Si retrajeres a causa del sábado tu pie, de
hacer tu voluntad en mi día santo, y lo
llamares delicia; y al día santo de Jehová,
honorable; y lo honrares, no andando en tus
propios caminos, ni buscando tu negocio, ni
hablando de él,

14 entonces te deleitarás en Jehová; y yo te
haré subir sobre las alturas de la tierra, y te
alimentaré con la heredad de Jacob tu padre; porque la boca de Jehová lo ha hablado.

Confesión del pecado de Israel

59 He aquí que no se ha acortado la
mano de Jehová para salvar, ni se ha
endurecido su oído para oír;

2 pero vuestras iniquidades han hecho separación entre vosotros y vuestro Dios, y
vuestros pecados han hecho ocultar de vosotros su rostro para no escucharos.

3 Porque vuestras manos están contaminadas de sangre, y vuestros dedos de iniquidad; vuestros labios pronuncian mentira, y
vuestra lengua habla maldad.

4 No hay quien litigue con justicia, ni quien
defienda su causa con lealtad; confían en
vanidad, y hablan mentiras; conciben maldades, y dan a luz iniquidad.

5 Incuban huevos de áspides, y tejen telas
de arañas; el que come de sus huevos,
muere; y si los aplastan, salen víboras.

6 Sus telas no servirán para vestir, ni de sus
tejidos serán cubiertos; sus obras son obras
de iniquidad, y actos de violencia hay en sus
manos.

7 Sus pies corren al mal, y se apresuran para
derramar la sangre inocente; sus pensamientos son pensamientos de iniquidad;
desolación y destrucción hay en sus caminos.

8 No conocen el camino de paz, ni hay
justicia en sus pasos; sus veredas son torci-
das; cualquiera que por ellas va, no conoce
paz.

9 Por esto se alejó de nosotros la justicia, y
no nos alcanzó la rectitud; buscamos luz, y
he aquí tinieblas; resplandores, y andamos
en oscuridad.

10 Palpamos la pared como ciegos, y
andamos a tientas como los sin ojos; trope-
zamos a mediodía como si fuera al anochecer; estamos en lugares oscuros como los
muertos.

11 Gruñimos como osos todos nosotros, y
gemimos lastimeramente como palomas;
esperamos justicia, y no la hay; salvación, y
se alejó de nosotros.

12 Porque nuestras transgresiones se han
multiplicado delante de ti, y nuestros pecados testifican contra nosotros; porque con
nosotros están nuestras iniquidades, y
conocemos nuestros pecados:

13 el prevaricar, renegar de Jehová, y el
apartarse de seguir en pos de nuestro Dios;
el hablar de opresión y rebelión, el concebir
y proferir de corazón palabras de falsedad.

14 Al juicio recto se le ha hecho retirarse, y
la justicia se puso lejos; porque la verdad
tropezó en la plaza, y la rectitud no pudo
entrar.

15 Y la verdad se echa de menos, y el que se
apartó del mal fue puesto en prisión; y lo vio
Jehová, y desagradó a sus ojos que no se
hiciese justicia.

16 Y vio que no había hombre, y se maravilló de que no hubiera quien intercediese;
por eso su propio brazo lo salvó, y su misma
justicia le sostuvo.

17 Pues de justicia se vistió como de una
coraza, con yelmo de salvación en su cabeza; tomó ropas de venganza por vestidura, y
se cubrió de celo como de manto;

18 conforme a sus obras les va a retribuir:
con ira a sus enemigos, con el pago a sus
adversarios; el pago dará a los de las islas.

19 Y temerán desde el occidente el nombre
de Jehová, y desde el nacimiento del sol su

gloria; porque vendrá como torrente impetuoso, empujado por el soplo de Jehová.

20 Y vendrá el Redentor a Sión, y a los que se conviertan de la iniquidad en Jacob, dice Jehová.

21 Y éste será mi pacto con ellos, dice Jehová: El Espíritu mío que está sobre ti, y mis palabras que puse en tu boca, no faltarán de tu boca, ni de la boca de tus hijos, ni de la boca de los hijos de tus hijos, dice Jehová, desde ahora y para siempre.

La futura gloria de Sión

60 Levántate, resplandece; porque ha venido tu luz, y la gloria de Jehová ha amanecido sobre ti.

2 Porque he aquí que tinieblas cubrirán la tierra, y oscuridad las naciones; mas sobre ti amanecerá Jehová, y sobre ti será vista su gloria.

3 Y andarán las naciones a tu luz, y los reyes al resplandor de tu amanecer.

4 Alza tus ojos alrededor y mira, todos ésos se han juntado, y vienen a ti; tus hijos vienen de lejos, y tus hijas son llevadas en brazos.

5 Entonces verás, y resplandecerás; se maravillará y ensanchará tu corazón, porque se habrá vuelto a ti la multitud del mar, y las riquezas de las naciones habrán venido a ti.

6 Gran caravana de camellos te cubrirá; dromedarios de Madián y de Efá; todos vendrán de Sebá; traerán oro e incienso, y proclamarán las alabanzas de Jehová.

7 Todo el ganado de Cedar será juntado para ti; carneros de Nebayot estarán a tu servicio; serán ofrecidos con agrado sobre mi altar, y glorificaré la casa de mi gloria.

8 ¿Quiénes son éstos que vuelan como nubes, y como palomas a sus ventanas?

9 Ciertamente a mí esperarán los de las islas, y las naves de Tarsis las primeras, para traer a tus hijos de lejos, su plata y su oro con ellos, por el nombre de Jehová tu Dios, y por el Santo de Israel, que te ha glorificado.

10 Hijos de extranjeros edificarán tus muros, y sus reyes te servirán; porque en mi ira te azoté, mas en mi buena voluntad tendré compasión de ti.

11 Tus puertas estarán de continuo abiertas; no se cerrarán de día ni de noche, para que a ti sean traídas las riquezas de las naciones, y conducidos a ti sus reyes.

12 Porque la nación o el reino que no te sirva perecerá; tales naciones serán del todo asoladas.

13 La gloria del Líbano vendrá a ti, cipreses, pinos y bojes juntamente para embellecer el lugar de mi santuario; y yo honraré el lugar de mis pies.

14 Y vendrán a ti humillados los hijos de los que te afligieron, y a las pisadas de tus pies se encorvarán todos los que te escarnecían, y te llamarán la Ciudad de Jehová, Sión del Santo de Israel.

15 En vez de estar abandonada y aborrecida, tanto que nadie pasaba por ti, haré que seas una lozanía eterna, el gozo de muchas generaciones.

16 Y mamarás la leche de las naciones, del pecho de los reyes mamarás; y conocerás que yo Jehová soy el Salvador tuyo; y el Redentor tuyo, el Fuerte de Jacob.

17 En vez de bronce traeré oro, y por hierro plata, y por madera bronce, y en lugar de piedras hierro; y pondré paz por tu gobierno, y justicia por tus magistrados.

18 Nunca más se oirá en tu tierra violencia, desolación ni destrucción en tu territorio, sino que a tus muros llamarás Salvación, y a tus puertas Alabanza.

19 El sol nunca más te servirá de luz para el día, ni el resplandor de la luna te alumbrará, sino que Jehová te será por luz perpetua, y el Dios tuyo por tu gloria.

20 No se pondrá jamás tu sol, ni menguará tu luna; porque Jehová te será por luz perpetua, y los días de tu luto se habrán acabado.

21 Y tu pueblo, todos ellos serán justos, para siempre heredarán la tierra; renuevos de mi plantío, obra de mis manos en la que gloriarme.

22 El más pequeño vendrá a ser toda una tribu; el menor, una nación fuerte. Yo Jehová, a su tiempo apresuraré su cumplimiento.

Las buenas nuevas de salvación

61 El Espíritu del Señor Jehová está sobre mí, porque me ha ungido Jehová, para llevar buenas nuevas a los pobres, para vendar a los quebrantados de corazón, para proclamar libertad a los cautivos, y a los presos apertura de la cárcel;

2 para proclamar el año de la buena voluntad de Jehová, y el día de la venganza de nuestro Dios; para consolar a todos los que lloran;

3 para ordenar que a los afligidos de Sión se les dé diadema en lugar de ceniza, óleo de gozo en lugar de luto, manto de alabanza en lugar de espíritu abatido; y serán llamados árboles de justicia, plantío de Jehová, para gloria suya.

4 Reedificarán las ruinas antiguas, y levantarán los asolamientos primeros, y restaurarán las ciudades arruinadas, los escombros de muchas generaciones.

5 Y extranjeros apacentarán vuestras ovejas, y los extraños serán vuestros labradores y vuestros viñadores.

6 Mas vosotros seréis llamados sacerdotes de Jehová, ministros de nuestro Dios seréis llamados; comeréis las riquezas de las naciones, y con su gloria os adornaréis.

7 Por cuanto vuestra vergüenza fue doble, y ellos se regocijaron diciendo: La confusión es su herencia; por eso también en sus tierras poseerán doble honra, y tendrán perpetuo gozo.

8 Porque yo Jehová soy amante del derecho, aborrecedor del latrocinio y del crimen; por tanto, les daré lealmente su recompensa, y haré con ellos un pacto perpetuo.

9 Y la descendencia de ellos será conocida entre las naciones, y sus renuevos en medio de los pueblos; todos los que los vean, reconocerán que son el linaje que Jehová ha bendecido.

10 En gran manera me gozaré en Jehová, mi alma se alegrará en mi Dios; porque me ha revestido con vestiduras de salvación, me ha rodeado de manto de justicia, como un novio se pone una diadema y como una novia se adereza con sus joyas.

11 Porque como la tierra produce su renuevo, y como el huerto hace brotar su semilla, así Jehová el Señor hará brotar justicia y alabanza delante de todas las naciones.

Ensalzamiento de Sión

62 Por amor de Sión no callaré, y por amor de Jerusalén no descansaré, hasta que salga como resplandor su justicia, y su salvación brille como una antorcha.

2 Entonces verán las gentes tu justicia, y todos los reyes tu glória; y te será puesto un nombre nuevo, que la boca de Jehová señalará.

3 Y serás corona de adorno en la mano de Jehová, y diadema real en la mano de tu Dios.

4 Nunca más te llamarán Desamparada, ni tu tierra se dirá más Desolada; sino que serás llamada Hefzi-bá, y tu tierra, Beulá; porque Jehová tiene su deleite en ti, y tu tierra será desposada.

5 Pues como un joven se desposa con una virgen, se desposarán contigo tus hijos; y como el gozo del esposo con la esposa, así se gozará contigo tu Dios.

6 Sobre tus muros, oh Jerusalén, he puesto guardas; todo el día y toda la noche no callarán jamás. Los que hacéis que Jehová recuerde, no reposéis,

7 ni le deis tregua, hasta que restablezca a Jerusalén, y la ponga por alabanza en la tierra.

8 Juró Jehová por su mano derecha, y por su poderoso brazo: Que jamás daré tu trigo por comida a tus enemigos, ni beberán los extraños el vino que es fruto de tu trabajo;

9 sino que los que lo cosechan lo comerán, y alabarán a Jehová; y los que lo vendimian, lo beberán en los atrios de mi santuario.

10 Pasad, pasad por las puertas; barred el camino al pueblo; allanad, allanad la calzada, quitad las piedras, alzad pendón a los pueblos.

11 He aquí que Jehová ha hecho oír hasta lo último de la tierra: Decid a la hija de Sión: He aquí tu Salvador viene; he aquí su recompensa con él, y delante de él su paga.

12 Y les llamarán Pueblo Santo, Redimidos de Jehová; y a ti te llamarán Buscada, Ciudad no desamparada.

El día de la venganza de Jehová

63 ¿Quién es éste que viene de Edom, de Bosrá, con vestidos rojos?, ¿ése que es hermoso en su vestido, que marcha en la grandeza de su poder? Yo, el que hablo en justicia, poderoso para salvar.

2 ¿Por qué es rojo tu vestido, y tus ropas como del que ha pisado en el lagar?

3 He pisado yo solo el lagar, y de los pueblos nadie había conmigo; los pisé con mi ira, y los hollé con mi furor; y su sangre salpicó mis vestidos, y manché todas mis ropas.

4 Porque el día de la vengaza *que estaba* en mi corazón, y el año de mis redimidos han llegado.

5 Miré, y no había quien ayudara, y me asombré de que no hubiera quien apoyase; así que me salvó mi brazo, y me sostuvo mi ira.

6 Y con mi ira hollé los pueblos, y los embriagué en mi furor, y derramé en tierra su sangre.

Bondad de Jehová hacia Israel

7 De las misericordias de Jehová haré mención, de las alabanzas de Jehová, conforme a todo lo que Jehová nos ha otorgado, y de la grandeza de sus beneficios hacia la casa de Israel, que les ha hecho según sus misericordias, y según la multitud de sus bondades.

8 Porque dijo: Ciertamente son mi pueblo, hijos que no obrarán con falsedad; y fue él su Salvador.

9 En toda angustia de ellos él fue también angustiado, y el ángel de su presencia los salvó; en su amor y en su clemencia los redimió, y los levantó y los trajo, todos los días de la antigüedad.

10 Mas ellos fueron rebeldes, y contristaron su Santo Espíritu; por lo cual se les volvió enemigo, y él mismo peleó contra ellos.

11 Mas luego se acordó de los días antiguos, de Moisés y de su pueblo, diciendo: ¿Dónde está el que les hizo subir del mar con el

pastor de su rebaño?, ¿dónde el que puso en medio de ellos su Santo Espíritu,

12 el que hizo que el brazo de su gloria marchase a la derecha de Moisés; el que dividió las aguas delante de ellos, haciéndose así un nombre perpetuo,

13 el que los condujo por los abismos, como un caballo por el desierto, sin que tropezaran?

14 El Espíritu de Jehová los llevó a descansar como al ganado que desciende al valle; así guiaste a tu pueblo, para hacerte un nombre glorioso.

Plegaria pidiendo misericordia y ayuda

15 Mira desde el cielo, y contempla desde tu santa y gloriosa morada. ¿Dónde está tu celo, y tu poder, la conmoción de tus entrañas y tus piedades, que ahora se han cerrado para mí?

16 Pues tú eres nuestro padre, si bien Abraham nos ignora, e Israel no nos reconoce; tú, oh Jehová, eres nuestro padre; nuestro Redentor perpetuo es tu nombre.

17 ¿Por qué, oh Jehová, nos has hecho errar de tus caminos, y endureciste nuestro corazón a tu temor? Vuélvete por amor de tus siervos, por las tribus de tu heredad.

18 Por poco tiempo poseyó tu pueblo tu lugar santo; nuestros enemigos han hollado tu santuario.

19 Hemos venido a ser como aquellos sobre los cuales nunca gobernaste, como aquellos que nunca fueron llamados por tu nombre.

64 ¡Oh, si rasgases los cielos, y descendieras, y a tu presencia se derritiesen los montes,

2 como prende el fuego en la enramada, fuego que hace hervir las aguas, para que hicieras notorio tu nombre a tus enemigos, y las naciones temblasen a tu presencia!

3 Cuando, haciendo cosas terribles cuales nunca esperábamos, descendiste, fluyeron los montes delante de ti.

4 Ni nunca oyeron, ni oídos percibieron, ni ojo ha visto, oh Dios, fuera de ti, que obra así en favor del que en él espera.

5 Sales al encuentro del que con alegría hace justicia, de los que se acuerdan de ti en tus caminos; he aquí, tú te enojaste porque pecamos; en los pecados hemos perseverado por largo tiempo; ¿y seremos salvos?

6 Todos nosotros somos como suciedad, y todas nuestras justicias como trapos de inmundicia; y caímos todos nosotros como la hoja, y nuestras maldades, como el viento, nos llevaron.

7 Nadie hay que invoque tu nombre, que se despierte para apoyarse en ti; pues escondiste de nosotros tu rostro, y nos dejaste marchitar en poder de nuestras maldades.

8 Ahora, pues, Jehová, tú eres nuestro padre; nosotros barro, y tú el que nos formaste; así que obra de tus manos somos todos nosotros.

9 No te enojes sobremanera, Jehová, ni tengas perpetua memoria de la iniquidad; he aquí, mira ahora, pueblo tuyo somos todos nosotros.

10 Tus santas ciudades están desiertas, Sión es un desierto, Jerusalén una desolación.

11 Nuestra casa santa y hermosa, en la cual te alabaron nuestros padres, fue consumida al fuego; y todas nuestras cosas más estimadas han sido destruidas.

12 ¿Te estarás quieto, oh Jehová, ante estas cosas? ¿Callarás, y nos afligirás sobremanera?

Extensión mundial del Evangelio

65 Me he dejado encontrar por los que no preguntaban por mí; fui hallado por los que no me buscaban. Dije a gente que no se llamaba por mi nombre: Heme aquí, heme aquí.

Castigo escatológico de los rebeldes

2 Extendí mis manos todo el día a un pueblo rebelde, el cual anda por camino que no es bueno, en pos de sus pensamientos;

3 un pueblo que en mi rostro me provoca de continuo a ira, sacrificando en huertos, y quemando incienso sobre ladrillos;

4 que se sientan en los sepulcros, y pasan la noche en antros; que comen carne de cerdo, y en sus ollas hay caldo de cosas abominables;

5 que dicen: Estate en tu lugar, no te acerques a mí, porque soy más santo que tú; éstos son humo en mi nariz, fuego que arde todo el día.

6 He aquí que escrito está delante de mí; no callaré, sino que recompensaré, y daré el pago en su seno

7 por vuestras iniquidades, dice Jehová, y por las iniquidades de vuestros padres juntamente, los cuales quemaron incienso sobre los montes, y sobre los collados me afrentaron; por tanto, yo les mediré el pago de sus obras pasadas y se lo pondré en su seno.

8 Así ha dicho Jehová: Como cuando alguno halla mosto en un racimo, y dice: No lo desperdicies, porque hay bendición en él; así haré yo por mis siervos, que no los destruiré a todos.

9 Sacaré descendencia de Jacob, y de Judá un heredero de mis montes; y mis escogidos poseerán por heredad la tierra, y mis siervos habitarán allí.

10 Y será Sarón para habitación de ovejas, y el valle de Acor para majada de vacas, para mi pueblo que me buscó.

11 Pero vosotros los que dejáis a Jehová,

que olvidáis mi santo monte, que ponéis una mesa para la Fortuna, y suministráis libaciones para el Destino;

12 yo también os destinaré a la espada, y todos vosotros os arrodillaréis al degolladero; por cuanto llamé, y no respondisteis; hablé, y no oísteis, sino que hicisteis lo que es malo delante de mis ojos, y escogisteis lo que me desagrada.

13 Por tanto, así dice el Señor Jehová: He aquí que mis siervos comerán, y vosotros tendréis hambre; he aquí que mis siervos beberán, y vosotros tendréis sed; he aquí que mis siervos se alegrarán, y vosotros seréis avergonzados;

14 he aquí que mis siervos cantarán por júbilo del corazón, y vosotros clamaréis por la pesadumbre del corazón, y aullaréis por el quebrantamiento de espíritu.

15 Y dejaréis vuestro nombre por maldición a mis escogidos: ¡el Señor Jehová te matará! Pero a sus siervos los llamará por otro nombre.

16 El que sea bendecido en la tierra, en el Dios del Amén será bendecido; y el que jure en la tierra, por el Dios del Amén jurará; porque las angustias primeras serán olvidadas, y porque quedarán escondidas de mis ojos.

Cielos nuevos y tierra nueva

17 Porque he aquí que yo crearé unos nuevos cielos y una nueva tierra; y de los primero no habrá memoria, ni vendrá más al pensamiento.

18 Mas gozaos y alegraos para siempre en las cosas que yo he creado; porque he aquí que yo voy a crear en Jerusalén alegría; y en su pueblo, gozo.

19 Y me alegraré sobre Jerusalén, y me gozaré en mi pueblo; y nunca más se oirán en ella voz de llanto, ni voz de lamento.

20 No habrá más allí niño que muera de pocos días, ni viejo que sus días no cumpla; porque el más joven morirá de cien años, y el pecador de cien años será maldito.

21 Edificarán casas, y morarán en ellas; plantarán viñas, y comerán el fruto de ellas.

22 No edificarán para que otro habite, ni plantarán para que otro coma; porque según los días de un árbol añoso serán los días de mi pueblo, y mis escogidos disfrutarán de la obra de sus manos.

23 No trabajarán en vano, ni darán a luz para maldición; porque son linaje de los benditos de Jehová, y sus descendientes con ellos.

24 Y antes que me llamen, responderé yo; mientras aún estén hablando, yo habré oído.

25 El lobo y el cordero serán apacentados juntos, y el león comerá paja como el buey; y el polvo será el alimento de la serpiente. No harán más daño ni destruirán en todo mi santo monte, dice Jehová.

Los juicios de Jehová y la futura prosperidad de Sión

66 Así dice Jehová: El cielo es mi trono, y la tierra estrado de mis pies; ¿dónde está la casa que me habréis de edificar, y dónde el lugar de mi reposo?

2 Pues mi mano hizo todas estas cosas, y así es como todas estas cosas vinieron a ser, dice Jehová; pero miraré a aquel que es pobre y humilde de espíritu, y que tiembla a mi palabra.

3 El que sacrifica buey es como si matase a un hombre; el que sacrifica oveja, como si degollase un perro; el que hace ofrenda, como si ofreciese sangre de cerdo; el que quema incienso, como si bendijese a un ídolo. Y porque escogieron sus propios caminos, y su alma amó sus abominaciones,

4 también yo escogeré para ellos escarnios, y traeré sobre ellos lo que temieron; porque llamé, y nadie respondió; hablé, y no oyeron, sino que hicieron lo que era malo delante de mis ojos, y escogieron lo que me desagrada.

5 Oíd la palabra de Jehová, vosotros los que tembláis a su palabra: Vuestros hermanos que os aborrecen, y os echan fuera por causa de mi nombre, dijeron: Que Jehová sea glorificado, para que podamos ver vuestra alegría. Pero ellos serán confundidos.

6 Voz de tumulto viene de la ciudad, voz del templo, la voz de Jehová que da el pago a sus enemigos.

7 Antes que estuviese de parto, dio a luz; antes que le viniesen dolores, dio a luz un hijo varón.

8 ¿Quién oyó cosa semejante?, ¿quién vio tal cosa? ¿Es dado a luz un país en un día? ¿Nacerá una nación de una vez? Pues en cuanto Sión estuvo de parto, dio a luz sus hijos.

9 Yo que hago dar a luz, ¿no haré nacer?, dice Jehová. Yo que hago engendrar, ¿impediré el nacimiento?, dice tu Dios.

10 Alegraos con Jerusalén, y gozaos con ella, todos los que la amáis; llenaos con ella de gozo, todos los que hacéis duelo por ella;

11 para que maméis y os saciéis de los pechos de sus consolaciones; para que bebáis copiosamente con deleite de la abundancia de su gloria.

12 Porque así dice Jehová: He aquí que yo extiendo sobre ella paz como un río, y la gloria de las naciones como un torrente que se desborda; y mamaréis, y en brazos seréis traídos, y sobre las rodillas seréis mimados.

13 Como aquel a quien consuela su madre, así os consolaré yo a vosotros, y en Jerusalén tomaréis consuelo.

14 Y cuando veáis esto, se alegrará vuestro corazón, y vuestros huesos reverdecerán como el césped; y la mano de Jehová para con sus siervos será conocida, y se enojará contra sus enemigos.

15 Porque he aquí que Jehová vendrá con fuego, y sus carros serán como un torbellino, para descargar su ira con furor, y su reprensión con llama de fuego.

16 Porque Jehová juzgará con fuego y con su espada a todo hombre; y serán muchos los que Jehová matará.

17 Los que se santifican y los que se purifican para ir a los huertos, siguiendo uno que está en medio, los que comen carne de cerdo, abominación y ratón, juntamente serán talados, dice Jehová.

18 Porque yo conozco sus obras y sus pensamientos; tiempo vendrá en que yo juntaré a todas las naciones y lenguas; y vendrán, y verán mi gloria.

19 Y haré entre ellos una señal, y enviaré de los escapados de ellos a las naciones, a Tarsis, a Fut y Lud que disparan arco, a Tubal y a Jabán, a las islas lejanas que no oyeron de mí, ni vieron mi gloria; y publicarán mi gloria ente las naciones.

20 Y traerán a todos vuestros hermanos de entre todas las naciones, por ofrenda a Jehová, en caballos, en carros, en literas, en mulos y en camellos, a mi santo monte de Jerusalén, dice Jehová, al modo que los hijos de Israel traen la ofrenda en utensilios limpios a la casa de Jehová.

21 Y tomaré también de ellos para sacerdotes y para levitas, dice Jehová.

22 Porque como los cielos nuevos y la nueva tierra que yo hago permanecerán delante de mí, dice Jehová, así permanecerá vuestra descendencia y vuestro nombre.

23 Y sucederá que de mes en mes, y de sábado en sábado, vendrán todos a adorar delante de mí, dijo Jehová.

24 Y saldrán, y verán los cadáveres de los hombres que se rebelaron contra mí; porque su gusano nunca morirá, ni su fuego se apagará, y serán abominables a todo hombre.

JEREMÍAS

Llamamiento y comisión de Jeremías

1 Las palabras de Jeremías, hijo de Hilcías, de los sacerdotes que estuvieron en Anatot, en la tierra de Benjamín,

2 al que vino la palabra de Jehová en los días de Josías, hijo de Amón, rey de Judá, en el año decimotercero de su reinado.

3 Le vino también en días de Joacim, hijo de Josías, rey de Judá, hasta el fin del año undécimo de Sedequías, hijo de Josías, rey de Judá, hasta la deportación de Jerusalén en el mes quinto.

4 Vino, pues, palabra de Jehová a mí, diciendo:

5 Antes que te formase en el vientre te conocí, y antes que nacieses te santifiqué, te di por profeta a las naciones.

6 Entonces dije yo:¡Ah!, ¡ah, Señor Jehová! He aquí, no sé hablar, porque soy un muchacho.

7 Y me dijo Jehová: No digas: Soy un muchacho; porque a todo lo que te envíe irás, y dirás todo lo que te mande.

8 No tengas miedo de ellos, porque estoy contigo para librarte, dice Jehová.

9 Y extendió Jehová su mano y tocó mi boca, y me dijo Jehová: He aquí he puesto mis palabras en tu boca.

10 Mira que te he puesto en este día sobre naciones y sobre reinos, para arrancar y para destruir, y para arruinar y para derribar; para edificar y para plantar.

11 Y vino a mí la palabra de Jehová, diciendo: ¿Qué ves tú, Jeremías? Y dije: Veo una vara de almendro.

12 Y me dijo Jehová: Bien has visto; porque yo estoy atento a mi palabra para ponerla por obra.

13 Vino a mí la palabra de Jehová por segunda vez, diciendo: ¿Qué ves tú? Y dije: Veo una olla que hierve y asoma su rostro desde el norte.

14 Me dijo Jehová: Del norte se soltará el mal sobre todos los moradores de esta tierra.

15 Porque he aquí que yo convoco a todas las familias de los reinos del norte, dice Jehová; y vendrán, y pondrá cada uno su trono a la entrada de las puertas de Jerusalén, y junto a todos sus muros en derredor, y contra todas las ciudades de Judá.

16 Y a causa de toda su maldad, proferiré mis juicios contra ellos, porque me dejaron, e incensaron a dioses extraños, y adoraron la obra de sus manos.

17 Tú, pues, ciñe tus lomos, levántate, y háblales todo cuanto yo te mande; no des-

mayes delante de ellos, para que no te haga yo desmayar delante de ellos.

18 Porque he aquí que yo te he puesto en este día como ciudad fortificada, como columna de hierro, y como muros de bronce contra toda esta tierra, contra los reyes de Judá, sus príncipes, sus sacerdotes, y el pueblo de la tierra.

19 Y pelearán contra ti, pero no prevalecerán contra ti; porque yo estoy contigo, dice Jehová, para librarte.

Jehová y la infidelidad de Israel

2 Vino a mí palabra de Jehová, diciendo: 2 Anda y clama a los oídos de Jerusalén, diciendo: Así dice Jehová: Me he acordado de ti, del cariño de tu juventud, del amor de tus desposorios, cuando andabas en pos de mí en el desierto, en una tierra no sembrada.

3 Santo era Israel a Jehová, primicias de sus nuevos frutos. Todos los que le devoran son culpables; mal vendrá sobre ellos, dice Jehová.

4 Oíd la palabra de Jehová, oh casa de Jacob, y todas las familias de la casa de Israel.

5 Así dice Jehová: ¿Qué maldad hallaron en mí vuestros padres, que se alejaron de mí, y se fueron tras la vanidad y se hicieron vanos?

6 Y no dijeron: ¿Dónde está Jehová, que nos hizo subir de la tierra de Egipto, que nos condujo por el desierto, por una tierra desierta y despoblada, por tierra seca y de sombra de muerte, por una tierra por la cual no pasó varón, ni allí habitó hombre?

7 Y os introduje en tierra fértil, para que comieseis de sus frutos y sus bienes; pero en cuanto entrasteis, profanasteis mi tierra, e hicisteis abominable mi heredad.

8 Los sacerdotes no dijeron: ¿Dónde está Jehová?, y los depositarios de la ley no me conocieron; y los pastores se rebelaron contra mí, y los profetas profetizaron en nombre de Baal, y anduvieron tras lo que no aprovecha.

9 Por tanto, contenderé aún con vosotros, dice Jehová, y con los hijos de vuestros hijos pleitearé.

10 Porque pasad a las islas de Quitim y mirad; y enviad a Cedar, e informaos diligentemente, y ved si se ha hecho cosa semejante a esta.

11 ¿Acaso alguna nación ha cambiado sus dioses, aunque ellos no son dioses? Sin embargo, mi pueblo ha trocado su gloria por lo que no aprovecha.

12 Asombraos, cielos, de ello; horrorizaos y cobrad gran espanto, dice Jehová.

13 Porque dos males ha hecho mi pueblo: me dejaron a mí, fuente de agua viva, y cavaron para sí cisternas, cisternas rotas que no retienen agua.

14 ¿Es Israel siervo?, ¿es hijo de una esclava? ¿Por qué ha venido a ser presa?

15 Los cachorros del león rugieron contra él, alzaron su voz, y asolaron su tierra; quemadas están sus ciudades, sin morador.

16 Aun los hijos de Menfis y de Tafnes te raparon el cráneo.

17 ¿No te acarreó esto el haber dejado a Jehová tu Dios, cuando te conducía por el camino?

18 Ahora, pues, ¿qué te va a ti en el camino de Egipto, para que bebas agua del Nilo? ¿Y qué te va a ti en el camino de Asiria, para que bebas agua del Éufrates?

19 Tu propia maldad te castigará, y tus rebeldías te condenarán; sabe, pues, y ve cuán malo y amargo es el haber dejado tú a Jehová tu Dios, y faltar mi temor en ti, dice el Señor, Jehová de los ejércitos.

20 Porque desde muy atrás rompiste tu yugo y tus ataduras, y dijiste: No serviré. Tú, que sobre todo collado alto y debajo de todo árbol frondoso te echabas como ramera.

21 Y eso que yo te planté de vid escogida, simiente verdadera toda ella; ¿cómo, pues, te me has vuelto sarmiento de vid extraña?

22 Aunque te laves con lejía, y amontones jabón sobre ti, la mancha de tu pecado permanecerá aún delante de mí, dice Jehová el Señor.

23 ¿Cómo puedes decir: No soy inmunda, nunca anduve tras los baales? Mira tu proceder en el valle, conoce lo que has hecho, joven dromedaria ligera que tuerce su camino,

24 asna montés acostumbrada al desierto, que en su ardor olfatea el viento. De su lujuria, ¿quién la detendrá? Todos los que la busquen no tendrán que fatigarse, porque en el tiempo de su celo la hallarán.

25 Guarda tus pies de andar descalzos, y tu garganta de la sed. Mas dijiste: No hay remedio en ninguna manera, porque a extraños he amado, y tras ellos he de ir.

26 Como se avergüenza el ladrón cuando es descubierto, así se avergonzará la casa de Israel, ellos, sus reyes, sus príncipes, sus sacerdotes y sus profetas,

27 que dicen a un leño: Mi padre eres tú; y a una piedra: Tú nos has engendrado. Porque me volvieron la espalda, y no el rostro; y en el tiempo de su calamidad dicen: Levántate, y líbranos.

28 ¿Pues dónde están tus dioses que hiciste para ti? Levántense ellos, a ver si te podrán librar en el tiempo de tu aflicción; porque según el número de tus ciudades, oh Judá, fueron tus dioses.

29 ¿Por qué porfiáis conmigo? Todos vosotros prevaricasteis contra mí, dice Jehová.
30 En vano he azotado a vuestros hijos; no han recibido corrección. Vuestra espada devoró a vuestros profetas como león destrozador.
31 ¡Oh generación!, atended vosotros a la palabra de Jehová. ¿He sido yo un desierto para Israel, o una tierra de tinieblas? ¿Por qué ha dicho mi pueblo: Vagamos a nuestras anchas; nunca más vendremos a ti?
32 ¿Puede una doncella olvidarse de su atavío, o una desposada de sus galas? Pues mi pueblo se ha olvidado de mí por innumerables días.
33 ¿Por qué adornas tu camino para hallar amor? Por eso, aun a las malvadas enseñaste tus caminos.
34 Aun en tus faldas se halló la sangre de las almas de los pobres inocentes. No las hallaste cometiendo ningún delito; sin embargo, en todas estas cosas dices:
35 Soy inocente, de seguro su ira se apartó de mí. He aquí, yo entraré en juicio contigo, porque dijiste: No he pecado.
36 ¿Por qué eres tan ligera, cambiando tus caminos? También serás avergonzada de Egipto, como fuiste avergonzada de Asiria.
37 También de allí saldrás con las manos sobre la cabeza, porque Jehová desechó a aquellos en quienes tú confiabas, y no prosperarás por ellos.

3 Dicen: Si alguno deja a su mujer, y yéndose ésta de él se junta a otro hombre, ¿volverá a ella más? ¿No será tal tierra del todo mancillada? Tú, pues, has fornicado con muchos amantes; y, con todo, ¿quieres volver a mí?, dice Jehová.
2 Alza tus ojos a las alturas, y ve si hay lugar en que no te hayas prostituido. Junto a los caminos te sentabas para ellos como árabe en el desierto, y con tus fornicaciones y con tu maldad has contaminado la tierra.
3 Por esta causa las aguas han sido detenidas, y faltó la lluvia tardía; y has tenido frente de ramera, y no quisiste tener vergüenza.
4 A lo menos desde ahora, ¿no me llamarás a mí: Padre mío, tú eres el amigo de mi juventud?
5 ¿Guardará su enojo para siempre? ¿Hasta el final lo guardará? He aquí cómo has hablado, pero has hecho maldades y las has colmado.

Jehová exhorta a Israel y a Judá al arrepentimiento

6 Me dijo Jehová en los días del rey Josías: ¿Has visto lo que ha hecho la apóstata Israel? Ella se fue sobre todo monte alto y debajo de todo árbol frondoso, y allí ha fornicado.

7 Y dije: Después de hacer todo esto, se volverá a mí; pero no se volvió, y lo vio su hermana la traidora Judá.
8 Ella vio que por haber cometido adulterio la apóstata Israel, yo la había despedido y le había dado carta de repudio; pero no tuvo temor la pérfida Judá su hermana, sino que también fue ella y fornicó.
9 Y sucedió que por la ligereza de su fornicación, la tierra fue contaminada, y adulteró con la piedra y con el leño.
10 Con todo esto, su hermana la pérfida Judá no se volvió a mí de todo corazón, sino fingidamente, dice Jehová.
11 Y me dijo Jehová: Ha resultado justa la apóstata Israel en comparación con la desleal Judá.
12 Ve y proclama estas palabras hacia el norte, y di: Vuélvete, oh apóstata Israel, dice Jehová; no haré caer mi ira sobre ti, porque misericordioso soy yo, dice Jehová, no guardaré para siempre el enojo.
13 Tan sólo, reconoce tu maldad, que contra Jehová tu Dios has prevaricado, y te diste a *dioses* extranjeros debajo de todo árbol frondoso, y no oíste mi voz, dice Jehová.
14 Convertíos, hijos apóstatas, dice Jehová, porque yo soy vuestro señor; y os tomaré uno de cada ciudad, y dos de cada familia, y os introduciré en Sión;
15 y os daré pastores según mi corazón, que os apacienten con conocimiento y con inteligencia.
16 Y acontecerá que cuando os multipliquéis y crezcáis en la tierra, en esos días, dice Jehová, no se dirá más: Arca del pacto de Jehová; ni vendrá al pensamiento, ni se hará mención de ella, ni la echarán de menos, ni se hará otra.
17 En aquel tiempo llamarán a Jerusalén: Trono de Jehová; y todas las naciones se reunirán con ella en el nombre de Jehová en Jerusalén; ni andarán más tras la dureza de su malvado corazón.
18 En aquellos días andará la casa de Judá con la casa de Israel, y vendrán juntamente de la tierra del norte a la tierra que hice heredar a vuestros padres.

Prosigue el poema de la conversión

19 Pero yo había dicho: ¿Cómo te pondré entre los hijos, y te daré la tierra deseable, la más excelente heredad de las naciones? Y dije: Me llamarás: Padre mío; y no te apartarás de en pos de mí.
20 Pero como la esposa infiel abandona a su compañero, así fuisteis desleales contra mí, oh casa de Israel, dice Jehová.
21 Voz fue oída sobre las alturas, el llanto suplicante de los hijos de Israel; porque han

pervertido su camino, de Jehová su Dios se
han olvidado.

22 Volveos, hijos apóstatas, y sanaré vuestras apostasías. Aquí estamos; hemos venido a ti, porque tú eres Jehová nuestro Dios.
23 Ciertamente falsedad eran los collados,
y el bullicio sobre los montes; ciertamente
en Jehová nuestro Dios está la salvación de
Israel.
24 La confusión consumió el trabajo de
nuestros padres desde nuestra juventud; sus
ovejas, sus vacas, sus hijos y sus hijas.
25 Yazcamos en nuestra confusión, y que
nuestra afrenta nos cubra; porque hemos
pecado contra Jehová nuestro Dios, nosotros y nuestros padres, desde nuestra juventud y hasta este día, y no hemos atendido a
la voz de Jehová nuestro Dios.

4 ¡Si te volvieras, oh Israel!, dice Jehová,
sí, vuélvete a mí. Y si quitas de delante
de mí tus abominaciones, y no andas de acá
para allá,
2 y juras: Vive Jehová, en verdad, en justicia y en rectitud, entonces las naciones se
bendecirán en él, y en él se gloriarán.
3 Porque así dice Jehová a todo varón de
Judá y de Jerusalén: Arad campo para
vosotros, y no sembréis entre espinos.
4 Circuncidaos a Jehová, y quitad el prepucio de vuestro corazón, varones de Judá y
moradores de Jerusalén; no sea que mi ira
salga como fuego, y se encienda y no haya
quien la apague, por la maldad de vuestras
obras.

La invasión extranjera, anunciada
y descrita

5 Anunciad en Judá, y proclamad en Jerusalén, y decid: Tocad trompeta en la tierra;
pregonad a voz en grito, y decid: Reuníos,
y entrémonos en las ciudades fortificadas.
6 Alzad bandera hacia Sión, escapad, no os
detengáis; porque yo hago venir calamidad
desde el norte, y gran destrucción.
7 El león sube de la espesura, y el destruidor de naciones está en marcha, y ha salido
de su lugar para poner tu tierra en desolación; tus ciudades quedarán asoladas y sin
morador.
8 Por esto vestíos de cilicio, endechad y
aullad; porque la ira de Jehová no se ha
apartado de nosotros.
9 Y sucederá en aquel día, dice Jehová, que
desfallecerá el corazón del rey y el corazón
de los príncipes, y los sacerdotes estarán
atónitos, y se asombrarán los profetas.
10 Y dije: ¡Ay, Jehová Dios! Verdaderamente en gran manera has engañado a este
pueblo y a Jerusalén, diciendo: Paz tendréis; pues la espada ha penetrado hasta el
alma.

11 En aquel tiempo se dirá de este pueblo y
de Jerusalén: Viento seco de las alturas del
desierto vino a la hija de mi pueblo, no para
aventar, ni para limpiar.
12 Viento demasiado fuerte para eso me
vendrá a mí; y ahora yo también pronunciaré juicios contra ellos.
13 He aquí que subirá como denso nublado, y sus carros como torbellino; más ligeros
son sus caballos que las águilas. ¡Ay de
nosotros, porque estamos perdidos!
14 Lava de maldad tu corazón, oh Jerusalén, para que seas salva. ¿Hasta cuándo
morarán dentro de ti tus siniestros pensamientos?
15 Porque una voz trae las nuevas desde
Dan, y hace oír la calamidad desde los
montes de Efraín.
16 Decid a las naciones: He aquí, haced oír
acerca de Jerusalén: Vigías *enemigos* vienen
de tierra lejana, y lanzarán su voz contra las
ciudades de Judá.
17 Como guardas de campo están en derredor de ella, porque se rebeló contra mí, dice
Jehová.
18 Tu camino y tus obras te causaron esto;
ésta es tu maldad, por lo cual esta amargura
penetra hasta tu corazón.
19 ¡Mis entrañas, mis entrañas! Me duelen
las fibras de mi corazón; mi corazón se agita
dentro de mí; no callaré; porque has oído
sonido de trompeta, oh alma mía, pregón de
guerra.
20 Quebrantamiento sobre quebrantamiento es anunciado; porque toda la tierra
es destruida; de repente son destruidas mis
tiendas, en un momento mis cortinas.
21 ¿Hasta cuándo he de ver bandera, he de
oír sonido de trompeta?
22 Porque mi pueblo es necio, no me
conocen; son hijos ignorantes y no tienen
entendimiento; sabios para hacer el mal,
pero para hacer el bien no tienen conocimiento.
23 Miré a la tierra, y he aquí que estaba
asolada y vacía; y a los cielos, y no había en
ellos luz.
24 Miré a los montes, y he aquí que temblaban, y todos los collados se cimbreaban.
25 Miré, y no había hombre, y todas las
aves del cielo se habían ido.
26 Miré, y he aquí el campo fértil era un
desierto, y todas sus ciudades eran asoladas
ante la presencia de Jehová, delante del
ardor de su ira.
27 Porque así dice Jehová: Toda la tierra
será asolada; pero no la destruiré del todo.
28 Por esto se enlutará la tierra, y los cielos
arriba se oscurecerán, porque hablé, lo decidí, y no me he arrepentido, ni desistiré de
ello.
29 Al estruendo de la gente de a caballo y

de los flecheros huye toda la ciudad; entran en las espesuras de los bosques, y suben a los peñascos; todas las ciudades fueron abandonadas, y no quedó en ellas morador alguno.

30 Y tú, destruida, ¿qué haces, que te vistes de grana, que te adornas con atavíos de oro, y te pintas con antimonio los ojos? En vano te engalanas; te menosprecian tus amantes, buscan tu vida,

31 porque oí una voz como de mujer que está de parto, angustia como de primeriza; la voz de la hija de Sión que, con el aliento entrecortado, extiende sus manos, diciendo: ¡Ay ahora de mí!, que mi alma desmaya delante de los asesinos.

Impiedad de Jerusalén y de Judá

5 Recorred las calles de Jerusalén, y mirad ahora, e informaos; buscad en sus plazas a ver si halláis un hombre, si hay alguno que haga justicia, que busque verdad; y yo la perdonaré.

2 Aunque digan: Como vive Jehová, juran falsamente.

3 Oh Jehová, ¿no miran tus ojos a la verdad? Los azotaste, y no les dolió; los consumiste, y no quisieron recibir corrección; endurecieron sus rostros más que la piedra, han rehusado convertirse.

4 Pero yo dije: Ciertamente éstos son pobres, han enloquecido, pues no conocen el camino de Jehová, ni la ordenanza de su Dios.

5 Iré a los grandes, y les hablaré; porque ellos conocen el camino de Jehová, y la ordenanza de su Dios. Pero ellos también quebraron el yugo, rompieron las coyundas.

6 Por tanto, el león de la selva los matará, los destruirá el lobo del desierto, el leopardo acechará sus ciudades; cualquiera que de ellas salga será arrebatado; porque sus transgresiones se han multiplicado, se han aumentado sus deslealtades.

7 ¿Cómo te he de perdonar por esto? Tus hijos me dejaron, y juraron por lo que no es Dios. Los sacié, y adulteraron, y en casa de rameras se juntaron en compañías.

8 Como caballos bien alimentados, cada cual relinchaba tras la mujer de su prójimo.

9 ¿No había de castigar esto?, dice Jehová. De una nación como esta, ¿no se había de vengar mi alma?

10 Escalad sus muros y destruid, pero no del todo; quitad las almenas de sus muros, porque no son de Jehová.

11 Porque se portaron muy deslealmente contra mí la casa de Israel y la casa de Judá, dice Jehová.

12 Renegaron de Jehová, y dijeron: Él no actúa, y no vendrá mal sobre nosotros, ni veremos espada ni hambre;

13 y los profetas serán como viento, porque no está en ellos la palabra; así se hará a ellos.

14 Por tanto, así ha dicho Jehová Dios de los ejércitos: Porque decís esta palabra, he aquí yo pongo mis palabras en tu boca por fuego, y a este pueblo por leña, y los consumirá.

15 He aquí yo traigo sobre vosotros gente de lejos, oh casa de Israel, dice Jehová; gente que no ceja, gente antigua, gente cuya lengua ignorarás, y no entenderás lo que hable.

16 Su aljaba como sepulcro abierto, todos valientes.

17 Y se comerán tu mies y tu pan, se comerán a tus hijos y a tus hijas; se comerán tus ovejas y tus vacas, se comerán tus viñas y tus higueras, y con su espada demolerán tus ciudades fortificadas, en las que confías.

18 No obstante, aun en aquellos días, dice Jehová, no os destruiré del todo.

19 Y cuando digáis: ¿Por qué Jehová el Dios nuestro hizo con nosotros todas estas cosas?, entonces les dirás tú: De la manera que me dejasteis a mí, y servisteis a dioses ajenos en vuestra tierra, así serviréis a extraños en tierra ajena.

20 Anunciad esto en la casa de Jacob, y haced que esto se oiga en Judá, diciendo:

21 Oíd ahora esto, pueblo necio y sin entendimiento, que tiene ojos y no ve, que tiene oídos y no oye:

22 ¿A mí no me temeréis?, dice Jehová. ¿No os amedrentaréis ante mí, que puse arena por término al mar, por orden eterna, la cual no puede ser traspasada? Se levantarán tempestades, mas no prevalecerán; bramarán sus ondas, mas no lo pasarán.

23 No obstante, este pueblo tiene un corazón obstinado y rebelde; traicionaron y se fueron.

24 Y no dijeron en su corazón: Temamos ahora a Jehová Dios nuestro, que da lluvia temprana y tardía en su tiempo, y nos guarda los tiempos establecidos de la siega.

25 Vuestras iniquidades han estorbado estas cosas, y vuestros pecados apartaron de vosotros el bien.

26 Porque fueron hallados en mi pueblo impíos; acechaban como quien pone lazos, pusieron trampa para cazar hombres.

27 Como jaula llena de pájaros, así están sus casas llenas de engaño; así se hicieron grandes y ricos.

28 Se engordaron y se pusieron lustrosos, y sobrepasaron los hechos del malo; no defendían la causa del huérfano para hacerla prosperar, y la causa de los pobres no defendían.

29 ¿No castigaré esto?, dice Jehová, ¿y de tal gente no se vengará mi alma?

30 Cosa espantosa y fea ha llegado a suceder en la tierra;

31 Los profetas profetizaban al servicio de la mentira, y los sacerdotes dirigían a su arbitrio; y mi pueblo gustaba de esto. ¿Qué, pues, haréis cuando llegue el fin?

Más sobre la invasión

6 Huid, hijos de Benjamín, de en medio de Jerusalén, y tocad trompeta en Técoa, y alzad señal sobre Bet-haquérem; porque del norte se asoma el mal, y un quebrantamiento grande.

2 Destruiré a la bella y delicada hija de Sión.

3 Contra ella vendrán pastores con sus rebaños; frente a ella plantarán sus tiendas alrededor; cada uno apacentará a su manada.

4 Anunciad guerra contra ella; levantaos y asaltémosla a mediodía. ¡Ay de nosotros!, que va cayendo ya el día, que las sombras de la tarde se han extendido.

5 Levantaos y asaltemos de noche, y destruyamos sus palacios.

6 Porque así dijo Jehová de los ejércitos: Cortad árboles, y levantad vallado contra Jerusalén; ésta es la ciudad que ha de ser castigada; toda ella está llena de violencia.

7 Como la fuente nunca cesa de manar sus aguas, así ella nunca cesa de manar su maldad; injusticia y robo se oyen en ella; continuamente en mi presencia, enfermedad y herida.

8 Corrígete, Jerusalén, para que no se aparte mi alma de ti, para que no te convierta en desierto, en tierra inhabitada.

9 Así dijo Jehová de los ejércitos: Del todo rebuscarán como a vid el resto de Israel; vuelve de nuevo tu mano como vendimiador entre los sarmientos.

10 ¿A quién hablaré y amonestaré, para que oigan? He aquí que sus oídos son incircuncisos, y no pueden escuchar; he aquí que la palabra de Jehová les es cosa oprobiosa, no les agrada.

11 Por tanto, estoy lleno de la ira de Jehová, estoy cansado de contenerme; la derramaré sobre los niños en la calle, y sobre la reunión de los jóvenes igualmente; porque será preso tanto el marido como la mujer, tanto el viejo como el muy anciano.

12 Y sus casas serán traspasadas a otros, sus heredades y también sus mujeres; porque extenderé mi mano sobre los moradores de la tierra, dice Jehová.

13 Porque desde el más chico de ellos hasta el más grande, cada uno sigue la avaricia; y desde el profeta hasta el sacerdote, todos son engañadores.

14 Y curan la herida de mi pueblo a la ligera, diciendo: Paz, paz, cuando no hay paz.

15 ¿Se han avergonzado de haber hecho abominación? Ciertamente no se han avergonzado, ni aun saben lo que es sonrojarse; por tanto, caerán entre los que caigan; cuando los castigue caerán, dice Jehová.

16 Así dice Jehová: Paraos en los caminos, y mirad, y preguntad por las sendas antiguas, cuál sea el buen camino, y andad por él, y hallaréis descanso para vuestras almas. Mas dijeron: No andaremos en él.

17 Puse también sobre vosotros atalayas, que dijesen: Escuchad al sonido de la trompeta. Y dijeron ellos: No escucharemos.

18 Por tanto, oíd, naciones, y entended, oh congregación, lo que sucederá.

19 Oye, tierra: He aquí, yo traigo el mal sobre este pueblo, el fruto de sus pensamientos; porque no escucharon mis palabras, y aborrecieron mi ley.

20 ¿Para qué a mí este incienso de Sebá, y la buena caña olorosa de tierra lejana? Vuestros holocaustos no son aceptables, ni vuestros sacrificios me agradan.

21 Por tanto, Jehová dice esto: He aquí, yo pongo a este pueblo tropiezos, y caerán en ellos los padres y los hijos juntamente; el vecino y su compañero perecerán.

22 Así ha dicho Jehová: He aquí que viene un pueblo de la tierra del norte, y una nación grande se levantará de los confines de la tierra.

23 Arco y jabalina empuñarán; crueles son, y no tendrán misericordia; su estruendo brama como el mar, y montarán a caballo como hombres dispuestos para la guerra, contra ti, oh hija de Sión.

24 Su fama oímos, y nuestras manos se debilitaron; se apoderó de nosotros angustia, dolor como de mujer que está de parto.

25 No salgas al campo, ni andes por el camino; porque espada de enemigo y terror hay por todas partes.

26 Hija de mi pueblo, cíñete de cilicio, y revuélcate en ceniza; ponte luto como por hijo único, llanto de amarguras; porque pronto vendrá sobre nosotros el destruidor.

27 Por fortaleza te he puesto en mi pueblo, por torre; conocerás, pues, y examinarás el camino de ellos.

28 Todos ellos son rebeldes porfiados, andan chismeando; son bronce y hierro; todos ellos son corruptores.

29 Se quemó el fuelle, por el fuego se ha consumido el plomo; en vano fundió el fundidor, pues la escoria no se ha desprendido.

30 Plata de desecho los llamarán, porque Jehová los desechó.

El rechazo a escuchar al profeta

7 Palabra de Jehová que vino a Jeremías, diciendo:

2 Ponte a la puerta de la casa de Jehová, y proclama allí esta palabra, y di: Oíd palabra de Jehová, todo Judá, los que entráis por estas puertas para adorar a Jehová.

3 Así ha dicho Jehová de los ejércitos, Dios de Israel: Enmendad vuestros caminos y vuestras obras, y os haré morar en este lugar.

4 No fiéis en palabras de mentira, diciendo: Templo de Jehová, templo de Jehová, templo de Jehová es éste.

5 Pero si enmendáis cumplidamente vuestros caminos y vuestras obras; si con verdad hacéis justicia entre un hombre y su prójimo,

6 y no oprimís al extranjero, al huérfano y a la viuda, ni en este lugar derramáis la sangre inocente, ni andáis en pos de dioses ajenos para mal vuestro,

7 os haré morar en este lugar, en la tierra que di a vuestros padres, para siempre.

8 He aquí, vosotros confiáis en palabras de mentira, que no aprovechan.

9 Hurtando, matando, adulterando, jurando en falso, e incensando a Baal, y andando tras dioses extraños que no conocisteis,

10 ¿vendréis y os pondréis delante de mí en esta casa sobre la cual es invocado mi nombre, y diréis: Ya estamos a salvo; para seguir haciendo todas estas abominaciones?

11 ¿Es cueva de ladrones delante de vuestros ojos esta casa sobre la cual es invocado mi nombre? He aquí que también yo lo veo, dice Jehová.

12 Andad ahora a mi lugar en Siló, donde hice morar mi nombre al principio, y ved lo que le hice por la maldad de mi pueblo Israel.

13 Ahora, pues, por cuanto vosotros habéis hecho todas estas obras, dice Jehová, y aunque os hablé desde temprano y sin cesar, no oísteis, y os llamé, y no respondisteis;

14 haré, por tanto, a esta casa sobre la cual es invocado mi nombre, en la que vosotros confiáis, y a este lugar que di a vosotros y a vuestros padres, como hice a Siló.

15 Y os echaré de mi presencia, como eché a todos vuestros hermanos, a toda la descendencia de Efraín.

16 Tú, pues, no ores por este pueblo, ni levantes por ellos clamor ni oración, ni me ruegues; porque no te oiré.

17 ¿No ves lo que éstos hacen en las ciudades de Judá y en las calles de Jerusalén?

18 Los hijos recogen la leña, los padres encienden el fuego, y las mujeres amasan la masa, para hacer tortas a la reina del cielo y para hacer ofrendas a dioses ajenos, para provocarme a ira.

19 ¿Me provocarán ellos a ira?, dice Jehová. ¿No se exasperan más bien a sí mismos, para su propia vergüenza?

20 Por tanto, así ha dicho el Señor Jehová: He aquí que mi furor y mi ira se derramarán sobre este lugar, sobre los hombres, sobre los animales, sobre los árboles del campo y sobre los frutos de la tierra; se encenderán, y no se apagarán.

Castigo de la rebelión de Judá

21 Así ha dicho Jehová de los ejércitos, Dios de Israel: Añadid vuestros holocaustos sobre vuestros sacrificios, y comed la carne.

22 Porque no hablé yo con vuestros padres, ni nada les mandé acerca de holocaustos y de víctimas el día que los saqué de la tierra de Egipto.

23 Mas esto les mandé, diciendo: Escuchad mi voz, y seré a vosotros por Dios, y vosotros me seréis por pueblo; y andad en todo camino que os mande, para que os vaya bien.

24 Y no oyeron ni inclinaron su oído; antes caminaron en sus propios consejos, en la dureza de su corazón malvado, y fueron hacia atrás y no hacia adelante,

25 desde el día que vuestros padres salieron de la tierra de Egipto hasta hoy. Y aunque os envié todos los profetas mis siervos, día tras día, sin cesar;

26 con todo, no me oyeron ni inclinaron su oído, sino que endurecieron su cerviz, e hicieron peor que sus padres.

27 Tú, pues, les hablarás todas estas palabras, pero no te escucharán; los llamarás, pero no te responderán.

28 Les dirás, por tanto: Ésta es la nación que no escuchó la voz de Jehová su Dios, ni admitió corrección; pereció la fidelidad, y fue cortada de la boca de ellos.

29 Corta tu cabello, y arrójalo, y levanta llanto sobre las alturas; porque Jehová ha rechazado y abandonado a la generación objeto de su ira.

30 Porque los hijos de Judá han hecho lo que es malo ante mis ojos, dice Jehová; pusieron sus abominaciones en la casa sobre la cual es invocado mi nombre, mancillándola.

31 Y han edificado los lugares altos de Tófet, que está en el valle del hijo de Hinom, para quemar al fuego a sus hijos y a sus hijas, cosa que yo no les mandé, ni me vino al pensamiento.

32 Por tanto, he aquí vendrán días, ha dicho Jehová, en que no se llame más Tófet, ni valle del hijo de Hinom, sino Valle de la Matanza; porque serán enterrados en Tófet, por no haber otro lugar.

33 Y serán los cuerpos muertos de este pueblo para comida de las aves del cielo y de las bestias de la tierra; y no habrá quien las espante.

34 Y haré cesar de las ciudades de Judá, y

de las calles de Jerusalén; la voz de gozo y la voz de alegría, la voz del esposo y la voz de la esposa; porque la tierra quedará desolada.

8 En aquel tiempo, dice Jehová, sacarán los huesos de los reyes de Judá, y los huesos de sus príncipes, y los huesos de los sacerdotes, y los huesos de los profetas, y los huesos de los moradores de Jerusalén, fuera de sus sepulcros;

2 y los esparcirán al sol y a la luna y a todo el ejército del cielo, a quienes amaron y a quienes sirvieron, en pos de quienes anduvieron, a quienes preguntaron, y ante quienes se postraron. No serán recogidos ni enterrados; serán como estiércol sobre la faz de la tierra.

3 Y escogerá la muerte antes que la vida todo el resto que quede de esta mala generación, en todos los lugares adonde haya arrojado yo a los que queden, dice Jehová de los ejércitos.

4 Les dirás asimismo: Así ha dicho Jehová: El que cae, ¿no se levanta? El que se desvía, ¿no vuelve al camino?

5 ¿Por qué continúa este pueblo de Jerusalén apostatando con apostasía perpetua? Se han aferrado al engaño, y rehúsan volverse.

6 Escuché y oí; no hablan rectamente, no hay hombre que se arrepienta de su mal, diciendo: ¿Qué he hecho? Cada cual se apartó en su propia carrera, como caballo que irrumpe con ímpetu en la batalla.

7 Aun la cigüeña en el cielo conoce sus tiempos, y la tórtola y la grulla y la golondrina observan los tiempos de sus migraciones; pero mi pueblo no conoce la ordenanza de Jehová.

8 ¿Cómo decís: Nosotros somos sabios, y la ley de Jehová está con nosotros? Cuando lo cierto es que la ha cambiado en mentira la pluma mentirosa de los escribas.

9 Los sabios se avergonzaron, se espantaron y fueron consternados; he aquí que han rechazado la palabra de Jehová; ¿y qué sabiduría tienen?

10 Por tanto, daré a otros sus mujeres, y sus campos a nuevos poseedores; porque desde el más pequeño hasta el más grande cada uno sigue la avaricia; desde el profeta hasta el sacerdote todos practican el fraude.

11 Y curaron la herida de la hija de mi pueblo a la ligera, diciendo: Paz, paz; cuando no hay paz.

12 ¿Se han avergonzado de haber hecho abominación? Ciertamente no se han avergonzado en lo más mínimo, ni aun saben lo que es sonrojarse; caerán, por tanto, entre los que caigan; cuando los castigue caerán, dice Jehová.

13 Los consumiré del todo, dice Jehová. No quedan uvas en la vid, ni higos en la higuera,

y se cae la hoja, y lo que les he dado pasará de ellos.

14 ¿Por qué nos estamos sentados? Reuníos, y entremos en las ciudades fortificadas, y perezcamos allí; porque Jehová nuestro Dios nos ha dado a beber aguas de hiel, porque pecamos contra Jehová.

15 Esperábamos paz, y no hubo bien alguno; día de curación, y he aquí terror.

16 Desde Dan se oyó el bufido de sus caballos; al sonido de los relinchos de sus corceles tembló toda la tierra; pues vinieron y devoraron la tierra y su abundancia, la ciudad y los moradores de ella.

17 Porque he aquí que yo envío sobre vosotros serpientes y áspides contra los cuales no hay encantamiento, y os morderán, dice Jehová.

Lamentación sobre Judá y Jerusalén

18 Aunque quisiera consolarme de mi pesar, mi corazón desfallece dentro de mí.

19 He aquí la voz del clamor de la hija de mi pueblo, que viene de tierra lejana: ¿No está Jehová en Sión? ¿No está en ella su Rey? ¿Por qué me hicieron airar con sus imágenes de talla, con vanidades ajenas?

20 Pasó la siega, terminó el verano, y nosotros no hemos sido salvos.

21 Soy presa de angustia por el quebrantamiento de la hija de mi pueblo; estoy negro, el espanto me ha sobrecogido.

22 ¿No hay bálsamo en Galaad? ¿No hay allí médico? ¿Por qué, pues, no hubo medicina para la hija de mi pueblo?

9 ¡Oh, si mi cabeza se hiciese aguas, y mis ojos fuentes de lágrimas, para que llorase día y noche los muertos de la hija de mi pueblo!

2 ¡Oh, quién me diese estar en el desierto, en un albergue de caminantes, para dejar a mi pueblo, y marcharme de ellos! Porque todos ellos son adúlteros, una banda de traidores.

3 Hicieron que su lengua lanzara mentira como un arco, y se fortalecieron en la tierra, pero no para ser fieles; porque de maldad en maldad procedieron, y me han desconocido, dice Jehová.

4 Guárdese cada uno de su compañero, y en ningún hermano tenga confianza; porque todo hermano actúa con falacia, y todo compañero anda calumniando.

5 Y cada uno engaña a su compañero, y ninguno habla verdad; han enseñado a su lengua a hablar mentira, se fatigan en cometer iniquidad.

6 Tu morada está en medio del engaño; por ser tan engañadores, rehusaron conocerme, dice Jehová.

7 Por tanto, así ha dicho Jehová de los

ejércitos: He aquí que yo los refinaré y los probaré; porque ¿qué otra cosa he de hacer por la hija de mi pueblo?

8 Saeta afilada es la lengua de ellos; engaño habla; con su boca dice uno paz a su amigo, pero le tiende insidias en su corazón.

9 ¿No los he de castigar por estas cosas?, dice Jehová. De tal nación, ¿no se vengará mi alma?

10 Por los montes levantaré llanto y gemido, y lamento por los pastizales del desierto; porque fueron incendiados hasta no quedar quien pase, ni oírse el bramido del ganado; desde las aves del cielo hasta las bestias de la tierra huyeron, y se fueron.

11 Reduciré a Jerusalén a un montón de ruinas, morada de chacales; y convertiré las ciudades de Judá en desolación, sin que quede un morador.

Amenaza de ruina y exilio

12 ¿Quién es el varón sabio que pueda entender esto?; ¿y a quién habló la boca de Jehová, para que pueda declararlo? ¿Por qué causa ha perecido la tierra, ha sido asolada como un desierto, hasta no haber quien pase?

13 Y dice Jehová: Porque dejaron mi ley, la cual puse delante de ellos, y no obedecieron a mi voz, ni caminaron conforme a ella;

14 sino que se fueron tras la terquedad de su corazón, y en pos de los baales, según les enseñaron sus padres.

15 Por tanto, así ha dicho Jehová de los ejércitos, el Dios de Israel: He aquí que a este pueblo yo les daré a comer ajenjo, y les daré a beber aguas de hiel.

16 Y los esparciré entre naciones que ni ellos ni sus padres conocieron; y enviaré la espada en pos de ellos, hasta que los consuma.

17 Así dice Jehová de los ejércitos: Considerad, y llamad a las plañideras para que vengan; buscad a las hábiles en el oficio, para que vengan,

18 y dense prisa, y levanten llanto por nosotros, y desháganse así nuestros ojos en lágrimas, y nuestros párpados den libre curso al llanto.

19 Porque de Sión fue oída voz de endecha: ¡Cómo hemos sido destruidos! En gran manera hemos sido avergonzados, porque abandonamos la tierra, porque han destruido nuestras moradas.

20 Oíd, pues, oh mujeres, palabra de Jehová, y vuestro oído reciba la palabra de su boca: Enseñad endechas a vuestras hijas, y lamentación cada una a su amiga.

21 Porque la muerte ha subido por nuestras ventanas, ha entrado en nuestros palacios, para exterminar a los niños de las calles, a los jóvenes de las plazas.

22 Habla: Así ha dicho Jehová: Los cuerpos de los hombres muertos caerán como estiércol sobre la faz del campo, y como manojo tras el segador, que no hay quien lo recoja.

El conocimiento de Dios es la verdadera sabiduría

23 Así dijo Jehová: No se alabe el sabio en su sabiduría, ni en su valentía se alabe el valiente, ni el rico se alabe en sus riquezas.

24 Mas alábese en esto el que se hubiere de alabar: en entenderme y conocerme, que yo soy Jehová, que hago misericordia, juicio y justicia en la tierra; porque en estas cosas me complazco, dice Jehová.

25 He aquí que vienen días, dice Jehová, en que castigaré a todo circuncidado en su incircuncisión;

26 a Egipto y a Judá, a Edom y a los hijos de Amón y de Moab, y a todos los que se afeitan las sienes, los que moran en el desierto; porque todas las naciones son incircuncisas, y toda la casa de Israel es incircuncisa de corazón.

Los ídolos y el Dios verdadero

10 Oíd la palabra que Jehová ha hablado sobre vosotros, oh casa de Israel.

2 Así dice Jehová: No aprendáis el camino de las naciones, ni de las señales del cielo tengáis temor, aunque las naciones las teman.

3 Porque las costumbres de los pueblos son vanidad; porque no es más que un leño que del bosque cortaron, obra de manos de artífice con buril.

4 Con plata y oro lo adornan; con clavos y martillo lo aseguran para que no se mueva.

5 Son como espantapájaros en un huerto de pepinos, y no hablan; necesitan ser llevados, porque no pueden andar. No tengáis temor de ellos, porque ni pueden hacer mal, ni para hacer bien tienen poder.

6 No hay semejante a ti, oh Jehová; grande eres tú, y grande tu nombre en poderío.

7 ¿Quién no te temerá, oh Rey de las naciones? Porque a ti es debido el temor; porque entre todos los sabios de las naciones y en todos sus reinos, no hay semejante a ti.

8 Todos a la par están embrutecidos y entontecidos; las vanidades por las que han sido aleccionados no son más que un leño;

9 plata batida de Tarsis y oro de Ufaz, obra del artífice, y de manos del orfebre; los visten de azul y de púrpura, obra de peritos es todo.

10 Mas Jehová es el Dios verdadero; él es el Dios vivo y el Rey eterno; a su ira tiembla la tierra, y las naciones no pueden aguantar su indignación.

11 Les diréis así: Los dioses que no hicieron los cielos ni la tierra, desaparecerán de la tierra y de debajo de los cielos.

12 El que hizo la tierra con su poder, el que puso en orden el mundo con su saber, y extendió los cielos con su entendimiento;

13 a su voz se produce muchedumbre de aguas en el cielo, y hace subir las nubes de lo postrero de la tierra; hace los relámpagos con la lluvia, y saca el viento de sus depósitos.

14 Todo hombre se embrutece, y le falta conocimiento; se avergüenza de su ídolo todo fundidor, porque mentirosa es su obra de fundición, y no hay espíritu en ella.

15 Vanidad son, obra inútil; al tiempo de su castigo perecerán.

16 No es así la porción de Jacob; porque él es el Hacedor de todo, e Israel es la tribu de su heredad; Jehová de los ejércitos es su nombre.

La ruina de Judá

17 Recoge de las tierras tus mercancías, la que moras en lugar fortificado.

18 Porque así ha dicho Jehová: He aquí que esta vez arrojaré con honda los moradores de la tierra, y los afligiré, para que lo sientan.

19 ¡Ay de mí, por mi quebrantamiento!, mi llaga es muy dolorosa. Pero dije: Esto no es más que una enfermedad, y debo sufrirla.

20 Mi tienda está destruida, y todas mis cuerdas están rotas; mis hijos me han abandonado y perecieron; no hay ya más quien levante mi tienda, ni quien cuelgue mis cortinas.

21 Porque los pastores se infatuaron, y no buscaron a Jehová; por tanto, no prosperaron, y todo su ganado se esparció.

22 He aquí que se oye un rumor, ya llega, y un gran alboroto de la tierra del norte, para convertir en soledad todas las ciudades de Judá, en morada de chacales.

23 Conozco, oh Jehová, que el hombre no es señor de su camino, ni del hombre que camina es el ordenar sus pasos.

24 Castígame, oh Jehová, mas con medida; no con tu furor, para que no me reduzcas a poca cosa.

25 Derrama tu enojo sobre los pueblos que no te conocen, y sobre los linajes que no invocan tu nombre; porque se comieron a Jacob, lo devoraron, le han consumido, y han asolado su morada.

Judá rompe el pacto

11 La palabra que vino de Jehová a Jeremías, diciendo:

2 Oíd las palabras de este pacto, y hablad a todo varón de Judá, y a todo morador de Jerusalén.

3 Y diles: Así dice Jehová el Dios de Israel: Maldito el varón que no escuche las palabras de este pacto,

4 el cual mandé a vuestros padres el día que los saqué de la tierra de Egipto, del horno de hierro, diciéndoles: Escuchad mi voz, y cumplid mis palabras, conforme a todo lo que os mando; y me seréis por pueblo, y yo seré a vosotros por Dios;

5 para que confirme el juramento que hice a vuestros padres, que les daría una tierra que fluye leche y miel, como es en el día de hoy. Y respondí y dije: Amén, oh Jehová.

6 Y Jehová me dijo: Proclama todas estas palabras en ciudades de Judá y en las calles de Jerusalén, diciendo: Escuchad las palabras de este pacto, y ponedlas por obra.

7 Porque solemnemente advertí a vuestros padres el día que les hice subir de la tierra de Egipto, amonestándoles desde el principio y sin cesar hasta el día de hoy, diciendo: Prestad atención a mi voz.

8 Pero no atendieron, ni inclinaron su oído, anduvo cada uno en la dureza de su malvado corazón; por tanto, he traído sobre ellos todas las palabras de este pacto, el cual mandé que cumpliesen, y no lo cumplieron.

9 Y me dijo Jehová: Se ha hallado una conspiración entre los varones de Judá, y entre los moradores de Jerusalén.

10 Se han vuelto a las maldades de sus antepasados, los cuales rehusaron escuchar mis palabras, y se fueron tras dioses ajenos para servirles; la casa de Israel y la casa de Judá han quebrantado mi pacto, el cual había yo concertado con sus padres.

11 Por tanto, así ha dicho Jehová: He aquí yo traigo sobre ellos un mal del que no podrán salir; y clamarán a mí, y no los escucharé.

12 E irán las ciudades de Judá y los moradores de Jerusalén, y clamarán a los dioses a quienes queman ellos incienso, los cuales no los podrán salvar en el tiempo de su desgracia.

13 Porque según el número de tus ciudades fueron tus dioses, oh Judá; y según el número de las calles de Jerusalén, pusiste los altares de ignominia, altares para ofrecer incienso a Baal.

14 Tú, pues, no ores por este pueblo, ni levantes por ellos clamor ni oración; porque yo no los oiré en el día que en su aflicción clamen a mí.

15 ¿Qué tiene mi amado que hacer en mi casa, habiendo cometido tantas abominaciones? ¿Crees que las carnes santificadas de las víctimas pueden evitarte el castigo? Puesto que cuando haces la maldad, entonces te regocijas.

16 Olivo frondoso, lozano, de hermoso fruto, llamó Jehová tu nombre. Al sonido de

un gran estrépito hizo encender fuego sobre él, y se quebraron sus ramas.

17 Porque Jehová de los ejércitos que te plantó ha pronunciado el mal contra ti, a causa de la maldad que la casa de Israel y la casa de Judá han hecho, provocándome a ira con incensar a Baal.

Complot contra Jeremías

18 Jehová me lo hizo saber, y lo conocí; entonces me hiciste ver sus obras.

19 Y yo era como cordero manso que llevan a degollar, pues no entendía que tramaban maquinaciones contra mí, diciendo: Destruyamos el árbol con su fruto, y cortémoslo de la tierra de los vivientes, para que no haya más memoria de su nombre.

20 Pero, oh Jehová de los ejércitos, que juzgas con justicia, que escudriñas los riñones y el corazón, vea yo tu venganza de ellos; porque ante ti he expuesto mi causa.

21 Por tanto, así ha dicho Jehová acerca de los varones de Anatot que buscan tu vida, diciendo: No profetices en nombre de Jehová, para que no mueras a nuestras manos;

22 así, pues, ha dicho Jehová de los ejércitos: He aquí que yo los castigaré; los jóvenes morirán a espada, sus hijos y sus hijas morirán de hambre,

23 y no quedará remanente de ellos, pues yo traeré el mal sobre los varones de Anatot, el año de su castigo.

Queja de Jeremías y respuesta de Dios

12 Justo eres tú, oh Jehová, para que yo dispute contigo; sin embargo, alegaré mi causa ante ti. ¿Por qué es prosperado el camino de los impíos, y lo pasan bien todos los que se portan deslealmente?

2 Los plantaste, y echaron raíces; crecieron y dieron fruto; cercano estás tú en sus bocas, pero lejos de sus riñones.

3 Pero tú, oh Jehová, me conoces; me viste, y probaste mi corazón para contigo; arrebátalos como a ovejas para el degolladero, y señálalos para el día de la matanza.

4 ¿Hasta cuándo estará de luto la tierra, y marchita la hierba de todo el campo? Por la maldad de los que en ella moran, han desaparecido los ganados y las aves; porque dijeron: Dios no ve nuestro fin.

5 Si corriste con los de a pie, y te cansaron, ¿cómo contenderás con los de a caballo? Y si en la tierra de paz no estabas seguro, ¿cómo harás en la espesura del Jordán?

6 Porque aun tus hermanos y la casa de tu padre, aun ellos se portaron deslealmente contigo, aun ellos dieron gritos en pos de ti. No los creas aun cuando bien te hablen.

7 He dejado mi casa, desamparé mi here-dad, he entregado lo que amaba mi alma en manos de sus enemigos.

8 Mi heredad fue para mí como león en la selva; contra mí dio su rugido; por tanto, la aborrecí.

9 ¿Es mi heredad para mí como ave de rapiña de muchos colores? ¿Están contra ella aves de rapiña en derredor? Venid, reuníos, vosotras todas las fieras del campo, venid a devorarla.

10 Muchos pastores han destruido mi viña, hollaron mi heredad, convirtieron en desierto y soledad mi heredad agradable.

11 Fue puesta en asolamiento, y lloró sobre mí desolada; fue asolada toda la tierra, porque no hubo hombre que reflexionase.

12 Sobre todas las alturas del desierto vinieron saqueadores; porque la espada de Jehová devora desde un extremo de la tierra hasta el otro; no hay paz para ninguna carne.

13 Sembraron trigo, y segaron espinos; se afanaron, mas no aprovecharon nada; se avergonzarán de sus frutos, a causa de la ardiente ira de Jehová.

14 Así dice Jehová: Contra todos mis malos vecinos, que tocan la heredad que hice poseer a mi pueblo Israel; he aquí que yo los arrancaré de su tierra, y arrancaré de en medio de ellos a la casa de Judá.

15 Y después que los haya arrancado, volveré y tendré compasión de ellos, y los haré volver cada uno a su heredad y cada cual a su tierra.

16 Y si diligentemente aprenden los caminos de mi pueblo, para jurar en mi nombre, diciendo: Vive Jehová, así como enseñaron a mi pueblo a jurar por Baal, ellos serán prosperados en medio de mi pueblo.

17 Mas si no escuchan, arrancaré esa nación, sacándola de raíz y destruyéndola, dice Jehová.

La señal del cinto podrido

13 Así me dijo Jehová: Ve y cómprate una faja de lino, y cíñela sobre tus lomos, y no la metas en agua.

2 Y compré la faja conforme a la palabra de Jehová, y la puse sobre mis lomos.

3 Vino a mí segunda vez palabra de Jehová, diciendo:

4 Toma la faja que compraste, que está sobre tus lomos, y levántate y vete al Éufrates, y escóndela allá en la hendidura de una peña.

5 Fui, pues, y la escondí junto al Éufrates, como Jehová me mandó.

6 Y sucedió que después de muchos días me dijo Jehová: Levántate y vete al Éufrates, y toma de allí la faja que te mandé esconder allá.

7 Entonces fui al Éufrates, y cavé, y tomé la

faja del lugar donde la había escondido; y he aquí que la faja se había echado a perder; para ninguna cosa era de provecho.

8 Y vino a mí palabra de Jehová, diciendo:
9 Así dice Jehová: De esta manera echaré a perder la soberbia de Judá, y la mucha soberbia de Jerusalén.
10 Este pueblo malvado, que rehúsa oír mis palabras, que anda en la terquedad de su corazón, y que va en pos de dioses ajenos para servirles, y para postrarse ante ellos, vendrá a ser como esta faja, que para ninguna cosa es de provecho.
11 Porque como la faja se junta a los lomos del hombre, así hice juntar a mí toda la casa de Israel y toda la casa de Judá, dice Jehová, para que me fuesen por pueblo y por nombre, por alabanza y por gloria; pero no escucharon.

La señal de las vasijas llenas

12 Les dirás, además, esta palabra: Así ha dicho Jehová, el Dios de Israel: Toda tinaja se llena de vino. Y ellos te dirán: ¿Acaso no sabemos que toda tinaja se llena de vino?
13 Entonces les dirás: Así ha dicho Jehová: He aquí que yo lleno de embriaguez a todos los moradores de esta tierra, y a los reyes que se sientan sobre el trono de David, a los sacerdotes y profetas, y a todos los moradores de Jerusalén;
14 y los quebrantaré el uno contra el otro, los padres con los hijos igualmente, dice Jehová; no perdonaré, ni tendré piedad ni compasión para no destruirlos.

Judá será llevada en cautiverio

15 Escuchad y prestad oído; no os envanezcáis, pues Jehová ha hablado.
16 Dad gloria a Jehová vuestro Dios, antes que haga venir las tinieblas, y antes que vuestros pies tropiecen en montes de oscuridad, y esperéis luz, y os la vuelva en sombra de muerte y tinieblas densas.
17 Mas si no oís esto, en secreto llorará mi alma a causa de vuestra soberbia; y llorando amargamente se desharán mis ojos en lágrimas, porque el rebaño de Jehová fue hecho cautivo.
18 Di al rey y a la reina madre: Humillaos, sentaos en tierra; porque la corona de vuestra gloria ha caído de vuestras cabezas.
19 Las ciudades del Néguev están cerradas, y no hay quien las abra; toda Judá fue deportada, llevada en cautiverio fue toda ella.

Aviso a Jerusalén infiel

20 Alzad vuestros ojos, y ved a los que vienen del norte. ¿Dónde está el rebaño que te fue dado, tu hermosa grey?
21 ¿Qué dirás cuando él ponga como cabeza sobre ti a aquellos a quienes tú enseñaste para tu mal a ser tus amigos? ¿No te darán dolores como de mujer que está de parto?
22 Y si dices en tu corazón: ¿Por qué me ha sobrevenido esto? Por la enormidad de tu maldad fueron descubiertas tus faldas, sufrieron violencia tus calcañares.
23 ¿Podrá mudar el etíope su piel, o el leopardo sus manchas? Así también, ¿podréis vosotros hacer el bien, estando habituados a hacer el mal?
24 Por tanto, yo los esparciré como tamo que pasa con el viento del desierto.
25 Esta es tu suerte, la porción que yo he medido para ti, dice Jehová, porque te olvidaste de mí y confiaste en la falsedad.
26 Yo, pues, descubriré también tus faldas delante de tu rostro, y se manifestará tu ignominia.
27 Tus adulterios, tus relinchos, la maldad de tu fornicación; sobre los collados en el campo vi tus abominaciones. ¡Ay de ti, Jerusalén! ¡No quieres ser hecha limpia! ¿Cuánto tardarás tú en purificarte?

Anuncio de la sequía

14 Palabra de Jehová que vino a Jeremías, con motivo de la sequía.
2 Se enlutó Judá, y sus puertas languidecen; se sentaron tristes en tierra, y subió el clamor de Jerusalén.
3 Los nobles enviaron sus criados a traer agua; vinieron a los aljibes, y no hallaron agua; volvieron con sus vasijas vacías; se avergonzaron, se confundieron, y cubrieron sus cabezas.
4 Porque se resquebrajó la tierra por no haber llovido en el país, están confundidos los labradores, cubren sus cabezas.
5 Aun las ciervas en los campos paren y dejan la cría, porque no hay hierba.
6 Y los asnos monteses se ponen en las alturas, aspiran el viento como chacales; sus ojos se debilitan porque no hay hierba.
7 Aunque nuestras iniquidades testifican contra nosotros, oh Jehová, actúa por amor de tu nombre; porque nuestras apostasías se han multiplicado, contra ti hemos pecado.
8 Oh tú, esperanza de Israel, Salvador suyo en el tiempo de la aflicción, ¿por qué te has hecho como forastero en la tierra, y como caminante que se retira para pasar la noche?
9 ¿Por qué eres como hombre atónito, y como valiente que no puede librar? Sin embargo, tú estás entre nosotros, oh Jehová, y sobre nosotros es invocado tu nombre; no nos desampares.
10 Así ha dicho Jehová acerca de este pueblo: Se deleitaron en vagar, y no dieron reposo a sus pies; por tanto, Jehová no se agrada de ellos; se acordará ahora de su maldad, y castigará sus pecados.

11 Me dijo Jehová: No ruegues por este pueblo para su bien.

12 Cuando ayunen, yo no oiré su clamor, y cuando ofrezcan holocausto y ofrenda no lo aceptaré, sino que los consumiré con espada, con hambre y con pestilencia.

13 Y yo dije: ¡Ah!; ¡ah, Señor Jehová! He aquí que los profetas les dicen: No veréis espada, ni habrá hambre entre vosotros, sino que en este lugar os daré paz verdadera.

14 Me dijo entonces Jehová: Mentiras profetizan los profetas en mi nombre; no los envié, ni les mandé, ni les hablé; visión mentirosa, adivinación, vanidad y engaño de su propio corazón os profetizan.

15 Por tanto, así ha dicho Jehová: En cuanto a los profetas que profetizan en mi nombre, los cuales yo no envié, y que dicen: Ni espada ni hambre habrá en esta tierra; con espada y con hambre serán consumidos esos profetas.

16 Y el pueblo a quien profetizan será echado en las calles de Jerusalén por causa del hambre y de la espada, y no habrá quien los entierre a ellos, a sus mujeres, a sus hijos y a sus hijas; pues sobre ellos derramaré su maldad.

17 Y les dirás esta palabra: Derramen mis ojos lágrimas noche y día, y no cesen; porque con gran quebrantamiento es quebrantada la virgen hija de mi pueblo, con azote muy doloroso.

18 Si salgo al campo, he aquí los muertos a espada; y si entro en la ciudad, he aquí los enfermos de hambre; porque tanto el profeta como el sacerdote andan vagando en la tierra, y no se han enterado.

19 ¿Has desechado enteramente a Judá? ¿Ha aborrecido tu alma a Sión? ¿Por qué nos hiciste herir sin que haya remedio? Esperábamos paz, pero no hubo bien; tiempo de curación, y he aquí terror.

20 Reconocemos, oh Jehová, nuestra impiedad, la iniquidad de nuestros padres; porque contra ti hemos pecado.

21 Por amor de tu nombre no nos deseches, ni deshonres el trono de tu gloria; acuérdate, no invalides tu pacto con nosotros.

22 ¿Hay entre los ídolos de las naciones quien haga llover?; o ¿darán de sí los cielos lluvias? ¿No eres tú, oh Jehová, nuestro Dios, y en ti esperamos? Pues tú has hecho todas estas cosas.

La implacable ira de Dios contra Judá

15 Me dijo Jehová: Aunque Moisés y Samuel se pusieran delante de mí, no estará mi voluntad con este pueblo; échalos de mi presencia, y salgan.

2 Y si te preguntan: ¿Adónde saldremos?, les dirás: Así dice Jehová: El que a muerte, a muerte; el que a espada, a espada; el que a hambre, a hambre; y el que a cautiverio, a cautiverio.

3 Y enviaré sobre ellos cuatro géneros de castigo, dice Jehová: espada para matar, y perros para despedazar, y aves del cielo y bestias de la tierra para devorar y destruir.

4 Y los entregaré para horror entre todos los reinos de la tierra, a causa de Manasés, hijo de Ezequías, rey de Judá, por lo que hizo en Jerusalén.

5 Porque ¿quién tendrá compasión de ti, oh Jerusalén? ¿Quién se entristecerá por tu causa, o quién vendrá a preguntar por tu paz?

6 Tú me dejaste, dice Jehová; te volviste atrás; por tanto, yo extenderé sobre ti mi mano y te destruiré; estoy cansado de arrepentirme.

7 Y voy a aventarlos con aventador hasta las puertas de la tierra; dejé sin hijos a mi pueblo y lo desbaraté, puesto que no se volvieron de sus caminos.

8 Sus viudas se me multiplicaron más que la arena del mar; traigo contra ellos destruidor a mediodía sobre la madre y sobre los hijos; hago que de repente caigan terrores sobre la ciudad.

9 Languidece la que dio a luz siete; se llena de dolor su alma, su sol se ha puesto siendo aún de día; está avergonzada y llena de confusión; y lo que de ella quede, lo entregaré a la espada delante de sus enemigos, dice Jehová.

Lamentos del profeta

10 ¡Ay de mí, madre mía, que me engendraste un hombre de contienda y un hombre de discordia para toda la tierra! Nunca he dado ni tomado en préstamo, pero todos me maldicen.

11 Dice Jehová: Ciertamente te pondré en libertad para bien; de cierto haré que el enemigo suplique ante ti en el tiempo de la aflicción y en la época de la angustia.

12 ¿Puede quebrarse el hierro, el hierro del norte y el bronce?

13 Tus riquezas y tus tesoros entregaré a la rapiña sin ningún precio, por todos tus pecados, y en todo tu territorio.

14 Y te haré servir a tus enemigos en tierra que no conoces; porque se ha encendido un fuego en mi furor, y arderá sobre vosotros.

15 Tú lo sabes, oh Jehová; acuérdate de mí, y visítame, y véngame de mis enemigos. No me dejes perecer en la prolongación de tu enojo; sabes que por amor de ti sufro afrenta.

16 Fueron halladas tus palabras, y yo las comí; y tus palabras fueron para mí un gozo

y la alegría de mi corazón; porque tu nombre se invocó sobre mí, oh Jehová Dios de los ejércitos.

17 No me senté en compañía de gente alegre, ni me regocijé; me senté solo por causa de tu mano, porque me llenaste de indignación.

18 ¿Por qué es perpetuo mi dolor, y mi herida desahuciada hasta rehusar curación? ¿Serás para mí como arroyo ilusorio, como aguas que no son estables?

Dios consuela a Jeremías

19 Por tanto, así dice Jehová: Si te vuelves, yo te restauraré y delante de mí estarás; y si entresacas lo precioso de lo vil, serás como mi boca. Que se vuelvan ellos a ti, y tú no te vuelvas a ellos.

20 Y te pondré en este pueblo por muro fortificado de bronce, y pelearán contra ti, pero no prevalecerán contra ti; porque yo estoy contigo para guardarte y para librarte, dice Jehová.

21 Y te libraré de la mano de los malvados, y te redimiré de la mano de los terribles.

Juicio de Jehová contra Judá

16 Vino a mi palabra de Jehová, diciendo:

2 No tomarás para ti mujer, ni tendrás hijos ni hijas en este lugar.

3 Porque así ha dicho Jehová acerca de los hijos y de las hijas que nazcan en este lugar, de sus madres que los den a luz y de los padres que los engendren en esta tierra:

4 De dolorosas enfermedades morirán; no serán plañidos ni enterrados; serán como estiércol sobre el haz del suelo; con espada y con hambre serán consumidos, y sus cadáveres servirán de comida a las aves del cielo y a las bestias de la tierra.

5 Porque así dice Jehová: No entres en casa de luto, ni vayas a lamentar, ni los consueles; porque yo he quitado mi paz de este pueblo, dice Jehová, mi misericordia y mi compasión.

6 Morirán en esta tierra grandes y pequeños; no se enterrarán, ni los plañirán, ni se harán incisiones ni se raparán los cabellos por ellos;

7 ni partirán pan por ellos en el luto para consolarlos de sus muertos; ni les darán a beber vaso de consolaciones por su padre o por su madre.

8 Asimismo no entres en casa de banquete, para sentarte con ellos a comer o a beber.

9 Porque así dice Jehová de los ejércitos, Dios de Israel: He aquí que yo haré cesar en este lugar, delante de vuestros ojos y en vuestros días, toda voz de gozo y toda voz de alegría, y toda voz de esposo y toda voz de esposa.

10 Y acontecerá que cuando anuncies a este pueblo todas estas cosas, te dirán ellos: ¿Por qué anuncia Jehová contra nosotros todo este mal tan grande? ¿Qué maldad es la nuestra, o qué pecado es el nuestro, que hemos cometido contra Jehová nuestro Dios?

11 Entonces les dirás: Porque vuestros padres me dejaron, dice Jehová, y anduvieron en pos de dioses ajenos, y les sirvieron, y ante ellos se postraron, y me dejaron a mí y no guardaron mi ley;

12 y vosotros habéis hecho peor que vuestros padres; porque he aquí que vosotros camináis cada uno tras la terquedad de su malvado corazón, no escuchándome a mí.

13 Por tanto, yo os arrojaré de esta tierra a una tierra que ni vosotros ni vuestros padres habéis conocido, y allí serviréis a dioses ajenos de día y de noche; porque no os mostraré clemencia.

14 No obstante, he aquí vienen días, dice Jehová, en que no se dirá más: Vive Jehová, que hizo subir a los hijos de Israel de tierra de Egipto;

15 sino: Vive Jehová, que hizo subir a los hijos de Israel de la tierra del norte, y de todas las tierras adonde los había arrojado; y los volveré a su tierra, la cual di a sus padres.

16 He aquí que yo envío muchos pescadores, dice Jehová, y los pescarán, y después enviaré muchos cazadores, y los cazarán por todo monte y por todo collado, y por las cavernas de los peñascos.

17 Porque mis ojos están sobre todos sus caminos, los cuales no se ocultan de mi rostro, ni su maldad se esconde de la presencia de mis ojos.

18 Pero primero pagaré al doble su iniquidad y su pecado; porque contaminaron mi tierra; con los cadáveres de sus ídolos y de sus abominaciones llenaron mi heredad.

19 Oh Jehová, fortaleza mía y fuerza mía, y refugio mío en el tiempo de la aflicción, a ti vendrán naciones desde los extremos de la tierra, y dirán: Ciertamente mentira fue la herencia de nuestros padres; vanidad y cosas sin provecho.

20 ¿Hará acaso el hombre dioses para sí? Mas ellos no son dioses.

21 Por tanto, he aquí, les haré saber esta vez; sí, les haré conocer mi mano y mi poder, y sabrán que mi nombre es Jehová.

Idolatría: pecado de Judá

17 El pecado de Judá está escrito con cincel de hierro y con punta de diamante; está esculpido en la tabla de su corazón, y en los cuernos de sus altares,

2 mientras sus hijos se acuerdan de sus altares y de sus imágenes de Aserá, que están junto a los árboles frondosos, en los collados altos.

3 ¡Oh, mi monte en el campo! Toda tu sustancia y todos tus tesoros entregaré al pillaje y tus lugares altos, por tu pecado, en todo tu territorio.

4 Y tendrás que deshacerte de la heredad que yo te di, y te haré servir a tus enemigos en tierra que no conociste; porque habéis encendido en mi furor un fuego, que para siempre arderá.

5 Así dice Jehová: Maldito el varón que confía en el hombre, y pone carne por su brazo, y su corazón se aparta de Jehová.

6 Será como la retama en el desierto, y no verá cuando viene el bien, sino que morará en los sequedales en el desierto, en tierra salitrosa y deshabitada.

7 Bendito el varón que confía en Jehová, y cuya confianza es Jehová.

8 Porque será como el árbol plantado junto a las aguas, y que junto a la corriente echa sus raíces, y no teme la venida del calor, sino que su follaje estará frondoso; y en el año de sequía no se inquietará, ni dejará de dar fruto.

9 Engañoso es el corazón más que todas las cosas, y perverso; ¿quién podrá conocerlo?

10 Yo, Jehová, escudriño el corazón y pruebo los riñones, para dar a cada uno según sus caminos, según el fruto de sus obras.

11 Como la perdiz que incuba lo que no puso, es el que injustamente amontona riquezas; en la mitad de sus días las dejará, y al final resultará un insensato.

12 Trono de gloria, excelso desde el principio, es el lugar de nuestro santuario.

13 ¡Oh Jehová, esperanza de Israel!, todos los que te dejan serán avergonzados; y los que se apartan de ti serán escritos en el polvo, porque dejaron a Jehová, manantial de aguas vivas.

14 Sáname, oh Jehová, y seré sano; sálvame, y seré salvo; porque tú eres mi alabanza.

15 He aquí que ellos me dicen: ¿Dónde está la palabra de Jehová? ¡Que se cumpla ahora!

16 En cuanto a mí, no he ido en pos de ti para incitarte a su castigo, ni deseé día de calamidad, tú lo sabes. Lo que de mi boca ha salido, fue manifiesto en tu presencia.

17 No me seas tú por ruina, pues mi refugio eres tú en el día malo.

18 Avergüéncense los que me persiguen, y no me avergüence yo; desmayen ellos, y yo no desmaye; trae sobre ellos el día aciago, y quebrántalos con doble quebrantamiento.

Observancia del día de reposo

19 Así me ha dicho Jehová: Ve y ponte a la puerta de los hijos del pueblo, por la cual entran y salen los reyes de Judá, y asimismo en todas las puertas de Jerusalén,

20 y diles: Oíd la palabra de Jehová, reyes de Judá, y todo Judá y todos los moradores de Jerusalén que entráis por estas puertas.

21 Así dice Jehová: Guardaos por vuestra vida de llevar carga en el día de sábado, y de meterla por las puertas de Jerusalén.

22 Ni saquéis carga de vuestras casas en el día de sábado, ni hagáis trabajo alguno, sino santificad el día de reposo, como mandé a vuestros padres.

23 Pero ellos no atendieron, ni inclinaron su oído, sino que endurecieron su cérviz para no oír, ni recibir corrección.

24 No obstante, si vosotros me obedecéis, dice Jehová, no metiendo carga por las puertas de esta ciudad en el día de sábado, sino que santificáis el día de reposo, no haciendo en él ningún trabajo,

25 entrarán por las puertas de esta ciudad, en carros y en caballo, los reyes y los príncipes que se sientan sobre el trono de David, ellos y sus príncipes, los varones de Judá y los moradores de Jerusalén; y esta ciudad será habitada para siempre.

26 Y vendrán de las ciudades de Judá, de los alrededores de Jerusalén, de tierra de Benjamín, de la Sefelá, de los montes y del Négued, trayendo holocaustos y sacrificios, y ofrendas e incienso, y trayendo sacrificios de alabanza a la casa de Jehová.

27 Pero si no me escucháis en cuanto a santificar el día de sábado, y para no traer carga ni meterla por las puertas de Jerusalén en día de sábado, yo prenderé fuego a sus puertas, y consumirá los palacios de Jerusalén, y no se apagará.

La parábola del alfarero y el barro

18 Palabra que vino a Jeremías de parte de Jehová, diciendo:

2 Levántate y vete a casa del alfarero, y allí te haré oír mis palabras.

3 Y descendí a casa del alfarero, y he aquí que él trabaja sobre las dos ruedas.

4 Y siempre que la vasija que él hacía se echaba a perder en su mano, volvía a hacer otra vasija, según le parecía mejor hacerla.

5 Entonces vino a mí palabra de Jehová, diciendo:

6 ¿No podré yo hacer de vosotros como este alfarero, oh casa de Israel?, dice Jehová. He aquí que como el barro en la mano del alfarero, así sois vosotros en mi mano, oh casa de Israel.

7 De pronto puedo hablar contra un pueblo

y contra un reino, para arrancar, y derribar, y destruir.

8 Pero si ese pueblo contra el cual hablé se vuelve de su maldad, yo me arrepiento del mal que había pensado hacerles,

9 y en un instante hablo de la gente y del reino, para edificar y para plantar.

10 Pero si hace lo malo delante de mis ojos, no escuchando mi voz, me arrepiento del bien que había determinado hacerle.

11 Ahora, pues, habla luego a todo hombre de Judá y a los moradores de Jerusalén, diciendo: Así dice Jehová: He aquí que yo tramo el mal contra vosotros, y trazo contra vosotros maquinación; conviértase ahora cada uno de su mal camino, y enmiende sus caminos y sus obras.

12 Y dijeron: Es en vano; porque en pos de nuestras propias maquinaciones iremos, y haremos cada uno según la terquedad de nuestro malvado corazón.

13 Por tanto, así dice Jehová: Preguntad ahora entre las naciones, quién ha oído cosa semejante. Gran fealdad ha hecho la virgen de Israel.

14 ¿Faltará la nieve del Líbano de su roca más alta? ¿Faltarán las aguas frías que corren de lejanas tierras?

15 Porque mi pueblo me ha olvidado, incensando a lo que es vanidad, y ha sido inducido a tropezar en sus caminos, en las sendas antiguas, para que camine por sendas y no por camino transitado,

16 para hacer de su tierra objeto de asombro y de burla perpetua; todo aquel que pase por ella se asombrará, y meneará la cabeza.

17 Como con viento solano los esparciré delante del enemigo; les mostraré las espaldas y no el rostro, en el día de su perdición.

Conspiración del pueblo y oración de Jeremías

18 Y dijeron: Venid y maquinemos contra Jeremías; porque la ley no faltará al sacerdote, ni el consejo al sabio, ni la palabra al profeta. Venid e hirámoslo con la lengua, y no atendamos a ninguna de sus palabras.

19 Oh Jehová, mira por mí, y presta atención a la voz de los que contienden conmigo.

20 ¿Es que se paga mal por bien, para que hayan cavado hoyo a mi alma? Acuérdate que me puse delante de ti para hablar el bien por ellos, para apartar de ellos tu ira.

21 Por tanto, entrega sus hijos a hambre, entrégalos al poder de la espada, y queden sus mujeres sin hijos, y viudas; y sus maridos sean puestos a muerte, y sus jóvenes heridos a espada en la batalla.

22 Óigase clamor de sus casas, cuando traigas sobre ellos de repente un ejército; por-

que cavaron un hoyo para prenderme, y a mis pies han escondido lazos.

23 Pero tú, oh Jehová, conoces todo su plan contra mí para matarme; no perdones su maldad, ni borres su pecado de delante de tu rostro; sino deja que tropiecen delante de ti; haz así con ellos en el tiempo de tu enojo.

La señal de la vasija rota

19 Así dijo Jehová: Ve y compra una vasija de barro de alfarero, y lleva contigo de los ancianos del pueblo, y de los ancianos de los sacerdotes;

2 y saldrás al valle del hijo de Hinom, que está a la entrada de la puerta de las tejoletas, y proclamarás allí las palabras que yo te hablaré.

3 Dirás, pues: Oíd la palabra de Jehová, oh reyes de Judá, y moradores de Jerusalén. Así dice Jehová de los ejércitos, el Dios de Israel: He aquí que yo traigo mal sobre este lugar, tal que a todo el que lo oiga, le retiñan los oídos.

4 Porque me dejaron, y enajenaron este lugar, y ofrecieron en él incienso a dioses ajenos, los cuales no habían conocido ellos, ni sus padres, ni los reyes de Judá; y llenaron este lugar de sangre de inocentes.

5 Y edificaron lugares altos a Baal, para quemar con fuego a sus hijos en holocaustos al mismo Baal; cosa que no les mandé, ni hablé, ni me vino al pensamiento.

6 Por tanto, he aquí vienen días, dice Jehová, en que este lugar no se llamará más Tófet, ni valle del hijo de Hinom, sino Valle de la Matanza.

7 Y anularé los planes de Judá y de Jerusalén en este lugar, y les haré caer a espada delante de sus enemigos, y en las manos de los que buscan sus vidas; y daré sus cuerpos para comida a las aves del cielo y a las bestias de la tierra.

8 Pondré a esta ciudad por espanto y burla; todo aquel que pase por ella se asombrará, y se burlará sobre toda su destrucción.

9 Y les haré comer la carne de sus hijos y la carne de sus hijas, y cada uno comerá la carne de su amigo, en el asedio y en el apuro con que los estrecharán sus enemigos y los que buscan sus vidas.

10 Entonces quebrarás la vasija ante los ojos de los varones que van contigo,

11 y les dirás: Así dice Jehová de los ejércitos: Así quebrantaré a este pueblo y a esta ciudad, como quien quiebra una vasija de alfarero, que no se puede restaurar más; y en Tófet se enterrarán, porque no habrá otro lugar para enterrar.

12 Así haré a este lugar, dice Jehová, y a sus moradores, poniendo esta ciudad como un Tófet.

13 Las casas de Jerusalén, y las casas de los

reyes de Judá, serán como el lugar de Tófet, inmundas, todas las casas sobre cuyos tejados ofrecieron incienso a todo el ejército del cielo, y vertieron libaciones a dioses ajenos.

14 Y volvió Jeremías de Tófet, adonde le había enviado Jehová a profetizar, y se paró en el atrio de la casa de Jehová y dijo a todo el pueblo:

15 Así dice Jehová de los ejércitos, Dios de Israel: He aquí, yo traigo sobre esta ciudad y sobre todas sus villas todo el mal que hablé contra ella; porque han endurecido su cerviz para no oír mis palabras.

Profecía contra Pasur

20 El sacerdote Pasur, hijo de Imer, que era inspector jefe en la casa de Jehová, oyó a Jeremías que profetizaba estas palabras.

2 E hizo Pasur dar una paliza al profeta Jeremías, y lo puso en el cepo que estaba en la puerta superior de Benjamín, la cual conducía a la casa de Jehová.

3 Y al día siguiente, Pasur sacó a Jeremías del cepo. Le dijo entonces Jeremías: Jehová no ha llamado tu nombre Pasur, sino Magor-misabib.

4 Porque así dice Jehová: He aquí, haré que seas un terror a ti mismo y a todos los que bien te quieren, y caerán por la espada de sus enemigos, y tus ojos lo verán; y a todo Judá entregaré en manos del rey de Babilonia, y los llevará cautivos a Babilonia, y los matará a espada.

5 Entregaré asimismo todas las reservas de esta ciudad, todo su lucro y todas sus cosas preciosas; y daré todos los tesoros de los reyes de Judá en manos de sus enemigos, y los saquearán, y los tomarán y los llevarán a Babilonia.

6 Y tú, Pasur, y todos los moradores de tu casa iréis cautivos; entrarás en Babilonia, y allí morirás, y allí serás enterrado tú, y todos los que bien te quieren, a los cuales has profetizado falsamente.

Lamentación de Jeremías ante Dios

7 Me sedujiste, oh Jehová, y fui seducido; eres más fuerte que yo, y has prevalecido; cada día he sido escarnecido, cada cual se burla de mí.

8 Porque cuantas veces hablo, doy voces, grito: Violencia y destrucción; porque la palabra de Jehová me ha sido para afrenta y escarnio todo el día.

9 Y si digo: No haré más mención de él, ni hablaré más en su nombre; entonces hay en mi corazón como un fuego ardiente metido en mis huesos; me fatigo en tratar de contenerlo, pero no puedo.

10 Porque he oído la murmuración de muchos, terror por todas partes: ¡Denunciadle! ¡Denunciémosle! Incluso de todos mis mayores amigos, los que acechan un traspiés mío: Quizá cometerá un desatino, decían, y prevaleceremos contra él, y tomaremos de él nuestra venganza.

11 Mas Jehová está conmigo como poderoso guerrero; por tanto, los que me persiguen tropezarán, y no prevalecerán; serán avergonzados en gran manera, porque no prosperarán; tendrán perpetua confusión que jamás será olvidada.

12 Oh Jehová de los ejércitos, que pruebas a los justos, que ves los riñones y el corazón, vea yo tu venganza de ellos; porque a ti he encomendado mi causa.

13 Cantad a Jehová, alabad a Jehová; porque ha librado el alma del pobre de mano de los malhechores.

14 Maldito el día en que nací; el día en que mi madre me dio a luz no sea bendito.

15 Maldito el hombre que dio nuevas a mi padre, diciendo: Un hijo varón te ha nacido, haciéndose alegrarse así mucho.

16 Y sea el tal hombre como las ciudades que asoló Jehová, y no se arrepintió; oiga gritos de mañana, y voces de alarma a mediodía,

17 porque no me mató en el vientre, y mi madre me hubiera sido mi sepulcro, y su vientre embarazado para siempre.

18 ¿Para qué salí del vientre? ¿Para ver trabajo y dolor, y que mis días se gastasen en afrenta?

Respuesta de Jehová a Sedequías

21 La palabra que vino de parte de Jehová a Jeremías, cuando el rey Sedequías envió a él a Pasur, hijo de Malquías, y al sacerdote Sofonías, hijo de Maasías, para que le dijesen:

2 Te ruego que consultes acerca de nosotros a Jehová, porque Nabucodonosor, rey de Babilonia, hace guerra contra nosotros; quizá Jehová hará con nosotros según todas sus maravillas, y aquél se irá de sobre nosotros.

3 Y Jeremías les dijo: Diréis así a Sedequías:

4 Así ha dicho Jehová, Dios de Israel: He aquí yo vuelvo atrás las armas de guerra que están en vuestras manos, con que vosotros peleáis contra el rey de Babilonia; y contra los caldeos que están fuera de la muralla y os tienen sitiados, y yo los reuniré en medio de esta ciudad.

5 Y pelearé contra vosotros con mano alzada y con brazo fuerte, con furor y enojo e ira grande.

6 Y heriré a los moradores de esta ciudad, a

los hombres y a las bestias juntamente; y morirán de pestilencia grande.

7 Después, dice Jehová, entregaré a Sedequías, rey de Judá, a sus criados, al pueblo y a los que queden de la pestilencia, de la espada y del hambre en la ciudad, en manos de Nabucodonosor, rey de Babilonia, en manos de sus enemigos y de los que buscan sus vidas; y él los herirá a filo de espada; no los perdonará, ni tendrá compasión de ellos, ni tendrá de ellos misericordia.

8 Y a este pueblo dirás: Así dice Jehová: He aquí, pongo delante de vosotros camino de vida y camino de muerte.

9 El que quede en esta ciudad morirá a espada, de hambre o de pestilencia; mas el que salga y se pase a los caldeos que os tienen sitiados, vivirá, y su vida le será por despojo.

10 Porque he puesto mi rostro contra esta ciudad para mal, y no para bien, dice Jehová; en manos del rey de Babilonia será entregada, y la quemará a fuego.

11 Y a la casa del rey de Judá dirás: Oíd palabra de Jehová:

12 Casa de David, así dice Jehová: Haced justicia cada mañana, y librad al oprimido de manos del opresor, para que mi ira no salga como fuego, y se encienda y no haya quien lo apague, por la maldad de vuestras obras.

13 He aquí, yo estoy contra ti, moradora del valle, y de la roca de la llanura, dice Jehová; los que decís: ¿Quién bajará contra nosotros, y quién entrará en nuestras moradas?

14 Yo os castigaré conforme al fruto de vuestras obras, dice Jehová, y haré encender fuego en su bosque, y consumirá todo lo que está alrededor de ella.

Profecías contra los reyes de Judá

22 Así dice Jehová: Desciende a la casa del rey de Judá, y habla allí esta palabra,

2 y di: Oye la palabra de Jehová, oh rey de Judá, que estás sentado sobre el trono de David, tú, y tus siervos, y tu pueblo que entra por estas puertas.

3 Así dice Jehová: Haced juicio y justicia, y librad al oprimido de mano del opresor, y no engañéis ni robéis al extranjero, ni al huérfano ni a la viuda, ni derraméis sangre inocente en este lugar.

4 Porque si efectivamente obedecéis esta palabra, los reyes descendientes de David que se sientan sobre su trono, entrarán montados en carros y en caballos por las puertas de esta casa; ellos, y sus criados y su pueblo.

5 Mas si no oís estas palabras, por mí mismo

he jurado, dice Jehová, que esta casa será desierta.

6 Porque así ha dicho Jehová acerca de la casa del rey de Judá: Como Galaad eres tú para mí, y como la cima del Líbano; sin embargo, te convertiré en soledad, y como ciudades deshabitadas.

7 Prepararé contra ti destruidores, cada uno con sus armas, y cortarán tus cedros escogidos y los echarán en el fuego.

8 Y muchas gentes pasarán junto a esta ciudad, y dirán cada uno a su prójimo: ¿Por qué hizo así Jehová con esta gran ciudad?

9 Y se les responderá: Porque dejaron el pacto de Jehová su Dios, y adoraron dioses ajenos y les sirvieron.

10 No lloréis al muerto, ni de él os condoláis; llorad amargamente por el que se va, porque no volverá jamás, ni verá la tierra donde nació.

11 Porque así ha dicho Jehová acerca de Salum hijo de Josías, rey de Judá, el cual reinó en lugar de Josías su padre, y que salió de este lugar: No volverá más aquí;

12 sino que morirá en el lugar adonde lo llevaron cautivo, y no verá más esta tierra.

Profecía contra Joacim

13 ¡Ay del que edifica su casa con injusticia, y sus salas sin equidad, sirviéndose de su prójimo de balde, y no dándole el salario de su trabajo!

14 Que dice: Edificaré para mí casa amplia, y salas espaciosas; y le abre ventanas, y la cubre de cedro, y la pinta de bermellón.

15 ¿Reinarás, porque ambicionas sobrepujar en madera de cedro? ¿No comió y bebió tu padre, e hizo juicio y justicia, y entonces le fue bien?

16 Él juzgó la causa del afligido y del menesteroso, y entonces estuvo bien. ¿No es esto conocerme a mí?, dice Jehová.

17 Mas tus ojos y tu corazón no son sino para tu avaricia, y para derramar sangre inocente, y para opresión y para hacer violencia.

18 Por tanto, así ha dicho Jehová acerca de Joacim hijo de Josías, rey de Judá: No lo llorarán, diciendo: ¡Ay, hermano mío! ni ¡Ay, hermana!, ni lo lamentarán, diciendo: ¡Ay, señor! ¡Ay, su grandeza!

19 Como un asno será enterrado, arrastrándole y echándole fuera de las puertas de Jerusalén.

20 Sube al Líbano y clama, y alza tu voz en Basán, y grita desde Abarim; porque todos tus amantes están destruidos.

21 Te he hablado en tu prosperidad, mas dijiste: No oiré. Éste fue tu camino desde tu juventud, que nunca escuchaste mi voz.

22 A todos tus pastores pastoreará el vien-

to, y tus amantes irán en cautiverio; entonces te avergonzarás y te confundirás a causa de toda tu maldad.

23 Oh habitante del Líbano, que tienes tu nido en los cedros. ¡Cómo gemirás cuando te vengan dolores, dolor como de mujer que está de parto!

24 Vivo yo, dice Jehová, que si Conías hijo de Joacim rey de Judá fuera anillo en mi mano derecha, aun de allí te arrancaría.

25 Te entregaré en manos de los que buscan tu vida, y en manos de aquellos que te atemorizan; sí, en manos de Nabucodonosor, rey de Babilonia, y en manos de los caldeos.

26 Te haré llevar cautivo a ti y a tu madre que te dio a luz, a tierra ajena en que no nacisteis; y allí moriréis.

27 Pero a la tierra a la cual ellos con toda el alma anhelan volver, allá no volverán.

28 ¿Es este hombre Conías una vasija despreciada y quebrada? ¿Es un trasto que nadie estima? ¿Por qué fueron arrojados él y sus descendencia, y echados a una tierra que no habían conocido?

29 ¡Tierra, tierra, tierra!, oye palabra de Jehová.

30 Así dice Jehová: Escribid lo que sucederá a este hombre privado de descendencia, hombre a quien nada próspero sucederá en todos los días de su vida; porque ninguno de su descendencia logrará sentarse sobre el trono de David, ni reinar sobre Judá.

Reinado del Mesías

23 ¡Ay de los pastores que destruyen y dispersan las ovejas de mis pastos!, dice Jehová.

2 Por tanto, así dice Jehová, Dios de Israel, a los pastores que apacientan mi pueblo: Vosotros dispersasteis mis ovejas, y las espantasteis, y no las habéis cuidado. He aquí que yo visito la maldad de vuestras obras, dice Jehová.

3 Y yo mismo recogeré el remanente de mis ovejas de todas las tierras adonde las eché, y las haré volver a sus moradas; y crecerán y se multiplicarán.

4 Y pondré sobre ellas pastores que las apacienten; y no temerán más, ni se amedrentarán, ni serán menoscabadas, dice Jehová.

5 He aquí que vienen días, dice Jehová, en que levantaré a David un renuevo justo, y reinará como Rey, el cual obrará con prudencia, y hará juicio y justicia en la tierra.

6 En sus días será salvo Judá, e Israel habitará confiado; y este será su nombre con el cual le llamarán: Jehová es nuestra justicia.

7 Por tanto, he aquí que vienen días, dice Jehová, en que no dirán más: Vive Jehová que hizo subir a los hijos de Israel de la tierra de Egipto,

8 sino: Vive Jehová que hizo subir y trajo la descendencia de la casa de Israel de la tierra del norte, y de todos los países adonde yo los había echado; y habitarán en su tierra.

Denuncia contra los falsos profetas

9 Respecto a los profetas: Mi corazón está quebrantado dentro de mí, todos mis huesos tiemblan; estoy como un ebrio, y como un hombre a quien ha dominado el vino, por causa de Jehová, y por causa de sus santas palabras.

10 Porque la tierra está llena de adúlteros; a causa de la maldición, la tierra está desierta; los pastizales del desierto se secaron; la carrera de ellos fue mala, y su valentía no es recta.

11 Porque tanto el profeta como el sacerdote son impíos; aun en mi casa hallé su maldad, dice Jehová.

12 Por tanto, su camino será como resbaladeros en oscuridad; serán empujados, y caerán en él; porque yo traeré mal sobre ellos en el año de su visitación, dice Jehová.

13 En los profetas de Samaria he visto desatinos; profetizaban en nombre de Baal, e hicieron errar a mi pueblo de Israel.

14 Y en los profetas de Jerusalén he visto torpezas; cometían adulterios, y andaban en mentiras, y fortalecían las manos de los malhechores, para que ninguno se convirtiese de su maldad; me fueron todos ellos como Sodoma, y sus moradores como Gomorra.

15 Por tanto, así dice Jehová de los ejércitos contra aquellos profetas: He aquí que yo les hago comer ajenjos, y les haré beber agua de hiel; porque de los profetas de Jerusalén salió la impiedad sobre toda la tierra.

16 Así dice Jehová de los ejércitos: No escuchéis las palabras de los profetas que os profetizan; os alimentan con vanas esperanzas; hablan visión de su propio corazón, no de la boca de Jehová.

17 Dicen continuamente a los que me desprecian: Jehová dijo: Paz tendréis; y a cualquiera que anda tras la obstinación de su corazón, dicen: No vendrá mal sobre vosotros.

18 Porque ¿quién asistió al consejo de Jehová, y vio, y oyó su palabra? ¿Quién estuvo atento a su palabra, y la ha escuchado?

19 Mirad que una tormenta de Jehová va a estallar con furor; sí, una tempestad que remolinea y se cierne sobre la cabeza de los malvados.

20 No se apartará la ira de Jehová hasta que lo haya hecho, y hasta que haya cumplido

los designios de su corazón; en los postreros días lo entenderéis cumplidamente.

21 No envié yo aquellos profetas, pero ellos corrían; yo no les hablé, mas ellos profetizaban.

22 Pero si ellos hubieran asistido a mi consejo, habrían hecho oír mis palabras a mi pueblo, y lo habrían hecho volver de su mal camino, y de la maldad de sus obras.

23 ¿Soy yo Dios de hace poco solamente, dice Jehová, y no Dios desde muy lejos?

24 ¿Se ocultará alguno, dice Jehová, en escondrijos que yo no lo vea? ¿No lleno yo, dice Jehová, el cielo y la tierra?

25 Yo he oído lo que aquellos profetas dijeron, profetizando mentiras en mi nombre, diciendo: Soñé, soñé.

26 ¿Hasta cuándo estará esto en el corazón de los profetas que profetizan mentiras, y que son profetas de la impostura de su propio corazón,

27 los que piensan hacer que mi pueblo se olvide de mi nombre con sus sueños que cada uno cuenta a su prójimo, al modo que sus padres se olvidaron de mi nombre por Baal?

28 El profeta que tenga un sueño, cuente el sueño; y el que tenga mi palabra, cuente mi palabra verdadera. ¿Qué tiene que ver la paja con el trigo?, dice Jehová.

29 ¿No es mi palabra como fuego, dice Jehová, y como martillo que hace pedazos la roca?

30 Por tanto, he aquí que yo estoy contra los profetas, dice Jehová, que hurtan mis palabras cada uno de su prójimo.

31 Dice Jehová: He aquí que yo estoy contra los profetas que emplean sus lenguas y dicen: Él ha dicho.

32 He aquí, dice Jehová, yo estoy contra los que profetizan sueños mentirosos, y los cuentan, y hacen errar a mi pueblo con sus mentiras y con sus lisonjas, y yo no los envié ni les mandé; os voy a arrojar de mí, dice Jehová.

33 Y cuando te pregunte este pueblo, o el profeta, o el sacerdote, diciendo: ¿Cuál es la carga de Jehová?, les dirás: Vosotros sois la carga; os voy a arrojar de mí, dice Jehová.

34 Y al profeta, al sacerdote o al pueblo que dijere: Carga de Jehová, yo enviaré castigo sobre tal hombre y sobre su casa.

35 Así diréis cada cual a su prójimo, y cada cual a su hermano: ¿Qué ha respondido Jehová, y qué habló Jehová?

36 Y nunca más volveréis a mencionar: Carga de Jehová; porque la palabra de cada uno le será por carga; pues pervertisteis las palabras del Dios viviente, de Jehová de los ejércitos, Dios nuestro.

37 Así dirás al profeta: ¿Qué te respondió Jehová, y qué habló Jehová?

38 Pero si decís: Carga de Jehová; entonces Jehová dice así: Porque dijisteis esta palabra, Carga de Jehová, habiendo yo enviado a deciros: No digáis: Carga de Jehová,

39 por tanto, he aquí que yo os levantaré en alto y os dejaré caer, y arrancaré de mi presencia a vosotros y a la ciudad que di a vosotros y a vuestros padres;

40 y pondré sobre vosotros afrenta perpetua, y eterna confusión que nunca borrará el olvido.

La señal de los higos buenos y malos

24 Después de haber deportado Nabucodonosor, rey de Babilonia, a Jeconías hijo de Joacim, rey de Judá, a los príncipes de Judá y los artesanos y herreros de Jerusalén, y haberlos llevado cautivos a Babilonia, me mostró Jehová dos cestas de higos puestas delante del templo de Jehová.

2 Una cesta tenía higos muy buenos, como brevas; y la otra cesta tenía higos muy malos, que de malos no se podían comer.

3 Y me dijo Jehová: ¿Qué ves tú, Jeremías? Y dije: Higos; higos buenos, muy buenos; y malos, muy malos, que de malos no se pueden comer.

4 Y vino a mí la palabra de Jehová, diciendo:

5 Así ha dicho Jehová Dios de Israel: Como a estos higos buenos, así miraré a los deportados de Judá, a los cuales eché de este lugar a la tierra de los caldeos, para bien.

6 Porque pondré mis ojos sobre ellos para bien, y los volveré a esta tierra, y los edificaré, y no los destruiré; los plantaré y no los arrancaré.

7 Y les daré un corazón para que me conozcan que yo soy Jehová; y me serán por pueblo, y yo les seré a ellos por Dios; porque se volverán a mí con todo su corazón.

8 Y como los higos malos, que de malos no se pueden comer, así ha dicho Jehová, pondré a Sedequías, rey de Judá, a sus príncipes y al resto de Jerusalén que quedó en esta tierra, y a los que moran en la tierra de Egipto.

9 Y los daré por horror y por calamidad a todos los reinos de la tierra; por infamia, por ejemplo, por refrán y por maldición a todos los lugares adonde yo los arroje.

10 Y enviaré sobre ellos espada, hambre y pestilencia, hasta que sean exterminados de la tierra que les di a ellos y a sus padres.

Setenta años de cautiverio

25 La palabra que vino a Jeremías acerca de todo el pueblo de Judá en el año cuarto de Joacim hijo de Josías, rey de Judá,

el cual era el año primero de Nabucodonosor, rey de Babilonia;

2 la cual habló el profeta Jeremías a todo el pueblo de Judá y a todos los moradores de Jerusalén, diciendo:

3 Desde el año trece de Josías, hijo de Amón, rey de Judá, hasta este día, que son veintitrés años, ha venido a mí la palabra de Jehová, y he hablado desde el principio y sin cesar; pero no escuchasteis.

4 Y envió Jehová a vosotros todos sus siervos los profetas, enviándoles desde el principio y sin cesar; pero no hicisteis caso, ni inclinasteis vuestro oído para escuchar

5 cuando decían: Volveos ahora todos de vuestro mal camino y de la maldad de vuestras obras, y moraréis en la tierra que os dio Jehová a vosotros y a vuestros padres para siempre;

6 y no vayáis en pos de dioses ajenos, sirviéndoles y adorándoles, ni me provoquéis a ira con la obra de vuestras manos; y no os haré mal.

7 Pero no me habéis escuchado, dice Jehová, para provocarme a ira con la obra de vuestras manos para mal vuestro.

8 Por tanto, así dice Jehová de los ejércitos: Por cuanto no habéis escuchado mis palabras,

9 he aquí enviaré y tomaré a todos los linajes del norte, dice Jehová, y a Nabucodonosor, rey de Babilonia, mi siervo, y los traeré contra esta tierra y contra sus moradores, y contra todas estas naciones en derredor; y los destruiré completamente, y los pondré por espanto y por rechifla y en desolación perpetua.

10 Y haré que desaparezca de entre ellos la voz de gozo y la voz de alegría, la voz de desposado y la voz de desposada, ruido de molino y luz de lámpara.

11 Toda esta tierra será puesta en ruinas y en espanto; y servirán estas naciones al rey de Babilonia setenta años.

12 Y cuando sean cumplidos los setenta años, castigaré al rey de Babilonia y a aquella nación por su maldad, ha dicho Jehová, y a la tierra de los caldeos; y la convertiré en desiertos para siempre.

13 Y traeré sobre aquella tierra todas mis palabras que he hablado contra ella, con todo lo que está escrito en este libro, profetizado por Jeremías contra todas las naciones.

14 Porque también ellas serán reducidas a esclavitud por muchas naciones y grandes reyes; y yo les pagaré conforme a sus hechos, y conforme a la obra de sus manos.

La copa de furor para las naciones

15 Porque así me dice Jehová, Dios de Israel: Toma de mi mano la copa del vino del furor, y da a beber de él a todas las naciones a las cuales yo te envío.

16 Y beberán, y andarán tambaleándose y enloquecerán, a causa de la espada que yo envío entre ellas.

17 Entonces tomé la copa de la mano de Jehová, y di de beber a todas las naciones, a las cuales me envió Jehová:

18 a Jerusalén, a las ciudades de Judá, a sus reyes y a sus príncipes, para ponerlos en desolación, en pasmo, en rechifla y en maldición, como hasta hoy;

19 a Faraón rey de Egipto, a sus siervos, a sus príncipes y a todo su pueblo;

20 y a toda la mezcla de naciones, a todos los reyes de tierra de Uz, y a todos los reyes de la tierra de Filistea, a Ascalón, a Gaza, a Ecrón y al remanente de Asdod;

21 a Edom, a Moab y a los hijos de Amón;

22 a todos los reyes de Tiro, a todos los reyes de Sidón, a los reyes de las islas que están del otro lado del mar;

23 a Dedán, a Temá y a Buz, y a todos los que se rapan las sienes;

24 a todos los reyes de Arabia, a todos los reyes de pueblos mezclados que habitan en el desierto;

25 a todos los reyes de Zimrí, a todos los reyes de Elam, a todos los reyes de Media;

26 a todos los reyes del norte, los de cerca y los de lejos, los unos con los otros, y a todos los reinos del mundo que están sobre la faz de la tierra; y el rey de Babilonia beberá después de ellos.

27 Les dirás, pues: Así dice Jehová de los ejércitos, Dios de Israel: Bebed, y embriagaos, y vomitad, y caed, y no os levantéis, a causa de la espada que yo envío entre vosotros.

28 Y si no quieren tomar la copa de tu mano para beber, les dirás tú: Así dice Jehová de los ejércitos: Tenéis que beber.

29 Porque he aquí que a la ciudad en la cual es invocado mi nombre yo comienzo a hacer mal; ¿y vais a quedar vosotros totalmente impunes? No quedaréis impunes; porque traigo espada sobre todos los moradores de la tierra, dice Jehová de los ejércitos.

30 Tú, pues, profetizarás contra ellos todas estas palabras y les dirás: Jehová ruge desde lo alto, y desde su morada santa da su voz; ruge fuertemente contra su morada; canción de lagareros canta contra todos los moradores de la tierra.

31 Llega el estruendo hasta el fin de la tierra, porque Jehová tiene pleito contra las naciones; él es el Juez de toda carne: entrega los impíos a espada, dice Jehová.

32 Así dice Jehová de los ejércitos: He aquí que el mal irá de nación en nación, y gran tempestad se levantará desde los confines de la tierra.

33 Y habrá víctimas de Jehová en aquel día desde un extremo de la tierra hasta el otro; no se endecharán ni se recogerán ni serán enterrados; como estiércol quedarán sobre la faz de la tierra.

34 Aullad, pastores, y clamad; revolcaos en el polvo, mayorales del rebaño; porque cumplidos son vuestros días para que seáis degollados y esparcidos, y caeréis como reses escogidas.

35 Y los pastores no tendrán camino para huir, ni los mayorales del rebaño para escapar.

36 ¡Voz de la gritería de los pastores, y aullido de los mayorales del rebaño! porque Jehová devasta sus pastos.

37 Y los pastos delicados son destruidos por el ardor de la ira de Jehová.

38 Dejó cual león su guardia; pues fue asolada la tierra de ellos por la ira de la espada opresora, y por el furor de su saña.

Jeremías es amenazado de muerte

26 En el principio del reinado de Joacim, hijo de Josías, rey de Judá, vino esta palabra de Jehová, diciendo:

2 Así ha dicho Jehová: Ponte en el atrio de la casa de Jehová, y habla a todas las ciudades de Judá, que vienen para adorar en la casa de Jehová, todas las palabras que yo te mando hablarles; no retengas palabra.

3 Quizás escuchen, y se vuelvan cada uno de su mal camino, y me arrepentiré yo del mal que pienso hacerles por la maldad de sus obras.

4 Les dirás, pues: Así ha dicho Jehová: Si no me oís para andar en mi ley, la cual puse ante vosotros,

5 para atender a las palabras de mis siervos los profetas, que yo os envío desde el principio y sin cesar, a los cuales no habéis oído,

6 yo pondré esta casa como Siló, y esta ciudad la pondré por maldición a todas las naciones de la tierra.

7 Y los sacerdotes, los profetas y todo el pueblo oyeron a Jeremías hablar estas palabras en la casa de Jehová.

8 Y cuando terminó de hablar Jeremías todo lo que Jehová le había mandado que hablase a todo el pueblo, los sacerdotes y los profetas y todo el pueblo le echaron mano, diciendo: De cierto morirás.

9 ¿Por qué has profetizado en nombre de Jehová, diciendo: Esta casa será como Siló, y esta ciudad será asolada hasta no quedar morador? Y todo el pueblo se juntó contra Jeremías en la casa de Jehová.

10 Cuando los príncipes de Judá oyeron estas cosas, subieron de la casa del rey a la casa de Jehová, y se sentaron en la entrada de la puerta nueva de la casa de Jehová.

11 Entonces hablaron los sacerdotes y los profetas a los príncipes y a todo el pueblo, diciendo: En pena de muerte ha incurrido este hombre; porque profetizó contra esta ciudad, como vosotros habéis oído con vuestros oídos.

12 Y habló Jeremías a todos los príncipes y a todo el pueblo, diciendo: Jehová me envió a profetizar contra esta casa y contra esta ciudad, todas las palabras que habéis oído.

13 Enmendad, pues, ahora vuestros caminos y vuestras obras, y atended a la voz de Jehová vuestro Dios, y se arrepentirá Jehová del mal que ha hablado contra vosotros.

14 En lo que a mí toca, he aquí, estoy en vuestras manos; haced de mí como mejor y más recto os parezca.

15 Mas sabed de cierto que si me matáis, sangre inocente echaréis sobre vosotros, y sobre esta ciudad y sobre sus moradores; porque en verdad Jehová me ha enviado a vosotros para que dijese todas estas palabras en vuestros oídos.

16 Y dijeron los príncipes y todo el pueblo a los sacerdotes y profetas: No ha incurrido este hombre en pena de muerte, porque en nombre de Jehová nuestro Dios nos ha hablado.

17 Entonces se levantaron algunos de los ancianos de la tierra y hablaron a toda la reunión del pueblo, diciendo:

18 Miqueas de Moreset profetizó en tiempo de Ezequías, rey de Judá, y habló a todo el pueblo de Judá, diciendo: Así dice Jehová de los ejércitos: Sión será arada como un campo, y Jerusalén vendrá a ser montones de ruinas, y el monte de la casa como cumbres de bosque.

19 ¿Acaso lo mataron Ezequías rey de Judá y todo Judá? ¿No temió a Jehová, y oró en presencia de Jehová, y Jehová se arrepintió del mal que había hablado contra ellos? Mientras que nosotros estamos causando un gran mal contra nuestras almas.

20 Hubo también un hombre que profetizaba en nombre de Jehová, Urías, hijo de Semaías, de Quiryat-jearim, el cual profetizó contra esta ciudad y contra esta tierra, conforme a todas las palabras de Jeremías;

21 y cuando oyeron sus palabras el rey Joacim y todos sus grandes, y todos sus príncipes, el rey procuró matarle; enterado de ello Urías, tuvo temor, y huyó a Egipto.

22 Y el rey Joacim envió hombres a Egipto, a Elnatán hijo de Acbor y otros hombres con él, a Egipto;

23 los cuales sacaron a Urías de Egipto y lo trajeron al rey Joacim, el cual lo mató a espada, y echó su cuerpo en la fosa común;

24 Sin embargo, la mano de Ahicam, hijo de Safán, estaba a favor de Jeremías, para que no lo entregasen en las manos del pueblo para matarlo.

El símbolo de los yugos

27 En el principio del reinado de Joacim, hijo de Josías, rey de Judá, vino esta palabra de Jehová a Jeremías, diciendo:

2 Jehová me ha dicho así: Hazte coyundas y yugos, y ponlos sobre tu cuello;

3 y los enviarás al rey de Edom, y al rey de Moab, y al rey de los hijos de Amón, y al rey de Tiro, y al rey de Sidón, por mano de los mensajeros que vienen a Jerusalén a Sedequías rey de Judá.

4 Y les mandarás que digan a sus señores: Así dice Jehová de los ejércitos, Dios de Israel: Así habéis de decir a vuestros señores:

5 Yo hice la tierra, el hombre y las bestias que están sobre la faz de la tierra, con mi gran poder y con mi brazo extendido, y la di a quien yo quise.

6 Y ahora yo he puesto todas estas tierras en mano de Nabucodonosor, rey de Babilonia, mi siervo, y aun las bestias del campo le he dado para que le sirvan.

7 Y todas las naciones le servirán a él, a su hijo, y al hijo de su hijo, hasta que venga también el tiempo de su misma tierra, y la reduzcan a servidumbre muchas naciones y grandes reyes.

8 Y a la nación y al reino que no sirva a Nabucodonosor, rey de Babilonia, y que no ponga su cuello debajo del yugo del rey de Babilonia, visitaré a tal nación con espada y con hambre y con pestilencia, dice Jehová, hasta que la haya consumido yo por su mano.

9 Y vosotros no prestéis oído a vuestros profetas, ni a vuestros adivinos, ni a vuestros soñadores, ni a vuestros agoreros, ni a vuestros encantadores, que os hablan diciendo: No serviréis al rey de Babilonia.

10 Porque ellos os profetizan mentira, para haceros alejar de vuestra tierra, y para que yo os arroje y perezcáis.

11 Mas a la nación que someta su cuello al yugo del rey de Babilonia y le sirva, la dejaré en su tierra, dice Jehová, y la labrará y morará en ella.

12 Hablé también a Sedequías, rey de Judá, conforme a todas estas palabras, diciendo: Someted vuestros cuellos al yugo del rey de Babilonia, y servidle a él y a su pueblo, y vivid.

13 ¿Por qué moriréis tú y tu pueblo a espada, de hambre y de pestilencia, según ha dicho Jehová de la nación que no sirva al rey de Babilonia?

14 No hagáis caso de las palabras de los profetas que os hablan diciendo: No serviréis al rey de Babilonia; porque os profetizan mentira.

15 Porque yo no ios envié, dice Jehová, y ellos profetizan falsamente en mi nombre, para que yo os arroje y perezcáis vosotros y los profetas que os profetizan.

16 También a los sacerdotes y a todo este pueblo hablé diciendo: Así ha dicho Jehová: No atendáis a la palabras de vuestros profetas que os profetizan diciendo: He aquí que los utensilios de la casa de Jehová volverán de Babilonia en seguida; porque os profetizan mentira.

17 No los oigáis; servid al rey de Babilonia y vivid; ¿por qué ha de ser desolada esta ciudad?

18 Y si ellos son profetas, y si está con ellos la palabra de Jehová, oren ahora a Jehová de los ejércitos para que los utensilios que han quedado en la casa de Jehová y en la casa del rey de Judá y en Jerusalén, no vayan a Babilonia.

19 Porque así dice Jehová de los ejércitos acerca de aquellas columnas, del estanque, de las basas y del resto de los utensilios que quedan en esta ciudad,

20 que no quitó Nabucodonosor, rey de Babilonia, cuando se llevó cautivo de Jerusalén a Babilonia a Jeconías, hijo de Joacim, rey de Judá, y a todos los nobles de Judá y de Jerusalén;

21 así, pues, ha dicho Jehová de los ejércitos, Dios de Israel, acerca de los utensilios que quedaron en la casa de Jehová, y en la casa del rey de Judá, y en Jerusalén:

22 A Babilonia serán deportados, y allí estarán hasta el día en que yo los visite, dice Jehová; y después los traeré y los restauraré a este lugar.

Falsa profecía de Hananías

28 Aconteció en el mismo año, en el principio del reinado de Sedequías, rey de Judá, en el año cuarto, en el quinto mes, que Hananías, hijo de Azur el profeta, que era de Gabaón, me habló en la casa de Jehová delante de los sacerdotes y de todo el pueblo, diciendo:

2 Así habla Jehová de los ejércitos, Dios de Israel, diciendo: He quebrantado el yugo del rey de Babilonia.

3 Dentro de dos años haré volver a este lugar todos los utensilios de la casa de Jehová, que Nabucodonosor rey de Babilonia tomó de este lugar para llevarlos a Babilonia,

4 y yo haré volver a este lugar a Jeconías, hijo de Joacim, rey de Judá, y a todos los deportados de Judá, que entraron en Babilonia, dice Jehová; porque yo quebrantaré el yugo del rey de Babilonia.

5 Entonces respondió el profeta Jeremías al profeta Hananías, delante de los sacerdotes

y delante de todo el pueblo que estaba en la casa de Jehová.

6 Y dijo el profeta Jeremías: Amén, así lo haga Jehová. Confirme Jehová tus palabras, con las cuales profetizaste que los utensilios de la casa de Jehová, y todos los deportados, han de ser devueltos de Babilonia a este lugar.

7 Con todo eso, oye ahora esta palabra que yo hablo en tus oídos y en los oídos de todo el pueblo:

8 Profetas hubo antes de mí y antes de ti en tiempos pasados, que profetizaron guerra, desgracia y pestilencia contra muchas tierras y contra grandes reinos.

9 Si un profeta profetiza de paz, cuando se cumpla la palabra del profeta, será conocido como el profeta que Jehová en verdad envió.

10 Entonces el profeta Hananías quitó el yugo del cuello del profeta Jeremías, y lo quebró.

11 Y habló Hananías en presencia de todo el pueblo, diciendo: Así dice Jehová: De esta manera romperé el yugo de Nabucodonosor, rey de Babilonia, del cuello de todas las naciones, dentro de dos años. Y siguió Jeremías su camino.

12 Y después que el profeta Hananías rompió el yugo del cuello del profeta Jeremías, vino palabra de Jehová a Jeremías, diciendo:

13 Ve y habla a Hananías, diciendo: Así dice Jehová: Yugos de madera quebraste, mas en vez de ellos harás yugos de hierro.

14 Porque así dice Jehová de los ejércitos, Dios de Israel: Yugo de hierro he puesto sobre el cuello de todas estas naciones, para que sirvan a Nabucodonosor, rey de Babilonia, y han de servirle; y también le he dado las bestias del campo.

15 Entonces dijo el profeta Jeremías al profeta Hananías: Ahora oye, Hananías: Jehová no te envió, y tú has hecho a este pueblo confiar en una mentira.

16 Por tanto, así dice Jehová: He aquí que yo te quito de sobre la faz de la tierra; morirás en este año, porque promoviste rebelión contra Jehová.

17 Y en el mismo año murió Hananías, en el mes séptimo.

Carta de Jeremías a los deportados

29 Estas son las palabras de la carta que el profeta Jeremías envió desde Jerusalén a los ancianos que habían quedado de los que fueron deportados, y a los sacerdotes y profetas y a todo el pueblo que Nabucodonosor llevó cautivo de Jerusalén a Babilonia

2 (después que salió el rey Jeconías, la reina madre, los cortesanos, los príncipes de Judá

y de Jerusalén, los artífices y los ingenieros de Jerusalén),

3 por mano de Elasá, hijo de Safán, y de Gemarías, hijo de Hilcías, a quienes envió Sedequías, rey de Judá, a Babilonia, a Nabucodonosor, rey de Babilonia. Decía:

4 Así dice Jehová de los ejércitos, Dios de Israel, a todos los de la cautividad que hice deportar de Jerusalén a Babilonia:

5 Edificad casas, y habitadlas; y plantad huertos, y comed del fruto de ellos.

6 Casaos, y engendrad hijos e hijas; dad mujeres a vuestros hijos, y dad maridos a vuestras hijas, para que tengan hijos e hijas; y multiplicaos ahí, y no os disminuyáis.

7 Y procurad la paz de la ciudad a la cual os hice deportar, y rogad por ella a Jehová; porque en su paz tendréis vosotros paz.

8 Porque así dice Jehová de los ejércitos, Dios de Israel: No os engañen vuestros profetas que están entre vosotros, ni vuestros adivinos; ni atendáis a los sueños que soñáis.

9 Porque falsamente os profetizan ellos en mi nombre; no los envié, dice Jehová.

10 Porque así dice Jehová: Cuando a Babilonia se le cumplan setenta años, yo os visitaré, y realizaré sobre vosotros mi favorable promesa de haceros volver a este lugar.

11 Porque yo sé los pensamientos que tengo acerca de vosotros, dice Jehová, pensamientos de paz, y no de desgracia, para daros un porvenir y una esperanza.

12 Entonces me invocaréis, y vendréis y oraréis a mí, y yo os escucharé;

13 y me buscaréis y me hallaréis, cuando me buscaréis de todo vuestro corazón.

14 Y seré hallado por vosotros, dice Jehová, y haré volver vuestra cautividad, y os reuniré de todas las naciones y de todos los lugares adonde os arrojé, dice Jehová; y os haré volver al lugar de donde os hice llevar cautivos.

15 Pues habéis dicho: Jehová nos ha levantado profetas en Babilonia.

16 Pero así dice Jehová acerca del rey que está sentado sobre el trono de David, y de todo el pueblo que mora en esta ciudad, de vuestros hermanos que no salieron con vosotros en cautiverio;

17 así dice Jehová de los ejércitos: He aquí que voy a enviar yo sobre ellos espada, hambre y pestilencia, y los pondré como los higos malos, que de tan malos no se pueden comer.

18 Y los perseguiré con espada, con hambre, con pestilencia, y los pondré por espanto a todos los reinos de la tierra, por maldición y por asombro, y por burla y por afrenta para todas las naciones entre las cuales los he arrojado;

19 por cuanto no han hecho caso de mis palabras, dice Jehová, que les envié por mis siervos los profetas, desde el principio y sin cesar; pero no quisisteis escuchar, dice Jehová.
20 Oíd, pues, la palabra de Jehová, vosotros todos los deportados que envié de Jerusalén a Babilonia.
21 Así dice Jehová de los ejércitos, Dios de Israel, acerca de Ahab, hijo de Colaías, y acerca de Sedequías, hijo de Maasías, que os profetizan falsamente en mi nombre: he aquí los entrego yo en manos de Nabucodonosor, rey de Babilonia, y él los matará delante de vuestros ojos.
22 Y todos los deportados de Judá que están en Babilonia harán de ellos una maldición, diciendo: Póngate Jehová como a Sedequías y como a Ahab, a quienes asó al fuego del rey de Babilonia.
23 Porque hicieron maldad en Israel, y cometieron adulterio con las mujeres de sus prójimos, y falsamente hablaron en mi nombre palabras que no les mandé; de lo cual yo soy sabedor y testigo, dice Jehová.
24 Y en cuanto a Semaías de Nehelam, hablarás, diciendo:
25 Así habla Jehová de los ejércitos, Dios de Israel, diciendo: Tú enviaste cartas en tu nombre a todo el pueblo que está en Jerusalén, y al sacerdote Sofonías, hijo de Maasías, y a todos los sacerdotes, diciendo:
26 Jehová te ha puesto por sacerdote en lugar del sacerdote Joyadá, para que haya oficiales en la casa de Jehová, a cargo de todo hombre loco que se las eche de profeta, poniéndolo en el calabozo y en el cepo.
27 ¿Por qué, pues, no has castigado ahora a Jeremías de Anatot, que se las echa de profeta con vosotros?
28 Porque él nos envió a decir en Babilonia: Largo será el cautiverio; edificad casas, y habitadlas; plantad huertos, y comed el fruto de ellos.
29 Y el sacerdote Sofonías leyó esta carta a oídos del profeta Jeremías.
30 Entonces vino palabra de Jehová a Jeremías, diciendo:
31 Envía a decir a todos los cautivos: Así dice Jehová de Semaías de Nehelam: Porque os profetizó Semaías, y yo no lo envié, y os hizo confiar en una mentira;
32 por tanto, así dice Jehová: He aquí que yo castigaré a Semaías de Nehelam y a su descendencia; no tendrá varón que more entre este pueblo, ni verá el bien que haré yo a mi pueblo, dice Jehová; porque contra Jehová ha hablado perversión.

Dios promete que los deportados volverán

30 La palabra de Jehová que vino a Jeremías, diciendo:

2 Así habla Jehová, Dios de Israel, diciendo: Escríbete en un libro todas las palabras que te he hablado.
3 Porque he aquí que vienen días, dice Jehová, en que haré volver a los cautivos de mi pueblo Israel y Judá, dice Jehová, y los haré retornar a la tierra que di a sus padres, y la disfrutarán.
4 Y estas son las palabras que habló Jehová acerca de Israel y de Judá.
5 Porque así dice Jehová: Hemos oído voz de temblor; de espanto, y no de paz.
6 Inquirid ahora, y mirad si el varón da a luz; porque he visto que todo hombre tenía las manos sobre sus lomos, como mujer que está de parto, y se han vuelto pálidos todos los rostros.
7 ¡Ah, cuán grande es aquel día!, tanto, que no hay otro semejante a él; tiempo de angustia para Jacob; pero de ella será salvado.
8 En aquel día, dice Jehová de los ejércitos, yo quebraré su yugo de tu cuello y romperé tus coyundas, y extranjeros no lo volverán más a poner en servidumbre;
9 sino que servirán a Jehová su Dios y a David su rey, a quien yo les levantaré.
10 Por tanto, tú, siervo mío Jacob, no temas, dice Jehová, ni desmayes, Israel; porque he aquí que yo soy el que acudo a salvarte desde lejos a ti, y a tu descendencia de la tierra de su cautividad; y Jacob volverá, descansará y vivirá tranquilo, y no habrá quien le espante.
11 Porque yo estoy contigo para salvarte, dice Jehová, y destruiré a todas las naciones entre las cuales te esparcí; pero a ti no te destruiré del todo, sino que te castigaré con medida, a que no te dejaré sin castigo.
12 Porque así dice Jehová: Incurable es tu quebrantamiento, y grave tu herida.
13 No hay quien juzgue tu causa para que seas vendada; no hay para ti medicamentos eficaces.
14 Todos tus amantes te olvidaron; no te buscan; porque como hiere un enemigo te herí, con azote de adversario cruel, a causa de la magnitud de tu maldad, porque tus pecados se habían aumentado.
15 ¿Por qué gritas a causa de tu quebrantamiento? Incurable es tu dolor, porque por la grandeza de tu iniquidad y por tus muchos pecados te he hecho esto.
16 Por eso, serán consumidos todos los que te consumen; y todos tus adversarios, todos irán en cautiverio; los que te despojan, serán despojo; y a todos los que hicieron presa de ti, daré en presa.
17 Pues yo haré venir sanidad para ti, y sanaré tus heridas, dice Jehová; porque te llamaron desechada, diciendo: Ésta es Sión, de la que nadie se cuida.

18 Así dice Jehová: He aquí yo hago volver los cautivos de las tiendas de Jacob, y de sus tiendas tendré compasión, y la ciudad será edificada sobre su antigua colina, y el palacio será restablecido tal como era.

19 Y saldrá de ellos acción de gracias, y voz de gente que está en regocijo, y los multiplicaré, y no serán disminuidos; los multiplicaré, y no serán menoscabados.

20 También sus hijos serán como antes, y su congregación será delante de mí establecida; y castigaré a todos sus opresores.

21 Su príncipe será uno de ellos, y de en medio de ella saldrá su jefe; y le haré llegar cerca, y él se acercará a mí; porque ¿quién es aquel que se atreve a acercarse a mí?, dice Jehová.

22 Y me seréis por pueblo, y yo seré vuestro Dios.

23 He aquí, la tempestad de Jehová sale con furor; la tempestad que barre como un torbellino; remolineará sobre la cabeza de los malvados.

24 No se calmará el ardor de la ira de Jehová, hasta que haya hecho y cumplido los designios de su corazón; en el fin de los días os percataréis de esto.

Retorno de Israel a su tierra

31 En aquel tiempo, dice Jehová, yo seré por Dios a todas las familias de Israel, y ellas me serán a mí por pueblo.

2 Así dice Jehová: El pueblo que escapó de la espada halló gracia en el desierto; sí, Israel cuando voy a hacerle descansar.

3 Jehová se manifestó a mí desde lejos, diciendo: Con amor eterno te he amado; por tanto, te he atraído a mí con mi gracia.

4 De nuevo te edificaré, y serás edificada, oh virgen de Israel; todavía serás adornada con tus panderos, y saldrás a danzar con gente festiva.

5 Aún plantarás viñas en los montes de Samaria; plantarán los que planten, y disfrutarán de ellas.

6 Porque habrá día en que clamarán los guardas en el monte de Efraín: Levantaos, y subamos a Sión, a Jehová nuestro Dios.

7 Así dice Jehová: Cantad por Jacob con alegría, y dad voces de júbilo a la cabeza de las naciones; anunciad, alabad, y decid: Oh Jehová, salva a tu pueblo, el remanente de Israel.

8 He aquí que yo los haré volver de la tierra del norte, y los reuniré de los últimos confines de la tierra, y entre ellos a ciegos y cojos, a la mujer que está encinta y a la que dio a luz juntamente; en gran compañía volverán acá.

9 Vendrán con llanto, y los guiaré con plegarias, y los haré andar junto a arroyos de aguas, por camino derecho en el cual no tropezarán; porque soy a Israel por padre, y Efraín es mi primogénito.

10 Oíd la palabra de Jehová, oh naciones, y hacedlo saber en las islas que están lejos, y decid: El que esparció a Israel lo reúne y lo guarda, como un pastor a su rebaño.

11 Porque Jehová ha rescatado a Jacob, lo redimió de mano del que es más fuerte que él.

12 Vendrán y darán gritos de gozo en lo alto de Sión, y correrán al bien de Jehová, al pan, al vino, al aceite, y al ganado de las ovejas y de las vacas; y su alma será como un huerto de riego, y nunca más tendrán dolor.

13 Entonces la virgen se alegrará en la danza, los jóvenes y los viejos juntamente; pues cambiaré su llanto en gozo, y los consolaré, y los alegraré de su dolor.

14 Y satisfaré el alma del sacerdote con abundancia, y mi pueblo será saciado de mi bien, dice Jehová.

15 Así dice Jehová: Se oye una voz en Ramá, lamento y llanto amargo; Raquel que llora por sus hijos, y rehúsa ser consolada por sus hijos, porque perecieron.

16 Así dice Jehová: Reprime del llanto tu voz, y de las lágrimas tus ojos; porque hay salario para tu trabajo, dice Jehová, y volverán de la tierra del enemigo.

17 Esperanza hay también para tu porvenir, dice Jehová, y los hijos volverán a su propia tierra.

18 Bien he oído a Efraín que se lamentaba: Me corregiste, y fui castigado como novillo indómito; conviérteme, y seré convertido, porque tú eres Jehová mi Dios.

19 Porque después que me aparté tuve arrepentimiento, y después que fui instruido, me castigué a mí mismo; me avergoncé y me confundí, porque llevé la afrenta de mi juventud.

20 ¿Es Efraín el hijo predilecto para mí?, ¿es el niño mimado?; pues siempre que hablo de él, todavía me viene con fuerza a la memoria. Por eso mis entrañas suspiran por él; ciertamente tendré de él compasión, dice Jehová.

21 Establécete señales, ponte majanos altos, nota atentamente la calzada; vuélvete por el camino por donde te fuiste, virgen de Israel, vuelve a estas tus ciudades.

22 ¿Hasta cuándo andarás vagando, oh hija contumaz? Porque Jehová ha creado una cosa nueva sobre la tierra: la mujer rodeará al varón.

23 Así dice Jehová de los ejércitos, Dios de Israel: Aún dirán esta palabra en la tierra de Judá y en sus ciudades, cuando yo haga volver sus cautivos: Jehová te bendiga, oh morada de justicia, oh monte santo.

24 Y habitará allí Judá, y también todas sus

ciudades; los labradores, y los que van con
rebaño.
25 Porque satisfaré al alma cansada, y saciaré a toda alma entristecida.
26 En esto me desperté, y vi, y mi sueño me
fue agradable.

El nuevo pacto

27 He aquí vienen días, dice Jehová, en que
sembraré la casa de Israel y la casa de Judá
de simiente de hombres y de ganados.
28 Y así como me ocupé de ellos para
arrancar y derribar, y trastornar y destruir y
afligir, tendré cuidado de ellos para edificar
y plantar, dice Jehová.
29 En aquellos días no dirán más: Los
padres comieron las uvas agrias y los dientes
de los hijos tienen la dentera,
30 sino que cada cual morirá por su propia
maldad; los dientes de todo hombre que
coma las uvas agrias, tendrán la dentera.
31 He aquí que vienen días, dice Jehová, en
los cuales haré nuevo pacto con la casa de
Israel y con la casa de Judá.
32 No como el pacto que hice con sus
padres el día que tomé su mano para sacarlos de la tierra de Egipto; porque ellos
invalidaron mi pacto, aunque fui yo un
marido para ellos, dice Jehová.
33 Pero este es el pacto que haré con la casa
de Israel después de aquellos días, dice
Jehová: Daré mi ley en su mente, y la
escribiré en su corazón; y yo seré a ellos por
Dios, y ellos me serán por pueblo.
34 Y no enseñará más ninguno a su prójimo, ni ninguno a su hermano, diciendo:
Conoce a Jehová; porque todos me conocerán, desde el más pequeño de ellos hasta el
más grande, dice Jehová; porque perdonaré
la maldad de ellos, y no me acordaré más de
su pecado.
35 Así dice Jehová, que da el sol para luz
del día, las leyes de la luna y de las estrellas
para luz de la noche, que agita el mar, y
brama sus ondas; Jehová de los ejércitos es
su nombre:
36 Si faltan estas leyes delante de mí, dice
Jehová, también la descendencia de Israel
faltará para no ser nación delante de mí
eternamente.
37 Así dice Jehová: Si los cielos arriba se
pueden medir, y explorarse abajo los fundamentos de la tierra, también yo desecharé
toda la descendencia de Israel por todo lo
que hicieron, dice Jehová.
38 He aquí que vienen días, dice Jehová, en
que la ciudad será edificada a Jehová, desde
la torre de Hananeel hasta la puerta del
Ángulo.
39 Y saldrá más allá el cordel de la medida,
directamente hasta el collado de Gareb, y
torcerá hasta Goa.

40 Y todo el valle de los cuerpos muertos y
de las cenizas, y todas las llanuras hasta el
arroyo de Cedrón, hasta la esquina de la
puerta de los caballos al oriente, será santo a
Jehová; no será arrancada ni destruida más
para siempre.

Jeremías compra la heredad
de Hanameel

32 La palabra de Jehová que vino a
Jeremías, el año décimo de Sedequías, rey de Judá, que fue el año decimoc-
tavo de Nabucodonosor.
2 Entonces el ejército del rey de Babilonia
tenía sitiada a Jerusalén, y el profeta Jeremías estaba preso en el patio de la cárcel que
estaba en la casa del rey de Judá.
3 Porque Sedequías rey de Judá lo había
puesto preso, diciendo: ¿Por qué profetizas
tú diciendo: Así dice Jehová: He aquí que
yo entrego esta ciudad en manos del rey de
Babilonia, y la tomará?
4 y Sedequías rey de Judá no escapará de
las manos de los caldeos, sino que de cierto
será entregado en manos del rey de Babilonia, y hablará con él boca a boca, y sus ojos
verán sus ojos;
5 y hará llevar a Sedequías a Babilonia, y
allí estará hasta que yo le visite; y si peleáis
contra los caldeos, no os irá bien, dice
Jehová?
6 Dijo Jeremías: Palabra de Jehová vino a
mí, diciendo:
7 He aquí que Hanameel, hijo de tu tío
Salum, viene a ti, diciendo: Cómprame mi
heredad que está en Anatot; porque tú
tienes derecho a ella para comprarla.
8 Y vino a mí Hanameel, hijo de mi tío,
conforme a la palabra de Jehová, al patio de
la cárcel, y me dijo: Compra ahora mi
heredad, que está en Anatot en tierra de
Benjamín, porque tuyo es el derecho de la
herencia, y a ti corresponde el rescate;
cómprala para ti. Entonces conocí que era
palabra de Jehová.
9 Y compré la heredad de Hanameel, hijo
de mi tío, la cual estaba en Anatot, y le pesé
el dinero; diecisiete siclos de plata.
10 Y suscribí el documento y lo sellé, y lo
hice certificar con testigos, y pesé el dinero
en balanza.
11 Tomé luego la escritura de compra, sellada según el derecho y costumbre, y la
copia abierta.
12 Y pasé la escritura de compra a Baruc,
hijo de Nerías, hijo de Maasías, delante de
Hanameel el hijo de mi tío, y delante de los
testigos que habían suscrito la escritura de
compra, delante de todos los judíos que
estaban en el patio de la cárcel.
13 Y di orden a Baruc delante de ellos,
diciendo:

14 Así dice Jehová de los ejércitos, Dios de Israel: Toma estas escrituras, esta escritura de venta sellada, y esta escritura abierta, y ponlas en una vasija de barro, para que se conserven muchos días.

15 Porque así dice Jehová de los ejércitos, Dios de Israel: Aún se comprarán casas, heredades y viñas en esta tierra.

16 Y después que di la escritura de compra a Baruc hijo de Nerías, oré a Jehová, diciendo:

17 ¡Oh Señor Jehová!, he aquí que tú hiciste el cielo y la tierra con tu gran poder, y con tu brazo extendido, y no hay nada que sea demasiado difícil para ti;

18 que haces misericordia a millares, y castigas la maldad de los padres en sus hijos después de ellos; Dios grande, poderoso, Jehová de los ejércitos es su nombre;

19 grande en designios, y poderoso en hechos; cuyos ojos están abiertos sobre todos los caminos de los hijos de los hombres, para dar a cada uno según sus caminos, y según el fruto de sus obras.

20 Tú que hiciste señales y portentos en tierra de Egipto hasta este día, y en Israel, y entre otros hombres; y te has hecho nombre, como se ve en el día de hoy.

21 Y sacaste a tu pueblo Israel de la tierra de Egipto con señales y portentos, con mano fuerte y brazo extendido, y con terror grande;

22 y les diste esta tierra, de la cual juraste a sus padres que se la darías, la tierra que fluye leche y miel;

23 y entraron, y la disfrutaron; pero no escucharon tu voz, ni anduvieron en tu ley; nada hicieron de lo que les mandaste hacer; por tanto, has hecho venir sobre ellos todo este mal.

24 He aquí que con terraplenes han acometido la ciudad para tomarla, y la ciudad va a ser entregada en manos de los caldeos que pelean contra ella, a causa de la espada, del hambre y de la pestilencia; ha venido, pues, a suceder lo que tú dijiste, y he aquí que lo estás viendo.

25 ¡Y tú me has dicho, oh Señor Jehová: Cómprate la heredad por dinero, y pon testigos; aunque la ciudad sea entregada en manos de los caldeos!

26 Entonces vino palabra de Jehová a Jeremías, diciendo:

27 He aquí que yo soy Jehová, el Dios de toda carne; ¿habrá algo que sea demasiado difícil para mí?

28 Por tanto, así dice Jehová: He aquí que voy a entregar esta ciudad en manos de los caldeos, y en manos de Nabucodonosor, rey de Babilonia, y la tomará.

29 Y vendrán los caldeos que atacan esta ciudad, y la pondrán a fuego y la quemarán, asimismo las casas, sobre cuyas azoteas ofrecieron incienso a Baal y derramaron libaciones a dioses ajenos, para provocarme a ira.

30 Porque los hijos de Israel y los hijos de Judá no han hecho sino lo que es malo delante de mis ojos desde su juventud; porque los hijos de Israel no han hecho más que provocarme a ira con la obra de sus manos, dice Jehová.

31 Porque esta ciudad me ha sido motivo de enojo y de ira desde el día en que la edificaron hasta hoy, tanto que es como para que la haga quitar de mi presencia,

32 por toda la maldad de los hijos de Israel y de los hijos de Judá, que han hecho para enojarme, ellos, sus reyes, sus príncipes, sus sacerdotes y sus profetas, y los varones de Judá y los moradores de Jerusalén.

33 Y me volvieron la espalda, y no el rostro; y aunque les instruía desde el principio y sin cesar, no escucharon para recibir corrección;

34 sino que pusieron sus abominaciones en la casa en la cual es invocado mi nombre, contaminándola.

35 Y edificaron lugares altos a Baal, los cuales están en el valle del hijo de Hinom, para hacer pasar por el fuego sus hijos y sus hijas a Moloc; lo cual no les mandé, ni me vino al pensamiento que hiciesen tal abominación, haciendo pecar a Judá.

36 Y, por eso, así dice Jehová Dios de Israel de esta ciudad, de la cual decís vosotros: Entregada está en manos del rey de Babilonia por espada, por hambre y por pestilencia:

37 He aquí que yo los reuniré de todas las tierras a las cuales los eché en mi furor, y en mi enojo e indignación grande; y los haré volver a este lugar, y los haré habitar con seguridad;

38 y me serán por pueblo, y yo seré a ellos por Dios.

39 Y les daré un solo corazón, y un solo camino, para que me teman perpetuamente, para el bien de ellos, y de sus hijos después de ellos.

40 Y haré con ellos pacto eterno, que no me volveré atrás de hacerles bien, y pondré mi temor en el corazón de ellos, para que no se aparten de mí.

41 Y me alegraré con ellos haciéndoles bien, y los plantaré en esta tierra en verdad, con todo mi corazón y con toda mi alma.

42 Porque así dice Jehová: Así como traje sobre este pueblo todo este gran mal, así traeré sobre ellos todo el bien que sobre ellos pronuncio.

43 Y se comprarán campos en esta tierra de la cual vosotros decís: Está desierta, sin hombres y sin animales; es entregada en manos de los caldeos.

44 Heredades comprarán por dinero, y harán escritura y la sellarán y pondrán testigos, en tierra de Benjamín y en los contornos de Jerusalén, y en las ciudades de Judá; y en las ciudades de las montañas, y en las ciudades de la Sefelá, y en las ciudades del Négueb; porque yo haré regresar sus cautivos, dice Jehová.

Nuevas promesas de restauración

33 Vino palabra de Jehová a Jeremías la segunda vez, estando él aún preso en el patio de la cárcel, diciendo:

2 Así dice Jehová, que hizo la tierra, Jehová que la formó para afianzarla; Jehová es su nombre:

3 Clama a mí, y yo te responderé, y te enseñaré cosas grandes y ocultas que tú no conoces.

4 Porque así dice Jehová Dios de Israel acerca de las casas de esta ciudad, y de las casas de los reyes de Judá, derribadas junto a los contrafuertes y la cerca,

5 adonde llegaron para pelear contra los caldeos, para llenarlas de cuerpos de hombres muertos, a los cuales herí yo en mi furor y en mi ira, pues escondí mi rostro de esta ciudad a causa de toda su maldad:

6 He aquí que yo les traeré sanidad y medicina; y los curaré, y les revelaré abundancia de paz y de verdad.

7 Y haré volver los cautivos de Judá y los cautivos de Israel, y los reedificaré como al principio.

8 Y los limpiaré de toda su maldad con que pecaron contra mí; y perdonaré todos sus pecados con que contra mí pecaron, y con que contra mí se rebelaron.

9 Y esta ciudad me será a mí por nombre de gozo, por alabanza y por gloria, ante todas las naciones de la tierra, que habrán oído todo el bien que yo les voy a hacer; y temerán y temblarán de todo el bien y de toda la paz que yo les concederé.

10 Así dice Jehová: En este lugar, del cual decís que está desierto, sin hombres y sin animales, en las ciudades de Judá y en las calles de Jerusalén, que están asoladas, sin hombre y sin morador y sin animal,

11 ha de oírse aún voz de gozo y de alegría, voz de desposado y voz de desposada, voz de los que digan: Alabad a Jehová de los ejércitos, porque Jehová es bueno, porque para siempre es su misericordia; voz de los que traigan ofrendas de acción de gracias a la casa de Jehová. Porque volveré a traer los cautivos de la tierra como al principio, ha dicho Jehová.

12 Así dice Jehová de los ejércitos: En este lugar desierto, sin hombre y sin animal, y en todas sus ciudades, aún habrá cabañas de pastores que hagan acostarse a sus rebaños.

13 En las ciudades de las montañas, en las ciudades de la Sefelá, en las ciudades del Négueb, en la tierra de Benjamín, y alrededor de Jerusalén y en las ciudades de Judá, aún pasarán ganados bajo las manos del que los cuente, dice Jehová.

Instituciones del futuro

14 He aquí que vienen días, dice Jehová, en que yo cumpliré la buena palabra que he hablado acerca de la casa de Israel y de la casa de Judá.

15 En aquellos días y en aquel tiempo haré brotar a David un Renuevo de justicia, y ejecutará justicia y equidad en la tierra.

16 En aquellos días Judá será salvo, y Jerusalén habitará segura, y se le llamará: Jehová es nuestra justicia.

17 Porque así dice Jehová: No faltará a David varón que se siente sobre el trono de la casa de Israel.

18 Ni a los sacerdotes y levitas faltará varón que delante de mí ofrezca holocausto y encienda ofrenda, y que haga sacrificio todos los días.

19 Y vino palabra de Jehová a Jeremías, diciendo:

20 Así dice Jehová: Si podéis invalidar mi pacto con el día y mi pacto con la noche, de tal manera que no haya día ni noche a su tiempo,

21 entonces podrá también invalidarse mi pacto con mi siervo David, para que le falte un hijo que reine sobre su trono, y mi pacto con los levitas y sacerdotes, mis ministros.

22 Así como no puede ser contado el ejército del cielo, ni la arena del mar se puede medir, así multiplicaré la descendencia de David mi siervo, y los levitas que me sirven.

23 Vino palabra de Jehová a Jeremías, diciendo:

24 ¿No has echado de ver lo que habla este pueblo, diciendo: Las dos familias que Jehová había escogido, las ha desechado? Y han tenido en poco a mi pueblo, hasta no tenerlo más por nación.

25 Pues bien, dice así Jehová: Si no permanece mi pacto con el día y la noche, si yo no he puesto las leyes del cielo y la tierra,

26 también desecharé la descendencia de Jacob, y de David mi siervo, para no tomar de su descendencia quien sea señor sobre la posteridad de Abraham, de Isaac y de Jacob; porque yo haré volver sus cautivos, y tendré compasión de ellos.

Jeremías amonesta a Sedequías

34 La palabra de Jehová que vino a Jeremías, cuando Nabucodonosor, rey de Babilonia, y todo su ejército, y todos los reinos de la tierra bajo el señorío de su mano, y todos los pueblos, peleaban contra Jerusalén y contra todas sus ciudades; la cual dijo:

2 Así dice Jehová, el Dios de Israel: Ve y habla a Sedequías rey de Judá, y dile: Así dice Jehová: He aquí que yo entregaré esta ciudad al rey de Babilonia, y la quemará con fuego;

3 y no escaparás tú de su mano, sino que ciertamente serás apresado, y en su mano serás entregado; y tus ojos verán los ojos del rey de Babilonia, y te hablará boca a boca, y entrarás en Babilonia.

4 Con todo eso, oye palabra de Jehová, Sedequías rey de Judá: Así dice Jehová acerca de ti: No morirás a espada.

5 En paz morirás, y así como quemaron especias aromáticas por tus padres, los reyes antepasados que te precedieron, las quemarán por ti, y te endecharán, diciendo: ¡Ay, señor! Porque yo he hablado la palabra, dice Jehová.

6 Y habló el profeta Jeremías a Sedequías, rey de Judá, todas estas palabras en Jerusalén.

7 Y el ejército del rey de Babilonia peleaba contra Jerusalén, y contra todas las ciudades de Judá que habían quedado, contra Laquís y contra Azeca; porque de las ciudades fortificadas de Judá, éstas solas habían quedado.

Liberación de los
siervos hebreos

8 La palabra de Jehová que vino a Jeremías, después que el rey Sedequías hizo pacto con todo el pueblo que había en Jerusalén, para promulgarles libertad;

9 que cada uno dejase libre a su siervo y a su sierva, siendo hebreo y hebrea; que ninguno usase a los judíos, sus hermanos, como siervos.

10 Y cuando oyeron todos los príncipes, y todo el pueblo que había convenido en el pacto de dejar libre cada uno a su siervo y cada uno a su sierva, que ninguno los usase más como siervos, obedecieron, y los dejaron.

11 Pero después se arrepintieron, e hicieron volver a los siervos y a las siervas que habían dejado libres, y los sujetaron como siervos y siervas.

12 Vino, pues, palabra de Jehová a Jeremías, diciendo:

13 Así dice Jehová, Dios de Israel: Yo hice pacto con vuestros padres el día que los saqué de la tierra de Egipto, de la casa de servidumbre, diciendo:

14 Al cabo de siete años, dejará cada uno a su hermano hebreo que le fuere vendido; le servirá seis años, y lo enviará libre; pero vuestros padres no me oyeron, ni inclinaron su oído.

15 Y vosotros os habíais hoy convertido, y hecho lo recto delante de mis ojos, anunciando cada uno libertad a su prójimo; y habíais hecho pacto en mi presencia, en la casa en la cual es invocado mi nombre.

16 Pero os habéis vuelto y profanado mi nombre, y habéis vuelto a tomar cada uno a su siervo y cada uno a su sierva, que habíais dejado libre a su voluntad; y los habéis sujetado para que os sean siervos y siervas.

17 Por tanto, así dice Jehová: Vosotros no me habéis oído para promulgar cada uno libertad a su hermano, y cada uno a su prójimo; he aquí que yo promulgo libertad, dice Jehová, a la espada y a la pestilencia y al hambre; y os pondré por espanto ante todos los reinos de la tierra.

18 Y entregaré a los hombres que traspasaron mi pacto, que no han llevado a efecto las palabras del pacto que celebraron en mi presencia, dividiendo en dos partes el becerro y pasando por medio de ellas;

19 a los príncipes de Judá y a los príncipes de Jerusalén, a los oficiales y a los sacerdotes y a todo el pueblo de la tierra, que pasaron entre las partes del becerro,

20 los entregaré en manos de sus enemigos y en manos de los que buscan su vida; y sus cuerpos muertos serán pasto de las aves del cielo, y de las bestias de la tierra.

21 Y a Sedequías, rey de Judá, y a sus príncipes los entregaré en manos de sus enemigos, y en manos de los que buscan su vida, y en manos del ejército del rey de Babilonia, que se ha retirado de vosotros.

22 He aquí, mandaré yo, dice Jehová, y los haré volver a esta ciudad, y pelearán contra ella y la tomarán, y la quemarán con fuego; y reduciré a soledad las ciudades de Judá, hasta dejarlas sin habitantes.

Obediencia de los recabitas

35 La palabra de Jehová que vino a Jeremías en días de Joacim, hijo de Josías, rey de Judá, diciendo:

2 Ve a casa de los recabitas y habla con ellos, e introdúcelos en la casa de Jehová, en uno de los aposentos, y dales a beber vino.

3 Tomé entonces a Jaazanías, hijo de Jeremías, hijo de Habasinías, a sus hermanos, a todos sus hijos, y a toda la familia de los recabitas;

4 y los llevé a la casa de Jehová, al aposento de los hijos de Hanán, hijo de Igdalías, varón de Dios, el cual estaba junto al aposento de los príncipes, que estaba sobre el aposento de Maasías, hijo de Salum, guarda de la puerta.

5 Y puse delante de los hijos de la familia de los recabitas tazas y copas llenas de vino, y les dije: Bebeb vino.
6 Mas ellos dijeron: No beberemos vino; porque nuestro padre Jonadab, hijo de Recab, nos ordenó diciendo: No beberéis jamás vino vosotros ni vuestros hijos;
7 ni edificaréis casa, ni sembraréis sementera, ni plantaréis viña, ni la retendréis; sino que moraréis en tiendas todos vuestros días, para que viváis muchos días sobre la faz de la tierra donde vosotros peregrináis.
8 Y nosotros hemos obedecido a la voz de nuestro padre Jonadab, hijo de Recab, en todas las cosas que nos mandó, de no beber vino en todos nuestros días, ni nosotros, ni nuestras mujeres, ni nuestros hijos ni nuestras hijas;
9 y de no edificar casas para nuestra morada, y de no tener viña, ni heredad, ni sementera;
10 sino que hemos morado en tiendas, y hemos obedecido y hecho conforme a todas las cosas que nos mandó Jonadab nuestro padre.
11 Sucedió, no obstante, que cuando Nabucodonosor rey de Babilonia subió a la tierra, dijimos: Venid, y ocultémonos en Jerusalén, por temor al ejército de los caldeos y por temor al ejército de los de Siria; y en Jerusalén nos quedamos.
12 Y vino palabra de Jehová de los ejércitos, Dios de Israel: Ve y di a los varones de Judá, y a los moradores de Jerusalén: ¿No aprenderéis a obedecer mis palabras?, dice Jehová.
14 Se ha cumplido la palabra de Jonadab hijo de Recab, el cual mandó a sus hijos que no bebiesen vino, y no lo han bebido hasta hoy, por obedecer al mandamiento de su padre; y yo os he hablado a vosotros desde el principio y sin cesar, y no me habéis oído.
15 Y envié a vosotros todos mis siervos los profetas, desde el principio y sin cesar, para deciros: Volveos ahora cada uno de vuestro mal camino, y enmendad vuestras obras, y no vayáis tras dioses ajenos para servirles, y viviréis en la tierra que di a vosotros y a vuestros padres; mas no inclinasteis vuestro oído, ni me hicisteis caso.
16 Puesto que los hijos de Jonadab, hijo de Recab, han cumplido el mandamiento que les dio su padre; pero este pueblo no me ha obedecido;
17 por tanto, así dice Jehová, Dios de los ejércitos, Dios de Israel: He aquí que yo traeré sobre Judá y sobre todos los moradores de Jerusalén todo el mal que contra ellos he hablado; porque les hablé, y no oyeron; los llamé, y no han respondido.
18 Y dijo Jeremías a la familia de los recabitas: Así dice Jehová de los ejércitos, Dios de

Israel: Por cuanto obedecisteis al mandamiento de Jonadab vuestro padre, y guardasteis todos sus mandamientos, e hicisteis conforme a todas las cosas que os mandó;
19 por tanto, así dice Jehová de los ejércitos, Dios de Israel: No faltará de Jonadab, hijo de Recab, varón que esté en mi presencia todos los días.

Escritura y quema del rollo

36 Aconteció en el cuarto año de Joacim, hijo de Josías, rey de Judá, que vino esta palabra de Jehová a Jeremías, diciendo:
2 Toma un rollo de libro, y escribe en él todas las palabras que te he hablado contra Israel y contra Judá, y contra todas las naciones, desde el día que comencé a hablarte, desde los días de Josías, hasta hoy.
3 Quizás oiga la casa de Judá todo el mal que yo pienso hacerles, y se arrepienta cada uno de su mal camino, y yo perdonaré su maldad y su pecado.
4 Y llamó Jeremías a Baruc, hijo de Nerías, y escribió Baruc al dictado de Jeremías, en un rollo de libro, todas las palabras que Jehová le había hablado.
5 Después mandó Jeremías a Baruc, diciendo: Yo estoy detenido y no puedo entrar en la casa de Jehová.
6 Entra tú, pues, y lee de este rollo que escribiste al dictado mío, las palabras de Jehová a los oídos del pueblo, en la casa de Jehová, en día de ayuno; y las leerás también a oídos de todos los de Judá que vienen de sus ciudades.
7 Quizá presenten sus súplicas ante Jehová, y se vuelva cada uno de su mal camino; porque grande es la ira y el furor que ha expresado Jehová contra este pueblo.
8 Y Baruc, hijo de Nerías, hizo conforme a todas las cosas que le mandó Jeremías profeta, leyendo en el libro las palabras de Jehová en la casa de Jehová.
9 Precisamente en el año quinto de Joacim, hijo de Josías, rey de Judá, en el mes noveno, se proclamaba ayuno en la presencia de Jehová a todo el pueblo de Jerusalén y a todo el pueblo que venía de las ciudades de Judá a Jerusalén.
10 Y Baruc leyó en el libro las palabras de Jeremías en la casa de Jehová, en el aposento de Gemarías, hijo de Safán el escriba, en el atrio de arriba, a la entrada de la puerta nueva de la casa de Jehová, a oídos de todo el pueblo.
11 Y Miqueas, hijo de Gemarías, hijo de Safán, habiendo oído del libro todas las palabras de Jehová,
12 descendió a la casa del rey, al aposento del secretario, y he aquí que todos los príncipes estaban allí sentados, esto es: Eli-

samá secretario, Delaías hijo de Semaías, Elnatán hijo de Acbor, Gemarías hijo de Safán, Sedequías hijo de Ananías, y todos los príncipes.

13 Y les contó Miqueas todas las palabras que había oído cuando Baruc leyó en el libro a oídos del pueblo.

14 Entonces enviaron todos los príncipes a Jehudí hijo de Netanías, hijo de Selemías, hijo de Cusí, para que dijese a Baruc: Toma el rollo en el que leíste a oídos del pueblo, y ven. Así pues, Baruc, hijo de Nerías, tomó el rollo en su mano y vino a ellos.

15 Y le dijeron: Siéntate ahora, y léelo a nosotros. Y se lo leyó Baruc.

16 Cuando oyeron todas aquellas palabras, cada uno se volvió espantado a su compañero, y dijeron a Baruc: Sin duda contaremos al rey todas estas palabras.

17 Preguntaron luego a Baruc, diciendo: Cuéntanos ahora cómo escribiste al dictado de él todas estas palabras.

18 Y Baruc les dijo: Él me recitaba todas estas palabras, y yo las iba escribiendo con tinta en el libro.

19 Entonces dijeron los príncipes a Baruc: Ve y escóndete, tú y Jeremías, y que nadie sepa dónde estáis.

20 Y entraron adonde estaba el rey, al atrio, después de depositar el rollo en el aposento de Elisamá el secretario; y contaron a oídos del rey todas estas palabras.

21 Y envió el rey a Jehudí a que tomase el rollo, el cual lo tomó del aposento de Elisamá el secretario, y leyó en él Jehudí a oídos del rey, y a oídos de todos los príncipes que junto al rey estaban.

22 Y el rey estaba sentado en la casa de invierno en el mes noveno, y había un brasero ardiendo delante de él.

23 Cuando Jehudí había leído tres o cuatro planas, lo rasgó el rey con un cortaplumas de escriba, y lo echó en el fuego que había en el brasero, hasta que todo el rollo se consumió sobre el fuego que en el brasero había.

24 Y no tuvieron temor ni rasgaron sus vestidos el rey ni ninguno de sus siervos que oyeron todas estas palabras.

25 Y aunque Elnatán y Delaías y Gemarías rogaron al rey que no quemase aquel rollo, no los quiso oír.

26 También mandó el rey a Jerameel hijo de Hamelec, a Seraías hijo de Azriel y a Selemías hijo de Abdeel, para que prendiesen a Baruc el escribiente y al profeta Jeremías; pero Jehová los escondió.

27 Entonces vino palabra de Jehová a Jeremías, después que el rey había quemado el rollo, y las palabras que Baruc había escrito en él al dictado de Jeremías, diciendo:

28 Vuelve a tomar otro rollo, y escribe en él todas las palabras que estaban antes en el primer rollo que quemó Joacim rey de Judá.

29 Y dirás a Joacim, rey de Judá: Así ha dicho Jehová: Tú quemaste este rollo, diciendo: ¿Por qué escribiste en él, diciendo: De cierto vendrá el rey de Babilonia, y destruirá esta tierra, y hará que no queden en ella ni hombres ni animales?

30 Por tanto, así dice Jehová acerca de Joacim rey de Judá: No tendrá quien se siente sobre el trono de David; y su cuerpo será echado al calor del día y al hielo de la noche.

31 Y castigaré su maldad en él, y en su descendencia en sus siervos; y traeré sobre ellos, y sobre los moradores de Jerusalén y sobre los varones de Judá, todo el mal que he pronunciado contra ellos, sin que hicieran caso.

32 Y tomó Jeremías otro rollo y lo dio a Baruc, hijo de Nerías, escriba; y escribió en él al dictado de Jeremías todas las palabras del libro que había quemado en el fuego Joacim, rey de Judá; y aún fueron añadidas sobre ellas muchas otras palabras semejantes.

Arresto de Jeremías

37 En lugar de Conías, hijo de Joacim, reinó el rey Sedequías, hijo de Josías, al cual Nabucodonosor, rey de Babilonia, constituyó por rey en la tierra de Judá.

2 Pero no obedeció él ni sus siervos ni el pueblo de la tierra a las palabras de Jehová, las cuales habló por medio del profeta Jeremías.

3 Y envió el rey Sedequías a Jucal, hijo de Selemías, y al sacerdote Sofonías, hijo de Maasías, para que dijesen al profeta Jeremías: Ruega ahora por nosotros a Jehová nuestro Dios.

4 Y Jeremías entraba y salía en medio del pueblo; porque todavía no lo habían puesto en la cárcel.

5 Y cuando el ejército de Faraón había salido de Egipto, y llegó noticia de ello a oídos de los caldeos que tenían sitiada a Jerusalén, se retiraron de Jerusalén.

6 Entonces vino palabra de Jehová al profeta Jeremías, diciendo:

7 Así dice Jehová, Dios de Israel: Diréis así al rey de Judá, que os envió a mí para que me consultaseis: He aquí que el ejército de Faraón que había salido en vuestro socorro, se va a retirar a su tierra en Egipto.

8 Y volverán los caldeos y atacarán esta ciudad, y la tomarán y la pondrán a fuego.

9 Así dice Jehová: No os engañéis a vosotros mismos, diciendo: Sin duda ya los caldeos se apartarán de nosotros; porque no se apartarán.

10 Porque aun cuando hiriescis a todo el ejército de los caldeos que pelean contra vosotros, y quedasen de ellos solamente hombres heridos, cada uno se levantará de su tienda, y pondrán esta ciudad a fuego.

Prisión de Jeremías

11 Y aconteció que cuando el ejército de los caldeos se retiró de Jerusalén por miedo al ejército de Faraón,
12 salía Jeremías de Jerusalén para irse a tierra de Benjamín, para recibir allí su porción en medio del pueblo.
13 Y cuando fue a la puerta de Benjamín, estaba allí un capitán que se llamaba Irías, hijo de Selemías, hijo de Hananías, el cual apresó al profeta Jeremías, diciendo: Tú te pasas a los caldeos.
14 Y Jeremías dijo: Falso; no me paso a los caldeos. Pero él no lo escuchó, sino que prendió Irías a Jeremías, y lo llevó delante de los príncipes.
15 Y los príncipes se airaron contra Jeremías, y le azotaron y le pusieron en prisión en la casa del escriba Jonatán, porque la habían convertido en cárcel.
16 Entró, pues, Jeremías en el calabozo, y en las celdas superiores. Y habiendo estado allí Jeremías por muchos días,
17 el rey Sedequías envió y le sacó; y le preguntó el rey secretamente en su casa, y dijo: ¿Hay palabra de Jehová? Y Jeremías dijo: La hay. Y dijo más: En manos del rey de Babilonia serás entregado.
18 Dijo también Jeremías al rey Sedequías: ¿En qué pequé contra ti, o contra tus siervos, o contra este pueblo, para que me metieseis en la cárcel?
19 ¿Y dónde están vuestros profetas que os profetizaban diciendo: No vendrá el rey de Babilonia contra vosotros, ni contra esta tierra?
20 Ahora, pues, oye, te ruego, oh mi señor el rey; caiga bien ahora mi súplica delante de ti, y no me hagas volver a casa del escriba Jonatán, para que no muera allí.
21 Entonces dio orden el rey Sedequías, y custodiaron a Jeremías en el patio de la cárcel, haciéndole dar una torta de pan al día, de la calle de los Panaderos, hasta que todo el pan de la ciudad se gastase. Así quedó Jeremías en el patio de la cárcel.

Jeremías en la cisterna

38 Oyeron Sefatías, hijo de Matán, Gedalías, hijo de Pasur, Jucal, hijo de Selemías, y Pasur, hijo de Malquías, las palabras que Jeremías hablaba a todo el pueblo, diciendo:
2 Así dice Jehová: El que se quede en esta ciudad, morirá a espada, o de hambre, o de pestilencia; mas el que se pase a los caldeos, vivirá; pues su vida le será por botín, y vivirá.
3 Así dice Jehová: De cierto será entregada esta ciudad en manos del ejército del rey de Babilonia, y la tomará.
4 Entonces dijeron los príncipes al rey: Muera ahora este hombre; porque de esta manera desmoraliza a los guerreros que han quedado en esta ciudad, y desalienta a todo el pueblo, hablándoles tales palabras; porque este hombre no busca la paz de este pueblo, sino su mal.
5 Y dijo el rey Sedequías: He aquí que él está en vuestras manos; pues el rey nada puede hacer contra vosotros.
6 Entonces tomaron ellos a Jeremías y lo hicieron echar en la cisterna de Malquías, hijo del rey, que estaba en el patio de la cárcel; y metieron a Jeremías con sogas. Y en la cisterna no había agua, sino cieno, y se hundió Jeremías en el cieno.
7 Y oyendo Ébed-mélec, hombre etíope, eunuco de la casa real, que habían puesto a Jeremías en la cisterna, y estando sentado el rey a la puerta de Benjamín,
8 Ébed-mélec salió de la casa del rey y habló al rey, diciendo:
9 Mi señor el rey, mal hicieron estos varones en todo lo que han hecho con el profeta Jeremías, al cual hicieron echar en la cisterna; porque allí es probable que muera de hambre, pues no hay más pan en la ciudad.
10 Entonces mandó el rey al mismo etíope Ébed-mélec, diciendo: Toma en tu poder treinta hombres de aquí, y haz sacar al profeta Jeremías de la cisterna, antes que muera.
11 Así pues, tomó Ebed-mélec consigo a los hombres, y entró a la casa del rey debajo de la tesorería, y tomó de allí trapos viejos y ropas raídas y andrajosas, y los echó a Jeremías con sogas en la cisterna.
12 Y dijo el etíope Ébed-mélec a Jeremías: Pon ahora esos trapos viejos y ropas raídas y andrajosas, bajo los sobacos, debajo de las sogas. Y lo hizo así Jeremías.
13 De este modo sacaron a Jeremías con sogas, y lo subieron de la cisterna; y quedó Jeremías en el patio de la cárcel.

Sedequías consulta secretamente a Jeremías

14 Después envió el rey Sedequías, e hizo traer al profeta Jeremías a su presencia, en la tercera entrada de la casa de Jehová. Y dijo el rey a Jeremías: Te haré una pregunta; no me encubras ninguna cosa.
15 Y Jeremías dijo a Sedequías: Si te lo declaro, ¿no es cosa segura que me mata-

rás?, y si te doy consejo, no me escucharás.
16 Y juró el rey Sedequías en secreto a Jeremías, diciendo: Vive Jehová que nos hizo
esta alma, que no te mataré, ni te entregaré
en mano de estos varones que buscan tu
vida.
17 Entonces dijo Jeremías a Sedequías: Así
ha dicho Jehová, Dios de los ejércitos, Dios
de Israel: Si te entregas en seguida a los
príncipes del rey de Babilonia, tu alma
vivirá, y esta ciudad no será puesta a fuego,
y vivirás tú y tu casa.
18 Pero si no te entregas a los príncipes del
rey de Babilonia, esta ciudad será entregada
en manos de los caldeos, y la pondrán
a fuego, y tú no escaparás de sus manos.
19 Y dijo el rey Sedequías a Jeremías:
Tengo temor de los judíos que se han pasado a los caldeos, no sea que me entreguen en
sus manos y me escarnezcan.
20 Y dijo Jeremías: No te entregarán. Escucha, te ruego, la voz de Jehová que yo te
hablo, y te irá bien y vivirás.
21 Pero si rehúsas entregarte, esta es la
palabra que me ha mostrado Jehová:
22 He aquí que todas las mujeres que han
quedado en casa del rey de Judá serán
sacadas a los príncipes del rey de Babilonia;
y ellas mismas dirán: Te han empujado,
y han prevalecido contra ti tus amigos; se
hundieron en el cieno tus pies, se volvieron
atrás.
23 Sacarán, pues, todas tus mujeres y tus
hijos a los caldeos, y tú no escaparás de sus
manos, sino que por mano del rey de Babilonia serás apresado, y tú serás la causa de
que esta ciudad sea incendiada.
24 Y dijo Sedequías a Jeremías: Que nadie
sepa estas palabras, y no morirás.
25 Pero si los príncipes oyen que yo he
hablado contigo, y vienen a ti y te dicen:
Decláranos ahora qué hablaste con el rey,
no nos lo encubras, y no te mataremos;
asimismo qué te dijo el rey;
26 entonces les dirás: Supliqué al rey que
no me hiciese volver a casa de Jonatán, para
que no me muriese allí.
27 Y vinieron luego todos los príncipes
a Jeremías, y le preguntaron; y él les respondió conforme a todo lo dicho que el rey le
había mandado. Con esto se alejaron de él,
porque nadie sabía de qué habían hablado.
28 Y quedó Jeremías en el patio de la cárcel
hasta el día que fue tomada Jerusalén; y allí
estaba cuando Jerusalén fue tomada.

Caída de Jerusalén

39 En el noveno año de Sedequías, rey
de Judá, en el mes décimo, vino
Nabucodonosor, rey de Babilonia, con todo
su ejército contra Jerusalén, y la sitiaron.

2 Y en el undécimo año de Sedequías, en el
mes cuarto, a los nueve días del mes, se
abrió brecha en el muro de la ciudad.
3 Y entraron todos los príncipes del rey de
Babilonia, y acamparon a la puerta de en
medio: Nergal-sarezer, Samgar-nebó, Sar-
sequim el Rabsaris, Nergal-sarezer el Rabmag y todos los demás príncipes del rey de
Babilonia.
4 Y viéndolos Sedequías, rey de Judá, y todos los hombres de guerra, huyeron y salieron de noche de la ciudad por el camino del
huerto del rey, por la puerta entre los dos
muros; y salió el rey por el camino del
Arabá.
5 Pero el ejército de los caldeos los siguió,
y alcanzaron a Sedequías en los llanos de
Jericó; y le tomaron, y le hicieron subir
a Riblá en tierra de Hamat, donde estaba
Nabucodonosor, rey de Babilonia, y le sentenció.
6 Y degolló el rey de Babilonia a los hijos
de Sedequías en presencia de éste en Riblá,
haciendo asimismo degollar el rey de Babilonia a todos los nobles de Judá.
7 Y sacó los ojos del rey Sedequías, y le
aprisionó con cadenas para llevarle a Babilonia.
8 Y los caldeos incendiaron la casa del rey y
la casa del pueblo, y derribaron los muros de
Jerusalén.
9 Y al resto del pueblo que había quedado
en la ciudad, y a los desertores que se habían
adherido a él, con todo el resto del pueblo
que había quedado, Nabuzaradán, capitán
de la guardia, los transportó a Babilonia.
10 Pero Nabuzaradán, capitán de la guardia, hizo quedar en tierra de Judá a los
pobres del pueblo que no tenían nada, y les
dio viñas y heredades en aquel día.

Nabucodonosor cuida de Jeremías

11 Y Nabucodonosor había ordenado a Nabuzaradán, capitán de la guardia, acerca de
Jeremías, diciendo:
12 Tómale y vela por él, y no le hagas mal
alguno, sino que harás con él como él te
diga.
13 Envió, por tanto, Nabuzaradán capitán
de la guardia, y Nabusazbán el Rabsaris,
Nergal-sarezer el Rabmag y todos los jefes
superiores del rey de Babilonia,
14 enviaron y tomaron a Jeremías del patio
de la cárcel, y lo entregaron a Gedalías, hijo
de Ahicam, hijo de Safán, para que lo
llevase a su casa; y vivió entre el pueblo.

Dios promete librar a Ébed-mélec

15 Y había venido palabra de Jehová a
Jeremías, mientras estaba preso en el patio
de la cárcel, diciendo:
16 Ve y habla a Ébed-mélec etíope, dicien-

do: Así dice Jehová de los ejércitos, Dios de
Israel: He aquí que yo traigo mis palabras
sobre esta ciudad para mal, y no para bien; y
se cumplirán en aquel día en presencia tuya.
17 Pero en aquel día yo te libraré, dice
Jehová, y no serás entregado en manos de
aquellos a quienes tú temes.
18 Porque ciertamente te libraré, y no caerás a espada, sino que tu vida te será por
botín, porque pusiste tu confianza en mí,
dice Jehová.

Jeremías, liberado

40 La palabra de Jehová que vino a
Jeremías, después que Nabuzaradán,
capitán de la guardia, le dejó marchar desde
Ramá, cuando le tomó estando atado con
cadenas entre todos los cautivos de Jerusalén y de Judá que iban deportados a Babilonia.
2 Tomó, pues, el capitán de la guardia a
Jeremías y le dijo: Jehová tu Dios habló este
mal contra este lugar;
3 y lo ha traído y hecho Jehová según lo
había dicho; porque pecasteis contra Jehová, y no atendisteis a su voz, por eso os ha
venido esto.
4 Y ahora yo te he soltado hoy de las
cadenas que tenías en tus manos. Si te
parece bien venir conmigo a Babilonia, ven,
y yo velaré por ti; pero si te parece mal venir
conmigo a Babilonia, déjalo. Mira, toda la
tierra está delante de ti; ve adonde mejor y
más cómodo te parezca ir.
5 Si prefieres quedarte, vuélvete a Gedalías, hijo de Ahicam, hijo de Safán, al cual el
rey de Babilonia ha puesto sobre todas las
ciudades de Judá, y vive con él en medio del
pueblo; o ve adonde te parezca más cómodo
ir. Y le dio el capitán de la guardia provisiones y un presente, y le despidió.
6 Se fue entonces Jeremías a Gedalías, hijo
de Ahicam, a Mizpá, y habitó con él en
medio del pueblo que había quedado en la
tierra.
7 Cuando todos los jefes del ejército que
estaban por el campo, ellos y sus hombres,
oyeron que el rey de Babilonia había puesto
a Gedalías, hijo de Ahicam, para gobernar
la tierra, y que le había encomendado los
hombres y las mujeres y los niños, y los
pobres de la tierra que no fueron deportados a Babilonia,
8 vinieron luego a Gedalías en Mizpá; esto
es, Ismael, hijo de Netanías, Johanán y
Jonatán, hijos de Carea, Seraías, hijo de
Tanhumet, los hijos de Efay netofatita, y
Jezanías, hijo de un maacateo, ellos y sus
hombres.
9 Y les juró Gedalías, hijo de Ahicam, hijo
de Safán, a ellos y a sus hombres, diciendo:
No tengáis temor de servir a los caldeos;

habitad en la tierra, y servid al rey de
Babilonia, y os irá bien.
10 Y he aquí que yo habito en Mizpá, para
estar delante de los caldeos que vendrán a
nosotros; mas vosotros tomad el vino, los
frutos del verano y el aceite, y ponedlos en
vuestros almacenes, y quedaos en vuestras
ciudades que habéis tomado.
11 Asimismo todos los judíos que estaban
en Moab, y entre los hijos de Amón, y en
Edom, y los que estaban en todas las tierras,
cuando oyeron decir que el rey de Babilonia
había dejado a algunos en Judá, y que había
puesto sobre ellos a Gedalías, hijo de Ahicam, hijo de Safán,
12 todos estos judíos regresaron entonces
de todos los lugares adonde habían sido
echados, y vinieron a tierra de Judá, a
Gedalías en Mizpá; y recogieron vino y
abundantes frutos.

Conspiración de Ismael
contra Gedalías

13 Y Johanán, hijo de Carea, y todos los
príncipes de la gente de guerra que estaban
en el campo, vinieron a Gedalías en Mizpá,
14 y le dijeron: ¿No sabes que Baalís, rey
de los hijos de Amón, ha enviado a Ismael,
hijo de Netanías, para matarte? Mas Gedalías hijo de Ahicam no les creyó.
15 Entonces Johanán, hijo de Carea, habló
a Gedalías en secreto en Mizpá, diciendo:
Yo iré ahora y mataré a Ismael, hijo de
Netanías, y ningún hombre lo sabrá. ¿Por
qué te ha de matar, y todos los judíos que se
han reunido a ti se dispersarán, y perecerá el
resto de Judá?
16 Pero Gedalías, hijo de Ahicam, dijo a
Johanán, hijo de Carea: No hagas esto,
porque es falso lo que tú dices de Ismael.

41 Aconteció en el mes séptimo que
vino Ismael, hijo de Netanías, hijo de
Elisamá, de la descendencia real, y algunos
príncipes del rey y diez hombres con él, a
Gedalías, hijo de Ahicam, en Mizpá; y
comieron pan juntos allí en Mizpá.
2 Y se levantó Ismael, hijo de Netanías, y
los diez hombres que con él estaban, e
hirieron a espada a Gedalías, hijo de Ahicam, hijo de Safán, matando así a aquel a
quien el rey de Babilonia había puesto para
gobernar la tierra.
3 Asimismo mató Ismael a todos los judíos
que estaban con Gedalías en Mizpá, y a los
soldados caldeos que allí estaban.
4 Sucedió además, un día después que había matado a Gedalías, cuando nadie lo
sabía aún,
5 que vinieron unos hombres de Siquem, de
Siló y de Samaria, ochenta hombres, raída
la barba, harapientos y arañados, y traían en

sus manos ofrenda e incienso para llevar a la casa de Jehová.

6 Y de Mizpá les salió al encuentro, llorando, Ismael el hijo de Netanías. Y aconteció que cuando los encontró, les dijo: Venid a Gedalías, hijo de Ahicam.

7 Y cuando llegaron dentro de la ciudad, Ismael, hijo de Netanías, los degolló, y los echó dentro de una cisterna, con ayuda de los hombres que con él estaban.

8 Mas entre aquellos fueron hallados diez hombres que dijeron a Ismael: No nos mates; porque tenemos en el campo escondites de trigo, cebada, aceite y miel. Y los dejó, y no los mató como a sus hermanos.

9 Y la cisterna en que echó Ismael todos los cuerpos de los hombres que mató a causa de Gedalías, era la misma que había hecho el rey Asá para prevenirse de Baasá rey de Israel; Ismael, hijo de Netanías, la llenó de muertos.

10 Después llevó Ismael cautivo a todo el resto del pueblo que estaba en Mizpá, a las hijas del rey y a todo el pueblo que había quedado en Mizpá, el cual, Nabuzaradán, capitán de la guardia, había encomendado a Gedalías, hijo de Ahicam. Los llevó, pues, cautivos Ismael, hijo de Netanías, y se fue a pasarse a los hijos de Amón.

11 Y cuando oyeron Johanán, hijo de Carea, y todos los jefes de la gente de guerra que estaban con él, todos los crímenes que había hecho Ismael, hijo de Netanías,

12 entonces tomaron a todos los hombres y fueron a pelear contra Ismael, hijo de Netanías, y lo hallaron junto al gran estanque que está en Gabaón.

13 Y aconteció que cuando todo el pueblo que estaba con Ismael vio a Johanán, hijo de Carea, y a todos los capitanes de la gente de guerra que estaban con él, se alegraron.

14 Y todo el pueblo que Ismael había traído cautivo de Mizpá se volvió y se fue al lado de Johanán, hijo de Carea.

15 Pero Ismael, hijo de Netanías escapó delante de Johanán con ocho hombres, y se fue a los hijos de Amón.

16 Y Johanán, hijo de Carea, y todos los capitanes de la gente de guerra que estaban con él tomaron a todo el resto del pueblo que había recobrado de mano de Ismael, hijo de Netanías, a quienes éste llevó de Mizpá después de haber matado a Gedalías, hijo de Ahicam; hombres de guerra, mujeres, niños y eunucos, que Johanán había hecho volver de Gabaón;

17 y fueron y habitaron en Gerut-quimam, que está cerca de Belén, con el propósito de meterse en Egipto,

18 pues temían a los caldeos, por haber dado muerte Ismael, hijo de Netanías, a Gedalías, hijo de Ahicam, al cual el rey de Babilonia había puesto para gobernar la tierra.

Advertencia de Jeremías al remanente

42 Vinieron todos los oficiales de la gente de guerra, y Johanán, hijo de Carea, Jezanías, hijo de Osaías, y todo el pueblo desde el menor hasta el mayor,

2 y dijeron al profeta Jeremías: Acepta ahora nuestro ruego delante de ti, y ruega por nosotros a Jehová tu Dios por todo este resto (pues de muchos hemos quedado unos pocos, como puedes ver),

3 para que Jehová tu Dios nos enseñe el camino por donde vayamos, y lo que hemos de hacer.

4 Y el profeta Jeremías les dijo: He oído. He aquí que voy a orar a Jehová vuestro Dios, como habéis dicho, y todo lo que Jehová os responda, os lo declararé, sin ocultaros nada.

5 Y ellos dijeron a Jeremías: Jehová sea entre nosotros testigo veraz y fiel, si no hacemos conforme a todo el mensaje que Jehová tu Dios te dé para nosotros.

6 Sea grato o sea ingrato, obedeceremos a la voz de Jehová nuestro Dios al cual te enviamos, para que obedeciendo a la voz de Jehová nuestro Dios, nos vaya bien.

7 Aconteció que al cabo de diez días vino palabra de Jehová a Jeremías.

8 Y llamó a Johanán, hijo de Carea, y a todos los oficiales de la gente de guerra que con él estaban, y a todo el pueblo desde el menor hasta el mayor;

9 y les dijo: Así ha dicho Jehová Dios de Israel, al cual me enviasteis para presentar vuestros ruegos en su presencia:

10 Si os quedáis quietos en esta tierra, os edificaré, y no os destruiré; os plantaré, y no os arrancaré; porque estoy arrepentido del mal que os he hecho.

11 No temáis al rey de Babilonia, del cual tenéis temor; no le temáis, ha dicho Jehová, porque con vosotros estoy yo para salvaros y libraros de su mano;

12 y tendré compasión de vosotros, para que él tenga compasión de vosotros y os haga regresar a vuestra tierra.

13 Mas si decís: No moraremos en esta tierra, no obedeciendo así a la voz de Jehová vuestro Dios,

14 diciendo: No, sino que entraremos en la tierra de Egipto, en la cual no veremos guerra, ni oiremos sonido de trompeta, ni padeceremos hambre de pan, y allí moraremos;

15 pues bien, en este caso oíd palabra de Jehová, remanente de Judá: Así dice Jehová de los ejércitos, Dios de Israel: Si vosotros estáis completamente resueltos a marcharos a Egipto para morar allí,

16 sucederá que la espada que teméis, os alcanzará allí en la tierra de Egipto, y el hambre de que tenéis temor, allá en Egipto os perseguirá; y allí moriréis.

17 Así sucederá a cuantos resuelvan irse a Egipto para morar allí; morirán a espada, de hambre y de pestilencia; no habrá de ellos quien quede vivo, ni quien escape delante del mal que traeré yo sobre ellos.

18 Porque así dice Jehová de los ejércitos, Dios de Israel: Como se derramó mi enojo y mi ira sobre los moradores de Jerusalén, así se derramará mi ira sobre vosotros cuando entréis en Egipto; y seréis objeto de execración y de espanto, y de maldición y de afrenta; y no veréis más este lugar.

19 Jehová ha hablado acerca de vosotros, oh remanente de Judá: No vayáis a Egipto; sabed ciertamente que os lo aviso hoy;

20 porque estáis obrando engañosamente contra vuestras almas; pues vosotros me enviasteis a Jehová vuestro Dios, diciendo: Ora por nosotros a Jehová nuestro Dios, y haznos saber todas las cosas que Jehová nuestro Dios diga, y lo haremos.

21 Y os lo he declarado hoy, pero no habéis obedecido a la voz de Jehová vuestro Dios en ninguna de las cosas por las cuales me envió a vosotros.

22 Ahora, pues, sabed de cierto que moriréis a espada, de hambre y de pestilencia en el lugar donde deseáis entrar para morar allí.

La huida a Egipto

43 Aconteció que cuando Jeremías acabó de hablar a todo el pueblo todas las palabras de Jehová Dios de ellos, las palabras exactas que Jehová Dios de ellos le había dado para ellos,

2 Azarías, hijo de Osaías, y Johanán, hijo de Carea, y todos los varones soberbios dijeron a Jeremías: Mentira dices; no te ha enviado Jehová nuestro Dios para decir: No vayáis a Egipto para morar allí.

3 sino que Baruc, hijo de Nerías, te incita contra nosotros, para entregarnos en manos de los caldeos, a fin de que nos maten y nos lleven cautivos a Babilonia.

4 No obedeció, pues, Johanán, hijo de Carea, ni ninguno de los oficiales de la gente de guerra, ni nadie del pueblo, a la voz de Jehová para quedarse en tierra de Judá,

5 sino que tomó Johanán, hijo de Carea, y todos los oficiales de la gente de guerra, a todo el remanente de Judá que se había vuelto de todas las naciones donde había sido echado, para morar en tierra de Judá;

6 a hombres, mujeres y niños, a las hijas del rey y a toda persona que había dejado Nabuzaradán, capitán de la guardia, con Gedalías, hijo de Ahicam, hijo de Safán, y

al profeta Jeremías y a Baruc, hijo de Nerías,

7 y entraron en tierra de Egipto, porque no obedecieron a la voz de Jehová; y llegaron hasta Tafnes.

8 Y vino palabra de Jehová a Jeremías en Tafnes, diciendo:

9 Toma en tu mano piedras grandes, y cúbrelas de barro en el enladrillado que está a la puerta de la casa de Faraón en Tafnes, a vista de los hombres de Judá;

10 y diles: Así dice Jehová de los ejércitos, Dios de Israel: He aquí yo enviaré y tomaré a Nabucodonosor rey de Babilonia, mi siervo, y pondré su trono sobre estas piedras que he escondido, y extenderá su pabellón sobre ellas.

11 Y vendrá y asolará la tierra de Egipto; los que a muerte, a muerte, y los que a cautiverio, a cautiverio, y los que a espada, a espada.

12 Y pondrá fuego a los templos de los dioses de Egipto y los quemará, y a ellos los llevará cautivos; y limpiará la tierra de Egipto, como el pastor limpia su capa, y saldrá de allí en paz.

13 Además quebrará las estatuas de Betsemes, que está en tierra de Egipto, y abrasará los templos de los dioses de Egipto.

Jeremías profetiza a los judíos en Egipto

44 La palabra que vino a Jeremías acerca de todos los judíos que moraban en la tierra de Egipto, que vivían en Migdol, en Tafnes, en Nof y en tierra de Patrós, diciendo:

2 Así ha dicho Jehová de los ejércitos, Dios de Israel: Vosotros habéis visto todo el mal que traje sobre Jerusalén y sobre todas las ciudades de Judá; y he aquí que ellas están el día de hoy asoladas y no hay quien more en ellas,

3 a causa de la maldad que ellos cometieron para enojarme, yendo a ofrecer incienso y a servir a dioses ajenos que ellos no habían conocido, ni ellos ni vosotros ni vuestros padres.

4 Y envié a vosotros todos mis siervos los profetas, desde el principio y sin cesar, para deciros: No hagáis esta cosa abominable que yo aborrezco.

5 Pero no atendieron ni inclinaron su oído para convertirse de su maldad, para dejar de ofrecer incienso a dioses ajenos.

6 Se derramó, por tanto, mi ira y mi furor, y se encendió en las ciudades de Judá y en las calles de Jerusalén, y fueron puestas en soledad y en destrucción, como lo están hoy día.

7 Ahora, pues, así dice Jehová de los ejérci-

tos, Dios de Israel: ¿Por qué hacéis este mal tan grande contra vosotros mismos, para ser destruidos el hombre y la mujer, el muchacho y el niño de pecho de en medio de Judá, sin que os quede remanente alguno,

8 haciéndome enojar con las obras de vuestras manos, ofreciendo incienso a dioses ajenos en la tierra de Egipto, adonde habéis entrado para morar como refugiados, de suerte que os acabéis, y seáis por maldición y por oprobio a todas las naciones de la tierra?

9 ¿Os habéis olvidado de las maldades de vuestros padres, de las maldades de los reyes de Judá, de las maldades de sus mujeres, de vuestras maldades y de las maldades de vuestras mujeres, que hicieron en la tierra de Judá y en las calles de Jerusalén?

10 No se han humillado hasta el día de hoy, ni han tenido temor, ni han caminado en mi ley ni en mis estatutos, los cuales puse delante de vosotros y delante de vuestros padres.

11 Por tanto, así dice Jehová de los ejércitos, Dios de Israel: He aquí que yo pongo mi rostro contra vosotros para mal, y para destruir a todo Judá.

12 Y tomaré el resto de Judá que resolvieron irse a tierra de Egipto para morar allí, y todos serán aniquilados; en la tierra de Egipto caerán; serán consumidos por la espada y por el hambre; a espada y de hambre morirán desde el menor hasta el mayor; y serán objeto de execración, de espanto, de maldición y de oprobio.

13 Pues castigaré a los que moran en tierra de Egipto como castigué a Jerusalén, con espada, con hambre y con pestilencia;

14 y del resto de los de Judá que entraron en la tierra de Egipto para habitar allí, no habrá quien escape, ni quien quede vivo para volver a la tierra de Judá, por volver a la cual suspiran ellos para habitar allí; porque no volverán sino algunos fugitivos.

15 Entonces todos los que sabían que sus mujeres habían ofrecido incienso a dioses ajenos, y todas las mujeres que estaban presentes, una gran concurrencia, y todo el pueblo que habitaba en tierra de Egipto, en Patrós, respondieron a Jeremías, diciendo:

16 En cuanto a la palabra que nos ha hablado en nombre de Jehová, no te haremos caso;

17 sino que ciertamente cumpliremos todo lo que hemos prometido, para ofrecer incienso a la reina del cielo, y derramarle libaciones, como hemos hecho nosotros y nuestros padres, nuestros reyes y nuestros príncipes, en las ciudades de Judá y en las calles de Jerusalén, y tuvimos abundancia de pan, y prosperamos, y no nos sucedió nada malo.

18 Mas desde que dejamos de ofrecer incienso a la reina del cielo y de derramarle libaciones, nos falta todo, y a espada y de hambre somos consumidos.

19 Y cuando ofrecimos incienso a la reina del cielo, y le derramamos libaciones, ¿acaso le hicimos nosotras tortas para tributarle culto, y le derramamos libaciones, sin consentimiento de nuestros maridos?

20 Entonces habló Jeremías a todo el pueblo, a los hombres y a las mujeres y a todo el pueblo que le había respondido esto, diciendo:

21 ¿No se ha acordado Jehová, y no ha venido a su memoria el incienso que ofrecisteis en las ciudades de Judá, y en las calles de Jerusalén, vosotros y vuestros padres, vuestros reyes y vuestros príncipes y el pueblo de la tierra?

22 Y no pudo sufrirlo más Jehová, a causa de la maldad de vuestras obras, y a causa de las abominaciones que habíais hecho; por tanto, vuestra tierra fue puesta en asolamiento, en espanto y en maldición, hasta quedar sin morador, como está hoy día.

23 Porque ofrecisteis incienso y pecasteis contra Jehová, y no obedecisteis a la voz de Jehová, ni anduvisteis en su ley ni en sus estatutos ni en sus testimonios; por eso ha venido sobre vosotros esta calamidad, como sucede hoy día.

24 Y dijo Jeremías a todo el pueblo, y a todas las mujeres: Oíd palabra de Jehová, todos los de Judá que estáis en tierra de Egipto.

25 Así dice Jehová de los ejércitos, Dios de Israel: Vosotros y vuestras mujeres hablasteis con vuestras bocas, y con vuestras manos lo ejecutasteis, diciendo: Cumpliremos efectivamente nuestros votos que hicimos, de ofrecer incienso a la reina del cielo y derramarle libaciones; así que confirmáis vuestros votos, y ponéis vuestros votos por obra.

26 Por tanto, oíd palabra de Jehová, todo Judá que habitáis en tierra de Egipto: He aquí, he jurado por mi gran nombre, dice Jehová, que mi nombre no será pronunciado más en toda la tierra de Egipto por boca de ningún hombre de Judá, diciendo: Vive el Señor Jehová.

27 He aquí que yo velo sobre ellos para mal, y no para bien; y todos los hombres de Judá que están en tierra de Egipto serán consumidos a espada y de hambre, hasta que perezcan del todo.

28 Y los que escapen de la espada volverán de la tierra de Egipto a la tierra de Judá, pocos en número; sabrá, pues, todo el resto de Judá que ha entrado en Egipto a morar allí como refugiados, qué palabra se mantendrá: si la mía, o la suya.

29 Y esto tendréis por señal, dice Jehová,
de que en este lugar os voy a castigar, para
que sepáis que de cierto permanecerán mis
palabras para mal contra vosotros.
30 Así dice Jehová: He aquí que yo entrego
al Faraón Hofrá, rey de Egipto, en manos
de sus enemigos, y en manos de los que
buscan su vida, así como entregué a Sedequías, rey de Judá, en manos de Nabucodonosor, rey de Babilonia, su enemigo, que
buscaba su muerte.

Palabra de consuelo para Baruc

45 La palabra que habló el profeta Jeremías a Baruc, hijo de Nerías, cuando
escribía en el libro estas palabras de boca de
Jeremías, en el año cuarto de Joacim, hijo
de Josías, rey de Judá, diciendo:
2 Así dice Jehová, Dios de Israel, a ti, oh
Baruc:
3 Tú dijiste: ¡Ay de mí ahora! porque ha
añadido Jehová tristeza a mi dolor; fatigado
estoy de gemir, y no hallo descanso.
4 Así le dirás: Así dice Jehová: He aquí que
yo destruyo lo que edifiqué, y arranco lo que
planté, y ello en toda la tierra.
5 ¿Y tú buscas para ti grandezas? No las
busques; porque he aquí que yo traigo mal
sobre toda carne, dice Jehová; pero a ti te
daré tu vida por botín en todos los lugares
adonde vayas.

Profecías contra Egipto

46 La palabra de Jehová que vino al
profeta Jeremías, acerca de las naciones.
2 Con respecto a Egipto: acerca del ejército
del Faraón Necó, rey de Egipto, que estaba
junto al río Eufrates en Carquemís, a quien
destruyó Nabucodonosor, rey de Babilonia,
en el año cuarto de Joacim, hijo de Josías,
rey de Judá.
3 Preparad escudo y coraza, y acercaos a la
batalla.
4 Uncid caballos y montad, vosotros los
jinetes, y poneos firmes con vuestros yelmos; limpiad las lanzas, vestíos las corazas.
5 ¿Por qué los veo medrosos y retrocedien-
do? Sus valientes son batidos y huyen a la
desbandada, sin volverse a mirar atrás; hay
terror por doquier, dice Jehová.
6 No puede huir el ligero, ni el valiente
escapar; al norte junto a la ribera del Eufrates tropezaron y cayeron.
7 ¿Quién es éste que sube como el Nilo, y
como ríos cuyas aguas se entrechocan?
8 Egipto es como el Nilo que crece, y como
ríos cuyas aguas se entrechocan, y dijo:
Subiré, cubriré la tierra, destruiré la ciudad
y a los que en ella moran.
9 Subid, caballos, y alborotaos, carros, y
avancen los valientes; los etíopes y los de

Put que manejan escudo, y los de Lud que
manejan y entesan arco.
10 Pues ese día será para Jehová Dios de los
ejércitos día de venganza, para vengarse de
sus enemigos; y la espada devorará y se
saciará; y se embriagará de la sangre de
ellos; porque hay un sacrificio para Jehová
Dios de los ejércitos, en tierra del norte
junto al río Eufrates.
11 Sube a Galaad, y toma bálsamo, virgen
hija de Egipto; por demás multiplicarás las
medicinas; no hay curación para ti.
12 Las naciones oyeron tu afrenta, y tu
clamor llenó la tierra; porque el valiente
tropezó contra el valiente, y cayeron ambos
juntos.
13 La palabra que habló Jehová al profeta
Jeremías acerca de la venida de Nabucodonosor, rey de Babilonia, para asolar la tierra
de Egipto:
14 Anunciad en Egipto, y hacedlo saber en
Migdol; también en Nof y en Tafnes; decid:
Ponte en pie y prepárate, porque la espada
ha devorado tu comarca.
15 ¿Por qué ha sido derribado tu forzudo
Apis? No pudo mantenerse firme, porque
Jehová le empujó.
16 Hizo a muchos tropezar, y cada uno cayó
sobre su compañero; y dijeron: Levántate y
volvámonos a nuestro pueblo, y a la tierra
de nuestro nacimiento, huyamos ante la
espada irresistible.
17 Allí gritaron: Faraón rey de Egipto no es
más que ruido; dejó pasar el tiempo señalado.
18 Vivo yo, dice el Rey, cuyo nombre es
Jehová de los ejércitos, que como Tabor
entre los montes, y como Carmel junto al
mar, así vendrá.
19 Hazte enseres de cautiverio, moradora
hija de Egipto; porque Nof será un desierto,
y será asolada hasta no quedar morador.
20 Becerra hermosa es Egipto; mas viene
destrucción, del norte viene.
21 También sus soldados mercenarios en
medio de ella son como becerros engordados; porque también ellos volvieron la espalda, huyeron todos sin pararse, porque
vino sobre ellos el día de su quebrantamiento, el tiempo de su castigo.
22 Su voz saldrá como de serpiente; porque
patrullan con un ejército, y vienen a ella con
hachas como cortadores de leña.
23 Cortarán sus bosques, dice Jehová, aunque sean impenetrables; porque son más
numerosos que langostas; son innumerables.
24 Se avergonzará la hija de Egipto; es
entregada en manos del pueblo del norte.
25 Jehová de los ejércitos, Dios de Israel,
ha dicho: He aquí que yo castigo a Amón
dios de Tebas, a Faraón, a Egipto, y a sus

dioses y a sus reyes; así a Faraón como a los que en él confían.

26 Y los entregaré en manos de los que buscan su muerte, en manos de Nabucodonosor, rey de Babilonia, y en manos de sus siervos; pero después será habitado como en los días pasados, dice Jehová.

27 Pero tú no temas, siervo mío Jacob, ni desmayes, Israel; porque he aquí que yo te salvaré de lejos, y a tu descendencia de la tierra de su cautividad. Y Jacob volverá a estar sosegado y tranquilo, y no habrá quién lo atemorice.

28 Tú, siervo mío Jacob, no temas, dice Jehová, porque yo estoy contigo; porque destruiré a todas las naciones entre las cuales te he dispersado; pero a ti no te destruiré del todo, sino que te castigaré con medida, aunque no te dejaré sin castigo.

Profecía contra los filisteos

47 Palabra de Jehová que vino al profeta Jeremías acerca de los filisteos, antes que Faraón destruyese a Gaza.

2 Así dice Jehová: He aquí que suben aguas del norte, y se harán torrente; inundarán la tierra y lo que la llena, la ciudad y los moradores de ella; y los hombres clamarán, y sollozará todo morador de la tierra.

3 Al estrépito de los cascos de los caballos de sus adalides, al ruido de sus carros, al estruendo de sus ruedas, los padres no se cuidaron de los hijos por la debilidad de sus manos;

4 a causa del día que viene para saquear a todos los filisteos, para destruir a Tiro y a Sidón todo aliado que les queda todavía; porque Jehová arruinará a los filisteos, al resto de la isla de Caftor.

5 Gaza fue rapada, Ascalón ha perecido, y el resto de su valle; ¿hasta cuándo te sajarás?

6 Oh espada de Jehová, ¿hasta cuándo no reposarás? Vuelve a tu vaina, reposa y sosiégate.

7 ¿Cómo reposarás?, pues Jehová te ha enviado contra Ascalón, y contra la costa del mar; allí te ha puesto.

Profecía contra Moab

48 Acerca de Moab. Así dice Jehová de los ejércitos, Dios de Israel: ¡Ay de Nebo!, porque fue destruida; Quiryatáyim fue avergonzada y tomada; fue confundida Misgab, y desmayó.

2 No existe ya la alabanza de Moab; en Hesbón maquinaron mal contra ella, diciendo: Venid, y quitémosla de entre las naciones. También tú, Madmén, serás cortada; la espada irá en pos de ti.

3 ¡Voz de clamor de Horonáyim, devastación y gran quebranto!

4 Moab fue destruida; sus pequeños hicieron que se oyese un clamor.

5 Porque a la subida de Luhit, suben llorando continuamente; porque a la bajada de Horonáyim, oyeron el grito desgarrador de la destrucción.

6 Huid, salvad vuestra vida, y sed como retama en el desierto.

7 Pues por cuanto confiaste en tus obras y en tus tesoros, tú también serás tomada; y Quemós será llevado en cautiverio, sus sacerdotes y sus príncipes juntamente.

8 Y vendrá el destruidor a cada una de las ciudades, y ninguna ciudad escapará; será arruinado también el valle, y será destruida la llanura, como ha dicho Jehová.

9 Dad alas a Moab, para que se vaya volando; pues serán desiertas sus ciudades, hasta no quedar en ellas morador.

10 Maldito el que haga indolentemente la obra de Jehová, y maldito el que detenga de la sangre su espada.

11 Tranquilo estuvo Moab desde su juventud, y sobre su sedimiento ha estado reposado, y no fue vaciado de vasija en vasija, ni marchó cautivo al destierro; por tanto, quedó su sabor en él, y su aroma no se ha cambiado.

12 Por eso vienen días, ha dicho Jehová, en que yo le enviaré trasvasadores que le trasvasarán; y vaciarán sus vasijas, y romperán sus odres.

13 Y se avergonzará Moab de Quemós, como la casa de Israel se avergonzó de Betel, en quien confiaba.

14 ¿Cómo, pues, diréis: Somos hombres valientes, y robustos para la guerra?

15 Saqueado fue Moab, y han escalado sus ciudades, y sus jóvenes escogidos descendieron al degolladero, dice el Rey, cuyo nombre es Jehová de los ejércitos.

16 El infortunio de Moab es inminente, y su desgracia se apresura mucho.

17 Compadeceos de él todos los que estáis alrededor suyo; y todos los que sabéis su nombre, decid: ¡Cómo se quebró la vara fuerte, el báculo hermoso!

18 Desciende de tu gloria, siéntate en tierra seca, moradora hija de Dibón; porque el devastador de Moab subió contra ti, destruyó tus fortalezas.

19 Párate en el camino, y observa, oh moradora de Aroer; pregunta a la que va huyendo, y a la que escapa, dile: ¿Qué ha acontecido?

20 Se avergonzó Moab, porque fue destruido; sollozad y gritad; anunciad en Arnón que Moab está devastado.

21 Ha llegado la sentencia a la tierra de la meseta; sobre Holón, sobre Jahaz, sobre Mefaat,
22 sobre Dibón, sobre Nebón, sobre Bet-diblatáyim,
23 sobre Quiryatáyim, sobre Bet-gamul, sobre Bet-meón,
24 sobre Queriyot, sobre Bosrá y sobre todas las ciudades de tierra de Moab, las de lejos y las de cerca.
25 Cortado es el poder de Moab, y su brazo quebrantado, dice Jehová.
26 Embriagadle, porque contra Jehová se engrandeció; y revuélquese Moab sobre su vómito, y sea también él motivo de escarnio.
27 ¿Pues no te fue a ti Israel por motivo de escarnio? ¿Fue sorprendido entre ladrones? Porque siempre que hablas de él, meneas la cabeza.
28 Abandonad las ciudades y habitad en peñascos, oh moradores de Moab, y sed como la paloma que hace su nido en la boca de la caverna.
29 Hemos oído la soberbia de Moab, ¡es muy soberbio!; su arrogancia, su orgullo, su altivez y la altanería de su corazón.
30 Yo conozco, dice Jehová, su presunción, que no tiene base, y sus bravatas, que no han servido para nada de provecho.
31 Por tanto, yo aullaré sobre Moab; sobre todo Moab haré clamor, y sobre los hombres de Kir-heres gemiré.
32 Con llanto mayor que el de Jazer lloraré por ti, oh vid de Sibmá; tus sarmientos pasaron el mar, llegaron hasta el mar de Jazer; sobre tu cosecha y sobre tu vendimia vino el saqueador.
33 Y fue cortada la alegría y el regocijo de los campos fértiles, y de la tierra de Moab; y de los lagares hice que faltase el vino; no pisarán con canción; la canción no será canción.
34 El clamor de Hesbón llega hasta Elcalé; hasta Jahaz dieron su voz; desde Zoar hasta Horonáyim, becerra de tres años; porque también las aguas de Nimrim se convertirán en un desierto.
35 Y exterminaré de Moab, dice Jehová, a quien sacrifique sobre los lugares altos, y a quien ofrezca incienso a sus dioses.
36 Por tanto, mi corazón resuena como flautas por causa de Moab, asimismo resuena mi corazón a modo de flautas por los hombres de Kir-heres; porque perecieron las riquezas que habían hecho.
37 Porque toda cabeza está rapada, y toda barba raída; sobre toda mano hay rasguños, y cilicio sobre todo lomo.
38 Sobre todos los terrados de Moab, y en sus calles, llanto por doquier; porque yo quebranté a Moab como a vasija desechada, dice Jehová.

39 ¡Lamentad! ¡Cómo ha sido quebrantado! ¡Cómo volvió la espalda Moab con vergüenza! Fue Moab objeto de escarnio y de espanto a todos los que están en sus alrededores.
40 Porque así dice Jehová: He aquí que como águila volará, y extenderá sus alas contra Moab.
41 Tomadas son las ciudades, y ocupadas las fortalezas; y será aquel día el corazón de los valientes de Moab como el corazón de mujer en angustia de parto.
42 Y Moab será destruido hasta dejar de ser pueblo, porque se engrandeció contra Jehová.
43 Terror y hoyo y lazo contra ti, oh morador de Moab, dice Jehová.
44 El que huya del terror, caerá en el hoyo, y el que salga del hoyo, será preso en el lazo; porque yo traeré sobre él, sobre Moab, el año de su castigo, dice Jehová.
45 A la sombra de Hesbón se pararon sin fuerzas los que huían; pues salió fuego de Hesbón, y llama de en medio de Schón, y quemó las sienes de Moab, y la coronilla de los hijos revoltosos.
46 ¡Ay de ti, Moab!, pereció el pueblo de Quemós; porque tus hijos fueron puestos presos para cautividad, y tus hijas para cautiverio.
47 Pero haré volver a los cautivos de Moab en lo postrero de los tiempos, dice Jehová. Hasta aquí es la sentencia sobre Moab.

Profecía contra los amonitas

49 Acerca de los hijos de Amón. Así dice Jehová: ¿No tiene hijos Israel? ¿No tiene heredero? ¿Por qué Malcam ha desposeído a Gad, y su pueblo se ha establecido en sus ciudades?.
2 Por tanto, vienen días, dice Jehová, en que haré oír clamor de guerra contra Rabá de los hijos de Amón; y será convertida en montón de ruinas, y sus ciudades serán puestas a fuego, e Israel desposeerá a los que desposeyeron a ellos, dice Jehová.
3 Solloza, oh Hesbón, porque destruida es Hay; clamad, hijas de Rabá, vestíos de cilicio, endechad, y vagad en torno a los vallados, porque Malcam será llevado en cautiverio, sus sacerdotes y sus príncipes juntamente.
4 ¿Por qué te glorías de los valles, tu valle que fluye, oh hija contumaz? La que confía en sus tesoros, la que dice: ¿Quién vendrá contra mí?
5 He aquí, yo traigo sobre ti espanto, dice el Señor, Jehová de los ejércitos, de todos tus alrededores; y seréis lanzados cada uno derecho hacia adelante, y no habrá quien recoja a los fugitivos.

6 Y después de esto haré volver a los cautivos de los hijos de Amón, dice Jehová.

Profecía contra Edom

7 Acerca de Edom. Así dice Jehová de los ejércitos: ¿No hay más sabiduría en Temán? ¿Se ha acabado el consejo en los sabios? ¿Se desvaneció su sabiduría?

8 Huid, volveos atrás, habitad en lugares profundos, moradores de Dedán; porque el infortunio de Esaú traeré sobre él en el tiempo en que lo castigue.

9 Si hubieran venido contra ti vendimiadores, ¿no habrían dejado rebuscos? Si ladrones de noche, ¿no habrían dañado lo que les bastase?

10 Mas yo desnudé a Esaú, descubrí sus escondrijos, y no podrá esconderse; fue aniquilada su descendencia, sus hermanos y sus vecinos, y él mismo ha dejado de existir.

11 Deja tus huérfanos, yo los criaré; y en mí confiarán tus viudas.

12 Porque así dice Jehová: He aquí que los que no tenían por qué beber el cáliz, beberán ciertamente; ¿y serás tú absuelto del todo? No serás absuelto, sino que ciertamente beberás.

13 Porque por mí he jurado, dice Jehová, que asolamiento, oprobio, soledad y maldición será Bosrá, y todas sus ciudades serán desolaciones perpetuas.

14 Una noticia he oído de parte de Jehová; es enviado un mensajero entre las naciones, diciendo: Juntaos y venid contra ella, y subid a la batalla.

15 Pues he aquí que te hago pequeño entre las naciones, menospreciado entre los hombres.

16 El espanto que infundías te engañó; y la soberbia de tu corazón. Tú que habitas en cavernas de peñas, que ocupas lo alto del monte, aunque alces como águila tu nido, de allí te haré descender, dice Jehová.

17 Y se convertirá Edom en motivo de asombro; todo aquel que pase por ella se asombrará, y silbará burlonamente al ver todas sus calamidades.

18 Como sucedió en la destrucción de Sodoma y de Gomorra y de sus ciudades vecinas, dice Jehová, así no morará allí nadie, ni la habitará hijo de hombre.

19 He aquí que como león subirá de la espesura del Jordán contra la morada fortificada; porque muy pronto le haré huir de ella, y al que yo haya escogido la pondré a cargo de él; porque ¿quién es semejante a mí, y quién me emplazará? ¿Quién será aquel pastor que me podrá resistir?

20 Por tanto, oíd la decisión que Jehová ha tomado sobre Edom, y sus planes sobre los moradores de Temán. Ciertamente las crías de los rebaños los arrastrarán, y destruirán sus moradas con ellos.

21 Del estruendo de la caída de ellos la tierra temblará, y el grito de su voz se oirá en el Mar Rojo.

22 He aquí que como águila subirá y volará, y extenderá sus alas contra Bosrá; y el corazón de los valientes de Edom será en aquel día como el corazón de mujer en angustias de parto.

Profecía contra Damasco

23 Acerca de Damasco. Se avergonzaron Hamat y Arfad; porque oyeron malas nuevas, se derritieron; en aguas de espanto, no puede sosegarse.

24 Se debilitó Damasco, se volvió para huir, y le sobrecogió temblor y angustia, y dolores le acometieron, como de mujer que está de parto.

25 ¡Cómo dejaron desguarnecida a la ciudad tan alabada, la ciudad de mi gozo!

26 Por tanto, sus jóvenes caerán en sus plazas, y todos los hombres de guerra morirán en aquel día, dice Jehová de los ejércitos.

27 Y haré encender fuego en el muro de Damasco, y consumirá los alcázares de Ben-adad.

Profecía contra Cedar y Hazor

28 Acerca de Cedar y de los reinos de Hazor, los cuales batió Nabucodonosor, rey de Babilonia. Así dice Jehová: Levantaos, subid contra Cedar, y saquead a los hijos del oriente.

29 Sus tiendas y sus ganados tomarán; sus cortinas y todos sus utensilios y sus camellos tomarán para sí, y clamarán contra ellos: Terror por doquier.

30 Huid, idos muy lejos, habitad en lugares profundos, oh moradores de Hazor, dice Jehová; porque ha tomado una decisión contra vosotros Nabucodonosor rey de Babilonia, y contra vosotros ha trazado un designio.

31 Levantaos, subid contra una nación pacífica que vive confiadamente, dice Jehová, que ni tiene puertas ni cerrojos, que vive solitaria.

32 Serán sus camellos por botín, y la multitud de sus ganados por despojo; y esparciré por todos los vientos a los que se afeitan las sienes; y de todos lados les traeré su ruina, dice Jehová.

33 Hazor será morada de chacales, soledad para siempre; nadie morará allí, ni la habitará hijo de hombre.

Profecía sobre Elam

34 Palabra de Jehová que vino al profeta Jeremías acerca de Elam, en el principio del

reinado de Sedequías, rey de Judá, diciendo:

35 Así dice Jehová de los ejércitos: He aquí que yo quiebro el arco de Elam, parte principal de su fortaleza.

36 Traeré sobre Elam los cuatro vientos de los cuatro punto del cielo, y los aventaré a todos estos vientos; y no habrá nación adonde no vayan fugitivos de Elam.

37 Y haré que Elam se intimide delante de sus enemigos, y delante de los que buscan su muerte; y traeré sobre ellos desgracia, y el ardor de mi ira, dice Jehová; y enviaré en pos de ellos espada hasta que los acabe.

38 Y pondré mi trono en Elam, y destruiré a su rey y a sus príncipes, dice Jehová.

39 Pero acontecerá en los últimos días, que haré volver a los cautivos de Elam, dice Jehová.

Profecía contra Babilonia

50 La palabra que habló Jehová contra Babilonia, contra la tierra de los caldeos, por medio del profeta Jeremías.

2 Anunciadlo en las naciones, y hacedlo saber; levantad también bandera, publicadlo, y no lo encubráis; decid: Tomada es Babilonia, Bel es avergonzado, desmayó Merodac; confusas están sus esculturas, desmayaron sus ídolos.

3 Porque subió contra ella una nación del norte, la cual pondrá su tierra en asolamiento, y no habrá quien en ella more; huyeron, y se fueron, tanto las personas como las bestias.

4 En aquellos días y en aquel tiempo, dice Jehová, vendrán los hijos de Israel, ellos y los hijos de Judá juntamente; e irán andando y llorando, y buscarán a Jehová su Dios.

5 Preguntarán acerca de Sión, vueltos sus rostros hacia acá, diciendo: Venid, y juntémonos a Jehová con pacto eterno que jamás se ponga en olvido.

6 Ovejas perdidas eran mi pueblo; sus pastores las hicieron errar, por los montes las descarriaron; anduvieron de monte en collado, y se olvidaron de sus rediles.

7 Todos los que los hallaban, los devoraban; y decían sus enemigos: No pecamos, porque ellos pecaron contra Jehová, morada de justicia, contra Jehová, esperanza de sus padres.

8 Huid de en medio de Babilonia, y salid de la tierra de los caldeos, y sed como los machos cabríos que van delante del rebaño.

9 Porque he aquí que yo hago despertar y subir contra Babilonia una confederación de grandes pueblos de la tierra del norte; desde allí se pondrán en pie de guerra contra ella, y será tomada; sus flechas son como de valiente diestro, que no volverá vacío.

10 Y Caldea será para botín; todos los que la saqueen se saciarán, dice Jehová.

11 Porque os alegrasteis, porque os gozáis los que saqueáis mi heredad, porque rebrincáis como novilla sobre la hierba, y relincháis como caballos.

12 Vuestra madre se avergonzará mucho, se afrentará la que os dio a luz; he aquí será la última de las naciones; desierto, sequedad y páramo.

13 A causa de la ira de Jehová no será habitada, sino que será asolada toda ella; todo hombre que pase por Babilonia quedará atónito y silbará al ver todas sus heridas.

14 Poneos en plan de batalla contra Babilonia alrededor, todos los que entesáis arco; tirad contra ella, no escatiméis las saetas, porque pecó contra Jehová.

15 Gritad contra ella en derredor; se rindió; han fallado sus cimientos, derribados son sus muros, porque es venganza de Jehová. Tomad venganza de ella; haced con ella como ella hizo.

16 Destruid en Babilonia al que siembra, y al que mete hoz en tiempo de la siega; delante de la espada destructora cada uno volverá el rostro hacia su pueblo, cada uno huirá hacia su tierra.

17 Rebaño dispersado es Israel; leones lo dispersaron; el rey de Asiria lo devoró primero, Nabucodonosor rey de Babilonia le quebró los huesos después.

18 Por tanto, así dice Jehová de los ejércitos, Dios de Israel: He aquí que yo castigo al rey de Babilonia y a su tierra, como castigué al rey de Asiria.

19 Y volveré a traer a Israel a su pastizal, y pacerá en el Carmel y en Basán; y en los montes de Efraín y en Galaad se saciará su alma.

20 En aquellos días y en aquel tiempo, dice Jehová, la maldad de Israel será buscada, y no aparecerá; y los pecados de Judá, y no se hallarán; porque perdonaré a los que yo haya dejado como remanente.

21 Sube contra la tierra de Meratáyim, contra ella y contra los moradores de Pecod; devasta y destruye totalmente en pos de ellos, dice Jehová, y haz conforme a todo lo que yo te he mandado.

22 Estruendo de guerra en la tierra, y quebrantamiento grande.

23 ¡Cómo fue cortado y quebrado el martillo de toda la tierra!; ¡cómo se convirtió Babilonia en desolación entre las naciones!

24 Te puse lazos, y fuiste tomada, oh Babilonia, y tú no te diste cuenta; fuiste hallada, y aun presa, porque te sublevaste contra Jehová.

25 Abrió Jehová su arsenal, y sacó las armas de su furor; porque ésta era la tarea que Jehová, Dios de los ejércitos, tenía que hacer en la tierra de los caldeos.

26 Venid contra ella desde el extremo de la tierra; abrid sus almacenes, convertidla en montón de ruinas, y destruidla del todo; que no quede nada de ella.

27 Matad a todos sus novillos; que vayan al matadero. ¡Ay de ellos!, pues ha venido su día, el tiempo de su castigo.

28 Voz de los que huyen y escapan de la tierra de Babilonia, para dar en Sión las nuevas de la venganza de Jehová nuestro Dios, de la venganza de su templo.

29 Haced juntar contra Babilonia flecheros, a todos los que entesan arco; acampad contra ella alrededor; no escape de ella ninguno; pagadle según su obra; conforme a todo lo que ella hizo, haced con ella; porque contra Jehová se ensoberbeció, contra el Santo de Israel.

30 Por tanto, sus jóvenes caerán en sus plazas, y todos sus hombres de guerra serán destruidos en aquel día, dice Jehová.

31 He aquí que yo estoy contra ti, oh tú, la insolencia misma, dice el Señor, Jehová de los ejércitos; porque tu día ha venido, el tiempo en que te castigaré.

32 Y el que es la insolencia misma tropezará y caerá, y no tendrá quien lo levante; y encenderé fuego en sus ciudades, y devorará todos sus alrededores.

33 Así dice Jehová de los ejércitos: Oprimidos fueron los hijos de Israel y los hijos de Judá juntamente; y todos los que los tomaron cautivos los retuvieron; se negaban a soltarlos.

34 El redentor de ellos es esforzado; Jehová de los ejércitos es su nombre; de cierto abogará la causa de ellos para hacer reposar la tierra, y turbar a los moradores de Babilonia.

35 Espada contra los caldeos, dice Jehová, y contra los moradores de Babilonia, contra sus príncipes y contra sus sabios.

36 Espada contra los adivinos, y se entontecerán; espada contra sus valientes, y desmayarán.

37 Espada contra sus caballos, contra sus carros, y contra toda la mezcolanza de gentes que hay en medio de ella, y serán como mujeres; espada contra sus tesoros, y serán saqueados.

38 Sequedad sobre sus aguas, y se secarán; porque es tierra de ídolos, y se entontecen con imágenes de horror.

39 Por tanto, allí morarán hienas y chacales, morarán también en ella los avestruces; nunca más será poblada ni se habitará por generaciones y generaciones.

40 Como en la destrucción que Dios hizo de Sodoma y de Gomorra y de sus ciudades vecinas, dice Jehová, así no morará allí hombre, ni hijo de hombre la habitará.

41 He aquí que viene un pueblo del norte, y una nación grande, y muchos reyes se levantarán de los extremos de la tierra.

42 Arco y lanza manejarán; son crueles, y no tienen compasión; su voz como el mar cuando ruge, y montan sobre caballos; se prepararán contra ti como hombres a la pelea, oh hija de Babilonia.

43 Oyó el rey de Babilonia noticias de ellos, y sus manos se debilitaron; angustia le asaltó, dolor como de mujer de parto.

44 He aquí que como león subirá de la espesura del Jordán a la morada fortificada; porque muy pronto le haré huir de ella, y al que yo escoja la encargaré; porque ¿quién es semejante a mí?; ¿y quién me emplazará?; ¿o quién será aquel pastor que podrá resistirme?

45 Por tanto, oíd la determinación que Jehová ha acordado contra Babilonia, y los designios que ha trazado contra la tierra de los caldeos: Ciertamente las crías del rebaño los arrastrarán, y asolarán sus pastizales sobre ellos.

46 Al grito de la toma de Babilonia la tierra tembló, y el clamor se oyó entre las naciones.

Juicios de Jehová contra Babilonia

51 Así dice Jehová: He aquí que yo levanto un viento destructor contra Babilonia, y contra los habitantes de Leb-Camay.

2 Y enviaré a Babilonia extranjeros que la avienten, y vaciarán su tierra; porque se pondrán contra ella de todas partes en el día del mal.

3 El que entesa el arco, no lo entese, ni se jacte de su cota de malla; no perdonéis a sus jóvenes, destruid completamente todo su ejército.

4 Y caerán muertos en la tierra de los caldeos, y alanceados en sus calles.

5 Porque Israel y Judá no han enviudado de su Dios, Jehová de los ejércitos; sus tierras estaban llenas de pecados contra el Santo de Israel.

6 Huid de en medio de Babilonia, y librad cada uno su vida, no perezcáis a causa de su maldad; porque es el tiempo de venganza de Jehová; él le dará su pago.

7 Copa de oro fue Babilonia en la mano de Jehová, que embriagó a toda la tierra; de su vino bebieron las naciones; se enloquecieron, por tanto, las naciones.

8 En un momento cayó Babilonia, y se despedazó; lamentaos por ella; tomad bálsamo para su dolor, quizá sane.

9 Hemos intentado curar a Babilonia, y no ha sanado; dejadla, y vámonos cada uno a su tierra; porque ha llegado hasta el cielo el juicio contra ella, y se ha alzado hasta las nubes.

10 Jehová hizo patente nuestra justicia; venid, y contemos en Sión la obra de Jehová nuestro Dios.

11 Limpiad las saetas, llenad las aljabas; ha despertado Jehová el espíritu de los reyes de Media; porque contra Babilonia es su estrategia para destruirla; porque es la venganza de Jehová, la venganza por su templo.

12 Levantad bandera contra los muros de Babilonia, reforzad la guardia, poned centinelas, disponed celadas; porque tramó Jehová, y aun pondrá en efecto lo que ha dicho acerca de los moradores de Babilonia.

13 Tú, la que moras entre muchas aguas, rica en tesoros, ha venido tu fin, la medida de tu codicia.

14 Jehová de los ejércitos juró por sí mismo, diciendo: Yo te llenaré de hombres como de langostas, y levantarán contra ti gritería.

15 El que hizo la tierra con su poder, el que afianzó el mundo con su sabiduría, y extendió los cielos con su inteligencia.

16 A su voz se produce estruendo de aguas en los cielos, y hace subir las nubes de lo último de la tierra; él hace relámpagos para la lluvia, y saca el viento de sus depósitos.

17 Todo hombre está embrutecido para comprender; todo orfebre es avergonzado por su escultura, porque su ídolo es una mentira, no tienen aliento.

18 Vanidad son, obra digna de burla; en el tiempo del castigo perecerán.

19 No es como ellos la porción de Jacob; porque él es el Formador de todo, e Israel es la tribu de su herencia; Jehová de los ejércitos es su nombre.

20 Martillo me sois, y armas de guerra; y por medio de ti quebrantaré naciones, y por medio de ti destruiré reinos.

21 Por tu medio quebrantaré al caballo y a su jinete, y por medio de ti quebrantaré el carro y a los que en él montan.

22 Asimismo por tu medio quebrantaré hombres y mujeres, y por medio de ti quebrantaré viejos y jóvenes, y por tu medio quebrantaré al joven y a la doncella.

23 También quebrantaré por medio de ti al pastor y a su rebaño; quebrantaré por tu medio a labradores y a sus yuntas; a gobernadores y magistrados quebrantaré por medio de ti.

24 Y pagaré a Babilonia y a todos los moradores de Caldea, todo el mal que ellos hicieron en Sión delante de vuestros ojos, dice Jehová.

25 He aquí, yo estoy contra ti, oh monte destructor, dice Jehová, que destruiste toda la tierra; y extenderé mi mano contra ti, y te haré rodar de las peñas, y te reduciré a monte quemado.

26 Y nadie tomará de ti piedra para esquina, ni piedra para cimiento; sino que serás perpetuo asolamiento, ha dicho Jehová.

27 Alzad bandera en la tierra, tocad trompeta en las naciones, preparad a los pueblos contra ella; juntad contra ella los reinos de Ararat, de Miní y de Askenaz; estableced contra ella un general en jefe, haced subir caballos como langostas erizadas.

28 Preparad contra ella naciones; los reyes de Media, sus gobernadores y todos sus magistrados, y todo territorio de su dominio.

29 Temblará la tierra, y se retorcerá de dolor; porque se han cumplido contra Babilonia todos los planes de Jehová, para poner la tierra de Babilonia en soledad, para que no haya morador en ella.

30 Los valientes de Babilonia dejaron de pelear, se encerraron en sus fortalezas; les faltaron las fuerzas, se volvieron como mujeres; incendiadas están sus casas, rotos sus cerrojos.

31 Un correo corre a dar alcance a otro correo, y un mensajero corre a dar alcance a otro mensajero, para anunciar al rey de Babilonia que su ciudad es tomada por todas partes.

32 Los vados fueron tomados, y los baluartes quemados a fuego, y se consternaron los hombres de guerra.

33 Porque así dice Jehová de los ejércitos, Dios de Israel: La hija de Babilonia es como una era cuando es apisonada; de aquí a poco le vendrá el tiempo de la siega.

34 Me devoró, me desmenuzó Nabucodonosor rey de Babilonia, y me dejó como vaso vacío; me tragó como dragón, llenó su vientre de mis delicadezas, y me dejó sin nada.

35 Sobre Babilonia caiga la violencia hecha a mí y a mi carne, dirá la moradora de Sión; y mi sangre caiga sobre los moradores de Caldea, dirá Jerusalén.

36 Por tanto, así dice Jehová: He aquí que yo abogo por tu causa y haré venganza por ti; y secaré su mar, y haré que su manantial quede seco.

37 Y será Babilonia montones de ruinas, morada de chacales, espanto y burla, sin morador.

38 Todos a una rugirán como leones; como cachorros de leones gruñirán.

39 En medio de su calor les pondré banquetes, y haré que se embriaguen, para que acabe en fiebre su regocijo, y duerman eterno sueño y no despierten, dice Jehová.

40 Los haré traer como corderos al matadero, como carneros y machos cabríos.

41 ¡Cómo fue apresada Sesac, y fue tomada la que era alabada por toda la tierra! ¡Cómo vino a ser Babilonia objeto de espanto entre las naciones!

42 Subió el mar sobre Babilonia; fue cubierta de la multitud de sus olas.

43 Sus ciudades han quedado hechas una desolación, tierra seca y desierto; tierra en que no morará nadie, ni pasará por ella hijo de hombre.

La visita de Jehová a los ídolos

44 Y castigaré a Bel en Babilonia, y sacaré de su boca lo que se ha tragado; y las naciones no vendrán más a él, y el muro de Babilonia caerá.

45 Salid de en medio de ella, pueblo mío, y salvad cada uno su vida del ardor de la ira de Jehová.

46 Y no desmaye vuestro corazón, ni temáis a causa del rumor que se oirá por la tierra; en un año vendrá el rumor, y después en otro año rumor, y habrá violencia en la tierra, dominador contra dominador.

47 Por tanto, he aquí vienen días en que yo castigaré los ídolos de Babilonia, y toda su tierra será avergonzada, y todos sus muertos caerán en medio de ella.

48 Los cielos y la tierra y todo lo que hay en ellos cantarán de gozo sobre Babilonia; porque del norte vendrán contra ella saqueadores, dice Jehová.

49 Como Babilonia ha hecho caer a los muertos de Israel, así caerán en Babilonia los muertos de toda la tierra.

50 Los que escapasteis de la espada, andad, no os detengáis; acordaos desde lejos de Jehová, y que Jerusalén os venga en mientes.

51 Estamos avergonzados, porque oímos la afrenta; la confusión cubrió nuestros rostros, porque penetraron extranjeros hasta los santuarios de la casa de Jehová.

52 Por tanto, he aquí que vienen días, dice Jehová, en que yo visitaré sus ídolos, y en toda su tierra gemirán los heridos.

53 Aunque suba Babilonia hasta el cielo, y fortifique lo alto de su poder, de mí vendrán a ella saqueadores, dice Jehová.

54 ¡Se oyen gritos desde Babilonia, y el gran quebrantamiento desde la tierra de los caldeos!

55 Porque Jehová saquea a Babilonia, y quita de ella el gran ruido; y bramarán sus olas como sonido de muchas aguas; se escucha ya el estruendo de su clamor.

56 Porque viene el saqueador contra ella, contra Babilonia, y sus valientes son apresados; el arco de ellos es quebrado; porque Jehová, Dios de retribuciones, de cierto da la paga.

57 Y embriagaré a sus príncipes y a sus sabios, a sus gobernadores, a sus magistrados y a sus fuertes; y dormirán sueño eterno y no despertarán, dice el Rey, cuyo nombre es Jehová de los ejércitos.

58 Así dice Jehová de los ejércitos: El muro ancho de Babilonia será derribado enteramente, y sus altas puertas serán quemadas a fuego; en vano trabajarán los pueblos, y las naciones se habrán fatigado sólo para el fuego.

59 La palabra que envió el profeta Jeremías a Seraías, hijo de Nerías, hijo de Maasías, cuando iba con Sedequías, rey de Judá, a Babilonia, en el cuarto año de su reinado. Y era Seraías el principal intendente.

60 Escribió, pues, Jeremías en un libro todo el mal que había de venir sobre Babilonia, todas las palabras que están escritas acerca de Babilonia.

61 Y dijo Jeremías a Seraías: Cuando llegues a Babilonia, mira de leer todas estas cosas,

62 y di: Oh Jehová, tú has hablado acerca de este lugar que lo habías de destruir, hasta no quedar en él morador, ni hombre ni animal, sino que para siempre ha de ser asolado.

63 Y luego, cuando acabes de leer este libro, le atarás una piedra, y lo echarás en medio del Éufrates;

64 y dirás: Así se hundirá Babilonia, y no se levantará más a causa del mal que yo traigo sobre ella. Hasta aquí son las palabras de Jeremías.

Reinado de Sedequías

52 Era Sedequías de edad de veintiún años cuando comenzó a reinar, y reinó once años en Jerusalén. Su madre se llamaba Hamutal, hija de Jeremías, de Libná.

2 E hizo lo que es malo ante los ojos de Jehová, conforme a todo lo que hizo Joacim.

3 A causa de la ira de Jehová llegó esto a suceder en Jerusalén y Judá, hasta que los arrojó de su presencia. Y se rebeló Sedequías contra el rey de Babilonia.

Sitio y caída de Jerusalén

4 Aconteció, por tanto, a los nueve años de su reinado, en el mes décimo, a los diez días del mes, que vino Nabucodonosor rey de Babilonia, él y todo su ejército, contra Jerusalén, y acamparon contra ella, y la cercaron totalmente con baluartes.

5 Y estuvo sitiada la ciudad hasta el undécimo año del rey Sedequías.

6 En el mes cuarto, a los nueve días del mes, arreció el hambre en la ciudad, hasta no haber pan para la gente del pueblo.

7 Y fue abierta una brecha en el muro de la ciudad, y todos los hombres de guerra huyeron, y salieron de la ciudad de noche por el camino de la puerta entre los dos muros que había cerca del jardín del rey, y se fueron

por el camino del Arabá, estando aún los caldeos junto a la ciudad alrededor.

8 Y el ejército de los caldeos siguió al rey, y alcanzaron a Sedequías en los llanos de Jericó; y todo su ejército se dispersó de su lado.

9 Entonces prendieron al rey, y le hicieron venir al rey de Babilonia, a Riblá en tierra de Hamat, donde pronunció sentencia contra él.

10 Y degolló el rey de Babilonia a los hijos de Sedequías delante de sus ojos, y también degolló en Riblá a todos los jefes de Judá.

11 Además, le sacó los ojos a Sedequías, y el rey de Babilonia le ató con grillos, y lo hizo llevar a Babilonia; y lo metió en la cárcel hasta el día en que murió.

Cautividad de Judá

12 Y en el mes quinto, a los diez días del mes, que era el año diecinueve del reinado de Nabucodonosor, rey de Babilonia, vino a Jerusalén Nabuzaradán, capitán de la guardia, que solía estar delante del rey de Babilonia.

13 Y quemó la casa de Jehová, y la casa del rey, y todas las casas de Jerusalén; y destruyó con fuego todo edificio grande.

14 Y todo el ejército de los caldeos, que venía con el capitán de la guardia, destruyó todos los muros de Jerusalén en derredor.

15 E hizo deportar Nabuzaradán capitán de la guardia a los más pobres del pueblo, y a toda la otra gente del pueblo que había quedado en la ciudad, a los desertores que se habían pasado al rey de Babilonia, y a todo el resto de la multitud del pueblo.

16 Mas de los pobres del país dejó Nabuzaradán capitán de la guardia para viñadores y labradores.

17 Y los caldeos quebraron las columnas de bronce que estaban en la casa de Jehová, y las basas, y el mar de bronce que estaba en la casa de Jehová, y llevaron todo el bronce a Babilonia.

18 Se llevaron también los calderos, las palas, las despabiladeras, los tazones, las cucharas, y todos los utensilios de bronce con que se ministraba,

19 y los incensarios, tazones, copas, ollas, candeleros, escudillas y tazas; lo de oro por oro, y lo de plata por plata, se lo llevó el capitán de la guardia.

20 Las dos columnas, el estanque, y los doce bueyes de bronce que estaban debajo de las basas, que había hecho el rey Salomón para la casa de Jehová; el peso del bronce de todo esto era incalculable.

21 En cuanto a las columnas, la altura de cada columna era de dieciocho codos, y un cordón de doce codos la rodeaba; y su espesor era de cuatro dedos, y eran huecas.

22 Y había sobre ella un capitel de bronce; y la altura de cada capitel era de cinco codos, con una red y granadas alrededor del capitel, todo de bronce; y lo mismo era lo de la segunda columna con sus granadas.

23 Había noventa y seis granadas en cada hilera; todas ellas eran ciento sobre la red alrededor.

24 Tomó también el capitán de la guardia a Seraías, el principal sacerdote, a Sofonías, el segundo sacerdote, y los tres guardias del atrio.

25 Y de la ciudad tomó a un oficial que era capitán de los hombres de guerra, a siete hombres de los consejeros íntimos del rey, que fueron encontrados en la ciudad, y al principal secretario de la milicia, encargado del alistamiento del pueblo de la tierra para la guerra, y sesenta hombres del pueblo que se hallaron dentro de la ciudad.

26 Los tomó, pues, Nabuzaradán capitán de la guardia, y los llevó al rey de Babilonia en Riblá.

27 Y el rey de Babilonia los hirió, y los mató en Riblá, en la tierra de Hamat. Así Judá fue deportada de su tierra.

28 Este es el pueblo que Nabucodonosor llevó cautivo: En el año séptimo, a tres mil veintitrés hombres de Judá.

29 En el año dieciocho de Nabucodonosor, él llevó cautivas de Jerusalén a ochocientas treinta y dos personas.

30 El año veintitrés de Nabucodonosor, Nabuzaradán, capitán de la guardia, llevó cautivas a setecientas cuarenta y cinco personas de los hombres de Judá; todas las personas en total fueron cuatro mil seiscientas.

Joaquín es libertado y recibe honores en Babilonia

31 Y sucedió que en el año treinta y siete del cautiverio de Joaquín, rey de Judá, en el mes duodécimo, a los veinticinco días del mes, Evil-merodac, rey de Babilonia, en el año primero de su reinado, alzó la cabeza de Joaquín, rey de Judá, y lo sacó de la cárcel.

32 Y habló con él amigablemente, e hizo poner su trono sobre los tronos de los reyes que estaban con él en Babilonia.

33 Le hizo mudar también los vestidos de prisionero, y comía pan en la mesa del rey siempre todos los días de su vida.

34 Y continuamente se le daba su sustento de parte del rey de Babilonia, cada día una porción durante todos los días de su vida, hasta el día de su muerte.

LAMENTACIONES

DE JEREMÍAS

Desolación de Jerusalén

1 ¡Cómo ha quedado sola la ciudad populosa!
La grande entre las naciones se ha quedado como viuda,
La señora entre provincias ha sido hecha tributaria.

2 Sin cesar llora en la noche, y las lágrimas surcan sus mejillas.
No tiene quien la consuele de entre todos sus amantes;
Todos sus amigos la han traicionado, se le volvieron enemigos.

3 Judá está desterrada, sujeta a opresión y a dura servidumbre;
Ella habita entre las naciones, y no halla descanso;
Todos sus perseguidores la alcanzaron entre las estrechuras.

4 Las calzadas de Sión están de luto, porque no hay quien venga a las fiestas solemnes;
Todas sus puertas están desoladas, sus sacerdotes gimen,
Sus vírgenes están afligidas, y ella está en amargura.

5 Sus enemigos han sido puestos por cabeza, sus aborrecedores fueron prosperados,
Porque Jehová la afligió por la multitud de sus transgresiones;
Sus hijos salieron para la cautividad delante del enemigo.

6 Desapareció de la hija de Sión toda su hermosura;
Sus príncipes han venido a ser como ciervos que no hallan pasto,
Y caminan sin fuerzas delante del perseguidor.

7 Jerusalén, cuando cayó su pueblo en manos del enemigo y no hubo quien la ayudase,
Se acordó de los días de su aflicción, y de su vida errante,
Y de todos los bienes que tuvo desde los tiempos antiguos.
La miraron los enemigos, y se burlaron de su ruina.

8 Pecado grave cometió Jerusalén, por lo cual se ha vuelto cosa impura;
Todos los que la honraban la han menospreciado, porque vieron su vergüenza;
Y ella suspira, y se vuelve de espaldas.

9 Su inmundicia está en sus faldas, y no se acordó de su fin;
Por eso ha caído de modo tan sorprendente, y no tiene quien la consuele.
Mira, oh Jehová, mi aflicción, porque el enemigo se ha engrandecido.

10 Extendió su mano el enemigo a todas sus cosas preciosas;
Ella ha visto entrar en su santuario a las naciones
De las cuales mandaste que no entrasen en tu congregación.

11 Todo su pueblo gime en busca de pan;
Dieron por la comida todas sus cosas preciosas, para recobrar la vida.
Mira, oh Jehová, y ve cómo estoy de despreciada.

12 ¿No os conmueve a cuantos pasáis por el camino?
Mirad, y ved si hay un dolor como el dolor que me aflige;
Porque Jehová me ha afligido en el día de su ardiente furor.

13 Desde lo alto envió fuego y lo hizo penetrar en mis huesos;
Ha tendido una red a mis pies, me ha tirado hacia atrás,
Me dejó desolada, y con dolor todo el día.

14 El yugo de mis rebeliones ha sido atado por su mano;
Las ataduras han sido echadas sobre mi cuello; ha debilitado mis fuerzas;
Me ha entregado el Señor a merced de aquellos ante quienes no podré resistir.

15 El Señor ha desechado a todos mis valientes en medio de mí;
Convocó contra mí asamblea para quebrantar a mis jóvenes;
Como en un lagar ha hollado el Señor a la virgen hija de Judá.

16 Por esta causa lloro; mis ojos, mis ojos se deshacen en lágrimas,
Porque se alejó de mí el consolador que reanima mi alma;
Mis hijos están desolados, porque el enemigo prevaleció.

17 Sión extendió sus manos; no tiene quien la consuele;
Jehová dio mandamiento contra Jacob, que sus enemigos la cercasen;
Jerusalén se ha vuelto cosa impura entre ellos.

18 Jehová es justo; yo contra su palabra me
    rebelé.
    Oíd ahora, pueblos todos, y ved mi
    dolor;
    Mis doncellas y mis jóvenes fueron lle-
    vados en cautiverio.
19 Di voces a mis amantes, mas ellos me
    han engañado;
    Mis sacerdotes y mis ancianos perecie-
    ron en la ciudad,
    Cuando buscaban comida para sí con
    que reanimarse.
20 Mira, oh Jehová, estoy atribulada, mis
    entrañas hierven.
    Mi corazón se retuerce dentro de mí,
    porque me rebelé en gran manera.
    Por fuera, la espada me quita los hijos;
    por dentro, la muerte.
21 Oyeron cómo gemía, mas no hay conso-
    lador para mí;
    Todos mis enemigos han oído mi des-
    gracia, y se alegran de lo que tú has
    hecho.
    Haz que llegue el día que has anuncia-
    do, y sean como yo.
22 Venga delante de ti toda su maldad,
    Y haz con ellos como hiciste conmigo
    por todas mis maldades;
    Porque muchos son mis gemidos, y mi
    corazón desfallece.

*Las tristezas de Sión vienen por su
rebelión contra Jehová*

2 ¡Cómo oscureció el Señor en su furor a
    la hija de Sión!
    Derribó del cielo a la tierra el esplendor
    de Israel,
    Y no se acordó del estrado de sus pies en
    el día de su furor.
2 Destruyó el Señor sin piedad todas las
    moradas de Jacob;
    Ha derruido las fortalezas de la hija de
    Judá,
    Ha echado por tierra y profanado al
    reino y a sus príncipes.
3 Cortó con el ardor de su ira todo el
    poderío de Israel;
    Retiró de él su diestra frente al ene-
    migo,
    Y ha encendido en Jacob como una
    llama de fuego que devora todo alre-
    dedor.
4 Entesó su arco como enemigo, afirmó
    su mano derecha como adversario,
    Y destruyó cuanto era hermoso a la
    vista.
    En la tienda de la hija de Sión derramó
    como fuego su enojo.
5 El Señor se ha portado como enemigo,
    destruyó a Israel;
    Destruyó todos sus palacios, derribó sus
    fortalezas,

Y multiplicó en la hija de Judá la tristeza
    y el lamento.
6 Ha forzado su cerca como la de un
    huerto:
    Destruyó el lugar en donde se congre-
    gaban;
    Jehová ha hecho olvidar las fiestas so-
    lemnes y los sábados en Sión,
    Y en el ardor de su ira ha desechado al
    rey y al sacerdote.
7 Desechó el Señor su altar, menospreció
    su santuario;
    Ha entregado en manos del enemigo los
    muros de sus palacios;
    Se alzó un griterío en la casa de Jehová
    como en día de fiesta.
8 Jehová determinó destruir el muro de la
    hija de Sión;
    Extendió el cordel, no retrajo su mano
    de la destrucción;
    Hizo, pues, que se lamentara el antemu-
    ro y el muro, que juntamente se han
    desmoronado.
9 Sus puertas fueron echadas por tierra,
    destruyó y quebrantó sus cerrojos;
    Su rey y sus príncipes están entre los
    gentiles. ¡Ya no hay Ley!
    Sus profetas tampoco reciben ya visión
    de Jehová.
10 Se sentaron en tierra, y callaron los
    ancianos de la hija de Sión;
    Echaron polvo sobre sus cabezas, se
    ciñeron de cilicio;
    Las doncellas de Jerusalén inclinan sus
    cabezas hasta la tierra.
11 Mis ojos están consumidos de lágrimas,
    hierven mis entrañas,
    Mi hígado se derrama por tierra a causa
    del quebrantamiento de la hija de mi
    pueblo,
    Mientras desfallece el niño y el que
    mama, en las plazas de la ciudad.
12 Dicen a sus madres: ¿Dónde está el
    trigo y el vino?
    Mientras caen desfallecidos como vícti-
    mas en las calles de la ciudad,
    Derramando sus almas en el regazo de
    sus madres.
13 ¿A quién atestiguaré por ti, o a quién te
    haré semejante, hija de Jerusalén?
    ¿A quién te compararé para consolarte,
    oh virgen hija de Sión?
    Porque grande como el mar es tu que-
    brantamiento; ¿quién te podrá curar?
14 Tus profetas vieron para ti falsedad e
    insensatez;
    Y no revelaron tu pecado para impedir
    tu cautiverio,
    Sino que te predicaron vanas profecías y
    extravíos.
15 Todos los que pasan por el camino baten
    palmas sobre ti;

Silban, y menean despectivamente sus
cabezas sobre la hija de Jerusalén,
diciendo:
¿Es ésta la ciudad que decían de perfecta hermosura, el gozo de toda la
tierra?

16 Todos tus enemigos abren contra ti su
boca;
Silban y rechinan los dientes; y dicen:
Nos la hemos tragado;
Ciertamente éste es el día que esperába-
mos; lo hemos hallado, lo vemos.

17 Jehová ha hecho lo que tenía determi-
nado;
Ha cumplido su palabra, la cual él había
empeñado desde tiempo antiguo.
Ha destruido sin piedad;
Y ha hecho que el enemigo se alegre
sobre ti,
Y enalteció el poder de tus adversarios.

18 Clama desde el fondo de tu corazón al
Señor;
Oh hija de Sión, echa lágrimas cual
torrente día y noche;
No descanses, ni cesen las niñas de tus
ojos.

19 Levántate, da voces en la noche, al
comenzar las vigilias;
Derrama como agua tu corazón ante la
presencia del Señor;
Alza tus manos a él implorando la vida
de tus pequeñitos,
Que desfallecen de hambre en las entradas de todas las calles.

20 Mira, oh Jehová, y considera a quién
has tratado así.
¿Han de comer las mujeres el fruto de
sus entrañas, los pequeñitos puestos a
su tierno cuidado?
¿Han de ser muertos en el santuario del
Señor el sacerdote y el profeta?

21 Niños y ancianos yacen por tierra en las
calles;
Mis vírgenes y mis jóvenes cayeron a
espada;
Mataste en el día de tu furor; degollaste
sin piedad.

22 Has convocado por todo el ámbito mis
terrores, como en un día de solemnidad;
Y en el día del furor de Jehová no hubo
quien escapase ni quedase vivo;
Los que crié y mantuve, mi enemigo los
exterminó.

Esperanza de liberación por la misericordia de Jehová

3 Yo soy el hombre que ha visto aflicción
bajo el látigo de su enojo.

2 Me guió y me hizo caminar en tinieblas,
y no en luz;

3 Sí, contra mí volvió y revolvió su mano
todo el día.

4 Hizo envejecer mi carne y mi piel; quebrantó mis huesos;

5 Edificó baluartes contra mí, y me rodeó
de amargura y de fatiga.

6 Me dejó en oscuridad, como los ya
muertos de mucho tiempo.

7 Me cercó por todos lados, y no puedo
salir; ha hecho pesadas mis cadenas;

8 Aun cuando grito y pido auxilio, cierra
los oídos a mi oración.

9 Cercó mis caminos con piedras sillares,
torció mis senderos.

10 Fue para mí como oso que acecha, como
león en escondrijo;

11 Torció mis caminos, y me despedazó;
me ha dejado hecho un horror.

12 Entesó su arco, y me puso como blanco
de sus saetas.

13 Hizo entrar en mis riñones las saetas de
su aljaba.

14 He venido a ser la irrisión de todo mi
pueblo, su cantinela de todos los días.

15 Me llenó de amarguras, me embriagó de
ajenjos.

16 Mis dientes quebró con guijarro, me
cubrió de ceniza;

17 Y mi alma se alejó de la paz, me olvidé
de la felicidad,

18 Y dije: Perecieron mis fuerzas, y mi
esperanza en Jehová.

19 Acuérdate de mi miseria y de mi vida
errante, del ajenjo y del veneno;

20 Mi alma lo recuerda todavía, y está
abatida dentro de mí;

21 Esto es lo que medito en mi corazón, y
por lo que espero.

22 Las gracias de Jehová no se han acabado, sus misericordias no se han ago-
tado.

23 Nuevas son cada mañana; grande es tu
fidelidad.

24 Mi porción es Jehová, dice mi alma; por
eso espero en él.

25 Bueno es Jehová para los que en
él esperan, para el alma que le busca.

26 Bueno es esperar en silencio la salvación
de Jehová.

27 Bueno le es al hombre llevar el yugo
desde su juventud.

28 Que se siente solo y calle, porque es él
quien se lo impuso;

29 Ponga su boca en el polvo, por si aún
hay esperanza;

30 Dé la mejilla al que le hiere, y sea
colmado de afrentas;

31 Porque el Señor no desecha para
siempre;

32 Si aflige, también se compadece según
la multitud de sus misericordias;

33 Porque no humilla ni aflige por gusto a
los hijos de los hombres.
34 Cuando se desmenuza bajo los pies a
todos los encarcelados del país,
35 Cuando se tuerce el derecho del hombre
delante de la presencia del Altísimo,
36 Cuando se hace entuerto al hombre en
su causa, ¿el Señor no lo ve?
37 ¿Quién será aquel que haya hablado y
las cosas sucedieron?
¿No es el Señor el que decide?
38 ¿De la boca del Altísimo no sale lo malo
y lo bueno?
39 ¿Por qué se lamenta el hombre?
¡Qué sea un valiente contra sus pecados!
40 Escudriñemos nuestros caminos, y exa-
minémoslos, y volvámonos a Jehová;
41 Levantemos nuestros corazones sobre
nuestras manos al Dios que está en los
cielos;
42 Nosotros nos hemos rebelado, y fuimos
desleales; tú no has perdonado.
43 Te has cubierto de ira y nos has perseguido; mataste sin piedad;
44 Te cubriste de nube para que no pasase
nuestra oración.
45 Nos has hecho basura y desecho en
medio de los pueblos.
46 Todos nuestros enemigos abren contra
nosotros su boca;
47 Terror y fosa es nuestra porción, desolación y ruina;
48 Ríos de aguas echan mis ojos por el
quebrantamiento de la hija de mi
pueblo.
49 Mis ojos destilan y no cesan; ya no hay
alivio
50 Hasta que Jehová mire y vea desde los
cielos;
51 Mis ojos atormentan a mi alma por
todas las hijas de mi ciudad.
52 Mis enemigos me dieron caza como a
ave, sin haber por qué;
53 Sofocaron mi vida en una cisterna, y
echaron piedras sobre mí;
54 Las aguas cubrieron mi cabeza; y dije:
. Estoy perdido.
55 Invoqué tu nombre, oh Jehová, desde lo
profundo de la fosa.
56 Oíste mi grito; no cierres tu oído a mi
grito de socorro.
57 Te acercaste el día que te invoqué; y
dijiste: No temas.
58 Abogaste, Señor, la causa de mi alma;
redimiste mi vida.
59 Tú has visto, oh Jehová, mi agravio;
defiende mi causa.
60 Has visto toda su venganza, todos sus
planes contra mí.
61 Has oído sus insultos, oh Jehová, todas
sus maquinaciones contra mí;
62 Los dichos de los que contra mí se

levantaron, y sus tramas contra mí
todo el día.
63 Su sentarse y su levantarse mira; yo soy
su copla.
64 Dales el pago, oh Jehová, según la obra
de sus manos.
65 Entrégalos al endurecimiento de corazón; tu maldición caiga sobre ellos.
66 Persíguelos en tu furor, y extermínalos
de debajo de los cielos, oh Jehová.

El hambre en Jerusalén

4 ¡Cómo se ha ennegrecido el oro!
¡Cómo el buen oro ha perdido su brillo!
Las piedras del santuario están esparcidas por las encrucijadas de todas las
calles.
2 Los hijos de Sión, preciados y estimados
más que el oro puro,
¡Cómo son tenidos por vasijas de barro,
obra de manos de alfarero!
3 Aun los chacales dan la teta, y amamantan a sus cachorros;
La hija de mi pueblo se ha hecho cruel
como los avestruces en el desierto.
4 La lengua del niño de pecho se pegó a su
paladar por la sed;
Los pequeñuelos pidieron pan, y no
hubo quien se lo repartiese.
5 Los que comían manjares deliciosos
desfallecen en las calles;
Los que se criaron entre púrpura se
abrazan a los estercoleros.
6 Porque supera la iniquidad de la hija de
mi pueblo al pecado de Sodoma,
Que fue destruida en un momento, sin
que acamparan contra ella compañías.
7 Sus nazareos eran más puros que la
nieve, más blancos que la leche;
Más sonrosados eran sus cuerpos que el
coral, su talle más hermoso que el
zafiro.
8 Su aspecto se ha oscurecido más que el
hollín; no los reconocen por las calles;
Su piel está pegada a sus huesos, seca
como un palo.
9 Más dichosos fueron los muertos a espada que los muertos por el hambre;
Porque éstos murieron poco a poco por
falta de los frutos de la tierra.
10 Las manos de mujeres tiernas cocieron a
sus hijos;
Sus propios hijos les sirvieron de comida
en el día del quebrantamiento de la
hija de mi pueblo.
11 Agotó Jehová su enojo, derramó el
ardor de su ira;
Y encendió en Sión un fuego que consume hasta sus cimientos.

12 Nunca los reyes de la tierra, ni cuantos moran en el mundo,

Podían creer que el enemigo y el adversario entrara por las puertas de Jerusalén.

13 Es por causa de los pecados de sus profetas, y las maldades de sus sacerdotes,

Quienes derramaron en medio de ella la sangre de los justos.

14 Titubearon como ciegos en las calles, fueron contaminados con sangre,

De modo que no podían tocarse sus vestiduras.

15 ¡Apartaos! ¡Es un impuro! les gritaban.

¡Apartaos, apartaos, no toquéis! Huyeron y andaban vagando; se decía entre las naciones: Nunca más morarán aquí.

16 El rostro de Jehová los ha dispersado, no los mirará más;

No respetaron la presencia de los sacerdotes, ni tuvieron compasión de los ancianos.

17 Aún se consumían nuestros ojos esperando en vano nuestro socorro;

Desde nuestras torres oteábamos a una nación que no puede salvar.

18 Acechaban nuestros pasos, para que no anduviésemos por nuestras calles;

Cercano estaba nuestro fin, se cumplieron nuestros días; porque llegó nuestro fin.

19 Ligeros fueron nuestros perseguidores más que las águilas del cielo;

Sobre los montes nos persiguieron, en el desierto nos pusieron emboscadas.

20 El aliento de nuestras vidas, el ungido de Jehová,

De quien habíamos dicho: A su sombra tendremos vida entre las naciones, fue apresado en sus fosas.

21 Alégrate y regocíjate, hija de Edom, la que habitas en tierra de Uz;

También a ti llegará la copa; te embriagarás; y te desnudarás.

22 Se ha borrado tu culpa, oh hija de Sión;

Nunca más te hará llevar cautiva. Castigará tu iniquidad, oh hija de Edom; Descubrirá tus pecados.

Oración del pueblo afligido

5 Acuérdate, oh Jehová, de lo que nos ha sucedido;

Mira, y ve nuestro oprobio.

2 Nuestra heredad ha pasado a extraños,

3 Huérfanos somos sin padre; Nuestras casas a forasteros. Nuestras madres son como viudas.

4 Nuestra agua bebemos por dinero; Compramos nuestra leña por precio.

5 Padecemos persecución sobre nosotros; Nos fatigamos, y no hay para nosotros reposo.

6 Al egipcio y al asirio extendimos la mano, para saciarnos de pan.

7 Nuestros padres pecaron, y han muerto; Y nosotros cargamos con sus culpas.

8 Los esclavos dominan sobre nosotros; No hay quien nos libre de sus manos.

9 Con peligro de nuestras vidas nos procuramos nuestro pan Ante la espada del desierto.

10 Nuestra piel ennegreció como un horno A causa del ardor del hambre.

11 Violaron a las mujeres en Sión, A las doncellas en las ciudades de Judá.

12 A los príncipes colgaron por sus manos; No respetaron el rostro de los ancianos.

13 Llevaron a los jóvenes a moler, Y los niños tropezaban bajo el peso de la leña.

14 Los ancianos no se ven más en la puerta, Los jóvenes dejaron sus canciones.

15 Cesó el gozo de nuestro corazón; Nuestra danza se cambió en luto.

16 Cayó la corona de nuestra cabeza; ¡Ay ahora de nosotros!, porque hemos pecado.

17 Por eso está dolorido nuestro corazón, Por eso se han oscurecido nuestros ojos.

18 Por el monte de Sión que está asolado; ¡Las raposas merodean en él!

19 Mas tú, Jehová, permaneces para siempre; Tu trono, de generación en generación.

20 ¿Por qué te olvidas completamente de nosotros, Y nos abandonas tan largo tiempo?

21 Haznos volver, oh Jehová, a ti, y nos volveremos; Renueva nuestros días como antaño.

22 Si es que no nos has desechado del todo, Airado contra nosotros en gran manera.

EZEQUIEL

La visión de la gloria divina

1 Aconteció en el año treinta, en el mes cuarto, a los cinco días del mes, que estando yo entre los deportados junto al río Quebar, los cielos se abrieron, y vi visiones de Dios.

2 En el quinto año de la deportación del rey Joaquín, a los cinco días del mes,

3 vino expresamente palabra de Jehová al sacerdote Ezequiel, hijo de Buzi, en la tierra de los caldeos, junto al río Quebar; y allí fue sobre él la mano de Jehová.

4 Y miré, y he aquí que venía del norte un viento tempestuoso, y una gran nube, con un fuego fulgurante, y alrededor de él un resplandor, y en el medio como el fulgor del electro, en medio del fuego,

5 y del centro emergía la figura de cuatro seres vivientes. Y éste era su aspecto: había en ellos semejanza de hombre.

6 Cada uno tenía cuatro caras y cuatro alas.

7 Y los pies de ellos eran derechos; y la planta de sus pies, como planta de pie de becerro; y centelleaban a manera de bronce muy bruñido.

8 Debajo de sus alas, a sus cuatro lados, tenían manos de hombre; y en cuanto a las caras y a las alas de los cuatro,

9 con las alas se juntaban el uno al otro. No se volvían cuando andaban, sino que cada uno caminaba derecho hacia adelante.

10 Y el aspecto de sus caras era cara de hombre, y cara de león al lado derecho de los cuatro; y cara de buey a la izquierda en los cuatro; asimismo había en los cuatro cara de águila.

11 Así eran sus caras. Y tenían sus alas extendidas por encima, cada uno dos, las cuales se juntaban; y las otras dos cubrían sus cuerpos.

12 Y cada uno caminaba derecho hacia adelante; hacia donde el espíritu les movía a que anduviesen, andaban; y cuando andaban, no se volvían.

13 Cuanto a la semejanza de los seres vivientes, su aspecto era como de carbones de fuego encendidos, como visión de hachones encendidos que fulguraba entre los seres vivientes; y el fuego resplandecía, y del fuego salían relámpagos.

14 Y los seres vivientes corrían y volvían a semejanza de relámpagos.

15 Mientras yo miraba los seres vivientes, he aquí una rueda sobre la tierra junto a los seres vivientes, a los cuatro lados.

16 El aspecto de las ruedas y su obra era semejante al color del crisólito. Y las cuatro tenían una misma semejanza; su apariencia y su obra eran como una rueda en medio de otra rueda.

17 Cuando andaban, se movían hacia sus cuatro costados; no se volvían cuando andaban.

18 Y sus aros eran altos y espantosos, y llenos de ojos alrededor en las cuatro.

19 Y cuando los seres vivientes andaban, las ruedas andaban junto a ellos; y cuando los seres vivientes se levantaban de la tierra, las ruedas se levantaban.

20 Hacia donde el espíritu les movía a que anduviesen, andaban; hacia donde les movía el espíritu que anduviesen, las ruedas también se levantaban tras ellos; porque el espíritu de los seres vivientes estaba en las ruedas.

21 Cuando ellos andaban, andaban ellas, y cuando ellos se paraban, se paraban ellas; asimismo, cuando se levantaban de la tierra, las ruedas se levantaban juntamente con ellos; porque el espíritu de los seres vivientes estaba en las ruedas.

22 Y sobre las cabezas de los seres vivientes había como una especie de bóveda a manera de cristal maravilloso, extendido encima sobre sus cabezas.

23 Y debajo de la bóveda las alas de ellos estaban rectas, la una al nivel de la otra; y cada uno tenía dos alas que cubrían su cuerpo.

24 Y oí el sonido de sus alas cuando andaban, como sonido de muchas aguas, como la voz del Omnipotente, un ruido de tumulto, como el ruido de un ejército acampado. Cuando se paraban, bajaban sus alas.

25 Pues cuando resonaba una voz por encima de la bóveda que había sobre sus cabezas, conforme estaban parados, plegaban sus alas.

26 Y por encima de la bóveda que había sobre sus cabezas había como la figura de un trono que parecía de piedra de zafiro; y sobre la figura del trono había una semejanza que parecía de hombre sentado sobre él.

27 Y vi luego como el fulgor del bronce bruñido, como apariencia de fuego dentro de ella en derredor, desde el aspecto de sus lomos para arriba; y desde sus lomos para abajo, vi que parecía como fuego, y que tenía resplandor alrededor.

28 Semejante al arco iris que aparece en las nubes el día que llueve, así era el aspecto del resplandor alrededor. Esta era la apariencia de la imagen de la gloria de Jehová. Y cuando yo la vi, me postré sobre mi rostro, y oí la voz de uno que hablaba.

Visión del libro

2 Y me dijo: Hijo de hombre, ponte sobre tus pies, y hablaré contigo.

2 Y luego que me habló, entró el espíritu en mí y me asentó sobre mis pies, y oí al que me hablaba.

3 Y me dijo: Hijo de hombre, yo te envío a los hijos de Israel, a gentes rebeldes que se rebelaron contra mí; ellos y sus padres han pecado contra mí hasta este mismo día;

4 y los hijos tienen la cara dura y el corazón empedernido; yo te envío a ellos, y les dirás: Así dice el Señor Jehová.

5 Acaso ellos escuchen; pero si no escuchan, porque son una casa rebelde, siempre conocerán que ha habido profeta entre ellos.

6 Y tú, hijo de hombre, no les temas, ni tengas miedo de sus palabras, aunque te hallas entre zarzas y espinos, y moras con escorpiones; no tengas miedo de sus palabras, ni temas delante de ellos, porque son casa rebelde.

7 Les hablarás, pues, mis palabras, escuchen o dejen de escuchar; porque son muy rebeldes.

8 Mas tú, hijo de hombre, oye lo que yo te hablo; no seas rebelde como esa casa rebelde; abre la boca, y come lo que te doy.

9 Y miré, y he aquí una mano extendida hacia mí, y en ella había un rollo de libro.

10 Y lo extendió delante de mí, y estaba escrito por delante y por detrás; y había escritas en él lamentaciones, endechas y ayes.

3 Y me dijo: Hijo de hombre, come lo que hallas; come este rollo, y ve y habla a la casa de Israel.

2 Así que abrí mi boca, y me hizo comer aquel rollo.

3 Y me dijo: Hijo de hombre, alimenta tu vientre, y llena tus entrañas de este rollo que te doy. Lo comí, y fue en mi boca dulce como miel.

4 Luego me dijo: Hijo de hombre, ve y entra a la casa de Israel, y habla a ellos con mis palabras.

5 Porque no eres enviado a pueblo de habla oscura ni de lengua áspera, sino a la casa de Israel.

6 No a muchos pueblos de habla oscura ni de lengua áspera, cuyas palabras no entiendas. Si a ellos te enviara, de seguro que te escucharían.

7 Mas la casa de Israel no te querrá oír, porque no me quiere escuchar a mí; porque toda la casa de Israel es dura de frente y obstinada de corazón.

8 He aquí que yo he hecho tu rostro fuerte contra los rostros de ellos, y tu frente fuerte contra sus frentes.

9 Como diamante, más fuerte que el pedernal he hecho tu frente; no los temas, ni tengas miedo delante de ellos, porque son casa rebelde.

10 Me dijo además: Hijo de hombre, toma en tu corazón todas mis palabras que yo te hablaré, y escucha con tus oídos.

11 Y ve y entra a los cautivos, a los hijos de tu pueblo, y háblales y diles: Así dice el Señor Jehová; escuchen, o dejen de escuchar.

12 Entonces me elevó el espíritu, y oí detrás de mí una voz de gran estruendo, que decía: Bendita sea la gloria de Jehová desde su lugar.

13 Oí también el sonido de las alas de los seres vivientes que se juntaban la una con la otra, y el sonido de las ruedas junto a ellos, y sonido de gran estruendo.

14 Me levantó, pues, el espíritu, y me transportó; y fui en amargura, en la indignación de mi espíritu, mientras la mano de Jehová era fuerte sobre mí.

15 Así llegué a los cautivos en Tel-abib, que moraban junto al río Quebar, y me senté donde ellos estaban sentados, y allí permanecí siete días atónito entre ellos.

Llamamiento de Ezequiel

16 Y aconteció que al cabo de los siete días, vino a mí palabra de Jehová, diciendo:

17 Hijo de hombre, yo te he puesto por atalaya a la casa de Israel; oirás, pues, la palabra de mi boca, y los amonestarás de mi parte.

18 Cuando yo diga al malvado: De cierto morirás; y tú no le amonestes ni le hables, para retraer al malvado de su mal camino a fin de que viva, el malvado morirá por su maldad, pero yo demandaré su sangre de tu mano.

19 Mas si tú amonestas al malvado, y él no se convierte de su maldad ni de su mal camino, él morirá por su maldad, pero tú habrás librado tu alma.

20 Y si el justo se aparta de su justicia y comete iniquidad, yo pondré un tropiezo delante de él, y él morirá; porque tú no le amonestaste, en su pecado morirá, y las obras buenas que había hecho no serán recordadas; pero su sangre demandaré de tu mano.

21 Pero si amonestas al justo para que no peque, y no peca, de cierto vivirá, porque fue amonestado; y tú habrás librado tu alma.

El profeta mudo

22 Vino allí la mano de Jehová sobre mí, y me dijo: Levántate, sal al campo, y allí hablaré contigo.

23 Y me levanté y salí al campo; y he aquí

que allí estaba la gloria de Jehová, como la
gloria que había visto junto al río Quebar; y
me postré sobre mi rostro.

24 Entonces entró el espíritu en mí y me
asentó sobre mis pies, y me habló, y me dijo:
Ve, y enciérrate dentro de tu casa.

25 Y tú, oh hijo de hombre, he aquí que
pondrán sobre ti cuerdas, y con ellas .te
ligarán, y no saldrás entre ellos.

26 Y haré que se pegue tu lengua a tu
paladar, y estarás mudo, y no serás para
ellos un varón que reprende; porque son
casa rebelde.

27 Mas cuando yo te hable, abriré tu boca,
y les dirás: Así ha dicho el Señor Jehová: El
que quiera escuchar que escuche; y el que
no quiera escuchar, que no escuche; porque
son casa rebelde.

Anuncio del asedio de Jerusalén

4 Tú, hijo de hombre, toma un ladrillo y
ponlo delante de ti, y diseña sobre él la
ciudad, Jerusalén.

2 Y pondrás contra ella un simulacro de
asedio, y edificarás contra ella fortalezas, y
sacarás contra ella baluarte; también pondrás delante de ella campamento, y colocarás contra ella arietes alrededor.

3 Toma también una plancha de hierro, y
ponla como un muro de hierro entre ti y la
ciudad; volverás luego tu rostro hacia ella, y
será puesta en estado de sitio, y tú estrecha-
rás el cerco contra ella. Es señal para la casa
de Israel.

4 Y tú te acostarás sobre tu lado izquierdo,
y pondrás sobre él la maldad de la casa de
Israel. Según el número de los días que
duermas sobre él, llevarás sobre ti la maldad
de ellos.

5 Pues yo te he fijado los años de su maldad
por el número de los días, trescientos noventa días; y así llevarás tú la maldad de la
casa de Israel.

6 Cumplidos éstos, te acostarás sobre tu
lado derecho segunda vez, y llevarás la
maldad de la casa de Judá; cuarenta días,
computándote cada día por un año.

7 Después volverás tu rostro hacia el asedio
de Jerusalén, con el brazo descubierto, y
profetizarás contra ella.

8 Y he aquí que pongo sobre ti ataduras, y
no te volverás de un lado a otro, hasta que
hayas cumplido los días de tu asedio.

9 Toma también trigo, cebada, habas, lentejas, mijo y avena, y ponlos en una vasija, y
hazte pan de ellos; según el número de los
días que te acuestes sobre tu lado, trescientos noventa días, comerás de él.

10 La comida que comerás será de un peso
de veinte siclos al día; de tiempo en tiempo
la comerás.

11 Y beberás el agua por medida, la sexta

parte de un hin; de tiempo en tiempo la
beberás.

12 Y lo comerás en forma de galletas de
cebada, que cocerás a la vista de ellos en el
rescoldo de excrementos humanos.

13 Y dijo Jehová: Así comerán los hijos de
Israel su pan inmundo, entre las naciones
adonde los arrojaré yo.

14 Y dije: ¡Ay, Señor Jehová!, he aquí que
mi alma no ha sido manchada, ni nunca
desde mi juventud hasta este tiempo comí
cosa mortecina ni despedazada, ni nunca en
mi boca entró carne inmunda.

15 Y me respondió: He aquí, te permito
usar estiércol de bueyes, en lugar de excremento humano, para cocer en él tu pan.

16 Me dijo luego: Hijo de hombre, he aquí,
quebrantaré el sustento del pan en Jerusalén; comerán el pan por peso y con angustia,
y beberán el agua por medida y con afán,

17 para que al faltarles el pan y el agua, se
miren unos a otros con espanto, y se consuman en su maldad.

5 Y tú, hijo de hombre, toma un cuchillo
agudo, que te sirva como navaja de
barbero, y hazlo pasar sobre tu cabeza y tu
barba; toma después una balanza de pesar y
divide los cabellos.

2 Una tercera parte quemarás a fuego en
medio de la ciudad, cuando se cumplan los
días del asedio; y tomarás otra tercera parte
y la cortarás con espada alrededor de la
ciudad; y la otra tercera partes esparcirás al
viento, y yo desenvainaré espada en pos de
ellos.

3 Tomarás también de allí unos pocos en
número, y los atarás en el vuelo de tu
manto.

4 Y tomarás otra vez de ellos, y los echarás
en medio del fuego, y los quemarás en el
fuego; de allí saldrá el fuego a toda la casa de
Israel.

5 Así ha dicho el Señor Jehová: Ésta es
Jerusalén; la puse en medio de las naciones
y de las tierras alrededor de ella.

6 Y ella se rebeló contra mis ordenanzas
con mayor perversidad que las naciones, y
contra mis estatutos más que las tierras que
están alrededor de ella; porque desecharon
mis ordenanzas y estatutos, y no anduvieron
en ellos.

7 Por tanto, así dice Jehová: Por haber
sobrepasado en maldad a las naciones que
están alrededor de vosotros, al no haber
andado en mis mandamientos, ni haber
guardado mis leyes, ni aun haber obrado
según las leyes de las naciones que están
alrededor de vosotros,

8 así, pues, dice el Señor Jehová: He aquí
yo estoy contra ti; sí, yo, y haré justicia en
medio de ti ante los ojos de las naciones.

9 Y haré en ti lo que nunca hice, ni jamás

haré cosa semejante, a causa de todas tus abominaciones.

10 Por eso los padres se comerán a los hijos en medio de ti, y los hijos se comerán a sus padres; y ejecutaré en ti mis castigos, y esparciré a todos los vientos todo lo que quede de ti.

11 Por tanto, vivo yo, dice el Señor Jehová, ciertamente por haber profanado mi santuario con todas tus abominaciones y con todos tus objetos horrendos, yo también te quebrantaré; mi ojo no perdonará, ni tampoco tendré compasión.

12 Una tercera parte de ti morirá de pestilencia y será consumida de hambre en medio de ti; otra tercera parte caerá a espada alrededor de ti; y la otra tercera parte la esparciré a todos los vientos, y tras ellos desenvainaré espada.

13 Así se desfogará mi furor y saciaré en ellos mi enojo, y tomaré satisfacción; y sabrán que yo Jehová he hablado en mi celo, cuando haya desfogado en ellos mi enojo.

14 Y te convertiré en espanto y en oprobio entre las naciones que están alrededor de ti, a los ojos de todo transeúnte.

15 Y serás el oprobio y el escarnio, el espanto y el escarmiento de las naciones que están alrededor de ti, cuando yo ejecute en ti castigos con furor e indignación, y en furiosos escarmientos. Yo Jehová he hablado;

16 cuando arroje yo sobre ellos las perniciosas saetas del hambre, que serán para destrucción, las cuales enviaré para destruiros, y aumente el hambre sobre vosotros, y quebrante entre vosotros el sustento del pan,

17 y envíe contra vosotros hambre, y bestias feroces que te destruyan; y la pestilencia y la sangre pasen por en medio de ti, y envíe contra ti la espada. Yo Jehová he hablado.

Profecía contra los montes de Israel

6 Vino a mí palabra de Jehová, diciendo: 2 Hijo de hombre, pon tu rostro hacia los montes de Israel, y profetiza contra ellos.

3 Y dirás: Montes de Israel, oíd palabra del Señor Jehová: Así dice el Señor Jehová a los montes y a los collados, a los torrentes y a los valles: He aquí que yo, sí, yo, haré venir sobre vosotros espada, y destruiré vuestros lugares altos.

4 Vuestros altares serán asolados, y vuestras imágenes del sol serán quebradas; y haré que caigan vuestros muertos delante de vuestros ídolos.

5 Y pondré los cadáveres de los hijos de Israel delante de sus ídolos, y esparciré vuestros huesos en derredor de vuestros altares.

6 Dondequiera que habitéis, serán desiertas las ciudades, y los lugares altos serán asolados, para que sean asolados y se hagan desiertos vuestros altares; y vuestros ídolos serán quebrados y se acabarán, vuestras imágenes del sol serán destrozadas, y vuestras obras serán deshechas.

7 Y los muertos caerán en medio de vosotros; y sabréis que yo soy Jehová.

8 Mas dejaré un resto, de modo que tengáis entre las naciones algunos que escapen de la espada, cuando seáis esparcidos por las tierras.

9 Y los que de vosotros escapen se acordarán de mí entre las naciones a las cuales serán deportados; porque yo me quebranté a causa de su corazón adúltero que se apartó de mí, y a causa de sus ojos que se prostituyeron tras sus ídolos; y tendrán horror de sí mismos, a causa de los males que cometieron en todas sus abominaciones.

10 Y sabrán que yo soy Jehová; no en vano dije que les había de hacer este mal.

Los pecados de Israel

11 Así dice el Señor Jehová: Palmotea con tus manos, y golpea con tu pie, y di: ¡Ay, por todas las grandes abominaciones de la casa de Israel!, porque caerán con espada, con hambre y con pestilencia.

12 El que esté lejos morirá de pestilencia, el que esté cerca caerá a espada, y el que quede y sea asediado morirá de hambre; así desfogaré en ellos mi enojo.

13 Y sabréis que yo soy Jehová, cuando sus muertos estén en medio de sus ídolos, en derredor de sus altares, sobre todo collado alto, en todas las cumbres de los montes, debajo de todo árbol frondoso y debajo de toda encina espesa, lugares donde ofrecieron perfume grato a todos sus ídolos.

14 Y extenderé mi mano contra ellos, y dondequiera que habiten haré la tierra una soledad más desolada que el desierto de Diblat; y conocerán que yo soy Jehová.

El fin, cercano

7 Vino además a mí palabra de Jehová, diciendo:

2 Y tú, hijo de hombre, así dice el Señor Jehová a la tierra de Israel: El fin, el fin viene sobre los cuatro extremos de la tierra.

3 Ahora llega el fin para ti, y enviaré sobre ti mi furor, y te juzgaré según tus caminos; y traeré sobre ti todas tus abominaciones.

4 Y mi ojo no te perdonará, ni tendré compasión; antes pondré sobre ti tus caminos, y en medio de ti quedarán patentes tus prácticas abominables; y sabréis que yo soy Jehová.

5 Así dice Jehová el Señor: Una desdicha, he aquí que viene una calamidad sin igual.
6 Viene el fin, el fin viene; se ha despertado contra ti; he aquí que viene.
7 Te llega el turno a ti, oh morador de la tierra; el tiempo viene, cercano está el día del tumulto, y no de gritos de alegría sobre los montes.
8 Ahora en seguida derramaré mi ira sobre ti, y desfogaré en ti mi furor, y te juzgaré según tus caminos; y traeré sobre ti todas tus abominaciones.
9 Y mi ojo no perdonará, ni tendré compasión; según tus caminos pondré sobre ti, y en medio de ti estarán patentes tus abominaciones; y sabréis que yo Jehová soy el que castiga.
10 He aquí el día, he aquí que viene; ha llegado el turno; ha florecido la vara, ha reverdecido la soberbia.
11 Ha surgido la destrucción violenta para el cetro de impiedad; nada quedará de ellos, ni de su multitud, ni uno de los suyos, ni habrá entre ellos quien se lamente.
12 El tiempo llega, se acerca el día; el que compra, no se alegre, y el que vende, no llore, porque la ira está sobre toda la multitud.
13 Porque el que vende no recuperará lo vendido, aunque quede entre los vivos; porque la visión contra toda la multitud no se revocará, y a causa de su iniquidad ninguno podrá amparar su vida.
14 Tocarán trompeta, y todo estará a punto, pero no habrá quien vaya a la batalla; porque mi ira está sobre toda la multitud.
15 Fuera, la espada; dentro, la peste y el hambre; el que esté en el campo morirá a espada, y al que esté en la ciudad lo consumirá el hambre y la peste.
16 Y los que de ellos escapen con vida, huirán y estarán sobre los montes como palomas de los valles, gimiendo todos, cada uno por su iniquidad.
17 Todas las manos se debilitarán, y todas las rodillas se irán en aguas.
18 Se ceñirán también de cilicio, y les cubrirá el terror; en todo rostro habrá vergüenza, y todas sus cabezas estarán rapadas.
19 Arrojarán su plata en las calles, y su oro será tenido como cosa inmunda; ni su plata ni su oro podrán librarlos en el día del furor de Jehová; no saciarán su alma, ni llenarán sus entrañas, porque les han sido tropiezo para su maldad.
20 Por cuanto convirtieron la belleza de su ornamento en soberbia, y fabricaron con ello las imágenes de sus abominaciones y de sus cosas detestables, por eso se lo convertí en cosa repugnante.
21 En mano de extraños lo entregaré como botín, y serán presa de los impíos de la tierra, y lo profanarán.

22 Y apartaré de ellos mi rostro, y será profanado mi lugar secreto; pues entrarán en él invasores y lo profanarán.
23 Haz la cadena, porque la tierra está llena de delitos de sangre, y la ciudad está llena de violencia.
24 Traeré, por tanto, los más perversos de las naciones, los cuales poseerán las casas de ellos; y haré cesar la soberbia de los poderosos, y sus santuarios serán profanados.
25 Viene la ruina; y buscarán la paz, y no la habrá.
26 Vendrá calamidad sobre calamidad, y habrá rumor sobre rumor; y buscarán visión del profeta, mas la ley se alejará del sacerdote, y de los ancianos el consejo.
27 El rey se enlutará, y el príncipe se revestirá de estupor, y las manos del pueblo de la tierra temblarán; según su camino haré con ellos, y según su merecido los juzgaré; y sabrán que yo soy Jehová.

Visión de los pecados de Jerusalén

8 En el sexto año, en el mes sexto, a los cinco días del mes, aconteció que, estando yo sentado en mi casa, y los ancianos de Judá sentados delante de mí, allí se posó sobre mí la mano de Jehová el Señor.
2 Y miré, y he aquí una figura que parecía de fuego; desde sus lomos para abajo, era de fuego; y desde sus lomos para arriba era como el aspecto de un resplandor, como el color del bronce bruñido.
3 Y aquella figura extendió la mano, y me tomó por las guedejas de mi cabeza; y el espíritu me alzó entre el cielo y la tierra, y me llevó en visiones de Dios a Jerusalén, a la entrada de la puerta del atrio interior que mira hacia el norte, donde se asienta el ídolo del celo, que provoca a celos.
4 Y he aquí que allí estaba la gloria del Dios de Israel, como la visión que yo había visto en el campo.
5 Y me dijo: Hijo de hombre, alza ahora tus ojos hacia el lado del norte. Y alcé mis ojos hacia el norte, y he aquí, al norte, junto a la puerta del altar, aquella imagen del celo en la entrada.
6 Me dijo entonces: Hijo de hombre, ¿ves lo que éstos hacen?, ¿las grandes abominaciones que la casa de Israel hace aquí para alejarme de mi santuario? Pero todavía verás abominaciones mayores.
7 Y me llevó a la entrada del atrio, y miré, y he aquí un agujero en la pared.
8 Y me dijo: Hijo de hombre, horada ahora en la pared. Y horadé en la pared, y he aquí una puerta.
9 Me dijo luego: Entra, y ve las malvadas abominaciones que éstos hacen aquí.
10 Entré, pues, y miré; y he aquí, toda

forma abominable de reptiles y bestias, y todos los ídolos de la casa de Israel, que estaban pintados en la pared por todo alrededor.

11 Y delante de ellos estaban setenta varones de los ancianos de la casa de Israel, y Jaazanías hijo de Safán en medio de ellos, cada uno con su incensario en la mano; y subía una nube espesa de incienso.

12 Y me dijo: Hijo de hombre, ¿has visto las cosas que los ancianos de la casa de Israel hacen en tinieblas, cada uno en sus cámaras pintadas de imágenes? Porque dicen ellos: No nos ve Jehová; Jehová ha abandonado la tierra.

13 Me dijo después: Todavía verás abominaciones mayores que hacen éstos.

14 Y me llevó a la entrada de la puerta de la casa de Jehová, que está al norte; y he aquí, las mujeres que estaban allí sentadas endechando a Tamuz.

15 Luego me dijo: ¿Has visto esto, hijo de hombre? Todavía verás abominaciones mayores que éstas.

16 Y me llevó al atrio interior de la casa de Jehová; y he aquí junto a la entrada del templo de Jehová, entre el vestíbulo y el altar, había unos veinticinco varones, con las espaldas vueltas al templo de Jehová y los rostros hacia el oriente, y adoraban al sol, postrándose hacia el oriente.

17 Y me dijo: ¿Has visto esto, hijo de hombre? ¿Es cosa liviana para la casa de Judá hacer las abominaciones que hacen aquí, que han llenado de maldad la tierra, y me provocan más todavía, y he aquí que ponen hedor a mis narices?

18 Pues también yo procederé con furor; no perdonará mi ojo, ni tendré compasión; y aunque griten a mis oídos con gran voz, no los oiré.

Visión del castigo de los culpables

9 Clamó en mis oídos con gran voz, diciendo: Los verdugos de la ciudad han llegado, y cada uno trae en su mano su instrumento para destruir.

2 Y he aquí que seis varones venían del camino de la puerta de arriba que mira hacia el norte, y cada uno traía en su mano su instrumento para destruir. Y entre ellos había un varón vestido de lino, el cual traía a la cintura un tintero de escribano; y entrados, se pararon junto al altar de bronce.

3 Y la gloria del Dios de Israel se elevó de encima del querubín, sobre el que estaba, al umbral de la casa; y llamó al varón vestido de lino, que tenía a la cintura el tintero de escribano,

4 y le dijo Jehová: Pasa por en medio de la ciudad, por en medio de Jerusalén, y ponles una señal en la frente a los hombres que

gimen y que claman a causa de todas las abominaciones que se hacen en medio de ella.

5 Y a los otros dijo, oyéndolo yo: Pasad por la ciudad en pos de él, y matad; no perdone vuestro ojo, ni tengáis compasión.

6 Matad a viejos, jóvenes y doncellas, niños y mujeres, hasta que no quede ninguno; pero a todo aquel sobre el cual hubiere señal, no os acercaréis; y comenzaréis por mi santuario. Comenzaron, pues, desde los varones ancianos que estaban delante del templo.

7 Y les dijo: Contaminad la casa, y llenad los atrios de muertos; salid. Y salieron, y mataron en la ciudad.

8 Aconteció que cuando ellos iban matando y quedé yo solo, me postré sobre mi rostro, y clamé y dije: ¡Ah, Señor Jehová!, ¿destruirás a todo el remanente de Israel derramando tu furor sobre Jerusalén?

9 Y me dijo: La maldad de la casa de Israel y de Judá es grande sobremanera, pues la tierra está llena de sangre, y la ciudad está llena de injusticia; porque han dicho: Ha abandonado Jehová la tierra, y Jehová no ve.

10 Así, pues, haré yo; mi ojo no perdonará, ni tendré compasión; haré recaer el camino de ellos sobre sus propias cabezas.

11 Y he aquí que el varón vestido de lino, que tenía el tintero a la cintura, dio su informe, diciendo: He hecho conforme a todo lo que me mandaste.

La gloria de Dios abandona el templo

10 Miré, y he aquí, en la bóveda que había sobre la cabeza de los querubines, una como piedra de zafiro apareció sobre ellos, la cual parecía como semejanza de un trono.

2 Y habló al varón vestido de lino, y le dijo: Entra en medio de las ruedas debajo de los querubines, y llena tus manos de carbones encendidos de entre los querubines, y espárcelos sobre la ciudad. Y él entró ante mis ojos.

3 Ahora bien, los querubines estaban a la mano derecha de la casa cuando este varón entró; y la nube llenaba el atrio interior.

4 Entonces la gloria de Jehová se elevó de encima del querubín al umbral de la casa; y la casa fue llena de la nube, y el atrio se llenó del resplandor de la gloria de Jehová.

5 Y el estruendo de las alas de los querubines se oía hasta el atrio exterior, como la voz del Dios Omnipotente cuando habla.

6 Aconteció, pues, que al mandar al varón vestido de lino, diciendo: Toma fuego de entre las ruedas, de entre los querubines, él entró y se detuvo junto a una rueda.

7 Y un querubín extendió su mano de en medio de los querubines al fuego que estaba

entre ellos, y tomó de él y lo puso en las manos del que estaba vestido de lino, el cual lo tomó y salió.

8 Y apareció en los querubines la figura de una mano de hombre debajo de sus alas.

9 Y miré, y he aquí cuatro ruedas junto a los querubines, junto a cada querubín una rueda; y el aspecto de las ruedas era como el color del crisólito.

10 En cuanto a su apariencia, las cuatro eran de una misma forma, como si estuvieran una dentro de la otra.

11 Cuando andaban, andaban hacia las cuatro direcciones; no se volvían cuando andaban, sino que al lugar adonde se dirigía la cabeza, en pos de ella iban; ni se volvían cuando andaban.

12 Y todo su cuerpo, sus espaldas, sus manos, sus alas y las ruedas estaban llenos de ojos alrededor incluso en las ruedas que tenían los cuatro.

13 A las ruedas, oyéndolo yo, se les gritaba: ¡La rueda!

14 Y cada uno tenía cuatro caras. La primera era rostro de querubín; la segunda, de hombre; la tercera, cara de león; la cuarta, cara de águila.

15 Y se levantaron los querubines; éste es el ser viviente que vi en el río Quebar.

16 Y cuando andaban los querubines, andaban las ruedas junto con ellos; y cuando los querubines alzaban sus alas para levantarse de la tierra, las ruedas tampoco se apartaban de ellos.

17 Cuando se paraban ellos, se paraban ellas, y cuando ellas se alzaban, se alzaban con ellos; porque el espíritu de los seres vivientes estaba en ellas.

18 Entonces la gloria de Jehová se elevó de encima del umbral de la casa, y se puso sobre los querubines.

19 Y alzando los querubines sus alas, se levantaron de la tierra delante de mis ojos; cuando ellos salieron, también las ruedas se alzaron al lado de ellos; y se pararon a la entrada de la puerta oriental de la casa de Jehová, y la gloria del Dios de Israel estaba por encima sobre ellos.

20 Éstos eran los mismos seres vivientes que vi debajo del Dios de Israel junto al río Quebar; y conocí que eran querubines.

21 Cada uno tenía cuatro caras y cada uno cuatro alas, y figuras de manos de hombre debajo de sus alas.

22 Y la semejanza de sus rostros era la de los rostros que vi junto al río Quebar, su misma apariencia y modo de ser. Cada uno caminaba derecho hacia adelante.

Los malos príncipes, castigados

11 Entonces el espíritu me elevó, y me llevó a la puerta oriental de la casa de Jehová, la cual mira hacia el oriente; y he aquí a la entrada de la puerta veinticinco hombres, entre los cuales vi a Jaazanías, hijo de Azur, y a Pelatías, hijo de Benayá, jefes del pueblo.

2 Y me dijo: Hijo de hombre, éstos son los hombres que maquinan perversidad, y dan en esta ciudad perversos consejos;

3 los cuales dicen: No será tan pronto; edifiquemos casas; ésta será la olla, y nosotros la carne.

4 Por tanto, profetiza contra ellos; profetiza, hijo de hombre.

5 Y vino sobre mí el Espíritu de Jehová, y me dijo: Di: Así dice Jehová: Así habéis hablado, oh casa de Israel, y sé muy bien lo que pensáis.

6 Habéis multiplicado vuestras víctimas en esta ciudad, y habéis llenado de muertos sus calles.

7 Por tanto, así dice el Señor Jehová: Vuestros muertos que habéis dejado tendidos en medio de ella, ellos son la carne y ella es la olla; mas vosotros seréis sacados de en medio de ella.

8 Habéis temido la espada, y espada traeré sobre vosotros, dice el Señor Jehová.

9 Y os sacaré de en medio de ella, y os entregaré en manos de extranjeros, y ejecutaré justicia entre vosotros.

10 A espada caeréis; sobre las fronteras de Israel os juzgaré, y sabréis que yo soy Jehová.

11 Aunque esta ciudad no os será por olla, vosotros seréis en medio de ella la carne; sobre las fronteras de Israel os juzgaré.

12 Y sabréis que yo soy Jehová; porque no habéis andado en mis estatutos, ni habéis obedecido mis ordenanzas, sino que habéis obrado siguiendo las costumbres de las naciones que os rodean.

13 Y aconteció que mientras yo profetizaba, aquel Pelatías, hijo de Benayá, murió. Entonces me postré rostro a tierra y clamé con gran voz, y dije: ¡Ah, Señor Jehová! ¿Destruirás del todo al remanente de Israel?

Promesa de restauración y renovación

14 Y vino a mí palabra de Jehová, diciendo:

15 Hijo de hombre, en cuanto a tus hermanos, sí, tus hermanos, los hombres de tu parentela y toda la casa de Israel, todos ellos, respecto a los cuales dijeron los moradores de Jerusalén: Alejaos de Jehová; a nosotros es dada la tierra en posesión.

16 di, por tanto: Así dice el Señor Jehová: Aunque les he arrojado lejos entre las naciones, y les he esparcido por los países extranjeros, con todo eso les he sido por un pequeño santuario en las tierras adonde han llegado.

17 Di, por tanto: Así dice el Señor Jehová: Yo os recogeré de los pueblos, y os congregaré de los países en los cuales estáis esparcidos, y os daré la tierra de Israel.

18 Y volverán allá, y quitarán de ella todas sus idolatrías y todas sus abominaciones.

19 Y les daré un solo corazón, y pondré un espíritu nuevo dentro de ellos; y quitaré el corazón de piedra de en medio de su carne, y les daré un corazón de carne,

20 para que anden en mis estatutos y guarden mis ordenanzas y las cumplan, y me serán por pueblo, y yo seré a ellos por Dios.

21 Mas a aquellos cuyo corazón anda tras el deseo de sus idolatrías y de sus abominaciones, yo les echaré su conducta sobre sus propias cabezas, dice el Señor Jehová.

22 Después alzaron los querubines sus alas, y las ruedas junto a ellos; y la gloria del Dios de Israel estaba encima, sobre ellos.

23 Y la gloria de Jehová se elevó de en medio de la ciudad, y se posó sobre el monte que está al oriente de la ciudad.

24 Luego me levantó un espíritu y me volvió a llevar en visión del Espíritu de Dios a la tierra de los caldeos, a los de la cautividad. Y se fue de mí la visión que había visto.

25 Y hablé a los deportados todas las cosas que Jehová me había mostrado.

Salida de Ezequiel profetizando la cautividad

12 Vino otra vez a mí palabra de Jehová, diciendo:

2 Hijo de hombre, tú habitas en medio de casa rebelde, los cuales tienen ojos para ver y no ven, tienen oídos para oír y no oyen, porque son casa rebelde.

3 Por tanto, tú, hijo de hombre, prepárate enseres para el destierro, y sal de día delante de sus ojos como quien marcha al exilio; y te pasarás de tu lugar a otro lugar a vista de ellos, por si tal vez se dan cuenta, porque son casa rebelde.

4 Y sacarás tus enseres de día delante de sus ojos, como enseres de destierro; mas tú saldrás por la tarde a vista de ellos, como quien marcha al exilio.

5 Delante de sus ojos te abrirás paso por entre la pared, y saldrás por ella.

6 Delante de sus ojos los llevarás sobre tus hombros, de noche los sacarás; cubrirás tu rostro, y no mirarás al suelo; porque por señal te he puesto a la casa de Israel.

7 Y yo hice como me fue mandado; saqué mis enseres de día, como enseres de destierro, y a la tarde me abrí paso por entre la pared con mi propia mano; salí de noche, y los llevé sobre los hombros a vista de ellos.

8 Y vino a mí palabra de Jehová por la mañana, diciendo:

9 Hijo de hombre, ¿no te ha dicho la casa de Israel, aquella casa rebelde: Qué haces?

10 Diles: Así dice el Señor Jehová: Esta profecía se refiere al príncipe en Jerusalén, y a toda la casa de Israel que está en medio de ella.

11 Diles: Yo soy vuestra señal; como yo hice, así se hará con ellos; partirán al destierro, en cautividad.

12 Y al príncipe que está en medio de ellos lo llevarán a cuestas y saldrán de noche; horadarán la pared para sacarlo por ella; cubrirá su rostro para no ver con sus ojos el suelo.

13 También extenderé mi red sobre él, y caerá preso en mi trampa, y haré que lo lleven a Babilonia, a tierra de caldeos, pero no la verá, aunque morirá allí.

14 Y a todos los que estén alrededor de él para ayudarle, y a todas sus tropas, los esparciré a todos los vientos, y desenvainaré espada en pos de ellos.

15 Y sabrán que yo soy Jehová, cuando los esparza entre las naciones, y los disperse por los países.

16 Pero haré que unos pocos de ellos escapen de la espada, del hambre y de la peste, para que cuenten todas sus abominaciones entre las naciones adonde lleguen; y sabrán que yo soy Jehová.

17 Vino de nuevo a mí palabra de Jehová, diciendo:

18 Hijo de hombre, come tu pan con temblor, y bebe tu agua con estremecimiento y con ansiedad.

19 Y di al pueblo de la tierra: Así dice el Señor Jehová sobre los moradores de Jerusalén, en la tierra de Israel: Comerán su pan con temor, y beberán con espanto su agua; porque su tierra será despojada de todo lo que hay en ella, por la maldad de todos los que moran en ella.

20 Y las ciudades habitadas quedarán desiertas, y la tierra será asolada; y sabréis que yo soy Jehová.

21 Y vino a mí palabra de Jehová, diciendo:

22 Hijo de hombre, ¿qué refrán es este que tenéis vosotros en la tierra de Israel, que dice: Se van prolongando los días, y desaparece toda visión profética?

23 Diles, por tanto: Así dice el Señor Jehová: Haré cesar este refrán, y no lo usarán más como refrán en Israel. Diles, pues: Se han acercado los días, y el cumplimiento de toda visión.

24 Porque no habrá más visión vana, ni habrá adivinación de lisonjeros en medio de la casa de Israel.

25 Porque yo soy Jehová; hablaré, y se cumplirá toda palabra que yo hable; no se diferirá más, sino que en vuestros días, oh casa rebelde, pronunciaré mi palabra y la cumpliré, dice Jehová el Señor.

26 Y vino a mí palabra de Jehová, diciendo:
27 Hijo de hombre, he aquí que los de la casa de Israel dicen: La visión que éste ve es para de aquí a muchos días, éste profetiza para días muy lejanos.
28 Diles, por tanto: Así dice el Señor Jehová: No se diferirá más ninguna de mis palabras, sino que la palabra que yo hable se cumplirá, dice el Señor Jehová.

Condenación de los falsos profetas

13 Vino a mí palabra de Jehová, diciendo:
2 Hijo de hombre, profetiza contra los profetas de Israel que profetizan, y di a los que profetizan de su propio corazón: Oíd palabra de Jehová.
3 Así dice el Señor Jehová: ¡Ay de los profetas insensatos, que andan en pos de su propio espíritu, y de cosas que no han visto!
4 Como zorras entre las ruinas, son tus profetas, oh Israel.
5 No habéis subido a las brechas, ni habéis edificado un muro alrededor de la casa de Israel, para que resista firme en la batalla en el día de Jehová.
6 Vieron vanidad y adivinación mentirosa. Dicen: Ha dicho Jehová, y Jehová no los envió; con todo, esperan que él confirme la palabra de ellos.
7 ¿No habéis visto visión vana, y no habéis dicho adivinación mentirosa, pues que decís: Dice Jehová, no habiendo yo hablado?
8 Por tanto, así dice el Señor Jehová: Por cuanto vosotros habéis hablado vanidad, y habéis visto mentiras, por tanto, he aquí yo estoy contra vosotros, dice el Señor Jehová.
9 Y estará mi mano contra los profetas que ven vanidad y adivinan mentiras; no estarán en la congregación de mi pueblo, ni serán inscritos en el libro de la casa de Israel, ni volverán a la tierra de Israel; y sabréis que yo soy el Señor Jehová.
10 Por tanto, por haber extraviado a mi pueblo, diciendo: Paz, no habiendo paz; y porque cuando uno edifica una pared a la ligera, los otros la recubren con lodo suelto,
11 di a los recubridores con lodo suelto, que se caerá; vendrá lluvia torrencial, y enviaré piedras de granizo que la hagan caer, y viento tempestuoso la romperá.
12 Y he aquí que cuando la pared se haya caído, ¿no os dirán: Dónde está la embarradura con que la recubristeis?
13 Por tanto, así dice el Señor Jehová: Haré que la rompa el viento tempestuoso en mi furor, y lluvia torrencial vendrá en mi enojo, y piedras de granizo con furia para consumir.
14 Así desbarataré la pared que vosotros recubristeis con lodo suelto, y la echaré por tierra, y será descubierto su cimiento, y

caerá, y seréis consumidos en medio de ella; y sabréis que yo soy Jehová.
15 Desfogaré así mi furor en la pared y en los que la recubrieron con lodo suelto; y os diré: No existe la pared, ni los que la recubrieron,
16 los profetas de Israel que profetizan acerca de Jerusalén, y ven para ella visión de paz, no habiendo paz, dice el Señor Jehová.
17 Y tú, hijo de hombre, pon tu rostro contra las hijas de tu pueblo que profetizan de su propio corazón, y profetiza contra ellas,
18 y di: Así dice el Señor Jehová: ¡Ay de aquellas que cosen cintas mágicas para todos los codos, y hacen velos mágicos para la cabeza de todas las tallas, para cazar las almas! ¿Habéis de cazar las almas de mi pueblo, para mantener así vuestra propia vida?
19 Vosotros me habéis deshonrado ante mi pueblo por puñados de cebada y por pedazos de pan, matando a las personas que no deben morir, y dando vida a las personas que no deben vivir, mintiendo a mi pueblo que escucha las mentiras.
20 Por tanto, así dice el Señor Jehová: He aquí que yo estoy contra vuestras cintas mágicas, con que cazáis las almas al vuelo; yo las libraré de vuestras manos, y soltaré para que vuelen como aves las almas que vosotros cazáis volando.
21 Romperé asimismo vuestros velos mágicos, y libraré a mi pueblo de vuestra mano, y no estarán más como presa en vuestra mano; y sabréis que yo soy Jehová.
22 Por cuanto acobardasteis con mentiras el corazón del justo, al cual yo no entristecí, y fortalecisteis las manos del impío, para que no se apartase de su mal camino, pretendiendo hacerle vivir,
23 por tanto, no veréis más visión vana, ni practicaréis más adivinación; y libraré mi pueblo de vuestra mano, y sabréis que yo soy Jehová.

Juicio contra la idolatría

14 Vinieron a mí algunos de los ancianos de Israel, y se sentaron delante de mí.
2 Y vino a mí palabra de Jehová, diciendo:
3 Hijo de hombre, estos hombres han puesto sus ídolos en su corazón, y han colocado delante de su rostro lo que les hace caer en sus pecados. ¿Acaso he de ser consultado yo en modo alguno por ellos?
4 Háblales, por tanto, y diles: Así dice el Señor Jehová: Todo hombre de la casa de Israel que haya puesto sus ídolos en su corazón, y colocado delante de su rostro lo que le es ocasión de pecado, y venga al profeta, yo Jehová responderé al que venga conforme a la multitud de sus ídolos,

5 para prender a la casa de Israel por su propio corazón, ya que se han apartado de mí todos ellos a causa de sus ídolos.

6 Por tanto, di a la casa de Israel: Así dice el Señor Jehová: Convertíos, y volveos de vuestros ídolos, y apartad vuestro rostro de todas vuestras abominaciones.

7 Porque cualquier hombre de la casa de Israel, y de los extranjeros que residen en Israel, que se aparte de andar en pos de mí, y ponga sus ídolos en su corazón, y coloque delante de su rostro lo que le hace caer en pecado, y venga al profeta para preguntarle por mí, yo Jehová le responderé por mí mismo;

8 y pondré mi rostro contra aquel hombre, y le pondré por ejemplo y por escarmiento, y lo cortaré de en medio de mi pueblo; y sabréis que yo soy Jehová.

9 Y cuando el profeta se deje seducir y hable palabra, yo Jehová seré quien habrá seducido al tal profeta; y extenderé mi mano contra él, y lo exterminaré de en medio de mi pueblo Israel.

10 Y llevarán ambos el castigo de su maldad; como la maldad del que consulte, así será la maldad del profeta,

11 para que la casa de Israel no se desvíe más de en pos de mí, ni se contamine más con todas sus transgresiones; sino que me sean por pueblo, y yo les sea por Dios, dice el Señor Jehová.

Consolación de Jerusalén por la justicia

12 Vino a mí palabra de Jehová, diciendo:

13 Hijo de hombre, si un país peca contra mí transgrediendo gravemente, y extiendo yo mi mano sobre él, y le quebranto el sustento del pan, y envío sobre él hambre, y extermino en él hombres y bestias,

14 aunque estuviesen en medio de él estos tres varones, Noé, Daniel y Job, ellos por su justicia librarían únicamente sus propias vidas, dice el Señor Jehová.

15 Si hago pasar bestias feroces por la tierra y la dejan sin gente, y queda desolada de modo que no haya quien pase a causa de las fieras,

16 aunque estos tres varones estuviesen en medio de ella, vivo yo, dice el Señor Jehová, ni a sus hijos ni a sus hijas librarían; ellos solos serían librados, y la tierra quedaría desolada.

17 O si yo traigo espada sobre la tierra, y digo: Espada, pasa por la tierra; y hago exterminar de ella hombres y bestias,

18 aunque estos tres varones estuviesen en medio de ella, vivo yo, dice el Señor Jehová, no librarían a sus hijos ni a sus hijas; ellos solos serían librados.

19 O si envío peste sobre esa tierra y derramo mi ira sobre ella en sangre, para exterminar de ella hombres y bestias,

20 aunque estuviesen en medio de ella Noé, Daniel y Job, vivo yo, dice el Señor Jehová, no librarían a hijo ni a hija; ellos por su justicia librarían solamente sus propias vidas.

21 Pues así dice el Señor Jehová: ¡Cuánto más cuando yo envíe contra Jerusalén mis cuatro juicios terribles, espada, hambre, fieras y peste, para exterminar de ella hombres y bestias!

22 Sin embargo, he aquí que quedará en ella un remanente, hijos e hijas, que serán llevados fuera; he aquí que cuando vengan a vosotros, y veáis su camino y sus hechos, seréis consolados del mal que hice venir sobre Jerusalén, de todas las cosas que traje sobre ella.

23 Y os consolarán cuando veáis su camino y sus hechos, y conoceréis que no sin causa hice todo lo que he hecho en ella, dice el Señor Jehová.

Parábola de la vid inútil

15 Vino a mí palabra de Jehová, diciendo:

2 Hijo de hombre, ¿qué es la madera de la vid más que cualquier otra madera? ¿Qué es el sarmiento entre los árboles del bosque?

3 ¿Sacarán de él madera para hacer alguna obra? ¿Harán de él una estaca para colgar en ella alguna cosa?

4 He aquí, que es echado al fuego para ser consumido; sus dos extremos consumió el fuego, y la parte de en medio se quemó; ¿servirá para obra alguna?

5 He aquí que cuando estaba entero no servía para ninguna obra; ¿cuánto menos después que el fuego lo ha consumido, y está chamuscado, servirá más para obra alguna?

6 Por tanto, así dice el Señor Jehová: Como la madera de la vid entre los árboles del bosque, la cual di al fuego para que la consumiese, así haré a los moradores de Jerusalén.

7 Y pndré mi rostro contra ellos; del fuego se escaparon, y el fuego los consumirá; y sabréis que yo soy Jehová, cuando ponga mi rostro contra ellos.

8 Y convertiré la tierra en asolamiento, por cuanto cometieron gran prevaricación, dice el Señor Jehová.

Infidelidad de Jerusalén

16 De nuevo vino a mí palabra de Jehová, diciendo:

2 Hijo de hombre, notifica a Jerusalén sus abominaciones,

3 y di: Así dice el Señor Jehová a Jerusalén: Tu origen y tu nacimiento es de la tierra de

Canaán; tu padre fue un amorreo, y tu madre, una hetea.

4 Y en cuanto a tu nacimiento, el día que naciste no fue cortado tu ombligo, ni fuiste lavada con agua para limpiarte, ni salada con sal, ni fuiste envuelta con fajas.

5 No hubo ojo que se compadeciese de ti para hacerte algo de esto, teniendo compasión de ti; sino que fuiste arrojada al campo, con menosprecio de tu vida, en el día que naciste.

6 Y cuando yo pasé junto a ti, y te vi agitándote en tu sangre, te dije, cuando estabas en tus sangres: ¡Vive! Sí, te dije cuando estabas en tus sangres: ¡Vive!

7 Yo te hago crecer como la hierba del campo. Y creciste y te hiciste grande, y llegaste a ser muy hermosa; tus pechos se habían formado, y tu pelo había crecido; pero estabas desnuda y descubierta.

8 Y cuando pasé otra vez junto a ti, y te miré, y he aquí que tu tiempo era tiempo de amores, extendí mi manto sobre ti, y cubrí tu desnudez; y te di juramento y entré en pacto contigo, dice el Señor Jehová, y fuiste mía.

9 Te lavé con agua, te quité de encima la sangre, te ungí con aceite.

10 Te vestí de valioso recamado, te calcé de piel de tejón, te ceñí de lino fino y te cubrí de seda.

11 Te atavié con adornos, y puse brazaletes en tus brazos y collar en tu cuello.

12 Puse un anillo en tu nariz, pendientes en tus orejas, y una hermosa diadema en tu cabeza.

13 Así fuiste adornada de oro y de plata, y tu vestido era de lino fino, seda y recamado; comiste flor de harina de trigo, miel y aceite; y llegaste a ser extraordinariamente hermosa, y prosperaste hasta llegar a reinar.

14 Y adquiriste fama entre las naciones a causa de tu hermosura; porque era perfecta, a causa del esplendor que yo había puesto en ti, dice el Señor Jehová.

15 Pero te envaneciste de tu hermosura, y te prostituiste a causa de tu renombre, y derramaste tus fornicaciones sobre cuantos pasaron; suya eras.

16 Y tomaste de tus vestidos, y te hiciste lugares altos, decorados con diversos colores, y fornicaste sobre ellos; cosa semejante nunca había sucedido, ni sucederá más.

17 Tomaste asimismo tus hermosas alhajas de oro y de plata que yo te había dado, y te hiciste imágenes de hombres y fornicaste con ellas;

18 y tomaste tus vestidos de valioso recamado y las cubriste; y pusiste delante de ellas mi aceite y mi incienso.

19 Mi pan también, que yo te había dado, la flor de la harina, el aceite y la miel, con que yo te mantuve, los pusiste delante de ellas para olor agradable; y así fue, dice el Señor Jehová.

20 Además de esto, tomaste tus hijos y tus hijas que habías dado a luz para mí, y los sacrificaste a ellas para que fuesen consumidos. ¿Eran cosa de poca monta tus fornicaciones,

21 para que degollases también a mis hijos y los ofrecieras a aquellas imágenes, haciéndolos pasar por el fuego?

22 Y en medio de todas tus abominaciones y de tus fornicaciones no te has acordado de los días de tu juventud, cuando estabas desnuda y descubierta, y estabas revolviéndote en tu sangre.

23 Y sucedió que después de toda tu maldad (¡ay, ay de ti!, dice el Señor Jehová),

24 te edificaste lugares altos, y te hiciste un altar idolátrico en todas las plazas.

25 En la cabecera de todo camino edificaste lugar alto, e hiciste abominable tu hermosura, ofreciéndote a cuantos pasaban, y multiplicando tus fornicaciones.

26 Y fornicaste con los hijos de Egipto, tus vecinos, de cuerpos fornidos; y multiplicaste tus fornicaciones para provocarme.

27 Por tanto, he aquí que yo extendí contra ti mi mano, y disminuí tu provisión ordinaria, y te entregué a la voluntad de las hijas de los filisteos, que te aborrecen, las cuales se avergüenzan de tu camino deshonesto.

28 Fornicaste también con los asirios, por no haberte saciado; y fornicaste con ellos y tampoco te saciaste.

29 Multiplicaste asimismo tu fornicación en la tierra de Canaán y de los caldeos, y tampoco con esto te saciaste.

30 ¡Cuán inconstante es tu corazón, dice el Señor Jehová, habiendo hecho todas estas cosas, obras propias de una ramera desvergonzada,

31 edificando tus lugares altos a la cabecera de cada camino, y haciendo tus altares en todas las plazas! Y no fuiste semejante a la ramera que va buscando la paga.

32 sino como mujer adúltera, que en lugar de su marido recibe a ajenos.

33 A todas las rameras les dan dones; mas tú diste tus dones a todos tus amantes; y les diste presentes, para que de todas partes se llegasen a ti en tus fornicaciones.

34 Y ha sucedido contigo, en tus fornicaciones, lo contrario de las demás mujeres: porque nadie te solicitaba para fornicar; eras tú la que dabas paga, en lugar de recibirla; por esto has sido diferente.

35 Por tanto, ramera, oye palabra de Jehová.

36. Así dice el Señor Jehová: Por cuanto han sido descubiertas tus desnudeces en tus fornicaciones, y tus vergüenzas han sido mani-

festadas a tus amantes, y a los ídolos de tus abominaciones, y por la sangre de tus hijos, los cuales les diste;

37 por tanto, he aquí que yo reuniré a todos tus amantes con los cuales tomaste placer, y a todos los que amaste, con todos los que aborreciste; y los reuniré contra ti de todas partes y les descubriré tu desnudez, y ellos verán toda tu desnudez.

38 Y yo te aplicaré la sentencia de las adúlteras, y de las que derraman sangre; y traeré sobre ti sangre de ira y de celos.

39 Y te entregaré en manos de ellos; y destruirán tus lugares altos, y derribarán tus altares, y te despojarán de tus ropas, se llevarán tus hermosas alhajas, y te dejarán desnuda y descubierta.

40 Y harán subir contra ti muchedumbre de gente, y te apedrearán, y te atravesarán con sus espadas.

41 Quemarán tus casas a fuego, y ejecutarán justicia en ti en presencia de muchas mujeres; y así haré que dejes de ser ramera, y que ceses de prodigar tus regalos de ramera.

42 Y desahogaré mi ira sobre ti, y se apartará de ti mi celo, y descansaré y no me enojaré más.

43 Por cuanto no te acordaste de los días de tu juventud, y me provocaste a ira en todo esto, por eso, he aquí que yo también traeré tu camino sobre tu cabeza, dice el Señor Jehová; y nunca se te ha ocurrido arrepentirte de tus abominaciones.

44 He aquí, todo el que usa de refranes te aplicará a ti el refrán que dice: Cual la madre, tal la hija.

45 Eres hija digna de tu madre, que aborreció a su marido y a sus hijos; y digna hermana de tus hermanas, que aborrecieron a sus maridos y a sus hijos; vuestra madre era una hetea, y vuestro padre un amorreo.

46 Y tu hermana mayor es Samaria con sus hijas, que habita a tu izquierda; y tu hermana menor es Sodoma con sus hijas, la cual habita a tu derecha.

47 Ni aun anduviste en sus caminos, ni hiciste según sus abominaciones; sino que en muy corto espacio de tiempo, te corrompiste más que ellas en todos tus caminos.

48 Vivo yo, dice el Señor Jehová, que Sodoma tu hermana y sus hijas no han hecho como hiciste tú y tus hijas.

49 He aquí que esta fue la maldad de Sodoma tu hermana: soberbia, saciedad de pan, y abundancia de ociosidad tuvieron ella y sus hijas; y no fortaleció la mano del pobre, ni del desvalido.

50 Y se llenaron de soberbia, e hicieron abominación delante de mí, y cuando lo vi las quité de en medio.

51 Y Samaria no cometió ni la mitad de tus pecados; pero tú multiplicaste tus abominaciones más que ellas, y has justificado a tus hermanas con todas las abominaciones que tú has hecho.

52 Tú también, que juzgaste a tus hermanas, lleva tu vergüenza; por los pecados que tú hiciste, más abominables que los de ellas, más justas son que tú; avergüénzate, pues, tú también, y lleva tu confusión, por cuanto has justificado a tus hermanas.

53 Yo, pues, haré volver a sus cautivos, los cautivos de Sodoma y de sus hijas, y los cautivos de Samaria y de sus hijas, y haré volver los cautivos de tus cautiverios en medio de ellas,

54 para que lleves tu confusión, y te avergüences de todo lo que has hecho, siendo tú motivo de consuelo para ellas.

55 Y tus hermanas, Sodoma con sus hijas y Samaria con sus hijas, volverán a su primer estado; tú también y tus hijas volveréis a vuestro primer estado.

56 No era tu hermana Sodoma digna de mención en tu boca en el tiempo de tus soberbias,

57 antes que tu maldad fuese descubierta, como también ahora llevas tú la afrenta de las hijas de Siria y de todas las hijas de los filisteos, las cuales por todos lados te desprecian.

58 Sufre tú el castigo de tu lujuria y de tus abominaciones, dice Jehová.

59 Pues así dice el Señor Jehová: Yo haré contigo como tú hiciste, que menospreciaste el juramento al invalidar el pacto.

60 No obstante, yo tendré memoria de mi pacto que concerté contigo en los días de tu juventud, y estableceré contigo un pacto sempiterno.

61 Entonces te acordarás de tus caminos y te avergonzarás, cuando recibas a tus hermanas, las mayores que tú y las menores que tú, las cuales yo te daré por hijas, mas no por tu pacto.

62 Yo estableceré mi pacto contigo; y sabrás que yo soy Jehová;

63 para que te acuerdes y te avergüences, y nunca más abras la boca, a causa de tu vergüenza; cuando yo te haya perdonado todo lo que hiciste, dice el Señor Jehová.

Parábola de las águilas

17 Vino a mí palabra de Jehová, diciendo:

2 Hijo de hombre, propón un enigma, y compón una parábola a la casa de Israel.

3 Y dirás: Así ha dicho el Señor Jehová: Una gran águila, de grandes alas y de largas plumas remeras, llena de plumaje de diversos colores, vino al Líbano y tomó el cogollo del cedro.

4 Arrancó la punta más alta de sus renuevos y la llevó a tierra de mercaderes, y la puso en una ciudad de comerciantes.

5 Tomó también de la simiente de la tierra, y la sembró en un suelo fértil, la puso junto a aguas abundantes, la plantó como un sauce.

6 Y brotó, y se hizo una vid de mucho ramaje, de poca altura, y sus ramas miraban hacia el águila, y sus raíces estaban debajo de ella; así que se hizo una vid, y echó sarmientos y extendió sus ramas.

7 Había también otra gran águila, de grandes alas y de muchas plumas; y he aquí que esta vid dobló hacia ella sus raíces, y extendió hacia ella sus ramas, desde los surcos donde estaba plantada, para ser regada por ella.

8 Había sido plantada en un buen campo, junto a muchas aguas, para que echase ramas y diese fruto, y para que fuese vid robusta.

9 Diles: Así dice el Señor Jehová: ¿Prosperará? ¿No arrancará sus raíces el águila primera, y destruirá su fruto, y se secará? Sí, todas sus hojas lozanas se secarán. Y no hará falta gran poder ni mucha gente para arrancarla de sus raíces.

10 Y he aquí que está plantada; ¿será prosperada? ¿No se secará del todo cuando el viento solano la toque? En los surcos donde creció se secará.

11 Y vino a mí palabra de Jehová, diciendo:

12 Di ahora a la casa rebelde: ¿No habéis entendido qué significan estas cosas? Diles: He aquí que el rey de Babilonia vino a Jerusalén, y tomó a tu rey y a sus príncipes, y los llevó consigo a Babilonia.

13 Tomó también a uno de la descendencia real e hizo pacto con él, y le hizo prestar juramento; y se llevó consigo a los poderosos de la tierra,

14 para que el reino quedase en baja condición y no se levantase, sino que sólo guardando el pacto pudiese permanecer en pie.

15 Pero se rebeló contra él, enviando embajadores a Egipto para que le diese caballos y mucha gente. ¿Será prosperado, escapará el que estas cosas hizo? El que rompió el pacto, ¿podrá escapar?

16 Vivo yo, dice el Señor Jehová, que en el lugar donde habita el rey que le hizo reinar, cuyo juramento menospreció, y cuyo pacto hecho con él rompió, en medio de Babilonia morirá.

17 Y ni con su poderoso ejército ni con mucha compañía le socorrerá Faraón en la batalla, cuando se levanten vallados y se edifiquen torres para cortar muchas vidas.

18 Por cuanto menospreció el juramento y quebrantó el pacto, cuando he aquí que había dado su mano, y ha hecho todas estas cosas, no escapará.

19 Por tanto, así dice el Señor Jehová: Vivo yo, que el juramento mío que menospreció, y mi pacto que ha quebrantado, lo haré recaer sobre su misma cabeza.

20 Extenderé sobre él mi red, y será preso en mi lazo, y le haré venir a Babilonia, y allí entraré en juicio con él por la infidelidad que ha cometido contra mí.

21 Y todos sus hombres escogidos, con lo mejor de sus tropas, caerán a espada, y los que queden serán esparcidos a todos los vientos; y sabréis que yo Jehová he hablado.

22 Así dice el Señor Jehová: Tomaré yo, sí, yo, del cogollo de aquel alto cedro, y lo plantaré; de la punta de sus renuevos cortaré un tallo tierno, y lo plantaré yo mismo sobre un monte alto y excelso;

23 en el monte de lo alto de Israel lo plantaré, y echará ramas, y dará fruto, y se hará un cedro magnífico; y habitarán debajo de él todas las aves de toda especie; a la sombra de sus ramas habitarán.

24 Y sabrán todos los árboles del campo que yo Jehová abatí el árbol elevado, levanté el árbol bajo, hice secar el árbol verde, e hice reverdecer el árbol seco. Yo Jehová lo he hablado y lo he cumplido.

El que peque morirá

18 Vino a mí palabra de Jehová, diciendo:

2 ¿Qué queréis decir vosotros, los que usáis este refrán sobre la tierra de Israel, que dice: Los padres comieron las uvas agrias, y los dientes de los hijos tienen la dentera?

3 Vivo yo, dice el Señor Jehová, que nunca más tendréis ocasión de usar este refrán en Israel.

4 He aquí que todas las almas son mías; como el alma del padre, así el alma del hijo es mía; el alma que peque, ésa morirá.

5 Pero el hombre que sea justo, y obre según el derecho y la justicia;

6 que no coma sobre los montes, ni alce sus ojos a los ídolos de la casa de Israel, ni viole la mujer de su prójimo, ni se llegue a una mujer menstruosa,

7 ni oprima a nadie; que devuelva al deudor su prenda, que no cometa robo, y que dé de su pan al hambriento y cubra al desnudo con vestido,

8 que no preste a interés ni exija con usura; que retraiga su mano de la maldad, y haga justicia verdadera entre hombre y hombre,

9 que camine en mis ordenanzas, y guarde mis decretos para obrar rectamente, éste es justo; de seguro vivirá, dice el Señor Jehová.

10 Mas si engendra un hijo ladrón, derramador de sangre, o que haga alguna cosa de éstas,

11 que él mismo no había hecho, un hijo

que coma sobre los montes, o viole la mujer de su prójimo,

12 que oprima al pobre y menesteroso, cometa robos, no devuelva la prenda, o alce sus ojos a los ídolos o haga abominación,

13 preste a interés y exija con usura; ¿vivirá éste? No vivirá. Todas estas abominaciones hizo; de cierto morirá, su sangre será sobre él.

14 Pero si éste engendra un hijo, el cual ve todos los pecados que su padre hizo, y, reflexionando, no le imita,

15 no come sobre los montes, ni alza sus ojos a los ídolos de la casa de Israel; no viola la mujer de su prójimo,

16 ni oprime a nadie, no retiene la prenda, ni comete robos; da de su pan al hambriento, y cubre con vestido al desnudo;

17 aparta su mano de oprimir al pobre, no recibe interés ni usura; guarda mis ordenanzas y anda en mis estatutos; éste no morirá por la maldad de su padre; de cierto vivirá.

18 En cuanto a su padre, por cuanto hizo agravio, despojó violentamente al hermano, e hizo en medio de su pueblo lo que no es bueno, he aquí que él morirá por su maldad.

19 Y vosotros decís: ¿Por qué el hijo no llevará el pecado de su padre? Puesto que el hijo ha obrado según el derecho y la justicia, y ha guardado todos mis estatutos y los ha cumplido, de cierto vivirá.

20 El alma que peque, ésa morirá; el hijo no llevará el pecado del padre, ni el padre llevará el pecado del hijo; la justicia del justo será sobre él, y la impiedad del impío será sobre él.

El camino de Dios es justo

21 Mas si el impío se aparta de todos sus pecados que hizo, y guarda todos mis estatutos y obra según el derecho y la justicia, de cierto vivirá; no morirá.

22 Ninguna de las transgresiones que cometió será recordada contra él; vivirá por la justicia que ha practicado.

23 ¿Acaso me complazco yo en la muerte del impío?, dice el Señor Jehová. ¿No me complazco más bien en que se aparte de sus caminos y viva?

24 Mas si el justo se aparta de su justicia y comete maldad, y hace conforme a todas las abominaciones que hace el impío, ¿vivirá él? Ninguna de las justicias que hizo le serán tenidas en cuenta; por su transgresión con que prevaricó, y por el pecado que cometió, por ello morirá.

25 Y vosotros decís: El camino del Señor no es recto. Oíd ahora, casa de Israel: ¿Es mi camino el que no es recto? ¿No son vuestros caminos los que son torcidos?

26 Si el justo se aparta de su justicia, y comete iniquidad, él morirá por ello; por la iniquidad que hizo, morirá.

27 Y si el malvado se aparta de la maldad que cometió, y obra según el derecho y la justicia, hará vivir su alma.

28 Porque ha abierto los ojos y se ha apartado de todas las transgresiones que había cometido, de cierto vivirá; no morirá.

29 Y, sin embargo, la casa de Israel dice: No es recto el camino del Señor. ¿Que no son rectos mis caminos, casa de Israel? Ciertamente, ¿no son vuestros caminos los que no son rectos?

30 Por tanto, yo os juzgaré a cada uno según sus caminos, oh casa de Israel, dice el Señor Jehová. Convertíos, y volveos de todas vuestras transgresiones, y no os será la iniquidad causa de ruina.

31 Arrojad lejos de vosotros todas vuestras transgresiones con que habéis pecado, y haceos un corazón nuevo y un espíritu nuevo. ¿Por qué habéis de querer morir, casa de Israel?

32 Pues yo no me complazco en la muerte del que muere, dice Jehová el Señor, convertíos, pues, y vivid.

Endecha sobre los príncipes de Israel

19 Y tú, levanta endecha sobre los príncipes de Israel.

2 Dirás: ¡Qué leona fue tu madre! ¡Se echaba entre los leones, entre los leoncillos crió sus cachorros!

3 E hizo subir a uno de sus cachorros; el cual vino a ser un león joven, y aprendió a arrebatar la presa, y a devorar hombres.

4 Y las naciones se juntaron contra él; fue tomado en la trampa de ellas, y lo llevaron con garfios a la tierra de Egipto.

5 Viendo ella que su espera había resultado fallida, y que se perdía su esperanza, tomó otro de sus cachorros, y lo puso por león joven.

6 Y él subía y bajaba entre los leones; se hizo león joven, aprendió a arrebatar la presa, devoró hombres,

7 saqueó fortalezas, y asoló ciudades; y la tierra fue desolada, y cuanto había en ella, al estruendo de sus rugidos.

8 Arremetieron contra él las gentes de las provincias de alrededor, y tendieron sobre él sus redes y fue apresado en el foso.

9 Y con garfios lo encerraron en una jaula y lo llevaron al rey de Babilonia; le metieron en fortalezas, para que su voz no se oyese más sobre los montes de Israel.

10 Tu madre fue como una vid en medio de la viña, plantada junto a las aguas, dando fruto y echando vástagos a causa de las muchas aguas.

11 Y ella echó robustos sarmientos apro-

piados para cetros de reyes; y se elevó su estatura por encima de los espesos arbustos, y fue vista por causa de su altura con la multitud de sus sarmientos.

12 Pero fue arrancada con ira, derribada en tierra, y el viento solano secó su fruto; sus fuertes sarmientos fueron quebrados y se secaron; los consumió el fuego.

13 Y ahora está plantada en el desierto, en tierra de sequedad y de aridez.

14 Y ha salido fuego de una vara de sus sarmientos, que ha consumido su fruto, y no ha quedado en ella rama fuerte para cetro de rey. Endecha es ésta, y de endecha servirá.

Historia de las infidelidades de Israel

20 Aconteció en el año séptimo, en el mes quinto, a los diez días del mes, que vinieron algunos de los ancianos de Israel a consultar a Jehová, y se sentaron delante de mí.

2 Y vino a mí palabra de Jehová, diciendo:
3 Hijo de hombre, habla a los ancianos de Israel, y diles: Así dice el Señor Jehová: ¿A consultarme venís vosotros? Vivo yo, que no os responderé, dice el Señor Jehová.

4 ¿Quieres tú juzgarlos? ¿Los quieres juzgar tú, hijo de hombre? Hazles conocer las abominaciones de sus padres,

5 y diles: Así dice el Señor Jehová: El día que escogí a Israel, y que alcé mi mano para jurar a la descendencia de la casa de Jacob, y me di a conocer a ellos en la tierra de Egipto, cuando alcé mi mano y les juré diciendo: Yo soy Jehová, vuestro Dios;

6 aquel día les alcé mi mano, jurando así que los sacaría de la tierra de Egipto a una tierra que les había provisto, que fluye leche y miel, la cual es la más hermosa de todas las tierras;

7 entonces les dije: Cada uno arroje lejos de sí las abominaciones de delante de sus ojos, y no os contaminéis con los ídolos de Egipto. Yo soy Jehová, vuestro Dios.

8 Mas ellos se rebelaron contra mí, y no quisieron obedecerme; no echó de sí cada uno las abominaciones de delante de sus ojos, ni dejaron los ídolos de Egipto; entonces dije que derramaría mi ira sobre ellos, para desahogar mi enojo en ellos en medio de la tierra de Egipto.

9 Con todo, por consideración a mi nombre, para que no se infamase ante los ojos de las naciones en medio de las cuales estaban, en cuyos ojos fui conocido, actué para sacarlos de la tierra de Egipto.

10 Los hice salir de la tierra de Egipto, y los traje al desierto,

11 y y les di mis estatutos, y les hice conocer mis ordenanzas, por las cuales el hombre que las cumpla vivirá.

12 Y les di también mis sábados, para que fuesen por señal entre mí y ellos, para que supiesen que yo soy Jehová, que los santifico.

13 Mas se rebeló contra mí la casa de Israel en el desierto; no anduvieron en mis estatutos, y desecharon mis ordenanzas, por las cuales el hombre que las cumpla, vivirá; y profanaron en gran manera mis sábados; dije, por tanto, que derramaría sobre ellos mi ira en el desierto para exterminarlos.

14 Pero retraje mi mano por el honor de mi nombre, para que no se infamase a la vista de las naciones ante cuyos ojos los había sacado.

15 También les alcé mi mano en el desierto, jurando que no los traería a la tierra que les había dado, que fluye leche y miel, la cual es la más hermosa de todas las tierras;

16 porque desecharon mis ordenanzas, y no anduvieron en mis estatutos, y profanaron mis sábados, porque su corazón se iba tras sus ídolos.

17 Con todo, los perdonó mi ojo, pues no los destruí, ni los exterminé del todo en el desierto;

18 y dije en el desierto a sus hijos: No andéis en los estatutos de vuestros padres, ni guardéis sus ordenanzas, ni os contaminéis con sus ídolos.

19 Yo soy Jehová, vuestro Dios; andad en mis estatutos, y guardad mis ordenanzas, y ponedlas por obra;

20 y santificad mis sábados, y sean por señal entre mí y vosotros, para que sepáis que yo soy Jehová, vuestro Dios.

21 Mas los hijos se rebelaron contra mí; no anduvieron en mis estatutos, ni guardaron mis ordenanzas para ponerlas por obra, por las cuales el hombre que las cumpla, vivirá; profanaron mis sábados. Dije entonces que derramaría mi ira sobre ellos, para desahogar mi enojo en ellos en el desierto.

22 Mas retraje mi mano y actué por el honor de mi nombre, para que no se infamase a la vista de las naciones ante cuyos ojos los había sacado.

23 También les alcé yo mi mano, en el desierto, jurando que los esparciría entre las naciones, y que los dispersaría por las tierras,

24 porque no pusieron por obra mis ordenanzas, sino que desecharon mis estatutos y profanaron mis sábados, y se les fueron los ojos tras los ídolos de sus padres.

25 Por eso yo les di también estatutos que no eran buenos, y ordenanzas por las cuales no podrían vivir;

26 Y los contaminé en sus ofrendas cuando hacían pasar por el fuego a todo primogénito, para desolarlos y hacerles saber que yo soy Jehová.

27 Por tanto, hijo de hombre, habla a la casa de Israel, y diles: Así ha dicho Jehová el Señor: Todavía me añadieron vuestros padres una nueva injuria, al obrar deslealmente contra mí.

28 Porque cuando yo los había traído a la tierra sobre la cual había alzado mi mano jurando que había de dársela, miraron a todo collado alto y a todo árbol frondoso, y allí sacrificaron sus víctimas, y allí presentaron ofrendas que me irritan, allí pusieron también su incienso agradable, y allí derramaron sus libaciones.

29 Y yo les dije: ¿Qué significa ese lugar alto adonde vosotros vais? Y fue llamado su nombre Bamá hasta el día de hoy.

30 Di, pues, a la casa de Israel: Así dice el Señor Jehová: Cuando os contamináis a la manera de vuestros padres, y fornicáis tras sus abominaciones,

31 y cuando, al ofrecer vuestras ofrendas, haciendo pasar vuestros hijos por el fuego, os habéis contaminado con todos vuestros ídolos hasta hoy; ¿voy yo a dejarme consultar por vosotros, casa de Israel? Vivo yo, dice el Señor Jehová, que no me dejaré consultar por vosotros.

32 Y no ha de ser lo que habéis pensado. Porque vosotros decís: Seremos como las naciones, como las demás familias de la tierra, que sirven al palo y a la piedra.

33 Vivo yo, dice el Señor Jehová, que con mano fuerte y brazo extendido, y furor desencadenado, he de reinar sobre vosotros;

34 y os sacaré de entre los pueblos, y os reuniré de las tierras en que estáis esparcidos, con mano fuerte y brazo extendido, y furor desencadenado;

35 y os traeré al desierto de los pueblos, y allí litigaré con vosotros cara a cara.

36 Como litigué con vuestros padres en el desierto de la tierra de Egipto, así litigaré con vosotros, dice el Señor Jehová.

37 Os haré pasar bajo la vara, y os haré entrar en los vínculos del pacto;

38 y apartaré de entre vosotros a los rebeldes, y a los que prevarican contra mí; de la tierra de sus peregrinaciones los sacaré, mas a la tierra de Israel no entrarán; y sabréis que yo soy Jehová.

39 Y a vosotros, oh casa de Israel, así dice el Señor Jehová: Andad cada uno tras sus ídolos, y servidles; después, yo juro que me escucharéis y no profanaréis más mi santo nombre con vuestras ofrendas y con vuestros ídolos.

40 Porque en mi santo monte, en el alto monte de Israel, dice el Señor Jehová, allí me servirá toda la casa de Israel, toda ella en la tierra; allí los aceptaré, y allí demandaré vuestras ofrendas, y las primicias de vuestros dones, con todas vuestras cosas consagradas.

41 Con vuestro incienso agradable os aceptaré, cuando os haya sacado de entre los pueblos, y os haya congregado de entre las tierras en que estáis esparcidos; y seré santificado en vosotros a los ojos de las naciones.

42 Y sabréis que yo soy Jehová, cuando os haya traído a la tierra de Israel, la tierra por la cual alcé mi mano jurando que la daría a vuestros padres.

43 Y allí os acordaréis de vuestros caminos, y de todos vuestros hechos en que os contaminasteis; y tendréis asco de vosotros mismos a causa de todos vuestros pecados que cometisteis.

44 Y sabréis que yo soy Jehová, cuando actúe con vosotros por amor de mi nombre, no según vuestros caminos malos ni según vuestras perversas obras, oh casa de Israel, dice el Señor Jehová.

Profecía contra el Négueb

45 Vino a mí palabra de Jehová, diciendo:

46 Hijo de hombre, pon tu rostro hacia el sur, derrama tu palabra hacia la parte austral, profetiza contra el bosque del Négueb.

47 Y dirás al bosque del Négueb: Oye la palabra de Jehová: Así dice el Señor Jehová: He aquí que yo voy a encender en ti un fuego, el cual consumirá en ti todo árbol verde y todo árbol seco; no se apagará la llama del fuego; y serán quemados en ella todos los rostros, desde el sur hasta el norte.

48 Y verá toda carne que yo Jehová lo encendí; no se apagará.

49 Entonces dije: ¡Ah, Señor Jehová!, ellos dicen de mí: ¿No es éste un inventor de parábolas?

La espada afilada de Jehová

21 Entonces vino a mí palabra de Jehová, diciendo:

2 Hijo de hombre, pon tu rostro contra Jerusalén, y derrama palabra sobre los santuarios, y profetiza contra la tierra de Israel.

3 Dirás a la tierra de Israel: Así dice Jehová: He aquí que yo estoy contra ti, y sacaré mi espada de su vaina, y cortaré de ti al justo y al impío.

4 Y por cuanto he de cortar de ti al justo y al impío, por tanto, mi espada saldrá de su vaina contra toda carne, desde el sur hasta el norte.

5 Y sabrá toda carne que yo Jehová saqué mi espada de su vaina; no la envainaré más.

6 Gime, pues, tú, hijo de hombre; con quebrantamiento de tus lomos y con amargura has de gemir delante de los ojos de ellos.

7 Y cuando te digan: ¿Por qué gimes tú?, dirás: Por una noticia que cuando llegue hará que desfallezca todo corazón, y toda mano se debilitará, se consternará todo espíritu, y toda rodilla vacilará como agua; he aquí que viene, y se hará, dice el Señor Jehová.

8 Vino a mí palabra de Jehová, diciendo:

9 Hijo de hombre, profetiza, y di: Así dice el Señor Jehová: La espada, la espada está afilada, y también pulida.

10 Para degollar víctimas está afilada, pulida está para que relumbre. ¿Hemos de alegrarnos? Al cetro de mi hijo la espada lo desprecia como a todo otro leño.

11 Y la dio a pulir para tenerla a mano; la espada está afilada, y está pulida para entregarla en mano del matador.

12 Clama y laméntate, oh hijo de hombre; porque ésta pende sobre mi pueblo, ella caerá sobre todos los príncipes de Israel; caerán ellos a espada juntamente con mi pueblo; golpéate, pues, el muslo;

13 porque ha hecho la prueba con ella. ¿Y qué, si la espada desprecia aun al cetro? Él cesará de existir, dice el Señor Jehová.

14 Tú, pues, hijo de hombre, profetiza, y bate palmas, y dupliquese por tercera vez el furor de la espada homicida; ésta es la espada de la gran matanza que los traspasará;

15 para que el corazón se derrita, y los trompicones se multipliquen, en todas las puertas de ellos he puesto la punta de la espada. ¡Ah!, dispuesta está para que relumbre, y preparada para degollar.

16 Corta a la derecha, hiere a la izquierda, ¿adónde vuelves tu faz?

17 Y yo también batiré palmas, y satisfaré mi ira. Yo Jehová he hablado.

18 Vino a mí palabra de Jehová, diciendo:

19 Ahora, hijo de hombre, trázate dos caminos por donde venga la espada del rey de Babilonia; de una misma tierra saldrán ambos; y pon una señal al comienzo de cada camino, que indique la ciudad adonde va.

20 Señalarás el camino por donde venga la espada a Rabá de los hijos de Amón, y a Judá contra Jerusalén, la ciudad fortificada.

21 Porque el rey de Babilonia se ha detenido en la encrucijada, al principio de los dos caminos, para usar de adivinación; ha sacudido las saetas, consultó a sus ídolos, examinó el hígado.

22 La adivinación señaló a su mano derecha, sobre Jerusalén, para situar arietes, para abrir la boca con orden de matanza, para levantar la voz en grito de guerra, levantar arietes contra las puertas, levantar terraplén y edificar baluartes.

23 Mas para ellos esto será como adivinación mentirosa, ya que les ha hecho solemnes juramentos; pero él trae a la memoria la maldad de ellos, para apresarlos.

24 Por tanto, así dice el Señor Jehová: Por cuanto habéis hecho traer a la memoria vuestras maldades, manifestando vuestras traiciones, y descubriendo vuestros pecados en todas vuestras obras; por cuanto habéis venido en memoria; seréis entregados en su mano.

25 Y tú, profano e impío príncipe de Israel, cuyo día ha llegado ya, el tiempo de la consumación de la maldad,

26 así ha dicho el Señor Jehová: La tiara se depondrá, y se quitará la corona; esto no será más así; será exaltado lo bajo, y humillado lo alto.

27 A ruina, a ruina, a ruina lo reduciré, y esto no será más, hasta que venga aquel cuyo es el derecho, y yo se lo entregaré.

Juicio contra los amonitas

28 Y tú, hijo de hombre, profetiza, y di: Así dice el Señor Jehová acerca de los hijos de Amón, y de su oprobio. Dirás, pues: La espada, la espada está desenvainada para degollar. Está pulida con todo esmero para centellear;

29 mientras te profetizan vanidad, y te adivinan mentira, para hacerte caer sobre los cuellos de los malvados sentenciados a muerte, cuyo día vino en el tiempo de la consumación de la maldad.

30 ¡Hazla volver a su vaina! En el lugar donde fuiste creada, en la tierra de tu origen, te juzgaré,

31 y derramaré sobre ti mi indignación; haré encender sobre ti el fuego de mi enojo, y te entregaré en mano de hombres brutales, expertos en destruir.

32 Serás pasto del fuego; se empapará la tierra de tu sangre; no habrá más memoria de ti, porque yo, Jehová, he hablado.

Los pecados de Jerusalén

22 Vino a mí palabra de Jehová, diciendo:

2 Tú, hijo de hombre, ¿quieres juzgar tú, quieres juzgar tú a la ciudad derramadora de sangre? Entonces hazles saber todas sus abominaciones.

3 Dirás, pues: Así dice el Señor Jehová: ¡Ciudad derramadora de sangre en medio de ti, para que venga tu hora, y que te haces ídolos para contaminarte!

4 En tu sangre que derramaste has pecado, y te has contaminado en tus ídolos que hiciste; y has acercarse tu día, y has llegado al término de tus años; por tanto, he hecho de ti un oprobio para las naciones, y un escarnio para todas las tierras.

5 Las que están cerca de ti, y las que están

lejos se reirán de ti, amancillada de nombre,
y llena de desórdenes.

6 He aquí que los príncipes de Israel, cada
uno según su poder, han estado en ti para
derramar sangre.

7 En ti se ha tenido en poco al padre y a la
madre; en medio de ti se ha oprimido al
extranjero; en ti se ha maltratado al huérfano y a la viuda.

8 Has menospreciado mis santuarios, y has
profanado mis sábados.

9 Hubo en ti calumniadores para derramar
sangre; y sobre los montes comieron en ti;
en medio de ti cometieron infamias.

10 Descubrieron en ti la desnudez del padre, y en ti hicieron violencia a la que estaba
inmunda por su menstruo.

11 Cada uno hizo abominación con la
mujer de su prójimo, cada uno contaminó
pervertidamente a su nuera, y cada uno
violó en ti a su hermana, hija de su padre.

12 En ti recibieron regalos para derramar
sangre; interés y usura tomaste, y a tus
prójimos explotaste con violencia; te olvidaste de mí, dice el Señor Jehová.

13 Y he aquí que batí mis manos a causa de
las ganancias deshonestas que has hecho, y a
causa de la sangre que derramaste en medio
de ti.

14 ¿Aguantará tu corazón? ¿Serán fuertes
tus manos en los días en que yo proceda
contra ti? Yo Jehová he hablado, y lo haré.

15 Te dispersaré por las naciones, y te
esparciré por las tierras; y haré fenecer de ti
tu inmundicia.

16 Y por ti misma serás degradada a la vista
de las naciones; y sabrás que yo soy Jehová.

17 Vino a mí palabra de Jehová, diciendo:

18 Hijo de hombre, la casa de Israel se me ha
convertido en escoria; todos ellos son bronce y estaño y hierro y plomo en medio del
horno; y en escorias de plata se convirtieron.

19 Por tanto, así ha dicho el Señor Jehová:
Por cuanto todos vosotros os habéis convertido en escorias, por tanto, he aquí que yo os
reuniré en medio de Jerusalén.

20 Como quien junta plata y bronce y hierro y plomo y estaño en medio del horno,
para encender fuego en él para fundirlos, así
os juntaré en mi furor y en mi ira, y os
pondré allí, y os fundiré.

21 Sí, yo os juntaré y soplaré sobre vosotros
con el fuego de mi furor, y en medio de él os
pondré y os fundiré.

22 Como se funde la plata en el crisol, así
seréis fundidos en medio de él; y sabréis que
yo Jehová habré derramado mi enojo sobre
vosotros.

23 Vino a mí palabra de Jehová, diciendo:

24 Hijo de hombre, di a ella: Tú eres una
tierra que no ha sido limpiada, ni rociada
con lluvia en el día del furor.

25 Hay conjuración de sus profetas en medio de ella, como león rugiente que arrebata
la presa; devoraron almas, tomaron hacien-
das y objetos preciosos, multiplicaron sus
viudas en medio de ellas.

26 Sus sacerdotes violaron mi ley, y contaminaron mis santuarios; entre lo santo y lo
profano no hicieron diferencia, ni enseñaron a distinguir entre inmundo y limpio; y de
mis sábados apartaron sus ojos, y yo he sido
profanado en medio de ellos.

27 Sus príncipes en medio de ella son como
lobos que arrebatan la presa, para derramar
sangre, para destruir las almas, para obtener ganancias injustas.

28 Y sus profetas revocaban con lodo suelto, profetizándoles vanidad y adivinándoles
mentiras, diciendo: Así ha dicho el Señor
Jehová, cuando Jehová no había hablado.

29 El pueblo de la tierra usaba de opresión
y cometía robo, hacía violencia al afligido y
menesteroso, y oprimía sin derecho al extranjero.

30 Y busqué entre ellos algún hombre que
reconstruyera el muro y que se pusiese en la
brecha delante de mí, a favor de la tierra,
para que yo no la destruyese; y no lo hallé.

31 Por tanto, derramé sobre ellos mi ira;
con el ardor de mi ira los consumí; hice
recaer el camino de ellos sobre su propia
cabeza, dice el Señor Jehová.

Parábola de Jerusalén y Samaria

23 Vino a mí palabra de Jehová, diciendo:

2 Hijo de hombre, hubo dos mujeres, hijas
de una misma madre,

3 las cuales fornicaron en Egipto; fornicaron en su juventud. Allí fueron apretados
sus pechos, allí fueron estrujados sus pechos
virginales.

4 Y se llamaban, la mayor, Ohola, y su
hermana, Oholibá; las cuales llegaron a ser
mías, y dieron a luz hijos e hijas. Y se
llamaron: Samaria, Ohola; y Jerusalén,
Oholibá.

5 Y Ohola cometió fornicación aun cuando
me pertenecía a mí; y se enamoró de sus
amantes los asirios, vecinos suyos,

6 vestidos de púrpura violeta, gobernadores y capitanes, jóvenes apuestos todos
ellos, jinetes expertos.

7 Y se prostituyó con ellos, con todos los
más escogidos de los hijos de los asirios; y
con todos aquellos de quienes se enamoró,
se contaminó con todos los ídolos de ellos.

8 Y no dejó sus fornicaciones comenzadas
en Egipto; porque con ella se echaron en su
juventud, y ellos comprimieron sus pechos
virginales, y derramaron sobre ella su fornicación.

9 Por lo cual la entregué en manos de sus

amantes, en manos de los hijos de los asirios, de quienes se había enamorado locamente.

10 Ellos descubrieron su desnudez, tomaron sus hijos y sus hijas, y a ella la mataron a espada; y vino a ser refrán de aviso entre las mujeres, pues en ella se hicieron escarmientos.

11 Y lo vio su hermana Oholibá, y se corrompió en su lujuria más que ella; y sus fornicaciones fueron más que las fornicaciones de su hermana.

12 Se enamoró locamente de los hijos de los asirios sus vecinos, gobernadores y capitanes, vestidos de ropas y armas excelentes, jinetes expertos, todos ellos jóvenes apuestos.

13 Y vi que se había contaminado; un mismo camino era el de ambas.

14 Y aumentó sus fornicaciones; pues cuando vio a hombres pintados en la pared, imágenes de caldeos pintadas de bermellón,

15 ceñidos por sus lomos con talabartes, y con amplios turbantes en sus cabezas, teniendo todos ellos apariencia de capitanes, a la manera de los hombres de Babilonia, de Caldea, tierra de su nacimiento,

16 se enamoró locamente de ellos a primera vista, y les envió mensajeros a la tierra de los caldeos.

17 Así, pues, se llegaron a ella los hombres de Babilonia en su lecho de amores, y la contaminaron con sus inmundicias, y ella también se contaminó con ellos, y su alma se hastió de ellos.

18 Así hizo patentes sus fornicaciones y descubrió sus desnudeces, por lo cual mi alma se hastió de ella, como se había ya hastiado mi alma de su hermana.

19 Mas todavía multiplicó sus fornicaciones, trayendo a su memoria los días de su juventud, en los cuales había fornicado en la tierra de Egipto.

20 Y se enamoró apasionadamente de aquellos disolutos, cuya carne es como la carne de los asnos, y cuyo flujo como flujo de caballos.

21 Así trajiste de nuevo a la memoria la lujuria de tu juventud, cuando los egipcios estrujaban tus pechos, los pechos de tu juventud.

22 Por tanto, Oholibá, así dice el Señor Jehová: He aquí que yo suscitaré contra ti a tus amantes, de los cuales se hastió tu alma, y les haré venir contra ti de todas partes;

23 los de Babilonia, y todos los caldeos, los de Pecod, Soa y Coa, y todos los de Asiria con ellos; jóvenes apuestos, gobernadores y capitanes, nobles y varones de renombre, que montan a caballo todos ellos.

24 Y vendrán contra ti con estrépito de carros y ruedas, y con multitud de pueblos.

Escudos, paveses y yelmos pondrán contra ti en derredor; y yo les encomendaré el juicio, y por sus leyes te juzgarán.

25 Y pondré mi celo contra ti, y procederán contigo con furor; te quitarán la nariz y las orejas, y lo que te quede caerá a espada. Ellos tomarán a tus hijos y a tus hijas, y tu remanente será consumido por el fuego.

26 Y te despojarán de tus vestidos, y te arrebatarán todas tus hermosas joyas.

27 Y haré cesar de ti tu lujuria, y tu fornicación traída de la tierra de Egipto; y no levantarás ya más a ellos tus ojos, ni nunca más te acordarás de Egipto.

28 Porque así dice el Señor Jehová: He aquí que yo te entrego en manos de aquellos que aborreciste, en manos de aquellos de los cuales se hastió tu alma;

29 los cuales procederán contigo con odio, y tomarán todo el fruto de tu labor, y te dejarán desnuda y descubierta; y se descubrirá la inmundicia de tus fornicaciones, y tu lujuria y tu prostitución.

30 Estas cosas se harán contigo porque fornicaste en pos de las naciones, y te contaminaste con sus ídolos.

31 En el camino de tu hermana anduviste; yo, pues, pondré su cáliz en tu mano.

32 Así dice el Señor Jehová: Beberás el cáliz de tu hermana, que es hondo y ancho; será por mofa y por irrisión; está lleno hasta los bordes.

33 Serás llena de embriaguez y de aflicción con el cáliz del espanto y del estupor, con el cáliz de tu hermana Samaria.

34 Lo beberás, pues, y lo agotarás; romperás con los dientes sus tiestos, y te rasgarás los pechos, porque yo he hablado, dice el Señor Jehová.

35 Por tanto, así dice el Señor Jehová: Por cuanto te has olvidado de mí, y me has echado tras tus espaldas, por eso, carga tú también con la culpabilidad de tu lujuria y tus fornicaciones.

36 Y me dijo Jehová: Hijo de hombre, ¿no juzgarás tú a Oholá y a Oholibá, y les echarás en cara sus abominaciones?

37 Porque han adulterado, y hay sangre en sus manos, y han adulterado con sus ídolos; y aun a sus hijos que habían dado a luz para mí, hicieron pasar por el fuego, para que les sirvieran de comida.

38 Incluso me han llegado a hacer esto: contaminaron mi santuario en aquel mismo día, y profanaron mis sábados.

39 Pues cuando habían sacrificado sus hijos a sus ídolos, entraban en mi santuario el mismo día para contaminarlo; he aquí lo que han hecho en mi propia casa.

40 Además, enviasteis a buscar hombres que viniesen de lejos, a los cuales habían sido enviados mensajeros, y he aquí que

llegaron aquellos por cuyo amor te lavaste, te pintaste los ojos, y te ataviaste con adornos;

41 y te sentaste sobre suntuoso estrado, y fue preparada mesa delante de él, y sobre ella pusiste mi incienso y mi aceite.

42 Y se oía allí clamor de multitud que se solazaba; y con los varones de la gente común fueron traídos los sabeos del desierto, y pusieron pulseras en sus manos, y bellas coronas sobre sus cabezas.

43 Y dije respecto de la consumida por tantos adulterios: Todavía cometen fornicaciones con ella, y ella con ellos.

44 Porque todos han venido a ella como quien viene a una mujer ramera; así vinieron a Oholá y a Oholibá, mujeres libertinas.

45 Pero los hombres justos las juzgarán por la ley de las adúlteras, y por la ley de las que derraman sangre; porque son adúlteras, y hay sangre en sus manos.

46 Porque así dice el Señor Jehová: Surja contra ellas una reunión de gentes para entregarlas al terror y al pillaje;

47 y las turbas las apedrearán, y las atravesarán con sus espadas; matarán a sus hijos y a sus hijas, y consumirán sus casas con fuego.

48 Así haré cesar la lujuria de la tierra, y escarmentarán todas las mujeres, aprendiendo a no ir en pos de vuestra lujuria.

49 Y harán recaer sobre vosotras vuestras inmoralidades, y pagaréis los pecados de vuestra idolatría; y sabréis que yo soy el Señor Jehová.

Parábola de la olla hirviente

24 Vino a mí palabra de Jehová en el año noveno, en el mes décimo, a los diez días del mes, diciendo:

2 Hijo de hombre, escribe la fecha de este día, de este día mismo; en este mismo día ha embestido a Jerusalén el rey de Babilonia.

3 Y propón una parábola acerca de la casa rebelde, y diles: Así dice el Señor Jehová: Pon una olla, ponla, y echa también en ella agua;

4 añade sus trozos, todos sus trozos buenos, pierna y espalda; llénala de huesos escogidos.

5 Toma lo mejor del rebaño, y también apila los huesos debajo de ella; haz que hierva bien; que se cuezan también sus huesos dentro de ella.

6 Pues así dice el Señor Jehová: ¡Ay de la ciudad de sangres, de la olla herrumbrosa cuya herrumbre no ha sido quitada! Sácala trozo por trozo, sin echar suerte sobre ella.

7 Porque su sangre está en medio de ella; sobre una piedra desnuda la ha derramado; no la derramó sobre la tierra para que fuese cubierta con el polvo.

8 Para hacer subir la ira, para hacer venganza, yo he puesto su sangre sobre la dura piedra, para que no sea cubierta.

9 Por tanto, así dice el Señor Jehová: ¡Ay de la ciudad de sangres! Pues también yo haré una gran hoguera,

10 apilando la leña, y encendiendo el fuego para consumir la carne, y haciendo la salsa; para que también los huesos sean quemados.

11 Asentando después la olla vacía sobre sus brasas, para que se caldee, y se queme su fondo, y se funda en ella su impureza, y se consuma su herrumbre.

12 En vano me fatigué, pues no salió de ella su mucha herrumbre. Sólo en fuego será su herrumbre consumida.

13 A causa de tu inmunda lujuria, porque he querido purificarte, pero tú no te limpiaste de tu inmundicia, nunca más te limpiarás, hasta que yo haya saciado mi ira sobre ti.

14 Yo Jehová he hablado; vendrá, y yo lo haré. No me volveré atrás, ni tendré compasión, ni me arrepentiré; según tus caminos y tus obras te juzgarán, dice el Señor Jehová.

Muerte de la esposa de Ezequiel

15 Vino a mí palabra de Jehová, diciendo:

16 Hijo de hombre, he aquí que yo te quito de golpe el deleite de tus ojos; no endeches, ni llores, ni corran tus lágrimas.

17 Suspira en silencio sin hacer luto de mortuorios; ata tu turbante sobre ti, y pon tus zapatos en tus pies, y no te cubras con rebozo, ni comas pan de enlutados.

18 Hablé al pueblo por la mañana, y a la tarde murió mi mujer; y a la mañana hice como me fue mandado.

19 Y me dijo el pueblo: ¿No nos explicarás qué significan para nosotros estas cosas que haces?

20 Y yo les dije: La palabra de Jehová vino a mí, diciendo:

21 Di a la casa de Israel: Así dice el Señor Jehová: He aquí yo profanaré mi santuario, la gloria de vuestro poderío, el deseo de vuestros ojos y la pasión de vuestra alma; y vuestros hijos y vuestras hijas que dejasteis caerán a espada.

22 Y haréis de la manera que yo hice; no os cubriréis con rebozo, ni comeréis pan de hombres en luto.

23 Vuestros turbantes estarán sobre vuestras cabezas, y vuestros zapatos en vuestros pies; no endecharéis ni lloraréis, sino que os consumiréis a causa de vuestras maldades, y gemiréis unos con otros.

24 Ezequiel, pues, os será por señal; según todas las cosas que él ha hecho, haréis; cuando esto ocurra, entonces sabréis que yo soy el Señor Jehová.

25 Y tú, hijo de hombre, ¿no sucederá, el día que yo les arrebate su fortaleza, el gozo de su gloria, el deleite de sus ojos y el anhelo de sus almas, y también sus hijos y sus hijas, 26 que ese día vendrá a ti uno que haya escapado para hacértelo oír con tus propios oídos?

27 En aquel día se abrirá tu boca para hablar con el fugitivo, y hablarás, y no estarás más mudo; y así les serás por señal, y sabrán que yo soy Jehová.

Profecía contra los amonitas

25 Vino a mí palabra de Jehová, diciendo:

2 Hijo de hombre, pon tu rostro hacia los hijos de Amón, y profetiza contra ellos.

3 Y dirás a los hijos de Amón: Oíd palabra del Señor Jehová. Así dice el Señor Jehová: Por cuanto dijiste: ¡Ea, bien!, contra mi santuario cuando era profanado, y contra la tierra de Israel cuando era asolada, y contra la casa de Judá, cuando era llevada en cautiverio;

4 por tanto, he aquí que yo te entrego por heredad a los orientales, y pondrán en ti sus campamentos y plantarán en ti sus tiendas; ellos comerán tus sementeras, y beberán tu leche.

5 Y pondré a Rabá por pastizal de camellos, y a las ciudades de Amón por majada de ovejas; y sabréis que yo soy Jehová.

6 Porque así dice el Señor Jehová: Por cuanto batiste palmas, y pateaste con tus pies, y te regocijaste con todo el menosprecio de tu alma contra la tierra de Israel;

7 por tanto, he aquí que yo extenderé mi mano contra ti, y te entregaré a las naciones para ser saqueada; te cortaré de entre los pueblos, y te destruiré de entre las tierras; te exterminaré, y sabrás que yo soy Jehová.

Profecía contra Moab

8 Así dice el Señor Jehová: Por cuanto Moab y Seír dicen: He aquí que la casa de Judá es como todas las naciones;

9 por tanto, he aquí que yo abriré el flanco de Moab desde las ciudades, desde sus ciudades fronterizas, las tierras espléndidas de Bet-jesimot, Baal-meón y Quiryatávim,

10 juntamente con los hijos de Amón, a los hijos del oriente; y se la entregaré por heredad, para que no haya más memoria de los hijos de Amón entre las naciones;

11 y haré justicia en Moab, y sabrán que yo soy Jehová.

Profecía contra Edom

12 Así dice el Señor Jehová: Por el comportamiento de Edom contra la casa de Judá, pues tomó venganza y se ha hecho culpable en extremo, al vengarse de ellos;

13 por tanto, así dice el Señor Jehová: Yo también extenderé mi mano sobre Edom, y cortaré de ella hombres y bestias, y la asolaré desde Temán; hasta Dedán caerán a espada.

14 Y pondré mi venganza contra Edom en manos de mi pueblo Israel, y harán en Edom según mi enojo y conforme a mi ira; y conocerán mi venganza, dice el Señor Jehová.

Profecía contra los filisteos

15 Así dice el Señor Jehová: Porque los filisteos obraron vengativamente, cuando se vengaron con despecho de ánimo, destruyendo por antiguas enemistades;

16 por tanto, así dice el Señor Jehová: He aquí que yo extiendo mi mano contra los filisteos, y cortaré a los cereteos, y destruiré el resto que queda en la costa del mar.

17 Y haré en ellos grandes venganzas con furiosos escarmientos; entonces sabrán que yo soy Jehová, cuando haga mi venganza en ellos.

Profecía contra Tiro

26 Aconteció en el undécimo año, en el día primero del mes, que vino a mí palabra de Jehová, diciendo:

2 Hijo de hombre, por cuanto ha dicho Tiro contra Jerusalén: Ea, bien; quebrantada está la que era puerta de las naciones; hacia mí está vuelta; yo seré llena a costa de ella que está desierta;

3 por tanto, así dice el Señor Jehová: He aquí que yo estoy contra ti, oh Tiro, y haré subir contra ti muchas naciones, como el mar hace subir sus olas.

4 y demolerán los muros de Tiro, y derribarán sus torres; y barreré de ella hasta su polvo, y la dejaré como una roca pelada.

5 Tendedero de redes será en medio del mar, porque yo he hablado, dice el Señor Jehová; y será saqueada por las naciones.

6 Y sus hijas que están en el campo serán muertas a espada; y sabrán que yo soy Jehová.

7 Porque así dice el Señor Jehová: He aquí que del norte traigo yo contra Tiro a Nabucodonosor, rey de Babilonia, rey de reyes, con caballos y carros y jinetes, y tropas y mucho pueblo.

8 Matará a espada a tus hijas que están en el campo, y pondrá contra ti torres de sitio, y levantará contra ti un terraplén, y alzará baluartes contra ti.

9 Y pondrá contra ti arietes, contra tus muros, y destruirá tus torres con sus máquinas.

10 Por la multitud de sus caballos te cubrirá el polvo de ellos; con el estruendo de su caballería y de las ruedas y de los carros, temblarán tus muros, cuando entre por tus puertas como se entra en una ciudad en la que se ha abierto una brecha.

11 Con los cascos de sus caballos hollará todas tus calles; matará a tu pueblo a filo de espada, y tus fuertes columnas caerán a tierra.

12 Se llevarán como botín tus riquezas y saquearán tus mercancías; demolerán tus muros, y destruirán tus casas suntuosas; y pondrán tus piedras, tus maderas y tus escombros en medio de las aguas.

13 Y haré cesar el estrépito de tus canciones, y no se oirá mas el son de tus cítaras.

14 Y te pondré como una roca pelada; tendedero de redes serás, y nunca más serás edificada; porque yo Jehová he hablado, dice el Señor Jehová.

15 Así dice el Señor Jehová a Tiro: ¿No se estremecerán las islas al estruendo de tu caída, cuando griten los heridos, cuando se haga la matanza en medio de ti?

16 Entonces todos los príncipes del mar descenderán de sus tronos, y se quitarán sus mantos, y se despojarán de sus ropas bordadas; de espanto se vestirán, se sentarán sobre la tierra, y temblarán a cada momento, y estarán atónitos sobre ti.

17 Y levantarán sobre ti endechas, y te dirán: ¿Cómo pereciste tú, poblada por gente de mar, la ciudad renombrada, que eras fuerte en el mar, tú y tus habitantes, que infundías terror a todos los habitantes de la tierra?

18 Ahora se estremecerán las regiones costeras en el día de tu caída; sí, las islas que están en el mar se espantarán a causa de tu fin.

19 Porque así dice el Señor Jehová: Yo te convertiré en ciudad asolada, como las ciudades que no se habitan, haré subir sobre ti el abismo, y las inmensas aguas te cubrirán.

20 Y te haré descender con los que descienden a la fosa, con los pueblos de otros siglos, y te pondré en las profundidades de la tierra, como las ruinas antiguas, con los que descienden al sepulcro, para que nunca más seas poblada; y daré gloria en la tierra de los vivientes.

21 Te convertiré en espanto, y dejarás de ser; aunque te busquen, nunca más serás hallada, dice el Señor Jehová.

27 Vino a mí palabra de Jehová, diciendo:

2 Tú, hijo de hombre, levanta endechas sobre Tiro.

3 Dirás a Tiro, que está asentada a las orillas del mar, la que trafica con los pueblos de muchas islas: Así dice el Señor Jehová: Tiro, tú has dicho: Yo soy de perfecta hermosura.

4 En el corazón de los mares están tus confines; los que te edificaron completaron tu belleza.

5 De cipreses del monte Senir te fabricaron todo el maderaje; tomaron cedros del Líbano para hacerte mástiles.

6 De encinas de Basán hicieron tus remos; tus bancos, de boj incrustado de marfil, importado de las islas de Quitim.

7 De lino fino bordado de Egipto era tu vela, para que te sirviese de enseña; de azul y púrpura de las costas de Elisá eran tus pabellones.

8 Los moradores de Sidón y de Arvad fueron tus remeros; tus sabios, oh Tiro, estaban en ti; ellos fueron tus timoneles.

9 Los ancianos de Gebal y sus más hábiles obreros calafateaban tus junturas; todas las naves del mar con sus tripulantes fueron a ti para intercambiar tus mercancías.

10 De Persia, de Lud y Fut fueron en tu ejército tus hombres de guerra; escudos y yelmos colgaron en ti; ellos te daban esplendor.

11 Y los hijos de Arvad y de Helec estuvieron sobre tus muros alrededor, y los gamadeos en tus torres; colgaban sus escudos sobre tus muros alrededor; ellos completaron tu hermosura.

12 Tarsis comerciaba contigo por razón de la abundancia de toda clase de riquezas; en plata, hierro, estaño y plomo te pagaban tus mercancías.

13 Javán, Tubal y Mesec comerciaban también contigo; con hombres y con utensilios de bronce comerciaban en tus ferias.

14 Los de la casa de Togarmá comerciaban en tu mercado con caballos y corceles de guerra y mulos.

15 Los hijos de Dedán traficaban contigo; muchas islas estaban a tu servicio; colmillos de marfil y ébano te daban por tributo.

16 Edom traficaba contigo por la multitud de tus productos; con perlas, púrpura, vestidos bordados, linos finos, corales y rubíes venía a tus ferias.

17 Judá y la tierra de Israel comerciaban contigo; con trigos de Minit y Panag, miel, aceite y resina negociaban en tus mercados.

18 Damasco comerciaba contigo por tus muchos productos, por la abundancia de toda riqueza, con vino de Helbón y lana blanca.

19 Asimismo Vedán y el errante Javán vinieron a tus ferias, para negociar en tu mercado con hierro forjado, mirra destilada y caña aromática.

20 Dedán comerciaba contigo en paños preciosos para carros.

21 Arabia y todos los príncipes de Cedar traficaban contigo en corderos y carneros y machos cabríos; en estas cosas fueron tus mercaderes.

22 Los mercaderes de Sebá y de Ramá fueron también tus mercaderes; con especiería de la mejor calidad, y con toda piedra preciosa, y oro, vinieron a tus ferias.

23 Harán, Cané, Edén, y los mercaderes de Sebá y de Asur-Quilmad, contrataban contigo.

24 Estos mercaderes negociaban contigo en artículos de lujo; en mantos de azul y bordados, y en cajas de ropas preciosas, enlazadas con cordones, y en madera de cedro.

25 Las naves de Tarsis eran como tus caravanas que traían tus mercancías; así llegaste a ser opulenta, te engrandeciste en gran manera en medio de los mares.

26 A alta mar te condujeron tus remeros; el viento solano te quebrantó en medio de los mares.

27 Tus riquezas, tus mercancías, tu tráfico, tus remeros, tus pilotos, tus calafateadores y los agentes de tus negocios, y todos tus hombres de guerra que hay en medio de ti, con toda tu compañía que en medio de ti se halla, caerán en medio de los mares el día de tu ruina.

28 Al estrépito de las voces de tus marineros temblarán las costas.

29 Descenderán de sus naves todos los que toman remo; remeros y todos los pilotos del mar se quedarán en tierra.

30 y harán oír su voz sobre ti, y gritarán amargamente, y echarán polvo sobre sus cabezas, y se revolcarán en ceniza.

31 Se raparán por ti los cabellos, se ceñirán de cilicio, y endecharán por ti en la amargura de su alma, con amarga lamentación.

32 Y levantarán sobre ti endechas en sus lamentaciones, y endecharán sobre ti, diciendo: ¿Quién como Tiro, la silenciosa en medio del mar?

33 Cuando tus mercancías se desembarcaban, saciabas a muchos pueblos; enriqueciste a los reyes de la tierra con la multitud de tus riquezas y de tu comercio.

34 Ahora que estás quebrantada por los mares en lo profundo de las aguas, tu comercio y toda tu compañía han caído en medio de ti.

35 Todos los moradores de las islas están atónitos por causa tuya, y sus reyes tiemblan de espanto, demudado el rostro.

36 Los mercaderes en los pueblos silban sobre ti; has venido a ser objeto de espanto, y para siempre dejarás de ser.

Contra el rey de Tiro

28 Vino a mí palabra de Jehová, diciendo:

2 Hijo de hombre, di al príncipe de Tiro: Así dice el Señor Jehová: Por cuanto se enalteció tu corazón, y dijiste: Yo soy un dios, en el trono de Dios estoy sentado en medio de los mares (siendo tú hombre y no Dios, aunque has puesto tu corazón como corazón de Dios);

3 ¡he aquí que tú eres más sabio que Daniel; no hay secreto que te sea oculto!

4 Con tu sabiduría y con tu prudencia has acumulado riquezas, y has adquirido oro y plata en tus tesoros.

5 Con la grandeza de tu sabiduría en tus contrataciones has multiplicado tus riquezas; y a causa de tus riquezas se ha enaltecido tu corazón.

6 Por tanto, así dice el Señor Jehová: Por cuanto pusiste tu corazón como corazón de Dios,

7 por tanto, he aquí que yo traigo sobre ti extranjeros, los más feroces de las naciones, que desenvainarán sus espadas contra la hermosura de tu sabiduría, y mancharán tu esplendor.

8 Al sepulcro te harán descender, y morirás con la muerte de los que mueren en medio de los mares.

9 ¿Hablarás delante del que te mate, diciendo: Yo soy Dios? Pero tú eres un hombre, y no Dios, en las manos de tu matador.

10 De muerte de incircuncisos morirás a manos de extranjeros; porque yo he hablado, dice el Señor Jehová.

La caída del rey de Tiro

11 Vino a mí palabra de Jehová, diciendo:

12 Hijo de hombre, levanta endechas sobre el rey de Tiro, y dile: Así dice el Señor Jehová: Tú eras el sello de la perfección, lleno de sabiduría, y acabado en hermosura.

13 En Edén, en el huerto de Dios estuviste; de toda piedra preciosa era tu vestidura; de cornerina, topacio, jaspe, crisólito, berilo y ónice; de zafiro, carbunclo, esmeralda y oro; los primores de tus tamboriles y flautas estuvieron preparados para ti en el día en que fuiste creado.

14 Tú eras el querubín protector, de alas desplegadas; yo te puse en el santo monte de Dios, allí estuviste; en medio de las piedras de fuego te paseabas.

15 Perfecto eras en todos tus caminos desde el día que fuiste creado, hasta que se halló en ti maldad.

16 A causa de la multitud de tus contratos se llenó tu interior de violencia, y pecaste; por lo que yo te eché del monte de Dios

como cosa impura, y te arrojé de entre las piedras del fuego, oh querubín protector.

17 Se enalteció tu corazón a causa de tu hermosura, corrompiste tu sabiduría a causa de tu esplendor; yo te he arrojado por tierra; delante de los reyes te he puesto por espectáculo.

18 Con la multitud de tus maldades y con la iniquidad de tus contratos profanaste tus santuarios; yo, pues, saqué un fuego de en medio de ti, el cual te consumió, y te he convertido en ceniza sobre la tierra a los ojos de todos los que te miran.

19 Todos los que te conocieron de entre los pueblos se asombrarán de ti; serás objeto de terror, y para siempre dejarás de ser.

Profecía contra Sidón

20 Vino a mí palabra de Jehová, diciendo:

21 Hijo de hombre, pon tu rostro hacia Sidón, y profetiza contra ella,

22 y dirás: Así dice el Señor Jehová: He aquí que yo estoy contra ti, oh Sidón, y seré glorificado en medio de ti; y sabrán que yo soy Jehová, cuando haya ejecutado en ella juicios, y en ella me santifique.

23 Enviaré a ella peste y sangre en sus calles, y las víctimas caerán en medio de ella, con espada contra ella por todos lados; y sabrán que yo soy Jehová.

24 Y nunca más habrá para la casa de Israel zarza que punce ni espina que lacere, en medio de cuantos la rodean y la menosprecian; y sabrán que yo soy Jehová.

25 Así dice el Señor Jehová: Cuando recoja a la casa de Israel de los pueblos entre los cuales está esparcida, entonces me santificaré en ellos ante los ojos de las naciones, y habitarán en su tierra, la cual di a mi siervo Jacob.

26 Y habitarán en ella seguros, y edificarán casas, y plantarán viñas, y vivirán confiadamente, cuando yo haya ejecutado juicios sobre todos los que los desprecian en sus alrededores; y sabrán que yo soy Jehová su Dios.

Profecías contra Egipto

29 En el año décimo, en el mes décimo, a los doce días del mes, vino a mí palabra de Jehová, diciendo:

2 Hijo de hombre, pon tu rostro contra Faraón rey de Egipto, y profetiza contra él y contra todo Egipto.

3 Habla, y di: Así dice el Señor Jehová: He aquí que yo estoy contra ti, Faraón, rey de Egipto, el gran dragón que yace en medio de sus ríos, el cual dijo: Mío es el Nilo, pues yo lo hice para mí.

4 Yo, pues, pondré garfios en tus quijadas, y haré que los peces de tus ríos se peguen a tus escamas, y te sacaré de en medio de tus ríos, y todos los peces de tus ríos saldrán pegados a tus escamas.

5 Y te arrojaré al desierto, a ti y a todos los peces de tus ríos; caerás en campo abierto; no serás recogido, ni enterrado; a las fieras de la tierra y a las aves del cielo te he dado por comida.

6 Y sabrán todos los moradores de Egipto que yo soy Jehová, por cuanto fueron báculo de caña para la casa de Israel.

7 Cuando te tomaron con la mano, te quebraste, y les desgarraste todo el hombro; y cuando se apoyaron en ti, te quebraste, y hacías vacilar sus lomos.

8 Por tanto, así dice el Señor Jehová: He aquí que yo traigo contra ti espada, y cortaré de ti hombres y bestias.

9 Y la tierra de Egipto será asolada y desierta, y sabrán que yo soy Jehová; por cuanto dijo: El Nilo es mío, y yo lo hice.

10 Por tanto, he aquí que yo estoy contra ti, y contra tus ríos; y pondré la tierra de Egipto en desolación, en soledad de desierto, desde Migdol hasta Sevené, hasta el límite de Etiopía.

11 No pasará por ella pie de hombre, ni pie de animal pasará por ella, ni será habitada por cuarenta años.

12 Y pondré a la tierra de Egipto en soledad entre las tierras asoladas, y sus ciudades entre las tierras destruidas estarán desoladas por cuarenta años; y esparciré a Egipto entre las naciones, y lo dispersaré por las tierras.

13 Porque así dice el Señor Jehová: Al fin de cuarenta años recogeré a Egipto de entre los pueblos entre los cuales fueron esparcidos;

14 y volveré a traer los cautivos de Egipto, y los haré volver a la tierra de Patrós, a la tierra de su origen; y allí serán un reino de baja condición.

15 En comparación con los otros reinos será el más humilde; nunca más se alzará sobre las naciones; porque yo los disminuiré, para que no vuelvan a tener dominio sobre las naciones.

16 Y no será ya más para la casa de Israel apoyo de confianza, que les haga recordar el pecado de irse en pos de ellos; y sabrán que yo soy el Señor Jehová.

17 Aconteció en el año veintisiete, en el mes primero, el día primero del mes, que vino a mí palabra de Jehová, diciendo:

18 Hijo de hombre, Nabucodonosor rey de Babilonia hizo a su ejército prestar un gran servicio contra Tiro. Toda cabeza ha quedado calva, y todo hombre pelado; y ni para él ni para su ejército hubo paga de Tiro, por el servicio que prestó contra ella.

19 Por tanto, así dice el Señor Jehová: He aquí que yo doy a Nabucodonosor, rey de Babilonia, la tierra de Egipto; y él se llevará sus riquezas, recogerá sus despojos y arrebatará su botín, y esto será la paga para su ejército.

20 Le he dado la tierra de Egipto en pago por el servicio que prestó contra ella; porque trabajaron para mí, dice el Señor Jehová.

21 En aquel tiempo haré retoñar el poder de la casa de Israel. Y abriré tu boca en medio de ellos, y sabrán que yo soy Jehová.

30 Vino a mí palabra de Jehová, diciendo:

2 Hijo de hombre, profetiza, y di: Así dice el Señor Jehová: Lamentad: ¡Ay de aquel día!

3 Porque cerca está el día, cerca está el día de Jehová; día de nublado será el día de las naciones.

4 Y vendrá espada sobre Egipto, y habrá alarma en Etiopía, cuando caigan las víctimas en Egipto; y tomarán sus riquezas, y serán destruidos sus fundamentos.

5 Etiopía, Fut, Lud, los extranjeros de toda raza, los de Cub, y los hijos de las tierras aliadas, caerán con ellos a filo de espada.

6 Así dice Jehová: También caerán los que sostienen a Egipto, y la altivez de su poderío caerá; desde Migdol hasta Sevené caerán en él a filo de espada, dice el Señor Jehová.

7 Y serán asolados en medio de las tierras asoladas, y sus ciudades estarán en medio de las ciudades desiertas.

8 Y sabrán que yo soy Jehová, cuando ponga fuego a Egipto, y sean destruidos todos sus ayudadores.

9 En aquel tiempo saldrán mensajeros de delante de mí en naves, para espantar a Etiopía la confiada, y serán presa de la confusión en el día de Egipto; porque he aquí que viene.

10 Así dice el Señor Jehová: Haré desaparecer la multitud de Egipto por mano de Nabucodonosor, rey de Babilonia.

11 Él, y su pueblo con él, los más feroces de las naciones, serán traídos para destruir la tierra; y desenvainarán sus espadas contra Egipto, y llenarán de muertos la tierra.

12 Y secaré los ríos, y entregaré la tierra en manos de hombres malvados, y por mano de extranjeros destruiré la tierra y cuanto en ella hay. Yo Jehová he hablado.

13 Así dice el Señor Jehová: Destruiré también las imágenes, y destruiré los ídolos de Menfis; y no habrá más príncipes de la tierra de Egipto, y en la tierra de Egipto sembraré el terror.

14 Asolaré a Patrós, y pondré fuego a Zoán, y haré justicia en Tebas.

15 Y derramaré mi ira sobre Sin, fortaleza de Egipto, y exterminaré a la multitud de Tebas.

16 Y pondré fuego a Egipto; Sin tendrá gran dolor, y Tebas será destrozada, y Menfis será atacada en pleno día.

17 Los jóvenes de Aven y de Pibéset caerán a filo de espada, y sus viudas irán al cautiverio.

18 Y en Tafnes se oscurecerá el día, cuando quebrante yo allí los yugos de Egipto, y cesará en ella la soberbia de su poderío; una densa nube la cubrirá, y los moradores de sus aldeas irán al cautiverio.

19 Así, pues, ejecutaré juicios en Egipto, y sabrán que yo soy Jehová.

20 Aconteció en el año undécimo, en el mes primero, a los siete días del mes, que vino a mí palabra de Jehová diciendo:

21 Hijo de hombre, he quebrado el brazo de Faraón, rey de Egipto; y he aquí que no ha sido vendado para curarlo, ni entablillado para ligarlo, a fin de fortalecerlo para que pueda sostener la espada.

22 Por tanto, así dice el Señor Jehová: Heme aquí contra Faraón, rey de Egipto, y quebraré sus brazos, el fuerte y el fracturado, y haré que la espada se le caiga de la mano.

23 Y esparciré a los egipcios entre las naciones, y los dispersaré por las tierras.

24 Y fortaleceré los brazos del rey de Babilonia, y pondré mi espada en su mano; pero quebraré los brazos de Faraón, y delante de aquél gemirá con gemidos de herido de muerte.

25 Sostendré, pues, los brazos del rey de Babilonia, y los brazos de Faraón caerán; y sabrán que yo soy Jehová, cuando yo ponga mi espada en la mano del rey de Babilonia, y él la extienda sobre la tierra de Egipto.

26 Y esparciré a los egipcios entre las naciones, y los dispersaré por las tierras; y sabrán que yo soy Jehová.

Parábola del cedro del Líbano

31 Aconteció en el año undécimo, en el mes tercero, el día primero del mes, que vino a mí palabra de Jehová, diciendo:

2 Hijo de hombre, di a Faraón rey de Egipto, y a su pueblo: ¿A quién te comparaste en tu grandeza?

3 He aquí que el asirio era cedro en el Líbano, de hermosas ramas, de frondoso ramaje y de gran altura, y su copa estaba entre densas ramas.

4 Las aguas lo hicieron crecer, lo encumbró el abismo; sus ríos corrían alrededor del lugar en que estaba plantado, y a todos los árboles del campo enviaba sus corrientes.

5 Por tanto, se encumbró su altura sobre

todos los árboles del campo, y se multiplicaron sus ramas, y a causa de las muchas aguas
se alargó su ramaje que había echado.

6 En sus ramas hacían nido todas las aves
del cielo, y debajo de su ramaje parían todas
las bestias del campo, y a su sombra habitaban todas las grandes naciones.

7 Se hizo, pues, hermoso en su grandeza
con la extensión de sus ramas; porque su
raíz estaba junto a muchas aguas.

8 Los cedros del jardín de Dios no lo oscu-
recían; los cipreses no fueron semejantes a
sus ramas, ni las plataneras fueron semejantes a su ramaje; ningún árbol en el jardín de
Dios fue semejante a él en su hermosura.

9 Lo hice hermoso con la multitud de sus
ramas; y todos los árboles del Edén, que
estaban en el jardín de Dios, tuvieron envidia de él.

10 Por tanto, así dice el Señor Jehová: Ya
que por ser encumbrado en altura, y haber
levantado su cumbre entre densas ramas, su
corazón se elevó con su altura,

11 yo lo entregaré en manos del poderoso
de las naciones, que de cierto le tratará
según su maldad. Yo lo he desechado.

12 Y lo cortan extranjeros, los más feroces
de las naciones, y lo derriban; sus ramas
caen sobre los montes y por todos los valles,
y en todos los barrancos de la tierra yace
quebrado su ramaje; y se marchan de su
sombra todos los pueblos de la tierra, y lo
dejan.

13 Sobre sus restos habitan todas las aves
del cielo, y sobre sus ramas están todas las
bestias del campo,

14 para que no se exalte en su altura ninguno de los árboles que crecen junto a las
aguas, ni levante su copa entre la espesura,
ni confíe en su altura ninguno de los que
beben aguas; porque todos están destinados
a la muerte, a lo profundo de la tierra, entre
los hijos de los hombres, con los que descienden a la fosa.

15 Así dice el Señor Jehová: El día que
descendió al Seol, hice al abismo guardar
luto y cubrirse por él, y detuve sus ríos, y las
muchas aguas quedaron estancadas; ensom-
brecí al Líbano por él, y todos los árboles del
campo se desmayaron.

16 Al estruendo de su caída hice temblar a
las naciones, cuando le hice descender al
Seol con todos los que descienden a la
sepultura; y todos los árboles del Edén, los
escogidos entre los mejores del Líbano,
todos los que beben aguas, fueron consolados en lo profundo de la tierra.

17 También ellos descendieron con él al
Seol, con los muertos a espada, los que
fueron su brazo, los que estuvieron a su
sombra en medio de las naciones.

18 ¿A quién te has comparado así en gloria

y en grandeza entre los árboles del Edén?
Pues derribado serás con los árboles del
Edén en lo profundo de la tierra; entre los
incircuncisos yacerás, con los muertos a
espada. Éste es Faraón y todo su pueblo,
dice el Señor Jehová.

El dragón

32 Aconteció en el año duodécimo, en el
mes duodécimo, el día primero del
mes, que vino a mí palabra de Jehová,
diciendo:

2 Hijo de hombre, levanta endechas sobre
Faraón rey de Egipto, y dile: A leoncillo de
las naciones te hiciste semejante, cuando
eras como el dragón en los mares; pues
hacías hervir las aguas con tus narices, y
enturbiabas las aguas con tus pies, y holla-
bas sus riberas.

3 Así dice el Señor Jehová: Yo extenderé
sobre ti mi red con reunión de muchos
pueblos, y te harán subir con mi red.

4 Y te echaré por tierra, te arrojaré sobre la
faz del campo, y haré posar sobre ti todas las
aves del cielo, y saciaré de ti a las fieras de
toda la tierra.

5 Pondré tus carnes sobre los montes, y
llenaré de tus cadáveres los valles.

6 Y regaré de tu sangre la tierra donde
nadas, hasta los montes; y los barrancos se
llenarán de ti.

7 Y cuando te haya extinguido, cubriré los
cielos, y haré entenebrecer sus estrellas;
cubriré el sol con nublado, y la luna no hará
resplandecer su luz.

8 Haré entenebrecer todos los astros bri-
llantes del cielo por ti, y pondré tinieblas
sobre tu tierra, dice el Señor Jehová.

9 Y llenaré de terror el corazón de muchos
pueblos, cuando haga llegar la noticia de tu
ruina entre las naciones, por las tierras que
no conociste.

10 Y dejaré atónitos por ti a muchos pueblos, y sus reyes tendrán horror grande a
causa de ti, cuando yo blanda mi espada
delante de sus rostros; y temblarán en cada
momento, cada uno por su vida, en el día de
tu caída.

11 Porque así dice el Señor Jehová: La
espada del rey de Babilonia vendrá sobre ti.

12 Con las espadas de los fuertes haré caer a
tu pueblo; todos ellos son los más feroces de
las naciones; y destruirán la soberbia de
Egipto, y toda su multitud será deshecha.

13 Destruiré todo su ganado de junto a las
muchas aguas; ni las enturbiará más pie de
hombre, ni las enturbiará pezuña de bestia.

14 Entonces haré que se asienten sus aguas,
y haré correr sus ríos como aceite, dice el
Señor Jehová.

15 Cuando asuele la tierra de Egipto, y la tierra quede despojada de todo cuanto en ella había, cuando hiera a todos los que en ella moran, sabrán que yo soy Jehová.

16 Esta es la lamentación con que la ende-charán; las hijas de las naciones la cantarán; endecharán sobre Egipto y sobre toda su multitud, dice el Señor Jehová.

17 Aconteció en el año duodécimo, a los quince días del mes, que vino a mí palabra de Jehová, diciendo:

18 Hijo de hombre, endecha sobre la multitud de Egipto, y despéñalo a él, y a las hijas de las naciones poderosas, a lo profundo de la tierra, con los que descienden a la sepultura.

19 ¿A quién superas en hermosura? Desciende, y yace con los incircuncisos.

20 Caerán entre los muertos a espada; a la espada es entregado; hacedle bajar a él y a todo su pueblo.

21 De en medio del Seol hablarán de él los más fuertes entre los fuertes, con los que le ayudaron; descendieron y yacen inmóviles los incircuncisos, muertos a espada.

22 Allí está Asiria con toda su multitud; en derredor de ellos están sus sepulcros; todos ellos muertos, caídos a espada.

23 Sus sepulcros están situados en lo más profundo de la fosa, y su gente está por los alrededores de su sepulcro; todos ellos muertos, caídos a espada, los cuales sembraban el terror en la tierra de los vivientes.

24 Allí está Elam, y toda su multitud por los alrededores de su sepulcro; todos ellos muertos, caídos a espada, los cuales descendieron incircuncisos a lo más profundo de la tierra, los que sembraban el terror en la tierra de los vivientes, mas llevaron su confusión con los que descienden al sepulcro.

25 En medio de los muertos le pusieron un lecho con toda su multitud; a sus alrededores están sus sepulcros; todos ellos incircuncisos, muertos a espada, porque fue puesto su espanto en la tierra de los vivientes, mas llevaron su ignominia con los que descienden al sepulcro; están puestos en medio de los muertos.

26 Allí están Mésec, Tubal y toda su multitud; sus sepulcros están a su alrededor; todos ellos incircuncisos, muertos a espada, porque habían sembrado su terror en la tierra de los vivientes.

27 Y los que son inferiores a los otros incircuncisos no yacerán con los fuertes que descendieron al Seol con sus armas de guerra, cuyas espadas están puestas debajo de sus cabezas y cuyos pecados están sobre sus huesos, por cuanto el terror de los fuertes fue en la tierra de los vivientes.

28 Pero tú serás quebrantado entre los in-circuncisos, y yacerás con los muertos a espada.

29 Allí está Edom, sus reyes y todos sus príncipes, los cuales, a pesar de todo su vigor, yacen con los muertos a espada; ellos yacerán con los incircuncisos, y con los que descienden al sepulcro.

30 Allí están los príncipes del norte, todos ellos, y todos los sidonios, que descendieron con los muertos, avergonzados por todo el terror que causaron con su poderío, y yacen también incircuncisos con los muertos a espada, y comparten su vergüenza con los que descienden al sepulcro.

31 A éstos verá Faraón, y se consolará sobre toda su multitud; Faraón muerto a espada, y todo su ejército, dice el Señor Jehová.

32 Porque yo puse mi terror en la tierra de los vivientes; y ahora Faraón y toda su multitud yacerán entre los incircuncisos con los muertos a espada, dice el Señor Jehová.

El deber del atalaya

33 Vino a mí palabra de Jehová, diciendo:

2 Hijo de hombre, habla a los hijos de tu pueblo, y diles: Cuando traiga yo la espada sobre la tierra, y el pueblo de la tierra tome un hombre de entre ellos y lo ponga por atalaya,

3 si, cuando él vea venir la espada sobre la tierra, toca trompeta y avisa al pueblo,

4 entonces cualquiera que oiga el sonido de la trompeta y no se aperciba, si la espada llega y lo quita de en medio, su sangre será sobre su propia cabeza.

5 Oyó el sonido de la trompeta, y no se apercibió; su sangre será sobre él; mientras que si se hubiese apercibido, habría librado su vida.

6 Pero si el atalaya ve venir la espada y no toca la trompeta, y el pueblo no se apercibe, y viniendo la espada, quita a alguien de en medio de ellos, éste es quitado de en medio por causa de su pecado, pero demandaré su sangre de mano del atalaya.

7 A ti, pues, hijo de hombre, te he puesto por atalaya a la casa de Israel; cuando oigas la palabra de mi boca, los amonestarás de mi parte.

8 Cuando yo diga al malvado: Oh malvado, de cierto morirás, si tú no hablas para apercibir al malvado de su mal camino, el malvado morirá por su pecado, pero su sangre yo la demandaré de tu mano.

9 Pero si tú avisas al malvado de su camino para que se aparte de él, y él no se aparta de su camino, él morirá por su pecado, pero tú habrás librado tu vida.

Mensaje de justicia

10 Tú, pues, hijo de hombre, di a la casa de Israel: Vosotros habláis así, diciendo: Nuestras transgresiones y nuestros pecados están sobre nosotros, y a causa de ellos somos consumidos; ¿cómo, pues, viviremos?

11 Diles: Vivo yo, dice el Señor Jehová, que no me complazco en la muerte del malvado, sino en que se vuelva el malvado de su camino, y viva. Volveos, volveos de vuestros malos caminos; ¿por qué queréis morir, oh casa de Israel?

12 Y tú, hijo de hombre, di a los hijos de tu pueblo: La justicia del justo no lo librará el día de su transgresión; y la impiedad del impío no le causará tropiezo el día que se vuelva de su impiedad; y el justo no podrá vivir por su justicia el día que peque.

13 Cuando yo diga al justo: De cierto vivirás; si él, confiado en su justicia, comete iniquidad, ninguna de sus justicias será recordada, sino que morirá por la iniquidad que cometió.

14 Y cuando yo diga al impío: De cierto morirás; si él se convierte de su pecado, y practica el derecho y la justicia,

15 si el impío restituye la prenda, devuelve lo que haya robado, y camina en los estatutos de la vida, no haciendo iniquidad, vivirá ciertamente y no morirá.

16 No se le recordará ninguno de los pecados que había cometido; ha practicado el derecho y la justicia; vivirá ciertamente.

17 Y aún dicen los hijos de tu pueblo: No es recto el camino del Señor; el camino de ellos es el que no es recto.

18 Cuando el justo se aparte de su justicia y cometa iniquidad, morirá por ello.

19 Y cuando el impío se aparte de su impiedad y practique el derecho y la justicia, vivirá por ello.

20 Y aún decís: No es recto el camino del Señor. Yo os juzgaré, oh casa de Israel, a cada uno conforme a sus caminos.

Nuevas de la caída de Jerusalén

21 Aconteció en el año duodécimo de nuestro cautiverio, en el mes décimo, a los cinco días del mes, que vino a mí un fugitivo de Jerusalén, diciendo: La ciudad ha sido tomada.

22 Y la mano de Jehová había sido sobre mí la tarde antes de llegar el fugitivo, y había abierto mi boca, antes de que él llegase a mí por la mañana; y abrió mi boca, y ya no estuve mudo por más tiempo.

23 Y vino a mí palabra de Jehová, diciendo:

24 Hijo de hombre, los que habitan aquellos lugares asolados en la tierra de Israel hablan diciendo: Abraham era uno, y poseyó la tierra; pues nosotros somos muchos; a nosotros nos es dada la tierra en posesión.

25 Por tanto, diles: Así dice el Señor Jehová: Coméis con sangre, y alzáis vuestros ojos a vuestros ídolos, y derramáis sangre. ¿Y poseeréis vosotros la tierra?

26 Estáis sobre vuestras espadas, hacéis abominación y contamináis cada cual a la mujer de su prójimo. ¿Y habréis de poseer la tierra?

27 Les dirás así: Así dice el Señor Jehová: Vivo yo, que los que están entre las ruinas, de cierto caerán a espada, y al que está sobre la faz del campo lo entregaré a las fieras para que lo devoren; y los que están en las fortalezas y en las cuevas, morirán de peste.

28 Y convertiré la tierra en la mayor soledad, y cesará la soberbia de su poderío; y los montes de Israel serán asolados hasta que no haya quien pase por ellos.

29 Entonces sabrán que yo soy Jehová, cuando yo haya convertido la tierra en la mayor soledad, por todas las abominaciones que han cometido.

30 Y en cuanto a ti, hijo de hombre, los hijos de tu pueblo que hablan de ti junto a las paredes y a las puertas de las casas, y habla el uno con el otro, cada uno con su hermano, diciendo: Venid, os ruego, y oíd qué palabra viene de Jehová,

31 y vienen a ti como viene el pueblo, y se sientan delante de ti como pueblo mío, y oyen tus palabras pero no las ponen por obra; antes hacen halagos con sus bocas, pero el corazón de ellos anda en pos de su avaricia,

32 y he aquí que tú eres a ellos como cantor de amores, de alguien que tiene voz agradable y toca bien un instrumento; así que oyen tus palabras, pero no las ponen por obra;

33 cuando esto venga (y está viniendo ya), sabrán que ha habido un profeta entre ellos.

Profecía contra los pastores de Israel

34 Vino a mí palabra de Jehová, diciendo:

2 Hijo de hombre, profetiza contra los pastores de Israel; profetiza, y di a los pastores: Así dice el Señor Jehová: ¡Ay de los pastores de Israel, que se apacientan a sí mismos! ¿No deben los pastores apacentar el rebaño?

3 Coméis la grosura, y os vestís de la lana, degolláis la engordada; mas no apacentáis a las ovejas.

4 No fortalecisteis las débiles, ni curasteis la enferma; no vendasteis la perniquebrada, ni volvisteis al redil la descarriada, ni buscasteis la perdida, sino que os habéis enseñoreado de ellas con violencia y con dureza.

5 Y andan errantes por falta de pastor, y son presa de todas las fieras del campo, y se han dispersado.

6 Anduvieron perdidas mis ovejas por todos los montes, y en todo collado alto; y en toda la faz de la tierra fueron esparcidas mis ovejas, y no hubo quien las buscase, ni quien preguntase por ellas.

7 Por tanto, pastores, oíd palabra de Jehová:

8 Vivo yo, dice el Señor Jehová, que por cuanto mi rebaño fue expuesto al pillaje y a ser presa de todas las fieras del campo, sin pastor; y mis pastores no buscaron mis ovejas, sino que los pastores se apacentaron a sí mismos, y no apacentaron mis ovejas;

9 por tanto, oh pastores, oíd palabra de Jehová.

10 Así dice el Señor Jehová: He aquí, yo estoy contra los pastores; y demandaré mis ovejas de su mano, y les haré dejar de apacentar las ovejas; y los pastores ya no se apacentarán más a sí mismos, pues yo libraré mis ovejas de sus bocas, para que no les sirvan más por comida.

11 Porque así dice el Señor Jehová: Aquí estoy yo; yo mismo iré a buscar mis ovejas, y las recogeré.

12 Como recoge su rebaño el pastor el día que está en medio de sus ovejas esparcidas, así recogeré mis ovejas, y las libraré de todos los lugares en que fueron esparcidas el día del nublado y de la densa oscuridad.

13 Y yo las sacaré de los pueblos, y las juntaré de las tierras; las traeré a su propia tierra, y las apacentaré en los montes de Israel, junto a los arroyos, y en todos los lugares habitables del país.

14 Las apacentaré en buenos pastos, y en los altos montes de Israel estará su aprisco; allí dormirán en un buen redil, y serán apacentadas con pastos suculentos sobre los montes de Israel.

15 Yo apacentaré mis ovejas, y yo las haré reposar, dice el Señor Jehová.

16 Yo buscaré la perdida, y haré volver al redil la descarriada; vendaré la perniquebrada, y fortaleceré la débil; mas destruiré a la engordada y a la fuerte; las apacentaré con justicia.

17 Y en cuanto a vosotras, ovejas mías, así dice el Señor Jehová: He aquí yo juzgo entre oveja y oveja, entre carneros y machos cabríos.

18 ¿Os parece poco el haberos alimentado con lo mejor de los pastos, para que también pisoteéis con vuestros pies lo que queda de vuestros pastos; y que habiéndoos bebido las aguas claras, enturbiéis además con vuestros pies las que quedan?

19 Así que mis ovejas comen lo hollado de vuestros pies, y beben lo que con vuestros pies habéis enturbiado.

20 Por eso, así les dice el Señor Jehová: He aquí que yo, sí, yo juzgaré entre la oveja engordada y la oveja flaca,

21 por cuanto empujasteis con el costado y con el hombro, y acorneasteis con vuestros cuernos a todas las débiles, hasta que las echasteis y las dispersasteis.

22 Por tanto, yo salvaré a mis ovejas, y nunca más servirán para el pillaje y juzgaré entre oveja y oveja.

23 Y suscitaré para ponerlo al frente de ellas a un solo pastor, y él las apacentará: a mi siervo David, él las apacentará, y él les será por pastor.

24 Y yo Jehová les seré por Dios, y mi siervo David será príncipe en medio de ellos. Yo Jehová he hablado.

25 Y estableceré con ellos pacto de paz, y quitaré de la tierra las fieras; y habitarán en el desierto con seguridad, y dormirán en los bosques.

26 Y haré de ellas y de los alrededores de mi collado una bendición, y haré descender la lluvia en su tiempo; lluvias de bendición serán.

27 Y el árbol del campo dará su fruto, y la tierra dará sus productos, y estarán sobre su tierra con seguridad; y sabrán que yo soy Jehová, cuando haya roto las coyundas de su yugo, y los libre de manos de los que los han tenido esclavizados.

28 No volverán a ser presa de las naciones, ni las devorarán las fieras de la tierra; sino que habitarán con seguridad, y no habrá quien las espante.

29 Y levantaré para ellos un plantío de renombre, y nunca más serán consumidos de hambre en la tierra, ni serán jamás avergonzados por las naciones.

30 Y sabrán que yo Jehová su Dios estoy con ellos, y ellos, la casa de Israel, son mi pueblo, dice el Señor Jehová.

31 Y vosotras, ovejas mías, ovejas de mi pasto, sois hombres, y yo soy vuestro Dios, dice el Señor Jehová.

Profecía contra el monte Seir

35 Vino además a mí palabra de Jehová, diciendo:

2 Hijo de hombre, vuelve tu rostro hacia el monte de Seir, y profetiza contra él.

3 y dile: Así dice el Señor Jehová: He aquí que yo estoy contra ti, oh monte de Seir, y extenderé mi mano contra ti, y te convertiré en la mayor soledad.

4 A tus ciudades convertiré en ruinas, y tú serás asolado; y sabrás que yo soy Jehová.

5 Por cuanto tuviste un odio perpetuo, y entregaste a los hijos de Israel al poder de la

espada en el tiempo de su aflicción, en el tiempo de la consumación de la maldad;

6 por tanto, vivo yo, dice el Señor Jehová, que te destinaré a la sangre, y la sangre te perseguirá; de cierto aborreciste tu propia sangre; por eso, te perseguirá la sangre.

7 Y convertiré al monte de Seír en completa soledad, y cortaré de él al que vaya y al que venga.

8 Y llenaré sus montes de sus muertos; en tus collados, en tus valles y en todos tus arroyos, caerán los muertos a espada.

9 Yo te pondré en asolamiento perpetuo, y tus ciudades nunca más se restaurarán; y sabréis que yo soy Jehová.

10 Por cuanto dijiste: Las dos naciones y las dos tierras serán mías, y tomaré posesión de ellas; siendo así que Jehová estaba allí;

11 por tanto, vivo yo, dice el Señor Jehová, yo haré conforme a tu ira, y conforme a tu envidia con que procediste, a causa del odio que le tenías; y seré conocido en ellos, cuando te castigue.

12 Y sabrás que yo Jehová he oído todas tus injurias que proferiste contra los montes de Israel, diciendo: Están devastados; nos han sido dados para que los devoremos.

13 Y os engrandecisteis contra mí con vuestra boca, y multiplicasteis contra mí vuestras palabras. Yo lo oí.

14 Así dice el Señor Jehová: Cuando toda la tierra se regocije, yo te haré una desolación.

15 Como tú te alegraste sobre la heredad de la casa de Israel, porque fue asolada, así te haré a ti; asolado serás tú, oh monte de Seír, y todo Edom, todo él; y sabrán que yo soy Jehová.

Restauración futura de Israel

36 Tú, hijo de hombre, profetiza a los montes de Israel, y di: Montes de Israel, oíd palabra de Jehová.

2 Así dice el Señor Jehová: Por cuanto el enemigo dijo contra vosotros: ¡Ea!, también las alturas eternas nos han sido dadas por heredad;

3 profetiza, por tanto, y di: Así dice el Señor Jehová: Por cuanto habéis sido asolados y os han codiciado de todas partes para que vinierais a ser posesión de las otras naciones, y andáis en boca de habladores y en la difamación de la gente,

4 por tanto, montes de Israel, oíd palabra del Señor Jehová: Así dice el Señor Jehová a los montes y a los collados, a los arroyos y a los valles, a las ruinas asoladas y a las ciudades desamparadas, que fueron entregadas al pillaje y al escarnio de las otras naciones alrededor;

5 por eso, así dice el Señor Jehová: He hablado por cierto en el fuego de mi celo contra las demás naciones, y contra todo Edom, que se apropiaron entre ellos mi tierra por heredad con la alegría de todo su corazón y con el desprecio en el alma, para despoblarla y saquearla.

6 Por tanto, profetiza sobre la tierra de Israel, y di a los montes y a los collados, y a los arroyos y a los valles: Así dice el Señor Jehová: He aquí, en mi celo y en mi furor he hablado, por cuanto habéis llevado el oprobio de las naciones.

7 Por lo cual así dice el Señor Jehová: Yo he alzado mi mano, y he jurado que las naciones que están a vuestro alrededor han de llevar su afrenta.

8 Mas vosotros, oh montes de Israel, daréis vuestras ramas, y llevaréis vuestro fruto para mi pueblo Israel; porque están a punto de volver.

9 Porque he aquí que yo estoy por vosotros, y a vosotros me volveré, y seréis labrados y sembrados.

10 Y haré multiplicar hombres sobre vosotros, a toda la casa de Israel, toda ella; y las ciudades serán habitadas, y edificadas las ruinas.

11 Multiplicaré sobre vosotros hombres y ganado, y serán multiplicados y crecerán; y os haré morar como solíais antiguamente, y os haré mayor bien que en vuestros principios; y sabréis que yo soy Jehová.

12 Y haré andar hombres sobre vosotros, a mi pueblo Israel; y tomarán posesión de ti, y les serás por heredad, y nunca más volverás a privarles de sus hijos.

13 Así dice el Señor Jehová: Por cuanto dicen de vosotros: Eres una tierra que devora a sus hombres, y has privado de hijos a tu nación;

14 por tanto, no devorarás más hombres, y nunca más matarás a los hijos de tu nación, dice el Señor Jehová.

15 Y nunca más consentiré que se oiga contra ti el ultraje de las naciones, ni cargarás por más tiempo con los denuestos de los pueblos, ni volverás a privar de hijos a tu nación, dice el Señor Jehová.

16 Vino a mí palabra de Jehová, diciendo:

17 Hijo de hombre, mientras la casa de Israel moraba en su tierra, la contaminó con sus caminos y con sus obras; como inmundicia de menstruosa fue su camino delante de mí.

18 Por lo cual derramé mi ira sobre ellos por la sangre que habían derramado sobre la tierra; porque la contaminaron con sus ídolos.

19 Les esparcí entre las naciones, y fueron dispersados por las tierras; conforme a sus caminos y conforme a sus obras les castigué.

20 Y cuando llegaron a las naciones adonde fueron, profanaron mi santo nombre, diciéndose de ellos: Éstos son pueblo de Jehová, y han salido de la tierra de él.

21 Pero he tenido lástima de mi santo nombre, profanado por la casa de Israel entre las naciones adonde fueron.

22 Por tanto, di a la casa de Israel: Así dice el Señor Jehová: No lo hago por vosotros, oh casa de Israel, sino por causa de mi santo nombre, el cual profanasteis vosotros entre las naciones adonde habéis llegado.

23 Y santificaré mi gran nombre, profanado entre las naciones, el cual profanasteis vosotros en medio de ellas; y sabrán las naciones que yo soy Jehová, dice el Señor Jehová, cuando yo sea santificado en vosotros delante de sus ojos.

24 Pues yo os tomaré de entre las naciones, y os recogeré de todas las tierras, y os traeré a vuestro país.

25 Esparciré sobre vosotros agua limpia, y quedaréis limpios; de todas vuestras inmundicias y de todos vuestros ídolos os limpiaré.

26 Os daré también un corazón nuevo, y pondré un espíritu nuevo dentro de vosotros; y quitaré de vuestra carne el corazón de piedra, y os daré un corazón de carne.

27 Y pondré dentro de vosotros mi Espíritu, y haré que andéis en mis estatutos, y guardéis mis ordenanzas, y las pongáis por obra.

28 Habitaréis en la tierra que di a vuestros padres, y vosotros me seréis por pueblo, y yo seré a vosotros por Dios.

29 Y os libraré de todas vuestras inmundicias; y llamaré al trigo, y lo multiplicaré, y no os haré pasar hambre.

30 Multiplicaré asimismo el fruto de los árboles, y el producto de los campos, para que nunca más recibáis oprobio de hambre entre las naciones.

31 Y os acordaréis de vuestros malos caminos, y de vuestras obras que no fueron buenas; y sentiréis asco de vosotros mismos por vuestras iniquidades y por vuestras abominaciones.

32 No lo hago por vosotros, dice Jehová el Señor, sabedlo bien; avergonzaos y cubríos de confusión por vuestras iniquidades, casa de Israel.

33 Así dice el Señor Jehová: El día que os limpie de todas vuestras iniquidades, haré también que sean habitadas las ciudades, y las ruinas serán reedificadas.

34 Y la tierra que estuvo asolada, será labrada, después de haber permanecido asolada a ojos de todos los que pasaron.

35 Y dirán: Esta tierra que estaba asolada ha venido a ser como el jardín del Edén; y estas ciudades que eran desiertas y asoladas y arruinadas, están fortificadas y habitadas.

36 Y las naciones que queden en vuestros alrededores sabrán que yo Jehová reedifiqué lo que estaba derribado, y planté lo que estaba desolado; yo Jehová he hablado, y lo haré.

37 Así dice el Señor Jehová: Aún seré solicitado por la casa de Israel, para hacerles esto; multiplicaré los hombres como se multiplican los rebaños.

38 Como las ovejas consagradas, como las ovejas de Jerusalén en sus fiestas solemnes, así las ciudades desiertas serán llenas de rebaños de hombres; y sabrán que yo soy Jehová.

El valle de los huesos secos

37 La mano de Jehová vino sobre mí, y me llevó Jehová en espíritu y me puso en medio de un valle que estaba lleno de huesos.

2 Y me hizo pasar cerca de ellos por todo en derredor; y he aquí que eran muchísimos sobre la faz del campo, y por cierto secos en gran manera.

3 Y me dijo: Hijo de hombre, ¿pueden revivir estos huesos? Y respondí: Señor Jehová, tú lo sabes.

4 Me dijo entonces: Profetiza sobre estos huesos, y diles: Huesos secos, oíd palabra de Jehová.

5 Así dice el Señor Jehová a estos huesos: He aquí que yo haré entrar espíritu en vosotros, y viviréis.

6 Y pondré tendones sobre vosotros, haré crecer sobre vosotros la carne, os cubriré de piel, y pondré en vosotros espíritu, y viviréis; y sabréis que yo soy Jehová.

7 Profeticé, pues, como me fue mandado; y hubo un ruido mientras yo profetizaba, e inmediatamente una conmoción; y los huesos se juntaron, cada hueso en su sitio.

8 Y miré, y he aquí que había tendones sobre ellos, y la carne subió, y la piel cubrió por encima de ellos; pero no había en ellos espíritu.

9 Entonces me dijo: Profetiza al espíritu, profetiza, hijo de hombre, y di al espíritu: Así dice el Señor Jehová: Espíritu, ven de los cuatro vientos, y sopla sobre estos muertos, y vivirán.

10 Así que profeticé como me había mandado, y entró el espíritu en ellos, y vivieron, y se pusieron en pie; un ejército grande en extremo.

11 Me dijo luego: Hijo de hombre, estos huesos son toda la casa de Israel. He aquí que ellos dicen: Nuestros huesos están secos, y se ha perdido nuestra esperanza; y estamos cortados del todo.

12 Por tanto, profetiza, y diles: Así dice el

Señor Jehová: He aquí que yo voy a abrir vuestros sepulcros, pueblo mío, y os haré subir de vuestras sepulturas, y os traeré a la tierra de Israel.

13 Y sabréis que yo soy Jehová, cuando haya abierto vuestros sepulcros, y os haga salir de vuestras sepulturas, pueblo mío.

14 Y pondré mi Espíritu en vosotros, y viviréis, y os instalaré en vuestra tierra; y sabréis que yo Jehová hablé, y lo hice, dice Jehová.

Judá e Israel en un solo reino

15 Vino a mí palabra de Jehová, diciendo:

16 Hijo de hombre, toma ahora un palo, y escribe en él: Para Judá, y para los hijos de Israel sus compañeros. Toma después otro palo, y escribe en él: Para José, palo de Efraín, y de toda la casa de Israel sus compañeros.

17 Júntalos luego el uno con el otro, para que sean uno solo, y se hagan uno solo en tu mano.

18 Y cuando te pregunten los hijos de tu pueblo, diciendo: ¿No nos explicarás lo que significa eso?

19 diles: Así dice el Señor Jehová: He aquí que yo tomo el palo de José que está en la mano de Efraín, y a las tribus de Israel sus compañeros, y los pondré juntamente con el palo de Judá, y los haré un solo palo, y se harán uno en mi mano.

20 Y los palos sobre los que escribas estarán en tu mano delante de sus ojos,

21 y les dirás: Así dice el Señor Jehová: He aquí, yo voy a tomar a los hijos de Israel de entre las naciones a las cuales fueron, y los recogeré de todas partes, y los traeré a su tierra;

22 y los haré una sola nación en la tierra, en los montes de Israel, y un solo rey será a todos ellos por rey; y nunca más serán dos naciones, ni nunca más estarán divididos en dos reinos.

23 Ni se contaminarán ya más con sus ídolos, ni con sus abominaciones, ni con ninguna de sus transgresiones; y los sacaré de todas las habitaciones en las cuales pecaron, y los limpiaré; y me serán por pueblo, y yo a ellos por Dios.

24 Mi siervo David será rey sobre ellos, y todos ellos tendrán un solo pastor; y andarán en mis ordenanzas, y guardarán mis estatutos, y los pondrán por obra.

25 Habitarán en la tierra que di a mi siervo Jacob, en la cual habitaron vuestros padres; en ella habitarán ellos, sus hijos y los hijos de sus hijos para siempre; y mi siervo David será príncipe de ellos para siempre.

26 Y haré con ellos pacto de paz, será un pacto perpetuo con ellos; y los estableceré y los multiplicaré, y pondré mi santuario entre ellos para siempre.

27 Estará en medio de ellos mi tabernáculo, y seré a ellos por Dios, y ellos me serán por pueblo.

28 Y sabrán las naciones que yo Jehová santifico a Israel, cuando mi santuario esté en medio de ellos para siempre.

Profecía contra Gog, rey de Magog

38 Vino a mí palabra de Jehová, diciendo:

2 Hijo de hombre, vuelve tu rostro hacia Gog en tierra de Magog, príncipe soberano de Mésec y Tubal, y profetiza contra él,

3 y di: Así dice el Señor Jehová: He aquí que yo estoy contra ti, oh Gog, príncipe soberano de Mésec y Tubal.

4 Y te haré dar media vuelta, y pondré garfios en tus quijadas, y te sacaré a ti y a todo tu ejército, caballos y jinetes, todos perfectamente equipados, gran multitud con paveses y escudos, blandiendo todos ellos espada;

5 Persia, Cus y Fut con ellos; todos ellos con escudo y yelmo;

6 Gomer, y todas sus tropas; la casa de Togarmá, de los confines del norte, y todas sus tropas; muchos pueblos contigo.

7 Prepárate y apercíbete, tú y toda tu multitud que se ha reunido a ti, y sé tú su comandante en jefe.

8 De aquí a muchos días recibirás la orden; al cabo de muchos años vendrás a la tierra salvada de la espada, recogida de muchos pueblos, contra los montes de Israel, que siempre fueron una desolación; mas fue sacada de las naciones, y todos ellos moran confiadamente.

9 Subirás tú, y vendrás como una tempestad; como un nublado para cubrir la tierra serás tú y todas tus tropas, y muchos pueblos contigo.

10 Así dice el Señor Jehová: En aquel día subirán pensamientos a tu corazón y concebirás malvados designios,

11 y dirás: Subiré contra una tierra indefensa, iré contra gentes tranquilas que habitan confiadamente; todas ellas habitan sin muros, y no tienen cerrojos ni puertas;

12 para arrebatar despojos y para tomar botín, para extender tus manos sobre las tierras desiertas ya pobladas, y sobre el pueblo recogido de entre las naciones, que ha repuesto su ganado y su hacienda, y que habita en el centro de la tierra.

13 Sebá y Dedán, y los mercaderes de Tarsis con todos sus magnates, te dirán: ¿Has venido a arrebatar despojos? ¿Has reunido tu multitud para tomar botín, para

llevarte la plata y el oro, para tomar ganados y posesiones, para hacer un gran botín?

14 Por tanto, profetiza, hijo de hombre, y di a Gog: Así dice el Señor Jehová: En aquel tiempo, cuando mi pueblo Israel habite con seguridad, ¿no lo sabrás tú?

15 Vendrás de tu lugar, de las más remotas regiones del norte, tú y muchos pueblos contigo, todos ellos a caballo, una gran multitud y un poderoso ejército,

16 y subirás contra mi pueblo Israel como un nublado para cubrir la tierra; esto será al final de los días; y te traeré contra mi tierra, para que las naciones me conozcan, cuando sea santificado a costa tuya, oh Gog, delante de sus ojos.

17 Así dice el Señor Jehová: ¿Eres tú aquel de quien hablé yo en tiempos pasados por mis siervos los profetas de Israel, los cuales profetizaron en aquellos tiempos, durante muchos años, que yo te había de traer contra ellos?

18 Ocurrirá en aquel tiempo; cuando venga Gog contra la tierra de Israel, dice Jehová el Señor, que subirá mi ira en mi enojo.

19 Porque he hablado en mi celo, y en el fuego de mi ira: De cierto en aquel tiempo habrá un gran terremoto en la tierra de Israel;

20 tanto, que los peces del mar, las aves del cielo, las bestias del campo y todo reptil que se arrastra sobre la tierra, y todos los hombres que están sobre la faz de la tierra, temblarán ante mi presencia; y se desmoronarán los montes, y las rocas caerán, y todo muro caerá por tierra.

21 Y en todos mis montes llamaré contra él la espada, dice el Señor Jehová; la espada de cada cual se volverá contra su hermano.

22 Y yo litigaré contra él con peste y con sangre; y haré llover sobre él, sobre sus tropas y sobre los muchos pueblos que están con él, impetuosa lluvia, y piedras de granizo, fuego y azufre.

23 Así manifestaré mi grandeza y mi santidad, y me daré a conocer ante los ojos de muchas naciones; y sabrán que yo soy Jehová.

39 Tú, pues, hijo de hombre, profetiza contra Gog, y di: Así dice el Señor Jehová: He aquí que yo estoy contra ti, oh Gog, príncipe soberano de Mésec y Tubal.

2 Y te haré dar media vuelta, y te conduciré y te haré subir de las más remotas partes del norte, y te traeré sobre los montes de Israel;

3 y romperé tu arco en tu mano izquierda, y haré caer tus saetas de tu mano derecha.

4 Sobre los montes de Israel caerás tú y todas tus tropas, y los pueblos que estén contigo; a las aves de rapiña de toda especie, y a las fieras del campo, te daré por comida.

5 Sobre la faz del campo caerás; porque yo he hablado, dice el Señor Jehová.

6 Y enviaré fuego sobre Magog, y sobre los que moran con seguridad en las islas; y sabrán que yo soy Jehová.

7 Y haré notorio mi santo nombre en medio de mi pueblo Israel, y nunca más consentiré que sea profanado mi santo nombre; y sabrán las naciones que yo soy Jehová, el Santo en Israel.

8 He aquí que esto llega y se va a cumplir, dice el Señor Jehová; éste es el día del cual he hablado.

9 Y los moradores de las ciudades de Israel saldrán a prender fuego y a entregar a las llamas las armas; escudos y paveses, arcos y saetas, mazas y lanzas; y los quemarán en el fuego por siete años.

10 No traerán leña del campo, ni cortarán de los bosques, sino que quemarán las armas en el fuego; y despojarán a sus despojadores, y robarán a los que les robaron, dice el Señor Jehová.

11 En aquel tiempo yo daré a Gog lugar para sepultura allí en Israel, el valle de los que pasan al oriente del mar; y obstruirá el paso a los traseúntes, pues allí enterrarán a Gog y a toda su multitud; y lo llamarán el Valle de Hamón-gog.

12 Y la casa de Israel los estará enterrando por siete meses, para limpiar la tierra.

13 Los enterrará todo el pueblo de la tierra, y será para ellos un motivo de renombre; el día en que yo seré glorificado, dice el Señor Jehová.

14 Y tomarán hombres a jornal que vayan continuamente por el país para enterrar, con ayuda de los que viajen, a los que queden sobre la faz de la tierra, a fin de limpiarla; al cabo de siete meses harán el reconocimiento.

15 Y cuando pasen los que viajen por el país, y alguien vea los huesos de algún hombre, pondrá junto a ellos una señal, hasta que los entierren los sepultureros en el valle de Hamón-gog.

16 Y también el nombre de la ciudad será Hamoná; así limpiarán la tierra.

17 Y tú, hijo de hombre, así dice el Señor Jehová: Di a las aves de toda especie, y a toda fiera del campo: Juntaos, y venid; reuníos de todas partes al banquete que preparo para vosotros, un gran banquete sobre los montes de Israel; y comeréis carne y beberéis sangre.

18 Comeréis carne de fuertes, y beberéis sangre de príncipes de la tierra; carneros, corderos, machos cabríos, bueyes y toros engordados de Basán son todos ellos.

19 Comeréis la gordura hasta saciaros, y beberéis hasta embriagaros de sangre de las víctimas que para vosotros he preparado.

20 Y os saciaréis sobre mi mesa, de caballos y de jinetes, de hombres fuertes y de todos los hombres de guerra, dice el Señor Jehová.

21 Y pondré en alto mi gloria entre las naciones, y todas las naciones verán mi juicio que habré hecho, y mi mano con que los habré herido.

22 Y de aquel día en adelante sabrá la casa de Israel que yo soy Jehová su Dios.

23 Y sabrán las naciones que la casa de Israel fue llevada cautiva por su pecado, por cuanto me fueron infieles, y yo escondí de ellos mi rostro, y los entregué en manos de sus enemigos, y cayeron todos a espada.

24 Conforme a su inmundicia y conforme a sus transgresiones hice con ellos, y escondí de ellos mi rostro.

25 Por tanto, así dice el Señor Jehová: Ahora voy a hacer volver a los cautivos de Jacob, y tendré compasión de toda la casa de Israel, y me mostraré celoso por mi santo nombre.

26 Y ellos llevarán sobre sí su vergüenza, y toda su infidelidad con que prevaricaron contra mí, cuando habiten en su tierra con seguridad y no haya quien los espante;

27 cuando yo los haya traído de entre los pueblos, y los haya recogido de la tierra de sus enemigos, y sea santificado en ellos ante los ojos de muchas naciones.

28 Y sabrán que yo soy Jehová su Dios, cuando, después de haberlos llevado al cautiverio entre las naciones, los reúna sobre su tierra, sin dejar allí a ninguno de ellos.

29 Y no esconderé más de ellos mi rostro; porque habré derramado de mi Espíritu sobre la casa de Israel, dice el Señor Jehová.

La visión del templo

40 En el año veinticinco de nuestro cautiverio, al principio del año, a los diez días del mes, a los catorce años después que la ciudad fue tomada, en aquel mismo día vino sobre mí la mano de Jehová, y me llevó allá.

2 En visiones de Dios me llevó a la tierra de Israel, y me puso sobre un monte muy alto, sobre el cual había un edificio parecido a una ciudad, hacia la parte sur.

3 Me llevó allá, y he aquí que había allí un varón cuyo aspecto era como aspecto de bronce; y tenía un cordel de lino en su mano, y una caña de medir; y él estaba de pie a la puerta.

4 Y me habló aquel varón, diciendo: Hijo de hombre, mira con tus ojos, y oye con tus oídos, y pon tu corazón a todas las cosas que te voy a mostrar; porque has sido traído aquí para que yo te las mostrase. Informa a la casa de Israel de todo lo que vayas viendo.

5 Y he aquí, por el exterior de la casa había un muro alrededor; y la caña de medir que aquel varón tenía en la mano era de seis codos de largura, de a codo y palmo cada codo; y midió el espesor del muro, de una caña, y la altura, de otra caña.

6 Después vino a la puerta que mira hacia el oriente, y subió por sus gradas, y midió un poste de la puerta, de una caña de ancho, y el otro poste, de otra caña de ancho.

7 Y cada cámara tenía una caña de largo, y una caña de ancho; y entre las cámaras había un espacio de cinco codos de ancho; y cada poste de la puerta junto a la entrada de la puerta por dentro, una caña de ancho.

8 Midió asimismo el vestíbulo del pórtico por dentro, una caña de ancho.

9 Midió luego la entrada del portal, de ocho codos de largo, y sus postes de dos codos; y la puerta del pórtico estaba por el lado de adentro.

10 Y la puerta oriental tenía tres cámaras a cada lado, las tres de una medida; también de una medida los portales a cada lado.

11 Midió el ancho de la entrada de la puerta, de diez codos, y la longitud del portal, de trece codos.

12 El espacio delante de las cámaras era de un codo a un lado, y de otro codo al otro lado; y cada cámara tenía seis codos por un lado, y seis codos por el otro.

13 Midió la puerta desde el techo de una cámara hasta el techo de la otra, veinticinco codos de ancho, puerta contra puerta.

14 Y midió los postes, de sesenta codos, cada poste del atrio y del portal todo en derredor.

15 Y desde el frente de la puerta de la entrada hasta el frente de la entrada de la puerta interior, cincuenta codos.

16 Y había ventanas estrechas en las cámaras, y en sus portales por dentro de la puerta alrededor, y asimismo en los corredores; y las ventanas estaban alrededor por dentro; y sobre cada poste había palmeras.

El atrio exterior

17 Me llevó luego al atrio exterior, y he aquí había cámaras, y estaba enlosado todo en derredor; treinta cámaras había alrededor en aquel atrio.

18 El enlosado estaba a los lados de las puertas, en proporción a la longitud de los portales, esto es el enlosado inferior.

19 Y midió la anchura desde el frente de la puerta de abajo hasta el frente del atrio interior por fuera, de cien codos hacia el oriente, como también al norte.

20 Y de la puerta que estaba hacia el norte

en el atrio exterior, midió su longitud y su anchura.

21 Sus cámaras eran tres de un lado, y tres del otro; y sus postes y sus arcos eran como la medida de la puerta primera: cincuenta codos de longitud, y veinticinco de ancho.

22 Y sus ventanas y sus arcos y sus palmeras eran conforme a la medida de la puerta que estaba hacia el oriente; y se subía a ella por siete gradas, y delante de ellas estaban sus arcos.

23 Enfrente de la puerta que daba hacia el norte, había en el atrio interior una puerta que estaba también enfrente de la puerta oriental; y midió de puerta a puerta, cien codos.

El pórtico meridional

24 Me llevó después hacia el sur, y he aquí que había una puerta hacia el sur; y midió sus portales y sus arcos conforme a las mismas medidas.

25 Y había ventanas en torno de ella y de su vestíbulo, como las otras ventanas; su longitud era de cincuenta codos, y el ancho de veinticinco codos.

26 Sus gradas eran de siete peldaños, con sus arcos delante de ellas; y tenía palmeras, una de un lado, y otra del otro lado, en sus postes.

27 Había también una puerta hacia el sur del atrio interior, y midió de puerta a puerta hacia el sur cien codos.

28 Me llevó después al atrio de adentro por la puerta del sur, y midió la puerta del sur conforme a estas medidas.

29 Sus cámaras y sus postes y sus arcos eran conforme a estas medidas, y tenía sus ventanas y sus arcos alrededor; la longitud era de cincuenta codos, y de veinticinco codos el ancho.

30 Los arcos alrededor eran de veinticinco codos de largo, y cinco codos de ancho.

31 Y sus arcos daban al atrio exterior, con palmeras en sus postes; y sus gradas eran de ocho peldaños.

32 Y me llevó al atrio interior hacia el oriente, y midió la puerta conforme a estas medidas.

33 Eran sus cámaras y sus postes y sus arcos conforme a estas medidas, y tenía sus ventanas y sus arcos alrededor; la longitud era de cincuenta codos, y la anchura de veinticinco codos.

34 Y sus arcos daban al atrio exterior, con palmeras en sus postes de un lado y de otro; y sus gradas eran de ocho peldaños.

35 Me llevó luego a la puerta del norte, y midió conforme a estas medidas;

36 sus cámaras, sus postes, sus arcos y sus ventanas alrededor; la longitud era de cin-

cuenta codos, y de veinticinco codos el ancho.

37 Sus postes daban al atrio exterior, con palmeras a cada uno de sus postes de un lado y de otro; y sus gradas eran de ocho peldaños.

38 Y había allí una cámara con su puerta junto a los postes de los portales; allí se había de lavar el holocausto.

39 Y en la entrada de la puerta había dos mesas a un lado, y otras dos al otro, para degollar sobre ellas el holocausto, la expiación y el sacrificio por el pecado.

40 A un lado, por fuera de las gradas, a la entrada de la puerta del norte, había dos mesas; y al otro lado que estaba a la entrada de la puerta, otras dos mesas.

41 Cuatro mesas a un lado, y cuatro mesas al otro lado, junto a la puerta; ocho mesas, sobre las cuales se habían de inmolar las víctimas.

42 Había además otras cuatro mesas para el holocausto, de piedra labrada, de un codo y medio de longitud, y codo y medio de ancho, y de un codo de altura, sobre las cuales habrían de colocar los utensilios con que se degüellan el holocausto y el sacrificio.

43 Y adentro, ganchos, de un palmo menor, dispuestos en derredor; y sobre las mesas había de estar la carne de las víctimas.

44 Y fuera de la puerta interior, en el atrio de adentro que estaba al lado de la puerta del norte, estaban las cámaras de los cantores, las cuales miraban hacia el sur; una estaba al lado de la puerta del oriente que miraba hacia el norte.

45 Y me dijo: Esta cámara que mira hacia el sur es de los sacerdotes que hacen la guardia del templo.

46 Y la cámara que mira hacia el norte es de los sacerdotes que hacen la guardia del altar; éstos son los hijos de Sadoc, los cuales, de entre los hijos de Leví, se acercan a Jehová, para servirle.

47 Y midió el atrio, cien codos de longitud, y cien codos de anchura; era cuadrado; y el altar estaba delante de la casa.

48 Y me llevó al pórtico del templo, y midió cada poste del pórtico, cinco codos de un lado, y cinco codos de otro; y la anchura de la puerta, tres codos de un lado, y tres codos de otro.

49 La longitud del pórtico, veinte codos, y el ancho once codos; y se subía a él por gradas; y había columnas junto a los postes, una de un lado, y otra de otro.

41 Me introdujo luego en el templo, y midió los postes, siendo el ancho de seis codos de un lado, y de seis codos del otro, que era el ancho del tabernáculo.

2 El ancho de la puerta era de diez codos, y

los lados de la puerta, de cinco codos de un lado, y de cinco del otro. Y midió su longitud, de cuarenta codos, y la anchura de veinte codos.

3 Y pasó al interior, y midió cada poste de la puerta, de dos codos; y la puerta, de seis codos; y la anchura de la entrada, de siete codos.

4 Midió también su longitud, de veinte codos, y la anchura de veinte codos, delante del templo; y me dijo: Éste es el lugar santísimo.

5 Después midió el muro de la casa, de seis codos; y de cuatro codos la anchura de las cámaras laterales, en torno de la casa alrededor.

6 Las cámaras laterales estaban sobrepuestas unas a otras, treinta en cada uno de los tres pisos; y había salientes en la pared de la casa alrededor, sobre los que estribasen las cámaras, para que no estribasen en la pared de la casa.

7 Y había mayor anchura en las cámaras laterales, según se subía de piso en piso; porque la escalera de caracol de la casa subía más y más alrededor por dentro de la casa; por tanto, la casa tenía más anchura arriba. Del piso inferior se podía subir al de en medio, y de éste al superior.

8 Y vi que la casa estaba asentada sobre una elevación, todo alrededor; los cimientos de las cámaras eran de una caña entera de seis codos hacia el ángulo.

9 El ancho de la pared de afuera que pertenecía a las cámaras laterales era de cinco codos, igual al espacio de las cámaras de la casa por dentro.

10 Y entre las cámaras había una anchura de veinte codos por todos lados alrededor de la casa.

11 La puerta de cada cámara lateral daba al espacio que quedaba, una puerta hacia el norte, y otra puerta hacia el sur; y el ancho del espacio que quedaba era de cinco codos por todo alrededor.

12 Y el edificio que estaba delante del espacio abierto al lado del occidente era de setenta codos de ancho; y la pared del edificio, de cinco codos de grueso alrededor, y de noventa codos de largo.

13 Luego midió la casa, cien codos de largo; y el espacio abierto y el edificio y sus paredes, de cien codos de longitud.

14 Y el ancho del frente de la casa y del espacio abierto al oriente era de cien codos.

15 Y midió la longitud del edificio que estaba delante del espacio abierto que había detrás de él, y las galerías de uno y otro lado, cien codos; y el templo, el lugar interior y los portales del atrio,

16 los umbrales y las ventanas estrechas y las galerías alrededor de los tres pisos estaba todo cubierto de madera desde el suelo hasta las ventanas; y las ventanas también cubiertas

17 hasta el espacio de encima de la puerta, y hasta la casa de adentro, y afuera de ella, y por toda la pared en derredor por dentro y por fuera, por medida.

18 Y estaba labrada con querubines y palmeras, y había entre querubín y querubín una palmera; y cada querubín tenía dos rostros;

19 un rostro de hombre hacia la palmera de un lado, y un rostro de león hacia la palmera del otro lado, por toda la casa alrededor.

20 Desde el suelo hasta encima de la puerta había querubines labrados y palmeras, así como por toda la pared del templo.

21 Cada poste del templo era cuadrado, y el frente del lugar santísimo tenía el mismo aspecto que el frente del templo.

22 El altar, de tres codos de alto y de dos codos de largo, era de madera, así como sus esquinas; su superficie y sus paredes eran también de madera. Y me dijo: Ésta es la mesa que está delante de Jehová.

23 El templo y el santuario tenían dos puertas dobles.

24 Y en cada puerta había dos hojas, dos hojas que giraban; dos hojas en una puerta, y otras dos en la otra.

25 En las puertas del templo había esculpidos querubines y palmeras, así como los que había en las paredes; y había gruesas vigas de madera sobre la fachada del atrio al exterior.

26 Y había ventanas estrechas, y palmeras de uno y otro lado a los lados del pórtico; había también los soportes de la casa y los arquitrabes.

42 Me trajo luego al atrio exterior hacia el norte, y me llevó a la cámara que estaba delante del espacio abierto que quedaba enfrente del edificio, hacia el norte.

2 Por delante de la puerta del norte su longitud era de cien codos, y el ancho de cincuenta codos.

3 Frente a los veinte codos que había en el atrio interior, y enfrente del enlosado que había en el atrio exterior, estaban las galerías, las unas enfrente de las otras en tres pisos.

4 Y delante de las cámaras había un corredor de diez codos de ancho hacia adentro, con una vía de entrada de un codo; y sus puertas daban al norte.

5 Y las cámaras más altas eran más estrechas; porque las galerías quitaban de ellas más espacio que de las bajas y de las de en medio del edificio.

6 Porque estaban en tres pisos, y no tenían columnas como las columnas de los atrios; por tanto, eran más estrechas que las de

abajo y las de en medio, comparando desde el suelo.

7 Y el muro que estaba afuera enfrente de las cámaras, hacia el atrio exterior delante de las cámaras, tenía cincuenta codos de largo.

8 Porque la longitud de las cámaras del atrio de afuera era de cincuenta codos; y delante de la fachada del templo había cien codos.

9 Y debajo de las cámaras estaba la entrada al lado oriental, si uno entraba en él desde el atrio exterior.

10 A lo ancho del muro del atrio, hacia el oriente, enfrente del espacio abierto, y delante del edificio, había cámaras,

11 con un corredor delante de ellas, semejante al de las cámaras que estaban hacia el norte; tanto su longitud como su ancho eran los mismos, así como todas sus salidas y toda su disposición. Como sus puertas,

12 así también eran las puertas de las cámaras que estaban hacia el sur; había una puerta al comienzo del corredor que había enfrente del muro al lado oriental, para quien entraba en las cámaras.

13 Y me dijo: Las cámaras del norte y las del sur, que están delante del espacio abierto, son cámaras santas en las cuales los sacerdotes que se acercan a Jehová comerán las santas ofrendas; allí pondrán las ofrendas santas, la ofrenda y la expiación y el sacrificio por el pecado, porque el lugar es santo.

14 Cuando los sacerdotes entren, no saldrán del lugar santo al atrio exterior, sino que allí dejarán sus vestiduras con que ministran, porque son santas, la ofrenda y la expiación y así se acercarán a lo que pertenece al pueblo.

15 Y luego que acabó las medidas de la casa de adentro, me sacó por el camino de la puerta, que miraba hacia el oriente, y lo midió todo alrededor.

16 Midió el lado oriental con la caña de medir, quinientas cañas de la caña de medir alrededor.

17 Midió al lado del norte, quinientas cañas de la caña de medir alrededor.

18 Midió al lado del sur, quinientas cañas de la caña de medir.

19 Rodeó al lado del occidente, y midió quinientas cañas de la caña de medir.

20 Lo midió a los cuatro lados; tenía un muro todo alrededor, de quinientas cañas de longitud y quinientas cañas de ancho, para hacer separación entre el santuario y el lugar profano.

La gloria de Jehová viene al templo

43 Me llevó luego a la puerta, a la puerta que mira hacia el oriente;

2 y he aquí que la gloria del Dios de Israel venía del oriente; y su sonido era como el sonido de muchas aguas, y la tierra resplandecía a causa de su gloria.

3 Y el aspecto de la visión que vi era como aquella visión que vi cuando vine para destruir la ciudad; y las visiones eran como la visión que vi junto al río Quebar; y me postré sobre mi rostro.

4 Y la gloria de Jehová entró en la casa por la vía de la puerta que daba al oriente.

5 Y me alzó un espíritu y me llevó al atrio interior; y he aquí que la gloria de Jehová llenaba la casa.

Leyes del templo

6 Y oí a alguien que me hablaba desde la casa; y se puso un varón junto a mí,

7 y me dijo: Hijo de hombre, éste es el lugar de mi trono, el lugar donde posaré las plantas de mis pies, en el cual habitaré en medio de los hijos de Israel para siempre; y nunca más profanará la casa de Israel mi santo nombre, ni ellos ni sus reyes, con sus fornicaciones, y con los cadáveres de sus reyes en sus lugares altos;

8 poniendo ellos su umbral junto a mi umbral, y su contrafuerte junto a mi contrafuerte, mediando sólo una pared entre mí y ellos, y han contaminado mi santo nombre con las abominaciones que cometieron; por lo cual los consumí en mi furor.

9 Ahora arrojarán lejos de mí sus fornicaciones, y los cadáveres de sus reyes, y habitaré en medio de ellos para siempre.

10 Tú, hijo de hombre, muestra a la casa de Israel esta casa, para que se avergüencen de sus pecados; y que midan con esmero.

11 Y si se avergüenzan de todo lo que han hecho, hazles entender el diseño de la casa, su disposición, sus salidas y sus entradas, y todas sus formas, y todas sus ordenanzas, y todas sus configuraciones, y todas sus leyes; y ponlo dibujado delante de sus ojos, para que guarden toda su forma y todas sus ordenanzas, y las pongan por obra.

12 Ésta es la ley de la casa: Sobre la cumbre del monte, el recinto entero, todo en derredor, será santísimo. He aquí que ésta es la ley de la casa.

13 Éstas son las medidas del altar por codos (el codo de a codo y un palmo). La base, de un codo, y de un codo el ancho; y su remate por su borde alrededor, de un palmo. Éste será el borde del altar.

14 Y desde la base, sobre el suelo, hasta el zócalo inferior, dos codos, y la anchura de un codo; y desde el zócalo pequeño hasta el zócalo grande, cuatro codos, y el ancho de un codo.

15 El fogón del altar será de cuatro codos, y

saliendo del fogón hacia arriba habrá cuatro cuernos.

16 Y el altar tendrá doce codos de largo, y doce de ancho, cuadrado a sus cuatro lados.

17 El zócalo será de catorce codos de longitud y catorce de anchura en sus cuatro lados, y de medio codo el borde alrededor; y la base, de un codo por todos lados; y sus gradas estarán mirando al oriente.

18 Y me dijo: Hijo de hombre, así dice el Señor Jehová: Éstas son las ordenanzas del altar el día en que sea hecho, para ofrecer holocausto sobre él y para esparcir sobre él sangre.

19 A los sacerdotes levitas que son del linaje de Sadoc, que se acercan a mí para ministrar ante mí, dice el Señor Jehová, les darás un becerro de la vacada para expiación.

20 Y tomarás de su sangre, y la pondrás en los cuatro cuernos del altar, y en las cuatro esquinas del zócalo, y en el borde alrededor; así lo purificarás y harás expiación por él.

21 Tomarás luego el becerro de la expiación, y será quemado en la dependencia de la casa, designada fuera del santuario.

22 Al segundo día ofrecerás un macho cabrío sin defecto, para expiación; y purificarán el altar como lo purificaron con el becerro.

23 Cuando acabes de expiar, ofrecerás un becerro de la vacada sin defecto, y un carnero de la manada sin tacha;

24 y los ofrecerás delante de Jehová, y los sacerdotes echarán sobre ellos, y los ofrecerán en holocausto a Jehová.

25 Durante siete días prepararás un macho cabrío cada día para ofrecerlo en expiación por el pecado; asimismo prepararán para el sacrificio el becerro de la vacada y un carnero sin tacha del rebaño.

26 Durante siete días harán expiación por el altar, y lo purificarán, y así lo consagrarán.

27 Y acabados estos días, del octavo día en adelante, los sacerdotes sacrificarán sobre el altar vuestros holocaustos y vuestras ofrendas de paz; y me seréis aceptos, dice el Señor Jehová.

44 Después me hizo volver hacia la puerta exterior del santuario, la cual mira hacia el oriente; y estaba cerrada.

2 Y me dijo Jehová: Esta puerta estará cerrada; no se abrirá, ni entrará por ella ningún hombre, porque Jehová Dios de Israel entró por ella; estará, por tanto, cerrada.

3 En cuanto al príncipe, por ser el príncipe, él se sentará allí para comer pan delante de Jehová; entrará por el vestíbulo de la puerta, y saldrá por ese mismo camino.

4 Luego me llevó hacia la puerta del norte por delante de la casa; y miré, y he aquí que la gloria de Jehová había llenado la casa de Jehová; y me postré sobre mi rostro.

5 Y me dijo Jehová: Hijo de hombre, pon atención, y mira con tus ojos, y oye con tus oídos todo lo que yo voy a hablar contigo sobre todas las ordenanzas de la casa de Jehová, y todas sus leyes; y pon atención a las entradas de la casa, y a todas las salidas del santuario.

6 Y dirás a los rebeldes, a la casa de Israel: Así dice el Señor Jehová: Basta ya de todas vuestras abominaciones, oh casa de Israel;

7 de traer extranjeros, incircuncisos de corazón e incircuncisos de carne, para estar en mi santuario y para contaminar mi casa, cuando me ofrecéis mi pan, la gordura y la sangre; y de que invalidaron mi pacto para añadir a todas vuestras abominaciones.

8 Y no habéis guardado lo que se os encargó acerca de mis cosas santas, sino que habéis puesto extranjeros como guardas de las ordenanzas en mi santuario, conforme a vuestro capricho.

9 Así dice el Señor Jehová: Ningún hijo de extranjero, incircunciso de corazón e incircunciso de carne, entrará en mi santuario, de todos los hijos de extranjeros que están entre los hijos de Israel.

10 Y los levitas que se apartaron de mí cuando Israel se descarrió de mí, yéndose tras sus ídolos, llevarán su iniquidad.

11 Y servirán en mi santuario como porteros a las puertas de la casa y sirvientes en la casa; ellos matarán el holocausto y el sacrificio por el pueblo, y estarán ante él para servirle.

12 Por cuanto les sirvieron delante de sus ídolos, y fueron a la casa de Israel por tropezadero de maldad; por tanto, he alzado mi mano contra ellos, dice el Señor Jehová, y ellos llevarán sobre sí su iniquidad.

13 No se acercarán a mí para servirme como sacerdotes, ni se acercarán a ninguna de mis cosas santas, a mis cosas santísimas, sino que llevarán sobre sí su vergüenza y las abominaciones que han cometido.

14 Les pondré, pues, por guardas encargados de la custodia de la casa, para todo el servicio de ella, y para todo lo que en ella haya de hacerse.

15 Mas los sacerdotes levitas, hijos de Sadoc, que cumplieron mi ministerio en el santuario cuando los hijos de Israel se apartaron de mí, ellos se acercarán para ministrar ante mí, y estarán delante de mí para ofrecerme la gordura y la sangre, dice el Señor Jehová.

16 Ellos entrarán en mi santuario, y se acercarán a mi mesa para servirme, y se encargarán de mi ministerio.

17 Y cuando entren por las puertas del atrio interior, se vestirán vestiduras de lino; no llevarán sobre ellos cosa de lana, cuando ministren en las puertas del atrio interior y dentro de la casa.
18 Llevarán sobre sus cabezas turbantes de lino, y calzones de lino sobre sus lomos; no se ceñirán cosa que les haga sudar.
19 Cuando salgan al atrio exterior, al atrio de afuera, al pueblo, se quitarán las vestiduras con que ministraron, y las dejarán en las cámaras del santuario, y se vestirán de otros vestidos, para no santificar al pueblo con sus vestiduras.
20 Y no se raparán la cabeza, ni se dejarán crecer el cabello, sino que lo recortarán solamente.
21 Ninguno de los sacerdotes beberá vino cuando haya de entrar en el atrio interior.
22 No tomará por mujer a viuda ni repudiada, sino que tomará virgen del linaje de la casa de Israel, o viuda que sea viuda de sacerdote.
23 Y enseñarán a mi pueblo a hacer diferencia entre lo santo y lo profano, y a que sepan discernir entre lo limpio y lo no limpio.
24 En los casos de pleito, ellos estarán para juzgar; juzgarán conforme a mis ordenanzas; y guardarán mis leyes y mis estatutos en todas mis fiestas solemnes, y santificarán mis sábados.
25 No se acercarán a ningún muerto para contaminarse; pero por padre o madre, hijo o hija, hermano o hermana que no haya tenido marido, sí podrán contaminarse.
26 Y después de su purificación, le contarán siete días.
27 Y el día que entre al santuario, al atrio interior, para ministrar en el santuario, ofrecerá su expiación por el pecado, dice el Señor Jehová.
28 Y eso les será por heredad; yo seré su heredad; no les daréis posesión en Israel; yo soy su posesión.
29 Comerán la ofrenda, la expiación y el sacrificio por el pecado; y toda cosa consagrada en Israel será de ellos.
30 Y las primicias de todos los primeros frutos de todo, y toda ofrenda reservada de toda cosa, de todas vuestras ofrendas, será de los sacerdotes; asimismo daréis al sacerdote las primicias de todas vuestras moliendas, para que repose la bendición en vuestras casas.
31 Los sacerdotes no comerán ninguna cosa mortecina ni desgarrada, así de aves como de animales.

45 Cuando repartáis por suertes la tierra en heredad, apartaréis una porción para Jehová, que le consagraréis en la tierra, de longitud de veinticinco mil cañas y diez mil de ancho; esto será santificado en todo su territorio alrededor.
2 De esto será para el santuario quinientas cañas de longitud y quinientas de ancho, en cuadro alrededor, y cincuenta codos en derredor para sus ejidos.
3 Y de esta medida medirás en longitud veinticinco mil cañas, y en ancho diez mil, y en este espacio estará el santuario, que es un lugar santísimo.
4 Es una porción santa de la tierra; será para los sacerdotes, ministros del santuario, que se acercan para ministrar a Jehová; y servirá de lugar para sus casas, y como recinto sagrado para el santuario.
5 Asimismo veinticinco mil cañas de longitud y diez mil de ancho, lo cual será para los levitas, ministros de la casa, como posesión para sí, con veinte cámaras.
6 Para propiedad de la ciudad señalaréis cinco mil de anchura y veinticinco mil de longitud, al lado y paralelamente a lo que se apartó para el santuario; será para toda la casa de Israel.

Parte del príncipe

7 Y la parte del príncipe estará junto a lo que se apartó para el santuario, de uno y otro lado, y junto a la posesión de la ciudad, delante del extremo occidental hasta el extremo oriental, y la longitud será la correspondiente a una de las porciones desde el límite occidental hasta el límite oriental de la tierra.
8 Esto será su posesión en Israel, y nunca más mis príncipes oprimirán a mi pueblo, sino que darán la tierra a la casa de Israel conforme a sus tribus.
9 Así dice el Señor Jehová: ¡Basta ya, oh príncipes de Israel! Dejad la violencia y la rapiña. Haced juicio y justicia; quitad vuestras exacciones sobre mi pueblo, dice el Señor Jehová.
10 Tendréis balanzas justas, efa justo, y bato justo.
11 El efa y el bato serán de una misma medida: que el bato tenga la décima parte del homer, y el efa la décima parte del homer; la medida de ellos será según el homer.
12 Y el siclo será de veinte geras. Veinte siclos, veinticinco siclos, diez, y cinco siclos, será vuestra mina.
13 Esta será la ofrenda que apartaréis: la sexta parte de un efa por cada homer de trigo, y la sexta parte de un efa por cada homer de cebada.
14 La porción fijada para el aceite, un bato de aceite, será la décima parte de un bato por cada coro, el cual equivale a diez batos; o sea, un homer; porque diez batos son un homer.

15 Y una cordera del rebaño, una por cada doscientas, de las engordadas de Israel, para sacrificio, y para holocausto y para ofrendas de paz, para expiación por ellos, dice el Señor Jehová.

16 Todo el pueblo de la tierra estará obligado a dar esta ofrenda para el príncipe de Israel.

17 Mas al príncipe corresponderá el dar el holocausto y el sacrificio y la libación en las fiestas, en las lunas nuevas, en los sábados y en todas las solemnidades de la casa de Israel; él dispondrá la expiación, la ofrenda, el holocausto y las ofrendas de paz, para hacer expiación por la casa de Israel.

18 Así dice el Señor Jehová: El mes primero, el día primero del mes, tomarás de la vacada un becerro sin defecto, y purificarás el santuario.

19 Y el sacerdote tomará de la sangre de la expiación, y pondrá sobre los postes de la casa, y sobre los cuatro ángulos del zócalo del altar, y sobre los postes de las puertas del atrio interior.

20 Así harás el séptimo día del mes para los que pecaron por error o por ignorancia, y harás expiación por la casa.

21 El mes primero, a los catorce días del mes, tendréis la pascua, fiesta de siete días; se comerá pan sin levadura.

22 Aquel día el príncipe ofrecerá por sí mismo y por todo el pueblo de la tierra, un becerro por el pecado.

23 Y en los siete días de la fiesta solemne ofrecerá a holocausto a Jehová siete becerros y siete carneros sin defecto, cada uno de los siete días; y por el pecado, un macho cabrío cada día.

24 Y con cada becerro ofrecerá la ofrenda de un efa, y asimismo con cada carnero, un efa; y por cada efa, un hin de aceite.

25 En el mes séptimo, a los quince días del mes, en la fiesta, hará como en estos siete días; en cuanto a la expiación, así como en cuanto al holocausto; en cuanto al presente, así como en cuanto al aceite.

46 Así dice el Señor Jehová: La puerta del atrio interior que mira al oriente estará cerrada los seis días de trabajo, pero el sábado se abrirá; se abrirá también el día de la luna nueva.

2 Y el príncipe entrará por el camino del portal de la puerta exterior, y estará en pie junto al umbral de la puerta, mientras los sacerdotes ofrezcan su holocausto y sus ofrendas de paz, y adorará junto al umbral de la puerta; después saldrá; pero no se cerrará la puerta hasta la tarde.

3 Asimismo adorará el pueblo de la tierra delante de Jehová, a la entrada de la puerta, en los sábados y en las lunas nuevas.

4 El holocausto que el príncipe ofrecerá a Jehová en el día de sábado será seis corderos sin defecto, y un carnero sin tacha;

5 y la ofrenda será un efa con cada carnero; y con cada cordero una ofrenda conforme a sus posibilidades, y un hin de aceite con el efa.

6 Mas el día de la luna nueva, un becerro sin tacha de la vacada, seis corderos y un carnero; deberán ser sin defecto.

7 Y hará ofrenda de un efa con el becerro, y un efa asimismo con cada carnero; pero con los corderos, conforme a sus posibilidades; y un hin de aceite por cada efa.

8 Y cuando el príncipe entre, entrará por el camino del portal de la puerta, y por el mismo camino saldrá.

9 Mas cuando el pueblo de la tierra entre delante de Jehová en las solemnidades, el que entre por la puerta del norte para postrarse, saldrá por la puerta del sur; y el que entre por la puerta del sur, saldrá por la puerta del norte; no volverá por la puerta por donde entró, sino que saldrá por la de enfrente de ella.

10 Y el príncipe, cuando ellos entren, entrará en medio de ellos; y cuando ellos salgan, saldrán juntos.

11 Y en las fiestas y en las solemnidades será la ofrenda un efa con cada becerro, y asimismo un efa con cada carnero; y con los corderos, conforme a sus posibilidades; y un hin de aceite con cada efa.

12 Mas cuando el príncipe ofrezca a Jehová un holocausto voluntario u ofrendas de paz, le abrirán la puerta que mira al oriente, y ofrecerá su holocausto y sus ofrendas de paz, como hace en el día de sábado; después saldrá, y cerrarán la puerta después que salga.

13 Y ofrecerás en sacrificio a Jehová cada día en holocausto un cordero de un año sin defecto; cada mañana lo sacrificarás.

14 Y con él harás todas las mañanas ofrenda de la sexta parte de un efa, y la tercera parte de un hin de aceite para humedecer la flor de harina; ofrenda para Jehová continuamente, por ordenanza perpetua.

15 Ofrecerán, pues, el cordero y la ofrenda y el aceite, todas las mañanas en holocausto continuo.

16 Así dice el Señor Jehová: Si el príncipe hace un regalo a alguno de sus hijos, tomándolo de su propio patrimonio, pasará a pertenecer a ellos; será posesión de ellos por herencia.

17 Mas si de su heredad regala una parte a alguno de sus siervos, será de éste hasta el año del jubileo, y volverá al príncipe; mas lo que es de su herencia, será de sus hijos.

18 Y el príncipe no tomará nada de la herencia del pueblo, despojándolos de su posesión; de lo suyo propio dará herencia a

sus hijos, a fin de que ninguno de mi pueblo sea echado de su posesión.

19 Me trajo después por la entrada que estaba al lado de la puerta, a las cámaras santas de los sacerdotes, las cuales miraban al norte, y vi que había allí un lugar en el fondo del lado del occidente.

20 Y me dijo: Éste es el lugar donde los sacerdotes cocerán la ofrenda por el pecado y la expiación; allí cocerán la ofrenda, para no sacarla al atrio exterior, santificando así al pueblo.

21 Y luego me sacó al atrio exterior, y me hizo pasar por los cuatro rincones del atrio; y en cada rincón del atrio había un patio.

22 En los cuatro rincones del atrio había patios cercados, de cuarenta codos de longitud y treinta de ancho; una misma medida tenían los cuatro.

23 Y había una pared alrededor de ellos, alrededor de los cuatro, y abajo fogones alrededor de las paredes.

24 Y me dijo: Éstas son las cocinas, donde los servidores de la casa cocerán los sacrificios del pueblo.

Las aguas que brotan del templo

47 Me hizo volver luego a la entrada de la casa; y he aquí que salían aguas de debajo del umbral de la casa hacia el oriente; porque la fachada de la casa estaba al oriente, y las aguas descendían de debajo, del lado derecho de la casa, al sur del altar.

2 Luego me sacó por el camino de la puerta del norte, y me hizo dar la vuelta por el camino exterior, a la puerta de afuera, por el camino de la puerta que mira al oriente; y vi que las aguas fluían del lado derecho.

3 Cuando el varón salió hacia el oriente, llevando un cordel en su mano, midió mil codos, y me hizo pasar por las aguas, aguas que llegaban hasta los tobillos.

4 Midió otros mil, y me hizo pasar por las aguas que llegaban hasta las rodillas. Midió luego otros mil, y me hizo pasar por las aguas que llegaban hasta los lomos.

5 Midió otros mil, y era ya un río que yo no podía pasar, porque las aguas habían crecido de manera que el río no se podía pasar sino a nado.

6 Y me dijo: ¿Has visto esto, hijo de hombre? Después me condujo, y me hizo volver por la ribera del río.

7 Al volver, vi que en la ribera del río había muchísimos árboles a uno y otro lado.

8 Entonces me dijo: Estas aguas brotan hacia la región del oriente, y descenderán al Arabá, y entrarán en el mar; y cuando hayan entrado en el mar, en las aguas saladas, las aguas quedarán saneadas.

9 Y toda alma viviente que nade por dondequiera que entren estos dos ríos, vivirá; y habrá allí muchísimos peces; porque estas aguas habrán entrado allá para que reciba sanidad y viva todo lo que se encuentre en el lugar adonde llegue este río.

10 Y junto a él estarán los pescadores, desde En-gadí hasta En-eglayim; allí habrá un tendedero de redes; y por sus especies serán los peces tan numerosos como los peces del Mar Grande.

11 Pero sus pantanos y sus lagunas no se sanearán; quedarán para salinas.

12 Y junto al río, en la ribera, a uno y otro lado, crecerá toda clase de árboles frutales; sus hojas nunca caerán, ni faltará su fruto. Producirán todos los meses frutos nuevos, porque sus aguas salen del santuario; y su fruto será para alimento, y sus hojas para medicina.

Límites y repartición de la tierra

13 Así dice el Señor Jehová: Estos son los límites en que repartiréis la tierra por heredad entre las doce tribus de Israel. José tendrá dos partes.

14 Y la heredaréis así los unos como los otros; ya que por ella alcé mi mano jurando que la había de dar a vuestros padres; por tanto, esta será la tierra que os pertenecerá por herencia.

15 Y este será el límite de la tierra: hacia el lado del norte, desde el Mar Grande, camino de Hetlón, hasta la entrada de Zedad;

16 Hamat, Berotá, Sibráyim, que está entre el límite de Damasco, y el límite de Hamat; Hazer-haticón, que es el límite de Haurán.

17 Y el límite desde el mar será Hazar-enón en el límite de Damasco, y el límite de Hamat está al norte en dirección septentrional. Éste es el lado norte.

18 Del lado del oriente, en medio de Haurán y de Damasco, y de Galaad y de la tierra de Israel, junto al Jordán, mediréis desde el límite hasta el mar oriental. Éste es el lado oriental.

19 El lado meridional, hacia el sur, desde Tamar hasta las aguas de las rencillas de Cadés hacia el torrente, hasta el Mar Grande; y esto será el lado meridional, al sur.

20 Y el lado del occidente será el Mar Grande, desde el límite hasta enfrente de la entrada de Hamat; éste es el lado occidental.

21 Repartiréis, pues, esta tierra entre vosotros según las tribus de Israel.

22 Y echaréis sobre ella suertes por heredad para vosotros, y para los extranjeros que moran entre vosotros, y que hayan engendrado hijos entre vosotros; y los tendréis como nativos entre los hijos de Israel; con vosotros tendrán heredad entre las tribus de Israel.

23 En la tribu en que more el extranjero, allí le daréis su heredad, dice el Señor Jehová.

48 Estos son los nombres de las tribus: Desde el extremo norte por la vía de Hetlón viniendo a Hamat, Hazar-enán, en los confines de Damasco, al norte, a lo largo de Hamat, desde el lado oriental hasta el occidental, tendrá Dan una parte.

2 Junto a la frontera de Dan, desde el lado del oriente hasta el lado del occidente, tendrá Aser una parte.

3 Junto al límite de Aser, desde el lado del oriente hasta el lado del occidente, Neftalí, otra.

4 Junto al límite de Neftalí, desde el lado del oriente hasta el lado del occidente, Manasés, otra.

5 Junto al límite de Manasés, desde el lado del oriente hasta el lado del occidente, Efraín, otra.

6 Junto al límite de Efraín, desde el lado del oriente hasta el lado del occidente, Rubén, otra.

7 Junto al límite de Rubén, desde el lado del oriente hasta el lado del occidente, Judá, otra.

8 Junto al límite de Judá, desde el lado del oriente hasta el lado del occidente, estará la ofrenda sagrada que reservaréis, de veinticinco mil cañas de anchura, y de longitud como cualquiera de las otras partes, esto es, desde el lado del oriente hasta el lado del occidente; y el santuario estará en medio de ella.

9 La porción sagrada que reservaréis para Jehová tendrá de longitud veinticinco mil cañas, y diez mil de ancho.

10 A ellos, a los sacerdotes, pertenecerá la ofrenda reservada: veinticinco mil cañas al norte, y diez mil de anchura al occidente, y diez mil de ancho al oriente, y veinticinco mil de longitud al sur; y el santuario de Jehová estará en medio de ella.

11 La porción santificada será para los sacerdotes de los hijos de Sadoc que guardaron fielmente mi ministerio, que no se descarriaron cuando se descarriaron los hijos de Israel, como hicieron los levitas;

12 para ellos será como parte santísima la porción de la tierra reservada, junto al límite de la de los levitas.

13 Y la de los levitas, colindante con la de los sacerdotes, será de veinticinco mil cañas de longitud, y de diez mil de anchura; toda la longitud será de veinticinco mil, y la anchura de diez mil.

14 No venderán nada de ello, ni lo permutarán, ni enajenarán las primicias de la tierra; porque es cosa consagrada a Jehová.

15 Y las cinco mil cañas de anchura que quedan enfrente de las veinticinco mil, serán de uso común, para la ciudad, para habitación y para ejido; y la ciudad estará en medio.

16 Estas serán sus medidas: al lado del norte cuatro mil quinientas cañas, al lado sur cuatro mil quinientas, al lado del oriente cuatro mil quinientas, y al lado del occidente cuatro mil quinientas.

17 Y el ejido de la ciudad será al norte de doscientas cincuenta cañas, al sur de doscientas cincuenta, al oriente de doscientas cincuenta, y de doscientas cincuenta al occidente.

18 Y lo que quede de longitud delante de la porción santa tendrá diez mil cañas al oriente y diez mil al occidente, y será paralela a lo largo de la porción santa; sus productos servirán para la alimentación de los que presten sus servicios a la ciudad.

19 Y los que sirvan a la ciudad, de todas las tribus de Israel, lo labrarán.

20 Toda la porción reservada será de veinticinco mil cañas por veinticinco mil; en cuadro la reservaréis como porción para el santuario, con la posesión de la ciudad.

21 Y del príncipe será lo que quede a uno y otro lado de la porción santa y de la posesión de la ciudad, delante de las veinticinco mil cañas de la porción reservada hasta el límite oriental, y al occidente delante de las veinticinco mil hasta el límite occidental, paralelamente a las partes dichas, será del príncipe; y la porción santa y el santuario de la casa estarán en medio de ella.

22 De este modo la porción de los levitas y la porción de la ciudad estarán en medio de la parte del príncipe; entre el límite de Judá y el límite de Benjamín, estará la del príncipe.

23 En cuanto a las demás tribus, desde el lado del oriente hasta el lado del occidente, tendrá Benjamín una porción.

24 Junto al límite de Benjamín, desde el lado del oriente hasta el lado del occidente, Simeón, otra.

25 Junto al límite de Simeón, desde el lado del oriente hasta el lado del occidente, Isacar, otra.

26 Junto al límite de Isacar, desde el lado del oriente hasta el lado del occidente, Zabulón, otra.

27 Junto al límite de Zabulón, desde el lado del oriente hasta el lado del occidente, Gad, otra.

28 Junto al límite de Gad, al lado meridional al sur, será el límite desde Tamar hasta las aguas de las rencillas de Cadés hacia el torrente, hasta el Mar Grande.

29 Ésta es la tierra que repartiréis por suertes en heredad a las tribus de Israel, y éstas son sus porciones, dice el Señor Jehová.

30 Y estas son las salidas de la ciudad: al

lado del norte, cuatro mil quinientas cañas por medida.

31 Y las puertas de la ciudad serán según los nombres de las tribus de Israel: tres puertas al norte: la puerta de Rubén, una; la puerta de Judá, otra; la puerta de Leví, otra.

32 Al lado oriental cuatro mil quinientas cañas, y tres puertas: la puerta de José, una; la puerta de Benjamín, otra; la puerta de Dan, otra.

33 Al lado del sur, cuatro mil quinientas cañas por medida, y tres puertas: la puerta de Simeón, una; la puerta de Isacar, otra; la puerta de Zabulón, otra.

34 Y al lado occidental cuatro mil quinientas cañas, y sus tres puertas; la puerta de Gad, una; la puerta de Aser, otra; la puerta de Neftalí, otra.

35 En derredor tendrá dieciocho mil cañas. Y el nombre de la ciudad desde aquel día será Jehová-sama.

DANIEL

Daniel y sus compañeros
en la corte de Babilonia

1 En el año tercero del reinado de Joacim, rey de Judá, vino Nabucodonosor, rey de Babilonia, a Jerusalén, y la sitió.

2 Y el Señor entregó en sus manos a Joacim, rey de Judá, y parte de los utensilios de la casa de Dios; y los trajo a tierra de Sinar, a la casa de su dios, y colocó los utensilios en la casa del tesoro de su dios.

3 Y dijo el rey a Aspenaz, jefe de sus eunucos, que trajese de los hijos de Israel, del linaje real o de familias nobles,

4 algunos adolescentes en quienes no hubiese ningún defecto corporal, de buen parecer, diestros en toda sabiduría, cultos e inteligentes, e idóneos para estar en el palacio del rey; y que les enseñase las letras y la lengua de los caldeos.

5 Y les señaló el rey una porción para cada día, de la provisión de la comida del rey, y del vino que él bebía; y que los educase durante tres años, para que al fin de ellos se presentasen delante del rey.

6 Entre éstos estaban Daniel, Ananías, Misael y Azarías, de entre los hijos de Judá.

7 A éstos el jefe de los eunucos les puso nuevos nombres: a Daniel le puso Beltsasar; a Ananías, Sadrac; a Misael, Mesac; y a Azarías, Abed-nego.

8 Y Daniel propuso en su corazón no contaminarse con la porción de la comida del rey, ni con el vino que él bebía; pidió, por tanto, al jefe de los eunucos que no se le obligase a contaminarse.

9 Y Dios hizo que Daniel hallase gracia y favor ante el jefe de los eunucos;

10 pero el jefe de los eunucos dijo a Daniel: Temo a mi señor el rey, que señaló vuestra comida y vuestra bebida; pues luego que él vea vuestros rostros más pálidos que los de los muchachos que son semejantes a vosotros, condenaréis mi cabeza ante los ojos del rey.

11 Entonces dijo Daniel a Melsar, que estaba puesto por el jefe de los eunucos sobre Daniel, Ananías, Misael y Azarías:

12 Te ruego que hagas la prueba con tus siervos por diez días, y nos den a comer legumbres, y agua para beber.

13 Compara luego nuestros rostros con los de los jóvenes que comen de los manjares del rey, y haz después con tus siervos según veas.

14 Consintió, pues, con ellos en esto, y probó con ellos diez días.

15 Y al cabo de los diez días se vio que tenían mejor aspecto y estaban más nutridos en carnes que los otros jóvenes que comían de los manjares del rey.

16 Así, pues, Melsar se llevaba la porción de los manjares de ellos y el vino que habían de beber, y les daba legumbres.

17 A estos cuatro jóvenes Dios les dio conocimiento e inteligencia en todas las letras y ciencias; y Daniel alcanzó facilidad para interpretar toda clase de visiones y sueños.

18 Pasados, pues, los días al fin de los cuales había dicho el rey que se los trajesen, el jefe de los eunucos los trajo delante de Nabucodonosor.

19 Y el rey habló con ellos, y no fueron hallados entre todos ellos otros como Daniel, Ananías, Misael y Azarías; así, pues, quedaron al servicio del rey.

20 Y en todo asunto de sabiduría e inteligencia que el rey les consultó, los halló diez veces superiores a todos los magos y astrólogos que había en todo su reino.

21 Y continuó Daniel así hasta el año primero del rey Ciro.

Daniel interpreta el sueño
de Nabucodonosor

2 En el segundo año del reinado de Nabucodonosor, tuvo Nabucodonosor unos sueños, y se turbó su espíritu, y no podía dormir.

2 Hizo llamar el rey magos, astrólogos, encantadores y adivinos caldeos, para que le explicasen sus sueños. Vinieron, pues, y se presentaron delante del rey.

3 Y el rey les dijo: He tenido un sueño, y mi espíritu se ha turbado por el deseo de comprender el sueño.

4 Entonces hablaron los caldeos al rey en lengua aramea: Rey, para siempre vive: di el sueño a tus siervos, y te mostraremos la interpretación.

5 Respondió el rey y dijo a los caldeos: El asunto lo olvidé; si no me mostráis el sueño y su interpretación, seréis hechos pedazos, y vuestras casas serán convertidas en muladares.

6 Pero si me mostráis el sueño y su interpretación, recibiréis de mí dones y favores y gran honra. Decidme, pues, el sueño y su interpretación.

7 Respondieron por segunda vez, y dijeron: Diga el rey el sueño a sus siervos, y le mostraremos la interpretación.

8 El rey respondió y dijo: Me doy perfecta cuenta de que ponéis dilaciones, porque veis que el asunto se me ha ido.

9 Si no me mostráis el sueño, una misma será vuestra sentencia. Ciertamente prepararáis respuesta mentirosa y falsa que decir delante de mí, entretanto que pasa el tiempo. Decidme, pues, el sueño, para que yo sepa que me podéis dar su interpretación.

10 Los caldeos respondieron delante del rey, y dijeron: No hay hombre sobre la tierra que pueda declarar el asunto del rey; por esto, ningún rey, príncipe ni señor exigió cosa semejante a ningún mago ni astrólogo ni caldeo.

11 Porque el asunto que el rey demanda es difícil, y no hay quien lo pueda declarar al rey, salvo los dioses que no viven entre los seres de carne.

12 Ante esto, el rey, con ira y con gran enojo, mandó que matasen a todos los sabios de Babilonia.

13 Y se publicó el edicto de que los sabios fueran llevados a la muerte; y buscaron a Daniel y a sus compañeros para matarlos.

Intervención de Daniel

14 Entonces Daniel habló sabia y prudentemente a Arioc, capitán de la guardia del rey, que había salido para matar a los sabios de Babilonia.

15 Tomó la palabra y dijo a Arioc capitán del rey: ¿Cuál es la causa de que este edicto se publique de parte del rey tan apresuradamente? Entonces Arioc explicó a Daniel lo que ocurría.

16 Y Daniel entró y pidió al rey que le diese un plazo para declarar la interpretación al rey.

17 Luego se fue Daniel a su casa y comunicó la cosa a Ananías, Misael y Azarías, sus compañeros,

18 instándoles a implorar la misericordia del Dios del cielo sobre este misterio, a fin de que Daniel y sus compañeros no pereciesen con los otros sabios de Babilonia.

19 Entonces le fue revelado a Daniel el misterio en visión de noche, por lo cual bendijo Daniel al Dios del cielo.

20 Tomó la palabra Daniel y dijo: Bendito sea el nombre de Dios de siglos en siglos, porque suyas son la sabiduría y la fuerza.

21 Él hace alternar los tiempos y las circunstancias; quita reyes, y pone reyes; da la sabiduría a los sabios, y la ciencia a los entendidos.

22 Él revela lo profundo y lo oculto; conoce lo que está en tinieblas, y con él mora la luz.

23 A ti, oh Dios de mis padres, te doy gracias y te alabo, porque me has dado sabiduría y fuerza, y ahora me has revelado lo que te pedimos; pues nos has dado a conocer el asunto del rey.

24 Después de esto fue Daniel a Arioc, al cual el rey había encargado matar a los sabios de Babilonia, y le dijo así: No mates a los sabios de Babilonia; llévame a la presencia del rey, y yo le mostraré la interpretación.

25 Entonces Arioc llevó prontamente a Daniel ante el rey, y le dijo así: He hallado un varón de los deportados de Judá, el cual dará al rey la interpretación.

26 Respondió el rey y dijo a Daniel, al cual llamaban Belsasar: ¿Podrás tú hacerme conocer el sueño que vi, y su interpretación?

27 Daniel respondió delante del rey, diciendo: El misterio que el rey demanda, ni sabios, ni astrólogos, ni magos, ni adivinos lo pueden revelar al rey.

28 Pero hay un Dios en los cielos, el cual revela los misterios, y él ha hecho saber al rey Nabucodonosor lo que ha de acontecer en los postreros días. He aquí tu sueño, y las visiones que has tenido en tu cama:

29 Estando tú, oh rey, en tu cama, te vinieron pensamientos respecto a lo que ha de acontecer en el futuro; y el que revela los misterios te mostró lo que ha de suceder.

30 Y a mí me ha sido revelado este misterio, no porque en mí haya más sabiduría que en todos los vivientes, sino para que se dé a conocer al rey la interpretación, y para que entiendas los pensamientos de tu corazón.

31 Tú, oh rey, veías en tus sueños una gran estatua. Esta estatua, que era muy grande, y de un brillo extraordinario, estaba en pie delante de ti, y su aspecto era terrible.

32 La cabeza de la estatua era de oro fino;

su pecho y sus brazos, de plata; su vientre y sus caderas, de bronce;

33 sus piernas, de hierro; sus pies, en parte de hierro y en parte de barro cocido.

34 Estabas mirando, cuando de pronto se desprendió una piedra, sin intervención de ninguna mano, e hirió a la estatua en sus pies de hierro y de barro cocido, y los desmenuzó.

35 Entonces fueron desmenuzados también el hierro, el barro cocido, el bronce, la plata y el oro, y fueron como tamo de las eras en verano, y se los llevó el viento sin que de ellos quedara rastro alguno. Mas la piedra que había golpeado a la estatua fue hecha un gran monte que llenó toda la tierra.

36 Éste es el sueño; daremos también al rey su interpretación.

37 Tú, oh rey, eres rey de reyes; porque el Dios del cielo te ha dado reino, poder, fuerza y majestad.

38 Y dondequiera que habitan hijos de hombres, bestias del campo y aves del cielo, él los ha entregado en tus manos, y te ha dado el dominio sobre todo; tú eres aquella cabeza de oro.

39 Y después de ti se levantará otro reino inferior al tuyo; y luego un tercer reino de bronce, el cual dominará sobre toda la tierra.

40 Habrá un cuarto reino fuerte como hierro, semejante al hierro que rompe y desmenuza todas las cosas; como el hierro que todo lo hace pedazos; así él lo quebrantará todo.

41 Y lo que viste de los pies y los dedos, en parte de barro cocido de alfarero y en parte de hierro, será un reino dividido; mas habrá en él algo de la fuerza del hierro, así como viste hierro mezclado con barro cocido.

42 Y por ser los dedos de los pies en parte de hierro y en parte de barro cocido, el reino será en parte fuerte, y en parte frágil.

43 Así como viste el hierro mezclado con barro, se mezclarán por medio de alianzas humanas; pero no se unirán el uno con el otro, como el hierro no se mezcla con el barro.

44 Y en los días de estos reyes el Dios del cielo levantará un reino que no será jamás destruido, ni será el reino dejado a otro pueblo; desmenuzará y consumirá a todos estos reinos, pero él permanecerá para siempre,

45 de la manera que viste que del monte fue cortada una piedra, sin intervención de manos humanas, la cual desmenuzó el hierro, el bronce, el barro, la plata y el oro. El gran Dios ha mostrado al rey lo que ha de acontecer en lo por venir; el sueño es verdadero, y fiel su interpretación.

Profesión de fe del rey

46 Entonces el rey Nabucodonosor cayó sobre su rostro y se postró ante Daniel, y mandó que le ofreciesen presentes e incienso.

47 El rey tomó la palabra, y dijo a Daniel: Ciertamente vuestro Dios es el Dios de los dioses, y el Señor de los reyes, y el que revela los misterios, pues pudiste revelar este misterio.

48 Entonces el rey engrandeció a Daniel, y le dio muchos honores y grandes dones, y le hizo gobernador de toda la provincia de Babilonia, y jefe supremo de todos los sabios de Babilonia.

49 Y Daniel influyó ante el rey para que pusiera sobre los negocios de la provincia de Babilonia a Sadrac, Mesac y Abed-nego, quedando Daniel en la corte del rey.

Rescatados del horno de fuego

3 El rey Nabucodonosor hizo una estatua de oro, cuya altura era de sesenta codos, y su anchura de seis codos; la levantó en el campo de Dura, en la provincia de Babilonia.

2 Y mandó el rey Nabucodonosor que se reuniesen los sátrapas, prefectos y gobernadores, oidores, tesoreros, consejeros, jueces y todos los jefes de las provincias, para que viniesen a la dedicación de la estatua que el rey Nabucodonosor había levantado.

3 Fueron, pues, reunidos los sátrapas, prefectos y gobernadores, oidores, tesoreros, consejeros, jueces y todos los jefes de las provincias, a la dedicación de la estatua que el rey Nabucodonosor había levantado; y estaban en pie delante de la estatua que había levantado el rey Nabucodonosor.

4 Y el pregonero, anunciaba en alta voz: A vosotros, oh pueblos, naciones y lenguas, se os hace saber

5 que al oír el son de la bocina, de la flauta, de la cítara, del arpa, del salterio, de la zampoña y de todo instrumento de música, os postréis y adoréis la estatua de oro que el rey Nabucodonosor ha levantado;

6 y cualquiera que no se postre y adore, inmediatamente será echado dentro de un horno de fuego encendido.

7 Por lo cual, al oír todos los pueblos el son de la bocina, de la flauta, de la cítara, del arpa, del salterio, de la zampoña y de todo instrumento de música, todos los pueblos, naciones y lenguas se postraron y adoraron la estatua de oro que el rey Nabucodonosor había levantado.

Denuncia y condena de los judíos

8 Por esto en aquel tiempo algunos varones caldeos vinieron y acusaron maliciosamente a los judíos.

9 Tomaron la palabra y dijeron al rey Nabucodonosor: Rey, para siempre vive.

10 Tú, oh rey, has dado una ley por la cual todo hombre, al oír el son de la bocina, de la flauta, de la cítara, del arpa, del salterio, de la zampoña y de todo instrumento de música, se postre y adore la estatua de oro;

11 y el que no se postre y adore, sea echado dentro de un horno de fuego encendido.

12 Hay unos varones judíos, a quienes pusiste sobre los negocios de la provincia de Babilonia: Sadrac, Mesac y Abed-nego; estos varones, oh rey, no te han respetado; no sirven a tus dioses, ni adoran la estatua de oro que has levantado.

13 Entonces Nabucodonosor, irritado y furioso, mandó que trajesen a Sadrac, Mesac y Abed-nego. Al instante fueron traídos estos varones a la presencia del rey.

14 Tomó la palabra Nabucodonosor y les dijo: ¿Es verdad, Sadrac, Mesac y Abed-nego, que vosotros no servís a mis dioses, ni adoráis la estatua de oro que he levantado?

15 Ahora, pues, ¿estáis dispuestos para que al oír el son de la bocina, de la flauta, de la cítara, del arpa, del salterio, de la zampoña y de todo instrumento de música, os postréis y adoréis la estatua que he hecho? Porque si no la adoráis, en aquel mismo instante seréis echados en medio de un horno de fuego encendido; ¿y qué dios será aquel que os libre de mis manos?

16 Sadrac, Mesac y Abed-nego respondieron al rey Nabucodonosor, diciendo: No necesitamos darte una respuesta sobre este asunto.

17 He aquí que nuestro Dios a quien servimos puede librarnos del horno de fuego encendido; y de tu mano, oh rey, nos librará.

18 Y si no, has de saber, oh rey, que no serviremos a tus dioses, ni tampoco adoraremos la estatua que has levantado.

19 Entonces Nabucodonosor se llenó de ira, y se alteró el aspecto de su rostro contra Sadrac, Mesac y Abed-nego, y ordenó que el horno se encendiese siete veces más de lo acostumbrado.

Los tres jóvenes en el horno de fuego

20 Y mandó a hombres muy vigorosos que tenía en su ejército, que atasen a Sadrac, Mesac y Abed-nego, para echarlos en el horno de fuego encendido.

21 Entonces estos varones fueron atados con sus calzones, sus túnicas, sus turbantes y sus vestidos, y fueron echados en medio del horno de fuego encendido.

22 Y como la orden del rey era apremiante, y habían encendido tanto el horno, la llama del fuego mató a aquellos que habían llevado allá a Sadrac, Mesac y Abed-nego.

23 Y estos tres varones, Sadrac, Mesac y Abed-nego, cayeron atados dentro del horno de fuego encendido.

24 Entonces el rey Nabucodonosor se quedó atónito, y se levantó, apresuradamente y dijo a los de su consejo: ¿No hemos arrojado al fuego a tres varones atados? Ellos respondieron al rey: Es verdad, oh rey.

25 Y él repuso: Pues bien, yo veo cuatro varones sueltos, que se pasean por en medio del fuego sin sufrir ningún daño; y el aspecto del cuarto es semejante al de un hijo de los dioses.

26 Entonces Nabucodonosor se acercó a la puerta del horno de fuego encendido, y tomando la palabra, dijo: Sadrac, Mesac y Abed-nego, siervos del Dios Altísimo, salid y venid. Entonces Sadrac, Mesac y Abed-nego salieron de en medio del fuego.

27 Y se juntaron los sátrapas, los prefectos, los gobernadores y los consejeros del rey, para mirar a estos varones, y vieron que el fuego no había tenido poder alguno sobre sus cuerpos, ni aun el cabello de sus cabezas se había quemado; sus ropas estaban intactas, y ni siquiera tenían olor de fuego.

28 Entonces Nabucodonosor exclamó: ¡Bendito sea el Dios de Sadrac, Mesac y Abed-nego, que envió a su ángel y libró a sus siervos que, confiando en él, no cumplieron el edicto del rey, y entregaron sus cuerpos antes que servir y adorar a ningún otro dios fuera de su Dios!

29 Por lo tanto, decreto que toda persona, de cualquier pueblo, nación o lengua, que hable sin respeto del Dios de Sadrac, Mesac y Abed-nego, sea descuartizada, y su casa convertida en muladar; por cuanto no hay dios que pueda librar como éste.

30 Entonces el rey engrandeció a Sadrac, Mesac y Abed-nego en la provincia de Babilonia.

La locura de Nabucodonosor

4 Nabucodonosor rey, a todos los pueblos, naciones y lenguas que moran en toda la tierra: ¡Paz abundante a vosotros!

2 Me place dar a conocer las señales y milagros que el Dios Altísimo ha hecho conmigo.

3 ¡Cuán grandes son sus señales, y cuán potentes sus prodigios! Su reino es un reino sempiterno, y su señorío perdura de generación en generación.

4 Yo, Nabucodonosor, estaba tranquilo en mi casa, y floreciente en mi palacio.

5 Tuve un sueño que me espantó, y las imaginaciones en mi lecho y las visiones de mi cabeza me turbaron.

6 Por esto mandé que vinieran delante de mí todos los sabios de Babilonia, para que me mostrasen la interpretación del sueño.

7 Y vinieron magos, astrólogos, caldeos y adivinos, y les dije el sueño, pero no me pudieron mostrar su interpretación,
8 hasta que vino a mi presencia Daniel, cuyo nombre es Belsasar, como el nombre de mi dios, y en quien mora el espíritu de los dioses santos. Le conté el sueño, diciéndole:
9 Beltsasar, jefe de los magos, ya que me he dado cuenta de que hay en ti espíritu de los dioses santos, y que ningún misterio se te esconde, decláreme las visiones del sueño que he tenido, y su interpretación.
10 Estas fueron las visiones de mi cabeza mientras estaba en mi cama: Miré, y vi en el centro de la tierra un árbol, cuya altura era muy grande.
11 El árbol había crecido y se había hecho muy fuerte, y su copa llegaba hasta el cielo, y se le alcanzaba a ver desde todos los confines de la tierra.
12 Su follaje era hermoso y su fruto abundante, y había en él alimento para todos. Debajo de él se ponían a la sombra las bestias del campo, y en sus ramas hacían morada las aves del cielo, y se mantenía de él todo ser viviente.
13 Contemplaba las visiones de mi cabeza mientras estaba en mi cama, y he aquí que un vigilante, un santo descendía del cielo.
14 Y gritando fuertemente, decía así: Derribad el árbol, y cortad sus ramas, quitadle el follaje, y dispersad su fruto; huyan las bestias que están debajo de él, y las aves de sus ramas.
15 Mas dejaréis en la tierra el tocón y sus raíces, con ataduras de hierro y de bronce, entre la hierba del campo; sea mojado con el rocío del cielo, y comparta con las bestias la hierba de la tierra.
16 Que le sea cambiado su corazón de hombre, y le sea dado un corazón de bestia, y pasen sobre él siete tiempos.
17 La sentencia es por decreto de los vigilantes, y la resolución dictada por los santos, para que conozcan los vivientes que el Altísimo es dueño del reino de los hombres, y que a quien él quiere lo da, y puede establecer sobre él al más bajo de los hombres.
18 Yo, el rey Nabucodonosor, he tenido este sueño. Tú, pues, Beltsasar, dame la interpretación de él, porque todos los sabios de mi reino no han podido mostrarme su interpretación; mas tú puedes, porque mora en ti el espíritu de los dioses santos.
19 Entonces Daniel, cuyo nombre era Beltsasar, quedó atónito por unos momentos, y sus pensamientos lo turbaban. El rey tomó la palabra y dijo: Beltsasar, no te turben ni el sueño ni su interpretación. Beltsasar respondió y dijo: Señor mío, el sueño sea para tus enemigos, y su interpretación para tus adversarios.

20 El árbol que viste, que crecía y se hacía fuerte, y cuya copa llegaba hasta el cielo, y que se veía desde todos los confines de la tierra,
21 cuyo follaje era hermoso, y su fruto abundante, y en que había alimento para todos, debajo del cual moraban las bestias del campo, y en cuyas ramas anidaban las aves del cielo,
22 eres tú mismo, oh rey, que creciste y te hiciste fuerte, pues creció tu grandeza y ha llegado hasta el cielo, y tu dominio se extiende hasta los confines de la tierra.
23 Y en cuanto a lo que vio el rey, un vigilante, un santo que descendía del cielo y decía: Cortad el árbol y destruidlo; mas dejaréis en la tierra el tocón y sus raíces, con ataduras de hierro y de bronce, en la hierba del campo; y sea mojado con el rocío del cielo, y con las bestias del campo sea su parte, hasta que pasen sobre él siete tiempos;
24 esta es la interpretación, oh rey, y el decreto del Altísimo, que ha recaído sobre mi señor el rey:
25 Te echarán de entre los hombres, y morarás con las bestias del campo, y te apacentarán con hierba del campo como a los bueyes, y serás bañado con el rocío del cielo; y pasarán sobre ti siete tiempos, hasta que reconozcas que el Altísimo tiene el dominio sobre la realeza de los hombres, y que la da a quien él quiere.
26 Y en cuanto a la orden de dejar en la tierra el tocón y las raíces del mismo árbol, significa que tu reino te quedará firme, luego que reconozcas que todo poder viene del cielo.
27 Por tanto, oh rey, acepta mi consejo: rompe con tus pecados practicando la justicia, y con tus iniquidades haciendo misericordia para con los oprimidos, pues tal vez así se prolongará tu dicha.
28 Todo esto sobrevino al rey Nabucodonosor.
29 Al cabo de doce meses, mientras se paseaba por el palacio real de Babilonia,
30 se puso a hablar el rey y dijo: ¿No es ésta la gran Babilonia que yo edifiqué con la fuerza de mi poder, para residencia real y para gloria de mi majestad?
31 Aún estaban estas palabras en la boca del rey, cuando vino una voz del cielo: A ti se te dice, rey Nabucodonosor: El reino ha sido quitado de ti;
32 y de entre los hombres te arrojarán, y con las bestias del campo será tu habitación; y como a los bueyes te apacentarán; y pasarán sobre ti siete tiempos, hasta que reconozcas que el Altísimo tiene el dominio sobre la realeza de los hombres, y la da a quien él quiere.

33 En el mismo instante se cumplió la palabra sobre Nabucodonosor, y fue echado de entre los hombres; y comía hierba como los bueyes, y su cuerpo se mojaba con el rocío del cielo, hasta que su pelo creció como plumas de águila, y sus uñas como las de las aves.

34 Mas al cabo del tiempo señalado, yo, Nabucodonosor, alcé mis ojos al cielo, y recobré la razón; entonces bendije al Altísimo, y alabé y glorifiqué al que vive para siempre, cuyo dominio es sempiterno, y su reino por todas las generaciones.

35 Todos los habitantes de la tierra son considerados ante él como nada; y él hace lo que le place con el ejército del cielo, y con los habitantes de la tierra, y no hay quien detenga su mano, y le diga: ¿Qué haces?

36 En el mismo momento mi razón me fue devuelta, y para gloria de mi reino, mi dignidad y mi grandeza volvieron a mí, y mis gobernadores y mis consejeros me buscaron; y fui restablecido en mi reino, y se me dio una grandeza todavía mayor.

37 Ahora pues, yo, Nabucodonosor, alabo, engrandezco y glorifico al Rey del cielo, porque todas sus obras son verdaderas, y sus caminos justos; y él puede humillar a los que andan con soberbia.

El escrito en la pared

5 El rey Belsasar dio un gran banquete a mil de sus magnates, y en presencia de los mil bebía vino.

2 Belsasar, animado por el vino, mandó que trajesen los vasos de oro y de plata que Nabucodonosor su padre había traído del templo de Jerusalén, para que bebiesen en ellos el rey, sus magnates, sus mujeres y sus concubinas.

3 Fueron traídos, pues, los vasos de oro que habían robado del templo de la casa de Dios en Jerusalén, y bebieron en ellos el rey, sus magnates, sus mujeres y sus concubinas.

4 Bebieron vino, y alabaron a los dioses de oro, de plata, de bronce, de hierro, de madera y de piedra.

5 De pronto aparecieron los dedos de una mano de hombre, que escribía delante del candelero sobre el encalado de la pared del palacio real; y el rey veía el extremo de la mano que escribía.

6 Entonces el rey palideció, y sus pensamientos lo turbaron, se debilitaron sus lomos, y sus rodillas daban la una contra la otra.

7 El rey gritó en alta voz que hiciesen venir magos, caldeos y adivinos; tomó la palabra el rey y dijo a los sabios de Babilonia: Cualquiera que lea esta escritura y me muestre su interpretación, será vestido de púrpura, se le pondrá al cuello un collar de oro, y será el tercer señor en el reino.

8 Entonces fueron introducidos todos los sabios del rey, pero ninguno pudo descifrar la escritura ni mostrar al rey su interpretación.

9 El rey Belsasar se turbó sobremanera, y palideció, y sus magnates estaban consternados.

10 La reina, enterada por las palabras del rey y de sus magnates, entró en la sala del banquete, y dijo: Rey, vive para siempre; no te turben tus pensamientos, ni palidezca tu rostro.

11 Hay en tu reino un hombre en el cual mora el espíritu de los dioses santos; ya en los días de tu padre se halló en él luz, inteligencia y sabiduría, semejante a la sabiduría de los dioses; al que el rey Nabucodonosor, tu padre, oh rey, constituyó jefe sobre todos los magos, astrólogos, caldeos y adivinos,

12 por cuanto fue hallado en él un espíritu superior, ciencia y entendimiento, para interpretar sueños, descifrar enigmas y resolver dudas; éste es Daniel, al cual el rey puso por nombre Beltsasar. Llámese, pues, ahora a Daniel, y él te dará la interpretación.

13 Entonces fue traído Daniel a la presencia del rey. Y tomando el rey la palabra, dijo a Daniel: ¿Eres tú Daniel de los hijos de la cautividad de Judá, que mi padre trajo de Judea?

14 Me han dicho de ti que el espíritu de los dioses santos está en ti, y que en ti se han hallado una luz, un entendimiento y una sabiduría extraordinarios.

15 Y ahora acaban de traer a mi presencia sabios y astrólogos para que lean esta escritura y me den su interpretación; pero ninguno ha podido mostrarme la interpretación del asunto.

16 Yo, pues, he oído decir de ti que puedes dar interpretaciones y resolver dificultades. Si eres, pues, capaz de leer esta escritura y darme su interpretación, serás vestido de púrpura, llevarás en tu cuello un collar de oro y mandarás como tercero en el reino.

17 Entonces Daniel respondió y dijo delante del rey: Tus dones sean para ti, y da tus recompensas a otros. Leeré la escritura al rey, y le daré la interpretación.

18 El Altísimo Dios, oh rey, dio a Nabucodonosor, tu padre, el reino y la grandeza, la gloria y la majestad.

19 Y por la grandeza que le dio, todos los pueblos, naciones y lenguas temblaban de miedo delante de él. A quien quería mataba, y a quien quería dejaba con vida; engrandecía a quien quería, y a quien quería humillaba.

20 Mas cuando su corazón se ensoberbeció,

y su espíritu se endureció en su orgullo, fue depuesto del trono de su reino, y despojado de su gloria.

21 Y fue echado de entre los hijos de los hombres, y su mente se hizo semejante a la de las bestias, y con los asnos monteses fue su morada. Le hicieron comer hierba como a buey, y su cuerpo fue mojado con el rocío del cielo, hasta que reconoció que el Altísimo Dios tiene dominio sobre la realeza de los hombres, y la da a quien quiere.

22 Y tú, su hijo Belsasar, no has humillado tu corazón, a pesar de saber todo esto;

23 sino que te has ensoberbecido contra el Señor del cielo, e hiciste traer a tu presencia los vasos de su casa, y tú y tus magnates, tus mayores y tus concubinas, bebisteis vino en ellos; además de esto, diste alabanza a dioses de plata y oro, de bronce, de hierro, de madera y de piedra, que ni ven, ni oyen, ni saben; y no has dado gloria al Dios en cuya mano está tu vida, y en cuya mano están todos tus caminos.

24 Entonces de su presencia fue enviada la mano que trazó esta escritura.

25 Y la escritura que trazó es: Mené, Miné, Tekel y Parsín.

26 Esta es la interpretación del asunto: Mené: Contó Dios tu reino, y le ha puesto fin.

27 Tekel: Has sido pesado en balanza, y fuiste hallado falto de peso.

28 Peres: Tu reino ha sido roto, y dado a los medos y a los persas.

29 Entonces mandó Belsasar revestir a Daniel de púrpura, y poner en su cuello un collar de oro, y proclamar que él era el tercer señor del reino.

30 Aquella misma noche fue muerto Belsasar, rey de los caldeos.

31 Y se apoderó del reino Darío de Media, siendo de sesenta y dos años de edad.

Daniel en el foso de los leones

6 Pareció bien a Darío constituir sobre el reino ciento veinte sátrapas, que gobernasen en todo el reino.

2 Y sobre ellos tres ministros, de los cuales Daniel era uno, a quienes estos sátrapas diesen cuenta, para que el rey no fuese perjudicado.

3 Pero Daniel mismo era superior a estos sátrapas y ministros, porque había en él un espíritu superior; y el rey pensó en ponerlo sobre todo el reino.

4 Entonces los ministros y los sátrapas buscaban ocasión para acusar a Daniel en lo tocante a la administración del reino; mas no podían hallar ningún motivo de acusación ni falta alguna, porque él era fiel, y ninguna negligencia ni falta fue hallada en él.

5 Entonces dijeron aquellos hombres: No hallaremos contra este Daniel ninguna ocasión para acusarle, si no la hallamos contra él en relación con la ley de su Dios.

6 Entonces estos ministros y sátrapas vinieron apresuradamente a la presencia del rey, y le dijeron así: ¡Rey Darío, vive para siempre!

7 Todos los ministros del reino, prefectos, sátrapas, consejeros y gobernadores han acordado en consejo que promulgues un edicto real y lo confirmes, mandando que cualquiera que en el espacio de treinta días haga petición a cualquier dios u hombre fuera de ti, oh rey, sea echado en el foso de los leones.

8 Ahora, pues, oh rey, confirma el edicto y fírmalo, para que no pueda ser revocado, conforme a la ley de Media y de Persia, la cual no puede ser abrogada.

9 Firmó, pues, el rey Darío el edicto y la prohibición.

10 Cuando supo Daniel que el edicto había sido firmado, entró en su casa, y abiertas las ventanas de su cámara que daban hacia Jerusalén, se arrodillaba tres veces al día, y oraba y daba gracias delante de su Dios, como lo solía hacer antes.

Oración de Daniel

11 Entonces se juntaron apresuradamente aquellos hombres, y hallaron a Daniel orando y rogando a su Dios.

12 Fueron luego ante el rey y le hablaron del edicto real: ¿No has confirmado un edicto mandando que cualquiera que en el espacio de treinta días haga alguna petición a cualquier dios u hombre fuera de ti, oh rey, sea echado en el foso de los leones? Respondió el rey diciendo: Así es, conforme a la ley de Media y de Persia, la cual no puede ser abrogada.

13 Entonces respondieron y dijeron en presencia del rey: Daniel, que es de los hijos de los cautivos de Judá, no te respeta a ti, oh rey, ni acata el edicto que confirmaste, sino que tres veces al día hace su oración.

14 Cuando el rey oyó el asunto, le pesó en gran manera, y resolvió librar a Daniel; y hasta la puesta del sol estuvo haciendo esfuerzos por librarle.

15 Pero aquellos hombres se reunieron apresuradamente ante el rey y le dijeron: Ya sabes, oh rey, que según la ley de Media y de Persia, ningún edicto u ordenanza que el rey confirme puede ser abrogado.

16 Entonces el rey mandó que trajeran a Daniel, y le echaron en el foso de los leones. Y el rey dijo a Daniel: Tu Dios, a quien tú sirves con perseverancia, él te libre.

17 Y fue traída una piedra y puesta sobre la

boca del foso, y el rey la selló con su anillo y con el anillo de sus dignatarios, para que la situación de Daniel no se pudiese alterar.

18 Luego el rey se fue a su palacio, y se acostó en ayunas; no dejó que le trajeran concubinas, y se le fue el sueño.

19 El rey, pues, se levantó muy de mañana, y fue apresuradamente al foso de los leones.

20 Y acercándose al foso, llamó a voces a Daniel con voz triste, y le dijo: Daniel, siervo del Dios viviente, el Dios tuyo, a quien tú con tanta perseverancia sirves, ¿te ha podido librar de los leones?

21 Entonces Daniel respondió al rey: Oh rey, vive para siempre.

22 Mi Dios envió a su ángel, el cual cerró la boca de los leones, para que no me hiciesen daño, porque ante él fui hallado inocente; y aun delante de ti, oh rey, yo no he hecho nada malo.

23 Entonces se alegró el rey en gran manera, y mandó sacar a Daniel del foso; y fue Daniel sacado del foso, y ninguna lesión se halló en él, porque había confiado en su Dios.

24 Y dio orden el rey de que fueran traídos aquellos hombres que habían acusado a Daniel, y fueran echados en el foso de los leones ellos, sus hijos y sus mujeres; y aún no habían llegado al fondo del foso, cuando los leones se apoderaron de ellos y quebraron todos sus huesos.

Profesión de fe del rey

25 Entonces el rey Darío escribió a todos los pueblos, naciones y lenguas que habitan en toda la tierra: ¡Paz abundante a vosotros!

26 Doy orden de que en todos los dominios de mi reino todos teman y tiemblen ante la presencia del Dios de Daniel; porque él es el Dios viviente y permanece por todos los siglos, y su reino no será jamás destruido, y su dominio perdurará hasta el fin.

27 Él salva y libra, y hace señales y portentos en el cielo y en la tierra; él ha librado a Daniel del poder de los leones.

28 Y este mismo Daniel prosperó durante el reinado de Darío y durante el reinado de Ciro, el persa.

Visión de las cuatro bestias

7 En el primer año de Belsasar, rey de Babilonia, tuvo Daniel un sueño, y vio visiones de su espíritu mientras estaba en su lecho; luego escribió el sueño, y relató lo principal del asunto.

2 Daniel comenzó su relato diciendo: Miraba yo en mi visión de noche, y he aquí que los cuatro vientos del cielo irrumpieron en el gran mar.

3 Y cuatro bestias grandes, diferentes la una de la otra, salieron del mar.

4 La primera era como un león, y tenía alas de águila. Mientras yo la miraba, le fueron arrancadas las alas, fue levantada del suelo y se puso erguida sobre sus patas a manera de hombre, y le fue dado un corazón de hombre.

5 A continuación, otra segunda bestia, semejante a un oso, la cual se alzaba de un costado más que del otro, y tenía en su boca tres costillas entre los dientes; y le fue dicho así: Levántate, devora mucha carne.

6 Después de esto, yo seguía mirando y vi otra, semejante a un leopardo, con cuatro alas de ave en sus espaldas; esta bestia tenía cuatro cabezas; y le fue dado poder.

7 Después de esto seguí mirando en las visiones de la noche, y he aquí una cuarta bestia, espantosa y terrible y en gran manera fuerte, la cual tenía unos dientes grandes de hierro; devoraba y desmenuzaba, y lo sobrante lo pisoteaba con sus patas, y era muy diferente de todas las bestias que vi antes de ella, y tenía diez cuernos.

8 Mientras yo contemplaba los cuernos, he aquí que otro cuerno pequeño salió de entre ellos, y delante de él fueron arrancados tres cuernos de los primeros; y he aquí que este cuerno tenía ojos como de hombre, y una boca que hablaba con gran arrogancia.

9 Estuve mirando hasta que fueron puestos tronos, y se sentó un Anciano de muchos días, cuyo vestido era blanco como la nieve, y el pelo de su cabeza como lana limpia; su trono, llama de fuego, y las ruedas del mismo, fuego ardiente.

10 Un río de fuego procedía y salía de delante de él; millares de millares le servían, y miríadas de miríadas asistían delante de él; el Juez se sentó, y los libros fueron abiertos.

11 Yo entonces miré atraído por el sonido de las grandes palabras que hablaba el cuerno; estuve mirando hasta que mataron a la bestia, y su cuerpo fue destrozado y arrojado al fuego para que se quemase.

12 Habían también quitado a las otras bestias su dominio; pero les había sido prolongada la vida hasta cierto tiempo.

13 Seguía yo mirando en la visión de la noche, y he aquí, con las nubes del cielo venía uno como un hijo de hombre, que vino hasta el Anciano de muchos días, y le hicieron acercarse delante de él.

14 Y le fue dado dominio, gloria y reino, para que todos los pueblos, naciones y lenguas le sirvieran; su dominio es dominio eterno, que nunca pasará, y su reino, un reino que no será destruido jamás.

Interpretación de la visión

15 Yo, Daniel, quedé profundamente turbado en mi espíritu, y las visiones de mi cabeza me asombraron.

16 Me acerqué a uno de los que asistían, y le pregunté la verdad acerca de todo esto. Y me habló, y me hizo conocer la interpretación de tales cosas:

17 Estas cuatro grandes bestias son cuatro reyes que se levantarán en la tierra.

18 Después recibirán el reino los santos del Altísimo, y poseerán el reino eternamente, por eternidad de eternidades.

19 Luego tuve deseo de saber la verdad acerca de la cuarta bestia, que era tan diferente de todas las otras, espantosa en gran manera, que tenía dientes de hierro y uñas de bronce, que devoraba y desmenuzaba, y pisoteaba con sus patas lo sobrante;

20 asimismo acerca de los diez cuernos que tenía en su cabeza, y del otro que le había salido, delante del cual habían caído tres; el mismo cuerno que tenía ojos, y boca que hablaba con gran arrogancia, y cuya apariencia era mayor que la de los otros.

21 Y veía yo también que este cuerno hacía guerra contra los santos, y los vencía,

22 hasta que vino el Anciano de muchos días, y se dio el juicio a los santos del Altísimo; y llegó el tiempo en que los santos recibieron en posesión el reino.

23 Dijo así: La cuarta bestia será un cuarto reino en la tierra, el cual será diferente de todos los otros reinos; devorará toda la tierra, la pisoteará y la triturará.

24 Y los diez cuernos significan que de aquel reino se levantarán diez reyes; y tras ellos se levantará otro, el cual será diferente de los primeros, y derribará a tres reyes.

25 Y hablará palabras contra el Altísimo, y tratará duramente a los santos del Altísimo, y pretenderá cambiar los tiempos y la ley; y serán entregados en su mano hasta un tiempo, y tiempos, y medio tiempo.

26 Pero se sentarán los jueces, y le será quitado su dominio para que sea destruido y arruinado totalmente,

27 y que el reino, y el dominio y la majestad de los reinos debajo de todos los cielos sean dados al pueblo de los santos del Altísimo, cuyo reino es un reino eterno, y todos los imperios le servirán y obedecerán.

28 Hasta aquí llega su relato. En cuanto a mí, Daniel, mis pensamientos me turbaron y el color de mi rostro se demudó; y guardé el asunto en mi corazón.

Visión del carnero y del macho cabrío

8 En el año tercero del reinado del rey Belsasar me apareció una visión a mí, Daniel, después de aquella que me había aparecido antes.

2 Miré durante la visión y me vi yo en Susa, que es la plaza fuerte en la provincia de Elam; vi, pues, en visión, que me hallaba junto al río Ulay.

3 Alcé los ojos y miré, y vi un carnero que estaba delante del río; tenía dos cuernos; y aunque ambos cuernos eran altos, uno era más alto que el otro, aunque el más alto había comenzado a crecer después del otro.

4 Vi que el carnero acometía con los cuernos contra el poniente, el norte y el sur, y que ninguna bestia podía resistirle, ni había quien escapase de su poder; y hacía conforme a su voluntad, y se engrandecía.

5 Mientras yo consideraba esto, he aquí que un macho cabrío venía del lado del poniente sobre la superficie de toda la tierra, pero sin tocar el suelo; y aquel macho cabrío tenía un cuerno bien visible entre sus ojos.

6 Y vino hasta el carnero de dos cuernos, que yo había visto de pie delante del río, y corrió contra él con la furia de su fuerza.

7 Y lo vi que alcanzaba al carnero, y se levantó contra él y le acometió, quebrándole sus dos cuernos, y el carnero no tenía fuerzas para resistirle; lo derribó, por tanto, en tierra, y lo pisoteó, y no hubo quien librase al carnero de su poder.

8 Y el macho cabrío se engrandeció sobremanera; pero estando en su mayor fuerza, aquel gran cuerno fue quebrado, y en su lugar le salieron otros cuatro cuernos bien visibles hacia los cuatro vientos del cielo.

9 Y de uno de ellos salió un cuerno pequeño, que creció mucho hacia el sur y el oriente, y hacia la tierra gloriosa.

10 Y se engrandeció hasta el ejército del cielo; y parte del ejército y de las estrellas echó por tierra, y las pisoteó.

11 Aun contra el príncipe de los ejércitos se irguió y por él le fue quitado el continuo sacrificio, y el lugar de su santuario fue echado por tierra.

12 Y a causa de la iniquidad le fue entregado el ejército junto con el continuo sacrificio; y echó por tierra la verdad, e hizo cuanto quiso, y le acompañó el éxito.

13 Entonces oí a un santo que hablaba; y otro de los santos preguntó a aquel que hablaba: ¿Hasta cuándo durará la visión del continuo sacrificio abolido, y la iniquidad asoladora puesta allí, y del santuario y el ejército pisoteados?

14 Y él dijo: Hasta dos mil trescientas tardes y mañanas; luego el santuario será purificado.

El ángel Gabriel explica la visión

15 Y aconteció que mientras yo Daniel contemplaba la visión y procuraba comprenderla, he aquí que se puso delante de mí uno con apariencia de hombre.

16 Y oí una voz de hombre entre las riberas del Ulay, que gritó y dijo: Gabriel, explícale a éste la visión.

17 Vino luego cerca de donde yo estaba; al acercarse, me sobrecogí y me postré sobre mi rostro. Pero él me dijo: Presta atención, hijo de hombre, porque la visión es para el tiempo del fin.

18 Mientras él hablaba conmigo, perdí el conocimiento y caí en tierra sobre mi rostro. Él me tocó, y me hizo estar en pie.

19 Y dijo: He aquí, voy a enseñarte lo que ha de venir al fin de la ira; porque el fin está fijado.

20 En cuanto al carnero que viste, que tenía dos cuernos, éstos son los reyes de Media y de Persia.

21 El macho cabrío es el rey de Grecia, y el cuerno grande que tenía entre sus ojos es el primer rey.

22 Y en cuanto al cuerno que fue quebrado, y sucedieron cuatro en su lugar, significa que se levantarán de esa nación cuatro reinos, aunque no con la fuerza de él.

23 Y al fin del reinado de éstos, cuando las transgresiones lleguen a su colmo, se levantará un rey altivo de rostro y experto en intrigas.

24 Y su poder se fortalecerá, mas no con fuerza propia; y causará grandes ruinas, y alcanzará éxitos en sus empresas, y destruirá a los fuertes y al pueblo de los santos.

25 Con su sagacidad hará prosperar la intriga en su mano; y se ensoberbecerá en su corazón, y destruirá a muchos por sorpresa, y se levantará contra el Príncipe de los príncipes, pero será quebrantado, aunque no por mano humana.

26 La visión de las tardes y mañanas que se ha referido es verdadera; y tú guarda la visión, porque es para días lejanos.

27 Y yo Daniel quedé quebrantado, y estuve enfermo durante algunos días; y cuando convalecí, volví a ocuparme en los asuntos del rey; pero estaba espantado a causa de la visión, y no la entendía.

Oración de Daniel por su pueblo

9 En el año primero de Darío, hijo de Asuero, de la nación de los medos, que vino a ser rey sobre el reino de los caldeos,

2 en el año primero de su reinado, yo, Daniel, miré atentamente en los libros sagrados el número de los años de que habló Jehová al profeta Jeremías, que habían de cumplirse sobre las ruinas de Jerusalén: setenta años.

3 Y volví mi rostro al Señor Dios, buscándole en oración y ruego, en ayuno, cilicio y ceniza.

4 Y oré a Jehová, mi Dios, y le hice esta confesión: ¡Ah, Señor, Dios grande, digno de ser temido, que guardas el pacto y la misericordia con los que te aman y guardan tus mandamientos!

5 Hemos pecado, hemos cometido iniquidad, hemos obrado perversamente, hemos sido rebeldes, y nos hemos apartado de tus mandamientos y de tus ordenanzas.

6 No hemos obedecido a tus siervos los profetas, que en tu nombre hablaron a nuestros reyes, a nuestros príncipes, a nuestros padres y a todo el pueblo de la tierra.

7 A ti, Señor, la justicia, y a nosotros la vergüenza en el rostro, como en el día de hoy lleva todo hombre de Judá, los moradores de Jerusalén, y todo Israel, los de cerca y los de lejos, en todas las tierras adonde los has echado a causa de las rebeliones con que se rebelaron contra ti.

8 Oh Jehová, a nosotros, la vergüenza en el rostro, a nuestros reyes, a nuestros príncipes y a nuestros padres; porque contra ti pecamos.

9 Al Señor, nuestro Dios, el tener compasión y el perdonar, aunque contra él nos hemos rebelado,

10 y no obedecimos a la voz de Jehová nuestro Dios, para andar en sus leyes que él puso delante de nosotros por medio de sus siervos los profetas.

11 Todo Israel traspasó tu ley, apartándose para no obedecer tu voz; por lo cual ha caído sobre nosotros la maldición y el juramento que está escrito en la ley de Moisés, siervo de Dios; porque contra él pecamos.

12 Y él ha cumplido la palabra que habló contra nosotros y contra nuestros jefes que nos gobernaron, trayendo sobre nosotros tan grande mal; pues nunca fue hecho debajo del cielo nada semejante a lo que se ha hecho contra Jerusalén.

13 Conforme está escrito en la ley de Moisés, todo este mal vino sobre nosotros; y no hemos implorado el favor de Jehová nuestro Dios, para convertirnos de nuestras maldades y prestar atención a tu verdad.

14 Por tanto, Jehová veló sobre este mal y lo ha hecho venir sobre nosotros; porque es justo Jehová nuestro Dios en todas las obras que ha hecho, pero nosotros no hemos hecho caso de su voz.

15 Ahora pues, Señor Dios nuestro, que sacaste tu pueblo de la tierra de Egipto con mano poderosa, y con ello te granjeaste un renombre que perdura hasta hoy; hemos pecado, hemos obrado impíamente.

16 Oh Señor, conforme a todos tus actos de justicia, apártese ahora tu ira y tu furor de sobre tu ciudad Jerusalén, tu santo monte; porque a causa de nuestros pecados, y por la maldad de nuestros padres, Jerusalén y tu pueblo son el oprobio de todos los que nos rodean.

17 Ahora pues, Dios nuestro, escucha la oración de tu siervo, y sus ruegos; y haz que tu rostro resplandezca sobre tu santuario

asolado, por amor de ti mismo, oh Señor.
18 Inclina, oh Dios mío, tu oído, y escucha;
abre tus ojos, y mira nuestras ruinas, y la
ciudad sobre la cual es invocado tu nombre;
porque no elevamos nuestros ruegos ante ti
confiados en nuestras justicias, sino en tus
grandes misericordias.
19 ¡Señor, escucha! ¡Señor, perdona! ¡Señor, presta atención, y actúa! ¡No tardes
más, por amor de ti mismo, Dios mío!
Porque tu nombre es invocado sobre tu
ciudad y sobre tu pueblo.

Profecía de las setenta semanas

20 Aún estaba yo hablando y orando, y
confesando mi pecado y el pecado de mi
pueblo Israel, y derramaba mi ruego delante de Jehová mi Dios, por el monte santo de
mi Dios;
21 aún estaba hablando en oración, cuando
Gabriel, el varón a quien había visto en la
visión al principio, vino a mí volando con
presteza, como a la hora del sacrificio de la
tarde.
22 Y hablando conmigo, me hizo comprender, diciendo: Daniel, he salido ahora para
ilustrar tu inteligencia.
23 Al principio de tus ruegos fue dada la
orden, y yo he venido para revelártela,
porque tú eres muy amado. Comprende,
pues, la orden, y entiende la visión.
24 Setenta semanas están determinadas sobre tu pueblo y sobre tu santa ciudad, para
acabar con las prevaricaciones y poner fin al
pecado, y expiar la iniquidad, para traer la
justicia perdurable, y sellar la visión y la
profecía, y ungir al Santo de los santos.
25 Sabe, pues, y entiende, que desde la
salida de la orden para restaurar y edificar a
Jerusalén hasta el Mesías Príncipe, habrá
siete semanas, y sesenta y dos semanas; se
volverá a edificar la plaza y el muro, pero
esto en tiempos angustiosos.
26 Y después de las sesenta y dos semanas
se quitará la vida al Mesías, y no por él
mismo; y el pueblo de un príncipe que ha de
venir destruirá la ciudad y el santuario; y su
fin será en una inundación, y hasta el fin de
la guerra durarán las devastaciones.
27 Y hará que se concierte un pacto con
muchos por una semana; a la mitad de la
semana hará cesar el sacrificio y la ofrenda;
y en el ala del templo estará la abominación
horrible, hasta que la ruina decretada se
derrame sobre el desolador.

Visión de Daniel junto al río

10 En el año tercero de Ciro, rey de
Persia, fue revelada palabra a Daniel, llamado Beltsasar; y la palabra era
verdadera, y el conflicto grande; él prestó
atención a la palabra, y tuvo inteligencia en
la visión.
2 En aquellos días yo Daniel estuve en
duelo por espacio de tres semanas.
3 No comí manjar delicado, ni entró en mi
boca carne ni vino, ni me ungí con ungüento, hasta que se cumplieron las tres semanas.
4 Y el día veinticuatro del primer mes estaba yo a la orilla del gran río Jidekel.
5 Y alcé mis ojos y miré, y vi un varón
vestido de lino, y ceñidos sus lomos de oro
de Ufaz.
6 Su cuerpo era como de crisólito, y su
rostro parecía un relámpago, y sus ojos
como antorchas de fuego, y sus brazos y sus
pies como de color de bronce bruñido, y el
sonido de sus palabras como el estruendo de
una multitud.
7 Y sólo yo, Daniel, vi aquella visión, y no
la vieron los hombres que estaban conmigo,
sino que se apoderó de ellos un gran terror,
y huyeron a esconderse.
8 Quedé, pues, yo solo, y vi esta gran
visión, y no quedó fuerza en mí; se demudó
el color de mi rostro hasta quedar desfigurado, y perdí todo mi vigor.

Aparición del ángel

9 Pero oí el sonido de sus palabras; y al oír
el sonido de sus palabras, caí desvanecido,
con mi rostro en tierra.
10 Y he aquí una mano me tocó, e hizo que
me pusiese sobre mis rodillas y sobre las
palmas de mis manos.
11 Y me dijo: Daniel, varón muy amado,
está atento a las palabras que te hablaré, y
ponte en pie; porque he sido enviado ahora
a ti. Al hablarme así, me puse en pie temblando.
12 Entonces me dijo: Daniel, no temas;
porque desde el primer día en que aplicaste
tu corazón a entender y a humillarte en la
presencia de tu Dios, fueron oídas tus palabras; y a causa de tus palabras yo he venido.
13 Mas el príncipe del reino de Persia se me
opuso durante veintiún días; pero he aquí
que Miguel, uno de los principales príncipes, vino para ayudarme, y quedé allí con
los reyes de Persia.
14 He venido para hacerte saber lo que ha
de venir a tu pueblo en los postreros días;
porque la visión es para esos días.
15 Mientras me decía estas palabras, estaba
yo con los ojos puestos en tierra, y enmude-
cido.
16 Pero he aquí, uno con semejanza de hijo
de hombre tocó mis labios. Entonces abrí la
boca y hablé, y dije al que estaba delante de
mí: Señor mío, con la visión me han sobrevenido angustias, y no me queda fuerza.

17 ¿Cómo, pues, podrá el siervo de mi señor hablar con mi señor? Porque al instante me faltó la fuerza, y no me quedó aliento.

18 Y aquel que tenía semejanza de hombre me tocó otra vez, y me fortaleció,

19 y me dijo: Muy amado, no temas; la paz sea contigo; ten valor y ánimo. Y en cuanto él me habló, recobré las fuerzas, y dije: Hable mi señor, porque me has fortalecido.

20 Él me dijo: ¿Sabes por qué he venido a ti? Pues ahora tengo que volver para pelear contra el príncipe de Persia; y al terminar con él, el príncipe de Grecia vendrá.

21 Pero yo te declararé lo que está escrito en el libro de la verdad; y ninguno me ayuda contra ellos, sino Miguel, vuestro príncipe.

11 Y yo mismo, en el año primero de Darío, el medo, estuve para animarlo y fortalecerlo.

Los reyes del norte y del sur

2 Y ahora yo te mostraré la verdad. He aquí que aún habrá tres reyes en Persia, y el cuarto se hará con grandes riquezas más que todos ellos; y al hacerse fuerte con sus riquezas, levantará a todos contra el reino de Grecia.

3 Se levantará luego un rey valiente, el cual dominará con gran poder y hará cuanto quiera.

4 Pero cuando se haya engrandecido, su reino será quebrantado y repartido hacia los cuatro vientos del cielo; no a sus descendientes, ni según el dominio con que él dominó; porque su reino será dividido y pasará a otros distintos de ellos.

5 Y se hará fuerte el rey del sur, mas uno de sus príncipes será más fuerte que él, y se hará poderoso; su dominio será grande.

6 Al cabo de algunos años harán alianza, y la hija del rey del sur vendrá al rey del norte para hacer la paz. Pero ella no podrá retener la fuerza de su brazo, ni permanecerá él, ni su brazo; porque será entregada ella y los que la habían traído, asimismo su hijo, y los que estaban de parte de ella en aquel tiempo.

7 Pero un renuevo de sus raíces se levantará sobre su trono, y vendrá con ejército y entrará en las plazas fuertes del rey del norte, y dispondrá de ellas a su arbitrio, y predominará.

8 Y aun a los dioses de ellos, sus imágenes fundidas y sus objetos preciosos de plata y de oro, los arrebatará y se los llevará a Egipto; y por algunos años se mantendrá él lejos del rey del norte.

9 Y éste entrará en el reino del rey del sur, y después se volverá a su tierra.

10 Mas sus hijos se prepararán para la guerra, y reunirán multitud de grandes ejércitos; y uno de ellos vendrá apresuradamente como una inundación, y pasará adelante; luego volverá y llevará la guerra hasta las fortalezas.

11 Por lo cual se enfurecerá el rey del sur, y saldrá y peleará contra el rey del norte; éste pondrá en campaña multitud grande, pero toda aquella multitud será entregada en sus manos.

12 Y al aniquilar él la multitud, se exaltará su corazón, y abatirá a muchos millares; mas no prevalecerá.

13 Y el rey del norte volverá a poner en campaña una multitud mayor que la primera, y al cabo de algunos años vendrá apresuradamente con un gran ejército y con muchas riquezas.

14 En aquellos tiempos se levantarán muchos contra el rey del sur; y hombres turbulentos de tu pueblo se levantarán para cumplir la visión, pero sucumbirán.

15 Vendrá, pues, el rey del norte, y levantará baluartes, y tomará una ciudad fortificada; y las fuerzas del sur no podrán sostenerse, ni sus tropas escogidas, porque no tendrán fuerzas para resistir.

16 Y el que vendrá contra él le tratará a su arbitrio, y no habrá quien se le pueda enfrentar; y se establecerá en la tierra gloriosa, y la destrucción estará en su mano.

17 Concebirá luego el proyecto de poner bajo su dominación todo su reino y hacer con aquél convenios, y le dará una hija suya por mujer para destruirle; pero esto no sucederá, ni tendrá éxito.

18 Volverá después su rostro a las islas, y tomará muchas; mas un príncipe hará cesar la afrenta que quiso echar sobre ellas, y aun hará volver sobre él su afrenta.

19 Luego volverá su rostro a las fortalezas de su tierra; mas tropezará y caerá, y no será hallado ya más.

20 Y se levantará en su lugar uno que hará pasar un cobrador de tributos por lo mejor del reino; pero en pocos días será quebrantado, aunque no en ira, ni en batalla.

21 Y le sucederá en su lugar un hombre despreciable, al cual no darán el honor de la realeza; pero vendrá de improviso y tomará el reino con intrigas.

22 Las fuerzas enemigas serán barridas delante de él como con inundación de aguas; serán del todo destruidos, junto con un príncipe del pacto.

23 Después de concertarse con él, obrará con engaño, se pondrá en marcha y saldrá vencedor con poca gente.

24 Estando la provincia en paz y en abundancia, entrará y hará lo que no hicieron sus padres, ni los padres de sus padres; repartirá a sus soldados botín, despojos y riquezas, y formará sus designios contra las plazas fuertes; y todo esto por cierto tiempo.

25 Y despertará sus fuerzas y su ardor contra el rey del sur con gran ejército; y el rey del sur se empeñará en la guerra con un ejército grande y muy fuerte; mas no prevalecerá, porque le harán traición.

26 Aun los que coman de sus manjares le quebrantarán; y su ejército será destruido, y caerán muchos muertos.

27 Estos dos reyes meditarán en su corazón para hacerse mal y, sentados a una misma mesa, se dirán mentiras; mas no servirá de nada, porque el plazo aún no habrá llegado.

28 Y él volverá a su tierra con gran riqueza, y su corazón estará contra el pacto santo; hará su voluntad contra el pacto y luego se volverá a su tierra.

29 Al tiempo señalado volverá de nuevo al sur; mas no será la postrera venida como la primera.

30 Porque vendrán contra él naves de Quitim, y él se desanimará; se volverá atrás, y se enojará contra el pacto santo; no se quedará inactivo, pues volverá a concertarse con los que abandonen el santo pacto.

31 Y se levantarán de su parte tropas que profanarán el santuario y la fortaleza, harán cesar el continuo sacrificio y pondrán la abominación espantosa.

32 Con lisonjas seducirá a los violadores del pacto; mas el pueblo que conoce a su Dios se mantendrá firme y actuará *en consecuencia*.

33 Y los sabios del pueblo instruirán a muchos; mas por algunos días sucumbirán a espada y a fuego, al destierro y al despojo.

34 Y en su caída recibirán poca ayuda; y muchos se juntarán a ellos traidoramente.

35 También algunos de los sabios caerán para ser depurados y limpiados y emblanquecidos, hasta el tiempo final, porque el plazo fijado está aún por venir.

36 Y el rey hará lo que quiera, y se ensoberbecerá, y se engreirá por encima de todos los dioses; y proferirá cosas inauditas contra el Dios de los dioses, y prosperará, hasta que sea colmada la ira; porque lo determinado se cumplirá.

37 No respetará ni aun al Dios de sus padres, ni al deseo de las mujeres; no respetará a dios alguno, porque sobre todos se exaltará a sí mismo.

38 Mas honrará en su lugar al dios de las fortalezas, dios que sus padres no conocieron; lo honrará con oro y plata, con piedras preciosas y con cosas de gran precio.

39 Con ese dios extraño combatirá las fortalezas más inexpugnables, y colmará de honores a los que le reconozcan, y les repartirá la tierra como recompensa.

40 Pero al tiempo del fin, el rey del sur contenderá con él; y el rey del norte se levantará contra él como una tempestad, con carros y gente de a caballo, y muchas naves; y entrará por las tierras, las invadirá como un torrente y las pasará.

41 Entrará en la tierra gloriosa, y muchos caerán; mas estas escaparán de su mano: Edom y Moab, y la mayoría de los hijos de Amón.

42 Extenderá su mano contra las tierras, y no escapará el país de Egipto.

43 Y se apoderará de los tesoros de oro y plata, y de todas las cosas preciosas de Egipto; y los de Libia y de Etiopía le seguirán.

44 Pero noticias del oriente y del norte lo atemorizarán, y saldrá con gran ira para destruir y matar a muchos.

45 Y plantará las tiendas de su palacio entre los mares y el monte glorioso y santo; mas llegará a su fin, y no tendrá quien le ayude.

El tiempo del fin

12 En aquel tiempo se levantará Miguel, el gran príncipe que está de parte de los hijos de tu pueblo; y será tiempo de angustia, cual nunca lo hubo hasta entonces, desde que existen las naciones; pero en aquel tiempo serán salvados todos los que de tu pueblo se hallen escritos en el libro.

2 Y muchos de los que duermen en el polvo de la tierra serán despertados, unos para vida eterna, y otros para vergüenza y confusión perpetua.

3 Los entendidos resplandecerán como el resplandor del firmamento; y los que enseñaron a muchos la justicia, como las estrellas a perpetua eternidad.

4 Y tú, Daniel, guarda en secreto las palabras y sella el libro hasta el tiempo del fin. Muchos correrán de aquí para allá, y la ciencia se aumentará.

5 Y yo Daniel miré, y he aquí otros dos que estaban en pie, el uno a este lado del río, y el otro al otro lado.

6 Y dijo uno al varón vestido de lino, que estaba sobre las aguas del río: ¿Cuándo será el cumplimiento de estas maravillas?

7 Y oí al varón vestido de lino, que estaba sobre las aguas del río, el cual alzó su diestra y su siniestra al cielo, y juró por el que vive por los siglos que será por un tiempo, tiempos, y la mitad de un tiempo. Y cuando se acabe la dispersión del poder del pueblo santo, todas estas cosas serán cumplidas.

8 Y yo oí, mas no entendí. Y dije: Señor mío, ¿cuál será el fin de estas cosas?

9 Él respondió: Anda, Daniel, pues estas palabras están cerradas y selladas hasta el tiempo del fin.

10 Muchos serán lavados, y emblanquecidos y purificados; los impíos procederán impíamente, y ninguno de los impíos entenderá, pero los entendidos comprenderán.

11 Y desde el tiempo en que sea quitado el continuo sacrificio hasta la abominación

desoladora, habrá mil doscientos noventa días.

12 Bienaventurado el que espere, y llegue a mil trescientos treinta y cinco días.

13 Y tú caminarás hacia tu fin, y reposarás, y te levantarás para recibir tu heredad al fin de los días.

OSEAS

La esposa infiel de Oseas, y sus hijos

1 Palabra de Jehová que vino a Oseas hijo de Beerí, en días de Uzías, Jotam, Acaz y Ezequías, reyes de Judá, y en días de Jeroboam, hijo de Joás, rey de Israel.

2 Comienzo de lo que habló Jehová por medio de Oseas. Dijo Jehová a Oseas: Ve, tómate una mujer fornicaria y engendra hijos de fornicación; porque la tierra fornica apartándose de Jehová.

3 Fue, pues, y tomó a Gómer, hija de Dibláyim, la cual concibió y le dio a luz un hijo.

4 Y le dijo Jehová: Ponle por nombre Jizreel; porque de aquí a poco yo castigaré a la casa de Jehú por causa de la sangre de Jizreel, y haré cesar el reino de la casa de Israel.

5 Y en aquel día quebraré yo el arco de Israel en el valle de Jizreel.

6 Concibió ella otra vez, y dio a luz una hija. Y le dijo Dios a Oseas: Ponle por nombre Lo-ruhamá, porque no me compadeceré más de la casa de Israel, sino que los quitaré del todo.

7 Mas de la casa de Judá tendré misericordia, y los salvaré por Jehová su Dios; y no los salvaré con arco, ni con espada, ni con batalla, ni con caballos ni jinetes.

8 Después de haber destetado a Lo-ruhamá, concibió y dio a luz un hijo.

9 Y dijo Dios: Ponle por nombre Lo-ammí, porque vosotros no sois mi pueblo, ni yo seré vuestro Dios.

10 Con todo, será el número de los hijos de Israel como la arena del mar, que no se puede medir ni contar. Y en el lugar en donde les fue dicho: Vosotros no sois pueblo mío, les será dicho: Sois hijos del Dios viviente.

11 Y se congregarán los hijos de Judá y de Israel, y nombrarán un solo jefe, y subirán de la tierra; porque el día de Jizreel será grande.

El amor de Jehová hacia
su pueblo infiel

2 Decid a vuestros hermanos: Ammí, y a vuestras hermanas: Ruhamá.

2 Contended con vuestra madre, contended; porque ella no es mi mujer, ni yo su marido; aparte, pues, sus fornicaciones de su rostro, y sus adulterios de entre sus pechos;

3 no sea que yo la despoje y desnude, la ponga como el día en que nació, la haga como un desierto, la deje como tierra seca, y la mate de sed.

4 Y no tendré compasión de sus hijos, porque son hijos de prostitución.

5 Porque su madre se prostituyó; la que los dio a luz se deshonró, porque dijo: Iré tras mis amantes, que me dan mi pan y mi agua, mi lana y mi lino, mi aceite y mi bebida.

6 Por tanto, he aquí que yo rodearé de espinos su camino, y la cercaré con un muro, y no hallará sus sendas.

7 Seguirá a sus amantes, y no los alcanzará; los buscará, y no los hallará. Entonces dirá: Iré y me volveré a mi primer marido; porque mejor me iba entonces que ahora.

8 Pues ella no reconoció que yo le daba el trigo, el vino y el aceite, y que le multipliqué la plata y el oro que ellos usaban para Baal.

9 Por tanto, yo volveré y tomaré mi trigo a su tiempo, y mi vino a su sazón, y quitaré mi lana y mi lino que había dado para cubrir su desnudez.

10 Y ahora descubriré yo su vergüenza delante de los ojos de sus amantes, y nadie la librará de mi mano.

11 Haré cesar todo su gozo, sus fiestas, sus lunas nuevas, sus sábados y todas sus solemnidades.

12 Y haré talar sus vides y sus higueras, de las cuales dijo: Mi salario son, salario que me han dado mis amantes. Y las reduciré a un matorral, y se las comerán las bestias del campo.

13 Y la castigaré por los días en que incensaba a los baales, y se adornaba con sus pendientes y sus joyas, y se iba tras sus amantes y se olvidaba de mí, dice Jehová.

14 Por eso, he aquí que yo la voy a seducir y la llevaré al desierto, y hablaré a su corazón.

15 Y le daré sus viñas desde allí, y el valle de Acor por puerta de esperanza; y allí responderé como en los tiempos de su juventud, y como en el día de su subida de la tierra de Egipto.

16 En aquel tiempo, dice Jehová, me llamarás Ishí, y nunca más me llamarás Baalí.

17 Porque quitaré de su boca los nombres de los baales, y nunca más se mencionarán sus nombres.

18 En aquel tiempo haré en favor de ellos un pacto con las bestias del campo, con las aves del cielo y con los reptiles de la tierra; y quebraré arco y espada y guerra fuera de la tierra, y haré que reposen seguros.

19 Y te desposaré conmigo para siempre; te desposaré conmigo en rectitud, justicia, amabilidad y compasión.

20 Y te desposaré conmigo en fidelidad, y conocerás a Jehová.

21 En aquel tiempo responderé, dice Jehová, yo responderé a los cielos, y ellos responderán a la tierra;

22 y la tierra responderá al trigo, al vino y al aceite, y ellos responderán a Jizreel.

23 Y la sembraré para mí en la tierra, y tendré misericordia de Lo-ruhamá; y diré a Lo-ammí: Tú eres pueblo mío, y él dirá: Dios mío.

Oseas y la adúltera

3 Me dijo otra vez Jehová: Ve, ama a una mujer amada de su compañero, y, con todo, adúltera, como el amor de Jehová para con los hijos de Israel, mientras ellos se vuelven a dioses ajenos, y se deleitan en tortas de pasas.

2 La compré entonces para mí por quince siclos de plata y un homer y medio de cebada.

3 Y le dije: Tú me permanecerás aquí durante muchos días; no fornicarás, ni tomarás otro varón; lo mismo haré yo contigo.

4 Porque durante muchos días estarán los hijos de Israel sin rey, sin príncipe, sin sacrificio, sin estela, sin efod y sin terafines.

5 Después volverán los hijos de Israel, y buscarán a Jehová su Dios, y a David su rey; y acudirán con temor a Jehová y a su bondad en el fin de los días.

Controversia de Jehová con Israel

4 Oíd palabra de Jehová, hijos de Israel, porque Jehová tiene pleito con los moradores de la tierra; porque no hay verdad, ni misericordia, ni conocimiento de Dios en la tierra.

2 Perjuran, mienten, matan, hurtan, adulteran y oprimen, y se suceden homicidios tras homicidios.

3 Por lo cual se enlutará la tierra, y se extenuará todo morador de ella, con las bestias del campo y las aves del cielo; y aun los peces del mar morirán.

4 Que nadie entre en pleito ni reprenda a nadie, porque tu pueblo es como los que ponen pleito al sacerdote.

5 Tropezarás en pleno día, y tropezará también contigo el profeta de noche; y a tu madre destruiré.

6 Mi pueblo fue destruido porque le faltó conocimiento. Por cuanto desechaste el conocimiento, yo te echaré del sacerdocio; y porque olvidaste la ley de tu Dios, también yo me olvidaré de tus hijos.

7 Conforme a su multitud, pecaron contra mí; también yo cambiaré su honra en afrenta.

8 Del pecado de mi pueblo comen, y hacia su maldad dirigen su avidez.

9 Y será el pueblo como el sacerdote; le castigaré por su conducta, y le pagaré conforme a sus obras.

10 Comerán, pero no se saciarán; fornicarán, mas no se multiplicarán, porque se obstinaron en alejarse de Jehová.

11 Fornicación, vino y mosto quitan el juicio.

12 Mi pueblo pregunta a su ídolo de madera, y el leño le responde; porque un espíritu de fornicaciones lo ha descarriado, y dejaron a su Dios para fornicar.

13 Sobre las cimas de los montes sacrificaron, e incensaron sobre los collados, debajo de las encinas, álamos y terebintos que tienen grata sombra; por eso, vuestras hijas fornicarán, y adulterarán vuestras nueras.

14 No castigaré a vuestras hijas cuando forniquen, ni a vuestras nueras cuando adulteren; porque ellos mismos se van con rameras, y sacrifican con malas mujeres; y el pueblo, por no entender, perecerá.

15 Si fornicas tú, Israel, que al menos no peque Judá; y no entréis en Gilgal, ni subáis a Bet-aven, ni juréis: Vive Jehová.

16 Porque se ha encabritado Israel como novilla indómita, ¿los apacentará ahora Jehová como a corderos en lugar espacioso?

17 Efraín está ligado a los ídolos; déjalo.

18 Cuando se les pasa la embriaguez, se dan a la fornicación; cambian la gloria por la ignominia.

19 El viento los envolverá en sus alas, y serán avergonzados de sus sacrificios.

Castigo de la apostasía de Israel

5 Sacerdotes, oíd esto, y estad atentos, casa de Israel, y casa del rey, escuchad; porque contra vosotros es el juicio, pues habéis sido un lazo en Mizpá, y una red tendida sobre el Tabor.

2 Los apóstatas se han hundido hasta lo profundo en la matanza; pero yo soy un correctivo para todos ellos.

3 Yo conozco a Efraín, e Israel no me es desconocido; porque ahora, oh Efraín, te has prostituido, y se ha contaminado Israel.

4 No les permiten sus obras convertirse a su

Dios, porque espíritu de fornicación hay dentro de ellos, y no conocen a Jehová.

5. La soberbia de Israel testifica contra él; Israel y Efraín tropezarán en su pecado, y Judá tropezará también con ellos.

6 Con sus ovejas y con sus vacas andarán buscando a Jehová, y no le hallarán; se apartó de ellos.

7 Han traicionado a Jehová, porque han engendrado hijos bastardos; ahora la luna nueva los consumirá a ellos y sus heredades.

8 Tocad el cuerno en Guibeá, la trompeta en Ramá: sonad alarma en Bet-aven; alerta, oh Benjamín.

9 Efraín será asolado en el día del castigo; en las tribus de Israel hago saber cosa segura.

10 Los príncipes de Judá fueron como los que desplazan los linderos; derramaré sobre ellos como agua mi ira.

11 Efraín es vejado, quebrantado en juicio, porque se complace en seguir su propia norma.

12 Yo, pues, seré como polilla a Efraín, y como carcoma a la casa de Judá.

13 Efraín vio su enfermedad, y Judá su llaga; acude entonces Efraín a Asiria, y envía mensaje a un rey vengador; mas él no os podrá sanar, ni os curará la llaga.

14 Porque yo seré como león a Efraín, y como cachorro de león a la casa de Judá; yo, yo mismo haré presa, y me iré, arrebataré, y no habrá quien liberte.

Insinceridad del arrepentimiento de Israel

15 Voy a volverme de ellos a mi lugar, hasta que reconozcan su pecado y busquen mi rostro. En su angustia me buscarán.

6 Venid y volvamos a Jehová; porque él ha desgarrado, y él nos curará; él hirió, y él nos vendará.

2 Nos dará vida después de dos días; en el tercer día nos levantará, y viviremos delante de él.

3 Y conoceremos, y proseguiremos en conocer a Jehová; como el alba está fijada su salida, y vendrá a nosotros como la lluvia, como la lluvia de primavera que riega la tierra.

4 ¿Qué haré contigo, Efraín? ¿Qué haré contigo, oh Judá? La piedad vuestra es como nube de la mañana, y como el rocío de la madrugada, que se desvanece.

5 Por esta causa los he tajado por medio de los profetas, y los maté con las palabras de mi boca; y mi juicio saldrá como la luz.

6 Porque quiero misericordia, y no sacrificios; y conocimiento de Dios más que holocaustos.

7 Mas ellos, como hombres, traspasaron el pacto; allí prevaricaron contra mí.

8 Galaad, ciudad de hacedores de iniquidad, manchada de sangre.

9 Y como bandidos al acecho es la pandilla de sacerdotes que mata en el camino hacia Siquem; así cometieron abominación.

10 En la casa de Israel he visto cosas espantosas; allí fornicó Efraín, y se contaminó Israel.

11 Para ti también, oh Judá, está preparada una cosecha, cuando yo haga volver a los cautivos de mi pueblo.

Iniquidad y rebelión de Israel

7 Mientras quería curar yo a Israel, se descubrió la iniquidad de Efraín, y las maldades de Samaria; porque practican mentira; y entra el ladrón mientras afuera saquean los bandidos.

2 Y no consideran en su corazón que tengo en memoria toda su maldad; ahora les rodean sus obras; delante de mí están.

3 Con su maldad recrean al rey, y a los príncipes con sus mentiras.

4 Todos ellos son adúlteros; son como horno encendido por el hornero, que cesa de avivar el fuego después que está hecha la masa, y espera a que fermente.

5 En el día de nuestro rey los príncipes se hicieron enfermar con el ardor del vino; y él tendió su mano a los escarnecedores.

6 Aplicaron su corazón, semejante a un horno, a sus intrigas; toda la noche duerme su hornero; a la mañana está encendido como llama de fuego.

7 Todos ellos arden como un horno, y devoran a sus jueces; cayeron todos sus reyes; no hay entre ellos quien clame a mí.

8 Efraín se ha mezclado con los demás pueblos; Efraín es como una torta a la que no se le ha dado vuelta.

9 Los extranjeros devoran su vigor sin que él se dé cuenta; se ha llenado de canas, y aún no se ha enterado.

10 Y la soberbia de Israel testifica contra él en su cara; y aun así no se volvieron a Jehová su Dios, ni lo buscan con todo eso.

11 Efraín es como una paloma incauta, sin entendimiento; llaman a Egipto, acuden a Asiria.

12 Mientras vayan, tenderé sobre ellos mi red; les haré caer como aves del cielo; les castigaré conforme a lo decretado contra sus maldades.

13 ¡Ay de ellos!, porque se apartaron de mí; destrucción vendrá sobre ellos, porque se rebelaron contra mí; yo los redimí, y ellos hablaron mentiras contra mí.

14 Y no claman a mí con su corazón cuando aúllan sobre sus almohadillas; sino que se congregan para el trigo y el mosto, y se rebelan contra mí.

15 Y aunque yo los adiestré y fortalecí sus brazos, maquinaron el mal contra mí.
16 Se vuelven, pero no hacia lo alto; son como arco engañoso; caerán sus príncipes a espada por la insolencia de su lengua; esto será su escarnio en la tierra de Egipto.

Represión de la idolatría de Israel

8 Pon trompeta a tu boca. Como un águila vigila sobre la casa de Jehová, porque quebrantaron mi pacto, y se rebelaron contra mi ley.
2 Me gritan: Dios mío, los de Israel te hemos conocido.
3 Pero Israel desechó el bien; el enemigo lo perseguirá.
4 Ellos establecieron reyes, pero no escogidos por mí; constituyeron príncipes, mas yo no lo supe; de su plata y de su oro hicieron ídolos para sí, para ser ellos mismos destruidos.
5 Yo rechazo tu becerro, oh Samaria; se encendió mi enojo contra ellos; ¿hasta cuándo estarán sin purificarse?
6 Porque de Israel es también éste, y un artífice lo hizo; no es Dios; por lo que será deshecho en pedazos el becerro de Samaria.
7 Porque sembraron viento, y segarán torbellino; no tendrán mies, ni su espiga hará harina; y si la llega a hacer, se la comerán extranjeros.
8 Devorado será Israel; pronto será entre las naciones como vasija de desecho.
9 Porque ellos acudieron a Asiria; el asno montés prefiere estar solo; pero Efraín alquiló amantes por salario.
10 Aunque los alquilen entre las naciones, ahora los juntaré, y serán afligidos un poco de tiempo bajo el peso del rey de los príncipes.
11 Porque Efraín multiplicó altares para pecar, altares que sólo le han servido para pecar.
12 Aunque yo haya escrito para él mis leyes a millares, se las tiene como cosa de un extraño.
13 Les gustan sacrificios, ¡que los ofrezcan!; sacrifican carne, ¡que la coman!; no los acepta Jehová; ahora se acordará de su iniquidad, y castigará su pecado; ellos volverán a Egipto.
14 Pues Israel olvidó a su Hacedor, y edificó templos; y Judá multiplicó ciudades fortificadas; mas yo prenderé fuego a sus ciudades, el cual consumirá sus palacios.

Castigo de la infidelidad de Israel

9 No te alegres, oh Israel, no te regocijes como los demás pueblos, pues has fornicado apartándote de tu Dios; amaste salario de ramera en todas las eras de trigo.

2 La era y el lagar no los mantendrán, y les fallará el mosto.
3 No quedarán en la tierra de Jehová, sino que volverá Efraín a Egipto y a Asiria, donde comerán viandas inmundas.
4 No harán libaciones a Jehová, ni le presentarán sus sacrificios; como pan de enlutados será su alimento; todos los que coman de él serán inmundos; pues su pan será sólo para ellos; ese pan no entrará en la casa de Jehová.
5 ¿Qué haréis en el día de la solemnidad, y en el día de la fiesta de Jehová?
6 Porque he aquí que se fueron ellos a causa de la destrucción. Egipto los recogerá, Menfis los enterrará. La ortiga heredará sus tesoros de plata, y en sus moradas crecerán los espinos.
7 Vinieron los días del castigo, vinieron los días de la retribución; Israel sabe que es necio el profeta, e insensato el varón de espíritu, a causa de la multitud de tu maldad, y de la grandeza de tu hostilidad.
8 El centinela de Efraín con su Dios, el profeta, halla en todos sus caminos el lazo del cazador; hostilidad en la casa de su Dios.
9 Llegaron hasta lo más bajo en su corrupción, como en los días de Guibeá; ahora se acordará de su iniquidad, castigará su pecado.
10 Como uvas en el desierto hallé a Israel; como la fruta temprana de la higuera en su principio vi a vuestros padres. Pero al llegar a Baal-peor, se dieron a la infamia, y se hicieron abominables como aquello que amaron.
11 La gloria de Efraín volará cual ave, de modo que no habrá nacimientos, ni embarazos, ni concepciones.
12 Y si llegan a hacerse grandes sus hijos, los quitaré de entre los hombres, porque ¡ay de ellos también, cuando de ellos me aparte!
13 Efraín, según veo, es semejante a Tiro, situado en lugar delicioso; pero Efraín sacará sus hijos a la matanza.
14 Dales, oh Jehová, lo que les has de dar; dales matriz que aborte, y pechos enjutos.
15 Toda la maldad de ellos apareció en Gilgal; allí, pues, les tomé aversión; por la perversidad de sus obras los echaré de mi casa; no los amaré más; todos sus príncipes son desleales.
16 Efraín fue herido, su raíz está seca, no dará más fruto; aunque engendren, yo mataré el fruto deseado de su vientre.
17 Mi Dios los desechará, porque ellos no le escucharon; y andarán errantes entre las naciones.

10 Israel es una frondosa viña, que da abundante fruto para sí mismo; conforme a la abundancia de su fruto, multiplicó también los altares; conforme a la bon-

dad de su tierra, más hermosas hacía las
estelas.

2 Su corazón está dividido; mas ahora lo
van a pagar; Jehová demolerá sus altares,
destruirá sus ídolos.

3 Seguramente dirán ahora: No tenemos
rey porque no temimos a Jehová; ¿y qué
podría hacer ahora el rey por nosotros?

4 Han hablado meras palabras, jurando en
vano al hacer pacto; por tanto, el castigo
florecerá como ajenjo en los surcos del
campo.

5 Por las becerras de Bet-aven serán atemorizados los moradores de Samaria; porque
su pueblo hará duelo por el becerro, y sus
sacerdotes que en él se regocijaban por su
gloria, porque ha desaparecido.

6 También él será llevado a Asiria como
presente al rey vengador; Efraín será avergonzado, e Israel se cubrirá de confusión a
causa de su designio.

7 Fue cortada Samaria; su rey es como
espuma sobre la superficie de las aguas.

8 Y serán destruidos los lugares altos de
Aven, el pecado de Israel; espinos y cardos
crecerán sobre sus altares. Entonces dirán a
los montes: Cubridnos; y a los collados:
Caed sobre nosotros.

9 Desde los días de Guibeá has pecado, oh
Israel; allí tomaron posiciones; ¿no los alcanzará la batalla en Guibeá a estos hijos de
iniquidad?

10 Yo voy a castigarlos, y los pueblos se
reunirán contra ellos cuando yo los ate por
su doble crimen.

11 Efraín es novilla domada, que le gusta
trillar, mas yo pasaré el yugo sobre su lozana
cerviz; unciré al carro a Efraín; arará Judá,
quebrará sus terrones Jacob.

12 Sembrad para vosotros en justicia, segad
para vosotros en misericordia; roturad el
barbecho, porque es el tiempo de buscar a
Jehová, hasta que venga y os enseñe justicia.

13 Habéis arado impiedad, y segasteis iniquidad y habéis comido fruto de mentira.
Porque confiaste en tu camino y en la multitud de tus valientes;

14 por eso, en tus pueblos se levantará
alboroto, y todas tus fortalezas serán destruidas, como destruyó Salmán a Bet-arbel
en el día de la batalla, cuando la madre fue
aplastada con los hijos.

15 Así haré a vosotros, casa de Dios, por
causa de vuestra gran maldad; al rayar el
alba, será del todo cortado el rey de Israel.

Dios se complace de su pueblo obstinado

11 Cuando Israel era un niño, yo lo amé,
y de Egipto llamé a mi hijo.

2 Cuanto más los llamaba yo, tanto más se

alejaban de mí; sacrificaban a los baales, y a
los ídolos ofrecían sahumerios.

3 Yo con todo eso enseñaba a andar al
mismo Efraín, tomándole en brazos; y no
conoció que yo le cuidaba.

4 Con cuerdas humanas los atraje, con
cuerdas de amor; y fui para ellos como los
que quitan el yugo de sobre su cerviz, y puse
delante de ellos la comida.

5 No volverá a tierra de Egipto, sino que el
asirio mismo será su rey, porque no se
quisieron convertir.

6 Caerá la espada sobre sus ciudades, y
consumirá las barras de sus puertas; y ellos
comerán del fruto de sus propios designios.

7 Entretanto, mi pueblo está obstinado en
apartarse de mí, y aunque les exhortan a
subir, nadie quiere levantarse.

8 ¿Cómo podré abandonarte, oh Efraín?
¿Cómo podré entregarte, oh Israel? ¿Cómo
podré yo hacerte como Admá, o ponerte
como a Zeboím? Mi corazón se revuelve
dentro de mí, se inflama toda mi compasión.

9 No ejecutaré el ardor de mi ira, ni volveré
para destruir a Efraín; porque Dios soy, y
no hombre, el Santo en medio de ti; y no
vendré con ira.

10 En pos de Jehová caminarán; él rugirá
como un león; rugirá, y los hijos vendrán
temblando desde el occidente.

11 Como un pájaro acudirán velozmente de
Egipto, y de la tierra de Asiria como una
paloma; y los haré habitar en sus casas, dice
Jehová.

12 Me rodeó Efraín de mentira, y la casa de
Israel de engaño, Judá aún es inconstante
con su Dios, y con el Santo, que es fiel.

Efraín, reprendido por su falsedad y opresión

12 Efraín se apacienta de viento, y sigue
al solano; todo el día multiplica mentiras y destrucción; porque hacen un pacto
con los asirios, y el aceite se lleva a Egipto.

2 También tiene Jehová pleito con Judá, y
castigará a Jacob conforme a sus caminos; le
pagará conforme a sus obras.

3 En el seno materno tomó por el calcañar a
su hermano, y con su fuerza luchó con un ser
divino.

4 Luchó con el ángel, y prevaleció; lloró, y
le rogó; en Betel le halló, y allí habló con
nosotros.

5 Mas Jehová es Dios de los ejércitos;
Jehová es su nombre.

6 Tú, pues, vuélvete a tu Dios; guarda
misericordia y juicio, y espera siempre en tu
Dios.

7 En cuanto al mercader, tiene en su mano
una balanza falsa; le gusta oprimir.

8 Efraín dijo: Ciertamente me he enrique-

cido, he hallado riquezas para mí; nadie hallará en mí iniquidad que sea pecado, en todos mis trabajos.

9 Pero yo soy Jehová tu Dios desde la tierra de Egipto; aún te haré morar en tiendas, como en los días de la fiesta.

10 Y he hablado a los profetas, y multipliqué las visiones, y por medio de los profetas usé parábolas.

11 En Galaad todo es iniquidad y mentira; en Gilgal sacrifican a toros, y sus altares serán como montones en los surcos del campo.

12 Y Jacob huyó a tierra de Aram; Israel sirvió para adquirir mujer, y por adquirir mujer fue pastor.

13 Y por medio de un profeta, Jehová hizo subir a Israel de Egipto, y por medio de un profeta fue guardado.

14 Efraín ha provocado muy amargamente; por tanto, hará recaer sobre él su sangre, y su Señor le devolverá su ultraje.

Destrucción total de Efraín predicha

13 Cuando Efraín hablaba, cundía el terror; se encumbró en Israel; mas cuando se hizo culpable por Baal, murió.

2 Y ahora añadieron más pecados, y de su plata se han hecho según su entendimiento imágenes de fundición, ídolos, todo ello obra de artífices, de los cuales dicen: Los que sacrifican hombres, besan a los becerros.

3 Por tanto, serán como la niebla de la mañana, y como el rocío de la madrugada que se pasa; como el tamo que el viento se lleva de la era, y como el humo que sale por la ventana.

4 Mas yo soy Jehová tu Dios desde la tierra de Egipto; y no conoces otro dios fuera de mí, y fuera de mí no hay salvador.

5 Yo te conocí en el desierto, en tierra de gran sequedad.

6 Cuando eran apacentados se saciaron; se saciaron y se ensoberbeció su corazón; por esta causa se olvidaron de mí.

7 Por tanto, yo seré para ellos como un león; como un leopardo los acecharé en el camino.

8 Como osa que ha perdido los hijos los encontraré, y desgarraré las fibras de su corazón, y allí los devoraré como una leona; la fiera del campo los despedazará.

9 Tu destrucción, oh Israel, es obra de tu rebelión contra mí, que soy tu ayuda.

10 ¿Dónde está ahora tu rey, para que te guarde en todas tus ciudades; y tus jueces, de los cuales dijiste: Dame rey y príncipes?

11 Te di rey en mi furor, y te lo quité en mi ira.

12 Cerrada en saco está la maldad de Efraín; su pecado está guardado en lugar seguro.

13 Dolores de mujer que da a luz le sobrevendrán; es un hijo insensato, porque ya es tiempo en que no debiera detenerse al punto mismo de nacer.

14 Los redimiré de la mano del Seol; los libraré de la muerte. ¿Dónde, oh muerte, tus plagas? ¿Dónde, oh Seol, tu destrucción? ¡Que el arrepentimiento se oculte de mis ojos!

15 Pues aunque él fructifique entre las cañas, vendrá el solano, el viento de Jehová que se levantará desde el desierto; y se secará su manantial, y se agotará su fuente; él saqueará el tesoro de todos sus preciosos utensilios.

16 Samaria llevará su culpa, porque se rebeló contra su Dios; caerán a espada; sus niños serán estrellados, y sus mujeres encintas serán reventadas.

Ruego a Israel para que sirva a Jehová

14 Vuelve, oh Israel, a Jehová tu Dios; porque es tu pecado el que te ha hecho tropezar.

2 Llevad con vosotros palabras de súplica, y volved a Jehová, y decidle: Quita toda iniquidad, y acepta lo que es bueno, y te ofreceremos en vez de terneros la ofrenda de nuestros labios.

3 No nos salvará el asirio; no montaremos en caballos, ni nunca más diremos a la obra de nuestras manos: Dioses nuestros; porque en ti halla compasión el huérfano.

4 Yo sanaré su apostasía, los amaré de buen grado; porque mi ira se apartó de ellos.

5 Yo seré a Israel como rocío; él florecerá como lirio, y extenderá sus raíces como el Líbano.

6 Se extenderán sus ramas, y será su belleza como la del olivo, y su fragancia como el Líbano.

7 Los que habitan a su sombra, volverán a hacer crecer el trigo, y florecerán como la vid; su aroma será como de vino del Líbano.

8 Efraín dirá: ¿Qué más tendré ya que ver con los ídolos? Yo le atenderé, y miraré por él; yo soy como un ciprés frondoso; de mí será hallado tu fruto.

9 El que sea sabio, comprenda estas cosas, el que es prudente las entienda. Porque los caminos de Jehová son rectos, y los justos andarán por ellos; mas los transgresores tropezarán en ellos.

JOEL

1 Palabra de Jehová que vino a Joel, hijo
de Petuel.

2 Oíd esto, ancianos, y escuchad, todos los
moradores de la tierra. ¿Ha acontecido algo
semejante en vuestros días, o en los días de
vuestros padres?

3 De esto contaréis a vuestros hijos, y vuestros hijos a sus hijos, y sus hijos a la otra
generación.

4 Lo que quedó de la oruga se lo comió la
langosta, y lo que quedó de la langosta se lo
comió el pulgón; y el saltón se comió lo que
del pulgón había quedado.

5 Despertad, borrachos, y llorad; aullad,
todos los que bebéis vino, a causa del vino
nuevo, porque se os ha quitado de vuestra
boca.

6 Porque un pueblo fuerte e innumerable
subió a mi tierra; sus dientes son dientes de
león, y tiene muelas de leona.

7 Asoló mi viña, y descortezó mi higuera;
del todo la desnudó y derribó; sus ramas
quedaron blancas.

8 Llora tú como joven vestida de cilicio por
el marido de su juventud.

9 Desapareció de la casa de Jehová la
ofrenda y la libación; los sacerdotes ministros de Jehová están de duelo.

10 El campo está asolado, se enlutó la
tierra; porque el trigo fue destruido, se
agotó el mosto, se perdió el aceite.

11 Confundíos, labradores; lamentaos, viñadores, por el trigo y la cebada, porque se
perdió la cosecha del campo.

12 La viña está seca, y se amustió la higuera; el granado también la palmera y el
manzano, todos los árboles del campo se
secaron, por lo cual se extinguió el gozo de
los hijos de los hombres.

13 Ceñíos y lamentad, sacerdotes; gemid,
ministros del altar; venid, pasad la noche en
sacos, ministros de mi Dios; porque la casa
de vuestro Dios se ha quedado sin ofrenda y
sin libación.

14 Proclamad un ayuno, convocad a asamblea; reuníos, ancianos y todos los moradores de la tierra en la casa de Jehová, vuestro
Dios, y clamad a Jehová.

15 ¡Ay de ese día!, porque cercano está el
día de Jehová, y vendrá como una devastación de parte del Todopoderoso.

16 ¿No fue arrebatado el alimento de delante de nuestros ojos, la alegría y el placer
de la casa de nuestro Dios?

17 El grano se pudrió debajo de los terrones, los graneros fueron asolados, los alfo-
líes fueron destruidos; porque se agotó el trigo.

18 ¡Cómo mugen las bestias!, ¡cuán consternados vagan los hatos de los bueyes,
proque no tienen pastos! También pereció-
ron los rebaños de las ovejas.

19 A ti, oh Jehová, clamo; porque el fuego
consumió los pastos del desierto, y la llama
abrasó todos los árboles del campo.

20 Hasta las bestias del campo jadean tras
de ti, porque se secaron los arroyos de las
aguas, y el fuego consumió las praderas del
desierto.

2 Tocad trompeta en Sión, y dad alarma
en mi santo monte; tiemblen todos los
moradores de la tierra, porque viene el día
de Jehová, porque está cercano.

2 Día de tinieblas y de oscuridad, día de
nublado y densa niebla; como sobre los
montes se extiende el alba, así vendrá un
pueblo numeroso y fuerte; semejante a él
no lo hubo jamás, ni después de él lo habrá
en años de muchas generaciones.

3 Delante de él consume el fuego, tras él
abrasa la llama; como el huerto del Edén
será la tierra antes que él venga, y como un
desierto asolado después que pase. Y tampoco habrá quien de él escape.

4 Su aspecto, como aspecto de caballos, y
como gente de a caballo correrán.

5 Como estruendo de carros saltarán sobre
las cumbres de los montes; como el crepitar
de llama de fuego que consume hojarascas,
como pueblo fuerte dispuesto para la
batalla.

6 Delante de él tiemblan los pueblos; se
ponen pálidos todos los semblantes.

7 Como valientes corren, como hombres de
guerra escalan el muro; cada cual marcha
por su camino, y no confunden su rumbo.

8 Ninguno aprieta a su compañero, cada
uno avanza por su calzada; y aunque caigan
sobre las espadas, no se hieren.

9 Asaltan la ciudad, corren por el muro,
suben por las casas y entran por las ventanas
a manera de ladrones.

Visión del Día de Jehová

10 Delante de él tiembla la tierra, se estremecen los cielos; el sol y la luna se oscure-
cen, y las estrellas retraen su resplandor.

11 Y Jehová dará su orden delante de su
ejército; porque muy grande es su campamento; poderoso el ejecutor de su orden;
porque grande es el día de Jehová, y muy
terrible; ¿quién podrá soportarlo?

Llamada al arrepentimiento

12 Por eso pues, ahora, dice Jehová, convertíos a mí con todo vuestro corazón, con ayuno, llanto y lamento.
13 Rasgad vuestro corazón, y no vuestros vestidos, y convertíos a Jehová vuestro Dios; porque es clemente, compasivo, tardo para la ira y grande en misericordia, y presto a revocar el castigo.
14 ¿Quién sabe si se volverá y se arrepentirá y dejará bendición tras sí, para ofrenda y libación para Jehová vuestro Dios?
15 Tocad trompeta en Sión, proclamad ayuno, convocad asamblea solemne.
16 Reunid al pueblo, santificad la reunión, juntad a los ancianos, congregad a los niños y a los que maman, salga de su cámara el novio, y de su tálamo la novia.
17 Entre la entrada y el altar, lloren los sacerdotes ministros de Jehová, y digan: Ten piedad, oh Jehová, de tu pueblo, y no entregues al oprobio tu heredad, para que las naciones se mofen de ella. ¿Por qué han de decir entre los pueblos: Dónde está su Dios?

Misericordia del Señor

18 Entonces Jehová, lleno de celo por su tierra, tuvo piedad de su pueblo.
19 Respondió Jehová, y dijo a su pueblo: He aquí yo os envío pan, vino y aceite, y seréis saciados de ellos; y nunca más haré de vosotros el ludibrio de las naciones.
20 Y haré alejar de vosotros al del norte, y lo echaré en tierra seca y desierta; su vanguardia será hacia el mar oriental, y su retaguardia al mar occidental; y exhalará su hedor, y subirá su fetidez, porque hizo grandes cosas.
21 Tierra, no temas; alégrate y gózate, porque Jehová hizo grandes cosas.
22 Animales del campo, no temáis; porque los pastos del desierto reverdecen, porque los árboles llevan su fruto, la higuera y la vid dan sus frutos.
23 Vosotros, pues, hijos de Sión, alegraos y gozaos en Jehová vuestro Dios; porque os ha dado la primera lluvia con justa medida, y hace descender sobre vosotros lluvia temprana y tardía, como al principio.
24 Las eras se llenarán de trigo, y los lagares rebosarán de vino y aceite.
25 Y os restituiré los años que comió la langosta, el pulgón, el saltón y la oruga, mi gran ejército que envié contra vosotros.
26 Comeréis hasta saciaros, y alabaréis el nombre de Jehová vuestro Dios, el cual hizo maravillas con vosotros; y nunca jamás será mi pueblo avergonzado.
27 Y conoceréis que estoy yo en medio de Israel, y que yo soy Jehová vuestro Dios, y no hay otro; y mi pueblo jamás será avergonzado.

Derramamiento del Espíritu de Dios

28 Y después de esto derramaré mi Espíritu sobre toda carne, y profetizarán vuestros hijos y vuestras hijas; vuestros ancianos soñarán sueños, y vuestros jóvenes verán visiones.
29 Y también sobre los siervos y sobre las siervas derramaré mi Espíritu en aquellos días.
30 Y obraré prodigios en el cielo y en la tierra, sangre, y fuego, y columnas de humo.
31 El sol se convertirá en tinieblas, y la luna en sangre, antes que venga el día grande y espantoso de Jehová.
32 Y todo aquel que invoque el nombre de Jehová se pondrá a salvo; porque en el monte de Sión y en Jerusalén habrá liberación, como ha dicho Jehová, y entre los supervivientes estarán los que Jehová llame.

Juicio de Jehová sobre las naciones

3 Porque he aquí que en aquellos días, y en aquel tiempo en que haré volver a los cautivos de Judá y de Jerusalén,
2 reuniré a todas las naciones, y las haré descender al valle de Josafat, y allí entraré en juicio con ellas a causa de mi pueblo, y de Israel mi heredad, a quien ellas esparcieron entre las naciones, y repartieron mi tierra;
3 y echaron suertes sobre mi pueblo, y cambiaron el niño por una ramera, y vendieron las niñas por vino para beber.

Contra los fenicios y los filisteos

4 Y vosotras también, ¿qué sois para mí, Tiro y Sidón, y todo el territorio de Filistea? ¿Queréis vengaros de mí? Y si de mí os vengáis, bien pronto haré yo recaer la paga sobre vuestra cabeza.
5 Porque os habéis llevado mi plata y mi oro, y metisteis en vuestros templos mis cosas preciosas y hermosas;
6 y vendisteis los hijos de Judá y los hijos de Jerusalén a los hijos de los griegos, para alejarlos de su tierra.
7 He aquí, yo los levantaré del lugar donde los vendisteis, y volveré vuestra paga sobre vuestra cabeza;
8 y venderé vuestros hijos y vuestras hijas a los hijos de Judá, y ellos los venderán a los sabeos, nación lejana; porque Jehová ha hablado.

Convocación de los pueblos

9 Proclamad esto entre las naciones, proclamad guerra, despertad a los valientes, acérquense, vengan todos los hombres de guerra.

10 Forjad espadas de vuestros azadones, lanzas de vuestras hoces; diga el débil: Fuerte soy.

11 Juntaos y venid, naciones todas de alrededor, y congregaos; haz bajar allá, oh Jehová, a tus valientes.

12 Despiértense las naciones, y suban al valle de Josafat; porque allí me sentaré para juzgar a todas las naciones de alrededor.

13 Meted la hoz, porque la mies está ya madura. Venid a pisar, porque el lagar está lleno, y rebosan las cubas; porque es mucha la maldad de ellos.

14 Multitudes y multitudes en el valle de la decisión; porque cercano está el día de Jehová en el valle de la decisión.

15 El sol y la luna se oscurecerán, y las estrellas retraerán su resplandor.

Liberación de Judá

16 Y Jehová rugirá desde Sión, y hará oír su voz desde Jerusalén, y temblarán los cielos y la tierra; pero Jehová será el refugio de su pueblo, y la fortaleza de los hijos de Israel.

17 Y conoceréis que yo soy Jehová vuestro Dios, que habito en Sión, mi santo monte; y Jerusalén será santa, y no pasarán más por ella los extranjeros.

18 Sucederá en aquel tiempo, que los montes destilarán mosto, y los collados fluirán leche, y por todos los arroyos de Judá correrán las aguas; y saldrá una fuente de la casa de Jehová, y regará el valle de Sitim.

19 Egipto será destruido, y Edom será vuelto en desierto asolado, por la violencia hecha a los hijos de Judá; porque derramaron en su tierra sangre inocente.

20 Pero Judá será habitada para siempre, y Jerusalén por generación y generación.

21 Y limpiaré la sangre de los que no había limpiado; y Jehová morará en Sión.

AMÓS

Juicios contra las naciones vecinas

1 Palabras de Amós, que fue uno de los pastores de Tecoa; las visiones que tuvo acerca de Israel en días de Uzías rey de Judá y en días de Jeroboam hijo de Joás, rey de Israel, dos años antes del terremoto.

2 Dijo: Jehová rugirá desde Sión, y hará oír su voz desde Jerusalén, y los campos de los pastores se enlutarán, y se secará la cumbre del Carmel.

3 Así dice Jehová: Por tres pecados de Damasco, y por el cuarto, no lo revocaré; porque trillaron a Galaad con trillos de hierro.

4 Prenderé fuego a la casa de Hazael, y consumirá los palacios de Benadad.

5 Y quebraré los cerrojos de Damasco, y destruiré a los moradores del valle de Aven, y al que tiene el cetro de Bet-edén; y el pueblo de Siria será transportado a Kir, dice Jehová.

6 Así dice Jehová: Por tres pecados de Gaza, y por el cuarto, no lo revocaré; porque llevó cautivo a todo un pueblo para entregarlo a Edom.

7 Prenderé fuego a los muros de Gaza, y consumirá sus palacios.

8 Y destruiré a los moradores de Asdod, y al que tiene el cetro de Ascalón; y volveré mi mano contra Ecrón, y el resto de los filisteos perecerá, dice el Señor Jehová.

Tiro y Fenicia

9 Así dice Jehová: Por tres pecados de Tiro, y por el cuarto, no lo revocaré; porque entregaron a todo un pueblo cautivo a Edom, y no se acordaron del pacto de hermanos.

10 Prenderé fuego a los muros de Tiro, y consumirá sus palacios.

11 Así dice Jehová: Por tres pecados de Edom, y por el cuarto, no lo revocaré; porque persiguió a espada a su hermano, y sofocó todo sentimiento de piedad, mantiene siempre su furor, y perpetuamente ha guardado el rencor.

12 Prenderé fuego a Temán, y consumirá los palacios de Bosrá.

13 Así ha dicho Jehová: Por tres pecados de los hijos de Amón, y por el cuarto, no lo revocaré; porque para ensanchar sus tierras abrieron en canal a las mujeres de Galaad que estaban encintas.

14 Prenderé fuego a los muros de Rabá, y consumirá sus palacios entre el clamor en el día de la batalla, entre la borrasca en día tempestuoso;

15 y su rey irá en cautiverio, él y todos sus príncipes, dice Jehová.

2 Así dice Jehová: Por tres pecados de Moab, y por el cuarto, no lo revocaré; porque quemó los huesos del rey de Edom hasta calcinarlos.

2 Prenderé fuego en Moab, y consumirá los palacios de Queriyot; y morirá Moab con estrépito, entre el clamor bélico y el sonido de la trompeta.

3 Y quitaré el juez de en medio de él, y haré morir con él a todos sus príncipes, dice Jehová.

4 Así dice Jehová: Por tres pecados de Judá, y por el cuarto, no lo revocaré; porque menospreciaron la ley de Jehová, y no guardaron sus estatutos, descarriándose por las mentiras, en pos de las cuales anduvieron sus padres.

5 Prenderé, por tanto, fuego a Judá, el cual consumirá los palacios de Jerusalén.

6 Así dice Jehová: Por tres pecados de Israel, y por el cuarto, no lo revocaré; porque vendieron por dinero al justo, y al pobre por un par de zapatos.

7 Que anhelan que haya polvo de la tierra sobre las cabezas de los desvalidos y tuercen el camino de los humildes; y el hijo y su padre se llegan a la misma joven, profanando mi santo nombre.

8 Sobre las ropas empeñadas se acuestan junto a cualquier altar; y beben en la casa de sus dioses el vino de los multados.

9 Y, sin embargo, yo destruí delante de ellos al amorreo, cuya altura era como la altura de los cedros, y fuerte como una encina; y destruí su fruto por arriba y sus raíces por abajo.

10 Y a vosotros os hice subir de la tierra de Egipto, y os conduje por el desierto cuarenta años, para que entraseis en posesión de la tierra del amorreo.

11 Y levanté de vuestros hijos para profetas, y de vuestros jóvenes para que fuesen nazareos. ¿No es esto así, hijos de Israel?, dice Jehová.

12 Mas vosotros disteis de beber vino a los nazareos, y a los profetas mandasteis diciendo: No profeticéis.

13 Pues he aquí que yo haré rechinar bajo vosotros, como rechina el carro lleno de gavillas;

14 y el ágil no podrá huir, y el fuerte no podrá ejercitar su fuerza, ni el valiente librará su vida.

15 El que maneja el arco no resistirá, ni escapará el ligero de pies, ni el que cabalga en caballo salvará su vida.

16 El esforzado de entre los valientes huirá desnudo aquel día, dice Jehová.

El rugido del león

3 Oíd esta palabra que ha hablado Jehová contra vosotros, hijos de Israel, contra toda la familia que hice subir de la tierra de Egipto. Dice así:

2 A vosotros solamente he conocido de todas las familias de la tierra; por tanto, os castigaré por todas vuestras maldades.

3 ¿Andarán dos juntos, si antes no se han puesto de acuerdo?

4 ¿Rugirá el león en la selva sin haber presa? ¿Dará el leoncillo su rugido desde su guarida, si no ha atrapado nada?

5 ¿Caerá el ave en el lazo sobre la tierra, sin haber cebo? ¿Se levantará el lazo de la tierra, si no ha atrapado algo?

6 ¿Se tocará la trompeta en la ciudad, y no se alarmará el pueblo? ¿Caerá sobre una ciudad el infortunio, sin que Jehová lo haya causado?

7 Porque no hará nada el Señor Jehová, sin que revele su designio a sus siervos los profetas.

8 Si el león ruge, ¿quién no temerá? Si habla el Señor Jehová, ¿quién no profetizará?

Destrucción de Samaria

9 Proclamad en los palacios de Asdod, y en los palacios de la tierra de Egipto, y decid: Reuníos sobre los montes de Samaria, y ved las muchas opresiones en medio de ella, y las violencias cometidas en su medio.

10 No saben hacer lo recto, dice Jehová, atesorando rapiña y despojo en sus palacios.

11 Por tanto, el Señor Jehová dice así: Un enemigo vendrá por todos lados de la tierra, y derribará tu fuerza, y tus palacios serán saqueados.

12 Así dice Jehová: De la manera que el pastor libra de la boca del león dos patas, o la punta de una oreja, así escaparán los hijos de Israel, los que se sientan en Samaria en la esquina de una litera y en un diván de Damasco.

13 Oíd y testificad contra la casa de Jacob, dice Jehová Dios de los ejércitos:

14 Porque el día en que yo castigue las rebeliones de Israel, castigaré también los altares de Betel; y serán cortados los cuernos del altar, y caerán a tierra.

15 Y heriré la casa de invierno con la casa de verano, y las casas de marfil perecerán; y muchas casas serán arruinadas, dice Jehová.

4 Oíd esta palabra, vacas de Basán, que estáis en el monte de Samaria, que oprimís a los pobres y quebrantáis a los menesterosos, que decís a vuestros maridos: Traed, y bebamos.

2 El Señor Jehová juró por su santidad: He aquí, vienen sobre vosotras días en que os levantarán con ganchos, y a vuestros descendientes con anzuelos de pescador;

3 y saldréis por las brechas una tras otra, y seréis echadas hacia Harmona, dice Jehová.

Aunque castigo, Israel no aprende

4 Id a Betel a prevaricar; aumentad en Gilgal vuestras rebeldías, y traed de mañana vuestros sacrificios, y vuestros diezmos el tercer día.

5 Y ofreced sacrificio de alabanza con pan leudado, y proclamad, publicad ofrendas voluntarias, pues que así lo queréis, hijos de Israel, dice el Señor Jehová.

6 Yo, por mi parte, os hice estar a diente limpio en todas vuestras ciudades, y hubo falta de pan en todos vuestros pueblos; mas no os volvisteis a mí, dice Jehová.

7 También os detuve la lluvia desde tres meses antes de la siega; e hice llover sobre una ciudad, y sobre otra ciudad no hice llover; sobre una parte llovió, y la parte sobre la cual no llovió, se secó.

8 Y venían dos o tres ciudades a una ciudad para beber agua, y no se saciaban; con todo, no os volvisteis a mí, dice Jehová.

9 Os herí con tizón y con añublo; la langosta devoró vuestros muchos huertos y vuestras viñas, y vuestros higuerales y vuestros olivares; pero nunca os volvisteis a mí, dice Jehová.

10 Envié contra vosotros mortandad tal como en Egipto; maté a espada a vuestros jóvenes, di al cautiverio vuestros caballos, e hice subir el hedor de vuestros campamentos hasta vuestras narices; mas no os volvisteis a mí, dice Jehová.

11 Os trastorné como cuando Dios trastornó a Sodoma y a Gomorra, y fuisteis como tizón escapado del fuego; mas no os volvisteis a mí, dice Jehová.

12 Por tanto, de esta manera te haré a ti, oh Israel; y porque te he de hacer esto, prepárate para venir al encuentro de tu Dios, oh Israel.

13 Porque he aquí, el que forma los montes, y crea el viento, y pone al desnudo ante el hombre los pensamientos de éste; el que hace de las tinieblas mañana, y pasa sobre las alturas de la tierra; Jehová Dios de los ejércitos es su nombre.

Llamamiento al arrepentimiento

5 Escuchad esta palabra que yo levanto para lamentación sobre vosotros, casa de Israel.

2 Cayó la virgen de Israel, y no podrá levantarse ya más; yace abatida en tierra, no habrá quien la levante.

3 Porque así dice el Señor Jehová: La ciudad que haya salido con mil, volverá con ciento, y la que haya salido con ciento, volverá con diez, en la casa de Israel.

4 pero así dice Jehová a la casa de Israel: Buscadme, y viviréis;

5 y no busquéis a Betel, ni entréis en Gilgal, ni paséis a Beerseba; porque Gilgal será llevada en cautiverio, y Betel será deshecha.

6 Buscad a Jehová, y vivid; no sea que acometa como fuego a la casa de José y la consuma, sin haber en Betel quien lo apague.

7 Los que convertís en ajenjo el juicio, y echáis la justicia por tierra,

8 buscad al que hace las Pléyades y el Orión, y vuelve las tinieblas en mañana, y hace oscurecer el día como noche; el que llama a las aguas del mar, y las derrama sobre la faz de la tierra; Jehová es su nombre;

9 que envía destrucción sobre el fuerte, y hace que la ruina venga sobre la fortaleza.

10 Ellos aborrecieron al reprensor en la puerta de la ciudad, y abominaron al que hablaba lo recto.

11 Por tanto, puesto que vejáis al pobre y recibís de él carga de trigo, edificasteis casas de piedra labrada, mas no las habitaréis; plantasteis hermosas viñas, mas no beberéis el vino de ellas.

12 Porque yo sé cuán numerosas son vuestras rebeliones, y cuán grandes son vuestros pecados; sé que oprimís al justo, y recibís cohecho, y en los tribunales hacéis perder su causa a los pobres.

13 Por eso, el prudente calla en este tiempo, porque el tiempo es malo.

14 Buscad lo bueno, y no lo malo, para que viváis; porque así Jehová Dios de los ejércitos estará con vosotros, como decís.

15 Aborreced el mal, y amad el bien, y restableced la justicia en la puerta; quizá Jehová Dios de los ejércitos tendrá piedad del remanente de José.

16 Por tanto, así dice Jehová, Dios de los ejércitos: En todas las plazas habrá llanto, y en todas las calles dirán: ¡Ay! ¡Ay!, y llamarán al labrador a duelo, y a endecha a los que sepan endechar.

17 Y en todas las viñas habrá llanto; porque pasaré en medio de ti, dice Jehová.

El día de Jehová

18 ¡Ay de los que desean el día de Jehová! ¿Para qué os servirá este día de Jehová? Será de tinieblas, y no de luz;

19 como el que huye de delante del león, y se encuentra con el oso; o como el que entra en casa y apoya su mano en la pared, y le muerde una culebra.

20 ¿No será el día de Jehová tinieblas, y no luz; oscuridad y no hay resplandor?

21 Odio y aborrezco vuestras solemnidades, y no me complazco en vuestras asambleas.

22 Y si me ofrecéis vuestros holocaustos y

vuestras ofrendas, no los recibiré, ni miraré a las ofrendas de paz de vuestros animales engordados.

23 Aleja de mí la multitud de tus cantares, pues no escucharé las salmodias de tus intrumentos.

24 Pero corra el derecho como las aguas, y la justicia como impetuoso arroyo.

25 ¿Me ofrecisteis sacrificios y ofrendas en el desierto en cuarenta años, oh casa de Israel?

26 Antes bien, llevabais a Sicut, vuestro rey, y a Quiyún, vuestro dios, esos ídolos que os hicisteis.

27 Os haré, pues, deportar más allá de Damasco, dice Jehová, cuyo nombre es Dios de los ejércitos.

Destrucción de Israel

6 ¡Ay de los descuidados en Sión, y de los confiados en el monte de Samaria, los señalados como principales entre las naciones, a los cuales acude la casa de Israel!

2 Pasad a Calné, y mirad; y de allí id a la gran Hamat; descended luego a Gat de los filisteos; ved si son aquellos reinos mejores que estos reinos, si su extensión es mayor que la vuestra,

3 oh vosotros que creéis alejar el día malo, y acercáis la silla de iniquidad.

4 Los que duermen en camas de marfil, y reposan sobre sus lechos; y comen los corderos del rebaño, y los terneros engordados en el establo;

5 gorjean al son de la flauta, e inventan instrumentos musicales, como David;

6 beben vino en tazones, y se ungen con los ungüentos más preciosos; y no se afligen por el quebrantamiento de José.

7 Por tanto, ahora irán a la cabeza de los que van a cautividad, y se acercará el duelo de los que se entregan a los placeres.

El castigo será terrible

8 El Señor Jehová juró por sí mismo, Jehová Dios de los ejércitos dice: Abomino la soberbia de Jacob, y aborrezco sus palacios; y entregaré al enemigo la ciudad y cuanto hay en ella.

9 Y acontecerá que si quedan diez hombres en una casa, morirán.

10 Y un pariente tomará a cada uno, y el que lo quemará para sacar los huesos de casa; y dirá al que estará en los rincones de la casa: ¿Hay aún alguno contigo? Y dirá: No. Y dirá aquél: Calla, porque no podemos mencionar el nombre de Jehová.

11 Porque he aquí, Jehová manda, y herirá con hendiduras la casa mayor, y la casa menor con aberturas.

12 ¿Correrán los caballos por las peñas? ¿Ararán en ellas con bueyes? ¿Por qué habéis vosotros convertido el juicio en veneno, y el fruto de justicia en ajenjo?

13 Vosotros que os alegráis por lo que es nada, que decís: ¿No hemos tomado a Carnáyim con nuestra fuerza?

14 Pues he aquí, oh casa de Israel, dice Jehová Dios de los ejércitos, que yo levantaré contra vosotros una nación que os oprimirá desde la entrada de Hamat hasta el torrente del Arabá.

Tres visiones de destrucción

7 El Señor Jehová me hizo ver esto: He aquí que él criaba langostas cuando comenzaba a crecer el heno tardío, el heno tardío después de las siegas del rey.

2 Y aconteció que cuando acabaron de comer la hierba de la tierra, yo dije: Señor Jehová, perdona ahora; ¿quién sostendrá a Jacob?, porque es pequeño.

3 Se arrepintió Jehová de esto: No será así, dijo Jehová.

4 Jehová el Señor me hizo ver esto: he aquí que el Señor Jehová convocaba para castigar por fuego; y consumió el gran abismo, y consumió también una parte de la tierra.

5 Y dije: Señor Jehová, cesa ahora; ¿quién sostendrá a Jacob?, porque es pequeño.

6 Se arrepintió Jehová de esto, y dijo Jehová el Señor: No será esto tampoco.

7 Me enseñó luego esto: He aquí que el Señor estaba sobre un muro hecho a plomo, y tenía en su mano una plomada de albañil.

8 Jehová entonces me dijo: ¿Qué ves, Amós? Yo respondí: Una plomada de albañil. Y el Señor dijo: He aquí, yo pongo la plomada en medio de mi pueblo Israel; no lo toleraré más.

9 Los lugares altos de Isaac serán destruidos, y los santuarios de Israel serán asolados, y me alzaré con la espada contra la casa de Jeroboam.

Amós y Amasías

10 Entonces el sacerdote Amasías de Betel envió a decir a Jeroboam, rey de Israel: Amós se ha levantado contra ti en medio de la casa de Israel; la tierra no puede soportar todas sus palabras.

11 Porque así ha dicho Amós: Jeroboam morirá a espada, e Israel será llevado de su tierra en cautiverio.

12 Y Amasías dijo a Amós: Vidente, vete, huye a la tierra de Judá, y come allí tu pan, y profetiza allí;

13 y no profetices más en Betel, porque es santuario del rey, y capital del reino.

14 Entonces respondió Amós, y dijo a

Amasías: No soy profeta, ni soy hijo de profeta, sino que soy boyero, y cultivador de sicómoros.

15 Y Jehová me tomó de detrás del ganado, y me dijo: Ve y profetiza a mi pueblo Israel.

16 Ahora, pues, escucha una palabra de Jehová. Tú dices: No profetices contra Israel, ni vaticines contra la casa de Isaac.

17 Pues bien, así dice Jehová: Tu mujer será obligada a prostituirse en medio de la ciudad, y tus hijos y tus hijas caerán a espada, y tu tierra será repartida por suertes; y tú morirás en tierra inmunda, e Israel será llevado cautivo lejos de su tierra.

El canastillo de fruta de verano

8 Esto me ha mostrado el Señor Jehová: He aquí un canastillo de fruta madura.

2 Y dijo: ¿Qué ves, Amós? Y respondí: Un canastillo de fruta madura. Y me dijo Jehová: Ha llegado el fin sobre mi pueblo Israel; no lo toleraré ya más.

3 Y los cantos del templo se convertirán en aullidos en aquel día, dice el Señor Jehová; muchos serán los cadáveres; los echarán fuera en silencio, en cualquier lugar.

Hambre de la Palabra de Dios

4 Oíd esto, los que explotáis a los menesterosos, y arruináis a los pobres de la tierra,

5 diciendo: ¿Cuándo pasará el mes, y venderemos el trigo; y la semana, y abriremos los graneros del pan, y achicaremos la medida, y subiremos el precio, y falsearemos con engaño la balanza,

6 para comprar los pobres por dinero, y los necesitados por un par de sandalias, y venderemos los desechos del trigo?

7 Jehová juró por la gloria de Jacob: No me olvidaré jamás de todas sus obras.

8 ¿No se estremecerá la tierra sobre esto? ¿No hará duelo todo habitante de ella? Subirá toda, como un río, y crecerá y mermará como el río de Egipto.

9 Acontecerá en aquel día, dice Jehová el Señor, que haré que se ponga el sol a mediodía, y cubriré de tinieblas la tierra en el día claro.

10 Y cambiaré vuestras fiestas en llanto, y todos vuestros cantares en lamentaciones; y haré poner cilicio sobre todo lomo, y que se rape toda cabeza; y la volveré como en duelo por el unigénito, y su postrimería será como día aciago.

11 He aquí que vienen días, dice el Señor Jehová, en los cuales enviaré hambre a la tierra, no hambre de pan, ni sed de agua, sino de oír la palabra de Jehová.

12 E irán errantes de mar a mar, desde el norte hasta el oriente irán buscando palabra de Jehová, y no la hallarán.

13 En aquel tiempo las doncellas hermosas y los jóvenes desmayarán de sed.

14 Los que juran por el pecado de Samaria, y dicen: Por tu Dios, oh Dan, y: Por el camino de Beerseba, caerán, y nunca más se levantarán.

Caída del santuario de Betel

9 Vi al Señor que estaba de pie junto al altar, y dijo: Derriba el capitel, y estremézcanse los dinteles, y hazlos pedazos sobre la cabeza de todos; y al que quede de ellos lo mataré a espada; no habrá de ellos quien huya, ni quien escape.

Los juicios del Señor son ineludibles

2 Aunque traten de forzar la entrada del Seol, de allá los sacará mi mano; y aunque suban hasta el cielo, de allá los haré descender.

3 Si se esconden en la cumbre del Carmel, allí los buscaré y los agarraré; y aunque se escondan de delante de mis ojos en lo profundo del mar, allí mandaré a la serpiente y los morderá.

4 Y si van en cautiverio delante de sus enemigos, allí mandaré la espada, y los matará; y pondré sobre ellos mis ojos para mal, y no para bien.

5 El Señor, Jehová de los ejércitos, es el que toca la tierra, y ésta se funde, y hacen duelo todos los que en ella moran; y la hace subir toda entera como un río, y merma luego como el río de Egipto.

6 El que edificó en el cielo sus altas moradas, y ha establecido su firmamento sobre la tierra; el que llama a las aguas del mar, y las derrama sobre la faz de la tierra; Jehová es su nombre.

7 Hijos de Israel, ¿no me sois vosotros como hijos de etíopes, dice Jehová? ¿No hice yo subir a Israel de la tierra de Egipto, y a los filisteos de Caftor, y de Kir a los arameos?

8 He aquí que los ojos del Señor Jehová están sobre el reino pecador, y yo lo asolaré de sobre la faz de la tierra; mas no destruiré del todo la casa de Jacob, dice Jehová.

9 Porque he aquí, yo mandaré y haré que la casa de Israel sea zarandeada entre todas las naciones, como se zarandea el grano en una criba, y no cae ni un granito en tierra.

10 A espada morirán todos los pecadores de mi pueblo, que dicen: No nos alcanzará ni nos agarrará el mal.

Restauración futura de Israel

11 En aquel día yo levantaré el tabernáculo caído de David, y cerraré sus portillos y levantaré sus ruinas, y lo reedificaré como en el tiempo pasado;

12 para que reconquisten el resto de Edom, y todas las naciones sobre las cuales es invocado mi nombre, dice Jehová, que hace esto.

13 He aquí que vienen días, dice Jehová, en que el que ara alcanzará al segador, y el pisador de las uvas al que lleve la simiente; y los montes destilarán mosto, y todos los collados se derretirán.

14 Y traeré del cautiverio a mi pueblo Israel, y edificarán ellos las ciudades asoladas, y las habitarán; plantarán viñas, y beberán el vino de ellas, y harán huertos, y comerán el fruto de ellos.

15 Pues los plantaré sobre su tierra, y nunca más serán arrancados de su tierra que yo les di, dice Jehová, tu Dios.

ABDÍAS

La humillación de Edom

1 Visión de Abdías. El Señor Jehová dice esto en cuanto a Edom: Hemos oído una noticia que viene de Jehová, y un mensajero ha sido enviado a las naciones. Poneos en pie, y levantémonos contra este pueblo en batalla.

2 He aquí que te he hecho pequeño entre las naciones; eres despreciado en gran manera.

3 La soberbia de tu corazón te ha engañado, tú que moras en las hendiduras de las peñas, que pones en las alturas tu morada; que dices en tu corazón: ¿Quién me derribará a tierra?

4 Aunque hagas tu nido tan alto como el águila, y aunque lo coloques entre las estrellas, de allí te derribaré, dice Jehová.

5 Si ladrones vinieran a ti, o salteadores de noche (¡cómo has sido destruido!), ¿no hurtarían lo que les bastase? Si entraran a ti vendimiadores, ¿no dejarían algún rebusco?

6 ¡Cómo fueron escudriñadas las cosas de Esaú, y sus tesoros escondidos!

7 Todos tus aliados te hicieron retroceder hasta la frontera; los que estaban en paz contigo te engañaron y prevalecieron contra ti; los que comían tu pan pusieron lazo debajo de ti; no hay en ti discernimiento.

8 ¿No haré que perezcan en aquel día, dice Jehová, los sabios de Edom, y la prudencia del monte de Esaú?

9 Y tus valientes, oh Temán, serán amedrentados; de suerte que será exterminado con muerte violenta todo hombre en la montaña de Esaú.

10 Por la violencia hecha a tu hermano Jacob, te cubrirá vergüenza, y serás cortado para siempre.

11 El día que estando tú delante, saqueaban los extranjeros sus riquezas, y extraños entraban por sus puertas, y echaban suertes sobre Jerusalén, tú también eras como uno de ellos.

12 Pues no debiste tú haber estado mirando en el día de tu hermano, en el día de su infortunio; ni debiste haberte alegrado de los hijos de Judá en el día de su ruina; ni debiste haber proferido palabras altaneras en el día de la angustia.

13 No debiste haber entrado por la puerta de mi pueblo en el día de su quebrantamiento; no, no debiste haber mirado su mal en el día de su quebrantamiento, ni haber echado mano a sus bienes en el día de su calamidad.

14 Tampoco debiste haberte parado en las encrucijadas para matar a los que de ellos escapasen; ni debiste haber entregado a los que quedaban en el día de angustia.

La exaltación de Israel

15 Porque se acerca el día de Jehová sobre todas las naciones; como tú hiciste se hará contigo; tus acciones se volverán sobre tu cabeza.

16 De la manera que vosotros bebisteis en mi santo monte, beberán continuamente todas las naciones; beberán, y engullirán, y serán como si no hubieran sido.

17 Mas en el monte de Sión habrá un remanente que se salve; y será santo, y la casa de Jacob recuperará sus posesiones.

18 La casa de Jacob será el fuego, y la casa de José será la llama, y la casa de Esaú la estopa, y los quemarán y los consumirán; y no quedará ningún resto de la casa de Esaú, porque Jehová ha hablado.

19 Y los del Négueb poseerán el monte de Esaú, y los de la Sefelá a los filisteos; poseerán también los campos de Efraín, y los campos de Samaria; y Benjamín ocupará Galaad.

20 Y los cautivos de este ejército de los hijos de Israel poseerán la tierra de Canaán hasta Sarepta; y los cautivos de Jerusalén que están en Sefarad poseerán las ciudades del Négueb.

21 Y subirán salvadores al monte de Sión para juzgar al monte de Esaú; y el reino será de Jehová.

JONÁS

1 Vino palabra de Jehová a Jonás hijo de Amitay, diciendo:

2 Levántate y ve a Nínive, aquella gran ciudad, y pregona contra ella; porque su maldad ha subido hasta mí.

3 Pero Jonás se levantó para huir de la presencia de Jehová a Tarsis, y descendió a Jope, y halló una nave que partía para Tarsis; y pagando su pasaje, entró en ella para irse con ellos a Tarsis, lejos de la presencia de Jehová.

4 Pero Jehová hizo levantar un gran viento en el mar, y hubo en el mar una tempestad tan grande que se pensó que se partiría la nave.

5 Y los marineros tuvieron miedo, y cada uno clamaba a su dios; y echaron al mar los enseres que había en la nave, para descargarse de ellos. Pero Jonás había bajado al interior de la nave, se había acostado, y dormía profundamente.

6 Y el patrón de la nave se le acercó y le dijo: ¿Qué haces aquí, dormilón? Levántate, y clama a tu Dios; quizás él se acordará de nosotros, y no pereceremos.

7 Y dijeron cada uno a su compañero: Venid y echemos suertes, para que sepamos por causa de quién nos ha venido este mal. Y echaron suertes, y la suerte cayó sobre Jonás.

8 Entonces le dijeron ellos: Decláranos ahora por qué nos ha venido este mal. ¿Qué oficio tienes, y de dónde vienes? ¿Cuál es tu tierra, y de qué pueblo eres?

9 Y él les respondió: Soy hebreo, y temo a Jehová, Dios de los cielos, que hizo el mar y la tierra.

10 Entonces aquellos hombres temieron sobremanera, y le dijeron: ¿Por qué has hecho esto? Porque ellos sabían que huía de la presencia de Jehová, pues él se lo había declarado.

11 Y le dijeron: ¿Qué haremos contigo para que el mar se nos aquiete? Porque el mar se iba embraveciendo más y más.

12 Él les respondió: Tomadme y echadme al mar, y el mar se os aquietará; porque yo sé que por mi causa ha venido esta gran tempestad sobre vosotros.

13 Con todo, aquellos hombres remaron con ahínco para hacer volver la nave a tierra; mas no pudieron, porque el mar se iba embraveciendo más y más contra ellos.

14 Por lo cual clamaron a Jehová y dijeron: Te rogamos ahora, Jehová, que no perezcamos nosotros por la vida de este hombre, ni pongas sobre nosotros la sangre inocente; porque tú, Jehová, has obrado conforme a tu beneplácito.

15 Así que tomaron a Jonás, y lo echaron al mar; y el mar se aquietó de su furor.

16 Y temieron aquellos hombres a Jehová con gran temor, y ofrecieron sacrificio a Jehová, e hicieron votos.

17 Pero Jehová tenía preparado un gran pez que se tragase a Jonás; y estuvo Jonás en el vientre del pez tres días y tres noches.

Oración de Jonás

2 Entonces oró Jonás a Jehová su Dios desde el vientre del pez,

2 y dijo:
Invoqué en mi angustia a Jehová, y él me oyó;
Desde el seno del Seol clamé,
Y oíste mi voz.

3 Me echaste a lo profundo, en medio de los mares,
Y me rodeó la corriente;
Todas tus ondas y tus olas pasaron sobre mí.

4 Entonces dije: Soy rechazado de delante de tus ojos;
Mas todavía miraré hacia tu santo templo.

5 Las aguas me rodearon hasta el alma,
Rodeóme el abismo;
Las algas se enredaron a mi cabeza.

6 Descendí a los cimientos de los montes;
La tierra echó sus cerrojos sobre mí para siempre;
Mas tú sacaste mi vida de la sepultura, oh Jehová Dios mío.

7 Cuando mi alma desfallecía en mí, me acordé de Jehová,
Y mi oración llegó hasta ti en tu santo templo.

8 Los que siguen vanidades ilusorias,
Abandonan su misericordia.

9 Mas yo te ofreceré sacrificios con voz de alabanza;
Pagaré lo que prometí.
La salvación es de Jehová.

10 Y dio orden Jehová al pez, y vomitó a Jonás en tierra.

Nínive se arrepiente

3 Vino palabra de Jehová por segunda vez a Jonás, diciendo:

2 Levántate y ve a Nínive, aquella gran ciudad, y proclama en ella el mensaje que yo te diré.

3 Y se levantó Jonás, y fue a Nínive conforme a la palabra de Jehová. Y era Nínive una
ciudad grande en extremo, de un recorrido
de tres días.

4 Y comenzó Jonás a entrar por la ciudad, e
hizo el recorrido de un día, y predicaba
diciendo: De aquí a cuarenta días, Nínive
será destruida.

5 Y los hombres de Nínive creyeron a Dios,
y pregonaron un ayuno, y se vistieron de
saco desde el mayor hasta el menor.

6 Y llegó la noticia hasta el rey de Nínive, y
se levantó de su trono, y se despojó de su
vestido, y se cubrió de saco y se sentó sobre
ceniza.

7 E hizo proclamar y anunciar en Nínive,
por decreto del rey y de sus nobles, diciendo: Hombres y bestias de carga, ganado
mayor y menor, no prueben bocado; no se
les dé alimento, ni beban agua;

8 sino cúbranse de saco hombres y animales, y clamen a Dios fuertemente; y conviértase cada uno de su mal camino, de la
violencia que hay en sus manos.

9 ¿Quién sabe si se volverá y se arrepentirá
Dios, y se apartará del ardor de su ira, y no
pereceremos?

10 Y vio Dios lo que hicieron, que se convirtieron de su mal camino; y se arrepintió
del mal que había dicho que les haría, y no lo
hizo.

El enojo de Jonás

4 Pero a Jonás le disgustó eso en extremo,
y se enojó.

2 Y oró a Jehová y dijo: Ahora, oh Jehová,
¿no es esto lo que yo me decía estando aún
en mi tierra? Por eso me apresuré a huir a
Tarsis; porque yo sabía que tú eres un Dios
clemente y compasivo, tardo en enojarte, y
de gran misericordia, y que te arrepientes
del mal.

3 Ahora pues, oh Jehová, te ruego que me
quites la vida; porque mejor me es la muerte
que la vida.

4 Y Jehová le dijo: ¿Haces tú bien en
enojarte tanto?

5 Y salió Jonás de la ciudad, y se sentó en el
lado oriental de la ciudad, y se hizo allí una
enramada, y se sentó debajo de ella a la
sombra, hasta ver qué acontecería en la
ciudad.

6 Y preparó Jehová Dios una calabacera, y
la hizo crecer sobre Jonás para que hiciese
sombra sobre su cabeza, y le librase de su
malestar; y Jonás se alegró grandemente
por la calabacera.

7 Pero al venir el alba del día siguiente,
Dios preparó un gusano, el cual hirió la
calabacera, y se secó.

8 Y aconteció que al salir el sol, preparó
Dios un recio viento solano, y el sol hirió a
Jonás en la cabeza, y se desmayaba, y pedía
para sí la muerte, diciendo: Mejor sería para
mí la muerte que la vida.

9 Entonces dijo Dios a Jonás: ¿Tanto te
enojas por la calabacera? Y él respondió:
Mucho me enojo, hasta la muerte.

10 Y dijo Jehová: Tú has tenido lástima de
la calabacera, en la cual no trabajaste, ni tú
la hiciste crecer; que en espacio de una
noche nació, y en espacio de otra noche
pereció.

11 ¿Y no tendré yo piedad de Nínive, aquella gran ciudad donde hay más de ciento
veinte mil personas que no saben distinguir
entre su mano derecha y su mano izquierda,
y muchos animales?

MIQUEAS

Lamento sobre Samaria y Jerusalén

1 Palabra de Jehová que vino a Miqueas
de Moréset en días de Jotam, Acaz y
Ezequías, reyes de Judá; lo que vio sobre
Samaria y Jerusalén.

2 Oíd, pueblos todos; está atenta, tierra, y
cuanto hay en ti; y el Señor Jehová, el Señor
desde su santo templo, sea testigo contra
vosotros.

3 Porque he aquí que Jehová sale de su
lugar, y descenderá y hollará las alturas de la
tierra.

4 Y se derretirán los montes debajo de él, y
los valles se hendirán como la cera delante
del fuego, como las aguas que corren por un
precipicio.

5 Todo esto por la rebelión de Jacob, y por
los pecados de la casa de Israel. ¿Cuál es la
rebelión de Jacob? ¿No es Samaria? ¿Y
cuáles son los lugares altos de Judá? ¿No es
Jerusalén?

6 Haré, pues, de Samaria un montón de
ruinas en el campo, y tierra para plantar
viñas; y haré rodar sus piedras por el valle, y
descubriré sus cimientos.

7 Y todas sus estatuas serán despedazadas,
y todos sus dones serán quemados en fuego,

y destruiré todos sus ídolos; porque de dones de rameras los juntó, y en salario de rameras se convertirán.

8 Por esto me lamentaré y aullaré, y andaré descalzo y desnudo; lanzaré aullidos como de chacales, y lamentos como de avestruces.

9 Porque su herida es incurable, y llegó hasta Judá; llegó hasta la puerta de mi pueblo, hasta Jerusalén.

10 No lo digáis en Gat, ni lloréis en Acó; revuélcate en el polvo de Bet-le-afrá.

11 Pásate, oh morador de Safir, desnudo y con vergüenza; el morador de Zaanán no sale; el llanto de Bet-ha-esel os negará su apoyo.

12 Porque los moradores de Marot esperan que les sea de provecho el que de parte de Jehová el mal haya descendido hasta la puerta de Jerusalén.

13 Uncid al carro los corceles, oh moradores de Laquís, que fuisteis principio de pecado a la hija de Sión; porque en vosotros se hallaron las rebeliones de Israel.

14 Por tanto, vosotros daréis dones a Moréset-gat; las casas de Aczib serán para engaño a los reyes de Israel.

15 Aún os traeré un nuevo poseedor, oh moradores de Maresá; la flor de Israel huirá hasta Adulam.

16 Arráncate los cabellos y ráete por los hijos de tus delicias; ensancha tu calva como la del buitre, porque han sido deportados lejos de ti.

¡Ay de los que oprimen a los pobres!

2 ¡Ay de los que en sus camas piensan iniquidad y maquinan el mal, y cuando llega la mañana lo ejecutan, porque tienen en su mano el poder!

2 Codician las heredades, y las roban; y casas, y las toman; oprimen al hombre y a su casa, al hombre y a su heredad.

3 Por tanto, así dice Jehová: He aquí, yo pienso contra esta familia un mal del cual no libraréis vuestros cuellos, ni andaréis altivos; porque el tiempo será malo.

4 En aquel tiempo levantarán sobre vosotros refrán, y se hará endecha de lamentación, diciendo: Del todo fuimos destruidos; él ha cambiado la porción de mi pueblo. ¡Cómo nos quitó nuestros campos! Los dio y los repartió a otros.

5 Por tanto, no habrá quien a suerte reparta heredades en la congregación de Jehová.

6 No profeticéis, dicen a los que profetizan; no profeticen tales cosas, que no nos alcanzará el oprobio.

7 Tú que te dices casa de Jacob, ¿se ha acortado el Espíritu de Jehová? ¿Son éstas sus obras? ¿No hacen mis palabras bien al que camina rectamente?

8 El que ayer era mi pueblo, se ha levantado como enemigo; de sobre el vestido quitasteis atrevidamente las capas a los que pasaban, como adversarios de guerra.

9 A las mujeres de mi pueblo echasteis fuera de las casas que eran su delicia; a sus niños quitasteis mi perpetua alabanza.

10 Levantaos y andad, porque no es éste un lugar de reposo, pues está contaminado y causa destrucción irreparable.

11 Si alguno, andando con espíritu de falsedad, mintiese diciendo: Yo te profetizaré de vino y de licor, este tal sería el profeta de este pueblo.

12 De cierto te juntaré todo, oh Jacob; recogeré ciertamente el resto de Israel; lo reuniré como ovejas de Bosrá, como rebaño en medio de su aprisco; harán estruendo por la multitud de hombres.

13 Subirá delante de ellos el que abre caminos; abrirán camino y pasarán la puerta, y saldrán por ella; y su rey pasará delante de ellos, y a la cabeza de ellos Jehová.

Acusación contra los dirigentes de Israel

3 Dije: Escuchad ahora, príncipes de Jacob, y jefes de la casa de Israel: ¿No concierne a vosotros saber lo que es justo?

2 Vosotros que aborrecéis lo bueno y amáis lo malo, que les quitáis su piel y su carne de sobre los huesos;

3 y luego de haberos comido la carne de mi pueblo, y desollado su piel de sobre ellos, y quebrantado y roto todos sus huesos como para el caldero, y como carnes en olla,

4 entonces clamáis a Jehová, pero él no os responderá; antes esconderá de vosotros su rostro en aquel tiempo, por cuanto hicisteis obras malvadas.

5 Así dice Jehová acerca de los profetas que hacen errar a mi pueblo, y claman: Paz, cuando tienen algo que comer, y al que no les da de comer, proclaman guerra contra él:

6 Por tanto, la visión se os hará noche, y oscuridad el adivinar; y sobre los videntes se pondrá el sol, y el día se entenebrecerá sobre ellos.

7 Y serán avergonzados los videntes, y se confundirán los adivinos; y todos ellos cerrarán sus labios, porque no habrá respuesta de Dios.

8 Mas yo estoy lleno de poder del Espíritu de Jehová, y de juicio y de fuerza, para denunciar a Jacob su rebelión, y a Israel su pecado.

9 Oíd ahora esto, jefes de la casa de Jacob, y capitanes de la casa de Israel, que abomináis la justicia, y pervertís todo el derecho;

10 que edificáis a Sión con sangre, y a Jerusalén con iniquidad.

11 Sus jefes juzgan por soborno, y sus sacerdotes enseñan por precio, y sus profetas adivinan por dinero; y se apoyan en Jehová, diciendo: ¿No está Jehová entre nosotros? No vendrá mal sobre nosotros.

12 Por eso, por culpa vuestra Sión será arada como un campo, y Jerusalén vendrá a ser montones de ruinas, y el monte del templo como oteros de bosque.

Reinado universal de Jehová

4 Acontecerá en los postreros tiempos que el monte de la casa de Jehová será establecido por cabecera de montes, y más alto que los collados, y correrán a él los pueblos.

2 Vendrán muchas naciones, y dirán: Venid, y subamos al monte de Jehová, y a la casa del Dios de Jacob; y nos enseñará en sus caminos, y andaremos por sus veredas; porque de Sión saldrá la ley, y de Jerusalén la palabra de Jehová.

3 Y él juzgará entre muchos pueblos, y será árbitro entre naciones poderosas hasta muy lejos; y forjarán sus espadas para azadones, y sus lanzas para hoces; no alzará espada nación contra nación, ni se ensayarán más para la guerra.

4 Y se sentará cada uno debajo de su vid y debajo de su higuera, y no habrá quien los amedrente; porque la boca de Jehová de los ejércitos lo ha hablado.

5 Pues todos los pueblos andan cada uno en el nombre de su dios, pero nosotros andaremos en el nombre de Jehová nuestro Dios eternamente y para siempre.

Israel será redimido de cautiverio

6 En aquel día, dice Jehová, reuniré la que cojea, y recogeré la descarriada, y a la que afligí;

7 y pondré a la coja como remanente, y a la descarriada como nación robusta; y Jehová reinará sobre ellos en el monte de Sión desde ahora y para siempre.

8 Y tú, oh torre del rebaño, fortaleza de la hija de Sión, hasta ti vendrá la antigua soberanía, el reino de la hija de Jerusalén.

9 Ahora, ¿por qué gritas tanto? ¿No hay rey en ti? ¿Pereció tu consejero, que te agobia un dolor como de mujer en parto?

10 Duélete y gime, hija de Sión, como mujer que está de parto; porque ahora saldrás de la ciudad y morarás en el campo, y llegarás hasta Babilonia; allí serás librada, allí te redimirá Jehová de la mano de tus enemigos.

11 Pero ahora se han juntado muchas naciones contra ti, y dicen: Sea profanada, y vean nuestros ojos su deseo cumplido en la ruina de Sión.

12 Mas ellos no conocieron los pensamientos de Jehová, ni entendieron su consejo; pues él los junta como gavillas en la era.

13 Levántate y trilla, hija de Sión, porque haré tu cuerno como de hierro, y tus pezuñas de bronce, y desmenuzarás a muchos pueblos; y consagrarás a Jehová su botín, y sus riquezas al Señor de toda la tierra.

El reinado del libertador desde Belén

5 Rodéate ahora de muros, hija de guerreros; nos han sitiado; con vara hieren en la mejilla al juez de Israel.

2 Pero tú, Belén Efrata, aunque eres pequeña para ser contada entre las familias de Judá, de ti me saldrá el que será Señor en Israel; y sus orígenes son desde el principio, desde los días de la eternidad.

3 Pero los dejará hasta el tiempo que dé a luz la que ha de dar a luz; y el resto de sus hermanos se volverá a los hijos de Israel.

4 Y él estará firme, y apacentará con poder de Jehová, con grandeza del nombre de Jehová su Dios; y morarán seguros, porque entonces será engrandecido hasta los fines de la tierra.

5 Y éste será nuestra paz. Cuando el asirio invada nuestra tierra, para hollar nuestros palacios, entonces levantaremos contra él siete pastores, y ocho hombres principales;

6 y devastarán la tierra de Asiria a espada, y con sus espadas la tierra de Nimrod; y nos librará del asirio, cuando venga contra nuestra tierra a hollar nuestras fronteras.

7 El remanente de Jacob será en medio de muchos pueblos como el rocío de Jehová, como las lluvias sobre la hierba, las cuales no se esperan de varón, ni se aguardan de manos de hijos de hombres.

8 Asimismo el remanente de Jacob será entre las naciones, en medio de muchos pueblos, como el león entre las bestias de la selva, como el cachorro del león entre las manadas de las ovejas, el cual si pasa, huella y arrebata, y no hay quien libre.

9 Tu mano se alzará sobre tus enemigos, y todos tus adversarios serán destruidos.

10 Acontecerá en aquel día, dice Jehová, que haré matar tus caballos de en medio de ti, y haré destruir tus carros.

11 Haré también destruir las ciudades de tu tierra, y arruinaré todas tus fortalezas.

12 Asimismo destruiré de tu mano las hechicerías, y no se hallarán en ti más agoreros.

13 Y haré destruir tus esculturas y tus imágenes de en medio de ti, y nunca más te inclinarás a la obra de tus manos.

14 Arrancaré tus imágenes de Asera de en medio de ti, y destruiré tus enemigos;

15 y con ira y con furor haré venganza en las naciones, porque no prestaron oídos.

Controversia de Jehová con Israel

6 Oíd ahora lo que dice Jehová: Levántate, contiende frente a los montes, y oigan los collados tu voz.

2 Oíd, montes, y fuertes cimientos de la tierra, el pleito de Jehová; porque Jehová tiene pleito con su pueblo, y altercará con Israel.

3 Pueblo mío, ¿qué te he hecho, o en qué te he molestado? Responde contra mí.

4 Porque yo te hice subir de la tierra de Egipto, y te redimí de la casa de servidumbre; y envié delante de ti a Moisés, a Aarón y a María.

5 Pueblo mío, acuérdate ahora qué maquinaba Balac rey de Moab, y qué le respondió Balaam hijo de Beor, desde Sitim hasta Gilgal, para que conozcas las justicias de Jehová.

Lo que pide Jehová

6 ¿Con qué me presentaré ante Jehová, y adoraré al Dios Altísimo? ¿Me presentaré ante él con holocaustos, con becerros de un año?

7 ¿Se agradará Jehová de millares de carneros, o de diez mil ríos de aceite? ¿Daré mi primogénito por mi prevaricación, el fruto de mis entrañas por el pecado de mi alma?

8 Oh hombre, te ha sido declarado lo que es bueno, y qué pide Jehová de ti: solamente hacer justicia, y amar misericordia, y caminar humildemente ante tu Dios.

9 La voz de Jehová clama a la ciudad; es sabio temer a tu nombre. Prestad atención al castigo, y a quien lo establece.

10 ¿Hay aún en casa del impío tesoros de impiedad, y medida escasa que es detestable?

11 ¿Daré por inocente al que tiene balanza falsa y bolsa de pesas engañosas?

12 Sus ricos se colmaron de rapiña, y sus moradores hablaron mentira, y su lengua es engañosa en su boca.

13 Por eso yo también te hice enflaquecer hiriéndote, asolándote por tus pecados.

14 Comerás, y no te saciarás, y tu hambre estará en medio de ti; recogerás, mas no salvarás, y lo que salves, lo entregaré yo a la espada.

15 Sembrarás, mas no segarás; pisarás aceitunas, mas no te ungirás con el aceite; y mosto, mas no beberás el vino.

16 Porque se han guardado los estatutos de Omrí, y todas las obras de la casa de Acab; y anduvisteis en los consejos de ellos, para que yo te pusiese en asolamiento, y tus moradores para burla. Llevaréis, por tanto, el oprobio de mi pueblo.

Corrupción moral de Israel

7 ¡Ay de mí!, porque estoy como cuando han recogido los frutos del verano, como cuando han rebuscado después de la vendimia, y no queda racimo para comer; mi alma deseó los primeros frutos.

2 Faltó el misericordioso de la tierra, y ninguno hay recto entre los hombres; todos acechan por sangre; cada cual arma red a su hermano.

3 Para completar la maldad de sus manos, el príncipe demanda, y el juez juzga por soborno; y el grande habla el antojo de su alma, y juntos urden sus maquinaciones.

4 El mejor de ellos es como el espino; el más recto, como un zarzal; el día de tu castigo viene, el que anunciaron tus atalayas; ahora será su consternación.

5 No creáis en el amigo, ni confiéis en el compañero; de la que duerme a tu lado cuídate, no abras tu boca.

6 Porque el hijo deshonra al padre, la hija se levanta contra la madre, la nuera contra la suegra, y los enemigos del hombre son los de su casa.

7 Mas yo pongo mis ojos en Jehová, espero al Dios de mi salvación; el Dios mío me oirá.

Jehová trae luz y libertad

8 Tú, enemiga mía, no te alegres de mí, porque aunque caí, me levantaré; aunque more en tinieblas, Jehová será mi luz.

9 Habré de soportar la ira de Jehová, porque pequé contra él, hasta que juzgue mi causa y me haga justicia; él me sacará a luz; veré su justicia.

10 Y mi enemiga lo verá, y se cubrirá de vergüenza; ella que me decía: ¿Dónde está Jehová tu Dios? Mis ojos la verán; ahora será hollada como lodo de las calles.

11 Viene el día en que se edificarán tus muros; aquel día se extenderán los límites.

12 En ese día vendrán hasta ti desde Asiria y las ciudades fortificadas, y desde las ciudades fortificadas hasta el Río, y de mar a mar, y de monte a monte.

13 Y será asolada la tierra a causa de sus moradores, por el fruto de sus obras.

Compasión de Jehová por Israel

14 Apacienta tu pueblo con tu cayado, el rebaño de tu heredad, que mora solitario en la montaña, en campo fértil; busque pasto en Basán y Galaad, como en el tiempo pasado.

15 Yo les haré ver maravillas como el día que saliste de Egipto.

16 Las naciones verán, y se avergonzarán de todo su poderío; pondrán la mano sobre su boca, ensordecerán sus oídos.

17 Lamerán el polvo como la culebra; como las serpientes de la tierra, saldrán temblando de sus escondrijos; se volverán amedrentados hacia Jehová nuestro Dios, y temerán a causa de ti.
18 ¿Qué Dios como tú, que perdona la maldad, y olvida el pecado del remanente de su heredad? No retuvo para siempre su enojo, porque se deleita en la misericordia.
19 Él volverá a tener compasión de nosotros; hollará nuestras iniquidades, y echará en lo profundo del mar todos nuestros pecados.
20 Cumplirás la verdad a Jacob, y a Abraham la misericordia, que juraste a nuestros padres desde tiempos antiguos.

NAHÚM

La ira vengadora de Dios

1 Profecía sobre Nínive. Libro de la visión de Nahúm de Elcós.
2 Jehová es Dios celoso y vengador; Jehová es vengador y lleno de indignación; se venga de sus adversarios, y guarda enojo para sus enemigos.
3 Jehová es tardo para la ira y grande en poder, y no tendrá por inocente al culpable. Jehová camina en la tempestad y el torbellino, y las nubes son el polvo de sus pies.
4 Él amenaza al mar, y lo hace secar, y agota todos los ríos; Basán y el Carmel languidecen, y la flor del Líbano se marchita.
5 Los montes tiemblan delante de él, y los collados se derriten; la tierra se agita a su presencia, y el mundo, y todos los que en él habitan.
6 ¿Quién sostendrá delante de su ira?; ¿y quién quedará en pie en el ardor de su enojo? Su ira se derrama como fuego, y por él se hienden las peñas.
7 Jehová es bueno, fortaleza en el día de la angustia; y conoce a los que él confían.
8 Mas con inundación impetuosa consumirá a sus adversarios, y hasta en las tinieblas perseguirá a sus enemigos.
9 ¿Qué tramáis contra Jehová? Él hará exterminio; no tomará venganza dos veces de sus enemigos.
10 Aunque sean como espinos entretejidos, y estén empapados de bebida, serán consumidos completamente como hojarasca seca.
11 De ti salió el que maquinó perversidades contra Jehová, un consejero de Belial.
12 Así dice Jehová: Aunque estén incólumes, y sean numerosos, aun así serán talados, y pasarán. Bastante te he afligido; no te afligiré ya más.
13 Porque ahora quebraré su yugo de sobre ti, y romperé tus cadenas.
14 Mas acerca de ti manda Jehová, que no quede ni memoria de tu nombre; de la casa de tu dios destruiré escultura y estatua de fundición; allí pondré tu sepulcro, porque fuiste vil.

Anuncio de la caída de Nínive

15 He aquí que vienen sobre los montes los pies del que trae buenas nuevas, del que anuncia la paz. Celebra, oh Judá, tus fiestas, cumple tus votos; porque nunca más volverá a pasar por ti el malvado; pereció del todo.
2 Un destructor sube contra ti; monta guardia en la fortaleza, vigila el camino, cíñete los lomos, concentra todo tu poder.
2 Porque Jehová restaurará la gloria de Jacob como la gloria de Israel; porque saqueadores los saquearon, y estropearon sus sarmientos.
3 El escudo de sus valientes está pintado de rojo, los varones de su ejército vestidos de grana; sus carros como fuego de antorchas; el día que se prepare, temblarán los cipreses.
4 Los carros se precipitarán a las plazas, con estruendo rodarán por las calles; su aspecto será como antorchas encendidas, correrán como relámpagos.
5 Pasará revista a sus valientes; se atropellarán en su marcha; se apresurarán a su muro, y se preparará el parapeto.
6 Las puertas de los ríos se abrirán, y el palacio será destruido.
7 Y la soberana será descubierta y deportada, y sus criadas la llevarán gimiendo como palomas, golpeándose el pecho.
8 Fue Nínive de tiempo antiguo como estanque de aguas que se escapan. Dicen: ¡Deteneos, deteneos!; pero ninguno mira atrás.
9 Saquead la plata, saquead el oro; no tienen fin los tesoros; es una riqueza inmensa de toda clase de efectos codiciables.
10 Destrozo, saqueo y devastación; corazones que desfallecen; temblor de rodillas, dolor en los riñones, rostros demudados.
11 ¿Qué es de la guarida de los leones, y de la majada de los cachorros de los leones, donde se recogía el león y la leona, y los

cachorros del león, y no había quien los espantase?

12 El león arrebataba en abundancia para sus cachorros, y ahogaba para sus leonas, y llenaba de presa sus cavernas, y de rapiña sus guaridas.

Destrucción total de Nínive

13 Heme aquí contra ti, dice Jehová de los ejércitos. Encenderé y reduciré a humo tus carros, y la espada devorará a tus leoncillos; y cortaré de la tierra tus rapiñas, y nunca más se oirá la voz de tus mensajeros.

3 ¡Ay de ti, ciudad sanguinaria, toda llena de mentira y de rapiña, sin apartarte del pillaje!

2 Chasquido de látigo, y fragor de ruedas, galopar de caballos, y saltar de carros;

3 jinetes enhiestos, flamear de espadas, y refulgir de lanzas; multitud de heridos y montones de cadáveres; cadáveres sinfín, y en sus cadáveres tropezarán;

4 a causa de la multitud de las fornicaciones de la ramera de hermosa gracia, maestra en hechizos, que seduce a las naciones con sus fornicaciones, y a los pueblos con sus hechizos.

5 Heme aquí contra ti, dice Jehová de los ejércitos, y descubriré tus faldas hasta tu rostro, y mostraré a las naciones tu desnudez, y a los reinos tus vergüenzas.

6 Y echaré sobre ti inmundicias, y te afrentaré, y te pondré como un hazmerreír.

7 Todos los que te vean se apartarán de ti, y dirán: ¡Nínive, asolada!; ¿quién se compadecerá de ella? ¿Dónde te buscaré consoladores?

8 ¿Eres tú mejor que Tebas, que estaba asentada junto al Nilo, rodeada de aguas, cuyo baluarte era el mar, y aguas por muro?

9 Etiopía era su fuerza, también Egipto, y eso sin límite; Fut y Libia fueron sus ayudadores.

10 Sin embargo, ella fue llevada en cautiverio; también sus pequeños fueron estrellados en las encrucijadas de todas las calles, y echaron suertes sobre sus nobles, y todos sus grandes fueron cargados de cadenas.

11 Tú también serás embriagada, y serás encerrada; tú también buscarás refugio a causa del enemigo.

12 Todas tus fortalezas serán cual higueras con brevas, que si las sacuden, caen en la boca del que las ha de comer.

13 He aquí, tu pueblo será todo mujeres en medio de ti; las puertas de tu tierra se abrirán de par en par a tus enemigos; el fuego consumirá tus cerrojos.

14 Provéete de agua para el asedio, refuerza tus fortalezas; entra en el lodo, pisa el barro, refuerza el horno de ladrillos.

15 Allí te consumirá el fuego, te talará la espada, te devorará como pulgón; multiplícate como el pulgón, multiplícate como la langosta.

16 Multiplicaste tus mercaderes más que las estrellas del cielo; la langosta despliega sus alas y se va.

17 Tus funcionarios serán como pulgones, y tus escribas como nubes de langostas que se sientan en vallados en día de frío; salido el sol se van, y no se conoce el lugar donde están.

18 Se durmieron tus pastores, oh rey de Asiria, reposan tus valientes; tu pueblo se dispersó por los montes, y no hay quien lo junte.

19 No hay medicina para tu magulladura; tu herida es incurable; todos los que oigan tu noticia batirán las manos sobre ti, porque ¿sobre quién no pasó continuamente tu maldad?

HABACUC

Habacuc se queja de injusticia

1 Oráculo que tuvo en visión el profeta Habacuc.

2 ¿Hasta cuándo, oh Jehová, clamaré, y no oirás; y daré voces a ti a causa de la violencia, y no salvarás?

3 ¿Por qué me haces ver iniquidad, y toleras la vista de la aflicción? Destrucción y violencia hay delante de mí, y se levantan pleitos y contiendas.

4 Por lo cual la ley es debilitada, y el juicio no sale según la verdad; por cuanto el impío asedia al justo, por eso sale torcida la justicia.

Los caldeos castigarán a Judá

5 Mirad entre las naciones, y ved, y asombraos; porque haré una obra en vuestros días, que aun cuando se os cuente, no la creeréis.

6 Porque he aquí, yo levanto a los caldeos, nación feroz y fogosa, que camina por la anchura de la tierra para apoderarse de las moradas ajenas.

7 Formidable es y terrible; de ella misma procede su derecho y su exaltación.

8 Sus caballos serán más ligeros que leopardos, y más feroces que lobos nocturnos, y sus jinetes de desplegarán rápidamente;

vendrán de lejos sus jinetes, y volarán como
águilas que se apresuran a devorar.
9 Todos ellos vendrán para arrojarse a la
presa; el terror va delante de ellos, y recogerán cautivos como arena.
10 Escarnecen a los reyes, y de los príncipes
hacen burla; se ríen de toda fortaleza, pues
levantan terraplenes y la toman.
11 Luego pasan barriéndolo todo como el
huracán, y se cargan de culpa, haciendo de
su fuerza su dios.

Protesta de Habacuc

12 ¿No eres tú desde el principio, oh Jehová, mi Dios, mi Santo? No moriremos. Oh
Jehová, lo pusiste para ejecutar tus juicios;
y tú, oh Roca, lo estableciste para castigar.
13 Muy limpio eres de ojos para ver el mal,
y no puedes contemplar inactivo el agravio;
¿por qué ves a los menospreciadores, y
callas cuando destruye el impío al más justo
que él,
14 y haces que sean los hombres como los
peces del mar, como reptiles que no tienen
quien los gobierne?
15 Sacará a todos con anzuelo, los recogerá
con su red, y los juntará en sus mallas; por lo
cual se alegrará y se regocijará.
16 Por esto hará sacrificios a su red, y
ofrecerá sahumerios a sus mallas; porque
con ellas acrecienta su porción, y hace sucu-
lenta su comida.
17 ¿Continuará, por tanto, vaciando su
red, y no tendrá piedad de aniquilar naciones continuamente?

Jehová responde a Habacuc

2 Estaré en mi puesto de guardia, y sobre
la fortaleza afirmaré el pie, y velaré
para ver lo que me dirá, y qué responderá
tocante a mi queja.
2 Y Jehová me respondió, y dijo: Escribe la
visión, y grábala bien clara en tablas, para
que el que pase corriendo, pueda leerla.
3 Aunque la visión está aún por cumplirse a
su tiempo, se apresura hacia el fin y no
defraudará; aunque tarde, espéralo, porque, sin duda, vendrá y no se retrasará.
4 He ahí al orgulloso: su alma no es recta en
él, mas el justo por su fe vivirá.
5 Y también el vino es traicionero, el hombre soberbio no permanecerá; ensanchó
como el Seol su alma, y es como la muerte,
que no se sacia; antes reunió para sí todas las
gentes, y juntó para sí todos los pueblos.

Ayes contra los injustos

6 ¿No han de levantar todos éstos refrán
sobre él, y sarcasmos contra él? Dirán: ¡Ay

del que acaparó lo que no era suyo! ¿Hasta
cuándo había de acumular sobre sí prenda
tras prenda?
7 ¿No se levantarán de repente tus deudores, y se despertarán los que te harán temblar, y serás despojo para ellos?
8 Por cuanto tú has despojado a muchas
naciones, todos los otros pueblos te despojarán, a causa de la sangre de los hombres, y de la violencia hecha a la tierra, a las
ciudades y a todos los que habitan en ellas.
9 ¡Ay del que codicia injusta ganancia para
su casa, para poner en alto su nido, para
escaparse del poder de la adversidad!
10 Has decretado la vergüenza para tu casa,
pues asolaste muchos pueblos, y has pecado
contra tu propia alma.
11 Porque la piedra clamará desde el muro,
y la tabla del enmaderado le responderá.
12 ¡Ay del que edifica la ciudad con sangre,
y del que funda una ciudad con iniquidad!
13 ¿No es esto de Jehová de los ejércitos:
Que los pueblos trabajen para el fuego, y las
naciones se fatiguen para la vanidad?
14 Pero la tierra será llena del conocimiento de la gloria de Jehová, como las aguas
cubren el mar.
15 ¡Ay del que hace beber a su prójimo, y le
añade del cáliz de tu furor hasta embriagar
para mirar su desnudez!
16 Te has llenado de deshonra más que de
honra; bebe tú también, y muestra tu prepucio; el cáliz de la mano derecha de Jehová
vendrá hasta ti, y vómito de afrenta caerá
sobre tu gloria.
17 Porque la violencia hecha en el Líbano
caerá sobre ti, y la destrucción de las bestias
te quebrantará, a causa de la sangre de los
hombres, y de la violencia hecha a la tierra,
a las ciudades y a todos los que en ellas
habitaban.
18 ¿De qué sirve la escultura que esculpió
el que la hizo?; ¿la estatua de fundición que
enseña mentira, para que haciendo imágenes mudas confíe el hacedor en su obra?
19 ¡Ay del que dice al leño: Despiértate; y a
la piedra muda: Levántate! ¿Podrá él enseñar? He aquí que está cubierto de oro y
plata, pero no hay aliento vital dentro de él.
20 Mas Jehová está en su santo templo;
calle delante de él toda la tierra.

Oración de Habacuc

3 Oración del profeta Habacuc, en tonos
diversos.
2 Oh Jehová, he oído lo que se dice de ti, y
temí.
Oh Jehová, aviva tu obra en medio de
los tiempos,
En medio de los tiempos hazla conocer;
En la ira acuérdate de la compasión.

3 Dios viene de Temán,
   Y el Santo desde el monte de Parán.
                                    Selah
   Su gloria cubre los cielos,
   Y la tierra está llena de su alabanza.
4 Y el resplandor es como la luz del sol;
   Rayos brilantes salen de su mano,
   Y allí está escondido su poder.
5 Delante de su rostro va la pestilencia,
   Y adondequiera que va, salen carbones
     encendidos.
6 Se levantó, y sacudió la tierra;
   Miró, e hizo temblar las gentes;
   Los montes antiguos fueron desmenu-
     zados,
   Los collados antiguos se humillaron.
   Son sus caminos de siempre.
7 He visto las tiendas de Cusán en aflic-
     ción;
   Las tiendas de la tierra de Madián tem-
     blaron.
8 ¿Te airaste, oh Jehová, contra los ríos?
   ¿Contra los ríos se encendió tu furia?
   ¿Fue tu ira contra el mar
   Cuando montaste en tus caballos,
   Y en tus carros de victoria?
9 Se descubrió enteramente tu arco;
   Los juramentos a las tribus fueron pala-
     bra segura.   *Selah*
   Hendiste la tierra con ríos.
10 Te vieron y tuvieron temor los montes;
   Se desbordó la inundación de las aguas;
   El abismo dio su voz,
   A lo alto alzó sus manos.
11 El sol y la luna se pararon en su lugar,
   A la luz de tus saetas que volaban,
   Y al resplandor de tu fulgente lanza.

12 Con ira hollaste la tierra,
   Con furor trillaste las naciones.
13 Saliste para socorrer a tu pueblo,
   Para socorrer a tu ungido.
   Heriste la cabeza de la casa del impío,
   Descubriendo los fundamentos hasta el
     cuello.   *Selah*
14 Traspasaste con sus propios dardos las
     cabezas de sus guerreros,
   Que como tempestad acometieron para
     dispersarme,
   Cuyo regocijo era como para devorar al
     pobre encubiertamente.
15 Caminaste en el mar con tus caballos,
   Sobre la mole de las grandes aguas.
16 Cuando lo oí se conmovieron mis en-
     trañas;
   A la voz, temblaron mis labios;
   La caries penetra en mis huesos, y me
     estremecí sobre mis pies;
   Si bien espero tranquilo el día de la
     angustia,
   Cuando suba él contra el pueblo al que
     invade.
17 Pues aunque la higuera no florezca,
   Ni en las vides haya frutos,
   Aunque falte el producto del olivo,
   Y los labrados no den mantenimiento,
   Y las ovejas falten en el aprisco,
   Y no haya vacas en los establos;
18 Con todo, yo me alegraré en Jehová,
   Y me regocijaré en el Dios de mi salva-
     ción.
19 Jehová el Señor es mi fortaleza,
   El cual hace mis pies como los de las
     ciervas,
   Y en mis alturas me hace andar.

SOFONÍAS

El día de la ira de Jehová

1 Palabra de Jehová que vino a Sofonías
hijo de Cusí, hijo de Gedalías, hijo de
Amarías, hijo de Ezequías, en días de Josías
hijo de Amón, rey de Judá.
2 Destruiré por completo todas las cosas de
sobre la faz de la tierra, dice Jehová.
3 Destruiré los hombres y las bestias; destruiré las aves del cielo y los peces del mar, y
derribaré los tropiezos a los impíos; y
raeré a los hombres de sobre la faz de la
tierra, dice Jehová.
4 Extenderé mi mano sobre Judá, y sobre
todos los habitantes de Jerusalén, y exterminaré de este lugar los restos de Baal, y el
nombre de los ministros idólatras con los
sacerdotes;

5 y a los que sobre los terrados se postran al
ejército del cielo, y a los que se postran
jurando por Jehová, y juran por Milcom;
6 y a los que se apartan de en pos de Jehová,
y a los que no buscan a Jehová, ni le
consultan.
7 Calla en la presencia de Jehová el Señor,
porque el día de Jehová está cercano; porque Jehová ha preparado un sacrificio, y ha
santificado a sus convidados.
8 Y en el día del sacrificio de Jehová castigaré a los príncipes, a los hijos del rey y a
todos los que visten vestido extranjero.
9 Asimismo castigaré en aquel día a todos
los que saltan por encima de la puerta, los
que llenan las casas de sus señores de violencia y de fraude.
10 Y habrá en aquel día, dice Jehová, voz

de clamor desde la puerta del Pescado, y
aullido desde la segunda puerta, y gran
quebrantamiento desde los collados.

11 Aullad, habitantes del Mortero, porque
todo el pueblo mercader es destruido; destruidos son todos los que pesaban plata.

12 Acontecerá en aquel tiempo que yo es-
cudriñaré a Jerusalén con linterna, y castigaré a los hombres que reposan asentados
sobre sus heces como el vino, los cuales
dicen en su corazón: Jehová ni hará bien ni
hará mal.

13 Por tanto, serán saqueados sus bienes, y
sus casas asoladas; aunque edifiquen casas,
no las habitarán, y aunque planten viñas, no
beberán el vino de ellas.

14 Cercano está el día grande de Jehová,
está cercano y viene velozmente; es amarga
la voz del día de Jehová; gritará allí el
valiente.

15 Día de ira aquel día, día de angustia y de
aprieto, día de devastación y de asolamiento, día de tiniebla y de oscuridad, día de
nublado y de entenebrecimiento,

16 día de trompeta y de alarma sobre las
ciudades fortificadas, y sobre las altas torres.

17 Y atribularé a los hombres, y andarán
como ciegos, porque pecaron contra Jehová; y la sangre de ellos será derramada como
polvo, y su carne como estiércol.

18 Ni su plata ni su oro podrá librarlos en el
día de la ira de Jehová, pues toda la tierra
será consumida con el fuego de su celo;
porque hará un exterminio súbito y espantoso de todos los habitantes de la tierra.

Juicios contra las naciones vecinas

2 Recogeos dentro de vosotros mismos e
inclinaos, oh nación sin pudor,

2 antes que tenga efecto el decreto, y aquel
día seáis como el tamo que pasa; antes que
venga sobre vosotros el furor de la ira de
Jehová, antes que el día de la ira de Jehová
venga sobre vosotros.

3 Buscad a Jehová todos los humildes de la
tierra, los que pusisteis por obra sus ordenanzas; buscad la justicia, buscad la mansedumbre; quizá quedaréis resguardados en el
día del enojo de Jehová.

4 Porque Gaza será desamparada, y Ascalón asolada; Asdod será saqueada en pleno
día, y Ecrón será desarraigada.

5 ¡Ay de los que moran en la costa del mar,
del pueblo de los cereteos! La palabra de
Jehová se alza contra vosotros; oh Canaán,
tierra de los filisteos, yo te haré destruir
hasta no dejar morador.

6 Y será la costa del mar praderas para
pastores, y corrales de ovejas.

7 Será aquel lugar para el remanente de la

casa de Judá; allí apacentarán; dormirán de
noche en las casas de Ascalón; porque Jehová su Dios los visitará, y les hará volver de su
cautiverio.

8 Yo he oído las afrentas de Moab, y los
denuestos de los hijos de Amón con que
deshonraron a mi pueblo, y se engrandecie-
ron con su territorio.

9 Por tanto, vivo yo, dice Jehová de los
ejércitos, Dios de Israel, que Moab será
como Sodoma, y los hijos de Amón como
Gomorra; campo de ortigas, y mina de sal, y
asolamiento perpetuo; el remanente de mi
pueblo los saqueará, y el remanente de mi
pueblo los heredará.

10 Éste será el pago de su soberbia, porque
afrentaron y se insolentaron contra el pueblo de Jehová de los ejércitos.

11 Terrible será Jehová contra ellos, porque destruirá a todos los dioses de la tierra,
y se inclinarán a él, cada una desde su lugar,
todas las tierras de las naciones.

12 También vosotros, los de Etiopía, seréis
muertos con mi espada.

13 Y extenderá su mano contra el norte, y
destruirá a Asiria, y convertirá a Nínive en
asolamiento y en sequedal como un desierto.

14 En medio de ella se tumbarán los rebaños, y todas las bestias del campo; también
el pelícano y el erizo dormirán en sus capiteles; una voz cantará en las ventanas; habrá
desolación en las puertas, porque su enma-
deramiento de cedro será descubierto.

15 Ésta es la ciudad alegre que estaba confiada, la que decía en su corazón: Yo, y
nadie más, ¡Cómo fue asolada, hecha guarida de fieras! Cualquiera que pase junto a
ella, se burlará y agitará la mano.

Contra el pecado de Jerusalén

3 ¡Ay de la ciudad rebelde y contaminada
y opresora!

2 No escuchó la voz, ni recibió la corrección; no confió en Jehová, no se acercó a su
Dios.

3 Sus príncipes en medio de ella son leones
rugientes; sus jueces, lobos nocturnos que
no dejan ni un hueso para la mañana.

4 Sus profetas son fanfarrones, hombres
traicioneros; sus sacerdotes contaminaron
el santuario, han violado la ley.

5 Jehová en medio de ella es justo, no hará
iniquidad; cada mañana sacará a luz su
juicio, nunca faltará; pero el perverso no
conoce la vergüenza.

La lección de las naciones castigadas

6 Hice destruir naciones; sus torres han
sido derruidas; hice desiertas sus calles,

hasta no quedar quien pase; sus ciudades están asoladas hasta no quedar hombre, hasta no quedar habitante.

7 Me dije: Al menos tú me temerás, y recibirás corrección; y no será destruida su morada según todo aquello por lo cual la castigué. Más ellos se apresuraron a corromper todos sus hechos.

8 Por tanto, esperadme, dice Jehová, hasta el día que me levante para juzgaros; porque mi determinación es reunir las naciones, juntar los reinos, para derramar sobre ellos mi enojo, todo el ardor de mi ira; por el fuego de mi celo será consumida toda la tierra.

Conversión de los paganos

9 En aquel tiempo devolveré yo a los pueblos pureza de labios, para que todos invoquen el nombre de Jehová, para que le sirvan de común consentimiento.

10 De la región más allá de los ríos de Etiopía me suplicarán; la hija de mis esparcidos traerá mi ofrenda.

11 En aquel día no serás avergonzada por ninguna de tus obras con que te rebelaste contra mí; porque entonces quitaré de en medio de ti a los que se jactan orgullosamente de tu gloria, y nunca más te ensoberbecerás en mi santo monte.

El humilde resto de Israel

12 Y dejaré en medio de ti un pueblo humilde y pobre, el cual confiará en el nombre de Jehová.

13 El remanente de Israel no hará injusticia ni dirá mentira, ni se hallará en la boca de ellos lengua engañosa; porque serán apacentados, y dormirán, y no habrá quien los atemorice.

Júbilo mesiánico en Sión

14 Canta, oh hija de Sión; da voces de júbilo, oh Israel; gózate y regocíjate de todo corazón, hija de Jerusalén.

15 Jehová ha revocado sus juicios contra ti, ha echado fuera tus enemigos; Jehová, el Rey de Israel, está en medio de ti; nunca más verás el infortunio.

16 En aquel tiempo se dirá a Jerusalén: No temas; Sión, no se debiliten tus manos.

17 Jehová está en medio de ti, como poderoso salvador; se gozará sobre ti con alegría, callará de amor, se regocijará sobre ti con cánticos.

18 Reuniré a los afligidos por causa del largo tiempo; tuyos son, y para ellos el oprobio de ella es una carga.

19 He aquí, en aquel tiempo yo exterminaré a todos tus opresores; y salvaré a la que cojea, y recogeré la descarriada; y las pondré por alabanza y por renombre en todas las tierras donde fueron avergonzadas.

20 En aquel tiempo yo os traeré, en aquel tiempo os reuniré yo; pues os pondré para renombre y para alabanza entre todos los pueblos de la tierra, cuando haga volver a vuestros cautivos delante de vuestros ojos, dice Jehová.

HAGEO

Exhortación a edificar el templo

1 En el año segundo del rey Darío, en el mes sexto, en el primer día del mes, vino palabra de Jehová por medio del profeta Hageo a Zorobabel hijo de Sealtiel, gobernador de Judá, y a Josué hijo de Josadac, sumo sacerdote, diciendo:

2 Así dice Jehová de los ejércitos: Este pueblo dice: No ha llegado aún el tiempo de que la casa de Jehová sea reedificada.

3 Entonces vino palabra de Jehová por medio del profeta Hageo, diciendo:

4 ¿Es para vosotros tiempo de habitar en vuestras casas artesonadas mientras esta casa está en ruinas?

5 Ahora, pues, así dice Jehová de los ejércitos: Meditad bien sobre vuestros caminos.

6 Sembráis mucho, y recogéis poco; coméis, y no os saciáis; bebéis, y no quedáis

satisfechos; os vestís, y no os calentáis; y el que trabaja a jornal, recibe su jornal en saco roto.

7 Así ha dicho Jehová de los ejércitos: Meditad sobre vuestros caminos.

8 Subid al monte, y traed madera, y reedificad la casa; y me complaceré en ella, y seré glorificado, ha dicho Jehová.

9 Esperabais mucho, y habéis hallado poco, y aun eso que habéis almacenado en casa, yo lo disiparé con un soplo. ¿Por qué?, dice Jehová de los ejércitos. Por cuanto mi casa está desierta, mientras cada uno de vosotros se apresura a edificar su propia casa.

10 Por eso retuvieron los cielos sobre vosotros la lluvia, y la tierra no dio sus frutos.

11 Y llamé la sequía sobre esta tierra, y sobre los montes, sobre el trigo, sobre el vino, sobre el aceite, sobre todo lo que la

tierra produce, sobre los hombres y sobre las bestias, y sobre todo el trabajo de vuestras manos.

12 Y Zorobabel hijo de Scalticl, y Josué hijo de Josadac, sumo sacerdote, y todo el resto del pueblo, escucharon la voz de Jehová su Dios, y las palabras del profeta Hageo, conforme le había enviado Jehová su Dios; y temió el pueblo delante de Jehová.

13 Entonces Hageo, enviado de Jehová, habló por mandato de Jehová al pueblo, diciendo: Yo estoy con vosotros, dice Jehová.

14 Y despertó Jehová el espíritu de Zorobabel hijo de Scalticl, gobernador de Judá, y el espíritu de Josué hijo de Josadac, sumo sacerdote, y el espíritu de todo el resto del pueblo; y vinieron y trabajaron en la casa de Jehová de los ejércitos, su Dios,

15 en el día veinticuatro del mes sexto, en el segundo año del rey Darío.

La gloria del nuevo templo

2 En el mes séptimo, a los veintiún días del mes, vino palabra de Jehová por medio del profeta Hageo, diciendo:

2 Habla ahora a Zorobabel hijo de Scalticl, gobernador de Judá, y a Josué hijo de Josadac, sumo sacerdote, y al resto del pueblo, diciendo:

3 ¿Quién ha quedado entre vosotros que haya visto esta casa en su gloria primera? ¿Y cómo la veis ahora? ¿No es ella como nada delante de vuestros ojos?

4 Pues ahora, Zorobabel, ten ánimo, dice Jehová; ten ánimo tú también, Josué hijo de Josadac, sumo sacerdote; y cobrad ánimo, pueblo todo de la tierra, dice Jehová, y trabajad; porque yo estoy con vosotros, dice Jehová de los ejércitos.

5 Según el pacto que hice con vosotros cuando salisteis de Egipto, así mi Espíritu estará en medio de vosotros, no temáis.

6 Porque así dice Jehová de los ejércitos: De aquí a poco yo haré temblar los cielos y la tierra, el mar y la tierra seca;

7 y haré temblar a todas las naciones, y vendrá el Deseado de todas las naciones; y llenaré de gloria esta casa, ha dicho Jehová de los ejércitos.

8 Mía es la plata, y mío es el oro, dice Jehová de los ejércitos.

9 La gloria postrera de esta casa será mayor que la primera, ha dicho Jehová de los ejércitos; y daré paz en este lugar, dice Jehová de los ejércitos.

Consulta simbólica a los sacerdotes

10 A los veinticuatro días del noveno mes, en el segundo año de Darío, vino palabra de Jehová por medio del profeta Hageo, diciendo:

11 Así dice Jehová de los ejércitos: Pregunta ahora a los sacerdotes acerca de la ley, diciendo:

12 Si uno lleva carne santificada en el halda de su vestido, y con el vuelo de ella toca pan, potaje, vino, aceite o cualquier otra comida, ¿será ésta santificada? Y respondieron los sacerdotes, y dijeron: No.

13 Y dijo Hageo: Si un inmundo a causa del contacto con un cadáver, toca alguna cosa de éstas, ¿será inmunda? Y respondieron los sacerdotes, y dijeron: Inmundo será.

14 Entonces respondió Hageo y dijo: Así es este pueblo y esta gente delante de mí, dice Jehová; y asimismo toda obra de sus manos; y todo lo que aquí ofrecen es inmundo.

Promesa de prosperidad agrícola

15 Ahora, pues, estad atentos desde este día en adelante: antes que pusieran piedra sobre piedra en el templo de Jehová, ¿qué era de vosotros?

16 Durante todo ese tiempo, venían al montón de veinte efas, y sólo había diez; venían al lagar para sacar cincuenta cántaros, y sólo había veinte.

17 Os herí con tizón, con añublo y con granizo en toda obra de vuestras manos; mas no os convertisteis a mí, dice Jehová.

18 Considerad, pues, en vuestro corazón, desde este día en adelante, desde el día veinticuatro del noveno mes, desde el día que se echó el cimiento del templo de Jehová; considerad, pues, en vuestro corazón.

19 ¿No está aún la simiente en el granero? Ni la vid, ni la higuera, ni el granado, ni el árbol de olivo han florecido todavía; mas desde este día os bendeciré.

Promesa de Jehová a Zorobabel

20 Vino por segunda vez palabra de Jehová a Hageo, a los veinticuatro días del mismo mes, diciendo:

21 Habla a Zorobabel gobernador de Judá, diciendo: Yo voy a sacudir los cielos y la tierra;

22 y trastornaré el trono de los reinos, y destruiré la fuerza de los reinos de las naciones; volcaré los carros y los que montan en ellos, y se vendrán abajo los caballos y sus jinetes, cada cual por la espada de su hermano.

23 En aquel día, dice Jehová de los ejércitos, te tomaré, oh Zorobabel hijo de Scalticl, siervo mío, dice Jehová, y te pondré como anillo de sellar; porque a ti te escogí, dice Jehová de los ejércitos.

ZACARÍAS

1 En el octavo mes del año segundo de Darío, vino palabra de Jehová al profeta Zacarías, hijo de Berequías, hijo de Iddó, diciendo:

2 Se enojó Jehová en gran manera contra vuestros padres.

3 Diles, pues: Así dice Jehová de los ejércitos: Volveos a mí, dice Jehová de los ejércitos, y yo me volveré a vosotros, dice Jehová de los ejércitos.

4 No seáis como vuestros padres, a los cuales clamaron los primeros profetas, diciendo: Así dice Jehová de los ejércitos: Volveos ahora de vuestros malos caminos y de vuestras malas obras; y no atendieron, ni me escucharon, dice Jehová.

5 Vuestros padres, ¿dónde están?; y los profetas, ¿han de vivir para siempre?

6 Pero mis palabras y mis ordenanzas que mandé a mis siervos los profetas, ¿no alcanzaron a vuestros padres? Por eso se volvieron ellos y dijeron: Como Jehová de los ejércitos pensó tratarnos conforme a nuestros caminos, y conforme a nuestras obras, así lo hizo con nosotros.

Visión de los jinetes

7 A los veinticuatro días del mes undécimo, que es el mes de Sebat, en el año segundo de Darío, vino palabra de Jehová al profeta Zacarías, hijo de Berequías, hijo de Iddó, en estos términos:

8 Tuve una visión esta noche, y he aquí que un varón cabalgaba sobre un caballo alazán, el cual estaba entre los mirtos que había en la hondonada; y detrás de él había caballos alazanes, negros y blancos.

9 Entonces dije: ¿Qué son éstos, señor mío? Y me dijo el ángel que hablaba conmigo: Yo te enseñaré lo que son éstos.

10 Y aquel varón que estaba entre los mirtos respondió y dijo: Éstos son los que Jehová ha enviado a recorrer la tierra.

11 Y ellos hablaron a aquel ángel de Jehová que estaba entre los mirtos, y dijeron: Hemos recorrido la tierra, y he aquí, toda la tierra está reposada y quieta.

12 Respondió el ángel de Jehová y dijo: Oh Jehová de los ejércitos, ¿hasta cuándo no tendrás piedad de Jerusalén, y de las ciudades de Judá, con las cuales has estado airado desde hace setenta años?

13 Y Jehová respondió buenas palabras, palabras consoladoras, al ángel que hablaba conmigo.

14 Y me dijo el ángel que hablaba conmigo: Clama diciendo: Así dice Jehová de los ejércitos: Estoy celoso con gran celo por Jerusalén y por Sión.

15 Y estoy muy airado contra las naciones que se sienten seguras de sí mismas; porque cuando yo estaba enojado un poco, ellos agravaron el mal.

16 Por tanto, así ha dicho Jehová: Yo me he vuelto a Jerusalén con compasión; en ella será edificada mi casa, dice Jehová de los ejércitos, y la plomada será tendida sobre Jerusalén.

17 Clama de nuevo y di: Así dice Jehová de los ejércitos: Aún rebosarán mis ciudades con la abundancia del bien, y aún consolará Jehová a Sión, y escogerá todavía a Jerusalén.

Visión de los cuernos y los carpinteros

18 Después alcé mis ojos y miré, y he aquí cuatro cuernos.

19 Y dije al ángel que hablaba conmigo: ¿Qué son éstos? Y me respondió: Éstos son los cuernos que dispersaron a Judá, a Israel y a Jerusalén.

20 Me mostró luego Jehová cuatro obreros.

21 Y yo dije: ¿Qué vienen éstos a hacer? Y me respondió, diciendo: Aquéllos son los cuernos que dispersaron a Judá, tanto que nadie alzó su cabeza; mas éstos han venido para hacerlos temblar, para derribar los cuernos de las naciones que alzaron el cuerno contra la tierra de Judá para dispersarla.

Llamamiento a los desterrados

2 Alcé después mis ojos y miré, y he aquí un varón que tenía en su mano un cordel de medir.

2 Y le dije: ¿Adónde vas? Y él me respondió: A medir a Jerusalén, para ver cuánta es su anchura, y cuánta su longitud.

3 Y he aquí, salía aquel ángel que hablaba conmigo, y otro ángel le salió al encuentro,

4 y le dijo: Corre, habla a este joven, diciendo: Sin muros será habitada Jerusalén, a causa de la multitud de hombres y de ganado en medio de ella.

5 Yo seré para ella, dice Jehová, muro de fuego en derredor, y para gloria estaré en medio de ella.

6 Eh, eh, huid de la tierra del norte, dice Jehová, pues por los cuatro vientos de los cielos os esparcí, dice Jehová.

7 Oh Sión, la que moras con la hija de Babilonia, escápate.

8 Porque así ha dicho Jehová de los ejércitos: Tras la gloria me enviará él a las naciones que os despojaron; porque el que os
toca, toca a la niña de su ojo.

9 Porque he aquí, yo voy a alzar mi mano
sobre ellos, y serán despojo para los que
eran sus esclavos, y sabréis que Jehová de
los ejércitos me envió.

10 Canta y alégrate, hija de Sión; porque he
aquí que vengo, y moraré en medio de ti,
dice Jehová.

11 Y se unirán muchas naciones a Jehová
en aquel día, y me serán por pueblo, y
moraré en medio de ti; y entonces conocerás
que Jehová de los ejércitos me ha enviado a
ti.

12 Y Jehová poseerá a Judá como su heredad en la tierra santa, y escogerá de nuevo a
Jerusalén.

13 Calle toda carne delante de Jehová;
porque él se ha levantado de su santa morada.

Visión del sumo sacerdote Josué

3 Después me mostró al sumo sacerdote
Josué, el cual estaba de pie delante del
ángel de Jehová, y Satanás estaba a su mano
derecha para acusarle.

2 Y dijo Jehová a Satanás: Jehová te reprenda, oh Satanás; Jehová que ha escogido
a Jerusalén te reprenda. ¿No es éste un tizón
arrebatado del incendio?

3 Y Josué estaba vestido de vestiduras sucias, y estaba de pie delante del ángel.

4 Y habló el ángel, y mandó a los que
estaban delante de él, diciendo: Quitadle
esas vestiduras sucias. Y a él le dijo: Mira
que hago pasar de ti tu pecado, y te voy a
vestir de ropas de gala.

5 Después dijo: Pongan mitra limpia sobre
su cabeza. Y pusieron una mitra limpia
sobre su cabeza, y le vistieron las ropas. Y el
ángel de Jehová estaba en pie.

6 Y el ángel de Jehová aseguró solemnemente a Josué, diciendo:

7 Así dice Jehová de los ejércitos: Si andas
por mis caminos, y eres fiel a mi ministerio,
también tú gobernarás mi casa, también
guardarás mis atrios, y entre éstos que aquí
están te daré lugar.

8 Escucha pues, ahora, Josué sumo sacerdote, tú y tus amigos que se sientan delante
de ti, porque son varones de presagio, pues
he aquí que yo traigo a mi siervo el Retoño.

9 Porque he aquí aquella piedra que puse
delante de Josué; sobre esta única piedra
hay siete ojos; he aquí, yo grabaré su escultura, dice Jehová de los ejércitos, y quitaré
el pecado de la tierra en un solo día.

10 En aquel día, dice Jehová de los ejércitos, cada uno de vosotros convidará a su

compañero, debajo de su parra y debajo de
su higuera.

El candelero de oro y los olivos

4 Volvió el ángel que hablaba conmigo, y
me despertó, como un hombre que es
despertado de su sueño.

2 Y me dijo: ¿Qué ves? Y respondí: He
mirado, y he aquí un candelero todo de oro,
con un depósito encima, y sus siete lámparas
encima del candelero, y siete tubos para las
lámparas que están encima de él;

3 y junto a él dos olivos, el uno a la derecha
del depósito, y el otro a su izquierda.

4 Proseguí y hablé, diciéndole al ángel que
hablaba conmigo: ¿Qué es esto, señor mío?

5 Y el ángel que hablaba conmigo respondió y me dijo: ¿No sabes qué es esto? Y dije:
No, señor mío.

6 Entonces respondió y me habló diciendo:
Esta es palabra de Jehová a Zorobabel, que
dice: No con la fuerza, ni con el poder, sino
sólo con mi Espíritu, dice Jehová de los
ejércitos.

7 ¿Quién eres tú, oh gran monte, delante
de Zorobabel? Vendrás a ser una llanura; y
él sacará la primera piedra con aclamaciones de: Gracia, gracia a ella.

8 Vino palabra de Jehová a mí, diciendo:

9 Las manos de Zorobabel echaron el cimiento de esta casa, y sus manos la acabarán; y conocerás que Jehová de los ejércitos
me envió a vosotros.

10 Porque los que menospreciaron el día de
los modestos comienzos se alegrarán, y verán la plomada en la mano de Zorobabel.
Éstos son siete, siete son los ojos de Jehová,
que recorren toda la tierra.

11 Hablé más, y le dije: ¿Qué significan
estos olivos a la derecha del candelero y
a su izquierda?

12 Hablé aún de nuevo, y le dije: ¿Qué
significan las dos ramas de olivo que hay al
lado de los dos tubos de oro por medio de los
cuales es vertido el aceite dorado?

13 Y me respondió diciendo: ¿No sabes qué
es esto? Y dije: Señor mío, no.

14 Y él dijo: Éstos son los dos ungidos que
están delante del Señor de toda la tierra.

El rollo volante

5 De nuevo alcé mis ojos y miré, y he aquí
un rollo que volaba.

2 Y me dijo: ¿Qué ves? Y respondí: Veo un
rollo que vuela, de veinte codos de largo, y
diez codos de ancho.

3 Entonces me dijo: Ésta es la maldición
que sale sobre la faz de toda la tierra;
porque todo aquel que hurta (como está de
un lado del rollo) será destruido; y todo

aquel que jura falsamente (como está del otro lado del rollo) será destruido.

4 Yo la he hecho salir, dice Jehová de los ejércitos, y entrará en la casa del ladrón, y en la casa del que jura falsamente en mi nombre; y permanecerá en medio de su casa y la consumirá, con sus maderas y sus piedras.

La mujer en el efá

5 Y salió aquel ángel que hablaba conmigo, y me dijo: Alza ahora tus ojos, y mira qué es esto que sale.

6 Y dije: ¿Qué és? Y él dijo: Éste es un efá que sale. Además dijo: Ésta es la iniquidad de ellos en toda la tierra.

7 Y he aquí que levantaron la tapa de plomo, y estaba sentada una mujer en medio de aquel efá.

8 Y él dijo: Ésta es la Maldad; y la echó dentro del efá, y volvió a colocar la tapa de plomo en la boca del efá.

9 Alcé luego mis ojos, y miré, y he aquí que salían dos mujeres, y traían viento en sus alas, y tenían alas como de cigüeña, y alzaron el efá entre la tierra y los cielos.

10 Le dije entonces al ángel que hablaba conmigo: ¿Adónde llevan el efá?

11 Y él me respondió: Van a edificarle casa en tierra de Sinar: y cuando esté preparada lo pondrán allí sobre su base.

Los cuatro carros

6 De nuevo alcé mis ojos y miré, y he aquí cuatro carros que salían de entre dos montes; y aquéllos montes eran de bronce.

2 En el primer carro había caballos alazanes, en el segundo carro, caballos negros,

3 en el tercer carro, caballos blancos, y en el cuarto carro, caballos tordos vigorosos.

4 Tomé entonces la palabra y dije al ángel que hablaba conmigo: Señor mío, ¿qué es esto?

5 Y el ángel me respondió y me dijo: Éstos son los cuatro vientos de los cielos, que salen de presentarse delante del Señor de toda la tierra.

6 El carro con los caballos negros salía hacia la tierra del norte, y los blancos salieron tras ellos, y los tordos salieron hacia la tierra del sur.

7 Y los alazanes salieron y se afanaron por ir a recorrer la tierra. Y dijo: Id, recorred la tierra. Y recorrieron la tierra.

8 Luego me llamó, y me habló diciendo: Mira, los que salieron hacia la tierra del norte han aplacado mi Espíritu en la tierra del norte.

Coronación simbólica de Josué

9 Vino a mí palabra de Jehová, diciendo:

10 Toma ofrendas de los del cautiverio a Helday, a Tobías y a Jedaías; e irás tú en aquel día, y entrarás en casa de Josías hijo de Sofonías, a la que han llegado desde Babilonia.

11 Tomarás, pues, plata y oro, y harás coronas, y pondrás una en la cabeza del sumo sacerdote Josué, hijo de Josadac.

12 Y le hablarás, diciendo: Así dice Jehová de los ejércitos: He aquí el varón cuyo nombre es el Retoño, el cual retoñará de su lugar, y edificará el templo de Jehová.

13 Él edificará el templo de Jehová, y él llevará las insignias reales, y se sentará y dominará en su trono, y habrá un sacerdote junto a su solio; y consejo de paz habrá entre ambos.

14 Las coronas servirán a Helem, a Tobías, a Jedaías y a Hen hijo de Sofonías, como memorial en el templo de Jehová.

15 Y los que están lejos vendrán y ayudarán a edificar el templo de Jehová, y conoceréis que Jehová de los ejércitos me ha enviado a vosotros. Y esto sucederá si escucháis obedientes la voz de Jehová vuestro Dios.

El ayuno que Dios reprueba

7 Aconteció que en el año cuarto del rey Darío, vino palabra de Jehová a Zacarías, a los cuatro días del mes noveno, que es Quisléu,

2 cuando el pueblo de Betel había enviado a Sarezer, con Régem-méleç y sus hombres, a implorar el favor de Jehová,

3 y a hablar a los sacerdotes que estaban en la casa de Jehová de los ejércitos, y a los profetas, diciendo: ¿Lloraremos en el mes quinto? ¿Haremos abstinencia como hemos hecho ya algunos años?

4 Vino, pues, a mí palabra de Jehová de los ejércitos, diciendo:

5 Habla a todo el pueblo del país, y a los sacerdotes, diciendo: Cuando ayunabais y llorabais en el quinto y en el séptimo mes estos setenta años, ¿es por mí por quien habéis ayunado?

6 Y cuando coméis y bebéis, ¿no coméis y bebéis para vosotros mismos?

7 ¿No son éstas las palabras que proclamó Jehová por medio de los profetas primeros, cuando Jerusalén estaba habitada y en paz, y sus ciudades en sus alrededores y el Négueb y la Sefelá estaban también habitados?

La desobediencia, causa del cautiverio

8 Y vino palabra de Jehová a Zacarías, diciendo:

9 Así ha hablado Jehová de los ejércitos, diciendo: Juzgad conforme a verdad, y practicad la misericordia y la compasión cada cual con su hermano;
10 no oprimáis a la viuda, al huérfano, al extranjero ni al pobre; ni ninguno maquine el mal en su corazón contra su hermano.
11 Pero no quisieron escuchar, antes volvieron la espalda, y taparon sus oídos para no oír;
12 y pusieron su corazón como el diamante, para no oír la ley ni las palabras que Jehová de los ejércitos enviaba por su Espíritu, por medio de los profetas primeros; vino, por tanto, gran enojo de parte de Jehová de los ejércitos.
13 Y aconteció que así como él clamó, y no escucharon, también ellos clamarán, y yo no escucharé, dice Jehová de los ejércitos;
14 sino que los esparciré con torbellino por todas las naciones que ellos no conocen. Así fue desolada la tierra tras ellos, sin quedar quien fuese ni viniese; pues convirtieron en desierto la tierra deseable.

Promesa de la restauración
de Jerusalén

8 Vino a mí palabra de Jehová de los ejércitos, diciendo:
2 Así dice Jehová de los ejércitos: He celado a Sión con gran celo, y con gran ira la he celado.
3 Así dice Jehová: Yo retornaré a Sión, y moraré en medio de Jerusalén; y Jerusalén se llamará Ciudad de la Verdad; y el monte de Jehová de los ejércitos, Monte de la Santidad.
4 Así dice Jehová de los ejércitos: Aún han de morar ancianos y ancianas en las calles de Jerusalén, cada cual con bordón en su mano por la multitud de los días.
5 Y las calles de la ciudad estarán llenas de muchachos y muchachas que jugarán en ellas.
6 Así dice Jehová de los ejércitos: Si esto parece sorprendente a los ojos del remanente de este pueblo en aquellos días, ¿también será sorprendente delante de mis ojos?, dice Jehová de los ejércitos.
7 Así dice Jehová de los ejércitos: He aquí, yo voy a salvar a mi pueblo de la tierra del oriente, y de la tierra donde se pone el sol;
8 y los traeré, y habitarán en medio de Jerusalén; y me serán por pueblo, y yo seré a ellos por Dios en verdad y en justicia.
9 Así dice Jehová de los ejércitos: Fortalézcanse vuestras manos, los que oís en estos días estas palabras de la boca de los profetas, desde el día que se echó el cimiento a la casa de Jehová de los ejércitos, para reedificar el templo.
10 Porque antes de estos días no ha habido

salario para los hombres ni paga para bestias, ni hubo paz para el que salía ni para el que entraba, a causa del enemigo; y yo mismo di rienda suelta a todos los hombres cada cual contra su compañero.
11 Mas ahora no lo haré con el remanente de este pueblo como en aquellos días pasados, dice Jehová de los ejércitos.
12 Porque habrá simiente de paz; la vid dará su fruto, y dará su producto la tierra, y los cielos darán su rocío; y haré que el remanente de este pueblo posea todo esto.
13 Y sucederá que así como fuisteis maldición entre las naciones, oh casa de Judá y casa de Israel, así os salvaré y seréis bendición. No temáis, mas esfuércense vuestras manos.
14 Porque así dice Jehová de los ejércitos: Como decidí castigaros cuando vuestros padres me provocaron a ira, dice Jehová de los ejércitos, y no cambié de parecer,
15 así, de nuevo, he decidido en estos días hacer bien a Jerusalén y a la casa de Judá; no temáis.
16 Estas son las cosas que habéis de hacer: Hablad verdad cada cual con su prójimo; juzgad según la verdad y lo conducente a la paz en vuestras puertas.
17 Y ninguno de vosotros piense ningún mal en su corazón contra su prójimo, ni améis el juramento falso; porque todas éstas son cosas que aborrezco, dice Jehová.
18 Vino a mí palabra de Jehová de los ejércitos, diciendo:
19 Así dice Jehová de los ejércitos: El ayuno del cuarto mes, el ayuno del quinto, el ayuno del séptimo, y el ayuno del décimo, se convertirán para la casa de Judá en gozo y alegría, y en festivas solemnidades. Amad, pues, la verdad y la paz.
20 Así dice Jehová de los ejércitos: Aún vendrán pueblos, y habitantes de muchas ciudades;
21 y vendrán los habitantes de una ciudad a otra, y dirán: Vamos a implorar el favor de Jehová, y a buscar a Jehová de los ejércitos. Yo también iré.
22 Y vendrán muchos pueblos y fuertes naciones a buscar a Jehová de los ejércitos en Jerusalén, y a implorar el favor de Jehová.
23 Así dice Jehová de los ejércitos: En aquellos días acontecerá que diez hombres de las naciones de toda lengua tomarán del manto a un judío, diciendo: Dejadnos ir con vosotros, porque hemos oído que Dios está con vosotros.

Castigo de las naciones vecinas

9 La profecía de la palabra de Jehová está contra la tierra de Hadrac y sobre Damasco; porque a Jehová deben mirar los ojos de los hombres, y de todas las tribus de Israel.

2 También Hamat será comprendida en el territorio de éste; Tiro y Sidón, aunque sean muy sabias.

3 Bien que Tiro se edificó fortaleza, y amontonó plata como polvo, y oro como lodo de las calles,

4 he aquí, el Señor la empobrecerá, y herirá en el mar su poderío, y ella será consumida por el fuego.

5 Verá Ascalón esto, y temerá; Gaza también, y le entrará mucho miedo; asimismo Ecrón, porque su esperanza será confundida; y perecerá el rey de Gaza, y Ascalón no será habitada.

6 Habitará en Asdod gente bastarda, y pondré fin a la soberbia de los filisteos.

7 Quitaré la sangre de su boca, y sus abominaciones de entre sus dientes, y quedará también un remanente para nuestro Dios, y serán como capitanes en Judá, y Ecrón será como el jebuseo.

8 Entonces acamparé junto a mi casa como un puesto de guardia, para que ninguno vaya ni venga, y no pasará más sobre ellos el opresor; porque ahora miraré con mis ojos.

El futuro rey de Sión

9 Alégrate mucho, hija de Sión; da voces de júbilo, hija de Jerusalén; he aquí que tu rey viene a ti, justo y victorioso, humilde, y cabalgando sobre un asno, sobre un pollino, hijo de asna.

10 Y destruiré los carros de Efraín, y los caballos de Jerusalén, y los arcos de guerra serán quebrados; y dictará paz a las naciones, y su señorío será de mar a mar, y desde el río hasta los confines de la tierra.

11 Y tú también por la sangre de tu pacto serás salva; yo he sacado tus presos de la cisterna en que no hay agua.

12 Volveos a la fortaleza, oh prisioneros de esperanza; hoy también os anuncio que os restauraré el doble.

13 Porque he entesado para mí a Judá como arco, e hice a Efraín su flecha, y despertaré a tus hijos, oh Sión, contra tus hijos, oh Grecia, y te pondré como espada de valiente.

14 Y Jehová será visto sobre ellos, y su dardo saldrá como relámpago; y el Señor Jehová tocará trompeta, y avanzará entre los torbellinos del austro.

15 Jehová de los ejércitos los amparará, y ellos devorarán, y hollarán las piedras de la honda, y beberán, y harán estrépito como agitados por el vino; y se llenarán como tazones, o como los cuernos del altar.

16 Y los salvará en aquel día Jehová su Dios como al rebaño de su pueblo; porque reful-girán sobre su tierra como piedras de diadema.

17 Porque ¡cuánta es su bondad, y cuánta su hermosura! El trigo hará prosperar a los jóvenes, y el mosto hará florecer a las doncellas.

Jehová redimirá a su pueblo

10 Pedid a Jehová lluvia en la estación tardía. Jehová, el que hace los relámpagos, os dará lluvia abundante, y hierba verde en el campo a cada uno.

2 Porque las imágenes han hablado vanidad, y los adivinos han visto mentira, han hablado sueños vanos, y vano es su consuelo; por lo cual el pueblo vaga como ovejas, y sufre porque no tiene pastor.

3 Contra los pastores se ha encendido mi enojo, y castigaré a los machos cabríos; pero Jehová de los ejércitos visitará su rebaño, la casa de Judá, y los pondrá como su caballo de honor en la guerra.

4 De él saldrá la piedra angular, de él la clavija, de él el arco de guerra, de él también todos los jefes.

5 Y serán como valientes que en la batalla huellan al enemigo en el lodo de las calles; y pelearán, porque Jehová estará con ellos; y los que cabalgan en caballos serán avergonzados.

6 Yo fortaleceré la casa de Judá, y daré la victoria a la casa de José, y los haré volver; porque de ellos tendré compasión, y serán como si no los hubiera desechado; porque yo soy Jehová su Dios, y los oiré.

7 Y Efraín será como un valiente, y se alegrará su corazón como a causa del vino; sus hijos también verán, y se alegrarán; su corazón se gozará en Jehová.

8 Yo los llamaré con un silbido, y los reuniré, porque los he redimido; y serán tan numerosos como lo fueron antes.

9 Y aunque los esparciré entre los pueblos, con todo, se acordarán de mí en lejanos países; y vivirán con sus hijos, y volverán.

10 Porque yo los haré volver de la tierra de Egipto, y los recogeré de Asiria; y los traeré a la tierra de Galaad y del Líbano, y no habrá bastante sitio para ellos.

11 Y él atravesará el mar de la angustia, y herirá en el mar las ondas, y se secarán todas las profundidades del río; y la soberbia de Asiria será abatida, y quedará suprimido el cetro de Egipto.

12 Y yo los fortaleceré en Jehová, y caminarán en su nombre, dice Jehová.

11 Oh Líbano, abre tus puertas, y consuma el fuego tus cedros.

2 Aúlla, oh ciprés, porque el cedro cayó, porque los árboles majestuosos han sido devastados. Aullad, encinas de Basán, porque el bosque espeso ha sido talado.

3 Voz de aullido de pastores, porque su magnificencia es asolada; estruendo de rugidos de cachorros de leones, porque la gloria del Jordán ha sido arrasada.

Los pastores inútiles

4 Así dice Jehová mi Dios: Apacienta las ovejas de la matanza,

5 a las cuales matan sus compradores, y no se tienen por culpables; y el que las vende, dice: Bendito sea Jehová, porque me he enriquecido; ni sus pastores tienen compasión de ellas.

6 Por tanto, no tendré ya más compasión de los moradores de la tierra, dice Jehová; porque he aquí que yo entregaré los hombres cada cual en mano de su compañero y en mano de su rey; y asolarán la tierra, y yo no los libraré de sus manos.

7 Apacenté, pues, las ovejas destinadas al matadero, ciertamente, a los más desdichados del rebaño. Y tomé para mí dos cayados: al uno le puse por nombre Gracia, y al otro Ataduras; y apacenté las ovejas.

8 Y destruí a tres pastores en un mes; pues mi alma se impacientó contra ellos, y también el alma de ellos me aborreció a mí.

9 Y dije: No os apacentaré; la que se haya de morir, que se muera; y la que haya de desaparecer, que desaparezca; y las que queden, que cada una se coma la carne de su compañera.

10 Tomé luego mi cayado Gracia, y lo quebré, para romper mi pacto que yo había concertado con todos los pueblos.

11 Y fue deshecho en ese día, y así conocieron los traficantes de ovejas que me observaban, que era palabra de Jehová.

12 Y les dije: Si os parece bien, dadme mi salario; y si no, dejadlo. Y pesaron por mi salario treinta piezas de plata.

13 Y me dijo Jehová; Échalo al tesoro; ¡hermoso precio en que me han valorado! Y tomé las treinta piezas de plata, y las eché al tesoro en la casa de Jehová.

14 Quebré luego el otro cayado, Ataduras, para romper la hermandad entre Judá e Israel.

15 Y me dijo Jehová: Toma aún los aperos de un pastor insensato;

16 porque he aquí, yo voy a suscitar en la tierra a un pastor que no visitará a las perdidas, ni buscará a la extraviada, ni curará a la perniquebrada, ni llevará a cuestas a la cansada, sino que comerá la carne de la gorda, y le romperá las pezuñas.

17 ¡Ay del pastor inútil que abandona el ganado! Hiera la espada su brazo, y su ojo derecho; del todo se secará su brazo, y su ojo derecho será enteramente oscurecido.

Liberación futura de Jerusalén

12 Profecía de la palabra de Jehová acerca de Israel. Jehová, que extiende los cielos y funda la tierra, y forma el espíritu del hombre dentro de él, dice así:

2 He aquí, yo voy a poner a Jerusalén por copa de vértigo para todos los pueblos de alrededor, durante el asedio contra Judá y Jerusalén.

3 Y en aquel día yo pondré a Jerusalén por piedra pesada para todos los pueblos; todos los que se la carguen, serán despedazados, y todas las naciones de la tierra se juntarán contra ella.

4 En aquel día, dice Jehová, heriré con pánico a todo caballo, y con locura al jinete; mas sobre la casa de Judá abriré mis ojos, y a todo caballo de los pueblos heriré con ceguera.

5 Y los capitanes de Judá dirán en su corazón: Los habitantes de Jerusalén son mi fuerza en Jehová de los ejércitos, su Dios.

6 En aquel día pondré a los capitanes de Judá como brasero de fuego entre leña, y como antorcha ardiente entre gavillas; y consumirán a diestra y a siniestra a todos los pueblos alrededor; y Jerusalén será otra vez habitada en su lugar, en Jerusalén.

7 Y librará primero Jehová las tiendas de Judá, para que la gloria de la casa de David y del habitante de Jerusalén no se engrandezca sobre Judá.

8 En aquel día Jehová defenderá al morador de Jerusalén; el que entre ellos sea débil, en aquel tiempo será como David; y la casa de David como Dios, como el ángel de Jehová delante de ellos.

9 Y en aquel día yo procuraré destruir a todas las naciones que vengan contra Jerusalén.

10 Y derramaré sobre la casa de David, y sobre los moradores de Jerusalén, espíritu de gracia y de oración; y mirarán a mí, a quien traspasaron, y llorarán como se llora por hijo unigénito, afligiéndose por él como quien se aflige por el primogénito.

11 En aquel día habrá gran llanto en Jerusalén, como el llanto de Hadad-rimón en el valle de Meguidó.

12 Y la tierra lamentará, cada linaje aparte; los descendientes de la casa de David por sí, y sus mujeres por sí; los descendientes de la casa de Natán por sí, y sus mujeres por sí;

13 los descendientes de la casa de Leví por sí, y sus mujeres por sí; los descendientes de Simeí por sí, y sus mujeres por sí;

14 todos los otros linajes, cada uno por sí, y sus mujeres por sí.

13 En aquel tiempo habrá un manantial abierto para la casa de David y para

los habitantes de Jerusalén, para la purificación del pecado y de la inmundicia.

2 Y en aquel día, dice Jehová de los ejércitos, quitaré de la tierra los nombres de las
imágenes, y nunca más serán recordados; y
también haré cortar de la tierra a los profetas y al espíritu de inmundicia.

3 Y acontecerá que si alguno profetiza todavía, le dirán su padre y su madre que lo
engendraron: No vivirás, porque has hablado mentira en el nombre de Jehová; y su
padre y su madre que lo engendraron le
traspasarán mientras esté profetizando.

4 Y sucederá en aquel tiempo, que todos
los profetas se avergonzarán de su visión
cuando profeticen; ni nunca más vestirán el
manto velloso para mentir.

5 Sino que dirán: No soy profeta; soy labrador de la tierra, pues he estado en el campo
como jornalero para un amo desde mi juventud.

6 Y le preguntarán: ¿Qué heridas son ésas
entre tus manos? Y él responderá: Con ellas
fui herido en casa de mis amigos.

El pastor de Jehová es herido

7 Despierta, oh espada, contra mi pastor, y
contra el hombre compañero mío, dice
Jehová de los ejércitos. Hiere al pastor, y
serán dispersadas las ovejas; y haré volver
mi mano contra los pequeñitos.

8 Y acontecerá en toda la tierra, dice Jehová, que dos terceras partes serán cortadas en
ella, y perecerán; mas la tercera quedará en
ella.

9 Y meteré en el fuego a la tercera parte, y
los fundiré como se funde la plata, y los
probaré como se prueba el oro. Él invocará
mi nombre, y yo le escucharé, y diré: Es mi
pueblo; y él dirá: Jehová es mi Dios.

Jerusalén y las naciones

14 He aquí que el Día de Jehová viene, y
en medio de ti serán repartidos tus
despojos.

2 Porque yo reuniré a todas las naciones
contra Jerusalén para combatir; y la ciudad
será tomada, y serán saqueadas las casas, y
violadas las mujeres; y la mitad de la ciudad
irá en cautiverio, mas el resto del pueblo no
será cortado de la ciudad.

3 Después saldrá Jehová y peleará con
aquellas naciones, como peleó en el día de la
batalla.

4 Y se posarán sus pies en aquel día sobre el
monte de los Olivos, que está enfrente de
Jerusalén al oriente; y el monte de los
Olivos se partirá por en medio, hacia el
oriente y hacia el occidente, haciendo un
valle muy grande; y la mitad del monte se

apartará hacia el norte, y la otra mitad hacia
el sur.

5 Y huiréis al valle de los montes, porque el
valle de los montes llegará hasta Azal; huiréis de la manera que huisteis por causa del
terremoto en los días de Uzías, rey de Judá;
y vendrá Jehová mi Dios, y con él todos los
santos.

6 Y acontecerá que en ese día no habrá luz
clara, ni oscura.

7 Será un día único, el cual es conocido sólo
de Jehová; no será ni día ni noche; pero
sucederá que al caer la tarde habrá luz.

8 Acontecerá también en aquel día, que
saldrán de Jerusalén aguas vivas, la mitad de
ellas hacia el mar oriental, y la otra mitad
hacia el mar occidental, en verano y en
invierno.

9 Y Jehová será rey sobre toda la tierra. En
aquel día Jehová será uno, y uno su nombre.

10 Toda la tierra se volverá como llanura
desde Geba hasta Rimón al sur de Jerusalén; y ésta será enaltecida, y habitada en su
lugar, desde la puerta de Benjamín hasta el
lugar de la puerta primera, hasta la puerta
del Ángulo, y desde la torre de Hananeel
hasta los lagares del rey.

11 Y morarán en ella, y no habrá nunca más
maldición, sino que Jerusalén será habitada
confiadamente.

12 Y esta será la plaga con que herirá
Jehová a todos los pueblos que hayan hecho
la guerra a Jerusalén: la carne de ellos se
consumirá estando ellos sobre sus pies, y se
consumirán en las cuencas sus ojos, y la
lengua se les deshará en la boca.

13 Y acontecerá en aquel día que habrá
entre ellos gran pánico enviado por Jehová;
y trabará cada uno de la mano de su compañero, y levantará su mano contra la mano de
su compañero.

14 Y Judá también peleará en Jerusalén. Y
serán reunidas las riquezas de todas las
naciones de alrededor: oro y plata, y ropas
de vestir, en gran abundancia.

15 Así también será la plaga de los caballos,
de los mulos, de los camellos, de los asnos, y
de todas las bestias que estén en aquellos
campamentos, como la plaga de los hombres.

16 Y todos los que sobrevivan de las naciones que vinieron contra Jerusalén, subirán
de año en año para adorar al Rey, a Jehová
de los ejércitos, y a celebrar la fiesta de los
tabernáculos.

17 Y acontecerá que los de las familias de la
tierra que no suban a Jerusalén para adorar
al Rey, Jehová de los ejércitos, no vendrá
sobre ellos lluvia.

18 Y si la familia de Egipto no sube y no
viene, ¿no caerá sobre ellos la plaga? Vendrá la plaga con que Jehová herirá a las

naciones que no suban a celebrar la fiesta de los tabernáculos.

19 Éste será el castigo del pecado de Egipto, y del pecado de todas las naciones que no suban para celebrar la fiesta de los tabernáculos.

20 En aquel día estará grabado sobre las campanillas de los caballos: SANTIDAD A JEHOVÁ; y las ollas de la casa de Jehová serán como los tazones del altar.

21 Y toda olla en Jerusalén y Judá será consagrada a Jehová de los ejércitos; y todos los que sacrifiquen vendrán y tomarán de ellas, y cocerán en ellas; y no habrá en aquel día más cananeo en la casa de Jehová de los ejércitos.

MALAQUÍAS

Amor de Jehová por Jacob

1 Profecía de la palabra de Jehová contra Israel, por medio de Malaquías.

2 Yo os he amado, dice Jehová; y, con todo, decís: ¿En qué nos amaste? ¿No era Esaú hermano de Jacob?, dice Jehová. Y aun así amé a Jacob,

3 pero aborrecí a Esaú, y convertí sus montes en desolación, y abandoné su heredad para los chacales del desierto.

4 Aunque Edom dijese: Hemos sido abatidos, pero volveremos y edificaremos lo arruinado; así dice Jehová de los ejércitos: Ellos edificarán, pero yo destruiré; y les llamarán territorio de impiedad, y pueblo al que Jehová ha reprobado para siempre.

5 Y vuestros ojos lo verán, y diréis: Jehová es grande hasta más allá de los límites de Israel.

Jehová reprende a los sacerdotes

6 El hijo honra al padre, y el siervo a su señor. Si, pues, soy yo padre, ¿dónde está mi honra?, y si soy señor, ¿dónde está mi temor?, dice Jehová de los ejércitos a vosotros, oh sacerdotes, que menospreciáis mi nombre. Y decís: ¿En qué hemos menospreciado tu nombre?

7 En que ofrecéis sobre mi altar pan inmundo. Y dijisteis: ¿En qué te hemos deshonrado? En que pensáis que la mesa de Jehová es despreciable.

8 Y cuando ofrecéis el animal ciego para el sacrificio, ¿no es malo? Asimismo cuando ofrecéis el cojo o el enfermo, ¿no es malo? Preséntalo, pues, a tu gobernador; ¿acaso se agradará de ti, o le serás acepto?, dice Jehová de los ejércitos.

9 Ahora, pues, yo os ruego que imploréis el favor de Dios, para que se apiade de nosotros, pues ése es vuestro oficio; pero ¿le seréis agradables?, dice Jehová de los ejércitos.

10 ¡Oh, si hubiese entre vosotros quien cerrase las puertas para que no encendierais fuego en mi altar en vano! Yo no tengo complacencia en vosotros, dice Jehová de los ejércitos, ni aceptaré ofrenda de vuestra mano.

11 Porque desde dónde el sol nace hasta donde se pone, es grande mi nombre entre las naciones; y en todo lugar se ofrece a mi nombre incienso y ofrenda limpia, porque es grande mi nombre entre las naciones, dice Jehová de los ejércitos.

12 Y vosotros lo profanáis, cuando decís: La mesa de Jehová es inmunda, y cuando decís que su alimento es despreciable.

13 Habéis dicho además: ¡Oh, qué fastidio es esto!, y lo habéis tratado con desdén, dice Jehová de los ejércitos; y trajisteis lo hurtado, o cojo, o enfermo, y así presentáis ofrenda. ¿Aceptaré yo eso de vuestra mano?, dice Jehová.

14 Maldito el tramposo, el que teniendo machos en su rebaño, promete, y sacrifica a Jehová lo defectuoso. Porque yo soy Gran Rey, dice Jehová de los ejércitos, y mi nombre es temible entre las naciones.

Represión de la infidelidad de Israel

2 Ahora, pues, oh sacerdotes, para vosotros es este mandamiento.

2 Si no escucháis, ni decidís de corazón dar gloria a mi nombre, dice Jehová de los ejércitos, enviaré maldición sobre vosotros, y maldeciré vuestras bendiciones; y aun las he maldecido ya, porque no lo habéis decidido de corazón.

3 He aquí, yo voy a maldecir la sementera para daño vuestro, y os echaré al rostro el estiércol, el estiércol de vuestros animales sacrificados, y seréis arrojados juntamente con él.

4 Y sabréis que yo os envié este mandamiento, para que mi pacto fuese con Leví, dice Jehová de los ejércitos.

5 Mi pacto con él fue de vida y de paz, las cuales cosas yo le di; y de temor, y tuvo

temor de mí, y guardó reverencia a mi nombre.

6 La ley de la verdad estuvo en su boca, y no fue hallada iniquidad en sus labios; anduvo conmigo en paz y en justicia, e hizo que muchos se apartasen de la iniquidad.

7 Porque los labios del sacerdote han de guardar la sabiduría, y de su boca el pueblo buscará la ley; porque él es el mensajero de Jehová de los ejércitos.

8 Mas vosotros os habéis apartado del camino; habéis hecho tropezar a muchos en la ley; habéis corrompido el pacto de Leví, dice Jehová de los ejércitos.

9 Por tanto, yo también os he hecho despreciables y viles ante todo el pueblo, así como vosotros no habéis guardado mis caminos, y en la ley hacéis acepción de personas.

10 ¿No tenemos todos un mismo padre? ¿No nos ha creado un mismo Dios? ¿Por qué, pues, nos portamos deslealmente el uno contra el otro, profanando el pacto de nuestros padres?

11 Prevaricó Judá, y en Israel y en Jerusalén se ha cometido abominación; porque Judá ha profanado el santuario de Jehová que él ama, y se ha casado con la hija de un dios extraño.

12 Jehová cortará de las tiendas de Jacob al hombre que haga esto, al que vela y al que responde, y al que ofrece ofrenda a Jehová de los ejércitos.

13 Y esta otra cosa hacéis: cubrir el altar de Jehová de lágrimas, de llanto, y de clamor, porque no mira más vuestra ofrenda, ni la acepta con gusto de vuestras manos.

14 Y aun así decís: ¿Por qué? Porque Jehová es testigo entre ti y la mujer de tu juventud, contra la cual has sido desleal, siendo ella tu compañera, y la mujer de tu pacto.

15 ¿No hizo él un solo ser, que tiene aliento de vida? ¿Y por qué uno? Porque buscaba una descendencia para Dios. Guardaos, pues, en vuestro espíritu, y no seáis desleales para con la mujer de vuestra juventud.

16 Porque Jehová Dios de Israel ha dicho que él aborrece el repudio, y al que cubre de iniquidad su vestido, dice Jehová de los ejércitos. Guardaos, pues, en vuestro espíritu, y no seáis desleales.

El día del juicio se acerca

17 Habéis hecho cansar a Jehová con vuestras palabras. Y decís: ¿En qué le hemos cansado? En que decís: Cualquiera que hace mal agrada a Jehová, y en los tales se complace; o si no, ¿dónde está el Dios del juicio?

3 He aquí que yo envío mi mensajero, el cual preparará el camino delante de mí;

y vendrá súbitamente a su templo el Señor a quien vosotros buscáis; y el ángel del pacto, a quien deseáis vosotros, he aquí que viene, dice Jehová de los ejércitos.

2 ¿Y quién podrá soportar el día de su venida?, o ¿quién podrá estar en pie cuando él se manifieste? Porque él es como fuego purificador, y como lejía de lavandero.

3 Y se sentará para refinar y purificar la plata; porque purificará a los hijos de Leví, los refinará como al oro y como a la plata, y traerán a Jehová ofrenda en justicia.

4 Entonces será grata a Jehová la ofrenda de Judá y de Jerusalén, como en los días pasados, y como en los años antiguos.

5 Y me acercaré a vosotros para juicio; y testificaré rápidamente contra los hechiceros y adúlteros, contra los que juran en falso, y los que defraudan en su salario al jornalero, a la viuda y al huérfano, y los que hacen injusticia al extranjero, no teniendo temor de mí, dice Jehová de los ejércitos.

El pago de los diezmos

6 Porque yo Jehová no cambio; por esto, hijos de Jacob, no habéis sido consumidos.

7 Desde los días de vuestros padres os habéis apartado de mis ordenanzas, y no las guardasteis. Volveos a mí, y yo me volveré a vosotros, dice Jehová de los ejércitos. Mas decís: ¿En qué hemos de volvernos?

8 ¿Robará el hombre a Dios? Pues vosotros me robáis. Y decís: ¿En qué te robamos? En vuestros diezmos y ofrendas.

9 Malditos sois con maldición, porque vosotros, la nación toda, me estáis robando.

10 Traed todos los diezmos al alfolí para que haya alimento en mi casa; y probadme ahora en esto, dice Jehová de los ejércitos, si no os abriré las ventanas de los cielos, y derramaré sobre vosotros bendición hasta que sobreabunde.

11 Reprenderé también por vosotros al devorador, y no os destruirá el fruto de la tierra, ni vuestra vid en el campo será estéril, dice Jehová de los ejércitos.

12 Y todas las naciones os llamarán dichosos; porque seréis una tierra de delicias, dice Jehová de los ejércitos.

Diferencia entre el justo y el malo

13 Vuestras palabras contra mí han sido violentas, dice Jehová. Y, con todo, decís: ¿Qué hemos hablado contra ti?

14 Habéis dicho: Por demás es servir a Dios. ¿Qué aprovecha que guardemos sus normas, y que andemos afligidos en presencia de Jehová de los ejércitos?

15 Ahora, pues, llamamos dichosos a los soberbios; los que hacen impiedad no sólo son prosperados, sino que tentaron a Dios y escaparon.

16 Entonces los que temían a Jehová hablaron cada uno a su compañero; y Jehová escuchó y oyó, y fue escrito un libro de recuerdo delante de él para los que temen a Jehová, y para los que piensan en su nombre.

17 Y ellos serán míos, dice Jehová de los ejércitos, mi propiedad personal en el día en que yo actúe; y los perdonaré, como el hombre que perdona a su hijo que le sirve.

18 Entonces volveréis a discernir entre el justo y el malo, entre el que sirve a Dios y el que no le sirve.

El advenimiento del Día de Jehová

4 Por que he aquí que está para llegar aquel día, ardiente como un horno; y todos los soberbios y todos los que hacen maldad serán como el rastrojo; aquel día que está para llegar los abrasará, dice Jehová de los ejércitos, y no les dejará ni raíz ni rama.

2 Mas a vosotros los que teméis mi nombre, os nacerá el Sol de justicia, y en sus alas traerá salvación; y saldréis, y saltaréis como becerros del establo.

3 Hollaréis a los malos, los cuales serán ceniza bajo las plantas de vuestros pies, en el día en que yo actúe, dice Jehová de los ejércitos.

4 Acordaos de la ley de Moisés mi siervo, al cual encargué en Horeb estatutos y ordenanzas para todo Israel.

5 He aquí que yo os enviaré el profeta Elías, antes que venga el día grande y terrible de Jehová.

6 Él hará volver el corazón de los padres hacia los hijos, y el corazón de los hijos hacia los padres, no sea que yo venga y hiera la tierra con maldición completa.

El Nuevo Testamento

de **NUESTRO SEÑOR JESUCRISTO**

ANTIGUA VERSION DE
CASIODORO DE REINA (1569)
REVISADA POR CIPRIANO DE VALERA (1602)
Y COTEJADA POSTERIORMENTE CON
DIVERSAS TRADUCCIONES Y CON LOS
TEXTOS HEBREO Y GRIEGO

REVISION 1977

EL SANTO EVANGELIO

SEGÚN

SAN MATEO

Genealogía de Jesucristo

1 Libro de la genealogía de Jesucristo, hijo de David, hijo de Abraham.

2 Abraham engendró a Isaac, Isaac a Jacob, y Jacob a Judá y a sus hermanos.

3 Judá engendró de Tamar a Farès y a Zara, Farès a Esrom, y Esrom a Aram.

4 Aram engendró a Aminadab, Aminadab a Naasón, y Naasón a Salmón.

5 Salmón engendró de Rahab a Booz, Booz engendró de Rut a Obed, y Obed a Isay.

6 Isay engendró al rey David, y el rey David engendró a Salomón de la que fue mujer de Urías.

7 Salomón engendró a Roboam, Roboam a Abiá, y Abiá a Asá.

8 Asá engendró a Josafat, Josafat a Joram, y Joram a Uzías.

9 Uzías engendró a Joátam, Joátam a Acaz, y Acaz a Ezequías.

10 Ezequías engendró a Manasés, Manasés a Amón, y Amón a Josías.

11 Josías engendró a Jeconías y a sus hermanos, en el tiempo de la deportación a Babilonia.

12 Después de la deportación a Babilonia, Jeconías engendró a Salatiel, y Salatiel a Zorobabel.

13 Zorobabel engendró a Abiud, Abiud a Eliaquim, y Eliaquim a Azor.

14 Azor engendró a Sadoc, Sadoc a Aquim, y Aquim a Eliud.

15 Eliud engendró a Eleazar, Eleazar a Matán, Matán a Jacob;

16 y Jacob engendró a José, marido de María, de la cual nació Jesús, llamado el Cristo.

17 De manera que todas las generaciones desde Abraham hasta David son catorce; desde David hasta la deportación a Babilonia, catorce; y desde la deportación a Babilonia hasta Cristo, catorce generaciones.

Nacimiento de Jesucristo

18 El nacimiento de Jesucristo fue así: Estando su madre María desposada con José, antes de que viviesen juntos se halló que estaba encinta por obra del Espíritu Santo.

19 José su marido, como era justo, y no quería denunciarla, resolvió dejarla secretamente.

20 Y pensando él en esto, he aquí que un ángel del Señor se le apareció en sueños y le dijo: José, hijo de David, no temas recibir a María por mujer, porque lo engendrado en ella es del Espíritu Santo.

21 Y dará a luz un hijo, y llamarás su nombre Jesús, porque él salvará a su pueblo de sus pecados.

22 Todo esto aconteció para que se cumpliese lo dicho por el Señor por medio del profeta, cuando dijo:

23 He aquí que la virgen concebirá y dará a luz un hijo,
Y llamarán su nombre Emanuel, que traducido es: Dios con nosotros.

24 Y despertando José del sueño, hizo como el ángel del Señor le había mandado, y recibió en su hogar a María como su esposa.

25 Pero no la conoció hasta que dio a luz a su hijo [primogénito] y le puso por nombre Jesús.

Adoración de los magos

2 Después de haber nacido Jesús en Belén de Judea en días del rey Herodes, llegaron a Jerusalén unos magos procedentes del oriente

2 diciendo: ¿Dónde está el que ha nacido rey de los judíos? Porque hemos visto su estrella en el oriente, y hemos venido a adorarle.

3 Al oír esto, el rey Herodes se turbó, y toda Jerusalén con él.

4 Y convocados todos los principales sacerdotes, y los escribas del pueblo, les preguntaba dónde había de nacer el Cristo.

5 Ellos le dijeron: En Belén de Judea; porque así está escrito por medio del profeta:

6 Y tú, Belén, tierra de Judá,
De ningún modo eres la menor entre los príncipes de Judá;
Porque de ti saldrá un guiador,
Que apacentará a mi pueblo Israel.

7 Entonces Herodes, llamando en secreto a los magos, indagó de ellos diligentemente el tiempo de la aparición de la estrella;

8 y enviándolos a Belén, dijo: Id allá y averiguad con diligencia acerca del niño; y cuando le halléis, hacédmelo saber, para que yo también vaya y le adore.

9 Ellos, habiendo oído al rey, se fueron; y he aquí que la estrella que habían visto en el oriente iba delante de ellos, hasta que llegó y se detuvo encima de donde estaba el niño.

10 Al ver la estrella, se regocijaron con enorme gozo.

11 Y al entrar en la casa, vieron al niño con su madre María, y postrándose, lo adoraron; luego abrieron sus tesoros y le ofrecieron presentes: oro, incienso y mirra.

12 Pero, avisados en sueños que no volviesen a Herodes, regresaron a su tierra por otro camino.

Matanza de los niños

13 Después que partieron ellos, he aquí que un ángel del Señor se apareció en sueños a José y dijo: Levántate, toma al niño y a su madre, y huye a Egipto, y permanece allí hasta que yo te diga; porque acontecerá que Herodes buscará al niño para matarlo.

14 Así, pues, él se levantó, tomó de noche al niño y a su madre, y se fue a Egipto,

15 y estuvo allí hasta la muerte de Herodes; para que se cumpliese lo que dijo el Señor por medio del profeta: De Egipto llamé a mi hijo.

16 Entonces Herodes, cuando se vio burlado por los magos, se enojó mucho, y envió a que matasen a todos los niños que había en Belén y en todos sus alrededores, de dos años para abajo, conforme al tiempo que había inquirido diligentemente de los magos.

17 Entonces se cumplió lo dicho por medio del profeta Jeremías:

18 Se oyó una voz en Ramá,
  Llanto, y gran lamento;
  Raquel que lloraba a sus hijos,
  Y no quería ser consolada, porque pereceieron.

19 Pero, después de muerto Herodes, un ángel del Señor se apareció en sueños a José en Egipto,

20 diciendo: Levántate, toma al niño y a su madre, y vete a tierra de Israel, porque han muerto los que atentaban contra la vida del niño.

21 Entonces él se levantó, tomó al niño y a su madre, y marchó a tierra de Israel.

22 Pero al oír que Arquelao reinaba en Judea en lugar de Herodes su padre, tuvo temor de ir allá; y avisado en sueños, se retiró a la región de Galilea,

23 y se fue a morar en la ciudad que se llama Nazaret, para que se cumpliese así lo dicho por medio de los profetas, que habría de ser llamado nazareno.

Predicación de Juan el Bautista

3 En aquellos días se presentó Juan el Bautista predicando en el desierto de Judea,

2 y diciendo: Arrepentíos, porque el reino de los cielos se ha acercado.

3 Pues éste es el anunciado por medio del profeta Isaías:

  Voz de uno que grita en el desierto:
  Preparad el camino del Señor,
  Enderezad sus sendas.

4 El mismo Juan tenía el vestido hecho de pelos de camello, y un cinto de cuero alrededor de sus lomos; y su comida era langosta y miel silvestre.

5 Y acudían a él de Jerusalén, de toda la Judea, y de toda la región de alrededor del Jordán,

6 y eran bautizados por él en el Jordán, confesando sus pecados.

7 Al ver él que muchos de los fariseos y de los saduceos venían a su bautismo, les decía: ¡Engendros de víboras! ¿Quién os mostró cómo huir de la ira venidera?

8 Haced, pues, frutos dignos de arrepentimiento,

9 y no penséis que basta con decir en vuestro interior: Tenemos por padre a Abraham; porque yo os digo que Dios puede levantar hijos a Abraham aun de estas piedras.

10 Y ya está puesta el hacha a la raíz de los árboles; por tanto, todo árbol que no produce buen fruto es cortado y arrojado al fuego.

11 Yo a la verdad os bautizo en agua para arrepentimientos; pero el que viene detrás de mí, cuyo calzado yo no soy digno de llevar, es más poderoso que yo; él os bautizará en Espíritu Santo y fuego.

12 Su bieldo está en su mano, y limpiará con esmero su era; recogerá su trigo en el granero, y quemará la paja con fuego inextinguible.

El bautismo de Jesucristo

13 Entonces Jesús vino de Galilea al Jordán, presentándose a Juan para ser bautizado por él.

14 Mas Juan trataba de impedírselo, diciendo: Yo necesito ser bautizado por ti, ¿y tú vienes a mí?

15 Pero Jesús le respondió: Permítelo ahora, porque así conviene que cumplamos toda justicia. Entonces se lo permitió.

16 Y Jesús, después que fue bautizado,

subió luego del agua; y he aquí que los cielos le fueron abiertos, y vio al Espíritu de Dios que descendía como paloma, y venía sobre él.

17 Y hubo una voz de los cielos, que decía: Éste es mi Hijo, el amado, en quien he puesto mi complacencia.

Tentación de Jesucristo

4 Entonces Jesús fue llevado por el Espíritu al desierto, para ser tentado por el diablo.

2 Y después de haber ayunado cuarenta días y cuarenta noches, al final tuvo hambre.

3 Y acercándosele el tentador, le dijo: Si eres Hijo de Dios, di que estas piedras se conviertan en panes.

4 Él respondió y dijo: Escrito está: No sólo de pan vivirá el hombre, sino de toda palabra que sale de la boca de Dios.

5 Entonces el diablo le llevó a la santa ciudad, y le puso en pie sobre el alero del templo,

6 y le dijo: Si eres Hijo de Dios, échate abajo; porque escrito está:

A sus ángeles les encargará acerca de ti, y:

Te llevarán en sus manos,
Para que no tropiece tu pie contra una piedra.

7 Jesús le dijo: También está escrito: No tentarás al Señor tu Dios.

8 De nuevo le llevó el diablo a un monte muy alto, y le mostró todos los reinos del mundo y la gloria de ellos,

9 y le dijo: Todo esto te daré, si postrado me adoras.

10 Entonces Jesús le dijo: Vete, Satanás, porque está escrito: Al Señor tu Dios adorarás, y a él solo servirás.

11 Entonces le dejó el diablo; y he aquí que se le acercaron unos ángeles y le servían.

Jesús empieza su ministerio

12 Cuando Jesús oyó que Juan estaba preso, volvió a Galilea;

13 y dejando Nazaret, vino y habitó en Capernaúm, la de junto al mar, en los confines de Zabulón y de Neftalí,

14 para que se cumpliese lo dicho por medio del profeta Isaías, cuando dijo:

15 Tierra de Zabulón y tierra de Neftalí,
Camino del mar, al otro lado del Jordán,
Galilea de los gentiles;

16 El pueblo asentado en tinieblas vio una gran luz;
Y a los asentados en región y sombra de muerte,
Les ha amanecido una luz.

17 Desde entonces comenzó Jesús a predicar, y a decir: Arrepentíos, porque el reino de los cielos se ha acercado.

18 Andando Jesús junto al mar de Galilea, vio a dos hermanos, Simón el llamado Pedro, y Andrés su hermano, que echaban la red en el mar; porque eran pescadores.

19 Y les dijo: Venid en pos de mí, y os haré pescadores de hombres.

20 Ellos entonces, dejando al instante las redes, le siguieron.

21 Pasando de allí, vio a otros dos hermanos, Jacobo hijo de Zebedeo, y Juan su hermano, en la barca con Zebedeo su padre, que remendaban sus redes; y los llamó.

22 Y ellos, dejando al instante la barca y a su padre, le siguieron.

23 Y recorría Jesús toda la Galilea, enseñando en las sinagogas de ellos, predicando el evangelio del reino, y sanando toda enfermedad y toda dolencia en el pueblo.

24 Y se difundió su fama por toda la Siria; y le trajeron todos los que se encontraban mal por diversas enfermedades, los que sufrían graves padecimientos, los endemoniados, los lunáticos y paralíticos; y los sanó.

25 Y le siguió mucha gente de Galilea, de Decápolis, de Jerusalén, de Judea y del otro lado del Jordán.

El Sermón del monte:
Las bienaventuranzas

5 Viendo la multitud, subió al monte; y sentándose, se acercaron a él sus discípulos.

2 Y abriendo su boca les enseñaba, diciendo:

3 Bienaventurados los pobres en el espíritu, porque de ellos es el reino de los cielos.

4 Bienaventurados los afligidos, porque ellos recibirán consolación.

5 Bienaventurados los apacibles, porque ellos recibirán la tierra por heredad.

6 Bienaventurados los que tienen hambre y sed de justicia, porque ellos serán saciados.

7 Bienaventurados los misericordiosos, porque ellos alcanzarán misericordia.

8 Bienaventurados los de corazón limpio, porque ellos verán a Dios.

9 Bienaventurados los pacificadores, porque ellos serán llamados hijos de Dios.

10 Bienaventurados los que padecen persecución por causa de la justicia, porque de ellos es el reino de los cielos.

11 Bienaventurados seréis cuando por mi causa os vituperen y os persigan, y digan toda clase de mal contra vosotros, mintiendo.

12 Gozaos y alegraos, porque vuestro galardón es grande en los cielos; porque así persiguieron a los profetas que os precedieron.

La sal de la tierra

13 Vosotros sois la sal de la tierra; pero si la sal se vuelve insípida, ¿con qué será salada? No sirve ya para nada, sino para ser echada fuera y hollada por los hombres.

La luz del mundo

14 Vosotros sois la luz del mundo; una ciudad asentada sobre un monte no se puede esconder.
15 Ni se enciende una lámpara para ponerla debajo de un almud, sino sobre el candelero, para que alumbre a todos los que están en casa.
16 Así alumbre vuestra luz delante de los hombres, de tal modo que vean vuestras buenas obras, y glorifiquen a vuestro Padre que está en los cielos.

Jesucristo y la ley

17 No penséis que he venido para abrogar la ley o los profetas; no he venido para abrogar, sino para cumplir.
18 Porque de cierto os digo que hasta que pasen el cielo y la tierra, ni una jota ni una tilde pasarán de ningún modo de la ley, hasta que todo se haya realizado.
19 Por tanto, cualquiera que suprima uno de estos mandamientos aun de los más insignificantes, y enseñe así a los hombres, será llamado el menor en el reino de los cielos; mas cualquiera que los cumpla y los enseñe, éste será llamado grande en el reino de los cielos.
20 Porque os digo que si vuestra justicia no supera a la de los escribas y fariseos, de ningún modo entraréis en el reino de los cielos.

Jesucristo y la ira

21 Oísteis que fue dicho a los antiguos: No matarás; y cualquiera que mate será reo de juicio.
22 Pero yo os digo que cualquiera que se enoje con su hermano será reo de juicio; y cualquiera que diga a su hermano: Imbécil, será responsable ante el sanedrín; y cualquiera que le diga: Insensato, será reo del fuego del infierno.
23 Por tanto, si estás presentando tu ofrenda sobre el altar, y allí te acuerdas de que tu hermano tiene algo contra ti,
24 deja allí tu ofrenda delante del altar, y anda, reconcíliate primero con tu hermano, y entonces ven y presenta tu ofrenda.
25 Ponte a buenas de prisa con el que te quiere llevar a los tribunales, entretanto que estás con él en el camino, no sea que el contendiente te entregue al juez, y el juez al alguacil, y seas echado en la cárcel.
26 De cierto te digo que no saldrás en absoluto de allí, hasta que pagues el último cuarto.

Jesucristo y el adulterio

27 Oísteis que fue dicho: No cometerás adulterio.
28 Pero yo os digo que cualquiera que mira a una mujer para codiciarla, ya adulteró con ella en su corazón.
29 Y si tu ojo derecho te es ocasión de caer, sácalo, y échalo de ti; pues más te conviene que se pierda uno de tus miembros, y no que todo tu cuerpo sea echado al infierno.
30 Y si tu mano derecha te es ocasión de caer, córtala, y échala de ti; pues más te conviene que se pierda uno de tus miembros, y no que todo tu cuerpo sea echado al infierno.

Jesucristo y el divorcio

31 También fue dicho: Cualquiera que repudie a su mujer, que le dé carta de divorcio.
32 Pero yo os digo, que todo el que repudia a su mujer, a no ser por causa de fornicación, hace que ella adultere; y el que se casa con la repudiada, comete adulterio.

Jesucristo y los juramentos

33 Además habéis oído que fue dicho a los antiguos: No perjurarás, sino que cumplirás al Señor tus juramentos.
34 Pero yo os digo: No juréis en ninguna manera; ni por el cielo, porque es el trono de Dios;
35 ni por la tierra, porque es el estrado de sus pies; ni por Jerusalén, porque es la ciudad del gran Rey.
36 Ni jurarás por tu cabeza, porque no puedes hacer blanco o negro un solo cabello.
37 Sea, pues, vuestra palabra: Sí, sí; no, no; pues lo que se añade de más, procede del maligno.

El amor a los enemigos

38 Oísteis que fue dicho: Ojo por ojo, y diente por diente.
39 Pero yo os digo: No resistáis al malvado; antes, a cualquiera que te hiera en la mejilla derecha, vuélvele también la otra;
40 y al que quiera ponerte a pleito y quitarte la túnica, déjale también la capa;
41 y a cualquiera que te obligue a llevar carga por una milla, ve con él los dos.

42 Al que te pida, dale; y al que quiera tomar de ti prestado, no lo desatiendas.
43 Oísteis que fue dicho: Amarás a tu prójimo, y aborrecerás a tu enemigo.
44 Pero yo os digo: Amad a vuestros enemigos, bendecid a los que os maldicen, haced bien a los que os aborrecen, y orad por los que os ultrajan y os persiguen;
45 para que así lleguéis a ser hijos de vuestro Padre que está en los cielos, que hace salir su sol sobre malos y buenos, y que hace llover sobre justos e injustos.
46 Porque si amáis a los que os aman, ¿qué recompensa tendréis? ¿No hacen también lo mismo los publicanos?
47 Y si saludáis a vuestros hermanos solamente, ¿qué hacéis de más? ¿No lo hacen también así los gentiles?
48 Sed, pues, vosotros perfectos, como vuestro Padre que está en los cielos es perfecto.

Jesucristo y la limosna

6 Guardaos de hacer vuestra justicia delante de los hombres para ser vistos por ellos; de otra manera, no tendréis recompensa ante vuestro Padre que está en los cielos.
2 Cuando, pues, des limosna, no hagas tocar trompeta delante de ti, como hacen los hipócritas en las sinagogas y en las calles, para ser alabados por los hombres; de cierto os digo que ya están recibiendo su recompensa.
3 Pero cuando tú estés dando limosna, que no sepa tu mano izquierda lo que hace tu derecha,
4 para que tu limosna quede en secreto; y tu Padre que ve en lo oculto, te lo recompensará en público.

Jesucristo y la oración

5 Y cuando ores, no seas como los hipócritas; porque les gusta orar en pie en las sinagogas y en las esquinas de las plazas para ser vistos de los hombres; de cierto os digo que ya están recibiendo su recompensa.
6 Pero tú, cuando ores, entra en tu aposento, y a puerta cerrada, ora a tu Padre que está en lo secreto; y tu Padre que ve en lo secreto, te lo recompensará en público.
7 Y cuando estéis orando, no parloteéis sin medida, como los gentiles, que piensan que serán oídos por su mucha palabrería.
8 No os hagáis, pues, semejantes a ellos; porque vuestro Padre sabe de qué cosas tenéis necesidad, antes que vosotros le pidáis.
9 Vosotros, pues, oraréis así: Padre nuestro que estás en los cielos, santificado sea tu nombre.

10 Venga tu reino. Hágase tu voluntad, como en el cielo, así también en la tierra.
11 El pan nuestro de cada día, dánoslo hoy.
12 Y perdónanos nuestras deudas, como también nosotros perdonamos a nuestros deudores.
13 Y no nos metas en tentación, mas líbranos del mal; porque tuyo es el reino, el poder y la gloria, por todos los siglos. Amén.
14 Porque si perdonáis a los hombres sus ofensas, os perdonará también a vosotros vuestro Padre celestial;
15 pero si no perdonáis a los hombres sus ofensas, tampoco vuestro Padre os perdonará vuestras ofensas.

Jesucristo y el ayuno

16 Cuando ayunéis, no pongáis cara triste como los hipócritas; porque ellos desfiguran sus rostros para mostrar a los hombres que ayunan; de cierto os digo que ya están recibiendo su recompensa.
17 Pero tú, cuando ayunes, unge tu cabeza y lava tu rostro,
18 para no mostrar a los hombres que ayunas, sino a tu Padre que está en lo secreto; y tu Padre que ve en lo secreto, te recompensará en público.

Tesoros en el cielo

19 No alleguéis tesoros en la tierra, donde la polilla y el orín corroen, y donde los ladrones horadan y hurtan;
20 sino allegaos tesoros en el cielo, donde ni la polilla ni el orín corroen, y donde los ladrones no horadan ni hurtan.
21 Porque donde está tu tesoro, allí estará también tu corazón.

La lámpara del cuerpo

22 La lámpara del cuerpo es el ojo; así que, si tu ojo es sencillo, todo tu cuerpo estará lleno de luz;
23 pero si tu ojo es maligno, todo tu cuerpo estará en tinieblas. Así que, si la luz que hay en ti es tinieblas, ¿cuán grandes no serán las tinieblas mismas?

Dios y las riquezas

24 Nadie puede servir a dos señores; porque o aborrecerá al uno y amará al otro, o se adherirá al uno y menospreciará al otro. No podéis servir a Dios y a las riquezas.

El afán y la ansiedad

25 Por tanto os digo: No os afanéis por vuestra vida, qué habéis de comer o qué

habéis de beber; ni por vuestro cuerpo, qué habéis de vestir. ¿No es la vida más que el alimento, y el cuerpo más que el vestido?
26 Mirad las aves del cielo, que no siembran, ni siegan, ni recogen en graneros; y vuestro Padre celestial las alimenta. ¿No valéis vosotros mucho más que ellas?
27 ¿Y quién de vosotros podrá, a fuerza de afanarse, añadir a su estatura un solo codo?
28 ¿Y por qué os afanáis por el vestido? Considerad los lirios del campo, cómo crecen; no se fatigan ni hilan;
29 pero os digo, que ni aun Salomón, en medio de todo su esplendor, se vistió como uno solo de ellos.
30 Pues si a la hierba del campo, que hoy es y mañana se echa en el horno, Dios la viste así, ¿no lo hará mucho más a vosotros, hombres de poca fe?
31 No os afanéis, pues, diciendo: ¿Qué comeremos, o qué beberemos, o con qué nos vestiremos?
32 Porque todas estas cosas las buscan con afán los gentiles; pues vuestro Padre celestial sabe que tenéis necesidad de todas estas cosas.
33 Mas buscad primeramente el reino de Dios y su justicia, y todas estas cosas os serán añadidas.
34 Así que, no os afanéis por el día de mañana, porque el día de mañana traerá su propia inquietud. Le basta a cada día su propio mal.

El juzgar a los demás

7 No juzguéis, para que no seáis juzgados.
2 Porque con el juicio con que juzgáis, seréis juzgados, y con la medida con que medís, os será medido.
3 ¿Y por qué miras la paja que está en el ojo de tu hermano, y no echas de ver la viga que está en tu propio ojo?
4 ¿O cómo dirás a tu hermano: Déjame sacar la paja de tu ojo, cuando está la viga en el ojo tuyo?
5 ¡Hipócrita!, saca primero la viga de tu propio ojo, y entonces verás claro para sacar la paja del ojo de tu hermano.
6 No deis lo santo a los perros, ni echéis vuestras perlas delante de los cerdos, no sea que las pisoteen, y se vuelvan y os despedacen.

La oración y la regla de oro

7 Pedid, y se os dará; buscad, y hallaréis; llamad, y se os abrirá.
8 Porque todo aquel que pide, recibe; y el que busca, halla; y al que llama, se le abrirá.
9 ¿O qué hombre hay entre vosotros, que si su hijo le pide pan, le dará una piedra?

10 ¿O si le pide un pescado, le dará una serpiente?
11 Pues si vosotros, aun siendo malos, sabéis dar buenas dádivas a vuestros hijos, ¿cuánto más vuestro Padre que está en los cielos dará cosas buenas a los que le pidan?
12 Así que, todo cuanto queráis que los hombres os hagan a vosotros, así también hacedlo vosotros a ellos; porque esto es la ley y los profetas.

Los dos caminos

13 Entrad por la puerta estrecha; porque es ancha la puerta, y espacioso el camino que lleva a la perdición, y son muchos los que entran por ella;
14 porque es estrecha la puerta, y angosto el camino que lleva a la vida, y son pocos los que lo hallan.

Por sus frutos los conoceréis

15 Guardaos de los falsos profetas, que vienen a vosotros con vestidos de ovejas, pero por dentro son lobos rapaces.
16 Por sus frutos los conoceréis. ¿Acaso se cosechan uvas de los espinos, o higos de los abrojos?
17 Así también, todo buen árbol da buenos frutos, pero el árbol malo da frutos malos.
18 No puede el árbol bueno dar malos frutos, ni el árbol malo dar frutos buenos.
19 Todo árbol que no da buen fruto, es cortado y echado en el fuego.
20 Así que, por sus frutos los conoceréis.

Nunca os conocí

21 No todo el que me dice: Señor, Señor, entrará en el reino de los cielos, sino el que hace la voluntad de mi Padre que está en los cielos.
22 Muchos me dirán en aquel día: Señor, Señor, ¿no profetizamos en tu nombre, y en tu nombre echamos fuera demonios, y en tu nombre hicimos muchos milagros?
23 Y entonces les diré claramente: Nunca os conocí; apartaos de mí, hacedores de iniquidad.

Los dos cimientos

24 Todo aquel, pues, que me oye estas palabras, y las pone por obra, le compararé a un hombre prudente, que edificó su casa sobre la roca.
25 Descendió la lluvia, y vinieron los torrentes, soplaron los vientos, y embistieron contra aquella casa; y no se cayó, porque había sido cimentada sobre la roca.
26 Pero todo el que me oye estas palabras y

no las pone por obra, le compararé a un hombre insensato, que edificó su casa sobre la arena;

27 y descendió la lluvia, y vinieron los torrentes y soplaron los vientos, y dieron con ímpetu contra aquella casa; y se cayó, y fue grande su ruina.

28 Y cuando terminó Jesús estas palabras, la gente se quedaba atónita de su doctrina;

29 porque les enseñaba como quien tiene autoridad, y no como los escribas.

El Señor Jesús sana a un leproso

8 Cuando descendió Jesús del monte, le seguían grandes multitudes.

2 Y en esto se le acercó un leproso que se postró ante él, diciendo: Señor, si quieres puedes limpiarme.

3 Jesús extendió la mano y le tocó, diciendo: Quiero; sé limpio. Y al instante su lepra desapareció.

4 Entonces Jesús le dijo: Mira, no lo digas a nadie; sino ve, muéstrate al sacerdote, y presenta la ofrenda que ordenó Moisés, para que les sirva de testimonio.

Jesús sana al siervo de un centurión

5 Entrando Jesús en Capernaúm, se le acercó un centurión, rogándole,

6 y diciendo: Señor, mi criado está postrado en casa, paralítico, terriblemente atormentado.

7 Y Jesús le dijo: Yo iré y le sanaré.

8 Respondió el centurión y dijo: Señor, no soy digno de que entres bajo mi techo; solamente dilo de palabra, y quedará sanado mi criado.

9 Porque también yo soy hombre bajo autoridad, y tengo bajo mis órdenes soldados; y digo a éste: Ve, y va; y al otro: Ven, y viene; y a mi esclavo: Haz esto, y lo hace.

10 Al oírlo Jesús, se maravilló, y dijo a los que le seguían: De cierto os digo que ni aun en Israel he hallado tanta fe.

11 Y os digo que vendrán muchos del oriente y del occidente, y se sentarán con Abraham e Isaac y Jacob en el reino de los cielos;

12 pero los hijos del reino serán echados a las tinieblas de afuera; allí será el llanto y el crujir de dientes.

13 Entonces Jesús dijo al centurión: Vete, y como creíste, te sea hecho. Y fue sanado su criado en aquella misma hora.

Jesucristo sana a la suegra de Pedro

14 Habiendo entrado Jesús en casa de Pedro, vio a la suegra de éste postrada en cama, con fiebre.

15 Le tocó la mano, y la dejó la fiebre; y ella se levantó, y les servía.

16 Y caída la tarde, le presentaron muchos endemoniados; y con su palabra echó fuera a los demonios, y sanó a todos los enfermos;

17 para que se cumpliese lo dicho por medio del profeta Isaías, cuando dijo: Tomó él mismo nuestras enfermedades y cargó con nuestras dolencias.

Los que querían seguir al Señor Jesús

18 Viéndose Jesús rodeado de mucha gente, mandó pasar al otro lado.

19 Y vino un escriba y le dijo: Maestro, te seguiré adondequiera que vayas.

20 Jesús le dijo: Las raposas tienen guaridas, y las aves del cielo nidos; pero el Hijo del Hombre no tiene dónde recostar su cabeza.

21 Otro de sus discípulos le dijo: Señor, permíteme que vaya primero y entierre a mi padre.

22 Jesús le dijo: Sígueme, y deja que los muertos entierren a sus muertos.

Jesucristo calma la tempestad

23 Y entrando él en la barca, sus discípulos le siguieron.

24 Y he aquí que se levantó en el mar una tempestad tan grande que las olas cubrían la barca; pero él dormía.

25 Y se acercaron sus discípulos y le despertaron, diciendo: ¡Señor, sálvanos, que perecemos!

26 Él les dijo: ¿Por qué teméis, hombres de poca fe? Entonces, levantándose, reprendió a los vientos y al mar; y sobrevino gran calma.

27 Y los hombres se maravillaron, diciendo: ¿Qué clase de hombre es éste, que aun los vientos y el mar le obedecen?

Los endemoniados gadarenos

28 Cuando llegó a la otra orilla, a la tierra de los gadarenos, vinieron a su encuentro dos endemoniados que salían de entre los sepulcros, feroces en gran manera, tanto que nadie podía pasar por aquel camino.

29 Y clamaron diciendo: ¿Qué tenemos nosotros que ver contigo, Hijo de Dios? ¿Has venido acá para atormentarnos antes de tiempo?

30 Estaba paciendo a cierta distancia de ellos una piara de muchos cerdos.

31 Y los demonios le rogaban diciendo: Si nos echas fuera, envíanos a la piara de los cerdos.

32 Él les dijo: Id. Y ellos salieron, y se fueron a los cerdos; y he aquí que toda la piara se precipitó en el mar por un despeñadero, y perecieron en las aguas.

33 Y los que los apacentaban huyeron, y viniendo a la ciudad, contaron todas las cosas, y lo de los endemoniados.

34 Y toda la ciudad salió al encuentro de Jesús; y cuando le vieron, le rogaron que se retirara de sus contornos.

Jesucristo sana a un paralítico

9 Y entrando Jesús en la barca, pasó al otro lado y vino a su ciudad.

2 Y sucedió que le traían un paralítico, tendido sobre una camilla; y al ver Jesús la fe de ellos, dijo al paralítico: Ten ánimo, hijo; tus pecados te son perdonados.

3 Entonces algunos de los escribas decían dentro de sí: Éste blasfema.

4 Y conociendo Jesús los pensamientos de ellos, dijo: ¿Por qué estáis cavilando maldades en vuestros corazones?

5 Porque, ¿qué es más fácil, decir: Los pecados te son perdonados, o decir: Levántate y anda?

6 Pues para que sepáis que el Hijo del Hombre tiene potestad en la tierra para perdonar pecados (dice entonces al paralítico): Levántate, toma tu camilla, y vete a tu casa.

7 Entonces él se levantó y se fue a su casa.

8 Y las gentes, al verlo, se llenaron de asombro y glorificaron a Dios, que había dado tal potestad a los hombres.

Llamamiento de Mateo

9 Pasando Jesús de allí, vio a un hombre llamado Mateo, que estaba sentado en la oficina de los tributos públicos, y le dijo: Sígueme. Y se levantó y le siguió.

10 Y aconteció que estando él sentado a la mesa en la casa, he aquí que muchos publicanos y pecadores, que habían venido, se sentaron a la mesa con Jesús y sus discípulos.

11 Cuando vieron esto los fariseos, dijeron a los discípulos: ¿Por qué come vuestro Maestro con los publicanos y pecadores?

12 Al oír esto Jesús, les dijo: Los sanos no tienen necesidad de médico, sino los enfermos.

13 Id, pues, y aprended lo que significa: Misericordia quiero, y no sacrificio. Porque no he venido a llamar a justos, sino a pecadores al arrepentimiento.

La pregunta sobre el ayuno

14 Entonces se le acercaron los discípulos de Juan, diciendo: ¿Por qué nosotros y los fariseos ayunamos muchas veces, y tus discípulos no ayunan?

15 Jesús les dijo: ¿Acaso pueden los que están de bodas tener luto entretanto que el novio está con ellos? Pero vendrán días cuando el novio les será quitado, y entonces ayunarán.

16 Nadie pone remiendo de paño nuevo en vestido viejo; porque tal remiendo tira del vestido, y el desgarrón se hace mayor.

17 Ni echan vino nuevo en odres viejos; de otra manera, los odres se rompen, y el vino se derrama, y los odres se estropean; sino que echan el vino nuevo en odres nuevos, y así ambos se conservan juntamente.

La hija de Jairo, y la mujer que tocó el manto del Señor Jesús

18 Mientras él les hablaba estas cosas, se le acercó un dirigente de la sinagoga y se postró ante él, diciendo: Mi hija acaba de morir; mas ven y pon tu mano sobre ella, y vivirá.

19 Y se levantó Jesús, y le siguió con sus discípulos.

20 En esto, una mujer enferma de flujo de sangre desde hacía doce años, se le acercó por detrás y tocó el borde de su manto;

21 porque decía dentro de sí: Si tan sólo toco su manto, quedaré sana.

22 Pero Jesús, volviéndose y mirándola, dijo: Ten ánimo, hija; tu fe te ha salvado. Y la mujer quedó curada desde aquella hora.

23 Al entrar Jesús en la casa del dirigente, viendo a los que tocaban flautas, y la gente que hacía alboroto,

24 les dijo: Retiraos, porque la niña no está muerta, sino que duerme. Y se burlaban de él.

25 Pero cuando la gente había sido echada fuera, entró, y tomó de la mano a la niña, y ella se levantó.

26 Y se difundió esta noticia por toda aquella tierra.

Dos ciegos obtienen la vista

27 Pasando Jesús de allí, le siguieron dos ciegos, diciéndole a gritos: ¡Ten compasión de nosotros, Hijo de David!

28 Y llegando a la casa, se le acercaron los ciegos; y Jesús les dijo: ¿Creéis que puedo hacer esto? Ellos dijeron: Sí, Señor.

29 Entonces les tocó los ojos, diciendo: Conforme a vuestra fe os sea hecho.

30 Y los ojos de ellos fueron abiertos. Y Jesús les encargó rigurosamente, diciendo: Mirad que nadie lo sepa.

31 Pero ellos, apenas salieron, divulgaron la fama de él por toda aquella tierra.

Un mudo habla

32 Mientras salían ellos, le trajeron un mudo, endemoniado.

33 Y una vez echado fuera el demonio, el mudo habló; y las gentes se maravillaron, y decían: Nunca se ha visto cosa semejante en Israel.
34 Pero los fariseos decían: Por el príncipe de los demonios echa fuera los demonios.

La mies es mucha

35 Recorría Jesús todas las ciudades y aldeas, enseñando en las sinagogas de ellos, y predicando el evangelio del reino, y sanando toda enfermedad y toda dolencia en el pueblo.
36 Y al ver las multitudes, se compadeció de ellas; porque estaban extenuadas y abatidas como ovejas que no tienen pastor.
37 Entonces dijo a sus discípulos: A la verdad la mies es mucha, mas los obreros pocos.
38 Rogad, pues, al Señor de la mies, que envíe obreros a su mies.

Elección de los doce apóstoles

10 Entonces, llamando a sus doce discípulos, les dio autoridad sobre los espíritus inmundos, para que los echasen fuera, y para sanar toda clase de enfermedades y dolencias.
2 Los nombres de los doce apóstoles son éstos: primero Simón, el llamado Pedro, y Andrés su hermano; Jacobo hijo de Zebedeo, y Juan su hermano;
3 Felipe y Bartolomé, Tomás y Mateo el publicano, Jacobo hijo de Alfeo y Lebeo, por sobrenombre Tadeo;
4 Simón el cananita, y Judas el Iscariote, el que también le entregó.

Misión de los doce

5 A estos doce envió Jesús, y les dio instrucciones, diciendo: No vayáis por camino de gentiles, ni entréis en ciudad de samaritanos,
6 sino id más bien a las ovejas perdidas de la casa de Israel.
7 Y al ir, predicad, diciendo: El reino de los cielos se ha acercado.
8 Sanad enfermos, limpiad leprosos, resucitad muertos, echad fuera demonios; de regalo recibisteis, dad de regalo.
9 No os proveáis de oro, ni plata, ni cobre en vuestros cintos;
10 ni de alforja para el camino, ni de dos túnicas, ni de calzado, ni de bastón; porque el obrero es digno de su sustento.
11 Mas en cualquier ciudad o aldea donde entréis, informaos quién es digno en ella, y quedaos allí hasta que os marchéis.
12 Y al entrar en la casa, saludadla.

13 Y si la casa es digna, vuestra paz vendrá sobre ella; pero si no es digna, vuestra paz se volverá a vosotros.
14 Y si alguno no os recibe, ni oye vuestras palabras, al salir de aquella casa o ciudad, sacudid el polvo de vuestros pies.
15 De cierto os digo que en el día del juicio, será más tolerable el castigo para la tierra de Sodoma y de Gomorra, que para aquella ciudad.

Las persecuciones futuras

16 He aquí que yo os envío como a ovejas en medio de lobos; sed, pues, prudentes como las serpientes, y sencillos como las palomas.
17 Y guardaos de los hombres, porque os entregarán a los tribunales, y os azotarán en sus sinagogas.
18 Seréis llevados por causa de mí aun ante gobernadores y reyes, para testimonio a ellos y a los gentiles.
19 Mas cuando os entreguen, no os preocupéis por cómo o qué hablaréis; porque os será dado en aquella hora lo que habéis de hablar.
20 Porque no sois vosotros los que habláis, sino el Espíritu de vuestro Padre el que habla en vosotros.
21 Hermano entregará a la muerte a hermano, y padre a hijo; y los hijos se levantarán contra sus padres, y los harán morir.
22 Y seréis aborrecidos de todos por causa de mi nombre; mas el que persevere hasta el fin, éste será salvo.
23 Cuando os persigan en esta ciudad, huid a la otra; porque de cierto os digo, que no acabaréis de recorrer las ciudades de Israel, antes que venga el Hijo del Hombre.
24 El discípulo no está por encima de su maestro, ni el siervo sobre su amo.
25 Bástale al discípulo llegar a ser como su maestro, y al criado como su amo. Si al padre de familia llamaron Beelzebú, ¡cuánto más a los de su casa!

Aviso contra la hipocresía

26 Así que, no los temáis; porque no hay nada oculto, que no haya de ser manifestado; ni secreto, que no haya de saberse.
27 Lo que os digo en la oscuridad, decidlo a plena luz; y lo que oís al oído, proclamadlo desde las azoteas.
28 Y no temáis a los que matan el cuerpo, mas no pueden matar el alma; temed más bien a aquel que puede destruir alma y cuerpo en el infierno.
29 ¿No se venden dos gorriones por un cuarto? Con todo, ni uno de ellos caerá a tierra sin consentirlo vuestro Padre.

30 Y en cuanto a vosotros, hasta los cabellos de vuestra cabeza están todos contados.
31 Así que, no temáis; vosotros valéis más que muchos pajarillos.
32 A cualquiera, pues, que me confiese delante de los hombres, yo también le confesaré delante de mi Padre que está en los cielos.
33 Y a cualquiera que me niegue delante de los hombres, yo también le negaré delante de mi Padre que está en los cielos.

Jesucristo, causa de división

34 No penséis que he venido para traer paz a la tierra; no he venido para traer paz, sino espada.
35 Porque he venido para enfrentar al hombre contra su padre, a la hija contra su madre, y a la nuera contra su suegra;
36 y serán enemigos del hombre, los de su casa.
37 El que ama a su padre o a su madre más que a mí, no es digno de mí; el que ama a su hijo o a su hija más que a mí, no es digno de mí;
38 y el que no toma su cruz y sigue en pos de mí, no es digno de mí.
39 El que halla su vida, la perderá; y el que pierde su vida por causa de mí, la hallará.

Recompensas

40 El que a vosotros recibe, a mí me recibe; y el que me recibe a mí, recibe al que me envió.
41 El que recibe a un profeta por cuanto es profeta, recibirá recompensa de profeta; y el que recibe a un justo por cuanto es justo, recibirá recompensa de justo.
42 Y cualquiera que dé de beber aunque sólo sea un vaso de agua fresca a uno de estos pequeñuelos por cuanto es discípulo, de cierto os digo que no perderá su recompensa.

Los mensajeros de Juan el Bautista

11 Cuando Jesús terminó de dar instrucciones a sus doce discípulos, se fue de allí a enseñar y a predicar en las ciudades de ellos.
2 Y al oír Juan, en la cárcel, las obras de Cristo, envió a dos de sus discípulos,
3 para preguntarle: ¿Eres tú el que ha de venir, o esperaremos a otro?
4 Respondiendo Jesús, les dijo: Id, e informad a Juan de las cosas que oís y veis.
5 Los ciegos ven, los cojos andan, los leprosos son limpiados, los sordos oyen, los muertos son resucitados, y a los pobres les es anunciado el evangelio;

6 y bienaventurado es el que no tropieza en mí.
7 Mientras ellos se iban, comenzó Jesús a decir de Juan a la gente: ¿Qué salisteis a ver en el desierto? ¿Una caña sacudida por el viento?
8 ¿Pero qué salisteis a ver? ¿A un hombre cubierto de vestiduras lujosas? He aquí que los que llevan vestiduras lujosas, están en las casas de los reyes.
9 Entonces, ¿qué salisteis a ver? ¿A un profeta? Sí, os digo, y más que profeta.
10 Porque éste es de quien está escrito:
   He aquí que yo envío mi mensajero delante de tu faz,
   El cual preparará tu camino delante de ti.
11 De cierto os digo: Entre los que nacen de mujer no se ha levantado otro mayor que Juan el Bautista; pero el que sea menor en el reino de los cielos, es mayor que él.
12 Desde los días de Juan el Bautista hasta ahora, el reino de los cielos sufre violencia, y los violentos lo arrebatan.
13 Porque todos los profetas y la ley profetizaron hasta Juan.
14 Y si queréis recibirlo, él es Elías, el que había de venir.
15 El que tiene oídos para oír, oiga.
16 Mas ¿a qué compararé esta generación? Es semejante a los muchachos que se sientan en las plazas, y dan voces a sus compañeros,
17 diciendo: Os tocamos la flauta, y no bailasteis; os entonamos canción de duelo, y no os lamentasteis.
18 Porque vino Juan, que ni comía ni bebía, y dicen: Tiene un demonio.
19 Vino el Hijo del Hombre, que come y bebe, y dicen: Mirad un hombre comilón, y bebedor de vino, amigo de publicanos y de pecadores. Pero la sabiduría queda justificada por sus hijos.

Ayes sobre las ciudades impenitentes

20 Entonces comenzó a reconvenir a las ciudades en las cuales había hecho el mayor número de sus milagros, porque no se habían arrepentido, diciendo:
21 ¡Ay de ti, Corazín! ¡Ay de ti, Betsaida! Porque si en Tiro y en Sidón se hubieran hecho los milagros que han sido hechos en vosotras, ya hace tiempo que se hubieran arrepentido en saco y en ceniza.
22 Por tanto os digo que en el día del juicio, habrá más tolerancia para Tiro y para Sidón, que para vosotras.
23 Y tú, Capernaúm, que eres levantada hasta el cielo, hasta el Hades serás abatida; porque si en Sodoma se hubieran hecho los

milagros que han sido hechos en ti, habría permanecido hasta el día de hoy.

24 Por tanto os digo que en el día del juicio, habrá más tolerancia para la tierra de Sodoma, que para ti.

Venid a mí y descansad

25 En aquel tiempo, tomando Jesús la palabra, dijo: Te alabo, Padre, Señor del cielo y de la tierra, porque ocultaste estas cosas a los sabios y a los entendidos, y las revelaste a los niños.

26 Sí, Padre, porque así te agradó.

27 Todas las cosas me fueron entregadas por mi Padre; y nadie conoce perfectamente al Hijo, sino el Padre, y ninguno conoce perfectamente al Padre, sino el Hijo, y aquel a quien el Hijo resuelva revelarlo.

28 Venid a mí todos los que estáis fatigados y cargados, y yo os haré descansar.

29 Llevad mi yugo sobre vosotros, y aprended de mí, que soy manso y humilde de corazón; y hallaréis descanso para vuestras almas;

30 porque mi yugo es cómodo, y mi carga ligera.

Los discípulos recogen espigas en sábado

12 Por aquel tiempo, pasaba Jesús por entre los sembrados en sábado; y sus discípulos tuvieron hambre, y comenzaron a arrancar espigas, y a comer.

2 Viéndolo los fariseos, le dijeron: He aquí que tus discípulos hacen lo que no es lícito hacer en sábado.

3 Pero él les dijo: ¿No habéis leído lo que hizo David, cuando él y los que con él estaban tuvieron hambre;

4 cómo entró en la casa de Dios, y comió los panes de la proposición, que no les era lícito comer ni a él ni a los que con él estaban, sino solamente a los sacerdotes?

5 ¿O no habéis leído en la ley que en los sábados, los sacerdotes en el templo quebrantan el día de reposo y, sin embargo, no son culpables?

6 Pues os digo que aquí hay alguien mayor que el templo.

7 Y si hubieseis comprendido qué significa: Misericordia quiero, y no sacrificio, no condenaríais a los inocentes;

8 porque el Hijo del Hombre es Señor del sábado.

El hombre de la mano seca

9 Y pasando de allí, entró en la sinagoga de ellos.

10 Y había allí uno que tenía seca una mano; y preguntaron a Jesús, para poder acusarle: ¿Es lícito sanar en sábado?

11 Él les dijo: ¿Qué hombre habrá de vosotros, que tenga una sola oveja, y si ésta cae en un hoyo en sábado, no le eche mano, y la saque?

12 Pues ¿cuánto más vale un hombre que una oveja? Por consiguiente, es lícito hacer el bien en sábado.

13 Entonces dijo al hombre: Extiende tu mano. Y él la extendió, y le fue restaurada, sana como la otra.

14 Pero los fariseos salieron y celebraron una reunión contra él para ver de destruirle.

El siervo escogido

15 Sabiéndolo Jesús, se apartó de allí; y le siguió mucha gente, y sanaba a todos,

16 y les encargaba rigurosamente que no le descubriesen;

17 para que se cumpliese lo dicho por medio del profeta Isaías, cuando dijo:

18 He aquí mi siervo, a quien he escogido;
Mi Amado, en quien se agrada mi alma;
Pondré mi Espíritu sobre él,
Y a los gentiles anunciará juicio.

19 No disputará, ni gritará,
Ni nadie oirá en las calles su voz.

20 No quebrará la caña cascada,
Ni apagará el pábilo que humea,
Hasta que haga triunfar la justicia.

21 Y en su nombre pondrán los gentiles su esperanza.

La blasfemia contra el Espíritu Santo

22 Entonces le fue traído un endemoniado, ciego y mudo; y le sanó, de tal manera que el ciego y mudo veía y hablaba.

23 Y toda la gente estaba atónita, y decía: ¿No es éste el Hijo de David?

24 Pero los fariseos, al oírlo, dijeron: Éste no echa fuera los demonios sino en virtud de Beelzebú, príncipe de los demonios.

25 Sabiendo Jesús los pensamientos de ellos, les dijo: Todo reino dividido contra sí mismo, es asolado, y toda ciudad o casa dividida contra sí misma, no quedará en pie.

26 Y si Satanás echa fuera a Satanás, está dividido contra sí mismo; ¿cómo, pues, quedará en pie su reino?

27 Y si yo echo fuera los demonios en virtud de Beelzebú, ¿en virtud de quién los echan vuestros hijos? Por tanto, ellos serán vuestros jueces.

28 Pero si yo echo fuera los demonios en virtud del Espíritu de Dios, entonces es que ha llegado a vosotros el reino de Dios.

29 ¿O cómo puede alguno entrar en la casa del forzudo, y saquear sus bienes, si primero no ata al forzudo? Y entonces podrá saquear su casa.

30 El que no está conmigo, está contra mí; y el que no recoge conmigo, desparrama.

31 Por tanto os digo: Todo pecado y blasfemia será perdonado a los hombres; mas la blasfemia contra el Espíritu no les será perdonada.

32 A cualquiera que diga alguna palabra contra el Hijo del Hombre, le será perdonado; pero al que la diga contra el Espíritu Santo, no le será perdonado ni en esta época ni en la venidera.

33 O haced bueno el árbol, y bueno su fruto; o haced enfermizo el árbol, y su fruto echado a perder; porque por el fruto se conoce el árbol.

34 ¡Engendros de víboras! ¿Cómo podéis hablar lo bueno, siendo malos? Porque de lo que rebosa el corazón habla la boca.

35 El hombre bueno saca cosas buenas del buen tesoro del corazón; y el hombre malo saca cosas malas del mal tesoro.

36 Y yo os digo que de toda palabra ociosa que hablen los hombres, darán cuenta en el día del juicio.

37 Porque por tus palabras serás justificado, y por tus palabras serás condenado.

La generación perversa demanda señal

38 Entonces respondieron algunos de los escribas y de los fariseos, diciendo: Maestro, queremos ver una señal de parte tuya.

39 Él respondió y les dijo: Esta generación mala y adúltera demanda una señal; pero no le será dada otra señal que la señal del profeta Jonás.

40 Porque como estuvo Jonás en el vientre del gran pez tres días y tres noches, así estará el Hijo del Hombre en el corazón de la tierra tres días y tres noches.

41 Los hombres de Nínive se levantarán en el juicio con esta generación, y la condenarán; porque ellos se arrepintieron por la predicación de Jonás, y he aquí más que Jonás en este lugar.

42 La reina del Sur se levantará en el juicio con esta generación, y la condenará; porque ella vino de los confines de la tierra para oír la sabiduría de Salomón, y he aquí más que Salomón en este lugar.

El espíritu inmundo que vuelve

43 Cuando el espíritu inmundo sale del hombre, anda por lugares áridos buscando reposo, y no lo halla.

44 Entonces dice: Volveré a mi casa de donde salí; y cuando llega, la halla desocupada, barrida y adornada.

45 Entonces va, y toma consigo otros siete espíritus peores que él, y entran para habi-

tar allí; y el estado final de aquel hombre viene a ser peor que el primero. Así acontecerá también a esta generación malvada.

La madre y los hermanos de Jesús

46 Mientras él estaba aún hablando a la gente, su madre y sus hermanos estaban afuera y querían hablar con él.

47 Y le dijo uno: He aquí que tu madre y tus hermanos están afuera, y quieren hablar contigo.

48 Respondiendo él al que le decía esto, dijo: ¿Quién es mi madre, y quiénes son mis hermanos?

49 Y extendiendo su mano hacia sus discípulos, dijo: He aquí mi madre y mis hermanos.

50 Porque todo aquel que hace la voluntad de mi Padre que está en los cielos, ése es mi hermano, mi hermana, y mi madre.

Parábola del sembrador

13 Aquel mismo día, salió Jesús de la casa y se sentó junto al mar.

2 Y acudió a él mucha gente, tanta que subió a sentarse en una barca, y toda la gente estaba de pie en la playa.

3 Y les habló muchas cosas en parábolas, diciendo: He aquí que salió el sembrador a sembrar.

4 Y mientras sembraba, parte de la semilla cayó junto al camino; y vinieron las aves y se la comieron.

5 Otra parte cayó en pedregales, donde no había mucha tierra; y brotó pronto, porque no tenía profundidad de tierra;

6 pero cuando salió el sol, se quemó; y porque no tenía raíz, se secó.

7 Y otra parte cayó entre espinos; y los espinos crecieron, y la ahogaron.

8 Pero una parte cayó en tierra buena y dio fruto, una ciento, otra sesenta, otra treinta.

9 El que tiene oídos para oír, oiga.

Propósito de las parábolas

10 Entonces, acercándose los discípulos, le dijeron: ¿Por qué les hablas en parábolas?

11 Él respondió y les dijo: Porque a vosotros os ha sido dado conocer los misterios del reino de los cielos; mas a ellos no les ha sido dado.

12 Porque a cualquiera que tiene, se le dará y tendrá en abundancia; pero al que no tiene, aun lo que tiene le será quitado.

13 Por eso les hablo por parábolas: porque viendo no ven, y oyendo no oyen, ni entienden.

14 Y se cumple en ellos la profecía de Isaías, que dijo:

Ciertamente oiréis, y no entenderéis;
Miraréis, y no veréis en absoluto.
15 Porque el corazón de este pueblo se ha
engrosado,
Y con los oídos han oído pesadamente,
Y han cerrado sus ojos,
Para no ver nada con sus ojos,
Y no oír con sus oídos,
Y no entender con el corazón,
Y convertirse,
Y que yo los sane.
16 Pero bienaventurados vuestros ojos,
porque ven; y vuestros oídos, porque oyen.
17 Porque de cierto os digo, que muchos
profetas y justos desearon ver lo que veis, y
no lo vieron; y oír lo que oís, y no lo oyeron.

Jesús explica la parábola
del sembrador

18 Vosotros, pues, escuchad la parábola
del sembrador:
19 Cuando alguno oye el mensaje del reino
y no lo entiende, viene el Maligno, y arrebata lo que fue sembrado en su corazón. Éste
es el que fue sembrado junto al camino.
20 Y el que fue sembrado en pedregales,
éste es el que oye la palabra, y al momento
la recibe con gozo;
21 pero no tiene raíz en sí mismo, sino que
es de corta duración, pues al venir la aflicción o la persecución por causa de la palabra, luego tropieza.
22 El que fue sembrado entre espinos, éste
es el que oye la palabra, pero el afán de este
siglo y el engaño de las riquezas ahogan la
palabra, y se hace infructuosa.
23 Mas el que fue sembrado en buena tierra, éste es el que oye y entiende la palabra,
y da fruto; y produce a ciento, a sesenta, y a
treinta por uno.

Parábola del trigo y la cizaña

24 Les refirió otra parábola, diciendo: El
reino de los cielos es semejante a un hombre
que sembró buena semilla en su campo;
25 pero mientras dormían los hombres, vino su enemigo y sembró cizaña entre el
trigo, y se fue.
26 Y cuando brotó la hierba y dio fruto,
entonces apareció también la cizaña.
27 Vinieron los criados del amo y le dijeron: Señor, ¿no sembraste buena semilla en
tu campo? ¿De dónde, pues, tiene cizaña?
28 Él les dijo: Un enemigo ha hecho esto. Y
los siervos le dijeron: ¿Quieres, pues, que
vayamos y la arranquemos?
29 Él les dijo: No, no sea que al arrancar la
cizaña, arranquéis también con ella el trigo.
30 Dejad crecer juntas las dos cosas hasta la
siega; y al tiempo de la siega, les diré a los

segadores: Recoged primero la cizaña, y
atadla en manojos para quemarla; pero el
trigo recogedlo en mi granero.

Parábola de la semilla de mostaza

31 Les propuso otra parábola, diciendo: El
reino de los cielos es semejante a un grano
de mostaza, que un hombre tomó y lo
sembró en su campo;
32 el cual a la verdad es menor que todas las
semillas; pero cuando ha crecido, es mayor
que las hortalizas, y se hace árbol, de tal
manera que vienen las aves del cielo y hacen
nidos en sus ramas.

Parábola de la levadura

33 Les dijo otra parábola: El reino de los
cielos es semejante a la levadura que una
mujer tomó y la escondió en tres medidas de
harina, hasta que todo quedó fermentado.

El uso que Jesucristo hace
de las parábolas

34 Todo esto habló Jesús en parábolas a la
gente, y sin parábolas no les hablaba nada,
35 de modo que se cumpliese lo dicho por
medio del profeta, cuando dijo:
Abriré en parábolas mi boca;
Declararé cosas escondidas desde la
fundación del mundo.

Jesucristo explica la parábola
de la cizaña

36 Entonces, Jesús dejó marchar a la gente
y se fue a casa; y acercándose a él sus
discípulos, le dijeron: Explícanos la parábola de la cizaña del campo.
37 Él respondió y les dijo: El que siembra la
buena semilla es el Hijo del Hombre.
38 El campo es el mundo; la buena semilla
son los hijos del reino, y la cizaña son los
hijos del Maligno.
39 El enemigo que la sembró es el diablo; la
siega es el fin del mundo; y los segadores son
los ángeles.
40 Así, pues, como se recoge la cizaña, y se
quema en el fuego, así será en el fin del
mundo.
41 Enviará el Hijo del Hombre a sus ángeles, y recogerán de su reino todo lo que sirve
de tropiezo, y a los que hacen iniquidad,
42 y los echarán en el horno de fuego; allí
será el llanto y el crujir de dientes.
43 Entonces los justos resplandecerán
como el sol en el reino de su Padre. El que
tiene oídos para oír, oiga.

El tesoro escondido

44 Además, el reino de los cielos es semejante a un tesoro escondido en un cam-

po, que, encontrándolo un hombre, lo esconde; y gozoso por ello, va, vende todo lo que tiene, y compra aquel campo.

La perla de gran precio

45 También es semejante el reino de los cielos a un mercader que busca perlas finas,
46 y habiendo hallado una perla de gran valor, fue y vendió todo lo que tenía, y la compró.

La red

47 Asimismo el reino de los cielos es semejante a una red que se echa al mar y recoge peces de toda clase;
48 y una vez llena, la sacan a la orilla, se sientan, recogen los buenos en cestas y tiran los malos.
49 Así será en el fin del mundo: saldrán los ángeles, y separarán a los malos de entre los justos,
50 y los echarán en el horno de fuego; allí será el llanto y el crujir de dientes.
51 ¿Habéis entendido estas cosas?, les dijo Jesús. Ellos respondieron: Sí, Señor.
52 Él les dijo: Por eso, todo escriba que ha sido hecho discípulo del reino de los cielos es semejante a un amo de casa, que saca de su tesoro cosas nuevas y cosas viejas.

Jesucristo en Nazaret

53 Aconteció que cuando terminó Jesús estas parábolas, se fue de allí.
54 Y llegando a su pueblo, les enseñaba en la sinagoga de ellos, de tal manera que se quedaban asombrados, y decían: ¿De dónde tiene éste esa sabiduría y esos prodigios?
55 ¿No es éste el hijo del carpintero? ¿No se llama su madre María, y sus hermanos Jacobo, José, Simón y Judas?
56 Y sus hermanas ¿no viven todas entre nosotros? ¿De dónde, pues, le viene todo esto?
57 Y se escandalizaban de él. Pero Jesús les dijo: No hay profeta sin honra, sino en su propia tierra y en su casa.
58 Y no hizo allí muchos milagros, a causa de la incredulidad de ellos.

Muerte de Juan el Bautista

14 Por aquel tiempo, Herodes el tetrarca oyó la fama de Jesús,
2 y dijo a sus servidores: Éste es Juan el Bautista; ha resucitado de los muertos, y por eso actúan en él esos poderes milagrosos.
3 Porque Herodes había prendido a Juan, y le había encadenado y metido en la cárcel,

por causa de Herodías, mujer de su hermano Felipe;
4 porque Juan le decía: No te es lícito tenerla.
5 Y Herodes quería matarle, pero temió al pueblo; porque tenían a Juan por profeta.
6 Pero al llegar el cumpleaños de Herodes, la hija de Herodías bailó en presencia de todos, y agradó a Herodes,
7 por lo cual éste le prometió con juramento darle cualquier cosa que pidiese.
8 Ella, instruida de antemano por su madre, dijo: Dame aquí en un plato la cabeza de Juan el Bautista.
9 Entonces el rey se entristeció; pero en atención a los juramentos y a los que estaban con él a la mesa, mandó que se la diesen,
10 y envió a decapitar a Juan en la cárcel.
11 Y fue traída su cabeza en un plato, y dada a la muchacha; y ella la llevó a su madre.
12 Y llegaron los discípulos de Juan, se llevaron el cadáver y lo enterraron; y fueron a comunicárselo a Jesús.

Alimentación de los cinco mil

13 Cuando Jesús oyó esto, se retiró de allí en una barca a un lugar desierto, a solas; y cuando la gente lo oyó, le siguió a pie desde las ciudades.
14 Y al salir él, vio una gran multitud, y tuvo compasión de ellos, y sanó a los que de ellos estaban enfermos.
15 Al caer la tarde, se acercaron a él sus discípulos, y le dijeron: El lugar es despoblado, y la hora ya es avanzada; despide a la multitud para que vayan por las aldeas y compren de comer.
16 Jesús les dijo: No tienen necesidad de irse; dadles vosotros de comer.
17 Y ellos dijeron: No tenemos aquí sino cinco panes y dos peces.
18 Él dijo: Traédmelos acá.
19 Entonces mandó a la gente recostarse sobre la hierba; y tomando los cinco panes y los dos peces, alzó los ojos al cielo, pronunció la bendición, partió los panes y los dio a los discípulos, y los discípulos a la multitud.
20 Y comieron todos, y se quedaron satisfechos; y recogieron lo que sobró de los pedazos, doce cestas llenas.
21 Y los que comieron eran unos cinco mil hombres, sin contar mujeres y niños.

El Señor Jesús anda sobre el mar

22 En seguida obligó a sus discípulos a entrar en la barca e ir delante de él a la otra orilla, entretanto que él despedía a la multitud.

23 Y una vez que despidió a la multitud, subió al monte, a solas, a orar; y cuando llegó la noche, estaba allí solo.

24 Y la barca estaba ya en medio del mar, azotada por las olas; porque el viento era contrario.

25 Mas a la cuarta vigilia de la noche, Jesús vino a ellos andando sobre el mar.

26 Y los discípulos, al verle andar sobre el mar, se turbaron y decían: ¡Es un fantasma! Y se pusieron a gritar llenos de miedo.

27 Pero en seguida les habló Jesús, diciendo: ¡Tened ánimo; yo soy, no temáis!

28 Entonces le respondió Pedro, y dijo: Señor, si eres tú, mándame ir a ti sobre las aguas.

29 Y él dijo: Ven. Y descendiendo Pedro de la barca, se puso a caminar sobre las aguas, para ir hacia Jesús.

30 Pero al percibir el fuerte viento, tuvo miedo; y comenzando a hundirse, gritó: ¡Señor, sálvame!

31 Al momento Jesús, tendiéndole la mano, lo agarró, y le dijo: ¡Hombre de poca fe! ¿Por qué dudaste?

32 Y cuando ellos subieron a la barca, se calmó el viento.

33 Entonces los que estaban en la barca, vinieron y le adoraron, diciendo: Verdaderamente eres el Hijo de Dios.

Jesucristo sana a los enfermos en Genesaret

34 Y terminada la travesía, vinieron a tierra de Genesaret.

35 Cuando le reconocieron los hombres de aquel lugar, enviaron a decirlo por todos aquellos contornos, y le trajeron todos los que se hallaban mal;

36 y le rogaban que les dejase tocar solamente el borde de su manto; y todos los que lo tocaron, quedaron completamente curados.

Las tradiciones de los fariseos

15 Entonces se acercaron a Jesús ciertos escribas y fariseos de Jerusalén, diciendo:

2 ¿Por qué quebrantan tus discípulos la tradición de los ancianos? Pues no se lavan las manos cuando comen pan.

3 Respondiendo él, les dijo: ¿Por qué también vosotros quebrantáis el mandamiento de Dios por vuestra tradición?

4 Porque Dios mandó diciendo: Honra a tu padre y a tu madre; y: El que maldiga al padre o a la madre, muera irremisiblemente.

5 Pero vosotros decís: Cualquiera que diga a su padre o a su madre: Ya he ofrecido a Dios todo lo mío con que yo pudiera ayudarte,

6 ya no está obligado a honrar a su padre o a su madre. Así habéis invalidado el mandamiento de Dios por vuestra tradición.

7 Hipócritas, bien profetizó de vosotros Isaías, cuando dijo:

8   Este pueblo me honra con los labios;
     Pero su corazón está lejos de mí.

9   Mas en vano me rinden culto,
     Enseñando doctrinas que son preceptos
        de hombres.

10 Y llamando a sí a la multitud, les dijo: Oíd, y entended:

11 No es lo que entra en la boca lo que contamina al hombre, sino lo que sale de la boca, eso es lo que contamina al hombre.

12 Entonces, acercándose sus discípulos, le dijeron: ¿Sabes que los fariseos se ofendieron al oír esas palabras?

13 Pero él respondió y dijo: Toda planta que no ha plantado mi Padre celestial, será desarraigada.

14 Dejadlos; son ciegos guías de ciegos; y si un ciego guía a otro ciego, ambos caerán en un hoyo.

15 Tomando la palabra Pedro, le dijo: Explícanos esa parábola.

16 Jesús dijo: ¿También vosotros estáis aún sin comprender?

17 ¿No entendéis que todo lo que entra en la boca pasa al vientre, y es echado en el estercolero?

18 Pero lo que sale de la boca, sale del corazón; y eso es lo que contamina al hombre.

19 Porque del corazón salen los malos pensamientos, los homicidios, los adulterios, las fornicaciones, los hurtos, los falsos testimonios, las blasfemias.

20 Estas cosas son las que contaminan al hombre; pero el comer con las manos sin lavar no contamina al hombre.

La fe de la mujer cananea

21 Saliendo Jesús de allí, se retiró a la región de Tiro y de Sidón.

22 Y he aquí que una mujer cananea, que había salido de aquellos confines, gritaba, diciéndole: ¡Señor, Hijo de David, ten compasión de mí! Mi hija es gravemente atormentada por un demonio.

23 Pero Jesús no le respondió palabra. Entonces, acercándose sus discípulos, le rogaban, diciendo: Dile que se vaya, porque viene gritando detrás de nosotros.

24 Él, respondiendo, dijo: No he sido enviado sino a las ovejas perdidas de la casa de Israel.

25 Entonces ella vino y se postró ante él, diciendo: ¡Señor, socórreme!

26 Respondiendo él, dijo: No está bien tomar el pan de los hijos, y echarlo a los perrillos.
27 Y ella dijo: Sí, Señor; pues también los perrillos comen de las migajas que caen de la mesa de sus amos.
28 Entonces, respondiendo Jesús, dijo: Oh mujer, grande es tu fe; hágase contigo como quieres. Y su hija quedó sana desde aquel momento.

Jesucristo sana a muchos

29 Pasó Jesús de allí y vino junto al mar de Galilea; y subiendo al monte, se sentó allí.
30 Y se le acercó mucha gente que traía consigo a cojos, ciegos, mudos, mancos, y otros muchos enfermos; y los pusieron a los pies de Jesús, y los sanó;
31 de manera que la multitud se maravillaba, viendo a los mudos hablar, a los mancos sanados, a los cojos andar, y a los ciegos ver; y glorificaban al Dios de Israel.

Alimentación de los cuatro mil

32 Y Jesús, llamando a sus discípulos, dijo: Tengo compasión de la gente, porque ya hace tres días que están conmigo, y no tienen qué comer; y no quiero enviarlos en ayunas, no sea que desfallezca en el camino.
33 Entonces sus discípulos le dijeron: ¿De dónde podemos obtener nosotros tantos panes en un despoblado, para saciar a una multitud tan grande?
34 Jesús les dijo: ¿Cuántos panes tenéis? Y ellos dijeron: Siete, y unos pocos pececillos.
35 Entonces él mandó a la multitud que se recostase en tierra.
36 Y tomando los siete panes y los peces, dio gracias, los partió y los dio a sus discípulos, y los discípulos a la multitud.
37 Y comieron todos, y se saciaron; y recogieron lo que sobró de los pedazos, siete canastas llenas.
38 Y eran los que habían comido, cuatro mil hombres, sin contar mujeres y niños.
39 Entonces despidió a la gente, entró en la barca, y vino a los confines de Magdala.

Fariseos y saduceos piden una señal

16 Se le acercaron los fariseos y los saduceos para tentarle, y le pidieron que les mostrase una señal del cielo.
2 Mas él, respondiendo, les dijo: Cuando llega el atardecer, decís: Buen tiempo; porque el cielo se pone rojizo.
3 Y por la mañana: Hoy habrá tempestad; porque el cielo se pone de un rojo sombrío. ¡Hipócritas! ¿Sabéis discernir el aspecto del cielo, y no podéis discernir las señales de los tiempos?
4 Esta generación mala y adúltera demanda una señal; pero no le será dada señal, sino la señal del profeta Jonás. Y dejándolos, se fue.

La levadura de los fariseos

5 Llegando sus discípulos al otro lado, se habían olvidado de traer pan.
6 Y Jesús les dijo: Mirad, guardaos de la levadura de los fariseos y de los saduceos.
7 Ellos pensaban dentro de sí, diciendo: Lo dice porque no trajimos pan.
8 Y conociéndolo Jesús, les dijo: ¿Por qué pensáis dentro de vosotros, hombres de poca fe, que no tenéis pan?
9 ¿No entendéis aún, ni os acordáis de los cinco panes entre cinco mil hombres, y cuántas cestas recogisteis?
10 ¿Ni de los siete panes entre cuatro mil, y cuántas canastas recogisteis?
11 ¿Cómo es que no entendéis que no me referí al pan cuando os dije que os guardaseis de la levadura de los fariseos y de los saduceos?
12 Entonces entendieron que no les había dicho que se guardasen de la levadura del pan, sino de la doctrina de los fariseos y de los saduceos.

La confesión de Pedro

13 Al llegar Jesús a la región de Cesarea de Filipo, preguntó a sus discípulos, diciendo: ¿Quién dicen los hombres que es el Hijo del Hombre?
14 Ellos dijeron: Unos, que Juan el Bautista; otros, que Elías; y otros, que Jeremías, o alguno de los profetas.
15 Él les dijo: Y vosotros, ¿quién decís que soy yo?
16 Respondiendo Simón Pedro, dijo: Tú eres el Cristo, el Hijo del Dios viviente.
17 Entonces le respondió Jesús: Bienaventurado eres, Simón, hijo de Jonás, porque no te lo reveló carne ni sangre, sino mi Padre que está en los cielos.
18 Y yo también te digo, que tú eres Pedro, y sobre esta roca edificaré mi iglesia; y las puertas del Hades no prevalecerán contra ella.
19 Y a ti te daré las llaves del reino de los cielos; y todo lo que ates en la tierra, estará atado en los cielos; y todo lo que desates en la tierra, estará desatado en los cielos.
20 Entonces mandó a sus discípulos que a nadie dijesen que él era Jesús el Cristo.

Jesucristo anuncia su muerte

21 Desde entonces comenzó Jesús a declarar a sus discípulos que él debía ir a Jerusa-

lén y padecer mucho de parte de los ancianos, de los principales sacerdotes y de los escribas; y ser muerto, y resucitar al tercer día.

22 Entonces Pedro, tomándolo aparte, comenzó a reconvenirle, diciendo: Señor, no lo permita Dios; en ninguna manera te suceda esto.

23 Pero él, volviéndose, dijo a Pedro: ¡Quítate de delante de mí, Satanás!; me eres tropiezo, porque tus sentimientos no son los de Dios, sino los de los hombres.

24 Entonces Jesús dijo a sus discípulos: Si alguno quiere venir en pos de mí, niéguese a sí mismo, tome su cruz, y sígame.

25 Porque todo el que quiera salvar su vida, la perderá; y todo el que pierda su vida por causa de mí, la hallará.

26 Porque, ¿qué provecho sacará el hombre de ganar el mundo entero, si pierde su alma? ¿O qué dará un hombre a cambio de su alma?

27 Porque el Hijo del Hombre ha de venir en la gloria de su Padre con sus ángeles, y entonces pagará a cada uno conforme a su conducta.

28 De cierto os digo que hay algunos de los que están aquí, que no gustarán la muerte hasta que hayan visto venir en su reino al Hijo del Hombre.

La transfiguración

17 Seis días después, Jesús tomó a Pedro, a Jacobo y a Juan su hermano, y los llevó aparte a un monte alto;

2 y se transfiguró ante ellos, y su rostro resplandeció como el sol, y sus vestiduras se volvieron blancas como la luz.

3 En esto, se les aparecieron Moisés y Elías, hablando con él.

4 Entonces Pedro tomó la palabra y dijo a Jesús: Señor, bueno es estarnos aquí; si quieres, hagamos aquí tres tiendas: una para ti, otra para Moisés, y otra para Elías.

5 Mientras él aún hablaba, una nube luminosa los cubrió; y salió de la nube una voz que decía: Éste es mi Hijo amado, en quien tengo complacencia; a él oíd.

6 Al oír los discípulos, se postraron sobre sus rostros, y tuvieron enorme temor.

7 Entonces Jesús se acercó y los tocó, y dijo: Levantaos, y no temáis.

8 Y cuando alzaron sus ojos, no vieron a nadie, sino a Jesús solo.

9 Cuando descendían del monte, Jesús les mandó, diciendo: No digáis a nadie la visión, hasta que el Hijo del Hombre resucite de los muertos.

10 Entonces sus discípulos le preguntaron, diciendo: ¿Por qué, pues, dicen los escribas que debe venir antes Elías?

11 Jesús respondió y les dijo: A la verdad, Elías viene primero, y restaurará todas las cosas.

12 Mas os digo que Elías ya vino, y no le reconocieron, sino que hicieron con él todo lo que quisieron; así también el Hijo del Hombre va a padecer a manos de ellos.

13 Entonces los discípulos comprendieron que les había hablado de Juan el Bautista.

Jesús sana a un muchacho lunático

14 Cuando llegaron ellos adonde estaba la multitud, se le acercó un hombre que se arrodilló ante él, diciendo:

15 Señor, ten compasión de mi hijo, que es lunático, y padece muchísimo; porque muchas veces cae en el fuego, y muchas en el agua.

16 Y lo he traído a tus discípulos, pero no le han podido sanar.

17 Respondiendo Jesús, dijo: ¡Oh generación incrédula y perversa! ¿Hasta cuándo estaré con vosotros? ¿Hasta cuándo os he de soportar? Traédmelo acá.

18 Le increpó Jesús, y el demonio salió de él, y quedó curado el muchacho desde aquel momento.

19 Entonces los discípulos, acercándose a Jesús, le dijeron aparte: ¿Por qué nosotros no pudimos echarlo fuera?

20 Jesús les dijo: Por vuestra falta de fe; porque de cierto os digo, que si tenéis fe como un grano de mostaza, diréis a este monte: Pásate de aquí allá, y se pasará; y nada os será imposible.

21 [Pero esta clase de demonios no sale sino con oración y ayuno.]

Jesucristo anuncia otra vez su muerte

22 Mientras caminaban ellos por Galilea, les dijo Jesús: El Hijo del Hombre va a ser entregado en manos de hombres,

23 y le matarán; y al tercer día resucitará. Y ellos se entristecieron en gran manera.

Pago del tributo del templo

24 Cuando llegaron a Capernaúm, se acercaron a Pedro los que cobraban el impuesto de las dos dracmas, y le dijeron: ¿No paga vuestro Maestro las dos dracmas?

25 Él dijo: Sí. Y al entrar él en casa, Jesús se anticipó a él, diciendo: ¿Qué te parece, Simón? Los reyes de la tierra, ¿de quiénes cobran tributos o impuestos? ¿De sus hijos, o de los extraños?

26 Pedro le respondió: De los extraños. Jesús le dijo: Luego los hijos están exentos.

27 Sin embargo, para no ofenderles, ve al mar, echa el anzuelo, y al primer pez que

suba, tómalo, y al abrirle la boca, hallarás un estater; tómalo, y dáselo por mí y por ti.

¿Quién es el mayor?

18 En aquel momento se acercaron los discípulos a Jesús, diciendo: ¿Quién es, entonces, mayor en el reino de los cielos?

2 Y llamando Jesús a un niño, lo puso en medio de ellos,

3 y dijo: De cierto os digo, que si no os volvéis y os hacéis como los niños, de ningún modo entraréis en el reino de los cielos.

4 Así que, cualquiera que se humille como este niño, ése es el mayor en el reino de los cielos.

5 Y cualquiera que reciba en mi nombre a un niño como éste, a mí me recibe.

Ocasiones de caer

6 Pero al que haga tropezar a alguno de estos pequeños que creen en mí, más le valdría que le colgasen al cuello una piedra de molino de asno, y que le hundieran en el fondo del mar.

7 ¡Ay del mundo por los tropiezos! Porque es necesario que vengan tropiezos, pero ¡ay de aquel hombre por quien viene el tropiezo!

8 Por tanto, si tu mano o tu pie te es ocasión de caer, córtatelo y échalo de ti; mejor te es entrar en la vida cojo o manco, que teniendo dos manos o dos pies ser echado en el fuego eterno.

9 Y si tu ojo te es ocasión de caer, arráncatelo y échalo de ti; mejor te es entrar con un solo ojo en la vida, que teniendo dos ojos ser echado en el infierno de fuego.

Parábola de la oveja perdida

10 Mirad que no menospreciéis a uno de estos pequeños; porque os digo que sus ángeles en los cielos están viendo siempre el rostro de mi Padre que está en los cielos.

11 Porque el Hijo del Hombre ha venido para salvar lo que se había perdido.

12 ¿Qué os parece? Si un hombre tiene cien ovejas, y se descarría una de ellas, ¿no dejará las noventa y nueve y va por los montes a buscar la que se había descarriado?

13 Y si acontece que la encuentra, de cierto os digo que se regocija más por aquélla, que por las noventa y nueve que no se habían descarriado.

14 Así, no es la voluntad de vuestro Padre que está en los cielos, que se pierda uno de estos pequeños.

Cómo se debe perdonar al hermano

15 Y si tu hermano peca contra ti, ve y repréndele a solas tú con él; si te escucha, has ganado a tu hermano.

16 Pero si no te escucha, toma aún contigo a uno o dos, para que por boca de dos o tres testigos conste toda palabra.

17 Si rehúsa escucharles a ellos, dilo a la iglesia; y si también rehúsa escuchar a la iglesia, sea para ti como el gentil y el publicano.

18 De cierto os digo que todo lo que atéis en la tierra, estará atado en el cielo; y todo lo que desatéis en la tierra, estará desatado en el cielo.

19 Otra vez os digo, que si dos de vosotros se ponen de acuerdo en la tierra acerca de cualquier cosa que pidan, les será hecho por mi Padre que está en los cielos.

20 Porque donde están dos o tres congregados en mi nombre, allí estoy en medio de ellos.

El perdón de las injurias

21 Entonces se le acercó Pedro y le dijo: Señor, ¿cuántas veces perdonaré a mi hermano que peque contra mí? ¿Hasta siete veces?

22 Jesús le dijo: No te digo hasta siete veces, sino aun hasta setenta veces siete.

Parábola de los dos deudores

23 Por lo cual el reino de los cielos es semejante a un rey que quiso ajustar cuentas con sus siervos.

24 Y al comenzar a ajustar cuentas, le fue presentado uno que le debía diez mil talentos.

25 No teniendo él con qué pagar, su señor mandó que fuera vendido él, su mujer y sus hijos, y todo lo que tenía, y que se le pagase la deuda.

26 Entonces aquel siervo se postró ante él, diciendo: Señor, ten paciencia conmigo, y te lo pagaré todo.

27 El señor de aquel siervo, movido a compasión, le soltó y le perdonó la deuda.

28 Pero aquel siervo, al salir, se encontró con uno de sus consiervos, que le debía cien denarios; y agarrándolo, le ahogaba, diciendo: Págame lo que me debes.

29 Entonces su consiervo, postrándose a sus pies, le rogaba, diciendo: Ten paciencia conmigo, y te lo pagaré todo.

30 Pero él no quiso, sino que fue y le echó en la cárcel, hasta que pagase la deuda.

31 Viendo sus consiervos lo ocurrido, se entristecieron sobremanera, y fueron y refirieron a su señor todo lo que había pasado.

32 Entonces, llamándole su señor, le dijo: Siervo malvado, toda aquella deuda te perdoné, porque me lo suplicaste.
33 ¿No debías tú también haberte compadecido de tu consiervo, como yo tuve compasión de ti?
34 Entonces su señor, enojado, le entregó a los verdugos, hasta que pagase todo lo que le debía.
35 Así también mi Padre celestial hará con vosotros si no perdonáis de corazón cada uno a su hermano sus ofensas.

Jesucristo enseña sobre el divorcio

19 Aconteció que cuando Jesús terminó estas palabras, se alejó de Galilea, y se fue a la comarca de Judea, al otro lado del Jordán.
2 Y le siguieron grandes multitudes, y los sanó allí.
3 Entonces se le acercaron los fariseos para ponerle a prueba, diciéndole: ¿Es lícito a un hombre repudiar a su mujer por cualquier causa?
4 Él, respondiendo, les dijo: ¿No habéis leído que el que los creó, desde el principio los hizo varón y hembra,
5 y dijo: Por eso el hombre dejará a su padre y a su madre, y se unirá a su mujer, y los dos vendrán a ser una sola carne?
6 Así que ya no son dos, sino una sola carne; por tanto, lo que Dios juntó, no lo separe el hombre.
7 Le dijeron: ¿Por qué, pues, mandó Moisés dar carta de divorcio, y repudiarla?
8 Él les dijo: Por la dureza de vuestro corazón, Moisés os permitió repudiar a vuestras mujeres; pero no fue así desde el principio.
9 Y yo os digo que cualquiera que repudia a su mujer, salvo por causa de fornicación, y se casa con otra, comete adulterio; y el que se casa con la repudiada, comete adulterio.
10 Le dijeron sus discípulos: Si así es la condición del hombre con su mujer, no conviene casarse.
11 Entonces él les dijo: No todos son capaces de comprender esta doctrina, sino aquellos a quienes ha sido dado.
12 Pues hay eunucos que nacieron así del vientre de su madre, y hay eunucos que fueron hechos eunucos por los hombres, y hay eunucos que se hicieron eunucos a sí mismos por causa del reino de los cielos. El que sea capaz de aceptar esto, que lo acepte.

Jesucristo bendice a los niños

13 Entonces le fueron presentados unos niños, para que pusiese las manos sobre ellos, y orase; y los discípulos les reprendieron.

14 Pero Jesús dijo: Dejad a los niños, y no les impidáis que vengan a mí; porque de los tales es el reino de los cielos.
15 Y habiendo puesto sobre ellos las manos, se fue de allí.

El joven rico

16 Entonces se le acercó uno y le dijo: Maestro bueno, ¿qué cosa buena haré para tener la vida eterna?
17 Él le dijo: ¿Por qué me dices bueno? Ninguno hay bueno sino uno: Dios. Mas si quieres entrar en la vida, guarda los mandamientos.
18 Le dijo: ¿Cuáles? Y Jesús le dijo: No matarás. No adulterarás. No hurtarás. No dirás falso testimonio.
19 Honra a tu padre y a tu madre; y: Amarás a tu prójimo como a ti mismo.
20 El joven le dijo: Todo esto lo he guardado desde mi juventud. ¿Qué me falta todavía?
21 Jesús le dijo: Si quieres ser perfecto, anda, vende tus posesiones, y dalo a los pobres, y tendrás tesoro en el cielo; y ven y sígueme.
22 Al oír el joven estas palabras, se fue triste, porque era poseedor de muchos bienes.
23 Entonces Jesús dijo a sus discípulos: De cierto os digo, que difícilmente entrará un rico en el reino de los cielos.
24 Otra vez os digo: Es más fácil que un camello pase por el ojo de una aguja, que el que un rico entre en el reino de Dios.
25 Sus discípulos, al oír esto, se asombraban en gran manera, diciendo: ¿Quién, entonces, podrá ser salvo?
26 Jesús, fijando en ellos la mirada, les dijo: Para los hombres, eso es imposible; mas para Dios todo es posible.
27 Entonces Pedro tomó la palabra y le dijo: Mira que nosotros lo hemos dejado todo, y te hemos seguido; ¿qué, pues, tendremos?
28 Y Jesús les dijo: De cierto os digo que en la regeneración, cuando el Hijo del Hombre se siente en el trono de su gloria, vosotros que me habéis seguido os sentaréis también sobre doce tronos, para juzgar a las doce tribus de Israel.
29 Y todo el que haya dejado casas, o hermanos, o hermanas, o padre, o madre, o mujer, o hijos, o tierras, por mi nombre, recibirá cien veces más, y heredará la vida eterna.
30 Pero muchos primeros serán últimos; y últimos, primeros.

Los obreros de la viña

20 Porque el reino de los cielos es semejante a un hombre, padre de familia, que salió de madrugada a contratar obreros para su viña.

2 Y habiéndose concertado con los obreros en un denario al día, los envió a su viña.

3 Saliendo hacia la hora tercera del día, vio a otros que estaban de pie en la plaza desocupados;

4 y les dijo: Id también vosotros a mi viña, y os daré lo que sea justo. Y ellos fueron.

5 Salió otra vez hacia las horas sexta y novena, e hizo lo mismo.

6 Y saliendo hacia la hora undécima, halló a otros que estaban parados, y les dijo: ¿Por qué estáis aquí todo el día desocupados?

7 Le dijeron: Porque nadie nos contrató. Él les dijo: Id también vosotros a la viña, y recibiréis lo que sea justo.

8 Al caer la tarde, el dueño de la viña dijo a su administrador: Llama a los obreros y págales el jornal, comenzando desde los últimos hasta los primeros.

9 Y al venir los que habían ido hacia la hora undécima, recibieron cada uno un denario.

10 Al venir también los primeros pensaron que recibirían más; pero también ellos recibieron cada uno un denario.

11 Y al recibirlo, murmuraban contra el padre de familia,

12 diciendo: Estos últimos han trabajado una sola hora, y los has hecho iguales a nosotros, que hemos soportado el peso del día y el calor abrasador.

13 Él, respondiendo, dijo a uno de ellos: Amigo, no te hago injusticia; ¿no te concertaste conmigo en un denario?

14 Toma lo que es tuyo, y vete; pero quiero dar a este último como a ti.

15 ¿No me es lícito hacer con lo mío lo que quiera? ¿O tienes tú envidia, porque yo soy bueno?

16 Así, los últimos serán primeros; y los primeros, últimos; porque muchos son llamados, mas pocos escogidos.

Nuevamente Jesús anuncia su muerte

17 Subiendo Jesús a Jerusalén, tomó a sus discípulos aparte en el camino, y les dijo:

18 Mirad que subimos a Jerusalén, y el Hijo del Hombre será entregado a los principales sacerdotes y a los escribas, y le condenarán a muerte;

19 y le entregarán a los gentiles para que le escarnezcan, le azoten, y le crucifiquen; y al tercer día resucitará.

Petición de Santiago y de Juan

20 Entonces se le acercó la madre de los hijos de Zebedeo con sus hijos, postrándose ante él y pidiéndole algo.

21 Él le dijo: ¿Qué quieres? Ella le dijo:

Ordena que en tu reino se sienten estos dos hijos míos, el uno a tu derecha, y el otro a tu izquierda.

22 Entonces Jesús, respondiendo, dijo: No sabéis lo que pedís. ¿Podéis beber la copa que yo he de beber [y ser bautizados con el bautismo con que yo soy bautizado]? Y ellos respondieron: Podemos.

23 Él les dijo: A la verdad, mi copa beberéis, [y con el bautismo con que yo soy bautizado, seréis bautizados]; pero el sentarse a mi derecha y a mi izquierda, no es mío darlo, sino a aquellos para quienes está preparado por mi Padre.

24 Cuando los diez oyeron esto, se enojaron contra los dos hermanos.

25 Entonces Jesús, llamándoles, dijo: Sabéis que los gobernantes de las naciones se enseñorean de ellas, y los potentados las oprimen con su autoridad.

26 Mas entre vosotros no será así, sino que el que quiera hacerse grande entre vosotros será vuestro servidor,

27 y el que quiera ser el primero entre vosotros, será vuestro siervo;

28 como el Hijo del Hombre no vino para ser servido, sino para servir, y para dar su vida en rescate por muchos.

Dos ciegos reciben la vista

29 Al salir ellos de Jericó, le siguió una gran multitud.

30 Y dos ciegos que estaban sentados junto al camino, cuando oyeron que Jesús pasaba, gritaron, diciendo: ¡Señor, Hijo de David, ten compasión de nosotros!

31 Y la gente les reprendió para que callasen; pero ellos gritaban más aún, diciendo: ¡Señor, Hijo de David, ten compasión de nosotros!

32 Y deteniéndose Jesús, los llamó y les dijo: ¿Qué queréis que os haga?

33 Ellos le dijeron: Señor, que sean abiertos nuestros ojos.

34 Entonces Jesús, movido a compasión, les tocó los ojos, y en seguida recobraron la vista; y le siguieron.

La entrada mesiánica en Jerusalén

21 Cuando se acercaron a Jerusalén, y vinieron a Betfagé, al monte de los Olivos, Jesús envió dos discípulos,

2 diciéndoles: Id a la aldea que está enfrente de vosotros, y luego hallaréis un asna atada, y un pollino con ella; desatadlos, y traédmelos.

3 Y si alguien os dice algo, decid: El Señor los necesita; y luego los enviará.

4 Todo esto aconteció para que se cumpliese lo dicho por medio del profeta, cuando dijo:

5   Decid a la hija de Sión:
    He aquí que tu Rey viene a ti,
    Apacible, y sentado sobre un asna,
    Sobre un pollino, hijo de animal de
        yugo.
6 Y los discípulos fueron, e hicieron tal
como Jesús les mandó;
7 Y trajeron el asna y el pollino, y pusieron
sobre ellos sus mantos; y él se sentó encima.
8 Y la multitud, que era muy numerosa,
extendió sus mantos en el camino; y otros
cortaban ramas de los árboles, y las extendían en el camino.
9 Y la gente, la que iba delante y la que iba
detrás, gritaba, diciendo: ¡Hosanná al Hijo
de David! ¡Bendito el que viene en el nombre del Señor! ¡Hosanná en las alturas!
10 Cuando entró él en Jerusalén, toda la
ciudad se conmovió, diciendo: ¿Quién es
éste?
11 Y la gente decía: Éste es Jesús, el profeta
de Nazaret de Galilea.

Purificación del templo

12 Y entró Jesús en el templo de Dios, y
echó fuera a todos los que vendían y compraban en el templo, y volcó las mesas de los
cambistas, y las sillas de los que vendían
palomas;
13 y les dijo: Escrito está: Mi casa será
llamada casa de oración; mas vosotros la
habéis hecho cueva de ladrones.
14 Ciegos y cojos se acercaron a él en el
templo, y los sanó.
15 Pero los principales sacerdotes y los
escribas, viendo las maravillas que hacía, y a
los muchachos que gritaban en el templo,
diciendo: ¡Hosanná al Hijo de David!, se
indignaron,
16 y le dijeron: ¿Oyes lo que éstos dicen? Y
Jesús les dijo: Sí; ¿nunca leísteis:
    De la boca de los pequeños y de los
        niños de pecho,
    Te preparaste perfecta alabanza?
17 Y dejándolos, salió fuera de la ciudad, a
Betania, y se hospedó allí.

Maldición a la higuera estéril

18 Al día siguiente, de madrugada, cuando
volvía a la ciudad, tuvo hambre.
19 Y al ver una higuera cerca del camino, se
fue hacia ella, y no halló nada en ella, sino
hojas solamente; y le dijo: Nunca jamás
nazca de ti fruto. Y al instante se secó la
higuera.
20 Al ver esto los discípulos, decían asombrados: ¿Cómo es que se secó en seguida la
higuera?
21 Respondiendo Jesús, les dijo: De cierto
os digo, que si tenéis fe, y no dudáis, no sólo
haréis esto de la higuera, sino que si decís a
este monte: Quítate de ahí y échate en el
mar, será hecho.
22 Y todo lo que pidáis en oración, creyendo, lo recibiréis.

La autoridad de Jesucristo

23 Cuando vino al templo, los principales
sacerdotes y los ancianos del pueblo se
acercaron a él mientras enseñaba, y le dijeron: ¿Con qué autoridad haces estas cosas?,
¿y quién te dio esta autoridad?
24 Respondiendo Jesús, les dijo: Yo también os haré una pregunta, y si me la contestáis, también yo os diré con qué autoridad
hago estas cosas.
25 El bautismo de Juan, ¿de dónde era?
¿Del cielo, o de los hombres? Ellos entonces discutían entre sí, diciendo: Si decimos,
del cielo, nos dirá: ¿Por qué, pues, no le
creísteis?
26 Y si decimos, de los hombres, tememos
a la gente; porque todos tienen a Juan por
profeta.
27 Y respondiendo a Jesús, dijeron: No
sabemos. Y él también les dijo: Tampoco yo
os digo con qué autoridad hago estas cosas.

Parábola de los dos hijos

28 ¿Qué os parece? Un hombre tenía dos
hijos, y acercándose al primero, le dijo:
Hijo, ve a trabajar hoy en mi viña.
29 Respondiendo él, dijo: No quiero; pero
después, arrepentido, fue.
30 Y acercándose al otro, le dijo de la
misma manera; y respondiendo él, dijo: Sí,
señor, voy. Y no fue.
31 ¿Cuál de los dos hizo la voluntad de su
padre? Dijeron ellos: El primero. Jesús les
dijo: De cierto os digo, que los publicanos y
las rameras van delante de vosotros al reino
de Dios.
32 Porque vino a vosotros Juan en camino
de justicia, y no le creísteis; pero los publicanos y las rameras le creyeron; y vosotros,
viendo esto, no os arrepentisteis después
para creerle.

Los labradores malvados

33 Escuchad otra parábola: Había un hombre, padre de familia, el cual plantó una
viña, la cercó de vallado, cavó en ella un
lagar, edificó una torre, y la arrendó a unos
labradores, y se ausentó del país.
34 Y cuando se acercó el tiempo de los
frutos, envió sus siervos a los labradores,
para que recibiesen sus frutos.
35 Mas los labradores, tomando a los siervos, a uno golpearon, a otro mataron, y a
otro apedrearon.

36 Envió de nuevo otros siervos, en mayor número que los primeros; e hicieron con ellos de la misma manera.

37 Finalmente les envió su hijo, diciendo: Tendrán respeto a mi hijo.

38 Mas los labradores, cuando vieron al hijo, dijeron entre sí: Éste es el heredero; venid, matémosle, y apoderémonos de su heredad.

39 Y tomándole, le echaron fuera de la viña, y le mataron.

40 Cuando venga, pues, el señor de la viña, ¿qué hará a aquellos labradores?

41 Le dijeron: A esos malvados les dará un fin miserable, y arrendará la viña a otros labradores que le paguen el fruto a su tiempo.

42 Jesús les dijo: ¿Nunca leísteis en las Escrituras:

La piedra que los constructores rechazaron,

Se ha convertido en piedra angular.

El Señor es quien ha hecho esto,

Y es cosa maravillosa a nuestros ojos?

43 Por tanto os digo que el reino de Dios os será quitado, y será dado a una nación que produzca los frutos de él.

44 Y el que caiga sobre esta piedra será quebrantado; y sobre quien ella caiga, le desmenuzará.

45 Y oyendo sus parábolas los principales sacerdotes y los fariseos, entendieron que se refería a ellos.

46 Pero al buscar cómo echarle mano, temían al pueblo, porque éste le tenía por profeta.

Parábola del banquete de bodas

22 Tomando Jesús la palabra, les volvió a hablar en parábolas, diciendo:

2 El reino de los cielos es semejante a un rey que preparó un banquete de bodas para su hijo;

3 y envió a sus siervos a llamar a los convidados a las bodas; mas éstos no quisieron venir.

4 Volvió a enviar otros siervos, diciendo: Decid a los invitados: Mirad, ya he preparado mi banquete; mis toros y mis animales engordados han sido matados, y todo está a punto; venid a las bodas.

5 Mas ellos, sin hacer caso, se fueron, uno a su labranza, otro a sus negocios;

6 y otros, echando mano a los siervos, los maltrataron y los mataron.

7 Al oírlo el rey, se enojó; y enviando sus ejércitos, destruyó a aquellos homicidas, y quemó su ciudad.

8 Después dijo a sus siervos: El banquete está a punto; mas los que fueron invitados no eran dignos.

9 Id, pues, a las encrucijadas de los caminos, y llamad a las bodas a cuantos halléis.

10 Y saliendo los siervos por los caminos, juntaron a todos los que hallaron, tanto malos como buenos; y el salón de bodas se llenó de convidados.

11 Y al entrar el rey para ver a los convidados, vio allí a un hombre que no estaba vestido con traje de boda.

12 Y le dijo: Amigo, ¿cómo entraste aquí, sin estar vestido con traje de boda? Mas él enmudeció.

13 Entonces el rey dijo a los sirvientes: Atadle de pies y manos, y echadle a las tinieblas de afuera; allí será el llanto y el rechinar de dientes.

14 Porque muchos son llamados, y pocos escogidos.

La cuestión del tributo

15 Entonces se fueron los fariseos a deliberar cómo tenderle una trampa y sorprenderle en alguna palabra.

16 Y le enviaron los discípulos de ellos con los herodianos, diciendo: Maestro, sabemos que eres veraz, y que enseñas con verdad el camino de Dios, y que no te da cuidado de nadie, porque no miras la apariencia de los hombres.

17 Dinos, pues, qué te parece: ¿Es lícito dar tributo a César, o no?

18 Pero Jesús, conociendo la malicia de ellos, les dijo: ¿Por qué me tentáis, hipócritas?

19 Mostradme la moneda del tributo. Y ellos le presentaron un denario.

20 Entonces les dijo: ¿De quién es esta imagen, y la inscripción?

21 Le dijeron: De César. Y les dijo: Dad, pues, a César lo que es de César, y a Dios lo que es de Dios.

22 Oyendo esto, se quedaron asombrados, y dejándole, se fueron.

La pregunta sobre la resurrección

23 Aquel día se le acercaron los saduceos, que dicen que no hay resurrección, y le preguntaron,

24 diciendo: Maestro, Moisés dijo: Si alguno muere sin hijos, su hermano se casará con su mujer, y levantará descendencia a su hermano.

25 Ahora bien, había entre nosotros siete hermanos; el primero se casó, y murió; y no teniendo descendencia, dejó su mujer a su hermano.

26 De la misma manera también el segundo, y el tercero, hasta el séptimo.

27 Y después de todos, murió también la mujer.

28 En la resurrección, pues, ¿de cuál de los
siete será ella mujer, ya que todos la tuvieron?
29 Entonces, respondiendo Jesús, les dijo:
Estáis en un error, por no saber las Escrituras ni el poder de Dios.
30 Porque en la resurrección no se casan ni
son dadas en matrimonio, sino que son
como los ángeles de Dios en el cielo.
31 Pero en cuanto a la resurrección de los
muertos, ¿no habéis leído lo que os fue
dicho por Dios, cuando dijo:
32 Yo soy el Dios de Abraham, el Dios de
Isaac y el Dios de Jacob? Dios no es un Dios
de muertos, sino de vivos.
33 Oyendo esto la gente, se admiraba de su
doctrina.

El principal mandamiento

34 Entonces los fariseos, oyendo que había
hecho callar a los saduceos, se reunieron de
común acuerdo.
35 Y uno de ellos, intérprete de la ley,
preguntó por tentarlo, diciendo:
36 Maestro, ¿cuál es el gran mandamiento
en la ley?
37 Jesús le dijo: Amarás al Señor tu Dios
con todo tu corazón, con toda tu alma, y con
toda tu mente.
38 Éste es el primero y gran mandamiento.
39 Y el segundo es semejante: Amarás a tu
prójimo como a ti mismo.
40 De estos dos mandamientos dependen
toda la ley y los profetas.

¿De quién es hijo el Cristo?

41 Y estando reunidos los fariseos, les preguntó Jesús,
42 diciendo: ¿Qué opináis del Cristo? ¿De
quién es hijo? Le dijeron: De David.
43 Él les dijo: ¿Pues cómo David en el
Espíritu le llama Señor, diciendo:
44 Dijo el Señor a mi Señor:
    Siéntate a mi derecha,
    Hasta que ponga a tus enemigos por
    estrado de tus pies?
45 Pues si David le llama Señor, ¿cómo es
hijo suyo?
46 Y nadie le podía responder palabra; y
nadie se atrevió desde aquel día a preguntarle más.

Jesucristo acusa a escribas y fariseos

23 Entonces habló Jesús a la gente y a
sus discípulos, diciendo:
2 En la cátedra de Moisés están sentados
los escribas y los fariseos.
3 Así que, todo lo que os digan que guardéis, guardadlo y hacedlo; mas no hagáis

conforme a sus obras, porque dicen, y no
hacen.
4 Pues atan cargas pesadas y difíciles de
llevar, y las ponen sobre los hombros de los
hombres; pero ellos ni con un dedo quieren
moverlas;
5 sino que hacen todas sus obras para ser
vistos por los hombres. Pues ensanchan sus
filacterias, y alargan los flecos de sus
mantos;
6 y les gusta ocupar el primer puesto en los
banquetes y los primeros asientos en las
sinagogas,
7 ser saludados efusivamente en las plazas,
y que los hombres los llamen: Rabí, Rabí.
8 Pero vosotros no queráis que os llamen
Rabí; porque uno solo es vuestro Maestro,
el Cristo, y todos vosotros sois hermanos.
9 Y no llaméis padre vuestro en la tierra a
nadie; porque uno solo es vuestro Padre, el
que está en los cielos.
10 Ni seáis llamados maestros; porque uno
solo es vuestro Maestro, el Cristo.
11 El mayor de vosotros, será vuestro servidor.
12 Mas cualquiera que se ensalce a sí mismo, será humillado; y cualquiera que se
humille a sí mismo, será ensalzado.
13 Mas ¡ay de vosotros, escribas y fariseos,
hipócritas!, porque cerráis el reino de los
cielos delante de los hombres; pues ni entráis vosotros, ni dejáis entrar a los que
están entrando.
14 ¡Ay de vosotros, escribas y fariseos,
hipócritas!, porque devoráis las casas de las
viudas, y como pretexto hacéis largas oraciones; por esto recibiréis mayor condenación.
15 ¡Ay de vosotros, escribas y fariseos,
hipócritas!, porque recorréis el mar y la
tierra para hacer un prosélito, y cuando
llega a serlo, le hacéis dos veces más hijo del
infierno que vosotros.
16 ¡Ay de vosotros, guías ciegos!, que decís: Si alguno jura por el templo, no es nada;
pero si alguno jura por el oro del templo,
queda obligado.
17 ¡Insensatos y ciegos!, porque ¿qué es
mayor, el oro o el templo que santifica al
oro?
18 También decís: Si alguno jura por el
altar, no es nada; pero si alguno jura por la
ofrenda que está sobre él, queda obligado.
19 ¡Necios y ciegos!, porque ¿qué es
mayor, la ofrenda, o el altar que santifica a
la ofrenda?
20 Pues el que jura por el altar, jura por él,
y por todo lo que está sobre él;
21 y el que jura por el templo, jura por él, y
por el que lo habita;
22 y el que jura por el cielo, jura por el trono de Dios, y por el que está sentado en él.

23 ¡Ay de vosotros, escribas y fariscos, hipócritas!, porque pagáis el diezmo de la menta, del eneldo y del comino, y habéis dejado lo más importante de la ley: la justicia, la misericordia y la fe. Esto era necesario hacer, sin dejar de hacer aquello.
24 ¡Guías ciegos, que coláis el mosquito, y os tragáis el camello!
25 ¡Ay de vosotros, escribas y fariscos, hipócritas!, porque limpiáis lo exterior del vaso y del plato, pero por dentro estáis llenos de rapiña y de injusticia.
26 ¡Fariseo ciego! Limpia primero lo de dentro del vaso y del plato, para que también lo de fuera quede limpio.
27 ¡Ay de vosotros, escribas y fariscos, hipócritas!, porque sois semejantes a sepulcros blanqueados, que por fuera, a la verdad, aparecen hermosos, mas por dentro están llenos de huesos de muertos y de toda inmundicia.
28 Así también vosotros por fuera, a la verdad, aparecéis justos a los hombres, pero por dentro estáis llenos de hipocresía e iniquidad.
29 ¡Ay de vosotros, escribas y fariscos, hipócritas!, porque edificáis los sepulcros de los profetas, y adornáis los monumentos de los justos,
30 y decís: Si hubiésemos vivido en los días de nuestros padres, no habríamos sido sus cómplices en la sangre de los profetas.
31 Así que dais testimonio contra vosotros mismos, de que sois hijos de los que mataron a los profetas.
32 ¡Vosotros también colmad la medida de vuestros padres!
33 ¡Serpientes, engendros de víboras! ¿Cómo escaparéis de la condenación del infierno?
34 Por tanto, he aquí que yo os envío profetas, sabios y escribas; y de ellos, a unos mataréis y crucificaréis, y a otros azotaréis en vuestras sinagogas, y perseguiréis de ciudad en ciudad;
35 para que venga sobre vosotros toda la sangre justa derramada sobre la tierra, desde la sangre de Abel el justo hasta la sangre de Zacarías hijo de Baraquías, a quien matasteis entre el templo y el altar.
36 De cierto os digo que todo esto vendrá sobre esta generación.

Lamento de Jesucristo sobre Jerusalén

37 ¡Jerusalén, Jerusalén, que matas a los profetas, y apedreas a los que te son enviados! ¡Cuántas veces quise juntar a tus hijos, como la gallina junta sus polluelos debajo de las alas, y no quisiste!
38 He aquí que vuestra casa os es dejada desierta.

39 Porque os digo que desde ahora no me veréis más, hasta que digáis: Bendito el que viene en el nombre del Señor.

Jesucristo predice la destrucción del templo

24 Cuando Jesús salió del templo, y mientras iba de camino, se acercaron sus discípulos para mostrarle los edificios del templo.
2 Él respondió y les dijo: ¿Veis todo esto? De cierto os digo, que no quedará aquí piedra sobre piedra, que no sea derribada.

Señales antes del fin

3 Y estando él sentado en el monte de los Olivos, los discípulos se le acercaron aparte, diciendo: Dinos, ¿cuándo sucederán estas cosas, y cuál será la señal de tu venida, y del final de esta época?
4 Respondiendo Jesús, les dijo: Mirad que nadie os engañe.
5 Porque vendrán muchos en mi nombre, diciendo: Yo soy el Cristo; y engañarán a muchos.
6 Oiréis hablar de guerras y de rumores de guerras; mirad que no os alarméis, porque es necesario que todo eso acontezca; pero aún no es el fin.
7 Porque se levantará nación contra nación, y reino contra reino; y habrá hambres, epidemias, y terremotos en diferentes lugares.
8 Mas todo esto será el principio de dolores.
9 Entonces os entregarán a tribulación, y os matarán, y seréis aborrecidos de todas las gentes por causa de mi nombre.
10 Muchos tropezarán entonces, y se entregarán unos a otros, y unos a otros se aborrecerán.
11 Y muchos falsos profetas se levantarán, y engañarán a muchos;
12 y debido al aumento de la iniquidad, se enfriará el amor de la mayoría.
13 Mas el que persevere hasta el fin, éste será salvo.
14 Y será predicado este evangelio del reino en todo el mundo, para testimonio a todas las naciones; y entonces vendrá el fin.
15 Por tanto, cuando veáis en el lugar santo la abominación de la desolación, anunciada por medio del profeta Daniel (el que lea, entienda).
16 entonces los que estén en Judea, huyan a los montes.
17 El que esté en la azotea, no descienda para tomar nada de su casa;
18 y el que esté en el campo, no vuelva atrás para tomar su capa.

19 Mas ¡ay de las que en aquellos días estén encintas, y de las que estén criando!

20 Orad para que vuestra huida no sea en invierno ni en sábado;

21 porque habrá entonces gran tribulación, cual no la ha habido desde el principio del mundo hasta ahora, ni la habrá jamás.

22 Y si aquellos días no fuesen acortados, no se salvaría nadie; mas por causa de los escogidos, aquellos días serán acortados.

23 Entonces, si alguno os dice: Mirad, aquí está el Cristo, o mirad, allí está, no lo creáis.

24 Porque se levantarán falsos Cristos, y falsos profetas, y harán grandes señales y prodigios, hasta el punto de engañar, si fuera posible, aun a los escogidos.

25 Mirad que os lo he predicho.

26 Así que si os dicen: Mirad, está en el desierto, no salgáis; o mirad, está en las habitaciones interiores, no lo creáis.

27 Porque así como el relámpago sale del oriente y brilla hasta el occidente, así será también la venida del Hijo del Hombre.

28 Dondequiera que esté el cadáver, allí se juntarán las águilas.

La venida del Hijo del Hombre

29 E inmediatamente después de la tribulación de aquellos días, el sol se oscurecerá, y la luna no dará su resplandor, y las estrellas caerán del cielo, y las potencias de los cielos serán sacudidas.

30 Entonces aparecerá la señal del Hijo del Hombre en el cielo; y entonces harán duelo todas las tribus de la tierra, y verán al Hijo del Hombre viniendo sobre las nubes del cielo, con poder y gran gloria.

31 Y enviará sus ángeles con gran voz de trompeta, y reunirán a sus escogidos, de los cuatro vientos, desde un extremo del cielo hasta el otro.

32 De la higuera aprended la parábola: Cuando ya su rama se ha puesto tierna, y brotan las hojas, sabéis que el verano está cerca.

33 Así también vosotros, cuando veáis todas estas cosas, conoced que él está cerca, a las puertas.

34 De cierto os digo, que no pasará esta generación hasta que todo esto acontezca.

35 El cielo y la tierra pasarán, pero mis palabras no pasarán.

36 Pero de aquel día y de aquella hora nadie sabe, ni aun los ángeles del cielo, sino sólo mi Padre.

37 Mas como en los días de Noé, así será la venida del Hijo del Hombre.

38 Porque como en los días antes del diluvio estaban comiendo y bebiendo, casándose y dándose en matrimonio, hasta el día en que Noé entró en el arca,

39 y no se dieron cuenta hasta que vino el diluvio y se los llevó a todos, así será también la venida del Hijo del Hombre.

40 Entonces estarán dos en el campo; el uno será tomado, y el otro será dejado.

41 Dos mujeres estarán moliendo en un molino; la una será tomada, y la otra será dejada.

42 Velad, pues, porque no sabéis a qué hora ha de venir vuestro Señor.

43 Y comprended aquello de que si el padre de familia supiese a qué hora iba a venir el ladrón, velaría y no dejaría que horadasen su casa.

44 Por tanto, también vosotros estad preparados; porque el Hijo del Hombre vendrá a la hora que no penséis.

45 ¿Quién es, pues, el siervo fiel y prudente, al cual puso su señor al frente de su servidumbre, para que les dé el alimento a su tiempo?

46 Dichoso aquel siervo, al cual, cuando su señor venga, le halle obrando así.

47 De cierto os digo que le pondrá al frente de toda su hacienda.

48 Pero si aquel siervo malo dice en su corazón: Mi señor tarda en venir;

49 y comienza a golpear a sus consiervos, y a comer y a beber con los borrachos.

50 vendrá el señor de aquel siervo el día que éste no espera, y a la hora que no sabe,

51 y lo castigará muy duramente, y pondrá su parte con los hipócritas; allí será el llanto y el crujir de dientes.

Parábola de las diez vírgenes

25 Entonces el reino de los cielos será semejante a diez vírgenes que, tomando sus lámparas, salieron a recibir al esposo.

2 Cinco de ellas eran prudentes, y cinco insensatas.

3 Las insensatas, tomando sus lámparas, no tomaron consigo aceite;

4 mas las prudentes tomaron aceite en sus vasijas, juntamente con sus lámparas.

5 Y tardándose el esposo, cabecearon todas y se durmieron.

6 Y a la medianoche se oyó un grito: ¡Aquí viene el esposo; salid a recibirle!

7 Entonces todas aquellas vírgenes se levantaron, y arreglaron sus lámparas.

8 Y las insensatas dijeron a las prudentes: Dadnos de vuestro aceite; porque nuestras lámparas se apagan.

9 Pero las prudentes respondieron diciendo: No sea que no haya suficiente para nosotras ni para vosotras, id más bien a los que venden, y comprad para vosotras mismas.

10 Pero mientras ellas iban a comprar, vino

el esposo; y las que estaban preparadas entraron con él a las bodas; y se cerró la puerta.

11 Después vinieron también las otras vírgenes, diciendo: ¡Señor, señor, ábrenos!

12 Pero él respondió y dijo: De cierto os digo, que no os conozco.

13 Velad, pues, porque no sabéis el día ni la hora en que el Hijo del Hombre ha de venir.

Parábola de los talentos

14 Porque el reino de los cielos es como un hombre que, al irse de viaje, llamó a sus siervos y les encomendó sus bienes.

15 A uno dio cinco talentos, a otro dos, y a otro uno, a cada uno conforme a su capacidad; y en seguida se ausentó del país.

16 Y el que había recibido cinco talentos, fue y negoció con ellos, y ganó otros cinco talentos.

17 Asimismo el que había recibido dos, ganó también otros dos.

18 Pero el que había recibido uno, fue y cavó un hoyo en la tierra, y escondió el dinero de su señor.

19 Después de mucho tiempo, volvió el señor de aquellos siervos, y ajustó cuentas con ellos.

20 Y llegando el que había recibido cinco talentos, trajo otros cinco talentos, diciendo: Señor, me entregaste cinco talentos; mira, he ganado otros cinco talentos sobre ellos.

21 Su señor le dijo: Bien, siervo bueno y fiel; sobre poco has sido fiel, sobre mucho te pondré; entra en el gozo de tu señor.

22 Llegando también el que había recibido dos talentos, dijo: Señor, me entregaste dos talentos; mira, he ganado otros dos talentos sobre ellos.

23 Su señor le dijo: Bien, siervo bueno y fiel; sobre poco has sido fiel, sobre mucho te pondré; entra en el gozo de tu señor.

24 Pero llegando también el que había recibido un talento, dijo: Señor, te conocía que eres hombre duro, que siegas donde no sembraste y recoges donde no esparciste;

25 por lo cual tuve miedo, y fui y escondí tu talento en la tierra; aquí tienes lo que es tuyo.

26 Mas su señor respondió, y le dijo: Siervo malo y negligente, sabías que siego donde no sembré, y que recojo donde no esparcí.

27 Debías, pues, haber llevado mi dinero a los banqueros, y al volver yo, hubiera recibido lo mío con los intereses.

28 Quitadle, pues, el talento, y dádselo al que tiene diez talentos.

29 Porque a todo el que tiene, le será dado, y tendrá en abundancia; pero al que no tiene, aun lo que tiene le será quitado.

30 Y al siervo inútil echadlo en las tinieblas de afuera; allí será el llanto y el crujir de dientes.

El juicio final

31 Cuando el Hijo del Hombre venga en su gloria, y todos los santos ángeles con él, entonces se sentará en su trono de gloria,

32 y serán reunidas delante de él todas las naciones, y separará a los unos de los otros, como separa el pastor las ovejas de los cabritos.

33 Y pondrá las ovejas a su derecha, y los cabritos a su izquierda.

34 Entonces el Rey dirá a los de su derecha: Venid, benditos de mi Padre, heredad el reino preparado para vosotros desde la fundación del mundo.

35 Porque tuve hambre, y me disteis de comer; tuve sed, y me disteis de beber; fui forastero, y me recogisteis;

36 estuve desnudo, y me vestisteis; enfermo, y me visitasteis; en la cárcel, y vinisteis a mí.

37 Entonces los justos le responderán diciendo: Señor, ¿cuándo te vimos hambriento, y te alimentamos, o sediento, y te dimos de beber?

38 Y ¿cuándo te vimos forastero, y te recogimos, o desnudo, y te vestimos?

39 ¿O cuándo te vimos enfermo, o en la cárcel, y vinimos a ti?

40 Y el Rey responderá y les dirá: De cierto os digo que en cuanto lo hicisteis a uno de estos mis hermanos más pequeños, a mí me lo hicisteis.

41 Entonces dirá también a los de la izquierda: Apartaos de mí, malditos, al fuego eterno preparado para el diablo y sus ángeles.

42 Porque tuve hambre, y no me disteis de comer; tuve sed, y no me disteis de beber;

43 fui forastero, y no me recogisteis; estuve desnudo, y no me vestisteis; enfermo, y en la cárcel, y no me visitasteis.

44 Entonces también ellos le responderán diciendo: Señor, ¿cuándo te vimos hambriento, sediento, forastero, desnudo, enfermo, o en la cárcel, y no te asistimos?

45 Entonces les responderá diciendo: De cierto os digo que en cuanto no lo hicisteis a uno de éstos más pequeños, tampoco a mí me lo hicisteis.

46 E irán éstos al castigo eterno, mas los justos a la vida eterna.

El complot para prender a Jesús

26 Y sucedió que, cuando Jesús terminó de hablar todas estas cosas, dijo a sus discípulos:

2 Sabéis que dentro de dos días se celebra la

pascua, y el Hijo del Hombre será entregado para ser crucificado.

3 Entonces los principales sacerdotes, los escribas, y los ancianos del pueblo se reunieron en el patio del palacio del sumo sacerdote llamado Caifás,

4 y tuvieron consejo para prender con engaño a Jesús, y matarle.

5 Pero decían: No durante la fiesta, para que no se haga un alboroto en el pueblo.

Jesucristo es ungido en Betania

6 Y estando Jesús en Betania, en casa de Simón el leproso,

7 se acercó a él una mujer, con un frasco de alabastro de perfume muy caro, y lo derramó sobre la cabeza de él, mientras estaba sentado a la mesa.

8 Al ver esto, los discípulos se indignaron y decían: ¿Para qué este despilfarro?

9 Porque esto podía haberse vendido a gran precio, y haberse dado a los pobres.

10 Dándose cuenta de ello, les dijo Jesús: ¿Por qué molestáis a esta mujer?, pues ha hecho conmigo una buena obra.

11 Porque a los pobres siempre los tenéis con vosotros, pero a mí no siempre me tendréis.

12 Pues al derramar ella este perfume sobre mi cuerpo, lo ha hecho con miras a mi sepultura.

13 De cierto os digo que dondequiera que se predique este evangelio, en todo el mundo, también se contará lo que ésta ha hecho, en recuerdo de ella.

Judas se ofrece para entregar a Jesucristo

14 Entonces uno de los doce, el que se llamaba Judas Iscariote, fue a los principales sacerdotes,

15 y les dijo: ¿Qué me queréis dar, y yo os lo entregaré? Y ellos le asignaron treinta piezas de plata.

16 Y desde entonces buscaba una oportunidad para entregarle.

Institución de la Cena del Señor

17 El primer día de la fiesta de los panes sin levadura, se acercaron los discípulos a Jesús y le dijeron: ¿Dónde quieres que te hagamos los preparativos para comer la pascua?

18 Y él dijo: Id a la ciudad, a cierto hombre, y decidle: El Maestro dice: Mi tiempo está cerca; en tu casa voy a celebrar la pascua con mis discípulos.

19 Y los discípulos hicieron conforme Jesús les había mandado, y prepararon la pascua.

20 Al caer la tarde, se sentó a la mesa con los doce.

21 Y mientras comían, dijo: De cierto os digo, que uno de vosotros me va a entregar.

22 Y entristecidos en gran manera, comenzó cada uno de ellos a decirle: ¿Acaso soy yo, Señor?

23 Entonces él respondió y dijo: El que mete la mano conmigo en el plato, ése me va a entregar.

24 El Hijo del Hombre se va, es cierto, según está escrito de él, pero ¡ay de aquel hombre por quien el Hijo del Hombre es entregado! ¡Más le valdría a ese hombre no haber nacido!

25 Tomando la palabra Judas, el que le estaba traicionando, dijo: ¿Acaso soy yo, Maestro? Jesús le respondió: Tú lo has dicho.

26 Y mientras comían, tomó Jesús el pan y, tras pronunciar la bendición, lo partió, lo dio a sus discípulos, y dijo: Tomad, comed; esto es mi cuerpo.

27 Y tomando la copa, y habiendo dado gracias, se la dio, diciendo: Bebed de ella todos;

28 porque esto es mi sangre del nuevo pacto, que va a ser derramada por muchos, para remisión de los pecados.

29 Y os digo que desde ahora no beberé más de este fruto de la vid, hasta aquel día en que lo beba nuevo con vosotros en el reino de mi Padre.

Jesús anuncia la negación de Pedro

30 Y cuando hubieron cantado el himno, salieron hacia el monte de los Olivos.

31 Entonces Jesús les dijo: Todos vosotros os escandalizaréis de mí esta noche; porque está escrito: Heriré al pastor, y se dispersarán las ovejas del rebaño.

32 Pero después que haya resucitado, iré delante de vosotros a Galilea.

33 Tomando entonces Pedro la palabra, le dijo: Aunque todos se escandalicen de ti, yo nunca me escandalizaré.

34 Jesús le dijo: De cierto te digo que esta noche, antes que el gallo cante, me negarás tres veces.

35 Pedro le dijo: Aunque tenga que morir contigo, no te negaré. Y todos los discípulos dijeron lo mismo.

Jesús ora en Getsemaní

36 Entonces marchó Jesús con ellos a un lugar que se llama Getsemaní, y dijo a sus discípulos: Sentaos aquí, mientras voy a orar allá.

37 Y tomando a Pedro, y a los dos hijos de Zebedeo, comenzó a entristecerse y a sentir gran angustia.

38 Entonces les dijo: Mi alma está abruma-

da de una tristeza mortal; quedaos aquí, y velad conmigo.

39 Y adelantándose un poco, se postró rostro en tierra, orando y diciendo: Padre mío, si es posible pase de mí esta copa; sin embargo, no se haga como yo quiero, sino como tú.

40 Vino luego a los discípulos, y los halló durmiendo, y dijo a Pedro: ¿Así que no habéis podido velar conmigo una hora?

41 Velad y orad, para que no entréis en tentación; el espíritu a la verdad está animoso, pero la carne es débil.

42 De nuevo se apartó, y oró por segunda vez, diciendo: Padre mío, si no es posible que pase de mí esta copa sin que yo la beba, hágase tu voluntad.

43 Vino otra vez y los halló durmiendo, porque los ojos de ellos estaban cargados de sueño.

44 Y dejándolos, se fue de nuevo, y oró por tercera vez, diciendo las mismas palabras.

45 Entonces vino a sus discípulos y les dijo: Dormid, pues, y descansad. He aquí que ha llegado la hora, y el Hijo del Hombre es entregado en manos de pecadores.

46 Levantaos, vamos; ved, se acerca el que me entrega.

Arresto de Jesús

47 Mientras todavía hablaba, vino Judas, uno de los doce, y con él mucha gente con espadas y palos, de parte de los principales sacerdotes y de los ancianos del pueblo.

48 Y el que le entregaba les había dado una contraseña, diciendo: Al que yo bese, ése es; prendedle.

49 Y en seguida se acercó a Jesús y dijo: ¡Salve, Maestro! Y le besó.

50 Jesús le dijo: Amigo, ¿a qué vienes? Entonces se acercaron y echaron mano a Jesús, y le prendieron.

51 En esto, uno de los que estaban con Jesús, extendiendo la mano, sacó su espada, e hirió a un siervo del sumo sacerdote, cortándole una oreja.

52 Entonces Jesús le dijo: Vuelve tu espada a su lugar; porque todos los que empuñen espada, a espada perecerán.

53 ¿O te parece que no puedo ahora rogar a mi Padre, y que él no pondría a mi disposición más de doce legiones de ángeles?

54 Pero ¿cómo se cumplirán entonces las Escrituras, de que es menester que suceda así?

55 Seguidamente, dijo Jesús a la gente: ¿Como contra un ladrón habéis salido con espadas y palos a prenderme? Cada día me sentaba ante vosotros enseñando en el templo, y no me prendisteis.

56 Pero todo esto ha sucedido para que se cumplan las Escrituras de los profetas. Entonces todos los discípulos le abandonaron y huyeron.

Jesucristo ante el sanedrín

57 Los que prendieron a Jesús le llevaron ante el sumo sacerdote Caifás, adonde estaban reunidos los escribas y los ancianos.

58 Y Pedro le seguía de lejos hasta el patio del palacio del sumo sacerdote; y entrando, se sentó con los guardias, para ver el final.

59 Los principales sacerdotes y los ancianos y todo el sanedrín, buscaban un falso testimonio contra Jesús, para entregarle a la muerte,

60 y no lo hallaron, aunque se presentaron muchos testigos falsos. Pero al fin llegaron dos testigos falsos,

61 que dijeron: Éste dijo: Puedo derribar el templo de Dios, y reedificarlo en tres días.

62 Y levantándose el sumo sacerdote, le dijo: ¿No respondes nada? ¿Qué testifican éstos contra ti?

63 Mas Jesús callaba. Entonces el sumo sacerdote le dijo: Te conjuro por el Dios viviente, que nos digas si eres tú el Cristo, el Hijo de Dios.

64 Jesús le dijo: Tú lo has dicho; y además os digo, que a partir de ahora veréis al Hijo del Hombre sentado a la diestra del Poder, y viniendo sobre las nubes del cielo.

65 Entonces el sumo sacerdote se rasgó las vestiduras, diciendo: ¡Ha blasfemado! ¿Qué necesidad tenemos ya de testigos? He aquí, ahora mismo habéis oído su blasfemia.

66 ¿Qué os parece? Ellos respondieron y dijeron: ¡Es reo de muerte!

67 Entonces le escupieron en el rostro, y le dieron de puñetazos, y otros le abofetearon,

68 diciendo: Profetízanos, Cristo, ¿quién es el que te golpeó?

Pedro niega a Jesús

69 Pedro estaba sentado fuera en el patio; y se le acercó una criada, y le dijo: Tú también estabas con Jesús el galileo.

70 Mas él lo negó delante de todos, diciendo: No sé lo que dices.

71 Al salir él al portal, le vio otra, y dijo a los que estaban allí: También éste estaba con Jesús el nazareno.

72 Pero él negó otra vez con juramento: No conozco a ese hombre.

73 Un poco después, se acercaron los que estaban allí, y le dijeron a Pedro: De seguro que tú también eres uno de ellos, porque hasta tu manera de hablar te descubre.

74 Entonces él comenzó a maldecir, y a jurar: No conozco a ese hombre. Y en seguida cantó el gallo.

75 Entonces Pedro se acordó de la palabra de Jesús, el cual le había dicho: Antes que cante el gallo, me negarás tres veces. Y saliendo fuera, lloró amargamente.

Jesucristo ante Pilato

27 Llegada la mañana, todos los principales sacerdotes y los ancianos del pueblo celebraron consejo contra Jesús, para darle muerte.
2 Y después de atarlo, se lo llevaron, y lo entregaron a Poncio Pilato, el gobernador.

Muerte de Judas

3 Entonces Judas, el que le había entregado, viendo que Jesús había sido condenado, sintió remordimiento y devolvió las treinta piezas de plata a los principales sacerdotes y a los ancianos,
4 diciendo: He pecado, entregando sangre inocente. Mas ellos dijeron: A nosotros, ¿qué? ¡Allá tú!
5 Entonces él arrojó las piezas de plata en el templo y se retiró; y fue y se ahorcó.
6 Mas los principales sacerdotes recogieron las piezas de plata y dijeron: No es lícito echarlas en el tesoro de las ofrendas, porque es precio de sangre.
7 Y después de celebrar consejo, compraron con ellas el campo del alfarero, para sepultura de los extranjeros.
8 Por lo cual aquel campo se ha llamado hasta el día de hoy: Campo de sangre.
9 Entonces se cumplió lo dicho por medio del profeta Jeremías, cuando dijo: Y tomaron las treinta piezas de plata, el precio del que fue tasado, según precio puesto por los hijos de Israel;
10 y las dieron para el campo del alfarero, como me ordenó el Señor.

Pilato interroga a Jesús

11 Jesús, pues, estaba en pie delante del gobernador; y éste le preguntó, diciendo: ¿Eres tú el rey de los judíos? Y Jesús le dijo: Tú lo dices.
12 Y siendo acusado por los principales sacerdotes y por los ancianos, nada respondió.
13 Pilato entonces le dijo: ¿No oyes cuántas cosas testifican contra ti?
14 Pero Jesús no le respondió ni una palabra; de tal manera que el gobernador se maravillaba mucho.

Jesús, sentenciado a muerte

15 Ahora bien, en el día de la fiesta acostumbraba el gobernador soltar al pueblo un preso, el que quisiesen.

16 Y tenían entonces un preso famoso llamado Barrabás.
17 Reunidos, pues, ellos, les dijo Pilato: ¿A quién queréis que os suelte: a Barrabás, o a Jesús, llamado el Cristo?
18 Porque sabía que por envidia le habían entregado.
19 Y estando él sentado en el tribunal, su mujer le mandó a decir: No tengas nada que ver con ese justo; porque hoy he padecido mucho en sueños por causa de él.
20 Pero los principales sacerdotes y los ancianos persuadieron a la multitud que pidiese a Barrabás, y que diesen muerte a Jesús.
21 Y respondiendo el gobernador, les dijo: ¿A cuál de los dos queréis que os suelte? Y ellos dijeron: A Barrabás.
22 Pilato les dijo: ¿Qué, pues, haré de Jesús, llamado el Cristo? Todos le dijeron: ¡Sea crucificado!
23 Y el gobernador les dijo: Pues ¿qué mal ha hecho? Pero ellos gritaban aún más, diciendo: ¡Sea crucificado!
24 Viendo Pilato que nada conseguía, sino que más bien se formaba un tumulto, tomó agua y se lavó las manos delante del pueblo, diciendo: Soy inocente de la sangre de este justo; allá vosotros.
25 Y respondiendo todo el pueblo, dijo: Su sangre sea sobre nosotros, y sobre nuestros hijos.
26 Entonces les soltó a Barrabás; y habiendo azotado a Jesús, le entregó para ser crucificado.
27 Entonces los soldados del gobernador llevaron a Jesús al pretorio, y reunieron alrededor de él a toda la compañía;
28 y desnudándole, le echaron encima un manto de escarlata,
29 y trenzando una corona de espinas, la pusieron sobre su cabeza, y una caña en su mano derecha; e hincando la rodilla delante de él, le escarnecían, diciendo: ¡Salve, Rey de los judíos!
30 Y escupiéndole, tomaban la caña y le golpeaban en la cabeza.
31 Después de haberle escarnecido, le quitaron el manto, le pusieron sus vestidos, y le llevaron para crucificarle.

Crucifixión y muerte del Señor Jesús

32 Cuando salían, hallaron a un hombre de Cirene que se llamaba Simón; a éste obligaron a que llevase la cruz.
33 Y cuando llegaron a un lugar llamado Gólgota, que significa: Lugar de la Calavera,
34 le dieron a beber vinagre mezclado con hiel; pero después de haberlo probado, no quiso beberlo.

35 Después que le crucificaron, repartieron entre sí sus vestidos, echando suertes, para que se cumpliese lo dicho por el profeta: Partieron entre sí mis vestidos, y sobre mi ropa echaron suertes.

36 Y sentados, le guardaban allí.

37 Y pusieron sobre su cabeza su causa escrita: ÉSTE ES JESÚS, REY DE LOS JUDÍOS.

38 Entonces crucificaron con él a dos ladrones, uno a la derecha, y otro a la izquierda.

39 Y los que pasaban le injuriaban, meneando la cabeza,

40 y diciendo: Tú que derribas el templo, y en tres días lo reedificas, sálvate a ti mismo; si eres Hijo de Dios, desciende de la cruz.

41 De esta manera, también los principales sacerdotes, escarneciéndole con los escribas y los fariseos y los ancianos, decían:

42 A otros salvó, a sí mismo no se puede salvar; si es el Rey de Israel, descienda ahora de la cruz, y creeremos en él.

43 Ha puesto su confianza en Dios; líbrele ahora si le quiere; porque ha dicho: Soy Hijo de Dios.

44 Lo mismo le injuriaban también los ladrones que estaban crucificados con él.

45 Y desde la hora sexta hubo tinieblas sobre toda la tierra hasta la hora novena.

46 Cerca de la hora novena, Jesús clamó a gran voz, diciendo: Elí, Elí, ¿lama sabactani? Esto es: Dios mío, Dios mío, ¿por qué me has desamparado?

47 Algunos de los que estaban allí decían, al oírlo: A Elías llama éste.

48 Y al instante, corriendo uno de ellos, tomó una esponja, y la empapó de vinagre, y poniéndola en una caña, le dio a beber.

49 Pero los otros decían: Deja, veamos si viene Elías a salvarle.

50 Mas Jesús, habiendo otra vez clamado a gran voz, entregó el espíritu.

51 Y he aquí, el velo del templo se rasgó en dos, de arriba abajo; y la tierra tembló, y las rocas se partieron;

52 y se abrieron los sepulcros, y muchos cuerpos de santos que habían dormido, se levantaron;

53 y saliendo de los sepulcros después de la resurrección de él, entraron en la santa ciudad, y se aparecieron a muchos.

54 El centurión, y los que estaban con él guardando a Jesús, visto el terremoto, y las cosas que habían acontecido, temieron en gran manera, y dijeron: Verdaderamente, éste era Hijo de Dios.

55 Estaban allí muchas mujeres mirando de lejos, las cuales habían seguido a Jesús desde Galilea, sirviéndole;

56 entre las cuales estaban María la Magdalena, María la madre de Jacobo y de José, y la madre de los hijos de Zebedeo.

Jesús es sepultado

57 Cuando llegó la noche, vino un hombre rico de Arimatea, llamado José, que también se había hecho discípulo de Jesús.

58 Éste se presentó a Pilato y pidió el cuerpo de Jesús. Entonces Pilato mandó que se le diese el cuerpo.

59 Y tomando José el cuerpo, lo envolvió en una sábana limpia,

60 y lo puso en su sepulcro nuevo, que había excavado en la peña; y después de hacer rodar una gran piedra a la entrada del sepulcro, se fue.

61 Y estaban allí María la Magdalena, y la otra María, sentadas frente al sepulcro.

La guardia ante la tumba

62 Al día siguiente, que es después de la Preparación, se reunieron los principales sacerdotes y los fariseos ante Pilato,

63 diciendo: Señor, nos acordamos que aquel engañador dijo, viviendo aún: Después de tres días resucitaré.

64 Manda, pues, que se asegure el sepulcro hasta el tercer día, no sea que vengan sus discípulos, y lo hurten, y digan al pueblo: Resucitó de entre los muertos. Y el último engaño será peor que el primero.

65 Y Pilato les dijo: Ahí tenéis una guardia; id, aseguradlo como sabéis.

66 Entonces ellos fueron y aseguraron el sepulcro, sellando la piedra, además de poner la guardia.

La resurrección del Señor

28 Pasado el sábado, al amanecer del primer día de la semana, vinieron María la Magdalena y la otra María, a ver el sepulcro.

2 Y hubo un gran terremoto; porque un ángel del Señor, descendiendo del cielo y llegando, removió la piedra, y se sentó sobre ella.

3 Su aspecto era como un relámpago, y su vestido blanco como la nieve.

4 Y de miedo de él los guardias temblaron y se quedaron como muertos.

5 Mas el ángel, dirigiéndose a las mujeres, les dijo: Dejad de temer vosotras; porque yo sé que buscáis a Jesús, el que fue crucificado.

6 No está aquí, pues ha resucitado, como dijo. Venid, ved el lugar donde yacía el Señor.

7 E id pronto y decid a sus discípulos que ha resucitado de los muertos, y he aquí que va delante de vosotros a Galilea; allí le veréis. He aquí que os lo he dicho.

8 Entonces ellas, saliendo a toda prisa del

sepulcro con temor y gran gozo, fueron corriendo a dar las nuevas a sus discípulos. Y mientras iban a dar las nuevas a los discípulos,

9 he aquí que Jesús les salió al encuentro, diciendo: ¡Salve! Y ellas, acercándose, se asieron a sus pies, y le adoraron.

10 Entonces Jesús les dijo: No temáis ya; id, dad las nuevas a mis hermanos, para que vayan a Galilea, y allí me verán.

El informe de la guardia

11 Mientras ellas iban, he aquí que algunos de la guardia fueron a la ciudad, e informaron a los principales sacerdotes de todas las cosas que habían acontecido.

12 Y reunidos con los ancianos, y habido consejo, dieron mucho dinero a los soldados,

13 diciendo: Decid vosotros: Sus discípulos vinieron de noche, y lo hurtaron, estando nosotros dormidos.

14 Y si esto lo oye el gobernador, nosotros le persuadiremos, y os evitaremos preocupaciones.

15 Y ellos, tomando el dinero, hicieron como se les había instruido. Este dicho se divulgó extensamente entre los judíos hasta hoy.

La gran comisión

16 Pero los once discípulos se fueron a Galilea, al monte donde Jesús les había ordenado.

17 Y cuando le vieron, le adoraron; pero algunos dudaban.

18 Y Jesús se acercó y les habló diciendo: Toda autoridad me ha sido dada en el cielo y sobre la tierra.

19 Por tanto, id, y haced discípulos en todas las naciones, bautizándolos en el nombre del Padre, y del Hijo, y del Espíritu Santo;

20 enseñándoles a guardar todas las cosas que os he mandado; y he aquí que yo estoy con vosotros todos los días, hasta el fin del mundo.

EL SANTO EVANGELIO

SEGÚN

SAN MARCOS

Predicación de Juan el Bautista

1 Principio del Evangelio de Jesucristo, Hijo de Dios.

2 Como está escrito en Isaías el profeta:
He aquí, yo envío mi mensajero delante de tu faz,
El cual preparará tu camino.

3 Voz de uno que clama en el desierto:
Preparad el camino del Señor;
Haced derechas sus sendas.

4 Apareció Juan bautizando en el desierto, y predicando el bautismo de arrepentimiento para perdón de pecados.

5 Y salían a él toda la región de Judea, y todos los de Jerusalén; y eran bautizados por él en el río Jordán, confesando sus pecados.

6 Y Juan llevaba un vestido hecho de pelos de camello, y tenía un cinto de cuero alrededor de su cintura; y comía langostas y miel silvestre.

7 Y predicaba, diciendo: Viene después de mí el que es más poderoso que yo, a quien no soy digno de desatar, inclinándome, la correa de sus sandalias.

8 Yo a la verdad os he bautizado con agua; pero él os bautizará con Espíritu Santo.

El bautismo de Jesucristo

9 Aconteció en aquellos días, que Jesús vino de Nazaret de Galilea, y fue bautizado por Juan en el Jordán.

10 E inmediatamente, cuando subía del agua, vio que se rasgaban los cielos, y al Espíritu como paloma que descendía sobre él.

11 Y vino una voz de los cielos que decía: Tú eres mi Hijo amado; en ti tengo complacencia.

Tentación de Jesucristo

12 Y luego el Espíritu le impulsó al desierto.

13 Y estuvo en el desierto cuarenta días, siendo tentado por Satanás, y estaba con las fieras; y los ángeles le servían.

Jesucristo empieza su ministerio

14 Después que Juan fue encarcelado, Jesús vino a Galilea predicando el evangelio del reino de Dios,
15 y diciendo: El tiempo se ha cumplido, y el reino de Dios se ha acercado; arrepentíos, y creed en el evangelio.

Jesucristo llama a cuatro pescadores

16 Mientras pasaba junto al mar de Galilea, vio a Simón y a Andrés, hermano de Simón, que echaban una red en el mar, porque eran pescadores.
17 Y les dijo Jesús: Venid en pos de mí, y haré que seáis pescadores de hombres.
18 Y dejando al instante sus redes, le siguieron.
19 Pasando de allí un poco más adelante, vio a Jacobo, hijo del Zebedeo, y a Juan su hermano, también ellos en la barca remendando las redes.
20 Al instante los llamó; y dejando a su padre Zebedeo en la barca con los jornaleros, se fueron en pos de él.

Un hombre que tenía un espíritu inmundo

21 Y entraron en Capernaúm; y tan pronto como llegó el sábado, entrando en la sinagoga, enseñaba.
22 Y se admiraban de su enseñanza; porque les enseñaba como quien tiene autoridad, y no como los escribas.
23 Y había en la sinagoga de ellos un hombre con espíritu inmundo, que dio voces,
24 diciendo: ¿Qué tenemos que ver contigo, Jesús nazareno? ¿Has venido a destruirnos? Sé quién eres, el Santo de Dios.
25 Pero Jesús le conminó diciendo: ¡Cállate, y sal de él!
26 El espíritu inmundo, haciéndole agitarse convulsivamente y dando un gran grito, salió de él.
27 Y todos quedaron atónitos, de tal manera que discutían entre sí, diciendo: ¿Qué es esto? ¡Una enseñanza nueva, expuesta con autoridad! Da órdenes incluso a los espíritus inmundos, y le obedecen.
28 Y muy pronto se extendió su fama por toda la comarca circunvecina de Galilea.

Jesucristo sana a la suegra de Pedro

29 Inmediatamente después de salir de la sinagoga, vinieron a casa de Simón y Andrés, con Jacobo y Juan.
30 Y la suegra de Simón estaba acostada con fiebre; y en seguida le hablaron de ella.
31 Entonces él se acercó, y tomándola de la mano, la levantó. Luego la dejó la fiebre, y ella comenzó a servirles.

Muchos sanados al ponerse el sol

32 Al atardecer, cuando se puso el sol, comenzaron a traerle a todos los enfermos y endemoniados;
33 y toda la ciudad estaba agolpada a la puerta.
34 Y sanó a muchos que estaban enfermos de diversas enfermedades, y expulsó muchos demonios; y no dejaba hablar a los demonios, porque sabían quién era.

Jesucristo recorre Galilea predicando

35 De madrugada, cuando estaba aún muy oscuro, se levantó, salió y se fue a un lugar solitario, y allí se puso a orar.
36 Simón, y los que estaban con él, salieron en busca suya;
37 y cuando le encontraron, le dijeron: Todos te buscan.
38 Él les dijo: Vámonos a otro lugar, a los pueblos vecinos, para que predique también allí; porque para eso he salido.
39 Salió, pues, a recorrer toda la Galilea, predicando en las sinagogas de ellos y expulsando los demonios.

Jesucristo sana a un leproso

40 Viene hacia él un leproso suplicándole, y arrodillándose, le dice: Si quieres, puedes limpiarme.
41 Y, movido a compasión, Jesús extendió la mano, le tocó, y le dijo: Quiero, ¡queda limpio!
42 Al instante le dejó la lepra, y quedó limpio.
43 Entonces le advirtió severamente, y le despidió luego,
44 y le dijo: Mira que no digas nada a nadie, sino ve, muéstrate al sacerdote, y ofrece por tu purificación lo que Moisés ordenó, para que les sirva de testimonio.
45 Pero él salió y comenzó a proclamarlo abiertamente y a divulgar el hecho, de tal manera que Jesús ya no podía entrar públicamente en ninguna ciudad, sino que se quedaba fuera en los lugares despoblados; y venían a él de todas partes.

Jesucristo sana a un paralítico

2 Entró Jesús otra vez en Capernaúm después de algunos días; y corrió la voz de que estaba en casa.
2 Y se reunieron muchos, tanto que ya no quedaba sitio ni aun delante de la puerta; y les hablaba la palabra.
3 En esto, llegan unos hombres trayéndole un paralítico, llevado por cuatro de ellos.
4 Y como no podían acercarse a él a causa

de la multitud, abrieron un boquete en el techo encima de donde él estaba, y por la abertura hecha, bajaron la camilla en que yacía el paralítico.

5 Al ver Jesús la fe de ellos, dijo al paralítico: Hijo, tus pecados te son perdonados.

6 Estaban allí sentados algunos de los escribas, los cuales razonaban en sus corazones:

7 ¿Por qué habla éste así? Está blasfemando. ¿Quién puede perdonar pecados, sino sólo Dios?

8 Y al instante Jesús, conociendo en su espíritu que razonaban de esta manera dentro de sí mismos, les dijo: ¿Por qué pensáis esas cosas en vuestros corazones?

9 ¿Qué es más fácil, decirle al paralítico: Tus pecados te son perdonados, o decirle: Levántate, toma tu camilla y anda?

10 Pues para que sepáis que el Hijo del Hombre tiene autoridad en la tierra para perdonar pecados (dijo al paralítico):

11 A ti te digo: Levántate, toma tu camilla, y vete a tu casa.

12 Entonces él se levantó, y tomando en seguida su camilla, salió a la vista de todos, de manera que todos se asombraron, y glorificaban a Dios, diciendo: Nunca hemos visto nada como esto.

Llamamiento de Leví

13 Él salió de nuevo a la orilla del mar; y toda la multitud venía a él, y él comenzó a enseñarles.

14 Y al pasar, vio a Leví, el hijo de Alfeo, sentado a la mesa de impuestos, y le dijo: Sígueme. Y él se levantó y le siguió.

15 Y sucedió que estando sentado a la mesa en casa de él, muchos cobradores de impuestos y pecadores notorios estaban también sentados a la mesa juntamente con Jesús y sus discípulos; porque había muchos, y le seguían.

16 Cuando los escribas del partido de los fariseos vieron que comía con los pecadores y cobradores de impuestos, comenzaron a decir a sus discípulos: ¿Qué es esto, que él come [y bebe] con los cobradores de impuestos y pecadores?

17 Al oír esto Jesús, les dijo: Los sanos no tienen necesidad de médico, sino los enfermos. No he venido a llamar a justos, sino a pecadores.

La pregunta sobre el ayuno

18 Y los discípulos de Juan y los de los fariseos estaban ayunando; y vinieron y le dijeron: ¿Por qué ayunan los discípulos de Juan y los de los fariseos, pero tus discípulos no ayunan?

19 Jesús les dijo: ¿Acaso pueden ayunar los invitados a la boda mientras está con ellos el novio? Durante todo el tiempo que tienen con ellos al novio, no pueden ayunar.

20 Pero vendrán días cuando el novio les será quitado, y entonces ayunarán en aquel día.

21 Nadie pone un remiendo de paño sin estrenar en un vestido viejo; de otra manera, el remiendo tira del vestido, lo nuevo de lo viejo, y se produce un desgarrón peor.

22 Y nadie echa vino nuevo en odres viejos; de otra manera, el vino nuevo revienta los odres, y tanto el vino como los odres se echan a perder; sino que el vino nuevo se ha de echar en odres nuevos.

Los discípulos recogen espigas en día de sábado

23 Sucedió también que él pasaba por los sembrados en sábado, y sus discípulos comenzaron a abrirse camino arrancando las espigas.

24 Entonces los fariseos le decían: Mira, ¿por qué hacen en sábado lo que no es lícito?

25 Y él les dijo: ¿Nunca habéis leído lo que hizo David cuando tuvo necesidad, y sintió hambre, él y los que con él estaban;

26 cómo entró en la casa de Dios, en tiempos de Abiatar, sumo sacerdote, y se comió los panes de la proposición, que sólo a los sacerdotes les es lícito comer, y dio también a los que estaban con él?

27 Y les decía: El sábado fue instituido para el hombre, y no el hombre para el sábado.

28 Por tanto, el Hijo del Hombre es también señor del sábado.

El hombre de la mano seca

3 Otra vez entró Jesús en la sinagoga; y había allí un hombre que tenía seca una mano.

2 Y le acechaban para ver si le sanaría en sábado, a fin de poder acusarle.

3 Entonces le dijo al hombre que tenía la mano seca: Levántate y ponte en medio.

4 Y les dijo: ¿Es lícito en sábado hacer bien, o hacer mal; salvar una vida, o matar? Pero ellos callaban.

5 Y después de echarles una mirada alrededor con ira, entristecido por la dureza de sus corazones, le dijo al hombre: Extiende tu mano. Y él la extendió, y la mano le quedó restablecida.

6 Y los fariseos comenzaron en seguida a tramar con los herodianos contra él para ver cómo destruirle.

La multitud a la orilla del mar

7 Mas Jesús se retiró al mar con sus discípulos, y le siguió gran multitud de Galilea. También de Judea,

8 de Jerusalén, de Idumea, del otro lado del Jordán, y de los alrededores de Tiro y de Sidón, una gran multitud, enterada de todo cuanto Jesús estaba haciendo, acudió a él.

9 Y les dijo a sus discípulos que le tuviesen lista una barca, a causa del gentío, para que no le estrujaran.

10 Porque había sanado a muchos; hasta el punto de que cuantos padecían dolencias, se le echaban encima para tocarle.

11 Y siempre que los espíritus inmundos le veían, caían delante de él y gritaban, diciendo: Tú eres el Hijo de Dios.

12 Mas él les advertía seriamente que no manifestasen quién era.

Elección de los doce apóstoles

13 Subió al monte, y llamó junto a sí a los que él quiso; y vinieron a él.

14 Y designó a doce, para que estuviesen con él, y para enviarlos a predicar,

15 y que tuviesen autoridad [para sanar enfermedades y] para expulsar demonios.

16 Designó a los doce y puso a Simón por sobrenombre Pedro;

17 a Jacobo, el hijo de Zebedeo, y a Juan el hermano de Jacobo, a quienes puso por sobrenombre Boanerges, es decir, Hijos del trueno;

18 a Andrés, Felipe, Bartolomé, Mateo, Tomás, Jacobo el del Alfeo, Tadeo, Simón el cananita,

19 y Judas Iscariote, el mismo que le traicionó.

La blasfemia contra el Espíritu Santo

20 Luego entró en una casa. Y se aglomeró de nuevo la multitud, hasta el punto de que no podían ni probar bocado.

21 Cuando se enteraron sus parientes, salieron para hacerse cargo de él; porque decían: Está fuera de sí.

22 Y los escribas que habían bajado de Jerusalén decían: Está poseído por Beelzebú, y: En nombre del príncipe de los demonios es como expulsa éste los demonios.

23 Él les llamó junto á sí y les decía en parábolas: ¿Cómo puede Satanás expulsar a Satanás?

24 Si un reino está dividido contra sí mismo, ese reino no puede seguir en pie.

25 Y si una casa está dividida contra sí misma, esa casa no podrá mantenerse en pie.

26 Y si Satanás se ha levantado contra sí mismo, y se ha dividido, no puede mantenerse en pie, sino que ha llegado su fin.

27 Pero nadie puede entrar en la casa de un hombre forzudo y saquear sus bienes, si primero no ata al forzudo, y entonces podrá saquear su casa.

28 En verdad os digo que todo será perdonado a los hijos de los hombres, los pecados y las blasfemias, cualesquiera que sean;

29 pero el que blasfeme contra el Espíritu Santo, no tiene jamás perdón, sino que es reo de un pecado eterno.

30 Porque decían: Tiene un espíritu inmundo.

La madre y los hermanos de Jesús

31 En esto, llegaron su madre y sus hermanos, y quedándose afuera, enviaron a llamarle.

32 Había una multitud sentada alrededor de él, y le dijeron: Tu madre y tus hermanos están afuera, y te buscan.

33 Él les respondió diciendo: ¿Quiénes son mi madre y mis hermanos?

34 Y mirando en torno a los que estaban sentados en corro a su alrededor, dijo: Éstos son mi madre y mis hermanos.

35 Porque cualquiera que hace la voluntad de Dios, ése es mi hermano, mi hermana, y mi madre.

Parábola del sembrador

4 Otra vez comenzó Jesús a enseñar junto al mar, y se reunió ante él una multitud tan grande, que hubo de subir a una barca y, ya en el mar, se sentó; y toda la multitud estaba en tierra, frente al mar.

2 Y les enseñaba muchas cosas en parábolas, y les decía en su enseñanza:

3 Oíd: Salió el sembrador a sembrar;

4 y aconteció que, al sembrar, una parte cayó junto al camino, y vinieron las aves y se la comieron.

5 Otra parte cayó en pedregales, donde no tenía mucha tierra; y brotó en seguida, porque no tenía profundidad de tierra.

6 Pero cuando salió el sol, se agostó, y por no tener raíz, se marchitó.

7 Otra parte cayó entre espinos; y los espinos crecieron y la ahogaron, y no dio fruto.

8 Y otra parte cayó en tierra buena, y daba fruto que brotaba y crecía, y producía treinta, sesenta y hasta ciento por uno.

9 Y les decía: El que tiene oídos para oír, que oiga.

10 Cuando se quedó solo, los que le rodeaban con los doce, le preguntaron sobre las parábolas.

11 Y les decía: A vosotros os ha sido dado el misterio del reino de Dios; pero a los que están fuera, todo se les presenta en parábolas;

12 para que, por mucho que sigan mirando, vean, pero no perciban; y por mucho que sigan escuchando, oigan, pero no entiendan; no sea que se conviertan, y se les perdone.

13 Y les dijo: ¿No entendéis esta parábola?
¿Cómo, pues, entenderéis todas las demás?
14 El sembrador siembra la palabra.
15 Algunos son como los de junto al camino, donde se siembra la palabra, que, en
cuanto la oyen, en seguida viene Satanás, y
se lleva la palabra que ha sido sembrada en
ellos.
16 Otros son como los que fueron sembrados en pedregales, que cuando oyen la
palabra, al momento la reciben con gozo;
17 pero no tienen raíz en sí mismos, sino
que son inconstantes; y luego, cuando viene
la tribulación o la persecución por causa de
la palabra, en seguida sufren tropiezo.
18 Otros son los que fueron sembrados
entre espinos; éstos son los que oyen la
palabra,
19 pero las preocupaciones del mundo, el
engaño de las riquezas, y los deseos de las
restantes cosas, entran y ahogan la palabra,
y se vuelve infructuosa.
20 Otros, en fin, son los que fueron sembrados en tierra buena; los cuales oyen la
palabra y la reciben, y dan fruto al treinta, al
sesenta, y al ciento por uno.

Nada oculto que no haya de ser manifestado

21 También les decía: ¿Acaso se trae la
lámpara para ponerla debajo del almud, o
debajo de la cama? ¿No es para ser puesta
sobre el candelero?
22 Porque no hay nada oculto sino para ser
manifestado; ni ha sucedido en secreto, sino
para salir a la luz.
23 El que tiene oídos para oír, que oiga.
24 Les decía también: Atended a lo que oís;
con la medida con que midáis, os será
medido, y aun se os añadirá.
25 Porque al que tiene, se le dará; y al que
no tiene, aun lo que tiene se le quitará.

Parábola del crecimiento de la semilla

26 Decía además: El reino de Dios es como
un hombre que echa semilla en la tierra;
27 y, ya duerma, ya se levante, de noche y
de día, la semilla brota y crece de un modo
que él mismo no sabe.
28 La tierra da el fruto por sí misma, primero el tallo, luego la espiga, después grano
abundante en la espiga;
29 y cuando el fruto lo admite, en seguida
mete la hoz, porque ha llegado la siega.

Parábola de la semilla de mostaza

30 Decía también: ¿A qué compararemos
el reino de Dios, o con qué parábola lo
expondremos?
31 Es como un grano de mostaza, que
cuando se siembra en tierra, es más pequeño que todas las semillas que hay en la
tierra;
32 pero después de sembrado, crece, y se
hace mayor que todas las hortalizas, y echa
unas ramas tan grandes, que las aves del
cielo pueden cobijarse bajo su sombra.

Jesucristo hace uso de las parábolas

33 Con muchas parábolas como éstas les
hablaba la palabra conforme a lo que podían
oír.
34 Y sin parábolas no les hablaba; pero a
sus propios discípulos les explicaba todo en
privado.

Jesucristo calma la tempestad

35 Aquel mismo día, al atardecer, les dijo:
Pasemos al otro lado.
36 Y despidiendo a la multitud, se lo llevaron consigo en la barca, tal como estaba; y
había otras barcas con él.
37 En esto, se levantó una violenta tempestad de viento, y las olas irrumpían en la
barca, de tal manera que ya se estaba llenando.
38 Y él estaba en la popa, durmiendo sobre
un cabezal. Entonces le despiertan y le
dicen: Maestro, ¿no te importa que estemos
pereciendo?
39 Él se levantó, increpó al viento, y dijo al
mar: ¡Calla, enmudece! Entonces amainó el
viento, y sobrevino una gran calma.
40 Y les dijo: ¿Por qué sois tan miedosos?
¿Cómo es que no tenéis fe?
41 Ellos se aterraron mucho, y se decían
unos a otros: ¿Pues quién es éste, que hasta
el viento y el mar le obedecen?

El endemoniado gadareno

5 Y llegaron al otro lado del mar, a la
región de los gadarenos.
2 Y en cuanto desembarcó, en seguida le
salió al encuentro, de entre los sepulcros, un
hombre poseído de un espíritu inmundo,
3 que tenía su morada entre los sepulcros, y
ya nadie podía atarle ni con cadenas,
4 porque le habían atado muchas veces con
grilletes y cadenas, pero él había roto las
cadenas y destrozado los grilletes, y nadie
tenía fuerza para dominarle.
5 Y continuamente, de noche y de día,
andaba entre los sepulcros y por los montes,
dando gritos y cortándose con piedras.
6 Al ver de lejos a Jesús, corrió y se postró
ante él,
7 y gritando con gran voz, le dice: ¿Qué

tengo yo que ver contigo, Jesús, Hijo del
Dios Altísimo? Te conjuro por Dios que no
me atormentes.

8 Porque le decía: Sal del hombre, espíritu
inmundo.

9 Y le preguntaba: ¿Cuál es tu nombre? Y
él le dice: Mi nombre es legión, porque
somos muchos.

10 Y le suplicaba con insistencia que no los
enviara fuera de la región.

11 Había allí en la ladera del monte una
gran piara de cerdos paciendo;

12 y le rogaron los demonios diciendo: Envíanos a los cerdos para que entremos en
ellos.

13 Él les dio permiso. Y los espíritus inmundos, saliendo, entraron en los cerdos; y
la piara, unos dos mil, corrió a precipitarse
por el acantilado al mar, y se ahogaron en el
mar.

14 Los que los apacentaban huyeron a con-
tarlo en la ciudad y por los campos; y
vinieron a ver qué era lo que había sucedido.

15 Llegan adonde estaba Jesús, y se quedan
contemplando al endemoniado, sentado,
vestido, y en su sano juicio, al mismo que
había tenido la legión, y les entró miedo.

16 Y los que lo habían visto les refirieron
cómo le había ocurrido aquello al endemoniado, y lo de los cerdos.

17 Entonces comenzaron a rogarle que se
alejara de los confines de ellos.

18 Al entrar en la barca, el que había estado
endemoniado le rogaba que le dejara quedarse con él.

19 Pero no se le permitió, sino que le dijo:
Vete a tu casa, adonde los tuyos, y cuéntales
todo cuanto el Señor ha hecho por ti, y cómo
tuvo compasión de ti.

20 Él se fue, y comenzó a proclamar en
Decápolis cuanto había hecho Jesús por él;
y todos se admiraban.

La hija de Jairo, y la mujer que tocó
el manto de Jesucristo

21 Jesús pasó de nuevo en la barca a la otra
orilla, y se aglomeró junto a él una gran
multitud; y él estaba junto al mar.

22 En esto, llega uno de los dirigentes de la
sinagoga, llamado Jairo, y al verle, cae ante
sus pies,

23 y le suplica con insistencia, diciendo: Mi
hijita está a punto de morir; ven a poner las
manos sobre ella para que se cure y viva.

24 Y se fue con él. Le seguía una gran
multitud, y le apretujaban.

25 En esto, una mujer que padecía de conti-
nuas hemorragias desde hacía doce años,

26 que había sufrido mucho a manos de
muchos médicos, y había gastado todos sus

bienes sin provecho alguno, sino que, por el
contrario, había empeorado,

27 al oír hablar de Jesús, se acercó entre el
gentío por detrás, y tocó su manto.

28 Porque decía: Si toco aunque sólo sea su
manto, seré curada.

29 Inmediatamente cesó su hemorragia, y
sintió en su cuerpo que había quedado
curada de su aflicción.

30 Al instante, Jesús, percatándose en su
interior de que había salido de él un poder,
se dio la vuelta entre el gentío, y decía:
¿Quién ha tocado mis vestidos?

31 Sus discípulos le decían; Estás viendo
que la multitud te apretuja, y dices: ¿Quién
me ha tocado?

32 Pero él continuaba mirando en torno
suyo para ver a la que lo había hecho.

33 Entonces, la mujer, temerosa y temblando, sabiendo lo que le había ocurrido,
vino hacia él, y echándose a sus pies, le dijo
toda la verdad.

34 Y él le dijo: Hija, tu fe te ha sanado; vete
en paz, y queda sana de tu aflicción.

35 Todavía estaba él hablando, cuando de
casa del dirigente de la sinagoga llegan unos
diciendo: Tu hija ha muerto; ¿por qué mo-
lestas aún al Maestro?

36 Pero Jesús, no haciendo caso de lo que
se hablaba, le dice al dirigente de la sinagoga: No temas, cree solamente.

37 Y no permitió que nadie le acompañase,
excepto Pedro, Jacobo y Juan el hermano
de Jacobo.

38 Llegan a la casa del dirigente de la
sinagoga, y allí observa el alboroto, y a los
que lloraban y daban grandes alaridos;

39 y entrando, les dice: ¿Por qué alborotáis
y lloráis? La niña no está muerta, sino que
duerme.

40 Y se reían de él. Pero él, después de
echar fuera a todos, toma consigo al padre
de la niña y a la madre, y a los que estaban
con él, y entra adonde estaba la niña.

41 Y tomando la mano de la niña, le dice:
Talitá cumi, que traducido significa: Muchacha, a ti te digo, levántate.

42 Y en seguida se levantó la muchacha, y
se puso a caminar, pues tenía doce años. Al
instante, quedaron fuera de sí, llenos de
asombro.

43 Él les dio órdenes estrictas de que nadie
se enterara de esto, y dijo que le dieran a la
niña algo de comer.

Jesús en Nazaret

6 Salió de allí, y vino a su pueblo, y le
acompañaban sus discípulos.

2 Cuando llegó el sábado, comenzó a enseñar en la sinagoga; y los muchos que le
escuchaban estaban asombrados y decían:

¿De dónde le viene esto? ¿Y qué sabiduría es ésta que se le ha dado? ¿Y tales milagros que se realizan mediante sus manos?

3 ¿No es éste el carpintero, el hijo de María y hermano de Jacobo, José, Judas y Simón? ¿Y no están sus hermanas aquí con nosotros? Y se escandalizaban a causa de él.

4 Jesús les decía: No hay profeta sin honra, excepto en su propio pueblo, entre sus parientes, y en su casa.

5 Y no podía hacer allí ningún milagro, excepto que sanó a unos pocos enfermos poniendo las manos sobre ellos.

6 Y se asombró de la incredulidad de ellos. [Y recorría las aldeas enseñando.]

Misión de los doce discípulos

7 Llamando a los doce, comenzó a enviarlos de dos en dos, y les daba autoridad sobre los espíritus inmundos;

8 y les encargaba que no tomasen nada para el camino, excepto un solo bastón; ni pan, ni alforja, ni dinero en el cinto;

9 sino calzados con sandalias; y que no se pusiesen dos túnicas.

10 Y les decía: Dondequiera que entréis en una casa, permaneced allí hasta que salgáis de aquel lugar.

11 Y cualquier lugar que no os reciba o no os escuchen, sacudid el polvo de la planta de vuestros pies, en testimonio contra ellos. De cierto os digo que más tolerable será en el día del juicio el castigo para los de Sodoma y Gomorra, que para aquella ciudad.

12 Y yéndose de allí, predicaron que se arrepintiesen.

13 También expulsaban muchos demonios, y ungían con aceite a muchos enfermos, y los sanaban.

Muerte de Juan el Bautista

14 El rey Herodes se enteró de esto, pues su nombre se había hecho célebre, y decía: Juan el Bautista ha sido resucitado de entre los muertos, y por eso actúan en él estos poderes milagrosos.

15 Otros decían: Es Elías. Y otros decían: Un profeta es, o como uno de los profetas.

16 Al enterarse Herodes, decía: Juan, al que yo decapité, ése ha sido resucitado.

17 Pues el mismo Herodes había enviado a prender a Juan y le había encadenado en la prisión por causa de Herodías, la mujer de Felipe su hermano, pues se había casado con ella.

18 Pues le decía Juan a Herodes: No te es lícito tener la mujer de tu hermano.

19 Y Herodías le tenía un profundo rencor y deseaba matarle, pero no podía,

20 porque Herodes tenía temor de Juan, sabiendo que era un hombre justo y santo, y le guardaba seguro; y escuchándole, se quedaba muy perplejo, pero le escuchaba con gusto.

21 Pero llegó un día oportuno, cuando Herodes, en su cumpleaños, ofreció un banquete a sus magnates, a los altos oficiales del ejército, y a los principales de Galilea.

22 Y cuando entró la hija de la misma Herodías y bailó, agradó a Herodes y a los que se sentaban con él a la mesa. Entonces, el rey le dijo a la muchacha. Pídeme lo que quieras, y te lo daré.

23 Y le juró: Cualquier cosa que pidas, te la daré, hasta la mitad de mi reino.

24 Ella salió y le dijo a su madre: ¿Qué pediré? Y ella contestó: La cabeza de Juan el Bautista.

25 Inmediatamente entró ella a toda prisa ante el rey con su petición, diciendo: Quiero que me des ahora mismo en una bandeja la cabeza de Juan el Bautista.

26 El rey se puso muy triste, pero a causa de los juramentos, y en atención a los comensales, no quiso rehusárselo.

27 Al instante envió el rey a un verdugo y le ordenó traer la cabeza de Juan. Él fue y le decapitó en la cárcel,

28 y trajo la cabeza en una bandeja, y se la dio a la muchacha; y la muchacha se la dio a su madre.

29 Cuando se enteraron sus discípulos, vinieron a recoger su cadáver, y lo pusieron en una tumba.

Alimentación de los cinco mil

30 Los apóstoles se reunieron con Jesús, y le contaron todo cuanto habían hecho y enseñado.

31 Entonces les dice: Venid vosotros mismos aparte a un lugar solitario y descansad un poco. Pues eran muchos los que iban y venían, y ellos no tenían tiempo conveniente ni aun para comer.

32 Y se marcharon en la barca, aparte, a un lugar solitario.

33 Pero los vieron marchar, y muchos les reconocieron y, desde todas las ciudades, corrieron allá en tropel a pie, y llegaron antes que ellos.

34 Salió él, y vio una gran multitud, y tuvo compasión de ellos, porque eran como ovejas que no tienen pastor; y comenzó a enseñarles muchas cosas.

35 Y como ya se había hecho una hora muy avanzada, se le acercaron sus discípulos y comenzaron a decirle: El lugar es solitario, y la hora es ya muy avanzada;

36 déjalos marchar, para que vayan a las alquerías y a las aldeas circunvecinas, y se compren algo de comer.

37 Él respondió y les dijo: Dadles vosotros de comer. Le dicen ellos: ¿Iremos a comprar pan por doscientos denarios, y les daremos de comer?

38 Entonces les dice él: ¿Cuántos panes tenéis? Id a ver. Después de averiguarlo, le dicen: Cinco, y dos peces.

39 Él les dio instrucciones para que todos se acomodaran por grupos sobre la verde hierba.

40 Y se acomodaron por grupos de cien y de cincuenta.

41 Tomando entonces los cinco panes y los dos peces, levantó los ojos al cielo y bendijo, partió los panes y los iba dando a los discípulos para que se los fueran sirviendo. También repartió entre todos los dos peces.

42 Y comieron todos y quedaron satisfechos.

43 Y recogieron doce canastas llenas de trozos de pan y de pescado.

44 Los que comieron de los panes eran cinco mil hombres.

Jesucristo anda sobre el mar

45 Inmediatamente obligó a sus discípulos a subir a la barca y a que fuesen por delante a la otra orilla, en dirección a Betsaida, mientras él despedía a la multitud.

46 Y después de despedirse de ellos, se fue al monte a orar.

47 Al caer la tarde, la barca se hallaba en medio del mar, y él, solo, en tierra.

48 Viendo que ellos se fatigaban remando, puesto que el viento les era contrario, hacia la cuarta vigilia de la noche viene hacia ellos caminando sobre el mar, y quería pasarles de largo.

49 Pero ellos, al verle andando sobre el mar, pensaron que era un fantasma, y gritaron,

50 pues todos le vieron y se asustaron. Pero él inmediatamente se puso a hablar con ellos, diciéndoles: Tened ánimo, soy yo, no temáis.

51 Y subió a la barca, adonde ellos, y amainó el viento; y ellos quedaron sumamente asombrados,

52 pues no habían comprendido lo de los panes, sino que su mente estaba embotada.

Jesucristo sana a los enfermos en Genesaret

53 Terminada la travesía, llegaron a tierra en Genesaret, y atracaron.

54 Y cuando salieron de la barca, en seguida le reconoció la gente,

55 recorrieron apresuradamente toda aquella comarca, y comenzaron a traer a los enfermos en sus camillas, dondequiera que oían que estaba él.

56 Y dondequiera que entraba, en aldeas, ciudades o alquerías, ponían a los enfermos en las plazas, y le rogaban que les permitiera tocar siquiera el borde de su manto; y cuantos lo tocaban quedaban sanos.

Las tradiciones de los fariseos

7 Los fariseos y algunos de los escribas venidos de Jerusalén, se reúnen junto a Jesús;

2 y al ver que algunos de sus discípulos comían el pan con manos impuras, es decir, sin lavar,

3 (porque los fariseos y todos los judíos no comen a menos que se laven las manos cuidadosamente, aferrados a la tradición de los ancianos;

4 y de lo que viene del mercado no comen a menos que lo laven; y hay muchas otras cosas que han recibido para observarlas obligatoriamente, como lavamientos de copas, jarros, vajilla de cobre) [y divanes para comer],

5 le preguntan los fariseos y los escribas: ¿Por qué no andan tus discípulos conforme a la tradición de los ancianos, sino que comen el pan con manos impuras?

6 Él les dijo: Bien profetizó Isaías acerca de vosotros, los hipócritas, como está escrito:

Este pueblo me honra con los labios,
Pero su corazón está lejos de mí;

7 En vano me rinden culto,
Enseñando doctrinas que son preceptos de hombres.

8 Dejando el mandamiento de Dios, os aferráis a la tradición de los hombres: como los lavamientos de jarros y vasos de beber; y hacéis otras muchas cosas semejantes.

9 Les decía también: ¡Qué bien dejáis a un lado el mandamiento de Dios, para conservar vuestra tradición!

10 Pues Moisés dijo: Honra a tu padre y a tu madre, y: El que hable mal de padre o madre, que muera sin remisión;

11 pero vosotros decís: Si alguien dice al padre o a la madre: Cualquier cosa con que pudieses beneficiarte de mí, es corbán, es decir, ofrenda a Dios;

12 ya no le permitís hacer nada en favor del padre o de la madre,

13 anulando la palabra de Dios con vuestra tradición que habéis transmitido; y hacéis muchas cosas semejantes a éstas.

14 Y llamando de nuevo a la multitud, les decía: Escuchadme todos y entended:

15 No hay nada fuera del hombre que, entrando en él, pueda contaminarle; sino que lo que sale del hombre es lo que contamina al hombre.

16 [Si alguien tiene oídos para oír, que oiga.]

17 Y cuando entró en casa, después de dejar a la multitud, le preguntaban sus discípulos acerca de la parábola.

18 Y les dice él: ¿También vosotros estáis tan faltos de entendimiento? ¿No os dais cuenta de que todo lo que de fuera entra en el hombre, no puede contaminarle,

19 porque no entra en su corazón, sino en su vientre, y sale a la cloaca, purificando todos los alimentos?

20 Y decía: Lo que sale del hombre, eso contamina al hombre.

21 Porque de adentro, del corazón de los hombres salen las maquinaciones perversas, las fornicaciones, hurtos, asesinatos,

22 adulterios, avaricias, maldades, el engaño, la desvergüenza, envidia, maledicencia, arrogancia, estupidez;

23 todas estas maldades salen de adentro y contaminan al hombre.

La fe de la mujer sirofenicia

24 Se levantó de allí y marchó a las cercanías de Tiro. Entró en una casa, y deseaba que nadie lo supiese, pero no pudo quedar oculto,

25 sino que, en seguida, una mujer que había oído hablar de él y cuya hijita estaba poseída de un espíritu inmundo, vino y se postró a sus pies.

26 Y la mujer era griega, de raza sirofenicia. Y le rogaba que arrojase de su hija al demonio.

27 Pero él le decía: Deja primero que se sacien los hijos; pues no está bien tomar el pan de los hijos y echarlo a los perrillos.

28 Ella le respondió y le dijo: Cierto, Señor; pero también los perrillos debajo de la mesa comen las migajas de los hijos.

29 Él, entonces, le dijo: Por lo que has dicho, vete; el demonio ha salido de tu hija.

30 Ella se marchó a su casa y encontró a la niña echada en la cama, y que el demonio había salido.

Jesús sana a un sordomudo

31 Volvió a salir de los términos de Tiro y se dirigió a través de Sidón al mar de Galilea, por en medio de la región de la Decápolis.

32 Y le traen un sordo que, además, hablaba con dificultad, y le suplican que ponga la mano sobre él.

33 Él lo tomó a solas, apartado de la multitud, metió sus dedos en los oídos de él, y escupiendo le tocó la lengua.

34 Luego alzó los ojos al cielo, lanzó un hondo suspiro y le dijo: Efatá, es decir, ábrete.

35 Y se abrieron sus oídos, se le soltó la atadura de la lengua, y comenzó a hablar correctamente.

36 Y les ordenó que no lo dijesen a nadie; pero cuanto más se lo ordenaba, tanto más ampliamente lo proclamaban ellos.

37 Estaban sumamente atónitos y decían: Todo lo ha hecho bien; lo mismo hace oír a los sordos que hablar a los mudos.

Alimentación de los cuatro mil

8 Por aquellos días, habiendo de nuevo mucha gente y no teniendo qué comer, llamó a sus discípulos y les dijo:

2 Se me enternecen las entrañas de compasión sobre la multitud, porque hace ya tres días que permanecen conmigo y no tienen qué comer;

3 y si los despido en ayunas a sus casas, desfallecerán en el camino, y algunos de ellos son de muy lejos.

4 Le respondieron sus discípulos: ¿De dónde podrá alguien, en este despoblado, sacar suficiente pan para satisfacer a éstos?

5 Él les preguntaba: ¿Cuántos panes tenéis? Ellos dijeron: Siete.

6 Entonces manda a la multitud recostarse en el suelo; y tomando los siete panes, dio gracias, los partió, y comenzó a darlos a sus discípulos para que los pusiesen delante de la gente; y ellos los sirvieron a la multitud.

7 Tenían también unos pocos pececillos; y después de haberlos bendecido, dijo que fueran servidos también.

8 Comieron y quedaron satisfechos, y recogieron de las sobras de los pedazos siete canastas.

9 Eran unos cuatro mil; y los despidió.

10 Subió a continuación a la barca con sus discípulos y se fue a la región de Dalmanuta.

Los fariseos piden una señal

11 Entonces salieron los fariseos y comenzaron a discutir con él, reclamando de él una señal del cielo, para ponerle a prueba.

12 Él, habiendo gemido en su espíritu, dijo: ¿Por qué pide esta generación una señal? En verdad os digo que no se dará señal a esta generación.

13 Y dejándolos, se embarcó de nuevo y se fue a la otra orilla.

La levadura de los fariseos

14 Se habían olvidado de proveerse de panes, y no tenían consigo en la barca sino un solo pan.

15 Y él les encargaba diciendo: Mirad bien que os guardéis de la levadura de los fariseos y de la levadura de Herodes.

16 Ellos razonaban entre sí: Es que no tenemos panes.

17 Percatado de ello, les dice Jesús: ¿Por qué razonáis de que no tenéis panes? ¿Aún

no entendéis ni os dais cuenta? ¿Tenéis
embotada vuestra inteligencia?
18 Teniendo ojos ¿no veis? Y teniendo
oídos ¿no oís? Y no recordáis,
19 cuando partí los cinco panes para los
cinco mil, ¿cuántas cestas llenas de pedazos
recogisteis? Le dicen: Doce.
20 Y cuando los siete para los cuatro mil,
¿cuántas canastas llenas de pedazos recogisteis? Y le dicen: Siete.
21 Y continuaba: ¿Todavía no os dais
cuenta?

Curación del ciego de Betsaida

22 Llegan a Betsaida. Y le traen un ciego,
suplicándole que lo toque.
23 Tomando de la mano al ciego, lo sacó
fuera de la aldea; y después de escupirle en
los ojos y de poner las manos sobre él, le
preguntaba: ¿Ves algo?
24 Él alzó los ojos y dijo: Veo a los hombres, pues los veo como árboles, pero que
están andando.
25 Entonces le puso otra vez las manos
sobre los ojos; él miró fijamente y quedó
restablecido, y comenzó a ver todas las
cosas con claridad.
26 Y le envió a su casa, diciendo: Ni siquiera entres en la aldea, [ni se lo digas a nadie
en el pueblo].

La confesión de Pedro

27 Salió Jesús con sus discípulos hacia las
aldeas de Cesarea de Filipo; y en el camino
preguntaba a sus discípulos, diciéndoles:
¿Quién dicen los hombres que soy yo?
28 Ellos le respondieron: Unos, Juan el
Bautista; otros, Elías; y otros, que uno de
los profetas.
29 Él continuó preguntándoles: Y vosotros, ¿quién decís que soy yo? Respondiendo Pedro, le dice: Tú eres el Cristo.
30 Y él les amonestó seriamente que a
nadie dijesen esto de él.

Jesucristo anuncia su muerte
y su resurrección

31 Y comenzó a enseñarles que el Hijo del
Hombre debía padecer mucho, y ser rechazado por los ancianos, por los principales
sacerdotes y por los escribas, ser condenado
a muerte y resucitar a los tres días.
32 Y les hablaba esto con toda franqueza.
Entonces Pedro le tomó aparte y comenzó a
reprenderle.
33 Pero él, volviéndose y mirando a sus
discípulos, reprendió a Pedro, diciéndole:
¡Quítate de mi vista, Satanás!, porque no
tienes en mente las cosas de Dios, sino las de
los hombres.
34 Y llamando a la multitud, así como a sus
discípulos, les dijo: Si alguien quiere venir

en pos de mí, niéguese a sí mismo, tome su
cruz, y sígame.
35 Pues cualquiera que desee salvar su vida, la perderá; pero cualquiera que haya de
perder su vida por causa de mí y del evangelio, la salvará.
36 Porque ¿qué provecho hay en que una
persona gane el mundo entero y que pierda
su alma?
37 Pues ¿qué puede dar el hombre a cambio
de su alma?
38 Porque quienquiera que se avergüence
de mí y de mis palabras, en medio de esta
generación adúltera y pecadora, el Hijo del
Hombre también se avergonzará de él,
cuando venga en la gloria de su Padre con
los santos ángeles.

9 También les decía: En verdad os digo
que hay algunos de los que están aquí
que no probarán la muerte hasta que vean el
reino de Dios cuando haya venido con
poder.

La transfiguración

2 Seis días después, toma Jesús consigo a
Pedro, a Jacobo y a Juan, y se los lleva a
ellos solos aparte a un monte alto. Y se
transfiguró delante de ellos;
3 y sus vestiduras se volvieron resplandecientes, sumamente blancas, cuales ningún
lavador de este mundo puede emblanque-
cerlas así.
4 Y se les apareció Elías junto con Moisés,
que estaban conversando con Jesús.
5 Entonces Pedro, tomando la palabra, le
dice a Jesús: Rabí, es bueno que nos quedemos aquí; hagamos tres tiendas; una para ti,
otra para Moisés, y otra para Elías.
6 Pues no sabía qué decir, ya que les había
entrado gran espanto.
7 Entonces se formó una nube que les hizo
sombra, y de la nube salió una voz: Éste es
mi hijo, el Amado, escuchadle.
8 Y de pronto, mirando en torno suyo, ya
no vieron a nadie, excepto a Jesús solo con
ellos.
9 Cuando iban bajando del monte, les ordenó que a nadie contaran lo que habían
visto, excepto cuando el Hijo del Hombre se
levantara de los muertos.
10 Y retuvieron este dicho, debatiendo entre ellos qué era eso de levantarse de los
muertos.
11 Y comenzaron a preguntarle, diciendo:
¿Por qué dicen los escribas que Elías debe
venir primero?
12 Él les contestó: Es cierto que Elías viene primero a restaurar todas las cosas;
como está escrito del Hijo del Hombre que
tiene que sufrir mucho y ser tenido en
nada.

13 Pero os digo que Elías ha venido ya, e hicieron con él cuanto quisieron, tal como está escrito de él.

Jesucristo sana a un muchacho endemoniado

14 Cuando llegaron adonde los discípulos, vieron una gran multitud en torno a ellos, y a unos escribas que debatían con ellos.

15 Tan pronto como toda la multitud le vio, quedaron llenos de sorpresa y corrían a saludarle.

16 Y él les preguntó: ¿De qué estáis discutiendo con ellos?

17 Y uno de entre la muchedumbre le respondió: Maestro, te he traído a mi hijo, poseído por un espíritu que le enmudece;

18 y dondequiera que se apodera de él, lo desgarra, y él echa espumarajos y cruje los dientes, y se pone rígido. Les dije a tus discípulos que lo expulsaran, pero no fueron capaces.

19 Jesús les respondió, diciendo: ¡Oh generación incrédula! ¿Hasta cuándo estaré con vosotros? ¿Hasta cuándo he de soportaros? ¡Traédmelo!

20 Se lo trajeron. Y cuando el espíritu vio a Jesús, al instante sacudió con violencia al muchacho y, cayendo en tierra, se revolcaba echando espumarajos.

21 Entonces Jesús preguntó al padre: ¿Cuánto tiempo hace que le viene sucediendo esto? Él dijo: Desde la niñez.

22 Y muchas veces le arroja, tanto al fuego como a las aguas, para destruirlo. Pero si tú puedes hacer algo, muévete a compasión sobre nosotros y ayúdanos.

23 Jesús le dijo: Si puedes creer, todo es posible para el que cree.

24 Al instante, el padre del muchacho dijo a gritos: Creo; ven en auxilio de mi poca fe.

25 Viendo Jesús que se agolpaba rápidamente una multitud, reprendió al espíritu inmundo, diciéndole: Espíritu mudo y sordo, yo te ordeno, sal de él y no entres más en él.

26 Entonces salió gritando y agitándole con muchas convulsiones; y el muchacho quedó como muerto, hasta el punto de que muchos decían: Ha muerto.

27 Pero Jesús le tomó de la mano y le levantó, y él se puso en pie.

28 Cuando Jesús entró en casa, le preguntaban sus discípulos en privado: ¿Por qué no pudimos expulsarlo nosotros?

29 Él les dijo: Esta clase no puede salir con nada sino con oración [y ayuno].

Jesucristo anuncia otra vez su muerte

30 Y saliendo de allí, iban pasando a través de Galilea, y él no quería que nadie se enterase;

31 pues él estaba enseñándoles a sus discípulos, y les decía: El Hijo del Hombre es entregado a traición en manos de hombres, y le matarán; y después de tres días, resucitará.

32 Pero ellos no entendían este dicho, y tenían miedo de preguntarle.

Contra la ambición

33 Llegaron a Capernaúm. Y estando ya en la casa, les preguntaba: ¿Qué discutíais por el camino?

34 Pero ellos se callaban; porque en el camino habían discutido entre sí quién era mayor.

35 Entonces se sentó, llamó a voces a los doce, y les dijo: Si alguien desea ser primero, que sea el último de todos y el servidor de todos.

36 Y tomando a un niño, lo puso en medio de ellos, lo tomó en sus brazos, y les dijo:

37 Cualquiera que reciba a un niño como éste en mi nombre, a mí me recibe; y cualquiera que me recibe a mí, no me recibe a mí, sino al que me envió.

Contra la rivalidad

38 Juan le dijo: Maestro, vimos a uno que estaba expulsando demonios en tu nombre, pero él no nos sigue, y tratábamos de impedírselo, porque no nos seguía.

39 Pero Jesús dijo: No se lo impidáis, porque no hay nadie que haga un milagro en mi nombre, y que pueda a continuación hablar mal de mí.

40 Pues el que no está en contra de nosotros, está a favor de nosotros.

41 Porque cualquiera que os dé a beber un vaso de agua por el hecho de que sois de Cristo, en verdad os digo que de ninguna manera perderá su recompensa.

Ocasiones de caer

42 Y cualquiera que sirva de piedra de tropiezo a uno solo de estos pequeños que creen [en mí], mejor le sería que le ataran al cuello una piedra de molino, y que le echaran al mar.

43 Y si tu mano te sirve de tropiezo, córtatela; mejor es que entres en la vida manco, que teniendo las dos manos, ir al infierno, al fuego inextinguible.

44 [donde su gusano no se muere, y el fuego no se apaga].

45 Y si tu pie te sirve de tropiezo, córtatelo; mejor es que entres en la vida cojo, que teniendo los dos pies, ser arrojado al infierno,

46 [donde su gusano no se muere, y el fuego no se apaga].
47 Y si tu ojo te sirve de tropiezo, sácatelo; mejor es que entres en el reino de Dios tuerto, que teniendo dos ojos, ser arrojado al infierno,
48 donde su gusano no se muere, y el fuego no se apaga.
49 Porque todos serán salados con fuego [y todo sacrificio será salado con sal].
50 Buena es la sal; pero si la sal se vuelve insípida, ¿con qué la sazonaréis? Tened sal en vosotros mismos, y estad en paz los unos con los otros.

Jesucristo enseña sobre el divorcio

10 Levantándose de allí, se va al distrito de Judea y al otro lado del Jordán; y de nuevo se aglomera una multitud en torno a él y, como era su costumbre, les enseñaba una vez más.
2 Y acercándose unos fariseos para ponerle a prueba, le preguntaban si es lícito a un hombre repudiar a su mujer.
3 Él respondió y les dijo: ¿Qué os ordenó Moisés?
4 Ellos dijeron: Moisés permitió escribir un certificado de divorcio, y repudiarla.
5 Pero Jesús les dijo: Por la dureza de vuestro corazón, os escribió él este mandamiento.
6 Pero desde el comienzo de la creación, Dios los hizo varón y hembra.
7 Por esta razón, dejará el hombre a su padre y a su madre [y se unirá a su mujer].
8 Y los dos vendrán a ser una sola carne; hasta el punto de que ya no son dos, sino una sola carne.
9 Por lo tanto, lo que Dios unió, que no lo separe el hombre.
10 Y cuando volvieron a la casa, los discípulos le preguntaban otra vez sobre esto.
11 Y él les dice: Cualquiera que repudie a su mujer, y se case con otra, comete adulterio contra ella;
12 y si ella se divorcia de su marido y se casa con otro, comete adulterio.

Jesucristo bendice a los niños

13 Y le traían niños para que los tocase; pero los discípulos les reprendieron.
14 Cuando Jesús vio esto, se indignó y les dijo: Dejad que los niños vengan a mí; no se lo impidáis, porque de los que son como éstos es el reino de Dios.
15 En verdad os digo, quienquiera que no reciba el reino de Dios como un niño, de ninguna manera entrará en él.
16 Y los tomó en sus brazos y los bendecía poniendo las manos sobre ellos.

El joven rico

17 Cuando salía Jesús para ponerse en camino, vino uno corriendo hacia él y cayó de rodillas ante él y le preguntó: Maestro bueno, ¿qué haré para heredar la vida eterna?
18 Jesús le dijo: ¿Por qué me dices bueno? Nadie es bueno, sino sólo Dios.
19 Ya sabes los mandamientos: No mates, no cometas adulterio, no robes, no digas falso testimonio, no defraudes, honra a tu padre y a tu madre.
20 Él le dijo: Maestro, todas estas cosas las he guardado desde mi juventud.
21 Jesús le miró y sintió afecto por él, y le dijo: Una cosa te falta; anda, vende cuanto tienes y dalo a los pobres, y tendrás un tesoro en el cielo; y ven, sígueme [tomando tu cruz].
22 Pero él se puso triste al oír estas palabras y se marchó apesadumbrado, porque tenía muchas posesiones.

Peligro de las riquezas

23 Entonces Jesús, mirando en derredor, les dice a sus discípulos: ¡Cuán difícilmente entrarán en el reino de Dios los que tienen riquezas!
24 Los discípulos estaban atónitos ante sus palabras. Pero Jesús, tomando de nuevo la palabra, les dice: Hijos, ¡qué difícil es entrar en el reino de Dios [a los que confían en las riquezas]!
25 Es más fácil que un camello pase a través del ojo de la aguja, que el que un rico entre en el reino de Dios.
26 Pero ellos se asombraban aún más, y decían entre ellos: Entonces, ¿quién puede ser salvo?
27 Jesús, mirándoles fijamente, dice: Por parte de los hombres, imposible; pero no por parte de Dios, porque con Dios todo es posible.
28 Pedro comenzó a decirle: Mira, nosotros lo hemos dejado todo y te hemos seguido.
29 Jesús dijo: En verdad os digo, no hay nadie que haya dejado casa, o hermanos, o hermanas, o madre, o padre, o hijos, o campos, por causa de mí y por causa del evangelio,
30 que no reciba cien veces más ahora en este tiempo: casas, hermanos, hermanas, madres, hijos y campos, con persecuciones; y en la era venidera, vida eterna.
31 Pero muchos primeros serán últimos; y los últimos, primeros.

Jesús anuncia de nuevo su muerte

32 Iban de camino, subiendo a Jerusalén, y Jesús iba delante de ellos; ellos estaban

atónitos; y los que le seguían tenían miedo.
Y tomando de nuevo aparte a los doce,
comenzó a decirles lo que estaba a punto de
sucederle:

33 Mirad que estamos subiendo a Jerusalén, y el Hijo del Hombre será entregado a
los principales sacerdotes y a los escribas; y
lo condenarán a muerte, y lo entregarán a
traición a los gentiles;

34 se burlarán de él, le escupirán, le azotarán y matarán, y a los tres días resucitará.

Petición de Jacobo y de Juan

35 Se acercan a él Jacobo y Juan, los dos
hijos de Zebedeo, y le dicen: Queremos que
hagas por nosotros lo que te pidamos.

36 Él les dijo: ¿Qué queréis que haga por
vosotros?

37 Y ellos le dijeron: Concédenos que en tu
gloria nos sentemos el uno a tu derecha y el
otro a tu izquierda.

38 Jesús les dijo: No sabéis lo que estáis
pidiendo. ¿Podéis beber la copa que yo
bebo, o ser bautizados con el bautismo con
que yo soy bautizado?

39 Y ellos le dijeron: Podemos. Entonces
les dijo Jesús: La copa que yo bebo, la
beberéis; y seréis bautizados con el bautismo con que yo soy bautizado;

40 pero el sentarse a mi derecha o a mi
izquierda, no es mío el concederlo, sino que
es para quienes ha sido preparado.

41 Al oír esto, los diez comenzaron a indignarse con respecto a Jacobo y Juan.

42 Y llamándoles adonde él estaba, les dice
Jesús: Sabéis que los que se tienen por
gobernantes de los gentiles, se enseñorean
de ellos, y sus magnates los sujetan bajo su
autoridad.

43 Pero entre vosotros no es así, sino que
cualquiera que desee llegar a ser grande
entre vosotros, será vuestro sirviente;

44 y cualquiera que desee entre vosotros
ser primero, será esclavo de todos;

45 porque aun el Hijo del Hombre no vino
a ser servido, sino a servir y a dar su vida
como rescate por muchos.

El ciego Bartimeo recibe la vista

46 Llegan a Jericó. Y cuando salía de Jericó
con sus discípulos y una considerable muchedumbre, el hijo de Timeo, Bartimeo, un
mendigo ciego, estaba sentado junto al camino.

47 Al oír que era Jesús el Nazareno,
comenzó a gritar y a decir: ¡Hijo de David,
Jesús, ten compasión de mí!

48 Muchos le increpaban para que se callara, pero él gritaba mucho más: ¡Hijo de
David, ten compasión de mí!

49 Jesús se detuvo y dijo: Llamadle. Llaman al ciego y le dicen: ¡Ánimo, levántate,
que te llama!

50 Él arrojó de sí su manto, dio un salto y se
fue hacia Jesús.

51 Y Jesús, dirigiéndole la palabra, dijo:
¿Qué deseas que haga por ti? El ciego le
dijo: Rabbuní, que recobre la vista.

52 Y Jesús le dijo: Vete, tu fe te ha sanado.
En seguida recobró la vista y le seguía por el
camino.

La entrada mesiánica en Jerusalén

11 Cuando se acercaban a Jerusalén,
por Betfagé y Betania, frente al monte de los Olivos, envía a dos de sus discípulos,

2 y les dice: Id a la aldea de enfrente de
vosotros, y tan pronto como entréis en ella,
encontraréis un pollino atado, sobre el cual
todavía no se sentó ningún hombre; desatadlo y traedlo.

3 Y si alguien os dice: ¿Por qué estáis
haciendo eso?, decid: El Señor lo necesita, y
en seguida lo envía de nuevo acá.

4 Se fueron y encontraron un pollino atado
frente a una puerta, afuera, en plena calle;
entonces lo desatan.

5 Algunos de los que estaban allí les decían:
¿Qué hacéis, desatando el pollino?

6 Ellos les dijeron tal como Jesús les había
dicho, y les dejaron marchar.

7 Traen el pollino ante Jesús, y echan sobre
él sus mantos; y se sentó sobre él.

8 Y muchos extendieron sus mantos en el
camino; y otros, ramas que habían cortado
de los árboles las tendían por el camino.

9 Y tanto los que iban delante, como los
que seguían detrás, iban gritando: ¡Hosanná! ¡Bendito el que viene en nombre del
Señor!

10 ¡Bendito el reino venidero de nuestro
padre David! ¡Hosanná en las alturas!

11 Entró en Jerusalén, al templo; y después
de mirar todo alrededor, como ya la hora
era avanzada, salió para Betania con los
doce.

Maldición a la higuera estéril

12 Al día siguiente, cuando salieron de
Betania, tuvo hambre.

13 Y viendo desde lejos una higuera que
tenía hojas, fue por si quizás encontraba
algo en ella, y al llegar cerca de ella, no
encontró nada sino hojas, porque no era
tiempo de higos.

14 Entonces le dirigió la palabra, diciendo:
Que nadie vuelva a comer jamás fruto de ti.
Y sus discípulos estaban escuchando.

Purificación del templo

15 Llegan a Jerusalén; y entrando Jesús en el templo, comenzó a echar fuera a los que vendían y a los que compraban en el templo; volcó las mesas de los cambistas, y los asientos de los que vendían las palomas;
16 y no permitía que nadie transportase mercancías pasando por el templo.
17 Y les enseñaba y les decía: ¿No está escrito: Mi casa será llamada casa de oración para todas las naciones? Pero vosotros la habéis hecho cueva de ladrones.
18 Lo oyeron los principales sacerdotes y los escribas, y buscaban cómo destruirle, pues le tenían miedo, porque toda la multitud estaba asombrada de su enseñanza.
19 Cuando cayó la tarde, salieron fuera de la ciudad.

La higuera seca y el poder de la fe

20 Cuando pasaban de camino, muy de mañana, vieron que la higuera se había secado desde las raíces.
21 Entonces Pedro, acordándose, le dice: Rabí, mira, la higuera que maldijiste se ha secado.
22 Respondiendo Jesús, les dice: Tened fe en Dios.
23 En verdad os digo que cualquiera que le diga a este monte: Sé quitado de ahí y arrojado al mar; y no dude en su corazón, sino que crea que lo que está hablando sucede, lo tendrá.
24 Por eso os digo que todo cuanto rogáis y pedís, creed que lo estáis recibiendo, y lo tendréis.
25 Y siempre que os pongáis de pie a orar, perdonad, si tenéis algo contra alguien, para que también vuestro Padre, el que está en los cielos, os perdone vuestras transgresiones.
26 [Pero·si vosotros no perdonáis, tampoco vuestro Padre, el que está en los cielos, perdonará vuestras transgresiones.]

La autoridad de Jesucristo

27 Llegan de nuevo a Jerusalén; y mientras él anda por el templo, se le acercan los principales sacerdotes, los escribas y los ancianos;
28 y le dicen: ¿Con cuál autoridad estás haciendo estas cosas?, o ¿quién te dio tal autoridad para hacer estas cosas?
29 Jesús les dijo: Os preguntaré una sola cosa; respondedme, y os diré con cuál autoridad estoy haciendo estas cosas:
30 El bautismo de Juan ¿provenía del cielo o de los hombres? Respondedme.
31 Entonces se pusieron a debatir entre ellos mismos, diciendo: Si decimos: Del cielo, dirá: Entonces ¿por qué no le creísteis?
32 Pero ¿vamos a decir: De los hombres…? Temían a la multitud, porque todos a una tenían a Juan como que realmente era un profeta.
33 Entonces, respondiendo a Jesús, dicen: No sabemos. Y Jesús les dice: Tampoco yo os digo con cuál autoridad estoy haciendo estas cosas.

Los labradores malvados

12 Y comenzó a hablarles en parábolas: Un hombre plantó una viña, la rodeó con una cerca, cavó un lagar y edificó una torre; la arrendó a unos labradores y se ausentó del lugar.
2 A su debido tiempo, envió un siervo adonde los labradores, para recibir de los labradores su parte de los frutos de la viña.
3 Ellos le agarraron, le golpearon, y le enviaron de vacío.
4 De nuevo les envió otro siervo, y a él le hirieron en la cabeza y le insultaron afrentosamente.
5 Envió a otro; a éste le mataron; también a otros muchos, golpeando a unos y matando a otros.
6 Todavía tenía uno, un hijo amado; se lo envió el último, diciéndose: Respetarán a mi hijo.
7 Pero aquellos labradores dijeron entre ellos mismos: Éste es el heredero. ¡Venid, matémosle, y la herencia será nuestra!
8 Y agarrándole, le mataron y le echaron fuera de la viña.
9 ¿Qué hará el dueño de la viña? Vendrá y destruirá a los labradores, y dará la viña a otros.
10 ¿Ni esta escritura habéis leído:
La piedra que desecharon los constructores,
Ha venido a ser hecha piedra angular;
11 Esto ha sucedido de parte del Señor,
Y es maravilloso a nuestros ojos?
12 Procuraban prenderle, pero tuvieron miedo de la multitud; pues se dieron cuenta de que la parábola la había dicho refiriéndose a ellos. Y dejándole, se marcharon.

El tributo debido al César

13 Envían ante él a algunos de los fariseos y de los herodianos, para ver de atraparle en alguna palabra.
14 Llegan y le dicen: Maestro, sabemos que eres veraz, y no te importa de nadie; pues no te fijas en el aspecto exterior de las personas, sino que enseñas el camino de Dios con verdad. ¿Es lícito dar tributo a César, o no? ¿Hemos de dar, o no?

15 Pero él, sabedor de su hipocresía, les dijo: ¿Por qué me estáis poniendo a prueba? Traedme un denario para verlo.

16 Lo trajeron, y él les dice: ¿De quién es esta imagen y la inscripción? Le dijeron: De César.

17 Y Jesús les dijo: Lo de César, devolvédselo a César; y lo de Dios, a Dios. Y quedaban admirados de él.

La pregunta sobre la resurrección

18 Se le acercan unos saduceos, los que dicen que no hay resurrección, y le preguntaban, diciendo:

19 Maestro, Moisés nos dejó escrito que si se muere el hermano de alguno, y deja mujer, pero no deja hijo, su hermano debe tomar la mujer y levantar descendencia a su hermano.

20 Había siete hermanos; el primero tomó esposa, y al morir no dejó descendencia.

21 También el segundo la tomó, y murió sin dejar descendencia; y el tercero, de igual manera.

22 Y así los siete, sin dejar descendencia. Por último, murió también la mujer.

23 En la resurrección, cuando resuciten, ¿de quién de ellos será mujer? Pues los siete la tuvieron por mujer.

24 Les dijo Jesús: ¿No es por esto por lo que estáis equivocados: por no entender las Escrituras ni el poder de Dios?

25 Pues cuando resucitan de entre los muertos, ni ellos se casan, ni ellas son dadas en casamiento, sino que son como ángeles en los cielos.

26 Y tocante a los muertos en eso de que resucitan, ¿no habéis leído en el libro de Moisés, en lo de la zarza, cómo Dios le dijo taxativamente: Yo soy el Dios de Abraham, Dios de Isaac y Dios de Jacob?

27 No es un Dios de muertos, sino de vivos. Andáis muy equivocados.

El mandamiento principal

28 Se acercó uno de los escribas que los había oído discutir, y comprendiendo que les había contestado bien, le preguntó: ¿Cuál mandamiento es el más importante de todos?

29 Jesús respondió: El más importante es: Escucha, Israel: El Señor, nuestro Dios, es un solo Señor;

30 y amarás al Señor tu Dios con todo tu corazón, con toda tu alma, con toda tu mente, y con toda tu fuerza. [Éste es el principal mandamiento.]

31 El segundo es éste: Amarás a tu prójimo como a ti mismo. No hay otro mandamiento mayor que éstos.

32 Y al escriba le dijo: Bien, Maestro; con verdad has dicho que hay un solo Dios y que no hay otro sino él;

33 y que amarle de todo corazón, con todo el entendimiento y con toda la fuerza, y el amar al prójimo como a sí mismo es más que todos los holocaustos y sacrificios.

34 Y Jesús, viendo que le había contestado con sensatez, le dijo: No estás lejos del reino de Dios. Y nadie se atrevía más a hacerle preguntas.

¿De quién es hijo el Cristo?

35 Jesús, tomando la palabra, les decía mientras enseñaba en el templo: ¿Cómo dicen los escribas que el Cristo es hijo de David?

36 David mismo dijo, movido por el Espíritu Santo:
Dijo el Señor a mi Señor:
Siéntate a mi diestra,
Hasta que ponga a tus enemigos debajo de tus pies.

37 David mismo le llama Señor. Entonces, ¿de qué parte es hijo suyo? Y la gran multitud le escuchaba con gusto.

38 Y en su enseñanza decía: Guardaos de los escribas, los que gustan de pasear con amplio ropaje y de que los saluden aparatosamente en las plazas,

39 y de ocupar los principales asientos en las sinagogas y los lugares de honor en los banquetes;

40 los que devoran las casas de las viudas y, para disimular, recitan largas oraciones. Éstos recibirán una sentencia más severa.

La ofrenda de la viuda

41 Jesús se sentó frente por frente del arca del tesoro y observaba cómo echaba la multitud monedas de cobre en el arca del tesoro; y muchos ricos echaban mucho.

42 Llegó también una viuda pobre y echó dos moneditas, que es una cuarta parte del as.

43 Entonces llamó hacia sí a sus discípulos y les dijo: En verdad os digo que esta viuda pobre ha echado más que todos los que están echando en el arca del tesoro;

44 porque todos echaron de lo que les sobra; pero ésta ha echado, de su pobreza, todo cuanto poseía, todo su sustento.

Jesucristo predice la destrucción del templo

13 Cuando salía del templo, le dice uno de sus discípulos: Maestro, mira qué piedras tan enormes y qué construcciones tan magníficas.

2 Jesús le dijo: ¿Ves estas grandiosas construcciones? No quedará ni una piedra sobre otra que no sea totalmente derruida.

Señales antes del fin

3 Y estando él sentado en el monte de los Olivos frente por frente del templo, le preguntaban en privado Pedro, Jacobo, Juan y Andrés:

4 Dinos, ¿cuándo serán estas cosas, y cuál será la señal cuando todas estas cosas estén para cumplirse?

5 Y Jesús comenzó a decirles: Mirad que nadie os engañe.

6 Vendrán muchos usurpando mi nombre, diciendo: Yo soy el Cristo. Y engañarán a muchos.

7 Cuando oigáis de guerras y de rumores de guerras, no os alarméis; tiene que ocurrir, pero todavía no es el fin.

8 Porque se levantará nación contra nación, y reino contra reino. Habrá terremotos en diversos lugares, habrá hambres. Estas cosas son principio de los dolores de alumbramiento.

9 Pero vosotros estad alerta sobre vosotros mismos; os entregarán a los tribunales y seréis azotados en las sinagogas y os harán comparecer ante gobernadores y reyes por causa de mí, para testimonio a ellos.

10 Pero primero debe ser proclamado el evangelio a todas las naciones.

11 Y cuando os conduzcan para entregaros, no os preocupéis de antemano por lo que vais a hablar, sino hablad lo que se os comunique en aquel momento; porque no sois vosotros los que estáis hablando, sino el Espíritu Santo.

12 Y entregará a la muerte hermano a hermano, y padre a hijo; se levantarán hijos contra padres, y los matarán.

13 Seréis aborrecidos de todos por causa de mi nombre; pero el que persevere hasta el final, ése será salvo.

14 Pero cuando veáis la abominación de la desolación [de que habló el profeta Daniel] erigida donde no debe (el que esté leyendo, que lo entienda), entonces los que estén en Judea, huyan a los montes;

15 el que esté en la azotea, no baje ni entre a llevarse algo de su casa;

16 y el que haya marchado al campo, no se vuelva atrás para tomar su manto.

17 ¡Ay de las que estén encintas y de las que estén amamantando en aquellos días!

18 Orad para que no suceda en invierno.

19 Porque aquellos días serán una tribulación, tal como no la hubo desde el principio de la creación que Dios hizo hasta ahora, ni la habrá jamás.

20 Y si el Señor no hubiese acortado aquellos días, no se salvaría ninguna vida, pero en atención a los escogidos que él eligió, acortó los días.

21 Entonces, si alguien os dice: Mira, aquí está el Cristo; o: Mira, allí está, no lo creáis.

22 Porque surgirán falsos cristos y falsos profetas y harán señales y prodigios a fin de extraviar, de ser posible, a los elegidos.

23 Vosotros, pues, estad sobre aviso; os lo he dicho todo por anticipado.

La venida del Hijo del Hombre

24 Pero en esos días, después de aquella tribulación, el sol se oscurecerá y la luna no dará su resplandor;

25 las estrellas estarán cayendo del cielo, y los poderes que hay en los cielos serán sacudidos.

26 Y entonces verán al Hijo del Hombre que viene en las nubes con gran poder y gloria.

27 Entonces enviará a los ángeles, y reunirá de los cuatro vientos a sus elegidos, desde el extremo de la tierra hasta el extremo del cielo.

28 De la higuera aprended la parábola: Cuando ya su rama se vuelve tierna y brotan las hojas, conocéis que el verano está cerca.

29 Así también vosotros, cuando veáis que suceden estas cosas, conoced que está cerca, a las puertas.

30 En verdad os digo que de ningún modo pasará esta generación hasta que todas estas cosas sucedan.

31 El cielo y la tierra pasarán, pero mis palabras no pasarán.

32 Pero de aquel día o de aquella hora, nadie sabe, ni los ángeles en el cielo, ni el Hijo, sino sólo el Padre.

33 Estad atentos, velad [y orad]; porque no sabéis cuándo es el tiempo señalado.

34 Es como un hombre que se fue de viaje y, al dejar su casa, dio atribuciones a sus siervos, a cada uno su tarea, y encargó al portero que velara.

35 Por tanto, velad; porque no sabéis cuándo viene el dueño de la casa, si al atardecer, a la medianoche, al canto del gallo, o de madrugada;

36 no sea que venga de repente y os encuentre durmiendo.

37 Lo que os digo a vosotros, lo digo a todos: Velad.

El complot para prender a Jesús

14 Faltaban dos días para la pascua y para la fiesta de los panes sin levadura; y los principales sacerdotes y los escribas buscaban la manera de prender a Jesús con engaño para darle muerte;

2 pues decían: No durante la fiesta, no sea que haya un tumulto del pueblo.

Jesucristo es ungido en Betania

3 Estando él en Betania, en la casa de Simón el leproso, sentado a la mesa, vino una mujer con un vaso de alabastro de perfume de nardo puro, de mucho precio; quebró el vaso de alabastro, y derramó el perfume sobre la cabeza de él.
4 Pero había algunos que se decían entre sí, indignados: ¿Para qué se ha hecho este derroche de perfume?
5 Porque este perfume podía haber sido vendido por más de trescientos denarios, y haberse dado a los pobres. Y estaban irritados contra ella.
6 Pero Jesús dijo: Dejadla; ¿por qué la molestáis? Ha realizado en mí una buena obra.
7 Porque a los pobres siempre los tenéis con vosotros, y les podéis hacer bien cuando queráis, pero a mí no siempre me tendréis.
8 Ella ha hecho lo que ha podido; se ha anticipado a ungir mi cuerpo para el sepelio.
9 Y en verdad os digo: Dondequiera que se proclame el evangelio, en el mundo entero, se dirá también en memoria de ella lo que ha hecho.

Judas se ofrece a entregar a Jesús

10 Entonces Judas Iscariote, uno de los doce, fue a los principales sacerdotes para entregarlo a ellos a traición.
11 Ellos, al oírle, se alegraron y prometieron darle dinero; y él andaba buscando la manera de entregarlo en un momento oportuno.

Institución de la Cena del Señor

12 El primer día de la fiesta de los panes sin levadura, cuando estaban sacrificando el cordero pascual, le dicen sus discípulos: ¿Dónde quieres que vayamos a preparar para que comas la pascua?
13 Envía entonces a dos de sus discípulos y les dice: Id a la ciudad, y os saldrá al encuentro un hombre llevando un cántaro de agua; seguidle,
14 y donde él entre, decid al dueño de la casa: El Maestro dice: ¿Dónde está mi aposento, en el cual pueda comer la pascua con mis discípulos?
15 Y él os mostrará un aposento grande en el piso superior, amueblado y preparado; hacednos allí los preparativos.
16 Salieron los discípulos, llegaron a la ciudad y encontraron tal como les había dicho, y prepararon la pascua.

17 Al atardecer, llega con los doce.
18 Y cuando estaban sentados a la mesa comiendo, dijo Jesús: En verdad os digo que uno de vosotros me traicionará, uno que está comiendo conmigo.
19 Ellos comenzaron a entristecerse y a decirle uno por uno: ¿Acaso yo?
20 Él les dijo: Uno de los doce, uno que moja conmigo en el plato.
21 Porque el Hijo del Hombre se va, tal como está escrito de él; pero ¡ay de aquel hombre por medio del cual es traicionado el Hijo del Hombre! Más le valdría a ese hombre no haber nacido.
22 Y mientras comían, tomó un pan, habiendo bendecido, lo partió, se lo dio, y dijo: Tomad; esto es mi cuerpo.
23 Luego tomó una copa, dio gracias y les dio: y bebieron de ella todos.
24 Y les dijo: Esto es mi sangre del pacto, que es derramada en favor de muchos.
25 En verdad os digo que no beberé ya más del fruto de la vid, hasta aquel día cuando lo beba nuevo en el reino de Dios.
26 Y después de cantar un himno, salieron hacia el monte de los Olivos.

Jesús anuncia la negación de Pedro

27 Entonces, les dice Jesús: Todos sufriréis tropiezo, pues está escrito: Heriré al pastor, y se dispersarán las ovejas.
28 Pero después de que haya sido resucitado, iré delante de vosotros a Galilea.
29 Entonces le dijo Pedro: Aunque todos sufran tropiezo, yo no.
30 Jesús le dice: En verdad te digo que hoy, esta misma noche, antes de que el gallo cante dos veces, me negarás tres veces.
31 Pero Pedro decía con más insistencia: Aunque tenga que morir contigo, de ninguna manera te negaré. Lo mismo decían también todos.

Jesús ora en Getsemaní

32 Llegan a una finca llamada Getsemaní, y les dice a sus discípulos: Sentaos aquí hasta que yo haya orado.
33 Toma entonces consigo a Pedro, a Jacobo y a Juan; y comenzó a sentir pavor y angustia.
34 Y les dice: Mi alma está abrumada de una tristeza mortal; permaneced aquí y velad.
35 Y él se fue un poco más adelante, cayó en tierra y comenzó a orar que, si era posible, pasara de él aquella hora.
36 Y decía: Abbá, Padre; todo es posible para ti; aparta de mí esta copa; pero no se haga lo que yo quiero, sino lo que tú quieras.

37 Viene entonces, y los encuentra dormidos; y le dice a Pedro: Simón, ¿estás durmiendo? ¿No tuviste fuerzas para velar por una sola hora?

38 Velad y orad para que no caigáis en tentación; pues el espíritu es animoso, pero la carne es débil.

39 Se fue otra vez y oró, diciendo las mismas palabras.

40 De nuevo vino y los encontró durmiendo, porque sus ojos estaban muy cargados, y no sabían qué contestarle.

41 Viene por tercera vez, y les dice: Dormid, pues, y descansad. ¡Ya basta! Ha llegado la hora; mirad, el Hijo del Hombre es entregado en manos de los pecadores.

42 ¡Levantaos! ¡Vamos! Mirad, el que me entrega está aquí.

Prendimiento de Jesús

43 Todavía estaba él hablando, cuando de pronto se presenta Judas, uno de los doce, y con él una multitud con espadas y palos, de parte de los principales sacerdotes, de los escribas y de los ancianos.

44 Y el que le entregaba les había dado una contraseña, diciendo: Al que yo bese, ése es; prendedle y conducidle con seguridad.

45 Inmediatamente después de llegar, se acerca a él y le dice: Rabí, Rabí, [Rabí], y le besó.

46 Entonces ellos le echaron las manos y le prendieron.

47 Pero uno de los que estaban cerca, sacó la espada, hirió al siervo del sumo sacerdote, y le cortó la oreja.

48 Jesús se dirigió a ellos y les dijo: ¿Como contra un salteador habéis salido con espadas y palos a prenderme?

49 Todos los días estaba frente a vosotros enseñando en el templo, y no me prendisteis; pero es así para que se cumplan las Escrituras.

50 Entonces, todos le ' abandonaron y huyeron.

El joven que escapó

51 Cierto joven le seguía, cubierto solamente con una sábana sobre su cuerpo desnudo, y le detienen.

52 Pero él dejó en pos de sí la sábana y escapó desnudo.

Jesús ante el sanedrín

53 Condujeron a Jesús ante el sumo sacerdote, y se reúnen todos los principales sacerdotes, los ancianos y los escribas.

54 También Pedro le siguió de lejos, hasta dentro del palacio del sumo sacerdote; allí estaba sentado con los guardias, calentándose junto a la lumbre.

55 Los principales sacerdotes y el sanedrín entero andaban buscando contra Jesús un testimonio para darle muerte, y no lo encontraban;

56 pues muchos daban falso testimonio contra él, pero los testimonios no concertaban.

57 Y algunos, levantándose, daban falso testimonio contra él, diciendo:

58 Nosotros le oímos decir: Yo destruiré este templo hecho con mano, y en tres días edificaré otro no hecho con mano.

59 Pero ni aun así era idéntico el testimonio de ellos.

60 Entonces se levantó el sumo sacerdote, y adelantándose al centro, interrogó a Jesús; diciendo: ¿No respondes nada a lo que éstos testifican contra ti?

61 Pero él callaba y no respondía nada. Volvió a preguntarle el sumo sacerdote, diciendo: ¿Eres tú el Cristo, el Hijo del Bendito?

62 Y Jesús dijo: Yo soy, y veréis al Hijo del Hombre sentado a la diestra del Poder, y viniendo en las nubes del cielo.

63 Entonces el sumo sacerdote, rasgando sus vestidos, dice: ¿Qué necesidad tenemos ya de testigos?

64 Oísteis la blasfemia; ¿qué os parece? Y todos le condenaron, diciendo que era reo de muerte.

65 Y algunos comenzaron a escupirle, a cubrirle el rostro, a darle de puñetazos, y a decirle: ¡Profetiza! Y los guardias le recibieron a bofetadas.

Pedro niega conocer a Jesús

66 Estando Pedro abajo en el patio, llega una de las criadas del sumo sacerdote,

67 y al ver a Pedro calentándose, después de mirarle fijamente, le dice: También tú estabas con Jesús el Nazareno.

68 Pero él lo negó, diciendo: Ni sé, ni entiendo qué es lo que tú estás diciendo; y salió afuera, a la entrada, [y cantó un gallo].

69 La criada lo vio, y comenzó otra vez a decir a los que estaban allí: Éste es de ellos.

70 Pero él lo negó de nuevo. Poco después, los que estaban allí volvieron a decirle a Pedro: De seguro que tú eres de ellos, pues de cierto eres galileo, [y tu manera de hablar es semejante].

71 Pero él comenzó a maldecir y a jurar, diciendo: No conozco a ese hombre que decís.

72 E inmediatamente, por segunda vez, cantó un gallo. Y Pedro recordó la frase que Jesús le había dicho: Antes que un gallo cante dos veces, me negarás tres veces; y, al darse cuenta, comenzó a llorar.

15 Tan pronto como amaneció, prepararon una reunión los principales sacerdotes con los ancianos y escribas y el sanedrín entero; y después de atar a Jesús, se lo llevaron y lo entregaron a Pilato.

2 Y Pilato le interrogó: ¿Eres tú el rey de los judíos? Él le respondió, diciendo: Así es, como tú dices.

3 Y los principales sacerdotes le acusaban de muchas cosas.

4 De nuevo le interrogaba Pilato, diciendo: ¿No respondes nada? Mira de cuántas cosas te están acusando.

5 Pero Jesús ya no contestó nada más, hasta el punto que Pilato estaba asombrado.

6 Cada fiesta les soltaba un preso, el que le pedían.

7 Uno, llamado Barrabás, había sido encarcelado con los sediciosos, los cuales habían cometido un homicidio en la insurrección.

8 Subió la multitud, y comenzó a pedirle lo que solía hacerles.

9 Pilato les contestó, diciendo: ¿Queréis que os suelte al Rey de los judíos?

10 Pues se daba cuenta de que los principales sacerdotes lo habían entregado por envidia.

11 Pero los principales sacerdotes soliviantaron a la multitud para que les soltase en cambio a Barrabás.

12 Pilato, dirigiéndose de nuevo a ellos, les decía: ¿Qué haré, pues, con el que llamáis Rey de los judíos?

13 Ellos volvieron a gritar: ¡Crucifícale!

14 Pero Pilato les decía: Pues ¿qué mal ha hecho? Y ellos gritaban con más fuerza: ¡Crucifícale!

15 Entonces Pilato, resolviendo dar satisfacción a la multitud, les soltó a Barrabás y entregó a Jesús, después de azotarle, para que fuera crucificado.

16 Los soldados se lo llevaron adentro del palacio, es decir, al pretorio; y convocan a la cohorte entera.

17 Le visten de púrpura y, después de trenzar una corona de espinas, se la ciñen.

18 Y comenzaron a saludarle: ¡Salve, Rey de los judíos!

19 Le golpeaban en la cabeza con una caña, le escupían y, doblando las rodillas, se prosternaban ante él.

20 Y después de haberse burlado de él, le quitaron la púrpura y le pusieron sus propios vestidos. Y le conducen fuera para crucificarle.

21 Y obligan a uno que pasaba, un tal Simón de Cirene que venía del campo, el padre de Alejandro y de Rufo, para que le lleve la cruz.

22 Le llevan al lugar llamado Gólgota, que traducido significa: Lugar de la Calavera.

23 Y le daban vino mezclado con mirra, pero él no lo tomó.

24 Le crucifican y se reparten sus vestiduras, echando suertes sobre ellas para ver lo que cada cual habría de llevarse.

25 Era la hora tercera cuando le crucificaron.

26 Y estaba puesta encima la inscripción de la causa de su condena: EL REY DE LOS JUDÍOS.

27 Y con él crucifican a dos salteadores: uno a su derecha y otro a su izquierda.

28 [Y se cumplió la Escritura que dice: Y fue contado con los malhechores.]

29 Y los que pasaban por allí le injuriaban, meneando la cabeza y diciendo: ¡Ah! Tú que destruyes el templo y lo edificas en tres días,

30 sálvate a ti mismo bajando de la cruz.

31 De la misma manera, los principales sacerdotes, burlándose entre ellos con los escribas, decían: A otros salvó; a sí mismo no puede salvarse.

32 ¡El Cristo, el Rey de Israel! Que baje ahora de la cruz, para que veamos y creamos. También los que habían sido crucificados con él, le insultaban.

33 Llegada la hora sexta, hubo oscuridad sobre toda la tierra hasta la hora novena.

34 Y a la hora novena, gritó Jesús con fuerte voz: Eloí, Eloí, ¿lamá sabactani? Que, traducido, es: ¡Dios mío, Dios mío!, ¿por qué me has desamparado?

35 Y algunos de los que estaban allí decían, al oírlo: Mira, está llamando a Elías.

36 Corrió entonces uno, empapó una esponja en vinagre, la sujetó a una caña y le dio de beber, diciendo: Dejad, veamos si viene Elías a descolgarle.

37 Tras emitir un gran grito, Jesús expiró.

38 Y el velo del templo se rasgó en dos de arriba abajo.

39 Cuando el centurión que estaba allí frente a él, vio que había expirado de esa manera, dijo: Verdaderamente este hombre era Hijo de Dios.

40 Había también unas mujeres observando desde lejos, entre las cuales estaban María la Magdalena, María la madre de Jacobo el Menor y de José, y Salomé,

41 las cuales le seguían y le servían cuando estaba en Galilea, y otras muchas que habían subido con él a Jerusalén.

42 Y ya al atardecer, como era el día de la Preparación, es decir, la víspera del sábado,

43 vino José de Arimatea, miembro respetable del sanedrín, que también él estaba aguardando el reino de Dios, y, armándose de valor, entró adonde Pilato y le pidió el cuerpo de Jesús.

44 Pilato se extrañó de que ya hubiese muerto y, llamando al centurión, le preguntó si hacía tiempo que había muerto.

45 Y enterado por el centurión, le concedió el cadáver a José.

46 Él compró una pieza nueva de lino, lo descolgó, lo envolvió en el lienzo, lo colocó en un sepulcro que había sido excavado en la roca, e hizo rodar una piedra frente a la entrada del sepulcro.

47 Y María Magdalena, y María la de José, observaban dónde quedaba puesto.

La resurrección del Señor

16 Pasado el sábado, María la Magdalena, María la *madre* de Jacobo, y Salomé compraron especias aromáticas para ir a embalsamarle.

2 Y muy de madrugada, el primer día de la semana, llegan al sepulcro cuando había salido el sol.

3 Y se decían unas a otras: ¿Quién nos hará rodar la piedra de la entrada del sepulcro?

4 Pero alzando los ojos, observan que la piedra ha sido ya retirada; y eso que era grande en demasía.

5 Y entrando en el sepulcro, vieron a un joven sentado en el lado derecho, vestido con una túnica blanca, y quedaron atónitas de espanto.

6 Pero él les dice: Dejad de asustaros. Estáis buscando a Jesús Nazareno, el crucificado; ha resucitado; no está aquí; mirad el lugar donde le pusieron.

7 Pero id, decid a sus discípulos y a Pedro: Va delante de vosotros a Galilea; allí le veréis, conforme os dijo.

8 Ellas salieron y huyeron del sepulcro, pues se había apoderado de ellas un gran temblor y espanto; y no dijeron nada a nadie, porque tenían miedo.

El Señor Jesús se aparece a María Magdalena

9 [En la madrugada del primer día de la semana, resucitó y se apareció primero a María Magdalena, de la que había arrojado siete demonios.

10 Ella fue a anunciarlo a los que habían estado con él, que estaban de duelo y llorando.

11 Ellos, al oír que está vivo y que ella lo ha visto, no lo creyeron.

El Señor se aparece a dos de sus discípulos

12 Después de esto, fue manifestado bajo diferente forma a dos de ellos que iban de camino hacia la campiña.

13 Ellos fueron y lo comunicaron a los demás; tampoco a éstos les creyeron.

El Señor comisiona a los apóstoles

14 Por último, fue manifestado a los once, estando ellos sentados a la mesa, y les echó en cara su incredulidad y dureza de corazón, por no haber creído a los que le habían visto después de haber resucitado.

15 Y les dijo: Id por todo el mundo y proclamad el evangelio a toda criatura.

16 El que crea y sea bautizado, será salvo; pero el que no crea, será condenado.

17 Y estas señales acompañarán a los que crean: En mi nombre expulsarán demonios, hablarán en nuevas lenguas;

18 tomarán serpientes en sus manos, y si beben algo mortífero, no les hará ningún daño; impondrán las manos sobre los enfermos, y sanarán.

La ascensión

19 Y así, el Señor Jesús, después de hablarles, fue recibido arriba en el cielo, y se sentó a la diestra de Dios.

20 Y ellos, salieron y predicaron en todas partes, colaborando el Señor con ellos y confirmando la palabra por medio de las señales que la acompañaban.]

EL SANTO EVANGELIO
SEGÚN
SAN LUCAS

Dedicatoria a Teófilo

1 Puesto que muchos han tomado a su cargo el compilar un relato ordenado de las cosas que entre nosotros han sido certísimas,

2 tal como nos las transmitieron los que desde el principio fueron testigos oculares y servidores de la Palabra,

3 me ha parecido bien también a mí, después de haber investigado todo con esmero desde su origen, escribirte ordenadamente, excelentísimo Teófilo,

4 para que te percates bien de la solidez de las enseñanzas en las que fuiste instruido.

Anuncio del nacimiento de
Juan el Bautista

5 Hubo en los días de Herodes, rey de Judea, cierto sacerdote llamado Zacarías, del turno de Abías; tenía por esposa una de las descendientes de Aarón, la cual se llamaba Elisabet.

6 Ambos eran rectos delante de Dios, y caminaban irreprochablemente en todos los mandamientos y ordenanzas del Señor.

7 Pero no tenían hijo, porque Elisabet era estéril, y ambos eran de edad avanzada.

8 Sucedió que, mientras estaba él ejerciendo su ministerio sacerdotal delante de Dios, en el turno de su grupo,

9 le tocó en suerte, conforme a la costumbre del sacerdocio, entrar en el santuario del Señor a quemar incienso.

10 Y toda la multitud del pueblo estaba orando afuera, a la hora del incienso.

11 Entonces se le apareció un ángel del Señor, de pie, a la derecha del altar del incienso.

12 Al verle Zacarías, se turbó, y el temor se apoderó de él.

13 Pero el ángel le dijo: No temas, Zacarías, porque tu petición ha sido escuchada; tu mujer Elisabet te engendrará un hijo, y le llamarás Juan.

14 Tendrás gozo y júbilo, y muchos se regocijarán por su nacimiento.

15 Pues será grande a los ojos del Señor, no beberá jamás ni vino ni licor, y será lleno del Espíritu Santo aun desde el vientre de su madre;

16 y a muchos de los hijos de Israel les hará volver al Señor su Dios;

17 y él mismo irá delante, en su presencia, con el espíritu y el poder de Elías, para hacer volver los corazones de los padres a los hijos, y los desobedientes a la sensatez de los justos, a preparar para el Señor un pueblo bien dispuesto.

18 Zacarías le dijo al ángel: ¿Cómo podré estar seguro de esto? Porque yo soy anciano, y mi esposa es de edad avanzada.

19 El ángel le respondió diciendo: Yo soy Gabriel, que estoy de continuo en la presencia de Dios, y he sido enviado a hablar contigo y a anunciarte estas buenas noticias.

20 Y ahora vas a permanecer en silencio y sin poder hablar hasta el día en que sucedan estas cosas, por cuanto no has dado crédito a mis palabras, las cuales se cumplirán a su debido tiempo.

21 El pueblo estaba aguardando a Zacarías, y se extrañaban de su demora en el santuario.

22 Cuando salió no podía hablarles, y se dieron cuenta de que había visto una visión en el santuario; él estaba haciéndoles señas, y permanecía mudo.

23 Y sucedió que, cuando se cumplieron los días de su servicio sacerdotal, se marchó a su casa.

24 Después de estos días, concibió Elisabet, su mujer; y se mantuvo recluida durante cinco meses, diciendo:

25 Así ha obrado el Señor conmigo en los días en que se fijó en mí para quitar mi oprobio entre los hombres.

Anuncio del nacimiento de Jesucristo

26 Al sexto mes, fue enviado de Dios el ángel Gabriel a una ciudad de Galilea, llamada Nazaret,

27 a una virgen desposada con un hombre llamado José, descendiente de David; y el nombre de la virgen era María.

28 Y entrando adonde ella estaba, dijo: ¡Salve, muy favorecida! El Señor está contigo. [Bendita tú entre las mujeres.]

29 Ella se turbó profundamente por estas palabras, y consideraba qué significaría este saludo.

30 Y el ángel le dijo: Deja de temer, María, porque has hallado gracia ante Dios.

31 Mira, concebirás en tu seno y darás a luz un hijo, y llamarás su nombre Jesús.

32 Éste será grande y será llamado Hijo del Altísimo. El Señor Dios le dará el trono de su padre David,

33 y reinará sobre la casa de Jacob para siempre; y su reino no tendrá fin.

34 Entonces le dijo María al ángel: ¿Cómo será esto, puesto que no conozco varón?

35 El ángel le respondió y le dijo: El Espíritu Santo vendrá sobre ti, y el poder del Altísimo te cubrirá con su sombra; por lo cual también lo santo que va a nacer será llamado Hijo de Dios.

36 Y he aquí que tu parienta Elisabet, también ella ha concebido un hijo en su vejez; y ya está de seis meses la que era llamada estéril;

37 porque ninguna cosa será imposible para Dios.

38 Y María dijo: He aquí la sierva del Señor; hágase conmigo conforme a tu palabra. Y se marchó el ángel de su presencia.

María visita a Elisabet

39 Por esos mismos días, María se levantó y se marchó de prisa a la región montañosa, a una ciudad de Judá;

40 y entró en casa de Zacarías, y saludó a Elisabet.

41 Y aconteció que, en cuanto oyó Elisabet el saludo de María, saltó la criatura en su vientre; y Elisabet fue llena del Espíritu Santo,

42 y exclamó con gran voz, y dijo: ¡Bendita tú entre las mujeres, y bendito el fruto de tu vientre!

43 Y ¿de dónde a mí esto, que la madre de mi Señor venga a mí?

44 Porque tan pronto como llegó a mis oídos la voz de tu saludo, saltó de gozo la criatura en mi vientre.

45 ¡Bienaventurada la que ha creído que tendrán cumplimiento las cosas que le han hablado de parte del Señor!

46 Y dijo María:
Engrandece mi alma al Señor,

47 Y mi espíritu ha saltado de gozo en Dios mi Salvador;

48 Porque ha puesto sus ojos sobre la pequeñez de su esclava;
Pues he aquí que desde ahora me tendrán por dichosa todas las generaciones.

49 Porque ha hecho por mí grandes cosas el Poderoso;
Santo es su nombre.

50 Y su misericordia alcanza de generación en generación a los que le temen.

51 Ha realizado grandes proezas con su brazo;
Desbarató a los arrogantes en el pensamiento del corazón de ellos.

52 Abatió de sus solios a los potentados,
Y exaltó a los de humilde condición;

53 Colmó de bienes a los hambrientos,
Y a los ricos los despidió con las manos vacías.

54 Vino en ayuda de Israel su siervo,
Para recuerdo de misericordia,

55 Tal como habló con nuestros padres,
A favor de Abraham y de su descendencia para siempre.

56 Permaneció María con ella unos tres meses, y regresó a su casa.

Nacimiento de Juan el Bautista

57 Se le cumplió a Elisabet el tiempo de dar a luz, y dio a luz un hijo.

58 Oyeron sus vecinos y sus parientes que el Señor había mostrado gran misericordia hacia ella, y se regocijaban juntamente con ella.

59 Sucedió que al octavo día vinieron a circuncidar al niño, y le iban a llamar Zacarías según el nombre de su padre,

60 pero su madre, tomando la palabra, dijo: No, sino que se ha de llamar Juan.

61 Y le dijeron: No hay nadie de tu parentela que se llame así.

62 Y le preguntaban por señas a su padre cómo desearía que se le llamase.

63 Entonces él pidió una tablilla y escribió lo siguiente: Juan es su nombre. Y todos se asombraron.

64 Al instante le fue abierta la boca y desatada la lengua, y comenzó a hablar bendiciendo a Dios.

65 Y vino temor sobre todos los que vivían en derredor suyo; y en toda la zona montañosa de Judea se comentaban todas estas cosas.

66 Y todos los que las oían las grababan en su corazón, diciendo: ¿Qué, pues, va a ser este niño? Porque ciertamente la mano del Señor estaba con él.

Profecía de Zacarías

67 Y Zacarías su padre fue lleno del Espíritu Santo, y profetizó diciendo:

68 Bendito el Señor Dios de Israel,
Porque ha visitado y ha efectuado redención para su pueblo,

69 Y ha suscitado una fuerza de salvación en favor nuestro,
En casa de David su siervo,

70 Tal como habló desde antiguo
Por boca de sus santos profetas,

71 Que nos salvaría de nuestros enemigos,
Y de las manos de todos los que nos odian;

72 Para mostrar su misericordia para con
   nuestros padres,
   Y recordar su santo pacto,
73 El juramento que hizo a Abraham nuestro padre:
74 Concedernos que, liberados de las manos de nuestros enemigos,
   Le sirvamos sin temor
75 En santidad de vida y rectitud de conducta ante sus ojos,
   Todos nuestros días.
76 Y tú, niño, serás llamado profeta del
   Altísimo;
   Porque irás ante la faz del Señor,
   Para preparar sus caminos;
77 Para dar a su pueblo conocimiento de
   salvación,
   Por el perdón de sus pecados,
78 Por medio de las entrañas de misericordia de nuestro Dios,
   Por las cuales nos visitó un amanecer del
   sol desde lo alto,
79 Para que brille su luz sobre los que están
   sentados en tinieblas y en sombra de
   muerte,
   Para guiar nuestros pies hacia un camino de paz.
80 Y el niño crecía y se fortalecía en espíritu; y vivía en lugares desiertos hasta el día de
su aparición pública ante Israel.

Nacimiento de Jesucristo

2 Por aquellos días, salió un edicto de
parte de César Augusto, para que se
hiciera un censo de toda la tierra habitada.
2 Este primer censo se hizo cuando Cirenio
gobernaba Siria.
3 Y todos marchaban a inscribirse en el
censo, cada uno a su propia ciudad.
4 También José subió desde Galilea, de la
ciudad de Nazaret, hacia Judea, a la ciudad
de David, la cual se llama Belén, por ser él
de la casa y familia de David,
5 para inscribirse junto con María, quien
estaba desposada con él y encinta.
6 Y aconteció que, mientras estaban allí, se
cumplieron los días para que ella diese a luz.
7 Y dio a luz a su hijo primogénito, lo
envolvió en pañales, y lo acostó en un
pesebre, porque no había lugar para ellos en
el mesón.

Los pastores y los ángeles

8 Había en la misma comarca unos pastores
que vivían en el campo y guardaban sus
turnos de vela nocturna sobre su rebaño.
9 Y he aquí que se presentó ante ellos un
ángel del Señor, y la gloria del Señor los
rodeó de resplandor; y tuvieron gran temor.
10 El ángel les dijo: Dejad de temer, porque os traigo buenas noticias de gran gozo,
que lo será para todo el pueblo;

11 que os ha nacido hoy, en la ciudad de
David, un Salvador, que es Cristo el Señor.
12 Esto os servirá de señal: hallaréis un
niño recién nacido envuelto en pañales, y
acostado en un pesebre.
13 De repente, apareció junto al ángel una
multitud del ejército celestial que alababa a
Dios y decía:
14 ¡Gloria a Dios en lo más alto;
   Y sobre la tierra paz; buena voluntad
      para con los hombres!
15 Sucedió que cuando los ángeles se alejaron de ellos para irse al cielo, los pastores se
dijeron los unos a los otros: Vayamos ahora
mismo hasta Belén, y veamos esto que dicen
que ha sucedido, lo que el Señor nos ha
dado a conocer.
16 Fueron a toda prisa, y encontraron juntamente a María, a José y al recién nacido
acostado en el pesebre.
17 Y después de verlo, dieron a conocer lo
que se les había dicho acerca de este niño.
18 Y todos los que lo oyeron, quedaron
maravillados de lo que los pastores les contaban;
19 María, por su parte, guardaba consigo
todas estas cosas, ponderándolas en su corazón.
20 Los pastores regresaron glorificando y
alabando a Dios por todo lo que habían oído
y visto, tal como se les había dicho.
21 Cuando se cumplieron ocho días para
circuncidarle, le pusieron por nombre Jesús, el que le dio el ángel antes de que él
fuese concebido en el seno.

Presentación de Jesucristo en el templo

22 Y cuando se cumplieron los días de la
purificación de ella, conforme a la ley de
Moisés, le trajeron a Jerusalén para presen-
tarlo al Señor
23 (tal como está escrito en la ley del Señor:
Todo varón que abra la matriz será llamado
santo para el Señor),
24 y para ofrecer un sacrificio conforme a lo
dicho en la ley del Señor, un par de tórtolas,
o dos palominos.
25 Y había en Jerusalén un hombre llamado Simeón; este hombre era justo y devoto,
aguardando la consolación de Israel; y el
Espíritu Santo estaba sobre él.
26 Y el Espíritu Santo le había comunicado
que no vería la muerte antes de haber visto
al Cristo del Señor.
27 Y movido por el Espíritu, vino al templo; y cuando los padres introducían al niño
Jesús para hacer lo que la costumbre de la
ley prescribía sobre él,
28 él le tomó en brazos, y bendijo a Dios,
diciendo:

29 Ahora, Soberano Señor, puedes dejar
que tu siervo se vaya,
Conforme a tu palabra, en paz;
30 Porque han visto mis ojos tu salvación,
31 La cual has preparado a la vista de todos
los pueblos;
32 Luz para revelación a los gentiles,
Y para gloria de tu pueblo Israel.
33 Su padre y su madre estaban asombrándose de las cosas que se estaban diciendo de
él.
34 Simeón les bendijo y dijo a María, su
madre: Mira, éste está puesto para caída y
levantamiento de muchos en Israel, y para
señal que es objeto de disputa
35 (y una espada traspasará tu misma
alma), de forma que queden al descubierto
los pensamientos de muchos corazones.
36 Había también una profetisa, Ana, hija
de Fanuel, de la tribu de Aser. Ya era de
edad muy avanzada, y había vivido con su
esposo siete años desde su matrimonio;
37 y ahora de viuda hasta ochenta y cuatro
años; la cual no se apartaba del templo,
sirviendo de día y de noche con ayunos y
oraciones.
38 En ese momento se presentó ella, y
comenzó también a expresar su reconocimiento a Dios y a hablar de él a todos los que
aguardaban la redención en Jerusalén.

El regreso a Nazaret

39 Así que acabaron de cumplir con todo,
conforme a la ley del Señor, regresaron a
Galilea, a su ciudad de Nazaret.
40 Y el niño crecía y se fortalecía, llenándose de sabiduría; y la gracia de Dios estaba
sobre él.

El niño Jesús en el templo

41 Sus padres iban cada año a Jerusalén a la
fiesta de la pascua.
42 Cuando cumplió doce años de edad,
subieron conforme a la costumbre de la
fiesta,
43 y, después de haber acabado los días, al
regresar ellos, se quedó el niño Jesús en
Jerusalén, pero no se dieron cuenta José y
su madre,
44 sino que, suponiendo que iba en la
caravana, hicieron un día de camino, y lo
buscaban entre los parientes y los conocidos.
45 Y al no hallarle, regresaron a Jerusalén
en busca suya.
46 Y aconteció que al cabo de tres días lo
encontraron en el templo, sentado en medio
de los maestros, no sólo escuchándoles, sino
también haciéndoles preguntas;
47 y todos los que le estaban oyendo, quedaban atónitos ante su inteligencia y sus
respuestas.
48 Cuando le vieron, se sorprendieron, y le
dijo su madre: Hijo, ¿por qué nos has hecho
esto? He aquí que tu padre y yo te buscábamos angustiados.
49 Él les dijo: ¿Cómo es que me buscabais?
¿No sabíais que yo debo estar en los asuntos
de mi Padre?
50 Pero ellos no comprendieron la palabra
que les habló.
51 Luego bajó con ellos, y vino a Nazaret; y
continuaba sumiso a ellos. Y su madre
conservaba cuidadosamente todas estas
cosas en su corazón.
52 Y Jesús seguía progresando en sabiduría, en vigor y en gracia ante Dios y ante los
hombres.

Predicación de Juan el Bautista

3 En el año decimoquinto del reinado de
Tiberio César, siendo Poncio Pilato gobernador de Judea, Herodes tetrarca de
Galilea, su hermano Felipe tetrarca de la
región de Iturea y de Traconítide, y Lisanias
tetrarca de Abilene,
2 durante el sumo sacerdocio de Anás y de
Caifás, vino palabra de Dios sobre Juan el
hijo de Zacarías, en el desierto.
3 Y recorrió toda la comarca del Jordán,
proclamando un bautismo de arrepentimiento para perdón de pecados;
4 como está escrito en el libro de las palabras del profeta Isaías:
Voz de uno que clama en el desierto:
Preparad el camino del Señor;
Haced derechas sus sendas;
5 Todo valle será rellenado.
Y todo monte y collado será rebajado;
Lo tortuoso se hará recto,
Y lo áspero se convertirá en caminos
suaves;
6 Y verá toda carne la salvación de Dios.
7 Decía, pues, a las multitudes que salían
para ser bautizadas por él: Engendros de
víboras, ¿quién os advirtió que huyeseis de
la ira inminente?
8 Producid, pues, frutos que correspondan
a un sincero arrepentimiento; y no comencéis a decir entre vosotros mismos: Tenemos por padre a Abraham; porque os digo
que de estas piedras puede Dios suscitar
hijos a Abraham.
9 Y ya también el hacha está puesta junto a
la raíz de los árboles; por tanto, todo árbol
que no produce buen fruto se corta y se echa
al fuego.
10 Y las multitudes le preguntaban, diciendo: ¿Qué, pues, haremos?
11 Y respondiendo, les decía: El que tenga
dos túnicas, que las reparta con el que no

tiene; y el que tenga qué comer, que haga lo mismo.

12 Vinieron también cobradores de impuestos a ser bautizados, y le dijeron: Maestro, ¿qué haremos?

13 Él les dijo: No exijáis más de lo que se os ha ordenado.

14 También unos soldados le preguntaban, diciendo: Y nosotros ¿qué haremos? Y les dijo: No intimidéis a nadie, ni denunciéis en falso para sacar dinero, y contentaos con vuestra paga.

15 Y como el pueblo estaba a la espera, y todos andaban pensando en su corazón acerca de Juan, si quizás él sería el Cristo,

16 Juan respondió y les dijo a todos: Yo os bautizo con agua; pero está viniendo el que es más fuerte que yo, al que yo no soy apto para desatarle la correa de sus sandalias; él os bautizará con Espíritu Santo y fuego.

17 Ya tiene en la mano el aventador, y limpiará con esmero su era, y recogerá el trigo en su granero; pero la paja la quemará con fuego inextinguible.

18 Y así, con muchas y variadas exhortaciones, anunciaba al pueblo la Buena Nueva.

19 Pero cuando censuró repetidamente a Herodes el tetrarca respecto de Herodías, la mujer de su hermano, y en relación con todas las maldades que Herodes había hecho,

20 a todas ellas añadió Herodes también esto: que encerró a Juan en la cárcel.

El bautismo de Jesucristo

21 Aconteció que, cuando todo el pueblo era bautizado, también Jesús fue bautizado; y mientras oraba, se abrió el cielo,

22 y descendió sobre él el Espíritu Santo en forma corporal, como una paloma; y salió del cielo una voz que decía: Tú eres mi Hijo amado; en ti he puesto mi complacencia.

Genealogía de Jesucristo

23 Y Jesús mismo, al comenzar, tenía unos treinta años, siendo hijo, según se suponía, de José, el hijo de Elí,

24 el hijo de Matat, el hijo de Leví, el hijo de Melquí, el hijo de Janná, el hijo de José,

25 el hijo de Matatías, el hijo de Amós, el hijo de Nahúm, el hijo de Heslí, el hijo de Nangay,

26 el hijo de Maat, el hijo de Matatías, el hijo de Semeí, el hijo de José, el hijo de Judá,

27 el hijo de Joaná, el hijo de Resá, el hijo de Zorobabel, el hijo de Salatiel, el hijo de Nerí,

28 el hijo de Melquí, el hijo de Addí, el hijo de Cosam, el hijo de Elmadam, el hijo de Er,

29 el hijo de Josué, el hijo de Eliezer, el hijo de Jorim, el hijo de Matat,

30 el hijo de Leví, el hijo de Simeón, el hijo de Judá, el hijo de José, el hijo de Jonam, el hijo de Eliaquim,

31 el hijo de Meleá, el hijo de Mainán, el hijo de Matatá, el hijo de Natán,

32 el hijo de David, el hijo de Isay, el hijo de Obed, el hijo de Booz, el hijo de Salmón, el hijo de Naasón,

33 el hijo de Aminadab, el hijo de Aram, el hijo de Esrom, el hijo de Fares, el hijo de Judá,

34 el hijo de Jacob, el hijo de Isaac, el hijo de Abraham, el hijo de Taré, el hijo de Nacor,

35 el hijo de Serug, el hijo de Ragáu, el hijo de Péleg, el hijo de Éber, el hijo de Sala,

36 el hijo de Cainán, el hijo de Arfaxad, el hijo de Sem, el hijo de Noé, el hijo de Lámec,

37 el hijo de Matusalén, el hijo de Enoc, el hijo de Járed, el hijo de Maleleel, el hijo de Cainán,

38 el hijo de Enós, el hijo de Set, el hijo de Adán, el hijo de Dios.

Tentación de Jesucristo

4 Jesús, lleno del Espíritu Santo, regresó del Jordán, y era conducido por el Espíritu al desierto

2 por cuarenta días, siendo tentado por el diablo. Y no comió nada durante esos días, y acabados ellos tuvo hambre.

3 Y el diablo le dijo: Si eres hijo de Dios, dile a esta piedra que se convierta en pan.

4 Jesús le respondió, diciendo: Está escrito: No sólo de pan vivirá el hombre, sino de toda palabra de Dios.

5 El diablo le condujo a un alto monte y le mostró en un momento todos los reinos de la tierra habitada;

6 y le dijo el diablo: Te daré todo este poderío y la gloria de estos reinos, pues a mí me ha sido entregado, y se lo doy a quien quiero.

7 Por tanto, si tú te postras delante de mí, todo será tuyo.

8 Jesús le respondió y le dijo: Vete de mí, Satanás, porque está escrito: Al Señor tu Dios adorarás, y sólo a él servirás.

9 El diablo le condujo a Jerusalén, le puso de pie sobre el alero del templo, y le dijo: Si eres Hijo de Dios, tírate de aquí abajo;

10 porque está escrito:
Dará orden a sus ángeles respecto de ti,
Para que te guarden con todo cuidado.

11 Y:
Te llevarán en las palmas de sus manos,
Para que no tropiece tu pie en alguna piedra.

12 Respondiendo Jesús, le dijo: Está dicho:
No tentarás al Señor tu Dios.
13 Cuando el diablo dio por concluida toda
clase de tentación, se alejó de él hasta un
tiempo oportuno.
14 Jesús regresó a Galilea en el poder del
Espíritu, y las noticias sobre él se difundie-
ron por toda la comarca circunvecina.
15 Enseñaba en sus sinagogas, siendo glorificado por todos.

Jesús en Nazaret

16 Vino a Nazaret, donde se había criado, y
en día de sábado entró en la sinagoga, según
su costumbre, y se levantó a leer.
17 Le entregaron el libro del profeta Isaías.
Él desenrolló el volumen y encontró el lugar
donde estaba escrito:
18 El Espíritu del Señor está sobre mí,
    Por lo cual me ungió para predicar el
      evangelio a los pobres.
    Me ha enviado [a sanar a los quebranta-
      dos de corazón];
    A proclamar liberación a los cautivos,
    Y recuperación de la vista a los ciegos;
    A poner en libertad a los oprimidos,
19 A proclamar un año favorable del
      Señor.
20 Luego, enrollando el volumen, lo devolvió al asistente, y se sentó. Los ojos de todos
en la sinagoga estaban fijos en él.
21 Y comenzó a decirles: Hoy se ha cumplido esta Escritura que acabáis de oír.
22 Todos hablaban bien de él, y maravillados de las palabras de gracia que salían de su
boca, decían: ¿No es éste el hijo de José?
23 Él les dijo: Seguramente me citaréis este
refrán: Médico, cúrate a ti mismo. Todo
cuanto hemos oído que se ha hecho en
Capernaúm, hazlo también aquí en tu
pueblo.
24 Y añadió: En verdad os digo que ningún
profeta es persona grata en su pueblo.
25 Pero en verdad os digo: Muchas viudas
había en Israel en los días de Elías, cuando
se cerró el cielo por tres años y seis meses, y
cuando una gran hambre se cernió sobre
todo el país;
26 y a ninguna de ellas fue enviado Elías,
sino a Sarepta de Sidón, a una mujer viuda.
27 Y muchos leprosos había en Israel en
tiempos del profeta Eliseo; y ninguno de
ellos fue limpiado, sino Naamán, el sirio.
28 Al oír estas cosas, todos los que se
encontraban en la sinagoga se llenaron de
furor;
29 y se levantaron y le echaron fuera de la
ciudad, y le condujeron hasta un borde
escarpado de la colina sobre la cual estaba
edificada su ciudad, a fin de despeñarle.
30 Pero él pasó por medio de ellos, y se
marchó por su camino.

Jesucristo cura a un endemoniado

31 Descendió a Capernaúm, ciudad de Galilea; y en sábado les estaba enseñando;
32 y se quedaban asombrados de su enseñanza, porque su palabra era con autoridad.
33 Había en la sinagoga un hombre poseído
por el espíritu de un demonio inmundo, y
gritó con voz muy fuerte:
34 ¡Ah! ¿Qué tenemos que ver contigo,
Jesús nazareno? ¿Has venido a destruirnos?
Ya sé quién eres tú: el Santo de Dios.
35 Jesús entonces le increpó, diciendo: Cállate y sal de él. Y el demonio, arrojándole
en medio, salió de él sin hacerle ningún
daño.
36 Todos quedaron sobrecogidos de estupor, y se decían unos a otros: ¿Qué manera
de hablar es ésta, que manda con autoridad
y poder a los espíritus inmundos, y salen?
37 Y su fama se extendía por todos los
lugares de los contornos.

Jesucristo sana a la suegra de Pedro

38 Se levantó y, saliendo de la sinagoga,
entró en la casa de Simón. La suegra de
Simón estaba aquejada de una fiebre muy
alta, y le rogaron por ella.
39 Él se inclinó sobre ella e increpó a la
fiebre, y ésta la dejó. Ella se levantó en
seguida y se puso a servirles.

Muchos sanados al ponerse el sol

40 Cuando el sol se estaba poniendo, todos
cuantos tenían enfermos de diversas dolencias, los trajeron a él. Y él, poniendo las
manos sobre cada uno de ellos, los sanaba.
41 Y también salían demonios de muchos,
gritando y diciendo: Tú eres el Hijo de Dios.
Pero él les increpaba y no les dejaba hablar,
porque sabían que él era el Cristo.
42 Al hacerse de día, salió y se marchó a un
lugar solitario. Las multitudes le andaban
buscando, y llegando hasta él, trataban de
retenerle para que no se marchara de ellos.
43 Pero él les dijo: También a las otras
ciudades debo predicar el reino de Dios,
porque para esto he sido enviado.
44 Y continuaba predicando en las sinagogas de Galilea.

La pesca milagrosa

5 Aconteció que, estando él de pie junto
al lago de Genesaret, la multitud se
agolpaba sobre él para oír la palabra de
Dios;
2 y vio dos barcas que estaban a la orilla del
lago; y los pescadores habían bajado de ellas
y estaban lavando las redes.

3 Y subió a una de las barcas, que era de
Simón, y le rogó que se alejara un poco de la
tierra; y, sentándose, enseñaba desde la
barca a las multitudes.
4 Cuando cesó de hablar, le dijo a Simón:
Boga mar adentro, y echad vuestras redes
para pescar.
5 Simón le respondió, diciendo: Maestro,
después de bregar a lo largo de toda la
noche, no hemos pescado nada; pero, puesto que tú lo pides, echaré la red.
6 Así lo hicieron, y encerraron una gran
cantidad de peces; y la red se les rompía.
7 Hicieron señas entonces a los compañeros que estaban en la otra barca para que
vinieran a ayudarles. Vinieron, y llenaron
ambas barcas, tanto que comenzaban a hundirse.
8 Cuando Simón Pedro lo vio, cayó ante las
rodillas de Jesús, diciendo: ¡Apártate de mí,
Señor, que soy un hombre pecador!
9 Porque el estupor se había apoderado de
él y de todos los que estaban con él ante la
captura de los peces que habían pescado;
10 y lo mismo de Jacobo, tanto como de
Juan, hijos de Zebedeo, que eran socios de
Simón. Y le dijo Jesús a Simón: Deja de
temer; desde ahora serás pescador de hombres.
11 Y después de bajar las barcas a tierra, lo
dejaron todo y le siguieron.

Jesucristo sana a un leproso

12 Sucedió que estando él en una de las
ciudades, había allí un hombre lleno de
lepra; y cuando vio a Jesús, cayó rostro en
tierra, y le suplicó, diciendo: Señor, si quieres, puedes limpiarme.
13 Él extendió la mano y le tocó, diciendo:
Quiero; sé limpio. Y al instante se marchó
de él la lepra.
14 Y le encargó que no se lo dijera a nadie,
sino anda, le dijo, y muéstrate al sacerdote,
y haz la ofrenda por tu purificación, conforme prescribió Moisés, para que les sirva de
testimonio.
15 Pero su fama se difundía aún más, y
grandes multitudes se reunían para escucharle y ser sanadas de sus enfermedades.
16 Él, por su parte, se retiraba con frecuencia a los lugares solitarios para orar.

Jesucristo sana a un paralítico

17 Aconteció un día que él estaba enseñando, y estaban sentados allí unos fariseos y
maestros de la ley, que habían venido de
todas las aldeas de Galilea y Judea, y de
Jerusalén; y el poder del Señor estaba presente para sanarles.
18 En esto, unos hombres traían en una

camilla a un paralítico; y trataban de intro-
ducirlo y colocarlo delante de Jesús.
19 Pero no hallando de qué manera intro-
ducirle, a causa de la multitud, subieron a la
azotea, lo descolgaron con la camilla a
través de las tejas, y lo pusieron en medio,
delante de Jesús.
20 Al ver la fe de ellos, dijo: Hombre, tus
pecados te quedan perdonados.
21 Entonces los escribas y los fariseos
comenzaron a razonar, diciendo: ¿Quién es
éste que habla blasfemias? ¿Quién puede
perdonar pecados, sino sólo Dios?
22 Al percatarse Jesús de lo que ellos estaban pensando, tomó la palabra y les dijo:
¿Qué estáis pensando en vuestros corazones?
23 ¿Qué es más fácil, decir: Te quedan
perdonados tus pecados, o decir: Levántate
y anda?
24 Pues para que sepáis que el Hijo del
Hombre tiene autoridad en la tierra para
perdonar pecados (dijo al paralítico): A ti te
digo, levántate, toma tu camilla, y vete a tu
casa.
25 E inmediatamente se levantó a la vista
de ellos, tomó la camilla en que estaba
acostado, y se fue a su casa, glorificando a
Dios.
26 El estupor se apoderó de todos, y glorificaban a Dios; y llenos de temor, decían:
Hoy hemos visto cosas increíbles.

Llamamiento de Leví

27 Después de esto salió y vio a un cobrador
de impuestos, llamado Leví, sentado en la
mesa de impuestos, y le dijo: Sígueme.
28 Y dejándolo todo, se levantó y comenzó
a seguirle.
29 Y Leví le hizo un gran banquete en su
casa, y había un gran número de cobradores
de impuestos y de otros que estaban a la
mesa con ellos.
30 Pero los fariseos y los escribas que eran
de su partido comenzaron a refunfuñar ante
los discípulos de Jesús, diciendo: ¿Por qué
coméis y bebéis con cobradores de impuestos y con pecadores?
31 Jesús respondió, dirigiéndose a ellos: No
necesitan médico los sanos, sino los que
están mal.
32 No he venido a llamar al arrepentimiento a justos, sino a pecadores.

La pregunta sobre el ayuno

33 Y ellos le dijeron: Los discípulos de Juan
ayunan con frecuencia y hacen oración;
también los de los fariseos hacen lo mismo;
pero los tuyos están continuamente comiendo y bebiendo.

34 Y Jesús les dijo: ¿Acaso podéis hacer que los invitados a la boda ayunen mientras el novio está con ellos?
35 Días vendrán en que les será arrebatado el novio, y entonces ayunarán en aquellos días.
36 Y también les exponía una parábola: Nadie arranca un retazo de un vestido nuevo para remendar un vestido viejo; de lo contrario, no sólo desgarra el nuevo, sino que el retazo procedente del nuevo no armonizará con el viejo.
37 Y nadie echa vino nuevo en odres viejos; de lo contrario, el vino nuevo reventará los odres, y no sólo se derramará el vino, sino que los odres se echarán también a perder.
38 sino que el vino nuevo debe echarse en odres nuevos; [y lo uno y lo otro se conservan].
39 Y nadie que haya bebido del añejo, desea luego del nuevo, porque dice: El añejo es mejor.

Los discípulos recogen espigas en día de sábado

6 Aconteció un sábado que, pasando Jesús a través de unos sembrados, sus discípulos arrancaban espigas y comían, restregándolas con las manos.
2 Algunos de los fariseos les dijeron: ¿Por qué hacéis lo que no es lícito en los sábados?
3 Jesús, respondiéndoles, dijo: ¿Ni siquiera habéis leído lo que hizo David cuando tuvo hambre él, y los que estaban con él;
4 cómo entró en la casa de Dios, y tomó los panes de la proposición, que no es lícito comer sino sólo a los sacerdotes, y comió, y dio también a los que estaban con él?
5 Y les decía: El Hijo del Hombre es dueño hasta del sábado.

El hombre de la mano atrofiada

6 Aconteció también en otro sábado que entró él en la sinagoga, y se puso a enseñar; y había allí un hombre que tenía atrofiada la mano derecha.
7 Los escribas y los fariseos le acechaban por si se ponía a sanar en sábado, a fin de hallar de qué acusarle.
8 Pero él sabía los pensamientos de ellos, y le dijo al hombre que tenía la mano atrofiada: Levántate, y ponte en medio. Él se levantó y se puso allí.
9 Entonces Jesús les dijo: Voy a haceros una pregunta: ¿Es lícito en sábado hacer el bien, o hacer el mal?, ¿salvar una vida, o destruirla?
10 Y después de pasear su mirada sobre todos ellos, le dijo al hombre: Extiende tu mano. Él lo hizo así, y su mano quedó enteramente restablecida.

11 Pero ellos se llenaron de furor y discutían entre ellos qué podrían hacerle a Jesús.

Elección de los doce apóstoles

12 Aconteció en aquellos días que él salió al monte a orar, y pasó la noche entera en oración a Dios.
13 Y cuando se hizo de día, convocó a sus discípulos y escogió de entre ellos doce, a quienes puso también el nombre de apóstoles:
14 Simón, a quien también puso por nombre Pedro, y Andrés su hermano; Jacobo y Juan; Felipe y Bartolomé;
15 Mateo y Tomás; Jacobo el hijo de Alfeo, y Simón el llamado Zelote;
16 Judas el hermano de Jacobo, y Judas Iscariote, que llegó a ser un traidor.

Jesucristo atiende a una multitud

17 Descendió con ellos y se detuvo en un lugar llano; había un gran grupo de discípulos suyos, y una gran multitud de la gente de todas partes de Judea, de Jerusalén, y de la región costera de Tiro y de Sidón, que habían venido a escucharle, y a ser sanados de sus enfermedades;
18 y los que estaban atormentados por espíritus inmundos, eran sanados.
19 Y toda la gente trataba de tocarle, porque salía de él un poder y los sanaba a todos.

Bienaventuranzas y ayes

20 Y él, alzando los ojos hacia sus discípulos, decía: Bienaventurados vosotros los pobres, porque vuestro es el reino de Dios.
21 Bienaventurados los que ahora pasáis hambre, porque seréis satisfechos. Bienaventurados los que ahora lloráis, porque reiréis.
22 Bienaventurados sois cuando os odien los hombres, cuando os aparten de sí, os injurien y desechen vuestro nombre como malo, por causa del Hijo del Hombre.
23 Regocijaos en aquel día, y saltad de gozo, porque he aquí que vuestra recompensa es grande en el cielo, pues de la misma manera hacían sus padres con los profetas.
24 Pero ¡ay de vosotros los ricos!, porque habéis recibido vuestro consuelo.
25 ¡Ay de vosotros, los que ahora estáis saciados!, porque habéis de pasar hambre. ¡Ay de vosotros, los que os reís ahora!, porque os lamentaréis y lloraréis.
26 ¡Ay cuando todos los hombres hablen bien de vosotros!, porque de la misma manera hacían sus padres con los falsos profetas.

El amor hacia los enemigos, y la regla de oro

27 Pero a vosotros los que oís, os digo: Amad a vuestros enemigos; haced bien a los que os odian;

28 bendecid a los que os maldicen; orad por los que os maltratan.

29 Al que te hiera en una mejilla, preséntale también la otra; y al que te quite el manto, no le impidas que se lleve también la túnica.

30 A todo el que te pida, dale; y al que se lleve lo tuyo, no se lo reclames.

31 Y como queréis que hagan los hombres con vosotros, así también haced vosotros con ellos.

32 Porque si amáis a los que os aman, ¿qué clase de favor es el vuestro? Porque también los pecadores aman a los que les aman.

33 Y si hacéis bien a los que os hacen bien, ¿qué clase de favor es el vuestro? Porque también los pecadores hacen lo mismo.

34 Y si prestáis a aquellos de quienes esperáis recibir, ¿qué clase de favor es el vuestro? Porque también los pecadores prestan a los pecadores para recibir otro tanto.

35 Vosotros, en cambio, amad a vuestros enemigos, haced el bien y prestad sin esperar nada a cambio; y será grande vuestra recompensa, y seréis hijos del Altísimo; porque él es bondadoso para con los ingratos y malvados.

36 Sed, pues, misericordiosos, como también vuestro Padre es misericordioso.

El juzgar a los demás

37 No juzguéis, y no seréis juzgados; no condenéis, y no seréis condenados; perdonad, y seréis perdonados.

38 Dad, y se os dará; una medida buena, apretada, remecida y rebosante os pondrán en el regazo. Porque con la misma medida con que medís, os volverán a medir.

39 Y les dijo también una parábola: ¿Acaso puede un ciego guiar a otro ciego? ¿No caerán ambos en un hoyo?

40 Un discípulo no está por encima de su maestro; pero todo el que esté bien preparado, será como su maestro.

41 ¿Y por qué te fijas en la paja que está en el ojo de tu hermano, y no echas de ver la viga que está en tu propio ojo?

42 ¿O cómo puedes decir a tu hermano: Hermano, déjame sacar la paja que está en tu ojo, cuando tú mismo no adviertes la viga que está en tu propio ojo? ¡Hipócrita! Saca primero la viga de tu ojo, y entonces verás bien para sacar la paja que está en el ojo de tu hermano.

Por sus frutos los conoceréis

43 Porque no hay árbol de buena calidad que produzca fruto desabrido; ni árbol de mala calidad que produzca fruto excelente.

44 Pues cada árbol se conoce por su propio fruto; porque no cosechan higos de los espinos, ni vendimian uvas de una zarza.

45 El hombre bueno, del buen tesoro de su corazón saca lo bueno; y el hombre malo, del mal tesoro de su corazón saca lo malo; porque de lo que le rebosa del corazón habla su boca.

Los dos cimientos

46 ¿Por qué me llamáis: Señor, Señor, y no hacéis lo que digo?

47 Todo el que viene a mí, y oye mis palabras, y las pone en práctica, os voy a mostrar a quién es semejante:

48 Es semejante a un hombre que, al construir una casa, excavó, ahondó y echó los cimientos sobre la roca; y cuando vino una inundación, el torrente embistió contra aquella casa, pero no tuvo fuerza suficiente para sacudirla, porque estaba fundada sobre la roca.

49 Pero el que ha oído, y no pone en práctica, es semejante a un hombre que edificó una casa encima de la tierra, sin cimientos, contra la cual embistió el torrente, y al instante se derrumbó, y fue grande la ruina de aquella casa.

Jesucristo sana al siervo de un centurión

7 Después que acabó de dirigir todas estas palabras a los oídos del pueblo, entró en Capernaúm.

2 Estaba enfermo y a punto de morir el siervo de un centurión, a quien éste apreciaba mucho.

3 Habiendo oído hablar de Jesús, envió adonde él estaba unos ancianos de los judíos, para rogarle que viniese a sanar a su siervo.

4 Éstos se presentaron a Jesús, y le rogaban con insistencia, diciendo: Es digno de que le concedas esto;

5 porque él ama a nuestro pueblo, y él mismo nos ha edificado la sinagoga.

6 Iba Jesús con ellos, y cuando ya no estaba lejos de la casa, el centurión envió a él unos amigos, diciéndole: Señor, no te molestes más; pues no soy tan importante como para que entres bajo mi techo;

7 por lo cual ni me consideré a mí mismo digno de venir a ti; pero dilo de palabra, y mi siervo será sano.

8 Pues también yo soy un hombre puesto bajo autoridad, y tengo soldados bajo mis órdenes; y le digo a éste: ¡Ve!, y va; y a otro: ¡Ven!, y viene; y a mi siervo: ¡Haz esto!, y lo hace.

9 Al oír esto, Jesús se quedó maravillado de él, y volviéndose, dijo a la multitud que le seguía: Os digo que ni aun en Israel he hallado una fe tan grande.

10 Y cuando los que habían sido enviados regresaron a la casa, hallaron sano al siervo que había estado enfermo.

Jesucristo resucita al hijo de la viuda de Naín

11 Aconteció después que él iba a una ciudad llamada Naín, y marchaban juntamente con él bastantes de sus discípulos, y una gran multitud.

12 Cuando llegó cerca de la puerta de la ciudad, he aquí que sacaban a enterrar a un difunto, hijo único de su madre, y ella era viuda, y estaba con ella un grupo considerable de la ciudad.

13 Cuando el Señor la vio, fue movido a compasión sobre ella, y le dijo: No llores.

14 Él se acercó y tocó la camilla mortuoria, y los que lo llevaban se detuvieron, y él dijo: Joven, a ti te digo, ¡levántate!

15 Entonces el muerto se incorporó y comenzó a hablar, y él se lo dio a su madre.

16 El temor se apoderó de todos, y glorificaban a Dios, diciendo: Un gran profeta ha surgido entre nosotros; y: Dios ha visitado a su pueblo.

17 Y esto que se decía de él, se divulgó por toda la Judea y por toda la región circunvecina.

Los mensajeros de Juan el Bautista

18 Los discípulos de Juan informaron a éste de todas estas cosas. Entonces Juan, llamando a dos de sus discípulos,

19 los envió a Jesús, diciendo: ¿Eres tú el que había de venir, o continuaremos aguardando a otro?

20 Cuando los hombres se presentaron donde estaba él, dijeron: Juan el Bautista nos ha enviado a ti, diciendo: ¿Eres tú el que había de venir, o continuaremos aguardando a otro?

21 En esa misma hora sanó a muchos de enfermedades y dolencias, y de malos espíritus, y otorgó la vista a muchos ciegos.

22 Luego les respondió Jesús, diciendo: Id e informad a Juan de lo que habéis visto y oído: Los ciegos ven de nuevo, los cojos caminan, los leprosos son limpiados, los sordos oyen, los muertos son resucitados, a los pobres se les anuncia el evangelio.

23 Y bienaventurado es cualquiera que no halla en mí ocasión de tropiezo.

24 Cuando se marcharon los mensajeros de Juan, comenzó a decir ante las multitudes acerca de Juan: ¿Qué salisteis a contemplar en el desierto? ¿Una caña sacudida por el viento?

25 Si no, ¿qué salisteis a ver? ¿Un hombre vestido con ropas finas? He aquí que los que se visten de espléndidas vestiduras y viven en la molicie, están en los palacios reales.

26 Entonces, ¿qué salisteis a ver? ¿Un profeta? Pues sí, os digo, y superior a un profeta.

27 Éste es aquel de quien está escrito:
He aquí que envío mi mensajero delante de tu faz,
El cual preparará tu camino delante de ti.

28 Os digo que entre los nacidos de mujeres, no hay mayor profeta que Juan el Bautista; pero el que es menor en el reino de Dios es mayor que él.

29 Y todo el pueblo que le escuchó y los cobradores de impuestos reconocieron la justicia de Dios, siendo bautizados con el bautismo de Juan;

30 pero los fariseos y los legistas rechazaron el designio de Dios para con ellos mismos, no siendo bautizados por él.

31 ¿A qué, pues, compararé los hombres de esta generación, y a qué son semejantes?

32 Son semejantes a los muchachos que se sientan en la plaza y que se gritan unos a otros y dicen: Os hemos tocado la flauta, y no habéis bailado; entonamos canciones de duelo, y no llorasteis.

33 Porque vino Juan el Bautista, que no comía pan ni bebía vino, y decís: Tiene un demonio.

34 Ha venido el Hijo del Hombre, que come y bebe, y decís: He aquí un hombre glotón y bebedor de vino, amigo de cobradores de impuestos y pecadores.

35 Y la sabiduría ha sido justificada por todos sus hijos.

Jesús en el hogar de Simón el fariseo

36 Uno de los fariseos le pedía que comiera con él. Y entrando en la casa del fariseo, se sentó a la mesa.

37 En esto, una mujer pecadora pública que había en la ciudad, enterada de que él estaba a la mesa en la casa del fariseo, trajo un frasco de alabastro con perfume,

38 y colocándose detrás, junto a sus pies, se echó a llorar y comenzó a regar con sus lágrimas los pies de él, y a enjugarlos con los cabellos de su cabeza; y besaba afectuosamente sus pies, y los ungía con el perfume.

39 Al verlo el fariseo que le había invitado, dijo para sí: Éste, si fuera profeta, conocería quién y qué clase de mujer es la que le está tocando, que es una pecadora.

40 Jesús, dirigiéndose a él, le dijo: Simón, tengo algo que decirte. Y él le dice: Dilo, Maestro.

41 Cierto prestamista tenía dos deudores; el uno le debía quinientos denarios, y el otro cincuenta.

42 No teniendo ellos con qué pagarle, les perdonó a ambos la deuda. Di, pues, ¿cuál de ellos le amará más?

43 Simón respondió y dijo: Supongo que aquel a quien perdonó más. Y él le dijo: Rectamente has juzgado.

44 Y, volviéndose hacia la mujer, dijo a Simón: ¿Ves esta mujer? Cuando entré en tu casa, no me diste agua para los pies; pero ésta ha regado mis pies con sus lágrimas, y los ha enjugado con sus cabellos.

45 No me diste beso; pero ésta, desde que entré, no ha dejado de besarme los pies afectuosamente.

46 No ungiste mi cabeza con aceite; pero ésta ha ungido con perfume mis pies.

47 En atención a lo cual, te digo: Quedan perdonados sus pecados, que son muchos; por eso muestra mucho amor; pero aquel a quien se le perdona poco, ama poco.

48 Y a ella le dijo: Quedan perdonados tus pecados.

49 Los que estaban sentados con él a la mesa, comenzaron a decir entre ellos: ¿Quién es éste que hasta perdona pecados?

50 Pero él dijo a la mujer: Tu fe te ha salvado; vete en paz.

Mujeres que servían al Señor Jesús

8 Aconteció poco después, que él comenzó a recorrer una por una las ciudades y las aldeas, proclamando y predicando el reino de Dios; le acompañaban los doce,

2 y algunas mujeres que habían sido sanadas de espíritus malignos y de enfermedades; María la llamada Magdalena, de la que habían salido siete demonios,

3 Juana la mujer de Cuzá, que era un administrador de Herodes, Susana y otras muchas que les asistían de sus propios bienes.

Parábola del sembrador

4 Al reunirse un gran gentío, y los que de cada ciudad acudían hacia él, dijo por parábola:

5 Salió el sembrador a sembrar su semilla; y al sembrar él, parte cayó a lo largo del sendero, y fue pisoteada, y las aves del cielo la devoraron.

6 Otra parte cayó sobre la roca, y después de nacer, se secó, por no tener humedad.

7 Otra parte cayó en medio de abrojos, y al nacer los abrojos juntamente con ella, la ahogaron.

8 Y otra cayó en tierra de la buena, y nació y llevó fruto a ciento por uno. Al decir estas cosas, exclamaba: El que tenga oídos para oír, que oiga.

9 Le preguntaban sus discípulos, diciendo: ¿Qué significa esta parábola?

10 Y él dijo: A vosotros se os ha concedido el conocer los misterios del reino de Dios; pero a los demás, en parábolas, para que viendo, no vean; y oyendo, no entiendan.

11 Ahora bien, la parábola quiere decir esto: La semilla es la palabra de Dios.

12 Los de a lo largo del sendero son los que han oído; luego viene el diablo y quita de sus corazones la palabra, para que no crean ni se salven.

13 Los de sobre la roca son los que, habiendo oído, reciben con gozo la palabra; pero no tienen raíz éstos que por algún tiempo van creyendo, pero en la hora de la prueba desisten.

14 Lo que cayó entre los abrojos, éstos son los que han oído, pero a lo largo de su caminar son ahogados por las preocupaciones, las riquezas y los placeres de la vida, y no dan fruto maduro.

15 Pero lo que cayó en tierra buena, éstos son los que, después de haber oído la palabra con corazón bueno y recto, la retienen, y dan fruto por su constancia.

Nada oculto que no haya de ser manifestado

16 Nadie que enciende una lámpara la cubre con una vasija, o la pone debajo de una cama, sino que la pone sobre un candelero, para que los que entran vean la luz.

17 Pues no hay nada oculto que no haya de ser manifestado, ni escondido que no haya de ser bien conocido y salir a plena luz.

18 Mirad, pues, cómo escucháis; porque a cualquiera que tenga, se le dará; pero a cualquiera que no tenga, hasta lo que le parece tener, le será quitado.

La madre y los hermanos de Jesucristo

19 Se presentaron donde él estaba su madre y sus hermanos, pero no podían llegar hasta él a causa del gentío.

20 Y se le informó, diciendo: Tu madre y tus hermanos están fuera y quieren verte.

21 Pero él respondió y les dijo: Mi madre y mis hermanos son éstos que oyen la palabra de Dios y la ponen en práctica.

Jesucristo calma la tempestad

22 Aconteció un día, que entró en una barca él y sus discípulos, y les dijo: Pasemos al otro lado del lago. Y se hicieron a la mar.

23 Pero mientras ellos navegaban, se dur-

mió; y se abatió sobre el lago una tempestad
de viento; y comenzaron a anegarse y a
peligrar.

24 Entonces se acercaron a él y le despertaron, diciendo: ¡Maestro, Maestro, que perecemos! Él se despertó, increpó al viento y
al oleaje del mar; cesaron, y sobrevino la
calma.

25 Y les dijo: ¿Dónde está vuestra fe?
Ellos, llenos de temor, se decían asombrados unos a otros: ¿Pues quién es éste, que
aun a los vientos y al agua manda, y le
obedecen?

El endemoniado gadareno

26 Navegaron hacia la región de los gadarenos, que está en la ribera opuesta de Galilea.

27 Al salir él a tierra, vino a su encuentro
cierto hombre de la ciudad, endemoniado
desde hacía mucho tiempo; y no iba vestido
de ropa alguna, ni vivía en una casa, sino
entre las tumbas.

28 Al ver a Jesús, lanzó un grito, cayó ante
él, y dijo a grandes voces: ¿Qué tengo yo
que ver contigo, Jesús, Hijo del Dios Altísimo? Te ruego que no me atormentes.

29 (Pues estaba conminando al espíritu inmundo a que saliera del hombre, porque se
había apoderado de él muchas veces. Le
ataban con cadenas y grillos, teniéndolo
bajo custodia, pero rompía las ataduras y
era impelido por el demonio hacia los lugares solitarios.)

30 Jesús le preguntó, diciendo: ¿Cuál es tu
nombre? Él dijo: Legión; porque habían
entrado muchos demonios en él.

31 Y le suplicaban que no les ordenara
marcharse al abismo.

32 Había allí un piara de bastantes cerdos
paciendo en el monte; y le suplicaban que
les permitiera entrar en ellos; y se lo permitió.

33 Salieron del hombre los demonios, y
entraron en los puercos; y se lanzó la piara
por el precipicio al lago, y se ahogaron.

34 Cuando los que los apacentaban vieron
lo sucedido, huyeron y lo contaron por la
ciudad y por los campos.

35 Salieron entonces a ver lo que había
sucedido, y vinieron a Jesús, y hallaron
sentado al hombre del que habían salido los
demonios, ya vestido y en su sano juicio, a
los pies de Jesús; y se llenaron de temor.

36 Los que lo habían visto, les contaron
cómo había sido sanado el endemoniado.

37 Entonces, toda la gente de la región
circunvecina de los gadarenos le pidió que
se marchara de ellos, porque estaban sobrecogidos de un gran temor. Él, entrando en la
barca, regresó.

38 El hombre del que habían salido los
demonios le pedía estar con él; pero Jesús le
despidió, diciendo:

39 Vuélvete a tu casa y cuenta cuán grandes
cosas ha hecho Dios contigo. Y él fue,
proclamando por toda la ciudad cuán grandes cosas había hecho Jesús con él.

La hija de Jairo, y la mujer que tocó el manto de Jesucristo

40 Cuando Jesús regresó, le dio la bienveni-
da la multitud, porque todos le esperaban.

41 En esto, vino un hombre llamado Jairo,
que era un jefe de la sinagoga; y cayendo a
los pies de Jesús, le suplicaba que entrara en
su casa;

42 porque tenía una hija única, de unos doce
años, que se estaba muriendo. Pero mientras él iba, la muchedumbre le apretujaba.

43 En esto, una mujer que padecía de una
hemorragia desde hacía doce años, y que
había gastado en médicos todo cuanto tenía
y no había podido ser curada por nadie,

44 se acercó por detrás y tocó el borde de su
manto; y al instante se detuvo su hemorragia.

45 Y Jesús dijo: ¿Quién es el que me ha
tocado? Y como todos lo negaban, dijo
Pedro y los que con él estaban: Maestro, las
multitudes te están apretando y estrujando,
y dices: ¿Quién es el que me ha tocado?

46 Pero Jesús dijo: Alguien me ha tocado,
porque yo he notado que ha salido de mí un
poder.

47 Viendo la mujer que no había pasado
inadvertida, vino temblando y cayó delante
de él, y declaró en presencia de todo el
pueblo por qué causa le había tocado, y
cómo había sido sanada al instante.

48 Y él le dijo: Hija, tu fe te ha sanado; vete
en paz.

49 Todavía estaba él hablando, cuando viene uno de parte del jefe de la sinagoga,
diciendo: Tu hija ha muerto. No molestes
más al Maestro.

50 Pero cuando Jesús lo oyó, le contestó:
No temas; cree solamente, y será sanada.

51 Cuando llegó a la casa, no permitió
a nadie entrar con él, excepto a Pedro,
a Juan y a Jacobo, y al padre y a la madre de
la muchacha.

52 Todos estaban llorando y lamentándose
por ella; pero él dijo: No lloréis más; no ha
muerto, sino que duerme.

53 Y se burlaban de él, sabiendo que estaba
muerta.

54 Pero él, tomándola de la mano, le dio
voces, diciendo: Niña, levántate.

55 Entonces su espíritu volvió, e inmediatamente se levantó; y él mandó que se le diese
de comer.

56 Y sus padres quedaron asombrados; pero Jesús les mandó que a nadie dijesen lo que había sucedido.

Misión de los doce discípulos

9 Habiendo convocado a sus doce discípulos, les dio poder y autoridad sobre todos los demonios, y para sanar enfermedades.
2 Y los envió a predicar el reino de Dios, y a sanar a los enfermos.
3 Y les dijo: No toméis nada para el camino, ni bastón, ni alforja, ni pan, ni dinero; ni llevéis dos túnicas.
4 Y en cualquier casa donde entréis, quedad allí, y de allí salid.
5 Y dondequiera que no os reciban, al salir de aquella ciudad, sacudid el polvo de vuestros pies en testimonio contra ellos.
6 Y saliendo, pasaban por todas las aldeas, anunciando el evangelio y sanando por todas partes.

Muerte de Juan el Bautista

7 Herodes el tetrarca oyó de todas las cosas que hacía Jesús; y estaba perplejo, porque decían algunos: Juan ha resucitado de los muertos;
8 otros: Elías se ha aparecido; y otros: Algún profeta de los antiguos ha resucitado.
9 Y dijo Herodes: A Juan yo le hice decapitar; ¿quién, pues, es éste, de quien oigo tales cosas? Y procuraba verle.

Alimentación de los cinco mil

10 Vueltos los apóstoles, le contaron todo lo que habían hecho. Y tomándolos, se retiró aparte, a un lugar desierto de la ciudad llamada Betsaida.
11 Y cuando la gente lo supo, le siguió; y él les recibió, y les hablaba del reino de Dios, y sanaba a los que necesitaban ser sanados.
12 Pero el día comenzaba a declinar; y acercándose los doce, le dijeron: Despide a la gente, para que vayan a las aldeas y campos de alrededor, y se alojen y encuentren alimentos; porque aquí estamos en lugar desierto.
13 Él les dijo: Dadles vosotros de comer. Y dijeron ellos: No tenemos más que cinco panes y dos peces, a no ser que vayamos nosotros a comprar alimentos para toda esta multitud.
14 Y eran como cinco mil hombres. Entonces dijo a sus discípulos: Hacedlos sentar en grupos, de cincuenta en cincuenta.
15 Así lo hicieron, haciéndolos sentar a todos.
16 Y tomando los cinco panes y los dos peces, levantando los ojos al cielo, los bendijo, y los partió, y dio a sus discípulos para que los pusiesen delante de la gente.
17 Y comieron todos, y se saciaron; y recogieron lo que les sobró, doce cestas de pedazos.

La confesión de Pedro

18 Aconteció que mientras Jesús oraba aparte, estaban con él los discípulos; y les preguntó, diciendo: ¿Quién dice la gente que soy yo?
19 Ellos respondieron: Unos, Juan el Bautista; otros, Elías; y otros, que algún profeta de los antiguos ha resucitado.
20 Él les dijo: ¿Y vosotros, quién decís que soy? Entonces, respondiendo Pedro, dijo: El Cristo de Dios.

Jesucristo anuncia su muerte

21 Pero él les mandó que a nadie dijesen esto, encargándoselo rigurosamente,
22 y diciendo: Es necesario que el Hijo del Hombre padezca muchas cosas, y sea desechado por los ancianos, por los principales sacerdotes y por los escribas, y que sea muerto, y resucite al tercer día.
23 Y decía a todos: Si alguno quiere venir en pos de mí, niéguese a sí mismo, tome su cruz cada día, y sígame.
24 Porque todo el que quiera salvar su vida, la perderá; y todo el que pierda su vida por causa de mí, éste la salvará.
25 Pues ¿qué aprovecha al hombre, si gana todo el mundo, y se destruye o se pierde a sí mismo?
26 Porque el que se avergüence de mí y de mis palabras, de éste se avergonzará el Hijo del Hombre cuando venga en su gloria, y en la del Padre, y de los santos ángeles.
27 Pero os digo en verdad, que hay algunos de los que están aquí, que no gustarán la muerte hasta que vean el reino de Dios.

La transfiguración

28 Aconteció como ocho días después de estas palabras, que tomó a Pedro, a Juan y a Jacobo, y subió al monte a orar.
29 Y entretanto que oraba, la apariencia de su rostro se hizo otra, y su vestido blanco y resplandeciente.
30 Y he aquí dos varones que hablaban con él, los cuales eran Moisés y Elías;
31 quienes aparecieron rodeados de gloria, y hablaban de su partida, que iba Jesús a cumplir en Jerusalén.
32 Y Pedro y los que estaban con él habían estado rendidos de sueño; mas cuando estuvieron bien despiertos, vieron la gloria de

Jesús, y a los dos varones que estaban con él.

33 Y sucedió que apartándose ellos de él, Pedro dijo a Jesús: Maestro, bueno es que nos estemos aquí; y hagamos tres tiendas, una para ti, una para Moisés, y una para Elías; no sabiendo lo que decía.

34 Mientras él decía esto, vino una nube que los cubrió; y tuvieron temor al entrar en la nube.

35 Y vino una voz desde la nube, que decía: Éste es mi Hijo amado; a él oíd.

36 Y cuando cesó la voz, Jesús fue hallado solo; y ellos callaron, y por aquellos días no dijeron nada a nadie de lo que habían visto.

Jesucristo sana a un muchacho endemoniado

37 Al día siguiente, cuando descendieron del monte, una gran multitud les salió al encuentro.

38 Y he aquí, un hombre de la multitud clamó diciendo: Maestro, te ruego que veas a mi hijo, pues es el único que tengo;

39 y sucede que un espíritu le toma, y de repente da gritos, y le sacude con violencia, y le hace echar espuma, y quebrantándole, a duras penas se aparta de él.

40 Y rogué a tus discípulos que le echasen fuera, y no pudieron.

41 Respondiendo Jesús, dijo: ¡Oh generación incrédula y perversa! ¿Hasta cuándo he de estar con vosotros, y os he de soportar? Trae acá a tu hijo.

42 Y mientras se acercaba el muchacho, el demonio le derribó y le sacudió con violencia; pero Jesús increpó al espíritu inmundo, y sanó al muchacho, y se lo devolvió a su padre.

43 Y todos se admiraban de la grandeza de Dios.

Jesucristo anuncia otra vez su muerte

Y maravillándose todos de todas las cosas que hacía, dijo a sus discípulos:

44 Haced que os penetren bien en los oídos estas palabras; porque el Hijo del Hombre va a ser entregado en manos de hombres.

45 Mas ellos no entendían estas palabras, pues les estaban veladas para que no las percibiesen; y temían preguntarle sobre esas palabras.

¿Quién es el mayor?

46 Se suscitó entre ellos una discusión sobre quién de ellos sería el mayor.

47 Y Jesús, conociendo los pensamientos de sus corazones, tomó a un niño y lo puso junto a sí,

48 y les dijo: Cualquiera que reciba a este niño en mi nombre, a mí me recibe; y cualquiera que me reciba a mí, recibe al que me envió; porque el que es más pequeño entre todos vosotros, ése es grande.

El que no está contra nosotros, por nosotros está

49 Entonces, tomando la palabra Juan, dijo: Maestro, hemos visto a uno que echaba fuera demonios en tu nombre; y se lo prohibimos, porque no sigue con nosotros.

50 Jesús le dijo: No se lo prohibáis; porque el que no está contra vosotros, está de vuestra parte.

Jesucristo reprende a Jacobo y a Juan

51 Aconteció, cuando se cumplió el tiempo en que había de ser recibido arriba, que él afirmó su rostro para ir a Jerusalén.

52 Y envió mensajeros delante de él, los cuales fueron y entraron en una aldea de los samaritanos para hacerle preparativos.

53 Mas no le recibieron, porque su aspecto era como de ir a Jerusalén.

54 Viendo esto sus discípulos Jacobo y Juan, dijeron: Señor, ¿quieres que mandemos que descienda fuego del cielo, como hizo también Elías, y los consuma?

55 Entonces, volviéndose él, los reprendió, diciendo: Vosotros no sabéis de qué espíritu sois;

56 porque el Hijo del Hombre no ha venido para destruir las almas de los hombres, sino para salvarlas. Y se fueron a otra aldea.

Los que querían seguir a Jesucristo

57 Yendo ellos de camino, le dijo alguien: Señor, te seguiré adondequiera que vayas.

58 Y le dijo Jesús: Las zorras tienen guaridas; y las aves de los cielos, nidos; mas el Hijo del Hombre no tiene dónde recostar la cabeza.

59 Y dijo a otro: Sígueme. Pero él dijo: Señor, déjame que primero vaya y entierre a mi padre.

60 Jesús le dijo: Deja que los muertos entierren a sus muertos; y tú ve, y anuncia por doquier el reino de Dios.

61 Y también dijo otro: Te seguiré, Señor; pero déjame que me despida primero de los que están en mi casa.

62 Y Jesús le dijo: Ninguno que poniendo su mano en el arado mira hacia atrás, es apto para el reino de Dios.

Misión de los setenta

10 Después de estas cosas, designó el Señor también a otros setenta,

a quienes envió de dos en dos delante de él
a toda ciudad y lugar adonde él había de ir.
2 Y les decía: La mies a la verdad es mucha;
mas los obreros, pocos; por tanto, rogad al
Señor de la mies que envíe obreros a su
mies.
3 Id; he aquí que yo os envío como corderos
en medio de lobos.
4 No llevéis bolsa, ni alforja, ni calzado;
y a nadie saludéis por el camino.
5 En cualquier casa donde entréis, primeramente decid: Paz a esta casa.
6 Y si hubiese allí algún hijo de paz, vuestra
paz reposará sobre él; y si no, se volverá
a vosotros.
7 Y permaneced en aquella misma casa,
comiendo y bebiendo lo que tengan; porque
el obrero es digno de su salario. No andéis
cambiando de casa en casa.
8 En cualquier ciudad donde entréis, y os
reciban, comed lo que os pongan delante;
9 y sanad a los enfermos que en ella haya,
y decidles: Se ha acercado a vosotros el
reino de Dios.
10 Mas en cualquier ciudad donde entréis,
y no os reciban, saliendo por sus calles,
decid:
11 Aun el polvo de vuestra ciudad, que se
ha pegado a nuestros pies, lo sacudimos
contra vosotros. Empero, sabed esto, que el
reino de Dios se ha acercado.
12 Os digo que en aquel día será más tolerable el castigo para Sodoma, que para aquella ciudad.

Ayes sobre las ciudades impenitentes

13 ¡Ay de ti, Corazín! ¡Ay de ti, Betsaida!,
que si en Tiro y en Sidón se hubieran hecho
los milagros que se han hecho en vosotras,
hace tiempo que sentadas en cilicio y ceniza,
se habrían arrepentido.
14 Por tanto, en el juicio será más tolerable
el castigo para Tiro y Sidón, que para vosotras.
15 Y tú, Capernaúm, que hasta los cielos
fuiste levantada, hasta el Hades serás abatida.
16 El que a vosotros oye, a mí me oye; y el
que a vosotros desecha, a mí me desecha;
y el que me desecha a mí, desecha al que me
envió.

Regreso de los setenta

17 Volvieron los setenta con gozo, diciendo: Señor, aun los demonios se nos someten
en tu nombre.
18 Y les dijo: Yo veía a Satanás caer del
cielo como un rayo.
19 He aquí os doy potestad de hollar serpientes y escorpiones, y sobre todo poder
del enemigo, y nada os dañará.
20 Pero no os regocijéis de que los espíritus
se os someten, sino regocijaos de que vuestros nombres están escritos en los cielos.

Jesús se regocija

21 En aquella misma hora Jesús se regocijó
en el Espíritu Santo, y dijo: Yo te alabo, oh
Padre, Señor del cielo y de la tierra, porque
ocultaste estas cosas a sabios y entendidos,
y las has revelado a niños. Sí, Padre, porque
así fue de tu agrado.
22 Todas las cosas me fueron entregadas
por mi Padre; y nadie conoce quién es el
Hijo sino el Padre; ni quién es el Padre, sino
el Hijo, y aquel a quien el Hijo lo quiera
revelar.
23 Y volviéndose a los discípulos, les dijo
aparte: Bienaventurados los ojos que ven lo
que vosotros veis;
24 porque os digo que muchos profetas y
reyes desearon ver lo que vosotros veis, y no
lo vieron; y oír lo que oís, y no lo oyeron.

El buen samaritano

25 Y he aquí que un intérprete de la ley se
levantó y dijo, para probarle: Maestro, ¿qué
he de hacer para heredar la vida eterna?
26 Él le dijo: ¿Qué está escrito en la ley?
¿Cómo lees?
27 Aquél, respondiendo, dijo: Amarás al
Señor tu Dios con todo tu corazón, y con
toda tu alma, y con todas tus fuerzas, y con
toda tu mente; y a tu prójimo como a ti
mismo.
28 Y le dijo: Bien has respondido; haz esto,
y vivirás.
29 Pero él, queriendo justificarse a sí mismo, dijo a Jesús: ¿Y quién es mi prójimo?
30 Respondiendo Jesús, dijo: Un hombre
descendía de Jerusalén a Jericó, y cayó en
manos de ladrones, los cuales le despojaron; e hiriéndole, se fueron, dejándole medio muerto.
31 Coincidió que descendía un sacerdote
por aquel camino, y viéndole, pasó por el
lado opuesto del camino.
32 Asimismo un levita, llegando cerca de
aquel lugar, y viéndole, pasó por el otro
lado.
33 Pero un samaritano que iba de camino,
vino cerca de él, y viéndole, fue movido a
compasión;
34 y acercándose, vendó sus heridas,
echándoles aceite y vino; poniéndole sobre
su propia cabalgadura, lo llevó a un mesón,
y cuidó de él.
35 Al partir al día siguiente, sacó dos denarios, y los dio al mesonero, y le dijo: Cuída-
le; y todo lo que gastes de más, yo te lo
pagaré cuando regrese.

36 ¿Quién, pues, de estos tres te parece que fue el prójimo del que cayó en manos de los ladrones?

37 Él dijo: El que usó de misericordia con él. Entonces Jesús le dijo: Ve, y haz tú lo mismo.

Jesús visita a Marta y a María

38 Aconteció que yendo de camino, entró en una aldea; y una mujer llamada Marta le recibió en su casa.

39 Ésta tenía una hermana que se llamaba María, la cual, sentándose a los pies de Jesús, oía su palabra.

40 Pero Marta se preocupaba con muchos quehaceres, y acercándose, dijo: Señor, ¿no te importa que mi hermana me deje servir sola? Dile, pues, que me ayude.

41 Respondiendo Jesús, le dijo: Marta, Marta, estás preocupada y acongojada con muchas cosas.

42 Pero sólo una cosa es necesaria; y María ha escogido la parte buena, la cual no le será quitada.

Jesucristo y la oración

11 Aconteció que estaba Jesús orando en un lugar, y cuando terminó, uno de sus discípulos le dijo: Señor, enséñanos a orar, como también Juan enseñó a sus discípulos.

2 Y les dijo: Cuando oréis, decid: Padre nuestro que estás en los cielos, santificado sea tu nombre. Venga tu reino. Hágase tu voluntad, como en el cielo, así también en la tierra.

3 El pan nuestro de cada día, dánoslo hoy.

4 Y perdónanos nuestros pecados, porque también nosotros perdonamos a todos los que nos deben. Y no nos metas en tentación, mas líbranos del mal.

5 Les dijo también: ¿Quién de vosotros que tenga un amigo, va a él a medianoche y le dice: Amigo, préstame tres panes,

6 porque un amigo mío ha venido a mí de viaje, y no tengo qué ponerle delante;

7 y aquél, respondiendo desde adentro, le dice: No me molestes; la puerta ya está cerrada, y mis niños están conmigo en cama; no puedo levantarme, y dártelos?

8 Os digo, que aunque no se levante a dárselos por ser su amigo, sin embargo por su importunidad se levantará y le dará todo lo que necesite.

9 Y yo os digo: Pedid, y se os dará; buscad, y hallaréis; llamad, y se os abrirá.

10 Porque todo aquel que pide, recibe; y el que busca, halla; y al que llama, se le abrirá.

11 ¿Qué padre de vosotros, si su hijo le pide pan, le dará una piedra?; ¿o si pescado, en lugar de pescado, le dará una serpiente?

12 ¿O si le pide un huevo, le dará un escorpión?

13 Pues si vosotros, siendo malos, sabéis dar buenas dádivas a vuestros hijos, ¿cuánto más vuestro Padre celestial dará el Espíritu Santo a los que se lo pidan?

Una casa dividida contra sí misma

14 Estaba Jesús echando fuera un demonio, que era mudo; y aconteció que salido el demonio, el mudo habló; y la gente se maravilló.

15 Pero algunos de ellos dijeron: Por Beelzebú, príncipe de los demonios, echa fuera los demonios.

16 Otros, para tentarle, le pedían señal del cielo.

17 Mas él, sabiendo los pensamientos de ellos, les dijo: Todo reino dividido contra sí mismo, es asolado; y una casa dividida contra sí misma, cae.

18 Y si también Satanás está dividido contra sí mismo, ¿cómo permanecerá en pie su reino?, ya que decís que por Beelzebú echo yo fuera los demonios.

19 Pues si yo echo fuera los demonios por Beelzebú, ¿por quién los echan vuestros hijos fuera? Por tanto, ellos serán vuestros jueces.

20 Mas si por el dedo de Dios echo yo fuera los demonios, entonces el reino de Dios ha llegado a vosotros.

21 Cuando el hombre fuerte armado guarda su palacio, en paz está lo que posee.

22 Pero cuando viene otro más fuerte que él y le vence, le quita todas sus armas en que había confiado y reparte el botín.

23 El que no está conmigo, contra mí está; y el que conmigo no recoge, desparrama.

El espíritu inmundo que vuelve

24 Cuando el espíritu inmundo sale del hombre, anda vagando por lugares secos, buscando reposo; y no hallándolo, dice: Volveré a mi casa de donde salí.

25 Y cuando llega, la halla barrida y en orden.

26 Entonces va, y toma consigo otros siete espíritus peores que él; y entrados, habitan allí; y el estado final de aquel hombre viene a ser peor que el primero.

Los que en verdad son bienaventurados

27 Mientras él decía estas cosas, una mujer de entre la multitud levantó la voz y le dijo: Bienaventurado el vientre que te llevó, y los senos que te criaron.

28 Y él dijo: Bienaventurados más bien los que oyen la palabra de Dios, y la guardan.

La generación perversa demanda señal

29 Y apiñándose las multitudes, comenzó a decir: Esta generación es mala; busca una señal, pero ninguna señal le será dada, sino la señal de Jonás.

30 Porque así como Jonás vino a ser una señal para los ninivitas, también lo será el Hijo del Hombre para esta generación.

31 La reina del Sur se levantará en el juicio con los hombres de esta generación, y los condenará; porque ella vino de los confines de la tierra para oír la sabiduría de Salomón, y he aquí uno mayor que Salomón en este lugar.

32 Los hombres de Nínive se levantarán en el juicio con esta generación, y la condenarán; porque se arrepintieron ante la predicación de Jonás, y he aquí uno mayor que Jonás en este lugar.

La lámpara del cuerpo

33 Nadie, cuando enciende una lámpara, la pone en sitio oculto, ni debajo del almud, sino en el candelero, para que los que entran vean la luz.

34 La lámpara del cuerpo es el ojo; cuando tu ojo está sano, también todo tu cuerpo está lleno de luz; pero cuando tu ojo es maligno, también tu cuerpo está en tinieblas.

35 Mira, pues, no suceda que la luz que en ti hay, sea tinieblas.

36 Así que, si todo tu cuerpo está lleno de luz, no teniendo parte alguna de tinieblas, será todo luminoso, como cuando una lámpara te alumbra con su resplandor.

Jesucristo redarguye a fariseos y a intérpretes de la ley

37 En acabando de hablar, le rogó un fariseo que comiese con él; y entrando Jesús en la casa, se sentó a la mesa.

38 El fariseo, cuando lo vio, se extrañó de que no se hubiese lavado antes de comer.

39 Pero el Señor le dijo: Ahora bien, vosotros los fariseos limpiáis lo de fuera del vaso y del plato, pero vuestro interior está lleno de rapacidad y de maldad.

40 Necios, el que hizo lo de afuera, ¿no hizo también lo de adentro?

41 Pero dad limosna de lo que tenéis, y entonces todo os es limpio.

42 Mas ¡ay de vosotros, fariseos!, que pagáis diezmo de la menta, de la ruda, y de toda hortaliza, y pasáis por alto la justicia y el amor de Dios. Esto se debía hacer, sin dejar aquello.

43 ¡Ay de vosotros, fariseos!, que amáis el primer asiento en las sinagogas, y los saludos respetuosos en las plazas.

44 ¡Ay de vosotros!, que sois como sepulcros que no se ven, y los hombres que andan encima no lo saben.

45 Respondiendo uno de los intérpretes de la ley, le dijo: Maestro, cuando dices esto, también nos insultas a nosotros.

46 Y él dijo: ¡Ay de vosotros, también, intérpretes de la ley!, porque cargáis a los hombres con cargas difíciles de llevar, pero vosotros ni aun con un dedo tocáis las cargas.

47 ¡Ay de vosotros, que edificáis los sepulcros de los profetas a quienes mataron vuestros padres!

48 De modo que sois testigos y consentidores de los hechos de vuestros padres; porque a la verdad ellos los mataron, y vosotros edificáis sus sepulcros.

49 Por eso la sabiduría de Dios también dijo: Les enviaré profetas y apóstoles; y de ellos, a unos matarán y a otros perseguirán,

50 para que se demande de esta generación la sangre de todos los profetas que se ha derramado desde la fundación del mundo,

51 desde la sangre de Abel hasta la sangre de Zacarías, que pereció entre el altar y el templo; sí, os digo que será demandada de esta generación.

52 ¡Ay de vosotros, intérpretes de la ley!, porque habéis quitado la llave del conocimiento; vosotros mismos no entrasteis, y a los que entraban se lo impedisteis.

53 Diciéndoles él estas cosas, los escribas y los fariseos comenzaron a acosarle en gran manera, y a provocarle a que hablase de muchas cosas;

54 acechándole, y procurando cazar alguna palabra de su boca para acusarle.

La levadura de los fariseos

12 En esto, juntándose por miles y miles la multitud, tanto que unos a otros se pisaban, comenzó a decir a sus discípulos: Primeramente, guardaos de la levadura de los fariseos, que es la hipocresía.

2 Porque nada hay encubierto, que no haya de descubrirse; ni oculto, que no haya de saberse.

3 Por tanto, todo lo que habéis dicho en tinieblas, en la luz se oirá; y lo que habéis hablado al oído en las habitaciones privadas, se proclamará en las azoteas.

A quién se debe temer

4 Y yo os digo, amigos míos: No temáis a los que matan el cuerpo, y después nada más pueden hacer.

5 Pero os mostraré a quién debéis temer: Temed a aquel que después de haber quitado la vida, tiene autoridad para echar en el infierno; sí, os digo, a éste temed.

6 ¿No se venden cinco pajarillos por dos

cuartos? Con todo, ni uno de ellos está
olvidado delante de Dios.

7 Pues aun los cabellos de vuestra cabeza
están todos contados. No temáis, pues; vosotros valéis más que muchos pajarillos.

El que me confiese delante de los hombres

8 Os digo que todo aquel que me confiese
delante de los hombres, también el Hijo del
Hombre le confesará delante de los ángeles
de Dios;
9 mas el que me niegue delante de los
hombres, será negado delante de los ángeles
de Dios.
10 A todo aquel que diga alguna palabra
contra el Hijo del Hombre, le será perdonado; pero al que blasfeme contra el Espíritu
Santo, no le será perdonado.
11 Cuando os lleven a las sinagogas, y ante
los magistrados y las autoridades, no os
preocupéis por cómo o qué habréis de responder en defensa vuestra, o qué habréis de
decir;
12 porque el Espíritu Santo os enseñará en
esa misma hora lo que se debe decir.

El rico insensato

13 Le dijo uno de la multitud: Maestro, di a
mi hermano que reparta conmigo la herencia.
14 Mas él le dijo: Hombre, ¿quién me ha
constituido sobre vosotros como juez o re-
partidor?
15 Y les dijo: Mirad, y guardaos de la
avaricia; porque la vida del hombre no
consiste en la abundancia que tenga a causa
de sus posesiones.
16 También les refirió una parábola, diciendo: La heredad de un hombre rico había
producido mucho.
17 Y él pensaba dentro de sí, diciendo:
¿Qué haré, porque no tengo dónde almacenar mis frutos?
18 Y dijo: Esto haré: derribaré mis graneros, y edificaré otros más grandes, y allí
almacenaré todos mis frutos y mis bienes;
19 y diré a mi alma: Alma, tienes muchos
bienes en reserva para muchos años; descansa, come, bebe, diviértete.
20 Pero Dios le dijo: Necio, esta noche
vienen a pedirte tu alma; y lo que has
provisto, ¿para quién será?
21 Así es el que atesora para sí mismo, y no
es rico para con Dios.

El afán y la ansiedad

22 Dijo luego a sus discípulos: Por tanto os
digo: No os afanéis por vuestra vida, qué comeréis; ni por el cuerpo, qué vestiréis.
23 La vida es más que la comida; y el
cuerpo, más que el vestido.

24 Considerad los cuervos, que ni siembran, ni siegan; que ni tienen despensa, ni
granero, y Dios los alimenta. ¡Cuánto más
valéis vosotros que las aves!
25 ¿Y quién de vosotros podrá con afanarse
añadir a su estatura un codo?
26 Pues si no podéis ni lo más pequeño,
¿por qué os afanáis por lo demás?
27 Considerad los lirios, cómo crecen; no
trabajan, ni hilan; más os digo, que ni aun
Salomón con toda su gloria se vistió como
uno de ellos.
28 Y si así viste Dios la hierba que hoy está
en el campo, y mañana es echada al horno,
¿cuánto más a vosotros, hombres de poca fe?
29 Vosotros, pues, no andéis buscando lo
que habéis de comer, ni lo que habéis de
beber, ni estéis en ansiosa inquietud.
30 Porque todas estas cosas las buscan con
afán las gentes del mundo; pero vuestro
Padre sabe que tenéis necesidad de estas
cosas.
31 Buscad más bien el reino de Dios, y
todas estas cosas os serán añadidas.

Tesoro en el cielo

32 No temáis, manada pequeña, porque a
vuestro Padre le ha placido daros el reino.
33 Vended lo que poseéis, y dad limosna;
haceos bolsas que no se envejezcan, tesoro
en los cielos que no se agote, adonde el
ladrón no se acerca, ni la polilla corroe.
34 Porque donde está vuestro tesoro, allí
estará también vuestro corazón.

El siervo vigilante

35 Estén ceñidos vuestros lomos, y vuestras
lámparas encendidas;
36 y vosotros sed semejantes a hombres
que aguardan a su señor cuando regrese de
las bodas, para que al llegar él y llamar, le
abran en seguida.
37 Dichosos aquellos siervos a los cuales su
señor, cuando venga, halle velando; de cierto os digo que se ceñirá, y hará que se
sienten a la mesa, y, pasando cerca de cada
uno, les servirá.
38 Y aunque venga a la segunda vigilia,
y aunque venga a la tercera vigilia, si los
halla así, dichosos son aquellos siervos.
39 Pero sabed esto, que si supiese el padre
de familia a qué hora iba a venir el ladrón, velaría, y no permitiría que horadaran su casa.
40 Vosotros, pues, también, estad preparados, porque a la hora que no penséis, el Hijo
del Hombre vendrá.

El siervo infiel

41 Entonces Pedro le dijo: Señor, ¿diriges
esta parábola a nosotros, o también a todos?
42 Y dijo el Señor: ¿Quién es, pues, el

mayordomo fiel y prudente al cual su señor
constituirá sobre su servidumbre, para que
a su tiempo les dé la ración conveniente?
43 Bienaventurado aquel siervo al cual,
cuando su señor venga, le halle haciendo
así.
44 En verdad os digo que le pondrá como
encargado de todos sus bienes.
45 Mas si aquel siervo dice en su corazón:
Mi señor tarda en venir; y comienza a
golpear a los criados y a las criadas, y a
comer y beber y embriagarse,
46 vendrá el señor de aquel siervo en un día
que éste no espera, y a la hora que no sabe, y
le cortará, y le pondrá con los infieles.
47 Aquel siervo que conociendo la voluntad de su señor, no se preparó, ni hizo
conforme a su voluntad, recibirá muchos
azotes.
48 Mas el que sin conocerla hizo cosas
dignas de azotes, recibirá pocos; porque
a todo aquel a quien se haya dado mucho,
mucho se le exigirá; y al que mucho se le
haya confiado, más se le pedirá.

Jesucristo profetiza divisiones por su causa

49 Fuego vine a echar en la tierra; y ¡cómo
deseo que se haya encendido ya!
50 De un bautismo tengo que ser bautizado; y ¡cómo me angustio hasta que se
cumpla!
51 ¿Pensáis que he venido para dar paz en la
tierra? No, os digo, sino más bien división.
52 Porque de aquí en adelante, cinco en
una familia estarán divididos, tres contra
dos, y dos contra tres.
53 Estará dividido el padre contra el hijo,
y el hijo contra el padre; la madre contra la
hija, y la hija contra la madre; la suegra
contra la nuera, y la nuera contra su suegra.

¿Cómo no reconocéis este tiempo?

54 Decía también a la multitud: Cuando
veis la nube que sale del poniente, al instante decís: Viene lluvia; y así sucede.
55 Y cuando sopla el viento del sur, decís:
Hará calor; y lo hace.
56 ¡Hipócritas! Sabéis averiguar el aspecto
del cielo y de la tierra; ¿y cómo no averi-
guáis este tiempo?

Arréglate con tu adversario

57 ¿Y por qué no juzgáis por vosotros
mismos lo que es justo?
58 Pues cuando vayas al magistrado con tu
adversario, procura en el camino arreglarte
con él, no sea que te arrastre al juez, y el
juez te entregue al alguacil, y el alguacil te
meta en la cárcel.
59 Te digo que no saldrás de allí, hasta que
hayas pagado hasta el último céntimo.

Arrepentíos o pereceréis

13 En este mismo tiempo estaban allí
algunos que le contaban acerca de los
galileos cuya sangre Pilato había mezclado
con los sacrificios de ellos.
2 Respondiendo Jesús, les dijo: ¿Pensáis
que esos galileos eran más pecadores que
todos los galileos porque padecieron tales
cosas?
3 Os digo: No; antes bien, si no os arrepen-
tís, todos pereceréis igualmente.
4 O aquellos dieciocho sobre los cuales
cayó la torre en Siloé, y los mató, ¿pensáis
que eran más culpables que todos los hombres que habitan en Jerusalén?
5 Os digo: No; antes bien, si no os arrepen-
tís, todos pereceréis igualmente.

Parábola de la higuera estéril

6 Dijo también esta parábola: Tenía un
hombre una higuera plantada en su viña, y
vino a buscar fruto en ella, y no lo halló.
7 Y dijo al viñador: Mira, hace tres años
que vengo a buscar fruto en esta higuera,
y no lo hallo; córtala: ¿para qué inutiliza
también la tierra?
8 Él entonces, respondiendo, le dijo: Señor, déjala todavía este año, hasta que yo
cave alrededor de ella, y la abone.
9 Y si da fruto, bien; y si no, la cortarás
después.

Jesucristo sana a una mujer en sábado

10 Enseñaba Jesús en una sinagoga en sábado;
11 y había allí una mujer que desde hacía
dieciocho años tenía espíritu de enfermedad, y andaba encorvada, y en ninguna
manera se podía enderezar.
12 Cuando Jesús la vio, la llamó hacia sí y le
dijo: Mujer, quedas libre de tu enfermedad.
13 Y puso las manos sobre ella; y ella se
enderezó al instante, y glorificaba a Dios.
14 Pero el principal de la sinagoga, enojado
de que Jesús hubiese sanado en sábado, dijo
a la gente: Seis días hay en que se debe
trabajar; en éstos, pues, venid y sed sanados, y no en sábado.
15 Entonces el Señor le respondió y dijo:
Hipócrita, cada uno de vosotros ¿no desata
en sábado su buey o su asno del pesebre y lo
lleva a beber?
16 Y a ésta que es hija de Abraham, a quien
Satanás tuvo atada durante dieciocho años,
¿no se le debía desatar de esta ligadura en
sábado?
17 Al decir él estas cosas, se avergonzaban
todos sus adversarios; pero todo el pueblo se
regocijaba por todas las cosas gloriosas hechas por él.

Parábola del grano de mostaza

18 Y dijo: ¿A qué es semejante el reino de Dios, y con qué lo compararé?
19 Es semejante al grano de mostaza, que un hombre tomó y sembró en su huerto; y creció, y se hizo árbol grande, y las aves del cielo anidaron en sus ramas.

Parábola de la levadura

20 Y volvió a decir: ¿A qué compararé el reino de Dios?
21 Es semejante a la levadura, que una mujer tomó y escondió en tres medidas de harina, hasta que todo quedó fermentado.

La puerta estrecha

22 Recorría Jesús cada una de las ciudades y aldeas, enseñando, y prosiguiendo su camino hacia Jerusalén.
23 Y alguien le dijo: Señor, ¿son pocos los que se salvan? Y él les dijo:
24 Esforzaos a entrar por la puerta angosta; porque os digo que muchos procurarán entrar, y no podrán.
25 Después que el padre de familia se haya levantado y cerrado la puerta, y estando fuera empecéis a llamar a la puerta, diciendo: Señor, Señor, ábrenos, él respondiendo os dirá: No sé de dónde sois.
26 Entonces comenzaréis a decir: Delante de ti hemos comido y bebido, y en nuestras plazas enseñaste.
27 Pero os dirá: Os digo que no sé de dónde sois; apartaos de mí todos vosotros, hacedores de maldad.
28 Allí será el llanto y el crujir de dientes, cuando veáis a Abraham, a Isaac, a Jacob y a todos los profetas en el reino de Dios, mientras a vosotros os echan fuera.
29 Y vendrán del oriente y del occidente, del norte y del sur, y se sentarán a la mesa en el reino de Dios.
30 Y he aquí que hay últimos que serán primeros, y primeros que serán últimos.

Lamento de Jesucristo sobre Jerusalén

31 Aquel mismo día se acercaron unos fariseos, diciéndole: Sal, y vete de aquí, porque Herodes te quiere matar.
32 Y les dijo: Id, y decidle a ese zorro: Yo echo fuera demonios y hago curaciones hoy y mañana, y al tercer día termino mi obra.
33 Sin embargo, es necesario que hoy y mañana y pasado mañana siga mi camino; porque no es posible que un profeta muera fuera de Jerusalén.
34 ¡Jerusalén, Jerusalén, que matas a los profetas, y apedreas a los que te son enviados! ¡Cuántas veces quise juntar a tus hijos, como la gallina a sus polluelos debajo de sus alas, y no quisiste!
35 He aquí, vuestra casa os es dejada desierta; y os digo que de ningún modo me veréis, hasta que llegue el tiempo en que digáis: Bendito el que viene en nombre del Señor.

Jesucristo sana a un hidrópico

14 Aconteció un sábado, que habiendo entrado para comer en casa de uno de los principales de los fariseos, éstos le acechaban atentamente.
2 Y he aquí que estaba delante de él un hombre hidrópico.
3 Entonces Jesús tomó la palabra y se dirigió a los intérpretes de la ley y a los fariseos, diciendo: ¿Es lícito sanar en sábado?
4 Mas ellos callaron. Y él, tomándole, sanó, y le despidió.
5 Y dirigiéndose a ellos, dijo: ¿Quién de vosotros, si su asno o su buey cae en algún pozo, no lo sacará inmediatamente, aunque sea en sábado?
6 Y no le podían replicar a estas cosas.
7 Observaron cómo escogían los primeros asientos a la mesa, refirió a los convidados una parábola, diciéndoles:
8 Cuando seas convidado por alguno a bodas, no te sientes en el primer lugar, no sea que otro más distinguido que tú esté convidado por él,
9 y viniendo el que te convidó a ti y a él te diga: Dale tu lugar a éste; y entonces comiences con vergüenza a ocupar el último lugar.
10 Mas cuando seas convidado, ve y siéntate en el último lugar, para que cuando venga el que te convidó, te diga: Amigo, sube más arriba; entonces tendrás gloria delante de los que se sientan contigo a la mesa.
11 Porque cualquiera que se enaltece, será humillado; y el que se humilla, será enaltecido.
12 Dijo también al que le había convidado: Cuando hagas comida o cena, no llames a tus amigos, ni a tus hermanos, ni a tus parientes, ni a vecinos ricos; no sea que ellos a su vez te vuelvan a convidar, y tengas ya tu recompensa.
13 Antes bien, cuando hagas banquete, llama a los pobres, los mancos, los cojos y los ciegos;
14 y serás dichoso; porque ellos no te pueden recompensar, pero te será recompensado en la resurrección de los justos.

Parábola de la gran cena

15 Oyendo esto uno de los que estaban sentados con él a la mesa, le dijo: Dichoso el que coma pan en el reino de Dios.
16 Entonces Jesús le dijo: Un hombre hizo una gran cena, y convidó a muchos.
17 Y a la hora de la cena envió a su siervo

a decir a los convidados: Venid, que ya todo está preparado.

18 Y todos a una comenzaron a excusarse. El primero le dijo: He comprado un campo, y necesito ir a verlo; te ruego que me excuses.

19 Otro dijo: He comprado cinco yuntas de bueyes, y voy a probarlos; te ruego que me excuses.

20 Y otro dijo: Acabo de casarme, y por tanto no puedo ir.

21 Regresó el siervo e hizo saber estas cosas a su señor. Entonces, enojado el padre de familia, dijo a su siervo: Sal inmediatamente por las plazas y las calles de la ciudad, y trae acá a los pobres, los mancos, los cojos y los ciegos.

22 Y dijo el siervo: Señor, se ha hecho como mandaste, y aún hay lugar.

23 Dijo el señor al siervo: Sal a los caminos y a los vallados, y fuérzalos a entrar, para que se llene mi casa.

24 Porque os digo que ninguno de aquellos hombres que fueron convidados, gustará mi cena.

Lo que cuesta seguir a Cristo

25 Grandes multitudes iban con él; y volviéndose, les dijo:

26 Si alguno viene a mí, y no aborrece a su padre, y madre, y mujer, e hijos, y hermanos, y hermanas, y aun también su propia vida, no puede ser mi discípulo.

27 Y el que no lleva su cruz y viene en pos de mí, no puede ser mi discípulo.

28 Porque ¿quién de vosotros, queriendo edificar una torre, no se sienta primero y calcula los gastos, a ver si tiene lo que necesita para acabarla?

29 No sea que después que haya puesto el cimiento, y no pueda acabarla, todos los que lo vean comiencen a hacer burla de él,

30 diciendo: Este hombre comenzó a edificar, y no pudo acabar.

31 ¿O qué rey, al marchar a la guerra contra otro rey, no se sienta primero y considera si puede hacer frente con diez mil al que viene contra él con veinte mil?

32 Y si no puede, cuando el otro está todavía lejos, le envía una embajada y le pide condiciones de paz.

33 Así, pues, cualquiera de vosotros que no renuncia a todo lo que posee, no puede ser mi discípulo.

Cuando la sal pierde su sabor

34 Buena es la sal; mas si la sal se vuelve insípida, ¿con qué se sazonará?

35 Ni para la tierra ni para el muladar es útil; la arrojan fuera. El que tiene oídos para oír, oiga.

Parábola de la oveja perdida

15 Se acercaban a Jesús todos los cobradores de impuestos y pecadores para oírle,

2 y los fariseos y los escribas murmuraban, diciendo: Éste recibe a los pecadores, y come con ellos.

3 Entonces él les refirió esta parábola, diciendo:

4 ¿Qué hombre de vosotros, teniendo cien ovejas, si pierde una de ellas, no deja las noventa y nueve en el desierto, y va tras la que se perdió, hasta encontrarla?

5 Y cuando la encuentra, la pone sobre sus hombros gozoso;

6 y al llegar a casa, reúne a sus amigos y vecinos, diciéndoles: Gozaos conmigo, porque he encontrado mi oveja que se había perdido.

7 Os digo que así habrá más gozo en el cielo por un pecador que se arrepiente, que por noventa y nueve justos que no necesitan de arrepentimiento.

Parábola de la moneda perdida

8 ¿O qué mujer que tiene diez dracmas, si pierde una dracma, no enciende una lámpara, y barre la casa, y busca con diligencia hasta encontrarla?

9 Y cuando la encuentra, reúne a sus amigas y vecinas, diciendo: Gozaos conmigo, porque he encontrado la dracma que había perdido.

10 Así os digo que hay gozo delante de los ángeles de Dios por un pecador que se arrepiente.

Parábola del hijo pródigo

11 También dijo: Un hombre tenía dos hijos;

12 y el menor de ellos dijo a su padre: Padre, dame la parte de los bienes que me corresponde; y les repartió los bienes.

13 No muchos días después, juntándolo todo el hijo menor, se fue lejos a una provincia apartada; y allí malgastó sus bienes viviendo perdidamente.

14 Y cuando todo lo había gastado, vino una gran hambre en aquella provincia, y comenzó a pasar necesidad.

15 Y fue y se allegó a uno de los ciudadanos de aquella tierra, el cual le envió a sus campos para que apacentase cerdos.

16 Y deseaba llenar su vientre de las algarrobas que comían los cerdos, pero nadie le daba.

17 Y volviendo en sí, dijo: ¡Cuántos jornaleros en casa de mi padre tienen abundancia de pan, y yo aquí perezco de hambre!

18 Me levantaré e iré a mi padre, y le diré: Padre, he pecado contra el cielo y ante ti.

19 Ya no soy digno de ser llamado hijo tuyo; hazme como a uno de tus jornaleros.

20 Y levantándose, marchó hacia su padre. Y cuando aún estaba lejos, lo vio su padre, y fue movido a compasión, y corrió, y se echó sobre su cuello, y le besó efusivamente.

21 Y el hijo le dijo: Padre, he pecado contra el cielo y ante ti, y ya no soy digno de ser llamado tu hijo.

22 Pero el padre dijo a sus siervos: Sacad de prisa el mejor vestido, y vestidle; y poned un anillo en su mano, y calzado en sus pies.

23 Y traed el becerro engordado y matadlo, y comamos y hagamos fiesta;

24 porque este mi hijo estaba muerto, y ha revivido; se había perdido, y ha sido hallado. Y comenzaron a regocijarse.

25 Y su hijo mayor estaba en el campo; y cuando vino, y llegó cerca de la casa, oyó la música y las danzas;

26 y llamando a uno de los criados, le preguntó qué era aquello.

27 Él le dijo: Tu hermano ha venido; y tu padre ha hecho matar el becerro engordado, por haberle recobrado sano y salvo.

28 Entonces se enojó, y no quería entrar. Salió, por tanto, su padre, y le rogaba que entrase.

29 Pero él, respondiendo, dijo al padre: He aquí que te pantos años te vengo sirviendo, no habiéndote desobedecido jamás, y nunca me has dado ni un cabrito para pasarlo bien con mis amigos.

30 Pero cuando vino este tu hijo, que ha consumido tus bienes con rameras, has hecho matar para él el becerro engordado.

31 Él entonces le dijo: Hijo, tú siempre estás conmigo, y todas mis cosas son tuyas.

32 Pero era necesario hacer fiesta y regocijarnos, porque este tu hermano estaba muerto, y ha revivido; se había perdido, y ha sido hallado.

Parábola del mayordomo infiel

16 Decía también a sus discípulos: Había un hombre rico que tenía un mayordomo, y éste fue acusado ante él como disipador de sus bienes.

2 Entonces le llamó, y le dijo: ¿Qué es esto que oigo acerca de ti? Presenta las cuentas de tu administración, porque ya no podrás más ser mayordomo.

3 Entonces el mayordomo dijo para sí: ¿Qué haré? Porque mi amo me quita la mayordomía. Para cavar, no tengo fuerzas; mendigar, me da vergüenza.

4 Ya sé lo que haré para que cuando se me destituya de la mayordomía, me reciban en sus casas.

5 Y llamando a cada uno de los deudores de su amo, dijo al primero: ¿Cuánto debes a mi amo?

6 Él dijo: Cien barriles de aceite. Y le dijo: Toma tu recibo, siéntate pronto, y escribe cincuenta.

7 Después dijo a otro: Y tú, ¿cuánto debes? Y él dijo: Cien medidas de trigo. Él le dijo: Toma tu recibo, y escribe ochenta.

8 Y alabó el amo al mayordomo injusto por haber obrado sagazmente; porque los hijos de este siglo son más sagaces en el trato con sus semejantes que los hijos de luz.

9 Y yo os digo: Ganad amigos por medio de las riquezas injustas, para que cuando tengáis que dejarlas, os reciban en las moradas eternas.

10 El que es fiel en lo muy poco, también es fiel en lo mucho; y el que es injusto en lo muy poco, también es injusto en lo mucho.

11 Pues si no fuisteis fieles en las riquezas injustas, ¿quién os confiará lo verdadero?

12 Y si en lo ajeno no fuisteis fieles, ¿quién os dará lo que es vuestro?

13 Ningún siervo puede servir a dos señores; porque o aborrecerá al uno y amará al otro, o estimará al uno y menospreciará al otro. No podéis servir a Dios y a las riquezas.

14 Y oían también todas estas cosas los fariseos, que eran avaros, y se burlaban de él.

15 Entonces les dijo: Vosotros sois los que os justificáis a vosotros mismos delante de los hombres; pero Dios conoce vuestros corazones; porque lo que los hombres tienen por muy estimable, delante de Dios es abominación.

La ley y el reino de Dios

16 La ley y los profetas eran hasta Juan; desde entonces se predica la Buena Nueva del reino de Dios, y todos se esfuerzan por entrar en él.

17 Pero más fácil es que pasen el cielo y la tierra, que se frustre una tilde de la ley.

Jesucristo enseña sobre el divorcio

18 Todo el que repudia a su mujer, y se casa con otra, comete adulterio; y el que se casa con la repudiada del marido, comete adulterio.

El rico y Lázaro

19 Había un hombre rico, que se vestía de púrpura y de lino fino, y celebraba todos los días fiestas espléndidas.

20 Había también un mendigo llamado Lázaro, que estaba echado a la puerta de aquél, lleno de llagas,

21 y ansiaba saciarse de las migajas que

caían de la mesa del rico; y aun los perros venían y le lamían las llagas.

22 Aconteció que murió el mendigo, y fue llevado por los ángeles al seno de Abraham; y murió también el rico, y fue sepultado.

23 Y en el Hades alzó sus ojos, estando en tormentos, y vio de lejos a Abraham, y a Lázaro en su seno.

24 Entonces él, dando voces, dijo: Padre Abraham, ten compasión de mí, y envía a Lázaro para que moje la punta de su dedo en el agua, y refresque mi lengua; porque estoy atormentado en esta llama.

25 Pero Abraham le dijo: Hijo, acuérdate que recibiste tus bienes en tu vida, y Lázaro, del mismo modo, males; pero ahora éste es consolado aquí, y tú atormentado.

26 Además de todo esto, una gran sima está puesta entre nosotros y vosotros, de manera que los que quieran pasar de aquí a vosotros, no puedan, ni de allá pasar acá.

27 Entonces le dijo: Te ruego, pues, padre, que le envíes a la casa de mi padre,

28 porque tengo cinco hermanos, para que les prevenga seriamente, a fin de que no vengan ellos también a este lugar de tormento.

29 Y Abraham le dijo: A Moisés y a los profetas tienen; ¡que los oigan!

30 Él entonces dijo: No, padre Abraham; sino que si alguno va a ellos de entre los muertos, se arrepentirán.

31 Mas Abraham le dijo: Si no oyen a Moisés y a los profetas, tampoco se persuadirán aunque alguno se levante de los muertos.

Ocasiones de caer

17 Dijo Jesús a sus discípulos: Imposible es que no vengan tropiezos; mas ¡ay de aquel por quien vienen!

2 Mejor le sería que se le atase al cuello una piedra de molino y se le arrojase al mar, que hacer tropezar a uno de estos pequeños.

3 Tened cuidado de vosotros mismos. Si tu hermano peca, repréndele; y si se arrepiente, perdónale.

4 Y si peca contra ti siete veces al día, y vuelve a ti siete veces al día, diciendo: Me arrepiento; perdónale.

Auméntanos la fe

5 Dijeron los apóstoles al Señor: Auméntanos la fe.

6 Entonces el Señor dijo: Si tuvierais fe como un grano de mostaza, podríais decir a este sicómoro: Desarráigate, y plántate en el mar; y os obedecería.

El deber del siervo

7 ¿Quién de vosotros, teniendo un siervo que ara o apacienta ganado, al volver él del campo, le dice: Pasa en seguida, y siéntate a la mesa?

8 ¿No le dirá más bien: Prepárame algo para cenar, cíñete, y sírveme hasta que haya comido y bebido; y después de esto, puedes comer y beber tú?

9 ¿Acaso le da las gracias al siervo porque hizo lo que se le había mandado? Pienso que no.

10 Así también vosotros, cuando hayáis hecho todo lo que os ha sido ordenado, decid: Siervos inútiles somos, pues hemos hecho lo que debíamos hacer.

Diez leprosos son limpiados

11 Yendo Jesús a Jerusalén, pasaba entre Samaria y Galilea.

12 Y al entrar en una aldea le salieron al encuentro diez hombres leprosos, los cuales se pararon a distancia,

13 y alzaron la voz, diciendo: ¡Jesús, Maestro, ten compasión de nosotros!

14 Cuando él los vio, les dijo: Id y mostraos a los sacerdotes. Y aconteció que mientras iban, fueron limpiados.

15 Entonces uno de ellos, viendo que había sido sanado, volvió, glorificando a Dios a gran voz,

16 y se postró rostro en tierra a sus pies, dándole gracias; y éste era samaritano.

17 Tomando la palabra Jesús, dijo: ¿No son diez los que fueron limpiados? Y los otros nueve, ¿dónde están?

18 ¿No hubo quien volviese y diese gloria a Dios sino este extranjero?

19 Y le dijo: Levántate y prosigue tu camino; tu fe te ha sanado.

La venida del reino

20 Preguntado por los fariseos, cuándo había de venir el reino de Dios, les respondió y dijo: El reino de Dios no viene con advertencia,

21 ni dirán: Aquí está, o: Allí está; porque el reino de Dios está en medio de vosotros.

22 Y les dijo a los discípulos: Vendrán días en que ansiaréis ver uno de los días del Hijo del Hombre, y no lo veréis.

23 Y os dirán: Aquí está, o: Allí está. No vayáis, ni los sigáis.

24 Porque como el relámpago que al fulgurar resplandece desde un extremo del cielo hasta el otro, así también será el Hijo del Hombre en su día.

25 Pero primero es necesario que padezca mucho, y sea desechado por esta generación.

26 Como fue en los días de Noé, así también será en los días del Hijo del Hombre.

27 Comían, bebían, se casaban y se daban en casamiento, hasta el día en que entró

Noé en el arca, y vino el diluvio y los destruyó a todos.

28 Asimismo como sucedió en los días de Lot; comían, bebían, compraban, vendían, plantaban, edificaban;

29 mas el día en que Lot salió de Sodoma, llovió del cielo fuego y azufre, y los destruyó a todos.

30 Lo mismo será el día en que el Hijo del Hombre se manifieste.

31 En aquel día, el que esté en la azotea, y sus bienes en casa, no descienda a tomarlos; y el que en el campo, asimismo no vuelva atrás.

32 Acordaos de la mujer de Lot.

33 Todo el que procure salvar su vida, la perderá; y todo el que la pierda, la conservará.

34 Os digo que en aquella noche estarán dos en una cama; el uno será tomado, y el otro será dejado.

35 Dos mujeres estarán moliendo juntas; la una será tomada, y la otra dejada.

36 Dos estarán en el campo; el uno será tomado, y el otro dejado.

37 Y respondiendo, le dijeron: ¿Dónde, Señor? Él les dijo: Donde esté el cuerpo, allí se juntarán también las águilas.

Parábola de la viuda y el juez injusto

18 También les refería Jesús una parábola sobre la necesidad de orar siempre, y no desmayar,

2 diciendo: Había en una ciudad un juez, que ni temía a Dios, ni respetaba a hombre.

3 Había también en aquella ciudad una viuda, la cual venía a él, diciendo: Hazme justicia de mi adversario.

4 Y él no quiso por algún tiempo; pero después de esto dijo dentro de sí: Aunque ni temo a Dios, ni tengo respeto a hombre,

5 sin embargo, porque esta viuda me es molesta, le haré justicia, no sea que viniendo de continuo, me agote la paciencia.

6 Y dijo el Señor: Oíd lo que dijo el juez injusto.

7 ¿Y acaso Dios no hará justicia a sus escogidos, que claman a él día y noche? ¿Y está esperando con longanimidad en cuanto a ellos?

8 Os digo que pronto les hará justicia. Pero cuando venga el Hijo del Hombre, ¿hallará fe en la tierra?

Parábola del fariseo y el publicano

9 A unos que confiaban en sí mismos como justos, y menospreciaban a los demás, dijo también esta parábola:

10 Dos hombres subieron al templo a orar: uno era fariseo, y el otro cobrador de impuestos.

11 El fariseo, puesto en pie, oraba consigo mismo de esta manera: Dios, te doy gracias porque no soy como los demás hombres, ladrones, injustos, adúlteros, ni tampoco como ese cobrador de impuestos;

12 ayuno dos veces a la semana, doy diezmos de todo lo que gano.

13 Mas el cobrador de impuestos, de pie y a bastante distancia, no quería ni aun alzar los ojos al cielo, sino que se golpeaba el pecho, diciendo: Dios, sé propicio a mí, pecador.

14 Os digo que éste descendió a su casa justificado más bien que aquél; porque cualquiera que se enaltece, será humillado; y el que se humilla será enaltecido.

Jesucristo bendice a los niños

15 Traían a él hasta los niños de pecho para que los tocase; pero al verlo los discípulos, les reprendieron.

16 Mas Jesús, llamándolos, dijo: Dejad a los niños venir a mí, y no se lo impidáis; porque de los tales es el reino de Dios.

17 De cierto os digo, que el que no reciba el reino de Dios como un niño, no entrará en él.

El joven rico

18 Un hombre principal le preguntó, diciendo: Maestro bueno, ¿qué haré para heredar la vida eterna?

19 Jesús le dijo: ¿Por qué me llamas bueno? Ninguno hay bueno, sino sólo Dios.

20 Los mandamientos sabes: No cometas adulterio; no mates; no hurtes; no digas falso testimonio; honra a tu padre y a tu madre.

21 Él dijo: Todo esto lo he guardado desde mi juventud.

22 Jesús, oyendo esto, le dijo: Aún te falta una cosa: vende todo lo que tienes, y repártelo entre los pobres, y tendrás tesoro en el cielo; y ven, sígueme.

23 Entonces él, oyendo esto, se puso muy triste, porque era sumamente rico.

24 Al ver Jesús que se había entristecido mucho, dijo: ¡Cuán difícilmente entrarán en el reino de Dios los que tienen riquezas!

25 Porque es más fácil que un camello entre por el ojo de una aguja, que el que un rico entre en el reino de Dios.

26 Y los que oyeron esto dijeron: Entonces, ¿quién puede ser salvo?

27 Él les dijo: Lo que es imposible para los hombres, es posible para Dios.

28 Entonces Pedro dijo: He aquí que nosotros lo hemos dejato todo y te hemos seguido.

29 Y él les dijo: De cierto os digo, que no hay nadie que haya dejado casa, o padres, o hermanos, o mujer, o hijos, por el reino de Dios,

30 que no haya de recibir mucho más en este tiempo, y en el siglo venidero la vida eterna.

Nuevamente Jesucristo anuncia su muerte

31 Tomando Jesús a los doce, les dijo: He aquí que subimos a Jerusalén, y se cumplirán todas las cosas escritas por los profetas acerca del Hijo del Hombre.
32 Pues será entregado a los gentiles, y será escarnecido, y afrentado, y escupido.
33 Y después que le hayan azotado, le matarán; mas al tercer día resucitará.
34 Pero ellos nada comprendieron de estas cosas, y estas palabras les quedaban ocultas, y no entendían lo que se les decía.

Un ciego de Jericó recibe la vista

35 Aconteció que al acercarse Jesús a Jericó, un ciego estaba sentado junto al camino, mendigando;
36 y al oír pasar a una multitud, preguntó qué era aquello.
37 Y le dijeron que pasaba Jesús nazareno.
38 Entonces dio voces, diciendo: ¡Jesús, Hijo de David, ten compasión de mí!
39 Y los que iban delante le increpaban para que callase; pero él clamaba mucho más: ¡Hijo de David, ten compasión de mí!
40 Jesús entonces, deteniéndose, mandó traerle a su presencia; y cuando llegó, le preguntó,
41 diciendo: ¿Qué quieres que te haga? Y él dijo: Señor, que recobre la vista.
42 Jesús le dijo: Recóbrala, tu fe te ha salvado.
43 Y al instante recobró la vista, y le seguía, glorificando a Dios; y todo el pueblo, cuando vio aquello, dio alabanza a Dios.

Jesús y Zaqueo

19 Habiendo entrado Jesús en Jericó, iba pasando por la ciudad.
2 Y sucedió que un varón llamado Zaqueo, que era un jefe de los cobradores de impuestos, y rico,
3 procuraba ver quién era Jesús; pero no podía a causa de la multitud, pues era pequeño de estatura.
4 Y corriendo delante, subió a un sicómoro para verle; porque estaba a punto de pasar por allí.
5 Cuando Jesús llegó a aquel lugar, mirando hacia arriba, le vio, y le dijo: Zaqueo, date prisa, desciende, porque hoy tengo que hospedarme en tu casa.
6 Entonces él descendió aprisa, y le recibió gozoso.
7 Al ver esto, todos murmuraban, diciendo: Ha entrado a hospedarse con un hombre pecador.
8 Y Zaqueo, puesto en pie, dijo al Señor: Mira, Señor, voy a dar a los pobres la mitad de mis bienes; y si en algo he defraudado a alguno, se lo devuelvo cuadruplicado.
9 Jesús le dijo: Hoy ha venido la salvación a esta casa; por cuanto también él es hijo de Abraham.
10 Porque el Hijo del Hombre vino a buscar y a salvar lo que se había perdido.

Parábola de las diez minas

11 Oyendo ellos estas cosas, prosiguió Jesús y dijo una parábola, por cuanto estaba cerca de Jerusalén, y ellos pensaban que el reino de Dios iba a manifestarse inmediatamente.
12 Dijo, pues: Un hombre noble se fue a un país lejano, para recibir un reino y volver.
13 Y llamando a diez siervos suyos, les dio diez minas, y les dijo: Negociad hasta que venga.
14 Pero sus conciudadanos le aborrecían, y enviaron tras él una embajada, diciendo: No queremos que éste reine sobre nosotros.
15 Aconteció que vuelto él, después de recibir el reino, mandó llamar ante él a aquellos siervos a los cuales había dado el dinero, para saber lo que había negociado cada uno.
16 Se presentó el primero, diciendo: Señor, tu mina ha producido diez minas más.
17 Él le dijo: Está bien, buen siervo; por cuanto en lo poco has sido fiel, tendrás autoridad sobre diez ciudades.
18 Vino el segundo, diciendo: Señor, tu mina ha producido cinco minas.
19 Y también a éste dijo: Tú también estarás sobre cinco ciudades.
20 Vino otro, diciendo: Señor, aquí está tu mina, la cual he tenido guardada en un pañuelo;
21 porque tuve miedo de ti, por cuanto eres hombre exigente, que tomas lo que no pusiste, y siegas lo que no sembraste.
22 Entonces él le dijo: Mal siervo, por tu propia boca te juzgo. Sabías que yo era hombre exigente, que tomo lo que no puse, y que siego lo que no sembré;
23 ¿por qué, pues, no pusiste mi dinero en el banco, para que al volver yo, lo hubiera recibido con los intereses?
24 Y dijo a los que estaban presentes: Quitadle la mina, y dádsela al que tiene las diez minas.
25 Ellos le dijeron: Señor, ya tiene diez minas.
26 Pues yo os digo que a todo el que tiene, se le dará; mas al que no tiene, aun lo que tiene se le quitará.

27 Pero a aquellos mis enemigos que no querían que yo reinase sobre ellos, traedlos acá, y degolladlos delante de mí.

La entrada mesiánica en Jerusalén

28 Dicho esto, iba delante, subiendo a Jerusalén.

29 Y aconteció que llegando cerca de Betfagé y de Betania, al pie del monte que se llama de los Olivos, envió dos de sus discípulos,

30 diciendo: Id a la aldea de enfrente, y al entrar en ella hallaréis un pollino atado, en el cual ningún hombre ha montado jamás; desatadlo, y traedlo.

31 Y si alguien os pregunta: ¿Por qué lo desatáis?, le responderéis así: Porque el Señor lo necesita.

32 Fueron los que habían sido enviados, y lo hallaron tal como les había dicho.

33 Y cuando desataban el pollino, sus dueños les dijeron: ¿Por qué desatáis el pollino?

34 Ellos dijeron: Porque el Señor lo necesita.

35 Y lo trajeron a Jesús; y habiendo echado sus mantos sobre el pollino, montaron a Jesús encima de él.

36 Y mientras él pasaba, tendían sus mantos por el camino.

37 Cuando llegaban ya cerca de la bajada del monte de los Olivos, toda la multitud de los discípulos comenzó a alabar con alegría a Dios a grandes voces por todas las maravillas que habían visto,

38 diciendo: ¡Bendito el rey que viene en el nombre del Señor; paz en el cielo, y gloria en las alturas!

39 Entonces algunos de los fariseos de entre la multitud le dijeron: Maestro, reprende a tus discípulos.

40 Él, respondiendo, les dijo: Os digo que si éstos callan, las piedras clamarán.

41 Y cuando llegó cerca, al ver la ciudad, lloró sobre ella,

42 diciendo: ¡Si también tú conocieses, y de cierto en este tu día, lo que es para tu paz! Mas ahora está oculto a tus ojos.

43 Porque vendrán días sobre ti, cuando tus enemigos te rodearán con vallado, y te sitiarán, y por todas partes te estrecharán,

44 y te derribarán a tierra, y a tus hijos dentro de ti, y no dejarán en ti piedra sobre piedra, por cuanto no conociste el tiempo de tu visitación.

Purificación del templo

45 Y entrando en el templo, comenzó a echar fuera a todos los que vendían y compraban en él,

46 diciéndoles: Escrito está: Mi casa es casa de oración; mas vosotros la habéis hecho cueva de ladrones.

47 Y enseñaba cada día en el templo; pero los principales sacerdotes, los escribas y los principales del pueblo procuraban matarle.

48 Y no hallaban nada que pudieran hacerle, porque todo el pueblo estaba en suspenso oyéndole.

La autoridad de Jesucristo

20 Sucedió un día, cuando estaba él enseñando al pueblo en el templo, y anunciando el evangelio, que se llegaron a él los principales sacerdotes y los escribas, con los ancianos.

2 y le hablaron diciendo: Dinos: ¿con qué autoridad haces estas cosas?; ¿o quién es el que te ha dado esta autoridad?

3 Respondiendo él, les dijo: Os haré yo también una pregunta; decidme:

4 El bautismo de Juan, ¿era del cielo, o de los hombres?

5 Entonces ellos razonaban entre sí, diciendo: Si decimos, del cielo, dirá: ¿Por qué, pues, no lo creísteis?

6 Y si decimos, de los hombres, todo el pueblo nos apedreará; porque están persuadidos de que Juan era profeta.

7 Y respondieron que no sabían de dónde.

8 Entonces Jesús les dijo: Yo tampoco os digo con qué autoridad hago estas cosas.

Los labradores malvados

9 Comenzó luego a decir al pueblo esta parábola: Un hombre plantó una viña, la arrendó a unos labradores, y se ausentó por mucho tiempo.

10 Y a su tiempo, envió un siervo a los labradores, para que le diesen del fruto de la viña; pero los labradores le golpearon, y le enviaron con las manos vacías.

11 Volvió a enviar otro siervo; mas ellos a éste también, después de golpearle y afrentarle, le enviaron con las manos vacías.

12 Volvió a enviar un tercer siervo; mas ellos también a éste le hirieron y le echaron fuera.

13 Entonces el señor de la viña dijo: ¿Qué haré? Enviaré a mi hijo amado; quizá cuando le vean a él, le tendrán respeto.

14 Mas los labradores, al verle, razonaban entre sí, diciendo: Éste es el heredero; venid, matémosle, para que la heredad sea nuestra.

15 Y le echaron fuera de la viña, y le mataron. ¿Qué, pues, les hará el señor de la viña?

16 Vendrá y destruirá a estos labradores, y dará su viña a otros. Cuando ellos oyeron esto, dijeron: ¡Que no suceda tal cosa!

17 Pero él, mirándolos fijamente, dijo:
¿Qué es, pues, esto que está escrito:
La piedra que desecharon los edificadores
Ha venido a ser piedra angular?
18 Todo el que caiga sobre aquella piedra,
será quebrantado; mas sobre quien ella
caiga, le desmenuzará.

La cuestión del tributo

19 Procuraban los principales sacerdotes y
los escribas echarle mano en aquella hora,
porque comprendieron que contra ellos había dicho esta parábola; pero temieron al
pueblo.
20 Y quedándose ellos al acecho, enviaron
espías que se fingiesen justos, a fin de
sorprenderle en alguna palabra, para entregarle al poder y autoridad del gobernador.
21 Y le preguntaron, diciendo: Maestro,
sabemos que dices y enseñas rectamente, y
que no haces acepción de personas, sino que
enseñas el camino de Dios con verdad.
22 ¿Nos es lícito dar tributo a César, o no?
23 Mas él, comprendiendo la astucia de
ellos, les dijo: ¿Por qué me tentáis?
24 Mostradme una moneda. ¿De quién tiene la imagen y la inscripción? Y respondiendo, dijeron: De César.
25 Entonces les dijo: Pues dad a César lo
que es de César, y a Dios lo que es de Dios.
26 Y no pudieron sorprenderle en palabra
alguna delante del pueblo, sino que maravillados de su respuesta, callaron.

La pregunta sobre la resurrección

27 Acercándose entonces algunos de los
saduceos, los cuales sostienen que no hay
resurrección, le preguntaron,
28 diciendo: Maestro, Moisés nos escribió:
Si el hermano de alguno muere teniendo
mujer, y no deja hijos, que su hermano la
tome por esposa, y levante descendencia de
su hermano.
29 Hubo, pues, siete hermanos; y el primero tomó esposa, y murió sin hijos.
30 Y la tomó el segundo, el cual también
murió sin hijos.
31 La tomó el tercero, y así todos los siete, y
murieron sin dejar descendencia.
32 Por último, murió también la mujer.
33 En la resurrección, pues, ¿de cuál de
ellos será mujer, ya que los siete la tuvieron
por mujer?
34 Y Jesús les dijo: Los hijos de este siglo se
casan, y se dan en casamiento;
35 pero los que sean tenidos por dignos de
alcanzar aquel siglo y la resurrección de
entre los muertos, ni se casan, ni se dan en
casamiento.
36 Porque tampoco pueden ya morir, pues

son como ángeles, y son hijos de Dios, al ser
hijos de la resurrección.
37 Pero que los muertos resucitan, aun
Moisés lo enseñó en el pasaje de la zarza,
cuando llama al Señor, Dios de Abraham,
Dios de Isaac y Dios de Jacob.
38 Porque Dios no es Dios de muertos, sino
de vivos, pues para él todos viven.
39 Respondiéndole algunos de los escribas,
dijeron: Maestro, bien has dicho.
40 Y ya no se atrevían a preguntarle nada.

¿De quién es hijo el Cristo?

41 Y él les dijo: ¿Cómo dicen que el Cristo
es hijo de David?
42 Pues David mismo dice en el libro de los
Salmos:
Dijo el Señor a mi Señor:
Siéntate a mi diestra,
43 Hasta que ponga a tus enemigos por
estrado de tus pies.
44 David, pues, le llama Señor; ¿cómo,
entonces, es hijo suyo?

El Señor Jesús previene contra los escribas

45 Y oyéndole todo el pueblo, dijo a sus
discípulos:
46 Guardaos de los escribas, que gustan de
pasearse con ropas largas, de que les saluden respetuosamente en las plazas, y de
ocupar las primeras sillas en las sinagogas, y
los lugares de honor en los banquetes;
47 que devoran las casas de las viudas, y por
cubrir las apariencias hacen largas oraciones; ésos tendrán una sentencia más rigurosa.

La ofrenda de la viuda

21 Levantando los ojos, vio a unos ricos
que echaban sus ofrendas en el arca
del tesoro.
2 Y vio también una viuda pobre, que
echaba allí dos monedas.
3 Y dijo: En verdad os digo, que esta viuda
pobre echó más que todos.
4 Porque todos ellos echaron para las
ofrendas de Dios lo que les sobra; mas ésta,
de su pobreza echó todo el sustento que
tenía.

Jesucristo predice la destrucción del templo

5 Y al decir algunos acerca del templo que
estaba adornado de hermosas piedras y
ofrendas votivas, dijo:
6 De esto que estáis contemplando, días
vendrán en que no quedará piedra sobre
piedra, que no sea derribada.
7 Y le preguntaron, diciendo: Maestro,
¿cuándo será esto?; ¿y qué señal habrá
cuando estas cosas estén a punto de suceder?

8 Él entonces dijo: Mirad que no seáis engañados; porque vendrán muchos en mi nombre, diciendo: Yo soy el Cristo, y: El tiempo está cerca. Mas no vayáis en pos de ellos.

9 Y cuando oigáis de guerras y de sediciones, no os alarméis; porque es necesario que estas cosas acontezcan primero; pero el fin no será inmediatamente.

10 Entonces les dijo: Se levantará nación contra nación, y reino contra reino;

11 y habrá grandes terremotos en diferentes lugares, hambres y pestilencias; y habrá terror y grandes señales del cielo.

12 Pero antes de todas estas cosas os echarán mano, os perseguirán, y os entregarán a las sinagogas y a las cárceles, y seréis llevados ante reyes y ante gobernadores por causa de mi nombre.

13 Y esto os será ocasión para dar testimonio.

14 Proponed en vuestros corazones no preparar de antemano vuestra defensa;

15 porque yo os daré palabras y sabiduría, a la cual no podrán contradecir ni resistir todos los que se os opongan.

16 Pero seréis entregados aun por vuestros padres, y hermanos, y parientes, y amigos; y matarán a algunos de vosotros;

17 y seréis aborrecidos por todos a causa de mi nombre.

18 Pero ni un cabello de vuestra cabeza perecerá.

19 Con vuestra paciencia ganaréis vuestras almas.

20 Pero cuando veáis a Jerusalén rodeada de ejércitos, sabed entonces que su desolación ha llegado.

21 Entonces los que estén en Judea, huyan a los montes; y los que en medio de ella, váyanse; y los que estén en los campos, no entren en ella.

22 Porque éstos son días de venganza, para que se cumplan todas las cosas que están escritas.

23 Mas ¡ay de las que estén encintas, y de las que críen en aquellos días!, porque habrá gran calamidad en la tierra, e ira contra este pueblo.

24 Y caerán a filo de espada, y serán llevados cautivos a todas las naciones; y Jerusalén será pisoteada por los gentiles, hasta que los tiempos de los gentiles se cumplan.

La venida del Hijo del Hombre

25 Y habrá señales en el sol, en la luna y en las estrellas, y sobre la tierra angustia de las gentes, perplejas a causa del bramido del mar y de las olas;

26 desmayándose los hombres por el temor y la expectación de las cosas que sobrevendrán en la tierra; porque los poderes de los cielos serán conmovidos.

27 Entonces verán al Hijo del Hombre, que vendrá en una nube con poder y gran gloria.

28 Cuando estas cosas comiencen a suceder, erguíos y levantad vuestra cabeza, porque vuestra redención está cerca.

29 También les dijo una parábola: Mirad la higuera y todos los árboles.

30 Cuando ya brotan, viéndolo, sabéis por vosotros mismos que el verano está ya cerca.

31 Así también vosotros, cuando veáis que suceden estas cosas, sabed que está cerca el reino de Dios.

32 De cierto os digo, que no pasará esta generación hasta que todo esto acontezca.

33 El cielo y la tierra pasarán, pero mis palabras de ningún modo pasarán.

34 Estad alerta por vosotros mismos, no sea que vuestros corazones se carguen de libertinaje y embriaguez y de las preocupaciones de esta vida, y venga de repente sobre vosotros aquel día.

35 Porque como un lazo vendrá sobre todos los que habitan sobre la faz de toda la tierra.

36 Velad, pues, en todo tiempo orando que seáis tenidos por dignos de escapar de todas estas cosas que vendrán, y de estar en pie delante del Hijo del Hombre.

37 Y enseñaba de día en el templo; y salía a pasar las noches en el monte que se llama de los Olivos.

38 Y todo el pueblo venía a él de madrugada, para oírle en el templo.

El complot para matar a Jesús

22 Estaba cerca la fiesta de los panes sin levadura, que se llama la pascua.

2 Y los principales sacerdotes y los escribas buscaban cómo acabar con él; pues temían al pueblo.

3 Y entró Satanás en Judas, por sobrenombre Iscariote, el cual era uno del número de los doce;

4 y éste fue y habló con los principales sacerdotes, y con los jefes de la guardia, de cómo se lo entregaría.

5 Ellos se alegraron, y convinieron en darle dinero.

6 Y él consintió plenamente, y buscaba una oportunidad para entregárselo a espaldas del pueblo.

Institución de la Cena del Señor

7 Llegó el día de los panes sin levadura, en el cual se debía sacrificar el cordero de la pascua.

8 Y Jesús envió a Pedro y a Juan, diciendo: Id, preparadnos la pascua para que la comamos.

9 Ellos le dijeron: ¿Dónde quieres que la prepararemos?

10 Él les dijo: Mirad, al entrar en la ciudad os saldrá al encuentro un hombre que lleva un cántaro de agua; seguidle hasta la casa donde entre,

11 y decid al padre de familia de la casa: El Maestro te dice: ¿Dónde está el aposento en el que pueda comer la pascua con mis discípulos?

12 Entonces él os mostrará un gran aposento alto ya dispuesto; preparad allí.

13 Fueron, pues, y hallaron como les había dicho; y prepararon la pascua.

14 Cuando llegó la hora, se sentó a la mesa, y con él los apóstoles.

15 Y les dijo: ¡Cuánto he deseado comer con vosotros esta pascua antes de padecer!

16 Porque os digo que no la comeré ya más, hasta que se cumpla en el reino de Dios.

17 Y habiendo tomado una copa, dio gracias, y dijo: Tomad esto, y repartidlo entre vosotros;

18 porque os digo que no beberé ya más del fruto de la vid, hasta que venga el reino de Dios.

19 Y tomando el pan, dio gracias, lo partió y les dio, diciendo: Esto es mi cuerpo, que por vosotros es dado; haced esto en memoria de mí.

20 De igual manera, después de haber cenado, tomó la copa, diciendo: Esta copa es el nuevo pacto en mi sangre, que por vosotros se derrama.

21 Mas he aquí, la mano del que me entrega está conmigo en la mesa.

22 Y, en verdad, el Hijo del Hombre se va, según lo que está determinado; pero ¡ay de aquel hombre por quien es entregado!

23 Entonces ellos comenzaron a discutir entre sí, quién de ellos sería, pues, el que iba a hacer esto.

La grandeza en el servicio

24 Hubo también entre ellos un altercado sobre quién de ellos parecía ser mayor.

25 Pero él les dijo: Los reyes de las naciones se enseñorean de ellas, y los que sobre ellas tienen autoridad son llamados bienhechores;

26 mas no así vosotros, sino sea el mayor entre vosotros como el más joven, y el que dirige, como el que sirve.

27 Porque, ¿cuál es mayor, el que se sienta a la mesa, o el que sirve? ¿No es el que se sienta a la mesa? Mas yo estoy entre vosotros como el que sirve.

28 Pero vosotros sois los que habéis permanecido conmigo en mis pruebas.

29 Yo, pues, os asigno un reino, como mi Padre me lo asignó a mí,

30 para que comáis y bebáis a mi mesa en mi reino; y os sentaréis en tronos juzgando a las doce tribus de Israel.

Jesús anuncia la negación de Pedro

31 Dijo también el Señor: Simón, Simón, he aquí que Satanás ha solicitado poder para zarandearos como a trigo;

32 pero yo he rogado por ti, que tu fe no falle; y tú, cuando te hayas vuelto, fortalece a tus hermanos.

33 Él le dijo: Señor, estoy dispuesto a ir contigo no sólo a la cárcel, sino también a la muerte.

34 Y él le dijo: Pedro, te aseguro que el gallo no cantará hoy antes que tú hayas negado tres veces que me conoces.

Bolsa, alforja y espada

35 Y les dijo: Cuando os envié sin bolsa, sin alforja, y sin calzado, ¿acaso os faltó algo? Ellos dijeron: Nada.

36 Entonces les dijo: Pues ahora, el que tiene bolsa, tómela, y también la alforja; y el que no tenga, venda su manto y compre una espada.

37 Porque os digo que es necesario que se cumpla todavía en mí aquello que está escrito: Y fue contado con los inicuos; porque lo que se refiere a mí, tiene cumplimiento.

38 Entonces ellos dijeron: Señor, aquí hay dos espadas. Y él les dijo: ¡Basta!

Jesús ora en Getsemaní

39 Y saliendo, se fue, como solía, al monte de los Olivos; y sus discípulos también le siguieron.

40 Cuando llegó a aquel lugar, les dijo: Orad que no entréis en tentación.

41 Y él se apartó de ellos a una distancia como de un tiro de piedra; y puesto de rodillas, oraba,

42 diciendo: Padre, si quieres, aparta de mí esta copa; pero no se haga mi voluntad, sino la tuya.

43 Y se le apareció un ángel del cielo para fortalecerle.

44 Y estando en agonía, oraba más intensamente; y era su sudor como grandes gotas de sangre engrumecidas que caían sobre la tierra.

45 Cuando se levantó de la oración, y vino a sus discípulos, los halló durmiendo a causa de la tristeza;

46 y les dijo: ¿Por qué dormís? Levantaos, y orad para que no entréis en tentación.

Arresto de Jesús

47 Mientras él aún estaba hablando, se presentó un grupo de gente; y el que se llamaba Judas, uno de los doce, iba delante de ellos; y se acercó hasta Jesús para besarle.

48 Entonces Jesús le dijo: Judas, ¿con un beso entregas al Hijo del Hombre?

49 Viendo los que estaban con él lo que había de acontecer, le dijeron: Señor, ¿heriremos a espada?

50 Y uno de ellos hirió al siervo del sumo sacerdote, y le cortó la oreja derecha.

51 Entonces tomó la palabra Jesús, y dijo: ¡Dejad! ¡Basta ya! Y tocándole la oreja, le sanó.

52 Y Jesús dijo a los principales sacerdotes, a los jefes de la guardia del templo y a los ancianos, que habían venido contra él: ¿Como contra un ladrón habéis salido con espadas y palos?

53 Estando con vosotros cada día en el templo, no extendisteis las manos contra mí; pero ésta es vuestra hora, y la potestad de las tinieblas.

Pedro niega a Jesús

54 Y prendiéndole, se lo llevaron, y le condujeron a casa del sumo sacerdote. Y Pedro seguía de lejos.

55 Y después de encender fuego en medio del patio, y de sentarse juntos, Pedro se sentó entre ellos.

56 Pero una criada, al verle sentado junto a la lumbre, se fijó en él, y dijo: También éste estaba con él.

57 Pero él le negó, diciendo: Mujer, no lo conozco.

58 Un poco después, viéndole otro, dijo: Tú también eres de ellos. Y Pedro dijo: Hombre, no lo soy.

59 Pasada como una hora, otro insistía, diciendo: Verdaderamente también éste estaba con él, porque también es galileo.

60 Y Pedro dijo: Hombre, no sé lo que dices. Y en seguida, mientras él todavía estaba hablando, cantó un gallo.

61 Entonces, se volvió el Señor y miró a Pedro; y Pedro se acordó de la palabra del Señor, como le había dicho: Antes que el gallo cante, me negarás tres veces.

62 Y saliendo afuera, lloró amargamente.

Cristo, escarnecido y azotado

63 Los hombres que tenían preso a Jesús, se burlaban de él y le golpeaban;

64 y vendándole los ojos, le golpeaban el rostro, y le preguntaban, diciendo: ¡Adivina!, ¿quién es el que te ha golpeado?

65 Y le decían otras muchas cosas injuriándole.

Jesús ante el sanedrín

66 Cuando se hizo de día, se reunió el consejo de ancianos del pueblo, tanto los principales sacerdotes como los escribas, y le trajeron al lugar de su sanedrín, diciendo:

67 Si eres tú el Cristo, dínoslo. Y les dijo: Si os lo digo, de ningún modo lo creeréis;

68 y también si os pregunto, no me responderéis, ni me soltaréis.

69 Pero desde ahora en adelante el Hijo del hombre estará sentado a la diestra del poder de Dios.

70 Dijeron todos: ¿Luego tú eres el Hijo de Dios? Y él les dijo: Vosotros lo decís; lo soy.

71 Entonces ellos dijeron: ¿Qué necesidad tenemos ya de testimonio?, porque nosotros mismos lo hemos oído de su boca.

Jesucristo ante Pilato

23 Levantándose entonces toda la muchedumbre de ellos, le condujeron a Pilato.

2 Y comenzaron a acusarle, diciendo: Hemos hallado a éste pervirtiendo a la nación, prohibiendo dar tributo a César, y diciendo que él mismo es Cristo rey.

3 Entonces Pilato le preguntó, diciendo: ¿Eres tú el Rey de los judíos? Y respondiéndole él, dijo: Tú lo dices.

4 Y Pilato dijo a los principales sacerdotes, y a la gente: Ningún delito hallo en este hombre.

5 Pero ellos porfiaban, diciendo: Solivianta al pueblo, enseñando por toda Judea, comenzando desde Galilea hasta aquí.

Jesús ante Herodes

6 Entonces Pilato, oyendo decir Galilea, preguntó si el hombre era galileo.

7 Y al percatarse de que era de la jurisdicción de Herodes, le remitió a Herodes, que en aquellos días estaba también en Jerusalén.

8 Herodes, al ver a Jesús, se alegró mucho, porque hacía bastante tiempo que deseaba verle; porque había oído muchas cosas acerca de él, y esperaba verle hacer alguna señal.

9 Y le hacía muchas preguntas, pero él nada le respondió.

10 Y estaban los principales sacerdotes y

los escribas acusándole con gran vehemencia.

11 Entonces Herodes con sus soldados, después de menospreciarle y escarnecerle, le vistió de una ropa espléndida; y volvió a enviarle a Pilato.

12 Y se hicieron amigos Pilato y Herodes aquel día; porque antes estaban enemistados entre sí.

Jesús, sentenciado a muerte

13 Entonces Pilato, convocando a los principales sacerdotes, a los gobernantes, y al pueblo,

14 les dijo: Me habéis presentado a este hombre como alborotador del pueblo; pero habiéndole interrogado yo delante de vosotros, no he hallado en este hombre ningún delito de los que le acusáis.

15 Ni tampoco Herodes; porque os remití a él; y he aquí que nada digno de muerte ha hecho él.

16 Le soltaré, pues, después de castigarle.

17 Y tenía necesidad de soltarles uno en cada fiesta.

18 Pero toda la multitud dio voces a una, diciendo: ¡Fuera con ése, y suéltanos a Barrabás!

19 El cual había sido echado en la cárcel por sedición ocurrida en la ciudad, y por un homicidio.

20 Les habló otra vez Pilato, queriendo soltar a Jesús;

21 pero ellos persistían en dar voces, diciendo: ¡Crucifícale, crucifícale!

22 Él les dijo por tercera vez: ¿Pues qué mal ha hecho éste? Ningún delito digno de muerte he hallado en él; le castigaré, pues, y le soltaré.

23 Mas ellos instaban a grandes voces, pidiendo que fuese crucificado. Y las voces de ellos y de los principales sacerdotes prevalecieron.

24 Entonces Pilato sentenció que se hiciese lo que ellos pedían;

25 y les soltó a aquel que había sido echado en la cárcel por sedición y homicidio, a quien habían pedido; y entregó a Jesús a la voluntad de ellos.

Crucifixión y muerte de Jesucristo

26 Y cuando lo llevaban, tomaron a cierto Simón de Cirene, que venía del campo, y le pusieron encima la cruz para que la llevase tras Jesús.

27 Y le seguía gran multitud del pueblo, y de mujeres que se dolían y se lamentaban por él.

28 Pero Jesús, vuelto hacia ellas, les dijo:

Hijas de Jerusalén, no lloréis por mí, sino llorad por vosotras mismas y por vuestros hijos.

29 Porque he aquí que vendrán días en que dirán: Dichosas las estériles, y los vientres que no concibieron, y los pechos que no criaron.

30 Entonces comenzarán a decir a los montes: Caed sobre nosotros; y a los collados: Cubridnos.

31 Porque si en el leño verde hacen estas cosas, ¿qué sucederá con el seco?

32 Llevaban también a otros dos, que eran malhechores, para ser ejecutados con él.

33 Y cuando llegaron al lugar llamado de la Calavera, allí le crucificaron a él, y a los malhechores, uno a la derecha y otro a la izquierda.

34 Y Jesús decía: Padre, perdónalos, porque no saben lo que hacen. Y repartieron entre sí sus vestidos, echando suertes.

35 Y el pueblo estaba de pie, mirando; y aun los gobernantes se burlaban de él, diciendo: A otros salvó; sálvese a sí mismo, si éste es el Cristo, el escogido de Dios.

36 También los soldados le escarnecían, acercándose y ofreciéndole vinagre,

37 y diciendo: Si tú eres el Rey de los judíos, sálvate a ti mismo.

38 Había también una inscripción sobre él, escrita con letras griegas, latinas y hebreas: ÉSTE ES EL REY DE LOS JUDÍOS.

39 Y uno de los malhechores que estaban colgados le injuriaba, diciendo: Si tú eres el Cristo, sálvate a ti mismo y a nosotros.

40 Respondiendo el otro, le reprendía, diciendo: ¿Ni siquiera temes tú a Dios, viendo que estás bajo la misma sentencia de condenación?

41 Nosotros, a la verdad, justamente, porque estamos recibiendo lo que merecieron nuestros hechos; pero éste no ha hecho nada impropio.

42 Y decía a Jesús: Señor, acuérdate de mí cuando vengas en tu reino.

43 Entonces Jesús le dijo: De cierto te digo: Hoy estarás conmigo en el paraíso.

44 Cuando era como la hora sexta, hubo tinieblas sobre toda la tierra hasta la hora novena.

45 Y el sol se oscureció, y el velo del templo se rasgó por la mitad.

46 Y Jesús, clamando a gran voz, dijo: Padre, en tus manos encomiendo mi espíritu. Y habiendo dicho esto, expiró.

47 Cuando el centurión vio lo que había acontecido, dio gloria a Dios, diciendo: Realmente, este hombre era justo.

48 Y toda la multitud de los que habían acudido a este espectáculo, viendo lo que había acontecido, se volvían golpeándose el pecho.

49 Pero estaban de pie a distancia todos sus conocidos, y las mujeres que le habían seguido desde Galilea, mirando estas cosas.

Jesús es sepultado

50 Había un hombre llamado José, el cual era miembro del consejo, varón bueno y justo,

51 (el cual no había consentido en el acuerdo ni en los hechos de ellos), de Arimatea, ciudad de los judíos, el cual también estaba esperando el reino de Dios.

52 Éste fue a Pilato, y pidió el cuerpo de Jesús.

53 Y descolgándolo, lo envolvió en una sábana, y lo puso en un sepulcro excavado en roca, en el cual aún no se había puesto a nadie.

54 Era el día de la Preparación, y estaba para comenzar el sábado.

55 Y las mujeres que habían venido con él desde Galilea, siguieron también, y vieron el sepulcro, y cómo fue puesto su cuerpo.

56 Y regresando, prepararon especias aromáticas y ungüentos; y descansaron el sábado, conforme al mandamiento.

La resurrección del Señor

24 El primer día de la semana, muy de mañana, vinieron al sepulcro, trayendo las especias aromáticas que habían preparado; y algunas otras mujeres con ellas.

2 Y hallaron que había sido retirada la piedra del sepulcro;

3 y entrando, no hallaron el cuerpo del Señor Jesús.

4 Aconteció que estando ellas perplejas por esto, he aquí que se pararon junto a ellas dos varones con vestiduras resplandecientes;

5 y al llenarse ellas de miedo, y bajar el rostro a tierra, les dijeron ellos: ¿Por qué buscáis entre los muertos al que vive?

6 No está aquí, sino que ha resucitado. Recordad cómo os habló cuando aún estaba en Galilea,

7 diciendo: Es necesario que el Hijo del Hombre sea entregado en manos de hombres pecadores, y que sea crucificado, y resucite al tercer día.

8 Entonces ellas se acordaron de sus palabras,

9 y volviendo del sepulcro, refirieron todas estas cosas a los once, y a todos los demás.

10 Eran María Magdalena, y Juana, y María madre de Jacobo, y las demás con ellas, quienes dijeron estas cosas a los apóstoles.

11 Mas a ellos les parecían locura las palabras de ellas, y no las creían.

12 Pero Pedro se levantó, y corrió al sepulcro; y asomándose adentro, vio las vendas de amortajar puestas allí solas, y se fue a casa asombrado de lo que había sucedido.

En el camino de Emaús

13 Y he aquí que dos de ellos iban caminando el mismo día a una aldea llamada Emaús, que estaba a sesenta estadios de Jerusalén.

14 E iban hablando entre sí de todas aquellas cosas que habían acontecido.

15 Sucedió que mientras hablaban y discutían entre sí, Jesús mismo se acercó, y se puso a caminar con ellos.

16 Mas los ojos de ellos estaban velados, para que no le conociesen.

17 Y les dijo: ¿Qué discusiones son éstas que tenéis entre vosotros mientras camináis, y por qué estáis tristes?

18 Respondiendo uno de ellos, que se llamaba Cleofas, le dijo: ¿Eres tú el único forastero en Jerusalén que no te has enterado de las cosas que en ella han acontecido en estos días?

19 Entonces él les dijo: ¿Qué cosas? Y ellos le dijeron: De Jesús nazareno, que fue un profeta, poderoso en obra y en palabra delante de Dios y de todo el pueblo;

20 y cómo le entregaron los principales sacerdotes, así como nuestros gobernantes, a sentencia de muerte, y le crucificaron.

21 Pero nosotros esperábamos que él era el que iba a redimir a Israel; ciertamente, y además de todo esto, hoy ya es el tercer día desde que esto ha acontecido.

22 Y también nos han asombrado unas mujeres de entre nosotros, las que de madrugada fueron al sepulcro;

23 y como no hallaron el cuerpo, vinieron diciendo que también habían visto visión de ángeles, los cuales dicen que él vive.

24 Y fueron algunos de los nuestros al sepulcro, y lo hallaron tal como las mujeres habían dicho, pero a él no le vieron.

25 Entonces él les dijo: ¡Oh insensatos, y tardos de corazón para creer en todo lo que los profetas han dicho!

26 ¿No era necesario que el Cristo padeciera estas cosas, y que entrara en su gloria?

27 Y comenzando desde Moisés, y siguiendo por todos los profetas, se puso a explicarles en todas las Escrituras lo referente a él.

28 Llegaron a la aldea adonde iban, y él hizo como que iba más lejos.

29 Mas ellos le constriñeron, diciendo: Quédate con nosotros, porque atardece, y el día ya ha declinado. Entró, pues, a quedarse con ellos.

30 Y aconteció que estando sentado con ellos a la mesa, tomó el pan y bendijo; y partiéndolo, les dio.

31 Entonces les fueron abiertos los ojos, y le reconocieron; mas él desapareció de su vista.

32 Y se dijeron el uno al otro: ¿No estaba ardiendo nuestro corazón dentro de nosotros, mientras nos hablaba en el camino, cuando nos abría las Escrituras?

33 Y levantándose en aquella misma hora, volvieron a Jerusalén, y hallaron a los once reunidos, y a los que estaban con ellos,

34 que decían: Ha resucitado el Señor verdaderamente, y se ha aparecido a Simón.

35 Entonces ellos contaban las cosas que les habían acontecido en el camino, y cómo le habían reconocido al partir el pan.

El Señor se aparece a los discípulos

36 Mientras ellos aún hablaban de estas cosas, Jesús se puso en medio de ellos, y les dijo: Paz a vosotros.

37 Entonces, espantados y atemorizados, creían ver un espíritu.

38 Pero él les dijo: ¿Por qué estáis turbados, y se suscitan en vuestro corazón estos pensamientos?

39 Mirad mis manos y mis pies, que soy yo mismo; palpad, y ved; porque un espíritu no tiene carne ni huesos, como veis que yo tengo.

40 Y diciendo esto, les mostró las manos y los pies.

41 Y como todavía ellos, de gozo, no lo creían, y estaban asombrados, les dijo: ¿Tenéis aquí algo de comer?

42 Entonces le dieron parte de un pez asado, y un panal de miel.

43 Y él lo tomó, y comió a la vista de ellos.

44 Y les dijo: Estas son las palabras que os hablé, estando aún con vosotros: que era necesario que se cumpliese todo lo que está escrito de mí en la ley de Moisés, en los profetas y en los salmos.

45 Entonces les abrió la mente, para que comprendiesen las Escrituras;

46 y les dijo: Así está escrito, y así era necesario que el Cristo padeciese, y resucitase de los muertos al tercer día;

47 y que se predicase en su nombre el arrepentimiento y el perdón de pecados a todas las naciones, comenzando desde Jerusalén.

48 Y vosotros sois testigos de estas cosas.

49 He aquí que yo voy a enviar sobre vosotros la promesa de mi Padre; pero vosotros quedaos en la ciudad, hasta que seáis revestidos de poder desde lo alto.

La ascensión

50 Y los sacó fuera hasta Betania, y alzando sus manos, los bendijo.

51 Y aconteció que mientras los bendecía, se fue alejando de ellos, e iba siendo llevado arriba al cielo.

52 Ellos, después de haberle adorado, se volvieron a Jerusalén con gran gozo;

53 y estaban siempre en el templo, alabando y bendiciendo a Dios. Amén.

EL SANTO EVANGELIO

SEGÚN

SAN JUAN

El Verbo hecho carne

1 En el principio era el Verbo, y el Verbo estaba con Dios, y el Verbo era Dios.

2 Éste estaba en el principio junto a Dios.

3 Todas las cosas por medio de él fueron hechas, y sin él nada de lo que ha sido hecho, fue hecho.

4 En él estaba la vida, y la vida era la luz de los hombres.

5 La luz resplandece en las tinieblas, y las tinieblas no prevalecieron contra ella.

6 Hubo un hombre enviado de parte de Dios, el cual se llamaba Juan.

7 Éste vino para testimonio, para dar testimonio de la luz, a fin de que todos creyesen por él.

8 No era él la luz, sino para dar testimonio de la luz.

9 El Verbo era la luz verdadera que alum-

bra a todo hombre que viene a este mundo.

10 Estaba en el mundo, y el mundo fue hecho por medio de él; pero el mundo no le conoció.

11 Vino a lo que era suyo, y los suyos no le recibieron.

12 Pero a todos los que le recibieron, a los que creen en su nombre, les dio potestad de ser hechos hijos de Dios;

13 los cuales no han sido engendrados de sangre, ni de voluntad de carne, ni de voluntad de varón, sino de Dios.

14 Y el Verbo se hizo carne, y habitó entre nosotros (y vimos su gloria, gloria como del unigénito del Padre), lleno de gracia y de verdad.

15 Juan dio testimonio de él, y clamó diciendo: Éste es de quien yo decía: El que viene después de mí, es antes de mí; porque era primero que yo.

16 Porque de su plenitud todos hemos recibido, y gracia sobre gracia.

17 Pues la ley fue dada por medio de Moisés, pero la gracia y la verdad vinieron por medio de Jesucristo.

18 A Dios nadie le ha visto jamás; el unigénito Hijo, que está en el seno del Padre, él le ha dado a conocer.

Testimonio de Juan el Bautista

19 Este es el testimonio de Juan, cuando los judíos de Jerusalén enviaron sacerdotes y levitas para que le preguntasen: ¿Tú, quién eres?

20 Confesó, y no negó, sino que confesó: Yo no soy el Cristo.

21 Y le preguntaron: ¿Qué, pues? ¿Eres tú Elías? Dijo: No lo soy. ¿Eres tú el profeta? Y respondió: No.

22 Le dijeron, pues: ¿Quién eres?, para que demos una respuesta a los que nos enviaron. ¿Qué dices de ti mismo?

23 Dijo: Yo soy la voz de uno que clama en el desierto: Enderezad el camino del Señor, como dijo el profeta Isaías.

24 Y los que habían sido enviados eran de los fariseos.

25 Y le preguntaron, y le dijeron: ¿Por qué, pues, bautizas, si tú no eres el Cristo, ni Elías, ni el profeta?

26 Juan les respondió diciendo: Yo bautizo con agua; mas en medio de vosotros está uno a quien vosotros no conocéis.

27 Éste es el que viene después de mí, el que es antes de mí, del cual yo no soy digno de desatar la correa del calzado.

28 Estas cosas sucedieron en Betábara, al otro lado del Jordán, donde Juan estaba bautizando.

El Cordero de Dios

29 Al día siguiente vio a Jesús que venía hacia él, y dijo: He ahí el Cordero de Dios, que quita el pecado del mundo.

30 Éste es aquel de quien yo dije: Después de mí viene un hombre, el cual es antes de mí; porque era primero que yo.

31 Y yo no le conocía; mas para que fuese manifestado a Israel, por esto vine yo bautizando con agua.

32 Entonces dio Juan testimonio, diciendo: Vi al Espíritu que descendía del cielo como una paloma, y permaneció sobre él.

33 Y yo no le conocía; pero el que me envió a bautizar con agua, él me dijo: Sobre quien veas descender el Espíritu y que permanece sobre él, ése es el que bautiza con el Espíritu Santo.

34 Y yo le he visto, y he dado testimonio de que éste es el Hijo de Dios.

Los primeros discípulos

35 Al día siguiente, otra vez estaba allí Juan, y dos de sus discípulos.

36 Y fijándose en Jesús que pasaba por allí, dijo: He ahí el Cordero de Dios.

37 Le oyeron hablar los dos discípulos, y siguieron a Jesús.

38 Y volviéndose Jesús, y viendo que le seguían, les dijo: ¿Qué buscáis? Ellos le dijeron: Rabí (que traducido es, Maestro), ¿dónde te hospedas?

39 Les dijo: Venid y ved. Fueron, y vieron donde se hospedaba, y se quedaron con él aquel día; porque era como la hora décima.

40 Andrés, hermano de Simón Pedro, era uno de los que habían oído a Juan, y habían seguido a Jesús.

41 Éste halló primero a su hermano Simón, y le dijo: Hemos hallado al Mesías (que traducido es, el Cristo).

42 Y le trajo a Jesús. Y mirándole Jesús, dijo: Tú eres Simón, hijo de Jonás; tú serás llamado Cefas (que quiere decir, Pedro).

Jesús llama a Felipe y a Natanael

43 Al día siguiente quiso Jesús salir hacia Galilea, y halló a Felipe, y le dijo: Sígueme.

44 Y Felipe era de Betsaida, la ciudad de Andrés y Pedro.

45 Felipe halló a Natanael, y le dijo: Hemos hallado a aquel de quien escribió Moisés en la ley, así como los profetas: a Jesús, el hijo de José, de Nazaret.

46 Natanael le dijo: ¿De Nazaret puede salir algo bueno? Le dijo Felipe: Ven y ve.

47 Cuando Jesús vio a Natanael que se le

acercaba, dijo de él: He ahí un israelita de verdad, en quien no hay engaño.

48 Le dijo Natanael: ¿De dónde me conoces? Respondió Jesús y le dijo: Antes que Felipe te llamara, cuando estabas debajo de la higuera, te vi.

49 Respondió Natanael y le dijo: Rabí, tú eres el Hijo de Dios; tú eres el Rey de Israel.

50 Respondió Jesús y le dijo: ¿Porque te dije: Te vi debajo de la higuera, crees? Cosas mayores que éstas verás.

51 Y le dijo: De cierto, de cierto os digo: De aquí en adelante veréis el cielo abierto, y a los ángeles de Dios que suben y descienden sobre el Hijo del Hombre.

Las bodas de Caná

2 Al tercer día hubo unas bodas en Caná de Galilea; y estaba allí la madre de Jesús.

2 Y fue también invitado a las bodas Jesús con sus discípulos.

3 Y habiendo comenzado a faltar el vino, la madre de Jesús le dijo: No tienen vino.

4 Jesús le dijo: ¿Qué tengo que ver contigo, mujer? Aún no ha llegado mi hora.

5 Su madre dijo a los sirvientes: Haced lo que él os diga.

6 Y había allí seis tinajas de piedra para agua, conforme al rito de la purificación de los judíos, en cada una de las cuales cabían dos o tres cántaros.

7 Jesús les dijo: Llenad estas tinajas de agua. Y las llenaron hasta arriba.

8 Entonces les dijo: Sacad ahora, y llevadlo al maestresala. Y se lo llevaron.

9 Cuando el maestresala probó el agua hecha vino (sin saber él de dónde era, aunque lo sabían los sirvientes que habían sacado el agua), llamó al novio,

10 y le dijo: Todo hombre sirve primero el buen vino, y cuando ya han bebido mucho, entonces el inferior; pero tú has reservado el buen vino hasta ahora.

11 Este principio de sus señales hizo Jesús en Caná de Galilea, y manifestó su gloria; y sus discípulos creyeron en él.

12 Después de esto descendieron a Capernaúm, él, su madre, sus hermanos y sus discípulos; y estuvieron allí no muchos días.

Purificación del templo

13 Estaba cerca la pascua de los judíos; y subió Jesús a Jerusalén,

14 y halló en el templo a los que vendían bueyes, ovejas y palomas, y a los cambistas allí sentados.

15 Y haciendo un azote de cuerdas, echó fuera del templo a todos, y las ovejas y los

bueyes; y esparció las monedas de los cambistas, y volcó las mesas;

16 y dijo a los que vendían palomas: Quitad de aquí esto; no hagáis de la casa de mi Padre casa de mercado.

17 Entonces se acordaron sus discípulos de que está escrito: El celo de tu casa me devora.

18 Y los judíos respondieron y le dijeron: ¿Qué señal nos muestras, ya que haces esto?

19 Respondió Jesús y les dijo: Destruid este templo, y en tres días lo levantaré.

20 Dijeron entonces los judíos: En cuarenta y seis años fue edificado este templo, ¿y tú lo levantarás en tres días?

21 Pero él se refería al templo de su cuerpo.

22 Por eso, cuando resucitó de entre los muertos, sus discípulos se acordaron de que había dicho esto; y creyeron a la Escritura y a la palabra que Jesús había dicho.

Jesús conoce a todos los hombres

23 Mientras estaba en Jerusalén en la fiesta de la pascua, muchos creyeron en su nombre, al ver las señales que hacía.

24 Pero Jesús mismo no se confiaba a ellos, porque conocía a todos,

25 y no tenía necesidad de que nadie le diese testimonio acerca del hombre, pues él sabía lo que había en el hombre.

El nuevo nacimiento

3 Había un hombre de los fariseos que se llamaba Nicodemo, un hombre importante entre los judíos.

2 Éste vino a Jesús de noche, y le dijo: Rabí, sabemos que has venido de Dios como maestro; porque nadie puede hacer estas señales que tú haces, si no está Dios con él.

3 Respondió Jesús y le dijo: De cierto, de cierto te digo, que el que no nace de nuevo, no puede ver el reino de Dios.

4 Nicodemo le dijo: ¿Cómo puede un hombre nacer siendo viejo? ¿Puede acaso entrar por segunda vez en el vientre de su madre, y nacer?

5 Respondió Jesús: De cierto, de cierto te digo, que el que no nace de agua y del Espíritu, no puede entrar en el reino de Dios.

6 Lo que es nacido de la carne, carne es; y lo que es nacido del Espíritu, espíritu es.

7 No te asombres de que te dije: Os es necesario nacer de nuevo.

8 El viento sopla donde quiere, y oyes su sonido; pero no sabes de dónde viene, ni

adónde va; así es todo aquel que es nacido del Espíritu.

9 Respondió Nicodemo y le dijo: ¿Cómo puede ser eso?

10 Respondió Jesús y le dijo: Tú eres el maestro de Israel, ¿y no conoces estas cosas?

11 De cierto, de cierto te digo, que hablamos lo que sabemos, y testificamos de lo que hemos visto; y no recibís nuestro testimonio.

12 Si os he dicho cosas de la tierra, y no creéis, ¿cómo creeréis si os digo las del cielo?

13 Y nadie ha subido al cielo, sino el que descendió del cielo; el Hijo del Hombre, que está en el cielo.

14 Y como Moisés levantó la serpiente en el desierto, así también tiene que ser levantado el Hijo del Hombre,

15 para que todo aquel que cree en él no perezca, sino que tenga vida eterna.

De tal manera amó Dios al mundo

16 Porque de tal manera amó Dios al mundo, que ha dado a su Hijo unigénito, para que todo aquel que cree en él, no perezca, sino que tenga vida eterna.

17 Porque Dios no envió a su Hijo al mundo para condenar al mundo, sino para que el mundo sea salvo por medio de él.

18 El que cree en él, no es condenado; pero el que no cree, ya ha sido condenado, porque no ha creído en el nombre del unigénito Hijo de Dios.

19 Y esta es la condenación: que la luz vino al mundo, y los hombres amaron más las tinieblas que la luz, porque sus obras eran malas.

20 Porque todo aquel que obra el mal, aborrece la luz y no viene a la luz, para que sus obras no sean redargüidas.

21 Pero el que practica la verdad viene a la luz, para que sean manifiestas sus obras, que han sido hechas según Dios.

El amigo del esposo

22 Después de esto, vino Jesús con sus discípulos a la tierra de Judea, y pasó allí algún tiempo con ellos, y bautizaba.

23 Juan también bautizaba en Enón, cerca de Salim, porque había allí muchas aguas; y acudían y eran bautizados.

24 Porque Juan no había sido aún encarcelado.

25 Hubo, pues, una discusión entre los discípulos de Juan y un judío acerca de la purificación.

26 Y vinieron a Juan y le dijeron: Rabí, el que estaba contigo al otro lado del Jordán, de quien tú diste testimonio, mira, ése está bautizando, y todos vienen a él.

27 Respondió Juan y dijo: Un hombre no puede recibir nada, si no se le ha dado del cielo.

28 Vosotros mismos me sois testigos de que dije: Yo no soy el Cristo, sino que soy enviado delante de él.

29 El que tiene a la novia, es el novio; pero el amigo del novio, que está a su lado y le oye, se alegra mucho por la voz del novio; así pues, este gozo mío se ha completado.

30 Es necesario que él crezca, y que yo mengüe.

El que viene de arriba

31 El que viene de arriba está por encima de todos; el que es de la tierra, es terrenal, y habla cosas terrenales; el que viene del cielo, está sobre todos.

32 Y lo que ha visto y oído, de eso testifica; y nadie recibe su testimonio.

33 El que recibe su testimonio, ése certifica que Dios es veraz.

34 Porque Aquel a quien Dios ha enviado, habla las palabras de Dios; pues Dios no da el Espíritu por medida.

35 El Padre ama al Hijo, y todas las cosas las ha entregado en su mano.

36 El que cree en el Hijo, tiene vida eterna; mas el que rehúsa creer en el Hijo, no verá la vida, sino que la ira de Dios permanece sobre él.

Jesucristo y la mujer samaritana

4 Cuando, pues, el Señor supo que los fariseos habían oído que Jesús hacía y bautizaba más discípulos que Juan

2 (aunque Jesús mismo no bautizaba, sino sus discípulos),

3 abandonó Judea, y marchó otra vez a Galilea.

4 Y tenía que pasar por Samaria.

5 Vino, pues, a una ciudad de Samaria llamada Sicar, cerca de la heredad que Jacob dio a su hijo José.

6 Y estaba allí el pozo de Jacob. Entonces Jesús, cansado del viaje, se sentó, así, junto al pozo. Era como la hora sexta.

7 Vino una mujer de Samaria a sacar agua. Jesús le dijo: Dame de beber.

8 Pues sus discípulos habían ido a la ciudad a comprar alimentos.

9 La mujer samaritana le dijo entonces: ¿Cómo tú, siendo judío, me pides de beber a mí, que soy una mujer samaritana? (Porque judíos y samaritanos no se tratan entre sí.)

10 Respondió Jesús y le dijo: Si conocieras el don de Dios, y quién es el que te dice:

Dame de beber; tú le habrías pedido a él, y él te hubiera dado agua viva.

11 La mujer le dijo: Señor, no tienes con qué sacarla, y el pozo es hondo. ¿De dónde, pues, tienes el agua viva?

12 ¿Acaso eres tú mayor que nuestro padre Jacob, que nos dio este pozo, del cual bebió él mismo, sus hijos y sus ganados?

13 Respondió Jesús y le dijo: Todo el que bebe de esta agua, volverá a tener sed;

14 pero el que beba del agua que yo le daré, no tendrá sed jamás; sino que el agua que yo le daré se convertirá dentro de él en una fuente de agua que salte para vida eterna.

15 La mujer le dijo: Señor, dame de esa agua, para que no tenga yo sed, ni venga aquí a sacarla.

16 Jesús le dijo: Ve, llama a tu marido, y ven acá.

17 Respondió la mujer y dijo: No tengo marido. Jesús le dijo: Bien has dicho: No tengo marido;

18 porque has tenido cinco maridos, y el que tienes ahora no es marido tuyo; en esto has dicho la verdad.

19 Le dijo la mujer: Señor, estoy viendo que tú eres profeta.

20 Nuestros padres adoraron en este monte, y vosotros decís que en Jerusalén está el lugar donde se debe adorar.

21 Jesús le dijo: Mujer, créeme, que está llegando la hora en que ni en este monte ni en Jerusalén adoraréis al Padre.

22 Vosotros adoráis lo que no sabéis; nosotros adoramos lo que sabemos; porque la salvación viene de los judíos.

23 Pero llega la hora, y ahora es, cuando los verdaderos adoradores adorarán al Padre en espíritu y en verdad; porque también el Padre busca tales adoradores que le adoren.

24 Dios es Espíritu; y los que le adoran, es necesario que le adoren en espíritu y en verdad.

25 Le dijo la mujer: Sé que va a venir el Mesías, llamado el Cristo; cuando él venga, nos declarará todas las cosas.

26 Jesús le dijo: Yo soy, el que te está hablando.

27 En esto llegaron sus discípulos, y se sorprendieron de que hablara con una mujer; sin embargo, ninguno dijo: ¿Qué le preguntas?, o: ¿Qué hablas con ella?

28 Entonces la mujer dejó su cántaro, y fue a la ciudad, y dijo a los hombres:

29 Venid, ved a un hombre que me ha dicho todo cuanto he hecho. ¿No será éste el Cristo?

30 Entonces salieron de la ciudad, y comenzaron a venir a él.

31 Entretanto, los discípulos le rogaban, diciendo: Rabí, come.

32 Pero él les dijo: Yo tengo para comer un alimento que vosotros no sabéis.

33 Entonces los discípulos se decían unos a otros: ¿Le habrá traído alguien de comer?

34 Jesús les dijo: Mi alimento es hacer la voluntad del que me envió, y llevar a cabo su obra.

35 ¿No decís vosotros: Aún faltan cuatro meses para que llegue la siega? Pues yo os digo: Alzad vuestros ojos y mirad los campos, porque ya están blancos para la siega.

36 Y el que siega recibe salario, y recoge fruto para vida eterna, para que el que siembra se regocije juntamente con el que siega.

37 Porque en esto es verdadero el dicho: Uno es el que siembra, y otro es el que siega.

38 Yo os he enviado a segar lo que vosotros no habéis trabajado; otros han trabajado, y vosotros habéis entrado en su labor.

39 Y de aquella ciudad, muchos de los samaritanos creyeron en él por la palabra de la mujer, que daba testimonio diciendo: Me dijo todo lo que he hecho.

40 Entonces vinieron los samaritanos a él y le rogaban que se quedase con ellos; y se quedó allí dos días.

41 Y creyeron muchos más por la palabra de él,

42 y decían a la mujer: Ya no creemos por lo que tú has hablado, porque nosotros mismos hemos oído, y sabemos que verdaderamente éste es el Salvador del mundo, el Cristo.

Jesucristo sana al hijo de un noble

43 Dos días después, salió de allí y fue a Galilea.

44 Porque Jesús mismo había dado testimonio de que un profeta no tiene estima en su propia tierra.

45 Cuando llegó a Galilea, los galileos le recibieron, habiendo visto todas las cosas que había hecho en Jerusalén, en la fiesta; porque también ellos habían ido a la fiesta.

46 Vino, pues, Jesús otra vez a Caná de Galilea, donde había convertido el agua en vino. Y había un oficial del rey, cuyo hijo estaba enfermo en Capernaúm.

47 Éste, cuando oyó que Jesús había llegado de Judea a Galilea, se fue hacia él y le rogaba que descendiese y sanase a su hijo, porque estaba a punto de morir.

48 Entonces Jesús le dijo: Si no veis señales y prodigios, de ningún modo creéis.

49 El oficial del rey le dijo: Señor, desciende antes que mi hijo muera.

50 Jesús le dijo: Vete, tu hijo vive. Y el hombre creyó la palabra que Jesús le dijo, y se puso en camino.

51 Cuando ya él descendía, sus siervos sa-

lieron a recibirle, y le dieron noticias, diciendo: Tu hijo vive.

52 Entonces él les preguntó a qué hora había comenzado a mejorar. Y le dijeron: Ayer a la hora séptima le dejó la fiebre.

53 El padre, entonces, comprendió que aquélla era la hora en que Jesús le había dicho: Tu hijo vive; y creyó él y toda su familia.

54 Ésta fue una segunda señal que hizo Jesús cuando fue de Judea a Galilea.

El paralítico de Betesda

5 Después de estas cosas había una fiesta de los judíos, y subió Jesús a Jerusalén.

2 Y hay en Jerusalén, cerca de la puerta de las Ovejas, un estanque, llamado en hebreo Betesda, el cual tiene cinco pórticos.

3 En éstos yacía una multitud de enfermos, ciegos, cojos y paralíticos [que esperaban el movimiento del agua.

4 Porque un ángel descendía de tiempo en tiempo al estanque, y agitaba el agua; y el que primero entraba en el estanque después del movimiento del agua, quedaba sano de cualquier enfermedad que tuviese].

5 Y había allí un hombre que hacía treinta y ocho años que estaba enfermo.

6 Cuando Jesús lo vio tendido, y supo que llevaba ya mucho tiempo así, le dijo: ¿Quieres quedar sano?

7 Le respondió el enfermo: Señor, no tengo quien me meta en el estanque cuando se agita el agua; y entretanto que yo voy, otro desciende antes que yo.

8 Jesús le dijo: Levántate, toma tu camilla, y anda.

9 Y al instante aquel hombre quedó sano, y tomó su camilla, y echó a andar. Y era sábado aquel día.

10 Decían, pues, los judíos a aquel que había sido sanado: Es sábado; no te es lícito llevar tu camilla.

11 Él les respondió: El que me sanó, él mismo me dijo: Toma tu camilla y anda.

12 Entonces le preguntaron: ¿Quién es el que te dijo: Toma tu camilla y anda?

13 Y el que había sido sanado no sabía quién era, porque Jesús se había apartado de la gente que estaba en aquel lugar.

14 Después le halló Jesús en el templo, y le dijo: Mira, ya estás sano; no peques más, para que no te suceda alguna cosa peor.

15 El hombre se fue, y les contó a los judíos que era Jesús el que le había sanado.

16 Y por esto, los judíos perseguían a Jesús, y procuraban matarle, porque hacía estas cosas en sábado.

17 Y Jesús les respondió: Hasta ahora mi Padre trabaja, y yo también trabajo.

18 Por esto, pues, procuraban más aún los judíos matarle, porque no sólo quebrantaba el sábado, sino que también decía que Dios era su propio Padre, haciéndose igual a Dios.

La autoridad del Hijo

19 Respondió entonces Jesús, y les dijo: De cierto, de cierto os digo: No puede el Hijo hacer nada por su cuenta, sino lo que ve hacer al Padre; porque todo lo que él hace, también lo hace igualmente el Hijo.

20 Porque el Padre ama al Hijo, y le muestra todo lo que él hace; y le mostrará mayores obras que éstas para que vosotros os admiréis.

21 Porque como el Padre levanta a los muertos, y les da vida, así también el Hijo da vida a los que quiere.

22 Pues ni aun el Padre juzga a nadie, sino que ha dado todo juicio al Hijo,

23 para que todos honren al Hijo como honran al Padre. El que no honra al Hijo, no honra al Padre que le envió.

24 De cierto, de cierto os digo: El que oye mi palabra, y cree al que me envió, tiene vida eterna; y no vendrá a condenación, sino que ha pasado de la muerte a la vida.

25 De cierto, de cierto os digo: Llega la hora, y ahora es, cuando los muertos oirán la voz del Hijo de Dios; y los que la oigan vivirán.

26 Porque como el Padre tiene vida en sí mismo, así también le ha dado al Hijo el tener vida en sí mismo;

27 y también le dio autoridad de ejecutar juicio, por cuanto es el Hijo del Hombre.

28 No os asombréis de esto; porque va a llegar la hora en que todos los que están en los sepulcros oirán su voz;

29 y los que hicieron lo bueno, saldrán a la resurrección de vida; mas los que hicieron lo malo, a resurrección de condenación.

Testigos de Cristo

30 No puedo yo hacer nada por mí mismo; según oigo, así juzgo; y mi juicio es justo, porque no busco mi voluntad, sino la voluntad del que me envió, la del Padre.

31 Si yo doy testimonio acerca de mí mismo, mi testimonio no es verdadero.

32 Otro es el que da testimonio acerca de mí, y sé que el testimonio que da de mí es verdadero.

33 Vosotros enviasteis mensajeros a Juan, y él dio testimonio de la verdad.

34 Pero yo no recibo testimonio de parte de hombre alguno; mas digo esto para que vosotros seáis salvos.

35 Él era una lámpara que ardía y alumbra-

ba; y vosotros quisisteis regocijaros por un tiempo en su luz.

36 Mas yo tengo mayor testimonio que el de Juan; porque las obras que el Padre me dio para que las llevase a cabo, las mismas obras que yo hago, dan testimonio de mí, de que el Padre me ha enviado.

37 También el Padre que me envió ha dado testimonio de mí. Nunca habéis oído su voz, ni habéis visto su aspecto,

38 ni tenéis su palabra morando en vosotros; porque a quien él envió, vosotros no creéis.

39 Escudriñad las Escrituras, porque a vosotros os parece que en ellas tenéis la vida eterna; y ellas son las que dan testimonio de mí;

40 y no queréis venir a mí para que tengáis vida.

41 Gloria de los hombres no recibo.

42 Pero yo os conozco, que no tenéis amor de Dios en vosotros mismos.

43 Yo he venido en nombre de mi Padre, y no me recibís; si otro viene en su propio nombre, a ése recibiréis.

44 ¿Cómo podéis vosotros creer, pues recibís gloria los unos de los otros, y no buscáis la gloria que viene del Dios único?

45 No penséis que yo voy a acusaros ante el Padre; hay quien os acusa, Moisés, en quien tenéis puesta vuestra esperanza.

46 Porque si creyeseis a Moisés, me creeríais a mí, porque de mí escribió él.

47 Pero si no creéis a sus escritos, ¿cómo creeréis a mis palabras?

Alimentación de los cinco mil

6 Después de esto, Jesús se fue al otro lado del mar de Galilea, el de Tiberias.

2 Y le seguía gran multitud, porque veían las señales que hacía en los enfermos.

3 Subió Jesús al monte, y se sentó allí con sus discípulos.

4 Y estaba cerca la pascua, la fiesta de los judíos.

5 Cuando alzó Jesús los ojos, y vio que había venido a él gran multitud, dijo a Felipe: ¿De dónde compraremos panes para que coman éstos?

6 Pero decía esto para probarle; porque él sabía lo que iba a hacer.

7 Felipe le respondió: Doscientos denarios de pan no bastarán para que cada uno de ellos tome un poco.

8 Uno de sus discípulos, Andrés, el hermano de Simón Pedro, le dijo:

9 Aquí hay un muchacho, que tiene cinco panes de cebada y dos pececillos; pero ¿qué es esto para tantos?

10 Entonces Jesús dijo: Haced recostar la gente. Y había mucha hierba en aquel lugar; y se recostaron como en número de cinco mil varones.

11 Tomó Jesús aquellos panes, y habiendo dado gracias, los repartió entre los discípulos, y los discípulos entre los que estaban recostados; asimismo de los peces, cuanto querían.

12 Y cuando se saciaron, dijo a sus discípulos: Recoged los pedazos que sobraron, para que no se pierda nada.

13 Recogieron, pues, y llenaron doce cestas de pedazos, que de los cinco panes de cebada sobraron a los que habían comido.

14 Aquellos hombres, entonces, viendo la señal que Jesús había hecho, dijeron: Éste es verdaderamente el profeta que había de venir al mundo.

15 Pero Jesús, conociendo que iban a venir para apoderarse de él y hacerle rey, volvió a retirarse al monte él solo.

Jesucristo anda sobre el mar

16 Al atardecer, descendieron sus discípulos al mar,

17 y entrando en una barca, iban cruzando el mar hacia Capernaúm. Había oscurecido ya, y Jesús no había venido a ellos.

18 Además, se levantaba el mar con un gran viento que soplaba.

19 Cuando habían remado como veinticinco o treinta estadios, vieron a Jesús que andaba sobre el mar y se acercaba a la barca; y tuvieron miedo.

20 Mas él les dijo: Yo soy; no temáis.

21 Querían, pues, recogerlo en la barca; la cual llegó en seguida a la tierra adonde iban.

La gente busca a Jesús

22 El día siguiente, la gente que se había quedado al otro lado del mar vio que no había habido allí más que una sola barca, y que Jesús no había entrado en ella con sus discípulos, sino que éstos se habían ido solos.

23 Pero otras barcas habían arribado de Tiberíades junto al lugar donde habían comido el pan después de haber dado gracias el Señor.

24 Cuando vio, pues, la gente que Jesús no estaba allí, ni sus discípulos, entraron en las barcas y fueron a Capernaúm, buscando a Jesús.

Jesucristo, el pan de vida

25 Y hallándole al otro lado del mar, le dijeron: Rabí, ¿cuándo llegaste acá?

26 Respondió Jesús y les dijo: De cierto, de cierto os digo que me buscáis, no porque

habéis visto señales, sino porque comisteis de los panes y os saciasteis.

27 Trabajad, no por la comida que perece, sino por la comida que permanece para vida eterna, la cual os dará el Hijo del Hombre; porque a éste acreditó con su sello Dios el Padre.

28 Entonces le dijeron: ¿Qué debemos hacer para poner en práctica las obras de Dios?

29 Respondió Jesús y les dijo: Esta es la obra de Dios, que creáis en el que él ha enviado.

30 Le dijeron entonces: ¿Qué señal, pues, haces tú, para que veamos, y te creamos? ¿Qué obra haces?

31 Nuestros padres comieron el maná en el desierto, como está escrito: Pan del cielo les dio a comer.

32 Jesús, entonces, les dijo: De cierto, de cierto os digo: No fue Moisés quien os dio el pan del cielo, sino que es mi Padre quien os da el verdadero pan del cielo.

33 Porque el pan de Dios es aquel que descendió del cielo y da vida al mundo.

34 Le dijeron, pues: Señor, danos siempre este pan.

35 Jesús les dijo: Yo soy el pan de la vida; el que a mí viene, nunca tendrá hambre; y el que en mí cree, no tendrá sed jamás.

36 Pero ya os dije que, aunque me habéis visto, no creéis.

37 Todo lo que el Padre me da, vendrá a mí; y al que a mí viene, de ningún modo le echaré fuera.

38 Porque he descendido del cielo, no para hacer mi voluntad, sino la voluntad del que me envió.

39 Y esta es la voluntad del Padre, que me envió: Que de todo lo que me ha dado, no pierda yo nada, sino que lo resucite en el último día.

40 Y esta es la voluntad del que me ha enviado: Que todo aquel que ve al Hijo, y cree en él, tenga vida eterna; y yo le resucitaré en el último día.

41 Murmuraban entonces de él los judíos, porque había dicho: Yo soy el pan que descendió del cielo.

42 Y decían: ¿No es éste Jesús, el hijo de José, cuyo padre y madre nosotros conocemos? ¿Cómo, pues, dice éste: Del cielo he descendido?

43 Jesús respondió y les dijo: No murmuréis entre vosotros.

44 Nadie puede venir a mí, si el Padre que me envió no le atrae; y yo le resucitaré en el último día.

45 Escrito está en los profetas: Y serán todos enseñados por Dios. Así que, todo aquel que oyó al Padre, y aprendió de él, viene a mí.

46 No es que alguien haya visto al Padre, sino aquel que vino de parte de Dios; éste ha visto al Padre.

47 De cierto, de cierto os digo: El que cree en mí, tiene vida eterna.

48 Yo soy el pan de la vida.

49 Vuestros padres comieron el maná en el desierto, y murieron.

50 Éste es el pan que desciende del cielo, para que coman de él y no mueran.

51 Yo soy el pan vivo que descendió del cielo; si alguien come de este pan, vivirá para siempre; y el pan que yo daré es mi carne, la cual yo daré por la vida del mundo.

52 Entonces los judíos contendían entre sí, diciendo: ¿Cómo puede éste darnos a comer su carne?

53 Jesús les dijo: De cierto, de cierto os digo: Si no coméis la carne del Hijo del Hombre, y bebéis su sangre, no tenéis vida en vosotros.

54 El que come mi carne y bebe mi sangre, tiene vida eterna; y yo le resucitaré en el último día.

55 Porque mi carne es verdadera comida, y mi sangre es verdadera bebida.

56 El que come mi carne y bebe mi sangre, permanece en mí, y yo en él.

57 Como me envió el Padre viviente, y yo vivo por medio del Padre, asimismo el que me come, él también vivirá por medio de mí.

58 Éste es el pan que descendió del cielo; no como comieron vuestros padres el maná, y murieron; el que come de este pan, vivirá eternamente.

59 Estas cosas dijo en la sinagoga, enseñando en Capernaúm.

Palabras de vida eterna

60 Al oírlas, muchos de sus discípulos dijeron: Dura es esta palabra; ¿quién la puede oír?

61 Sabiendo Jesús en sí mismo que sus discípulos murmuraban de esto, les dijo: ¿Esto os ofende?

62 ¿Pues qué, si vieseis al Hijo del Hombre subir adonde estaba primero?

63 El espíritu es el que da vida; la carne no aprovecha para nada; las palabras que yo os he hablado son espíritu y son vida.

64 Pero hay algunos de vosotros que no creen. Porque Jesús sabía desde el principio quiénes eran los que no creían, y quién le había de entregar.

65 Y siguió diciendo: Por eso os he dicho que nadie puede venir a mí, si no le ha sido dado del Padre.

66 Desde entonces muchos de sus discípulos volvieron atrás, y ya no andaban con él.

67 Dijo entonces Jesús a los doce: ¿Queréis acaso iros también vosotros?

68 Le respondió Simón Pedro: Señor, ¿a quién iremos? Tú tienes palabras de vida eterna.

69 Y nosotros hemos creído y conocemos que tú eres el Cristo, el Hijo del Dios viviente.

70 Jesús les respondió: ¿No os he escogido yo a vosotros los doce, y uno de vosotros es diablo?

71 Se refería a Judas Iscariote, hijo de Simón; porque éste era el que le iba a entregar, siendo uno de los doce.

Incredulidad de los hermanos de Jesús

7 Después de estas cosas, andaba Jesús en Galilea; pues no quería andar en Judea, porque los judíos le buscaban para matarle.

2 Estaba cerca la fiesta de los judíos, la de los tabernáculos.

3 Le dijeron, pues, sus hermanos: Sal de aquí, y vete a Judea, para que también tus discípulos vean las obras que haces.

4 Porque ninguno que procura darse a conocer hace algo en secreto. Si haces estas cosas, manifiéstate al mundo.

5 Porque ni aun sus hermanos creían en él.

6 Entonces Jesús les dijo: Mi tiempo aún no ha llegado, mas vuestro tiempo siempre está presto.

7 No puede el mundo aborreceros a vosotros; mas a mí me aborrece, porque yo testifico de él, que sus obras son malas.

8 Subid vosotros a la fiesta; yo no subo todavía a esa fiesta, porque mi tiempo aún no se ha cumplido.

9 Y habiéndoles dicho esto, se quedó en Galilea.

Jesús en la fiesta de los tabernáculos

10 Pero después que sus hermanos habían subido, entonces él también subió a la fiesta, no manifiestamente, sino como en secreto.

11 Y le buscaban los judíos en la fiesta, y decían: ¿Dónde está aquél?

12 Y había gran murmullo acerca de él entre la multitud, pues unos decían: Es bueno; pero otros decían: No, sino que engaña al pueblo.

13 Sin embargo, ninguno hablaba abiertamente de él, por miedo a los judíos.

14 Mas a la mitad de la fiesta, subió Jesús al templo, y enseñaba.

15 Y se maravillaban los judíos, diciendo: ¿Cómo sabe éste letras, sin haber estudiado?

16 Jesús les respondió y dijo: Mi doctrina no es mía, sino de aquel que me envió.

17 El que quiera hacer la voluntad de Dios, conocerá si la doctrina es de Dios, o si yo hablo por mi propia cuenta.

18 El que habla por su propia cuenta, busca su propia gloria; pero el que busca la gloria del que le envió, éste es verdadero, y no hay en él injusticia.

19 ¿No os dio Moisés la ley? Y ninguno de vosotros cumple la ley. ¿Por qué procuráis matarme?

20 Respondió la multitud y dijo: Demonio tienes; ¿quién procura matarte?

21 Jesús respondió y les dijo: Una obra hice, y todos os maravilláis.

22 Pues bien: Moisés os dio la circuncisión (no porque sea de Moisés, sino de los padres); y en sábado circuncidáis al hombre.

23 Si recibe el hombre la circuncisión en sábado, para que la ley de Moisés no sea quebrantada, ¿os enojáis conmigo porque sané completamente a un hombre en sábado?

24 No juzguéis según las apariencias, sino juzgad con justo juicio.

¿Es éste el Cristo?

25 Decían entonces unos de Jerusalén: ¿No es éste a quien buscan para matarle?

26 Pues mirad, habla públicamente, y no le dicen nada. ¿Habrán reconocido en verdad los gobernantes que éste es el Cristo?

27 Pero éste, sabemos de dónde es; mas cuando venga el Cristo, nadie sabrá de dónde es.

28 Jesús entonces, enseñando en el templo, alzó la voz y dijo: A mí me conocéis, y sabéis de dónde soy; y no he venido de mí mismo, pero el que me envió es verdadero, a quien vosotros no conocéis.

29 Pero yo le conozco, porque de él procedo, y él me envió.

30 Entonces procuraban prenderle; pero nadie puso sobre él la mano, porque aún no había llegado la hora.

31 Y muchos de la multitud creyeron en él, y decían: El Cristo, cuando venga, ¿acaso hará más señales que las que éste hace?

Los fariseos envían alguaciles para prender a Jesús

32 Los fariseos oyeron a la gente comentar de él estas cosas; y los principales sacerdotes y los fariseos enviaron alguaciles para que le prendiesen.

33 Entonces Jesús dijo: Todavía estaré con vosotros un poco de tiempo, y me iré al que me envió.

34 Me buscaréis, y no me hallaréis; y adonde yo esté, vosotros no podéis venir.

35 Entonces los judíos dijeron entre sí: ¿Adónde se va a ir éste, que no le hallemos?

¿Acaso va a ir a los dispersos entre los griegos, y a enseñar a los griegos?

36 ¿Qué significa esto que dijo: Me buscaréis, y no me hallaréis; y adonde yo esté, vosotros no podéis venir?

Ríos de agua viva

37 En el último y gran día de la fiesta, Jesús se puso en pie y alzó la voz, diciendo: Si alguno tiene sed, venga a mí y beba.

38 El que cree en mí, como dice la Escritura, de su interior correrán ríos de agua viva.

39 Esto dijo del Espíritu que iban a recibir los que creyesen en él; pues aún no había sido dado el Espíritu Santo, porque Jesús no había sido aún glorificado.

División entre la gente

40 Entonces algunos de la multitud, oyendo estas palabras, decían: Verdaderamente éste es el profeta.

41 Otros decían: Éste es el Cristo. Mas otros decían: ¿De Galilea ha de venir el Cristo?

42 ¿No dice la Escritura que del linaje de David, y de la aldea de Belén, de donde era David, ha de venir el Cristo?

43 Había, pues, disensión entre la gente a causa de él.

44 Y algunos de ellos querían prenderle; pero ninguno le echó mano.

¡Nunca ha hablado hombre así!

45 Los alguaciles vinieron a los principales sacerdotes y a los fariseos; y éstos les dijeron: ¿Por qué no le habéis traído?

46 Los alguaciles respondieron: ¡Jamás hombre alguno ha hablado como este hombre!

47 Entonces los fariseos les respondieron: ¿También vosotros habéis sido engañados?

48 ¿Acaso ha creído en él alguno de los gobernantes, o de los fariseos?

49 Mas esta gente que no conoce la ley, son unos malditos.

50 Les dijo Nicodemo, el que vino a él de noche, el cual era uno de ellos:

51 ¿Juzga acaso nuestra ley a un hombre si primero no le oye, y conoce lo que está haciendo?

52 Respondieron y le dijeron: ¿Acaso eres tú también galileo? Escudriña y ve que de Galilea nunca ha surgido ningún profeta.

La mujer adúltera

53 [Y cada uno se fue a su casa.

8 Mas Jesús se fue al monte de los Olivos.

2 Y por la mañana se presentó de nuevo en el templo, y todo el pueblo vino a él; y sentándose, les enseñaba.

3 Entonces los escribas y los fariseos le trajeron una mujer sorprendida en adulterio; y poniéndola en medio,

4 le dijeron: Maestro, esta mujer ha sido sorprendida en el acto mismo de adulterio.

5 Y en la ley nos mandó Moisés apedrear a tales mujeres. Tú, pues, ¿qué dices?

6 Mas esto decían tentándole, para tener de qué acusarle. Pero Jesús, inclinado hacia el suelo, escribía en tierra con el dedo.

7 Y como insistieran en preguntarle, se enderezó y les dijo: El que de vosotros esté sin pecado, sea el primero en arrojar la piedra contra ella.

8 E inclinándose de nuevo hacia el suelo, siguió escribiendo en tierra.

9 Pero ellos, al oír esto, acusados por su conciencia, salían uno a uno, comenzando desde los más viejos hasta los últimos; y quedó solo Jesús, y la mujer que estaba en medio.

10 Enderezándose Jesús, y no viendo a nadie sino a la mujer, le dijo: Mujer, ¿dónde están aquellos que te acusaban? ¿Ninguno te condenó?

11 Ella dijo: Ninguno, Señor. Entonces le dijo Jesús: Tampoco yo te condeno; vete, y no peques ya más.]

Jesucristo, la luz del mundo

12 Otra vez Jesús les habló, diciendo: Yo soy la luz del mundo; el que me sigue, de ningún modo andará en tinieblas, sino que tendrá la luz de la vida.

13 Entonces los fariseos le dijeron: Tú das testimonio acerca de ti mismo; tu testimonio no es verdadero.

14 Respondió Jesús y les dijo: Aunque yo doy testimonio acerca de mí mismo, mi testimonio es verdadero, porque sé de dónde he venido y adónde voy; pero vosotros no sabéis de dónde vengo ni adónde voy.

15 Vosotros juzgáis según la carne; yo no juzgo a nadie.

16 Y si yo juzgo, mi juicio es verdadero; porque no soy yo solo, sino yo y el Padre que me envió.

17 Y en vuestra ley está escrito que el testimonio de dos hombres es verdadero.

18 Yo soy el que doy testimonio de mí mismo, y el Padre que me envió da también testimonio de mí.

19 Ellos le dijeron: ¿Dónde está tu Padre? Respondió Jesús: Ni a mí me conocéis, ni a mi Padre; si a mí me conocieseis, también a mi Padre conoceríais.

20 Estas palabras habló Jesús en el lugar de las ofrendas, enseñando en el templo; y nadie le prendió, porque aún no había llegado su hora.

*Adonde yo voy,
vosotros no podéis venir*

21 Otra vez les dijo Jesús: Yo me voy, y me buscaréis, pero moriréis en vuestro pecado; adonde yo voy, vosotros no podéis venir.
22 Decían entonces los judíos: ¿Acaso se matará a sí mismo, que dice: Adonde yo voy, vosotros no podéis venir?
23 Y les dijo: Vosotros sois de abajo, yo soy de arriba; vosotros sois de este mundo, yo no soy de este mundo.
24 Por eso os dije que moriréis en vuestros pecados; porque si no creéis que yo soy, moriréis en vuestros pecados.
25 Entonces le dijeron: ¿Tú quién eres? Jesús les dijo: En primer lugar, lo que os estoy diciendo.
26 Muchas cosas tengo que hablar y juzgar de vosotros; pero el que me envió es verdadero; y yo, lo que le he oído a él, esto hablo al mundo.
27 Pero no comprendieron que les hablaba del Padre.
28 Les dijo, pues, Jesús: Cuando hayáis levantado al Hijo del Hombre, entonces conoceréis que yo soy, y que nada hago por mí mismo, sino que según me enseñó el Padre, así hablo.
29 Y el que me envió, está conmigo; no me ha dejado solo el Padre, porque yo hago siempre lo que le agrada.
30 Mientras hablaba él estas cosas, muchos creyeron en él.

La verdad os hará libres

31 Dijo entonces Jesús a los judíos que le habían creído: Si vosotros permanecéis en mi palabra, seréis verdaderamente mis discípulos;
32 y conoceréis la verdad, y la verdad os hará libres.
33 Le respondieron: Linaje de Abraham somos, y jamás hemos sido esclavos de nadie. ¿Cómo dices tú: Seréis libres?
34 Jesús les respondió: De cierto, de cierto os digo, que todo aquel que hace pecado, es esclavo del pecado.
35 Y el esclavo no queda en la casa para siempre; el hijo sí queda para siempre.
36 Así que, si el Hijo os liberta, seréis verdaderamente libres.
37 Sé que sois descendientes de Abraham; pero procuráis matarme, porque mi palabra no halla cabida en vosotros.
38 Yo hablo lo que he visto cerca del Padre; y vosotros hacéis lo que habéis oído cerca de vuestro padre.

Sois de vuestro padre el diablo

39 Respondieron y le dijeron: Nuestro padre es Abraham. Jesús les dijo: Si fueseis hijos de Abraham, haríais las obras de Abraham.
40 Pero ahora procuráis matarme a mí, hombre que os he hablado la verdad, la cual se la he oído a Dios; no hizo esto Abraham.
41 Vosotros hacéis las obras de vuestro padre. Entonces le dijeron: Nosotros no somos nacidos de fornicación; tenemos un padre, Dios.
42 Jesús entonces les dijo: Si fuese Dios vuestro padre, me amaríais a mí; porque yo de Dios he salido, y he venido; pues no he venido de mí mismo, sino que él me envió.
43 ¿Por qué no comprendéis mi lenguaje? Porque no podéis escuchar mi palabra.
44 Vosotros sois de vuestro padre el diablo, y queréis hacer los deseos de vuestro padre. Él ha sido homicida desde el principio, y no se mantuvo en la verdad, pues no hay verdad en él. Cuando habla mentira, de lo suyo habla; porque es mentiroso, y padre de la mentira.
45 Y a mí, porque yo digo la verdad, no me creéis.
46 ¿Quién de vosotros me redarguye de pecado? Pues si digo la verdad, ¿por qué vosotros no me creéis?
47 El que es de Dios, escucha las palabras de Dios; por esto no las escucháis vosotros, porque no sois de Dios.

La preexistencia de Cristo

48 Respondieron entonces los judíos, y le dijeron: ¿No decimos bien nosotros, que tú eres samaritano, y que tienes demonio?
49 Respondió Jesús: Yo no tengo demonio, sino que honro a mi Padre; y vosotros me deshonráis.
50 Pero yo no busco mi gloria; hay quien la busca, y juzga.
51 De cierto, cierto os digo, que el que guarda mi palabra, nunca jamás verá la muerte.
52 Entonces los judíos le dijeron: Ahora nos damos perfecta cuenta de que tienes demonio. Abraham murió, y los profetas; y tú dices: El que guarda mi palabra, nunca jamás gustará la muerte.
53 ¿Eres tú, acaso, mayor que nuestro padre Abraham, el cual murió? ¡Y los profetas murieron! ¿Quién te haces a ti mismo?
54 Respondió Jesús: Si yo me glorifico a mí mismo, mi gloria nada es; mi Padre es el que me glorifica, el que vosotros decís que es vuestro Dios.
55 Pero vosotros no le conocéis; mas yo le conozco, y si dijese que no le conozco, sería mentiroso como vosotros; pero le conozco, y guardo su palabra.
56 Abraham vuestro padre se regocijó de que había de ver mi día; lo vio, y se regocijó.

57 Entonces le dijeron los judíos: Aún no tienes cincuenta años, ¿y has visto a Abraham?

58 Jesús les dijo: De cierto, de cierto os digo: Antes que Abraham naciese, yo soy.

59 Tomaron entonces piedras para arrojárselas; pero Jesús se escondió y salió del templo atravesando por en medio de ellos, y así pasó.

Jesús sana a un ciego de nacimiento

9 Y al pasar, vio a un hombre ciego de nacimiento.

2 Y le preguntaron sus discípulos, diciendo: Rabí, ¿quién pecó, éste o sus padres, para que haya nacido ciego?

3 Respondió Jesús: No es que pecó éste, ni sus padres, sino para que las obras de Dios se manifiesten en él.

4 Es menester que yo haga las obras del que me envió, entretanto que el día dura; viene la noche, cuando nadie puede trabajar.

5 Entretanto que estoy en el mundo, soy luz del mundo.

6 Dicho esto, escupió en tierra, e hizo lodo con la saliva, y untó con el lodo los ojos del ciego,

7 y le dijo: Ve a lavarte en el estanque de Siloé (que significa Enviado). Fue entonces, y se lavó, y regresó viendo.

8 Entonces los vecinos, y los que antes le habían visto que era ciego, decían: ¿No es éste el que se sentaba y mendigaba?

9 Otros decían: Él es; y otros: A él se parece. Él decía: Yo soy.

10 Y le decían: ¿Cómo te fueron abiertos los ojos?

11 Respondió él y dijo: Ese hombre que se llama Jesús hizo lodo, me untó los ojos, y me dijo: Ve al Siloé, y lávate; y fui, y me lavé, y recibí la vista.

12 Entonces le dijeron: ¿Dónde está él? Él dijo: No lo sé.

Los fariseos interrogan al ciego sanado

13 Llevaron ante los fariseos al que había sido ciego.

14 Y era sábado cuando Jesús había hecho el lodo, y le había abierto los ojos.

15 Volvieron, pues, a preguntarle también los fariseos cómo había recibido la vista. Él les dijo: Me puso lodo sobre los ojos, y me lavé, y veo.

16 Entonces algunos de los fariseos decían: Ese hombre no procede de Dios, porque no guarda el sábado. Otros decían: ¿Cómo puede un hombre pecador hacer tales señales? Y había disensión entre ellos.

17 Entonces volvieron a decirle al ciego: ¿Qué dices tú del que te abrió los ojos? Y él dijo: Que es profeta.

18 Pero los judíos no creían que él había sido ciego, y que había recibido la vista, hasta que llamaron a los padres del que había recibido la vista,

19 y les preguntaron, diciendo: ¿Es éste vuestro hijo, el que vosotros decís que nació ciego? ¿Cómo, pues, ve ahora?

20 Sus padres respondieron y les dijeron: Sabemos que éste es nuestro hijo, y que nació ciego;

21 pero cómo es que ahora ve, no lo sabemos; o quién le haya abierto los ojos, nosotros tampoco lo sabemos; edad tiene, preguntadle a él; él hablará de sí mismo.

22 Esto dijeron sus padres, porque tenían miedo a los judíos, por cuanto los judíos ya habían acordado que si alguno confesase que Jesús era el Mesías, fuera expulsado de la sinagoga.

23 Por eso dijeron sus padres: Edad tiene, preguntadle a él.

24 Entonces volvieron a llamar al hombre que había sido ciego, y le dijeron: Da gloria a Dios; nosotros sabemos que ese hombre es pecador.

25 Entonces él respondió y dijo: Si es pecador, no lo sé; una cosa sé, que yo era ciego, y ahora veo.

26 Le volvieron a decir: ¿Qué te hizo? ¿Cómo te abrió los ojos?

27 Él les respondió: Ya os lo he dicho, y no habéis escuchado; ¿por qué lo queréis oír otra vez? ¿Acaso queréis también vosotros haceros sus discípulos?

28 Entonces le injuriaron, y dijeron: Tú eres discípulo de ése; pero nosotros somos discípulos de Moisés.

29 Nosotros sabemos que Dios ha hablado a Moisés; pero respecto a ése, no sabemos de dónde es.

30 Respondió el hombre, y les dijo: Pues en eso está lo asombroso, en que vosotros no sepáis de dónde es, y a mí me abrió los ojos.

31 Y sabemos que Dios no oye a los pecadores; pero si alguno es temeroso de Dios, y hace su voluntad, a ése oye.

32 Desde el principio no se ha oído decir que alguien abriese los ojos a uno que nació ciego.

33 Si éste no viniera de parte de Dios, nada podría hacer.

34 Respondieron y le dijeron: Tú naciste todo entero en pecado, ¿y nos enseñas a nosotros? Y le expulsaron.

Ceguera espiritual

35 Oyó Jesús que le habían expulsado; y hallándole, le dijo: ¿Crees tú en el Hijo de Dios?

36 Respondió él y dijo: ¿Quién es, Señor, para que crea en él?

37 Le dijo Jesús: Pues le has visto, y el que está hablando contigo, él es.

38 Y él dijo: Creo, Señor; y le adoró.

39 Y añadió Jesús: Para juicio he venido yo a este mundo; para que los que no ven, vean, y los que ven, se vuelvan ciegos.

40 Entonces algunos de los fariseos que estaban con él, al oír esto, le dijeron: ¿Acaso nosotros somos también ciegos?

41 Jesús les respondió: Si fuerais ciegos, no tendríais pecado; mas ahora decís: Vemos; por eso, vuestro pecado permanece.

Parábola del redil

10 De cierto, de cierto os digo: El que no entra por la puerta en el redil de las ovejas, sino que sube por otra parte, ése es ladrón y salteador.

2 Mas el que entra por la puerta, es pastor de las ovejas.

3 A éste le abre el portero, y las ovejas oyen su voz; y llama a sus propias ovejas por su nombre, y las saca.

4 Y cuando ha sacado fuera todas las propias, va delante de ellas; y las ovejas le siguen, porque conocen su voz.

5 Mas al extraño no le seguirán, sino que huirán de él, porque no conocen la voz de los extraños.

6 Esta alegoría les dijo Jesús; pero ellos no comprendieron de qué les estaba hablando.

Jesús, el Buen Pastor

7 Volvió, pues, Jesús a decirles: De cierto, de cierto os digo: Yo soy la puerta de las ovejas.

8 Todos cuantos vinieron antes de mí, son ladrones y salteadores; pero no los oyeron las ovejas.

9 Yo soy la puerta; el que entre por medio de mí, será salvo; entrará, y saldrá, y hallará pastos.

10 El ladrón no viene sino para hurtar, matar y destruir; yo he venido para que tengan vida, y para que la tengan en abundancia.

11 Yo soy el buen pastor; el buen pastor da su vida por las ovejas.

12 Mas el asalariado, y que no es el pastor, de quien no son propias las ovejas, ve venir al lobo, y deja las ovejas y huye, y el lobo arrebata las ovejas y las dispersa.

13 Así que el asalariado huye, porque es asalariado, y no le importan las ovejas.

14 Yo soy el buen pastor; y conozco mis ovejas, y las mías me conocen,

15 así como el Padre me conoce, y yo conozco al Padre; y pongo mi vida por las ovejas.

16 También tengo otras ovejas que no son de este redil; aquéllas también debo traer; y oirán mi voz, y habrá un solo rebaño, y un solo pastor.

17 Por eso me ama el Padre, porque yo pongo mi vida, para volverla a tomar.

18 Nadie me la quita, sino que yo la pongo de mí mismo. Tengo potestad para ponerla, y tengo potestad para volverla a tomar. Este mandamiento recibí de mi Padre.

19 Volvió a haber disensión entre los judíos a causa de estas palabras.

20 Muchos de ellos decían: Demonio tiene, y está fuera de sí; ¿por qué le oís?

21 Decían otros: Estas palabras no son de endemoniado. ¿Puede acaso el demonio abrir los ojos de los ciegos?

Los judíos rechazan a Jesucristo

22 Se celebró por entonces la fiesta de la Dedicación en Jerusalén. Era invierno,

23 y Jesús andaba paseando en el templo por el pórtico de Salomón.

24 Y le rodearon los judíos y le decían: ¿Hasta cuándo nos vas a tener en vilo? Si tú eres el Cristo, dínoslo abiertamente.

25 Jesús les respondió: Os lo he dicho, y no creéis; las obras que yo hago en el nombre de mi Padre, ellas dan testimonio de mí;

26 pero vosotros no creéis, porque no sois de mis ovejas, como os he dicho.

27 Mis ovejas oyen mi voz, y yo las conozco, y me siguen,

28 y yo les doy vida eterna; y no perecerán jamás, ni nadie las arrebatará de mi mano.

29 Mi padre que me las dio, es mayor que todos, y nadie las puede arrebatar de la mano de mi Padre.

30 Yo y el Padre somos una sola cosa.

31 Entonces los judíos volvieron a tomar piedras para apedrearle.

32 Jesús les respondió: Muchas buenas obras os he mostrado de mi Padre; ¿por cuál de ellas me vais a apedrear?

33 Le respondieron los judíos, diciendo: No te queremos apedrear por ninguna obra buena, sino por la blasfemia; porque tú, siendo hombre, te haces Dios a ti mismo.

34 Jesús les respondió: ¿No está escrito en vuestra ley: Yo dije, dioses sois?

35 Si llamó dioses a aquellos a quienes vino la palabra de Dios (y la Escritura no puede ser quebrantada),

36 ¿al que el Padre santificó y envió al mundo, vosotros decís: Tú blasfemas, porque dije: Hijo de Dios soy?

37 Si no hago las obras de mi Padre, no me creáis.

38 Mas si las hago, aunque no me creáis a mí, creed a las obras, para que conozcáis y creáis que el Padre está en mí, y yo en el Padre.

39 Procuraron otra vez prenderle, pero él se salió de sus manos.

40 Y se fue de nuevo al otro lado del Jordán, al lugar donde primero había estado bautizando Juan; y se quedó allí.

41 Y muchos acudieron a él, y decían: Juan, a la verdad, ninguna señal hizo; pero todo lo que Juan dijo de éste, era verdad.

42 Y muchos creyeron en él allí.

Muerte de Lázaro

11 Estaba entonces enfermo uno llamado Lázaro, de Betania, la aldea de María y de Marta su hermana.

2 (María, cuyo hermano Lázaro estaba enfermo, fue la que ungió al Señor con perfume, y le enjugó los pies con sus cabellos.)

3 Enviaron, pues, las hermanas para decir a Jesús: Señor, mira, el que amas está enfermo.

4 Oyéndolo Jesús, dijo: Esta enfermedad no es para muerte, sino para la gloria de Dios, para que el Hijo de Dios sea glorificado por medio de ella.

5 Y amaba Jesús a Marta, a su hermana y a Lázaro.

6 Cuando oyó, pues, que estaba enfermo, se quedó dos días más en el lugar donde estaba.

7 Luego, después de esto, dijo a los discípulos: Vamos a Judea otra vez.

8 Le dijeron los discípulos: Rabí, ahora procuraban los judíos apedrearte, ¿y otra vez vas allá?

9 Respondió Jesús: ¿No son doce las horas del día? El que anda de día, no tropieza, porque ve la luz de este mundo;

10 pero el que anda de noche, tropieza, porque no hay luz en él.

11 Dicho esto, les dijo después: Nuestro amigo Lázaro se ha quedado dormido; mas voy para despertarle.

12 Dijeron entonces sus discípulos: Señor, si está dormido, sanará.

13 Pero Jesús se había referido a la muerte de Lázaro; y a ellos les pareció que hablaba del reposar del sueño.

14 Entonces Jesús les dijo abiertamente: Lázaro ha muerto;

15 y me alegro por vosotros, de no haber estado allí, para que creáis; pero vayamos hasta él.

16 Dijo entonces Tomás, llamado Dídimo, a sus condiscípulos: Vamos también nosotros, para que muramos con él.

Jesucristo, la resurrección y la vida

17 Vino, pues, Jesús, y halló que hacía ya cuatro días que Lázaro estaba en el sepulcro.

18 Betania estaba cerca de Jerusalén, como a quince estadios;

19 y muchos de los judíos habían venido a Marta y a María, para consolarlas por su hermano.

20 Entonces Marta, cuando oyó que Jesús venía, salió a su encuentro, mientras María se quedaba sentada en casa.

21 Y Marta dijo a Jesús: Señor, si hubieses estado aquí, mi hermano no habría muerto.

22 Mas también sé ahora que todo lo que pidas a Dios, Dios te lo dará.

23 Jesús le dijo: Tu hermano resucitará.

24 Marta le dijo: Ya sé que resucitará en la resurrección, en el último día.

25 Le dijo Jesús: Yo soy la resurrección y la vida; el que cree en mí, aunque haya muerto, vivirá.

26 Y todo aquel que vive y cree en mí, no morirá eternamente. ¿Crees esto?

27 Le dijo: Sí, Señor; yo he creído que tú eres el Cristo, el Hijo de Dios, que has venido al mundo.

Jesús llora ante la tumba de Lázaro

28 Habiendo dicho esto, fue y llamó a María su hermana, diciéndole en secreto: El Maestro está aquí y te llama.

29 Ella, en cuanto lo oyó, se levantó de prisa y vino a él.

30 Jesús todavía no había entrado en la aldea, sino que estaba en el lugar donde Marta había salido a recibirle.

31 Entonces los judíos que estaban en casa con ella y la consolaban, al ver que María se había levantado de prisa y había salido, la siguieron, diciendo: Va al sepulcro a llorar allí.

32 María, cuando llegó adonde estaba Jesús, al verle, se arrojó a sus pies, diciéndole: Señor, si hubieses estado aquí, no habría muerto mi hermano.

33 Jesús entonces, al verla llorando, y a los judíos que la acompañaban, también llorando, se estremeció interiormente y se conmovió;

34 y dijo: ¿Dónde le habéis puesto? Le dijeron: Señor, ven y ve.

35 Jesús lloró.

36 Dijeron entonces los judíos: Mirad cómo le amaba.

37 Y algunos de ellos dijeron: ¿No podía éste, que abrió los ojos del ciego, haber hecho también que Lázaro no muriera?

Resurrección de Lázaro

38 Jesús, profundamente conmovido otra vez, vino al sepulcro. Era una cueva, y tenía una piedra puesta encima.

39 Dijo Jesús: Quitad la piedra. Marta, la

hermana del que había muerto, le dijo: Señor, hiede ya, porque es de cuatro días.

40 Jesús le dijo: ¿No te he dicho que si crees, verás la gloria de Dios?

41 Quitaron, pues, la piedra de donde había sido puesto el muerto. Y Jesús, alzando los ojos a lo alto, dijo: Padre, gracias te doy por haberme oído.

42 Yo sabía que siempre me oyes; pero lo dije por causa de la multitud que está alrededor, para que crean que tú me has enviado.

43 Y habiendo dicho esto, clamó a gran voz: ¡Lázaro, sal fuera!

44 Y el que había muerto salió, atadas las manos y los pies con vendas, y el rostro envuelto en un sudario. Jesús les dijo: Desatadle, y dejadle ir.

El complot para matar a Jesús

45 Entonces muchos de los judíos que habían venido para acompañar a María, y vieron lo que hizo Jesús, creyeron en él.

46 Pero algunos de ellos fueron a los fariseos y les dijeron lo que Jesús había hecho.

47 Entonces los principales sacerdotes y los fariseos reunieron el sanedrín, y dijeron: ¿Qué hacemos? Porque este hombre hace muchas señales.

48 Si le dejamos así, todos creerán en él; y vendrán los romanos, y destruirán nuestro lugar santo y nuestra nación.

49 Entonces Caifás, uno de ellos, que era sumo sacerdote aquel año, les dijo: Vosotros no sabéis nada;

50 ni os dais cuenta de que nos conviene que un solo hombre muera por el pueblo, y no que toda la nación perezca.

51 Esto no lo dijo por sí mismo, sino que como era el sumo sacerdote aquel año, profetizó que Jesús iba a morir por la nación;

52 y no solamente por la nación, sino también para congregar en uno a los hijos de Dios que estaban dispersos.

53 Así que, desde aquel día acordaron matarle.

54 Por tanto, Jesús ya no andaba abiertamente entre los judíos, sino que se alejó de allí a la región contigua al desierto a una ciudad llamada Efraín; y se quedó allí con sus discípulos.

55 Y estaba cerca la pascua de los judíos; y muchos subieron de aquella región a Jerusalén antes de la pascua, para purificarse.

56 Y buscaban a Jesús, y estando ellos en el templo, se preguntaban unos a otros: ¿Qué os parece? ¿No vendrá a la fiesta?

57 Y los principales sacerdotes y los fariseos habían dado orden de que si alguno supiese dónde estaba, lo denunciara, para que le prendiesen.

Jesucristo es ungido en Betania

12 Seis días antes de la pascua, vino Jesús a Betania, donde estaba Lázaro, el que había estado muerto, y a quien había resucitado de los muertos.

2 Y le hicieron allí una cena; Marta servía, y Lázaro era uno de los que estaban sentados a la mesa con él.

3 Entonces María tomó una libra de perfume de nardo puro, de mucho precio, y ungió los pies de Jesús, y los enjugó con sus cabellos; y la casa se llenó del olor del perfume.

4 Y dijo uno de sus discípulos, Judas Iscariote hijo de Simón, el que iba a entregarle:

5 ¿Por qué no fue este perfume vendido por trescientos denarios, y dado a los pobres?

6 Pero dijo esto, no porque tuviese interés por los pobres, sino porque era ladrón, y teniendo la bolsa, sustraía de lo que se echaba en ella.

7 Entonces Jesús dijo: Déjala; para el día de mi sepultura ha guardado esto.

8 Porque a los pobres siempre los tenéis con vosotros, mas a mí no siempre me tendréis.

El complot contra Lázaro

9 Gran multitud de los judíos se enteraron entonces de que él estaba allí, y vinieron, no solamente por causa de Jesús, sino también para ver a Lázaro, a quien había resucitado de los muertos.

10 Pero los principales sacerdotes acordaron dar muerte también a Lázaro,

11 porque a causa de él muchos de los judíos se apartaban y creían en Jesús.

La entrada mesiánica en Jerusalén

12 Al día siguiente, grandes multitudes que habían venido a la fiesta, al oír que Jesús venía a Jerusalén,

13 tomaron ramas de palmera y salieron a su encuentro, y clamaban: ¡Hosanna! ¡Bendito el que viene en nombre del Señor, el Rey de Israel!

14 Y halló Jesús un asnillo, y montó sobre él, como está escrito:

15 No temas, hija de Sión;
He aquí que tu Rey viene,
Montado sobre un pollino de asna.

16 Estas cosas no las entendieron sus discípulos al principio; pero cuando Jesús fue glorificado, entonces se acordaron de que estas cosas estaban escritas acerca de él, y de que se las habían hecho.

17 Y daba testimonio la gente que estaba con él cuando llamó a Lázaro del sepulcro, y le resucitó de los muertos.

18 Por lo cual también salió la gente a su

encuentro, porque oyeron que él había hecho esta señal.

19 Pero los fariseos dijeron entre sí: Ya veis que no conseguís nada. Mirad, el mundo se va tras él.

Unos griegos buscan al Señor

20 Había ciertos griegos entre los que subían a adorar en la fiesta.

21 Éstos, pues, se acercaron a Felipe, que era de Betsaida de Galilea, y le rogaron, diciendo: Señor, queremos ver a Jesús.

22 Felipe fue y se lo dijo a Andrés; entonces Andrés y Felipe se lo dijeron a Jesús.

23 Jesús les respondió diciendo: Ha llegado la hora para que el Hijo del Hombre sea glorificado.

24 De cierto, de cierto os digo, que si el grano de trigo no cae en la tierra y muere, queda solo; pero si muere, lleva mucho fruto.

25 El que ama su vida, la perderá; y el que aborrece su vida en este mundo, la guardará para vida eterna.

26 Si alguno me sirve, sígame; y donde yo esté, allí también estará mi servidor. Al que me sirva, mi Padre le honrará.

Jesucristo anuncia su muerte

27 Ahora está turbada mi alma; ¿y qué diré? ¿Padre, sálvame de esta hora? Mas para esto he llegado a esta hora.

28 Padre, glorifica tu nombre. Entonces vino una voz del cielo: Lo he glorificado, y lo glorificaré otra vez.

29 Y la multitud que estaba allí, y había oído la voz, decía que había sido un trueno. Otros decían: Un ángel le ha hablado.

30 Respondió Jesús y dijo: No ha venido esta voz por causa mía, sino por causa de vosotros.

31 Ahora es el juicio de este mundo; ahora el príncipe de este mundo será echado fuera.

32 Y yo, si soy levantado de la tierra, a todos atraeré a mí mismo.

33 Y decía esto dando a entender de qué muerte iba a morir.

34 Le respondió la gente: Nosotros hemos oído de la ley, que el Cristo permanece para siempre. ¿Cómo, pues, dices tú que es necesario que el Hijo del Hombre sea levantado? ¿Quién es este Hijo del Hombre?

35 Entonces Jesús les dijo: Aún por un poco está la luz entre vosotros; andad entretanto que tenéis luz, para que no os sorprendan las tinieblas; porque el que anda en tinieblas, no sabe adónde va.

36 Entretanto que tenéis la luz, creed en la luz, para que seáis hijos de luz.

Estas cosas habló Jesús, y se fue y se ocultó de ellos.

Incredulidad de los judíos

37 Pero a pesar de que había hecho tan grandes señales delante de ellos, no creían en él;

38 para que se cumpliese la palabra del profeta Isaías, que dijo:

Señor, ¿quién ha creído a nuestro anuncio?

¿Y a quién se ha revelado el brazo del Señor?

39 Por esto no podían creer, porque también dijo Isaías:

40 Ha cegado los ojos de ellos, y endureció su corazón;

Para que no vean con los ojos, y entiendan con el corazón,

Y se conviertan, y yo los sane.

41 Isaías dijo esto cuando vio su gloria, y habló acerca de él.

42 Con todo eso, aun de los gobernantes, muchos creyeron en él; pero a causa de los fariseos no lo confesaban, para no ser expulsados de la sinagoga.

43 Porque amaban más la gloria de los hombres que la gloria de Dios.

Las palabras de Jesucristo juzgarán a los hombres

44 Jesús clamó y dijo: el que cree en mí, no cree en mí, sino en el que me envió;

45 y el que me ve, ve al que me envió.

46 Yo, la luz, he venido al mundo, para que todo aquel que cree en mí no permanezca en tinieblas.

47 Al que oye mis palabras, y no las guarda, yo no le juzgo; porque no he venido a juzgar al mundo, sino a salvar al mundo.

48 El que me rechaza, y no recibe mis palabras, tiene quien le juzgue; la palabra que he hablado, ella le juzgará en el último día.

49 Porque yo no he hablado por mi propia cuenta; sino que el Padre que me envió, él me dio mandamiento de lo que he de decir, y de lo que he de hablar.

50 Y sé que su mandamiento es vida eterna. Así pues, lo que yo hablo, lo hablo como el Padre me lo ha dicho.

Jesús lava los pies de sus discípulos

13 Antes de la fiesta de la pascua, sabiendo Jesús que su hora había llegado para que pasase de este mundo al Padre, habiendo amado a los suyos que estaban en el mundo, los amó hasta el fin.

2 Y cuando cenaban, como el diablo ya había puesto en el corazón de Judas Iscariote, hijo de Simón, que le entregase,
3 sabiendo Jesús que el Padre le había dado todas las cosas en las manos, y que había salido de Dios, y a Dios iba,
4 se levantó de la cena, y se quitó su manto, y tomando una toalla, se la ciñó.
5 Luego puso agua en un lebrillo, y comenzó a lavar los pies de los discípulos, y a enjugarlos con la toalla con que estaba ceñido.
6 Llegó, pues, a Simón Pedro; y Pedro le dijo: Señor, ¿tú me lavas los pies a mí?
7 Respondió Jesús y les dijo: Lo que yo hago, tú no lo comprendes ahora; mas lo entenderás después.
8 Pedro le dijo: No me lavarás los pies jamás. Jesús le respondió: Si no te lavo, no tendrás parte conmigo.
9 Le dijo Simón Pedro: Señor, no sólo mis pies, sino también las manos y la cabeza.
10 Jesús le dijo: El que está lavado, no necesita sino lavarse los pies, pues está todo limpio; y vosotros estáis limpios, aunque no todos.
11 Porque sabía quién le iba a entregar; por eso dijo: No todos estáis limpios.
12 Después que les lavó los pies, tomó su manto, se puso de nuevo a la mesa, y les dijo: ¿Sabéis lo que os he hecho?
13 Vosotros me llamáis Maestro, y Señor; y decís bien, porque lo soy.
14 Pues si yo, el Señor y el Maestro, he lavado vuestros pies, vosotros también debéis lavaros los pies los unos a los otros.
15 Porque os he dado ejemplo, para que como yo os he hecho, vosotros también hagáis así.
16 De cierto, de cierto os digo: El siervo no es mayor que su señor, ni el enviado es mayor que el que le envió.
17 Si sabéis estas cosas, dichosos sois si las ponéis en práctica.
18 No hablo de todos vosotros; yo sé a quienes he elegido; mas para que se cumpla la Escritura: El que come pan conmigo, levantó contra mí su calcañar.
19 Desde ahora os lo digo antes que suceda, para que cuando suceda, creáis que yo soy.
20 De cierto, de cierto os digo: El que recibe al que yo envíe, me recibe a mí; y el que me recibe a mí, recibe al que me envió.

Jesús anuncia la traición de Judas

21 Habiendo dicho Jesús esto, se turbó en su interior, y dio testimonio, diciendo: De cierto, de cierto os digo, que uno de vosotros me va a entregar.
22 Entonces los discípulos se miraban unos a otros, dudando de quién hablaba.

23 Y uno de sus discípulos, al cual Jesús amaba, estaba recostado al lado de Jesús.
24 A éste, pues, hizo señas Simón Pedro, para que preguntase quién era aquel de quien hablaba.
25 Él, entonces, recostándose cerca del pecho de Jesús, le dijo: Señor, ¿quién es?
26 Respondió Jesús: A quien yo dé el pan mojado, aquél es. Y mojando el pan, lo dio a Judas Iscariote hijo de Simón.
27 Y después del bocado, entró Satanás en él. Entonces Jesús le dijo: Lo que vas a hacer, hazlo más pronto.
28 Pero ninguno de los que estaban a la mesa entendió por qué le dijo esto.
29 Porque algunos pensaban, puesto que Judas tenía la bolsa, que Jesús le decía: Compra lo que necesitamos para la fiesta; o que diese algo a los pobres.
30 Cuando él, pues, tomó el bocado, salió en seguida; y era de noche.

El nuevo mandamiento

31 Luego que salió, dijo Jesús: Ahora ha sido glorificado el Hijo del Hombre, y Dios ha sido glorificado en él.
32 Si Dios ha sido glorificado en él, Dios también le glorificará en sí mismo, y en seguida le glorificará.
33 Hijitos, aún estaré con vosotros un poco. Me buscaréis; pero como dije a los judíos, así os digo ahora a vosotros: Adonde yo voy, vosotros no podéis ir.
34 Un mandamiento nuevo os doy: Que os améis unos a otros; como yo os he amado, que también os améis unos a otros.
35 En esto conocerán todos que sois mis discípulos, si tenéis amor los unos con los otros.

Jesús anuncia la negación de Pedro

36 Le dijo Simón Pedro: Señor, ¿adónde vas? Jesús le respondió: Adonde yo voy, no me puedes seguir ahora; mas me seguirás más tarde.
37 Le dijo Pedro: Señor, ¿por qué no te puedo seguir ahora? Mi vida pondré por ti.
38 Jesús le respondió: ¿Tú vida pondrás por mí? De cierto, de cierto te digo: No cantará el gallo, antes que me hayas negado tres veces.

Jesucristo, el camino al Padre

14 No se turbe vuestro corazón; creéis en Dios, creed también en mí.
2 En la casa de mi Padre hay muchas mansiones; si no, ya os lo hubiera dicho; voy, pues, a preparar lugar para vosotros.
3 Y si me voy y os preparo lugar, vendré

otra vez, y os tomaré conmigo, para que donde yo estoy, vosotros también estéis.

4 Y sabéis adónde voy, y sabéis el camino.

5 Le dijo Tomás: Señor, no sabemos adónde vas; ¿cómo, pues, podemos saber el camino?

6 Jesús le dijo: Yo soy el camino, y la verdad, y la vida; nadie viene al Padre, sino por medio de mí.

7 Si me conocieseis, también conoceríais a mi Padre; y desde ahora le conocéis, y le habéis visto.

8 Felipe le dijo: Señor, muéstranos el Padre, y nos basta.

9 Jesús le dijo: ¿Tanto tiempo hace que estoy con vosotros, y no me has conocido, Felipe? El que me ha visto a mí, ha visto al Padre; ¿cómo, pues, dices tú: Muéstranos el Padre?

10 ¿No crees que yo estoy en el Padre, y el Padre está en mí? Las palabras que yo os hablo, no las hablo por mi propia cuenta, sino que el Padre que mora en mí, él hace las obras.

11 Creedme que yo estoy en el Padre, y el Padre en mí; si no, creedme por las mismas obras.

12 De cierto, de cierto os digo: El que cree en mí, las obras que yo hago, también él las hará; y aun hará mayores que éstas, porque yo voy al Padre.

13 Y cualquier cosa que pidáis al Padre en mi nombre, la haré, para que el Padre sea glorificado en el Hijo.

14 Si pedís algo en mi nombre, yo lo haré.

La promesa del Espíritu Santo

15 Si me amáis, guardad mis mandamientos.

16 Y yo rogaré al Padre, y os dará otro Consolador, para que esté con vosotros para siempre:

17 el Espíritu de la verdad, al cual el mundo no puede recibir, porque no le ve, ni le conoce; pero vosotros le conocéis, porque mora con vosotros, y estará en vosotros.

18 No os dejaré huérfanos; vendré a vosotros.

19 Todavía un poco, y el mundo ya no me verá más; pero vosotros me veréis; porque yo vivo, y vosotros también viviréis.

20 En aquel día vosotros conoceréis que yo estoy en mi Padre, y vosotros en mí, y yo en vosotros.

21 El que tiene mis mandamientos, y los guarda, ése es el que me ama; y el que me ama, será amado por mi Padre, y yo le amaré, y me manifestaré a él.

22 Le dijo Judas (no el Iscariote): Señor, ¿cómo es que te manifestarás a nosotros, y no al mundo?

23 Respondió Jesús y le dijo: El que me ama, guardará mi palabra; y mi Padre le amará, e iremos a él, y haremos morada con él.

24 El que no me ama, no guarda mis palabras; y la palabra que habéis oído no es mía, sino del Padre que me envió.

25 Os he dicho estas cosas estando con vosotros.

26 Mas el Consolador, el Espíritu Santo, a quien el Padre enviará en mi nombre, él os enseñará todas las cosas, y os recordará todo lo que yo os he dicho.

27 La paz os dejo, mi paz os doy; yo no os la doy como el mundo la da. No se turbe vuestro corazón, ni tenga miedo.

28 Habéis oído que yo os he dicho: Voy, y vengo a vosotros. Si me amarais, os alegraríais, porque he dicho que voy al Padre; porque el Padre es mayor que yo.

29 Y ahora os lo he dicho antes que suceda, para que cuando suceda, creáis.

30 No hablaré ya mucho con vosotros; porque viene el príncipe de este mundo, y él nada tiene en mí.

31 Mas para que el mundo conozca que amo al Padre, actúo como el Padre me mandó. Levantaos, vámonos de aquí.

Jesucristo, la vid verdadera

15 Yo soy la vid verdadera, y mi Padre es el labrador.

2 Todo pámpano que en mí no lleva fruto, lo quita; y todo aquel que lleva fruto, lo limpia, para que lleve más fruto.

3 Vosotros estáis ya limpios por la palabra que os he hablado.

4 Permaneced en mí, y yo en vosotros. Como el pámpano no puede llevar fruto por sí mismo, si no permanece en la vid, así tampoco vosotros, si no permanecéis en mí.

5 Yo soy la vid, vosotros los pámpanos; el que permanece en mí, y yo en él, éste lleva mucho fruto; porque separados de mí, nada podéis hacer.

6 El que en mí no permanece, es echado fuera como el pámpano, y se seca; y los recogen, y los echan en el fuego, y arden.

7 Si permanecéis en mí, y mis palabras permanecen en vosotros, pedid todo lo que queráis, y os será hecho.

8 En esto es glorificado mi Padre, en que llevéis mucho fruto, y seáis, así, mis discípulos.

9 Así como el Padre me ha amado, también yo os he amado; permaneced en mi amor.

10 Si guardáis mis mandamientos, permaneceréis en mi amor; así como yo he guardado los mandamientos de mi padre, y permanezco en su amor.

11 Estas cosas os he hablado, para que mi gozo esté en vosotros, y vuestro gozo sea cumplido.

12 Este es mi mandamiento: Que os améis unos a otros, como yo os he amado.

13 Nadie tiene mayor amor que este, que uno ponga su vida por sus amigos.

14 Vosotros sois mis amigos, si hacéis cuanto yo os mando.

15 Ya no os llamo siervos, porque el siervo no sabe lo que hace su señor; sino que os he llamado amigos, porque todas las cosas que le oí a mi Padre, os las he dado a conocer.

16 No me elegisteis vosotros a mí, sino que yo os elegí a vosotros, y os he puesto para que vayáis y llevéis fruto, y vuestro fruto permanezca; para que todo lo que pidáis al Padre en mi nombre, os lo dé.

17 Esto os mando: Que os améis unos a otros.

El mundo os aborrecerá

18 Si el mundo os aborrece, sabed que a mí me ha aborrecido antes que a vosotros.

19 Si fuerais del mundo, el mundo amaría lo suyo; pero porque no sois del mundo, sino que yo os elegí del mundo, por eso el mundo os aborrece.

20 Acordaos de la palabra que yo os he dicho: El siervo no es mayor que su señor. Si a mí me han perseguido, también a vosotros os perseguirán; si han guardado mi palabra, también guardarán la vuestra.

21 Mas todo esto os harán por causa de mi nombre, porque no conocen al que me ha enviado.

22 Si yo no hubiera venido, ni les hubiera hablado, no tendrían pecado; pero ahora no tienen excusa de su pecado.

23 El que me aborrece a mí, aborrece también a mi Padre.

24 Si yo no hubiese hecho entre ellos las obras que ningún otro ha hecho, no tendrían pecado; pero ahora las han visto, y me han aborrecido a mí y también a mi Padre.

25 Pero esto es para que se cumpla la palabra que está escrita en su ley: Me aborrecieron sin motivo.

26 Pero cuando venga el Consolador, a quien yo os enviaré del Padre, el Espíritu de verdad, el cual procede del Padre, él dará testimonio acerca de mí.

27 Y vosotros daréis testimonio también, porque estáis conmigo desde el principio.

16 Estas cosas os he hablado, para que no tengáis tropiezo.

2 Os expulsarán de las sinagogas; y aun viene la hora cuando cualquiera que os mate, pensará que rinde servicio a Dios.

3 Y harán esto porque no conocen al Padre ni a mí.

4 Mas os he dicho estas cosas, para que cuando llegue la hora, os acordéis de que ya os lo había dicho.

La obra del Espíritu Santo

Esto no os lo dije al principio, porque yo estaba con vosotros.

5 Pero ahora voy al que me envió; y ninguno de vosotros me pregunta: ¿Adónde vas?

6 Antes, porque os he dicho estas cosas, la tristeza ha llenado vuestro corazón.

7 Pero yo os digo la verdad: Os conviene que yo me vaya; porque si no me fuese, el Consolador no vendría a vosotros; mas si me voy, os lo enviaré.

8 Y cuando él venga, redargüirá al mundo de pecado, de justicia y de juicio.

9 De pecado, por cuanto no creen en mí;

10 de justicia, por cuanto voy al Padre, y no me veréis más;

11 y de juicio, por cuanto el príncipe de este mundo ha sido ya juzgado.

12 Aún tengo muchas cosas que deciros, pero ahora no las podéis sobrellevar.

13 Pero cuando venga el Espíritu de verdad, él os guiará a toda la verdad; porque no hablará por su propia cuenta, sino que hablará todo cuanto oiga, y os hará saber las cosas que habrán de venir.

14 Él me glorificará; porque tomará de lo mío, y os lo hará saber.

15 Todo lo que tiene el Padre es mío; por eso dije que tomará de lo mío, y os lo hará saber.

La tristeza se convertirá en gozo

16 Todavía un poco, y no me veréis; y de nuevo un poco, y me veréis; porque yo voy al Padre.

17 Entonces se dijeron algunos de sus discípulos unos a otros: ¿Qué es esto que nos dice: Todavía un poco, y no me veréis; y de nuevo un poco, y me veréis; y, porque yo voy al Padre?

18 Decían, pues: ¿Qué quiere decir con: Todavía un poco? No sabemos qué quiere decir.

19 Jesús conoció que querían preguntarle, y les dijo: ¿Indagáis entre vosotros acerca de esto que dije: Todavía un poco, y no me veréis; y de nuevo un poco, y me veréis?

20 De cierto, de cierto os digo, que vosotros lloraréis y os lamentaréis, y el mundo se alegrará; vosotros os entristeceréis, pero vuestra tristeza se convertirá en gozo.

21 La mujer, cuando da a luz, tiene dolor, porque ha llegado su hora; pero después que ha dado a luz un niño, ya no se acuerda de la angustia, por el gozo de que haya nacido un hombre en el mundo.

22 También vosotros ahora tenéis tristeza; pero os volveré a ver, y se gozará vuestro corazón, y nadie os quitará vuestro gozo.
23 En aquel día no me preguntaréis nada. De cierto, de cierto os digo, que todo cuanto pidáis al Padre en mi nombre, os lo dará.
24 Hasta ahora, nada habéis pedido en mi nombre; pedid, y recibiréis, para que vuestro gozo esté completo.

Yo he vencido al mundo

25 Estas cosas os he hablado en alegorías; viene la hora en que ya no os hablaré por alegorías, sino que claramente os anunciaré acerca del Padre.
26 En aquel día pediréis en mi nombre; y no os digo que yo rogaré al Padre por vosotros,
27 pues el Padre mismo os ama, porque vosotros me habéis amado, y habéis creído que yo salí de Dios.
28 Salí del Padre, y he venido al mundo; otra vez dejo el mundo, y voy al Padre.
29 Le dijeron sus discípulos: He aquí que ahora hablas claramente, y no dices ninguna alegoría.
30 Ahora vemos que sabes todas las cosas, y no necesitas que nadie te pregunte; por esto creemos que has salido de Dios.
31 Jesús les respondió: ¿Ahora creéis?
32 He aquí la hora viene, y ha venido ya, en que seréis esparcidos cada uno por su lado, y me dejaréis solo; mas no estoy solo, porque el Padre está conmigo.
33 Estas cosas os he hablado para que tengáis paz en mí. En el mundo tendréis aflicción; pero tened ánimo, yo he vencido al mundo.

Jesús ora por sus discípulos

17 Estas cosas habló Jesús, y levantando los ojos al cielo, dijo: Padre, ha llegado la hora; glorifica a tu Hijo, para que también tu Hijo te glorifique a ti;
2 como le has dado potestad sobre toda carne, para que dé vida eterna a todos los que le has dado.
3 Y ésta es la vida eterna: que te conozcan a ti, el único Dios verdadero, y a Jesucristo, a quien has enviado.
4 Yo te he glorificado en la tierra; he llevado a término la obra que me diste que realizar.
5 Ahora pues, Padre, glorifícame tú al lado tuyo, con aquella gloria que tuve contigo antes que el mundo existiese.
6 He manifestado tu nombre a los hombres que del mundo me diste; tuyos eran, y me los diste, y han guardado tu palabra.
7 Ahora han conocido que todas las cosas que me has dado, proceden de ti;

8 porque les he dado las palabras que me diste; y ellos las recibieron, y han conocido verdaderamente que salí de ti, y han creído que tú me enviaste.
9 Yo ruego por ellos; no ruego por el mundo, sino por los que me diste; porque tuyos son,
10 y todo lo mío es tuyo, y lo tuyo mío; y he sido glorificado en ellos.
11 Y ya no estoy en el mundo; mas éstos están en el mundo, y yo voy a ti. Padre santo, a los que me has dado, guárdalos en tu nombre, para que sean uno, así como nosotros.
12 Cuando estaba con ellos en el mundo, yo los guardaba en tu nombre; a los que me diste, los guardé, y ninguno de ellos se perdió, sino el hijo de perdición, para que se cumpliese la Escritura.
13 Pero ahora voy a ti; y hablo esto en el mundo, para que tengan mi gozo completo en sí mismos.
14 Yo les he dado tu palabra; y el mundo los aborreció, porque no son del mundo, como tampoco yo soy del mundo.
15 No ruego que los quites del mundo, sino que los guardes del mal.
16 No son del mundo, como tampoco yo soy del mundo.
17 Santifícalos en tu verdad; tu palabra es verdad.
18 Como tú me enviaste al mundo, así yo los he enviado al mundo.
19 Y por ellos yo me santifico a mí mismo, para que también ellos estén santificados en la verdad.
20 Mas no ruego solamente por éstos, sino también por los que han de creer en mí por medio de la palabra de ellos,
21 para que todos sean uno; como tú, oh Padre, en mí, y yo en ti, que también ellos sean uno en nosotros; para que el mundo crea que tú me enviaste.
22 Y yo les he dado la gloria que me diste, para que sean uno, así como nosotros somos uno.
23 Yo en ellos, y tú en mí, para que sean perfectos en unidad, para que el mundo conozca que tú me enviaste, y que los has amado a ellos como también a mí me has amado.
24 Padre, aquellos que me has dado, quiero que donde yo estoy, también ellos estén conmigo, para que vean mi gloria que me has dado; porque me has amado desde antes de la fundación del mundo.
25 Padre justo, el mundo no te ha conocido, pero yo te he conocido, y éstos han conocido que tú me enviaste.
26 Y les he dado a conocer tu nombre, y lo daré a conocer aún, para que el amor con que me has amado, esté en ellos, y yo en ellos.

Arresto de Jesús

18 Habiendo dicho estas cosas, salió Jesús con sus discípulos hacia el otro lado del torrente de Cedrón, donde había un huerto, en el cual entró él y sus discípulos.

2 Y también Judas, el que le entregaba, conocía aquel lugar, porque Jesús se había reunido allí muchas veces con sus discípulos.

3 Judas, pues, tomando una compañía de soldados, y alguaciles de los principales sacerdotes y de los fariseos, fue allí con linternas y antorchas, y con armas.

4 Pero Jesús, sabiendo todas las cosas que le habían de sobrevenir, se adelantó y les dijo: ¿A quién buscáis?

5 Le respondieron: A Jesús nazareno. Jesús les dijo: Yo soy. Y estaba también con ellos Judas, el que le entregaba.

6 Cuando les dijo: Yo soy, retrocedieron, y cayeron en tierra.

7 Volvió, pues, a preguntarles: ¿A quién buscáis? Y ellos dijeron: A Jesús nazareno.

8 Respondió Jesús: Os he dicho que yo soy; pues si me buscáis a mí, dejad ir a éstos;

9 para que se cumpliese aquello que había dicho: De los que me diste, no perdí ninguno.

10 Entonces Simón Pedro, que tenía una espada, la desenvainó, e hirió al siervo del sumo sacerdote, y le cortó la oreja derecha. Y el siervo se llamaba Malco.

11 Jesús entonces dijo a Pedro: Mete tu espada en la vaina; la copa que el Padre me ha dado, ¿acaso no la he de beber?

Jesucristo ante el sumo sacerdote

12 Entonces la compañía de soldados, el tribuno y los alguaciles de los judíos, prendieron a Jesús y le ataron,

13 y le llevaron primeramente a Anás; porque era suegro de Caifás, que era sumo sacerdote aquel año.

14 Era Caifás el que había dado el consejo a los judíos, de que convenía que un solo hombre muriese por el pueblo.

Pedro en el patio de Anás

15 Y seguían a Jesús Simón Pedro y otro discípulo. Y este discípulo era conocido del sumo sacerdote, y entró con Jesús al patio del sumo sacerdote;

16 mas Pedro estaba fuera, junto a la puerta. Salió, pues, el discípulo que era conocido del sumo sacerdote, y habló a la portera, e hizo entrar a Pedro.

17 Entonces la criada portera dijo a Pedro: ¿No eres tú también de los discípulos de este hombre? Dijo él: No lo soy.

18 Y estaban en pie los siervos y los alguaciles que habían encendido unas brasas de carbón; porque hacía frío, y se calentaban; y también con ellos estaba Pedro en pie, calentándose.

Anás interroga a Jesús

19 Y el sumo sacerdote preguntó a Jesús acerca de sus discípulos y de su doctrina.

20 Jesús le respondió: Yo he hablado públicamente al mundo; siempre he enseñado en la sinagoga y en el templo, donde se reúnen todos los judíos, y nada he hablado en oculto.

21 ¿Por qué me preguntas a mí? Pregunta a los que me han oído, qué les he hablado; he aquí, ellos saben lo que yo he dicho.

22 Apenas dijo esto, uno de los alguaciles, que estaba allí, le dio a Jesús una bofetada, diciendo: ¿Así respondes al sumo sacerdote?

23 Jesús le respondió: Si he hablado mal, testifica en qué está el mal; y si bien, ¿por qué me golpeas?

24 Anás entonces le envió atado a Caifás, el sumo sacerdote.

Pedro niega a Jesucristo

25 Estaba, pues, Pedro en pie, calentándose. Y le dijeron: ¿No eres tú de sus discípulos? Él negó, y dijo: No lo soy.

26 Uno de los siervos del sumo sacerdote, pariente de aquel a quien Pedro había cortado la oreja, le dijo: ¿No te vi yo en el huerto con él?

27 Negó Pedro otra vez; y en seguida cantó el gallo.

Jesús ante Pilato

28 Llevaron a Jesús de casa de Caifás al pretorio. Era de madrugada, y ellos no entraron en el pretorio para no contaminarse, y así poder comer la pascua.

29 Entonces salió Pilato a ellos, y les dijo: ¿Qué acusación traéis contra este hombre?

30 Respondieron y le dijeron: Si éste no fuera malhechor, no te lo habríamos entregado.

31 Entonces les dijo Pilato: Tomadle vosotros, y juzgadle según vuestra ley. Y los judíos le dijeron: A nosotros no nos está permitido dar muerte a nadie;

32 para que se cumpliese la palabra que Jesús había dicho, dando a entender de qué muerte iba a morir.

33 Entonces Pilato volvió a entrar en el pretorio, y llamó a Jesús y le dijo: ¿Eres tú el Rey de los judíos?

34 Jesús le respondió: ¿Dices tú esto por ti mismo, o te lo han dicho otros de mí?

35 Pilato le respondió: ¿Soy yo acaso judío? Tu nación, y los principales sacerdotes, te han entregado a mí. ¿Qué has hecho?

36 Respondió Jesús: Mi reino no es de este mundo; si mi reino fuera de este mundo, mis servidores pelearían para que yo no fuera entregado a los judíos; pero mi reino no es de aquí.

37 Le dijo entonces Pilato: ¿Luego, eres tú rey? Respondió Jesús: Tú lo dices; yo soy rey. Yo para esto he nacido, y para esto he venido al mundo, para dar testimonio a la verdad. Todo aquel que es de la verdad, oye mi voz.

38 Le dijo Pilato: ¿Qué es verdad? Y, dicho esto, salió otra vez a los judíos, y les dijo: Yo no hallo en él ningún delito.

39 Pero vosotros tenéis la costumbre de que os suelte a uno en la pascua. ¿Queréis, pues, que os suelte al Rey de los judíos?

40 Entonces todos gritaron de nuevo, diciendo: No a éste, sino a Barrabás. Y Barrabás era ladrón.

19 Así que, entonces tomó Pilato a Jesús, y le azotó.

2 Y los soldados entretejieron una corona de espinas, y se la pusieron en la cabeza, y le vistieron con un manto de púrpura;

3 y le decían: ¡Salve, Rey de los judíos!; y le daban de bofetadas.

4 Entonces Pilato salió otra vez, y les dijo: Mirad, os lo traigo fuera, para que os deis cuenta de que no hallo en él ningún delito.

5 Y salió Jesús, llevando la corona de espinas y el manto de púrpura. Y Pilato les dijo: ¡He aquí el hombre!

6 Cuando le vieron los principales sacerdotes y los alguaciles, gritaron, diciendo: ¡Crucifícale! ¡Crucifícale! Pilato les dijo: Tomadle vosotros, y crucificadle; porque yo no hallo delito en él.

7 Los judíos le respondieron: Nosotros tenemos una ley, y según nuestra ley debe morir, porque se hizo a sí mismo Hijo de Dios.

8 Cuando Pilato oyó decir esto, tuvo más miedo.

9 Y entró otra vez en el pretorio, y dijo a Jesús: ¿De dónde eres tú? Mas Jesús no le dio respuesta.

10 Entonces le dijo Pilato: ¿A mí no me hablas? ¿No sabes que tengo autoridad para crucificarte, y que tengo autoridad para soltarte?

11 Respondió Jesús: No tendrías ninguna autoridad contra mí, si no se te hubiera dado de arriba; por tanto, el que me ha entregado a ti, tiene mayor pecado.

12 Desde entonces procuraba Pilato soltarle; pero los judíos gritaban, diciendo: Si sueltas a éste, no eres amigo del César; todo el que se hace rey, se opone al César.

13 Entonces Pilato, oyendo esto, llevó fuera a Jesús, y se sentó en el tribunal en el lugar llamado el Enlosado, y en hebreo Gabatá.

14 Era la preparación de la pascua, y como la hora sexta. Entonces dijo a los judíos: ¡He aquí vuestro Rey!

15 Pero ellos gritaron: ¡Fuera, fuera, crucifícale! Pilato les dijo: ¿A vuestro Rey he de crucificar? Respondieron los principales sacerdotes: No tenemos más rey que César.

16 Así que entonces lo entregó a ellos para que fuese crucificado. Tomaron, pues, a Jesús, y le llevaron.

Crucifixión y muerte de Jesús

17 Y él, cargando su cruz, salió al lugar llamado de la Calavera, y en hebreo, Gólgota;

18 y allí le crucificaron, y con él, a otros dos, uno a cada lado, y Jesús en medio.

19 Escribió también Pilato un título, y lo puso sobre la cruz, el cual decía: JESÚS NAZARENO, EL REY DE LOS JUDÍOS.

20 Y muchos de los judíos leyeron este título; porque el lugar donde Jesús fue crucificado estaba cerca de la ciudad, y estaba escrito en hebreo, en griego y en latín.

21 Dijeron a Pilato los principales sacerdotes de los judíos: No escribas: el Rey de los judíos, sino, que él dijo: Soy Rey de los judíos.

22 Respondió Pilato: Lo que he escrito, he escrito.

23 Cuando los soldados hubieron crucificado a Jesús, tomaron los vestidos de él, e hicieron cuatro partes, una para cada soldado. Tomaron también su túnica, la cual era sin costura, de un solo tejido de arriba abajo.

24 Entonces dijeron entre sí: No la partamos, sino echemos suertes sobre ella, a ver de quién será. Esto fue para que se cumpliese la Escritura, que dice:
Repartieron entre sí mis vestidos,
Y sobre mi ropa echaron suertes.
Y esto es precisamente lo que hicieron los soldados.

25 Estaban de pie junto a la cruz de Jesús su madre, y la hermana de su madre, María mujer de Cleofas, y María Magdalena.

26 Cuando vio Jesús a su madre, y al discípulo a quien él amaba, que estaba presente, dijo a su madre: Mujer, he ahí tu hijo.

27 Después dijo al discípulo: He ahí tu madre. Y desde aquella hora el discípulo la recibió en su casa.

28 Después de esto, sabiendo Jesús que ya todo estaba consumado, dijo, para que la Escritura se cumpliese: Tengo sed.

29 Y había allí una vasija llena de vinagre; entonces ellos empaparon en vinagre una esponja, y sujetándola a una rama de hisopo, se la acercaron a la boca.
30 Luego que Jesús tomó el vinagre, dijo: Consumado está. Y habiendo inclinado la cabeza, entregó el espíritu.

El costado de Jesús, traspasado

31 Entonces los judíos, por cuanto era la preparación de la pascua, a fin de que los cuerpos no quedasen en la cruz en el sábado (pues aquel sábado era de gran solemnidad), rogaron a Pilato que se les quebrasen las piernas, y fuesen quitados de allí.
32 Vinieron, pues, los soldados, y quebraron las piernas al primero, y asimismo al otro que había sido crucificado con él.
33 Mas cuando llegaron a Jesús, como le vieron ya muerto, no le quebraron las piernas.
34 Pero uno de los soldados le abrió el costado con una lanza, y al instante salió sangre y agua.
35 Y el que lo vio da testimonio, y su testimonio es verdadero; y él sabe que dice verdad, para que también vosotros creáis.
36 Porque estas cosas sucedieron para que se cumpliese la Escritura: No se le quebrará ningún hueso.
37 Y también otra Escritura dice: Mirarán al que traspasaron.

Jesús es sepultado

38 Después de todo esto, José de Arimatea, que era discípulo de Jesús, pero secretamente por miedo a los judíos, rogó a Pilato que le permitiese llevarse el cuerpo de Jesús; y Pilato se lo concedió. Entonces vino, y se llevó el cuerpo de Jesús.
39 También Nicodemo, el que antes había visitado a Jesús de noche, vino trayendo un compuesto de mirra y de áloe, como cien libras.
40 Tomaron, pues, el cuerpo de Jesús, y lo envolvieron en lienzos con especias aromáticas, según es costumbre sepultar entre los judíos.
41 Y en el lugar donde había sido crucificado, había un huerto, y en el huerto un sepulcro nuevo, en el cual aún no había sido puesto ninguno.
42 Allí, pues, por causa de la preparación de la pascua de los judíos, y porque aquel sepulcro estaba cerca, pusieron a Jesús.

La resurrección del Señor

20 El primer día de la semana, María Magdalena fue de madrugada, siendo aún oscuro, al sepulcro; y vio quitada la piedra del sepulcro.
2 Entonces corrió, y fue a Simón Pedro y al otro discípulo, aquel al que amaba Jesús, y les dijo: Se han llevado del sepulcro al Señor, y no sabemos dónde le han puesto.
3 Salieron, pues, Pedro y el otro discípulo, y fueron al sepulcro.
4 Corrían los dos juntos; pero el otro discípulo corrió más aprisa que Pedro, y llegó primero al sepulcro.
5 Y bajándose a mirar, vio los lienzos colocados en el suelo, pero no entró.
6 Luego llegó Simón Pedro tras él, y entró en el sepulcro, y vio los lienzos colocados en el suelo,
7 y el sudario, que había estado sobre la cabeza de Jesús, no puesto con los lienzos, sino enrollado en un lugar aparte.
8 Entonces entró también el otro discípulo, que había venido primero al sepulcro; y vio, y creyó.
9 Porque aún no habían entendido la Escritura, que era menester que él resucitase de los muertos.
10 Y volvieron los discípulos a los suyos.

Jesús se aparece a María Magdalena

11 Pero María estaba fuera llorando junto al sepulcro; y mientras lloraba, se inclinó para mirar dentro del sepulcro;
12 y vio a dos ángeles con vestiduras blancas, que estaban sentados el uno a la cabecera, y el otro a los pies, donde el cuerpo de Jesús había sido colocado.
13 Y le dijeron: Mujer, ¿por qué lloras? Les dijo: Porque se han llevado a mi Señor, y no sé adónde le han puesto.
14 Dicho esto, se volvió, y vio a Jesús que estaba allí; mas no sabía que era Jesús.
15 Jesús le dijo: Mujer, ¿por qué lloras? ¿A quién buscas? Ella, pensando que era el hortelano, le dijo: Señor, si tú lo has llevado, dime dónde lo has puesto, y yo lo llevaré.
16 Jesús le dijo: ¡María! Volviéndose ella, le dijo: ¡Rabuní! (que quiere decir, Maestro).
17 Jesús le dijo: Suéltame, porque aún no he subido a mi Padre; mas ve a mis hermanos, y diles: Subo a mi Padre y a vuestro Padre, a mi Dios y a vuestro Dios.
18 Fue entonces María Magdalena para dar a los discípulos las nuevas de que había visto al Señor, y que él le había dicho estas cosas.

Jesús se aparece a los discípulos

19 Al atardecer de aquel mismo día, el primero de la semana, estando las puertas cerradas en el lugar donde los discípulos

estaban reunidos por miedo a los judíos, vino Jesús, se puso en medio y les dijo: Paz a vosotros.

20 Y, dicho esto, les mostró las manos y el costado. Y los discípulos se regocijaron viendo al Señor.

21 Entonces Jesús les dijo otra vez: Paz a vosotros. Como me envió el Padre, así también yo os envío.

22 Y habiendo dicho esto, sopló, y les dijo: Recibid el Espíritu Santo.

23 A quienes remitiereis los pecados, les son remitidos; y a quienes se los retuviereis, les quedan retenidos.

Incredulidad de Tomás

24 Pero Tomás, uno de los doce, llamado el Mellizo, no estaba con ellos cuando vino Jesús.

25 Le dijeron, pues, los otros discípulos: Hemos visto al Señor. Él les dijo: Si no veo en sus manos la señal de los clavos, y meto mi dedo en el lugar de los clavos, y meto mi mano en su costado, no creeré de ningún modo.

26 Ocho días después, estaban otra vez sus discípulos dentro, y con ellos Tomás. Llegó Jesús, estando las puertas cerradas, y se puso en medio y les dijo: Paz a vosotros.

27 Luego dijo a Tomás: Pon aquí tu dedo, y mira mis manos; y acerca tu mano, y métela en mi costado; y no seas incrédulo, sino creyente.

28 Entonces Tomás respondió y le dijo: ¡Señor mío, y Dios mío!

29 Jesús le dijo: Porque me has visto, Tomás, has creído; bienaventurados los que no vieron, y creyeron.

El propósito del libro

30 Hizo además Jesús muchas otras señales en presencia de sus discípulos, las cuales no están escritas en este libro.

31 Pero éstas se han escrito para que creáis que Jesús es el Cristo, el Hijo de Dios, y para que creyendo, tengáis vida en su nombre.

El Señor se aparece a siete de sus discípulos

21 Después de esto, Jesús se manifestó otra vez a sus discípulos junto al mar de Tiberíades; y se manifestó de esta manera:

2 Estaban juntos Simón Pedro, Tomás llamado el Mellizo, Natanael el de Caná de Galilea, los hijos de Zebedeo, y otros dos de sus discípulos.

3 Simón Pedro les dijo: Voy a pescar. Ellos le dijeron: Vamos nosotros también contigo. Fueron, y entraron en una barca; y aquella noche no pescaron nada.

4 Cuando ya iba amaneciendo, se presentó Jesús en la playa; mas los discípulos no sabían que era Jesús.

5 Y les dijo: Hijitos, ¿tenéis algo de comer? Le respondieron: No.

6 Él les dijo: Echad la red a la derecha de la barca, y hallaréis. Entonces la echaron, y ya no la podían sacar, por la gran cantidad de peces.

7 Entonces aquel discípulo a quien Jesús amaba dijo a Pedro: ¡Es el Señor! Simón Pedro, cuando oyó que era el Señor, se ciñó la ropa (porque se había despojado de ella), y se echó al mar.

8 Y los otros discípulos vinieron con la barca, arrastrando la red de peces, pues no distaban de tierra sino como doscientos codos.

9 Al descender a tierra, vieron unas brasas puestas, y un pez encima de ellas, y pan.

10 Jesús les dijo: Traed de los peces que acabáis de pescar.

11 Subió Simón Pedro, y sacó la red a tierra, llena de grandes peces, ciento cincuenta y tres; y aun siendo tantos, no se rompió la red.

12 Les dijo Jesús: Venid, comed. Y ninguno de los discípulos se atrevía a preguntarle: ¿Tú, quién eres?, sabiendo que era el Señor.

13 Vino, pues, Jesús, y tomó el pan y les dio, y asimismo del pescado.

14 Ésta era ya la tercera vez que Jesús se manifestaba a sus discípulos, después de haber resucitado de los muertos.

Apacienta mis ovejas

15 Después de haber comido, Jesús dijo a Simón Pedro: Simón, hijo de Jonás, ¿me amas más que éstos? Le respondió: Sí, Señor; tú sabes que te amo. Él le dijo: Apacienta mis corderos.

16 Volvió a decirle la segunda vez: Simón, hijo de Jonás, ¿me amas? Pedro le respondió: Sí, Señor; tú sabes que te amo. Le dijo: Pastorea mis ovejas.

17 Le dijo la tercera vez: Simón, hijo de Jonás, ¿me amas? Pedro se entristeció de que le dijese por tercera vez: ¿Me amas?, y le respondió: Señor, tú lo sabes todo; tú sabes que te amo. Jesús le dijo: Apacienta mis ovejas.

18 De cierto, de cierto te digo: Cuando eras más joven, te ceñías tú mismo, e ibas adonde querías; mas cuando ya seas viejo, extenderás tus manos, y te ceñirá otro, y te llevará adonde no quieras.

19 Esto dijo, dando a entender con qué muerte había de glorificar a Dios. Y dicho esto, añadió: Sígueme.

El discípulo amado

20 Volviéndose Pedro, vio que les seguía el discípulo a quien amaba Jesús, el mismo que en la cena se había recostado en su pecho, y le había dicho: Señor, ¿quién es el que te ha de entregar?

21 Cuando Pedro le vio, dijo a Jesús: Señor, y éste ¿qué?

22 Jesús le dijo: Si quiero que él quede hasta que yo venga, ¿qué te va a ti? Tú, sígueme.

23 Este dicho se extendió entonces entre los hermanos, que aquel discípulo no moriría. Pero Jesús no le dijo que no moriría, sino: Si quiero que él quede hasta que yo venga, ¿qué te va a ti?

24 Este es el discípulo que da testimonio de estas cosas, y escribió estas cosas; y sabemos que su testimonio es verdadero.

25 Y hay también otras muchas cosas que hizo Jesús, las cuales si se escribieran una por una, pienso que ni aun en el mundo cabrían los libros que se habrían de escribir. Amén.

HECHOS
DE LOS APÓSTOLES

La promesa del Espíritu Santo

1 En el primer tratado, oh Teófilo, hice mención de todas las cosas que Jesús comenzó a hacer y a enseñar,

2 hasta el día en que fue recibido arriba, después de haber dado mandamientos por medio del Espíritu Santo a los apóstoles que había escogido;

3 a quienes también, después de haber padecido, se presentó vivo con muchas pruebas indubitables, apareciéndoseles durante cuarenta días y hablándoles acerca del reino de Dios.

4 Y estando reunido con ellos, les mandó que no se fueran de Jerusalén, sino que aguardasen la promesa del Padre, la cual, les dijo, oísteis de mí.

5 Porque Juan ciertamente bautizó con agua, mas vosotros seréis bautizados con el Espíritu Santo dentro de no muchos días.

La ascensión

6 Entonces los que se habían reunido le preguntaban, diciendo: Señor, ¿restaurarás el reino a Israel en este tiempo?

7 Y les dijo: No os toca a vosotros conocer los tiempos o las sazones que el Padre puso en su sola potestad;

8 pero recibiréis poder, cuando haya venido sobre vosotros el Espíritu Santo, y me seréis testigos en Jerusalén, en toda Judea, en Samaria, y hasta lo último de la tierra.

9 Y habiendo dicho estas cosas, viéndolo ellos, fue alzado, y le tomó sobre sí una nube que le ocultó de sus ojos.

10 Y estando ellos con los ojos puestos en el cielo, entretanto que él se iba, he aquí que se pusieron junto a ellos dos varones con vestiduras blancas,

11 los cuales también les dijeron: Varones galileos, ¿por qué estáis mirando al cielo? Este mismo Jesús, que ha sido tomado de vosotros al cielo, vendrá así, tal como le habéis visto ir al cielo.

Elección del sustituto de Judas

12 Entonces volvieron a Jerusalén desde el monte que se llama del Olivar, el cual está cerca de Jerusalén, camino de un sábado.

13 Y, luego que entraron, subieron al aposento alto, donde estaban alojados Pedro y Jacobo, Juan y Andrés, Felipe y Tomás, Bartolomé y Mateo, Jacobo hijo de Alfeo y Simón el Zelote, y Judas hermano de Jacobo.

14 Todos éstos perseveraban unánimes en oración y ruego, con las mujeres, y con María la madre de Jesús y con sus hermanos.

15 En aquellos días, se levantó Pedro en medio de los hermanos (y los reunidos eran como ciento veinte en número), y dijo:

16 Varones hermanos, era menester que se cumpliese la Escritura en que el Espíritu Santo habló antes por boca de David acerca

de Judas, que actuó como guía de los que prendieron a Jesús.

17 y era contado con nosotros, y tenía parte en este ministerio.

18 Éste, pues, con el salario de su iniquidad adquirió un campo, y cayendo de cabeza, se reventó por la mitad, y todas sus entrañas se derramaron.

19 Y fue notorio a todos los habitantes de Jerusalén, de tal manera que aquel campo se llama en su propia lengua, Acéldama, que quiere decir, Campo de sangre.

20 Porque está escrito en el libro de los Salmos:

Quede desierta su morada,
Y no haya quien habite en ella;

y:

Tome otro su cargo.

21 Es necesario, pues, que de los hombres que han estado juntos con nosotros todo el tiempo que el Señor Jesús vivió entre nosotros,

22 comenzando desde el bautismo de Juan hasta el día en que de entre nosotros fue llevado arriba, uno sea hecho testigo con nosotros, de su resurrección.

23 Y presentaron a dos: a José, llamado Barsabás, que tenía por sobrenombre Justo, y a Matías.

24 Y orando, dijeron: Tú, Señor, que conoces los corazones de todos, muestra cuál de estos dos has escogido,

25 para ocupar en el ministerio del apostolado el puesto del que se desvió Judas por transgresión, para irse a su propio lugar.

26 Y les echaron suertes, y la suerte cayó sobre Matías, y fue contado con los once apóstoles.

La venida del Espíritu Santo

2 Cuando llegó el día de Pentecostés, estaban todos unánimes juntos.

2 Y de repente vino del cielo un estruendo como de un viento recio que soplaba, el cual llenó toda la casa donde estaban sentados;

3 y se les aparecieron lenguas como de fuego, que, repartiéndose, se posaron sobre cada uno de ellos.

4 Y todos fueron llenos del Espíritu Santo, y comenzaron a hablar en otras lenguas, según el Espíritu les daba que se expresasen.

5 Había en Jerusalén judíos que allí residían, varones piadosos, procedentes de todas las naciones bajo el cielo.

6 Y al ocurrir este estruendo, se juntó la multitud; y quedaron desconcertados, porque cada uno les oía hablar en su propia lengua.

7 Y estaban atónitos y maravillados, diciendo: Mirad, ¿no son galileos todos estos que hablan?

8 ¿Cómo, pues, les oímos nosotros hablar cada uno en nuestra lengua en la que hemos nacido?

9 Partos, medos, elamitas, y los que habitamos en Mesopotamia, en Judea, en Capadocia, en el Ponto y en Asia,

10 en Frigia y Panfilia, en Egipto y en las regiones de África más allá de Cirene, y romanos aquí residentes, tanto judíos como prosélitos,

11 cretenses y árabes, les oímos hablar en nuestras lenguas las maravillas de Dios.

12 Y estaban todos atónitos y perplejos, diciéndose unos a otros: ¿Qué quiere decir esto?

13 Mas otros, burlándose, decían: Están llenos de mosto.

Primer discurso de Pedro

14 Entonces Pedro, poniéndose en pie con los once, alzó la voz y se expresó así, diciéndoles: Varones judíos, y todos los que habitáis en Jerusalén, esto os sea notorio, y prestad atención a mis palabras.

15 Porque éstos no están ebrios, como vosotros suponéis, puesto que es la hora tercera del día;

16 sino que esto es lo dicho por medio del profeta Joel:

17 Y sucederá en los últimos días, dice Dios,
   Que derramaré de mi Espíritu sobre toda carne,
   Y vuestros hijos y vuestras hijas profetizarán;
   Vuestros jóvenes verán visiones,
   Y vuestros ancianos soñarán sueños;

18 Y hasta sobre mis siervos y sobre mis siervas en aquellos días
   Derramaré de mi Espíritu, y profetizarán.

19 Y daré prodigios arriba en el cielo,
   Y señales abajo en la tierra,
   Sangre y fuego y vapor de humo;

20 El sol se convertirá en tinieblas,
   Y la luna en sangre,
   Antes que venga el día del Señor,
   Grande y manifiesto;

21 Y sucederá que todo aquel que invoque el nombre del Señor, será salvo.

22 Varones israelitas, oíd estas palabras: Jesús nazareno, varón acreditado por Dios entre vosotros con milagros, prodigios y señales que Dios hizo entre vosotros por medio de él, como vosotros mismos sabéis;

23 a éste, entregado por el determinado designio y previo conocimiento de Dios, lo prendisteis y matasteis por manos de inicuos, crucificándole;

24 al cual Dios resucitó, sueltos los dolores
de la muerte, por cuanto era imposible que
fuese retenido por ella.
25 Porque David dice de él:
    Veía siempre al Señor delante de mí;
    Porque está a mi diestra, para que yo no
        sea conmovido.
26 Por lo cual mi corazón se alegró, y saltó
        de gozo mi lengua,
    Y aún mi carne descansará en espe-
        ranza;
27 Porque no dejarás mi alma en el Hades,
    Ni permitirás que tu Santo vea corrup-
        ción.
28 Me hiciste conocer caminos de vida;
    Me llenarás de gozo con tu presencia.
29 Varones hermanos, se os puede decir
abiertamente acerca del patriarca David,
que murió y fue sepultado, y su sepulcro
está entre nosotros hasta el día de hoy.
30 Pero siendo profeta, y sabiendo que
Dios le había asegurado con juramento que
de su descendencia, en cuanto a la carne,
haría surgir al Cristo para que se sentase en
su trono,
31 viéndolo de antemano, habló de la resurrección de Cristo, que su alma no fue
dejada en el Hades, ni su carne vio la
corrupción.
32 A este Jesús resucitó Dios, de lo cual
todos nosotros somos testigos.
33 Así que, exaltado por la diestra de Dios,
y habiendo recibido del Padre la promesa
del Espíritu Santo, ha derramado esto que
vosotros veis y oís.
34 Porque David no subió a los cielos; pero
él mismo dice:
    Dijo el Señor a mi Señor:
    Siéntate a mi diestra,
35 Hasta que ponga a tus enemigos por
        estrado de tus pies.
36 Sepa, pues, con plena seguridad toda la
casa de Israel que a este Jesús a quien
vosotros crucificasteis, Dios le ha hecho
Señor y Cristo.
37 Al oír esto, se compungieron de corazón, y dijeron a Pedro y a los demás apóstoles: Varones hermanos, ¿qué haremos?
38 Pedro les dijo: Arrepentíos, y bautícese
cada uno de vosotros en el nombre de
Jesucristo para perdón de los pecados; y
recibiréis el don del Espíritu Santo.
39 Porque para vosotros es la promesa, y
para vuestros hijos, y para todos los que
están lejos; para cuantos el Señor nuestro
Dios llame.
40 Y con otras muchas palabras testificaba
solemnemente y les exhortaba, diciendo:
Sed salvos de esta perversa generación.
41 Así que los que acogieron bien su palabra fueron bautizados; y se añadieron aquel
día como tres mil personas.

42 Y se ocupaban asiduamente en la enseñanza de los apóstoles, en la comunión unos
con otros, en el partimiento del pan y en las
oraciones.

Comunión de los primeros cristianos

43 Y sobrevino temor a toda persona; y
muchos prodigios y señales eran hechos por
los apóstoles.
44 Todos los que habían creído estaban
juntos, y tenían en común todas las cosas;
45 y vendían sus propiedades y sus bienes, y
los distribuían a todos según la necesidad de
cada uno.
46 Y acudiendo asiduamente unánimes cada día al templo, y partiendo el pan por las
casas, comían juntos con alegría y sencillez
de corazón,
47 alabando a Dios, y teniendo favor con
todo el pueblo. Y el Señor añadía cada día a
la iglesia a los que iban siendo salvos.

Sanidad de un cojo

3 Un día, Pedro y Juan subían juntos al
templo a la hora novena, la de la oración.
2 Y era traído un hombre cojo de nacimiento, a quien ponían cada día a la puerta del
templo que se llama la Hermosa, para que
pidiese limosna a los que entraban en el
templo.
3 Éste, cuando vio a Pedro y a Juan que
iban a entrar en el templo, les rogaba que le
diesen limosna.
4 Pedro, con Juan, fijando en él los ojos, le
dijo: Míranos.
5 Entonces él les estuvo atento, aguardando a recibir de ellos algo.
6 Mas Pedro dijo: No poseo plata ni oro,
pero lo que tengo te doy; en el nombre de
Jesucristo de Nazaret, levántate y anda.
7 Y tomándole por la mano derecha le
levantó; y al momento se le consolidaron los
pies y tobillos;
8 y de un salto, se puso en pie y comenzó a
andar; y entró con ellos en el templo, andando, y saltando, y alabando a Dios.
9 Y todo el pueblo le vio andar y alabar a
Dios.
10 Y le reconocían que era el que se sentaba
a pedir limosna a la puerta del templo, la
Hermosa; y se llenaron de asombro y estupor por lo que le había sucedido.

Discurso de Pedro
en el pórtico de Salomón

11 Y teniendo asidos a Pedro y a Juan el
cojo que había sido sanado, todo el pueblo a
una, atónito, corrió hacia ellos al pórtico
que se llama de Salomón.

12 Viendo esto Pedro, respondió al pueblo: Varones israelitas, ¿por qué os maravilláis de esto?, o ¿por qué ponéis los ojos en nosotros, como si por nuestro propio poder o piedad hubiésemos hecho andar a éste?
13 El Dios de Abraham, de Isaac y de Jacob, el Dios de nuestros padres, ha glorificado a su Siervo Jesús, a quien vosotros entregasteis y negasteis delante de Pilato, cuando éste había resuelto ponerle en libertad.
14 Mas vosotros negasteis al Santo y al Justo, y pedisteis que se os concediera de gracia un homicida,
15 y matasteis al Autor de la vida, a quien Dios ha resucitado de los muertos, de lo cual nosotros somos testigos.
16 Y por la fe en su nombre, a éste, que vosotros veis y conocéis, le ha consolidado su nombre; y la fe que es por medio de él ha dado a éste esta completa sanidad en presencia de todos vosotros.
17 Ahora bien, hermanos, ya sé que por ignorancia lo habéis hecho, como también vuestros gobernantes.
18 Pero Dios ha cumplido así lo que había antes anunciado por boca de todos los profetas, que su Cristo había de padecer.
19 Así que, arrepentíos y convertíos, para que sean borrados vuestros pecados; para que vengan de la presencia del Señor tiempos de refrigerio,
20 y él envíe a Jesucristo, designado de antemano para vosotros;
21 a quien el cielo debe guardar hasta los tiempos de la restauración de todas las cosas, de los que habló Dios por boca de sus santos profetas que hubo desde la antigüedad.
22 Porque Moisés dijo a los padres: El Señor vuestro Dios os levantará un profeta de entre vuestros hermanos, como a mí; a él oiréis en todas las cosas que os hable;
23 y toda alma que no oiga a aquel profeta, será totalmente exterminada del pueblo.
24 Y todos los profetas desde Samuel en adelante, cuantos han hablado, también han anunciado estos días.
25 Vosotros sois los hijos de los profetas, y del pacto que Dios hizo con nuestros padres, diciendo a Abraham: Y en tu simiente serán benditas todas las familias de la tierra.
26 Dios ha resucitado a su Siervo, en primer lugar para vosotros; y lo ha enviado para bendeciros, haciendo que cada uno se convierta de sus maldades.

Pedro y Juan ante el sanedrín

4 Mientras hablaban ellos al pueblo, vinieron sobre ellos los sacerdotes y el jefe de la guardia del templo, y los saduceos,
2 muy molestos de que enseñasen al pueblo, y anunciasen en Jesús la resurrección de entre los muertos.
3 Y les echaron mano, y los pusieron en la cárcel hasta el día siguiente, porque ya atardecía.
4 Pero muchos de los que habían oído la palabra, creyeron; y el número de los varones llegó a ser de unos cinco mil.
5 Aconteció al día siguiente, que se reunieron en Jerusalén los gobernantes, los ancianos y los escribas,
6 y el sumo sacerdote Anás, y Caifás y Juan y Alejandro, y todos los que eran del linaje de los sumos sacerdotes;
7 y poniéndoles en medio, les preguntaban: ¿Con qué clase de poder, o en qué nombre, habéis hecho vosotros esto?
8 Entonces Pedro, lleno del Espíritu Santo, les dijo: Gobernantes del pueblo, y ancianos de Israel:
9 Puesto que hoy se nos interroga acerca del beneficio hecho a un hombre enfermo, en virtud de quién ha sido éste sanado,
10 sabedlo todos vosotros, y todo el pueblo de Israel, que en el nombre de Jesucristo de Nazaret, a quien vosotros crucificasteis y a quien Dios resucitó de los muertos, por él este hombre está en vuestra presencia sano.
11 Este Jesús es la piedra desechada por vosotros los constructores, la cual ha venido a ser piedra angular.
12 Y en ningún otro hay salvación; porque no hay otro nombre bajo el cielo, dado a los hombres, en que podamos ser salvos.
13 Entonces, viendo el denuedo de Pedro y de Juan, y dándose cuenta de que eran hombres sin letras y del vulgo, se maravillaban; y les reconocían que habían estado con Jesús.
14 Y viendo al hombre que había sido sanado, que estaba en pie con ellos, no tenían nada que replicar.
15 Entonces les ordenaron que saliesen del sanedrín; y conferenciaban entre sí,
16 diciendo: ¿Qué haremos con estos hombres? Porque de cierto, una señal notoria ha sido hecha por medio de ellos, manifiesta a todos los que moran en Jerusalén, y no lo podemos negar.
17 Pero, a fin de que no se divulgue más entre el pueblo, amenacémosles para que no hablen de aquí en adelante a hombre alguno en este nombre.
18 Y llamándolos, les intimaron que en ninguna manera pronunciasen palabra ni enseñasen en el nombre de Jesús.
19 Mas Pedro y Juan respondieron diciéndoles: Juzgad si es justo delante de Dios obedecer a vosotros más bien que a Dios;
20 porque no podemos menos de decir lo que hemos visto y oído.

21 Ellos entonces les amenazaron y les soltaron, no hallando motivo para castigarles,
por causa del pueblo; porque todos glorificaban a Dios por lo que había acontecido,
22 ya que el hombre en quien se había
hecho este milagro de sanidad, tenía más de
cuarenta años.

Oración pidiendo confianza y valor

23 Y puestos en libertad, vinieron a los
suyos y contaron todo lo que los principales
sacerdotes y los ancianos les habían dicho.
24 Y ellos, al oírlo, alzaron unánimes la voz
a Dios, y dijeron: Soberano Señor, tú eres el
Dios que hiciste el cielo, la tierra y el mar, y
todo lo que en ellos hay;
25 que por boca de David tu siervo dijiste:
     ¿A qué fin se amotinan las gentes,
     Y los pueblos piensan cosas vanas?
26 Acudieron los reyes de la tierra,
     Y los príncipes se coaligaron
     Contra el Señor, y contra su Cristo.
27 Porque verdaderamente se aliaron en
esta ciudad contra tu santo Siervo Jesús, a
quien ungiste, Herodes y Poncio Pilato, con
los gentiles y el pueblo de Israel,
28 para hacer cuanto tu mano y tu designio
habían predestinado que sucediera.
29 Y en lo de ahora, Señor, fíjate en sus
amenazas, y concede a tus siervos que con
todo denuedo hablen tu palabra,
30 mientras extiendes tu mano para que se
hagan sanidades y señales y prodigios mediante el nombre de tu santo Siervo Jesús.
31 Cuando acabaron de orar, el lugar en
que estaban congregados tembló; y todos
fueron llenos del Espíritu Santo, y hablaban
con denuedo la palabra de Dios.

Todas las cosas en común

32 Y la multitud de los que habían creído
era de un corazón y un alma; y ni uno solo
decía ser suyo propio nada de lo que poseía,
sino que tenían todas las cosas en común.
33 Y con gran poder los apóstoles daban
testimonio de la resurrección del Señor Jesús, y abundante gracia había sobre todos
ellos.
34 Así que no había entre ellos ningún
necesitado; porque todos los que poseían
heredades o casas, las vendían, y traían el
precio de lo vendido,
35 y lo ponían a los pies de los apóstoles; y
se repartía a cada uno según su necesidad.
36 Entonces José, a quien los apóstoles le
pusieron por sobrenombre Bernabé (que
traducido es, Hijo de consolación), levita,
natural de Chipre,
37 como poseía un campo, lo vendió y trajo
el precio y lo puso a los pies de los apóstoles.

Ananías y Safira

5 Pero cierto hombre llamado Ananías,
con Safira su mujer, vendió una heredad,
2 y se quedó con parte del precio, sabiéndolo también su mujer; y trayendo sólo una
parte, la puso a los pies de los apóstoles.
3 Y dijo Pedro: Ananías, ¿por qué llenó
Satanás tu corazón para que mintieses al
Espíritu Santo, y quedases con parte del
precio de la heredad?
4 Reteniéndola, ¿no se te quedaba a ti?; y
vendida, ¿no estaba en tu poder? ¿Por qué
pusiste esto en tu corazón? No has mentido
a los hombres, sino a Dios.
5 Al oír Ananías estas palabras, cayó y
expiró. Y vino un gran temor sobre todos los
que lo oyeron.
6 Y levantándose los jóvenes, lo envolvieron, y sacándolo, lo sepultaron.
7 Pasado un lapso como de tres horas,
sucedió que entró su mujer, no sabiendo lo
que había acontecido.
8 Entonces Pedro le preguntó: Dime, ¿vendisteis en tanto la heredad? Y ella dijo: Sí,
en tanto.
9 Y Pedro le dijo: ¿Por qué os pusisteis de
acuerdo para tentar al Espíritu del Señor?
He aquí a la puerta los pies de los que han
sepultado a tu marido, y te sacarán a ti.
10 Al instante ella cayó a los pies de él, y
expiró; y cuando entraron los jóvenes, la
hallaron muerta; y la sacaron, y la sepultaron junto a su marido.
11 Y vino gran temor sobre toda la iglesia, y
sobre todos los que oían estas cosas.

Muchas señales y maravillas

12 Y por manos de los apóstoles se hacían
muchas señales y prodigios en el pueblo; y
estaban todos unánimes en el pórtico de
Salomón.
13 De los demás, ninguno se atrevía a juntarse con ellos; pero el pueblo los alababa
grandemente.
14 Y cada vez se adherían al Señor más
creyentes, gran número así de hombres
como de mujeres;
15 tanto que sacaban los enfermos a las
calles, y los ponían en lechos y camillas,
para que al pasar Pedro, a lo menos su
sombra cubriese a alguno de ellos.
16 Y aun de las ciudades circunvecinas de
Jerusalén venían muchos, trayendo enfermos y atormentados de espíritus inmundos;
y todos eran sanados.

Arresto y liberación de Pedro y Juan

17 Entonces, levantándose el sumo sacerdote y todos los que estaban con él, esto es,

la secta de los saduceos, se llenaron de celos;

18 y echaron mano a los apóstoles y los pusieron en la cárcel pública.

19 Mas un ángel del Señor, abrió de noche las puertas de la cárcel y, sacándolos, dijo:

20 Id, y puestos en pie en el templo, hablad al pueblo todas las palabras de esta vida.

21 Habiendo oído esto, entraron al amanecer en el templo, y enseñaban. Entretanto, se presentaron el sumo sacerdote y los que estaban con él, y convocaron al sanedrín y a todos los ancianos de los hijos de Israel, y enviaron a la cárcel para que fuesen traídos.

22 Pero cuando llegaron los alguaciles, no los hallaron en la cárcel; entonces volvieron e informaron,

23 diciendo: Por cierto, hemos hallado la cárcel cerrada con toda seguridad, y los guardias afuera de pie ante las puertas; mas cuando abrimos, a nadie hallamos dentro.

24 Cuando oyeron estas palabras el sumo sacerdote y el jefe de la guardia del templo y los principales sacerdotes, se preguntaban perplejos en qué vendría a parar aquello.

25 Pero se presentó uno, que les dio esta noticia: He aquí, los varones que pusisteis en la cárcel están en pie en el templo, y enseñan al pueblo.

26 Entonces fue el jefe de la guardia con los alguaciles, y los trajo sin violencia, porque temían ser apedreados por el pueblo.

27 Cuando los trajeron, los presentaron en el sanedrín, y el sumo sacerdote les preguntó,

28 diciendo: ¿No os mandamos estrictamente que no enseñaseis en ese nombre? Y ahora habéis llenado a Jerusalén de vuestra enseñanza, y queréis hacer recaer sobre nosotros la sangre de ese hombre.

29 Respondiendo Pedro y los apóstoles, dijeron: Hay que obedecer a Dios antes que a los hombres.

30 El Dios de nuestros padres levantó a Jesús, a quien vosotros matasteis colgándole en un madero.

31 A éste, Dios ha exaltado con su diestra por Jefe y Salvador, para dar a Israel arrepentimiento y perdón de pecados.

32 Y nosotros somos testigos suyos de estas cosas, y también el Espíritu Santo, el cual ha dado Dios a los que le obedecen.

33 Ellos, oyendo esto, se sentían heridos en lo más vivo y querían matarlos.

34 Entonces, levantándose en el sanedrín un fariseo llamado Gamaliel, doctor de la ley, venerado de todo el pueblo, mandó que sacasen fuera por un momento a los apóstoles,

35 y luego le dijo: Varones israelitas, tened cuidado de lo que vais a hacer respecto a estos hombres.

36 Porque antes de estos días se levantó Teudas, diciendo que era alguien. A éste se unió un número como de cuatrocientos hombres; pero él fue muerto, y todos los que le obedecían fueron dispersados y quedaron en nada.

37 Después de éste, se levantó Judas el galileo, en los días del censo, y llevó en pos de sí a bastante gente. Pereció también él, y todos los que le obedecían fueron dispersados.

38 Y en lo de ahora, os digo: Apartaos de estos hombres, y dejadlos en paz; porque si este plan o esta obra es de los hombres, se desvanecerá;

39 mas si es de Dios, no la podréis destruir; no sea que os encontréis luchando contra Dios.

40 Y fueron persuadidos por él; y llamando a los apóstoles, después de azotarlos, les intimaron que no hablasen en el nombre de Jesús, y los pusieron en libertad.

41 Y ellos salieron de la presencia del sanedrín, gozosos de haber sido tenidos por dignos de padecer afrenta por causa del Nombre.

42 Y todos los días, en el templo y por las casas, no cesaban de enseñar y predicar a Jesucristo.

Elección de siete diáconos

6 En aquellos días, al aumentar el número de los discípulos, hubo murmuración de los griegos contra los hebreos, de que las viudas de aquéllos eran desatendidas en la distribución diaria.

2 Entonces los doce convocaron a la multitud de los discípulos, y dijeron: No es conveniente que nosotros dejemos la palabra de Dios, para servir a las mesas.

3 Buscad, pues, hermanos, de entre vosotros a siete varones de buen testimonio, llenos del Espíritu Santo y de sabiduría, a quienes encarguemos de este trabajo.

4 Y nosotros nos dedicaremos asiduamente a la oración y al ministerio de la palabra.

5 Agradó la propuesta a toda la multitud; y eligieron a Esteban, varón lleno de fe y del Espíritu Santo, a Felipe, a Prócoro, a Nicanor, a Timón, a Pármenas, y a Nicolás prosélito de Antioquía;

6 a los cuales presentaron ante los apóstoles, quienes, después de orar, les impusieron las manos.

7 Y crecía la palabra del Señor, y el número de los discípulos se multiplicaba en gran manera en Jerusalén; también muchos de los sacerdotes obedecían a la fe.

Arresto de Esteban

8 Y Esteban, lleno de gracia y de poder, hacía grandes prodigios y señales entre el pueblo.

9 Entonces se levantaron unos de la sinagoga llamada de los Libertos, y de los de Cirene, de Alejandría, de Cilicia y de Asia, y disputaban con Esteban.

10 Pero no podían resistir a la sabiduría y al Espíritu con que hablaba.

11 Entonces sobornaron a unos para que dijesen: Le hemos oído hablar palabras blasfemas contra Moisés y contra Dios.

12 Y soliviantaron al pueblo, a los ancianos y a los escribas; y cayendo sobre él, le arrebataron, y le trajeron al sanedrín.

13 Y presentaron testigos falsos que decían: Este hombre no cesa de hablar palabras contra este lugar santo y contra la ley;

14 pues le hemos oído decir que ese Jesús de Nazaret destruirá este lugar, y cambiará las costumbres que nos legó Moisés.

15 Entonces todos los que estaban sentados en el sanedrín, al fijar los ojos en él, vieron su rostro como el rostro de un ángel.

Discurso y muerte de Esteban

7 El sumo sacerdote dijo entonces: ¿Es esto así?

2 Y él dijo: Varones hermanos y padres, oíd: El Dios de la gloria se apareció a nuestro padre Abraham, estando en Mesopotamia, antes que morase en Harán,

3 y le dijo: Sal de tu tierra y de tu parentela, y ven a la tierra que yo te mostraré.

4 Entonces salió de la tierra de los caldeos y habitó en Harán; y de allí, después de la muerte de su padre, Dios le trasladó a esta tierra, en la cual vosotros habitáis ahora.

5 Y no le dio herencia en ella, ni aun para asentar un pie; pero le prometió que se la daría en posesión a él, y a su descendencia después de él, cuando no tenía ningún hijo.

6 Y le habló Dios así: Que su descendencia sería extranjera en tierra ajena, y que los reducirían a servidumbre y los maltratarían, por cuatrocientos años.

7 Mas yo juzgaré, dijo Dios, a la nación de la cual serán siervos; y después de esto saldrán y me servirán en este lugar.

8 Y le dio el pacto de la circuncisión; y así Abraham engendró a Isaac, y le circuncidó al octavo día; e Isaac a Jacob, y Jacob a los doce patriarcas.

9 Y los patriarcas tuvieron envidia de José, y lo vendieron para Egipto; pero Dios estaba con él,

10 y le libró de todas sus tribulaciones, y le dio gracia y sabiduría delante de Faraón rey de Egipto, el cual lo constituyó gobernador sobre Egipto y sobre toda su casa.

11 Sobrevino entonces hambre en toda la tierra de Egipto y de Canaán, y gran tribulación; y nuestros padres no hallaban alimentos.

12 Cuando oyó Jacob que había trigo en Egipto, envió a nuestros padres la primera vez.

13 Y en la segunda, José se dio a conocer a sus hermanos, y fue manifestado a Faraón el linaje de José.

14 José envió a llamar a su padre Jacob, y a toda su parentela, en número de setenta y cinco personas.

15 Así descendió Jacob a Egipto, donde murió él, y también nuestros padres;

16 de allí fueron trasladados a Siquem, y puestos en el sepulcro que a precio de dinero había comprado Abraham de los hijos de Hamor en Siquem.

17 Pero cuando se acercaba el tiempo de la promesa, que Dios había jurado a Abraham, el pueblo creció y se multiplicó en Egipto,

18 hasta que se levantó en Egipto otro rey que no sabía nada de José.

19 Este rey, usando de astucia con nuestro pueblo, maltrató a nuestros padres, a fin de que expusiesen a la muerte a sus niños de pecho, para que no se propagasen.

20 En aquel tiempo nació Moisés, y fue hermoso a los ojos de Dios; y fue criado tres meses en casa de su padre.

21 Pero siendo expuesto a la muerte, la hija de Faraón le recogió y le crió como a hijo suyo.

22 Y fue instruido Moisés en toda la sabiduría de los egipcios; y era poderoso en sus palabras y obras.

23 Cuando cumplió la edad de cuarenta años, le vino el deseo de visitar a sus hermanos, los hijos de Israel.

24 Y al ver a uno que era tratado injustamente, lo defendió, e hiriendo al egipcio, vengó al oprimido.

25 Y él pensaba que sus hermanos comprenderían que Dios les estaba dando libertad por mano suya; mas ellos no lo comprendieron así.

26 Y al día siguiente, se presentó a unos de ellos que reñían, y trató de ponerlos en paz, diciendo: Varones, vosotros sois hermanos, ¿a qué fin os maltratáis el uno al otro?

27 Entonces el que maltrataba a su prójimo le dio un empujón, diciendo: ¿Quién te ha constituido gobernante y juez sobre nosotros?

28 ¿Acaso quieres tú matarme, como mataste ayer al egipcio?

29 Al oír esta palabra, Moisés huyó, y vivió como extranjero en tierra de Madián, donde engendró dos hijos.

30 Pasados cuarenta años, un ángel se le apareció en el desierto del monte Sinay, en la llama de fuego de una zarza.

31 Entonces Moisés, mirando, se asombró de la visión; y acercándose para observar, vino a él la voz del Señor:

32 Yo soy el Dios de tus padres, el Dios de Abraham, el Dios de Isaac, y el Dios de Jacob. Y Moisés, temblando, no se atrevía a mirar.

33 Y le dijo el Señor: Quítate las sandalias de los pies, porque el lugar en que estás es tierra santa.

34 Ciertamente he visto la aflicción de mi pueblo que está en Egipto, y he oído su gemido, y he descendido para librarlos. Ahora, pues, ven, te enviaré a Egipto.

35 A este Moisés, a quien habían rechazado, diciendo: ¿Quién te ha constituido gobernante y juez?, a éste lo envió Dios como gobernante y libertador por mano del ángel que se le apareció en la zarza.

36 Éste los sacó, habiendo hecho prodigios y señales en tierra de Egipto, y en el Mar Rojo, y en el desierto por cuarenta años.

37 Éste es el Moisés que dijo a los hijos de Israel: El Señor vuestro Dios os suscitará un profeta como yo de entre vuestros hermanos; a él oiréis.

38 Éste es aquel Moisés que estuvo en la congregación en el desierto con el ángel que le hablaba en el monte Sinay, y con nuestros padres, y que recibió palabras de vida para darnos;

39 al cual nuestros padres no quisieron obedecer, sino que le desecharon, y en sus corazones se volvieron a Egipto,

40 cuando dijeron a Aarón: Haznos dioses que vayan delante de nosotros; porque a este Moisés, que nos sacó de la tierra de Egipto, no sabemos qué le haya acontecido.

41 Entonces hicieron un becerro, y ofrecieron sacrificio al ídolo, y se regocijaron en las obras de sus manos.

42 Y Dios se apartó, y los entregó a que rindiesen culto al ejército del cielo; como está escrito en el libro de los profetas:

¿Acaso me ofrecisteis víctimas y sacrificios
En el desierto por cuarenta años, casa de Israel?

43 Antes bien llevasteis el tabernáculo de Moloc,
Y la estrella de vuestro dios Renfán,
Figuras que os hicisteis para adorarlas.
Yo también os transportaré más allá de Babilonia.

44 Tuvieron nuestros padres el tabernáculo del testimonio en el desierto, como había ordenado Dios cuando habló a Moisés para que lo hiciese conforme al modelo que había visto.

45 A su vez, habiéndolo recibido, nuestros padres lo introdujeron con Josué al tomar posesión de la tierra de los gentiles, a los cuales Dios arrojó de la presencia de nuestros padres, hasta los días de David;

46 el cual halló gracia delante de Dios, y pidió proveer tabernáculo para el Dios de Jacob.

47 Mas fue Salomón quien le edificó casa;

48 si bien el Altísimo no habita en templos hechos a mano, como dice el profeta:

49 El cielo es mi trono,
Y la tierra el estrado de mis pies.
¿Qué clase de casa me edificaréis?, dice el Señor;
¿O cuál es el lugar de mi reposo?

50 ¿No hizo mi mano todas estas cosas?

51 ¡Duros de cerviz, e incircuncisos de corazón y de oídos! Vosotros siempre resistís al Espíritu Santo; como vuestros padres, así también vosotros.

52 ¿A cuál de los profetas no persiguieron vuestros padres? Y mataron a los que anunciaron de antemano la venida del Justo, de quien vosotros ahora habéis sido traidores y asesinos;

53 vosotros que recibisteis la ley por disposición de ángeles, y no la guardasteis.

54 Oyendo estas cosas, se sentían heridos en lo más vivo, y crujían los dientes contra él.

55 Pero Esteban, lleno del Espíritu Santo, puestos los ojos en el cielo, vio la gloria de Dios, y a Jesús que estaba de pie a la diestra de Dios,

56 y dijo: He aquí, veo los cielos abiertos, y al Hijo del Hombre que está de pie a la diestra de Dios.

57 Entonces ellos, gritando a grandes voces, se taparon los oídos, y arremetieron a una contra él.

58 Y echándole fuera de la ciudad, comenzaron a apedrearle; y los testigos pusieron sus ropas a los pies de un joven que se llamaba Saulo.

59 Y apedreaban a Esteban, mientras él invocaba y decía: Señor Jesús, recibe mi espíritu.

60 Y puesto de rodillas, clamó a gran voz: Señor, no les tomes en cuenta este pecado. Y habiendo dicho esto, se durmió.

Saulo persigue a la iglesia

8 Y Saulo estaba de acuerdo con ellos en su muerte. En aquel día se desató una gran persecución contra la iglesia que estaba en Jerusalén; y todos fueron esparcidos por las regiones de Judea y de Samaria, excepto los apóstoles.

2 Y unos hombres piadosos llevaron a enterrar a Esteban, e hicieron gran duelo por él.

3 Y Saulo asolaba la iglesia, y entrando casa por casa, arrastraba a hombres y a mujeres, y los entregaba en la cárcel.

Predicación de Felipe en Samaria

4 Pero los que fueron esparcidos iban por todas partes anunciando las Buenas Nuevas de la palabra.
5 Entonces Felipe, descendiendo a la ciudad de Samaria, les predicaba a Cristo.
6 Y la gente, unánime, escuchaba atentamente las cosas que decía Felipe, oyendo y viendo las señales que hacía.
7 Porque de muchos que tenían espíritus inmundos, salían éstos dando grandes voces; y muchos paralíticos y cojos eran sanados;
8 así que había gran gozo en aquella ciudad.
9 Pero había un hombre llamado Simón, que antes ejercía la magia en aquella ciudad, y tenía atónita a la gente de Samaria, haciéndose pasar por algo grande.
10 A éste oían atentamente todos, desde el más pequeño hasta el más grande, diciendo: Éste es el Gran Poder de Dios.
11 Y le estaban atentos, porque con sus artes mágicas les había tenido atónitos por bastante tiempo.
12 Pero cuando creyeron a Felipe, que anunciaba el evangelio del reino de Dios y el nombre de Jesucristo, se bautizaban hombres y mujeres.
13 También creyó Simón mismo, y habiéndose bautizado, perseveraba junto a Felipe; y viendo las señales y grandes milagros que se hacían, estaba atónito.
14 Cuando los apóstoles que estaban en Jerusalén oyeron que Samaria había recibido la palabra de Dios, enviaron allá a Pedro y a Juan;
15 los cuales ·descendieron y oraron por ellos para que recibiesen el Espíritu Santo;
16 porque aún no había descendido sobre ninguno de ellos, sino que solamente habían sido bautizados en el nombre del Señor Jesús.
17 Entonces les imponían las manos, y recibían el Espíritu Santo.
18 Cuando vio Simón que por la imposición de las manos de los apóstoles se daba el Espíritu Santo, les ofreció dinero,
19 diciendo: Dadme también a mí esta potestad, para que cualquiera a quien yo imponga las manos, reciba el Espíritu Santo.
20 Entonces Pedro le dijo: Tu dinero vaya contigo a la perdición, porque has supuesto que el don de Dios se obtiene con dinero.
21 No tienes tú parte ni suerte en este asunto, porque tu corazón no es recto delante de Dios.
22 Arrepiéntete, pues, de esta tu maldad, y

ruega a Dios, si quizá te sea perdonado el pensamiento de tu corazón;
23 porque veo que estás en hiel de amargura y en ataduras de maldad.
24 Respondiendo entonces Simón, dijo: Rogad vosotros por mí al Señor, para que no me sobrevenga nada de esto que habéis dicho.
25 Y ellos, habiendo testificado solemnemente y hablado la palabra de Dios, se volvieron a Jerusalén, y anunciaron el evangelio en muchas poblaciones de los samaritanos.

Felipe y el etíope

26 Pero un ángel del Señor habló a Felipe, diciendo: Levántate y ve hacia el sur, al camino que desciende de Jerusalén a Gaza. Es un desierto.
27 Él se levantó y fue. Y sucedió que un etíope, eunuco, alto funcionario de Candace reina de los etíopes, el cual estaba a cargo de todos sus tesoros, y había venido a Jerusalén para adorar,
28 volvía sentado en su carro, y leyendo al profeta Isaías.
29 Y el Espíritu dijo a Felipe: Acércate y júntate a ese carro.
30 Cuando Felipe se acercó corriendo, le oyó que leía al profeta Isaías, y dijo: Pero ¿entiendes lo que lees?
31 Él dijo: ¿Y cómo podré, si alguno no me guía? Y rogó a Felipe que subiese y se sentara con él.
32 El pasaje de la Escritura que leía era éste:

Como oveja fue llevado al matadero;
Y como cordero sin voz delante del que
    lo trasquila,
Así no abrió su boca.
33 En su humillación no se le hizo justicia;
Mas su generación ¿quién la describirá?
Porque su vida es quitada de la tierra.

34 Tomando la palabra el eunuco, dijo a Felipe: Te ruego que me digas: ¿de quién dice el profeta esto; de sí mismo, o de algún otro?
35 Entonces Felipe, abriendo su boca, y comenzando desde esta escritura, le anunció el evangelio de Jesús.
36 Y yendo por el camino, llegaron a cierta agua, y dijo el eunuco: Aquí hay agua; ¿qué impide que yo sea bautizado?
37 Felipe dijo: Si crees de todo corazón, bien puedes. Y respondiendo, dijo: Creo que Jesucristo es el Hijo de Dios.
38 Y mandó parar el carro; y descendieron ambos al agua, Felipe y el eunuco, y le bautizó.
39 Cuando subieron del agua, el Espíritu del Señor arrebató a Felipe; y el eunuco no

le vio más, pues siguió gozoso su camino.
40 Pero Felipe se encontró en Azoto; y pasando, anunciaba el evangelio en todas las ciudades, hasta que llegó a Cesarea.

Conversión de Saulo

9 Saulo, respirando aún amenazas y muerte contra los discípulos del Señor, se presentó al sumo sacerdote,
2 y le pidió cartas para las sinagogas de Damasco, a fin de que si hallaba algunos hombres o mujeres de este Camino, los trajese presos a Jerusalén.
3 Mas yendo por el camino, aconteció que al llegar cerca de Damasco, repentinamente le rodeó un resplandor de luz del cielo;
4 y cayendo en tierra, oyó una voz que le decía: Saulo, Saulo, ¿por qué me persigues?
5 Él dijo: ¿Quién eres, Señor? Y le dijo: Yo soy Jesús, a quien tú persigues; dura cosa te es dar coces contra el aguijón.
6 Él, temblando y temeroso, dijo: Señor, ¿qué quieres que yo haga? Y el Señor le dijo: Levántate y entra en la ciudad, y se te dirá lo que debes hacer.
7 Y los hombres que iban de camino con él, se pararon atónitos, oyendo a la verdad la voz, mas sin ver a nadie.
8 Entonces Saulo se levantó del suelo, y aunque tenía abiertos los ojos, no veía a nadie; así que, llevándole de la mano, le metieron en Damasco,
9 y estuvo tres días sin ver, y no comió ni bebió.
10 Había entonces en Damasco un discípulo llamado Ananías, a quien el Señor dijo en visión: Ananías. Y él respondió: Heme aquí, Señor.
11 Y el Señor le dijo: Levántate, y ve a la calle que se llama Recta, y busca en casa de Judas a uno llamado Saulo, de Tarso; porque mira, está orando,
12 y ha visto en visión a un varón llamado Ananías, que entra y le pone las manos encima para que recobre la vista.
13 Entonces Ananías respondió: Señor, he oído de muchos acerca de este hombre, cuántos males ha hecho a tus santos en Jerusalén;
14 y aquí tiene autoridad de los principales sacerdotes para prender a todos los que invocan tu nombre.
15 El Señor le dijo: Ve, porque instrumento escogido me es éste, para llevar mi nombre en presencia de los gentiles, y de reyes, y de los hijos de Israel;
16 porque yo le mostraré cuánto es menester que padezca por mi nombre.
17 Fue entonces Ananías y entró en la casa, y poniendo sobre él las manos, dijo: Herma-

no Saulo, el Señor Jesús, que se te apareció en el camino por donde venías, me ha enviado para que recobres la vista y seas lleno del Espíritu Santo.
18 Y al momento cayeron de sus ojos como escamas, y recobró al instante la vista; se levantó y fue bautizado.
19 Y habiendo tomado alimento, recobró fuerzas. Y estuvo Saulo por algunos días con los discípulos que había en Damasco.

Saulo predica en Damasco

20 Y en seguida se puso a predicar a Cristo en las sinagogas, diciendo que éste era el Hijo de Dios.
21 Y todos los que le oían estaban atónitos, y decían: ¿No es éste el que perseguía en Jerusalén a los que invocaban este nombre, y a eso había venido acá, para llevarlos presos ante los principales sacerdotes?
22 Pero Saulo mucho más se llenaba de poder, y confundía a los judíos que moraban en Damasco, demostrando que Jesús era el Cristo.

Saulo escapa de los judíos

23 Pasados bastantes días, los judíos resolvieron en consejo matarle;
24 pero su decisión llegó a conocimiento de Saulo. Y ellos guardaban las puertas de día y de noche para matarle.
25 Entonces los discípulos, tomándole de noche, le bajaron por una abertura del muro, descolgándole en una canasta.

Saulo en Jerusalén

26 Cuando llegó a Jerusalén, trataba de juntarse con los discípulos; pero todos le tenían miedo, no creyendo que fuese discípulo.
27 Entonces Bernabé, tomándole, lo condujo ante los apóstoles, y les relató cómo Saulo había visto en el camino al Señor, el cual le había hablado, y cómo en Damasco había hablado valerosamente en el nombre de Jesús.
28 Y estaba con ellos en Jerusalén; y entraba y salía.
29 y hablaba denodadamente en el nombre del Señor, y disputaba con los griegos; pero éstos intentaban matarle.
30 Cuando se enteraron de esto los hermanos, le llevaron hasta Cesarea, y le enviaron a Tarso.
31 Entonces las iglesias tenían paz por toda Judea, Galilea y Samaria, siendo edificadas y andando en el temor del Señor, y se acrecentaban fortalecidas por la consolación del Espíritu Santo.

Sanidad de Eneas

32 Aconteció que Pedro, cuando recorría todos aquellos lugares, vino también a los santos que habitaban en Lida.
33 Y halló allí a un hombre que se llamaba Eneas, que hacía ocho años que estaba en cama, pues era paralítico.
34 Y le dijo Pedro: Eneas, Jesucristo te sana; levántate, y haz tu cama. Y en seguida se levantó.
35 Y le vieron todos los que habitaban en Lida y en Sarón, los cuales se convirtieron al Señor.

Resurrección de Dorcás

36 Había entonces en Jope una discípula llamada Tabita, que traducido quiere decir Dorcás. Ésta abundaba en buenas obras y en limosnas que hacía.
37 Y aconteció que en aquellos días enfermó y murió. Después de lavada, la pusieron en la estancia superior.
38 Y como Lida estaba cerca de Jope, los discípulos, oyendo que Pedro estaba allí, le enviaron dos hombres, a rogarle: No tardes en venir a nosotros.
39 Levantándose entonces Pedro, fue con ellos; y cuando llegó, le llevaron a la estancia superior, donde le rodearon todas las viudas, llorando y mostrando las túnicas y los vestidos que Dorcás hacía cuando estaba con ellas.
40 Entonces, sacando a todos, Pedro se puso de rodillas y oró; y volviéndose al cuerpo, dijo: Tabita, levántate. Y ella abrió los ojos, y al ver a Pedro, se incorporó.
41 Y él, dándole la mano, la levantó; entonces, llamando a los santos y a las viudas, la presentó viva.
42 Esto fue notorio en toda Jope, y muchos creyeron en el Señor.
43 Y aconteció que se quedó bastantes días en Jope en casa de un cierto Simón, curtidor.

Pedro y Cornelio

10 Había en Cesarea un hombre llamado Cornelio, centurión de la compañía llamada la Italiana,
2 piadoso y temeroso de Dios con toda su casa, y que hacía muchas limosnas al pueblo, y oraba a Dios continuamente.
3 Éste vio claramente en una visión, como a la hora novena del día, que un ángel de Dios entraba donde él estaba, y le decía: Cornelio.
4 Él, mirándole fijamente, y atemorizado, dijo: ¿Qué hay, Señor? Y le dijo: Tus oraciones y tus limosnas han subido como un memorial delante de Dios.

5 Envía, pues, ahora hombres a Jope, y haz venir a Simón, el que tiene por sobrenombre Pedro.
6 Éste se hospeda en casa de cierto Simón curtidor, que tiene su casa junto al mar; él te dirá lo que debes hacer.
7 Tan pronto como se fue el ángel que hablaba con Cornelio, éste llamó a dos de sus criados, y a un devoto soldado de los que le servían constantemente;
8 a los cuales envió a Jope, después de haberles contado todo.
9 Al día siguiente, mientras ellos iban por el camino y se acercaban a la ciudad, Pedro subió a la azotea para orar, cerca de la hora sexta.
10 Sintió hambre, y quiso comer; pero mientras le preparaban algo, le sobrevino un éxtasis;
11 y vio el cielo abierto, y que descendía algo semejante a un gran lienzo, que atado de las cuatro puntas era bajado a la tierra;
12 en el cual había de todos los cuadrúpedos terrestres y reptiles y aves del cielo.
13 Y le vino una voz: Levántate, Pedro, mata y come.
14 Entonces Pedro dijo: Señor, de ningún modo; porque no he comido jamás ninguna cosa común o inmunda.
15 Volvió la voz a él la segunda vez: Lo que Dios ha purificado, no lo llames tú común.
16 Esto se hizo tres veces; y aquel lienzo volvió a ser recogido en el cielo.
17 Y mientras Pedro estaba perplejo dentro de sí pensando qué podría significar la visión que había visto, los hombres que habían sido enviados por Cornelio, después de preguntar por la casa de Simón, llegaron a la puerta.
18 Y llamando, preguntaron si se hospedaba allí un Simón que tenía por sobrenombre Pedro.
19 Y mientras Pedro meditaba sobre la visión, le dijo el Espíritu: Mira, te buscan tres hombres.
20 Levántate, pues, y desciende, y vete con ellos sin vacilar, porque yo los he enviado.
21 Entonces Pedro, descendiendo adonde estaban los hombres que habían sido enviados por Cornelio, les dijo: Mirad, yo soy el que buscáis; ¿cuál es la causa por la que habéis venido?
22 Ellos dijeron: Cornelio el centurión, varón justo y temeroso de Dios, y que tiene buen testimonio en toda la nación de los judíos, ha recibido instrucciones de un santo ángel, de hacerte venir a su casa para escuchar las palabras que tú hables.
23 Entonces, haciéndoles entrar, los hospedó. Y al día siguiente, levantándose, se fue con ellos; y le acompañaron algunos de los hermanos de Jope.

24 Al día siguiente entraron en Cesarea. Y Cornelio los estaba esperando, habiendo convocado a sus parientes y amigos más íntimos.

25 Cuando Pedro entró, salió Cornelio a su encuentro, y postrándose a sus pies, adoró.

26 Mas Pedro le levantó, diciendo: Levántate, pues yo mismo también soy hombre.

27 Y conversando con él, entró, y halló a muchos que se habían reunido.

28 Y les dijo: Vosotros conocéis perfectamente cuán abominable es para un varón judío juntarse o acercarse a un extranjero; pero a mí me ha mostrado Dios que a ningún hombre llame común o inmundo;

29 por lo cual, al ser llamado, vine sin replicar. Así que pregunto: ¿Por qué causa me habéis hecho venir?

30 Entonces Cornelio dijo: Hace cuatro días que a esta hora yo estaba en ayunas; y a la hora novena, mientras oraba en mi casa, vi que se puso delante de mí un varón con vestiduras resplandecientes,

31 y dijo: Cornelio, tu oración ha sido escuchada, y tus limosnas han sido recordadas delante de Dios.

32 Envía, pues, a Jope, y haz venir a Simón el que tiene por sobrenombre Pedro, el cual se hospeda en casa de Simón, un curtidor, junto al mar; y cuando llegue, él te hablará.

33 Así que luego envié por ti; y tú has hecho bien en venir. Ahora, pues, todos nosotros estamos aquí en la presencia de Dios, para oír todo lo que Dios te ha ordenado.

34 Entonces Pedro, abriendo la boca, dijo: En verdad comprendo que Dios no hace acepción de personas,

35 sino que en toda nación, el que le teme y practica lo que es justo, le es acepto.

36 Él envió la palabra a los hijos de Israel, anunciando el evangelio de la paz por medio de Jesucristo; éste es Señor de todos.

37 Vosotros sabéis lo que se divulgó por toda Judea, comenzando desde Galilea, después del bautismo que predicó Juan:

38 cómo ungió Dios con el Espíritu Santo y con poder a Jesús de Nazaret, y cómo éste pasó haciendo el bien y sanando a todos los oprimidos por el diablo, porque Dios estaba con él.

39 Y nosotros somos testigos de todas las cosas que hizo en la tierra de Judea y en Jerusalén; a quien mataron colgándole en un madero.

40 A éste, Dios le resucitó al tercer día, y le concedió hacerse visible;

41 no a todo el pueblo, sino a los testigos que Dios había escogido de antemano, a nosotros que comimos y bebimos con él después que resucitó de los muertos.

42 Y nos encargó que predicásemos al pueblo, y testificásemos solemnemente que él

es el designado por Dios como Juez de vivos y muertos.

43 De éste dan testimonio todos los profetas, que todo el que crea en él, recibirá perdón de pecados por su nombre.

44 Mientras aún hablaba Pedro estas palabras, el Espíritu Santo cayó sobre todos los que oían el mensaje.

45 Y todos los creyentes que eran de la circuncisión y habían venido con Pedro, se quedaron atónitos de que el don del Espíritu Santo se hubiese derramado también sobre los gentiles.

46 Porque los oían que hablaban en lenguas, y que magnificaban a Dios.

47 Entonces respondió Pedro: ¿Puede acaso alguno impedir el agua, para que no sean bautizados estos que han recibido el Espíritu Santo también como nosotros?

48 Y ordenó que fuesen bautizados en el nombre del Señor Jesús. Entonces le rogaron que se quedase por algunos días.

Pedro informa a la iglesia de Jerusalén

11 Oyeron los apóstoles y los hermanos que estaban en Judea, que también los gentiles habían recibido la Palabra de Dios.

2 Y cuando Pedro subió a Jerusalén, disputaban con él los que eran de la circuncisión,

3 diciendo: Has entrado en casa de hombres incircuncisos, y has comido con ellos.

4 Entonces comenzó Pedro a contarles por orden lo sucedido, diciendo:

5 Estaba yo en la ciudad de Jope orando, y vi en éxtasis una visión; un objeto semejante a un gran lienzo que descendía, que por las cuatro puntas era bajado del cielo y venía hasta mí.

6 Cuando fijé en él los ojos, lo observé atentamente y vi cuadrúpedos terrestres, y fieras, y reptiles, y aves del cielo.

7 Y oí una voz que me decía: Levántate, Pedro, mata y come.

8 Y dije: Señor, de ninguna manera; porque ninguna cosa común o inmunda entró jamás en mi boca.

9 Entonces la voz me respondió del cielo por segunda vez: Lo que Dios purificó, no lo llames tú común.

10 Y esto se hizo tres veces, y volvió todo a ser llevado arriba al cielo.

11 Y en aquel momento llegaron tres hombres a la casa donde yo estaba, enviados a mí desde Cesarea.

12 Y el Espíritu me dijo que fuese con ellos sin dudar. Fueron también conmigo estos seis hermanos, y entramos en casa de un varón,

13 quien nos contó cómo había visto en su

casa al ángel, que estaba en pie y le dijo:
Envía hombres a Jope, y haz venir a Simón,
el que tiene por sobrenombre Pedro;
14 él te hablará palabras por las cuales serás
salvo tú, y toda tu casa.
15 Y cuando comencé a hablar, cayó el
Espíritu Santo sobre ellos también, como
sobre nosotros al principio.
16 Entonces me acordé de lo dicho por el
Señor, cuando dijo: Juan ciertamente bautizó en agua, mas vosotros seréis bautizados
con el Espíritu Santo.
17 Si Dios, pues, les concedió también el
mismo don que a nosotros que hemos creído
en el Señor Jesucristo, ¿quién era yo para
poder impedir a Dios?
18 Entonces, oídas estas cosas, callaron, y
glorificaron a Dios, diciendo: ¡De manera
que también a los gentiles ha dado Dios
arrepentimiento para vida!

La iglesia en Antioquía

19 Ahora bien, los que habían sido esparcidos por la tribulación que hubo con motivo
de Esteban, pasaron hasta Fenicia, Chipre y
Antioquía, no hablando a nadie la palabra,
sino sólo a los judíos.
20 Pero había entre ellos unos varones de
Chipre y de Cirene, los cuales, cuando
entraron en Antioquía, hablaban también a
los griegos, anunciando el evangelio del
Señor Jesús.
21 Y la mano del Señor estaba con ellos, y
gran número creyó y se convirtió al Señor.
22 Llegó la noticia de estas cosas a oídos de
la iglesia que estaba en Jerusalén; y enviaron a Bernabé que fuese hasta Antioquía.
23 Éste, cuando llegó, y vio la gracia de
Dios, se regocijó, y exhortó a todos a que
con propósito de corazón permaneciesen
fieles al Señor.
24 Porque era varón bueno, y lleno del
Espíritu Santo y de fe. Y una gran multitud
fue agregada al Señor.
25 Después fue Bernabé a Tarso para buscar a Saulo; y hallándole, le trajo a Antioquía.
26 Y se congregaron allí todo un año con la
iglesia, y enseñaron a mucha gente; y a los
discípulos se les llamó cristianos por primera vez en Antioquía.
27 En aquellos días unos profetas descendieron de Jerusalén a Antioquía.
28 Y levantándose uno de ellos, llamado
Ágabo, daba a entender por el Espíritu, que
vendría una gran hambre en toda la tierra
habitada; la cual sucedió en tiempo de
Claudio.
29 Entonces los discípulos, cada uno conforme a los bienes de que disponía, determinaron enviar socorro a los hermanos que
habitaban en Judea;

30 lo cual en efecto hicieron, enviándolo a
los ancianos por mano de Bernabé y de
Saulo.

Jacobo, muerto; Pedro, encarcelado

12 En aquel mismo tiempo el rey Herodes echó mano a algunos de la iglesia
para maltratarles.
2 Y mató a espada a Jacobo, hermano de
Juan.
3 Y viendo que esto agradaba a los judíos,
procedió a prender también a Pedro. Eran
entonces los días de los panes sin levadura.
4 Y habiéndole tomado preso, le puso en la
cárcel, entregándole a cuatro grupos de
cuatro soldados cada uno, para que le custodiasen; y se proponía sacarle al pueblo
después de la pascua.
5 Así que Pedro estaba custodiado en la
cárcel; pero la iglesia hacía ferviente oración a Dios por él.

Pedro, librado de la cárcel

6 Y cuando Herodes le iba a sacar, aquella
misma noche estaba Pedro durmiendo entre
dos soldados, sujeto con dos cadenas, y los
guardias delante de la puerta custodiaban la
cárcel.
7 Y he aquí que se presentó un ángel del
Señor, y una luz resplandeció en la celda; y
tocando a Pedro en el costado, le despertó,
diciendo: Levántate pronto. Y las cadenas
se le cayeron de las manos.
8 Le dijo el ángel: Cíñete, y cálzate las
sandalias. Y lo hizo así. Y le dijo: Envuélve-
te en tu manto, y sígueme.
9 Y saliendo, le seguía; pero no sabía que
era verdad lo que hacía el ángel, sino que le
parecía que veía una visión.
10 Habiendo pasado la primera y la segunda guardia, llegaron a la puerta de hierro
que daba a la ciudad, la cual se les abrió por
sí misma; y salidos, avanzaron por una calle,
y de repente el ángel se ausentó de él.
11 Entonces Pedro, volviendo en sí, dijo:
Ahora sé verdaderamente que el Señor ha
enviado su ángel, y me ha arrebatado de la
mano de Herodes, y de todo lo que el
pueblo de los judíos esperaba.
12 Y habiendo reflexionado así, llegó a casa
de María la madre de Juan, el que tenía por
sobrenombre Marcos, donde muchos estaban reunidos orando.
13 Cuando llamó Pedro a la puerta del
patio, salió a escuchar una muchacha llamada Rode,
14 la cual, cuando reconoció la voz de
Pedro, de gozo no abrió la puerta, sino que
corrió adentro a anunciar que Pedro estaba
a la puerta.

15 Y ellos le dijeron: Estás loca. Pero ella insistía en que así era. Entonces ellos decían: ¡Es su ángel!

16 Mas Pedro continuaba llamando; y cuando abrieron y le vieron, se quedaron atónitos.

17 Pero él, haciéndoles con la mano señal de que callasen, les contó cómo el Señor le había sacado de la cárcel. Y dijo: Haced saber esto a Jacobo y a los hermanos. Y salió, y se fue a otro lugar.

18 Luego que fue de día, hubo un alboroto no pequeño entre los soldados sobre qué había sido de Pedro.

19 Mas Herodes, habiéndole buscado sin hallarle, después de interrogar a los guardias, mandó ejecutarlos. Después descendió de Judea a Cesarea y se quedó allí.

Muerte de Herodes

20 Y Herodes estaba enojado contra los de Tiro y de Sidón; pero ellos se presentaron de común acuerdo ante él, y habiendo sobornado a Blasto, que era camarero mayor del rey, pedían paz, porque su territorio era abastecido por el del rey.

21 Y un día señalado, Herodes, vestido de ropas reales, se sentó en el tribunal y les arengó.

22 Y el pueblo aclamaba gritando: ¡Voz de Dios, y no de hombre!

23 Al momento un ángel del Señor le hirió, por cuanto no dio la gloria a Dios; y expiró comido de gusanos.

24 Pero la palabra del Señor crecía y se multiplicaba.

25 Y Bernabé y Saulo, cumplido su servicio, volvieron de Jerusalén, llevando también consigo a Juan, el que tenía por sobrenombre Marcos.

Bernabé y Saulo comienzan su primer viaje misionero

13 Había entonces en la iglesia que estaba en Antioquía, profetas y maestros: Bernabé, Simón el que se llamaba Níger, Lucio de Cirene, Manaén el que se había criado junto con Herodes el tetrarca, y Saulo.

2 Mientras estaban éstos celebrando el culto del Señor, y ayunando, dijo el Espíritu Santo: Apartadme a Bernabé y a Saulo para la obra a que los he llamado.

3 Entonces, habiendo ayunado y orado, les impusieron las manos y los despidieron.

Los apóstoles predican en Chipre

4 Ellos, entonces, enviados por el Espíritu Santo, descendieron a Seleucia, y de allí navegaron a Chipre.

5 Y llegados a Salamina, anunciaban la palabra de Dios en las sinagogas de los judíos. Tenían también a Juan de ayudante.

6 Y habiendo atravesado toda la isla hasta Pafos, hallaron a cierto mago, falso profeta, judío, llamado Barjesús,

7 que estaba con el procónsul Sergio Paulo, varón inteligente. Éste, llamando a Bernabé y a Saulo, deseaba oír la palabra de Dios.

8 Pero se les oponía Elimas, el mago (pues así se traduce su nombre), procurando apartar de la fe al procónsul.

9 Entonces Saulo, que también es Pablo, lleno del Espíritu Santo, fijando en él los ojos,

10 dijo: ¡Oh, lleno de todo engaño y de toda maldad, hijo del diablo, enemigo de toda justicia! ¿No cesarás de trastornar los caminos rectos del Señor?

11 Ahora, pues, he aquí que la mano del Señor está contra ti, y quedarás ciego, y no verás el sol por algún tiempo. E inmediatamente cayeron sobre él oscuridad y tinieblas; y daba vueltas, buscando quien le condujese de la mano.

12 Entonces el procónsul, viendo lo que había sucedido, creyó, impresionado por la doctrina del Señor.

Pablo y Bernabé en Antioquía de Pisidia

13 Habiendo zarpado de Pafos, Pablo y sus compañeros arribaron a Perge de Panfilia; pero Juan, separándose de ellos, se volvió a Jerusalén.

14 Ellos, pasando de Perge, llegaron a Antioquía de Pisidia; y el sábado entraron en la sinagoga y se sentaron.

15 Y después de la lectura de la ley y de los profetas, los principales de la sinagoga mandaron a decirles: Varones hermanos, si tenéis alguna palabra de exhortación para el pueblo, hablad.

16 Entonces Pablo, levantándose, hecha señal de silencio con la mano, dijo: Varones israelitas, y los que teméis a Dios, oíd:

17 El Dios de este pueblo de Israel escogió a nuestros padres, y enalteció al pueblo, siendo ellos extranjeros en tierra de Egipto; y con brazo levantado los sacó de ella.

18 Y por un tiempo como de cuarenta años los soportó en el desierto;

19 y habiendo destruido siete naciones en la tierra de Canaán, les dio en herencia su territorio.

20 Después, al cabo de unos cuatrocientos cincuenta años, les dio jueces hasta el profeta Samuel.

21 Luego pidieron rey, y Dios les dio a Saúl hijo de Cis, varón de la tribu de Benjamín, por cuarenta años.

22 Después de destituir a éste, les levantó

por rey a David, de quien dio también testimonio diciendo: He hallado a David hijo de Isay, varón conforme a mi corazón, quien hará todo lo que yo quiero.

23 De la descendencia de éste, y conforme a la promesa, Dios suscitó a Jesús por Salvador para Israel.

24 Antes de su venida, predicó Juan un bautismo de arrepentimiento a todo el pueblo de Israel.

25 Mas cuando Juan terminaba su carrera, dijo: ¿Quién suponéis que soy? No soy yo él; mas he aquí que viene tras mí uno de quien no soy digno de desatar el calzado de sus pies.

26 Varones hermanos, hijos del linaje de Abraham, y los que entre vosotros teméis a Dios, a vosotros es enviada la palabra de esta salvación.

27 Porque los habitantes de Jerusalén y sus gobernantes, no conociendo a Jesús, ni las palabras de los profetas que se leen todos los sábados, las cumplieron al condenarle.

28 Y sin hallar en él ninguna causa digna de muerte, pidieron a Pilato que se le matase.

29 Y habiendo cumplido todas las cosas que estaban escritas acerca de él, bajándolo del madero, lo pusieron en el sepulcro.

30 Mas Dios le levantó de los muertos.

31 Y él se apareció durante muchos días a los que habían subido juntamente con él de Galilea a Jerusalén, los cuales ahora son sus testigos ante el pueblo.

32 Y nosotros también os anunciamos la Buena Nueva de que la promesa hecha a nuestros padres,

33 Dios la ha cumplido a los hijos de ellos, a nosotros, resucitando a Jesús; como está escrito también en el salmo segundo: Mi hijo eres tú, yo te he engendrado hoy.

34 Y en cuanto a que le levantó de los muertos para nunca más volver a corrupción, lo dijo así: Os daré las misericordiosas y fieles promesas hechas a David.

35 Por eso dice también en otro salmo: No permitirás que tu Santo vea corrupción.

36 Porque a la verdad David, habiendo servido a su propia generación según la voluntad de Dios, durmió, y fue reunido con sus padres, y vio corrupción.

37 Mas aquel a quien Dios levantó, no vio corrupción.

38 Tened, pues, entendido, varones hermanos, que por medio de él se os anuncia perdón de pecados,

39 y que de todo aquello de que por la ley de Moisés no pudisteis ser justificados, en él es justificado todo aquel que cree.

40 Mirad, pues, que no venga sobre vosotros lo que está dicho en los profetas:

41 Mirad, oh menospreciadores, y asombraos, y desapareced;

Porque yo hago una obra en vuestros días,
Obra que no creeréis, aunque alguien os la cuente.

42 Cuando salieron ellos de la sinagoga de los judíos, los gentiles les rogaron que el siguiente sábado les hablasen de estas cosas.

43 Y disuelta la reunión, muchos de los judíos y de los prosélitos piadosos siguieron a Pablo y a Bernabé, quienes hablándoles, les persuadían a que perseverasen en la gracia de Dios.

44 Al sábado siguiente, se reunió casi toda la ciudad para oír la palabra de Dios.

45 Pero viendo los judíos la muchedumbre, se llenaron de celos, y se oponían a lo que Pablo decía, contradiciendo y blasfemando.

46 Entonces Pablo y Bernabé, hablando con denuedo, dijeron: Era necesario que la palabra de Dios os fuera anunciada primero a vosotros; mas puesto que la desecháis, y no os juzgáis dignos de la vida eterna, mirad, nos volvemos a los gentiles.

47 Porque así nos lo ha mandado el Señor, diciendo:
Te he puesto para luz de los gentiles,
A fin de que seas para salvación hasta lo último de la tierra.

48 Los gentiles, oyendo esto, se regocijaban y glorificaban la palabra del Señor, y creyeron todos cuantos estaban destinados a vida eterna.

49 Y la palabra del Señor se difundía por toda aquella región.

50 Pero los judíos instigaron a mujeres piadosas y distinguidas, y a los principales de la ciudad, y provocaron una persecución contra Pablo y Bernabé, y los expulsaron de sus confines.

51 Ellos entonces, sacudiendo contra ellos el polvo de sus pies, llegaron a Iconio.

52 Y los discípulos estaban llenos de gozo y del Espíritu Santo.

Pablo y Bernabé en Iconio

14 Aconteció en Iconio que entraron juntos en la sinagoga de los judíos, y hablaron de tal manera que creyó una gran multitud, tanto de judíos, como de griegos.

2 Mas los judíos que no creían excitaron y tornaron hostiles los ánimos de los gentiles contra los hermanos.

3 Por tanto, se detuvieron allí mucho tiempo, hablando con denuedo, confiados en el Señor, el cual daba testimonio a la palabra de su gracia, concediendo que se hiciesen por medio de las manos de ellos señales y prodigios.

4 Y la gente de la ciudad estaba dividida: unos estaban con los judíos, y otros con los apóstoles.

5 Pero cuando los judíos y los gentiles, juntamente con sus gobernantes, se lanzaron a afrentarlos y apedrearlos,
6 dándose ellos cuenta, huyeron a las ciudades de Licaonia, a Listra y Derbe, y a toda la región circunvecina,
7 y allí se pusieron a predicar el evangelio.

Pablo es apedreado en Listra

8 Y había en Listra cierto hombre sentado, imposibilitado de los pies, cojo de nacimiento, que jamás había andado.
9 Éste oyó hablar a Pablo, el cual, fijando en él sus ojos, y viendo que tenía fe para ser sanado,
10 dijo a gran voz: Levántate derecho sobre tus pies. Y él dio un salto y se puso a caminar.
11 Entonces la gente, visto lo que Pablo había hecho, alzó la voz, diciendo en lengua licaónica: Los dioses se han hecho semejantes a los hombres y han bajado hasta nosotros.
12 Y llamaban a Bernabé Júpiter, y a Pablo, Mercurio, porque éste era el que dirigía la palabra.
13 Y el sacerdote de Júpiter, cuyo templo estaba a la entrada de la ciudad, trajo toros y guirnaldas delante de las puertas, y juntamente con la muchedumbre quería ofrecer sacrificios.
14 Cuando lo oyeron los apóstoles Bernabé y Pablo, rasgaron sus ropas, y se lanzaron en medio de la multitud, dando voces
15 y diciendo: Varones, ¿por qué hacéis esto? También nosotros somos hombres de igual condición que vosotros, que os anunciamos que de estas vanidades os convirtáis al Dios vivo, que hizo el cielo y la tierra, el mar, y todo lo que en ellos hay.
16 En las generaciones pasadas él ha dejado a todas las gentes andar en sus propios caminos;
17 si bien no se dejó a sí mismo sin testimonio, haciendo bien, dándonos lluvias del cielo y estaciones del año fructíferas, llenando de sustento y de alegría nuestros corazones.
18 Y diciendo estas cosas, a duras penas lograron impedir que la multitud les ofreciese sacrificio.
19 Entonces vinieron de Antioquía y de Iconio unos judíos, que persuadieron a la multitud, y después de apedrear a Pablo, le arrastraron fuera de la ciudad, suponiendo que estaba muerto.
20 Pero rodeándole los discípulos, se levantó y entró en la ciudad; y al día siguiente salió con Bernabé para Derbe.
21 Y después de anunciar el evangelio a aquella ciudad y de hacer muchos discípu-

los, volvieron a Listra, a Iconio y a Antioquía,
22 fortaleciendo los ánimos de los discípulos, exhortándoles a que permaneciesen en la fe, y diciéndoles: Es menester que pasemos por muchas tribulaciones para entrar en el reino de Dios.
23 Les designaron ancianos en cada iglesia, y habiendo orado con ayunos, los encomendaron al Señor en quien habían creído.

Regreso a Antioquía de Siria

24 Pasando después por Pisidia, vinieron a Panfilia.
25 Y habiendo predicado la palabra en Perge, descendieron a Atalia.
26 De allí navegaron a Antioquía, desde donde habían sido encomendados a la gracia de Dios para la obra que habían cumplido.
27 Y habiendo llegado, y reunido a la iglesia, refirieron cuán grandes cosas había hecho Dios con ellos, y cómo había abierto la puerta de la fe a los gentiles.
28 Y se quedaron allí mucho tiempo con los discípulos.

El problema de los judaizantes, y reunión en Jerusalén

15 Entonces algunos que venían de Judea enseñaban a los hermanos: Si no os circuncidáis conforme al rito de Moisés, no podéis ser salvos.
2 Como Pablo y Bernabé tuviesen una discusión y contienda no pequeña con ellos, se dispuso que subiesen Pablo y Bernabé, y algunos otros de ellos, a Jerusalén, a los apóstoles y los ancianos, para tratar esta cuestión.
3 Ellos, pues, habiendo sido puestos en camino por la iglesia, pasaron por Fenicia y Samaria, relatando con todo detalle la conversión de los gentiles; y causaban gran gozo a todos los hermanos.
4 Y llegados a Jerusalén, fueron recibidos por la iglesia y los apóstoles y los ancianos, y refirieron todas las cosas que Dios había hecho con ellos.
5 Pero algunos de la secta de los fariseos, que habían creído, se levantaron diciendo: Se debe circuncidarlos, y mandarles que guarden la ley de Moisés.
6 Y se reunieron los apóstoles y los ancianos para considerar este asunto.
7 Y después de mucha discusión, Pedro se levantó y les dijo: Varones hermanos, vosotros estáis perfectamente enterados de que ya hace algún tiempo Dios me escogió de entre nosotros para que los gentiles oyesen

por mi boca la palabra del evangelio y
creyesen.

8 Y Dios, que conoce los corazones, les dio
testimonio, dándoles el Espíritu Santo lo
mismo que a nosotros;

9 y ninguna diferencia hizo entre nosotros y
ellos, purificando por la fe sus corazones.

10 Ahora, pues, ¿por qué tentáis a Dios,
imponiendo sobre la cerviz de los discípulos
un yugo que ni nuestros padres ni nosotros
hemos podido llevar?

11 Más bien, creemos que por la gracia del
Señor Jesús somos salvos, de igual modo
que ellos.

12 Entonces toda la multitud calló, y escuchaban a Bernabé y a Pablo, que contaban
cuán grandes señales y maravillas había
hecho Dios por medio de ellos entre los
gentiles.

13 Y cuando ellos callaron, Jacobo tomó
la palabra y dijo: Varones hermanos, oídme.

14 Simón ha contado cómo Dios visitó por
primera vez a los gentiles, para tomar de
entre ellos un pueblo para su nombre.

15 Y con esto concuerdan las palabras de
los profetas, como está escrito:

16 Después de esto volveré
    Y reedificaré el tabernáculo de David,
      que está caído;
    Y repararé sus ruinas,
    Y lo volveré a levantar,

17 Para que el resto de los hombres busque
      al Señor,
    Y todos los gentiles, sobre los cuales es
      invocado mi nombre,

18 Dice el Señor, que hace todo esto.
    Desde la eternidad conoce el Señor su
      obra.

19 Por lo cual yo juzgo que no se inquiete a
los que de entre los gentiles se convierten
a Dios,

20 sino que se les escriba que se aparten de
las contaminaciones de los ídolos, de la
fornicación, de lo estrangulado y de la sangre.

21 Porque Moisés desde generaciones antiguas tiene en cada ciudad quien lo predique
en las sinagogas, donde es leído cada sábado.

22 Entonces pareció bien a los apóstoles y a
los ancianos, con toda la iglesia, elegir de
entre ellos varones y enviarlos a Antioquía
con Pablo y Bernabé: a Judas que tenía por
sobrenombre Barsabás, y a Silas, varones
dirigentes entre los hermanos;

23 y escribir por conducto de ellos: Los
apóstoles, los ancianos y los hermanos, a los
hermanos de entre los gentiles que están en
Antioquía, en Siria y en Cilicia, saludos.

24 Por cuanto hemos oído que algunos que
han salido de nosotros, a los cuales no dimos

orden, os han inquietado con palabras, per-
turbando vuestras almas, mandando circun-
cidaros y guardar la ley,

25 nos ha parecido bien, habiendo llegado a
un común acuerdo, elegir varones y enviarlos a vosotros con nuestros amados Bernabé
y Pablo,

26 hombres que han expuesto su vida por el
nombre de nuestro Señor Jesucristo.

27 Así que hemos enviado a Judas y a Silas,
los cuales también de palabra os informarán
de lo mismo.

28 Porque ha parecido bien al Espíritu Santo, y a nosotros, no imponeros ninguna
carga más que estas cosas necesarias:

29 que os abstengáis de lo sacrificado a
ídolos, de sangre, de ahogado y de fornicación. Si os abstenéis de tales cosas, obraréis
bien. Pasadlo bien.

30 Así, pues, los que fueron enviados descendieron a Antioquía, y reuniendo a la
congregación, entregaron la carta;

31 y habiéndola leído, se regocijaron por la
consolación.

32 Y Judas y Silas, como ellos también eran
profetas, consolaron y confortaron a los
hermanos con abundancia de palabras.

33 Y después de pasar algún tiempo allí,
fueron despedidos con paz por los hermanos, para volver a aquellos que los habían
enviado.

34 Mas a Silas le pareció bien el quedarse
allí.

35 Pero Pablo y Bernabé continuaron en
Antioquía, enseñando la palabra del Señor
y anunciando el evangelio con otros muchos.

Pablo se separa de Bernabé,
y comienza su segundo viaje misionero

36 Después de algunos días, Pablo dijo a
Bernabé: Volvamos a visitar a los hermanos
en todas las ciudades en que hemos anunciado la palabra del Señor, para ver cómo
están.

37 Y Bernabé quería que llevasen consigo a
Juan, el que tenía por sobrenombre Marcos;

38 pero Pablo insistía en que no debían
llevar consigo al que se había apartado de
ellos desde Panfilia, y no había ido con ellos
a la obra.

39 Y se produjo tal tirantez entre ellos, que
se separaron el uno del otro; Bernabé,
tomando a Marcos, se embarcó, rumbo a
Chipre,

40 y Pablo, escogiendo a Silas, salió encomendado por los hermanos a la gracia del
Señor,

41 y pasó por Siria y Cilicia, consolidando
las iglesias.

Pablo toma por compañero a Timoteo

16 Después llegó a Derbe y a Listra; y he aquí que había allí cierto discípulo llamado Timoteo, hijo de una mujer judía creyente, pero de padre griego;

2 y daban buen testimonio de él los hermanos que estaban en Listra y en Iconio.

3 Quiso Pablo que éste saliera con él; y tomándole, le circuncidó por causa de los judíos que había en aquellos lugares; porque todos sabían que su padre era griego.

4 Y al pasar por las ciudades, les entregaban las ordenanzas que habían acordado los apóstoles y los ancianos que estaban en Jerusalén, para que las observasen.

5 Así que las iglesias eran consolidadas en la fe, y aumentaban en número cada día.

La visión del varón macedonio

6 Y atravesando Frigia y la región de Galacia, les impidió el Espíritu Santo hablar la palabra en Asia;

7 y cuando llegaron a Misia, intentaron ir a Bitinia, pero el Espíritu de Jesús no se lo permitió.

8 Y pasando junto a Misia, descendieron a Troade.

9 Y se le mostró a Pablo una visión de noche: un varón macedonio estaba en pie, rogándole y diciendo: Pasa a Macedonia y ayúdanos.

10 Cuando vio la visión, en seguida procuramos partir para Macedonia, dando por cierto que Dios nos llamaba para que les anunciásemos el evangelio.

Encarcelados en Filipos

11 Zarpando, pues, de Troade, vinimos con rumbo directo a Samotracia, y el día siguiente a Neápolis;

12 y de allí a Filipos, que es una ciudad principal de la provincia de Macedonia, y una colonia; y nos quedamos en aquella ciudad algunos días.

13 Y el sábado salimos fuera de la puerta, junto al río, donde suponíamos que había un lugar de oración; y sentándonos, nos pusimos a hablarles a las mujeres que se habían reunido.

14 Entonces una mujer llamada Lidia, vendedora de púrpura, de la ciudad de Tiatira, que adoraba a Dios, estaba oyendo; y el Señor abrió su corazón para que estuviese atenta a lo que Pablo hablaba.

15 Y cuando fue bautizada, y su familia, nos rogó diciendo: Si habéis juzgado que soy fiel al Señor, entrad y hospedaos en mi casa. Y nos obligó a quedarnos.

16 Aconteció que mientras íbamos a la oración, nos salió al encuentro una muchacha que tenía espíritu de adivinación, la cual daba gran ganancia a sus amos, adivinando.

17 Ésta, siguiendo a Pablo y a nosotros, gritaba, diciendo: Estos hombres son siervos del Dios Altísimo, quienes os anuncian el camino de salvación.

18 Y esto lo hacía por muchos días; Pablo, cansado ya de esto, se volvió y dijo al espíritu: Te mando en el nombre de Jesucristo, que salgas de ella. Y salió en aquel mismo momento.

19 Viendo sus amos que había desaparecido la esperanza de su ganancia, prendieron a Pablo y a Silas, y los arrastraron hasta la plaza pública, ante las autoridades;

20 y presentándolos a los magistrados, dijeron: Estos hombres, siendo judíos, alborotan nuestra ciudad,

21 y proclaman costumbres que no nos es lícito recibir ni hacer, pues somos romanos.

22 Y se agolpó el pueblo contra ellos; y los magistrados, rasgándoles las ropas, ordenaron azotarles con varas.

23 Después de haberles azotado mucho, los echaron en la cárcel, mandando al carcelero que los guardase con seguridad.

24 El cual, recibido este mandato, los metió en el calabozo de más adentro, y les aseguró los pies en el cepo.

25 Pero hacia la medianoche, Pablo y Silas oraban, y cantaban himnos a Dios; y los presos les escuchaban.

26 Entonces sobrevino de repente un gran terremoto, de tal manera que los cimientos de la cárcel fueron sacudidos; y al instante se abrieron todas las puertas, y las cadenas de todos se soltaron.

27 Despertó el carcelero, y viendo abiertas las puertas de la cárcel, sacó la espada y se iba a matar, pensando que los presos se habían fugado.

28 Mas Pablo clamó a gran voz, diciendo: No te hagas ningún mal, pues todos estamos aquí.

29 Él entonces, pidiendo luz, se precipitó adentro, y temblando, se postró a los pies de Pablo y de Silas;

30 y sacándolos, les dijo: Señores, ¿qué debo hacer para ser salvo?

31 Ellos dijeron: Cree en el Señor Jesucristo, y serás salvo, tú y tu casa.

32 Y le hablaron la palabra del Señor a él y a todos los que estaban en su casa.

33 Y él, tomándolos en aquella misma hora de la noche, les lavó las heridas; y en seguida se bautizó él con todos los suyos.

34 Y llevándolos a su casa, les puso la mesa; y se regocijó con toda su casa de haber creído a Dios.

35 Cuando fue de día, los magistrados enviaron alguaciles a decir: Suelta a aquellos hombres.

36 Y el carcelero comunicó estas palabras a Pablo: Los magistrados han enviado a decir que se os suelte; así que ahora salid, y marchaos en paz.

37 Pero Pablo les dijo: Después de azotarnos públicamente sin sentencia judicial, siendo ciudadanos romanos, nos echaron en la cárcel, ¿y ahora nos van a sacar a escondidas? No, por cierto, sino que vengan ellos mismos a sacarnos.

38 Y los alguaciles hicieron saber estas palabras a los magistrados, los cuales tuvieron miedo al oír que eran romanos.

39 Y viniendo, les rogaron; y sacándolos, les pidieron que salieran de la ciudad.

40 Entonces, saliendo de la cárcel, entraron en casa de Lidia, y habiendo visto a los hermanos, los consolaron, y se fueron.

Alboroto en Tesalónica

17 Después de pasar por Anfípolis y Apolonia, llegaron a Tesalónica, donde había una sinagoga de los judíos.

2 Y Pablo, como acostumbraba, fue a ellos, y por tres sábados discutió con ellos, basándose en las Escrituras,

3 explicando y demostrando que era necesario que el Cristo padeciese, y resucitase de los muertos; y que Jesús, a quien yo os anuncio, decía él, es el Cristo.

4 Y algunos de ellos creyeron, y se juntaron con Pablo y con Silas; y de los griegos piadosos gran número, y mujeres principales no pocas.

5 Entonces los judíos que no creían, teniendo celos, tomaron consigo a algunos hombres malvados de la plaza, y juntando una turba, alborotaron la ciudad; y asaltando la casa de Jasón, procuraban sacarlos al pueblo.

6 Pero no hallándolos, trajeron a Jasón y a algunos hermanos ante las autoridades de la ciudad, gritando: Estos que han revolucionado el mundo entero también han venido acá;

7 a los cuales Jasón ha recibido; y todos éstos contravienen los decretos de César, diciendo que hay otro rey, Jesús.

8 Y alborotaron al pueblo y a las autoridades de la ciudad, que oían estas cosas.

9 Pero obtenida fianza de Jasón y de los demás, los soltaron.

Pablo y Silas en Berea

10 Inmediatamente, los hermanos enviaron de noche a Pablo y a Silas hasta Berea.

Y ellos, habiendo llegado, entraron en la sinagoga de los judíos.

11 Y éstos eran más nobles que los de Tesalónica, pues recibieron la palabra con toda solicitud, escudriñando cada día las Escrituras para ver si estas cosas eran así.

12 Así que creyeron muchos de ellos, y mujeres griegas de distinción, y no pocos hombres.

13 Cuando los judíos de Tesalónica se enteraron de que también en Berea era anunciada la palabra de Dios por Pablo, fueron allá, y también alborotaron a las multitudes.

14 Pero los hermanos hicieron salir a Pablo a toda prisa para que se fuese hasta la costa; y Silas y Timoteo se quedaron allí.

15 Y los que se habían encargado de conducir a Pablo, le llevaron a Atenas; y habiendo recibido orden para Silas y Timoteo, de que viniesen a él lo más pronto que pudiesen, salieron.

Pablo en Atenas

16 Mientras Pablo los esperaba en Atenas, su espíritu se indignaba al contemplar la ciudad entregada a la idolatría.

17 Así que discutía en la sinagoga con los judíos y con los temerosos de Dios, y en la plaza cada día con los que allí se encontraban.

18 Y algunos filósofos de los epicúreos y de los estoicos disputaban con él; y unos decían: ¿Qué querrá decir este charlatán? Y otros: Parece que es predicador de divinidades extrañas; porque les predicaba el evangelio de Jesús, y de la resurrección.

19 Y tomándole, le trajeron al Areópago, diciendo: ¿Podemos saber qué es esta nueva enseñanza de que hablas?

20 Pues traes a nuestros oídos cosas extrañas. Queremos, pues, saber qué quiere decir esto.

21 (Porque todos los atenienses y los extranjeros residentes allí, en ninguna otra cosa se interesaban sino en decir o en oír las últimas novedades.)

22 Entonces Pablo, puesto en pie en medio del Areópago, dijo: Varones atenienses, en todo observo que sois extremadamente religiosos;

23 porque mientras pasaba y observaba los objetos de vuestra adoración, hallé también un altar en el cual estaba esta inscripción: AL DIOS DESCONOCIDO. Al que vosotros adoráis, pues, sin conocerle, a ése os vengo a anunciar.

24 El Dios que hizo el mundo y todas las cosas que hay en él, siendo Señor del cielo y de la tierra, no habita en templos hechos por manos humanas,

25 ni es servido por manos de hombres, como si necesitase de algo; pues él es quien da a todos vida y aliento y todas las cosas.

26 Y de una misma sangre ha hecho toda nación de los hombres, para que habiten sobre toda la faz de la tierra; y les ha prefijado el orden de las estaciones, y las fronteras de sus lugares de residencia;

27 para que busquen a Dios, si tal vez, palpando, pueden hallarle, aunque ciertamente no está lejos de cada uno de nosotros.

28 Porque en él vivimos, y nos movemos, y somos; como algunos de vuestros propios poetas también han dicho: Porque somos también linaje suyo.

29 Siendo, pues, linaje de Dios, no debemos pensar que la Divinidad sea semejante a oro, o plata, o piedra, escultura de arte y de imaginación de hombres.

30 Por tanto, Dios, habiendo pasado por alto los tiempos de esta ignorancia, ahora manda a todos los hombres en todo lugar, que se arrepientan;

31 por cuanto ha establecido un día en el cual va a juzgar al mundo con justicia, por aquel varón a quien designó, dando fe a todos con haberle levantado de los muertos.

32 Pero cuando oyeron lo de la resurrección de los muertos, unos se burlaban, y otros decían: Ya te oiremos acerca de esto otra vez.

33 Y así salió Pablo de en medio de ellos.

34 Mas algunos hombres se unieron a él y creyeron; entre los cuales estaban también Dionisio el areopagita, una mujer llamada Dámaris, y otros con ellos.

Pablo en Corinto

18 Después de estas cosas, Pablo se marchó de Atenas y fue a Corinto.

2 Y halló a un judío llamado Aquila, natural del Ponto, recién venido de Italia con Priscila su mujer, por cuanto Claudio había ordenado que todos los judíos saliesen de Roma. Se acercó a ellos,

3 y como era del mismo oficio, se quedó con ellos, y trabajaban juntos, pues el oficio de ellos era hacer tiendas.

4 Y discutía en la sinagoga todos los sábados, y persuadía a judíos y a griegos.

5 Y cuando Silas y Timoteo vinieron de Macedonia, Pablo estaba entregado por entero a la predicación de la palabra, testificando solemnemente a los judíos que Jesús era el Cristo.

6 Pero oponiéndose y blasfemando ellos, les dijo, sacudiéndose los vestidos: Vuestra sangre sea sobre vuestra propia cabeza; yo soy limpio; desde ahora me iré a los gentiles.

7 Y pasando de allí, se fue a la casa de uno llamado Justo, temeroso de Dios, la cual estaba junto a la sinagoga.

8 Y Crispo, el principal de la sinagoga, creyó en el Señor con toda su casa; y muchos de los corintios, oyendo, creían y eran bautizados.

9 Entonces el Señor dijo a Pablo por medio de una visión en la noche: No temas, sino habla, y no calles;

10 porque yo estoy contigo, y ninguno pondrá sobre ti la mano para hacerte mal, porque yo tengo mucho pueblo en esta ciudad.

11 Y se estableció allí por un año y seis meses, enseñándoles la palabra de Dios.

12 Pero siendo Galión procónsul de Acaya, los judíos se levantaron de común acuerdo contra Pablo, y le llevaron al tribunal,

13 diciendo: Éste persuade a los hombres a honrar a Dios contra la ley.

14 Y cuando Pablo iba a abrir la boca, Galión dijo a los judíos: Si se tratara de alguna injusticia o de algún crimen depravado, oh judíos, yo os toleraría conforme a derecho.

15 Pero si son cuestiones de palabras, y de nombres, y de vuestra ley, vedlo vosotros; porque yo no quiero ser juez de estas cosas.

16 Y los echó del tribunal.

17 Entonces todos los griegos, apoderándose de Sóstenes, principal de la sinagoga, le golpeaban delante del tribunal; pero Galión no hacía caso de nada de esto.

18 Mas Pablo, habiéndose quedado aún muchos días allí, después se despidió de los hermanos y se embarcó hacia Siria, y con él Priscila y Aquila, habiéndose rapado la cabeza en Cencrea, porque tenía hecho voto.

19 Y llegó a Éfeso, y a ellos los dejó allí; mas él, entrando en la sinagoga, discutía con los judíos,

20 los cuales le rogaban que se quedase con ellos por más tiempo; mas no accedió,

21 sino que se despidió de ellos, diciendo: Es menester que en todo caso yo guarde en Jerusalén la fiesta que viene; pero volveré a vosotros otra vez, si Dios quiere. Y zarpó de Éfeso.

Pablo regresa a Antioquía y comienza su tercer viaje misionero

22 Habiendo arribado a Cesarea, subió para saludar a la iglesia, y luego descendió a Antioquía.

23 Y después de estar allí algún tiempo, salió, recorriendo por orden la región de Galacia y de Frigia, fortaleciendo a todos los discípulos.

Apolos predica en Éfeso

24 Llegó entonces a Éfeso un judío llamado Apolos, natural de Alejandría, varón elocuente, poderoso en las Escrituras.
25 Éste había sido instruido en el camino del Señor; y siendo de espíritu fervoroso, hablaba y enseñaba diligentemente lo concerniente al Señor, aunque solamente conocía el bautismo de Juan.
26 Y comenzó a hablar con denuedo en la sinagoga; pero cuando le oyeron Priscila y Aquila, le tomaron aparte y le expusieron más exactamente el camino de Dios.
27 Y queriendo él pasar a Acaya, los hermanos le animaron, y escribieron a los discípulos que le recibiesen; y llegado él allá, fue de gran provecho a los que por medio de la gracia habían creído;
28 porque vigorosamente refutaba en público a los judíos, demostrando por medio de las Escrituras que Jesús era el Cristo.

Pablo en Éfeso

19 Aconteció que mientras Apolos estaba en Corinto, Pablo, después de recorrer las regiones altas, vino a Éfeso, y hallando a ciertos discípulos,
2 les dijo: ¿Recibisteis el Espíritu Santo cuando creísteis? Y ellos le dijeron: Ni siquiera hemos oído si hay Espíritu Santo.
3 Entonces dijo: ¿En qué, pues, fuisteis bautizados? Ellos dijeron: En el bautismo de Juan.
4 Dijo Pablo: Juan bautizó con bautismo de arrepentimiento, diciendo al pueblo que creyesen en aquel que vendría después de él, esto es, en Jesús el Cristo.
5 Cuando oyeron esto, fueron bautizados en el nombre del Señor Jesús.
6 Y habiéndoles impuesto Pablo las manos, vino sobre ellos el Espíritu Santo; y hablaban en lenguas, y profetizaban.
7 Eran en total unos doce hombres.
8 Y entrando Pablo en la sinagoga, hablaba con denuedo por espacio de tres meses, discutiendo y persuadiendo acerca del reino de Dios.
9 Pero como algunos se endurecían y se volvían desobedientes, hablando mal del Camino delante de la multitud, se apartó Pablo de ellos y separó a los discípulos, discutiendo cada día en la escuela de uno llamado Tiranno.
10 Esto continuó por espacio de dos años, de manera que todos los que habitaban en Asia, judíos y griegos, oyeron la palabra del Señor Jesús.
11 Y Dios hacía milagros extraordinarios por manos de Pablo,

12 de tal manera que aun aplicaban a los enfermos los paños o delantales que habían estado en contacto con su cuerpo, y las enfermedades se iban de ellos, y los espíritus malos salían.
13 Pero algunos de los exorcistas ambulantes judíos, intentaron invocar el nombre del Señor Jesús sobre los que tenían espíritus malos, diciendo: Os conjuro por Jesús, el que predica Pablo.
14 Había siete hijos de un tal Esceva, judío, jefe de los sacerdotes, que hacían esto.
15 Pero respondiendo el espíritu malo, dijo: A Jesús conozco, y sé quién es Pablo; pero vosotros, ¿quiénes sois?
16 Y el hombre en quien estaba el espíritu malo se lanzó de un salto sobre ellos y, dominándolos, pudo más que ellos, de tal manera que huyeron de aquella casa desnudos y cubiertos de heridas.
17 Y esto fue conocido por todos los que habitaban en Éfeso, así judíos como griegos; y cayó temor sobre todos ellos, y era magnificado el nombre del Señor Jesús.
18 Y muchos de los que habían creído venían, confesando y dando cuenta de las cosas que practicaban.
19 Y muchos de los que habían practicado la magia trajeron los libros y los quemaron delante de todos; y hecha la cuenta de su precio, hallaron que era cincuenta mil piezas de plata.
20 Así crecía y se robustecía poderosamente la palabra del Señor.
21 Pasadas estas cosas, Pablo tomó la decisión de ir a Jerusalén, después de recorrer Macedonia y Acaya, diciendo: Después que haya estado allí, debo visitar también Roma.
22 Y enviando a Macedonia a dos de los que le ayudaban, Timoteo y Erasto, él se quedó por algún tiempo en Asia.

Alboroto en Éfeso

23 Hubo por aquel tiempo un disturbio no pequeño acerca del Camino.
24 Porque un platero llamado Demetrio, que hacía templecillos de plata de Diana, proporcionaba no poca ganancia a los artífices;
25 a los cuales, reunidos con los obreros del mismo oficio, dijo: Varones, sabéis que de este oficio depende nuestra prosperidad;
26 pero veis y oís que este Pablo, no solamente en Éfeso, sino en casi toda Asia, ha persuadido y apartado a muchas gentes, diciendo que no son dioses los que se hacen con las manos.
27 Y no solamente hay peligro de que este nuestro negocio venga a desacreditarse, si-

no también que el templo de la gran diosa Diana sea estimado en nada, y vaya a ser despojada de su majestad, aquella a quien venera toda Asia, y el mundo entero.

28 Cuando oyeron estas cosas, se llenaron de ira, y gritaban, diciendo: ¡Grande es Diana de los efesios!

29 Y la ciudad se llenó de confusión, y a una se lanzaron al teatro, arrebatando a Gayo y a Aristarco, macedonios, compañeros de viaje de Pablo.

30 Y queriendo Pablo salir al pueblo, los discípulos no se lo permitieron.

31 Y también algunas de las autoridades de Asia, que eran amigos suyos, le enviaron recado, rogándole que no se presentase en el teatro.

32 Unos, pues, gritaban una cosa, y otros otra; porque la concurrencia estaba confusa, y los más no sabían por qué se habían reunido.

33 Y sacaron de entre la multitud a Alejandro, empujándole los judíos. Entonces Alejandro, pidiendo silencio con la mano, quería hablar en su defensa ante el pueblo.

34 Pero cuando le conocieron que era judío, todos a una voz gritaron casi por dos horas: ¡Grande es Diana de los efesios!

35 Entonces el secretario de la ciudad, cuando había apaciguado a la multitud, dijo: Varones efesios, ¿pues quién es el hombre que no sabe que la ciudad de los efesios es guardiana del templo de la gran diosa Diana, y de la imagen caída del cielo?

36 Puesto que esto es indiscutible, debéis calmaros y no hacer nada precipitadamente.

37 Porque habéis traído a estos hombres, sin ser sacrílegos ni blasfemadores de vuestra diosa.

38 Y si Demetrio y los artífices que están con él tienen pleito contra alguno, audiencias se conceden, y procónsules hay; acúsense los unos a los otros.

39 Y si demandáis alguna otra cosa, en legítima asamblea se puede decidir.

40 Porque además hay peligro de que seamos acusados de sedición por esto de hoy, no habiendo ninguna causa por la cual podamos dar razón de esta reunión tumultuosa.

41 Y habiendo dicho esto, despidió la asamblea.

Viaje de Pablo a Macedonia y Grecia

20 Después que cesó el tumulto, mandó llamar Pablo a los discípulos, y habiéndolos exhortado, se despidió y salió para ir a Macedonia.

2 Y después de recorrer aquellas regiones, y de exhortarles con abundancia de palabras, llegó a Grecia.

3 Después de haber estado allí tres meses, y habiendo tramado los judíos una conjura contra él, cuando iba a embarcarse para Siria, tomó la decisión de volver por Macedonia.

4 Y le acompañaron hasta Asia, Sópater de Berea, Aristarco y Segundo de Tesalónica, Gayo de Derbe y Timoteo; y de Asia, Tíquico y Trófimo.

5 Éstos, habiéndose adelantado, nos esperaron en Tróade.

6 Y nosotros, pasados los días de los panes sin levadura, navegamos desde Filipos, y en cinco días nos reunimos con ellos en Tróade, donde nos quedamos siete días.

Visita de despedida de Pablo en Tróade

7 El primer día de la semana, estando reunidos los discípulos para partir el pan, Pablo conversaba con ellos, habiendo de salir al día siguiente; y alargó el discurso hasta la medianoche.

8 Y había muchas lámparas en el aposento alto donde estaban reunidos;

9 y un joven llamado Eutico, que estaba sentado en la ventana, rendido de un sueño profundo, por cuanto Pablo alargaba su discurso, vencido del sueño, cayó del tercer piso abajo, y fue levantado muerto.

10 Entonces descendió Pablo y se echó sobre él, y abrazándole, dijo: No os alarméis, pues está vivo.

11 Después de haber subido, y partido el pan y comido, habló largamente hasta el alba; y así salió.

12 Y llevaron al joven vivo, y fueron grandemente consolados.

Viaje de Tróade a Mileto

13 Nosotros, adelantándonos a embarcarnos, navegamos a Asón para recoger allí a Pablo, ya que así lo había dispuesto, queriendo él ir por tierra.

14 Cuando se reunió con nosotros en Asón, tomándole a bordo, vinimos a Mitilene.

15 Navegando de allí, al día siguiente llegamos delante de Quío, y al otro día cruzamos hasta Samos; y habiendo hecho escala en Trogilio, al día siguiente llegamos a Mileto.

16 Porque Pablo había decidido pasar de largo por Éfeso, para no detenerse en Asia, pues se apresuraba por estar el día de Pentecostés, si le fuese posible, en Jerusalén.

Discurso de despedida de Pablo en Mileto

17 Enviando, pues, desde Mileto a Éfeso, hizo llamar a los ancianos de la iglesia.

18 Cuando se presentaron a él, les dijo: Vosotros sabéis bien cómo me he comportado entre vosotros todo el tiempo, desde el primer día que entré en Asia,

19 sirviendo al Señor con toda humildad, y con muchas lágrimas, y pruebas que me han venido por las asechanzas de los judíos;

20 cómo no me retraje de anunciaros nada que fuese útil y de enseñaros, públicamente y por las casas,

21 testificando solemnemente a judíos y a gentiles acerca del arrepentimiento para con Dios, y de la fe en nuestro Señor Jesucristo.

22 Y ahora, he aquí que yo, encadenado en el espíritu, voy a Jerusalén, sin saber lo que allá me acontecerá;

23 salvo que el Espíritu Santo por todas las ciudades me da testimonio solemne, diciendo que me esperan cadenas y tribulaciones.

24 Pero de ninguna cosa hago caso, ni estimo preciosa mi vida para mí mismo, con tal que acabe mi carrera con gozo, y el ministerio que recibí del Señor Jesús, para dar solemne testimonio del evangelio de la gracia de Dios.

25 Y ahora, he aquí que yo sé que ninguno de todos vosotros, entre quienes he pasado predicando el reino de Dios, verá más mi rostro.

26 Por tanto, yo os pongo por testigos en el día de hoy, de que estoy limpio de la sangre de todos;

27 porque no he rehuido anunciaros todo el consejo de Dios.

28 Por tanto, mirad por vosotros, y por todo el rebaño en que el Espíritu Santo os ha puesto por supervisores, para apacentar la iglesia del Señor, la cual él adquirió para sí por medio de su propia sangre.

29 Porque yo sé que después de mi partida entrarán en medio de vosotros lobos rapaces, que no perdonarán al rebaño.

30 Y de vosotros mismos se levantarán hombres que hablen cosas perversas para arrastrar tras sí a los discípulos.

31 Por tanto, velad, recordando que, por tres años, de noche y de día, no he cesado de amonestar con lágrimas a cada uno.

32 Y ahora, hermanos, os encomiendo a Dios, y a la palabra de su gracia, que tiene poder para sobreedificaros y daros herencia con todos los santificados.

33 Ni plata ni oro ni vestido de nadie he codiciado.

34 Antes bien, vosotros mismos sabéis que para lo que me ha sido necesario a mí y a los que están conmigo, estas manos me han servido.

35 En todo os he mostrado que, trabajando así, se debe ayudar a los necesitados, y

recordar las palabras del Señor Jesús, que dijo: Más bienaventurado es dar que recibir.

36 Y dicho esto, se puso de rodillas, y oró con todos ellos.

37 Entonces hubo gran llanto de todos; y echándose al cuello de Pablo, le besaban afectuosamente,

38 afligidos en gran manera por la palabra que había dicho, de que no verían más su rostro. Y le acompañaron al barco.

Viaje de Pablo a Jerusalén

21 Después de separarnos de ellos, zarpamos y fuimos con rumbo directo a Cos, y al día siguiente a Rodas, y de allí a Pátara.

2 Y hallando un barco que pasaba a Fenicia, nos embarcamos, y zarpamos.

3 Al avistar Chipre, dejándola a mano izquierda, navegamos hacia Siria, y arribamos a Tiro, porque el barco había de descargar allí.

4 Y después de hallar a los discípulos, nos quedamos allí siete días; y ellos decían a Pablo por medio del Espíritu, que no subiese a Jerusalén.

5 Cumplidos aquellos días, salimos, acompañándonos todos, con sus mujeres e hijos, hasta fuera de la ciudad; y puestos de rodillas en la playa, oramos.

6 Y tras despedirnos los unos de los otros, subimos al barco, y ellos se volvieron a sus casas.

7 Y nosotros completamos la navegación, saliendo de Tiro y arribando a Tolemaida; y habiendo saludado a los hermanos, nos quedamos con ellos un día.

8 Al otro día, saliendo Pablo y los que con él estábamos, fuimos a Cesarea; y entrando en casa de Felipe el evangelista, que era uno de los siete, nos hospedamos en su casa.

9 Éste tenía cuatro hijas doncellas que profetizaban.

10 Y permaneciendo nosotros allí bastantes días, descendió de Judea un profeta llamado Ágabo,

11 quien viniendo a vernos, tomó el cinto de Pablo, y atándose los pies y las manos, dijo: Esto dice el Espíritu Santo: Así atarán los judíos en Jerusalén al varón de quien es este cinto, y le entregarán en manos de los gentiles.

12 Al oír esto, le rogamos, tanto nosotros como los de aquel lugar, que no subiese a Jerusalén.

13 Entonces Pablo respondió: ¿Qué hacéis llorando y quebrantándome el corazón? Porque yo estoy dispuesto no sólo a ser

atado, sino también a morir en Jerusalén por el nombre del Señor Jesús.

14 Y como no se dejaba persuadir, desistimos, diciendo: Hágase la voluntad del Señor.

15 Después de esos días, hechos ya los preparativos, subimos a Jerusalén.

16 Y vinieron también con nosotros de Cesarea algunos de los discípulos, trayendo consigo a uno llamado Mnasón, de Chipre, discípulo antiguo, con quien nos hospedaríamos.

Arresto de Pablo en el templo

17 Cuando llegamos a Jerusalén, los hermanos nos recibieron con gozo.

18 Y al día siguiente Pablo entró con nosotros a ver a Jacobo, y se hallaban presentes todos los ancianos;

19 y después de haberles saludado, les contó una por una las cosas que Dios había hecho entre los gentiles por medio de su ministerio.

20 Cuando ellos lo oyeron, glorificaban a Dios, y le dijeron: Ya ves, hermano, cuántos miles y miles de judíos hay que han creído; y todos son celosos por la ley.

21 Pero se les ha informado en cuanto a ti, que enseñas a todos los judíos que están entre los gentiles a apostatar de Moisés, diciéndoles que no circunciden a sus hijos, ni observen las costumbres.

22 ¿Qué hacer, pues? La multitud se reunirá de cierto, porque oirán que has venido.

23 Haz, pues, esto que te decimos: Tenemos cuatro hombres que tienen obligación de cumplir un voto.

24 Tómalos contigo, purifícate con ellos, y paga sus gastos para que se rasuren la cabeza; y todos comprenderán que no hay nada de lo que se les informó acerca de ti, sino que tú también andas ordenadamente, guardando la ley.

25 Pero en cuanto a los gentiles que han creído, nosotros les hemos escrito determinando que no guarden nada de esto; solamente que se abstengan de lo sacrificado a los ídolos, de la sangre, de lo estrangulado y de fornicación.

26 Entonces Pablo tomó consigo a aquellos hombres, y al día siguiente, habiéndose purificado con ellos, entró en el templo, para notificar la terminación de los días de la purificación, hasta que se presentase la ofrenda por cada uno de ellos.

27 Pero cuando estaban para cumplirse los siete días, unos judíos de Asia, al verle en el templo, alborotaron a toda la multitud y le echaron mano,

28 dando voces: ¡Varones israelitas, ayu-

dadnos! Éste es el hombre que por todas partes enseña a todos contra el pueblo, la ley y este lugar; y además de esto, ha metido a griegos en el templo, y ha profanado este santo lugar.

29 Porque antes habían visto con él en la ciudad a Trófimo, de Éfeso, a quien pensaban que Pablo había metido en el templo.

30 Así que toda la ciudad se alborotó, y se agolpó el pueblo; y apoderándose de Pablo, le arrastraron fuera del templo, e inmediatamente cerraron las puertas.

31 Y procurando ellos matarle, se le avisó al tribuno de la compañía, que toda la ciudad de Jerusalén estaba alborotada.

32 Éste, tomando en seguida soldados y centuriones, bajó corriendo hacia ellos. Y cuando ellos vieron al tribuno y a los soldados, dejaron de golpear a Pablo.

33 Entonces, llegando el tribuno, le prendió y le mandó atar con dos cadenas, y preguntó quién era y qué había hecho.

34 Pero entre la multitud, unos gritaban una cosa, y otros otra; y como no podía averiguar los hechos con seguridad a causa del alboroto, mandó llevarle a la fortaleza.

35 Al llegar a las gradas, aconteció que tuvo que ser llevado a cuestas por los soldados a causa de la violencia de la multitud;

36 porque la muchedumbre del pueblo venía detrás, gritando: ¡Muera!

Defensa de Pablo ante el pueblo

37 Cuando estaban para meter a Pablo en la fortaleza, dijo al tribuno: ¿Se me permite decirte algo? Y él dijo: ¿Sabes griego?

38 ¿Entonces no eres tú aquel egipcio que levantó una sedición antes de estos días, y sacó al desierto aquellos cuatro mil terroristas?

39 Entonces dijo Pablo: Lo cierto es que yo soy un judío de Tarso, ciudadano de una ciudad no insignificante de Cilicia; y te ruego que me permitas hablar al pueblo.

40 Y cuando él se lo permitió, Pablo, estando en pie en las gradas, hizo señal con la mano al pueblo. Y hecho un gran silencio, habló en lengua hebrea, diciendo:

22 Varones hermanos y padres, oíd ahora mi defensa ante vosotros.

2 Y al oír que les hablaba en lengua hebrea, guardaron más silencio. Y él les dijo:

3 Yo de cierto soy judío, nacido en Tarso de Cilicia, pero criado en esta ciudad, instruido a los pies de Gamaliel, estrictamente conforme a la ley de nuestros padres, celoso de Dios, como hoy lo sois todos vosotros.

4 Y perseguí este Camino hasta la muerte, prendiendo y entregando en cárceles, tanto a hombres como a mujeres;

5 como el sumo sacerdote también me es
testigo, y todos los ancianos, de quienes
también recibí cartas para los hermanos, y
fui a Damasco para traer presos a Jerusalén
también a los que estuviesen allí, para que
fuesen castigados.

Pablo relata su conversión

6 Pero aconteció que cuando iba de camino, al llegar cerca de Damasco, como a
mediodía, de repente me rodeó una gran luz
del cielo;
7 y caí al suelo, y oí una voz que me decía:
Saulo, Saulo, ¿por qué me persigues?
8 Yo entonces respondí: ¿Quién eres, Señor? Y me dijo: Yo soy Jesús de Nazaret, a
quien tú persigues.
9 Y los que estaban conmigo vieron la luz,
ciertamente, y se espantaron; pero no entendieron la voz del que hablaba conmigo.
10 Y dije: ¿Qué haré, Señor? Y el Señor me
dijo: Levántate, y ve a Damasco, y allí se te
dirá todo lo que está ordenado que hagas.
11 Y como yo no veía a causa del resplandor de la luz, me llevaron de la mano los que
estaban conmigo, y llegué a Damasco.
12 Entonces uno llamado Ananías, varón
piadoso según la ley, que tenía buen testimonio de todos los judíos que allí habitaban,
13 vino hasta donde yo estaba, y acercándose, me dijo: Hermano Saulo, recobra la
vista. Y yo en aquel mismo momento recobré la vista y lo miré.
14 Y él dijo: El Dios de nuestros padres te
ha designado para que conozcas su voluntad, y veas al Justo, y oigas la voz de su boca;
15 Porque le serás testigo ante todos los
hombres, de lo que has visto y oído.
16 Ahora, pues, ¿a qué esperas? Levántate
y bautízate, y lava tus pecados, invocando
su nombre.

Pablo es enviado a los gentiles

17 Y me aconteció, vuelto a Jerusalén, que
orando en el templo me sobrevino un éxtasis.
18 Y le vi que me decía: Date prisa, y sal
prontamente de Jerusalén; porque no recibirán tu testimonio acerca de mí.
19 Yo dije: Señor, ellos saben bien que yo
encarcelaba y azotaba en todas las sinagogas
a los que creían en ti;
20 y cuando se derramaba la sangre de
Esteban tu testigo, yo mismo también estaba presente, y consentía en su muerte, y
guardaba las ropas de los que le mataban.
21 Pero me dijo: Ve, porque yo te enviaré
lejos a los gentiles.

Pablo en manos del tribuno

22 Y le escuchaban hasta esta palabra; entonces alzaron la voz, diciendo: Quita de la
tierra a tal hombre, porque no conviene que
viva.
23 Y como ellos gritaban y arrojaban sus
ropas y lanzaban polvo al aire,
24 mandó el tribuno que le metiesen en la
fortaleza, y ordenó que lo sometieran a los
azotes, para averiguar por qué causa clamaban así contra él.
25 Pero cuando le estiraron con correas,
Pablo dijo al centurión que estaba presente:
¿Os es lícito azotar a un ciudadano romano
sin haber sido condenado?
26 Cuando el centurión oyó esto, fue y dio
aviso al tribuno, diciendo: ¿Qué vas a hacer? Porque este hombre es ciudadano romano.
27 Vino el tribuno y le dijo: Dime, ¿eres tú
ciudadano romano? Él dijo: Sí.
28 Respondió el tribuno: Yo con una gran
suma adquirí esta ciudadanía. Entonces Pablo dijo: Pues yo la tengo de nacimiento.
29 Así que, en seguida se apartaron de él
los que le iban a someter a tormento; y aun
el tribuno tuvo miedo también, al conocer
que era ciudadano romano, y que le había
tenido atado con cadenas.

Pablo ante el sanedrín

30 Al día siguiente, queriendo averiguar de
seguro la causa por la cual le acusaban los
judíos, lo desató, y mandó venir a los principales sacerdotes y a todo el sanedrín, y
sacando a Pablo, le presentó ante ellos.

23 Entonces Pablo, mirando fijamente
al sanedrín, dijo: Varones hermanos,
yo con toda buena conciencia me he comportado delante de Dios hasta el día de hoy.
2 El sumo sacerdote Ananías ordenó entonces a los que estaban junto a él, que le
golpeasen en la boca.
3 Entonces Pablo le dijo: ¡Dios te va a
golpear a ti, pared blanqueada! ¿Estás tú
sentado para juzgarme conforme a la ley, y
me mandas golpear quebrantando la ley?
4 Los que estaban presentes dijeron: ¿Al
sumo sacerdote de Dios injurias?
5 Pablo dijo: No sabía, hermanos, que era
el sumo sacerdote; pues escrito está: No
injuriarás al jefe de tu pueblo.
6 Entonces Pablo, dándose cuenta de que
una parte eran saduceos, y otra fariseos,
alzó la voz en el sanedrín: Varones hermanos, yo soy fariseo, hijo de fariseo; se me
juzga por esperar la resurrección de los
muertos.
7 Cuando dijo esto, se produjo un alterca-

do entre los fariseos y los saduceos, y la asamblea se dividió.

8 Porque los saduceos dicen que no hay resurrección, ni ángel, ni espíritu; pero los fariseos afirman todas estas cosas.

9 Y hubo un gran vocerío; y levantándose los escribas de la parte de los fariseos, se oponían enérgicamente, diciendo: Ningún mal hallamos en este hombre; ¿qué, si un espíritu le ha hablado, o un ángel? ¡No luchemos contra Dios!

10 Y al ir en aumento el altercado, el tribuno, teniendo temor de que Pablo fuese despedazado por ellos, mandó que bajase la tropa para sacarle de en medio de ellos, y llevarle a la fortaleza.

11 A la noche siguiente se le presentó el Señor y le dijo: Ten ánimo, Pablo, pues como has testificado de mí en Jerusalén, así es necesario que testifiques también en Roma.

Complot contra Pablo

12 Cuando se hizo de día, algunos de los judíos tramaron un complot y se comprometieron bajo juramento solemne, diciendo que no comerían ni beberían hasta que hubiesen dado muerte a Pablo.

13 Eran más de cuarenta los que habían hecho esta conjuración,

14 los cuales fueron a los principales sacerdotes y a los ancianos y dijeron: Nosotros nos hemos comprometido bajo juramento solemne, a no gustar nada hasta que hayamos dado muerte a Pablo.

15 Ahora pues, vosotros, con el sanedrín, requerid al tribuno que le traiga mañana ante nosotros, como que queréis indagar alguna cosa más minuciosamente acerca de él; y nosotros estaremos listos para matarle antes que llegue.

16 Mas el hijo de la hermana de Pablo, oyendo hablar de la emboscada, fue y entró en la fortaleza, y dio aviso a Pablo.

17 Pablo, llamando a uno de los centuriones, dijo: Lleva a este joven ante el tribuno, porque tiene cierto aviso que darle.

18 Él entonces, tomándole, le llevó al tribuno, y dijo: El preso Pablo me llamó y me rogó que trajese ante ti a este joven, que tiene algo que hablarte.

19 El tribuno, tomándole de la mano y llevándole aparte, le preguntó: ¿Qué es lo que tienes que comunicarme?

20 Él le dijo: Los judíos han convenido en rogarte que mañana lleves a Pablo ante el sanedrín, como que van a inquirir alguna cosa más minuciosa acerca de él.

21 Pero tú no les creas; porque más de cuarenta hombres de ellos le acechan, los cuales se han comprometido bajo juramento solemne, a no comer ni beber hasta que le hayan dado muerte; y ahora están listos aguardando el cumplimiento de tu promesa.

22 Entonces el tribuno despidió al joven, mandándole que a nadie informase de que le había dado aviso de esto.

Pablo es enviado a Félix el gobernador

23 Y llamando a dos centuriones, mandó que prepararan para la hora tercera de la noche doscientos soldados, setenta jinetes y doscientos lanceros, para que fuesen hasta Cesarea;

24 y que preparasen también cabalgaduras en las que, montando a Pablo, le llevasen en salvo a Félix el gobernador.

25 Y escribió una carta en estos términos:

26 Claudio Lisias al excelentísimo gobernador Félix: Salud.

27 A este hombre, aprehendido por los judíos, y al que iban ellos a matar, lo libré yo acudiendo con la tropa, al enterarme de que era ciudadano romano.

28 Y queriendo saber la causa por que le acusaban, le llevé al sanedrín de ellos;

29 y hallé que le acusaban por cuestiones de la ley de ellos, pero que no tenía ningún delito digno de muerte o de prisión.

30 Pero al ser avisado de que los judíos habían preparado una emboscada contra este hombre, al punto le he enviado a ti, intimando también a los acusadores que presenten delante de ti lo que tengan contra él. Pásalo bien.

31 Y los soldados, tomando a Pablo como se les había ordenado, le llevaron de noche a Antípatris.

32 Y al día siguiente, dejando que los jinetes fuesen con él, volvieron a la fortaleza.

33 Cuando aquéllos llegaron a Cesarea, y entregaron la carta al gobernador, presentaron también a Pablo delante de él.

34 Y el gobernador, después de leer la carta, preguntó de qué provincia era; e informado de que era de Cilicia,

35 le dijo: Te atenderé cuando vengan tus acusadores. Y mandó que le custodiasen en el pretorio de Herodes.

Defensa de Pablo ante Félix

24 Cinco días después, descendió el sumo sacerdote Ananías con algunos de los ancianos y un cierto orador llamado Tértulo, y comparecieron ante el gobernador contra Pablo.

2 Y cuando éste fue llamado, Tértulo

comenzó a acusarle, diciendo: Como debido a ti gozamos de gran paz, y muchas reformas son realizadas en beneficio de esta nación por tu prudencia,

3 oh excelentísimo Félix, lo reconocemos en todo tiempo y en todo lugar con toda gratitud.

4 Pero por no molestarte más largamente, te ruego que nos oigas brevemente conforme a tu equidad.

5 Porque hemos hallado que este hombre es una plaga, y promotor de sediciones entre todos los judíos por todo el mundo, y cabecilla de la secta de los nazarenos.

6 Intentó también profanar el templo; y después de prenderle, quisimos juzgarle conforme a nuestra ley.

7 Pero se presentó el tribuno Lisias, y con gran violencia le quitó de nuestras manos,

8 mandando a sus acusadores que viniesen a ti. Tú mismo, pues, si le interrogas, podrás informarte de todas estas cosas de que le acusamos.

9 Los judíos también se unían a la acusación, asegurando que las cosas eran así.

10 Habiéndole hecho señal el gobernador a Pablo para que hablase, éste respondió: Porque bien sé que desde hace muchos años eres juez de esta nación, haré mi defensa con buen ánimo.

11 Como tú puedes cerciorarte, no hace más de doce días que subí a Jerusalén a adorar;

12 y ni en el templo, ni en las sinagogas, ni en la ciudad me hallaron disputando con ninguno, ni amotinando a la multitud;

13 ni te pueden probar las cosas de que ahora me acusan.

14 Pero esto te confieso, que según el Camino que ellos llaman secta, así doy culto al Dios de mis padres, creyendo todas las cosas que están escritas en la ley y en los profetas;

15 teniendo esperanza en Dios, la cual ellos mismos también abrigan, de que ha de haber resurrección de los muertos, tanto de justos como de injustos.

16 Y por esto, yo mismo me ejercito constantemente en conservar una conciencia irreprensible ante Dios y ante los hombres.

17 Pero pasados algunos años, vine a hacer limosnas a mi nación y a presentar ofrendas.

18 Estaba haciendo esto, cuando unos judíos de Asia me hallaron purificado en el templo, no con multitud ni con alboroto.

19 Ellos deberían comparecer ante ti y acusarme, si tienen algo contra mí.

20 O que digan estos mismos si hallaron en mí algún delito, cuando comparecí ante el sanedrín,

21 a no ser este solo grito que lancé estando en medio de ellos: Acerca de la resurrección de los muertos soy juzgado hoy por vosotros.

22 Entonces Félix, oídas estas cosas, estando mejor informado de este Camino, les dio largas, diciendo: Cuando descienda el tribuno Lisias, decidiré vuestro asunto.

23 Y mandó al centurión que se custodiase a Pablo, pero que se le concediese alguna libertad, y que no impidiese a ninguno de los suyos servirle o venir a él.

24 Algunos días después, viniendo Félix con Drusila su mujer, que era judía, llamó a Pablo, y le oyó acerca de la fe en Jesucristo.

25 Pero al disertar Pablo acerca de la justicia, del dominio propio y del juicio venidero, Félix se aterrorizó, y dijo: Vete por ahora; pero cuando tenga oportunidad te llamaré.

26 Esperaba también junto con esto, que Pablo le diera dinero para que le soltase; por lo cual le hacía llamar con frecuencia para conversar con él.

27 Pero al cabo de dos años recibió Félix por sucesor a Porcio Festo; y queriendo Félix congraciarse con los judíos, dejó preso a Pablo.

Pablo apela a César

25 Llegado, pues, Festo a la provincia, subió de Cesarea a Jerusalén tres días después.

2 Y los principales sacerdotes y los más influyentes de los judíos se presentaron ante él contra Pablo, y le rogaron,

3 pidiendo contra él, como un favor, que le hiciese traer a Jerusalén; preparando ellos una emboscada para matarle en el camino.

4 Pero Festo respondió que Pablo estaba custodiado en Cesarea, adonde él mismo partiría en breve.

5 Los que de vosotros puedan, dijo, desciendan conmigo, y si hay algún crimen en este hombre, acúsenle.

6 Y deteniéndose entre ellos no más de ocho o diez días, vino a Cesarea, y al día siguiente se sentó en el tribunal, y mandó que fuese traído Pablo.

7 Cuando éste llegó, lo rodearon los judíos que habían descendido de Jerusalén, presentando contra él muchas y graves acusaciones, las cuales no podían probar;

8 alegando Pablo en su defensa: Ni contra la ley de los judíos, ni contra el templo, ni contra César he pecado en nada.

9 Pero Festo, queriendo congraciarse con los judíos, respondiendo a Pablo dijo: ¿Quieres subir a Jerusalén, y allá ser juzgado de estas cosas delante de mí?

10 Pablo dijo: Ante el tribunal de César estoy, donde debo ser juzgado. A los judíos

no les he hecho ningún agravio, como tú
sabes muy bien.
11 Porque si he hecho algún agravio, o cosa
alguna digna de muerte, no rehúso morir;
pero si nada hay de las cosas de que éstos me
acusan, nadie puede entregarme a ellos. A
César apelo.
12 Entonces Festo, habiendo hablado con
el consejo, respondió: A César has apelado;
a César irás.

Pablo ante Agripa y Berenice

13 Pasados algunos días, el rey Agripa y
Berenice vinieron a Cesarea para saludar a
Festo.
14 Y como pasaban allí muchos días, Festo
expuso al rey la causa de Pablo, diciendo:
Un hombre ha sido dejado preso por Félix,
15 respecto al cual, cuando fui a Jerusalén,
se me presentaron los principales sacerdotes
y los ancianos de los judíos, pidiendo sentencia de condenación contra él.
16 Les respondí que no es costumbre de los
romanos entregar alguno a la muerte antes
que el acusado tenga delante a sus acusadores, y tenga la oportunidad de defenderse de
los cargos.
17 Así que, después que ellos se reunieron
aquí, sin ninguna dilación, al día siguiente,
me senté en el tribunal y mandé traer al
hombre.
18 Y cuando sus acusadores comparecieron, ningún cargo presentaron de los que yo
sospechaba,
19 sino que tenían contra él ciertas cuestiones acerca de su propia religión, y de un
cierto Jesús, ya muerto, del que Pablo afir-
maba que está vivo.
20 Yo no sabía qué camino tomar para
investigar tal caso, y le pregunté si quería ir
a Jerusalén y ser juzgado allí de estas cosas.
21 Mas como Pablo apeló que se le reserva-
se para la decisión del Augusto, mandé que
le custodiasen hasta que yo le envíe a César.
22 Entonces Agripa dijo a Festo: Yo también querría oír a ese hombre. Y él le dijo:
Mañana le oirás.
23 Al otro día, viniendo Agripa y Berenice
con mucha pompa, y entrando en la audien-
cia con los tribunos y los hombres más
importantes de la ciudad, por mandato de
Festo fue traído Pablo.
24 Entonces Festo dijo: Rey Agripa, y todos los varones que estáis aquí juntos con
nosotros, aquí tenéis a este hombre, respecto del cual toda la multitud de los judíos me
ha demandado en Jerusalén y aquí, gritando
que no debe vivir más.
25 Pero yo, hallando que no ha hecho ninguna cosa digna de muerte, y como él mismo

apeló al Augusto, he determinado enviarle
a él.
26 Como no tengo nada en concreto que
escribir a mi señor sobre él, le he traído ante
vosotros, y sobre todo ante ti, oh rey Agripa, para que después de examinarle, tenga
yo qué escribir.
27 Porque me parece fuera de razón enviar
un preso, y no indicar los cargos que haya en
su contra.

Defensa de Pablo ante Agripa

26 Entonces Agripa dijo a Pablo: Se te
permite hablar a tu favor. Pablo entonces, extendiendo la mano, comenzó así
su defensa:
2 Me tengo por dichoso, oh rey Agripa, de
que haya de defenderme hoy delante de ti
de todas las cosas de que soy acusado por los
judíos,
3 sobre todo, porque tú conoces bien todas
las costumbres y cuestiones que hay entre
los judíos; por lo cual te ruego que me oigas
con paciencia.

Vida pasada de Pablo

4 Mi vida, pues, desde mi juventud, la cual
desde el principio pasé en mi nación, en
Jerusalén, la saben todos los judíos;
5 los cuales me conocen desde mucho tiempo atrás, si quieren testificarlo, que conforme a la más rigurosa secta de nuestra religión, viví como fariseo.
6 Y ahora, por la esperanza de la promesa
que hizo Dios a nuestros padres, estoy
sometido a juicio;
7 promesa cuyo cumplimiento esperan alcanzar nuestras doce tribus, rindiendo culto
constantemente a Dios de día y de noche.
Por esta esperanza, oh rey Agripa, soy
acusado por los judíos.
8 ¡Qué! ¿Se juzga entre vosotros como cosa
increíble el que Dios resucite a los muertos?

Pablo el perseguidor

9 Pues también yo había creído mi deber
hacer muchas cosas contra el nombre de
Jesús de Nazaret;
10 y esto es precisamente lo que hice en
Jerusalén. Yo encerré en cárceles a muchos
de los santos, habiendo recibido poderes de
los principales sacerdotes; y cuando los mataban, yo di mi voto.
11 Y muchas veces, castigándolos en todas
las sinagogas, los forzaba a blasfemar; y
enfurecido sobremanera contra ellos, los
perseguía hasta en las ciudades extranjeras.

Pablo relata su conversión

12 Ocupado en esto, iba yo a Damasco con
poderes y comisión de los principales sacerdotes,
13 cuando a mediodía, oh rey, yendo por el
camino, vi una luz del cielo que sobrepasaba
al resplandor del sol, la cual me rodeó a mí y
a los que iban conmigo.
14 Y habiendo caído todos nosotros en
tierra, oí una voz que me hablaba, y decía en
lengua hebrea: Saulo, Saulo, ¿por qué me
persigues? Dura cosa te es dar coces contra
el aguijón.
15 Yo entonces dije: ¿Quién eres, Señor?
Y el Señor dijo: Yo soy Jesús, a quien tú
persigues.
16 Pero levántate, y ponte sobre tus pies;
porque para esto me he aparecido a ti, para
designarte ministro y testigo de las cosas que
has visto, y de aquellas en que me apareceré
a ti,
17 librándote de tu pueblo, y de los gentiles, a quienes ahora te envío,
18 para que abras sus ojos, a fin de que se
conviertan de las tinieblas a la luz, y de la
potestad de Satanás a Dios; para que reciban, por la fe que es en mí, perdón de
pecados y herencia entre los santificados.

Pablo obedece a la visión

19 Por lo cual, oh rey Agripa, no fui rebelde
a la visión celestial,
20 sino que anuncié primeramente a los que
están en Damasco, y Jerusalén, y por toda la
tierra de Judea, y a los gentiles, que se
arrepintiesen y se convirtiesen a Dios, haciendo obras dignas de arrepentimiento.
21 Por causa de esto los judíos, prendié-
dome en el templo, intentaron matarme.
22 Pero habiendo obtenido auxilio de Dios,
persevero hasta el día de hoy, dando testimonio a pequeños y a grandes, no diciendo
nada fuera de las cosas que los profetas y
Moisés dijeron que habían de suceder:
23 Que el Cristo había de padecer, y que
siendo el primero de la resurrección de los
muertos, iba a anunciar luz al pueblo y a los
gentiles.

Pablo exhorta a Agripa a que crea

24 Al decir él estas cosas en su defensa,
Festo dijo a gran voz: Estás loco, Pablo; las
muchas letras te están llevando a la locura.
25 Mas él dijo: No estoy loco, excelentísimo Festo, sino que pronuncio palabras de
verdad y de cordura.
26 Pues el rey sabe bien estas cosas, delante
de quien también hablo con toda confianza.
Porque no pienso que se le oculte nada de

esto; pues no se ha hecho esto en un rincón.
27 ¿Crees, oh rey Agripa, a los profetas?
Yo sé que crees.
28 Entonces Agripa dijo a Pablo: Por poco
me persuades a hacerme cristiano.
29 Y Pablo dijo: ¡Quisiera Dios que por
poco o por mucho, no solamente tú, sino
también todos los que hoy me oyen, fueseis
hechos tales cual yo soy, excepto estas cadenas!
30 Entonces se levantó el rey, y el gobernador, y Berenice, y los que se habían sentado
con ellos;
31 y cuando se retiraron aparte, hablaban
entre sí, diciendo: Ninguna cosa digna ni de
muerte ni de prisión está practicando este
hombre.
32 Y Agripa dijo a Festo: Podría este hombre ser puesto en libertad, si no hubiera
apelado a César.

Pablo es enviado a Roma

27 Cuando se decidió que habíamos de
navegar para Italia, entregaron a Pablo y a algunos otros presos a un centurión
llamado Julio, de la compañía Augusta.
2 Y embarcándonos en una nave adramite-
na que estaba para zarpar hacia los puertos
de Asia, nos hicimos a la mar, estando con
nosotros Aristarco, macedonio de Tesalónica.
3 Al otro día llegamos a Sidón; y Julio,
tratando humanamente a Pablo, le permitió
que fuese a los amigos, para ser atendido
por ellos.
4 Y haciéndonos a la vela desde allí, navegamos a sotavento de Chipre, porque los
vientos eran contrarios.
5 Habiendo atravesado el mar frente a Cilicia y Panfilia, arribamos a Mira, ciudad de
Licia.
6 Y hallando allí el centurión una nave
alejandrina que zarpaba para Italia, nos
embarcó en ella.
7 Navegando muchos días despacio, y llegando a duras penas frente a Gnido, como el
viento no nos permitía más, navegamos a
sotavento de Creta, frente a Salmona.
8 Y costeándola con dificultad, llegamos a
un lugar que llaman Buenos Puertos, cerca
del cual estaba la ciudad de Lasea.
9 Y habiendo pasado mucho tiempo, y siendo ya peligrosa la navegación, por haber
pasado ya el ayuno, Pablo les amonestaba,
10 diciéndoles: Varones, veo que la navegación va a ser con perjuicio y mucha pérdida, no sólo del cargamento y de la nave, sino
también de nuestras personas.
11 Pero el centurión daba más crédito al
piloto y al patrón de la nave, que a lo que
Pablo decía.

12 Y siendo el puerto inadecuado para invernar, la mayoría acordó zarpar también de allí, por si pudiesen arribar a Fénice, puerto de Creta que mira al sudoeste y noroeste, e invernar allí.

La tempestad en el mar

13 Y soplando una brisa del sur, pareciéndoles que ya habían conseguido su propósito, levaron anclas e iban costeando Creta.
14 Pero no mucho después dio contra la nave un viento huracanado llamado Euroclidón.
15 Y siendo arrastrada la nave, y no pudiendo poner proa al viento, nos abandonamos a él y nos dejamos llevar.
16 Y habiendo corrido a sotavento de una pequeña isla llamada Clauda, con dificultad pudimos hacernos con el esquife.
17 Y una vez subido a bordo, usaron de refuerzos para ceñir la nave; y teniendo temor de dar en la Sirte, arriaron las velas y quedaron a la deriva.
18 Pero siendo combatidos por una furiosa tempestad, al día siguiente empezaron a aligerar la nave,
19 y al tercer día con nuestras propias manos arrojamos los aparejos de la nave.
20 Y no apareciendo ni sol ni estrellas por muchos días, y acosados por una tempestad no pequeña, ya se fue perdiendo toda esperanza de salvarnos.
21 Entonces Pablo, como hacía ya mucho que no comíamos, puesto en pie en medio de ellos, dijo: Debíais, oh varones, haberme hecho caso, y no zarpar de Creta tan sólo para recibir este perjuicio y pérdida.
22 Pero ahora os exhorto a tener buen ánimo, pues no habrá ninguna pérdida de vida entre vosotros, sino solamente de la nave.
23 Porque esta noche ha estado conmigo el ángel de Dios de quien soy y a quien sirvo,
24 y me ha dicho: Pablo, no temas; es menester que comparezcas ante César; y mira, Dios te ha concedido todos los que navegan contigo.
25 Por tanto, oh varones, tened buen ánimo; porque yo confío en Dios que acontecerá exactamente como se me ha dicho.
26 Con todo, tenemos que encallar en cierta isla.
27 Cuando llegó la decimocuarta noche, y éramos llevados a través del mar Adriático, a la medianoche los marineros comenzaron a presentir que estaban cerca de tierra;
28 y echando la sonda, hallaron veinte brazas; y pasando un poco más adelante, volviendo a echar la sonda, hallaron quince brazas.
29 Y temiendo dar en escollos, echaron cuatro anclas por la popa, y ansiaban que se hiciese de día.
30 Pero como los marineros procuraban huir de la nave, y habían echado el esquife al mar, aparentando como que iban a tender las anclas de proa,
31 dijo Pablo al centurión y a los soldados: Si éstos no permanecen en la nave, vosotros no podéis salvaros.
32 Entonces los soldados cortaron las amarras del esquife y lo dejaron perderse.
33 Y hasta que empezó a hacerse de día, Pablo exhortaba a todos a que comiesen, diciendo: Éste es el decimocuarto día que veláis y permanecéis en ayunas, sin haber comido nada.
34 Por tanto, os ruego que comáis algo, porque es conveniente para vuestra salud; pues ni aun un cabello de la cabeza de ninguno de vosotros perecerá.
35 Y habiendo dicho esto, tomó el pan y dio gracias a Dios en presencia de todos, y partiéndolo, comenzó a comer.
36 Entonces todos, teniendo ya mejor ánimo, comieron también.
37 Y éramos todas las personas en la nave doscientas setenta y seis.
38 Y ya satisfechos, aligeraron la nave, echando el trigo al mar.

El naufragio

39 Cuando se hizo de día, no reconocían la tierra, pero divisaban una ensenada que tenía playa, en la cual acordaron varar la nave, si era posible.
40 Cortando, pues, las anclas, las dejaron en el mar, largando también las amarras de los timones; e izando al viento la vela de proa, enfilaron hacia la playa.
41 Pero dando en un escollo donde se encuentran dos corrientes, hicieron encallar la nave; y la proa se clavó y quedó inmóvil, mientras que la popa se abría con la violencia de las olas.
42 Entonces los soldados acordaron matar a los presos, para que ninguno se fugase nadando.
43 Pero el centurión, queriendo salvar a Pablo, les impidió este intento, y mandó que los que pudiesen nadar se echasen los primeros, y saliesen a tierra;
44 y los demás, parte en tablas, parte en varios objetos procedentes de la nave. Y así aconteció que todos llegamos a tierra sanos y salvos.

Pablo en la isla de Malta

28 Estando ya a salvo, supimos que la isla se llamaba Malta.
2 Y los naturales nos trataron con no poca

humanidad; porque encendieron una hoguera, a causa de la lluvia que caía y del frío, y nos recibieron a todos.

3 Pero, al recoger Pablo algunas ramas secas y echarlas al fuego, salió una víbora, huyendo del calor, y se le prendió en la mano.

4 Cuando los naturales vieron la víbora colgando de su mano, se decían unos a otros: Ciertamente este hombre es un homicida, a quien, aunque ha escapado del mar, la justicia no deja vivir.

5 Pero él, sacudiendo la víbora en el fuego, no sufrió ningún daño.

6 Ellos aguardaban a que comenzase a hincharse, o cayese muerto de repente; mas habiendo esperado mucho, y viendo que nada anormal le sucedía, cambiaron de parecer y decían que era un dios.

7 Cerca de aquellos lugares había propiedades del hombre principal de la isla, llamado Publio, quien nos recibió y hospedó amistosamente tres días.

8 Y aconteció que el padre de Publio estaba en cama, enfermo de fiebre y de disentería; y entró Pablo a verle, y después de haber orado, le impuso las manos, y le sanó.

9 Hecho esto, también los demás que en la isla tenían enfermedades, venían, y eran sanados;

10 los cuales también nos honraron con muchas atenciones; y cuando zarpamos, nos proveyeron de las cosas necesarias.

Continuación del viaje a Roma

11 Pasados tres meses, nos hicimos a la vela en una nave alejandrina que había invernado en la isla, la cual tenía por enseña a Cástor y Pólux.

12 Y llegados a Siracusa, nos quedamos allí tres días.

13 De allí, costeando alrededor, llegamos a Regio; y un día después, soplando el viento sur, llegamos al segundo día a Puteoli,

14 donde habiendo hallado hermanos, nos rogaron que nos quedásemos con ellos siete días; así llegamos a Roma,

15 y cuando los hermanos de allí tuvieron noticias de nosotros, salieron a recibirnos hasta el Foro de Apio y las Tres Tabernas; y al verlos, Pablo dio gracias a Dios y cobró ánimo.

16 Cuando llegamos a Roma, el centurión entregó los presos al prefecto militar, pero a Pablo se le permitió vivir aparte, con el soldado que le custodiaba.

Pablo predica en Roma

17 Aconteció que tres días después, Pablo convocó a los principales de los judíos, a los cuales, luego que estuvieron reunidos, les dijo: Yo, varones hermanos, no habiendo hecho nada contra el pueblo, ni contra las costumbres de nuestros padres, he sido entregado preso desde Jerusalén en manos de los romanos;

18 los cuales, habiéndome examinado, me querían soltar, por no haber en mí ninguna causa de muerte.

19 Pero oponiéndose los judíos, me vi forzado a apelar a César; no porque tenga de qué acusar a mi nación.

20 Así que por esta causa os he llamado para veros y hablaros; porque por la esperanza de Israel estoy sujeto con esta cadena.

21 Entonces ellos le dijeron: Nosotros ni hemos recibido de Judea cartas acerca de ti, ni ninguno de los hermanos que ha venido ha informado o hablado algo malo acerca de ti.

22 Pero querríamos oír de ti mismo lo que piensas; porque de esta secta nos es bien conocido que en todas partes se la contradice.

23 Y habiéndole señalado un día, vinieron a él muchos adonde se hospedaba, a los cuales les explicaba y les testificaba solemnemente el reino de Dios desde la mañana hasta la tarde, persuadiéndoles acerca de Jesús, basándose tanto en la ley de Moisés como en los profetas.

24 Y algunos eran persuadidos por lo que se decía, pero otros no creían.

25 Y como no estuviesen de acuerdo entre sí, comenzaron a marcharse, después que Pablo les dijo esta última palabra: Bien habló el Espíritu Santo por medio del profeta Isaías a nuestros padres,

26 diciendo: Ve a este pueblo, y diles:
De oído oiréis, y no entenderéis;
Y viendo veréis, y no percibiréis;

27 Porque el corazón de este pueblo se ha embotado,
Y con los oídos oyeron endurecidamente,
Y sus ojos han cerrado,
Para que no vean con los ojos,
Y oigan con los oídos,
Y comprendan con el corazón,
Y se conviertan,
Y yo les sane.

28 Sabed, pues, que a los gentiles ha sido enviada esta salvación de Dios; y ellos oirán.

29 Y cuando hubo dicho esto, los judíos se fueron, teniendo gran discusión entre sí.

30 Y Pablo permaneció dos años enteros en una casa alquilada, y recibía a todos los que venían a él,

31 predicando el reino de Dios y enseñando acerca del Señor Jesucristo, con toda libertad y sin obstáculo alguno.

LA EPÍSTOLA DEL APÓSTOL SAN PABLO A LOS

ROMANOS

Saludo

1 Pablo, siervo de Jesucristo, llamado a ser apóstol, apartado para el evangelio de Dios,

2 que él había prometido antes por medio de sus profetas en las santas Escrituras,

3 acerca de su Hijo, nuestro Señor Jesucristo, nacido del linaje de David según la carne,

4 que fue declarado Hijo de Dios con poder, según el Espíritu de santidad, por la resurrección de entre los muertos,

5 y por medio del cual hemos recibido la gracia y el apostolado, para la obediencia de la fe en todas las naciones por amor a su nombre;

6 entre las cuales estáis también vosotros, llamados a ser de Jesucristo;

7 a todos los que estáis en Roma, amados de Dios, llamados a ser santos: Gracia y paz a vosotros, de parte de Dios nuestro Padre y del Señor Jesucristo.

Deseo de Pablo de visitar Roma

8 Primeramente, doy gracias a mi Dios mediante Jesucristo con respecto a todos vosotros, de que se habla de vuestra fe por todo el mundo.

9 Porque me es testigo Dios, a quien sirvo en mi espíritu en el evangelio de su Hijo, de que sin cesar hago siempre mención de vosotros en mis oraciones,

10 rogando que ahora tenga al fin, por la voluntad de Dios, un próspero viaje para ir a vosotros.

11 Porque anhelo veros, para comunicaros algún don espiritual, a fin de que seáis consolidados;

12 esto es, para ser mutuamente confortados cada uno por la fe del otro, no sólo la vuestra, sino también la mía.

13 Pero no quiero, hermanos, que ignoréis que muchas veces me he propuesto ir a vosotros (pero hasta ahora he sido estorbado), para tener también entre vosotros algún fruto, como entre los demás gentiles.

14 Me debo a griegos y a no griegos, a sabios y a no sabios.

15 Así que, en cuanto a mí, estoy ansioso de anunciaros el evangelio también a vosotros que estáis en Roma.

El poder del evangelio

16 Porque no me avergüenzo del evangelio, porque es poder de Dios para salvación a todo aquel que cree; al judío primeramente, y también al griego.

17 Porque en el evangelio la justicia de Dios se revela por fe y para fe, como está escrito: Mas el justo por la fe vivirá.

La culpa del hombre

18 Porque la ira de Dios se revela desde el cielo contra toda impiedad e injusticia de los hombres que detienen con injusticia la verdad;

19 porque lo que de Dios se conoce es manifiesto entre ellos, pues Dios se lo manifestó.

20 Porque las cosas invisibles de él, su eterno poder y divinidad, se hacen claramente visibles desde la creación del mundo, siendo entendidas por medio de las cosas hechas, de modo que no tienen excusa.

21 Pues habiendo conocido a Dios, no le glorificaron como a Dios, ni le dieron gracias, sino que se hicieron vanos en sus pensamientos, y su necio corazón fue entenebrecido.

22 Profesando ser sabios, se hicieron necios,

23 y cambiaron la gloria del Dios incorruptible en semejanza de imagen de hombre corruptible, de aves, de cuadrúpedos y de reptiles.

24 Por lo cual también Dios los entregó a la inmundicia, en las concupiscencias de sus corazones, de modo que deshonraron entre sí sus propios cuerpos,

25 ya que cambiaron la verdad de Dios por la mentira, adorando y dando culto a las criaturas en lugar de al Creador, el cual es bendito por los siglos. Amén.

26 Por esto Dios los entregó a pasiones vergonzosas; pues aun sus mujeres cambiaron el uso natural por el que es contra naturaleza,

27 y de igual modo también los hombres, dejando el uso natural de la mujer, se

encendieron en sus deseos lascivos, los unos hacia los otros, cometiendo hechos vergonzosos hombres con hombres, y recibiendo en sí mismos la retribución debida a su extravío.

28 Y como ellos no tuvieron a bien el reconocer a Dios, Dios los entregó a una mente reprobada, para hacer cosas impropias,

29 estando atestados de toda injusticia, fornicación, perversidad, avaricia, maldad; llenos de envidia, homicidio, contienda, engaño y malignidad;

30 murmuradores, detractores, aborrecedores de Dios, insolentes, orgullosos, jactanciosos, inventores de maldades, desobedientes a los padres,

31 necios, desleales, sin afecto natural, implacables, despiadores;

32 quienes, a pesar de conocer el veredicto de Dios, que los que practican tales cosas son dignos de muerte, no sólo las hacen, sino que también se complacen con los que las practican.

El justo juicio de Dios

2 Por lo cual eres inexcusable, oh hombre, quienquiera que seas tú que juzgas; pues en lo que juzgas al otro, te condenas a ti mismo; porque tú que juzgas practicas lo mismo.

2 Mas sabemos que el juicio de Dios contra los que practican tales cosas es según verdad.

3 ¿Y te figuras, oh hombre, tú que juzgas a los que tal hacen, y haces lo mismo, que tú escaparás del juicio de Dios?

4 ¿O menosprecias las riquezas de su benignidad, paciencia y longanimidad, ignorando que su benignidad te guía al arrepentimiento?

5 Pero por tu dureza y por tu corazón no arrepentido, atesoras para ti mismo ira para el día de la ira y de la revelación del justo juicio de Dios,

6 el cual pagará a cada uno conforme a sus obras:

7 vida eterna a los que, perseverando en hacer bien, buscan gloria y honra e inmortalidad,

8 pero ira y enojo a los que son contenciosos y no obedecen a la verdad, sino que obedecen a la injusticia;

9 Tribulación y angustia sobre todo ser humano que obra el mal, el judío primeramente y también el griego,

10 pero gloria y honra y paz a todo el que obra el bien, al judío primeramente y también al griego;

11 porque ante Dios no hay acepción de personas.

12 Porque todos los que han pecado sin ley, sin ley también perecerán; y todos los que han pecado bajo la ley, por la ley serán juzgados

13 (porque no son los oidores de la ley los justos ante Dios, sino los cumplidores de la ley serán justificados.

14 Porque cuando los gentiles que no tienen ley, hacen por naturaleza lo que es de la ley, éstos, aunque no tengan ley, son ley para sí mismos,

15 los cuales muestran la obra de la ley escrita en sus corazones, dando testimonio su conciencia, y acusándoles o defendiéndoles sus razonamientos),

16 en el día en que Dios juzgará por Jesucristo los secretos de los hombres, conforme a mi evangelio.

Los judíos y la ley

17 Mira que tú tienes el sobrenombre de judío, y te apoyas en la ley, y te glorías en Dios,

18 y conoces su voluntad, e instruido por la ley apruebas lo mejor,

19 y estás confiado en que eres guía de los ciegos, luz de los que están en tinieblas,

20 instructor de ignorantes, maestro de niños, que tienes en la ley la quintaesencia del conocimiento y de la verdad.

21 Tú, pues, que enseñas a otro, ¿no te enseñas a ti mismo? Tú que predicas: No hurtar, ¿hurtas?

22 Tú que dices: No adulterar, ¿adulteras? Tú que abominas de los ídolos, ¿cometes sacrilegio?

23 Tú que te jactas de la ley, ¿con infracción de la ley deshonras a Dios?

24 Porque como está escrito, el nombre de Dios es blasfemado entre los gentiles por causa de nosotros.

25 Pues en verdad la circuncisión aprovecha, si practicas la ley; pero si eres transgresor de la ley, tu circuncisión viene a ser incircuncisión.

26 Si, pues, el incircunciso guarda las ordenanzas de la ley, ¿no será contada su incircuncisión como circuncisión?

27 Y el que físicamente es incircunciso, pero cumple perfectamente la ley, te juzgará a ti, que con la letra de la ley y con la circuncisión eres transgresor de la ley.

28 Pues no es judío el que lo es exteriormente, ni es circuncisión la que se hace exteriormente en la carne;

29 sino que es judío el que lo es en lo interior, y la circuncisión es la del corazón, en espíritu, no en letra; la alabanza del cual no viene de los hombres, sino de Dios.

3 ¿Qué ventaja tiene, pues, el judío?, ¿o de qué aprovecha la circuncisión?

2 Mucho, en todas maneras. Primero, ciertamente, que les ha sido confiada la palabra de Dios.

3 ¿Pues qué? Si algunos de ellos han sido incrédulos, ¿acaso su incredulidad habrá hecho nula la fidelidad de Dios?

4 ¡De ninguna manera! Antes bien, sea hallado Dios veraz, y todo hombre mentiroso; como está escrito:

Para que seas justificado en tus palabras,
Y venzas cuando seas juzgado.

5 Y si nuestra injusticia hace resaltar la justicia de Dios, ¿qué diremos? ¿Acaso es injusto Dios que da castigo? (Hablo como hombre.)

6 ¡En ninguna manera! De otro modo, ¿cómo juzgaría Dios al mundo?

7 Pero si por mi mentira la verdad de Dios abundó para su gloria, ¿por qué aún soy juzgado como pecador?

8 ¿Y por qué no decir (como se nos calumnia, y como algunos, cuya condenación es justa, afirman que nosotros decimos): Hagamos males para que vengan bienes?

Todos hemos pecado

9 ¿Qué, pues? ¿Somos nosotros mejores que ellos? En ninguna manera; pues ya hemos acusado a judíos y a gentiles, que todos están bajo pecado.

10 Como está escrito:
No hay justo, ni aun uno;

11 No hay quien entienda,
No hay quien busque a Dios.

12 Todos se desviaron, a una se hicieron inútiles;
No hay quien haga lo bueno, no hay ni siquiera uno.

13 Sepulcro abierto es su garganta;
Con su lengua urdieron engaños.
Veneno de áspides hay debajo de sus labios;

14 Su boca está llena de maldición y de amargura.

15 Sus pies son veloces para derramar sangre;

16 Quebranto y desventura hay en sus caminos;

17 Y no conocieron camino de paz.

18 No hay temor de Dios delante de sus ojos.

19 Pero sabemos que todo lo que la ley dice, lo dice para los que están bajo la ley, para que toda boca se cierre y todo el mundo quede bajo el juicio de Dios;

20 ya que por las obras de la ley ningún ser humano será justificado delante de él; porque por medio de la ley es el conocimiento del pecado.

La justificación por la fe

21 Pero ahora, aparte de la ley, se ha manifestado la justicia de Dios, testificada por la ley y por los profetas;

22 la justicia de Dios por medio de la fe en Jesucristo, para todos los que creen en él. Porque no hay diferencia,

23 por cuanto todos pecaron, y están destituidos de la gloria de Dios,

24 siendo justificados gratuitamente por su gracia, mediante la redención que es en Cristo Jesús,

25 a quien Dios puso como propiciación por medio de la fe en su sangre, para mostrar su justicia, a causa de haber pasado por alto, en su paciencia, los pecados cometidos anteriormente,

26 con la mira de mostrar en este tiempo su justicia, a fin de que él sea el justo, y el que justifica al que es de la fe de Jesús.

27 ¿Dónde, pues, está la jactancia? Queda excluida. ¿Por cuál ley? ¿Por la de las obras? No, sino por la ley de la fe.

28 Concluimos, pues, que el hombre es justificado por fe sin las obras de la ley.

29 ¿O es Dios solamente Dios de los judíos? ¿No es también Dios de los gentiles? Ciertamente, también de los gentiles.

30 Porque ciertamente hay un solo Dios, el cual justificará por la fe a los de la circuncisión, y por medio de la fe a los de la incircuncisión.

31 ¿Luego invalidamos la ley por medio de la fe? ¡En ninguna manera!, sino que afianzamos la ley.

Abraham, justificado por la fe

4 ¿Qué, pues, diremos que halló Abraham, nuestro padre según la carne?

2 Porque si Abraham fue justificado por las obras, tiene de qué jactarse, pero no para con Dios.

3 Porque ¿qué dice la Escritura? Creyó Abraham a Dios, y le fue contado por justicia.

4 Pero al que obra, no se le cuenta el salario como gracia, sino como deuda;

5 mas al que no obra, sino que cree en aquel que justifica al impío, su fe le es contada por justicia.

6 Como también David habla de la bienaventuranza del hombre a quien Dios atribuye justicia sin obras,

7 diciendo:
Bienaventurados aquellos cuyas iniquidades han sido perdonadas,
Y cuyos pecados han sido cubiertos.

8 Dichoso el varón a quien el Señor no imputará ningún pecado.

9 ¿Es, pues, esta bienaventuranza sola-

mente para los de la circuncisión, o también para los de la incircuncisión? Porque decimos que a Abraham le fue contada la fe por justicia.
10 ¿Cómo, pues, le fue contada? ¿Estando en la circuncisión, o en la incircuncisión? No en la circuncisión, sino en la incircuncisión.
11 Y recibió la circuncisión como señal, como sello de la justicia de la fe que tuvo estando aún incircunciso; para que fuese padre de todos los creyentes no circuncidados, a fin de que también a ellos les fuese imputada la justicia;
12 y padre de la circuncisión, para los que no solamente son de la circuncisión, sino que también siguen las pisadas de la fe que tuvo nuestro padre Abraham antes de ser circuncidado.

La promesa, cumplida mediante la fe

13 Porque la promesa a Abraham o a su descendencia, de que él sería el heredero del mundo, no fue hecha por medio de la ley, sino por medio de la justicia de la fe.
14 Porque si los que son de la ley son los herederos, vana resulta la fe, y anulada la promesa.
15 Pues la ley produce ira; pero donde no hay ley, tampoco hay transgresión.
16 Por eso es por fe, para que sea por gracia, a fin de que la promesa sea firme para toda su descendencia; no solamente para la que es de la ley, sino también para la que es de la fe de Abraham, el cual es padre de todos nosotros
17 (como está escrito: Te he puesto por padre de muchas gentes) delante de Dios, a quien creyó, el cual da vida a los muertos, y llama las cosas que no son, como si fuesen.
18 Él creyó en esperanza contra esperanza, para llegar a ser padre de muchas gentes, conforme a lo que se le había dicho: Así será tu descendencia.
19 Y no se debilitó en la fe al considerar su cuerpo, que estaba ya como muerto (siendo de casi cien años), o la esterilidad de la matriz de Sara.
20 Tampoco vaciló, por incredulidad, ante la promesa de Dios, sino que se fortaleció en fe, dando gloria a Dios,
21 plenamente convencido de que era también poderoso para hacer lo que había prometido;
22 por lo cual también le fue contada su fe por justicia.
23 Y no solamente con respecto a él se escribió que le fue contada,
24 sino también con respecto a nosotros a quienes va a ser imputada, esto es, a los que creemos en el que levantó de los muertos a Jesús, nuestro Señor,

25 el cual fue entregado por nuestras transgresiones, y resucitado para nuestra justificación.

Resultados de la justificación

5 Justificados, pues, por la fe, tenemos paz para con Dios por medio de nuestro Señor Jesucristo;
2 por medio del cual hemos obtenido también entrada por la fe a esta gracia en la cual estamos firmes, y nos gloriamos en la esperanza de la gloria de Dios.
3 Y no sólo esto, sino que también nos gloriamos en las tribulaciones, sabiendo que la tribulación produce paciencia;
4 y la paciencia, carácter probado; y el carácter probado, esperanza;
5 y la esperanza no avergüenza; porque el amor de Dios ha sido derramado en nuestros corazones por medio del Espíritu Santo que nos fue dado.
6 Porque Cristo, cuando aún éramos débiles, a su tiempo murió por los impíos.
7 Pues apenas morirá alguien por un justo; con todo, pudiera ser que alguno se atreviera a morir por un hombre de bien.
8 Mas Dios muestra su amor para con nosotros, en que siendo aún pecadores, Cristo murió por nosotros.
9 Así que, mucho más, habiendo sido ya justificados en su sangre, seremos salvos de la ira por medio de él.
10 Porque si siendo enemigos, fuimos reconciliados con Dios por la muerte de su Hijo, mucho más, habiendo sido reconciliados, seremos salvos por su vida.
11 Y no sólo esto, sino que también nos gloriamos en Dios por medio de nuestro Señor Jesucristo, por quien hemos recibido ahora la reconciliación.

Adán y Cristo, comparados

12 Por tanto, así como el pecado entró en el mundo por medio de un hombre, y por medio del pecado la muerte, así también la muerte alcanzó a todos los hombres, por cuanto todos pecaron.
13 Pues antes de la ley, había pecado en el mundo; pero el pecado no se imputa donde no hay ley.
14 No obstante, reinó la muerte desde Adán hasta Moisés, aun en los que no pecaron a la manera de la transgresión de Adán, el cual es figura del que había de venir.
15 Pero con el don no sucede como con la transgresión; porque si por la transgresión de aquel uno murieron los muchos, abundaron mucho más para los muchos la gracia y

el don de Dios por la gracia de un hombre, Jesucristo.

16 Y con el don no sucede como en el caso de aquel uno que pecó; porque ciertamente el juicio surgió de un solo pecado resultando en condenación, pero el don surgió de muchas transgresiones resultando en justificación.

17 Pues si por la transgresión de uno solo, por ese uno reinó la muerte, mucho más reinarán en vida por uno solo, Jesucristo, los que reciben la abundancia de la gracia y del don de la justicia.

18 Así pues, como por la transgresión de uno vino la condenación a todos los hombres, de la misma manera por la justicia de uno vino a todos los hombres la justificación de vida.

19 Porque así como por la desobediencia de un hombre, los muchos fueron constituidos pecadores, así también por la obediencia de uno, los muchos serán constituidos justos.

20 Pero la ley se introdujo para que el pecado abundase; mas donde el pecado abundó, sobreabundó la gracia;

21 para que así como el pecado reinó en la muerte, así también la gracia reine por medio de la justicia para vida eterna mediante Jesucristo, nuestro Señor.

Muertos al pecado, vivos en Cristo

6 ¿Qué, pues, diremos? ¿Permanezcamos en el pecado para que la gracia abunde?

2 ¡En ninguna manera! Los que hemos muerto al pecado, ¿cómo viviremos aún en él?

3 ¿O ignoráis que todos los que hemos sido bautizados en Cristo Jesús, hemos sido bautizados en su muerte?

4 Fuimos, pues, sepultados juntamente con él para muerte por medio del bautismo, a fin de que como Cristo resucitó de los muertos por la gloria del Padre, así también nosotros andemos en novedad de vida.

5 Porque si fuimos plantados juntamente con él en la semejanza de su muerte, así también lo seremos en la de su resurrección;

6 conocedores de esto, que nuestro viejo hombre fue crucificado juntamente con él, para que el cuerpo del pecado sea reducido a la impotencia, a fin de que no sirvamos más al pecado.

7 Porque el que ha muerto, ha sido justificado del pecado.

8 Y si hemos muerto con Cristo, creemos que también viviremos con él;

9 sabiendo que Cristo, habiendo resucitado de los muertos, ya no muere; la muerte ya no se enseñorea más de él.

10 Porque en cuanto a lo que murió, al pecado murió una vez por todas; mas en cuanto a lo que vive, para Dios vive.

11 Así también vosotros consideraos muertos al pecado, pero vivos para Dios en Cristo Jesús, Señor nuestro.

12 No reine, pues, el pecado en vuestro cuerpo mortal, de modo que lo obedezcáis en sus concupiscencias;

13 ni tampoco presentéis vuestros miembros al pecado como instrumento de iniquidad, sino presentaos vosotros mismos a Dios como vivos de entre los muertos, y vuestros miembros a Dios como instrumentos de justicia.

14 Porque el pecado no se enseñoreará de vosotros; pues no estáis bajo la ley, sino bajo la gracia.

Siervos de la justicia, y no del pecado

15 ¿Qué, pues? ¿Pecaremos, porque no estamos bajo la ley, sino bajo la gracia? ¡En ninguna manera!

16 ¿No sabéis que si os sometéis a alguien como esclavos para obedecerle, sois esclavos de aquel a quien obedecéis, ya sea del pecado para muerte, ya sea de la obediencia para justicia?

17 Pero gracias a Dios que, aunque erais esclavos del pecado, habéis obedecido de corazón a aquella forma de doctrina a la cual fuisteis entregados;

18 y libertados del pecado, vinisteis a ser siervos de la justicia.

19 Hablo en términos humanos, por vuestra humana debilidad; que así como para iniquidad presentasteis vuestros miembros como siervos a la inmundicia y a la iniquidad, así ahora para santificación presentad vuestros miembros como siervos a la justicia.

20 Porque cuando erais esclavos del pecado, erais libres respecto a la justicia.

21 ¿Qué fruto teníais entonces en aquellas cosas de las cuales ahora os avergonzáis? Porque el fin de ellas es muerte.

22 Mas ahora que habéis sido libertados del pecado y hechos siervos de Dios, tenéis por vuestro fruto la santificación, y como fin, la vida eterna.

23 Porque la paga del pecado es muerte, mas la dádiva de Dios es vida eterna en Cristo Jesús Señor nuestro.

Analogía tomada del matrimonio

7 ¿Acaso ignoráis, hermanos (pues hablo a los que conocen la ley), que la ley se enseñorea del hombre entretanto que éste vive?

2 Porque la mujer casada está sujeta por la ley al marido mientras éste vive; pero si el

marido muere, ella queda libre de la ley del marido.

3 Así que, si en vida del marido se une a otro varón, será llamada adúltera; pero si su marido muere, es libre de esa ley, de tal manera que si se une a otro marido, no será adúltera.

4 Así que, hermanos míos, también vosotros habéis muerto a la ley mediante el cuerpo de Cristo, para que seáis de otro, del que resucitó de los muertos, a fin de que llevemos fruto para Dios.

5 Porque mientras estábamos en la carne, las pasiones pecaminosas despertadas por la ley, actuaban en nuestros miembros llevando fruto para muerte.

6 Pero ahora estamos libres de la ley, por haber muerto para aquella en que estábamos sujetos, de modo que sirvamos bajo el régimen nuevo del Espíritu y no bajo el régimen viejo de la letra.

El pecado que está en mí

7 ¿Qué diremos, pues? ¿Es la ley pecado? ¡En ninguna manera! Pero yo no conocí el pecado sino por la ley; porque tampoco habría sabido lo que es la concupiscencia, si la ley no dijera: No codiciarás.

8 Mas el pecado, tomando ocasión por medio del mandamiento, produjo en mí toda clase de concupiscencia; porque sin la ley el pecado está muerto.

9 Y yo vivía en un tiempo sin la ley; pero venido el mandamiento, el pecado revivió y yo morí.

10 Y hallé que el mismo mandamiento que era para vida, a mí me resultó para muerte;

11 porque el pecado, tomando ocasión por medio del mandamiento, me engañó, y mediante él me mató.

12 De manera que la ley a la verdad es santa, y el mandamiento santo, justo y bueno.

13 ¿Luego lo que es bueno, vino a ser muerte para mí? ¡En ninguna manera!, sino que el pecado, para mostrarse pecado, produjo en mí la muerte por medio de lo que es bueno, a fin de que por el mandamiento el pecado llegase al extremo de la pecaminosidad.

14 Porque sabemos que la ley es espiritual; mas yo soy carnal, vendido al poder del pecado.

15 Porque no comprendo mi proceder; pues no pongo por obra lo que quiero, sino que lo que aborrezco, eso es lo que hago.

16 Y si lo que no quiero, eso es lo que hago, estoy de acuerdo con la ley, de que es buena.

17 De manera que ya no soy yo quien obra aquello, sino el pecado que mora en mí.

18 Porque yo sé que en mí, esto es, en mi carne, no mora el bien; porque el querer el bien lo tengo a mi alcance, pero no el hacerlo.

19 Porque no hago el bien que quiero, sino el mal que no quiero, eso es lo que pongo por obra.

20 Y si lo que no quiero, eso es lo que hago, ya no lo obro yo, sino el pecado que mora en mí.

21 Encuentro, pues, esta ley: Que, queriendo yo hacer el bien, el mal está presente en mí.

22 Porque según el hombre interior, me deleito en la ley de Dios;

23 pero veo otra ley en mis miembros, que hace guerra contra la ley de mi mente, y que me lleva cautivo a la ley del pecado que está en mis miembros.

24 ¡Miserable hombre de mí!; ¿quién me libertará de este cuerpo de muerte?

25 Gracias doy a Dios, por medio de Jesucristo nuestro Señor. Así que, yo mismo con la mente sirvo a la ley de Dios, mas con la carne a la ley del pecado.

Viviendo en el Espíritu

8 Ahora, pues, ninguna condenación hay para los que están en Cristo Jesús, [los que no están andando conforme a la carne, sino conforme al Espíritu].

2 Porque la ley del Espíritu de vida en Cristo Jesús me ha librado de la ley del pecado y de la muerte.

3 Porque lo que era imposible para la ley, por cuanto era débil a causa de la carne, Dios, enviando a su propio Hijo en semejanza de carne de pecado y en lo concerniente al pecado, condenó al pecado en la carne;

4 para que la justicia de la ley se cumpliese en nosotros, los que no andamos conforme a la carne, sino conforme al Espíritu.

5 Porque los que son conforme a la carne, ponen su mente en las cosas de la carne; pero los que son conforme al Espíritu, en las cosas del Espíritu.

6 Porque la mentalidad de la carne es muerte, pero la mentalidad del Espíritu es vida y paz.

7 Por cuanto la mentalidad de la carne es enemistad contra Dios; porque no se somete a la ley de Dios, ya que ni siquiera puede;

8 y los que viven según la carne no pueden agradar a Dios.

9 Mas vosotros no vivís según la carne, sino según el Espíritu, si es que el Espíritu de Dios mora en vosotros. Y si alguno no tiene el Espíritu de Cristo, el tal no es de él.

10 Pero si Cristo está en vosotros, el cuerpo

en verdad está muerto a causa del pecado, mas el espíritu vive a causa de la justicia.

11 Y si el Espíritu de aquel que levantó de los muertos a Jesús habita en vosotros, el que levantó de los muertos a Cristo Jesús vivificará también vuestros cuerpos mortales por medio de su Espíritu que habita en vosotros.

12 Así que, hermanos, somos deudores, no a la carne, para que vivamos conforme a la carne;

13 porque si vivís conforme a la carne, vais a morir; mas si por el Espíritu hacéis morir las obras de la carne, viviréis.

14 Porque todos los que son guiados por el Espíritu de Dios, éstos son hijos de Dios.

15 Pues no habéis recibido espíritu de servidumbre para recaer en el temor, sino que habéis recibido espíritu de adopción como hijos, por el cual clamamos: ¡Abbá, Padre!

16 El Espíritu mismo da juntamente testimonio a nuestro espíritu, de que somos hijos de Dios.

17 Y si hijos, también herederos; herederos de Dios y coherederos con Cristo, si es que padecemos juntamente con él, para que juntamente con él seamos glorificados.

18 Pues considero que las aflicciones del tiempo presente no son comparables con la gloria venidera que ha de manifestarse en nosotros.

19 Porque el anhelo ardiente de la creación es el aguardar la revelación de los hijos de Dios.

20 Porque la creación fue sometida a vanidad, no por su propia voluntad, sino por causa del que la sometió, en esperanza

21 de que también la creación misma será liberada de la servidumbre de la corrupción, a la gloriosa libertad de los hijos de Dios.

22 Porque sabemos que toda la creación gime a una, y a una está con dolores de parto hasta ahora;

23 y no sólo esto, sino que también nosotros mismos, que tenemos las primicias del Espíritu, nosotros también gemimos dentro de nosotros mismos, esperando la adopción, la redención de nuestro cuerpo.

24 Porque en esperanza fuimos salvos; pero la esperanza que se ve, no es esperanza; porque lo que alguien ve, ¿a qué esperarlo?

25 Pero si esperamos lo que no vemos, mediante la paciencia lo aguardamos.

26 Y de igual manera, también el Espíritu nos ayuda en nuestra debilidad; pues qué hemos de pedir como conviene, no lo sabemos, pero el Espíritu mismo intercede por nosotros con gemidos indecibles.

27 Y el que escudriña los corazones sabe cuál es la mentalidad del Espíritu, porque conforme a la voluntad de Dios intercede por los santos.

Más que vencedores

28 Y sabemos que todas las cosas cooperan para bien de los que aman a Dios, de los que son llamados conforme a su propósito.

29 Porque a los que de antemano conoció, también los predestinó a ser modelados conforme a la imagen de su Hijo, para que él sea el primogénito entre muchos hermanos.

30 Y a los que predestinó, a éstos también llamó; y a los que llamó, a éstos también justificó; y a los que justificó, a éstos también glorificó.

31 ¿Qué, pues, diremos a esto? Si Dios está por nosotros, ¿quién contra nosotros?

32 El que no eximió ni a su propio Hijo, sino que lo entregó por todos nosotros, ¿cómo no nos dará también con él todas las cosas?

33 ¿Quién acusará a los escogidos de Dios? Dios es el que justifica.

34 ¿Quién es el que condena? Cristo es el que murió; más aún, el que también resucitó, el que además está a la diestra de Dios, el que también intercede por nosotros.

35 ¿Quién nos separará del amor de Cristo? ¿Tribulación, o angustia, o persecución, o hambre, o desnudez, o peligro, o espada?

36 Como está escrito:

Por tu causa somos muertos todo el día;
Somos considerados como ovejas de matadero.

37 Pero en todas estas cosas somos más que vencedores por medio de aquel que nos amó.

38 Porque estoy persuadido de que ni la muerte, ni la vida, ni ángeles, ni principados, ni potestades, ni lo presente, ni lo por venir,

39 ni lo alto, ni lo profundo, ni ninguna otra cosa creada nos podrá separar del amor de Dios, que es en Cristo Jesús nuestro Señor.

La elección de Israel

9 Verdad digo en Cristo, no miento, y mi conciencia da testimonio conmigo en el Espíritu Santo,

2 de que tengo gran tristeza y continuo dolor en mi corazón.

3 Porque desearía yo mismo ser anatema, separado de Cristo, por amor a mis hermanos, los que son mis parientes según la carne;

4 que son israelitas, de los cuales son la adopción, la gloria, el pacto, la promulgación de la ley, el culto y las promesas;

5 de quienes son los patriarcas, y de los cuales, según la carne, procede Cristo, el cual es Dios sobre todas las cosas, bendito por los siglos. Amén.

6 No es que la palabra de Dios haya fallado;

porque no todos los que descienden de Israel son israelitas,

7 ni por ser descendientes de Abraham, son todos hijos; sino que: En Isaac te será llamada descendencia.

8 Esto es: no son hijos de Dios los que son hijos según la carne, sino que son los hijos según la promesa, los que son contados como descendientes.

9 Porque la palabra de la promesa es esta: Por este tiempo vendré, y Sara tendrá un hijo.

10 Y no sólo esto, sino también Rebeca cuando concibió de uno, de Isaac nuestro padre.

11 (pues no habían aún nacido, ni habían obrado aún ni bien ni mal, para que el propósito de Dios conforme a la elección permaneciese, no en virtud de obras, sino de Aquel que llama),

12 se le dijo: El mayor servirá al menor.

13 Como está escrito: A Jacob amé, mas a Esaú aborrecí.

14 ¿Qué, pues, diremos? ¿Acaso hay injusticia en Dios? ¡En ninguna manera!

15 Pues a Moisés dice: Tendré misericordia del que yo tenga misericordia, y me compadeceré del que yo me compadezca.

16 Así que no depende del que quiere, ni del que corre, sino de Dios que tiene compasión.

17 Porque la Escritura dice a Faraón: Para esto mismo te he levantado, para mostrar en ti mi poder, y para que mi nombre sea anunciado por toda la tierra.

18 De manera que de quien quiere, tiene compasión, y al que quiere endurecer, endurece.

19 Entonces me dirás: ¿Por qué, pues, lanza reproches?; porque ¿quién ha resistido a su designio?

20 En todo caso, oh hombre, ¿quién eres tú, para que alterques con Dios? ¿Acaso dirá el vaso de barro al que lo formó: Por qué me has hecho así?

21 ¿O no tiene potestad el alfarero sobre el barro, para hacer de la misma masa un vaso para uso honroso y otro para uso despreciable?

22 ¿Y qué, si Dios, queriendo mostrar su ira y hacer notorio su poder, soportó con mucha paciencia los vasos de ira preparados para destrucción,

23 y para hacer notorias las riquezas de su gloria, las mostró para con los vasos de misericordia que él preparó de antemano para gloria,

24 a los cuales también ha llamado, esto es, a nosotros, no sólo de los judíos, sino también de los gentiles?

25 Como también en Oseas dice:
Llamaré pueblo mío al que no era mi pueblo,

Y a la no amada, amada.

26 Y en el lugar donde se les dijo: Vosotros no sois pueblo mío,

Allí serán llamados hijos del Dios viviente.

27 También Isaías clama tocante a Israel: Aunque sea el número de los hijos de Israel como la arena del mar, tan sólo el remanente será salvo;

28 porque el Señor ejecutará su sentencia sobre la tierra cabalmente y con brevedad.

29 Y como predijo Isaías:
Si el Señor de los ejércitos no nos hubiera dejado descendencia,

Habríamos venido a ser como Sodoma, y seríamos semejantes a Gomorra.

Razón del tropiezo de Israel

30 ¿Qué, pues, diremos? Que los gentiles, que no iban tras la justicia, han alcanzado la justicia, es decir, la justicia que proviene de la fe;

31 mas Israel, que iba tras una ley de justicia, no la alcanzó.

32 ¿Por qué? Porque iban tras ella no por fe, sino como por obras de la ley. Tropezaron en la piedra de tropiezo,

33 como está escrito:
He aquí que pongo en Sión piedra de tropiezo y roca de caída;

Y el que crea en él, no será avergonzado.

10 Hermanos, ciertamente el anhelo de mi corazón, y mi oración a Dios por Israel, es para salvación.

2 Porque yo les doy testimonio de que tienen celo de Dios, pero no según el perfecto conocimiento.

3 Porque ignorando la justicia de Dios, y procurando establecer la suya propia, no se han sometido a la justicia de Dios;

4 porque Cristo es el fin de la ley, para justicia a todo aquel que cree.

5 Porque Moisés describe así la justicia que es por la ley: El hombre que haga estas cosas, vivirá por ellas.

6 Pero la justicia que procede de la fe dice así: No digas en tu corazón: ¿Quién subirá al cielo? (esto es, para hacer bajar a Cristo?)

7 o, ¿quién descenderá al abismo? (esto es, para hacer subir a Cristo de entre los muertos).

8 Mas ¿qué dice? Cerca de ti está la palabra, en tu boca y en tu corazón. Esto es, la palabra de fe que predicamos:

9 que si confiesas con tu boca que Jesús es el Señor, y crees en tu corazón que Dios le levantó de los muertos, serás salvo.

10 Porque con el corazón se cree para justicia, y con la boca se confiesa para la salvación.

11 Pues la Escritura dice: Todo aquel que cree en él, no será avergonzado.

12 Porque no hay diferencia entre judío y griego, pues uno mismo es el Señor de todos, que es rico para con todos los que le invocan;

13 porque todo aquel que invocare el nombre del Señor, será salvo.

14 ¿Cómo, pues, invocarán a aquel en el cual no han creído? ¿Y cómo creerán en aquel de quien no han oído? ¿Y cómo oirán sin haber quien les predique?

15 ¿Y cómo predicarán si no han sido enviados? Como está escrito: ¡Cuán hermosos son los pies de los que anuncian la paz, de los que anuncian buenas nuevas!

16 Mas no todos obedecieron al evangelio; pues Isaías dice: Señor, ¿quién ha creído a nuestro anuncio?

17 Así que la fe viene del oír; y el oír, por medio de la palabra de Dios.

18 Pero digo: ¿Acaso no han oído? ¡Sí, por cierto!

Por toda la tierra ha salido la voz de ellos,

Y sus palabras hasta los confines de la tierra.

19 Y además digo: ¿No ha conocido esto Israel? Primero, Moisés dice:

Yo os provocaré a celos con un pueblo que no es pueblo;

Con un pueblo insensato os provocaré a ira.

20 E Isaías dice resueltamente:

Fui hallado por los que no me buscaban;

Me manifesté a los que no preguntaban por mí.

21 Pero acerca de Israel dice: Todo el día extendí mis manos hacia un pueblo desobediente y contradictor.

El remanente de Israel

11 Digo, pues: ¿Acaso ha desechado Dios a su pueblo? ¡En ninguna manera! Porque también yo soy israelita, de la descendencia de Abraham, de la tribu de Benjamín.

2 Dios no ha desechado a su pueblo, al cual conoció de antemano. ¿O no sabéis qué dice de Elías la Escritura, cómo invoca a Dios contra Israel, diciendo:

3 Señor, han dado muerte a tus profetas, y han derribado tus altares; y sólo yo he quedado, y procuran matarme?

4 Pero ¿qué le dice la respuesta divina? Me he reservado siete mil hombres, que no han doblado la rodilla ante Baal.

5 Pues bien, del mismo modo, también en este tiempo ha quedado un remanente conforme a la elección de la gracia.

6 Y si por gracia, ya no es a base de obras;

de otra manera, la gracia ya no es gracia. Y si por obras, ya no es gracia; de otra manera, la obra ya no es obra.

7 ¿Qué, pues? Lo que buscaba Israel, no lo ha alcanzado; pero los escogidos sí lo han alcanzado, y los demás fueron endurecidos;

8 como está escrito: Dios les dio espíritu de sopor, ojos con que no vean y oídos con que no oigan, hasta el día de hoy.

9 Y David dice:

Conviértase su mesa en trampa y en red,

En tropezadero y en retribución;

10 Sean oscurecidos sus ojos para que no vean,

Y agóbieles la espalda para siempre.

La salvación de los gentiles

11 Digo, entonces: ¿Acaso han tropezado los de Israel para quedar caídos? ¡En ninguna manera! Pero con su caída vino la salvación a los gentiles, para provocarles a celos.

12 Y si su caída es la riqueza del mundo, y su fracaso la riqueza de los gentiles, ¿cuánto más su plena restauración?

13 Porque a vosotros os digo, gentiles: Por cuanto yo soy apóstol de los gentiles, honro mi ministerio,

14 por si en alguna manera pueda provocar a celos a los de mi sangre, y hacer salvos a algunos de ellos.

15 Porque si su exclusión es la reconciliación del mundo, ¿qué será su admisión, sino vida de entre los muertos?

16 Si las primicias son santas, también lo es la masa restante; y si la raíz es santa, también lo son las ramas.

17 Pero si algunas de las ramas fueron desgajadas, y tú, siendo olivo silvestre, has sido injertado entre ellas, y has sido hecho participante con ellas de la raíz y de la rica savia del olivo,

18 no te jactes contra las ramas; y si te jactas, sabe que no sustentas tú a la raíz, sino la raíz a ti.

19 Dirás entonces: Las ramas fueron desgajadas, para que yo fuese injertado.

20 Bien; por su incredulidad fueron desgajadas, pero tú por la fe estás en pie. No te ensoberbezcas, sino teme.

21 Porque si Dios no perdonó a las ramas naturales, a ti tampoco te eximirá.

22 Mira, pues, la benignidad y la severidad de Dios; la severidad ciertamente para con los que cayeron, pero la benignidad para contigo, si permaneces en esa benignidad; pues de otra manera, tú también serás cortado.

23 Y aun ellos, si no permanecen en incredulidad, serán injertados, pues poderoso es Dios para volverlos a injertar.

24 Porque si tú fuiste cortado del que por

naturaleza es olivo silvestre, y contra naturaleza fuiste injertado en el buen olivo, ¿cuánto más éstos, que son las ramas naturales, serán injertados en su propio olivo?

La salvación de Israel al final de los tiempos

25 Porque no quiero, hermanos, que ignoréis este misterio, para que no os tengáis por sensatos en vuestra propia opinión: que ha acontecido a Israel endurecimiento en parte, hasta que haya entrado la plenitud de los gentiles;

26 y así todo Israel será salvo, como está escrito:

Vendrá de Sión el Libertador,
Que apartará de Jacob la impiedad

27 Y éste será mi pacto con ellos,
Cuando yo quite sus pecados.

28 Por lo que atañe al evangelio, son enemigos por causa de vosotros; pero en cuanto a la elección, son amados por causa de los padres.

29 Porque los dones y el llamamiento de Dios son irrevocables.

30 Pues como vosotros también en otro tiempo erais desobedientes a Dios, pero ahora habéis alcanzado misericordia por la desobediencia de ellos,

31 así también éstos ahora han sido desobedientes, para que por la misericordia concedida a vosotros, ellos también alcancen misericordia.

32 Porque Dios encerró a todos en desobediencia, para tener misericordia de todos.

33 ¡Oh profundidad de las riquezas de la sabiduría y del conocimiento de Dios! ¡Cuán inescrutables son sus juicios, e insondables sus caminos!

34 Porque ¿quién penetró en el pensamiento del Señor? ¿O quién fue su consejero?

35 ¿O quién le dio a él primero, para que le fuese recompensado?

36 Porque de él, y por él, y para él, son todas las cosas. A él sea la gloria por los siglos. Amén.

Actitud consecuente del cristiano

12 Así que, hermanos, os exhorto por las misericordias de Dios, a que presentéis vuestros cuerpos como sacrificio vivo, santo, agradable a Dios, que es vuestro servicio de adoración espiritual.

2 No os adaptéis a las formas de este mundo, sino transformaos por medio de la renovación de vuestra mente, para que comprobéis cuál es la voluntad de Dios: lo bueno, lo que le agrada, y lo perfecto.

3 Digo, pues, por la gracia que me ha sido dada, a cada cual que está entre vosotros, que no tenga más alto concepto de sí que el que debe tener, sino que piense de sí con cordura, conforme a la medida de fe que Dios repartió a cada uno.

4 Porque así como en un solo cuerpo tenemos muchos miembros, pero no todos los miembros tienen la misma función,

5 así también nosotros, siendo muchos, somos un solo cuerpo en Cristo, mas siendo cada uno por su parte miembros los unos de los otros.

6 Y teniendo diferentes dones, según la gracia que nos es dada, si es el de profecía, úsese conforme a la proporción de la fe;

7 o si de servicio, en servir; o el que enseña, en la enseñanza;

8 el que exhorta, en la exhortación; el que reparte, con sencillez; el que preside, con solicitud; el que hace misericordia, con alegría.

9 El amor sea sin fingimiento. Aborreced lo malo, adheríos a lo bueno.

10 Amaos entrañablemente los unos a los otros con amor fraternal; en cuanto a honor, dando la preferencia los unos a los otros.

11 En lo que requiere diligencia, no perezosos; fervientes en espíritu, sirviendo al Señor;

12 gozosos en la esperanza; sufridos en la tribulación; constantes en la oración;

13 compartiendo las necesidades de los santos; practicando la hospitalidad.

14 Bendecid a los que os persiguen; bendecid, y no maldigáis.

15 Gozaos con los que se gozan; llorad con los que lloran.

16 Tened unanimidad de sentimientos entre vosotros; no con altivez de sentimientos, sino condescendiendo con los humildes. No seáis sabios en vuestra propia opinión.

17 No paguéis a nadie mal por mal; procurad lo bueno delante de todos los hombres.

18 Si es posible, en cuanto dependa de vosotros, estad en paz con todos los hombres.

19 No os venguéis vosotros mismos, amados, sino dejad lugar a la ira de Dios; porque escrito está: Mía es la venganza, yo pagaré, dice el Señor.

20 Así que, si tu enemigo tiene hambre, dale de comer; si tiene sed, dale de beber; pues haciendo esto, amontonarás sobre su cabeza carbones encendidos.

21 No seas vencido por el mal, sino vence con el bien el mal.

13 Sométase toda persona a las autoridades superiores; porque no hay autoridad sino de parte de Dios, y las que hay, por Dios han sido establecidas.

2 De modo que quien se opone a la autoridad, a lo establecido por Dios resiste; y los que resisten, acarrean condenación para sí mismos.

3 Porque los magistrados no están para infundir temor al que hace el bien, sino al malo. ¿Quieres, pues, no temer a la autoridad? Haz lo bueno, y tendrás alabanza de ella;

4 porque es un servidor de Dios para tu bien. Pero si haces lo malo, teme; porque no en vano lleva la espada, pues es servidor de Dios, vengador para castigar al que practica lo malo.

5 Por lo cual es necesario estarle sometidos, no solamente por razón del castigo, sino también por causa de la conciencia.

6 Pues por esto pagáis también los tributos, porque son funcionarios de Dios, dedicados continuamente a esto mismo.

7 Pagad a todos lo que debéis: al que tributo, tributo; al que impuesto, impuesto; y al que respeto, respeto; al que honor, honor.

8 No debáis a nadie nada, sino el amaros unos a otros; porque el que ama al prójimo, ha cumplido la ley.

9 Porque lo de: No adulterarás, no matarás, no hurtarás, no dirás falso testimonio, no codiciarás, y cualquier otro mandamiento, en esta máxima se resume: Amarás a tu prójimo como a ti mismo.

10 El amor no hace mal al prójimo; así que la plenitud de la ley es el amor.

11 Y esto, dándoos cuenta del momento actual, que es ya hora de levantarnos del sueño; porque ahora la salvación está más cerca de nosotros que cuando creímos.

12 La noche está avanzada, y se acerca el día. Desechemos, pues, las obras de las tinieblas, y vistámonos las armas de la luz.

13 Andemos como de día, honestamente; no en orgías y borracheras, no en lujurias y lascivias, no en contiendas y envidia,

14 sino vestíos del Señor Jesucristo, y no hagáis caso de la carne para satisfacer sus concupiscencias.

Los débiles en la fe

14 Recibid al débil en la fe, pero no para contender sobre opiniones.

2 Porque uno cree que puede comer de todo; otro, que es débil, come legumbres.

3 El que come, no menosprecie al que no come, y el que no come, no juzgue al que come; porque Dios le ha recibido.

4 ¿Quién eres tú para juzgar al criado ajeno? Para su propio señor está en pie, o cae; pero estará firme, porque poderoso es el Señor para sostenerle en pie.

5 Uno hace diferencia entre día y día; otro juzga iguales todos los días. Que cada uno esté plenamente convencido en su propia mente.

6 El que hace caso del día, lo hace para el Señor; y el que no hace caso del día, para

el Señor no lo hace. El que come, para el Señor come, porque da gracias a Dios; y el que no come, para el Señor no come, y da gracias a Dios.

7 Porque ninguno de nosotros vive para sí, y ninguno muere para sí.

8 Pues si vivimos, para el Señor vivimos; y si morimos, para el Señor morimos. Así pues, ya sea que vivamos, o que muramos, del Señor somos.

9 Porque Cristo para esto murió y resucitó, y volvió a vivir, para ser Señor así de los muertos como de los que viven.

10 Pero tú, ¿por qué juzgas a tu hermano? O tú también, ¿por qué menosprecias a tu hermano? Porque todos compareceremos ante el tribunal de Cristo.

11 Porque escrito está:

Vivo yo, dice el Señor, que ante mí se doblará toda rodilla,
Y toda lengua confesará a Dios.

12 De manera que cada uno de nosotros dará a Dios cuenta de sí.

13 Así que, ya no nos juzguemos más los unos a los otros, sino más bien decidid no poner tropiezo u ocasión de caer al hermano.

14 Yo sé, y estoy persuadido en el Señor Jesús, de que nada es inmundo en sí mismo; mas para el que piensa que algo es inmundo, para él lo es.

15 Pero si por causa de la comida tu hermano es contristado, ya no andas conforme al amor. No arruines con tu comida a aquel por quien Cristo murió.

16 No sea, pues, vituperado vuestro bien;

17 porque el reino de Dios no es comida ni bebida, sino justicia, paz y gozo en el Espíritu Santo.

18 Porque el que en esto sirve a Cristo, agrada a Dios, y es aprobado por los hombres.

19 Así que, sigamos lo que contribuye a la paz y a la mutua edificación.

20 No destruyas la obra de Dios por causa de la comida. En realidad, todas las cosas son limpias; pero es malo que el hombre haga tropezar a otros con lo que come.

21 Bueno es no comer carne, ni beber vino, ni nada en que tu hermano tropiece, o se escandalice, o se debilite.

22 ¿Tienes tú fe? Tenla para contigo delante de Dios. Dichoso el que no se condena a sí mismo en lo que aprueba.

23 Pero el que duda, se hace culpable, si come, porque no lo hace por fe; y todo lo que no proviene de fe, es pecado.

15 Así que, los que somos fuertes debemos soportar las flaquezas de los débiles, y no agradarnos a nosotros mismos.

2 Cada uno de nosotros agrade a su prójimo para lo que es bueno con miras a su edificación.

3 Porque ni aun Cristo se agradó a sí mismo; antes bien, como está escrito: Los vituperios de los que te vituperaban, cayeron sobre mí.

4 Porque las cosas que se escribieron en el pasado, para nuestra enseñanza se escribieron, a fin de que por medio de la paciencia y de la consolación de las Escrituras, tengamos esperanza.

5 Y el Dios de la paciencia y de la consolación os dé entre vosotros un mismo sentir según Cristo Jesús,

6 para que unánimes, a una voz, glorifiquéis al Dios y Padre de nuestro Señor Jesucristo.

El evangelio a los gentiles

7 Por tanto, acogeos los unos a los otros, como también Cristo nos acogió, para gloria de Dios.

8 Pues os digo, que Cristo Jesús se puso al servicio de los de la circuncisión para mostrar la verdad de Dios, para confirmar las promesas hechas a los padres,

9 y para que los gentiles glorifiquen a Dios por su misericordia, como está escrito:
Por tanto, te confesaré entre los gentiles,
Y cantaré a tu nombre.

10 Y otra vez dice:
Alegraos, gentiles, con su pueblo.

11 Y otra vez:
Alabad al Señor todos los gentiles,
Y ensalzadlo todos los pueblos.

12 Y otra vez dice Isaías:
Vendrá la raíz de Isay,
Y el que se levantará a regir a los gentiles;
Los gentiles esperarán en él.

13 Y el Dios de la esperanza os llene de todo gozo y paz en el creer, para que abundéis en la esperanza por el poder del Espíritu Santo.

14 Pero estoy convencido de vosotros, hermanos míos, de que vosotros mismos estáis llenos de bondad, llenos de todo conocimiento, y capacitados también para amonestaros los unos a los otros.

15 Mas os he escrito, hermanos, en parte con atrevimiento, como para reavivar vuestros recuerdos, por la gracia que de Dios me es dada

16 para ser ministro de Jesucristo a los gentiles, administrando el evangelio de Dios, para que los gentiles le sean ofrenda agradable, santificada por el Espíritu Santo.

17 Tengo, pues, de qué gloriarme en Cristo Jesús en lo que a Dios se refiere.

18 Porque no me atreveré a hablar sino de lo que Cristo ha hecho por medio de mí para la obediencia de los gentiles, con la palabra y con las obras,

19 con potencia de señales y prodigios, en el poder del Espíritu de Dios; de manera que desde Jerusalén, y por los alrededores hasta Ilírico, todo lo he llenado del evangelio de Cristo.

20 Y de esta manera me esforcé por predicar el evangelio, no donde el nombre de Cristo ya hubiese sido pronunciado, para no edificar sobre fundamento ajeno,

21 sino, como está escrito:
Aquellos a quienes nunca les fue anunciado acerca de él, verán;
Y los que nunca han oído de él, entenderán.

Deseo de Pablo de visitar Roma

22 Y por esta causa me he visto impedido muchas veces de ir a vosotros.

23 Pero ahora, no teniendo ya más campo en estas regiones, y deseando desde hace muchos años ir a vosotros,

24 cuando vaya a España, iré a vosotros; porque espero veros al pasar, y ser encaminado allá por vosotros, una vez que haya disfrutado de vuestra compañía por un poco.

25 Mas ahora voy a Jerusalén para el servicio de los santos.

26 Porque Macedonia y Acaya tuvieron a bien hacer una colecta para los pobres que hay entre los santos que están en Jerusalén.

27 Pues les pareció bien, y son deudores a ellos; porque si los gentiles han sido hechos participantes de sus bienes espirituales, deben también ellos servirles con sus bienes temporales.

28 Así que, cuando haya concluido esto, y les haya entregado este fruto, pasaré entre vosotros rumbo a España.

29 Y sé que cuando vaya a vosotros, llegaré con abundancia de la bendición del evangelio de Cristo.

30 Pero os ruego, hermanos, por nuestro Señor Jesucristo y por el amor del Espíritu, que ayudéis con vuestras oraciones a Dios por mí,

31 para que sea librado de los desobedientes que están en Judea, y que la ofrenda de mi servicio a los santos en Jerusalén sea acepta;

32 para que llegue a vosotros con gozo por la voluntad de Dios, y que encuentre algún descanso juntamente con vosotros.

33 Y el Dios de paz sea con todos vosotros. Amén.

Saludos y recomendaciones personales

16 Os recomiendo a nuestra hermana Febe, la cual está al servicio de la iglesia en Cencrea;

2 que la recibáis en el Señor, como es digno de los santos, y que la ayudéis en cualquier cosa en que necesite de vosotros; porque ella ha ayudado a muchos, y a mí mismo.

3 Saludad a Priscila y a Aquila, mis colaboradores en Cristo Jesús,

4 que expusieron su vida por mí; a los cuales no sólo yo doy gracias, sino también todas las iglesias de los gentiles.

5 Saludad también a la iglesia de su casa. Saludad a Epéneto, amado mío, que es el primer fruto de Acaya para Cristo.

6 Saludad a María, la cual ha trabajado mucho por vosotros.

7 Saludad a Andrónico y a Junias, mis parientes y mis compañeros de prisiones, los cuales son insignes entre los apóstoles, y que también fueron antes de mí en Cristo.

8 Saludad a Amplias, amado mío en el Señor.

9 Saludad a Urbano, nuestro colaborador en Cristo Jesús, y a Estaquis, amado mío.

10 Saludad a Apeles, aprobado en Cristo. Saludad a los de la casa de Aristóbulo.

11 Saludad a Herodión, mi pariente. Saludad a los de la casa de Narciso, los cuales son del Señor.

12 Saludad a Trifena y a Trifosa, las cuales trabajan en el Señor. Saludad a la amada Pérsida, la cual ha trabajado mucho en el Señor.

13 Saludad a Rufo, escogido en el Señor, y a su madre y mía.

14 Saludad a Asíncrito, a Flegonte, a Hermes, a Patrobas, a Hermas y a los hermanos que están con ellos.

15 Saludad a Filólogo, a Julia, a Nereo y a su hermana, a Olimpas y a todos los santos que están con ellos.

16 Saludaos los unos a los otros con un beso santo. Os saludan todas las iglesias de Cristo.

17 Y os ruego, hermanos, que os fijéis en los que causan divisiones y tropiezos que desdicen de la doctrina que vosotros habéis aprendido, y que os apartéis de ellos.

18 Porque tales personas son esclavas, no de nuestro Señor Jesucristo, sino de sus propios vientres, y con suaves palabras y lisonjas engañan los corazones de los ingenuos.

19 Porque vuestra obediencia ha venido a ser bien conocida de todos, por lo cual me gozo de vosotros; pero quiero que seáis sabios para el bien, e inocentes para el mal.

20 Y el Dios de paz aplastará en breve a Satanás bajo vuestros pies. La gracia de nuestro Señor Jesucristo sea con vosotros.

21 Os saludan Timoteo mi colaborador, y Lucio, Jasón y Sosípater, mis parientes.

22 Yo Tercio, que he escrito la carta, os saludo en el Señor.

23 Os saluda Gayo, hospedador mío y de toda la iglesia. Os saluda Erasto, tesorero de la ciudad, y el hermano Cuarto.

24 La gracia de nuestro Señor Jesucristo sea con todos vosotros. Amén.

Doxología final

25 Y al que puede consolidaros según mi evangelio y la predicación de Jesucristo, según la revelación del misterio que ha sido mantenido en silencio desde tiempos eternos,

26 pero que ha sido manifestado ahora, y que mediante las Escrituras de los profetas, según el mandamiento del Dios eterno, se ha dado a conocer a todas las gentes para obediencia de la fe,

27 al único Dios sabio, sea gloria mediante Jesucristo para siempre. Amén.

PRIMERA EPÍSTOLA DEL APÓSTOL SAN PABLO A LOS

CORINTIOS

Saludo

1 Pablo, llamado a ser apóstol de Jesucristo por la voluntad de Dios, y el hermano Sóstenes,

2 a la iglesia de Dios que está en Corinto, a los santificados en Cristo Jesús, llamados a ser santos con todos los que en cualquier lugar invocan el nombre de nuestro Señor Jesucristo, Señor de ellos y nuestro:

3 Gracia y paz a vosotros, de parte de Dios nuestro Padre y del Señor Jesucristo.

Acción de gracias por dones espirituales

4 Doy gracias a mi Dios continuamente por vosotros, por la gracia de Dios que os fue dada en Cristo Jesús;
5 porque en todas las cosas fuisteis enriquecidos en él, en toda palabra y en todo conocimiento;
6 en la medida en que el testimonio acerca de Cristo ha sido consolidado en vosotros,
7 de tal manera que nada os falta en ningún don a los que esperáis anhelantes la revelación de nuestro Señor Jesucristo;
8 el cual también os afianzará hasta el fin, para que seáis irreprensibles en el día de nuestro Señor Jesucristo.
9 Fiel es Dios, por el cual fuisteis llamados a la comunión con su Hijo Jesucristo nuestro Señor.

Exhortación a la unidad

10 Os exhorto, hermanos, por el nombre de nuestro Señor Jesucristo, a que habléis todos una misma cosa, y que no haya entre vosotros divisiones, sino que estéis perfectamente unidos en una misma mente y en un mismo parecer.
11 Porque he sido informado acerca de vosotros, hermanos míos, por los de Cloé, que hay entre vosotros contiendas.
12 Me refiero a que cada uno de vosotros dice: Yo soy de Pablo; y yo de Apolos; y yo de Cefas; y yo de Cristo.
13 ¿Acaso está dividido Cristo? ¿Fue crucificado Pablo por vosotros? ¿O fuisteis bautizados en el nombre de Pablo?
14 Doy gracias a Dios de que a ninguno de vosotros he bautizado, sino a Crispo y a Gayo,
15 para que nadie diga que fuisteis bautizados en mi nombre.
16 También bauticé a la familia de Estéfanas; por lo demás, no sé si he bautizado a algún otro.
17 Pues no me envió Cristo a bautizar, sino a predicar el evangelio; no con sabiduría de palabras, para que no se desvirtúe la cruz de Cristo.

Cristo, poder y sabiduría de Dios

18 Porque el mensaje de la cruz es locura para los que se están perdiendo; pero para nosotros que somos salvos, es poder de Dios.
19 Pues está escrito:
     Destruiré la sabiduría de los sabios,
     Y desecharé el entendimiento de los
       entendidos.

20 ¿Dónde está el sabio? ¿Dónde está el letrado? ¿Dónde está el discutidor de este mundo? ¿No ha convertido Dios la sabiduría del mundo en necedad?
21 Pues ya que en la sabiduría de Dios, el mundo no conoció a Dios mediante la sabiduría, agradó a Dios salvar a los creyentes mediante la locura de la predicación.
22 Puesto que los judíos piden señales, y los griegos buscan sabiduría;
23 pero nosotros predicamos a Cristo crucificado, para los judíos ciertamente tropezadero, y para los gentiles locura;
24 mas para aquellos que son llamados, así judíos como griegos, Cristo es poder de Dios, y sabiduría de Dios.
25 Porque lo insensato de Dios es más sabio que los hombres, y lo débil de Dios es más fuerte que los hombres.
26 Pues mirad, hermanos, vuestro llamamiento, que no sois muchos sabios según la carne, ni muchos poderosos, ni muchos nobles;
27 sino que escogió Dios lo necio del mundo, para avergonzar a los sabios; y escogió Dios lo débil del mundo, para avergonzar a lo fuerte;
28 y lo vil del mundo y lo menospreciado escogió Dios, y lo que no es, para anular lo que es,
29 a fin de que nadie se jacte en su presencia.
30 Mas por obra suya estáis vosotros en Cristo Jesús, el cual nos ha sido hecho de parte de Dios sabiduría, justificación, santificación y redención;
31 para que, tal como está escrito: El que se gloría, gloríese en el Señor.

Predicando a Cristo crucificado

2 Y yo, hermanos, cuando fui a vosotros, no fui anunciándoos el testimonio de Dios con excelencia de palabras o de sabiduría.
2 Pues resolví no saber entre vosotros cosa alguna sino a Jesucristo, y a éste crucificado.
3 Y yo me presenté ante vosotros con debilidad, y con temor y mucho temblor;
4 y ni mi palabra ni mi predicación fue con palabras persuasivas de humana sabiduría, sino con demostración del Espíritu y de poder,
5 para que vuestra fe no esté fundada en la sabiduría de los hombres, sino en el poder de Dios.

La revelación por el Espíritu de Dios

6 Sin embargo, hablamos sabiduría entre los que han alcanzado madurez; y sabiduría,

no de este mundo, ni de los príncipes de este mundo, que van desapareciendo,

7 sino que hablamos sabiduría de Dios en misterio, la sabiduría oculta, la cual Dios predestinó antes de los siglos para nuestra gloria,

8 la que ninguno de los príncipes de este mundo conoció; porque si la hubieran conocido, no habrían crucificado al Señor de la gloria.

9 Antes bien, como está escrito:
Cosas que el ojo no vio, ni el oído oyó,
Ni han subido al corazón del hombre,
Son las que Dios ha preparado para los que le aman.

10 Pero Dios nos las reveló a nosotros por medio del Espíritu; porque el Espíritu todo lo escudriña, aun las profundidades de Dios.

11 Porque ¿quién de los hombres sabe las cosas del hombre, sino el espíritu del hombre que está en él? Así tampoco nadie conoce las cosas de Dios, sino el Espíritu de Dios.

12 Y nosotros no hemos recibido el espíritu del mundo, sino el Espíritu que proviene de Dios, para que sepamos lo que Dios nos ha otorgado gratuitamente,

13 lo cual también hablamos, no con palabras enseñadas por sabiduría humana, sino con las que enseña el Espíritu, acomodando lo espiritual a lo espiritual.

14 Pero el hombre natural no capta las cosas que son del Espíritu de Dios, porque para él son locura, y no las puede conocer, porque se han de discernir espiritualmente.

15 En cambio el espiritual disciern todas las cosas; pero él no es enjuiciado por nadie.

16 Porque ¿quién conoció la mente del Señor, para que pueda instruirle? Mas nosotros tenemos la mente de Cristo.

Colaboradores de Dios

3 Y yo, hermanos, no pude hablaros como a espirituales, sino como a carnales, como a niños en Cristo.

2 Os di a beber leche, y no alimento sólido; porque aún no erais capaces, ni sois capaces todavía,

3 porque aún sois carnales; pues habiendo entre vosotros celos, contiendas y disensiones, ¿no sois carnales, y andáis según el modo humano?

4 Porque diciendo el uno: Yo ciertamente soy de Pablo; y el otro: Yo soy de Apolos, ¿no sois carnales?

5 ¿Qué, pues, es Pablo, y qué es Apolos? Servidores por medio de los cuales habéis creído; y eso según lo que a cada uno concedió el Señor.

6 Yo planté, Apolos regó; pero el crecimiento lo ha dado Dios;

7 de modo que ni el que planta es algo, ni el que riega, sino Dios, que da el crecimiento.

8 Y el que planta y el que riega son una misma cosa; aunque cada uno recibirá su propia recompensa conforme a su propia labor.

9 Porque nosotros somos colaboradores de Dios, y vosotros sois labranza de Dios, edificio de Dios.

10 Conforme a la gracia de Dios que me ha sido dada, yo como perito arquitecto puse el fundamento, y otro edifica encima; pero cada uno mire cómo sobreedifica.

11 Porque nadie puede poner otro fundamento que el que está puesto, el cual es Jesucristo.

12 Y si alguien edifica sobre este fundamento oro, plata, piedras preciosas, madera, heno, paja,

13 la obra de cada uno se hará manifiesta; porque el día la declarará, pues por el fuego será revelada; y el fuego mismo probará la calidad de la obra de cada uno.

14 Si permanece la obra de alguno que sobreedificó, recibirá recompensa.

15 Si la obra de alguno se quema, él sufrirá pérdida, si bien él mismo será salvo, aunque así como a través del fuego.

16 ¿No sabéis que sois santuario de Dios, y que el Espíritu de Dios mora en vosotros?

17 Si alguno destruye el santuario de Dios, Dios le destruirá a él; porque el santuario de Dios, el cual sois vosotros, es sagrado.

18 Nadie se engañe a sí mismo; si alguno entre vosotros se cree sabio según este mundo, hágase ignorante para que llegue a ser sabio.

19 Porque la sabiduría de este mundo es insensatez para con Dios; pues escrito está: Él atrapa a los sabios en la astucia de ellos.

20 Y otra vez: El Señor conoce los razonamientos de los sabios, que son vanos.

21 Así que, ninguno se jacte en los hombres; porque todo es vuestro:

22 sea Pablo, sea Apolos, sea Cefas, sea el mundo, sea la vida, sea la muerte, sea lo presente, sea lo por venir, todo es vuestro,

23 y vosotros de Cristo, y Cristo de Dios.

El ministerio apostólico

4 Que todo hombre nos considere como servidores de Cristo, y administradores de los misterios de Dios.

2 Ahora bien, se requiere de los administradores, que cada uno sea hallado fiel.

3 Yo en muy poco tengo el ser enjuiciado por vosotros, o por tribunal humano; y ni aun yo me juzgo a mí mismo.

4 Porque aunque de nada tengo mala con-

ciencia, no por eso quedo absuelto; pues el que me enjuicia es el Señor.

5 Así que, no juzguéis nada antes de tiempo, hasta que venga el Señor, el cual sacará a la luz también lo oculto de las tinieblas, y manifestará las intenciones de los corazones; y entonces cada uno recibirá su alabanza de parte de Dios.

6 Pero esto, hermanos, lo he presentado como ejemplo en mí y en Apolos por amor de vosotros, a fin de que de nosotros aprendáis lo de no propasarse de lo que está escrito, para que ni uno solo de vosotros se apasione el uno en contra del otro.

7 Porque ¿quién te distingue?, ¿o qué tienes que no hayas recibido? Y si lo recibiste, ¿por qué te glorías como si no lo hubieras recibido?

8 Ya estáis saciados, ya estáis ricos, sin nosotros reináis. ¡Y ojalá reinaseis, para que nosotros reinásemos también juntamente con vosotros!

9 Porque según pienso, Dios nos ha asignado a nosotros los apóstoles los últimos lugares, como a sentenciados a muerte; pues hemos llegado a ser espectáculo al mundo, a los ángeles y a los hombres.

10 Nosotros somos insensatos por amor de Cristo, mas vosotros prudentes en Cristo; nosotros débiles, más vosotros fuertes; vosotros honorables, mas nosotros despreciados.

11 Hasta el momento presente padecemos hambre, tenemos sed, andamos mal vestidos, somos abofeteados, y no tenemos morada fija.

12 Nos fatigamos trabajando con nuestras propias manos; nos maldicen, y bendecimos; padecemos persecución, y la soportamos.

13 Nos difaman, y exhortamos; hemos venido a ser hasta ahora como la escoria del mundo, el desecho de todos.

14 No escribo esto para avergonzaros, sino para amonestaros como a hijos míos amados.

15 Porque aunque tengáis diez mil ayos en Cristo, no tenéis muchos padres; pues en Cristo Jesús yo os engendré por medio del evangelio.

16 Por tanto, os exhorto a que me imitéis.

17 Por esto mismo os he enviado a Timoteo, que es mi hijo amado y fiel en el Señor, el cual os recordará mi proceder en Cristo, de la manera que enseño en todas partes y en todas las iglesias.

18 Mas algunos están envanecidos, como si yo nunca hubiese de ir a vosotros.

19 Pero iré pronto a vosotros, si el Señor quiere, y conoceré, no las palabras, sino el poder de los que andan envanecidos.

20 Porque el reino de Dios no consiste en palabras, sino en poder.

21 ¿Qué queréis? ¿Iré a vosotros con vara, o con amor y espíritu de mansedumbre?

Inmoralidad en la iglesia

5 Se oye como cosa cierta que hay entre vosotros fornicación, y tal fornicación cual ni aun se sabe que exista entre los gentiles; tanto que alguno tiene la mujer de su padre.

2 Y vosotros estáis envanecidos. ¿No deberíais más bien haber hecho duelo, para que fuese quitado de en medio de vosotros el que cometió tal acción?

3 Ciertamente yo, como ausente en cuerpo, pero presente en espíritu, ya como presente he juzgado al que ha cometido tal acción.

4 En el nombre de nuestro Señor Jesucristo, reunidos vosotros y mi espíritu, con el poder de nuestro Señor Jesucristo,

5 el tal sea entregado a Satanás para destrucción de la carne, a fin de que el espíritu sea salvo en el día del Señor Jesús.

6 No es buena vuestra jactancia. ¿No sabéis que un poco de levadura hace fermentar toda la masa?

7 Purificaos, pues, de la vieja levadura, para que seáis nueva masa, sin levadura como sois; porque nuestra pascua, que es Cristo, ya fue sacrificada por nosotros.

8 Así que celebremos la fiesta, no con la vieja levadura, ni con la levadura de malicia y de maldad, sino con panes sin levadura, de sinceridad y de verdad.

9 Os escribí por carta, que no os juntéis con los fornicarios;

10 no en general con los fornicarios de este mundo, o con los avaros, o con los ladrones, o con los idólatras; pues en tal caso os sería necesario salir del mundo.

11 Más bien os escribí que no os juntéis con ninguno que, llamándose hermano, sea fornicario, o avaro, o idólatra o maldiciente, o borracho, o ladrón; con el tal ni aun comáis.

12 Porque ¿qué me va a mí en juzgar a los que están fuera? ¿No juzgáis vosotros a los que están dentro?

13 Porque a los que están fuera, Dios los juzgará. Quitad, pues, a ese perverso de entre vosotros.

Litigios delante de los incrédulos

6 ¿Se atreve alguno de vosotros, cuando tiene un asunto contra otro, a ir a juicio delante de los injustos, y no delante de los santos?

2 ¿O no sabéis que los santos han de juzgar al mundo? Y si el mundo ha de ser juzgado por vosotros, ¿sois indignos de juzgar los casos menos importantes?

3 ¿O no sabéis que hemos de juzgar a los

ángeles? ¿Cuánto más las cosas de esta vida?

4 Si, pues, tenéis juicios sobre cosas de esta vida, poned para juzgar a los que son de menor estima en la iglesia.

5 Para avergonzaros lo digo. ¿Pues qué, no hay entre vosotros sabio, ni aun uno, que pueda juzgar entre sus hermanos,

6 sino que el hermano con el hermano pleitea en juicio, y esto ante los incrédulos?

7 De todos modos, ya es una falta en vosotros que tengáis pleitos entre vosotros mismos. ¿Por qué no sufrís más bien el agravio? ¿Por qué no sufrís más bien el ser defraudados?

8 Pero vosotros cometéis el agravio, y defraudáis, y esto a los hermanos.

9 ¿O no sabéis que los injustos no heredarán el reino de Dios? No os dejéis engañar; ni los fornicarios, ni los idólatras, ni los adúlteros, ni los afeminados, ni los homosexuales,

10 ni los ladrones, ni los avaros, ni los borrachos, ni los maldicientes, ni los estafadores, heredarán el reino de Dios.

11 Y esto erais algunos; mas ya habéis sido lavados, ya habéis sido santificados, ya habéis sido justificados en el nombre del Señor Jesús, y por el Espíritu de nuestro Dios.

El cuerpo, templo del Espíritu

12 Todas las cosas me son lícitas, mas no todas son provechosas; todas las cosas me son lícitas, mas yo no me dejaré dominar de ninguna.

13 Los alimentos son para el vientre, y el vientre para los alimentos; pero tanto al uno como a los otros los inutilizará Dios. Pero el cuerpo no es para la fornicación, sino para el Señor, y el Señor para el cuerpo.

14 Y Dios, que levantó al Señor, también a nosotros nos levantará mediante su poder.

15 ¿No sabéis que vuestros cuerpos son miembros de Cristo? ¿Quitaré, pues, los miembros de Cristo y los haré miembros de una ramera? ¡De ningún modo!

16 ¿O no sabéis que el que se une con una ramera, es un solo cuerpo con ella? Porque dice: Los dos vendrán a ser una sola carne.

17 Pero el que se une al Señor, es un solo espíritu con él.

18 Huid de la fornicación. Cualquier otro pecado que el hombre cometa, está fuera del cuerpo; mas el que fornica, peca contra su propio cuerpo.

19 ¿O no sabéis que vuestro cuerpo es santuario del Espíritu Santo, el cual está en vosotros, el cual tenéis de Dios, y que no sois vuestros?

20 Porque habéis sido comprados por precio; glorificad, pues, a Dios en vuestro cuerpo y en vuestro espíritu, los cuales son de Dios.

Consejos sobre el matrimonio

7 En cuanto a las cosas de que me escribisteis, bien le está al hombre no tocar mujer;

2 pero a causa de las fornicaciones, cada uno tenga su propia mujer, y cada una tenga su propio marido.

3 El marido cumpla con la mujer el deber conyugal, y asimismo la mujer con el marido.

4 La mujer no tiene potestad sobre su propio cuerpo, sino el marido; ni tampoco tiene el marido potestad sobre su propio cuerpo, sino la mujer.

5 No os privéis el uno del otro, a no ser por algún tiempo de común acuerdo, para ocuparos sosegadamente en la oración; y volved a juntaros en uno, para que no os tiente Satanás a causa de vuestra incontinencia.

6 Mas esto lo digo por vía de concesión, no por mandamiento.

7 Quisiera más bien que todos los hombres estuviesen como yo; pero cada uno tiene su propio don de Dios, uno de un modo y otro de otro.

8 Digo, pues, a los solteros y a las viudas, que les iría bien el quedarse como yo;

9 pero si no tienen don de continencia, cásense, pues mejor es casarse que estarse quemando.

10 Pero a los que están unidos en matrimonio, mando, no yo, sino el Señor: Que la mujer no se separe del marido;

11 y si se separa, quédese sin casar, o reconcíliese con su marido; y que el marido no abandone a su mujer.

12 Y a los demás yo digo, no el Señor: Si algún hermano tiene mujer que no sea creyente, y ella consiente en vivir con él, no la abandone.

13 Y si una mujer tiene marido que no sea creyente, y él consiente en vivir con ella, no lo abandone.

14 Porque el marido incrédulo es santificado en la mujer, y la mujer incrédula en el marido; pues de otra manera vuestros hijos serían inmundos, mientras que ahora son santos.

15 Pero si el incrédulo se separa, que se separe; pues no está el hermano o la hermana sujeto a servidumbre en semejante caso, sino que a paz nos llamó Dios.

16 Porque ¿qué sabes tú, oh mujer, si harás salvo a tu marido? ¿O qué sabes tú, oh marido, si harás salva a tu mujer?

17 Fuera de esto, cada cual se comporte como el Señor le repartió, y como Dios llamó a cada uno; y así lo ordeno en todas las iglesias.

18 ¿Fue llamado alguno siendo circunciso? Quédese circunciso. ¿Fue llamado alguno siendo incircunciso? No se circuncide.

19 La circuncisión es nada, y la incircuncisión es nada; lo que importa es la observancia de los mandamientos de Dios.

20 Cada uno se quede en el estado en que fue llamado.

21 ¿Fuiste llamado siendo esclavo? No te dé cuidado; pero también, si puedes hacerte libre, procúralo más.

22 Porque el que en el Señor fue llamado siendo esclavo, es liberto del Señor; asimismo el que fue llamado siendo libre, es esclavo de Cristo.

23 Por precio fuisteis comprados; no os hagáis esclavos de los hombres.

24 Cada uno, hermanos, en el estado en que fue llamado, así permanezca para con Dios.

25 En cuanto a las vírgenes, no tengo precepto del Señor; mas doy mi parecer, como quien ha alcanzado misericordia del Señor para ser fiel.

26 Tengo, pues, esto por bueno a causa del agobio inminente; que le irá bien al hombre en quedarse como está.

27 ¿Estás ligado a mujer? No procures soltarte. ¿Estás libre de mujer? No procures casarte.

28 Mas también si te casas, no pecas; y si la doncella se casa, no peca; pero los tales tendrán aflicción de la carne, y yo os la quiero evitar.

29 Pero esto digo, hermanos: que el tiempo es limitado; resta, pues, que los que tienen esposa sean como si no la tuviesen;

30 y los que lloran, como si no llorasen; y los que se alegran, como si no se alegrasen; y los que compran, como si no poseyesen;

31 y los que disfrutan de este mundo, como si no lo disfrutasen; porque la apariencia de este mundo se pasa.

32 Deseo, pues, que estéis sin congoja. El soltero se preocupa por las cosas del Señor, de cómo agradar al Señor;

33 pero el casado se preocupa por las cosas del mundo, de cómo agradar a su mujer, y está dividido.

34 Hay asimismo diferencia entre la casada y la doncella. La doncella se preocupa por las cosas del Señor, para ser santa así en cuerpo como en espíritu; pero la casada se preocupa por las cosas del mundo, de cómo agradar a su marido.

35 Esto lo digo para vuestro provecho; no para tenderos lazo, sino para lo honesto y para lo que facilita sin distracciones vuestro trato asiduo con el Señor.

36 Pero si alguno piensa que no se comporta decentemente con su hija doncella, si es de edad madura, y así debe hacerse, haga lo que quiera, no peca; que se casen.

37 Pero el que está firme en su corazón, sin tener necesidad, sino que es dueño de su propia voluntad, y ha resuelto en su corazón guardar a su hija doncella, hace bien.

38 De manera que el que la da en casamiento hace bien, y el que no la da en casamiento hace mejor.

39 La mujer está ligada por la ley mientras su marido vive; pero si su marido muere, es libre para casarse con quien quiera, con tal que sea en el Señor.

40 Pero a mi juicio, será más dichosa si se queda así; y pienso que también yo tengo el Espíritu de Dios.

Lo sacrificado a los ídolos

8 En cuanto a lo sacrificado a los ídolos, sabemos que todos tenemos conocimiento. El conocimiento envanece, pero el amor edifica.

2 Y si alguno se imagina que sabe algo, aún no ha aprendido nada como se debe conocer.

3 Pero si alguno ama a Dios, ha sido conocido por él.

4 Acerca, pues, de las viandas que se sacrifican a los ídolos, sabemos que un ídolo nada es en el mundo, y que no hay más que un Dios.

5 Pues aunque haya algunos que se llamen dioses, sea en el cielo, o en la tierra (como hay muchos dioses y muchos señores),

6 para nosotros, sin embargo, sólo hay un Dios, el Padre, del cual proceden todas las cosas, y nosotros somos para él; y un solo Señor, Jesucristo, por medio del cual son todas las cosas, y nosotros por medio de él.

7 Pero no en todos hay este conocimiento; porque algunos, habituados hasta aquí a los ídolos, comen como sacrificado a ídolos, y su conciencia, siendo débil, se contamina.

8 Si bien la comida no nos hace más aceptos ante Dios; pues ni porque comamos, seremos más, ni porque no comamos, seremos menos.

9 Pero mirad que esta libertad vuestra no venga a ser tropezadero para los débiles.

10 Porque si alguno te ve a ti, que tienes conocimiento, sentado a la mesa en un lugar de ídolos, la conciencia de aquel que es débil, ¿no será estimulada a comer de lo sacrificado a los ídolos?

11 Y por el conocimiento tuyo, se arruina el hermano débil por quien Cristo murió.

12 De esta manera, pues, pecando contra los hermanos e hiriendo su débil conciencia, pecáis contra Cristo.

13 Por lo cual, si la comida le es a mi hermano ocasión de caer, no comeré carne jamás, para no poner tropiezo a mi hermano.

Pablo defiende su apostolado

9 ¿No soy apóstol? ¿No soy libre? ¿No he visto a Jesús el Señor nuestro? ¿No sois vosotros mi obra en el Señor?

2 Si para otros no soy apóstol, para vosotros ciertamente lo soy; porque vosotros sois el sello de mi apostolado en el Señor.

3 Contra los que me piden cuentas, esta es mi defensa:

4 ¿Acaso no tenemos derecho a comer y beber?

5 ¿No tenemos derecho a traer con nosotros una hermana, mujer, como también los demás apóstoles, y los hermanos del Señor, y Cefas?

6 ¿O sólo yo y Bernabé no tenemos derecho a no trabajar?

7 ¿Quién fue jamás soldado a sus propias expensas? ¿Quién planta viña y no come de su fruto? ¿O quién apacienta un rebaño y no toma de la leche del rebaño?

8 ¿Digo esto sólo como hombre, o no dice esto también la ley?

9 Porque en la ley de Moisés está escrito: No pondrás bozal al buey que trilla. ¿Acaso tiene Dios especial cuidado de los bueyes?

10 ¿O lo dice enteramente por nosotros? Pues por nosotros se escribió; porque con esperanza debe arar el que ara, y el que trilla, con esperanza de recibir del fruto.

11 Si nosotros sembramos entre vosotros lo espiritual, ¿será mucho que cosechemos de vosotros lo material?

12 Si otros participan de este derecho sobre vosotros, ¿cuánto más nosotros? Pero no hemos usado de este derecho, sino que lo soportamos todo, por no poner ningún obstáculo al evangelio de Cristo.

13 ¿No sabéis que los que trabajan en las cosas sagradas, comen del templo, y que los que sirven al altar, participan del altar?

14 Así también ordenó el Señor a los que anuncian el evangelio, que vivan del evangelio.

15 Pero yo de nada de esto me he aprovechado, ni tampoco he escrito esto para que se haga así conmigo; porque prefiero morir, antes que nadie me prive de esta gloria.

16 Pues si anuncio el evangelio, no tengo por qué gloriarme; porque me siento constreñido a hacerlo; y ¡ay de mí si no anuncio el evangelio!

17 Por lo cual, si lo hago de buen grado, tendré recompensa; pero si de mala gana, es una mayordomía la que me ha sido encomendada.

18 ¿Cuál, pues, es mi galardón? Que predicando el evangelio, presente gratuitamente el evangelio de Cristo, para no hacer pleno uso de mi derecho en el evangelio.

19 Por lo cual, siendo libre de todos, me he hecho siervo de todos para ganar al mayor número.

20 Me he hecho a los judíos como judío, para ganar a los judíos; a los que están bajo la ley (aunque yo no esté bajo la ley), como si estuviese bajo la ley, para ganar a los que están bajo la ley;

21 a los que están sin ley, como si yo estuviera sin ley (no estando yo sin ley de Dios, sino dentro de la ley de Cristo), para ganar a los que están sin ley.

22 Me he hecho como débil a los débiles, para ganar a los débiles; a todos me he hecho todo, para que de todos modos salve a algunos.

23 Y esto lo hago por causa del evangelio, para hacerme copartícipe de él.

24 ¿No sabéis que los que corren en el estadio, todos ciertamente corren, pero uno solo se lleva el premio? Corred de tal manera que lo obtengáis.

25 Todo aquel que lucha, en todo ejercita el dominio propio; ellos, en verdad, para recibir una corona corruptible, pero nosotros, una incorruptible.

26 Así que, yo de esta manera corro, no como a la ventura; de esta manera golpeo, no como quien golpea al aire,

27 sino que trato severamente a mi cuerpo, y lo pongo en servidumbre, no sea que habiendo proclamado a otros, yo mismo venga a ser reprobado.

Exhortaciones contra la idolatría

10 Porque no quiero, hermanos, que ignoréis que nuestros padres estuvieron todos bajo la nube, y todos pasaron por el mar;

2 y todos, siguiendo a Moisés, fueron bautizados en la nube y en el mar;

3 y todos comieron el mismo alimento espiritual,

4 y todos bebieron la misma bebida espiritual; porque bebían de la roca espiritual que los seguía, y la roca era Cristo.

5 Pero de los más de ellos no se agradó Dios, pues quedaron tendidos en el desierto.

6 Mas estas cosas sucedieron como ejemplos para nosotros, para que no codiciemos cosas malas, como ellos codiciaron.

7 Ni seáis idólatras, como algunos de ellos, según está escrito: Se sentó el pueblo a comer y a beber, y se levantó a divertirse.

8 Ni forniquemos, como algunos de ellos fornicaron, y cayeron en un día veintitrés mil.

9 Ni provoquemos al Señor, como también algunos de ellos le provocaron, y perecieron mordidos por las serpientes.

10 Ni murmuréis, como algunos de ellos

murmuraron, y perecieron víctimas del Exterminador.

11 Y estas cosas les acontecieron como ejemplo, y fueron escritas para amonestarnos a nosotros, a quienes han alcanzado los fines de los siglos.

12 Así que, el que piensa estar firme, mire que no caiga.

13 No os ha sobrevenido ninguna tentación que no sea humana; pero fiel es Dios, que no permitirá que seáis tentados más de lo que podéis resistir, sino que proveerá también juntamente con la tentación la vía de escape, para que podáis soportar.

14 Por tanto, amados míos, huid de la idolatría.

15 Como a sensatos os hablo; juzgad vosotros lo que digo.

16 La copa de bendición que bendecimos, ¿no es comunión en la sangre de Cristo? El pan que partimos, ¿no es comunión en el cuerpo de Cristo?

17 Puesto que es uno solo el pan, nosotros, con ser muchos, somos un solo cuerpo; pues todos participamos de ese pan, que es uno solo.

18 Mirad a Israel según la carne; los que comen de los sacrificios, ¿no están en comunión con el altar?

19 ¿Qué digo, pues? ¿Que el ídolo es algo, o que sea algo lo que se sacrifica a los ídolos?

20 Más bien digo que lo que los gentiles sacrifican, lo sacrifican a los demonios, y no a Dios; y no quiero que vosotros tengáis comunión con los demonios.

21 No podéis beber la copa del Señor, y la copa de los demonios; no podéis participar de la mesa del Señor, y de la mesa de los demonios.

22 ¿O provocaremos a celos al Señor? ¿Somos acaso más fuertes que él?

La libertad del cristiano

23 Todo me es lícito, pero no todo conviene; todo me es lícito, pero no todo edifica.

24 Ninguno busque su propio interés, sino el del otro.

25 De todo lo que se vende en la carnicería, comed, sin más averiguaciones por motivos de conciencia;

26 porque del Señor es la tierra y su plenitud.

27 Si algún incrédulo os invita, y queréis ir, de todo lo que se os ponga delante comed, sin más averiguaciones por motivos de conciencia.

28 Mas si alguien os dice: Esto fue sacrificado a los ídolos; no lo comáis, por causa de aquel que lo declaró, y por motivos de conciencia (porque del Señor es la tierra y su plenitud).

29 la conciencia, digo, no la tuya, sino la del otro. Pues ¿cómo se ha de juzgar mi libertad por la conciencia de otro?

30 Y si yo con agradecimiento participo, ¿por qué he de ser censurado por aquello de que doy gracias?

31 Así pues, ya sea que comáis, que bebáis, o que hagáis cualquier otra cosa, hacedlo todo para la gloria de Dios.

32 No seáis tropiezo ni a judíos, ni a gentiles, ni a la iglesia de Dios;

33 como también yo en todas las cosas agrado a todos, no procurando mi propio beneficio, sino el de los demás, para que sean salvos.

11 Sed imitadores de mí, así como yo de Cristo.

La mujer en la iglesia

2 Os alabo, hermanos, porque en todo os acordáis de mí, y retenéis las instrucciones tal como os las entregué.

3 Pero quiero que sepáis que Cristo es la cabeza de todo varón, y el varón es la cabeza de la mujer, y Dios la cabeza de Cristo.

4 Todo varón que ora o profetiza con la cabeza cubierta, afrenta a su cabeza.

5 Pero toda mujer que ora o profetiza con la cabeza descubierta, afrenta a su cabeza; porque se hace enteramente igual que la que se ha rapado.

6 Porque si la mujer no se cubre, que se corte también el cabello; y si le es vergonzoso a la mujer cortarse el cabello o raparse, que se cubra.

7 Porque el varón no debe cubrirse la cabeza, pues él es imagen y gloria de Dios; pero la mujer es gloria del varón.

8 Porque el varón no procede de la mujer, sino la mujer del varón,

9 y tampoco el varón fue creado por causa de la mujer, sino la mujer por causa del varón.

10 Por tanto, la mujer debe tener señal de autoridad sobre su cabeza, por causa de los ángeles.

11 Sin embargo, en el Señor, ni el varón es aparte de la mujer, ni la mujer aparte del varón;

12 porque así como la mujer procede del varón, también el varón nace mediante la mujer; pero todo procede de Dios.

13 Juzgad entre vosotros mismos: ¿Es propio que la mujer ore a Dios sin cubrirse la cabeza?

14 La naturaleza misma ¿no os enseña que al varón le es deshonroso dejarse crecer el cabello?

15 Por el contrario, a la mujer dejarse

crecer el cabello le es honroso; porque en lugar de velo le es dado el cabello.

16 Con todo eso, si alguno es amigo de discusiones, nosotros no tenemos tal costumbre, ni las iglesias de Dios.

Abusos en la Cena del Señor

17 Pero al daros las instrucciones que siguen, no os alabo; porque no os congregáis para lo mejor, sino para lo peor.

18 Pues en primer lugar, cuando os reunís como iglesia, oigo que hay entre vosotros divisiones; y en parte lo creo.

19 Porque es preciso que entre vosotros haya diferentes bandos, para que se hagan manifiestos entre vosotros los que son aprobados.

20 Cuando, pues, os reunís vosotros, esto no es comer la cena del Señor.

21 Porque al comer, cada uno se adelanta a tomar su propia cena; y el uno tiene hambre, y el otro se embriaga.

22 ¿Pues acaso no tenéis casas en que comáis y bebáis? ¿O menospreciáis la iglesia de Dios, y avergonzáis a los que no tienen nada? ¿Qué os diré? ¿Os alabaré? En esto no os alabo.

Institución de la Cena del Señor

23 Porque yo recibí de parte del Señor lo que también os he enseñado: Que el Señor Jesús, la noche que fue entregado, tomó pan;

24 y después de dar gracias, lo partió, y dijo: Tomad, comed; esto es mi cuerpo que por vosotros es partido; haced esto en memoria de mí.

25 Asimismo tomó también la copa, después de haber cenado, diciendo: Esta copa es el nuevo pacto en mi sangre; haced esto todas las veces que la bebáis, en memoria de mí.

26 Porque todas las veces que comáis este pan, y bebáis esta copa, la muerte del Señor estáis proclamando hasta que él venga.

Tomando la Cena indignamente

27 De manera que cualquiera que coma este pan o beba esta copa del Señor indignamente, será culpable del cuerpo y de la sangre del Señor.

28 Por tanto, examínese cada uno a sí mismo, y coma entonces del pan, y beba de la copa.

29 Porque el que come y bebe indignamente, sin discernir el cuerpo del Señor, come y bebe su propio juicio.

30 Por lo cual hay muchos enfermos y debilitados entre vosotros, y bastantes duermen.

31 Si, pues, nos examinásemos a nosotros mismos, no seríamos juzgados;

32 mas al ser juzgados, somos corregidos por el Señor, para que no seamos condenados con el mundo.

33 Así que, hermanos míos, cuando os reunís a comer, esperaos unos a otros.

34 Si alguno tiene hambre, coma en su casa, para que no os reunáis para juicio. Las demás cosas las pondré en orden cuando vaya.

Diversidad de dones espirituales

12 En cuanto a los dones espirituales, no quiero, hermanos, que estéis en la ignorancia.

2 Sabéis que cuando erais gentiles, se os extraviaba llevándoos, como se os llevaba, a los ídolos mudos.

3 Por tanto, os hago saber que nadie que hable por el Espíritu de Dios dice: Jesús es maldito. Y nadie puede decir: Jesús es el Señor, sino por el Espíritu Santo.

4 Ahora bien, hay diversidad de dones, pero el Espíritu es el mismo.

5 Y hay diversidad de ministerios, pero el Señor es el mismo.

6 Y hay diversidad de actividades, pero Dios, que efectúa todas las cosas en todos, es el mismo.

7 Pero a cada uno le es dada la manifestación del Espíritu para provecho común.

8 Porque a uno es dada por medio del Espíritu palabra de sabiduría; a otro, palabra de conocimiento según el mismo Espíritu;

9 a otro, fe, en el mismo Espíritu; y a otro, dones de sanidades, en el mismo Espíritu.

10 A otro, el efectuar milagros; a otro, profecía; a otro, discernimiento de espíritus; a otro, diversos géneros de lenguas; y a otro interpretación de lenguas.

11 Pero todas estas cosas las efectúa uno y el mismo Espíritu, repartiendo a cada uno en particular según su voluntad.

12 Porque así como el cuerpo es uno, y tiene muchos miembros, pero todos los miembros del cuerpo, siendo muchos, son un solo cuerpo, así también Cristo.

13 Porque por un solo Espíritu fuimos todos bautizados para formar un solo cuerpo, sean judíos o griegos, sean esclavos o libres; y a todos se nos dio a beber de un mismo Espíritu.

14 Porque, además, el cuerpo no es un solo miembro, sino muchos.

15 Si dijese el pie: Porque no soy mano, no soy del cuerpo, ¿por eso no sería del cuerpo?

16 Y si dijere la oreja: Porque no soy ojo, no soy del cuerpo, ¿por eso no sería del cuerpo?

17 Si todo el cuerpo fuese ojo, ¿dónde estaría el oído? Si todo fuese oído, ¿dónde estaría el olfato?

18 Pero el hecho es que Dios ha colocado los miembros cada uno de ellos en el cuerpo, como él quiso.

19 Porque si todos fueran un solo miembro, ¿dónde estaría el cuerpo?

20 Ahora bien, los miembros son muchos, pero el cuerpo es uno solo.

21 Ni el ojo puede decir a la mano: No te necesito, ni tampoco la cabeza a los pies: No tengo necesidad de vosotros.

22 Antes bien, los miembros del cuerpo que parecen más débiles, son los más necesarios;

23 y a aquellos del cuerpo que nos parecen menos honrosos, a éstos vestimos con más honra; y los que en nosotros son menos decorosos, se tratan con más decoro.

24 Porque los que en nosotros son más decorosos, no tienen necesidad; pero Dios dispuso el cuerpo, dando más abundante honor al que le faltaba,

25 para que no haya desavenencia en el cuerpo, sino que los miembros todos se preocupen los unos por los otros.

26 De manera que si un miembro padece, todos los miembros se duelen con él, y si un miembro recibe honra, todos los miembros se gozan con él.

27 Ahora bien, vosotros sois el cuerpo de Cristo, y miembros cada uno por su parte.

28 Y a unos puso Dios en la iglesia, primeramente apóstoles, después profetas, lo tercero maestros, luego poderes milagrosos, después dones de sanidades, ayudas, dotes de gobierno, diversos géneros de lenguas.

29 ¿Acaso son todos apóstoles?; ¿acaso son todos profetas?; ¿acaso son todos maestros?; ¿acaso hacen todos milagros?;

30 ¿acaso tienen todos dones de sanidad?; ¿acaso hablan todos en lenguas?; ¿acaso interpretan todos?

31 Desead, pues, celosamente los dones mejores. Y yo os voy a mostrar todavía un camino por excelencia.

La excelencia del amor

13 Si yo hablara lenguas humanas y angélicas, pero no tengo amor, vengo a ser como bronce que resuena, o címbalo que retiñe.

2 Y si tuviese profecía, y entendiese todos los misterios y toda ciencia, y si tuviese tanta fe como para trasladar montañas, pero no tengo amor, nada soy.

3 Y si repartiese todos mis bienes para dar de comer a los pobres, y si entregase mi cuerpo para ser quemado, pero no tengo amor, de nada me sirve.

4 El amor es paciente, es servicial; el amor no tiene envidia, el amor no es jactancioso, no se engríe;

5 no hace nada indecoroso, no busca su propio interés, no se irrita, no toma en cuenta el mal;

6 no se goza de la injusticia, mas se goza de la verdad.

7 Todo lo excusa, todo lo cree, todo lo espera, todo lo soporta.

8 El amor no caduca jamás; pero las profecías caerán en desuso, y cesarán las lenguas, y el conocimiento actual quedará fuera de uso.

9 Porque en parte conocemos, y en parte profetizamos;

10 mas cuando venga lo perfecto, entonces lo que es en parte quedará fuera de uso.

11 Cuando yo era niño, hablaba como niño, pensaba como niño, razonaba como niño; mas cuando me hice hombre, dejé a un lado lo que era de niño.

12 Pues ahora vemos mediante espejo, borrosamente; mas entonces veremos cara a cara. Ahora conozco en parte; pero entonces conoceré tan cabalmente como soy conocido.

13 Y ahora, permanecen la fe, la esperanza y el amor, estos tres; pero el mayor de ellos es el amor.

Más sobre los dones espirituales

14 Procurad alcanzar el amor, y desead con celo los dones espirituales, especialmente que profeticéis.

2 Porque el que habla en lenguas, no habla a los hombres, sino a Dios; pues nadie le entiende, sino que en espíritu habla misterios.

3 Pero el que profetiza, habla a los hombres para edificación, exhortación y consolación.

4 El que habla en lenguas, a sí mismo se edifica; pero el que profetiza, edifica a la iglesia.

5 Así que, querría que todos vosotros hablaseis en lenguas, pero más que profetizaseis; porque el que profetiza es superior al que habla en lenguas, a no ser que las interprete para que la iglesia reciba edificación.

6 Así pues, hermanos, si yo voy a vosotros hablando en lenguas, ¿de qué provecho os seré, si no os hablo con revelación, o con ciencia, o con profecía, o con enseñanza?

7 Ciertamente las cosas inanimadas que producen sonidos, como la flauta o la cítara, si no dan distinción de notas, ¿cómo se sabrá lo que se toca con la flauta o con la cítara?

8 Y si la trompeta da un sonido confuso, ¿quién se preparará para la batalla?

9 Así también vosotros, si por la lengua no

dais palabra bien comprensible, ¿cómo se entenderá lo que decís? Porque hablaréis al aire.

10 Tantas clases de lenguas hay, seguramente, en el mundo, y ninguna de ellas carece de significado.

11 Pero si yo ignoro el valor de las palabras, seré como extranjero para el que habla, y el que habla será como extranjero para mí.

12 Así también vosotros; pues que anheláis dones espirituales, procurad abundar en ellos para edificación de la iglesia.

13 Por lo cual, el que habla en lenguas, pida en oración poder interpretarlas.

14 Porque si oro en lenguas, mi espíritu ora, pero mi entendimiento queda sin fruto.

15 ¿Qué, pues? Oraré con el espíritu, pero oraré también con el entendimiento; cantaré con el espíritu, pero cantaré también con el entendimiento.

16 Porque si bendices sólo con el espíritu, el que ocupa lugar de oyente sencillo, ¿cómo dirá el Amén a tu acción de gracias?; pues no sabe lo que estás diciendo.

17 Porque tú, a la verdad, das gracias bien; pero el otro no es edificado.

18 Doy gracias a Dios de que hablo en lenguas más que todos vosotros;

19 pero en la iglesia prefiero hablar cinco palabras con mi entendimiento, para instruir también a otros, que diez mil palabras en lenguas.

20 Hermanos, no seáis niños en el modo de pensar, sino sed niños en la malicia, pero maduros en el modo de pensar.

21 En la ley está escrito: En otras lenguas y con otros labios hablaré a este pueblo; y ni aun así me escucharán, dice el Señor.

22 Así que, las lenguas son por señal, no a los creyentes, sino a los incrédulos; pero la profecía, no a los incrédulos, sino a los creyentes.

23 Si, pues, toda la iglesia se reúne en un solo lugar, y todos hablan en lenguas, y entran indoctos o incrédulos, ¿no dirán que estáis locos?

24 Pero si todos profetizan, y entra algún incrédulo o indocto, por todos es convencido, por todos es juzgado;

25 lo secreto de su corazón se hace manifiesto; y así, postrándose sobre el rostro, adorará a Dios, declarando que Dios está realmente entre vosotros.

26 ¿Qué, pues, hermanos? Cuando os reunís, cada uno de vosotros tiene salmo, tiene enseñanza, tiene lengua, tiene revelación, tiene interpretación. Hágase todo para edificación.

27 Si habla alguno en lenguas, que lo hagan dos, o a lo más tres, y por turno; y uno interprete.

28 Y si no hay intérprete, calle en la iglesia, y hable para sí mismo y para Dios.

29 Asimismo, los profetas hablen dos o tres, y los demás disciernan.

30 Y si algo le es revelado a otro que esté sentado, calle el primero.

31 Porque podéis profetizar todos uno por uno, para que todos aprendan, y todos sean exhortados.

32 Y los espíritus de los profetas estén sometidos a los profetas;

33 pues Dios no es Dios de confusión, sino de paz. Como en todas las iglesias de los santos,

34 vuestras mujeres callen en las congregaciones; porque no les es permitido hablar, sino que estén sometidas, como también la ley lo dice.

35 Y si quieren aprender algo, pregunten en casa a sus maridos; porque es indecoroso para las mujeres el hablar en la congregación.

36 ¿Acaso ha procedido de vosotros la palabra de Dios, o ha llegado sólo a vosotros?

37 Si alguno se cree profeta, o espiritual, reconozca que lo que os escribo son mandamientos del Señor.

38 Pero si alguno lo ignora, que lo ignore.

39 Así que, hermanos, anhelad el profetizar, y no impidáis el hablar en lenguas;

40 pero hágase todo decentemente y con orden.

Cristo, garantía de la resurrección

15 Además, os voy a exponer, hermanos, el evangelio que os he predicado, el cual también recibisteis, en el cual también estáis firmes;

2 por el cual asimismo, si retenéis la palabra que os he predicado, sois salvos, si no creísteis en vano.

3 Porque en primer lugar os transmití lo que asimismo recibí: Que Cristo murió por nuestros pecados, conforme a las Escrituras;

4 y que fue sepultado, y que resucitó al tercer día conforme a las Escrituras;

5 y que se apareció a Cefas, y después a los doce.

6 Después se apareció a más de quinientos hermanos a la vez, de los cuales la mayoría viven aún, pero algunos ya se durmieron.

7 Después se apareció a Jacobo; después a todos los apóstoles;

8 y al último de todos, como a un abortivo, se me apareció a mí.

9 Porque yo soy el más pequeño de los apóstoles, que no soy digno de ser llamado apóstol, porque perseguí a la iglesia de Dios.

10 Pero por la gracia de Dios, soy lo que soy; y su gracia para conmigo no ha resultado estéril, sino que he trabajado más que

todos ellos; pero no yo, sino la gracia de Dios conmigo.

11 Porque, o sea yo o sean ellos, así predicamos, y así habéis creído.

12 Pero si se predica de Cristo que resucitó de los muertos, ¿cómo dicen algunos entre vosotros que no hay resurrección de muertos?

13 Porque si no hay resurrección de muertos, tampoco Cristo resucitó.

14 Y si Cristo no resucitó, vana es entonces nuestra predicación, vana es también vuestra fe.

15 Y somos hallados falsos testigos de Dios; porque hemos testificado en contra de Dios que él resucitó a Cristo, al cual no resucitó, si en verdad los muertos no resucitan.

16 Porque si los muertos no resucitan, tampoco Cristo resucitó;

17 y si Cristo no resucitó, vuestra fe es vana; aún estáis en vuestros pecados.

18 Entonces también los que durmieron en Cristo, han perecido.

19 Si solamente en esta vida tenemos puesta nuestra esperanza en Cristo, somos los más dignos de lástima de todos los hombres.

20 Ahora bien, Cristo ha resucitado de los muertos; primicias de los que durmieron es hecho.

21 Porque ya que la muerte entró por un hombre, también por un hombre la resurrección de los muertos.

22 Porque así como en Adán todos mueren, también en Cristo todos serán vivificados.

23 Pero cada uno en su debido orden: Cristo, las primicias; después, los que son de Cristo, en su venida.

24 Después el fin, cuando entregue el reino al Dios y Padre, cuando haya suprimido todo principado, toda autoridad y potencia.

25 Porque es preciso que él reine hasta que haya puesto a todos sus enemigos debajo de sus pies.

26 Y el último enemigo que será suprimido es la muerte.

27 Porque todas las cosas las sometió debajo de sus pies. Y cuando dice que todas las cosas han sido sometidas a él, claramente se exceptúa aquel que sometió a él todas las cosas.

28 Y cuando todas las cosas le estén sometidas, entonces también el Hijo mismo se someterá al que le sometió a él todas las cosas, para que Dios sea todo en todos.

29 De otro modo, ¿qué harán los que se bautizan por los muertos, si en ninguna manera los muertos resucitan? ¿Por qué, pues, se bautizan por los muertos?

30 ¿Y por qué nosotros peligramos en todo momento?

31 Os aseguro, hermanos, por la gloria que de vosotros tengo en nuestro Señor Jesucristo, que cada día muero.

32 Si como hombre batallé en Éfeso contra fieras, ¿de qué me aprovecha? Si los muertos no resucitan, comamos y bebamos, porque mañana moriremos.

33 No os dejéis engañar; las malas compañías corrompen las buenas costumbres.

34 Guardad la debida sobriedad, y no sigáis pecando; porque algunos desconocen a Dios; para vergüenza vuestra lo digo.

35 Pero dirá alguno: ¿Cómo resucitarán los muertos? ¿Con qué clase de cuerpo vendrán?

36 Insensato, lo que tú siembras no se vivifica, si no muere antes.

37 Y lo que siembras no es el cuerpo que ha de salir, sino el grano desnudo, ya sea de trigo o de otra cosa;

38 pero Dios le da un cuerpo como él quiso, y a cada semilla su propio cuerpo.

39 No toda carne es la misma carne, sino que una carne es la de los hombres, otra carne la de las bestias, otra la de las aves.

40 Y hay cuerpos celestiales, y cuerpos terrenales; pero uno es el resplandor de los celestiales, y otro diferente el de los terrenales.

41 Uno es el resplandor del sol, otro el resplandor de la luna, y otro el resplandor de las estrellas, pues una estrella se diferencia de otra en el resplandor.

42 Así también es la resurrección de los muertos. Se siembra en corrupción, resucitará en incorrupción.

43 Se siembra en deshonor, resucitará en gloria; se siembra en debilidad, resucitará en poder.

44 Se siembra cuerpo natural, resucitará cuerpo espiritual. Hay un cuerpo natural, y hay un cuerpo espiritual.

45 Así también está escrito: Fue hecho el primer hombre Adán alma viviente; el postrer Adán, espíritu vivificante.

46 Mas no es primero lo espiritual, sino lo natural; después, lo espiritual.

47 El primer hombre, sacado de la tierra, es terrenal; el segundo hombre, que es del Señor, es del cielo.

48 Cual el terrenal, tales también los terrenales; y cual el celestial, tales también los celestiales.

49 Y así como hemos llevado la imagen del terrenal, llevaremos también la imagen del celestial.

50 Pero esto digo, hermanos: que la carne y la sangre no pueden heredar el reino de Dios, ni la corrupción hereda la incorrupción.

51 He aquí, os digo un misterio: No todos dormiremos; pero todos seremos transformados,

52 en un instante, en un abrir y cerrar de ojos, a la final trompeta; porque se tocará la trompeta, y los muertos serán resucitados incorruptibles, y nosotros seremos transformados.

53 Porque es menester que esto corruptible sea vestido de incorrupción, y esto mortal sea vestido de inmortalidad.

54 Y cuando esto corruptible se haya vestido de incorrupción, y esto mortal se haya vestido de inmortalidad, entonces se cumplirá la palabra que está escrita: Sorbida es la muerte con victoria.

55 ¿Dónde está, oh muerte, tu victoria? ¿Dónde está, oh sepulcro, tu aguijón?

56 El aguijón de la muerte es el pecado, y el poder del pecado, la ley.

57 Pero gracias sean dadas a Dios, que nos da la victoria por medio de nuestro Señor Jesucristo.

58 Así que, hermanos míos amados, sed firmes y constantes, abundando en la obra del Señor siempre, sabiendo que vuestro trabajo en el Señor no es en vano.

La ofrenda para los santos

16 En cuanto a la colecta para los santos, haced vosotros también de la manera que ordené a las iglesias de Galacia.

2 Cada primer día de la semana, cada uno de vosotros ponga aparte algo, según haya prosperado, guardándolo, para que cuando yo llegue no se hagan entonces colectas.

3 Y cuando yo llegue, enviaré con cartas a quienes vosotros hayáis designado, para que lleven vuestro donativo a Jerusalén.

4 Y si vale la pena que yo también vaya, irán conmigo.

Proyectos de Pablo

5 Iré a vosotros, cuando haya pasado por Macedonia, pues tengo que pasar por Macedonia.

6 Y podrá ser que me quede con vosotros, o aun pase el invierno, para que vosotros me encaminéis adonde haya de ir.

7 Porque no quiero veros ahora de paso, pues espero permanecer con vosotros algún tiempo, si el Señor lo permite.

8 Pero me quedaré en Éfeso hasta Pentecostés;

9 porque se me ha abierto una puerta grande y eficaz, y son muchos los adversarios.

10 Y si llega Timoteo, mirad que esté con vosotros sin temor, porque él trabaja en la obra del Señor como yo también;

11 Por tanto, nadie le menosprecie, sino encaminadle en paz, para que venga a mí, porque le espero con los hermanos.

12 Acerca del hermano Apolos, mucho le rogué que fuese a vosotros con los hermanos, mas de ninguna manera tuvo voluntad de ir por ahora; pero irá cuando tenga oportunidad.

Saludos finales

13 Velad, estad firmes en la fe; portaos varonilmente, y sed fuertes.

14 Todas vuestras cosas sean hechas con amor.

15 Hermanos, ya sabéis que la familia de Estéfanas es las primicias de Acaya, y que ellos se han puesto al servicio de los santos.

16 Os ruego que os sometáis a personas como ellos, y a todos los que colaboran y trabajan con afán.

17 Me alegro de la presencia de Estéfanas, de Fortunato y de Acaico, pues ellos han suplido vuestra ausencia.

18 Porque han tranquilizado mi espíritu y el vuestro; reconoced, pues, a tales personas.

19 Las iglesias de Asia os saludan. Aquila y Priscila, con la iglesia que está en su casa, os envían muchos saludos en el Señor.

20 Os saludan todos los hermanos. Saludaos los unos a los otros con beso santo.

21 Yo, Pablo, os escribo esta salutación de mi propia mano.

22 Si alguno no ama al Señor Jesucristo, sea anatema. El Señor viene.

23 La gracia del Señor Jesucristo esté con vosotros.

24 Mi amor en Cristo Jesús esté con todos vosotros. Amén.

SEGUNDA EPÍSTOLA DEL APÓSTOL SAN PABLO A LOS

CORINTIOS

Saludo

1 Pablo, apóstol de Jesucristo por la voluntad de Dios, y el hermano Timoteo, a la iglesia de Dios que está en Corinto, con todos los santos que están en toda Acaya:

2 Gracia y paz a vosotros, de parte de Dios nuestro Padre y del Señor Jesucristo.

El Dios de toda consolación

3 Bendito sea el Dios y Padre de nuestro Señor Jesucristo, Padre de misericordias y Dios de toda consolación,

4 el cual nos consuela en todas nuestras tribulaciones, para que nosótros podamos consolar a los que están en cualquier tribulación, por medio de la consolación con que nosotros mismos somos consolados por Dios.

5 Porque de la manera que abundan en nosotros los padecimientos de Cristo, así abunda también por medio de Cristo nuestra consolación.

6 Ahora bien, si somos atribulados, es para vuestra consolación y salvación; o si somos consolados, es para vuestra consolación y salvación, la cual se va efectuando al soportar los mismos padecimientos que nosotros también padecemos.

7 Y nuestra esperanza respecto de vosotros es firme, pues sabemos que así como sois compañeros en los sufrimientos, también lo sois en la consolación.

8 Porque, hermanos, no queremos que ignoréis acerca de nuestra tribulación que nos sobrevino en Asia; pues fuimos abrumados sobremanera por encima de nuestras fuerzas, de tal modo que aun perdimos la esperanza de conservar la vida.

9 Pero hemos tenido en nosotros mismos sentencia de muerte, para que no estuviésemos confiados en nosotros mismos, sino en Dios que resucita a los muertos;

10 el cual nos libró, y nos libra, y en quien esperamos que aún nos librará, de tan gran muerte;

11 cooperando también vosotros a favor nuestro con la oración, para que por muchas personas sean dadas gracias a favor nuestro por el don concedido a nosotros por medio de muchos.

Sinceridad de Pablo y demora de su visita a Corinto

12 Porque nuestra gloria es esta: el testimonio de nuestra conciencia, que con sencillez y sinceridad de Dios, no con sabiduría carnal, sino con la gracia de Dios, nos hemos conducido en el mundo, y mucho más ante vosotros.

13 Porque no os escribimos otras cosas sino las que leéis, o también entendéis; y espero que hasta el fin las entenderéis;

14 como también nos habéis entendido en parte, que somos vuestra gloria, así como también vosotros la nuestra en el día del Señor Jesús.

15 Y con esta confianza me proponía ir primero a vosotros, para que tuvieseis una segunda gracia,

16 y visitaros de paso para Macedonia, y desde Macedonia venir otra vez a vosotros, y ser encaminado por vosotros hacia Judea.

17 Así que, al proponerme esto, ¿usé quizá de ligereza? ¿O lo que me propongo hacer, lo propongo según la carne, para que haya en mí Sí y No?

18 Pero Dios es testigo fiel de que nuestra palabra a vosotros no es Sí y No.

19 Porque el Hijo de Dios, Jesucristo, que entre vosotros ha sido predicado por nosotros, por mí, Silvano y Timoteo, no ha sido Sí y No; sino que ha sido Sí en él;

20 porque todas las promesas de Dios son en él Sí, y en él Amén, por medio de nosotros, para la gloria de Dios.

21 Y el que nos consolida con vosotros en Cristo, y el que nos ungió, es Dios,

22 el cual también nos ha sellado, y nos ha dado las arras del Espíritu en nuestros corazones.

23 Mas yo invoco a Dios por testigo sobre mi alma, que por ser indulgente con vosotros no he ido todavía a Corinto.

24 No es que pretendamos dominar sobre vuestra fe, sino que estamos contribuyendo a vuestro gozo; porque por la fe estáis firmes.

2 Esto es, pues, lo que decidí en mi interior: no ir otra vez a vosotros con tristeza.

2 Porque si yo os contristo, ¿quién será luego el que me alegre, sino el que está entristecido a causa de mí?

3 Y os escribí esto mismo, para que cuando llegue no tenga tristeza de parte de aquellos que deberían alegrarme; confiando en todos vosotros que mi gozo es el de todos vosotros.

4 Porque por la mucha tribulación y angustia del corazón os escribí con muchas lágrimas, no para que fueseis contristados, sino para que conocieseis el amor tan grande que os tengo.

Pablo perdona al ofensor

5 Pero si alguno me ha causado tristeza, no me la ha causado a mí solo, sino en cierto modo (por no exagerar) a todos vosotros.

6 Le basta a tal persona esta reprensión hecha por la mayoría;

7 así que, al contrario, vosotros más bien debéis perdonarle y consolarle, para que no sea consumido de demasiada tristeza.

8 Por lo cual os ruego que reafirméis vuestro amor hacia él.

9 Porque también para este fin os escribí, para tener la prueba de si vosotros sois obedientes en todo.

10 Y al que vosotros perdonáis algo, yo también; porque también yo lo que he per-

donado, si algo he perdonado, por vosotros lo he hecho en presencia de Cristo,

11 para que Satanás no gane ventaja alguna sobre nosotros; pues no ignoramos sus maquinaciones.

Ansiedad de Pablo en Tróade

12 Cuando llegué a Tróade para predicar el evangelio de Cristo, aunque se me abrió puerta en el Señor,

13 no tuve reposo en mi espíritu, por no haber hallado a mi hermano Tito, sino que, despidiéndome de ellos, partí para Macedonia.

Triunfantes en Cristo

14 Pero gracias a Dios, quien siempre nos lleva en triunfo en Cristo Jesús, y por medio de nosotros manifiesta en todo lugar el olor de su conocimiento.

15 Porque para Dios somos grato olor de Cristo entre los que se salvan, y entre los que se pierden;

16 para los unos, olor de muerte para muerte; para los otros, olor de vida para vida. Y para estas cosas, ¿quién está capacitado?

17 Pues no somos como la mayoría que trafican con la palabra de Dios, sino que con sinceridad, como de parte de Dios, y delante de Dios, hablamos en Cristo.

Ministros del nuevo pacto

3 ¿Comenzamos otra vez a recomendarnos a nosotros mismos? ¿O tenemos necesidad, como algunos, de cartas de recomendación para vosotros, o de parte de vosotros?

2 Vosotros sois nuestra carta, escrita en nuestros corazones, conocida y leída por todos los hombres;

3 siendo manifiesto que sois carta de Cristo expedida por nosotros, escrita no con tinta, sino con el Espíritu del Dios vivo; no en tablas de piedra, sino en tablas de carne del corazón.

4 Y tal confianza tenemos mediante Cristo para con Dios;

5 no que seamos competentes por nosotros mismos para pensar algo como de nosotros mismos, sino que nuestra competencia proviene de Dios,

6 el cual asimismo nos capacitó como ministros de un nuevo pacto, no de la letra, sino del espíritu; porque la letra mata, pero el espíritu vivifica.

7 Y si el ministerio de muerte grabado con letras en piedras fue con gloria, tanto que los hijos de Israel no pudieron fijar la vista en el rostro de Moisés a causa de la gloria de su rostro, la cual había de perecer,

8 ¿cómo no será más bien con gloria el ministerio del espíritu?

9 Porque si el ministerio de condenación fue con gloria, mucho más abundará en gloria el ministerio de justificación.

10 Porque aun lo que fue glorioso, no es glorioso en este respecto, en comparación con la gloria más eminente.

11 Porque si lo que es pasajero tuvo gloria, mucho más glorioso será lo que permanece.

12 Así que, teniendo tal esperanza, usamos de mucha franqueza;

13 y no como Moisés, que ponía un velo sobre su propio rostro, para que los hijos de Israel no fijaran la vista en el fin de aquello que era pasajero.

14 Pero sus pensamientos se embotaron; porque hasta el día de hoy, cuando leen el antiguo pacto, les queda el mismo velo no descubierto, el cual desaparece en Cristo.

15 Pero hasta el día de hoy, cuando se lee a Moisés, el velo está puesto sobre el corazón de ellos.

16 Mas siempre que alguno se convierte al Señor, el velo se quita.

17 Ahora bien, el Señor es el Espíritu; y donde está el Espíritu del Señor, allí hay libertad.

18 Y todos nosotros, mirando a cara descubierta como en un espejo la gloria del Señor, vamos siendo transformados de gloria en gloria a la misma imagen, como por la acción del Señor, del Espíritu.

4 Por esto, teniendo nosotros este ministerio según la misericordia que hemos recibido, no desmayamos.

2 Antes bien, renunciamos a los subterfugios vergonzosos, no andando con astucia, ni adulterando la palabra de Dios, sino por la manifestación de la verdad recomendándonos a nosotros mismos ante toda conciencia humana, en la presencia de Dios.

3 Pero si nuestro evangelio está aún encubierto, entre los que se pierden está encubierto;

4 en los cuales el dios de este mundo cegó los pensamientos de los incrédulos, para que no les resplandezca la iluminación del evangelio de la gloria de Cristo, el cual es la imagen de Dios.

5 Porque no nos predicamos a nosotros mismos, sino a Jesucristo como Señor, y a nosotros como siervos vuestros por amor de Jesús.

6 Porque Dios, que mandó que de las tinieblas resplandeciese la luz, es el que resplandeció en nuestros corazones, para iluminación del conocimiento de la gloria de Dios en la faz de Jesucristo.

Viviendo por la fe

7 Pero tenemos este tesoro en vasos de arcilla, para que la excelencia del poder sea de Dios, y no procedente de nosotros;

8 que estamos atribulados en todo, mas no estrechados; en apuros, mas no desesperados; 9 perseguidos, mas no desamparados; derribados, pero no destruidos;

10 llevando en el cuerpo siempre por todas partes la muerte de Jesús, para que también la vida de Jesús se manifieste en nuestros cuerpos.

11 Porque nosotros que vivimos, siempre estamos entregados a muerte por causa de Jesús, para que también la vida de Jesús se manifieste en nuestra carne mortal.

12 De manera que la muerte actúa en nosotros, y en vosotros la vida.

13 Pero teniendo el mismo espíritu de fe, conforme a lo que está escrito: Creí, por lo cual hablé, nosotros también creemos, por lo cual también hablamos,

14 sabiendo que el que resucitó al Señor Jesús, a nosotros también nos resucitará con Jesús, y nos presentará juntamente con vosotros.

15 Porque todo lo padecemos por amor a vosotros, para que la gracia que se va extendiendo a través de más y más personas, haga que sobreabunde la acción de gracias para gloria de Dios.

16 Por lo cual, no desmayamos; sino que aunque este nuestro hombre exterior va decayendo, el interior, no obstante, se renueva de día en día.

17 Porque esta leve tribulación momentánea nos produce, en una medida que sobrepasa toda medida, un eterno peso de gloria;

18 no poniendo nosotros la mira en las cosas que se ven, sino en las que no se ven; pues las cosas que se ven son temporales, pero las que no se ven son eternas.

5 Porque sabemos que si nuestra morada terrestre, este tabernáculo, se deshace, tenemos de Dios un edificio, una casa no hecha con manos, eterna, en los cielos.

2 Porque también gemimos en esta morada, deseando ser revestidos de aquella nuestra habitación celestial;

3 si es que somos hallados vestidos, y no desnudos.

4 Porque asimismo los que estamos en este tabernáculo gemimos con pesadumbre, por cuanto no queremos ser desnudados, sino revestidos, para que lo mortal sea absorbido por la vida.

5 Mas el que nos dispuso para esto mismo es Dios, quien nos ha dado las arras del Espíritu.

6 Así que vivimos siempre animados, y sabiendo que entretanto que habitamos en el cuerpo, estamos ausentes del Señor

7 (porque por fe andamos, no por vista);

8 pero cobramos ánimo, y preferimos estar ausentes del cuerpo, y habitar en la presencia del Señor.

9 Por lo cual también anhelamos, o ausentes o presentes, serle agradables.

10 Porque todos nosotros debemos comparecer ante el tribunal de Cristo, para que cada uno recoja según lo que haya hecho mientras estaba en el cuerpo, sea bueno o sea malo.

El ministerio de la reconciliación

11 Conociendo, pues, el temor del Señor, persuadimos a los hombres; pero a Dios le es manifiesto lo que somos; y espero que también lo sea a vuestras conciencias.

12 No nos recomendamos, pues, otra vez a vosotros, sino os damos pretexto para gloriaros de nosotros, para que tengáis con qué responder a los que se glorían en las apariencias y no en el corazón.

13 Porque si estamos locos, es para Dios; y si somos cuerdos, es para vosotros.

14 Porque el amor de Cristo nos apremia, habiendo llegado a esta conclusión: que si uno murió por todos, luego todos murieron;

15 y por todos murió, para que los que viven, ya no vivan para sí, sino para aquel que murió y resucitó por ellos.

16 De manera que nosotros de aquí en adelante a nadie conocemos según la carne; y aun si a Cristo conocimos según la carne, ya no lo conocemos así.

17 De modo que si alguno está en Cristo, nueva criatura es; las cosas viejas pasaron; he aquí, todas son hechas nuevas.

18 Y todo proviene de Dios, quien nos reconcilió consigo mismo por medio de Cristo, y nos dio el ministerio de la reconciliación;

19 a saber, que Dios estaba en Cristo reconciliando consigo al mundo, no tomándoles en cuenta a los hombres sus transgresiones, y nos encargó a nosotros la palabra de la reconciliación.

20 Así que, somos embajadores en nombre de Cristo, como si Dios exhortase por medio de nosotros; os rogamos en nombre de Cristo: Reconciliaos con Dios.

21 Al que no conoció pecado, por nosotros lo hizo pecado, para que nosotros fuésemos hechos justicia de Dios en él.

6 Así, pues, nosotros como colaboradores suyos, os exhortamos también a que no recibáis en vano la gracia de Dios.

2 Porque dice:
En tiempo favorable te he escuchado,
Y en día de salvación te he socorrido.
He aquí ahora el tiempo favorable; he aquí ahora el día de salvación.

3 No damos a nadie ninguna ocasión de tropiezo, para que nuestro ministerio no sea desacreditado;

4 antes bien, nos recomendamos en todo a

nosotros mismos como ministros de Dios, en mucha paciencia, en tribulaciones, en necesidades, en estrecheces;

5 en azotes, en cárceles, en tumultos, en trabajos, en desvelos, en ayunos;

6 en pureza, en conocimiento, en longanimidad, en benignidad, en el Espíritu Santo, en amor sincero,

7 en palabra de verdad, en poder de Dios, con armas de justicia para la mano derecha y para la izquierda;

8 a través de gloria y de deshonor, de calumnia y de buena fama; como engañadores, pero veraces;

9 como desconocidos, pero bien conocidos; como moribundos, mas he aquí que vivimos; como castigados, mas no entregados a la muerte;

10 como entristecidos, mas siempre gozosos; como menesterosos, mas enriqueciendo a muchos; como no teniendo nada, mas poseyéndolo todo.

11 Nuestra boca se ha abierto a vosotros, oh corintios; nuestro corazón se ha ensanchado.

12 No estáis estrechos en nosotros, pero sí sois estrechos en vuestras propias entrañas.

13 Pues, para corresponder del mismo modo (como a hijos hablo), ensanchaos también vosotros.

Templos del Dios viviente

14 No os unáis en yugo desigual con los incrédulos; porque ¿qué asociación tiene la justicia con la injusticia? ¿Y qué comunión la luz con las tinieblas?

15 ¿Y qué armonía Cristo con Belial? ¿O qué parte el creyente con el incrédulo?

16 ¿Y qué concordia entre el santuario de Dios y los ídolos? Porque vosotros sois el santuario del Dios viviente, como Dios dijo:

Habitaré y andaré entre ellos,
Y seré su Dios,
Y ellos serán mi pueblo.

17 Por lo cual,
Salid de en medio de ellos, y apartaos, dice el Señor,
Y no toquéis lo inmundo;
Y yo os acogeré;

18 Y seré para vosotros por Padre,
Y vosotros me seréis por hijos e hijas, dice el Señor Todopoderoso.

7 Así que, amados, puesto que tenemos estas promesas, limpiémonos de toda contaminación de carne y de espíritu, perfeccionando la santidad en el temor de Dios.

Regocijo de Pablo al arrepentirse los corintios

2 Admitidnos: a nadie hemos agraviado, a nadie hemos corrompido, a nadie hemos explotado.

3 No lo digo para condenaros; pues ya he dicho antes que estáis en nuestro corazón, para morir juntos y para vivir juntos.

4 Mucha franqueza tengo con vosotros; mucho me glorío con respecto de vosotros; lleno estoy de consolación; sobreabundo de gozo en todas nuestras tribulaciones.

5 Porque aun cuando llegamos a Macedonia, ningún reposo tuvo nuestro cuerpo, sino que en todo fuimos atribulados; de fuera, conflictos; de dentro, temores.

6 Pero Dios, que consuela a los abatidos, nos consoló con la visita de Tito;

7 y no sólo con su visita, sino también con la consolación con que él había sido consolado en cuanto a vosotros, haciéndonos saber vuestra añoranza, vuestro pesar, vuestro celo por mí, de manera que me regocijé aún más.

8 Porque aunque os contristé con la carta, no me pesa, aunque entonces me pesó; porque veo que aquella carta, aunque por algún tiempo, os contristó.

9 Ahora me gozo, no porque hayáis sido contristados, sino porque fuisteis contristados para arrepentimiento; porque habéis sido contristados según Dios, para que ningún perjuicio padecieseis por nuestra parte.

10 Porque la tristeza que es según Dios produce un arrepentimiento para salvación, del que no hay que tener pesar; pero la tristeza del mundo produce muerte.

11 Porque he aquí, esto mismo de que hayáis sido contristados según Dios, ¡qué gran diligencia produjo en vosotros, y qué disculpas, qué indignación, qué temor, qué ardiente afecto, qué celo, y qué vindicación! En todo os habéis mostrado inocentes en el asunto.

12 Así que, aunque os escribí, no fue por causa del que cometió el agravio, ni por causa del que lo padeció, sino para que se os hiciese manifiesta nuestra solicitud que tenemos por vosotros delante de Dios.

13 Por esto hemos sido consolados en vuestra consolación; pero mucho más nos hemos regocijado por el gozo de Tito, que haya sido tranquilizado su espíritu por todos vosotros.

14 Pues si de algo me he gloriado con él respecto de vosotros, no he sido avergonzado, sino que así como os hemos hablado todo con verdad, también nuestro gloriarnos ante Tito resultó verdad.

15 Y su cariño para con vosotros es aún más abundante, al recordar la obediencia de todos vosotros, de cómo lo recibisteis con temor y temblor.

16 Me gozo de que en todo tengo confianza en vosotros.

Generosidad de los macedonios

8 Asimismo, hermanos, os hacemos saber la gracia de Dios que se ha dado a la iglesia de Macedonia;

2 que en medio de una gran prueba de tribulación, la abundancia de su gozo y su extrema pobreza abundaron en riquezas de su generosidad.

3 Pues doy testimonio de que espontáneamente han dado conforme a sus posibilidades, y aun más allá de sus posibilidades,

4 pidiéndonos con muchos ruegos que les concediésemos el privilegio de participar en este servicio para los santos.

5 Y no como lo esperábamos, sino que se dieron a sí mismos primeramente al Señor, y luego a nosotros por la voluntad de Dios;

6 de manera que exhortamos a Tito para que tal como comenzó antes, asimismo acabase también entre vosotros esta obra de gracia.

7 Por tanto, así como abundáis en todo, en fe, en palabra, en conocimiento, en toda diligencia, y en vuestro amor para con nosotros, abundad también en esta gracia.

8 No digo esto como un precepto, sino para poner a prueba, por medio de la diligencia de otros, también la autenticidad de vuestro amor.

9 Porque ya conocéis la gracia de nuestro Señor Jesucristo, que por amor a vosotros se hizo pobre, siendo rico, para que vosotros fueseis enriquecidos con su pobreza.

10 Y en esto doy mi opinión; porque esto os conviene a vosotros, que comenzasteis antes, no sólo a hacerlo, sino también a quererlo, desde el año pasado.

11 Ahora, pues, acabad también de hacerlo, para que como estuvisteis prontos a quererlo, así también lo estéis en cumplirlo conforme a lo que tengáis.

12 Porque si la voluntad está ya pronta, será acepta según lo que uno tiene, no según lo que no tiene.

13 Porque no digo esto para que haya para otros holgura, y para vosotros estrechez,

14 sino para que en este tiempo, con igualdad, la abundancia vuestra supla la escasez de ellos, para que también la abundancia de ellos supla la necesidad vuestra, para que haya igualdad,

15 como está escrito: El que recogió mucho, no sobreabundó, y el que poco, no escaseó.

16 Pero gracias a Dios que puso en el corazón de Tito la misma diligencia por vosotros.

17 Pues no sólo recibió la exhortación, sino que, poniendo en ello aún más diligencia, partió por su propia voluntad para ir a vosotros.

18 Y enviamos juntamente con él al hermano cuya alabanza en el evangelio se oye por todas las iglesias;

19 y no sólo esto, sino que también fue designado por las iglesias como compañero de nuestra peregrinación en esta colecta, que es administrada por nosotros para gloria del Señor mismo, y para demostrar vuestra buena voluntad;

20 evitando que nadie nos desacredite en cuanto a esta ofrenda abundante que administramos,

21 procurando hacer las cosas honradamente, no sólo delante del Señor, sino también delante de los hombres.

22 Enviamos también con ellos a nuestro hermano, cuya diligencia hemos comprobado repetidas veces en muchas cosas, y ahora mucho más diligente por la mucha confianza que tiene en vosotros.

23 En cuanto a Tito, es mi compañero y colaborador para con vosotros; y en cuanto a nuestros hermanos, son enviados de las iglesias, y gloria de Cristo.

24 Mostrad, pues, para con ellos ante las iglesias la prueba de vuestro amor, y de nuestro gloriarnos respecto de vosotros.

9 Porque acerca de este servicio a los santos, es superfluo que yo os escriba;

2 pues conozco vuestra buena voluntad, de la cual yo me glorío entre los de Macedonia, que Acaya está preparada desde el año pasado; y vuestro celo ha estimulado a la mayoría.

3 Pero he enviado a los hermanos, para que nuestra jactancia acerca de vosotros no se desvanezca en este particular; para que como decía, estéis preparados;

4 no sea que si vienen conmigo algunos macedonios, y os hallan desprevenidos, nos avergoncemos nosotros, por no decir vosotros, de esta nuestra firme confianza.

5 Por tanto, tuve por necesario exhortar a los hermanos que fuesen primero a vosotros y preparasen primero vuestra generosidad antes prometida, para que esté lista como ofrenda generosa, y no como tacañería.

6 Pero esto digo: El que siembra escasamente también segará escasamente, y el que siembra generosamente, también segará generosamente.

7 Cada uno dé como propuso en su corazón: no con tristeza, ni por necesidad, porque Dios ama al dador alegre.

8 Y poderoso es Dios para hacer que abunde en vosotros toda gracia, a fin de que, teniendo siempre en todas las cosas todo lo suficiente, abundéis para toda buena obra;

9 como está escrito:

Esparció, dio a los pobres;
Su justicia permanece para siempre.

10 Y el que suministra semilla al que siem-

bra, y pan al que come, proveerá y multiplicará vuestra sementera, y aumentará los frutos de vuestra justicia,

11 para que estéis enriquecidos en todo para toda liberalidad, la cual produce por medio de nosotros acción de gracias a Dios.

12 Porque la ministración de este servicio no solamente suple lo que falta a los santos, sino que también sobreabunda a través de muchas acciones de gracias a Dios;

13 pues por la prueba dada por esta ministración, glorifican a Dios por la sumisión que profesáis al evangelio de Cristo, y por la sinceridad de vuestra comunión con ellos y con todos;

14 asimismo con la oración de ellos por vosotros, mostrando su anhelo por vosotros a causa de la sobreabundante gracia de Dios en vosotros.

15 ¡Gracias a Dios por su don inefable!

Pablo defiende su ministerio

10 Yo mismo, Pablo, os ruego por la mansedumbre y clemencia de Cristo, yo que estando presente ciertamente soy tan poca cosa entre vosotros, mas ausente soy tan atrevido para con vosotros;

2 ruego, pues, que cuando esté presente, no tenga que usar de aquella osadía con que me propongo proceder resueltamente contra algunos que nos consideran como si anduviésemos según la carne.

3 Pues aunque andamos en la carne, no militamos según la carne;

4 porque las armas de nuestra militancia no son carnales, sino poderosas en Dios para la destrucción de fortalezas,

5 derribando argumentos y toda altivez que se levanta contra el conocimiento de Dios, y llevando cautivo todo pensamiento a la obediencia a Cristo,

6 y estando prontos para castigar toda desobediencia, cuando vuestra obediencia sea perfecta.

7 Miráis las cosas según la apariencia. Si alguno está persuadido en sí mismo que es de Cristo, piense esto también por sí mismo, que como él es de Cristo, así también nosotros somos de Cristo.

8 Porque aunque me gloríe algo más todavía de nuestra autoridad, la cual el Señor nos dio para edificación y no para vuestra destrucción, no me avergonzaré;

9 para que no parezca como que os quiero amedrentar mediante mis cartas.

10 Porque a la verdad, dicen, las cartas son duras y fuertes; mas la presencia corporal, débil, y la palabra, menospreciable.

11 Esto tenga en cuenta tal persona, que cuales somos en la palabra por cartas, estando ausentes, tales somos también en hechos, estando presentes.

12 Porque no nos atrevemos a contarnos ni a compararnos con algunos que se alaban a sí mismos; pero ellos, midiéndose a sí mismos por sí mismos, y comparándose consigo mismos, no son sensatos.

13 Pero nosotros no nos gloriaremos desmedidamente, sino conforme a la regla que Dios nos ha dado por medida, para llegar también hasta vosotros.

14 Porque no nos hemos extralimitado, como si no llegásemos hasta vosotros, pues fuimos los primeros en llegar hasta vosotros con el evangelio de Cristo.

15 No nos gloriamos desmedidamente en trabajos ajenos, sino que esperamos que conforme crezca vuestra fe, seremos muy engrandecidos entre vosotros, conforme a nuestra norma;

16 y que anunciaremos el evangelio en los lugares más allá de vosotros, sin entrar en la esfera de otro para gloriarnos en lo que ya estaba preparado.

17 Mas el que se gloría, gloríese en el Señor;

18 porque no es aprobado el que se alaba a sí mismo, sino aquel a quien Dios alaba.

11 ¡Ojalá me toleraseis un poco de insensatez! Sí, toleradme.

2 Porque os celo con celo de Dios; pues os he desposado con un solo esposo, para presentaros como una virgen pura a Cristo.

3 Pero temo que como la serpiente con su astucia engañó a Eva, vuestros pensamientos sean de alguna manera extraviados de la sincera fidelidad a Cristo.

4 Porque si viene alguno predicando a otro Jesús que el que os hemos predicado, o si recibís otro espíritu que el que habéis recibido, u otro evangelio que el que habéis aceptado, bien lo toleráis;

5 y pienso que en nada he sido inferior a los más eminentes apóstoles.

6 Pues aunque sea tosco en la palabra, no lo soy en el conocimiento; en todo y por todo os lo hemos demostrado.

7 ¿Pequé yo humillándome a mí mismo, para que vosotros fueseis enaltecidos, por cuanto os he predicado el evangelio de Dios de balde?

8 He despojado a otras iglesias, recibiendo salario para serviros a vosotros.

9 Y cuando estaba entre vosotros y tuve necesidad, a ninguno fui carga, pues lo que me faltaba, lo suplieron los hermanos que vinieron de Macedonia, y en todo me guardé y me guardaré de seros gravoso.

10 Por la verdad de Cristo que está en mí, que no se me quitará esta mi gloria en las regiones de Acaya.

11 ¿Por qué? ¿Porque no os amo? Dios lo sabe.

12 Mas lo que hago, lo seguiré haciendo,

para privar de pretexto a aquellos que desean un pretexto para ser considerados iguales a nosotros en aquello en que se glorían.

13 Porque los tales son falsos apóstoles, obreros fraudulentos, que se disfrazan de apóstoles de Cristo.

14 Y no es de extrañar, porque el mismo Satanás se disfraza de ángel de luz.

15 Así que, no es mucho el que también sus ministros se disfracen como ministros de justicia; cuyo fin será conforme a sus obras.

Las credenciales de un apóstol

16 Otra vez digo: Que nadie me tenga por insensato; o de otra manera, recibidme como a loco, para que yo también me gloríe un poquito.

17 Lo que hablo, no lo hablo según el Señor, sino como en locura, con esta confianza de gloriarme.

18 Puesto que muchos se glorían según la carne, también yo me gloriaré;

19 porque de buena gana toleráis a los necios, siendo vosotros cuerdos.

20 Pues toleráis si alguno os esclaviza, si alguno os devora, si alguno toma lo vuestro, si alguno se enaltece, si alguno os da de bofetadas.

21 Para vergüenza nuestra lo digo, para eso fuimos demasiado débiles. Pero en lo que otro tenga osadía (hablo con insensatez), también yo tengo osadía.

22 ¿Son hebreos? Yo también. ¿Son israelitas? Yo también. ¿Son descendientes de Abraham? También yo.

23 ¿Son ministros de Cristo? (Hablo como si hubiera perdido el juicio.) Yo más; en trabajos, más abundante; en azotes, sin número; en cárceles, mucho más; en peligros de muerte, muchas veces.

24 De los judíos, cinco veces he recibido cuarenta azotes menos uno.

25 Tres veces he sido azotado con varas; una vez, apedreado; tres veces he padecido naufragio; una noche y un día he estado como náufrago en alta mar;

26 en viajes, muchas veces; en peligros de ríos, peligros de ladrones, peligros de los de mi nación, peligros de los gentiles, peligros en la ciudad, peligros en despoblado, peligros en el mar, peligros entre falsos hermanos;

27 en trabajo y fatiga, en muchas noches pasadas en vela, en hambre y sed, en muchos ayunos, en frío y en desnudez;

28 y además de otras cosas, lo que sobre mí se agolpa cada día, la preocupación por todas las iglesias.

29 ¿Quién enferma, y yo no enfermo? ¿A quién se le hace tropezar, y yo no me indigno?

30 Si es necesario gloriarse, me gloriaré en lo que es de mi debilidad.

31 El Dios y Padre de nuestro Señor Jesucristo, quien es bendito por los siglos, sabe que no miento.

32 En Damasco, el etnarca del rey Aretas guardaba la ciudad de los damascenos para prenderme;

33 y fui descolgado en una espuerta por una abertura hecha en la muralla, y escapé de sus manos.

El aguijón en la carne

12 Ciertamente no me conviene gloriarme; pero vendré a las visiones y revelaciones del Señor.

2 Sé de un hombre en Cristo, que hace catorce años (si en el cuerpo, no lo sé; si fuera del cuerpo, no lo sé; Dios lo sabe) fue arrebatado hasta el tercer cielo.

3 Y sé que el tal hombre (si en el cuerpo, o fuera del cuerpo, no lo sé; Dios lo sabe),

4 fue arrebatado al paraíso, y oyó palabras inefables que no le es permitido al hombre expresar.

5 De tal hombre me gloriaré; pero de mí mismo en nada me gloriaré, a no ser en mis debilidades.

6 Sin embargo, si quisiera gloriarme, no sería insensato, porque diría la verdad; pero me abstengo de ello, para que nadie se forme de mí una idea superior a lo que en mí ve, u oye de mí.

7 Y para que por la grandeza de las revelaciones no me exaltase desmedidamente, me fue dada una espina en mi carne, un mensajero de Satanás que me abofetee, para que no me enaltezca sobremanera;

8 respecto a lo cual tres veces he rogado al Señor, que lo quite de mí.

9 Y me ha dicho: Bástate mi gracia; porque mi poder se perfecciona en la debilidad. Por tanto, de muy buena gana me gloriaré más bien en mis debilidades, para que habite en mí el poder de Cristo.

10 Por lo cual, por amor a Cristo me complazco en las debilidades, en afrentas, en necesidades, en persecuciones, en estrecheces; porque cuando soy débil, entonces soy fuerte.

11 Me he hecho un necio al gloriarme; vosotros me obligasteis a ello, pues yo debía ser alabado por vosotros; porque en nada he sido inferior a aquellos grandes apóstoles, aunque nada soy.

12 Con todo, las señales de apóstol han sido efectuadas entre vosotros en toda paciencia, por señales, prodigios y milagros.

13 Porque ¿en qué habéis sido inferiores a las otras iglesias, sino en que yo mismo no os he sido carga? ¡Perdonadme este agravio!

Pablo anuncia su tercera visita

14 He aquí, por tercera vez estoy preparado para ir a vosotros; y no os seré gravoso, porque no busco lo vuestro, sino a vosotros, pues no están obligados los hijos a atesorar para los padres, sino los padres para los hijos.

15 Y yo con el mayor placer gastaré lo mío, y aun yo mismo me desgastaré del todo por amor de vuestras almas, aunque amándoos más, sea amado menos.

16 Pero admitiendo esto, que yo no os he sido carga; no obstante, como soy astuto, os prendí por engaño.

17 ¿Acaso os he explotado por medio de alguno de los que he enviado a vosotros?

18 Rogué a Tito, y envié con él al hermano. ¿Os explotó acaso Tito? ¿No hemos procedido con el mismo espíritu y en las mismas pisadas?

19 ¿Pensáis aún que nos estamos disculpando con vosotros? Delante de Dios, en Cristo hablamos; y todo, muy amados, para vuestra edificación.

20 Pues me temo que cuando llegue, no os halle tales como quiero, y yo sea hallado por vosotros cual no queréis; que haya entre vosotros contiendas, envidias, enojos, rivalidades, maledicencias, murmuraciones, arrogancias, desórdenes;

21 que cuando os visite de nuevo, me humille Dios entre vosotros, y quizá tenga que lamentarme por muchos de los que antes han pecado, y no se han arrepentido de la inmundicia y fornicación y lascivia que han cometido.

13 Esta es la tercera vez que voy a vosotros. Por boca de dos o de tres testigos se decidirá todo asunto.

2 He dicho antes, y ahora digo otra vez como si estuviera presente, y ahora ausente lo digo también a los que antes pecaron, y a todos los demás, que si voy otra vez, no seré indulgente;

3 puesto que buscáis una prueba de que habla Cristo en mí, el cual no es débil para con vosotros, sino que es poderoso en vosotros.

4 Porque aunque fue crucificado en debilidad, vive por el poder de Dios. Pues también nosotros somos débiles en él, pero viviremos con él por el poder de Dios para con vosotros.

5 Examinaos a vosotros mismos para ver si estáis en la fe; probaos a vosotros mismos. ¿O no os conocéis bien a vosotros mismos, que Jesucristo está en vosotros? A menos que estéis reprobados.

6 Mas espero que conoceréis que nosotros no estamos reprobados.

7 Y oramos a Dios que no hagáis ninguna cosa mala; no para que nosotros aparezcamos aprobados, sino para que vosotros hagáis lo bueno, aunque nosotros aparezcamos como reprobados.

8 Porque nada podemos contra la verdad, sino a favor de la verdad.

9 Pues nos gozamos de que seamos nosotros débiles, y que vosotros estéis fuertes; y aun oramos por vuestro perfeccionamiento.

10 Por esto os escribo estas cosas estando ausente, para no usar de severidad cuando esté presente, conforme a la autoridad que el Señor me ha dado para edificación, y no para destrucción.

Saludos y doxología final

11 Por lo demás, hermanos, tened gozo, perfeccionaos, animaos, sed de un mismo sentir, y vivid en paz; y el Dios de paz y de amor estará con vosotros.

12 Saludaos unos a otros con beso santo. Todos los santos os saludan.

13 La gracia del Señor Jesucristo, el amor de Dios, y la comunión del Espíritu Santo sean con todos vosotros. Amén.

LA EPÍSTOLA DEL APÓSTOL SAN PABLO A LOS

GÁLATAS

Saludo

1 Pablo, apóstol (no de parte de hombres ni por medio de hombre, sino por Jesu-

cristo y por medio de Dios el Padre que lo resucitó de los muertos),

2 y todos los hermanos que están conmigo, a las iglesias de Galacia:

3 Gracia y paz sean a vosotros, de parte de Dios el Padre y de nuestro Señor Jesucristo,
4 el cual se dio a sí mismo por nuestros pecados para librarnos del presente siglo malo, conforme a la voluntad de nuestro Dios y Padre,
5 a quien sea la gloria por los siglos de los siglos. Amén.

No hay otro evangelio

6 Estoy asombrado de que tan pronto estéis desertando del que os llamó por la gracia de Cristo, para seguir un evangelio diferente.
7 No que haya otro, sino que hay algunos evangelio de Cristo.
8 Mas si aun nosotros, o un ángel del cielo, os anuncia otro evangelio diferente del que os hemos anunciado, sea anatema.
9 Como antes hemos dicho, también ahora lo repito: Si alguno os predica diferente evangelio del que habéis recibido, sea anatema.
10 Pues, ¿busco ahora el favor de los hombres, o el de Dios? ¿O trato de agradar a los hombres? Pues si todavía agradara a los hombres, no sería siervo de Cristo.

El ministerio de Pablo

11 Mas os hago saber, hermanos, que el evangelio anunciado por mí, no es según hombre;
12 pues yo ni lo recibí ni lo aprendí de ningún hombre, sino por revelación de Jesucristo.
13 Porque ya habéis oído acerca de mi conducta en otro tiempo en el judaísmo, que perseguía sobremanera a la iglesia de Dios, y la devastaba;
14 y en el judaísmo aventajaba a muchos de mis contemporáneos en mi nación, siendo mucho más celoso de las tradiciones de mis padres.
15 Pero cuando Dios, que me había separado desde el vientre de mi madre, y me llamó por su gracia, tuvo a bien
16 revelar a su Hijo en mí, para que yo le predicase entre los gentiles, no consulté en seguida con carne y sangre,
17 ni subí a Jerusalén a presentarme a los que eran apóstoles antes que yo; sino que fui a Arabia, y volví de nuevo a Damasco.
18 Después, pasados tres años, subí a Jerusalén para visitar a Pedro, y permanecí con él quince días;
19 pero no vi a ningún otro de los apóstoles, sino a Jacobo el hermano del Señor.
20 En esto que os escribo, os aseguro delante de Dios que no miento.

21 Después fui a las regiones de Siria y de Cilicia,
22 y no me conocían personalmente las iglesias de Judea, que eran en Cristo;
23 solamente oían decir: Aquel que en otro tiempo nos perseguía, ahora predica la fe que en otro tiempo trataba de destruir.
24 Y glorificaban a Dios por mí.

2 Después, pasados catorce años, subí otra vez a Jerusalén con Bernabé, llevando también conmigo a Tito.
2 Pero subí según una revelación, y les expuse el evangelio que predico entre los gentiles, pero lo hice en privado a los que figuraban como dirigentes, no sea que yo esté corriendo o haya corrido en vano.
3 Mas ni aun Tito, que estaba conmigo, con todo y ser griego, fue obligado a circuncidarse.
4 Y fue por causa de los falsos hermanos infiltrados solapadamente, que habían entrado para espiar nuestra libertad que tenemos en Cristo Jesús, a fin de reducirnos a esclavitud,
5 a los cuales ni por un momento accedimos a someternos para que la verdad del evangelio sea salvaguardada para vosotros.
6 Pero de parte de los que parecían ser algo (lo que eran entonces nada me importa; Dios no hace acepción de personas), a mí, pues, los que figuraban nada nuevo me dieron;
7 sino que, por el contrario, como vieron que me había sido confiado el evangelio de la incircuncisión, como a Pedro el de la circuncisión
8 (pues el que actuó en Pedro para el apostolado de la circuncisión, actuó también en mí para con los gentiles),
9 y reconociendo la gracia que me había sido dada, Jacobo, Cefas y Juan, que eran considerados como columnas, nos dieron a mí y a Bernabé la diestra en señal de compañerismo, para que nosotros fuésemos a los gentiles, y ellos a los de la circuncisión.
10 Solamente nos pidieron que nos acordásemos de los pobres; lo cual yo también procuré hacerlo con diligencia.

Pablo reprende a Pedro en Antioquía

11 Pero cuando Pedro vino a Antioquía, le resistí cara a cara, porque se había hecho digno de reprensión.
12 Pues antes que viniesen algunos de parte de Jacobo, comía con los gentiles; pero después que vinieron, se retraía y se separaba, porque tenía miedo de los de la circuncisión.
13 Y de su simulación participaron también los demás judíos, de tal manera que aun

Bernabé fue también arrastrado por la hipocresía de ellos.

14 Pero cuando vi que no andaban rectamente conforme a la verdad del evangelio, dije a Pedro delante de todos: Si tú, siendo judío, vives como los gentiles y no como judío, ¿cómo obligas a los gentiles a judaizar?

15 Nosotros, judíos de nacimiento, y no pecadores de entre los gentiles,

16 sabiendo que el hombre no es justificado a base de las obras de la ley, sino por medio de la fe de Jesucristo, nosotros también hemos creído en Cristo Jesús, para ser justificados a base de la fe de Cristo y no de las obras de la ley, por cuanto nadie será justificado a base de las obras de la ley.

17 Y si buscando ser justificados en Cristo, también nosotros hemos sido hallados pecadores, ¿es por eso Cristo ministro de pecado? ¡En ninguna manera!

18 Porque si vuelvo a edificar las mismas cosas que destruí, me constituyo transgresor.

19 Porque por medio de la ley yo he muerto para la ley, a fin de vivir para Dios.

20 Con Cristo estoy juntamente crucificado, y ya no vivo yo, sino que Cristo vive en mí; y lo que ahora vivo en la carne, lo vivo en la fe del Hijo de Dios, el cual me amó y se entregó a sí mismo por mí.

21 No desecho la gracia de Dios; pues si por medio de la ley se obtuviese la justicia, entonces Cristo murió en vano.

La fe y la vida cristiana

3 ¡Oh gálatas insensatos!, ¿quién os fascinó para no obedecer a la verdad, a vosotros ante cuyos ojos Jesucristo fue ya presentado claramente entre vosotros como crucificado?

2 Esto solo quiero averiguar de vosotros: ¿Recibisteis el Espíritu por las obras de la ley, o por el oír con fe?

3 ¿Tan necios sois? ¿Habiendo comenzado por el Espíritu, ahora vais a terminar por la carne?

4 ¿Tantas cosas habéis padecido en vano?, si es que realmente fue en vano.

5 Aquel, pues, que os suministra el Espíritu, y realiza milagros entre vosotros, ¿lo hace por las obras de la ley, o por el oír con fe?

El pacto de Dios con Abraham

6 Tal como Abraham creyó a Dios, y le fue contado por justicia.

7 Sabed, por tanto, que los que son de fe, éstos son hijos de Abraham.

8 Y la Escritura, previendo que Dios había de justificar por la fe a los gentiles, dio de antemano la buena nueva a Abraham, diciendo: En ti serán benditas todas las naciones.

9 De modo que los que viven por la fe son bendecidos con el creyente Abraham.

10 Porque todos los que dependen de las obras de la ley están bajo maldición, pues escrito está: Maldito todo aquel que no permanezca en todas las cosas escritas en el libro de la ley, para hacerlas.

11 Y que por la ley ninguno se justifica para con Dios, es evidente, porque: El justo por la fe vivirá;

12 y la ley no procede de la fe, sino que dice: El que haga estas cosas vivirá por ellas.

13 Cristo nos redimió de la maldición de la ley, habiéndose hecho maldición por nosotros (porque está escrito: Maldito todo el que es colgado en un madero),

14 para que en Cristo Jesús la bendición de Abraham alcanzase a los gentiles, a fin de que por medio de la fe recibiésemos la promesa del Espíritu.

15 Hermanos, hablo en términos humanos: Un pacto, aunque sea de hombre, una vez ratificado, nadie lo invalida, ni le añade.

16 Ahora bien, a Abraham fueron hechas las promesas, y a su simiente. No dice: Y a las simientes, como refiriéndose a muchos, sino a uno: Y a tu simiente, la cual es Cristo.

17 Esto, pues, digo: El pacto previamente ratificado por Dios para con Cristo, la ley que vino cuatrocientos treinta años después, no lo abroga como para invalidar la promesa.

18 Porque si la herencia es a base de la ley, ya no depende de la promesa; pero Dios la otorgó a Abraham mediante la promesa.

El propósito de la ley

19 Entonces, ¿para qué sirve la ley? Fue añadida a causa de las transgresiones, hasta que viniese la simiente a quien estaba destinada la promesa; y fue promulgada por medio de ángeles en mano de un mediador.

20 Y el mediador no lo es de uno solo; pero Dios es uno.

21 ¿Luego la ley es contraria a las promesas de Dios? ¡En ninguna manera! Porque si se hubiese dado una ley que pudiera vivificar, la justicia dependería realmente de la ley.

22 Mas la Escritura lo encerró todo bajo pecado, para que la promesa fuese dada a los creyentes a base de la fe en Jesucristo.

23 Pero antes que viniese la fe, estábamos confinados bajo la ley, encerrados para aquella fe que iba a ser revelada.

24 De manera que la ley ha sido nuestro ayo hacia Cristo, a fin de que fuésemos justificados por la fe.

25 Pero venida la fe, ya no estamos bajo ayo,
26 pues todos sois hijos de Dios mediante la fe en Cristo Jesús;
27 porque todos los que habéis sido bautizados en Cristo, os habéis revestido de Cristo.
28 Ya no hay judío ni griego; no hay esclavo ni libre; no hay varón ni mujer; porque todos vosotros sois uno en Cristo Jesús.
29 Y si vosotros sois de Cristo, entonces sois descendencia de Abraham, y herederos según la promesa.

4 Pero también digo: Entretanto que el heredero es niño, en nada difiere del esclavo, aunque es señor de todo;
2 sino que está bajo tutores y administradores hasta el tiempo señalado por el padre.
3 Así también nosotros, cuando éramos niños, estábamos en esclavitud bajo los rudimentos del mundo.
4 Pero cuando vino la plenitud del tiempo, Dios envió a su Hijo, nacido de mujer, nacido bajo la ley,
5 para que redimiese a los que estaban bajo la ley, a fin de que recibiésemos la adopción de hijos.
6 Y por cuanto sois hijos, Dios envió a vuestros corazones el Espíritu de su Hijo, el cual clama: ¡Abbá, Padre!
7 Así que ya no eres esclavo, sino hijo; y si hijo, también heredero de Dios por medio de Cristo.

Exhortación contra el volver a la esclavitud

8 Pero en otro tiempo, no conociendo a Dios, servíais a los que por naturaleza no son dioses;
9 mas ahora, conociendo a Dios, o más bien, siendo conocidos por Dios, ¿cómo es que os volvéis de nuevo a los débiles y pobres rudimentos, a los cuales os queréis volver a esclavizar de nuevo?
10 Seguís observando los días, los meses, las estaciones y los años.
11 Me temo de vosotros, que haya trabajado en vano con vosotros.
12 Os ruego, hermanos, que os hagáis como yo, porque yo también me hice como vosotros. Ningún agravio me habéis hecho.
13 Pero bien sabéis que a causa de una enfermedad del cuerpo os anuncié el evangelio la primera vez;
14 y no me despreciasteis ni desechasteis por la prueba que sufría en mi cuerpo, sino que me recibisteis como a un ángel de Dios, como a Cristo Jesús.
15 ¿Dónde, pues, está aquel sentimiento de felicidad que experimentabais? Porque os doy testimonio de que, de ser posible, os

hubierais sacado vuestros propios ojos para dármelos.
16 ¿Me he hecho, pues, vuestro enemigo, por deciros la verdad?
17 Tienen celo por vosotros, pero no para bien, sino que quieren apartaros de nosotros para que vosotros tengáis celo por ellos.
18 Bueno es mostrar celo en lo bueno siempre, y no solamente cuando estoy presente con vosotros.
19 Hijitos míos, por quienes vuelvo a sufrir dolores de parto, hasta que Cristo sea formado en vosotros,
20 Querría estar junto a vosotros ahora mismo y cambiar de tono, pues estoy perplejo en cuanto a vosotros.

Alegoría de Sara y Agar

21 Decidme, los que queréis estar bajo la ley: ¿no oís la ley?
22 Porque está escrito que Abraham tuvo dos hijos; uno de la esclava, y otro de la libre.
23 Pero el de la esclava nació según la carne; mas el de la libre, por medio de la promesa.
24 Las cuales son expresiones alegóricas, pues estas mujeres representan dos pactos; el uno proviene del monte Sinay, el cual engendra hijos para esclavitud; éste es Agar.
25 Porque Agar es el monte Sinay en Arabia, y corresponde a la Jerusalén actual, pues ésta, junto con sus hijos, está en esclavitud.
26 Mas la Jerusalén de arriba, la cual es madre de todos nosotros, es libre.
27 Porque está escrito:
   Regocíjate, oh estéril, tú que no das a luz;
   Prorrumpe en júbilo y clama, tú que no tienes dolores de parto;
   Porque más son los hijos de la desolada, que de la que tiene marido.
28 Así que, hermanos, nosotros, conforme a Isaac, somos hijos de la promesa.
29 Pero así como entonces el que había nacido según la carne perseguía al que había nacido según el Espíritu, así también ahora.
30 Mas ¿qué dice la Escritura? Echa fuera a la esclava y a su hijo, porque no heredará el hijo de la esclava con el hijo de la libre.
31 De manera, hermanos, que no somos hijos de la esclava, sino de la libre.

La libertad cristiana

5 Estad, pues, firmes en la libertad con que Cristo nos hizo libres, y no estéis otra vez sujetos al yugo de esclavitud.
2 Mirad, yo Pablo os digo que si os circuncidáis, de nada os aprovechará Cristo.

3 Y otra vez testifico a todo hombre que se haya circuncidado, que está obligado a practicar toda la ley.

4 De Cristo os desligasteis, los que por la ley os justificáis; de la gracia habéis caído.

5 Pues nosotros por el Espíritu aguardamos a base de la fe la esperanza de la justicia;

6 porque en Cristo Jesús ni la circuncisión tiene ningún valor, ni la incircuncisión, sino la fe que actúa mediante el amor.

7 Corríais bien; ¿quién os impidió obedecer a la verdad?

8 Esta persuasión no procede de aquel que os llama.

9 Un poco de levadura hace fermentar toda la masa.

10 Yo confío respecto de vosotros en el Señor, que no pensaréis de otro modo; mas el que os perturba cargará con la sentencia, quienquiera que sea.

11 Y yo, hermanos, si aún predico la circuncisión, ¿por qué padezco persecución todavía? En tal caso ha sido abolido el escándalo de la cruz.

12 ¡Ojalá se mutilasen los que os perturban!

13 Porque vosotros, hermanos, fuisteis llamados a libertad; solamente que no uséis la libertad como pretexto para la carne, sino servíos por medio del amor los unos a los otros.

14 Porque toda la ley en esta sola palabra se cumple: Amarás a tu prójimo como a ti mismo.

15 Pero si os mordéis y os devoráis unos a otros, mirad no sea que os destruyáis unos a otros.

Las obras de la carne y el fruto del Espíritu

16 Digo, pues: Andad en el Espíritu, y no satisfagáis los deseos de la carne.

17 Porque el deseo de la carne es contra el espíritu, y el del espíritu es contra la carne; y éstos se oponen entre sí, para que no hagáis lo que querríais.

18 Pero si sois guiados por el Espíritu, no estáis bajo la ley.

19 Ahora bien, las obras de la carne son evidentes, las cuales son: adulterio, fornicación, inmundicia, lascivia,

20 idolatría, hechicería, enemistades, pleitos, celos, explosiones de ira, contiendas, divisiones, sectarismos,

21 envidias, homicidios, borracheras, orgías, y cosas semejantes a éstas; acerca de las cuales os amonesto, como ya os lo he hecho antes, que los que practican tales cosas no heredarán el reino de Dios.

22 Mas el fruto del Espíritu es amor, gozo, paz, paciencia, benignidad, bondad, fidelidad,

23 mansedumbre, dominio propio; contra tales cosas no hay ley.

24 Y los que son de Cristo han crucificado la carne con sus pasiones y deseos.

25 Si vivimos por el Espíritu, avancemos también por el Espíritu.

26 No nos hagamos vanagloriosos, provocándonos unos a otros, envidiándonos unos a otros.

6 Hermanos, si alguno es sorprendido en alguna falta, vosotros, los que sois espirituales, restauradle con espíritu de mansedumbre, considerándote a ti mismo, no sea que tú también seas tentado.

2 Sobrellevad los unos las cargas de los otros, y cumplid así la ley de Cristo.

3 Porque el que se cree ser algo, no siendo nada, se engaña a sí mismo.

4 Así que, cada uno someta a prueba su propia obra, y entonces tendrá motivo de gloriarse sólo respecto de sí mismo, y no con respecto al otro;

5 porque cada uno llevará su propia carga.

6 El que está siendo instruido en la palabra, haga partícipe de toda cosa buena al que lo instruye.

7 No os dejéis engañar; de Dios nadie se mofa; pues todo lo que el hombre siembre, eso también segará.

8 Porque el que siembra para su carne, de la carne cosechará corrupción; mas el que siembra para el espíritu, del espíritu cosechará vida eterna.

9 No nos cansemos, pues, de hacer el bien; porque a su tiempo cosecharemos, si no desfallecemos.

10 Así que, según tengamos oportunidad, hagamos el bien a todos, y mayormente a nuestros familiares en la fe.

Pablo se gloría en la cruz de Cristo

11 Mirad con qué letras tan grandes os escribo de mi propia mano.

12 Todos los que quieren ser bien vistos en la carne, éstos os fuerzan a que os incircuncidéis, solamente para no padecer ellos persecución a causa de la cruz de Cristo.

13 Porque ni aun los mismos que se circuncidan guardan la ley; pero quieren que vosotros os circuncidéis, para gloriarse en vuestra carne.

14 Pero jamás acontezca que yo me gloríe, sino en la cruz de nuestro Señor Jesucristo, por la cual el mundo está crucificado para mí, y yo para el mundo.

15 Porque en Cristo Jesús ni la circuncisión es nada, ni la incircuncisión, sino la nueva criatura.

16 Y a todos los que anden conforme a esta

regla, paz y misericordia sean sobre ellos, y sobre el Israel de Dios.

17 De aquí en adelante nadie me cause molestias; porque yo traigo en mi cuerpo las marcas del Señor Jesús.

18 Hermanos, la gracia de nuestro Señor Jesucristo sea con vuestro espíritu. Amén.

LA EPÍSTOLA DEL APÓSTOL SAN PABLO A LOS

EFESIOS

Saludo

1 Pablo, apóstol de Jesucristo por la voluntad de Dios, a los santos y fieles en Cristo Jesús que están en Éfeso:
2 Gracia y paz a vosotros, de parte de Dios nuestro Padre y del Señor Jesucristo.

Bendiciones espirituales en Cristo

3 Bendito sea el Dios y Padre de nuestro Señor Jesucristo, que nos bendijo con toda bendición espiritual en los lugares celestiales en Cristo,
4 según nos escogió en él antes de la fundación del mundo, para que fuésemos santos y sin mancha delante de él en amor,
5 habiéndonos predestinado para ser adoptados como hijos suyos por medio de Jesucristo, conforme al beneplácito de su voluntad,
6 para alabanza de la gloria de su gracia, de la que nos ha colmado en el Amado,
7 en quien tenemos redención por medio de su sangre, el perdón de pecados según las riquezas de su gracia,
8 que hizo sobreabundar para con nosotros en toda sabiduría e inteligencia,
9 dándonos a conocer el misterio de su voluntad, según su beneplácito, el cual se había propuesto en sí mismo,
10 con miras a restaurar todas las cosas en Cristo en la dispensación del cumplimiento de los tiempos, tanto las que están en los cielos, como las que están en la tierra,
11 en unión con él, en quien también hemos tenido suerte, habiendo sido predestinados conforme al propósito del que efectúa todas las cosas según el designio de su voluntad,
12 a fin de que seamos para alabanza de su gloria, nosotros los que ya antes esperábamos en Cristo.
13 En él también vosotros, habiendo oído la palabra de verdad, el evangelio de vuestra salvación, y habiendo creído, fuisteis sellados también en él con el Espíritu Santo de la promesa,
14 el cual es las arras de nuestra herencia con miras a la redención de la posesión adquirida, para alabanza de su gloria.

Pablo ora por los efesios

15 Por esta causa también yo, habiendo oído de vuestra fe en el Señor Jesús, y de vuestro amor para con todos los santos,
16 no ceso de dar gracias por vosotros, haciendo memoria de vosotros en mis oraciones,
17 para que el Dios de nuestro Señor Jesucristo, el Padre de gloria, os dé espíritu de sabiduría y de revelación en el conocimiento pleno de él,
18 alumbrando los ojos de vuestro entendimiento, para que sepáis cuál es la esperanza a que él os ha llamado, y cuáles las riquezas de la gloria de su herencia en los santos,
19 y cuál la supereminente grandeza de su poder para con nosotros los que creemos, conforme a la eficacia de su fuerza,
20 la cual ejerció en Cristo, resucitándole de los muertos y sentándole a su diestra en los lugares celestiales,
21 por encima de todo principado, autoridad, poder y señorío, y de todo nombre que se nombra, no sólo en este siglo, sino también en el venidero;
22 y sometió todas las cosas bajo sus pies, y lo dio por cabeza sobre todas las cosas a la iglesia,
23 la cual es su cuerpo, la plenitud de Aquel que todo lo llena en todo.

Salvos por gracia

2 Y él os dio vida a vosotros, cuando estabais muertos por vuestros delitos y pecados,

2 en los cuales anduvisteis en otro tiempo, siguiendo la corriente de este mundo, conforme al príncipe de la potestad del aire, el espíritu que ahora actúa en los hijos de desobediencia;

3 entre los cuales también todos nosotros nos movíamos en otro tiempo al impulso de los deseos de nuestra carne, satisfaciendo las tendencias de la carne y de los pensamientos, y éramos por naturaleza hijos de ira, lo mismo que los demás.

4 Pero Dios, que es rico en misericordia, por su gran amor con que nos amó,

5 aun estando nosotros muertos por nuestros delitos, nos dio vida juntamente con Cristo (por gracia habéis sido salvados),

6 y juntamente con él nos resucitó, y asimismo nos hizo sentar en los lugares celestiales con Cristo Jesús,

7 para mostrar en los siglos venideros las sobreabundantes riquezas de su gracia en su benignidad para con nosotros en Cristo Jesús.

8 Porque por gracia habéis sido salvados por medio de la fe; y esto no proviene de vosotros, pues es don de Dios;

9 no a base de obras, para que nadie se gloríe.

10 Porque somos hechura suya, creados en Cristo Jesús para buenas obras, las cuales Dios preparó de antemano para que anduviésemos en ellas.

Reconciliación por la cruz de Cristo

11 Por tanto, acordaos de que en otro tiempo vosotros, los gentiles en cuanto a la carne, los que sois llamados incircuncisión por la llamada circuncisión hecha con mano en la carne,

12 en aquel tiempo estabais sin Cristo, excluidos de la ciudadanía de Israel y extranjeros en cuanto a los pactos de la promesa, sin esperanza y sin Dios en el mundo.

13 Pero ahora en Cristo Jesús, vosotros que en otro tiempo estabais lejos, habéis sido hechos cercanos por la sangre de Cristo.

14 Porque él es nuestra paz, que de ambos pueblos hizo uno, derribando la pared intermedia de separación,

15 aboliendo en su carne la enemistad, la ley de los mandamientos expresados en ordenanzas, para crear en sí mismo de los dos un solo y nuevo hombre, haciendo la paz,

16 y mediante la cruz reconciliar con Dios a ambos en un solo cuerpo, matando en ella la enemistad.

17 Y vino y anunció las buenas nuevas de paz a vosotros que estabais lejos, y a los que estaban cerca;

18 porque por medio de él los unos y los otros tenemos acceso por un mismo Espíritu al Padre.

19 Así que ya no sois extranjeros ni advenedizos, sino conciudadanos de los santos, y miembros de la familia de Dios,

20 sobreedificados sobre el fundamento de los apóstoles y profetas, siendo la principal piedra del ángulo Jesucristo mismo,

21 en quien todo el edificio, bien ajustado, va creciendo para ser un santuario sagrado en el Señor;

22 en quien también vosotros sois juntamente edificados para morada de Dios en el Espíritu.

Pablo, predicador a los gentiles

3 Por esta causa yo Pablo, prisionero de Cristo Jesús por vosotros los gentiles;

2 si es que habéis oído de la administración de la gracia de Dios que me fue concedida para con vosotros;

3 que por revelación me fue dado a conocer el misterio, como antes lo he escrito brevemente,

4 leyendo lo cual podéis daros cuenta del conocimiento profundo que yo tengo en el misterio de Cristo,

5 misterio que en otras generaciones no fue dado a conocer a los hijos de los hombres, como ahora ha sido revelado a sus santos apóstoles y profetas por el Espíritu:

6 que los gentiles son coherederos y miembros del mismo cuerpo, y copartícipes de la promesa en Cristo Jesús por medio del evangelio,

7 del cual yo fui hecho ministro conforme al don de la gracia de Dios que me ha sido dado según la actuación de su poder.

8 A mí, que soy menos que el más pequeño de todos los santos, me fue dada esta gracia de anunciar entre los gentiles el evangelio de las inescrutables riquezas de Cristo,

9 y de aclarar a todos cuál sea la administración del misterio escondido desde los siglos en Dios, que creó todas las cosas;

10 para que la multiforme sabiduría de Dios sea ahora dada a conocer por medio de la iglesia a los principados y potestades en los lugares celestiales,

11 conforme al propósito eterno que llevó a cabo en Cristo Jesús nuestro Señor,

12 en quien tenemos libre acceso con confianza por medio de la fe en él;

13 por lo cual pido que no desmayéis a causa de mis tribulaciones por vosotros, las cuales son vuestra gloria.

La unidad en el Espíritu

14 Por esta causa doblo mis rodillas ante el Padre de nuestro Señor Jesucristo,

15 de quien toma nombre toda parentela en los cielos y en la tierra,

16 para que os dé, conforme a las riquezas de su gloria, el ser vigorizados con poder en el hombre interior por medio de su Espíritu;

17 para que habite Cristo por medio de la fe en vuestros corazones, a fin de que, arraigados y cimentados en amor,

18 seáis plenamente capaces de comprender con todos los santos cuál sea la anchura, la longitud, la profundidad y la altura,

19 y de conocer el amor de Cristo, que sobrepasa a todo conocimiento, para que seáis llenados hasta toda la plenitud de Dios.

20 Y a Aquel que es poderoso para hacer todas las cosas mucho más abundantemente de lo que pedimos o pensamos, según el poder que actúa en nosotros,

21 a él sea gloria en la iglesia y en Cristo Jesús por todas las edades, por los siglos de los siglos. Amén.

La unidad del Espíritu

4 Yo pues, preso en el Señor, os exhorto a que andéis como es digno de la vocación con que fuisteis llamados,

2 con toda humildad y mansedumbre, soportándoos con paciencia los unos a los otros en amor,

3 solícitos en guardar la unidad del Espíritu en el vínculo de la paz.

4 Hay un solo cuerpo, y un solo Espíritu, como también fuisteis llamados en una misma esperanza de vuestra vocación;

5 un Señor, una fe, un bautismo,

6 un Dios y Padre de todos, el cual está sobre todos, por todos, y en todos.

7 Pero a cada uno de nosotros fue dada la gracia conforme a la medida del don de Cristo.

8 Por lo cual dice:

Subiendo a lo alto, llevó cautiva la cautividad.

Y dio dones a los hombres.

9 Y eso de que subió, ¿qué es, sino que también había descendido primero a las partes más bajas de la tierra?

10 El que descendió, es el mismo que también subió por encima de todos los cielos para llenarlo todo.

11 Y él mismo dio: unos, los apóstoles; otros, los profetas; otros, los evangelistas; y otros, los pastores y maestros,

12 a fin de equipar completamente a los santos para la obra del ministerio, para la edificación del cuerpo de Cristo,

13 hasta que todos lleguemos a la unidad de la fe y del pleno conocimiento del Hijo de Dios, a la condición de un hombre maduro,

a la medida de la edad de la plenitud de Cristo;

14 para que ya no seamos niños, zarandeados por las olas y llevados a la deriva por todo viento de doctrina, por estratagema de hombres que para engañar emplean con astucia las artimañas del error,

15 sino que aferrándonos a la verdad en amor, crezcamos en todo hacia aquel que es la cabeza, esto es, Cristo,

16 de quien todo el cuerpo, bien ajustado y trabado entre sí por todas las junturas que se ayudan mutuamente, según la actividad adecuada de cada miembro, recibe su crecimiento para ir edificándose en amor.

Nueva vida en Cristo

17 Esto, pues, digo y requiero en el Señor: que ya no andéis como los demás gentiles, que andan en la vanidad de su mente,

18 teniendo el entendimiento entenebrecido, excluidos de la vida de Dios por la ignorancia que hay en ellos, por la dureza de su corazón;

19 los cuales, después que perdieron toda sensibilidad, se entregaron a la lascivia para cometer con avidez toda clase de impureza.

20 Mas vosotros no habéis aprendido así a Cristo,

21 si en verdad habéis oído de él, y habéis sido enseñados en él, conforme a la verdad que está en Jesús.

22 a que, en cuanto a la pasada manera de vivir, os despojéis del viejo hombre, que está viciado conforme a los deseos engañosos,

23 os renovéis en el espíritu de vuestra mente,

24 y os vistáis del nuevo hombre, creado a semejanza de Dios en la justicia y santidad de la verdad.

25 Por lo cual, desechando la mentira, hablad verdad cada uno con su prójimo; porque somos miembros los unos de los otros.

26 Airaos, pero no pequéis; no se ponga el sol sobre vuestro enojo,

27 ni deis lugar al diablo.

28 El que hurtaba, ya no hurte más, sino que trabaje, haciendo con sus manos lo que es bueno, para que tenga qué compartir con el que padece necesidad.

29 Ninguna palabra corrompida salga de vuestra boca, sino la que sea buena para edificación según la necesidad, a fin de dar gracia a los oyentes.

30 Y no contristéis al Espíritu Santo de Dios, con el cual fuisteis sellados para el día de la redención.

31 Quítense de vosotros toda amargura, enojo, ira, gritería y maledicencia, y toda malicia.

32 Antes bien, sed benignos unos con otros, misericordiosos, perdonándoos unos a otros, como también Dios os perdonó a vosotros en Cristo.

Viviendo como hijos de luz

5 Sed, pues, imitadores de Dios como hijos amados.

2 Y andad en amor, como también Cristo nos amó, y se entregó a sí mismo por nosotros a Dios como ofrenda y sacrificio de olor fragante.

3 Pero la fornicación y toda inmundicia, o avaricia, ni aun se nombre entre vosotros, como conviene a santos;

4 ni obscenidades, ni necedades, ni truhanerías inconvenientes, sino antes bien, acciones de gracias.

5 Porque tened bien entendido, que ningún fornicario, o inmundo, o avaro, que es idólatra, tiene herencia en el reino de Cristo y de Dios.

6 Nadie os engañe con palabras vanas, porque a causa de estas cosas viene la ira de Dios sobre los hijos de desobediencia.

7 No seáis, pues, partícipes con ellos.

8 Porque en otro tiempo erais tinieblas, mas ahora sois luz en el Señor; andad como hijos de luz

9 (porque el fruto del Espíritu es en toda bondad, justicia y verdad),

10 comprobando qué es lo agradable al Señor.

11 Y no participéis en las obras infructuosas de las tinieblas, sino más bien redargüidlas;

12 porque es vergonzoso aun el mencionar lo que ellos hacen en secreto.

13 Mas todas las cosas redargüidas por la luz, son hechas manifiestas; porque la luz es lo que manifiesta todo.

14 Por lo cual dice:
  Despiértate, tú que duermes,
  Y levántate de los muertos,
  Y te alumbrará Cristo.

15 Mirad, pues, con diligencia cómo andéis, no como imprudentes, sino como sabios,

16 aprovechando bien el tiempo, porque los días son malos.

17 Por tanto, no seáis insensatos, sino comprendiendo bien cuál es la voluntad del Señor.

18 Y no os embriaguéis con vino, en lo cual hay libertinaje; antes bien, sed llenos del Espíritu,

19 hablando entre vosotros con salmos, con himnos y cánticos espirituales, cantando y salmodiando al Señor en vuestros corazones;

20 dando siempre gracias por todo al Dios y Padre, en el nombre de nuestro Señor Jesucristo,

21 sometiéndoos unos a otros en el temor de Dios.

Deberes familiares

22 Las casadas estén sometidas a sus propios maridos, como al Señor;

23 porque el marido es cabeza de la mujer, así como Cristo es cabeza de la iglesia, la cual es su cuerpo, y él es su Salvador.

24 Así que, como la iglesia está sometida a Cristo, así también las casadas lo estén a sus maridos en todo.

25 Maridos, amad a vuestras mujeres, así como Cristo amó a la iglesia, y se entregó a sí mismo por ella,

26 para santificarla, habiéndola purificado con el lavamiento del agua por la palabra,

27 a fin de presentarla él a sí mismo como una iglesia gloriosa, que no tenga mancha ni arruga ni cosa semejante, sino que sea santa y sin mancha.

28 Así también los maridos deben amar a sus mujeres como a sus mismos cuerpos. El que ama a su mujer, se ama a sí mismo.

29 Porque nadie aborreció jamás a su propia carne, sino que la sustenta y la trata con cariño, como también Cristo a la iglesia,

30 porque somos miembros de su cuerpo, de su carne y de sus huesos.

31 Por esto dejará el hombre a su padre y a su madre, y se unirá a su mujer, y los dos vendrán a ser una sola carne.

32 Grande es este misterio; mas yo digo esto respecto de Cristo y de la iglesia.

33 Por lo demás, cada uno de vosotros ame también a su mujer como a sí mismo; y la mujer respete a su marido.

6 Hijos, obedeced en el Señor a vuestros padres, porque esto es justo.

2 Honra a tu padre y a tu madre, que es el primer mandamiento con promesa;

3 para que te vaya bien, y seas de larga vida sobre la tierra.

4 Y vosotros, padres, no provoquéis a ira a vuestros hijos, sino criadlos en disciplina y amonestación del Señor.

5 Siervos, obedeced a vuestros amos terrenales con temor y temblor, con sencillez de vuestro corazón, como a Cristo;

6 no para ser vistos, como los que quieren agradar a los hombres, sino como siervos de Cristo, haciendo de corazón la voluntad de Dios;

7 sirviendo de buena voluntad, como al Señor y no a los hombres,

8 sabiendo que el bien que cada uno haga, ése volverá a recibir del Señor, sea siervo o sea libre.

9 Y vosotros, amos, haced con ellos lo

mismo, dejando las amenazas, sabiendo que el Señor de ellos y vuestro está en los cielos, y que para él no hay acepción de personas.

La armadura de Dios

10 Por lo demás, hermanos míos, robusteceos en el Señor, y en el vigor de su fuerza.
11 Vestíos de toda la armadura de Dios, para que podáis estar firmes contra las artimañas del diablo.
12 Porque no tenemos lucha contra sangre y carne, sino contra principados, contra potestades, contra los dominadores de este mundo de tinieblas, contra huestes espirituales de maldad en las regiones celestes.
13 Por tanto, tomad toda la armadura de Dios, para que podáis resistir en el día malo, y habiendo cumplido todo, estar firmes.
14 Estad, pues, firmes, ceñidos vuestros lomos con la verdad, y vestidos con la coraza de la justicia,
15 y calzados los pies con el apresto del evangelio de la paz.
16 Sobre todo, embrazando el escudo de la fe, con que podáis apagar todos los dardos encendidos del maligno.

17 Y tomad el yelmo de la salvación, y la espada del Espíritu, que es la palabra de Dios;
18 orando en todo tiempo con toda deprecación y súplica en el Espíritu, y velando en ello con toda perseverancia y súplica por todos los santos;
19 y por mí, a fin de que al abrir mi boca me sea dada palabra para dar a conocer con denuedo el misterio del evangelio,
20 por el cual soy embajador en cadenas; que con denuedo hable de él, como debo hablar.

Saludos finales

21 Para que también vosotros sepáis mis asuntos, y lo que hago, todo os lo hará saber Tíquico, el hermano amado y fiel ministro en el Señor,
22 el cual envié a vosotros para esto mismo, para que sepáis lo tocante a nosotros, y que consuele vuestros corazones.
23 Paz sea a los hermanos, y amor con fe, de parte de Dios Padre y del Señor Jesucristo.
24 La gracia sea con todos los que aman a nuestro Señor Jesucristo con amor inalterable. Amén.

LA EPÍSTOLA DEL APÓSTOL SAN PABLO A LOS

FILIPENSES

Saludo

1 Pablo y Timoteo, siervos de Jesucristo, a todos los santos en Cristo Jesús que están en Filipos, con los obispos y diáconos:
2 Gracia y paz a vosotros, de parte de Dios nuestro Padre y del Señor Jesucristo.

Pablo ora por los creyentes

3 Doy gracias a mi Dios siempre que me acuerdo de vosotros,
4 rogando siempre en todas mis oraciones con gozo por todos vosotros,
5 por vuestra comunión en el evangelio, desde el primer día hasta ahora;
6 estando persuadido de esto, que el que comenzó en vosotros la buena obra, la perfeccionará hasta el día de Jesucristo;
7 como me es justo sentir esto de todos vosotros, por cuanto os tengo en el corazón;

y en mis prisiones, y en la defensa y consolidación del evangelio, todos vosotros sois participantes conmigo de la gracia.
8 Porque Dios me es testigo de cómo os añoro a todos vosotros con el entrañable amor de Jesucristo.
9 Y esto pido en oración, que vuestro amor abunde aún más y más en conocimiento perfecto y en todo discernimiento,
10 para que sepáis aquilatar las cosas más importantes, a fin de que seáis sinceros e irreprensibles para el día de Cristo,
11 llenos de frutos de justicia que son por medio de Jesucristo, para gloria y alabanza de Dios.

Para mí el vivir es Cristo

12 Quiero que sepáis, hermanos, que las cosas que me han sucedido han redundado más bien para el progreso del evangelio,

13 de tal manera que mis prisiones por la causa de Cristo se han hecho notorias en todo el pretorio, y a todos los demás.

14 Y la mayoría de los hermanos, alentados en el Señor por mis cadenas, se atreven mucho más a hablar la palabra sin temor.

15 Algunos, a la verdad, predican a Cristo por envidia y rivalidad; pero otros, de buena voluntad.

16 Los unos anuncian a Cristo por rivalidad, no sinceramente, pensando añadir aflicción a mis prisiones;

17 pero los otros, por amor, sabiendo que estoy puesto para la defensa del evangelio.

18 ¿Qué, pues? Que no obstante, de todas maneras, o por pretexto o por verdad, Cristo es anunciado; y en esto me gozo, y me gozaré aún.

19 Porque sé que por vuestra oración y la suministración del Espíritu de Jesucristo, esto resultará en mi liberación,

20 conforme a mi anhelo y esperanza de que en nada seré avergonzado; antes bien con toda confianza, como siempre, ahora también será magnificado Cristo en mi cuerpo, o por vida o por muerte.

21 Porque para mí el vivir es Cristo, y el morir es ganancia.

22 Mas si el vivir en la carne resulta para mí en beneficio de la obra, no sé entonces qué escoger.

23 Porque de ambos lados me siento apremiado, teniendo deseo de partir y estar con Cristo, lo cual es muchísimo mejor;

24 pero quedar en la carne es más necesario por causa de vosotros.

25 Y confiado en esto, sé que quedaré y permaneceré con todos vosotros, para vuestro provecho y gozo de la fe,

26 para que abunde vuestra gloria de mí en Cristo Jesús por mi presencia otra vez entre vosotros.

27 Solamente que os comportéis como es digno del evangelio de Cristo, para que, o sea que vaya a veros, o que esté ausente, oiga de vosotros que estáis firmes en un mismo espíritu, combatiendo unánimes por la fe del evangelio,

28 y en nada intimidados por los que se oponen, lo cual para ellos ciertamente es indicio de perdición, mas para vosotros de salvación; y esto viene de Dios.

29 Porque a vosotros se os ha concedido la gracia, por amor de Cristo, no sólo de que creáis en él, sino también de que padezcáis por él,

30 sosteniendo el mismo combate que habéis visto en mí, y ahora oís que hay en mí.

Humillación y exaltación de Cristo

2 Por tanto, si hay alguna exhortación en Cristo, si algún consuelo de amor, si alguna comunión del Espíritu, si algún afecto entrañable y compasivo,

2 completad mi gozo, siendo de un mismo sentir, teniendo el mismo amor, unánimes, sintiendo una misma cosa.

3 Nada hagáis por rivalidad o por vanagloria; antes bien con humildad, estimando cada uno a los demás como superiores a sí mismo;

4 no poniendo la mira cada uno en lo suyo propio, sino cada cual también en lo de los otros.

5 Haya, pues, entre vosotros los mismos sentimientos que hubo también en Cristo Jesús,

6 el cual, siendo en forma de Dios, no consideró el ser igual a Dios como cosa a que aferrarse,

7 sino que se despojó a sí mismo, tomando forma de siervo, hecho semejante a los hombres;

8 y hallado en su porte exterior como hombre, se humilló a sí mismo, al hacerse obediente hasta la muerte, y muerte de cruz.

9 Por lo cual Dios también le exaltó hasta lo sumo, y le otorgó el nombre que es sobre todo nombre,

10 para que en el nombre de Jesús se doble toda rodilla de los que están en los cielos, en la tierra, y debajo de la tierra;

11 y toda lengua confiese que Jesucristo es SEÑOR, para gloria de Dios Padre.

Luminares en el mundo

12 Así que, amados míos, tal como siempre habéis obedecido, no como en mi presencia solamente, sino mucho más ahora en mi ausencia, procurad vuestra salvación con temor y temblor,

13 porque Dios es el que en vosotros opera tanto el querer como el hacer, por su buena voluntad.

14 Haced todo sin murmuraciones ni discusiones,

15 para que seáis irreprensibles y sencillos, hijos de Dios sin mancha en medio de una generación tortuosa y perversa, en medio de la cual resplandecéis como luminares en el mundo;

16 manteniendo en alto la palabra de vida, para que en el día de Cristo yo pueda gloriarme de que no he corrido en vano, ni he trabajado en vano.

17 Y aunque sea derramado en libación sobre el sacrificio y servicio de vuestra fe, me gozo y regocijo con todos vosotros.

18 Y asimismo gozaos y regocijaos también vosotros conmigo.

Timoteo y Epafrodito

19 Espero en el Señor Jesús enviaros pronto a Timoteo, para que yo también me sienta animado al saber de vuestro estado;
20 pues a ninguno tengo del mismo estado de ánimo, y que tan sinceramente se interese por vosotros.
21 Porque todos buscan lo suyo propio, no lo que es de Cristo Jesús.
22 Pero ya conocéis sus bien probadas cualidades, que como hijo a padre ha servido conmigo en el evangelio.
23 Así que a éste espero enviarnos, tan pronto vea cómo van mis asuntos;
24 y confío en el Señor que yo también iré pronto a vosotros.
25 Mas tuve por necesario enviaros a Epafrodito, mi hermano y colaborador y compañero de milicia, el cual es también enviado vuestro y servidor para mis necesidades;
26 porque él tenía gran deseo de veros a todos vosotros, y gravemente se angustió porque habíais oído que había enfermado.
27 Pues en verdad estuvo enfermo, al borde de la muerte; pero Dios tuvo misericordia de él, y no solamente de él, sino también de mí, para que yo no tuviese tristeza sobre tristeza.
28 Así que le envió con mayor solicitud, para que al verle de nuevo, os gocéis, y yo esté con menos tristeza.
29 Recibidle, pues, en el Señor, con todo gozo, y tened en alta estima a los que son como él;
30 porque por la obra de Cristo estuvo próximo a la muerte, arriesgando su vida para suplir lo que faltaba en vuestro servicio para conmigo.

Prosigo al blanco

3 Por lo demás, hermanos, gozaos en el Señor. A mí no me es molesto el escribiros las mismas cosas, y para vosotros es salvaguardia.
2 Guardaos de los perros, guardaos de los malos obreros, guardaos de los mutiladores del cuerpo.
3 Porque nosotros somos la circuncisión, los que en espíritu servimos a Dios y nos gloriamos en Cristo Jesús, no teniendo confianza en la carne.
4 Aunque yo tengo también de qué confiar en la carne. Si alguno piensa que tiene de qué confiar en la carne, yo más:
5 circuncidado al octavo día, del linaje de Israel, de la tribu de Benjamín, hebreo de hebreos; en cuanto a la ley, fariseo;
6 en cuanto a celo, perseguidor de la iglesia; en cuanto a la justicia que es en la ley, irreprensible.

7 Pero cuantas cosas eran para mí ganancia, las he estimado como pérdida por amor de Cristo.
8 Y ciertamente, aun estimo todas las cosas como pérdida por la excelencia del conocimiento de Cristo Jesús, mi Señor, por amor del cual lo he perdido todo, y lo tengo por basura, para ganar a Cristo,
9 y ser hallado en él, no teniendo mi propia justicia, que es a base de la ley, sino la que es por medio de la fe de Cristo, la justicia que procede de Dios sobre la base de la fe;
10 a fin de conocerle, y el poder de su resurrección, y la participación de sus padecimientos, llegando a ser semejante a él en su muerte,
11 por si de algún modo consigo llegar a la resurrección de entre los muertos.
12 No que lo haya alcanzado ya, ni que ya haya conseguido la perfección total; sino que prosigo, por ver si logro darle alcance, puesto que yo también fui alcanzado por Cristo Jesús.
13 Hermanos, yo mismo no considero haberlo ya alcanzado; pero una cosa hago: olvidando lo que queda atrás, y extendiéndome a lo que está delante,
14 prosigo hacia la meta, para conseguir el premio del supremo llamamiento de Dios en Cristo Jesús.
15 Así que, todos los que somos perfectos, esto mismo sintamos; y si en algo sentís de un modo diferente, también esto os lo revelará Dios.
16 Sin embargo, en aquello a que hayamos llegado, sigamos una misma regla, sintamos una misma cosa.
17 Hermanos, sed imitadores de mí, y fijaos en los que así se conducen según el modelo que tenéis en nosotros.
18 Porque por ahí andan muchos, de los cuales os dije muchas veces, y aun ahora lo digo llorando, que son enemigos de la cruz de Cristo;
19 el fin de los cuales será perdición, cuyo dios es el vientre, y cuya gloria está en su vergüenza; que sólo piensan en lo terrenal.
20 Mas nuestra ciudadanía está en los cielos, de donde también esperamos al Salvador, al Señor Jesucristo;
21 el cual transfigurará el cuerpo de nuestro estado de humillación, conformándolo al cuerpo de la gloria suya, en virtud del poder que tiene también para someter a sí mismo todas las cosas.

Regocijo y paz en el Señor

4 Así que, hermanos míos amados y deseados, gozo y corona mía, estad así firmes en el Señor, amados.

2 Ruego a Evodia y ruego a Síntique, que sean de un mismo sentir en el Señor.

3 Asimismo te ruego también a ti, compañero fiel, que ayudes a éstas que combatieron juntamente conmigo en el evangelio, con Clemente también y los demás colaboradores míos, cuyos nombres están en el libro de la vida.

4 Regocijaos en el Señor siempre. Otra vez digo: ¡Regocijaos!

5 Vuestra mesura sea conocida de todos los hombres. El Señor está cerca.

6 Por nada os inquietéis, sino que sean presentadas vuestras peticiones delante de Dios mediante oración y ruego con acción de gracias.

7 Y la paz de Dios, que sobrepasa a todo entendimiento, guardará vuestros corazones y vuestros pensamientos en Cristo Jesús.

El secreto de la paz mental

8 Por lo demás, hermanos, todo lo que es verdadero, todo lo respetable, todo lo justo, todo lo puro, todo lo amable, todo lo que es de buena reputación; si hay virtud alguna, si algo digno de alabanza, en esto pensad.

9 Lo que aprendisteis y recibisteis y oísteis y visteis en mí, ponedlo por obra; y el Dios de la paz estará con vosotros.

Actitud de Pablo hacia las cosas materiales

10 En gran manera me gocé en el Señor de que ya al fin habéis reavivado vuestro cuidado de mí; de lo cual también estabais solícitos, pero os faltaba la oportunidad.

11 No lo digo porque tenga escasez, pues he aprendido a contentarme, cualquiera que sea mi situación.

12 Sé vivir en escasez, y sé vivir en abundancia; en todo y por todo he aprendido el secreto, lo mismo de estar saciado que de tener hambre, lo mismo de tener abundancia que de padecer necesidad.

13 Todo lo puedo en Cristo que me fortalece.

14 Sin embargo, bien hicisteis en participar conmigo en mi tribulación.

15 Y sabéis también vosotros, oh filipenses, que al principio de la predicación del evangelio, cuando partí de Macedonia, ninguna iglesia participó conmigo en razón de dar y recibir, sino vosotros solos;

16 pues aun a Tesalónica me enviasteis una y otra vez para mis necesidades.

17 No es que busque dádivas, sino que busco fruto que abunde en vuestra cuenta.

18 Pero todo lo he recibido, y tengo abundancia; estoy lleno, habiendo recibido de Epafrodito lo que enviasteis; olor fragante, sacrificio acepto, agradable a Dios.

19 Y mi Dios proveerá a todas vuestras necesidades conforme a sus riquezas en gloria en Cristo Jesús.

20 A nuestro Dios y Padre sea la gloria por los siglos de los siglos. Amén.

Saludos finales

21 Saludad a todos los santos en Cristo Jesús. Los hermanos que están conmigo os saludan.

22 Todos los santos os saludan, y especialmente los de la casa de César.

23 La gracia de nuestro Señor Jesucristo sea con todos vosotros. Amén.

LA EPÍSTOLA DEL APÓSTOL SAN PABLO A LOS

COLOSENSES

Saludo

1 Pablo, apóstol de Jesucristo por voluntad de Dios, y el hermano Timoteo,

2 a los santos y fieles hermanos en Cristo que están en Colosas: Gracia y paz sean a vosotros, de parte de Dios nuestro Padre y del Señor Jesucristo.

Pablo pide que Dios les conceda sabiduría espiritual

3 Damos gracias al Dios y Padre de nuestro Señor Jesucristo, orando siempre por vosotros,

4 habiendo oído de vuestra fe en Cristo Jesús, y del amor que tenéis hacia todos los santos,

5 a causa de la esperanza que os está reservada en los cielos, de la cual ya oísteis antes por la palabra verdadera del evangelio,

6 el cual ha·llegado hasta vosotros, así como a todo el mundo, y está llevando fruto y creciendo también en vosotros, desde el día que lo oísteis y comprendisteis la gracia de Dios en verdad,

7 como lo habéis aprendido de Epafras, nuestro consiervo amado, que es un fiel ministro de Cristo en nuestro lugar,

8 quien también nos ha informado de vuestro amor en el Espíritu.

9 Por lo cual también nosotros, desde el día que lo oímos, no cesamos de orar por vosotros, y de pedir que seáis llenos del cabal conocimiento de su voluntad en toda sabiduría e inteligencia espiritual,

10 para que andéis como es digno del Señor, agradándole en todo, llevando fruto en toda buena obra, y creciendo en el pleno conocimiento de Dios;

11 fortalecidos con todo poder, conforme a la potencia de su gloria, para toda paciencia y longanimidad;

12 con gozo dando gracias al Padre que nos hizo aptos para participar de la herencia de los santos en luz;

13 el cual nos ha librado de la potestad de las tinieblas, y trasladado al reino de su amado Hijo,

14 en quien tenemos redención por medio de su sangre, el perdón de pecados.

La supremacía de Cristo

15 El cual es la imagen del Dios invisible, el primogénito de toda creación.

16 Porque por él fueron creadas todas las cosas, las que hay en los cielos y las que hay en la tierra, las visibles y las invisibles; sean tronos, sean dominios, sean principados, sean potestades; todo fue creado por medio de él y para él.

17 Y él es antes de todas las cosas, y todas las cosas tienen consistencia en él;

18 y él es la cabeza del cuerpo que es la iglesia, y él es el principio, el primogénito de entre los muertos, para que en todo tenga la preeminencia;

19 por cuanto tuvo a bien el Padre que en él habitase toda plenitud,

20 y por medio de él reconciliar consigo todas las cosas, así las que están en la tierra como las que están en los cielos, haciendo la paz mediante la sangre de su cruz.

21 Y a vosotros también, que erais en otro tiempo extraños y enemigos en vuestra mente, haciendo malas obras, ahora os ha reconciliado

22 en su cuerpo de carne, por medio de la muerte, para presentaros santos y sin mancha e irreprensibles delante de él;

23 si en verdad permanecéis fundados y firmes en la fe, y sin moveros de la esperanza del evangelio que habéis oído, el cual ha sido proclamado en toda la creación que está debajo del cielo; del cual yo Pablo fui hecho ministro.

Ministerio de Pablo a los gentiles

24 Ahora me gozo en mis padecimientos por vosotros, y completo en mi carne lo que falta de las aflicciones de Cristo por su cuerpo, que es la iglesia;

25 de la cual fui hecho ministro, según la administración de Dios que me fue dada para con vosotros, para anunciar cumplidamente la palabra de Dios,

26 el misterio que había estado oculto desde los siglos y generaciones pasadas, pero que ahora ha sido manifestado a sus santos,

27 a quienes Dios quiso dar a conocer cuáles son las riquezas de la gloria de este misterio entre los gentiles; que es Cristo en vosotros, la esperanza de la gloria,

28 a quien nosotros anunciamos, amonestando a todo hombre, y enseñando a todo hombre en toda sabiduría, a fin de presentar perfecto en Cristo Jesús a todo hombre;

29 para lo cual también trabajo, luchando según la potencia de él, la cual actúa poderosamente en mí.

2 Porque quiero que sepáis qué lucha tan dura sostengo por vosotros, y por los que están en Laodicea, y por todos los que nunca me han visto personalmente;

2 para que sean consolados sus corazones, unidos en amor, hasta alcanzar todas las riquezas de una plena seguridad de comprensión, a fin de conocer bien el misterio de Dios el Padre, y de Cristo,

3 en quien están escondidos todos los tesoros de la sabiduría y del conocimiento.

4 Y esto lo digo para que nadie os seduzca con razonamientos capciosos.

5 Porque aunque estoy ausente en cuerpo, no obstante en espíritu estoy con vosotros, gozándome y mirando vuestro buen orden y la firmeza de vuestra fe en Cristo.

6 Por tanto, de la manera que recibisteis al Señor Jesucristo, andad así en él,

7 arraigados y sobreedificados en él, y consolidados en la fe, así como fuisteis enseñados, abundando en acciones de gracias.

Plenitud de vida en Cristo

8 Mirad que no haya nadie que os esté llevando cautivos por medio de filosofías y huecas sutilezas, según la tradición de los hombres, conforme a los principios elementales del mundo, y no según Cristo.

9 Porque en él habita corporalmente toda la plenitud de la Deidad,

10 y vosotros estáis completos en él, que es la cabeza de todo principado y potestad.

11 En él también fuisteis circuncidados con circuncisión no hecha a mano, al echar de vosotros el cuerpo pecaminoso carnal, en la circuncisión de Cristo;

12 habiendo sido sepultados con él en el bautismo, en el cual fuisteis también resucitados con él, mediante la fe en la fuerza activa de Dios que le levantó de los muertos.

13 Y a vosotros, estando muertos en pecados y en la incircuncisión de vuestra carne, os dio vida juntamente con él, tras habernos concedido el perdón de todos los delitos,

14 cancelando el documento de deuda en contra nuestra, que consistía en ordenanzas, y que nos era adverso, quitándolo de en medio y clavándolo en la cruz,

15 y despojando a los principados y a las potestades, los exhibió públicamente, triunfando sobre ellos en la cruz.

16 Por tanto, nadie os juzgue en comida o en bebida, o en cuanto a días de fiesta, luna nueva o sábados,

17 todo lo cual es sombra de lo que ha de venir; pero el cuerpo es de Cristo.

18 Nadie os prive de vuestro premio, afectando humildad y culto a los ángeles, entremetiéndose en lo que no ha visto, vanamente hinchado por su propia mente carnal,

19 y no asiéndose de la Cabeza, en virtud de quien todo el cuerpo, nutrido y bien trabado por las junturas y ligamentos, crece con el crecimiento que da Dios.

20 Pues si habéis muerto con Cristo a los principios elementales del mundo, ¿por qué, como si vivieseis en el mundo, os sometéis a preceptos

21 tales como: No toques, ni gustes, ni manejes

22 (en conformidad a mandamientos y enseñanzas de hombres), cosas que están todas destinadas a destruirse con el uso?

23 Tales cosas tienen, a la verdad, cierta reputación de sabiduría en culto voluntario, en humildad y en duro trato del cuerpo; pero no tienen valor alguno contra los apetitos de la carne.

3 Si, pues, habéis resucitado con Cristo, buscad las cosas de arriba, donde está Cristo sentado a la diestra de Dios.

2 Poned la mira en las cosas de arriba, no en las de la tierra.

3 Porque habéis muerto, y vuestra vida está escondida con Cristo en Dios.

4 Cuando Cristo, vuestra vida, se manifieste, entonces vosotros también seréis manifestados con él en gloria.

La vida antigua y la nueva

5 Haced morir, pues, en vuestros miembros lo terrenal: fornicación, impureza, pasiones desordenadas, malos deseos y la avaricia, que es idolatría;

6 a causa de las cuales cosas viene la ira de Dios sobre los hijos de desobediencia,

7 en las cuales también vosotros anduvisteis en otro tiempo cuando vivíais en ellas.

8 Pero ahora desechad también vosotros todas estas cosas: ira, enojo, malicia, blasfemia, palabras deshonestas de vuestra boca.

9 No mintáis los unos a los otros, habiéndoos despojado del viejo hombre con sus prácticas,

10 y revestido del nuevo, el cual conforme a la imagen del que lo creó se va renovando hasta el conocimiento pleno,

11 donde no hay ya distinción entre griego y judío, circuncisión e incircuncisión, bárbaro y escita, siervo y libre, sino que Cristo es todo, y en todos.

12 Vestíos, pues, como escogidos de Dios, santos y amados, de entrañable misericordia, de benignidad, de humildad, de mansedumbre, de longanimidad;

13 soportándoos unos a otros, y perdonándoos unos a otros si alguno tiene queja contra otro. De la manera que Cristo os perdonó, así también hacedlo vosotros.

14 Y sobre todas estas cosas vestíos de amor, que es el vínculo de la perfección.

15 Y la paz de Dios gobierne en vuestros corazones, a la que asimismo fuisteis llamados en un solo cuerpo; y sed agradecidos.

16 La palabra de Cristo habite ricamente en vosotros, enseñándoos y amonestándoos unos a otros en toda sabiduría, cantando con gracia en vuestros corazones al Señor con salmos, himnos y cánticos espirituales.

17 Y todo lo que hagáis, de palabra o de obra, hacedlo todo en el nombre del Señor Jesús, dando gracias a Dios Padre por medio de él.

Relaciones sociales del cristiano

18 Esposas, estad sometidas a vuestros maridos, como conviene en el Señor.

19 Maridos, amad a vuestras mujeres, y no seáis ásperos con ellas.

20 Hijos, obedeced a vuestros padres en todo, porque esto agrada al Señor.

21 Padres, no exasperéis a vuestros hijos, para que no se desalienten.

22 Siervos, obedeced en todo a vuestros amos terrenales, no sirviendo al ojo, como los que sólo quieren agradar a los hombres, sino con corazón sincero, temiendo a Dios.

23 Y todo lo que hagáis, hacedlo de corazón, como para el Señor y no para los hombres;

24 sabiendo que del Señor recibiréis la recompensa de la herencia, porque a Cristo el Señor servís.

25 Mas el que hace injusticia, recibirá en pago la injusticia que haga, que no hay acepción de personas.

4 Amos, haced lo que es justo y equitativo con vuestros siervos, sabiendo que también vosotros tenéis un Amo en los cielos.

2 Perseverad en la oración, velando en ella con acción de gracias;

3 orando también al mismo tiempo por nosotros, para que el Señor nos abra puerta para la palabra, a fin de dar a conocer el misterio de Cristo, por el cual también estoy preso,

4 para que lo manifieste con la claridad con que debo hablarlo.

5 Andad sabiamente para con los de afuera, redimiendo el tiempo.

6 Sea vuestra palabra siempre con gracia, sazonada con sal, para que sepáis cómo debéis responder a cada uno.

Saludos finales

7 Todo lo que a mí se refiere, os lo hará saber Tíquico, el amado hermano y fiel ministro y consiervo en el Señor,

8 a quien he enviado a vosotros para esto mismo, para que conozca lo que a vosotros se refiere, y conforte vuestros corazones,

9 con Onésimo, el amado y fiel hermano, que es uno de vosotros. Todo lo que acá pasa, os lo harán saber.

10 Aristarco, mi compañero de prisiones, os saluda, y Marcos el primo de Bernabé, acerca del cual habéis recibido instrucciones; si va a nosotros, recibidle;

11 y Jesús, llamado Justo; que son los únicos de la circuncisión que colaboran conmigo en el reino de Dios, y han sido para mí un consuelo.

12 Os saluda Epafras, el cual es uno de vosotros, siervo de Cristo, siempre esforzándose intensamente por vosotros en sus oraciones, para que estéis firmes, perfectos y completos en todo lo que Dios quiere.

13 Porque de él doy testimonio de que tiene gran solicitud por vosotros, y por los que están en Laodicea, y los que están en Hierápolis.

14 Os saluda Lucas el médico amado, y Demas.

15 Saludad a los hermanos que están en Laodicea, y a Ninfas y a la iglesia que está en su casa.

16 Cuando esta carta haya sido leída entre vosotros, haced que también se lea en la iglesia de los laodicenses, y que la de Laodicea la leáis también vosotros.

17 Decid a Arquipo: Considera el ministerio que recibiste en el Señor, para que lo cumplas.

18 La salutación es de mi propia mano, de Pablo. Acordaos de mis prisiones. La gracia sea con vosotros. Amén.

PRIMERA EPÍSTOLA DEL APÓSTOL SAN PABLO A LOS

TESALONICENSES

Saludo

1 Pablo, Silvano y Timoteo, a la iglesia de los tesalonicenses en Dios Padre y en el Señor Jesucristo: Gracia y paz sean a vosotros, de parte de Dios nuestro Padre y del Señor Jesucristo.

Fe y ejemplo de los tesalonicenses

2 Damos siempre gracias a Dios por todos vosotros, haciendo memoria de vosotros en nuestras oraciones,

3 acordándonos sin cesar delante del Dios y Padre nuestro de la obra de vuestra fe, del trabajo de vuestro amor y de vuestra constancia en la esperanza en nuestro Señor Jesucristo,

4 sabiendo, hermanos amados de Dios, vuestra elección;

5 pues nuestro evangelio no llegó a vosotros solamente en palabras, sino también en poder, en el Espíritu Santo y en plena certidumbre, como bien sabéis qué clase de personas fuimos entre vosotros por amor a vosotros.

6 Y vosotros vinisteis a ser imitadores de nosotros y del Señor, recibiendo la palabra

en medio de gran tribulación, con gozo del
Espíritu Santo.

7 de tal manera que habéis llegado a ser un
modelo para todos los de Macedonia y de
Acaya que son creyentes.

8 Porque partiendo de vosotros ha sido
divulgada la palabra del Señor, no sólo en
Macedonia y Acaya, sino que también en
todo lugar vuestra fe para con Dios se ha
extendido, de modo que nosotros no tenemos necesidad de hablar nada;

9 porque ellos mismos cuentan de nosotros
la manera en que nos recibisteis, y cómo os
convertisteis a Dios abandonando los ídolos, para servir al Dios vivo y verdadero,

10 y esperar de los cielos a su Hijo, al cual
resucitó de los muertos, a Jesús, quien nos
libra de la ira venidera.

Ministerio de Pablo en Tesalónica

2 Porque vosotros mismos sabéis, hermanos, que nuestra visita a vosotros no
resultó vana;

2 pues habiendo antes padecido y sido ul-
trajados en Filipos, como sabéis, tuvimos
denuedo en nuestro Dios para anunciaros el
evangelio de Dios en medio de gran
oposición.

3 Porque nuestra exhortación no procedió
de error ni de impureza, ni fue por engaño,

4 sino que según fuimos aprobados por
Dios para que se nos confiase el evangelio,
así hablamos; no como para agradar a los
hombres, sino a Dios, que prueba nuestros
corazones.

5 Porque nunca usamos de palabras lisonje-
ras, como sabéis, ni de pretexto para lucrar-
nos; Dios es testigo;

6 ni buscamos gloria de los hombres; ni de
vosotros, ni de otros, aunque podíamos
seros carga como apóstoles de Cristo;

7 sino que fuimos amables entre vosotros,
como la nodriza que cuida con ternura a sus
propios hijos.

8 Tan grande es nuestro afecto por vosotros, que hubiéramos querido entregaros no
sólo el evangelio de Dios, sino también
nuestras propias vidas; porque habéis llegado a sernos muy queridos.

9 Porque os acordáis, hermanos, de nuestro trabajo y fatiga; cómo trabajando de
noche y de día, para no ser gravosos a ninguno de vosotros, os predicamos el evangelio
de Dios.

10 Vosotros sois testigos, y Dios también,
de cuán santa, justa e irreprensiblemente
nos comportamos con vosotros los creyentes;

11 así como también sabéis de qué modo,
como el padre a sus hijos, exhortábamos
y consolábamos a cada uno de vosotros,

12 y os encargábamos que anduvieseis como es digno de Dios, que os llamó a su reino
y gloria.

13 Por lo cual también nosotros sin cesar
damos gracias a Dios, de que cuando recibisteis la palabra de Dios que oísteis de
nosotros, la recibisteis no como palabra de
hombres, sino según es en verdad, la palabra de Dios, la cual actúa en vosotros los
creyentes.

14 Porque vosotros, hermanos, vinisteis
a ser imitadores de las iglesias de Dios en
Cristo Jesús que están en Judea; pues habéis
padecido de manos de los de vuestra propia
nación las mismas cosas que ellas padecieron de manos de los judíos,

15 los cuales mataron al Señor Jesús y a sus
propios profetas, y a nosotros nos expulsaron; y no agradan a Dios, y se oponen
a todos los hombres,

16 impidiéndonos hablar a los gentiles para
que éstos sean salvos; así colman ellos siempre la medida de sus pecados, pues vino
sobre ellos la ira hasta el extremo.

Ausencia de Pablo

17 Pero nosotros, hermanos, separados de
vosotros por un poco de tiempo, de vista
pero no de corazón, tanto más procuramos
con mucho deseo ver vuestro rostro;

18 por lo cual quisimos ir a vosotros, yo
Pablo ciertamente una y otra vez; pero
Satanás nos estorbó.

19 Porque ¿cuál es nuestra esperanza, o gozo, o corona de que me gloríe? ¿No lo sois
vosotros, delante de nuestro Señor Jesucristo, en su venida?

20 Porque vosotros sois nuestra gloria
y gozo.

3 Por lo cual, no pudiendo soportarlo
más, tuvimos a bien quedarnos solos en
Atenas,

2 y enviamos a Timoteo nuestro hermano,
servidor de Dios y colaborador nuestro en el
evangelio de Cristo, para afianzaros y ex-
hortaros respecto a vuestra fe,

3 a fin de que nadie se inquiete por estas
tribulaciones; porque vosotros mismos sabéis que para esto estamos puestos.

4 Porque también cuando estábamos con
vosotros, os predecíamos que íbamos a pasar tribulaciones, como ha acontecido y
sabéis.

5 Por lo cual también yo, no pudiendo
soportar más, envié para informarme de
vuestra fe, no sea que os hubiese tentado el
tentador, y que nuestro trabajo resultase en
vano.

6 Pero ahora que Timoteo ha vuelto de
vosotros a nosotros, y nos ha traído buenas
noticias de vuestra fe y amor, y que siempre

nos recordáis con cariño, deseando vernos, como también nosotros a vosotros,

7 por ello, hermanos, en medio de toda nuestra necesidad y aflicción fuimos consolados respecto a vosotros por medio de vuestra fe;

8 porque ahora vivimos, si vosotros estáis firmes en el Señor.

9 Pues ¿qué acción de gracias podemos dar a Dios por vosotros, a cambio de todo el gozo con que nos gozamos a causa de vosotros delante de nuestro Dios,

10 orando de noche y de día con gran insistencia, para que veamos vuestro rostro, y completemos lo que falte a vuestra fe?

11 Mas el mismo Dios y Padre nuestro, y nuestro Señor Jesucristo, dirijan nuestro camino a vosotros.

12 Y el Señor os haga crecer y abundar en amor unos para con otros y para con todos, como también lo hacemos nosotros para con vosotros,

13 para afianzar vuestros corazones, irreprensibles en santidad delante de nuestro Dios y Padre, en la venida de nuestro Señor Jesucristo con todos sus santos.

Viviendo para agradar a Dios

4 Por lo demás, hermanos, os rogamos y exhortamos en el Señor Jesús, que de la manera que aprendisteis de nosotros cómo os conviene conduciros y agradar a Dios, así abundéis más y más.

2 Porque ya sabéis qué instrucciones os dimos por medio del Señor Jesús;

3 porque ésta es la voluntad de Dios: vuestra santificación; que os apartéis de fornicación;

4 que cada uno de vosotros sepa cómo poseer su propio vaso en santidad y honor;

5 no en pasión de concupiscencia, como los gentiles que no conocen a Dios;

6 que ninguno agravie ni defraude en este asunto a su hermano; porque el Señor es vengador de todo esto, como ya os hemos dicho antes y testificado solemnemente.

7 Pues no nos ha llamado Dios a inmundicia, sino a santificación.

8 Así que, el que desecha esto, no desecha a hombre, sino a Dios, que también nos dio su Espíritu Santo.

9 Pero acerca del amor fraternal no tenéis necesidad de que os escriba, porque vosotros mismos habéis aprendido de Dios que os améis unos a otros;

10 y también lo hacéis así con todos los hermanos que están por toda Macedonia. Pero os rogamos, hermanos, que abundéis en ello más y más;

11 y que os esforcéis afanosamente por tener tranquilidad, y ocuparos en vuestros propios asuntos, y trabajar con vuestras manos de la manera que os hemos mandado,

12 a fin de que os conduzcáis honradamente para con los de afuera, y no tengáis necesidad de nada.

La venida del Señor

13 Y no queremos, hermanos, que ignoréis acerca de los que duermen, para que no os entristezcáis como los demás que no tienen esperanza.

14 Porque si creemos que Jesús murió y resucitó, así también traerá Dios con Jesús a los que durmieron en él.

15 Por lo cual os decimos esto por palabra del Señor: que nosotros los que vivamos, los que hayamos quedado hasta la venida del Señor, no precederemos a los que durmieron.

16 Porque el Señor mismo con voz de mando, con voz de arcángel, y con trompeta de Dios, descenderá del cielo; y los muertos en Cristo resucitarán primero.

17 Luego nosotros los que vivamos, los que hayamos quedado, seremos arrebatados juntamente con ellos en las nubes para salir al encuentro del Señor en el aire, y así estaremos siempre con el Señor.

18 Por tanto, alentaos los unos a los otros con estas palabras.

5 Pero acerca de los tiempos y de las sazones, no tenéis necesidad, hermanos, de que yo os escriba.

2 Porque vosotros mismos sabéis perfectamente que el día del Señor vendrá del mismo modo que un ladrón en la noche.

3 Cuando estén diciendo: Paz y seguridad, entonces vendrá sobre ellos destrucción repentina, como los dolores a la mujer encinta, y no escaparán de ningún modo.

4 Mas vosotros, hermanos, no estáis en tinieblas, para que aquel día os sorprenda como un ladrón.

5 Porque todos vosotros sois hijos de la luz e hijos del día; no somos de la noche ni de las tinieblas.

6 Por tanto, no durmamos como los demás, sino velemos y seamos sobrios.

7 Pues los que duermen, de noche duermen, y los que se embriagan, de noche se embriagan.

8 Pero nosotros, que somos del día, seamos sobrios, habiéndonos vestido con la coraza de fe y amor, y con la esperanza de salvación como yelmo.

9 Porque no nos ha puesto Dios para ira, sino para alcanzar salvación por medio de nuestro Señor Jesucristo,

10 quien murió por nosotros para que, ya sea que velemos, o que durmamos, vivamos juntamente con él.

11 Por lo cual, animaos unos a otros, y edificaos unos a otros, así como lo hacéis.

Pablo exhorta a los creyentes

12 Os rogamos, hermanos, que reconozcáis a los que trabajan entre vosotros, y os presiden en el Señor, y os amonestan;
13 y que los tengáis en mucha estima con amor por causa de su obra. Tened paz entre vosotros.
14 También os rogamos, hermanos, que amonestéis a los ociosos, que alentéis a los de poco ánimo, que sostengáis a los débiles, que seáis pacientes para con todos.
15 Mirad que ninguno devuelva a otro mal por mal; antes seguid siempre lo bueno unos para con otros, y para con todos.
16 Estad siempre gozosos.
17 Orad sin cesar.
18 Dad gracias en todo, porque ésta es la voluntad de Dios para con vosotros en Cristo Jesús.
19 No apaguéis el Espíritu.
20 No menospreciéis las profecías.
21 Examinadlo todo; retened lo bueno.
22 Absteneos de toda especie de mal.
23 Y el mismo Dios de paz os santifique por completo; y todo vuestro ser, espíritu, alma y cuerpo, sea guardado irreprensible para la venida de nuestro Señor Jesucristo.
24 Fiel es el que os llama, el cual también lo hará.

Saludos y bendición final

25 Hermanos, orad por nosotros.
26 Saludad a todos los hermanos con beso santo.
27 Os conjuro por el Señor, que esta carta se lea a todos los santos hermanos.
28 La gracia de nuestro Señor Jesucristo sea con vosotros. Amén.

SEGUNDA EPÍSTOLA DEL APÓSTOL SAN PABLO A LOS
TESALONICENSES

Saludo

1 Pablo, Silvano y Timoteo, a la iglesia de los tesalonicenses en Dios nuestro Padre y en el Señor Jesucristo:
2 Gracia y paz a vosotros, de parte de Dios nuestro Padre y del Señor Jesucristo.

Dios juzgará a los pecadores en la venida de Cristo

3 Debemos siempre dar gracias a Dios por vosotros, hermanos, como es digno, por cuanto vuestra fe va creciendo, y el amor de todos y cada uno de vosotros abunda para con los demás;
4 tanto, que nosotros mismos nos gloriamos de vosotros en las iglesias de Dios, por vuestra paciencia y fe en todas vuestras persecuciones y tribulaciones que soportáis.
5 Esto es demostración del justo juicio de Dios, para que seáis tenidos por dignos del reino de Dios, por el cual asimismo padecéis.
6 Porque es justo delante de Dios pagar con tribulación a los que os atribulan,
7 y a vosotros que sois atribulados, daros reposo con nosotros, cuando sea revelado el Señor Jesús desde el cielo con los ángeles de su poder,
8 en llama de fuego, para dar retribución a los que no conocieron a Dios, ni obedecen al evangelio de nuestro Señor Jesucristo;
9 los cuales sufrirán pena de eterna perdición, excluidos de la presencia del Señor y de la gloria de su potencia,
10 cuando venga para ser glorificado en aquel día en sus santos y ser admirado en todos los que creyeron (por cuanto nuestro testimonio ha sido creído entre vosotros).
11 A este fin asimismo oramos siempre por vosotros, para que nuestro Dios os tenga por dignos de su llamamiento, y cumpla todo propósito de bondad y toda obra de fe con su poder,
12 para que el nombre de nuestro Señor Jesucristo sea glorificado en vosotros, y vosotros en él, por la gracia de nuestro Dios y Señor Jesucristo.

Manifestación del hombre de pecado

2 Pero con respecto a la venida de nuestro Señor Jesucristo, y nuestra reunión con él, os rogamos, hermanos,

2 que no os dejéis mover fácilmente de vuestro modo de pensar, ni os alarméis, ni por espíritu, ni por palabra, ni por carta como si fuera nuestra, en el sentido de que el día del Señor ha llegado.

3 Nadie os engañe en ninguna manera; porque no vendrá sin que antes venga la apostasía, y sea revelado el hombre de pecado, el hijo de perdición,

4 el cual se opone y se exalta sobre todo lo que se llama Dios o es objeto de culto; tanto que se sienta en el santuario de Dios como Dios, haciéndose pasar por Dios.

5 ¿No os acordáis que cuando yo estaba todavía con vosotros, os decía esto?

6 Y ahora vosotros sabéis lo que le detiene, a fin de que a su debido tiempo sea revelado.

7 Porque ya está en acción el misterio de la iniquidad; sólo que hay quien al presente lo detiene, hasta que él a su vez desaparezca de en medio.

8 Y entonces será revelado aquel inicuo, a quien el Señor matará con el espíritu de su boca, y lo reducirá a la impotencia con la manifestación de su venida;

9 inicuo cuyo advenimiento es por la actuación de Satanás, con todo poder y señales y prodigios mentirosos,

10 y con todo engaño de iniquidad para los que se pierden, por cuanto no recibieron el amor de la verdad para ser salvos.

11 Por esto Dios les envía un espíritu engañoso, para que crean la mentira,

12 a fin de que sean condenados todos los que no creyeron a la verdad, sino que se complacieron en la injusticia.

Escogidos para salvación

13 Pero nosotros debemos dar siempre gracias a Dios respecto a vosotros, hermanos amados por el Señor, de que Dios os haya escogido desde el principio para salvación, mediante la santificación por el Espíritu y la fe en la verdad,

14 a lo cual os llamó mediante nuestro evangelio, para alcanzar la gloria de nuestro Señor Jesucristo.

15 Así que, hermanos, estad firmes, y retened las enseñanzas que os han sido impartidas, ya sea de palabra, o por carta nuestra.

16 Y el mismo Jesucristo Señor nuestro, y Dios nuestro Padre, el cual nos amó y nos dio consolación eterna y buena esperanza por gracia,

17 conforte vuestros corazones, y los afiance en toda buena palabra y obra.

Petición de oración

3 Por lo demás, hermanos, orad por nosotros, para que la palabra del Señor corra y sea glorificada, así como lo fue entre vosotros,

2 y para que seamos librados de hombres perversos y malos; porque la fe no es de todos.

3 Pero fiel es el Señor, que os afianzará y guardará del mal.

4 Y tenemos confianza respecto a vosotros en el Señor, en que hacéis y haréis lo que os ordenamos.

5 Y el Señor encamine vuestros corazones al amor de Dios, y a la paciencia de Cristo.

El deber de trabajar

6 Pero os ordenamos, hermanos, en el nombre de nuestro Señor Jesucristo, que os apartéis de todo hermano que ande desordenadamente, y no según la enseñanza que recibisteis de nosotros.

7 Porque vosotros mismos sabéis de qué manera debéis imitarnos; pues nosotros no anduvimos desordenadamente entre vosotros,

8 ni comimos de balde el pan de nadie, sino que trabajamos con afán y fatiga día y noche, para no ser gravosos a ninguno de vosotros;

9 no porque no tengamos derecho, sino por daros nosotros mismos un ejemplo para que nos imitéis.

10 Porque también cuando estábamos con vosotros, os ordenábamos esto: Si alguno no quiere trabajar, tampoco coma.

11 Porque oímos que algunos de entre vosotros andan desordenadamente, no trabajando en nada, sino entremetiéndose en lo ajeno.

12 A los tales mandamos y exhortamos por nuestro Señor Jesucristo, que trabajando sosegadamente, coman su propio pan.

13 Y vosotros, hermanos, no os canséis de hacer el bien.

14 Y si alguno no obedece a lo que decimos por medio de esta carta, a ése señaladlo, y no os juntéis con él, para que se sienta avergonzado.

15 Mas no lo tengáis por enemigo, sino amonestadle como a hermano.

Saludo y bendición final

16 Y el mismo Señor de paz os dé siempre paz en toda circunstancia. El Señor sea con todos vosotros.

17 La salutación es de mi propia mano, de Pablo, que es la señal distintiva en toda carta mía; así escribo.

18 La gracia de nuestro Señor Jesucristo sea con todos vosotros. Amén.

PRIMERA EPÍSTOLA DEL APÓSTOL SAN PABLO A

TIMOTEO

Saludo

1 Pablo, apóstol de Jesucristo por mandato de Dios nuestro Salvador, y del Señor Jesucristo nuestra esperanza,

2 a Timoteo, verdadero hijo en la fe: Gracia, misericordia y paz, de Dios nuestro Padre y de Cristo Jesús nuestro Señor.

Advertencia contra doctrinas falsas

3 Como te rogué que te quedases en Éfeso, cuando me puse en camino para Macedonia, para que mandases a algunos que no enseñen diferente doctrina,

4 ni presten atención a fábulas y genealogías interminables, que acarrean disputas más bien que edificación de Dios que es por fe, así te encargo ahora.

5 El objetivo de este mandamiento es el amor nacido de corazón limpio, y de buena conciencia, y de fe no fingida,

6 de las cuales cosas desviándose algunos, han venido a caer en una vana palabrería,

7 queriendo ser doctores de la ley, sin entender ni lo que hablan ni lo que afirman categóricamente.

8 Pero sabemos que la ley es buena, si uno la usa legítimamente;

9 conociendo esto, que la ley no fue puesta para el justo, sino para los transgresores e insumisos, para los impíos y pecadores, para los irreverentes y profanos, para los parricidas y matricidas, para los homicidas,

10 para los fornicarios, para los sodomitas, para los secuestradores, para los mentirosos y perjuros, para cualquier otra cosa que se oponga a la sana enseñanza,

11 según el glorioso evangelio del Dios bendito, que me ha sido encomendado.

El ministerio de Pablo

12 Doy gracias al que me revistió de poder, a Cristo Jesús nuestro Señor, porque me tuvo por fiel, poniéndome en el ministerio,

13 habiendo yo sido antes blasfemo, perseguidor e injuriador; mas fui recibido a misericordia porque lo hice por ignorancia, en incredulidad,

14 y la gracia de nuestro Señor fue más abundante con la fe y el amor que es en Cristo Jesús.

15 Es palabra fiel y digna de toda aceptación: que Cristo Jesús vino al mundo para salvar a los pecadores, de los cuales yo soy el primero.

16 Pero por esto fui recibido a misericordia, para que Jesucristo mostrase en mí el primero toda su paciencia, para ejemplo de los que habrían de creer en él para vida eterna.

17 Por tanto, al Rey de los siglos, inmortal, invisible, al único y sabio Dios, sea honor y gloria por los siglos de los siglos. Amén.

18 Este mandamiento, hijo Timoteo, te encargo, para que conforme a las profecías que se hicieron antes en cuanto a ti, pelees por ellas la buena batalla,

19 manteniendo la fe y buena conciencia, desechando la cual naufragaron en cuanto a la fe algunos,

20 entre los que están Himeneo y Alejandro, a quienes entregué a Satanás para que aprendan a no blasfemar.

Instrucciones sobre la oración

2 Exhorto, pues, ante todo, a que se hagan rogativas, oraciones, peticiones y acciones de gracias, por todos los hombres;

2 por los reyes y por todos los que están en eminencia, para que podamos vivir una vida tranquila y apacible con toda piedad y dignidad.

3 Porque esto es bueno y agradable delante de Dios nuestro Salvador,

4 el cual quiere que todos los hombres sean salvos y vengan al conocimiento de la verdad.

5 Porque hay un solo Dios, y un solo mediador entre Dios y los hombres, Jesucristo hombre,

6 el cual se dio a sí mismo en rescate por todos, de lo cual se dio testimonio a su debido tiempo.

7 Para lo cual yo fui puesto como predicador y apóstol (digo verdad en Cristo, no miento), y maestro de los gentiles en fe y verdad.

8 Quiero, pues, que los hombres oren en todo lugar, levantando manos santas, sin ira ni contienda.

9 Asimismo que las mujeres se atavíen con ropa decorosa, con pudor y modestia; no con peinado ostentoso, ni oro, ni perlas, ni vestidos costosos,

10 sino con buenas obras, como corresponde a mujeres que profesan piedad.

11 La mujer aprenda en silencio, con toda sumisión.

12 Porque no permito a la mujer enseñar, ni ejercer dominio sobre el hombre, sino estar en silencio.

13 Porque Adán fue formado primero, después Eva;

14 y Adán no fue engañado, sino que la mujer, siendo engañada, incurrió en transgresión.

15 Pero se salvará engendrando hijos, si permanece en fe, amor y santificación, con modestia.

Requisitos de los obispos

3 Es palabra fiel: Si alguno anhela obispado, buena obra desea.

2 Es, pues, necesario que el obispo sea irreprensible, marido de una sola mujer, sobrio, prudente, ordenado, hospedador, apto para enseñar;

3 no dado al vino, no pendenciero, no codicioso de ganancias deshonestas, sino amable, apacible, no avaro;

4 que gobierne bien su casa, que tenga a sus hijos en sumisión con toda dignidad

5 (pues el que no sabe gobernar su propia casa, ¿cómo cuidará de la iglesia de Dios?);

6 no un neófito, no sea que envaneciéndose caiga en la condenación del diablo.

7 Y debe tener buen testimonio de los de afuera, para que no caiga en descrédito y en lazo del diablo.

Requisitos de los diáconos

8 Los diáconos asimismo deben ser personas respetables, sin doblez de palabra, no dados a mucho vino, no codiciosos de ganancias deshonestas;

9 que guarden el misterio de la fe con limpia conciencia.

10 Y éstos también sean sometidos a prueba primero, y entonces ejerzan el diaconado, si son irreprensibles.

11 Las mujeres asimismo sean dignas, no calumniadoras, sino sobrias, fieles en todo.

12 Los diáconos sean maridos de una sola mujer, y que gobiernen bien sus hijos y sus casas.

13 Porque los que han ejercido bien el diaconado, obtienen para sí una posición honrosa, y mucha confianza en la fe que es en Cristo Jesús.

El misterio de la piedad

14 Esto te escribo, aunque tengo la esperanza de ir pronto a verte,

15 para que si tardo, sepas cómo debes conducirte en la casa de Dios, que es la iglesia del Dios viviente, columna y baluarte de la verdad.

16 E indiscutiblemente, grande es el misterio de la piedad:
[Dios] fue manifestado en carne,
Justificado en el Espíritu,
Visto de los ángeles,
Predicado a los gentiles,
Creído en el mundo,
Recibido arriba en gloria.

Los falsos doctores

4 Pero el Espíritu dice claramente que en los últimos tiempos algunos apostatarán de la fe, escuchando a espíritus engañadores y a doctrinas de demonios,

2 que con hipocresía hablarán mentira, teniendo cauterizada la conciencia,

3 prohibirán casarse, y mandarán abstenerse de alimentos que Dios creó para que con acción de gracias participasen de ellos los creyentes y los que han conocido la verdad.

4 Porque todo lo que Dios creó es bueno, y nada se ha de desecharse, si se toma con acción de gracias;

5 porque es santificado mediante la palabra de Dios y la oración.

Un buen ministro de Jesucristo

6 Si sugieres esto a los hermanos, serás buen ministro de Jesucristo, nutriéndote con las palabras de la fe y de la buena doctrina que has seguido.

7 Desecha las fábulas profanas y propias de viejas. Ejercítate para la piedad;

8 porque el ejercicio corporal para poco es provechoso, pero la piedad para todo aprovecha, pues tiene promesa de esta vida presente, y de la venidera.

9 Palabra fiel es ésta, y digna de total aceptación.

10 Pues por esto mismo trabajamos y sufrimos oprobios, porque hemos puesto nuestra esperanza en el Dios viviente, que es el Salvador de todos los hombres, especialmente de los que creen.

11 Esto manda y enseña.

12 Que nadie menosprecie tu juventud, sino sé ejemplo de los creyentes en palabra, conducta, amor, espíritu, fe y pureza.

13 Entretanto que voy, ocúpate en la lectura, la exhortación y la enseñanza.

14 No descuides el don que hay en ti, que te fue dado mediante profecía con la imposición de las manos del presbiterio.

15 Ocúpate en estas cosas; permanece en ellas, para que tu aprovechamiento sea manifestado a todos.

16 Ten cuidado de ti mismo y de la enseñanza; persiste en ello, pues haciendo esto, te salvarás a ti mismo y a los que te escuchen.

Deberes hacia los demás

5 No reprendas al anciano, sino exhórtale como a padre; a los más jóvenes, como a hermanos;

2 a las ancianas, como a madres; a las jovencitas, como a hermanas, con toda pureza.

3 Honra a las viudas que en verdad lo son.

4 Pero si alguna viuda tiene hijos, o nietos, aprendan éstos primero a ser piadosos para con su propia familia, y a recompensar a sus padres; porque esto es lo bueno y agradable delante de Dios.

5 Mas la que en verdad es viuda y ha quedado sola, ha puesto su esperanza en Dios, y persevera en súplicas y oraciones noche y día.

6 Pero la que se entrega a los placeres, viviendo está muerta.

7 Manda también estas cosas, para que sean irreprensibles;

8 porque si alguno no provee para los suyos, y especialmente para los de su casa, ha negado la fe, y es peor que un incrédulo.

9 Sea puesta en la lista sólo la viuda no menor de sesenta años, que haya sido esposa de un solo marido,

10 que tenga testimonio de buenas obras; si ha criado hijos; si ha practicado la hospitalidad; si ha lavado los pies de los santos; si ha socorrido a los afligidos; si ha estado dedicada a toda buena obra.

11 Pero no admitas viudas más jóvenes; porque cuando, impulsadas por sus deseos, se rebelan contra Cristo, quieren casarse,

12 incurriendo así en condenación, por haber dejado a un lado su promesa anterior.

13 Y al mismo tiempo aprenden a ser ociosas, andando de casa en casa; y no solamente ociosas, sino también chismosas y entremetidas, hablando lo que no deben.

14 Quiero, pues, que las viudas jóvenes se casen, críen hijos, gobiernen su casa; que no den al adversario ningún pretexto para hablar mal.

15 Porque ya algunas se han apartado en pos de Satanás.

16 Si algún creyente o alguna creyente tiene viudas, que las mantenga, y no sea gravada la iglesia, a fin de que haya lo suficiente para las que en verdad son viudas.

17 Los ancianos que gobiernan bien, sean tenidos por dignos de doble honor, principalmente los que trabajan en predicar y enseñar.

18 Pues la Escritura dice: No pondrás bozal al buey que trilla; y: Digno es el obrero de su salario.

19 Contra un anciano no admitas acusación a no ser sobre la base de dos o tres testigos.

20 A los que persisten en pecar, repréndelos delante de todos, para que los demás tengan temor.

21 Te conjuro delante de Dios y del Señor Jesucristo, y de sus ángeles escogidos, que guardes estas cosas sin prejuicios, no haciendo nada con parcialidad.

22 No impongas con ligereza las manos a ninguno, ni participes en pecados ajenos. Consérvate puro.

23 Ya no bebas agua, sino usa de un poco de vino por causa de tu estómago y de tus frecuentes enfermedades.

24 Los pecados de algunos hombres se hacen patentes antes que ellos vengan a juicio, mas a otros se les descubren después.

25 Asimismo se hacen manifiestas las buenas obras; y las que son de otra manera, no pueden permanecer ocultas.

6 Todos los que están bajo el yugo como esclavos, tengan a sus propios amos por dignos de todo honor, para que no sea blasfemado el nombre de Dios y la doctrina.

2 Y los que tienen amos creyentes, no los tengan en menos por ser hermanos, sino sírvanles mejor, por cuanto son creyentes y amados los que se benefician de su buen servicio. Esto enseña y exhorta.

Contra la vanidad y la avaricia

3 Si alguno enseña otra cosa, y no se conforma a las sanas palabras, las de nuestro Señor Jesucristo, y a la doctrina que es conforme a la piedad,

4 está envanecido, nada entiende, y delira acerca de cuestiones y contiendas de palabras, de las cuales nacen envidias, pleitos, blasfemias, malas sospechas,

5 y constantes rencillas de hombres corruptos de entendimiento y privados de la verdad, que suponen que la piedad es una fuente de ganancia; apártate de los tales.

6 Pero gran fuente de ganancia es la piedad acompañada de contentamiento;

7 porque nada hemos traído a este mundo, y sin duda nada podremos sacar.

8 Así que, teniendo sustento y abrigo, estemos contentos con esto.

9 Porque los que quieren enriquecerse caen en tentación y lazo, y en muchas codicias necias y dañosas, que hunden a los hombres en ruina y perdición;

10 porque raíz de todos los males es el amor al dinero, el cual codiciando algunos, se extraviaron de la fe, y se traspasaron a sí mismos con muchos dolores.

La buena batalla de la fe

11 Mas tú, oh hombre de Dios, huye de estas cosas, y sigue la justicia, la piedad, la fe, el amor, la paciencia, la mansedumbre.
12 Pelea la buena batalla de la fe, echa mano de la vida eterna, a la cual asimismo fuiste llamado, y de la que hiciste buena profesión delante de muchos testigos.
13 Te mando delante de Dios, que da vida a todas las cosas, y de Jesucristo, que dio testimonio de la buena profesión delante de Poncio Pilato,
14 que guardes el mandamiento sin mácula ni reprensión, hasta la aparición de nuestro Señor Jesucristo,
15 la cual a su debido tiempo mostrará el bienaventurado y único Soberano, Rey de reyes, y Señor de los que gobiernan,
16 el único que posee inmortalidad, que habita en luz inaccesible; a quien ninguno de los hombres ha visto ni puede ver, al cual sea la honra y el dominio sempiterno. Amén.

17 A los ricos de este siglo manda que no sean altivos, ni pongan la esperanza en la incertidumbre de las riquezas, sino en el Dios vivo, que nos ofrece todas las cosas en abundancia para que las disfrutemos.
18 Que hagan el bien, que sean ricos en buenas obras, dadivosos, prontos a compartir;
19 atesorando para sí buen fundamento para lo por venir, que echen mano de la que realmente es vida eterna.

Encargo final de Pablo a Timoteo

20 Oh Timoteo, guarda lo que se te ha encomendado, evitando las profanas pláticas sobre cosas vanas, y los argumentos de la falsamente llamada ciencia,
21 la cual profesando algunos, se desviaron de la fe. La gracia sea contigo. Amén.

SEGUNDA EPÍSTOLA DEL APÓSTOL SAN PABLO A

TIMOTEO

Saludo

1 Pablo, apóstol de Jesucristo por la voluntad de Dios, según la promesa de la vida que es en Cristo Jesús,
2 a Timoteo, amado hijo: Gracia, misericordia y paz, de parte de Dios Padre y de Jesucristo nuestro Señor.

Fidelidad y dinamismo

3 Doy gracias a Dios, al cual sirvo desde mis mayores con limpia conciencia, de que sin cesar me acuerdo de ti en mis oraciones noche y día;
4 deseando verte, al acordarme de tus lágrimas, para llenarme de gozo;
5 trayendo a la memoria la fe no fingida que hay en ti, la cual habitó primero en tu abuela Loida, y en tu madre Eunice, y estoy seguro que en ti también.
6 Por lo cual te recuerdo que avives el fuego del don de Dios que está en ti por la imposición de mis manos.
7 Porque no nos ha dado Dios espíritu de cobardía, sino de poder, de amor y de cordura.

8 Por tanto, no te avergüences de dar testimonio de nuestro Señor, ni de mí, preso suyo, sino participa de las aflicciones por el evangelio según el poder de Dios,
9 quien nos salvó y llamó con llamamiento santo, no conforme a nuestras obras, sino según el propósito suyo y la gracia que nos fue dada en Cristo Jesús antes de los tiempos eternos,
10 pero que ahora ha sido manifestada mediante la aparición de nuestro Salvador Jesucristo, el cual abolió la muerte y sacó a luz la vida y la inmortalidad por medio del evangelio,
11 para el cual yo fui puesto como predicador, apóstol y maestro de los gentiles.
12 Por lo cual asimismo padezco esto; pero no me avergüenzo, porque yo sé a quién he creído, y estoy seguro de que es poderoso para guardar mi depósito para aquel día.
13 Retén el modelo de las sanas palabras que de mí oíste, en la fe y amor que es en Cristo Jesús.
14 Guarda el buen depósito mediante el Espíritu Santo que habita en nosotros.
15 Ya sabes esto, que me abandonaron

todos los que están en Asia, de los cuales son Figelo y Hermógenes.

16 Tenga el Señor misericordia de la casa de Onesíforo, porque muchas veces me confortó, y no se avergonzó de mis cadenas,

17 sino que cuando estuvo en Roma, me buscó solícitamente y me halló.

18 Concédale el Señor que halle misericordia cerca del Señor en aquel día. Y tú sabes muy bien los servicios que prestó en Éfeso.

El buen soldado de Jesucristo

2 Tú, pues, hijo mío, revístete de poder en la gracia que es en Cristo Jesús.

2 Y lo que has oído de mí ante muchos testigos, eso encarga a hombres fieles que serán idóneos para enseñar también a otros.

3 Tú, pues, sufre penalidades como buen soldado de Jesucristo.

4 Ninguno que está alistado como soldado se enreda en los negocios de la vida, a fin de agradar a aquel que lo tomó por soldado.

5 Y también el que lucha como atleta, no es coronado si no lucha de acuerdo con las normas.

6 El labrador que se esfuerza, debe ser el primero en participar de los frutos.

7 Considera lo que digo, y el Señor te dé entendimiento en todo.

8 Acuérdate de Jesucristo, del linaje de David, resucitado de los muertos conforme a mi evangelio,

9 en el cual sufro penalidades, hasta prisiones como un malhechor; mas la palabra de Dios no está presa.

10 Por tanto, todo lo soporto por amor a los escogidos, para que también ellos obtengan la salvación que es en Cristo Jesús con gloria eterna.

11 Palabra fiel es esta:
Que si somos muertos con él, también viviremos con él;

12 Si sufrimos, también reinaremos con él;
Si le negamos, él también nos negará.

13 Si somos fieles, él permanece fiel;
No puede negarse a sí mismo.

El obrero aprobado

14 Recuérdales esto, conjurándoles delante del Señor a que no contiendan sobre palabras, lo cual para nada aprovecha, sino que es para perdición de los oyentes.

15 Procura con diligencia presentarte a Dios aprobado, como obrero que no tiene de qué avergonzarse, que traza rectamente la palabra de verdad.

16 Mas evita profanas y vanas palabrerías, porque conducirán más y más a la impiedad.

17 Y su palabra se extenderá como gangrena; de los cuales son Himeneo y Fileto,

18 que se desviaron de la verdad, diciendo que la resurrección ya se efectuó, y trastornan la fe de algunos.

19 Sin embargo, el fundamento de Dios está firme, teniendo este sello: El Señor conoce a los que son suyos; y: Apártese de iniquidad todo aquel que invoca el nombre de Cristo.

20 Pero en una casa grande, no solamente hay utensilios de oro y de plata, sino también de madera y de barro; y unos son para usos honrosos, y otros para usos viles.

21 Así que, si alguno se limpia de estas cosas, será utensilio para honra, santificado, útil para el Dueño, y dispuesto para toda buena obra.

22 Huye también de las pasiones juveniles, y sigue la justicia, la fe, el amor y la paz, con los que de corazón limpio invocan al Señor.

23 Pero desecha las discusiones necias e insensatas, sabiendo que engendran altercados.

24 Porque el siervo del Señor no debe ser pendenciero, sino amable para con todos, apto para enseñar, sufrido;

25 que con mansedumbre corrija a los que se oponen, por si quizá Dios les conceda el arrepentimiento que conduce al pleno conocimiento de la verdad,

26 y vuelvan al buen sentido, escapando del lazo del diablo, que los tiene cautivos, para hacer su voluntad.

Carácter y conducta de los hombres en los últimos días

3 Y debes saber esto: que en los últimos días vendrán tiempos difíciles.

2 Porque habrá hombres amadores de sí mismos, avaros, vanagloriosos, soberbios, blasfemos, desobedientes a los padres, ingratos, impíos,

3 sin afecto natural, implacables, calumniadores, intemperantes, crueles, aborrecedores de lo bueno,

4 traidores, impetuosos, infatuados, amadores de los deleites más bien que de Dios,

5 que tendrán apariencia de piedad, pero negarán la eficacia de ella; a éstos también evita.

6 Porque de éstos son los que se meten en las casas y llevan cautivas a mujercillas cargadas de pecados, arrastradas por diversas concupiscencias.

7 Siempre están aprendiendo, y nunca pueden llegar al conocimiento pleno de la verdad.

8 Y de la manera que Janés y Jambrés resistieron a Moisés, así también éstos resisten a la verdad; hombres corruptos de entendimiento, descalificados en cuanto a la fe.

9 Mas no irán más adelante; porque su insensatez será manifiesta a todos, como también lo fue la de aquéllos.

10 Pero tú has seguido mi enseñanza, conducta, propósito, fe, longanimidad, amor, paciencia,

11 persecuciones, padecimientos, como los que me sobrevinieron en Antioquía, en Iconio, en Listra. ¡Qué persecuciones sufrí, y de todas me libró el Señor!

12 Y en verdad todos los que quieren vivir piadosamente en Cristo Jesús, padecerán persecución;

13 pero los hombres malos e impostores irán de mal en peor, engañando y siendo engañados.

14 Pero tú persiste en lo que has aprendido y de lo que te persuadiste, sabiendo de quién lo has aprendido;

15 y que desde la infancia sabes las Sagradas Escrituras, las cuales te pueden hacer sabio para salvación por medio de la fe que es en Cristo Jesús.

16 Toda Escritura es inspirada por Dios, y útil para enseñar, para redargüir, para corregir, para instruir en justicia,

17 a fin de que el hombre de Dios sea enteramente apto, bien pertrechado para toda buena obra.

Predica la palabra

4 Te encargo solemnemente delante de Dios y del Señor Jesucristo, que va a juzgar a los vivos y a los muertos por su manifestación y por su reino,

2 que prediques la palabra; que instes a tiempo y fuera de tiempo; redarguye, reprende, exhorta con toda paciencia y enseñanza.

3 Porque vendrá tiempo cuando no sufrirán la sana doctrina, sino que teniendo comezón de oír, acumularán para sí maestros conforme a sus propias concupiscencias,

4 y apartarán de la verdad el oído y se volverán a las fábulas.

5 Pero tú sé sobrio en todo, soporta las aflicciones, haz obra de evangelista, cumple tu ministerio.

6 Porque yo ya estoy siendo derramado, y el tiempo de mi partida es inminente.

7 He peleado la buena batalla, he acabado la carrera, he guardado la fe.

8 Por lo demás, me está guardada la corona de justicia, la cual me dará el Señor, el juez justo, en aquel día; y no sólo a mí, sino también a todos los que aman su venida.

Encargos personales

9 Procura venir pronto a verme,

10 porque Demas me ha desamparado, amando este mundo, y se ha ido a Tesalónica. Crescente fue a Galacia, y Tito a Dalmacia.

11 Sólo Lucas está conmigo. Toma a Marcos y tráele contigo, porque me es útil para el ministerio.

12 A Tíquico lo envié a Éfeso.

13 Trae, cuando vengas, el capote que dejé en Tróade en casa de Carpo, y los libros, especialmente los pergaminos.

14 Alejandro el calderero me ha causado muchos males; el Señor le retribuirá conforme a sus hechos.

15 Guárdate tú también de él, pues en gran manera se ha opuesto a nuestras palabras.

16 En mi primera defensa ninguno estuvo a mi lado, sino que todos me desampararon; no les sea tomado en cuenta.

17 Pero el Señor estuvo a mi lado, y me revistió de poder, para que por medio de mí fuese cumplida la predicación, y que todos los gentiles la oyesen. Y fui librado de la boca del león.

18 Y el Señor me librará de toda obra mala, y me preservará para su reino celestial. A él sea la gloria por los siglos de los siglos. Amén.

Saludos y bendición final

19 Saluda a Prisca y a Aquila, y a la casa de Onesíforo.

20 Erasto se quedó en Corinto, y a Trófimo lo dejé en Mileto enfermo.

21 Procura venir antes del invierno. Eubulo te saluda, y Pudente, Lino, Claudia y todos los hermanos.

22 El Señor Jesucristo esté con tu espíritu. La gracia sea con vosotros. Amén.

LA EPÍSTOLA DEL APÓSTOL SAN PABLO A

TITO

Saludo

1 Pablo, siervo de Dios y apóstol de Jesucristo, conforme a la fe de los escogidos de Dios y el conocimiento pleno de la verdad que es según la piedad,

2 a base de la esperanza en la vida eterna, la cual Dios, que no miente, prometió desde antes de los tiempos eternos.

3 y a su debido tiempo manifestó su palabra por la predicación que me fue encomendada conforme al mandato de Dios nuestro Salvador,

4 a Tito, verdadero hijo según la fe común: Gracia, misericordia y paz de parte de Dios Padre y del Señor Jesucristo nuestro Salvador.

Requisitos de ancianos y obispos

5 Por esta causa te dejé en Creta, para que acabases de poner en orden lo que faltaba, y constituyeses ancianos en cada ciudad, como yo te ordené;

6 el que sea irreprensible, marido de una sola mujer, y tenga hijos creyentes, que no estén acusados de disolución ni de rebeldía.

7 Porque el obispo debe ser irreprensible, como administrador de Dios; no arrogante, no iracundo, no dado al vino, no pendenciero, no codicioso de ganancias deshonestas,

8 sino hospedador, amante de lo bueno, sensato, justo, santo, dueño de sí mismo;

9 retenedor de la palabra fiel tal como ha sido enseñada, para que también pueda exhortar con sana doctrina y redargüir a los que contradicen.

10 Porque hay aún muchos rebeldes, habladores de vanidades y engañadores, especialmente los de la circuncisión,

11 a los cuales es preciso tapar la boca; que trastornan casas enteras, enseñando por ganancia deshonesta lo que no deben.

12 Uno de ellos, su propio profeta, dijo: Los cretenses son siempre mentirosos, malas bestias, glotones, ociosos.

13 Este testimonio es verdadero; por lo cual, repréndelos duramente, para que sean sanos en la fe,

14 no atendiendo a fábulas judaicas, ni a mandamientos de hombres que se apartan de la verdad.

15 Todas las cosas son puras para los puros, mas para los contaminados e incrédulos nada es puro; pues hasta su mente y su conciencia están contaminadas.

16 Profesan conocer a Dios, pero con los hechos lo niegan, siendo abominables y desobedientes, descalificados en cuanto a toda buena obra.

Enseñanza de la sana doctrina

2 Pero tú habla lo que está de acuerdo con la sana doctrina.

2 Que los ancianos sean sobrios, serios, sensatos, sanos en la fe, en el amor, en la paciencia.

3 Las ancianas asimismo sean reverentes en su porte; no calumniadoras, no esclavas del mucho vino, maestras del bien;

4 para que enseñen a las mujeres jóvenes a ser amantes de sus maridos y de sus hijos,

5 a ser sensatas, castas, cuidadosas de su casa, buenas, sujetas a sus maridos, para que la palabra de Dios no sea blasfemada.

6 Exhorta asimismo a los jóvenes a que sean sensatos;

7 presentándote tú en todo como modelo de buenas obras; en la enseñanza mostrando integridad, seriedad,

8 palabra sana e irreprochable, de modo que el adversario se avergüence, al no tener nada malo que decir de vosotros.

9 Exhorta a los siervos a que se sometan a sus amos en todo, a que les complazcan sin contradecir,

10 no sustrayéndoles, sino mostrándose fieles en todo, para que en todo adornen la doctrina de Dios nuestro Salvador.

11 Porque la gracia de Dios se ha manifestado para ofrecer salvación a todos los hombres,

12 enseñándonos que, renunciando a la impiedad y a los deseos mundanos, vivamos en este siglo sobria, justa y piadosamente,

13 aguardando la esperanza bienaventurada y la manifestación gloriosa de nuestro gran Dios y Salvador Jesucristo,

14 quien se dio a sí mismo por nosotros para redimirnos de toda iniquidad y purificar para sí un pueblo de su propiedad, celoso de buenas obras.

15 Esto habla, y exhorta y reprende con toda autoridad. Nadie te menosprecie.

La conducta cristiana

3 Recuérdales que se sometan a los gobernantes y a las autoridades, que obedezcan, que estén preparados para toda buena obra.

2 Que a nadie difamen, que no sean pendencieros, sino amables, mostrando toda mansedumbre para con todos los hombres.

3 Porque nosotros también éramos en otro tiempo insensatos, desobedientes, extraviados, esclavos de concupiscencias y deleites diversos, viviendo en malicia y envidia, aborrecibles, y aborreciéndonos unos a otros.

4 Pero cuando se manifestó la benignidad de Dios nuestro Salvador, y su amor para con los hombres,

5 nos salvó, no en virtud de obras de justicia que nosotros hubiéramos hecho, sino conforme a su misericordia, mediante el lavamiento de la regeneración y la renovación por el Espíritu Santo,

6 a quien derramó sobre nosotros abundantemente por medio de Jesucristo nuestro Salvador,

7 para que justificados por su gracia, viniésemos a ser herederos conforme a la esperanza de la vida eterna.

8 Palabra fiel es ésta, y en estas cosas quiero que insistas con firmeza, para que los que han creído a Dios, procuren ocuparse en buenas obras. Estas cosas son buenas y útiles a los hombres.

9 Pero evita las controversias necias, y genealogías, contiendas y disputas acerca de la ley; porque son sin provecho y vanas.

10 Al hombre que cause divisiones, después de una y otra amonestación deséchalo,

11 sabiendo que el tal se ha pervertido, y peca, habiéndose condenado a sí mismo.

Encargos personales

12 Cuando envíe a ti a Artemas o a Tíquico, apresúrate a venir a mí en Nicópolis, porque he determinado pasar el invierno allí.

13 A Zenas, el experto en la ley, y a Apolos, provéeles de todo lo necesario para el viaje, de modo que nada les falte.

14 Y aprendan también los nuestros a ocuparse en buenas obras, atendiendo las necesidades urgentes, para que no sean sin fruto.

Saludos y bendición final

15 Todos los que están conmigo te saludan. Saluda a los que nos aman en la fe. La gracia sea con todos vosotros. Amén.

LA EPÍSTOLA DEL APÓSTOL SAN PABLO A

FILEMÓN

Saludo

1 Pablo, prisionero de Jesucristo, y el hermano Timoteo, a Filemón, el amado hermano y colaborador nuestro,

2 y a la amada hermana Apia, y a Arquipo nuestro compañero de milicia, y a la iglesia que está en tu casa:

3 Gracia y paz a vosotros, de parte de Dios nuestro Padre y del Señor Jesucristo.

Reconocimiento del amor y la fe de Filemón

4 Doy gracias a mi Dios siempre, haciendo memoria de ti en mis oraciones,

5 porque oigo del amor y de la fe que tienes hacia el Señor Jesús, y para con todos los santos;

6 para que la participación de tu fe sea eficaz en el pleno conocimiento de todo el bien que hay en vosotros en orden a Cristo Jesús.

7 Pues tenemos gran gozo y consolación en tu amor, porque por medio de ti, oh hermano, han sido confortados los corazones de los santos.

Intercesión a favor de Onésimo

8 Por lo cual, aunque tengo mucha libertad en Cristo para mandarte lo que conviene,

9 más bien te ruego por amor, siendo como soy, Pablo ya anciano, y ahora, además, prisionero de Jesucristo;

10 te ruego en favor de mi hijo Onésimo, a quien engendré en mis prisiones,

11 el cual en otro tiempo te fue inútil, pero ahora a ti y a mí nos es útil,

12 el cual vuelvo a enviarte; tú, pues, recíbele como si fuera mi propio corazón.

13 Yo querría retenerle a mi lado, para que en lugar tuyo me sirviese en mis prisiones por el evangelio;

14 pero nada quise hacer sin tu consentimiento, para que tu buena acción no fuese como por obligación, sino por libre voluntad.

15 Porque quizá para esto se apartó de ti por algún tiempo, para que le recibieses para siempre;

16 no ya como esclavo, sino como más que esclavo, como hermano amado, especialmente para mí, pero cuánto más para ti, tanto en la carne como en el Señor.

17 Así que, si me tienes por compañero, recíbele como a mí mismo.

18 Y si en algo te perjudicó, o te debe, ponlo a mi cuenta.

19 Yo Pablo lo escribo de mi mano, yo lo pagaré; por no decirte que aun tú mismo te me debes a mí.

20 Sí, hermano, hazme este favor en el Señor; conforta mi corazón en el Señor.

21 Te he escrito confiado en tu obediencia, sabiendo que harás aun más de lo que te digo.

Recomendaciones y saludos

22 Y al mismo tiempo, prepárame alojamiento; porque espero que por medio de vuestras oraciones os seré concedido.

23 Te saludan Epafras, mi compañero de prisiones en Cristo Jesús,

24 Marcos, Aristarco, Demas y Lucas, mis colaboradores.

25 La gracia de nuestro Señor Jesucristo sea con vuestro espíritu. Amén.

LA EPÍSTOLA A LOS
HEBREOS

Cristo, plenitud de la revelación

1 Dios, habiendo hablado muchas veces y de muchas maneras en otro tiempo a los padres por los profetas,

2 en estos últimos días nos ha hablado en el Hijo, a quien designó heredero de todo, por medio del cual hizo también el universo;

3 el cual, siendo el resplandor de su gloria, y la fiel representación de su ser real, y el que sostiene todas las cosas con la palabra de su poder, habiendo efectuado la purificación de nuestros pecados por medio de sí mismo, se sentó a la diestra de la Majestad en las alturas,

4 hecho tanto superior a los ángeles, cuanto heredó más excelente nombre que ellos.

El Hijo, superior a los ángeles

5 Porque ¿a cuál de los ángeles dijo Dios jamás:
Mi hijo eres tú,
Yo te he engendrado hoy,
y otra vez:
Yo seré a él Padre,
Y él me será a mí hijo?

6 Y otra vez, cuando introduce al Primogénito en el mundo, dice:
Adórenle todos los ángeles de Dios.

7 Ciertamente de los ángeles dice:
El que hace a sus ángeles espíritus,
Y a sus ministros llama de fuego.

8 Mas del Hijo dice:

Tu trono, oh Dios, por el siglo del siglo;
Cetro de equidad es el cetro de tu reino.

9 Has amado la justicia, y aborrecido la maldad.
Por lo cual te ungió Dios, el Dios tuyo,
Con óleo de alegría más que a tus compañeros.

10 Y:
Tú, oh Señor, en el principio pusiste los fundamentos de la tierra,
Y los cielos son obra de tus manos.

11 Ellos perecerán, mas tú permaneces;
Y todos ellos se envejecerán como una vestidura,

12 Y como un manto los enrollarás,
y serán cambiados;
Pero tú eres el mismo,
Y tus años no se acabarán.

13 Y, ¿a cuál de los ángeles dijo Dios jamás:
Siéntate a mi diestra,
Hasta que ponga a tus enemigos por estrado de tus pies?

14 ¿No son todos espíritus ministradores, enviados para servicio a favor de los que van a heredar la salvación?

Una salvación tan grande

2 Por tanto, debemos prestar mucha mayor atención a las cosas que hemos oído, no sea que marchemos a la deriva.

2 Porque si la palabra dicha por medio de ángeles fue firme, y toda transgresión y desobediencia recibió justa retribución,

3 ¿cómo escaparemos nosotros, si descuidamos una salvación tan grande? La cual, habiendo comenzado a ser anunciada por medio del Señor, nos fue confirmada por los que oyeron,

4 testificando Dios juntamente con ellos, tanto con señales como con prodigios y diversos milagros y dones distribuidos por el Espíritu Santo según su voluntad.

El autor de la salvación

5 Porque no sometió a los ángeles el mundo venidero, acerca del cual estamos hablando;

6 pero alguien testificó en cierto lugar, diciendo:

¿Qué es el hombre, para que te acuerdes de él,

O el hijo del hombre, para que te preocupes de él?

7 Le hiciste un poco menor que a los ángeles,

Le coronaste de gloria y de honra,

Y le constituiste sobre las obras de tus manos;

8 Todo lo sometiste bajo sus pies.

Porque en cuanto le sometió todas las cosas, nada dejó que no esté sometido a él; pero ahora todavía no vemos que todas las cosas le estén sometidas.

9 Pero vemos a aquel que fue hecho un poco menor que los ángeles, a Jesús, coronado de gloria y de honra, a causa del padecimiento de la muerte, para que por la gracia de Dios experimentase la muerte en provecho de todos.

10 Porque era propio de aquel por cuya causa son todas las cosas, y mediante el cual todas las cosas subsisten, que en su designio de ir llevando muchos hijos a la gloria, perfeccionase por medio de padecimientos al autor de la salvación de ellos.

11 Porque el que santifica y los que son santificados, de uno son todos; por lo cual no se avergüenza de llamarlos hermanos,

12 diciendo:

Anunciaré a mis hermanos tu nombre,

En medio de la congregación te cantaré himnos.

13 Y otra vez:

Yo estaré confiado en él.

Y de nuevo:

He aquí, yo y los hijos que Dios me dio.

14 Así que, por cuanto los hijos han tenido en común una carne y una sangre, él también participó igualmente de lo mismo, para, por medio de la muerte, destruir el poder al que tenía el imperio de la muerte, esto es, al diablo,

15 y librar a todos los que por el temor de la muerte estaban durante toda la vida sujetos a servidumbre.

16 Porque ciertamente no viene en auxilio de los ángeles, sino que viene en auxilio de la descendencia de Abraham.

17 Por lo cual debía ser en todo semejante a sus hermanos, para venir a ser misericordioso y fiel sumo sacerdote en lo que a Dios se refiere, para hacer propiciación por los pecados del pueblo.

18 Pues en cuanto él mismo fue probado mediante el sufrimiento, es poderoso para venir en auxilio de los que son tentados.

Jesús es superior a Moisés

3 Por tanto, hermanos santos, participantes del llamamiento celestial, considerad al apóstol y sumo sacerdote de nuestra profesión, Cristo Jesús;

2 el cual es fiel al que le designó, como también lo fue Moisés en toda la casa de Dios.

3 Porque de tanta mayor gloria que Moisés es estimado digno éste, cuanto tiene mayor honra que la casa el que la construyó.

4 Porque toda casa es construida por alguno; pero el que construyó todas las cosas es Dios.

5 Y Moisés a la verdad fue fiel en toda la casa de Dios, como un criado, para testimonio de lo que había de anunciarse después;

6 pero Cristo como hijo sobre su casa, cuya casa somos nosotros, si retenemos firme hasta el fin la confianza y la gloria de nuestra esperanza.

Aviso contra la incredulidad

7 Por lo cual, como dice el Espíritu Santo:

Si oís hoy su voz,

8 No endurezcáis vuestros corazones,

Como en la provocación, como en el día de la tentación en el desierto,

9 Donde me tentaron vuestros padres; me probaron,

Y vieron mis obras durante cuarenta años.

10 A causa de lo cual me disgusté contra aquella generación,

Y dije: Siempre andan extraviados en su corazón,

Y no han conocido mis caminos.

11 Tal como juré en mi ira:

No entrarán en mi reposo.

12 Mirad, hermanos, que no haya en ninguno de vosotros un corazón malo de incredulidad para apartarse del Dios vivo;

13 antes exhortaos los unos a los otros cada día, entretanto que dura este Hoy; para que ninguno de vosotros se endurezca por el engaño del pecado.

14 Porque hemos llegado a ser participantes de Cristo, con tal que retengamos firme

hasta el fin el principio de nuestra seguridad,

15 entretanto que se dice:

Si oís hoy su voz,
No endurezcáis vuestros corazones,
como en la provocación.

16 Porque ¿quiénes fueron los que, habiendo oído, le provocaron? ¿No fueron todos los que salieron de Egipto por mano de Moisés?

17 ¿Y con quiénes estuvo él disgustado durante cuarenta años? ¿No fue con los que pecaron, cuyos cadáveres cayeron en el desierto?

18 ¿Y a quiénes juró que no entrarían en su reposo, sino a aquellos que desobedecieron?

19 Y vemos que no pudieron entrar a causa de su incredulidad.

4 Temamos, pues, no sea que permaneciendo aún la promesa de entrar en su reposo, alguno de vosotros parezca no haberlo alcanzado.

2 Porque también a nosotros se nos ha anunciado la buena nueva como a ellos; pero la palabra que oyeron no les aprovechó, por no ir acompañada de fe en los que la oyeron.

3 Pero los que hemos creído entramos en el reposo, tal como él ha dicho:

Como juré en mi ira,
No entrarán en mi reposo;

aunque las obras suyas estaban acabadas desde la fundación del mundo.

4 Porque en cierto lugar ha dicho así del séptimo día: Y reposó Dios de todas sus obras en el séptimo día.

5 Y otra vez en este pasaje: No entrarán en mi reposo.

6 Por lo tanto, puesto que falta que algunos entren en él, y aquellos a quienes primero se les anunció la buena nueva no entraron por causa de su desobediencia,

7 otra vez fija un día: Hoy, diciendo después de tanto tiempo, por medio de David, como está predicho:

Si oís hoy su voz,
No endurezcáis vuestros corazones.

8 Porque si Josué les hubiera dado el reposo, no hablaría de otro día después de esto.

9 Por tanto, queda un reposo para el pueblo de Dios.

10 Porque el que ha entrado en su reposo, también él mismo ha reposado de sus obras, como Dios de las suyas.

11 Procuremos, pues, entrar en aquel reposo, para que ninguno caiga, imitando este ejemplo de desobediencia.

12 Porque la palabra de Dios es viva y eficaz, y más cortante que toda espada de dos filos; y penetra hasta la división del alma y del espíritu, de las coyunturas y de los tuétanos, y discierne los pensamientos y las intenciones del corazón.

13 Y no hay cosa creada que esté oculta de su vista; antes bien todas las cosas están desnudas y descubiertas a los ojos de aquel a quien tenemos que dar cuenta.

Jesucristo el gran sumo sacerdote

14 Por tanto, teniendo un gran sumo sacerdote que pasó a través de los cielos, Jesús el Hijo de Dios, retengamos nuestra profesión.

15 Porque no tenemos un sumo sacerdote que no pueda compadecerse de nuestras debilidades, sino uno que ha sido tentado en todo según nuestra semejanza, pero sin pecado.

16 Acerquémonos, pues, confiadamente al trono de la gracia, para alcanzar misericordia y hallar gracia para el oportuno socorro.

5 Porque todo sumo sacerdote tomado de entre los hombres es constituido a favor de los hombres en lo que a Dios se refiere, para que presente ofrendas y sacrificios por los pecados;

2 pudiendo sentir compasión a nivel de los ignorantes y extraviados, puesto que él también está rodeado de debilidad;

3 y por causa de ella debe ofrecer por los pecados, tanto por sí mismo como también por el pueblo.

4 Y nadie toma para sí mismo este honor, sino el que es llamado por Dios, como lo fue Aarón.

5 Así tampoco Cristo se glorificó a sí mismo haciéndose sumo sacerdote, sino el que le habló así:

Tú eres mi Hijo,
Yo te he engendrado hoy.

6 Como también dice en otro lugar:

Tú eres sacerdote para siempre,
Según el orden de Melquisedec.

7 Y Cristo, en los días de su carne, habiendo ofrecido ruegos y súplicas con gran clamor y lágrimas al que le podía librar de la muerte, fue oído a causa de su piedad;

8 Y aunque era Hijo, aprendió la obediencia por lo que padeció;

9 y habiendo sido perfeccionado, vino a ser fuente de eterna salvación para todos los que le obedecen;

10 y fue proclamado públicamente por Dios como sumo sacerdote según el orden de Melquisedec.

Advertencia contra la apostasía

11 Acerca de lo cual tenemos mucho que decir, y difícil de explicar, puesto que os habéis hecho tardos para oír.

12 Porque debiendo ser ya maestros, después de tanto tiempo, otra vez tenéis necesidad de que se os enseñe cuáles son los

primeros rudimentos de las palabras de Dios; y habéis llegado a tener necesidad de leche, y no de alimento sólido.

13 Pues todo aquel que participa de la leche es inexperto en la palabra de justicia, porque es un niño;

14 pero el alimento sólido es para los que han alcanzado la madurez, para los que, por razón de la costumbre, tienen los sentidos ejercitados en el discernimiento del bien y del mal.

6 Por lo cual, dejando ya la enseñanza primaria acerca de Cristo, vayamos adelante hacia la madurez; no echando otra vez el fundamento del arrepentimiento de obras muertas, de la fe en Dios,

2 de la enseñanza de lavamientos, de la imposición de manos, de la resurrección de los muertos y del juicio eterno.

3 Y esto haremos, si Dios en verdad lo permite.

4 Porque es imposible que los que una vez fueron iluminados y gustaron del don celestial, y fueron hechos partícipes del Espíritu Santo,

5 y asimismo degustaron la buena palabra de Dios y los poderes del siglo venidero,

6 y recayeron, sean otra vez renovados para arrepentimiento, crucificando de nuevo para sí mismos al Hijo de Dios y exponiéndole a la pública ignominia.

7 Porque la tierra que bebe la lluvia que muchas veces viene sobre ella, y produce hierba provechosa a aquellos por los cuales es labrada, recibe bendición de parte de Dios;

8 pero la que produce espinos y abrojos es desechada, está próxima a ser maldecida, y termina por ser quemada.

9 Pero en cuanto a vosotros, oh amados, estamos persuadidos de cosas mejores, y que comportan salvación, aun cuando hablemos de esta manera.

10 Porque Dios no es injusto para olvidarse de vuestra obra y del trabajo de amor que habéis mostrado hacia su nombre, habiendo servido a los santos y sirviéndoles aún.

11 Pero deseamos que cada uno de vosotros muestre la misma solicitud hasta el fin, para plena certeza de la esperanza,

12 a fin de que no os hagáis perezosos, sino imitadores de aquellos que por la fe y la paciencia heredan las promesas.

13 Porque cuando Dios hizo la promesa a Abraham, no pudiendo jurar por otro mayor, juró por sí mismo,

14 diciendo: De cierto te bendeciré con abundancia y te multiplicaré grandemente.

15 Y habiendo esperado así con paciencia, alcanzó la promesa.

16 Porque los hombres ciertamente juran por uno mayor que ellos, y para ellos el juramento interpuesto para confirmación pone punto final a toda disputa.

17 Por lo cual, queriendo Dios mostrar más abundantemente a los herederos de la promesa la inmutabilidad de su designio, interpuso juramento;

18 para que por medio de dos cosas inmutables, en las cuales es imposible que Dios mienta, tengamos un fuerte consuelo los que nos hemos refugiado para asirnos de la esperanza puesta delante de nosotros.

19 La cual tenemos como segura y firme ancla del alma, y que penetra hasta dentro del velo,

20 donde Jesús entró por nosotros como precursor, hecho sumo sacerdote para siempre según el orden de Melquisedec.

El sacerdocio de Melquisedec

7 Porque este Melquisedec, rey de Salem, sacerdote del Dios Altísimo, que salió al encuentro de Abraham cuando éste volvía de la derrota de los reyes, y le bendijo,

2 a quien asimismo dio Abraham los diezmos de todo; cuyo nombre significa primeramente Rey de justicia, y también Rey de Salem, esto es, Rey de paz;

3 sin padre, sin madre, sin genealogía; que ni tiene principio de días, ni fin de vida, sino hecho semejante al Hijo de Dios, permanece sacerdote a perpetuidad.

4 Considerad, pues, cuán grande era éste, a quien aun Abraham el patriarca dio diezmos de lo mejor del botín.

5 Y en verdad los que de entre los hijos de Leví reciben el sacerdocio, tienen mandamiento de tomar del pueblo los diezmos según la ley, es decir, de sus hermanos, aunque éstos también hayan salido de los lomos de Abraham.

6 Pero aquel cuya genealogía no es contada de entre ellos, tomó de Abraham los diezmos, y bendijo al que tenía las promesas.

7 Y sin discusión alguna, el menor es bendecido por el mayor.

8 Y aquí ciertamente reciben los diezmos hombres mortales; pero allí, uno de quien se da testimonio de que vive.

9 Y por decirlo así, por medio de Abraham pagó el diezmo también Leví, que recibe los diezmos;

10 porque aún estaba en los lomos de su padre cuando Melquisedec le salió al encuentro.

11 Si, pues, la perfección fuera por medio del sacerdocio levítico (porque a base de él recibió el pueblo la ley), ¿qué necesidad habría aún de que se levantase otro sacerdote diferente, según el orden de Melquisedec, y que no fuese nombrado según el orden de Aarón?

12 Porque cambiado el sacerdocio, necesariamente ocurre también cambio de ley;

13 pues aquel de quien se dice esto, es de otra tribu, de la cual nadie se dedicó a oficiar en el altar.

14 Porque es manifiesto que nuestro Señor surgió de Judá, de cuya tribu nada habló Moisés tocante a sacerdotes.

15 Y esto es aún más manifiesto, si a semejanza de Melquisedec se levanta un sacerdote diferente,

16 que haya llegado a serlo no conforme a la ley de una prescripción carnal, sino según el poder de una vida indestructible.

17 Pues está atestiguado:
Tú eres sacerdote para siempre,
Según el orden de Melquisedec.

18 Pues, por un lado, queda abrogado el mandamiento anterior a causa de su debilidad e inutilidad

19 (pues la ley no llevó nada a la perfección), y por otro lado, se introduce una mejor esperanza, mediante la cual nos acercamos a Dios.

20 Y por cuanto no fue hecho sin juramento

21 (porque los otros ciertamente fueron hechos sacerdotes sin juramento; pero éste, con el juramento del que le dijo:
Juró el Señor, y no se arrepentirá:
Tú eres sacerdote para siempre,
Según el orden de Melquisedec),

22 tanto más ha llegado a ser Jesús fiador de un mejor pacto.

23 Y, además, los otros sacerdotes llegaron a ser muchos, debido a que la muerte les impedía continuar;

24 mas éste, por cuanto permanece para siempre, tiene un sacerdocio intransferible;

25 por lo cual puede también salvar completamente a los que por medio de él se acercan a Dios, viviendo siempre para interceder por ellos.

26 Porque tal sumo sacerdote nos convenía: santo, inocente, sin mancha, apartado de los pecadores, y encumbrado por encima de los cielos;

27 que no tiene necesidad cada día, como aquellos sumos sacerdotes, de ofrecer primero sacrificios por sus propios pecados, y luego por los del pueblo; porque esto lo hizo una vez para siempre, cuando se ofreció a sí mismo.

28 Porque la ley constituye sumos sacerdotes a débiles hombres; pero la palabra del juramento, posterior a la ley, al Hijo, hecho perfecto para siempre.

El nuevo sacerdocio y el nuevo santuario

8 Ahora bien, el resumen de lo que venimos diciendo es que tenemos tal sumo sacerdote, el cual se sentó a la diestra del trono de la Majestad en los cielos;

2 ministro del santuario, y del verdadero tabernáculo que erigió el Señor, y no el hombre.

3 Porque todo sumo sacerdote está constituido para presentar ofrendas y sacrificios; por lo cual es necesario que también éste tenga algo que ofrecer.

4 Así que, si estuviese sobre la tierra, ni siquiera sería sacerdote, habiendo aún sacerdotes que presentan las ofrendas según la ley;

5 los cuales sirven a lo que es figura y sombra de las cosas celestiales, como le fue advertido a Moisés cuando iba a erigir el tabernáculo, pues dice: Mira, haz todas las cosas conforme al modelo que se te ha mostrado en el monte.

6 Pero ahora ha obtenido un ministerio tanto mejor, cuanto es mediador de un mejor pacto, establecido sobre mejores promesas.

7 Porque si aquel primero hubiera sido sin defecto, no se hubiera procurado lugar para el segundo.

8 Porque reprendiéndolos dice:
Mirad que vienen días, dice el Señor,
En que concertaré con la casa de Israel y la casa de Judá un nuevo pacto;

9 No como el pacto que hice con sus padres
El día que los tomé de la mano para sacarlos de la tierra de Egipto;
Porque ellos no permanecieron en mi pacto,
Y yo me desentendí de ellos, dice el Señor.

10 Porque éste es el pacto que haré con la casa de Israel
Después de aquellos días, dice el Señor:
Pondré mis leyes en la mente de ellos,
Y las inscribiré sobre su corazón;
Y seré a ellos por Dios,
Y ellos me serán a mí por pueblo;

11 Y ninguno enseñará más a su prójimo,
Ni ninguno a su hermano, diciendo:
Conoce al Señor;
Porque todos me conocerán,
Desde el menor hasta el mayor de ellos.

12 Porque seré propicio a sus injusticias,
Y nunca más me acordaré de sus pecados y de sus iniquidades.

13 Al decir: Nuevo pacto, ha dado por anticuado al primero; y lo que se da por anticuado y se envejece, está próximo a desaparecer.

9 Ahora bien, aun el primer pacto tenía ordenanzas de culto y su santuario terrenal.

2 Porque fue preparada la parte anterior del tabernáculo, en la que estaban el candelabro, la mesa y los panes de la proposición; ésta se llama el Lugar Santo.

3 Tras el segundo velo, estaba la parte del tabernáculo llamada el Lugar Santísimo,

4 el cual tenía un incensario de oro y el arca del pacto cubierta de oro por todas partes, en la que estaba una urna de oro que contenía el maná, la vara de Aarón que retoñó, y las tablas del pacto;

5 y sobre ella los querubines de gloria que cubrían el propiciatorio; de las cuales cosas no es ahora el momento de hablar en detalle.

6 Y así preparadas estas cosas, en la primera parte del tabernáculo entran los sacerdotes continuamente para cumplir los oficios del culto;

7 pero en la segunda parte, sólo el sumo sacerdote una vez al año, no sin sangre, la cual ofrece por sí mismo y por los pecados de ignorancia del pueblo;

8 dando el Espíritu Santo a entender con esto que aún no se había manifestado el camino al santuario, mientras el primer tabernáculo estuviese en pie.

9 Lo cual es un símbolo para el tiempo presente, según el cual se presentan ofrendas y sacrificios que no pueden hacer perfecto, en cuanto a la conciencia, al que practica ese culto,

10 ya que consiste sólo en comidas y bebidas, en diversas abluciones, y en prescripciones carnales, impuestas hasta el tiempo de reformar las cosas.

11 Pero estando ya presente Cristo, como sumo sacerdote de los bienes venideros, *entró* por *otro* más amplio y más perfecto tabernáculo, no hecho de manos, es decir, no de esta creación,

12 y no por medio de la sangre de machos cabríos ni de becerros, sino por medio de su propia sangre, entró una vez para siempre en el santuario, habiendo obtenido eterna redención.

13 Porque si la sangre de los toros y de los machos cabríos, y las cenizas de la becerra rociadas a los contaminados, santifican para la purificación de la carne,

14 ¿cuánto más la sangre de Cristo, el cual mediante el Espíritu eterno se ofreció a sí mismo sin mancha a Dios, purificará vuestras conciencias de obras muertas para que sirváis al Dios vivo?

15 Y por eso es mediador de un nuevo pacto, para que interviniendo muerte para redención de las transgresiones que había durante el primer pacto, los llamados reciban la promesa de la herencia eterna.

16 Porque donde hay testamento, es necesario que ocurra la muerte del testador.

17 Porque un testamento es firme en caso de muerte; pues no tiene vigencia entretanto que el testador vive.

18 De donde ni aun el primer pacto fue inaugurado sin sangre.

19 Porque habiendo anunciado Moisés todos los mandamientos de la ley a todo el pueblo, tomó la sangre de los becerros y de los machos cabríos, con agua, lana escarlata e hisopo, y roció el libro mismo y también a todo el pueblo,

20 diciendo: Ésta es la sangre del pacto que Dios ha ordenado para vosotros.

21 Y de la misma manera roció con la sangre tanto el tabernáculo como todos los vasos del ministerio.

22 Y casi todo es purificado, según la ley, con sangre; y sin derramamiento de sangre, no hay perdón de pecados.

El sacrificio de Cristo quita el pecado

23 Fue, pues, necesario que las figuras de las cosas celestiales fuesen purificadas así; pero las cosas celestiales mismas, con mejores sacrificios que éstos.

24 Porque no entró Cristo en un santuario hecho de mano, figura del verdadero, sino en el cielo mismo para presentarse ahora por nosotros en la presencia de Dios;

25 ni tampoco para ofrecerse muchas veces, como entra el sumo sacerdote en el santuario cada año con sangre ajena;

26 de otra manera le hubiera sido necesario padecer muchas veces desde la fundación del mundo; pero ahora, en la consumación de los siglos, ha sido manifestado una vez para siempre por el sacrificio de sí mismo para quitar de en medio el pecado.

27 Y de la misma manera que está reservado a los hombres el morir una sola vez, y después de esto el juicio,

28 así también Cristo fue ofrecido una sola vez para llevar los pecados de muchos; y aparecerá por segunda vez, sin relación con el pecado, a los que le esperan ansiosamente para salvación.

10 Porque la ley, teniendo la sombra de los bienes venideros, no la representación misma de las cosas, nunca puede, por los mismos sacrificios que se ofrecen continuamente cada año, hacer perfectos a los que se acercan.

2 De otra manera cesarían de ofrecerse, pues los que tributan este culto, limpios de una vez, no tendrían ya ninguna conciencia de pecado.

3 Pero en estos sacrificios cada año se hace memoria de los pecados;

4 porque la sangre de los toros y de los machos cabríos no puede quitar los pecados.

5 Por lo cual, entrando en el mundo dice:
Sacrificio y ofrenda no quisiste;
Pero me preparaste un cuerpo.

6   En holocaustos y expiaciones por el
pecado no te complaciste.

7   Entonces dije: He aquí que vengo, oh
Dios, para hacer tu voluntad,

Como está escrito de mí en el rollo del libro.

8 Diciendo más arriba: Sacrificio y ofrenda, holocausto y expiaciones por el pecado no quisiste, ni en ellos te complaciste (las cuales cosas se ofrecen según la ley),

9 he dicho luego: He aquí que vengo, oh Dios, para hacer tu voluntad; quita lo primero, para establecer lo segundo.

10 En la cual voluntad hemos sido santificados mediante la ofrenda del cuerpo de Jesucristo hecha una vez para siempre.

11 Y en verdad todo sacerdote está día tras día ministrando y ofreciendo muchas veces los mismos sacrificios, que nunca pueden quitar los pecados;

12 pero Cristo, habiendo ofrecido un solo sacrificio por los pecados, para siempre se ha sentado a la diestra de Dios,

13 esperando de ahí en adelante hasta que sus enemigos sean puestos por estrado de sus pies;

14 porque con una sola ofrenda ha hecho perfectos para siempre a los que son santificados.

15 Y nos da testimonio también el Espíritu Santo; porque después de haber dicho:

16 Este es el pacto que haré con ellos
Después de aquellos días, dice el Señor:
Pondré mis leyes en sus corazones,
Y las inscribiré en sus mentes,

17 añade:
Y nunca más me acordaré de sus pecados e iniquidades.

18 Pues donde hay perdón de estas cosas, ya no hay ofrenda por el pecado.

19 Así que, hermanos, teniendo entera libertad para entrar en el Lugar Santo por la sangre de Jesucristo,

20 por el camino nuevo y vivo que él abrió para nosotros a través del velo, esto es, de su carne,

21 y teniendo un gran sacerdote sobre la casa de Dios,

22 acerquémonos con corazón sincero, en plena certidumbre de fe, teniendo los corazones purificados de mala conciencia, y los cuerpos lavados con agua pura.

23 Mantengamos firme, sin fluctuar, la profesión de nuestra esperanza, porque fiel es el que prometió.

24 Y considerémonos unos a otros para estimularnos al amor y a las buenas obras;

25 no dejando de congregarnos, como algunos tienen por costumbre, sino exhortándonos; y tanto más, cuanto que veis que aquel día se acerca.

Advertencia al que continúa pecando deliberadamente

26 Porque si continuamos pecando voluntariamente después de haber recibido el conocimiento de la verdad, ya no queda más sacrificio por los pecados,

27 sino una horrenda expectación de juicio, y un fuego airado, que está a punto de consumir a los adversarios.

28 El que viola la ley de Moisés, por el testimonio de dos o de tres testigos muere sin compasión.

29 ¿Cuánto mayor castigo pensáis que merecerá el que haya hollado al Hijo de Dios, y haya tenido por inmunda la sangre del pacto en la cual fue santificado, y haya ultrajado al Espíritu de gracia?

30 Pues conocemos al que dijo: Mía es la venganza, yo daré el pago, dice el Señor. Y otra vez: El Señor juzgará a su pueblo.

31 ¡Horrenda cosa es caer en manos del Dios vivo!

32 Pero traed a la memoria los días pasados, en los cuales, después de haber sido iluminados, sostuvisteis gran combate de padecimientos;

33 por una parte, siendo expuestos públicamente a ultrajes y aflicciones; por otra, siendo compañeros de los que estaban en una situación semejante.

34 Porque también os compadecisteis de los presos, y sufristeis con gozo el despojo de vuestros bienes, sabiendo que tenéis para vosotros una mejor y perdurable posesión en los cielos.

35 No perdáis, pues, vuestra confianza, que tiene gran galardón;

36 porque tenéis necesidad de paciencia, para que habiendo hecho la voluntad de Dios, obtengáis la promesa.

37 Porque aún un poquito,
Y el que ha de venir vendrá, y no tardará.

38 Mas el justo vivirá por fe;
Y si retrocede, mi alma no se complace en él.

39 Pero nosotros no somos de los que retroceden para destrucción, sino de los que tienen fe para preservación del alma.

Los héroes de la fe

11 Ahora bien, la fe es la firme seguridad de las realidades que se esperan, la prueba convincente de lo que no se ve.

2 Porque por ella alcanzaron buen testimonio los antiguos.

3 Por la fe entendemos que el universo fue enteramente organizado por la palabra de Dios, de modo que lo que se ve fue hecho de cosas no visibles.

4 Por la fe, Abel ofreció a Dios más excelente sacrificio que Caín, por lo cual alcanzó testimonio de que era justo, dando Dios testimonio sobre sus ofrendas; y muerto, aún habla por ella.

5 Por la fe, Enoc fue trasladado para no ver muerte, y no fue hallado, porque lo trasladó Dios; y antes que fuese trasladado, tuvo testimonio de haber agradado a Dios.

6 Y sin fe es imposible agradar a Dios; porque es necesario que el que se acerca a Dios crea que le hay, y que es galardonador de los que le buscan.

7 Por la fe, Noé, cuando fue advertido por Dios acerca de cosas que aún no se veían, con reverencia preparó un arca para salvación de su casa; y por esa fe condenó al mundo, y fue hecho heredero de la justicia que es según la fe.

8 Por la fe, Abraham, siendo llamado, obedeció para salir al lugar que había de recibir como herencia; y salió sin saber adónde iba.

9 Por la fe, habitó como extranjero en la tierra prometida como en tierra ajena, morando en tiendas con Isaac y Jacob, coherederos de la misma promesa;

10 porque esperaba la ciudad que tiene fundamentos, cuyo artífice y constructor es Dios.

11 Por la fe, también la misma Sara, siendo estéril, recibió poder para concebir; y dio a luz aun fuera del tiempo de la edad, porque creyó que era fiel quien le había prometido.

12 Por lo cual también, de uno, y ése ya muerto en cuanto a esto, salió una descendencia como las estrellas del cielo en multitud, y como la arena innumerable que está a la orilla del mar.

13 Conforme a la fe murieron todos éstos sin haber recibido lo prometido, sino mirándolo de lejos, y creyéndolo, y saludándolo, y confesando que eran extranjeros y peregrinos sobre la tierra.

14 Porque los que esto dicen, claramente dan a entender que buscan una patria;

15 pues si hubiesen estado recordándose de aquella de donde salieron, ciertamente tenían tiempo de volver.

16 Pero aspiran a una mejor, esto es, celestial; por lo cual Dios no se avergüenza de llamarse Dios de ellos; porque les ha preparado una ciudad.

17 Por la fe, Abraham, cuando fue probado, ofreció a Isaac; y el que había recibido las promesas, ofrecía a su unigénito,

18 habiéndosele dicho: En Isaac te será llamada descendencia;

19 considerando que Dios es poderoso para levantar aun de entre los muertos, de donde, en sentido figurado, también le volvió a recibir.

20 Por la fe, bendijo Isaac a Jacob y a Esaú respecto a cosas venideras.

21 Por la fe, Jacob, al morir, bendijo a cada uno de los hijos de José, y adoró apoyado sobre el extremo de su bordón.

22 Por la fe, José, al morir, mencionó la salida de los hijos de Israel, y dio órdenes acerca de sus huesos.

23 Por la fe, Moisés, cuando nació, fue escondido por sus padres durante tres meses, porque vieron que el niño era hermoso, y no temieron el decreto del rey.

24 Por la fe, Moisés, hecho ya grande, rehusó llamarse hijo de la hija de Faraón,

25 escogiendo antes ser maltratado con el pueblo de Dios, que gozar de los deleites temporales del pecado,

26 teniendo por mayores riquezas el vituperio de Cristo que los tesoros de los egipcios; porque tenía puesta la mirada en el galardón.

27 Por la fe abandonó Egipto, no temiendo la cólera del rey; porque se mantuvo firme, como viendo al Invisible.

28 Por la fe, celebró la pascua y la aspersión de la sangre, para que el exterminador de los primogénitos no los tocase a ellos.

29 Por la fe, pasaron por el Mar Rojo como por tierra seca; e intentando los egipcios hacer lo mismo, fueron ahogados.

30 Por la fe, cayeron los muros de Jericó después de ser rodeados durante siete días.

31 Por la fe, Rahab la ramera no pereció juntamente con los desobedientes, habiendo recibido a los espías en paz.

32 ¿Y qué más digo? Porque el tiempo me faltaría para contar de Gedeón, de Barac, de Sansón, de Jefté, de David, así como de Samuel y de los profetas;

33 que mediante la fe conquistaron reinos, hicieron justicia, alcanzaron promesas, taparon bocas de leones,

34 apagaron fuegos impetuosos, escaparon del filo de la espada, se revistieron de poder, siendo débiles, se hicieron fuertes en batallas, pusieron en fuga a ejércitos extranjeros.

35 Las mujeres recibieron sus muertos mediante resurrección; mas otros fueron torturados, no aceptando el rescate, a fin de obtener una mejor resurrección.

36 Otros experimentaron vituperios y azotes, y a más de esto prisiones y cárceles.

37 Fueron apedreados, aserrados, puestos a prueba, muertos a filo de espada; anduvieron de acá para allá cubiertos con pieles de ovejas y de cabras, menesterosos, atribulados, maltratados;

38 de los cuales el mundo no era digno; errando por los desiertos, por los montes, por las cuevas y por las cavernas de la tierra.

39 Y todos éstos, aunque alcanzaron buen testimonio mediante la fe, no recibieron lo prometido;

40 porque Dios había provisto para nosotros algo mejor, para que no fuesen ellos perfeccionados aparte de nosotros.

Puestos los ojos en Jesucristo

12 Por tanto, nosotros también, teniendo en derredor nuestro tan grande nube de testigos, despojémonos de todo peso y del pecado que nos asedia, y corramos con paciencia la carrera que tenemos por delante,

2 puestos los ojos en Jesús, el autor y consumador de la fe, el cual por el gozo puesto delante de él soportó la cruz, menospreciando el oprobio, y está sentado a la diestra del trono de Dios.

3 Considerad, pues, a aquel que ha soportado tal contradicción de pecadores contra sí mismo, para que no desfallezcáis faltos de ánimo.

4 Porque aún no habéis resistido hasta derramar sangre, combatiendo contra el pecado;

5 y habéis ya olvidado la exhortación que como a hijos se os dirige, diciendo:

Hijo mío, no menosprecies la disciplina del Señor,

Ni desmayes cuando eres reprendido por él;

6 Porque el Señor, al que ama, disciplina, Y azota a todo el que recibe por hijo.

7 Si soportáis la disciplina, Dios os trata como a hijos; porque ¿qué hijo es aquel a quien el padre no disciplina?

8 Pero si estáis sin disciplina, de la cual todos han sido participantes, entonces sois bastardos, y no hijos.

9 Además, tuvimos a nuestros padres terrenales que nos disciplinaban, y los respetábamos. ¿No nos someteremos mucho mejor al Padre de los espíritus, y viviremos?

10 Pues aquéllos nos disciplinaban por pocos días como a ellos les parecía, pero éste para lo que nos es provechoso, para que participemos de su santidad.

11 Es verdad que ninguna disciplina parece al presente ser causa de gozo, sino de tristeza; pero después da fruto apacible de justicia a los que han sido ejercitados por medio de ella.

Los que rechazan la gracia de Dios

12 Por lo cual, levantad las manos caídas y las rodillas paralizadas;

13 y haced sendas derechas para vuestros pies, para que lo cojo no se desvíe, sino que sea sanado.

14 Seguid la paz con todos, y la santidad, sin la cual nadie verá al Señor.

15 Mirad bien, no sea que alguno se rezague y no llegue a alcanzar la gracia de Dios; que brotando alguna raíz de amargura, os estorbe, y por ella muchos sean contaminados;

16 no sea que haya algún fornicario, o profano, como Esaú, que por una sola comida vendió su primogenitura.

17 Porque ya sabéis que aun después, deseando heredar la bendición, fue desechado, pues no halló oportunidad para el arrepentimiento, aunque la procuró con lágrimas.

18 Porque no os habéis acercado al monte que se podía palpar, y que ardía en fuego, a la oscuridad, a las tinieblas y a la tempestad,

19 al sonido de la trompeta, y a la voz que hablaba, tal que los que la oyeron suplicaron que no se les hablase más,

20 porque no podían soportar lo que se ordenaba: Si aun una bestia toca el monte, será apedreada, o traspasada con dardo;

21 y tan terrible era el espectáculo, que Moisés dijo: Estoy espantado y temblando;

22 sino que os habéis acercado al monte de Sión, a la ciudad del Dios vivo, la Jerusalén celestial, a la asamblea festiva de miríadas de ángeles,

23 a la congregación de los primogénitos que están inscritos en los cielos, a Dios el Juez de todos, a los espíritus de los justos hechos perfectos,

24 a Jesús el Mediador del nuevo pacto, y a la sangre rociada que habla mejor que la de Abel.

25 Mirad que no desechéis al que habla. Porque si no escaparon aquellos que desecharon al que los amonestaba en la tierra, mucho menos nosotros, si desechamos al que amonesta desde los cielos.

26 Cuya voz sacudió entonces la tierra, pero ahora ha prometido, diciendo: Aún una vez, y sacudiré no solamente la tierra, sino también el cielo.

27 Y esta frase: Aún una vez, indica la remoción de las cosas movibles, como cosas hechas, para que queden las inconmovibles.

28 Así que, recibiendo nosotros un reino inconmovible, tengamos gratitud, y mediante ella sirvamos a Dios agradándole con temor y reverencia;

29 porque nuestro Dios es un fuego consumidor.

Deberes cristianos

13 Permanezca el amor fraternal.

2 No os olvidéis de la hospitalidad, porque por ella algunos, sin saberlo, hospedaron ángeles.

3 Acordaos de los presos, como si estuvierais presos juntamente con ellos; y de los maltratados, como que también vosotros mismos estáis en el cuerpo.

4 Honroso sea en todos el matrimonio, y el lecho sin mancilla; pero a los fornicarios y a los adúlteros los juzgará Dios.

5 Sea vuestra manera de vivir sin avaricia, contentos con lo que tenéis ahora; porque él dijo: De ningún modo te desampararé, ni te dejaré;

6 de manera que podemos decir confiadamente:

El Señor es mi ayudador; no temeré
Lo que me pueda hacer el hombre.

7 Acordaos de vuestros pastores, que os hablaron la palabra de Dios; considerad cuál haya sido el resultado de su conducta, e imitad su fe.

8 Jesucristo es el mismo, ayer, y hoy, y por los siglos.

9 No os dejéis llevar de doctrinas diversas y extrañas; porque buena cosa es afianzar el corazón con la gracia, no con viandas, que nunca aprovecharon a los que se han ocupado de ellas.

10 Tenemos un altar, del cual no tienen derecho a comer los que sirven al tabernáculo.

11 Porque los cuerpos de aquellos animales cuya sangre es introducida en el santuario por el sumo sacerdote como ofrenda por el pecado, son quemados fuera del campamento.

12 Por lo cual también Jesús, para santificar al pueblo mediante su propia sangre, padeció fuera de la puerta.

13 Salgamos, pues, adonde él, fuera del campamento, llevando su vituperio;

14 porque no tenemos aquí una ciudad permanente, sino que buscamos la que está por venir.

15 Así que, ofrezcamos siempre a Dios, por medio de él, sacrificio de alabanza, es decir, fruto de labios que confiesan su nombre.

16 Y no os olvidéis de hacer el bien y de la ayuda mutua; porque de tales sacrificios se agrada Dios.

17 Obedeced a vuestros pastores, y someteos a ellos; porque ellos velan por vuestras almas, como quienes han de dar cuenta; para que lo hagan con alegría, y no quejándose, porque esto no os es provechoso.

18 Orad por nosotros; pues confiamos en que tenemos buena conciencia, deseando conducirnos bien en todo.

19 Y os ruego con más insistencia que lo hagáis así, para que yo os sea restituido más pronto.

Bendición y saludos finales

20 Y el Dios de paz que resucitó de los muertos a nuestro Señor Jesucristo, el gran pastor de las ovejas, en virtud de la sangre del pacto eterno,

21 os haga aptos en toda obra buena para que hagáis su voluntad, haciendo él en vosotros lo que es agradable delante de él por medio de Jesucristo; al cual sea la gloria por los siglos de los siglos. Amén.

22 Os ruego, hermanos, que soportéis estas palabras de exhortación, pues os he escrito brevemente.

23 Sabed que está en libertad nuestro hermano Timoteo, con el cual, si viene pronto, iré a veros.

24 Saludad a todos vuestros pastores, y a todos los santos. Los de Italia os saludan.

25 La gracia sea con todos vosotros. Amén.

LA EPÍSTOLA UNIVERSAL DE

SANTIAGO

Saludo

1 Santiago, siervo de Dios y del Señor Jesucristo, a las doce tribus que están en la dispersión: Saludos.

La sabiduría de lo alto

2 Hermanos míos, tened por sumo gozo cuando os halléis en diversas pruebas,

3 sabiendo que la prueba de vuestra fe produce paciencia.

4 Mas tenga la paciencia su obra completa, para que seáis perfectos y cabales, sin que os falte cosa alguna.

5 Y si alguno de vosotros tiene falta de sabiduría, que la pida a Dios, el cual da a todos abundantemente y sin reproche, y le será dada.

6 Pero pida con fe, no dudando nada; porque el que duda es semejante a la ola del mar, que es arrastrada por el viento y echada de una parte a otra.

7 No piense, pues, ese hombre, que recibirá cosa alguna del Señor.

8 El hombre de doble ánimo es inconstante en todos sus caminos.

9 El hermano que es de humilde condición, gloríese en su exaltación;

10 pero el que es rico, en su humillación;

porque él pasará como la flor de la hierba.
11 Porque cuando sale el sol con calor
abrasador, la hierba se seca, su flor se cae, y
perece su hermosa apariencia; así también
se marchitará el rico en todas sus empresas.

Pruebas y tentaciones

12 Dichoso el varón que soporta la tentación; porque cuando haya resistido la prueba, recibirá la corona de la vida, que el
Señor ha prometido a los que le aman.
13 Que nadie diga cuando es tentado: Estoy siendo tentado de parte de Dios; porque
Dios no puede ser tentado por el mal, ni él
tienta a nadie;
14 sino que cada uno es tentado, cuando es
atraído y seducido por su propia concupiscencia.
15 Entonces la concupiscencia, después
que ha concebido, da a luz el pecado; y
cuando el pecado es consumado, produce la
muerte.
16 Amados hermanos míos, no erréis.
17 Toda buena dádiva y todo don perfecto
viene de arriba; desciende de parte del
Padre de las luces, en el cual no hay fases ni
períodos de sombra.
18 Él, por designio de su voluntad, nos hizo
nacer por la palabra de la verdad, para que
fuésemos como primicias de sus criaturas.

Hacedores de la Palabra

19 Por esto, mis amados hermanos, todo
hombre sea pronto para oír; tardo para
hablar, tardo para airarse;
20 porque la ira del hombre no obra la
justicia de Dios.
21 Por lo cual, desechando toda inmundicia
y abundancia de malicia, recibid con mansedumbre la palabra implantada, la cual puede salvar vuestras almas.
22 Pero sed hacedores de la palabra, y no
tan solamente oidores, engañándoos a vosotros mismos.
23 Porque si alguno es oidor de la palabra
pero no hacedor de ella, éste es semejante al
hombre que considera en un espejo su rostro natural.
24 Porque él se considera a sí mismo, y se
va, y luego olvida cómo era.
25 Mas el que mira atentamente a la ley
perfecta, la de la libertad, y persevera en
ella, no siendo oidor olvidadizo, sino hacedor de la obra, éste será dichoso en lo que
hace.
26 Si alguno se cree religioso entre vosotros, y no refrena su lengua, sino que engaña
su corazón, la religión del tal es vana.
27 La religión pura e incontaminada delante de nuestro Dios y Padre es esta: Visitar a

los huérfanos y a las viudas en sus tribulaciones, y guardarse sin mancha del mundo.

El respeto debido a los pobres

2 Hermanos míos, que vuestra fe en nuestro glorioso Señor Jesucristo sea sin
acepción de personas.
2 Porque si en vuestra congregación entra
un hombre con anillo de oro y con ropa
espléndida, y también entra un pobre con
vestido andrajoso,
3 y prestáis especial atención al que trae la
ropa espléndida y le decís: Siéntate tú aquí
en buen lugar; y decís al pobre: Estate tú allí
en pie, o siéntate aquí bajo mi estrado;
4 ¿no hacéis distinciones entre vosotros
mismos, y venís a ser jueces con malos
pensamientos?
5 Hermanos míos amados, oíd: ¿No ha
elegido Dios a los pobres de este mundo,
para que sean ricos en fe y herederos del
reino que ha prometido a los que le aman?
6 Pero vosotros habéis afrentado al pobre.
¿No os oprimen los ricos, y no son ellos
mismos los que os arrastran a los tribunales?
7 ¿No blasfeman ellos el buen nombre que
fue invocado sobre vosotros?
8 Si en verdad cumplís la ley regia, conforme a la Escritura: Amarás a tu prójimo
como a ti mismo, bien hacéis;
9 pero si hacéis acepción de personas,
cometéis pecado, y quedáis convictos por la
ley como transgresores.
10 Porque cualquiera que guarda toda la
ley, pero ofende en un punto, se hace
culpable de todos.
11 Porque el que dijo: No cometerás adulterio, también dijo: No cometerás homicidio. Ahora bien, si no cometes adulterio,
pero cometes homicidio, ya te has hecho
transgresor de la ley.
12 Así hablad, y así haced, como los que
habéis de ser juzgados por la ley de la
libertad.
13 Porque el juicio será sin misericordia
para aquel que no haga misericordia; y la
misericordia triunfa sobre el juicio.

La fe sin obras es muerta

14 Hermanos míos, ¿de qué sirve que alguien diga que tiene fe, si no tiene obras?
¿Acaso podrá esa fe salvarle?
15 Y si un hermano o una hermana están
desnudos, y tienen necesidad del sustento
diario,
16 y alguno de vosotros les dice: Id en paz,
calentaos y saciaos, pero no les dais las cosas
que son necesarias para el cuerpo, ¿de qué
sirve?

17 Así también la fe, si no tiene obras, está muerta en sí misma.
18 Pero alguno dirá: Tú tienes fe, y yo tengo obras. Muéstrame tu fe sin tus obras, y yo te mostraré mi fe por mis obras.
19 Tú crees que Dios es uno; haces bien. También los demonios lo creen, y tiemblan.
20 ¿Mas quieres saber, hombre vano, que la fe sin obras es muerta?
21 ¿No fue justificado por las obras Abraham nuestro padre, cuando ofreció a su hijo Isaac sobre el altar?
22 Ya ves que la fe actuó juntamente con sus obras, y que la fe se perfeccionó en virtud de las obras.
23 Y se cumplió la Escritura que dice: Abraham creyó a Dios, y le fue contado para justicia, y fue llamado amigo de Dios.
24 Veis, pues, que el hombre es justificado por las obras, y no solamente por la fe.
25 Asimismo también Rahab la ramera, ¿no fue justificada por obras, cuando recibió a los mensajeros y los envió por otro camino?
26 Porque así como el cuerpo sin espíritu está muerto, así también la fe sin obras está muerta.

El poder de la lengua

3 Hermanos míos, no os hagáis maestros muchos de vosotros, sabiendo que recibiremos un juicio más severo.
2 Porque todos ofendemos en muchas cosas. Si alguno no ofende en palabra, éste es varón perfecto, capaz también de refrenar todo el cuerpo.
3 He aquí que ponemos freno en la boca de los caballos para que nos obedezcan, y dirigimos así todo su cuerpo.
4 Mirad también las naves; aunque son tan grandes, e impulsadas por fuertes vientos, son dirigidas con un timón muy pequeño por donde quiere el que las gobierna.
5 Así también la lengua es un miembro pequeño, pero se jacta de grandes cosas. ¡Mirad qué gran bosque se incendia con un pequeño fuego!
6 Y la lengua es un fuego, un mundo de iniquidad. La lengua está puesta entre nuestros miembros, y contamina todo el cuerpo, e inflama el curso de la existencia, siendo ella misma inflamada por el infierno.
7 Porque toda naturaleza de bestias, de aves, de serpientes, y de seres del mar, se doma y ha sido domada por la naturaleza humana;
8 pero ningún hombre puede domar la lengua, que es un mal que no puede ser refrenado, llena de veneno mortífero.
9 Con ella bendecimos a nuestro Señor y Padre, y con ella maldecimos a los hombres, que están hechos a semejanza de Dios.
10 De una misma boca proceden bendición y maldición. Hermanos míos, esto no debe ser así.
11 ¿Acaso alguna fuente echa por una misma abertura agua dulce y amarga?
12 Hermanos míos, ¿puede acaso la higuera producir aceitunas, o la vid higos? Así también ninguna fuente puede dar agua salada y dulce.

Dos clases de sabiduría

13 ¿Quién es sabio y entendido entre vosotros? Muestre por la buena conducta sus obras en sabia mansedumbre.
14 Pero si tenéis celos amargos y rivalidad en vuestro corazón, no os jactéis, ni mintáis contra la verdad;
15 porque esta sabiduría no es la que desciende de lo alto, sino terrenal, natural, diabólica.
16 Porque donde hay celos y rivalidad, allí hay perturbación y toda obra perversa.
17 Pero la sabiduría que es de lo alto es primeramente pura, después pacífica, condescendiente, benigna, llena de misericordia y de buenos frutos, sin incertidumbre ni hipocresía.
18 Y el fruto de justicia se siembra en paz para aquellos que hacen la paz.

Contra las discordias

4 ¿De dónde vienen las guerras y los pleitos entre vosotros? ¿No es de vuestras pasiones, las cuales combaten en vuestros miembros?
2 Codiciáis, y no tenéis; matáis y ardéis de envidia, y no podéis alcanzar; combatís y lucháis, pero no tenéis lo que deseáis, porque no pedís.
3 Pedís, y no recibís, porque pedís mal, para gastar en vuestros deleites.
4 ¡Oh almas adúlteras! ¿No sabéis que la amistad del mundo es enemistad contra Dios? Cualquiera, pues, que quiera ser amigo del mundo, se constituye enemigo de Dios.
5 ¿O pensáis que la Escritura dice en vano: El Espíritu que él ha hecho habitar en nosotros nos anhela celosamente?
6 Pero él da mayor gracia. Por lo cual dice: Dios resiste a los soberbios, y da gracia a los humildes.
7 Someteos, pues, a Dios; resistid al diablo, y huirá de vosotros.
8 Acercaos a Dios, y él se acercará a vosotros. Pecadores, limpiad las manos; y vosotros los de doble ánimo, purificad vuestros corazones.

9 Aflígíos, y lamentad, y llorad. Que vuestra risa se convierta en llanto, y vuestro gozo en tristeza.

10 Humillaos delante del Señor, y él os exaltará.

Juzgando al hermano

11 Hermanos, no habléis mal los unos de los otros. El que habla mal del hermano y juzga a su hermano, habla mal de la ley y juzga a la ley; pero si tú juzgas a la ley, no eres hacedor de la ley, sino juez.

12 Uno solo es dador de la ley, el que puede salvar y perder; pero tú, ¿quién eres para que juzgues al otro?

Incertidumbre de la vida

13 ¡Vamos ahora!, los que decís: Hoy y mañana iremos a tal ciudad, y estaremos allá un año, y traficaremos, y ganaremos;

14 cuando no sabéis lo que será el mañana. Porque ¿qué es vuestra vida? Ciertamente es un vapor que aparece por un poco de tiempo, y luego se desvanece.

15 En lugar de lo cual deberíais decir: Si el Señor quiere, viviremos y haremos esto o aquello.

16 Pero ahora os jactáis en vuestras fanfarronadas. Toda jactancia semejante es mala;

17 el pecado está, pues, en aquel que sabe hacer lo bueno y no lo hace.

Aviso a los ricos explotadores

5 ¡Vamos ahora, ricos! Llorad y aullad por las miserias que están a punto de sobreveniros.

2 Vuestras riquezas se han podrido, y vuestras ropas están comidas de polilla.

3 Vuestro oro y plata se han enmohecido; y su moho testificará contra vosotros, y devorará vuestras carnes como fuego. Habéis acumulado tesoros en los últimos días.

4 Mirad: el jornal de los obreros que han cosechado vuestras tierras, el cual ha sido retenido por vosotros, está clamando, y los clamores de los que trabajaron en la cosecha han entrado en los oídos del Señor de los ejércitos.

5 Habéis vivido en deleites sobre la tierra, y sido disolutos; habéis engordado vuestros corazones como en día de matanza.

6 Habéis condenado y dado muerte al justo, y él no os hace resistencia.

Exhortación a la paciencia y oración

7 Por tanto, hermanos, tened paciencia hasta la venida del Señor. Mirad cómo el labrador espera el precioso fruto de la tierra, aguardándolo con paciencia hasta que reciba la lluvia temprana y la tardía.

8 Tened también vosotros paciencia, y afianzad vuestros corazones; porque la venida del Señor está cerca.

9 Hermanos, no os quejéis unos contra otros, para que no seáis juzgados; mirad: el juez está ya a las puertas.

10 Hermanos míos, tomad como ejemplo de aflicción y de paciencia a los profetas que hablaron en nombre del Señor.

11 Ved cómo tenemos por dichosos a los que sufren. Habéis oído de la paciencia de Job, y habéis visto el fin del Señor, que el Señor es muy misericordioso y compasivo.

12 Pero sobre todo, hermanos míos, no juréis, ni por el cielo, ni por la tierra, ni con ningún otro juramento; sino que vuestro sí sea sí, y vuestro no sea no, para que no caigáis bajo juicio.

13 ¿Está alguno entre vosotros afligido? Haga oración. ¿Está alguno alegre? Cante alabanzas.

14 ¿Está enfermo alguno entre vosotros? Llame a los ancianos de la iglesia, y oren sobre él, ungiéndole con aceite en el nombre del Señor.

15 Y la oración de la fe salvará al enfermo, y el Señor lo levantará; y si ha cometido pecados, le serán perdonados.

16 Confesaos vuestras faltas unos a otros, y orad unos por otros, para que seáis sanados. La oración eficaz del justo tiene mucha fuerza.

17 Elías era hombre de sentimientos semejantes a los nuestros, y oró fervientemente para que no lloviese, y no llovió sobre la tierra durante tres años y seis meses.

18 Y otra vez oró, y el cielo dio lluvia, y la tierra produjo su fruto.

19 Hermanos, si alguno de entre vosotros se ha extraviado de la verdad, y alguien le hace volver,

20 sepa que el que haga volver al pecador del error de su camino, salvará de muerte un alma, y cubrirá una multitud de pecados.

PRIMERA EPÍSTOLA UNIVERSAL DE
SAN PEDRO APÓSTOL

Saludo

1 Pedro, apóstol de Jesucristo, a los que viven como extranjeros, esparcidos por el Ponto, Galacia, Capadocia, Asia y Bitinia,

2 elegidos según la presciencia de Dios Padre en santificación del Espíritu, para obedecer y ser rociados con la sangre de Jesucristo: Gracias y paz o sean multiplicadas.

La esperanza viva

3 Bendito sea el Dios y Padre de nuestro Señor Jesucristo, quien según su gran misericordia, nos hizo renacer para una esperanza viva, mediante la resurrección de Jesucristo de los muertos,

4 para una herencia incorruptible, incontaminada e inmarcesible, reservada en los cielos para vosotros,

5 que sois guardados por el poder de Dios mediante la fe, par alcanzar la salvación que está preparada para ser revelada en el último tiempo.

6 En lo cual vosotros os alegráis, aunque ahora por un poco de tiempo, si es necesario, seáis afligidos en diversas tentaciones,

7 para que la prueba de vuestra fe, mucho más preciosa que el oro, el cual perece, aunque se prueba con fuego, se halle que resulta en alabanza, gloria y honra en la revelación de Jesucristo,

8 a quien amáis sin haberle visto, en quien creyendo, aunque ahora no lo veáis, os alegráis con gozo inefable y glorioso;

9 obteniendo el objetivo de vuestra fe, que es la salvación de vuestras almas.

10 Acerca de esta salvación investigaron y averiguaron diligentemente los profetas que profetizaron acerca de la gracia destinada a vosotros,

11 escudriñando qué persona y qué tiempo indicaba el Espíritu de Cristo que estaba en ellos, el cual anunciaba de antemano los sufrimientos de Cristo, y las glorias que vendrían tras ellos.

12 A los cuales fue revelado que no administraban para sí mismos, sino para nosotros, las cosas que ahora os fueron anunciadas mediante los que os han predicado el evangelio por el Espíritu Santo enviado del cielo; cosas a las que anhelan mirar los ángeles.

Llamamiento a una vida santa

13 Por lo cual, estad preparados para la acción, sed sobrios, y esperad por completo en la gracia que se os traerá en la revelación de Jesucristo.

14 Como hijos obedientes, no os amoldéis a los deseos que antes teníais estando en vuestra ignorancia;

15 sino que así como aquel que os llamó es santo, sed también vosotros santos en toda vuestra manera de vivir;

16 pues escrito está: Sed santos, porque yo soy santo.

17 Y si invocáis por Padre a aquel que sin acepción de personas juzga según la obra de cada uno, conducíos en temor durante todo el tiempo de vuestra peregrinación;

18 sabiendo que fuisteis rescatados de vuestra vana manera de vivir, la cual os fue transmitida por vuestros padres, no con cosas corruptibles, como oro o plata,

19 sino con la sangre preciosa de Cristo, como de un cordero sin mancha y sin contaminación,

20 ya provisto desde antes de la fundación del mundo, pero manifestado al final de los tiempos por amor de vosotros,

21 que por medio de él creéis en Dios, quien le resucitó de los muertos y le ha dado gloria, de manera que vuestra fe y esperanza sean en Dios.

22 Habiendo purificado vuestras almas en la obediencia a la verdad, mediante el Espíritu, para un amor fraternal no fingido, amaos unos a otros entrañablemente, de corazón puro;

23 habiendo nacido de nuevo, no de simiente corruptible, sino de incorruptible, por medio de la palabra de Dios que vive y permanece para siempre.

24 Porque:
Toda carne es como hierba,
Y toda la gloria del hombre como flor de la hierba.
La hierba se seca, y la flor se cae;

25 Mas la palabra del Señor permanece para siempre.
Y ésta es la palabra que por el evangelio os ha sido anunciada.

2 Desechando, pues, toda malicia, todo engaño, hipocresías, envidias, y todas las detracciones,

2 desead, como niños recién nacidos, la leche espiritual no adulterada, para que por ella crezcáis para salvación,

3 si es que habéis gustado la benignidad del Señor.

La piedra viva

4 Acercándoos a él, piedra viva, desechada ciertamente por los hombres, mas ante Dios escogida y preciosa,

5 vosotros también, como piedras vivas, sed edificados como casa espiritual y sacerdocio santo, para ofrecer sacrificios espirituales aceptables a Dios por medio de Jesucristo.

6 Por lo cual también está contenido en la Escritura:

He aquí, pongo en Sión la principal piedra del ángulo, escogida, preciosa;
Y el que crea en él, no será avergonzado.

7 Para vosotros, pues, los que creéis, es de gran valor; pero para los que no creen,

La piedra que los edificadores desecharon,
Ha venido a ser la cabeza del ángulo;

8 y:

Piedra de tropiezo, y roca de escándalo, pues ellos tropiezan en la palabra, siendo desobedientes; a lo cual fueron también destinados.

El pueblo escogido

9 Mas vosotros sois linaje escogido, real sacerdocio, nación santa, pueblo adquirido para posesión de Dios, para que anunciéis las virtudes de aquel que os llamó de las tinieblas a su luz admirable;

10 los que en otro tiempo no erais pueblo, pero que ahora sois pueblo de Dios; que en otro tiempo no habíais alcanzado misericordia, pero ahora habéis alcanzado misericordia.

Conducta de los creyentes en el mundo

11 Amados, yo os ruego como a extranjeros y peregrinos que os abstengáis de los deseos carnales que batallan contra el alma,

12 manteniendo buena vuestra manera de vivir entre los gentiles; para que en lo que os calumnian como a malhechores, glorifiquen a Dios en el día de la visitación, al observar vuestras buenas obras.

13 Por causa del Señor, someteos a toda institución humana, ya sea al rey, como a superior,

14 ya a los gobernadores, como enviados por él para castigo de los malhechores y alabanza de los que hacen el bien.

15 Porque esta es la voluntad de Dios: que haciendo el bien, hagáis enmudecer la ignorancia de los hombres insensatos;

16 como libres, pero no como los que tienen la libertad como pretexto para encubrir la malicia, sino como siervos de Dios.

17 Honrad a todos. Amad la fraternidad. Temed a Dios. Honrad al rey.

18 Criados, estad sometidos con todo respeto a vuestros amos; no solamente a los buenos y afables, sino también a los difíciles de soportar.

19 Porque esto merece aprobación, si alguno a causa de la conciencia delante de Dios, soporta molestias padeciendo injustamente.

20 Pues ¿qué gloria es, si pecando sois abofeteados, y lo soportáis? Mas si haciendo lo bueno sufrís, y lo soportáis, esto ciertamente es aprobado delante de Dios.

21 Pues para esto fuisteis llamados; porque también Cristo padeció por vosotros, dejándoos ejemplo, para que sigáis sus pisadas;

22 el cual no hizo pecado, ni se halló ningún engaño en su boca;

23 quien cuando le maldecían, no respondía con maldición; cuando padecía, no amenazaba, sino que encomendaba la causa al que juzga justamente;

24 quien llevó él mismo nuestros pecados en su cuerpo sobre el madero, para que nosotros, muriendo a los pecados, vivamos para la justicia; y por cuya herida fuisteis sanados.

25 Porque erais como ovejas descarriadas, pero ahora os habéis vuelto al Pastor y Guardián de vuestras almas.

Deberes conyugales

3 Asimismo vosotras, mujeres, estad sometidas a vuestros maridos; para que aun si algunos desobedecen a la palabra, sean ganados sin palabra mediante la conducta de sus esposas,

2 teniendo a la vista vuestra conducta casta y respetuosa.

3 Vuestro atavío no sea el externo de peinados ostentosos, de adornos de oro o de vestidos lujosos,

4 sino el ser interior de la persona, en el incorruptible ornato de un espíritu manso y apacible, que es de gran valor delante de Dios.

5 Porque así también se ataviaban en otro tiempo aquellas santas mujeres que esperaban en Dios, estando sometidas a sus maridos;

6 como Sara obedecía a Abraham, llamándole señor; de la cual vosotras habéis venido a ser hijas, si hacéis el bien, sin temer ninguna amenaza.

7 Vosotros, maridos, igualmente, convivid con ellas con comprensión, tratando a la mujer como a vaso más frágil, y dándoles honor también como a coherederas de la gracia de la vida, para que vuestras oraciones no sean estorbadas.

Una buena conciencia

8 En conclusión, sed todos de un mismo sentir, compasivos, amándose fraternalmente, misericordiosos, amigables;

9 no devolviendo mal por mal, ni maldición por maldición, sino por el contrario, bendiciendo, sabiendo que fuisteis llamados con el fin de que heredaseis bendición.

10 Porque:
El que quiere amar la vida
Y ver días buenos,
Refrene su lengua del mal,
Y sus labios no hablen engaño;

11 Apártese del mal, y haga el bien;
Busque la paz, y sígala.

12 Porque los ojos del Señor están sobre los justos,
Y sus oídos atentos a sus oraciones;
Pero el rostro del Señor está contra aquellos que hacen el mal.

13 ¿Y quién es el que os podrá hacer daño, si vosotros tenéis celo por el bien?

14 Pero aun si padecéis por causa de la justicia, dichosos sois. Y no os amedrentéis por temor a ellos, ni os turbéis;

15 sino santificad a Dios el Señor en vuestros corazones, y estad siempre preparados para presentar defensa con mansedumbre y reverencia ante todo el que os demande razón de la esperanza que hay en vosotros;

16 teniendo buena conciencia, para que en lo que murmuran de vosotros como malhechores, sean avergonzados los que calumnian vuestra buena conducta en Cristo.

17 Porque mejor es que padezcáis haciendo el bien, si la voluntad de Dios así lo quiere, que haciendo el mal.

18 Porque también Cristo padeció una sola vez por los pecados, el justo por los injustos, para llevarnos a Dios, siendo a la verdad muerto en la carne, pero vivificado en espíritu;

19 en el cual también fue y predicó a los espíritus encarcelados,

20 los que en otro tiempo desobedecieron, cuando una vez esperaba la paciencia de Dios en los días de Noé, mientras se preparaba el arca, en la cual pocas personas, es decir, ocho, fueron salvadas a través del agua.

21 El bautismo que corresponde a esto ahora nos salva (no quitando las inmundicias de la carne, sino como respuesta de una buena conciencia hacia Dios) por la resurrección de Jesucristo,

22 quien habiendo subido al cielo está a la diestra de Dios; y a él están sometidos ángeles, autoridades y potestades.

Vivir para Dios

4 Por tanto, puesto que Cristo ha padecido por nosotros en la carne, vosotros también armaos del mismo pensamiento; pues quien ha padecido en la carne, ha roto con el pecado,

2 para no vivir el tiempo que resta en la carne, conforme a las concupiscencias de los hombres, sino conforme a la voluntad de Dios.

3 Basta ya el tiempo pasado para haber hecho lo que agrada a los gentiles, habiendo andado en lascivias, concupiscencias, embriagueces, orgías, excesos y abominables idolatrías.

4 En lo cual se extrañan de que vosotros no corráis con ellos hacia el mismo desenfreno de disolución, y os ultrajan;

5 pero ellos darán cuenta al que está preparado para juzgar a vivos y muertos.

6 Porque con este fin fue predicado el evangelio aun a los que están muertos, para que, juzgados en carne según los hombres, vivan en espíritu según Dios.

7 Mas el fin de todas las cosas se acerca; sed, pues, sensatos y manteneos sobrios para la oración.

8 Y, ante todo, tened entre vosotros ferviente amor; porque el amor cubrirá multitud de pecados.

9 Hospedaos los unos a los otros sin murmuraciones.

10 Cada uno según el don que ha recibido, minístrelo a los otros, como buenos administradores de la multiforme gracia de Dios.

11 Si alguno habla, que hable como si fuesen palabras de Dios; si alguno ministra, que lo haga en virtud de la fuerza que Dios suministra, para que en todo sea Dios glorificado mediante Jesucristo, a quien pertenecen la gloria y el dominio por los siglos de los siglos. Amén.

Padeciendo como cristianos

12 Amados, no os sorprendáis de la hoguera que ha prendido en medio de vosotros para probaros, como si os aconteciese alguna cosa extraña,

13 sino gozaos por cuanto sois participantes de los padecimientos de Cristo, para que también en la revelación de su gloria os gocéis con gran alegría.

14 Si sois vituperados por el nombre de Cristo, sois dichosos, porque el Espíritu de gloria y de Dios reposa sobre vosotros. Ciertamente, de parte de ellos, él es blasfemado, pero en cuanto a vosotros es glorificado.

15 Porque ninguno de vosotros tenga que padecer como homicida, o ladrón, o malhechor, o por entremeterse en lo ajeno;

16 pero si alguno padece como cristiano, no se avergüence, sino glorifique a Dios por ello.

17 Porque es tiempo de que el juicio comience por la casa de Dios; y si primero comienza por nosotros, ¿cuál será el fin de aquellos que desobedecen al evangelio de Dios?

18 Y:

Si el justo con dificultad se salva,
¿En dónde aparecerá el impío y el pecador?

19 De modo que los que padecen según la voluntad de Dios, encomienden sus almas al fiel Creador, haciendo el bien.

Apacentad la grey de Dios

5 Ruego a los ancianos que están entre vosotros, yo anciano también con ellos, y testigo de los padecimientos de Cristo, que soy también participante de la gloria que ha de ser revelada:

2 Pastoread la grey de Dios que está entre vosotros, cuidando de ella, no forzados, sino voluntariamente; no por ganancia deshonesta, sino con ánimo pronto;

3 ni como teniendo señorío sobre los que están a vuestro cuidado, sino siendo ejemplos de la grey.

4 Y cuando aparezca el Príncipe de los pastores, recibiréis la corona incorruptible de gloria.

5 Igualmente, los más jóvenes, estad sujetos a los más ancianos; y todos, sumisos unos a otros, revestíos de humildad; porque:

Dios resiste a los soberbios,
Y da gracia a los humildes.

6 Humillaos, pues, bajo la poderosa mano de Dios, para que él os exalte a su tiempo;

7 echando toda vuestra ansiedad sobre él, porque él tiene cuidado de vosotros.

8 Sed sobrios, y velad; porque vuestro adversario el diablo, como león rugiente, anda alrededor buscando a quien devorar;

9 al cual resistid firmes en la fe, sabiendo que los mismos padecimientos se van cumpliendo en vuestros hermanos en todo el mundo.

10 Mas el Dios de toda gracia, que nos llamó a su gloria eterna en Jesucristo, después que hayáis padecido un poco de tiempo, él mismo os perfeccione, afiance, fortalezca y establezca.

11 A él sea la gloria y el dominio por los siglos de los siglos. Amén.

Saludos finales

12 Por conducto de Silvano, a quien tengo por hermano fiel, os he escrito brevemente, exhortándoos, y testificando que ésta es la verdadera gracia de Dios, en el cual estáis.

13 La iglesia que está en Babilonia, elegida juntamente con vosotros, y Marcos mi hijo, os saludan.

14 Saludaos unos a otros con beso de amor. Paz a todos vosotros los que estáis en Jesucristo. Amén.

SEGUNDA EPÍSTOLA UNIVERSAL DE
SAN PEDRO APÓSTOL

Saludos

1 Simón Pedro, siervo y apóstol de Jesucristo, a los que habéis alcanzado, por la justicia de nuestro Dios y Salvador Jesucristo, una fe igualmente preciosa que la nuestra:

2 Gracia y paz os sean multiplicadas, en el conocimiento de Dios y de nuestro Señor Jesús.

Partícipes de la naturaleza divina

3 Como todas las cosas que pertenecen a la vida y a la piedad nos han sido dadas por su divino poder, mediante el conocimiento de aquel que nos llamó por su gloria y excelencia,

4 por medio de las cuales nos ha dado preciosas y grandísimas promesas, para que por ellas llegaseis a ser participantes de la

naturaleza divina, habiendo huido de la corrupción que hay en el mundo a causa de la concupiscencia;

5 vosotros también, poniendo toda diligencia por esto mismo, añadid a vuestra fe virtud; a la virtud, conocimiento;

6 al conocimiento, dominio propio; al dominio propio, paciencia; a la paciencia, piedad;

7 a la piedad, afecto fraternal; y al afecto fraternal, amor.

8 Porque si estas cosas están en vosotros, y abundan, no os dejarán estar ociosos ni sin fruto en orden al conocimiento de nuestro Señor Jesucristo.

9 Pero el que carece de estas cosas, tiene la vista muy corta; es ciego, habiendo olvidado la purificación de sus antiguos pecados.

10 Por lo cual, hermanos, sed tanto más diligentes en afianzar vuestro llamamiento y vuestra elección; porque haciendo estas cosas, no caeréis jamás.

11 Porque de esta manera os será otorgada amplia entrada en el reino eterno de nuestro Señor y Salvador Jesucristo.

12 Por esto, no descuidaré el recordaros siempre estas cosas, aunque las sepáis, y estéis afianzados en la verdad presente.

13 Pues tengo por justo, en tanto que estoy en este cuerpo, el estimularos con este recuerdo;

14 sabiendo que en breve debo abandonar el cuerpo, como nuestro Señor Jesucristo me ha declarado.

15 También yo procuraré con diligencia que después de mi partida vosotros podáis en todo momento tener memoria de estas cosas.

Testigos de la gloria de Cristo

16 Porque no os hemos dado a conocer el poder y la venida de nuestro Señor Jesucristo siguiendo fábulas ingeniosamente inventadas, sino como habiendo visto con nuestros propios ojos su majestad.

17 Pues cuando él recibió de Dios Padre honor y gloria, le fue enviada desde la magnífica gloria una voz que decía: Éste es mi Hijo amado, en el cual he puesto mi complacencia.

18 Y nosotros oímos esta voz enviada del cielo, cuando estábamos con él en el monte santo.

19 Y tenemos como más segura la palabra profética, a la cual hacéis bien en estar atentos como a una lámpara que alumbra en un lugar oscuro, hasta que despunte el día y el lucero de la mañana alboree en vuestros corazones;

20 conociendo primero esto, que ninguna profecía de la Escritura procede de interpretación privada.

21 porque nunca la profecía fue traída por voluntad humana, sino que los santos hombres de Dios hablaron siendo inspirados por el Espíritu Santo.

Falsos profetas y falsos maestros

2 Pero hubo también falsos profetas entre el pueblo, como habrá entre vosotros falsos maestros, que introducirán encubiertamente herejías destructoras, y aun negarán al Dueño que los compró, atrayendo sobre sí mismos destrucción repentina.

2 Y muchos seguirán la lascivia de ellos, por causa de los cuales el camino de la verdad será blasfemado,

3 y en su avaricia harán mercadería de vosotros con palabras fingidas. El juicio pronunciado sobre ellos hace tiempo no se tarda, y su perdición no se duerme.

4 Porque si Dios no perdonó a los ángeles que pecaron, sino que arrojándolos al infierno los entregó a prisiones de oscuridad, para ser reservados hasta el juicio;

5 y si no perdonó al mundo antiguo, sino que guardó a Noé, pregonero de justicia, con otras siete personas, trayendo el diluvio sobre un mundo de impíos;

6 y si condenó a la destrucción a las ciudades de Sodoma y de Gomorra, reduciéndolas a ceniza y poniéndolas como ejemplo a los que habían de vivir impíamente,

7 y libró al justo Lot, abrumado por la conducta licenciosa de aquellos libertinos

8 (porque este justo, que residía entre ellos, afligía cada día su alma justa, viendo y oyendo los hechos inicuos de ellos),

9 sabe el Señor librar de tentación a los piadosos, y reservar a los injustos bajo castigo para el día del juicio;

10 y especialmente a aquellos que, siguiendo la carne, andan en concupiscencia e inmundicia, y desprecian el Señorío. Atrevidos y contumaces, no temen decir mal de las potestades superiores,

11 mientras que los ángeles, que son mayores en fuerza y en poder, no pronuncian juicio de maldición contra ellas delante del Señor.

12 Pero éstos, hablando mal de cosas que no entienden, como animales irracionales, nacidos para presa y destrucción, perecerán en su propia perdición,

13 recibiendo el galardón de su injusticia, ya que tienen por delicia el gozar del placer efímero. Éstos son inmundicias y manchas, quienes aun mientras comen con vosotros, se recrean en sus errores.

14 Tienen los ojos llenos de adulterio, no se

sacian de pecar, seducen a las almas inconstantes, tienen el corazón habituado a la codicia, y son hijos de maldición:

15 Han dejado el camino recto, y se han extraviado siguiendo el camino de Balaam hijo de Beor, el cual amó el pago de la iniquidad,

16 y fue reprendido por su transgresión; pues una muda bestia de carga, hablando con voz de hombre, refrenó la locura del profeta.

17 Éstos son fuentes sin agua, y brumas empujadas por la tormenta; para los cuales la más densa oscuridad está reservada para siempre.

18 Pues pronunciando palabras arrogantes y vanas, seducen con concupiscencias de la carne y sensualidad a los que acaban de escapar de los que viven en error.

19 Les prometen libertad, y son ellos mismos esclavos de corrupción. Porque el que es vencido por alguno, queda hecho esclavo del que lo venció.

20 Porque si, después de haber escapado de las contaminaciones del mundo por el conocimiento del Señor y Salvador Jesucristo, enredándose otra vez en ellas son vencidos, su postrer estado viene a ser peor que el primero.

21 Porque mejor les hubiera sido no haber conocido el camino de la justicia, que después de haberlo conocido, volverse atrás del santo mandamiento que les fue dado.

22 Les ha acontecido lo de aquel proverbio tan verdadero: El perro vuelve a su vómito, y la puerca lavada a revolcarse en el cieno.

Promesa de la venida del Señor

3 Amados, ésta es ya la segunda carta que os escribo, y en ambas despierto con admonición vuestro sincero discernimiento,

2 para que hagáis memoria de las palabras que antes han sido dichas por los santos profetas, y del mandamiento del Señor y Salvador declarado por vuestros apóstoles;

3 sabiendo primero esto, que en los últimos días vendrán burladores sarcásticos, andando según sus propias concupiscencias,

4 y diciendo: ¿Dónde está la promesa de su Venida? Porque desde el día en que los padres durmieron, todas las cosas permanecen como estaban desde el principio de la creación.

5 Éstos ignoran voluntariamente que desde los tiempos antiguos existían por la palabra de Dios los cielos, y también la tierra, surgida del agua y asentada en medio de las aguas,

6 por lo cual el mundo de entonces pereció anegado en agua;

7 pero los cielos y la tierra actuales están reservados por la misma palabra, guardados para el fuego en el día del juicio y de la perdición de los hombres impíos.

8 Mas, oh amados, no ignoréis esto: que para con el Señor un día es como mil años, y mil años como un día.

9 El Señor no retarda su promesa, según algunos la tienen por tardanza, sino que es paciente para con nosotros, no queriendo que nadie perezca, sino que todos vengan al arrepentimiento.

10 Pero el día del Señor vendrá como un ladrón en la noche; en el cual los cielos desaparecerán con gran estruendo, y los elementos ardiendo serán deshechos, y la tierra y las obras que en ella hay serán quemadas.

11 Puesto que todas estas cosas han de ser deshechas, ¡qué clase de personas debéis ser en vuestra conducta santa y en piedad,

12 aguardando y apresurando la venida del día de Dios, en el cual los cielos, encendiéndose, serán deshechos, y los elementos, siendo quemados, se fundirán!

13 Pero esperamos, según su promesa, cielos nuevos y tierra nueva, en los cuales habita la justicia.

14 Por lo cual, oh amados, estando en espera de estas cosas, procurad con diligencia ser hallados por él sin mancha e irreprensibles, en paz.

15 Y considerad que la longanimidad de nuestro Señor es para salvación; como también nuestro amado hermano Pablo, según la sabiduría que le ha sido dada, os ha escrito

16 asimismo en todas sus epístolas, hablando en ellas de estas cosas; entre las cuales hay algunas difíciles de entender, las cuales los indoctos e inconstantes tuercen, como también las demás Escrituras, para su propia perdición.

17 Así que vosotros, oh amados, sabiéndolo de antemano, guardaos, no sea que arrastrados por el error de los inicuos, caigáis de vuestra firmeza.

18 Antes bien, creced en la gracia y el conocimiento de nuestro Señor y Salvador Jesucristo. ¡A él la gloria ahora y hasta el día de la eternidad! Amén.

PRIMERA EPÍSTOLA UNIVERSAL DE
SAN JUAN APÓSTOL

La palabra de vida

1 Lo que era desde el principio, lo que hemos oído, lo que hemos visto con nuestros ojos, lo que hemos contemplado, y palparon nuestras manos acerca del Verbo de vida

2 (porque la vida fue manifestada, y la hemos visto, y testificamos, y os anunciamos la vida eterna, la cual estaba con el Padre, y nos fue manifestada);

3 lo que hemos visto y oído, eso os anunciamos también; para que también vosotros tengáis comunión con nosotros; y nuestra comunión verdaderamente es con el Padre, y con su Hijo Jesucristo.

4 Os escribimos estas cosas para que vuestro gozo sea completo.

Dios es luz

5 Y este es el mensaje que hemos oído de él, y os anunciamos: Dios es luz, y no hay ningunas tinieblas en él.

6 Si decimos que tenemos comunión con él, y andamos en tinieblas, mentimos, y no practicamos la verdad;

7 pero si andamos en la luz, como él está en luz, tenemos comunión unos con otros, y la sangre de Jesucristo su Hijo nos limpia de todo pecado.

8 Si decimos que no tenemos pecado, nos engañamos a nosotros mismos, y la verdad no está en nosotros.

9 Si confesamos nuestros pecados, él es fiel y justo para perdonarnos nuestros pecados, y limpiarnos de toda iniquidad.

10 Si decimos que no hemos pecado, le hacemos a él mentiroso, y su palabra no está en nosotros.

Cristo, nuestro abogado

2 Hijitos míos, os escribo estas cosas para que no pequéis; y si alguno peca, abogado tenemos para con el Padre, a Jesucristo el justo.

2 Y él es la propiciación por nuestros pecados; y no solamente por los nuestros, sino también por los de todo el mundo.

3 Y en esto sabemos que hemos llegado a conocerle: si guardamos sus mandamientos.

4 El que dice: Yo he llegado a conocerle, y no guarda sus mandamientos, es un mentiroso, y la verdad no está en él;

5 pero el que guarda su palabra, en éste verdaderamente el amor de Dios se ha perfeccionado; en esto conocemos que estamos en él.

6 El que dice que permanece en él, debe andar como él anduvo.

El nuevo mandamiento

7 Hermanos, no os escribo un mandamiento nuevo, sino el mandamiento antiguo que teníais desde el principio; este mandamiento antiguo es la palabra que habéis oído desde el principio.

8 Sin embargo, os escribo un mandamiento nuevo, que es verdadero en él y en vosotros, porque las tinieblas van pasando, y la luz verdadera ya alumbra.

9 El que dice que está en la luz, y aborrece a su hermano, está todavía en tinieblas.

10 El que ama a su hermano, permanece en la luz, y en él no hay tropiezo.

11 Pero el que aborrece a su hermano está en tinieblas, y anda en tinieblas, y no sabe adónde va, porque las tinieblas le han cegado los ojos.

12 Os escribo a vosotros, hijitos, porque vuestros pecados os han sido perdonados por causa de su nombre.

13 Os escribo a vosotros, padres, porque habéis llegado a conocer al que es desde el principio. Os escribo a vosotros, jóvenes, porque habéis vencido al maligno. Os escribo a vosotros, hijitos, porque habéis conocido al Padre.

14 Os he escrito a vosotros, padres, porque habéis conocido al que es desde el principio. Os he escrito a vosotros, jóvenes, porque sois fuertes, y la palabra de Dios permanece en vosotros, y habéis vencido al maligno.

15 No améis al mundo, ni las cosas que están en el mundo. Si alguno ama al mundo, el amor del Padre no está en él.

16 Porque todo lo que hay en el mundo, los deseos de la carne, la codicia de los ojos, y la soberbia de la vida, no proviene del Padre, sino del mundo.

17 Y el mundo pasa, y sus deseos; pero el que hace la voluntad de Dios permanece para siempre.

Advertencia contra los anticristos

18 Hijitos, ya es el último tiempo; y tal como oísteis que el anticristo viene, aun ahora han surgido muchos anticristos; por esto conocemos que es el último tiempo.

19 Salieron de nosotros, pero no eran de nosotros; porque si hubiesen sido de nosotros, habrían permanecido con nosotros; pero salieron para que se manifestase que no todos son de nosotros.

20 Mas vosotros tenéis unción del Santo, y sabéis todas las cosas.

21 No os he escrito como si ignoraseis la verdad, sino porque la sabéis, y porque ninguna mentira procede de la verdad.

22 ¿Quién es el mentiroso, sino el que niega que Jesús es el Cristo? Éste es el anticristo, el que niega al Padre y al Hijo.

23 Todo aquel que niega al Hijo, tampoco tiene al Padre. El que confiesa al Hijo, tiene también al Padre.

24 En cuanto a vosotros, lo que habéis oído desde el principio, permanezca en vosotros. Si lo que habéis oído desde el principio permanece en vosotros, también vosotros permaneceréis en el Hijo y en el Padre.

25 Y esta es la promesa que él nos hizo, la vida eterna.

26 Os he escrito esto sobre los que os engañan.

27 Y en cuanto a vosotros, la unción que recibisteis de él permanece en vosotros, y no tenéis necesidad de que nadie os enseñe; sino que así como la unción misma os enseña todas las cosas, y es verdadera, y no es mentira, así también, según ella os ha enseñado, permaneced en él.

28 Y ahora, hijitos, permaneced en él, para que cuando se manifieste, tengamos confianza, y en su venida no seamos avergonzados de parte de él.

29 Si sabéis que él es justo, reconoced también que todo el que hace justicia es nacido de él.

Hijos de Dios

3 Mirad qué amor tan sublime nos ha dado el Padre, para que seamos llamados hijos de Dios; por esto el mundo no nos conoce, porque no le conoció a él.

2 Amados, ahora somos hijos de Dios, y aún no se ha manifestado lo que hemos de ser; pero sabemos que cuando él se manifieste, seremos semejantes a él, porque le veremos tal como él es.

3 Y todo aquel que tiene esta esperanza puesta en él, se purifica a sí mismo, así como él es puro.

4 Todo aquel que comete pecado, infringe también la ley; pues el pecado es infracción de la ley.

5 Y sabéis que él se manifestó para quitar nuestros pecados, y no hay pecado en él.

6 Todo aquel que permanece en él, no continúa pecando; todo aquel que continúa pecando, no le ha visto, ni le ha conocido.

7 Hijitos, nadie os engañe; el que practica la justicia es justo, como él es justo.

8 El que practica el pecado es del diablo; porque el diablo peca desde el principio. Para esto se manifestó el Hijo de Dios, para deshacer las obras del diablo.

9 Todo aquel que es nacido de Dios, no practica el pecado, porque la simiente de Dios permanece en él; y no puede pecar, porque es nacido de Dios.

10 En esto se manifiestan los hijos de Dios, y los hijos del diablo: todo aquel que no practica justicia, no es de Dios, y tampoco el que no ama a su hermano.

11 Porque este es el mensaje que habéis oído desde el principio: Que nos amemos unos a otros.

12 No como Caín, que era del maligno, y mató a su hermano. ¿Y por qué causa le mató? Porque sus obras eran malas, y las de su hermano justas.

13 Hermanos míos, no os extrañéis si el mundo os aborrece.

14 Nosotros sabemos que hemos pasado de la muerte a la vida, en que amamos a los hermanos. El que no ama a su hermano, permanece en la muerte.

15 Todo aquel que aborrece a su hermano es homicida; y sabéis que ningún homicida tiene vida eterna permanente en él.

16 En esto hemos conocido el amor, en que él puso su vida por nosotros; también nosotros debemos poner nuestras vidas por los hermanos.

17 Pero el que tiene bienes de este mundo y ve a su hermano tener necesidad, y cierra contra él su corazón, ¿cómo mora el amor de Dios en él?

18 Hijitos míos, no amemos de palabra ni de lengua, sino de hecho y en verdad.

19 Y en esto conocemos que somos de la verdad, y aseguraremos nuestros corazones delante de él;

20 pues si nuestro corazón nos reprocha algo, mayor que nuestro corazón es Dios, y él conoce todas las cosas.

21 Amados, si nuestro corazón no nos reprocha algo, tenemos confianza ante Dios;

22 y lo que le pidamos, lo recibimos de él, porque guardamos sus mandamientos, y hacemos las cosas que son agradables delante de él.

23 Y este es su mandamiento: Que creamos en el nombre de su Hijo Jesucristo, y nos

amemos unos a otros como nos lo ha mandado.
24 Y el que guarda sus mandamientos, permanece en Dios, y Dios en él. Y en esto conocemos que él permanece en nosotros, por el Espíritu que nos ha dado.

El espíritu de la verdad y el espíritu del error

4 Amados, no creáis a todo espíritu, sino probad si los espíritus proceden de Dios; porque muchos falsos profetas han salido al mundo.
2 En esto conoced el Espíritu de Dios: Todo espíritu que confiesa que Jesucristo ha venido en carne, procede de Dios;
3 y todo espíritu que no confiesa que Jesucristo ha venido en carne, no procede de Dios; y éste es el espíritu del anticristo, el cual habéis oído que viene, y que ahora ya está en el mundo.
4 Hijitos, vosotros procedéis de Dios, y los habéis vencido; porque mayor es el que está en vosotros, que el que está en el mundo.
5 Ellos son del mundo; por eso hablan como del mundo, y el mundo los oye.
6 Nosotros somos de Dios; el que conoce a Dios, nos oye; el que no es de Dios, no nos oye. En esto conocemos el espíritu de la verdad y el espíritu del error.

Dios es amor

7 Amados, amémonos unos a otros; porque el amor es de Dios, y todo aquel que ama es nacido de Dios y conoce a Dios.
8 El que no ama no ha conocido a Dios, porque Dios es amor.
9 En esto se mostró el amor de Dios para con nosotros, en que Dios envió a su Hijo unigénito al mundo, para que vivamos por medio de él.
10 En esto consiste el amor: no en que nosotros hayamos amado a Dios, sino en que él nos amó a nosotros, y envió a su Hijo como propiciación por nuestros pecados.
11 Amados, si Dios nos ha amado así, también nosotros debemos amarnos unos a otros.
12 Nadie ha visto jamás a Dios. Si nos amamos unos a otros, Dios permanece en nosotros, y su amor se ha perfeccionado en nosotros.
13 En esto conocemos que permanecemos en él, y él en nosotros, en que nos ha dado de su Espíritu.
14 Y nosotros hemos visto y testificamos que el Padre ha enviado al Hijo como Salvador del mundo.
15 Todo aquel que confiese que Jesús es el Hijo de Dios, Dios permanece en él, y él en Dios.
16 Y nosotros hemos conocido y creído el amor que Dios tiene para con nosotros. Dios es amor; y el que permanece en el amor, permanece en Dios, y Dios en él.
17 En esto se ha perfeccionado el amor en nosotros, para que tengamos confianza en el día del juicio; pues como él es, así somos nosotros en este mundo.
18 En el amor no hay temor, sino que el perfecto amor echa fuera el temor; porque el temor comporta castigo, y el que teme, no ha sido perfeccionado en el amor.
19 Nosotros le amamos a él, porque él nos amó primero.
20 Si alguno dice: Yo amo a Dios, y aborrece a su hermano, es mentiroso. Pues el que no ama a su hermano a quien ha visto, ¿cómo puede amar a Dios a quien no ha visto?
21 Y nosotros tenemos este mandamiento de parte de él: El que ama a Dios, ame también a su hermano.

La fe que vence al mundo

5 Todo aquel que cree que Jesús es el Cristo, es nacido de Dios; y todo aquel que ama al que engendró, ama también al que ha sido engendrado por él.
2 En esto conocemos que amamos a los hijos de Dios, cuando amamos a Dios, y guardamos sus mandamientos.
3 Pues éste es el amor de Dios, que guardemos sus mandamientos; y sus mandamientos no son gravosos.
4 Porque todo lo que es nacido de Dios vence al mundo; y ésta es la victoria que ha vencido al mundo, nuestra fe.
5 ¿Quién es el que vence al mundo, sino el que cree que Jesús es el Hijo de Dios?

El testimonio del Espíritu

6 Éste es Jesucristo, que vino mediante agua y sangre; no mediante agua solamente, sino mediante agua y sangre. Y el Espíritu es el que da testimonio; porque el Espíritu es la verdad.
7 Porque tres son los que dan testimonio [en el cielo: el Padre, el Verbo y el Espíritu Santo; y estos tres son uno.
8 Y tres son los que dan testimonio en la tierra]: el Espíritu, el agua y la sangre; y estos tres concuerdan.
9 Si recibimos el testimonio de los hombres, mayor es el testimonio de Dios; porque éste es el testimonio de Dios, que ha testificado acerca de su Hijo.
10 El que cree en el Hijo de Dios, tiene el

testimonio en sí mismo; el que no crec a Dios, le ha hecho mentiroso, porque no ha creído en el testimonio que Dios ha dado acerca de su Hijo.

11 Y este es el testimonio: que Dios nos ha dado vida eterna; y esta vida está en su Hijo.

12 El que tiene al Hijo, tiene la vida; el que no tiene al Hijo de Dios no tiene la vida.

El conocimiento de la vida eterna

13 Estas cosas os he escrito a vosotros que creéis en el nombre del Hijo de Dios, para que sepáis que tenéis vida eterna, [y para que sigáis creyendo en el nombre del Hijo de Dios].

14 Y esta es la confianza que tenemos ante él, que si pedimos alguna cosa conforme a su voluntad, él nos oye.

15 Y si sabemos que él nos oye en cualquier cosa que pidamos, sabemos que tenemos las peticiones que le hayamos hecho.

16 Si alguno ve a su hermano cometiendo un pecado que no sea para muerte, pedirá, y Dios le dará vida; esto es para los que cometen pecado que no sea para muerte. Hay pecado para muerte, por el cual yo no digo que se pida.

17 Toda injusticia es pecado, y hay pecado que no es para muerte.

18 Sabemos que todo aquel que ha nacido de Dios, no continúa pecando, sino que Aquel que fue engendrado por Dios le guarda, y el maligno no le toca.

19 Sabemos que somos de Dios, y el mundo entero yace en poder del maligno.

20 Pero sabemos que el Hijo de Dios ha venido, y nos ha dado entendimiento para conocer al que es verdadero; y estamos en el verdadero, en su Hijo Jesucristo. Éste es el verdadero Dios, y la vida eterna.

21 Hijitos, guardaos de los ídolos. Amén.

SEGUNDA EPÍSTOLA DE
SAN JUAN APÓSTOL

Saludo

1 El anciano a la señora elegida y a sus hijos, a quienes yo amo en la verdad; y no sólo yo, sino también todos los que han llegado a conocer la verdad,

2 a causa de la verdad que permanece en nosotros, y estará para siempre con nosotros:

3 Gracia, misericordia y paz serán con vosotros de parte de Dios Padre y del Señor Jesucristo, Hijo del Padre, en verdad y en amor.

Andando en la verdad

4 Mucho me alegré al encontrar a algunos de tus hijos andando en la verdad, conforme al mandamiento que recibimos del Padre.

5 Y ahora te ruego, señora, no como escribiéndote un nuevo mandamiento, sino el que hemos tenido desde el principio, que nos amemos unos a otros.

6 Y éste es el amor, que andemos según sus mandamientos. Éste es el mandamiento, tal como lo oísteis desde el principio, para que andéis en él.

7 Porque muchos engañadores han salido al mundo, que no confiesan que Jesucristo ha venido en carne. He aquí el engañador y el anticristo.

8 Mirad por vosotros mismos, para que no perdáis el fruto de vuestro trabajo, sino que recibáis plena recompensa.

9 Cualquiera que se aleja, y no persevera en la doctrina de Cristo, no tiene a Dios; el que persevera en la doctrina de Cristo, éste tiene tanto al Padre como al Hijo.

10 Si alguno viene a vosotros, y no trae esta doctrina, no lo recibáis en casa, ni le saludéis.

11 Porque el que le saluda, participa en sus malas obras.

Espero ir a vosotros

12 Tengo muchas cosas que escribiros, pero no he querido hacerlo por medio de papel y tinta, pues espero ir a vosotros y hablar cara a cara, para que vuestro gozo sea completo.

13 Los hijos de tu hermana, la elegida, te saludan. Amén.

TERCERA EPÍSTOLA DE
SAN JUAN APÓSTOL

Saludo

1 El anciano a Gayo, el amado, a quien amo en la verdad.
2 Amado, ruego en oración que seas prosperado en todas las cosas, y que tengas salud, así como prospera tu alma.
3 Pues me alegré muchísimo cuando vinieron los hermanos y dieron testimonio de tu verdad, de cómo andas en la verdad.
4 No tengo mayor gozo que éste, el oír que mis hijos andan en la verdad.

Elogio de la hospitalidad de Gayo

5 Amado, fielmente te conduces en lo que haces por los hermanos, y también por los que son forasteros,
6 los cuales han dado ante la iglesia testimonio de tu amor; y harás bien en ayudarles a proseguir su viaje, como es digno de su servicio a Dios.
7 Porque ellos salieron por amor del nombre de Él, sin aceptar nada de los gentiles.
8 Nosotros, pues, debemos acoger a tales personas, para que cooperemos en la obra de la verdad.

La oposición de Diótrefes

9 Yo he escrito a la iglesia; pero Diótrefes, al cual le gusta tener el primer lugar entre ellos, no nos recibe.
10 Por esta causa, si voy, recordaré las obras que hace tratando de denigrarnos con palabras malignas; y no contento con estas cosas, no sólo no recibe él mismo a los hermanos, sino que a los que quieren recibirlos se lo prohíbe, y los expulsa de la iglesia.

Buen testimonio acerca de Demetrio

11 Amado, no imites lo malo, sino lo bueno. El que hace lo bueno es de Dios; pero el que hace lo malo, no ha visto a Dios.
12 Todos dan testimonio de Demetrio, y aun la verdad misma; y también nosotros damos testimonio, y sabéis que nuestro testimonio es verdadero.

Saludos finales

13 Yo tenía muchas cosas que escribirte, pero no quiero escribírtelas con tinta y pluma.
14 porque espero verte en breve, y hablaremos cara a cara.
15 La paz sea contigo. Los amigos te saludan. Saluda tú a los amigos, a cada uno en particular.

LA EPÍSTOLA UNIVERSAL DE
SAN JUDAS APÓSTOL

Saludo

1 Judas, siervo de Jesucristo, y hermano de Jacobo, a los llamados, santificados en Dios Padre, y guardados para Jesucristo:
2 Misericordia y paz y amor os sean multiplicados.

Falsas doctrinas y falsos maestros

3 Amados, por la gran solicitud que tenía de escribiros acerca de nuestra común salvación, me he visto en la necesidad de escribiros, exhortándoos a que contendáis ardientemente por la fe que ha sido transmitida a los santos de una vez por todas.
4 Porque se han introducido solapadamente algunos hombres, los que desde antes habían sido destinados para esta condenación, hombres impíos, que convierten en libertinaje la gracia de nuestro Dios, y niegan a Dios el único soberano, y a nuestro Señor Jesucristo.
5 Mas quiero recordaros, ya que una vez lo habéis sabido, que el Señor, habiendo salvado al pueblo sacándolo de Egipto, después destruyó a los que no creyeron.
6 Y a los ángeles que no guardaron su

dignidad, sino que abandonaron su propia morada, los ha guardado bajo oscuridad, en prisiones eternas, para el juicio del gran día;
7 como Sodoma y Gomorra y las ciudades vecinas, las cuales de la misma manera que aquéllos, habiendo fornicado e ido en pos de vicios contra naturaleza, fueron puestas como ejemplo, sufriendo el castigo del fuego eterno.
8 No obstante, de la misma manera también estos soñadores mancillan la carne, rechazan la autoridad y blasfeman de las potestades superiores.
9 Pero cuando el arcángel Miguel contendía con el diablo, disputando con él acerca del cuerpo de Moisés, no se atrevió a proferir juicio de maldición contra él, sino que dijo: El Señor te reprenda.
10 Pero éstos blasfeman de cuantas cosas no conocen; y en las que, como animales irracionales, conocen por instinto, en ésas se corrompen.
11 ¡Ay de ellos!, porque han seguido el camino de Caín, y se lanzaron por lucro al error de Balaam, y perecieron en la rebelión de Coré.
12 Éstos son manchas en vuestros ágapes, que comiendo impúdicamente con vosotros se apacientan a sí mismos; nubes sin agua, llevadas de acá para allá por los vientos; árboles otoñales, sin fruto, dos veces muertos y desarraigados;
13 fieras olas del mar, que espuman sus propias vergüenzas; estrellas errantes, para las cuales está reservada eternamente la oscuridad de las tinieblas.
14 De éstos también profetizó Enoc, séptimo desde Adán, diciendo: He aquí, vino el Señor con sus santas decenas de millares,
15 para hacer juicio contra todos, y dejar convictos a todos los impíos de todas sus obras impías que han hecho impíamente, y de todas las cosas duras que los pecadores impíos hablaron contra él.
16 Éstos son murmuradores, querellosos, que andan según sus propios deseos, cuya boca habla cosas arrogantes, adulando a las personas para sacar provecho.

Amonestaciones a perseverar

17 Pero vosotros, amados, tened memoria de las palabras que antes fueron dichas por los apóstoles de nuestro Señor Jesucristo;
18 los cuales os decían: Al fin de los tiempos habrá burladores, que andarán según sus malvados deseos.
19 Éstos son los que causan divisiones; los mundanos, que no tienen el Espíritu.
20 Pero vosotros, amados, edificándoos sobre vuestra santísima fe, orando en el Espíritu Santo,
21 conservaos en el amor de Dios, aguardando con anhelo la misericordia de nuestro Señor Jesucristo para vida eterna.
22 A algunos que dudan, convencedlos.
23 A otros salvadlos, arrebatándolos del fuego; y de otros tened misericordia con temor, aborreciendo aun la ropa contaminada por su carne.

Doxología

24 Y a aquel que es poderoso para guardaros sin caída, y presentaros sin mancha delante de su gloria con gran alegría,
25 al único y sabio Dios, nuestro Salvador, sea gloria y majestad, dominio y autoridad, ahora y por todos los siglos. Amén.

EL APOCALIPSIS
O LA REVELACIÓN DE JESUCRISTO
DADA A SAN JUAN, EL TEÓLOGO

Prólogo

1 Revelación de Jesucristo, que Dios le dio, para mostrar a sus siervos las cosas que deben suceder en seguida; y la dio a entender enviándola por medio de su ángel a su siervo Juan,
2 que ha dado testimonio de la palabra de Dios, y del testimonio de Jesucristo, y de todas las cosas que vio.
3 Bienaventurado el que lee, y los que oyen las palabras de esta profecía, y guardan las cosas escritas en ella; porque el tiempo está cerca.

Saludos a las siete iglesias

4 Juan, a las siete iglesias que están en Asia: Gracia y paz a vosotros, del que es y que era

y que ha de venir, y de los siete espíritus que están delante de su trono;

5 y de Jesucristo el testigo fiel, el primogénito de los muertos, y el soberano de los reyes de la tierra. Al que nos amó, y nos liberó de nuestros pecados con su sangre,

6 e hizo de nosotros un reino, sacerdotes para su Dios y Padre; a él sea la gloria y el dominio por los siglos de los siglos. Amén.

7 He aquí que viene con las nubes, y todo ojo le verá, y los que le traspasaron; y todos los linajes de la tierra harán lamentación por él. Sí, amén.

8 Yo soy el Alfa y la Omega, [principio y fin], dice el Señor Dios, el que es y que era y que ha de venir, el Todopoderoso.

Visión del Hijo del Hombre

9 Yo Juan, vuestro hermano, y copartícipe vuestro en la tribulación, en el reino y en la paciencia de Jesucristo, estaba en la isla llamada Patmos, por causa de la palabra de Dios y el testimonio de Jesucristo.

10 Yo estuve en espíritu en el día del Señor, y oí detrás de mí una gran voz como de trompeta,

11 que decía: [Yo soy el Alfa y la Omega, el primero y el último.] Escribe en un libro lo que ves, y envíalo a las siete iglesias que están en Asia: a Éfeso, Esmirna, Pérgamo, Tiatira, Sardis, Filadelfia y Laodicea.

12 Y me volví para ver la voz que hablaba conmigo; y al volverme, vi siete candeleros de oro,

13 y en medio de los siete candeleros, a uno semejante al Hijo del Hombre, vestido de una ropa que llegaba hasta los pies, y ceñido por el pecho con un cinto de oro.

14 Su cabeza y sus cabellos eran blancos como blanca lana, como nieve; sus ojos como llama de fuego;

15 y sus pies semejantes al bronce bruñido, refulgente como en un horno; y su voz como estruendo de muchas aguas.

16 Tenía en su mano derecha siete estrellas; de su boca salía una espada aguda de dos filos; y su rostro era como el sol cuando brilla en todo su esplendor.

17 Cuando le vi, caí como muerto a sus pies. Y puso su diestra sobre mí, diciéndome: No temas; yo soy el primero y el último;

18 y el que vivo, y estuve muerto; mas he aquí que estoy vivo por los siglos de los siglos, [amén]. Y tengo las llaves de la muerte y del Hades.

19 Escribe las cosas que has visto, y las que son, y las que han de ser después de éstas.

20 El misterio de las siete estrellas que has visto en mi diestra, y de los siete candeleros de oro: las siete estrellas son los ángeles de las siete iglesias, y los siete candeleros que has visto son las siete iglesias.

Mensajes a las siete iglesias:
El mensaje a Éfeso

2 Escribe al ángel de la iglesia en Éfeso: El que tiene las siete estrellas en su diestra, el que anda en medio de los siete candeleros de oro, dice esto:

2 Yo sé tus obras, y tu arduo trabajo y paciencia; y que no puedes soportar a los malos, y has probado a los que se dicen ser apóstoles, y no lo son, y los has hallado mentirosos;

3 y has sufrido, y has tenido paciencia, y has trabajado arduamente por amor de mi nombre, y no has desmayado.

4 Pero tengo contra ti, que has dejado tu primer amor.

5 Recuerda, por tanto, de dónde has caído, y arrepiéntete, y haz las primeras obras; pues si no, vengo en seguida a ti, y quitaré tu candelero de su lugar, si no te arrepientes.

6 Pero tienes esto, que aborreces las obras de los nicolaítas, las cuales yo también aborrezco.

7 El que tiene oído, oiga lo que el Espíritu dice a las iglesias. Al que venza, le daré a comer del árbol de la vida, el cual está en medio del paraíso de Dios.

El mensaje a Esmirna

8 Y escribe al ángel de la iglesia en Esmirna: El primero y el postrero, el que estuvo muerto y volvió a la vida, dice esto:

9 Yo sé [tus obras, y tu tribulación, y] tu pobreza (pero eres rico), y la blasfemia de los que se dicen ser judíos, y no lo son, sino sinagoga de Satanás.

10 No temas en nada lo que vas a padecer. Mira, el diablo va a echar a algunos de vosotros en la cárcel, para que seáis probados, y tendréis tribulación durante diez días. Sé fiel hasta la muerte, y yo te daré la corona de la vida.

11 El que tiene oído, oiga lo que el Espíritu dice a las iglesias. El que venza, no sufrirá ningún daño por parte de la muerte segunda.

El mensaje a Pérgamo

12 Y escribe al ángel de la iglesia en Pérgamo: El que tiene la espada aguda de dos filos dice esto:

13 Yo sé [tus obras, y] dónde habitas, donde está el trono de Satanás; pero retienes mi nombre, y no has negado mi fe, ni aun en los días en que Antipas mi testigo fiel fue

muerto entre vosotros, donde mora Satanás.

14 Pero tengo unas pocas cosas contra ti: que tienes ahí a los que retienen la doctrina de Balaam, que enseñaba a Balac a poner tropiezo ante los hijos de Israel, a comer de cosas sacrificadas a los ídolos, y a cometer fornicación.

15 Y asimismo tienes a los que retienen la doctrina de los nicolaítas, [la que yo aborrezco].

16 Por tanto, arrepiéntete; pues si no, vengo a ti en seguida, y pelearé contra ellos con la espada de mi boca.

17 El que tiene oído, oiga lo que el Espíritu dice a las iglesias. Al que venza, le daré a comer del maná escondido, y le daré una piedrecita blanca, e inscrito en la piedrecita un nombre nuevo, el cual ninguno conoce sino el que lo recibe.

El mensaje a Tiatira

18 Y escribe al ángel de la iglesia en Tiatira: El Hijo de Dios, el que tiene los ojos como llama de fuego, y sus pies son semejantes al bronce bruñido, dice esto:

19 Yo sé tus obras, y tu amor, fe, servicio y paciencia, y que tus obras recientes son más numerosas que las primeras.

20 Pero tengo unas pocas cosas contra ti: que toleras que esa mujer Jezabel, que se dice profetisa, enseñe y seduzca a mis siervos a fornicar y a comer cosas sacrificadas a los ídolos.

21 Y le di tiempo para que se arrepintiese, pero no quiere arrepentirse de su fornicación.

22 He aquí, la arrojo en cama, y en gran tribulación a los que con ella adulteran, si no se arrepienten de las obras de ella.

23 Y mataré con peste a sus hijos, y todas las iglesias sabrán que yo soy el que escudriña la conciencia y el corazón; y os daré a cada uno según vuestras obras.

24 Pero os digo a vosotros y a los demás que están en Tiatira, a cuantos no tienen esa doctrina, y no han conocido las profundidades de Satanás (como ellos dicen): No os impongo otra carga;

25 no obstante, lo que tenéis, retenedlo hasta que yo venga.

26 Y al que vence y al que guarda mis obras hasta el fin, le daré autoridad sobre las naciones,

27 y las quebrantará con vara de hierro, como son desmenuzados los vasos del alfarero, así como yo también he recibido autoridad de manos de mi Padre;

28 y le daré la estrella de la mañana.

29 El que tiene oído, oiga lo que el Espíritu dice a las iglesias.

El mensaje a Sardis

3 Escribe al ángel de la iglesia en Sardis: El que tiene los siete espíritus de Dios, y las siete estrellas, dice esto: Yo sé tus obras, que tienes nombre de que vives, y estás muerto.

2 Sé vigilante, y consolida lo que queda, lo que está a punto de morir; porque no he hallado tus obras perfectas delante de Dios.

3 Recuerda, pues, cómo has recibido y oíste; y sigue guardándolo, y arrepiéntete. Pues si no velas, vendré sobre ti como un ladrón, y no conoces de ningún modo a qué hora vendré sobre ti.

4 Pero tienes unas pocas personas en Sardis que no han manchado sus vestiduras; y andarán conmigo en vestiduras blancas, porque son dignas.

5 El que venza será vestido de vestiduras blancas; y no borraré su nombre del libro de la vida, y confesaré su nombre delante de mi Padre, y delante de sus ángeles.

6 El que tiene oído, oiga lo que el Espíritu dice a las iglesias.

El mensaje a Filadelfia

7 Escribe al ángel de la iglesia en Filadelfia: Esto dice el Santo, el Verdadero, el que tiene la llave de David, el que abre y ninguno cierra, y cierra y ninguno abre:

8 Yo sé tus obras; he aquí, he puesto delante de ti una puerta abierta, la cual nadie puede cerrar; porque aunque tienes poca fuerza, has guardado mi palabra, y no has negado mi nombre.

9 Mira, yo entrego de la sinagoga de Satanás a los que dicen que son judíos y no lo son, sino que mienten; he aquí, yo haré que vengan y se postren a tus pies, y reconozcan que yo te he amado.

10 Por cuanto has guardado la palabra de mi paciencia, yo también te guardaré de la hora de la prueba que está por venir sobre el mundo entero, para probar a los que moran sobre la tierra.

11 Mira que vengo en seguida; retén lo que tienes, para que ninguno tome tu corona.

12 Al que venza, yo lo haré columna en el santuario de mi Dios, y nunca más saldrá de allí; y escribiré sobre él el nombre de mi Dios, y el nombre de la ciudad de mi Dios, la nueva Jerusalén, la cual desciende del cielo, de mi Dios, y mi nombre nuevo.

13 El que tiene oído, oiga lo que el Espíritu dice a las iglesias.

El mensaje a Laodicea

14 Y escribe al ángel de la iglesia en Laodicea: Esto dice el Amén, el testigo fiel y

verdadero, el principio de la creación de Dios:

15 Yo sé tus obras, que ni eres frío ni caliente. ¡Ojalá fueses frío o caliente!

16 Así, por cuanto eres tibio, y no frío ni caliente, voy a vomitarte de mi boca.

17 Porque dices: Yo soy rico, y me he enriquecido, y de ninguna cosa tengo necesidad; y no sabes que tú eres un desventurado, miserable, pobre, ciego y desnudo.

18 Te aconsejo que de mí compres oro refinado por fuego, para que seas rico, y vestiduras blancas para que te cubras, y no quede al descubierto la vergüenza de tu desnudez; y unge tus ojos con colirio, para que veas.

19 Yo reprendo y corrijo a todos los que amo; sé, pues, celoso, y arrepiéntete.

20 He aquí, yo estoy a la puerta y llamo; si alguno oye mi voz y abre la puerta, entraré a él, y cenaré con él, y él conmigo.

21 Al que venza, le daré que se siente conmigo en mi trono, así como yo he vencido, y me he sentado con mi Padre en su trono.

22 El que tiene oído, oiga lo que el Espíritu dice a las iglesias.

El trono celestial

4 Después de esto vi una puerta abierta en el cielo; y la primera voz que oí, como de trompeta que hablaba conmigo, decía: Sube acá, y te mostraré las cosas que deben suceder después de éstas.

2 Y al instante estuve en espíritu; y he aquí, un trono estaba colocado en el cielo, y uno sentado en el trono.

3 Y el que estaba sentado era semejante en aspecto a piedra de jaspe y de sardio; y había alrededor del trono un arco iris, semejante en aspecto a la esmeralda.

4 Y alrededor del trono había veinticuatro tronos; y vi sentados en los tronos a veinticuatro ancianos, cubiertos de ropas blancas y con coronas de oro en sus cabezas.

5 Y del trono salen relámpagos y fragor de truenos, y hay siete lámparas de fuego ardiendo delante del trono, las cuales son los siete espíritus de Dios.

6 Y delante del trono hay como un mar de vidrio semejante al cristal; y en medio del trono, y alrededor del trono, cuatro seres vivientes llenos de ojos por delante y por detrás.

7 Y el primer ser viviente es semejante a un león; el segundo es semejante a un becerro; el tercero tiene el rostro como de hombre; y el cuarto es semejante a un águila volando.

8 Y los cuatro seres vivientes tenían cada uno seis alas, y alrededor y por dentro están llenos de ojos; y no cesan día y noche de

decir: Santo, santo, santo es el Señor Dios Todopoderoso, el que era, el que es, y el que ha de venir.

9 Y cuando los seres vivientes dan gloria y honor y acción de gracias al que está sentado en el trono, al que vive por los siglos de los siglos,

10 los veinticuatro ancianos se postran delante del que está sentado en el trono, y adoran al que vive por los siglos de los siglos, y echan sus coronas delante del trono, diciendo:

11 Señor, eres digno de recibir la gloria y el honor y el poder; porque tú creaste todas las cosas, y por tu voluntad existen y fueron creadas.

El libro y el Cordero

5 Y vi en la mano derecha del que estaba sentado en el trono un libro escrito por dentro y por fuera, sellado con siete sellos.

2 Y vi a un ángel fuerte que pregonaba a gran voz: ¿Quién es digno de abrir el libro y desatar sus sellos?

3 Y ninguno, ni en el cielo ni en la tierra ni debajo de la tierra, podía abrir el libro, ni mirarlo.

4 Y yo lloraba mucho, porque ninguno fue hallado digno de abrir el libro, ni de leerlo, ni de mirarlo.

5 Y uno de los ancianos me dijo: No llores más. He aquí que el León de la tribu de Judá, la raíz de David, ha vencido para abrir el libro y desatar sus siete sellos.

6 Y vi en medio del trono y de los cuatro seres vivientes, y en medio de los ancianos, un Cordero en pie, como inmolado, que tenía siete cuernos, y siete ojos, los cuales son los siete espíritus de Dios enviados por toda la tierra.

7 Y vino, y tomó el libro de la mano derecha del que estaba sentado en el trono.

8 Y después que tomó el libro, los cuatro seres vivientes y los veinticuatro ancianos se postraron delante del Cordero; teniendo cada uno una cítara, y copas de oro llenas de incienso, que son las oraciones de los santos;

9 y cantan un cántico nuevo, diciendo: Digno eres de tomar el libro y de abrir sus sellos; porque fuiste inmolado, y con tu sangre nos compraste para Dios, de todo linaje, lengua, pueblo y nación;

10 y nos hiciste para nuestro Dios reyes y sacerdotes, y reinaremos sobre la tierra.

11 Y vi, y oí la voz de muchos ángeles alrededor del trono, y de los seres vivientes, y de los ancianos; y su número era miríadas de miríadas, y millares de millares,

12 que decían a gran voz: El Cordero que ha sido inmolado es digno de tomar el

poder, las riquezas, la sabiduría, la fortaleza, el honor, la gloria y la alabanza.

13 Y a todo lo creado que está en el cielo, y sobre la tierra, y debajo de la tierra, y en el mar, y a todas las cosas que hay en ellos, oí decir: Al que está sentado en el trono, y al Cordero, sea la alabanza, el honor, la gloria y el dominio, por los siglos de los siglos.

14 Y los cuatro seres vivientes decían: Amén; y los veinticuatro ancianos se postraron sobre sus rostros y adoraron al que vive por los siglos de los siglos.

Los sellos

6 Y vi cuando el Cordero abrió uno de los sellos, y oí a uno de los cuatro seres vivientes decir como con voz de trueno: Ven y mira.

2 Y miré, y he aquí un caballo blanco; y el que lo montaba tenía un arco; y le fue dada una corona, y salió venciendo, y para vencer.

3 Cuando abrió el segundo sello, oí al segundo ser viviente, que decía: Ven y mira.

4 Y salió otro caballo, rojo; y al que lo montaba se le concedió quitar de la tierra la paz, y que se matasen unos a otros; y se le dio una gran espada.

5 Y cuando abrió el tercer sello, oí al tercer ser viviente, que decía: Ven y mira. Y miré, y he aquí un caballo negro; y el que lo montaba tenía una balanza en la mano.

6 Y oí una voz de en medio de los cuatro seres vivientes, que decía: Dos libras de trigo por un denario, y seis libras de cebada por un denario; pero no dañes el aceite ni el vino.

7 Y cuando abrió el cuarto sello, oí la voz del cuarto ser viviente, que decía: Ven y mira.

8 Miré, y he aquí un caballo verdoso pálido, y el que lo montaba tenía por nombre Muerte, y el Hades le seguía; y le fue dada potestad sobre la cuarta parte de la tierra, para matar con espada, con hambre, con pestilencia, y con las fieras de la tierra.

9 Y cuando abrió el quinto sello, vi debajo del altar las almas de los que habían sido muertos por causa de la palabra de Dios y por el testimonio que tenían.

10 Y clamaban a gran voz, diciendo: ¿Hasta cuándo, Señor, santo y verdadero, no juzgas y vengas nuestra sangre de manos de los que moran en la tierra?

11 Y se les dieron vestiduras blancas, y se les dijo que descansasen todavía un poco de tiempo, hasta que se completara el número de sus consiervos y sus hermanos, que también iban a ser muertos como ellos.

12 Miré cuando abrió el sexto sello, y se produjo un gran terremoto; y el sol se puso negro como un saco hecho de crin, y la luna se volvió toda como sangre;

13 y las estrellas del cielo cayeron sobre la tierra, como la higuera deja caer sus higos cuando es sacudida por un fuerte viento.

14 Y el cielo desapareció como un pergamino que se enrolla; y todo monte y toda isla fueron removidos de su lugar.

15 Y los reyes de la tierra, los magnates, los ricos, los tribunos, los poderosos, y todo siervo y todo libre, se escondieron en las cuevas y entre las peñas de los montes;

16 y decían a los montes y a las peñas: Caed sobre nosotros, y escondednos del rostro del que está sentado sobre el trono, y de la ira del Cordero;

17 porque el gran día de su ira ha llegado; ¿y quién podrá sostenerse en pie?

Los 144.000 sellados

7 Después de esto vi a cuatro ángeles en pie sobre los cuatro ángulos de la tierra, que detenían los cuatro vientos de la tierra, para que no soplase viento alguno sobre la tierra, ni sobre el mar, ni sobre ningún árbol.

2 Vi también a otro ángel que subía de donde sale el sol, y tenía el sello del Dios vivo; y clamó a gran voz a los cuatro ángeles, a quienes se les había concedido el hacer daño a la tierra y al mar,

3 diciendo: No hagáis daño a la tierra, ni al mar, ni a los árboles, hasta que hayamos sellado en sus frentes a los siervos de nuestro Dios.

4 Y oí el número de los sellados: ciento cuarenta y cuatro mil sellados de todas las tribus de los hijos de Israel.

5 De la tribu de Judá, doce mil sellados. De la tribu de Rubén, doce mil sellados. De la tribu de Gad, doce mil sellados.

6 De la tribu de Aser, doce mil sellados. De la tribu de Neftalí, doce mil sellados. De la tribu de Manasés, doce mil sellados.

7 De la tribu de Simeón, doce mil sellados. De la tribu de Leví, doce mil sellados. De la tribu de Isacar, doce mil sellados.

8 De la tribu de Zabulón, doce mil sellados. De la tribu de José, doce mil sellados. De la tribu de Benjamín, doce mil sellados.

La multitud vestida de ropas blancas

9 Después de esto miré, y vi una gran multitud, la cual nadie podía contar, de todas naciones, tribus, pueblos y lenguas, que estaban de pie delante del trono y en la presencia del Cordero, cubiertos de ropas blancas, y con palmas en las manos;

10 y claman a gran voz, diciendo: La salvación pertenece a nuestro Dios que está sentado en el trono, y al Cordero.

11 Y todos los ángeles estaban en pie alrededor del trono, y de los ancianos y de los cuatro seres vivientes; y se postraron sobre sus rostros delante del trono, y adoraron a Dios,

12 diciendo: Amén. La bendición, la gloria, la sabiduría, la acción de gracias, el honor, el poder y la fortaleza, sean a nuestro Dios por los siglos de los siglos. Amén.

13 Entonces uno de los ancianos tomó la palabra, diciéndome: Estos que están cubiertos de ropas blancas, ¿quiénes son, y de dónde han venido?

14 Yo le dije: Señor, tú lo sabes. Y él me dijo: Éstos son los que han venido procedentes de la gran tribulación, y han lavado sus ropas, y las han emblanquecido en la sangre del Cordero.

15 Por eso están delante del trono de Dios, y le sirven día y noche en su santuario; y el que está sentado sobre el trono extenderá su tabernáculo sobre ellos.

16 Ya no tendrán hambre ni sed, y el sol no caerá más sobre ellos, ni ardor alguno;

17 porque el Cordero que está en medio del trono los pastoreará, y los guiará a fuentes de aguas de vida; y Dios enjugará toda lágrima de los ojos de ellos.

El séptimo sello

8 Cuando abrió el séptimo sello, se hizo silencio en el cielo como por media hora.

2 Y vi a los siete ángeles que estaban en pie ante Dios; y se les dieron siete trompetas.

3 Otro ángel vino entonces y se paró ante el altar, con un incensario de oro; y se le dio mucho incienso para añadirlo a las oraciones de todos los santos, sobre el altar de oro que estaba delante del trono.

4 Y de la mano del ángel subió a la presencia de Dios el humo del incienso con las oraciones de los santos.

5 Y el ángel tomó el incensario, y lo llenó del fuego del altar, y lo arrojó a la tierra; y se produjeron truenos, y voces, y relámpagos, y terremotos.

Las trompetas

6 Y los siete ángeles que tenían las siete trompetas se dispusieron a tocarlas.

7 El primer ángel tocó la trompeta, y hubo granizo y fuego mezclados con sangre, que fueron lanzados sobre la tierra; y la tercera parte de los árboles se quemó, y se quemó toda la hierba verde.

8 El segundo ángel tocó la trompeta, y algo como una gran montaña ardiendo en llamas fue precipitado en el mar; y la tercera parte del mar se convirtió en sangre.

9 Y murió la tercera parte de los seres vivientes que estaban en el mar, y la tercera parte de las naves fue destruida.

10 El tercer ángel tocó la trompeta, y cayó del cielo una gran estrella, ardiendo como una antorcha, y cayó sobre la tercera parte de los ríos, y sobre las fuentes de las aguas.

11 Y el nombre de la estrella es Ajenjo. Y la tercera parte de las aguas se convirtió en ajenjo; y muchos hombres murieron a causa de esas aguas, porque se hicieron amargas.

12 El cuarto ángel tocó la trompeta, y fue herida la tercera parte del sol, y la tercera parte de la luna, y la tercera parte de las estrellas, para que se oscureciese la tercera parte de ellos, y el día no resplandeciese en su tercera parte, y asimismo la noche.

13 Y miré, y oí a un ángel volar por en medio del cielo, diciendo a gran voz: ¡Ay, ay, ay de los que moran en la tierra, a causa de los restantes toques de trompeta que están para tocar los tres ángeles!

9 El quinto ángel tocó la trompeta, y vi una estrella que cayó del cielo a la tierra; y se le dio la llave del pozo del abismo.

2 Y abrió el pozo del abismo, y subió del pozo una humareda como la de un gran horno; y se oscureció el sol y el aire por el humo del pozo.

3 Y del humo salieron langostas sobre la tierra; y se les dio poder, como tienen poder los escorpiones de la tierra.

4 Y se les dijo que no dañasen a la hierba de la tierra, ni a ninguna cosa verde, ni, a ningún árbol, sino solamente a los hombres que no tienen el sello de Dios en sus frentes.

5 Y les fue concedido, no que los matasen, sino que los atormentasen durante cinco meses; y su tormento era como tormento de escorpión cuando hiere al hombre.

6 Y en aquellos días los hombres buscarán la muerte, y de ningún modo la hallarán; y ansiarán morir, pero la muerte huirá de ellos.

7 El aspecto de las langostas era semejante a caballos preparados para la guerra; en las cabezas tenían como coronas de oro; sus caras eran como caras humanas;

8 tenían cabello como cabello de mujer; sus dientes eran como de leones;

9 tenían corazas como corazas de hierro; el ruido de sus alas era como el estruendo de muchos carros de caballos corriendo a la batalla;

10 tenían colas como de escorpiones, y también aguijones; y en sus colas tenían poder para dañar a los hombres durante cinco meses.

11 Y tienen por rey sobre ellos al ángel del abismo, cuyo nombre en hebreo es Abadón, y en griego, Apolión.

12 El primer ay pasó; he aquí, vienen aún dos ayes después de esto.

13 El sexto ángel tocó la trompeta, y oí una voz que salía de los cuatro cuernos del altar de oro que está delante de Dios,

14 diciendo al sexto ángel que tenía la trompeta: Suelta a los cuatro ángeles que están atados junto al gran río Eufrates.

15 Y fueron soltados los cuatro ángeles que estaban preparados para la hora, día, mes y año, a fin de matar a la tercera parte de los hombres.

16 Y el número de los ejércitos de los jinetes era de doscientos millones. Yo oí su número.

17 Así vi en la visión los caballos y a sus jinetes, los cuales tenían corazas de color de fuego, de jacinto y de azufre. Y las cabezas de los caballos eran como cabezas de leones; y de sus bocas sale fuego, humo y azufre.

18 Por estas tres plagas fue muerta la tercera parte de los hombres; por el fuego, el humo y el azufre que salían de sus bocas.

19 Pues el poder de los caballos está en su boca y en sus colas; porque sus colas son semejantes a serpientes, pues tienen cabezas, y con ellas dañan.

20 Y los demás hombres que no fueron muertos con estas plagas, no se arrepintieron de las obras de sus manos, para no adorar a los demonios, y a los ídolos de oro, de plata, de bronce, de piedra y de madera, los cuales no pueden ver, ni oír, ni andar;

21 y no se arrepintieron de sus homicidios, ni de sus hechicerías, ni de su fornicación, ni de sus hurtos.

El ángel con el librito

10 Vi descender del cielo a otro ángel fuerte, envuelto en una nube, con el arco iris sobre su cabeza; y su rostro era como el sol, y sus pies como columnas de fuego.

2 Tenía en su mano un librito abierto; y puso su pie derecho sobre el mar, y el izquierdo sobre la tierra;

3 y gritó a gran voz, como ruge un león; y luego que gritó, los siete truenos emitieron sus voces.

4 Después que los siete truenos emitieron sus voces, yo iba a escribir; y oí una voz del cielo que decía: Sella las cosas que los siete truenos han hablado, y no las escribas.

5 Y el ángel que vi en pie sobre el mar y sobre la tierra, levantó su mano al cielo,

6 y juró por el que vive por los siglos de los siglos, quien creó el cielo y las cosas que están en él, y la tierra y las cosas que están en ella, y el mar y las cosas que están en él, que ya no habrá más tiempo,

7 sino que en los días de la voz del séptimo ángel, cuando él vaya a tocar la trompeta, también el misterio de Dios se habrá consumado, como él lo anunció a sus siervos los profetas.

8 La voz que oí del cielo habló otra vez conmigo, y dijo: Ve y toma el librito que está abierto en la mano del ángel que está en pie sobre el mar y sobre la tierra.

9 Y me fui hacia el ángel, diciéndole que me diese el librito. Y él me dijo: Toma, y cómetelo entero; y te amargará el vientre, pero en tu boca será dulce como la miel.

10 Entonces tomé el librito de la mano del ángel, y me lo comí entero; y en mi boca era dulce como la miel, y después que me lo comí, se me amargó el vientre.

11 Y él me dijo: Debes profetizar otra vez sobre muchos pueblos, naciones, lenguas y reyes.

Los dos testigos

11 Entonces me fue dada una caña semejante a una vara de medir, y se me dijo: Levántate, y mide el santuario de Dios, y el altar, y a los que adoran en él.

2 Y el patio que está fuera del santuario déjalo aparte, y no lo midas, porque ha sido entregado a los gentiles; y ellos hollarán la ciudad santa durante cuarenta y dos meses.

3 Y concederé a mis dos testigos que profeticen por mil doscientos sesenta días, vestidos de cilicio.

4 Estos testigos son los dos olivos, y los dos candeleros que están en pie delante del Dios de la tierra.

5 Y si alguno quiere hacerles daño, sale fuego de la boca de ellos, y devora a sus enemigos; y si alguno quiere hacerles daño, debe morir él de la misma manera.

6 Éstos tienen la potestad de cerrar el cielo, a fin de que no llueva en los días de su profecía; y tienen potestad sobre las aguas para convertirlas en sangre, y para herir la tierra con toda clase de plagas, cuantas veces quieran.

7 Cuando hayan acabado su testimonio, la bestia que sube del abismo hará guerra contra ellos, y los vencerá y los matará.

8 Y sus cadáveres quedarán en la plaza de la gran ciudad que en sentido espiritual se llama Sodoma y Egipto, donde también nuestro Señor fue crucificado.

9 Y gente de los pueblos, tribus, lenguas y naciones verán sus cadáveres durante tres días y medio, y no permitirán que sean puestos en los sepulcros.

10 Y los moradores de la tierra se regocijarán sobre ellos y se alegrarán, y se enviarán regalos unos a otros; porque estos dos profetas atormentaron a los moradores de la tierra.

11 Y después de los tres días y medio, entró en ellos un espíritu de vida enviado por Dios, y se pusieron de pie, y cayó gran temor sobre los que los veían.

12 Y oyeron una gran voz del cielo, que les decía: Subid acá. Y subieron al cielo en una nube; y sus enemigos los vieron.

13 En aquella hora hubo un gran terremoto, y la décima parte de la ciudad se derrumbó, y en el terremoto murieron siete mil personas; y los demás se aterrorizaron, y dieron gloria al Dios del cielo.

14 El segundo ay pasó; he aquí, el tercer ay viene rápido.

La séptima trompeta

15 El séptimo ángel tocó la trompeta, y sonaron grandes voces en el cielo, que decían: Los reinos del mundo han venido a ser de nuestro Señor y de su Cristo; y él reinará por los siglos de los siglos.

16 Y los veinticuatro ancianos que estaban sentados delante de Dios en sus tronos, se postraron sobre sus rostros, y adoraron a Dios,

17 diciendo: Te damos gracias, Señor Dios Todopoderoso, el que eres y que eras y que has de venir, porque has tomado tu gran poder, y has reinado.

18 Y se airaron las naciones, y tu ira ha venido, y el tiempo de juzgar a los muertos, y de dar el galardón a tus siervos los profetas, a los santos, y a los que temen tu nombre, a los pequeños y a los grandes, y de destruir a los que destruyen la tierra.

19 Y el santuario de Dios fue abierto en el cielo, y el arca de su pacto se dejó ver en su santuario. Y se produjeron relámpagos, voces, truenos, terremotos y gran granizo.

La mujer y el dragón

12 Y apareció en el cielo una gran señal: una mujer vestida del sol, con la luna debajo de sus pies, y sobre su cabeza una corona de doce estrellas.

2 Y estando encinta, grita con dolores de parto, en la angustia del alumbramiento.

3 También apareció otra señal en el cielo: he aquí un gran dragón rojo, con siete cabezas y diez cuernos; y en sus cabezas, siete diademas;

4 y su cola arrastró la tercera parte de las estrellas del cielo, y las arrojó sobre la tierra. Y el dragón se paró frente a la mujer que estaba para dar a luz, a fin de devorar a su hijo tan pronto como naciese.

5 Y ella dio a luz un hijo varón, que va a pastorear con vara de hierro a todas las naciones; y su hijo fue arrebatado hacia Dios y hacia su trono.

6 Y la mujer huyó al desierto, donde tiene un lugar preparado por Dios, para que allí la sustenten durante mil doscientos sesenta días.

7 Después hubo una gran batalla en el cielo: Miguel y sus ángeles luchaban contra el dragón; y luchaban el dragón y sus ángeles;

8 pero no prevalecieron, ni se halló ya lugar para ellos en el cielo.

9 Y fue lanzado fuera el gran dragón, la serpiente antigua, que se llama diablo y Satanás, el cual engaña al mundo entero; fue arrojado a la tierra, y sus ángeles fueron arrojados con él.

10 Y oí una gran voz en el cielo, que decía: Ahora ha venido la salvación, el poder, y el reino de nuestro Dios, y la autoridad de su Cristo; porque ha sido lanzado fuera el acusador de nuestros hermanos, el que los acusaba delante de nuestro Dios día y noche.

11 Y ellos le han vencido por medio de la sangre del Cordero y de la palabra del testimonio de ellos, y menospreciaron sus vidas hasta la muerte.

12 Por lo cual, alegraos, cielos, y los que moráis en ellos. ¡Ay de los moradores de la tierra y del mar!, porque el diablo ha descendido a vosotros con gran furor, sabiendo que tiene poco tiempo.

13 Y cuando vio el dragón que había sido arrojado a la tierra, persiguió a la mujer que había dado a luz al hijo varón.

14 Y se le dieron a la mujer dos alas de la gran águila, para que volase de la presencia de la serpiente al desierto, a su lugar, donde es sustentada por un tiempo, y tiempos, y la mitad de un tiempo.

15 Y la serpiente arrojó de su boca, tras la mujer, agua como un río, para que fuese arrastrada por el río.

16 Pero la tierra ayudó a la mujer, pues la tierra abrió su boca y tragó el río que el dragón había echado de su boca.

17 Entonces el dragón se encolerizó contra la mujer; y se fue a hacer guerra contra el resto de la descendencia de ella, los que guardan los mandamientos de Dios y tienen el testimonio de Jesucristo.

Las dos bestias

13 Y se paró sobre la arena del mar. Y vi subir del mar una bestia que tenía diez cuernos y siete cabezas; y en sus cuernos diez diademas; y sobre sus cabezas, un nombre blasfemo.

2 Y la bestia que vi era semejante a un leopardo, y sus pies como de oso, y su boca como boca de león. Y el dragón le dio su poder y su trono, y gran autoridad.

3 Vi una de sus cabezas como herida de muerte, pero su herida mortal fue sanada; y se maravilló toda la tierra en pos de la bestia,

4 y adoraron al dragón que había dado autoridad a la bestia, y adoraron a la bestia, diciendo: ¿Quién como la bestia, y quién puede luchar contra ella?

5 Y se le dio una boca que hablaba palabras arrogantes y blasfemias; y se le dio autoridad para actuar durante cuarenta y dos meses.

6 Y abrió su boca en blasfemias contra Dios, para blasfemar de su nombre, de su tabernáculo, y de los que moran en el cielo.

7 Y se le permitió hacer guerra contra los santos, y vencerlos. También se le dio autoridad sobre toda tribu, pueblo, lengua y nación.

8 Y la adorarán todos los moradores de la tierra cuyos nombres no están escritos desde la fundación del mundo en el libro de la vida del Cordero que fue inmolado.

9 Si alguno tiene oído, oiga.

10 Si alguno lleva en cautividad, va en cautividad; si alguno mata a espada, a espada debe ser muerto. Aquí está la paciencia y la fe de los santos.

11 Después vi otra bestia que subía de la tierra; y tenía dos cuernos semejantes a los de un cordero, pero hablaba como un dragón.

12 Y ejerce toda la autoridad de la primera bestia en presencia de ella, y hace que la tierra y los moradores de ella adoren a la primera bestia, cuya herida mortal fue sanada.

13 También hace grandes señales, de tal manera que aun hace descender fuego del cielo a la tierra en presencia de los hombres.

14 Y engaña a los moradores de la tierra a causa de las señales que se le ha permitido hacer en presencia de la bestia, diciendo a los moradores de la tierra que le hagan una imagen a la bestia que tenía la herida de espada, y ha vuelto a vivir.

15 Y se le permitió infundir aliento a la imagen de la bestia, para que la imagen de la bestia pudiese incluso hablar y hacer matar a todo el que no la adorase.

16 Y hace que a todos, pequeños y grandes, ricos y pobres, libres y esclavos, se les ponga una marca en la mano derecha, o en la frente;

17 y que nadie pueda comprar ni vender, sino el que tenga la marca o el nombre de la bestia, o el número de su nombre.

18 Aquí se requiere sabiduría. El que tiene entendimiento, calcule el número de la bestia, pues es número de hombre. Y su número es seiscientos sesenta y seis.

El cántico de los 144.000

14 Después miré, y he aquí que el Cordero estaba en pie sobre el monte de Sión, y con él ciento cuarenta y cuatro mil, que tenían el nombre de él y el de su Padre escrito en la frente.

2 Y oí una voz del cielo como estruendo de muchas aguas, y como sonido de un gran trueno; y la voz que oí era como de arpistas que tocaban sus arpas.

3 Y cantan un cántico nuevo delante del trono, y delante de los cuatro seres vivientes, y de los ancianos; y nadie podía aprender el cántico sino aquellos ciento cuarenta y cuatro mil que fueron rescatados de entre los de la tierra.

4 Éstos son los que no se contaminaron con mujeres, pues son vírgenes. Éstos son los que siguen al Cordero por dondequiera que va. Éstos fueron rescatados de entre los hombres como primicias para Dios y para el Cordero;

5 y en sus bocas no fue hallada mentira, pues son sin mancha delante del trono de Dios.

El mensaje de los tres ángeles

6 Vi volar por en medio del cielo a otro ángel, que tenía un evangelio eterno para predicarlo a los que habitan sobre la tierra, a toda nación, tribu, lengua y pueblo,

7 diciendo a gran voz: Temed a Dios, y dadle gloria, porque la hora de su juicio ha llegado; y adorad a aquel que hizo el cielo y la tierra, el mar y las fuentes de las aguas.

8 Otro ángel le siguió, diciendo: Ha caído, ha caído Babilonia, la gran ciudad, porque ha hecho beber a todas las naciones del vino del furor de su fornicación.

9 Y un tercer ángel los siguió, diciendo a gran voz: Si alguno adora a la bestia y a su imagen, y recibe la marca en su frente o en su mano,

10 él también beberá del vino del furor de Dios, que ha sido vertido puro en el cáliz de su ira; y será atormentado con fuego y azufre delante de los santos ángeles y en presencia del Cordero;

11 y el humo de su tormento sube por los siglos de los siglos. Y no tienen reposo de día ni de noche los que adoran a la bestia y a su imagen, ni nadie que reciba la marca de su nombre.

12 Aquí está la paciencia de los santos, los que guardan los mandamientos de Dios y la fe de Jesús.

13 Oí una voz procedente del cielo, que me decía: Escribe: Bienaventurados los muertos que mueren en el Señor de aquí en adelante. Sí, dice el Espíritu, mueren para

descansar de sus trabajos, porque sus obras siguen con ellos.

La siega de la tierra

14 Miré, y he aquí una nube blanca; y sobre la nube, uno sentado semejante al Hijo del Hombre, que tenía en la cabeza una corona de oro, y en la mano una hoz afilada.

15 Y del santuario salió otro ángel, clamando a gran voz al que estaba sentado sobre la nube: Mete tu hoz, y siega; porque la hora de segar ha llegado, pues la mies de la tierra está madura.

16 Y el que estaba sentado sobre la nube metió su hoz en la tierra, y la tierra fue segada.

17 Salió otro ángel del santuario que está en el cielo, teniendo también una hoz afilada.

18 Y salió del altar otro ángel, que tenía potestad sobre el fuego, y llamó a gran voz al que tenía la hoz afilada, diciendo: Mete tu hoz afilada, y vendimia los racimos de la vid de la tierra, porque sus uvas están maduras.

19 Y el ángel arrojó su hoz en la tierra, y vendimió la viña de la tierra, y echó las uvas en el gran lagar del furor de Dios.

20 Y fue pisado el lagar fuera de la ciudad, y del lagar salió sangre hasta los frenos de los caballos, por una distancia de mil seiscientos estadios.

Los siete ángeles con las siete últimas plagas

15 Vi en el cielo otra señal, grande y admirable: siete ángeles que tenían siete plagas, las últimas; porque en ellas se consumaba el furor de Dios.

2 Vi también como un mar de vidrio mezclado con fuego; y a los que habían alcanzado la victoria sobre la bestia y su imagen, y su marca y el número de su nombre, en pie sobre el mar de vidrio, con arpas de Dios.

3 Y cantan el cántico de Moisés siervo de Dios, y el cántico del Cordero, diciendo: Grandes y maravillosas son tus obras, Señor Dios Todopoderoso; justos y verdaderos son tus caminos, Rey de los santos.

4 ¿Quién no te temerá, oh Señor, y glorificará tu nombre?, pues sólo tú eres santo; por lo cual todas las naciones vendrán y te adorarán, porque tus juicios se han manifestado.

5 Después de estas cosas miré, y he aquí fue abierto en el cielo el santuario del tabernáculo del testimonio;

6 y del santuario salieron los siete ángeles que tenían las siete plagas, vestidos de lino limpio y resplandeciente, y ceñidos alrededor del pecho con ceñidores de oro.

7 Y uno de los cuatro seres vivientes dio a los siete ángeles siete copas de oro, llenas del furor de Dios, que vive por los siglos de los siglos.

8 Y el santuario se llenó de humo por la gloria de Dios, y por su poder; y nadie podía entrar en el santuario hasta que se consumaran las siete plagas de los siete ángeles.

Las siete copas de la ira de Dios

16 Oí una gran voz que decía desde el santuario a los siete ángeles: Id y derramad sobre la tierra las siete copas del furor de Dios.

2 Fue el primero, y derramó su copa sobre la tierra, y sobrevino una úlcera maligna y dolorosa a los hombres que tenían la marca de la bestia, y que adoraban su imagen.

3 El segundo ángel derramó su copa sobre el mar, y éste se convirtió en sangre como de muerto; y murió todo ser vivo que había en el mar.

4 El tercer ángel derramó su copa sobre los ríos, y sobre las fuentes de las aguas, y se convirtieron en sangre.

5 Y oí al ángel de las aguas, que decía: Justo eres, oh Señor, el que eres y que eras, el Santo, porque has juzgado estas cosas.

6 Por cuanto derramaron la sangre de los santos y de los profetas, también tú les has dado a beber sangre; lo merecen.

7 También oí a otro, que desde el altar decía: Ciertamente, Señor Dios Todopoderoso, tus juicios son verdaderos y justos.

8 El cuarto ángel derramó su copa sobre el sol, al cual fue dado quemar a los hombres con fuego.

9 Y los hombres se quemaron con el gran calor, y blasfemaron el nombre de Dios, que tiene potestad sobre estas plagas, y no se arrepintieron para darle gloria.

10 El quinto ángel derramó su copa sobre el trono de la bestia; y su reino se cubrió de tinieblas, y se mordían de dolor la lengua,

11 y blasfemaron contra el Dios del cielo por sus dolores y por sus úlceras, y no se arrepintieron de sus obras.

12 El sexto ángel derramó su copa sobre el gran río Eufrates; y el agua de éste se secó, para que fuese preparado el camino para los reyes del oriente.

13 Y vi salir de la boca del dragón, y de la boca de la bestia, y de la boca del falso profeta, tres espíritus inmundos a manera de ranas;

14 pues son espíritus de demonios, que hacen señales, y van a los reyes de la tierra en todo el mundo, para reunirlos a la batalla de aquel gran día del Dios Todopoderoso.

15 He aquí, yo vengo como ladrón. Dichoso el que vela, y guarda sus ropas, para que no ande desnudo, y vean su vergüenza.

16 Y los reunió en el lugar que en hebreo se llama Armagedón.

17 El séptimo ángel derramó su copa por el aire; y salió una gran voz del santuario del cielo, del trono, diciendo: Hecho está.

18 Entonces hubo relámpagos, fragor de truenos y un gran temblor de tierra, un terremoto tan grande cual no lo hubo jamás desde que los hombres han estado sobre la tierra.

19 Y la gran ciudad fue dividida en tres partes, y las ciudades de las naciones cayeron; y la gran Babilonia fue recordada delante de Dios, para darle el cáliz del vino del ardor de su ira.

20 Y toda isla huyó, y los montes no fueron hallados.

21 Y cayó del cielo sobre los hombres un enorme granizo como del peso de un talento; y los hombres blasfemaron contra Dios por la plaga del granizo; porque su plaga fue sobremanera grande.

Condenación de la gran ramera

17 Vino entonces uno de los siete ángeles que tenían las siete copas, y habló conmigo diciéndome: Ven acá, y te mostraré la sentencia contra la gran ramera, la que está sentada sobre muchas aguas;

2 con la cual han fornicado los reyes de la tierra, y los moradores de la tierra se han embriagado con el vino de su fornicación.

3 Y me llevó en espíritu al desierto; y vi a una mujer sentada sobre una bestia escarlata llena de nombres de blasfemia, que tenía siete cabezas y diez cuernos.

4 Y la mujer estaba cubierta de púrpura y escarlata, y adornada de oro, de piedras preciosas y de perlas, y tenía en la mano un cáliz de oro lleno de abominaciones y de la inmundicia de su fornicación;

5 y sobre su frente un nombre escrito, un misterio: BABILONIA LA GRANDE, LA MADRE DE LAS RAMERAS Y DE LAS ABOMINACIONES DE LA TIERRA.

6 Vi a la mujer ebria de la sangre de los santos, y de la sangre de los mártires de Jesús; y cuando la vi, quedé asombrado con gran asombro.

7 Y el ángel me dijo: ¿Por qué te asombraste? Yo te diré el misterio de la mujer, y de la bestia que la lleva, la cual tiene las siete cabezas y los diez cuernos.

8 La bestia que has visto, era, y no es; y está para subir del abismo e ir a perdición; y los moradores de la tierra, aquellos cuyos nombres no están escritos desde la fundación del mundo en el libro de la vida, se asombrarán viendo la bestia que era y no es, aunque es inminente su presencia.

9 Aquí está la mente que tiene sabiduría: Las siete cabezas son siete montes, sobre los cuales se sienta la mujer,

10 y son siete reyes. Cinco de ellos han caído; uno es, y el otro aún no ha venido; y cuando venga, es necesario que permanezca por un poco de tiempo.

11 La bestia que era, y no es, es también el octavo; y es de entre los siete, y va a la perdición.

12 Y los diez cuernos que has visto, son diez reyes, que aún no han recibido reino; pero por una hora recibirán autoridad como reyes juntamente con la bestia.

13 Éstos tienen un mismo propósito, y entregarán su poder y su autoridad a la bestia.

14 Pelearán contra el Cordero, y el Cordero los vencerá, porque él es Señor de señores y Rey de reyes; y los que están con él son llamados y elegidos y fieles.

15 Me dijo también: Las aguas que has visto donde la ramera se sienta, son pueblos, muchedumbres, naciones y lenguas.

16 Y los diez cuernos que viste, y la bestia, éstos aborrecerán a la ramera, y la dejarán desolada y desnuda; y comerán sus carnes, y la quemarán con fuego;

17 porque Dios ha puesto en sus corazones el ejecutar lo que él se propuso: ponerse de acuerdo, y dar su reino a la bestia, hasta que se cumplan las palabras de Dios.

18 Y la mujer que has visto es la gran ciudad que reina sobre los reyes de la tierra.

La caída de Babilonia

18 Después de esto vi a otro ángel descender del cielo con gran potestad; y la tierra fue alumbrada con su resplandor.

2 Y clamó con voz potente, diciendo: Cayó, cayó la gran Babilonia, y se ha hecho habitación de demonios y guarida de todo espíritu inmundo, y albergue de toda ave inmunda y aborrecible.

3 Porque todas las naciones han bebido del vino del ardor de su fornicación; y los reyes de la tierra han fornicado con ella, y los mercaderes de la tierra se han enriquecido de la potencia de sus deleites.

4 Y oí otra voz del cielo, que decía: Salid de ella, pueblo mío, para que no seáis partícipes de sus pecados, ni recibáis nada procedente de sus plagas;

5 porque sus pecados se han amontonado hasta el cielo, y Dios se ha acordado de sus maldades.

6 Dadle a ella como ella os ha dado, y pagadle doble según sus obras; en la copa en que ella preparó bebida, preparadle a ella el doble.

7 En proporción a lo que ella se ha glorificado y ha vivido en deleites, dadle así también de tormento y duelo; porque dice en su

corazón: Yo estoy sentada como reina, y no soy viuda, y nunca jamás veré duelo;

8 por eso, en un solo día vendrán sus plagas; muerte, duelo y hambre, y será quemada con fuego; porque poderoso es Dios el Señor, que la ha sentenciado.

9 Y los reyes de la tierra que han fornicado con ella, y con ella han vivido en deleites, llorarán y harán lamentación sobre ella, cuando vean el humo de su incendio,

10 parándose lejos por el temor de su tormento, diciendo: ¡Ay, ay de la gran ciudad de Babilonia, la ciudad fuerte; porque en una hora vino tu juicio!

11 Y los mercaderes de la tierra lloran y hacen lamentación sobre ella, porque ninguno compra más sus mercancías;

12 cargamentos de oro, de plata, de piedras preciosas, de perlas, de lino fino, de púrpura, de seda, de escarlata, de toda madera olorosa, de todo objeto de marfil, de todo objeto de madera preciosa, de cobre, de hierro y de mármol;

13 y canela, especias aromáticas, incienso, mirra, olíbano, vino, aceite, flor de harina, trigo, bestias de carga, ovejas, caballos, carros, esclavos, y vidas humanas.

14 Los frutos codiciados por tu alma se apartaron de ti, y todas las cosas exquisitas y espléndidas han desaparecido de ti, y nunca más las hallarás.

15 Los mercaderes de estas cosas, que se han enriquecido a costa de ella, se pararán lejos por el temor de su tormento, llorando y lamentándose,

16 y diciendo: ¡Ay, ay de la gran ciudad, que estaba cubierta de lino fino, de púrpura y de escarlata, y estaba adornada de oro, de piedras preciosas y de perlas!

17 Porque en una hora han sido consumidas tantas riquezas. Y todo piloto, y todos los que viajan en naves, y marineros, y todos los que trabajan en el mar, se pararon lejos;

18 y viendo el humo de su incendio, gritaron, diciendo: ¿Qué ciudad era semejante a esta gran ciudad?

19 Y echaron polvo sobre sus cabezas, y gritaron, llorando y lamentándose, diciendo: ¡Ay, ay de la gran ciudad, en la cual todos los que tenían naves en el mar se habían enriquecido de sus riquezas; pues en una hora ha sido desolada!

20 Alégrate sobre ella, cielo, y vosotros, santos, apóstoles y profetas; porque Dios ha pronunciado juicio a vuestro favor contra ella.

21 Y un ángel poderoso tomó una piedra, como una gran piedra de molino, y la arrojó al mar, diciendo: Con el mismo ímpetu será derribada Babilonia, la gran ciudad, y nunca más será hallada.

22 Y sonido de arpistas, de músicos, de flautistas y de trompeteros no se oirá ya más en ti; y ningún artífice de ningún oficio se hallará más en ti, ni ruido de molino se oirá más en ti.

23 Luz de lámpara no alumbrará más en ti, y la voz del novio y de la novia no se oirá ya más en ti; porque tus mercaderes eran los magnates de la tierra; pues por tus hechicerías fueron engañadas todas las naciones.

24 Y en ella se halló la sangre de los profetas y de los santos, y de todos los que han sido degollados sobre la tierra.

Alabanzas en el cielo

19 Después de esto oí como una gran voz de una gran multitud en el cielo, que decía: ¡Aleluya! La salvación, el honor, la gloria y el poder son del Señor Dios nuestro;

2 porque sus juicios son verdaderos y justos; pues ha juzgado a la gran ramera que corrompía a la tierra con su fornicación, y ha vengado la sangre de sus siervos de la mano de ella.

3 Y por segunda vez continuaron diciendo: ¡Aleluya! Y el humo de ella sube por los siglos de los siglos.

4 Y los veinticuatro ancianos y los cuatro seres vivientes se postraron en tierra y adoraron a Dios, que estaba sentado en el trono, y decían: ¡Amén! ¡Aleluya!

5 Y salió del trono una voz que decía: Alabad a nuestro Dios todos sus siervos, y los que le teméis, así pequeños como grandes.

6 Y oí como la voz de una gran multitud, como el estruendo de muchas aguas, y como el sonido de fuertes truenos, que decía: ¡Aleluya, porque el Señor nuestro Dios Todopoderoso ha establecido su reinado!

Las bodas del Cordero

7 Gocémonos y alegrémonos y démosle gloria; porque han llegado las bodas del Cordero, y su esposa se ha preparado.

8 Y a ella se le ha concedido vestirse de lino fino, limpio y resplandeciente; porque el lino fino es las acciones justas de los santos.

9 Y el ángel me dijo: Escribe: Dichosos los invitados a la cena de las bodas del Cordero. Y me dijo: Éstas son palabras verdaderas de Dios.

10 Yo me postré a sus pies para adorarle. Y él me dijo: Mira, no lo hagas; soy consiervo tuyo, y de tus hermanos que poseen el testimonio de Jesús. Adora a Dios; porque el testimonio de Jesús es el espíritu de la profecía.

El jinete del caballo blanco

11 Entonces vi el cielo abierto; y he aquí un caballo blanco, y el que lo montaba se llama Fiel y Verdadero, el cual con justicia juzga y pelea.

12 Sus ojos son como llama de fuego, y sobre su cabeza hay muchas diademas; y tiene un nombre escrito que ninguno conoce sino él mismo.

13 Está vestido de una ropa teñida en sangre; y su nombre es: EL VERBO DE DIOS.

14 Y los ejércitos celestiales, vestidos de lino finísimo, blanco y limpio, le seguían en caballos blancos.

15 De su boca sale una espada aguda, para herir con ella a las naciones, y él las pastoreará con vara de hierro; y él pisa el lagar del vino del furor y de la ira del Dios Todopoderoso.

16 Y en su vestidura y en su muslo tiene escrito este nombre: REY DE REYES Y SEÑOR DE SEÑORES.

17 Y vi a un ángel que estaba de pie en el sol, y gritó a gran voz, diciendo a todas las aves que vuelan en medio del cielo: Venid, y congregaos para la gran cena de Dios,

18 para que comáis carnes de reyes y carnes de tribunos, y carnes de valientes, carnes de caballos y de sus jinetes, y carnes de todos, libres y esclavos, pequeños y grandes.

19 Y vi a la bestia, a los reyes de la tierra y a sus ejércitos, reunidos para guerrear contra el que montaba el caballo, y contra su ejército.

20 Y la bestia fue apresada, y con ella el falso profeta que había hecho delante de ella las señales con las cuales había engañado a los que recibieron la marca de la bestia, y habían adorado su imagen. Estos dos fueron lanzados vivos dentro de un lago de fuego que arde con azufre.

21 Y los demás fueron muertos con la espada que salía de la boca del que montaba el caballo, y todas las aves se saciaron de las carnes de ellos.

Los mil años

20 Vi a un ángel que descendía del cielo, teniendo la llave del abismo, y una gran cadena en la mano.

2 Y prendió al dragón, la serpiente antigua, que es el diablo y Satanás, y lo ató por mil años;

3 y lo arrojó al abismo, y lo encerró, y puso su sello sobre él, para que no engañase más a las naciones, hasta que fuesen cumplidos los mil años; y después de esto debe ser desatado por un poco de tiempo.

4 Y vi tronos, y se sentaron sobre ellos los que recibieron facultad de juzgar; y vi las almas de los decapitados por causa del testimonio de Jesús y por la palabra de Dios, y a los que no habían adorado a la bestia ni a su imagen, y que no habían recibido la marca en sus frentes ni en sus manos; y volvieron a la vida y reinaron con Cristo mil años.

5 Pero los otros muertos no volvieron a vivir hasta que se cumplieron los mil años. Ésta es la primera resurrección.

6 Bienaventurado y santo el que tiene parte en la primera resurrección; la segunda muerte no tiene potestad sobre éstos, sino que serán sacerdotes de Dios y de Cristo, y reinarán con él por mil años.

7 Y cuando los mil años se cumplan, Satanás será soltado de su prisión,

8 y saldrá a engañar a las naciones que están en los cuatro extremos de la tierra, a Gog y a Magog, a fin de reunirlos para la batalla; el número de los cuales es como la arena del mar.

9 Y subieron sobre la anchura de la tierra, y rodearon el campamento de los santos y la ciudad amada; y de parte de Dios descendió fuego del cielo, y los consumió.

10 Y el diablo que los engañaba fue lanzado al lago de fuego y azufre, donde estaban la bestia y el falso profeta; y serán atormentados día y noche por los siglos de los siglos.

El juicio ante el gran trono blanco

11 Y vi un gran trono blanco y al que estaba sentado en él, de delante del cual huyeron la tierra y el cielo, y no se encontró ningún lugar para ellos.

12 Y vi a los muertos, grandes y pequeños, de pie delante de Dios; y los libros fueron abiertos, y otro libro fue abierto, el cual es el libro de la vida; y fueron juzgados los muertos por las cosas que estaban escritas en los libros, según sus obras.

13 Y el mar entregó los muertos que había en él; y la muerte y el Hades entregaron los muertos que había en ellos; y fueron juzgados cada uno según sus obras.

14 Y la muerte y el Hades fueron lanzados al lago de fuego. Ésta es la muerte segunda.

15 Y el que no se halló inscrito en el libro de la vida fue lanzado al lago de fuego.

Cielo nuevo y tierra nueva

21 Vi un cielo nuevo y una tierra nueva; porque el primer cielo y la primera tierra desaparecieron, y el mar ya no existe más.

2 Y yo Juan vi la santa ciudad, la nueva Jerusalén, descender del cielo, de junto a Dios, dispuesta como una novia ataviada para su esposo.

3 Y oí una gran voz procedente del cielo que decía: He aquí el tabernáculo de Dios con los hombres, y él morará con ellos; y ellos serán su pueblo, y Dios mismo estará con ellos [como su Dios].

4 Enjugará Dios toda lágrima de los ojos de ellos; y ya no habrá muerte, ni habrá más llanto, ni clamor, ni dolor; porque las primeras cosas pasaron.

5 Y el que estaba sentado en el trono dijo: He aquí, yo hago nuevas todas las cosas. Y me dijo: Escribe; porque estas palabras son fieles y verdaderas.

6 Y me dijo: Hecho está. Yo soy el Alfa y la Omega, el principio y el fin. Al que tenga sed, yo le daré gratuitamente de la fuente del agua de la vida.

7 El que venza heredará todas las cosas, y yo seré su Dios, y él será mi hijo.

8 Pero los cobardes e incrédulos, los abominables y homicidas, los fornicarios y hechiceros, los idólatras y todos los mentirosos tendrán su parte en el lago que arde con fuego y azufre, que es la muerte segunda.

La nueva Jerusalén

9 Vino entonces a mí uno de los siete ángeles que tenían las siete copas llenas de las últimas siete plagas, y habló conmigo, diciendo: Ven acá; yo te mostraré la novia, la esposa del Cordero.

10 Y me llevó en espíritu a un monte grande y alto, y me mostró la gran ciudad santa de Jerusalén, que descendía del cielo, de junto a Dios,

11 teniendo la gloria de Dios. Y su fulgor era semejante al de una piedra preciosísima, como piedra de jaspe, diáfana como el cristal.

12 Tenía un muro grande y alto con doce puertas; y en las puertas, doce ángeles, y nombres inscritos, que son los de las doce tribus de los hijos de Israel;

13 al oriente, tres puertas; al norte, tres puertas; al sur, tres puertas; al occidente, tres puertas.

14 Y el muro de la ciudad tenía doce fundamentos, y sobre ellos los doce nombres de los doce apóstoles del Cordero.

15 El que hablaba conmigo tenía una caña de medir, de oro, para medir la ciudad, sus puertas y su muro.

16 La ciudad se halla establecida en cuadro, y su longitud es igual a su anchura; y él midió la ciudad con la caña, doce mil estadios; la longitud, la altura y la anchura de ella son iguales.

17 Y midió su muro, ciento cuarenta y cuatro codos, de medida de hombre, la cual es de ángel.

18 El material de su muro era de jaspe;

pero la ciudad era de oro puro, semejante al cristal puro;

19 y los cimientos del muro de la ciudad estaban adornados con toda clase de piedras preciosas. El primer cimiento era jaspe; el segundo, zafiro; el tercero, ágata; el cuarto, esmeralda;

20 el quinto, sardónica; el sexto, cornalina; el séptimo, crisólito; el octavo, berilo; el noveno, topacio; el décimo, crisopraso; el undécimo, jacinto; el duodécimo, amatista.

21 Y las doce puertas eran doce perlas; cada una de las puertas era una perla. Y la calle de la ciudad era de oro puro, como cristal transparente.

22 Y no vi en ella santuario; porque el Señor Dios Todopoderoso es el santuario de ella, y el Cordero.

23 La ciudad no tiene necesidad de sol ni de luna que brillen en ella; porque la gloria de Dios la ilumina, y el Cordero es su lumbrera.

24 Y las naciones [que hubieren sido salvas] andarán a la luz de ella; y los reyes de la tierra traerán su gloria y honor a ella.

25 Sus puertas nunca serán cerradas de día, pues allí no habrá noche.

26 Y llevarán la gloria y el honor de las naciones a ella.

27 No entrará en ella ninguna cosa inmunda, o que hace abominación y mentira, sino solamente los que están inscritos en el libro de la vida del Cordero.

22 Después me mostró un río limpio de agua de vida, resplandeciente como cristal, que salía del trono de Dios y del Cordero.

2 En medio de la calle de la ciudad, y a uno y otro lado del río, estaba el árbol de la vida, que produce doce frutos, dando cada mes su fruto; y las hojas del árbol eran para la sanidad de las naciones.

3 Y no habrá más maldición; y el trono de Dios y del Cordero estará en ella, y sus siervos le servirán,

4 y verán su rostro, y su nombre estará en sus frentes.

5 No habrá allí más noche; y no tienen necesidad de luz de lámpara, ni de luz del sol, porque el Señor Dios los iluminará; y reinarán por los siglos de los siglos.

La venida de Cristo está cerca

6 Y me dijo: Estas palabras son fieles y verdaderas. Y el Señor, el Dios de los espíritus de los profetas, ha enviado su ángel, para mostrar a sus siervos las cosas que deben suceder pronto.

7 ¡He aquí, vengo pronto! Dichoso el que guarda las palabras de la profecía de este libro.

8 Yo Juan soy el que oyó y vio estas cosas. Y después que las oí y las vi, me postré para adorar ante los pies del ángel que me mostraba estas cosas.

9 Pero él me dijo: Mira, no lo hagas; porque yo soy consiervo tuyo, de tus hermanos los profetas, y de los que guardan las palabras de este libro. Adora a Dios.

10 Y me dijo: No selles las palabras de la profecía de este libro, porque el tiempo está cerca.

11 El que es injusto, sea injusto todavía; y el que es inmundo, sea inmundo todavía; y el que es justo, practique la justicia todavía; y el que es santo, santifíquese todavía.

12 Mira que yo vengo pronto, y mi galardón conmigo, para recompensar a cada uno según sea su obra.

13 Yo soy el Alfa y la Omega, el principio y el fin, el primero y el último.

14 Bienaventurados los que lavan sus ropas, para poder tener acceso al árbol de la vida y para entrar por las puertas en la ciudad.

15 ¡Fuera los perros, y los hechiceros, los fornicarios, los homicidas, los idólatras, y todo aquel que ama y practica la mentira!

16 Yo, Jesús, he enviado mi ángel para daros testimonio de estas cosas en las iglesias. Yo soy la raíz y el linaje de David, la estrella resplandeciente de la mañana.

17 Y el Espíritu y la Esposa dicen: Ven. Y el que oye, diga: Ven. Y el que tiene sed, venga; y el que quiera, tome del agua de la vida gratuitamente.

18 Yo testifico a todo aquel que oye las palabras de la profecía de este libro: Si alguno añade a estas cosas, Dios traerá sobre él las plagas que están escritas en este libro.

19 Y si alguno quita de las palabras del libro de esta profecía, Dios quitará su parte del libro de la vida, y de la santa ciudad y de las cosas que están escritas en este libro.

20 El que da testimonio de estas cosas dice: Ciertamente vengo en breve. Amén; sí, ven, Señor Jesús.

21 La gracia de nuestro Señor Jesucristo sea con todos vosotros. Amén.

QUÉ LUGAR OCUPAS EN LA HISTORIA

La historia de Jesús le ofrece a la humanidad un nuevo comienzo y nos confronta a cada uno de nosotros con una decisión personal. Si todavía no has comenzado a seguir el camino que Jesús facilitó para restaurar tu relación con Dios, esta sección te ayudará a entender lo que esto significa. Si ya eres un seguidor de Jesús, estas ideas son valiosas para ayudarte a comprender lo que has recibido por medio de Cristo.

Poco después de que Cristo les hubiera entregado su misión a quienes lo seguían y regresara al cielo, Pedro hablaba ante una multitud de judíos. Pedro (discípulo de Jesús y uno de los líderes de la iglesia primitiva) narra de nuevo la historia de la vida, muerte y resurrección de Jesús, y luego los reta para que respondan apropiadamente a lo que Dios había hecho por ellos:

> *Así que, arrepentíos y convertíos, para que sean borrados vuestros pecados; para que vengan de la presencia del Señor tiempos de refrigerio, y él envíe a Jesucristo, designado de antemano para vosotros; a quien el cielo debe guardar hasta los tiempos de la restauración de todas las cosas, de los que habló Dios por boca de sus santos profetas que hubo desde la antigüedad.*
>
> *Y todos los profetas desde Samuel en adelante, cuantos han hablado, también han anunciado estos días. Vosotros sois los hijos de los profetas, y del pacto que Dios hizo con nuestros padres, diciendo a Abraham: Y en tu simiente serán benditas todas las familias de la tierra. Dios ha resucitado a su Siervo, en primer lugar para vosotros; y lo ha enviado para bendeciros, haciendo que cada uno se convierta de sus maldades.* (Hechos 3:19–21, 24–26, p. 110)

Pedro vincula el sacrificio de Jesús con la antigua promesa hecha a Abraham. Pone claramente de manifiesto que ha llegado el momento de la bendición. Dios preparó un camino para que te conviertas de tus maldades y te vuelvas a él.

Como hijo o hija de Adán, naciste separado(a) de Dios y de esa relación íntima, confiable que él deseaba tener contigo. Jesús es el único que puede llevarte de nuevo a Dios. Tus pecados pueden serte perdonados y tu vida renovada cuando personalmente aceptas el sacrificio que hizo Cristo en tu nombre. Como la narración de Juan sobre la vida de Jesús lo dice:

> *Porque de tal manera amó Dios al mundo, que ha dado a su Hijo unigénito, para que todo aquel que cree en él, no perezca, sino que tenga vida eterna.* (Juan 3:16, p. 86)

La historia de tu vida puede escribirse de nuevo en el marco de la historia de la Biblia. Puedes unirte al pueblo de Dios de todo el mundo que hoy vive el Acto V. No obstante, para que esto suceda debes arrepentirte de tus pecados y hacer el compromiso de confiar en Jesús y seguirlo.